STEP 2

전수환
객관식 경영학

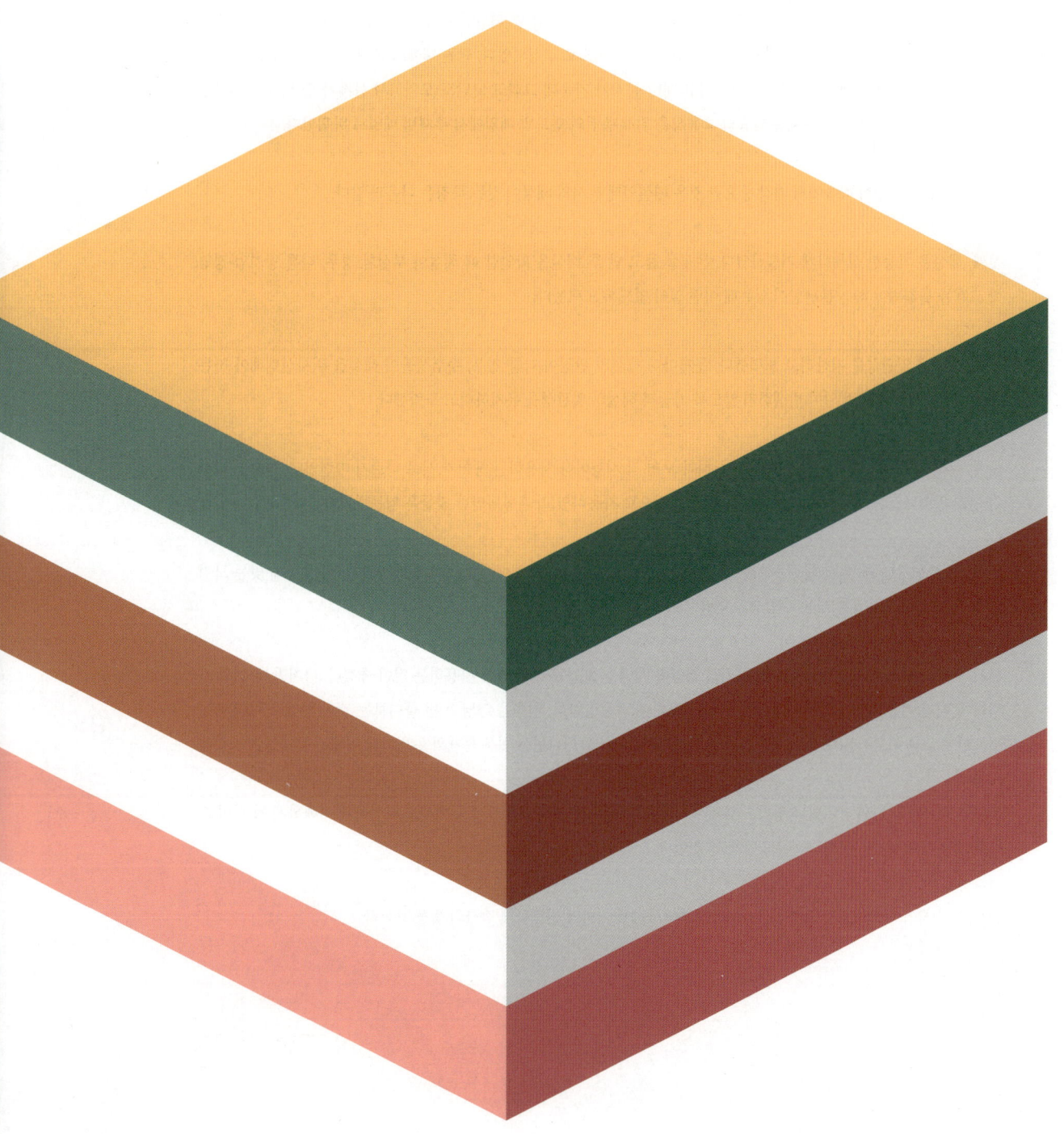

mealthe**book**

머리말

이 책은 공기업 경영학 범위 중 <인사/조직/전략>, <마케팅>, <경영과학/운영관리/경영정보시스템> 분야를 다루며, 코레일 기출 등 공기업 경영학 최신 출제 경향을 반영한 핵심문제와 가맹거래사, 공인노무사, 경영지도사, 9급 군무원, 7급 군무원, 7급 서울시, 7급 국가직, 5급 군무원, 산업안전지도사, CPA(공인회계사) 그리고 고난도 모의고사 문제들을 함께 수록했다. 공개된 거의 모든 경영학 시험문제가 실려 있는 만큼 본서를 체계적으로 활용하면 방대한 범위를 학습할 수 있다.

본서는 문제편과 정답 및 해설편 총 2권으로 구성되며, 문제편과 정답 및 해설편은 동일하게 3개의 Part로 구성되었다. 각 Part 내에서는 적게는 7개에서 많게는 9개의 단원(chapter)으로 구성되었다. 단원 내에서 문제는 공기업 통합전공/ 상경통합 대비 문제가 앞에, 단일전공/금융공기업 대비 문제가 가운데 그리고 고난도 모의고사 문제가 맨 뒤에 위치하였다. 이번 4판부터는 각 장의 문제는 학습의 효율성을 위해 종전의 연도별 배열에서 주제별 배열로 바뀌었다.

공기업 객관식 경영학 학습에서 가장 중요한 것은 해설인데 본서의 해설이 갖는 특징은 다음과 같다.

첫째, 해설은 가능한 상세하게 기술하였다. 문제를 풀고 난 후 해설을 확인할 때 해설이 부실할 경우, 다른 공기업 경영학 교재를 들춰봐야 하는 불편함이 있는데 이런 일이 없도록 노력했다.

둘째, 해설에 일관성을 기하려고 노력했다. 문제마다 해설의 관점이 다를 경우, 수험생들이 해설을 취사선택해야 하는 경우가 발생하는데 이런 일이 발생하지 않도록 가급적 해설의 일관성을 유지하려고 노력했다.

셋째, 여러 가지 경영학 시험의 문제를 수록하다 보면 각 시험마다 사용하는 용어가 서로 다르기 마련인데, 학습의 전이가 쉽게 일어나도록 가급적 용어는 가장 표준적인 것으로 사용하였고, 혼동될만한 것들은 영문병기하였다.

넷째, 맞는 보기는 왜 맞고, 틀린 보기는 왜 틀렸는지에 대한 논리를 해설에 담으려고 노력하였다. 이를 통해 맞는 보기와 틀린 보기를 가려낼 수 있는 수험생의 역량이 배가되도록 하였다.

본서의 학습 시기는 기본서인 **'전수환 공기업 경영학 개념 심화'**를 공부한 후에 사용하는 것이 좋겠다. 하지만, 공기업 경영학에 대한 기본개념이 있는 수험생은 바로 사용하여도 무방하다. 처음은 그냥 한번 풀어보는 것이 좋겠고, 추후에는 필요한 메모를 하면서 자주 읽어보는 것이 좋겠다. 회독 수가 늘어나면서 쉬운 문제와 완벽하게 이해된 문제들은 스킵해도 좋다.

본서를 학습하고 나면 공기업 경영학 시험에서 각 분야별 중요한 출제 포인트에 대해서도 확실하게 이해하게 될 것이고, 주요 개념이 어떻게 문제화되는지도 알게 될 것이다.

끝으로 이 책이 나오기까지 고생하신 mealthebook 사장님 이하 직원분들께 감사의 뜻을 표한다.

2025년 2월 13일
저자 전수환

Contents

01 인사/조직/전략

01. 경영일반 — 10
    - 통합전공·상경통합전공 — 26
    - 단일전공·금융공기업 — 74
    - 高난도 모의고사 — 76

02. 조직행동 : 개인 — 78
    - 통합전공·상경통합전공 — 96
    - 단일전공·금융공기업 — 126
    - 高난도 모의고사 — 136

03. 조직행동 : 집단·조직 — 144
    - 통합전공·상경통합전공 — 170
    - 단일전공·금융공기업 — 200
    - 高난도 모의고사 — 210

04. 조직이론 — 220
    - 통합전공·상경통합전공 — 232
    - 단일전공·금융공기업 — 247
    - 高난도 모의고사 — 254

05. 인적자원관리 — 258
    - 통합전공·상경통합전공 — 288
    - 단일전공·금융공기업 — 323
    - 高난도 모의고사 — 340

06. 전략경영 — 354
    - 통합전공·상경통합전공 — 362
    - 단일전공·금융공기업 — 387
    - 高난도 모의고사 — 392

07. 국제경영 — 396
    - 통합전공·상경통합전공 — 400
    - 단일전공·금융공기업 — 406

02 마케팅

01. 마케팅 개요 — 410
통합전공 · 상경통합전공 — 414
高난도 모의고사 — 419

02. 마케팅 조사 — 420
통합전공 · 상경통합전공 — 426
단일전공 · 금융공기업 — 431
高난도 모의고사 — 436

03. 마케팅 전략 — 440
통합전공 · 상경통합전공 — 444
단일전공 · 금융공기업 — 456
高난도 모의고사 — 463

04. 제품, 서비스, 브랜드 — 468
통합전공 · 상경통합전공 — 478
단일전공 · 금융공기업 — 497
高난도 모의고사 — 504

05. 가격 — 512
통합전공 · 상경통합전공 — 516
단일전공 · 금융공기업 — 527
高난도 모의고사 — 534

06. 유통 — 540
통합전공 · 상경통합전공 — 548
단일전공 · 금융공기업 — 554
高난도 모의고사 — 561

07. 촉진 — 566
통합전공 · 상경통합전공 — 576
단일전공 · 금융공기업 — 584
高난도 모의고사 — 590

08. 소비자 행동 — 596
통합전공 · 상경통합전공 — 604
단일전공 · 금융공기업 — 614
高난도 모의고사 — 624

03
경영과학/운영관리

01. 경영과학 — 634
- 통합전공 · 상경통합전공 — 642
- 단일전공 · 금융공기업 — 657
- 高난도 모의고사 — 667

02. 생산시스템과 프로세스 관리 — 676
- 통합전공 · 상경통합전공 — 684
- 단일전공 · 금융공기업 — 693
- 高난도 모의고사 — 701

03. 품질경영 — 708
- 통합전공 · 상경통합전공 — 718
- 단일전공 · 금융공기업 — 730
- 高난도 모의고사 — 737

04. 생산능력 관리 — 742
- 통합전공 · 상경통합전공 — 746
- 단일전공 · 금융공기업 — 750
- 高난도 모의고사 — 757

05. 공급사슬관리 — 760
- 통합전공 · 상경통합전공 — 766
- 단일전공 · 금융공기업 — 780
- 高난도 모의고사 — 785

06. 재고관리 — 790
- 통합전공 · 상경통합전공 — 802
- 단일전공 · 금융공기업 — 815
- 高난도 모의고사 — 823

07. 운영계획과 자원계획 — 828
- 통합전공 · 상경통합전공 — 836
- 단일전공 · 금융공기업 — 843
- 高난도 모의고사 — 848

08. 린 시스템 설계 — 852
- 통합전공 · 상경통합전공 — 858
- 단일전공 · 금융공기업 — 863
- 高난도 모의고사 — 867

09. 경영정보시스템 — 872
- 통합전공 · 상경통합전공 — 888
- 단일전공 · 금융공기업 — 918

전수환 공기업 경영학
개념 심화

전수환
객관식 경영학

방대한 경영학의 모든 범위를 다루는 기본 이론서. 비전공자는 물론, 전공자도 수험 경영학을 이해하는데 필요한 내용들도 구성되어 있다. (기본이론+기출&핵심 문제 포함)

객관식 경영학은 기본이론을 익힌 수험생들을 위한 문제풀이 과정으로 2900개 이상의 기출문제와 핵심문제를 다룬다. 통합전공/상경통합 및 단일전공/금융공기업으로 구분되며, 난이도는 상/중하 구분되어 지원한 기업의 출제경향에 맞추어 문제풀이가 가능하도록 구성되어 있다.

전수환 경영학 공식카페

공기업 시험 대비
합격하는 경영학 커리큘럼

경영학 학자이름과 이론정리
경영학 학습법 소개
경영학 모의고사 무료 배포
우리끼리 Q&A: 전문 연구원의 친절한 답변
군무원 군수직 기출문제 및 해설
공무원 감사직 기출문제 및 해설

전수환 공기업 경영학
단권화 노트

03

전수환 공기업
지엽적 경영학

04

경영학 이론을 압축 정리하여 단시간 내에 전반적인 내용을 체계적으로 정리하여 본인만의 단권화 노트를 만들 수 있도록 필수 개념 및 OX문제를 다시 한번 정리하도록 구성하였다. 기본서와 문제풀이 오답노트 등 단권화를 위한 여백 공간도 감안하였다.

최근 출제되고 있는 지엽적 문항을 대비하여 일반적인 수험서 외에 경영학 원론서와 학부수준의 지엽적 내용들을 모아 구성하였다. 또 최근 경영학 신이론들을 체계적으로 정리하여 각론별로 흐름에 맞춰 서술하였다.

전수환
객관식
경영학

01
인사/조직/전략

01. 경영일반

02. 조직행동 : 개인

03. 조직행동 : 집단·조직

04. 조직이론

05. 인적자원관리

06. 전략경영

07. 국제경영

제1편. 인사/조직/전략

01 경영일반

1. 효과성과 효율성

① 효과성(effectiveness): 기업이 미리 설정해 놓은 목표를 어느 정도 달성하였느냐의 여부
② 효율성(efficiency): 투입에 대한 산출의 비율을 의미하며 자원의 활용도와 밀접하게 연관됨

> 효과성 : 목표의 달성여부(goal attainment) - doing the right things
> 효율성 : 자원의 활용도(resource usage) - doing things right

효과성과 효율성의 결합

		목표달성	
		효과적	비효과적
자원활용	효율적	적절한 자원활용으로 기업목표 달성	자원을 적절하게 이용하지만 기업목표는 달성하지 못함
	비효율적	기업목표달성을 위해 초과 자원을 사용	자원을 부적절하게 사용하고 목표도 달성하지 못함

※ 효율성과 효과성을 동시에 달성되어야 함

2. 경영자의 분류

(1) 계층에 따른 분류

① 일선경영자(first line manager): 생산 혹은 제조에 직접 관여하는 조직의 최하층 관리자
② 중간경영자(middle manager): 조직의 일선경영자와 최고경영자 사이에서 일선경영자의 일을 관리하는 경영자
③ 최고경영자(top manager): 기업의 최고 수준 경영자들로 전략을 개발하고 거시적인 문제들을 처리하는 CEO, 사장, 부사장 등이 이에 포함됨

경영자의 계층 분류

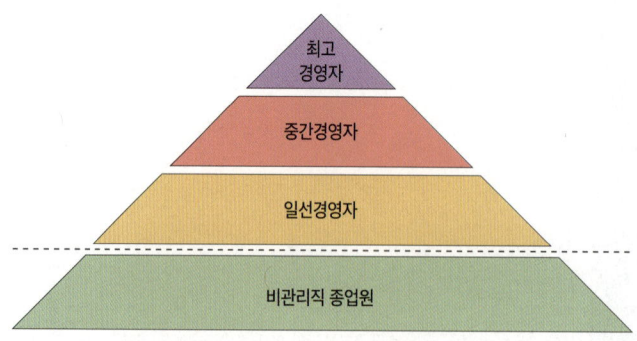

경영자의 분류 종합

분류기준	분류
계층	• 일선경영자 first-line manager
	• 중간경영자 middle manager
	• 최고경영자 top manager
소유권 유무	• 소유경영자
	• 전문경영자
활동범위 및 전문지식	• 직능경영자 functional manager
	• 일반경영자 general manager

3. 경영자에게 요구되는 능력

Katz의 경영자에게 요구되는 능력

능력	내용
개념화 능력 conceptual skills	시스템적 관점에서 기업 전체를 조망할 수 있는 것으로 최고경영자에게 가장 중요한 능력
대인관계 능력 human relation skills	모든 계층의 경영자에게 동일하게 요구되는 능력
현장실무 능력 technical skills	특정 업무와 관련된 지식을 이용할 수 있는 능력으로 일선경영자에게 가장 중요함

4. 경영자의 역할

민쯔버그(H. Mintzberg)는 경영자의 역할을 지위 고하에 관계없이 대인관계 역할, 정보전달자 역할, 의사결정자 역할로 구분함

민쯔버그의 경영자의 역할

역할	구분
대인관계 역할 interpersonal role	• 상징적 대표자(figurehead)
	• 리더(leader)
	• 연락자(liaison)
정보전달자 역할 informational role	• 청취자(monitor)
	• 전파자(disseminator)
	• 대변인(spokesperson)
의사결정자 역할 decisional role	• 기업가(entrepreneur)
	• 분쟁조정자(disturbance handler)
	• 자원배분자(resource allocator)
	• 협상자(negotiator)

5. 경영 프로세스

경영 프로세스

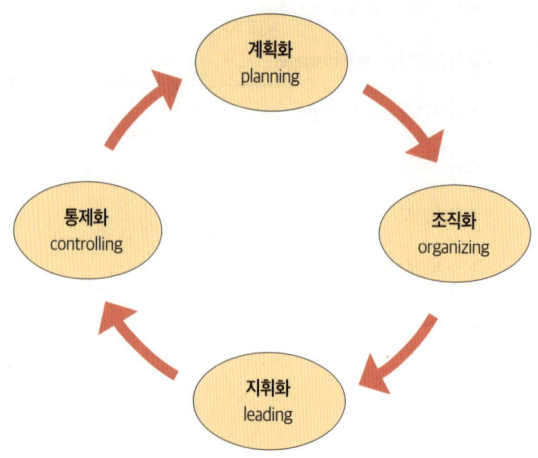

(1) 계획화

계획화(planning)는 기업이 목표를 설정하고 그 달성을 위해 미래를 예견하고 행동방침을 결정하는 것

1) 전략계획(strategic plan)

기업이 장기적으로 경쟁력을 강화하고 전반적인 경영성과를 증진하는 등의 기업목표 설정과 그의 달성을 위한 포괄적이고 일반적인 계획

2) 전술계획(tactical plan)

전략계획 및 운영계획의 중간형태 계획으로 전략계획에서 제시된 경영목표를 효율적으로 달성하기 위해 필요한 특정 부서의 활동을 정하는 계획

3) 운영계획(operational plan)

전술계획의 이행과 운영적 목표의 달성을 지원하는 수단이며, 제품 생산계획, 작업배치 관련 시설계획, 마케팅 계획, 인력배치 계획 등의 구체적 계획

계획의 구분

계획의 구분			
시간에 따라	계층에 따라	시간	계층
장기	전략계획	3~5년	최고경영층
중기	전술계획	1~2년	중간경영자
단기	운영계획	1년 이하	일선경영자

(2) 조직화

조직화(organizing)는 직전 단계에서 수립된 계획을 성공적으로 달성하기 위해 인적·물적·지식자원 등의 경영자원을 적절히 결합·할당하는 것

조직화 과정

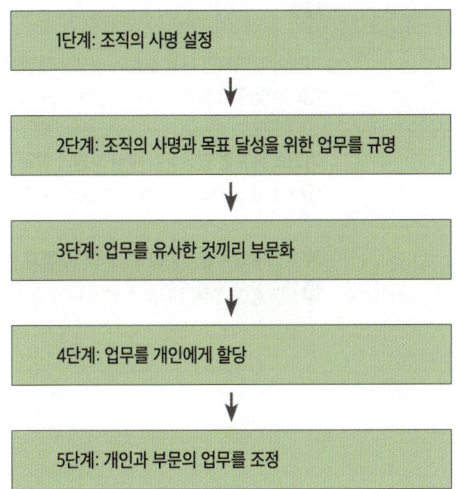

(3) 지휘화
지휘화(leading)는 조직구성원이 조직 목표달성에 기여하도록 영향을 미치는 것으로 동기부여, 리더십, 의사소통 등의 활동으로 구성됨

(4) 통제화
통제화(controlling)는 계획한 여러 가지 일들이 바람직한 방향으로 이루어지고 있는지를 확인·감독하는 것을 의미함

통제의 구분

구분	내용
사전통제	실제 활동이 이루어지기 전이나 문제가 발생하기 전에 실시되는 통제활동
진행통제	경영활동이 진행 중에 실시되는 통제활동
사후통제	어떤 활동의 결과를 측정하고 계획과 결과의 편차 원인을 규명하여 수정조치를 취하는 통제활동

6. 경영 의사결정

경영 의사결정의 유형

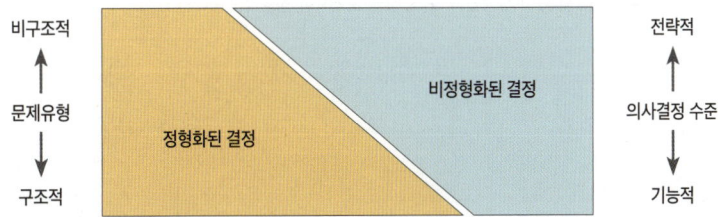

경영 의사결정의 주체

경영 의사결정	주체	내용
전략적 의사결정	최고경영자	기업의 장기적인 목표 설정과 경쟁우위 달성을 위한 자원배분 등의 의사결정 예 신사업영역 결정, 공장부지 결정, 기술개발 결정 등
관리적 의사결정	중간경영자	기업의 목표를 달성하기 위한 자원의 획득 및 효율적인 사용과 관련된 의사결정 예 제품생산계획, 예산할당, 판매분석 등
기능적 의사결정	일선경영자	특정 업무의 효율적이고 효과적인 수행과 관련된 의사결정 예 작업할당, 부품주문 등

7. 경영환경의 분류

환경의 구성요소

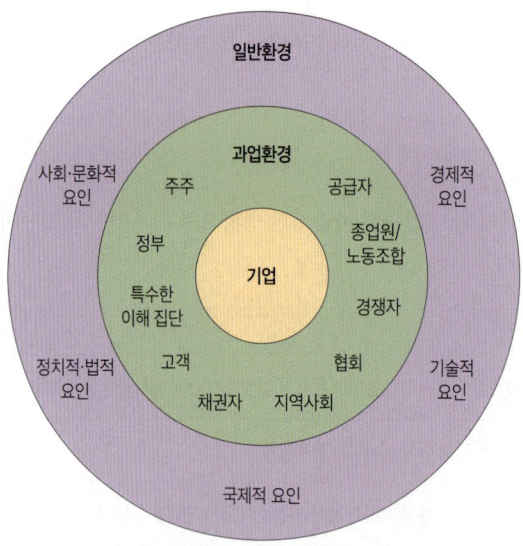

환경의 구분

환경	내용
일반환경	기업에 간접적으로 영향을 미치는 거시적 환경요인 예 경제적 요인, 기술적 요인, 정치적·법적 요인, 사회·문화적 요인, 국제적 요인 등
과업환경	기업과 매우 밀접한 관련을 가지면서 기업의 목적달성에 직접적으로 영향을 미치는 환경요인 예 경쟁자, 주주, 고객, 공급자, 노조, 정부, 지역사회, 금융기관 등

8. 기업형태

기업형태별 특징

형태	특징
합명회사	2인 이상의 무한책임사원으로 구성
합자회사	무한책임사원+유한책임사원
유한회사	유한책임사원으로 구성
유한책임회사	내부적으로는 합명회사의 성격, 외부적으로 유한회사

9. 주식회사

(1) 특징
① 자본의 증권화 제도
② 유한책임제도
③ 소유와 경영의 분리

(2) 주요기관
① 주주총회: 주식회사의 최고의결기구
② 이사회: 회사의 업무집행에 관한 의사결정
③ 감사: 업무감사와 회계감사를 함

10. 대리인 문제

(1) 대리인 문제
주주로부터 기업의 경영을 위탁받은 대리인인 전문경영자가 주주의 이익에 반하는 행동을 통칭하는 말

(2) 대리인 비용
대리인 비용(agency costs)이란 주주와 경영자 사이에 발생하는 대리인 문제를 적절하게 해결하는데 소요되는 비용을 말함

① **감시비용** monitoring cost
주주는 대리인이 자신의 권익을 보호하기 위한 경영을 하고 있는지를 감시해야 하는데 이에 소요되는 비용

② **확증비용** bonding cost
대리인인 경영자가 자신의 경영활동과 의사결정이 주주를 위한 것임을 주주들에게 증명하려 하는데 이에 소요되는 비용

③ **잔여손실** residual cost
감시비용이나 확증비용 외에 경영자가 기업을 위한 최적의 의사결정을 하지 않음으로써 발생하는 기업가치손실

(3) 해결방안(주식매입선택권)

경영자에게 고정급 이외에 회사의 주식을 일정 가격에 살 수 있는 권리를 제공하는 것

주식매입선택권의 개념

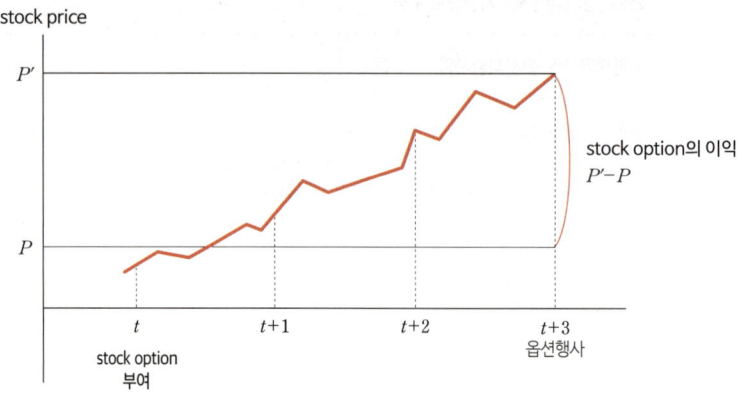

t 기에 부여된 주식매입 선택권을 $t+3$기에 행사할 경우 $P'-P$만큼의 이익을 볼 수 있음

주식매입선택권의 역할

<stock option 부여 전>

소득/관심사	주인(주주)	대리인(경영자)	주주와 경영자 이해관계
소득	주식가치+배당금	보수	불일치
관심사	주가 상승과 배당금 증가	보수 증가	

<stock option 부여 후>

소득/관심사	주인(주주)	대리인(경영자)	주주와 경영자 이해관계
소득	주식가치+배당금	주식가치	일치
관심사	주가 상승과 배당금 증가	주가상승	

11. 협동조합

(1) 의의

개인들이 공동으로 출자하여 조직한 기업의 형태이나 영리를 목적으로 하는 것은 아니며 자신이 이용하기 위해 설립한 자본적 공동기업

(2) 주식회사와의 차이점

주식회사 vs 협동조합

차이점	주식회사	협동조합
소유	투자자(주주)	출자한 이용자
의결권	1주 1표	1인 1표
배당	출자배당	이용배당

(3) 유형

협동조합의 유형

유형	특징
소비자협동조합	조합원의 생활에 필요한 물자를 공동으로 구입함으로써, 그들의 경제적 이익을 증대시키는 목적
생산자협동조합	중소생산자들의 조합으로서 구매조합·생산조합·판매조합 등이 있음
신용협동조합	조합원들에게 자금을 융통하여 줄 목적으로 구성된 조합

12. 기업 집중

(1) 기업집중의 형태

① 카르텔 cartel

기업연합이라고도 하는데 동종 또는 유사한 산업에 속하는 다수의 기업들이 법률적·경제적 독립성을 유지한 채 신사협정을 맺고 과당경쟁을 제한하여 가격의 안정을 도모하고 독점적으로 시장을 지배하여 기업의 안정과 경제적 이익을 얻기 위해 수평적으로 결합하는 것으로 기업 간 담합을 의미함

② 트러스트 trust

자유경쟁의 배제 내지 제한을 통한 독점과 경영합리화를 목적으로 각 참가기업들이 법률적·경제적 독립성을 완전히 버리고 새로운 기업으로 통합하는 결합형태로 기업합병이라고도 함

③ 콘체른 concern

기업연맹이라고도 하는데 몇 개의 기업이 독립성을 유지하면서 실질적으로 주식 소유, 자금대여와 같은 방법에 의해 하나의 기업으로 결합되는 형태임

13. 기업집단

① 콤비나트 kombinat

기술적 연관이 있는 여러 생산부문이 근접입지하여 형성된 기업의 지역적 결합체로, 일반적으로 기초원료에서 완성품에 이르기까지의 제조과정 상의 상호 관련된 기업의 공장이 일정 지역에 집중하여 유기적으로 결합되어 있어 시간적, 공간적 낭비가 없는 것이 특징임

② 콩글로머리트 conglomerate

이종기업의 주식을 무차별 집중매입하여 합병함으로써 기업의 규모를 확대시켜 대기업의 이점을 추구하려는 다각적 합병으로 콩글로머리트는 급속한 M&A를 통해 탄생함

③ 조인트 벤처

조인트 벤처(joint venture)란 두 명 이상의 사업자가 공동출자·공동계산·공동사업 영위를 목적으로 설립해 출자액에 비례하여 손익을 분담하는 합작회사를 말함

14. 기업의 사회적 책임

(1) 사회적 책임이 요구되는 이유

① 증가되는 상호작용
② 시장의 불완전성
③ 외부불경제
④ 기업의 영향력 증대

(2) 사회적 책임의 2가지 관점

1) 전통적인 관점(classical view)

   노벨상 경제학상 수상자인 프리드만(Milton Friedman)의 견해로 이 관점은 기업의 사회적 책임은 이윤을 극대화하는 것이라고 봄

2) 사회경제적 관점(socioeconomic view)

   노벨 경제학상 수상자인 새뮤엘슨(P. Samuelson)의 견해로 이 관점은 기업은 사회와 동떨어져 있는 독립적인 존재가 아니기 때문에 사회복지(social welfare)를 유지·향상시키기 위하여 적극적으로 노력해야 한다고 봄

(3) 사회적 책임의 범위

사회적 책임의 범위

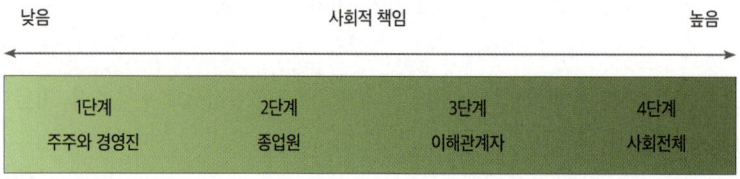

(4) 사회적 책임과 기업의 성과

기업이 사회적 책임을 다하는 것이 기업의 장기적 성과(long-term performance)에 해를 주지 않음

(5) 사회책임투자

사회책임투자(SRI: socially responsible investment)란 사회적인 책임을 다하는 기업에 투자하는 것을 의미함

① 기업이 사회·환경에 미치는 영향을 고려해 투자대상을 결정하는 사회적 선별(social screening)
② 일명 '장하성 펀드(라자드 한국기업 지배구조펀드)'처럼 주주로서 권리를 적극 활용해 기업경영에 영향을 미치는 주주 행동주의(shareholder advocacy)
③ 인류 공영과 지역사회 발전에 목적을 둔 지역사회투자(community investing)

(6) 지속가능경영

지속가능경영(sustainable management)이란 기업의 모든 경영활동 과정을 경제적 수익성, 환경적 건전성, 사회적 책임성을 바탕으로 통합 추진해 지속가능 발전을 추구하는 경영패러다임을 말함

지속가능경영의 구성

구분	내용
경제적 수익성	지역 사회 경제에 기여 기업 투명성(회계투명성, 정보공개) 공정 경쟁 혁신(경영혁신, 기술혁신)
환경적 건전성	청정 생산 전 과정 관리(친환경 공급망 관리, 제품 책임주의) 기후변화대응 환경 리스크 관리 생물 다양성 보호 제품의 서비스화
사회적 책임성	사회 공헌 활동 준법 경영 인권 경영 안전 보건 활동

15. 기업윤리

(1) 기업윤리의 의의

기업윤리(business ethics)란 사회적 윤리를 기업경영이라는 특수한 상황에서 나타나는 행동이나 태도의 옳고 그름이나 선이나 악을 체계적으로 구분하는 판단기준을 의미함

(2) 기업윤리의 접근법

1) 공리주의 접근법

공리주의 접근법(utilitarian approach)은 도덕적 행동과 의사결정의 결과는 최대다수에게 최고의 만족을 제공하는 일반선(general good)을 지향해야 한다는 주장

2) 도덕권리적 접근법

도덕권리적 접근법(moral-rights approach)은 모든 인간은 다른 사람의 결정에 의해서 침해받을 수 없는 기본적 자유와 권리를 가지고 있다고 주장

3) 사회적 정의 접근법

사회적 정의 접근법(social justice approach)은 모든 사람은 동등하게 취급되어야 하고 법규는 공평하고 공정하게 적용되어야 한다고 주장

4) 윤리적 상대주의 접근법

윤리적 상대주의(ethical relativism)는 도덕이나 윤리는 사회·문화적 환경을 바탕으로 한 인간생활의 관습이라고 할 수 있기 때문에 모든 사회, 모든 조직 그리고 모든 개인마다 서로 다른 윤리적 기준을 가질 수 있다는 주장

5) 의무론적 접근법

의무론적 접근법은 "규칙을 따르느냐? 따르지 않느냐?"가 관건이다. 즉, 의무론적 접근법은 "윤리가 의무이기 때문에 지키는 것이다."라는 점을 강조

16. 경영학의 발전과정

(1) 산업혁명기의 경영학

1776년 아담 스미스(Adam Smith)는 그의 저서 국부론(The Wealth of Nations)에서 생산성 향상을 위한 분업(division of labor)의 장점을 주장

(2) 고전적 접근법(classical approach) : 효율성(efficiency) 추구

고전적 접근법의 분류

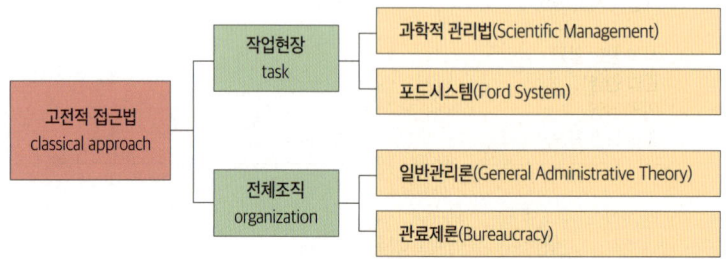

1) 테일러의 과학적 관리법(Scientific Management)

최선의 작업방법(one best way)을 찾기 위해 작업을 과학적인 방법으로 연구함. 또한 작업현장의 효율성을 높이기 위해 동작연구(motion study)를 이용하여 '표준작업량=1일 공정 작업량'을 설정함. 과학적 관리법의 목표는 '높은 임금, 낮은 노무비(high wage, low labor cost)의 원리'로 집약

① 과학적 작업방식의 연구　② 과학적인 근로자의 선발
③ 차별적 성과급제도　　　　④ 관리활동의 분업(기능식 직장제도)
⑤ 시간연구·동작연구　　　　⑥ 기획부 제도

차별적 성과급제도

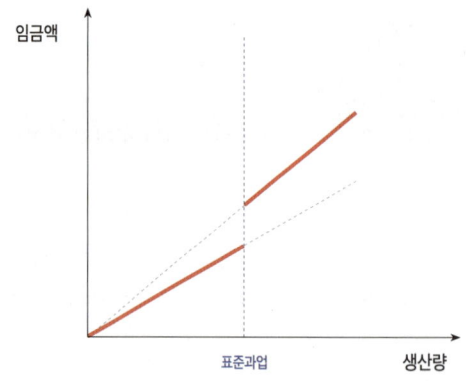

2) 포드 시스템(Ford System)

'봉사주의'와 '저가격, 고임금(low prices and high wage)'의 원리를 중심으로 함. 생산의 표준화를 위해 제품의 단순화(simplification), 부품의 표준화(standardization), 공장의 전문화(specialization), 기계 및 공구의 전문화, 작업의 단순화 등을 지향

3) 페욜의 일반관리론(General Administrative Theory)

페욜(Fayol)은 조직전체의 효율적 경영을 위해 '경영관리직능의 5요소(계획 → 조직 → 지휘 → 조정 → 통제)'와 '경영관리의 14가지 일반원칙'을 제시함

4) 베버의 관료제론(Bureaucracy)

베버(Weber)는 대규모 조직을 효율적으로 운영하기 위한 이상적 원리로 관료제(Bureaucracy)를 제시함

베버의 이상적 관료제의 원칙

구분	내용
분업	직무는 단순하고 일상적이며 잘 정의된 과업으로 나누어져야 함
권한계층	조직은 권한계층에 따라 조직되어야 하고, 하위계층은 상위계층의 통제와 감독을 받아야 함
공식적 채용	조직의 구성원은 교육·훈련 및 공식적인 시험을 통해서 입증된 기술적인 자질에 의해 선발되어야 함
공식적 규칙과 규제	종업원의 행동을 통일하고 규제하기 위해서 경영자들은 공식적인 조직의 규칙에 주로 의존해야 함
비개인성	관료제 내에서 상하간의 관계는 감정과 편견 등 인간적 오류가 배제되고 공적 업무관계만 중시하는 보편적인 것이어야 함
경력지향	경영자는 그들이 관리하는 조직의 단순한 소유자라기보다는 전문경영인이 되어야 함
문서화	의사소통의 책임소재와 의사결정의 공식화를 위해 문서화를 강조. 문서화된 기록은 오랜기간 동안 조직에서 기억될 수 있도록 하여 조직의 지속성을 높여줌

※ 위 관료제의 원칙을 조직에 적용하게 되면, 분업으로 인해 전문화(specialization) 수준이 높아지고, 권한계층이 명확하게 설정되면, 집권화(centralization) 수준이 높아지고, 공식적 규칙과 규제 그리고 문서화를 실시하면 공식화(formalization)가 높아지므로 관료제의 원리로 운영되는 조직은 기계적 조직(mechanistic organization)에 가깝다고 할 수 있음

(3) 인간관계론(Human Relations) : 경영학의 사회적 접근 방법

호손실험을 통해 등장한 인간관계론의 전통적 관리에서 경시되어 온 비공식 조직(informal organization)의 존재와 생산성을 좌우하는 것은 상사, 동료와의 관계, 집단 내의 분위기, 비공식 집단 등의 인간관계라는 사실을 밝힘으로써 경영학의 발전에 큰 공헌을 하였음

호손실험의 내용

실험 순서	내용
1차	조명실험
2차	계전기 조립 실험
3차	면접 실험
4차	배선관찰 실험

(4) 행동과학(Behavioral Science) : 인간행동에 대한 과학적 · 체계적 연구

인간관계론의 전통을 이어받아 인간에 대한 정교하고 과학적인 지식을 얻기 위해 심리학, 사회심리학, 인류학 등 다방면의 인접과학들의 이론적 틀을 활용하고, 상호교류하면서 인간행동에 대한 연구를 추진함

(5) 시스템적 접근법(System approach) : 조직=개방시스템

기업이 외부환경과 상호작용을 하는 개방시스템(open system)이며, 통일된 전체를 이루고 있는 상호관련·의존적 부분들의 집합으로 인식하게 함

개방시스템으로서의 조직

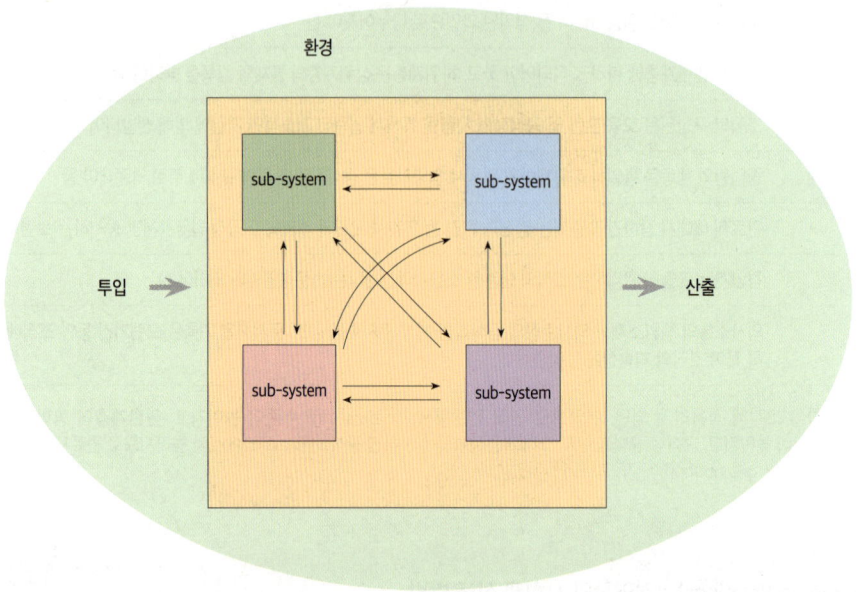

(6) 상황론적 접근법(Contingency approach) : 상황에 적합한 기업경영 강조

모든 상황에 동일하게 적용될 수 있는 경영이론은 없으며, 기업의 전략, 규모, 기술, 환경에 따라 각각 다른 경영관리방식을 사용해야 한다는 점을 강조함

(7) 자원기반관점(RBV : resource-based view) : 기업=자원의 집합체

1) 개념

자원기반관점은 기업은 자원의 집합체이며, 궁극적으로 기업이 어떤 자원을 보유하느냐에 따라 기업의 경쟁력은 달라진다고 주장함. 즉, 기업의 경쟁력은 기업의 외부가 아닌 내부에서 비롯된다는 관점. 이 관점에 따르면, 경쟁자들보다 우수한 제품이나 서비스를 만들어낼 수 있는 핵심역량(core competence)의 보유가 기업 경쟁력의 원천임. 또한 자원기반관점은 경쟁우위의 원천이 되는 자원에 있어서 기업 간 이질성(heterogeneous)과 비이동성(immobile)을 가정함

자원기반관점의 가정

자원의 이질성	이는 본질적으로 개별기업이 보유한 자원이 효율성과 생산성에 있어서 차이가 발생한다는 것을 의미. 즉, 효율성이 뛰어난 자원과 능력을 보유한 기업이 고객의 요구를 충족시키는 데 있어서 그렇지 못한 기업보다 유리하다는 것을 말함
자원의 비이동성	자원과 능력의 이동이 용이하면 그만큼 모방이 쉽고 빠름. 그러나 어떤 자원은 쉽게 모방되지 않음. 즉, 자원이나 능력이 독특하여 모방이나 구입이 어려워 기업 간 자원의 이동이 제약을 받는 것을 자원의 비이동성이라 함

2) 경쟁우위를 제공하는 자원의 특징

기업이 보유한 VRIN(value, rareness, inimitability, non-substitutability) 자원들은 경쟁우위를 창출할 수 있음. VRIN의 의미는 다음과 같음

① V=Value(가치)

기업이 보유한 자원은 기업이 가치를 창출할 수 있도록 해야 함

② R=Rareness(희소성)

　기업이 보유한 자원은 희소성이 높아야 함

③ I =Inimitability(모방불가능)

　기업이 보유한 자원은 기본적으로 가치(valuable)가 있고 희소(rare)해야 하지만, 이들 자원이 경쟁우위를 창출하려면, 다른 기업들이 모방불가능한 자원이어야 함

④ N=Non-substitutability(대체불가능성)

　가치가 있고, 희소하고, 모방이 불가능한 자원을 보유한 기업은 이들 자원을 이용하는 전략을 통해 경쟁우위를 획득할 수 있음. 그러나 이들 자원을 확보하지 못한 경쟁자가 이들 자원을 대체할 수 있는 다른 자원으로 동일한 전략을 구사할 수 있다면 기업의 경쟁우위는 유지될 수 없을 것임. 따라서 기업이 보유한 자원은 가치, 희소성, 모방 불가능성에 추가하여 대체불가능해야 함

17. 최근 경영이론

(1) 지식경영(KM: knowledge management)

노나카(Nonaka) 교수는 경쟁이 치열한 환경에서 살아남기 위해서는 새로운 지식을 끊임없이 창출하고 조직 내에 확산시키는 것이 중요하다고 강조함

지식의 구분

구분	형식지 explicit knowledge	암묵지 tacit knowledge
정의	언어로 표현가능한 객관적 지식	언어로 표현할 수 없는 주관적 지식
특징	• 언어를 통해 습득된 지식 • 전수가 상대적으로 쉬움	• 경험을 통해 몸에 밴 지식 • 전수가 상대적으로 어려움
속성	• 구체성 • 공식적 • 체계적	• 추상성 • 개인적 • 비체계적
예	비행기 조정 매뉴얼	비행체험과 훈련에 의해 생긴 지식

지식창조의 반복적 순환

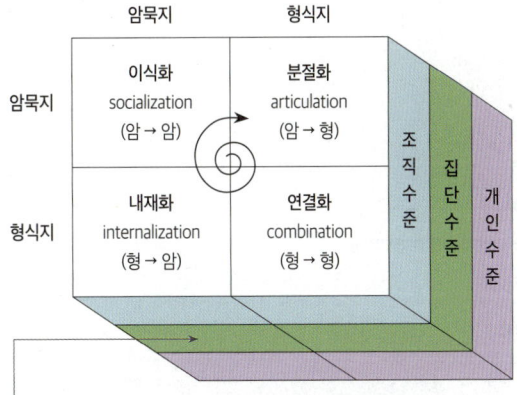

지식변환은 개인을 출발점으로 해서 개인의 모임인 집단(부분 부서, 팀) 나아가 조직수준까지 집약적으로 창조 프로세스를 파악하는 프레임 워크이다.

(2) 구조조정(restructuring)

1) 리엔지니어링(business process reengineering : BPR)

   기존의 업무방식을 근본적으로 재고려하여 과격하게 비즈니스 시스템 전체를 재구성하는 것으로서 프로세스를 근본 단위로부터 업무, 조직, 기업문화까지 전 부분에 대하여 대폭적으로 성과를 향상시키는 것

2) 벤치마킹(benchmarking)

   조직의 업적향상을 위해 최고수준에 있는 다른 조직의 제품, 서비스, 업무방식 등을 서로 비교하여 새로운 아이디어를 얻고 경쟁력을 확보해나가는 체계적이고 지속적인 개선활동 과정을 말함

3) 아웃소싱(outsourcing)

   핵심적인 활동에 더욱 집중하기 위해 상대적으로 중요성이 낮은 업무를 외부에 맡기는 것

18. 목표관리

(1) 개념

목표관리(MBO : management by objectives)는 상급자와 하급자가 함께 합의하여 목표를 설정하고, 이 목표를 달성할 책임부문을 명시하고, 이의 진척상황을 정기적으로 점검한 후, 보상은 목표의 달성도에 따라 배분하는 경영시스템을 말함

목표관리

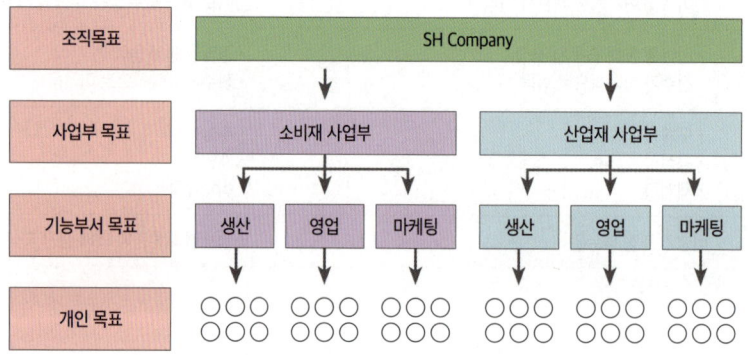

(2) 일반적 요소

- 목표의 구체성(goal specificity)
- 참여적 의사결정(participative decision making)
- 명확한 기간(explicit time period)
- 피드백(performance feedback)

19. 균형성과표

캐플란(Kaplan)과 노튼(Norton)은 기업을 경영하는 것은 마치 항공기를 운행하는 것과 같아서 기업을 경영할 때 경영자가 고려하여야 하는 요인들은 마치 항공기 조종석의 계기판만큼이나 복잡한 정보를 필요로 한다고 주장하면서, 기업성과의 균형잡힌 측정을 위해서 균형성과표(BSC : balanced scorecard)라는 개념을 도입함

BSC에서 고려하고 있는 4가지 효과성 범주

효과성 범주	내용
재무적 관점	조직활동이 장·단기 재무성과에 얼마나 기여하는지에 대한 것
고객 관점	고객이 어떻게 조직을 판단하고 있는지를 의미하며, 고객유지율이나 고객만족도로 측정
내부프로세스 관점	성과를 최대한 달성하기 위하여 어떠한 프로세스에서 탁월해야 하는지 규정하는 것
학습과 성장 관점	인적자원이 미래를 위해 얼마나 잘 관리되며 준비되고 있는지에 대한 것

20. 지식기반 경제

대량생산이 특징인 전통적인 산업에서는 수확체감의 법칙(diminishing returns of scale)이 적용되지만, 적은 자원과 첨단 지식을 활용하는 지식기반 경제에서는 투입된 생산요소가 늘어날수록 산출량이 기하급수적으로 증가하는 수확체증의 법칙(increasing returns of scale)이 통용됨

(1) 수확체증의 법칙이 발생하는 이유

1) 높은 신제품 개발비용

지식집약형 산업에서는 제품을 개발하는데 엄청난 비용이 들어가지만 일단 개발되면 생산에 드는 비용은 그리 크지 않기 때문임

2) 네트워크 효과

제품 및 서비스의 가치는 그대로인데 이를 이용하는 사용자의 수가 많아짐에 따라 가치가 올라가는 네트워크 효과 때문임

3) 소비자의 타성

한 제품을 오래 사용하다 보면 익숙해져서 다른 제품으로 바꾸기가 쉽지 않기 때문임

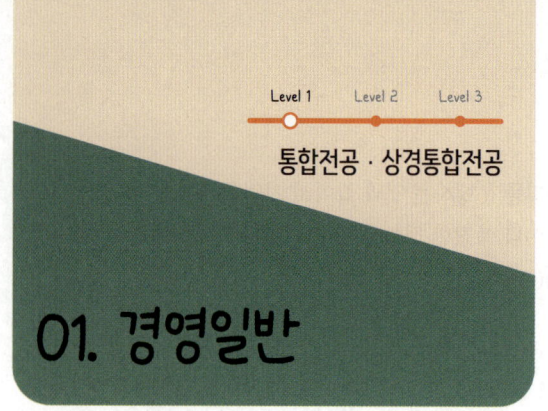

01. 경영일반

효율성과 효과성

0001
2014 경영지도사

효율성(efficiency)과 효과성(effectiveness)에 관한 설명으로 옳지 않은 것은?

① 효과성은 자원의 사용정도를, 효율성은 목표의 달성 정도를 평가대상으로 한다.
② 효율성은 일을 올바르게 함(do things right)을, 효과성은 옳은 일을 함(do right things)을 의미한다.
③ 성공적 조직이라면 효율성과 효과성이 모두 높다.
④ 효율성은 목표달성을 위한 수단이다.
⑤ 효율성은 최소한의 자원 투입으로 최대한의 산출을, 효과성은 목표의 최대한 달성을 지향한다.

0002
2016 경영지도사

경영마인드(business mind)에 관한 설명으로 옳지 않은 것은?

① 경영마인드에는 고객중심, 가치극대화, 경쟁우위 마인드를 포함한다.
② 고객중심 마인드는 고객에게 제공되는 일체의 물리적·심리적 행동이 최상의 고객만족을 가져다주는 것을 추구한다.
③ 가치극대화 마인드는 효율적인 방법으로 자원을 투입하여 최대의 산출이 발생하도록 추구한다.
④ 경쟁우위 마인드는 경쟁우위를 확보하기 위해 기술력이나 경영능력을 갖추는 것을 중시한다.
⑤ 경영마인드는 형평성과 일관성을 추구한다.

0003
2018 경영지도사

경영의 효율성(efficiency)에 관한 설명으로 옳지 않은 것은?

① 투입량에 대한 산출량의 비율이다.
② 조직목표의 달성정도와 관련이 있는 개념이다.
③ 자원의 낭비 없이 일을 올바르게 수행하는 것(doing things right)을 의미한다.
④ 최소한의 자원 투입으로 최대한의 산출을 얻는 것을 지향한다.
⑤ 효율성이 높아도 목표를 달성하지 못하는 경우가 있다.

0004
2022 경영지도사

'과업을 올바르게 수행하는 것(doing things right)'을 의미하는 개념은?

① 유효성   ② 적합성
③ 효과성   ④ 창조성
⑤ 효율성

0005
2021 9급 군무원

경영과 관리의 차이점에 대한 설명으로 옳지 않은 것은?

① 경영은 지향성을 가지고 조직을 운영하는 활동이라 할 수 있다.
② 경영은 기업을 운영하고 통제하는 활동이라 할 수 있다.
③ 관리는 업무를 조직화하고 감독하는 활동이라 할 수 있다.
④ 관리는 일을 진행하고 통제하는 활동이라 할 수 있다.

0006
2016 7급 국가직

어떤 기업이 매출목표 달성을 위해 신기술을 도입하였다. 그 결과 전년 대비 생산량이 증가하고 생산원가는 감소하였으나 제품이 소비자의 관심을 끌지 못하여 매출목표를 달성하지 못하였다. 신기술 도입의 효과성과 효율성에 대한 설명으로 적절한 것은?

① 효과적이고 효율적이다.
② 효과적이지 않지만 효율적이다.
③ 효과적이지만 효율적이지 않다.
④ 효과적이지 않고 효율적이지도 않다.

0007
2021 5급 군무원

경영에서 효과성(effectiveness)은 매우 중요하다. 효과성과 가장 관련성이 높은 것은?

① 소비자에게 가장 저렴한 가격으로 공급하는 능력
② 소비자가 원하는 것을 공급 대비 생산하는 능력
③ 기업의 가격 대비 비용을 최소화하는 능력
④ 기업의 투입 대비 산출 비율을 최소화하는 능력

경영자의 분류

0008
2013 경영지도사

전문경영자와 소유경영자에 관한 설명으로 옳지 않은 것은?

① 소유경영자는 환경변화에 빠르게 대응할 수 있다는 장점이 있다.
② 전문경영자에 비해 소유경영자는 단기적 성과에 집착하는 경향이 강하다.
③ 전문경영자와 주주 사이에 이해관계가 상충될 수 있다.
④ 전문경영자에 비해 소유경영자는 상대적으로 전문성이 떨어질 수 있다.
⑤ 소유경영자는 전문경영자에 비해 상대적으로 강력한 리더십의 발휘가 가능하다는 장점이 있다.

0009
2018 7급 서울시

경영자 분류에 대한 설명으로 가장 옳지 않은 것은?

① 소유경영자는 전문경영자에 비해 단기적 이익에 집중한다.
② 전문경영자는 출자여부와는 관계없이 기업을 경영하는 사람이다.
③ 소유경영자는 출자와 경영 기능을 동시에 담당한다.
④ 경영자를 계층에 따라 일선(현장)경영자, 중간경영자, 최고경영자로 분류할 수 있다.

0010
2021 7급 서울시

<보기>에서 전문경영자의 장점을 모두 고른 것은?

<보기>
ㄱ. 과감한 경영혁신
ㄴ. 경영의 전문화, 합리화
ㄷ. 환경변화에의 빠른 적응
ㄹ. 회사의 안정적 성장

① ㄱ, ㄷ
② ㄱ, ㄹ
③ ㄴ, ㄷ
④ ㄴ, ㄹ

0011
2008 7급 국가직

기업의 경영자는 소유경영자와 전문경영자로 구분할 수 있는데, 전문경영자의 장단점에 대한 설명으로 옳지 않은 것은?

① 상대적으로 강력한 리더십을 발휘할 수 있는 장점이 있다.
② 소유와 경영의 분리로 계속기업(going concern)이 가능한 장점이 있다.
③ 주주의 이해관계보다는 자신의 이해관계를 중시하는 단점이 있다.
④ 재직기간 동안의 단기적인 이익발생에 집착하는 단점이 있다.

0012
2012 7급 국가직

부분이 아닌 전체의 관점에서 자신이 맡은 업무를 진행하는 전반경영자(general manager)에 대한 설명으로 옳지 않은 것은?

① 전반경영자는 라인과 스탭 부문 상호 간에 일어나는 갈등을 조정한다.
② 전반경영자는 반드시 최고경영자일 필요는 없다.
③ 전반경영자는 독자적으로 사업단위를 책임진다.
④ 전반경영자는 마케팅, 생산, 재무, 인사 등 각 기능의 전문가를 뜻한다.

0013
2021 7급 국가직

소유경영과 전문경영에 대한 설명으로 옳은 것은?

① 소유경영은 가족경영으로 인한 역량 강화의 어려움으로 환경변화에 빠르게 대응하기 어렵다.
② 소유경영은 개인 이해와 회사 이해의 혼용 가능성으로 과감한 경영혁신이 어렵다.
③ 전문경영은 경영의 전문화와 장기적 관점의 수익 추구에 효과적이다.
④ 전문경영은 민주적 리더십과 기업의 안정적 성장에 효과적이다.

0014
2023 5급 군무원

전문경영자에 대한 설명으로 옳은 것을 모두 고른 것은?

> ㄱ. 전문경영자는 자율적 경영과 경영관리의 합리화를 도모하는 성향을 보인다.
> ㄴ. 전문경영자는 외부 환경변화에 빠르게 대응할 수 있다는 장점이 있다.
> ㄷ. 전문경영자는 소유경영자에 비해 상대적으로 강력한 리더십의 발휘가 가능하다는 장점이 있다.
> ㄹ. 전문경영자는 단기적 기업 이익 및 성과에 집착하는 경향이 강하다.

① ㄱ, ㄴ
② ㄱ, ㄹ
③ ㄴ, ㄷ
④ ㄷ, ㄹ

경영자에게 요구되는 능력

0015
2017 7급 서울시

카츠(R. L. Katz)가 제안한 경영자 또는 관리자로서 갖춰야할 관리기술 중 최고경영자 계층에서 특히 중요시되는 것은?

① 운영적 기술(operational skill)
② 개념적 기술(conceptual skill)
③ 인간관계적 기술(human skill)
④ 전문적 기술(technical skill)

0016
2020 코레일 사무직 복원

최고경영자, 중간경영자, 일선경영자 모두에게 중요한 것은?

① 개념적 능력
② 기술적 능력
③ 기능적 능력
④ 인간적 능력
⑤ 전문적 능력

0017
2024 공인노무사

카츠(R. L. Katz)가 제시한 경영자의 기술에 관한 설명으로 옳은 것을 모두 고른 것은?

> ㄱ. 전문적 기술은 자신의 업무를 정확히 파악하고 능숙하게 처리하는 능력을 말한다.
> ㄴ. 인간적 기술은 다른 조직구성원과 원만한 인간관계를 유지하는 능력을 말한다.
> ㄷ. 개념적 기술은 조직의 현황이나 현안을 파악하여 세부적으로 처리하는 실무적 능력을 말한다.

① ㄱ
② ㄴ
③ ㄱ, ㄴ
④ ㄱ, ㄷ
⑤ ㄱ, ㄴ, ㄷ

경영자의 역할

0018
2013 경영지도사

민쯔버그(H. Mintzberg)의 경영자 역할 중 의사결정 역할의 범주에 속하지 않는 것은?

① 연락자
② 기업가
③ 문제해결자
④ 자원배분자
⑤ 협상자

0019
2018 경영지도사

민츠버그(H. Mintzberg)의 10가지 경영자의 역할에 해당하지 않는 것은?

① 섭외자 역할(liaison role)
② 정보탐색자 역할(monitor role)
③ 조직설계자 역할(organizer role)
④ 분쟁조정자 역할(disturbance role)
⑤ 자원배분자 역할(resource allocator role)

0020
2021 5급 군무원

아래의 민쯔버그(H. Mintzberg)가 제시한 경영자의 역할 중 대인관계 역할(interpersonal roles)에 대한 설명으로 가장 옳지 않은 것은?

① 외부로부터의 투자유치 및 기업홍보를 위한 대변인 역할
② 조직의 대외적 업무에 있어서 대표자 역할
③ 리더로서 사원들에 대한 동기부여와 조직 내 갈등해소 등의 역할
④ 상사와 부하, 기업과 고객 등의 관계에서 연결고리 역할

0021
2024 5급 군무원

최고경영층의 기능은 수탁기능과 전반관리기능으로 구분된다. 다음 중 전반관리기능에 대한 설명으로 가장 적절한 것은?

① 주주의 이익을 대표하고 보호하는 기능이다.
② 이 기능은 주로 이사회가 담당한다.
③ 기업 전체 경영을 위해 계획·조직·통제하는 기능을 한다.
④ 기업 자산을 관리하고 자산의 효과적인 활용을 도모한다.

기업가 정신

0022
2012 공인노무사

기업가 정신의 핵심요소가 아닌 것은?

① 비전의 제시와 실현욕구
② 창의성과 혁신
③ 성취동기
④ 인적 네트워크 구축
⑤ 도전정신

0023
2021 경영지도사

기업가 정신의 필요성에 직접적으로 해당하지 않는 것은?

① 기업 환경의 변화에 대한 대응
② 학습곡선의 안정화
③ 창조적 조직문화의 조성
④ 새로운 가치사슬의 탐색
⑤ 혁신의 원동력

경영프로세스

0024
2014 경영지도사

관리과정의 순서로 옳은 것은?

① 조직화 → 통제 → 지휘 → 계획수립
② 계획수립 → 조직화 → 지휘 → 통제
③ 조직화 → 지휘 → 통제 → 계획수립
④ 계획수립 → 지휘 → 조직화 → 통제
⑤ 지휘 → 통제 → 계획수립 → 조직화

0025
2014 경영지도사

경영통제에 관한 설명으로 옳지 않은 것은?

① 사전통제는 목표달성을 위하여 사전준비를 확인하는 가장 바람직한 통제이다.
② 진행통제는 업무가 수행되는 동안에 통제에 영향을 미치는 것을 통제하는 방법이다.
③ 사후통제는 업무가 종료된 후에 이루어지는 통제활동으로 피드백을 통해 결과의 변경이 가능하다.
④ 통제활동을 수행하기 위해서는 명확한 평가기준이 필요하다.
⑤ 평가기준과 수행결과의 차이에 대한 원인이 밝혀지면 이에 대한 대응조치를 강구해야 한다.

0026
2019 경영지도사

조직화 과정의 올바른 순서는?

> ㄱ. 과업들을 유사한 것끼리 그룹화
> ㄴ. 조직구조가 생성되면 개인과 부문의 직무를 조정
> ㄷ. 조직의 사명과 목표를 설정
> ㄹ. 직무를 개인에게 할당
> ㅁ. 조직의 사명과 목표를 달성하기 위한 작업 활동들을 과업들로 세분화

① ㄱ → ㄷ → ㅁ → ㄴ → ㄹ
② ㄷ → ㅁ → ㄴ → ㄱ → ㄹ
③ ㄷ → ㅁ → ㄹ → ㄴ → ㄱ
④ ㅁ → ㄷ → ㄱ → ㄹ → ㄴ
⑤ ㅁ → ㄷ → ㄴ → ㄹ → ㄱ

0027
2020 경영지도사

기업이 제품과 서비스를 생산하기 위하여 사용하는 구체적인 활동이나 방법을 규제하는 통제의 유형은?

① 운영적 통제   ② 전략적 통제
③ 전술적 통제   ④ 관료적 통제
⑤ 시장 통제

0028
2020 경영지도사

계획화(planning)의 단점이 아닌 것은?

① 시간과 비용의 수반
② 의사결정의 지연
③ 미래 지향적 사고
④ 경직성 유발
⑤ 동태적 환경에서의 한계

0029
2020 경영지도사

경영관리 과정상 통제(controlling)의 목적에 해당하는 것을 모두 고른 것은?

> ㄱ. 기회의 발견
> ㄴ. 오류와 실수의 발견
> ㄷ. 비용감소와 생산성 향상
> ㄹ. 환경의 변화와 불확실성에의 대처

① ㄱ, ㄴ
② ㄷ, ㄹ
③ ㄱ, ㄷ, ㄹ
④ ㄴ, ㄷ, ㄹ
⑤ ㄱ, ㄴ, ㄷ, ㄹ

0030
2022 경영지도사

경영통제와 관련된 설명으로 옳은 것은?

① 생산 수량, 불량률, 비용 등은 산출표준에 해당한다.
② PERT, 재무상태 분석 등은 재무통제에 해당한다.
③ 원재료, 재공품은 재고통제 대상이 아니다.
④ 재무상태표상의 유동자산을 유동부채로 나눈 것을 당좌비율이라고 한다.
⑤ 문제가 발생하기 전에 취하는 관리적인 행동을 동시통제(concurrent control)라고 한다.

0031
2021 9급 군무원

다음 중 경영기능과 그 내용이 가장 적절하지 않은 것은?

① 계획화(planning) - 목표설정
② 조직화(organizing) - 자원획득
③ 지휘(leading) - 의사소통, 동기유발
④ 통제(controlling) - 과업 달성을 위한 책임의 부과

0032
2022 9급 군무원

관리과정의 단계 중 조직화에 대한 설명으로 가장 적절한 것은?

① 과업의 목표, 달성 방법 등을 정리하는 것
② 전체 과업을 각자에게 나누어 맡기고 그 일들의 연결 관계를 정하는 것
③ 과업이 계획대로 실행되었는지 살펴보고 필요한 시정조치를 취하는 것
④ 과업이 실제로 실행되도록 시키거나 이끌어가는 것

0033
2022 7급 군무원

기업의 지속가능경영을 구성하는 3가지 요소에 해당하지 않는 것은?

① 경제적 수익성
② 환경적 건전성
③ 대외적 공헌성
④ 사회적 책임성

0034
2022 7급 국가직

경영관리 활동 중 통제(control)에 대한 설명으로 옳지 않은 것은?

① 기업규모와 다양성이 커져서 하위층 관리자에게 권한위임과 분권화가 증대되면 통제의 필요성은 감소한다.
② 편차 수정의 내용은 경영자의 다음 계획수립에 유용한 정보로 반영될 수 있다.
③ 실제 경영활동이 수행되기 전에 예방적 관리 차원에서 수행하는 통제 유형도 있다.
④ 모든 활동이 종결된 후 수행하는 통제가 보편적이고, 종업원 개개인의 업적평가 기준 및 보상기준으로 사용될 수 있다.

0035
2023 경영지도사

경영의사결정에 관한 설명으로 옳은 것은?

① 버나드(C. Barnard)는 정형적·비정형적 의사결정으로 분류하였다.
② 기업목표 변경, 기업 성장·다각화 계획 등은 관리적 의사결정에 해당한다.
③ 업무적 의사결정은 조직 내 여러 자원의 변환과정에서 효율성을 극대화하는 것과 관련되며 주로 하위경영층에 의해 이루어진다.
④ 위험성 하에서의 의사결정은 발생할 수 있는 결과를 추정할 수 있으나 그 발생확률을 알 수 없는 경우에 이루어진다.
⑤ 각 대안에 대한 기대치를 계산하는 의사결정나무는 비정형적 의사결정에 속한다.

0036
2023 경영지도사

경영통제에 관한 설명으로 옳지 않은 것은?

① 경영의 계획·조직·지휘 활동과 더불어 순환적으로 수행되어야 할 기본적인 기능이다.
② 경영통제시스템은 조직의 목표 달성을 위해 사전에 설정된 표준에 조직의 성과를 일치시키고자 하는 것이다.
③ 신제품 개발 시 시장의 수요를 예측하고 생산 일정계획을 수립하는 것은 동시 통제시스템에 해당한다.
④ 기업의 자산이 효율적으로 관리되고 있는지를 확인하는 것은 재무통제에 해당한다.
⑤ 재무통제는 최고 경영층이 주로 사용하는데 비해, 예산통제는 중간경영층이 많이 사용하는 통제기법이다.

0037
2023 5급 군무원

경영관리자의 핵심 기능 중 하나인 조직화 프로세스에 관한 설명으로 가장 적절하지 않은 것은?

① 업무를 개별 직무로 분할하고 근로자에게 과업을 할당하는 프로세스를 분업(division of labor)이라고 한다.
② 유사하거나 서로 연관되어 있는 과업과 활동을 조정할 수 있도록 이들 직무를 집단화하는 프로세스를 전문화(specialization)라고 한다.
③ 과업을 수행하기 위한 권한과 책임을 할당하는 프로세스를 권한 위임(delegation of authority)이라고 한다.
④ 조직화 프로세스의 최종 결과는 공식적 조직 구조이다.

0038
2024 공인노무사

조직의 목표를 달성하기 위하여 조직구성원들이 담당해야 할 역할 구조를 설정하는 관리과정의 단계는?

① 계획
② 조직화
③ 지휘
④ 조정
⑤ 통제

0039
2024 5급 군무원

다음 경영의 과정을 설명하는 내용 중 리드(leading)에 대한 설명으로 가장 적절한 것은?

① 조직의 성과를 위해 목표를 설정하고, 그 목표를 달성하기 위한 과업을 정하고 필요한 자원을 결정하는 일이다.
② 과업을 정하고, 관련된 과업을 묶어 부서를 정의하고, 권한을 부여하고, 자원을 배분하는 과정이다.
③ 직원의 활동을 관찰 및 평가하고, 조직이 목표를 향해 가고 있는지 확인하고 필요한 경우 수정을 가하는 작업이다.
④ 조직의 목표를 달성하기 위해 일할 동기를 부여하는 활동이다.

> 경영의사결정

0040
2015 경영지도사

전략적 의사결정의 특징으로 옳지 않은 것은?

① 전사적
② 비반복적
③ 비구조적
④ 분권적
⑤ 비정형적

0041
2023 5급 군무원

정형적 의사결정에 대한 설명으로 가장 옳지 않은 것은?

① 정형적 의사결정은 주로 하위계층에서 이뤄지고 그 영향은 국지적이며 단기적이다.
② 의사결정의 초점이 조직 내부 문제에 집중되며 조직 체제를 폐쇄 시스템으로 가정한다.
③ 정형적 의사결정은 비자발적이며 여유를 가지고 의사결정을 할 수가 없다. 따라서 가능한 위험을 최소화할 수 있는 의사결정이어야 한다.
④ 정형적 의사결정은 이미 분명히 밝혀진 문제에 대한 의사결정으로 대체안 평가 기준이 명확하다.

0042
2024 경영지도사

앤소프(H. Ansoff)의 경영자 계층에 따른 의사결정이론에 관한 설명으로 옳지 않은 것은?

① 기업자원의 효율을 극대화하기 위한 일정계획, 감독, 통제 활동 등은 전략적 의사결정이다.
② 기업의 환경변화에 대응하기 위한 제품 및 시장믹스 선정, 신사업영역 결정, 기술개발 등의 활동은 전략적 의사결정이다.
③ 조직의 목표 달성 구체화를 위해 제 자원을 조직화하여 최적 성과를 달성토록 하는 활동은 관리적 의사결정이다.
④ 특정 업무의 효과적, 효율적 수행과 관련된 활동으로 현재 조직에서 일어나고 있는 시간개념의 활동은 업무적 의사결정이다.
⑤ 제품생산계획, 조직편성, 자원의 조달 방법, 인사와 훈련계획, 권한·책임의 문제, 판매·유통경로 분석 등은 관리적 의사결정이다.

> 경영환경

0043
2014 경영지도사

기업을 둘러싼 환경에 관한 설명으로 옳지 않은 것은?

① 경제적 환경의 구체적 내용으로 경제체제, 경제상황, 국가경제규모, 재정, 금융정책 등이 있다.
② 기업의 환경을 내부환경과 외부환경으로 구분했을 때 주주는 외부환경에 속한다.
③ 기업의 간접환경(일반환경)에는 정치·법률적 환경, 경제적 환경, 기술적 환경, 사회·문화적 환경 등이 있다.
④ 기업에 노동력을 공급하는 종업원도 기업의 환경요인 중 하나이다.
⑤ 기업의 경쟁자나 부품 공급자는 직접환경(과업환경) 요인이다.

0044
2015 경영지도사

기업의 성과에 영향을 주는 기업 외부환경(external environment)이 아닌 것은?

① 사회문화
② 법률
③ 경제정책
④ 정치
⑤ 최고경영자

0045
2018 경영지도사

기업환경에서 일반환경(간접환경)에 관한 내용으로 옳지 않은 것은?

① 경쟁기업 출현
② 공정거래법 개정
③ 컴퓨팅 기술 발전
④ 저출산 시대 심화
⑤ 환율과 원유가격 변동

0046
2020 경영지도사

기업의 외부환경을 일반 환경과 과업환경으로 구분할 때 과업환경에 해당하는 것은?

① 경제적 환경
② 정치적·법적 환경
③ 인구통계적 환경
④ 사회·문화적 환경
⑤ 경쟁자 환경

0047
2021 5급 군무원

기업의 전략적 의사결정을 위한 환경위협 요인에 해당하지 않은 것을 모두 고른 것은?

ㄱ. 구매자	ㄴ. 공급자
ㄷ. 정부의 통화정책	ㄹ. 미래경쟁자
ㅁ. 유망기술	

① ㄱ, ㄷ
② ㄴ, ㄷ
③ ㄷ, ㅁ
④ ㄹ, ㅁ

0048
2023 공인노무사

경영환경을 일반환경과 과업환경으로 구분할 때, 기업에게 직접적인 영향을 주는 과업환경에 해당하는 것은?

① 정치적 환경
② 경제적 환경
③ 기술적 환경
④ 경쟁자
⑤ 사회문화적 환경

0049
2024 경영지도사

기업환경은 기업에 미치는 영향의 정도인 밀접성에 따라 직접적 환경과 간접적 환경으로 구분한다. 간접적 환경 요인에 해당하지 않는 것은?

① 사회계층
② 경제체제
③ 기술 수준
④ 소비자
⑤ 국가정책

기업형태

0050
2013 경영지도사

유한회사의 특징으로 옳은 것은?

① 감사는 필요적 상설기관이다.
② 이사는 3인 이상을 두어야 한다.
③ 경영은 무한책임을 지는 출자자가 담당한다.
④ 최고의사결정기관은 사원총회이다.
⑤ 기관의 구성이 간단하고 개방적이다.

0051
2015 경영지도사

무한책임사원과 유한책임사원으로 구성되는 기업형태는?

① 합명회사   ② 합자회사
③ 유한회사   ④ 주식회사
⑤ 민법상의 조합

0052
2021 경영지도사

2명 이상의 공동출자로 기업 채무에 사원 전원이 연대하여 무한책임을 지는 기업형태는?

① 유한회사   ② 합자회사
③ 합명회사   ④ 협동조합
⑤ 주식회사

0053
2011 7급 국가직

대기업과 중소기업의 관계에 대한 설명으로 옳지 않은 것은?

① 대기업이 분사(分社)를 통해 사실상의 자회사를 만들어 중소기업 영역에서 직접 운영하는 경우, 경제력이 분산되어 사회적 폐해가 줄어든다.
② 하도급계약 불이행은 대표적 불공정거래의 하나이고, 이로 인해 중소기업의 경영난이 가중된다.
③ 대기업 위주의 경제정책은 부작용과 경제적 불균형을 초래할 수 있으므로 중소기업 육성정책이 지속적으로 확대되어야 한다.
④ 대기업에 비하여 우리나라 중소기업 경쟁력이 저하된 중요한 이유 중 하나는 중소기업에 대한 사회의 경시풍조이다.

0054
2018 7급 국가직

기업의 형태에 대한 설명으로 옳지 않은 것은?

① 합명회사는 출자액 한도 내에서 유한책임을 지는 사원만으로 구성된다.
② 합자회사는 연대무한책임을 지는 무한책임사원과 출자액 한도 내에서 유한책임을 지는 유한책임사원으로 구성된다.
③ 협동조합은 농민, 중소기업인, 소비자들이 자신들의 경제적 권익을 보호하기 위하여 공동으로 출자하여 조직된다.
④ 주식회사는 주주와 분리된 법적인 지위를 갖는다.

0055
2021 7급 국가직

기업의 형태에 대한 설명으로 옳은 것은?

① 유한회사는 사원 전원이 출자액을 한도로 기업 채무에 대한 유한책임을 지며, 정관으로도 소유 지분의 일부 또는 전부에 대한 타인 양도를 제한하지 못한다.
② 합명회사는 회사의 모든 채무에 대해서 연대 책임을 지며, 다른 사람의 동의가 있더라도 지분의 일부 또는 전부를 타인에게 양도하지 못한다.
③ 합자회사의 유한책임사원은 출자가액에서 이미 이행한 부분을 공제한 가액을 한도로 회사 채무에 대한 변제의 책임을 지며, 회사의 업무 집행이나 대표행위를 행사할 수 없다.
④ 주식회사의 주주는 회사의 모든 채무에 대해서 연대 책임을 지며, 변제 의무가 있다.

0056
2023 9급 군무원

다음 중 무한책임사원과 유한책임사원으로 구성된 기업 형태로 가장 옳은 것은?

① 주식회사   ② 유한회사
③ 합자회사   ④ 합명회사

0057
2023 5급 군무원

합명회사에 대한 설명으로 옳은 것을 모두 고른 것은?

> ㄱ. 출자에 있어서는 물적 재산, 인적 신용, 노무 등이 모두 가능하다.
> ㄴ. 합명회사는 합자회사에 비해 자본 조달이 용이하다.
> ㄷ. 합명회사는 무한책임사원과 유한책임사원으로 구성된다.
> ㄹ. 합명회사는 대자본을 필요로 하는 회사에는 부적당하다.

① ㄱ, ㄷ   ② ㄱ, ㄹ
③ ㄴ, ㄷ   ④ ㄷ, ㄹ

0058
2024 경영지도사

다음 기업 형태에 관한 설명으로 옳은 것을 모두 고른 것은?

> ㄱ. 주식회사의 주주는 유한책임이 원칙이며, 무한책임을 지는 경우도 있다.
> ㄴ. 합명회사는 2인 이상의 사원이 공동출자로 회사 경영에 직접, 무한책임을 부담하는 인적회사이다.
> ㄷ. 합명회사는 출자금의 한도도 없고, 자금조달도 용이하다는 장점이 있다.
> ㄹ. 합자회사의 무한책임사원은 출자와 경영업무를 맡고, 유한책임사원은 출자만을 담당한다.
> ㅁ. 유한회사는 합자회사와 주식회사의 장점을 고려한 기업 유형이다.

① ㄱ, ㄴ   ② ㄴ, ㄷ
③ ㄴ, ㄹ   ④ ㄷ, ㄹ
⑤ ㄷ, ㅁ

0059
2024 7급 국가직

합명회사에 대한 설명으로 옳지 않은 것은?

① 출자자는 반드시 2인 이상이어야 한다.
② 인적 관계의 특징이 강해 출자자 상호 간의 신뢰 관계가 높다.
③ 출자자는 회사 채무에 대한 무한연대책임이 있으므로 지분을 양도할 수 없다.
④ 현금 이외에 채권 또는 노무로도 출자할 수 있다.

주식회사

0060
2011 공인노무사

주식회사에 관한 특징으로 옳지 않은 것은?

① 주주의 유한책임
② 소유와 경영의 분리 가능
③ 소유권 이전의 어려움
④ 자본의 증권화
⑤ 대규모 자본조달 가능

0061
2013 경영지도사

주식회사에 관한 설명으로 옳지 않은 것은?

① 재무공시의 자율성이 제한된다.
② 주주는 이익에 대해 이자와 배당을 청구할 수 있다.
③ 주주는 출자한도 내에서 유한책임을 진다.
④ 유가증권시장에 공개된 회사의 주식은 매매가 가능하다.
⑤ 소유와 경영의 분리가 가능하다.

0062
2013 경영지도사

회사의 설립 및 운영에 관한 설명으로 옳지 않은 것은?

① 합자회사는 무한책임사원과 유한책임사원의 두 종류의 사원에 의해 이원적으로 구성된다.
② 합명회사는 2인 이상의 출자자 상호간의 신뢰관계를 중심으로 인적통합관계가 강한 것이 특징이며, 각 사원이 회사 채무에 대해 연대무한책임을 진다.
③ 주식회사는 출자자인 주주의 유한책임제도와 자본의 증권화 제도의 특징을 지닌다.
④ 주식회사의 이사회는 법령 또는 정관에 의해 주주총회의 권한으로 되어 있는 것을 제외하고는 회사 업무집행에 관한 일체의 권한을 위임받은 수탁기관으로서 이사와 감사의 선임 및 해임권, 정관의 변경, 신주발행 결정 등의 권한이 있다.
⑤ 주식회사의 주주총회는 회사 기본조직과 경영에 관한 중요사항에 대하여 주주들의 총의를 표시·결정하는 최고의 상설 필수기관이다.

0063
2014 경영지도사

주식회사에 관한 설명으로 옳지 않은 것은?

① 주주의 유한책임으로 자본조달이 용이하여 대자본의 형성이 쉽다.
② 주주총회에서 주주의 의결권은 1주 1의결권을 원칙으로 한다.
③ 이사는 주주총회에서 선임되며, 최소 3인 이상이어야 하고, 그 임기는 3년이다.
④ 감사는 임의기구로서 그 설치여부는 자유이다.
⑤ 기업운영에 소요되는 자본의 조달과 경영의 합리화를 기하기 위해서 형성된 자본적 공동기업이다.

0064
2014 경영지도사

기업분할 중 물적분할에 관한 설명으로 옳은 것은?

① 기존 회사의 물적자산 중 일부를 기존 회사와 무관한 다른 회사에 매각하는 것을 말한다.
② 기존 회사 영업부문의 일부를 신설 분할회사로 이전시키면서 기존 회사의 주주가 신설 분할회사의 주식을 취득하는 것을 말한다.
③ 기존 회사의 자산 중 인적자산을 제외한 물적자산을 신설 분할회사로 이전시키는 것을 말한다.
④ 기존 회사 영업부문의 일부를 신설 분할회사로 이전시키고, 기존 회사가 신설 분할회사의 주식을 보유하는 경우를 말한다.
⑤ 기존 회사의 물적자산 중 일부를 신설 분할회사로 이전시키면서 신설 분할회사의 주주가 기존 회사의 주식을 취득하는 것을 말한다.

0065
2016 경영지도사

주식회사의 특징에 관한 설명으로 옳은 것은?

① 자본의 증권화로 소유권 이전이 불가능하다.
② 주주는 무한책임을 진다.
③ 소유와 경영의 분리가 불가능하다.
④ 인적결합 형태로 법적 규제가 약하다.
⑤ 자본조달이 용이하고, 과세대상 이익에 대해서는 법인세를 납부한다.

0066
2020 경영지도사

주식회사에 관한 설명으로 옳지 않은 것은?
① 다수의 출자자로부터 대규모 자본조달이 용이하다.
② 소유와 경영의 인적 통합이 이루어진다.
③ 주주총회는 최고의사결정기구이다.
④ 주주의 유한책임을 전제로 한다.
⑤ 자본의 증권화 제도를 통하여 자유롭게 소유권을 이전할 수 있다.

0067
2018 7급 서울시

주식회사의 특징으로 가장 옳은 것은?
① 경영자는 부채에 대해 무한책임을 진다.
② 기업의 이해관계자 집단과 이해조정의 문제가 생기지 않는다.
③ 지분의 유가증권화를 인정하지 않는다.
④ 소유와 경영이 분리되면서 대리인 문제가 발생한다.

0068
2012 7급 국가직

주식회사에 대한 설명으로 적절하지 않은 것은?
① 주주의 유한책임제도를 전제로 한다.
② 자본의 증권화 제도를 채택하고 있다.
③ 주식은 증권거래소를 통해서만 거래될 수 있다.
④ 기업의 소유와 경영의 분리가 촉진된다.

0069
2014 7급 국가직

경영자의 의사결정과 행위 등을 통제하는 기업 지배구조는 크게 내부와 외부 통제메커니즘으로 구분할 수 있다. 내부 통제메커니즘에 해당하지 않는 것은?
① 노동조합   ② 위임장 경쟁
③ 최고경영자 보상   ④ 이사회

0070
2017 7급 국가직

주식회사(Corporation)에 대한 설명으로 옳지 않은 것은?
① 주주는 회사에 대해 개인적으로 출자한 금액한도에서 책임을 진다.
② 주식매매를 통하여 소유권 이전이 가능하다.
③ 전문지식을 가진 전문경영인에게 경영권을 위임하여 소유와 경영을 분리할 수 있다.
④ 주주의 수에 제한이 있어 복잡한 지배구조를 방지할 수 있다.

0071
2020 7급 국가직

지주회사(holding company)에 대한 설명으로 옳지 않은 것은?
① 지주회사는 다른 기업의 주식 소유를 통해 다른 기업을 경영상 지배하려는 목적으로 이루어지는 대규모의 기업집중(industrial concentration) 가운데 하나이다.
② 순수지주회사는 독자적인 사업부문 없이 전략수립, 재무 등 자회사의 경영활동을 총지휘하는 본부기능만 담당한다.
③ 금융지주회사는 은행, 증권회사, 보험회사 등 업종이 다른 금융회사를 자회사로 두는 대형 금융회사들이 주로 채택하고 있다.
④ 지주회사의 레버리지 효과는 자회사를 지배하는 데 필요한 소유주식의 비율이 높을수록 더욱 커진다.

0072
2020 코레일 수송직렬 복원

다음 중 주식회사에 대한 내용으로 바르지 않은 것은?

① 유한책임제도이다.
② 유가증권으로 양도가 자유롭다.
③ 대리인 문제를 발생시키지 않는다.
④ 자본의 증권화를 가능케 한다.
⑤ 소유와 경영이 분리된다.

0073
공기업 출제경향 반영

기업의 인수·합병과 관련된 다음 설명들 중 가장 적절하지 않은 것은?

① 합병은 독립적인 두 기업이 하나의 기업으로 합해지는 것이다.
② 인수란 하나의 기업이 그 재산의 일부 또는 전부를 신설되는 두 개 이상의 기업에 출자하는 것이다.
③ 기업분할이란 하나의 기업이 실질적·법적으로 독립된 두 개 이상의 기업으로 나누어지는 조직재편 방식의 하나이다.
④ 합병은 복수의 기업이 법률적·실질적으로 결합하여 하나의 기업으로 되는 반면, 인수는 법인의 형태는 그대로 유지하고 경영권만을 획득하는 것이다.
⑤ 신규시장으로의 진출 시 즉각적인 해당 시장으로의 진출도 기업이 인수·합병을 하는 이유이다.

0074
2023 공인노무사

다음 특성에 모두 해당되는 기업의 형태는?

- 대규모 자본조달이 용이하다.
- 출자자들은 유한책임을 진다.
- 전문경영인을 고용하여 소유와 경영의 분리가 가능하다.
- 자본의 증권화를 통해 소유권 이전이 용이하다.

① 개인기업
② 합명회사
③ 합자회사
④ 유한회사
⑤ 주식회사

0075
2023 경영지도사

주식회사의 특징에 관한 설명으로 옳지 않은 것은?

① 일반대중으로부터 자본을 쉽게 조달할 수 있다.
② 주주총회는 주주의 공동의사를 결정하는 최고 의사결정 기관이다.
③ 이사회는 회사의 경영 전반에 관한 의사결정 기관이다.
④ 주식회사는 소유와 경영이 분리되어 있다.
⑤ 주식회사의 주주는 무한책임사원으로 구성된다.

0076
2024 9급 군무원

다음 중 소유와 경영의 분리에 대한 설명으로 가장 적절한 것은?

① 기업과 경영의 분리
② 자본가와 종업원의 분리
③ 일반경영자와 전문경영자의 분리
④ 출자자와 경영자의 분리

대리인 문제

0077 2015 경영지도사

주식회사의 대리인 문제에서 발생하는 감시비용에 포함되지 않는 것은?

① 성과급 ② 사외이사
③ 잔여손실 ④ 주식옵션
⑤ 외부회계감사

0078 2013 7급 국가직

대리인 비용을 대리문제 방지수단에 따라 구분할 때, 그 종류에 해당하지 않는 것은?

① 감시비용(monitoring cost)
② 확증비용(bonding cost)
③ 잔여손실(residual loss)
④ 보상손실(compensation loss)

0079 2023 9급 군무원

경영자가 주주의 이익을 최대화하는 목적 이외에 자신의 이익을 위한 의사결정과 행동을 하는 대리인 문제(agency problem)에 해당하지 않는 것은?

① 경영자가 자신을 보호하기 위해 적대적 인수합병이 일어나지 않도록 방어하는 정관을 제정하는 행위
② 경영자가 이사회의 구성원을 선임하는 데에 영향을 미쳐 사외이사의 독립성을 훼손하는 행위
③ 경영자가 경영 실적에 비해 과다한 보상을 책정하는 행위
④ 경영자가 일반 주식보다 자신이 소유한 주식에 대해 많은 투표권을 갖도록 책정하는 행위

협동조합

0080 2019 7급 국가직

협동조합(cooperatives)에 대한 설명으로 옳지 않은 것은?

① 자신들의 경제적 권익을 보호하기 위해 두 명 이상이 공동출자로 조직한 공동기업이다.
② 조합원에게는 출자액에 비례하여 의결권이 부여된다.
③ 영리보다 조합원의 이용과 편익제공을 목적으로 운영된다.
④ 운영주체 또는 기능에 따라 소비자협동조합, 생산자협동조합 등으로 나눌 수 있다.

0081 2024 5급 군무원

다음 중 특수형태기업으로서 협동조합에 대한 설명으로 가장 적절하지 않은 것은?

① 사기업의 성격이 강하나 공기업으로 분류된다.
② 조합 자체의 영리보다 조합원의 상호부조를 목적으로 한다.
③ 조합원의 임의 가입 및 탈퇴가 인정되며 출자액에 관계없이 평등한 의결권을 가진다.
④ 잉여금의 배분은 원칙적으로 조합원의 이용도에 따른다.

기업집중

0082 2014 가맹거래사

동종업종 또는 유사업종 기업 간 수평적으로 맺는 협정은?

① 트러스트 ② 콘체른
③ 지주회사 ④ 카르텔
⑤ 기업합동

0083
2018 공인노무사

동종 또는 유사업종의 기업들이 법적, 경제적 독립성을 유지하면서 협정을 통해 수평적으로 결합하는 형태는?

① 지주회사(holding company)
② 카르텔(cartel)
③ 컨글로메리트(conglomerate)
④ 트러스트(trust)
⑤ 콘체른(concern)

0084
2021 공인노무사

다음의 특성에 해당되는 기업집중 형태는?

- 주식 소유, 금융적 방법 등에 의한 결합
- 외형상으로 독립성이 유지되지만 실질적으로는 종속관계
- 모회사와 자회사 형태로 존재

① 카르텔(cartel)
② 콤비나트(combinat)
③ 트러스트(trust)
④ 콘체른(concern)
⑤ 디베스티처(divestiture)

0085
2014 경영지도사

자회사 주식의 일부 또는 전부를 소유해서 자회사 경영권을 지배하는 지주회사와 관련이 있는 기업결합은?

① 콘체른(konzern)
② 카르텔(cartel)
③ 트러스트(trust)
④ 콤비나트(kombinat)
⑤ 조인트 벤처(joint venture)

0086
2018 경영지도사

카르텔에 관한 설명으로 옳지 않은 것은?

① 동종 유사업종 기업 간에 수평적으로 맺는 협정이다.
② 참여기업 법률적, 경제적으로 완전히 독립되어 협정에 구속력이 없다.
③ 공동판매기관을 설립하여 협정에 참여한 기업의 생산품 판매를 규제하기도 한다.
④ 아웃사이더가 많을수록 협정의 영향력이 커진다.
⑤ 일반적 카르텔은 공정경쟁을 저해하기 때문에 법률로 금지하고 있다.

0087
2019 경영지도사

시장지배를 목적으로 동일한 생산단계에 속한 기업들이 하나의 자본에 결합하는 기업집중형태는?

① 카르텔(cartel)
② 콤비나트(combinat)
③ 콘체른(concern)
④ 조인트벤처(joint venture)
⑤ 트러스트(trust)

0088
2020 경영지도사

상호관련이 없는 이종 기업의 주식을 집중 매입하여 합병함으로써 기업 규모를 확대시켜 대기업의 이점을 추구하려는 다각적 합병은?

① 콤비나트(combinat)
② 다국적 기업(multinational corporation)
③ 조인트 벤처(joint venture)
④ 콘글로머리트(conglomerate)
⑤ 카르텔(cartel)

0089
2022 경영지도사

'지주회사(holding company)에 의한 주식 소유'와 같은 형태의 기업집중은?

① 카르텔(cartel)
② 트러스트(trust)
③ 콘체른(Konzern)
④ 콤비나트(Kombinat)
⑤ 조인트 벤처(joint venture)

0090
2021 7급 군무원

기업 집단화에 대한 설명으로 가장 옳지 않은 것은?

① 카르텔(cartel)은 동종기업 간 경쟁을 배제하고 시장을 통제하는데 그 목적을 두고 있으며, 경제적, 법률적으로 봤을 때 독립성을 유지하고 있지 않다.
② 기업 집단화의 방법으로는 수직적 통합과 수평적 통합이 있으며, 그 중 수평적 통합은 같은 산업에서 활동 단계가 비슷한 기업 간의 결합을 의미한다.
③ 자동차 제조 회사에서 자동차 판매에 필요한 금융리스사를 인수한다면 이는 수직적 통합 중 전방통합에 속한다.
④ 기업 집단화는 시장통제와 경영합리화라는 목적을 지니고 있으며, 이는 시장의 과점적 지배와 규모의 경제 실현과 같은 경제적 영향을 미치게 된다.

0091
2019 7급 국가직

참가기업의 독립성과 결합 정도에 따른 기업집중 형태에 대한 설명으로 옳지 않은 것은?

① 카르텔(cartel or kartell)은 과당경쟁을 제한하면서 시장을 지배하기 위한 목적으로 각 기업이 경제적 독립성을 유지하면서 법률적으로 통합한 형태이다.
② 트러스트(trust)는 시장독점을 위해 각 기업이 법률적·경제적 독립성을 포기하고 새로운 기업으로 결합한 형태이다.
③ 컨글로머릿(conglomerate)은 기업규모 확대를 위해 다른 업종이나 기업 간 주식매입을 통해 결합한 형태이다.
④ 콘체른(concern or konzern)은 각 기업이 법률적 독립성을 유지하면서 주식소유 및 자금대여와 같은 금융적 방법에 의해 결합한 형태이다.

0092
2023 경영지도사

동일·유사 업종에 속하는 기업들이 법률·경제적으로 독립성을 유지하면서 일정한 협약에 따라 이루어지는 기업의 수평적 결합 방식은?

① 트러스트(trust)
② 콘체른(concern)
③ 콤비나트(kombinat)
④ 카르텔(cartel)
⑤ 흡수합병(merger)

0093
2023 7급 서울시

기업집중의 형태에서 콘체른(concern)에 대한 설명으로 가장 옳은 것은?

① 다수의 개별 기업이 법률적으로는 독립성을 유지하지만 경제적으로는 독립성을 상실한 기업집중 형태로, 지주회사가 그 예이다.
② 다수의 개별 기업이 법률적·경제적으로 독립성을 상실한 기업집중의 형태로, 구속력이 가장 크며 시장의 지배를 목적으로 한다.
③ 동종 업종에 속한 기업들이 법률적·경제적으로 독립성을 유지하며 협정을 통해 수평적으로 이루어지는 결합 형태이다.
④ 생산공정이나 판매과정에서 상호 경쟁 관계가 없는 산업 분야에 진출해서 사업 활동을 영위하는 기업 형태이다.

0094
2023 5급 군무원

기업집중의 형태인 카르텔과 트러스트의 차이점에 대한 설명으로 가장 옳지 않은 것은?

① 카르텔 : 독점적 이익협정을 목표
  트러스트 : 독점적 기업지배를 목표
② 카르텔 : 가입기업의 독립성 유지
  트러스트 : 가입기업의 독립성 상실
③ 카르텔 : 계약기간이 끝나면 자동 해체
  트러스트 : 조직 자체가 해체될 때까지 계속 유지
④ 카르텔 : 동종 혹은 이종 기업의 수직적 결합
  트러스트 : 주로 동종기업의 수평적 결합

0095
2024 5급 군무원

다음 중 콘체른(Konzern)에 대한 설명으로 가장 적절하지 않은 것은?

① 몇 개의 기업이 독립성을 상실한 채 하나의 거대 기업으로 변모하여 시장을 지배하게 되는데 이런 기업을 콘체른(Konzern)이라고 한다.
② 강력한 자본력을 가진 기업이 다른 기업에 출자하거나 주식을 교환하여 서로 관련이 없는 기업이 결합하는 경우가 많다.
③ 한국의 재벌기업이라고 불리는 기업들이 이에 해당하는 경우가 많다.
④ 대자본에 의한 기술개발이나 유망 산업으로의 진출 면에서는 장점이 있다.

기업집단

0096
2020 공인노무사

(주)한국은 정부의 대규모 사업에 참여하면서 다수 기업과 공동출자를 하고자 한다. 이 전략 유형에 해당하는 것은?

① 우회전략(turnaround strategy)
② 집중전략(concentration strategy)
③ 프랜차이징(franchising)
④ 컨소시엄(consortium)
⑤ 포획전략(captive strategy)

0097
2014 경영지도사

민간부문이 보유한 정보, 기술, 자본을 공공부문에 도입해 공동출자형식으로 행하는 기관 또는 사업은?

① 정부출연기관
② 정부재정지원기관
③ 제3섹터
④ 공익사업
⑤ 주택사업

0098
2016 경영지도사

동종 또는 유사기업간의 수평적·수직적 결합이 아닌 이종기업간의 결합을 통해 이점을 추구하는 기업집중은?

① 카르텔(cartel)
② 트러스트(trust)
③ 콘체른(konzern)
④ 콩글로머리트(conglomerate)
⑤ 조인트벤처(joint venture)

0099
2018 경영지도사

울산석유화학단지와 같이 여러 개의 생산부문이 유기적으로 결합된 다각적 결합공장 혹은 공장집단은?

① 트러스트(trust)
② 콘체른(concern)
③ 콤비나트(kombinat)
④ 컨글로메리트(conglomerate)
⑤ 조인트벤처(joint venture)

기업의 사회적 책임

0100
2022 가맹거래사

기업의 사회적 책임에 관한 설명으로 옳지 않은 것은?

① 기업의 사회적 책임에 관한 국제표준은 ISO 26000이다.
② ESG 경영과 사회적 책임은 상호연관성이 높은 개념이다.
③ ISO 26000은 강제 집행사항은 아니지만 국제사회의 판단기준이 된다.
④ 사회적 책임 분야는 CSV(Creating Shared Value)에서 CSR(Corporate Social Responsibility)의 순서로 발전되었다.
⑤ CSV는 기업 경쟁력을 강화하는 정책이며 지역사회의 경제적, 사회적 조건을 동시에 향상시키는 개념이다.

0101
2020 공인노무사

기업의 사회적 책임 중에서 제1의 책임에 해당하는 것은?

① 법적 책임
② 경제적 책임
③ 윤리적 책임
④ 자선적 책임
⑤ 환경적 책임

0102
2021 공인노무사

캐롤(A. B. Carrol)의 피라미드 모형에서 제시된 기업의 사회적 책임의 단계로 옳은 것은?

① 경제적 책임 → 법적 책임 → 윤리적 책임 → 자선적 책임
② 경제적 책임 → 윤리적 책임 → 법적 책임 → 자선적 책임
③ 경제적 책임 → 자선적 책임 → 윤리적 책임 → 법적 책임
④ 경제적 책임 → 법적 책임 → 자선적 책임 → 윤리적 책임
⑤ 경제적 책임 → 윤리적 책임 → 자선적 책임 → 법적 책임

0103
2013 경영지도사

기업의 사회적 책임의 영역 중 가장 기본적이고, 제1차적 수준의 책임은?

① 경제적 책임
② 윤리적 책임
③ 법적 책임
④ 자발적 책임
⑤ 도덕적 책임

0104
2014 경영지도사

기업의 사회적 책임에 대한 고전적 견해의 주장에 해당되는 것은?

① 기업의 사회적 목표 추구는 제품 및 서비스의 가격상승을 초래하여 소비자들이 피해를 보게 된다.
② 기업의 사회적 목표 추구는 장기적으로 기업에 이익을 가져다준다.
③ 기업의 사회적 목표 추구로 기업은 기업이미지 개선을 도모할 수 있다.
④ 기업의 사회적 목표 추구로 기업은 정부규제를 회피할 수 있다.
⑤ 기업의 사회적 목표 추구는 기업의 권력에 상응하는 책임의 균형 차원에서 요구된다.

0105
2016 경영지도사

기업의 사회적 책임이 요구되는 이유로 옳지 않은 것은?

① 외부경제효과
② 시장의 불완전성
③ 환경요인간의 상호의존성 심화
④ 기업영향력의 증대
⑤ 공유가치 창출의 필요성

0106
2017 경영지도사

지속가능경영을 구성하는 세 가지 요소는?

ㄱ. 대내적 공정성	ㄴ. 대외적 공헌성
ㄷ. 경제적 수익성	ㄹ. 환경적 건전성
ㅁ. 사회적 책임성	

① ㄱ, ㄴ, ㄹ
② ㄱ, ㄴ
③ ㄱ, ㄷ, ㄹ
④ ㄱ, ㄷ, ㅁ
⑤ ㄷ, ㄹ, ㅁ

0107
2017 경영지도사

드러커(P. Drucker)가 제안한 기업의 사회적 책임의 내용에 해당하지 않는 것은?

① 경제적 책임(economic responsibility)
② 법적 책임(legal responsibility)
③ 기술적 책임(technological responsibility)
④ 윤리적 책임(ethical responsibility)
⑤ 자선적 책임(discretionary responsibility)

0108
2018 경영지도사

사회적 책임에 대한 기업의 대응전략에 해당하지 않는 것은?

① 방해전략(obstructive strategy)
② 공격전략(offensive strategy)
③ 방어전략(defensive strategy)
④ 행동전략(proactive strategy)
⑤ 적응전략(accommodative strategy)

0109
2018 경영지도사

국제표준화기구(ISO)에서 제정한 기업의 사회적 책임에 관한 국제표준은?

① ISO 9000
② ISO 14000
③ ISO 22000
④ ISO 26000
⑤ ISO/IEC 27000

0110
2022 9급 군무원

다음 중 기업의 사회적 책임의 유형들에 대한 설명으로 가장 옳지 않은 것은?

① 경제적 책임 : 이윤을 창출하는 것으로 가장 기초적인 수준의 사회적 책임에 해당됨
② 법적 책임 : 법규를 준수하는 것
③ 윤리적 책임 : 법적 책임의 범위 내에서 기업을 경영하는 것
④ 자선적 책임 : 자발적으로 사회에 이바지하여 훌륭한 기업 시민이 되는 것

0111
2022 7급 군무원

다음 중 기업의 사회적 책임에 대한 설명으로 가장 옳지 않은 것은?

① 사회적 책임은 기업의 소유주뿐만 아니라 기업의 모든 이해관계 당사자들의 복리와 행복에 대한 기업의 관심과 배려에 바탕을 두고 있다.
② 사회적 책임은 청렴, 공정, 존중 등의 기본 원칙을 충실히 이행하려는 책임감에서 비롯된다.
③ 미국 경제학자인 밀턴 프리드먼(Milton Friedman)은 시장에서의 경쟁과 이윤 추구뿐만 아니라 기업의 사회적 책임을 강조했다.
④ 자선 재단 운영, 사회적 약자 고용, 환경보호 등은 기업의 사회적 책임 성과라고 할 수 있다.

0112
2017 7급 서울시

기업전략에서 고려하는 지속가능성(sustainability)에 대한 설명으로 가장 옳은 것은?

① 지속가능 기업전략에서는 이해관계자와 관계없이 주주의 이익을 우선시한다.
② 지속가능성 평가 기준의 일종인 삼중선(triple bottom lines)은 기업의 경제, 사회, 정부 차원의 책무를 강조한다.
③ 사회적 책임이 포함된 기업전략을 수립하는 것에 대해 모든 기업이 동의한다.
④ 기업의 이익을 넘어 사회의 이익을 제공할 수 있는 전략을 수립한다.

0113
2015 7급 국가직

기업의 사회적 책임(CSR: Corporate Social Responsibility)의 내용으로 옳지 않은 것은?

① 기업의 유지 및 발전에 대한 책임
② 기업의 후계자 육성에 대한 책임
③ 기업의 주주 부(wealth)의 극대화에 대한 책임
④ 기업의 다양한 이해 조정에 대한 책임

0114
2015 7급 국가직

친환경 경영과 직접적인 관련이 없는 것은?

① 식스시그마(6 sigma) 운동
② 탄소배출권
③ 지속가능한 경영
④ 교토의정서

0115
2017 7급 국가직

공급사슬관리에서 "현재세대의 자원 운영 계획이 미래세대의 자원 활용 가능성을 제한하지 않아야 한다."라고 정의되는 지속 가능성(Sustainability)의 3요소가 아닌 것은?

① 재무적(경제적) 가치
② 기술적 가치
③ 환경적 가치
④ 사회적 가치

0116
2017 7급 국가직

기업의 이해관계자에 대한 기업의 사회적 책임(CSR : Corporate Social Responsibility)이 잘못 연결된 것은?

① 종업원에 대한 책임 – 안전한 작업환경 제공, 적절한 노동의 대가 지불
② 사회에 대한 책임 – 새로운 부(Wealth)의 창출, 환경보호, 사회정의 촉진
③ 고객에 대한 책임 – 가치 있는 제품 및 서비스 공급, 고객 만족
④ 투자자에 대한 책임 – 내부자거래(Insider Trading)로 주주의 부(Wealth) 극대화, 사회적 투자

0117
2021 7급 국가직

캐롤(A. B. Carroll)의 기업의 사회적 책임 4단계에 대한 설명으로 옳지 않은 것은?

① 제1단계는 경제적 책임으로 경쟁기업과의 공정 경쟁에 대한 책임을 의미한다.
② 제2단계는 법적 책임으로 경영활동을 수행할 때, 법규 준수에 대한 책임을 의미한다.
③ 제3단계는 윤리적 책임으로 경영활동을 수행할 때, 도덕적 책임의 이행을 의미한다.
④ 제4단계는 자선적 책임으로 경영활동과 관련이 없다 할지라도 사회적으로 의미가 있는 활동에 기업 스스로 자발적으로 참여하는 책임을 의미한다.

0118
2022 7급 국가직

기업의 사회적 책임(corporate social responsibility:CSR)에 대한 설명으로 옳은 것은?

① 가장 높은 수준의 사회적 책임은 주주 대신 종업원, 소비자, 사회 및 환경에 대한 기업의 책임을 의미한다.
② 사회적 책임을 다하는 기업에게는 사회적 권력이 부여된다는 것이 기본 원리이다.
③ 사회경제적 관점에서 이해관계자의 복리는 '보이지 않는 손'에 의하여 이루어진다.
④ 전통적 관점에 의하면 기업의 이익 극대화가 기업의 유일한 사회적 책임이다.

0119
공기업 출제경향 반영

다음 중 기업의 사회적 역할이 중요한 이유로 바르지 않은 사항은?

① 국민경제에 미치는 영향
② 기업의 이윤 추구
③ 책임과 권력의 균형
④ 기업의 공공이미지 개선
⑤ 사회적 이익과의 조화

0120
공기업 출제경향 반영

캐럴(A. B. Carroll)의 기업의 사회적 책임 피라미드에 나타난 사회적 책임 4단계가 아닌 것은?

① 경제적 책임(economical responsibility)
② 윤리적 책임(ethical responsibility)
③ 환경적 책임(environmental responsibility)
④ 법적 책임(legal responsibility)
⑤ 자선적 책임(philanthropic responsibility)

0121
2023 경영지도사

이윤 극대화, 일자리 창출 등 기본적 영역에 해당하는 기업의 사회적 책임은?

① 윤리적 책임 ② 경제적 책임
③ 법적 책임   ④ 자유 재량적 책임
⑤ 사회봉사 책임

0122
2024 경영지도사

캐롤(A. Carroll)이 제시한 기업의 사회적 책임(CSR: Corporate Social Responsibility) 4단계에 해당하지 않는 것은?

① 경제적 책임 ② 자생적 책임
③ 법률적 책임 ④ 윤리적 책임
⑤ 자선적 책임

0123
2024 공인노무사

캐롤(B. A. Carroll)이 주장한 기업의 사회적 책임 중 책임 성격이 의무성보다 자발성에 기초하는 것을 모두 고른 것은?

| ㄱ. 경제적 책임 | ㄴ. 법적 책임 |
| ㄷ. 윤리적 책임 | ㄹ. 자선적 책임 |

① ㄱ, ㄴ   ② ㄴ, ㄷ
③ ㄷ, ㄹ   ④ ㄱ, ㄴ, ㄹ
⑤ ㄴ, ㄷ, ㄹ

0124
2024 5급 군무원

기업의 사회적 책임이 요구되는 배경으로 다음 중 가장 적절하지 않은 것은?

① 경제에는 외부경제효과와 외부불경제효과가 존재하게 되는데 주로 외부불경제효과가 주는 부정적 영향 때문이다.
② 현실적으로 시장의 많은 부분에서 불공정한 경쟁이 이루어지고 있기 때문이다.
③ 사회를 구성하는 모든 요인들의 상호 의존성이 약화되고 있어 각 구성원들의 책임이 강조된다.
④ 기업의 영향력이 상대적으로 증대되고 있기 때문이다.

0125
2024 7급 국가직

기업의 사회적 책임(corporate social responsibility: CSR)과 공유가치창출(creating shared value: CSV)에 대한 설명으로 옳지 않은 것은?

① 주주에게 높은 배당을 하는 정책은 CSR 활동에 해당한다.
② CSR의 특징에 자발적 실천이 있다.
③ 이익 극대화에 대한 희생은 CSR이 CSV에 비해 더 크다.
④ CSV는 공정무역, 난민 문제에 대해서도 적극적으로 개입한다는 점에서 정치적 가치와 사회적 가치를 동시에 창출하는 이중 가치 활동이다.

기업윤리

0126
2015 경영지도사

기업윤리의 접근법 중 최대다수의 최대행복 제공을 목표로 하는 접근법은?

① 공리적 접근   ② 상대적 접근
③ 도덕권리적 접근 ④ 정의적 접근
⑤ 의무론적 접근

0127
2016 경영지도사

기업경영과 관련하여 윤리적 이슈에 해당하지 않는 것은?

① 횡령
② 불공정 행위
③ 환경파괴
④ 수익성 제고
⑤ 안전불감

0128
2018 경영지도사

'다수의 이익을 위해 소수의 이익은 희생될 수 있다'는 전제 하에 최대다수의 최대행복을 기본원리로 삼는 윤리적 의사결정 접근법은?

① 공리주의 접근법
② 상대주의 접근법
③ 도덕적 권리 접근법
④ 사회적 정의 접근법
⑤ 의무론적 접근법

0129
2020 경영지도사

윤리적 의사결정 기준 중 공리주의 접근법에 관한 설명이 아닌 것은?

① 최대 다수의 최대 행복을 지향한다.
② 금전적 측정이 곤란한 경우에는 비용-효익 분석을 적용할 수 없다.
③ 다수집단에 속한 사람들의 권리가 소수집단에 속한 사람들의 권리에 우선한다.
④ 이익극대화, 능률성 추구를 정당한 것으로 본다.
⑤ 결정 또는 행동이 정당성, 공정성, 공평성의 원칙을 전제로 한다.

0130
2021 경영지도사

경영자의 바람직한 윤리적 환경 구축에 관한 설명으로 옳지 않은 것은?

① 윤리의식이 잘 갖추어진 사람을 채용하고 승진시킨다.
② 윤리적 행동에 높은 가치를 부여하는 조직문화를 육성한다.
③ 윤리담당자를 임명한다.
④ 방임적 통제 프로세스를 발전시킨다.
⑤ 사람들이 의사결정과정에서 윤리적 차원을 고려하도록 한다.

0131
2024 9급 군무원

아프리카에 진출한 어떤 한국기업의 경우, 그 국가에서 적절하다고 여겨지는 관행을 기준으로 급여를 책정하였으므로 한국 기준에서는 터무니없는 저임금일지라도 윤리적이라고 판단하고 있다. 이러한 경영 윤리관을 지칭하는 용어로서 가장 적절한 것은?

① 공리주의 윤리관
② 정의론적 윤리관
③ 사회계약론적 윤리관
④ 인권론적 윤리관

과학적 관리법

0132
2006 가맹거래사

테일러(F. W. Taylor)의 과학적 관리법에 관한 설명으로 가장 적절하지 않은 것은?

① 분업의 원리를 적용하여 업무를 세분화하고 종업원들을 하나의 직무에 전문성을 갖도록 하였다.
② 시간과 동작 연구를 통하여 일일 표준작업량을 산출하였다.
③ 종업원 개인의 성과 차이에 따라 임금을 차별화하였다.
④ 작업자가 생산작업에만 충실하도록 생산준비 부서인 기획부제도를 도입하였다.
⑤ 조직의 관리과정을 계획, 조직, 충원, 지휘, 통제로 구분하여 분석하였다.

0133
2021 가맹거래사

테일러(F. Taylor)의 과학적 관리를 설명하는 것을 모두 고른 것은?

> ㄱ. 과업관리 활용
> ㄴ. 시간 및 동작연구 이용
> ㄷ. 차별적 성과급제 도입
> ㄹ. 14가지 관리원칙 제시
> ㅁ. 인간의 심리적 측면 강조

① ㄱ, ㄴ, ㄷ   ② ㄱ, ㄴ, ㄹ
③ ㄱ, ㄴ, ㅁ   ④ ㄴ, ㄷ, ㄹ
⑤ ㄷ, ㄹ, ㅁ

0134
2010 공인노무사

테일러(F. W. Taylor)의 과학적 관리법의 내용에 해당되지 않는 것은?

① 공정한 일일 작업량 설정
② 시간연구 및 동작연구
③ 차별성과급제
④ 기능식 직장제도
⑤ 사회적 접근

0135
2015 공인노무사

테일러(F. Taylor)의 과학적 관리의 특징으로 옳지 않은 것은?

① 과업관리
② 작업지도표 제도
③ 차별적 성과급제
④ 기능식 직장제도
⑤ 컨베이어 시스템

0136
2019 공인노무사

테일러(F. W. Taylor)의 과학적 관리법에 관한 설명으로 옳지 않은 것은?

① 시간 및 동작 연구
② 기능적 직장제도
③ 집단중심의 보상
④ 과업에 적합한 종업원 선발과 훈련 강조
⑤ 고임금 저노무비 지향

0137
2013 경영지도사

테일러(F. Taylor)의 과학적 관리법에 관한 설명으로 옳지 않은 것은?

① 시간연구와 동작연구
② 공정한 작업량 설정
③ 작업에 적합한 과학적인 근로자 선발
④ 시간제 임금지급을 통한 차별적 성과급제
⑤ 관리활동의 기능별 분업

0138
2015 경영지도사

테일러(F. Taylor)의 과학적 관리에서 활용된 방법이 아닌 것은?

① 차별적 성과급제
② 작업도구의 표준화
③ 직무에 적합한 작업자 선발과 훈련
④ 권한과 책임의 원칙
⑤ 시간·동작 연구

0139
2020 경영지도사

테일러(F. Taylor)의 과학적 관리법(Scientific Management)에 관한 설명으로 옳지 않은 것은?

① 작업방식의 과학적 연구
② 과학적인 근로자 선발 및 훈련
③ 관리활동의 통합
④ 차별적 성과급제
⑤ 합리적 경제인을 가정

0140
2021 9급 군무원

테일러의 과학적 관리법의 설명으로 가장 옳지 않은 것은?

① 내적 보상을 통한 동기부여
② 표준화를 통한 효율성 향상
③ 선발, 훈련, 평가의 합리화
④ 계획과 실행의 분리

0141
2020 7급 서울시

테일러(Taylor)의 과학적 관리론에 대한 설명으로 가장 옳지 않은 것은?

① 미국의 남북전쟁 시기 이후 공업화 과정에서 대두된 표류관리(drifting management) 방식에 의한 문제를 극복하기 위한 직무관리 체계이다.
② 노동 과정에 이동조립법에 의한 유동작업방식을 도입함으로써 기업의 공익적 역할을 추구한다.
③ 작업의 비효율성을 해결하기 위해 시간연구와 동작연구에 의한 표준작업량을 도출하여 이를 생산성 향상 과정에 이용한다.
④ 작업 지시표(instruction card)를 도입함으로써 이후 간트 차트(Gantt chart) 개발의 기반이 되었다.

0142
2010 7급 국가직

과학적 관리법(scientific management)에 대한 설명으로 적절하지 않은 것은?

① 개인보다는 집단 중심의 보상을 더 중요시하였다.
② 시간 및 동작연구(time and motion study)가 주요한 기법으로 사용되었다.
③ 경제적 보상을 가장 중요한 동기부여의 수단으로 보았다.
④ 기획부제도, 기능식 직장제도, 작업지도표제도 등을 활용하였다.

0143
2011 7급 국가직

테일러(F. Taylor)가 과학적 관리법을 통해 실현하고자 했던 것으로 옳은 것은?

① 저임금 고노무비(low wage-high labor cost)
② 고임금 저노무비(high wage-low labor cost)
③ 저가격 고임금(low price-high wage)
④ 고가격 저임금(high price-low wage)

0144
2013 7급 국가직

테일러(F. Taylor)의 과학적 관리법에 대한 설명으로 옳지 않은 것은?

① 시간 및 동작 연구에 따라 합리적 작업수행 방법을 제시하였다.
② 직무에 적합한 종업원의 선발과 훈련을 강조하였다.
③ 집단 성과급 제도를 도입하였다.
④ 기획부 제도를 도입하고, 기능별 감독 제도를 운영하였다.

0145
2021 5급 군무원

아래의 테일러(F. Taylor)가 제시한 과학적 관리법(scientific management)의 주요 특징으로 가장 옳지 않은 것은?

① 능률적 작업을 위해 작업방식을 면밀히 분석하여 가장 합리적인 방법을 찾는다.(=과학적 작업방식의 연구)
② 작업의 생산성을 향상시키기 위해서 근로자 선발에 있어서 동일한 체격과 성격을 소유한 사람을 선발한다.(=과학적인 근로자 선발)
③ 근로자들에게 시간제 임금보다는 생산량에 따라 임금을 차별화하여 지급한다.(=성과급제도)
④ 한 명의 관리자가 모든 근로자를 관리하는 것이 아니라 과업 성격에 따라 기능별로 나누어 맡긴다.(=관리 활동의 분업)

0146
2020 코레일 수송직렬 복원

다음 중 테일러 시스템의 원칙으로 바르지 않은 것은 무엇인가?

① 과학적 선발
② 작업의 표준화
③ 차별적 성과급제
④ 관리활동의 분업
⑤ 동작경제

0147
2023 경영지도사

테일러(F. Taylor)가 제시한 과학적 관리법에 관한 특징으로 옳지 않은 것은?

① 기획부제
② 직능적(기능식) 직장제
③ 지시표제
④ 차별적 성과급제
⑤ 대량 생산방식의 3S

0148
2024 공인노무사

테일러(F. W. Taylor)의 과학적 관리법에 제시된 원칙으로 옳은 것을 모두 고른 것은?

ㄱ. 작업방식의 과학적 연구
ㄴ. 과학적 선발 및 훈련
ㄷ. 관리자와 작업자들 간의 협력
ㄹ. 관리 활동의 분업

① ㄱ, ㄴ
② ㄷ, ㄹ
③ ㄱ, ㄴ, ㄷ
④ ㄴ, ㄷ, ㄹ
⑤ ㄱ, ㄴ, ㄷ, ㄹ

포드시스템

0149
2017 공인노무사

경영이론의 주창자와 그 내용이 옳지 않은 것은?

① 테일러(Taylor): 차별적 성과급제
② 메이요(Mayo): 비공식 조직의 중시
③ 페이욜(Fayol): 권한과 책임의 원칙
④ 포드(Ford): 고임금 고가격의 원칙
⑤ 베버(Weber): 규칙과 절차의 중시

0150
2020 경영지도사

포드(H. Ford)는 기업의 목적을 '사회 대중에 대한 봉사'로 보고 포디즘(Fordism)을 주장하였는데 포디즘의 기본원리로 옳은 것은?

① 고가격 고임금
② 저가격 고임금
③ 고가격 저임금
④ 저가격 최저임금
⑤ 고가격 최저임금

0151
2007 7급 국가직

포드가 주창한 경영관리의 합리화 방식에 해당하지 않는 것은?

① 노동조합의 육성
② 이동조립법(컨베이어벨트 시스템)
③ 제품 표준화
④ 부품 규격화

0152
2021 7급 국가직

포드시스템에 대한 설명으로 옳지 않은 것은?

① 구성원의 단결과 조화를 유지하여 동기부여와 시너지 효과를 누리도록 하였다.
② 작업능률의 향상, 원가절감, 판매가격 인하를 도모하였다.
③ 시간연구, 동작연구에 의한 과학적 방법에 입각하였다.
④ 컨베이어 시스템은 인간성에 대한 배려가 적었고, 대량생산 방식을 도입하여 제품 차별화가 어려웠다.

0153
2020 코레일 사무직 복원

포드시스템에 관한 설명으로 옳지 않은 것은?

① 동시관리
② 연속생산공정
③ 이동조립방식
④ 차별성과급제
⑤ 저가격-고임금

일반관리론

0154
2014 가맹거래사

페이욜(Fayol)이 주창한 경영활동과 관련하여 연결이 옳은 것은?

① 기술활동 – 생산, 제조, 가공
② 상업활동 – 계획, 조직, 지휘, 조정, 통제
③ 회계활동 – 구매, 판매, 교환
④ 관리활동 – 재화 및 종업원 보호
⑤ 재무활동 – 원가관리, 예산통제

0155
2013 공인노무사

현대 경영이론에서 계획, 조직, 지휘, 조정, 통제의 관리기능을 주장한 사람은?

① F. W. Taylor
② Henry Ford
③ H. A. Simon
④ Henri Fayol
⑤ H. Mintzberg

0156
2021 공인노무사

페이욜(H. Fayol)의 일반적 관리원칙에 해당하지 않는 것은?

① 지휘의 통일성
② 직무의 분업화
③ 보상의 공정성
④ 조직의 분권화
⑤ 권한과 책임의 일치

0157
2014 경영지도사

페이욜(H. Fayol)이 제시한 관리원칙에 해당되지 않는 것은?

① 분권화의 원칙
② 계층화의 원칙
③ 분업화의 원칙
④ 지휘일원화의 원칙
⑤ 조직목표 우선의 원칙

0158
2018 경영지도사

페이욜(H. Fayol)이 제시한 경영조직의 일반원칙으로 옳지 않은 것은?

① 명령일원화의 원칙
② 분업의 원칙
③ 동작경제의 원칙
④ 권한과 책임의 원칙
⑤ 집권화의 원칙

0159
2020 경영지도사

페이욜(H. Fayol)이 관리이론에서 주장한 경영관리의 14개 기본원칙에 해당하지 않는 것은?

① 업무의 분화
② 명령의 일원화
③ 방향의 단일화
④ 기술적 훈련, 역량 그리고 전문성에 근거한 선발
⑤ 개인보다 조직 이해의 우선

0160
2020 7급 서울시

페이욜(Fayol)의 관리이론에 대한 설명으로 가장 옳지 않은 것은?

① 페이욜은 관리원칙이 일반 조직에 적용될 수 있다고 주장한다.
② 개인의 이익과 목표를 먼저 달성하여 조직의 최종적인 이익을 높일 수 있음을 주장한다.
③ 관리자가 피관리자에게 공정한 보상과 대우를 해야 한다고 주장한다.
④ 분업을 통한 전문화의 원칙을 주장한다.

0161
2023 경영지도사

페이욜(H. Fayol)이 제시한 관리원칙에 해당하지 않는 것은?

① 권한과 책임　② 개인 목표 우선
③ 집권화　　　④ 분업화
⑤ 질서

0162
2024 경영지도사

페이욜(H. Fayol)이 제시한 경영원칙에 해당하지 않는 것은?

① 분업　　　　② 규율
③ 비전　　　　④ 보상
⑤ 권한과 책임

관료제론

0163
2016 공인노무사

막스 베버(Max Weber)가 제시한 관료제 이론의 주요 내용이 아닌 것은?

① 규정에 따른 직무배정과 직무수행
② 능력과 과업에 따른 선발과 승진
③ 상황적합적 관리
④ 계층에 의한 관리
⑤ 규칙과 문서에 의한 관리

0164
2014 경영지도사

경영학의 역사적 전개과정상에서 나타난 이론 중 성격이 다른 것은?

① 매슬로우(A. Maslow)의 욕구단계론
② 허츠버그(F. Herzberg)의 2요인이론
③ 맥그리거(D. McGregor)의 X – Y이론
④ 베버(M. Weber)의 관료제 조직론
⑤ 아지리스(C. Argyris)의 성숙 – 미성숙이론

0165
2015 경영지도사

막스 베버(M. Weber)가 제시한 이상적 관료조직의 원칙으로 옳지 않은 것은?

① 분업과 전문화
② 공식적인 규칙과 절차
③ 비개인성
④ 연공에 의한 승진
⑤ 공과 사의 명확한 구분

0166
2016 경영지도사

막스 베버(M. Weber)가 제시한 관료제의 특성에 해당되지 않는 것은?

① 상위직급과 하위직급 간의 수평적 의사소통
② 문서로 정해진 규칙과 절차에 따른 과업의 수행
③ 기능적 전문화에 기초한 체계적인 업무의 분화
④ 직무는 전문화되고, 훈련받은 자에 의한 직무의 수행
⑤ 안정적이고 명확한 권한계층

0167
2017 경영지도사

관료제이론의 주요 내용과 거리가 먼 것은?

① 합법적 직무배정과 직무수행
② 직무의 전문성과 능력에 의한 고용
③ 계층에 의한 관리
④ 규칙과 문서에 의한 경영관리
⑤ 신속한 의사결정

0168
2018 경영지도사

베버(M. Weber)의 이상적인 관료제의 특징으로 옳지 않은 것은?

① 분업화와 전문화
② 명확한 권한 체계
③ 문서화된 공식적 규칙과 절차
④ 전문직 자격에 근거한 공식적인 선발
⑤ 개인별 특성을 고려한 관리

0169
2022 경영지도사

막스 베버(M. Weber)가 주장한 관료조직의 특징으로 옳은 것을 모두 고른 것은?

| ㄱ. 분업 | ㄴ. 창의성 |
| ㄷ. 명확한 위계질서 | ㄹ. 공식규정 및 규칙 |

① ㄱ, ㄴ
② ㄷ, ㄹ
③ ㄱ, ㄷ, ㄹ
④ ㄴ, ㄷ, ㄹ
⑤ ㄱ, ㄴ, ㄷ, ㄹ

0170
공기업 출제경향 반영

베버(Weber)의 "이상적 관료제" 원칙으로 가장 적절하지 않은 것은?

① 문서화
② 경력지향
③ 비공식 규칙
④ 분업
⑤ 비개인성

0171
2024 5급 군무원

20세기 초 독일의 사회학자 막스 베버(Max Weber)는 조직활동을 연구하면서 이상적으로 작동하는 조직을 구상하고 관료제라는 이름을 붙였다. 베버의 관료제의 특징을 설명하는 것으로서 다음 중 가장 적절하지 않은 것은?

① 조직의 경영자는 소유자가 아니라 직업경영인이다.
② 사람에 따라 적용이 차별화되고 유연하게 적용되는 체제이다.
③ 사람은 기술적 역량을 기준으로 선발한다.
④ 직무는 잘 정의된 단순하고 고정된 과업으로 분리한다.

인간관계론

0172
2011 공인노무사

현대 경영학 이론에 관한 설명으로 옳지 않은 것은?

① 과학적 관리법에서는 효율과 합리성을 강조한다.
② 인간관계론에서는 인간의 사회·심리적 요인을 중시한다.
③ 행동과학이론에서는 조직 내 비공식조직의 활용을 중시한다.
④ 시스템이론에서는 조직을 여러 구성인자가 유기적으로 상호작용하는 결합체로 본다.
⑤ 상황이론에서는 조직구조가 조직이 처한 상황에 적합해야 한다고 본다.

0173
2012 공인노무사

인간관계론의 내용에 관한 설명으로 옳은 것은?

① 과학적 관리법과 유사한 이론이다.
② 인간 없는 조직이란 비판을 들었다.
③ 심리요인과 사회요인은 생산성에 영향을 주지 않는다.
④ 비공식집단을 인식했으나 그 중요성을 낮게 평가했다.
⑤ 메이요(E. Mayo)와 뢰슬리스버거(F. Roethlisberger)를 중심으로 호손실험을 거쳐 정리되었다.

0174
2016 공인노무사

인간관계론에 해당하는 내용은?

① 기획업무와 집행업무를 분리시킴으로써 계획과 통제의 개념 확립
② 시간 및 동작 연구를 통하여 표준 과업량 설정
③ 자연발생적으로 형성된 비공식 조직의 존재 인식
④ 과업에 적합한 근로자 선발 및 교육훈련 방법 고안
⑤ 전문기능별 책임자가 작업에 대한 분업적 지도 수행

0175
2017 공인노무사

호손실험(Hawthorne experiment)의 순서가 바르게 나열된 것은?

| ㄱ. 면접실험 | ㄴ. 조명실험 |
| ㄷ. 배전기 전선작업실 관찰 | ㄹ. 계전기 조립실험 |

① ㄱ → ㄴ → ㄷ → ㄹ
② ㄱ → ㄹ → ㄴ → ㄷ
③ ㄴ → ㄹ → ㄱ → ㄷ
④ ㄴ → ㄹ → ㄷ → ㄱ
⑤ ㄹ → ㄱ → ㄷ → ㄴ

0176
2022 공인노무사

메이요(E. Mayo)의 호손실험 중 배선작업 실험에 관한 설명으로 옳지 않은 것은?

① 작업자를 둘러싸고 있는 사회적 요인들이 작업능률에 미치는 영향을 파악하였다.
② 생산 현장에서 비공식조직을 확인하였다.
③ 비공식조직이 작업능률에 영향을 미치는 것을 발견하였다.
④ 관찰연구를 통해 진행되었다.
⑤ 경제적 욕구의 중요성을 재확인하였다.

0177
2013 경영지도사

호손(Hawthorne)실험의 주요 결론에 관한 설명으로 옳지 않은 것은?

① 노동환경과 생산성 사이에 반드시 비례관계가 존재하는 것은 아니다.
② 심리적 요인에 의해서 생산성이 좌우될 수 있다.
③ 작업자의 생산성은 임금, 작업시간, 노동환경의 함수이다.
④ 비공식 집단이 자연적으로 발생하여 공식조직에 영향을 미칠 수 있다.
⑤ 경영자와 작업자들 사이의 인간관계가 생산성에 영향을 미칠 수 있다.

0178
2015 경영지도사

인간관계론에 관한 설명으로 옳지 않은 것은?

① 비용의 논리를 추구한다.
② 비공식 집단을 강조한다.
③ 사회적 인간관과 연관이 있다.
④ 만족이 생산성 향상을 가져온다고 생각한다.
⑤ 감정의 논리에 치중하는 경향이 있다.

0179
2018 경영지도사

호손(Hawthorne)실험과 관련한 설명으로 옳은 것은?

① 작업자는 임금 등 경제적 요인에 의해서 동기화된다.
② 작업자의 생산성은 작업환경 및 작업시간과 밀접한 연관이 있다.
③ 명확한 업무설계와 조직설계가 생산성 향상의 주요 요인이다.
④ 공식조직에 비해 비공식조직은 성과에 영향을 주지 않는다.
⑤ 작업자는 단지 관심을 기울여주기만 해도 성과가 개선된다.

0180
2019 경영지도사

호손(Hawthorne) 연구에 관한 설명으로 옳지 않은 것은?

① 인간이 조직에서 중요한 요소의 하나라는 사실을 강조하였다.
② 개인과 집단의 사회적·심리적 요소가 조직성과에 영향을 미친다는 사실을 인식하였다.
③ 비공식조직이 조직성과에 영향을 미치는 것을 확인하였다.
④ 작업의 과학화, 객관화, 분업화의 중요성을 강조하였다.
⑤ 매슬로우(A. Maslow) 등이 주도한 인간관계운동의 출현을 가져왔다.

0181
2020 경영지도사

호손(Hawthorne)연구의 내용으로 옳은 것은?

① 생산성과 표준화된 작업조건은 직접적인 관련이 있다.
② 작업자들의 행동이 관찰되거나 특별한 관심의 대상이 되는 것은 생산성과 관련이 없다.
③ 임금, 노동시간 등 근로조건의 기술적, 경제적 측면에 초점을 두었다.
④ 비공식 조직을 지배하는 감정의 논리가 생산성에 영향을 미친다.
⑤ 공식조직의 업무체계 강화는 생산성의 향상으로 이어진다.

0182
2022 9급 군무원

다음 중 인간관계론에 대한 설명으로 가장 옳은 것은?

① 과학적관리법이라고도 한다.
② 차별적 성과급을 핵심 수단으로 삼고 있다.
③ 비공식집단의 중요성을 발견했다.
④ 조직을 관리하는 최선의 관리방식은 회사의 규모나 시장 상황 등에 따라 상이할 수 있음을 발견했다.

0183
2022 5급 군무원

다음은 과학적 관리론(scientific management)과 인간관계론(human relation theory)을 몇 가지 측면에서 비교한 것이다. 이 중 가장 옳지 않은 것은?

	과학적 관리론	인간관계론
①	테일러(Taylor), 간트(Gantt)	메이요(Mayo), 매슬로우(Maslow)
②	경제적 인간관	사회적 인간관
③	호손 연구	서부 전기회사
④	과업관리	비공식 집단

0184
2023 가맹거래사

메이요(E. Mayo)의 호오손 실험에 관한 설명으로 옳은 것은?

① 인간관계론과 관련이 없다.
② 2차에 걸쳐서 진행된 프로젝트이다.
③ 비경제적 보상은 작업자의 만족과 관련이 없다.
④ 직무의 전문화를 강조했다.
⑤ 구성원의 생각과 감정을 중시했다.

0185
2023 7급 서울시

<보기>는 인간관계론의 근간이 된 호손실험(Hawthorne research)에 대한 설명이다. <보기>에서 옳은 설명의 총 개수는?

<보기>
ㄱ. 호손은 실험을 주도한 사회학자의 이름에서 비롯되었다.
ㄴ. 실험의 목적은 과학적 관리법의 유효성을 검증하는 것이었다.
ㄷ. 공장 내의 조명도가 적절할 때 생산능률이 증대함을 확인하였다.
ㄹ. 종업원 상호 간의 비공식화된 조직이 작업성과에 영향을 미침을 확인하였다.

① 1　　② 2
③ 3　　④ 4

0186
2023 5급 군무원

호손실험(Hawthorne studies)의 결과가 주는 시사점으로 가장 옳지 않은 것은?

① 경영자는 효율적 경영을 위해 인간 심리 및 행동과 관련된 요소를 이해할 필요가 있다.
② 경영자는 조직 내 작업자들 상호 간 관계의 중요성을 이해할 필요가 있다.
③ 경영자는 동기부여 요인으로 경제적 요인뿐 아니라 비경제적 요인도 고려할 필요가 있다.
④ 경영자는 최고의 생산력을 유지하기 위해 계획과 생산을 분리해야 함을 이해할 필요가 있다.

0187
2024 5급 군무원

다음 중 호손실험과 인간관계론에 대한 설명으로 가장 적절하지 않은 설명은?

① 인간관계론은 인간의 행동에 초점을 두고 있다.
② 호손실험은 인간은 감성의 논리에 따라 동기부여가 된다는 사실을 밝혔다.
③ 호손실험은 노동조합의 역할 등에 대해 간과했다.
④ 호손실험은 인간의 내면을 심층적으로 다뤘다.

시스템적 접근법

0188
2015 경영지도사

시스템이론 관점에서 경영의 투입 요소와 산출요소를 구분할 때, 산출 요소인 것은?

① 노동　　② 자본
③ 전략　　④ 정보
⑤ 제품

0189
2021 경영지도사

경영학 이론 중 시스템적 접근방법의 속성이 아닌 것은?

① 목표지향성
② 환경적응성
③ 분화와 통합성
④ 투입 - 전환 - 산출 과정
⑤ 비공식집단의 중요성

0190
2010 7급 국가직

시스템 접근법에 대한 설명으로 적절하지 않은 것은?

① 모든 현상이나 문제를 '전체로서 하나의 단일체'라는 전일성(holism)의 관점에서 접근한다.
② 개방시스템으로서 동적 균형(dynamic equilibrium)을 추구한다.
③ 정(+)의 엔트로피(positive entropy)의 증대를 추구한다.
④ 피드백(feedback)을 통해 안정과 성장을 추구한다.

0191
2020 코레일 수송직렬 복원

다음 시스템이론에 관한 설명으로 바르지 않은 것은?

① 시스템은 개방시스템 및 폐쇄시스템으로 구분된다.
② 모든 시스템은 투입, 변환과정, 산출, 피드백, 환경의 요소로 구성된다.
③ 환경은 기업경영에 영향을 미치는 경제적, 사회적, 정치적, 기술적 요소이다.
④ 엔트로피는 시스템이 쇠퇴하고 소멸해가는 경향이다.
⑤ 인간행동의 영향 요소들 간의 단순한 상호작용의 중요성을 강조하였다.

상황이론

0192
2017 경영지도사

상황이론(contingency theory)의 특징으로 옳지 않은 것은?

① 객관적 결과의 중시
② 조직의 환경적응 중시
③ 조직을 분석단위로 하는 분석
④ 계량적 분석 중시
⑤ 중범위이론 지향

0193
2021 5급 군무원

기업에 따라 판매점의 운영방식을 일률적이 아닌 개별 판매점의 특색을 갖추어 다르게 하기도 한다. 이런 전략을 설명할 수 있는 이론으로 가장 적절한 것은?

① 행동과학이론
② 상황이론
③ 과학적 관리이론
④ 합리적 선택이론

자원기반관점

0194
2022 5급 군무원

다음 중 자원기반관점(resource-based view)에 대한 설명으로 가장 옳지 않은 것은?

① 기업의 지속적 경쟁우위를 가능하게 하는 것은 기업의 외부자원이며, 이러한 외부자원은 시간에 걸쳐 기업 외부에서 형성되는 것으로, 차별적이고 독특하며, 다른 기업으로 완전 이동이 불가능하다.
② 모방 불가능성은 특정 자원을 보유하고 있지 않은 기업이 가치 있는 자원을 획득하거나 개발하고자 할 때 얼마나 더 많은 비용을 감내해야 하는가에 의해 결정된다.
③ 희소성은 얼마나 많은 경쟁 기업이 자사의 자원과 능력을 보유하고 있는가에 의해서 결정된다.
④ 지속적 경쟁우위의 원천인 기업 특유의 자원은 가치가 있고, 희소성 있고, 모방할 수 없고, 조직화할 수 있는 자원을 의미한다.

0195
2023 7급 국가직

자원기반관점의 VRIO 모형에서 (가) ~ (라)에 들어갈 내용으로 옳지 않은 것은?

가치가 있는가?	희소성이 있는가?	모방하기 어려운가?	조직에 의해 실현되는가?	경쟁력 상태
아니오	-	-	아니오	(가)
예	아니오	-	↕	(나)
예	예	아니오		(다)
예	예	예	예	(라)

① (가) - 경쟁열위
② (나) - 경쟁등위
③ (다) - 허위적 경쟁우위
④ (라) - 지속적 경쟁우위

0196
2024 경영지도사

기업과 경영에 관한 일반적인 설명으로 옳지 않은 것은?

① 기업 규모의 거대화에 따른 경영의 전문화와 자본의 분산 등으로 인해 소유와 경영의 분리 필요성이 제기되었다.
② 기업이 성장 또는 발달함에 따라 요구되는 경영자의 역할도 달라질 수 있다.
③ 기업지배구조(corporate governance)는 통상 기업 내부의 의사결정시스템, 이사회 및 감사의 역할과 기능, 경영자와 주주의 관계 등을 총칭하는 것이다.
④ 기업의 대주주, 임직원 또는 특수관계인은 그 기업의 사외이사로 선임될 수 없다.
⑤ 경영자원은 유형, 무형, 인적 자원으로 구분되며, 금융자산과 기계 등 유형의 자원이 기업의 지속적인 경쟁우위 확보·유지에 가장 중요한 자원이다.

경영학의 발전과정

0197
2013 경영지도사

경영이론에 관한 설명으로 옳지 않은 것은?

① 페욜(H. Fayol)은 경영의 본질적 기능으로 기술적 기능, 영업적 기능, 재무적 기능, 보전적 기능, 회계적 기능, 관리적 기능의 6가지를 제시하였다.
② 사이먼(H. Simon)은 합리적 경제인 가설 대신에 관리인 가설을 바탕으로 하여 인간행동을 분석하였다.
③ 버나드(C. Barnard)는 조직 의사결정은 제약된 합리성에 기초하게 된다고 주장하였다.
④ 상황이론(contingency theory)은 여러 가지 환경변화에 효율적으로 대응하기 위하여 조직이 어떠한 특성을 갖추어야 하는지를 규명하고자 하는 이론이다.
⑤ 인간관계론과 행동과학이론 등은 행동주의 경영이론에 속한다.

0198
2016 경영지도사

경영이론에 관한 설명으로 옳지 않은 것은?

① 과학적 관리이론은 생산성과 효율성을 강조하였다.
② 자원기반이론은 기업의 활용 가능한 핵심자원에 초점을 두었다.
③ 인간관계이론은 행동과학이론의 주장을 반박하며 인간을 다양한 욕구를 가진 존재로서 파악하였다.
④ 시스템이론은 전체 시스템의 관점에서 조직을 연구하는 것이 중요하다고 하였다.
⑤ 상황이론은 조직구조 및 경영기법이 환경에 따라 변해야 한다고 하였다.

0199
2019 경영지도사

버나드(C. Barnard)와 사이먼(H. Simon)이 주장한 이론은?

① 과학적 관리법
② 관료제
③ 상황이론
④ 의사결정이론
⑤ 경영과학

0200
2020 경영지도사

경영이론에 관한 설명으로 옳지 않은 것은?

① 시스템이론은 인간행동의 영향 요소 간 복잡한 상호작용의 중요성을 강조한다.
② 상황적합이론은 경영에 유일 최선의 방법은 없고 모든 조직에 일률적으로 보편적 경영원칙을 적용할 수는 없다고 주장한다.
③ 욕구단계설에서 사람이 충족시키고자 하는 욕구는 낮은 수준에서 높은 수준으로 올라간다.
④ 계량경영은 경영의사결정에 계량적 기법의 적용을 강조한다.
⑤ 관료적 조직론에 의하면 생산성은 작업자들의 사회적, 심리적 조건이나 감독방식에 의존한다.

0201
2021 7급 군무원

경영학의 역사적 흐름에 따라 제시된 이론의 설명으로 가장 옳지 않은 것은?

① 테일러의 과학적 관리법에서 차별적 성과급제란 표준을 설정하고 표준을 달성한 작업자에게 높은 임금을 지급하는 것을 말한다.
② 베버(Weber)가 주장한 관료주의(bureaucracy)란 합리적이고 이상적이며 매우 효율적인 조직은 분업, 명쾌하게 정의된 조직의 위계, 공식적인 규칙과 절차, 인간적(개인적)인 면을 최대한 고려한 관계 등의 원칙에 근거한다는 것이다.
③ 페이욜의 관리과정론에서는 관리활동을 계획화, 조직화, 지휘, 조정, 통제의 5단계로 구분했다.
④ 길브레스 부부는 모션픽쳐(motion picture)를 통해 과업을 기본동작으로 분해했다.

0202
2019 7급 서울시

<보기>의 경영이론에 대한 설명 중 옳은 것을 모두 고른 것은?

> ㄱ. 테일러(Taylor)의 과학적 관리이론에서 과업관리 목표는 '높은 임금과 높은 노무비의 원리'이다.
> ㄴ. 포드 시스템(Ford system)은 생산의 표준화를 전제로 한다.
> ㄷ. 패욜(Fayol)의 관리이론 중 생산, 제작, 가공활동은 관리활동에 해당한다.
> ㄹ. 메이요(Mayo)의 호손연구(Hawthorne Studies)에 의하면 화폐적 자극은 생산성에 영향을 미치지 않는다.

① ㄱ, ㄴ   ② ㄱ, ㄹ
③ ㄴ, ㄷ   ④ ㄴ, ㄹ

0203
2016 7급 국가직

경영이론에 대한 설명으로 옳은 것은?

① 테일러(F. Taylor)의 과학적 관리론에서는 고정적 성과급제를 통한 조직관리를 강조하였다.
② 페이욜(H. Fayol)은 중요한 관리활동으로 계획수립, 조직화, 지휘, 조정, 통제 등을 제시하였다.
③ 바나드(C. Barnard)의 학습조직이론에서는 인간을 제한된 합리성을 갖는 의사결정자로 보았다.
④ 호손실험을 계기로 활발하게 전개된 인간관계론은 공식적 작업 집단만이 작업자의 생산성에 큰 영향을 미친다고 주장하였다.

0204
2020 7급 국가직

경영이론에 대한 설명으로 옳은 것만을 모두 고르면?

ㄱ. 과학적 관리란 경영현상에 대한 체계적인 관찰, 실험 또는 판단에 의해 도출된 표준을 근거로 사업 또는 업무를 수행하는 관리방식이다.
ㄴ. 과학적 관리법은 '조직 없는 인간' 이론이라는 비판을 받기도 하고, 인간관계론은 '인간 없는 조직' 이론이라는 비판을 받기도 한다.
ㄷ. 경영과학(management science)은 수학적인 모델에 기초를 두고 과학적인 접근방법을 이용하여 조직 내 경영 관리상의 문제들을 해결하려는 것이다.
ㄹ. 시스템이론에 따르면 전체는 상호 관련된 부분들의 집합(set)이고, 단순한 집합 이상의 의미를 갖지 않는다.

① ㄱ, ㄴ ② ㄱ, ㄷ
③ ㄴ, ㄷ ④ ㄷ, ㄹ

0205
2024 7급 군무원

다음 중 경영학과 관련된 주요 이론에 대한 설명으로 적절하지 않은 것은?

① 과학적 관리론은 다품종 소량생산체제 하에서 보다 많은 제품을 더욱 값싸게 생산할 수 있도록 작업방식을 개선할 수 있는 최선의 방법을 제시한 이론이다.
② 고전적 관리론이 현대 경영이론의 관점에서 주목을 받는 이유는 기업의 구성요소들 사이의 상호관련성에 대한 통찰력을 지니고 있기 때문이다.
③ 관료론제는 가장 효율적이고 이상적인 조직은 합리성에 기초를 두어야 한다는 전제에서 출발한다.
④ 인간관계론은 인간은 단순히 돈만을 위해서 일하는 경제인이 아니라 감정을 지니고 있고 남과 어울리고자 하는 사회인이며, 동시에 작업장을 하나의 사회적 장으로 인식하였다.

0206
2024 7급 국가직

고전적 경영관리에 대한 설명으로 옳지 않은 것은?

① 페이욜(H. Fayol)은 기업의 관리 활동으로 계획, 조직화, 지휘, 조정, 영업을 제시하고, 이를 실행하기 위한 14개의 관리원칙을 강조하였다.
② 메이요(E. Mayo)의 호손실험 결과, 조명의 질과 양은 노동자의 생산성에 영향을 미치지 않았다.
③ 테일러(F. W. Taylor)는 계획을 세우는 지적 업무는 관리자에게, 반복적 육체 업무는 노동자에게 부여해 기획과 실행을 분리하였다.
④ 포드시스템에서는 노동자를 숙련시킬 필요성이 적어져 노동을 평준화한다.

지식경영

0207
2006 가맹거래사

비행기를 조종하는 경우 조종메뉴얼이나 프로그램에서 얻어지는 지식의 종류로 가장 타당한 것은?

① 암묵지 ② 형식지
③ 반복지 ④ 연결지
⑤ 분절지

0208
2010 가맹거래사

일반적으로 지식은 암묵지(tacit knowledge)와 형식지(explicit knowledge)로 분류한다. Nonaka가 제시한 지식순환의 나선형 프로세스 중에서 (ㄱ)에 해당하는 것은?

	암묵지	형식지
암묵지	(ㄱ)	(ㄴ)
형식지	(ㄷ)	(ㄹ)

① socialization ② combination
③ externalization ④ collaboration
⑤ internalization

0209
2016 가맹거래사

조직의 가치창출을 위해 지식을 생성, 저장, 공유, 활용하는 일련의 활동은?

① 공급망관리　② 고객관계관리
③ 전사적 품질경영　④ 지식경영
⑤ 기술경영

0210
2017 가맹거래사

암묵지(tacit knowledge)에 관한 설명으로 옳은 것은?

① 다른 사람에게 전수하기 쉽다.
② 경험을 통해 쌓여진 지식이다.
③ 공식성과 체계성을 갖고 있다.
④ 제품설명서, 매뉴얼 등이 해당된다.
⑤ 객관적 지식이다.

0211
2021 가맹거래사

지식경영과 관련한 용어에 관한 설명으로 옳은 것은?

① 지식경영은 지식을 생성, 저장, 활용하는 일련의 과정을 의미한다.
② 지식은 객관적 사실, 측정된 내용, 통계를 의미한다.
③ 데이터 및 정보는 지식과 명확히 구별하기 어렵다.
④ 암묵지(tacit knowledge)는 객관적이고 이성적이며 기술적 지식을 포함한다.
⑤ 형식지(explicit knowledge)는 경험을 통해 축적한 지식으로 통찰력과 노하우를 의미한다.

0212
2018 경영지도사

노나카(I. Nonaka)의 지식변환 과정 중 다음의 설명에 해당하는 것은?

- 개인 간의 직접적인 상호작용을 통해 암묵지가 그대로 전달되는 경우를 말한다.
- 장인들이 관찰, 모방, 지도와 같은 도제관계를 통해 장기적으로 지식을 전수하는 경우를 말한다.

① 연결화(combination)
② 외부화(externalization)
③ 사회화(socialization)
④ 내면화(internalization)
⑤ 정보화(information)

0213
2020 경영지도사

지식을 형식지와 암묵지로 구분할 때 암묵지의 특징으로 볼 수 없는 것은?

① 언어로 표현 가능한 객관적 지식
② 경험을 통해 몸에 밴 지식
③ 은유를 통한 전달
④ 다른 사람에게 전이하기가 어려움
⑤ 노하우, 이미지, 숙련된 기능

0214
2022 9급 군무원

조직 내부에서 지식을 증폭 및 발전시키는 과정에 대한 설명 중 가장 옳지 않은 것은?

① 이식(공동화 socialization) : 각 개인들이 가진 형식지(explicit knowledge)를 조직안에서 서로 나누어 가지는 과정
② 표출(명료화 externalization) : 머릿속의 지식을 형식지로 옮기면서 새로운 지식이 얻어지는 과정
③ 연결(통합화 combination) : 각자의 단편 지식들이 연결되면서 통합적인 새로운 지식들이 생성되는 과정
④ 체화(내재화 internalization) : 구성원들이 얻은 형식지를 머릿속에 쌓아 두면서 자신의 지식과 경험

0215
2009 7급 국가직

노나카(Nonaka)는 지식을 존재하고 있는 형태에 따라서 암묵지와 형식지로 구분하였다. 다음 중 암묵지와 형식지에 대한 설명 중 옳지 않은 것은?

① 암묵지는 경험을 통해 몸에 밴 지식이므로 전수하기가 쉽다.
② 형식지는 언어나 기호로 표현될 수 있는 객관적이고 이성적인 지식을 말한다.
③ 암묵지에서 형식지로의 전환을 표출화(articulation)라고 한다.
④ 형식지에서 암묵지로의 전환을 내면화(internalization)라고 한다.

0216
2019 7급 국가직

지식경영에 대한 설명으로 옳은 것은?

① 언어로 표현하기 힘든 주관적 지식을 형식지라고 한다.
② 암묵지에서 형식지로 지식이 전환되는 과정을 내면화라고 한다.
③ 수집된 데이터를 문제해결과 의사결정에 도움이 될 수 있도록 일정한 패턴으로 정리한 것을 정보라고 한다.
④ 지식경영은 형식지를 기업 구성원들에게 체화시킬 수 있는 암묵지로 전환하여 공유하는 경영방식이다.

0217
2023 가맹거래사

노나카(I. Nonaka)의 지식 전환 모델에 관한 설명으로 옳지 않은 것은?

① 암묵지(implicit knowledge)와 형식지(explicit knowledge)의 전환과정에서 지식이 공유되고 창출된다.
② 암묵지에서 형식지로 전환과정을 외재화(externalization)라 한다.
③ 형식지에서 암묵지로 전환과정을 표준화(standardization)라 한다.
④ 형식지에서 형식지로 전환과정을 결합화(combination)라 한다.
⑤ 암묵지에서 암묵지로 전환과정을 사회화(socialization)라 한다.

0218
2023 7급 군무원

노나카(Ikujiro Nonaka)가 제시한 암묵지(tacit knowledge)와 형식지(explicit knowledge) 간의 상호작용을 통한 4개의 지식 변환과정(knowledge conversion process)인 ㉠ - ㉡ - ㉢ - ㉣을 가장 적절하게 표시하고 있는 것은?

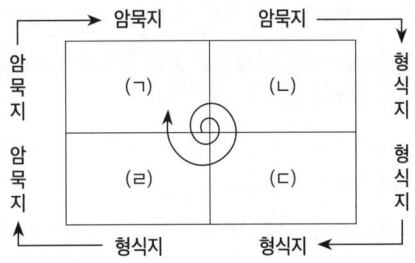

① 종합화(combination) - 사회화(socialization) - 외재화(externalization) - 내재화(internalization)
② 종합화(combination) - 외재화(externalization) - 사회화(socialization) - 내재화(internalization)
③ 사회화(socialization) - 외재화(externalization) - 종합화(combination) - 내재화(internalization)
④ 사회화(socialization) - 외재화(externalization) - 내재화(internalization) - 종합화(combination)

0219
2024 경영지도사

지식에 관한 설명으로 옳지 않은 것은?

① 지식이란 사람의 행동과 의사결정에 지침을 주는 본능, 지각, 아이디어, 규칙과 절차 등의 결합을 의미한다.
② 지식은 데이터를 집적하고 체계화한 후 가공한 형태로 정보의 하위 개념이다.
③ 지식은 개인의 자산이자 기업의 자원으로써 부가가치 창출에서 차지하는 역할이 커지고 있다.
④ 암묵지란 개인이 학습과 체험을 통해 쌓은 지식으로 문서화하기 어렵다.
⑤ 형식지란 언어, 문자, 숫자의 형태로 존재하는 지식을 말한다.

BPR

0220
2007 가맹거래사

경영혁신 방법론 중 하나인 비즈니스 프로세스 리엔지니어링(BPR: Business Process Reengineering)의 특징으로 볼 수 없는 것은?

① 조직에서 필요로 하는 제반 정보의 통합을 지향한다.
② 품질, 비용, 속도, 서비스와 같은 업무성과의 점진적인 개선을 목표로 한다.
③ 현재의 업무절차(프로세스)를 근본적으로 다시 생각하고 완전히 새롭게 설계한다.
④ 개선안을 모색할 때 고객의 관점 및 입장을 가장 중시한다.
⑤ 부서 내(또는 기능영역 내) 업무보다는 부서 간(또는 기능영역간) 업무의 합리화에 초점을 맞춘다.

0221
2019 가맹거래사

비즈니스 프로세스 리엔지니어링의 특징에 관한 설명으로 옳은 것은?

① 업무 프로세스 변화의 폭이 넓다.
② 업무 프로세스 변화가 점진적이다.
③ 업무 프로세스 재설계는 쉽고 빠르다.
④ 조직 구조의 측면에서 상향식으로 추진한다.
⑤ 실패 가능성과 위험이 적다.

0222
2021 경영지도사

기존의 경영활동을 무시하고 기업의 부가가치를 산출하는 활동을 완전히 백지상태에서 새롭게 구성하는 경영혁신기법은?

① 리스트럭처링(restructuring)
② 아웃소싱(outsourcing)
③ 목표관리(management by objective)
④ 전략사업단위(strategic business unit)
⑤ 리엔지니어링(reengineering)

0223
2009 7급 국가직

미국에서 유래한 경영혁신기법으로 기존의 프로세스를 처음부터 다시 생각하고 최신의 기술과 지식을 바탕으로 프로세스를 재설계하는 방법은?

① TQM(total quality management)
② BPR(business process reengineering)
③ BM(benchmarking)
④ ERP(enterprise resource planning)

구조조정

0224
2016 경영지도사

아웃소싱(outsourcing)에 관한 설명으로 옳지 않은 것은?

① 기업이 생산·유통·포장·용역 등 업무의 일부분을 기업 외부에 위탁하는 것이다.
② 기업을 혁신하고 경쟁력을 높일 수 있는 방법 중, 단기간에 많은 효과를 얻을 수 있는 방법이다.
③ 성장과 경쟁력 및 핵심역량 강화를 위한 대안으로 활용되고 있다.
④ 독립 가능한 사업부와 조직 단위를 개개의 조직 단위로 나누어 소형화하는 것이다.
⑤ 기업은 고유업무에 집중함으로써 생산성 향상을 도모할 수 있다.

0225
2018 경영지도사

사업구조 재구축을 통해 기업의 미래 지향적인 비전을 달성하고자 하는 경영기법은?

① 가치공학(value engineering)
② 리엔지니어링(reengineering)
③ 리스트럭처링(restructuring)
④ 벤치마킹(benchmarking)
⑤ 아웃소싱(outsourcing)

0226
2020 경영지도사

높은 성과를 올리고 있는 회사와 비교·분석하여 창조적 모방을 통해 개선하고자 하는 경영혁신 기법은?

① 동료그룹(peer group)평가
② 벤치마킹(benchmarking)
③ 구조조정(restructuring)
④ 6시그마(six sigma)
⑤ 종합적 품질경영(TQM: total quality management)

0227
2021 경영지도사

거시수준의 구조조정에 해당하는 것은?

① 산업구조조정
② 제품구조조정
③ 사업구조조정
④ 재무구조조정
⑤ 인력구조조정

0228
2022 7급 군무원

다음 중 계획-조직화-지휘-통제 등 경영관리의 4가지 기능에 대한 설명으로 가장 옳은 것은?

① 계획은 미래의 추세에 대해 예측하고 조직의 목표를 달성하기 위한 최선의 전략과 전술을 결정하는 과정이다.
② 조직화는 조직이 목표에 다가가고 있는지 확인하기 위한 명확한 기준을 설정하고 직원의 성공적인 수행을 보상하기 위한 과정이다.
③ 지휘는 조직의 구조를 설계하고 모든 것들이 목표 달성을 위해 함께 작동하는 체계를 구축하는 과정이다.
④ 통제는 비전을 수립하고 조직목표를 더 효과적으로 달성하기 위해 의사소통 및 권한과 동기를 부여하는 과정이다.

0229
2022 7급 국가직

아웃소싱에 대한 설명으로 옳지 않은 것은?

① 핵심 부문만 내부화하고, 기타 비핵심부문은 외부에서 조달하는 전략이다.
② 기업의 비용 절감과 유연성 확보가 가능하다.
③ 아웃소싱 이후에도 동일한 사업을 수행하므로 리스크는 감소하지 않는다.
④ 장기적으로 실행하면 핵심기술이 상실되고 공급업체에 종속될 위험이 있다.

0230
2023 경영지도사

리스트럭처링(restructuring)에 관한 특징으로 옳지 않은 것은?

① 무능한 경영자의 퇴출
② 업무 프로세스, 절차, 공정의 재설계
③ 미래지향적 비전의 구체화
④ 비관련 사업의 매각
⑤ 전사적 차원으로 진행

0231
2023 9급 군무원

탁월한 기업들의 경영활동을 이해하고 활용하여 자사의 경영활동을 개선하는 혁신 기법은?

① 블루오션 전략(blue ocean strategy)
② 지식경영(knowledge management)
③ 브레인스토밍(brainstorming)
④ 벤치마킹(benchmarking)

0232
2024 5급 군무원

다음 중 벤치마킹(benchmarking)의 대상이 될 수 있는 것만을 묶은 것은?

> 가. 동일 업종의 경쟁자
> 나. 동일 업종의 우량기업
> 다. 기업 내부 조직
> 라. 이질 업종의 우량기업

① 가, 나
② 가, 나, 다
③ 가, 나, 라
④ 가, 나, 다, 라

MBO

0233
2009 가맹거래사

MBO(management by objective)를 통한 목표 설정 시 충족시켜야 할 조건에 해당하지 않는 것은?

① 사실에 근거하여 누구나 이해할 수 있는 구체적인 목표이어야 한다.
② 목표는 그 달성 정도를 측정할 수 있도록 설정되어야 한다.
③ 조직 전체, 소속부서 및 개인의 사명과 비전에 연계되어야 한다.
④ 피평가자가 통제하기 힘들 정도로 도전적이고 높은 수준으로 설정되어야 한다.
⑤ 환경과 상황의 변화가 반영되어야 한다.

0234
2012 가맹거래사

목표관리에 관한 설명으로 옳지 않은 것은?

① 목표달성 정도를 정기적으로 확인
② 목표설정 과정에 구성원 참여
③ 톱다운(top-down)방식의 목표설정
④ 목표달성 방법의 자율적 결정
⑤ 동기부여의 효과

0235
2020 가맹거래사

목표에 의한 관리(MBO)에 관한 설명으로 옳지 않은 것은?

① 맥그리거(D. McGreger)의 X이론에 바탕을 둔다.
② 보통 1년을 주기로 한 단기목표를 설정한다.
③ 측정 가능한 목표를 설정한다.
④ 조직의 목표 설정 시 구성원이 참여한다.
⑤ 목표달성 여부에 대한 피드백을 제공한다.

0236
2010 공인노무사

목표에 의한 관리(MBO)의 주요 특성이 아닌 것은?

① 목표달성 기간의 명시
② 상사와 부하간의 협의를 통한 목표설정
③ 다면평가
④ 목표의 구체성
⑤ 실적에 대한 피드백

0237
2020 공인노무사

MBO에서 목표설정 시 SMART 원칙으로 옳지 않은 것은?

① 구체적(specific)이어야 한다.
② 측정가능(measurable)하여야 한다.
③ 조직 목표와의 일치성(aligned with organizational goals)이 있어야 한다.
④ 현실적이며 결과지향적(realistic and result-oriented)이어야 한다.
⑤ 훈련가능(trainable)하여야 한다.

0238
2013 경영지도사

목표관리(MBO: management by objective)의 주요 특성이 아닌 것은?

① 관리자와 구성원 간의 공동목표 설정
② 상위목표와 하위목표의 일치
③ 목표관리의 중간시점에서 경과와 진행상황을 피드백하고 향후 방향을 조정하는 중간평가
④ 상황변화에 따른 목표의 수정과 우선순위 조정
⑤ 호봉제를 통한 안정적 보상시스템 마련

0239
2015 경영지도사

목표관리(MBO: Management By Objectives)에 관한 설명으로 옳지 않은 것은?

① 단기목표를 강조하는 경향이 있다.
② 결과에 의한 평가가 이루어진다.
③ 사기와 같은 직무의 무형적인 측면을 중시한다.
④ 종업원들이 역량에 비해 더 쉬운 목표를 설정하려는 경향이 있다.
⑤ 평가와 관련하여 행정적인 서류 업무가 증가하는 경향이 있다.

0240
2019 경영지도사

목표관리(MBO)의 일반적 요소가 아닌 것은?

① 목표의 구체성(goal specificity)
② 명확한 기간(explicit time period)
③ 성과 피드백(performance feedback)
④ 참여적 의사결정(participative decision making)
⑤ 조직구조(organizational structure)

0241
2022 경영지도사

목표관리(MBO)에 관한 설명으로 옳지 않은 것은?

① 구체적이면서 실행 가능한 목표를 세운다.
② 부하는 상사와 협의하지 않고 목표를 세운다.
③ 목표의 달성 기간을 구체적으로 명시한다.
④ 성과에 대한 정보를 피드백한다.
⑤ 업무수행 후 부하가 스스로 평가하여 그 결과를 보고한다.

0242
2022 9급 군무원

다음 중 목표에 의한 관리(MBO)의 성공요건이 아닌 것은?

① 목표의 난이도 ② 목표의 구체성
③ 목표의 유연성 ④ 목표의 수용성

0243
2016 7급 국가직

종업원의 동기부여와 성과관리 수단으로 기업에서 활용하는 목표관리기법(Management By Objective: MBO)의 특징으로 적절하지 않은 것은?

① 목표달성 기간의 명시
② 개인 목표의 구체화를 위한 과정
③ 상사와 조직에 의한 하향식 목표 설정
④ 목표달성 여부에 대한 실적 및 정보의 피드백 제공

0244
2020 코레일 사무직 복원

목표관리(MBO)에 대한 설명으로 옳지 않은 것은?

① 기본과정은 구체적인 조직목표·개인목표 등 목표설정 및 계획수립, 중간평가, 최종평가 등의 순환과정이다.
② 피드백을 받으며 목표를 관리한다.
③ 설정된 목표의 변경은 신축적으로 가능하다.
④ 유연성이 높고 환경변화에 적응이 쉽다.
⑤ 개인의 목표는 조직의 목표와 성과에 부합하게 달성한다.

0245
공기업 출제경향 반영

목표관리(MBO)의 일반적 요소에 해당하지 않는 것은?

① 명확한 기간 ② 참여적 의사결정
③ 피드백 ④ 목표의 명확성
⑤ 과정지향적

0246
2024 경영지도사

목표에 의한 관리(MBO)에 관한 내용으로 옳지 않은 것은?

① 목표 설정에 개인 참여
② 장기적인 목표 강조
③ 조직 목표와 개인 목표의 일치
④ 성과와 능률 중시
⑤ 효과적인 통제

BSC

0247
2022 가맹거래사

균형성과표(BSC)에 포함되지 않는 것은?

① 외부지표와 내부지표의 균형
② 원인지표와 결과지표의 균형
③ 단기지표와 장기지표의 균형
④ 개인 지표와 집단지표의 균형
⑤ 재무 지표와 비재무지표의 균형

0248
2010 공인노무사

회계나 재무적 관점으로만 경영성과를 평가하는 전통적 성과평가 방식을 탈피하여 재무, 고객, 내부 프로세스 및 학습·성장 등의 네 가지 관점에서 경영성과를 평가하는 경영기법은?

① CRM
② BSC
③ SCM
④ KMS
⑤ ERP

0249
2019 공인노무사

균형성과표(Balanced Score Card)에 해당하지 않는 것은?

① 고객 관점
② 내부 프로세스 관점
③ 사회적 책임 관점
④ 학습과 성장 관점
⑤ 재무 관점

0250
2022 9급 군무원

다음 중 균형성과표(BSC)의 4가지 관점에 해당하지 않는 것은?

① 학습과 성장 관점
② 내부 비즈니스 프로세스 관점
③ 경쟁자 관점
④ 재무적 관점

0251
2021 7급 군무원

전략의 통제 기법인 균형성과표(BSC)와 경영혁신 기법에 관련된 설명으로 가장 옳지 않은 것은?

① 균형성과표에서는 주주와 고객을 위한 외부적 측정치와 내부프로세스인 학습과 성장의 균형이 필요하다.
② 시간기반경쟁(time based competition)은 고객이 원하는 재화와 서비스를 가장 빨리, 그리고 적당한 시점에 제공하는 활동을 의미한다.
③ 노나카 이쿠지로(Nonaka Ikujiro)의 지식경영에서는 지식을 형식지와 암묵지로 구분했으며, 암묵지는 지식 전파속도가 늦은 반면에 형식지는 전파속도가 빠르다.
④ 전략적 제휴(strategic alliance)에서는 경쟁이 무의미하기 때문에 차별화와 저비용을 동시에 추구하도록 전략을 구성한다.

0252
2017 7급 서울시

기업의 경영성과를 평가하는 데 사용되는 균형성과표(Balanced Scorecard : BSC)의 평가관점과 성과지표·측정 지표 간의 연결로 가장 옳지 않은 것은?

① 재무 관점 – EVA(Economic Value Added)
② 고객 관점 – 시장점유율
③ 내부 프로세스 관점 – 자발적 이직률
④ 학습 및 성장 관점 – 직원 만족도

0253
2009 7급 국가직

조직의 글로벌화, 정보지식사회화가 진전되면서 많은 조직들이 무형의 가치측정까지도 포함된 균형성과표(BSC: balanced scorecard)에 의한 평가방법을 도입하고 있다. 균형성과표의 네 가지 관점에 포함되지 않는 것은?

① 재무적 관점
② 학습과 성장 관점
③ 경쟁력과 차별화 관점
④ 고객관점

0254
2014 7급 국가직

균형성과표(Balanced Score Card : BSC)와 비교하여 전통적 성과관리시스템의 한계에 대한 설명으로 옳지 않은 것은?

① 구성원의 경영전략에 대한 이해도가 높지 않다.
② 성과에 대한 재무적 관심이 부족하다.
③ 자원 할당과 전략의 연계가 부족하다.
④ 인센티브와 목표달성의 연계가 부족하다.

0255
2021 5급 군무원

최근에 민간 및 공공조직에서 성과관리를 위한 체계로서 많이 활용되고 있는 균형성과표(Balanced ScoreCard, BSC)에 대한 설명으로 가장 옳지 않은 것은?

① 조직의 성과관리를 재무, 고객, 내부프로세스, 학습 및 성장관점으로 구분하여 성과관리지표를 도출 및 관리한다.
② 조직의 균형성과표는 해당 조직의 비전, 전략, 목표 등에 따라 차별적으로 설계 및 운용될 수 있다.
③ 전통적 성과관리 체계의 한계점을 보완하면서 정성적 및 지식적 활동 지표까지도 포괄하는 성과측정시스템이다.
④ 궁극으로는 조직의 대표적 성과인 회계 및 재무적 성과 목표를 달성하는데 초점을 두고 있는 성과관리체계이다.

0256
공기업 출제경향 반영

다음 중 균형성과표(BSC)에 관한 내용으로 가장 적절한 것은?

① 프라할라드와 해멀(Prahalad & Hamel)이 제시하였다.
② 성과평가의 결과가 명확성, 객관성을 지닌다.
③ 재무적, 단기적 성과평가에만 사용된다.
④ 기존의 재무적인 측정치뿐만 아니라 고객, 학습과 성장 등의 비재무적 측정치까지 포함한 새로운 성과평가시스템이다.
⑤ 기업들이 균형성과표를 필요로 하는 가장 근본적인 이유는 판매 및 매출 시대의 출현이라는 환경변화에 있다.

0257
2023 7급 국가직

균형성과표(BSC: balanced scorecard)에 대한 설명으로 옳은 것은?

① 균형성과표는 전략실행이 아닌 전략 수립을 위해 개발된 도구이다.
② 조직의 비전은 균형성과표에서 고려되지 않는다.
③ 고객 관점은 가장 미래지향적인 관점으로 다른 3가지 관점의 성과를 이끌어내는 원동력이다.
④ 내부 프로세스 관점은 성과 극대화를 위해 기업의 핵심 프로세스나 역량을 규명하는 과정이다.

경영혁신

0258
2013 경영지도사

슘페터(J. Schumpeter)가 경영혁신을 언급하면서 지적한 생산요소에 해당하지 않는 것은?

① 새로운 제품의 생산
② 새로운 생산기술이나 방법의 도입
③ 새로운 조직의 형성
④ 신 시장 또는 새로운 판로의 개척
⑤ 혁신적인 기업가 정신

0259
2019 경영지도사

혁신을 위한 환경요소가 아닌 것은?

① 유기적 조직구조
② 세밀하고 철저한 일정관리
③ 긍정적 피드백
④ 갈등에 대한 포용
⑤ 낮은 외부 통제

기업의 효과성 평가

0260
공기업 출제경향 반영

다음 조직 효과성 평가에 관한 모형 중 조직의 외부환경을 전혀 고려하지 않고 조직의 내부 건전성과 효율성에 초점을 두고, 보유하고 있는 자원을 어떻게 활용하는가에 따라 조직효과성을 평가하는 모형은 무엇인가?

① 내부 프로세스 접근법(internal process approach)
② 퀸과 로어바우(Quinn and Rohrbaugh)의 경쟁가치 모형(competing value framework)
③ 전략적 이해관계자 접근법(strategic constituents approach)
④ 균형성과표(balanced score card)
⑤ 자원기준 접근법(resource-based view)

0261
공기업 출제경향 반영

조직효과성 평가 모형 중 퀸과 로어바우(Quinn and Rohrbaugh)의 경쟁가치 모형(CVF: competing value framework)에 해당하지 않는 것은?

① 합리적 목표 모형(rational goal model)
② 개방 체계 모형(open system model)
③ 자원 기준 모형(resource based model)
④ 내부 과정 모형(internal process model)
⑤ 인간 관계 모형(human relation model)

기타

0262
2024 5급 군무원

다음 중 국민경제의 순환과정에 대한 설명으로 가장 적절하지 않은 것은?

① 가계, 기업, 정부가 주요 주체이다.
② 기업은 가계가 제공하는 노동력을 소비하는 소비주체이다.
③ 가계가 기업에 제공하는 노동력의 대가로 기업은 임금을 지불한다.
④ 임금은 가계소득의 원천 중의 하나가 된다.

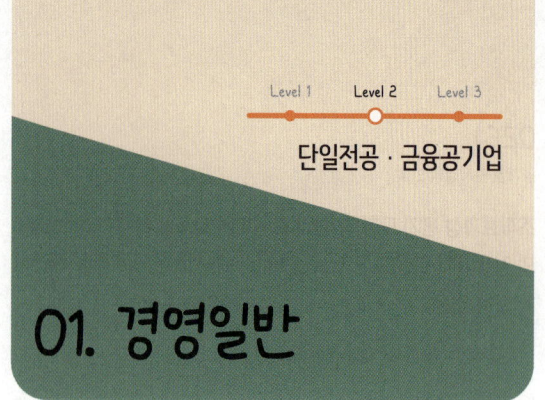

01. 경영일반

과학적 관리법

0263
2006 CPA

테일러(Taylor)의 과학적 관리법에 관한 설명 중 가장 적절한 것은?

① 보상은 생산성과 연공(seniority), 팀웍과 능력에 비례하여 주어져야 한다.
② 임파워먼트(empowerment)와 상향적 커뮤니케이션을 중시하였다.
③ 동작연구, 감정연구, 인간관계연구가 활발히 진행되었다.
④ 능률적 작업과 생산성 향상을 주된 목표로 하였다.
⑤ 직무설계가 전문화, 분권화, 개성화, 자율화되었다.

0264
2014 CPA

테일러(Taylor)의 과학적 관리법(scientific management)에 관한 설명으로 가장 적절하지 않은 것은?

① 분업의 원리를 적용하여 업무를 세분화하고 작업절차를 표준화하였다.
② 시간과 동작 연구를 통하여 표준 작업량을 설정하였다.
③ 종업원 개인이 달성한 성과에 따라 임금을 차별하였다.
④ 조직의 관리과정을 계획, 조직, 지휘, 조정, 통제의 단계로 구분하였다.
⑤ 작업능률과 생산성을 향상시키는 최선의 방법(one the best way)이 존재할 수 있다고 주장하였다.

0265
2013 산업안전지도사

테일러(Taylor)의 과학적 관리법(scientific management)에 관한 설명으로 옳은 것만을 모두 고른 것은?

> ㄱ. 부품을 표준화하고, 작업이 동시에 시작하여 동시에 끝나므로 동시 관리라고도 한다.
> ㄴ. 과업 중심의 관리로 인간의 심리적, 사회적 측면에 대한 문제의식이 부족하다.
> ㄷ. 동일작업에 대하여 과업을 달성하는 경우 고임금, 달성하지 못하는 경우에는 저임금을 지급한다.
> ㄹ. 작업을 전문화하고 전문화된 작업마다 직장(foreman)을 두어 관리하게 한다.
> ㅁ. 작업환경에 관계없이 작업자의 동기부여가 작업능률을 증가시키는 결과를 보여주었다.

① ㄱ, ㅁ   ② ㄷ, ㄹ
③ ㄴ, ㄷ, ㄹ   ④ ㄴ, ㄹ, ㅁ
⑤ ㄱ, ㄷ, ㄹ, ㅁ

인간관계론

0266
2016 산업안전지도사

인간관계론의 호손실험에 관한 설명으로 옳지 않은 것은?

① 종업원의 작업능률에 영향을 미치는 요인을 연구하였다.
② 조명실험은 실험집단과 통제집단을 나누어 진행하였다.
③ 작업능률향상은 작업장에서 물리적 작업조건 변화가 가장 중요하다는 것을 확인하였다.
④ 면접조사를 통해 종업원의 감정이 작업에 어떻게 작용하는가를 파악하였다.
⑤ 작업능률은 비공식조직과 밀접한 관련이 있다는 것을 발견하였다.

시스템적 접근법

0267
2007 CPA

시스템(system)에 대한 다음의 설명 중 가장 적절하지 않은 것은?

① 하나의 시스템은 다수의 하위시스템으로 구성된다.
② 하위시스템들은 각각의 목적을 달성하기 위하여 서로 독립적으로 운영된다.
③ 시스템은 투입(input), 처리(process), 산출(output), 피드백(feedback)의 과정을 포함한다.
④ 기업은 개방시스템의 속성을 지니고 있다.
⑤ 시스템은 피드백을 통하여 균형을 유지한다.

경영학의 발전과정

0268
2008 CPA

미국 경영학의 발전과정 중 나타난 용어와 설명의 관계가 적절하지 않은 것은?

① 시스템이론 : 조직을 여러 구성인자가 유기적으로 상호작용하는 결합체로 봄
② 행동과학이론 : 인간관계를 중시하며 비공식 조직의 존재와 그 기능을 밝힘
③ 과학적 관리 : 과업관리(task management)의 목표는 높은 임금·낮은 노무비의 원리로 집약됨
④ 구조조정(restructuring)이론 : 리엔지니어링, 벤치마킹, 아웃소싱 등의 기법이 있음
⑤ 포드 시스템(Ford system) : 봉사주의와 저가격·고임금의 원리를 중심으로 하는 경영이념을 가짐

지식경영

0269
2007 CPA

지식경영에 대한 다음 설명 중 가장 옳지 않은 것은?

① 지식경영은 기업의 내·외부로부터 지식을 체계적으로 축적하고 활용하는 경영기법을 말한다.
② 지식은 더 많은 사람이 공유하면 할수록 그 가치가 더욱 증대되는 수확체증의 법칙을 따른다.
③ 지식은 형식지(explicit knowledge)와 암묵지(tacit knowledge)로 구분된다.
④ 암묵지는 학습과 체험을 통해 습득되지만 외부로 드러나지 않는 지식이다.
⑤ 형식지와 암묵지는 독립적인 지식창출 과정을 거쳐 각각 저장되고 활용된다.

BSC

0270
2016 CPA

케플란(Kaplan)과 노튼(Norton)의 균형성과표(BSC: Balanced Scorecard)에서 제시한 4가지 관점으로 가장 적절하지 않은 것은?

① 재무적 관점
② 고객관점
③ 학습과 성장 관점
④ 내부 프로세스 관점
⑤ 사회적 책임 관점

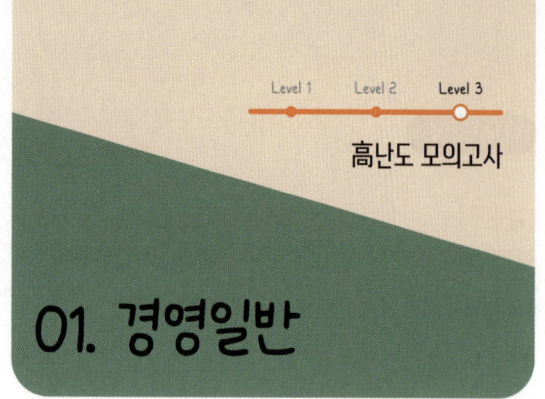

01. 경영일반

0271

경영학의 역사와 관련한 설명 중 가장 적절하지 않은 것은?

① 테일러(Taylor)의 과학적 관리법(scientific management)은 하루의 공정한 작업량을 과학적 방법을 이용하여 정하고, 태업(soldiering)을 방지함으로써 고능률과 고임금을 동시에 보장하는 것을 주된 내용으로 하고 있다.
② 페욜(Fayol)의 일반관리론(general administrative theory)은 어느 조직에서나 적용가능한 보편적인 사항을 규명한 것으로 특히 조직의 합리적 운영을 위해 경영자들이 지켜야 할 일반원칙을 제시하고 있다.
③ 베버(Weber)가 제시한 관료제(bureaucracy)는 대규모 조직을 효율적으로 운영하기 위한 이상적 원리를 의미하며, 이는 조직을 개방시스템(open system)으로 가정하고 있다.
④ 호손(Hawthorne)실험의 결과, 집단의 압력이나 소속감보다 인센티브의 효과가 작은 것으로 밝혀짐에 따라 인간적 측면의 경영이론에 대한 중요성이 부각되게 되었다.
⑤ 우드워드(Woodward)의 기술과 조직구조 간 연구는 경영학의 상황론적 접근법(contingency approach)에 해당한다고 볼 수 있다.

0272

현대 경영학과 경영관리기법에 대한 다음 설명 중 가장 적절하지 않은 것은?

① 시스템적 접근법(system approach)이 출현한 이후 기업조직은 개방시스템(open system) 관점으로 이해되기 시작했다.
② 상황론적 접근법(contingency approach)은 조직의 상황(전략, 규모, 기술, 환경 등)과 경영방식의 적합성(fit)을 강조한다.
③ 자원기반관점(RBV: resource-based view)은 수익성이 높은 여러 산업으로 진출하기 보다는 핵심역량(core competence)을 키우는데 주력하는 것이 바람직하다는 점을 강조한다.
④ 지식경영(knowledge management)은 지식창조를 암묵지와 형식지의 상호작용에 의해 낮은 차원의 인식에서 높은 차원으로 지식이 나선적(spiral)으로 확산되는 과정으로 설명한다.
⑤ 벤치마킹(benchmarking)은 보편론적 접근법(universalistic approach)이 아니라 상황론적 접근법(contingency approach)을 기반으로 한다.

0273

목표를 정하고 이를 달성하기 위한 방법으로 목표관리(MBO: management by objectives)가 많이 사용되고 있다. 목표관리에 대한 다음 설명 중 가장 적절하지 않은 것은?

① 활용에 있어서 종업원의 개별적 성과를 측정하기 용이한 기업에 적합하다.
② 종업원이 수행해야할 목표는 구체적(specific)이고 실행가능한 범위 내에서 어려운(difficult) 것이 좋다.
③ 하우스(House)의 경로-목표 이론(path-goal theory)에 이론적 바탕을 두고 있다.
④ 목표를 정하는 의사결정에 종업원을 참여시켜 목표를 인식시키고 동시에 그들의 활동과 목표를 직접적으로 연관시킨다.
⑤ 인사평가(performance appraisal)시, 종업원의 업무수행 '결과'를 평가하려는 기업에서 주로 사용한다.

0274

최근에는 기업 경쟁력의 원천을 외부보다는 내부에서 찾으려는 움직임이 주류를 이루고 있다. 이것을 자원기반관점(RBV: resource-based view)이라고 하는데, 이와 관련된 설명으로 가장 적절하지 않은 것은?

① 기업 경쟁력의 원천(source) 중, 가장 중요한 것이 기업이 내부에 보유한 핵심역량(core competence)이다.
② 기업의 내부 경쟁력을 파악하기 위해서 가치사슬(value chain)을 분석해보는 것도 좋다.
③ 자원기반관점에서 보면 관련형 다각화(related diversification)가 비관련형 다각화(unrelated diversification)보다 더 높은 성과를 가져올 것이다.
④ 자원기반관점에서 기업이 인수합병 대상기업을 선정할 때 가장 우선적으로 고려해야 할 것은 인수합병 대상기업이 참여하고 있는 산업의 수익성이다.
⑤ 지식자산(knowledge asset)은 기업의 중요한 내부 경쟁력의 원천 중 하나로, 이를 체계적으로 관리하여 기업의 경쟁력을 높이려는 것을 지식경영(KM: knowledge management)이라고 한다.

0275

경영학 이론에 관한 다음 설명 중 가장 적절하지 않은 것은?

① 상황론적 접근법(contingency approach)은 조직설계의 다양한 대안들은 대안 그 자체가 아니라 각 조직이 처한 상황, 즉 환경과의 적합성(fit)에 의해 평가되어야 한다고 주장한다.
② 인간관계론(human relations)은 작업자들 간의 비공식적 인간관계와 심리적 친근감보다는 물리적 작업환경이나 경제적 보상에 의해 작업성과가 좌우된다고 주장하였다.
③ 페욜(Fayol)의 일반관리론(general administrative theory)은 효율적인 조직운영을 위한 관리원칙을 제시하였다.
④ 시스템적 접근법(system approach)의 등장으로 환경과 기업내부의 다양한 요소들의 상호작용이 전체적인 관점에서 이해되기 시작하였다.
⑤ 자원기반관점(RBV: resource-based view)은 외부지향적인 인수합병이나 비관련다각화보다는 조직 내적으로 핵심역량(core competence)을 배양할 것을 강조한다.

0276

최근 등장한 경영 프로그램에 관한 설명 중 옳은 항목만으로 구성된 것은?

a. 지식경영(knowledge management): 조직의 구성원들이 보유한 암묵지(tacit knowledge)를 형식지(explicit knowledge)로 바꾸는 방법
b. 리엔지니어링(BPR: business process reengineering): 업무시스템 전체를 프로세스 단위로 대폭 재구성하는 방안
c. 벤치마킹(benchmarking): 기술수준을 파악하기 위해, 경쟁자의 제품을 구하여 분해해 보는 방법
d. 균형성과표(BSC: balanced scorecard): 기업의 균형잡힌 성과 측정을 위해 다양한 지표들(재무, 고객, 내부프로세스, 학습과 성장)을 사용하는 방법
e. 수평적 조직(horizontal structure): 기능별 조직화가 아닌 기업의 핵심 프로세스를 중심으로 조직화된 구조

① a, b, c
② b, c, d
③ a, d, e
④ b, d, e
⑤ c, d, e

02 조직행동 : 개인

제1편. 인사/조직/전략

1. 학습

(1) 정의

학습(learning)이란 직·간접적 경험의 결과로 발생한 행동의 항구적 변화

(2) 학습(Learning) 이론

1) 고전적 조건화(classical conditioning)

파블로프(Pavlov)의 개 실험에서 유래하며, 조건 자극(종소리)을 무조건 자극(음식)과 인접시키고 반복함으로써 조건 자극으로부터 새로운 조건 반응을 얻어내는 과정을 말함

고전적 조건화

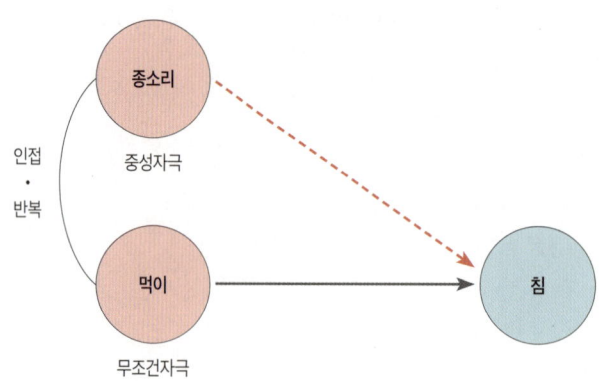

2) 조작적 조건화(operant conditioning)

스키너(B. F. Skinner)는 '행위는 결과의 함수이다'라고 주장하면서, 특정 행동에 대해서 긍정적인 결과가 제공되는 환경을 조성함으로써 그 행동의 빈도를 증가시킬 수 있다고 주장함

조작적 조건화의 이론적 기반

이론	내용
효과의 법칙 law of effect	손다이크(Thorndike)는 효과의 법칙에서 호의적 결과가 따르는 행동은 반복되고 호의적이지 않은 결과가 나타나는 행동은 반복되지 않는다고 주장함
강화의 법칙 law of reinforcement	바람직한 행동을 지속시키기 위해서는 강화요인이라는 매개체가 필요하며, 이러한 행동을 유도해내는 강화작용이 학습과정에 매우 중요하다고 주장함

3) 사회적 학습(social learning)

사람들은 직접경험뿐만 아니라 다른 사람에게 일어나는 일을 관찰하거나 듣는 것과 같은 간접적인 경험을 통해서도 학습을 함. 이처럼 관찰, 간접적인 경험, 자기통제적 과정의 역할을 중요시하고, 행동결정에 있어 인지적, 행동적 및 환경적 결정요인의 상호작용관계를 강조하는 학습이론

사회적 학습이론의 대표적 학습

이론	내용
대리학습 vicarious learning	직접 행동함으로써 학습하는 것이 아니라 다른 사람(모델)이 어떤 행동을 하는 것을 관찰함으로써 학습하는 것으로, 모델링(modeling)이라고도 함

(3) 행동 형성(shaping) : 강화

행동형성의 4가지 방법

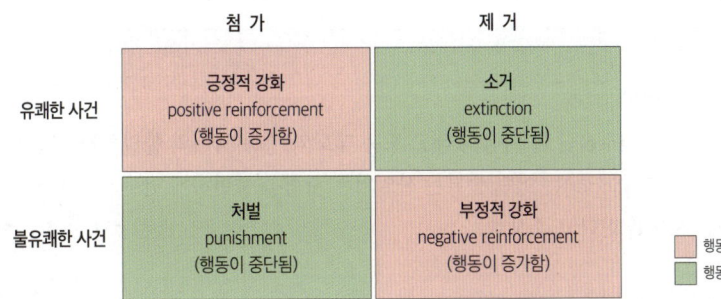

※ 위 그림은 조작적 조건화(operant conditioning)의 논리를 바탕으로 함

(4) 강화 주기

구분	강화주기		강화	행동에 미치는 영향	예
연속적 강화	연속적 continuous		바람직한 행동을 할 때마다 보상을 제공	새로운 행동을 신속하게 학습하게 만들지만, 강화가 중단되면 급속하게 사라짐	칭찬
단속적 강화	간격법	고정 간격법 fixed-interval	고정된 시간 간격으로 보상을 제공	평균적이고 불규칙한 성과. 강화가 중단되면 급속하게 사라짐	주급
		변동 간격법 variable-interval	고정되지 않은 시간 간격으로 보상을 제공	약간 높고 안정적인 성과. 서서히 사라짐	깜짝 퀴즈
	비율법	고정 비율법 fixed-ratio	일정비율마다 보상을 제공	높고 안정적인 성과. 급속하게 사라짐	성과급
		변동 비율법 variable-ratio	정해지지 않은 비율에 따라서 보상을 제공	매우 높은 성과. 서서히 사라짐	성공 커미션

※ 위 표는 정적 강화(positive reinforcement)를 실행하는 방법에 관한 것임

2. 태도

(1) 태도란

태도(attitudes)란 어떤 대상, 사람, 또는 사건에 대해서 호의적이거나 비호의적으로 평가하는 것

(2) 태도의 구성요소

태도의 구성요소

구성요소	내용
인지적 요소 cognitive component	인간이 지니고 있는 사고·아이디어·신념 등
정서적 요소 affective component	태도의 감정 또는 느낌과 관련된 영역으로 대상에 대한 감정. 즉, '좋다, 나쁘다' 등의 진술에서 발견할 수 있음
행동의도적 요소 behavioral component	어떤 대상에 대해 특정한 방식으로 행동하려는 의도

(3) 태도의 일관성과 인지부조화

인지부조화(cognitive dissonance)란 둘 이상의 태도 또는 태도와 행동 사이의 불일치가 생겼을 때 발생하는 심리적 불편함을 의미함. 페스팅어(Festinger)는 어떤 종류든 불일치는 사람을 불편하게 만들기 때문에, 사람들은 부조화로 인한 불편을 감소시키려는 시도를 한다고 주장

(4) 직무와 관련된 대표적 태도들

1) 직무만족

직무만족(job satisfaction)이란 직무의 여러 요소에 대한 평가를 종합하여 지니게 된 직무에 대한 호의적인 감정으로 종업원의 직무성과와는 직접적인 관련성이 없음

2) 조직몰입

조직몰입(organizational commitment)이란 조직 구성원이 조직 및 조직의 목표와 자신을 동일시하고 조직의 일원으로 남아 있고자 하는 상태

조직몰입의 구성요소

구성요소	내용
정서적 몰입 affective commitment	조직에 대한 감정적인 밀착 및 조직의 가치에 대한 신념
지속적 몰입 continuance commitment	조직에 남아 있는 것과 떠나는 것 사이의 경제적 가치에 대한 인식
규범적 몰입 normative commitment	도덕적 또는 윤리적 의무감에 기반한 몰입

3. 조직시민행동

구성원이 해야만 하는 공식적 업무와는 무관하게 자유재량에 의해서 행해지며 그것이 다른 사람에게나 조직에게 도움이 되는 행동이거나, 조직의 공식적 보상 시스템과는 관련 없이 조직의 이익을 증대시킬 수 있는 일련의 행동을 조직시민행동(OCB: organizational citizenship behaviors)이라고 함. 즉, 상사나 동료를 자발적으로 도와주고, 조직의 발전을 위해서 협동하는 성향을 말함

조직시민행동의 구성요소

요소	내용
이타적 행동 altruism	타인을 도와주려는 친사회적 혹은 친밀한 행동
성실한 행동 conscientiousness	조직이 요구하는 것 이상의 봉사나 노력을 하는 행동
예의적 행동 courtesy	자기 때문에 남이 피해보지 않도록 미리 배려하는 행동
신사적 행동 sportsmanship	남에 대해 악담을 하거나 단점을 떠벌리지 않는 행동
공익적 행동 civic virtue	조직활동에 책임의식을 가지고 솔선수범하는 행동

4. 감정

(1) 감정(emotions)

감정은 어떤 사람 또는 대상을 향한 강렬한 느낌이며, 분노, 기쁨, 슬픔, 공포, 사랑, 놀람 등이 있음

(2) 감정노동

감정노동(emotional labor)이란 사람을 대하는 일을 수행할 때에 자신이 실제로 느끼는 감정과는 달리 조직에서 바람직하다고 여기는 감정을 일부러 표현해야 하는 것을 말함. 실제로 느끼는 감정과는 다른 감정을 표현해야 하므로 스트레스가 유발됨

(3) 감정지능

자신의 감정을 잘 알고 타인의 감정을 잘 파악하여 감정적인 자극과 정보를 간파하고 관리하는 능력을 감정지능(EI: emotional intelligence)이라 함

감정지능의 종류

	자신 (개인적 역량)	타인 (사회적 역량)
감정의 인지	self-awareness	social awareness
감정의 규제	self-management	relationship management

5. 성격(Personality)

(1) MBTI

MBTI(Myers-Briggs Type Indicator)는 다음과 같은 4가지 차원으로 이루어져 있음. 이들은 (1) 개인의 에너지가 어느 쪽으로 많이 사용되는가(에너지 방향), (2) 외부의 정보를 인식하고 수집하는 방법이 어떤가(정보인식), (3) 어떤 방식으로 의사결정을 하는가(결정방법) 그리고 (4) 어떤 양식으로 살아가는가(생활양식)

MBTI의 4가지 차원

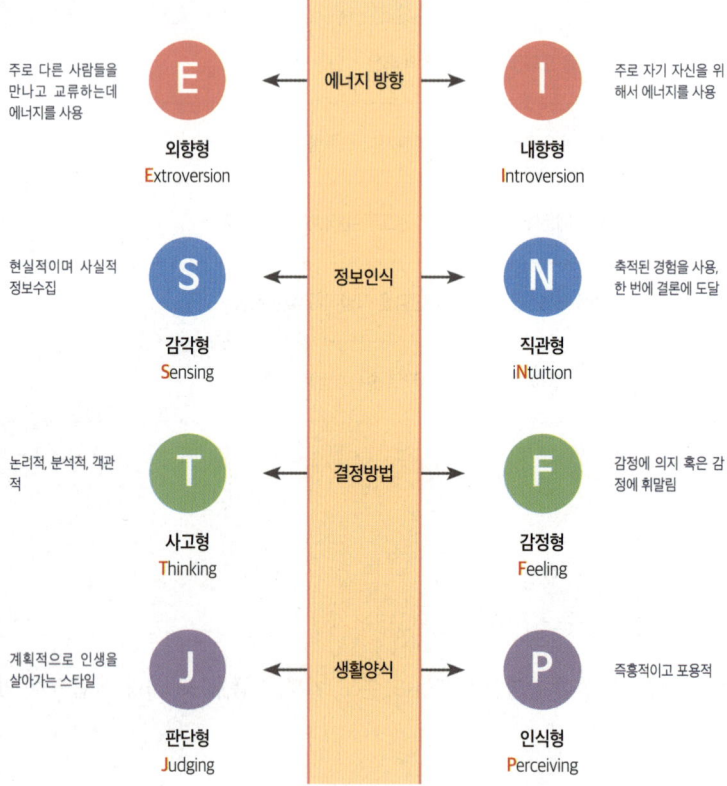

(2) Big 5 모델

Big 5 성격

차원	내용
외향성 extraversion	사회적 관계 속에서 편안함을 느끼는 정도
친화성 agreeableness	타인을 존중하는 개인의 성향
성실성 conscientiousness	사람의 신뢰성(reliability) 정도, 성과와 밀접하게 관련
정서적 안정성 emotional stability	스트레스에 대처하는 개인의 능력
개방성 openness to experience	새로운 것에 호기심을 갖고 매료되는 정도

(3) 통제의 위치

통제의 위치(locus of control)란 스스로 운명을 통제할 수 있다고 믿는 정도를 가리킴

통제의 위치

차원	내용
내재론자	내재론자(internalizer)란 자신을 자율적 인간으로 보고 자신의 운명과 일상생활에서 당면하는 상황을 자신이 통제할 수 있다고 믿는 사람들을 의미함. 외재론자에 비해 직무만족도가 높고 적극적이며 참여적인 행동을 보일 뿐만 아니라, 정서적으로도 안정되어 있어 스트레스에 대한 수용력도 더 강함. 이 때문에 외재론자보다 높은 성과를 보임
외재론자	외재론자(externalizer)란 자신의 운명이 자기 외부에 존재하는 힘들에 의해 결정된다고 믿는 사람들을 의미함. 외재론자는 내재론자에 비해 상대적으로 불안감을 많이 느끼고 스트레스에 약하며 독재적이고 구조적인 직무환경을 선호하는 경향이 있음

(4) 조직행동에 영향을 미치는 주요 성격적 특성

주요 성격 유형

유형	내용
마키아벨리즘 Machiavellianism	자신의 목표를 달성하기 위해 다른 사람을 이용하거나 조작하려는 성향
위험감수 성향 risk-taking	위험을 감수하려는 의지를 말하며, 높은 위험감수(risk taking) 성향을 지닌 사람은 의사결정이 빠르고 정보가 부족할 때에도 과감하게 의사결정을 함
A형 성격 type A personality	A형 성격은 참을성이 없고 성취에 대한 욕망이 크며 완벽주의로 특징지워짐

(5) 자아개념

자아개념

유형	내용
자기감시 성향 self-monitoring	외부의 상황적 조건의 변화에 잘 적응하는 사람으로 다른 사람들의 행동에 매우 높은 주의를 기울이며 그들의 행동에 맞추어 행동하는 일을 잘하는 성향
자기 존중감 self-esteem	사람들이 자기 자신을 좋아하거나 싫어하는 정도에는 차이가 있음. 이러한 성향을 자기 존중감 혹은 자존감이라고 함
자기 효능감 self-efficacy	자기존중감과는 달리, 개인이 주어진 상황에 자신감을 가지고 얼마나 잘 대처하는가에 관한 스스로의 믿음. 자기효능감은 과거의 성공경험, 대리 모델링, 구두설득, 각성 등을 통해 증가될 수 있음

6. 가치관

(1) 가치관(values)이란?

어떤 구체적인 행동양식이나 존재양식이 그 반대의 행동양식이나 존재양식보다 더 낫다고 여기는 개인적, 사회적 확신이며, 어떤 것이 옳고 선하며 바람직한지에 대한 판단을 내리는 개인적인 신념

(2) 가치관의 속성

가치관은 태도보다 안정적이고 지속적인 속성을 가지고 있음

(3) 가치관의 중요성

가치관은 사람의 행동에 직접적인 영향을 미치지는 않지만, 개인의 태도(attitude)와 동기부여(motivation)의 밑바탕을 형성하고, 사람들의 지각(perception)에 영향을 미침

가치관의 영향

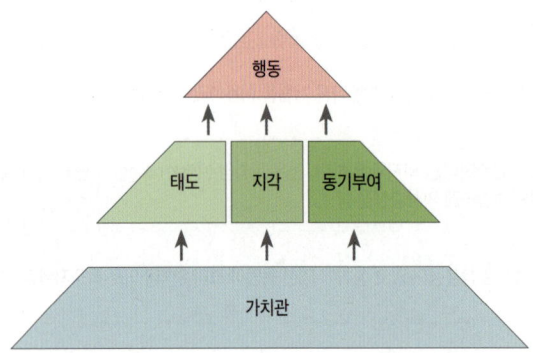

(4) 국가 간 문화분류 차원

홉스테드의 분류

차원	내용
개인주의와 집단주의 individualism vs collectivism	집단 구성원으로 일하는 것보다 개인적으로 일하는 것을 선호
남성문화와 여성문화 masculinity vs femininity	남성과 여성의 역할을 명확하게 구분하는가의 여부
장기 성향과 단기 성향 long- vs short-term orientation	사회가 전통적 가치에 대해 장기적 관점을 가지고 존중하는 정도
권력 격차 power distance	권력이 평등하게 부여되지 않은 상황에 대한 수용여부
불확실성 회피 성향 uncertainty avoidance	사람들이 혼란스러운 상황에 비하여 잘 정돈된 상황을 선호하는 정도

(5) 고배경 문화와 저배경 문화

홀의 분류

차원	내용
고배경 문화 high-context culture	타인과 대화하고 인간관계를 가질 때에 상대방이 제시한 내용보다도 그 배경 즉, 신분, 직책 등에 더 큰 비중을 둠
저배경 문화 low-context culture	배경을 경시하고 실질을 중시하므로, 기록된 정보나 상대방이 말한 내용에 비중을 둠

7. 지각

(1) 지각이란?

지각(知覺, perception)이란 사람들이 환경에 의미를 부여하기 위하여 감각적 인상을 조직하고 해석하는 과정

(2) 대인 지각

1) 귀인이론(attribution theory)

귀인(attribution)이란 자기와 타인의 행동에 대해 그 원인을 추론하려는 성향을 말함. 귀인은 내부귀인과 외부귀인으로 구분되며, 내부귀인은 행위의 원인을 능력과 같은 내부요인으로 돌리는 것이고 외부귀인은 어려운 업무환경과 같은 외부요인으로 돌리는 것을 말함

① **합의성** consensus
유사한 상황에 처한 모든 사람들이 모두 유사한 방식으로 행동하느냐의 문제

② **특이성** distinctiveness
사람이 상황에 따라 얼마나 다른 방식으로 행동하는 성향이 있는가의 문제

③ **일관성** consistency
특정 행동이 시간을 두고 반복되는지의 여부

원인의 귀속

차원	합의성	특이성	일관성
외부귀인	고	고	저
내부귀인	저	저	고

2) 귀인오류(attribution error)

귀인오류

유형	내용
근원적 귀인오류 fundamental attribution error	다른 사람의 행동을 판단할 때는 외부적인 요인의 영향을 과소평가하고 내부적인 요인(기질, 성격 등)의 영향을 과대평가하는 경향
행위자 관찰자 효과 actor-observer effect	다른 사람들 즉, 관찰자의 행동은 기질적인 요소에 의한 것으로 판단하는 반면, 자신 즉, 행위자의 행동은 상황적인 요소 때문에 발생한 것으로 생각하는 것
자존적 편견 self-serving bias	사람들은 자신의 성공에 대해서는 능력이나 노력과 같은 내부 요인으로 돌리는 반면, 실패에 대해서는 운이 없었다는 식의 외부 요인으로 돌리는 경향

3) 대인지각에서 자주 사용되는 편법(지각오류)

지각 오류

유형	내용
선택적 지각 selective perception	어떤 사물이나 사람, 또는 사건의 특징적인 요소들은 다른 것보다 더 쉽게 지각된다. 사람들은 자신이 관찰한 것을 모두 흡수하지 못하므로 선택적 지각을 할 수 밖에 없음
후광효과 halo effect	특정인이 가진 지엽적인 특성만을 가지고 그 사람의 모든 측면을 '긍정적'으로 평가하는 오류
대비효과 contrast effect	주어진 자극이나 사람에 대한 반응이 이전에 당면했던 자극이나 사람에 종종 영향을 주는 것을 의미
주관의 객관화 projection	판단을 함에 있어 자신과 비교하여 남을 평가하려는 경향을 말하며, 당신이 도전적이고 책임감 있는 직무수행자가 되기 원할 경우 다른 사람도 그럴 것이라고 가정함
스테레오타이핑 stereotyping	사람들은 개인 간의 차이를 충분히 고려하지 않은 채, 타인의 행동이나 성격을 그 개인이 속한 집단의 속성으로 범주화시키는 경향이 있다. 즉, 개인이 특정집단의 구성원이라는 이유만으로 그 특정집단이 가지는 모든 특성을 다 가지고 있을 것이라고 가정하고 평가하는 오류로서, 대인평가에 있어서 일종의 고정 관념이자 편견임
관대화 leniency 가혹화 strictness 중심화 central	관대화와 가혹화는 평가를 함에 있어서, 상대를 '매우 좋게' 혹은 '안 좋게' 평가하는 경우이다. 중심화 경향은 '매우 좋다' 혹은 '나쁘다' 하는 판단을 기피하여 중간 정도로 판단하는 것을 말함
최근 recency 및 초기 primacy 효과	판단을 함에 있어서 최근 제공된 정보나 혹은 맨 처음 제공된 정보에 보다 무게를 두게 되는 경향을 말함
유사효과 similar-to-me effect	자신과 유사한 사람들을 더 호의적으로 평가하는 것
자성적 예언 self-fulfilling prophecy 또는 Pygmalion effect	특정인에 대한 기대가 그의 행동을 규정하게 되는 현상을 일컫는 말이다. 사람은 윗사람이나 동료가 믿고 기대하는 바에 따라 행동하게 되고 그러한 행동의 결과로 타인이 기대하는 바가 현실로 나타나게 되는 경우를 말함

> *자성적 예언에 대한 바른 이해*
> 자성적 예언은 진정으로 간절하게 바라면 실제로 이루어진다는 것을 의미하는데, 이 문장에서 주어는 '자신'이 아니다. 즉, 자기가 간절하게 바라면 이루어지는 것이 아니라, 나에게 기대와 관심을 갖는 타인이 있을 경우, 타인의 기대에 맞추기 위해 노력함으로써 정말 그렇게 된다는 의미이다. 결국 타인의 기대에 부응할만한 결과를 낳게 만드는 현상을 '자성적 예언' 혹은 '자기 충족적 예언'이라고 한다.

8. 의사결정(Decision making)

(1) 합리적 의사결정 모형
합리적 의사결정(rational decision making)은 인간이나 조직이 원래 합리적이기 때문에 여러 가지 대안들 중에서 최적의 의사결정을 할 수 있다고 보는 견해

(2) 제한된 합리성 모형
제한된 합리성 모형(bounded rationality model)은 의사결정자가 합리성을 추구하지만, 실제로는 여러 제한요소들 때문에 합리성은 제한될 수 밖에 없으며, 이로 인해 의사결정자는 투입해야 하는 시간과 노력을 줄이기 위해 최적해는 아니지만 만족스러운(satisficing) 대안을 선택한다는 점을 강조

(3) 직관적 의사결정
축적된 경험에서 우러나오는 무의식적인 과정으로, 불확실성 수준이 높거나, 의사결정에 필요한 정보가 거의 없는 상황에서 합리적 의사결정을 보완할 수 있는 의사결정임

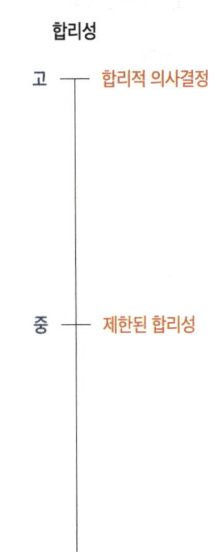

(4) 의사결정 과정의 오류

여러 가지 의사결정 과정의 오류

유형	내용
몰입의 상승현상 escalation of commitment	어떤 집단이 의사결정을 한 후에 변화가 일어나 먼저 내린 의사결정이 부적절하고 잘못임에도 불구하고 여러 가지 이유를 들어 최초의 의사결정을 고수하려는 경향
고착과 조정 오류 anchoring and adjustment bias	초기 정보에 지나치게 고착되어 이후에 다른 정보가 들어와도 적절하게 생각을 조정하지 못하는 경향
유용성 오류 availability bias	쉽게 접근할 수 있는 정보에 근거를 두고 판단을 내리는 경향
대표성 오류 representative bias	과거의 어떤 사건이 현재의 비슷한 다른 상황에서 같은 효과를 낼 것이라고 생각하는 것
승자의 재앙 winner's curse	경매의 최종 승자가 비록 이겼지만 너무 높은 가격을 부른 바람에 오히려 망한다는 역설적 현상을 가리키는 말임
맹목성 오류 hindsight bias	사건의 결과가 실제로 알려진 후 결과를 정확히 예측할 수 있었다고 잘못 믿는 경향을 말함

9. 동기부여(Motivation) 개요

동기부여 이론의 분류

유형	초점	이론들
내용이론 content theory	무엇이 사람들을 동기부여시키는가? (What?)	욕구단계이론 X, Y 이론 2요인이론 ERG이론 성취동기이론
과정이론 process theory	사람들은 어떤 과정을 거쳐서 동기부여되는가? (How?)	기대이론 공정성이론 목표설정이론
내재적 동기이론	왜 내적인 동기부여가 외적인 동기부여 요소보다 더 중요한가?	직무특성이론 인지적 평가이론 자기결정이론

10. 동기부여의 내용이론(Content theory)

(1) 매슬로의 욕구단계이론

1) 욕구의 단계

매슬로의 욕구 5단계

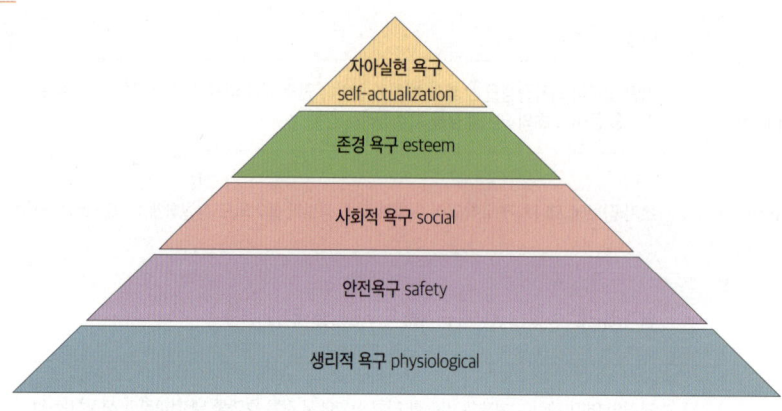

2) 매슬로 이론의 작동원리

① 개인마다 다섯 가지 욕구가 저차원에서 고차원으로 순서대로 나타남
② 욕구의 출현과 소멸은 결핍과 충족(deprivation and gratification)의 원리에 의해 이루어짐
③ 결국, 개인의 행동에 동기를 부여하는 것은 '결핍된 욕구'임

(2) 허즈버그의 2요인 이론

만족과 불만족을 동일한 개념의 양극으로 보지 않고 두 개의 독립된 개념으로 봄. 만족에 영향을 미치는 요인들을 동기요인(motivator)이라 하였고, 불만족에 영향을 미치는 요인들을 위생요인(hygiene factors)이라고 명명함

만족-불만족에 관한 견해 차이

전통적인 관점

| 불만족 | 만족 |

허즈버그의 관점

| 불만족 多   불만족 0 | 만족 0   만족 多 |
| 위생요인(hygiene factors) | 동기요인(motivators) |

1) 위생요인과 동기요인

허즈버그는 성취감, 인정, 책임감, 도전적인 직무 등의 직무만족 또는 동기요인이 종업원들을 동기부여시킬 수 있다고 주장

위생요인과 동기요인

위생요인(불만족 해소요인)	동기요인(만족 증진요인)
• 급여 • 기술적 감독 • 회사의 정책 • 감독자와 관계 • 동료와의 관계 • 작업조건 • 개인 사생활 • 직위 • 직장의 안정성	• 성취감 • 칭찬이나 인정을 받을 수 있는 기회 • 직무 자체가 주는 도전성 • 성장 가능성 • 책임감 • 발전성

2) 2요인 이론과 직무충실화

조직구성원을 동기부여하기 위해서는 개개인이 업무자체에 자기의 능력을 이용하고 자기통제를 할 수 있도록 책임과 기회를 보다 많이 부여해야 한다고 주장했으며, 이를 허즈버그는 직무충실화(job enrichment)라고 칭함

(3) 앨더퍼의 ERG이론

매슬로의 5가지 욕구를 3가지 범주로 재구분

1) ERG 이론의 3가지 욕구

앨더퍼는 매슬로의 5단계 욕구를 존재욕구(Existence needs=E), 관계욕구(Relatedness needs=R), 성장욕구(Growth needs=G)의 3가지 범주로 재구분함

매슬로와 앨더퍼 이론의 욕구연관성

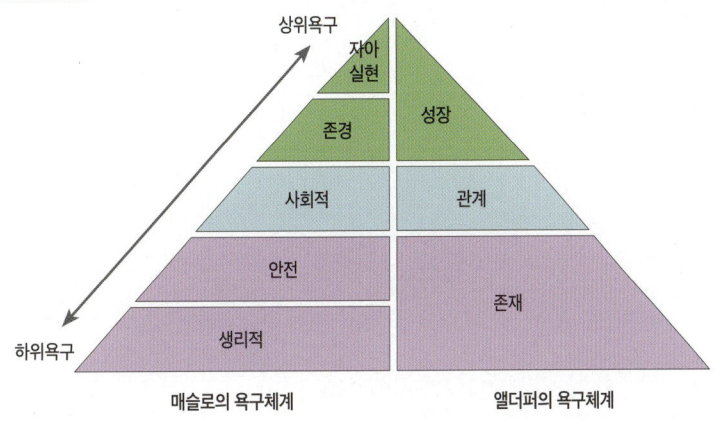

2) 작동 원리

작동원리 비교

	매슬로의 욕구단계이론	앨더퍼의 ERG이론
만족-진행	○	○
좌절-퇴행	×	○

ERG 이론의 작동원리

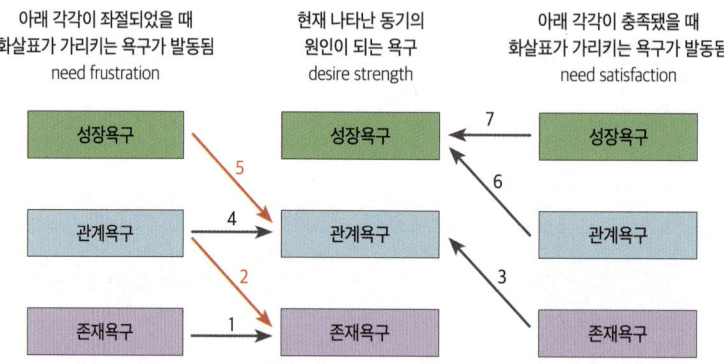

※ 2, 5번 화살표는 좌절-퇴행 원리를 의미하는 것임

(4) 맥클리랜드의 성취동기이론

성취동기이론의 욕구 종류

욕구	내용
성취욕구 need for achievement	성취욕구가 강한 사람은 성공에 대한 강한 희망을 갖고 있으며 도전받기를 원하며, 직무에 대하여 책임을 지기 좋아하고 수행하고 있는 방법에 대하여 즉각적인 피드백(feedback)을 받기를 좋아함
권력욕구 need for power	높은 권력욕구를 가지고 있는 사람들은 영향력과 통제를 행사하는 데 큰 관심을 가지며, 이러한 사람들은 리더로서의 일을 찾고 강압적이고 자기본위적인 경향이 강함
친화욕구 need for affiliation	친화욕구가 높은 사람들은 다른 사람과 친근한 관계를 가지려고 하며 사회집단으로부터 소외되는 아픔을 피하고자 하는 경향이 강함

※ 위 3가지 욕구는 위계가 존재하지 않음

(5) 맥그리거의 X이론과 Y이론

맥그리거(Douglas McGregor)는 관리자가 인적 자원을 통제함에 있어 근거로 하는 이론적 가정이 무엇이냐에 따라 기업의 전체적 성격이 결정된다고 전제하고 이러한 가정을 X, Y라는 두 가지 이론으로 설명하고 있음

1) X이론 가정 : 명령통제에 관한 종속적 견해

X이론(theory X)에서의 인간에 대한 가정은 다음과 같음

> ① 원래 인간은 일하기를 싫어하며 가능하면 일을 피하고자 한다.
> ② 그들은 별로 야심이 없고, 책임회피를 좋아하며 명령받기를 좋아하고 안전을 추구한다.

이와 같은 X이론에 따르면 인간의 동기는 대체로 저차수준의 욕구 즉, 생리적 욕구수준 및 안전욕구의 수준에 머무르고 있다고 가정

2) Y이론 가정 : 개인과 조직목표의 통합

Y이론(theory Y)은 인간에 대한 다음과 같은 가정을 근거로 전개됨

> ① 일한다는 것은 자연적인 현상이며, 따라서 스포츠를 할 때나 놀이나 휴식의 경우와 다를 바 없다.
> ② 인간이 조직목표에 헌신적으로 관여하는 경우, 그들은 자기지향(self-direction)과 자기통제(self-control)를 행한다.

Y이론은 인간에 관한 동태적 견해를 대표하고 있다. 즉, 개인은 본성적으로 성장과 발전의 잠재력을 갖춘 행동주체로 인식되고, 동기부여의 문제 또한 관리층의 책임으로 규정하고 있음

(6) 내용이론 종합

내용이론 종합

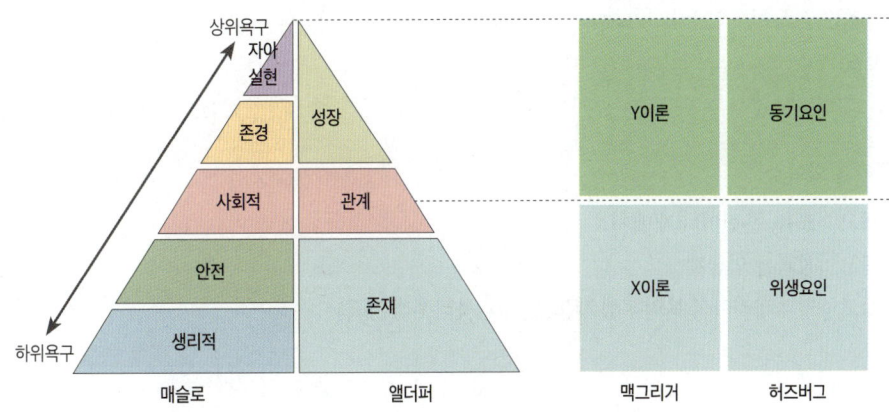

11. 동기부여의 과정이론(Process theory)

(1) 기대이론

기대이론(expectancy theory)은 개인이 행동과 노력의 방향을 선택한다는 관점에서 동기부여를 봄

1) 기대이론의 3가지 구성개념

기대이론의 구성개념

구성개념	내용
기대감 expectancy (0 ≤ E ≤ 1)	노력을 했을 때 특정한 목표행위를 성취할 수 있는가에 대한 주관적인 확률을 말한다. 즉, 기대감(expectancy)은 사람들이 자신의 노력이 실제로 1차적 결과를 가져오게 할 것이라고 믿는 정도를 의미
수단성 instrumentality (-1 ≤ I ≤ 1)	특정한 행위(1차적 결과)를 달성했을 때 2차적 결과가 얻어질 수 있으리라는 데에 대한 주관적 믿음(또는 1차적 결과와 2차적 결과간의 상관관계)을 의미
유의성 valence (-n ≤ V ≤ n)	개인이 특정한 행위(1차적 결과)를 달성함으로써 그에 따라 얻어지는 2차적 결과물들 각각에 대하여 갖는 욕구를 의미하며, 보상의 유의성은 각 보상이 개인에 따라 나타나는 가치에 따라 달라짐

기대이론

2) 동기부여의 강도측정

동기부여의 강도는 기대감, 수단성, 유의성의 곱으로 계산됨

$$\text{Motivation} = E \times I \times V$$

E : 기대감, I : 수단성, V : 유의성

3) 조직경영에 주는 의의

① 기대감 제고 : 교육, 훈련이나 재배치
② 수단성 제고 : 성과급 임금제
③ 유의성 제고 : 카페테리아식 복리후생 제도(선택적 복리후생 제도)

(2) 공정성이론

$$\text{공정성이론} = \underbrace{\text{인지부조화 이론}}_{\text{Festinger}} + \underbrace{\text{분배적 정의}}_{\text{Homans}}$$

※ 아담스의 공정성이론은 3가지 조직적 정의 즉, 분배적 정의, 절차적 정의, 상호작용적 정의 가운데 분배적 정의만을 사용하였음

공정성이론(equity theory)은 개인과 개인, 또는 개인과 조직 간의 교환관계에 초점을 둠. 이 이론의 골자는 사람들은 자기가 준 것(투입물: input)과 받은 것(산출물: outcome)을 상대방이 준 것과 받은 것과 비교하여 교환관계가 공정성을 유지하고 있는지를 판단한다고 주장

투입과 산출의 비교

비율 비교	지각
$\frac{O_A}{I_A} < \frac{O_B}{I_B}$	과소 보상으로 불균형
$\frac{O_A}{I_A} = \frac{O_B}{I_B}$	균형
$\frac{O_A}{I_A} > \frac{O_B}{I_B}$	과대 보상으로 불균형

※ $\frac{O_A}{I_A}$는 본인 $\frac{O_B}{I_B}$는 준거인

1) 작동방법

공정성 이론의 핵심은 자신의 투입과 산출의 비율을 자기가 선택한 비교대상(준거인)의 투입과 산출의 비율과 비교하는 것. 비교 후 그 비율에서 부등호 관계가 성립이 되면 등호로 바꾸기 위해 노력하게 된다는 것

공정성 이론에서의 투입과 산출

투입	산출
• 시간 • 지성 • 교육/훈련 • 경험 • 기술(숙련) • 창의성 • 구속 • 사회적 지위 • 조직에 대한 충성심 • 나이 • 성격적 특성 • 도구 소유 • 출석 • 건강	• 급여/상여금 • 각종 혜택(fringe benefit) • 도전적 직무부여 • 직업 안정 • 내재적 보상 • 경력상승 • 단조로움 • 지위상징물 • 운명에 대한 불확실성 • 안락한 근무환경 • 개인성장/자기계발의 기회 • 상급자의 지원 • 인정 • 중요한 의사결정에 참여시킴 • 허쯔버그의 위생인자들

2) 불공정성 지각으로부터 오는 긴장을 줄이기 위한 방법

- 투입의 변경
- 산출의 변경
- 투입과 산출의 인지적 왜곡
- 장의 이탈(leave the field)
- 준거인물에 영향을 미침
- 준거인물 변경

(3) 목표설정 이론

목표설정 이론(goal-setting theory)은 명확하고 도전감을 불러일으킬 수 있는 목표가 성과에 미치는 영향에 대해 설명하는 이론

목표설정 이론의 개념적 체계

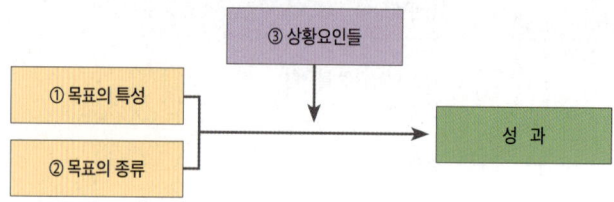

목표설정이론의 구성변수들

변수	내용
목표의 특성	목표는 구체적(specific)이고, 어려울수록(difficult) 더 높은 성과를 달성함
목표의 종류	목표의 설정 방법에 따라 지시된 목표, 자기설정 목표, 참여적 목표로 구분되는데, 자기설정 목표는 조직상황에서 별 의미가 없으므로, 지시된 목표와 참여적 목표만을 비교하자면, 일반적으로 참여적 목표가 지시된 목표보다 종업원으로 하여금 목표에 대한 수용성을 더 높임
상황요인들	목표달성에 영향을 미치는 상황요인들로 피드백, 보상조건, 직무복잡성, 능력, 경쟁상황 등이 있음

1) 목표설정 이론의 활용

목표설정이론을 경영자가 활용할 수 있는 가장 좋은 방법은 목표관리(MBO: management by objectives)를 실시하는 것. 목표관리는 구체적이고 확인 가능하며 측정할 수 있는 목표를 부하가 참여하여 설정하는 것을 강조. MBO의 핵심은 조직의 전반적인 목표를 구체적인 부서 및 개인의 목표로 전환하는데 있으며, 조직 단위별로 목표가 구체적으로 정해지도록 만듦

12. 내재적 동기이론

(1) 핵크만과 올드햄의 직무특성이론

직무특성이론(job characteristics theory)에서는 직무의 특성이 직무수행자의 성장욕구수준에 부합할 때 직무가 그에게 보다 큰 의미와 책임감을 주게 되므로 동기유발 측면에서 긍정적인 성과를 낳게 된다고 주장

직무특성 이론

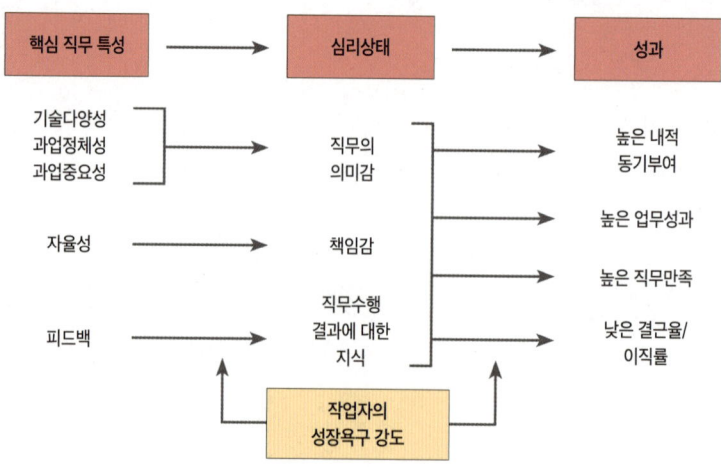

※ 직무를 설계할 때 가장 먼저 고려해야 하는 것은 '성장욕구'임

1) 5가지 직무특성

5가지 핵심직무특성

핵심직무특성	내용
기술다양성 skill variety	직무를 수행하는데 있어 요구되는 기술의 종류가 얼마나 여러 가지인가를 뜻함
과업정체성 task identity	업무의 내용이 시작부터 끝까지 전체에 대한 것인지 아니면 일부에만 관여하도록 되어 있는지에 관한 것
과업중요성 task significance	직무가 다른 사람의 생명 또는 다른 사람의 업무에 중대한 영향을 미치는 정도
자율성 autonomy	개인이 자신의 직무에 대하여 개인적으로 느끼는 책임감의 정도
피드백 feedback	직무를 수행하는 도중에 직무의 성과와 효과성에 대해 직접적이고 명확한 정보를 획득할 수 있는 정도

$$동기잠재력\ 지수(MPS) = \frac{(기술다양성 + 과업정체성 + 과업중요성)}{3} \times 자율성 \times 피드백$$

※ MPS값이 높은 직무는 성장욕구 수준이 높은 사람에게 맡겨야 함

(2) 인지적 평가이론

데시(Edward L. Deci)의 인지적 평가이론(cognitive evaluation theory)은 어떤 직무에 대하여 내재적 동기가 유발되어 있는 경우, 외재적 보상이 주어지면 내재적 동기가 감소된다는 이론

내재적 보상과 외재적 보상

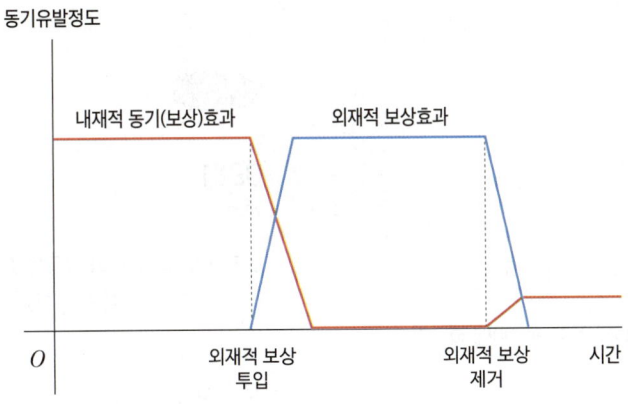

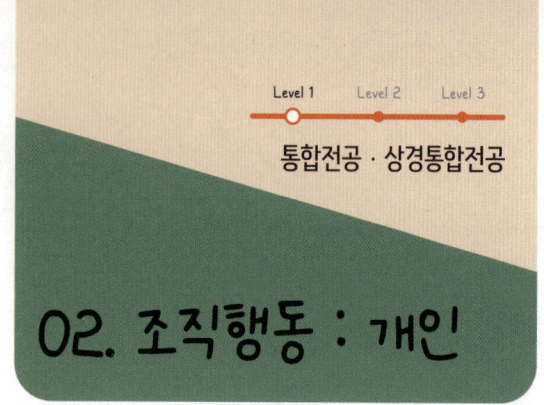

02. 조직행동 : 개인

능력

0277
공기업 출제경향 반영

조직행동에서 성과에 관련된 변수로서 능력(ability)에 관한 설명으로 옳지 않은 것은?

① 능력(ability)이란 어떤 일을 할 수 있는 최대한의 한계를 의미한다.
② 가드너(Gardner)는 IQ점수와 개인이 발휘하는 행동 성과와의 관계가 일관성이 부족하다고 주장하며 이를 보완하는 다중지능(multiple intelligence)이론을 제시하였다.
③ 사회지능(SQ: social intelligence)이란 손다이크(Thorndike)에 의해 능력으로 처음 제시되었다.
④ 감성지능(EQ: emotional intelligence)은 명확히 측정될 수 있어 최근 조직행동 분야에서는 이에 대한 논쟁의 여지가 없이 인정되고 있다.
⑤ 도덕지능(MQ: moral intelligence)은 최근 사회적 책임에 대한 이론구축과 기업조직에서 신뢰(Trust)에 관한 관심이 높아지면서 중요성이 강조되고 있다.

0278
공기업 출제경향 반영

다음 중 긍정심리자본(positive psychological capital)에 해당하지 않는 것은?

① 창의력(creativity)
② 자기효능감(self-efficacy)
③ 낙관주의(optimism)
④ 희망(hope)
⑤ 회복 탄력성(resilience)

0279
공기업 출제경향 반영

아메바일(Amabile)의 창의력 모델에서 창의력(creativity)을 증가시키는 조직요인들에 해당하지 않는 것은?

① 자유로운 분위기
② 충분한 자원
③ 도전적 직무
④ 업무 과중
⑤ 창의성 발휘를 위한 상사의 독려

0280
2024 9급 군무원

잠재적 창의성에 대한 설명으로 가장 적절하지 않은 것은?

① 창의적인 업무는 전문성이 기본이다.
② 똑똑한 사람은 복잡한 문제를 푸는 데 능숙하기 때문에 창의적이다.
③ 희망, 자기효과성, 긍정성은 개인의 창의성을 파악할 수 있는 요소이다.
④ 창의성은 바람직한 많은 개별적 특성과 관계가 있어 윤리와 상관관계가 높다.

학습

0281
2022 가맹거래사

스키너(B. Skinner)의 작동적 조건화 이론(operant conditioning theory)에 포함되지 않는 것은?

① 소거(extinction)
② 처벌(punishment)
③ 대리적 강화(vicarious reinforcement)
④ 긍정적 강화(positive reinforcement)
⑤ 부정적 강화(negative reinforcement)

0282
2013 공인노무사

기존에 제공해 주던 긍정적 보상을 제공해 주지 않음으로써 어떤 행동을 줄이거나 중지하도록 하기 위한 강화(reinforcement) 방법은?

① 긍정적 강화 ② 소거
③ 벌 ④ 부정적 강화
⑤ 적극적 강화

0283
2019 공인노무사

강화계획(schedules of reinforcement)에서 불규칙한 횟수의 바람직한 행동 후 강화요인을 제공하는 기법은?

① 고정간격법 ② 변동간격법
③ 고정비율법 ④ 변동비율법
⑤ 연속강화법

0284
2017 경영지도사

조직개발 기법 중 스키너(B. F. Skinner)의 조작적 조건화의 원리를 조직 상황에 적용하여 긍정적 행동의 강화에 이론적 기초를 두고 있는 기법은?

① 행동수정기법 ② 형태적 접근기법
③ 의사거래분석법 ④ 감수성 훈련기법
⑤ 델파이법

0285
2010 7급 국가직

행위강화전략 중 소거(extinction)에 해당하는 것은?

① 품행이 좋은 학생에게 칭찬과 격려를 아끼지 않는다.
② 성적이 기준에 미달한 학생에게 장학금 지급을 일시적으로 중지한다.
③ 수형생활을 모범적으로 하는 죄수에게 감형이나 가석방의 기회를 부여한다.
④ 업무수행 실적이 계속해서 좋지 않은 직원을 징계한다.

0286
2020 코레일 수송직렬 복원

조작적 조건 형성에서 반응에 대해 싫거나 또는 불편한 결과를 주거나 긍정적인 결과를 제거하는 것은?

① 적극적 강화
② 소극적 강화
③ 소거
④ 벌
⑤ 연속적 강화계획

0287
공기업 출제경향 반영

반두라(Bandura)의 자기효능(self-efficacy) 이론에 따른 자기효능감 향상 방법이 아닌 것은?

① 성공 경험(enactive mastery experience)
② 대리 모델링(vicarious learning)
③ 구두 설득(verbal persuasion)
④ 정신적·육체적 각성(arousal)
⑤ 구체적 목표(specific goal)

0288
공기업 출제경향 반영

조직에서 강화이론을 적용한 것으로 옳은 것은?

① 긍정적 강화(positive reinforcement)가 높은 효과를 발휘하기 위해서는 바람직한 행위 뒤에 제공되는 강화물의 유의성(valence)이 낮은 것이 좋다.
② 부정적 강화(negative reinforcement)는 종업원이 원치 않는 벌과 같은 결과물을 철회하는 것을 말하며 벌(punishment)과 동일한 효과를 발휘한다.
③ 소거(extinction)의 예시로 연수원에서 교육받는 종업원의 교육성적이 낮은 경우 교육수당을 반납시키는 행위를 들 수 있다.
④ 벌(punishment)이란 구성원에게 선호하는 보상이 주어진 상태에서 보상을 철회시키는 것을 의미한다.
⑤ 부정적 강화(negative reinforcement)의 예로 실적이 낮은 종업원에게도 실적이 높은 종업원과 동일한 보상을 주어 실적이 낮은 종업원에게 강화 효과를 일으키는 것을 들 수 있다.

0289
공기업 출제경향 반영

인지주의(cognitivism) 학습이론에 대한 설명으로 옳지 않은 것은?

① 인지주의 학습이론의 대표적인 학자로는 손다이크(Thorndike), 톨만(Tolman), 쾰러(Köhler)가 있다.
② 대표적인 이론으로 잠재학습이론과 통찰학습이론(insightful learning theory)이 있다.
③ 인지주의 학자들은 강화물 없이도 인지 구조를 통한 학습이 가능하다고 보았다.
④ 톨만은 쥐 실험을 통해 행동을 결정하는 유기체의 기대, 목적, 내부 인지과정의 중요성을 역설하였다.
⑤ 통찰학습이란 문제 상황에서 관련 없는 여러 요인이 갑자기 완전한 형태로 재구성되어 문제를 해결한다는 뜻이다.

0290
2024 7급 국가직

강화이론에 대한 설명으로 옳지 않은 것은?

① 강화이론은 인간의 행동을 원인변수로 간주하고, 어떤 행동을 취하는 사람의 목표와 욕구의 원인이 무엇인지에 주목하는 이론이다.
② 구성원의 행동이 조직의 목표 달성에 도움이 되는 경우에는 소극적 강화(negative reinforcement)를 통해 바람직한 행동을 증가시킬 수 있다.
③ 바람직하지 못한 행동을 약화하기 위해 불편한 자극을 주는 것을 벌(punishment)이라고 한다.
④ 바람직하지 못한 행동을 제약하기 위해 보상을 철회하는 것도 강화이론에 해당한다.

태도

0291
2019 공인노무사

상사 A에 대한 나의 태도를 기술한 것이다. 다음에 해당하는 태도의 구성요소를 옳게 연결한 것은?

> ㄱ. 나의 상사 A는 권위적이다.
> ㄴ. 나는 상사 A가 권위적이어서 좋아하지 않는다.
> ㄷ. 나는 권위적인 상사 A의 지시를 따르지 않겠다.

① ㄱ. 감정적 요소 ㄴ. 인지적 요소 ㄷ. 행동적 요소
② ㄱ. 감정적 요소 ㄴ. 행동적 요소 ㄷ. 인지적 요소
③ ㄱ. 인지적 요소 ㄴ. 행동적 요소 ㄷ. 감정적 요소
④ ㄱ. 인지적 요소 ㄴ. 감정적 요소 ㄷ. 행동적 요소
⑤ ㄱ. 행동적 요소 ㄴ. 감정적 요소 ㄷ. 인지적 요소

0292
2021 7급 군무원

태도와 학습에 대한 설명으로 가장 옳지 않은 것은?

① 강화이론에서 부정적 강화(negative reinforcement)는 바람직하지 못한 행위를 소멸시키기 위한 강화방법이다.
② 단속적 강화 유형에서 빠른 시간 내에 안정적인 성과 달성을 하기 위해서는 고정비율법이 효과적이다.
③ 레빈(Lewin)은 태도의 변화과정을 해빙, 변화, 재동결의 과정을 거쳐 이루어진다고 했으며 이러한 태도 변화는 개인수준 뿐만 아니라 집단, 조직 수준에서도 같은 방법으로 나타나게 된다.
④ 마이어와 알렌(Meyer & Allen)은 조직몰입(organization commitment)을 정서적(affective)몰입, 지속적(continuance)몰입, 규범적(normative)몰입으로 나누어 설명했다.

0293
2016 7급 국가직

직무만족 및 불만족에 대한 설명으로 옳은 것은?

① 직무불만족을 증가시키는 개인적 성향은 긍정적 정서와 긍정적 자기평가이다.
② 역할 모호성, 역할 갈등, 역할 과다를 경험한 사람들의 직무 만족이 높다.
③ 직무만족이란 직무를 통해 그 가치를 느끼고 업무 성취감을 느끼는 긍정적 감정 상태를 말한다.
④ 종업원과 상사 사이의 공유된 가치관은 직무만족을 감소시킨다.

0294
2022 5급 군무원

다음 중 조직몰입(organizational commitment)에 대한 설명으로 가장 옳지 않은 것은?

① 조직몰입은 조직에 대한, 그리고 조직의 목표에 대한 인식을 분명히 한 상태에서 그 조직에 남아 조직의 일원이 되고자 하는 바람의 정도이다.
② 감정적 조직몰입은 조직에 남아 있는 이유가 조직에 대한 강한 애정일 때 나타난다.
③ 규범적 조직 몰입은 조직에 남아 있는 이유가 자신이 떠난 이후에 회사에 미칠 피해 등으로 인한 걱정, 도덕적, 윤리적 책임감 때문일 때 나타난다.
④ 재무적 조직몰입은 조직에 남아 있는 이유가 생계, 경제적 가치를 위한 것일 때 나타난다.

0295
공기업 출제경향 반영

직무 불만족에 따른 파렐(Farrell)의 4가지 반응 모델 중 종업원 반응이 아닌 것은?

① 주장(voice)   ② 이탈(exit)
③ 일탈(deviance)   ④ 충성(loyalty)
⑤ 방관(neglect)

0296
공기업 출제경향 반영

직무만족에 대한 설명으로 다음 중 옳지 않은 것은?

① 직무만족을 측정하는 방법으로 널리 사용되는 방법은 단순 종합평가법(single global rating)과 직무요소 합산법(summation of job factors)이 있다.
② 성과차이 이론(discrepancy theory)에 따르면 직무만족의 크기는 실제로 얻은 보상과 기대했던 보상의 차이에 의해 결정된다.
③ Porter와 Lawler의 동기모델에 따르면 만족은 보상에 대한 공정성 지각에 의해 조절된다.
④ Herzberg는 2요인 이론에서 위생요인(hygiene factor)이 직무만족의 결정 요소로서 직무만족을 높여 종업원을 동기부여 시킨다고 보았다.
⑤ 직무만족이란 직무의 특성에 대한 평가로부터 나오는 직무에 대한 긍정적 감정으로 정의될 수 있다.

0297
공기업 출제경향 반영

조직행동에서 태도(attitude)에 관한 설명으로 가장 적절하지 않은 것은?

① 태도와 행동 사이에는 일관성을 유지하려는 욕구가 존재한다.
② 합리적 행위이론(theory of reasoned action)은 행동에 대한 태도가 어떻게 행동에 영향을 미치는지 보여준다.
③ 합리적 행위이론에 따르면 행동에 대한 주관적 규범(subjective norm)은 행동에 대한 태도(attitude toward the behavior)와 함께 행위 의도(behavior intention)에 영향을 끼친다.
④ 계획된 행위 이론(theory of planned behavior)은 합리적 행위이론에 더해서 행동에 대한 지각된 통제감(perceived behavior control)을 행동을 예측하는 변수로 추가하였다.
⑤ 레온 페스팅어(Leon Festinger)의 인지부조화(cognitive dissonance)이론은 태도와 행동은 다를 수 없고 항상 같다고 보았다.

0298
2024 9급 군무원

개인이 사물, 사람, 사건에 대해 가지는 주관적인 경험을 나타내는 태도를 구성하는 요소가 아닌 것은?

① 정서적 요소
② 인지적 요소
③ 관계적 요소
④ 행위적 요소

조직시민행동

0299
2017 가맹거래사

조직에서 공식적으로 주어진 임무 이외의 일을 자발적으로 수행하는 것은?

① 집단사고(groupthink)
② 직무만족(job satisfaction)
③ 직무몰입(job involvement)
④ 감정노동(emotional labor)
⑤ 조직시민행동(organizational citizenship behavior)

0300
2022 가맹거래사

조직시민행동에서 조직 생활에 관심을 가지고 적극적으로 참여하는 행동은?

① 예의 행동(courtesy)
② 이타적 행동(altruism)
③ 공익적 행동(civic virtue)
④ 양심적 행동(conscientiousness)
⑤ 혁신적 행동(innovative behavior)

감정

0301
2022 7급 국가직

감정노동(emotional labor)에 대한 설명으로 옳지 않은 것은?

① 감정노동이란 업무 현장에서 근로자가 느끼는 감정에 맞추어 조직의 노동문화를 바꿔야 하는 노동을 의미한다.
② 감정부조화(emotional dissonance)는 근로자들이 조직에서 느끼는 감정과 조직에서 요구하는 감정이 다를 때 나타나는 내적 갈등 현상이다.
③ 감정부조화 발생 시, 근로자들은 표면 연기(surface acting)와 심층 연기(deep acting) 두 가지 전략으로 대응할 수 있다.
④ 표면 연기는 실제 느끼는 감정과 상관없이 조직에서 요구하는 적합한 감정을 겉으로 표현하는 것이다.

0302
공기업 출제경향 반영

정서적 사건 반응 이론(AET: affective events theory)에 관한 내용으로 옳지 않은 것은?

① 정서적 사건 반응이론에서 감정이란 작업환경에서 일어나는 사건에 대한 구성원의 반응이라고 인식한다.
② 종업원들은 직장에서 일어나는 사건에 대해 감정적으로 반응하고 그러한 반응이 곧 직무성과와 직무만족에 영향을 미친다고 본다.
③ 작업 사건에 대한 종업원의 감정반응은 개인적 성향과 무관하게 일관되게 나타난다.
④ 작업 사건에 대한 감정반응은 긍정적이거나 부정적이다.
⑤ 업무와 관련된 사건이 긍정적 혹은 부정적 반응을 유발하는 경우, 종업원의 성격과 기분에 따라 반응의 강도가 조절된다.

스트레스

0303
2022 공인노무사

직무스트레스에 관한 설명으로 옳지 않은 것은?

① 직무스트레스의 잠재적 원인으로는 환경요인, 조직적 요인, 개인적 요인이 존재한다.
② 직무스트레스 원인과 경험된 스트레스 간에 조정변수가 존재한다.
③ 사회적 지지는 직무스트레스의 조정변수이다.
④ 직무스트레스 결과로는 생리적 증상, 심리적 증상, 행동적 증상이 있다.
⑤ 직무스트레스와 직무성과 간의 관계는 U자형으로 나타난다.

0304
공기업 출제경향 반영

직무 스트레스에 대한 설명으로 옳지 않은 것은?

① 직무요구가 높다면 스트레스 수준은 그에 따라 높아질 수 있다.
② 가지고 있는 자원 수준에 따라 직무 스트레스 수준은 조절된다.
③ 셀리에(Selye)의 일반적응 증후군(GAS: general adaption syndrome)은 스트레스가 진행되는 과정을 연구하였다.
④ 스트레스의 신체적 결과 피로도가 상승하고 스트레스 호르몬을 증가시킨다.
⑤ 셀리에의 일반적응 증후군에 따르면 경고 반응 단계에서 신체의 기능 수준이 가장 높게 나타난다.

성격

0305
2021 가맹거래사

성격에 관한 설명으로 옳지 않은 것은?

① 자신에게 일어나는 일을 통제할 수 있다고 믿으면 내재론자(internal locus of control)라고 한다.
② 자기효능감(self-efficacy)은 특정 과업을 얼마나 잘 수행할 수 있는가에 대한 믿음이다.
③ 나르시시즘(narcissism)은 위험을 감수하는 성향이다.
④ 자기관찰(self-monitoring)은 환경의 신호를 읽고 해석하여 자신의 행위를 환경요구에 맞춰 조절해가는 성향이다.
⑤ 마키아벨리즘(machiavellism)은 자신의 목적을 위해 다른 사람을 이용하고 통제하려는 성향이다.

0306
2015 공인노무사

Big 5 모델에서 제시하는 다섯 가지 성격요소가 아닌 것은?

① 개방성(openness)
② 객관성(objectivity)
③ 외향성(extraversion)
④ 성실성(conscientiousness)
⑤ 정서적 안정성(emotional stability)

0307
2021 공인노무사

마키아벨리즘(machiavellism)에 관한 설명으로 옳지 않은 것은?

① 마키아벨리즘은 자신의 이익을 위해 타인을 이용하고 조작하려는 성향이다.
② 마키아벨리즘이 높은 사람은 감정적 거리를 잘 유지한다.
③ 마키아벨리즘이 높은 사람은 남을 잘 설득하며 자신도 잘 설득된다.
④ 마키아벨리즘이 높은 사람은 최소한의 규정과 재량권이 있을 때 높은 성과를 보이는 경향이 있다.
⑤ 마키아벨리즘이 높은 사람은 목적이 수단을 정당화시킬 수 있다고 믿는 경향이 있다.

0308
2020 코레일 수송직렬 복원

다음 중 Big 5 모델에 해당하지 않는 것은?

① 조화성   ② 신경성
③ 성실성   ④ 외향성
⑤ 개방성

0309
공기업 출제경향 반영

성격-직무 적합성에 관한 이론으로서 다음 중 Holland의 성격 유형 구분(RIASEC 모형) 중 옳은 것은 무엇인가?

① 현실형(Realistic)은 제도적 규제와 질서, 명확한 활동을 선호하며 회계사와 같은 직무가 적절하다.
② 사업형(Enterprising)은 상대방에 대한 영향과 언변활동을 선호하며 변호사 같은 직무가 적절하다.
③ 탐구형(Investigative)은 다른 사람을 도와주고 육성시키는 활동에 주력한다.
④ 예술형(Artistic)은 사고력, 조직력, 이해력이 요구되는 활동을 선호한다.
⑤ 친화형(Social)은 소심하고 성실하며 고집있고 실용적인 성격특성을 가진다.

0310
공기업 출제경향 반영

다음 중 MBTI(Myers-Briggs Type Indicator)에 관한 설명 중 옳지 않은 것은?

① 스위스의 심리분석학자 칼 융(Carl Jung)의 연구를 근거로 한다.
② 다섯 가지 차원으로 이루어져 있다.
③ 총 16가지의 성격 유형이 제시된다.
④ 각각의 차원은 상반된 두 유형으로 분류된다.
⑤ 신뢰성과 타당성이 부족하다는 비판이 있다.

0311
2023 공인노무사

성격의 BIG 5 모형에 해당하지 않는 것은?

① 정서적 안정성   ② 성실성
③ 친화성   ④ 모험선호성
⑤ 개방성

0312
2024 가맹거래사

성격의 Big 5 모형의 요소로 옳은 것은?

① 친화성(agreeableness)
② 자존감(self-esteem)
③ 자기효능감(self-efficacy)
④ 자기관찰(self-monitoring)
⑤ 위험선호(risk taking)

0313
2024 공인노무사

핵심 자기평가(core self-evaluation)가 높은 사람들은 자신을 가능성 있고, 능력 있고, 가치 있는 사람으로 평가한다. 핵심 자기평가의 구성요소를 모두 고른 것은?

ㄱ. 자존감	ㄴ. 관계성
ㄷ. 통제 위치	ㄹ. 일반화된 자기효능감
ㅁ. 정서적 안정성	

① ㄱ, ㄴ, ㄷ
② ㄱ, ㄴ, ㅁ
③ ㄱ, ㄴ, ㄹ, ㅁ
④ ㄱ, ㄷ, ㄹ, ㅁ
⑤ ㄴ, ㄷ, ㄹ, ㅁ

가치관

0314
2017 가맹거래사

국가 간 문화차이와 관련하여 홉스테드(G. Hofstede)가 제시한 문화차원(cultural dimensions)에 해당하지 않는 것은?

① 권력거리(power distance)
② 불확실성 회피(uncertainty avoidance)
③ 남성성 – 여성성(masculinity-femininity)
④ 민주주의 – 독재주의(democracy-autocracy)
⑤ 개인주의 – 집단주의(individualism-collectivism)

0315
2021 7급 군무원

성격과 가치관에 대한 설명으로 가장 옳지 않은 것은?

① 성격의 유형에서 내재론자(internals)와 외재론자(externals)는 통제의 위치(locus of control)에 따라 분류된다.
② 성격 측정 도구로는 MBTI와 빅파이브 모형이 있다.
③ 가치관은 개인의 판단기준으로 인간의 특성을 구분 짓는 요소 중 가장 상위개념으로 생각할 수 있다.
④ 로키치는(Rokeach)는 가치관을 수단적 가치(instrumental value)와 궁극적 가치(terminal value)로 분류하고, 궁극적 가치로서 행동 방식, 용기, 정직, 지성 등을 제시했다.

0316
2013 7급 국가직

국가간 문화적 차이를 이해하기 위해 홉스테드(G. Hofstede)가 제시한 모형에 대한 설명으로 옳지 않은 것은?

① 개인주의 문화권에서는 개인의 성취도와 자유도가 높게 평가되고, 집단주의 문화권에서는 내부집단에 대한 충성이 중요시 된다.
② 의사소통시 고맥락(high context) 문화권에서는 배경과 상황을 중시하고, 저맥락(low context) 문화권에서는 언어나 문서를 중시한다.
③ 남성다움이 강한 문화권에서는 남녀의 사회적 역할 구분이 명확하다.
④ 불확실성 회피 성향이 높은 문화권에서는 직업의 안정성과 명확한 업무지시 등을 선호하고, 불확실성 회피 성향이 낮은 문화권에서는 변화를 두려워하지 않는다.

0317
2022 7급 국가직

홉스테드(G. Hofstede)의 문화적 차이에 대한 설명으로 옳지 않은 것은?

① 권력거리는 사회 내에서 부와 권력의 불평등에 대한 수용 정도이다.
② 여성 중심적인 문화에서는 관계를 중요시하며 구성원을 배려하는 경향이 있다.
③ 불확실성 회피 성향이 낮은 문화에서는 변화를 두려워하지 않으며 위험을 극복하려는 경향이 높다.
④ 사회주의의 몰락 이후, 문화적 차이가 세계적인 갈등의 가장 큰 원인이 될 것으로 예측하였다.

0318
2022 5급 군무원

다음 중 호프스테드(Hofstede)가 제시한 국가 간 문화분류 차원에 해당되지 않은 것은?

① 불확실성 기피 성향(uncertainty avoidance)
② 개인주의(individualism) 대 집단주의(collectivism)
③ 편협성(parochialism) 대 진취성(progressiveness)
④ 남성성(masculinity) 대 여성성(femininity)

0319
공기업 출제경향 반영

다음 중 올포트(Allport)가 제시한 가치의 분류로 가장 옳지 않은 것은?

① 경제적 가치
② 사회적 가치
③ 이론적 가치
④ 심미적 가치
⑤ 수단적 가치

0320
공기업 출제경향 반영

조직행동에서 가치관(value)에 관한 설명으로 옳지 않은 것은?

① 가치관이란 어떤 행동양식이나 생활양식이 다른 행동양식이나 생활양식보다 더 바람직하다고 여기는 개인적 및 사회적 확신을 의미한다.
② 가치관은 상대적으로 안정적이고 고정적인 특징이 있다.
③ 밀튼 로키치(Milton Rokeach)는 가치를 궁극적 가치(terminal values)와 수단적 가치(instrumental values)로 구분한다.
④ 가치관은 세대별로 다르게 나타날 수 있지만 같은 조직 내에 있다면 모든 종업원이 같은 가치관을 갖는다.
⑤ 가치관은 태도와 동기부여를 설명하는 근간이 된다.

0321
공기업 출제경향 반영

E. T. Hall의 배경 문화이론(context culture theory)에 대한 설명으로 옳지 않은 것은?

① 고배경 문화(high context culture)란 상황중시 문화라고도 불리며 타인과 의사소통하는 경우 타인의 배경을 중시하는 문화를 의미한다.
② 저배경 문화(low context culture)란 공통의 경험이 결핍되어 객관적 의사소통이 필요하다.
③ 고배경 문화에서 비언어적 의사소통에 비해 언어적 의사소통이 많이 나타난다.
④ 저배경 문화에서는 기록과 같은 '직접적' 의사소통이 선호된다.
⑤ 배경 문화이론은 배경 문화가 서로 다른 국가 사이에 의사소통이 있을 때 이를 알고 대처할 수 있도록 해 준다는 시사점이 있다.

0322
2024 가맹거래사

로키치(M. Rokeach)의 수단가치(instrumental values)로 옳지 않은 것은?

① 야망(ambitious)
② 용기(courageous)
③ 청결(clean)
④ 자유(freedom)
⑤ 복종(obedient)

0323
2024 7급 군무원

다음 중 호프스테드(G. Hofstede)가 제시한 국가적 문화 유형의 차이를 구분하는 기준에 해당하는 것으로 가장 알맞게 짝지어진 것은?

> ㉠ 권력 격차(power distance)
> ㉡ 개인주의 / 집단주의(individualism / collectivism)
> ㉢ 개방성 / 배타성(openness / exclusiveness)
> ㉣ 단기지향성 / 장기지향성(short-term / long-term)
> ㉤ 불확실성 회피(uncertainty avoidance)
> ㉥ 수직적 계층성 / 수평적 계층성(vertical hierarchy / horizontal hierarchy)

① ㉠, ㉡, ㉢, ㉣
② ㉠, ㉡, ㉣, ㉤
③ ㉠, ㉡, ㉤, ㉥
④ ㉢, ㉣, ㉤, ㉥

0324
2024 5급 군무원

미국 인류학자인 에드워드 홀(Edward Hall)은 배경을 기준으로 문화를 분류했다. 배경이란 커뮤니케이션 상황 또는 명시적으로 표현되지 않은 의도를 말하며, 맥락이라고도 불린다. 문화는 배경의 영향력에 따라 고배경 문화와 저배경 문화로 구분된다. 다음 중 고배경 문화에 대한 설명으로 가장 적절하지 않은 것은?

① 우리나라 문화는 미국이나 독일 등 서구 국가에 비해 고배경 문화 성격이 높다.
② 고배경 문화에서는 저배경 문화에 비해 시간 개념이 분명하지 않다.
③ 고배경 문화에서는 협상을 오래 끈다. 이러한 목적은 서로 상대를 알기 위함이다.
④ 고배경 문화에서는 말보다는 명시적 언어인 글로 표현하는 것이 중시된다.

지각

0325
공기업 출제경향 반영

지각에 영향을 미치는 요소 중 지각주체 관련 요소에 해당하는 것을 모두 고른 것은?

ㄱ. 크기	ㄴ. 배경
ㄷ. 태도	ㄹ. 시간
ㅁ. 동기	ㅂ. 직무여건
ㅅ. 근접성	ㅇ. 흥미

① ㄱ, ㄴ, ㄷ
② ㄱ, ㅁ, ㅂ
③ ㄷ, ㅁ, ㅇ
④ ㄹ, ㅁ, ㅂ
⑤ ㅂ, ㅅ, ㅇ

0326
공기업 출제경향 반영

다음 중 개인이 한 일에 대한 성공 가능성을 객관적인 성공 가능성보다 높게 지각하는 귀인 오류로서, 세상일을 자기 노력으로 다 할 수 있다고 믿어 어떤 일이 실패하였을 때, 이것이 외적 귀인(external attribution)임에도 불구하고 내적 귀인(internal attribution)으로 돌리는 경우를 뜻하는 것은?

① 근원적 귀인 오류(fundamental attribution error)
② 행위자 관찰자 편견(actor-observer bias)
③ 통제의 환상(illusion of control)
④ 자존적 편견(self-serving bias)
⑤ 대응 추론 편향(correspondence bias)

0327
공기업 출제경향 반영

다음 중 인상형성이론(impression formation theory)에서 나타나는 효과가 아닌 것은?

① 초두효과(primacy effect)
② 현저성 효과(salience effect)
③ 중심특질과 주변특질
④ 일관성 원리(principle of consistency)
⑤ 근본적 귀인 오류(fundamental attribution error)

0328
공기업 출제경향 반영

사회적 정보처리 모형에 따른 지각과정을 순서대로 연결한 것은?

① 선택적 주의/이해 → 저장/보유 → 부호화/단순화 → 인출/반응
② 선택적 주의/이해 → 부호화/단순화 → 저장/보유 → 인출/반응
③ 인출/반응 → 저장/보유 → 부호화/단순화 → 선택적 주의/이해
④ 부호화/단순화 → 선택적 주의/이해 → 저장/보유 → 인출/반응
⑤ 부호화/단순화 → 인출/반응 → 선택적 주의/이해 → 저장/보유

귀인이론

0329
2021 7급 군무원

지각과정과 지각이론에 대한 설명으로 옳지 않은 것은?

① 지각의 정보처리 과정은 게스탈트 과정(gestalt process)이라고도 하며 선택, 조직화, 해석의 3가지 방법으로 이루어진다.
② 일관성은 개인이 일정하게 가지는 방법이나 태도에 관련된 것으로 한 번 형성을 하게 된다면 계속적으로 같은 습성을 유지하려 한다.
③ 켈리(Kelley)의 입방체 이론은 외적 귀인성을 일관성(consistency)이 높고, 일치성(consensus), 특이성(distincitiveness)이 낮은 경우로 설명했다.
④ 지각의 산출물은 개인의 정보처리 과정과 지각적 선택에 의해서 달라지는데 이는 개인의 심리적 특성과 연관이 있다.

0330
2021 5급 군무원

켈리(Kelley)의 귀인이론에 따르면 사람들은 타인 행동의 원인을 알고 이에 대처하는 경향이 있다. 만일 다른 사람의 행동이 외부적 요인이라고 생각하면 사람들은 그 타인에 대해 너그러운 반응을 보인다. 사람들은 어떤 경우에 이런 행동을 하게 되는가에 대한 설명으로 가장 옳은 것은?

① 타인 행동의 높은 특이성
② 타인 행동의 다른 사람과의 낮은 합의성
③ 타인 행동의 높은 일관성
④ 타인 행동의 높은 개연성

0331
2023 공인노무사

켈리(H. Kelley)의 귀인이론에서 행동의 원인을 내적 또는 외적으로 판단하는 데 활용하는 것을 모두 고른 것은?

ㄱ. 특이성(distinctiveness)	ㄴ. 형평성(equity)
ㄷ. 일관성(consistency)	ㄹ. 합의성(consensus)
ㅁ. 관계성(relationship)	

① ㄱ, ㄴ, ㄷ
② ㄱ, ㄷ, ㄹ
③ ㄱ, ㄹ, ㅁ
④ ㄴ, ㄷ, ㅁ
⑤ ㄴ, ㄹ, ㅁ

0332
2023 7급 국가직

귀인이론(attribution theory)에 대한 설명으로 옳은 것은?

① 자존적 귀인오류(self-serving bias)는 타인의 행동을 평가할 때 외재적 요인에 대해서 과소평가하고 내재적 요인에 대해서 과대평가하는 것이다.
② 행위자 – 관찰자 편견(actor-observer bias)은 어떤 행동에 대해 자기가 행한 행동에 대해서는 외재적 귀인을 하고 타인이 행한 행동에 대해서는 내재적 귀인을 하는 것이다.
③ 근본적 귀인오류(fundamental attribution error)는 자신의 성공에 대해서는 내재적 귀인을 하고 실패에 대해서는 외재적 귀인을 하는 것이다.
④ 관찰한 행동의 원인은 그 행동의 합의성(consensus)과 특이성(distinctiveness)이 높을 때 내재적 요인에 의해 귀인된다.

지각오류

0333
2006 가맹거래사

다른 사람을 평가할 때 나타나는 오류에 대한 설명으로 가장 적합한 것은?

① 후광효과: 사람의 배경이나 출신학교를 근거로 평가하는 경향
② 관대화 경향: 지원자의 한 특질을 보고 현혹되어 지원자를 제대로 평가하지 못하는 경향
③ 중심화 경향: 아주 좋거나 나쁜 점수를 주지 않고 중간점수를 주는 경향
④ 가혹화 경향: 최근에 좋은 업적을 냈더라도 과거의 실적이 좋지 않으면 나쁘게 평가하는 경향
⑤ 스테레오타입: 하나의 영역에서 좋은 점수를 보이면 다른 영역도 잘 할 것이라고 판단하는 경향

0334
2010 가맹거래사

자신이 속한 집단의 지각에 기초하여 타인을 평가하는 지각적 오류는?

① 스테레오타입 ② 후광효과
③ 대조효과 ④ 최근효과
⑤ 자존적 편견

0335
2011 가맹거래사

피그말리언 효과(Pygmalion effect)와 동일한 의미를 나타내는 것은?

① 감정적 몰입 ② 자기실현적 예언
③ 후광효과 ④ 자존적 편견
⑤ 스테레오타이핑

0336
2021 가맹거래사

어떤 대상의 한 특성을 중심으로 다른 것까지 평가하는 현상은?

① 유사효과(similar-to-me effect)
② 후광효과(halo effect)
③ 관대화 경향(leniency tendency)
④ 투영 효과(projection)
⑤ 중심화 경향(central tendency)

0337
2010 공인노무사

개인의 일부 특성을 기반으로 그 개인 전체를 평가하는 지각경향은?

① 스테레오타입 ② 최근효과
③ 자존적 편견 ④ 후광효과
⑤ 대조효과

0338
2016 공인노무사

다음 설명에 해당하는 지각 오류는?

> 어떤 대상(개인)으로부터 얻은 일부 정보가 다른 부분의 여러 정보들을 해석할 때 영향을 미치는 것

① 자존적 편견 ② 후광효과
③ 투사 ④ 통제의 환상
⑤ 대조효과

0339
2016 경영지도사

평가자의 사람에 대한 경직된 고정관념이 평가에 영향을 미치는 인사고과의 오류는?

① 관대화 경향(leniency tendency)
② 중심화 경향(central tendency)
③ 주관의 객관화(projection)
④ 최근효과(recency tendency)
⑤ 상동적 태도(stereotyping)

0340
2018 경영지도사

타인에 대한 평가에 평가자 자신의 감정이나 특성을 귀속 또는 전가시키는데서 발생하는 오류는?

① 후광효과
② 상동적 태도
③ 주관의 객관화
④ 선택적 지각
⑤ 관대화 경향

0341
2017 7급 서울시

인사평가 시 발생할 수 있는 대인지각 오류에 대한 설명으로 가장 옳지 않은 것은?

① 후광오류(halo errors)는 피평가자의 일부 특성으로 그 사람에 대한 전체적인 평가를 긍정적으로 내리는 경향이다.
② 나와 유사성 오류(similar-to-me errors)는 자신의 특성과 유사한 피평가자에 대해 관대히 평가하는 경향이다.
③ 상동적 태도(stereotyping)는 피평가자가 속한 집단의 특성으로 피평가자 개인을 평가하려는 경향이다.
④ 대비오류(contrast errors)는 평가자가 본인의 특성과 피평가자의 특성을 비교하려는 경향이다.

0342
2007 7급 국가직

공정한 평가를 저해하는 요소에 대한 다음 설명 중 옳은 것을 모두 고른 것은?

> a. 논리적 오류 : 외부적 상황이 모호할수록 자신의 경험, 욕구, 동기를 근거로 눈에 먼저 들어오는 정보에 의존하고 다른 정보는 무시하려는 경향
> b. 현혹효과의 문제 : 피평가자의 어느 한 면을 기준으로 다른 것까지 함께 평가하려는 경향
> c. 관대화 경향 : 피평가자의 실제 능력이나 실적보다도 더 높게 평가하려는 경향
> d. 상동적 태도 : 피평가자가 속한 사회적 집단 또는 계층을 기초로 피평가자를 평가하려는 경향

① a, b, c
② a, b, d
③ a, c, d
④ b, c, d

0343
2008 7급 국가직

고과자가 피고과자를 평가함에 있어 쉽게 기억할 수 있는 최근 업적이나 능력을 중심으로 평가하려는 데서 나타나는 오류는?

① 시간적 오류(recency errors)
② 논리적 오류(logical errors)
③ 후광효과(halo effect)
④ 주관의 객관화(projection)

0344
2009 7급 국가직

인사고과를 위한 평가에서 일반적으로 많이 범하게 되는 오류 중, 평가자 자신의 감정이나 경향을 피평가자의 능력을 평가하는 데 귀속시키거나 전가하는 오류는? (예를 들면, 정직하지 못한 사람이 남을 의심하거나 부정직한 의도가 있는 것으로 지각하는 경우이다.)

① 주관의 객관화(projection)
② 현혹효과(halo effect)
③ 논리적 오류(logical errors)
④ 관대화 경향(tendency of leniency)

0345
2012 7급 국가직

성과평가 시 평가자들이 종업원들의 성과를 정확하게 측정하지 못하는 오류에 대한 설명으로 적절하지 않은 것은?

① 후광효과(halo effect)는 피평가자의 일부 특성이 전체 평가 기준에 영향을 미치는 오류이다.
② 상동효과(stereotyping)는 피평가자 간 차이를 회피하기 위해 모든 피평가자들을 유사하게 평가하는 오류이다.
③ 투사효과(projection)는 평가자의 특성을 피평가자의 특성이라고 생각하고 잘못 판단하는 오류이다.
④ 대비효과(contrast effect)는 피평가자를 평가할 때 주위의 다른 사람과 비교하여 잘못 평가하는 오류이다.

0346
2017 7급 국가직

인사평가의 오류 중 평가자가 평가측정을 하여 다수의 피평가자에게 점수를 부여할 때 점수의 분포가 특정방향으로 쏠리는 현상으로 인해 발생하는 분배적 오류(Distributional Error) 혹은 항상 오류(Constant Error)에 해당하는 것으로만 옳게 짝지은 것은?

① 유사성 오류, 대비 오류, 관대화 오류
② 유사성 오류, 관대화 오류, 중심화 오류
③ 대비 오류, 관대화 오류, 중심화 오류
④ 관대화 오류, 중심화 오류, 가혹화 오류

0347
2020 코레일 수송직렬 복원

앞의 내용들 보다는 나중에 제시된 내용을 보다 많이 기억하는 경향을 무엇이라고 하는가?

① 스테레오타이핑   ② 대비효과
③ 주관의 객관화   ④ 후광효과
⑤ 최근 효과

0348
공기업 출제경향 반영

아래 내용은 대인지각에서 자주 사용되는 편법(지각오류) 중 무엇에 관한 설명인가?

> 개인이 특정 집단의 구성원이라는 이유만으로 해당 집단이 가지는 모든 특성을 다 가지고 있을 것이라고 가정하고 평가하는 오류

① 유사효과(similar-to-me effect)
② 스테레오타이핑(stereotyping)
③ 후광효과(halo effect)
④ 주관의 객관화(projection)
⑤ 대비효과(contrast effect)

0349
공기업 출제경향 반영

다음 중 피그말리온 효과(Pygmalion effect)에 대한 설명으로 옳은 것은?

① 피그말리온 효과를 다른 말로 자존적 편견(self-serving bias)으로 표현할 수 있다.
② 자기효능감을 향상시키는 4가지 요인 중 성공경험(enactive mastery experience)과 가장 관련이 깊다.
③ 피그말리온 효과란 진정으로 간절하게 바라면 실제로 이루어진다는 것을 의미하는데, 이 문장에서 주어는 '자신'이다.
④ 지각오류의 일종이지만 긍정적인 효과도 가진다.
⑤ 피그말리온 효과와 반대되는 것으로 로젠탈 효과(Rosenthal effect)가 있다.

의사결정

0350
2015 경영지도사

의사결정에 관한 설명으로 옳지 않은 것은?

① 합리적 의사결정은 문제 식별 → 대안 개발 → 대안 평가와 선정 → 실행의 단계를 거친다.
② 불확실성의 상황에서 의사결정을 할 때에도 미래 상황에서의 객관적 확률을 알 수 있다.
③ 사이먼(H. Simon)은 의사결정자의 제한된 합리성으로 인해 이상적인 대안보다는 만족할만한 대안을 찾는 것이 바람직하다는 이론을 제시했다.
④ 의사결정은 프로그램적(programmed) 의사결정과 비프로그램적(nonprogrammed) 의사결정으로 구분할 수 있다.
⑤ 경영과정 전반에 걸친 경영활동은 의사결정의 연속이라고 할 수 있다.

0351
2016 경영지도사

인간은 인지능력의 한계로 제한된 합리성을 가지게 된다고 주장한 학자는?

① 마이클 포터(M. Porter)
② 허버트 사이먼(H. Simon)
③ 헨리 페이욜(H. Fayol)
④ 존 내쉬(J. Nash)
⑤ 엘톤 메이요(E. Mayo)

0352
2018 경영지도사

인간두뇌의 한계와 정보부족 등으로 인해 완전한 합리성은 불가능하므로 제한된 합리성에 근거하여 의사결정을 하게 된다는 모형은?

① 경제인모형   ② 만족모형
③ 점증모형   ④ 최적모형
⑤ 혼합모형

0353
2020 경영지도사

사이먼(H. Simon)이 주장한 의사결정의 제한된 합리성 모델(bounded rationality model)의 내용에 해당하지 않는 것은?

① 규범적 모델
② 단순화 전략의 사용
③ 불완전하고 부정확한 정보사용
④ 만족 해(satisficing solution)를 선택
⑤ 모든 가능한 대안을 고려하지 못함

0354
2022 경영지도사

사이먼(H. Simon)의 제한된 합리성 모델(bounded rationality model)의 특성으로 옳은 것은?

① 만족해 선택
② 대안에 대한 완벽한 정보
③ 우선순위 불변
④ 경제적 인간 가정
⑤ 실행 과정과 결과에 대한 완벽한 지식

0355
2020 7급 서울시

정보 수집과 분석에 대한 인간의 능력 한계로 인하여 객관적인 효용의 극대화가 아닌 충분히 만족스럽다고 판단되는 차선의 대안 중 하나를 선택한다는 관점을 가진 의사결정 모형은?

① 정치적 의사결정 모형
② 합리적 의사결정 모형
③ 직관적 의사결정 모형
④ 제한된 합리성 모형

0356
2020 7급 국가직

허버트 사이먼(Herbert Simon)이 주장한 제한된 합리성(bounded rationality)에 대한 설명으로 옳지 않은 것은?

① 과학적 관리법을 추종하며 절대적 합리성만을 추구하는 경영자들이 '경제인'이라면 제한된 합리성 내에서 현실적으로 의사결정을 하는 경영자들은 '관리인'이다.
② 제한된 합리성 때문에 사람들은 '만족하기에 충분한' 또는 '최소한의 필요조건을 충족시키는' 선택을 한다.
③ 조직이 겪는 상황은 무정부 상태와 같이 불확실하며, 이러한 상황에서 인간의 의사결정은 비합리적으로 이루어진다.
④ 문제해결의 대안을 선택할 때 최선책을 찾으려고 하지 않고, 설정해 놓은 적절한 기준을 통과하는 대안 중에서 먼저 발견되는 것을 선택한다.

0357
공기업 출제경향 반영

개인 의사결정에서 직관적 의사결정(intuitive decision making)을 보완하는 방법으로 적절하지 않은 것은?

① 증거기반 경영(EBM: evidence based management)
② 현장방문 경영(MBWA: management by walking around)
③ 배회 관리
④ 델파이(delphi) 기법
⑤ 빅데이터(big data) 분석

0358
2021 9급 군무원

경영자들이 내리는 의사결정에는 다양한 오류들이 존재한다. 다음 중 매몰비용 오류에 해당하는 것은?

① 선별적으로 정보를 구성하고 선택하는 오류
② 과거의 선택과 부합되는 정보만을 선택하는 오류
③ 실패 원인을 내부가 아닌 외부에서만 찾는 오류
④ 과거의 선택에 매달리고 집착하는 오류

0359
2024 9급 군무원

경영자의 의사결정 접근법 중 합리성 모델에 대한 주장으로 옳지 않은 것은?

① 목적 지향적이고 논리적이다.
② 만족할 만한 대안을 해결안으로 받아들인다.
③ 조직의 이해를 최대한 반영한다.
④ 문제가 명확하고, 모호하지 않다.

0360
2024 7급 군무원

다음 중 제한된 합리성(bounded rationality)이 시사하는 바에 대한 설명으로 가장 적절하지 않은 것은?

① 엄밀한 의미의 합리적 의사결정은 이상(理想)에 불과하다.
② 조직운영 시 의사결정자들의 능력에 한계가 있음을 고려해야 한다.
③ 합리성에도 수준이 있다면 조직이나 집단이 개인보다 더 합리적인 결정을 보장한다고 보아야 한다.
④ 정보가 완전할 수 없다는 것이 용인된다면 이를 악용해서 의사결정자들이 정확한 정보를 왜곡·조작하여 자신에게 유리한 결정이 나도록 유도할 가능성도 있다.

0361
2024 5급 군무원

의사결정에 크게 영향을 미치는 중요한 요소는 의사결정 스타일이다. 의사결정 스타일을 모호성을 용인하는 정도와 합리성(이성적 또는 직관적)을 기준으로 4가지로 구분할 수 있다. 다음 중 '모호성을 용인하지 못하며 이성적으로 따져 결정하는 스타일'을 지칭하는 용어로서 가장 적절한 것은?

① 지시적 의사결정 스타일
② 분석적 의사결정 스타일
③ 개념적 의사결정 스타일
④ 행동적 의사결정 스타일

0362
2024 7급 서울시

의사결정과정의 오류에 대한 설명으로 가장 옳은 것은?

① 고착화 오류(anchoring bias)란 초기 정보에 집착하는 경향으로 사람들은 후속 정보에 적절히 대처하는 데 실패하게 된다.
② 확증 오류(confirmation bias)란 의사결정 과정을 단순화 시켜 즉각적으로 사용 가능한 정보에 근거하여 판단하려는 성향이다.
③ 맹목성 오류(hindsight bias)란 과거의 선택방식을 재확인해 주는 정보는 받아들이고 과거의 판단과 모순되는 정보는 무시하는 성향이다.
④ 유용성 오류(availability bias)란 결과가 실제로 밝혀진 이후에 마치 사전에 이를 정확하게 예측한 것처럼 잘못 확신하는 성향이다.

동기부여 · 내용이론

0363
2008 가맹거래사

동기부여 내용이론인 허즈버그(Herzberg)의 2요인 이론에 관한 설명으로 옳지 않은 것은?

① 하위단계의 욕구가 충족되면, 더 이상 이 욕구는 동기부여 역할을 하지 못하고 그 보다 상위단계의 욕구가 동기를 유발한다.
② 사람들의 욕구는 불만족 해소차원과 만족증진 차원으로 이루어져 있다.
③ 위생요인은 단지 불만족의 감소만을 가져온다.
④ 동기요인은 보다 나은 만족을 가져오도록 동기를 부여한다.
⑤ 경영자는 종업원을 동기부여하기 위해 칭찬, 격려 등의 내재적 보상수단을 사용해야 한다.

0364
2012 가맹거래사

매슬로우(Maslow)의 욕구단계이론에서 최상위 욕구는?

① 안전 욕구 ② 자아실현 욕구
③ 사회적 욕구 ④ 존경 욕구
⑤ 생리적 욕구

0365
2013 가맹거래사

맥그리거(D. McGregor)의 X, Y이론에 관한 설명으로 옳은 것은?

① 조직의 감시, 감독 및 통제가 필요하다는 주장은 Y이론이다.
② 쌍방향 의사결정은 X이론에서 주로 발생한다.
③ 자기통제가 많은 것은 X이론이다.
④ 순자의 성악설은 X이론과 Y이론 모두에 해당한다.
⑤ 개인의 목적과 조직의 목적이 부합하는 조직에서는 Y이론에 근거해서 운영된다.

0366
2016 가맹거래사

허츠버그(F. Hertzberg)가 제시한 이요인(two-factor)이론을 따르는 경영자가 종업원들의 동기를 유발시키기 위한 방안으로 옳지 않은 것은?

① 좋은 성과를 낸 종업원을 표창한다.
② 종업원이 하고 있는 업무가 매우 중요함을 강조한다.
③ 좋은 성과를 낸 종업원에게 더 많은 급여를 지급한다.
④ 좋은 성과를 낸 종업원을 승진시킨다.
⑤ 좋은 성과를 낸 종업원에게 자기 계발의 기회를 제공한다.

0367
2017 가맹거래사

동기부여의 내용이론에 해당하는 것을 모두 고른 것은?

> ㄱ. A. Maslow의 욕구단계이론
> ㄴ. C. Alderfer의 ERG이론
> ㄷ. V. Vroom의 기대이론
> ㄹ. J. Adams의 공정성이론
> ㅁ. F. Herzberg의 2요인 이론

① ㄱ, ㄷ
② ㄱ, ㄹ
③ ㄱ, ㄴ, ㅁ
④ ㄴ, ㄷ, ㄹ
⑤ ㄴ, ㄷ, ㅁ

0368
2020 가맹거래사

매슬로우(A. Maslow)의 욕구단계이론에 관한 설명으로 옳지 않은 것은?

① 상위단계의 욕구 충족이 좌절되면 그 보다 하위단계의 욕구를 충족시키려 한다.
② 하위단계욕구가 충족되었을 때, 상위단계욕구가 발생하게 된다.
③ 욕구결핍상태가 발생하게 되면 그 욕구를 충족시키기 위해 노력하게 된다.
④ 인간의 욕구는 일련의 단계 내지 중요성에 따라 계층별로 배열할 수 있다.
⑤ 계층상 가장 상위단계의 욕구는 자아실현의 욕구이다.

0369
2021 가맹거래사

매슬로우(A. Maslow)가 주장한 욕구 단계이론의 5가지 욕구에 포함되지 않는 것은?

① 생리적 욕구(physiological needs)
② 안전 욕구(safety needs)
③ 소속 및 애정 욕구(belongingness and love needs)
④ 존경 욕구(esteem needs)
⑤ 성장 욕구(growth needs)

0370
2010 공인노무사

허쯔버그(F. Herzberg)의 2요인이론에서 동기요인(motivator)에 해당되는 것은?

① 감독
② 성취감
③ 복리후생
④ 작업환경
⑤ 임금

0371
2012 공인노무사

동기부여의 내용이론에 해당하는 것은?

① 성취동기이론
② 기대이론
③ 공정성이론
④ 목표설정이론
⑤ 인지평가이론

0372
2014 공인노무사

매슬로우(Maslow)의 욕구단계를 순서대로 나열한 것은?

> ㄱ. 생리욕구
> ㄴ. 안전욕구
> ㄷ. 소속욕구
> ㄹ. 존경욕구
> ㅁ. 자아실현욕구

① ㄱ - ㄴ - ㄷ - ㄹ - ㅁ
② ㄱ - ㄷ - ㄴ - ㄹ - ㅁ
③ ㄱ - ㄷ - ㄴ - ㅁ - ㄹ
④ ㄴ - ㄱ - ㄷ - ㄹ - ㅁ
⑤ ㄴ - ㄱ - ㄷ - ㅁ - ㄹ

0373
2016 공인노무사

매슬로우(A. H. Maslow)가 제시한 욕구단계이론의 내용이 아닌 것은?

① 권한위임에 대한 욕구
② 신체적 안전에 대한 욕구
③ 소속감이나 애정에 대한 욕구
④ 의식주에 대한 욕구
⑤ 존경받고 싶은 욕구

0374
2016 공인노무사

허츠버그(F. Herzberg)의 2요인이론에서 동기요인을 모두 고른 것은?

ㄱ. 상사와의 관계	ㄴ. 성취
ㄷ. 회사 정책 및 관리방침	ㄹ. 작업조건
ㅁ. 인정	

① ㄱ, ㄴ
② ㄱ, ㅁ
③ ㄴ, ㄷ
④ ㄴ, ㅁ
⑤ ㄹ, ㅁ

0375
2018 공인노무사

맥그리거(D. McGregor)의 X-Y이론은 인간에 대한 기본 가정에 따라 동기부여방식이 달라진다는 것이다. Y이론에 해당하는 가정 또는 동기부여방식이 아닌 것은?

① 문제해결을 위한 창조적 능력 보유
② 직무수행에 대한 분명한 지시
③ 조직목표 달성을 위한 자기 통제
④ 성취감과 자아실현 추구
⑤ 노동에 대한 자연스러운 수용

0376
2019 공인노무사

매슬로우(A. H. Maslow)의 욕구단계이론에 관한 설명으로 옳지 않은 것은?

① 최하위 단계의 욕구는 생리적 욕구이다.
② 최상위 단계의 욕구는 자아실현 욕구이다.
③ 욕구계층을 5단계로 설명하고 있다.
④ 다른 사람으로부터 인정과 존경을 받고자 하는 욕구는 성장욕구에 속한다.
⑤ 하위단계의 욕구가 충족되어야 상위단계의 욕구를 충족시키기 위한 동기부여가 된다.

0377
2021 공인노무사

허츠버그(F. Herzberg)의 2요인 이론에서 위생요인에 해당하는 것은?

① 성취감
② 도전감
③ 임금
④ 성장 가능성
⑤ 직무내용

0378
2022 공인노무사

맥그리거(D. McGregor)의 XY이론 중 Y이론에 관한 설명으로 옳은 것을 모두 고른 것은?

| ㄱ. 동기부여는 생리적 욕구나 안전욕구 단계에서만 가능하다. |
| ㄴ. 작업조건이 잘 갖추어지면 일은 놀이와 같이 자연스러운 것이다. |
| ㄷ. 대부분의 사람들은 엄격하게 통제되어야 하고 조직목표를 달성하기 위해서는 강제되어야 한다. |
| ㄹ. 사람은 적절하게 동기부여가 되면 자율적이고 창의적으로 업무를 수행한다. |

① ㄱ, ㄴ
② ㄱ, ㄷ
③ ㄴ, ㄷ
④ ㄴ, ㄹ
⑤ ㄷ, ㄹ

0379
2013 경영지도사

인간의 욕구는 계층을 형성하며, 고차원의 욕구는 저차원의 욕구가 충족될 때 동기부여 요인으로 작용한다는 욕구단계이론을 제시한 사람은?

① 맥그리거(D. McGregor)
② 매슬로우(A. Maslow)
③ 페욜(H. Fayol)
④ 버나드(C. Barnard)
⑤ 사이몬(H. Simon)

0380
2015 경영지도사

허즈버그(F. Herzberg)는 직무만족-생산성의 관련성을 연구한 결과, 2요인 이론을 주장하였다. 허즈버그가 제시한 동기요인으로 옳은 것을 모두 고른 것은?

ㄱ. 책임감	ㄴ. 인정
ㄷ. 급여	ㄹ. 성장
ㅁ. 일 자체	

① ㄱ, ㄴ, ㄷ, ㄹ
② ㄱ, ㄴ, ㄷ, ㅁ
③ ㄱ, ㄴ, ㄹ, ㅁ
④ ㄱ, ㄷ, ㄹ, ㅁ
⑤ ㄴ, ㄷ, ㄹ, ㅁ

0381
2017 경영지도사

맥그리거(D. McGreger)의 X이론에서 인간에 대한 가정에 해당하는 것은?

① 대다수 사람들은 조직문제를 해결할 만한 능력이나 창의성이 없다.
② 일은 고통의 원천이 되기도 하지만 조건여하에 따라 만족의 근원이 된다.
③ 인간은 외적 강제나 처벌의 위협이 없더라도 조직목표를 위하여 자기관리와 자기통제를 행한다.
④ 현대조직에 있어 인간의 지적 능력은 그 일부분밖에 활용되지 못하고 있다.
⑤ 일정 조건하에서 인간은 스스로 책임질 뿐만 아니라 오히려 그것을 추구한다.

0382
2017 경영지도사

허즈버그(F. Herzberg)의 이요인 이론(dual factor theory)에 관한 설명으로 옳지 않은 것은?

① 만족에 영향을 미치는 요인과 불만족에 영향을 미치는 요인은 별도로 존재한다.
② 위생요인은 만족을 증가시킬지의 여부에 영향을 미치며, 불만족해소 여부에는 영향을 미치지 못한다.
③ 동기요인은 개인으로 하여금 열심히 일하게 하며 이에 따라 성과도 높여주는 요인이다.
④ 구성원의 만족도를 높이기 위해서는 위생요인보다 동기요인을 사용해야 한다.
⑤ 이요인 이론에 의하면 불만족요인을 제거한다고 해서 반드시 만족수준이 높아지는 것은 아니다.

0383
2018 경영지도사

경영이론의 발전과정에서 연구자들과 연구내용의 연결이 옳지 않은 것은?

① 길브레스부부(F. B. & L. M. Gilbreth) - 동작연구
② 페이욜(H. Fayol) - 관리자의 의무
③ 메이요(E. Mayo) - 호손실험
④ 맥그리거(D. McGregor) - XY이론
⑤ 아지리스(C. Argyris) - 상황이론

0384
2018 경영지도사

모티베이션(motivation) 내용이론에 속하지 않는 것은?

① 매슬로우(A. H. Maslow)의 욕구단계이론
② 아담스(J. S. Adams)의 공정성이론
③ 허즈버그(F. Herzberg)의 2요인이론
④ 알더퍼(C. P. Alderfer)의 ERG이론
⑤ 맥클리랜드(D. C. McClelland)의 성취동기이론

0385
2018 경영지도사

허즈버그(F. Herzberg)의 2요인이론에서 동기요인에 해당하지 않는 것은?

① 직무에 대한 성취
② 직무에 대한 인정
③ 직무자체
④ 능력의 신장
⑤ 감독

0386
2019 경영지도사

매슬로우(A. Maslow)의 욕구단계이론과 알더퍼(C. Alderfer)의 ERG이론에 관한 설명으로 옳지 않은 것은?

① 욕구단계이론과 ERG이론은 하위욕구가 충족되면 상위 욕구를 추구한다고 보는 공통점이 있다.
② ERG이론에서는 욕구의 좌절-퇴행 과정도 일어난다.
③ 욕구단계이론에서 자아실현의 욕구는 ERG이론에서 성장욕구에 해당한다.
④ 욕구단계이론에서는 한 시점에 낮은 단계와 높은 단계의 욕구가 동시에 발생한다.
⑤ 욕구단계이론에서 생리적 욕구는 ERG이론에서 존재욕구에 해당한다.

0387
2020 경영지도사

허즈버그(F. Herzberg)의 2요인 이론에서 위생요인에 해당하는 것은?

① 성취
② 인정
③ 책임감
④ 성장과 발전
⑤ 감독자

0388
2022 경영지도사

행동주의 경영이론에 관한 설명 중 옳지 않은 것은?

① 호손(Hawthorne)실험의 주된 목적은 과학적 관리법의 유효성을 실제로 검증하는 것이다.
② 호손실험으로 비공식 집단의 중요성이 밝혀졌다.
③ 매슬로우(A. Maslow)의 욕구단계설은 인간의 5가지 욕구가 계층화되어 있다고 주장한다.
④ 아지리스(C. Argyris)는 미성숙단계의 특성으로 수동성, 단기적 안목, 다양한 행동양식 등을 제시한다.
⑤ 맥그리거(D. McGregor)는 X 이론에서 감시와 통제를 통해 종업원을 관리해야 한다고 주장한다.

0389
2010 7급 국가직

여러 학자들이 제시한 동기부여의 내용이론을 고차욕구와 저차욕구로 나누어 볼 때, 적절하지 않은 것은?

	고차욕구	저차욕구
① 매슬로우	자아실현욕구	생리적 욕구
② 앨더퍼	성장욕구	존재욕구
③ 맥클리랜드	성취욕구	권력욕구
④ 허즈버그	동기요인	위생요인

0390
2011 7급 국가직

욕구단계 이론에서 매슬로우(Maslow)가 주장하는 인간의 욕구를 하위부터 상위단계 순으로 바르게 나열한 것은?

> ㄱ. 일상의 안전, 보호, 안정 등에 대한 욕구
> ㄴ. 물과 음식, 물질적 풍요 등에 대한 욕구
> ㄷ. 다른 사람과의 관계 속에서 사랑, 관심, 소속감 등에 대한 욕구
> ㄹ. 창조적인 능력을 향상시키고 활용하여 자아를 실현하고자 하는 욕구
> ㅁ. 타인으로부터 존경, 권위, 위엄 등에 대한 욕구

① ㄱ-ㄴ-ㄷ-ㄹ-ㅁ
② ㄴ-ㄱ-ㄷ-ㅁ-ㄹ
③ ㄴ-ㄱ-ㅁ-ㄷ-ㄹ
④ ㄴ-ㄷ-ㄱ-ㅁ-ㄹ

0391
2013 7급 국가직

동기이론 중 허쯔버그(F. Herzberg)의 2요인 이론(two factor theory)에 대한 설명으로 옳지 않은 것은?

① 임금, 작업조건, 동료관계 등은 동기유발요인에 해당된다.
② 동기유발요인은 만족요인, 위생요인은 불만족요인이라고 한다.
③ 만족과 불만족을 동일 차원의 양 극점이 아닌 별개의 차원으로 본다.
④ 직무불만족은 직무 상황과 관련되고, 직무만족은 직무 내용과 관련된다.

0392
2021 7급 국가직

허즈버그(F. Herzberg)의 동기 - 위생이론(two-factor theory:2요인 이론)에 대한 설명으로 옳지 않은 것은?

① 동기요인은 직무만족 요인이며, 위생요인은 직무불만족 요인이다.
② 작업조건, 고용안정, 회사정책은 위생요인이다.
③ 직무의 불만족요인을 제거하고, 만족요인으로 동기를 유발해야 성과를 높일 수 있다.
④ 만족요인인 종업원의 임금 인상으로 성과를 높일 수 있다.

0393
2021 5급 군무원

사랑에 실패한 사람들 중에는 갑자기 식욕이 느는 경우가 있다고 한다. 이 현상을 설명할 수 있는 이론으로 가장 적절한 것은?

① ERG(존재관계성장) 이론
② 2요인 이론
③ 욕구단계이론
④ XY이론

0394
2019 산업안전지도사

매슬로우(A. Maslow)의 욕구단계이론 중 자아실현욕구를 조직행동에 적용한 것은?

① 도전적 과업 및 창의적 역할 부여
② 타인의 인정 및 칭찬
③ 화해와 친목분위기 조성 및 우호적인 작업팀 결성
④ 안전한 작업조건 조성 및 고용 보장
⑤ 냉난방 시설 및 사내식당 운영

0395
2020 코레일 수송직렬 복원

다음 허즈버그 2요인 중 위생요인에 해당하지 않는 것은 무엇인가?

① 책임감
② 직위
③ 작업조건
④ 정책
⑤ 급여

0396
2020 코레일 수송직렬 복원

고차원적 욕구가 만족되지 않아 저차원의 욕구로 가게 되는 '좌절-퇴행' 형태를 취하는 이론은 무엇인가?

① 앨더퍼 ERG 이론
② 매슬로우 욕구단계이론
③ 허즈버그 2요인 이론
④ 맥클리랜드 성취동기이론
⑤ 아지리스의 미성숙·성숙 이론

0397
2023 경영지도사

경영이론에 관한 연구자와 그 이론의 연결이 옳지 않은 것은?

① 메이요(E. Mayo) – ERG이론
② 맥그리거(D. McGregor) – X·Y이론
③ 아지리스(C. Argyris) – 미성숙·성숙이론
④ 매슬로우(A. Maslow) – 욕구단계론
⑤ 허쯔버그(F. Herzberg) – 2요인이론

0398
2023 9급 군무원

허츠버그(F. Herzberg)의 2요인 이론(two-factor theory)에 대한 설명으로 가장 적절한 것은?

① 임금, 작업조건, 회사정책은 위생요인에 해당한다.
② 위생요인을 개선하면 만족이 증가한다.
③ 직장에서 타인으로부터 인정받지 못한 직원은 불만족하게 된다.
④ 불만족을 해소시키면 만족이 증가한다.

0399
2023 7급 서울시

동기부여의 내용이론이 아닌 것은?

① 성취동기 이론
② 2요인 이론
③ 기대 이론
④ ERG 이론

0400
2024 7급 군무원

다음은 동기부여 이론들 중 허즈버그(F. Herzberg)의 2-요인 이론(two-factor theory)에 관한 설명들이다. 가장 적절하지 않은 것은?

① 2-요인이란 직무만족과 관련되는 동기요인과 직무 불만족과 관련된 위생요인을 말한다.
② 직무 불만족과 관련된 외적 요인들을 위생요인(hygiene factor)이라 하며, 이들을 적절히 관리하면 불만을 갖지 않게 됨에 따라 동기부여 효과가 적극적으로 발생하게 된다.
③ 직무만족과 관련된 내적 요인들을 동기요인(motivator)이라 하며, 이들을 적절히 관리하면 동기부여 효과가 발휘되게 된다.
④ 성취감, 인정감, 책임감 등은 동기요인에, 감독, 회사정책, 작업조건, 동료와의 관계 등은 위생요인에 해당한다.

0401
2024 7급 서울시

매슬로우(A. Maslow)의 욕구단계 이론(hierarchy of needs theory)에 대한 설명으로 가장 옳지 않은 것은?

① 인간에게는 위계가 있는 다섯 가지 욕구단계가 존재한다고 주장하였으며, 이는 동기부여 이론 중 내용이론에 해당한다.
② 다섯 가지 욕구를 고차와 저차로 구분하였고 고차의 욕구는 존경 욕구, 자아실현 욕구이며, 저차의 욕구는 생리적 욕구, 안전 욕구, 사회적 욕구라고 주장하였다.
③ 고차의 욕구는 내적 요인으로 충족되는 반면, 저차의 욕구는 대부분 외적 요인으로 충족된다고 주장하였다.
④ 자아실현 욕구를 성장, 잠재력 실현, 자아 충족감 등을 포함하여 자신이 원하는 존재가 되고자 하는 욕구라고 주장하였다.

동기부여 · 과정이론

0402
2005 가맹거래사

목표설정이론에 의하면 동기유발효과를 갖는 목표의 특성은?

① 목표의 도전성/난이도
② 목표의 자율성
③ 지시된 목표
④ 계산된 위험부담(calculated risk taking)
⑤ 목표의 가변성

0403
2010 가맹거래사

동기부여 이론은 내용이론과 과정이론으로 구분된다. 다음 중 과정이론에 속하는 것은?

① 매슬로우의 욕구단계이론
② 맥그리거의 X이론, Y이론
③ 브룸의 기대이론
④ 허즈버그의 2요인이론
⑤ 아지리스의 성숙, 미성숙이론

0404
2018 가맹거래사

동기부여의 과정이론에 속하는 이론은?

① 매슬로우의 욕구단계이론
② 로크의 목표설정이론
③ 앨더퍼의 ERG이론
④ 맥그리거의 X · Y 이론
⑤ 허츠버그의 2요인이론

0405
2019 가맹거래사

동기부여 이론 중 공정성이론(equity theory)에서 불공정성으로 인한 긴장을 해소할 수 있는 방법을 모두 고른 것은?

```
ㄱ. 투입의 변경
ㄴ. 산출의 변경
ㄷ. 준거대상의 변경
ㄹ. 현장 또는 조직으로부터 이탈
```

① ㄱ, ㄴ
② ㄷ, ㄹ
③ ㄱ, ㄴ, ㄷ
④ ㄱ, ㄷ, ㄹ
⑤ ㄱ, ㄴ, ㄷ, ㄹ

0406
2020 가맹거래사

동기부여의 과정이론에 해당하는 것은?

① 허즈버그(F. Herzberg)의 2요인이론
② 맥클레란드(D. McClelland)의 성취동기이론
③ 앨더퍼(C. Alderfer)의 ERG이론
④ 허시(P. Hersey)의 수명주기이론
⑤ 아담스(J. Adams)의 공정성 이론

0407
2015 공인노무사

수단성(instrumentality) 및 유의성(valence)을 포함한 동기부여이론은?

① 기대이론(expectancy theory)
② 2요인이론(two factor theory)
③ 강화이론(reinforcement theory)
④ 목표설정이론(goal setting theory)
⑤ 인지평가이론(cognitive evaluation theory)

0408
2017 공인노무사

기대이론에서 동기부여를 유발하는 요인에 관한 설명으로 옳지 않은 것은?

① 수단성이 높아야 동기부여가 된다.
② 기대가 높아야 동기부여가 된다.
③ 조직에 대한 신뢰가 클수록 수단성이 높아진다.
④ 가치관에 부합되는 보상이 주어질수록 유의성이 높아진다.
⑤ 종업원들은 주어진 보상에 대하여 동일한 유의성을 갖는다.

0409
2018 공인노무사

다음 사례에서 A의 행동을 설명하는 동기부여이론은?

> 팀원 A는 작년도 목표 대비 업무실적을 100% 달성하였다. 이에 반해 같은 팀 동료 B는 동일 목표 대비 업무실적이 10% 부족하였지만 A와 동일한 인센티브를 받았다. 이 사실을 알게 된 A는 팀장에게 추가 인센티브를 요구하였으나 받아들여지지 않자 결국 이직하였다.

① 기대이론
② 공정성이론
③ 욕구단계이론
④ 목표설정이론
⑤ 인지적 평가이론

0410
2019 공인노무사

아담스(J. S. Adams)의 공정성이론에서 조직구성원들이 개인적 불공정성을 시정(是正)하기 위한 방법에 해당하지 않는 것은?

① 투입의 변경
② 산출의 변경
③ 투입과 산출의 인지적 왜곡
④ 장(場) 이탈
⑤ 준거인물 유지

0411
2020 공인노무사

브룸(V. Vroom)이 제시한 기대이론의 작동순서로 올바른 것은?

① 기대감 → 수단성 → 유의성
② 기대감 → 유의성 → 수단성
③ 수단성 → 유의성 → 기대감
④ 유의성 → 수단성 → 기대감
⑤ 유의성 → 기대감 → 수단성

0412
2016 경영지도사

동기부여이론 중 과정이론에 해당하는 것은?

① 브룸(V. Vroom)의 기대이론
② 매슬로우(A. Maslow)의 욕구단계이론
③ 아지리스(C. Argyris)의 성숙·미성숙이론
④ 허즈버그(F. Herzberg)의 2요인이론
⑤ 맥그리거(D. McGregor)의 X·Y이론

0413
2019 경영지도사

모티베이션 이론 중 과정이론으로만 묶인 것은?

① 욕구단계론, 성취동기이론
② 공정성이론, 목표설정이론
③ ERG이론, 기대이론
④ ERG이론, 2요인이론
⑤ 성취동기이론, 욕구단계론

0414
2022 7급 군무원

다음 동기부여 이론 중에서 빅터 브룸(Victor Vroom)의 기대이론(expectancy theory)에 대한 설명으로 가장 옳은 것은?

① 높은 수준의 노력이 좋은 성과를 가져오고 좋은 성과평가는 임금상승이나 조직적 보상으로 이어진다.
② 강화요인이 바람직한 행동을 반복할 가능성을 높이고 행동이 그 결과의 함수라고 주장하는 이론이다.
③ 직무만족을 가져오는 요인은 직무 불만족을 가져오는 요인과는 서로 분리되고 구별된다.
④ 자기효능감은 어떤 과업을 수행할 수 있다는 개인의 믿음을 의미하며, 자기효능감이 높을수록 성공할 능력에 더 큰 확신을 가진다.

0415
2007 7급 국가직

로크(Locke)의 목표설정이론(goal-setting theory)에 기초한 주장으로 옳지 않은 것은?

① 추상적인 목표의 제시는 목표 실행자의 창의력을 증진시켜 성과를 높일 수 있게 해 준다.
② 적절한 피드백의 제공은 성과 향상의 필요조건이다.
③ 목표 실행자의 목표설정과정 참여는 목표에 대한 이해도를 향상시켜 성과를 높일 수 있게 해 준다.
④ 목표달성에 대한 적절한 보상은 성과 향상을 위한 필요조건이다.

0416
2017 7급 국가직

브룸(Vroom)의 기대이론에 대한 설명으로 옳지 않은 것은?

① 자기효능감이 높고 목표의 난이도가 낮으면 기대가 커진다.
② 조직에 대한 신뢰가 낮고 의사결정이 조직정치에 의해 좌우된다는 인식이 강할수록 수단성이 커진다.
③ 개인적 욕구와 가치관, 목표에 부합되는 보상이 주어지면 유의성이 커진다.
④ 유의성, 수단성, 기대감 중 어느 하나라도 0이 발생하면 동기는 일어나지 않는다.

0417
공기업 출제경향 반영

다음 중 조직 공정성(organizational justice)에 해당하지 않는 것은?

① 분배적 공정성(distributive justice)
② 상호작용 공정성(interaction justice)
③ 정보 공정성(informational justice)
④ 행동적 공정성(behavioral justice)
⑤ 절차적 공정성(procedural justice)

0418
2023 가맹거래사

브룸(V. Vroom)의 기대이론에서 동기부여를 나타내는 공식으로 ( )에 들어갈 내용으로 옳은 것은?

$$동기부여(M) = 기대(E) \times 수단성(I) \times (\quad)$$

① 욕구(Needs)
② 성격(Personality)
③ 역량(Competency)
④ 유의성(Valence)
⑤ 타당성(Validity)

0419
2024 경영지도사

브룸(V. Vroom)이 제시한 기대이론의 요소에 해당하지 않는 것은?

① 기대감
② 공정
③ 노력
④ 성과
⑤ 유의성

동기부여 · 내재적 동기

0420
2007 가맹거래사

핵크만과 올드햄(J. R. Hackman & G. Oldham)이 주장한 직무특성이론에서 핵심직무차원에 포함되지 않는 것은?

① 기능다양성(skill variety)
② 과업정체성(task identity)
③ 과업중요성(task significance)
④ 과업자율성(autonomy)
⑤ 성장욕구(growth and need strength)

0421
2010 공인노무사

핵크맨(J. R. Hackman)과 올드햄(G. Oldham)의 직무특성이론에서 제시된 핵심직무특성이 아닌 것은?

① 피드백
② 자율성
③ 기술다양성
④ 과업정체성
⑤ 직무전문성

0422
2021 공인노무사

직무특성모형(job characteristics model)의 핵심 직무 차원에 포함되지 않는 것은?

① 성장 욕구 강도(growth need strength)
② 과업 정체성(task identity)
③ 과업 중요성(task significance)
④ 자율성(autonomy)
⑤ 피드백(feedback)

0423
2016 경영지도사

해크먼(R. Hackman)과 올드햄(G. Oldham)의 직무특성모형에서 직무가 다른 사람의 작업이나 생활에 실질적인 영향을 미칠 수 있는 정도를 의미하는 것은?

① 기술다양성
② 과업정체성
③ 과업중요성
④ 자율성
⑤ 피드백

0424
2017 경영지도사

내재적으로 동기부여된 행동에 외재적 보상이 제공되면 오히려 내재적 동기가 감소하게 되는 현상을 설명하고 있는 이론은?

① 기대이론
② 욕구단계이론
③ 인지평가이론
④ ERG이론
⑤ 목표설정이론

0425
2019 경영지도사

해크만과 올드햄(R. Hackman & G. Oldham)의 직무특성모형에서 5가지 핵심 직무특성이 아닌 것은?

① 기능 다양성
② 과업 정체성
③ 과업 중요성
④ 과업 전문성
⑤ 자율성

0426
2019 7급 서울시

해크만(Hackman)과 올드햄(Oldham)이 제시한 직무특성모형에 포함되지 않는 직무특성은?

① 피드백
② 자율성
③ 과업정체성
④ 과업적합성

0427
2013 7급 국가직

직무특성이론에서 주장하는 핵심직무특성에 대한 내용으로 옳지 않은 것은?

① 기술 다양성: 직무를 수행하는 데 요구되는 기술의 종류가 얼마나 다양한가를 의미한다.
② 과업 정체성: 직무가 독립적으로 완결되는 것을 확인할 수 있는 정도를 의미한다.
③ 직무 혁신성: 개인이 수행하는 직무가 조직 혁신에 어느 정도 기여할 수 있는가를 의미한다.
④ 피드백: 직무 수행 도중에 직무의 성과와 효과성에 대해 직접적이고 명확한 정보를 획득할 수 있는 정도를 의미한다.

0428
2017 7급 국가직

핵크맨(Hackman)과 올드햄(Oldham)이 제시한 직무특성모형에서 핵심직무차원에 해당하는 것만을 모두 고른 것은?

ㄱ. 기술 다양성	ㄴ. 과업 표준성
ㄷ. 과업 정체성	ㄹ. 과업 중요성
ㅁ. 과업 교차성	ㅂ. 자율성·피드백

① ㄱ, ㄴ, ㄷ, ㄹ
② ㄱ, ㄷ, ㄹ, ㅂ
③ ㄴ, ㄷ, ㄹ, ㅁ
④ ㄴ, ㄹ, ㅁ, ㅂ

0429
2023 공인노무사

직무특성모형에서 중요 심리상태의 하나인 의미 충만(meaningfulness)에 영향을 미치는 핵심 직무 차원을 모두 고른 것은?

ㄱ. 기술다양성	ㄴ. 과업정체성
ㄷ. 과업중요성	ㄹ. 자율성
ㅁ. 피드백	

① ㄱ, ㄴ, ㄷ
② ㄱ, ㄴ, ㅁ
③ ㄱ, ㄹ, ㅁ
④ ㄴ, ㄷ, ㄹ
⑤ ㄷ, ㄹ, ㅁ

0430
2024 가맹거래사

직무특성모형의 결과요인으로 옳지 않은 것은?

① 내적인 동기부여 증대
② 작업성과의 질적 향상
③ 과업 정체성의 증가
④ 작업에 대한 만족도 증대
⑤ 이직률 및 결근율 저하

0431
2024 가맹거래사

데시(E. Deci)는 내재적 동기에 의해 직무를 수행할 때 외재적 보상이 주어지면 내재적 동기가 낮아진다고 주장한다. 이 이론으로 옳은 것은?

① 목표설정이론
② 절차공정성이론
③ 분배공정성이론
④ 기대이론
⑤ 인지평가이론

동기부여·종합

0432
2016 경영지도사

동기부여이론에 관한 설명으로 옳지 않은 것은?

① 매슬로우(A. Maslow)의 욕구단계이론에 의하면 자아실현이 최상위의 욕구이다.
② 허즈버그(F. Herzberg)의 2요인이론에 의하면 금전적 보상은 위생요인에 속한다.
③ 알더퍼(C. Alderfer)의 ERG이론은 존재욕구, 관계욕구, 성장욕구로 구분하여 설명하였다.
④ 아담스(J. Adams)의 공정성이론은 내용이론에 속한다.
⑤ 맥클레랜드(D. McClelland)는 성취욕구, 권력 욕구, 친교 욕구로 구분하여 설명하였다.

0433
2020 경영지도사

동기부여에 관한 연구자와 그 이론의 연결이 옳지 않은 것은?

① 맥클리랜드(D. McClelland) - 성취동기이론
② 브룸(V. Vroom) - Z이론
③ 아담스(J. Adams) - 공정성이론
④ 알더퍼(C. Alderfer) - ERG이론
⑤ 맥그리거(D. McGregor) - XY이론

0434
2022 경영지도사

동기부여에 관한 설명으로 옳지 않은 것은?

① 매슬로우(A. Maslow)의 욕구 단계 이론에서 자아실현욕구는 결핍-충족의 원리가 적용되지 않는다.
② 맥클리랜드(D. McClelland)의 성취동기이론에서 권력욕구가 강한 사람은 타인에게 영향력을 행사하고, 인정받는 것을 좋아한다.
③ 브룸(V. Vroom)의 기대이론에서 기대감, 수단성, 유의성 등이 중요한 동기부여 요소이다.
④ 알더퍼(C. Alderfer)의 ERG 이론에서 관계욕구와 성장 욕구가 동시에 발현될 수 있다.
⑤ 스키너(B. Skinner)의 강화이론에서 비난, 징계 등과 같은 불쾌한 자극을 제거함으로써 바람직한 행동을 강화하는 것을 소거(extinction)라고 한다.

0435
2016 7급 서울시

다음 동기부여 이론들에 대한 설명 중 가장 옳지 않은 것은?

① 매슬로우(Maslow)의 욕구계층이론에 따르면 인간은 하위단계의 욕구가 채워지면 순차적으로 상위단계의 욕구를 채우려 한다고 가정한다.
② 허즈버그(Herzberg)의 2요인이론에서 동기유발 요인은 급여, 작업조건, 고용안정 등 작업환경과 관련된 것을 의미한다.
③ 브룸(Vroom)의 기대이론에 의하면 동기부여는 기대, 보상의 가치, 수단성의 3요소에 의해 영향을 받는다.
④ 애덤스(Adams)의 공정성이론은 개인의 투입과 산출에 대한 평가에 기초를 두고 있다.

0436
2018 7급 서울시

동기부여 이론에 대한 설명으로 가장 옳은 것은?

① 허즈버그(Herzberg)의 2요인 이론(dual factor theory)에 의하면 작업환경을 개선하면 종업원의 만족도가 높아진다.
② 애덤스(Adams)의 공정성이론(equity theory)에 의하면 개인의 지각보다는 임금 수준 그 자체가 만족도를 결정하는 핵심적인 요소가 된다.
③ 매슬로우(Maslow)의 욕구계층이론(hierarchy of needs theory)에 의하면 아래에서 네 번째 위치의 사회적 욕구는 존경 욕구 위에 존재한다.
④ 브룸(Vroom)의 기대이론(expectancy theory)에서 수단성(instrumentality)이란 개인행동의 성과가 보상으로 이어질 것이라는 믿음을 가리킨다.

0437
2018 7급 국가직

동기부여이론에 대한 설명으로 옳지 않은 것은?

① Y이론적 관점에 따르면 직원은 부정적 강화(Reinforcement)에 의해 동기부여가 된다.
② 아담스(J. S. Adams)의 공정성이론에 따르면 사람은 자신의 일에 투입한 요소와 그로부터 받은 보상의 비율을 다른 사람의 그것과 비교한다.
③ 2요인이론에서 동기유발요인은 직무에 내재하는 요인들이다.
④ 기대이론에서 동기부여가 되는 정도는 노력과 성과 관련성, 성과와 결과 관련성, 결과와 개인의 욕구 사이의 관련성의 영향을 받는다.

0438
2022 5급 군무원

다음은 동기부여에 관한 여러 이론들을 설명한 것이다. 이 중 가장 옳지 않은 것은?

① 공정성 이론(equity theory)에 따르면, 개인이 불공정성에 대한 지각에서 오는 긴장을 감소시키는 방법으로는 자신의 투입(input)변경, 산출(output) 변경, 투입과 산출의 인지적 왜곡, 비교 대상의 변경 등이 있다.
② 기대이론(expectancy theory)은 개인의 동기 수준을 기대감(expectancy), 수단성(instrumentality), 유의성(valence)의 곱으로 설명한다.
③ 허쯔버그(Herzberg)의 2요인 이론(two-factor theory)에서 봉급, 작업조건, 감독, 상급자와의 관계 등은 동기요인(motivator)에 해당하는 것으로, 위생요인(hygiene factor)이 충족되더라도 구성원을 동기화시키지 못하며, 성과 향상을 위해서는 동기요인을 충족시켜야 한다고 주장한다.
④ 맥크리랜드(McClelland)의 성취동기 이론(achievement motive theory, three-needs theory)에 따르면, 소속 욕구(need for affiliation)가 높은 사람은 다른 사람의 인정을 받으려고 노력하고, 권력 욕구(need for power)가 높은 사람은 다른 사람을 지배하고 통제하기를 원한다.

0439
공기업 출제경향 반영

Porter와 Lawler의 동기모델에 관한 설명으로 옳지 않은 것은?

① 브룸(Vroom)의 기대이론을 기초로 이를 확장한 모델이다.
② 여러 동기부여 이론들을 통합하여 하나의 모델로 설명하였다는 데 의의가 있다.
③ 노력이 성과로 이어지는데 보상의 공정성에 대한 지각(perceived equitable rewards)이 조절변수(moderate variables)로서 영향을 미친다.
④ 만족(satisfaction)이란 직무성과에 따라 제공된 보상에 대하여 개인이 느끼는 욕구의 충족 정도를 말한다.
⑤ 종업원의 능력 및 특성(abilities and traits)과 역할지각(role perception)의 두 변수 때문에 노력과 성과의 관계는 완전한 비례관계를 갖지 못한다고 본다.

0440
2023 7급 군무원

다음 중 동기부여 이론에 대한 설명으로 가장 적절하지 않은 것은?

① 알더퍼(C. Alderfer)의 ERG 이론은 인간의 욕구를 친교욕구, 권력욕구, 성취욕구로 구분하였다.
② 아담스(J. Adams)의 공정성 이론(equity theory)에 따르면 준거인과 비교할 때 자신이 과다보상을 받았다고 인식하는 직원은 불공정성을 해소하려는 동기가 유발된다.
③ 브룸(V. Vroom)의 기대이론(expectancy theory)에서 동기부여 강도를 설명하는 변수는 기대감, 수단성, 유의성이다.
④ 허츠버그(F. Herzberg)의 2요인 이론(two-factor theory)에서 불만족과 관련된 요인을 위생요인이라고 한다.

0441
2023 7급 국가직

동기부여에 대한 설명으로 옳지 않은 것은?

① 브룸(Vroom)의 기대이론에서 도구성(instrumentality)은 목표 달성과 보상 간의 연결에 대해 개인이 지각하는 주관적 확률이다.
② 직무특성모형에서 피드백은 작업의 의미감을 주고, 공정성은 작업성과의 책임감을 경험하게 해 준다.
③ 앨더퍼(Alderfer)는 ERG 이론을 통해, 특정 욕구의 충족이 좌절되었을 때 하위 욕구를 추구하는 퇴행 현상이 나타남을 제시하였다.
④ 허즈버그(Herzberg)의 2요인 이론에서, 위생요인은 불만족의 방지 혹은 감소와 관계가 있다.

0442
2024 7급 국가직

동기부여에 대한 설명으로 옳은 것은?

① 강화이론은 동기부여의 내용이론에 해당한다.
② 맥클리랜드(D. C. McClelland)는 욕구단계설의 상위 욕구에 초점을 맞춰 성취욕구, 권력욕구, 인정욕구를 제시하였다.
③ 버나드(C. I. Barnard)의 공정성 이론은 개인의 투입 노력과 산출 보상과의 비교를 통해 동기유발을 설명하였다.
④ 동기부여를 위한 가장 기초적인 수단은 경제적 보상이다.

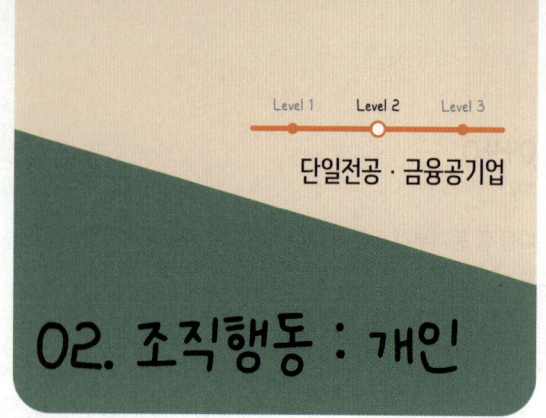

02. 조직행동 : 개인

태도

0443
2007 CPA

태도와 학습에 관한 다음의 설명 중 가장 적절하지 않은 것은?

① 부적 강화(negative reinforcement)는 바람직한 행동의 빈도수를 감소시키고 정적 강화(positive reinforcement)는 바람직한 행동의 빈도수를 증가시킨다.
② 마이어와 알렌(Meyer and Allen)은 조직몰입을 정서적(affective) 몰입, 지속적(continuance)몰입, 규범적(normative) 몰입으로 나누어 설명하였다.
③ 태도의 구성요소는 인지적(cognitive) 요소, 정서적(affective) 요소, 행동의도적(behavioral intention) 요소로 나누어진다.
④ 조직행동분야의 많은 실증연구에서 직무만족이 성과에 미치는 직접적인 효과는 그리 높게 나타나지 않고 있다.
⑤ 강화 스케줄에서 단속적 강화(intermittent reinforcement)일정은 고정간격일정, 변동간격일정, 고정비율일정, 변동비율일정이 있다.

0444
2010 CPA

태도, 통제의 위치, 조직몰입, 귀인이론, 강화에 관한 다음의 서술 중에서 옳은 항목만을 모두 모은 것은?

> a. 태도의 구성요소는 인지적(cognitive) 요소, 정서적(affective) 요소, 행동의도적(behavioral intention) 요소로 나눌 수 있다.
> b. 통제의 위치(locus of control)에 따르면 외재론자에 비해 내재론자는 성과를 결정짓는 것이 자신의 노력이라고 생각한다.
> c. 마이어(Meyer)와 알렌(Allen)은 조직몰입을 정서적(affective) 몰입, 지속적(continuance) 몰입, 규범적(normative) 몰입으로 나누어 설명한다.
> d. 켈리(Kelley)의 귀인이론(attribution theory)에서는 행동의 원인을 합의성(consensus), 특이성(distinctiveness), 일관성(consistency)의 세 가지 차원으로 구분하여 해석한다.
> e. 부정적 강화(negative reinforcement)와 긍정적 강화(positive reinforcement) 모두 바람직한 행동의 빈도를 증가시킨다.

① a, b, d
② a, c, e
③ a, b, c, d
④ a, b, d, e
⑤ a, b, c, d, e

0445
2019 CPA

조직에서 개인의 태도와 행동에 관한 설명으로 가장 적절한 것은?

① 조직몰입(organizational commitment)에서 지속적 몰입(continuance commitment)은 조직구성원으로서 가져야 할 의무감에 기반한 몰입이다.
② 정적 강화(positive reinforcement)에서 강화가 중단될 때, 변동 비율법에 따라 강화된 행동이 고정비율법에 따라 강화된 행동보다 빨리 사라진다.
③ 감정지능(emotional intelligence)이 높을수록 조직몰입은 증가하고 감정노동(emotional labor)과 감정소진(emotional burnout)은 줄어든다.
④ 직무만족(job satisfaction)이 높을수록 이직의도는 낮아지고 직무관련 스트레스는 줄어든다.
⑤ 조직시민행동(organizational citizenship behavior)은 신사적 행동(sportsmanship), 예의바른 행동(courtesy), 이타적 행동(altruism), 전문가적 행동(professionalism)의 네 요소로 구성된다.

성격

0446
2008 CPA

어떤 사람들(내재론자)은 세상살이의 여러 가지 일들 대부분을 자기가 통제할 수 있다고 믿는 반면, 또 다른 사람들(외재론자)은 자기가 할 수 있는 것은 극히 적고 남이나 운명에 달려있다고 믿는다. 이들에 대한 설명으로 다음 중 가장 적절하지 않은 것은?

① 내재론자는 외재론자보다 동기의 수준이 높다.
② 외재론자에 비해 내재론자는 성과를 결정짓는 것이 자신의 노력이라고 생각한다.
③ 내재론자는 외재론자보다 걱정을 더 많이 하는 경향이 있다.
④ 외재론자에 비해 내재론자는 업무와 관련된 문제해결이나 학습에서 높은 성과를 보인다.
⑤ 단순 노동이나 규정대로만 해야 하는 직무, 완전 통제 하에서 움직여야 하는 조직에서는 외재론자가 더 효과적일 수 있다.

0447
2011 CPA

조직에서 개인의 행동에 관한 설명으로 가장 적절하지 않은 것은?

① 특정 직무 또는 과업에 대한 일련의 성공경험은 그 과업에 대한 자기효능감(self-efficacy)에 긍정적 영향을 미칠 수 있다.
② 자기감시성향(self-monitoring)이 높은 사람은 자기감시성향이 낮은 사람보다 외부환경과 상황에 잘 대처하는 경향이 있다.
③ 타인을 존중하는 개인의 성향은 빅 5(Big Five) 성격유형에서 성실성(conscientiousness)에 속하며 성실성은 개인의 직무성과와 관련성이 없다.
④ 성격유형에서 A타입(Type A)은 B타입(Type B)보다 인내심이 적고 조급한 편이다.
⑤ 통제의 위치(locus of control)가 내부에 있는 사람(internals)은 외부에 있는 사람(externals) 보다 자신에게 일어나는 일을 스스로 통제할 수 있다는 믿음이 높다.

0448
2013 CPA

성격과 태도에 관한 다음 설명 중 가장 적절하지 않은 것은?

① Big 5 성격유형 중 경험에 대한 개방성(openness to experience)이란 다른 사람들과 잘 어울리고 남을 신뢰하는 성향을 의미한다.
② MBTI(Myers-Briggs Type Indicator)에서는 개인이 정보를 수집하는 방식과 판단하는 방식에 근거하여 성격유형을 분석하고 성격유형에 적합한 직업을 제시하고 있다.
③ 성공의 원인은 자신의 능력이나 노력 등의 내재적 요인에서 찾고, 실패의 원인은 과업의 난이도나 운 등의 외재적 요인에서 찾으려는 경향을 자존적 편견(self-serving bias)이라고 한다.
④ 성격유형을 A형과 B형으로 구분할 때, A형의 성격을 지닌 사람은 B형의 성격을 지닌 사람보다 경쟁적이고 조급한 편이다.
⑤ 자기효능감(self-efficacy)이란 특정한 일을 성공적으로 수행할 수 있는지에 대한 스스로의 믿음을 의미한다.

0449
2020 CPA

성격 및 지각에 관한 설명으로 가장 적절하지 않은 것은?

① 외재론자(externalizer)는 내재론자(internalizer)에 비해 자기 자신을 자율적인 인간으로 보고 자기의 운명과 일상생활에서 당면하는 상황을 자기 자신이 통제할 수 있다고 믿는 경향이 있다.
② 프리드만과 로즈만(Friedman & Roseman)에 의하면 A형 성격의 사람은 B형 성격의 사람에 비해 참을성이 없고 과업성취를 서두르는 경향이 있다.
③ 지각과정에 영향을 미치는 요인에는 지각대상, 지각자, 지각이 일어나는 상황 등이 있다.
④ 외향적인 성향의 사람은 내향적인 성향의 사람보다 말이 많고 활동적인 경향이 있다.
⑤ 많은 자극 가운데 자신에게 필요한 자극에만 관심을 기울이고 이해하려 하는 현상을 선택적 지각(selective perception)이라고 한다.

0450
2021 CPA

다음 설명 중 적절한 항목만을 모두 선택한 것은?

> a. 성격(personality)은 개인의 독특한 개성을 나타내는 전체적인 개념으로 선천적 유전에 의한 생리적인 것을 바탕으로 하여 개인이 사회문화환경과 작용하는 과정에서 형성된다.
> b. 욕구(needs)는 어떤 목적을 위해 개인의 행동을 일정한 방향으로 작동시키는 내적 심리상태를 의미한다.
> c. 사회적 학습이론(social learning theory)에 의하면, 학습자는 다른 사람의 어떤 행동을 관찰하여 그것이 바람직한 결과를 가져올 때에는 그 행동을 모방하고, 좋지 않은 결과를 가져올 때에는 그 같은 행동을 하지 않게 된다.
> d. 역할갈등(role conflict)은 직무에 대한 개인의 의무·권한·책임이 명료하지 않은 지각상태를 의미한다.

① a, b
② a, c
③ a, d
④ b, c
⑤ a, c, d

가치관

0451
2008 CPA

사람의 행동이나 태도(attitude)를 이해하기 위해 그 사람의 가치관(values)을 이해하는 것이 중요하다. 가치관과 태도에 관한 다음 설명 중 가장 적절하지 않은 것은?

① 태도가 구체적인 개념이라면 가치관은 보다 광범위하고 포괄적인 개념이다.
② 어떤 두 사람의 태도가 같다고 해도 그것은 각각 다른 가치관에서 비롯될 수 있다.
③ 태도와 가치관은 모두 장기적이며 고정적인 특성을 갖지만 태도보다는 가치관이 더 안정적이다.
④ "내 상사가 이런 태도를 보이는 것은 이러이러한 가치관을 가졌기 때문이야" 라고 말할 수 있으며, 이것은 역으로도 성립된다.
⑤ 어떤 가치관이 조직구성원들 사이에 지속적으로 존재하게 될 때 그것은 하나의 문화적 요소가 될 수 있다.

0452
2019 CPA

비교경영연구에서 합스테드(Hofstede)의 국가간 문화분류의 차원으로 가장 적절하지 않은 것은?

① 고맥락(high context)과 저맥락(low context)
② 불확실성 회피성향(uncertainty avoidance)
③ 개인주의(individualism)와 집단주의(collectivism)
④ 권력거리(power distance)
⑤ 남성성(masculinity)과 여성성(femininity)

0453
2024 CPA

감정, 지각 및 가치관에 관한 설명으로 가장 적절하지 않은 것은?

① 감성지능(emotional intelligence)이 낮은 개인보다 높은 개인이 타인과의 갈등을 건설적으로 더 잘 해결하는 경향이 있다.
② 스트레스는 구성원의 직무수행에 있어서 역기능적 역할뿐만 아니라 순기능적 역할도 한다.
③ 궁극적 가치관(terminal values)은 개인이 어떤 목표나 최종상태를 달성하기 위해 사용될 수 있는 수용 가능한 행동을 형성하는 가치관을 말한다.
④ 자존적 편견(self-serving bias)은 자신의 성공에 대해서는 내재적 요인에 원인을 귀속시키고 실패에 대해서는 외재적 요인에 원인을 귀속시키는 경향을 말한다.
⑤ 인상관리(impression management)는 다른 사람들이 자신에 대해 형성하게 되는 지각을 개인이 관리하거나 통제하려고 시도하는 과정을 말한다.

귀인이론

0454
2005 CPA

켈리(Kelley)의 귀인이론(attribution theory)에서는 행동의 원인을 합의성(consensus), 특이성(distinctiveness), 일관성(consistency)의 세 가지 차원으로 구분하여 해석하고 있다. 다음 중 행동의 원인을 행위자의 내적(internal) 요인으로 판단하기에 가장 적절한 경우는?

	합의성	특이성	일관성
①	높음	높음	높음
②	높음	높음	낮음
③	낮음	낮음	높음
④	낮음	높음	낮음
⑤	낮음	낮음	낮음

0455
2016 CPA

귀인(attribution)에 관한 설명으로 가장 적절한 것은?

① 내적 귀인(internal attribution)은 사건의 원인을 행위자의 운과 맡은 과업의 성격 탓으로 귀인하는 것이고 외적 귀인(external attribution)은 행위자의 외향적 성격과 대인관계 역량에 귀인하는 것이다.
② 켈리(Kelley)의 귀인모형에서 합의성(consensus)이 높으면 행위자의 내적 요인에 귀인하는 경향이 있다.
③ 근원적 귀인오류(fundamental attribution error)는 사건의 원인에 대해서 외적 요인을 간과하거나 무시하고 행위자의 내적 요인으로 귀인하려는 오류이다.
④ 자존적 편견(self-serving bias)은 사건의 결과를 실패로 보지 않고 성공을 위한 학습으로 지각하여 실패를 행위자 자신의 탓으로 돌리려는 귀인오류이다.
⑤ 켈리(Kelley)의 귀인모형에서 특이성(distinctiveness)이 높으면 행위자의 내적 요인에 귀인하는 경향이 있다.

0456
2018 CPA

지각, 귀인, 의사결정에 관한 설명으로 가장 적절한 것은?

① 10명의 후보자가 평가위원과 일대일 최종 면접을 할 때 피평가자의 면접순서는 평가자의 중심화 경향 및 관대화 경향에 영향을 미칠 수 있으나 최근효과 및 대비효과와는 관련이 없다.
② 켈리(Kelley)의 귀인모형에 따르면 특이성(distinctiveness)과 합의성(consensus)이 낮고 일관성(consistency)이 높은 경우에는 내적귀인을 하게 되고 특이성과 합의성이 높고 일관성이 낮은 경우에는 외적귀인을 하게 된다.
③ 행위자 관찰자효과(actor observer effect)는 행위자 입장에서는 행동에 미치는 내적요인에 대한 이해가 충분하나, 관찰자 입장에서는 행위자의 능력과 노력 등의 내적 요인을 간과하거나 무시하고 행위자의 외적요인으로 귀인하려는 오류이다.
④ 제한된 합리성(bounded rationality)하에서 개인은 만족할 만한 수준의 대안을 찾는 의사결정을 하기 보다는 인지적 한계와 탐색비용을 고려하지 않고 최적의 대안(optimal solution)을 찾는 의사결정을 한다.
⑤ 집단 사고(group think)는 응집력이 강한 대규모 집단에서 복잡한 의사결정을 할 때, 문제에 대한 토론을 진행할수록 집단내의 의견이 양극화되는 현상이다.

지각오류

0457
2006 CPA

인력선발에서의 타인평가 및 지각과 관련된 다음의 용어 중 설명이 가장 적절한 것은?

① 주관의 객관화(projection)는 어떤 과업의 성공적 수행에 필요한 능력을 개인 스스로 가지고 있다고 생각하는 믿음이다.
② 자존적 편견(self-serving bias)은 자존심을 지키기 위해서 주위의 사람을 후하게 평가하는 경향을 말한다.
③ 나와의 유사성(similar to me)효과는 주위사람의 기대와 자신의 기대대로 행동함으로써 결국은 예측된 결과가 이루어지는 것을 말한다.
④ 대비효과(contrast effect)는 여러 사람 중에서 처음에 평가한 사람을 나중에 평가한 사람보다 나쁘게 평가하는 경향을 말한다.
⑤ 최근효과(recency effect)는 주로 최근의 정보를 가지고 타인을 평가하는 경향을 말한다.

0458
2012 CPA

타인 평가 및 지각 과정에서 나타나는 오류와 관련된 설명으로 가장 적절한 것은?

① 출신학교나 출신지역과 같이 그 사람이 속한 집단을 근거로 사람을 평가하는 오류를 후광효과(halo effect)라고 한다.
② 피평가자가 가진 비슷한 특질들(예 근면성과 성실성)이 서로 관계가 있는 것으로 생각하여 유사하게 평가하려는 경향을 유사효과라고 한다.
③ 평가를 할 때, 처음에 주어진 정보에 더 큰 비중을 두는 경향을 최근효과(recency error)라고 한다.
④ 강제할당법을 사용하면 중심화 경향의 오류를 감소시킬 수 있다.
⑤ 정직성이 낮은 평가자가 정직한 평가자보다 피평가자를 덜 부정적으로 평가하는 경향을 투영효과(투사, 주관의 객관화, projection)라고 한다.

0459
2015 CPA

태도와 성격에 관한 설명으로 가장 적절하지 않은 것은?

① 켈리(Kelley)의 귀인이론에서는 행동의 원인을 특이성, 합의성, 일관성으로 구분하여 파악한다.
② 자존적 편견(self-serving bias)은 평가자가 자신의 자존심을 지키기 위하여, 자신이 실패했을 때는 자신의 내부적 요인에서 원인을 찾고, 자신의 성공에 대해서는 외부적 요인에서 원인을 찾으려는 경향을 의미한다.
③ 성격유형을 A형과 B형으로 구분할 때, A형은 B형보다 업무처리 속도가 빠르고, 인내심이 부족한 편이다.
④ 조직시민행동(organizational citizenship behavior)이란 조직에서의 공식적인 역할이 아니더라도, 조직을 위해 자발적으로 희생하고 노력하며 동료를 돕는 행동을 의미한다.
⑤ 마이어(Meyer)와 알렌(Allen)이 주장하는 조직몰입 중 지속적(continuance) 몰입은 조직을 떠나면 경제적 비용이 많이 발생하기 때문에 조직에 머물러 있으려는 태도를 의미한다.

0460
2023 CPA

다음 설명 중 적절한 항목만을 모두 선택한 것은?

a. 태도(attitude)는 정서적(affective), 인지적(cognitive), 행동적(behavioral) 요소로 구성된다.
b. 직무만족은 직무를 활용한 전문가로서의 체계적인 경력개발을 의미한다.
c. 마키아벨리즘 성격 특성은 대인관계에 있어 속임수와 조작을 사용하는 성향을 의미한다.
d. 켈리(Kelley)가 제시한 귀인의 결정요인은 합의성(consensus), 특이성(distinctiveness), 책무성(accountability)이다.
e. 피그말리온 효과(Pygmalion effect)는 특정인에 대한 기대가 실제 행동 결과로 나타나게 되는 현상을 의미한다.

① a, d
② b, e
③ c, d
④ a, c, e
⑤ b, c, e

동기부여 · 내용이론

0461
2006 CPA

동기부여(motivation) 이론 중 매슬로우의 욕구이론(need theory)에 관한 서술 중에 가장 적절한 것으로 묶인 것은?

> a. 하나의 욕구가 충족되면 그 다음 상위단계의 욕구를 충족시키려 한다.
> b. 상위욕구의 충족이 좌절되면 그보다 하위단계의 욕구를 충족시키려 한다.
> c. 생리적 욕구 – 안전욕구 – 존경욕구 – 사회적 욕구 – 자아실현욕구의 순서로 단계가 나누어진다.
> d. 사회적 욕구는 위생요인으로, 생리적 욕구와 안전욕구는 동기요인으로 분류하였다.
> e. 매슬로우의 5가지 욕구 중 존경(esteem), 관계(relatedness), 성장(growth) 욕구 3가지만을 고려하여 ERG이론을 만들었다.

① a
② a, b, c
③ a, e
④ a, c
⑤ d, e

동기부여 · 과정이론

0462
2005 CPA

동기부여의 기대이론(expectancy theory)과 관련된 설명으로 가장 적절하지 않은 것은?

① 기대감(expectancy), 유의성(valence), 수단성(instrumentality) 중 하나라도 0의 값을 가지면 동기부여 수준은 0이 된다.
② 전체 동기부여 수준은 음(–)의 값을 가질 수 있다.
③ 기대감(expectancy)이란 노력을 했을 때 특정 수준의 성과를 낼 수 있는가에 대한 객관적 확률로서 0에서 1까지의 값을 가진다.
④ 카페테리아식 복리후생 제도는 유의성(valence)을 높이는 방법이 될 수 있다.
⑤ 성과급을 도입하면 수단성(instrumentality)이 높아질 수 있다.

동기부여 · 내재적 동기

0463
2008 CPA

핵크맨(R. J. Hackman)과 올드햄(G. R. Oldham)의 직무특성이론(job characteristics theory)에서 5대 핵심 직무특성과 직무수행자의 심리적 상태에 관한 설명으로 다음 중 가장 적절한 것은?

① 기술다양성(skill variety)은 업무수행에 요구되는 기술이 얼마나 여러 가지인가를 뜻하며, 다양성이 높은 직무에서 수행자는 책임감(responsibility)을 느끼게 된다.
② 과업정체성(task identity)은 업무내용이 시작부터 끝까지 전체에 관한 것인지 아니면 일부에만 관여하도록 되어 있는지에 관한 것으로 정체성이 높은 직무에서 수행자는 수행결과에 대한 지식을 얻게 된다.
③ 과업중요성(task significance)은 수행업무가 조직 내·외에서 타인의 삶과 일에 얼마나 큰 영향을 미치는가에 관한 것으로 중요성이 큰 직무에서 수행자는 업무에 대한 의미성(meaningness)을 느끼게 된다.
④ 자율성(autonomy)은 업무수행에서 개인에게 부여된 자유와 재량권 정도로서 자율성이 큰 직무에서 수행자는 업무에 대한 의미성(meaningness)을 느끼게 된다.
⑤ 피드백(feedback)은 업무자체가 주는 수행성과에 대한 정보의 유무를 뜻하며 수행자가 인지하는 상황의 불확실성을 가중시킨다.

0464
2014 CPA

핵크만(Hackman)과 올드햄(Oldham)이 주장한 직무특성이론(job characteristics theory)에 관한 설명으로 가장 적절하지 않은 것은?

① 과업정체성(task identity)이란 업무수행 방법이나 절차가 명확하고 체계적으로 정리되어 있는 정도를 의미한다.
② 결과변수에는 작업의 질, 만족도, 이직율, 결근율이 포함된다.
③ 성장욕구가 강한 사람에게는 과업중요성(task significance)과 과업정체성(task identity)이 높은 직무가 적합하다.
④ 성장욕구가 강한 사람은 자율성(autonomy)이 많은 직무를 수행할수록 직무에 대한 책임감을 더 많이 경험하게 된다.
⑤ 중요 심리상태에는 작업의 의미에 대한 경험과 직무수행 결과에 대한 지식이 포함된다.

동기부여 · 종합

0465
2002 CPA

모티베이션과 관련한 다음의 설명 가운데 가장 적절하지 않은 것은?

① ERG이론은 욕구단계이론과는 달리 좌절-퇴행의 가능성을 인정한다.
② 동기-위생이론(2요인이론)에서는 만족과 불만족을 상이한 차원으로 이해한다.
③ 인지적 평가이론(cognitive evaluation theory)은 내재적 보상과 외재적 보상을 구분하지 않는다.
④ 공정성이론 또는 형평성이론(equity theory)은 사람의 노력과 그에 대한 보상을 계량화할 수 있다는 가정을 전제로 한다.
⑤ 목표에 의한 관리(management by objectives)는 목표설정이론(goal setting theory)을 바탕으로 한 기법이다.

0466
2007 CPA

동기부여(motivation) 이론을 설명한 것 중 가장 적절하지 않은 것은?

① 맥클리랜드(McClelland)의 성취동기이론에 따르면 친교욕구(need for affiliation)가 높은 사람은 다른 사람의 인정을 받으려고 노력하고 권력욕구(need for power)가 높은 사람은 다른 사람을 지배하고 통제하고 싶어한다.
② 알더퍼(Alderfer)의 ERG이론은 인간의 욕구를 존재(existence), 관계(relatedness), 성장(growth)의 세 가지 욕구로 분류하고 욕구의 만족-진행(satisfaction-progression)과 좌절-퇴행(frustration - regression)이 일어난다고 주장한다.
③ 공정성이론(equity theory)에 따르면 개인이 불공정성에 대한 지각에서 오는 긴장을 감소시키는 방법으로 자신의 투입(input)의 변경, 산출(output)의 변경, 투입과 산출의 인지적 왜곡, 비교대상의 변경 등이 있다.
④ 봉급, 작업조건, 감독, 상사와의 관계는 허쯔버그(Herzberg)의 요인 이론에서 동기요인(motivator)에 해당하는 것으로 위생요인이 충족되더라도 구성원을 동기화시키지 못하며 성과향상을 위해서는 동기요인을 충족시켜야 한다고 주장한다.
⑤ 기대이론(expectancy theory)은 개인의 동기수준이 기대감(expectancy), 수단성(instrumentality), 유의성(valence) 값의 곱으로 설명되고 있다.

0467
2009 CPA

동기부여 이론에 대한 서술 중 가장 적절한 것은?

① 허쯔버그(Herzberg)가 주장한 2요인이론(two factor theory)에 의하면 작업환경을 개선하면 종업원의 만족도가 높아진다.
② 공정성이론(equity theory)에 의하면 개인의 지각보다는 임금 수준 그 자체가 만족도를 결정하는 핵심적인 요소가 된다.
③ 기대이론(expectancy theory)에 의하면 종업원이 선호하는 보상 수단을 제공할 때 수단성(instrumentality)이 높아진다.
④ 직무특성이론에 의하면 성장욕구가 낮은 종업원에게는 단순한 직무를 부여하는 것이 효과적이다.
⑤ 직무특성이론에 의하면 과업의 분화가 많이 될수록 과업정체성(task identity)이 높아진다.

0468
2011 CPA

동기부여(motivation) 이론에 관한 설명으로 가장 적절한 것은?

① 기대이론(expectancy theory)에서 수단성(instrumentality)은 행위자의 노력이 1차적 성과를 달성할 수 있을지에 대한 객관적인 판단이다.
② 아담스(Adams)의 공정성이론(equity theory)은 투입 대비 산출의 상호작용적 공정성, 절차적 공정성, 효율적 조직성과배분에 대한 분배적 공정성을 모두 고려하고 있다.
③ 허쯔버그(Herzberg)의 2요인이론에서 동기요인은 임금, 작업환경, 근로조건, 칭찬, 인정을 포함하고 근로자의 불만족을 제거하는 역할을 한다.
④ MBO(Management by Objectives)는 목표설정이론을 조직에 적용한 예로서 목표의 구체성과 난이도, 피드백은 동기부여에 영향을 미친다.
⑤ 동기부여 이론을 크게 내용이론(content theory)과 과정이론(process theory)으로 분류할 때 직무특성이론, ERG 이론, 내재적 동기이론은 과정이론에 속한다.

0469
2012 CPA

동기부여 이론에 관한 설명으로 가장 적절하지 않은 것은?

① 앨더퍼(Alderfer)의 ERG이론에서는 인간의 욕구를 존재욕구, 관계욕구, 성장욕구로 구분하고 있으며, 충족-진행의 원리와 좌절-퇴행의 원리를 제시하고 있다.
② 허쯔버그(Herzberg)의 이요인이론(two factor theory)에 의하면 급여, 성취감과 같은 위생요인이 충족되면 만족도가 증가된다.
③ 핵크만(Hackman)과 올드햄(Oldham)의 직무특성이론에 의하면 성장욕구수준이 높은 사람은 직무정체성이 높은 직무를 수행할 때 동기부여수준이 높아진다.
④ 목표설정이론(goal setting theory)에 의하면 구체적인 목표를 설정할 때 성과가 높아진다.
⑤ 공정성이론(equity theory)에 의하면 허쯔버그(Herzberg)가 제시한 위생요인과 동기요인 모두가 개인이 받는 보상(산출물)에 포함될 수 있다.

0470
2013 CPA

동기부여 이론에 관한 다음 설명 중 가장 적절하지 않은 것은?

① 허쯔버그(Herzberg)의 2요인이론(Two Factor Theory)에 의하면, 회사의 정책, 작업조건, 급여 등의 요건이 충족되어도 만족도가 증가하지는 않는다.
② 기대이론(Expectancy Theory)에 의하면, 개인이 특정한 성과를 달성했을 때 최종적인 보상을 받을 수 있는 가능성에 대한 주관적 믿음을 기대(expectancy)라고 하며, 이는 '0'부터 '1'까지의 값을 가진다.
③ 공정성 이론(Equity Theory)에 의하면, 과다보상을 받았다고 인식할 경우에도 비교대상이 되는 사람을 변경하거나 다른 사람의 투입과 산출을 다르게 해석하려고 노력할 수 있다.
④ 핵크만(Hackman)과 올드햄(Oldham)의 직무특성이론(Job Characteristics Theory)에 의하면, 직무의 자율성이 '0'의 값을 가지면 잠재적 동기지수(MPS : Motivating Potential Score)는 '0'의 값을 가진다.
⑤ 목표설정이론(Goal Setting Theory)에 의하면, 목표의 특성과 종류뿐만 아니라 상황적 요인에 따라서도 성과가 달라질 수 있다.

0471
2014 CPA

동기부여 이론에 관한 설명으로 가장 적절한 것은?

① 앨더퍼(Alderfer)의 ERG 이론에 의하면 높은 차원의 욕구인 관계욕구가 충족되지 않을 때 낮은 차원의 욕구인 성장욕구가 충족되어야 동기부여된다.
② 공정성 이론(equity theory)에서는 보상의 상대적 수준보다는 절대적 수준을 강조한다.
③ 허쯔버그(Herzberg)의 이요인 이론(two factor theory)에 의하면 동료와의 관계가 좋다고 느낄수록 만족도가 높아진다.
④ 기대이론(expectancy theory)에 의하면 기대(expectancy), 수단성(instrumentality), 유의성(valence) 중 하나라도 '0'의 값을 가지면 전체 동기부여 수준은 '0'이 된다.
⑤ 기대이론에 의하면 개인의 성과와 임금의 상관관계가 높을 때 기대(expectancy) 값이 높아질 수 있다.

0472
2015 CPA

동기부여 이론에 관한 설명으로 가장 적절한 것은?

① 브룸(Vroom)의 기대이론(expectancy theory)에 의하면, 수단성(instrumentality)을 높이기 위해서 종업원이 선호하는 보상 수단을 조사할 필요가 있다.
② 허쯔버그(Herzberg)의 이요인이론(two factor theory)에 의하면, 임금을 높여주거나 작업환경을 개선하는 것으로는 종업원의 만족도를 높일 수 없다.
③ 브룸의 기대이론에서 기대(expectancy)는 노력했을 때 성과가 나타날 수 있는 객관적 확률이다.
④ 브룸의 기대이론에 의하면, 연공급을 도입하면 기대(expectancy)가 높아진다.
⑤ 아담스(Adams)의 공정성 이론(equity theory)에 의하면, 과다보상을 받았다고 느끼는 경우에는 만족도가 높기 때문에 행동의 변화가 나타나지 않는다.

0473
2016 CPA

학습 및 동기부여 이론에 관한 설명으로 가장 적절한 것은?

① 알더퍼(Alderfer)의 ERG이론, 브룸(Vroom)의 기대이론(expectancy theory), 허쯔버그(Herzberg)의 2요인이론(two factor theory)은 동기부여의 과정이론(process theory)에 해당된다.
② 강화이론(reinforcement theory)에서 긍정적인 강화(positive reinforcement)와 부정적인 강화(negative reinforcement)는 바람직한 행동의 빈도를 증가시킨다.
③ 브룸(Vroom)의 기대이론에 따르면 유의성(valence)은 행위자의 성장욕구가 높을수록 크고 존재욕구가 높을수록 작으며 수단성에 영향을 미친다.
④ 매슬로우(Maslow)의 욕구단계이론에 따르면 성장욕구의 충족이 좌절되었을 때 관계욕구를 충족시키려는 좌절-퇴행(frustration regression)의 과정이 발생한다.
⑤ 아담스(Adams)의 공정성 이론(equity theory)에 의하면 절차적 공정성, 분배적 공정성, 상호작용적 공정성 순서로 동기부여가 일어난다.

0474
2017 CPA

동기부여 이론에 관한 설명으로 가장 적절한 것은?

① 목표설정이론에 따르면 구체적인 목표보다 일반적인 목표를 제시하는 것이 구성원들의 동기부여에 더 효과적이다.
② 공정성이론에 따르면 분배공정성, 절차공정성, 상호작용공정성의 순서로 동기부여가 이루어지는데, 하위 차원의 공정성이 달성된 이후에 상위차원의 공정성이 동기부여에 영향을 미친다.
③ 교육훈련이나 직무재배치는 기대이론(expectancy theory)에서 말하는 1차 결과(노력-성과 관계)에 대한 기대감을 높여주는 방법이다.
④ 앨더퍼(Alderfer)가 제시한 ERG 이론에 따르면 한 욕구의 충족을 위해 계속 시도함에도 불구하고 좌절되는 경우 개인은 이를 포기하는 대신 이보다 상위욕구를 달성하기 위해 노력한다.
⑤ 핵크만(Hackman)과 올드햄(Oldham)의 직무특성모형(job characteristics model)에 의하면, 다양한 기능을 사용하는 직무기회를 제공하는 경우보다 자신이 잘하는 한 가지 기능만 사용하는 직무를 부여하는 경우에 동기부여 수준이 더 높다.

0475
2018 CPA

동기부여 이론에 관한 설명으로 가장 적절한 것은?

① 허쯔버그(Herzberg)의 2요인이론(two factor theory)에서 승진, 작업환경의 개선, 권한의 확대, 안전욕구의 충족은 위생요인에 속하고 도전적 과제의 부여, 인정, 급여, 감독, 회사의 정책은 동기요인에 해당된다.
② 강화이론(reinforcement theory)에서 벌(punishment)과 부정적 강화(negative reinforcement)는 바람직하지 못한 행동의 빈도를 감소시키지만 소거(extinction)와 긍정적 강화(positive reinforcement)는 바람직한 행동의 빈도를 증가시킨다.
③ 브룸(Vroom)의 기대이론에 따르면 행위자의 자기 효능감(self efficacy)이 클수록 과업성취에 대한 기대(expectancy)가 커지고 보상의 유의성(valence)과 수단성(instrumentality)도 커지게 된다.
④ 매슬로우(Maslow)의 욕구이론에 따르면 생리욕구-친교욕구-안전욕구-성장욕구-자아실현욕구의 순서로 욕구가 충족된다.
⑤ 아담스(Adams)의 공정성 이론(equity theory)에 의하면 개인이 지각하는 투입(input)에는 개인이 직장에서 투여한 시간, 노력, 경험 등이 포함될 수 있고, 개인이 지각하는 산출(output)에는 직장에서 받은 급여와 유무형의 혜택들이 포함될 수 있다.

0476
2019 CPA

동기부여 이론에 관한 설명으로 가장 적절한 것은?

① 아담스(Adams)의 공정성이론(equity theory)은 절차적 공정성과 상호작용적 공정성을 고려한 이론이다.
② 핵크만(Hackman)과 올드햄(Oldham)의 직무특성이론에서 직무의 의미감에 영향을 미치는 요인은 과업의 정체성, 과업의 중요성, 기술의 다양성이다.
③ 브룸(Vroom)의 기대이론에서 수단성(instrumentality)이 높으면 보상의 유의성(valence)도 커진다.
④ 인지적 평가이론(cognitive evaluation theory)에 따르면 내재적 보상에 의해 동기부여가 된 사람에게 외재적 보상을 주면 내재적 동기부여가 더욱 증가한다.
⑤ 허쯔버그(Herzberg)의 2요인이론(two factor theory)에서 위생요인은 만족을 증대시키고 동기요인은 불만족을 감소시킨다.

0477
2020 CPA

동기부여 및 학습에 관한 설명으로 가장 적절한 것은?

① 브룸(Vroom)의 기대이론(expectancy theory)은 개인과 개인 또는 개인과 조직 간의 교환관계에 초점을 둔다.
② 스키너(Skinner)의 조작적 조건화(operant conditioning)에 의하면 학습은 단순히 자극에 대한 조건적 반응에 의해 이루어지는 것이 아니라 반응행동으로부터의 바람직한 결과를 작동시킴에 따라서 이루어진다.
③ 매슬로우(Maslow)의 욕구이론에서 성장욕구는 가장 상위위치를 점하는 욕구로서, 다른 사람들로부터 인정이나 존경을 받고 싶어 하는 심리적 상태를 말한다.
④ 맥그리거(McGregor)의 'X형·Y형이론'에 의하면 Y형의 인간관을 가진 관리자는 부하를 신뢰하지 않고 철저히 관리한다.
⑤ 형식지(explicit knowledge)는 개인이 체화하여 가지고 있으며 말로 하나하나 설명할 수 없는 내면의 비밀스러운 지식을 의미하고, 암묵지(tacit knowledge)는 전달과 설명이 가능하며 적절히 표현되고 정리된 지식을 의미한다.

0478
2022 CPA

동기부여 이론과 성격에 관한 설명으로 가장 적절하지 않은 것은?

① 동기는 개인의 욕구(need)에 의해 발생되며, 그 강도는 욕구의 결핍 정도에 의해 직접적인 영향을 받는다.
② 맥클리랜드(McClelland)에 의하면, 성취욕구(need for achievement)는 개인이 다른 사람들에게 영향력을 행사하여 그들을 통제하고 싶은 욕구를 말한다.
③ 강화이론(reinforcement theory)에 의하면, 긍정적 강화(positive reinforcement)와 부정적 강화(negative reinforcement)는 행위자의 바람직한 행동의 빈도를 증가시킨다.
④ 공정성이론(equity theory)에 의하면, 개인이 불공정성을 느끼는 경우 준거인물을 변경하여 불균형상태를 줄일 수 있다.
⑤ 알더퍼(Alderfer)의 ERG이론은 매슬로우(Maslow)의 다섯가지 욕구를 모두 포함하고 있다.

0479
2023 CPA

동기부여에 관한 설명으로 가장 적절하지 않은 것은?

① 허쯔버그(Herzberg)의 2요인 이론은 만족과 불만족을 동일한 개념의 양극으로 보지 않고 두 개의 각각 독립된 개념으로 본다.
② 직무특성모델(job characteristics model)에서 개인의 성장욕구강도(growth need strength)는 직무특성과 심리상태 간의 관계 및 심리상태와 성과 간의 관계를 조절(moderating)한다.
③ 자기효능감(self-efficacy)은 어떤 과업을 수행할 수 있다는 개인의 믿음이다.
④ 인지평가이론(cognitive evaluation theory)에서는 어떤 직무에 대하여 내재적 동기가 유발되어 있는 경우 외적 보상이 주어지면 내재적 동기가 강화된다.
⑤ 마이어와 알렌(Meyer & Allen)의 조직몰입 중 규범적(normative) 몰입은 도덕적, 심리적 부담감이나 의무감 때문에 조직에 몰입하는 경우를 의미한다.

0480
2024 CPA

다음 설명 중 적절한 항목만을 모두 선택한 것은?

> a. 맥그리거(McGregor)의 X-Y 이론에 의하면, X이론은 인간이 기본적으로 책임을 기꺼이 수용하며 자율적으로 직무를 수행한다고 가정한다.
> b. 불공정성을 느끼는 경우, 개인은 준거인물을 변경함으로써 불균형 상태를 줄일 수 있다.
> c. 명목집단법(nominal group technique)은 의사결정 과정 동안 토론이나 대인 커뮤니케이션을 제한한다.
> d. 분배적 공정성(distributive justice)은 결과를 결정하는 데 사용되는 과정의 공정성에 대한 지각을 말한다.

① a, b
② a, c
③ b, c
④ a, b, c
⑤ b, c, d

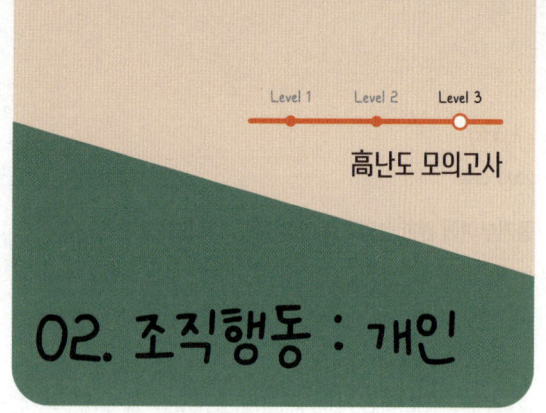

02. 조직행동 : 개인

0481

지각(perception)과 태도(attitude)와 관련한 다음의 설명 중 가장 적절하지 않은 것은?

① 페스팅어(Festinger)의 인지부조화(cognitive dissonance)이론에 의하면 사람들은 인지부조화와 그로 인한 불편을 최소화하려고 한다. 즉 인지일관성을 추구한다.
② 인지부조화를 일으키는 요소가 그다지 중요하지 않더라도 인지 불균형을 해소하려는 열망은 강하게 작용한다.
③ 켈리(Kelley)의 귀인이론(attribution theory)에서 내적 원인에 의한 행동은 행위자가 통제할 수 있다고 생각되는 행동을 말하며, 외적 원인에 의한 행동은 그러한 행동을 할 수밖에 없는 상황에 몰려서 특정 행동을 하게 된 경우를 말한다.
④ 켈리의 귀인이론에 따르면, 취업추천 시, 우수한 학생이라는 평판을 받는 학생이 한 시험에서 좋지 않은 점수가 있을 경우에 교수는 그 점수를 무시할 수도 있다.
⑤ "노동조합 활동을 하는 사람들은 아무것도 하지 않으면서 대가를 요구한다."라는 말은 스테레오 타이핑(stereotyping)에 의한 오류라고 볼 수 있다.

0482

동기부여(motivation)와 관련한 다음의 설명 중 가장 적절하지 않은 것은?

① 매슬로(Maslow)의 욕구단계이론에 따르면 이미 충족된 욕구는 더 이상 동기부여의 효과가 없으며 사람들의 행동에 동기를 부여하는 것은 충족되지 않은 욕구이다.
② 허즈버그(Herzberg)의 2요인 이론에 따르면 불만족을 유발하는 요인들을 제거하면 평화스러운 분위기가 조성될지는 모르지만 그렇다고 조직 구성원들의 만족이 높아지는 것은 아니다.
③ 맥클리랜드(McClelland)는 조직구성원들의 성취욕구(need for achievement)는 교육이나 훈련을 통하여 학습시킬 수 있다고 주장한다.
④ 핵크만과 올드햄(Hackman & Oldham)의 직무특성이론(job characteristics theory)에서 성장욕구가 높은 사람은 그렇지 않은 사람에 비해 직무충실(job enrichment) 정도가 높은 직무에서 중요 심리상태를 경험할 가능성이 더 높다.
⑤ 공정한 인사평가 제도의 확립은 기대이론(expectancy theory)의 기대감(expectancy)과 밀접하게 관련된다.

0483

학습(learning)에 대한 다음 설명 중 가장 적절하지 않은 것은?

① 고전적 학습이론(classical conditioning)은 중성 자극을 무조건 자극과 관련시킴으로써 중성 자극으로부터 새로운 조건반응을 얻어내는 과정을 말한다.
② 손다이크(Thorndike)의 효과의 법칙(law of effect)은 동일 자극에 대한 여러 반응들 중에서 만족을 수반하는 반응은 계속되고 불만족을 수반하는 반응은 점점 소멸된다는 것이다.
③ 불시에 실시하는 퀴즈(pop quiz)가 전체 성적의 20%를 차지한다면 이는 강화스케줄 가운데, 변동비율법(variable ratio)에 해당한다.
④ 연속적 강화법(continuous reinforcement)의 효과가 가장 좋으나 현실 적용에 어려움이 있다.
⑤ 사회적 학습이론(socal learning)에서 학습은 남의 행동을 관찰하거나, 남에게 얘기를 듣거나, 자신이 직접 경험함으로써 이루어진다.

0484

동기부여(motivation)에 대한 다음 설명 중 가장 적절하지 않은 것은?

① 매슬로(Maslow)의 욕구단계이론에 따르면 미충족 욕구보다 충족된 욕구가 동기부여에 미치는 영향이 더 크다.
② 아담스(Adams)의 공정성이론(equity theory)에서 준거인과의 교환비율이 공정(equity)하다고 인지한 개인은 불공정성을 줄이기 위한 행동에 동기부여되지 않는다.
③ 기대이론(expectancy theory)에 따르면, 생산이윤분배제(gain sharing)는 종업원의 수단성(instrumentality)을 높일 수 있다.
④ 핵크만과 올드햄(Hackman & Oldham)의 직무특성이론에서 직무수행자가 직무의 의미감과 책임감 그리고 직무수행의 결과에 대한 지식을 경험하지 못한다면 동기부여의 효과는 없다.
⑤ 데시(Deci)의 인지적 평가이론(cognitive evaluation theory)에 따르면 내재적으로 동기부여된 사람에게 외재적 보상을 제공하면 내재적 동기부여의 효과는 사라진다.

0485

성격과 지각(perception)에 대한 설명 중 가장 적절하지 않은 것은?

① Big 5 성격 유형에서 정서적 안정성(emotional stability)이란 책임감 있고, 잘 조직화되어 있어 의존할 만하고 일관성이 있음을 의미한다.
② 켈리(Kelley)의 귀인이론(attribution theory)에서 특이성(distinctiveness)이란 귀인하려는 행동이 얼마나 예외적인 것인지에 관한 것이다.
③ 다른 사람의 행동을 평가할 때 외부적인 요인의 영향을 과소평가하고, 내부적인 요인의 영향을 과대평가하려는 경향을 근원적 귀인오류(fundamental attribution error)라고 한다.
④ 마키아벨리즘(Machiavellianism) 성향이 높은 사람은 일반적으로 단체교섭과 같이 협상 기술이 필요하거나 판매실적에 따라 급여가 결정되는 영업 직무에서 성과가 높다.
⑤ 외재론자보다 내재론자(internals)가 더욱 복잡하고 도전적인 직무를 담당하려 하고, 직무를 잘 수행할 수 있다는 확신을 가지며, 긍정적 결과에 대해 자신의 노력 덕택이라고 생각한다.

0486

동기부여(motivation)에 대한 설명으로 가장 적절하지 않은 것은?

① 로크(Locke)의 목표설정이론(goal-setting theory)은 목표가 없는 것보다는 있는 것이 더 동기부여가 높다고 설명한다.
② 데시(Deci)의 인지적 평가이론(cognitive evaluation theory)에서 외재적 보상없이 내재적으로 동기가 유발된 경우에는 열심히 일하는 원인을 일 자체에 귀인하게 된다.
③ 공정성이론(equity theory)에 따르면 임금이 적은 종업원이 바로 불공정성(inequity)을 지각하는 것은 아니다.
④ 허즈버그(Herzberg)의 2요인 이론(two-factor theory)에 따르면 사람들은 만족과 불만족을 동시에 가질 수도 있다.
⑤ 핵크만과 올드햄(Hackman & Oldham)의 직무특성이론(JCM: job characteristic model)은 작업자의 성장욕구(growth needs) 수준에 맞는 직무설계가 중요함을 강조한다.

0487

조직의 성과 향상을 위한 조직행동(OB: organizational behavior)의 활용이 적절하지 않은 것은?

① 종업원들의 올바른 행동은 지속시키고, 옳지 못한 행동은 근절시키기 위해 강화(reinforcement)요인을 적절히 사용하여야 한다.
② 서비스 직무에서 고객만족(customer satisfaction)을 높이기 위해서는 먼저 종업원의 직무만족(job satisfaction)을 향상시켜야 한다.
③ 복잡한 정보 처리나 학습을 요구하는 관리직 또는 전문직에는 외재론자(externals)보다 내재론자(internals)를 선발하는 것이 적합하다.
④ 선발면접시 발생할 수 있는 면접자의 지각오류를 줄이기 위해 비구조된 면접(unstructured interview)의 사용이 권장된다.
⑤ 성과에 근거한 보수 지급이 옳다는 가치관(value)을 가진 종업원에게 연공급(seniority-based pay)제도는 그들의 직무에 대한 불만을 가중시킬 것이다.

0488

동기부여(motivation)의 공정성 이론(equity theory)에 대한 다음 설명 중 가장 적절하지 않은 것은?

① 조직 구성원들 간 공정성을 유지하는 전략은 결근, 이직, 또는 부정적 행위 등을 줄일 수 있지만, 공정성 유지를 통해 성과를 높일 수는 없다.
② 조직이 과소보상을 통해 얻을 수 있는 긍정적 결과는 거의 없다.
③ 조직과의 교환관계(exchange relationship)에서 불공정성을 지각한 종업원은 공정성을 회복하기 위한 행동에 동기부여된다.
④ 공정성의 인식은 보상의 절대액보다는 조직에 투입하는 것과 조직으로부터 받는 것의 상대적 비율에 의해 결정된다.
⑤ 투입과 산출의 비율이 준거인보다 낮다고 지각한 종업원은 비율을 높이기 위해 더 많은 노력을 기울이게 된다.

0489

조직행동(OB: organizational behavior)의 개인(individual) 차원변수에 대한 다음 설명 중 가장 적절하지 않은 것은?

① 직무와 관련한 대표적 태도인 조직몰입(organizational commitment)은 정서적(affective), 지속적(continuance), 규범적(normative) 몰입으로 구성된다.
② 자기 존중감(self-esteem)이란 개인이 인식하는 자신의 능력과 자아상에 대한 개념으로 마음속에 늘 가지고 있다.
③ 공격적 성향이 높은 평가자는 공격적인 성향이 낮은 평가자보다 피평가자의 성격을 더 공격적인 것으로 평가하는데 이를 유사효과(similar-to-me effect)라고 한다.
④ 스테레오타입(stereotype)이란 어떤 사람을 판단함에 있어 그 사람이 속한 집단에 대한 선입관을 바탕으로 판단하는 경우를 말한다.
⑤ 합리적 의사결정(rational decision making) 모형은 어떤 문제에 대해서 모든 대안을 갖고 있고 모든 정보를 알고 있으며 모든 능력을 갖추고 있는 완벽한 인간을 전제로 한다.

0490

동기부여(motivation) 이론에 관한 다음 설명 중 옳은 것을 모두 고르면?

> a. 매슬로(Maslow)의 욕구단계이론에서 사회적 욕구(social needs)는 존경욕구(esteem needs)보다 더 상위의 욕구이다.
> b. 허즈버그(Herzberg)의 2요인이론은 급여나 작업조건을 개선할수록 종업원들의 '만족' 수준은 높아진다고 주장한다.
> c. 알더퍼(Alderfer)의 ERG이론은 관계욕구(relatedness needs)가 제대로 충족되지 않은 경우, 존재욕구(existence needs)가 더 커질 수 있다고 주장한다.
> d. 핵크만(Hackman)과 올드햄(Oldham)의 직무특성이론(job characteristic theory)에서 개인의 성장욕구수준은 직무특성과 심리상태, 심리상태와 성과관계를 조절해주는 역할을 하고 있다.
> e. 기대이론(expectancy theory)은 개인이 기대감(expectancy), 수단성(instrumentality), 유의성(valence)을 모두 높게 지각했을 때 노력의 양을 가장 많이 투입한다고 주장한다.

① a, b, c
② b, c, d
③ c, d, e
④ a, c, e
⑤ b, d, e

0491

학습(learning)과 태도(attitude)에 대한 다음 설명 중 가장 적절하지 않은 것은?

① 직무만족(job satisfaction)이 높다고 해서 반드시 생산성과 같은 양적 성과가 높아지는 것은 아니다.
② 만약 어떤 사람이 소속된 조직과 결별하는데 따르는 비용이 많이 들기 때문에 구성원으로서의 자격을 유지하려 한다면 이는 조직몰입(organizational commitment)의 차원 가운데 지속적 몰입(continuance commitment)에 해당된다.
③ 페스팅어(Fesinger)의 인지부조화(cognitive dissonance) 이론에 따르면 태도와 행동간의 부조화가 발생한 경우 사람들은 행동을 바꾸는 것보다는 태도를 바꿔서 인지부조화를 해소하려고 한다.
④ 연속적 강화(continuous reinforcement)는 강화요인이 매번 제공되는 한 꾸준한 성과를 기대할 수 있으나 강화요인이 제거되고 나면 나타났던 반응이 급속히 소거되는 경향이 있다.
⑤ 단속적 강화(intermittent reinforcement) 가운데 고정비율법(fixed-ratio)에서 바람직한 행동과 보상의 비율을 1대 1로 고정시키면 고정간격법(fixed-interval)과 동일해진다.

0492

동기부여(motivation)의 내용이론(content theory)에 대한 다음 설명 중 가장 적절하지 않은 것은?

① 내용이론(content theory)은 사람들이 갖는 욕구(needs)에 초점을 둔 이론들로 사람들이 내면에 갖고 있는 결핍과 불만에서 동기의 원인을 찾으려 한다.
② 매슬로(Maslow) 이론은 욕구 출현의 진행방향이 상향(上向) 일변도였지만, ERG 이론에서는 상향 또는 하향으로 진행된다.
③ 맥클리랜드(McClelland)의 성취동기이론의 욕구단계를 저차적인 것부터 고차적인 것으로 나열하면 친화욕구(need for affiliation)→권력욕구(need for power)→성취욕구(need for achievement)의 순이다.
④ 허즈버그(Herzberg)는 만족의 반대는 불만족이 아니라 만족이 '영(zero)'인 상태이며, 마찬가지로 불만족의 반대도 만족이 아니라 불만족이 '영(zero)'인 상태라고 주장하였다.
⑤ 핵크만과 올드햄(Hackman & Oldham)의 직무특성이론에 따르면 성장욕구수준이 높은 사람에게는 동기 잠재력 지수(MPS: motivating potential score)가 높은 직무를 맡기는 것이 적절하다.

0493

성격(personality), 지각(perception), 가치관(value)에 대한 다음 설명 중 가장 적절하지 않은 것은?

① big 5 성격유형은 외향성(extraversion), 친화성(agreeableness), 성실성(conscientiousness), 정서적 안정성(emotional stability), 개방성(openness to experience)으로 구분된다.
② 마키아벨리즘(Machiavellianism)이란 자신의 목표 달성을 위해 다른 사람을 이용하고 조작하려는 성향을 말한다.
③ 통제의 위치(locus of control)가 내부에 있는 사람(internals)에게는 지시적(directive) 리더십이 적절하고, 통제의 위치가 외부에 있는 사람(externals)에게는 참여적(participative) 리더십이 적절하다.
④ 자존적 편견(self-serving bias)이란 자신의 성공에 대해서는 능력이나 노력과 같은 내부 요인으로 귀인하고, 실패에 대해서는 운이 없었다는 식의 외부 요인으로 귀인하는 경향을 말한다.
⑤ 가치관(value)은 절대적 기준이나 흑백 논리로 형성되기 때문에 안정성과 지속성을 지닌다.

0494

동기부여(motivation) 이론에 대한 다음 설명 중 가장 적절하지 않은 것은?

① 데시(Deci)의 인지적 평가이론(cognitive evaluation theory)은 내재적으로 동기가 유발되어 있는 경우, 외재적 보상이 주어지면 내재적 동기가 감소한다고 본다.
② 공정성이론(equity theory)은 인지부조화 이론과 절차적 정의(procedural justice)의 개념을 기초로 한다.
③ 기대이론(expectancy theory)은 개인이 행동과 노력의 방향을 스스로 선택한다는 관점에서 보았다.
④ 핵크만과 올드햄(Hackman & Oldham)의 직무특성이론의 3가지 심리상태는 의미감, 책임감, 직무수행결과에 대한 지식이다.
⑤ 매슬로(Maslow)의 이론에서 5가지 욕구는 저차원에서 고차원으로 반드시 순서대로 출현한다.

0495

동기부여(motivation) 이론에 대한 다음 설명 중 가장 적절하지 않은 것은?

① 매슬로(Maslow)의 이론은 인간행동의 동기를 인간의 욕구(needs)에서 찾으려고 하였다.
② 핵크만과 올드햄(Hackman & Oldham)의 이론은 인간행동의 동기를 개인의 내면보다는 개인이 맡고 있는 직무의 특성에서 찾으려고 하였다.
③ 브룸(Vroom)의 기대이론(expectancy theory)은 동기부여를 인간의 인지적 작용의 결과로 본다.
④ 허쯔버그(Herzberg)의 2요인이론에서 위생요인이 아닌 동기요인을 충족시키려면 직무를 수직적으로 확대하여 설계하는 것이 바람직하다.
⑤ 데시(Deci)의 인지적 평가이론(cognitive evaluation theory)은 내재적 보상에 추가적으로 외재적 보상이 주어지면 동기부여 수준이 더 높아진다고 보았다.

0496

조직행동의 개인차원 변수에 관한 다음 설명 중 가장 적절하지 않은 것은?

① 자기감시 성향(self-monitoring)이 높은 사람들은 외부 자극에 대해 민감하고, 상황에 따라서 다른 방식으로 행동하는데 능숙하다.
② 소거(extinction)는 바람직하지 않은 행동을 감소시키거나 중지하도록 하기 위해 제공하던 보상(긍정적 결과)을 제거하는 것을 의미한다.
③ 조직시민행동(OCB: organizational citizenship behavior)이란 공식적으로 부여받지는 않았으나, 조직과 다른 구성원들에게 도움이 되는 행동을 뜻한다.
④ 자존감(self-esteem)은 자신을 얼마나 가치 있는 존재로 여기는지를 의미하며, 자존감이 높은 사람은 외부환경에 큰 영향을 받으며, 타인으로부터 좋은 평가를 받는 것에 많은 관심을 기울인다.
⑤ 고전적 조건화(classical conditioning)와 조작적 조건화(operant conditioning) 이론은 모두 인간이 직접적인 경험을 통해 학습(learning)을 한다는 것을 전제로 하고 있다.

0497

동기부여(motivation) 이론에 대한 다음 설명 중 가장 적절하지 않은 것은?

① 매슬로(Maslow)의 욕구단계이론에서는 상위 욕구로 진전하는 과정을 강조했으나, ERG 이론은 상위 욕구로의 진전과 더불어 낮은 욕구로의 퇴행과정도 강조한다.
② 맥그리거(McGregor)의 Y이론 관점에서 경영자의 역할은 명령이나 통제가 아니라, 사람들이 갖고 있는 능력을 발휘할 수 있는 업무 환경을 만들어 주는 것이다.
③ 허쯔버그(Herzberg)는 직무에서 불만족 관련 요소를 제거한다고 하여 종업원 만족도가 높아지는 것은 아니라고 주장하였다.
④ 데시(Deci)의 인지적 평가이론(cognitive evaluation theory)은 개인의 성과와 연동하여 보상을 지급하는 것은 조직 구성원들이 직무 수행 과정에서 느끼던 내재적 만족을 떨어뜨릴 가능성이 있다고 주장한다.
⑤ 직무충실화(job enrichment)는 직무의 수직적 확대로 관리자가 담당하던 책임과 통제까지 수행자가 직접하도록 하기 때문에 직무특성 가운데 기술다양성(skill variety)을 증가시킨다.

0498

동기부여(motivation) 이론에 대한 다음 설명 중 가장 적절하지 않은 것은?

① 데시(Deci)의 인지적 평가이론(cognitive evaluation theory)에 따르면 종업원이 생각하는 총보상은 내재적 보상과 외재적 보상의 합이다.
② 로크(Locke)의 목표설정이론(goal setting theory)에 의하면 목표 자체가 종업원들의 동기부여에 영향을 미치며, 피드백이 주어지지 않을 때 보다는 피드백이 주어질 때 성과가 높다.
③ 허쯔버그(Herzberg)의 2요인이론(two factor theory)에 의하면 종업원에게 제공되는 급여(salary)를 이용하여 얻을 수 있는 최선의 결과는 불만족 수준을 '0'으로 하는 것이다.
④ 브룸(Vroom)의 기대이론(expectancy theory)에 의하면 종업원의 직무수행 성과를 정확하고 공정하게 측정하는 것은 수단성(instrumentality)을 높이는 방법이다.
⑤ 아담스(Adams)의 공정성이론(equity theory)에 의하면 종업원은 자신과 준거인물의 투입과 산출의 비율을 비교하여 불공정하다고 지각하게 될 때 공정성을 이루는 방향으로 동기유발 된다.

0499

조직에서 개인의 행동과 관련한 다음 설명 중 적절하지 않은 것은?

① 내재론자(internal locus of control)는 시험 합격과 같은 긍정적 결과는 자신의 능력에 귀인(attribution)하며, 불합격과 같은 부정적 사건은 운이나 운명 같은 환경적 요소에 귀인하려 한다.
② 자기존중감(self-esteem)이 높은 사람은 스스로가 가치 있고 유능하며 만족감이 높으나, 자존감이 낮은 사람은 스스로에 관하여 좋게 느끼지 못하고 자기불신에 빠져 있다.
③ 자신의 능력에 확신이 찬 사람들은 성공하는 경향을 보이는 것과는 달리 미리 실패할 것이라고 생각하는 사람들은 실패하는 경우가 많은데 이는 자기효능감(self-efficacy)으로 설명이 가능하다.
④ 어떤 사람이 특정 소프트웨어 패키지가 배우기 쉬웠다는 이유로 새로운 다른 소프트웨어 패키지를 단기간 내에 숙달할 수 있을 거라고 믿는 것은 대표성 오류(representative bias)에 해당한다.
⑤ 사람들은 자신의 태도 혹은 신념과 행동 사이에 일관성을 유지시키기 위해 동기부여되기 때문에 강하게 자리 잡은 태도(attitude)와 현실 사이에서 모순이 발생하면 인지부조화(cognitive dissonance)를 느끼게 된다.

0500

동기부여(motivation) 이론에 관한 설명 중 가장 적절하지 않은 것은?

① 매슬로(Maslow)의 욕구단계이론(needs hierarchy theory)은 이미 실현되거나 충족된 욕구는 더 이상 사람들을 동기부여 시키지 못한다고 주장한다.
② 직무확대(job enlargement)와 직무충실화(job enrichment)는 직무설계를 통하여 종업원을 동기부여 시키는 방안이라고 할 수 있다.
③ 기대이론(expectancy theory)과 공정성이론(equity theory)의 공통점은 동기부여의 정도를 계량화할 수 있다고 가정했다는 점이다.
④ 허쯔버그(Herzberg)의 2요인이론(two factor theory)에 의하면 좋은 관리감독과 근로조건, 높은 급여를 받지만, 승진기회가 적고 지루한 업무를 담당하는 종업원은 불만족은 거의 없고, 동시에 만족도 매우 낮을 것이다.
⑤ 기대이론의 주요 개념 가운데 하나인 수단성(instrumentality)의 범위는 '-1'에서 '1'이다. 여기서 '-1'이 의미하는 것은 성과와 받게 되는 결과 사이에 아무런 관계가 없다는 것이다.

0501

동기부여(motivation)에 대한 다음 설명 가운데 가장 적절하지 않은 것은?

① 아담스(Adams)의 공정성이론(equity theory)은 조직공정성(organizational justice) 가운데 분배적 공정성(distributive justice)에만 초점을 두고 있다.
② 앨더퍼(Alderfer)의 ERG이론에 따르면 종업원들은 저차적 욕구가 충족되면 고차원 욕구를 충족시키려고 노력하게 되는데 만약 고차원 욕구 충족이 억제되면(혹은 좌절되면) 저차원 욕구를 과다하게 요구하는 부작용이 발생하게 된다.
③ 맥그리거(McGregor)의 X, Y이론에 따르면 X이론적 관리자는 강압성을 사용하지만, Y이론적 관리자는 자율성과 위임을 사용한다.
④ 기대이론(expectancy theory)에서는 동기부여를 E(기대) × I(수단성) × V(유의성)로 계산하는데 이를 로또구매 행위로 설명하면 로또구매는 'I(수단성)' 값이 매우 낮은 편이어서 동기부여 수준이 낮다고 볼 수 있다.
⑤ 매슬로(Maslow)의 욕구단계이론의 핵심 가정은 '모든 인간에게 있어 고차원 욕구보다는 저차적 욕구가 우선한다'이다.

0502

자아개념, 성격, 태도에 대한 다음 설명 가운데 가장 적절하지 않은 것은?

① 자기효능감(self-efficacy)이란 개인이 어떤 특정한 과업을 성공적으로 완수할 수 있다고 믿는 것이고, 자기감시(self-monitoring)란 자신의 행동을 외부 상황적 요인에 적응시키는 개인의 능력을 의미한다.
② 자신의 삶에 영향을 미치는 사건의 결과를 자신이 통제할 수 있다고 믿는 사람들을 내재론자라 하고, 반대로 본인의 성과는 자신의 통제를 넘어서는 환경의 결과라고 믿는 사람들을 외재론자라고 한다.
③ Big 5 성격유형에서 외향성(extraversion)이 높은 사람들은 새로운 것에 대한 관심과 흥미 정도가 높고, 창의적이기 때문에 조직 변화와 외부적 환경 변화에 더 잘 적응한다.
④ 인지부조화(cognitive dissonance)란 사람들의 태도 또는 신념이 행동과 일치하지 않을 때 느끼는 심리적 불편함을 말하며, 만약 강하게 자리잡고 있는 태도와 현실 사이에서 모순이 발생하면 사람들은 인지부조화를 경험할 수 있다.
⑤ 과거에는 태도(attitude)가 행동에 직접적인 영향을 미친다고 생각했지만, 최근 연구에 따르면 태도는 행동의 의도(behavioral intention)를 통해서 행동에 영향을 미친다고 파악되고 있다.

0503

동기부여(motivation)에 대한 다음 설명 가운데 가장 적절한 것은?

① 허즈버그(Herzberg)의 2요인 이론은 사람들의 욕구는 '불만족' 해소차원과 '만족' 증진차원으로 구성되며, 불만족 해소를 위해서는 직무내용을 개선하는 것이 바람직하고, 만족 증진을 위해서는 작업환경을 개선하는 것이 바람직하다.
② 브룸(Vroom)의 기대이론(expectancy theory)에 따르면 종업원과 기업 간 신뢰(trust)가 클수록 유의성(valence)이 높아지고, 종업원 개인의 가치관에 부합하는 보상이 주어질수록 수단성(instrumentality)이 높아진다.
③ 핵크만(Hackman)과 올드햄(Oldham)의 직무특성이론에 따르면, 기술의 다양성과 작업자의 성장욕구 수준은 직무에서 경험하는 의미를 통해 사람들을 동기부여시킨다.
④ 데시(Deci)의 인지적 평가이론(cognitive evaluation theory)은 내재적으로 동기부여된 행동에 외재적 보상이 제공되면 오히려 내재적 동기가 감소한다고 주장한다.
⑤ 맥클리랜드(McClelland)의 성취동기이론에서 가장 높은 수준의 욕구는 성취욕구(need for achievement)이고, 한 개인의 욕구수준은 변하지 않는다고 보았다.

0504

동기부여(motivation)에 대한 다음 설명 가운데 가장 적절한 것은?

① 동기부여의 내용이론(content theory)은 동기를 유발시키는 역동적 변수들 간의 관계성을 찾는데 초점을 맞추는 반면, 과정이론(process theory)은 인간행동을 동기화시키는 원동력을 찾는데 초점을 맞추고 있다.
② 핵크만과 올드햄(Hackman & Oldham)의 직무특성이론(job characteristic model)에서 5가지 핵심직무특성의 값이 모두 '10'이라고 가정하면, 동기잠재력 지수(MPS: motivating potential score)는 '30'이 된다.
③ 아담스(Adams)의 공정성 이론(equity theory)은 호만스(Homans)의 분배적 정의(distributive justice)의 개념을 근간으로 하는데, 분배적 정의란 보상제도가 보상 분배에 대한 의사결정에 있어서 편의(bias)나 오류를 감소시키도록 설계되었는지를 의미한다.
④ 공정성 이론은 개인 혼자서도 동기부여되지만, 기대이론(expectancy theory)은 개인 혼자서는 동기부여될 수 없으며, 다른 사람과 비교를 통해 동기부여된다고 주장한다.
⑤ '만족'과 '불만족'에 관한 전통적 관점에서는 만족과 불만족은 양립할 수 없지만, 허즈버그(Herzberg)의 관점에서는 만족과 불만족은 양립할 수 있다.

0505

동기부여(motivation) 이론 중 기대이론과 공정성 이론에 대한 다음 설명 중 가장 적절한 것은?

① 공정성 이론(equity theory)에서는 과업과 과업수행에 따른 보상이 주어지면 개인이 스스로 행동과 노력의 방향과 양을 결정한다고 보았다.
② 아담스(Adams)의 공정성이론(equity theory)은 절차적 공정성(procedural justice)과 상호작용적 공정성(interactional justice)을 모두 고려한 이론이다.
③ 아담스의 공정성 이론에서 한 개인이 준거인보다 낮은 임금을 받는다는 것을 지각했다고 해서 즉각적으로 불공정성을 지각하는 것은 아니다.
④ 선택적 복리후생제도(flexible benefit plan)와 성과급(performance-based pay)은 모두 기대이론의 수단성(instrumentality)을 높이는 방안이 될 수 있다.
⑤ 기대이론은 동기부여가 되는 과정을 계량적으로 표현할 수 있지만, 공정성 이론은 동기부여 과정을 계량적으로 표현할 수 없다.

0506

학습, 태도, 가치관에 대한 다음 설명 중 가장 적절하지 않은 것은?

① 학습(learning)은 경험의 결과로 발생한 행동의 항구적 변화로 정의되며, 이 때 경험은 실습과 같은 직접적인 것뿐 아니라 독서와 같은 간접적인 것도 포함한다.
② 단속적 강화(intermittent reinforcement) 중 고정 간격법(fixed-interval)은 강화물과 강화물 사이의 시간 간격이 고정되는 것이고, 고정 비율법(fixed-ratio)은 바람직한 행동의 횟수와 강화물의 비율이 고정되는 것이다.
③ 가치관(value)은 개인의 가치판단 기준을 의미하며, 로키치(Rokeach)는 가치관을 궁극적 가치(terminal value)와 도구적 가치(instrumental value)로 분류하였다.
④ 태도(attitude)란 특정 대상에 대한 좋고 싫음의 감정을 포괄하는 개념이며, 조직 내 대표적 태도 변수에는 직무만족(job satisfaction), 조직몰입(organizational commitment), 조직시민행동(organizational citizenship behavior) 등이 있다.
⑤ 태도와 가치관 모두 어느 정도 일관성을 갖지만 태도보다는 가치관이 상대적으로 더 안정적이다.

0507

귀인(attribution)과 귀인오류(attribution error)에 대한 설명 중 적절한 항목을 모두 선택한 것은?

> a. 켈리(Kelley)의 귀인이론에서 특이성(distinctiveness)은 사람이 상황에 따라 얼마나 다른 방식으로 행동하는 성향이 있는가의 문제로 특이성이 높을 때 내부적으로 귀인하게 된다.
> b. 자존적 편견(self-serving bias)이란 자신의 성공은 내부에 귀인하는 반면, 자신의 실패는 외부에 귀인하는 오류를 말한다.
> c. 근원적 귀인오류(fundamental attribution error)란 다른 사람의 행동을 판단할 때 내부적 요인의 영향을 과소평가하고 외부적인 요인의 영향을 과대평가하는 경향이다.
> d. 행위자 관찰자 효과(actor-observer bias)란 다른 사람들의 행동은 상황적인 요소에 의한 것으로 판단하는 반면, 자신 즉 행위자의 행동은 기질적 요소 때문에 발생한 것으로 생각하는 것이다.

① b
② c
③ a, d
④ b, c
⑤ b, c, d

03 조직행동 : 집단·조직

제1편. 인사/조직/전략

1. 집단행동의 기초

(1) 집단의 유형

집단의 유형

유형	내용
공식집단 formal group	전체 조직의 목표와 관련된 과업을 수행하기 위하여 형성된 집단으로 기능집단 혹은 명령집단이라고도 함
비공식집단 informal group	자기의 흥미·우정 등에 관련된 집단으로서 일반적으로 집단 내의 상호 공통적 흥미, 상호작용의 친밀성 등으로 조직됨
소속집단 membership group	가족이나 정치, 종교집단과 같이 개인이 실제로 소속되어 있는 집단을 의미함
준거집단 reference group	개인이 특정상황에서 판단이나 의사결정을 해야할 경우 기준으로 삼는 집단, 혹은 개인이 소속되고자 희망하는 집단을 의미함

(2) 터크맨의 집단발달의 단계

집단발달단계

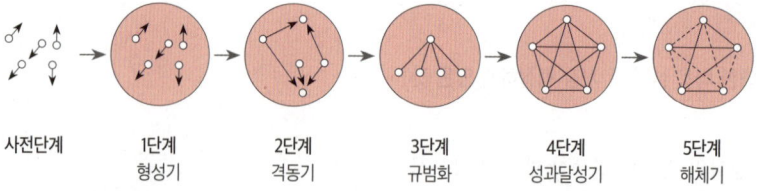

사전단계 → 1단계 형성기 → 2단계 격동기 → 3단계 규범화 → 4단계 성과달성기 → 5단계 해체기

(3) 집단의 속성

1) 역할(role)

어떤 사회적 단위에서 특정한 직위를 가진 사람에게 기대되는 일련의 행위

역할과 관련한 개념들

개념	내용
역할지각 role perception	어떤 특정상황에서 어떻게 행동해야 하는가에 대한 지각
역할기대 role expectation	다른 사람이 특정 상황에서 어떤 행동을 기대하는 것
역할갈등 role conflict	역할기대가 서로 상치되는 역할수행에 의해 야기되는 갈등

2) 규범(norm)

① **동조** conformity

집단이 구성원에게 개인의 태도와 행동을 바꿔 집단 규범에 동조하도록 강력한 압력을 행사하는 것

② **애시효과** Asch effect

다수가 공유하고 있는 틀린 생각 때문에 한 개인의 옳은 판단이 영향을 받게 되는 것

3) 규모(size)

집단의 규모가 커질수록 참여도(participation)는 줄어들지만 만족도(satisfaction)는 어느 정도까지는 높아지는 경향이 있음

① **사회적 태만** social loafing

혼자 일할 때보다 함께 일할 때 노력을 하지 않는 개인 성향을 말함. 사회적 태만 현상이 집단 내에 만연되면 성실한 다른 구성원들도 오염이 되어 집단이라는 무리 속에 숨어서 요령을 피우는 풍조가 생겨나기 쉬움

집단에서의 생산성 손실

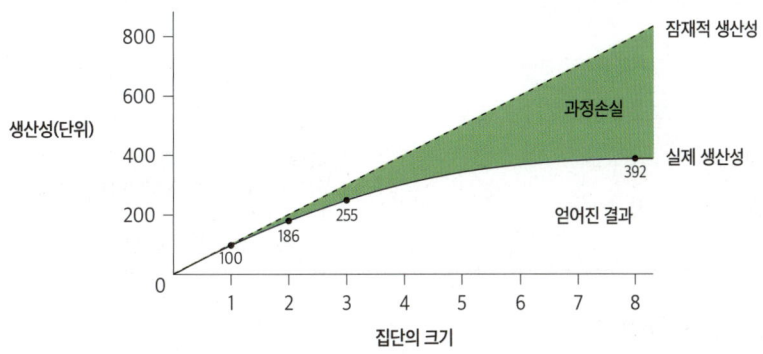

■ **사회적 태만을 극복하기 위한 방안**
- 업무를 집단에 할당하는 것이 아니라 개인별로 할당
- 자신의 업무를 명확히 인식하도록 직무기술서(job description)를 필수화
- 개인별 성과평가
- 집단의 크기를 최적화함
- 성과배분의 의사결정 권한을 집단구성원 자율에 맡김

4) 응집성

집단이 서로에게 매력을 느끼고 그 집단에 머물러 있기를 바라는 정도

① **응집성의 증감**

응집성의 증감요소

증가요소	감소요소
1. 집단의 규모 축소 2. 집단 목표에 대한 동의 도출 3. 구성원들이 함께 지내는 시간 증가 4. 집단의 지위를 높이고, 집단 구성원으로서의 자격 획득을 어렵게 함 5. 다른 집단과 경쟁 6. 집단별 보상 7. 집단을 격리	1. 목표에 대한 불일치 2. 집단크기의 증가 3. 집단 내 경쟁 증가 4. 불만족스러운 경험

② 응집성 및 성과

응집성 및 성과의 관계

		집단과 조직의 목표 일치정도	
		저	고
집단응집성	저	낮은 성과	중간 성과
	고	낮은 성과	높은 성과

2. 집단의사결정

(1) 집단의사결정의 의의

1) 집단의사결정의 장·단점

집단의사결정의 장·단점

장점	단점
1. 더 많은 지식과 정보 2. 문제에 대한 다양한 접근 3. 결정의 수용이 용이 4. 의사소통문제의 감소	1. 동조압력 2. 시간의 소비 3. 특정 구성원에 의한 지배 가능성 4. 의견불일치와 갈등 5. 신속하고 결단력 있는 행동방해

2) 집단의사결정의 효과성과 효율성

일반적으로 집단의사결정은 개인의사결정에 비해 효과성은 높지만 시간 효율성은 낮음

(2) 집단의사결정의 문제점

1) 집단사고(groupthink)

집단의사결정의 단점 중 하나로 의사결정의 절차가 비민주적이고 응집성이 높은 집단에서 구성원들간의 합의에 대한 요구가 지나쳐서 이 요구가 다른 대안의 모색을 저해하는 경향

■ **집단사고를 극복하기 위한 방안**
- 집단리더가 구성원들로 하여금 자유로운 비판을 할 수 있도록 분위기를 조성
- 가능성 있는 대안들을 되도록 많이 끌어내기 위해 외부전문가를 초빙하여 구성원들의 견해를 비판하게 하는 방법
- 집단을 두 부분으로 나누어 각각 독립적으로 토론을 하고 서로의 토론내용을 비교하는 방법과 합의과정을 2번으로 나누어 1차 토의에서는 해결책에 대해 예비적인 합의를 하고 2차 토의에서 결정하는 방법
- 지명 반론자(devil's advocates)를 두어 안이한 의사결정이 되는 것을 막음

2) 집단이동적 사고(groupshift)

집단으로 모여 문제해결을 위한 토의를 하면 집단구성원들은 그들의 태도를 어느 한쪽으로 편향시키는 경향이 있음. 집단 토의 전에는 개인의 의견이 그리 극단적이지 않았는데, 집단 토의 후에는 양극단으로 쏠리는 쪽으로 태도를 취하는 현상을 '집단 양극화 현상(group bipolarization)'이라고 함

집단이동적 사고

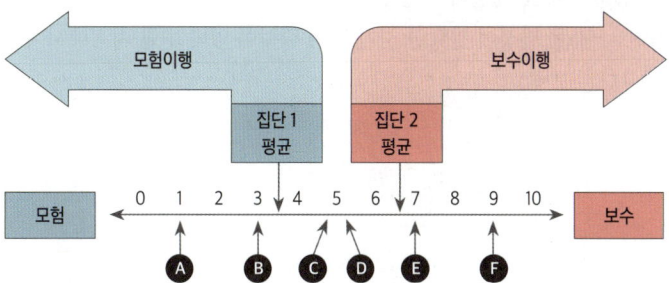

- 집단 양극화의 원인
- 여러 개인이 집단으로 모이게 되면 책임이 분산되기 때문
- 다른 구성원이 자신과 동일한 견해를 가지고 있다는 것이 집단 토의에서 확인
- 특별히 준비한 대안이 없는 경우 강하게 설득된 대안이 쉽게 채택되는 경향

(3) 효과적 집단의사결정 기법

여러 가지 집단의사결정 기법들

기법	내용
브레인스토밍 brainstorming	여러 명이 한 가지의 문제를 놓고 아이디어를 무작위로 개진하여 그 중에서 최선책을 찾아내는 방법으로 규칙은 다음과 같음 • 표현권장(expressiveness) • 평가지연(postpone evaluation) • 아이디어의 질보다는 양(quantity) • 아이디어 확장(piggyback idea)
명목집단법 NGT: nominal group technique	참석자들로 하여금 서로 대화에 의한 의사소통을 못하게 하고, 서면으로 의사를 개진하게 함으로써 집단의 각 구성원들이 진실로 마음 속에 생각하고 있는 바를 끄집어내는 방법
지명 반론자법 devil's advocate method	집단을 둘로 나누어 한 집단이 제시한 의견에 대해서 반론자로 지명된 집단의 반론을 듣고 토론을 벌여 본래의 안을 수정하고 보완하는 일련의 과정을 거친 후 최종 대안을 도출하는 방법
델파이법 Delphi method	전문가들에게 개별적으로 설문을 전하고 의견을 받아서 반복수정하는 절차를 거쳐서 의사결정을 내리는 방법
전자회의 electronic meeting	명목집단법을 정교한 컴퓨터 기술과 결합시킨 방법
변증법적 토의 dialectical inquiry model	전체를 두 집단으로 나누고 먼저 한 집단에서 의견을 제시하면 다른 집단이 이에 반대하는 새로운 대안을 만들어 제시함. 이후 양 집단이 두 안을 갖고 토론을 하여 서로의 장점만을 취함

NGT법 진행순서

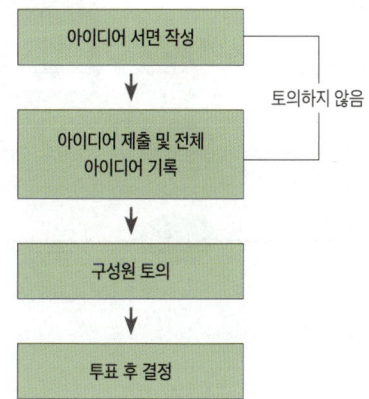

(4) 쓰레기통 모형

극도의 불확실성에 처한 상황에서 ㉠ 해결해야 할 문제 ㉡ 문제를 해결할 수 있는 대안들 ㉢ 대안들 중에서 선택을 결정할 수 있는 권한을 가진 사람 ㉣ 결정이 필요한 시기 등이 뒤섞여 있다가 한 지점에서 우연히 만났을 때 의사결정이 이루어지고 문제가 해결된다는 모형

3. 작업팀의 이해

집단과 팀의 비교

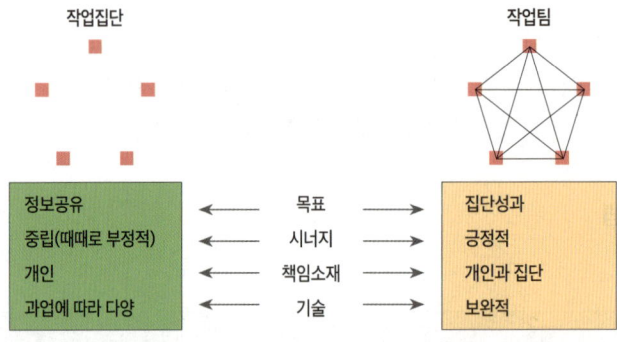

팀의 유형

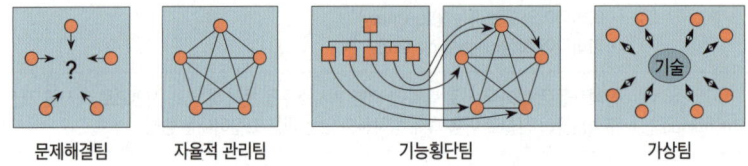

4. 의사소통

(1) 의사소통 과정

의사소통과정

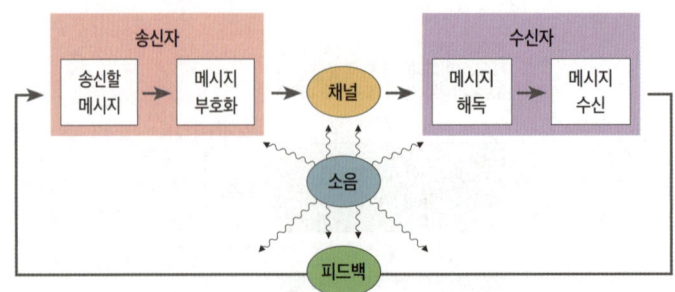

의사소통의 방향

종류	내용
하향적 downward	집단이 조직의 한 계층에서 아래 계층으로 이루어지는 의사소통
상향적 upward	집단이나 조직의 하위계층에서 상위계층으로 이루어지는 의사소통
수평적 lateral	한 작업집단의 구성원 사이에서, 동일한 계층에 있는 여러 작업집단의 구성원 사이에서, 동일한 계층에 있는 경영자 사이 등 동등한 사람 사이에서 이루어지는 의사소통
대각선 diagonal	조직구조상 집단을 달리하고 계층을 달리하는 사람들 간의 의사소통을 말함

(2) 조직 의사소통

1) 소집단 의사소통 네트워크

공식적 소집단 의사소통 네트워크

구분	내용	그림
사슬형 chain	사슬형은 공식적인 명령계통을 따름. 이 네트워크는 계층형 조직에서 찾아볼 수 있는 의사소통 채널과 유사	
Y형	Y형은 집단내에 특정의 리더가 있는 것은 아니지만, 비교적 집단을 대표할 수 있는 인물이 있는 경우에 나타남	(조정역 C)
바퀴형 wheel	바퀴형은 중심인물을 통해 집단의 의사소통이 이루어짐. 이것은 강력한 리더가 이끄는 팀에서 찾아볼 수 있는 의사소통 네트워크와 유사	(리더 L)
원형 circle	원형은 위원회 조직이나 태스크포스 조직에서와 같이 권력의 집중도 없고, 지위의 고하도 없이 특정 문제해결을 위해서 구성된 조직에서 발생	
완전연결형 all channel	완전연결형은 모든 집단 구성원이 서로 서로 적극적인 의사소통을 함. 완전연결형 네트워크는 모든 집단 구성원이 자유롭게 행동함. 리더의 역할을 수행할 수 없는 자율적 관리 팀(self-managed work team)에서 볼 수 있음	

2) 비공식 의사소통(informal communication)

그레이프바인(grapevine)은 조직에서 비공식 커뮤니케이션의 일종인데, 정확성은 떨어지지만, 조직변화의 필요성에 대하여 경고를 해주고, 조직문화의 창조에 매개역할을 하며, 집단 응집력을 높이는 역할을 할 뿐만 아니라 구성원들 간에 아이디어 전달의 경로가 되기도 함

(3) 조하리의 창

1) 개념

조하리(Johari) 창은 조셉(Joseph)과 해링톤(Harrington)이 그들의 이름을 조합하여 만든 것으로 나와 어떤 상대방과의 관계에서 자신을 분석하는 틀을 제공함

조하리의 창

	자기가 아는 영역	자기가 모르는 영역
남이 아는 영역	나도 알고 남도 알고 있다. (Open)	나는 모르는데 남은 알고 있다. (Blind)
남이 모르는 영역	나는 아는데 남은 모른다. (Hidden)	나도 모르고 남도 모른다. (Unknown)

① Open

Open은 내가 내 자신에 대해 알고 있으며 동시에 상대방도 나에 대해 알고 있는 영역

② Hidden

Hidden은 나는 알고 있지만 상대방은 알지 못하는 나에 대한 정보로, 이것은 상대방에게 감추어지거나 비밀로 숨겨진 영역

③ Blind

Blind는 상대방은 알고 있지만 나는 모르는 내 자신에 대한 정보로, 이것은 나 자신의 문제에 대해 맹인적인(blind) 영역

④ Unknown

Unknown은 나에게도 알려져 있지 않을 뿐만 아니라 다른 사람에게도 알려지지 않은 내 자신에 대한 정보로, 이것은 알려지지 않은 영역

2) 대인관계 구축과 조하리 창

대인관계와 조하리 창

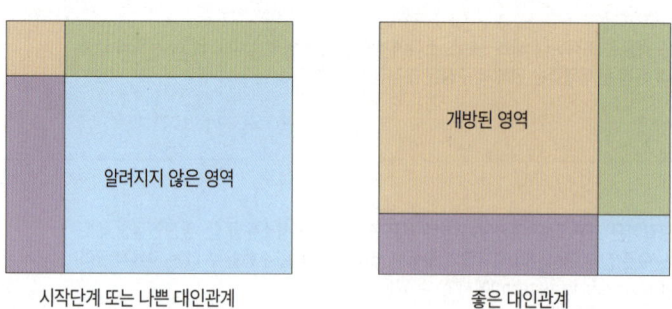

시작단계 또는 나쁜 대인관계   좋은 대인관계

인간관계 구축과 자기성장

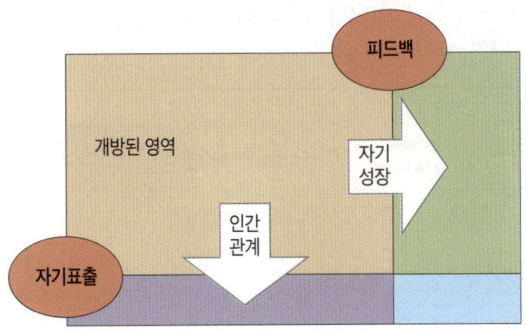

5. 리더십 개요

(1) 리더십의 정의

리더십(leadership)은 상호 협동하는 사람들이 집단과 개인의 목표달성을 촉진하기 위해 서로 간에 영향을 주고 동기화하는 상호적이고, 거래적이며, 때로는 변환적인 과정

(2) 리더십 이론의 분류

1) 특성이론(trait theory)

리더십은 리더의 특성. 즉, 리더가 지닌 신체적, 심리적, 성격적 특성에 따라 리더십의 효과가 커진다는 이론

2) 행동이론(behavioral theory)

리더십은 리더의 행위. 즉, 리더가 부하들에게 특정한 행위를 보일 때 리더십의 효과가 증진된다는 이론

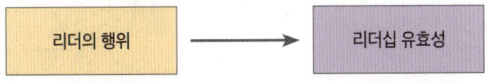

3) 상황이론(contingency theory)

리더십은 상황적합적. 즉, 리더의 행위가 주어진 상황에 적합하면 유효성이 커지고 그렇지 않으면 낮다는 이론

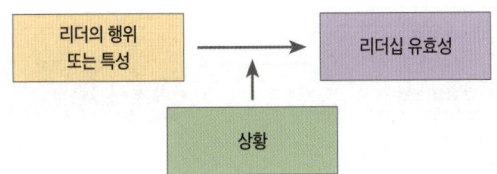

151

4) 기타이론

리더십은 리더와 추종자간의 관계의 특성. 리더가 추종자와 발전시키는 관계의 특성에 따라 리더십의 유효성이 달라짐

6. 리더십 특성이론

리더십 특성이론은 리더가 갖춰야 하는 특성이나 자질을 찾으려고 하였음. 즉, 리더의 특성을 측정하고, 측정된 리더의 특성과 리더십 효과의 관계를 살펴보는데 주력하였음

특성이론 종합

구분	설명
신체적, 골격적 특성	활동성, 정력, 외모, 차림새, 키, 몸무게 등
능력 또는 기술 특성	행정능력, 지능, 판단력, 지식, 기술적 능력, 어휘 구사력(verbal fluency) 등
성격적 특성	성취동기, 야망, 적응력, 공격성, 민첩성, 反권위주의적 성격, 지배성향, 자기제어, 열정, 외향성, 독립성, 주도적, 직관력, 성실성, 객관성, 창의성, 일관성, 인내력, 책임감, 자신감, 유머감각, 스트레스 저항력 등
사회적(대인관계적) 특성	협동성, 대인관계 기술, 민감성, 명예나 인기중시 성향, 사회성, 사회경제적 지위, 다변성(talkativeness), 재치 등

7. 리더십 행동이론

(1) 오하이오 주립대학(OSU)의 연구

OSU 연구

(2) 미시간 대학의 연구

미시간大 연구

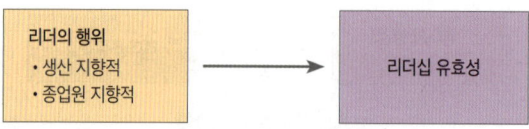

(3) 관리격자(managerial grid) 이론

블레이크와 머튼(Blake & Mouton)이 오하이오 주립대학(OSU)의 연구를 기초로 리더의 행동유형을 더욱 구체화하고 효과적인 리더십 행동을 배양하기 위해 개발한 이론

관리격자 이론

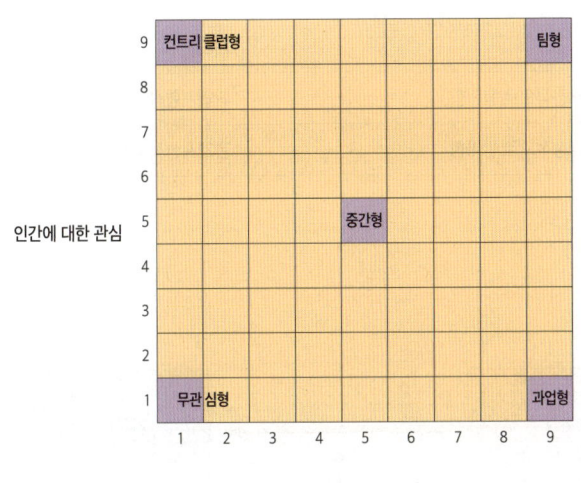

※ 관리격자 이론에서 가장 바람직한 리더십은 팀형(9.9)인데, 이는 생산과 인간 모두에 높은 관심을 가지는 리더십 스타일이 상황에 관계없이 이상적임을 의미함

(4) 화이트와 리피트(White & Lippitt)의 분류

화이트와 리피트의 분류

분류	내용
전제적 리더십 authoritative leadership	의사결정시 리더가 조직구성원들의 의견을 듣지 않으며, 자신의 권위를 강조하고 누가 어떤 일을 할 것인가를 지시함
민주적 리더십 democratic leadership	과업과 관련된 활동을 하기 전에 전체 집단이 토론하고 구성원 각자가 자신이 할 일을 스스로 정하게 함
자유방임적 리더십 Laissez-Faire leadership	리더는 집단의 활동에 거의 개입하지 않으며 구성원들은 모든 결정을 리더가 없는 상황에서 스스로 내림

(5) 행동이론 종합

행동이론의 리더십 스타일 종합

구분	OSU연구	Michigan大연구	관리격자이론
일 중심	구조주도	생산지향적	생산에 대한 관심
사람 중심	배려	종업원지향적	인간에 대한 관심

8. 리더십 상황이론

(1) 피들러의 리더십 상황이론

피들러(F. Fiedler)는 집단의 성과는 리더십 스타일과 상황호의성 간의 상호작용에 달려있다고 주장

LPC 설문의 논리

LPC 설문 점수	의미	리더십
저	LPC를 부정적으로 평가함	과업지향적 리더
고	LPC를 긍정적으로 평가함	관계지향적 리더

1) 연구의 모형

피들러의 리더십 상황이론

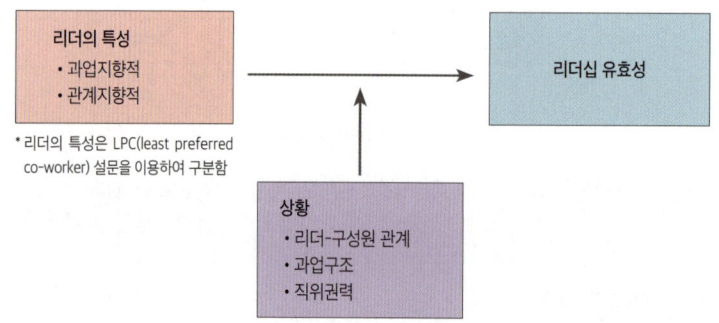

※ 피들러는 리더십을 리더의 특성으로 보았음. 즉, 이는 한 사람의 리더는 과업지향적 리더십과 관계지향적 리더십을 동시에 가질 수 없다는 것을 의미함

2) 연구결과

피들러의 연구결과

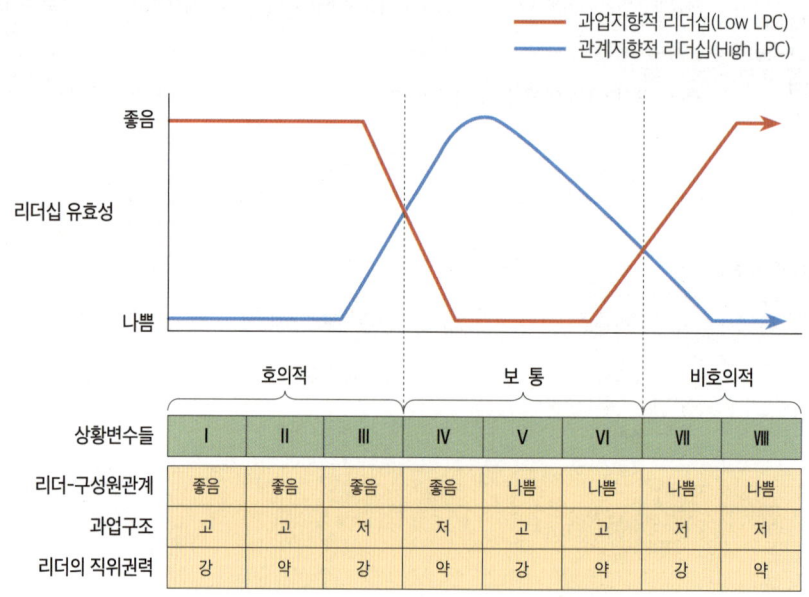

※ 피들러는 상황이 바뀌면 리더를 교체하거나 아니면 리더를 그대로 둔 채 상황을 바꿔야 한다고 주장함

(2) 허시와 블랜차드의 상황적 리더십 이론

허시와 블랜차드(Hersey & Blanchard)는 오하이오 주립대학(OSU) 연구(구조주도와 배려)를 토대로 리더십 이론을 제시하였는데, 이를 상황적 리더십 이론(SLT: situational leadership theory)이라고 함

1) 연구의 모형

허시와 블랜차드의 상황적 리더십 이론

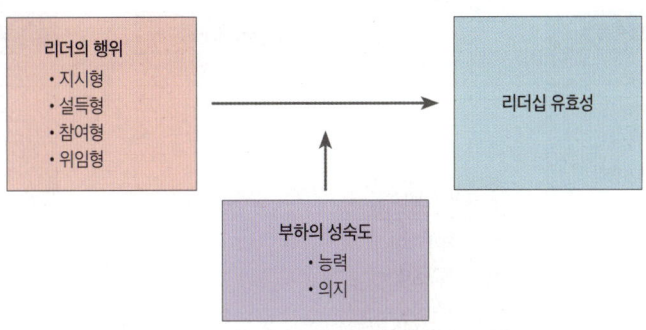

2) 연구결과

상황적 리더십 이론

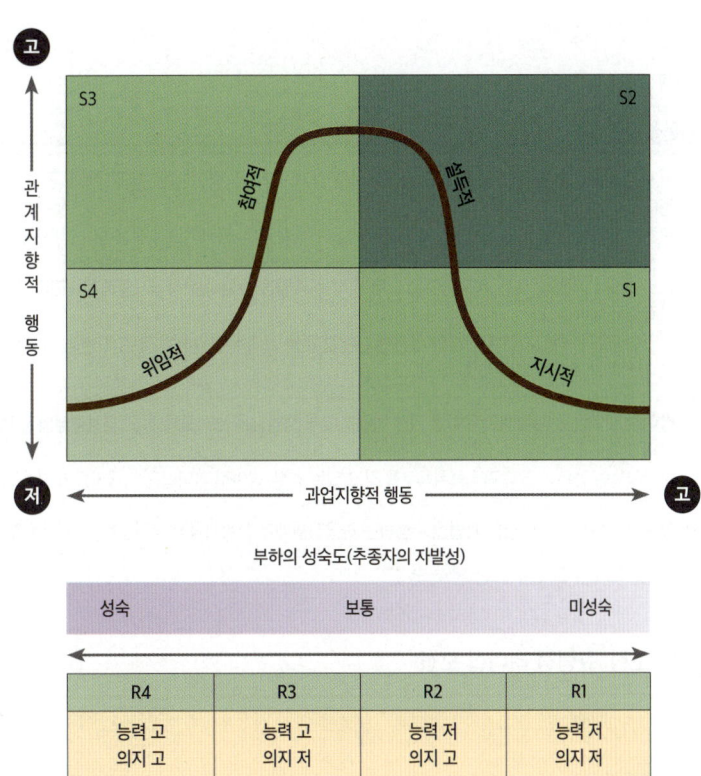

(3) 하우스의 경로-목표 이론

1) 연구의 모형

경로-목표이론

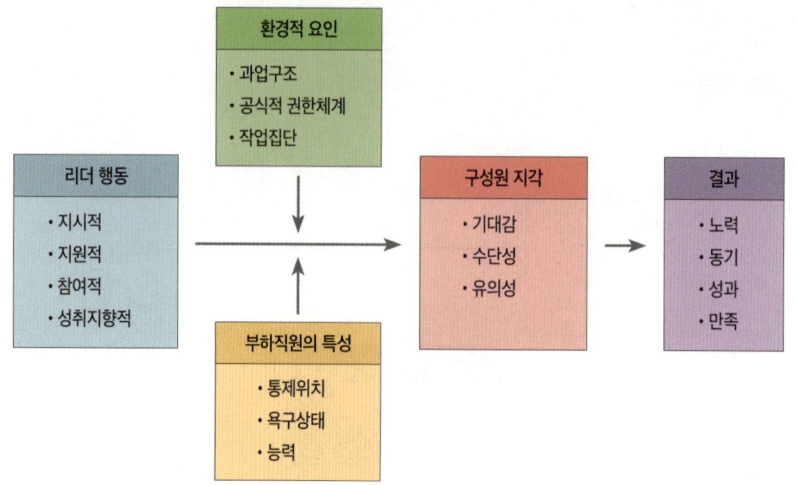

※ 하우스의 경로-목표이론은 OSU 연구와 기대이론에 바탕을 둠

2) 연구결과

경로-목표이론 변수들간의 관계

리더십 스타일	상황에 따른 효과
지시적 리더십	① 지시적 리더십을 사용할 경우, 외적 통제위치를 갖거나 과업능력이 낮은 하급자에게 긍정적으로 작용하여 만족도를 높여준다. ② 모호한 과업(ambiguous tasks)을 수행하는 하급자들의 경우, 긍정적으로 작용하여 만족도를 높여주고 동기를 유발시킨다.
지원적 리더십	① 스트레스나 좌절감, 또는 욕구불만을 느끼게 하는 과업을 수행하는 하급자들에게 지원적 리더십은 긍정적으로 작용하여 만족도를 높여준다. ② 과업이 어렵고 하급자가 자신감이 없거나 실패할 것을 크게 두려워하는 경우, 지원적 리더십은 하급자의 불안감을 덜어주고 자신감과 결의를 북돋워 줄 수 있다.
참여적 리더십	① 참여적 리더십은 내적 통제위치를 가진 하급자에게 책임감을 느끼도록 하고 의사결정의 주체가 되도록 하기 때문에 하급자의 만족도를 높여줄 수 있다. ② 하급자들이 높은 자율욕구나 성취욕구를 갖고 있는 경우, 참여적 리더십은 하급자들의 만족도와 동기를 높여준다.
성취지향적 리더십	① 애매하고 반복적이지 않은 과업을 수행하는 하급자들에게 성취지향적 리더십을 사용하면 그들의 자신감과 동기를 높여준다.

(4) 브룸과 예튼의 리더-참여 모형: 규범적 리더십 모형

1) 리더십 스타일

의사결정 참여 정도에 따른 리더십 유형 분류

구분	AI	AII	CI	CII	GII
의사결정 참여자	리더 혼자	리더와 부하들 개별적으로	리더와 부하들 개별적으로	리더와 부하들 집단으로	리더와 부하들 집단으로
리더의 참여 정도	단독 결정	부하들이 리더의 구체적 질문에 응답	부하들이 리더와 1대 1로 데이터를 분석하고 대안을 추천함	부하들 집단이 데이터를 공유하고 분석함	부하들 집단이 데이터를 공유하고 분석하여 의견 일치를 이룸
결정권자	리더	리더	리더	리더	부하 집단

A=Autocratic(독재형), C=Consultative(자문형), G=Group(집단형)

브룸과 예튼의 의사결정나무

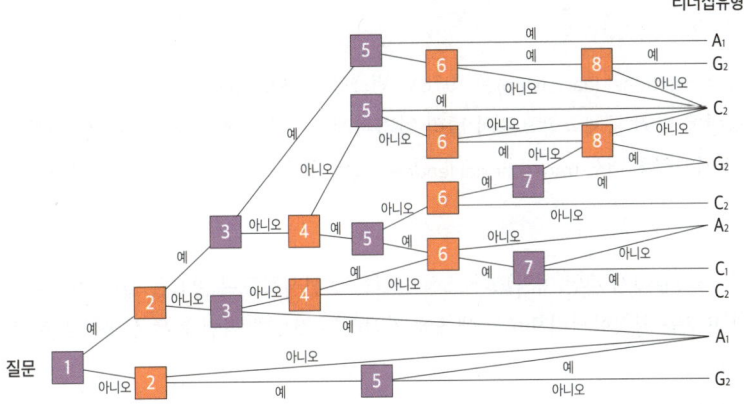

9. 기타 리더십 이론들

(1) 리더-구성원 교환 이론

수직쌍 연결(VDL: vertical dyad linkage)이론에서 발전한 리더-구성원 교환이론(LMX: leader member exchange)은 시간 압력 때문에 리더가 부하직원의 일부와 특별한 관계를 형성하는데 이 사람들이 리더의 내집단(in-group)을 구성함. 그들은 리더의 신뢰를 받으며 리더가 많은 시간을 그들에게 할애하고 특권을 받는 경향이 있다. 그 결과 다른 부하직원들은 외집단(out-group)이 됨

리더-구성원 교환이론

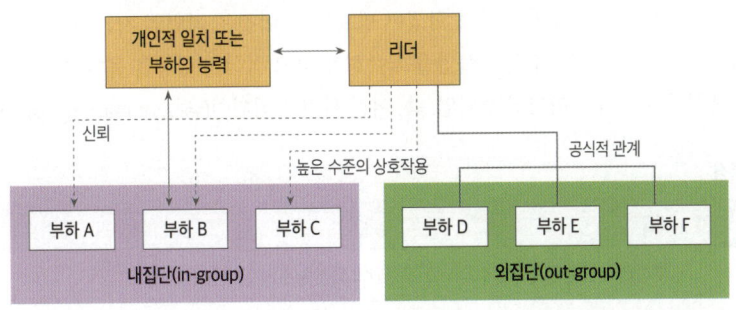

※ LMX 이론은 리더 자체보다는 리더와 부하와의 관계에 초점을 맞추고 있다는 점과 리더가 부하들을 차별적으로 대한다는 것을 가정했다는 점이 기존이론과 차이점임

(2) 카리스마적 리더십

카리스마적 리더십(charismatic leadership)은 리더가 영적, 심적, 초자연적 특질을 가질 때 부하들이 이를 신봉함으로써 생기는 리더십을 말함

> **하우스가 제시한 카리스마적 리더의 특성**
> 1. 비전수립과 명확화
> 2. 개인적 위험
> 3. 부하직원 요구에 대한 민감성
> 4. 관습에 얽매이지 않는 행동

(3) 변혁적 리더십

1) 개요

변혁적 리더십(transformational leadership)은 1978년 번스(J. M. Burns)에 의해서 처음 제시되었으며, 1985년 베스(B. M. Bass)가 조직상황에 맞춰 구체화함으로써 널리 알려지게 됨. 이 이론은 모든 리더십 이론들이 리더와 하급자간의 교환관계에 기초한 거래적 리더십(transactional leadership)에 치중해있다고 비판하는데서 출발함

2) 정의

변혁적 리더십은 부하직원에게 개인 이익보다 조직 이익을 우선시하도록 영감을 불어넣어 주어 부하가 가지는 욕구보다 더 높은 수준의 욕구를 활성화시킴으로써 애초에 기대하는 것보다 훨씬 높은 성과를 부하로 하여금 올리도록 하는 것임

거래적 리더와 변혁적 리더의 요인들

변혁적 리더	이상화된 영향력 (카리스마)	바람직한 가치관, 존경심 자신감 등을 부하들에게 심어주고 비전을 제시함
	영감에 의한 동기유발	높은 기대를 전달하고, 노력을 집중시키기 위해 상징을 사용하고, 주요 목표를 단순하게 표현함
	지적 자극	부하들이 상황을 분석하는데 있어 기존의 합리적 틀을 뛰어넘어 보다 창의적인 관점을 개발하도록 격려함
	개별적 배려	부하들에게 개인적인 관심을 보이고, 부하직원들을 개별적으로 대하고, 코치하고, 조언함
거래적 리더	조건적 보상	노력에 대해 보상하기로 계약하고, 뛰어난 성과에 대한 보상을 약속하며 성취를 인정함
	예외에 의한 관리	하급자들이 부여받은 임무를 수행하도록 하고 목표가 달성될 때까지 간섭하지 않는다. 즉, 예외적인 사건이 발생할 때만 간섭함

※ 최근에는 거래적 리더십과 변혁적 리더십은 상호보완적으로 인식되고 있음

(4) 서번트 리더십

조직의 발전을 위해서는 구성원들의 자발적 희생이 필요한데, 이것은 리더의 자기희생에서 비롯됨. 리더의 자기희생은 작게는 구성원들로 하여금 기회주의와 불안을 극복하게 하고 적극적 행동을 유발하여 조직의 위기상황에서 구성원들의 위기 적응행위를 촉진하는 리더십 행위임. 즉, 이를 서번트 리더십(servant leadership)이라고 함

서번트 리더십의 특징

특징	내용
경청	부하에 대한 존중과 수용적 태도로 구성원의 의견을 주의 깊게 잘 듣는 태도
감정이입	구성원의 입장에서 상황과 견해를 이해하려고 노력하는 행위
치유	업무로 인한 건강악화나 구성원들과 관계악화와 같은 상처로부터 오는 구성원의 정서적 감정과 업무적 스트레스를 경감시켜 주는 행위
설득	권위나 일방적 지시, 통제보다는 쌍방향적 대화나 설득으로 영향력을 행사하는 행위
자각	다른 사람보다 주변환경에 대해 더 잘 아는 것으로 전체적인 상황과 상황에 영향을 주는 요소들을 정확하게 판단하는 능력
통찰	경험과 직관을 가지고 현재와 미래의 결과를 예측할 수 있는 능력
개념화	비전을 제시하고 그 비전을 분명한 목표와 연결시켜 방향을 설정해 주는 행위
스튜어드십	어떤 의사결정이나 행동을 할 때, 그 결과가 구성원에게 미치는 영향을 먼저 고려하는 태도와 행위
성장에 대한 몰입	구성원들이 능동적으로 일을 할 수 있도록 지원하며 잠재력을 발휘하고 성장할 수 있는 기회를 제공하는 행위
공동체 구축	공동체란 구성원이 하는 일과 그 일이 갖는 의미를 알고 함께 공유하는 역동적인 시스템으로 이를 형성하기 위해 구성원들 간의 활발한 의사소통과 협력을 장려하는 행위

(5) 슈퍼리더십

슈퍼리더십(super leadership)은 부하들이 자기 자신을 리드할 수 있는 역량과 기술을 갖도록 하는 것을 리더의 역할로 규정하고 있음. 즉, 슈퍼 리더란 '추종자들이 스스로를 리드해 나아갈 수 있도록 리드하는 사람'이라고 정의함. 결국 슈퍼리더십이란 자기부하가 스스로 판단하도록 하고, 행동에 옮기며 그 결과도 책임질 수 있는 셀프리더로 키우는 리더십임

10. 리더십 효과성에 대한 도전

(1) 리더십 귀인이론

리더십 귀인이론(attribution theory of leadership)은 리더십이란 단지 사람들이 다른 사람에 대해 귀인하는 것이라고 말함. 즉, 조직의 극히 부정적이거나 긍정적인 성과에 대해 잘됐건 잘못됐건 리더에게 책임을 돌리는 경향을 말함. 리더십 귀인이론에 따르면, 중요한 것은 실제적인 업무능력보다는 겉으로 보이는 것임. 리더가 되고 싶은 사람이라면 자신이 영리하며, 인간적이고, 언변에 능하며, 공격적이며, 열심히 일할 뿐만 아니라 작업 스타일이 일관성 있다는 인식을 부하직원, 동료나 상사에게 심어주어야 효과적인 리더로 보일 가능성이 높음

(2) 리더십 대체이론

커와 저미어는 리더십이 부하의 만족과 동기유발 및 성과에 전혀 실질적인 영향을 미치지 못하는 상황이 존재한다는 데 착안하여 리더십 대체요인 이론을 개발함. 이들은 리더십의 중요성을 감소시키는 상황변수들을 파악하는 모형을 개발하였는데, 이것이 리더십 대체요인과 중화요인임.

리더십 대체요인은 리더의 행동을 불필요하거나 불가능하게 만드는 변수들을 말하며, 리더십 중화요인은 리더가 특정한 방식으로 행동하는 것을 방해하거나 리더의 행동이 미치는 영향을 무력화시키는 구성원 특성과 과업 특성 및 조직 특성을 말함

리더십 효과성에 영향을 미치는 상황요인

상황요인	내용
리더십 향상요인 leadership enhancers	리더의 구성원에 대한 영향력을 증진시키는 환경이나 부하의 특성
리더십 중화요인 leadership neutralizers	리더의 부하에 대한 영향력의 효과성을 감소시키는 환경이나 부하의 특성
리더십 대체요인 leadership substitutes	특정한 리더십 행동의 필요성을 대체하는 것으로, 그 행동을 불필요하게 만드는 환경이나 부하의 특성

리더십 상황이론과 대체이론 비교

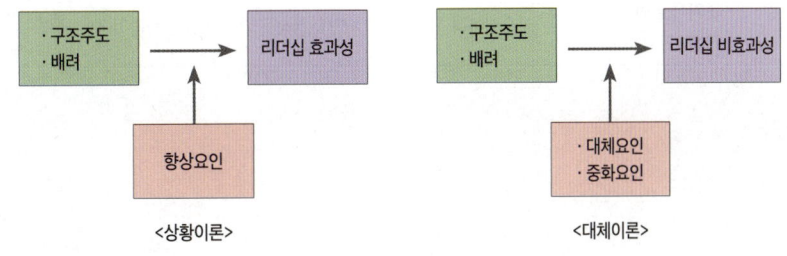

리더십의 대체요인과 중화요인

상황변수		리더십 행동	
대체요인 또는 중화요인		지원적 리더십 (관계지향적 리더십)	도구적 리더십 (과업지향적 리더십)
구성원 특성	구성원의 경험·능력·훈련	-	대체요인
	전문가적 성향	대체요인	대체요인
	보상에 대한 무관심	중화요인	중화요인
과업 특성	구조화된 일상적 업무	-	대체요인
	업무 자체로부터의 피드백	-	대체요인
	내재적 만족 제공 업무	대체요인	-
조직 특성	응집력이 강한 작업집단	대체요인	대체요인
	약한 직위권력	중화요인	중화요인
	공식화	-	대체요인
	조직의 경직성	-	중화요인
	리더와 부하 간의 물리적 거리	중화요인	중화요인

11. 권력

권력(power)이란 사회적 관계 속에서 상대방(개인 또는 집단)의 의지와 관계없이 나의 의지와 뜻을 상대방에게 관철시킬 수 있는 잠재적/실제적 힘 또는 능력을 뜻함

(1) 권력의 원천

권력의 원천

분류	권력의 원천	내용
공식적 권력 formal power	강압적 권력 coercive power	순응하지 않을 경우 발생하는 부정적인 결과에 대한 두려움에 기반한 권력
	보상적 권력 reward power	다른 사람이 가치 있다고 생각하는 보상을 제공할 수 있는 사람이 갖는 권력
	합법적 권력 legitimate power	공식적 지위로 인해 발생하는 권력
개인적 권력 personal power	전문적 권력 expert power	전문기술, 숙련기술, 지식을 가지고 있음으로 인해 생기는 영향력
	준거적 권력 referent power	매력적인 자원이나 개인적 특성을 가지고 있는 사람이 갖는 권력

(2) 임파워먼트(empowerment)

1) 개념

임파워먼트(empowerment)란 조직원들에게 자신이 조직을 위해서 많은 주요한 일을 할 수 있는 권력, 힘, 능력 등을 갖고 있다고 확신을 심어주는 과정

2) 임파워먼트의 선행요인

① 조직의 가치
② 조직문화
③ 조직구조
④ 교육훈련
⑤ 보상체계

3) 임파워먼트 효과

① 고객의 필요와 요구에 대응하는 것이 신속해짐
② 종업원들이 자신의 직무와 스스로에 대해 보다 긍정적인 인식을 하게 됨
③ 종업원들이 더욱 열정적으로 고객과 상호작용 함
④ 임파워먼트된 종업원들은 아이디어 창출과 혁신을 위한 원천이 될 수 있음

(3) 멘토링

1) 개념

멘토링(mentoring)이란 조직 내에서 상급자(mentor)와 하급자(protege)간의 강력하고 지속적인 관계발전을 조정하거나 유지시키려는 일련의 과정임

2) 멘토링의 기능

멘토링의 기능

기능	활동	내용
경력기능	후원	승진이나 좋은 자리로의 위치이동 시에 하급관리자를 적극적으로 추천해 준다.
	노출과 소개	기회를 부여해줄 수 있는 고위관리자와 하급관리자를 서로 연결시켜 준다.
	코칭	목표달성의 방법과 인정받을 수 있는 방법에 대한 비결을 제시해 준다.
	보호	잠재되어 있는 불리한 상황이나 상급자들로부터 하급관리자를 보호해준다.
	도전적 업무부여	효율적인 업무분담과 평가를 통하여 하급관리자가 갖추어야 할 필수적인 능력을 향상시킬 수 있도록 도와준다.
사회심리적 기능	역할모델링	경쟁력을 키워주는 가치관과 행동을 하급관리자에게 심어준다.
	수용과 지원	상호 간에 지지와 격려를 해 준다.
	상담	하급관리자가 갖고 있는 개인적인 문제들을 해결하는데 도움을 주고 그들의 자신감을 높여준다.
	우정	사회적인 관계에 대해 서로가 만족할 수 있도록 돕는다.

출처 : 백기복, 2011. 조직행동연구 제5판, p.320

12. 조직정치

(1) 조직정치의 개념

1) 정의

조직정치(혹은 정치적 행동)는 개인 또는 집단의 이기주의를 보호하기 위한 일련의 고의적인 행위

2) 조직정치의 원인

조직정치의 원인

원인	내용
자원	조직정치는 자원의 필요성과 희소성의 정도에 따라 달라진다. 희소성이 높을수록 정치적 동기도 강해진다. 또한 새로운 자원에 대한 필요성도 조직정치를 발생시킨다.
의사결정	불명확한 결정사항일수록, 그리고 장기전략에 대한 결정일수록 적극적인 조직정치가 발생할 가능성이 높다.
목표	목표가 불명확하거나 복잡할수록 조직정치가 발생할 확률이 높다.
기술과 외부환경	조직 내의 기술이 복잡해질수록, 그리고 외부환경이 동태적일수록 조직정치가 발생할 확률이 높아진다.
변화	조직구조의 재조정이나 계획된 조직개발 노력, 그리고 외부의 압력에 의해 변화가 일어날 때는 조직정치의 전술이 보다 크게 작용한다.

출처 : 백기복, 2011. 조직행동연구 제5판, p.323

3) 조직정치의 관리방안

① 불확실성 감소
② 상위목표 도입
③ 경쟁감소
④ 파벌해체
⑤ 임파워먼트
⑥ 정치적 태도배격

13. 갈등

(1) 갈등의 관점변화

갈등의 관점 변화

관점	내용
전통적 관점	갈등을 부정적인 것으로 간주하고, 갈등이 생기지 않도록 예방해야 한다고 주장
인간관계 관점	갈등이 모든 집단과 조직에서 자연스럽게 발생되는 것이라고 주장
상호작용 관점	갈등에 대한 현대적 관점으로 화목하고, 평화롭고, 조용하고, 협력적인 집단은 활기가 없고 변화와 혁신 요구에 대해 무감각하고 반응이 느리기 때문에 갈등을 유발시켜야 한다고 주장

(2) 갈등의 원인

　① 작업흐름의 상호의존성
　② 지위불균형
　③ 역할모호성
　④ 자원의 부족
　⑤ 목표의 차이
　⑥ 지각의 차이

(3) 집단갈등의 결과

1) 집단갈등의 결과

집단 내 변화	집단 간 변화
1. 응집력 증가 2. 독재자의 출현 3. 활동력의 증가 4. 충성심의 증가	1. 지나친 집단의식 2. 부정적인 편견 3. 커뮤니케이션 단절

2) 집단갈등의 순기능

　① 문제인식의 기회
　② 해결방안의 모색
　③ 긍정적인 변화

(4) 집단갈등의 해소방안

　① 직접대면
　② 공동목표설정(초월적 목표)
　③ 자원의 확충
　④ 갈등의 회피
　⑤ 공동관심사의 강조
　⑥ 협상
　⑦ 권력을 이용한 갈등해결
　⑧ 행동변화유도
　⑨ 조직구조 개편
　⑩ 외부압력에 대한 연합방어

(5) 집단갈등과 조직성과

갈등과 부서의 성과

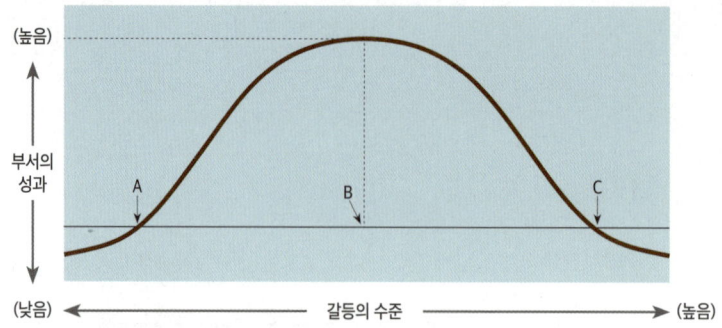

상황	갈등의 수준	갈등의 종류	부서의 내부 특성	부서의 성과
A	낮거나 없음	역기능적	진전이 없음 변화에 무반응 새로운 아이디어의 부재	낮음
B	적정	기능적	생기있음 자기비판적 혁신적	높음
C	높음	역기능적	파괴적 혼란 비협조적	낮음

(6) 갈등관리 기법

토마스와 킬먼의 갈등관리 기법

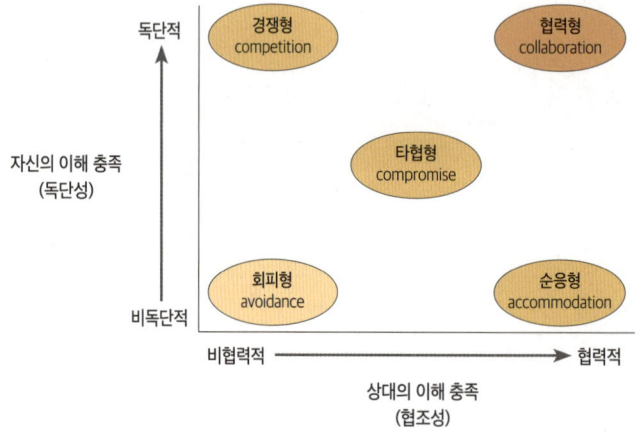

① **회피 avoidance 기법**
   회피기법은 갈등이 표면화되는 것을 봉쇄하는 것으로 갈등을 무시하거나, 갈등의 해결책을 규범적으로 적용하는 것임. 접근은 갈등의 수준이 미미하거나 갈등 발생의 초기진화, 신속한 조치가 요구될 때 사용될 수 있음

② **경쟁 competition 기법**
   자신의 이익, 주장, 관심을 다른 집단의 비용을 통해 관철하는 방법으로 이것은 권력에 근거한 갈등관리 기법임

③ **순응 accommodation 기법**
   이것은 경쟁 기법의 반대로 순응한다는 의미는 자신의 이익에 개의치 않는다는 것으로서, 자기희생이 요구되는 방법임

④ **타협 compromise 기법**

대립과 협동의 중간 형태로서, 집단 간 갈등 상황에서 임시방편, 편의주의적 효과 등의 목적에 사용하는 방법임. 쌍방이 부분적으로 만족하게 되므로 주고받기(give-and-take) 전략임

⑤ **협력 collaboration 기법**

대립과 협조를 동시에 추구하는 것으로 회피 기법의 반대라고 할 수 있음. 쌍방을 모두 만족시킬 수 있는 해결책을 찾기 위해 노력하는 것이므로, 가장 바람직한 갈등관리 기법이라고 할 수 있음

14. 협상

분배적 협상과 통합적 협상

협상의 특성	분배적 협상	통합적 협상
분배가능한 자원의 양	고정	변동
기본 동기	서로가 반대	서로의 이해가 하나로 모아지거나 일치함
관계의 초점	단기	장기

> **BATNA**
> BATNA가 얼마나 매력적인가에 따라서 협상 당사자의 협상력이 달라진다. 협상이 깨지더라도 선택할 수 있는 다른 대안이 있다면, 협상자는 좀 더 자신감있게 협상을 진행할 수 있다. 이는 '믿는 구석'이 있기 때문이다. 이 믿는 구석을 BATNA(best alternative to a negotiated agreement)라고 한다. 즉, BATNA는 협상을 통한 합의가 불가능할 경우 취할 수 있는 최선의 대안을 말한다. 만약 연봉 협상에서 연봉이 5,000만 원인 김차장이 6,000만 원을 받고 싶을 때, 경쟁사의 연봉 6,000만 원 제안은 BATNA가 된다. 즉, 김차장이 매력적인 BATNA를 가지고 있다면 그의 협상력은 올라갈 수 있다.

15. 조직문화

(1) 조직문화의 개념과 중요성

1) **개념**

조직문화(organizational culture)란 조직구성원 행동의 지침이 되는 행동규범을 창출하는 공유된 가치(shared value)와 신념의 체계이며, 특정 집단이 외부환경에 적응하고 내적으로 통합해 나가는 과정에서 고안, 발견 또는 개발된 것임

2) **중요성**

① 조직문화는 조직의 공식적, 비공식적 운영과정에 광범위하게 영향을 미침
② 조직문화는 조직의 전략과정에 영향을 미침
③ 조직문화는 경쟁력의 원천이 될 수 있음

(2) 7S 모델

파스칼(Pascale)과 피터스(Peters)가 제시한 것으로 7S란 리더십 스타일(style), 관리기술(skill), 전략(strategy), 구조(structure), 제도·절차(system), 구성원(staff) 그리고 공유가치(shared value)를 의미함

7S 모델

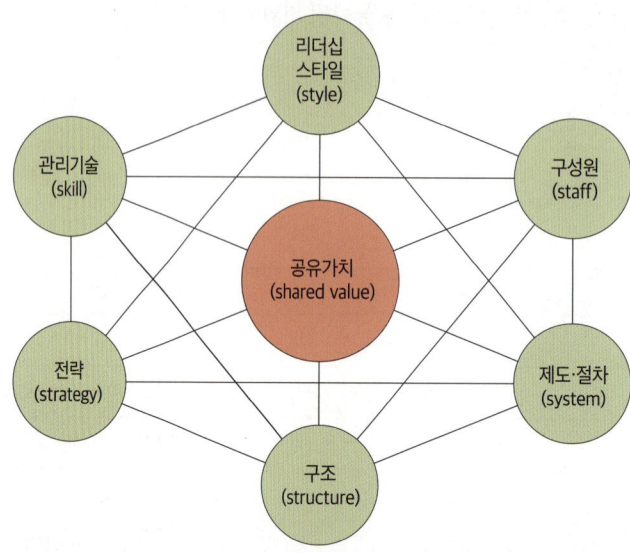

(3) 조직문화의 순기능과 역기능

1) 순기능

① 조직구성원들에게 소속 조직원으로서의 정체성(organizational identity) 제공
② 집단적 몰입을 가져옴
③ 조직체계의 안정성을 높임
④ 구성원들의 행동을 원하는 방향으로 조각해 나감

2) 역기능

① 조직문화가 강하게 형성되어 있을 때 조직 변화에 대한 내부구성원들의 저항이 큼
② 신입조직구성원의 창의성을 제약할 수 있음
③ 기업의 M&A의 걸림돌이 될 수 있음

(4) 조직문화의 형성과 유지

1) 조직 사회화(socialization)

조직 사회화(socialization)란 조직생활에 필요한 요령을 익혀 나가고 조직에 중요한 것들을 실제로 중요하다고 인식하게끔 학습하고 훈련하는 과정

2) 조직사회화 과정

조직사회화 과정

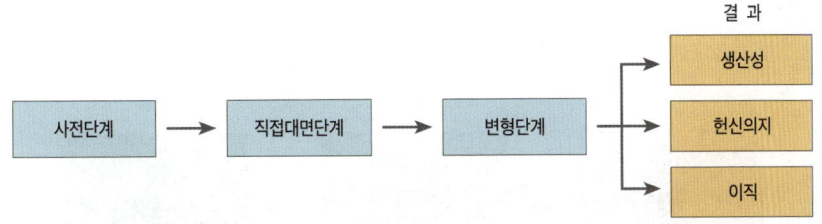

※ '사전단계'는 조직에 진입하기 전에 일어나는 단계임

(5) 조직문화의 구축수단

① 의식
② 스토리
③ 상징물
④ 언어

(6) 강한 문화와 약한 문화

1) 강한 문화
강한 문화(strong culture)는 조직의 핵심 가치가 강하게 그리고 널리 공유되고 있다는 것을 의미함

2) 약한 문화
강한 문화와는 반대로 약한 문화는 조직에 대한 특별한 이미지도 없고, 신념, 상징, 로고 등의 문화적 구성요소들이 발견되지 않는 것을 의미함

(7) 조직문화와 성과

조직문화와 성과의 관계

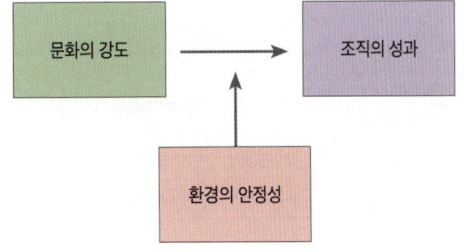

16. 조직변화와 조직개발

(1) 조직변화

1) 레윈의 변화의 3단계

레윈의 변화 3단계

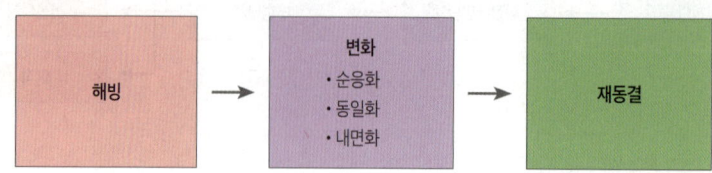

① 해빙

해빙(unfreezing)이란 한 개인의 관습, 습관, 전통 다시 말해 어떤 일을 하는데 있어서 옛날방식을 깨뜨림으로써 그가 새로운 대체안을 받아들일 태세를 갖도록 하는 것

해빙과정

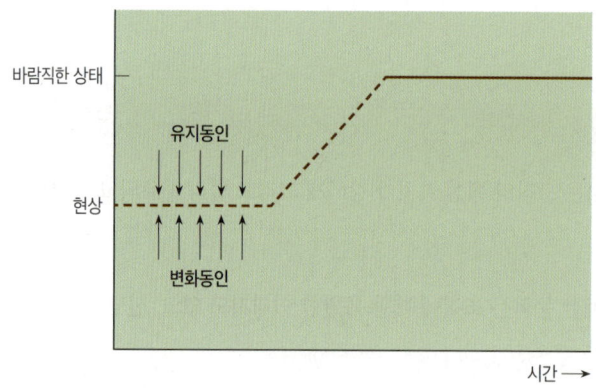

② 변화

변화(changing) 과정은 순응화, 동일화, 내면화의 3가지 과정을 통하여 이루어짐

켈만의 태도변화 과정

권력	메커니즘	반응	대상에게 주는 영향
보상	통제성 means-control	순응화 compliance	권력자로부터 호의적 반응과 처벌의 회피
강압			
준거	매력 attractiveness	동일화 identification	권력자와 자기충만적 관계 모색, 권력자와 관계 설정 및 유지
합법	신뢰성 credibility	내면화 internalization	내면적 가치가 일치함으로 인해 권력자에 대해 찬성하고 행동함
전문			

⊙ 순응화 compliance

한 개인이 다른 사물이나 집단의 우호적 반응을 얻기 위해서 또는 나쁜 반응을 회피하기 위해서 그들의 영향력을 수용하는 것

ⓒ 동일화 identification

한 개인이 다른 어느 사람이나 집단과 관계를 맺고 있는 것이 만족스럽다는 이유로 다른 사람이나 한 집단의 태도를 받아들일 때 발생

ⓒ 내면화 internalization

내면화는 유발된 태도나 행동이 내재적으로 보상되어 한 사람의 가치체계에 부합할 때 발생

③ 재동결

재동결(refreezing)은 새로 획득된 태도, 지식, 행위가 그 개인의 성격이나 계속적으로 중요한 정서적 관계로 통합되어 정착되는 과정

(2) 학습조직

1) 정의

학습조직(learning organization)이란 지속적으로 변화하고 적응할 수 있는 능력을 가지고 있으며, 학습조직은 이중고리학습(double-loop learning)을 하고 있음. 또한 학습조직은 이중고리학습을 통해 조직 내에 깊숙이 자리잡고 있는 가정이나 규범에 대해서도 변화를 시도하며 이 과정에서 문제를 해결할 수 있는 전혀 다른 새로운 방법을 찾아낼 수도 있고 극적인 개선을 얻을 수 있는 기회를 찾기도 함

2) 학습조직의 특징

① 시스템 사고 systems thinking

구성원들은 모든 조직의 프로세스 활동, 기능, 환경과의 상호작용을 상호연결된 시스템의 한 부분으로 생각함

② 개인적 숙련 personal mastery

학습의 주체는 조직이 아니라 개인이므로 조직은 학습하는 개인들을 통해서만 배울 수 있음

③ 정신 모델 mental models

학습조직은 내부의 정신적인 모델을 관리하여 독창적인 아이디어를 채택하도록 촉진함

④ 공유 비전 만들기 building shared vision

구성원들은 개인적인 이익이나 자기 부서의 이익을 승화시켜 조직 전체의 공통비전을 달성하기 위해 함께 노력함

⑤ 팀 학습 team learning

구성원들은 수직적·수평적 경계를 가로질러 비판이나 처벌에 대한 두려움이 없이 개방적으로 의사소통함

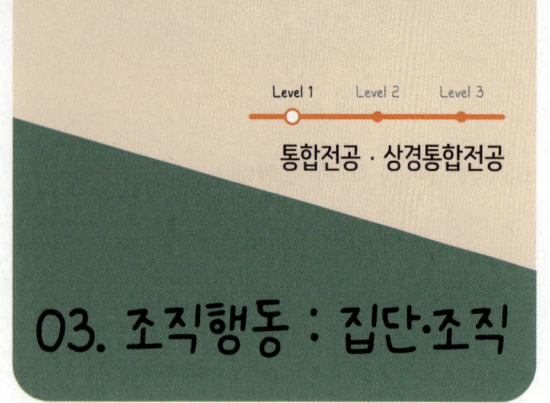

03. 조직행동 : 집단·조직

집단행동의 기초

0508
2013 공인노무사

조직행동의 집단수준 변수에 해당하는 것은?

① 학습　　② 지각
③ 태도　　④ 성격
⑤ 협상

0509
2021 9급 군무원

다음 중 생산성이 저하될 위험이 가장 큰 상황에 해당되는 것은?

① 집단 응집력이 높고 집단과 조직목표가 일치하는 경우
② 집단 응집력이 높지만 집단과 조직목표가 일치하지 않는 경우
③ 집단 응집력이 낮지만 집단과 조직목표가 일치하는 경우
④ 집단 응집력이 낮고 집단과 조직목표가 일치하지 않는 경우

0510
2018 7급 서울시

사회적 태만(social loafing) 또는 무임승차는 개인이 혼자 일할 때보다 집단으로 일하면 노력을 덜 하려는 경향을 일컫는다. 이러한 현상을 줄이기 위한 방안으로 가장 옳지 않은 것은?

① 개인별 성과를 측정하여 비교할 수 있게 한다.
② 과업을 전문화시켜 책임소재를 분명하게 한다.
③ 팀의 규모를 늘려서 공동의 업무를 증가시킨다.
④ 직무충실화를 통해 직무에서 흥미와 동기가 유발되도록 한다.

0511
공기업 출제경향 반영

조직행동 분석수준과 결과요인에 관한 내용 중 집단차원에 해당하지 않는 것은?

① 지위　　② 동기부여
③ 역할　　④ 갈등
⑤ 리더십

0512
2023 가맹거래사

집단응집성의 증대요인으로 옳지 않은 것은?

① 구성원의 동질성
② 집단 내 경쟁
③ 성공적인 목표 달성
④ 집단 간 경쟁
⑤ 구성원 간 높은 접촉 빈도

집단발달단계

0513
2019 가맹거래사

집단 발달의 5단계 모형에서 집단구성원들 간에 집단의 목표와 수단에 대해 합의가 이루어지고 응집력이 높아지며, 구성원들의 역할과 권한관계가 정해지는 단계는?

① 형성기(forming)
② 폭풍기(storming)
③ 규범기(norming)
④ 성과달성기(performing)
⑤ 해체기(adjourning)

0514
2019 가맹거래사

레윈(K. Lewin)의 3단계 변화모형에서 변화과정을 순서대로 나열한 것은?

① 각성(arousal) → 해빙(unfreezing) → 변화(changing)
② 각성(arousal) → 실행(commitment) → 재동결(refreezing)
③ 해빙(unfreezing) → 변화(changing) → 재동결(refreezing)
④ 해빙(unfreezing) → 실행(commitment) → 수용(acceptance)
⑤ 진단(diagnosis) → 변화(changing) → 수용(acceptance)

집단사고

0515
2009 가맹거래사

극도로 응집성이 강한 집단에서 조화와 만장일치에 대한 열망이 지나쳐 집단구성원들이 집단의 결정을 현실적으로 평가하려는 노력을 묵살하는 경향을 나타내는 개념은?

① 쓰레기통 모형(garbage can model)
② 집단응집성(group cohesion)
③ 집단사고(group think)
④ 리더십 이론(leadership theory)
⑤ 가치이론(value theory)

0516
2021 가맹거래사

다음에서 설명하는 현상은?

- 응집력이 높은 집단에서 나타나기 쉽다.
- 집단구성원들이 의견일치를 추구하려다가 잘못된 의사결정을 하게 된다.
- 이에 대처하기 위해서는 자유로운 비판이 가능한 분위기 조성이 필요하다.

① 집단사고(groupthink)
② 조직시민행동(organizational citizenship behavior)
③ 임파워먼트(empowerment)
④ 몰입 상승(escalation of commitment)
⑤ 악마의 주장(devil's advocacy)

0517
2010 7급 국가직

집단의사결정 과정에서 나타나는 집단사고(group think)에 대한 설명으로 옳은 것은?

① 집단토의 전에는 개인의 의견이 극단적이지 않았는데, 토의 후 양극단으로 의견이 쏠리는 현상이다.
② 응집력이 높은 집단에서 구성원들간 합의에 대한 요구가 지나치게 커서 다른 대안의 모색을 저해하는 경향이 있다.
③ 집단구성원으로서 자신의 책임을 다하지 않고 회피하면서 보상의 분배에는 적극적으로 참여하는 현상이다.
④ 최초 집단의사결정이 잘못된 것이라는 사실을 알면서도 본능적으로 최초 의사결정을 방어하고 합리화하는 행동이다.

0518
2023 공인노무사

집단사고(groupthink)의 증상에 해당하지 않는 것은?

① 자신의 집단은 잘못된 의사결정을 하지 않는다는 환상
② 의사결정이 만장일치로 이루어져야 한다는 환상
③ 반대의견을 스스로 자제하려는 자기검열
④ 외부집단에 대한 부정적인 상동적 태도
⑤ 개방적인 분위기를 형성해야 한다는 압력

집단의사결정

0519
2005 가맹거래사

집단의사결정의 장점이 아닌 것은?

① 구성원들로부터 다양한 정보를 얻을 수 있다.
② 다각도로 문제에 접근할 수 있다.
③ 구성원의 합의에 의한 것이므로 수용도와 응집력이 높아진다.
④ 서로의 의견에 비판 없이 동의하는 경향이 있다.
⑤ 의사결정에 참여한 구성원들의 교육효과가 높게 나타난다.

0520
2019 공인노무사

집단의사결정의 특징에 관한 설명으로 옳지 않은 것은?

① 구성원으로부터 다양한 정보를 얻을 수 있다.
② 의사결정에 참여한 구성원들의 교육효과가 높게 나타난다.
③ 구성원의 합의에 의한 것이므로 수용도와 응집력이 높아진다.
④ 서로의 의견에 비판없이 동의하는 경향이 있다.
⑤ 차선책을 채택하는 오류가 발생하지 않는다.

0521
2016 경영지도사

기업의 경영의사결정에 관한 설명으로 옳지 않은 것은?

① 경영의사결정은 미래의 상황을 예견하고 행동 방안을 선택 또는 결정하는 행위이다.
② 전략적 의사결정은 기업의 내부자원을 조직화하기 위한 의사결정이다.
③ 업무적 의사결정의 특징은 의사결정 내용이 단순하고 반복적, 분권적이다.
④ 비정형적 의사결정은 경영자의 창의력이나 직관에 의존한다.
⑤ 정형적 의사결정은 반복하여 발생하는 문제들에 대하여 적용하는 것으로 표준화된 절차에 따른다.

0522
2016 경영지도사

집단의사결정의 특징이 아닌 것은?

① 개인의사결정에 비해 보다 정확한 경향이 있다.
② 개인의사결정에 비해 책임소재가 더 명확하다.
③ 개인의사결정에 비해 더 많은 대안을 생성할 수 있다.
④ 의사결정시 다양한 경험과 관점을 반영할 수 있다.
⑤ 소수의 아이디어를 무시하는 경향이 일어날 수 있다.

0523
2020 경영지도사

집단의사결정의 장점으로 볼 수 없는 것은?

① 구성원으로부터 다양한 정보를 얻을 수 있다.
② 다각도로 문제에 접근할 수 있다.
③ 구성원의 수용도와 응집력이 높아진다.
④ 의사결정에 참여한 구성원들의 교육효과가 높게 나타난다.
⑤ 집단사고의 함정에 빠질 가능성이 배제된다.

0524
2018 7급 국가직

조직에서의 집단의사결정에 대한 설명으로 옳지 않은 것은?

① 집단의사결정은 개인의사결정보다 다양한 관점을 고려할 수 있다.
② 집단의사결정은 구성원의 참여의식을 높여 구성원에게 만족감을 줄 수 있다.
③ 집단의사결정은 집단사고를 통해 합리적이고 합법적인 최선의 의사결정을 도출해 낼 수 있다.
④ 집단의사결정 기법에는 명목집단법, 델파이법, 변증법적 토의법 등이 있다.

0525
공기업 출제경향 반영

다음 중 쓰레기통 모형(garbage can model)에 관한 내용으로 가장 적절하지 않은 것은?

① 무정부적 의사결정론이라고도 한다.
② 의사결정의 구성요소로는 선택기회, 문제, 소비자, 피드백 등이 있다.
③ 구성원 각자의 업무처리에 있어서 우선순위는 상이하다고 볼 수 있다.
④ 쓰레기통 모형에서는 위계적인 조직구조보다는 계층제적 권위가 없는 조직구조의 의사결정에 적용된다.
⑤ 전통적 합리성을 부정하고 조직을 쓰레기통에 비유한 의사결정 모형이다.

0526
공기업 출제경향 반영

Daft의 상황적합적 의사결정 체계에서 조직 차원의 의사결정 모형이 아닌 것은?

① 경영과학(management science) 모형
② 카네기(Carnegie) 모형
③ 민쯔버그(Mintzberg)의 점진적 의사결정
④ 쓰레기통(garbage can) 모형
⑤ 브레인스토밍(brainstorming) 모형

0527
공기업 출제경향 반영

조직 의사결정 모형 중 하나인 민쯔버그(Mintzberg)의 점진적 의사결정 모형에 대한 설명으로 옳지 않은 것은?

① 정치적이고 사회적인 요인을 구조화된 의사결정 순서보다 강조하는 모형이다.
② 의사결정 단계를 '확인 – 개발 – 선택'의 3단계로 나누었다.
③ 대안을 선택하는 단계에서는 판단, 분석, 교섭에 의한 방법이 있다.
④ 문제 확인과 해결 중에서 문제 해결에 더 적합하다.
⑤ 문제에 대한 대안을 개발하는 방법은 기존 대안 중에서 찾거나 새로운 대안 중에서 찾는 방법이 있다.

0528
공기업 출제경향 반영

조직 의사결정을 설명하는 모형으로서 쓰레기통 모형(garbage can)에 대한 설명으로 가장 적절하지 않은 것은?

① 마이클 코헨(Micheal Cohen), 제임스 마치(James March), 요한 올슨(Johan Olsen)이 처음 제시하였다.
② 의사결정에 대한 규범적 모델(normative model)이다.
③ 조직화된 무질서(Organized anarchy)를 가정한다.
④ 다수의 의사결정 사안들에 대한 조직 내의 의사결정 과정을 다룬다.
⑤ 학습조직과 같은 극단적인 불안정한 상황을 가정한다.

0529
공기업 출제경향 반영

카네기 모형에 대한 설명으로 옳지 않은 것은?

① 문제의 우선순위에 대한 합의는 되어 있다고 가정한다.
② 경영자들은 문제에 대한 최적해 보다 만족 해를 추구한다고 가정한다.
③ 경영자들이 당면한 문제의 해결과 단기적 해결책에 관심이 있음을 보여주고 이를 당면과제 검토(problemistic search)라 명명하였다.
④ 연합(coalition)을 형성하는 것을 의사결정 과정에서 중요하게 여긴다.
⑤ 카네기 멜론(Carnegie Mellon) 대학의 사이어트(Richard Cyert), 마치(James March), 사이먼(Herbert Simon)의 연구에 기초한다.

0530
2023 경영지도사

집단의사결정에 관한 설명으로 옳지 않은 것은?

① 집단사고의 위험성이 존재한다.
② 개인의 주관성을 감소시킬 수 있다.
③ 상이한 관점에서 보다 많은 대안을 생성할 수 있다.
④ 명목집단법은 집단 구성원 간 반대 논쟁을 활성화하여 문제 해결안을 발견하고자 한다.
⑤ 명목집단법과 정보기술을 조화시키는 전자회의를 통해 집단의사결정의 효율성을 높일 수 있다.

효과적 집단의사결정 기법

0531
2004 가맹거래사

브레인스토밍(brainstorming)에 대한 설명으로 맞는 것은?

① 다른 사람이 제출한 아이디어에 대해 자유롭게 비판할 수 있다.
② 개인보다는 집단적으로 생각할 때 더 좋은 아이디어가 나온다는 입장이다.
③ 아이디어의 양보다는 질에 치중하여야 한다.
④ 진행에는 반드시 여러 명의 리더가 번갈아 가담해야 한다.
⑤ 되도록 빨리 결론을 내린다.

0532
2006 가맹거래사

다음 중 전문가 집단을 이메일이나 팩스 또는 우편을 이용하여 질문에 응하도록 하고 그 응답의 결과를 요약한 보고서를 다시 이메일이나 팩스 또는 우편으로 돌리는 과정을 반복함으로써 최적의 집단의견을 도출하는 방법은?

① 의사소통진단법 ② 대면집단법
③ 델파이법 ④ 명목집단법
⑤ 브레인스토밍법

0533
2016 가맹거래사

다음에서 설명하는 방법은?

> 합의된 예측을 달성하기 위해 이전의 조사결과로부터 작성된 일련의 설문지를 전문가들에게 반복적인 절차를 통해 예측치를 구하는 방법

① 중역의견법 ② 델파이법
③ 회귀분석법 ④ 수명주기유추법
⑤ 판매원의견합성법

0534
2015 공인노무사

델파이 기법에 관한 설명으로 옳지 않은 것은?

① 전문가들을 두 그룹으로 나누어 진행한다.
② 많은 전문가들의 의견을 취합하여 재조정 과정을 거친다.
③ 의사결정 및 의견개진 과정에서 타인의 압력이 배제된다.
④ 전문가들을 공식적으로 소집하여 한 장소에 모이게 할 필요가 없다.
⑤ 미래의 불확실성에 대한 의사결정 및 장기예측에 좋은 방법이다.

0535
2021 공인노무사

다음 설명에 해당하는 의사결정 기법은?

> • 자유롭게 아이디어를 제시할 수 있다.
> • 타인이 제시한 아이디어에 대해 비판은 금지된다.
> • 아이디어의 질보다 양을 강조한다.

① 브레인스토밍(brainstorming)
② 명목집단법(nominal group technique)
③ 델파이법(delphi technique)
④ 지명 반론자 법(devil's advocacy)
⑤ 프리모텀 법(premortem)

0536
2013 경영지도사

예측하고자 하는 특정문제에 대해 전문가들의 의견을 모으고 조직화하여 합의에 기초한 하나의 결정안을 만드는 시스템적 의사결정 방법은?

① 의사결정나무 ② 델파이기법
③ 시뮬레이션   ④ 브레인스토밍
⑤ 명목집단기법

0537
2014 경영지도사

전문가들을 한 자리에 모으지 않고, 이들을 대상으로 서면으로 정보를 수집하여 의견을 종합한 후 종합의견에 대한 이들의 의견을 재차 묻는 식의 지속적인 피드백 과정을 수 회 거쳐 의견을 수렴하는 방법은?

① 델파이법   ② 시장조사법
③ 자료유추법   ④ 전문가의견법
⑤ 판매원의견종합법

0538
2017 경영지도사

집단의사결정기법에 해당하지 않는 것은?

① 브레인스토밍(brainstorming)
② 명목집단법(nominal group technique)
③ 델파이법(delphi method)
④ 지명반론자법(devil's advocate method)
⑤ 그룹 다이내믹스(group dynamics)

0539
2018 경영지도사

미국의 랜드연구소에서 개발한 의사결정기법으로, 전문가들을 한 장소에 대면시키지 않아 상호간의 영향을 배제하면서 전문적인 견해를 얻는 방법은?

① 제3자조정기법(third party peace-making technique)
② 상호작용집단법(interaction group method)
③ 브레인스토밍(brain storming)
④ 델파이기법(delphi technique)
⑤ 명목집단기법(nominal group technique)

0540
2019 경영지도사

경영의사결정에 관한 설명으로 옳지 않은 것은?

① 합리적 의사결정모형은 완전한 정보를 가진 가장 합리적인 의사결정행동을 모형화하고 있다.
② 경영자가 하는 대부분의 의사결정은 최선의 대안보다는 만족할만한 대안을 선택하는 것으로 귀결되는 경우가 많다.
③ 브레인스토밍은 타인의 의견에 대한 비판을 통해 대안을 찾는 방법이다.
④ 집단응집력을 낮춤으로써 의사결정과정에서의 집단사고 경향을 낮출 수 있다.
⑤ 명목집단법은 문제의 답에 대한 익명성을 보장하고, 반대논쟁을 극소화하는 방식으로 문제해결을 시도하는 방법이다.

0541
2019 경영지도사

델파이법에 관한 설명으로 옳지 않은 것은?

① 모든 토의 구성원에게 문제를 분명히 알린다.
② 전문가들에게 대안을 수집하기 때문에 신속하게 의사결정을 할 수 있다.
③ 전문가들로부터 개진된 의견을 취합하여 다시 모든 구성원과 공유한다.
④ 시간적·지리적 제약이 있는 경우 유용하게 활용될 수 있다.
⑤ 합의된 의사결정대안의 도출까지 진행과정을 반복한다.

0542
2021 경영지도사

집단의사결정 기법에서 변증법적 토의법에 관한 설명으로 옳은 것은?

① 집단구성원들이 한 가지 문제를 두고 각자의 아이디어를 무작위로 개진하여 최선책을 찾아가는 의사결정 기법
② 집단구성원들이 회의에 참석하지만 각자 익명의 서면으로 의견을 제출하고 간략한 견해를 피력하는 개별 토의 후에 표결로 의사결정 하는 기법
③ 반론자를 지정하여 해당 주제의 약점을 제기하게 하고 이에 대한 토론과정을 거쳐 의사결정 하는 기법
④ 전문가 의견을 독립적으로 수집하여 그들의 의견을 보고 수정된 의견을 제시하는 일련의 반복 과정으로 의사결정 하는 기법
⑤ 집단구성원들을 절반으로 나누어 반대 의견을 개진하면서 토론을 거쳐 의사결정 하는 기법

0543
2022 경영지도사

집단의사결정 기법에 관한 설명으로 옳은 것은?

① 브레인스토밍(brainstorming)은 새로운 아이디어에 대하여 무기명 비밀투표로 서열을 정한다.
② 지명 반론자법(devil's advocate method)은 구성원들이 여러 이해관계자를 대표하여 토론하는 방법이다.
③ 델파이법(Delphi method)은 전문가들의 면대면 토론을 통해 최적 대안을 선정한다.
④ 변증법적 토의법(dialectical inquiry model)은 구성원들이 대안에 대하여 공개적으로 찬성 혹은 반대하는 것을 금한다.
⑤ 명목집단법(nominal group technique)은 대안의 우선순위를 정하기 전에 구두로 지지하는 이유를 설명하는 것을 허용한다.

0544
2008 7급 국가직

의사결정을 위한 근거자료가 부족한 상황에서 전문가집단의 각 구성원에게 설문을 보내고 이에 대한 응답을 모아 요약정리한 후, 다시 전문가에게 보내는 과정을 반복함으로써 의사결정을 행하는 방법은?

① 델파이(Delphi)법
② 브레인스토밍(Brainstorming)법
③ 캔미팅(can meeting)법
④ 변증법적(dialectic) 토론법

0545
2008 7급 국가직

다음의 특성을 가지고 있는 집단의사결정 기법은?

> 첫째, 문제가 제시되고 참가자들간의 대화는 차단된다.
> 둘째, 각 참가자들은 자기의 생각과 해결안을 가능한 한 많이 기록한다.
> 셋째, 참가자들은 돌아가면서 자신의 해결안을 집단을 대상으로 설명하며 사회자는 칠판에 그 내용을 정리한다.
> 넷째, 참가자들이 발표한 내용에 대해 보충설명 등이 추가된다.
> 다섯째, 발표가 끝나면 제시된 의견들의 우선순위를 묻는 비밀투표를 실시하여 최종적으로 해결안을 선택한다.

① 팀빌딩기법
② 브레인스토밍
③ 델파이기법
④ 명목집단기법

0546
2021 5급 군무원

조직에서 많이 활용되는 집단의사결정기법(group decision making technique)에 대한 설명으로 가장 옳지 않은 것은?

① 브레인스토밍(brainstorming)이란 특정한 문제나 주제에 대하여 두뇌에서 폭풍이 몰아치듯 생각나는 아이디어를 가능한 한 많이 산출하도록 유도하는 방법을 의미한다.
② 고든법(Gordon method)에서는 분석하는 대상의 상위개념을 제시하여 그것을 바탕으로 연상에 의해 새로운 아이디어를 찾아내는 방법으로서 브레인스토밍에 비해 상대적으로 아이디어의 질을 중시한다.
③ 델파이법(Delphi method)에서는 전문가 집단의 의견과 판단을 추출하고 종합하기 위하여 동일한 전문가 집단에게 설문조사를 실시하여 집단의 의견을 종합하고 정리하는 방식의 순환적 집단 의사결정과정을 중요하게 인식한다.
④ 명목집단법(nominal group techniques)이란 의사결정에 참여한 구성원 집단을 둘로 나누어서 한 집단이 제시한 의견에 대하여 반론 집단의 비판을 들으면서 본래의 의사결정 대안을 수정하고 보완하는 방법이다.

0547
2023 경영지도사

브레인스토밍(brainstorming)에 관한 특징으로 옳지 않은 것은?

① 아이디어의 양보다는 질 우선
② 다른 구성원의 아이디어에 대한 비판 금지
③ 조직 구성원의 자유로운 제안
④ 자유분방한 분위기 조성
⑤ 다른 구성원의 아이디어와 결합 가능

0548
2023 7급 국가직

집단의사결정 방법 중 델파이법(Delphi technique)에 대한 설명으로 옳은 것은?

① 의사결정에 참여한 구성원 각자는 다른 사람이 제출한 의견을 인지할 수 있다.
② 긴박성이 요구되는 문제해결에 적합하다.
③ 참여자의 익명성이 보장되지 않는다.
④ 제시된 의견들의 우선순위를 비밀투표에 부쳐 최종안을 선택한다.

0549
2024 가맹거래사

브레인스토밍에서 지켜야 할 규칙으로 옳지 않은 것은?

① 타인의 아이디어에 대해 비판해서는 안 된다.
② 자유롭게 아이디어를 제시할 수 있어야 한다.
③ 전문가들에게 독립된 장소에서 서면으로 의견을 제시하도록 한다.
④ 가능한 많은 아이디어를 제시하도록 한다.
⑤ 타인의 아이디어를 수정하여 제시하는 것이 허용된다.

0550
2024 경영지도사

다음에서 설명하는 집단의사결정 기법은?

○ 상호작용하는 동일 그룹 내의 구성원보다 다른 그룹으로부터 더 많고 좋은 아이디어를 얻을 수 있다는 가정하에 개발된 집단의사결정 기법으로 서로 얼굴을 맞대고 하는 방법이다.
○ 익명성이 보장되기 때문에 자유롭게 의견을 제시할 수 있다는 장점이 있다.
○ 비슷한 의견이 제시될 수 있고, 제시된 의견을 수집하고 단순화하는데 시간이 많이 걸린다는 단점이 있다.
○ 주로 창조적이고 혁신적인 대안을 개발하거나, 실행가능하고 일상적인 의사결정에 유용하다.

① 명목집단법(nominal group technique)
② 델파이기법(delphi technique)
③ 브레인스토밍(brain storming)
④ 지명반론자법(devil's advocate method)
⑤ 분석적 기법(analytic technique)

팀

0551
공기업 출제경향 반영

다음 중 Stephen P. Robbins의 목적에 따른 팀 유형 분류에 의한 팀 유형이 아닌 것은?

① 자율적 관리팀(self-managed work team)
② 가상 팀(virtual team)
③ 문제해결 팀(problem-solving team)
④ 기능횡단팀(cross-functional team)
⑤ 소규모 팀(small scale team)

의사소통

0552
2009 가맹거래사

공식적 커뮤니케이션 네트워크에 해당하는 것은?

① 그레이프바인(grape vine)
② 소시오그램(socio-gram)
③ 수레바퀴형(wheel-type)
④ 사회연결망(social network)
⑤ 소시오메트릭스(socio-matrix)

0553
2017 가맹거래사

조직차원의 공식적 커뮤니케이션이 아닌 것은?

① 군집형 커뮤니케이션
② 대각선 커뮤니케이션
③ 수평적 커뮤니케이션
④ 상향식 커뮤니케이션
⑤ 하향식 커뮤니케이션

0554
2010 공인노무사

집단 내에 강력한 리더가 있는 것은 아니지만 어느 정도 대표성 있는 인물을 통해 비교적 공식적인 계층을 따라 의사소통이 신속하게 이루어지는 의사소통 네트워크 유형은?

① 완전연결형
② 바퀴형
③ 원형
④ 연쇄형
⑤ Y자형

0555
2015 공인노무사

Communication에서 전달된 메시지를 자신에게 주는 의미로 변환시키는 사고 과정은?

① 잡음(noise)
② 해독(decoding)
③ 반응(response)
④ 부호화(encoding)
⑤ 피드백(feedback)

0556
2020 공인노무사

구성원들 간 의사소통이 강력한 특정 리더에게 집중되는 유형은?

① 원형
② Y자형
③ 수레바퀴형
④ 사슬형
⑤ 전체 연결형

0557
2016 경영지도사

의사소통(communication) 과정이 옳은 것은?

ㄱ. 발신자	ㄴ. 메시지
ㄷ. 매체	ㄹ. 수신자
ㅁ. 피드백	

① ㄱ → ㄴ → ㄷ → ㄹ → ㅁ
② ㄱ → ㄷ → ㄴ → ㄹ → ㅁ
③ ㄱ → ㄹ → ㄴ → ㄷ → ㅁ
④ ㄴ → ㄱ → ㄷ → ㅁ → ㄹ
⑤ ㄴ → ㄷ → ㄱ → ㅁ → ㄹ

0558
2018 경영지도사

집단 내에 중심적인 인물 또는 리더가 존재하여 구성원들 간의 정보전달이 그 한 사람에게 집중되는 커뮤니케이션 네트워크 유형은?

① 연쇄형
② 수레바퀴형
③ Y형
④ 완전연결형
⑤ 원형

0559
2021 7급 서울시

집단 내에서 지위의 차이에 의해 의사소통 경로가 엄격하게 정해져 있어 지위를 따라 상사와 부하 간에 직접적으로 의사소통이 이루어지는 의사소통 네트워크는?

① 연쇄형(사슬형)
② Y자형
③ 원형
④ 바퀴형(수레바퀴형)

0560
공기업 출제경향 반영

소집단 의사소통 네트워크 가운데, 원형(circle)에 대한 설명 중 가장 적절하지 않은 것은?

① 구성원들이 한쪽 방향으로 의사소통을 하게 되는 형태이다.
② 구성원간의 상호작용이 집중되어 있지 않다.
③ 정보전달 및 수집, 종합적인 상황 파악, 문제 해결 등이 가장 느린 형태이다.
④ 집단 구성원 간 뚜렷한 서열이 있는 경우에 나타나게 되는 커뮤니케이션 유형이다.
⑤ 커뮤니케이션의 목적이 명백할 경우에 구성원들의 만족도는 비교적 높다.

0561
공기업 출제경향 반영

그레이프바인(grapevine)에 대한 설명으로 옳지 않은 것은?

① 조직 내 비공식 의사소통(informal communication)에서 많은 비중을 차지한다.
② 조직문화 창조에 매개 역할을 한다.
③ 조직변화 필요성에 대한 경고를 해 준다.
④ 주로 조직 내에서 명령, 지휘, 통제 등을 통해 이루어진다.
⑤ 공식적 의사소통을 보완하는 역할을 한다.

0562
공기업 출제경향 반영

데프트(Daft)와 렝겔(Lengel)은 매체의 정보 충실도(richness)를 정보를 운반하는 잠재적인 능력이라고 정의하였다. 조직 내에서 의사소통 경로로서 역할을 하는 매체는 의사소통 상황이 복잡한 정도에 따라 적절하게 사용되어야 한다. 다음 중 옳은 것은?

① 문제의 복잡한 정도보다 매체의 정보 충실도가 높으면 지나친 단순화 문제가 일어난다.
② 직접 대화하는 것은 공식적인 문서를 통해 이야기하는 것보다 정보 충실도가 높다.
③ 문제가 단순한 경우란 조직을 재구축하고, 전략적인 문제를 위해 의사소통하는 경우를 뜻한다.
④ 채널의 피드백이 즉각적인 경우는 피드백이 느린 경우에 비해 정보 충실성이 낮다.
⑤ 문제가 복잡한 경우에 매체의 정보 충실도가 낮으면 정보 과부화 문제가 일어난다.

0563
공기업 출제경향 반영

자신과 타인의 아는 영역과 모르는 영역을 구분하여 나와 어떤 상대방과의 관계에서 자신을 분석하는 틀을 제공하는 모형으로 해링톤(Harrington)과 조셉(Joseph)에 의해 개발된 모형은?

① 의사소통 과정 모델
② 소집단 의사소통 네트워크(small group communication network)
③ 조하리 창(Johari window)
④ 소시오메트리(Sociometry) 척도
⑤ MBTI(Myers-Briggs Type Indicator)

0564
2023 가맹거래사

효과적인 커뮤니케이션의 장애요인에 해당하는 것을 모두 고른 것은?

ㄱ. 정보과중	ㄴ. 적극적 경청
ㄷ. 선택적 지각	ㄹ. 피드백의 활용
ㅁ. 필터링(filtering)	

① ㄱ, ㄴ, ㄹ
② ㄱ, ㄴ, ㅁ
③ ㄱ, ㄷ, ㅁ
④ ㄴ, ㄷ, ㄹ
⑤ ㄷ, ㄹ, ㅁ

0565
2024 공인노무사

효과적인 의사소통을 방해하는 요인 중 발신자와 관련된 요인이 아닌 것은?

① 의사소통 기술의 부족
② 준거 체계의 차이
③ 의사소통 목적의 결여
④ 신뢰성의 부족
⑤ 정보의 과부하

리더십 행동이론

0566
2012 공인노무사

오하이오 주립대학 모형의 리더십 유형구분은?

① 구조주도형 리더 – 배려형 리더
② 직무 중심적 리더 – 종업원 중심적 리더
③ 독재적 리더 – 민주적 리더
④ 이상형 리더 – 과업지향형 리더
⑤ 무관심형 리더 – 인간관계형 리더

0567
2018 경영지도사

블레이크(R. R. Blake)와 모우튼(J. S. Mouton)의 리더십 관리격자모델의 리더 유형에 관한 설명으로 옳지 않은 것은?

① (1, 1)형은 조직구성원으로서 자리를 유지하는데 필요한 최소한의 노력만을 투입하는 방관형(무관심형) 리더이다.
② (1, 9)형은 구조주도행동을 보이는 컨트리클럽형(인기형) 리더이다.
③ (9, 1)형은 과업상의 능력을 우선적으로 생각하는 과업형 리더이다.
④ (5, 5)형은 과업의 능률과 인간적 요소를 절충하여 적당한 수준에서 성과를 추구하는 절충형(타협형) 리더이다.
⑤ (9, 9)형은 인간과 과업에 대한 관심이 모두 높은 팀형 리더이다.

0568
2021 7급 국가직

관리격자(managerial grid)에 대한 설명으로 옳은 것은?

① 관리격자는 인간에 대한 관심(concern for people)과 조직에 대한 관심(concern for organization)의 두 축으로 구성된다.
② 좋은 작업환경의 제공과 공정한 임금구조 유지는 인간에 대한 관심 축에 포함된다.
③ 관리격자는 브룸과 예튼(V. H. Vroom & P. W. Yetton)이 주장한 이론이다.
④ 컨트리클럽형(인기형, country club)은 상급자의 욕구나 동기를 충족시키면 조직의 업무 수행이 향상된다는 리더십 유형이다.

0569
공기업 출제경향 반영

미수미(J. Misumi)의 PM이론에서 주장하는 가장 효과적인 리더십 유형은?

① pm형
② Pm형
③ pM형
④ PM형
⑤ 리더가 처한 상황에 따라 다르다.

0570
2023 경영지도사

블레이크(R. Blake)와 모튼(J. Mouton)의 리더십 관리 격자 모델과 리더 유형의 연결이 옳은 것은?

① 1·1형 – 친화형
② 1·9형 – 과업형
③ 5·5형 – 무능력형
④ 9·1형 – 절충형
⑤ 9·9형 – 이상형

0571
2023 7급 군무원

블레이크(R. Blake)와 머튼(J. Mouton)의 관리 격자(managerial grid)에 대한 설명으로 가장 적절하지 않은 것은?

① 생산에 대한 관심과 인간에 대한 관심 정도에 따라 리더의 유형을 분류한다.
② 중간형은 생산에 대한 관심과 인간에 대한 관심 모두 보통인 유형이다.
③ 컨트리클럽형은 근로자의 사기 증진을 강조하여 조직의 분위기를 편안하게 이끌어 나가지만 작업수행과 임무는 소홀히 하는 경향이 있다.
④ 과업형 리더에게는 생산에 대한 관심을 높일 수 있는 훈련을 통해 이상형 리더로 발전시켜야 한다.

리더십 상황이론

0572
2018 가맹거래사

리더십이론 중 피들러(F. E. Fiedler) 모형에 관한 설명으로 옳은 것을 모두 고른 것은?

> ㄱ. 리더의 행동차원을 인간에 대한 관심과 과업에 대한 관심 두 가지로 나누어 다섯 가지 형태의 리더십으로 구분하였다.
> ㄴ. 상황요인으로 과업이 짜여진 정도, 리더와 부하 사이의 신뢰정도, 리더 지위의 권력정도를 제시하였다.
> ㄷ. 상황이 리더에게 아주 유리하거나 불리할 때는 과업주도형 리더십이 효과적이라고 주장하였다.
> ㄹ. 리더의 유형을 파악하기 위해 LPC(least preferred co-worker) 점수를 측정해서 구분하였다.

① ㄱ, ㄴ
② ㄱ, ㄹ
③ ㄴ, ㄷ
④ ㄴ, ㄷ, ㄹ
⑤ ㄱ, ㄴ, ㄷ, ㄹ

0573
2012 공인노무사

허시와 블랜차드(P. Hersey & K. H. Blanchard)의 상황적 리더십 이론에 관한 설명으로 옳은 것은?

① 부하의 성과에 따른 리더의 보상에 초점을 맞춘다.
② 리더는 부하의 성숙도에 맞는 리더십을 행사함으로써 리더십 유효성을 높일 수 있다.
③ 리더가 부하를 섬기고 봉사함으로써 조직을 이끈다.
④ 리더십 유형은 지시형, 설득형, 거래형, 희생형의 4가지로 구분된다.
⑤ 리더십에 영향을 줄 수 있는 상황적 요소는 과업구조, 리더의 지위권력 등이다.

0574
2020 공인노무사

하우스(R. House)가 제시한 경로 목표이론의 리더십 유형에 해당하지 않는 것은?

① 권한위임적 리더십
② 지시적 리더십
③ 지원적 리더십
④ 성취지향적 리더십
⑤ 참가적 리더십

0575
2017 경영지도사

허시와 브랜차드(Hersey & Blanchard)의 리더십 유형 중 낮은 지시행동과 낮은 지원행동을 보이는 유형은?

① 지시형 리더
② 지도형 리더
③ 지원형 리더
④ 위임형 리더
⑤ 카리스마적 리더

0576
2019 경영지도사

하우스(R. House)의 경로-목표 이론에서 정의한 리더십 행동 유형이 아닌 것은?

① 혁신적(innovational) 리더
② 성취지향적(achievement oriented) 리더
③ 지시적(instrumental) 리더
④ 지원적(supportive) 리더
⑤ 참여적(participative) 리더

0577
2019 경영지도사

허쉬와 블랜차드(P. Hersey & K. Blanchard)의 상황적 리더십 이론에서 설명한 4가지 리더십 스타일이 아닌 것은?

① 설명형 ② 설득형
③ 관료형 ④ 참여형
⑤ 위임형

0578
2021 5급 군무원

허시(P. Hersey)와 블랜차드(K. Blanchard)가 제시한 상황적 리더십 이론(Situational Leadership Theory, SLT)에서 아래의 리더십 유형(leadership style)별로 리더의 과업지향적 행위(directive behavior)와 관계지향적 행위(supportive behavior)의 수준을 설명한 것 중 가장 옳은 것은?

① 지시형(directing): 높은 과업지향적 행위, 높은 관계지향적 행위
② 코치형(coaching): 낮은 과업지향적 행위, 높은 관계지향적 행위
③ 지원형(supporting): 높은 과업지향적 행위, 낮은 관계지향적 행위
④ 위임형(delegating): 낮은 과업지향적 행위, 낮은 관계지향적 행위

0579
2023 공인노무사

피들러(F. Fiedler)의 상황 적합 리더십 이론에 관한 설명으로 옳지 않은 것은?

① LPC 척도는 가장 선호하지 않는 동료 작업자를 평가하는 것이다.
② LPC 점수를 이용하여 리더십 유형을 파악한다.
③ 상황 요인 3가지는 리더-부하관계, 과업 구조, 부하의 성숙도이다.
④ 상황의 호의성이 중간 정도인 경우에는 관계지향적 리더십이 효과적이다.
⑤ 상황의 호의성이 좋은 경우에는 과업지향적 리더십이 효과적이다.

0580
2023 7급 군무원

하우스(House)와 미첼(Mitchell)이 제시한 리더십 상황이론인 경로목표이론(path-goal theory)에서 제시된 리더십 행동 유형에 대한 설명 중 가장 적절하지 못한 것은?

① 지시적 리더(directive leader) - 하급자가 어떤 일정에 따라 무슨 일을 해야 할지 스스로 결정하여 추진하도록 지시하는 유형
② 지원적 리더(supportive leader) - 하급자의 복지와 안녕 및 그들의 욕구에 관심을 기울이고 구성원 간에 상호 만족스러운 인간관계를 조성하는 유형
③ 참여적 리더(participative leader) - 하급자들을 주요 의사결정에 참여시키고 그들의 의견 및 제안을 적극 고려하는 유형
④ 성취지향적 리더(achievement - oriented leader) - 도전적인 목표를 설정하고 성과 향상을 추구하며 하급자들의 능력 발휘에 대해 높은 기대를 설정하는 유형

0581
2023 7급 서울시

은행 창구 직원들의 관리자와 직원들은 좋은 관계성을 유지하고 있고, 직원들의 직무수행 절차가 잘 구조화되어 있으며, 관리자의 직위권력이 강할 때 피들러의 상황 모델(Fiedler contingency model) 중 가장 효과적인 리더십 스타일은?

① 관계지향 리더십 ② 과업지향 리더십
③ 팀 지향 리더십 ④ 성취지향 리더십

0582
2024 가맹거래사

하우스(R. House)의 경로-목표 이론에서 제시하는 리더십 유형으로 옳지 않은 것은?

① 지시적 리더십 ② 서번트 리더십
③ 지원적 리더십 ④ 참여적 리더십
⑤ 성취지향적 리더

0583
2024 경영지도사

피들러(F. Fiedler)의 리더십 상황이론에서 제시된 상황변수를 모두 고른 것은?

| ㄱ. 리더와 구성원의 관계 | ㄴ. 과업 행동과 관계 행동 |
| ㄷ. 과업 구조 | ㄹ. 리더의 직위 권한 |

① ㄱ, ㄴ
② ㄱ, ㄷ
③ ㄱ, ㄴ, ㄹ
④ ㄱ, ㄷ, ㄹ
⑤ ㄴ, ㄷ, ㄹ

변혁적 리더십

0584
2007 가맹거래사

다음은 어떠한 리더십에 대한 설명인가?

"추종자들에게 장기적 비전을 제시하고, 그 비전달성을 위해서 함께 매진할 것을 호소하며, 비전성취에 대한 자신감을 고취시킴으로써 조직에 대한 몰입을 강조하며 부하를 성장시키는 리더십"

① 거래적 리더십
② 전략적 리더십
③ 변혁적 리더십
④ 자율적 리더십
⑤ 서번트 리더십

0585
2010 가맹거래사

부하 개개인의 관심사와 발전적 욕구에 관심을 기울이며, 부하들의 기존 사고를 새로운 방식으로 변화시켜 나아가는 리더십은?

① 상황적 리더십
② 거래적 리더십
③ 변혁적 리더십
④ 전략적 리더십
⑤ 자유방임적 리더십

0586
2011 공인노무사

현대적 리더십이론의 하나인 변혁적 리더십에서 변혁적 리더의 특성이 아닌 것은?

① 카리스마
② 영감고취(inspiration)
③ 지적인 자극
④ 개별적 배려
⑤ 예외에 의한 관리

0587
2014 공인노무사

변혁적 리더가 갖추어야 할 자질이 아닌 것은?

① 조건적 보상
② 비전제시 능력
③ 신뢰 확보
④ 비전전달 능력
⑤ 설득력과 지도력

0588
2015 경영지도사

배스(B. M. Bass)의 변혁적 리더십에 포함되는 4가지 특성이 아닌 것은?

① 카리스마(이상적 영향력)
② 영감적 동기부여
③ 지적인 자극
④ 개인적 배려
⑤ 성과에 대한 보상

0589
2018 경영지도사

변혁적 리더십의 특징에 해당하지 않는 것을 모두 고른 것은?

> ㄱ. 부하들에게 장기적인 목표를 위해 노력하도록 동기부여 한다.
> ㄴ. 부하들을 위해 문제를 해결하거나 해답을 찾을 수 있는 곳을 알려준다.
> ㄷ. 부하들에게 즉각적이고도 가시적인 보상으로 동기부여 한다.
> ㄹ. 부하들에게 자아실현과 같은 높은 수준의 개인적인 목표를 동경하도록 동기 부여한다.
> ㅁ. 질문을 하여 부하들에게 스스로 해결책을 찾도록 격려하거나 함께 일을 한다.

① ㄱ, ㄴ
② ㄱ, ㅁ
③ ㄴ, ㄷ
④ ㄷ, ㄹ
⑤ ㄹ, ㅁ

0590
2020 경영지도사

조직 구성원이 리더의 새로운 이상에 의해 태도와 동기가 변화하고 자발적으로 자신과 조직의 변화를 이끌어 낼 수 있도록 하는 리더십은?

① 거래적 리더십(transactional leadership)
② 수퍼리더십(super-leadership)
③ 변혁적 리더십(transformational leadership)
④ 서번트 리더십(servant leadership)
⑤ 진성 리더십(authentic leadership)

0591
2021 경영지도사

거래적 리더십의 구성요소에 해당하는 것을 모두 고른 것은?

> ㄱ. 자유방임   ㄴ. 개별화된 배려
> ㄷ. 예외에 의한 관리   ㄹ. 보상연계

① ㄱ, ㄴ
② ㄷ, ㄹ
③ ㄱ, ㄷ, ㄹ
④ ㄴ, ㄷ, ㄹ
⑤ ㄱ, ㄴ, ㄷ, ㄹ

0592
2022 7급 군무원

다음 중 변혁적 리더십(transformational leadership)의 특징에 대한 설명으로 가장 옳지 않은 것은?

① 부하들의 관심사와 욕구 등에 관하여 개별적인 관심을 보여준다.
② 부하들에게 즉각적이고 가시적인 보상으로 동기 부여한다.
③ 부하들에게 칭찬과 격려를 함으로써 부하들의 사기를 진작시켜 업무를 추진한다.
④ 부하들이 모두 공감할 수 있는 바람직한 목표를 위해 노력하도록 동기 부여한다.

0593
2014 7급 국가직

리더십 유형을 크게 거래적 리더십과 변혁적 리더십으로 구분할 때, 변혁적 리더십 유형의 설명으로 옳은 것은?

① 알기 쉬운 방법으로 중요한 목표를 설명하고 자긍심을 고취한다.
② 노력에 대한 보상을 약속하고 성과에 따라 보상한다.
③ 부하들이 조직의 규칙과 관습을 따르도록 한다.
④ 부하들의 문제를 해결해 주거나 해답이 있는 곳을 알려 준다.

0594
2019 7급 국가직

변혁적 리더십(transformational leadership)에 대한 설명으로 옳지 않은 것은?

① 변혁적 리더십과 거래적 리더십은 상호 보완적이지만 변혁적 리더십이 리더와 부하직원들의 더 높은 수준의 노력과 성과를 이끌어내기에 적합할 수 있다.
② 변혁적 리더십은 리더가 부하직원의 성과와 욕구충족을 명확히 인식하고 노력에 대한 보상을 약속하여 기대되는 역할을 수행하게 만든다는 것이다.
③ 변혁적 리더십은 리더와 부하직원 간의 교환관계에 기초한 거래적 리더십에 대한 비판으로부터 발전하였다.
④ 배스(Bass)는 카리스마, 지적 자극, 개별적 배려를 변혁적 리더십의 구성요소로 제시하였다.

0595
2023 경영지도사

변혁적 리더십에 관한 설명으로 옳지 않은 것은?

① 비전과 사명감을 부여하고, 자긍심을 높여준다.
② 뛰어난 성과에 대한 보상을 약속하고 성취를 인정한다.
③ 개인적 관심을 보이고, 잠재력 개발을 위해 개별적 코치와 조언을 한다.
④ 이해력과 합리성을 장려하고, 기존의 틀을 벗어나 창의적 관점에서 문제를 해결하도록 촉진한다.
⑤ 높은 비전을 제시하고, 노력에 집중할 수 있도록 상징을 사용하며, 중요한 목적을 간단명료하게 표현한다.

0596
2023 9급 군무원

번스(J. Burns)의 변혁적 리더십(transformational leadership)의 하부 요인으로 가장 적절하지 않은 것은?

① 카리스마
② 지적 자극
③ 자기 통제
④ 영감적 동기화

0597
2024 공인노무사

변혁적 리더십의 구성요소 중 다음 내용에 해당하는 것은?

○ 높은 기대치를 전달하고, 노력에 집중할 수 있도록 상징을 사용
○ 미래에 대한 매력적인 비전 제시, 업무의 의미감 부여, 낙관주의와 열정을 표출

① 예외에 의한 관리
② 영감적 동기부여
③ 지적 자극
④ 이상적 영향력
⑤ 개인화된 배려

0598
2024 7급 서울시

거래적 리더십과 변혁적 리더십에 대한 설명으로 가장 옳은 것은?

① 거래적 리더십 – 직원들이 높은 수준의 목표를 설정하도록 동기부여한다.
② 거래적 리더십 – 현재의 상황을 변화시키기 위해 노력한다.
③ 변혁적 리더십 – 직원들의 노력과 업적에 따라 보상한다.
④ 변혁적 리더십 – 직원들이 스스로 해결책을 찾도록 격려하고 일깨워준다.

기타 리더십

0599
2022 가맹거래사

진성 리더십(authentic leadership)에 포함되는 것을 모두 고른 것은?

ㄱ. 자아 인식	ㄴ. 정서적 치유
ㄷ. 관계적 투명성	ㄹ. 균형 잡힌 정보처리
ㅁ. 내면화된 도덕적 신념	

① ㄱ, ㄴ, ㄷ, ㄹ
② ㄱ, ㄴ, ㄷ, ㅁ
③ ㄱ, ㄴ, ㄹ, ㅁ
④ ㄱ, ㄷ, ㄹ, ㅁ
⑤ ㄴ, ㄷ, ㄹ, ㅁ

0600
2013 공인노무사

부하들 스스로가 자신을 리드하도록 만드는 리더십은?

① 슈퍼 리더십
② 서번트 리더십
③ 카리스마적 리더십
④ 거래적 리더십
⑤ 코칭 리더십

0601
2018 공인노무사

서번트(servant) 리더의 특성으로 옳지 않은 것은?

① 부하의 성장을 위해 헌신한다.
② 부하의 감정에 공감하고 이해하려고 노력한다.
③ 권력이나 지시보다는 설득으로 부하를 대한다.
④ 조직의 구성원들에게 공동체 정신을 심어준다.
⑤ 비전 달성을 위해 위험감수 등 비범한 행동을 보인다.

0602
2021 9급 군무원

진성 리더십(authentic leadership)의 내용과 관련이 없는 것은?

① 명확한 비전제시
② 리더의 자아인식
③ 내재화된 도덕적 신념
④ 관계의 투명성

0603
2020 코레일 수송직렬 복원

리더와 부하 간의 역할형성을 하는 과정과 시간의 흐름에 따라 리더가 다양한 부하들과 서로 상이한 관계를 어떻게 발전시켜 나갈지를 설명하는 리더십은 무엇인가?

① 카리스마적 리더십
② 리더 – 구성원 교환 리더십
③ 변혁적 리더십
④ 슈퍼 리더십
⑤ 서번트 리더십

0604
공기업 출제경향 반영

일반적으로 조직에서는 '리더'에 대해서만 관심을 가져왔다. 그러나 실제 현실에서는 이끄는 사람인 리더뿐 아니라 따르는 사람, 즉 팔로워(follower)도 중요하다. 이러한 점에서 착안한 이론인 켈리(Robert E. Kelley)의 팔로워십(followership)유형에 해당하지 않는 것은?

① 소외형 팔로워(Alienated follower)
② 모범형 팔로워(effective follower)
③ 수동형 팔로워(passive follower)
④ 한가한 팔로워(leisure follower)
⑤ 순응형 팔로워(conformist)

0605
공기업 출제경향 반영

리더십 귀인이론과 리더십 대체이론에 대한 설명으로 옳지 않은 것은?

① 리더십 귀인이론과 리더십 대체이론은 리더십 효과성에 의문을 가지는 이론이다.
② 리더십 대체이론에서 리더십 향상요인(enhancer)은 기존의 리더십 상황요인과 같다.
③ 리더십 대체요인이란 도구적 내지는 지원적 리더십과 동일한 효과를 만들어 기존 리더의 행동을 불필요하게 만드는 요인을 말한다.
④ 보상에 대한 무관심은 도구적 리더십에 대해서는 중화요인으로 작용하지만 지원적 리더십에 대해서는 그렇지 않다.
⑤ 리더십 귀인이론은 리더십은 신기루 같은 것이고 단순히 좋은 일에 귀인을 받은 것일 뿐이라고 본다.

리더십 종합

0606
2004 가맹거래사

리더십에 대한 다음의 설명 중 틀린 것은?

① 피들러(Fiedler)의 리더십 모형에서는 리더의 공식적 파워(position power), 과업구조(task structure), 리더-부하 간 관계라는 요인이 리더에 대한 호의적 상황을 결정한다고 보았다.
② 허시와 블랜차드(Hersey & Blanchard)는 과업을 수행하는 부하의 성숙도(maturity)에 맞추어 과업 지향적 행위와 인간관계 지향적 행위를 조정하는 리더가 효과적이라 보았다.
③ 하우스의 경로-목표이론에서는 부하의 특성 및 작업환경의 특성이라는 상황변수를 고려하여 지시적(directive), 후원적(supportive), 참여적(participative), 성취지향적(achievement-oriented) 리더십을 적절히 구사해야 된다고 보았다.
④ 거래적 리더십은 장래비전에 대한 공유를 통해 부하의 몰입도를 높여 부하가 원래 생각했던 성과이상을 달성할 수 있도록 동기부여시키는 것이다.
⑤ 슈퍼리더십은 종업원을 스스로 판단하고, 행동하며, 책임질 수 있는 셀프리더로 키우는 리더십이다.

0607
2007 가맹거래사

다음 리더십 이론에 대한 설명 중 거리가 먼 것은?

① R. J. House의 경로-목표이론은 기대이론(expectancy theory)에 기반을 두고 있다.
② F. Fiedler의 상황모형(contingency model)에 의하면 리더와 부하의 관계가 좋고 리더의 권력이 강한 상황에서는 과업지향적인 리더보다 관계지향적인 리더의 성과가 높다.
③ 리더십 대체물(substitute)이란 리더의 행동이 필요없게 만드는 상황요인을 말한다.
④ P. Hersey와 K. H. Blanchard 의 수명주기이론은 부하의 성숙도에 따라 리더의 관계지향적인 행동과 과업지향적인 행동의 조합 정도를 달리해야 된다는 점을 강조한다.
⑤ 리더십 행동이론을 연구한 학자들에 의하면 자유방임적 리더십은 민주적 리더십에 비하여 효과가 떨어진다.

0608
2007 가맹거래사

다음의 리더십 이론에 관련된 설명 중 가장 적절한 것은?

① 특성이론(Trait Theory)에 의하면, 리더는 리더십 행사에서 상황의 영향을 받을 수 있음을 제시한다.
② 관리격자(Managerial Grid) 이론에 의하면, 중간관리자에게 가장 적절한 리더십 유형은 중간형(5.5)이다.
③ 피들러(F. Fiedler)의 상황이론에서는 리더십의 상황요인으로 리더-구성원 관계, 과업구조, 리더의 직위권한을 제시하고 있다.
④ 경로-목표 이론(Path-Goal Theory)에서는 의사결정 상황에 따라 리더의 의사결정 유형을 달리하는 의사결정나무(decision tree)를 제시하고 있다.
⑤ 허시와 블랜차드(P. Hersey & K. H. Blanchard)의 리더십 이론에 의하면, 부하의 성숙도가 높을 경우에는 판매 또는 지도형의 리더가 적합하다.

0609
2016 가맹거래사

다음 설명 중 옳지 않은 것은?

① 브룸(Vroom)의 기대이론에 의하면 보상의 유의성(valence)은 개인의 욕구에 따라 다르며, 동기부여를 결정하는 요인이다.
② 아담스(Adams)의 공정성이론에 의하면 보상에 대한 공정성 지각 여부가 종업원의 노력(투입) 정도를 결정한다.
③ 피들러(Fiedler)의 상황적합성이론에 의하면 리더와 부하의 관계가 좋을 때에는 과업 지향적인 리더십을 구사하는 것이 좋다.
④ 스키너의(skinner) 작동적 조건화에서 소거(extinction)란 과거의 부정적 결과를 제거함으로써 긍정적인 행동의 확률을 높이는 것을 말한다.
⑤ 리더-구성원 교환이론(LMX)에 의하면 리더는 외집단보다는 내집단을 더 많이 신뢰한다.

0610
2020 가맹거래사

리더십 이론에 관한 설명으로 옳지 않은 것은?

① 경로 목표이론: 리더는 구성원이 목표를 달성할 수 있도록 명확한 길을 제시해야 한다.
② 리더십 상황이론: 리더의 행위가 주어진 상황에 적합하면 리더십의 효과가 증가한다.
③ 리더 - 구성원 교환이론: 리더는 내집단 - 외집단을 구분하지 않고 동일한 리더십을 발휘한다.
④ 리더십 특성이론: 리더가 지닌 신체적, 심리적, 성격적 특성 등에 따라 리더십의 효과가 달라진다.
⑤ 리더십 행동이론: 리더가 부하들에게 어떤 행동을 보이는가에 따라 리더십의 효과가 달라진다.

0611
2011 공인노무사

리더십연구 학자와 그 리더십이론의 연결이 옳지 않은 것은?

① 피들러(Fiedler) : 상황이론
② 허시와 블랜차드(Hersey & Blanchard) : 경로 - 목표이론
③ 블레이크와 머튼(Blake & Mouton) : 관리격자이론
④ 브룸과 이튼(Vroom & Yetton) : 리더 - 참여모형
⑤ 그린리프(Greenleaf) : 서번트(servant) 리더십

0612
2017 공인노무사

리더십에 관한 설명으로 옳지 않은 것은?

① 거래적 리더십은 리더와 종업원 사이의 교환이나 거래 관계를 통해 발휘된다.
② 서번트 리더십은 목표달성이라는 결과보다 구성원에 대한 서비스에 초점을 둔다.
③ 카리스마적 리더십은 비전달성을 위해 위험감수 등 비범한 행동을 보인다.
④ 변혁적 리더십은 장기비전을 제시하고 구성원들의 가치관 변화와 조직몰입을 증가시킨다.
⑤ 슈퍼 리더십은 리더가 종업원들을 관리하고 통제할 수 있는 힘과 기술을 가지도록 하는데 초점을 둔다.

0613
2013 경영지도사

리더십 이론에 관한 설명으로 옳지 않은 것은?

① 리더십 특성이론에서는 리더가 지니는 카리스마, 결단성, 열정, 용기 등과 같은 특성을 찾아내는데 초점을 둔다.
② 오하이오 주립대 연구에 의하면 구조주도(initiating structure)와 배려(consideration)가 모두 높은 수준인 리더가 한 요인 혹은 두 요인이 모두 낮은 수준을 보인 리더보다 높은 과업성과와 만족을 보이는 것으로 나타났다.
③ 하우스(R. House)의 경로 - 목표 이론에 의하면 내부적 통제위치를 지닌 부하의 경우에는 참여적 리더십이 적합하다.
④ 피들러(F. Fiedler)의 상황적합 모형에 의하면 개인의 리더십 유형은 상황에 따라 변화한다고 한다.
⑤ 허시(P. Hersey)와 블랜차드(K. Blanchard)의 상황적 리더십 이론에서는 부하들의 준비성(readiness)을 중요한 요소로 고려하고 있다.

0614
2016 경영지도사

리더십 이론에 관한 설명으로 옳지 않은 것은?

① 리더십 이론은 특성론적 접근, 행위론적 접근, 상황론적 접근으로 구분할 수 있다.
② 블레이크(R. Blake)와 모우튼(J. Mouton)의 관리격자이론에 의하면 (9.9)형이 이상적인 리더십 유형이다.
③ 허쉬(R. Hersey)와 블랜차드(K. Blanchard)는 부하들의 성숙도에 따른 효과적인 리더십행동을 분석하였다.
④ 피들러(F. Fiedler)는 상황변수로서 리더와 구성원의 관계, 과업구조, 리더의 지휘권한 정도를 고려하였다.
⑤ 하우스(R. House)의 경로 - 목표이론에 의하면 상황이 리더에게 아주 유리하거나 불리할 때는 과업지향적인 리더십이 효과적이다.

0615
2022 9급 군무원

다음 중에서 리더십의 관점이 아닌 것은?

① 전술이론 ② 특성이론
③ 행동이론 ④ 상황이론

0616
2021 7급 군무원

다음 중 리더십에 관련된 이론에 대한 설명으로 가장 옳지 않은 것은?

① 하우스(House)의 경로목표이론에서 상황적 변수는 집단의 과업 내용, 부하의 경험과 능력, 부하의 성취욕구이다.
② 거래적 리더십(transaction leadership)은 장기적인 목표를 강조해 부하들이 창의적 성과를 낼 수 있게 환경을 만들어 주며, 새로운 변화와 시도를 추구하게 된다.
③ 변혁적 리더십(transformational leadership)은 영감적 동기와 지적 자극과 같은 방법을 통해서 부하들의 행동에 변화를 일으키는 리더십이다.
④ 리더 – 멤버 교환이론(LMX)이론에서 내집단(in-group)은 리더와 부하와의 교환관계가 높은 집단으로 승진의 기회가 생기면 리더는 내집단을 먼저 고려하게 된다.

0617
2018 7급 서울시

리더십이론에 대한 설명 중 가장 옳은 것은?

① 허시와 블랜차드(Hersey and Blanchard)의 리더십 상황이론에서는 LPC(Least Preferred Coworker)척도를 이용하여 리더의 유형을 나누었다.
② 서번트 리더십(servant leadership)은 개인화된 배려, 지적 자극, 영감에 의한 동기유발 등을 통해 부하를 이끄는 리더십이다.
③ 블레이크(Blake)와 머튼(Mouton)의 관리 격자모형(managerial grid model)에서는 상황의 특성과 관계없이 인간관계와 생산에 모두 높은 관심을 가지는 팀형(9, 9)을 가장 좋은 리더십 스타일로 삼았다.
④ 거래적 리더십 스타일을 지닌 리더는 카리스마를 포함한다.

0618
2021 7급 서울시

리더십 이론에 대한 설명으로 가장 옳은 것은?

① 오하이오 주립대학교의 리더십 연구는 리더가 갖는 두 개의 관심, 즉 생산과 인간에 대한 관심을 각각 X축과 Y축으로 하고, 그 정도를 1부터 9까지로 한 관리망 모형을 개발해 다섯 가지의 리더십 유형을 제시하였다.
② 피들러(Fiedler)의 상황 이론은 LPC(Least Preferred Co-worker) 점수를 상황의 호의성과 함께 고려하여 효과적인 리더십 스타일을 도출할 수 있다고 제안한다.
③ 하우스(House)의 경로 – 목표 이론(path-goal theory)은 리더십의 유형을 지시적, 후원적, 참여적, 과업 지향적 리더십으로 구분하였다.
④ 허시와 블랜차드(Hersey&Blanchard)의 상황 이론은 리더를 과업 지향적 행동의 정도와 관계 지향적 행동의 정도에 따라 배려형 리더와 구조주도형 리더로 구분하였다.

0619
2011 7급 국가직

리더와 리더십에 대한 설명으로 가장 적절하지 않은 것은?

① 리더십은 조직에 비전을 제시하고, 그 비전을 실현할 수 있는 능력을 제고하는 것이다.
② 리더와 관리자는 같은 재능과 기술을 필요로 한다.
③ 리더십은 현상 유지보다는 변화 창출을 목적으로 한다.
④ 권한을 위임하여 구성원의 동기를 유발하는 것은 리더의 중요한 역할이다.

0620
2013 7급 국가직

리더십 이론에 대한 설명으로 옳지 않은 것은?

① 특성이론은 리더가 지녀야 할 공통적인 특성을 규명하고자 한다.
② 상황이론에서는 상황에 따라 적합한 리더십 유형이 달라진다고 주장한다.
③ 배려(consideration)와 구조 주도(initiating structure)에 따라 리더십 유형을 분류한 연구는 행동이론에 속한다.
④ 변혁적 리더십은 명확한 역할 및 과업 요건을 제시하여 목표 달성을 위해 부하들을 동기부여하는 리더십이다.

0621
2022 7급 국가직

리더십 이론에 대한 설명으로 옳지 않은 것은?

① 경로 – 목표 모형에 의하면, 리더가 목표를 정해주고 역할을 분담시키며 일의 순서를 정해주면 성실한 작업자는 성과를 올리지만 그렇지 않은 작업자는 정서적 피로감이 유발된다.
② 허쉬(P. Hersey)와 블랜차드(K. Blanchard)에 의하면, 리더는 부하들의 태도와 행동으로 자질 및 동기를 파악하고 그들의 자율의식, 책임 의식, 자신감 등을 고려하여 인간중심 또는 과업중심의 리더십을 발휘해야 한다.
③ 블레이크(R. Blake)와 머튼(J. Mouton)의 관리격자 이론에 의하면, 과업형은 리더 혼자 계획하고 통제하며 부하를 생산도구로 여기는 유형이다.
④ 피들러(F. Fiedler)의 상황 이론에 의하면, 리더와 부하의 신뢰 정도가 아주 강한 경우에는 과업 지향적 리더십이 더 효과적이고 중간 혹은 아주 약한 경우에는 관계 지향적 리더십이 더 효과적이다.

0622
2019 산업안전지도사

리더십 이론의 설명으로 옳은 것을 모두 고른 것은?

> ㄱ. 블레이크(R. Blake)와 머튼(J. Mouton)의 리더십 관리격자모형에 의하면 일(생산)에 대한 관심과 사람에 대한 관심이 모두 높은 리더가 이상적 리더이다.
> ㄴ. 피들러(F. Fiedler)의 리더십 상황이론에 의하면 상황이 호의적일 때 인간중심형 리더가 과업지향형 리더보다 효과적인 리더이다.
> ㄷ. 리더-부하 교환이론(leader-member exchange theory)에 의하면 효율적인 리더는 믿을만한 부하들을 내 집단(in-group)으로 구분하여, 그들에게 더 많은 정보를 제공하고, 경력개발 지원 등의 특별한 대우를 한다.
> ㄹ. 변혁적 리더는 예외적인 사항에 대해 개입하고, 부하가 좋은 성과를 내도록 하기 위해 보상시스템을 잘 설계한다.
> ㅁ. 카리스마 리더는 강한 자기 확신, 인상관리, 매력적인 비전 제시 등을 특징으로 한다.

① ㄱ, ㄴ, ㄹ
② ㄱ, ㄷ, ㅁ
③ ㄴ, ㄷ, ㄹ
④ ㄱ, ㄴ, ㄷ, ㅁ
⑤ ㄱ, ㄷ, ㄹ, ㅁ

0623
2023 7급 국가직

리더십 이론에 대한 설명으로 옳은 것은?

① 허시(Hersey)와 블랜차드(Blanchard)는 부하의 성숙도가 가장 높을 때는 위임형(delegating) 리더십이 효과적이고, 부하의 성숙도가 가장 낮을 때는 지도형(coaching) 리더십이 효과적이라고 주장하였다.
② 피들러(Fiedler)의 상황이론에 따르면 리더 – 멤버 사이의 관계가 좋고, 과업이 구조화되어 있고, 리더의 권한이 강한 상황에서는 관계지향형 리더가 과업지향형 리더보다 효과적이다.
③ 슈퍼리더십(super leadership)은 과업구조가 명확하지 않거나 조직이 불안정한 상황에서 효과적이기 때문에 부하의 지도 및 통제에 역점을 두고 있다.
④ 개별적 배려와 지적 자극은 변혁적(transformational) 리더의 특성이고, 예외에 의한 관리는 거래적(transactional) 리더의 특성이다.

0624
2023 5급 군무원

리더십 스타일에 대한 설명으로 가장 적절하지 않은 것은?

① 민주적(democratic) 리더는 경영 상황을 설명하고, 직원들이 아이디어를 내도록 권장하고, 직원을 경영의사결정에 참여시킨다.
② 독재적(autocratic) 리더는 종업원이 자신의 지시를 따르도록 하기 위해 자신의 권한과 경제적 보상책을 사용한다.
③ 자유방임형(free-rein) 리더는 종업원에게 팀워크와 대안에 대한 논의를 장려한다.
④ 진정성(authentic) 리더는 기업의 목적과 사명에 열정적이고, 이해관계자들과 장기적 관계를 형성한다.

0625
2024 7급 군무원

다음은 리더십 이론에 관한 여러 설명들이다. 이들 중 가장 적절하지 않은 것은?

① 블레이크와 머튼(Blake and Mouton)의 관리격자 모형(Managerial Grid Model)에서는 상황의 특성과 관계없이 생산과 인간 모두에 높은 관심을 가지는 '팀형(9,9) 리더십' 스타일을 가장 이상적인 유형으로 본다.
② 허쉬와 블랜차드(Hersey and Blanchard)의 상황적 리더십 이론은 리더십 스타일을 지시형(telling), 지도형(selling), 참여형(participating), 위임형(delegating)으로 구분한다.
③ 하우스(House)의 경로-목표 이론에 의하면, 외재적 통제 위치를 갖고 있는 부하에게는 참여적 리더십이 적합하다.
④ 오하이오 주립대학의 리더십 행동 연구에서는 리더십을 구조주도(initiating structure)와 배려(consideration)의 두 차원으로 나누었다.

권력

0626
2011 가맹거래사

리더의 개인적인 성격특성에 기반을 둔 권력은?
① 준거적 권력
② 합법적 권력
③ 보상적 권력
④ 강압적 권력
⑤ 전문적 권력

0627
2017 가맹거래사

A부장은 부하들이 자신의 지시를 성실하게 수행하지 않으면 부하들의 승진 누락, 원하지 않는 부서로의 이동, 악성 루머 확산 등의 방식으로 대응한다. 부하들은 A부장의 이러한 보복이 두려워서 A부장의 지시를 따른다. A부장이 주로 사용하는 권력은?
① 강압적 권력
② 준거적 권력
③ 보상적 권력
④ 합법적 권력
⑤ 전문적 권력

0628
2014 공인노무사

조직에서 권력을 강화하기 위한 전술이 아닌 것은?
① 목표관리
② 불확실한 영역에 진입
③ 의존성 창출
④ 희소자원 제공
⑤ 전략적 상황요인 충족

0629
2016 공인노무사

프렌치(J. R. P. French)와 레이븐(B. Raven)이 구분한 5가지 권력 유형이 아닌 것은?
① 합법적 권력
② 기회적 권력
③ 강제적 권력
④ 보상적 권력
⑤ 준거적 권력

0630
2019 공인노무사

프렌치와 레이븐(French & Raven)의 권력원천 분류에 따라 개인적 원천의 권력에 해당하는 것을 모두 고른 것은?

ㄱ. 강제적 권력	ㄴ. 준거적 권력
ㄷ. 전문적 권력	ㄹ. 합법적 권력
ㅁ. 보상적 권력	

① ㄱ, ㄴ
② ㄴ, ㄷ
③ ㄷ, ㄹ
④ ㄹ, ㅁ
⑤ ㄱ, ㄴ, ㅁ

0631
2021 공인노무사

조직으로부터 나오는 권력을 모두 고른 것은?

ㄱ. 보상적 권력	ㄴ. 전문적 권력
ㄷ. 합법적 권력	ㄹ. 준거적 권력
ㅁ. 강제적 권력	

① ㄱ, ㄴ, ㄷ
② ㄱ, ㄴ, ㄹ
③ ㄱ, ㄷ, ㅁ
④ ㄴ, ㄹ, ㅁ
⑤ ㄷ, ㄹ, ㅁ

0632
2017 경영지도사

조직정치에 관한 설명으로 옳지 않은 것은?

① 자원의 희소성이 높을수록 조직정치의 동기가 강해진다.
② 불확실한 상황에서의 의사결정 시 조직정치가 발생할 가능성이 높다.
③ 조직 내 기술이 복잡할수록 조직정치가 발생할 가능성이 높다.
④ 목표가 명확할수록 조직정치가 발생할 가능성이 높다.
⑤ 장기전략에 대한 결정일수록 조직정치가 발생할 가능성이 높다.

0633
2021 경영지도사

조직 내 권력의 원천 중 준거적 권력에 관한 설명으로 옳은 것은?

① 조직의 보상과 자원을 통제할 수 있는 능력
② 다양한 벌을 통제할 수 있는 능력
③ 조직적 직위로 타인을 통제할 수 있는 능력
④ 가치관 유사, 개인적 호감으로 통제할 수 있는 능력
⑤ 가치 있는 정보를 소유하거나 분석할 수 있는 능력

0634
2021 9급 군무원

개인적 권력에 해당하는 것은?

① 부하직원의 휴가 요청을 받아들이지 않을 수 있는 영향력
② 다른 직원에게 보너스를 제공하는 것을 결정할 수 있는 영향력
③ 높은 지위로 인해 다른 직원에게 작업 지시를 내릴 수 있는 영향력
④ 다른 직원에게 전문지식을 제공하여 발생하는 영향력

0635
2016 7급 국가직

조직 내에서 권한(authority)과 권력(power)에 대한 설명으로 옳지 않은 것은?

① 권한은 조직 내 직위에서 비롯된 합법적인 권리를 말한다.
② 권력을 휘두르기 위해서 반드시 많은 권한을 가질 필요는 없다.
③ 관리자는 종업원에게 권한을 이양할 때, 그에 상응하는 책임을 부여하여 권한이 남용되지 않도록 해야 한다.
④ 사장이 누구를 만날지, 언제 만날지를 결정할 수 있는 비서는 권력은 작으나 권한은 크다.

0636
2020 코레일 수송직렬 복원

개인적 매력에 근거하는 것으로 권력의 소유자를 존경하고 좋아함으로 인해 구성원들이 복종하게 되는 권력의 유형은 무엇인가?

① 합법적 권력
② 전문적 권력
③ 보상적 권력
④ 준거적 권력
⑤ 강압적 권력

0637
공기업 출제경향 반영

페퍼(Pfeffer)와 셀런식(Salancik)의 의존성에 기반한 권력의 상황적 접근에서 부서의 권력 수준을 높여주는 요인들에 해당하지 않는 것은?

① 자원의 조달 및 통제 능력
② 중심성(centrality)
③ 팀 지향성(team orientation)
④ 대체 불가능성(non-substitutability)
⑤ 불확실성 대처 능력

0638
공기업 출제경향 반영

권력(power)의 일반적인 속성에 대한 설명으로 옳지 않은 것은?

① 상호적   ② 상대적
③ 가변적   ④ 합법적
⑤ 사회적

0639
2023 가맹거래사

프렌치(J. French)와 레이븐(B. Raven)이 제시한 권력의 원천 중 개인의 특성에 기반한 권력은?

① 강제적 권력, 합법적 권력
② 강제적 권력, 보상적 권력
③ 준거적 권력, 합법적 권력
④ 준거적 권력, 전문적 권력
⑤ 전문직 권력, 합법적 권력

0640
2023 5급 군무원

공식적으로 소유한 권력이 아닌, 개개인 특성에 근거한 비공식적 권력의 원천에 해당하지 않는 것은?

① 전문적 권력   ② 강압적 권력
③ 준거적 권력   ④ 카리스마적 권력

0641
2024 7급 군무원

종업원들에게 자존감과 업무 몰입도를 높이기 위해 요구되는 심리적 강화 요인을 임파워먼트(empowerment)라 한다. 다음에 제시된 항목들 중 임파워먼트의 구성요소에 해당하는 것들로만 가장 적절하게 묶인 것은?

┌─────────────────────────────────────┐
│ ㉠ 의미감(meaning)   │
│ ㉡ 능력(competence)   │
│ ㉢ 자기결정력(self-determination)   │
│ ㉣ 영향력(impact)   │
└─────────────────────────────────────┘

① ㉠, ㉢   ② ㉠, ㉡, ㉢
③ ㉡, ㉢, ㉣   ④ ㉠, ㉡, ㉢, ㉣

갈등

0642
2008 가맹거래사

조직내 집단 간의 갈등해소를 위한 방법으로 옳지 않은 것은?

① 문제의 공동해결
② 상위목표의 설정
③ 상호작용의 촉진
④ 자원의 확충
⑤ 집단 간 상호의존성 증가

0643
2011 가맹거래사

조직 내 집단 간의 갈등을 유발하는 원인이 아닌 것은?

① 업무의 상호의존성　② 보상구조
③ 지각의 차이　　　　④ 한정된 자원의 분배
⑤ 상위목표

0644
2022 가맹거래사

갈등 상황에서 자신이 원하는 것을 포기하고 상대방이 원하는 것을 충족시키는 토마스(K. Thomas)의 갈등 해결전략은?

① 회피전략　② 수용전략
③ 경쟁전략　④ 타협전략
⑤ 통합전략

0645
2021 7급 서울시

상황에 따른 갈등 해결의 방법을 짝지은 것 중 가장 옳지 않은 것은?

① 이슈가 사소한 것이거나 자기의 의견이 관철될 가능성이 매우 낮을 때 – 철수/회피
② 나중을 위하여 신용을 얻고자 할 때 – 양보/수용
③ 목표는 중요하나 더 이상 설득이 힘들 때 – 타협
④ 비슷한 파워를 가진 집단들끼리의 갈등일 때 – 강요

0646
2011 7급 국가직

조직관리에 있어 집단이나 부서 간 갈등 해소는 중요한 관리 요소이다. 이러한 갈등을 해소하는 데 적합한 것으로만 고른 것은?

| ㄱ. 직접 대면 | ㄴ. 상위목표의 설정 |
| ㄷ. 자원의 확충 | ㄹ. 상호의존성 제고 |

① ㄱ, ㄴ, ㄷ　② ㄱ, ㄴ, ㄹ
③ ㄱ, ㄷ, ㄹ　④ ㄴ, ㄷ, ㄹ

0647
2015 7급 국가직

루블(Ruble)과 토마스(Thomas)의 갈등관리(갈등해결) 전략유형에 대한 설명으로 옳지 않은 것은?

① 강요(competing)전략은 위기 상황이나 권력 차이가 큰 경우에 이용한다.
② 회피(avoiding)전략은 갈등 당사자 간 협동을 강요하지 않으며 당사자 한 쪽의 이익을 우선시 하지도 않는다.
③ 조화(accommodating)전략은 사회적 신뢰가 중요하지 않은 사소한 문제에서 주로 이용된다.
④ 타협(compromising)전략은 갈등 당사자의 협동과 서로 이익을 절충하는 것으로 서로의 부분적 이익 만족을 추구한다.

0648
2022 7급 국가직

갈등에 대한 설명으로 옳지 않은 것은?

① 조직 내 갈등에 직무 갈등, 관계갈등, 과정갈등이 있다.
② 갈등을 통해 개인의 욕구불만을 해소할 수 있다.
③ 갈등의 대처방식으로 협조(collaboration)는 서로 양보하여 약간씩만 자기만족을 꾀하는 방식이다.
④ 협상의 기술에는 배분적 협상과 통합적 협상이 있다.

0649
2024 공인노무사

킬만(T. Kilmann)의 갈등관리 유형 중 목적달성을 위해 비협조적으로 자기 관심사만을 만족시키려는 유형은?

① 협력형 ② 수용형
③ 회피형 ④ 타협형
⑤ 경쟁형

협상

0650
2013 가맹거래사

갈등해결을 위한 협상전략 중 통합적 협상(integrative bargaining)의 특성이 아닌 것은?

① 양쪽 당사자 모두 만족할 만큼 성과를 확대한다.
② 나도 이기고 상대도 이기는 윈 – 윈 전략을 구사한다.
③ 당사자들 사이의 이해관계보다 각 당사자의 입장에 초점을 맞춘다.
④ 당사자들 간의 장기적 관계를 형성한다.
⑤ 정보공유를 통해 각 당사자의 흥미를 만족시킨다.

0651
2014 공인노무사

분배적 교섭의 특성에 해당되는 것은?

① 나도 이기고 상대도 이긴다.
② 장기적 관계를 형성한다.
③ 정보공유를 통해 각 당사자의 관심을 충족시킨다.
④ 당사자 사이의 이해관계보다 각 당사자의 입장에 초점을 맞춘다.
⑤ 양 당사자 모두 만족할 만큼 파이를 확대한다.

조직문화

0652
2015 가맹거래사

조직문화에 관한 설명으로 옳지 않은 것은?

① 조직은 대외적으로 적응하고 대내적으로 통합하는 과정에서 조직문화를 형성한다.
② 조직 사회화를 통해서 신규 구성원에게 전수되고 보존된다.
③ 내생적인 요인 또는 외생적인 환경변화에 의해서 변화한다.
④ 조직문화의 변동과정에 목적의식을 가지고 개입하여 바람직한 문화를 창출하는 것이 조직문화의 개혁이다.
⑤ 조직문화를 개혁한 후에는 지속적인 엑스노베이션(exnovation)이 필요하지 않다.

0653
2014 공인노무사

약한 문화를 가진 조직의 특성에 해당되는 것은?

① 응집력이 강하다.
② 의례의식, 상징, 이야기를 자주 사용한다.
③ 다양한 하위문화의 존재를 허용한다.
④ 조직가치의 중요성에 대한 광범위한 합의가 이루어져 있다.
⑤ 조직의 가치와 전략에 대한 구성원의 몰입을 증가시킨다.

0654
2020 공인노무사

파스칼(R. Pascale)과 피터스(T. Peters)의 조직문화 7S 중 다른 요소들을 연결시켜 주는 핵심적인 요소는?

① 전략(strategy)
② 관리기술(skill)
③ 공유가치(shared value)
④ 관리시스템(system)
⑤ 구성원(staff)

0655
2018 경영지도사

조직문화에 의하여 설정된 규범, 공유된 가치, 전통, 신념, 의식, 기대 등을 통하여 이루어지는 통제의 유형은?

① 자율 통제
② 관료적 통제
③ 시장 통제
④ 클랜(clan) 통제
⑤ 스크리닝(screening) 통제

0656
2020 경영지도사

맥킨지(McKinsey)가 제시한 조직문화 7S요소에 해당하지 않는 것은?

① 공유가치(shared value)
② 정신(spirit)
③ 구조(structure)
④ 전략(strategy)
⑤ 구성원(staff)

0657
2021 7급 군무원

조직문화의 구성요소에 대한 7S 모형은 맥킨지(Mckinsey)가 개발한 모형으로 조직문화에 영향을 주는 조직 내부요소를 7가지 요인으로 나타낸 것이다. 이 7가지 요인에 해당하지 않는 것은?

① 조직구조(structure)
② 학습(study)
③ 관리기술(skill)
④ 공유가치(shared value)

0658
공기업 출제경향 반영

다음 맥킨지 7S 모델의 요소 중 하드웨어 영역에 속하는 것을 모두 고르면?

ㄱ. System	ㄴ. Strategy
ㄷ. Structure	ㄹ. Style
ㅁ. Skills	ㅂ. Staff
ㅅ. Shared Values	

① ㄱ, ㄴ, ㄷ
② ㄱ, ㄹ, ㅂ
③ ㄴ, ㄷ, ㅅ
④ ㄷ, ㅁ, ㅂ
⑤ ㄹ, ㅁ, ㅅ

0659
2024 7급 군무원

조직문화의 유형을 구분하는 데 유용한 기법 중 하나로 카메론(K.S.Cameron)과 퀸(R.E.Quinn)의 경쟁가치 프레임워크(competing value framework, CVF)를 기반으로 하는 방법이 있다. 다음 중 이 기법에 의한 조직문화의 유형으로 가장 적절하지 않은 것은?

① 공식화(formalized) 조직문화
② 계층적(hierarchy) 조직문화
③ 에드호크러시(adhocracy) 조직문화
④ 시장지향적(market) 조직문화

조직변화

0660
2005 가맹거래사

조직변화에 대한 저항요인이 아닌 것은?

① 현상고수의 집단규범
② 구조적 관성
③ 미래세계에 대한 두려움
④ 실패에 대한 불안
⑤ 경영자의 야망

0661
2013 경영지도사

조직변화에 관한 설명으로 옳지 않은 것은?

① 조직변화를 유발하는 요인은 외부요인과 내부요인으로 나누어 볼 수 있으며, 외부요인은 경제환경, 정치환경, 기술환경, 사회문화환경의 변화에 기인한다.
② 조직변화의 영역은 그 초점에 따라 목표, 전략, 구조, 기술, 직무, 문화, 구성원과 관련된 영역으로 구분할 수 있다.
③ 불확실성에 대한 불안감, 기득권상실, 관점의 차이는 조직변화를 거부하는 요인이라 할 수 있다.
④ 르윈(K. Lewin)의 힘의 장이론(force field theory)에 의하면 조직의 현재 상태는 변화를 추진하는 힘과 변화를 막는 힘이 서로 겨루어 균형을 이룬 결과로 설명된다.
⑤ 르윈에 의하면, 변화추진력을 높이면 그만큼 저항하는 힘이 작아지기 때문에 효과가 크다.

0662
2022 5급 군무원

지속적으로 학습하고 적응하며, 변화하는 역량을 개발하는 조직을 학습조직(learning organization)이라 한다. 다음은 학습조직의 중요한 특징을 조직설계, 정보공유, 조직문화 및 리더십 측면에서 설명한 것들이다. 이 중 가장 옳지 않은 것은?

① 조직구조 측면에서 학습조직은 무경계의 팀 조직 형태를 그 특징으로 하며, 관리자와 팀원 사이에는 명확한 권한 – 지시 관계가 존재한다.
② 정보공유 측면에서 학습조직은 구조적, 물리적 장벽이 거의 존재하지 않기 때문에, 공개적인 의사소통과 광범위한 정보공유를 그 특징으로 한다.
③ 조직문화 측면에서 학습조직은 구성원들 사이에 공유된 비전이 존재하며, 강한 공동체 의식, 상호존중 의식, 상호신뢰의 풍토가 조성되어 있다.
④ 리더십 측면에서 학습조직은 리더가 구성원 사이에 공유할 비전을 적극적으로 제시하며, 협동적 분위기를 유도하고 강화시키려고 노력하는 특징을 갖는다.

0663
공기업 출제경향 반영

르윈(Kurt Lewin)의 태도 변화 3단계를 올바른 순서대로 나타낸 것은?

① 변화 – 해빙 – 재동결
② 변화 – 재동결 – 해빙
③ 해빙 – 재동결 – 변화
④ 해빙 – 변화 – 재동결
⑤ 재동결 – 변화 – 해방

0664
공기업 출제경향 반영

다음 중 코터(Kotter)의 8단계 변화 단계 모형에서 변화의 장애물을 제거하고(5단계), 단기적 성공에 대한 보상이 일어나며(6단계), 변화에 대한 재평가(7단계)의 과정이 일어나는 것은 르윈(Lewin)의 변화 3단계 중 어떤 단계에 해당하는가?

① 해빙(freezing)
② 변화(change)
③ 재동결(refreezing)
④ 수용(acceptance)
⑤ 저항(resistance)

0665
공기업 출제경향 반영

다음 중 마감 시한이 있는 임시집단의 독특한 과업 수행단계를 설명하기 위한 모형으로 알맞은 것은?

① 게르식(Gersick)의 단절적 균형 모형(punctuated-equilibrium model)
② 터크만(Tuckman)의 5단계 집단발달 모형
③ 민쯔버그(Mintzberg)의 점진적 의사결정 모형
④ 블레이크(Blake)와 머튼(Mouton)의 관리격자모형 (managerial grid model)
⑤ 토마스(Thomas)와 킬만(Kilmann)의 갈등관리 모형

0666
공기업 출제경향 반영

켈만(Kelman)의 권력에 관한 일반적 상황 모델(general contingency model)에서 3가지 권력화 과정을 바르게 설명한 것은?

① 순응화(compliance) – 동일화(identification) – 내면화(internalization)
② 순응화(compliance) – 사회화(socialization) – 내면화(internalization)
③ 순응화(compliance) – 동일화(identification) – 외부화(externalization)
④ 순응화(compliance) – 사회화(socialization) – 외부화(externalization)
⑤ 순응화(compliance) – 조합화(combination) – 내면화(internalization)

학습조직

0667
2011 공인노무사

피터 셍게(Peter Senge)가 주장한 학습조직 모형의 내용에 해당하지 않는 것은?

① 팀 학습
② 개인적 숙련
③ 성과에 따른 평가
④ 시스템적 사고
⑤ 비전의 공유

0668
2021 5급 군무원

현대조직은 학습하지 않으면 생존하기 어렵다. 다음 중 학습조직에 대한 설명으로 옳은 것을 모두 고른 것은?

> ㄱ. 학습조직은 문제해결 활동을 통해 구축될 수 있다.
> ㄴ. 과거의 경험에 대한 성찰이 학습조직 구축에 매우 중요하다.
> ㄷ. 다른 기업을 모방하는 것도 학습조직 구축의 한 방법이다.
> ㄹ. 학습조직은 폐기 학습(unlearning)을 필요로 한다.

① ㄱ, ㄴ
② ㄴ, ㄷ
③ ㄱ, ㄷ, ㄹ
④ ㄱ, ㄴ, ㄷ, ㄹ

0669
2021 5급 군무원

기업 간 경쟁이 심화되고 소비자의 욕구가 빠르게 변화할수록 기업은 이러한 상황에 재빠르게 대응하고 해당 현장에서 즉각적 문제해결이 가능하도록 하기 위한 리더십이 필요하다. 이러한 상황에 가장 효과적으로 대응할 수 있는 리더십으로 옳은 것은?

① 셀프(자기) 리더십
② 변혁적 리더십
③ 과업지향형 리더십
④ 카리스마 리더십

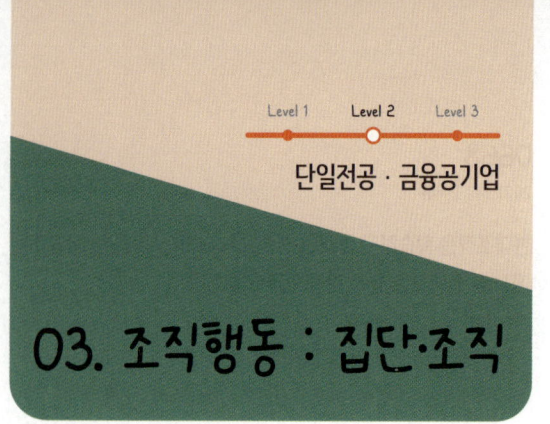

03. 조직행동 : 집단·조직

집단행동의 기초

0670
2004 CPA

집단에 관한 다음의 서술 중 가장 적절하지 않은 것은?

① 집단은 공식 집단과 비공식 집단으로 나눌 수 있다.
② 집단의 응집성이 높아도 조직성과는 높아지지 않을 수 있다.
③ 터커만(Tuckman)에 따르면 집단은 형성기(forming) – 격동기(storming) – 성과달성기(performing) – 규범화(norming) – 해체기(adjourning)의 단계를 거친다.
④ 집단의 크기가 작을수록 의사결정의 속도는 빨라지는 경향이 있다.
⑤ 이질적인 집단이 동질적인 집단에 비해 창의성이 높은 경향이 있다.

0671
2005 CPA

프렌치(French)와 레이븐(Raven)이 제시한 권력의 원천 중 조직의 공식적 지위와 관련되지 않은 것만으로 묶인 것은?

> a. 보상적 권력(reward power)
> b. 강압적 권력(coercive power)
> c. 합법적 권력(legitimate power)
> d. 전문적 권력(expert power)
> e. 준거적 권력(referent power)

① a, b ② b, c
③ c, d ④ d, e
⑤ a, e

0672
2008 CPA

집단에서 함께 일을 하다보면 무임승차 또는 편승(social loafing)하려는 사람이 생기게 마련이다. 개인이 혼자 일할 때보다 집단으로 일하면 노력을 덜 하려는 이 같은 현상을 줄이기 위한 방안으로서 가장 적절하지 않은 것은?

① 과업을 전문화시켜 책임소재를 분명하게 한다.
② 개인별 성과를 측정하여 비교할 수 있게 한다.
③ 팀의 규모를 늘려서 각자의 업무 행동을 쉽게 관찰할 수 있게 한다.
④ 본래부터 일하려는 동기 수준이 높은 사람을 고용한다.
⑤ 직무충실화를 통해 직무에서 흥미와 동기가 유발되도록 한다.

0673
2017 CPA

다음 중 적절한 항목만을 모두 선택한 것은?

> a. 프렌치(French)와 레이븐(Raven)이 제시한 권력의 원천 중 준거적 권력(referent power)은 개인의 특성보다는 조직의 특성에 기반을 둔 권력이다.
> b. 집단의사결정 방식 중 구성원간 상호작용을 제한하는 정도는 브레인스토밍(brainstorming)보다 명목집단법(nominal group technique)이 더 강하다.
> c. 자원의 크기가 고정되어 있을 때, 이해관계가 상반되는 양 당사자가 자신의 몫을 극대화하려는 협상방식을 분배적 협상(distributive bargaining)이라고 한다.
> d. 몰입상승(escalation of commitment)이란 의사결정의 속도와 질을 높여주는 의사결정 현상을 말한다.

① b ② c
③ a, d ④ b, c
⑤ b, c, d

0674
2022 CPA

다음 설명 중 적절한 항목만을 모두 선택한 것은?

> a. 집단 간 갈등은 목표의 차이, 지각의 차이, 제한된 자원 등으로부터 비롯된다.
> b. 기능팀(functional team)은 다양한 부서에 소속되어 있고 상호보완적인 능력을 지닌 구성원들이 모여 특정한 업무를 수행하는 팀을 말한다.
> c. 상동적 태도(stereotyping)는 타인에 대한 평가가 그가 속한 사회적 집단에 대한 지각에 기초하여 이루어지는 것을 말한다.
> d. 구성원의 만족감이 직무수행 상의 성취감이나 책임감 등 직무 자체에 존재하는 요인을 통해 나타날 때, 이 요인을 외재적 강화요인이라고 한다.

① a, b
② a, c
③ a, d
④ b, c
⑤ a, c, d

0675
2023 CPA

다음 설명 중 적절한 항목만을 모두 선택한 것은?

> a. 높은 집단응집력(group cohesiveness)은 집단사고(group think)의 원인이다.
> b. 사회적 태만(social loafing)은 집단으로 일할 때보다 개인으로 일할 때 노력을 덜 하는 현상을 의미한다.
> c. 제한된 합리성(bounded rationality)에서 사람들은 의사결정 시 만족스러운 대안이 아닌 최적의 대안을 찾는다.
> d. 감정노동(emotional labor)은 대인 거래 중에 조직 또는 직무에서 원하는 감정을 표현하는 상황으로 인지된 감정(felt emotion)과 표현된 감정(displayed emotion)이 있다.
> e. 빅 파이브(big-five) 모델에서 정서적 안정성(emotional stability)은 사회적 관계 속에서 편안함을 느끼는 정도를 의미한다.

① a, d
② b, c
③ b, e
④ a, c, d
⑤ c, d, e

집단의사결정

0676
2000 CPA

의사결정에 대한 다음의 설명 중 가장 적절한 것들로 구성된 것은?

> a. 합리적 의사결정 모형은 의사결정자가 완전한 합리성에 기초하여 최적의 의사결정을 한다고 보는 규범적인 의사결정 모형이다.
> b. 의사결정이 이루어지는 과정은 문제의 인식, 대체안의 개발, 대체안의 선택, 선택안의 실행, 결과의 평가로 이루어진다.
> c. 집단의사결정에서는 창의성 발휘가 쉬워서 창의성을 촉진하기 위한 별도의 조치는 필요하지 않다.
> d. 집단의사결정에서는 리더가 정보를 충분히 공개하고, 자신의 의견을 먼저 명확하게 제시하는 것이 효과적이다.

① a, b
② b, c
③ a, d
④ b, d
⑤ c, d

0677
2002 CPA

의사결정(decision making)과 관련한 다음의 설명 가운데 가장 적절하지 않은 것은?

① 합리적 의사결정모형(rational decision making model)은 완전정보와 일관적인 선호체계를 가정한다.
② 제한된 합리성모형(bounded rationality model)은 결과의 최적화보다는 만족화(satisficing)를 추구한다.
③ 쓰레기통모형(garbage can model)은 의사결정이 합리적 과정을 통하기보다는 예기치 않은 상황에 의해 이루어진다고 설명한다.
④ 일반적으로 개인적 의사결정은 집단적 의사결정에 비하여 효과성은 낮지만 시간적 효율성은 높다.
⑤ 집단의사결정과정에서 발생할 수 있는 집단극화현상(group polarization)의 주된 원인은 그 집단의 높은 응집성(cohesiveness)이다.

0678
2006 CPA

조직의 의사결정을 설명하는 것 중 가장 적절하지 않은 것은?

① 시간과 인지능력의 제약으로 가능한 모든 대안을 다 검토하지 못하고 의사결정하는 경우가 많다.
② 절차가 민주적이고 집단의 응집력이 약할수록 집단사고(group think)가 많이 일어난다.
③ 고도의 불확실성 상황에 직면해서는 문제와 해결대안들과 의사결정자가 뒤죽박죽 섞여지기도 한다.
④ 별 생각의 차이가 없는 개인들이 집단에 들어와서 토론하게 될 경우 집단양극화(group bipolarization)가 나타날 수 있다.
⑤ 일단 한번 결정해서 실행에 옮긴 의사결정은 중간에 결과가 나쁘더라도 중단하지 않고 계속 실행하려는 경향이 있다(escalation of commitment).

0679
2009 CPA

의사결정과 관련된 서술 중 가장 적절하지 않은 것은?

① 브레인스토밍 방법을 적용할 때에는 자유롭게 의견을 개진할 수 있는 분위기를 조성하는 것이 중요하다.
② 명목집단법을 적용할 때에는 구성원간의 토론과 토론사회자의 역할이 중요하다.
③ 사이몬(Simon)의 제한된 합리성(bounded rationality) 모형(이론)에 의하면 의사결정을 할 때, 최적의 대안보다는 만족스러운 대안을 선택하게 된다.
④ 지명반론자법을 적용할 경우, 집단사고(group think) 현상을 방지할 수 있다.
⑤ 집단 구성원의 응집력이 강할수록 집단사고(group think) 현상이 발생할 가능성이 커진다.

0680
2013 CPA

의사결정 이론에 관한 다음 설명 중 가장 적절한 것은?

① 사이몬(Simon)은 의사결정자들이 능력, 시간, 정보의 한계로 최적의 대안보다는 만족스러운 수준에서 의사결정을 하는 경제적 합리성(합리적 경제인) 모델을 제시하였다.
② 집단사고(group think)는 집단의사결정이 개인의사결정에 비해 긍정적 효과가 더 크다는 것을 의미한다.
③ 집단내 응집력이 강하고 리더가 민주적인 경우에 집단사고(group think)가 발생할 가능성이 더 커진다.
④ 브레인스토밍(brainstorming) 기법은 창의적인 대안을 도출하기 위하여 개인이 자유롭게 의견을 제시하고 다른 사람의 의견에 대해서도 자유롭게 비판할 수 있게 한다.
⑤ 브룸(Vroom)과 예튼(Yetton)은 의사결정 과정에서 문제의 구조화 정도, 결정사항에 대한 부하들의 수용 가능성, 리더가 가진 정보의 양에 따라 부하의 참여정도가 달라져야 한다고 주장하였다.

0681
2021 CPA

집단과 의사결정에 관한 설명으로 가장 적절하지 않은 것은?

① 집단발전의 단계 중 형성기(forming)는 집단의 목적·구조·리더십을 정하는 과정이 불확실하다는 특징을 가지고 있다.
② 1차 집단은 구성원 간의 관계가 지적·이성적이며 공식적·계약적이라는 특징이 있는 반면, 2차 집단은 구성원의 개인적·감정적 개입이 요구되고 구성원 간에 개인적·자발적 대면관계가 유지되는 특징이 있다.
③ 규범(norm)은 집단 구성원이 주어진 상황에서 어떤 행동을 취해야 하는지에 대한 행동의 기준을 말한다.
④ 집단의사결정은 비정형적 의사결정(non-programmed decisions)에서 개인의사결정에 비해 그 효과가 더 높게 나타날 수 있다.
⑤ 의사결정이 이루어지는 과정은 문제의 인식 및 진단, 대안의 개발, 대안 평가 및 선택, 최선책의 실행, 결과의 평가로 이루어진다.

리더십 상황이론

0682
2005 CPA

리더십의 상황이론에 대한 설명으로 가장 적절한 것은?

① 이상적인 리더십 스타일은 인간에 대한 관심과 생산에 대한 관심이 모두 높은 경우이다.
② 하우스(House)는 리더십을 지시적, 후원적, 참여적, 성취지향적 스타일로 구분하여 각각에 적합한 의사결정 상황을 제시하고 있다.
③ 일반적으로 전제적(authoritative) 리더보다 민주적(democratic) 리더가 높은 성과를 내는 경향이 있다.
④ 허시(Hersey)와 블랜차드(Blanchard)의 상황모형에 의하면 리더-부하간 관계와 부하의 성숙도에 따라 리더십 스타일이 달라질 필요가 있다.
⑤ 피들러(Fiedler)는 리더십의 상황요인으로 과업구조(task structure)와 직위권력(position power)을 제시하고 있다.

0683
2006 CPA

피들러(Fiedler)의 리더십이론에 관한 서술 중에 가장 적절한 것은?

① 리더십 스타일을 지시형, 위임형, 참여형, 지도형의 4가지 유형으로 나누었다.
② 상황에 따른 리더의 의사결정능력과 비전을 강조하였다.
③ LPC 점수로 리더를 둘러싸고 있는 상황요인을 측정하였다.
④ 리더에게 유리한 상황부터 불리한 상황까지 8가지 상황으로 분류하였다.
⑤ 리더십 스타일은 부하의 참여도와 성숙도에 따라 달라진다.

변혁적 리더십

0684
2010 CPA

변혁적 리더십(transformational leadership)에 관한 다음의 설명 중 가장 적절하지 않은 것은?

① 번즈(Burns)와 배스(Bass)는 변혁적 리더십을 제시하면서 기존의 리더십을 거래적 리더십(transactional leadership)이라고 하였다.
② 변혁적 리더십은 예외에 의한 관리(management by exception)를 포함하기도 한다.
③ 변혁적 리더십은 추종자들이 개인적인 성장을 할 수 있도록 그들의 욕구를 파악하는 등 부하 개개인들에 대한 배려(consideration)를 포함하기도 한다.
④ 변혁적 리더십은 부하들에 대한 지적 자극(intellectual stimulation)을 포함하기도 한다.
⑤ 변혁적 리더십은 카리스마(charisma)를 포함하기도 한다.

리더십 종합

0685
2003 CPA

리더십에 관한 다음의 설명 가운데 옳지 않은 것은?

① 리더십 상황이론(contingency theories of leadership)에 따르면 리더십의 효과성은 리더의 개인적 요소와 상황적 요소의 상호작용에 의해 결정된다.
② Hersey와 Blanchard의 상황적 리더십이론(Situational Leadership Theory)은 리더의 행동유형을 과업중심적 리더행동과 관계중심적 리더행동으로 구분한다.
③ Fiedler의 상황이론에 의하면 LPC 점수가 높다는 것은 리더에게 주어진 상황이 우호적임을 의미한다.
④ 경로-목표이론(Path-Goal Theory)은 리더의 행동유형을 지시적(directive), 후원적(supportive), 참여적(participative), 성취지향적(achievement oriented) 등의 4가지 유형으로 구분한다.
⑤ 변혁적 리더(transformational leader)는 조직 또는 집단이 추구할 비전(vision)을 제시한다.

0686
2004 CPA

리더십이론에 관한 다음의 서술 중 가장 적절한 것은?

① 미시건(Michigan)학파의 리더십 연구는 리더행동을 배려(consideration)와 구조 주도(initiating structure)로 나누었다.
② 피들러(Fiedler)의 리더십 모형은 리더와 부하의 관계의 친밀도, 과업의 구조, 리더의 부하에 대한 권력 정도를 리더십을 둘러싼 상황요인으로 보았다.
③ 블레이크와 머튼(Blake & Mouton)의 리더십이론은 인간 중심과 과업 중심으로 리더십의 차원을 나누고 부하의 성숙도에 따라 지시형, 지도형, 위임형, 참여형 중 적절한 리더십을 발휘할 수 있다고 보았다.
④ 브룸, 예튼, 예고(Vroom, Yetton & Jago)의 리더 – 참여 모형은 의사결정의 질, 부하의 참여 등의 상황변수를 고려하여 지도적 리더십, 지원적 리더십, 참여적 리더십, 성취지향적 리더십을 적절히 구사해야 한다고 보고 있다.
⑤ 리더 – 부하 교환이론(leader-member exchange theory)에서는 리더가 부하를 차별적으로 대하는 것은 바람직하지 않으며, 내부자 집단이나 외부자 집단이나 똑같이 대우해야 한다.

0687
2007 CPA

리더십이론에 대한 설명 중 가장 적절하지 않은 것은?

① 허시와 블랜차드(Hersey and Blanchard)의 상황적 리더십이론은 지시형(telling), 지도형(selling), 참여형(participating), 위임형(delegating)의 리더십스타일을 제시하였다.
② 허시와 블랜차드(Hersey and Blanchard)의 상황적 리더십이론에서는 부하의 성숙도를 부하의 능력과 의지측면에서 분류하였다.
③ 브룸과 예튼(Vroom and Yetton)의 규범적 리더십모형에서는 의사결정과정에서 리더가 선택할 수 있는 리더십 스타일을 5가지로 나누었다.
④ 하우스(House)의 경로목표이론에서 환경적 요인(environmental factors)이란 부하의 경험과 능력, 부하의 성취욕구, 집단의 과업내용, 리더의 권한위치를 말한다.
⑤ 피들러(Fiedler)의 리더십상황이론에서는 LPC척도를 이용하여 리더의 유형을 관계지향적 리더와 과업지향적 리더로 분류하였다.

0688
2009 CPA

리더십 이론에 관한 서술 중 가장 적절하지 않은 것은?

① 피들러(Fiedler)의 리더십 상황이론에 의하면 리더가 처한 상황이 비호의적인 경우 LPC(least preferred co-worker) 점수가 낮은 리더십 스타일이 적합하다.
② 하우스(House)의 경로목표이론에 의하면 내재적 통제위치를 갖고 있는 부하에게는 지시적 리더십 스타일이 적합하다.
③ 허시(Hersey)와 블랜차드(Blanchard)의 리더십 상황이론에서는 상사의 리더십 스타일을 관계행위와 과업행위로 구분하고, 하급자의 성숙도는 능력과 의지로 측정하고 있다.
④ 허시(Hersey)와 블랜차드(Blanchard)에 의하면 부하의 의지와 능력이 모두 높은 경우에는 위양형(위임형) 리더십 스타일이 적절하다.
⑤ 변혁적 리더(transformational leader)는 부하 개개인을 관심있게 지켜보며, 개인적으로 조언한다.

0689
2010 CPA

동기부여이론과 리더십이론에 관한 다음의 설명 중 가장 적절하지 않은 것은?

① 알더퍼(Alderfer)는 인간의 욕구가 만족 – 진행(satisfaction - progression)과 좌절 – 퇴행(frustration - regression)이 일어난다고 주장한다.
② 하우스(House)가 제시한 상황적 리더십 스타일은 지시적, 후원적, 참여적, 성취지향적 리더십 스타일로 4가지이다.
③ 허쯔버그(Herzberg)는 2요인 이론에서 봉급, 작업조건, 상사와의 관계와 같은 위생요인이 충족되더라도 개인의 만족은 증대되지 않는다고 주장한다.
④ 허시(Hersey)와 블랜차드(Blanchard)는 리더십의 상황요인으로 과업구조(task structure)와 직위권력(position power)을 제시한다.
⑤ 브룸(Vroom)은 개인의 동기수준이 기대(expectancy), 수단성(instrumentality), 유의성(valence)에 의해 결정된다고 설명한다.

0690
2011 CPA

리더십(leadership) 이론에 관한 설명으로 가장 적절하지 않은 것은?

① 서번트 리더십(servant leadership)은 개별적 배려, 지적 자극, 영감에 의한 동기부여, 비전 제시와 내재적 보상을 통해서 부하를 이끄는 리더십이다.
② 리더와 부하와의 관계, 과업의 구조, 리더의 직위권력(position power)은 피들러(Fiedler)가 상황적 리더십이론에서 고려한 3가지 주요 상황요인이다.
③ 오하이오주립대학교(Ohio State University)의 리더십 행동연구에서는 리더십을 구조주도(initiating structure)와 배려(consideration)의 두 차원으로 나누었다.
④ 블레이크와 머튼(Blake and Mouton)은 일에 대한 관심(concern for production)과 사람에 대한 관심(concern for people)을 두 축으로 하여 관리격자형(managerial grid) 리더십 모형을 제시하였다.
⑤ 거래적 리더십(transactional leadership)은 부하의 노력과 성과에 따라 보상을 한다.

0691
2012 CPA

리더십 이론에 관한 설명으로 가장 적절한 것은?

① 하우스(House)의 경로-목표이론(path-goal theory)에서는 리더의 유형을 지시적, 민주적, 참여적, 성취지향적 리더십으로 구분하고, 환경특성과 부하특성에 따라 리더십 스타일이 달라진다고 하였다.
② 피들러(Fiedler)의 이론에서는 리더의 특성을 LPC(least preferred co-worker) 설문에 의해 측정하고, LPC 점수가 높을수록 과업지향적 리더십으로 정의하고 있다.
③ 피들러(Fiedler)는 상황이 리더에게 호의적인 경우에 과업지향적 리더십스타일이 적합하다고 주장하였다.
④ 허시(Hersey)와 블랜차드(Blanchard)의 이론에 의하면 하급자(부하)의 능력과 의지가 낮은 경우에는 참여형 리더십 스타일이 적합하다.
⑤ 허시(Hersey)와 블랜차드(Blanchard)의 이론에서는 관계행위(배려)가 높고 과업행위(구조주도)가 낮은 리더를 지시형으로 정의하고 있다.

0692
2013 CPA

리더십 이론에 관한 다음 설명 중 가장 적절한 것은?

① 허시(Hersey)와 블랜차드(Blanchard)는 리더와 부하의 관계가 나쁠수록 엄격하게 감독하고 관리하는 지시형 리더십이 적절하다고 하였다.
② 리더-구성원 교환관계이론(Leader-Member Exchange Theory) 또는 수직쌍관계이론(Vertical Dyads Linkage Theory)에 의하면, 리더와 부하가 내집단(in-group)의 관계일 때, 상사는 부하와 공식적인 범위 내에서만 관계를 유지하는 경향이 있다.
③ 블레이크(Blake)와 머튼(Mouton)의 관리격자모형(Managerial Grid Model)에서는 상황의 특성과 관계없이 생산과 인간 모두에 높은 관심을 가지는 팀형(9, 9)을 이상적인 리더십 스타일로 정의하고 있다.
④ 피들러(Fiedler)의 리더십 상황모형에 의하면, 상황이 리더에게 매우 호의적이거나 매우 비호의적인 경우에는 LPC(Least Preferred Co-workers) 점수가 낮은 관계지향적 리더십 스타일이 적합하다.
⑤ 거래적 리더십(transactional leadership) 스타일을 지닌 리더는 부하의 역할과 목표를 명확하게 제시하고, 부하 개개인의 욕구에 관심을 가지며, 부하들을 지속적으로 격려하는 행동을 한다.

0693
2014 CPA

리더십 이론에 관한 설명으로 가장 적절하지 않은 것은?

① 허시(Hersey)와 블랜차드(Blanchard)의 리더십 상황이론에 의하면 부하의 능력이 높고 의지가 낮을 때에는 참여형 리더십 스타일이 적합하다.
② 피들러(Fiedler)의 리더십 상황이론에 의하면 상황이 리더에게 매우 호의적인 경우에는 관계지향적 리더십 스타일이 적합하다.
③ 변혁적 리더십(transformational leadership)에서는 부하들에 대한 지적 자극과 부하 개인에 대한 관심과 배려를 강조하고 있다.
④ 블레이크(Blake)와 머튼(Mouton)의 관리격자모형(managerial grid)에서는 일에 대한 관심과 사람에 대한 관심의 두 가지 차원에서 리더의 유형을 분류하였다.
⑤ 하우스(House)는 경로-목표 이론(path goal theory)에서 부하의 특성과 환경적 요인에 따라 리더십 스타일이 달라져야 한다고 주장하였다.

0694
2015 CPA

리더십 이론에 관한 설명으로 가장 적절한 것은?

① 피들러(Fiedler)의 상황이론에 의하면, 리더가 처한 상황이 매우 호의적이거나 매우 비호의적인 경우에는 LPC(least preferred co-worker) 점수가 높은 리더가 적합하다.
② 리더 - 구성원 교환관계이론(LMX: leader-member exchange theory)은 상사와 모든 부하의 관계가 동질적이라고 가정하고 있다.
③ 허시(Hersey)와 블랜차드(Blanchard)의 상황이론에 의하면, 부하의 성숙도가 매우 낮거나 매우 높은 경우에는 위임형 리더십 스타일이 적합하다.
④ 블레이크(Blake)와 머튼(Mouton)의 관리격자모형(managerial grid model)에서는 리더가 처한 상황에 따라 리더십 스타일이 달라진다고 하였다.
⑤ 하우스(House)의 경로 - 목표이론(path-goal theory)에서는 리더의 유형을 지시적, 지원적(후원적), 참여적, 성취지향적 리더십으로 구분하였다.

0695
2016 CPA

리더십이론에 관한 설명으로 가장 적절한 것은?

① 거래적 리더십(transactional leadership)은 조건적 보상, 예외에 의한 관리(management by exception), 지적인 자극, 이상적인 영향력의 행사로 구성된다.
② 피들러(Fiedler)의 리더십 모형은 리더를 둘러싼 상황을 과업의 구조, 부하와의 관계, 부하의 성취욕구, 작업환경으로 구분한다.
③ 브룸(Vroom)과 예튼(Yetton)의 리더십 모형은 리더십의 스타일을 리더와 부하의 관계의 질에 따라 방임형, 민주형, 절충형, 독재형의 4가지 형태로 나눈다.
④ 허쉬(Hersey)와 블랜차드(Blanchard)는 부하의 성숙도를 부하의 능력(ability)과 의지(willingness) 두 가지 측면에서 파악하여 4가지로 나누었다.
⑤ 블레이크(Blake)와 머튼(Mouton)은 (1,1)형 리더를 이상적인 리더십 스타일로 규정하였다.

0696
2017 CPA

리더십 이론에 관한 설명으로 가장 적절하지 않은 것은?

① 하급자에게 분명한 업무를 부여하는 행위는 오하이오주립대학교(Ohio State University) 리더십 행동연구에서 구조주도(initiating structure) 측면에 해당한다.
② 허쉬(Hersey)와 블랜차드(Blanchard)의 상황적 리더십이론(situational leadership theory)은 과업특성에 따라 리더십 스타일의 유효성이 달라진다고 주장한다.
③ 피들러(Fiedler)의 리더십 상황모형에서 높은 LPC(Least Preferred Co-worker) 점수는 관계지향적 리더십 스타일을 의미한다.
④ 리더십 대체이론(substitutes for leadership)에 따르면 집단의 높은 응집력은 리더의 관계지향적 행위를 대체할 수 있다.
⑤ '부하가 상사를 카리스마 리더로 인식할 때 조직 성과가 높아지는 것이 아니라, 조직 성과가 높은 경우 상사를 카리스마 리더로 인식하는 정도가 강해진다'는 연구결과는 리더십 귀인이론(attribution theory of leadership)의 예이다.

0697
2018 CPA

리더십이론에 관한 설명으로 가장 적절한 것은?

① 변혁적 리더십(transformational leadership)은 영감을 주는 동기부여, 지적인 자극, 상황에 따른 보상, 예외에 의한 관리, 이상적인 영향력의 행사로 구성된다.
② 피들러(Fiedler)는 과업의 구조가 잘 짜여져 있고, 리더와 부하의 관계가 긴밀하고, 부하에 대한 리더의 지위권력이 큰 상황에서 관계지향적 리더가 과업지향적 리더보다 성과가 높다고 주장하였다.
③ 스톡딜(Stogdill)은 부하의 직무능력과 감성지능이 높을수록 리더의 구조주도(initiating structure)행위가 부하의 절차적 공정성과 상호작용적 공정성에 대한 지각을 높인다고 주장하였다.
④ 허쉬(Hersey)와 블랜차드(Blanchard)는 부하의 성숙도가 가장 낮을 때는 지시형 리더십(telling style)이 효과적이고 부하의 성숙도가 가장 높을 때는 위임형 리더십(delegating style)이 효과적이라고 주장하였다.
⑤ 서번트 리더십(servant leadership)은 리더와 부하의 역할 교환, 명확한 비전의 제시, 경청, 적절한 보상과 벌, 자율과 공식화를 통하여 집단의 성장보다는 집단의 효율성과 생산성을 높이는 데 초점을 두고 있다.

0698
2019 CPA

리더십이론에 관한 설명으로 가장 적절한 것은?

① 허시(Hersey)와 블랜차드(Blanchard)의 상황이론에 따르면 설득형(selling) 리더십 스타일의 리더보다 참여형(participating) 리더십 스타일의 리더가 과업지향적 행동을 더 많이 한다.
② 피들러(Fiedler)의 상황이론에 따르면 개인의 리더십 스타일이 고정되어 있지 않다는 가정 하에 리더는 상황이 변할 때마다 자신의 리더십 스타일을 바꾸어 상황에 적응한다.
③ 블레이크(Blake)와 머튼(Mouton)의 관리격자이론(managerial grid theory)은 리더십의 상황이론에 해당된다.
④ 거래적 리더십(transactional leadership)이론에서 예외에 의한 관리(management by exception)란 과업의 구조, 부하와의 관계, 부하에 대한 권력행사의 예외적 상황을 고려하여 조건적 보상을 하는 것이다.
⑤ 리더 - 구성원 교환관계이론(LMX: leader-member exchange theory)에서는 리더와 부하와의 관계의 질에 따라서 부하를 내집단(in-group)과 외집단(out-group)으로 구분한다.

0699
2020 CPA

권력 및 리더십에 관한 설명으로 가장 적절하지 않은 것은?

① 서번트 리더십(servant leadership)은 리더가 섬김을 통해 부하들에게 주인의식을 고취함으로써 그들의 자발적인 헌신과 참여를 제고하는 리더십을 말한다.
② 리더십 특성이론은 사회나 조직체에서 인정되고 있는 성공적인 리더들은 어떤 공통된 특성을 가지고 있다는 전제하에 이들 특성을 집중적으로 연구하여 개념화한 이론이다.
③ 카리스마적 리더십(charismatic leadership)은 리더가 영적, 심적, 초자연적인 특질을 가질 때 부하들이 이를 신봉함으로써 생기는 리더십을 말한다.
④ 다양한 권력의 원천 가운데 준거적 권력(referent power)은 전문적인 기술이나 지식 또는 독점적 정보에 바탕을 둔다.
⑤ 임파워먼트(empowerment)는 부하직원이 스스로의 책임 하에 주어진 공식적 권력, 즉 권한을 행사할 수 있도록 해주는 것을 말하며, 조직 내 책임경영의 실천을 위해 중요하다.

0700
2021 CPA

리더십에 관한 설명으로 가장 적절하지 않은 것은?

① 권한(authority)은 직위에 주어진 권력으로서 주어진 책임과 임무를 완수하는 데 필요한 의사결정권을 의미한다.
② 진성 리더(authentic leader)는 자신의 특성을 있는 그대로 인식하고 내면의 신념이나 가치와 일치되게 행동하며, 자신에게 진솔한 모습으로 솔선수범하며 조직을 이끌어가는 사람을 말한다.
③ 리더십 행동이론은 리더의 실제행동에 초점을 두고 접근한 이론으로서 독재적 - 민주적 - 자유방임적 리더십, 구조주도 - 배려 리더십, 관리격자 이론을 포함한다.
④ 카리스마적 리더(charismatic leader)는 집단응집성 제고를 통해 집단사고를 강화함으로써 집단의사결정의 효과성을 더 높일 가능성이 크다.
⑤ 리더가 부하의 행동에 영향을 주는 방법에는 모범(emulation), 제안(suggestion), 설득(persuasion), 강요(coercion) 등이 있다.

0701
2022 CPA

리더십에 관한 설명으로 가장 적절하지 않은 것은?

① 리더십은 리더가 부하들로 하여금 변화를 통해 조직목표를 달성하도록 영향력을 행사하는 과정이다.
② 리더는 외집단(out-group)보다 내집단(in-group)의 부하들과 질 높은 교환관계를 가지며 그들에게 더 많은 보상을 한다.
③ 피들러(Fiedler)의 리더십 상황모형에서 낮은 LPC(least preferred co-worker) 점수는 과업지향적 리더십 스타일을 의미한다.
④ 위인이론(great man theory)은 리더십 특성이론(trait theory)보다 리더십 행동이론(behavioral theory)과 관련성이 더 크다.
⑤ 변혁적 리더(transformational leader)는 이상화된 영향력, 영감에 의한 동기 유발, 지적 자극, 개인화된 배려의 특성을 보인다.

0702
2023 CPA

리더십에 관한 설명으로 가장 적절하지 않은 것은?

① 리더십 특성이론(trait theory)은 사회나 조직에서 인정받는 성공적인 리더들은 어떤 공통된 특성을 갖고 있다는 전제 하에 이들 특성을 연구하여 개념화한 이론이다.
② 하우스(House)는 리더십 스타일을 지시적(directive), 후원적(supportive), 참여적(participative), 성취지향적(achievement-oriented)으로 구분한다.
③ 리더-구성원 교환(leader-member exchange, LMX)이론은 리더와 개별 구성원의 역할과 업무 요구사항을 명확히 함으로써 부서 내 구성원의 목표 달성을 돕는다.
④ 스톡딜과 플레쉬맨(Stogdill & Fleishman)이 주도한 오하이오주립대학(OSU)의 리더십 연구는 리더의 행동을 구조주도(initiating structure)와 인간적 배려(consideration)의 두 차원으로 구분한다.
⑤ 피들러(Fiedler)의 상황적합모델은 리더십을 관계중심(relationship oriented)과 과업중심(task oriented) 리더십으로 구분한다.

0703
2024 CPA

리더십에 관한 설명으로 가장 적절하지 않은 것은?

① 전문적 권력(expert power)과 준거적 권력(referent power)은 공식적 지위가 아닌 개인적 특성에 기인한 권력이다.
② 피들러(Fiedler)는 리더십 상황이 리더에게 불리한 경우에는 과업지향적 리더보다 관계지향적 리더가 더 효과적이라고 주장하였다.
③ 미시간대학교(University of Michigan)의 리더십 모델에서는 리더십 유형을 생산중심형(production-oriented)과 종업원중심형(employee-oriented)의 두 가지로 구분한다.
④ 사회화된 카리스마적 리더(socialized charismatic leader)는 조직의 비전 및 사명과 일치하는 행동을 강화하기 위해 보상을 사용한다.
⑤ 서번트 리더(servant leader)는 자신의 이해관계를 넘어 구성원의 성장과 계발에 초점을 맞춘다.

협상

0704
2018 CPA

갈등과 협상에 관한 설명으로 가장 적절하지 않은 것은?

① 분배적 협상(distributive negotiation)의 동기는 제로섬(zero sum)에 초점을 맞추고 있고, 통합적 협상(integrative negotiation)의 동기는 포지티브섬(positive sum)에 초점을 맞추고 있다.
② 분배적 협상보다 통합적 협상에서 정보의 공유가 상대적으로 많이 이루어지는 경향이 있다.
③ BATNA(best alternative to a negotiated agreement)가 얼마나 매력적인가에 따라서 협상 당사자의 협상력이 달라진다.
④ 갈등관리유형 중 회피형(avoiding)은 자기에 대한 관심과 자기주장의 정도가 높고 상대에 대한 관심과 협력의 정도가 낮은 경우이다.
⑤ 통합적 협상에서는 제시된 협상의 이슈(issue)뿐만 아니라 협상당사자의 관심사(interests)에도 초점을 맞추어야 좋은 협상결과가 나온다.

조직문화

0705
2003 CPA

신입 조직구성원의 조직사회화 과정에 대한 다음의 설명 가운데 옳지 않은 것은?

① 조직사회화는 신입 조직구성원이 조직에 진입하는 시점에서 시작된다.
② 조직사회화는 개인과 조직의 심리적 계약을 통해 조직유효성을 향상시킨다.
③ 조직사회화 과정을 거침으로써 신입 조직구성원은 새로운 과업을 학습하고 새로운 대인관계를 형성한다.
④ 조직사회화 과정은 조직과 그 하위부문에서 중요한 것들을 실제로 중요하다고 인식하도록 학습하고 훈련하는 과정이다.
⑤ 조직은 조직사회화 과정을 통해 조직구성원의 업무를 재구성할 수 있다.

0706
2020 CPA

조직문화 및 조직개발에 관한 설명으로 가장 적절하지 않은 것은?

① 조직문화(organizational culture)란 일정한 패턴을 갖는 조직 활동의 기본가정이며, 특정 집단이 외부환경에 적응하고 내적으로 통합해 나가는 과정에서 고안, 발견 또는 개발된 것이다.

② 조직문화는 구성원들에게 조직 정체성(organizational identity)을 부여하고, 그들이 취해야 할 태도와 행동기준을 제시하여 조직 체계의 안정성과 조직몰입을 높이는 기능을 한다.

③ 조직에서 변화(change)에 대한 구성원의 저항행동에 작용하는 요인에는 고용안정에 대한 위협감, 지위 손실에 대한 위협감, 성격의 차이 등이 있다.

④ 적응적(adaptive) 조직문화를 갖는 조직에서 구성원들은 고객을 우선적으로 생각하며 변화를 가져올 수 있는 인적, 물적, 또는 제도나 과정 등의 내적 요소들에 많은 관심을 보인다.

⑤ 레윈(Lewin)의 조직변화 3단계 모델에 의하면, '변화' 단계에서는 구성원의 변화 필요성 인식, 주도세력 결집, 비전과 변화전략의 개발 등이 이루어진다.

0707
2024 CPA

조직문화에 관한 설명으로 가장 적절하지 않은 것은?

① 협력문화(cooperative culture)는 종업원들과 부서 간의 상호 유대를 강하게 유지하는 것을 중시한다.

② 적응문화(adaptive culture)는 종업원들의 유연성과 혁신 추구를 강조한다.

③ 경쟁문화(competitive culture)는 고객에 대한 경쟁이 극심하고 성숙한 시장환경에 처한 조직에 적합하다.

④ 관료문화(bureaucratic culture)는 차별화 전략을 추구하는 조직에 적합하다.

⑤ 조직문화의 구성요소로 공유가치(shared value), 전략, 구조(structure), 시스템, 구성원, 기술(skill), 리더십 스타일 등을 들 수 있다.

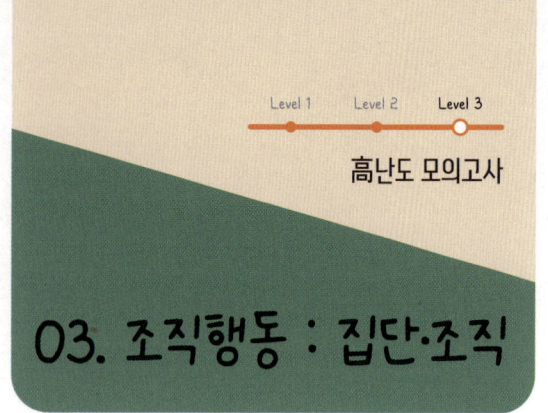

03. 조직행동 : 집단·조직

0708

의사결정에 대한 다음 설명 중에서 가장 적절하지 않은 것은?

① 논의가 이루어지기 전에 각 구성원들은 독립적으로 주어진 문제에 대한 자신의 아이디어를 종이에 적고, 자신의 아이디어를 발표한 후 집단으로 토의하는 것을 델파이법(Delphi method)이라고 한다.

② 합리적 의사결정(rational decision making)은 규범적(normative) 모형이고, 제한된 합리성 모형(bounded rationality model)은 기술적(descriptive) 모형이라고 할 수 있다.

③ 복잡한 문제에 직면했을 때 사람들은 쉽게 이해할 수 있는 수준으로 문제를 단순화하는데, 이는 인간의 제한된 합리성(bounded rationality) 때문이다.

④ 의사결정 과정의 오류 가운데 고착과 조정 오류(anchoring and adjustment bias)란 초기 정보에 지나치게 고착되는 경향을 가리킨다.

⑤ 불확실성 수준이 매우 높거나 변수들을 과학적으로 예측하는 것이 어려울 때는 축적된 경험에서 우러나오는 직관적 의사결정(intuitive decision making)을 이용할 수밖에 없다.

0709

리더십(leadership)에 대한 설명 중 가장 적절한 것은?

① 블레이크와 머튼(Blake and Mouton)의 관리격자(managerial grid) 이론에서 가장 효과적인 리더십은 '과업형'이다.

② 피들러는 리더-구성원 관계(leader-member relations), 과업구조(task structure), 직위권력(position power)을 이용하여 8개의 상황을 제시하고, 이들을 다시 2개의 상황(호의적, 비호의적)으로 구분하였다.

③ 리더십의 특성이론은 리더의 선발보다는 육성에 초점을 맞추고 있으며, 리더십 행동이론은 리더의 육성보다는 선발에 초점을 두고 있다.

④ 브룸(Vroom)과 예튼(Yetton)의 리더-참여 모형은 의사결정참여 형태와 양을 결정할 때 따라야 할 일련의 규칙을 제공하고 있어 규범적 리더십 이론(normative theory)으로 불리기도 한다.

⑤ 수직쌍 연결(VDL: vertical dyad linkage) 이론 혹은 리더-구성원 교환이론(LMX: leader-member exchange)에서 리더와 하급자가 외집단(out-group) 관계를 형성할 때, 신뢰와 존경, 공동운명의식을 갖게 되고, 계약 외적인 행동교환이 발생함으로써 리더와 하급자가 서로 큰 영향을 주고받게 된다.

0710

팀(team)과 관련한 다음 설명 중 가장 적절하지 않은 것은?

① 작업집단(work group)은 협력이 요구되는 공동작업을 수행할 필요가 없거나 기회가 없지만, 팀(team)은 협력을 통해 긍정적인 시너지를 창출한다.
② 효과적인 팀을 만들기 위해서는 개별 인사평가, 고정임금, 개별적 인센티브 시스템을 구축하여야 한다.
③ 팀원들이 스스로 작업을 계획하고 일정표를 작성하며, 과업을 할당하고, 작업속도를 공동으로 통제하고, 문제에 대한 조치를 취하는 것을 '자율적 관리팀(self-managed work team)'이라고 한다.
④ 품질, 생산성, 작업환경을 개선할 수 있는 방법을 논의하기 위한 팀을 '문제해결팀(problem solving team)'이라고 하며, 품질분임조(quality circle)가 대표적 예이다.
⑤ 일반적으로 팀구성원들은 개인의 공헌도를 확인하기 어렵기 때문에 사회적 태만(social loafing) 행동을 하고 집단 노력에 편승할 수 있다.

0711

집단(group)에서 발생하는 현상과 그의 원인이 바르게 연결되지 않은 것은?

① 애시효과(Asch effect)-집단규범에 동조(conformity) 압력
② 집단이동적 사고(groupshift)-의사결정 책임의 분산
③ 집단사고(groupthink)-집단의 강한 응집력
④ 사회적 태만(social loafing)-집단갈등의 증가
⑤ 몰입의 상승현상(escalation of commitment)-집단의 자기 합리화 경향

0712

리더십(leadership) 이론에 대한 설명 중 가장 적절하지 않은 것은?

① 리더십의 특성이론(trait theory)과 행동이론(behavioral theory)은 상황요소를 고려하지 않았으므로 연구의 신뢰성을 확보할 수 없었다.
② 피들러(Fiedler)의 리더십 상황이론에서 상황이 리더에게 호의적이거나 비호의적일 때는 관계 지향적(relationship oriented) 리더십이 효과적이고, 상황이 중간일 때는 과업 지향적(task oriented) 리더십이 더 효과적이다.
③ 하우스(House)의 경로-목표 이론(path-goal theory)에서 환경적 요인은 과업구조(task structure), 공식적 권한체계(formal authority system), 작업집단(work group) 등이다.
④ 허시와 블랜차드(Hersey & Blanchard)의 상황적 리더십 이론의 상황변수인 부하의 성숙도는 부하의 의지와 능력을 가지고 4가지로 구분된다.
⑤ 변혁적 리더(transformational leader)는 부하자신의 개인적인 이득보다는 조직이나 팀의 이득을 우선시하게끔 하고, 부하가 가지는 욕구보다 더 높은 수준의 욕구를 활성화시킴으로써 높은 성과를 올리도록 한다.

0713

의사결정(decision making)과 관련한 다음의 설명 가운데 가장 적절한 것은?

① 집단으로 모여 문제해결을 위한 토의를 하면 집단구성원들은 그들의 태도를 어느 한쪽으로 편향시키는 경향을 보이는데 이를 몰입의 상승현상(escalation of commitment)이라 한다.
② 집단의사결정에서는 최종결과에 대해 책임을 지는 특정인을 찾기 쉽기 때문에 책임의 소재가 명확하다.
③ 브레인스토밍(brainstorming)은 구성원들 상호간의 대화나 토론 없이 의사결정이 이루어지는 기법이다.
④ 시간 효율성 측면에서는 개인의사결정보다 집단의사결정이 효율적이다.
⑤ 집단의사결정에서 나타나는 현상 중 하나인 집단사고(groupthink)는 집단발달단계 중, 응집성이 높아지기 시작하는 규범화(norming) 단계에서 발생할 가능성이 높다.

0714

리더십(leadership) 이론에 관한 다음의 설명 중 가장 적절하지 않은 것은?

① 리더십 연구는 리더십 유효성(effectiveness)에 영향을 미치는 변수에 따라 특성이론, 행동이론, 상황이론으로 구분된다.
② 블레이크와 머튼(Blake & Mouton)의 관리격자(managerial grid) 이론은 5가지 상황에 적합한 5가지의 리더십 스타일을 제시하고 있다.
③ 부하들을 변화시키기 위해 변혁적 리더(transformational leader)는 주로 '행동'을 사용하고, 카리스마적 리더는 '특성'을 사용한다.
④ 피들러(Fiedler)의 리더십 상황이론은 한 사람이 동시에 2가지 리더십을 가질 수 없기 때문에 상황에 적합한 리더의 교체를 주장한다.
⑤ 브룸(Vroom)과 예튼(Yetton)의 리더-참여 모형은 의사결정 상황에서 하급자들을 의사결정에 어느 정도 참여시켜야 할지를 결정할 때 유용한 모형이다.

0715

팀(team)과 관련한 다음 설명 중 가장 적절한 것은?

① 팀(team)보다는 작업집단(work group)이 더 긍정적인 시너지를 창출한다.
② 자율적 관리팀(self-managed work team)에서는 감독자나 팀장의 역할이 매우 중요하다.
③ 동시공학(concurrent engineering)에 의한 신제품 개발 시, 기능횡단팀(cross-functional team)을 사용한다.
④ 팀이 작업집단에 비해 기계적(mechanistic) 조직의 성격에 더 가깝다.
⑤ 조직내에서 작업집단을 팀으로 전환하게 되면, 조직구조의 복잡성(complexity) 즉, 수직적 분화(vertical differentiation) 정도가 높아진다.

0716

리더십(leadership) 이론에 대한 설명 중 가장 적절하지 않은 것은?

① 리더십 연구들이 공통적으로 밝히려고 했던 것은 리더십의 유효성(effectiveness)이다.
② 허시와 블랜차드(Hersey & Blanchard)의 리더십 이론의 상황변수는 부하에 관한 것이고, 피들러(Fiedler) 이론의 상황변수는 회사의 상황요인이다.
③ 하우스(House)의 경로-목표 이론(path-goal theory)에서 모호한 과업(ambiguous task)을 수행하는 하급자들에게는 지시적(directive) 리더십을 사용하는 것이 효과적이다.
④ 피들러(Fiedler)의 리더십 상황이론에서 호의적(favorable)인 상황이란 리더에게 통제력이 많음을 의미한다.
⑤ 피들러의 리더십 연구는 함께 일했던 동료들 가운데, 가장 싫었던 인물을 평가한 응답자의 설문을 토대로 리더십 스타일을 지시적 리더십과 지원적 리더십으로 구분했다.

0717

조직행동의 변수와 그 결과 간 관계가 가장 적절하지 않은 것은?

① 마키아벨리즘(Machiavellianism) 성향이 높은 사람은 자기 자신의 중요성을 과도하게 포장하고, 큰 인정을 요구한다.
② Big 5 성격 유형에서 개방성(openness to experience)이 높은 사람은 낮은 사람에 비해 교육훈련에서 상대적으로 높은 효과를 보인다.
③ 위험감수(risk-taking) 성향이 높은 사람은 정보가 부족할 때도 과감하게 의사결정한다.
④ 자기 효능감(self-efficacy)이 높은 사람이 낮은 사람보다 높은 성과를 보인다.
⑤ 완전연결형(all channel) 네트워크는 모든 구성원들이 자유롭게 의사소통 가능하므로 구성원 만족도가 가장 높다.

0718

동기부여(motivation)와 리더십(leadership)에 대한 다음 설명 중 가장 적절하지 않은 것은?

① 매슬로(Maslow)는 사람들의 행동에 동기를 부여하는 것은 욕구(needs)라고 주장하였다.
② 허즈버그(Herzberg)는 동기요인(motivator)만이 행동에 동기를 부여할 수 있다고 주장하였다.
③ 직무특성모델(JCM: job characteristic model)에서 작업자의 성장욕구 수준이 높은 경우, 작업자의 직무를 재구성하여 다양한 기술을 사용할 수 있도록 하며, 보다 큰 자율성을 부여하는 것이 좋다.
④ 피들러(Fiedler)의 리더십 이론에서 리더십을 둘러싼 상황의 변화는 리더의 교체를 의미한다.
⑤ 하우스(House)의 리더십 이론에서 명확한 과업을 수행하는 사람에게는 지시적 리더십(directive leadership)이 효과적이다.

0719

집단에 대한 다음 설명 중 가장 적절하지 않은 것은?

① 집단발달 단계는 형성기(forming) → 격동기(storming) → 규범화(norming) → 성과달성기(performing) → 해체기(adjourning) 의 순서를 거친다.
② 보상적 권력(reward power)은 매력적인 자원이나 특성을 갖고 있는 사람이 갖는 권력이다.
③ 다수가 공유하고 있는 잘못된 생각 때문에 한 개인의 올바른 판단이 영향을 받는 것을 애시효과(Asch effect)라고 한다.
④ 리더십은 부하직원에 대한 하향적 영향에 초점을 맞추지만, 권력은 특정한 방향에 구애받지 않는다.
⑤ 브룸(Vroom)의 규범적 리더십 모형(normative model of leadership)은 의사결정시 집단의 구성원들을 어느 정도 참여시킬 것인지에 관한 상황적 방법을 제시한다.

0720

조직 내 의사결정(decision making)에 대한 다음 설명 중 가장 적절하지 않은 것은?

① 의사결정의 효과성이 창의성(creativity) 측면에서 정의된다면, 개인보다는 집단 의사결정이 더 효과적이다.
② 인간의 제한된 정보처리 능력으로 최적화된 의사결정에 필요한 모든 정보를 이해한다는 것은 불가능하므로 사람들은 적정선에서 만족하게 된다.
③ 자율적 관리팀(self-managed work team)에서 의사결정의 주체는 관리자가 아닌 팀원들이다.
④ 집단 의사결정 기법 가운데 집단 응집성(cohesiveness)을 발전시키기 가장 적합한 것은 명목집단법(NGT: nominal group technique)이다.
⑤ 집단 의사결정과정에서 집단이동적 사고(groupshift)가 발생하는 이유는 의사결정의 최종 선택에 대한 책임이 분산되기 때문이다.

0721

리더십(leadership)에 대한 다음 설명 중 가장 적절하지 않은 것은?

① 리더십 특성이론(trait theory)은 리더는 태어난다고 가정한다. 반면, 리더십 행동이론(behavioral theory)은 리더는 만들어진다고 가정한다.
② 경로-목표 이론(path-goal theory)은 핵심 요소들을 구조 주도(initiating structure)와 배려(consideration)에 관한 오하이오 주립대학(OSU)의 연구와 동기부여의 기대이론(expectancy theory)에서 가져오고 있다.
③ 허시와 블랜차드(Hersey & Blanchard)의 상황적 리더십 이론에서 리더십 효과성(effectiveness)은 추종자들에 의해 결정된다.
④ 피들러(Fiedler)의 리더십 상황모델에서 LPC(least preferred co-worker) 설문에서 점수가 높은 사람은 과업지향적(task oriented) 리더로 분류된다.
⑤ 리더십 유효성을 극대화하기 위해 리더는 거래적 리더십(transactional leadership)과 변혁적 리더십(transformational leadership)을 동시에 가지고 있어야 한다.

0722

조직행동(OB: organizational behavior)의 집단 차원변수에 대한 다음 설명 중 가장 적절하지 않은 것은?

① 집단의 응집성(cohesiveness)이란 집단이 서로에게 매력을 느끼고 그 집단에 머물러 있기를 바라는 정도를 말한다.
② 집단 토의 전에 비해 집단 토의 후에 개인의 의견이 양극단으로 쏠리는 현상을 집단 양극화(group bipolarization) 현상이라고 한다.
③ 명목집단법(NGT: nominal group technique)과 지명반론자법(devil's advocate method) 모두 의사결정 참가자들의 상호작용을 제한한다.
④ 오늘날 작업집단(work group)보다 작업팀(work team)이 널리 사용되고 있는 이유는 다양한 기술, 판단, 경험이 필요한 경우에 팀이 개인보다 우수한 성과를 내기 때문이다.
⑤ 협상과정에서 쌍방에게 모두 유리한 해결책을 만들어낼 수 있는 한 개 이상의 타협안이 존재한다면 협상의 당사자들은 통합적 협상(integrative negotiation)으로 인식한다.

0723

피들러(Fiedler)의 리더십 상황모델에 대한 다음 설명 중 가장 적절하지 않은 것은?

① LPC(least preferred co-worker) 설문에서 높은 점수를 기록한 리더는 자신이 함께 일하기 가장 싫은 동료를 그 사람과의 관계나 정을 고려하여 호의적으로 평가했으므로 '관계지향적 리더'로 구분된다.
② 모든 리더는 관계지향적 리더십과 과업지향적 리더십을 동시에 가질 수 있다고 가정한다.
③ 상황변수로 3가지(리더-구성원관계, 과업구조, 리더의 직위권력)를 제시하고, 이들을 조합하여 8개의 상황을 만들었다.
④ 상황호의성이란 리더의 통제권 정도를 의미하며, 가장 호의적인 상황은 리더-구성원관계가 좋고(good), 과업구조화 정도도 높고(high), 리더의 직위권력도 강(strong)할 때이다.
⑤ 상황호의성이 높거나 낮을 때는 LPC 점수가 낮은 리더십이 효과적이고, 상황호의성이 중간 정도일 때는 LPC 점수가 높은 리더십이 효과적이다.

0724

조직행동(OB: organizational behavior)의 여러 이론을 실제 적용한 사례 중 가장 적절하지 않은 것은?

① 모든 사람들이 정시에 출근한 가운데 유독 혼자만 늦게 출근한 사람의 지각원인에 대해 부장님은 외부보다는 내부에 귀인(attribution)하게 된다.
② 지각을 자주하는 종업원의 행동을 수정하기 위해 소거(extinction)나 벌(punishment)을 사용하는 것이 적절하다.
③ 스타벅스에서 커피 12잔 구매하면 1잔을 무료로 제공하는데 이는 단속적 강화 중 고정비율법(fixed-ratio)을 적용한 사례이다.
④ 충동적으로 의류를 구매한 사람이 의류를 환불하는 것은 인지부조화(cognitive dissonance)를 줄이려는 방법의 일환으로 해석할 수 있다.
⑤ 역동적 환경에 처한 IT업계 등에서는 환경변화에 적절하게 대응하기 위해 수직적 의사소통(vertical communication) 채널을 확대하는 것이 좋다.

0725

리더십(leadership) 이론에 관한 다음 설명 중 옳은 것을 모두 고르면?

> a. 블레이크(Blake)와 머튼(Mouton)의 관리격자(managerial grid) 이론은 오하이오 주립대학(OSU)의 연구를 기초로 리더십 유형을 구분하였다.
> b. 피들러(Fiedler)의 리더십 연구는 LPC(least preferred co-worker) 설문을 이용하여 리더십을 참여적 리더십과 성취지향적 리더십으로 구분하였다.
> c. 리더-구성원 교환이론(LMX: leader-member exchange)은 리더십 유형보다는 리더와 부하의 관계에 초점을 맞춘 이론이다.
> d. 변혁적 리더십(transformational leadership)을 발휘하는 리더에게 거래적 리더십(transactional leadership)은 필요치 않다.
> e. 브룸(Vroom)과 예튼(Yetton)의 리더-참여 모형(leader-participation model)은 의사결정 상황에서 부하의 참여정도를 결정하는데 유용하게 사용될 수 있다.

① a, b, c ② a, c, d
③ a, c, e ④ c, d, e
⑤ b, c, d

0726

리더십(leadership)에 대한 다음 설명 중 가장 적절하지 않은 것은?

① LMX(leader-member exchange) 이론에서 리더십 유효성은 리더의 특성이나 행위보다는 리더와 구성원 간의 관계에 달려 있다.
② 변혁적 리더십(transformational leadership)에서 리더는 원하는 결과가 무엇인지를 하급자에게 주지시켜야 하며, 결과달성에 따라 하급자가 어떤 보상을 받게 되는지를 명확히 알려주어야 한다.
③ 피들러(Fiedler)의 리더십 이론은 관리격자(managerial grid) 이론과는 달리, 관계지향적 리더십과 과업지향적 리더십을 이분법적으로 분류하고 있다.
④ 허시와 블랜차드(Hersey & Blanchard)의 리더십 이론에 따르면 부하직원의 성숙도가 가장 높을 때는 관계행동과 과업행동 모두 거의 하지 않는 것이 효과적이다.
⑤ 하우스(House)의 경로-목표이론(path-goal theory)에 따르면, 리더의 행위가 추종자들의 동기를 유발할 수 있으려면, 추종자들의 목표성취에 방해가 되는 요소들을 제거해 줘야 하고 그들이 필요로 하는 지원과 도움을 줄 수 있어야 한다.

0727

리더십(leadership)에 대한 다음 설명 중 가장 적절하지 않은 것은?

① 피들러(Fiedler)의 리더십 이론에서 상황변수는 리더-구성원 관계, 과업구조화 정도, 리더의 직위권력이다.
② 허시와 블랜차드(Hersey & Blanchard)의 리더십 이론은 능력과 의지를 기준으로 부하의 성숙도를 4단계로 구분하였다.
③ 하우스(House)의 경로-목표이론은 리더십 유형으로 지시적, 지원적, 참여적, 성취지향적 리더십을 제시하고 있다.
④ 브룸과 예튼(Vroom & Yetton)의 리더 참여 모형은 리더십을 AI, AII, CI, CII, GII의 5가지로 구분하고 있다.
⑤ 변혁적 리더십(transformational leadership)의 요소는 개별적 배려, 지적자극, 예외관리 등이다.

0728

집단(group)에 관한 다음 설명 중 가장 적절하지 않은 것은?

① 한 개인의 소속집단(membership group)과 준거집단(reference group)이 항상 일치하는 것은 아니다.
② 터크맨(Tuckman)은 집단의 발달단계로 형성기(forming), 격동기(storming), 규범화(norming), 성과달성기(performing), 해체기(adjourning)의 순서를 제시하였다.
③ 환경이 급격하게 변화할수록 조직은 안정감을 찾기 위해 조직의 핵심가치가 강하고, 널리 공유되고 있는 강한 문화(strong culture)의 중요성이 더욱 증가한다.
④ 변화가 극심해진 환경에서는 전통적인 피라미드 형태의 부서조직이나 고정적인 인력배치보다는 팀(team)제가 더 신축적으로 반응한다.
⑤ 권력을 획득하려고 상대방에게 보이는 자신의 이미지를 개선하고 관리하는 행위를 인상관리(impression management)라고 한다.

0729

리더십(leadership)에 대한 다음 설명 중 가장 적절하지 않은 것은?

① 피들러(Fiedler)의 이론에 따르면, 리더-구성원 관계가 좋고, 과업구조화 정도가 높고, 리더의 직위권력이 약할 때는 LPC(least preferred co-worker) 점수가 낮은 리더십이 적절하다.
② 허시와 블랜차드(Hersey & Blanchard)의 이론에 따르면, 부하 직원의 능력이 낮고, 의지가 높을 때는 과업행동과 관계행동을 모두 많이하는 설득적(selling) 리더십이 적절하다.
③ 브룸과 예튼(Vroom & Yetton)은 의사결정 상황에 따라 리더의 간섭과 참여 정도가 달라져야 한다고 주장하였다.
④ 하우스(House)의 경로-목표이론은 OSU의 리더십 연구와 목표설정 이론(goal-setting theory)을 기반으로 하는 이론으로 볼 수 있다.
⑤ 피들러는 리더의 행동은 바꿀 수 없으므로 상황을 바꿔야 한다고 하지만, 브룸과 예튼 같은 학자들은 리더가 자기행동을 상황에 따라 유연하게 변신해야 한다고 주장한다.

0730

리더십(leadership)에 대한 다음 설명 중 가장 적절하지 않은 것은?

① 오하이오 주립대학(OSU)의 리더십 연구에 따르면 가장 효과적인 리더십은 구조주도(initiating structure)와 배려(consideration) 행위 둘 모두 많이 하는 리더십이다.
② 블레이크와 머튼(Blake & Mouton)은 실무 차원에서 자신이 관리격자(managerial grid) 모델의 어디에 위치하는지를 확인한 다음, 스스로에게 필요하다고 생각하는 개선방안(행동변화)을 모색하도록 하였다.
③ 브룸과 예튼(Vroom & Yetton)의 규범적 리더십 모델에서 부하의 의사결정 참여 정도가 가장 낮은 리더십 스타일은 GII형 리더십이다.
④ 피들러(Fiedler)의 리더십 상황모델에서 LPC(least preferred coworker)에게 비교적 높은 점수를 주면, 그 응답자는 동료와 좋은 인간관계를 형성하는데 주된 관심을 기울이고 있는 사람이다.
⑤ 리더와 구성원 간 친소관계가 동일하다는 전제를 가진 기존의 리더십 이론과는 달리 리더-구성원 교환관계(LMX: leader-member exchange) 이론은 리더와 구성원 간 교환관계는 1개의 형태로 존재하는 것이 아니라, 구성원이 누구인가에 따라 여러 가지의 교환 형태가 존재한다고 가정한다.

0731

리더십(leadership)에 대한 다음 설명 중 가장 적절한 것은?

① 오하이오 주립대학(OSU)의 연구는 리더십을 구조주도(initiating structure)와 배려(consideration)의 두 차원으로 구분하고 리더십 행동을 하나의 연속선상에 있는 양극단으로 개념화하였다.
② 리더-구성원 교환(LMX: leader-member exchange) 이론은 리더가 하나의 집단 내의 모든 부하들과의 상호작용을 하는데 있어서 자신만이 가지고 있는 스타일에 의존하고 있으므로 그 스타일에 따라 집단 내의 모든 부하들에 대해 동질적인 행동을 보여준다는 가정에 바탕을 두고 있다.
③ 브룸(Vroom)과 예튼(Yetton)의 규범적 리더십모형은 기본적으로 부하들이 의사결정에 참여하는 정도가 상황의 특성에 맞게 달라질 필요가 없다고 가정하였다.
④ 피들러(Fiedler)는 모든 상황에 적합한 리더가 되도록 다양한 종류의 리더십 훈련을 시켜야 한다고 주장한다.
⑤ 하우스(House)의 경로-목표이론(path-goal theory)에서 리더의 리더십과 리더십 결과 간의 매개변수(mediator)는 기대이론에 기초를 두고 있다.

0732

조직행동(OB: organizational behavior)에 관한 다음 설명 중 가장 적절하지 않은 것은?

① 홉스테드(Hofstede)에 의하면 불확실성 회피(uncertainty avoidance) 성향이 강한 사회의 구성원들은 미래에 대한 예측 불가능성을 줄이기 위해 더 많은 규칙과 규범을 제정하려는 노력을 기울인다.
② 합리적 의사결정 모형은 의사결정에서 최적의 의사결정을 할 수 있다고 가정하므로 기술적 모형(descriptive model)이라고 할 수 있다.
③ 팀이 혁신을 촉진할 수 있는 최적의 상황은 과업에 대한 구성원 간의 갈등이 중간 정도일 때다.
④ 상사의 직책에 내재되어 있는 권력인 권한(authority)은 합법적 권력(legitimate power)에 해당한다.
⑤ 단속적 강화(intermittent reinforcement)에서 시간을 기준으로 강화물을 제공할 때 이를 간격법이라고 하고 반응빈도를 기준으로 강화물을 제공하는 방식을 비율법이라고 한다.

0733

리더십(leadership)에 대한 다음 설명 중 가장 적절하지 않은 것은?

① 빅 5(Big five) 성격유형에서 리더십의 출현과 가장 관련성이 높은 것은 '외향성(extraversion)'이다.
② 리더십 행동이론은 모두 리더의 주요 관심사가 구성원인가 아니면 업무인가로 분류되며, 두 기준에 모두 관심이 많고 적절한 경우를 최고의 리더 행동으로 간주한다.
③ 변혁적 리더십(transformational leadership)은 조직의 현재 목적을 좀 더 효과적으로 달성하도록 직무성과와 의미 있는 보상과 연결시키거나 직무를 수행하는데 필요한 자원을 획득할 수 있도록 하는 리더의 행위를 말한다.
④ 리더십 상황이론은 '유일한 최선의 리더십 스타일'은 존재하지 않으며, 다양한 상황에 적절하게 조화를 이루어 높은 성과를 내는 리더십이 그 상황에서 최고의 리더십 스타일이라고 전제한다.
⑤ 허시(Hersey)와 블랜차드(Blanchard)의 연구는 리더가 한 가지 리더십만 보유하고 적용하기보다는 구성원의 다양한 성향에 적절하게 대응하는 것이 바람직하다는 점을 알려준다.

0734

권력(power)과 리더십(leadership)에 대한 설명 가운데 가장 적절하지 않은 것은?

① 프렌치(French)와 레이븐(Raven)의 권력의 원천 가운데 처벌에 대한 위협을 가하거나 실제로 처벌을 함으로써 얻어지는 것은 강압적 권력(coercive power)이다.
② 카리스마 혹은 개인적 매력에 기반한 권력인 준거적 권력(referent power)을 가진 사람은 '내면화(internalization)' 과정을 통해 영향력을 행사한다.
③ 하우스(House)의 경로-목표이론(path-goal theory)에 따르면 높은 과업능력을 가진 직원은 추가적인 지시를 필요로 하는 경향이 적기 때문에 지시적(directive) 리더십에 부정적으로 반응한다.
④ 거래적 리더십(transactional leadership)은 조직의 현재 목적을 좀 더 효과적으로 달성하도록 직무성과와 의미 있는 보상을 연결시키거나 직무를 수행하는데 필요한 자원을 획득할 수 있도록 하는 행위를 말한다.
⑤ 리더-구성원 교환(LMX: leader-member exchange) 이론에서 내집단 교환(in-group exchange) 관계에 있는 리더와 부하직원은 상호영향, 존경과 호감, 공동체 정신 등의 파트너십을 키워나간다.

0735

조직행동에 대한 다음 설명 가운데 가장 적절하지 않은 것은?

① 집단의 과업이 교호적 상호의존성(reciprocal interdependence) 수준일 때는 작업집단(work group) 보다는 작업팀(work team)으로 작업을 수행하는 것이 적절하다.
② 학습(learning)은 반드시 행동의 변화를 수반해야만 한다.
③ 켈리(Kelley)의 귀인이론에서 합의성(consensus)이란 직무에 있어서 그 사람의 다른 과업에서의 행동과 비교를 통해 결정되는 개념이다.
④ 의사결정의 유용성 오류(availability bias)란 사람들이 쉽게 접근할 수 있는 정보에 근거를 두고 판단을 내리는 경향이 있다는 것을 의미한다.
⑤ 다수가 공유하는 틀린 생각 때문에 한 개인의 옳은 판단이 영향을 받게 되는 것을 애시효과(Asch effect)라고 한다.

0736

리더십(leadership)에 대한 설명 가운데 가장 적절한 것은?

① 블레이크(Blake)와 머튼(Mouton)의 관리격자(managerial grid) 이론은 미시건 대학의 리더십을 기초로 리더십 유형을 구분하였으며, 상황에 관계없이 가장 효과적 리더십은 '생산에 대한 관심'과 '사람에 대한 관심'이 모두 높은 '팀형(9. 9)'이라고 주장하였다.

② 피들러(Fiedler)는 리더십을 구분하기 위해 LPC(least preferred co-worker) 설문을 사용했으며, 이 설문에서 점수가 높은 리더는 '가장 싫어하는 동료(LPC)'를 부정적으로 평가했다는 것을 의미한다.

③ 하우스(House)의 경로-목표이론(path-goal theory)에 따르면, 과업능력과 경험수준이 낮은 직원이 새로운 업무를 배우는 경우, 그들의 성취감 고취를 위해 성취지향적(achievement-oriented) 리더십을 쓰는 것이 효과적이다.

④ 변혁적 리더십(transformational leadership)은 이상화된 영향력, 영감에 의한 동기부여, 지적 자극, 개인화된 배려를 포함하며, 이 가운데 개인화된 배려는 부하들이 현상유지에 의문을 갖고 조직적 문제에 혁신적이고 창의적인 해결을 추구하도록 고무하는 행동을 말한다.

⑤ 서번트 리더십(servant leadership)은 자신보다 타인에 대한 더 큰 희생에 초점을 맞추고 있기 때문에 서번트 리더는 다른 사람을 다치게 할 수 있는 자기중심적인 행동을 덜 하려는 경향이 있다.

0737

조직행동(OB: organizational behavior)의 개인과 집단 수준에 관한 다음 설명 가운데 가장 적절한 것은?

① 합리적 의사결정 모형(rational decision making model)은 의사결정이 '문제인식' → '대안의 탐색' → '대안의 실행' → '대안의 평가 및 선택' → '실행결과의 평가' 순으로 이루어진다고 본다.

② 토마스와 킬먼(Thomas & Kilmann)의 갈등관리 기법에서 순응형(accommodation)은 자신의 이해충족은 거의 하지 않고, 상대의 이해충족은 최대가 되도록 하는 기법이다.

③ 갈등(conflict)의 상호작용 관점은 갈등을 부정적인 것으로 간주하고, 갈등이 생기지 않도록 예방해야 하며, 만약 갈등이 발생하면 빨리 '제거'해야 한다고 주장한다.

④ 자성적 예언 혹은 자기충족적 예언(self-fulfilling prophecy)은 지각오류 가운데 하나이며, '자신'이 간절하게 바라면 현실이 된다는 의미이다.

⑤ 쓰레기통 모형(garbage can model)은 조직에서의 중요한 의사결정은 한 순간에, 한 번으로 이루어지는 것이 아니라 일련의 작은 결정들의 연속적인 조합으로 이루어진다고 주장한다.

0738

리더십(leadership)에 대한 설명 가운데 가장 적절한 것은?

① 피들러(Fiedler) 이론의 상황변수는 부하의 능력과 의지이고, 허시와 블랜차드(Hersey & Blanchard) 이론의 상황변수는 리더-부하의 관계, 과업구조, 리더의 직위권력이다.
② 브룸과 예튼(Vroom & Yetton)의 리더-참여 모형(leader-participation model)에서 부하 직원의 참여정도가 가장 낮은 리더십은 GⅡ형이다.
③ 하우스(House)의 경로-목표 이론(path-goal theory)에서 상황변수는 크게 환경적 요인과 부하직원의 특성 요인으로 구분되며, 환경적 요인에는 통제위치, 욕구상태, 능력 등이 포함된다.
④ 변혁적 리더십(transformational leadership)에서 이상화된 영향력이란 부하들에게 높은 기대를 전달하고, 노력을 집중시키기 위해 상징을 사용하고, 주요 목표를 단순하게 표현하는 것을 말한다.
⑤ 리더십 대체이론에서 말하는 리더십 중화요인(neutralizer)이란 리더가 특정한 방식으로 행동하는 것을 방해하거나 리더의 행동이 미치는 영향을 무력화시키는 구성원 특성과 과업 특성 그리고 조직 특성을 말한다.

0739

리더십(leadership) 이론에 대한 설명 가운데 가장 적절한 것은?

① 피들러(Fiedler)의 이론은 관계지향적 리더십과 과업지향적 리더십을 제시하고 있는데, 관계지향적 리더는 과업지향적 리더가 될 수 없지만, 과업지향적 리더는 관계지향적 리더가 될 수 있다고 가정한다.
② 블래이크와 머튼(Blake & Mouton)의 관리격자(managerial grid) 이론은 부하의 참여정도에 따라 5가지 대표적 리더십을 제시하고 있다.
③ 하우스(House)의 경로-목표 이론(path-goal theory)에 따르면 모호한 과업(ambiguous task)을 수행하거나 외적 통제의 위치(external locus of control)를 갖는 하급자에게는 후원적(supportive) 리더십이 효과적이다.
④ 허시(Hersey)와 블랜차드(Blanchard)의 이론에 따르면 부하의 능력과 의지가 모두 높을 때는 과업행동과 관계행동 모두 높은 리더십이 적절하다.
⑤ 오하이오 주립대학(OSU)의 연구에서 구조주도(initiating structure)는 하우스의 경로-목표이론의 지시적 리더십과 유사하고 OSU 연구의 배려(consideration)는 하우스 연구의 후원적 리더십과 유사하다.

04 조직이론

제1편. 인사/조직/전략

1. 조직이론의 개요

조직론은 조직의 시스템 관점(system perspective)과 조직구조의 목적(ends of organization structure)에 따라 다음의 표와 같이 4가지로 분류됨

조직이론의 관점 변화

	Type 1	Type 2	Type 3	Type 4
	1900~1930	1930~1960	1960~1975	1975~
조직의 시스템 관점	폐쇄(closed)		개방(open)	
조직 구조의 목적	합리적	사회적	합리적	사회적
주요 관심사	기계적 효율성	인간관계	상황론적 조직설계	권력과 정치
주요 이론들	과학적 관리법 관료제	인간관계론	상황적합이론	자원의존이론

2. 조직의 구조적 차원

조직의 구조적 차원(structural dimension)은 조직 내부 특성을 설명하는 속성변수를 의미하며 이들 속성변수를 통해 여러 조직을 측정하고 비교할 수 있음

조직의 구조적 차원

차원	내용
공식화 formalization	조직 내에서의 절차, 직무 내용 기술, 제도, 정책 매뉴얼 등이 문서로 표현되어 있는 정도를 의미함. 즉, 직무의 표준화 정도를 의미
전문화 work specialization	조직의 직무가 개별 업무로 세분화되어 있는 정도를 말함
통제의 범위 span of control	한 사람의 경영자가 직접 감독할 수 있는 종업원의 수를 의미함
집권화 centralization	의사결정 권한이 조직의 한 점에 집중되어 있는 정도
명령체계 chain of command	조직의 상층부에서 최하층까지 뻗어 있는 권한의 라인을 의미하는 것으로, 누가 누구에게 보고할 것인가를 나타내는 것임
부문화 departmentalization	조직의 전체적인 목표를 달성하기 위해 구성원들이 해야할 일을 함께 묶어주는 것을 의미함
복잡성 complexity	조직 내의 분화(differentiation) 정도를 의미하는 것으로 수평적 분화, 수직적 분화, 공간적 분화로 구분됨

3. 조직구조의 유형

조직구조의 강약점

조직구조	강점	약점
기능조직 functional structure	• 기능부서 내에서의 규모의 경제 효과 달성 • 제품이 소수인 경우 적절 • 특정 분야에 대한 깊이 있는 지식과 기술개발 가능 • 기능별 목표 달성	• 환경 변화에 대한 반응이 느림 • 의사결정 문제가 최고경영층에 집중됨으로써 과부하 발생 • 부서 간에 수평적 조정 약함 • 혁신에 곤란 • 조직목표에 대한 제한적인 시각
사업부 조직 divisional structure	• 불안정한 환경에서 신속한 변화에 적합 • 여러 개의 제품을 가진 대규모 기업에 적합 • 제품에 대한 책임과 담당자가 명확하기 때문에 고객만족을 높일 수 있음 • 기능부서 간 원활한 조정 • 제품, 지역, 고객별 차이에 신속하게 적응 가능 • 분권화된 의사결정	• 기능부서 내에서 규모의 경제 효과 감소 • 특정 분야에 대한 지식과 능력의 전문화가 곤란 • 제품라인 간 조정이 약화될 수 있음 • 제품라인 간 통합과 표준화가 곤란
매트릭스 조직 matrix structure	• 불안정한 환경에서 복잡한 의사결정과 빈번한 변화에 적절하게 대응할 수 있음 • 이중적인 고객의 요구에 대응할 수 있도록 필요한 조정을 할 수 있음 • 여러 제품라인에 걸쳐 인적자원을 유연하게 공유하거나 활용할 수 있음 • 소수의 제품라인을 가지고 있는 중규모 조직에 가장 적절함	• 이중 보고체계로 인해 종업원들이 혼란을 느낄 수 있음 • 명령일원화의 원칙에 위배됨 • 다양한 인간관계 기술에 대한 교육 훈련이 필요함 • 빈번한 회의와 갈등 조정 과정으로 인해 많은 시간이 소요됨 • 권력의 균형을 유지하는데 많은 노력이 필요함
수평적 조직 horizontal structure	• 모든 종업원의 관심사가 고객을 위한 가치 창출과 제공에 집중 • 팀워크와 협력을 증진 • 고객에 대해 유연하고 신속한 대응이 가능 • 모든 종업원들이 조직목표에 대한 폭넓은 시각을 보유	• 핵심 프로세스를 규명하는 것이 어렵고 시간이 오래 걸림 • 전문적인 기능 개발에 한계 • 관리자는 권력과 권한이 줄어든다는 생각으로 좌절감을 경험 • 종업원들이 효과적으로 작업하기 위해서는 상당한 훈련이 필요
네트워크 조직 network structure	• 공장, 장비, 유통시설 등에 대한 막대한 투자가 없이도 사업 가능 • 변화하는 욕구에 매우 유연하고 신속한 대응 가능	• 협력업체와의 관계 유지 및 갈등 해결에 많은 시간이 소요 • 종업원의 충성심과 기업문화가 약함

4. 조직설계의 포괄적 모형

(1) 기계적 조직

효율성을 강조하는 기계적 조직(mechanistic organization)은 고도의 전문화, 명확한 부서화, 좁은 감독의 범위, 높은 공식화, 하향식 의사소통 등의 특징을 가짐. 기계적 조직은 조직을 효율적인 기계로 인식하는 경향이 있으며, 명확한 규칙이나 규범, 과업의 표준화, 통제 등에 크게 의존함

(2) 유기적 조직

유연성을 강조하는 유기적 조직(organic organization)은 기계적 조직과는 정반대로 적응성이 높고, 직무를 표준화하고 규칙을 세우기보다 환경변화에 빠르게 적응하는 것을 강조

기계적 조직과 유기적 조직의 특징

차원	기계적 조직	유기적 조직
전문화	고	저
공식화	고	저
집권화	고	저

※ 기계적 조직과 유기적 조직은 이분법적 분류가 아니라는 점에 유의

기계적 구조와 유기적 구조

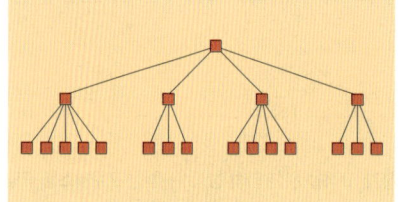
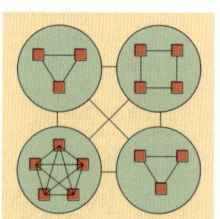

기계적 구조
- 높은 전문화
- 엄격한 부서화
- 명확한 명령계통
- 좁은 통제 범위
- 집권화
- 높은 공식화

유기적 구조
- 기능횡단팀
- 계층횡단팀
- 자유로운 정보흐름
- 넓은 통제 범위
- 분권화
- 낮은 공식화

5. 조직구조의 구조적 정렬

효율성 vs 유연성을 위한 조직구조의 관계

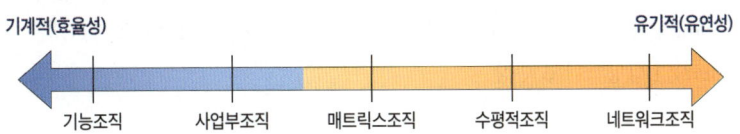

6. 조직구조에 대한 정보공유 관점

(1) 수직적 정보공유 메커니즘 : 통제

- 계층상의 상사
- 규칙과 계획
- 수직적 정보시스템

(2) 수평적 정보공유 메커니즘 : 협력과 조정

- 수평적 정보시스템
- 직접 접촉
- 태스크포스
- 전임통합자
- 프로젝트팀

7. 조직구조의 결정 요인들

조직구조의 결정요인

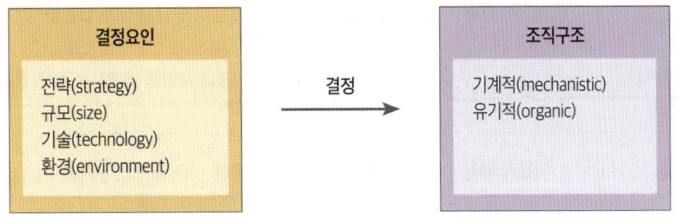

※ 조직구조의 결정요인이 조직구조에 영향을 미치는 것임. 그 반대는 성립하지 않음

8. 전략(strategy)과 조직구조

(1) 챈들러의 연구

챈들러(Alfred Chandler)는 "조직구조는 전략을 따른다(structure follows strategy)"라고 주장하면서, 제품다각화 수준이 낮을 때는 단순조직(simple structure)이나 기능 조직(functional structure)이 적합하고, 다각화 수준이 높을 때는 사업부 조직(divisional structure)이 합당하다고 주장

챈들러의 연구

전략(제품다각화 수준)	→	조직구조
저	→	단순조직
중	→	기능조직
고	→	사업부조직

(2) 마일즈와 스노의 연구

마일즈와 스노(Miles & Snow)는 기업의 제품과 시장의 변화 정도를 이용하여 defender, analyzer, prospector, reactor 등의 4가지 전략 유형을 제시함. 그러나 reactor는 전략 유형이라기보다는 그들의 연구에서 나머지 3가지 전략에 속하지 않는 유형(residual strategy)을 모아놓은 것에 불과하므로 다음에서는 3가지 전략만을 설명함

1) 방어형(defender)

한정된 제품과 서비스의 생산에 집중하는 전략으로 이들 기업들은 제한된 분야에 고도로 숙련되어 있고 효율성이 매우 높음

2) 탐색형(prospector)

방어형의 정반대 전략으로, 지속적으로 새로운 시장기회를 탐색하며, 새로운 제품과 서비스를 실험함. 탐색형 전략을 구사하는 기업은 높은 수익성(profitability)보다는 혁신(innovation)을 더 중요하게 여김

3) 분석형(analyzer)

방어형의 효율성과 탐색형의 혁신이 결합한 형태임. 위험을 최소화하고 기회를 최대화하기 위해 신시장이 탐색형 기업에 의해 검증된 이후에 진입함. 분석형 전략을 사용하는 기업은 모방(imitation)에 능함

마일즈와 스노의 전략 분류

전략	목표	환경	구조적 특징	전반적 조직구조
방어형 defender	안정성과 효율성	안정적 환경	높은 통제수준, 높은 전문화, 높은 공식화, 집권화	기계적
분석형 analyzer	안정성과 유연성	변화하는 환경	중간정도의 집권화, 현재의 사업에 대해서는 높은 통제, 신사업에 대해서는 느슨한 통제	중간
탐색형 prospector	유연성	역동적 환경	느슨한 구조, 낮은 전문화, 낮은 공식화, 분권화	유기적

9. 규모(size)와 조직구조

조직규모와 조직구조 간 관계

규모	→	조직구조
규모↑	→	복잡성↑
규모↑	→	공식화↑
규모↑	→	집권화↓

10. 기술(technology)과 조직구조

(1) 우드워드의 연구

우드워드(Joan Woodward)는 기업이 사용하는 기술복잡성에 따라 단위소량생산(unit production), 대량생산(mass production), 연속생산(process production)으로 나누었는데, 기술복잡성이 가장 높은 것이 연속생산이고 가장 낮은 것이 단위소량생산임

1) 단위소량생산 기술

단위소량생산(unit production) 기술은 특정고객의 필요성을 충족시켜주기 위한 것으로, 사람의 수작업에 의존하는 기술유형

2) 대량생산 기술

대량생산(mass production) 기술은 표준화된 제품을 생산하기 위해 여러 가지 공정으로 이루어진 긴 제조과정을 지님. 따라서 생산방식은 조립공정에 의한 일상적이고 반복적인 것이 특징

3) 연속생산 기술

연속생산(process production) 기술은 생산의 전과정이 기계화되어 있으므로 산출물에 대한 예측가능성은 매우 높음. 생산방식은 연속적으로 기계적인 변환과정을 거치는 것이 특징

우드워드의 연구

기술복잡성	기술	→	조직구조
저	단위소량생산 (unit production)	→	유기적 (organic)
중	대량생산 (mass production)	→	기계적 (mechanistic)
고	연속생산 (process production)	→	유기적 (organic)

※ 기술복잡성이 증가할수록 조직구조는 점점 유기적 혹은 기계적이 되는 것은 아님

(2) 페로의 연구

페로(Charles Perrow)는 부서수준(department level)의 기술이 조직구조에 미치는 영향을 연구함. 페로는 부서 수준의 기술을 '과업의 다양성'과 '문제의 분석가능성' 이라는 2가지 차원을 이용하여 4가지로 분류함

페로의 기술분류

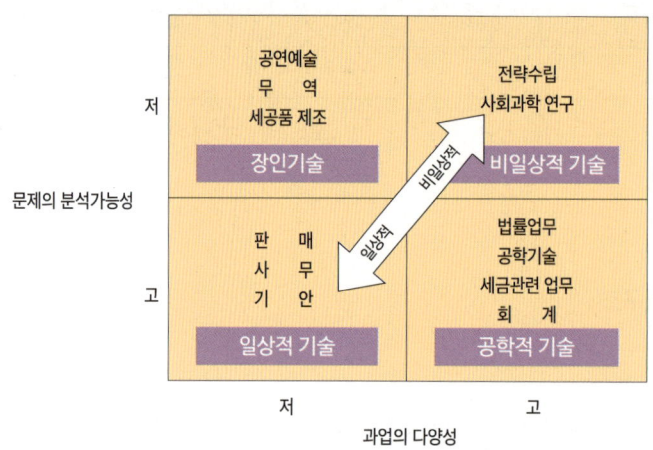

1) 기술분류의 2가지 차원

① 과업의 다양성

과업의 다양성(task variability)이란 예외의 빈도 또는 동질성의 정도에 관련되는 것으로, 업무를 담당한 사람이 과업을 수행하는 과정에서 발생하는 예기치 못한 과업이나 기묘한 사건 등의 발생빈도

② 문제의 분석가능성

문제의 분석가능성(problem analyzability)은 과업의 변이성에 적절하게 대처하기 위한 성공적인 방법을 찾는 탐색과정의 용이성

기술유형과 조직구조

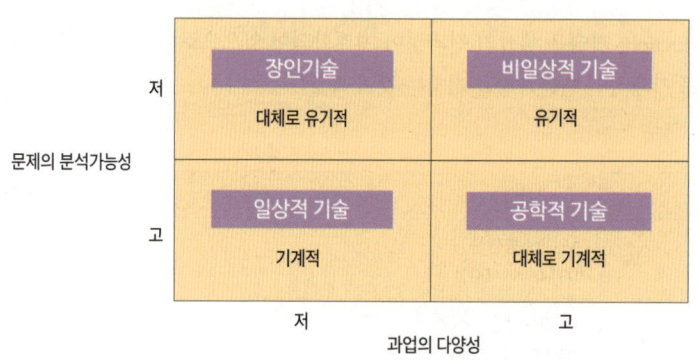

(3) 톰슨의 연구

톰슨(James D. Thompson)은 조직구조에 영향을 주는 상호의존성과 그에 따른 3가지 기술을 제시

상호의존성에 따른 기술분류

상호의존성	수평적 의사소통 필요성	조정형태	기술분류	적절한 조직구조
집합적 pooled	낮음	표준화 규칙 절차	중개형 (mediating)	사업부 조직
순차적 sequential	중간	계획 스케줄 피드백	연속형 (long-linked)	태스크포스
교호적 reciprocal	높음	상호조정 부서 간 회의 팀워크	집약형 (intensive)	수평적 구조

(4) 새로운 생산기술과 조직구조

새로운 생산기술과 조직구조

기술	→	조직구조
대량생산 mass production	→	기계적
컴퓨터 통합생산 (CIM 혹은 FMS)	→	유기적

11. 환경(environment)과 조직구조

(1) 번스와 스타커의 연구

번스와 스타커의 연구

환경	→	조직구조
안정적 stable	→	기계적 mechanistic
격동적 turbulent	→	유기적 organic

(2) 로렌스와 로쉬의 연구

1) 분화(differentiation)

   기능적으로 상이한 부서에 속한 관리자들의 기본 성향이 서로 다르며, 부서 간의 공식적 구조 또한 차이가 난다는 것을 의미

2) 통합(integration)

   통합은 목표를 달성하기 위한 부서 간 협력 정도를 의미함

   환경의 불확실성과 조직구조의 분화와 통합

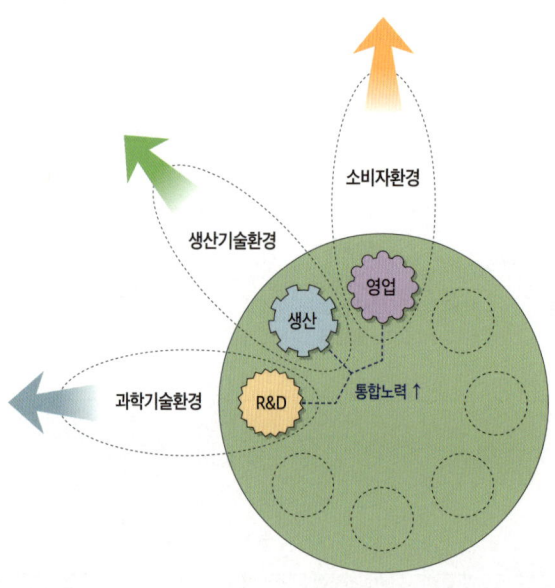

※ 환경의 불확실성이 증가하면 부서 간 차이(분화)가 커지므로 조직목표달성을 위해 부서 간 활동을 통합하기 위한 노력을 많이 해야함

로렌스와 로쉬의 연구

환경(불확실성)	→	조직구조(분화/통합)
고	→	고/고
중	→	중/중
저	→	저/저

12. 조직 간 관계에 관한 이론

(1) 자원의존이론

자원의존이론(resource dependence theory)은 조직이 중요한 자원을 공급받기 위하여 환경에 의존할 수밖에 없고, 이 때문에 조직은 가능한 환경에 대한 의존도를 최소화하고, 자율성과 독립성을 유지하기 위해 환경에 압력을 행사함. 조직의 성공은 독립성과 자율성 확보를 통해서 가능하다고 봄

(2) 조직군생태학

대부분의 조직이론들은 조직생존을 위한 환경적응을 강조하는 반면, 해난과 프리먼(Michael T. Hannan & John H. Freeman)은 생물학의 자연선택(natural selection)에 근거한 조직군생태학(population ecology view) 관점에서 조직내부의 구조적 요인과 외부 환경요인에 의해 조직의 환경적응은 제약을 받으며 조직군(population of organizations)에 있어서의 변화는 환경의 선택(selection)과정에 의해 야기된다고 주장함

(3) 제도화이론

제도화이론(Institutionalism)은 조직이 생존하기 위해서는 효율적인 생산을 하는 것 이상으로 이해관계자로부터 정당성을 획득하는 것이 중요하다고 봄. 조직이 외부 이해관계자에게 정당하게 보이려고 하는 욕구는 매우 강함. 정당하게 보이기 위해서 조직의 구조와 행동의 많은 측면이 내부의 기술적 효율성보다는 환경의 허용을 받으려는 목적을 지향함. 조직 간 관계는 유사한 조직군에 속한 다른 개체들과 유사하게 보이는 방향으로 움직이도록 압력을 가함. 이 때문에 동일한 산업(field)에 속한 조직들은 동일 형태의 구조와 관점을 갖는 경우가 많은데, 이를 제도적인 유사성(institutional similarity)이라 함

(4) 전략적 선택이론

전략적 선택이론(strategic choice theory)은 '전략, 규모, 기술, 환경이 조직구조를 결정한다'라는 상황론적 조직설계와는 달리 환경적 요인들이 조직구조의 주요 결정요인이 되는 것은 사실이지만, 환경요인들은 그저 일방적으로 주어진 것이 아니라, 조직의 주도적인 의사결정자(경영자)의 전략에 따라 선택된 것이라고 주장. 그러므로 환경이 조직에 미치는 영향력보다는 경영자가 환경을 어떻게 인식하느냐가 더 중요함. 즉, 경영자가 환경의 일방적 지배를 받는 것이 아니라 환경을 전략적으로 해석하고 선택할 수 있다고 봄

13. 민쯔버그의 효과적인 조직설계의 방식

5가지 조직의 기본부문

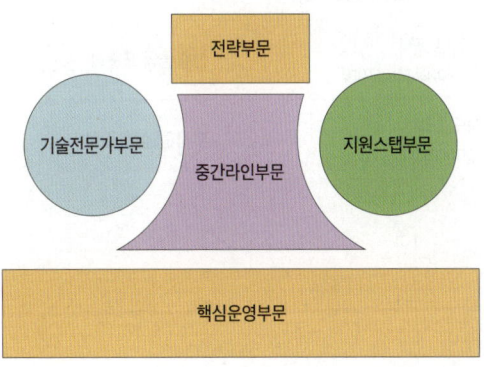

민쯔버그의 조직구조

조직구조		내용
단순구조 simple structure		전략부문(strategic apex)이 지배하는 구조
기계적 관료제 machine bureaucracy		기술전문가부문(technostructure)이 지배하는 구조이며, 대규모 조직에서 고도로 표준화가 이루어진 형태로서, 막스 베버가 주장한 관료제와 거의 동일한 형태
전문적 관료제 professional bureaucracy		핵심운영부문(operating core)이 지배하는 구조로, 병원이나 대학 등에서 찾아볼 수 있는 조직 유형
사업부 조직 divisional structure		중간라인부문(middle-line)이 지배하는 구조로, 산업사회의 민간기업에서 가장 널리 사용되고 있는 조직구조
애드호크래시 adhocracy		지원스텝부문(support staff)이 지배하는 구조로, 다양한 분야의 전문가들이 혁신 과제를 수행하는 형태로 고도의 유기적 구조

조직설계의 목적에 따른 조직구조의 특성

구조형성의 방향	조직구조의 형태	핵심조정 메커니즘	조직의 주요 부문
집권화	단순조직 simple structure	직접적 감독체계	전략부문 strategic apex
표준화	기계적 관료제 machine bureaucracy	작업 과정 표준화	기술전문가부문 technostructure
전문화	전문적 관료제 professional bureaucracy	직무기술 표준화	핵심운영부문 operating core
분권화	사업부 조직 divisional structure	산출물의 표준화	중간라인부문 middle line
협력화	애드호크래시 adhocracy	부서 간 상호조정	지원스탭부문 supporting staff

14. 혁신을 위한 조직설계

(1) 혁신의 양면성 모델(ambidextrous model)

일반적으로 유기적 조직(organic organization)은 혁신적 아이디어 산출은 용이하지만 혁신을 실행하는 것에는 최적의 구조가 아니다. 이 때문에 '혁신의 시작'과 '혁신의 실행'에 알맞은 경영방식과 구조의 통합 즉, 혁신에 필요한 아이디어를 만들어 낼 때는 유기적 조직처럼 행동하고, 그것을 조직에 실행할 때는 기계적 조직처럼 행동하는 것임

혁신의 양면성 모델

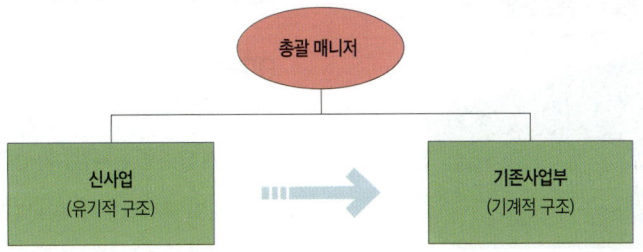

15. 조직수명주기

퀸과 카메론(Robert Quinn & Kim Cameron)은 기존의 여러 학자들이 제시한 서로 다른 조직 수명주기 모형들을 검토하고 이를 포괄하는 통합모형을 제시하였음. 이들은 기존의 조직수명주기 모형을 창업, 집단공동체, 공식화, 정교화 단계로 구분하고 각 단계별 특징을 규명함으로써 조직의 성장 과정에 따른 조직설계의 방향을 제시하고 있음

조직의 성장단계에 따른 조직특성

	창업단계	집단공동체단계	공식화단계	정교화단계
	비관료적	준관료적	관료적	고관료적
	비공식적, 1인체제	전반적으로 비공식적, 부분적 절차	공식적 절차, 명확한 과업분업, 전문가 영입	관료제 내의 팀 운영, 문화의 중요성
제품/서비스	단일의 제품 및 서비스	관련 주요 제품	제품라인 및 서비스	복수의 라인
보상과통제시스템	개인적, 온정적	개인적, 성공에 대한 공헌	비인적, 공식화된 시스템	제품과 부서에 따라 포괄적
혁신의 주체	창업주	종업원과 창업주	독립적인 혁신집단	제도화된 R&D
목표	생존	성장	명성, 안정, 시장확대	독특성, 완전한 조직
최고경영자 관리스타일	개인주의적, 기업가적	카리스마적, 방향제시	통제를 바탕으로 한 위임	참여적, 팀 접근적

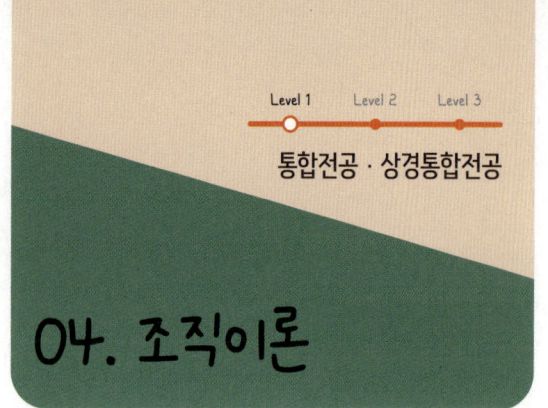

04. 조직이론

조직이론의 분류

0740
2015 가맹거래사

조직이론에 관한 설명으로 옳은 것은?

① 폐쇄합리적 조직이론은 환경과의 관련성 속에서 제기되는 위협과 기회를 최대한 고려한다.
② 폐쇄사회적 조직이론은 조직구조의 복잡성, 조직구성원의 참여 등을 강조하여 공식적 구조에 관심을 보인다.
③ 개방합리적 조직이론을 따르는 챈들러(Chandler)는 시장경쟁 환경에서 '전략은 구조를 따른다'는 명제를 제시하였다.
④ 시스템적 조직이론 접근법에 따르면 조직은 환경에 개방적인 존재이므로 생존을 위해서 환경과 적절한 관계를 유지해야 한다.
⑤ 개방사회적 조직이론은 조직의 목표달성을 위해서 생존이 중요하므로 공식성과 합리성 만을 중점적으로 다룬다.

조직의 구조적 차원

0741
2016 가맹거래사

조직설계 요소 중 통제범위와 관련된 설명으로 옳지 않은 것은?

① 과업이 복잡할수록 통제범위는 좁아진다.
② 관리자가 스텝으로부터 업무 상 조언과 지원을 많이 받을수록 통제의 범위가 좁아진다.
③ 관리자가 작업자에게 권한과 책임을 위임할수록 통제범위는 넓어진다.
④ 작업자와 관리자의 상호작용 및 피드백이 많이 필요할수록 통제범위는 좁아진다.
⑤ 작업자가 잘 훈련되고 작업동기가 높을수록 통제범위는 넓어진다.

0742
2022 공인노무사

조직설계의 상황변수에 해당하는 것을 모두 고른 것은?

ㄱ. 복잡성	ㄴ. 전략
ㄷ. 공식화	ㄹ. 기술
ㅁ. 규모	

① ㄱ, ㄴ, ㄷ
② ㄱ, ㄴ, ㄹ
③ ㄱ, ㄷ, ㅁ
④ ㄴ, ㄹ, ㅁ
⑤ ㄷ, ㄹ, ㅁ

0743
2013 경영지도사

조직을 설계할 때 영향을 미치는 요인에 해당하지 않는 것은?

① 조직의 연혁과 규모
② 직무전문화와 공식화
③ 전략
④ 경영환경
⑤ 시장의 변화

0744
2020 경영지도사

분권적 권한(decentralized authority)에 관한 설명으로 옳지 않은 것은?

① 종업원들에게 더 많은 권한위임이 발생한다.
② 의사결정이 신속하다.
③ 소비자에 대한 반응이 늦다.
④ 분배과정이 복잡하다.
⑤ 최고경영진의 통제가 약하다.

0745
2021 9급 군무원

조직을 구축할 때 분업을 하는 이유로 가장 옳지 않은 것은?

① 업무몰입의 지원
② 숙련화의 제고
③ 관찰 및 평가 용이성
④ 전문화의 촉진

0746
2007 7급 국가직

조직설계의 두 차원은 분화(differentiation)와 통합(integration)이다. 이 중 조직의 수직적 통합을 위한 조정기제(mechanism)로 볼 수 없는 것은?

① 권한(authority)
② 규정과 방침
③ 태스크포스(taskforce)
④ 계획과 통제시스템

0747
2015 7급 국가직

조직에서 권한 배분 시 고려해야 할 원칙이 아닌 것은?

① 명령통일의 원칙
② 방향일원화의 원칙
③ 책임과 권한의 균형 원칙
④ 명령계층화의 원칙

0748
2017 7급 국가직

부문화에 대한 설명으로 옳지 않은 것은?

① 기능별 부문화는 지식과 기술의 유사성을 근거로 부서화 함으로써 높은 범위의 경제를 달성할 수 있다는 장점이 있다.
② 제품별 부문화는 특정제품 생산에 관한 모든 활동이 1명의 경영자에 의해 감독되기 때문에 제품성과에 대한 책임이 확실하다는 장점이 있다.
③ 고객별 부문화는 다양한 고객요구와 구매력에 맞추어 서비스를 함으로써 고객에게 최상의 서비스를 제공할 수 있다는 이점이 있다.
④ 과정별 부문화는 업무와 고객의 흐름을 기반으로 집단 활동이 이루어지며 부서는 각자 하나의 특정과정만을 담당한다.

0749
2023 9급 군무원

통제 범위(span of control)가 좁아지면 발생할 수 있는 상황에 대한 설명으로 가장 적절하지 않은 것은?

① 관리자의 통제는 능률이 오른다.
② 부하의 창의성 발휘가 고도화된다.
③ 관리비가 증대되어 기업 고정비가 증가한다.
④ 상하 간의 의사소통이 원활해진다.

0750
2023 7급 서울시

경영관리자의 통제범위(span of control)는 경영관리자가 직접 감독하는 직원의 수이다. 최적의 통제범위를 결정하는 요인에 대한 설명으로 가장 옳지 않은 것은?

① 과업이 복잡할수록 통제범위는 좁아진다.
② 책임을 위임하는 경영관리자의 능력이 우수할수록 통제범위는 넓어진다.
③ 작업자와 경영관리자 사이의 상호작용과 피드백이 많이 요구될수록 통제범위는 넓어진다.
④ 작업자의 기술 수준이 높을수록 통제범위는 넓어진다.

0751
2024 5급 군무원

다음 중 집중화 또는 분권화에 대한 설명으로 가장 적절하지 않은 것은?

① 기업 문화가 개방적인 경우 분권화가 적합하다.
② 환경이 안정적인 경우 집중화되는 경향이 있다.
③ 의사결정의 결과가 매우 심각하거나 조직이 위기에 처했을 때는 분권화가 효과적이다.
④ 조직이 클수록 집중화의 정도가 높은 경향이 있다.

조직구조

0752
2006 가맹거래사

한 사람의 부하가 2명 이상의 상사로부터 명령을 받는 명령일원화의 원칙이 적용되지 않는 조직 형태는?

① 라인조직　　② 스탭조직
③ 사업부 조직　④ 매트릭스 조직
⑤ 프로젝트팀 조직

0753
2009 가맹거래사

조직구조에 관한 설명으로 옳지 않은 것은?

① 기능별 조직은 환경이 비교적 안정적일 때 조직관리의 효율을 높일 수 있다.
② 기능별 조직은 각 기능별로 규모의 경제를 얻을 수 있다는 장점이 있다.
③ 제품별 사업부 조직은 사업부내의 기능간 조정이 용이하며, 시장특성에 따라 대응함으로써 소비자의 만족을 증대시킬 수 있다.
④ 매트릭스 조직은 많은 종류의 제품을 생산하는 대규모 조직에서 효율적으로 기능한다.
⑤ 사업부제는 기업의 조직을 제품별·지역별·시장별 등 포괄성 있는 사업별 기준에 따라 제 1차적으로 편성하고, 각 부분조직을 사업부로 하여 대폭적인 자유재량권을 부여하는 분권적 조직이다.

0754
2010 가맹거래사

다음 내용이 설명하고 있는 조직구조는?

- 테일러가 창안한 조직구조이다.
- 수평적 분화에 중점을 두고 있다.
- 각자의 전문분야에서 작업능률을 증대시킬 수 있다.

① 기능식조직　　② 네트워크조직
③ 매트릭스조직　④ 사업부제조직
⑤ 오케스트라조직

0755
2012 가맹거래사

이익센터와 가장 관련이 큰 조직형태는?

① 스탭 조직　　② 기능식 조직
③ 사업부제 조직　④ 매트릭스 조직
⑤ 애드호크라시

0756
2013 가맹거래사

매트릭스 조직구조의 장점으로 옳지 않은 것은?

① 분야별 전문성을 살릴 수 있다.
② 조직의 인력을 신축적으로 활용할 수 있다.
③ 전문적 지식과 기술의 활용을 극대화할 수 있다.
④ 조직 내의 협력과 팀 활동을 촉진시킨다.
⑤ 의사결정의 책임소재를 명확히 할 수 있다.

0757
2016 가맹거래사

매트릭스(matrix) 조직에 관한 설명으로 옳지 않은 것은?

① 기술의 전문성과 제품 혁신을 동시에 추구하는 조직에 적합한 구조이다.
② 인적자원을 유연하게 공유하거나 활용할 수 있다.
③ 구성원들은 두 명의 상관에게 보고를 해야 한다.
④ 전통적인 수직적 계층 구조에 수평적인 팀을 공식화하여 양자 간의 균형을 추구한다.
⑤ 역할 분담, 권력 균형, 갈등 조정 등이 쉬워 효율적인 조직 운영이 가능하다.

0758
2012 공인노무사

한 사람의 업무담당자가 기능부문과 제품부문의 관리자로부터 동시에 통제를 받도록 이중권한 구조를 형성하는 조직구조는?

① 기능별 조직   ② 사업부제 조직
③ 매트릭스 조직   ④ 프로젝트 조직
⑤ 팀제 조직

0759
2020 공인노무사

매트릭스 조직의 장점에 해당하지 않는 것은?

① 구성원들 간 갈등해결 용이
② 환경 불확실성에 신속한 대응
③ 인적자원의 유연한 활용
④ 제품 다양성 확보
⑤ 구성원들의 역량향상 기회 제공

0760
2013 경영지도사

생산, 판매, 회계, 인사, 총무 등의 부서를 만들고 관련과업을 할당하는 조직설계 방식은?

① 사업부 조직   ② 매트릭스 조직
③ 기능별 조직   ④ 팀 조직
⑤ 네트워크 조직

0761
2014 경영지도사

조직형태에 관한 설명으로 옳은 것은?

① 기능별 조직은 특정과제나 목표를 달성하기 위해 구성하는 임시조직이다.
② 부문별 조직은 업무내용이나 기능을 유사한 것끼리 묶는 조직형태를 말한다.
③ 네트워크 조직은 전통적 조직의 핵심요소를 간직하고 있으나 조직의 경계와 구조가 없다.
④ 프로젝트 조직은 동일한 제품이나 지역, 고객, 업무과정을 중심으로 분화하여 만든 조직이다.
⑤ 라인조직은 기능별 조직의 다른 형태로 기능을 중심으로 수평적으로 조직된다.

0762
2015 경영지도사

동일한 제품이나 지역, 고객, 업무과정을 중심으로 조직을 분화하여 만든 부문별 조직(사업부제 조직)의 장점으로 옳지 않은 것은?

① 책임소재가 명확하다.
② 기능부서간의 조정이 보다 쉽다.
③ 환경변화에 대해 유연하게 대처할 수 있다.
④ 특정한 제품, 지역, 고객에게 특화된 영업을 할 수 있다.
⑤ 자원의 효율적인 활용으로 규모의 경제를 기할 수 있다.

0763
2016 경영지도사

명령통일의 원칙이 무시되며 개인이 두 상급자의 지시를 받고 보고를 하는 조직으로 동태적이고 복잡한 환경에 적합한 조직구조는?

① 사업부제 조직   ② 팀 조직
③ 네트워크 조직   ④ 매트릭스 조직
⑤ 기능식 조직

0764
2016 경영지도사

전통적 조직 형태에 해당하는 것은?

① 사내벤처분사 조직
② 역피라미드형 조직
③ 라인스텝조직
④ 가상조직
⑤ 글로벌 네트워크 조직

0765
2018 경영지도사

조직구조의 유형에 관한 설명으로 옳지 않은 것은?

① 매트릭스 조직(matrix organization)은 전통적 기능식 조직에 프로젝트 조직을 덧붙인 조직이다.
② 프로젝트 팀 조직(project team organization)은 조직 내의 여러 하위 단위의 결합된 노력이 필요한 특정과업(프로젝트)을 수행하기 위하여 형성된 임시적 조직이다.
③ 자유형 조직(free-form organization)은 조직이 생존하기 위하여 필요하면 끊임없이 형태를 변화시키는 아메바와 같은 조직이다.
④ 네트워크 조직(network organization)은 조직 외부에서 수행하던 기능들을 계약을 통해 내부에서 수행하도록 설계된 조직이다.
⑤ 팀 조직(team organization)은 팀장 중심으로 팀의 자율성과 팀원 간의 유기적 관계를 유지하면서 팀의 목표를 추구해 나가는 슬림화된 수평적 조직이다.

0766
2019 경영지도사

사업별 조직구조의 강점이 아닌 것은?

① 분권화된 의사결정
② 기능부서 간 원활한 조정
③ 불안정한 환경에서 신속한 변화에 적합
④ 명확한 책임 소재를 통한 고객만족 향상
⑤ 제품 라인 간 통합과 표준화 강화

0767
2020 경영지도사

조직 내에는 꼭 필요한 핵심 기능을 보유하고 그 외의 기능들은 상황에 따라 다른 조직을 활용함으로써 조직의 유연성을 확보하고자 하는 조직구조는?

① 매트릭스 조직
② 라인-스태프 조직
③ 사업부제 조직
④ 네트워크 조직
⑤ 라인 조직

0768
2020 경영지도사

사업부별 조직구조에 관한 설명으로 옳지 않은 것은?

① 오늘날 대부분의 다국적 기업들이 채택하고 있다.
② 각 사업부는 독립적인 수익단위 및 비용단위로 운영된다.
③ 성과에 대한 책임 소재가 불분명하다.
④ 시장변화 또는 소비자 욕구변화에 비교적 빠르게 대처할 수 있다.
⑤ 사업부문별로 권한과 책임이 부여된다.

0769
2021 경영지도사

공간과 시간, 그리고 조직의 경계를 넘어 컴퓨터와 정보·통신기술을 이용하는 조직 형태는?

① 기능식 조직
② 사업부제 조직
③ 매트릭스 조직
④ 가상 조직
⑤ 프로세스 조직

0770
2021 경영지도사

사내 벤처비즈니스의 성공 요인이 아닌 것은?

① 의사결정을 행사할 수 있다.
② 자원을 활용할 수 있다.
③ 실패를 두려워하지 않는다.
④ 팀원을 채용할 수 있다.
⑤ 조직 경계를 넘지 않는다.

0771
2022 경영지도사

조직구조에 관한 설명으로 옳은 것은?

① 위원회 조직구조는 의사결정을 빠르게 하고 책임소재를 분명히 한다는 장점이 있다.
② 네트워크 조직구조는 핵심 이외의 사업을 외주화하기 때문에 외부환경의 변화에 민활하게 대응할 수 있다.
③ 매트릭스 조직구조는 업무 수행자의 기능 및 제품에 대한 책임 규명이 쉽다는 장점이 있다.
④ 사업부 조직구조는 각 사업부 간의 전문성 교류를 원활하게 함으로써 규모의 경제를 실현하게 한다.
⑤ 기능적 조직구조는 전문화보다 고객 요구에 대한 대응을 더 중요시한다.

0772
2021 7급 군무원

다음 제시된 조직구조 형태에 대한 설명 중 매트릭스 조직이 가지는 특징에 해당되는 것만을 모두 고르면?

> a. 두 개 이상의 조직 형태가 목적에 의해 결합한 형태이다.
> b. 프로젝트를 수행하기 위해 만들어지는 한시적인 조직 형태이다.
> c. 기존 조직 구성원과 프로젝트 구성원 사이에 갈등이 생길 가능성이 크다.
> d. 업무 참여시 전문가와 상호작용이 가능하므로 창의적인 업무 수행이 가능하다.
> e. 명령일원화의 원칙이 적용되며 조직 운영의 비용이 작게 발생한다.

① a, d
② a, b
③ c, d, e
④ b, c, d

0773
2019 7급 서울시

조직설계에서 기능조직의 특징에 대한 설명으로 가장 옳지 않은 것은?

① 각 기능별 규모의 경제를 획득할 수 있다.
② 각 기능별 기술개발이 용이하다.
③ 내적 효율성 향상이 가능하다.
④ 다품종 생산에 효과적이다.

0774
2020 7급 서울시

조직 형태 중 매트릭스 조직에 대한 설명으로 가장 옳지 않은 것은?

① 매트릭스 조직은 프로젝트 조직과 직능식 조직의 장점을 포함한다.
② 매트릭스 조직의 구성원은 수평 및 수직적 명령체계에 모두 속할 가능성이 있다.
③ 라인 조직에 비해 명령체계에 의한 혼선과 갈등을 줄일 수 있다는 장점이 있다.
④ 매트릭스 조직의 기업은 동시에 다양한 프로젝트를 수행할 수 있다.

0775
2011 7급 국가직

네트워크형 조직의 특성으로 옳지 않은 것은?

① 네트워크에 참여한 기업들은 자사가 보유한 핵심역량 강화에 주력한다.
② 네트워크 내 서로 다른 핵심역량을 보유한 기업들과 적극적이고 효율적인 제휴가 중요하다.
③ 네트워크형 조직은 가상조직 또는 모듈조직 등으로 불리기도 한다.
④ 수직적으로 연계된 구조와 사람 및 정보를 중시하고, 자기관리에 의한 통제방식을 주요한 관리수단으로 활용한다.

0776
2012 7급 국가직

오늘날 많은 기업들이 팀제 조직을 선호하는 이유로 가장 적절하지 않은 것은?

① 팀제 조직은 커뮤니케이션과 의사결정의 신속성 및 정확성이 향상되므로 효율적이다.
② 팀제 조직은 이질성과 다양성을 결합하여 시너지 효과를 창출할 수 있다.
③ 팀제 조직은 전통적 경영조직에 비해 환경 대응능력이 탁월하다.
④ 팀제 조직은 팀원의 책임을 덜어주고 권한을 강화하므로 운영이 원활하다.

0777
2013 7급 국가직

매트릭스 조직에 대한 설명으로 옳은 것은?

① 이중적인 명령 체계를 갖고 있다.
② 시장의 새로운 변화에 유연하게 대처하기 어렵다.
③ 기능적 조직과 사업부제 조직을 결합한 형태이다.
④ 단일 제품을 생산하는 조직에 적합한 형태이다.

0778
2021 5급 군무원

조직구조 유형별 장단점에 대한 설명으로 가장 옳지 않은 것은?

① 기능별 조직(functional organization)은 기능 영역별로 전문적 지식과 정보의 공유가 원활하며 기능에 대한 전수가 용이하나, 기능 영역 간 이질화로 인해 부서 사이의 의사소통이나 조정에 심각한 문제가 발생할 수 있다.
② 사업부제 조직(divisionalized organization)은 전통적인 기능적 및 집단적 조직 형태를 준수하며 사업부 단위를 유연하게 편성할 수 있으나, 각 사업부의 이기주의로 인해 기업 전체의 이익이 희생될 우려가 있다.
③ 매트릭스 조직(matrix organization)은 기능별 조직과 사업부제 조직의 장점을 동시에 살릴 수 있으며 시장의 변화에 유연하게 대처할 수 있으나, 팀의 목표를 지나치게 강조할 경우 조직 전체의 목적 달성에 장애가 될 수 있다.
④ 프로젝트 조직(project organization)은 일정한 과업에 일정 기간 동안 대량의 재능과 자원을 집중하고 신축성을 부여할 수 있으나, 조직 구성원의 본래 소속 부서와 프로젝트 부서 간에 갈등의 소지가 존재한다.

0779
2018 산업안전지도사

사업부제 조직구조(divisional structure)에 관한 설명으로 옳지 않은 것은?

① 각 사업부는 사업영역에 대해 독자적인 권한과 책임을 보유하고 있어 독립적인 이익센터(profit center)로서 기능할 수 있다.
② 각 사업부들이 경영상의 책임단위가 됨으로써 본사의 최고경영층은 일상적인 업무로부터 벗어나 전사적인 차원의 문제에 집중할 수 있다.
③ 각 사업부 간에 기능의 중복현상이 발생하지 않는다.
④ 각 사업부마다 시장특성에 적합한 제품과 서비스를 생산하고 판매할 수 있게 됨으로써 시장세분화에 따른 제품차별화가 용이하다.
⑤ 각 사업부의 이해관계를 중시하는 사업부 이기주의로 인하여 사업부 간의 협조가 원활하지 못할 수 있다.

0780
2019 산업안전지도사

조직구조 유형에 관한 설명으로 옳지 않은 것은?

① 기능별 구조는 부서 간 협력과 조정이 용이하지 않고 환경변화에 대한 대응이 느리다.
② 사업별 구조는 기능 간 조정이 용이하다.
③ 사업별 구조는 전문적인 지식과 기술의 축적이 용이하다.
④ 매트릭스 구조에서는 보고체계의 혼선이 야기될 가능성이 높다.
⑤ 매트릭스 구조는 여러 제품라인에 걸쳐 인적자원을 유연하게 활용하거나 공유할 수 있다.

0781
공기업 출제경향 반영

사업부 조직(divisional structure)에 관한 설명으로 가장 적절하지 않은 것은?

① 제품라인 간 조정이 약화될 수 있다.
② 특정 분야에 대한 지식과 능력의 전문화가 곤란하다.
③ 여러 개의 제품을 가진 대규모 기업에 적합하다.
④ 제품에 대한 책임과 담당자가 명확하지 않으므로 고객만족을 높일 수 없다.
⑤ 불안정한 환경에서 신속한 변화에 적합하다.

0782
2023 경영지도사

경영조직에 관한 설명으로 옳지 않은 것은?

① 기계적 조직은 공식화 정도가 높다.
② 유기적 조직은 환경 변화에 신속히 대응할 수 있다.
③ 라인조직은 업무수행에 있어 유사한 기술이나 지식이 요구되는 활동을 토대로 조직을 부문화 시킨 것으로 내적 효율성을 기할 수 있다.
④ 매트릭스 조직은 이중적 명령계통으로 인해 중첩되는 부문 간 갈등이 야기될 수 있다.
⑤ 위원회 조직은 조직의 특정 과업 해결을 위해 조직의 일상적 업무수행 기구와는 별도로 구성된 전문가 혹은 업무관계자들의 활동 조직이다.

0783
2023 7급 군무원

다음 중 조직 형태에 대한 설명으로 가장 적절하지 않은 것은?

① 라인 조직(line organization)은 신속한 의사결정과 실행이 가능하다.
② 라인스탭 조직(line and staff organization)의 구성원은 두 개 이상의 공식적인 집단에 동시에 속한다.
③ 사업부제 조직(divisional organization)은 사업부별로 업무수행에 대한 통제와 평가를 한다.
④ 네트워크 조직(network organization)은 필요에 따라 기업 내부 부서 및 외부 조직과 네트워크를 형성해서 함께 업무를 수행한다.

0784
2023 7급 국가직

조직구조에 대한 설명으로 옳은 것은?

① 매트릭스 조직에서는 역할 갈등과 업무 혼선이 생길 수 있다.
② 네트워크 조직은 환경 변화에 유연하지 못하고 고정비 부담이 크다.
③ 사업부 조직은 기능부서에서 규모의 경제효과가 커지는 강점이 있다.
④ 기능조직은 제품 종류가 소수보다 다수인 경우에 효과적이다.

0785
2024 경영지도사

명령 일원화의 원칙을 토대로 전문적인 지식이나 기술을 가진 사람들을 참모로 하여 보다 더 효과적인 경영활동을 위해 협력하도록 하는 조직 형태는?

① 라인 조직
② 기능별 조직
③ 라인-스태프 조직
④ 프로젝트 조직
⑤ 위원회 조직

0786
2024 공인노무사

다음과 같은 장점을 지닌 조직구조는?

> ○ 관리 비용을 절감할 수 있음
> ○ 작은 기업들도 전 세계의 자원과 전문적인 인력을 활용할 수 있음
> ○ 창업 초기에 공장이나 설비 등의 막대한 투자 없이도 사업이 가능

① 사업별 조직구조
② 프로세스 조직구조
③ 매트릭스 조직구조
④ 지역별 조직구조
⑤ 네트워크 조직구조

0787
2024 9급 군무원

다음 중 수평적 조직구조의 장점에 대한 설명으로 가장 적절하지 않은 것은?

① 지휘·명령 계통이 단순하고 책임, 의무 및 권한의 통일적 귀속이 명확하다.
② 직공에 대한 작업지도가 쉬워 미숙련공을 활용할 수 있다.
③ 하나의 직능부서 내에서는 조정이 잘 이루어진다.
④ 작업자는 전문적 지식이나 기술을 가진 선임의 지도로 직무경험을 축적할 수 있다.

0788
2024 7급 서울시

<보기>에서 기능조직의 약점을 모두 고른 것은?

> <보기>
> ㄱ. 부서 간에 수평적 조정이 약하다.
> ㄴ. 특정 분야에 대한 지식과 능력의 전문화가 곤란하다.
> ㄷ. 환경 변화에 대한 반응이 느리다.
> ㄹ. 빈번한 회의와 갈등 조정 과정으로 인해 많은 시간이 소요된다.

① ㄱ, ㄷ
② ㄱ, ㄹ
③ ㄴ, ㄷ
④ ㄴ, ㄹ

조직설계의 포괄적 모형

0789
2008 가맹거래사

조직구조의 설계에 있어 기계적(mechanistic) 구조와 유기적(organic) 구조를 비교한 설명으로 옳지 않은 것은?

	기계적 구조	유기적 구조
① 과업분화	공유가능한 업무	전문화된 업무
② 권한체계	집권화	분권화
③ 의사소통	공식적 상하 간 의사소통	비공식적 상호의사소통
④ 통제방식	수많은 규칙과 규정	권한 위양
⑤ 환경적합	안정된 환경에 적합	불안정한 환경에 적합

0790
2011 공인노무사

기계적 조직과 유기적 조직의 비교·설명으로 옳은 것은?

① 기계적 조직은 직무 전문화가 낮고, 유기적 조직은 직무 전문화가 높다.
② 기계적 조직은 의사결정 권한이 분권화되어 있고, 유기적 조직은 의사결정 권한이 집권화되어 있다.
③ 기계적 조직은 동태적이고 복잡한 환경에 적합하며, 유기적 조직은 안정적이고 단순한 환경에 적합하다.
④ 기계적 조직은 통제범위가 넓고, 유기적 조직은 통제범위가 좁다.
⑤ 기계적 조직은 지휘계통이 길고, 유기적 조직은 지휘계통이 짧다.

0791
2013 경영지도사

기계적 조직과 유기적 조직에 관한 설명으로 옳지 않은 것은?

① 기계적 조직은 부문화가 엄격한 반면, 유기적 조직은 느슨하다.
② 기계적 조직은 공식화 정도가 낮은 반면, 유기적 조직은 높다.
③ 기계적 조직은 직무전문화가 높은 반면, 유기적 조직은 낮다.
④ 기계적 조직은 의사결정권한이 집중화되어 있는 반면, 유기적 조직은 분권화되어 있다.
⑤ 기계적 조직은 경영관리위계가 수직적인 반면, 유기적 조직은 수평적이다.

0792
2015 경영지도사

기계적 조직구조의 특징이 아닌 것은?

① 많은 규칙
② 집중화된 의사결정
③ 경직된 위계질서
④ 비공식적 커뮤니케이션
⑤ 계층적 구조(Tall structure)

0793
2021 경영지도사

유기적 조직의 특성이 아닌 것은?

① 융통성 있는 의무
② 많은 규칙
③ 비공식적 커뮤니케이션
④ 탈집중화된 의사결정 권한
⑤ 수평적 구조

0794
2007 7급 국가직

번스(Burns)와 스타커(Stalker)는 상반되는 조직 형태의 유형으로서 기계적 조직(mechanistic organization)과 유기적 조직(organic organization)을 제시하였다. 다음 중 기계적 조직과 비교할 때, 유기적 조직의 상대적 특성에 대한 설명으로 옳지 않은 것은?

① 동태적 환경에 적합하다.
② 의사결정권의 분권화 정도가 높다.
③ 업무의 분업화 정도가 높다.
④ 업무의 공식화 정도가 낮다.

0795
2013 7급 국가직

경영조직론 관점에서 기계적 조직과 유기적 조직에 대한 설명으로 옳지 않은 것은?

① 기계적 조직은 효율성과 생산성 향상을 목표로 한다.
② 기계적 조직에서는 공식적 커뮤니케이션이 주로 이루어지고, 상급자가 조정자 역할을 한다.
③ 유기적 조직에서는 주로 분권화된 의사결정이 이루어진다.
④ 유기적 조직은 고객의 욕구 및 환경이 안정적이고 예측가능성이 높은 경우에 효과적이다.

0796
2019 7급 국가직

조직구조와 조직설계에 관한 연구를 설명한 것으로 옳지 않은 것은?

① 민쯔버그(Mintzberg)의 연구에 의하면 조직 구성원의 기능을 5가지의 기본적 부문으로 구분하고, 조직의 상황별로 다르게 나타나는 기본적 부문의 우세함에 따라 조직구조를 5가지 유형으로 분류한다.
② 톰슨(Thompson)의 연구에 의하면 과업 수행을 위하여 다른 부서와의 의존적 관계에 따라 상호의존성을 3가지로 분류하였는데, 이 중에서 가장 낮은 상호의존성을 중개형이라고 한다.
③ 번즈와 스타커(Burns and Stalker)의 연구에 의하면 조직의 환경이 안정적일수록 기계적 구조가 형성되고 가변적일수록 유기적 구조가 형성되는데, 기계적 구조가 유기적 구조보다 낮은 분화와 높은 분권화의 특성을 보인다.
④ 페로우(Perrow)의 연구에 의하면 비일상적 기술은 과업의 다양성이 높고 분석가능성이 낮은 업무에 적합하고, 분권화와 자율화가 요구된다.

0797
2020 코레일 사무직 복원

유기적 조직구조 특징으로 옳지 않은 것은?

① 구성원들의 높은 전문성
② 많은 권한위양
③ 넓은 통제범위
④ 수평적 의사소통
⑤ 부서 간 업무는 상당히 독립적

조직구조의 결정요인

0798
2015 경영지도사

조직구조를 설계할 때 고려하는 상황변수가 아닌 것은?

① 전략(Strategy)
② 제품(Product)
③ 기술(Technology)
④ 환경(Environment)
⑤ 규모(Size)

전략과 조직구조

0799
2017 경영지도사

마일즈(R. Miles)와 스노우(C. Snow)가 제시한 환경적합적 대응 전략으로만 구성되어 있는 것은?

① 전방통합형 전략, 후방통합형 전략, 차별화 전략
② 집중화 전략, 방어형 전략, 반응형 전략
③ 원가우위 전략, 차별화 전략, 집중화 전략
④ 차별화 전략, 반응형 전략, 후방통합형 전략
⑤ 공격형 전략, 방어형 전략, 분석형 전략

0800
2023 가맹거래사

마일즈(R. Miles)와 스노우(C. Snow)의 전략 유형으로 옳지 않은 것은?

① 반응형(reactor)
② 방어형(defender)
③ 분석형(analyzer)
④ 혁신형(innovator)
⑤ 공격형(prospector)

0801
2024 공인노무사

마일즈(R. Miles)와 스노우(C. Snow)의 전략 유형 중 유연성이 높고 분권화된 학습지향 조직구조로 설계하는 것이 적합한 전략은?

① 반응형 전략
② 저원가 전략
③ 분석형 전략
④ 공격형 전략
⑤ 방어형 전략

기술과 조직구조

0802
2022 가맹거래사

톰슨(J. Thompson)의 기술과 조직구조 관계에 대한 분류기준에 해당하는 것은?

① 기술복잡성
② 과업다양성
③ 과업정체성
④ 분석가능성
⑤ 상호의존성

0803
2010 공인노무사

문제의 분석가능성과 과업다양성이라는 두 가지 차원을 이용한 페로우(C. Perrow)의 기술분류에 해당되지 않는 것은?

① 장인기술
② 비일상적 기술
③ 중개형 기술
④ 일상적 기술
⑤ 공학적 기술

0804
2020 공인노무사

페로우(C. Perrow)가 제시한 기술 분류 기준으로 옳은 것을 모두 고른 것은?

ㄱ. 기술복잡성	ㄴ. 과업다양성
ㄷ. 상호의존성	ㄹ. 과업정체성
ㅁ. 문제분석 가능성	

① ㄱ, ㄴ
② ㄴ, ㄹ
③ ㄴ, ㅁ
④ ㄷ, ㅁ
⑤ ㄱ, ㄷ, ㄹ

0805
2024 공인노무사

페로우(C. Perrow)의 기술분류 유형 중 과업 다양성과 분석 가능성이 모두 낮은 유형은?

① 일상적 기술
② 비일상적 기술
③ 장인 기술
④ 공학 기술
⑤ 중개기술

환경과 조직구조

0806
2024 공인노무사

기업 외부의 개인이나 그룹과 접촉하여 외부환경에 관한 중요한 정보를 얻는 활동은?

① 광고
② 예측 활동
③ 공중관계(PR)
④ 활동영역 변경
⑤ 경계연결(boundary spanning)

조직간 관계에 관한 이론

0807
2015 가맹거래사

거시조직이론에 관한 설명으로 옳지 않은 것은?

① 시장과 위계이론은 거래비용 개념을 도입하여 조직유형이 왜 효율적인가를 구체적으로 제시한다.
② 전략적 선택이론은 경영자가 자원을 획득하고 유지할 수 있는 능력을 조직생존의 핵심 요인으로 파악한다.
③ 조직군 생태학이론은 생물학의 적자생존론을 도입하여 조직이 생존하기 위해서는 조직 내부구조적요인이 외부 환경요인에 따라야 한다.
④ 구조적 상황이론은 개방시스템 관점과 인간관계적 분석에 바탕을 둔 이론으로 조직의 경영활동이 상황에 적합하여야 한다.
⑤ 공동체 생태학이론은 사회생태학적 접근방법을 활용한 것으로 조직은 구성원들의 노력에 의해 환경에 능동적으로 대응할 수 있다.

0808
2015 공인노무사

다음 주장에 해당하는 이론은?

| ㄱ. 조직의 생존을 위해 이해관계자들로부터 정당성을 얻는 것이 중요하다. |
| ㄴ. 동일 산업내의 조직형태 및 경영관행 등이 유사성을 보이는 것은 조직들이 서로 모방하기 때문이다. |

① 대리인 이론
② 제도화 이론
③ 자원의존 이론
④ 조직군 생태학 이론
⑤ 협력적 네트워크 이론

0809
2017 공인노무사

다음에서 설명하는 조직이론은?

- 조직의 환경요인들은 상호의존적인 관계를 형성하여야 한다.
- 조직 생존의 핵심적인 요인은 자원을 획득하고 유지할 수 있는 능력이다.
- 조직은 자율성과 독립성을 유지하기 위하여 환경에 대한 영향력을 행사해야 한다.

① 제도화 이론
② 자원의존 이론
③ 조직군 생태학 이론
④ 거래비용 이론
⑤ 학습조직 이론

0810
2022 공인노무사

다음에서 설명하는 조직이론은?

- 조직 형태는 환경에 의하여 선택되거나 도태될 수 있다.
- 기존 대규모 조직들은 급격한 환경변화에 적응하기 어려워 공룡 신세가 되기 쉽다.
- 변화과정은 변이(variation), 선택(selection), 보존(retention)의 단계를 거친다.

① 자원의존 이론
② 제도화 이론
③ 학습조직 이론
④ 조직군 생태학 이론
⑤ 거래비용 이론

0811
2020 경영지도사

바나드(C. Barnard)가 주장한 조직이론에 해당하는 설명이 아닌 것은?

① 조직은 여러 하부·상부시스템들과 연결된 복합시스템이다.
② 조직의 구성원은 경제적 보상을 최대화하기 위하여 생산을 극대화시킨다.
③ 조직은 외부환경(투자자, 협력업체, 소비자)과도 좋은 관계를 유지해야 한다.
④ 조직의 명령은 구성원이 수용할 때 공헌으로 이어진다.
⑤ 조직 구성원들은 서로 상호작용하면서 협동한다.

0812
2021 7급 군무원

조직이론에서의 동형화(isomorphism)에 대한 설명으로 옳은 것은?

① 조직이 중요한 자원을 공급받기 위해 자원을 공급하는 조직과 유사하게 변화하는 것
② 조직이 주어진 환경에서 생존하기 위해 해당 환경 내의 다른 조직들과 유사하게 변화하는 것
③ 조직 내 구성원들이 응집력을 갖기 위해 유사하게 변화하는 것
④ 조직 내 상위계층과 하위계층의 구성원들이 유사한 전략적 방향을 갖게 되는 것

민쯔버그의 조직설계

0813
2015 경영지도사

민츠버그(H. Mintzberg)가 제시한 조직의 5가지 부문이 아닌 것은?

① 최고경영층·전략경영 부문(Strategic apex)
② 일반지원 부문(Supporting staff)
③ 중간계층 부문(Middle line)
④ 전문·기술지원 부문(Technostructure)
⑤ 사회적 네트워크 부문(Social network)

0814
2021 5급 군무원

민쯔버그(H. Mintzberg)가 제시한 조직구조 설계에 있어서의 기본 부문(basic parts)에 해당하지 않는 것은?

① 전략경영부문(strategic apex)
② 기술지원부문(techno structure)
③ 협력네트워크부문(cooperative network)
④ 생산핵심부문(operation core)

0815
2023 공인노무사

민츠버그(H. Mintzberg)의 5가지 조직유형에 해당하지 않는 것은?

① 매트릭스 조직   ② 기계적 관료제
③ 전문적 관료제   ④ 애드호크라시
⑤ 사업부제 조직

조직수명주기

0816
2018 7급 서울시

퀸(Quinn)과 카메론(Cameron)이 제안한 조직수명주기 모형의 각 단계를 순서대로 나열한 것으로 가장 옳은 것은?

① 창업 단계 – 집단공동체 단계 – 정교화 단계 – 공식화 단계
② 창업 단계 – 집단공동체 단계 – 공식화 단계 – 정교화 단계
③ 집단공동체 단계 – 창업 단계 – 정교화 단계 – 공식화 단계
④ 집단공동체 단계 – 창업 단계 – 공식화 단계 – 정교화 단계

0817
2023 공인노무사

퀸과 카메론(R. Quinn & K. Cameron)이 제시한 조직수명주기 단계의 순서로 옳은 것은?

| ㄱ. 창업 단계 | ㄴ. 공식화 단계 |
| ㄷ. 집단공동체 단계 | ㄹ. 정교화 단계 |

① ㄱ → ㄴ → ㄷ → ㄹ   ② ㄱ → ㄴ → ㄹ → ㄷ
③ ㄱ → ㄷ → ㄴ → ㄹ   ④ ㄱ → ㄷ → ㄹ → ㄴ
⑤ ㄱ → ㄹ → ㄴ → ㄷ

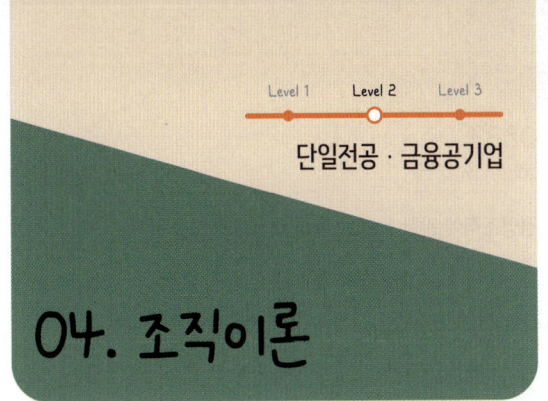

04. 조직이론

조직이론의 분류

0819
2006 CPA

다음은 조직이론의 주창자와 대표적 연구 내용을 연결한 것이다. 맞는 연결을 하나도 빠짐없이 모두 고른 것은?

> a. 버나드(Barnard) - 제한된 합리성(bounded rationality)
> b. 챈들러(Chandler) - 전략과 조직구조의 관계
> c. 번즈와 스타커(Burns & Stalker) - 유기적 조직과 기계적 조직
> d. 톰슨(Thompson) - 기술의 유형과 상호의존성
> e. 로렌스와 로쉬(Lawrence & Lorsch) - 분화와 통합(differentiation & integration)

① c, d, e ② a, b, e
③ a, c, d ④ b, c, d
⑤ b, c, d, e

0818
2003 CPA

조직이론에 관한 다음의 각 항목을 조직이론의 발전 순서에 따라 바르게 나타낸 것은?

> a. 조직의 인간적·사회적 측면을 강조하였으며, 행동과학 분야와 인적자원관리의 발전을 위한 이론적 틀을 제공하였다.
> b. 조직은 환경과는 무관한 폐쇄체계로 그리고 조직을 구성하는 인간과 인간집단은 합리체계로 간주하였다.
> c. 조직의 목표 달성보다는 생존을 중시하고, 조직 내부의 비공식성과 비합리성의 영향을 부각하였다.
> d. 서로 다른 환경의 요구들에 대처할 수 있는 방안을 제시하는 상황적합이론(contingency theory)이 발전하였다.

① a - b - c - d ② a - d - b - c
③ b - a - d - c ④ c - a - d - b
⑤ d - c - b - a

조직의 구조적 차원

0820
2018 CPA

조직구조와 조직설계에 관한 설명으로 가장 적절하지 않은 것은?

① 통제의 범위(span of control)는 부문간의 협업에 필요한 업무 담당자의 자율권을 보장해 줄 수 있도록 하는 부서별 권한과 책임의 범위이다.
② 부문별 조직(divisional structure)은 시장과 고객의 요구에 대응할 수 있으나 각 사업부 내에서 규모의 경제를 달성하기가 쉽지 않다.
③ 조직에서 의사결정권한이 조직 내 특정 부서나 개인에게 집중되어 있는 정도를 보고 해당 조직의 집권화(centralization) 정도를 알 수 있다.
④ 기능별 조직(functional structure)은 기능별 전문성을 확보할 수 있으나 기능부서들 간의 조정이 어렵고 시장의 변화에 즉각적으로 대응하기가 쉽지 않다.
⑤ 매트릭스 조직(matrix structure)은 이중적인 보고체계로 인하여 보고담당자가 역할갈등을 느낄 수 있고 업무에 혼선이 생길 수 있다.

조직구조

0821
2004 CPA

다음 중 조직 구조와 관련된 기술 중 가장 적절하지 않은 것은?

① 기능별 조직(functional organization)은 환경이 비교적 안정적일 때 조직관리의 효율을 높일 수 있다.
② 기능별 조직은 각 기능별로 규모의 경제를 얻을 수 있다는 장점이 있다.
③ 제품 조직(product organization)은 사업부내의 기능간 조정이 용이하다.
④ 제품 조직은 시장특성에 따라 대응함으로써 소비자의 만족을 증대시킬 수 있다.
⑤ 매트릭스 조직(matrix organization)은 많은 종류의 제품을 생산하는 대규모 조직에서 효율적으로 기능한다.

0822
2006 CPA

조직 구조와 설계에 관한 다음의 설명 중 가장 적절하지 않은 것은?

① 기계적 조직은 유기적 조직에 비하여 일반적으로 공식화의 정도가 높다.
② 관료제 조직은 전문화와 공식화를 지향한다.
③ 기능적 조직은 제품과 서비스의 종류가 증대될수록 효과적으로 작동한다.
④ 제품별 조직, 시장별 조직, 지역별 조직은 부문별 조직의 예이다.
⑤ 네트워크 조직은 수평적 연결과 왕래가 많고 환경변화에 신속하게 반응할 수 있다.

0823
2009 CPA

경영조직에 관한 서술 중 가장 적절하지 않은 것은?

① 유기적 조직에서는 공식화 정도가 높다.
② 매트릭스 조직에서는 역할갈등 현상이 나타날 수 있다.
③ 기계적 조직은 안정적이고 단순한 환경에 적합하다.
④ 제품 조직(사업부제 조직)에서는 기능부서별 규모의 경제를 상실할 가능성이 높다.
⑤ 우드워드(Woodward)에 의하면 대량생산 기술을 적용할 경우에 집권화, 분업화의 정도가 높아진다.

0824
2011 CPA

조직설계에 관한 설명으로 가장 적절하지 않은 것은?

① 민쯔버그(Mintzberg)는 단순조직(simple structure), 기계적 관료조직(machine bureaucracy), 전문적 관료조직(professional bureaucracy), 사업부조직(divisional structure), 애드호크라시(adhocracy)를 전형적인 조직의 유형으로 보았다.
② 기능별 조직은 같은 기능을 담당하는 사람을 한 부문으로 모아서 규모의 경제를 가질 수 있지만, 제품의 종류가 많아지고 시장의 변화가 빠르면 즉각적으로 반응하기 어렵다.
③ 로렌스와 로쉬(Lawrence & Lorsch)에 따르면 환경의 불확실성이 높을수록 조직에서 차별화(differentiation)가 많이 진행된다.
④ 매트릭스 구조(matrix structure)는 담당자가 기능부서에 소속되고 동시에 제품 또는 시장별로 배치되어 다른 조직구조에 비하여 개인의 역할갈등이 최소화된다.
⑤ 기계적 조직은 유기적 조직에 비하여 엄격한 상하관계와 높은 공식화를 가지고 있고 안정적 환경에 적합한 구조이다.

0825
2012 CPA

조직에 관한 설명으로 가장 적절하지 않은 것은?

① 기능식 조직은 환경의 불확실성이 낮고 안정적인 경우에 적합하다.
② 사업부제 조직은 각 사업영역이나 제품에 대한 책임이 명확해지는 장점이 있다.
③ 유기적 조직은 기계적 조직에 비해 공식화 정도가 낮다.
④ 매트릭스 조직에서는 명령일원화의 원칙이 적용된다.
⑤ 우드워드(Woodward)는 생산기술의 복잡성에 따라 단위소량 생산기술, 대량생산기술, 연속공정 생산기술로 구분하고 있다.

0826
2017 CPA

조직구조에 관한 설명 중 적절하지 않은 것만을 모두 선택한 것은?

> a. 기능별 구조(functional structure)에서는 기능부서간 협력과 의사소통이 원활해지는 장점이 있다.
> b. 글로벌기업 한국지사의 영업담당 팀장이 한국지사장과 본사 영업담당 임원에게 동시에 보고하는 체계는 네트워크 조직(network organization)의 특징을 보여준다.
> c. 단순 구조(simple structure)에서는 수평적 분화와 수직적 분화는 낮으나, 공식화 정도는 높다.

① a ② c
③ a, c ④ b, c
⑤ a, b, c

0827
2021 CPA

조직구조와 조직문화에 관한 설명으로 가장 적절하지 않은 것은?

① 조직문화에 영향을 미치는 중요한 요소로 조직체 환경, 기본가치, 중심인물, 의례와 예식, 문화망 등을 들 수 있다.
② 조직사회화는 조직문화를 정착시키기 위해 조직에서 활용되는 핵심 매커니즘으로 새로운 구성원을 내부 구성원으로 변화시키는 활동을 말한다.
③ 유기적 조직에서는 실력과 능력이 존중되고 조직체에 대한 자발적 몰입이 중요시된다.
④ 조직이 강한 조직문화를 가지고 있으면 높은 조직몰입으로 이직률이 낮아질 것이며, 구성원들은 조직의 정책과 비전실현에 더욱 동조하게 될 것이다.
⑤ 분권적 조직은 기능중심의 전문성 확대와 일관성 있는 통제를 통하여 조직의 능률과 합리성을 증대시킬 수 있다.

0828
2022 CPA

조직구조와 조직변화에 관한 설명으로 가장 적절하지 않은 것은?

① 조직이 변화하는 외부상황에 적절하고 신속하게 대처하기 위해서는 집권화(centralization)가 필요하다.
② 조직변화(organizational change)는 궁극적으로 조직성과개선, 능률 극대화, 구성원의 만족도 향상 등을 위한 계획적 변화를 말한다.
③ 기계적 구조는 저원가전략(cost-minimization strategy)을 추구하는 조직에 적합하다.
④ 조직이 경쟁력을 강화하고 경영성과를 높이기 위해서는 조직구조의 조정과 재설계, 새 공유가치와 조직문화의 개발, 직무개선 등의 노력이 필요하다.
⑤ 부문별 구조(divisional structure)는 기능별 구조(functional structure)보다 고객과 시장의 요구에 더 빨리 대응할 수 있다.

조직설계의 포괄적 모형

0829
2010 CPA

기계적 조직과 유기적 조직에 관한 다음의 설명 중 가장 적절하지 않은 것은?

① 기계적 조직은 일반적으로 공식화 정도가 높으며, 안정적이고 단순한 환경에 적합하다.
② 막스 베버(M. Weber)가 제시한 관료제 조직은 전문화와 공식화를 지향하므로 기계적 조직에 가깝다고 할 수 있다.
③ 기계적 조직과 유기적 조직 관점에서 볼 때, 현실의 조직들은 극단적인 기계적 조직과 극단적인 유기적 조직 사이의 연속선상에 위치할 수 있다.
④ 내용이 유사하고 관련성이 높은 업무를 우선 결합시키는 기능적 조직(functional organization)은 유기적 조직에 가깝다고 할 수 있다.
⑤ 네트워크 조직(network organization)은 환경변화에 신속하게 반응할 수 있으므로 유기적 조직에 가깝다고 할 수 있다.

조직구조의 결정요인

0830
2000 CPA

조직구조에 관한 상황이론은 어느 경우에나 항상 효과적인 조직구조가 존재할 수 없고 상황에 따라 달라진다는 조직설계의 관점이다. 다음 중 조직구조를 설계할 때 고려되는 상황요소들로만 구성된 것은?

a. 경영전략	b. 분화
c. 규모	d. 집권화
e. 공식화	f. 기술

① a, b, e
② b, c, e
③ b, d, e
④ a, c, f
⑤ c, d, f

전략과 조직구조

0831
2023 CPA

조직구조 및 조직개발에 관한 설명으로 가장 적절하지 않은 것은?

① 레윈(Lewin)의 조직변화 3단계 모델은 해빙(unfreezing) → 변화(changing) → 재결빙(refreezing)이다.
② 베버(Weber)가 주장한 이상적인 관료제(bureaucracy)는 분업, 권한계층, 공식적 채용, 비인간성, 경력지향, 문서화의 특징을 갖고 있다.
③ 페로우(Perrow)는 문제의 분석 가능성과 과업 다양성이라는 두 가지 차원을 이용하여 부서 수준의 기술을 장인(craft) 기술, 비일상적(nonroutine) 기술, 일상적(routine) 기술, 공학적(engineering) 기술로 구분한다.
④ 민쯔버그(Minzberg)가 제시한 조직의 5대 구성요인은 전략 부문(strategic apex), 중간라인 부문(middle line), 핵심운영 부문(operating core), 기술전문가 부문(technostructure), 지원스탭 부문(support staff)이다.
⑤ 챈들러(Chandler)가 구조와 전략 간의 관계를 설명하기 위해 제시한 명제는 '전략은 구조를 따른다(strategy follows structure)'이다.

기술과 조직구조

0832
2002 CPA

조직의 기술과 조직구조의 관계에 대한 다음의 설명 가운데 가장 적절한 것은?

① 우드워드(Woodward)의 기술분류에 따르면 기술의 복잡성이 높을수록 조직의 전반적인 구조는 더욱 유기적인 구조를 갖는 것이 바람직하다.
② 조직의 과업다양성이 높을수록 조직의 전반적인 구조는 더욱 기계적인 것이 바람직하다.
③ 조직이 과업을 수행함에 있어 당면할 수 있는 문제의 분석가능성이 높을수록 수평적 의사소통이 중요해진다.
④ 연속형 기술(long-linked technology)을 사용하는 조직에서는 부서간의 활동을 조정하기 위해 과업과 행동을 표준화하는 것이 바람직하다.
⑤ 유연생산기술(flexible manufacturing technology)을 사용하는 조직에서는 분권화의 정도를 높게 유지하는 것이 바람직하다.

0833
2002 CPA

Thompson이 제시한 집합적(pooled), 순차적(sequential), 교호적(reciprocal) 상호의존성은 의사소통을 요구하는 정도가 서로 다르다. 의사소통을 요구하는 정도가 가장 높은 것부터 순서대로 바르게 나열된 것은?

① 집합적 – 순차적 – 교호적
② 집합적 – 교호적 – 순차적
③ 교호적 – 집합적 – 순차적
④ 교호적 – 순차적 – 집합적
⑤ 순차적 – 집합적 – 교호적

0834
2004 CPA

조직 설계와 관련된 다음의 서술 중 가장 적절한 것은?

① 부문화(departmentalization)는 조직 구성원들이 책임지고 수행해야 할 과업의 범위와 깊이를 의미한다.
② 공식화(formalization)는 분업화한 과업을 효과적으로 수행하기 위해 과업수행에 관련된 행동을 구체화시키는 것을 의미한다.
③ 우드워드(Woodward)의 연구 결과에 의하면 조직구조는 조직이 사용하는 생산기술에 영향을 미치고 기술과 조직구조의 적합성 여부에 따라 조직의 성과가 달라진다.
④ 페로(Perrow)는 기술을 과업의 다양성과 문제의 분석 가능성에 따라 장인기술, 비일상적 기술, 일상적 기술, 공학적 기술로 나누었다.
⑤ 혁신의 양면성 모형(ambidextrous model)에서 보면 효율적 관리혁신을 위해서 조직의 중간 또는 하위관리층은 기계적인 조직이 되어서는 안 된다.

0835
2007 CPA

조직과 관련한 다음의 설명 중 가장 적절하지 않은 것은?

① 기능적 부문화 조직에서는 환경변화에 반응하는 속도는 느리지만 깊이 있는 지식과 기술개발을 가능하게 하고 기능부문 안에서 규모의 경제를 가능하게 한다.
② 조직도(organizational chart)는 공식적 보고체계, 명령계통, 관리계층, 책임소재, 부서와의 관계와 같은 조직구조를 보여준다.
③ 조직이 성장하여 규모가 커지고 더 많은 부서가 생겨남에 따라 조직구조의 복잡성은 커지게 된다.
④ 기계적 조직에서는 수직적 상호작용이 빈번하고 유기적 조직에서는 수평적 상호작용이 빈번하다.
⑤ 톰슨(Thompson)은 과업에서의 상호의존성을 호환적(reciprocal) 상호의존성, 순차적(sequential) 상호의존성, 협동적(cooperative) 상호의존성으로 나누었다.

0836
2011 CPA

조직기술에 관한 설명으로 가장 적절한 것은?

① 생산규모와 기술의 효율성에 따라서 우드워드(Woodward)는 생산기술을 8가지로 분류하였는데 이는 크게 단위소량생산기술, 대량생산기술, 연속공정생산기술, 대량주문생산기술로 구분된다.
② 우드워드(Woodward)에 따르면 단위소량생산기술을 사용하는 조직은 전반적으로 기계적 조직구조를 가지는 반면, 대량생산기술을 가진 조직은 전반적으로 유기적 조직구조를 가진다.
③ 페로우(Perrow)는 과업의 불확실성(uncertainty)과 기술의 복잡성(complexity), 기술의 개방성(openness)에 따라서 부서단위의 기술을 분류하였다.
④ 페로우(Perrow)에 따르면 일상적 기술(routine technology)을 가진 부서는 공학적 기술(engineering technology)을 가진 부서에 비하여 공식화와 집권화의 정도가 상대적으로 낮다.
⑤ 톰슨(Thompson)에 따르면 집합적 상호의존성(pooled interdependence)을 사용하는 조직은 순차적 상호의존성(sequential interdependence)을 사용하는 조직보다 의사소통의 필요성이 낮다.

0837
2016 CPA

조직에서의 기술에 관한 설명으로 가장 적절하지 않은 것은?

① 페로우(Perrow)에 따르면 장인(craft)기술을 사용하는 부서는 과업의 다양성이 낮으며 발생하는 문제가 비일상적이고 문제의 분석가능성이 낮다.
② 톰슨(Thompson)에 따르면 집합적(pooled) 상호의존성은 집약형 기술을 사용하여 부서 간 상호조정의 필요성이 높고 표준화, 규정, 절차보다는 팀웍이 중요하다.
③ 우드워드(Woodward)에 따르면 연속공정생산기술은 산출물에 대한 예측가능성이 높고 기술의 복잡성이 높다.
④ 페로우에 따르면 공학적(engineering) 기술을 사용하는 부서는 과업의 다양성이 높고 잘 짜여진 공식과 기법에 의해서 문제의 분석가능성이 높다.
⑤ 페로우에 따르면 비일상적(nonroutine) 기술을 사용하는 부서는 과업의 다양성이 높고 문제의 분석가능성이 낮다.

환경과 조직구조

0838
2023 CPA

조직구조와 조직문화에 관한 설명으로 가장 적절하지 않은 것은?

① 호손(Hawthorne) 실험은 조직 내 비공식 조직과 생산성 간의 관계 및 인간관계와 생산성 간의 관계를 설명한다.
② 통제의 범위(span of control)는 한 감독자가 관리해야 하는 부하의 수를 의미한다.
③ 자원기반관점(resource-based view)에서 기업은 경쟁우위를 창출하기 위해서 가치(valuable)있고, 모방 불가능(inimitable)하며, 대체 불가능(non-substitutable)하고, 유연한(flexible) 자원들을 보유해야 한다.
④ 로렌스와 로쉬(Lawrence & Lorsch)의 연구에 의하면, 기업은 경영환경이 복잡하고 불확실할수록 조직구조를 차별화(differentiation) 한다.
⑤ 홉스테드(Hofstede)의 국가 간 문화차이 비교 기준 중 권력간 거리(power distance)는 사회에 존재하는 권력의 불균형에 대해 구성원들이 받아들이는 정도를 의미한다.

민쯔버그의 조직설계

0839
2003 CPA

민쯔버그(Mintzberg)가 제시한 조직의 다섯 가지 기본부문과 관련된 설명 중 옳지 않은 것은?

① 조직의 전략부문(strategic apex)의 힘이 강하게 작용하는 조직은 단순구조(simple structure)의 조직이다.
② 조직의 중간라인부문(middle line)은 표준화를 추구하는 힘을 행사하고, 이 힘은 '산출물의 표준화'에 의한 조정으로 발휘된다.
③ 조직의 기술전문가부문(technostructure)이 행사하는 힘은 기계적 관료제구조에서 가장 크게 작용한다.
④ 조직의 지원스탭부문(supporting staff)은 조직의 기본적인 과업 흐름 이외의 조직문제에 대한 지원을 제공하는 전문가들로 구성된다.
⑤ 수술실에서 수술을 실행하는 외과의사는 그가 속한 병원의 핵심운영부문(operating core)에 해당된다.

0840
2005 CPA

민쯔버그(Mintzberg)의 다섯 가지 조직구조 중 전문적 관료제(professional bureaucracy)의 특성으로 가장 적절한 것은?

① 환경이 복잡하고, 표준화된 기술과 지식이 요구되는 경우에 적합하다.
② 많은 규칙과 규제가 필요하여 공식화 정도가 매우 높다.
③ 강력한 리더십이 필요한 경우에 적합하며, 벤처기업에 적용이 가능하다.
④ 기술의 변화속도가 빠른 동태적인 환경에 적합하다.
⑤ 중간관리층의 역할이나 중요성이 매우 크다.

0841
2019 CPA

조직구조에 관한 설명으로 가장 적절하지 않은 것은?

① 공식화(formalization)의 정도는 조직 내 규정과 규칙, 절차와 제도, 직무 내용 등이 문서화되어 있는 정도를 통해 알 수 있다.

② 번즈(Burns)와 스토커(Stalker)에 따르면 기계적 조직(mechanistic structure)은 유기적 조직(organic structure)에 비하여 집권화와 전문화의 정도가 높다.

③ 수평적 조직(horizontal structure)은 고객의 요구에 빠르게 대응할 수 있고 협력을 증진시킬 수 있다.

④ 민쯔버그(Mintzberg)에 따르면 애드호크라시(adhocracy)는 기계적 관료제(machine bureaucracy)보다 공식화와 집권화의 정도가 높다.

⑤ 네트워크 조직(network structure)은 공장과 제조시설에 대한 대규모 투자가 없어도 사업이 가능하다.

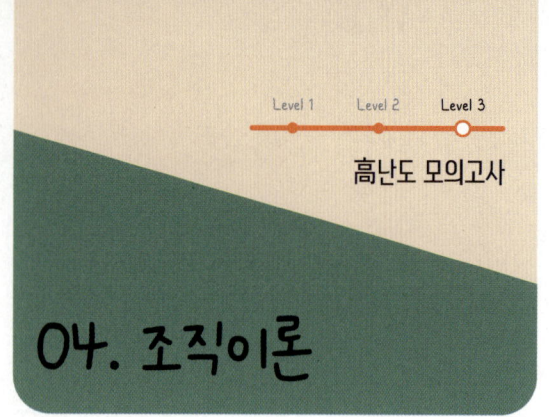

04. 조직이론

0842

민쯔버그(Mintzberg)는 조직의 5대 구성요인을 이용하여 조직구조의 유형을 다섯가지로 설명하고 있다. 다음 중 조직구조의 유형과 특성의 연결이 바르지 않은 것은?

	조직의 주요부문	조직구조의 형태	핵심 조정 메커니즘
①	최고경영층 strategic apex	단순구조 simple structure	직접적 감독체계
②	기술구조부문 technostructure	기계적 관료제 machine bureaucracy	작업과정의 표준화
③	핵심운영부문 operating core	전문적 관료제 professional bureaucracy	직무기술의 표준화
④	중간관리층 middle line	사업부 조직 divisional structure	산출물의 분권화
⑤	지원스탭 support staff	애드호크라시 adhocracy	부서간 상호 조정

0843

조직구조의 유형과 특성에 대한 설명 중 가장 적절하지 않은 것은?

① 상황론적인 조직설계의 관점에서 보면 기업의 전략(strategy)은 조직구조(structure)를 고려하여 수립해야 한다.
② 마일즈와 스노(Miles & Snow)의 전략유형 중 방어형(defender) 전략은 기계적(mechanistic) 조직이 적합하다.
③ 우드워드(Woodward)의 연구에서 대량생산기술(mass production)을 사용하는 조직은 기계적 조직이 적합하다.
④ 톰슨(Thompson)의 기술분류 가운데 집약형 기술(intensive technology)을 사용하는 조직은 수평적 의사소통의 필요성이 매우 높다.
⑤ 로렌스와 로쉬(Lawrence & Lorsch)는 환경의 불확실성이 높을수록 조직의 분화(differentiation)가 높아지기 때문에 이들을 통합(integration)하기 위한 노력도 많이 해야 한다고 주장하였다.

0844

조직설계에 대한 다음의 설명 중 가장 적절하지 않은 것은?

① 우드워드(Woodward)의 기술 분류는 회사전체 수준이고 페로(Perrow)의 기술 분류는 부서 수준이다.
② 챈들러(Chandler)의 연구에 따르면 제품다각화 수준이 높아질수록 기능조직(functional structure)보다는 사업부 조직(divisional structure)이 더 적합하다.
③ 로렌스와 로쉬(Lawrence & Lorsch)의 연구에 의하면 환경의 불확실성이 높아질수록 부서간 조직구조나 운영방식의 차이는 작아진다.
④ 기계적 조직(mechanistic structure)은 수직적 의사소통이 더 중요하고 유기적 조직(organic structure)은 수평적 의사소통이 더 중요하다.
⑤ 제조업에 비해 서비스업은 설비의 지리적 분산 정도는 더 높고, 경계활동(boundary spanning)을 사용하는 정도는 상대적으로 더 낮다.

0845

기술(environment)과 조직구조에 대한 다음의 설명 중 가장 적절하지 않은 것은?

① 우드워드(Woodward)는 기술 복잡성(technological complexity)을 기준으로 기술을 단위소량(unit), 대량생산(mass), 연속생산(process)으로 구분하였으며 각각에 적합한 조직구조는 유기적, 기계적, 유기적 조직이다.
② 페로(Perrow)는 기술을 과업다양성(task variability)과 문제의 분석가능성(problem analyzability)을 기준으로 구분하였으며, 일상적(routine) 기술에서 비일상적(nonroutine) 기술로 갈수록 조직구조는 더욱 유기적 구조의 성격을 가져야 한다고 주장하였다.
③ 톰슨(Thompson)은 상호의존성(interdependence)을 기준으로 기술을 구분하였으며, 집합적 상호의존성(pooled interdependence)을 갖는 은행의 경우 조정형태로 '부서간 상호조정'을 제시하였다.
④ 제조유연성도 높고, 생산량도 많은 CIM(computer integrated manufacturing) 기술을 사용하는 조직은 대량생산(mass) 기술을 사용하는 기업에 비해 더 유기적 구조로 설계하는 것이 좋다.
⑤ 서비스업의 조직구조는 고객서비스 수준을 높이기 위해 분권화 정도를 높게 설계하는 것이 좋다.

0846

조직이나 부서가 처한 상황 가운데, 유기적(organic) 조직과 가장 부합하는 항목들로만 구성된 것은?

> a. 환경(environment)이 안정적일 때
> b. 기업이 단위소량생산기술(unit technology)을 사용할 때
> c. 기업이 유연생산기술(FMS: flexible manufacturing system)을 사용할 때
> d. 부서수준의 기술이 문제의 분석가능성(problem analyzability)은 높고, 과업의 다양성(task variability)이 낮을 때
> e. 다양한 전문가들이 혁신과제를 수행해야 할 때

① a, b, c
② a, b, d
③ b, c, e
④ b, c, d
⑤ c, d, e

0847

상황론적 조직설계에 관한 다음 설명 가운데 가장 적절한 항목들로만 구성된 것은?

> a. 조직의 규모(size)가 커질수록 일반적으로 공식화(formalization) 수준은 감소한다.
> b. 정유나 화학 공장이 자동차나 전자제품을 조립하는 공장보다 더 기계적(mechanistic) 조직구조이다.
> c. 환경의 불확실성이 높을 때, 조직의 각 부서는 각각 자기들이 상대하는 환경 영역의 특수한 필요에 적합한 형태를 갖추게 되어 조직의 분화(differentiation)는 증가한다.
> d. 격동적 환경에 처한 조직은 유연성(flexibility)이 높은 조직구조로 설계해야 한다.
> e. 새로운 아이디어를 탐색하고 개발하는 부서는 유기적(organic)인 구조로 설계하고, 혁신적 아이디어를 실행에 옮기는 부서는 기계적(mechanistic)으로 설계하는 것이 바람직하다.

① a, b
② a, c
③ b, c
④ b, c, d
⑤ c, d, e

0848

조직설계와 조직구조에 대한 다음 설명 중 가장 적절하지 않은 것은?

① 부서간 조정이 용이한 기능횡단팀(cross functional team)으로 구성되는 것은 네트워크 조직(network organization)이다.
② 공식화(formalization)가 높은 조직보다는 낮은 조직의 종업원들이 직무수행의 재량권(discretion)을 더 많이 갖는다.
③ 환경의 변화속도가 빠르고 변화의 양상도 광범위할 때 분권화(decentralization) 정도를 높이는 것이 이론적으로 바람직하다.
④ 부서를 기능별로 묶지 않고 업무처리 프로세스 별로 묶으면 수평적 조직(horizontal structure)이 된다.
⑤ 전문화(specialization) 정도가 높을수록 생산성은 향상되지만 작업의 지루함과 스트레스를 유발하여 능률을 저하시킬 수도 있다.

0849

조직설계에 관한 다음 설명 중 옳은 것을 모두 고르면?

> a. 기업의 조직구조(structure)는 전략(strategy)에 영향을 미친다.
> b. 수평적 조직(horizontal structure)이 사업부 조직(divisional structure) 보다 상대적으로 더 유기적 조직에 가깝다고 할 수 있다.
> c. 환경의 불확실성이 높을수록 조직 내 부서의 분화(differentiation) 정도는 높아진다.
> d. 우드워드(Woodward)의 연구에 따르면 기계적 조직구조인 기업은 대량생산(mass production) 기술을 사용해야 한다.
> e. 톰슨(Thompson)의 연구에 따르면, 은행은 집합적 상호의존성(pooled interdependence)에 해당하며, 이 경우 각 지점간의 조정활동은 거의 필요하지 않게 된다.

① a, b, c
② b, c, d
③ c, d, e
④ b, c, e
⑤ b, d, e

0850

조직설계와 조직구조에 대한 다음 설명 중 가장 적절한 것은?

① 조직이 성장하여 규모가 커질수록 조직은 점점 관료화 되기 때문에 공식화(formalization) 수준은 점차 낮아진다.
② 챈들러(Chandler)의 전략-구조 간 연구는 전략에 맞는 조직구조를 설계하기 보다는 조직구조에 맞는 전략을 수립할 것을 강조한다.
③ 우드워드(Woodward)의 연구에 따르면 기술복잡성 (technological complexity)이 증가할수록 조직설계는 점점 기계적 조직에 가까워져야 한다.
④ 로렌스와 로쉬(Lawrence & Lorsch)의 연구에 따르면 불확실성이 높은 환경에 처한 기업의 부서들은 각각이 처한 독특한 환경을 다루기 위해 인적구성과 운영방안에서 많은 차이를 보이게 되므로 이들 부서들을 통합하기 위한 노력을 많이 해야 한다.
⑤ 퀸과 카메론(Quinn & Cameron)의 조직수명주기는 창업단계 → 집단공동체 단계 → 정교화 단계 → 공식화 단계의 순으로 진행된다.

0851

조직설계와 조직구조에 대한 다음 설명 중 가장 적절한 것은?

① 기계적 조직의 특성에 가까운 조직은 공식화 (formalization), 분권화(decentralization), 전문화 (specialization) 수준이 모두 높다.
② 민쯔버그(Mintzberg)의 조직설계에서 애드호크래시 (adhocracy)는 기계적 조직의 특성에 가깝다.
③ 페로(Perrow)는 과업의 다양성과 문제의 분석가능성이 모두 높은 기술을 비일상적 기술(nonroutine technology) 이라고 하였다.
④ 톰슨(Thompson)은 부서간 교호적 상호의존성(reciprocal interdependence)이 존재할 경우, 부서간 상호조정과 회의를 통해 부서간 활동을 조정해야 한다고 주장하였다.
⑤ 매트릭스 조직(matrix structure)보다는 기능조직 (functional structure)이 더 유기적 조직의 특성에 가깝다.

0852

조직설계와 조직구조에 대한 다음 설명 중 가장 적절한 것은?

① 일반적인 기능조직(functional structure)은 수평적인 정보공유(horizontal information sharing) 메커니즘을 다수 보유하고 있다.
② 조직 내 수직적 정보공유(vertical information sharing) 메커니즘의 주요 목적은 부서 간 의사소통과 조정이다.
③ 제조업이 서비스업에 비해 상대적으로 경계활동 (boundary spanning roles)은 더 적게 수행하며, 설비의 지리적 분산(geographical dispersion)은 더 높다.
④ 톰슨(Thompson)의 연구에서 교호적 상호의존성 (reciprocal interdependence)을 갖는 과업을 효과적으로 수행하기 위해서는 업무를 표준화하는 것보다는 업무담당자간 상호조정을 하는 것이 보다 적절하다.
⑤ 포터(Porter)의 전략유형 가운데, 차별화(differentiation) 전략에는 기계적(mechanistic) 조직구조가 적절하며, 원가우위(cost-leadership) 전략에는 유기적(organic) 조직구조가 적절하다.

0853

다음 중 기계적 조직보다는 유기적 조직에 가깝게 설계하는 것이 바람직한 상황을 모두 고른 것은?

> a. 불안정한 환경에 처한 조직
> b. 마일즈(Miles)와 스노(Snow)의 연구에서 방어형 (defender) 전략을 채택한 조직
> c. 페로(Perrow)의 연구에서 비일상적 기술(non-routine technology)을 사용하는 부서
> d. 우드워드(Woodward)의 연구에서 연속생산(continuous flow process) 기술을 사용하는 조직
> e. 수평적 정보공유(information sharing) 채널보다는 수직적 정보공유 채널을 더 많이 필요로 하는 조직

① a, b, c
② a, c, d
③ b, c, d
④ b, d, e
⑤ c, d, e

0854

조직이론과 관련한 다음 설명 중 가장 적절한 것은?

① 기계적 조직(mechanistic organization)은 수직적 의사소통이 빈번하고, 유기적 조직(organic organization)은 수평적 의사소통이 빈번하다.
② 베버(Weber)의 관료제(Bureaucracy)의 원칙을 조직에 적용하면 조직구조는 유기적 조직에 가까워진다.
③ 수평적 조직(horizontal structure)은 내부의 여러 기능들을 없애고 외부업체들과의 계약을 통해 기업에 필요한 자원과 서비스를 조달한다.
④ 민쯔버그(Mintzberg)의 5가지 조직구조 중 기계적 관료제(machine bureaucracy)는 효과적인 혁신을 위해 서로 다른 전문 분야의 전문가들을 유기적으로 연결시키는 구조이며 이는 유기적 조직의 특성에 가깝다고 볼 수 있다.
⑤ 우드워드(Woodward)와 페로(Perrow) 연구의 공통점은 조직구조가 조직(혹은 부서)이 사용하는 기술을 결정한다는 것이다.

0855

조직이론에 관한 설명 중 적절하지 않은 것만을 모두 선택한 것은?

> a. 공식화(formalization)란 업무의 분화 정도를 의미하며, 조직의 규모가 커질수록 공식화 수준도 점점 높아진다.
> b. 챈들러(Chandler)는 전략을 수립할 때 조직구조를 고려해야 한다고 주장하였다.
> c. 페로(Perrow)는 '문제의 분석가능성(problem analyzability)'과 '기술복잡성(technological complexity)'을 기준으로 기술을 4가지로 분류하였다.
> d. 네트워크 조직(network organization)은 기능부서 업무의 많은 부분을 외주(outsourcing)함으로써 본사는 단지 브로커(broker)로서의 역할만 하게 된다.
> e. 톰슨(Thompson)의 연구에서 상호의존성이 가장 높은 것을 교호적 상호의존성(reciprocal interdependence)이라고 한다.

① a, b, c
② a, b, d
③ b, c, d
④ b, c, e
⑤ c, d, e

0856

조직설계와 관련 이론에 대한 설명 가운데 가장 적절한 것은?

① 스코트(Scott)의 조직이론 분류에 따르면 '자원의존이론(resource dependence theory)'은 시스템 차원에서는 '개방시스템' 관점과 조직구조의 목적 차원에서는 '사회적' 관점을 취한다고 볼 수 있다.
② 전문화(specialization), 공식화(formalization), 집권화(centralization)는 조직을 설계할 때 고려해야 하는 변수들이다.
③ 번스와 스타커(Burns & Stalker)가 제시한 유기적 조직(organic organization)은 안정적인 환경에서 '효율성'을 추구하는 조직구조이고, 기계적 조직(mechanistic organization)은 불안정한 환경에서 '유연성'을 추구하는 조직구조이다.
④ 민쯔버그(Mintzberg)가 제시한 애드호크라시(adhocracy)는 기계적 조직에 가깝다고 볼 수 있고, 기계적 관료제(machine bureaucracy)는 유기적 조직에 가깝다고 볼 수 있다.
⑤ 톰슨(Thompson)의 연구에 따르면 조직 내 부서 간 상호의존성(interdependence)이 높을수록 수평적 의사소통의 필요성은 증가하고, 필요한 조정의 형태는 표준화와 규칙이 사용된다.

0857

조직구조와 설계에 대한 설명 가운데 가장 적절한 것은?

① 조직의 가장 낮은 계층의 종업원 수가 같다면, 통제의 범위(span of control)가 좁은 기업이 넓은 기업에 비해 상대적으로 관리자 계층의 수가 더 적다.
② 기능부서 간 조정은 기능별 조직보다는 사업부 조직(divisional structure)이 더 원활하고, 기능부서 내에서 규모의 경제 달성은 사업부 조직보다 기능별 조직이 더 용이하다.
③ 수평적 조직(horizontal structure)은 기능별 전문성을 확보할 수 있고, 환경 변화에 빠르게 대응할 수 있다는 장점이 있다.
④ 톰슨(Thompson)의 연구에서 은행의 지점들 간의 상호의존성(interdependence)은 상호의존성의 정도가 가장 낮은 순차적 상호의존성(sequential interdependence)에 해당한다.
⑤ 조직설계 시 유연성 보다 효율성이 더 중요하다면 유기적 조직(organic organization)으로 설계하는 것이 바람직하고, 반대로 효율성 보다 유연성이 더 중요하다면 기계적 조직(mechanistic organization)으로 설계하는 것이 바람직하다.

05 인적자원관리

제1편. 인사/조직/전략

1. 인적자원관리의 의의

인적자원관리(HRM: human resource management)는 인적자원의 체계적 관리를 통해 고성과를 달성하고자 사람과 직무 간의 적합성(fit)을 높이려는 적재적소(適材適所)의 배치 실현을 기본 개념으로 삼고 있음

적재적소의 배치실현

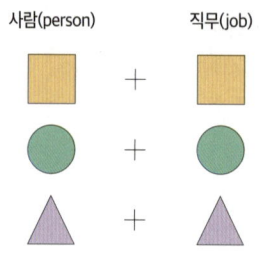

※ 적재적소의 배치의 기준은 '사람'이 아니라 '직무'이다.

2. 직무에 관한 연구

(1) 직무분석(job analysis)

1) 개념

高성과를 달성하기 위해서는 직무상 필요로 하는 직무요건(job requirement)과 직무수행자의 인적요건을 일치시킬 필요가 있는데, 직무요건을 알아보고자 직무에 대한 정보를 수집·분석·종합하는 것을 직무분석(job analysis)이라고 함

2) 직무분석의 절차

① 직무분석의 목적 결정
② 배경정보의 수집
③ 직무정보의 수집
④ 직무정보의 검토
⑤ 직무기술서 및 직무명세서의 작성

3) 직무분석 방법

직무분석을 위한 자료 수집방법

기법	내용
면접법 interview	직무담당자 또는 감독자와 면접을 통해 직무정보를 획득하는 방법
질문지법 questionnaire	구조화된 설문지를 이용하여 직무에 대한 정보를 얻는 방법
관찰법 observation	직무분석자가 직무담당자의 직무수행 장면을 관찰하고 관찰결과를 기록함으로써 직무정보를 얻는 방법

기법	내용
종업원 기록법 participant diary	종업원의 작업활동을 작업일지에 기록하게 하여 그것으로부터 직무에 관한 정보를 얻는 방법
경험법 empirical method	직무분석자가 직접 일을 체험해보고 직무정보를 얻는 방법
결합법 combination method	여러 가지 직무분석 방법을 병용하여 사용하는 기법
중요사건법 CIM: critical incident method	종업원의 중요사건으로 직무를 분석하는 기법. 인사평가 기법이기도 함

4) 직무분석 결과물

직무분석의 결과물

구분	내용
직무기술서 job description	직무에 관한 사실과 정보를 모든 사람이 이해하기 쉽도록 간략하게 정리하여 기술한 양식이며 직무기술서에는 직무구분, 직무개요, 직무내용, 직무명세, 작업조건 등이 포함(TDR: task, duty, responsibility)
직무명세서 job specification	하나의 직무를 적절히 수행하기 위해 필요한 최소한의 인적자원에 관한 설명이며, 성별, 교육정도, 전공, 자격 및 면허, 최적연령 등의 직무수행요건과 기초지식, 전문지식, 숙련기간, 창의적 판단, 육체적 부하, 작업환경 등의 직무특성을 포함(KSA: knowledge, skill, ability)

5) 직무분석의 활용

기본적 HR 도구로서의 직무분석

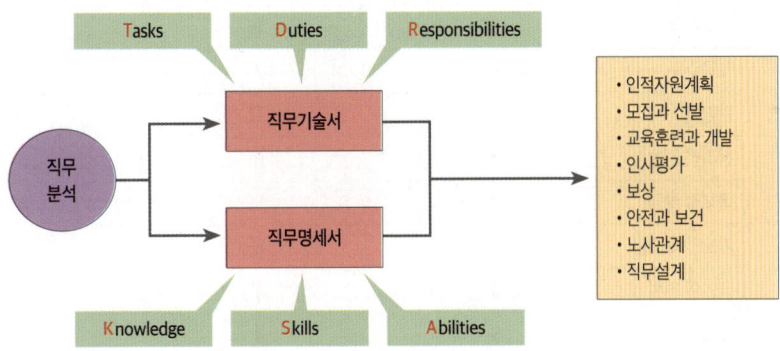

6) 직무분석의 최근 추세

① 탈직무화

과거 여러 사람이 하던 일을 혼자 혹은 소수의 사람이 수행가능하므로 인력의 직무 이탈 현상이 가속화될 뿐 아니라 기존의 직무분석 방식은 별 의미가 없어짐. 이를 탈직무화(dejobbing)라고 함

② 역량 중심의 직무분석

수시로 변화하는 직무 환경은 매번 직무기술서를 작성하는 낭비가 필요없는 신축적인 직무기술서를 요구함. 이에 따라 기업에서는 '의무(duty)'보다는 '역량(competency)'을 중심으로 한 직무분석을 사용하는데, 이를 역량 중심의 직무분석(competency-based job analysis)이라고 함

(2) 직무평가(job evaluation)

'동일노동 동일임금(equal pay for equal work)'의 원칙을 실현하는 직무급(job-based pay)을 도입하기 위한 기초 작업으로 직무의 상대적 가치를 산정하는 체계적인 과정

직무평가 기법의 비교

구분	비계량적 방법	계량적 방법
직무 대 직무	서열법	요소비교법
직무 대 기준	분류법	점수법

직무평가 방법

기법	내용
서열법 ranking method	다른 직무와 비교하여 상대적 중요성에 따라 직무를 주관적으로 서열을 매기는 방법
분류법 classification method	평가하려는 직무를 사전에 규정된 등급 혹은 부류에 배정함으로써 직무를 평가하는 방법
점수법 point rating method	직무를 구성하는 중요한 직무요소(job factor)를 찾아 각 요소별로 등급화하여 점수를 부여하고 평가하려는 직무를 평가요소별로 적절한 등급을 찾아 점수를 부여하는 방법
요소비교법 factor comparison method	기준직무(key job)를 선정하고 그 기준직무에 대해 지급되는 임금액을 평가요소에 배분하여 기준직무를 평가요소별로 서열화한 다음 기준직무의 평가요소와 평가하려는 직무의 평가요소를 비교하여 직무의 상대적 가치를 수량적으로 평가하는 방법

점수법에 의한 직무평가

평가요소 대분류	소분류	만점	A 직무	B 직무
숙련(50)	기초지식	20	16	18
	교육수준	15	7	10
	판단력	15	12	11
노력(15)	심리적 긴장	8	6	6
	육체적 부담	7	5	4
책임(20)	지도감독 책임	15	8	12
	타인의 위험	5	4	3
직무환경(15)	재해위험	5	4	4
	작업장 분위기	10	8	7
총점		100점	70점	75점

요소비교법

직무	임금	평가요소			
		숙련	노력	책임	직무환경
직무 A	8,000	3,000	3,000	500	1,500
직무 B	6,000	500	2,000	500	3,000
직무 C	5,000	1,500	1,000	2,000	500
직무 D	4,500	900	900	1,500	1,200

※ 만일 홍길동의 직무 K가 숙련도는 직무 B와 비슷하고 노력도는 직무 D와, 책임은 직무 A와, 직무조건은 직무 B와 비슷하다면 K직무의 가치는 4,900원(500+900+500+3,000)이 됨

(3) 직무설계

1) 동기부여를 위한 직무설계

직무설계기법

기법	내용
직무순환 job rotation	주기적으로 근로자의 직무를 서로 바꾸도록 하는 것
직무확대 job enlargement	개인이 수행하는 과업의 수와 다양성을 증가시킴으로써 전체 직무의 다양성을 증가시키는 것(직무의 수평적 확대)
직무충실화 job enrichment	근로자가 스스로 직무를 계획, 실행, 평가하는 정도를 확대하는 것(직무의 수직적 확대)
유연시간 근무제 flextime	직원에게 출퇴근 시간대를 선택할 수 있는 재량권을 부여하는 것
직무 공유 job sharing	둘 또는 그 이상의 사람이 주당 40시간의 직무를 나누어 담당하는 것
자율적 관리팀 self-managed work team	팀에게 업무설계, 업무프로세스, 업무분담의 권한을 위임하여 업무일정 조정, 팀 구성원 채용, 팀성과 부진의 문제 등을 스스로 해결하게끔 하는 방법
재택근무 telecommuting	직무의 내용에는 변화없이 직무수행 장소(집에 근무)를 바꾸는 직무설계 방법
압축근무제 compressed work	주당 5일 40시간 근무 대신 주당 4일 근무에 1일 10시간 근무하는 방식 등

2) 직무과정 설계로서의 BPR

BPR은 1990년대 MIT의 해머(Michael Hammer) 교수가 제안한 것으로 기존의 업무방식을 근본적으로 재고려하여 과격하게 비즈니스 시스템 전체를 재구성하는 것으로서 프로세스를 근본단위로 업무, 조직, 기업문화까지 전 부분에 대하여 대폭적으로 성취도를 증가시키는 것

IBM 금융사업부의 BPR

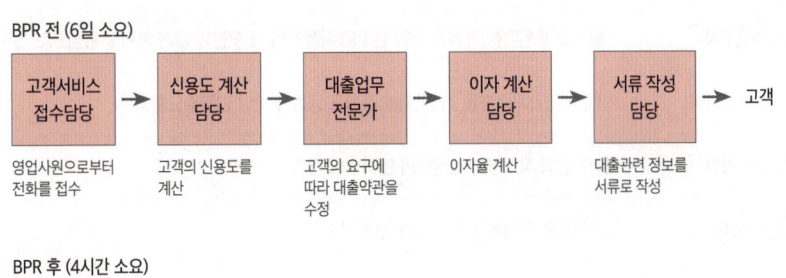

3. 인적자원계획

(1) 인적자원계획이란?

인적자원의 수와 질, 시기를 계획하고 이러한 필요에 충당할 수 있는 기업 내·외의 공급원에 대해 예측함으로써 인적자원의 수급을 조절하는 과정

<u>인적자원계획 프로세스</u>

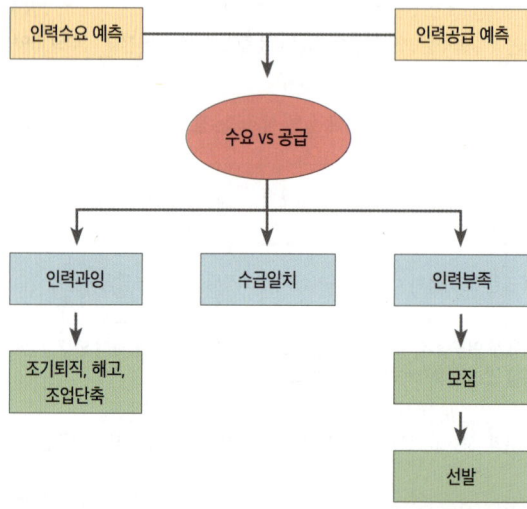

(2) 인적자원의 수요예측

수요예측 기법

구분	기법	내용
양적	시계열 분석	과거 자료의 변화 패턴을 탐지하고 이를 사용하여 미래 자료를 예측
	회귀분석	인적자원의 수요에 영향을 미친다고 밝혀진 원인변수(매출액, 생산량, 예산 등)를 사용하여 인력수요(결과변수)를 예측
	추세투영분석	인력수요와 밀접한 관계를 가진 변수를 사용하여 그들 간의 과거 관계를 중심으로 인력수요를 예측하는 방법
	생산성비율분석	1인당 부가가치증가율, 1인당 매출증가율 등을 구하여 인력수요를 예측
	작업연구기법	작업시간과 작업량을 측정하여 인력수요 예측
질적	전문가 예측	전문가들의 경험과 판단에 기초하여 예측
	시나리오 기법	현재와 미래의 경영환경에 대한 변수들을 이용하여 여러 가지 인력수요의 가능성을 타진
기타	영기준예측	과거의 자료를 참고하지 않고, 현재의 시점에서 필요한 인원 수가 적정한가를 분석
	화폐적 접근법	기업의 지불능력에 초점을 맞춘 기법
	자격요건 분석	직무기술서와 직무명세서를 활용하여 필요인력의 질을 예측

(3) 인적자원의 공급예측

공급예측 기법

구분	기법	내용
내부	기능목록 skill inventory	종업원의 경력, 학력, 교육, 특기 등에 대한 기록을 종합적으로 관리하기 위해 작성하는 데이터베이스
	대체도 replacement chart	중요한 직위에 대하여 그 직위의 현재 담당자 및 후임 후보자들에 대한 나이, 승진가능성, 업적 등에 관한 시각적인 정보를 제공하는 것
	마코프분석 Markov analysis	일정기간 동안 종업원들의 한 직위에서 다른 직위 또는 조직 밖으로의 이동확률(transitional probability)을 과거의 자료를 통해 구한 다음, 이것을 근거로 미래일정 시점에서의 인적자원의 흐름을 예측하는 확률적 모형
외부	고용관련 DB	정부 발표의 통계 수치 추이를 분석하여 인적자원의 공급을 예측하는 방법
	노동시장 분석	특별한 직군과 관련된 노동시장의 지역별 인력공급 현황을 분석하는 방법

마코프 분석

이동확률 매트릭스					
	기간 2				
기간 1	직무 A	직무 B	직무 C	직무 D	이직
직무 A	0.70	0.10	0.05	0	0.15
직무 B	0.15	0.60	0.05	0.10	0.10
직무 C	0	0	0.80	0.05	0.15
직무 D	0	0	0.05	0.85	0.10

현직자에게 적용						
	최초인원	직무 A	직무 B	직무 C	직무 D	이직
직무 A	62	44	6	3	0	9
직무 B	75	11	45	4	8	7
직무 C	50	0	0	40	2	8
직무 D	45	0	0	2	38	5
연말예상치		55	51	49	48	29

(4) 인력 조정 프로그램

1) 인력 과잉 해소방안

인력 과잉 해소방안

대안	속도	고통정도
다운사이징 downsizing	빠름	고
급여삭감 pay reduction	빠름	고
강등 demotion	빠름	고
전직 transfer	빠름	중
일자리나누기 work sharing	빠름	중
채용동결 hiring freeze	느림	저
자연감소 natural attrition	느림	저
조기퇴직 early retirement	느림	저
재교육 retraining	느림	저

2) 인력 부족 해소방안

인력 부족 해소방안

대안	속도	원상회복
초과근무 overtime	빠름	빠름
임시직 근로자 temporary employee	빠름	빠름
아웃소싱 outsourcing	빠름	빠름
전직자 재교육 retrained transfer	느림	빠름
이직률 감소 turnover reduction	느림	보통
신규채용 new external hires	느림	느림
기술혁신 technological innovations	느림	느림

4. 모집

(1) 모집(recruitment)

1) 내부모집

사내모집이라고도 하며, 조직 내부의 기존 인력을 대상으로 모집하는 것

내부모집의 장·단점

장점	• 지원자에 대한 정확한 평가 가능 • 모집비용이 적게 들고 신속한 모집이 가능 • 승진기회를 제공함으로써 내부인들의 사기 고양
단점	• 과당경쟁으로 조직분위기 저하 • 불합격된 사람에 의한 불만 요인의 발생

2) 외부모집

조직 외부의 인력을 대상으로 모집하는 것

외부모집의 장·단점

장점	• 새로운 아이디어나 방법을 접하는 기회제공 • 교육·훈련비용의 절감
단점	• 조직 적응에 시간이 소요됨 • 기존 내부인과의 마찰 가능성

(2) 모집의 원천

1) 내부모집 원천

① 사내게시와 사내공모제도

직무게시와 공모제도는 결원이 발생한 직무를 회보나 회람, 게시판 등에 의해 조직 내부의 전 종업원에게 공식적으로 알리고 신청을 받는 제도

② 인사기록이나 기능목록

내부에서 승진자를 물색할 때 각종 인사기록이나 숙련에 대해 조사자료를 집적한 기능목록(skill inventory)을 활용할 수 있음

③ 승계계획

승계계획(succession planning)은 핵심관리 직위가 공석일 때 그 자리를 채울 수 있는 자격자들을 확보해 놓는 방법

2) 외부 모집원천

① 사원추천제도

사원추천(employee referral) 제도는 직장 내 공석이 생겼을 때 현직 종업원들이 적임자를 추천하도록 하여 신규직원을 채용하는 제도

사원추천제도의 장·단점

장점	• 모집비용 절감 • 직원들의 자질유지가 용이 • 선발에 걸리는 시간 단축 • 이직률이 낮고 기업문화의 적응도도 높음 • 기존 직원들의 동기부여와 사기 측면에서 긍정적
단점	• 회사 내 학맥, 인맥에 근거한 파벌조성이라는 부작용을 야기할 가능성 • 채용에 있어서 공정성을 확보하기가 어렵다. • 추천받지 못한 사람의 취업기회를 원칙적으로 봉쇄하는 것일 수 있다. • 피추천 후보자가 채용면접에서 탈락하는 경우 추천자의 반발과 사기저하 예상

② 온라인 모집

온라인 모집(online recruiting)은 인터넷에 기반을 둔 광고나 모집활동을 의미함

온라인모집의 장·단점

장점	• 모집비용의 절감 • 많은 집단에게 평등하게 정보 전달 • 현실적 직무소개(realistic job preview)의 기능도 수행
단점	• 인터넷에 익숙치 않은 사람들에게는 응모의 기회가 제한될 수 있음 • 지원자가 폭주할 경우 처리비용이 많이 들게 됨

(3) 현실적 직무소개

현실적 직무소개(RJP: realistic job preview)는 모집과 선발과정에서 지원자에게 그 조직과 본인이 하게 될 직무에 대한 장단점을 구체적으로 제시해 줌으로써 지원자가 보다 현실적인 기대를 가지고 입사결정을 할 수 있도록 도와주는 다양한 노력을 일컫음

1) 효과
   ① 구직자의 기대에 부응
   ② 새로운 종업원이 직무요구를 더 잘 수용할 수 있음
   ③ 지원자에 대한 '정직성 풍토' 조성
   ④ 자기 선택

2) 비효과적인 경우
   ① 직무가 신입직원 수준 entry level 이 아닐 경우
   ② 실업률이 높을 경우

3) 효과적인 경우
   ① 지원자가 여러 개의 직무 오퍼(job offer)를 받아 선택적일 경우
   ② 지원자가 비현실적 직무기대를 가지고 있을 경우
   ③ 지원자가 RJP가 없이는 직무요구(job demand)를 처리하는데 어려움이 있을 경우

5. 선발

(1) 선발 원칙

1) 효율성 원칙
   제공할 비용(보상)보다 훨씬 큰 수익(공헌)을 가져다 줄 사람을 선발

2) 형평성 원칙
   모든 지원자에게 동등한 기회를 부여해야 한다는 것

3) 적합성 원칙
   회사의 목표나 회사 분위기에 어울리는 사람을 선발해야 함

(2) 선발도구의 신뢰성과 타당성

1) 신뢰성(reliability)
   선발도구를 통해 얻은 측정치가 언제, 누가 측정하더라도 측정하려는 특성이 변하지 않는 한 일관되게 나타나는 정도
   > 예 IQ 테스트를 통해 얻은 점수가 언제, 누가 측정하더라도 IQ가 변하지 않는 한 일관되게 나타나는 정도

   ① 검사-재검사 신뢰성 test-retest reliability
   동일한 상황에서 동일한 대상에 대해 동일한 선발도구를 시간을 달리하여 두 번 측정하여 그 결과를 비교하는 것, 이 신뢰성을 측정하는 방법을 검사-재검사법(test-retest method)이라고 함

검사 - 재검사 신뢰성 측정의 예

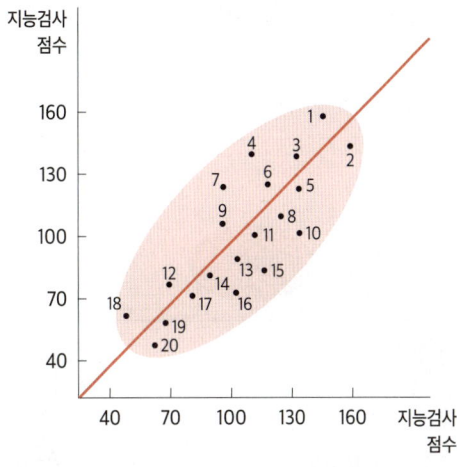

② **대안항목 신뢰성** alternate forms reliability

선발도구와 유사한 선발도구를 개발하고 이것과 본래의 선발도구를 동일한 대상에 차례로 적용하여 그 결과를 비교하는 것, 이 신뢰성을 측정하는 방법에는 평행양식법(parallel forms method), 동등형식법(equivalent forms method), 대안항목법(alternate forms method), 복수양식법(multiple forms method) 등이 있음

③ **내적일관성** internal consistency

내적일관성은 한 구성개념(construct)을 여러 항목으로 측정했을 때 항목들이 일관성(consistency) 혹은 동질성(homogeneity)을 갖는가에 관한 것, 내적일관성을 확인하기 위해서는 다수의 항목들을 양분하여 한 쪽에 속한 항목들과 다른 쪽에 속한 항목들의 상관관계를 계산할 수 있다. 이와 같은 방법을 양분법(split-half method)이라고 함

2) **타당성(validity)**

선발도구가 측정하고자 하는 것. 즉, 응모자가 선발되어 직무에 배치되었을 때 직무수행성과를 얼마나 잘 측정하고 있는가의 여부

① **기준관련 타당성** criterion-related validity

선발도구를 통해 얻은 예측치(predictors)와 직무성과와 같은 기준치(criterion)의 관련성 여부

㉠ **동시타당성** concurrent validity

현재의 종업원을 대상으로 선발도구를 적용하여 예측치를 얻고, 동시에 그 종업원의 직무성과와 비교하는 것

㉡ **예측타당성** predictive validity

선발 시에 지원자들로부터 얻은 선발도구들의 점수와 시간이 경과된 후 지원자들이 선발되어 종업원 자격을 갖고 있을 때, 직무성과를 측정하여 양자를 비교

기준관련 타당성의 예

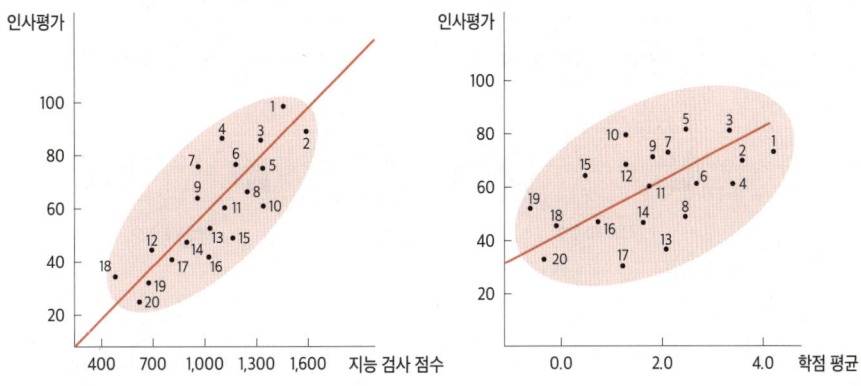

② **내용타당성** content validity

내용타당성은 측정대상의 주제를 선발도구가 어느 정도 내포하고 있는가의 여부

③ **구성 타당성** construct validity

구성(construct) 개념을 측정하기 위한 조작적 정의(operational definition)가 얼마나 정확한가의 여부

<u>선발도구의 신뢰성과 타당성</u>

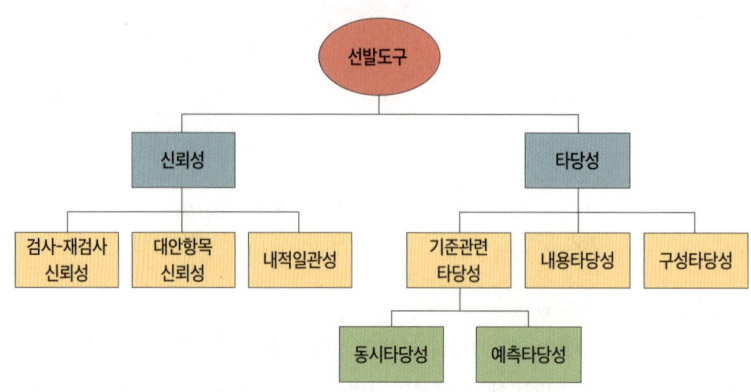

(3) 선발오류

선발도구를 아무리 완벽한 것을 사용하더라도 선발과정에서 발생하는 오류를 없앨 수는 없음. 일반적으로 선발과정에서 다음의 4가지 결과가 발생함

선발에서 발생하는 여러 상황

실제	선발시험점수	합격여부	오류여부
고성과자	고	합격	옳은 선발
	저	불합격	오류(제1종오류)
저성과자	고	합격	오류(제2종오류)
	저	불합격	옳은 탈락

<u>선발과정의 오류</u>

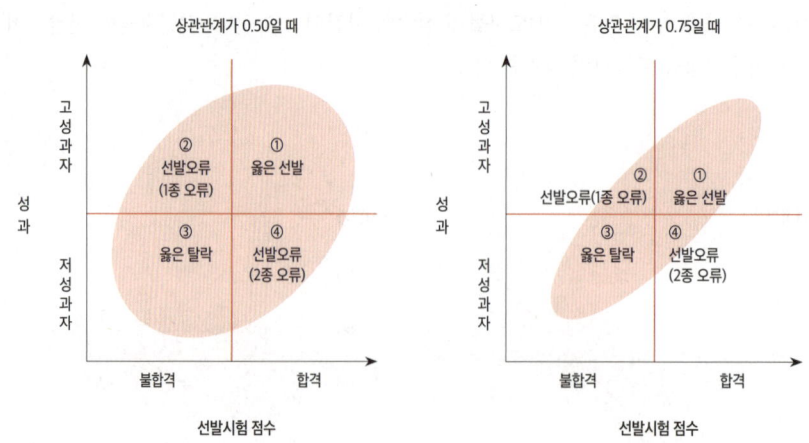

(4) 선발 의사결정

1) 복수장애물 모델(multiple hurdle model)
   선발과정에서 순차적인 각 단계를 모두 통과한 자를 선발하는 방법

2) 보완적 모델(compensatory model)
   모든 지원자를 대상으로 모든 과정을 거치게 한 뒤 최적의 지원자를 선발하는 방법

(5) 선발도구

1) 선발시험
   선발시험으로 어학실력을 테스트하는 어학시험, 전공지식을 테스트하는 전공시험, 상식·한자 등의 교양시험과 같은 필기시험과 적성검사, 인성검사, 지능검사, 흥미검사 등의 각종 검사가 활용

2) 면접(interview)

   ① 비구조적 면접 unstructured interview
      피면접자에게 최대한 의사표시의 자유를 주면서 피면접자에 대한 폭넓은 정보를 수집하는 면접법

   ② 구조적 면접 structured interview
      직무에 관한 전문능력 파악을 위해 질문사항을 미리 준비하는 것으로 대부분 상황면접(situational interview)으로 진행됨. 상황면접은 미래지향적인 것과 과거지향적인 것으로 구분됨. 구조적 면접은 비구조적 면접에 비해 신뢰성과 타당성이 높은 편임

   ③ 패널면접 panel interview
      여러 명의 면접자가 한 명의 지원자를 면접하는 방식

   ④ 집단면접 group interview
      여러 명의 면접위원이 여러 명의 피면접자를 대상으로 실시하는 면접

   ⑤ 스트레스 면접 stress interview
      제2차 세계대전 중 미정보국 첩보요원을 선발하기 위해서 고안된 것으로 면접자가 지원자를 고의적으로 무시하거나 자존심을 상하게 하는 질문을 하거나 당황하게 하여 좌절감 등을 느끼도록 하여 스트레스 상황 하에서 얼마나 감정의 안정성을 유지하고 좌절의 극복 및 인내심을 발휘하는가를 관찰하는 방법

6. 교육훈련

(1) 교육훈련의 절차

교육훈련의 절차

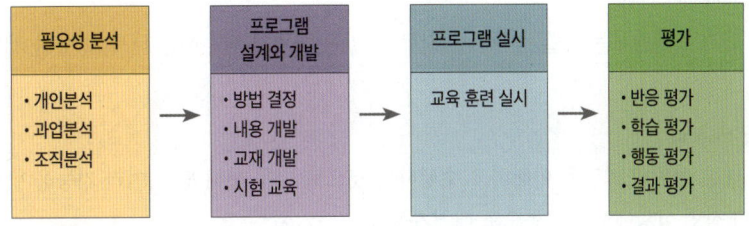

(2) 교육훈련의 방법

1) 직무현장 훈련(OJT: on-the-job training)

종업원이 직무에 관한 지식과 기술을 현직에 종사하면서 감독자의 지도 하에 훈련받는 현장실무 중심의 현직훈련

직무현장 훈련의 장·단점

장점	• 일을 하면서 훈련을 할 수 있음 • 종업원의 습득 정도나 능력에 맞춰 훈련을 할 수 있음 • 상사나 동료 간의 이해와 협조정신을 높일 수 있음
단점	• 일과 훈련의 병행에 따른 심적부담 • 다수의 종업원을 훈련하는데는 적절치 못함 • 훈련내용 및 정도가 통일되지 못할 수 있음 • 잘못된 관행이 전수될 수 있음

2) 직무 외 훈련(off-the-job training)

종업원을 일정기간 직무로부터 분리시켜 연수원 같은 일정장소에 집합하여 교육훈련에만 열중하도록 하는 훈련

3) 여러 가지 교육훈련 방법

① **행동학습** action learning

일반적으로 4~8명의 종업원이 회사에 생긴 문제를 직접 해결하기 위한 훈련

② **집단구축 기법** team building

피훈련자들이 아이디어와 경험을 공유하고, 집단이나 팀 정체성을 구축하며, 대인관계가 어떻게 이루어지는지 이해하고, 스스로와 동료들의 강약점을 파악하도록 하는 것

③ **e-러닝** e-learning

인터넷이나 인트라넷으로 훈련하는 것

④ **비즈니스 게임** business game

실제 업무 수행에 필요한 기술을 게임을 통해 배우는 훈련

⑤ **역할연기법** role playing

주어진 사례나 문제에서 어떠한 인물의 역할을 실제로 연기해 봄으로써 그의 당면한 문제를 체험해 보는 교육훈련

⑥ **강의실 교육**

전형적으로 집단 내에서 강사의 강의에 의해 이루어지며, 교육의 목표가 피훈련자에게 특정 주제에 대한 정보를 제공하는데 있다면, 강의실 교육이 비용과 시간 면에서 가장 효율적임

⑦ **시청각 교육**

비디오테이프와 CD-ROM을 활용한 교육

⑧ **인바스켓 훈련** in-basket training

가상적인 상황을 실제와 비슷하게 설정하고 가상적 요구에 따라 의사결정이나 업무수행을 하도록 하는 훈련방법

⑨ **감수성 훈련** sensitivity training

다른 사람이 느끼고 생각하는 것을 정확히 감지할 수 있는 능력과 반응하는 태도, 행동을 개발하는 경영자 육성 방법

⑩ **교차훈련** cross-training

팀 구성원이 다른 팀원의 역할을 이해하고 수행하는 것으로 이를 통해 팀은 여러 기능을 함께 공유한 팀원들로 구성되어 어떠한 작업 상황에서도 공동으로 대처가능함

(3) 교육훈련 평가

커크패트릭의 4단계 모형

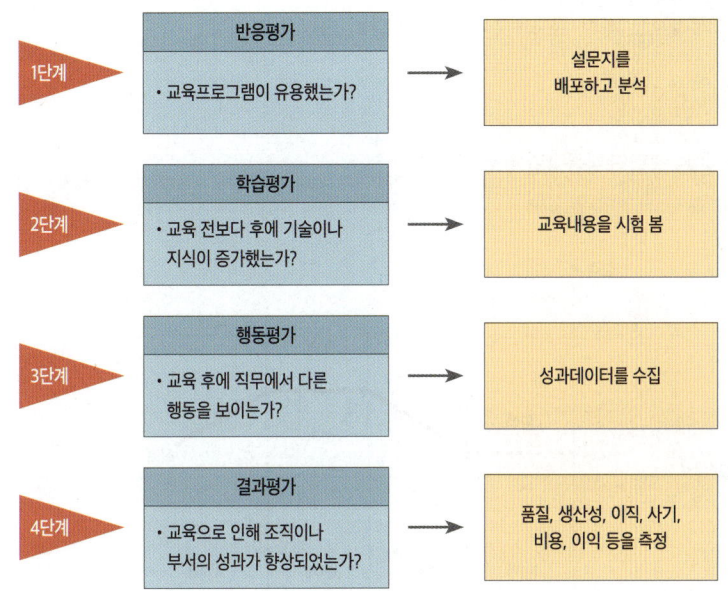

(4) 교육훈련의 전이

1) 개념

   교육훈련의 전이(transfer of training)란 교육받은 지식, 기술, 행동을 실무에 적용하는 것을 의미함. 교육훈련의 전이 정도가 가장 높은 교육훈련 방법은 직무현장훈련(OJT: on the job training)과 행동학습(action learning)임

2) 향상방안

   ① 교육훈련의 설계
   - 훈련현장과 직무현장 간, 그리고 훈련내용과 직무내용 간 유사성 제고
   - 훈련기간 중 습득한 내용을 실습하거나 적용할 기회 제공
   - 학습내용이 충분한 정도로 익숙해지기 위하여 반복학습(overlearning)이 일어나도록 함

   ② 직무환경
   - 새로 습득한 내용을 현장에서 적용할 수 있는 기회 부여
   - 훈련내용을 현장에서 적용하고 활용하는데 필요한 자원 제공

7. 경력관리

(1) 개념

경력관리(career management)란 조직의 인적자원 수요와 구성원이 희망하는 경력목표를 통합하여 구성원의 경력 진로(career path)를 체계적으로 계획·조정하는 인적자원관리 과정을 의미함

(2) 경력단계

Hall은 다음 그림과 같은 경력단계를 4단계로 구분함

경력단계 모형

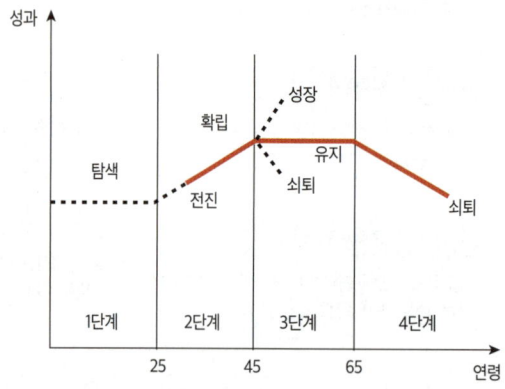

(3) 경력의 개념 변화

전통적 경력과 프로티언 경력의 비교

구분	전통적 경력	프로티언 경력
경력 목표	승진과 급여 인상	심리적 성공
핵심 가치	상위계층으로의 이동과 권력	자유와 개인적 성장
심리적 계약관계	헌신과 직업안정	유연성과 고용가능성
이동가능성	수직적, 낮은 계층	수평적, 상위 계층
형태	단선적, 전문가	복합적, 일시적
전문성	Know-how	Learn-how
개발 방법	공식적 훈련에 지나친 의존	관계구축 및 직무경험에 의존
관리의 책임	조직	개인

출처 : D. T. Hall (1996), Protean Careers of the 21st Century, *Academy of Management Executive*, 10(4).

(4) 경력의 닻

샤인(Schein)은 개인이 추구하는 경력욕구를 경력의 닻(career anchor)이라고 칭함. 샤인이 제시한 8가지 경력의 닻은 다음과 같음

8가지 경력의 닻

목적	내용
전문역량 닻	전문분야(재무, 인적자원관리, 마케팅 등)에 종사하기를 원하는 경력 닻
관리역량 닻	일반관리자가 되기를 원하는 경력 닻
자율성 닻	조직의 규제에서 벗어나 자유로운 직업을 갖기를 원하는 경력 닻
안정성 닻	안정적 직업과 고용안정성에 높은 욕구를 가진 경력 닻
봉사 닻	타인을 돕는 직업을 추구하는 경력 닻
도전 닻	문제를 극복하고, 다양성과 도전을 추구하는 경력 닻
라이프스타일 닻	가정과 경력활동 간의 조화로운 통합을 추구하는 경력 닻
기업가정신 닻	자신의 사업을 운영하고 설립하고자 하는 경력 닻

(5) 승진의 유형

1) 직계승진

직계승진은 직위승진이라고도 하며 직무중심적 능력주의에 입각한 제도로써, 직무의 분석과 평가에 의한 직무의 계층에 따른 직위관리체계가 확립되어 있는 상태 하에서 직무자격요건에 적합한 적격자를 선정하여 승진시키는 방법

2) 자격승진

자격승진은 종업원이 갖추고 있는 자격에 따라 승진시키는 것

① 신분자격승진

신분자격승진은 직무 내용 또는 권한·책임의 증대 등과는 관계없이 각 개인에게 갖추어진 인적자원요건. 즉, 속인적 요소에 의하여 상위의 자격에 승진하게 되는 것을 말함

② 직능자격승진

직능자격승진은 연공주의의 장점을 살리면서 능력주의의 합리성을 가미시킨 절충적인 승진제도로 담당하는 직위와는 관계없이 각 종업원에게 갖추어진 개인적 자격요건에 따라 기업 내의 공식적인 자격을 인정하고 상위급의 대우를 하는 것

3) 직책승진

직책승진은 역직승진이라고도 하는데 구성원이 상위의 직책. 즉, 라인직위 계열(점장, 팀장, 본부장 등)상의 승진을 말함

4) 대용승진

대용승진은 특정 구성원에 대해 승진의 필요성은 있으나 마땅한 담당 직책이 없을 경우, 인사체증과 사기저하를 방지하기 위해 직무내용상 실질적 변화 없이 직위명칭 또는 자격호칭 등의 상승만 이루어지게 하는 형식적 승진을 시키는 경우에 해당함

8. 인사평가

(1) 인사평가(performance appraisal)의 목적

인사평가의 목적

목적	내용
전략적 목적	효과적인 인사평가를 통해 조직이 사업목표를 달성하도록 돕는 것을 의미
관리적 목적	보상, 복리후생, 표창 등에 사용되는 것을 의미
발전적 목적	종업원의 지식과 기술을 발전시킬 목적으로 인사평가를 사용하는 것

(2) 효과적 인사평가 기준

효과적 인사평가 기준

기준	내용
전략과의 적합성	조직의 전략, 목표, 문화에 부합되도록 종업원의 행동과 태도 조성 여부
타당성	측정도구가 측정하고자 하는 것을 정확하게 측정하는 정도
신뢰성	성과측정이 전달하는 결과의 일관성을 의미
수용성	측정 결과를 종업원이 받아들일 수 있는 실질적인 표준이 되는가의 여부
구체적 피드백	성과측정의 결과물이 종업원의 성과문제를 지적할 수 있는가의 여부

(3) 인사평가 방법

1) 특성평가

특성평가(trait-based appraisals)는 종업원의 성격, 의사결정 능력, 조직에 대한 충성도, 커뮤니케이션 기술, 솔선수범하는 정도 등의 개인적 특성을 평가하는 방법

예 평가척도법(rating scale)

평가 척도법

성과차원	평점				
	수	우	미	양	가
의사소통	5	4	3	2	1
판단력	5	4	3	2	1
관리 능력	5	4	3	2	1
팀워크	5	4	3	2	1
대인 관계 능력	5	4	3	2	1
창의성	5	4	3	2	1
문제해결	5	4	3	2	1

2) 행동평가

① 체크리스트법

평가에 적당한 몇가지의 표준행동을 구체적으로 기술한 문장을 소정의 리스트에 작성·기재하고 종업원의 능력, 근무상태 등에 관하여 이 리스트와 대조하고 해당사항이 있으면 체크한 후 일정한 채점기준표를 통하여 등급을 매기는 방법

② 중요사건법 CIM: critical incident method

평가기간에 일어난 효과적 또는 비효과적, 성공 또는 실패한 업적 등 중요사건을 관찰·기록해 두었다가 이것을 토대로 평가하는 방법

③ 행위기준고과법 BARS: behaviorally anchored rating scale

중요사건법(CIM)을 기초로 성과차원을 구체화하며, 차원별 성과를 구체적 행동으로 묘사하여 수치적으로 평가하는 방법

$$BARS = \underbrace{CIM}_{\text{내용면}} + \underbrace{rating\ scale}_{\text{형식면}}$$

④ 행동관찰척도 BOS: behavioral observation scale

중요사건법(CIM)을 기초로 하며, 행위기준고과법(BARS)의 변형

행위기준고과법

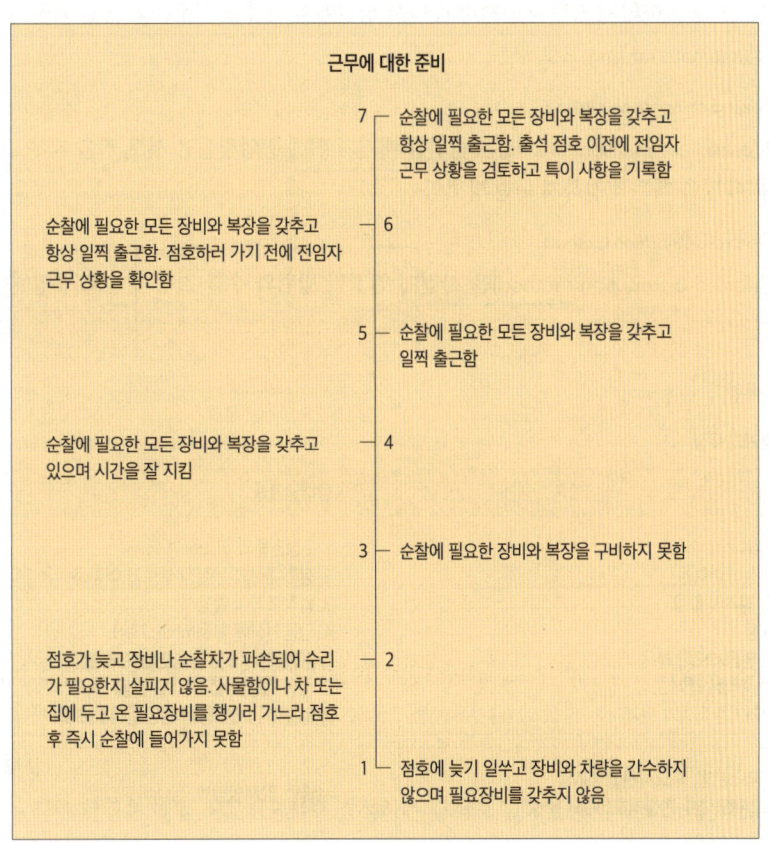

3) 결과평가

① **목표관리**

조직의 각 수준에 있는 사람들이 위에서부터 아래로 과업이 흘러가는 과정에서 목표를 수립하는 시스템

② **균형성과표** BSC

목표관리와 거의 유사하지만 목표가 재무, 고객, 내부프로세스, 학습과 성장의 4가지로 구분되는 것이 다름

4) 인사평가 방법 종합

인사평가 방법 비교

측정대상	평가기준				
	전략과 적합성	타당성	신뢰성	수용성	구체적 피드백
특성	저	저	저	저	매우 저
행동	고	고	고	중	매우 고
결과	매우 고	고	고	고	저

5) 기타 성과측정 방법

① **순위를 매기는 방식**

순위(ranking) 산정 방식은 관리자들이 그룹 내의 모든 종업원들을 최상의 업무 수행자부터 최하까지 순위를 매기는 단순서열화(straight ranking)와 관리자가 직원 명단을 갖고, 어떤 종업원이 최상인지를 결정하고 명단에서 지운 다음, 남은 이름 중에 최하의 종업원을 선택하고 다시 명단에서 이름을 지우는 과정을 되풀이하면 순위를 매기는 교대 순위 매김(alternate ranking)으로 구분

② **쌍대비교법** paired-comparison ranking

쌍대비교법(paired-comparison ranking)은 순위를 매기기 위해 종업원들을 서로 짝을 지우고 평가하는 것으로 비교해야 할 인원이 많을 때는 적절하지 못한 방법임

③ **강제할당법** forced-distribution method

강제할당법(forced-distribution method)은 사전에 일정한 범위와 수를 결정해 놓고 종업원을 비율에 따라 강제로 할당하는 것

6) 절대평가와 상대평가

절대평가와 상대평가의 특징

절대평가	상대평가
1. 절대기준과 평가대상을 비교 2. 절대기준의 설정이 어려움 3. 능력이나 태도 평가에 활용 4. 인재육성에 활용 5. 일부 인센티브 임금제도에 활용 6. 관대화 경향과 중심화 경향 오류 7. 고과자간의 평가기준 차이가 문제	1. 구성원들과 비교하여 평가 2. 평가대상의 동질성 확보가 어려움 3. 업적고과에 활용 4. 임금인상에 활용(Merit Pay) 5. 정원(T/O)이 있는 승진제도에 활용 6. 성과 향상이 없을 수도 있음 7. 일률적 강제할당과 집단차이 미 고려
평가척도법, 체크리스트법, 중요사건법 (CIM), 행위기준고과법(BARS), 행동관찰척도(BOS), MBO	서열법, 강제할당법, 쌍대비교법

(4) 최근에 널리 사용되는 인사평가

① **360도 피드백** 360°feedback

피고과자를 관찰하고 있는 주변의 많은 사람(관리자, 동료, 부하, 고객 등)이 평가를 하는 방법

360도 인사평가

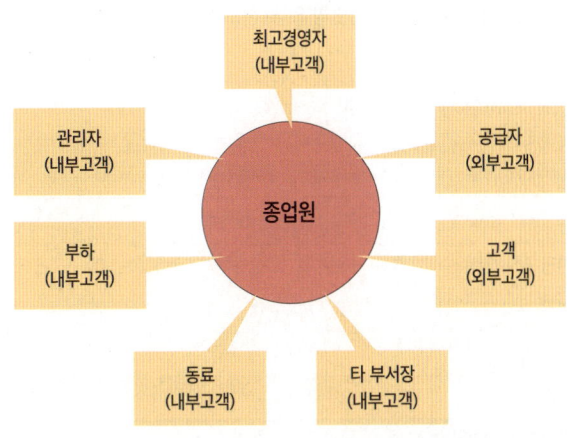

② **평가센터법** assessment center method

다수의 대상자를 특정 장소에서 짧게는 하루, 길게는 3~4일에 걸쳐 여러 종류의 평가도구를 동시에 적용하여 지원자들을 종합적으로 평가하는 기법, 주로 상위 관리직 채용에 사용됨

(5) 인사평가에서 발생하는 오류들

오류	내용
논리적 오류	평가자가 평소의 논리적인 사고에 얽매여 임의적으로 평가하는 것
대비오류	직무기준과 직무능력 요건에 나타난 절대기준이 아닌 평가자 자신을 기준으로 두고 자신과 부하를 비교하는 것
근접오류	인사평가표상에서 근접하고 있는 평가요소의 평가결과 혹은 특정 평가시간 내에서의 평가요소 간의 평가결과가 유사하게 되는 경향

9. 보상관리

(1) 보상시스템의 구성요소

1) 직접보상: 현금보상

① **기본급** base pay

고정적으로 지급되며 일반적으로 기본급은 임금(wage)과 봉급(salary)으로 구분

② **고과급** merit pay

인사평가(performance appraisal)를 바탕으로 개인별로 임금을 조정하는 것

③ **인센티브** incentives

성과에 비례하여 지급하는 변동적 임금

④ **이연급** deferred pay

임금액 중의 일부를 저축이나 자사주, 혹은 연금에 투자하였다가 종업원의 퇴직, 사망, 해고 시 현금으로 지급하는 것

2) 간접보상: 비현금보상(복리후생)

① **소득보호** income protection

근로자가 재해를 당했거나 일자리를 잃었을 때를 대비하여 소득의 일정 부분을 보장해주는 혜택

② **일/생활 균형** work/life balance

휴가, 배심원 의무, 카운슬링, 등을 통하여 일과 생활을 통합되도록 돕는 혜택

③ **각종 공제** allowances

휴양시설, 자동차, 재무설계, 식비공제 등의 혜택

보상시스템의 구성요소

종류	요소
직접보상	기본급
	고과급
	인센티브
	이연급
간접보상	소득보호(4대 보험)
	일/생활 균형
	각종 공제

(2) 임금관리의 3요소

임금관리의 3요소

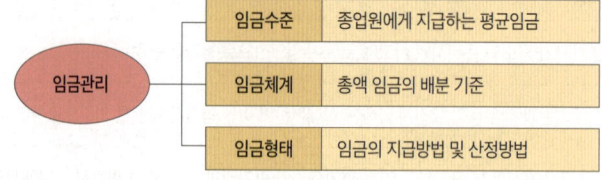

1) 임금수준(pay level)

종업원에게 지급하는 평균 임금을 말함

임금수준의 결정요인

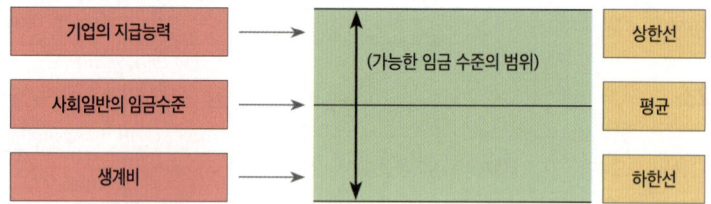

임금수준 전략

전략	내용
선도전략 lead policy	시장임금과 비교하여 상대적으로 높은 임금을 지급함으로써 우수한 인재를 확보하고 유지하려는 정책
동행전략 match policy	경쟁기업과 동등한 수준으로 임금을 지급하는 것
추종전략 lag policy	동종업계보다 낮은 수준으로 임금을 지급하는 것으로 우수한 인재를 유지하고 유인하기 어려움

2) 임금체계

임금 배분의 기준을 의미함

여러 가지 임금체계

임금체계	내용
직무급 job-based pay	직무의 난이도에 따라 임금 차등화
직능급 skill-based pay	종업원이 보유한 스킬에 따라 임금 차등화
연공급 seniority-based pay	종업원의 근속년수를 근간으로 임금 차등화
성과급 performance-based pay	종업원의 업무성과를 근간으로 임금 차등화

3) 임금형태

임금 지급방법 및 산정방법을 의미함

(3) 보상시스템의 설계

보상시스템 설계에 있어 가장 중요한 것은 공정성의 확보인데, 임금과 관련된 공정성(equity)은 내부공정성, 외부공정성, 개인공정성의 3가지로 구분됨

임금의 공정성

공정성	내용
내부공정성 internal equity	동일 조직 내의 직무들 간의 비교를 통해 인식되는 것으로 임금체계 결정을 의미함. 주로 직무평가를 통해서 확보됨
외부공정성 external equity	동일 직무의 조직 간 비교를 통해 인식되는 것으로 임금수준 결정을 의미함. 주로 시장 임금조사를 통해 확보됨
개인공정성 individual equity	동일 조직에서 동일한 직무를 수행하는 종업원들 간 임금차등화의 문제임

임금의 공정성

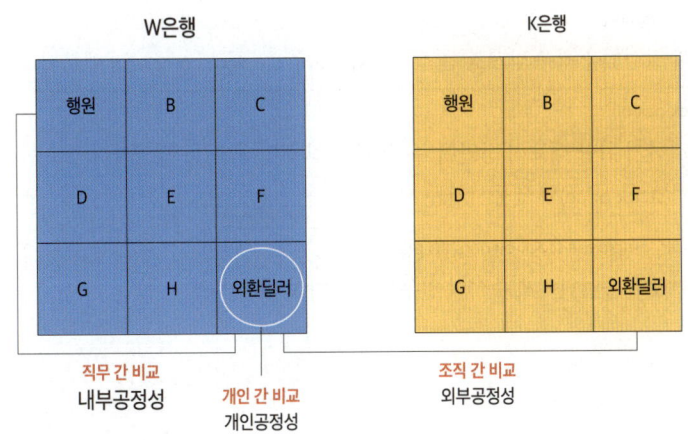

(4) 인센티브

1) 개인 인센티브(individual incentives)

개인별 성과에 따라 지급받게 되는 임금과 부가급여를 포괄하는 개념으로 개별 인센티브(piece-rate incentive), 커미션(commission), 보너스(bonus), 고과급(merit pay) 등이 있음

개인 인센티브 플랜

		임금률 결정 방식	
		시간 당 생산량	생산단위 당 소요시간
생산수준과 임금률과의 연계	생산량에 따라 일정한 보상 (임금률 고정)	cell 1 • 단순 성과급 (straight piecework plan)	cell 2 • 표준 시간급 (standard hour plan)
	생산량에 따라 다양한 보상 (임금률 변동)	cell 3 • 테일러 차별적 성과급 (Taylor differential piece-rate system) • 메리크 복률 성과급 (Merrick multiple piece-rate system)	cell 4 • 할시 50-50 플랜 (Halsey 50-50 plan) • 로완 플랜(Rowan plan) • 간트 플랜(Gantt plan)

2) 집단 인센티브(group incentives)

① **생산이윤분배제** gain-sharing

생산이윤분배제는 labor cost, scrap cost, utility cost 등의 절약 목표를 초과달성했을 경우 받게 되는 부가 급여

여러 가지 생산이윤분배제

종류	내용
스캔론 플랜 Scanlon plan	판매가치(매출액)에 대한 인건비 비율로 성과를 배분
럭커 플랜 Rucker plan	부가가치에 대한 인건비 비율로 성과를 배분
임프로셰어 Improshare	표준작업시간과 비교한 절약된 노동시간을 기준으로 보너스를 지급하는 방식

② **성과이윤분배제** profit sharing

재무적 목표를 초과 달성했을 경우 받게 되는 집단성과(team, division, company) 배분제도

③ **주식매입선택권** stock option

대리인 문제를 해결하기 위한 대표적 방안이 주식매입선택권인데, 이는 경영자나 중요한 역할을 담당하고 있는 종업원의 보수를 주가(stock price)와 연동시키는 제도임

④ **종업원 지주제도** ESOP: employee stock ownership plan

기업이 특별한 조건으로 종업원에게 주식의 일부를 분배하여 주는 제도

(5) 복리후생

1) 복리후생의 성격

복리후생의 특성

구분	임금	복리후생
보상형태	개별 종업원의 업무성과나 근로시간을 기준으로 지급되는 직접적인 보상	건강진단, 상담의 제공, 각종 보험료 및 교육훈련비 제공처럼 성과나 직무와 무관하게 지급되는 간접보상
보상체계	개별 종업원마다 차등적으로 지급되며, 노동의 질, 양, 능률 등에 따라 차이가 남	종업원 모두에게 집단적으로 지급되고, 기본적으로 조직구성원 모두에게 동일한 기회가 부여되며, 연령, 성별, 지위, 근속연수 등 신분기준에 따라 운영됨
보상요구	노동의 대가로 당연히 지급됨	휴양시설이나 의료보험처럼 종업원들이 요구하지 않으면 혜택이 발생되지 않음
보상효과	종업원들이 조직과의 고용관계에서 얻게 되는 경제적 이윤으로 이를 기본적 사회생활로 영위함	종업원들에게 사회·문화적인 이윤을 제공하기 때문에 일을 통한 심리적 만족감과 공동체 의식을 높임

2) 카페테리아식 복리후생

카페테리아식 복리후생제도(cafeteria benefits plan)는 기업으로부터 일방적으로 제공되던 표준적 복리후생(standard benefits package)과 달리 일정한 예산 하에서 종업원 개인의 니즈에 가장 적합한 복리후생 항목과 수혜수준을 종업원들이 자유롭게 선택하는 제도로 선택적 복리후생(flexible benefits plan)이라고도 함

3) 우리나라 법정 복리후생

① 의료보험

　보험료는 원칙적으로 기업과 종업원이 반씩 부담

② 국민연금

　보험료는 원칙적으로 기업과 종업원이 반씩 부담

③ 산업재해 보상보험

　보험료는 전액 기업이 부담

④ 고용보험

　고용 안정 사업과 직업능력 개발 사업에 대해서는 기업이 전액 부담하고, 실업 수당 보험료에 대해서만 기업과 종업원이 반씩 부담

⑤ 퇴직금

　고용관계가 종료되었을 때 지급하는 수당으로, '평균임금 1일분 × 30 × 계속 근로연수'로 계산함

⑥ 유급휴가

　1년 간 8할 이상 출근한 근로자에 대해서는 15일이고, 3년 이상 근로한 자에 대하여는 계속 근로연수 매 2년에 대하여 1일을 가산함, 총 25일을 한도로 함

(6) 연봉제

연봉제(annual salary)란 연간 베이스로 개인의 능력 및 실적에 의해 임금총액을 결정하는 제도임. 흔히 연봉제를 개별 종업원의 능력, 실적 및 공헌도를 평가하여 계약에 의하여 연간 임금액이 결정되는 능력중시형 임금지급체계라고 함. 하지만 연봉제는 종업원 개인 간의 지나친 경쟁의식을 유발하여 위화감을 조성하고 조직 내 팀워크를 약화시키며, 단기 업적주의의 풍토를 조장할 수 있다는 단점이 있음

(7) 임금피크제

임금피크제(wage peak system)는 기업이 인건비의 과다한 부담을 해소하기 위해 정년을 조정하면서 일정시점을 정하여 일생의 최고임금(피크임금)으로 삼고 그 이후부터 임금액을 감소시키는 제도임

근무기간 연장에 따른 임금곡선 변경의 예

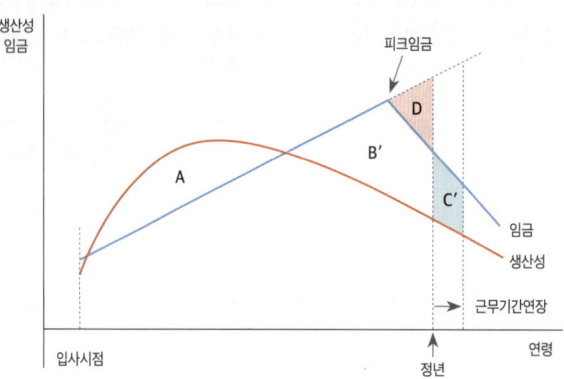

(8) 최저임금제

1) 개념

최저임금제(minimum wage system)란 국가가 임금의 결정에 직접 개입하여 임금의 최저수준을 정하고 사용자에게 그 지급을 법적으로 강제하는 제도

2) 효과

긍정적 효과	부정적 효과
• 저임금과 임금격차 해소 • 소득분배효과 • 노동쟁의 방지 역할 • 기업의 공정 경쟁유도 • 양질의 노동력 확보 • 생산구조 고도화 촉진 • 사회복지정책 기초	• 고용감소 효과 • 영세기업도산 우려 • 중소기업 경쟁력 악화 • 인플레이션우려 • 직장내 훈련감소 • 청소년, 부녀자, 노년층 일자리 감소

10. 노사관계

(1) 노동조합

임금근로자들이 그들의 근로생활의 제 조건을 유지·개선할 목적으로 조직한 항구적인 단체

1) 노동조합의 형태

노동조합의 형태

형태	내용
직업별 노동조합	숙련공들의 기득권 보호와 노동력의 공급제한을 목적으로 하는 노동조합
산업별 노동조합	노동시장의 공급통제를 목적으로 숙련, 미숙련을 불문하고 동일 산업의 모든 근로자를 대상으로 조직하는 노동조합
기업별 노동조합	직능이나 직종, 숙련도 등에 관계없이 기업에 고용된 근로자를 대상으로 조직하는 형태
일반 노동조합	직종이나 산업에 구애됨이 없이 하나 내지는 수 개의 산업에 걸쳐 흩어져 있는 일반 근로자, 특히 미숙련 근로자들을 폭 넓게 규합하는 노동조합의 형태

2) 숍제도

여러 가지 숍제도

가입방법	내용
오픈 숍 open shop	노동조합에 가입한 조합원이나 가입하지 않은 비조합원이나 모두 고용할 수 있는 제도
클로즈드 숍 closed shop	결원보충이나 신규채용에 있어 사용자가 조합원 중에서 고용하지 않으면 안되는 제도
유니온 숍 union shop	오픈 숍과 클로즈드 숍의 중간형태로 고용주는 노동조합의 조합원 이외의 근로자까지 자유로이 고용할 수 있으나 일단 고용된 근로자는 일정기간 내에 조합원이 되지 않으면 안되는 제도
에이전시 숍 agency shop	조합원이든 비조합원이든 간에 모든 종업원은 단체교섭의 당사자인 노동조합에 조합비를 납부할 것을 요구하는 제도
프레퍼렌셜 숍 preferential shop	채용에 있어서 조합원에 우선 순위를 주는 제도
메인터넌스 숍 maintenance shop	일단 단체협약이 체결되면 기존 조합원은 물론 단체협약이 체결된 이후에 가입한 조합원도 협약이 유효한 기간 동안은 조합원으로 머물러야 한다는 제도

3) 조합비 징수방법

우리나라 노동조합은 거의 대부분 체크오프 제도. 즉, 급여 계산 시 종업원의 월급에서 조합비를 일괄 공제하는 체크오프 제도(check-off system)를 채택

(2) 단체교섭

노동조합과 사용자 또는 사용자 단체가 양자의 단체적 자치를 전제로 하여 근로자의 임금이나 근로시간, 기타 근로조건에 관한 협약의 체결을 위해 대표자를 통해 집단적 타협을 모색하고 또 체결된 협약을 관리하는 절차

단체교섭의 유형

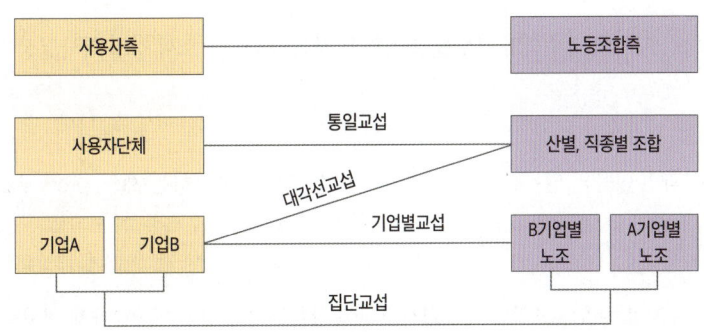

1) 기업별교섭

기업별교섭(company bargaining)은 1사업장 또는 기업을 단위로 1사용자와 1노조가 교섭하는 형태로서 우리나라 및 일본과 같이 기업별 노조가 전형적인 노동조합 형태를 보이는 경우 가장 대표적인 교섭유형임

2) 통일교섭

통일교섭(multi-employer bargaining)이란 복수사용자 교섭이라고도 하는데, 이는 전국적·지역적인 산업별 또는 직업별 노동조합과 이에 대응하는 전국적·지역적인 사용자 단체 간에 이루어지는 교섭의 방식으로 이를 산업별 교섭이라고 함

3) 대각선교섭

대각선교섭(diagonal bargaining)이란 산업별 노동조합이 개별기업과 개별적으로 교섭하는 방식을 말하는데, 이러한 형태는 산업별 노동조합에 대응할 만한 사용자단체가 없거나 또는 있다하더라도 각 기업이 특수한 사정이 있을 때 사용하는 방식을 말함

4) 공동교섭

공동교섭(joint bargaining)이란 노동조합이 기업별 노조로 구성되어 있는 경우 또는 산업별·직업별 노조의 경우에 기업단위의 지부가 당해 기업과 단체교섭을 하는 경우 상부단체인 전국 노동조합이 이에 참가하는 것으로 연명교섭(連名交涉)이라고도 함

5) 집단교섭

집단교섭(united bargaining)이란 연합교섭이라고 하는데 수 개의 노동조합 지부가 공동으로 수 개의 기업집단과 집단적으로 교섭하는 형태이다. 이것은 노동조합측이나 사용자측이 산업별로 연합전선을 형성하여 교섭하는 것

(3) 노동쟁의 조정 절차

1) 조정

관계자의 의견을 들어 조정안을 작성하여 노사가 수락하도록 권고하는 과정

2) 중재

준사법적 절차로서 판결문과 같은 효력을 지니는 과정

(4) 협력적 노사관계 구축방안

1) 경영참가제도

노사 간 협력행동의 하나로써 근로자 또는 노동조합이 어떤 행태로든지 사용자의 관리행위에 참여하여 영향력을 행사하는 것

① 자본참여

근로자들이 주주처럼 자기회사 주식의 일부를 소지하고 자본의 출자자로서 경영 의사결정에 참여하는 것(종업원지주제)

② 이익참여

근로자에게 경영성과인 이윤의 일부를 임금 이외의 보너스 형태로 배분하는 제도. profit sharing, gain sharing 등이 이에 해당함

③ 의사결정참여

의사결정참여는 노동자 또는 노동조합이 경영의사결정에 참가하거나 경영기능에 대해 영향력을 미치는 것을 의미함

경영참가제의 유형

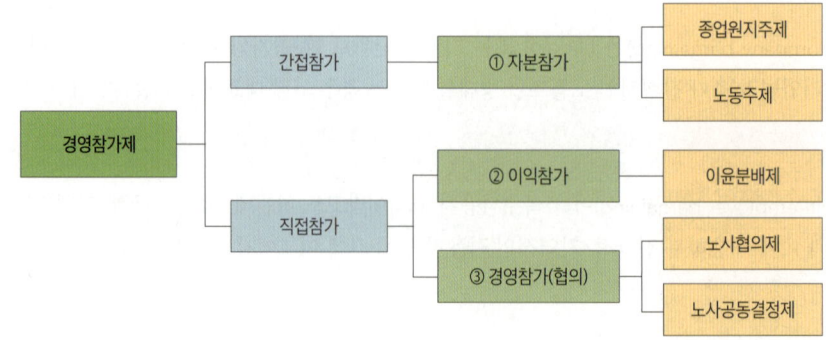

2) 고충처리제도(grievance handling procedures)

노사 간 합의에 성공하여 단체협약서가 체결된 후에 발생된 문제. 즉, 단체협약서에 약속했던 대로 실천에 옮겨지지 않는다든지, 혹은 단체협약서에 약속된 내용의 해석을 달리하여 적용될 경우에 발생한 문제를 노동조합에서 맡아서 해당 근로자를 대신하여 사용자 측과 협상하고 해결해 주는 제도

3) 인간관계 개선제도

① 상담제도

인사상담제도 혹은 사원상담제도라고도 하는데 사용자 측에서 회사 내에 전문적인 상담자를 두고 사원들의 불만과 고민을 자유롭게 상담할 수 있도록 하는 것

② 제안제도

제안제도(suggestion system)는 문자 그대로 사원들로 하여금 작업 방식이나 인사제도와 관련하여 필요한 개선안이나 참신한 아이디어를 제안하도록 하고, 이를 특정 위원회에서 심사하여 우수한 의견에 대해서는 적당한 포상을 주는 제도

11. 전략적 인적자원관리

전략적 인적자원관리(strategic human resource management)란 인적자원을 조직의 목적과 비전에 잘 통합시켜 전략경영 프로세스와 잘 연계되도록 하고, 경영관리 기능(function)들 간에 조화를 이루어서 조직의 전략목적을 효율적으로 달성시키도록 하는 과정을 의미

전략적 인적자원관리 프로세스

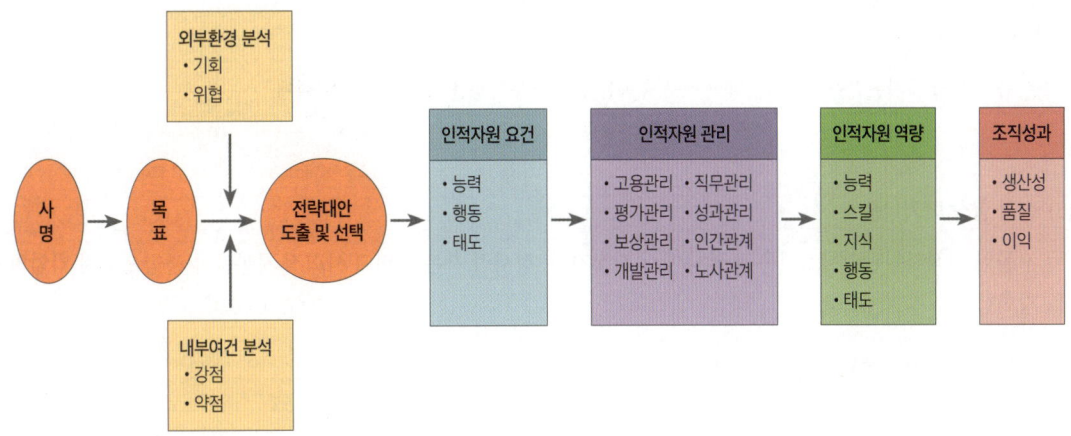

(1) 특성

1) 거시적 특성

전략적 인적자원관리는 과거의 인사관리가 미시적 차원에서 벗어나 개별적 인적자원관리들의 종합인 인적자원시스템(human resource system)을 통해 이루어짐. 인적자원시스템은 조직차원의 성과, 예를 들면 사업장의 생산성, 품질, 기업의 성과, 순이익 등에 어떤 영향을 미치는가에 관심을 갖게 됨

2) 시스템적 특성

전략적 인적자원관리는 과거의 인사관리가 개별적인(individual) 인사제도들을 하나 하나 독립적인 현상으로 간주하고 각각 분리하여 분석하는 방법에서 벗어나, 이들의 통합인 하나의 시스템을 분석단위로 함

3) 전략적 특성

전략적 인적자원관리는 과거 인사관리에서의 기능적이고 단기적인 측면에서 벗어나, 기업의 사업전략(business strategy), 상품 전략에 기인한 인수합병, 새로운 사업의 시작, 기존사업의 철수 등 장기적인 사업계획의 계획과 실행에서 인적자원이 차지하는 장기적이고 전략적인 역할을 중시하고 있음. 전략적 인적자원관리가 조직의 성과에 기여하려면 조직의 계획기능인 전략형성 과정에서 인적자원 요소들이 고려되어야 하고, 조직의 실시기능인 전략수행 과정에서 조직의 전략목적이 직접 반영되어야 함

12. 고몰입 인적자원관리시스템

(1) 등장배경

인적자원을 조직의 전략적 자산으로 하여 지속적인 경쟁우위를 확보하려는 노력의 일환으로 등장함. 관심의 초점에 따라 고헌신 인적자원관리시스템(high commitment HR system), 고성과 작업시스템(high performance work system) 등으로 불리기도 함

(2) 개념

고몰입 인적자원관리시스템은 조직이 직원들에게 적극적으로 투자하면 직원들이 높은 생산성과 지속적 혁신을 통해 경쟁력 제고라는 열매를 돌려주게 된다는 순환적 상호투자(mutual investment) 원칙에 기반해 있음. 고몰입 인적자원관리시스템은 다음과 같은 특징을 가짐

- 직원들의 지속적인 역량향상을 뒷받침하기 위한 교육훈련 투자
- 직원들에게 보다 많은 재량권과 의사결정 과정에 참여할 수 있는 권한 부여
- 조직의 경제적 성과 공유
- 직원들의 자존감이나 자기성장의 욕구 충족을 위해 직무특성을 강화하는 직무 설계

(3) 성과 향상 메커니즘

고몰입 인적자원관리시스템은 조직 내에서 지적자본, 정서적 자본 그리고 사회적 자본을 창출함으로써 기업의 성과를 강화함

고몰입 인적자원관리시스템의 성과향상 메커니즘

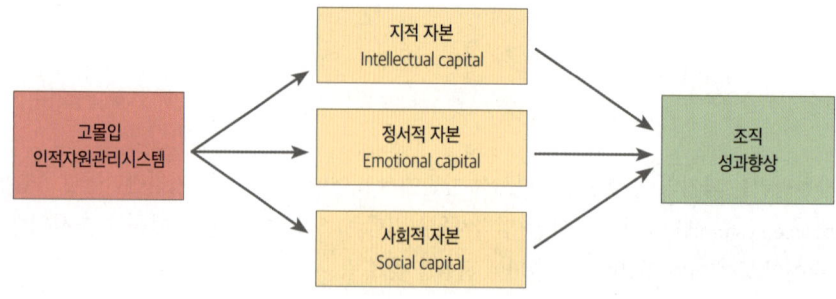

1) 지적자본(intellectual capital) 형성

고몰입 인적자원관리시스템은 조직구성원들의 업무수행역량을 향상시키는데 초점을 둠. 지식사회에서는 구성원들의 역량이 타 경쟁사들보다 뛰어나야 경쟁에서 우위를 점할 수 있기 때문에 조직 구성원들의 역량을 높이기 위한 지속적인 투자와 지원은 필수적임

2) 정서적 자본(emotional capital) 형성

아무리 능력이 많은 직원이라 할지라도 조직에 헌신하고자 하는 의지나 조직에 대한 애착이 없다면 성과는 높지 않을 것임. 따라서 고몰입 인적자원관리시스템은 조직구성원들을 자신이 맡은 일에 대한 열정과 자신이 속한 조직에 대한 애착이 높은 직원들로 만들려고 종업원들에게 자율성과 주도권을 부여함

3) 사회적 자본(social capital) 형성

고몰입 인적자원관리시스템은 상호 신뢰를 바탕으로 한 직원들 사이의 팀워크와 협업을 향상시키는데 초점을 둠. 오늘날에는 환경의 변화와 지식과 기술의 고도화로 인하여 팀워크와 협업의 중요성이 갈수록 중요해지고 있음. 종업원들 사이에 신뢰가 높아지고 팀워크와 협업이 활성화되면 조직의 성과향상도 기대할 수 있고, 구성원 간, 부서 간 그리고 조직 외부와의 네트워크 강화로 인하여 창의적 혁신도 촉진될 수 있음

(4) 주요 구성요소

고몰입 인적자원관리시스템은 아래와 같이 근로생활의 질, 지적 자본, 정서적 자본, 사회적 자본을 창출하기 위한 것들로 구성됨

운영원칙		대표적 실행방안
근로 생활의 질	고용안정성 제고	장기고용계약, 고용보장, 내부승진제도
	상위욕구 충족	직무충실화, 권한위임, 의사결정참여
	역량개발·발휘 기회	평생학습체계, 체계적 경력개발, 혁신TF 활동
	일-생활 균형	가족친화 지원프로그램, QWL프로그램
지적 자본	우수역량 확보·유지	선별적 모집 및 선발, 고임금
	지속적 역량강화	평생학습체계, 다기능훈련, 직무순환, 역량급
정서적 자본	내재적 동기 강화	동기부여에 근간을 둔 직무설계, 종업원 인정 프로그램
	목표 및 가치일체화	사회화 프로그램, 조직성과연동 보상
	현장직원 참여촉진	권한위임, 참여촉진프로그램, 제안제도, 정보공유, 품질분임조(QC), 열린 소통채널
사회적 자본	공통이해기반 구축	gain-sharing, profit-sharing, 응급지원기금제도
	팀워크·협업장려	다방향 의사소통채널 구축, 각종 차별철폐, 임금격차완화, 자율적 관리팀

출처 : 이학종, 양혁승(2012), 전략적 인적자원관리

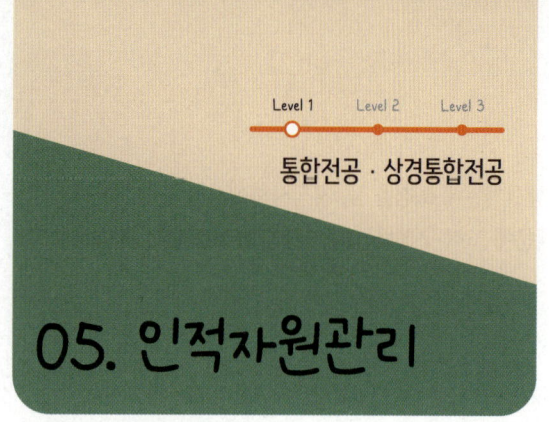

05. 인적자원관리

인적자원관리 개요

0858
2008 가맹거래사

다음 중 현대 인적자원관리의 특징으로 옳지 않은 것은?

① 경력개발 강조
② 개인의 자발성과 자율성
③ 개인목표와 조직목표의 통합
④ 근로생활의 질 향상
⑤ 인력의 효율적 통제 및 관리

0859
2013 가맹거래사

인적자원관리의 기본영역과 세부관리활동의 연결이 옳은 것은?

① 확보관리 – 경력관리, 이동관리, 승진관리, 교육훈련
② 개발관리 – 인간관계관리, 근로조건관리, 노사관계관리
③ 평가관리 – 직무평가, 인사고과
④ 보상관리 – 계획, 모집, 선발, 배치
⑤ 유지관리 – 임금관리, 복지후생

0860
2007 7급 국가직

다음 중 인적자원관리(human resource management)의 영역에 포함되지 않는 것은?

① 조직과 조직구성원 간의 이해와 신뢰를 바탕으로 조직의 유지, 발전에 기여하는 정신적 태도를 구축하는 활동
② 조직의 비전과 목표를 달성하기 위하여 수평적 조직을 설계하는 활동
③ 조직이 필요로 하는 능력과 자질을 갖춘 인원의 모집과 선발을 계획하고 실행하는 활동
④ 조직이 그 구성원에게 지급하는 임금의 수준과 체계를 설계하고 실행하는 활동

0861
2016 7급 국가직

지식기반사회의 인적자원에 대한 설명으로 옳지 않은 것은?

① 타인과 협력하는 태도도 중요하다.
② 암묵적 지식보다 명시적 지식이 중요하다.
③ 경험이나 지혜도 인적자원의 구성요소에 포함된다.
④ 논리적 지식(Know-Why)과 정보적 지식(Know-Who)이 중요하다.

0862
2020 코레일 사무직 복원

최고경영층에 대한 인사관리자의 특징이 아닌 것은?

① 조직의 문제 갈등 해결
② 반대자 역할
③ 라인에 대한 지원
④ 정보원천
⑤ 인재추천

직무분석

0863
2015 가맹거래사

직무관리 방법이 아닌 것은?

① 테일러(Taylor)와 길브레쓰(Gilbreth)의 시간과 동작연구
② 파인(Fine) & 크론쇼(Cronshaw)의 기능적 직무분석법
③ 미공군(USAF)의 과업목록법
④ 와이트(White)의 인적자원개발
⑤ 플래너건(Flanagan)의 중요사건법

0864
2016 가맹거래사

직무기술서에 포함되는 내용으로 옳지 않은 것은?

① 직무 수행에 필요한 지식과 기술
② 직무의 구체적인 내용
③ 직무 수행 절차와 방법
④ 직무 수행에 필요한 자원 및 설비
⑤ 직무 수행 환경

0865
2020 가맹거래사

직무분석 및 직무평가에 관한 설명으로 옳지 않은 것은?

① 직무평가란 공정한 임금구조 마련을 위해 직무의 상대적 가치평가를 하는 과정이다.
② 직무기술서는 직무에 대한 정보를 직무의 특성에 초점을 두고 작성한 문서이다.
③ 직무명세서는 직무를 수행하기 위해 직무담당자가 갖추어야 할 최소한의 인적요건을 기술한 문서이다.
④ 직무분석 방법에는 서열법, 점수법, 분류법이 있다.
⑤ 직무평가 방법에는 계량적과 비계량적 방법이 있다.

0866
2021 가맹거래사

직무기술서(job description)에 포함되는 것을 모두 고른 것은?

ㄱ. 직무내용	ㄴ. 필요한 지식
ㄷ. 직무수행방법	ㄹ. 작업조건
ㅁ. 요구되는 능력	

① ㄱ, ㄴ, ㄷ
② ㄱ, ㄴ, ㄹ
③ ㄱ, ㄷ, ㄹ
④ ㄴ, ㄷ, ㅁ
⑤ ㄷ, ㄹ, ㅁ

0867
2010 공인노무사

직무를 수행하는데 필요한 기능, 능력, 자격 등 직무수행요건(인적요건)에 초점을 두어 작성한 직무분석의 결과물은?

① 직무명세서
② 직무평가
③ 직무표준서
④ 직무기술서
⑤ 직무지침서

0868
2012 공인노무사

직무분석에 관한 설명으로 옳지 않은 것은?

① 직무분석은 직무와 관련된 정보를 수집·정리하는 활동이다.
② 직무분석을 통해 얻어진 정보는 전반적인 인적자원관리 활동의 기초자료로 활용된다.
③ 직무분석을 통해 직무기술서와 직무명세서가 작성된다.
④ 직무기술서는 직무를 수행하는데 필요한 인적요건을 중심으로 작성된다.
⑤ 직무평가는 직무분석을 기초로 이루어진다.

0869
2016 공인노무사

직무기술서에 포함되는 사항이 아닌 것은?

① 요구되는 지식 ② 작업 조건
③ 직무수행의 절차 ④ 수행되는 과업
⑤ 직무수행의 방법

0870
2022 공인노무사

직무분석에 관한 설명으로 옳은 것은?

① 직무의 내용을 체계적으로 정리하여 직무명세서를 작성한다.
② 직무수행자에게 요구되는 자격요건을 정리하여 직무기술서를 작성한다.
③ 직무분석과 인력확보를 연계하는 것은 타당하지 않다.
④ 직무분석은 작업장의 안전사고 예방에 도움이 된다.
⑤ 직무분석은 직무평가 결과를 토대로 실시한다.

0871
2019 경영지도사

직무수행에 요구되는 지식, 기능, 행동, 능력 등을 기술한 문서는?

① 고용계약서 ② 역량평가서
③ 직무평정서 ④ 직무기술서
⑤ 직무명세서

0872
2020 코레일 사무직 복원

다음 중 직무분석이 아닌 것은?

① 관찰법 ② 면접법
③ 질문지법 ④ 요소비교법
⑤ 워크샘플링법

0873
2023 9급 군무원

직무 수행에 필요한 기술, 지식, 능력 등의 자격요인을 정리한 문서에 해당하는 것은?

① 직무기술서 ② 직무명세서
③ 직무행위서 ④ 직무분석서

0874
2023 7급 군무원

직무(job)에 대한 설명으로 가장 적절하지 않은 것은?

① 직무분석(job analysis)의 결과는 직원의 선발, 배치, 교육, 평가의 기초 자료로 사용된다.
② 직무기술서(job description)에는 직무의 명칭, 내용, 수행 절차, 작업조건 등이 기록된다.
③ 직무명세서(job specification)에는 해당 직무를 수행하는 사람이 갖추어야 할 자격 요건이 기록된다.
④ 직무기술서와 직무명세서를 토대로 직무분석을 실시한다.

0875
2023 5급 군무원

직무분석에 대한 설명으로 가장 옳은 것은?

① 직무분석은 직무의 구체적인 내용 및 이를 수행하기 위해 요구되는 작업자의 자격요건을 가지고 해당 직무의 가치를 밝히는 활동이다.
② 직무명세서는 직무내용에 관한 정보를 작성한 문서이고, 직무기술서는 직무수행자에게 요구되는 자격요건에 관한 정보를 작성한 문서이다.
③ 직무정보의 수집 방법에는 기능적 직무 분석법, 직위 분석 설문지법, 관리적 직무 분석법 등이 있다.
④ 직무분류란 여러 종류의 직무들을 직군별 혹은 직종별로 분류하는 것을 말하는데, 직무의 정형성 정도가 낮은 직군은 사무직 직무들에서 많이 발견된다.

0876
2024 7급 군무원

다음 중 직무(job)의 특성에 대한 설명으로 가장 적절하지 않은 것은?

① 기업 조직의 목표 달성을 위해 필요한 일들이 완성되어야 하는데 이를 관리할 목적으로 직무가 만들어진다.
② 직무를 관리자 주관에 따라 마음대로 정하는 것은 아니고 기업 전체의 조직 차원에서 정의되고 통용되어야 한다.
③ 직무는 그 수행자가 누구인가에 관계없이 독립적으로 정해지고 기술되어 있다.
④ 직무의 내용과 범위 등은 기업 내외부의 요구에 따라 수시로 변경된다.

0877
2024 7급 서울시

직무관리의 핵심영역으로 가장 옳지 않은 것은?

① 직무분석
② 직무평가
③ 직무설계
④ 직무개선

0878
2024 7급 국가직

인력배치의 기본 원칙으로 옳지 않은 것은?

① 적재적소의 원칙
② 능력주의 원칙
③ 인재육성의 원칙
④ 공정보상의 원칙

직무평가

0879
2008 가맹거래사

직무평가에 대한 설명으로 옳은 것은?

① 직무의 절대적 가치를 정하는 체계적인 방법이다.
② 일체의 속인적인 조건을 떠난 객관적인 직무에 대한 평가이다.
③ '동일노동, 동일임금'을 기본원리로 하는 직능급제도의 기초가 된다.
④ 각 직무의 곤란도, 위험도, 수익성을 평가하여 타직무와 비교한다.
⑤ 평가방법에는 서열법, 분류법, 점수법, 요소비교법이 있고, 정량적 평가방법에는 서열법과 분류법을 들 수 있다.

0880
2018 가맹거래사

직무평가 방법이 아닌 것은?

① 서열법
② 분류법
③ 점수법
④ 작업기록법
⑤ 요소비교법

0881
2011 공인노무사

조직 내 직무간의 상대적 가치를 평가하는 직무평가 요소가 아닌 것은?

① 지식 ② 숙련
③ 경험 ④ 노력
⑤ 성과

0882
2022 7급 군무원

다음 직무평가(Job Evaluation)의 방법 중에서 점수법에 대한 설명으로 가장 옳은 것은?

① 평가자가 포괄적인 지식을 사용하여 직무 전체를 서로 비교해서 순위를 결정한다.
② 직무를 여러 평가 요소로 분리하여 그 평가 요소에 가중치(중요도) 및 일정 점수를 배분한 뒤, 각 직무의 가치를 점수로 환산하여 상대적 가치를 평가하는 방법이다.
③ 사전에 직무에 대한 등급을 미리 정해 놓고 각 등급을 설명하는 서술을 준비한 다음, 각 직무가 어느 등급에 속하는지 분류하는 방법이다.
④ 여러 직무들을 전체적으로 비교하여 직무들 간의 서열을 결정하고, 기준직무의 내용이 변하면 전체 직무를 다시 재평가한다.

0883
2021 7급 서울시

직무평가(job evaluation) 기법이 아닌 것은?

① 점수법 ② 분류법
③ 요소비교법 ④ 체크리스트법

0884
2010 7급 국가직

직무평가의 방법에는 분류법, 서열법, 점수법, 요소비교법의 4가지가 있다. 이 방법들은 성격상 계량적 방법과 비계량적 방법으로 구분되기도 하고, 또한 직무 대 기준 그리고 직무 대 직무를 평가하는 방법으로 구분되기도 한다. 계량적 방법이면서 직무 대 직무를 평가하는 방법은?

① 분류법 ② 서열법
③ 점수법 ④ 요소비교법

0885
2021 7급 국가직

직무평가에 대한 설명으로 옳지 않은 것은?

① 요소비교법은 기준직무를 적절하게 선정하면 임금 산정이 용이하고 상이한 직무에서도 활용될 수 있다.
② 점수법은 평가 요소 선정이 어렵고 요소별 가중치 부여 시 주관적으로 판단한다는 것이 단점이다.
③ 분류법은 간단하고 이해하기 쉽지만 부서가 다르면 공통의 분류기준을 적용하기 어렵다는 단점이 있다.
④ 서열법은 직무등급을 빠르게 매길 수 있고 직무의 어떤 요소에 의해 높게 혹은 낮게 평가되는지를 알 수 있다.

0886
2024 공인노무사

다음 특성에 부합하는 직무평가 방법으로 옳은 것은?

○ 비계량적 평가
○ 직무 전체를 포괄적으로 평가
○ 직무와 직무를 상호 비교하여 평가

① 서열법 ② 등급법
③ 점수법 ④ 분류법
⑤ 요소비교법

직무설계

0887
2004 가맹거래사

직무가 종업원으로 하여금 보람있고, 창의력이나 판단력을 행사하여 달성감과 책임감을 갖게 하도록 직무를 재편성하는 것은?

① 동기유발 ② 직무충실화
③ 직무확대화 ④ 직무등급화
⑤ 직무세분화

0888
2005 가맹거래사

다음은 어떤 직무평가방법을 서술한 것인가?

> 직무를 분류하고 다수의 평가요소들에 대하여 평가된 점수의 고저에 의해 그 직무가 갖는 상대적 가치를 결정하는 법

① 점수법(point rating method)
② 직무분류법(job classification method)
③ 서열법(rank method)
④ 요소비교법(factor comparisons system)
⑤ 과업목록분석(task inventory analysis)

0889
2006 가맹거래사

다음 직무설계와 관련된 용어의 설명이다. 용어의 설명이 가장 잘못된 것은?

① 직무설계(job design)는 직무에 관한 정보를 수집, 분석하여 직무의 내용과 직무담당자의 자격요건을 체계화하는 것이다.
② 직무단순화(job simplification)는 직무담당자들이 좁은 범위의 몇가지 일을 담당하도록 직무를 설계하는 방법이다.
③ 직무순환(job rotation)은 작업자로 하여금 여러 가지 다양한 직무에 순환근무토록 하여 그들의 직무활동을 다각화하는 방법이다.
④ 직무확대(job enlargement)는 직무수행자의 직무를 다양화하여 직무의 수평적 범위를 넓히는 것이다.
⑤ 직무충실화(job enrichment)는 직무로부터 성장과 성취, 책임과 인정 등의 잠재력을 향상시키기 위하여 직무를 수직적으로 확대하는 것이다.

0890
2019 가맹거래사

직무충실화(job enrichment)에 관한 설명으로 옳지 않은 것은?

① 작업자가 수행하는 직무에 자율권과 책임을 부과하는 것이다.
② 허즈버그(F. Herzberg)의 2요인 이론에 근거하고 있다.
③ 여러 직무를 여러 작업자들이 순환하며 수행하는 방식이다.
④ 성장욕구가 낮은 작업자에게는 부담스러울 수 있다.
⑤ 도입할 경우 관리자들이 반발할 수도 있다.

0891
2010 공인노무사

상사의 의사결정이나 계획 및 통제의 권한을 위양하여 부하의 재량권과 자율성을 강화하는 직무설계 방식은?

① 직무확대 ② 직무세분화
③ 직무충실화 ④ 직무전문화
⑤ 직무특성화

0892
2017 공인노무사

다음 설명에 해당하는 직무설계는?

- 직무성과가 경제적 보상보다는 개인의 심리적 만족에 있다고 전제한다.
- 종업원에게 직무의 정체성과 중요성을 높여주고 일의 보람과 성취감을 느끼게 한다.
- 종업원에게 많은 자율성과 책임을 부여하여 직무경험의 기회를 제공한다.

① 직무 순환 ② 직무 전문화
③ 직무 특성화 ④ 수평적 직무확대
⑤ 직무 충실화

0893
2021 공인노무사

전통적 직무설계와 관련 없는 것은?

① 분업 ② 과학적 관리
③ 전문화 ④ 표준화
⑤ 직무순환

0894
2013 경영지도사

동기부여적 직무설계 방법에 관한 설명으로 옳지 않은 것은?

① 직무 자체 내용은 그대로 둔 상태에서 구성원들로 하여금 여러 직무를 돌아가면서 번갈아 수행하도록 한다.
② 작업의 수를 증가시킴으로써 작업을 다양화 한다.
③ 직무내용의 수직적 측면을 강화하여 직무의 중요성을 높이고 직무수행으로부터 보람을 증가시킨다.
④ 직무세분화, 전문화, 표준화를 통하여 직무의 능률을 향상시킨다.
⑤ 작업배정, 작업스케줄 결정, 능률향상 등에 대해 스스로 책임을 지는 자율적 작업집단을 운영한다.

0895
2019 경영지도사

현대적 직무설계방안이 아닌 것은?

① 직무순환 ② 직무확대
③ 직무전문화 ④ 직무충실화
⑤ 준자율적 작업집단

0896
2020 경영지도사

직무관리에 관한 설명으로 옳지 않은 것은?

① 직무를 수행하는데 필요한 지식과 능력, 숙련도, 책임 등과 같은 직무상의 요건을 체계적으로 결정하는 과정을 직무분석(job analysis)이라 한다.
② 직무기술서(job description)는 책임과 의무, 근로조건, 다른 직무와의 관계 등을 정리한 것이다.
③ 직무명세서(job specification)는 특정한 업무를 수행하는 데 필요한 지식, 기술, 능력 등을 요약한 것이다.
④ 직무순환(job rotation)은 여러 기능의 습득을 위해 종업원들에게 다양한 직무를 수행하도록 한다.
⑤ 직무충실화(job enrichment)에서는 종업원이 수행하는 과업의 숫자는 증가하나 의사결정권한이나 책임은 별로 증가하지 않는다.

0897
2020 7급 서울시

개인의 직무를 수직적으로 확장시키는 것에 해당하는 것은?

① 직무충실(job enrichment)
② 직무확장(job enlargement)
③ 직무순환(job rotation)
④ 준자율적 작업집단(semi-autonomous workgroup)

0898
2020 7급 서울시

동기부여를 강조하는 직무 설계에 대한 설명으로 가장 옳지 않은 것은?

① 직무 수행에 많은 기술이 필요할수록 높은 동기부여가 된다.
② 자신의 직무가 조직 내에서 중요할수록 높은 동기부여가 된다.
③ 업무 수행 방법에 대해 자율적으로 의사결정을 내릴 수 있는 권한이 많을수록 높은 동기부여가 된다.
④ 직무 성과에 대한 피드백이 불명확할수록 높은 동기부여가 된다.

0899
2011 7급 국가직

직무설계 방법 중 작업자가 수행하는 직무에 대한 의사결정의 자율권과 재량, 책임을 부여하기 위해 직무수행과 관련된 계획, 조직, 통제, 평가기능 등을 추가하여 수행하도록 하는 것은?

① 직무전문화 ② 직무확대
③ 직무충실화 ④ 직무순환

0900
2020 7급 국가직

직무설계에 대한 설명으로 옳지 않은 것은?

① 비즈니스 리스트럭처링은 기존의 업무수행 프로세스에 대한 가장 기본적인 가정을 의심하고 재검토하는 것에서 시작하여 근본부터 전혀 다른 새로운 업무처리 방법을 설계하는 것이다.
② 직무충실은 현재 수행하고 있는 직무에 의사결정의 자유 재량권과 책임이 추가로 부과되는 과업을 더 할당하는 것이다.
③ 준자율적 작업집단은 몇 개의 직무들이 하나의 작업집단을 형성하게 하여 이를 수행하는 작업자들에게 어느 정도의 자율성을 허용해 주는 것이다.
④ 직무전문화는 한 작업자가 하는 여러 종류의 과업(task)을 숫자 면에서 줄이는 것이다.

0901
2021 7급 국가직

직무설계에 대한 설명으로 옳지 않은 것은?

① 직무설계는 업무를 수행하기 위해 요구되는 과업들을 연결시키는 것이다.
② 직무순환은 직무수행의 지루함을 줄이고 직무의 다양성을 높여 인력배치의 융통성을 높여 준다.
③ 직무확대는 직무 범위를 넓혀 과업의 수와 다양성을 증가시킨다는 점에서 직무의 재설계과정이 있다.
④ 직무충실화는 작업자에게 직무의 계획, 실행, 평가 의무를 부여하여 성장 욕구가 낮은 작업자의 만족도 향상에 효과적이다.

0902
2019 산업안전지도사

직무관리에 관한 설명으로 옳지 않은 것은?

① 직무분석이란 직무의 내용을 체계적으로 분석하여 인사관리에 필요한 직무정보를 제공하는 과정이다.
② 직무설계는 직무 담당자의 업무 동기 및 생산성 향상 등을 목표로 한다.
③ 직무충실화는 작업자의 권한과 책임을 확대하는 직무설계방법이다.
④ 핵심직무특성 중 과업중요성은 직무담당자가 다양한 기술과 지식 등을 활용하도록 직무설계를 해야 한다는 것을 말한다.
⑤ 직무평가는 직무의 상대적 가치를 평가하는 활동이며, 직무평가 결과는 직무급의 산정에 활용된다.

0903
2023 7급 서울시

직무분석과 직무평가에 대한 설명으로 가장 옳은 것은?

① 직무분석 방법에는 분류법과 요소비교법 등이 있다.
② 직무평가 방법에는 점수법과 서열법 등이 있다.
③ 직무기술서(job description)는 해당 직무를 수행하기 위해 필요한 인적요건과 관련한 지식, 기술, 능력 등을 서술한다.
④ 핵크만(Hackman)과 올드햄(Oldham)의 직무특성이론에서 핵심 직무차원은 과업정체성, 과업중요성, 과업효율성이다.

0904
2023 5급 군무원

개인이 수행하는 직무의 범위를 수직적으로 확대하는 직무설계 방법은?

① 직무확대 ② 직무순환
③ 직무교차 ④ 직무충실

0905
2024 9급 군무원

다음 중 직무설계에 관한 설명으로 가장 적절한 것은?

① 기계적 접근은 경제학 중 행동경제학에 근간을 두고 있다.
② 동기부여적 접근은 심리학 중 임상심리학에 기반을 두고 있다.
③ 지각-운동적 접근은 사람들이 정신적인 능력과 한계를 초과하지 않는 수준에서 직무설계를 하는 것이다.
④ 생물학적 접근은 조명이나 공기, 장소와 작업시간보다 작업 자체에 관심을 기울인다.

0906
2024 7급 국가직

직무충실(job enrichment)에 대한 설명으로 옳지 않은 것은?

① 작업자에게 직무의 폭을 확대하는 직무설계이다.
② 작업자에게 성과의 책임을 강하게 요구하는 직무설계이다.
③ 작업자의 결근율과 이직률이 감소하는 직무설계이다.
④ 작업자의 성과에 대한 평가만큼은 상급자를 통해 확인하는 직무설계이다.

인적자원계획

0907
2017 공인노무사

질적 인력수요 예측기법에 해당하지 않는 것은?

① 브레인스토밍법 ② 명목집단법
③ 시나리오 기법 ④ 자격요건 분석법
⑤ 노동과학적 기법

0908
2020 코레일 수송직렬 복원

다음 중 인력자원 수요예측기법에서 질적 방법이 아닌 것은?

① 자격요건분석 기법　② 시나리오 기법
③ 회귀분석　　　　　④ 델파이법
⑤ 명목집단법

모집

0909
2019 가맹거래사

내부노동시장에서 지원자를 모집하는 내부모집에 관한 설명으로 옳지 않은 것은?

① 외부모집에 비해 비용이 적게 든다.
② 구성원의 사회화기간을 단축시킬 수 있다.
③ 외부모집에 비해 지원자를 정확하게 평가할 가능성이 높다.
④ 빠르게 변화하는 환경에 적응하는 데 외부모집보다 효과적이다.
⑤ 모집과정에서 탈락한 직원들은 사기가 저하될 수 있다.

0910
2019 공인노무사

모집 방법 중 사내공모제(job posting system)의 특징에 관한 설명으로 옳지 않은 것은?

① 종업원의 상위직급 승진 기회가 제한된다.
② 외부 인력의 영입이 차단되어 조직이 정체될 가능성이 있다.
③ 지원자의 소속부서 상사와의 인간관계가 훼손될 수 있다.
④ 특정부서의 선발 시 연고주의를 고집할 경우 조직 내 파벌이 조성될 수 있다.
⑤ 선발과정에서 여러 번 탈락되었을 때 지원자의 심리적 위축감이 고조된다.

0911
2014 7급 국가직

인력 채용 시에 외부 모집의 유리한 점으로 옳은 것은?

① 승진 기회 확대로 종업원 동기부여 향상
② 조직 분위기 쇄신 가능
③ 모집에 소요되는 시간, 비용 단축
④ 채용된 기업의 문화에 대한 적응이 쉬움

0912
2020 코레일 수송직렬 복원

다음 중 내부모집의 장점에 대한 내용이 아닌 것은?

① 지원자에 대한 정확한 평가가 가능하다.
② 지원자들이 모집하는 직무에 대하여 잘 알고 있다.
③ 비용이 저렴하다.
④ 조직은 새로운 아이디어나 방법을 접하는 기회를 얻게 된다.
⑤ 내부인들의 사기를 고양시킨다.

0913
2024 공인노무사

외부 모집과 비교한 내부 모집의 장점을 모두 고른 것은?

> ㄱ. 승진 기회 확대로 종업원 동기부여
> ㄴ. 지원자에 대한 평가의 정확성 확보
> ㄷ. 인력 수요에 대한 양적 충족 가능

① ㄱ　　　　　　② ㄴ
③ ㄱ, ㄴ　　　　 ④ ㄴ, ㄷ
⑤ ㄱ, ㄴ, ㄷ

0914
2024 5급 군무원

다음 중 인력채용으로서 리쿠르팅(recruiting)에 대한 설명으로 가장 적절하지 않은 것은?

① 리쿠르팅은 충분한 수의 적당한 사람을 적기에 구하기 위해 실시하는 모든 활동을 말한다.
② 해고하거나, 충원하지 않거나, 전근을 시키는 등의 조치는 디쿠르팅(decruiting)에 해당된다.
③ 기존 직원들도 리쿠르팅의 대상이다.
④ 외부 리쿠르팅 전문 인터넷 사이트를 통한 모집은 고급 인력을 확보하는 방법이다.

0915
2024 7급 국가직

모집에 대한 설명으로 옳지 않은 것은?

① 내부 모집은 내부 경쟁이 치열해질 수 있어 종업원의 사기를 저하시킨다는 단점이 있다.
② 내부 모집의 예로 승진이나 이동 배치를 통한 인력 충원이 있다.
③ 외부 모집 중 공개 모집은 부적절한 사람이 다수 지원한다는 단점이 있다.
④ 외부 모집을 통해 새로운 아이디어와 지식이 유입되는 장점이 있다.

선발

0916
2011 가맹거래사

인력모집과 선발에 관한 설명으로 옳지 않은 것은?

① 사내공모제는 승진기회를 제공함으로써 기존구성원에게 동기부여를 제공한다.
② 클로즈드 숍(closed shop)제도의 경우 신규종업원 모집은 노동조합을 통해서만 가능하다.
③ 집단면접은 다수의 면접자가 한 명의 응모자를 평가하는 방법이다.
④ 외부모집을 통해 조직에 새로운 관점과 시각을 가진 인력을 선발할 수 있다.
⑤ 내부모집방식에서는 모집범위가 제한되고 승진을 위한 과다경쟁이 생길 수 있다.

0917
2015 공인노무사

선발시험 합격자들의 시험성적과 입사 후 일정 기간이 지나서 이들이 달성한 직무성과와의 상관관계를 측정하는 지표는?

① 신뢰도 ② 대비효과
③ 현재타당도 ④ 내용타당도
⑤ 예측타당도

0918
2017 공인노무사

종업원 선발을 위한 면접에 관한 설명으로 옳은 것은?

① 비구조화 면접은 표준화된 질문지를 사용한다.
② 집단 면접의 경우 맥락효과(context effect)가 발생할 수 있다.
③ 면접의 신뢰성과 타당성을 높이기 위해 면접내용 개발 단계에서 면접관이나 경영진을 배제한다.
④ 위원회 면접은 한명의 면접자가 여러 명의 피면접자를 평가하는 방식이다.
⑤ 스트레스 면접은 여러 시기에 걸쳐 여러 사람이 면접하는 방식이다.

0919
2022 경영지도사

실무에 종사하고 있는 직원들에게 시험문제를 풀게 하여 측정한 결과와 그들이 현재 수행하고 있는 직무와의 상관관계를 나타내는 타당도는?

① 현재타당도(concurrent validity)
② 예측타당도(predictive validity)
③ 구성타당도(construct validity)
④ 내용타당도(content validity)
⑤ 외적타당도(external validity)

0920
2021 7급 서울시

인력 선발 과정에 적용되는 일반적인 기준에 대한 설명으로 가장 옳지 않은 것은?

① 신뢰성은 성과측정이 확률적 오차로부터 자유로운 정도를 의미한다.
② 일반화는 선발 도구로부터의 성과가 직무로부터의 성과를 반영하는 정도를 나타낸다.
③ 유용성은 선발방법에 의한 정보가 조직의 최종적인 효과성을 높이는 정도를 뜻한다.
④ 합법성은 선발방법이 기존의 법률과 관례에 부합해야 한다는 것을 의미한다.

0921
2018 산업안전지도사

인사선발에 관한 설명으로 옳은 것은?

① 올바른 합격자(true positive)란 검사에서 합격점을 받아서 채용되었지만 채용된 후에는 불만족스러운 직무수행을 나타내는 사람이다.
② 잘못된 합격자(false positive)란 검사에서 불합격점을 받아서 떨어뜨렸지만 채용하였다면 만족스러운 직무수행을 나타냈을 사람이다.
③ 올바른 불합격자(true negative)란 검사에서 불합격점을 받아서 떨어뜨렸고 채용하였더라도 불만족스러운 직무수행을 나타냈을 사람이다.
④ 잘못된 불합격자(false negative)란 검사에서 합격점을 받아서 채용되었고 채용된 후에도 만족스러운 직무수행을 나타내는 사람이다.
⑤ 인사선발 과정의 궁극적인 목적은 올바른 합격자와 잘못된 불합격자를 최대한 늘리고 올바른 불합격자와 잘못된 합격자를 줄이는 것이다.

0922
2020 코레일 수송직렬 복원

주어진 상황에서의 대처능력을 알아보기 위한 면접은 무엇인가?

① 스트레스 면접   ② 집단면접
③ 상황면접   ④ 패널면접
⑤ 표적집단면접

교육훈련

0923
2004 가맹거래사

다음 중 OJT에 대한 설명으로 옳지 않은 것은?

① 실제 현장에서 실제로 직무를 수행하면서 이루어지는 현직훈련이다.
② 훈련내용의 전이정도가 높고 실제 업무와 직결되어 경제적인 장점을 가진다.
③ 실습장훈련, 인턴사원, 경영 게임법 등이 이에 속한다.
④ 훈련방식의 역사가 오래되며, 생산직에서 보편화된 교육방식이라 할 수 있다.
⑤ 종업원의 개인적 능력에 따른 훈련이 가능하다.

0924
2008 가맹거래사

다음 중 인적자원관리 과정에서 '개발활동'과 가장 관련이 높은 평가항목은?

① 얼마나 많은 인재가 우리 기업에 지원했으며, 투입된 비용은 어느 정도인가?
② 임금결정과정에 대해 종업원이 공정하다고 받아들이는가?
③ 기업이 실시한 교육훈련의 효과가 어느 정도 나타났는가?
④ 종업원의 사기는 타기업에 비해 높은가, 낮은가?
⑤ 이직방지 프로그램을 위해 투입한 비용과 성과가 만족할 만한 수준인가?

0925
2017 가맹거래사

직장 내 훈련(on-the-job training: OJT)에 관한 설명으로 옳지 않은 것은?

① 훈련이 실무와 연결되어 매우 구체적이다.
② 일을 실제로 수행하면서 학습할 수 있다.
③ 훈련비용을 절감할 수 있다.
④ 업무 우수자가 가장 뛰어난 훈련자이다.
⑤ 훈련자와 피훈련자 간 의사소통이 원활해진다.

0926
2013 공인노무사

OJT(On the Job Training)에 해당하는 것은?

① 세미나 ② 사례연구
③ 도제식 훈련 ④ 시뮬레이션
⑤ 역할연기법

0927
2018 공인노무사

교육훈련 필요성을 파악하기 위한 일반적인 분석방법이 아닌 것은?

① 전문가자문법 ② 역할연기법
③ 자료조사법 ④ 면접법
⑤ 델파이기법

0928
2021 공인노무사

교육 참가자들이 소규모 집단을 구성하여 팀워크로 경영상의 실제 문제를 해결하도록 하여 문제해결 과정에 대한 성찰을 통해 학습하게 하는 교육방식은?

① team learning
② organizational learning
③ problem based learning
④ blended learning
⑤ action learning

0929
2014 경영지도사

훈련의 방법을 직장 내 훈련(OJT)과 직장 외 훈련(Off-JT)으로 구분할 때 직장 외 훈련에 해당되지 않는 것은?

① 강의실 강의
② 영상과 비디오
③ 시뮬레이션
④ 직무순환
⑤ 연수원교육

0930
2021 경영지도사

고도의 전문기술이 필요한 직종에서 장기간 실무와 이론 교육을 병행하는 교육훈련 형태는?

① 오리엔테이션
② 도제제도
③ 직무순환제도
④ 정신개발 교육
⑤ 감수성 훈련

0931
2021 9급 군무원

직장 내 교육훈련(OJT)에 관한 설명으로 가장 옳지 않은 것은?

① 교육훈련 프로그램 설계 시 가장 먼저 해야 할 것은 필요성 분석이다.
② 직장 상사와의 관계를 돈독하게 만들 수 있다.
③ 교육훈련이 현실적이고 실제적이다.
④ 많은 종업원들에게 통일된 훈련을 시킬 수 있다.

0932
2017 7급 서울시

교육 훈련의 효과성을 평가하기 위해 커크패트릭(Kirkpatrick)은 4단계 평가 기준을 제안하였다. 평가의 기초를 기준으로 쉬운 것부터 차례대로 나열한 것으로 옳은 것은?

① 학습기준, 반응기준, 결과기준, 행동기준
② 반응기준, 학습기준, 행동기준, 결과기준
③ 행동기준, 결과기준, 반응기준, 학습기준
④ 결과기준, 행동기준, 학습기준, 반응기준

0933
2018 7급 국가직

OJT(On the Job Training)에 대한 설명으로 옳지 않은 것은?

① 보통 훈련전문가가 담당하기 때문에 훈련의 효과를 믿을 수 있다.
② 피훈련자는 훈련받은 내용을 즉시 활용하여 업무에 반영할 수 있다.
③ 기존의 관행을 피훈련자가 무비판적으로 답습할 가능성이 있다.
④ 훈련자와 피훈련자의 의사소통이 원활해진다.

0934
공기업 출제경향 반영

커크패트릭(D. L. Kirkpatrick)의 교육훈련 평가 모형 중 '이해도 평가'와 가장 연관성이 높은 단계는?

① 1단계
② 2단계
③ 3단계
④ 4단계
⑤ 5단계

0935
2024 9급 군무원

다음 중 직장 내 교육훈련(OJT)에 관한 설명으로 가장 적절하지 않은 것은?

① 교육훈련 프로그램 설계 시 가장 먼저 해야 할 것은 필요성 분석이다.
② 직장 상사와의 친밀감을 제고할 수 있다.
③ 많은 종업원들에게 통일된 훈련을 시킬 수 있다.
④ 교육훈련이 현실적이고 실제적이다.

0936
2024 7급 국가직

직장 내 교육훈련(on-the-job training)에 대한 설명으로 옳지 않은 것은?

① 다수의 대상자를 훈련하는 데 적절하지 않다.
② 현장 상황에 맞게 훈련할 수 있어 훈련의 표준화 정도가 높다.
③ 대상자의 능력에 맞춰 훈련할 수 있다.
④ 훈련비용이 적게 드는 대신에 훈련이 업무에 지장을 줄 수 있다.

경력개발

0937
2013 가맹거래사

인사적체가 심하여 구성원 사기저하가 발생할 때 명칭만의 형식적 승진이 이루어지는 제도는?

① 직계승진
② 자격승진
③ 조직변화 승진
④ 대용승진
⑤ 역직승진

0938
2014 공인노무사

샤인(Schein)이 제시한 경력 닻의 내용으로 옳지 않은 것은?

① 전문역량 닻 – 일의 실제 내용에 주된 관심이 있으며 전문분야에 종사하기를 원한다.
② 관리역량 닻 – 특정 전문영역보다 관리직에 주된 관심이 있다.
③ 자율성·독립 닻 – 조직의 규칙과 제약조건에서 벗어나려는데 주된 관심이 있으며 스스로 결정할 수 있는 경력을 선호한다.
④ 도전 닻 – 해결하기 어려운 문제나 극복 곤란한 장애를 해결하는 데 주된 관심이 있다.
⑤ 기업가 닻 – 타인을 돕는 직업에서 일함으로써 타인의 삶을 향상시키고 사회를 위해 봉사하는데 주된 관심이 있다.

0939
2016 공인노무사

다음 설명에 해당하는 것은?

> 전환배치 시 해당 종업원의 '능력(적성)-직무-시간' 이라는 세 가지 측면을 모두 고려하여 이들 간의 적합성을 극대화시켜야 된다는 원칙

① 연공주의
② 균형주의
③ 상향이동주의
④ 인재육성주의
⑤ 적재적소적시주의

0940
2016 7급 서울시

다음 중 경력관리의 목적으로 가장 옳지 않은 것은?

① 인적자원의 효율적인 확보 및 배분
② 효과적인 임금제도의 설계
③ 이직 방지 및 유능한 후계자 양성
④ 종업원의 성취동기 유발

0941
2014 7급 국가직

숙련자가 비숙련자에게 자신의 여러 가지 경영기법을 오랜 기간에 걸쳐 전수해 주는 교육·훈련 기법으로서 비공식적으로 진행되는 특징이 있는 것은?

① 코칭
② 멘토링
③ 직무순환
④ 실습장 훈련

0942
2020 코레일 사무직 복원

경력개발 단계에서 유지단계에 일컫는 용어는?

① 개발의 시기
② 계획의 시기
③ 도태의 시기
④ 생산의 시기
⑤ 형성의 시기

0943
2024 가맹거래사

직무내용의 실질적인 변화 없이 직급 명칭이 변경되는 형식적 승진으로 옳은 것은?

① 직급승진
② 대용승진
③ 자격승진
④ 연공승진
⑤ 조직변화승진

인사평가

0944
2007 가맹거래사

다음은 인사고과와 관련된 내용이다. 잘못 설명된 것은?

① 인사고과는 직무담당자의 직무수행능력을 평가하는 과정이라고 할 수 있다.
② 최근 인사고과에는 동료들에 의한 고과, 부하에 의한 고과, 자기평가가 도입되고 있다.
③ 인사고과는 종업원의 관리적 목적뿐만 아니라 종업원의 개발적 목적으로 활용된다.
④ 인사고과상 현혹효과(halo effect), 관대화 경향, 중심화 경향 등의 오류가 발생할 수 있다.
⑤ 개별적 고과방법의 하나인 행동평가척도법(BOS)은 직무수행상태를 표시하는 고과척도에 의해 직무요건과 피고과자를 대응시키는 방법으로 기업에서 가장 많이 사용된다.

0945
2007 가맹거래사

인사평가에 관련된 다음의 기술 중 옳지 않은 것은?

① 평가대상자를 며칠간 합숙시키면서 각종 게임 및 토의, 심리검사 등을 통해 평가하는 방법은 중요사건서술법이다.
② 현혹효과 또는 후광효과(halo effect)는 평가자가 평가대상자의 어느 한 면을 기준으로 다른 것까지도 함께 평가해버리는 경향을 말한다.
③ 행동기준평가법(BARS)에서는 평가대상자의 능력이나 성과를 구체적으로 나타내는 중요사건의 결정과정에 평가대상자를 참여시킨다.
④ 대비오류(contrast errors)란 평가대상내용에 대해서 아주 뛰어나거나 너무 부족한 특정의 평가대상자에 대한 평가자 자신의 수준이 다른 평가대상자에 대한 평가에 영향을 미침으로서 발생한 오류를 말한다.
⑤ 목표에 의한 관리(MBO)는 참여의 과정을 통해 조직의 목표를 설정함으로써 관리의 효율화를 기하려는 관리방식이다.

0946
2009 가맹거래사

인사고과의 목적에 해당하지 않는 것은?

① 인력배치 및 이동
② 직무의 가치평가
③ 성과측정 및 보상
④ 인력계획 및 인사기능의 타당성 측정
⑤ 조직개발 및 근로의욕 증진

0947
2010 가맹거래사

인사고과의 방법 중 하나인 다면평가에 관한 설명으로 옳지 않은 것은?

① 2인 이상의 고과자들이 공동으로 고과에 참여하는 방식이다.
② 고과자의 주관과 편견을 감소시키는 효과가 있다.
③ 고과자들의 개인별 고과편차를 감소시키는 데 목적이 있다.
④ 특정 계층의 고과자들에 의하여 평가가 좌우된다.
⑤ 다면평가방법 중 하나인 360도 피드백은 피평가자를 전방위적 측면에서 평가하여 피드백을 주는 기법이다.

0948
2013 가맹거래사

다음에 해당하는 인사고과 오류는?

- 글씨 잘 쓰는 사람을 더 좋게 평가한다.
- 출근율이 높은 사람을 더 창의적이라고 평가한다.

① 후광효과　　② 중심화 경향
③ 관대화 경향　④ 상동효과
⑤ 최근효과

0949
2015 가맹거래사

인사평가에 관한 설명으로 옳지 않은 것은?

① 조직에서 사람을 평가하는 방법을 제도화한 것으로 구성원 개개인의 잠재능력, 자질 및 업적 등을 평가하는 것이다.
② 조직에서 직무를 수행하는 구성원의 성과를 평가하고 개발지향적 의미를 포함한다.
③ 평가원칙으로는 타당성, 신뢰성, 수용성, 실용성이 있다.
④ 평가목적은 경영전략과의 연계성, 성과향상, 구성원 능력개발, 공정한 보상, 적재적소 배치 등이다.
⑤ 인사평가 시 집단성과에 공헌하는 개인행위는 평가요소로 선정하지 않는다.

0950
2016 가맹거래사

복수의 평가자가 적성검사, 심층면접, 시뮬레이션, 사례연구, 역할연기 등의 평가 방법을 활용하여 지원자의 행동을 관찰 및 평가하여 선발하는 방법은?

① 다면평가법(360° appraisal)
② 행동평가법(behavioral observation method)
③ 종합평가제도(assessment center)
④ 패널면접법(panel interview)
⑤ 직무적성평가법(job aptitude appraisal)

0951
2017 가맹거래사

A부장은 인사고과 시 부하들의 능력이나 성과를 실제보다 높게 평가하는 경향이 있다. 이와 관련된 인사고과 오류는?

① 관대화 경향(leniency error)
② 상동적 오류(stereotyping)
③ 연공오류(seniority error)
④ 후광효과(halo effect)
⑤ 대비오류(contrast error)

0952
2018 가맹거래사

평가자가 평가항목의 의미를 정확하게 이해하지 못했을 때 나타나는 인사평가의 오류는?

① 후광효과   ② 상관편견
③ 시간적 오류   ④ 관대화 경향
⑤ 대비오류

0953
2011 공인노무사

인사고과 시 평가자에게 흔히 나타나는 고과상의 오류로 옳지 않은 것은?

① 후광효과(halo effect)
② 서열화 경향(ranking tendency)
③ 관대화 경향(leniency tendency)
④ 논리적 오류(logical errors)
⑤ 최근효과(recency effect)

0954
2012 공인노무사

인사고과에 관한 설명으로 옳지 않은 것은?

① 인사고과란 종업원의 능력과 업적을 평가하여 그가 보유하고 있는 현재적 및 잠재적 유용성을 조직적으로 파악하는 방법이다.
② 인사고과의 수용성은 종업원이 인사고과 결과가 정당하다고 느끼는 정도이다.
③ 인사고과의 타당성은 고과내용이 고과목적을 얼마나 잘 반영하고 있느냐에 관한 것이다.
④ 현혹효과(halo effect)는 피고과자의 어느 한 면을 기준으로 다른 것까지 함께 평가하는 경향을 말한다.
⑤ 대비오차(contrast errors)는 피고과자의 능력을 실제보다 높게 평가하는 경향을 말한다.

0955
2013 공인노무사

인사평가 측정결과의 검증기준 중 '직무성과와 관련성이 있는 내용을 측정하는 정도'를 의미하는 것은?

① 신뢰성   ② 수용성
③ 타당성   ④ 구체성
⑤ 실용성

0956
2013 공인노무사

인사고과에서 평가문항의 발생빈도를 근거로 피고과자를 평가하는 방법은?

① 직접서열법　② 행위관찰평가법
③ 분류법　　　④ 요인비교법
⑤ 쌍대비교법

0957
2016 공인노무사

다음 설명에 해당하는 인사평가기법은?

> 평가자가 피평가자의 일상 작업생활에 대한 관찰 등을 통해 특별히 효과적이거나 비효과적인 행동, 업적 등을 기록하고 이를 평가시점에 정리하여 평가하는 기법

① 서열법　　　② 평정척도법
③ 체크리스트법　④ 중요사건기술법
⑤ 강제선택서술법

0958
2018 공인노무사

평가센터법(assessment center)에 관한 설명으로 옳지 않은 것은?

① 평가에 대한 신뢰성이 양호하다.
② 승진에 대한 의사결정에 유용하다.
③ 교육훈련에 대한 타당성이 높다.
④ 평가센터에 초대받지 못한 종업원의 심리적 저항이 예상된다.
⑤ 다른 평가기법에 비해 상대적으로 비용과 시간이 적게 소요된다.

0959
2018 공인노무사

인사평가방법 중 피평가자의 능력, 태도, 작업, 성과 등에 관련된 표준행동들을 제시하고 평가자가 해당 서술문을 대조하여 평가하는 방법은?

① 서열법　　　② 평정척도법
③ 체크리스트법　④ 중요사건기술법
⑤ 목표관리법

0960
2019 공인노무사

인사고과의 오류 중 피고과자가 속한 사회적 집단에 대한 평가에 기초하여 판단하는 것은?

① 상동적 오류(stereotyping errors)
② 논리적 오류(logical errors)
③ 대비오류(contrast errors)
④ 근접오류(proximity errors)
⑤ 후광효과(halo effect)

0961
2021 공인노무사

인사평가의 분배적 오류에 해당하는 것은?

① 후광효과　　② 상동적 태도
③ 관대화 경향　④ 대비오류
⑤ 확증편향

0962
2018 경영지도사

관리직 인력을 선발할 때 주로 사용하며, 다수의 지원자를 특정 장소에 모아놓고 여러 종류의 선발도구를 적용하여 지원자를 평가하는 방법은?

① 서열법
② 체크리스트법
③ 중요사건기술법
④ 평가센터법
⑤ 행위관찰척도평가법

0963
2022 7급 군무원

다음 중 인사평가의 신뢰성을 떨어뜨릴 수 있는 오류에 대한 설명으로 가장 옳지 않은 항목은?

① 연공오류는 피평가자가 가지고 있는 연공적 속성인 연령, 학력, 근속년수가 평가에 영향을 미치는 경우이다.
② 후광효과는 평가자와 피평가자 간의 가치관, 행동 패턴 그리고 태도 면에서 유사한 정도에 따라 평가 결과가 영향을 받는 경우이다.
③ 대비오류는 평가자가 여러 명을 평가할 때 우수한 피평가자 다음에 평가되는 경우 실제보다 낮게 평가하고 낮은 수준의 피평가자 다음에는 높게 평가하는 경우를 말한다.
④ 자존적 편견은 자신의 자기 존중감이 위협받는 상황에 처하면, 자기 존중감을 높이고 유지하려는 경우를 말한다.

0964
2019 7급 서울시

행위기준고과법(BARS; Behaviorally Anchored Rating Scales)에 대한 설명으로 가장 옳지 않은 것은?

① 인성적인 특질을 중시하는 전통적인 인사고과방법의 비판에 기초하여 피평가자의 실제 행동을 관찰하여 평가하는 방법이다.
② 평가범주마다 제시된 대표적인 행동패턴 가운데 하나를 선택하여 등급을 매기는 방식이다.
③ 평가방법의 개발에 시간 및 비용이 많이 들며 평가의 타당성 확보가 어렵다는 단점이 있다.
④ 척도를 실제 사용하는 평가자가 개발과정에 참여하지 않는다.

0965
2020 7급 서울시

관리자들은 공정하게 종업원의 성과를 평가해야 하지만, 성과 평가 시에 왜곡의 가능성이 존재한다. 성과 측정오류에 대한 설명으로 가장 옳지 않은 것은?

① 평가자들의 정치적 성향은 성과 평가에 오류를 가져오지 않는다.
② 평가자들은 자신과 비슷하다고 생각하는 사람을 더 좋게 평가하는 경향이 있다.
③ 평가자들은 개인을 비교할 때 객관적 기준이 아니라 다른 사람과 비교하는 대조 오류를 범할 수 있다.
④ 평가자들은 하나의 특징을 가지고 다른 부분들을 판단하는 경향이 있다.

0966
2015 7급 국가직

인사평가제도 중 다면평가에 대한 설명으로 옳지 않은 것은?

① 업무 성격이 고도의 지식과 기술을 요구하는 경우가 많아 다면평가가 더욱 필요하게 되었다.
② 연공 서열 위주에서 팀 성과 위주로 인적자원관리의 형태가 변화하면서 다면평가의 필요성이 증대되었다.
③ 원칙적으로 다면평가의 결과는 본인에게 공개하지 않기 때문에 인사평가 자료로는 제한적으로 사용된다.
④ 직속 상사를 포함한 관련 주변인들이 업무 측면 이외에도 여러가지 능력을 평가하는 것이다.

0967
2019 7급 국가직

관리자 계층의 선발이나 승진에 사용되는 평가센터법(assessment center method)에 대한 설명으로 옳지 않은 것은?

① 피평가자의 언어능력이 뛰어나면 다른 능력을 평가하는 데 현혹효과(halo effect)가 나타날 가능성이 있다.
② 다른 평가기법에 비해 평가 시간과 비용이 많이 소요된다.
③ 기존 관리자들의 공정한 평가와 인력개발을 위해서도 활용될 수 있다.
④ 전문성을 갖춘 한 명의 평가자가 다수의 피평가자를 동시에 평가한다.

0968
2020 7급 국가직

인사평가와 보상에 대한 설명으로 옳지 않은 것은?

① 집단성과급제도는 근로자 간의 인간관계 훼손, 협동심 저하 등 개인성과급제도의 단점을 극복하기 위해 설계된 것으로 '성과배분제도'라고도 한다.
② 균형성과표(BSC)는 임직원의 성과를 재무적 관점, 고객 관점, 내부 비즈니스 프로세스 관점, 학습과 성장 관점의 측면에서 다면적으로 평가하는 방법이다.
③ 목표에 의한 관리(MBO)는 본인을 포함한 상급자와 하급자, 동료와 외부의 이해관계자(고객, 공급업자 등)에 의해서 이루어지는 평가와 피드백을 총칭한다.
④ 선택적(카페테리아식) 복리후생은 근로자의 욕구를 반영하기 때문에 동기부여에 효과적이지만, 관리가 복잡하고 운영비용이 많이 발생한다.

0969
2022 7급 국가직

인사평가방법에 대한 설명으로 옳지 않은 것은?

① 행동관찰척도법(behavioral observation scales:BOS)은 업무수행 및 성과에 직결된 행동을 선별하여 주요 행동 유형을 선정하고, 선정된 행동 유형별로 우열을 가질 수 있도록 구분하여 기술하는 방법이다.
② 행동기준평정척도법(behaviorally anchored rating scales:BARS)은 직무와 관련하여 보편적으로 보이는 행동을 선정하고, 선정된 행동의 우열이 나타나도록 기술하여 개발이 용이한 방법이다.
③ 도식평정척도법(graphic rating scales)은 직무 유형에 따라 직무 기준을 구분하고, 각각의 직무 기준별로 연속적으로 척도화된 평가 양식지를 만들어 평가자로 하여금 종업원의 성과를 연속선상에서 표시하는 방법이다.
④ 행동기준평정척도법은 직무 행동이 직무성과와 가장 직접적인 관계가 있기 때문에 직무 행동을 관찰하는 것이 객관적이라는 가정하에 개발된 방법이다.

0970
2018 산업안전지도사

심리평가에서 평가센터(assessment center)에 관한 설명으로 옳지 않은 것은?

① 신규채용을 위하여 입사 지원자들을 평가하거나 또는 승진 결정 등을 위하여 현재 종업원들을 평가하는 데 사용할 수 있다.
② 관리 직무에 요구되는 단일 수행차원에 대해 피평가자들을 평가한다.
③ 기본적인 평가방식은 집단 내 다른 사람들의 수행과 비교하여 개인의 수행을 평가하는 것이다.
④ 평가도구로는 구두발표, 서류함 기법, 역할수행 등이 있다.
⑤ 다수의 평가자들이 피평가자들을 평가한다.

0971
2020 코레일 수송직렬 복원

외부와 차단된 별도의 특정 장소에서 평가자가 일정 기준을 지니고 평가를 하는 것을 무엇이라고 하는가?

① BSC 평가법
② 360도 다면평가
③ 에세이법
④ 자기고과법
⑤ 평가센터법

0972
2020 코레일 사무직 복원

현대적 인사고과시스템의 기본원칙이 아닌 것은?

① 계량화
② 고객중시
③ 평면평가
④ 경쟁과 협동
⑤ 과업특성 고려

0973
공기업 출제경향 반영

다음 인사평가 방법 중 행동평가에 속하는 것으로만 묶은 것은?

> ㄱ. 평정척도법(rating scale)
> ㄴ. 목표관리(MBO: management by objectives)
> ㄷ. 중요사건법(CIM: critical incident method)
> ㄹ. 행위기준고과법(BARS: behaviorally anchored rating scale)
> ㅁ. 체크리스트법(checklist method)

① ㄱ, ㄴ
② ㄱ, ㄷ
③ ㄴ, ㄷ
④ ㄴ, ㄷ, ㅁ
⑤ ㄷ, ㄹ, ㅁ

0974
공기업 출제경향 반영

다음 중 일반적인 인사평가요소에 해당하는 것들로만 바르게 묶은 것은?

> ㄱ. 직위
> ㄴ. 직군
> ㄷ. 태도
> ㄹ. 능력요소
> ㅁ. 업적요소

① ㄱ, ㄴ, ㄷ
② ㄱ, ㄷ, ㄹ
③ ㄴ, ㄷ, ㅁ
④ ㄴ, ㄹ, ㅁ
⑤ ㄷ, ㄹ, ㅁ

0975
2023 가맹거래사

평정척도법과 중요사건기술법을 결합하여 계량적으로 수정한 인사평가기법은?

① 행동기준평가법(behaviorally anchored rating scales)
② 목표관리법(management by objectives)
③ 평가센터법(assessment center method)
④ 체크리스트법(check list method)
⑤ 강제할당법(forced distribution method)

0976
2023 7급 국가직

인사평가에 대한 설명으로 옳은 것은?

① 행동기준고과법(BARS: behavioral anchored rating scale)은 목표대비 달성 정도를 체크리스트법과 중요사건법의 결합 척도로 평가한다.
② 다면평가법에서 평가 참여자로는 상급자, 동료, 하급자 등 내부 구성원은 포함되지만 외부 고객은 고려되지 않는다.
③ 후광효과(halo effect)는 피평가자 개인의 특성보다는 출신학교와 같은 사회적 집단에 근거해 평가할 때 나타나는 오류이다.
④ 평가센터법(assessment center method)은 피평가자의 역량을 정확하게 평가할 수 있지만, 평가비용이 많이 들고 평가시간이 오래 걸린다.

0977
2023 5급 군무원

인사평가의 신뢰성 관련 오류 중 평가자 자신이 인지 못하는 오류에 해당하는 것은?

① 상동적 오류
② 연공 오류
③ 평균화의 오류
④ 유사성 오류

0978
2024 경영지도사

평가요소별 등급을 정한 후 피고과자의 업무성과를 체크하는 인사고과방법은?

① 서열법
② 업무보고법
③ 강제할당법
④ 평가척도법
⑤ 목표관리법

0979
2024 공인노무사

고과자가 평가 방법을 잘 이해하지 못하거나 피고과자들 간의 차이를 인식하지 못하는 무능력에서 발생할 수 있는 인사고과의 오류는?

① 중심화 경향 ② 논리적 오류
③ 현혹 효과 ④ 상동적 태도
⑤ 근접 오차

0980
2024 9급 군무원

다음 중 성과측정에 관한 설명으로 가장 적절하지 않은 것은?

① 성과측정은 기업의 목표를 뒷받침하고 기업에 중요한 가치를 개선할 수 있도록 도와주어야 한다.
② 성과측정은 일이 처리되는 방식보다 얼마나 많은 일이 얼마나 자주 처리되는지에 주목해야 한다.
③ 성과측정은 고객의 요구에 따라 프로세스 성과를 제공할 수 있어야 한다.
④ 성과측정은 프로세스 전체를 파악해야 한다.

0981
2024 9급 군무원

다음 중 성과 측정 기준에 대한 설명으로 가장 적절하지 않은 것은?

① 신뢰성이란 측정 결과가 실제 성과를 얼마나 제대로 평가했는지 정도를 말한다.
② 전략적 적합성은 성과관리시스템이 조직의 전략, 목표, 문화와 부합하는 직무성과를 끌어내는 정보를 말한다.
③ 수용성이란 측정 결과를 사용하는 사람이 받아들이는 정도를 말한다.
④ 구체성이란 성과 측정을 통해 회사가 종업원에게 무엇을 요구하고 있는지 정도를 말한다.

기본급

0982
2004 가맹거래사

기업에서 종업원에 대한 임금수준의 결정요인이 아닌 것은?

① 개인간 임금형태
② 기업의 지불능력
③ 종업원의 생계비
④ 동종기업의 임금수준
⑤ 노동조합의 단체교섭력

0983
2011 가맹거래사

임금수준 결정의 기업 내적요소에 해당하는 것은?

① 생계비 ② 시장임금
③ 기업의 지불능력 ④ 경쟁기업의 임금
⑤ 물가상승률

0984
2014 가맹거래사

연공주의의 장점을 모두 고른 것은?

> ㄱ. 이직과 노동이동이 감소한다.
> ㄴ. 직무수행의 성과와 직무난이도가 잘 반영된다.
> ㄷ. 근로자들의 생활이 안정된다.
> ㄹ. 고급인력의 확보와 유지가 용이하다.
> ㅁ. 임금계산이 객관적이고 용이하다.

① ㄱ, ㄷ, ㄹ ② ㄱ, ㄷ, ㅁ
③ ㄴ, ㄷ, ㅁ ④ ㄱ, ㄴ, ㄹ, ㅁ
⑤ ㄴ, ㄷ, ㄹ, ㅁ

0985
2017 가맹거래사

직무급에 관한 설명으로 옳지 않은 것은?

① 동일노동에 대한 동일임금의 원칙에 기반한다.
② 임금을 산정하는 절차가 단순하다.
③ 능력주의 인사풍토 조성에 도움이 된다.
④ 연공주의 풍토 하에서는 직무급 도입에 저항이 크다.
⑤ 직무를 평가하여 직무의 상대적 가치를 기준으로 임금을 결정한다.

0986
2010 공인노무사

임금수준 결정의 기업 내적 요소가 아닌 것은?

① 기업규모 ② 경영전략
③ 노동조합 ④ 생계비
⑤ 지불능력

0987
2011 공인노무사

근로자의 직무수행 능력을 기준으로 임금을 결정하는 임금체계는?

① 직무급 ② 연공급
③ 직능급 ④ 업적급
⑤ 성과급

0988
2015 공인노무사

임금관리에 관한 설명으로 옳지 않은 것은?

① 임금체계는 공정성이 중요한 관심사이다.
② 연공급은 근속연수를 기준으로 임금을 차등화하는 제도이다.
③ 직무급은 직무의 표준화와 전문화가 선행되어야 한다.
④ 직능급은 동일 직무를 수행하면 동일 임금을 지급한다.
⑤ 임금수준을 결정하는 주요 요인에는 기업의 지불능력과 생산성 등이 있다.

0989
2016 공인노무사

임금수준의 관리에 관한 설명으로 옳지 않은 것은?

① 대외적 공정성을 확보하기 위해서는 노동시장의 임금수준 파악이 필요하다.
② 기업의 임금 지불능력을 파악하는 기준으로 생산성과 수익성을 들 수 있다.
③ 임금수준 결정 시 선도전략은 유능한 종업원을 유인하는 효과가 크다.
④ 임금수준의 관리는 적정성의 원칙을 지향한다.
⑤ 임금수준의 하한선은 기업의 지불능력에 의하여 결정된다.

0990
2019 공인노무사

직무급의 특징에 관한 설명으로 옳지 않은 것은?

① 직무의 상대적 가치에 따라 개별임금이 결정된다.
② 능력주의 인사풍토 조성에 유리하다.
③ 인건비의 효율성이 증대된다.
④ 동일노동 동일임금 실현이 가능해진다.
⑤ 시행 절차가 간단하고 적용이 용이하다.

0991
2015 경영지도사

기업 내 직무들 간의 상대적 가치를 기준으로 임금을 결정하는 유형은?

① 직무급(Job-based pay)
② 연공급(Seniority-based pay)
③ 역량위주의 임금(Competency-based pay)
④ 스킬위주의 임금(Skill-based pay)
⑤ 개인별 인센티브(Individual incentive plan)

0992
2018 경영지도사

임금체계에 관한 설명으로 옳지 않은 것은?

① 임금체계란 기업의 임금총액을 종업원 수로 나눈 것이다.
② 직무급이란 직무들을 평가하여 직무의 상대적 가치에 따라 임금을 결정하는 것이다.
③ 연공급이란 종업원의 근속연수, 학력 등을 기준으로 임금을 결정하는 것이다.
④ 직능급은 종업원이 보유하고 있는 직무수행능력을 기준으로 임금을 결정하는 것이다.
⑤ 임금의 내부공정성은 기업이 허용임금 총액을 종업원들에게 어떻게 배분하느냐와 관련이 있다.

0993
2020 경영지도사

직무급(job-based pay)에서 중요하게 고려하는 요소는?

① 직무의 상대적 가치   ② 기업의 매출 성과
③ 근속연수   ④ 최저생계비
⑤ 직무수행 능력

0994
2021 경영지도사

다음과 같은 특징이 있는 임금형태는?

- 근로자에게 합리성을 준다.
- 생산성 제고, 원가절감, 근로자의 소득증대에 효과가 있다.
- 근로자의 수입이 불안정하다.

① 연공급   ② 직능급
③ 직무급   ④ 성과급
⑤ 역량급

0995
2022 7급 군무원

다음 중 임금 배분의 기준에 대한 설명으로 가장 옳은 것은?

① 직무급은 종업원이 달성한 성과의 크기를 기준으로 임금액을 결정하는 제도이다.
② 직능급은 종업원이 보유하고 있는 직무수행 능력을 기준으로 임금을 결정하는 제도이다.
③ 연공급은 해당 기업에 존재하는 직무들을 평가하여 상대적인 가치에 따라 임금을 결정하는 제도이다.
④ 성과급은 종업원의 근속년수를 기준으로 임금을 차별화하는 제도이다.

0996
2019 7급 서울시

직무급(job-based payment)에 대한 설명으로 가장 옳지 않은 것은?

① 직무급의 임금체계를 도입하기 위해서 직무평가가 선행적으로 요구된다.
② 직원의 연령, 근속 연수, 학력 등 속인적 요소가 강조된다.
③ 동일노동에 대한 동일임금의 원칙에 입각한 임금체계이다.
④ 조직 내 직무들 간 상대적 가치를 기준으로 임금이 결정된다.

0997
2018 7급 국가직

임금체계에 대한 설명으로 옳지 않은 것은?

① 연공급체계는 고용의 안정성과 직원의 귀속의식을 향상시킨다.
② 직무급체계는 각 직무의 상대적 가치를 기준으로 임금을 결정한다.
③ 직능급체계는 '동일노동 동일임금(Equal Pay for Equal Work)'이 적용된다.
④ 직능급체계는 직원의 자기개발 의욕을 자극한다.

0998
2021 7급 국가직

임금에 대한 설명으로 옳지 않은 것은?

① 연공급은 근속연수에 따라 임금이 인상되며, 소극적인 근무태도를 야기하는 단점이 있다.
② 직무급은 개인별 임금 격차에 대한 불만을 해소할 수 있지만 철저한 직무분석이 전제되어야 한다.
③ 직능급은 직무수행자의 역량에 따라 차별 임금을 지급하기 때문에 정확한 직무평가가 어려운 기업에서는 사용할 수 없다.
④ 성과급은 노동생산성 향상의 장점이 있지만 단기간 내 최대 산출을 위해 제품의 질을 희생시킬 수 있다는 단점이 있다.

0999
2020 코레일 사무직 복원

종업원 최저생계비에 대한 설명으로 옳지 않은 것은?

① 임금수준 하한선
② 이론생계비와 실태생계비가 있음
③ 연령에 따른 라이프사이클 고려해야 함
④ 가족들의 생계비까지 고려해야 함
⑤ 실태생계비는 이론상으로 합리적이지만 실질적이지 않다.

1000
2023 5급 군무원

종업원의 가치를 임금 배분의 공정성 기준으로 삼는 임금제도로만 고른 것은?

| ㄱ. 연공급 | ㄴ. 직무급 |
| ㄷ. 성과급 | ㄹ. 직능급 |

① ㄱ, ㄴ
② ㄱ, ㄹ
③ ㄴ, ㄷ
④ ㄷ, ㄹ

1001
2024 공인노무사

기업이 종업원에게 지급하는 임금의 계산 및 지불 방법에 해당하는 것은?

① 임금수준
② 임금체계
③ 임금형태
④ 임금구조
⑤ 임금결정

인센티브

1002
2005 가맹거래사

회사에서 임직원들에 대한 보상방법으로서 사전에 약정된 가격으로 신주 또는 자기주식을 일정수량까지 일정기간 내에 매수할 수 있는 권리를 주는 것을 무엇이라고 하는가?

① 직무급
② 커미션
③ 연공급
④ 스톡옵션
⑤ 직능급

1003
2014 가맹거래사

보상관리에 관한 설명으로 옳지 않은 것은?

① 임금수준의 적정성을 유지하기 위하여 경쟁사 임금을 조사할 필요가 있다.
② 직무급은 '동일노동 동일임금' 원칙에 입각하고 있으며 기업간 노동이동이 자유로운 경우에 적합하다.
③ 직능급 도입으로 종업원들의 자기개발노력을 유인할 수 있다.
④ 성과급 도입은 우수인력의 확보 및 유지에 도움이 될 수 있다.
⑤ 성과배분기준으로 스캔론 플랜에서는 부가가치를, 럭커 플랜에서는 매출액을 사용한다.

1004
2015 가맹거래사

성과배분(gain sharing)에 관한 설명으로 옳지 않은 것은?

① 성과배분은 생산비 또는 원가의 절감효과를 측정하여 팀 또는 작업장 수준에서 배분하는 데 초점을 둔다.
② 성과표준치는 스캔론플랜(Scanlon Plan)이 생산물 판매가액 대비 인건비를 사용하는데 반해 럭커플랜(Rucker Plan)은 부가가치 대비 인건비를 사용한다.
③ 프렌치시스템(French system)은 총투입액, 기대총산출액, 총산출액을 기준으로 하여 절약액의 성과를 계산한다.
④ 스캔론플랜과 럭커플랜이 노무비 절감에 중점을 두는 데 반해 프렌치시스템은 모든 비용의 절감을 목표로 한다.
⑤ 스캔론플랜에서는 발생한 이득 모두를 사원에게 배분하는 데 반해 럭커플랜은 발생한 이득을 사전 합의된 비율에 따라 회사가 사원과 배분한다.

1005
2012 공인노무사

생산제품의 판매가치와 인건비와의 관계에서 배분액을 계산하는 집단성과급제는?

① 순응임금제
② 물가연동제
③ 스캔론 플랜
④ 럭커 플랜
⑤ 시간급

1006
2012 공인노무사

임금에 관한 설명으로 옳지 않은 것은?

① 직무급은 직무를 평가하여 상대적인 가치에 따라 임금수준을 결정한다.
② 직능급은 종업원의 직무수행능력을 기준으로 임금수준을 결정한다.
③ 메리크식 복률성과급은 임률의 종류를 두 가지로 정하고 있다.
④ 할증급은 종업원에게 작업한 시간에 대하여 성과가 낮다 하더라도 일정한 임금을 보장한다.
⑤ 연공급은 종업원의 근속연수와 학력 등을 기준으로 임금수준을 결정한다.

1007
2013 공인노무사

단위당 소요되는 표준작업시간과 실제작업시간을 비교하여 절약된 작업시간에 대한 생산성 이득을 노사가 각각 50:50의 비율로 배분하는 임금제도는?

① 임프로쉐어 플랜
② 스캔론 플랜
③ 럭커 플랜
④ 메리크식 복률성과급
⑤ 테일러식 차별성과급

1008
2018 공인노무사

다음에서 설명하는 것은?

- 기업이 주어진 인건비로 평시보다 더 많은 부가가치를 창출하였을 경우, 이 초과된 부가가치를 노사협동의 산물로 보고 기업과 종업원 간에 배분하는 제도
- 노무비 외 원재료비 및 기타 비용의 절감액도 인센티브 산정에 반영함

① 연봉제
② 개인성과급제
③ 임금피크제
④ 럭커 플랜
⑤ 스캔론 플랜

1009
2022 공인노무사

스캔론 플랜(Scanlon Plan)에 관한 설명으로 옳지 않은 것은?

① 기업이 창출한 부가가치를 기준으로 성과급을 산정한다.
② 집단성과급제도이다.
③ 생산제품의 판매 가치와 인건비의 관계에서 배분액을 결정한다.
④ 실제 인건비가 표준인건비보다 적을 때 그 차액을 보너스로 배분한다.
⑤ 산출된 보너스액 중 일정액을 적립한 후 종업원분과 회사분으로 배분한다.

1010
2013 경영지도사

기업의 임금지급방법 중 성과급제에 관한 설명으로 옳지 않은 것은?

① 개인성과급제로는 단순성과급제, 차등성과급제, 할증성과급제 등이 있다.
② 성과급제의 성공을 위해서는 표준량과 성과급률이 잘 책정되어 보상 수준이 구성원의 동기를 유인할 수 있어야 한다.
③ 성과급제의 성공을 위해서는 성과급제를 설계하고 유지하는 데 있어 경영진의 적극적 참여와 협조가 필요하다.
④ 집단성과급제는 구성원들 사이에 능력과 성과에 큰 차이가 존재할 때에도 공동협조와 집단의 동기부여가 장기적으로 지속될 수 있다는 장점이 있다.
⑤ 조직체성과급제로서 이윤분배제도는 경기침체기에 인건비부담을 완화함으로써 위기극복에 도움이 될 수 있다는 장점이 있다.

1011
2008 7급 국가직

다음 중 부가급(fringe benefit)에 해당하지 않는 것은?

① 카페테리아식 복리후생제도
② 각종 보험혜택
③ 직능수당
④ 식당과 기숙사 등의 서비스

1012
2022 5급 군무원

다음 중 보상과 혜택의 영향으로 보기 가장 옳지 않은 것은?

① 조직에 필요한 사람들을 유인하는 주요 요인이 된다.
② 특정 행동에 뒤따르는 보상은 학습효과로 인해 그 이후 유사한 상황에서 그 행동의 발생 가능성을 억제한다.
③ 직원들에게 재정적 안정성을 제공하여 일하는 동기를 유발한다.
④ 가치 있는 직원들이 경쟁사에 가지 않도록 유지해준다.

1013
2023 경영지도사

다음과 같은 특징이 있는 보상제도는?

> - 생산의 판매 가치에 대한 인건비 절감액을 종업원에게 보너스로 지급
> - 능률개선을 위해 종업원에게 직접적인 인센티브를 제공하는 효과 기대

① 스캔론 플랜(Scanlon plan)
② 럭커 플랜(Rucker plan)
③ 임프로쉐어(improshare)
④ 성과배분제(profit sharing)
⑤ 직능급제(skill based pay)

복리후생

1014
2012 가맹거래사

우리나라 법정복리후생 내 사회보험에 해당되지 않는 것은?

① 국민연금보험   ② 국민건강보험
③ 고용보험   ④ 상해보험
⑤ 산업재해보상보험

1015
2014 공인노무사

복리후생에 관한 설명으로 옳지 않은 것은?

① 구성원의 직무만족 및 기업공동체의식 제고를 위해서 임금 이외에 추가적으로 제공하는 보상이다.
② 의무와 자율, 관리복잡성 등의 특성이 있다.
③ 통근차량 지원, 식당 및 탁아소 운영, 체육시설 운영 등의 법정복리후생이 있다.
④ 경제적·사회적·정치적·윤리적 이유가 있다.
⑤ 합리성, 적정성, 협력성, 공개성 등의 관리원칙이 있다.

1016
2012 7급 국가직

종업원의 복리 및 안전욕구를 충족하기 위해 기업이 제공하는 복리후생제도는 크게 법정 복리후생과 법정외 복리후생(자발적 복리후생)으로 구분할 수 있다. 법정외 복리후생에 해당하지 않는 것은?

① 건강검진 및 건강상담과 같은 보건위생에 대한 지원
② 주택 구입 및 임차 비용 지원, 자사주 매입 등과 같은 경제적 지원
③ 오락, 체육, 문화생활에 대한 지원
④ 건강보험, 고용보험, 산업재해보상보험 등의 지원

1017
공기업 출제경향 반영

다음 중 우리나라의 법정 복리후생제도에 해당하지 않는 것은?

① 경조비   ② 고용보험
③ 의료보험   ④ 국민연금
⑤ 산업재해보상보험

기타 임금제도

1018
2010 가맹거래사

정년까지 고용을 유지하는 대신 일정 연령이 되면 생산성 등을 감안하여 임금을 줄이는 제도는?

① 이익분배제   ② 집단임금제
③ 임금피크제   ④ 최저임금제
⑤ 차별성과급제

노사관계

1019
2018 공인노무사

최저임금제의 필요성으로 옳지 않은 것은?

① 계약자유 원칙의 한계 보완
② 저임금 노동자 보호
③ 임금인하 경쟁 방지
④ 유효수요 창출
⑤ 소비자 부담 완화

1020
2019 경영지도사

우리나라의 최저임금제도 운영에서 실시되지 않았던 것은?

① 업종별 차등 적용
② 지역별 차등 적용
③ 직무별 차등 적용
④ 사업체 규모별 차등 적용
⑤ 근로자 연령별 차등 적용

1021
2014 7급 국가직

최근 확산되고 있는 연봉제의 설명으로 옳지 않은 것은?

① 개별 종업원의 능력, 실적, 공헌도를 평가하여 연간 임금을 결정한다.
② 종업원에게 지급하는 임금을 1년분으로 묶어서 결정한다.
③ 기본급이나 수당과 같이 세분화된 임금 항목이 있고 별도로 지급되는 상여금이 있다.
④ 전년도 근무 성과를 기초로 당해 연도의 1년분 임금을 지급하는 방식이 보편적으로 사용된다.

1022
2004 가맹거래사

노동조합과 관련된 다음 설명 중 옳지 않은 것은?

① 체크오프제도(check-off system)란 회사급여 계산시 노동조합비를 급여에서 일괄 공제하여 노조에 인도하는 것이다.
② 기업에 대한 노조의 지배력은 '클로즈드 숍(closed shop) – 유니온 숍(union shop) – 오픈 숍(open shop)'의 순서로 증가한다.
③ 노동조합의 경제적 기능으로는 단체교섭, 경영참가, 노동쟁의 등이 있다.
④ 노동조합의 쟁의행위로는 파업(strike), 태업(sabotage), 시위(picketing) 등이 있다.
⑤ 현대 노동조합의 가장 대표적인 조직형태는 산업별 노동조합이다.

1023
2010 가맹거래사

노동조합의 가입방법에 관한 설명으로 옳지 않은 것은?

① 클로즈드 숍(closed shop) 제도는 기업에 속해 있는 근로자 전체가 노동조합에 가입하여야 할 의무가 있는 제도이다.
② 클로즈드 숍(closed shop) 제도에서는 기업과 노동조합의 단체협약을 통하여 근로자의 채용·해고 등을 노동조합의 통제 하에 둔다.
③ 클로즈드 숍(closed shop) 제도에서는 기업은 노동조합원만을 신규인력으로 채용해야 한다.
④ 유니언 숍(union shop) 제도에서는 신규채용된 근로자는 일정기간이 지나도 반드시 노동조합에 가입해야 할 의무는 없다.
⑤ 오픈 숍(open shop) 제도에서는 노동조합 가입여부가 고용 또는 해고의 조건이 되지 않는다.

1024
2018 가맹거래사

조합원이 아니더라도 단체교섭의 당사자인 노동조합이 모든 종업원으로부터 조합비를 징수하는 제도는?

① open shop
② closed shop
③ union shop
④ agency shop
⑤ maintenance shop

1025
2018 가맹거래사

단체교섭의 방식 중 단위노조가 소속된 상부단체와 각 단위노조에 대응하는 개별기업의 사용자간에 이루어지는 교섭형태는?

① 기업별 교섭
② 집단교섭
③ 대각선교섭
④ 복수사용자교섭
⑤ 통일교섭

1026
2022 가맹거래사

파업을 효과적으로 수행하기 위하여 파업 비참가자들에게 사업장에 들어가지 말 것을 독촉하고 파업 참여에 협력할 것을 요구하는 행위는?

① 태업
② 보이콧
③ 피케팅
④ 직장폐쇄
⑤ 준법투쟁

1027
2011 공인노무사

근로자의 임금 지급시 조합원의 노동조합비를 일괄하여 징수하는 제도는?

① 유니온 숍(union shop)
② 오픈 숍(open shop)
③ 클로즈드 숍(closed shop)
④ 체크오프 시스템(check-off system)
⑤ 에이전시 숍(agency shop)

1028
2013 공인노무사

산업별 노동조합이 개별기업 사용자와 개별적으로 행하는 경우의 단체교섭 방식은?

① 통일교섭
② 공동교섭
③ 집단교섭
④ 대각선교섭
⑤ 기업별 교섭

1029
2014 공인노무사

조직구성원들의 경영참여와 관련이 없는 것은?

① 분임조
② 제안제도
③ 성과배분제도
④ 종업원지주제도
⑤ 전문경영인제도

1030
2015 공인노무사

조합원 및 비조합원 모두에게 조합비를 징수하는 shop제도는?

① open shop
② closed shop
③ agency shop
④ preferential shop
⑤ maintenance shop

1031
2017 공인노무사

노사관계에 관한 설명으로 옳지 않은 것은?

① 좁은 의미의 노사관계는 집단적 노사관계를 의미한다.
② 메인트넌스 숍(maintenance shop)은 조합원이 아닌 종업원에게도 노동조합비를 징수하는 제도이다.
③ 우리나라 노동조합의 조직형태는 기업별 노조가 대부분이다.
④ 사용자는 노동조합의 파업에 대응하여 직장을 폐쇄할 수 있다.
⑤ 채용이후 자동적으로 노동조합에 가입하는 제도는 유니온 숍(union shop)이다.

1032
2019 공인노무사

노동조합의 조직형태에 관한 설명으로 옳지 않은 것은?

① 직종별 노동조합은 동종 근로자 집단으로 조직되어 단결이 강화되고 단체교섭과 임금협상이 용이하다.
② 일반노동조합은 숙련근로자들의 최저생활조건을 확보하기 위한 조직으로 초기에 발달한 형태이다.
③ 기업별 노동조합은 조합원들이 동일기업에 종사하고 있으므로 근로조건을 획일적으로 적용하기가 용이하다.
④ 산업별 노동조합은 기업과 직종을 초월한 거대한 조직으로서 정책활동 등에 의해 압력단체로서의 지위를 가진다.
⑤ 연합체 조직은 각 지역이나 기업 또는 직종별 단위조합이 단체의 자격으로 지역적 내지 전국적 조직의 구성원이 되는 형태이다.

1033
2020 공인노무사

사용자가 노동조합의 정당한 활동을 방해하는 것은?

① 태업
② 단체교섭
③ 부당노동행위
④ 노동쟁의
⑤ 준법투쟁

1034
2019 경영지도사

사용자가 노동조합원이 아닌 자도 고용할 수 있지만, 일단 고용된 근로자는 일정 기간 내 노동조합에 가입해야 하는 제도는?

① 플렉스 숍(flex shop)
② 레이버 숍(labor shop)
③ 오픈 숍(open shop)
④ 클로즈드 숍(closed shop)
⑤ 유니온 숍(union shop)

1035
2019 경영지도사

탄력적 근로시간제를 근로자대표와 합의하에 실시할 경우 단위기간 한도는?

① 2주
② 1개월
③ 3개월
④ 6개월
⑤ 1년

1036
2021 9급 군무원

헌법이 보장하고 있는 노동자의 3가지 기본 권리에 해당하지 않는 것은?

① 단결권
② 단체협의권
③ 단체교섭권
④ 단체행동권

1037
2015 7급 국가직

노동조합의 가입 및 운영 요건을 정하는 숍제도(shop system) 중 채용된 후 일정한 수습 기간이 지나 정식사원이 되면 조합 가입의무가 있는 방식은?

① 오픈숍(open shop)
② 유니언숍(union shop)
③ 클로즈드숍(closed shop)
④ 에이전시숍(agency shop)

1038
2019 7급 국가직

노사협의회에 대한 설명으로 옳은 것은?

① 노사협의회는 근로자 대표와 사용자 대표로 구성되는데, 근로자 대표는 조합원이든 비조합원이든 구분 없이 전 종업원이 선출한다.
② 노사협의회는 경영참가제도의 일종으로 근로자의 지위 향상 및 근로조건의 개선유지를 주요 목적으로 한다.
③ 노사협의가 결렬될 경우, 쟁의권에 의하여 쟁의행위가 수반된다.
④ 노사협의회의 주요 협의 대상이 되는 임금, 근로시간, 기타 근로조건 관련 사항에 대해서는 노사 간의 이해가 대립된다.

1039
2020 7급 국가직

노동조합과 노사관계에 대한 설명으로 옳지 않은 것은?

① 일반적으로 노동조합은 오픈숍(open shop) 제도를 확립하려고 노력하고, 사용자는 클로즈드숍(closed shop)이나 유니언숍(union shop) 제도를 원한다.
② 노사관계는 생산의 측면에서 보면 협조적이지만, 생산의 성과배분 측면에서 보면 대립적이다.
③ 노동조합의 경제적 기능은 사용자에 대해 직접 발휘하는 노동력의 판매자로서의 교섭기능이다.
④ 노사 간에 대립하는 문제들이 단체교섭을 통해 해결되지 않으면 노사 간에는 분쟁상태가 일어나고, 양 당사자는 자기의 주장을 관철하기 위하여 실력행사에 들어가는데 이것을 '노동쟁의(labor disputes)'라고 한다.

1040
2022 7급 국가직

노동조합에 대한 설명으로 옳은 것은?

① 산업별 노동조합은 조합원의 수가 많아 압력단체의 지위를 확보할 수 있어 교섭력을 높일 수 있다.
② 산업별 노동조합은 가장 오랜 역사를 가진 노동조합 형태이며, 노동시장의 공급통제를 목적으로 숙련도 여부에 관계 없이 동일 산업의 모든 근로자를 대상으로 조직한다.
③ 프레퍼렌셜 숍(preferential shop)은 노동조합의 조합원 수 확대를 위해 비조합원에 우선순위를 주는 제도이다.
④ 단체교섭권은 근로조건의 유지 및 개선을 위해 근로자가 단결하여 사용자와 교섭할 수 있는 권리이며, 단체교섭권 남용에 대해서 사용자는 직장폐쇄로 맞설 수 있다.

1041
2019 산업안전지도사

노동조합에 관한 설명으로 옳지 않은 것은?

① 직종별 노동조합은 산업이나 기업에 관계없이 같은 직업이나 직종 종사자들에 의해 결성된다.
② 산업별 노동조합은 기업과 직종을 초월하여 산업을 중심으로 결성된다.
③ 산업별 노동조합은 직종 간, 회사 간 이해의 조정이 용이하지 않다.
④ 기업별 노동조합은 동일 기업에 근무하는 근로자들에 의해 결성된다.
⑤ 기업별 노동조합에서는 근로자의 직종이나 숙련 정도를 고려하여 가입이 결정된다.

1042
공기업 출제경향 반영

아래의 내용을 읽고 괄호 안에 들어갈 말로 가장 적절한 것을 고르면?

> 현대 산업사회에 들어와서는 노동자들에 대한 표준화 및 단순화 등이 지나치게 진행되어 이들의 욕구 및 의식 등이 고도화됨으로 인해 이전처럼 노동시간의 단축 및 고임금 등으로는 노동자들이 만족하지 않게 되었다. 이에 대한 ( )의 국제적인 관심이 집중되고 있다.

① Reward Power
② TQM
③ 6 sigma
④ Task Force
⑤ QWL

1043
2023 가맹거래사

집단 휴가 실시, 초과근무 거부, 정시 출·퇴근 등과 같은 근로자의 쟁의행위는?

① 파업
② 태업
③ 준법투쟁
④ 직장폐쇄
⑤ 피케팅

1044
2023 9급 군무원

노동조합 제도에 대한 설명으로 가장 거리가 먼 것은?

① 오픈 숍(open shop)은 조합원 여부와 상관없이 고용할 수 있으며, 조합 가입이 고용 조건이 아니다.
② 클로즈드 숍(closed shop)은 사용자가 조합원만 선발해야 하는 제도이다.
③ 에이전시 숍(agency shop)은 조합원뿐 아니라 비조합원 노동자에게도 조합 회비를 징수하는 제도이다.
④ 유니온 숍(union shop)은 하나의 사업장에 하나의 노동조합만 인정하는 제도이다.

1045
2023 7급 서울시

노동조합이 근로자와 조합원 자격의 관계를 근로 협약에 명시하여 조합의 존립을 보장받고자 하는 숍 제도(shop system)의 유형 중 근로자가 노동조합에 가입하지 않아도 좋으나 조합비는 납부해야 하며, 노동조합은 조합비를 받는 대가로 비조합원을 위해서도 단체교섭을 맡는 제도로 가장 옳은 것은?

① 유니언 숍(union shop)
② 에이전시 숍(agency shop)
③ 오픈 숍(open shop)
④ 클로즈드 숍(closed shop)

1046
2024 공인노무사

산업별 노동조합 또는 교섭권을 위임받은 상급 단체와 개별 기업의 사용자 간에 이루어지는 단체교섭 유형은?

① 대각선 교섭
② 통일적 교섭
③ 기업별 교섭
④ 공동교섭
⑤ 집단교섭

1047
2024 7급 서울시

단체교섭의 방식 중 대각선교섭에 대한 설명으로 가장 옳은 것은?

① 여러 개의 단위노조와 사용자가 집단으로 연합전선을 형성하여 교섭하는 방식이다.
② 전국에 걸친 산업별, 지역별 노조와 이에 대응하는 산업별, 혹은 지역별 사용자단체 간의 단체교섭이다.
③ 산업별 노조나 지역별 노조와 이 노조에 소속된 개별 기업의 사용자 간에 이루어지는 교섭방식이다.
④ 기업 내 조합원을 교섭단위로 하여 기업 단위노조와 사용자 간에 단체교섭이 행하여지는 방식이다.

이직관리

1048
2013 가맹거래사

우리나라에서 적용하고 있는 정리해고의 요건이 아닌 것은?

① 긴박한 경영상의 필요가 있어야 한다.
② 사용자는 해고를 피하기 위한 노력을 다하여야 한다.
③ 공정한 해고의 기준을 정하고 이에 따라 그 대상을 선정하여야 한다.
④ 자질이 부족하거나 행동이 건전하지 못한 직원 해고는 인정하여야 한다.
⑤ 사용자는 해고를 피하기 위한 방법 및 해고의 기준 등에 관하여 노동조합 내지 근로자 대표와 성실하게 협의하여야 한다.

1049
2014 공인노무사

산업재해의 원인 중 성격이 다른 것은?

① 건물, 기계설비, 장치의 결함
② 안전보호장치, 보호구의 오작동
③ 생산공정의 결함
④ 개인의 부주의, 불안정한 행동
⑤ 경계표시, 설비의 오류

고몰입 인적자원관리시스템

1050
2020 경영지도사

고성과 작업시스템이 성공적으로 이루어지기 위한 조건이 아닌 것은?

① 분권화된 의사결정을 배제한다.
② 종업원들이 선발에 참여한다.
③ 종업원 보상은 조직의 재무성과와 연동된다.
④ 종업원들이 다양한 기술을 사용할 수 있도록 업무가 설계된다.
⑤ 지속적인 교육훈련이 이루어진다.

1051
2020 7급 국가직

고성과 작업시스템에 대한 설명으로 옳지 않은 것은?

① 노사 간의 협력과 신뢰에 기반을 두어 구성원들의 자발적인 참여와 헌신을 끌어냄으로써 더욱 높은 성과의 달성을 유도한다.
② 교육훈련 및 인적자원개발에 대한 투자와 다양한 교육훈련 및 인적자원개발 프로그램을 제공하고자 노력한다.
③ 직무는 개인 단위로 설계되고, 시장지향적 고용관계를 지향하며, 세밀하고 명확한 직무규정을 강조한다.
④ 인적자원을 통한 경쟁력 향상을 도모하고, 업무와 조직에 대한 구성원들의 정서적 몰입을 높이는 데 초점을 둔다.

인적자원관리 종합

1052
2023 7급 서울시

Lepak과 Snell의 인적자본 아키텍처(architecture) 연구에 따라 인적자본의 가치와 독특성을 기준으로 인적자본을 구분할 때, 인적자본의 유형에 대한 설명으로 가장 옳지 않은 것은?

① 인적자본의 가치가 높고, 독특성이 높은 경우 종업원의 몰입을 이끌어낼 수 있는 인적자원관리가 요구된다.
② 인적자본의 가치가 높고, 독특성이 낮은 경우 조직 내부에서 지속적으로 필요 인력을 개발해야 한다.
③ 인적자본의 가치가 낮고, 독특성이 높은 경우 하도급이나 파견인력처럼 제휴의 형태를 취할 수 있다.
④ 인적자본의 가치가 낮고, 독특성이 낮은 경우 인적자원 구성은 조직에 순응하는 모습을 보인다.

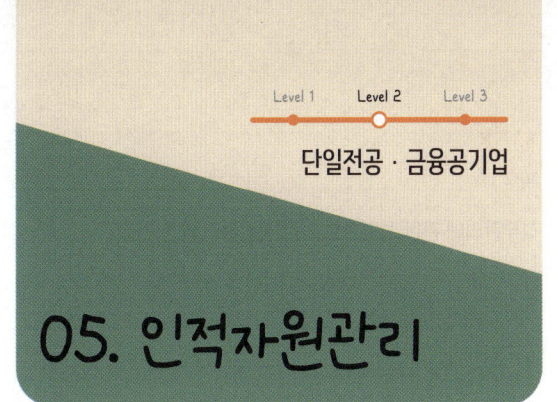

05. 인적자원관리

직무분석

1053
2004 CPA

직무와 관련된 서술 중 가장 적절한 것은?

① 직무충실화(job enrichment)는 전문화된 단일과업을 수평적으로 확대하여 과업의 수를 늘리는 것인 반면, 직무확대(job enlargement)는 종업원의 직무를 수직적으로 확대하여 직무의 책임을 증가시키는 것이다.
② 직무평가(job evaluation)는 수행업무 분석과 수행요건 분석을 통해 누가 어떤 직무를 해야 하는가에 대한 평가이다.
③ 직무분석의 기법에는 과업 목록법(task inventory analysis), 중요사건 기록법(critical incidents technique), 자유기술법(essay appraisal), 행동기준 고과법(behaviorally anchored rating scales)이 있다.
④ 직무명세서(job specification)에는 교육 경험, 지적 능력과 지식, 직무 경험, 업무 기술(skill)이 명시되는데 비해 직무기술서(job description)는 직무의 명칭, 직무개요, 직무의무와 책임이 명시된다.
⑤ 핵크먼과 올드햄(Hackman & Oldham)의 직무특성모형을 보면 과업의 다양성, 기술의 중요성, 과업의 자율성, 정체성 및 피드백의 다섯 개 요인과 개인의 성장 욕구와 존재 욕구의 강도에 의해 동기부여가 된다고 한다.

1054
2019 CPA

직무에 관한 설명으로 가장 적절한 것은?

① 직무기술서(job description)와 직무명세서(job specification)는 직무분석(job analysis)의 결과물이다.
② 직무분석방법에는 분류법, 요소비교법, 점수법, 서열법 등이 있다.
③ 직무기술서는 해당 직무를 수행하기 위해 필요한 지식, 기술, 능력 등을 기술하고 있다.
④ 직무평가(job evaluation)방법에는 관찰법, 질문지법, 중요사건법, 면접법 등이 있다.
⑤ 수행하는 과업의 수와 다양성을 증가시키는 수평적 직무확대를 직무충실화(job enrichment)라 한다.

1055
2021 CPA

직무분석에 관한 설명으로 가장 적절하지 않은 것은?

① 직무분석(job analysis)은 직무의 내용, 맥락, 인적 요건 등에 관한 정보를 수집하고 분석하는 체계적인 방법을 말한다.
② 직무설계(job design)는 업무가 수행되는 방식과 주어진 직무에서 요구되는 과업들을 정의하는 과정을 말한다.
③ 성과기준(performance standard)은 종업원의 성과에 대한 기대 수준을 말하며 일반적으로 직무명세서로부터 직접 도출된다.
④ 원격근무(telework)는 본질적으로 교통, 자동차 매연, 과잉 건축 등으로 야기되는 문제들을 해결한다는 장점이 있다.
⑤ 직무공유(job sharing)는 일반적으로 두 명의 종업원이 하나의 정규직 업무를 수행하는 일정관리 방식을 말한다.

직무평가

1056
2005 CPA

직무평가(job evaluation)에 관한 설명으로 가장 적절한 것은?

① 직무평가의 목적은 조직에 필요한 직무인지 여부를 평가하고 개선점을 찾아내는 것이다.
② 직무급 도입을 위한 핵심적인 과정이다.
③ 직무수행에 필요한 인적 요건에 관한 정보를 구체적으로 기록한 것이 직무기술서이다.
④ 서열법은 직무를 세부 요소로 구분하여 직무들의 상대적 가치를 판단한다.
⑤ 사전에 등급이나 기준을 만들고 그에 맞게 직무를 판정하는 방법을 요소비교법이라고 한다.

1057
2009 CPA

직무평가(job evaluation)와 관련된 서술 중 가장 적절한 것은?

① 직무평가를 통하여 직무의 절대적 가치를 산출한다.
② 직무평가는 현재의 직무 수행방식의 장점과 단점을 평가하는 과정이다.
③ 서열법은 직무의 수가 많고 직무의 내용이 복잡한 경우에 적절한 평가방법이다.
④ 분류법은 핵심이 되는 몇 개의 기준 직무를 선정하고, 평가하고자 하는 직무의 평가요소를 기준 직무의 평가요소와 비교하는 방법이다.
⑤ 직무기술서와 직무명세서를 활용하며, 직무평가의 결과는 직무급 산정의 기초자료가 된다.

1058
2012 CPA

직무관리에 관한 설명으로 가장 적절하지 않은 것은?

① 직무분석은 분석대상 직무선정 → 직무관련 자료수집 → 직무기술서와 직무명세서 작성의 순서로 진행된다.
② 직무명세서(job specification)에는 직무수행에 필요한 지식, 기술, 역량, 자격요건이 포함된다.
③ 직무평가는 직무분석 결과를 바탕으로 현재 직무의 문제점과 개선방안을 도출해 내는 것을 주목적으로 한다.
④ 직무재설계 방법인 직무확대(job enlargement)는 수평적 측면에서 작업의 수를 증가시키는 것을 의미한다.
⑤ 직무평가방법인 서열법은 직무의 상대적 중요도를 평가하는 방법으로 직무의 수가 적은 소규모 조직에 적합하다.

1059
2013 CPA

직무관리에 관한 다음 설명 중 가장 적절한 것은?

① 핵크만(Hackman)과 올드햄(Oldham)의 직무특성이론에 의하면, 핵심직무 특성에는 기능다양성(skill variety), 과업완결성(task identity), 과업중요성(task significance), 자율성(autonomy), 성장욕구(growth and need strength)가 포함된다.
② 핵크만(Hackman)과 올드햄(Oldham)의 직무특성이론에 의하면, 과업중요성이 높은 직무를 수행할수록 직무에 대한 책임감을 많이 느끼게 된다.
③ 직무충실화(job enrichment)는 재량권과 책임은 변화시키지 않고, 수행하는 작업의 종류만 증가시키는 직무재설계 방법이다.
④ 요소비교법(Factor Comparison Method)은 기준 직무를 선정하고, 평가하려는 직무의 평가요소를 기준 직무의 평가요소와 비교하는 직무평가방법이다.
⑤ 서열법(Ranking Method)은 직무의 수가 많을 때, 시간과 비용을 절약하기 위해 도입하는 직무평가방법이다.

1060
2015 CPA

직무관리에 관한 설명으로 가장 적절한 것은?

① 요소비교법을 사용하여 직무평가를 할 때, 직무의 평가 요소와 기준직무를 선정하는 것이 필요하다.
② 핵크만(Hackman)과 올드햄(Oldham)이 주장한 직무특성이론(job characteristics theory)에서 핵심직무특성에는 기능다양성(skill variety), 과업정체성(task identity), 과업중요성(task significance), 직무독립성(task independence), 피드백(feedback)이 포함된다.
③ 직무충실화(job enrichment)란 과업의 다양성을 증진시키기 위해 직무의 수를 증가시키는 것을 의미한다.
④ 서열법을 사용하여 직무평가를 할 때에는 등급분류 기준을 설정해야 한다.
⑤ 핵크만(Hackman)과 올드햄(Oldham)의 직무특성이론에서 중요심리상태에는 작업에 대한 만족감, 작업 결과에 대한 책임감, 직무수행 결과에 대한 지식이 포함된다.

1061
2016 CPA

직무평가(job evaluation) 방법으로 가장 적절한 것은?

① 요소비교법(factor comparison method)
② 강제할당법(forced distribution method)
③ 중요사건기술법(critical incident method)
④ 행동기준평가법(behaviorally anchored rating scale)
⑤ 체크리스트법(check list method)

1062
2022 CPA

성과평가 및 보상에 관한 설명으로 가장 적절하지 않은 것은?

① 기본급(base pay)은 종업원이 조직에서 시급이나 급여의 형태로 받는 보상을 말한다.
② 기업들이 강제할당(forced distribution)을 적용하는 이유는 평가자 인플레이션에 대처하기 위해서이다.
③ 직무평가(job evaluation)는 조직 내 여러 가지 직무의 절대적 가치를 결정하는 공식적이며 체계적인 과정을 말한다.
④ 조직이 개인 인센티브 제도를 사용하기 위해서는 각 개인의 성과를 확인하고 측정할 수 있어야 한다.
⑤ 가장 널리 사용되는 종업원에 대한 평가방법은 직속상사가 종업원의 성과를 평가하는 것이다.

직무설계

1063
2007 CPA

직무분석과 직무설계에 대한 다음의 설명 중 가장 적절하지 않은 것은?

① 직무순환, 직무확대, 직무충실화는 개인수준에서의 직무재설계방법이다.
② 작업자의 직무범위가 넓어짐에 따라 인력배치의 폭도 넓어질 수 있다.
③ 한 작업자가 수행하는 과업의 수를 늘리고 의사결정과 관련된 권한과 직무의 책임을 증가시키는 것을 수평적 직무확대라고 한다.
④ 직무분석에서 정리된 자료는 직무기술서와 직무명세서를 작성하는 데 사용되고 직무평가의 기본 자료로도 사용된다.
⑤ 직무분석에서 관찰법은 직무분석자가 작업자의 직무수행을 관찰하고 직무내용, 직무수행방법, 작업조건 등 필요한 자료를 기재하는 방법으로 특히 육체적 활동과 같이 관찰 가능한 직무에 적절히 사용될 수 있다.

1064
2010 CPA

직무와 관련한 다음의 설명 중 가장 적절하지 않은 것은?

① 직무평가(job evaluation)는 직무급 도입에 도움이 되며, 직무들의 상대적 가치를 평가하는 활동이다.
② 직무충실화(job enrichment)는 작업자가 수행하는 직무의 의사결정 권한과 책임을 증가시키는 것을 포함한다.
③ 직무분석(job analysis)은 직무를 구성하는 과업을 구체화하고 직무 수행에 요구되는 사항에 대한 정보를 수집 정리하는 활동이다.
④ 직무확대(job enlargement)는 과업의 다양성을 증진시키기 위해 직무의 범위를 수직적으로 확대하는 것이다.
⑤ 핵크맨(Hackman)과 올드햄(Oldham)의 직무특성이론에서 5대 핵심직무특성에는 과업정체성(task identity)과 과업중요성(task significance)이 포함된다.

1065
2018 CPA

직무설계에서 핵크만(Hackman)과 올드햄(Oldham)의 직무특성이론에 관한 설명으로 가장 적절하지 않은 것은?

① 다양한 기술이 필요하도록 직무를 설계함으로써, 직무수행자가 해당 직무에서 의미감을 경험하게 한다.
② 자율성을 부여함으로써, 직무수행자가 해당 직무에서 책임감을 경험하게 한다.
③ 도전적인 목표를 제시함으로써, 직무수행자가 해당 직무에서 성장욕구와 성취감을 경험하게 한다.
④ 직무수행과정에서 피드백을 제공함으로써, 직무수행자가 해당 직무에서 직무수행 결과에 대한 지식을 가지게 한다.
⑤ 과업의 중요성을 높여줌으로써, 직무수행자가 해당 직무에서 의미감을 경험하게 한다.

1066
2022 CPA

직무분석과 교육훈련에 관한 설명으로 가장 적절하지 않은 것은?

① 개인-직무 적합(person-job fit)은 사람의 특성이 직무의 특성에 부합한지를 판단하는 개념이다.
② 교육훈련의 전이(transfer of training)란 교육훈련에서 배운 지식과 정보를 직무에 실제로 활용하는 것을 말한다.
③ 직무순환(job rotation)은 종업원이 다양한 직무를 수행할 수 있는 능력을 개발하게 한다.
④ 비공식적 교육훈련(informal training)은 종업원 간의 상호작용 및 피드백을 통해서 일어나는 교육훈련을 말한다.
⑤ 직무설계 시 고려하는 과업중요성은 직무를 성공적으로 달성하는 데 있어서 여러 가지 활동을 요구하는 정도를 말한다.

인적자원계획

1067
2003 CPA

기업의 인력수요 예측에 관한 설명으로서 옳지 않은 것은?

① 시계열분석이나 회귀분석에 의한 양적 인력수요 예측은 경영환경의 변화를 반영하기 어렵다.
② 생산성 비율분석에 의하여 양적 인력수요 예측을 실시할 경우, 경험학습에 따른 생산성 증가를 고려함으로써 예측의 정확성을 높일 수 있다.
③ 시나리오 기법에 의한 질적 인력수요 예측을 실시하기 위해서는 현재의 경영환경과 미래의 환경변화의 요건을 포함하는 구체적인 내용을 제시하는 것이 필요하다.
④ 양적 인력수요 예측을 위한 추세분석 기법은 과거 인력변화에 영향요소로 작용했던 환경요소를 찾고 시간에 따른 인력변화 정도를 파악하여 미래 인력수요를 예측하는 것이다.
⑤ 조직환경과 구조가 불안정할 것으로 기대되는 경우에는 자격요건 분석에 의한 질적 인력수요 예측이 바람직하다.

1068
2007 CPA

인력계획 활동에 대한 설명 중 가장 적절하지 않은 것은?

① 인사부문에 대한 계획 활동은 인력확보계획, 인력개발계획, 인력보상계획, 인력유지계획, 인력방출계획을 포함한다.
② 실무부서단위로 부서의 목적달성에 필요한 인력수요를 예측하고 상부에서 종합하는 상향적 접근방법은 인력수요를 과소예측하기 쉽다.
③ 직무분석은 모집, 선발과정에서 자격조건을 명시하고 필요 인력수요를 파악하는 데 필요하다.
④ 기존인력의 기술목록(skill inventory)에는 기술과 경험, 능력정보, 교육훈련, 인적사항 등이 포함된다.
⑤ 인력개발에 관한 계획 활동에는 종업원의 현재 및 잠재능력의 측정과 종업원의 개발욕구분석, 경력욕구분석을 포함한다.

1069
2015 CPA

인력계획에 관한 설명으로 가장 적절하지 않은 것은?

① 마코프체인 기법(Markov chain method)에서는 전이확률행렬을 이용하여 인력의 수요량을 예측한다.
② 마코프체인 기법은 경영환경이 급격하게 변할 경우에는 적합하지 않다.
③ 기능목록(skill inventory)에는 종업원 개인의 학력, 직무경험, 기능, 자격증, 교육훈련 경험이 포함된다.
④ 델파이 기법(Delphi method)은 전문가들이 면대면(face to face) 토론을 통해 인력의 공급량을 예측하는 방법이다.
⑤ 조직의 규모가 급격하게 성장하고, 전략적 변화가 필요할 때에는 외부모집이 적절하다.

모집

1070
2008 CPA

기업에서 필요한 인력의 풀(pool)을 구성하는 방식에는 크게 내부모집(internal recruit)과 외부모집(external recruit)이 있다. 내부모집과 외부모집의 특성에 관한 설명으로 다음 중 가장 적절하지 않은 것은?

① 내부모집은 내부인끼리의 경쟁이라서 선발에 탈락되어도 불만이 적으며 과당경쟁도 거의 없다.
② 내부모집의 경우 이미 지원자들에 대해 많은 정보를 가지고 있어서 정확한 평가와 결정을 내릴 수 있다.
③ 내부모집은 내부인들 개인이 경력개발을 위해 계획을 세우고 실천하도록 함으로써 사내직원 전체의 능력향상을 도모할 수 있다.
④ 외부모집은 외부인이 자기직무에 잘 적응하기까지의 적응 비용과 시간이 많이 든다.
⑤ 외부모집을 통해 기업은 조직 내부의 분위기에 신선한 충격을 줄 수 있다.

선발

1071
2000 CPA

인력선발도구의 평가기준으로는 신뢰성과 타당성이 있다. 다음의 설명 중 가장 적절하지 않은 것은?

① 신뢰성은 어떤 시험을 동일한 환경에서 동일한 사람이 몇 번 다시 보았을 때, 그 결과가 서로 일치하는 정도를 말한다.
② 양분법(split-halves method)과 대체형식법(alternate form method)은 신뢰성 측정방법이다.
③ 예측타당성(predictive validity)은 선발시험 합격자들의 시험성적과 입사 후 그들의 직무성과간의 상관관계에 의해 평가된다.
④ 내용타당성(content validity)은 선발도구에 측정하고자 하는 내용이 포함되어 있는 정도를 말한다.
⑤ 동시타당성(concurrent validity)은 선발시험의 예측타당성과 내용타당성을 동시에 검사하는 것이다.

1072
2001 CPA

인력 모집과 선발에 관한 다음 서술 중 가장 옳지 않은 것은?

① 이력서와 추천서는 응모자에 대한 배경정보를 얻는 수단이다.
② 성취도검사는 응모자가 이미 가지고 있는 능력을 측정하는 것이다.
③ 집단면접은 다수의 면접자가 한 명의 응모자를 평가하는 방법이다.
④ 클로즈드 숍(closed shop) 하에서 신규 종업원 모집은 노동조합을 통해서만 가능하다.
⑤ 비구조화된 면접은 응모자에게 의사표시의 자유를 최대한 주고 질문하는 방법이다.

1073
2004 CPA

인력선발과 관련된 서술 중 가장 적절한 것은?

① 인력선발의 유용성(utility) 평가는 비용분석과 혜택분석을 통해 이루어질 수 있다.
② 관대화경향(leniency tendency) 오류는 특정의 피평가자에게 후한 점수를 주는 평가자의 오류를 의미한다.
③ 중심화경향(central tendency) 오류는 피평가자를 평가자 자신의 가치 기준으로 평가하는 오류를 의미한다.
④ 인력선발 도구의 신뢰성(reliability)은 피평가자에 대한 측정결과의 정확성(accuracy)을 의미한다.
⑤ 인력선발에서 같은 지원자에 대해 다른 평가 방법을 사용하더라도 결과가 동등할 경우 선발도구의 타당성(validity)이 높다고 할 수 있다.

1074
2007 CPA

선발과 모집에 관한 다음의 설명 중 가장 적절하지 않은 것은?

① 사내공모제는 승진기회를 제공함으로써 기존의 구성원에게 동기부여를 제공한다.
② 외부모집으로 조직에 새로운 관점과 시각을 가진 인력을 선발할 수 있다.
③ 내부 인력원천은 외부 인력원천에 비해 비교적 정확한 능력평가가 가능하다.
④ 내부모집 방식에서는 모집범위가 제한되고 승진을 위한 과다경쟁이 생길 수 있다.
⑤ 여러 상황에서도 똑같은 측정결과를 나타내는 일관성을 선발도구의 타당도라고 한다.

1075
2010 CPA

모집·선발과 관련한 다음의 설명 중 적절하지 않은 항목만으로 구성된 것은?

> a. 사내공모제(job posting)는 조직내부의 구성원에게 희망 직무를 지원할 수 있는 기회를 제공하므로, 기존 조직구성원들의 만족도를 높일 수 있다.
> b. 선발도구의 기준관련타당도(criterion-related validity)는 선발도구들이 실제로 직무성과를 얼마나 잘 예측하는지를 말해 주는 것으로 예측타당도와 미래타당도가 있다.
> c. 기업은 인력을 충원하기 위해 크게 내부모집과 외부모집을 고려할 수 있는데, 내부모집은 조직내부에 새로운 충격을 주기 위해 선택되기도 한다.
> d. 선발도구의 내용타당도(content validity)는 선발시험이나 면접의 내용이 해당 직무를 수행하는데 요구되는 요건들과 얼마나 일관성이 있는지를 나타낸다.
> e. 선발도구의 구성타당도(construct validity)는 해당 선발도구가 측정도구(measurement tool)로서의 적격성을 갖고 있는지를 나타낸다.

① a, d ② c, e
③ b, c ④ b, d
⑤ d, c

1076
2014 CPA

모집과 선발에 관한 설명으로 가장 적절하지 않은 것은?

① 선발관리에서 입사성적과 입사이후 업무성과 간의 상관관계가 높을 경우 그 선발도구는 예측타당성(predictive validity)이 높다고 할 수 있다.
② 선발도구의 신뢰성(reliability)이란 시험결과의 일관성(consistency)을 의미하며, 시험-재시험방법(test-retest method)을 이용하여 측정할 수 있다.
③ 내부 모집은 내부 인력의 능력개발을 유도하는 장점이 있다.
④ 조직이 급격하게 성장하고 변화와 혁신이 필요할 때에는 외부 모집을 하는 것이 적절하다.
⑤ 노동조합이 유니언 숍(union shop) 형태인 경우 사용자는 반드시 노동조합의 조합원 중에서 종업원을 채용해야 한다.

1077
2016 CPA

인사평가 및 선발에 관한 설명으로 가장 적절한 것은?

① 중심화경향은 평가자가 피평가자의 중심적인 행동특질을 가지고 피평가자의 나머지 특질을 평가하는 경향이다.
② 인사평가의 실용성 및 수용성을 파악하기 위해서는 관대화경향, 중심화경향, 후광효과, 최근효과, 대비효과를 지표로 측정하여야 한다.
③ 시험-재시험 방법(test-retest method), 내적 일관성(internal consistency) 측정방법, 양분법(split half method)은 선발도구의 신뢰도 측정에 사용되는 방법이다.
④ 신입사원의 입사 시험성적과 입사 후 일정기간이 지난 후의 직무태도를 비교하여 상관관계를 조사하는 방법은 선발도구의 현재 타당도(concurrent validity)를 조사하는 방법이다.
⑤ 인사평가의 신뢰성은 특정의 평가도구가 얼마나 평가목적을 잘 충족시키느냐에 관한 것이다.

1078
2017 CPA

종업원 모집 및 선발에 관한 설명 중 가장 적절하지 않은 것은?

① 선발도구의 타당성(validity)이란 선발대상자의 특징을 측정한 결과가 일관성 있게 나타나는 것을 말한다.
② 사내공모제(job posting)는 지원자가 직무에 대한 잘못된 정보로 인해 회사를 이직할 가능성이 낮은 모집 방법이다.
③ 평가센터법(assessment center)은 비용상의 문제로 하위직보다 주로 상위 관리직 채용에 활용된다.
④ 지원자의 특정 항목에 대한 평가가 다른 항목의 평가 또는 지원자에 대한 전반적 평가에 영향을 주는 것을 후광효과(halo effect)라고 한다.
⑤ 다수의 면접자가 한 명의 피면접자를 평가하는 방식을 패널면접(panel interview)이라고 한다.

1079
2019 CPA

인사평가 및 선발에 관한 설명으로 가장 적절한 것은?

① 내부모집은 외부모집에 비하여 모집과 교육훈련의 비용을 절감하는 효과가 있고 새로운 아이디어의 도입 및 조직의 변화와 혁신에 유리하다.
② 최근효과(recency effect)와 중심화 경향(central tendency)은 인사 선발에 나타날 수 있는 통계적 오류로서 선발도구의 신뢰성과 관련이 있다.
③ 선발도구의 타당성은 기준관련 타당성, 내용타당성, 구성타당성 등을 통하여 측정할 수 있다.
④ 행위기준고과법(BARS: behaviorally anchored rating scales)은 개인의 성과목표대비 달성 정도를 요소별로 상대 평가하여 서열을 매기는 방식이다.
⑤ 360도 피드백 인사평가에서는 전통적인 평가 방법인 상사의 평가와 피평가자의 영향력이 미치는 부하의 평가를 제외한다.

1080
2024 CPA

인적자원의 모집 및 선발에 관한 설명으로 가장 적절하지 않은 것은?

① 직무 관련성(job relatedness)은 선발 자격이나 요건이 직무상 의무(duty)의 성공적인 수행과 관련되는 것을 의미한다.
② 모집(recruiting)은 조직의 직무에 적합한 지원자의 풀(pool)을 생성하는 과정을 말한다.
③ 사내공모제(job posting)는 조직 내 다른 직무들에 대해 현직종업원들을 대상으로 모집할 수 있는 주요 방법의 하나이다.
④ 인지능력검사(cognitive ability test)는 언어 이해력, 수리 능력, 추론 능력 등을 측정한다.
⑤ 구조화 면접(structured interview)은 비구조화 면접(unstructured interview)보다 지원자들에 대한 비교 가능한 자료를 획득하기가 더 어렵다.

교육훈련

1081
2006 CPA

다음 중 교육 훈련에 관한 적절한 설명이 아닌 것은?

① 커크패트릭(Kirkpatrick)은 교육훈련은 반응, 학습, 행동, 결과의 4가지 기준으로 평가하는 것이 필요하다고 주장한다.
② OJT(on the job training)는 훈련받은 내용을 바로 활용할 수 있지만 잘못된 관행이 전수될 가능성이 있다.
③ 액션러닝(action learning)은 현장경험을 중시하는 경험 위주의 교육훈련 학습 방법이다.
④ 교육훈련의 프로세스는 크게 필요성분석(수요조사), 계획설계, 실시, 평가의 과정을 거친다.
⑤ 중요사건법(critical incident method)은 직무성과에 영향을 미치는 중요한 상황을 가정하고 시뮬레이션을 통해 훈련시키는 교육방법이다.

1082
2012 CPA

학습(learning)과 교육훈련에 관한 설명으로 가장 적절하지 않은 것은?

① 불쾌한 결과를 제거하여 바람직한 행위를 유도하는 방법을 소거(extinction)라고 한다.
② 커크패트릭(Kirkpatrik)은 교육훈련의 효과를 반응, 학습정도, 행동변화, 조직의 성과로 구분하여 측정할 필요가 있다고 하였다.
③ 사회적 학습이론(social learning theory)에서는 사람의 인지적 측면을 강조하고, 다른 사람의 행동과 그 결과를 통해서 학습하는 것을 대리학습(vicarious learning)이라고 하였다.
④ 쏜다이크(Thorndike)가 제시한 효과의 법칙(law of effect)이란 원하는 보상을 받는 행동은 반복되고, 바람직하지 않은 결과가 나타나는 행동은 반복되지 않는다는 것을 의미한다.
⑤ 직무현장훈련(on the job training; OJT)은 업무수행 과정을 통해 학습하기 때문에 훈련의 전이효과가 커지는 장점이 있다.

1083
2019 CPA

교육훈련 평가에 관한 커크패트릭(Kirkpatrick)의 4단계 모형에서 제시된 평가로 가장 적절하지 않은 것은?

① 교육훈련 프로그램에 대한 만족도와 유용성에 대한 개인의 반응평가
② 교육훈련을 통해 새로운 지식과 기술을 습득하였는가에 대한 학습평가
③ 교육훈련을 통해 직무수행에서 행동의 변화를 보이거나 교육 훈련내용을 실무에 활용하는가에 대한 행동평가
④ 교육훈련으로 인해 부서와 조직의 성과가 향상되었는가에 대한 결과평가
⑤ 교육훈련으로 인해 인지능력과 감성능력이 향상되었는가에 대한 기초능력평가

1084
2024 CPA

교육훈련 및 노사관계에 관한 설명으로 가장 적절하지 않은 것은?

① 노동조합(union)은 조직이 작업장 공정성을 지키도록 견제하고 종업원들이 공정하게 대우받도록 보장하는 기능을 한다.
② 기업이 교육훈련을 효과적으로 설계하기 위해서는 학습능력, 동기부여, 자기효능감과 같은 학습자 특성을 고려해야 한다.
③ 교차훈련(cross training)은 종업원들의 미래 직무 이동이나 승진에 도움을 준다.
④ 직무상 교육훈련(on-the-job training)은 사내 및 외부의 전문화된 교육훈련을 포함한다.
⑤ 단체교섭(collective bargaining)은 경영진과 근로자들의 대표가 임금, 근로시간 및 기타 고용 조건 등에 대해 협상하는 과정을 말한다.

경력개발

1085
2020 CPA

인적자원 개발 및 교육훈련에 관한 설명으로 가장 적절하지 않은 것은?

① E-learning은 인터넷이나 사내 인트라넷을 사용하여 실시하는 온라인 교육을 의미하며, 시간과 공간의 제약을 초월하여 많은 종업원을 대상으로 교육을 실시할 수 있다는 장점이 있다.
② 기업은 직무순환(job rotation)을 통해 종업원들로 하여금 기업의 목표와 다양한 기능들을 이해하게 하며, 그들의 문제해결 및 의사결정 능력 등을 향상시킨다.
③ 교차훈련(cross-training)이란 팀 구성원이 다른 팀원의 역할을 이해하고 수행하는 방법을 말한다.
④ 승계계획(succession planning)이란 조직이 조직체의 인적자원 수요와 구성원이 희망하는 경력목표를 통합하여 구성원의 경력 진로(career path)를 체계적으로 계획·조정하는 인적자원관리 과정을 말한다.
⑤ 교육훈련 설계(training design)는 교육훈련의 필요성 평가로부터 시작되며, 이러한 평가는 조직분석, 과업분석, 개인분석 등을 포함한다.

인사평가

1086
2001 CPA

인사고과와 관련된 다음의 서술 중 가장 옳지 않은 것은?

① 자기고과는 동료고과에 비해 관대화 경향이 크게 나타난다.
② 현혹효과(halo effect)는 고과자가 고과대상자의 어느 한 면을 기준으로 다른 것까지 함께 평가해 버리는 경향을 말한다.
③ 대비오류(contrast errors)란 고과자가 자신의 특성과 비교하여 고과대상자를 평가하는 경향을 말한다.
④ 강제할당법을 사용하는 경우 고과대상자의 실제 성과분포와 각 성과집단에 미리 할당된 비율분포가 일치한다.
⑤ 고과의 일관성은 동일한 고과대상자에 대한 반복고과에서 같은 결과를 얻는 정도를 가리킨다.

1087
2008 CPA

성과관리를 위한 평가에는 흔히 특성, 행동(역량), 그리고 결과를 평가하는 방법이 있다. 평가 방법에 대한 설명 중 가장 적절하지 않은 것은?

① 특성 평가법은 개발비용이 적게 들고 활용하기 쉬우나 평가오류의 가능성이 높다.
② 행동(역량) 평가법은 피드백을 제공하는 데에 유용하다.
③ 결과 평가법은 비교적 객관적이어서 조직 구성원들의 수긍도가 높다.
④ 행동(역량) 평가법은 개발과 활용에 있어서 시간과 비용이 많이 든다.
⑤ 결과 평가법은 주로 장기적인 관점을 지향하므로 개발과 활용에 있어서 시간이 적게 든다.

1088
2011 CPA

인사평가방법에 관한 설명으로 가장 적절하지 않은 것은?

① 서열법(ranking)은 피평가자를 최고부터 최저순위까지 상대서열을 결정하는 방법이다.
② 평정척도법(rating scales)은 다수의 성과차원을 평가하는 방법으로 평정요소의 선정과 각 평정요소별 가중치의 결정, 평정척도의 결정 등이 필요하다.
③ 대조표법(check-list)은 직무상의 행동을 구체적으로 표현하여 피평가자를 평가하는 방법으로 해당항목에 피평가자가 해당하는 경우에 체크하는 방법이다.
④ 주요사건기록법(critical-incident method)은 조직성과 달성에서 특별히 효과적이거나 비효과적인 피평가자의 행위가 발생하는 경우 이를 기록하여 평가하는 방법이다.
⑤ 행위기준평정법(BARS: behaviorally anchored rating scales)은 개인의 성과목표와 행동기준을 제시하고 실제 달성정도를 파악하여 구성원 간의 상대적 서열로 평가한다.

1089
2013 CPA

평가관리에 관한 다음 설명 중 가장 적절하지 않은 것은?

① 목표에 의한 관리(MBO: Management by Objectives)에서는 평가자와 피평가자가 협의를 통하여 목표를 설정하고 설정된 목표와 실적을 비교하여 평가한다.
② 동일한 피평가자에 대해 여러 사람이 평가하여도 일관성 있는 평가결과가 나올 때, 평가의 신뢰성(reliability)이 높다고 한다.
③ 자신과 생각이나 행동방식이 유사한 사람을 호의적으로 평가하는 오류를 관대화 경향(leniency tendency)이라고 한다.
④ 서열법으로 평가할 경우 강제적으로 순서를 정하기 때문에 성과의 절대적 수준을 파악하거나 집단 간에 평가결과를 비교하기 어렵다는 단점이 있다.
⑤ 인적평정센터법(Human Assessment Center Method)은 관리자 선발이나 승진 결정에 활용되는 방법으로 평가의 타당성과 신뢰성을 높이기 위해 개발되었다.

1090
2014 CPA

인사평가에 관한 설명으로 가장 적절하지 않은 것은?

① 서열법은 구체적 성과차원이 아닌 전반적인 평가를 통하여 피평가자의 순서만을 결정하는 상대평가 방법이다.
② 상동적 태도(stereotyping)란 피평가자 개인의 특성보다는 그 사람이 속한 사회적 집단을 근거로 평가하는 오류를 의미한다.
③ 서열법은 조직의 규모가 클 경우에 적합한 평가방법이다.
④ 목표에 의한 관리법(management by objectives; MBO)에서는 목표설정 과정에 피평가자가 참여한다.
⑤ 카플란(Kaplan)과 노튼(Norton)의 균형성과표(balanced scorecard; BSC) 방식에는 재무적 성과, 고객, 내부프로세스, 학습과 성장의 관점이 포함된다.

1091
2015 CPA

인사평가에 관한 설명으로 가장 적절한 것은?

① 행위기준고과법(BARS: behaviorally anchored rating scales)에서는 개인의 성과목표와 행동기준을 설정하고, 목표대비 달성 정도를 평가한다.
② 후광효과(halo effect)는 피평가자 개인의 특성보다는 출신학교나 출신지역에 근거해 평가할 때 나타나는 오류이다.
③ 서열법은 피평가자의 강약점이나 절대적인 성과 수준을 파악할 수 없다는 단점이 있다.
④ 행위기준고과법은 체크리스트법과 중요사건법을 결합한 것으로 피평가자의 구체적 행동에 근거하여 평가하는 방법이다.
⑤ 평가의 타당성(validity)이란 동일한 피평가자를 반복하여 평가하여도 비슷한 결과가 나타나는지를 의미한다.

1092
2018 CPA

인사선발 및 인사평가에 관한 설명으로 가장 적절하지 않은 것은?

① 동일한 피평가자를 반복 평가하여 비슷한 결과가 나타나는 것은 신뢰성(reliability)과 관련이 있다.
② 신입사원의 입사시험 성적과 입사 이후 업무성과의 상관관계를 조사하는 방법은 선발도구의 예측타당성(predictive validity)과 관련이 있다.
③ 행위기준고과법(BARS: behaviorally anchored rating scales)은 중요사건기술법과 평정척도법을 응용하여 개발된 인사평가 방법이다.
④ 평가도구가 얼마나 평가목적을 잘 충족시키는가는 타당성(validity)과 관련이 있다.
⑤ 선발도구의 타당성을 측정하는 방법에는 내적 일관성(internal consistency) 측정방법, 양분법(split half method), 시험 재시험(test-retest) 방법 등이 있다.

1093
2020 CPA

직무분석 및 인사평가에 관한 설명으로 가장 적절하지 않은 것은?

① 직무분석은 인적자원의 선발, 교육훈련, 개발, 인사평가, 직무평가, 보상 등 대부분의 인적자원관리 업무에서 기초자료로 활용할 정보를 제공한다.
② 다면평가란 상급자가 하급자를 평가하는 하향식 평가의 단점을 보완하여 상급자에 의한 평가 이외에도 평가자 자신, 부하직원, 동료, 고객, 외부전문가 등 다양한 평가자들이 평가하는 것을 말한다.
③ 설문지법(questionnaire method)은 조직이 비교적 단시일 내에 많은 구성원으로부터 직무관련 자료를 수집할 수 있다는 장점이 있다.
④ 과업(task)은 종업원에게 할당된 일의 단위를 의미하며 독립된 목적으로 수행되는 하나의 명확한 작업활동으로 조직활동에 필요한 기능과 역할을 가진 일을 뜻한다.
⑤ 대조오류(contrast errors)란 피평가자가 속한 집단에 대한 지각에 기초하여 이루어지는 것으로 평가자가 생각하고 있는 특정집단 구성원의 자질이나 행동을 그 집단의 모든 구성원에게 일반화시키는 경향에서 발생한다.

1094
2023 CPA

성과관리에 관한 설명으로 가장 적절하지 않은 것은?

① 평가센터(assessment center) 또는 역량평가센터는 다양한 평가기법을 사용하여 다양한 가상상황에서 피평가자의 행동을 한 명의 평가자가 평가하는 방법이다.
② 목표에 의한 관리(management by objectives, MBO)는 평가자 뿐만 아니라 피평가자도 목표설정 과정에 함께 참여한다.
③ 타인평가 시 발생하는 오류 중 후광효과(halo effect)는 개인이 갖는 특정한 특징(예: 지능, 사교성 등)에 기초하여 그 개인에 대한 일반적 인상을 형성하는 것이다.
④ 360도 피드백 평가는 전통적인 상사평가 이외에 자기평가, 동료평가, 부하 평가 그리고 고객평가로 이루어진다.
⑤ 행위기준척도법(behaviorally anchored rating scales, BARS)은 피평가자들의 태도가 아닌 관찰 가능한 행동을 척도에 기초하여 평가한다.

1095
2024 CPA

성과의 관리 및 평가에 관한 설명으로 가장 적절하지 않은 것은?

① 서열법(ranking)은 성과평가에 있어서 집단의 규모가 작을 때보다 클 때 더 적합하다.
② 성과평가(performance appraisal)는 종업원들의 직무를 기준과 비교하여 얼마나 잘 이행하고 있는지를 결정하고 그 정보를 종업원과 의사소통하는 과정을 말한다.
③ 성과관리(performance management)는 조직이 종업원들로부터 필요로 하는 성과를 획득하기 위해 설계하는 일련의 활동을 말한다.
④ 도식평정척도(graphic rating scale)는 평가자가 특정한 특성에 대해 낮은 수준에서 높은 수준을 나타내는 연속체에 종업원의 성과를 표시할 수 있게 하는 척도를 말한다.
⑤ 초두효과(primacy effect)는 평가자가 개인의 성과를 평가하면서 맨 처음에 접한 정보에 더 많은 가중치를 부여하는 경우에 발생한다.

기본급

1096
2002 CPA

조직구성원에 대한 조직의 임금체계와 관련된 다음의 설명 가운데 가장 적절하지 않은 것은?

① 직능급(skill-based pay)은 종업원이 맡은 직무의 중요성과 난이도에 근거하여 임금을 결정하는 방식이다.
② 직무급(job-based pay)을 적용할 때는 차별적 임금격차에 대한 공정성을 확보하는 것이 중요하다.
③ 성과급(performance-based pay)은 종업원이 달성한 업무성과를 기초로 임금수준을 결정하는 방식이다.
④ 연공급(seniority-based pay)은 유연한 조직변화가 필요한 조직에서는 불합리한 임금제도로서 다른 제도와의 병행이 필요하다.
⑤ 연봉제에서는 임금을 결정하기 위해 종업원의 직무, 직능, 업적, 연공 등의 다양한 기준을 복합적으로 도입할 수 있다.

1097
2005 CPA

기업의 임금수준을 결정할 때 고려해야 할 요소로서 가장 적절하지 않은 것은?

① 기업의 손익분기점
② 근로자의 평균 근속연수
③ 근로자의 생계비 수준
④ 경쟁사의 임금 수준
⑤ 정부의 정책이나 법규

1098
2011 CPA

보상에서 임금에 관한 설명으로 가장 적절하지 않은 것은?

① 생계비 수준, 기업의 지불능력, 사회일반적인 임금수준은 기업의 임금수준 결정에 영향을 미친다.
② 공정한 보상을 위해서는 내적 공정성과 외적 공정성을 고려해야 한다.
③ 직무급은 담당자의 직무에 대한 태도와 직무적성, 직무성과에 따라 결정된다.
④ 직능급은 기업조직이 구체적으로 필요로 하는 직무수행능력에 따라 차등적으로 지불된다.
⑤ 성과급은 생산성을 제고하지만 근로자의 수입을 불안정하게 할 요소가 있다.

1099
2015 CPA

보상관리에 관한 설명으로 가장 적절한 것은?

① 회사 재직 중에 종업원의 직무가 변하지 않을 경우, 직무급을 도입하면 종업원의 장기근속을 유도할 수 있다.
② 임금수준이란 개인이 받는 임금의 크기를 의미하며, 임금수준을 결정할 때에는 기업의 지불능력을 고려해야 한다.
③ 직능급을 도입할 경우, 우수 인재를 계속 보유하고 능력개발을 유도하는 장점이 있다.
④ 직무급은 직무담당자의 능력, 태도, 성과에 의해 결정된다.
⑤ 럭커 플랜(Rucker plan)은 매출액을 기준으로 성과배분액을 계산하며 종업원 제안제도를 채택하고 있다.

1100
2016 CPA

임금 및 보상에 관한 설명으로 가장 적절하지 않은 것은?

① 직무급은 종업원이 맡은 직무의 상대적 가치에 따라 임금을 결정하는 방식이다.
② 해당 기업의 종업원이 받는 임금수준을 타 기업 종업원의 임금수준과 비교하는 것은 임금의 외부공정성과 관련이 있다.
③ 해당 기업 내 종업원간의 임금수준의 격차는 임금의 내부공정성과 관련이 있다.
④ 직능급은 종업원이 보유하고 있는 직무수행능력을 기준으로 임금을 결정하는 방식이다.
⑤ 기업의 임금체계와 임금의 내부공정성은 해당 기업의 지불능력, 생계비 수준, 노동시장에서의 임금수준에 의해 결정된다.

1102
2018 CPA

임금 및 보상에 관한 설명으로 가장 적절하지 않은 것은?

① 직무급은 해당기업에 존재하는 직무들을 평가하여 상대적 가치에 따라 임금을 결정하는 방식이다.
② 서열법, 분류법, 요소비교법, 점수법은 직무의 상대적 가치를 평가하는 방법이다.
③ 내재적 보상이 클수록 임금의 내부공정성이 높아지고, 외재적 보상이 클수록 임금의 외부공정성이 높아진다.
④ 직능급은 종업원이 보유하고 있는 직무수행능력을 고려하여 임금을 결정하는 방식이다.
⑤ 기업의 지불능력, 종업원의 생계비 수준, 노동시장에서의 수요와 공급 등은 기업의 임금수준을 결정하는 요인이다.

1101
2017 CPA

보상관리에 관한 설명 중 가장 적절한 것은?

① 보상관리 전략은 기업 성장주기(life cycle)와 관련이 있는데, 초기와 성장기에는 복리후생을 중시하고 안정기와 쇠퇴기에는 성과급을 강조하는 것이 일반적이다.
② '동일노동 동일임금'의 원칙을 실시하기 위해서는 연공급보다 직무급이 더 적합하다.
③ 임금조사(wage survey)를 통해 경쟁사 및 유사한 조직체의 임금자료를 조사하는 것은 보상관리의 내적 공정성을 확보하기 위해서이다.
④ 연공급의 문제점을 극복하기 위한 방안으로 제시된 직능급에서는 직무의 중요도, 난이도, 위험도 등이 반영된 직무의 상대가치를 기준으로 보상수준이 결정된다.
⑤ 스캔론 플랜과 럭커 플랜은 개인의 업무성과를 기초로 임금수준을 정하는 개인성과급 제도이다.

1103
2020 CPA

보상제도에 관한 설명으로 가장 적절하지 않은 것은?

① 연공급(seniority-based pay)은 기업에서 종업원들의 근속연수나 경력 등의 연공요소가 증가함에 따라 그들의 숙련도나 직무수행능력이 향상된다는 논리에 근거를 둔다.
② 종업원에게 지급되는 직접적 형태의 보상에는 기본급(base pay), 변동급(variable pay), 복리후생(benefits) 등이 있다.
③ 임금피크제(salary peak system)란 일정의 연령부터 임금을 조정하는 것을 전제로 소정의 기간 동안 종업원의 고용을 보장하거나 연장하는 제도이다.
④ 이윤분배제도(profit-sharing plan)는 기업에 일정 수준의 이윤이 발생했을 경우 그 중의 일정 부분을 사전에 노사의 교섭에 의해 정해진 배분방식에 따라 종업원들에게 지급하는 제도이다.
⑤ 연봉제는 종업원 개인 간의 지나친 경쟁의식을 유발하여 위화감을 조성하고 조직 내 팀워크를 약화시키며, 단기 업적주의의 풍토를 조장할 수 있다는 단점이 있다.

1104
2021 CPA

성과관리와 보상제도에 관한 설명으로 가장 적절하지 않은 것은?

① 중요사건법(critical incident method)은 평가자가 전체 평정기간 동안 피평가자에 의해 수행된 특별히 효과적인 또는 비효과적인 행동 내지 업적 모두를 작성하도록 요구한다.
② 법정 복리후생은 국가가 사회복지의 일환으로 기업의 종업원들을 보호하기 위해 법률 제정을 통해 기업으로 하여금 강제적으로 도입하도록 한 제도를 말한다.
③ 성과관리(performance management)는 경영자들이 종업원들의 활동과 결과물이 조직 목표와 일치하는지를 확인하는 과정을 말한다.
④ 변동급 체계는 직무가치와 급여조사에서 나온 정보를 사용하여 개발되며, 직무가치는 직무평가나 시장가격책정을 사용하여 결정될 수 있다.
⑤ 종업원의 관리자 평가는 유능한 관리자를 확인하고 관리자의 경력개발 노력을 향상시키는 데 기여할 수 있다.

1105
2023 CPA

보상관리에 관한 설명으로 가장 적절하지 않은 것은?

① 임금수준을 결정함에 있어 선도정책(lead policy)은 시장임금과 비교하여 상대적으로 높은 임금을 지급함으로써 우수한 인재를 확보하고 유지하려는 정책이다.
② 직무급은 직무수행자의 직무몰입(job commitment)과 직무만족(job satisfaction)에 의해 결정된다.
③ 임금공정성 중 개인 공정성(individual equity)은 동일 조직에서 동일 직무를 담당하고 있는 구성원들 간의 개인적인 특성(예: 연공, 성과 수준 등)에 따른 임금 격차에 대한 지각을 의미한다.
④ 기업의 지불능력, 노동시장의 임금수준 및 생계비는 임금수준의 결정요인이다.
⑤ 근속연수가 올라갈수록 능력 및 성과가 향상되는 경우에는 연공급을 적용하는 것이 적절하다.

1106
2024 CPA

보상에 관한 설명으로 가장 적절하지 않은 것은?

① 임금조사(pay survey)는 다른 조직들에서 유사한 직무를 수행하는 종업원들의 보상 데이터를 수집하는 것으로 외적 급여공정성을 확립하는 데 중요한 요소이다.
② 성과급제(piece-rate system)는 널리 사용되는 개인 인센티브 제도 중 하나이다.
③ 스톡옵션제도(stock option plan)는 종업원에게 정해진 기간에 정해진 행사 가격으로 정해진 수량의 회사 주식을 구입할 수 있는 권리를 부여하는 것을 말한다.
④ 임금(pay) 인상은 성과 또는 연공(seniority) 기반 인상, 생계비 조정(cost-of-living adjustment)의 사용, 일시금 인상(lump-sum increase) 등의 방법에 의해 결정된다.
⑤ 이윤분배제(profit sharing plan)는 조직의 이윤에 근거하여 책정된 보상을 종업원들의 기본급의 일부로 지급하는 보상제도이다.

인센티브

1107
2004 CPA

보상과 관련된 다음의 서술 중 가장 적절한 것은?

① 스캔론 플랜(Scanlon plan)은 개인별 성과급에 속한다.
② 생산이윤분배제(gain sharing)에 따르면 회사가 적자를 내더라도 생산성 향상이 있으면 생산 이윤을 분배받을 수 있다.
③ 성과이윤분배제(profit sharing)에 따르면 원가절감, 품질향상이 발생할 때마다 금전적 형태로 종업원에게 보상한다.
④ 직무급(job based pay)은 다양한 업무기술 습득에 대한 동기 유발로 학습조직 분위기를 만들 수 있다.
⑤ 직능급(skill-based pay)의 단점은 성과향상을 위한 과다경쟁으로 구성원간의 협동심을 저하시키는 것이다.

1108
2009 CPA

임금관리와 관련된 서술 중 가장 적절하지 않은 것은?

① 스캔론 플랜(Scanlon plan)은 성과표준을 초과달성한 부분에 대해 부가가치를 기준으로 상여배분을 실시하는 방법이다.
② 임금수준은 생계비와 기업의 지불능력 사이에서 사회일반이나 경쟁기업의 임금수준을 고려하여 결정한다.
③ 근속년수에 따라 숙련도가 향상되는 경우에는 연공급이 적합하다.
④ 직능급을 도입할 경우 종업원의 자기개발을 유도할 수 있다.
⑤ 성과급은 작업자의 노력과 생산량과의 관계가 명확할 경우에 적합하다.

1109
2012 CPA

임금관리에 관한 설명으로 가장 적절하지 않은 것은?

① 임금관리의 외적공정성을 확보하기 위해서는 동일한 직무에 대한 경쟁사의 임금수준을 조사할 필요가 있다.
② 작업능률에 따라 여러 단계의 시간임률을 적용하는 형태를 복률시간급제라고 한다.
③ 직능급 도입을 위해서는 종업원의 능력에 대한 정확한 평가가 필요하다.
④ 직무급을 도입하기 위해서는 직무의 상대적 가치를 평가하고 개인의 능력과 적성에 맞는 적재적소의 배치가 필요하다.
⑤ 성과배분제도인 럭커플랜(Rucker plan)은 매출액을 성과배분의 기준으로 하고 있다.

1110
2014 CPA

보상관리에 관한 설명으로 가장 적절하지 않은 것은?

① 직능급을 도입할 경우 종업원들의 자기개발 노력을 유도할 수 있다.
② 스캔론 플랜(Scanlon plan)에서는 성과배분의 기준으로 부가가치를 사용하며, 럭커 플랜(Rucker plan)에서는 매출액을 기준으로 성과배분을 한다.
③ 임금관리의 공정성을 확보하기 위하여 경쟁사의 임금수준을 조사할 필요가 있다.
④ 직무급은 '동일노동 동일임금'의 원칙에 입각하고 있으며, 기업간 노동의 이동이 자유로운 경우에 적합하다.
⑤ 성과급, 직무급을 도입할 경우 임금관리의 내적 공정성이 높아질 수 있다.

복리후생

1111
2013 CPA

보상관리에 관한 다음 설명 중 가장 적절하지 않은 것은?

① 임금수준을 결정할 때에는 최저임금액, 경쟁기업의 임금수준, 종업원의 생계비, 손익분기점 등을 고려할 필요가 있다.
② 우리나라의 법정 복리후생에는 국민건강보험, 산업재해보상보험, 고용보험, 국민연금 등이 포함되는데, 국민건강보험과 고용보험은 전액을 회사에서 지원하여야 한다.
③ 직능급을 적용할 경우 동일한 직무를 수행하더라도 임금액이 달라질 수 있다.
④ 오래 근무할수록 능력과 성과가 향상될 경우에는 연공급이 적합하며, 노력과 성과의 관계가 명확할 때에는 성과급이 적합하다.
⑤ 직무급 도입을 위해서는 직무수행을 위해 필요한 숙련의 정도, 책임의 정도, 작업조건 등을 평가할 필요가 있다.

1112
2017 CPA

복리후생에 관한 설명으로 가장 적절하지 않은 것은?

① 복리후생은 근로자의 노동에 대한 간접적 보상으로서, 임금은 이에 포함되지 않는다.
② 허쯔버그(Herzberg)의 2요인이론(two-factor theory)에 따르면 경제적 복리후생은 동기요인에 해당하며 직원 동기부여에 긍정적 영향을 미친다.
③ 우리나라에서 산전·후 휴가 및 연차유급휴가는 법정 복리후생에 해당한다.
④ 우리나라에서 고용보험 보험료는 근로자가 일부 부담하지만, 산업재해보상보험 보험료는 회사가 전액 부담한다.
⑤ 카페테리아(cafeteria)식 복리후생제도는 여러 복리후생 프로그램 중 종업원 자신이 선호하는 것을 선택할 수 있도록 하는 제도를 말한다.

노사관계

1113
2009 CPA

비노조원도 채용할 수 있으나, 일정기간이 경과된 후 반드시 노동조합에 가입하여야 하는 제도로 가장 적절한 것은?

① 오픈 숍(open shop)
② 클로즈드 숍(closed shop)
③ 유니온 숍(union shop)
④ 체크오프 시스템(check-off system)
⑤ 에이전시 숍(agency shop)

이직관리

1114
2022 CPA

이직 및 유지 관리에 관한 설명으로 가장 적절하지 않은 것은?

① 자발적 이직(voluntary turnover)의 일반적인 원인에는 직무 불만족, 낮은 임금 및 복리후생 수준, 부진한 성과 등이 있다.
② 퇴직자 인터뷰(exit interview)는 종업원에 대한 유지평가 노력의 일환으로 폭넓게 사용되는 방법이다.
③ 개인이 조직에서 성과를 내는 데 영향을 미치는 주요 요인에는 개인적 능력, 투입된 노력, 조직의 지원 등이 있다.
④ 많은 고용주가 종업원의 무단결근(absenteeism)을 줄이기 위해 출근 보상, 유급 근로시간면제 프로그램, 징계 등을 사용한다.
⑤ 무단결근은 종업원이 일정대로 출근하지 않거나 정해진 때에 직장에 있지 않는 것을 말한다.

평등고용기회

1115
2021 CPA

인적자원계획 및 평등고용기회에 관한 설명으로 가장 적절하지 않은 것은?

① 인적자원계획(human resource planning)은 조직이 전략적 목표를 달성할 수 있도록 사람들의 수요와 가용성을 분석하고 확인하는 과정이다.
② 기업의 인력과잉 대처방안에는 임금의 삭감, 자발적 이직프로그램의 활용, 근로시간 단축 등이 있다.
③ 임금공정성(pay equity)은 실제 성과가 상당히 달라도 임무 수행에 요구되는 지식, 기술, 능력 수준이 유사하면 비슷한 수준의 급여가 지급되어야 한다는 개념이다.
④ 적극적 고용개선조치(affirmative action)는 여성, 소수집단, 장애인에 대해 역사적으로 누적된 차별을 해소하기 위한 적극적인 고용제도이다.
⑤ 고용주는 적법한 장애인에게 평등한 고용기회를 주기 위해 합리적인 편의(reasonable accommodation)를 제공해야 한다.

1116
2022 CPA

인적자원의 모집, 개발 및 평등고용기회에 관한 설명으로 가장 적절하지 않은 것은?

① 내부모집(internal recruiting)은 외부모집(external recruiting)에 비해 종업원들에게 희망과 동기를 더 많이 부여한다.
② 평등고용기회(equal employment opportunity)는 조직에서 불법적 차별에 의해 영향을 받지 않는 고용을 의미한다.
③ 선발기준(selection criterion)은 한 개인이 조직에서 담당할 직무를 성공적으로 수행하기 위해 갖추어야 하는 특성을 말한다.
④ 친족주의(nepotism)는 기존 종업원의 친척이 동일한 고용주를 위해 일하는 것을 금지하는 관행이다.
⑤ 종업원이 일반적으로 직장에서 연령, 인종, 종교, 장애에 의해 차별을 받는 것은 불법적 관행에 속한다.

1118
2020 CPA

인적자원계획, 모집 및 선발에 관한 설명으로 가장 적절하지 않은 것은?

① 현실적 직무소개(realistic job preview)란 기업이 모집단계에서 직무 지원자에게 해당 직무에 대해 정확한 정보를 제공하는 것을 말한다.
② 선발시험(selection test)에는 능력검사, 성격검사, 성취도검사 등이 있다.
③ 비구조적 면접(unstructured interview)은 직무기술서를 기초로 질문항목을 미리 준비하여 면접자가 피면접자에게 질문하는 것으로 이러한 면접은 훈련을 받지 않았거나 경험이 없는 면접자도 어려움 없이 면접을 수행할 수 있다는 이점이 있다.
④ 기업의 인력부족 대처방안에는 초과근무 활용, 파견근로 활용, 아웃소싱 등이 있다.
⑤ 외부노동시장에서 지원자를 모집하는 원천(source)에는 광고, 교육기관, 기존 종업원의 추천 등이 있다.

인적자원관리 종합

1117
2010 CPA

다음의 설명 중 가장 적절하지 않은 것은?

① 임금수준은 근로자의 생계비와 기업의 지불능력 사이에서 사회일반이나 경쟁기업의 임금수준을 고려하여 결정한다.
② 가치사슬 모형(value chain model)과 경력 닻 모형(career anchors model)은 마이클 포터(M. Porter)에 의해 제시되었다.
③ 선택적 복리후생제도는 일정금액 한도 내에서 직원 개인별 니즈에 맞춰 복지항목 및 수혜수준을 직원들이 각자 선택할 수 있게 한 제도이다.
④ 유연근무제(flex time or flexible work schedule)는 종업원 개개인이 근무시간을 자유롭게 선택할 수 있으므로 직장생활과 가정생활을 조화시킬 수 있다는 장점이 있다.
⑤ 고충처리제도(grievance procedures)는 회사 및 관리자의 자의적인 행동이나 조치로부터 근로자들을 보호하고 근로자들의 불평들을 회사가 체계적으로 해결하기 위한 공식적인 절차이다.

1119
2021 CPA

인적자원의 모집, 개발 및 교육훈련에 관한 설명으로 가장 적절하지 않은 것은?

① 교육훈련(training)은 종업원에게 현재 수행하고 있는 직무뿐만 아니라 미래의 직무에서 사용하게 할 목적으로 지식과 기술을 제공한다.
② 고용주들은 조직 내부의 인적자원을 개발하느냐 아니면 이미 개발된 개인들을 외부에서 채용하느냐의 선택에 직면한다.
③ 직무상 교육훈련(on-the-job training)은 직무에 대한 경험과 기술을 가진 사람이 피훈련자가 현장에서 직무 기술을 익히도록 도와주는 방법이다.
④ 오리엔테이션은 정규 교육훈련의 한 유형으로 신입사원에게 조직, 직무 및 작업집단에 대해 실시하는 계획된 소개를 말한다.
⑤ 사내공모제(job posting)는 모집에 있어서 투명성을 제고할 수 있고, 종업원들의 승진과 성장 및 발전에 대한 기회를 균등하게 제공할 수 있다.

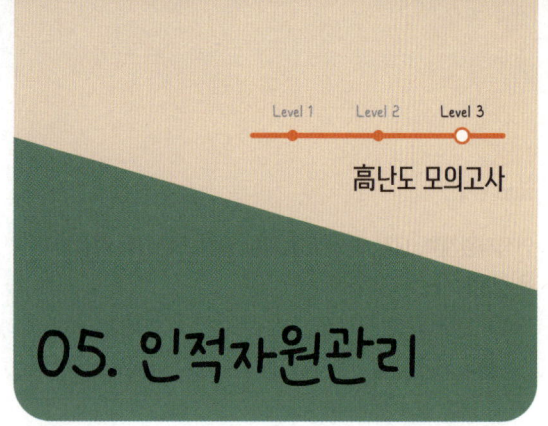

05. 인적자원관리

1120

인사평가(performance appraisal)와 관련한 다음 설명 중 가장 적절하지 않은 것은?

① 평가척도법(rating scale), 중요사건법(CIM: critical incident method), 행동관찰척도(BOS: behavioral observation scale) 등은 절대평가 기법이고, 쌍대비교법(paired-comparison method), 강제할당법(forced-distribution method) 등은 상대평가 기법에 해당한다.
② 인사평가에 대한 정보를 근거로 종업원의 단점을 효과적으로 수정하려고 할 때 가장 구체적인 정보를 제공하는 것은 종업원의 '특성(trait)'을 평가하는 방법이다.
③ 인사평가의 타당성(validity)과 신뢰성(reliability)이 가장 높은 것은 업무수행의 '결과물'에 대한 평가이다.
④ 행위기준고과법(BARS: behaviorally anchored rating scale)은 평가에 사용된 구체적 행동 외에 다른 주요한 행동들을 놓치게 된다는 단점을 가지고 있다.
⑤ 인사평가를 위한 정보를 조직내외의 가능한 모든 곳으로부터 수집하는 것을 360도 피드백(360-degree feedback)이라고 한다.

1121

핵크만과 올드햄의 직무특성이론(Job Characteristic Theory)에 따른 과업설계 방안 중 가장 적절하지 않은 것은?

① 생산이윤분배제(gain sharing)를 실시한다.
② 조각난 과업(task)을 묶어서 모듈화(module of work)시킨다.
③ 작업자와 고객을 직접 연결시켜준다.
④ 업무결과에 대해 자주 피드백이 가능하도록 의사소통채널을 활성화시킨다.
⑤ 직무를 수직적(vertical)으로 확대한다.

1122

직무분석(job analysis)과 직무평가(job evaluation)에 관한 설명으로 가장 적절하지 않은 것은?

① 직무분석은 직무에 관한 구체적 정보를 얻는 과정이며, 직무분석의 결과물은 직무기술서(job description)와 직무명세서(job specification)이다.
② 직무기술서와 직무명세서는 직무평가의 기본자료가 되며 직무평가의 요소는 작업자의 특성, 행동, 업적 등이다.
③ 직무분석의 정보가 명확하지 않으면 선발, 교육훈련, 인사평가, 보상 등의 인적자원관리 프로세스에 어려움을 줄 수 있다.
④ 직무평가는 직무의 상대적 가치를 정하는 절차로, 직무급(job-based pay) 도입을 위한 핵심 과정이다.
⑤ 직무평가의 요소비교법(factor comparison method)은 핵심이 되는 기준직무(key job)를 선정하고, 이들 기준직무에 지급되는 평가요소별 임금액을 비교하여 직무의 상대적 가치를 수량적으로 평가하는 방법이다.

1123

임금과 관련한 다음의 설명 중 가장 적절하지 않은 것은?

① 직능급(skill-based pay)은 근로자의 기술이나 지식 그리고 업무수행능력에 따라 임금을 정하는 구조로, 근로자들에게 끊임없이 지식의 깊이와 폭을 넓힐 것을 요구한다는 점에서 타당성 있는 임금체계이다.
② 글로벌 기업의 경영층(CEO 등)에 대한 임금은 주식가치와 연동되는 경우가 많다.
③ 직무급(job-based pay)은 근로자의 생활사정과 신분 등에 의한 요소를 배제하고 임금의 공화화를 이룩함과 동시에 직무의 내용과 책임을 명확히 하고 나아가 노동능률의 향상을 기한다.
④ 연공급(seniority-based pay)은 장기근속을 유도하고 이직과 노동이동을 줄이는 장점이 있으나 직무수행 능력과 성과를 무시한다는 단점을 가진다.
⑤ 근로자들은 임금의 공정성(equity)을 평가할 때, 비교의 대상(준거인)을 조직 내 인물로 국한한다.

1124

교육훈련(training)과 인사평가(performance appraisal)와 관련한 다음 설명 중 가장 적절하지 않은 것은?

① 교육훈련의 필요성 분석은 개인, 과업, 조직차원으로 구분된다.
② 인사평가에서 절대평가는 교육훈련 목적으로 사용하는 것이 좋고, 상대평가는 승진목적으로 사용하는 것이 좋다.
③ 행위기준고과법(BARS: behaviorally anchored rating scale)은 형식면에서 평가척도법을 활용하며, 내용면에서는 중요사건법(CIM: critical incident method)을 활용한다.
④ 마일즈와 스노(Miles & Snow)의 전략유형 가운데, 방어형(defender) 전략을 사용하는 기업은 직무현장훈련(on-the-job training)이 더 적절하고, 탐색형(prospector) 전략을 사용하는 기업은 직무외훈련(off-the-job training)이 더 적절하다.
⑤ 인사평가의 타당성(validity)은 기준관련 타당성(criterion-related validity)이라고 볼 수 있다.

1125

보상과 관련된 서술 중 가장 적절하지 않은 것은?

① 연령, 성별, 학력, 근속연수 등에 상관없이 동일한 가치의 일을 하면 동일한 임금을 주기 위해서는 사람의 가치보다는 직무의 가치에 임금을 매기는 것이 더 좋다.
② 임금수준(pay level)은 종업원에게 지급하는 평균임금의 문제로 임금수준이 높은 기업은 우수한 인력을 유인하고 유지할 수 있다.
③ 임금의 외부공정성(external equity)은 동일한 직무수행에서 받는 조직 내부와 외부의 임금을 비교하여 인식하는 공정성을 말한다.
④ 집단 성과급의 일종인 럭커플랜(Rucker plan)은 종업원 제안제도를 포함하고 있다.
⑤ 지식정보사회에 대응하기 위해서는 지식급(knowledge-based pay)이나 기술급(skill-based pay)을 사용하는 것이 적절하다.

1126

직무관리와 모집·선발에 관한 다음 설명 중 가장 적절하지 않은 것은?

① 직무분석(job analysis)의 결과물 중 직무기술서(job description)는 직무에 관한 사실과 정보를 모든 사람이 이해하기 쉽도록 간략하게 정리하여 기술한 양식으로 '인사평가'의 기본자료로도 활용된다.
② 직무평가(job evaluation)는 '동일노동 동일임금(equal pay for equal work)'의 원칙을 실현하기 위한 직무급 도입의 기초절차이며, 임금의 외부공정성(external equity)을 확보하기 위한 수단이기도 하다.
③ 직무설계 방법 가운데 직무충실화(job enrichment)는 직무를 수직적으로 확대하는 것을 의미하며, 직무특성이론(job characteristic model) 측면에서 보면 이는 '자율성(autonomy)' 증대와 관련이 있다.
④ 패널면접(panel interview)시 동일한 인물에 대한 평가에서 면접관들의 판단이나 점수가 일치하지 않는다면 이는 신뢰성(reliability)에 문제가 있다고 판단할 수 있다.
⑤ A(종업원의 업무성과)와 B(선발시험 점수) 간의 관계를 측정할 때 A와 B간의 상관관계가 높으면 기준관련 타당성(criterion-related validity)이 높다고 볼 수 있으며, 이 때 A가 미래사건이면 예측타당성(predictive validity)이고, 현재사건이면 동시타당성(concurrent validity)이다.

1127

인사평가와 관련한 다음 설명 중 가장 적절하지 않은 것은?

① 정확한 평가정보를 수집하기 위해서는 평가자 수보다는 평가항목의 수를 증가시키는 것이 좋다.
② 구체적인 피드백 정보를 가장 많이 제공하는 평가방법은 종업원의 '행동'을 평가하는 것이다.
③ 타당성(validity)과 신뢰성(reliability)이 가장 높은 성과평가 방법은 업무수행의 '결과'를 평가하는 것이다.
④ 행위기준고과법(BARS)은 평가에 사용된 구체적 행동 외에 다른 주요한 행동들을 놓치게 된다는 단점을 가지고 있다.
⑤ 인사평가를 위한 정보를 조직 내·외의 가능한 모든 곳으로부터 수집하는 것을 360도 피드백(360-degree feedback)이라고 한다.

1128

직무와 관련한 다음 설명 중 가장 적절하지 않은 것은?

① 직무분석(job analysis)은 직무(job)와 사람(person)의 최적 결합을 달성하기 위해 선행되어야 할 절차이다.
② 급변하는 환경은 직무 본질을 변화시키고 점차 프로젝트 중심의 조직을 운영하도록 만들고 있어, 직무분석(job analysis)의 중요성은 점차 감소하고 있다.
③ 직무확대(job enlargement), 직무충실화(job enrichment)는 개인수준의 직무설계 방법이다.
④ 직무평가(job evaluation) 제도는 연공중심의 인적자원관리 시스템 확립에 필수적인 절차이다.
⑤ 직무평가(job evaluation) 제도는 임금의 내부공정성(internal equity) 확립에 기여한다.

1129

인적자원관리에 관한 다음의 설명 중 가장 적절하지 않은 것은?

① 내부모집에 비해 외부모집은 부적격자를 채용할 위험성이 높다.
② 선발시험 점수와 인사평가(performance appraisal) 점수 간 상관관계가 높다면, 기준관련 타당성(criterion-related validity)이 높다고 말할 수 있다.
③ 행위기준고과법(BARS: behaviorally anchored rating scale)을 사용하면, 일정 비율의 팀원들에게 반드시 낮은 등급을 부여하게 함으로써 팀원들의 사기를 떨어뜨릴 수 있다.
④ 집단성과급제(group incentive plan)는 집단 구성원들 간의 상호협조와 상호 압력을 통하여 동기부여적 집단분위기를 조성할 수 있다.
⑤ 기업이 어떤 전략(strategy)을 선택하는가에 따라 전략 실행에 요구되는 인적자원요건이 달라지기 때문에, 기업의 전략과 인적자원관리 시스템 간에 적합성이 중요하다.

1130

생산현장의 인적자원관리(human resource management)에 대한 다음의 설명 중 가장 적절하지 않은 것은?

① 다양한 과업을 수행할 수 있는 유연한 노동력을 확보하려면 인력에 대한 교육훈련이 많이 필요하다.
② 라인(assembly line) 프로세스로 운영되는 기업의 경우, 작업자들은 좁은 범위의 과업을 반복적으로 수행한다.
③ 공정별 배치(process layout)보다는 제품별 배치(product layout)에서 작업자들이 기술 다양성(skill variety)과 과업 정체성(task identity)이 더 높다.
④ 전사적 품질경영(TQM: total quality management)의 성공적 운영을 위해서는 높은 수준의 권한위임(empowerment)이 요구된다.
⑤ JIT(just-in-time) 시스템이 요구하는 노동력의 유연성 확보를 위해 직무순환(job rotation)을 실시하는 것이 바람직하다.

1131

인적자원의 모집(recruitment), 선발(selection), 교육훈련(training)에 관한 다음 설명 중 가장 적절하지 않은 것은?

① 인력의 공급에 비해 수요가 더 많을 때, 모집(recruitment)이 고려된다.
② 혁신적 제품의 생산이 중요한 기업은 혁신에 필요한 인재를 외부에서 영입하기 보다는 내부에서 양성하는 것이 더 적절하다.
③ 선발도구의 타당성(validity)이 일정할 때, 선발비율(SR: selection ratio)을 낮추면 성과가 더 좋은 인력을 선발할 수 있으나 필요한 인력을 충분히 선발할 수 없다는 단점이 있다.
④ 실제 직무와 관련한 지식이나 응용력을 테스트하는 작업 샘플 검사(work sample test)는 기준관련 타당성(criterion-related validity)이 매우 높다.
⑤ 직장내 훈련(OJT: on-the-job training)은 종업원의 습득 정도에 따라 훈련을 시행할 수 있지만, 다수의 종업원들을 한꺼번에 훈련시키기에는 적절하지 못하다.

1132

인적자원관리에 관한 다음의 설명 중 옳은 항목만으로 구성된 것은?

> a. 선발에 앞서 직무 수행에 필요한 지식(knowledge), 기술(skill), 능력(ability)이 무엇인지를 확인하기 위해 직무기술서(job description)를 활용한다.
> b. 직무급 임금 산정에서 내부공정성(internal equity)은 직무평가(job evaluation)를 통해 확립되며, 외부공정성(external equity)은 시장임금조사(market pay survey)를 통해 확립된다.
> c. 종업원 입장에서는 생산이윤분배제(gain sharing)보다 성과이윤분배제(profit sharing)의 위험이 더 높게 지각된다.
> d. 인바스켓(in-basket) 훈련은 상사로부터 오는 메모, 전보, 편지, 지시, 전화메시지 등 실제상황과 비슷한 업무지시 용지를 이용하여 의사결정이나 업무수행과 관련된 적절한 조치를 취하도록 훈련한다.
> e. 종업원에게 구체적 피드백을 주기 위해서는 '결과'에 근거한 인사평가(performance appraisal)가 가장 적절하다.

① a, b, c
② a, b, d
③ b, c, d
④ b, d
⑤ d, e

1133

인적자원관리(human resource management)에 대한 다음 설명 중 가장 적절하지 않은 것은?

① 환경의 변화에 따라 직무가 수시로 변할 때는 역량(competency)을 중심으로 한 직무분석이 적절하다.
② 기업의 전략과 인적자원관리 활동 간의 적합성을 추구하는 것을 전략적 인적자원관리(strategic human resource management)라고 한다.
③ 직무평가(job evaluation) 방법 가운데 직무의 상대적 가치를 화폐단위로 수량화하는 기법은 요소비교법(factor comparison method)이다.
④ 기준관련 타당성(criterion-related validity)과 내용타당성(content validity)은 모두 통계적 방법으로 검증된다.
⑤ 현실적 직무소개(RJP: realistic job preview)를 실시하면 신입직원들의 이직률을 낮추는데 도움이 된다.

1134

인사평가(performance appraisal)와 보상(compensation)에 대한 다음 설명 중 가장 적절한 것은?

① 특성, 행동, 결과 평가 가운데 종업원 개발과 능력향상 목적에 가장 적합한 것은 결과 평가(results-based appraisal)이다.
② 360도 피드백 혹은 다면평가는 보상이나 상벌을 목적으로 설계되는 것이 바람직하다.
③ 임금수준(pay level)은 종업원에게 지급하는 임금의 평균액을 의미하며 이는 임금의 내부 공정성(internal equity)의 문제로 직결된다.
④ 마일즈와 스노(Miles & Snow)의 전략 유형 가운데 탐색형(prospector) 전략을 사용하는 기업은 임금수준 전략 가운데 추종전략(lag strategy)보다는 선도전략(lead strategy)이 더 적합하다.
⑤ 임금을 기본급(base pay)과 인센티브(incentive)로 구분할 때, 인사평가(performance appraisal)와 연계하여 지급되는 고과급(merit pay)은 기본급에 속한다.

1135

직무분석, 직무평가, 직무설계에 관한 다음 설명 중 가장 적절하지 않은 것은?

① 직무분석(job analysis)은 적재적소의 배치를 실현하기 위한 필수적 절차이다.
② 부하에게 권한을 위임하는 것은 직무의 자율성(autonomy) 증가를 가져오며, 이는 의미감(meaningness)을 높이는 결과를 가져온다.
③ 직무평가(job evaluation)는 직무의 상대적 가치를 정하는 절차로, 직무급(job-based pay) 도입을 위한 핵심절차이다.
④ 직무평가 방법 중 하나인 요소비교법(factor comparison method)은 기준직무(key job)를 선정하고 그 기준 직무의 평가요소와 평가대상 직무의 비교를 통해 직무의 상대적 가치를 산정하는 방법이다.
⑤ 유연시간 근무제(flextime)와 재택근무(telecommuting)는 직무수행의 시간과 장소를 변화시키는 직무설계 방법이다.

1136

보상(compensation)에 대한 다음 설명 중 가장 적절하지 않은 것은?

① 직무급(job-based pay)은 고난도 직무를 수행할수록 더 많은 급여를 받기 때문에 승진위주의 임금제도라고 할 수 있다.
② 연공급(seniority-based pay)은 노력과 능력을 고려하지 않기 때문에 종업원을 무사안일로 유도할 수 있다.
③ 임금수준(pay level)이 상대적으로 높은 기업은 노동시장에서 경쟁력을 가질 수 있다.
④ 종업원의 공헌도에 따라 차등지급되는 인센티브(incentive)의 지급효과는 기대이론(expectancy theory)의 유의성(valence) 으로 설명될 수 있다.
⑤ 카페테리아식 복리후생은 개인에게 선택권을 줄 수 있다는 측면에서 장점이 있지만 초기 단계에서 관리 비용이 많이 든다는 단점이 있다.

1137

모집(recruitment)과 선발(selection)에 대한 다음 설명 중 가장 적절하지 않은 것은?

① 내부모집은 승진기회를 제공함으로써 기존 구성원들에게 동기부여를 제공한다.
② 작업표본검사(work sample test)는 지원자가 모의 직무를 어떻게 수행하는지를 관찰하기 위해 고용 전 모의실험을 하는 것으로 일반화가능성(generalizability)이 높은 편이다.
③ 선발도구의 신뢰성(reliability)은 어떤 시험을 동일한 환경에서 동일한 사람이 몇 번 다시 보았을 때, 그 결과가 서로 일치하는 정도를 말한다.
④ 선발도구의 내용타당성(content validity)은 실제적인 타당성 계수를 계산하지 않고 대신 전문가의 판단에 따라 검증된다.
⑤ 선발도구의 동시타당성(concurrent validity) 검증은 현직 종업원에게 선발도구를 적용하여 얻은 예측치를 그 종업원의 직무성과와 비교하는 것이다.

1138

직무관리에 대한 다음 설명 중 가장 적절하지 않은 것은?

① 적재적소의 배치를 통해 성과를 높이기 위해서는 직무평가(job evaluation) 내용을 바탕으로 직무분석(job analysis)을 실시해야 한다.
② 직무평가(job evaluation)는 직무의 상대적 가치를 판단하는 절차로 임금의 공정성 문제를 극복하기 위한 중요한 수단이다.
③ 직무의 전문화는 생산성을 높이긴 하지만 세분화된 작업으로 작업자가 직무에 대한 만족을 느끼기 힘들며, 보다 좋은 직무를 수행할 기회가 적다.
④ 직무확대(job enlargement)는 직무의 의미성(meaningness)을 증가시키지만 흥미롭지 않고 단조로운 직무를 추가로 할당했을 때 작업자의 실망은 더욱 커진다.
⑤ 직무분석의 관찰법(observation method)은 정신적 활동이 대부분이거나 직무의 시작에서 종료까지 많은 시간이 소요되는 경우에는 적용이 곤란하다.

1139

모집, 선발, 교육훈련에 대한 다음 설명 중 가장 적절하지 않은 것은?

① 임금수준(pay level)이 높은 기업이 낮은 기업보다 모집활동에서 상대적으로 자격수준이 높은 지원자를 확보할 가능성이 높다.
② 검사-재검사법(test-retest method)이나 복수양식법(multiple forms method)에서 높은 상관관계를 보인 선발도구는 신뢰성(reliability)이 높다고 할 수 있다.
③ 선발시험의 신뢰성(reliability)이 낮다면 선발시험 점수와 성과 점수간의 관련성이 낮다고 볼 수 있다.
④ 동일한 선발도구에 대해 동시타당성(concurrent validity)과 예측타당성(predictive validity)을 모두 검증한다면 보통 예측타당성의 신뢰도가 더 높다.
⑤ 커크패트릭의 교육훈련 평가 4단계 모형에서 교육훈련의 전이(transfer of training) 정도를 평가하는 것은 3단계와 4단계이다.

1140

인사평가와 보상에 대한 다음 설명 중 가장 적절한 것은?

① 임금의 내부공정성(internal equity)은 해당 기업 종업원이 받는 임금수준이 타 기업의 그것과 비교하여 공정한가에 대한 것이며, 외부공정성(external equity)은 해당 기업 내 종업원들 간의 임금 격차가 공정한가에 관한 것이다.
② 직무급(job-based pay)은 직무의 가치를 기준으로 임금이 결정되기 때문에 '동일한 가치의 직무'를 수행하는 종업원들은 그들의 능력, 연공, 학력 등에 관계없이 '동일한 임금'이 지급된다.
③ 법정 외 복리후생의 경우 기업이 많은 예산을 지출하였음에도 불구하고 이를 받아들이는 종업원이 가치를 느끼지 못한다면 보상의 효과가 감소하므로 복리후생의 효과 극대화를 위해 표준적 복리후생 프로그램(standard benefits package)을 실시해야 한다.
④ 인사평가 방법 가운데 전략과의 적합성(strategic congruence)이 가장 높은 것은 '행동' 평가이고, 구체적 피드백(specificity)이 가장 높은 것은 '결과' 평가이다.
⑤ 쌍대비교법(paired-comparison method)과 강제할당법(forced-distribution method)은 절대평가에 해당하고, 행위기준고과법(BARS)과 행동관찰척도(BOS)는 상대평가에 해당한다.

1141

보상에 대한 다음 설명 중 가장 적절하지 않은 것은?

① 임금수준(pay level)은 종업원에게 지급되는 임금의 평균액을 의미하며, 임금체계(pay structure)는 임금의 총액을 배분하는 기준을 말한다.
② 스캔론 플랜(Scanlon plan)과 럭커 플랜(Rucker plan)은 개인별 성과급에 해당한다.
③ 종업원의 지속적인 학습을 장려하기 위해서는 직능급(skill-based pay) 임금제도가 적절하다.
④ 고과급(merit pay)은 인사평가와 연계하여 지급하는 성과급의 일종으로 생산직보다는 사무직에서 주로 시행된다.
⑤ 최고경영진에 대한 임금은 고정급여의 비중을 줄이고 기업의 성과와 연동된 성과급의 비중을 높게 설계하는 것이 바람직하다.

1142

직무관리에 대한 다음 설명 중 가장 적절하지 않은 것은?

① 직무분석(job analysis)의 결과물은 직무기술서(job description)와 직무명세서(job specification)이다.
② 직무평가(job evaluation) 기법에는 서열법, 분류법, 점수법, 요소비교법 등이 있다.
③ 직무순환(job rotation), 직무확대(job enlargement), 직무충실화(job enrichment)는 개인수준의 직무설계 방법이다.
④ 직무평가의 주요 요소는 종업원이 보유한 특성이나 종업원이 보여주는 행동이다.
⑤ 유연시간 근무제(flextime)와 재택근무(telecommuting)는 직무자체의 변경없이 직무수행의 시간과 공간을 각각 변화시키는 방법이다.

1143

인적자원관리에 대한 다음 설명 중 가장 적절하지 않은 것은?

① 기업에 대한 노조의 영향력은 클로즈드 숍(closed shop) 제도가 가장 강하다.
② 구조적 면접(structured interview)이 비구조적 면접(unstructured interview)보다 타당성(validity)이 상대적으로 더 높다.
③ 인바스켓 훈련(in-basket training)은 다양한 평가자들이 다양한 평가도구를 활용하여 피평가자를 체계적으로 평가하는 방법을 의미하며 관리상의 기술, 대인관계 기술, 관리자 업무의 적합성 등을 평가한다.
④ 교육훈련의 전이(transfer of training)를 높이기 위해서는 새로 습득한 내용을 현장에서 적용할 수 있는 기회를 부여해야 한다.
⑤ 행위기준고과법(BARS)은 절대평가에 해당하며, 강제할당법(forced distribution method)은 상대평가에 해당한다.

1144

직무와 관련한 다음 서술 중 가장 적절하지 않은 것은?

① 직무분석의 방법 가운데 면접법(interview method)은 작업자로부터 직접 직무관련 자료를 수집하기 때문에 자료의 실질성이 큰 반면, 면접에 많은 시간이 소요될 수 있다.
② 직무평가(job evaluation)의 서열법(ranking method)은 '계량적' 방법이며 '직무 대 기준'을 비교하는 방법이다.
③ 중요사건법(CIM: critical incident method)을 이용하여 얻는 직무분석 자료는 성공과 실패에 관한 극단적 업무처리와 관련된 것들이기 때문에 보통 수준에서 직무를 수행할 때 관련되는 자료를 확보하는 데는 한계가 있다.
④ 유연시간 근무제(flextime)는 자율과 책임감을 높여 직무만족을 높일 것으로 기대되지만 외부와의 접촉이 잦거나 고객과 약속된 시간에 따라서 근무해야 하는 경우에는 적용이 어렵다.
⑤ 압축근무제(compressed work) 실시하면, 긴 주말을 이용하여 가족과 레크리에이션과 개인적 업무처리 기회가 증가한다.

1145

모집, 선발에 대한 다음 설명 중 가장 적절하지 않은 것은?

① 어느 프로스포츠팀에서 선수선발에 고교시절 수학능력시험의 점수로 선발한다면, 선발도구의 신뢰성(reliability)에 문제가 생긴다.
② 구조적 면접(structured interview)의 대표적 형태는 상황면접(situational interview)이다.
③ 구성타당성(construct validity)은 특정 선발도구의 성과예측도를 나타낸다기 보다는 해당 선발도구의 측정도구(measurement tool)로서의 적격성을 판정하는 타당성(validity)이라고 할 수 있다.
④ 고성과자를 선발하기 위한 노력의 일환으로 다양한 방법을 사용하여 지원자를 체계적으로 평가하여 타당성(validity)을 높이려는 것이 평가센터법(assessment center method)이다.
⑤ 임금수준(pay level)이 높은 기업은 외부노동시장에서 다른 기업에 비해 경쟁력을 가질 수 있다.

1146

경력관리, 인사평가, 보상관리에 대한 다음 설명 중 가장 적절하지 않은 것은?

① 자신의 능력 혹은 기업의 구조적 한계로 더 올라갈 수도 없는 상태를 경력정체(career plateau)라고 한다.
② 네트워크 경력경로(network career path)에서는 해당 직급 내 여러 직무를 개인이 수행한 후 상위직급으로 이동하는 경우를 말한다.
③ 단위 당 소요되는 표준작업시간과 실제작업시간을 비교하여 절약된 작업시간에 대한 생산성 이득을 노사가 합의한 비율에 따라 배분하는 집단성과배분(gain sharing) 제도를 스캔론 플랜(Scanlon plan)이라고 한다.
④ 효과적 성과평가 기준 가운데 구체적 피드백(specificity)이란 인사평가의 결과물이 종업원이 성과달성을 위해 구체적으로 무엇을 해야 하는지를 구체적으로 알려주는 정도를 의미한다.
⑤ 임금의 내부공정성(internal equity)이란 기업에서 허용되는 임금총액을 개인들에게 어떠한 격차로 나누어 주어야 공정한가에 대한 개념이다.

1147

직무관리에 대한 다음 서술 중 가장 적절하지 않은 것은?

① 직무급제도를 확립하기 위한 기초 절차인 직무평가(job evaluation)를 할 때, 평가 대상 직무의 현직 수행자의 성별, 학력, 스킬 등을 충분히 고려하여 직무를 평가하여야 한다.
② 직무명세서(job specification)는 성공적 직무수행을 위해 필요한 인적요건을 중심으로 기술한 것이다. 즉 직무를 잘 수행하기 위해서 어떤 인간적 특성이나 경험이 요구되는가를 규정한 것이다.
③ 핵크만과 올드햄(Hackman & Oldham)의 직무특성이론에 따르면 직무를 설계할 때 직무 자체에서 의미감(meaningfulness), 책임감(responsibility), 직무수행의 완성도를 알 수 있도록 해야 한다.
④ 직무분석을 위한 정보 수집 방법에는 경험법, 관찰법, 면접법, 질문지법, 종업원기록법 등이 있다.
⑤ 직무순환(job rotation)은 비슷한 수준에서 유사한 기능을 요구하는 다른 직무로 순환시키는 방법으로 지나치게 단순화된 과업수행으로 인한 지루함을 줄일 수 있다.

1148

모집, 선발에 대한 다음 설명 중 가장 적절하지 않은 것은?

① 사원추천(employee referral) 제도는 회사가 필요로 하는 자격을 갖춘 인재들을 저렴한 비용으로 모집하게 되므로 모집의 효과성을 높일 수 있다.
② 현실적 직무소개(RJP: realistic job preview)는 지원자들에게 그 직장이 자신에게 맞는 일인지를 심각하게 생각할 수 있는 기회를 제공함으로써, 입사 후 그들의 이직률을 낮추는데 기여할 수 있다.
③ 국가 공인 영어시험인 TOEIC을 은행원 선발에 사용한다면 선발도구의 타당성(validity)보다는 신뢰성(reliability)의 문제가 제기될 확률이 높다.
④ 새로 만든 선발시험의 기준관련 타당성(criterion-related validity)을 확인하기 위해서는 예측타당성(predictive validity) 검증보다는 동시타당성(concurrent validity) 검증을 사용해야 한다.
⑤ 선발과정에서 발생하는 오류, 즉 고성과자를 불합격 시키거나(제1종 오류) 혹은 저성과자를 합격시키는 오류(제2종 오류)를 줄이기 위해서는 선발도구 점수와 성과점수 간의 상관관계를 높이도록 해야 한다.

1149

교육훈련과 인사평가에 대한 다음 설명 중 가장 적절하지 않은 것은?

① 사무직을 대상으로 암벽등반이나 급류타기 등의 모험학습(adventure learning)을 실시하는 것은 교육훈련의 전이(transfer of training) 정도가 대체로 낮다.
② 커크패트릭(Kirkpatrick)의 교육훈련 평가 4단계 모형에서 '행동'과 '결과'에 비해 '반응'과 '학습' 평가가 높은 교육훈련이 조직의 성과향상에 있어서 전략적 가치가 높다고 볼 수 있다.
③ 관리자나 일반종업원을 대상으로 인간관계에 대한 태도 개선 및 인간관계기술을 제고시키기 위해서는 역할연기법(role play)을 실시하는 것이 바람직하다.
④ 인사평가 기법 가운데 서열법(ranking method)과 강제할당법(forced distribution method)을 사용하면 관대화 경향과 중심화 경향 오류를 제거할 수 있다는 장점을 가지고 있다.
⑤ 인사평가에서 전략과의 적합성(strategic congruence)이 가장 높은 것은 '결과' 평가이고, 구체적 피드백(specificity)이 가장 높은 것은 '행동' 평가이다.

1150

조직구성원의 보상에 대한 다음 설명 중 가장 적절한 것은?

① 임금의 내부공정성(internal equity)이 확보되지 않으면 능력 있는 인재들을 유인하기 어렵고, 현재의 능력 있는 인재들을 유지하기도 어렵다.
② 직무평가(job evaluation) 제도는 임금의 외부공정성을 확보하는 방안이며, 시장임금조사(pay survey)는 임금의 내부공정성을 확보하기 위한 방안이다.
③ 임금체계란 종업원에 지급하는 평균임금액을 관리하는 것을 의미하며, 이를 관리하는 것은 임금총액을 관리하는 것과 같다.
④ 직무급(job-based pay)과 직능급(skill-based pay)을 적용할 경우 근속년수가 동일하더라도 임금액이 달라질 수 있다.
⑤ 임금피크제(salary peak)는 기업이 인건비의 과다한 부담을 해소하기 위해 정년을 조정하면서 일정시점을 정하여 일생의 최고임금(피크임금)으로 삼고 그 이후부터 임금액을 감소시키는 제도로 직무급 임금제도 하에서 주로 사용한다.

1151

직무관리에 대한 다음 서술 중 가장 적절하지 않은 것은?

① 직무분석(job analysis) 방법 가운데 면접법(interview)은 완전하고 정확한 직무자료를 획득할 수 있다는 장점이 있으나 자료 수집에 시간과 노력이 많이 소비되고, 비용이 많이 든다는 단점이 있다.
② 직무가 자주 변하는 조직에서는 직무기술서(job description)와 직무명세서(job specification)를 자주 업데이트해야 하므로 직무보다는 직무수행자에 초점을 맞춘 직무분석을 사용하는 것이 바람직하다.
③ 공정한 직무평가(job evaluation)를 위해서는 현재 직무수행자의 인적요건을 고려하여 직무의 상대적 가치를 산정하여야 한다.
④ 직무를 수평적으로 확대하는 직무설계는 직무특성 가운데 기술다양성(skill variety)과 과업정체성(task identity)을 증가시킨다.
⑤ 직무를 수직적으로 확대하는 직무설계는 직무특성 가운데 자율성(autonomy)을 증가시킨다.

1152

모집, 선발에 대한 다음 설명 중 가장 적절하지 않은 것은?

① 내부모집을 주로 사용하는 기업은 경력사원보다는 신입사원 중심의 채용관리가 이루어진다.
② 사원추천(employee referral) 제도는 외부모집 방법에 해당한다.
③ 면접의 신뢰성(reliability)은 면접에서 물어보는 질문의 문제이고, 면접의 타당성(validity)은 면접관의 지각오류의 문제이다.
④ 신뢰성 측정 방법인 검사-재검사법(test-retest method), 복수양식법(multiple forms method), 양분법(split-half method)은 모두 통계적 방법으로 검증된다.
⑤ 동시타당성(concurrent validity)은 현재의 종업원을 대상으로 선발도구를 적용하여 예측치를 얻고 동시에 그 종업원의 직무성과와 비교하는 방법으로 검증된다.

1153

교육훈련과 인사평가에 대한 다음 설명 중 가장 적절하지 않은 것은?

① 직능급(skill-based pay)을 도입하기 위해서는 종업원의 능력을 정확하고 공정하게 측정할 수 있는 인사평가제도가 사전에 준비되어야 한다.
② 교육훈련 현장과 직무 현장 간 유사성이 높아질수록 훈련의 전이(transfer of training) 정도는 높아진다.
③ 전략과의 적합성(strategic congruence)이 높은 인사평가 기법은 조직의 전략에 부합하는 종업원의 행동과 태도를 조성할 수 있다.
④ 인사평가의 타당성(validity)을 증대하기 위해서는 평가집단을 세분화하여 차별화된 평가요소를 적용하는 것이 바람직하다.
⑤ 서열법(ranking method), 강제할당법(forced-distribution method), 쌍대비교법(paired comparison method) 등의 상대평가 기법은 주로 인재육성 목적으로 활용된다.

1154

조직구성원의 보상에 대한 다음 설명 중 가장 적절한 것은?

① 내부공정성(internal equity)은 동일 직무에 대하여 노동시장에서 지불되는 임금액에 대비한 구성원의 임금에 대한 공정성 지각을 의미한다.
② 외부공정성(external equity)은 단일 조직 내에서 직무의 상대적 가치에 임금이 비례하는 정도를 의미한다.
③ 개인공정성(individual equity)은 다양한 직무 간 개인의 특질, 교육정도, 동료들과의 인화력, 업무몰입수준 등과 같은 개인적 특성이 임금에 반영되는 정도를 의미한다.
④ 직무급(job-based pay)에서의 임금상승은 상대적 가치가 높은 직무로의 이동을 통해 가능하고, 직능급(skill-based pay)에서의 임금상승은 스킬의 획득에 의해 가능하다.
⑤ 조직은 조직구성원에 대한 면접조사를 통하여 자사 임금수준의 내부, 외부 공정성 수준을 평가할 수 있다.

1155

직무분석과 직무평가에 대한 다음 서술 중 가장 적절하지 않은 것은?

① 높은 성과를 얻기 위해서 조직은 직무상 요구와 수행 종업원이 보유한 요건을 일치시켜야 하는데, 이를 위해 직무분석(job analysis)이 필요하다.
② 직무분석의 관찰법(observation method)은 분석대상이 되는 과업이 단순하고 주기가 짧은 경우에 정확한 정보를 얻을 수 있지만 일이 복잡하고 주기가 긴 경우에는 정확한 자료수집이 곤란하다.
③ 직무평가(job evaluation)시 가장 일반적으로 적용되는 평가요소는 숙련(skill), 노력(effort), 책임(responsibility), 작업환경(job condition) 등이다.
④ 직무평가 방법 가운데 요소비교법(factor comparison method)은 임금을 계량적으로 결정할 수 있을 뿐만 아니라 직무의 수가 방대한 경우에도 체계적이고 일관된 비교가 용이하다는 장점을 갖는다.
⑤ 직무평가 방법 가운데 가장 많이 사용되는 것은 점수법(point rating method)이다.

1156

인적자원계획, 모집, 선발에 대한 다음 설명 중 가장 적절한 것은?

① 마코프 분석(Markov analysis)은 전이행렬표(transitional probability matrix)를 작성하는 것이 핵심인데, 이는 전문가들의 예측을 통해 작성된다.
② 인적자원계획에서 인력의 수요가 공급을 초과할 때 사용할 수 대안으로는 초과근무(overtime), 아웃소싱(outsourcing), 신규채용, 조기퇴직(early retirement) 등의 방법이 있다.
③ 선발도구의 신뢰성 측정 시, 검사-재검사법(test-retest method)을 사용하면 두 번째 시험에서 첫 번째 시험문제를 기억하여 답하는 주시험 효과(main testing effect)를 방지할 수 있다.
④ 선발도구의 예측타당성(predictive validity)은 선발도구가 미래의 성과를 얼마나 잘 예측하는가에 관한 것이고, 동시타당성(concurrent validity)은 선발도구가 현재의 성과를 얼마나 잘 예측하는가에 관한 것이다.
⑤ 선발도구의 내용타당성(content validity)은 상관관계 계산을 통해 객관적으로 평가된다.

1157

직무급(job-based pay)에 대한 다음 설명 중 가장 적절하지 않은 것은?

① 동일한 가치의 직무를 수행하면 성별, 학력, 근속연수, 국적과 무관하게 동일한 임금을 지급하는 제도이다.
② 임금의 내부공정성(internal equity)을 확보하기 위해서는 직무평가(job evaluation)를 실시해야 한다.
③ 임금의 외부공정성(external equity)을 확보하기 위해서는 해당 직무에 대한 시장임금을 조사해야 한다.
④ 직무급제도 하에서 종업원의 가장 큰 관심사는 '승진'이다.
⑤ 직무급제도를 실시하면 빠르게 변화하는 환경에 대응하기 위해 경영진의 의도에 따라 인력의 채용과 배치에서 유연성을 발휘하기가 용이하다.

1158

직무관리와 모집 · 선발에 관한 다음 설명 중 가장 적절하지 않은 것은?

① 직무분석(job analysis)의 질문지법(questionnaire method)은 많은 인원을 대상으로 신속하게 직무에 관한 정보를 수집할 수 있다는 장점이 있다.
② 최근에는 직무의 변화 속도가 빠르기 때문에 직무분석 시 직무자체 보다는 직무수행자의 요건을 분석하는 '역량모델(competency model)'이 사용된다.
③ 직무평가(job evaluation) 방법 가운데 점수법(point rating method)은 평가요소의 선정, 개별 평가요소의 가중치 결정, 개별 평가요소에 대한 점수 부여의 단계를 거친다.
④ 마일즈와 스노(Miles & Snow)의 전략유형 가운데 탐색형(prospector) 전략을 구사하는 조직은 인력선발시 외부모집보다는 내부모집의 비중이 상대적으로 높다.
⑤ 대안항목 신뢰성(alternate forms reliability)을 측정하는 방법에는 복수양식법(multiple forms method), 평행양식법(parallel forms method) 등이 있다.

1159

교육훈련과 인사평가에 관한 다음 설명 중 가장 적절하지 않은 것은?

① 인력의 대부분을 내부 공급에 의존하는 기업에 비해 거의 모든 인력을 외부노동시장에서 영입하는 기업은 공식적 교육훈련을 거의 제공하지 않는다.
② 직무현장훈련(OJT: on-the-job training)이 교육훈련의 전이(transfer of training)가 높은 이유는 훈련현장과 직무현장 간, 훈련내용과 직무내용 간 유사성이 높기 때문이다.
③ 대학에서 학생들을 대상으로 이루어지는 평가는 커크패트릭(Kirkpatrick)의 교육훈련 평가 4단계 모형에서 반응평가(1단계)와 학습평가(2단계)에 해당한다.
④ 행위기준고과법(BARS: behaviorally anchored rating scale)은 직무를 수행하는데 중요한 사실을 추출하여 몇 개의 범주로 나누고 각 범주의 중요한 사건을 척도에 의해 평가하는 기법이다.
⑤ 인사평가에서 종업원이 현재까지 기여한 것을 평가하는 것을 '역량(행동)평가'라고 하고, 미래에 기여할 수 있는 부분을 평가할 것을 평가하는 것을 '결과(업적)평가'라고 한다.

1160

보상에 대한 다음 설명 중 가장 적절한 것은?

① 직능급(skill-based pay)은 종업원이 맡고 있는 직무의 숙련, 노력, 책임, 작업조건 등의 정도에 따라 결정되는 임금제도이다.
② 다방면에 걸쳐 시야가 넓은 인재(generalist)를 양성하는 데는 연공급(seniority-based pay)이 적절하고, 반면 특정 활동에 대한 기술적인 전문성이 고도로 발달된 사람(specialist)을 양성하는데는 직무급(job-based pay)이 적절하다.
③ 노사간의 화합 증진과 구성원들의 사기수준을 높이는 목적에는 간접보상인 복리후생보다는 직접보상인 임금의 효과가 상대적으로 더 크다.
④ 임금체계란 종업원에게 지급하는 평균임금을 의미하며, 높은 임금체계는 유능한 종업원을 유인하고, 유지하는데 효과가 크다.
⑤ 스캔론 플랜(Scanlon plan)과 럭커 플랜(Rucker plan)은 모두 원재료비 절감을 목표로 한다.

1161

직무평가(job evaluation)에 대한 다음 설명 중 가장 적절한 것은?

① 직무평가는 직무의 절대적 가치를 정하는 절차이다.
② '동일노동 동일임금'을 기본원리로 하는 직능급제도의 기초가 된다.
③ 일체의 속인적 조건을 떠난 객관적인 직무에 대한 평가이다.
④ 직무평가는 종업원의 직무수행 결과물을 평가하는 것이다.
⑤ 평가방법에는 경험법, 질문지법, 종업원 기록법 등이 있다.

1162

인사평가에 관한 다음 설명 중 가장 적절하지 않은 것은?

① 인사평가의 목적 중 '전략적 목적(strategic purpose)'이란 효과적인 인사평가를 통해 조직이 사업목표를 달성하도록 돕는 것을 의미한다.
② 인사평가의 타당성(validity)은 평가가 성과의 모든 면을 적절하게 측정하는지 혹은 부적절한 면은 제외되었는지를 의미하며, 직종별, 직급별로 세분화하여 평가하면 인사평가의 타당성을 높일 수 있다.
③ 평가척도법(rating scale method)은 판단력, 의사소통, 대인관계 기술 등 종업원의 특성을 목록화하고 각 특성에 평가척도를 적용하는 방법으로 평가의 신뢰성은 대체로 낮다.
④ 행위기준고과법(BARS: behaviorally anchored rating scale)은 평가척도법(rating scale method)과 중요사건법(CIM: critical incident method)을 결합한 것으로 피평가자의 실제 행동을 관찰하여 평가하는 기법이다.
⑤ 인사평가를 상대평가와 절대평가로 구분할 때, 절대평가는 절대기준과 평가대상을 비교하여 평가하는 것으로 인재육성 목적으로 활용되며, 이에 해당하는 기법으로 서열법, 강제할당법, 쌍대비교법 등이 있다.

1163

보상과 복리후생에 대한 다음 설명 중 가장 적절한 것은?

① 한 개인이 맡는 직무가 고정되어 있지 않고 가변적이며 또 팀 단위로 일하는 경우가 많은 작업장에서는 직능급(skill-based pay)보다는 직무급(job-based pay)을 실시하는 것이 바람직하다.
② 종업원들의 회사에 대한 귀속감과 공동체 의식을 높이기 위해서는 복리후생보다는 성과급(pay for performance)을 많이 지급하는 것이 적절하다.
③ 같은 직무를 수행하는 종업원에게 학력, 근속연수, 나이, 성별, 국적, 정규직 여부에 상관없이 같은 임금을 제공하기 위해서는 직무급(job-based pay) 임금체계를 활용해야 한다.
④ 임금배분의 기준은 직무의 가치, 종업원의 가치(연공, 스킬, 역량) 그리고 성과 등을 들 수 있는데, 이는 임금의 외부공정성(external equity)과 관련 있다.
⑤ 기업이 주어진 인건비로 평상시보다 더 많은 부가가치를 창출하였을 경우, 이 초과된 부가가치를 노사협동의 산물로 보고 기업과 종업원 간에 배분하는 제도는 스캔론 플랜(Scanlon plan)이다.

1164

직무관리, 모집, 선발에 관한 다음 설명 가장 적절한 것은?

① 서열법, 분류법, 점수법, 요소비교법은 직무분석(job analysis) 방법이고, 관찰법, 질문지법, 중요사건법, 종업원 기록법 등은 직무평가(job evaluation) 방법이다.
② 직무분석의 결과물인 직무기술서와 직무명세서는 인적자원관리의 전반에 활용되는데, 주로 선발과 교육훈련에 사용되는 것은 직무기술서(job description)이고, 인사평가에 활용되는 것은 직무명세서(job specification)이다.
③ 핵크만과 올드햄의 직무특성이론에서 보면 직무를 수평적으로 확대하는 직무확대(job enlargement)는 기술다양성(skill variety)과 과업정체성(task identity)을 증가시키고, 직무를 수직적으로 확대하는 직무충실(job enrichment)은 자율성(autonomy)을 증가시킨다고 볼 수 있다.
④ 모집을 내부모집과 외부모집으로 구분할 때 내부모집은 상대적으로 교육훈련에 드는 비용을 절감할 수 있고, 외부모집은 모집활동에 소요되는 비용을 절감할 수 있다.
⑤ 선발도구의 구성타당성(construct validity)이란 한 구성개념(construct)을 여러 항목으로 측정했을 때 항목들이 일관성(consistency) 혹은 동질성(homogeneity)을 갖는가에 관한 것이다.

1165

교육훈련과 인사평가에 관한 다음 설명 중 가장 적절하지 않은 것은?

① 교육훈련의 전이(transfer of training) 정도가 가장 높은 교육 훈련 방법은 직무현장 훈련(OJT: on-the-job training)과 행동학습(action learning)이다.
② 커크패트릭(Kirkpatrick)의 교육훈련 평가 4단계 모형에서 반응평가(1단계)와 학습평가(2단계)는 교육현장에서 이루어지고, 행동평가(3단계)와 결과평가(4단계)는 추후에 실무현장에서 이루어진다.
③ 인사평가를 특성, 행동, 결과 평가로 구분할 때, 중요사건법(CIM: critical incident method), 체크리스트법(checklist), 행위기준고과법(BARS), 행동관찰척도(BOS)는 행동 평가에 해당한다.
④ 인사평가의 목적을 전략적, 관리적, 발전적 목적으로 구분할 때 '전략적 목적'에 적절한 평가를 선정하기 위해서는 '구체적 피드백'이 높은 인사평가 방법을 선택해야 한다.
⑤ 인사평가에 발생하는 근접오류(proximity errors)란 업적평가를 하고 난 후에 곧바로 능력평가를 하게 되면 상당한 시간이 경과된 후에 평가하는 것보다 더 유사한 평가 결과가 나오는 것을 말한다.

1166

보상과 노사관계에 대한 다음 설명 중 가장 적절한 것은?

① 성과배분제도(gain sharing)의 일종인 스캔론 플랜(Scanlon plan)은 집단성과급에 해당하고, 럭커플랜(Rucker plan)은 개인성과급에 해당한다.
② 마일즈와 스노(Miles & Snow)의 전략유형 가운데 탐색형(prospector)은 고정급보다는 성과급의 비중이 높은 임금제도가 적절하고 반면 방어형(defender) 전략은 성과급의 비중보다는 고정급의 비중이 높은 임금제도가 적절하다.
③ 임금형태는 임금수준관리에서 정해진 총액임금을 어떠한 기준에 의해 종업원들에게 배분할 것인가에 대한 문제를 다룬다.
④ 외부공정성(external equity)이란 내부공정성(internal equity) 확보를 통해 결정된 동일한 임금배분기준 내에서의 개인 간 임금차등화를 의미한다.
⑤ 프레퍼렌셜 숍(preferential shop)은 종업원들의 노조가입 여부가 강제적으로 규정되지는 않지만 비조합원들도 조합원들의 조합비에 상당하는 금액을 정기적으로 노동조합에 불입하도록 하는 제도이다.

1167

보상제도에 대한 다음 설명 중 가장 적절하지 않은 것은?

① 직무급(job-based pay)은 동일노동, 동일임금의 원칙에 따라 명확하게 임금배분의 공정성을 기할 수 있으며, 종업원의 배치전환이 용이해지는 장점이 있다.
② 연공급(seniority-based pay)은 정기승급으로 인해 종업원에게 생활의 안정감과 미래에 기대를 줄 수 있다는 장점이 있다.
③ 임금피크제(salary peak system)는 직능급(skill-based pay)보다는 연공급 임금체계인 기업에 더 적합하다.
④ 테일러(Taylor)식 차별성과급은 임률이 2개이고, 메리크(Merrick)식 복률성과급은 임률이 3개이다.
⑤ 할증급(premium plan)은 종업원이 표준작업 시간 내 표준과업량을 달성하지 못하더라도 일정한 임금을 보장해 주는 제도이다.

1168

인력개발과 인사평가에 관한 다음 설명 중 가장 적절하지 않은 것은?

① 교육훈련의 절차는 필요성 분석, 교육프로그램 설계와 개발, 교육프로그램 실시, 평가의 순으로 진행된다.
② 인사평가 시 사용하는 목표관리(MBO: management by objectives)는 '결과' 평가에 해당하고, 균형성과표(BSC: balanced scorecard)는 '특성' 평가에 해당한다.
③ 영업직 사원의 인사평가에서 '근무태도'보다는 '영업실적'을 사용하는 것은 인사평가의 타당성(validity)과 관련된다.
④ 유리천장(glass ceiling)이란 자격있는 사람이 조직 내에서 충분한 잠재력을 발휘할 수 있도록 더 높은 직급으로 승진하는 것을 가로막는 장애물을 지칭한다.
⑤ 종업원의 '특성'을 평가하는 것 보다는 '행동'을 평가하는 것이 평가의 객관성, 정확성 그리고 공정성 확보에 더 유리하다.

1169

직무관리, 모집, 선발에 관한 다음 설명 중 가장 적절하지 않은 것은?

① 직무분석(job analysis)의 결과물인 직무기술서(job description)와 직무명세서(job specification)가 없으면 직무평가(job evaluation)는 불가능하다.
② 연공급(seniority-based pay) 임금체계로 운영되는 기업은 직무평가가 필요하지 않다.
③ 선발도구의 신뢰성(reliability)은 선발시험 점수와 인사평가 점수 간의 상관관계를 통해 평가하고, 선발도구의 타당성(validity)은 선발시험 점수들 간의 상관관계를 통해 평가한다.
④ 선발에서 제1종 오류(type 1 error)란 고성과자를 불합격시키는 것을 말하고, 제2종 오류(type 2 error)란 저성과자를 합격시키는 오류를 말한다.
⑤ 종업원에게 광범위한 교육훈련을 제공하는 것은 외부모집보다 내부모집을 많이 하는 기업이다.

제1편. 인사/조직/전략

06 전략경영

1. 개요

(1) 전략 수립 프로세스

전략 수립 프로세스

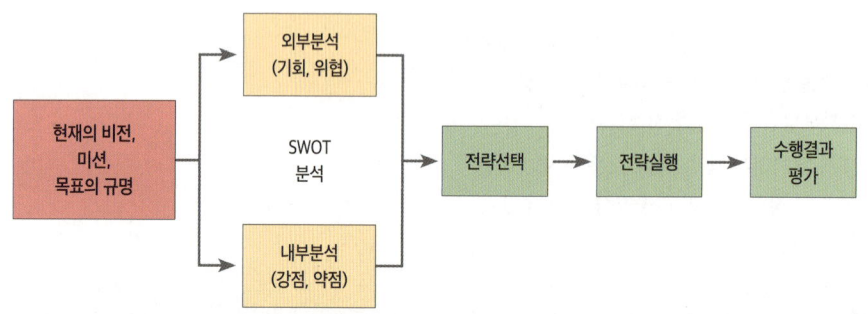

SWOT 분석

	외부환경	
	기회(opportunity)	위협(threat)
강점(strength)	SO전략 • 내부 강점을 이용하여 외부 기회 포착 (확대 전략)	ST전략 • 내부 강점은 활용하되 외부 위협은 회피 (안정성장 전략)
약점(weakness)	WO전략 • 외부 기회는 포착하되 내부 약점은 극복 (우회, 개발 전략)	WT전략 • 외부 위협에 약점 밖에 없으므로 사업 축소, 철수 고려 (축소, 철수 전략)

기업내부

(2) 전략의 수준

전략은 위계에 따라 전사적 수준의 전략(corporate-level strategy), 사업부 수준의 전략(business-level strategy), 기능수준의 전략(functional-level strategy)으로 구분

전략의 수준

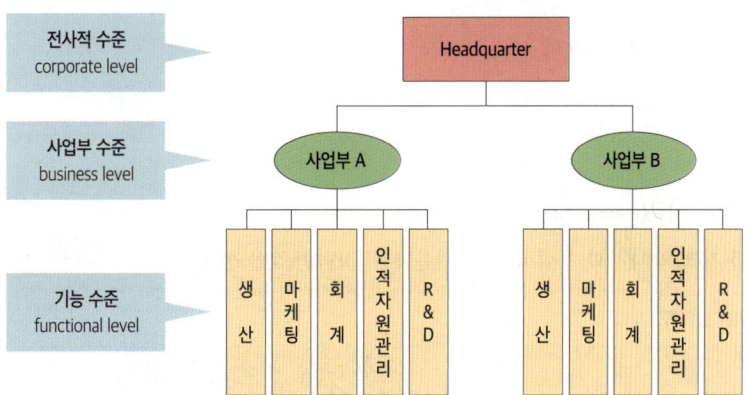

수준에 따른 전략의 구분

수준	내용
전사적 수준 corporate level	여러 개의 사업부를 가지고 있는 기업의 본부(headquarter)에서 수립하는 전략 예 수직적 통합, 수평적 통합, 다각화, 전략적 제휴 등
사업부 수준 business level	주로 제품시장을 놓고 경쟁자와 실제로 경쟁하기 위한 전략 예 원가우위전략, 차별화전략, 집중화전략 등
기능 수준 functional level	사업부에 속해 있는 기능부서들의 전략

2. 전사적 수준의 전략

전사적 수준의 전략

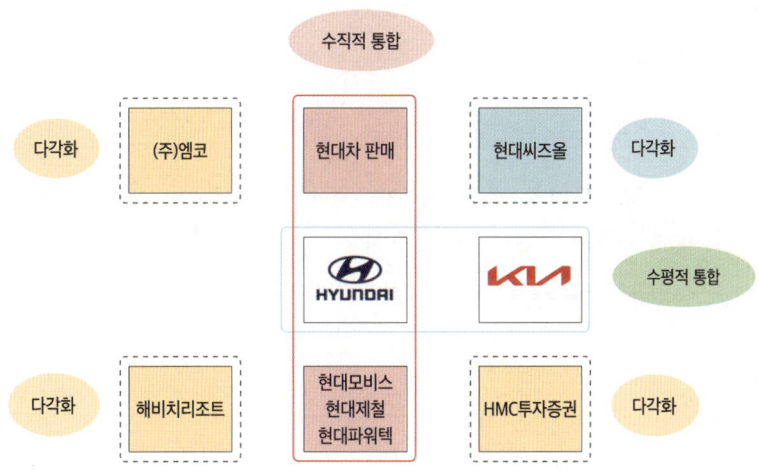

(1) 수직적 통합

수직적 통합(vertical integration)이란 기업의 가치사슬(value chain). 즉, 기업이 제품이나 서비스를 구매자에게 판매하기 위해 원재료의 상태에서 최종 단계까지 실행해야 하는 일련의 기업활동 중 그 기업의 영역 안에서 실행되는 것을 의미함

1) 수직적 통합의 종류

① **후방통합** backward integration

가치사슬의 근원지 방향의 활동을 통합하는 것

② **전방통합** forward integration

최종구매자 쪽 방향으로 기업의 활동을 통합하는 것

2) 수직적 통합과 거래비용이론(transaction cost theory)

기업은 외부화(시장거래)와 내부화(수직적 통합) 가운데 더 저렴한 것을 선택

외부화 비용을 증가시키는 요인들

요인	내용
제한된 합리성 bounded rationality	인간은 모든 문제를 완벽하게 처리할 수 있는 능력을 지니고 있지 않음을 의미함
기회주의 opportunism	속임수로 자기 자신의 이익을 추구하는 것을 의미함
불확실성 uncertainty	환경변화의 예측 불가능성 내지는 복잡성을 의미함
소수교환관계 small numbers bargaining	시장 거래에 참여하는 당사자들이 소수임을 의미함
정보밀집성 information impactedness	정보가 자유롭게 유통되기 보다는 한 사람 내지는 소수 집단에 밀집되어 있음을 의미함

(2) **수평적 통합**

수평적 통합(horizontal integration)은 경쟁력을 강화하려는 목적이거나 혹은 경쟁의 정도를 줄이기 위해 같은 산업 내의 기업을 통합하는 것을 말함

(3) **다각화**

1) 종류

종류	내용
관련형 다각화 related diversification	기존의 기업 활동과 새로이 진출하려는 사업 사이에 공통적인 가치사슬의 구성 성분이 하나 이상 존재하는 것
비관련형 다각화 unrelated diversification	기존의 기업 활동과 전혀 관련이 없는 새로운 분야로 진출하는 것

2) 목적

① 성장추구
② 위험분산
③ 범위의 경제성
④ 시장지배력
⑤ 내부시장의 활용

(4) 전략적 제휴

전략적 제휴(strategic alliance)는 둘 이상의 독립적 조직이 제품이나 서비스의 개발, 제조 또는 판매 과정에서 협력하는 것

1) 기능별 제휴(functional agreement)

   기능별 제휴는 지분참여 없이 그 기업이 수행하는 여러 가지 업무 분야의 일부에서 협조관계를 갖는 것으로 연구개발 컨소시엄, 교차라이센싱, 생산라이센스, 제품스왑(판매제휴) 등이 있음

2) 합작투자(joint venture)

   합작투자는 연구개발, 판매, 생산 등에서 이루어질 수 있으며 나아가서는 자신의 핵심사업분야 자체를 합작투자화하는 경우도 있음

3. 사업부 수준의 전략

사업부 수준의 전략

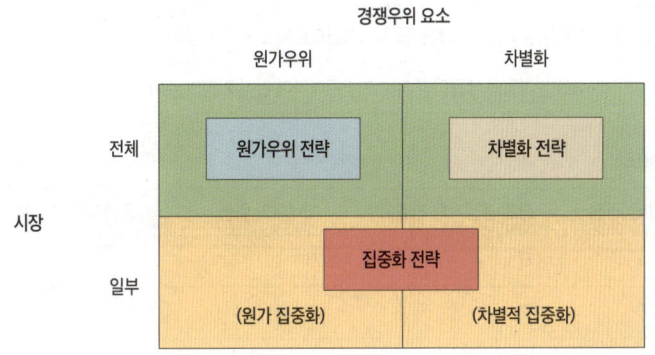

(1) 원가우위 전략(cost leadership strategy)

경쟁기업보다 더 낮은 원가로 재화 또는 서비스를 생산함으로써 경쟁자들을 능가하는 것

(2) 차별화 전략(differentiation strategy)

기업이 제공하는 제품이나 서비스를 차별화함으로써 산업전반에 걸쳐서 그 기업이 독특하다고 인식될 수 있는 그 무엇을 창조하여 경쟁우위를 달성하는 것

(3) 집중화 전략(focus strategy)

특정 시장 즉, 특정 소비자집단, 일부 제품종류, 특정 지역 등을 집중적으로 공략하는 것

4. 산업구조분석

(1) 포터의 산업구조분석(5 forces model)

기업이 직면하는 다섯 가지 위협요인(5 forces)을 찾아내고 그 위협의 크기를 결정짓는 상황을 설명하는 모형

포터의 산업구조분석

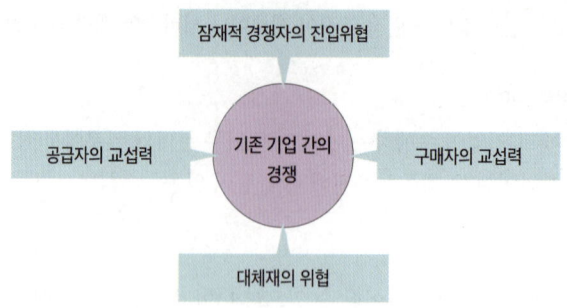

5 forces

요인	내용
기존 기업 간 경쟁	기존 기업 간 경쟁강도는 기업의 경제적 성과를 감소시킴으로써 위협을 가함
잠재 경쟁자의 진입위협	최근 산업 내에서 활동을 시작한 기업이나 곧 활동을 시작할 기업이 주는 위협
대체재의 위협	고객이 가진 동일한 욕구를 다른 방법으로 충족시키는 대체재(substitutes)의 위협
공급자의 교섭력	공급자(supplier)는 기업이 필요한 원재료, 노동력, 그리고 기타 자산들을 공급함. 어느 산업의 공급자들은 이러한 공급요소들의 가격을 높이거나 그 품질을 저하시킴으로써 그 산업에 존재하는 기업들의 성과에 위협을 가함
구매자의 교섭력	구매자(buyer)는 기업의 제품이나 서비스를 구매하여 판매 기업의 수익을 낮추는 위협을 가함

5 forces 모형으로 본 산업의 매력도

매력성	기존 기업 간 경쟁	잠재 경쟁자의 진입위협	대체재의 위협	공급자의 교섭력	구매자의 교섭력
High	저	저	저	저	저
Low	고	고	고	고	고

※ 잠재 경쟁자의 '진입위협'은 진입장벽(entry barrier)이 높을수록 낮고, 반대로 진입장벽이 낮을수록 높음

(2) 전략군(strategic group)

어느 한 산업에서 유사한 전략을 추구하는 기업들의 집단

5. 기업의 내부역량 평가

1) 포터의 가치사슬(value chain) 모형

기업의 가치 창출 활동을 본원적 활동(primary activity)과 지원 활동(support activity)의 두 가지 범주로 구분

포터의 가치사슬 모형

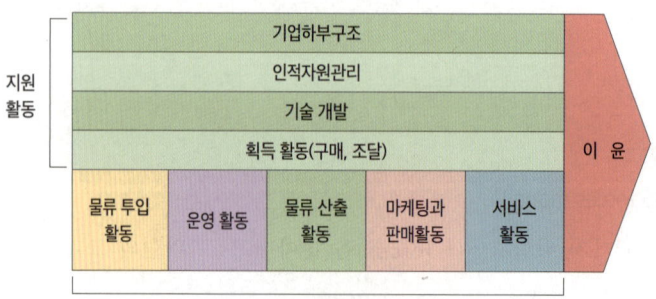

※ '획득 활동'은 구매와 조달활동을 의미함

6. 사업포트폴리오 관리

(1) BCG 매트릭스

Boston Consulting Group에서 고안한 것으로 상대적 시장점유율과 시장성장률을 기초로 사업 포트폴리오를 분석하는 모형

BCG 매트릭스

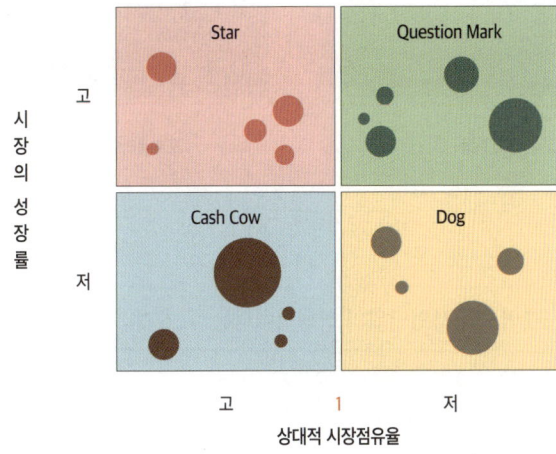

1) 상대적 시장점유율

산업 내에서 가장 큰 경쟁회사가 가지는 시장점유율과 자사(自社)가 갖는 시장점유율 간의 비율

$$상대적\ 시장점유율 = \frac{자사의\ 시장\ 점유율}{시장\ 내\ 1위\ 기업의\ 시장점유율\ (자사\ 제외)} \times 100$$

2) 시장의 성장률

시장성장률(industry growth rate)은 외부환경으로부터의 기회와 위협을 반영하며, 이는 균형잡힌 사업포트폴리오를 구성하기 위해 고려해야 할 요소임

3) 각 셀의 수익, 현금흐름, 전략

각 셀의 특징과 전략

Star
- 수　　익 : 높고 안정적
- 현금흐름 : 중립적
- 전　　략 : 확대 혹은 수확

Question Mark
- 수　　익 : 낮고 불안정적
- 현금흐름 : 마이너스
- 전　　략 : 확대 혹은 철수

Cash Cow
- 수　　익 : 높고 안정적
- 현금흐름 : 높고 안정적
- 전　　략 : 유지

Dog
- 수　　익 : 낮고 불안정적
- 현금흐름 : 중립적 또는 마이너스
- 전　　략 : 철수

4) 바람직한 자금의 이동과 포트폴리오상의 이동

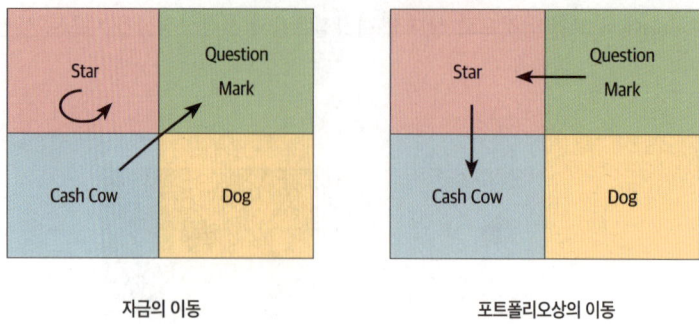

자금의 이동   포트폴리오상의 이동

(2) GE/맥킨지 매트릭스

맥킨지 매트릭스는 산업의 장기매력도와 사업단위의 경쟁력이라는 두 가지 차원에서 전략산업단위를 평가함

GE-McKinsey 매트릭스

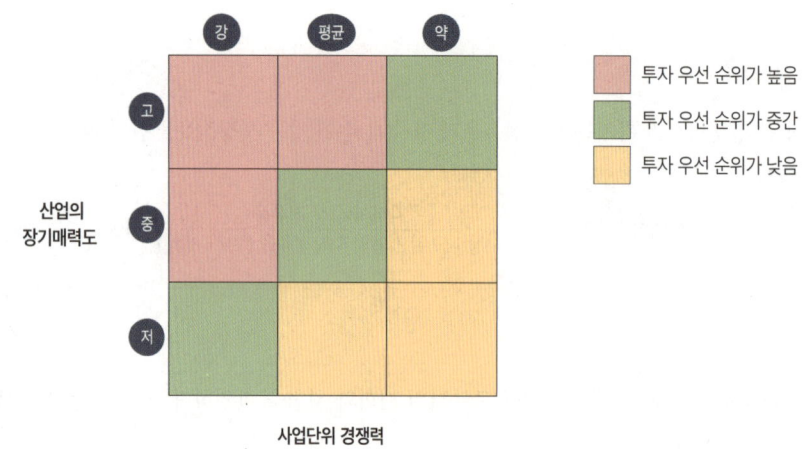

1) 산업의 장기매력도

시장규모, 시장성장률, 시장의 수익성, 자본집약도, 기술적 안정성, 경쟁도, 순환적 변동성 등을 종합적으로 고려하며 평가

2) 사업단위의 경쟁력

사업단위에 관한 것으로 시장점유율, 기술적 노하우, 품질, 애프터서비스, 가격 경쟁력, 낮은 영업비용, 생산성 등을 종합적으로 고려하여 평가

3) 사업단위의 비교

GE/맥킨지 매트릭스 사례

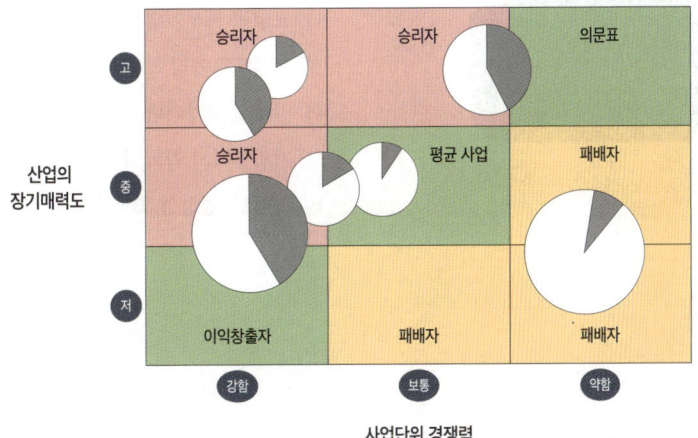

7. 블루오션 전략

(1) 블루오션과 레드오션의 차이

레드오션 vs 블루오션

레드오션(Red Ocean) 전략	블루오션(Bule Ocean) 전략
기존 시장 공간 안에서 경쟁	경쟁자 없는 새 시장 공간 창출
경쟁에서 이겨야 한다.	경쟁을 무의미하게 만든다.
기존 수요시장 공략	새 수요창출 및 장악
가치-비용 가운데 택일	가치-비용 동시 추구
차별화나 저비용 가운데 하나를 택해 회사 전체 활동 체계를 정렬	차별화와 저비용을 동시에 추구하도록 회사 전체 활동 체계를 정렬

(2) 블루오션 구축전략

ERRC 구성표

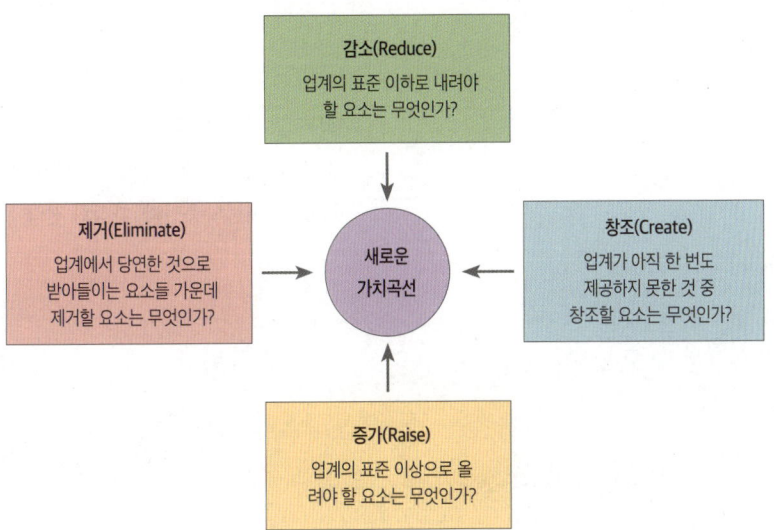

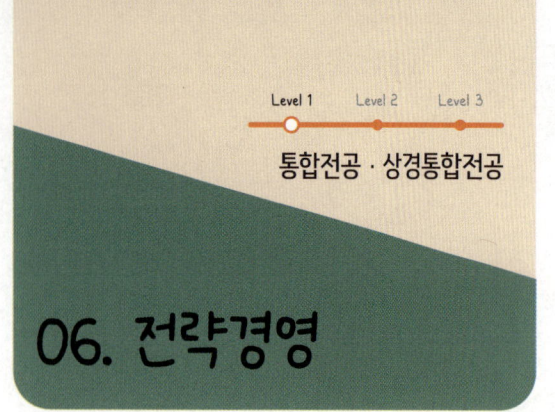

06. 전략경영

SWOT

1170
2011 가맹거래사

SWOT분석의 S-W-O-T를 올바르게 나열한 것은?

① Strength – Weakness – Openness – Threat
② Strength – Weakness – Opportunity – Threat
③ Strength – Wellness – Openness – Threat
④ Strategy – Wellness – Opportunity – Trouble
⑤ Strategy – Weakness – Opportunity – Trouble

1171
2016 가맹거래사

전략을 수립하는 과정에서 기업외부의 기회와 위협 요소들을 파악하고 기업내부의 강점 및 약점을 분석하는 기법은?

① BCG 분석　　② SWOT 분석
③ GAP 분석　　④ BEP 분석
⑤ 4P 분석

1172
2019 경영지도사

SWOT분석에 관한 설명으로 옳은 것은?

① 교섭력 분석기법
② 사업포트폴리오 분석기법
③ 안정성 평가기법
④ 기업환경의 기회, 위협, 강점, 약점을 분석하는 기법
⑤ 수익성, 성장성, 효과성을 분석하는 최신기법

1173
2021 경영지도사

SWOT 모델에서 철수전략이 필요한 경우는?

① 강점 – 기회
② 약점 – 기회
③ 강점 – 위협
④ 약점 – 위협
⑤ 모든 경우

1174
2022 7급 국가직

SWOT 분석의 각 상황에 대한 전략 대안으로 적절하지 않은 것은?

① ST – 시장침투전략, 다각화 전략
② WT – 제품/시장 집중화 전략, 철수 또는 축소 전략
③ WO – 전략적 제휴, 핵심역량 개발 전략
④ SO – 제품확충전략, 다각화 전략

1175
2020 코레일 사무직 복원

SWOT분석 중 관점에서 다른 것은?

① 기술우위
② 해외시장의 성장
③ 상표명성의 증가
④ 고품질 제품의 보유
⑤ 기업의 보유하고 있는 자원의 증가

1176
2024 7급 국가직

SWOT 분석의 각 전략에 대한 설명으로 옳지 않은 것은?

① SO전략에는 자사의 제품라인을 늘려 시장을 확장하는 전략이 있다.
② ST전략에는 기존의 경쟁 시장에 더 깊숙이 들어가 안정된 시장을 확보하는 전략이 있다.
③ WO전략에는 자사의 경쟁력이 미흡해 시장에서 나오는 전략이 있다.
④ WT전략에는 자사의 역량을 집중해 시장에서 명맥을 유지하는 전략이 있다.

전략의 수준

1177
2013 경영지도사

경영전략에 관한 설명으로 옳지 않은 것은?

① 경영전략은 기업이 활동하는 경영환경의 위협, 위험, 기회에 대하여 기업이 보유한 경영자원으로 대응하고자 하는 노력이다.
② 전략은 달성하고자 하는 목표와 기업 활동의 기본방침을 연결시켜 준다.
③ 전략은 그 대상이 되는 기업 활동이나 관련된 조직의 범위와 수준에 따라 흔히 전사적 전략, 사업전략, 운영전략으로 나누어진다.
④ 기업이 어떤 사업을 수행할 것인지 혹은 사업포트폴리오를 어떻게 구성할 것인지 등에 관한 결정은 전사적 전략에 속한다.
⑤ 운영전략은 기업 내 사업단위가 그 사업에 관련된 시장에서의 경쟁에 대한 전략이다.

1178
2015 경영지도사

경영전략의 수준에 관한 설명으로 옳지 않은 것은?

① 경영전략은 조직규모에 따라 차이가 있으나 일반적으로 기업차원의 전략, 사업부 단위 전략, 기능별 전략으로 구분된다.
② 성장, 유지, 축소, 철수, 매각, 새로운 사업에의 진출 등에 관한 전략적 의사결정은 기업차원의 전략 영역에 포함된다.
③ 사업부 전략은 각 사업영역과 제품분야에서 어떻게 경쟁우위를 획득하고 유지해 나갈 것인지를 결정하는 전략을 말한다.
④ 기능별 전략은 사업단위들간의 시너지효과를 높이는 데 초점을 둔다.
⑤ 생산, 재무, 인사, 마케팅 등의 활동 방향을 정하기 위한 것은 기능별 전략이다.

전사적 수준의 전략

1179
2015 가맹거래사

아웃소싱의 기대효과가 아닌 것은?

① 조직구조를 유연하게 유지하여 환경대응력을 강화할 수 있다.
② 조직에서 핵심 및 비핵심 분야를 포괄하는 다양한 인재의 역량을 육성할 수 있다.
③ 외부 인력을 활용하여 아웃소싱 업무의 생산성을 높일 수 있다.
④ 핵심역량을 가진 사업분야에 경영자원을 집중할 수 있다.
⑤ 조직구조 혁신을 시도할 때 유용한 수단이 될 수 있다.

1180
2013 경영지도사

기업계열화 형태 중 부산물을 가공하거나 혹은 보조적 서비스를 행하는 기업을 계열화하는 형태는?

① 수직적 계열화 ② 수평적 계열화
③ 사행적 계열화 ④ 분기적 계열화
⑤ 카르텔

1181
2014 경영지도사

수직적 통합(vertical integration)에 관한 설명으로 옳지 않은 것은?

① 수직적 통합은 거래비용의 감소에 따른 원가상 이점이 있는 반면, 관련 활동 간의 생산능력의 불균형과 독점적 공급으로 인한 비효율성에 의해 오히려 원가열위로 작용하기도 한다.
② 전방통합을 통해 유통망을 확보하여 고객에게 차별적 서비스를 제공하는 것이 가능해 진다.
③ 후방통합을 통해 양질의 원재료를 안정적으로 공급받아 고품질을 유지할 수 있다.
④ 수직적 통합은 기업활동의 유연성을 강화시키는 요인으로 작용해서 경쟁력을 강화시킬 수 있으며, 특히 기술변화가 심하고 수요가 불확실하거나 경쟁이 치열한 경우에 적합하다.
⑤ 기업 간 거래에는 제품사양이나 가격, 납기 등을 결정하는 데 비용이 수반되지만, 이런 활동을 내부화하여 비용절감 및 원료조달이나 제품의 판로확보가 가능해지고, 이를 통해 안정적 기업활동이 유지될 수 있다.

1182
2014 경영지도사

경쟁관계에 있는 기업들 간에 특정사업 및 업무분야에 걸쳐 협력관계를 맺는 것을 의미하는 것으로 기업 간의 상호 보완적인 제품, 시설, 기능, 기술을 공유하고자 하는 것은?

① 아웃소싱 ② 전략적 제휴
③ 기업집중 ④ 기업계열화
⑤ 기업전문화

1183
2014 경영지도사

비관련 다각화의 이점에 관한 설명으로 옳지 않은 것은?

① 사업분야의 다양화로 위험분산이 가능하다.
② 수익성이나 성장성이 높은 사업분야를 선택할 경우 성과가 향상될 수 있다.
③ 재무자원의 관리나 투자자금의 배분이 용이하다.
④ 주력 사업분야를 바꾸려고 하는 경우나 현 사업분야에서 경쟁력이 취약한 경우 효과적 대안이 될 수 있다.
⑤ 자원의 공동활용과 축적된 기업능력의 활용을 가능하게 하므로 시너지효과와 범위의 경제에서 오는 이점을 누릴 수 있다.

1184
2014 경영지도사

기업의 인수합병 목적으로 옳지 않은 것은?

① 시장지배력 확대
② 투자소요액 증대
③ 시장진입 속도 단축
④ 성숙된 시장으로 진입
⑤ 규모의 경제와 범위의 경제 활용

1185
2018 경영지도사

기업 전체 차원에서 수립되는 기본전략(grand strategy)의 유형이 아닌 것은?

① 집중화전략
② 안정전략
③ 축소전략
④ 방어전략
⑤ 성장전략

1186
2018 경영지도사

다음과 같은 전략유형은?

- 기업이 내부개발이나 인수·합병을 통해 새로운 사업에 진출하는 것이 여의치 않을 경우 고려할 수 있는 대안이다.
- 둘 이상의 기업이 상호이익을 도모하기 위하여 동반자 관계를 맺는 것을 말한다.

① 구조조정
② 전략적 제휴
③ 직접확장전략
④ 청산전략
⑤ 영업양도전략

1187
2019 경영지도사

기업의 수직적 통합(vertical integration)에 관한 설명으로 옳지 않은 것은?

① 후방통합(backward integration)은 부품과 원료 등의 투입요소에 대한 소유와 통제를 갖는다.
② 전방통합(forward integration)을 통하여 판매 및 분배경로를 통합함으로써 안정적인 판로를 확보할 수 있다.
③ 기업의 효율적인 생산규모와 전체적인 생산능력의 균형을 관리·유지하기가 쉽다.
④ 통합된 기업 중 어느 한 기업의 비효율성이 나타나는 경우 기업 전체의 비효율성으로 확대될 가능성이 높다.
⑤ 부품생산에서의 비용구조에 대한 정확한 정보를 가질 수 있다.

1188
2021 경영지도사

다른 회사와의 연합으로 부가가치 확대와 경쟁우위를 확보하고자 하는 전략은?

① 제휴전략(coalition strategy)
② 수평적 통합(horizontal integration)
③ 원가우위 전략(cost leadership)
④ 방어전략(defensive strategy)
⑤ 수직적 통합(vertical integration)

1189
2022 경영지도사

거래 특유 자산(transaction specific asset)에 대한 투자가 커서 거래상대방의 기회주의적인 행동이 우려될 때 취하는 기업 수준의 전략은?

① 제휴 전략
② 벤치마킹 전략
③ 수직적통합 전략
④ 제품수명주기 전략
⑤ 비관련다각화 전략

1190
2022 9급 군무원

다음 중에서 기업의 종합적인 관점에서 비전과 목표를 설정하고 각 사업 분야에서 경영자원을 배분하고 조정하는 일련의 활동으로 가장 옳은 것은?

① 기업전략
② 사업부전략
③ 기능별전략
④ 마케팅전략

1191
2022 7급 군무원

다음 내용은 어떤 기업전략의 사례를 설명하는 것이다. 아래의 사례에 가장 옳은 것은?

> N사는 운동화를 만드는 과정 중에서 제품 디자인과 판매와 같이 가치사슬의 처음과 끝부분만 자신이 담당하고 나머지 생산 부문은 전 세계의 하청기업에 맡기고 있다. 하청기업들 간에 서로 비용 절감 및 품질향상 경쟁을 유도하여 그중에서 가장 낮은 가격과 높은 품질의 제품을 구매한다.

① 전략적 아웃소싱
② 전략적 제휴
③ 다각화 전략
④ 수직적 통합

1192
2022 7급 군무원

다음 중 다각화(diversification)에 대한 설명으로 가장 옳은 것은?

① 수직적 통합에서 후방통합(backward integration)은 판매 및 마케팅 경로를 통합하여 안정적인 유통경로를 확보할 수 있다.
② 관련 다각화는 기존의 제품이나 시장을 벗어나 새로운 사업으로 진출하는 것을 의미한다.
③ 비관련다각화는 특정 기업이 현재의 사업 범위와 서로 관련성이 큰 사업에 진출하는 것을 의미한다.
④ 수직적 통합에서 통합된 기업 중 어느 한 기업이 비효율성을 나타내는 경우, 전체 기업으로 비효율성이 확대될 가능성이 높다.

1193
2007 7급 국가직

셔츠제조업자가 의류상점을 새로 개설하여 사업 확장을 도모하였다면 다음 중 어느 전략에 해당하는가?

① 전방통합(forward integration) 전략
② 후방통합(backward integration) 전략
③ 다운스코핑 전략
④ 비관련다각화(unrelated diversification) 전략

1194
2009 7급 국가직

한 기업이 다른 여러 사업에 참여하는 것을 다각화라고 정의하는데, 기업이 이러한 다각화를 추진하는 목적(동기)이라고 볼 수 없는 것은?

① 성장 추구
② 규모의 경제성 획득
③ 위험 감소
④ 시장지배력의 행사

1195
2011 7급 국가직

포터(M. Porter)가 제시하고 있는 사업수준의 경쟁우위를 확보하기 위한 경쟁전략에 해당되지 않는 것은?

① 차별화전략(differentiation strategy)
② 집중화전략(focus strategy)
③ 다각화전략(diversification strategy)
④ 원가우위전략(cost leadership strategy)

1196
2013 7급 국가직

후방통합(backward integration)에 대한 설명으로 옳은 것은?

① 제조 기업이 원재료의 공급업자를 인수·합병하는 것을 말한다.
② 제조 기업이 제품의 유통을 담당하는 기업을 인수·합병하는 것을 말한다.
③ 기업이 같거나 비슷한 업종의 경쟁사를 인수하는 것을 말한다.
④ 기업이 기존 사업과 관련이 없는 신사업으로 진출하는 것을 말한다.

1197
2014 7급 국가직

자동차 제조회사 경영자는 최근 경영환경 변화에 효과적으로 대응하여 경영성과를 극대화하기 위해 사업확장을 추구하고자 한다. 그는 사업확장 방안으로 전방통합을 추진하고자 하는데, 전방통합의 이점으로 옳지 않은 것은?

① 시장에 대한 통제력 증대를 통해 독점적 지위를 유지할 수 있다.
② 판매 및 분배 경로를 통합함으로써 제품의 안정적 판로를 확보할 수 있다.
③ 부품의 자력 공급을 통해 제품차별화 가능성을 높일 수 있다.
④ 적정 생산규모를 유지함으로써 생산비용과 재고비용을 감소시킬 수 있다.

1198
2016 7급 국가직

수직적 통합전략(vertical integration)에 대한 설명으로 옳지 않은 것은?

① 부품생산에서 유통까지 수직적 활동분야의 참여정도를 결정하는 것으로 다각화의 한 종류로 볼 수도 있다.
② '부품업체 → 조립업체 → 유통업체'의 과정에서 조립업체가 부품업체를 통합하는 것은 전방통합이다.
③ 여러 단계의 시장거래를 내부화함으로써 세금을 줄일 수 있다.
④ 수요독점, 공급독점 시장에서 발생하는 가격의 불안정은 수직적 통합을 통해 피할 수 있다.

1199
2017 7급 국가직

수직적 통합(Vertical Integration) 방식이 다른 것은?

① 정유업체의 유정개발사업 진출
② 영화상영관업체의 영화제작사업 진출
③ 자동차업체의 차량공유사업 진출
④ 컴퓨터업체의 반도체사업 진출

1200
2021 7급 국가직

전략적 제휴에 대한 설명으로 옳은 것은?

① 비용 절감 및 부족한 경영자원 확보는 제휴를 선택하는 동기라 할 수 있으나 위험 분산은 포함되지 않는다.
② 제휴 파트너 선정 기준으로 양립성(compatibility), 능력(ability), 몰입(commitment)이 강조된다.
③ 제휴를 선택하는 이유로 시장 진입은 관련이 있지만 시장퇴거(탈퇴)는 관련이 없다.
④ 지분율이 불균형할 때가 50대 50일 때의 제휴보다 성공할 확률이 더 높으며, 기술이나 시장의 중복이 없을수록 성공 가능성은 낮아진다.

1201
2023 경영지도사

수직적 통합전략에 관한 설명으로 옳지 않은 것은?

① 기업의 유통경로나 생산 투입물의 공급원에 대한 소유나 통제를 도모하는 경영전략이다.
② 기업이 전방 혹은 후방으로 자사의 가치사슬 활동을 확대하고자 하는 것이다.
③ 전방 수직통합을 통해 기업 산출물에 대한 수요의 예측력을 높일 수 있다.
④ 수요 불확실성에 효과적 대응이 가능하여 기업의 유연성을 높일 수 있다.
⑤ 생산 투입물에 대한 공급 안정성을 높이고자 하는 경우 후방 수직통합을 채택하게 된다.

1202
2023 7급 군무원

성장을 위한 전략 가운데 수직적 통합(vertical integration) 및 수평적 통합(horizontal integration)에 대한 설명으로 가장 거리가 먼 것은?

① 수평적 통합을 통해 '규모의 경제'를 달성할 수 있다.
② 전방통합을 하면 안정적인 판로를 확보할 수 있다.
③ 후방통합을 통해 원가를 절감할 수 있다.
④ 의류제조업체가 섬유제조업체를 통합하는 것은 전방통합에 해당한다.

1203
2024 9급 군무원

다음 중 관련 다각화가 가장 효과적인 전략이 될 수 있는 경우는?

① 기업이 속한 산업이 정체되었거나 저성장인 경우
② 기업의 현재 제품 시장이 포화상태인 경우
③ 신제품의 판매 주기가 현재 제품의 판매 주기와 서로 보완될 수 있는 경우
④ 기업의 현재 유통경로를 신제품 출시에 활용할 수 있는 경우

사업부 수준의 전략

1204
2005 가맹거래사

Michael Porter가 제시한 경쟁우위전략에 대한 설명으로 가장 거리가 먼 것은?

① 차별화 우위전략은 경쟁사들이 모방하기 힘든 차별화된 제품을 만들어 경쟁사들보다 비싼 가격으로 판매하는 방법이다.
② 비용우위전략은 동일한 품질의 제품을 경쟁사들보다 낮은 비용에 생산하여 저렴하게 판매하는 것을 말한다.
③ 비용우위전략과 차별화전략은 주로 대기업에 의해 수행되는 전략이다.
④ 집중화전략은 비용우위에 토대를 두거나 혹은 차별화 우위에 토대를 둘 수 있다.
⑤ Porter는 기업이 성공하기 위해서는 한 제품을 통하여 차별비용 우위전략과 차별화전략 등 두가지 이상의 전략을 동시에 추구해야 한다고 보았다.

1205
2019 가맹거래사

포터(M. Porter)의 비용우위(cost leadership)전략을 실행하는 방법이 아닌 것은?

① 제품품질의 차별화
② 효율적인 규모의 설비투자
③ 간접비의 효율적인 통제
④ 경험곡선효과에 의한 원가의 감소
⑤ 저비용국가에서 생산

1206
2010 공인노무사

포터(M. E. Porter)가 주장한 경쟁력 확보를 위한 본원적 전략에 해당되는 것은?

① 제품전략, 서비스전략
② 유지전략, 혁신전략
③ 구조전략, 기능전략
④ 원가우위전략, 차별화전략
⑤ 구조조정전략, 인수합병전략

1207
2014 공인노무사

차별화 전략(differentiation strategy)의 원천에 해당되는 것은?

① 경험효과
② 규모의 경제
③ 투입요소 비용
④ 생산시설 활용도
⑤ 제품의 특성과 포지셔닝

1208
2018 공인노무사

포터(M. Porter)의 경쟁전략 유형에 해당하는 것은?

① 차별화(differentiation) 전략
② 블루오션(blue ocean) 전략
③ 방어자(defender) 전략
④ 반응자(reactor) 전략
⑤ 분석자(analyzer) 전략

1209
2013 경영지도사

포터(M. Porter)의 본원적 전략 중 월마트(Wal-Mart)가 회사 창립 때부터 견지해 오고 있는 전략은?

① 원가우위전략   ② 차별화전략
③ 집중화전략   ④ 시장침투전략
⑤ 다각화전략

1210
2015 경영지도사

본원적 경쟁전략의 하나인 원가우위 전략에서 원가의 차이를 발생시키는 요인이 아닌 것은?

① 학습 및 경험곡선 효과
② 경비에 대한 엄격한 통제
③ 적정규모의 설비
④ 디자인의 차별화
⑤ 규모의 경제

1211
2020 경영지도사

포터(M. Porter)의 경쟁우위의 유형과 경쟁의 범위를 기준으로 한 본원적 전략(generic strategy)에 해당하는 유형을 모두 고른 것은?

ㄱ. 비용우위 전략	ㄴ. 안정 전략
ㄷ. 차별화 전략	ㄹ. 집중화 전략
ㅁ. 방어 전략	

① ㄱ, ㄴ, ㄷ   ② ㄱ, ㄴ, ㅁ
③ ㄱ, ㄷ, ㄹ   ④ ㄴ, ㄷ, ㄹ
⑤ ㄴ, ㄹ, ㅁ

1212
2022 7급 군무원

기업의 경쟁전략에 있어서 경쟁우위는 차별화 우위와 비용우위로 실현될 수 있는데, 다음 중 경쟁우위와 경쟁전략에 대한 설명으로 가장 옳지 않은 항목은?

① 차별화 우위는 경쟁기업과는 다른 차별화된 제품을 제공함으로써 소비자로 하여금 차별화를 하는데 소요된 비용 이상의 가격 프리미엄을 받는 것이다.
② 규모의 경제, 경험 효과, 조직의 효율성 증대 등은 비용우위의 원천이 될 수 있다.
③ 다양한 제품의 기획이나 제품 품질에 대한 광고전략 등을 통해 비용우위 전략을 추진할 수 있다.
④ 차별화 우위는 소비자가 제품과 서비스에 대하여 느끼는 사회적, 감정적, 심리적 차이에서도 나타날 수 있다.

1213
2014 7급 국가직

포터(M. E. Porter)가 제시한 기업의 본원적 경쟁전략에 해당하지 않는 것은?

① 낮은 원가를 유지하기 위해 추가적 특성이나 서비스를 제거한 표준화된 제품을 제공한다.
② 독특한 기능을 제공하기 위해 추가적 비용을 지불한다.
③ 끊임없이 새로운 시장에 진입하거나 기존시장에서 철수하여 시장 다각화를 도모한다.
④ 특정 고객층에 집중화된 전문 상품을 개발한다.

1214
2014 7급 국가직

커피를 생산하는 기업의 경쟁우위 확보를 위한 수단 및 효과에 대한 설명으로 옳지 않은 것은?

① 제품 생산 프로세스를 바꾸어 동일품질의 제품을 생산하는 데 걸리는 시간을 단축하였다.
② 모든 구성원을 대상으로 종합적 품질경영에 참여하도록 독려하여 고객만족도를 향상시켰다.
③ 신기술 도입으로 원두 가공방식을 수정하여 커피의 품질을 향상시켰다.
④ 제품을 납품하는 대형마트의 재고시스템과 연계된 생산시스템을 도입하여 재고회전율을 낮췄다.

1215
2021 7급 국가직

포터(M. E. Porter)의 본원적 경쟁전략을 추구하는 기업에 대한 설명으로 옳지 않은 것은?

① 원가우위 전략을 추구하는 기업은 구조화된 조직과 책임을 강조하며, 업무의 효율성을 중시한다.
② 원가우위 전략을 추구하는 기업은 강력한 마케팅 능력을 중시하는 경향이 있다.
③ 차별화 전략을 추구하는 기업은 제품 공학을 중시하는 경향이 있다.
④ 차별화 전략을 추구하는 기업은 R&D, 제품개발, 마케팅 분야의 상호조정을 중시한다.

1216
2021 5급 군무원

전략의 수준을 사업부 수준의 전략과 전사적 수준의 전략으로 구분할 때, 사업부 수준의 전략의 예에 해당하지 않는 것은?

① 다른 기업과 차별화된 자동차를 판매한다.
② 다양한 고객을 상대하는 대신 좁은 범위의 고객을 대상으로 햄버거를 판매한다.
③ 규모의 경제를 통한 비용 절감을 이루어 값싼 볼펜을 판매한다.
④ 영화 제작사와 제휴를 맺어서 새로운 영화에 등장하는 캐릭터 인형을 판매한다.

1217
공기업 출제경향 반영

전략에 관한 다음의 설명 중 가장 적절하지 않은 것은?

① 전략 수립시 사용하는 SWOT분석은 기업의 강점과 약점 등의 내부역량과 기회, 위협과 같은 외부의 가능성 사이의 적합성을 평가하기 위해 사용하는 기법이다.
② 윌리암슨(Williamson)의 거래비용(transaction cost) 분석에 따르면 기업이 수직적 통합(vertical integration)을 선택했다는 것은 외부화의 비용보다 내부화의 비용이 더 낮다는 것을 의미한다.
③ 포터(Porter)의 경쟁전략 가운데, 차별화 전략(differentiation strategy)을 실행하기 위해서는 규모의 경제를 누릴 수 있는 설비에 적극적으로 투자하고, 경험곡선 효과(experience curve effect)를 누리기 위해 노력해야 한다.
④ 기업의 장기적인 경쟁력은 경쟁자보다 낮은 비용으로 더 빨리 새로운 제품을 개발할 수 있는 핵심역량(core competence)에서 비롯된다.
⑤ 전략적 제휴(strategic alliance)의 유형 가운데 제품스왑(product swap)보다 합작투자(joint venture)가 제휴기업 간 관계의 긴밀도가 더 높다.

1218
2024 경영지도사

포터(M. Porter)의 차별화전략 요소에 해당하지 않는 것은?

① 규모의 경제
② 높은 품질
③ 독특한 서비스
④ 혁신적인 디자인
⑤ 브랜드 이미지

1219
2024 5급 군무원

포터의 3가지 전략인 원가주도전략, 차별화전략, 집중전략에 대한 설명으로 가장 적절하지 않은 것은?

① 포터는 세 가지 전략 중 무엇이든 명확히 실행하라고 조언한다.
② 대체로 소규모 기업이 세 가지 전략 중에 차별화 전략을 선택한다.
③ 포터는 이 세 가지 경쟁전략을 본원적 전략이라고 했는데, 그 이유는 산업의 특성에 관계없이 모든 산업 분야에 적용될 수 있기 때문이다.
④ 원가주도전략은 경쟁사보다 낮은 가격으로 제품이나 서비스를 생산하여 경쟁우위를 확보하는 전략이다.

외부환경 평가

1220
2006 가맹거래사

마이클 포터(Michael Porter)가 제시한 5가지 경쟁세력(5 competitive forces) 모형에 포함되지 않는 요소는?

① 공공부문
② 공급자
③ 고객
④ 새로운 시장진입자
⑤ 대체상품 및 서비스 제공자

1221
2010 가맹거래사

마이클 포터(M. Porter)의 5 Forces 모형의 요인이 아닌 것은?

① 구매자의 교섭력
② 경영자의 리더십
③ 기존 기업들간의 경쟁
④ 공급자의 교섭력
⑤ 잠재적 진입자의 위협

1222
2022 공인노무사

포터(M. Porter)의 산업구조분석 모형에서, 소비자 관점의 사용 용도가 유사한 다른 제품을 고려하는 경쟁분석의 요소는?

① 산업 내 기존 경쟁업체 간 경쟁
② 잠재적 경쟁자의 진입 가능성
③ 대체재의 위협
④ 공급자의 교섭력
⑤ 구매자의 교섭력

1223
2013 경영지도사

특정 산업에서 활동하고 있는 기업이 산업매력도를 확인하기 위하여 산업경쟁구조분석을 하였다. 산업경쟁구조요인별로 산업매력도를 설명한 내용으로 옳지 않은 것은?

① 진입장벽이 높을수록 매력도는 떨어진다.
② 대체재가 나타날 가능성이 클수록 매력도는 떨어진다.
③ 기존 경쟁업체의 수가 많고, 경쟁이 치열할수록 매력도는 떨어진다.
④ 고객의 수가 적거나 고객이 단체를 구성하여 강한 협상력을 갖고 있는 경우 매력도는 떨어진다.
⑤ 원자재 혹은 부품을 독점하거나 특수한 기술을 지니고 있는 공급업체와 거래를 하여야하는 상황이라면 매력도는 떨어진다.

1224
2014 경영지도사

포터(M. Porter)가 제시한 산업구조 분석의 요소로 옳지 않은 것은?

① 대체재의 위협
② 가치사슬 활동
③ 공급자의 교섭력
④ 구매자의 교섭력
⑤ 신규경쟁자의 진입 가능성

1225
2017 경영지도사

포터(M. Porter)의 산업구조분석기법에 관한 설명으로 옳지 않은 것은?

① 산업구조의 이해를 통하여 산업 전체의 수익률의 높고 낮음을 효과적으로 설명해 줄 수 있다.
② 각 개별기업의 구체적인 경쟁전략을 다루지 못한다.
③ 산업의 구조적 특성을 자사에게 유리한 방향으로 바꾸는 것도 기업의 노력으로 가능하게 할 수 있다.
④ 각 개별산업의 추세를 살펴봄으로써 그 산업의 미래의 수익성을 예측할 수 있다.
⑤ 동태적으로 변하는 산업구조를 고려하는 동태적 모형이다.

1226
2019 경영지도사

포터(M. Porter)의 산업구조분석모형(five forces model)에 관한 설명으로 옳은 것은?

① 잠재경쟁자의 진입위험이 높으면 산업의 전반적인 수익률은 낮아진다.
② 산업 내 기존기업 간의 경쟁정도가 높으면 산업의 전반적인 수익률은 높아진다.
③ 구매자의 교섭력이 낮으면 산업의 전반적인 수익률은 낮아진다.
④ 공급자의 교섭력이 높으면 산업의 전반적인 수익률은 높아진다.
⑤ 산업의 제품에 대한 대체재의 출현가능성이 낮으면 산업의 전반적인 수익률은 낮아진다.

1227
2021 경영지도사

포터(M. Porter)의 산업구조분석 모형에 해당하지 않는 것은?

① 산업군 내 기존 산업 간의 경쟁
② 구매자의 교섭력
③ 공급자의 교섭력
④ 잠재적 진입자의 위협
⑤ 대체재의 위협

1228
2021 경영지도사

높은 진입장벽에 해당하지 않는 것은?

① 진입에 있어 높은 자본소요량이 필요함
② 진입한 기존 기업들이 규모의 경제를 확보함
③ 잠재적 진입자와 진입한 기존 기업 간의 기술적 차이가 적음
④ 진입한 기존 기업들이 지적 재산권을 확보함
⑤ 진입한 기존 기업들이 유통채널을 구축함

1229
2021 경영지도사

전략집단(strategic group)을 의미하는 것은?

① 제품 단위의 비용-우위 전략이다.
② BCG 모델의 cash cow에 해당한다.
③ 수명주기의 단계이다.
④ 가치사슬(value chain)의 유형이다.
⑤ 산업 내 유사한 전략을 채택한 기업군이다.

1230
2016 7급 서울시

포터(Michael Porter)는 기업의 환경에서 경쟁적 우위를 확보하는 데 위협이 되는 요소를 5가지로 파악하여 다섯 가지의 힘(5 forces)이라고 명명하였다. 이 요소에 해당하지 않는 것은?

① 혁신의 위협(threat of innovation)
② 기존 기업간의 경쟁(threat of rivalry)
③ 대체재의 위협(threat of substitutes)
④ 신규 진입자의 위협(threat of entry)

1231
2021 7급 서울시

포터(Porter)의 5요인 모형(five forces model)에 대한 설명으로 가장 옳지 않은 것은?

① 진입장벽이 낮아 다른 새로운 기업의 진출이 용이하다면 그 산업에서의 경쟁이 치열하기 때문에 산업의 수익률은 낮아질 수 있다.
② 대부분의 산업에서 경쟁의 양상과 산업 전체의 수익률을 결정하는 가장 중요한 요인은 새로운 기업의 진입 가능성이다.
③ 산업 내의 대체재가 많으면 많을수록 기업들은 자신의 제품에 대해 높은 가격을 받을 수 있는 가능성이 줄어들기 때문에 산업의 수익률은 낮아진다.
④ 구매자의 교섭력이 클수록 제품에 대한 소비자들의 지속적인 구매력이 낮아지므로 산업의 수익률은 저하된다.

1232
2009 7급 국가직

포터(Porter)의 산업구조분석에서 공급자의 협상력이 높아질 때는?

① 대체재가 존재할 때
② 일상재(commodity)를 생산할 때
③ 다수의 공급자가 존재할 때
④ 전방통합능력이 있을 때

1233
2010 7급 국가직

M. Porter가 제시한 산업구조분석 모형에서 산업 내 기업 상호 간의 경쟁 상태에 영향을 주는 다섯 가지 요인에 해당되지 않는 것은?

① 현재 기업들의 성장잠재력
② 새로운 기업의 진입 가능성
③ 기존 기업들 간의 경쟁의 정도
④ 대체품의 압력

1234
2018 7급 국가직

마이클 포터(M. E. Porter)의 산업구조분석(5-forces Model)에 대한 설명으로 옳지 않은 것은?

① 퇴출장벽(Exit Barrier)이 높을수록 가격경쟁이 치열해져 시장의 매력도가 낮아진다.
② 구매자의 공급자 전환비용(Switching Cost)이 높을수록 구매자의 교섭력이 높아져 시장의 매력도가 낮아진다.
③ 진입장벽(Entry Barrier)이 높을수록 새로운 경쟁자의 진입이 어려워져 시장의 매력도가 높아진다.
④ 대체재가 많을수록 대체재의 존재 때문에 가격을 높이기가 어려워져 시장의 매력도가 낮아진다.

1235
2022 7급 국가직

포터(M. Porter)의 산업구조분석에 대한 설명으로 옳은 것은?

① 산업구조분석에서 시장 매력도는 단지 산업의 평균 수익성을 의미할 뿐이다.
② 제품시장의 성장률이 낮을수록 기존 기업 간의 경쟁이 감소하는 경향이 있다.
③ 후방통합의 가능성이 높을수록 구매자의 협상력이 감소하는 경향이 있다.
④ 초과설비가 많을수록 기업의 수익률이 증가하는 경향이 있다.

1236
2022 5급 군무원

기업의 환경을 산업환경과 일반환경으로 구분할 경우, 산업환경과 관련하여 포터(M. Porter)는 5요인 모형(5 forces model)에서, 기업이 수익을 창출할 수 있느냐 없느냐 하는 능력은 5가지 요인에 의해 영향을 받는다고 제시하고 있다. 다음 중 이 5 요인에 해당하지 않는 것은?

① 대체품의 위협(threat of substitute products)
② 구매자의 교섭력(bargaining power of buyer)
③ 공급자의 교섭력(bargaining power of supplier)
④ 인구통계적 요인(demographic forces)

1237
2023 9급 군무원

포터(M. Porter)의 본원적 경쟁전략(generic competitive strategy)과 가장 거리가 먼 것은?

① 집중화 전략 ② 차별화 전략
③ 현지화 전략 ④ 원가우위 전략

1238
2023 7급 군무원

산업의 매력도를 평가하는 환경분석 도구로서 포터(M. Porter)의 5대 경쟁 세력 모형(5-Forces Model)에서 제시된 5대 경쟁요인과 가장 거리가 먼 것은?

① 대체재(substitute)의 위협
② 신규 진입기업(new entrant)의 위협
③ 정부 정책(government policy)의 위협
④ 공급자(supplier)의 교섭력

1239
2024 공인노무사

포터(M. Porter)의 산업구조분석 모형에 관한 설명으로 옳지 않은 것은?

① 산업 내 경쟁이 심할수록 산업의 수익률은 낮아진다.
② 새로운 경쟁자에 대한 진입장벽이 낮을수록 해당 산업의 경쟁이 심하다.
③ 산업 내 대체재가 많을수록 기업의 수익이 많이 창출된다.
④ 구매자의 교섭력은 소비자들이 기업의 제품을 선택하거나 다른 제품을 구매할 수 있는 힘을 의미한다.
⑤ 공급자의 교섭력을 결정하는 요인으로는 공급자의 집중도, 공급물량, 공급자 판매품의 중요도 등이 있다.

1240
2024 7급 군무원

경영학자 마이클 포터(M. Porter)는 기업이 처한 과업환경에 관하여 그것을 구성하는 다섯 가지 요소를 이용한 소위 '5-요인 모형'(five-forces model)을 통해 설명하고 있다. 다음 중 포터가 제시하는 5 요인으로서 가장 적절하지 않은 것은?

① 보완재의 존재 여부
② 수요자의 교섭력
③ 잠재적 경쟁자의 진입 위협
④ 기존 기업과의 경쟁

1241
2024 5급 군무원

다음 중 산업 내 진입장벽이 높지 않은 경우는?

① 초기 투자 부담이 높을 때
② 유통망에 대한 접근이 어려울 때
③ 기존 고객의 상표 충성도가 높지 않을 때
④ 기존 기업이 규모의 경제를 실현할 때

내부역량 평가

1242
2022 가맹거래사

포터(M. Porter)의 가치사슬 활동을 순서대로 나열한 것은?

① 구매활동 → 생산활동 → 물류활동 → 서비스활동 → 판매 및 마케팅활동
② 구매활동 → 물류활동 → 생산활동 → 판매 및 마케팅활동 → 서비스활동
③ 구매활동 → 생산활동 → 물류활동 → 판매 및 마케팅활동 → 서비스활동
④ 구매활동 → 물류활동 → 생산활동 → 서비스활동 → 판매 및 마케팅활동
⑤ 구매활동 → 생산활동 → 판매 및 마케팅활동 → 물류활동 → 서비스활동

1243
2015 공인노무사

포터(M. Porter)의 가치사슬모델에서 주요 활동에 해당하지 않은 것은?

① 운영·제조
② 입고·출고
③ 고객서비스
④ 영업·마케팅
⑤ 인적자원관리

1244
2020 공인노무사

포터(M. Porter)의 가치사슬(value chain)모델에서 주요활동(primary activities)에 해당하는 것은?

① 인적자원관리 ② 서비스
③ 기술개발 ④ 기획·재무
⑤ 법률자문

1245
2013 경영지도사

포터(M. Porter)의 가치사슬(value chain) 분석에서 본원적 활동에 해당되지 않는 것은?

① 구매 ② 물류
③ 서비스 ④ 연구개발
⑤ 마케팅

1246
2015 경영지도사

포터(M. E. Porter)의 가치사슬모형에서 기업의 본원적 활동이 아닌 것은?

① 원부자재 구매활동 ② 서비스 활동
③ 생산활동 ④ 물류활동
⑤ 인적자원관리 활동

1247
2018 경영지도사

포터(M. E. Porter)가 제시한 가치사슬(value chain)에서 주 활동 부문(primary activities)에 해당하지 않는 것은?

① 구매활동 ② 생산활동
③ 인적자원관리활동 ④ 물류활동
⑤ 서비스활동

1248
2019 경영지도사

다음에서 공통으로 설명하는 경영개념은?

- 원재료 유입에서 최종 소비자에게 완제품 전달까지 각 단계에서 가치를 부가하는 일련의 조직적 작업 활동이다.
- 기업의 원가 또는 차별화 우위를 형성할 수 있는 요소들을 파악하여 경쟁우위 원천을 찾을 수 있다.

① benchmarking ② division of labor
③ just in time ④ reengineering
⑤ value chain

1249
2021 경영지도사

하멜과 프라할라드(Hamel & Prahalad)가 제시한 핵심역량(core competence) 강화와 관련이 없는 것은?

① 비관련 다각화(unrelated diversification)
② 제휴전략(coalition strategy)
③ 차별화전략(differentiation strategy)
④ 리엔지니어링(reengineering)
⑤ 가치사슬 분석(value chain analysis)

1250
2021 9급 군무원

가치사슬 분석에서 본원적 주된 활동에 해당하지 않는 것은?

① 구매　　　② 생산
③ 판매　　　④ 연구개발

1251
2021 7급 군무원

포터의 가치사슬 모형에 대한 설명으로 옳지 않은 것은?

① 직접적으로 이윤을 창출하는 활동을 기간 활동(primary activities)이라 한다.
② 가치사슬은 다른 기업과 연계될 수 없다.
③ 판매 후 서비스 활동은 하류(downstream) 가치사슬에 포함된다.
④ 기업의 하부 구조는 보조 활동(support activities)에 포함된다.

1252
2021 7급 군무원

기업의 경쟁우위에 대한 설명으로 가장 옳지 않은 것은?

① 산업 등 외부환경 조건이 아닌 기업자원 수준의 요인이 기업의 경쟁력을 주로 결정한다고 설명하는 이론은 자원기반이론이다.
② 자원기반이론에 의하면 기업의 지속적 경쟁우위는 높은 진입장벽으로 인해 창출된다.
③ 자원기반이론에 의하면 가치가 있지만 희소하지 않은 기업자원은 경쟁 등위를 창출할 수 있다.
④ 다섯 가지 세력 모형(five-force model)은 산업 수준의 요인이 기업의 경쟁력을 주로 결정한다고 설명한다.

1253
2013 7급 국가직

포터(M. Porter)가 기업의 가치 분석 틀로 제시한 가치사슬(value chain) 중 본원적 활동(primary activities)에 해당하지 않는 것은?

① 서비스(service)
② 마케팅 및 판매(marketing & sales)
③ 물류투입활동(inbound logistics)
④ 인적자원관리(human resource management)

1254
2013 7급 국가직

경영전략이론으로서 자원기반관점(resource based view)에 대한 설명으로 옳지 않은 것은?

① 동일 산업에 속하는 기업 간에는 통제가능한 전략적 자원이 동질적이라는 것을 전제로 한다.
② 기업이 장기간의 노력으로 보유하게 된 인적자원, 조직문화, 생산시설, 연구시설 등이 기업 경쟁력의 원천이 된다.
③ 지속적인 경쟁우위의 원천이 되는 자원은 경쟁사들이 모방할 수 없고, 쉽게 다른 자원으로 대체될 수 없다.
④ 기존 관점에서 상대적으로 등한시하였던 조직 능력, 경영자 능력 등과 같은 무형자산을 중요하게 다룬다.

1255
2020 7급 국가직

가치사슬(value chain)에 대한 설명으로 옳지 않은 것은?

① 가치사슬이란 기업이 가치 있는 제품 또는 서비스를 시장에 제공하기 위해 수행해야 할 일련의 활동을 의미한다.
② 주활동(primary activities)은 기업이 투입물을 산출물로 변환시키면서 직접 가치를 증가시키는 활동을 의미한다.
③ 가치사슬의 수평축을 따라 기업이 수행하는 각 활동은 가치를 점진적으로 증가시키고, 비용을 점진적으로 감소시킨다.
④ 보조활동(supporting activities)에는 연구개발, 인적자원관리, 회계와 재무 등의 활동들이 포함된다.

1256
2020 코레일 수송직렬 복원

다음 마이클 포터의 가치사슬 모형에 나타난 본원적 활동에 속하지 않는 것은?

① 물류산출활동 ② 마케팅과 판매활동
③ 서비스 활동 ④ 물류투입활동
⑤ 인적자원관리

1257
2024 경영지도사

포터(M. Porter)의 가치사슬에서 지원활동에 해당하지 않는 것은?

① 조달 ② 서비스
③ 인적자원관리 ④ 기업 인프라
⑤ 기술개발

1258
2024 7급 국가직

포터(M. Porter)가 제시한 가치사슬(value chain) 중 본원적 활동(primary activities)으로 옳지 않은 것은?

① 고객서비스 ② 기술개발
③ 생산 및 제조 ④ 마케팅 및 영업

사업포트폴리오 관리

1259
2004 가맹거래사

포트폴리오 분석방법 중에서 BCG(Boston Consulting Group) 매트릭스에서 물음표(question mark)에 해당되는 사업부는?

① 높은 성장률 – 높은 시장점유율
② 높은 성장률 – 낮은 시장점유율
③ 낮은 성장률 – 높은 시장점유율
④ 낮은 성장률 – 낮은 시장점유율
⑤ 높은 이익률 – 낮은 성장률

1260
2006 가맹거래사

보스턴 컨설팅그룹(BCG) 매트릭스에서 상대적 시장점유율과 업계성장율이 높은 경우는?

① 스타
② 문제아 또는 물음표
③ 개(dog)
④ 현금젖소 또는 자금젖소(cash cow)
⑤ 혁신자(innovator)

1261
2007 가맹거래사

제품 포트폴리오 관리(product portfolio management : PPM) 또는 BCG 매트릭스에서 자금창출을 극대화하기 위하여 시설의 유지와 생산원가 절감에 도움이 되는 투자만을 행하고, 연구개발, 광고, 신규시설 등에 대한 투자는 일체 금하는 전략을 구사하여야 할 제품은?

① stars (별 또는 태양)
② question mark 또는 problem child (미지수, 문제아, 의문표 또는 복권)
③ cash cow (현금젖소 또는 돈주머니)
④ dog (개 또는 고물차)
⑤ defender (방어자)

1262
2009 가맹거래사

BCG 매트릭스 전략모형을 구성하는 두 차원은?

① 수익성, 시장경쟁정도
② 시장성장율, 수익성
③ 시장경쟁정도, 상대적 시장점유율
④ 시장성장율, 상대적 시장점유율
⑤ 시장성장율, 시장경쟁정도

1263
2010 가맹거래사

BCG 매트릭스에서 상대적 시장점유율은 높으나 시장성장률이 낮은 영역은?

① 별(star)
② 물음표(question mark)
③ 오리(duck)
④ 개(dog)
⑤ 현금젖소(cash cow)

1264
2011 가맹거래사

BCG 매트릭스에서 상대적 시장점유율은 낮지만 시장성장률이 높은 영역은?

① 스타(star)
② 물음표(question mark)
③ 개(dog)
④ 현금 젖소(cash cow)
⑤ 고양이(cat)

1265
2012 가맹거래사

BCG 매트릭스에 관한 설명으로 옳지 않은 것은?

① 시장점유율이 높은 영역은 스타와 현금젖소이다.
② 스타는 고성장시장의 리더이다.
③ 개는 저성장시장의 리더이다.
④ 의문표(?)는 고성장시장의 추종자이다.
⑤ 성장율이 낮은 영역은 개와 현금젖소이다.

1266
2013 가맹거래사

BCG의 성장-점유율 매트릭스에 관한 설명으로 옳지 않은 것은?

① 세로축은 시장성장률, 가로축은 상대적 시장점유율을 나타낸다.
② 물음표(question marks)는 높은 시장성장률과 높은 상대적 시장점유율을 유지하기 때문에 투자가 필요하지 않다.
③ 별(stars)은 성장을 위해 많은 투자를 필요로 한다.
④ 현금 젖소(cash cows)는 높은 상대적 시장점유율을 유지하는데 투자비용이 적게 들어 많은 현금을 창출해낸다.
⑤ 개(dogs)는 낮은 시장성장률과 낮은 상대적 시장점유율을 나타낸다.

1267
2014 가맹거래사

BCG 매트릭스 기법에 관한 설명으로 옳지 않은 것은?

① 산업이나 시장의 성장률과 상대적 시장점유율로 사업기회를 분석하는 기법이다.
② 별 사업은 시장이 커지고 있어서 성장전략이 요구된다.
③ 물음표 사업은 시장이 성장하고는 있지만 추가 투자에는 위험이 존재한다.
④ 현금젖소 사업은 시장이 더 이상 커지지 않으므로 시장에서 철수할 준비를 한다.
⑤ 개 사업은 시장이 커질 가능성도 낮고 수익도 거의 나지 않는다.

1268
2017 가맹거래사

BCG 성장-점유율 매트릭스에서 미래의 성장가능성은 낮으나, 현재의 상대적 시장점유율이 높아서 기업의 현금흐름 창출에 기여하는 사업부는?

① 스타(star)
② 현금젖소(cash cow)
③ 블루오션(blue ocean)
④ 개(dog)
⑤ 물음표(question mark)

1269
2020 가맹거래사

BCG 매트릭스 중 다음에서 설명하는 사업단위는?

- 낮은 시장점유율과 낮은 시장성장률을 나타낸다.
- 현금을 창출하지만 이익이 아주 적거나 손실이 발생한다.
- 시장전망이 밝지 않아 가능한 빨리 철수하는 것이 바람직하다.

① star ② question mark
③ pig   ④ dog
⑤ cash cow

1270
2022 가맹거래사

BCG 매트릭스에 관한 설명으로 옳지 않은 것은?

① 미국의 보스턴 컨설팅 그룹이 개발한 사업전략 분석기법이다.
② 절대적 시장점유율과 시장성장률의 관계를 분석한다.
③ 사업부의 분면 위치는 시간이나 시장 환경에 따라 재평가되어야 한다.
④ 시장성장률은 사업 매력도를 나타내고 일반적으로 사업부의 매출성장률로 측정한다.
⑤ 각 사분면의 사업부 명칭은 Question Mark, Star, Cash Cow, Dog이다.

1271
2012 공인노무사

BCG 매트릭스에 관한 설명으로 옳은 것은?

① 횡축은 시장성장률, 종축은 상대적 시장점유율이다.
② 물음표 영역은 시장성장률이 높고, 상대적 시장점유율은 낮아 계속적인 투자가 필요하다.
③ 별 영역은 시장성장률이 낮고, 상대적 시장점유율은 높아 현상유지를 해야 한다.
④ 자금젖소 영역은 현금창출이 많지만, 상대적 시장점유율이 낮아 많은 투자가 필요하다.
⑤ 개 영역은 시장지배적인 위치를 구축하여 성숙기에 접어든 경우이다.

1272
2013 공인노무사

BCG 매트릭스에서 시간 흐름에 따른 사업단위(SBU)의 수명주기를 순서대로 나열한 것은?

① 별 – 현금젖소 – 개 – 물음표
② 물음표 – 별 – 현금젖소 – 개
③ 현금젖소 – 개 – 별 – 물음표
④ 개 – 물음표 – 현금젖소 – 별
⑤ 물음표 – 현금젖소 – 별 – 개

1273
2016 공인노무사

보스톤 컨설팅 그룹(BCG)의 사업 포트폴리오 매트릭스에 관한 설명으로 옳은 것은?

① 산업의 매력도와 사업의 강점을 기준으로 분류한다.
② 물음표(question mark)에 속해 있는 사업단위는 투자가 필요하나 성장가능성은 낮다.
③ 개(dog)에 속해 있는 사업단위는 확대전략이 필수적이다.
④ 별(star)에 속해 있는 사업단위는 철수나 매각이 필수적이다.
⑤ 자금젖소(cash cow)에 속해 있는 사업단위는 수익이 높고 안정적이다.

1274
2021 공인노무사

GE/맥킨지 매트릭스(GE/McKinsey matrix)에서 전략적 사업부를 분류하기 위한 두 기준은?

① 산업매력도 – 사업단위 위치(경쟁력)
② 시장성장률 – 시장점유율
③ 산업매력도 – 시장성장률
④ 사업단위 위치(경쟁력) – 시장점유율
⑤ 시장점유율 – 가격경쟁력

1275
2013 경영지도사

BCG(Boston Consulting Group) 매트릭스에 관한 설명으로 옳지 않은 것은?

① 원의 크기는 매출액 규모를 나타낸다.
② 수직축은 시장성장률, 수평축은 상대적 시장점유율을 나타낸다.
③ 기업의 자원을 집중적으로 투입하는 강화전략은 시장성장률과 시장점유율이 높은 사업에 적합하다.
④ 시장성장률은 낮지만 시장점유율이 높은 사업은 현상유지전략을 적용한다.
⑤ 시장성장률은 높지만 시장점유율이 낮은 사업의 경우, 안정적 현금 확보가 가능하다.

1276
2014 경영지도사

BCG 매트릭스에 관한 설명으로 옳은 것은?

① 어떤 사업 단위가 개(dog) 위치에 있었다면 이를 별(star)로 이동하도록 관리하는 것이 바람직하다.
② 현금젖소(cash cow) 상황은 시장성장률은 낮지만, 시장점유율이 높은 경우이다.
③ 물음표(question mark) 상황은 시장이 커질 가능성도 낮고, 수익도 거의 나지 않는 상황이다.
④ 개(dog) 상황은 현금유입은 적지만, 현금유출이 많은 경우이다.
⑤ 별(star) 상황에 필요한 전략은 현상유지전략이다.

1277
2016 경영지도사

BCG매트릭스에 관한 설명으로 옳지 않은 것은?

① 별(star)에 해당하는 사업은 성장전략을 추구하는 것이 바람직하다.
② 개(dog)에 해당하는 사업은 철수전략이나 회수전략이 바람직하다.
③ 현금젖소(cash cow)에 해당하는 사업은 현재의 시장지위를 유지하고 강화하는 전략이 바람직하다.
④ 물음표(question mark)에 해당하는 사업이 경쟁우위를 가질 수 있다고 판단되면 성장전략과 과감한 투자가 바람직하다.
⑤ 사업 포트폴리오의 성공적인 순환경로는 현금 젖소 → 별 → 물음표 → 개다.

1278
2019 경영지도사

BCG매트릭스에 관한 설명으로 옳지 않은 것을 모두 고른 것은?

> ㄱ. 개(dogs)는 시장의 성장률이 높고 점유율이 낮은 사업을 말한다.
> ㄴ. 별(stars)은 시장의 성장률이 높고 점유율이 높은 사업을 말한다.
> ㄷ. 현금젖소(cash cows)는 시장의 성장률은 낮지만 점유율은 높은 사업을 말한다.

① ㄱ
② ㄴ
③ ㄱ, ㄷ
④ ㄴ, ㄷ
⑤ ㄱ, ㄴ, ㄷ

1279
2022 경영지도사

기업전략에 관한 설명으로 옳지 않은 것은?

① BCG 매트릭스에서 성장은 느리지만 시장점유율이 높아서 이익이 많이 나는 집단을 별(star)이라고 한다.
② 포터(M. Porter)의 집중화전략은 한정된 특수 고객층에 집중하여 원가우위 전략 혹은 차별화전략을 쓰는 것을 말한다.
③ 포터(M. Porter)의 차별화전략은 품질이나 디자인이 뛰어난 만큼 비용이 많이 든다.
④ SWOT 분석은 외부환경의 기회와 위협, 내부환경의 강점과 약점을 분석한다.
⑤ 자원기반관점(resource-based view)에서는 기업이 통제하는 자원과 역량이 경쟁우위의 원천이 된다.

1280
2022 9급 군무원

다음 중 제품 포트폴리오 관리 도구인 BCG 매트릭스가 제공하는 4가지 진단상황에 대한 설명으로 가장 옳지 않은 것은?

① 별(star) : 시장성장률과 시장점유율이 모두 높은 제품
② 현금젖소(cash cow) : 시장점유율은 낮지만 시장성장률이 높은 제품
③ 개(dog) : 시장성장률과 시장점유율이 모두 낮은 제품
④ 물음표(question mark) : 시장성장률은 높지만 시장점유율이 낮은 제품

1281
2022 7급 군무원

다음 중 BCG(Boston Consulting Group)의 성장점유율 모형 (growth-share model)에서 BCG 매트릭스에 대한 설명으로 가장 옳지 않은 항목은?

① 문제아(problem children)는 성장률이 높은 시장에서 상대적 시장점유율이 낮은 사업이다.
② 현금젖소(cash cow)는 상대적 시장점유율이 크지만 성장률이 둔화되고 투자의 필요성이 감소하여 현금잉여가 창출되는 사업이다.
③ 개(dog)는 성장률이 낮은 시장에서 시장점유율이 취약한 사업이다.
④ 스타(star)는 고도성장 시장에서 시장의 선도자가 되어 현금유출이 적고 현금흐름의 여유가 큰 사업이다.

1282
2017 7급 서울시

보스턴 컨설팅 그룹에서 개발한 BCG 매트릭스에서 상대적 시장 점유율이 높고 시장성장률이 낮은 경우와 상대적 시장 점유율이 낮고 시장성장률이 높은 경우를 각각 어떤 사업 분야로 분류하는가?

① 자금젖소(cash cow)와 물음표(question mark)
② 자금젖소(cash cow)와 별(star)
③ 물음표(question mark)와 별(star)
④ 물음표(question mark)와 개(dog)

1283
2021 7급 서울시

BCG 매트릭스에 대한 설명으로 가장 옳지 않은 것은?

① 스타(star)는 투자와 성장전략을 추구하며, 투자를 강화하여 경쟁우위를 확보하고 확장을 통해 시장 지배력을 강화한다.
② 물음표(question mark)는 선택과 집중전략을 추구하며, 키울 사업과 버릴 사업을 선택하고, 키울 사업에 자원배분을 집중한다.
③ 캐시 카우(cash cow)는 유지와 수확전략을 추구하며, 고수익을 유지하고, 수익을 조정이 필요한 개에 투자하여 스타로 만든다.
④ 개(dog)는 조정과 철수전략을 추구하며, 구조조정으로 수익성을 유지하고, 이익 가능성이 없는 사업에서 철수한다.

1284
2007 7급 국가직

보스턴 컨설팅 그룹이 개발한 포트폴리오 매트릭스에서 자금 젖소(cash cows)에 해당하는 상황을 설명하고 있는 것은?

① 사업성장률이 낮고 시장점유율은 높은 경우
② 사업성장률이 낮고 시장점유율도 낮은 경우
③ 사업성장률이 높고 시장점유율은 낮은 경우
④ 사업성장률이 높고 시장점유율도 높은 경우

1285
2009 7급 국가직

기업이 현재의 사업구조를 평가하여 전략을 수립하기 위해 사업 포트폴리오 매트릭스를 작성·분석하는 기법의 한 가지로 BCG 매트릭스가 있다. 이 기법은 상대적 시장점유율과 시장성장률을 토대로 네 가지 경우로 구분하고, 그 각각에 대해 스타(star), 문제아(problem child), 현금젖소(cash cow), 개(dog)와 같이 고유한 이름을 부여하고 있다. 이에 대한 설명으로 옳지 않은 것은?

① 개(dog) : 이익도 별로 발생시키지 못하고 시장성장률도 낮아 별다른 투자도 필요치 않은 상태로서 이 사업단위는 가능하면 빨리 포기하는 것이 낫다.

② 현금젖소(cash cow) : 기업 자금확보의 주원천으로 배당금이나 새로운 투자자금의 주된 공급원 역할을 하는 사업단위에 해당한다.

③ 문제아(problem child) : 상대적 시장점유율은 높으나 시장성장성이 낮아 많은 투자가 요구되는 사업단위에 해당한다.

④ 스타(star) : 상대적 시장점유율이 높고 잠재적 성장가능성도 높아 전체 사업포트폴리오의 핵심위치에 있다.

1286
2014 7급 국가직

BCG 매트릭스의 제품 포트폴리오 전략 중에서 철수, 청산, 매각 등의 시장철수 전략이 요구되는 전략적 사업단위는?

① question mark
② star
③ cash cow
④ dog

1287
2017 7급 국가직

다음 BCG(Boston Consulting Group) 매트릭스에 대한 설명으로 옳은 것으로만 묶은 것은?

> ㄱ. 시장성장률이 높다는 것은 그 시장에 속한 사업부의 매력도가 높다는 것을 의미한다.
> ㄴ. 매트릭스 상에서 원의 크기는 전체 시장규모를 의미한다.
> ㄷ. 유망한 신규사업에 대한 투자재원으로 활용되는 사업부는 현금젖소(Cash Cow) 사업으로 분류된다.
> ㄹ. 상대적 시장점유율은 시장리더기업의 경우 항상 1.0이 넘으며 나머지 기업은 1.0이 되지 않는다.

① ㄱ, ㄴ
② ㄱ, ㄷ
③ ㄴ, ㄹ
④ ㄷ, ㄹ

1288
2020 코레일 수송직렬 복원

BCG 매트릭스에서 상대적 시장점유율과 시장성장률이 모두 높은 사업부는 무엇인가?

① Star
② Question Mark
③ Cash Cow
④ Dog
⑤ Bird

1289
2023 공인노무사

다음 BCG 매트릭스의 4가지 영역 중, 시장성장률이 높은(고성장) 영역과 상대적 시장점유율이 높은(고점유) 영역이 옳게 짝지어진 것은?

> ㄱ. 현금젖소(cash cow)   ㄴ. 별(star)
> ㄷ. 물음표(question mark)   ㄹ. 개(dog)

	고성장	고점유
①	ㄱ, ㄴ	ㄴ, ㄷ
②	ㄱ, ㄴ	ㄴ, ㄹ
③	ㄱ, ㄹ	ㄱ, ㄴ
④	ㄴ, ㄷ	ㄱ, ㄴ
⑤	ㄴ, ㄷ	ㄱ, ㄷ

1290
2023 경영지도사

BCG 매트릭스 기법에 관한 설명으로 옳은 것은?

① 산업 매력도 지표와 사업 강점 지표를 구성하여 수행하는 사업 포트폴리오 평가 기법이다.
② 원의 크기는 사업부의 시장점유율을 나타낸다.
③ 시장성장률이 높을수록 사업부의 매력도가 높은 것으로 평가된다.
④ 상대적 시장점유율이 0.4라는 것은 자사 사업부의 시장점유율이 그 시장에서의 경쟁기업 중 가장 큰 점유율을 나타내는 경쟁사 시장점유율의 2/5 수준임을 의미한다.
⑤ 안정적인 현금이 유입되어 유망한 신규사업에 대한 투자재원으로 활용되는 사업부는 별(star)군 사업부로 분류된다.

1291
2024 가맹거래사

BCG 매트릭스에 관한 설명으로 옳지 않은 것은?

① 사업의 매력도를 평가하기 위해 시장성장률을 사용한다.
② 사업의 경쟁력을 평가하기 위해 상대적 시장점유율을 사용한다.
③ Cash Cow는 시장성장률과 상대적 시장점유율이 모두 높은 영역이다.
④ Dog는 시장성장률과 상대적 시장점유율이 모두 낮은 영역이다.
⑤ Star는 지속적인 투자가 요구되는 영역이다.

기타 전략

1292
2014 경영지도사

장기적인 조직의 임무, 목표, 자원배분에 관한 의사결정을 수행하는 과정은?

① 운영적 계획 ② 전술적 계획
③ 전략적 계획 ④ 지속적 계획
⑤ 산업적 계획

1293
2014 경영지도사

한기업이 타 산업의 전혀 다른 사업활동을 하는 기업을 인수합병 하는 것은?

① 수평적 인수합병 ② 수직적 인수합병
③ 적대적 인수합병 ④ 관련기업 인수합병
⑤ 콩글로메리트 인수합병

1294
2019 경영지도사

과거의 목표설정과 관리방식을 유지하면서 주요 정책이나 방침에 변화를 주지 않는 전략은?

① 안정전략 ② 확장전략
③ 축소전략 ④ 결합전략
⑤ 차별화전략

1295
2020 경영지도사

기업조직 내의 각 사업부가 각기 다른 전략을 동시에 채용하는 전략유형은?

① 확장전략 ② 성장전략
③ 축소전략 ④ 안정전략
⑤ 결합전략

1296
2022 경영지도사

기업이 성공하기 위해서 경쟁이 없는 새로운 시장을 창출해야 한다는 전략은?

① 침투 전략(penetration strategy)
② 레드오션 전략(red ocean strategy)
③ 블루오션 전략(blue ocean strategy)
④ 창조 전략(creation strategy)
⑤ 표적시장 전략(target market strategy)

1297
2008 7급 국가직

레드오션과 블루오션의 비교 설명으로 옳지 않은 것은?

① 레드오션은 경쟁시장을 의미하고 블루오션은 무경쟁시장을 의미한다.
② 마이클 포터(M. Porter)가 제시한 본원적 경쟁전략들은 모두 레드오션 전략이다.
③ 블루오션 전략은 틈새시장을 확보하려는 전략이다.
④ 블루오션 전략은 가치와 비용을 동시에 추구하지만, 레드오션 전략은 가치와 비용 중 하나를 택한다.

1298
2014 7급 국가직

선도 진입자가 후발 주자보다 유리한 점으로 옳지 않은 것은?

① 기술적 리더십 강화
② 구매자의 제품 전환비용 발생
③ 자원의 선취
④ 시장 불확실성 해결

1299
공기업 출제경향 반영

다음 중 레드오션 전략에 해당하는 내용으로만 바르게 묶은 것은?

| ㄱ. 기존 수요시장 공략 |
| ㄴ. 새 수요창출 및 장악 |
| ㄷ. 가치-비용 중 택일 |
| ㄹ. 경쟁을 무의미하게 만듦 |

① ㄱ, ㄷ
② ㄱ, ㄹ
③ ㄱ, ㄷ, ㄹ
④ ㄱ, ㄴ, ㄷ, ㄹ
⑤ ㄴ, ㄹ

1300
2024 5급 군무원

다음 중 조직의 방향을 설정하는 위계 단계 중 가장 상위개념은?

① 비전
② 전략
③ 실천과제
④ 실행계획

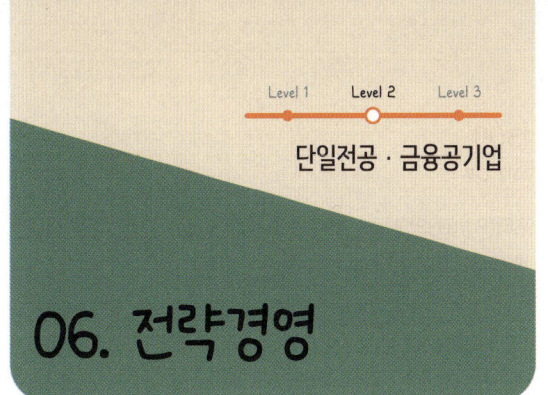

06. 전략경영

SWOT

1301
2001 CPA

강점-약점-기회-위협(SWOT) 분석의 결과 W-T상황이라고 판단되는 경우에 가장 적당하지 않은 전략은?

① 철수
② 핵심역량개발
③ 전략적 제휴
④ 벤치마킹
⑤ 집중적 다각화

내부역량 평가

1302
2000 CPA

핵심역량과 관련된 다음의 설명 중 가장 적절하지 않은 것은?

① 핵심역량은 조직에서의 집단적 학습과정을 통하여 배양된다.
② 핵심역량은 다양한 시장으로 진출할 수 있는 기회를 제공한다.
③ 현재의 효과적인 전략은 미래 핵심역량 형성의 토대가 된다.
④ 핵심역량은 타기업과 공동으로 개발할 수 없다.
⑤ 핵심역량을 기준으로 사업철수와 사업확장을 결정한다.

1303
2005 CPA

포터(Porter)의 가치사슬 모형(value chain model) 중 본원적 활동(primary activities)으로 가장 적절하지 않은 것은?

① 기계, 설비, 사무장비, 건물 등의 자산과 원재료, 소모품 등의 요소를 구입하는 활동
② 투입요소를 최종제품 형태로 만드는 활동
③ 제품을 구매자에게 유통시키기 위한 수집, 저장, 물적 유통과 관련된 활동
④ 구매자가 제품을 구입할 수 있도록 유도하는 활동
⑤ 제품 가치를 유지, 증진시키기 위한 활동

1304
2009 CPA

경영전략에 관한 서술 중 가장 적절하지 않은 것은?

① 보스톤 컨설팅 그룹(BCG)의 사업포트폴리오 매트릭스에서 상대적 시장점유율이 1보다 크다는 것은 그 시장에서 시장점유율이 1위라는 것을 의미한다.
② 포터(Porter)의 산업구조분석에 의하면, 구매자들이 구매처를 변경하는데 비용이 많이 들수록 기업의 수익률(수익성)은 높아진다.
③ 전략적 제휴(strategic alliance)는 합병에 의한 진입비용이 많이 소요되거나, 단독진입시 위험과 비용 부담이 큰 경우에 채택할 수 있는 전략이다.
④ 포터(Porter)의 가치사슬(value chain) 모형에 의하면 기계와 건물을 구입하는 활동은 본원적 활동에 포함된다.
⑤ 관련다각화 전략을 사용할 때 범위의 경제(economy of scope)를 실현할 수 있다.

외부환경 평가

1305
2006 CPA

Porter의 경쟁전략이론에 의하면, 산업의 수익률은 5가지 동인(Forces)에 의해 영향을 받는다고 한다. 다음 중 가장 옳지 않은 것은?

① 산업의 수익률은 보완재의 유무에 의해 영향을 받는다. 보완재가 적을 때 산업의 수익률은 높아질 것이다.
② 산업의 수익률은 기존 기업들 간의 경쟁에 의해 영향을 받는다. 기업 간의 경쟁이 치열할수록 산업의 수익률은 낮아질 것이다.
③ 잠재적 진입자의 시장진출 위협 정도가 낮다면, 즉 진입장벽이 높다면 산업의 수익률은 높아질 것이다.
④ 구매자의 교섭력이 강할수록 산업의 수익률은 낮아질 것이다.
⑤ 원자재 공급자의 제품이 차별화되어 있거나 제품의 공급이 소수기업에게 집중되어 있어 공급자의 교섭력이 강할 때 산업의 수익률은 낮아질 것이다.

1306
2011 CPA

포터(Porter)의 산업구조 분석기법의 5가지 요소로 가장 적절하지 않은 것은?

① 기업지배구조의 변동성
② 잠재적 진입자의 위협
③ 대체재의 위협
④ 구매자의 교섭력
⑤ 현재 산업내의 경쟁

1307
2012 CPA

포터(Porter)의 산업구조분석 모형을 근거로 할 때, 해당 산업에서의 수익률이 가장 높은 경우는?

	진입장벽	공급자의 교섭력	구매자의 교섭력	대체재의 위협
①	낮음	낮음	높음	낮음
②	낮음	높음	높음	높음
③	낮음	낮음	낮음	낮음
④	높음	높음	높음	높음
⑤	높음	낮음	낮음	낮음

사업포트폴리오 관리

1308
2002 CPA

사업 포트폴리오 분석 방법인 BCG 매트릭스와 GE/McKinsey 매트릭스에 관한 다음의 서술 중 가장 적절한 것은?

① BCG 매트릭스는 시장성장률과 절대적 시장점유율이라는 두 변수를 양축으로 사업의 매력도를 평가한다.
② BCG 매트릭스 분석결과로서 각 사업단위에 적용될 수 있는 전략으로는 확대(build), 철수(divest), 유지(hold), 수확(harvest) 전략이 있다.
③ BCG 매트릭스 상에서 수익성이 낮고 시장전망이 어두워 철수가 요망되는 영역은 별(star)이다.
④ GE/McKinsey 매트릭스는 산업매력도(industry attractiveness)와 제품의 질(product quality)을 기준으로 구분한 9개의 영역으로 구성된다.
⑤ GE/McKinsey 매트릭스 상에서 원의 크기는 각 사업단위가 진출한 시장에서의 시장점유율을 나타내며, 원내에 진하게 표시된 부분의 크기는 원가상의 우위를 나타낸다.

1309
2003 CPA

BCG 점유율-성장 매트릭스에서 최적 현금흐름(cash flow)의 방향으로 가장 적합한 것은?

① star → question mark
② star → cash cow
③ cash cow → question mark
④ dog → question mark
⑤ dog → cash cow

1310
2007 CPA

기업의 기존 사업단위의 전략적 평가와 선택을 위해 사업 포트폴리오 모형(Business Portfolio Model)이 많이 사용된다. 사업 포트폴리오 모형에 대한 다음 설명 중 가장 옳지 않은 것은?

① BCG 성장-점유(BCG Growth-Share Matrix)모형의 두 축은 제품시장의 매력도를 나타내는 성장률과 제품시장의 경쟁력을 나타내는 상대적인 시장점유율이다.
② BCG 모형에서 자금흐름(cash flow)은 별(Star-고성장률, 고점유율 사업부)에서 가장 많이 생긴다.
③ GE/McKinsey 모형은 제품시장 매력도(market attractiveness)와 사업단위 경쟁력(business strength)의 두 차원으로 구성된다.
④ GE/McKinsey 모형에서는 자금흐름보다는 투자수익률(ROI)을 더 중시한다.
⑤ BCG 모형은 제품시장에서 경험곡선효과가 중요한 것으로 가정하나, 어떤 제품시장에서는 경험곡선보다 기술혁신이 더 중요할 수 있다.

1311
2009 CPA

기업이 보유한 사업단위의 전략적 평가와 선택에는 일반적으로 사업포트폴리오 모형(business portfolio model)이 많이 이용된다. 가장 전형적인 형태의 하나인 BCG(Boston Consulting Group) 사업포트폴리오 모형에 대한 다음의 서술 중 가장 적절하지 않은 것은?

① 원(circle)의 크기는 해당 사업단위의 매출액을 의미한다.
② 원의 위치는 해당 사업단위의 시장매력도(시장성장률)와 경쟁력(상대적 점유율)을 나타낸다.
③ 시장성장률이 낮고 상대적 점유율도 낮은 사업단위는 문제아(question mark 또는 problem child)로 분류된다.
④ 육성전략(build strategy)(또는 확대전략, 투자전략, 강화전략, 성장전략 등)은 개(dog)보다 스타(star)에 해당되는 사업단위에 적합하다.
⑤ BCG 사업포트폴리오의 단점을 보완하기 위해 GE/McKinsey 모형이 개발되었다.

1312
2015 CPA

경영전략에 관한 설명으로 가장 적절한 것은?

① 보스톤 컨설팅 그룹(BCG)의 사업포트폴리오 매트릭스에서 문제아(problem child, question marks)의 경우에 자금을 투입하기도 한다.
② 관련다각화 전략을 사용하면 반드시 규모의 경제(economy of scale)가 실현된다.
③ 포터(Porter)의 가치사슬(value chain) 모형에 의하면 본원적 활동(primary activities)에는 기획, 구매, 물류, 생산, 판매, 유통, 사후관리가 포함된다.
④ 포터(Porter)의 산업구조분석 모형에 의하면 구매자의 교섭력이 강하고, 공급자의 교섭력이 약하며, 대체재가 적을수록 수익성이 높아진다.
⑤ 보스톤 컨설팅 그룹(BCG)의 사업포트폴리오 매트릭스에서 상대적 시장점유율이 1보다 크다는 것은 시장점유율이 50% 이상이라는 것을 의미한다.

전략경영 종합

1313
2007 CPA

전략에 관한 다음의 설명 중 가장 적절하지 않은 것은?

① 포터(Porter)에 따르면 차별화(differentiation)전략은 새로운 기술이나 제품개발, 우월한 서비스를 통하여 소비자에게 자사의 제품을 경쟁제품보다 독특하게 하는 것이다.
② 전략의 수준은 의사결정의 수준과 범위에 따라 기업수준의 전략(corporate strategy), 사업수준의 전략(business strategy), 기능수준의 전략(functional strategy)으로 나눌 수 있다.
③ 마일즈와 스노우(Miles and Snow)의 전략 유형에서 방어적(defender) 전략을 구사하는 조직은 생산효율성보다는 창의성과 유연성을 강조하고 분권화되어 있다.
④ 조직의 전략은 조직 규모, 기술, 문화와 함께 조직 구조에 영향을 미치는 요소이다.
⑤ 후방 통합(backward integration)은 공급업자의 사업을 인수하거나 공급업자가 공급하던 제품이나 서비스를 직접 생산, 공급하는 방식의 전략이다.

1314
2010 CPA

전략적 경영(strategic management) 및 전략적 인적자원관리(strategic human resource management)에 관한 다음의 설명 중 적절하지 않은 항목만으로 구성된 것은?

> a. 전략적 인적자원관리는 경영전략과 인적자원관리를 통합하여 상호 연계시키는 인적자원관리 활동 및 체계이다.
> b. 전략적 경영의 수준은 의사결정의 수준과 범위에 따라 기업수준의 전략(corporate strategy), 사업수준의 전략(business strategy), 기능수준의 전략(functional strategy)으로 나눌 수 있다.
> c. 후방 통합(backward integration)은 공급업자의 사업을 인수하거나 공급업자가 공급하던 제품이나 서비스를 직접 생산, 공급하는 방식의 전략으로 수평적 통합(horizontal integration) 전략의 하나이다.
> d. 전략적 인적자원관리는 전통적인 인사관리(personnel management)와 달리 기업의 경영전략과 인적자원관리시스템간의 적합성(fitness)을 강조한다.
> e. 전략적 인적자원관리는 경쟁우위의 원천으로 인적자원(human resource)보다 물적 자원(physical resource)을 중시한다.

① a, c
② b, e
③ c, e
④ d, e
⑤ b, d

1315
2013 CPA

경영전략과 경영조직에 관한 다음 설명 중 가장 적절한 것은?

① 포터(Porter)의 가치사슬(value chain) 모형에 의하면 마케팅, 재무관리, 생산관리, 인적자원관리는 본원적 활동(primary activities)에 포함된다.
② 보스톤컨설팅그룹(BCG)의 사업포트폴리오 매트릭스에서는 시장의 성장률과 절대적 시장점유율을 기준으로 사업을 평가한다.
③ 제조업체에서 부품의 안정적 확보를 위해 부품회사를 인수하는 경우는 전방통합(forward integration)에 해당하며, 제품 판매를 위해 유통회사를 인수하는 경우는 후방통합(backward integration)에 해당한다.
④ 기계적 조직은 유기적 조직에 비해 집권화 정도가 강하고 공식화 정도도 강하다.
⑤ 대량생산기술을 적용할 때에는 유기적 조직이 적합하며, 소량주문생산기술을 적용할 때에는 기계적 조직이 적합하다.

1316
2014 CPA

경영조직과 경영전략에 관한 설명 중 적절한 항목만으로 구성된 것은?

> a. 포터(Porter)의 가치사슬(value chain) 모형에 의하면 본원적 활동(primary activities)에는 기획, 구매 및 물류, 생산, 판매 및 유통, 사후관리가 포함된다.
> b. 보스톤 컨설팅 그룹(BCG)의 사업포트폴리오 매트릭스에서 시장의 성장률이 낮고 상대적 시장점유율이 높은 경우를 별(star)이라고 한다.
> c. 전방통합(forward integration)과 후방통합(backward integration)은 수직적 통합전략에 해당한다.
> d. 유기적 조직은 기계적 조직에 비해 공식화와 분업화의 정도가 낮은 편이다.
> e. 환경이 급격하게 변하고 복잡한 경우에는 기계적 조직보다 유기적 조직이 적합하다.

① a, b, c ② b, c, d
③ c, d, e ④ a, d, e
⑤ a, b, e

1317
2017 CPA

다음 중 가장 적절하지 않은 설명은?

① 교차 라이센싱(cross-licensing)은 기업들이 필요한 기술을 서로 주고받는 제휴 형태로서, 합작투자(joint venture)에 비해 자원 및 위험의 공유정도가 낮다.
② 포터(Porter)의 가치사슬 분석에 의하면 기업활동은 주활동과 보조활동으로 구분되는데, 기술개발은 보조활동에 해당한다.
③ 자동차 생산회사가 생산에 필요한 강판을 안정적으로 확보하기 위해 철강회사를 인수하는 것은 후방통합(backward integration)의 예이다.
④ 경영전략을 기업전략, 사업전략, 기능전략으로 구분할 때, 포터(Porter)가 제시한 본원적 전략 중의 하나인 차별화(differentiation)는 기업전략에 해당한다.
⑤ BCG 매트릭스에서 상대적 시장점유율은 높지만 시장성장률이 낮은 사업군을 자금 젖소(cash cow)라고 한다.

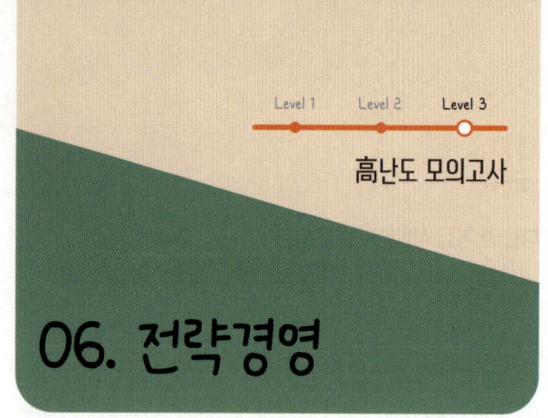

06. 전략경영

高난도 모의고사

1318

사업 포트폴리오 모형(business portfolio model)에 대한 다음 설명 중 가장 적절하지 않은 것은?

① BCG(Boston Consulting Group) 모형은 사업부의 이동을 전제로 하고 있어 GE/McKinsey 모형보다 동태적인 모형이다.
② 주주들이 투자수익률에 관심을 가지고 있다면 경영진은 BCG 모형보다는 GE/McKinsey 모형을 사용하는 것이 좋다.
③ BCG와 GE/McKinsey 모형을 이용하는 경영자는 사업부 수준(business level)의 경영자이다.
④ BCG와 GE/McKinsey 모형의 공통된 단점은 시장점유율이 높은 사업 단위와 핵심역량을 가진 사업단위는 항상 일치하는 것은 아니기 때문에 현재의 시장점유율로 전략적 행동을 취하는 것은 문제의 소지가 있을 수 있다는 것이다.
⑤ BCG 모형은 규모의 경제보다 경험곡선 효과(experience curve effect)가 중요한 산업에 더 적합하다.

1319

전략에 관한 다음의 설명 중 가장 적절하지 않은 것은?

① 가장 높은 수준의 전략적 제휴(strategic alliance)를 합작투자(joint venture)라고 한다.
② 기업이 수직적 통합(vertical integration)을 실시하는 방법에는 기존업체를 M&A(merger & acquisition)하는 방법과 신설법인을 만드는 방법이 있다.
③ SWOT 분석에서 S와 W는 외부환경을 분석하기 위한 것이고, O와 T는 내부역량을 분석하기 위한 것이다.
④ 사업포트폴리오 관리에서 투자수익률(ROI)이 중요하다면 BCG 매트릭스보다는 GE/McKinsey 모형을 사용하는 것이 좋다.
⑤ 포터(Porter)가 제시한 차별화(differentiation) 전략과 원가우위(cost-leadership) 전략은 사업부 수준(business level)의 전략으로 볼 수 있다.

1320

전략에 관한 다음의 설명 중 가장 적절하지 않은 것은?

① 전사적 수준의 전략(corporate level)은 복수의 사업부(division)를 가진 대기업의 본부(headquarter) 수준의 전략을 의미하며, 성장, 안정, 축소 전략으로 구분된다.
② 포터(Porter)의 경쟁전략에 따르면 기업은 경쟁이 치열할수록 차별화 전략과 원가우위 전략을 동시에 추구해야 한다.
③ 거래 파트너들이 기회주의적인 행동을 많이 할 때, 거래를 내부화하는 수직적 통합(vertical integration)을 실시하는 것이 바람직하다.
④ 전자부품을 제조하던 기업이 자신의 부품을 납품하던 전자제품 제조기업을 합병하면 이를 전방통합(forward integration)이라 한다.
⑤ 기업은 자신의 가치사슬(value chain)과 경쟁자의 가치사슬을 비교하여 자신이 경쟁 우위가 있는 부문과 열위가 있는 부문을 파악할 수 있다.

1321

전략경영에 관한 다음의 설명 중 옳지 않은 항목만으로 구성된 것은?

> a. 기업이 특정 활동을 수직적 통합(vertical integration)을 통해 직접 수행하고 있다는 것은 외부화, 즉 아웃소싱(outsourcing)의 비용이 더 높다는 것을 의미한다.
> b. 차별화(differentiation)와 원가우위(cost-leadership) 전략을 동시에 추구하는 것은 성과측면에서 바람직하지 않다.
> c. BCG 매트릭스에서 상대적 시장점유율이 높다는 것은 경험곡선(learning curve) 효과 측면에서 유리하다는 것을 의미한다.
> d. 산업구조분석(5 forces) 모형에서 구매되는 제품들이 차별화되어 있을 때, 구매자(buyer)의 교섭력은 증가한다.
> e. 전략수립시 자원기반관점(RBV: resource-based view)은 외부환경 분석에 기초가 되고, 포터(Porter)의 산업구조분석은 내부역량 분석의 기초가 된다.

① a, b, c
② a, b, d
③ b, c, d
④ b, d
⑤ d, e

1322

전략경영(strategic management)에 대한 설명 중 가장 적절한 것으로 구성된 것은?

> a. 사업부 수준(business level)의 전략은 주로 기업의 전반적 사업포트폴리오 관리를 어떻게 할 것인가의 문제를 다룬다.
> b. 원가우위 전략(cost leadership strategy)과 차별화 전략(differentiation)을 동시에 추구하는 것은 둘 중 어느 하나도 제대로 달성하지 못할 가능성이 크다.
> c. 기업의 거래 파트너가 기회주의(opportunism)적으로 행동하고 동시에 소수교환관계(small numbers bargaining)가 성립된다면 아웃소싱보다는 수직적 통합(vertical integration)이 더 거래비용을 감소시킨다.
> d. 다각화(diversification)와 수직적 통합(vertical integration)은 신규기업의 설립이나 기존 기업의 인수합병(M&A)을 통해 가능하다.
> e. 가치사슬(value chain) 모형은 본원적 활동(primary activity)과 지원활동(support activity)으로 구분되는데, 지원활동에 해당되는 활동들은 기업의 핵심역량(core competence)이 될 수 없다.

① a, b, c
② a, b, d
③ b, c, d
④ b, c, e
⑤ b, d, e

1323

전략경영(strategic management)에 대한 다음 설명 중 가장 적절하지 않은 것은?

① 전략 수립시 고려해야 하는 기업의 비전(vision)과 미션(mission)은 각각 기업의 장기적 목표와 기업의 존재이유를 의미한다.
② 자원기반관점(resource-based view)은 경쟁우위의 원천을 기업내부의 자원에서 찾으려는 것으로 전략수립 시 내부역량을 분석하는 방법과 논리에 이론적 근거를 제공하고 있다.
③ 기업이 수직적 통합(vertical integration)을 하고 있다는 것은 제한된 합리성(bounded rationality), 기회주의(opportunism), 불확실성(uncertainty) 등으로 인하여 내부화의 비용이 외부화 비용보다 높다는 것을 의미한다.
④ 신규 시장에 독자적으로 진입할 때 위험이 크다면 다른 기업과 전략적 제휴(strategic alliance)를 맺는 것이 바람직하다.
⑤ 메모리 반도체를 생산하는 삼성전자와 비메모리 반도체를 생산하는 인텔은 같은 산업(industry)에 속하지만 서로 다른 전략군(strategic group)에 포함된다.

1324

전략경영(strategic management)에 대한 다음 설명 중 가장 적절하지 않은 것은?

① 제한된 합리성, 기회주의, 불확실성, 소수교환관계, 정보밀집성 등으로 인해 거래비용(transaction cost)이 증가될 때 기업은 수직적 통합(vertical integration)을 선택하게 된다.
② 진입장벽(entry barriers)이 높은 산업은 잠재적 진입자의 위협이 낮은 산업이다.
③ 포터(Porter)의 산업구조 분석에서 특정 산업의 산출물을 구매하는 기업이 후방통합(backward integration) 능력을 가지고 있다면 그 산업의 매력도는 증가한다.
④ 수직적 통합(vertical integration)은 기업의 특정 활동을 내부화하는 비용이 외부화하는 비용보다 낮을 때 발생한다.
⑤ 포터(Porter)의 경쟁전략 가운데 집중화 전략(focus strategy)은 원가우위에 토대를 두거나 혹은 차별화 우위에 토대를 둘 수 있다.

1325

사업포트폴리오 관리에 대한 다음 설명 중 가장 적절하지 않은 것은?

① GE/맥킨지 매트릭스는 산업의 장기매력도와 사업단위 경쟁력을 두 축으로 한다.
② BCG 매트릭스에서 별(star)에 해당하는 사업부는 고성장 분야이면서 동시에 시장점유율도 높지만 현금의 유입량도 많고 자금소요량도 많아 반드시 현금을 창출한다고 보기 어렵다.
③ BCG 매트릭스에서 별(star) 사업부는 시장의 성장성이 둔화되었을 때 현금젖소(cash cow)가 된다.
④ BCG 매트릭스에서 상대적 시장점유율이 높은 셀은 일반적으로 수익이 높고 안정적이다.
⑤ BCG 매트릭스의 두축 가운데 하나인 '시장의 성장률'은 경험곡선 효과(experience curve effect)가 중요하다는 것을 강조하고 있다.

1326

포터(porter)의 산업구조분석에 대한 다음 설명 중 가장 적절하지 않은 것은?

① 규모의 경제(economy of scale) 효과가 큰 산업일수록 잠재진입자의 위협은 낮다.
② 제품의 차별화 정도가 높은 산업일수록 기업 간 경쟁은 치열하다.
③ 대체재는 어느 기업이 산업 내에서 가질 수 있는 가격과 이익의 상한선을 결정한다.
④ 공급자들이 전방통합(forward integration) 능력이 있을 때 공급자의 교섭력은 증가한다.
⑤ 구매자들이 후방통합(backward integration) 능력이 있을 때 구매자의 교섭력은 증가한다.

1327

조직이론과 전략경영에 대한 다음 설명 중 가장 적절하지 않은 것은?

① 톰슨(Thompson)의 연구에서 상호의존성(interdependence)이 가장 낮은 것은 집합적(pooled) 상호의존성이다.
② 페로(Perrow)의 연구에서 과업의 다양성(task variability)과 문제의 분석가능성(problem analyzability)이 모두 높은 것은 비일상적(non-routine) 기술이다.
③ 우드워드(Woodward)의 연구에서 기술복잡성(technological complexity)이 가장 낮은 것은 단위소량생산(unit)이다.
④ 전략 수립 시 내부역량과 외부환경을 분석하는 것이 중요한데, 포터의 가치사슬(value chain) 모형은 내부역량 분석에 사용된다.
⑤ BCG 매트릭스에서 상대적 시장점유율 값이 '0.8'이면 물음표(question mark)나 개(dog)에 해당하는 사업부이다.

1328

전략경영과 조직이론에 대한 다음 설명 중 가장 적절하지 않은 것은?

① 어떤 산업에서 경험곡선효과(experience curve effect)가 존재한다면, 경쟁기업에 비해 비용우위를 가질 수 있는지 여부는 누가 먼저 산출량을 늘릴 수 있는지에 달려 있다.
② 한 산업에서 요구되는 자본소요량, 규모의 경제, 제품차별화 수준이 높다면, 그 산업의 진입장벽(entry barrier)은 높다고 평가할 수 있다.
③ 네트워크 조직(network structure)은 협력업체와 갈등해결 및 관계유지에 상대적으로 많은 시간이 필요하다.
④ 페로(Perrow)는 기술과 조직구조간 연구에서 과업의 다양성(task variability)과 문제의 분석가능성(problem analyzability)이 증가할수록 조직구조는 좀 더 유기적으로 설계되어야 한다고 주장하였다.
⑤ 조직군 생태학(population ecology view)은 생물학의 자연선택설(natural selection)을 도입하여 조직이 환경에 적응하기 보다는 오히려 환경이 생존할 조직을 선택한다고 주장한다.

1329

전략 경영에 관한 다음 설명 중 적절하지 않은 항목만으로 구성된 것은?

> a. 사업부 수준의 전략(business level strategy)은 기업이 특정한 시장이나 산업에서 경쟁우위를 얻기 위해 활용할 수 있는 전략을 말한다.
> b. 규모의 경제(economy of scale)와 학습곡선(learning curve)의 공통점은 어느 한 시점의 생산량과 단위원가와의 관계를 설명하고 있다는 것이다.
> c. 포터(Porter)의 산업구조분석 관점에서 규모의 경제가 존재하거나 제품 차별화(product differentiation) 수준이 높은 산업은 매력도가 높다고 볼 수 있다.
> d. BCG 매트릭스의 문제점은 복잡한 사업의 성격을 너무 단순하게 표시하려고 하기 때문에 사업부의 잠재적인 성장성을 무시하거나 현재 상황을 너무 단순하게 파악하기 쉽다는 것이다.
> e. 거래비용이론(transaction cost theory)에서 어느 기업이 거래 특유의 투자(transaction-specific investment)를 할 때 거래 파트너에 의한 기회주의 위협은 감소한다.

① a, c ② b, e
③ c, e ④ d, e
⑤ b, d

1330

전략경영에 대한 다음 설명 가운데 가장 적절한 것은?

① 수직적 통합(vertical integration)은 기업활동의 유연성을 강화시키는 요인으로 작용해서 기업의 경쟁력을 강화시킬 수 있으며, 특히 기술변화가 심하고 수요가 불확실하거나 경쟁이 치열한 경우에 적합하다.
② 전략적 제휴(strategic alliance)의 유형 가운데 기능별 제휴(functional agreement)보다는 합작투자(joint venture)가 좀 더 긴밀한 수준의 제휴이다.
③ BCG(Boston Consulting Group) 매트릭스에서 시장성장률이 높다는 것은 해당 사업의 성장률이 높다는 것을 의미한다.
④ 경영전략이론으로서 자원기반관점(RBV: resource-based view)은 동일 산업에 속한 기업 간 통제가능한 전략적 자원이 동질적이라는 것을 전제로 한다.
⑤ 비관련 다각화(unrelated diversification)는 자원의 공동 활용과 축적된 기업능력의 활용을 가능하게 하므로 시너지 효과와 범위의 경제에서 오는 이점을 누릴 수 있다.

1331

전략경영과 전략적 인적자원관리에 대한 다음 설명 가운데 가장 적절한 것은?

① 전략은 위계에 따라 전사적 수준(corporate level), 사업부 수준(business level), 기능부서 수준(functional level)으로 구분되는데, 수직적 통합(vertical integration)은 사업부 수준의 전략에 해당한다.
② 포터의 산업구조분석(5 forces model)에서 가장 수익성은 높은 산업은 기존기업 간 경쟁정도는 낮고, 진입장벽(entry barrier)은 높고, 대체재의 위협은 낮고, 구매자와 공급자의 교섭력(bargaining power)은 낮다.
③ 제조기업이 전방통합(forward integration)을 실시하면 원재료의 안정적 수급이 가능해지고, 후방통합(backward integration)을 실시하면 유통망을 확보하여 고객에게 차별적 서비스 제공이 가능해진다.
④ BCG(Boston Consulting Group) 매트릭스에서 시장점유율 2위 기업의 상대적 시장점유율이 0.5라면, 1위 기업의 상대적 시장점유율은 1.5이다.
⑤ 전략적 인적자원관리의 개념을 고려하면, 제품의 혁신과 차별화를 전략으로 하는 기업은 인력 모집 시 외부모집보다는 내부모집을 더 많이 실시하는 것이 좋다.

1332

전략경영(strategic management)에 대한 다음 설명으로 적절한 항목은 모두 몇 개인가?

> a. SWOT분석에서 S(강점)와 T(위협)가 만나는 셀에서는 T(위협)를 O(기회)로 바꾸는 전략을 선택하는 것이 바람직하다.
> b. 수직적 통합(vertical integration)은 전사적 수준(corporate level)의 성장전략이고, 다각화(diversification)는 사업부 수준(business level)의 성장전략이다.
> c. 시장에 참여하고 있는 기업들 간에 정보밀집성(information impactedness)이 존재할 때 외부화된 거래를 선택하는 것이 합리적이다.
> d. 집중화 전략(focus strategy)은 특정 시장에서 원가우위(cost leadership)와 차별화(differentiation)를 동시에 추구하는 것을 말한다.

① 0개 ② 1개
③ 2개 ④ 3개
⑤ 4개

07 국제경영

제1편. 인사/조직/전략

1. 기업의 글로벌화 과정

기업의 글로벌화 단계

단계	과정	내용
1단계	내수지향	국내시장 지향
2단계	수출지향	국내시장+수출
3단계	현지 시장지향 마케팅	수출+현지 마케팅
4단계	현지 시장지향 생산	수출+현지 마케팅+현지 생산
5단계	세계시장지향	복수의 생산입지와 시장, 세계중심주의(geocentric) 관점

2. 기업의 글로벌화 방법

진입전략별 진입비용과 영업소유권

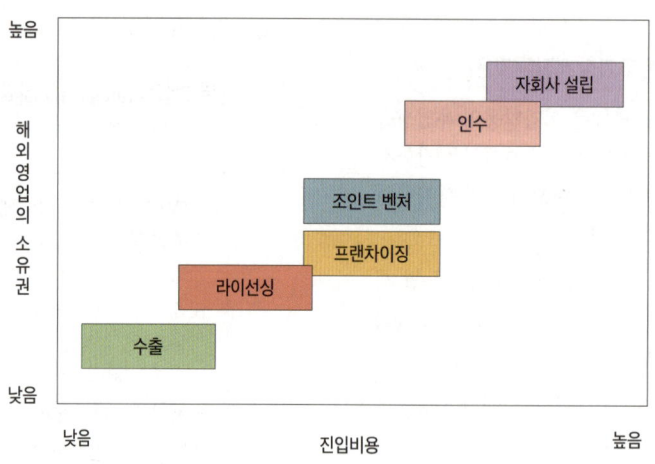

국제시장 진입전략

단계	내용
시장진입 전략 market entry strategy	글로벌 아웃소싱
	수입과 수출
	계약방식
직접투자 전략 direct investment strategy	전략적 제휴
	자회사 설립

계약 방식의 종류

구분	특징
라이선싱 licensing	외국 기업에 자신의 상표명, 등록상표, 기술, 특허, 저작권 사용을 허가하는 대가로 일정액의 사용료를 받는 것
프랜차이징 franchising	주로 서비스업에서 사용하며, 상표, 제품, 방식, 사업계획, 정체성과 이미지까지 사용을 허가하고 일정액의 사용료를 받는 것
계약생산 contract manufacturing	해외에서 일정한 계약 하에서 제품을 생산하도록 하고, 판매 및 마케팅은 직접 담당하는 것
관리계약 management contract	계약에 의해 한 기업이 특정 기업의 경영활동을 대신 수행해주고 그 대가를 받는 형태
턴키계약 turnkey contract	일반적으로 공장이나 여타 생산설비를 가동 직전까지 준비한 후 인도해주는 방식

3. 다국적 기업

(1) 의의

다국적 기업(MNE: multinational enterprise)은 다수 국에 직접투자를 행하는 모회사와 자회사로 구성된 기업집단으로 여러 국가에 직접투자한 관계회사와 기술, 자금, 정보, 신용, 상표 등 기업자원을 공동 활용하며 공동전략을 추구하면서 생산활동을 하는 세계 지향적 국제기업

(2) 특징

- 해외 연관회사에 대한 기업 내 수출
- 본사와 해외 자회사 간 내부거래
- 기술우위에 의한 산업독점 가능성
- 해외생산거점을 통한 신속한 다국적화
- 해외 자회사를 통한 지식 창조

4. 글로벌 기업의 조직설계

국제적 경쟁우위와 조직구조간의 적합성모형

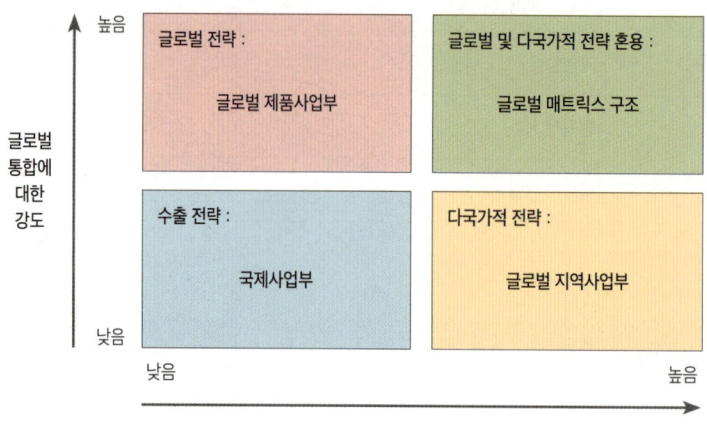

글로벌 조직설계

조직구조	특징
국제사업부 international division	기존 사업부 조직에 국제사업부가 추가된 구조
글로벌 제품사업부 조직 global product stucture	글로벌 통합 요구에 대응하기 위해 전세계 사업을 제품별로 묶은 조직이며, 해당 사업부는 특정 제품의 전 세계 운영 책임을 맡음
글로벌 지역사업부 조직 global geographic stucture	국가별 시장에 대응하기 위해 전세계 사업을 지역별로 묶은 조직이며, 해당 사업부는 특정 지역(혹은 국가)내에서 이루어지는 모든 기능을 총괄
글로벌 매트릭스 조직 global matrix stucture	제품표준화와 지역별 현지화 문제를 동시에 다루기 위해 매트릭스 조직으로 설계한 형태

5. 초국적 조직

(1) 의의

초국적 조직(transnational organization)은 세계기업과 국내기업의 이점과 기술적 우위, 급격한 혁신, 기능적 통제를 동시에 추구하기 위해 많은 국가에 자회사를 설립한 거대한 다국적 기업

(2) 특징

- 글로벌 통합과 현지 적응에 국제기업의 기술이전 능력까지 고루 갖춤
- 매트릭스 조직과는 달리 초국적 조직은 종류가 다른 많은 센터를 가지고 있으며, 유연한 집중화 원리에 따라 어떤 기능은 특정 국가에 집중시키는 반면에, 어떤 기능은 전 지역에 분산시킴
- 단일 본부가 없어 모기업을 위해 수행해야 할 명확한 책임도 없기 때문에 다양한 센터와 자회사가 모여 기업을 형성
- 통합과 조정이 수직적 계층보다는 기업문화, 공유된 비전과 가치관, 경영스타일에 의해 이루어짐
- 초국적 기업의 사업단위들은 기업 내 다른 사업 단위나 다른 기업과의 제휴 관계를 형성

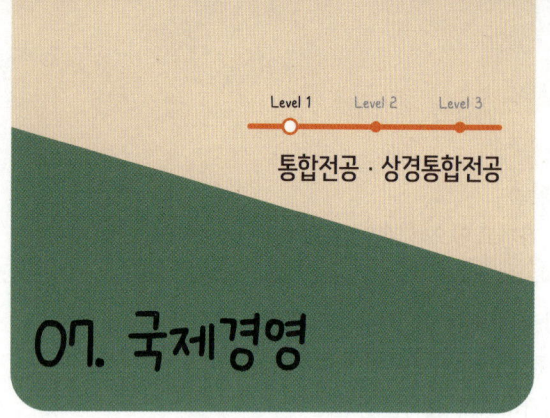

07. 국제경영

기업의 글로벌화 동기

1333
2022 9급 군무원

다음 중 글로벌경영의 필요성에 대한 설명으로 가장 옳지 않은 것은?

① 해외시장 확보를 통한 매출액 증대
② 지리적 다변화를 통한 위험집중
③ 국내 규제의 회피
④ 해외 조달을 통한 투입 요소 비용의 절감

1334
2007 7급 국가직

다국적기업은 글로벌전략 수립에 있어 글로벌화(세계화)와 현지화의 상반된 압력에 직면하게 된다. 다음 중 현지화의 필요성을 증대시키는 요인은?

① 유통경로의 국가별 차이 증가
② 규모의 경제 중요성 증가
③ 소비자 수요 동질화
④ 무역장벽 붕괴

1335
2012 7급 국가직

기업의 세계화를 촉진시키는 요인이 아닌 것은?

① 인터넷을 비롯한 통신수단의 발달
② 지역별 자유무역협정의 체결
③ 유통채널의 국가 간 차이 증가
④ 관세와 무역장벽의 철폐

1336
2024 7급 서울시

국제경영관리전략에서 현지국 중심주의(polycentrism) 전략에 대한 설명으로 가장 옳은 것은?

① 지역적으로 분산된 사업단위들이 독자적인 의사결정권을 행사하지 못하고 본사 중심의 의사결정이 이루어지는 전략이다. 이 전략은 지역적으로 분산된 사업단위들의 경쟁우위가 본사에 의존하는 경우에 나타나는 형태로서 기업의 의사결정과 이익은 본사에 집중된다.
② 북미, 유럽, 아시아 등 지역별로 지역본사제를 도입하여 각 지역별 특성에 적합한 경영정책을 수립하도록 하는 전략이다. 이 전략은 역내 자회사들 간 상호협상이 이루어지도록 하는 데 목적이 있으며, 지역본사는 본사의 지침 하에 제한된 영역에서 자율적 의사결정을 할 수 있다.
③ 지역적으로 분산된 사업단위들이 독립적인 의사결정권을 가지고 경영활동을 전개하도록 하는 전략이다. 이 전략은 각 사업단위들의 활동영역이 차별화, 세분화된 경우에 나타나는 형태로서 사업단위별로 차별화된 판매활동과 생산활동이 이루어지도록 한다.
④ 각 지역별 사업단위의 독자성을 어느 정도 인정하면서 이러한 활동을 기업 전체적인 관점에서 상호 조정하는 전략이다. 이 전략은 중요한 기업활동을 특정 지역에 집중하여 이에 대한 본사의 영향력을 강화시키면서 다른 기업활동에 대해서는 각 지역별 사업단위가 자율적 결정권을 가지도록 한다.

글로벌화 장단점

1337
2012 7급 국가직

최근 기업의 글로벌 경영(global management) 활동과 관련하여 중국, 인도, 브라질, 러시아 등 신흥시장(emerging market)의 전략적 의미가 부각되고 있다. 신흥시장에서 사업을 수행하는 데 따르는 위험 요인으로 적절하지 않은 것은?

① 정치적 불안
② 대규모 기업집단 부재
③ 상이한 법적. 제도적 체계
④ 지적 재산권 보호의 어려움

글로벌화 과정

1338
2014 7급 국가직

자원투입·위험의 크기와 통제수준에 따라 기업의 해외시장 진출 과정을 순서대로 바르게 나열한 것은?

① 직접수출 → 간접수출 → 단독투자 → 합작투자
② 직접수출 → 간접수출 → 합작투자 → 단독투자
③ 간접수출 → 직접수출 → 단독투자 → 합작투자
④ 간접수출 → 직접수출 → 합작투자 → 단독투자

기업의 글로벌화 방법

1339
2011 공인노무사

해외시장으로의 진출 전략에 관한 설명으로 옳지 않은 것은?

① 전략적 제휴는 다른 기업들과 특정 사업 및 업무 분야에 걸쳐 협력관계를 맺어 공동으로 해외사업에 진출하는 전략이다.
② 해외자회사의 장점은 해외시장에서 많은 자금과 기술을 운영하면서 기업의 자산들을 해외정부로부터 안전하게 지킬 수 있는 것이다.
③ 라이선싱(licensing)은 자신의 제품을 생산할 수 있는 권리를 일정한 대가를 받고 외국 기업에게 일정기간동안 부여하는 것을 말한다.
④ 국제합작투자의 장점은 기술의 공유, 위험의 분산, 마케팅 및 경영 노하우의 공유 등이다.
⑤ 해외직접투자는 기술·자본·상표·경영능력 등 여러 생산요소가 하나의 시스템으로 해외에 이전되는 것을 말한다.

1340
2014 경영지도사

제휴와 투자에 의한 국제화 전략에 해당되지 않는 것은?

① 프랜차이징 ② 합작기업
③ 컨소시엄 ④ 해외직접투자
⑤ 구상무역

1341
2015 경영지도사

다른 기업에게 수수료를 받는 대신 자사의 기술이나 상품 사양을 제공하고 그 결과로 생산과 판매를 허용하는 것은?

① 아웃소싱(Outsourcing)
② 합작투자(Joint venture)
③ 라이선싱(Licensing)
④ 계약생산(Contract manufacturing)
⑤ 턴키프로젝트(Turn-key project)

1342
2021 9급 군무원

다음은 기업이 세계화를 추진하는 과정에서 취할 수 있는 다양한 방법들이다. 이 중에서 경영관리를 위한 이슈나 의사결정이 가장 많이 발생하는 것은?

① 글로벌 소싱(global sourcing)
② 전략적 제휴(strategic alliance)
③ 해외 자회사(foreign subsidiary)
④ 프랜차이즈(franchise)

1343
2010 7급 국가직

해외직접투자 방식 중 기업이 최종재의 생산에 필요한 원재료나 중간재를 확보하거나, 최종소비자에게 제품을 판매할 목적으로 해외에 진출하는 방법은?

① 수평적 해외직접투자
② 수직적 해외직접투자
③ 다각적 해외직접투자
④ 프랜차이징(franchising)

1344
2011 7급 국가직

국제계약의 유형에 대한 설명으로 적절하지 않은 것은?

① 프랜차이징(franchising)은 넓은 의미에서 라이선싱의 한 형태이며, 패스트푸드, 호텔, 자동차 판매 등과 같은 서비스산업에서 널리 활용되고 있는 계약이다.
② 관리계약(management contract)은 현지국 기업을 위탁 관리해주고 일정한 대가를 받는 계약이다.
③ 계약생산(contract manufacturing)은 생산설비 등을 건설하고 설비가 가동되어 생산이 개시될 수 있는 시점에 소유권을 넘겨주는 계약이다.
④ 라이선싱(licensing)은 생산기술이나 특허권과 같은 독점적 자산의 사용권을 제공하고 그 대가를 받는 계약이다.

1345
2015 7급 국가직

자동차 제조기업 A사는 B국에 단순 수출이 아닌 자회사 설립을 준비하고 있다. A사가 B국에 해외직접투자를 하는 이유로 옳지 않은 것은?

① B국의 유통망 및 대정부 관계취약에서 발생하는 외국인 비용을 절감하기 위한 경우
② B국의 기술 및 브랜드와 같은 경영자원을 내부화하기 위한 경우
③ B국의 A사 신제품에 대한 소비 시점이 A사 자국 내 소비 시점과 동일한 경우
④ B국의 환율 위험 및 무역장벽 회피를 위한 경우

1346
2016 7급 국가직

해외직접투자의 유형인 그린필드투자(green-field investment)와 브라운필드투자(brown-field investment)에 대한 설명으로 적절한 것은?

① 그린필드투자 – 새로운 기업의 설립
   브라운필드투자 – 기존에 존재하는 현지 기업의 합병/인수
② 그린필드투자 – 서비스업에 대한 투자
   브라운필드투자 – 제조업에 대한 투자
③ 그린필드투자 – IT/정보/콘텐츠/문화 등 지식 산업에 대한 투자
   브라운필드투자 – 기존 굴뚝 산업에 대한 투자
④ 그린필드투자 – 정부/공공기관 주도의 직접 투자
   브라운필드투자 – 순수 민간 주도의 직접 투자

1347
2018 7급 국가직

라이센싱(Licensing)과 프랜차이징(Franchising)에 대한 설명으로 옳지 않은 것은?

① 진출예정국에 수출이나 해외직접투자에 대한 무역장벽이 존재하는 경우 라이센싱은 무역장벽을 극복하는 방법이다.
② 프랜차이징은 음식점, 커피숍 등 서비스업종에서 많이 사용하는 방법이다.
③ 라이센싱은 브랜드와 기술 등 무형자산과 함께 품질관리, 경영방식, 기업체 조직 및 운영, 마케팅 지원 등과 같은 경영관리 노하우까지 포함하기 때문에 철저한 통제가 가능하다.
④ 라이센싱과 프랜차이징은 잠재적인 경쟁자를 만들 위험이 있다.

1348
2019 7급 국가직

해외직접투자에 대한 설명으로 옳지 않은 것은?

① 기업이 현지에서 경영에 직접 참가할 목적으로 추구하는 국제화 전략의 하나이다.
② 각종 자원 확보는 해외직접투자의 주요 동기 중 하나이다.
③ 수출 대신 해외직접투자를 하는 이유를 내부화 이론으로 설명할 수 있다.
④ 신설투자, 합작투자, 라이선싱, 인수합병 등이 해외직접투자 유형에 속한다.

1349
2024 9급 군무원

다음 중 투자를 통한 해외시장진입 방식에 대한 설명으로 가장 적절하지 않은 것은?

① 완전자회사를 이용한 시장 진입을 통해 관리자들이 표적시장에서 이루어지는 활동에 대해 완전하게 지배력을 행사할 수 있다.
② 조인트벤처의 전방통합은 기업의 업스트림(상향) 활동에 합작투자를 의미한다.
③ 조인트벤처는 일반적으로 완전자회사에 비해 적은 리스크를 안고 있다.
④ 전략적 제휴의 단점은 미래의 현지 혹은 세계적인 경쟁자를 만들 수 있다는 점이다.

1350
2024 7급 국가직

라이선싱(licensing)을 통한 해외 진출이 적합한 산업은?

① 기업명이나 상표가 세계적으로 유명한 서비스 산업
② 보유 기술들을 보호·통제할 필요가 있는 산업
③ 관세장벽이나 수량제한 정도가 낮은 산업
④ 현지 상황에 따라 진출 방식이나 전략을 단기에 유연하게 전환해야 하는 산업

다국적 기업

1351
2022 7급 국가직

다국적 기업의 해외시장 진입방식 선택 모형에 대한 설명으로 옳지 않은 것은?

① 러그만(A. Rugman) 모형은 무역장벽과 기술의 유출위험을 고려하여 수출, 라이센싱, 해외직접투자 중에서 선택하는 것이다.
② 루트(F. Root) 모형은 내부요인과 외부요인을 고려하여 해외시장 진입방식을 결정하는 것이다.
③ 러그만(A. Rugman) 모형에 의하면, 통제와 위험 정도를 고려하여 해외시장 진입방식을 변화시켜 나갈 수 있으므로 기업이 사업 능력을 십분발휘 할 수 있다.
④ 루트(F. Root) 모형에 의하면, 기업의 특성에 따라 해외시장 진입 경로상의 차이가 존재할 수 있다.

초국적 조직

1352
2008 7급 국가직

혁신의 국제적 활용, 글로벌 효율성, 다국적 유연성을 동시에 달성함으로써 전세계적인 경쟁우위를 확보하는 전략은?

① 국제화 전략(international strategy)
② 글로벌 통합전략(global integration strategy)
③ 초국적 전략(transnational strategy)
④ 다국적 적응전략(multinational responsiveness strategy)

1353
2020 7급 국가직

다국적기업이 선택할 수 있는 네 가지 전략을 평가하는 통합 - 적응 모형(Integration-Responsiveness framework)에 대한 설명으로 옳지 않은 것은?

① 글로벌 – 표준화 전략(global-standardization strategy)은 높은 수준의 비용절감 압박과 낮은 수준의 현지적응 압박이 결합하여 나온 것이다.
② 국제적 전략(international strategy)은 상대적으로 규모가 큰 내수시장이 있고, 강력한 명성과 브랜드를 보유한 다국적기업들이 주로 사용한다.
③ 다국적 전략(multi-domestic strategy)을 추구하는 다국적기업들은 현지적응을 최대화하려고 시도한다.
④ 초국가적 전략(transnational strategy)을 추구하는 다국적기업이 창출하는 가치 대부분이 현지국에서 창출되기 때문에 환위험(foreign exchange risk)에 적게 노출된다.

국제경영 기타

1354
2016 공인노무사

브릭스(BRICs)로 일컬어지는 신흥경제권 국가가 아닌 것은?

① 인도
② 캐나다
③ 러시아
④ 브라질
⑤ 중국

1355
2019 경영지도사

세계 각국의 근로조건을 국제적으로 표준화할 목적으로 추진되는 다자간 무역협상을 설명하는 용어는?

① Blue Round
② Green Round
③ Technology Round
④ Competition Round
⑤ Ethics Round

1356
2019 7급 서울시

기업이 제품을 여러 국가에 동시에 판매할 때, 국제가격의 표준화와 차별화에 대한 전략적 결정방법에 해당하지 않는 것은?

① 본국중심가격결정
② 현지중심가격결정
③ 목표중심가격결정
④ 세계중심가격결정

1357
2023 7급 국가직

해외직접투자 이론에서 절충이론(eclectic theory)의 구성요소가 아닌 것은?

① 동적역량우위(dynamic capabilities advantage)

② 소유특유우위(ownership-specific advantage)

③ 입지특유우위(location-specific advantage)

④ 내부화우위(internalization advantage)

1358
2023 7급 국가직

바틀렛(Bartlett)과 고샬(Ghoshal)은 해외 자회사의 유형을 현지 시장의 중요성과 자회사의 핵심역량에 따라 네 가지로 규정하였다. 이 중에서 현지 시장이 전략적으로 중요하지 않은 시장에 위치하고 있으나 그 자회사가 상당히 높은 수준의 핵심역량을 보유하고 있는 유형은?

① 전략적 리더(strategic leader)

② 기여자(contributor)

③ 실행자(implementer)

④ 블랙홀(black hole)

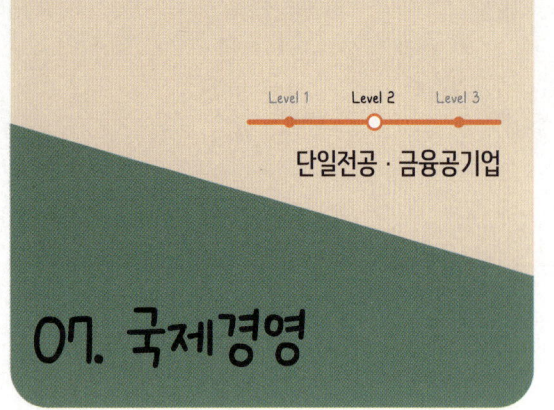

07. 국제경영

기업의 글로벌화 동기

1359
공기업 출제경향 반영

해외생산의 주요 동기 중 적극적 동기에 해당하는 것을 모두 고른 것은?

ㄱ. 수송비	ㄴ. 생산기술
ㄷ. 신시장의 개척	ㄹ. 수입규제
ㅁ. 국내임금의 상승	

① ㄱ, ㄴ
② ㄱ, ㄹ
③ ㄴ, ㄷ
④ ㄴ, ㅁ
⑤ ㄹ, ㅁ

1360
공기업 출제경향 반영

정부가 자유무역을 간섭하는 정치적 동기에 해당하지 않는 것은?

① 일자리 보호
② 신흥 산업 보호
③ 불공정 무역에 대한 대응
④ 영향력 획득
⑤ 국가 안보 유지

기업의 글로벌화 방법

1361
공기업 출제경향 반영

다음의 글로벌 경영전략 중 해외시장에서의 시장점유율과 이익을 극대화하려고 해외지사를 통제할 필요성이 있을 때 가장 효과가 있는 방법은?

① 수출
② 라이센싱(licensing)
③ 프랜차이징(franchising)
④ 전략적 제휴
⑤ 해외직접투자

1362
공기업 출제경향 반영

경제 이론의 한 지류인 내부화 이론(internalization theory) 차원에서 해외 시장에 진입하는 전략으로 가장 선호되는 전략은 무엇인가?

① 라이센싱
② 프랜차이징
③ 해외직접투자
④ 조인트벤처
⑤ 턴키 프로젝트

초국적 조직

1363
공기업 출제경향 반영

초국적 모델(transnational model)의 특징에 해당하지 않는 것은?

① 글로벌 기업과 국내 기업의 이점과 기술적 우위, 급격한 혁신 및 기능적 통제를 동시에 추구
② 유연한 집중화의 원리에 따라 어떤 기능은 특정 국가에 집중시키고, 반면에 어떤 기능은 전 지역에 분산시킴
③ 단일의 기업본부가 없어 다양한 센터와 자회사가 모여 기업을 형성하게 됨
④ 국가별로 다른 소비자의 선호, 산업의 특성에 대응하기보다는 국제적 규모를 달성하기 위해 제조활동을 한 국가에 집중시킴
⑤ 기업 활동의 통합과 조정이 수직적 계층보다는 기업문화, 공유된 비전과 가치관, 경영스타일에 의해 이루어짐

국제경영 기타

1364
공기업 출제경향 반영

포터(Porter)의 다이아몬드 모델의 구성요소에 해당하지 않는 것은?

① 특정 산업에서 경쟁하는데 필요한 인프라, 숙련된 노동력 등의 생산 요건에서 한 국가가 차지하는 위치
② 그 산업의 제품이나 서비스에 대한 까다롭고 민감한 현지 수요
③ 국제적으로 경쟁력있는 공급 산업, 관련 산업의 유무
④ 국가 내 회사들의 전략, 구조, 경쟁상태
⑤ 산업 내 규모의 경제(economy of scale)

전수환
객관식
경영학

02
마케팅

01. 마케팅 개요

02. 마케팅 조사

03. 마케팅 전략

04. 제품, 서비스, 브랜드

05. 가격

06. 유통

07. 촉진

08. 소비자 행동

01 마케팅 개요

제2편. 마케팅

1. 마케팅 개요

마케팅 과정

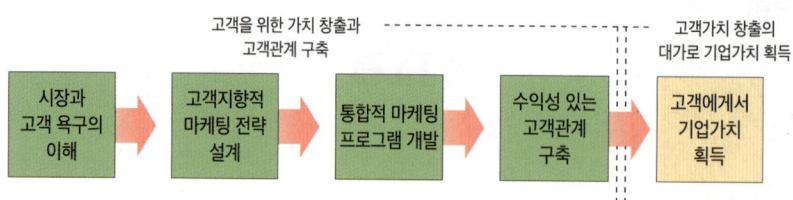

1) 시장과 고객 욕구의 이해

제품이나 서비스를 만들기에 앞서, 시장을 철저히 이해하는 단계

> **마케팅 근시안(marketing myopia)**
> 고객에게 제공될 편익과 경험에 주의를 기울이지 않고 구체적인 제품의 중요성만을 중요 시 여기는 실수를 의미함

2) 고객지향적 마케팅 전략 설계

시장세분화와 목표시장의 선정 그리고 제품의 포지셔닝을 정하는 단계

3) 통합적 마케팅 프로그램의 개발

소비자를 공략하기 위한 수단인 제품(product), 가격(price), 유통(place), 촉진(promotion)의 마케팅 믹스를 개발하는 단계

4) 고객관계의 구축

지속적 고객관계 구축을 위해 개별고객의 구체적인 정보를 관리하고 고객과의 접촉점을 세심하게 관리하는 고객관계관리(CRM: customer relationship management)를 실행하는 단계

5) 고객에게서 기업가치 획득

① **고객생애가치** customer lifetime value
  한 고객이 기업과 거래관계를 유지하는 기간에 걸쳐 발생시킬 누적구매가치를 말함

② **고객점유율** share of customer
  해당 제품범주에서 고객의 구매액 중 자사제품이 차지하는 비율을 말함

③ **고객자산** customer equity
  고객자산은 현 고객과 잠재고객 각각의 할인된 고객생애가치를 합한 것으로 수익성 높은 고객이 기업에 더 높은 충성도를 보일수록, 그 기업의 고객자산은 증가함

2. 마케팅 관리철학의 변천

1) 생산개념(production concept)

   소비자들이 단순히 저렴하고 쉽게 구입할 수 있는 제품을 선호하기 때문에 생산과 효율성을 향상시키는데 주력해야 한다는 사고를 말함

2) 제품개념(product concept)

   소비자가 제품의 품질, 성능 및 독특한 특징을 가진 제품을 선호하기 때문에 지속적인 제품개선에 마케팅의 초점을 맞추는 것

3) 판매개념(selling concept)

   충분한 규모의 판매와 촉진 노력이 이루어지지 않으면 소비자는 충분한 양의 제품을 구매하지 않을 것이라는 사고

4) 마케팅 개념(marketing concept)

   목표시장의 욕구를 파악하고 경쟁사보다 그들의 욕구를 더 잘 충족시켜야만, 조직의 목표가 실현된다는 믿음으로 고객 중심적 철학임

   판매 개념과 마케팅 개념의 비교

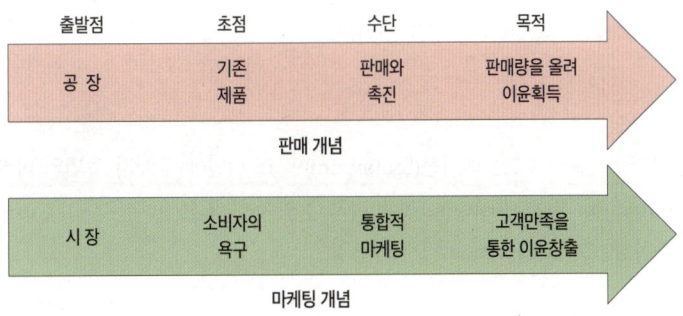

5) 사회적 마케팅(societal marketing concept)

   소비자의 욕구, 기업의 목표, 소비자와 사회의 장기적 이익 간에 균형을 맞춘 현명한 마케팅 의사결정을 내려야 한다는 믿음

   사회적 마케팅 개념

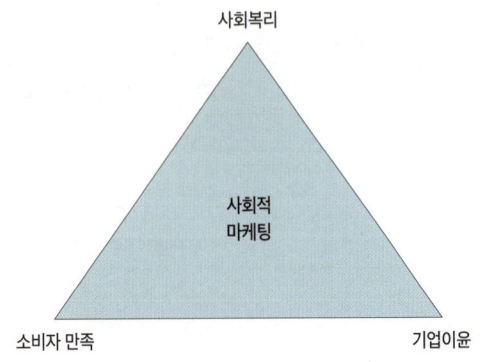

3. 마케팅의 기본 개념

(1) 시장세분화

시장세분화(market segmentation)란 전체시장을 욕구, 특성, 구매행동 등에서 비슷한 구매자집단으로 나누는 과정이며, 시장을 세분하는데 이용할 수 있는 기준에는 인구통계적 변수, 심리분석적 변수, 행동적 변수 등이 있음

(2) 표적시장 선정

전체시장을 여러 세분시장으로 나눈 후, 기업은 이 중 하나 혹은 그 이상의 세분시장을 선택하는 것을 표적시장의 선정(market targeting)이라 함

(3) 포지셔닝

포지셔닝(positioning)이란 목표 세분시장 소비자들의 마음 속에 자사의 제품을 경쟁사 제품과 비교하여 명확하고, 차별화되고, 바람직한 위치에 자사제품이 자리 잡도록 하려는 노력을 말함

(4) 마케팅 믹스

마케팅 믹스(marketing mix)는 기업이 목표시장의 고객에게서 기대하는 반응을 창출하기 위해 사용하는 통제 가능하고 전술적인 마케팅 도구의 집합임. 마케팅 믹스는 기업이 제품 수요에 영향을 미치기 위해서 수행하는 제품(product), 가격(price), 유통(place), 촉진(promotion) 등의 4P로 구성됨

(5) 로터본의 4C

기존의 마케팅 믹스인 4P와는 달리 4C는 로터본(Lauterborn)이 1990년에 구매자 측면의 마케팅 믹스로 발표한 것임. 4개의 C는 Customer solution 또는 Customer value(고객 솔루션 또는 고객 가치), Customer cost(소비자가격), Convenience(유통의 편리성), Communication(의사소통)임

① 고객 가치: 다양한 상품을 확보하고 유기농, 신선도 등 서비스 품질을 높여야 함
② 비용: 제품 구매와 배송, 반품 등 전체 구매 프로세스에서 고객이 지출하는 비용을 최소화해야 함
③ 편리성: 새벽 배송, 당일 배송, 1시간 내 배송 등 서비스 품질을 향상하고 모바일 앱 접근성, 고객 경험(UX: User Experience)을 강화해야 함
④ 의사소통: 고객센터를 운영하고 챗봇, 실시간 피드백, 상품별 구매 후기 등 고객 접점을 늘려야 함

4P와 4C 비교

4P	4C
product 제품	customer solution 고객 솔루션
price 가격	cost 고객 부담 비용
place 유통	convenience 편의성
promotion 판매 촉진	communication 커뮤니케이션

4. 마케팅 개념

(1) 디마케팅(demarketing)

자사의 상품에 대한 구매를 의도적으로 줄이는 마케팅활동을 말함

(2) 메가 마케팅(mega marketing)

마케팅관리자의 노력에도 불구하고 통제 불가능한 것으로 받아들여지는 환경요인에 대해 정치(politics)나 여론형성(public opinion formation) 등을 사용하여 어느 정도 영향을 미칠 수 있다는 개념

(3) 개발적 마케팅(developmental marketing)

잠재적 수요상태에서 잠재고객들이 공통적으로 원하는 바를 충족시키기 위한 수단을 개발하는 마케팅 활동을 말함

(4) 동시화 마케팅(synchro marketing)

개발적 상품의 수요가 시간이나 계절 등의 영향으로 불규칙하지만 이를 특별 할인 등을 통해서 수요의 차이를 극복하는 마케팅 활동

(5) 전환적 마케팅(conversional marketing)

부정적 수요상태에서 실제수요를(−)로부터 (+)로 전환시켜 이상적인 수요와의 격차를 줄이기 위한 마케팅 활동

(6) 자극적 마케팅(stimulational marketing)

무수요 상태에서 제품이 제공해주는 효익과 잠재 고객들의 기본적인 욕구 사이의 연관성을 인식시켜 관심을 자극하는 마케팅 활동

(7) 유지화 마케팅(maintenance marketing)

완전 수요의 상태에서 마케팅 활동의 효율성과 마케팅 환경 요인들의 변화추세에 대하여 끊임없이 점검하고 대처함으로써 완전 수요의 상태를 유지하는 마케팅 활동

(8) 재마케팅(remarketing)

감퇴되거나 침체되어 있는 수요에 대해 소비자의 욕구나 관심을 불러일으키는 마케팅 활동

(9) 카운터 마케팅(counter marketing)

담배, 술, 마약과 같이 상품이나 서비스의 품질이 사용하기에 바람직하지 않기 때문에 수요를 발생시켜서는 안 되는 유형으로 불건전한 수요를 억제 혹은 소멸시키는 마케팅 활동

5. 관계마케팅

1) 개념

관계마케팅이란 개별고객과의 관계를 유지하고 강화시키는 것이며 또한 장기간 동안의 상호작용, 개별화와 부가가치 부여 등을 통해 상호간의 이익을 위한 네트워크를 지속적으로 강화시키는 것을 말함

2) 특징

관계마케팅은 단기적 거래가 아닌 관계적 거래에 초점을 둠. 단기적 거래에서는 새로운 고객을 확보하는 것이 주목적이며, 새로운 상품을 출시하는 것에 주된 관심을 갖지만, 관계적 거래에서는 고객과의 장기적인 관계를 형성하는데 큰 노력을 기울이며, 상품 서비스뿐만이 아니라 고객이 주요 관심의 대상이 됨

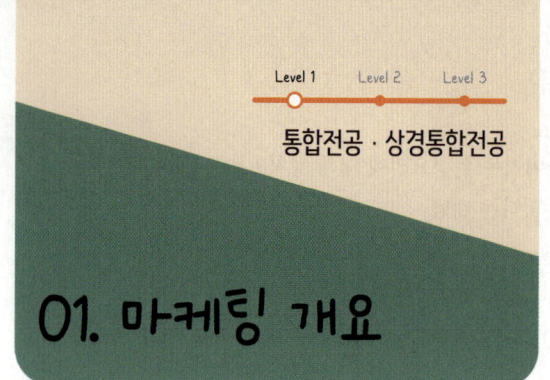

01. 마케팅 개요

마케팅 정의

1365
2007 가맹거래사

다음 중 현대적 마케팅 또는 마케팅관리의 개념을 옳게 설명하지 못한 것은?

① 고객을 잘 이해하여 고객에게 꼭 맞는 제품을 개발하여 잘 팔리도록 만드는 활동이다.
② 고객만족의 극대화를 통해 기업의 목표를 추구하는 활동이다.
③ 고객이 받아들이는 가치를 높게 만드는 과정을 통해서 제품의 가격에 대한 선택의 폭을 넓혀 줌으로써 기업이 존재할 수 있는 가능성을 높게 만드는 활동이다.
④ 고객으로부터 시작하여 고객으로 끝난다는 관점에 기초를 두고 있는 활동이다.
⑤ 생산이 종료된 시점 이후의 제품의 판매에서 시작되는 활동이다.

마케팅 관리철학

1366
2009 가맹거래사

마케팅의 실천적 사고방식의 발달 과정으로 옳은 것은?

① 생산지향적사고 → 제품지향적사고 → 판매지향적사고 → 고객지향적사고
② 생산지향적사고 → 판매지향적사고 → 고객지향적사고 → 제품지향적사고
③ 제품지향적사고 → 생산지향적사고 → 판매지향적사고 → 고객지향적사고
④ 생산지향적사고 → 제품지향적사고 → 고객지향적사고 → 판매지향적사고
⑤ 판매지향적사고 → 생산지향적사고 → 제품지향적사고 → 고객지향적사고

1367
2010 가맹거래사

특정상품에 대한 수요가 공급을 초과하는 상황에서 강조되는 마케팅 컨셉은?

① 생산컨셉
② 제품컨셉
③ 판매컨셉
④ 고객중심 마케팅컨셉
⑤ 사회지향적 마케팅컨셉

1368
2016 가맹거래사

기업의 시장지향성 정도에 따른 마케팅 관련 개념의 발전 흐름으로 옳은 것은?

① 생산개념 → 판매개념 → 총체적마케팅개념 → 마케팅개념
② 판매개념 → 생산개념 → 총체적마케팅개념 → 마케팅개념
③ 마케팅개념 → 생산개념 → 판매개념 → 총체적마케팅개념
④ 생산개념 → 판매개념 → 마케팅개념 → 총체적마케팅개념
⑤ 판매개념 → 생산개념 → 마케팅개념 → 총체적마케팅개념

1369
2019 공인노무사

생산성을 높이고, 유통을 효율화시키는 등 주로 원가절감에 관심을 갖는 마케팅 개념은?

① 판매 개념
② 생산 개념
③ 관계마케팅 개념
④ 통합마케팅 개념
⑤ 내부마케팅 개념

1370
공기업 출제경향 반영

단기적인 매출증가는 이루어낼 수 있지만 장기적으로 보았을 때 소비자들의 불만과 함께 부정적인 구전을 야기하며 상표이미지의 실추로 연결될 수 있는 것은 마케팅 발전단계의 무엇과 관련이 있는가?

① 생산개념
② 제품개념
③ 판매개념
④ 마케팅개념
⑤ 사회적 마케팅개념

1371
2023 9급 군무원

마케팅 철학의 변화 과정을 순서대로 나열한 것으로 가장 적절한 것은?

① 생산지향 → 판매지향 → 제품지향 → 고객지향 → 사회지향
② 생산지향 → 제품지향 → 판매지향 → 고객지향 → 사회지향
③ 생산지향 → 판매지향 → 고객지향 → 제품지향 → 사회지향
④ 생산지향 → 제품지향 → 고객지향 → 판매지향 → 사회지향

1372
2024 7급 국가직

마케팅 관리철학에 대한 설명으로 옳은 것은?

① 생산개념에서는 최고의 품질로 생산해야 한다는 믿음이 중요하다.
② 제품개념은 소비자가 쉽고 저렴하게 구매할 수 있는 제품을 선호할 것이라는 전제를 기반으로 한다.
③ 판매개념은 단기적으로 영업실적에 효과적일 수 있다.
④ 마케팅개념의 핵심 개념에는 고객지향성, 통합마케팅, 매출 증대를 통한 이익 창출이 있다.

마케팅 믹스

1373
2005 가맹거래사

마케팅의 4가지 중요분야인 4P(마케팅믹스)에 해당되지 않는 것은?

① 제품
② 유통
③ 광고
④ 가격
⑤ 시장조사

1374
2014 7급 국가직

마케팅 믹스인 4P와 각각의 구성요소를 옳게 짝지은 것은?

① 제품-보증
② 가격-브랜드
③ 유통-포장
④ 촉진-품질

1375
2022 9급 군무원

다음 중 마케팅 믹스(4P Mix)에 해당하지 않는 것은?

① 상품(product)
② 가격(price)
③ 유통(place)
④ 과정(process)

1376
2023 가맹거래사

마케팅 믹스 4P에 해당하지 않는 것은?

① Price
② Product
③ Place
④ People
⑤ Promotion

1377
2024 9급 군무원

다음 중 판매자 관점의 4P에 대한 비판으로 등장한 구매자 관점의 4A에 해당하지 않는 것은?

① 가용성
② 촉진
③ 인지도
④ 수용성

로터본 4C

1378
2021 가맹거래사

마케팅 믹스 4P와 로터본(Lauterborn)의 4C의 대응 관계로 옳지 않은 것은?

① 4P: 기업관점, 4C: 소비자관점
② 4P: 제품, 4C: 소비자 문제해결
③ 4P: 가격, 4C: 소비자비용
④ 4P: 유통, 4C: 유통의 편리성
⑤ 4P: 촉진, 4C: 제품 접근성

마케팅 개념

1379
2004 가맹거래사

마케팅과 관련된 다음 설명 중 적절하지 않은 것은?

① 관계마케팅(relationship marketing)에서는 고객과의 지속적인 거래관계를 유지하고자 하며 데이터베이스 마케팅을 주요한 수단으로 사용한다.
② 디마케팅(demarketing)은 기업의 사회적 책임이 강조되는 오늘날 가장 바람직한 관리철학이다.
③ 마케팅관리자의 노력에도 불구하고 통제 불가능한 것으로 받아들여지는 환경요인에 대해 정치(politics)나 여론 형성(public opinion formation) 등을 사용하여 어느 정도 영향을 미칠 수 있다는 개념이 메가마케팅(mega marketing)이다.
④ 아직 존재하지 않는 제품이나 서비스에 대해 소비자들이 강한 욕구를 가지고 있는 상황에서는 개발적 마케팅(development marketing) 활동이 요구된다.
⑤ 동시화마케팅(synchro marketing)은 제품 및 서비스의 공급능력에 맞추어 수요발생시기를 조정 또는 변경하려는 것이다.

1380
2020 가맹거래사

술, 담배, 해로운 약품 등 불건전한 수요를 제거하기 위한 마케팅 관리에 해당하는 것은?

① 전환적 마케팅　② 재마케팅
③ 동시화 마케팅　④ 디마케팅
⑤ 카운터 마케팅

1381
2019 공인노무사

수요가 공급을 초과할 때 수요를 감소시키는 것을 목적으로 하는 마케팅관리 기법은?

① 전환적 마케팅(conversional marketing)
② 동시화 마케팅(synchro marketing)
③ 자극적 마케팅(stimulative marketing)
④ 개발적 마케팅(developmental marketing)
⑤ 디마케팅(demarketing)

1382
2020 공인노무사

마약퇴치 운동과 같이 불건전한 수요를 파괴시키는 데 활용되는 마케팅은?

① 동시화 마케팅(synchro marketing)
② 재마케팅(remarketing)
③ 디마케팅(demarketing)
④ 대항 마케팅(counter marketing)
⑤ 터보 마케팅(turbo marketing)

1383
2023 공인노무사

기업 경영에서 마케팅 개념(marketing concept)이 발전해 온 순서로 옳은 것은?

① 생산개념 → 제품개념 → 판매개념 → 마케팅 개념
② 생산개념 → 판매개념 → 제품개념 → 마케팅 개념
③ 제품개념 → 생산개념 → 판매개념 → 마케팅 개념
④ 제품개념 → 판매개념 → 생산개념 → 마케팅 개념
⑤ 판매개념 → 제품개념 → 생산개념 → 마케팅 개념

관계마케팅

1384
2007 가맹거래사

관계마케팅에 대한 다음 설명 중 옳지 않은 것은?

① 기존 고객과의 우호적 관계를 중시한다.
② 시장점유율보다는 고객점유율을 강조한다.
③ 고객관리에 있어 경작형보다는 수렵형 고객관리를 강조한다.
④ 관계마케팅의 실행을 위해 고객의 수익성을 평가한다.
⑤ 고객의 수가 적고 고객 당 마진이 적은 경우 대부분의 기업은 고객관계 구축에 최저수준의 투자를 한다.

1385
2013 가맹거래사

고객과의 지속적이고 개별적인 유대를 통하여 마케팅 네트워크라는 기업자산을 구축하고자 하는 마케팅 전략은?

① 대량 마케팅　② 니치 마케팅
③ 관계 마케팅　④ 차별화 마케팅
⑤ 테스트 마케팅

1386
2014 공인노무사

관계마케팅의 등장배경으로 옳지 않은 것은?

① 정보통신기술의 급격한 발전
② 구매자 중심시장에서 판매자 중심시장으로 전환
③ 고객욕구 다양화로 고객만족이 더욱 어려워짐
④ 시장 규제완화로 신시장 진입기회 증가에 따른 경쟁자의 증가
⑤ 마케팅 커뮤니케이션의 효율성을 높이기 위해 표적고객들에게 차별화된 메시지 전달이 필요해짐

1387
2016 경영지도사

관계마케팅의 등장이유로 옳지 않은 것은?

① SNS 등 정보통신기술의 발전과 다양화
② 고객욕구의 다양화
③ 시장규제 강화에 따른 경쟁자의 감소
④ 표적고객들에게 차별화된 메시지 전달 필요
⑤ 판매자에서 소비자 중심시장으로 전환

CRM

1388
2015 가맹거래사

다음 설명에 해당하는 용어는?

> 다양한 분석기법을 활용하여 고객 데이터로부터 개별 고객의 가치, 욕구, 행동패턴 등을 예측하여 고객만족을 위한 고객관리전략을 수립하고 고객과의 관계를 지속하는 마케팅 방식

① RFM
② EDLP
③ CRM
④ MIS
⑤ CSR

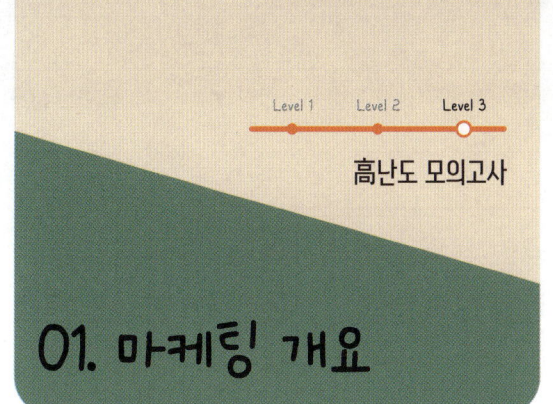

01. 마케팅 개요

1389

마케팅 활동에 대한 설명 중 가장 적절하지 않은 것으로 구성된 것은?

> a. 마케팅 근시안(marketing myopia)이란 고객에게 제공될 편익과 경험에 주의를 기울이지 않고, 구체적인 제품의 중요성만 강조하는 실수를 의미한다.
> b. 디마케팅(demarketing)이란 마케팅 관리자의 노력에도 불구하고 통제 불가능한 것으로 받아들여지는 환경요인에 대해 정치나 여론형성 등을 사용하여 어느 정도 영향을 미칠 수 있다는 개념이다.
> c. 고객관계관리(CRM: customer relationship management)는 고객충성도를 극대화하기 위해 개별고객의 구체적 정보를 관리하고 고객과의 접촉점을 세심하게 관리하는 과정이다.
> d. 고객점유율(share of customer)이란 해당 제품범주에서 고객의 구매액 중 자사제품이 차지하는 비율을 말한다.
> e. 앤소프(Ansoff)의 제품/시장 확장 매트릭스(product/market expension matrix)에서 시장침투(market penetration) 전략은 새로운 시장을 개발하여 기존제품을 판매하는 것이다.

① a, b
② c, d
③ b, d
④ a, e
⑤ b, e

1390

고객관계관리(CRM: customer relationship management)에 대한 설명으로 가장 적절하지 않은 것은?

① 고객관계관리는 개별 고객의 상세한 데이터베이스를 근간으로 한 기술과 소프트웨어 솔루션만을 이용해서 고객생애가치(customer lifetime value)를 극대화하는 것이 목표이다.
② 고객자료에 숨어 있는 풍부한 의미를 찾아내기 위해 매우 섬세한 데이터 마이닝(data mining) 기법을 사용한다.
③ 고객관계관리를 위해 사용하는 POS 데이터(point-of-sales data)는 1차 자료(primary data)에 해당한다.
④ 고객관계관리 차원에서 매출이나 시장점유율보다는 고객자산(customer equity)이 더 중요하다.
⑤ 고객관계관리를 통해 기업은 부가가치가 높은 고객을 분류할 수 있고, 이들에게 회사의 제품을 교차판매(cross-sell)할 수 있다.

제2편. 마케팅

02 마케팅 조사

1. 마케팅 조사의 개요

(1) 마케팅 조사의 단계

마케팅 조사의 단계

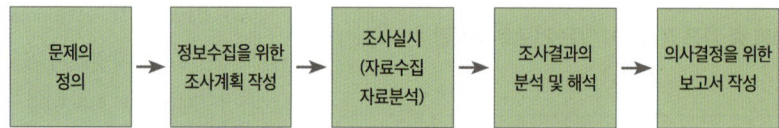

2. 마케팅 조사의 종류

탐색조사, 기술조사, 인과조사

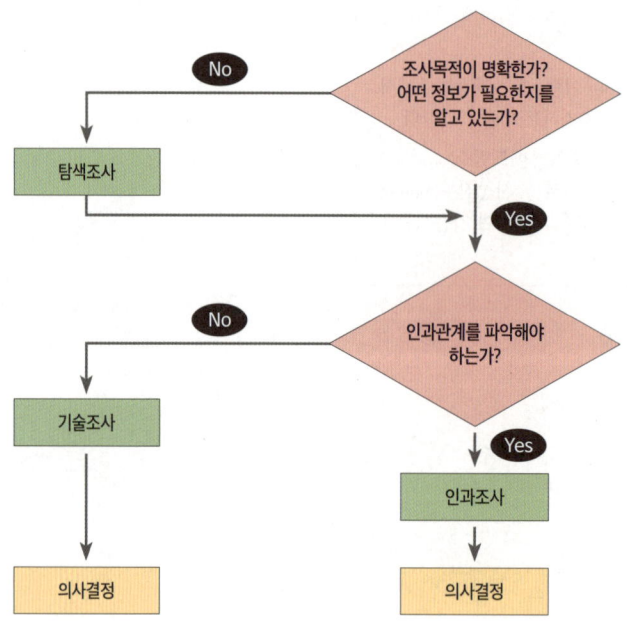

(1) 탐색조사(exploratory research)

마케팅 문제 및 현재 상황을 보다 잘 이해하고, 조사목적을 명확히 정의하고, 또는 필요한 정보를 분명히 파악하기 위해 벌이는 일종의 예비적인 조사임

탐색조사의 종류

종류	내용
문헌조사	2차 자료를 검토하는 것
전문가 면접	해당 산업 또는 기업에 대해 많은 지식이나 경험을 갖고 있는 사람들로부터 정보를 얻는 것
표적집단면접 FGI	진행자가 6~10명의 응답자들과 함께 대화 형식으로 이끌어 가는 면접방법
심층면접법 in-depth interview	전문 면접원이 1명의 피면접자를 대상으로 주제와 관련된 질문 방향을 가지고 탐사방식에 의해 깊게 질문해 나가는 것

(2) 기술조사(descriptive research)

현재 일어나고 있는 마케팅 현상을 보다 정확하게 이해하기 위해 수행하는 조사를 가리킴, 이의 목적은 현재 상태를 있는 그대로 정확하게 그려내는 데 있음, 많은 사람들에게 설문조사를 통해 데이터를 수집한다는 점에서 탐색조사와 다름

(3) 인과조사(causal research)

어떤 마케팅 현상의 원인이 무엇인지를 밝혀내기 위한 조사를 가리킴, 이 조사는 인과관계를 밝혀야 하기 때문에 주로 실험(experiment)이라는 방법을 사용함

3. 자료의 종류

1차 자료와 2차 자료의 비교

원천	1차 자료	2차 자료
수집목적	당면 문제를 위해	다른 문제를 위해
수집과정	조사자가 직접 수집	타인에 의해 수집됨
수집비용	높다	비교적 낮다
수집기간	길다	짧다

(1) 2차 자료

당면한 문제보다는 다른 목적을 위하여 이미 수집된 자료로, 조사를 위한 좋은 출발점이 되고, 조사문제와 조사목적을 정의하는데 도움을 줌

2차 자료의 원천

원천	예
기업 내부	주문-결제 데이터, POS 데이터, 고객 데이터베이스, 웹 로그 파일 데이터, 과거의 마케팅 조사보고서, 판매사원 활동보고서, 재무제표 등
기업 외부	행정기관, 지방자치단체, 협회, 경제단체, 경제연구소, 마케팅 조사회사, 일간지, 전문지, 소셜미디어 등

(2) 1차 자료

조사자가 당면 문제를 해결하기 위해서 직접 수집한 자료로 조사자가 최초로 만든 자료

4. 척도

(1) 척도의 종류

척도의 종류와 활용

척도	기본특성	예	마케팅 예	기술통계방법
명목척도 nominal scale	숫자로 대상을 구분함	운동선수의 등번호	점포의 형태, 성별	백분율, 최빈값
서열척도 ordinal scale	측정대상의 순서를 나타냄	품질의 순위, 토너먼트의 순위	선호도, 시장점유순위, 사회계층	중앙치, 사분위수
등간척도 interval scale	속성대상에 순위를 부여하되 간격이 동일함	기온	태도, 의견	범위, 평균, 표준편차
비율척도 ratio scale	절대 '0'의 개념이 있어 비율 계산이 가능	길이, 무게	나이, 소득, 비용, 매출액, 시장점유율	기하평균, 조화평균

※ 명목척도에서 비율척도 쪽으로 갈수록 척도에 담겨있는 정보의 양 증가
※ 등간척도는 절대 '0'의 개념이 없어서 +, - 계산만 가능하지만, 비율척도는 사칙연산 모두 가능

5. 표본추출방법

(1) 표본조사와 전수조사

표본조사 vs 전수조사

항목	표본조사	전수조사
예산	적음	많음
사용 가능한 시간	단기	장기
모집단의 크기	대규모	소규모

(2) 마케팅조사의 오류

마케팅조사의 오류

오류	내용
표본오류 sampling error	표집과정에서 발생하는 오류로, 모집단을 대표할 수 있는 표집을 선정하지 못함으로서 발생하는 오류
비표본오류 non-sampling error	자료를 수집하는 과정에서 발생하는 오류를 말함

오류의 종류

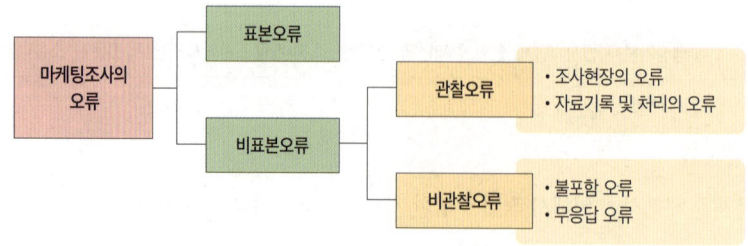

1) 비표본오류

① 비관찰오류

비관찰오류(non-survey error)란 모집단의 일부가 표본추출 대상에서 제외됨으로써 발생하는 불포함오류와 표본으로 추출된 응답자가 응답을 회피함으로써 발생하는 무응답오류가 있음

- 불포함 오류: 표본추출을 위한 표본 프레임(sample frame)이 불완전하기 때문에 발생하는 오류
- 무응답 오류: 표본으로 선정된 사람이 응답을 회피하거나 조사자가 실수하여 답변을 제대로 받아내지 못하는 경우에 발생하는 오류

② 관찰오류

관찰오류(survey error)란 관찰하는 과정에서 발생하는 오류와 수집한 자료를 기록하고 처리하는 단계에서 발생하는 오류를 말함

- 조사현장의 오류: 면접이나 관찰과정에서 응답자와 조사원 간에 발생하는 오류를 말한다.
- 자료의 기록 및 처리오류: 조사원이 응답자의 답변을 잘못 기록하거나, 기록된 설문지나 면접지를 처리하는 과정에서 숫자 등을 잘못 입력함으로써 발생하는 오류를 말한다.

(3) 표본크기와 오류의 관계

(4) 표본추출과정

표본추출의 과정

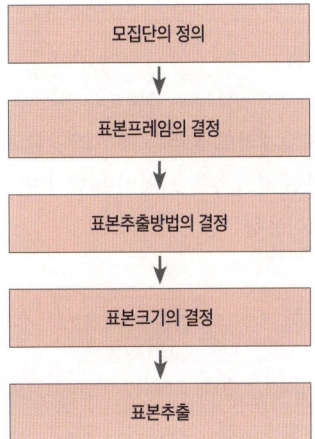

(5) 표본추출방법

표본추출 기법은 확률표본추출과 비확률표본추출로 구분할 수 있음. 확률표본추출은 모집단에 속한 표본들이 추출될 확률이 동일한 것을 의미하고, 비확률표본추출은 모집단에 속한 표본들이 추출될 확률이 동일하지 않는 것을 의미함

1) 비확률 표본추출

비확률 표본추출방법의 장점과 단점

기법	장점	단점
편의 표출 convenience sampling	가장 저렴하고, 시간이 적게 들고, 편리함	표본의 대표성이 떨어짐, 기술조사나 인과조사에 유용하지 못함
판단 표출 judgmental sampling	비용이 적고, 편리하며, 시간이 적게 듦	조사대상의 일반화가 불가능함, 주관적임
할당 표출 quota sampling	특정한 특성을 조사하기 위해 표본을 통제할 수 있음	선택 편향: 표본의 대표성을 보장할 수 없음
눈덩이 표출 snowball sampling	희귀한 특성도 추정 가능함	시간이 많이 소비됨

2) 확률 표본추출

확률 표본추출방법의 장점과 단점

기법	장점	단점
단순 무작위 표출 simple random sampling	이해하기 쉽고 결과를 모집단에 투사할 수 있음	표본프레임(sample frame)을 구축하기가 어려움
체계적 표출 systematic sampling	단순 무작위 표본추출보다 실행하기가 쉽고, 표본프레임이 필요치 않음	대표성이 감소됨
층화 표출 stratified sampling	중요한 하위 모집단을 모두 포함. 정확성이 있음	적절한 층화변수를 선정하기가 어렵고, 다양한 변수에 대해 층화를 하는 것이 불가능하며, 비용이 많이 발생
군집 표출 cluster sampling	실행이 간편하고 비용 효율적임	계산하기 어려우며, 결과를 해석하기 어려움

6. 자료분석 방법

(1) 교차분석

교차분석(cross-tabulation analysis)은 교차집계라고 불리는 매우 간단한 자료 분석 방법. 명목 및 서열척도와 같은 범주형 변수들을 분석하기 위해 2개 변수가 가진 각 범주를 교차하여 해당 빈도를 표시하는 교차분석표를 작성함으로써 두 변수간의 독립성과 이질성을 분석하는데 이용됨

교차분석의 예시

흡연량	직업군			
	일반사무	영업	생산	행 합계
heavy	12	27	9	48
medium	5	10	17	32
light	7	7	6	20
열 합계	24	44	32	100

(2) 군집분석

군집분석(cluster analysis)은 대상 또는 사례들을 군집(clusters)이라 불리는 상대적으로 동질적인 집단으로 분류하는데 이용되는 기법으로 시장 세분화에 사용됨

군집분석의 예

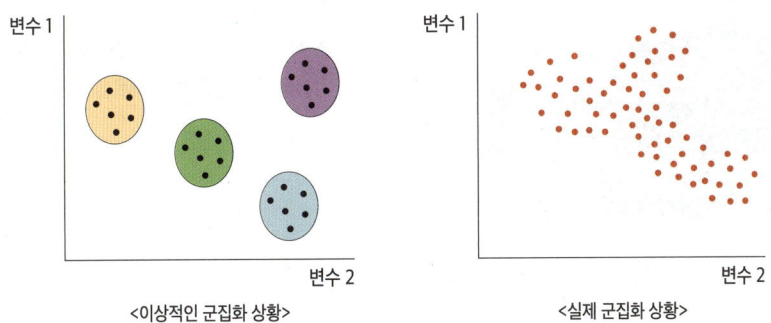

(3) 상관관계분석
상관관계분석(correlation analysis)은 두 변수 사이의 관계가 어느 정도 밀접한가를 측정하는 기법

(4) 판별분석
판별분석(discriminant analysis)은 판별함수를 개발하여 각 대상들의 특성을 대입해서 각 대상들이 속하는 집단을 찾아내려는 기법

(5) 요인분석
요인분석(factor analysis)은 주어진 많은 정보를 쉽고 간단하게 보다 적은 수의 요인으로 줄여주는 기법

(6) 컨조인트 분석
컨조인트 분석(conjoint analysis)은 표적시장에 가장 적절한 제품을 디자인하기 위해 제품 각각의 속성에 있어서 자사 제품이 어느 정도 수준을 갖도록 할 것인지에 대한 결정에 도움을 주는 기법

(7) 다차원 척도법
다차원 척도법(MDS: multi-dimensional scaling)은 공간상에 시각적인 표현(visual display)으로 응답자들의 지각과 선호를 나타내는 절차로, 소비자의 고려대상이 되는 여러 제품들을 소비자가 느끼기에 비슷한 순서대로 짝지어 나열하고, 그 자료를 바탕으로 컴퓨터 분석을 통해 비슷한 제품들은 서로 가깝게, 그렇지 않은 제품들을 서로 멀리 위치하도록 공간상에 배치하는 기법. 포지셔닝 시에 사용됨

다차원 척도법의 사례

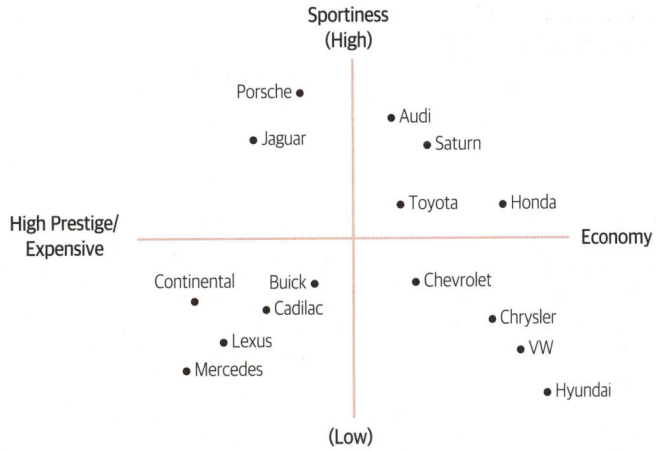

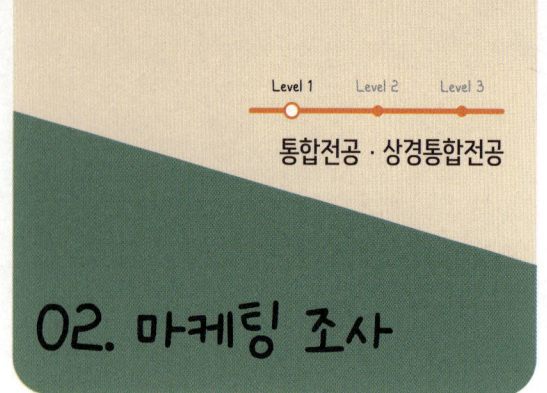

02. 마케팅 조사

마케팅 정보의 원천

1391
2008 가맹거래사

다음 중 마케팅조사에서 2차 자료 수집방법에 해당하는 것은?

① 시장에서 발생하는 여러 현상을 관찰, 분석함으로써 객관적인 시장정보를 수집한다.
② 소비자 행동을 설명할 수 있는 모형을 토대로 설문지를 만들어 고객으로부터 자료를 조사한다.
③ 신속한 정보 수집을 위해 관련 협회나 컨설팅회사로부터 국내외 시장통계자료를 입수한다.
④ 공급망 전체에서 발생하는 수요조사를 위해 POS시스템을 이용하여 실시간으로 판매량 데이터를 수집한다.
⑤ 새로 출시한 상품의 성공가능성을 평가하기 위해 구매고객에게 신상품 만족도 평가를 위한 간단한 설문을 작성하게 한다.

1392
2021 5급 군무원

마케팅 의사결정을 위한 조사자료 수집 방법 중 1차 자료의 수집방법으로 가장 옳지 않은 것은?

① 우편조사법
② 전화면접법
③ 문헌조사법
④ 대인면접법

1393
2014 가맹거래사

소수의 응답자들을 대상으로 한 장소에서 주어진 주제에 대하여 자유롭게 토론을 하여 자료를 수집하는 방법은?

① 표적집단면접법
② 문헌조사
③ 델파이법
④ 사례조사
⑤ 기술조사

1394
2015 가맹거래사

조사방법 중 탐색적(exploratory) 방법이 아닌 것은?

① 인과관계조사
② 심층면접법
③ 문헌조사
④ 전문가의견조사
⑤ 표적집단면접법

1395
2020 코레일 사무직 복원

다음 중 패널조사와 같은 다초점 조사방식은 무엇인가?

① FGI
② 횡단조사
③ 종단조사
④ 탐색조사
⑤ 서베이법

척도

1396
2022 7급 국가직

자료의 척도에 대한 설명으로 옳은 것은?

① 간격척도(interval scales)는 응답 대안을 상호배타적으로 분류하기 위해 각각의 응답 대안에 임의로 숫자를 부여하는 척도이다.
② 학급에서 키 순서를 기준으로 학생들에게 번호를 부여하는 방식은 명목척도(norminal scales)의 적용이다.
③ 비율척도(ratio scales)에는 절대 0점이 있어 각 척도점의 의미를 누구나 동일하게 받아들인다.
④ 서열척도(ordinal scales)는 조사대상들의 특성을 서열로 나타낸 것이며 대표적인 예로 '온도'가 있다.

1397
2023 7급 서울시

마케팅조사에 대한 설명으로 가장 옳은 것은?

① 군집표본추출법(cluster sampling)은 모집단을 어떤 기준에 따라 서로 상이한 소집단들로 나누고, 각 소집단으로부터 표본을 무작위로 추출하는 방법이다.
② 체계적오차가 작으면 신뢰성(reliability)이 높고, 비체계적 오차가 작으면 타당성(validity)이 높다.
③ 표적집단면접법(FGI)과 설문조사는 1차 자료를 수집하기 위한 방법이며, 탐색조사에 적합한 자료수집방법이다.
④ 기업의 매출액과 특정 제품에 대한 소비자의 연령 및 소득은 비율척도에 해당한다.

표본추출

1398
2020 가맹거래사

마케팅조사 자료수집 시 다음에 해당하는 표본추출방법은?

- 추출된 표본이 모집단을 대표하지 못할 수도 있다.
- 표본 추출비용이 거의 발생하지 않고 절차가 간단하다.
- 조사자나 면접원이 편리한 장소와 시간에 접촉하기 쉬운 대상들을 표본으로 추출한다.

① 편의 표본추출
② 군집표본추출
③ 층화표본추출
④ 할당표본추출
⑤ 판단표본추출

1399
2012 7급 국가직

마케팅 조사(marketing research)를 위한 표본추출 방법 중에서 할당 표본추출(quota sampling) 방법에 대한 설명으로 옳은 것은?

① 확률 표본추출 방법 중의 하나이다.
② 모집단 내의 각 대상이 표본에 추출될 확률이 모두 동일한 방법이다.
③ 모집단의 특성을 반영하도록 통제 특성별로 미리 정해진 비율만큼 표본을 추출하는 방법이다.
④ 모집단을 어떤 기준에 따라 상이한 소집단으로 나누고 각 소집단으로부터 표본을 무작위로 추출하는 방법이다.

1400
2016 7급 국가직

표본추출방법에 대한 설명으로 옳지 않은 것은?

① 단순무작위표본추출법, 군집표본추출법, 층화표본추출법은 확률표본추출방법에 해당한다.
② 모집단의 특성을 반영하도록 미리 할당된 비율에 따라 표본을 추출하는 할당표본추출은 비확률표본추출에 해당한다.
③ 조사자가 표본선정의 편리성에 중점을 두고 조사자 임의대로 표본을 선정하는 방법은 편의표본추출법이다.
④ 모집단을 서로 배타적이고 포괄적인 소그룹으로 구분한 다음 각 소그룹별로 단순 무작위 표본추출하는 방법은 판단표본추출방법이다.

1401
2021 7급 국가직

군집표본추출(cluster sampling)에 대한 설명으로 옳은 것은?

① 비확률 표본추출이다.
② 모집단의 특성을 반영하도록 미리 할당된 비율에 따라 표본을 추출하는 것이다.
③ 모집단을 서로 상이한 소집단들로 나누고, 각 소집단으로부터 표본을 단순 무작위 추출하는 방법이다.
④ 모집단을 어떤 기준변수에 따라 서로 상이한 소집단들로 나누는 데까지는 층화표본추출과 같다.

1402
2023 가맹거래사

비확률 표본 추출 방법에 해당하는 것은?

① 할당표본추출법
② 단순무작위표본추출법
③ 체계적표본추출법
④ 층화표본추출법
⑤ 군집표본추출법

1403
2023 7급 군무원

다음 중 확률표본 추출 방법에 해당하는 것은?

① 층화 표본추출(stratified sampling)
② 편의 표본추출(convenience sampling)
③ 판단 표본추출(judgmental sampling)
④ 할당 표본추출(quota sampling)

1404
2024 가맹거래사

확률표본추출방법으로 옳은 것은?

① 층화표본추출
② 할당표본추출
③ 편의표본추출
④ 판단표본추출
⑤ 눈덩이표본추출

자료분석 방법

1405
2018 가맹거래사

마케팅조사의 분석기법에 관한 설명으로 옳은 것은?

① 요인분석: 정보의 손실을 최소화하면서 다수의 변수들을 몇 개의 요인으로 압축하기 위해 사용하는 기법
② 상관관계분석: 두 변수들 간의 인과관계를 측정하는 기법
③ 분산분석: 집단들 간에 특정변수의 분산 값이 서로 차이가 있는지를 검정하는 기법
④ 회귀분석: 둘 이상의 독립변수 상호간에 미치는 영향의 정도를 파악하는 기법
⑤ 결합분석: 한 개의 독립변수가 둘 이상의 종속변수 순위를 결정하는 기법

1406
2022 가맹거래사

㈜가맹은 성별에 따른 제품 선호도(좋음, 나쁨으로 구분)에 차이가 있는지를 파악하기 위해 소비자 250명을 대상으로 시장조사를 실시하였다. 마케팅 조사를 위한 올바른 분석기법은?

① 선형 회귀분석
② 분산분석
③ 요인분석
④ 교차분석
⑤ 두 모집단 t분석

1407
2018 7급 서울시

마케팅조사를 통해 소비자의 고려대상이 되는 여러 제품들에 대한 소비자의 지각과 선호를 파악한 후 이를 공간상에 있는 점들 간의 기하학적 관련성으로 시각화하여 표현하려고 할 때 사용할 수 있는 자료분석방법으로 가장 옳은 것은?

① 컨조인트 분석(conjoint analysis)
② 다차원척도법(multidimensional scaling)
③ 판별분석(discriminant analysis)
④ 군집분석(cluster analysis)

1408
2023 가맹거래사

서열척도로 측정한 두 변수 간 상관관계를 분석하는 방법은?

① 교차분석
② 스피어만 상관분석
③ 피어슨 상관분석
④ 편상관분석
⑤ 회귀분석

마케팅 조사의 종류

1409
2023 5급 군무원

유아용 학습교재를 개발하기 위해 엄마들과 면접을 진행하는 과정에서 자기 아이가 다른 아이보다 학습 능력이 뒤떨어지는 것으로 나타날 때 솔직한 대답을 이끌어내기 어려울 수 있다. 이럴 경우 응답자들로 하여금 간접적으로 자신의 동기, 신념, 태도 또는 느낌 등을 표현하게 하는 질문 기법이 요구되는데, 이러한 질문 기법에 해당하지 않는 것은?

① 단어연상법(word association)
② 문장완성법(sentence completion)
③ 그림묘사법(picture response technique)
④ 래더링기법(laddering technique)

실험의 타당성

1410
2024 7급 군무원

다음 마케팅 조사와 관련된 여러 설명들 중 가장 적절한 설명은?

① 등간척도(interval scale)는 속성의 절대적 크기를 측정하기 때문에 사칙연산이 가능하다.
② 외적 타당성(external validity)이란 실험 결과를 실험실 밖의 실제상황에서 어느 정도까지 설명력 있게 확대 적용할 수 있느냐의 정도를 나타내는 지표를 말한다.
③ 표적집단면적(focus group interview), 문헌조사, 전문가 의견조사는 기술조사 방법(descriptive research method)에 해당한다.
④ 전화설문기법(telephone survey technique)은 표본 범주를 통제하기가 용이하다.

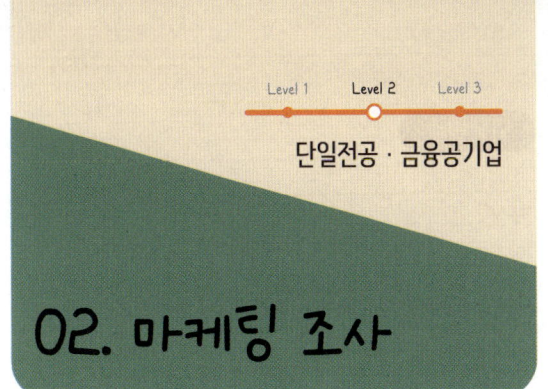

02. 마케팅 조사

마케팅 조사의 오류

1411
2012 CPA

마케팅 조사에서 표본선정에 관한 설명으로 가장 적절하지 않은 것은?

① 표본추출과정은 모집단의 설정 → 표본프레임의 결정 → 표본추출방법의 결정 → 표본크기의 결정 → 표본추출의 순서로 이루어진다.
② 표본의 크기가 커질수록 조사비용과 조사시간이 증가하며, 표본오류 또한 증가한다.
③ 비표본오류(non-sampling error)에는 조사현장의 오류, 자료기록 및 처리의 오류, 불포함 오류, 무응답 오류가 있다.
④ 층화표본추출(stratified sampling)은 확률표본추출이며, 모집단을 서로 상이한 소집단들로 나누고 이들 각 소집단들로부터 표본을 무작위로 추출하는 방법이다.
⑤ 표본프레임(sample frame)이란 모집단에 포함된 조사대상자들의 명단이 수록된 목록을 의미한다.

마케팅 정보의 원천

1412
2021 CPA

마케팅조사에 관한 설명으로 적절한 항목만을 모두 선택한 것은?

> a. 마케팅정보의 원천을 1차 자료와 2차 자료로 구분할 때, 공공기관(통계청, 한국은행 등)에서 발간한 자료는 2차 자료에 해당된다.
> b. 척도의 4가지 유형 중에서 측정대상을 구분하는 범주나 종류를 측정하는 데 사용되는 유형을 서열척도(ordinal scale)라고 한다.
> c. 전수조사와 표본조사 모두 표본오차가 발생한다.

① a
② a, b
③ a, c
④ b, c
⑤ a, b, c

마케팅 조사의 종류

1413
2016 CPA

마케팅 조사에 관한 설명으로 가장 적절하지 않은 것은?

① 타당성(validity)은 측정 도구가 측정하고자 하는 개념이나 속성을 얼마나 정확하게 측정할 수 있는가를 나타내는 지표이다.
② 표적집단면접(focus group interview), 문헌조사, 전문가 의견조사는 기술조사(descriptive research) 방법에 포함된다.
③ 척도에 따라 변수가 갖게 되는 정보량의 크기는 서열척도(ordinal scale)보다 등간척도(interval scale)가 더 크다.
④ 단순무작위표본추출과 군집표본추출은 확률표본추출방법이다.
⑤ 조사현장의 오류와 자료처리의 오류는 관찰오류(survey error)에 포함된다.

14-14
2019 CPA

마케팅조사에 관한 설명으로 적절한 항목만을 모두 선택한 것은?

> a. 실험결과의 일반화는 내적 타당성과 관련이 있는 반면에 외생변수의 통제는 외적 타당성과 관련이 있다.
> b. 표본프레임이 모집단과 정확하게 일치하지 못함으로써 발생하는 오류는 표본오류에 포함된다.
> c. 표적집단면접법(FGI)과 투사법(projective technique)의 차이점 중 하나는 실시하고자 하는 조사목적을 조사대상자에게 밝히는가의 여부이다.

① a
② b
③ c
④ a, b
⑤ b, c

자료 수집방법

14-15
2023 CPA

마케팅조사에 관한 설명으로 가장 적절하지 않은 것은?

① 체계적 오차는 타당성(validity)과 관련된 개념이며, 외적 타당성은 일반화가 가능한가에 관한 타당성이다.
② 인과적 조사에서 단일집단 사전 사후 실험설계는 원시실험설계(pre-experimental design)이고, 통제집단 사후 실험설계는 순수실험설계(true-experimental design)이다.
③ 조사목적을 공개하는 설문지법과 달리 면접법과 투사법은 조사목적을 공개하지 않는 공통점이 있으나, 면접법과 투사법의 차이는 자료수집 과정의 비체계화(비표준화) 정도로 구분된다.
④ 확률표본추출방법 중 하나인 층화표본추출은 모집단을 서로 상이한 소집단들로 나누고, 이들 각각의 소집단으로부터 표본을 단순 무작위로 추출하는 것이다.
⑤ 조사 현장 오류는 관찰오류이고 무응답오류는 비관찰오류이며, 이들 모두는 비표본오류에 속한다.

외생변수

14-16
2022 CPA

자료분석에 관한 설명으로 가장 적절하지 않은 것은?

① 신뢰성(reliability)은 측정결과가 얼마나 일관되는지를 나타낸다.
② 첫 번째 측정이 그 다음의 측정에 영향을 미치는 것을 측정도구의 편향(instrumental bias)이라고 한다.
③ 외적 타당성(external validity)은 실험의 결과를 실험실 외의 상황에 어느 정도까지 적용할 수 있는지를 나타낸다.
④ 유의수준은 1종 오류(type I error)의 허용정도를 의미한다.
⑤ 양측검정(two-sided test)에서는 귀무가설을 기각할 수 있는 영역이 좌우 양쪽에 위치한다.

척도

14-17
2014 CPA

마케팅 조사에 관한 설명으로 가장 적절하지 않은 것은?

① 설문조사(survey)에서 응답자를 접촉하는 방법에는 대인면접조사, 전화조사, 우편조사, 인터넷조사 등이 있으며, 이 중에서 자료수집비용이 가장 높은 것은 대인면접조사이다.
② 리커트 척도는 양쪽 끝에 상반되는 의미를 가지는 척도에서 선택하도록 하는 질문형태이다.
③ 마케팅 의사결정에 필요한 자료(1차 자료, 2차 자료) 중에서 2차 자료란 과거에 다른 목적으로 수집된 자료로서 현재 직면한 의사결정에도 활용 가능한 자료를 말한다.
④ 판단표본추출과 할당표본추출은 비확률표본추출방법이다.
⑤ 층화표본추출과 군집표본추출은 확률표본추출방법이다.

14-18
2015 CPA

마케팅 조사에 관한 설명으로 가장 적절하지 않은 것은?

① 표본조사에서 불포함 오류(non-inclusion error)와 무응답 오류(non-response error)는 비관찰 오류(non-survey error)에 포함된다.
② 표본추출과정은 모집단의 확정 → 표본프레임의 결정 → 표본추출방법의 결정 → 표본크기의 결정 → 표본추출 단계로 이루어진다.
③ 신뢰성(reliability)은 측정하고자 하는 현상이나 대상을 얼마나 일관성 있게 측정하였는가를 나타내는 것이다.
④ 등간척도(interval scale)는 속성의 절대적 크기를 측정할 수 있기 때문에 사칙연산이 가능하다.
⑤ 통제집단 사후설계(after-only with control group design)는 순수실험설계(true experimental design)에 포함된다.

14-19
2022 CPA

척도(scale)에 관한 설명으로 가장 적절하지 않은 것은?

① 척도는 포함하는 정보의 양에 따라 분류된다.
② 어의차이척도(semantic differential scale)는 척도의 양극단에 속성의 정도를 나타내는 반의어를 제시한다.
③ 비율척도(ratio scale)를 통해 변수들의 상대적 크기를 비교할 수 있고 절대적 크기도 측정할 수 있다.
④ 간격척도(interval scale)로 측정된 변수 간의 가감(+, -) 연산이 가능하며, 리커트척도(Likert scale)가 간격척도의 예이다.
⑤ 서열척도(ordinal scale)를 통해 측정 대상들의 절대적 위치를 알 수 있다.

표본추출

14-20
2002 CPA

A시에 거주하고 있는 소비자를 대상으로 B제품에 대한 고객만족도를 조사하고자 한다. 동일한 규모의 표본을 추출할 때 대표성은 높으나 시간과 비용이 가장 많이 드는 표출방법은?

① 판단표출(judgement sampling)
② 편의표출(convenience sampling)
③ 할당표출(quota sampling)
④ 단순무작위표출(simple random sampling)
⑤ 목적표출(purposive sampling)

14-21
2009 CPA

마케팅조사에 대한 서술 중 가장 적절하지 않은 것은?

① 자료유형 중에서 1차자료(primary data)는 조사자가 특정 조사목적을 위해 직접 수집한 자료이다.
② 단어연상법은 개방형 질문(open-ended question) 유형에 해당한다.
③ 명목척도(nominal scale)는 측정대상이 속한 범주나 종류를 구분하기 위한 척도이다.
④ 전수조사보다 표본조사가 비용이 적게 든다.
⑤ 편의표본추출법(convenience sampling)에서는 모집단을 구성하는 모든 측정치들에 동일한 추출기회를 부여한다.

1422
2011 CPA

표본추출방법에 관한 설명으로 가장 적절하지 않은 것은?

① 편의표본추출(convenience sampling)은 비확률표본추출이며, 조사자가 편리하게 조사할 수 있는 대상들로 표본을 추출하는 것이다.
② 군집표본추출(cluster sampling)은 비확률표본추출이며, 모집단을 서로 상이한 소집단들로 나누고, 각 소집단으로부터 표본을 단순 무작위 추출하는 방법이다.
③ 판단표본추출(purposive 또는 judgement sampling)은 비확률표본추출이며, 조사자가 판단하기에 좋은 표본이 될 것이라고 생각되는 대상들로 표본을 구성하는 것이다.
④ 단순무작위표본추출(simple random sampling)은 확률표본추출이며, 모집단 내의 각 대상이 표본에 뽑힐 확률이 모두 동일한 표본추출방법이다.
⑤ 할당표본추출(quota sampling)은 비확률표본추출이며, 모집단의 특성을 반영하도록 미리 할당된 비율에 따라 표본을 추출하는 것이다.

1423
2017 CPA

마케팅조사에 관한 설명으로 적절한 항목만을 모두 선택한 것은?

> a. 표본의 수가 증가할수록 비표본오류는 작아지고 표본오류는 커진다.
> b. 단일집단 사후실험설계는 순수실험설계 방법에 포함된다.
> c. 할당표본추출(quota sampling)은 비확률표본추출방법이다.

① a
② b
③ c
④ a, c
⑤ b, c

1424
2018 CPA

마케팅조사에 관한 설명으로 적절한 항목은 모두 몇 개인가?

> a. 패널조사와 실험설계는 탐색적 조사에서 이용되는 방법이다.
> b. 어의차이척도(semantic differential scale)는 응답자가 질문 항목에 대한 동의나 반대의 정도를 나타내도록 하는 질문 형태이다.
> c. 군집표본추출법(cluster sampling)은 모집단을 어떤 기준에 따라 서로 상이한 소집단들로 나누고, 각 소집단으로부터 표본을 무작위로 추출하는 방법이다.
> d. 체계적 오차는 타당성(validity)과 관련된 개념이며, 비체계적 오차는 신뢰성(reliability)과 관련된 개념이다.

① 0개
② 1개
③ 2개
④ 3개
⑤ 4개

자료분석 방법

1425
2002 CPA

다음의 마케팅 분석방법 중 소비자가 제품을 구매할 때 중요시하는 제품속성(product attribute)과 속성수준(attribute level)에 부여하는 가치를 산출해냄으로써 최적 신제품의 개발을 지원해주는 분석방법은?

① 시계열분석(time series analysis)
② 상관관계분석(correlation analysis)
③ 군집분석(cluster analysis)
④ SWOT분석
⑤ 컨조인트분석(conjoint analysis)

1426
2013 CPA

다음의 교차빈도표는 성별(남자, 여자)에 따라 두 통신서비스(A, B)중에서 특정 통신서비스를 사용하고 있는 빈도(단위 : 명)를 나타낸다. 사용하고 있는 통신서비스에 성별로 차이가 있는지를 알아보기 위해 카이스퀘어(χ^2) 검정을 하고자 한다. 계산된 검정통계량 χ^2 값에 관한 다음 설명 중 가장 적절한 것은?

오류	통신서비스 A	통신서비스 B	총계
남자	45	55	100
여자	55	45	100
총계	100	100	200

① χ^2 값 < 0
② $0 \leq \chi^2$ 값 < 5
③ $5 \leq \chi^2$ 값 < 10
④ $10 \leq \chi^2$ 값 < 20
⑤ $20 \leq \chi^2$ 값

1427
2013 CPA

매장별(A, B, C)로 지난해 판매량에 차이가 있었는지를 통계적으로 분석하기 위해 분산분석을 하고자 한다. 다음에 제시된 분산분석표의 정보를 이용하여 계산된 검정통계량 F값에 관한 다음 설명 중 가장 적절한 것은? (단, 검정통계량 F값은 집단간 평균제곱(Mean Squares)을 집단내 평균제곱으로 나눈 값으로 계산한다. 집단내 변량의 자유도(df)는 120이다.)

원천	제곱합(Sum of Squares)
집단간	900
집단내	3,000
총합	3,900

① F값 < 0
② $0 \leq$ F값 < 5
③ $5 \leq$ F값 < 10
④ $10 \leq$ F값 < 15
⑤ $15 \leq$ F값

1428
2020 CPA

소비자의 브랜드 인식과 관련된 다차원척도법(multidimensional scaling)에 관한 설명으로 가장 적절하지 않은 것은?

① 기업은 다차원척도법을 활용하여 소비자들이 인식하고 있는 유사성을 기반으로 브랜드 간 거리를 산출하며, 이를 통해 평가브랜드들의 절대적 위치를 알 수 있다.
② 기업은 다차원척도법을 활용하여 자사 브랜드의 포지션과 평가브랜드들 간의 경쟁정도를 파악할 수 있다.
③ 다차원 상에서 평가한 속성들을 2차원이나 3차원과 같은 저차원의 공간 상에 점이나 벡터로 나타낼 수 있다.
④ 스트레스 값은 소비자의 인식과 지각도(perceptual map) 상 자극점들(stimuli) 간의 불일치 정도를 나타낸다.
⑤ 다차원척도법은 기업이 소비자의 브랜드 인지 시 사용하는 평가차원의 수와 속성의 종류를 파악하는 데 유용하다.

마케팅 조사 종합

1429
2024 CPA

마케팅조사에 관한 설명으로 가장 적절한 것은?

① 문헌조사와 사례조사는 탐색적 조사이고, 전문가면접법과 표적 집단면접법은 기술적 조사이다.
② 비확률표본추출방법은 표본프레임을 이용하여 표본을 추출하는 방법이다.
③ 설문지에서 사용되는 개방형 질문(open-ended questions)은 응답이 쉽고, 자료 분석이 용이하다.
④ 유사실험설계에서는 대상선정의 무작위화가 실행되지 않으며, 시계열 실험설계가 이에 해당된다.
⑤ 타당성이 없는 측정도구에서 신뢰성은 의미가 없으며, 내적타당성이 높아지면 외적 타당성도 높아지는 경향이 있다.

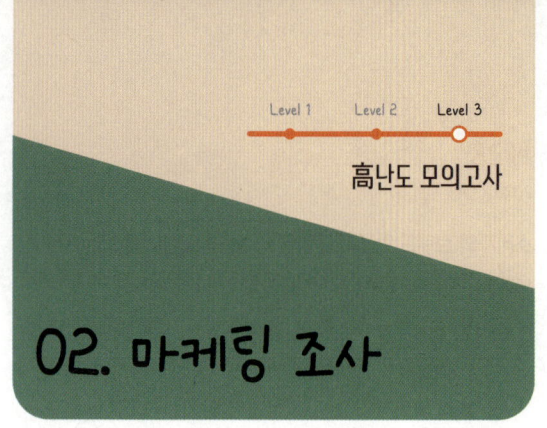

02. 마케팅 조사

高난도 모의고사

1430

마케팅 조사와 마케팅 전략에 대한 설명 중 가장 적절하지 않은 것으로 구성된 것은?

> a. 개방형 질문(open-ended questions)은 응답대안이 주어지지 않은 상태에서 응답자가 자유롭게 응답을 표현하는 방법으로 비정형적 질문(unstructured questions)에 해당한다.
> b. 제품 수명주기의 초기단계에는 소비자들의 욕구가 불확실하므로 복수의 세분시장을 고려하는것이 적절하고, 시장이 성숙기로 접어들어 소비자 욕구가 다양해지면 전체 시장을 목표시장으로 선정하는 것이 적절하다.
> c. 포지셔닝에 사용되는 지각도(perceptual map)는 제품에 대한 소비자들의 지각과 선호를 시각적으로 표현한 것으로 다차원척도법(MDS: multidimensional scaling)을 이용하여 작성된다.
> d. 유사실험설계(quasi-experimental design)는 집단을 무작위로(randomly) 실험집단과 통제집단으로 구분한다는 것이 특징이다.
> e. 명목(nominal), 서열(ordinal), 등간(interval), 비율(ratio) 척도 순으로 척도에 담겨있는 정보의 양이 감소한다.

① a, b, c ② a, c, e ③ a, d, e
④ b, d, e ⑤ c, d, e

1431

마케팅 조사에 대한 다음 설명 중 가장 적절하지 않은 것은?

① 문헌조사, 전문가 의견조사, 표적집단면접 등은 탐색조사(exploratory research) 방법에 해당한다.
② 인과조사(causal research)에서 가장 많이 사용하는 방법은 설문조사(survey)이다.
③ 통제집단 사전사후실험설계(pretest-posttest control group design)는 순수실험설계(true experimental design)에 해당한다.
④ 비율척도(ratio scale)는 절대 '0'의 개념이 존재하므로 사칙연산이 모두 가능하다.
⑤ 마케팅 조사의 오류 가운데, 불포함 오류란 표본프레임(sample frame)이 불완전해서 발생하는 오류이다.

1432

마케팅 조사에 대한 설명 중 가장 적절한 것으로 구성된 것은?

> a. 표적집단면접(FGI: focus group interview)은 조사자가 소수의 응답자 집단에게 특정 주제에 대하여 토론을 벌이게 하는 것으로 자유로운 토론 가운데 필요한 정보를 찾고자 하는 것이다.
> b. 조사목적이 명확하고 어떤 정보가 필요한지 알고 있다면 탐색조사(exploratory research)는 생략해도 된다.
> c. 설문조사 방법들 중 가장 유연성이 높은 것은 대인면접(personal interview)이다.
> d. 제품 패키지가 매출에 미치는 영향을 파악하기 위한 인과조사(causal research)에서 독립변수(independent variables)에 해당하는 것은 '매출액'이다.
> e. 관찰오류(survey error)란 모집단의 일부가 표본추출 대상에서 제외되거나, 추출된 응답자가 응답을 회피할 때 발생하는 오류이다.

① a, b, c ② a, b, d
③ b, c, d ④ b, c, e
⑤ b, d, e

1433

마케팅 조사에 대한 다음 설명 중 가장 적절하지 않은 것은?

① 온라인 조사, 우편조사, 대인면접 등을 통해 수집된 자료는 1차 자료(primary data)에 해당한다.
② 설문지의 학력을 묻는 문항에서 중졸 1, 고졸 2, 대졸 3, 대학원졸 4로 코딩(coding)을 한다면 이 숫자들은 명목척도(nominal scale)로 인식해야 한다.
③ 모집단의 크기가 클 때는 표본조사가 적절하고, 모집단의 크기가 작을 때는 전수조사가 적절하다.
④ 대표적인 확률표본추출인 단순 무작위 표본추출(SRS: simple random sampling)을 실시하기 위해서는 표본 프레임(sample frame)이 있어야만 가능하다.
⑤ 대단지 아파트에서 설문조사를 위한 표본을 추출한다고 할 때, 주민들의 명부 작성이 불가능하다면 층화표본추출(stratified sampling)보다는 군집표본추출(cluster sampling)이 더 적합하다.

1434

마케팅 조사(marketing research)에 대한 다음 설명 중 가장 적절한 것은?

① 시장에 대한 정보가 거의 없거나 지식 수준이 낮을 때 시장에 대한 통찰력을 제공할 목적으로 실시되는 조사를 인과조사(causal research)라고 한다.
② 횡단적 조사(cross-sectional research)는 한 대상에 대해 단 1회 조사를 실시하는 것이다. 반면 종단적 조사(longitudinal research)는 한 대상에 대해 시간 간격을 두고 2회 이상 조사하는 것이다.
③ 단순무작위 표본추출(SRS: simple random sampling)은 표본추출 틀(sample frame)을 구성할 필요가 없기 때문에 체계적 표본추출(systematic sampling)보다 비용이 덜 들고 쉽게 실행할 수 있다.
④ 컨조인트 분석(conjoint analysis)은 소비자의 고려대상이 되는 여러 제품들을 소비자가 느끼기에 비슷한 순서대로 짝지어서 나열하여 그 자료를 바탕으로 비슷한 제품들은 서로 가깝게, 그렇지 않은 제품들은 서로 멀리 위치하도록 공간상에 배치하는 기법이다.
⑤ 모집단(population)의 원소 비율과 구성비율이 동일해지도록 표본집단을 구성하므로 할당표본추출(quota sampling)은 확률표본추출(probability sampling)에 해당된다.

1435

표본추출과 그 내용의 연결이 가장 적절하지 않은 것은?

표본추출 기법	확률/비확률	주요 특징
① 단순무작위 표출	확률	표본프레임(sample frame)이 필요함
② 눈덩이 표출	비확률	희귀한 특성도 추정 가능함
③ 체계적 표출	비확률	표본프레임(sample frame)이 필요함
④ 편의 표출	비확률	시간과 비용이 가장 적게 소요됨
⑤ 할당 표출	비확률	표본의 대표성을 보장할 수 없음

1436

마케팅 조사에 대한 다음 설명 중 가장 적절하지 않은 것은?

① 시장의 크기, 시장 내 소비자의 구매력, 유통업자의 유무와 소비자의 성향을 파악하기 위한 조사는 마케팅 조사 중 기술조사(descriptive research)에 해당한다.
② 1차 자료(primary data) 조사 방법에는 우편 설문, 전화 설문, 대인면접, 온라인 조사 등이 있다.
③ 명목척도(nominal scale)의 경우에는 빈도 계산(frequency counts)에 바탕을 둔 제한된 수의 통계량만 허용된다.
④ 전수조사(census)에서 표본오류(sampling error)는 존재하지 않으며, 비표본오류(non-sampling error)는 최대수준으로 발생한다.
⑤ 확률표본추출(probability sampling)은 모집단에 속한 모든 원소들이 표본으로 추출될 확률이 동일하게 만드는 것으로 확률표본추출을 실행하기 위해서는 표본 프레임(sample frame)이 반드시 필요하다.

1437

마케팅 조사에 대한 다음 설명 중 가장 적절하지 않은 것은?

① 탐색조사(exploratory research)란 마케팅 문제 및 현재 상황을 보다 잘 이해하거나 조사목적을 명확히 정의하기 위하여 벌이는 일종의 예비적인 조사이다.
② 모집단 내의 각 대상이 표본에 뽑힐 확률이 얼마인지를 알 수 있으면 확률표본추출(probability sampling)이고 뽑힐 확률을 알 수 없다면 비확률표본추출(nonprobability sampling)이다.
③ 할당표본추출(quota sampling)을 사용하면 모집단의 인구통계적 특성을 반영하는 표본을 추출할 수는 있지만, 표본의 대표성은 보장되지 않는다.
④ 층화표본추출(stratified sampling)과 군집표본추출(cluster sampling)의 공통점은 표본추출 전에 전체 모집단을 다수의 하위 집단으로 구분한다는 것이다.
⑤ 표본추출을 위한 표본프레임(sample frame)이 불완전하기 때문에 발생하는 불포함오류(non-inclusion error)는 표본오류(sampling error)에 속한다.

1438

마케팅 조사에 대한 다음 설명 중 가장 적절하지 않은 것은?

① A자동차 회사에 대한 이미지 조사를 위해 우리나라 소비자를 거주지에 따라 5개 권역으로 분류한 후 각 권역에 속한 인구 수를 고려하여 표본의 크기를 정하고 표본을 임의로 추출하는 것은 할당표본추출(quota sampling)이다.
② B사에서 세 가지 판매원 교육프로그램을 개발하여 무작위로 세 그룹으로 나누어 교육을 실시하였다. 교육 이후 그룹별 판매원 실적을 분석하여 세 가지 교육 프로그램의 효과차이를 알고자 할 때는 분산분석(ANOVA)을 사용하는 것이 적절하다.
③ 표본추출과정은 '모집단 확정 → 표본프레임 결정 → 표본추출방법 결정 → 표본크기 결정 → 표본추출 실행'의 순으로 진행된다.
④ 판매원 서비스 교육 실시에 따른 고객만족도 변화 조사는 마케팅 조사 가운데 인과조사(causal research)에 해당한다.
⑤ 군집표본추출(cluster sampling)은 모집단이 여러 개의 소집단으로 구성되어 있을 때, 각각의 그룹에서 편의적으로 표본을 추출한다.

1439

마케팅 조사에 대한 다음 설명 중 가장 적절하지 않은 것은?

① 운동선수의 등번호는 명목척도(nominal scale)에 해당하고 길이, 무게, 기온 등은 비율척도(ratio scale)에 해당한다.
② 마케팅조사 과정에서 발생하는 오류 가운데 불포함오류란 표본추출을 위한 표본프레임(sample frame)이 불완전하기 때문에 발생하는 오류이다.
③ 비확률표본추출(non-probability sampling)보다 확률표본추출(probability sampling)이 모집단을 대표할 가능성이 상대적으로 더 높다.
④ 층화표본추출(stratified sampling)시 표본의 대표성을 확보하기 위해서 가장 중요한 것은 모집단을 층(strata)으로 구분할 때 사용하는 기준변수의 선정이다.
⑤ 순수실험 설계(true experimental design)의 특징은 집단을 무작위로(randomly) 실험집단(experimental group)과 통제집단(control group)으로 구분한 것이다.

1440

마케팅 조사에 대한 다음 설명 중 가장 적절하지 않은 것은?

① 기술조사(descriptive research)란 마케팅 문제 및 현재 상황을 보다 잘 이해하기 위하여, 조사목적을 명확히 정의하기 위하여 벌이는 일종의 예비적인 조사이다.
② 문헌조사란 2차 자료(secondary data)를 검토하는 것을 말하며, 주로 탐색조사(exploratory research)의 방법으로 사용된다.
③ 사전실험설계(pre-experiment design)는 순수실험설계(true experiment design)와 유사실험설계(quasi-experiment design)에 비해 실험설계의 엄격성(rigorousness)과 정교성(elaborateness)이 낮다.
④ 등간척도(interval scale)는 속성의 절대적 크기를 측정할 수 없으므로 곱하거나 나누는 승제($\times, \div$)의 계산은 불가능하다.
⑤ 마케팅 조사의 오류 가운데 무응답 오류란 표본으로 선정된 사람이 응답을 회피하거나 조사자가 실수하여 답변을 제대로 받아내지 못하는 경우에 발생하는 오류이다.

1441

마케팅 조사에 관한 설명으로 적절한 항목은 모두 몇 개인가?

> a. 2차 자료(secondary data)란 누군가 다른 목적으로 이미 수집해 놓은 것으로 주문-결제 데이터, POS 데이터(point-of-sale data), 고객 데이터베이스 등이 이에 해당된다.
> b. 문헌조사, 설문조사, 표적집단면접(focus group interview)은 탐색조사의 방법이다.
> c. 순수실험설계(true experimental design)는 집단을 무작위로 실험집단과 통제집단으로 구분한다는 특징이 있다.
> d. 표본추출의 단계는 모집단 결정 → 표본프레임 결정 → 표본크기 결정 → 표본추출방법 결정 → 표본추출 실행의 순이다.
> e. 군집표본추출(cluster sampling)이란 모집단을 소집단(군집)들로 나누고, 일정 수의 소집단을 무작위적으로 추출한 다음, 추출된 소집단 내의 구성원들을 모두 조사하는 방법이다.

① 0개　　② 1개　　③ 2개
④ 3개　　⑤ 4개

1442

마케팅 조사에 관한 다음 설명 중 가장 적절한 것은?

① 순수실험설계(true experimental design)의 일종인 '통제집단 사전사후실험설계'는 성숙효과(maturation)나 상호작용 시험효과(interactive testing effect) 등의 외생변수 통제가 가능하다.
② 전화번호부를 표본프레임으로 하여 대선 후보 지지율 조사를 하는 경우, 전화번호부에 이름이 없는 유권자들은 표본선정에서 제외되는데 이는 표본추출 오류 가운데 '불포함 오류(non-inclusion error)'라고 볼 수 있다.
③ 실험의 타당성은 내적 타당성(internal validity)과 외적 타당성(external validity)으로 구분되는데, 내적 타당성과 외적 타당성은 정비례 관계에 있다.
④ 목욕탕의 체중계가 잘못되어 항상 몸무게가 2kg이 더 나가도록 되어 있다면 이는 '비체계적 오차(non-systematic error)'에 해당한다고 볼 수 있다.
⑤ 관찰대상을 측정할 때, 명목척도(nominal scale)보다는 비율척도(ratio scale)가 측정치에 내포되어 있는 정보의 양이 더 많고, 자료수집에 필요한 비용과 노력도 더 적다.

1443

마케팅조사에 대한 설명으로 적절한 항목만을 모두 선택한 것은?

> a. 요인분석(factor analysis)이란 상품 자체를 평가함으로써 상품이 가지고 있는 속성(attribute) 하나 하나에 소비자의 효용(utility)을 추정하여, 소비자가 선택할 상품을 예측할 수 있는 기법이다.
> b. 표적집단면접(FGI: focus group interview)은 창의적 아이디어가 창출될 수 있다는 장점이 있지만 반대로 조사 결과를 일반화할 수 있는 가능성이 낮다는 단점도 있다.
> c. 2집단 사전사후실험설계는 통제집단 사전사후실험설계와 같으나 대상을 무작위로 통제집단과 실험집단에 할당하지 않는 실험설계이다.

① a　　② b　　③ c
④ a, b　　⑤ b, c

03 마케팅 전략

제2편. 마케팅

1. 시장 세분화

시장 세분화(market segmentation)는 한 기업이 시장을 일정한 기준에 따라 몇 개의 동질적인 소비자 집단으로 나누는 과정. 같은 세분시장 내에서는 소비자들의 선호가 동질적이어야 하며, 세분시장 간에는 소비자의 선호가 이질적이어야 함

시장 세분화의 기본조건

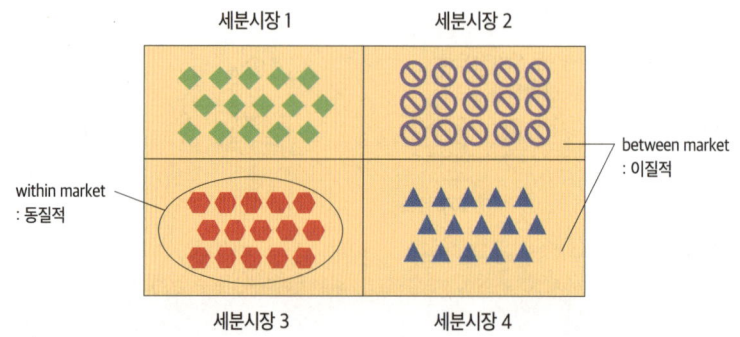

(1) 시장세분화 기준

시장세분화 변수

기준	내용
고객 행동변수 (1차적 역할)	추구편익 사용상황 사용량 상표애호도 또는 태도 고객생애가치 (효과계층모형의) 반응단계
고객 특성변수 (2차적 역할)	인구통계적 변수 연령/성별/소득/직업/지역 가족생활주기/가족의 크기 교육수준/사회계층
	심리분석적 변수 라이프스타일 성격

(2) 시장 확인

1) 기준변수가 불연속적인 경우

기준변수가 몇 개의 범주(category)로 나누어질 때, 교차 테이블 분석(cross-tabular analysis)을 이용

2) 기준변수가 연속적인 경우

기준변수가 연속적인 경우에는 군집분석(cluster analysis)을 이용

(3) 효과적인 시장 세분화 기준

효과적인 시장 세분화 기준

요건	개념
측정가능성 measurable	세분시장의 크기, 구매력, 기타 특성들을 측정할 수 있어야 함
접근가능성 accessible	세분시장에 효과적으로 도달하고 만족시킬 수 있어야 함
규모적정성 substantial	세분시장이 충분한 규모와 수익 가능성을 가져야 함
세분시장 내 동질성과 세분시장 간 이질성	같은 세분시장 내에 속한 고객들끼리는 최대한 비슷하여야 하고, 서로 다른 세분시장에 속한 고객들끼리는 최대한 달라야 함

(4) 시장세분화의 예외적 경우

① 혁신적인 신상품의 경우에는 시장세분화가 시기상조일 수 있음
② 지나친 세분시장 마케팅은 수익성을 악화시킬 수도 있음
③ 도전자는 역세분화(counter-segmentation)를 하는 것이 바람직할 수도 있음

> **역세분화(counter-segmentation)**
> 차별적 마케팅을 활용하게 되면 더 높은 매출을 달성할 수 있지만 비용도 증가하기 때문에 이 전략의 수익성에 대해 일반화된 주장을 하기는 어렵다. 이러한 점 때문에 기업들은 시장을 지나치게 세분화하지 않도록 주의해야 한다. 시장이 지나치게 세분화된 경우에는 고객기반을 통합하는 역세분화(counter-segmentation)를 해야 한다. 예컨대 Smith Kline Beecham(파로돈탁스와 센소다인 치약으로 유명한 회사)은 동시에 구취제거, 하얀 치아, 충치예방 등의 혜택을 추구하는 3개의 세분시장을 동시에 끌어들일 수 있는 Aquafresh 치약을 출시하였다.

2. 표적시장 선정

(1) 표적시장의 선정

표적시장 선정의 수준

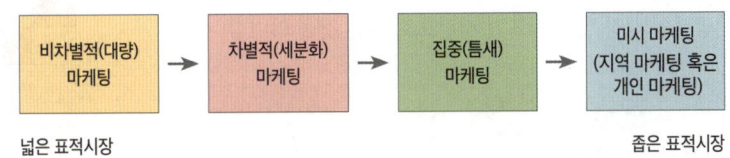

넓은 표적시장 → 좁은 표적시장

표적시장 선정 전략

전략	내용
비차별적 마케팅 undifferentiated marketing	세분시장의 차이를 무시하고 하나의 제공물로 전체시장을 공략하는 전략
차별적 마케팅 differentiated marketing	여러 세분시장을 표적시장으로 삼고, 이들 각각의 시장에 독특한 제품을 제공하여 영업을 하는 방법
집중적 마케팅 concentrated marketing	자원이 제한되어 있는 많은 기업들이 하나의 표적시장에 집중함으로써 높은 점유율을 확보하려는 방법
미시적 마케팅 micro marketing	개별고객 수준에서 각 고객의 욕구에 맞춰 제품과 마케팅프로그램을 제공하는 방법

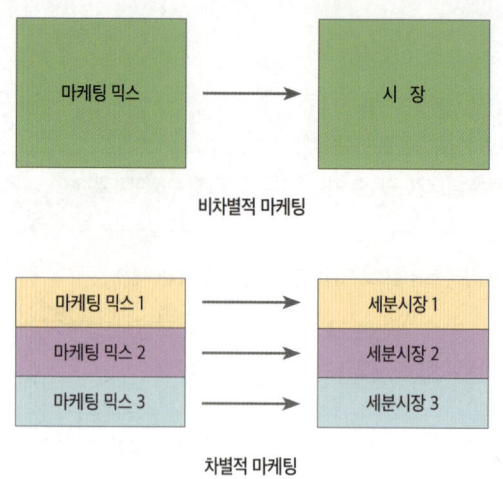

비차별적 마케팅

차별적 마케팅

(2) 코틀러의 표적시장 선정전략

일반적인 표적시장 선정 전략의 구성형태는 다음과 같음

① **단일세분화 시장 집중** single segment concentration

하나의 제품으로 하나의 시장을 선정해 모든 것을 집중하는 형태를 의미함

② **제품전문화** product specialization

하나의 제품에 대해 여러 시장 집단을 표적 시장으로 하는 것을 의미함

③ **시장전문화** market specialization

여러 제품에 대해 하나의 시장 집단을 표적 시장으로 하는 것을 의미함

④ **선별적 전문화** selective specialization

제품별 각각의 선별적인 시장 집단을 표적 시장으로 하는 것을 의미함

⑤ **전체시장의 확보** full market coverage

여러 또는 모든 제품에 대해 여러 또는 모든 시장 집단을 표적 시장으로 하는 것을 의미함

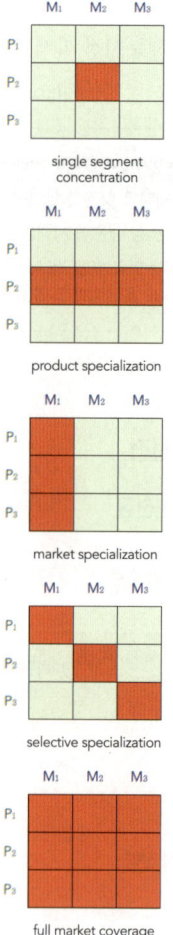

3. 포지셔닝

포지셔닝(positioning)이란 표적시장의 소비자들의 마음 속에 차별적인 위치를 차지하도록 기업의 제공물과 이미지를 설계하는 활동

(1) 전반적인 포지셔닝 전략

① 속성에 의한 포지셔닝 positioning by attribute
제품자체가 지니고 있는 고유의 속성 즉, 규모나 연한 등을 소비자에게 인식시키는 것

② 혜택에 의한 포지셔닝 positioning by benefit
제품이 경쟁제품과 다른 혜택을 지녔다는 점을 소비자에게 인식시키는 것

③ 사용상황에 의한 포지셔닝 positioning by use/application
제품이 사용될 수 있는 적절한 상황과 용도를 소비자에게 인식시키는 것

④ 사용자에 의한 포지셔닝 positioning by user
표적시장 내의 전형적 소비자를 겨냥하여 자사제품이 그들에게 적절한 제품이라고 인식시키는 것

⑤ 경쟁자에 의한 포지셔닝 positioning by competitor
자사의 제품이 경쟁사의 제품보다 좀 더 좋은 속성을 지녔다고 포지셔닝하는 것

⑥ 제품 카테고리에 의한 포지셔닝 positioning by product category
자신의 특정 제품 카테고리에서 리더임을 알리는 포지셔닝 방식

⑦ 품질이나 가격에 의한 포지셔닝 positioning by quality/price
자신의 제품이 가장 좋은 품질이나 가장 낮은 가격을 가지고 있음을 포지셔닝하는 것

4. 기타 마케팅 전략

(1) 제품/시장 확장 매트릭스

전략분야의 앤소프(H. Ansoff)가 제시한 기업의 성장 벡터에 관한 매트릭스로 기업이 향후 자신의 제품이나 시장과 관련된 방향을 어느 곳으로 향해야 하는지를 결정하는데 도움을 주는 도표임

제품/시장 확장 매트릭스

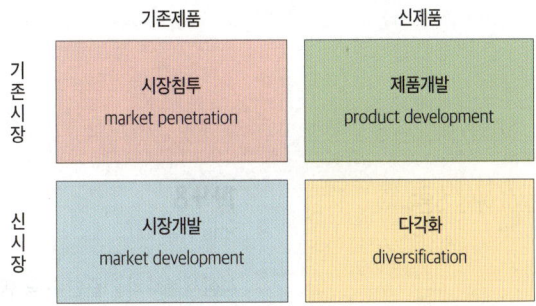

제품/시장 확장 매트릭스의 개념

전략	내용
시장침투	기존 제품을 변경하지 않고 기존 고객에게 더 많이 판매하는 것 예) 스타벅스가 제품의 변경없이 기존 고객들에게 매출액을 더 높이려고 광고, 가격, 서비스 점포디자인 등을 향상시키는 것
시장개발	새로운 시장을 개발하여 기존 제품을 판매하는 것 예) 스타벅스가 새로운 시장인 고령층을 공략하는 전략
제품개발	기존 시장을 대상으로 수정된 혹은 새로운 제품을 제공하는 것 예) 스타벅스가 비커피 음용자를 공략하기 위해 초콜릿 음료를 메뉴에 추가하는 것
다각화	새로운 제품을 개발하여 새로운 고객에게 판매함으로써 기업성장을 도모하려는 전략 예) 스타벅스가 자신의 브랜드를 이용하여 캐쥬얼 의류시장에 진출하는 것

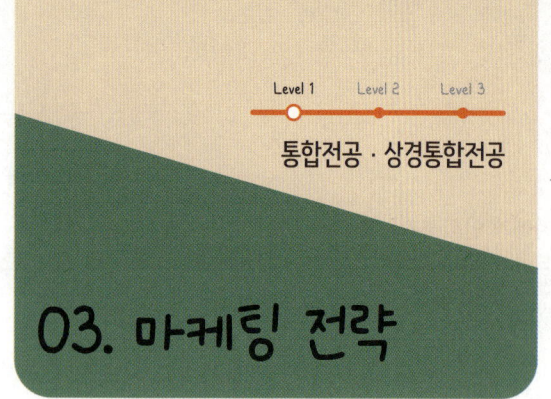

03. 마케팅 전략

1444
2006 가맹거래사

다음 중 순서가 바른 것은?

① 표적시장 선정 → 시장세분화 → 포지셔닝
② 포지셔닝 → 표적시장선정 → 시장세분화
③ 시장세분화 → 표적시장선정 → 포지셔닝
④ 표적시장선정 → 포지셔닝 → 시장세분화
⑤ 시장세분화 → 포지셔닝 → 표적시장선정

시장세분화 변수

1445
2010 가맹거래사

시장세분화를 위한 소비자의 인구통계학적 속성이 아닌 것은?

① 성별
② 소득
③ 교육수준
④ 라이프스타일
⑤ 생애주기(life-cycle stage)

1446
2011 가맹거래사

시장세분화를 위한 소비자의 행동적 변수가 아닌 것은?

① 충성도(loyalty)
② 제품 사용경험(user status)
③ 소비자가 추구하는 편익(benefits sought)
④ 제품 사용률(usage rate)
⑤ 라이프스타일(lifestyle)

1447
2015 가맹거래사

시장세분화의 기준변수 중 인구 통계적 변수에 해당하는 것은?

① 나이
② 라이프스타일
③ 개성
④ 추구편익
⑤ 제품 사용률

1448
2018 가맹거래사

시장세분화의 기준변수 중 행동적 변수가 아닌 것은?

① 소비자가 추구하는 편익
② 제품에 대한 태도
③ 소비자들의 성격
④ 제품사용경험
⑤ 충성도

1449
2010 공인노무사

시장세분화를 위한 소비자의 행동분석적 요인에 해당되지 않는 것은?

① 편익
② 제품사용경험
③ 제품의 사용정도
④ 상표애호도
⑤ 가족생애주기

1450
2013 공인노무사

시장세분화에 관한 설명으로 옳은 것은?

① 인구통계적 세분화는 나이, 성별, 가족규모, 소득, 직업, 종교, 교육수준 등을 바탕으로 시장을 나누는 것이다.
② 사회심리적 세분화는 추구하는 편익, 사용량, 상표애호도, 사용 여부 등을 바탕으로 시장을 나누는 것이다.
③ 시장표적화는 시장 내에서 우월한 위치를 차지하도록 고객을 위한 제품·서비스 및 마케팅 믹스를 개발하는 것이다.
④ 시장포지셔닝은 세분화된 시장의 좋은 점을 분석한 후 진입할 세분시장을 선택하는 것이다.
⑤ 행동적 세분화는 구매자의 사회적 위치, 생활습관, 개인 성격 등을 바탕으로 시장을 나누는 것이다.

1451
2013 경영지도사

차별적 마케팅의 일환으로 서로 다른 특성을 지닌 소비자집단을 다양한 기준으로 세분화할 필요가 있다. 그 한 가지 기준인 행동적 변수에 해당하지 않는 것은?

① 구매 또는 사용상황
② 소비자가 추구하는 편익
③ 소비자의 라이프스타일
④ 상표충성도
⑤ 제품사용경험

1452
2015 경영지도사

시장을 세분화하는 데 사용하는 기준으로서 인구통계적 변수가 아닌 것은?

① 가족규모 및 형태
② 소득
③ 라이프 스타일
④ 교육수준
⑤ 종교

1453
2016 경영지도사

STP전략에 관한 설명으로 옳지 않은 것은?

① 인구통계적 세분화는 나이, 성별, 가족규모, 소득, 직업, 교육수준 등을 바탕으로 시장을 나누는 것이다.
② 행동적 세분화는 추구하는 편익, 사용량 등을 바탕으로 시장을 나누는 것이다.
③ 사회심리적 세분화는 제품사용경험, 제품에 대한 태도, 충성도, 종교 등을 바탕으로 시장을 나누는 것이다.
④ 시장표적화는 세분화된 시장의 좋은 점을 분석한 후 진입할 세분시장을 선택하는 것이다.
⑤ 시장포지셔닝은 시장 내에서 우월한 위치를 차지하도록 고객을 위한 제품·서비스 및 마케팅 믹스를 개발하는 것이다.

1454
2017 경영지도사

다음의 사례에서 사용되지 않은 시장 세분화 방법은?

> A수프(soup)회사는 남아메리카의 경제성과 편의성을 중시하는 중류층 젊은 인구가 성장하고 있고 전국적으로 도시마다 라틴계 커뮤니티가 증가하고 있다는 사실을 알아차리고, 남미 시장에서는 크레올 수프를, 라틴계 시장에서는 레드 빈 수프를 소개했으며, 외향적이며 자극적인 음식을 즐기는 캘리포니아 주와 텍사스 주에서는 미국 내 다른 지역보다 나초 치즈 수프를 더 맵게 만들었다.

① 지역적 세분화
② 인구통계학적 세분화
③ 심리적 세분화
④ 편익 세분화
⑤ 사용량 세분화

1455
2022 7급 군무원

다음은 시장세분화의 기준을 설명하는 내용이다. 아래의 사례에서 가장 옳은 것은?

> - 제품편익: 제품을 구매하고 사용하여 어떤 편익을 얻고자 한다.
> - 브랜드 충성도: 어떤 특정 브랜드에 대해 선호하는 심리상태를 말한다.
> - 태도: 제품에 대한 소비자의 태도를 조사하여 시장을 세분화할 수 있다.

① 인구통계적 세분화
② 지리적 세분화
③ 행동적 세분화
④ 심리적 특성에 의한 세분

1456
2013 7급 국가직

시장을 세분화하기 위한 행동적 변수들로만 묶인 것은?

> ㄱ. 가족생애주기 ㄴ. 개성
> ㄷ. 연령   ㄹ. 사회계층
> ㅁ. 추구편익   ㅂ. 라이프스타일
> ㅅ. 상표 애호도   ㅇ. 사용량

① ㄱ, ㄴ, ㄷ
② ㄹ, ㅁ, ㅂ
③ ㅁ, ㅅ, ㅇ
④ ㅂ, ㅅ, ㅇ

1457
2017 7급 국가직

시장세분화(Market Segmentation)에 대한 설명으로 옳지 않은 것은?

① 사용상황, 사용량, 추구편익, 가족생활주기 등은 시장세분화를 위한 행동적 변수에 속한다.
② 같은 세분시장에 속하는 고객들끼리는 최대한 비슷하여야 하고 서로 다른 세분시장에 속한 고객들끼리는 최대한 달라야 한다.
③ 신제품이 혁신적일수록 너무 일찍 앞서서 시장세분화를 하는 것은 바람직하지 않다.
④ 역세분화(Counter-Segmentation)는 고점유율 회사보다 저점유율 회사에 적합한 방법이다.

1458
2023 가맹거래사

고객 특성 차원에서 인구통계학적 세분화 기준이 아닌 것은?

① 성별
② 나이
③ 교육 수준
④ 가족 규모
⑤ 라이프스타일

1459
2023 9급 군무원

다음 중 시장세분화 전략에 대한 설명으로 가장 적절하지 않은 것은?

① 시장세분화란 시장을 서로 비슷한 요구를 가지는 구매자 집단으로 구분하는 것을 말한다.
② 시장을 고객의 심리적 특성에 따라 구분하기 위해 소비자의 구매 패턴, 소비자가 추구하는 편익 등을 고려한다.
③ 시장세분화 전략에서 인구통계학적 특성이 다른 특성보다 구분하기 용이하기 때문에 가장 많이 사용되는 변수이다.
④ 시장세분화의 기준으로 특정 제품군에서의 소비자 행동에 대한 정보를 사용할 수 있다.

1460
2023 7급 국가직

시장세분화 및 목표시장선정에 대한 설명으로 옳은 것은?

① 역세분화(counter-segmentation)는 시장점유율이 낮은 기업보다는 높은 기업에게 적합한 방법이다.
② 효과적인 시장세분화의 조건에서 측정가능성은 세분시장에 접근하여 그 시장에서 활동할 수 있는 정도이다.
③ 집중적 마케팅 전략은 각 세분시장의 차이를 무시하고 단일 혹은 소수의 제품으로 전체시장에 접근하는 것이다.
④ 시장세분화 기준변수를 고객행동변수와 고객특성변수로 구분할 때, 추구편익(혜택)은 고객행동변수로 분류된다.

시장세분화 전제조건

1461
2007 가맹거래사

다음 중 시장세분화의 전제조건이 아닌 것은?

① 각 세분시장은 일정기간에 걸쳐 일관성 있는 특성을 지녀야 한다.
② 소비자들의 기호, 구매행위 등 개별적인 특징을 파악할 수 있어야 한다.
③ 전체적 시장점유율이 고려되어야 한다.
④ 목표세분시장에 제품에 대한 메시지 전달이 가능해야 한다.
⑤ 독자적인 마케팅활동을 위한 재무적 가치가 보장되어야 한다.

1462
2011 가맹거래사

시장세분화가 유용하게 사용되기 위해 갖추어야 할 요건이 아닌 것은?

① 측정 가능성(measurability)
② 소멸 가능성(perishability)
③ 충분한 규모의 시장성(substantiality)
④ 차별화 가능성(differentiability)
⑤ 접근 가능성(accessibility)

1463
2012 가맹거래사

효과적 시장세분화에 관한 설명으로 옳지 않은 것은?

① 세분시장의 규모가 측정가능해야 한다.
② 행태적 세분화를 위한 기준으로 제품 사용상황, 사용량, 추구편익 등을 활용한다.
③ 동일한 세분시장 내에 있는 소비자들의 이질성이 극대화되도록 해야 한다.
④ 특정한 시장세분화 기준변수가 모든 상황에서 가장 효과적인 것은 아니다.
⑤ 세분시장의 규모가 수익을 창출할 수 있도록 커야 한다.

1464
2015 가맹거래사

시장 세분화의 성공 조건이 아닌 것은?

① 접근성(accessibility)
② 시장규모의 실재성(substantiality)
③ 측정성(measurability)
④ 무형성(intangibility)
⑤ 차별성(differentiability)

1465
2017 공인노무사

시장세분화에 관한 설명으로 옳지 않은 것은?

① 세분화된 시장 내에서는 이질성이 극대화 되도록 해야 한다.
② 효과적인 시장세분화를 위해서는 시장의 규모가 측정 가능해야 한다.
③ 나이, 성별, 소득은 인구통계학적 세분화 기준에 속한다.
④ 제품사용 상황, 추구편익은 행동적 세분화 기준에 속한다.
⑤ 라이프스타일, 성격은 심리도식적 세분화 기준에 속한다.

1466
2018 공인노무사

효과적인 시장세분화를 위한 요건으로 옳지 않은 것은?

① 측정가능성
② 충분한 시장 규모
③ 접근가능성
④ 세분시장 간의 동질성
⑤ 실행가능성

1467
2019 경영지도사

세분시장을 결정할 때 고려해야 할 요인이 아닌 것은?

① 수익 및 성장의 잠재력
② 세분시장 내 욕구의 동질성 정도와 세분시장 간 욕구의 상이성 정도
③ 세분시장에 대한 접근가능성의 정도
④ 시장세분화에 소요되는 비용
⑤ 세분시장의 인지부조화

1468
2022 9급 군무원

다음 중 시장세분화를 통해 기대할 수 있는 효과에 대한 설명으로 가장 옳지 않은 것은?

① 고객들의 욕구를 보다 잘 이해할 수 있다.
② 마케팅 기회를 더 잘 발견할 수 있다.
③ 시장세분화를 하면 할수록 비용효율성이 높아지기 때문이다.
④ 기업들이 동일한 소비자를 놓고 직접 경쟁하지 않아도 되므로 가격경쟁이 완화될 수 있다.

1469
2018 7급 서울시

시장세분화에 대한 설명 중 가장 옳은 것은?

① 시장세분화의 기준변수가 연속적인 경우에는 교차테이블 분석을 이용하고, 범주형 변수일 경우에는 군집분석을 사용하여 세분시장을 발견할 수 있다.
② 혁신적인 신상품일수록 시장세분화를 조기에 시도해야 한다.
③ 지나친 세분시장 마케팅은 수익성을 악화시킬 수 있다.
④ 효과적인 시장세분화가 되기 위해서는 같은 세분시장에 속한 고객끼리는 최대한 다르고, 서로 다른 세분시장에 속하는 고객끼리는 최대한 비슷하게 세분화하는 것이 좋다.

1470
2020 7급 서울시

시장세분화에 대한 설명으로 가장 옳지 않은 것은?

① 세분시장에 대한 접근가능성이 높아야 한다.
② 세분시장 내의 이질성과 세분시장 간의 동질성이 높아야 한다.
③ 시장을 효과적으로 세분화할 수 있는 기준변수를 선택해야 한다.
④ 매스마케팅에 비해 높은 경쟁우위와 새로운 기회의 발견이라는 장점이 있을 수 있다.

1471
2020 코레일 수송직렬 복원

다음 중 시장세분화의 성공조건에 해당하지 않는 것은?

① 세분시장의 특성이 측정 가능해야 한다.
② 유통경로 또는 매체 등을 통해 접근이 가능해야 한다.
③ 세분시장 내는 이질적이고 세분시장 간은 동질적이어야 한다.
④ 세분시장 공략을 위한 효과적인 마케팅 프로그램을 개발할 수 있어야 한다.
⑤ 충분한 이익을 얻을 수 있어야 한다.

1472
2024 가맹거래사

효과적인 시장세분화의 조건으로 옳지 않은 것은?

① 각 세분시장은 서로 이질성이 있어야 한다.
② 각 세분시장은 측정가능성이 있어야 한다.
③ 각 세분시장은 접근가능성이 있어야 한다.
④ 각 세분시장은 유형성이 있어야 한다.
⑤ 각 세분시장은 충분한 규모가 되어야 한다.

1473
2024 공인노무사

효과적인 시장세분화가 되기 위한 조건으로 옳지 않은 것은?

① 세분화를 위해 사용되는 변수들이 측정 가능해야 한다.
② 세분시장에 속하는 고객들에게 효과적이고 효율적으로 접근할 수 있어야 한다.
③ 세분시장 내 고객들과 기업의 적합성은 가능한 낮아야 한다.
④ 같은 세분시장에 속한 고객들끼리는 최대한 비슷해야 하고 서로 다른 세분시장에 속한 고객들 간에는 이질성이 있어야 한다.
⑤ 세분시장의 규모는 마케팅활동으로 이익이 날 수 있을 정도로 충분히 커야 한다.

표적시장 선정 전략

1474
2007 가맹거래사

다음 표적시장에 관한 설명 중 맞게 기술된 것은?

① 전체 시장을 대상으로 하여 단일 제품을 판매하고자 하는 전략은 차별적인 마케팅 전략이다.
② 시장의 이질성이 클수록 비차별적인 마케팅이 적절하다.
③ 경쟁자의 수가 적어 경쟁 정도가 약할수록 차별적인 마케팅이 적절하다.
④ 기업의 기존 마케팅 및 조직문화와의 이질성이 큰 시장을 표적시장으로 선택하는 것이 좋다.
⑤ 설탕, 벽돌, 철강 등의 제품은 비차별적인 마케팅이 적합하다.

1475
2008 가맹거래사

다음은 무엇에 관한 설명인가?

- 다수 구매자에게 소구(appeal)하기 위하여 하나의 마케팅 프로그램으로 시장을 공략
- 소비자들 간의 차이보다는 공통점에 대하여 중점을 둠
- 세분시장 간의 차이를 무시하고 하나의 제품으로 전체시장을 공략

① 차별적 마케팅(differentiated marketing)
② 집중 마케팅(concentrated marketing)
③ 표적시장 마케팅(target marketing)
④ 무차별 마케팅(undifferentiated marketing)
⑤ 제품다양화 마케팅(product-variety marketing)

1476
2014 가맹거래사

목표시장 선정에 관한 설명으로 옳지 않은 것은?

① 동질적 제품에 대해서는 무차별적 마케팅이 유리하다.
② 기업자원이 제한되어 있는 경우에는 집중적 마케팅이 유리하다.
③ 경쟁자 수가 많을수록 차별적 마케팅이 유리하다.
④ 제품수명주기에서 도입기에는 차별적 마케팅이 유리하다.
⑤ 소비자들의 욕구가 유사할 경우에는 무차별적 마케팅이 유리하다.

1477
2015 공인노무사

표적시장에 관한 설명으로 옳지 않은 것은?

① 단일표적시장에는 집중적 마케팅전략을 구사한다.
② 다수표적시장에는 순환적 마케팅전략을 구사한다.
③ 통합표적시장에는 역세분화 마케팅전략을 구사한다.
④ 인적, 물적, 기술적 자원이 부족한 기업은 보통 집중적 마케팅전략을 구사한다.
⑤ 세분시장 평가 시에는 세분시장의 매력도, 기업의 목표와 자원 등을 고려해야 한다.

1478
2020 공인노무사

마케팅 전략에 관한 설명으로 옳은 것은?

① 마케팅 비용을 절감하기 위해 차별화 마케팅 전략을 도입한다.
② 제품 전문화 전략은 표적시장 선정 전략의 일종이다.
③ 포지셔닝은 전체 시장을 목표로 하는 마케팅 전략이다.
④ 제품의 확장 속성이란 판매자가 제공하거나 구매자가 추구하는 본질적 편익을 말한다.
⑤ 시장세분화 전제조건으로서의 실질성이란 세분시장의 구매력 등이 측정 가능해야 함을 의미한다.

1479
2018 7급 국가직

세분화된 시장의 차이점을 무시하고 한 제품으로 전체시장을 공략하는 전략은?

① 차별적 마케팅 ② 비차별적 마케팅
③ 세분화 마케팅 ④ 집중적 마케팅

포지셔닝

1480
2010 가맹거래사

경쟁제품과의 차별성을 목표고객에게 인식시키기 위한 마케팅 전략은?

① 유지전략 ② 철수전략
③ 포지셔닝전략 ④ 성장전략
⑤ 유통전략

1481
2017 가맹거래사

포지셔닝 전략의 유형에 관한 설명으로 옳지 않은 것은?

① 제품속성에 의한 포지셔닝은 자사브랜드를 주요 제품속성이나 편익과 연계하는 것이다.
② 제품군에 의한 포지셔닝은 자사제품을 대체 가능한 다른 제품군과 연계하여 소비자의 제품전환을 유도하는 것이다.
③ 제품사용자에 의한 포지셔닝은 제품을 특정 사용자나 사용자계층과 연계하는 것이다.
④ 범주 포지셔닝은 제품을 그 사용상황에 연계하는 것이다.
⑤ 경쟁적 포지셔닝은 자사브랜드를 경쟁제품과 직접 혹은 암시적으로 연계하는 것이다.

1482
2012 공인노무사

특정 기업이 자사 제품을 경쟁제품과 비교하여 유리하고 독특한 위치를 차지하도록 하는 마케팅 전략은?

① 관계마케팅 ② 포지셔닝
③ 표적시장 선정 ④ 일대일 마케팅
⑤ 시장세분화

1483
2021 7급 군무원

STP 전략에 대한 설명으로 가장 옳지 않은 것은?

① 시장세분화(market segmentation)란 전체시장을 일정한 기준에 의해 동질적인 세분시장으로 구분하는 과정이다.
② 지리적, 인구통계적, 심리특정적, 구매 행동적으로 상이한 고객들로 구분하여 시장을 세분화한다.
③ 시장위치선정(market positioning)이란 각 세분시장의 매력성을 평가하고 여러 세분시장 가운데서 기업이 진출하고자 하는 하나 또는 그 이상의 세분시장을 선정하는 과정이다.
④ 제품의 구매나 사용이 사회적 관계 속에서 갖는 상징적(symbolic) 의미를 강조하는 경우에 가장 적절한 포지셔닝은 제품사용자에 의한 포지셔닝이다.

1484
2010 7급 국가직

다음은 기업이 제품을 포지셔닝(positioning)하는 방법에 대한 설명이다. 그 목적을 바르게 기술한 것을 모두 고른 것은?

> ㄱ. 속성에 의한 포지셔닝 – 가장 흔히 사용되는 포지셔닝의 방법으로 제품자체가 지니고 있는 고유의 특성을 소비자에게 인식시킨다.
> ㄴ. 사용 상황에 의한 포지셔닝 – 제품이 사용될 수 있는 적절한 상황이나 용도를 사용자에게 인식시킨다.
> ㄷ. 경쟁자에 의한 포지셔닝 – 경쟁사의 제품과 비교하여 자사 제품만이 줄 수 있는 혜택이나 편익을 소비자에게 인식시킨다.
> ㄹ. 사용자에 의한 포지셔닝 – 표적시장 내의 전형적인 소비자를 겨냥하여 자사 제품이 그들에게 적합한 제품이라고 인식시킨다.

① ㄱ, ㄴ, ㄷ
② ㄱ, ㄷ, ㄹ
③ ㄴ, ㄷ, ㄹ
④ ㄱ, ㄴ, ㄷ, ㄹ

1485
2011 7급 국가직

포지셔닝을 위한 유용한 방법 중 하나인 포지셔닝 맵(positioning map)의 작성단계를 순서대로 바르게 나열한 것은?

> ㄱ. 경쟁제품 및 자사제품의 위치확인
> ㄴ. 차원 결정
> ㄷ. 차원의 이름 결정
> ㄹ. 이상적 포지션의 결정

① ㄱ – ㄴ – ㄷ – ㄹ
② ㄴ – ㄷ – ㄱ – ㄹ
③ ㄷ – ㄱ – ㄴ – ㄹ
④ ㄷ – ㄴ – ㄹ – ㄱ

1486
공기업 출제경향 반영

아래의 내용에 부합하는 것을 고르면?

> 소비자 내 욕구의 변화, 상권 내 역학구조의 변화, 소매기업 내 각종 상황의 변화 등 요인에 의해 그 동안 유지해왔던 영업 방법상의 특징을 본질적으로 변화시킴으로써 상권의 범위 및 내용, 목표소비자를 새롭게 조정하는 활동이다.

① 시장세분화
② 관여도
③ 재포지셔닝
④ 라이프스타일
⑤ 통합 마케팅 커뮤니케이션

1487
2023 7급 군무원

STP(Segmentation, Targeting, Positioning)의 위상 정립(Positioning)을 위한 방법과 가장 거리가 먼 것은?

① 속성(attribute)에 의한 위상 정립
② 편익(benefit)에 의한 위상 정립
③ 경쟁자(competitor)에 의한 위상 정립
④ 자원(resource)에 의한 위상 정립

제품/시장 확장매트릭스

1488
2014 가맹거래사

제품-시장 매트릭스에서 새로운 시장에 신제품 출시를 통해 시장점유율을 제고하는 전략은?

① 다각화전략
② 신제품개발전략
③ 시장개발전략
④ 시장침투전략
⑤ 고객세분화전략

1489
2021 가맹거래사

앤소프(H. Ansoff)의 제품/시장 매트릭스에 해당하지 않는 전략은?

① 시장침투전략 ② 제품개발전략
③ 차별화전략 ④ 시장개발전략
⑤ 다각화전략

1490
2013 공인노무사

제품-시장 매트릭스에서 기존시장에 그대로 머물면서 기존제품의 매출을 늘리고 시장점유율을 한층 높여가는 성장전략은?

① 시장침투 ② 제품개발
③ 시장개발 ④ 다각화
⑤ 고객세분화

1491
2017 공인노무사

제품/시장 매트릭스(product/market matrix)에서 신제품을 가지고 신시장에 진출하는 성장전략은?

① 다각화 전략 ② 제품개발 전략
③ 집중화 전략 ④ 시장침투 전략
⑤ 시장개발 전략

1492
2022 공인노무사

앤소프(H. I. Ansoff)의 제품-시장 확장전략 중 기존 제품으로 기존 시장의 점유율을 확대해 가는 전략은?

① 원가우위 전략 ② 시장침투 전략
③ 시장개발 전략 ④ 제품개발 전략
⑤ 다각화 전략

1493
2016 경영지도사

앤소프(H. Ansoff)가 주창한 성장전략 중 신제품을 통해 신시장에 진출하는 전략은?

① 저원가 전략 ② 다각화 전략
③ 시장개발전략 ④ 제품개발전략
⑤ 시장침투전략

1494
2017 7급 국가직

"양치질은 식사 후 하루 세 번이 아니라 간식 후와 취침 전 그리고 구취가 날 때마다 여러 번 할수록 치아건강에 더욱 좋습니다." 라는 광고문구와 같이 현재 제품을 사용하는 고객들로 하여금 더 많이 또는 더 자주 구입하게 함으로써 성장을 달성하는 전략은?

① 시장침투전략 ② 제품개발전략
③ 시장개발전략 ④ 다각화전략

1495
2022 7급 국가직

앤소프(I. Ansoff)의 '제품/시장 매트릭스'에서 시장침투(market penetration) 전략에 대한 설명으로 옳은 것은?

① 혁신적인 신제품을 개발한다.
② 매력적인 시장으로 진입한다.
③ 시장에 출시된 제품의 가격을 인하한다.
④ 기존제품을 구매하는 고객들이 새로운 제품을 구매할 수 있도록 광고의 빈도를 늘린다.

1496
2023 경영지도사

앤소프(H. Ansoff)가 제시한 기업 수준의 성장전략에 해당하지 않는 것은?

① 시장침투 전략　② 제품개발 전략
③ 다각화 전략　④ 시장개발 전략
⑤ 차별화 전략

1497
2023 9급 군무원

'㈜ 오직 커피'는 커피만을 판매하는 단일 매장 커피 전문점이며, 그 매장은 한국에 있다. '㈜ 오직 커피'는 여러 가지 성장전략을 고민하고 있는데, 성장전략에 대한 설명으로 가장 적절한 것은?

① 한국에서 '㈜ 오직 커피' 매장 하나를 추가로 여는 것은 '시장개발전략'에 해당한다.
② 베트남에 '㈜ 오직 커피' 매장을 여는 것은 '시장침투전략'에 해당한다.
③ 기존 '㈜ 오직 커피' 매장에서 기존 고객에게 샌드위치를 판매하는 것은 '다각화 전략'에 해당한다.
④ 기존 '㈜ 오직 커피' 매장에서 기존 고객을 대상으로 판촉 활동을 하는 것은 '시장침투 전략'에 해당한다.

1498
2023 5급 군무원

아래 OO 커피 회사의 기업 성장전략으로 가장 옳은 것은?

> OO 커피 회사는 광고, 가격, 서비스, 매장 디자인을 개선해서 고객이 더 자주 들르거나 머무를 때마다 더 많이 구매하도록 유도하고 있다. 또한, 모바일 앱의 새로운 주문기능을 통해 고객은 음성 명령 또는 메시징을 통해 인공지능 기반 가상 바리스타에게 주문할 수 있다. 그 결과, OO 커피 회사의 매출액은 전년 대비 약 2배로 증가하였다.

① 시장침투전략　② 제품개발전략
③ 시장개발전략　④ 다각화전략

1499
2024 가맹거래사

앤소프(H. Ansoff)의 제품 / 시장 매트릭스에서 새로운 제품을 가지고 새로운 시장을 대상으로 하는 전략으로 옳은 것은?

① 시장침투전략　② 시장개발전략
③ 제품개발전략　④ 차별화전략
⑤ 다각화전략

1500
2024 7급 군무원

마케팅 전략수립을 위해 시장기회를 분석하는 데는 경쟁자 분석이 필요할 수 있다. 이 경우 경쟁자 분석방법은 보통 기업중심적 방법과 고객중심적 방법으로 구분할 수 있는데, 다음 중 기업중심적 방법으로 가장 적절하지 않은 것은?

① 브랜드 전환 매트릭스(brand switching matrix)
② 제품-시장 매트릭스(product-market matrix)
③ 기술적 대체 가능성(technological substitutability) 판단법
④ 표준 산업분류(standard industrial classification) 코드 활용법

마케팅전략

1501
2021 가맹거래사

마케팅전략에 영향을 미치는 거시적 환경에 해당하지 않는 것은?

① 인구통계적 환경
② 기업내부 환경
③ 경제적 환경
④ 기술적 환경
⑤ 문화적 환경

1502
2014 경영지도사

마케팅전략에 관한 설명으로 옳지 않은 것은?

① STP 전략이란 시장세분화, 목표시장선정, 제품포지셔닝을 의미한다.
② 시장세분화는 하나의 시장을 다양한 특성에 따라 구분하는 것이다.
③ 마케팅믹스전략은 제품, 가격, 유통경로, 촉진의 4P 전략으로 구성된다.
④ 유통경로는 직접유통경로와 간접유통경로로 구분하는 것이 가능하다.
⑤ 촉진수단에는 상표결정과 포장결정 등이 있다.

1503
2007 7급 국가직

시장 세분화(market segmentation)의 장점이라고 보기 어려운 것은?

① 시장세분화를 통하여 목표시장을 뚜렷이 설정할 수 있다.
② 마케팅 믹스를 목표시장의 요구에 적합하도록 조정할 수 있다.
③ 규모의 경제와 경험효과를 충분히 활용할 수 있다.
④ 기업의 경쟁적 강약점에 따라 유리한 목표시장을 선택할 수 있다.

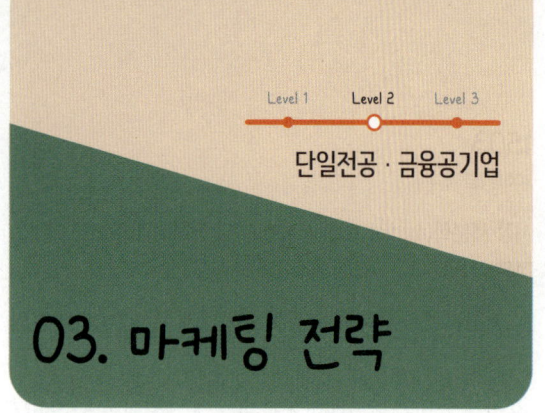

03. 마케팅 전략

시장세분화 변수

1504
2000 CPA

C사는 치약시장을 충치예방, 미백효과, 청결유지, 향기를 추구하는 시장으로 세분화했다. 이와 같은 시장세분화는 다음 중 어떤 세분화 기준을 적용한 경우인가?

① 행동적 변수–효용(benefit)
② 심리분석적 변수–효용(benefit)
③ 행동적 변수–사용상황
④ 심리분석적 변수–사용상황
⑤ 인구통계적 변수–사용상황

시장세분화 전제조건

1505
2001 CPA

시장세분화의 전제조건이 모두 충족된 것으로 가정할 때, 1대1 대응형(또는 원자형, atomized) 세분화전략이 가장 적합한 경우는?

① 경쟁이 치열하고 선호가 동질적인 시장
② 경쟁이 치열하고 선호가 분산된 시장
③ 경쟁이 없고 선호가 동질적인 시장
④ 경쟁이 없고 선호가 분산된 시장
⑤ 경쟁이 없고 선호가 밀집된 시장

1506
2002 CPA

시장시장세분화에 관한 다음의 서술 중 가장 적절하지 않은 것은?

① 효과적인 시장세분화를 위해서는 세분시장의 규모가 측정가능 해야 한다.
② 제품 사용상황, 사용량, 추구편익(benefit sought)은 행동적(behavioral) 세분화 기준변수에 속한다.
③ 시장세분화에서는 동일한 세분시장 내에 있는 소비자들의 이질성이 극대화되도록 해야 한다.
④ 하나의 특정한 시장세분화 기준변수가 모든 상황에서 가장 효과적인 것은 아니다.
⑤ 시장세분화를 통해 소비자들의 다양한 욕구를 보다 잘 만족시킬 수 있다.

1507
2010 CPA

효과적인 시장세분화를 위해 세분시장이 갖추어야 할 다음의 요건 중에서 가장 적절하지 않은 것은?

① 세분시장의 크기, 구매력, 기타 특성 등을 측정할 수 있어야 한다.
② 세분시장에 속하는 고객들에게 효과적이고 효율적으로 접근할 수 있어야 한다.
③ 세분시장이 너무 작아서는 안된다.
④ 경쟁회사의 세분시장에 대응될 수 있도록 세분시장을 결정해야 한다.
⑤ 같은 세분시장에 속한 고객끼리는 최대한 비슷하여야 하고, 서로 다른 세분시장에 속한 고객끼리는 최대한 상이하여야 한다.

1508
2016 CPA

세분시장의 요건으로 적절한 항목은 모두 몇 개인가?

a. 측정가능성
b. 규모의 실체성(충분한 시장규모)
c. 접근가능성
d. 세분시장 내 동질성과 세분시장 간 이질성(차별적 반응)

① 0개　　② 1개
③ 2개　　④ 3개
⑤ 4개

시장세분화 예외

1509
2008 CPA

시장세분화에 관한 다음 설명 중 옳은 것으로만 구성된 것은?

a. 혁신적인 신상품의 경우에는 시장세분화가 시기상조일 수 있다.
b. 지나친 세분시장 마케팅은 수익성을 악화시킬 수 있다.
c. 세분화된 시장을 통합하여 여러 세분시장을 동시에 공략할 수 있는 상품을 내놓는 것을 역세분화(counter-segmentation)전략이라 하며 도전자는 역세분화를 하는 것이 바람직할 수도 있다.
d. 효과적인 시장세분화가 되기 위한 조건으로 같은 세분시장에 속한 고객끼리는 최대한 다르고, 서로 다른 세분시장에 속하는 고객끼리는 최대한 비슷하게 세분화되는 것이 좋다.
e. 시장세분화의 기준변수가 불연속적인 경우에는 세분화를 위해서 군집분석을, 기준변수가 연속적인 경우에는 교차테이블 분석을 이용할 수 있다.

① a, b, c　　② b, c, e
③ a, b, e　　④ b, d, e
⑤ c, d, e

표적시장 선정 전략

1510
2004 CPA

표적시장 선정 및 포지셔닝에 관한 다음의 설명 중 옳지 않은 것은?

① 틈새시장 공략 마케팅 기업(niche marketers)들은 자사가 틈새시장 소비자들의 욕구를 매우 잘 이해하고 있기 때문에 고객들이 자사제품에 대하여 고가격을 기꺼이 지불할 것이라고 가정한다.
② 현지화 마케팅(local marketing)의 단점은 규모의 경제 효과를 감소시켜 제조 및 마케팅비용을 증가시킨다는 점이다.
③ 소비자들은 독특한 욕구를 가지고 있기 때문에 각각의 소비자는 잠재적으로 별개의 시장이다.
④ 표적 마케팅 과정의 주요 첫 단계는 시장세분화이다.
⑤ 오늘날 시장환경의 변화에 발맞추어 대다수의 기업은 매스 마케팅전략으로 이행하고 있다.

1511
2004 CPA

세계적인 글로벌브랜드(global brand)가 가지는 규모의 경제(economies of scale)에 관한 다음의 설명 중 옳지 않은 것은?

① 규모의 경제는 개발비용, 생산, 유통, 촉진 등에서 두루 나타난다.
② 기업의 성장전략 추구에 있어서 글로벌브랜드가 로컬브랜드(local brand)보다 유리하다.
③ 촉진의 측면에서 더 넓은 마케팅기회를 포착할 수 있다.
④ 글로벌브랜드는 구매선택과 관련하여 소비자의 지각된 위험(perceived risk)을 증가시킨다.
⑤ 일반적으로 글로벌브랜드를 가진 기업은 특정 제품 범주(product category)에 마케팅의 초점을 맞추고 있다.

1512
2012 CPA

STP(segmentation, targeting, and positioning)에 관한 설명으로 가장 적절하지 않은 것은?

① 시장세분화를 마케팅 전략에 유용하게 사용하려면 세분시장은 측정가능성, 접근가능성, 규모적정성, 세분시장 내 동질성과 세분시장 간 이질성과 같은 요건을 갖추고 있어야 한다.
② 시장세분화 기준변수를 크게 고객행동변수와 고객특성변수(인구통계적 변수 및 심리분석적 변수)로 구분하였을 때, 추구편익(혜택)은 고객행동변수로 분류된다.
③ 시장의 적정 규모 및 성장가능성, 구조적 매력성, 자사 목표와의 적합성 및 자원은 세분시장 평가에 고려되는 기준이다.
④ 집중적(concentrated) 마케팅 전략은 각 세분시장의 차이를 무시하고 단일(혹은 소수의) 제품으로 전체시장에 접근하는 것이다.
⑤ 포지셔닝전략 수립을 위해서는 자사와 경쟁사 제품들이 시장의 어디에 위치되어 있는지를 파악하는 일이 필요하다.

1513
2021 CPA

시장세분화와 목표시장 선정에 관한 설명으로 적절한 항목만을 모두 선택한 것은?

> a. 측정가능성(measurability)은 효과적인 시장세분화 요건 중 하나이다.
> b. 성별은 세분화 변수들 중 하나이며, 인구통계학적 변수로 분류된다.
> c. 새로운 마케팅 기회가 시장세분화를 통해 발견될 수 있다.

① a ② a, b
③ a, c ④ b, c
⑤ a, b, c

포지셔닝

1514
2001 CPA

다음 중 제품의 구매나 사용이 사회적 관계 속에서 갖는 상징적(symbolic) 의미를 강조하려는 경우에 가장 적합한 포지셔닝 유형은?

① 제품속성에 의한 포지셔닝
② 제품가격에 의한 포지셔닝
③ 제품사용자에 의한 포지셔닝
④ 경쟁에 의한 포지셔닝
⑤ 제품군(群)에 의한 포지셔닝

1515
2005 CPA

(주)가나빙과는 아이스크림전문점에서의 아이스크림판매 현황을 조사한 결과, 판매되는 여러 제품 가운데 어린이들이 선호하는 초코맛 시장과 청소년층이 선호하는 메론맛 시장이 당사에 가장 적합한 시장임을 알아냈다. 당사는 이 두 세분시장을 표적으로 초코바와 메론바를 각각 생산하기로 하고, 광고의 초점을 고유의 맛을 지닌 아이스 바라는 개념으로 정하여 맛이 다르다는 점으로 소비자에게 소구(appeal)할 계획이다. (주)가나빙과의 표적시장선정 전략과정(시장세분화변수, 표적시장선정전략, 시장포지셔닝 유형)에 관한 설명 중 가장 적합한 것은?

구분	시장세분화변수	표적시장선정전략	시장포지셔닝유형
①	추구하는 효익, 연령	차별적 마케팅	속성 포지셔닝
②	추구하는 효익, 연령	비차별적 마케팅	속성 포지셔닝
③	개성, 연령	차별적 마케팅	이미지포지셔닝
④	제품특성, 연령	집중적 마케팅	이미지포지셔닝
⑤	제품특성, 연령	차별적 마케팅	사용용도포지셔닝

제품/시장 확장매트릭스

1516
2006 CPA

요즘 기업들은 고객관계관리(Customer Relationship Management)의 일환으로 고객 데이터베이스를 이용하여 교차판매(cross-selling) 전략을 많이 사용하고 있다. 교차판매 전략이 속한다고 볼 수 있는 가장 적절한 성장전략은 어느 것인가?

① 제품개발전략 ② 시장침투전략
③ 시장개발전략 ④ 관련 다각화전략
⑤ 비관련 다각화전략

마케팅 전략

1517
2005 CPA

마케팅 전략 수립에 필요한 내용에 관한 설명 중 가장 올바른 것은?

① 생활용품 회사가 자사제품 기존 소비자의 사용빈도와 1회 소비량을 증가시키기 위한 마케팅전략 아이디어를 찾고 있다면 이는 Ansoff 매트릭스 중 시장개발 전략에 해당한다.
② 지각과정에서 최초의 자극이 강할수록 자극간 차이를 인식시키기 위해서는 차별화와 변화의 폭이 충분히 커야된다는 법칙을 지각적 경계법칙이라 한다.
③ 판매사원, 유통업자 등을 교육훈련시킴으로써 현장에서 일상적으로 접할 수 있는 정보를 수집하려는 목적을 가진 마케팅정보시스템을 마케팅 의사결정지원시스템이라고 한다.
④ 차별화 전략에 수반되는 위험에는 차별화요소에 대한 고객인지도 하락과 차별화의 지나친 강조로 시장을 상실할 가능성 등이 있다.
⑤ 모집단을 서로 상이한 소집단으로 분류한 후에 각 소집단으로부터 단순 무작위표본추출을 하는 방법을 군집표본추출방법이라 한다.

1518
2020 CPA

마케팅 전략에 관한 설명으로 가장 적절하지 않은 것은?

① 기업은 고객의 욕구와 경쟁사 전략의 변화에 대응할 수 있도록 지속적으로 자사의 포지션(position)을 파악하여 적응해 나가야 한다.
② 회사가 보유한 자원별로 표적시장전략(market targeting strategy)이 달라진다.
③ 제품 포지션은 경쟁제품들과 비교하여 어떤 제품에 대해 소비자들이 갖고 있는 지각, 인상(impression), 느낌 등의 조합이다.
④ 라인확장(line extension)은 현재의 브랜드명을 다른 제품 범주의 신제품에 확장해 사용하는 것이다.
⑤ 마케터는 차별화 요소를 찾기 위해 자사의 제품과 서비스에 대한 고객의 다양한 경험을 최대한 고려해야 한다.

시장 매력도 평가

1519
2008 CPA

시장 매력도를 평가하는 기준들에 대한 다음의 설명 중 가장 적절하지 않은 것은?

① 시장의 매력도에 영향을 미치는 외형적 요인에는 현재 시장규모, 시장 잠재력, 시장 성장률, 상품수명주기단계, 판매의 주기성 또는 계절성, 현재의 수익성 등이 있다.
② 전반적인 경제의 성장률을 예측하는 데 이용되는 선행지수들을 이용하여 시장규모를 예측하는 기법을 지수평활법(exponential smoothing)이라 한다.
③ 시장의 환경적 요인들은 기업들이 통제할 수 없는 요인들로, 어떤 시장이 환경적 요인의 변화에 민감한 영향을 받는다면 그 시장은 그다지 매력적인 시장이 되지 못한다.
④ 시장의 매력도는 시장참여자(market player)들이 어떤 행동을 보이는가에 의해서도 영향을 받는데 이는 흔히 구조-행동-성과(structure-conduct-performance) 패러다임으로 설명된다.
⑤ 어떤 시장 내에서 일정기간 동안에 이상적인 조건 하에서 우리 회사와 경쟁 회사들이 달성할 수 있는 최대 매출액을 시장잠재력이라 한다.

경쟁자 분석

1520
2007 CPA

다음 경쟁(자)에 대한 설명 중 가장 옳지 않은 것은?

① 일반적으로 코카콜라나 펩시콜라 간의 경쟁처럼 같은 상품형태(product form) 수준의 경쟁이 가장 치열하다.
② 상품범주(product category) 수준의 경쟁이란 코카콜라나 칠성사이다처럼 상품형태는 다소 다르지만 기본적으로 같은 범주(예 청량음료 범주)에 속하는 상품들 간의 경쟁을 말한다.
③ 휴대폰의 보급으로 청소년들의 통신비가 급증하면서 다른 부문(예 놀이공원)에 대한 지출이 줄어드는 것도 상품 간 경쟁이라 볼 수 있다.
④ 어떤 시장에서 비슷한 전략을 쓰는 기업들의 집단, 즉 전략군(strategic group) 내에서는 경쟁이 약하다.
⑤ 상품의 형태나 종류에 관계없이 대체 가능성이 있는 것은 모두 경쟁자로 볼 수 있다.

1521
2012 CPA

경쟁자분석에서 경쟁자가 누구인지를 알기 위한 방법으로 가장 적절하지 않은 것은?

① 상표전환 매트릭스(brand switching matrix)
② 지각도(perceptual map)
③ 상품/시장 매트릭스(product/market matrix)
④ 수요의 교차탄력성(cross-elasticity of demand)
⑤ 제품수명주기(product life cycle)

1522
2014 CPA

경쟁자 규명 방법 중에서 고객중심적인 방법으로 가장 적절하게 구성된 것은?

> a. 지각도(perceptual map)
> b. 상표전환 매트릭스(brand switching matrix)
> c. 표준산업분류(standard industrial classification)
> d. 제품-시장 매트릭스(product-market matrix)

① a, b ② a, c
③ a, d ④ b, c
⑤ b, d

1523
2015 CPA

고객의 지각(perception)에 기초한 경쟁자 파악 방법으로 적절한 항목은 모두 몇 개인가?

> a. 상품제거(product deletion)
> b. 상표전환 매트릭스(brand switching matrix)
> c. 지각도(perceptual map)
> d. 수요의 교차탄력성(cross-elasticity of demand)

① 0개 ② 1개
③ 2개 ④ 3개
⑤ 4개

1524
2017 CPA

경쟁자 파악방법, 시장세분화, 표적시장 선택에 관한 설명으로 적절한 항목만을 모두 선택한 것은?

> a. 상표전환 매트릭스는 고객행동에 기초한 경쟁자 파악방법이다.
> b. 시장세분화 기준변수를 크게 고객행동변수와 고객특성변수로 구분하였을 때, 사용상황은 고객특성변수로 분류된다.
> c. 차별적 마케팅(세분화 마케팅) 전략은 기업이 세분시장의 차이를 무시하고 하나의 제품으로 전체시장을 공략하는 시장범위 전략이다.

① a
② b
③ a, b
④ a, c
⑤ b, c

1525
2018 CPA

경쟁자 분석에 관한 설명으로 적절한 항목만을 모두 선택한 것은?

> a. 마케팅 근시(marketing myopia)는 경쟁의 범위를 제품형태 수준이 아닌 본원적 편익 수준에서 바라보는 것이다.
> b. 제품 제거(product deletion)는 고객 지각에 기초한 경쟁자 파악 방법이고, 사용상황별 대체(substitution in-use)는 고객 행동에 기초한 경쟁자 파악 방법이다.
> c. 상표전환 매트릭스(brand switching matrix)를 활용한 경쟁자 파악시, 구입자와 사용자가 동일인이 아닌 경우에도 상표전환이 나타날 수 있기 때문에 결과 해석에 주의해야 한다.

① a
② b
③ c
④ a, b
⑤ b, c

1526
2019 CPA

경쟁자 분석에 관한 설명으로 적절한 항목만을 모두 선택한 것은?

> a. 제품/시장 매트릭스(product/market matrix)를 이용한 경쟁자 파악 방법은 잠재적인 경쟁자들을 파악해 준다는 장점과 관리자의 주관적인 판단에 의존한다는 단점을 갖고 있다.
> b. 상표전환 매트릭스(brand switching matrix)를 이용한 경쟁자 파악 방법은 두 브랜드를 1:1로 비교하기 때문에 두 브랜드 간의 경쟁관계 발생 유무와 경쟁관계 발생 원인을 설명해준다.
> c. 사용상황별 대체(substitution in-use)를 이용한 경쟁자 파악 방법은 경쟁의 범위를 폭 넓게 파악하는데 도움이 된다.

① a
② b
③ c
④ a, c
⑤ b, c

1527
2023 CPA

마케팅 전략에 관한 설명으로 가장 적절한 것은?

① 효과적인 시장세분화의 요건 중 측정 가능성(measurability)은 마케팅믹스가 표적 세분시장에 도달할 수 있어야 하는 것을 의미한다.
② 경쟁자 파악 방법에서 사용상황별 대체(substitution in-use)는 상표 전환 매트릭스(brand switching matrix)보다 폭넓게 경쟁자를 파악하게 해준다.
③ 시장세분화에서 추구 편익(benefit sought)은 심리 분석적 변수에 속한다.
④ 제품/시장 성장매트릭스(product/market expansion matrix)에서 시장침투전략은 기존 제품을 잠재적 구매자에게 판매함으로써 성장을 추구하는 전략이다.
⑤ 차별적 마케팅은 틈새시장 전략이며, 자원이 제한된 기업에 의해 주로 사용된다.

1528
2024 CPA

마케팅 전략에 관한 설명으로 가장 적절한 것은?

① 사용빈도를 높이는 것은 시장침투전략과 관련이 있고, 1회 사용량을 높이는 것은 시장개발전략에 포함된다.
② 경쟁자 파악에서 상품제거는 고객 지각에 기초한 방법이다.
③ 시장세분화에서 라이프스타일과 고객생애가치는 고객행동변수이고, 사회계층과 가족생활주기는 인구통계변수에 속한다.
④ 본원적 편익 수준의 경쟁이란 상품형태는 다르지만 같은 범주에 속하는 상품 간의 경쟁을 가리킨다.
⑤ 집중적 마케팅은 세분시장을 대상으로 큰 점유율을 추구하기보다는 전체 시장에서 작은 점유율을 추구하는 것으로, 세분시장 간의 차이를 무시하는 문제점을 갖고 있다.

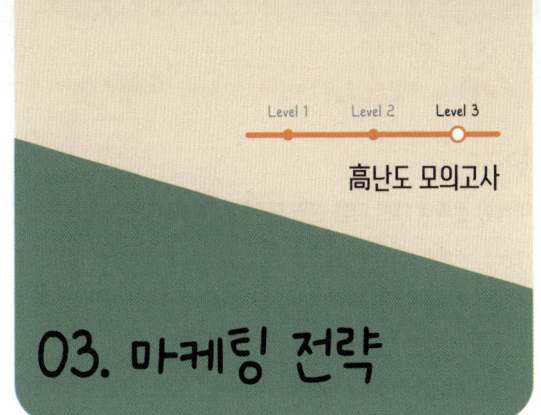

03. 마케팅 전략

高난도 모의고사

1529

STP(segmentation, targeting, positioning)에 관한 다음 설명 중 가장 적절한 것으로만 구성된 것은?

a. 효과적인 시장세분화를 위해서 각 세분시장의 규모는 측정가능(measurable)해야 한다.
b. 시장이 지나치게 세분화된 경우에는 역세분화(counter-segmentation)를 하는 것이 바람직하다.
c. 시장세분화를 통해 소비자들의 욕구를 좀 더 정확하게 충족시킬 수 있어 상표애호도(brand loyalty)를 높일 수 있다.
d. 비차별적 마케팅(undifferentiated marketing)은 큰 시장에서 낮은 시장점유율을 추구하는 대신 하나의 표적시장에 집중함으로써 높은 점유율을 확보하려는 방법이다.
e. '직업'은 심리분석적 세분화(psychographic segmentation) 변수에 해당한다.

① a, b, c
② b, c, e
③ a, b, e
④ b, d, e
⑤ c, d, e

1530

경쟁자 파악 방법 중 다음과 같은 특징을 모두 갖는 것은?

a. 경쟁의 범위를 폭 넓게 파악하는 데 도움이 되지만, 현재 일어나지도 않는 것까지 모두 경쟁의 범위에 포함시킴으로써 마케터의 초점을 흐릴 수 있다는 단점이 있다.
b. 경쟁자 파악 방법 중 시간과 비용이 가장 많이 든다.
c. 예산수준의 경쟁자까지도 파악할 수 있다.

① 사용상황별 대체(substitution in-use)
② 상표전환 매트릭스(brand switching matrix)
③ 제품/시장 확장 매트릭스
④ 상품제거(product deletion)
⑤ 지각도(perceptual map)

1531

마케팅 전략(STP)에 대한 설명 중, 가장 적절하지 않은 것으로 구성된 것은?

a. 시장 세분화(segmentation)시, 같은 세분시장 내 소비자들의 선호는 동질적이어야 하며, 세분시장 간 소비자 선호는 이질적일수록 좋다.
b. 시장 세분화에 사용되는 대표적인 분석방법은 요인분석(factor analysis)이다.
c. 표적시장 선정시, 좁은 표적시장을 선정하는 것이 넓은 표적시장을 선정하는 것보다 고객만족을 더 높일 수 있다.
d. 포지셔닝에 사용되는 제품위치도는 제품에 대한 소비자들의 지각과 선호를 시각적으로 표현한 것으로 컨조인트 분석(conjoint analysis)을 이용하여 작성된다.
e. 자사의 제품이 경쟁제품보다 우수하고, 시장의 크기가 충분히 크고, 경쟁사보다 재무적 자원면에서 막강할 경우 경쟁제품과 유사하게 포지셔닝 할 수도 있다.

① a, b
② c, d
③ b, d
④ a, b, e
⑤ b, c, d

1532

마케팅 전략에 대한 설명 중 가장 적절한 것으로 구성된 것은?

> a. 생애주기와 소득은 심리분석적(psychographic) 세분화 변수에 해당한다.
> b. 소비자들의 제품니즈, 수용강도, 제품의 구매패턴, 사용패턴이 시장 내에서 동질적으로 나타날 때는 비차별적 마케팅(undifferentiated marketing)을 사용하는 것이 적절하다.
> c. 앤소프(Ansoff)의 제품-시장 확장 매트릭스에서 기존 제품을 변경하지 않고 기존 고객에게 더 많이 판매하려는 것은 시장 개발(market development) 전략이다.
> d. 만약 독신남녀 시장을 공략하려는 향수회사가 이들이 사는 지역이나 이들이 즐겨보는 미디어를 알아낼 수가 없다면 이는 '접근가능성(accessible)'이 충족되지 않는 시장세분화이다.
> e. 표적시장 내의 전형적 소비자를 겨냥하여 자사제품이 그들에게 적절한 제품이라고 인식시키는 것은 '사용자에 의한 포지셔닝'에 해당된다.

① a, b, c
② a, b, d
③ b, c, d
④ b, c, e
⑤ b, d, e

1533

마케팅 전략에 관한 설명으로 적절한 항목만을 모두 선택한 것은?

> a. 세분시장 마케팅을 효과적이고 효율적으로 하려면 먼저 고객 행동변수를 이용하여 시장을 세분화한 다음, 고객 특성변수를 이용하여 세분시장 각각의 전반적인 특성을 파악하여야 한다.
> b. 고객생애가치(customer lifetime value)는 인구통계적 시장세분화 변수에 해당한다.
> c. 경쟁자를 상품형태(product form) 수준으로 국한하는 것은 마케팅 근시(marketing myopia)라고 볼 수 있다.

① a
② b
③ c
④ a, c
⑤ b, c

1534

마케팅 전략에 대한 다음 설명 중 가장 적절하지 않은 것은?

① 메르세데스 벤츠(Mercedes Benz)는 국가와 상관없이 세계의 부자들을 표적고객으로 삼는데 이를 시장 간 세분화(intermarket segmentation)라고 한다.
② 소득을 기준으로 시장을 나누는 것은 인구통계적 세분화(demographic segmentation)에 해당한다.
③ 소비자의 욕구가 다양할 경우에는 비차별적 마케팅(undifferentiated marketing)은 효과적이지 못하다.
④ 앤소프(Ansoff)의 제품/시장 확장 매트릭스(product/market expansion matrix)는 제품믹스를 효과적으로 관리하기 위해 만들어졌다.
⑤ 시장이 지나치게 세분화되어 있는 경우, 수익성을 높이기 위해 시장을 통합하는 역세분화(counter-segmentation)도 바람직하다.

1535

마케팅 전략(marketing strategy)에 대한 다음 설명 중 가장 적절한 것은?

① 마케팅 전략 수립은 시장세분화(market segmentation), 포지셔닝(positioning), 목표시장 선정(targeting)의 순으로 이루어진다.
② 표적시장 선정 전략 중 집중적 마케팅(concentrated marketing)은 차별적 마케팅(differentiated marketing)보다 더 넓은 시장을 공략 대상으로 한다.
③ 표적시장 선정 전략 중 비차별적 마케팅(undifferentiated marketing)은 생산, 재고관리, 수송, 광고 등에서 규모의 경제를 가능하게 한다.
④ 사회계층, 생활양식, 개성 등은 행동적 세분화(behavioral segmentation)에 해당된다.
⑤ 표적시장 내 전형적인 소비자를 겨냥하여 자사제품이 그들에게 적절한 제품이라고 인식시키는 것은 속성에 의한 포지셔닝(positioning by attribute)에 해당된다.

1536

마케팅 조사와 마케팅 전략에 대한 다음 설명 중 가장 적절하지 않은 것은?

① 군집표본추출(cluster sampling)은 확률 표본추출이며, 모집단을 소집단으로 나누고 일정 수의 소집단을 무작위적으로 추출한 후, 추출된 소집단 내의 구성원들을 모두 조사하는 기법이다.

② 할당표본추출(quota sampling)은 모집단의 특성을 감안하여 일정한 기준(예: 성별, 연령별, 지역별)에 의해 전체 표본을 여러 집단으로 구분하고, 각 집단별로 필요한 대상을 추출하는 기법이므로 확률표본추출(probability sampling)에 해당한다.

③ 표적시장 선정 전략 중 미시적 마케팅(micro marketing)은 소수의 거래고객들을 대상으로 하는 산업재나 고객의 수가 많지 않은 경우에 적용될 수 있다.

④ 세분된 시장을 더욱 세분화한 보다 작은 규모의 소비자집단(sub-segment)을 틈새시장(niche market)이라고 하며, 세분시장에 비해 규모는 작지만 경쟁자가 많지 않으며 독특한 고객욕구를 충족시켜줌에 따라 소비자가 기꺼이 고가의 제품을 구매하는 경우가 많다.

⑤ 제품 포지셔닝(product positioning)은 표적소비자의 욕구를 근거로 경쟁사에 비해 차별적인 제품을 개발하고, 이러한 제품 특성을 소비자들이 정확히 인식하도록 알려주는 과정이다.

1537

마케팅 전략에 대한 다음 설명 중 가장 적절하지 않은 것은?

① 전체 시장을 여러 세분시장으로 나누는 이유는 다양한 소비자의 욕구를 무시하고 하나의 제품만으로 제품시장에서 경쟁우위를 확보하기가 어렵기 때문이다.

② 소비자의 제품구매 행동과 관련된 세분화 변수는 사용량, 라이프스타일, 상표충성도, 추구하는 편익 등이다.

③ 세분시장 내 고객들의 욕구가 다른 세분시장과 상이하다 하더라도 고객의 수나 예상되는 매출이 충분치 못하다면 세분시장으로서의 매력을 상실하게 되는데 이를 실질성(substantial)이라고 한다.

④ 두 개 또는 그 이상의 세분시장에 접근하되, 각 세분시장에 대해 서로 다른 제품과 마케팅프로그램을 제시하는 것은 차별적 마케팅(differentiated marketing)이다.

⑤ 제품시장에 출시된 여러 상표들에 대한 소비자의 생각, 즉 각 경쟁 상표들에 대해 지각한 특성이나 상표간 경쟁관계를 하나의 도표상에 나타낸 것을 포지셔닝 맵(positioning map)이라 한다.

1538

마케팅 전략에 대한 다음 설명 중 가장 적절한 항목으로만 구성된 것은?

a. 지각도(perceptual map)에서 가까이에 위치한 상품들은 유사성이 높음을 나타내고, 멀리 위치한 상품들은 유사성이 낮음을 나타낸다.

b. 연령, 성별, 소득, 직업, 라이프스타일은 인구통계적 세분화 변수에 해당한다.

c. 제품수명주기 단계상 도입기(introduction)에서는 비차별적 마케팅(undifferentiated marketing)보다 차별적 마케팅(differentiated marketing)이 더 바람직하다.

d. 세분시장 마케팅을 효과적이고 효율적으로 하려면 먼저 고객 행동변수를 이용하여 시장을 세분화한 다음, 고객 특성변수를 이용하여 세분시장 각각의 전반적인 특성을 파악해야 한다.

e. 세분화된 시장을 통합하여 여러 세분시장을 동시에 어필할 수 있는 상품을 내놓는 것을 역세분화(counter-segmentation)이라고 하며, 역세분화는 시장에서 점유율이 높은 회사보다는 점유율이 낮은 회사들에게 적합하다.

① a, b, c ② a, c, d
③ b, c, d ④ a, d, e
⑤ b, d, e

1539

시장선택과 마케팅 전략에 대한 다음 설명 중 가장 적절한 항목으로만 구성된 것은?

> a. 제품/시장 확장 매트릭스에서 시장개발(market development) 전략은 기존 상품을 아직 구입하지 않은 사람들을 설득하여 구입하게 만듦으로써 성장을 달성하는 전략이다.
> b. 라이프스타일과 성격은 심리분석적(psychographic) 세분화 변수이다.
> c. 제품수명주기로 시장의 매력도를 평가할 때 가장 매력도가 높은 단계는 시장이 빠르게 성장하면서 규모가 커지는 '성장기'이다.
> d. 표적시장 내의 전형적인 소비자를 겨냥하여 자사제품이 그들에게 적합한 제품이라고 인식시키는 것은 속성에 의한 포지셔닝이다.
> e. 표준산업분류(SIC: standard industrial classification)를 이용한 경쟁자 파악은 고객중심적인 기법에 해당한다.

① a, b, c
② a, c, d
③ b, c, d
④ a, d, e
⑤ b, d, e

1540

마케팅 전략과 사업기회 평가에 대한 설명으로 가장 적절하지 않은 것은?

① 시장세분화 변수 가운데 고객 특성변수보다는 고객 행동변수가 소비자의 구매행동과 좀 더 밀접한 관련이 있다.
② 시장을 세분화한 후, 시장에 속한 고객들이 어떤 매체를 주로 보는지 또는 고객들이 주로 어느 지역에 사는지 등과 같은 정보를 모른다면 이는 '측정가능성'이 결여된 시장세분화이다.
③ 제품/시장 확장 매트릭스의 시장개발(market development) 전략에서 의미하는 '시장'은 새로운 인구통계적 시장(demographic market)이나 지역시장(geographical market)을 뜻한다.
④ 두 상품간의 교차탄력성(cross-elasticity of demand)이 높을수록 두 상품 사이의 대체가능성은 높아진다.
⑤ 지각도(perceptual map) 상에서 가까이 위치한 상품들은 유사성이 높음을 나타내고, 멀리 위치한 상품들은 유사성이 낮음을 나타낸다.

1541

마케팅 전략과 사업기회 평가에 대한 설명으로 가장 적절하지 않은 것은?

① 세단을 만들던 자동차 회사가 SUV차량을 내놓는 전략은 제품/시장 확장 매트릭스에서 제품개발(product development) 전략에 해당한다.
② 회귀분석(regression analysis)은 가격이나 광고 등과 같은 마케팅 믹스 변수들을 설명변수로 이용하여 예측하기 때문에, 마케팅 관리자가 의사결정을 내리는 데 훨씬 더 유용한 정보를 제공해 주는 장점이 있다.
③ 선행지수법(leading indicator method)은 매출액의 변동에 앞서서 움직이는 변수들의 변화를 이용하여 미래의 매출액을 예측하는 방법이다.
④ 상품제거(product deletion)와 상표전환 매트릭스(brand switching matrix)는 모두 고객지각에 기초한 경쟁자 파악방법이다.
⑤ 시장세분화 변수 가운데, 고객 특성변수란 고객이 누구인지를 나타내 주는 변수들을 말하며, 인구통계적 변수와 심리분석적 변수 등이 이에 해당한다.

1542

마케팅 전략에 대한 설명으로 가장 적절하지 않은 것은?

① 상품범주(product category) 수준의 경쟁보다 상품형태(product form) 수준의 경쟁이 더 치열하다.
② 시장의 성장률을 예측하는 방법 중 시계열 기법에는 이동평균법(moving average method)과 지수평활법(exponential smoothing method)이 있다.
③ 표준산업분류(SIC: standard industrial classification)를 이용한 경쟁자 분석 방법에서 업종코드가 유사하면 경쟁자로 인식할 수 있다.
④ 가격경쟁보다는 차별화 경쟁이 벌어지는 시장에서 경쟁은 덜 치열하고, 차별화 요소가 많아질수록 경쟁은 더 치열해진다.
⑤ 치약회사가 "양치질은 하루 3번이 아니라 간식 후와 취침 전 그리고 구취가 날 때마다 할수록 더욱 좋다."라는 광고를 기존고객에게 사용하는 것은 시장침투(market penetration) 전략으로 볼 수 있다.

1543

마케팅 전략에 대한 설명으로 적절한 항목만을 선택한 것은?

> a. 시장세분화 기준변수 중 생활양식(lifestyle)은 고객행동변수에 해당하고, 상표애호도(brand loyalty)는 심리분석적 변수에 해당한다.
> b. 역세분화(counter-segmentation)는 시장에서 점유율이 높은 회사보다는 점유율이 낮은 회사들에게 적합한 방법이다.
> c. 고객의 욕구가 다양해지고 있는 상황에서는 비차별적 마케팅(undifferentiated marketing)을 사용하는 것이 적절하다.
> d. 상품수명주기, 상품제거(product deletion), 상표전환 매트릭스(brand switching matrix)는 고객중심적 경쟁자 파악 방법이다.
> e. 코카콜라와 오렌지 주스 간의 경쟁은 본원적 편익(intrinsic benefit) 수준의 경쟁으로 볼 수 있다.

① a, b ② a, c ③ a, d
④ b, d ⑤ b, e

1544

마케팅 전략에 대한 설명으로 적절한 항목만을 선택한 것은?

> a. 제품/시장 매트릭스(product/market matrix)를 이용한 방법에서 자사와 상품과 표적시장이 모두 같은 경우, 예산 수준의 경쟁자들이라고 볼 수 있다.
> b. 사용상황별 대체(substitution in-use)는 본원적 편익(intrinsic benefit) 수준의 경쟁자는 물론 예산(budget) 수준의 경쟁자들까지 파악할 수 있는 장점을 가지고 있으나 사용상황별로 조사를 해야 하므로, 다소 번거롭다는 단점을 갖고 있다.
> c. 상표전환 매트릭스(brand switching matrix)는 어떤 브랜드와 어떤 브랜드가 대체관계에 있는지는 보여주지만, 왜 두 브랜드가 대체관계에 있는지는 설명해주지 못한다.

① a ② b ③ c
④ a, b ⑤ b, c

04 제품, 서비스, 브랜드

제2편. 마케팅

1. 제품개념의 차원

차원	내용
핵심제품 core product/benefit	고객이 구입하는 근본적인 혜택이 형상화된 모습
실제제품 actual product	구매 시 고객이 기대하는 속성, 편익, 서비스 등을 형상화시킨 것
확장제품 augmented product	핵심제품과 실제제품을 지원하는 추가적인 서비스와 혜택

2. 제품의 분류

(1) 소비재의 분류

소비재는 쇼핑습관에 따라 편의품(convenience product), 선매품(shopping product), 전문품(specialty product)으로 분류됨

소비재 유형별 마케팅 고려요인

마케팅 고려요인	소비용품의 유형		
	편의품	선매품	전문품
고객 구매행동	빈번한 구매. 구매계획을 하지 않음. 대안 비교 노력 혹은 쇼핑 노력을 기울이지 않음. 고객의 관여 수준이 낮음	덜 자주 구매됨. 상당한 구매계획과 쇼핑 노력을 기울임. 가격, 품질, 스타일 등에 근거하여 브랜드 대안을 비교함	강한 브랜드 선호도와 충성도, 특별한 구매 노력, 브랜드 대안 간 비교가 이루어지지 않음. 가격민감도가 낮음
가격	저가격	고가격	매우 고가격
유통	집약적 유통	선택적 유통	전속적 유통
촉진	제조업체에 의한 대량 촉진	제조업체와 유통업체에 의한 광고와 인적판매	제조업체와 유통업체에 의해 특정 고객층을 겨냥해 신중하게 수행되는 촉진활동
예	치약, 잡지, 세탁세제	주요 내구재, TV, 가구, 의류	고급 시계, 고급 크리스털 제품 등의 사치품

3. 제품믹스와 제품라인

제품믹스의 예

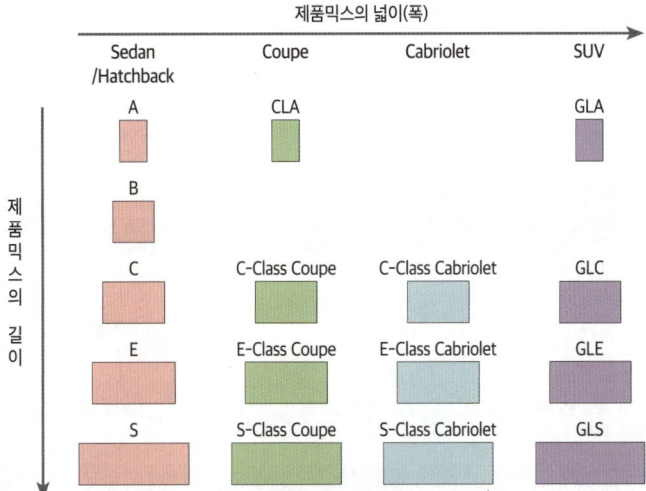

(1) 제품믹스 개요

어떤 회사가 판매하는 모든 제품들의 집합을 제품믹스(product mix)라고 하고 서로 밀접하게 관련된 제품들의 집합을 제품라인(product line)이라고 함

- 제품믹스의 폭(width)이란 제품믹스 안에 들어 있는 제품라인의 개수를 말함
- 제품라인의 길이(length)는 상품라인 안에 들어 있는 브랜드의 개수를 가리킴
- 제품라인의 깊이(depth)는 어떤 브랜드가 얼마나 많은 품목을 거느리고 있는가를 의미함

(2) 제품믹스의 구성

여러 개의 제품들로 제품라인을 구성하는 것이 바람직한 이유

- 욕구의 이질성 때문
- 소비자의 다양성 추구 성향 때문
- 가격 민감도의 차이 때문
- 경쟁자의 진입을 저지할 수 있기 때문
- 판매량을 증대할 수 있기 때문
- 전문기업(또는 브랜드)이라는 이미지를 줄 수 있고, 이를 통하여 고품질 이미지도 획득할 수 있기 때문

(3) 제품믹스의 구성 시 유의할 점

제품라인 내에 무작정 새로운 품목을 추가하기만 하면 다음과 같은 문제점들이 발생할 수 있음

- 생산의 효율성이 떨어져서 비용 상승
- 선택의 폭이 너무 많아져서 고객들이 혼란을 느끼고 구매를 연기하거나 포기할 수도 있음
- 소매점에서 진열 면적을 확보하기가 어려워짐
- 품절 가능성이 높아지므로 재고관리가 어려워짐
- 새로 추가된 품목이 경쟁자의 고객을 빼앗아 오는 것이 아니라 우리 회사의 다른 품목의 고객을 빼앗는 자기잠식(cannibalization)이 발생할 확률이 높아짐

4. 브랜드 계층구조

브랜드 계층구조(brand hierarchy)란 한 기업이 제공하는 여러 제품들 간에 적용되는 브랜드 유형들 간의 서열을 말함. 브랜드 계층구조는 기업 브랜드(corporate brand), 패밀리 브랜드(family brand), 개별 브랜드(individual brand), 브랜드 수식어(brand modifier)로 구분됨

브랜드 계층구조의 예

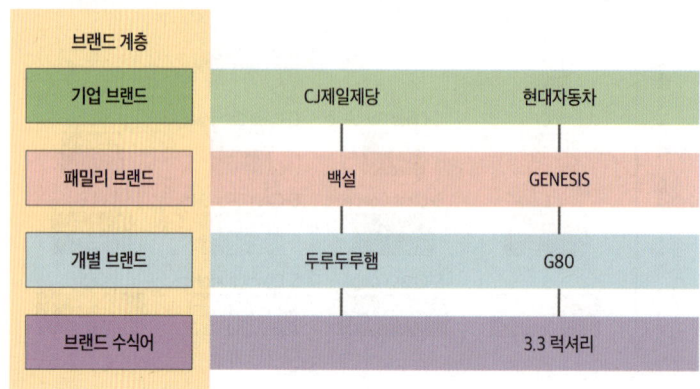

5. 브랜드 자산

브랜드 자산은 브랜드 인지도와 브랜드 연상으로 구성되는데, 브랜드 인지도(brand awareness)는 브랜드가 알려진 정도를 의미하며, 브랜드 연상(brand association)은 브랜드와 관련된 모든 생각, 감정, 지각, 이미지, 경험, 신념, 태도 등을 의미함

브랜드 자산의 구성요소

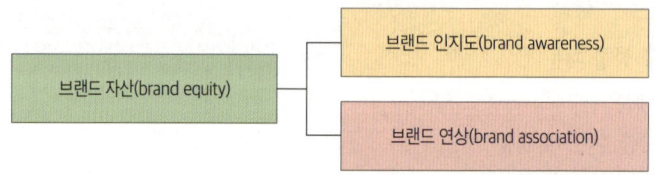

(1) 브랜드 인지도

브랜드가 알려진 정도를 말하며, 상표친숙도에 직접적인 영향을 미치고, 특정제품군에서 인지도가 높은 제품은 바로 구매로 연결되기도 함. 브랜드 인지도는 브랜드 자산을 구성하는 2가지 축의 하나로 브랜드 자산을 구축하기 위한 필수조건임. 브랜드 인지도는 상표구매결정 과정(인지 – 태도 – 구매)상의 첫 번째 단계로 제품 관여도가 낮은 경우, 높은 인지도는 소비자의 친밀감을 불러일으키며, 또한 정보탐색 단계에서 고려상표군(consideration set)에 들어가게 하는 역할을 함

브랜드 인지도 피라미드

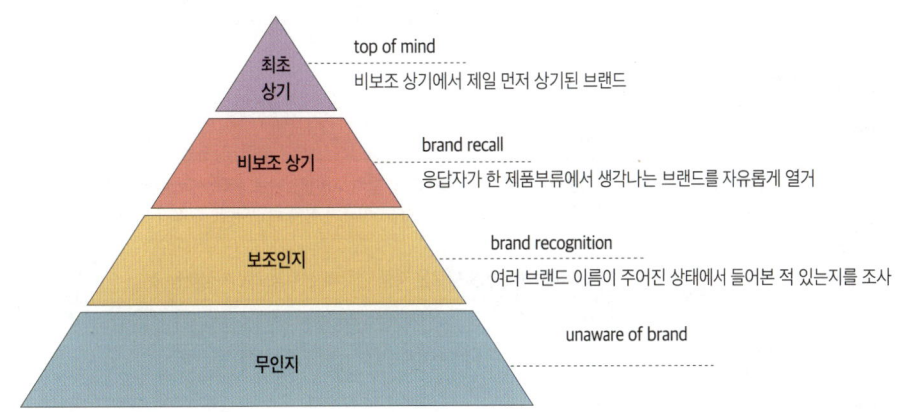

6. 브랜드 의사결정

(1) 브랜드 주체 결정

브랜드 전략	내용
제조업자 브랜드 manufacturer brand	제조업자 자신이 브랜드명을 소유하며, 생산된 제품의 마케팅전략을 제조업자가 직접 통제하는 것
유통업자 브랜드 private brand	중간상 브랜드라고도 하며, 도소매업자가 하청 생산된 제품에 자신의 브랜드명을 부착하는 것으로 유통업계에서 PB라고도 불림
라이센싱 licensing	자사 고유의 브랜드 자산을 확보하기 위해서는 오랜 시간과 많은 재무자원이 필요하므로 유명인의 이름이나 인기영화, 책 혹은 다른 브랜드를 사용료로 지불하고 이용하는 것
복합브랜드 co-branding	한 제품에 두 가지 이상의 유명브랜드들이 함께 부착되는 것
요소브랜드 ingredient branding	어떤 브랜드 제품에 반드시 들어가야 하는 자재, 구성품, 부품에 대한 브랜드 자산을 창출하기 위해 복합해야 하는 경우

(2) 브랜드 개발

브랜드 개발전략

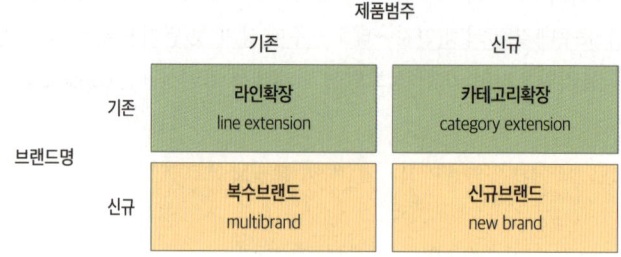

브랜드 개발전략

전략		개념
공동 브랜드	라인확장 line extension	제품범주 내에서 새로운 형태, 컬러, 사이즈, 원료, 향의 신제품에 기존 브랜드명을 함께 사용하는 것, 수평적 라인확장(horizontal line extension)과 수직적 라인확장(vertical line extension)으로 구분됨
	카테고리확장 category extension	현재의 브랜드명을 새로운 제품 범주의 신제품으로 확장하는 것
개별 브랜드	복수브랜드 multi brand	동일한 제품범주 내에서 여러 개의 브랜드를 사용하는 전략
	신규브랜드 new brand	새로운 제품범주에 새로운 브랜드를 출시하는 전략

1) 라인확장

라인확장(line extension)은 제품범주 내에서 새로운 형태, 컬러, 사이즈, 원료, 향의 신제품에 기존 브랜드명을 함께 사용하는 것. 기업은 신제품을 출시할 때 낮은 원가와 낮은 위험을 실현하는 방안의 하나로 라인확장을 사용함. 또는 다양한 소비자 욕구를 충족시키기 위해, 과잉생산능력을 활용하기 위해, 혹은 소매점의 진열공간을 더 많이 차지하기 위해 라인확장을 사용할 수 있음

라인확장의 종류

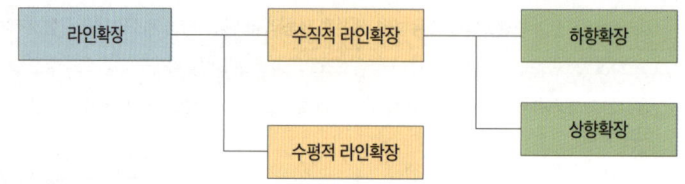

① 장점

우리가 '신상품'이라고 부르는 것 중의 대부분은 라인확장에 해당되는데, 그 이유는 라인확장이 적은 비용으로 매출 및 수익성 증대 효과를 거둘 수 있는 장점을 갖고 있기 때문

② 위험
  ㉠ 기존브랜드가 신상품의 특성을 잘 나타내지 못할 가능성이 있음
  ㉡ 라인확장이 부적절하거나 실패할 경우 소비자들이 모브랜드에 대해서 갖는 태도가 나빠지거나 심한 경우에는 판매도 줄어들 수 있음. 이것을 부정적인 반향효과(feedback effect)라고 함
  ㉢ 하향확장의 경우 모브랜드의 고급 이미지를 희석시켜서 결국에는 브랜드 자산을 약화시키는 희석효과(dilution effect)가 발생할 위험이 큼
  ㉣ 상향확장의 경우, 프리미엄 이미지 구축에 실패할 가능성이 있음
  ㉤ 같은 브랜드의 상품이 서로 다른 유통 경로로 판매될 경우, 경로간의 갈등을 일으킬 위험이 있음

2) 카테고리 확장

카테고리 확장(category extension)은 현재의 브랜드명을 새로운 제품 범주의 신제품으로 확장하는 것

① 장점
  ㉠ 낮은 비용으로도 신상품의 성공 가능성을 높일 수 있음
  ㉡ 긍정적인 반향효과(feedback effect)를 기대할 수 있음

② 위험
  ㉠ 두 상품 범주 간에 유사성이 낮은 경우에는 카테고리 확장이 실패할 가능성이 높음
  ㉡ 기존 브랜드가 어떤 상품 범주와 밀접하게 연결되어 있다면, 카테고리 확장은 실패할 가능성이 높음
  ㉢ 카테고리 확장에서도 라인확장에서와 마찬가지로 부정적인 반향효과, 즉 희석효과(dilution effect)가 발생해 모 브랜드가 타격을 입을 수 있음

(3) 개별브랜드와 공동브랜드 전략

개별브랜드와 공동브랜드

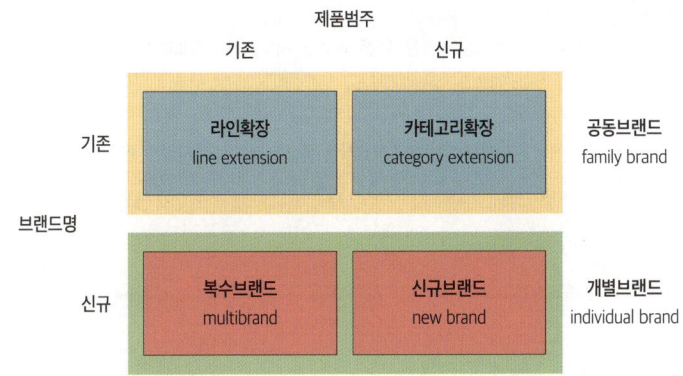

7. 서비스 마케팅

(1) 서비스의 특징

서비스의 특징

특징	내용
무형성 intangibility	서비스는 제품과는 달리 형태가 없음, 따라서 경험적 속성이 매우 강함
생산과 소비의 비분리성 inseparability	서비스는 생산과 동시에 소비가 발생함
이질성 heterogeneity	서비스는 제공자, 구매자, 제공상황에 따라 서비스의 품질에 많은 차이가 발생
소멸성 perishability	서비스는 생산과 소비가 동시에 이루어지면 보관이 불가능함, 따라서 수요와 공급을 적절히 조정하는 것이 중요함

(2) 서비스 기업의 마케팅 전략

서비스산업에서 세가지 유형의 마케팅

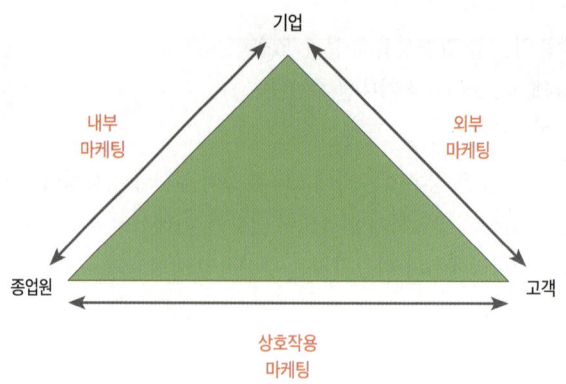

서비스 마케팅의 유형

유형	내용
내부마케팅 internal marketing	서비스 기업이 고객 접촉점에 있는 종업원과 지원 서비스 종사자들에게 고객을 더 만족시키도록 유도하고 동기부여하는 행위
상호작용 마케팅 interactive marketing	서비스 접점에서 구매자와 판매자의 상호작용 품질을 제고시켜 서비스 품질을 실현하는 노력

(3) 서비스의 품질관리

1) SERVQUAL

서비스 품질에 대한 기대수준과 실제 제공되는 서비스 성과 차이를 분석하는 모형

SERVQUAL의 설문항목

차원	의미	항목수
신뢰성 reliability	약속한 서비스를 믿게 하며 정확하게 제공하는 능력	4
확신성 assurance	서비스제공자들의 지식, 정중, 믿음, 신뢰를 전달하는 능력	5
유형성 tangibles	시설, 장비, 사람, 커뮤니케이션 도구 등의 외형 물리적인 도구 포함	4
공감성 empathy	고객에게 개인적인 배려를 제공하는 능력, 관심 및 친절	4
대응성 responsiveness	기꺼이 고객을 돕고 신속한 서비스를 제공하는 능력, 자발성	5

2) SERVPERF

서비스 품질 측정 시, 기대수준의 측정없이, 서비스 성과만을 측정하는 모형

SERVQUAL과 SERVPERF 비교

구분	SERVQUAL	SERVPERF
제안자	Parasuraman, Zeithaml, Berry	Cronin and Taylor
모델의 구성	성과-기대	성과
기대의 정의	규범적 기대	기대 측정 안함
측정차원	5개 차원 22개 항목	5개 차원 22개 항목

8. 신제품 개발

신제품 개발과정

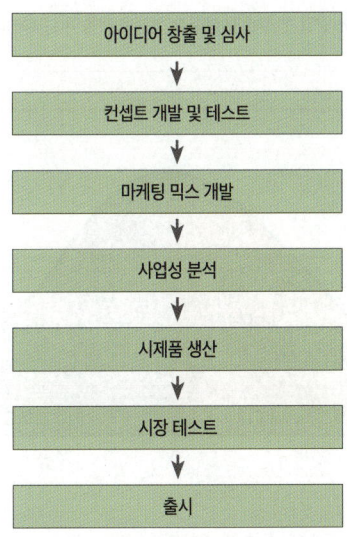

9. 소비자 수용과정

(1) 혁신적인 신제품의 확산

시장에 출시된 신제품이 커뮤니케이션 과정을 통하여 시장 내에서 퍼져나가는 과정. 상대적 이점, 단순성, 커뮤니케이션 가능성, 부합성은 확산에 영향을 미치는 신제품 특성 요인임

(2) 신제품의 수용에서 개인차

수용자 집단의 특징

수용자 집단	특징
혁신자 innovators	모험적으로 위험을 감수하고 새로운 아이디어를 수용
조기수용자 early adopter	존중에 기반하여 행동하며, 자신의 커뮤니티에서 여론주도자이고 새로운 아이디어를 조기에 수용하지만, 신중하게 선택
조기다수자 early majority	신중하며, 리더는 아니지만 보통 사람보다는 빨리 새로운 아이디어를 수용
후기다수자 late majority	의심이 많으며 대다수가 사용한 후 새로운 것을 수용
지각수용자 laggard	전통에 얽매어 있고, 변화를 의심하고 혁신은 전통이 된 후에야 수용

혁신수용시점에 따른 수용자 분류

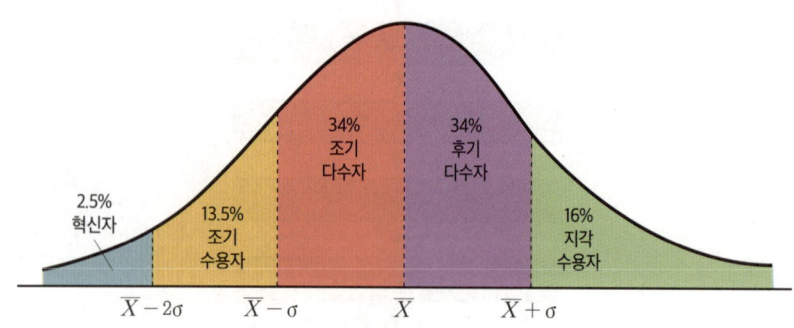

> **캐즘**
> 하이테크 분야의 유명한 컨설턴트인 제프리 무어(Geoffrey Moore)는 특히 초기시장(early market) (즉 혁신자+조기수용자)과 주류시장(mainstream market)(즉, 나머지 3개 집단) 사이에 큰 갭(gap)이 존재한다고 주장하고, 이를 협곡을 뜻하는 지질학 용어를 사용하여 캐즘(chasm)이라고 불렀다. 무어에 따르면 초기 시장의 소비자들은 기술을 잘 알고 있고, 남과 다르게 보이기 위해서 위험을 기꺼이 감수할 용의를 갖고 있는 반면, 주류 시장의 소비자들은 기술을 잘 모르고 있고, 위험을 최소화하고 싶어하며 남과 함께 가기를 원한다고 한다. 그러므로 초기시장에서 성공한 마케팅 방식을 그대로 주류시장에 적용하려고 하면 캐즘에 빠져서 실패하게 될 것이다. 무어는 초기시장에서 성공하려면 앞선 기술이 가장 중요하지만, 주류시장에서 성공하려면 기술만으로는 충분하지 않고 소비자의 문제를 완벽하게 해결해줄 수 있는 솔루션(solution)을 제공해야 한다고 주장하였다.

10. 제품수명주기

(1) 제품수명주기(PLC)

제품수명주기 곡선

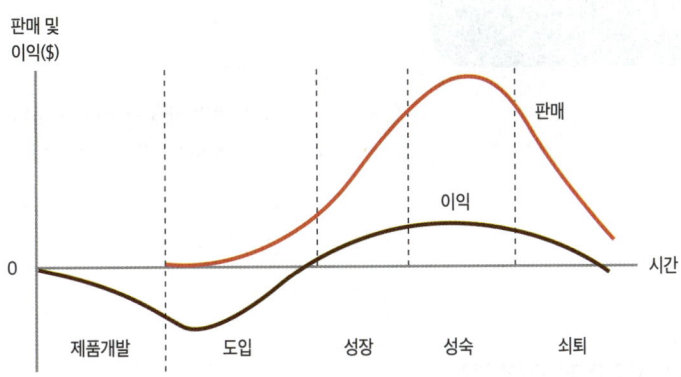

제품수명주기의 특징과 마케팅 목표

		도입기	성장기	성숙기	쇠퇴기
특징	판매	낮음	고성장	극대점 도달	감소
	원가	높음	점차 하락	낮아짐	낮음
	이익	적자 또는 낮은 이익	점차 증가	높은 이익	감소
	고객	혁신자	조기수용자	조기다수자 +후기다수자	지각수용자
	경쟁자	없거나 소수	증가	다수(감소 시작)	감소
마케팅 목표		제품인지도 형성과 시용구매 창출	시장점유율 확대	기존 점유율을 유지하면서 이윤 극대화	비용절감과 수확

■ 주의사항

① 제품수명주기 이론은 변화가 빠른 시장에서만 유용함
② 제품수명주기는 마케팅활동의 독립변수가 아니라 종속변수임
③ 제품수명주기는 제품범주나 제품형태 수준에서 사용하여야 하며, 브랜드 수준에서 사용해서는 안됨

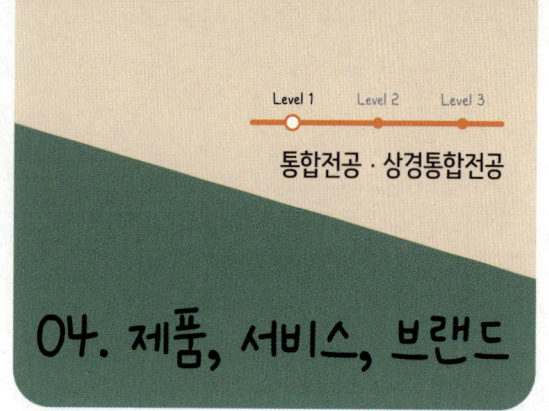

04. 제품, 서비스, 브랜드

제품의 수준

1545
2006 가맹거래사

판매 후 서비스(after service)는 어느 제품 개념에 속하는가?

① 확장제품
② 서비스제품
③ 물리적 제품
④ 핵심제품
⑤ 유형제품

1546
2008 가맹거래사

필립 코틀러(Philip Kotler)에 의하면 제품은 핵심제품(core product), 유형제품(tangible product), 확장제품(augmented product)으로 구성된다. 유형제품의 관리와 관련되는 것은?

① 제품의 포장
② 보증
③ 대금결제방식
④ 배달
⑤ A/S(after-sale service)

1547
2011 가맹거래사

제품개념 중 확장제품에 해당되지 않는 것은?

① 품질보증
② 애프터서비스
③ 배달
④ 설치
⑤ 포장

1548
2018 가맹거래사

제품은 핵심제품, 유형제품, 확장제품으로 구성된다. 이에 관한 설명으로 옳은 것은?

① 핵심제품의 관점에서 보면 소비자들은 제품의 상표를 구매하고 있는 것이다.
② 핵심제품은 확장제품에 의해 구체화된다.
③ 유형적 제품특성에서 소비자는 서로 다른 여러 제품들 중 하나를 구매할 수 있다.
④ 확장제품은 포장, 상표 등으로 구성된다.
⑤ 유형제품에는 제품의 설치, 배달 등이 포함된다.

1549
2017 공인노무사

제품 구성요소 중 유형제품(tangible product)에 해당하는 것은?

① 보증(guarantee)
② 상표명(brand name)
③ 대금결제방식(payment)
④ 배달(delivery)
⑤ 애프터 서비스(after service)

1550
2020 7급 서울시

제품은 핵심제품, 유형제품, 확장제품으로 구성된다. <보기> 중 확장제품에 포함되는 항목의 총 개수는?

ㄱ. 제품디자인	ㄴ. 제품 포장
ㄷ. 브랜드명	ㄹ. 보증제도
ㅁ. 배달	

① 두 개
② 세 개
③ 네 개
④ 다섯 개

1551
2009 7급 국가직

제품의 개념은 핵심제품, 유형제품, 확장제품으로 구성된다. 다음 중 유형제품에 대한 관리로 볼 수 없는 것은?

① 표적 소비자 집단이 제품에 기대하는 혜택을 파악
② 제품품질에 영향을 미칠 수 있는 요소들에 대한 결정
③ 제품 스타일의 개발
④ 제품 상표명에 대한 결정

1552
2020 7급 국가직

일반적으로 제품의 구성 차원은 핵심제품, 유형제품, 확장제품의 세 가지 수준으로 구성되는데, 애프터서비스(A/S)와 동일한 제품 차원에 속하는 구성요소에 해당하는 것으로만 묶은 것은?

ㄱ.특성	ㄴ.배달
ㄷ.편익	ㄹ.설치
ㅁ.포장	ㅂ.스타일(모양)
ㅅ.신용	ㅇ.브랜드

① ㄱ, ㅂ, ㅇ
② ㄴ, ㄹ, ㅅ
③ ㄷ, ㅁ, ㅇ
④ ㄹ, ㅁ, ㅅ

1553
2020 코레일 수송직렬 복원

다음 중 유형제품(actual product) 차원이 아닌 것은 무엇인가?

① 브랜드
② 보증
③ 포장화
④ 스타일
⑤ 품질

1554
2023 9급 군무원

제품 전략에 관한 설명으로 옳지 않은 것은?

① 제품 전략은 전체 시장의 욕구(needs)를 바탕으로 적절한 제품의 개발 및 운영을 위한 전략이다.
② 제품 전략의 수립에는 물리적인 제품뿐만 아니라 다양한 요소가 포함되어야 한다.
③ 제품 전략을 창출하는 것은 브랜드, 포장, 보증 기간 등의 선택을 포함한다.
④ 제품 전략은 마케팅 프로그램의 기본 요소가 되는 마케팅 믹스(4P) 중 하나의 전략이다.

1555
2023 5급 군무원

'OO 발효유'는 위산에 취약한 비피더스 유산균을 캡슐로 감싸 장까지 살아서 도달하는 제품 속성으로 소비자에게 소구하고 있다. 'OO 발효유'와 동일한 제품 차원에 속하는 구성 요소로만 고른 것은?

ㄱ.브랜드	ㄴ.디자인
ㄷ.품질	ㄹ.보증
ㅁ.포장	

① ㄱ, ㄴ, ㄷ
② ㄱ, ㄷ, ㄹ
③ ㄴ, ㄷ, ㄹ
④ ㄷ, ㄹ, ㅁ

1556
2024 5급 군무원

필립 코틀러(Philip Kotler)와 게리 암스트롱(Gary Amstrong)은 제품의 개념을 세 단계로 구분하여 정의하면서, 이들의 합이 비로소 진정한 제품이라 주장하였다. 다음 중 이와 관련한 설명으로 가장 적절하지 않은 것은?

① 확장제품은 개념적 존재이기 때문에 이것을 물리적 실체로 만들어야 한다.
② 핵심제품이란 '소비자가 진정으로 원하는 것이 무엇인가?'라는 질문의 답으로, 특정 제품으로부터 얻기를 원하는 편익의 조합이다.
③ 유형제품만으로 소비자를 만족시키기 어렵기 때문에 추가적인 고객서비스와 편익의 집합체인 확장제품을 개발해야 한다.
④ 품질, 특징, 디자인, 브랜드명, 가격, 포장 등을 개발하는 것은 유형제품에 해당한다.

소비재의 분류

1557
2011 가맹거래사

소비재의 각 유형에 관한 일반적인 설명으로 옳은 것은?
① 편의품은 대체제품 수용도가 낮다.
② 선매품은 선택적 유통경로전략이 유리하다.
③ 선매품은 구매빈도가 매우 높은 편이다.
④ 전문품은 대체제품 수용도가 높다.
⑤ 전문품은 불특정 다수에 대한 광고가 효과적이다.

1558
2016 가맹거래사

선매품(shopping goods)이 아닌 것은?
① 가구
② 의류
③ 중고차
④ 사탕
⑤ 가전제품

1559
2019 가맹거래사

소비재의 제품유형에 관한 설명으로 옳지 않은 것은?
① 편의품은 소비자가 제품구매를 위해 많은 노력을 기울이지 않는 제품이다.
② 전문품은 소비자가 제품구매를 위해 특별한 노력을 기울이는 제품이다.
③ 설탕이나 화장지 같이 자주 구매되는 필수품은 편의품에 포함된다.
④ 선매품의 경우 소비자가 구매계획과 정보탐색에 많은 시간을 할애한다.
⑤ 전문품의 경우 소비자들의 브랜드충성도는 높지 않다.

1560
2020 가맹거래사

소비재의 제품유형 중 다음에 해당하는 것은?

- 제품 구매 시 타 제품과의 비교를 위해 상당한 시간과 노력이 투입된다.
- 지역별로 소수의 판매점을 통해 유통되는 선택적 유통경로 전략이 유리하다.
- 불특정 다수에 대한 광고와 특정 구매자 집단을 표적으로 하는 인적판매를 활용한다.

① 전문품
② 소모품
③ 자재와 부품
④ 선매품
⑤ 편의품

1561
2018 공인노무사

다음에서 설명하는 소비재는?

- 특정 브랜드에 대한 고객 충성도가 높다.
- 제품마다 고유한 특성을 지니고 있다.
- 브랜드마다 차이가 크다.
- 구매 시 많은 시간과 노력을 필요로 한다.

① 편의품(convenience goods)
② 선매품(shopping goods)
③ 전문품(specialty goods)
④ 자본재(capital items)
⑤ 원자재(raw materials)

1562
2021 공인노무사

선매품(shopping goods)에 관한 설명으로 옳은 것은?

① 소비자가 필요하다고 느낄 때 수시로 구매하는 경향을 보인다.
② 소비자는 가격, 품질, 스타일 등 다양한 정보를 수집하여 신중하게 비교하는 경향을 보인다.
③ 소비자는 잘 알지 못하거나 알고 있어도 능동적으로 구매하려 하지 않는다.
④ 일상생활에서 빈번히 구매하는 저관여 제품들이 많다.
⑤ 독특한 특징을 지니거나 브랜드 차별성을 지니는 제품들이 많다.

1563
2017 7급 서울시

다음 표는 소비재의 제품특성에 대한 설명이다. ㉠~㉢에 들어갈 제품의 유형으로 바르게 나열된 것은?

소비재의 특성	제품의 유형		
	㉠	㉡	㉢
구매 전 지식	적다	많다	많다
구매노력	보통	적다	많다
대체제품 수용도	보통	높다	없다
구매빈도	보통	많다	다양하다

	㉠	㉡	㉢
①	편의품	선매품	전문품
②	편의품	전문품	선매품
③	선매품	편의품	전문품
④	선매품	전문품	편의품

1564
공기업 출제경향 반영

아래의 내용과 가장 관련성이 높은 것은?

- 생명보험, 전집류, 헌혈, 연기감지기
- 제품의 존재를 인식하게 하기 위한 광고, 설득적 인적판매

① 구매빈도가 높은 저관여 저가격의 일상용품
② 습관적 구매보다는 여러 브랜드를 놓고 비교 구매하는 경향이 많은 제품
③ 소비자의 상표충성도가 높은 제품
④ 최종제품의 부분을 구성하지 않고 생산과정을 돕는 제품
⑤ 당장 필요하지 않아 구매를 고려하고 있지 않은 제품

1565
공기업 출제경향 반영

아래의 내용을 읽고 문맥 상 괄호 안에 들어갈 말을 순서대로 바르게 나열한 것을 고르면?

> 편의점 중 유일하게 실내 흡연실을 갖춘 '도시락 카페' 덕분에 흡연자들은 추운 날씨에 몸을 움추린 채, 벌벌 떨면서 담배를 태우지 않아도 되는 당당함을 느낄 수 있다. 흡연실과 함께 화장실 역시 기존 편의점에서는 볼 수 없는 공간으로, 고객들이 보다 편히 머물 수 있도록 배려했다. 1층 출입문 주변에는 와이셔츠·속옷·관광상품·화장품 등 생소한 (a)들이 비치됐으며, 한 끼 분량으로 낱개 포장된 싱글푸드도 1인 가구 전용 공간에 진열됐다. (중략)
>
> '입지 적합한 업종은 어떤 것이 있을까'에서 박 소장은 "A급 입지는 금은방, 안경점, 여성의류전문점, 화장품전문점, 커피전문점, 베이커리 등 (b)이 적합하다."라며 "입지에 맞는 아이템을 분석해야 한다."고 소개했다. (중략)
>
> '도소매업의 창업 포인트'에서 (c)은 상품에 대한 전문 지식이 필요하고 더군다나 자본금이 많이 들므로 신규 개업은 어렵다. (중략)

① a 편의품, b 전문품, c 선매품
② a 선매품, b 편의품, c 전문품
③ a 선매품, b 전문품, c 편의품
④ a 전문품, b 선매품, c 편의품
⑤ a 편의품, b 선매품, c 전문품

제품믹스

1566
2014 가맹거래사

단일상품보다 다수상품들로 상품라인을 구성하는 이유로 옳지 않은 것은?

① 소비자욕구의 충족
② 원가우위 확보
③ 소비자의 가격민감도
④ 경쟁자 진입의 저지
⑤ 소비자의 다양성 추구 성향

1567
2022 7급 군무원

다음 내용은 제품믹스 및 제품계열관리와 관련된 것이다. 보기에 해당하는 개념 중 가장 옳은 것은?

> ㄱ. ( )은(는) 특정 판매자가 구매자들에게 제공하는 모든 제품계열과 품목을 합한 것이다.
> ㄴ. ( )은(는) 동일 유형의 유통경로를 통해 동일한 고객집단에게 판매되는 서로 밀접한 관련이 있는 제품들의 집단이다.
> ㄷ. ( )은(는) 하나의 제품계열 내에서 크기, 가격, 외형 또는 다른 속성에 따라 구분할 수 있는 하나의 독특한 단위이다.

① ㄱ(제품품목), ㄴ(제품계열), ㄷ(제품믹스)
② ㄱ(제품계열), ㄴ(제품믹스), ㄷ(제품품목)
③ ㄱ(제품믹스), ㄴ(제품계열), ㄷ(제품품목)
④ ㄱ(제품계열), ㄴ(제품품목), ㄷ(제품믹스)

1568
2020 코레일 사무직 복원

비누, 샴푸와 같이 물리적 특성이나 용도가 비슷한 것을 지칭하는 용어는?

① 소비재
② 제품계열
③ 제품믹스
④ 제품집단
⑤ 브랜드 집단

브랜드 자산

1569
2004 가맹거래사

브랜드에 관한 다음 설명 중 옳지 않은 것은?

① 브랜드 자산은 브랜드가 창출하는 부가가치이다.
② 기업명이 브랜드 역할을 하는 것을 개별 브랜드라 한다.
③ 브랜드 인지도와 브랜드 이미지가 브랜드 자산을 구성한다.
④ 기업이 강력한 브랜드를 갖고 있으면, 경쟁자보다 높은 가격을 받을 수 있다.
⑤ 브랜드와 관련된 이미지를 브랜드 연상(association)이라 한다.

1570
2005 가맹거래사

바람직한 브랜드 연상이 갖추어야 할 특성과 가장 거리가 먼 것은?

① 소비자들은 브랜드와 관련된 연상들에 대해 호의적으로 생각해야 한다.
② 소비자의 마음속에 강력한 브랜드 연상이 형성되어 있어야 한다.
③ 소비자의 마음속에 독특한 브랜드 연상이 형성되어 있어야 한다.
④ 제품속성과 직접적인 관련이 없는 브랜드 퍼스낼리티, 사용자, 제품 용도, 원산지 등은 브랜드 연상에서 제외되어야 한다.
⑤ 소비자의 기억 속에 그물처럼 연결되어 있어, 하나의 연상이 활성화되면 그와 연결된 다른 연상들이 연속적으로 떠오르도록 해야 한다.

1571
2006 가맹거래사

브랜드 인지도의 구축과 관련된 다음 설명 중 가장 거리가 먼 것은?

① 브랜드 인지도를 높이기 위해서는 자사 브랜드와 제품 범주간의 연상관계를 확립해야 한다.
② 브랜드의 경쟁우위가 강할수록 브랜드의 회상(recall)이 높아진다.
③ 브랜드 인지도를 높이기 위해서는 심볼, 슬로건, 단서, 이벤트 등을 활용한다.
④ 브랜드 인지도의 계층구조에서 볼 때 브랜드 재인(recognition)은 브랜드 회상보다 높은 수준에 있다.
⑤ 구매빈도가 높은 제품인 경우에는 브랜드 재인이나 최초 브랜드 회상이 브랜드 선택에 큰 영향을 미친다.

1572
2013 가맹거래사

제품에 부착되어 상표명을 보여주고 제조회사, 제조날짜, 성분, 사용법 등 제품 정보를 소비자에게 전달하는 것은?

① 브랜딩 ② 패키징
③ 포지셔닝 ④ 레이블링
⑤ 제품지원서비스

1573
2017 가맹거래사

브랜드의 구성요소가 아닌 것은?

① 라벨(label) ② 캐릭터(character)
③ 슬로건(slogan) ④ 심벌(symbol)
⑤ 로고(logo)

1574
2021 공인노무사

브랜드(brand) 요소를 모두 고른 것은?

> ㄱ. 징글(jingle) ㄴ. 캐릭터(character)
> ㄷ. 슬로건(slogan) ㄹ. 심볼(symbol)

① ㄱ, ㄴ
② ㄷ, ㄹ
③ ㄱ, ㄴ, ㄷ
④ ㄴ, ㄷ, ㄹ
⑤ ㄱ, ㄴ, ㄷ, ㄹ

1575
2023 5급 군무원

브랜드 아이덴티티(brand identity)에 대한 설명으로 가장 옳지 않은 것은?

① 소비자의 기억 속에 형성된 브랜드 지식을 브랜드 아이덴티티라고 부른다.
② 브랜드 아이덴티티는 핵심 아이덴티티와 확장 아이덴티티로 구성된다.
③ 브랜드 아이덴티티를 구현하는 브랜드 구성 요소에는 브랜드명, 로고, 심벌, 슬로건, 패키지 등이 있다.
④ 브랜드 아이덴티티는 시간이 지나도 쉽게 바뀌지 않으며 브랜드 이미지를 선행한다.

1576
2024 공인노무사

브랜드에 관한 설명으로 옳지 않은 것은?

① 브랜드는 제품이나 서비스와 관련된 이름, 상징, 혹은 기호로서 그것에 대해 구매자가 심리적인 의미를 부여하는 것이다.
② 브랜드 자산은 소비자가 브랜드에 부여하는 가치, 즉 브랜드가 창출하는 부가가치를 말한다.
③ 켈러(J. Keller)에 따르면, 브랜드 자산의 원천은 브랜드의 인지도와 브랜드의 이미지이다.
④ 브랜드 이미지는 긍정적이고 독특하며 강력해야 한다.
⑤ 브랜드 개발은 창의적인 광고를 통해 관련 이미지를 만들어내는 것이다.

1577
2024 7급 국가직

브랜드 전략에 대한 설명으로 옳은 것은?

① 구매 시점에 브랜드를 선택하는 경우에는 브랜드 회상(brand recall)이 중요하다.
② 신제품의 티저광고(teaser ad)는 브랜드 회상 창출에 효과적이다.
③ 기업브랜드(corporate brand) 전략은 한 제품의 이미지가 나빠져도 전체 제품에 영향을 주지 않는다는 장점이 있어 기업에서 빈번하게 활용하고 있다.
④ 기업의 사업 포트폴리오 간의 이질성이 높은 경우에는 기업브랜드 전략이 효과적이다.

브랜드 개발

1578
2009 가맹거래사

제품 개발시 기존의 브랜드자산이 크다고 판단되는 경우, 기존 제품범주에 속하는 신제품에 그 브랜드명을 그대로 사용하는 전략은?

① 라인확장(line extension)
② 복수상표(multi-brand)
③ 상향확장(upward stretch)
④ 채널확장(channel extension)
⑤ 통합적 브랜드 세분화(integrated brand segmentation)

1579
2021 가맹거래사

한 제품시장에서 성공을 거둔 기존 브랜드를 다른 제품 범주의 신제품에도 사용하는 전략은?

① 수평적 라인확장 전략(horizontal line extension strategy)
② 수직적 라인확장 전략(vertical line extension strategy)
③ 개별 브랜드전략(individual brand strategy)
④ 브랜드 확장전략(brand extension strategy)
⑤ 공동 브랜드전략(family brand strategy)

1580
2010 공인노무사

어린이식품을 생산하여 판매하는 A사가 A라는 브랜드를 가지고 전국에 10개의 'A 어린이집'을 열고자 한다. A사가 사용하려는 브랜드 전략은?

① 라인확장(line extension)
② 차별화(differentiation)
③ 공동 브랜드(co-brand)
④ 리포지셔닝(repositioning)
⑤ 범주 확장(category extension)

1581
2012 공인노무사

제약회사 등에서 많이 사용하는 상표전략으로 각 제품마다 다른 상표를 적용하는 전략은?

① 개별상표
② 가족상표
③ 상표확장
④ 복수상표
⑤ 사적상표

1582
2013 공인노무사

A기업에서 화장품으로 성공한 '그린러브' 상표를 세제와 치약에도 사용하려고 하는 전략은?

① 메가상표(mega brand)
② 개별상표(individual brand)
③ 상표연장(brand extension)
④ 복수상표(multi brand)
⑤ 상표자산(brand equity)

1583
2022 공인노무사

기존 브랜드명을 새로운 제품범주의 신제품에 사용하는 것은?

① 공동 브랜딩(co-branding)
② 복수 브랜딩(multi-branding)
③ 신규 브랜드(new brand)
④ 라인 확장(line extension)
⑤ 브랜드 확장(brand extension)

1584
2021 7급 군무원

제품과 상표에 대한 설명으로 가장 옳지 않은 것은?

① 제품믹스의 폭이란 전체 제품라인의 수를 말한다.
② 브랜드 인지도(brand awareness)란 소비자가 브랜드를 재인식하거나 회상할 수 있는 능력을 말한다.
③ 상표전략에서 라인확장(line extension)이란 새로운 제품에 기존상표를 사용하는 전략으로 광고비용을 절약해 주지만 특정 제품이 실패할 경우 다른 제품에 영향을 준다.
④ 복수 상표(multi branding)란 동일 제품 범주에서 다수의 상표를 도입하는 것으로 특성에 따른 상표를 제공하고 진열공간을 많이 확보할 수 있으나 마케팅 비용이 많이 발생할 수 있다.

1585
2017 7급 국가직

계열확장(line extension)에 대한 설명으로 옳지 않은 것은?

① 계열확장은 새로운 브랜드명을 도입·구축하는 데 드는 마케팅 비용을 절감시켜준다.
② 하향적 계열확장의 경우 모브랜드(parent brand)의 자기 잠식(cannibalization) 위험성이 낮다.
③ 계열확장이 시장에서 실패할 경우 모브랜드(parent brand)의 이미지에 부정적인 영향을 줄 수 있다.
④ 계열확장은 신제품에 대한 소비자의 지각된 위험을 줄여준다.

1586
2022 5급 군무원

다음 중 브랜딩 전략에 대한 설명으로 가장 옳지 않은 것은?

① 브랜드 확장(brand extension)은 다양한 제품계열에 동일한 브랜드명을 사용하는 전략이지만, 소비자의 인식에 부정적인 영향을 주는 경우도 발생한다.
② 공동 브랜딩(co-branding)은 동일한 포장이나 프로모션에 두 개 이상의 브랜드를 공동으로 표기하는 방법으로, 자사의 브랜드와 고품질 브랜드의 연결을 통해 품질에 대한 고객의 인식을 강화할 수 있다.
③ 브랜드 라이센싱(brand licensing)은 두 기업의 계약으로 한 기업이 다른 기업에게 수수료를 받는 대신에 자사의 브랜드명, 로고, 도식, 속성을 사용하도록 허가하는 것이다.
④ 리브랜딩(rebranding)은 브랜드의 역점을 새로운 목표시장에 맞게 변화시키거나, 변화하는 시장 선호에 대응하여 브랜드 핵심 주안점을 재정비하는 전략으로, 오래된 브랜드에 활력을 제공하는 비용과 위험성이 낮은 방법이다.

1587
2024 9급 군무원

다음 중 브랜드 개발에 대한 설명으로 가장 적절하지 않은 것은?

① 브랜드 확장은 현재의 브랜드명을 새로운 제품 범주의 신제품이나 수정 제품으로 확장하는 것이다.
② 복수 브랜드는 동일 제품 범주 내에서 여러 개의 브랜드를 도입하는 것이다.
③ 신규 브랜드는 신제품에 사용할 적절한 기존 브랜드명이 없을 때 새로운 브랜드명을 개발하는 것이다.
④ 라인확장은 기업이 기존 브랜드명을 새로운 제품 범주로 확장하는 것이다.

서비스

1588
2005 가맹거래사

서비스에 대한 설명으로 가장 거리가 먼 것은?

① 서비스는 성과의 실현을 통해 고객에게 만족을 제공한다.
② 서비스는 유형제품과 비교하여 비유형적이고, 표준화가 어려우며, 즉시 소멸되며, 생산과 소비가 동시에 이루어지는 차별적 특성을 갖는다.
③ 고객의 서비스 만족도에 영향을 미치는 요인에는 고객 구전, 개인적인 욕구, 과거 경험, 기업의 외부 커뮤니케이션이 있다.
④ 소비자들은 유형성, 신뢰성, 반응성, 설득성, 공감성의 5가지 요인을 가지고 서비스를 분류한다.
⑤ 서비스 품질을 측정하는 방법 중 가장 널리 쓰여지는 방법은 '서브퀄(SERVQUAL)'이다.

1589
2006 가맹거래사

서비스 마케팅믹스의 구성요소로 제안되고 있는 7가지에 포함되지 않는 것은?

① 소비자   ② 프로세스
③ 물리적 증거   ④ 경로
⑤ 제품

1590
2018 가맹거래사

서비스 마케팅에 관한 설명으로 옳지 않은 것은?

① 서비스 비분리성이란 서비스가 서비스제공자와 분리될 수 없음을 의미한다.
② 서비스 변동성은 누가, 언제, 어디서, 어떻게 서비스를 제공하느냐에 따라 서비스품질이 달라지는 것을 의미한다.
③ 서비스 소멸성은 나중에 판매하거나 사용하기 위해 서비스를 저장할 수 없음을 의미한다.
④ 외부마케팅은 현장종업원들의 사기를 증진시켜 외부 고객을 만족시키는 것을 말한다.
⑤ 상호작용 마케팅은 서비스 접점에서 구매자-판매자 상호작용의 품질을 제고시켜 우수한 서비스 품질을 실현하는 활동을 말한다.

1591
2021 가맹거래사

서비스의 특성에 해당되는 것을 모두 고른 것은?

> ㄱ. 무형성 : 서비스는 보거나 만질 수 없다.
> ㄴ. 비분리성 : 서비스는 생산과 소비가 동시에 발생한다.
> ㄷ. 소멸성 : 서비스는 재고로 보관될 수 없다.
> ㄹ. 변동성 : 서비스의 품질은 표준화가 어렵다.

① ㄱ, ㄴ, ㄷ   ② ㄱ, ㄴ, ㄹ
③ ㄱ, ㄷ, ㄹ   ④ ㄴ, ㄷ, ㄹ
⑤ ㄱ, ㄴ, ㄷ, ㄹ

1592
2022 가맹거래사

진실의 순간(Moments of Truth)에 관한 설명으로 옳지 않은 것은?

① 고객이 기업의 광고를 볼 때도 발생한다.
② 대형 항공사와 중소 부품업체의 연간 고객 접점 횟수에는 차이가 없다.
③ 잘 관리된 진실의 순간 활동은 열악한 기술적 품질(technical quality)의 부정적 인상을 극복하는 데 도움을 준다.
④ 표준적 기대, 경험 손상 요소, 그리고 경험 강화 요소가 진실의 순간 영향 분석에 활용된다.
⑤ 안내원, 경비원, 전화 교환원 등의 접객 태도 중요성이 부각 되었다.

1593
2021 공인노무사

서비스의 특성으로 옳지 않은 것은?

① 무형성
② 비분리성
③ 반응성
④ 소멸성
⑤ 변동성(이질성)

1594
2022 7급 군무원

서비스업은 제품생산 및 제조업체와는 다른 특성을 가지고 있다. 다음 중 서비스 운영의 특징에 대한 설명으로 가장 옳지 않은 항목은?

① 서비스는 무형적인 특성이 있어서 구매 전에 관찰 및 시험이 어렵다.
② 서비스는 생산과 동시에 소비되므로 저장될 수 없다.
③ 서비스는 시간 소멸적인 특성이 있어서 서비스 능력을 저장할 수 없다.
④ 서비스 전달 시스템에 고객이 참여하기 때문에 고객마다 동일한 서비스가 제공된다.

1595
2012 7급 국가직

다음의 대응전략 모두와 밀접한 관련이 있는 서비스 특성은?

- 서비스 가격을 차별화한다.
- 비성수기 수요를 개발한다.
- 보완적 서비스를 제공한다.
- 예약시스템을 도입한다.

① 소멸가능성(perishability)
② 동시성/비분리성(simultaneity/inseparability)
③ 이질성/변화성(heterogeneity/variability)
④ 무형성(intangibility)

1596
2013 7급 국가직

서비스 마케팅에 대한 설명으로 옳지 않은 것은?

① 서비스는 누가, 언제, 어디서, 누구에게 제공하느냐에 따라 품질이 달라질 수 있다.
② 제품과 다른 서비스의 특성으로 무형성, 분리성, 변동성, 소멸성 등을 들 수 있다.
③ 서비스 마케팅 믹스에는 전통적인 마케팅 믹스 4P 이외에 물리적 증거, 사람 및 프로세스가 포함된다.
④ 고객은 지각된 서비스가 기대된 서비스에 미치지 못할 경우 불만족하게 된다.

1597
2015 7급 국가직

'극장' 혹은 '야구장' 처럼 많은 고객이 운집하는 엔터테인먼트 서비스에서 고객들에게 훌륭한 경험을 제공하는 것이 고객만족을 통한 기업의 수익창출에 중요하다. 이러한 서비스에서 고객에게 훌륭한 경험을 제공하는 핵심 요인의 사례로 적절하지 않은 것은?

① 고객 참여를 위한 파도타기 같은 집단 응원
② 고객의 오감을 만족시킬 수 있는 의자 및 음향설비와 같은 시설
③ 고객의 기억을 지속하기 위한 티셔츠와 같은 기념품
④ 고객을 지속적으로 유인하기 위한 마일리지 프로그램

1598
2020 코레일 수송직렬 복원

다음 중 서비스의 특징이 아닌 것은?

① 중복성　　　② 무형성
③ 비분리성　　④ 이질성
⑤ 소멸성

신제품개발

1599
2005 가맹거래사

다음 중 신제품 개발의 일반적인 절차가 올바로 열거된 것은?

① 아이디어 창출 – 아이디어 선별 – 제품 개발 – 시험 마케팅 – 사업성 분석 – 상품화
② 아이디어 창출 – 사업성 분석 – 아이디어 선별 – 시험 마케팅 – 제품 개발 – 상품화
③ 아이디어 창출 – 시험 마케팅 – 제품 개발 – 사업성 분석 – 아이디어 선별 – 상품화
④ 아이디어 창출 – 아이디어 선별 – 사업성 분석 – 제품 개발 – 시험 마케팅 – 상품화
⑤ 아이디어 창출 – 제품 개발 – 사업성 분석 – 아이디어 선별 – 시험 마케팅 – 상품화

1600
2016 가맹거래사

신제품개발과정의 단계로 옳은 것은?

① 소비자요구분석 → 컨셉도출 → 아이디어창출 → 제품개발 → 신제품사업성 확인 → 상품화
② 소비자요구분석 → 아이디어창출 → 컨셉도출 → 신제품사업성 확인 → 제품개발 → 상품화
③ 소비자요구분석 → 컨셉도출 → 아이디어창출 → 신제품사업성 확인 → 제품개발 → 상품화
④ 아이디어창출 → 소비자요구분석 → 컨셉도출 → 신제품사업성 확인 → 제품개발 → 상품화
⑤ 아이디어창출 → 소비자요구분석 → 컨셉도출 → 제품개발 → 신제품사업성 확인 → 상품화

1601
2017 가맹거래사

신제품 개발과정 중 아이디어 창출단계에서 사용하는 기법이 아닌 것은?

① 속성열거법(attribute listing)
② 관계강화법(forced relationships)
③ 결합분석법(conjoint analysis)
④ 브레인스토밍(brainstorming)
⑤ 마음지도법(mind mapping)

1602
2021 9급 군무원

신상품 개발 프로세스에 관한 설명으로 가장 적절한 것은?

① 아이디어 창출 단계에서 많은 수의 아이디어 창출에 중점을 둔다.
② 제품 컨셉트 개발단계에서 시제품을 만든다.
③ 신상품 컨셉트는 아이디어를 소비자가 사용하는 언어나 그림 등을 통하여 추상적으로 표현한 것이다.
④ 시장테스트는 제품 출시 후에 소규모로 실시된다.

1603
2015 7급 국가직

신제품 개발 과정의 시험마케팅(test marketing) 단계에서 검토할 사항이 아닌 것은?

① 표적시장 고객들이 신제품을 구매하는지 여부
② 신제품의 광고메시지와 표적 고객의 지각이 일치하는지 여부
③ 신제품에 대한 재구매 의도가 충분한지 여부
④ 신제품에 대한 아이디어가 소비자의 언어로 잘 표현되고 있는지 여부

1604
공기업 출제경향 반영

다음 중 신제품 수용과 확산에 영향을 미치는 요소를 모두 고르면?

ㄱ. 상대적 이점	ㄴ. 복잡성
ㄷ. 적합성	ㄹ. 시용가능성
ㅁ. 비관찰가능성	

① ㄱ, ㄷ
② ㄱ, ㅁ
③ ㄴ, ㄹ
④ ㄷ, ㄹ, ㅁ
⑤ ㄱ, ㄴ, ㄷ, ㄹ

혁신수용 시점

1605
2020 가맹거래사

신제품의 수용과 확산 시 다음 특성을 나타내는 집단은?

- 소속된 집단에서 존경을 받는다.
- 주로 사회에서 의견 선도자 내지 여론 주도자의 역할을 한다.
- 전체 소비자 집단의 약 13.5%를 차지한다.

① 혁신층
② 조기 수용층
③ 조기 다수층
④ 후기 다수층
⑤ 최후 수용층

1606
2013 공인노무사

신제품을 가장 먼저 받아들이는 그룹에 이어 두번째로 신제품의 정보를 수집하여 신중하게 수용하는 그룹은?

① 조기수용자(early adopters)
② 혁신자(innovators)
③ 조기다수자(early majority)
④ 후기다수자(late majority)
⑤ 최후수용자(laggards)

1607
2014 공인노무사

로저스(Rogers)가 주장한 혁신의 수용과 확산모형에서 신제품을 수용하는 소비자 분포의 비율로 옳지 않은 것은?

① 혁신자(innovators)-2.5%
② 조기수용자(early adopters)-16%
③ 전기다수자(early majorities)-34%
④ 후기다수자(late majorities)-34%
⑤ 최후수용자(laggards)-16%

1608
2019 경영지도사

모험적으로 위험을 감수하고 새로운 아이디어를 적극적으로 수용하는 계층은?

① 혁신자(innovator)
② 조기수용자(early adopter)
③ 조기다수자(early majority)
④ 후기다수자(late majority)
⑤ 지각수용자(laggard)

1609
2010 7급 국가직

신제품의 구입에 있어서 혁신자(innovator) 집단의 특성에 해당되지 않는 것은?

① 교육수준이 높다.
② 자신의 가치관이나 판단에 따라 신제품을 구입한다.
③ 다른 집단보다 상표충성도가 높다.
④ 할인, 쿠폰, 샘플 등 새로운 판촉을 선호하는 경향이 있다.

1610
2016 7급 국가직

혁신적인 신제품의 수용에 대한 설명으로 옳지 않은 것은?

① 소비자의 기존 사용습관에 부합할수록 신제품의 수용 속도는 느려진다.
② 기존 제품대비 상대적 이점이 크고, 시험사용이 가능한 경우 신제품의 수용 속도는 빨라진다.
③ 제프리 무어(Geoffrey Moore)는 혁신수용이론의 조기수용층(early adopters)과 조기다수층(early majority) 사이에 캐즘(chasm)이라는 간극이 존재한다고 주장하였다.
④ 로저스(E. Rogers)가 주장한 혁신수용이론(innovation-diffusion theory)은 혁신수용 속도에 따라 소비자를 혁신층(innovators), 조기수용층(early adopters), 조기다수층(early majority), 후기다수층(late majority), 지연층(laggards)으로 구분한다.

1611
2023 공인노무사

로저스(E. Rogers)의 혁신에 대한 수용자 유형이 아닌 것은?

① 혁신자(innovators)
② 조기수용자(early adopters)
③ 후기수용자(late adopters)
④ 조기다수자(early majority)
⑤ 후기다수자(late majority)

1612
2024 가맹거래사

로저스(E. Rogers)가 분류한 신제품 수용자 유형 중 조기다수자(early majority)에 관한 설명으로 옳은 것을 모두 고른 것은?

> ㄱ. 전체 수용자의 34%를 차지한다.
> ㄴ. 전체 수용자 중 세 번째 순서로 신제품을 수용한다.
> ㄷ. 조기수용자(early adopters) 다음으로 신제품을 수용한다.

① ㄱ
② ㄴ
③ ㄱ, ㄷ
④ ㄴ, ㄷ
⑤ ㄱ, ㄴ, ㄷ

제품수명주기

1613
2006 가맹거래사

일반적으로 도입-성장-성숙-쇠퇴의 단계를 거치는 제품수명주기(product life cycle: PLC)의 설명과 가장 거리가 먼 것은?

① 시간의 흐름에 따라 제품 판매량의 변화를 나타낸다.
② 일반적으로 각 단계의 지속기간은 거의 일정하다.
③ 성장단계에서는 판매량과 이익이 모두 증가한다.
④ 성숙단계에서 판매량이 안정되나 단위당 이익은 감소하는 경향이 있다.
⑤ 쇠퇴단계는 그 제품에 대한 소비자의 욕구가 사라지거나 대체제품이 개발되기 때문이다.

1614
2009 가맹거래사

제품수명주기의 발전단계로 옳은 것은?

① 도입기 → 성숙기 → 성장기 → 쇠퇴기
② 성장기 → 도입기 → 성숙기 → 쇠퇴기
③ 도입기 → 성장기 → 쇠퇴기 → 성숙기
④ 도입기 → 쇠퇴기 → 성장기 → 성숙기
⑤ 도입기 → 성장기 → 성숙기 → 쇠퇴기

1615
2012 가맹거래사

제품수명주기에 관한 설명으로 옳지 않은 것은?

① 시장개발, 제품개선, 마케팅믹스 수정 시기는 성숙기이다.
② 제품 수 축소 및 철수 시기는 쇠퇴기이다.
③ 매출액과 순이익의 성장률이 둔화되는 시기는 성장기이다.
④ 입소문 유포자는 도입기와 관련이 있다.
⑤ 고소득층이나 혁신층을 대상으로 마케팅활동을 하는 시기는 도입기이다.

1616
2013 가맹거래사

제품수명주기에 관한 설명으로 옳지 않은 것은?

① 시간의 경과에 따라 제품의 수명을 도입기, 성장기, 성숙기, 쇠퇴기로 나눈 것이다.
② 도입기에는 제품에 대한 인지도가 낮고 유통이 한정되어 있어 제품판매는 저조하고 낮은 판매성장률을 보인다.
③ 성숙기에는 시장점유율을 확보하려고 노력하여 매출이 급상승한다.
④ 선진국에서 이미 쇠퇴한 제품이라도 후진국에서는 성장기의 제품이 될 수도 있다.
⑤ 쇠퇴기에는 과거 투자에 대한 회수를 극대화하고자 한다.

1617
2014 가맹거래사

제품수명주기전략에 관한 설명으로 옳지 않은 것은?

① 도입기에는 소비자욕구를 충족시켜주는 기본적 기능을 갖춘 제품을 판매한다.
② 소비재와 산업재의 도입기 유통전략은 중간상활용 및 직접유통 등에서 유사하다.
③ 성장기에는 소비자욕구의 다양화에 대처하기 위해 제품 차별화 방안을 모색한다.
④ 성장기에는 시장점유율을 극대화하는 전략을 택한다.
⑤ 성숙기에는 시장점유율을 유지하는 전략을 택한다.

1618
2019 가맹거래사

제품수명주기에 관한 설명으로 옳지 않은 것은?

① 도입기에는 소비자의 시용구매를 유도하기 위한 많은 노력이 요구된다.
② 도입기에는 적자이거나 이익이 나더라도 매우 낮다.
③ 성장기에는 판매가 급속히 확대되고 경쟁기업들이 진입한다.
④ 성숙기에는 조기수용자(early adopters)의 구매가 시장 확대에 중요하다.
⑤ 쇠퇴기에는 경쟁력이 약한 제품들을 제거한다.

1619
2011 공인노무사

제품수명주기(PLC)의 단계별 특성에 관한 설명으로 옳지 않은 것은?

① 도입기에는 경쟁자의 수가 적다.
② 성장기에는 매출 성장이 빠르다.
③ 성숙기에는 이익이 점점 증가한다.
④ 쇠퇴기에는 경쟁자의 수가 감소한다.
⑤ 쇠퇴기에는 비용지출이 감소한다.

1620
2014 공인노무사

제품수명주기를 순서대로 나열한 것은?

| ㄱ. 도입기 | ㄴ. 성장기 |
| ㄷ. 성숙기 | ㄹ. 쇠퇴기 |

① ㄱ-ㄴ-ㄷ-ㄹ
② ㄱ-ㄷ-ㄴ-ㄹ
③ ㄴ-ㄱ-ㄷ-ㄹ
④ ㄴ-ㄱ-ㄹ-ㄷ
⑤ ㄷ-ㄱ-ㄹ-ㄴ

1621
2015 공인노무사

전형적인 제품수명주기(PLC)에 관한 설명으로 옳지 않은 것은?

① 도입기, 성장기, 성숙기, 쇠퇴기의 4단계로 나누어진다.
② 성장기에는 제품선호형 광고에서 정보제공형 광고로 전환한다.
③ 도입기에는 제품인지도를 높이기 위해 광고비가 많이 소요된다.
④ 성숙기에는 제품의 매출성장률이 점차적으로 둔화되기 시작한다.
⑤ 쇠퇴기에는 제품에 대해 유지전략, 수확전략, 철수전략 등을 고려할 수 있다.

1622
2014 경영지도사

제품수명주기에 관한 설명으로 옳은 것은?

① 도입기는 신제품이 시장에 처음 나타나는 시기로 이때 매출은 적고 상표를 강조하는 광고를 하며 경쟁자가 진입한다.
② 성장기는 시장에서 어느 정도 알려져서 매출이 급상승하는 시기이며, 이때 본원적 수요를 자극하기 위한 광고를 하며 상품을 알리는데 주력해야 한다.
③ 안정기는 매출도 많지만 안정에 접어든 시기로 이때 이익도 가장 많이 난다.
④ 성숙기는 매출이 최고조에 달하는 시기이며 이때 경쟁이 심하고 상표의 차별성을 강조하며 마케팅전략의 수정이 필요하다.
⑤ 쇠퇴기에는 새로운 신상품이 나타나지만 매출이 줄지 않고 이익이 계속 발생하므로 이를 유지하는 전략을 구사하는 것이 필요하다.

1623
2015 경영지도사

제품수명주기에서 성장기의 특성에 관한 설명으로 옳지 않은 것은?

① 수요가 급증하기 시작한다.
② 새로운 경쟁자들이 증가한다.
③ 유통경로가 확대되고 시장규모가 커진다.
④ 제품인지도를 높여 새로운 구매수요를 발굴한다.
⑤ 제조원가가 급속히 감소함에 따라 이윤이 증가한다.

1624
2018 7급 서울시

제품수명주기(product life cycle)에 대한 설명으로 가장 옳은 것은?

① 제품수명주기는 도입기, 성장기, 성숙기, 쇠퇴기로 나뉜다.
② 성장기에 판매 극대점에 도달한다.
③ 쇠퇴기에 접어든 상품의 수명주기를 다시 성장기로 되돌려 놓을 수 없다.
④ 제품 성숙기에는 제품의 판매가 급격히 증가하면서 순이익이 발생하는 시기이다.

1625
2021 7급 서울시

제품수명주기에 대한 설명으로 가장 옳지 않은 것은?

① 도입기는 소비자에게 제품을 알리는 기간으로, 판촉 비용이 판매수익을 초과하는 경우가 많다.
② 성장기는 매출액이 급속도로 증가하는 기간으로, 이 시기의 판촉 활동은 제품의 특성을 재조명하는 데 초점을 둔다.
③ 성숙기는 시장이 경쟁제품들로 포화되는 기간으로, 판매 수량의 증가율이 극대화되는 시기이다.
④ 쇠퇴기는 판매 수량과 이익이 줄어드는 시기이다.

1626
2008 7급 국가직

제품수명주기와 관련된 설명 중 옳지 않은 것은?

① 도입기에는 판매량이 적으므로, 제품의 기본수요를 자극하는 전략이 필요하다.
② 성숙기에는 격심한 경쟁이 나타나며, 매출액이 급락한다.
③ 성장기에는 신경쟁자가 출현하며, 실질적인 수익이 발생하기 시작한다.
④ 제품수명주기는 마케팅활동에 따른 종속변수의 성격을 갖는다.

1627
2010 7급 국가직

제품수명주기에서 다음 시기에 사용할 수 있는 유통 및 광고 전략은?

- 대다수의 잠재구매자들이 제품을 구매하여 판매성장이 둔화된다.
- 회사들 사이에 경쟁이 증가하기 때문에 이익은 정체되거나 하락한다.

① 선택적 유통을 구축하고 수익성이 적은 경로를 폐쇄하며, 상표충성도가 강한 고객을 유지하는데 초점을 둔다.
② 집중적인 유통을 구축하고 대중시장에서의 인식과 관심을 형성하는데 초점을 둔다.
③ 집중적인 유통을 보다 강화하고 상표차이와 제품의 이점을 강조하는데 초점을 둔다.
④ 선택적인 유통을 구축하고 조기수용층과 판매상의 제품 인지를 형성하는데 초점을 둔다.

1628
2011 7급 국가직

제품수명주기 중 성숙기에 대한 설명으로 옳은 것은?

① 판매율이 증가해서 수익은 상당한 수준에 이르며, 다수의 경쟁자들이 시장에 진입하고, 제품이 시장에 수용되어 정착된다.
② 가장 많은 장애물에 직면하며, 경쟁강도가 약하더라도 빈번한 제품 변경이 발생하고, 유통이 제한적이며 활발한 촉진활동을 수행한다.
③ 고객기호변화, 기술변화, 경쟁격화 등으로 판매가 감소하고 이익이 잠식된다.
④ 판매성장률은 둔화되고 과잉생산이 초래되며, 기본제품을 다양하게 변형시키는 라인확장이 발생한다.

1629
2018 7급 국가직

제품수명주기이론의 단계별 특성에 대한 설명으로 옳지 않은 것은?

① 도입기에 기업은 제품 시용(trial)을 유인한다.
② 성숙기에는 매출액증가율이 둔화된다.
③ 쇠퇴기에 기업은 매출액 감소를 보완하기 위해 유통경로를 확대한다.
④ 성장기에는 판매량이 증가함에 따라 경험곡선 효과가 나타난다.

1630
2022 7급 국가직

제품수명주기(PLC)상 동일 단계의 특성에 해당하는 것만을 모두 고르면?

ㄱ. 다양한 고객 니즈를 충족시키고 경쟁에 대처하기 위해 제품의 차별화를 시도하며, 제품의 기능 및 품질향상을 모색한다.
ㄴ. 가속적인 구매확산과 대량생산을 통한 가격 인하의 연쇄 관계가 형성됨에 따라 전체시장의 규모가 급속히 확대되는 경향이 있다.
ㄷ. 기존제품으로 새로운 소비자의 수요를 유도하거나, 기존제품의 품질향상 및 신규 브랜드를 개발하는 마케팅 전략을 구사한다.
ㄹ. 제품을 취급하려는 유통업자의 수가 증가하고 매출액이 신장되며, 이 시기 후반기에는 소비자의 선택적 수요를 자극하기 위한 촉진 비용이 많이 소요되어 이익률이 감소하는 경향이 있다.

① ㄱ, ㄴ
② ㄷ, ㄹ
③ ㄱ, ㄴ, ㄹ
④ ㄴ, ㄷ, ㄹ

1631
2020 코레일 수송직렬 복원

아래 박스의 내용에 해당하는 제품수명주기 상의 단계는 무엇인가?

• 흑자전환
• 경쟁격화의 시기

① 도입기
② 성장기
③ 성숙기
④ 쇠퇴기
⑤ 잠복기

1632
2019 경영지도사

제품포트폴리오관리(PPM)에 관한 설명으로 옳지 않은 것은?

① 경영자원의 포괄적 파악과 적절한 배분에 유용한 프레임워크이다.
② 기업활동을 단순하고 명쾌하게 분석하는데 효과적인 방법이다.
③ 최고경영자는 기업전체수준에서 사업평가와 자원할당에 대한 통찰력을 얻을 수 있다.
④ 제품포트폴리오관리는 시장세분화와 시장성숙도에 기초하여 기업전략을 수립한다.
⑤ 기업의 전체사업들을 고려함으로써 잠재적인 사업 확보와 철수를 고려하는 유용한 메커니즘을 제공한다.

1633
2018 7급 서울시

소비자가 현재 사용하고 있는 특정 제품이나 서비스에서 다른 제품이나 서비스를 사용하려고 할 경우 발생되는 비용은?

① 전환 비용(switching cost)
② 조달 비용(procurement cost)
③ 거래 비용(transaction cost)
④ 대리인 비용(agency cost)

1634
2024 공인노무사

다음에서 설명하는 제품수명주기의 단계는?

- 고객의 신제품수용이 늘어나 생산량이 급속히 증가하면서 단위당 제품 원가, 유통비용, 촉진 비용이 하락한다.
- 지속적인 판매량 증대로 이익이 빠르게 늘어난다.

① 도입기 ② 성장기
③ 성숙기 ④ 정체기
⑤ 쇠퇴기

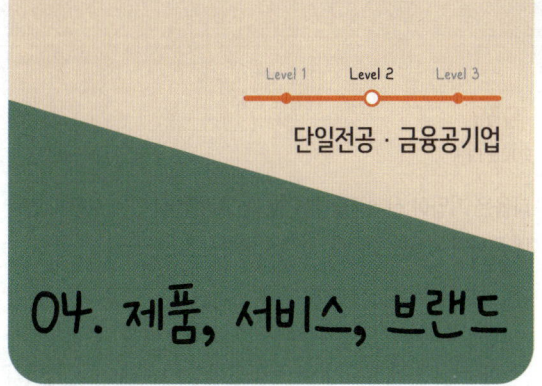

04. 제품, 서비스, 브랜드

소비재의 분류

1635
2016 CPA

제품관리에 관한 설명으로 가장 적절하지 않은 것은?

① 제품은 핵심제품(core product/benefit), 실제제품(actual/tangible product), 확장제품(augmented product)과 같은 세 가지 수준의 개념으로 분류될 수 있다.
② 선매품(shopping goods)은 브랜드 충성도가 강하며 브랜드 대안 간 비교가 이루어지지 않는 제품이다.
③ 제품라인(product line)은 상호 밀접하게 관련되어 있는 제품들의 집합이다.
④ 하향 확장(downward line extension)의 경우 확장된 신제품이 기존 브랜드의 이미지를 약화시킬 수 있는 위험이 있다.
⑤ 우리 회사의 브랜드와 다른 회사의 브랜드를 결합해서 사용하는 것은 공동브랜딩(co-branding)의 일종이다.

브랜드 자산

1636
2007 CPA

브랜드 자산(Brand Equity)에 대한 다음 설명 중 올바른 것으로만 구성된 것은?

> a. 브랜드 자산이 형성되려면 독특하거나, 강력한 브랜드 이미지가 있어야 한다.
> b. 높은 브랜드 인지도는 브랜드 자산의 필요조건이자 충분조건이다.
> c. 기존 브랜드와 다른 상품범주에 속하는 신상품에 기존 브랜드를 붙이는 것을 라인 확장(line extension)이라고 한다.
> d. 라인 확장된 신상품이 기존 브랜드의 이미지 또는 브랜드 자산을 약화시키는 것을 희석 효과(dilution effect)라 한다.

① a, b
② a, c
③ a, d
④ b, c
⑤ c, d

브랜드 개발

1637
2004 CPA

기업이 채택할 수 있는 제품 및 브랜드전략 중 소비자의 다양성 추구 욕구 충족, 기업의 잉여생산설비 활용, 소매상의 진열대 점유확대를 목적으로 상대적으로 낮은 비용과 낮은 위험을 부담하면서 구사하는 전략은?

① 이중브랜드(duo brand)
② 라인확장(line extension)
③ 신상표(new brand)
④ 브랜드확장(brand extension)
⑤ 다상표(multibrand)

1638
2005 CPA

제품에 관한 전략적 의사결정 사항을 설명하는 내용 중 가장 올바른 것은?

① 마케팅 담당자들이 제품을 여러 가지 기준에 의하여 분류(편의품, 선매품, 전문품 등)하는 가장 큰 이유는 시장수요 예측과 원재료의 수급 등을 편리하게 하기 위해서이다.
② 성공한 제품의 상표명이나 그 일부를 다른 제품군이나 추가되는 제품에 확장하여 사용하는 전략을 공동상표전략(family brand strategy)이라 한다.
③ 유통경로 상의 구성원들에 대하여 상당한 영향력을 가지고 있을 때에는 신제품개발전략 중 선제전략(preemptive strategy)을 사용하는 것이 유리하다.
④ 제품이란 상징적 효용, 물리적 효용, 심리적 효용 중 고객의 욕구를 충족시킬 수 있는 어느 한 가지 효용으로 이루어진 물체(objects)를 의미한다.
⑤ 낮은 유통원가와 대량노출, 대량광고 등이 가장 중요한 마케팅 전략 수단이 되는 제품은 선매품(shopping goods)이다.

1639
2008 CPA

다음은 기업이 신제품을 개발할 때 고려할 수 있는 브랜드 전략에 관하여 기술한 것이다. 가장 적절하지 않은 것은?

① 기존의 브랜드자산이 크다고 판단되는 경우 기존의 제품범주에 속하는 신제품에 그 브랜드명을 그대로 사용하는 것을 계열확장 혹은 라인확장(line extension)이라 한다.
② 기존의 제품범주에 속하는 신제품에 완전히 새로운 브랜드를 사용하는 것을 다상표전략(multi-brand strategy)이라 한다.
③ 하향 확장(downward line extension)의 경우 기존 브랜드의 고급 이미지를 희석시켜 브랜드자산을 약화시키는 희석효과(dilution effect)를 초래할 수 있다.
④ 기존 브랜드와 다른 제품범주에 속하는 신제품에 기존 브랜드를 사용하는 것을 브랜드확장(brand extension) 혹은 카테고리확장(category extension)이라 하며, 우리가 '신상품'이라고 부르는 것의 대부분이 이 전략이 적용된 것이다.
⑤ 같은 브랜드의 상품이 서로 다른 유통경로로 판매될 경우 경로간의 갈등(channel conflict)을 일으킬 위험이 있다.

1640
2011 CPA

브랜드 자산의 전략적 활용 방법인 브랜드확장(brand extension)에 관한 설명으로 가장 적절하지 않은 것은?

① 라인확장(line extension)은 동일한 상품범주에 추가된 신상품에 기존 브랜드를 이용하는 것으로 기존 브랜드가 신상품의 특성을 잘 나타내지 못할 위험이 있다.
② 수직적 라인확장(vertical line extension)은 라인 확장된 신상품이 기존 상품보다 가격이 낮거나 높은 경우를 가리키며, 수평적 라인확장(horizontal line extension)은 라인확장된 신상품이 기존 상품과 가격대는 비슷하지만 다른 세분시장을 표적으로 삼는 경우를 가리킨다.
③ 카테고리확장(category extension)은 기존 브랜드와 다른 범주에 속하는 신상품에 기존 브랜드를 사용하는 것이다.
④ 기존 브랜드가 특정 상품 범주와 밀접하게 연결되어 있는 경우 카테고리 확장이 실패할 가능성이 있다.
⑤ 두 상품 범주 간에 유사성이 높을수록 카테고리확장이 성공할 가능성이 높으며, 여기서 유사성이란 '상품과 상품 사이의 유사성'을 의미하는 것이고 '브랜드 이미지와 상품 사이의 유사성'은 포함되지 않는다.

1641
2018 CPA

브랜드 전략에 관한 설명으로 적절한 항목만을 모두 선택한 것은?

> a. 희석효과(dilution effect)가 발생할 가능성은 상향 확장보다 하향 확장에서 더 높다.
> b. 복수브랜드 전략은 새로운 제품 범주에서 출시하고자 하는 신제품을 대상으로 새로운 브랜드를 개발하는 경우이다.
> c. 브랜드 확장 시, 두 제품 범주 간의 유사성은 브랜드 확장의 성공에 긍정적인 영향을 미치는 반면에 브랜드 이미지와 제품 간의 유사성은 브랜드 확장의 성패에 영향을 미치지 않는다.

① a
② b
③ c
④ a, b
⑤ b, c

1642
2019 CPA

브랜드관리에 관한 설명으로 적절한 항목만을 모두 선택한 것은?

> a. 기존 브랜드와 다른 제품 범주에 속하는 신제품에 기존 브랜드를 붙이는 것은 라인확장(line extension)이다.
> b. 브랜드파워가 약한 경우에 타 기업의 유명 브랜드를 결합해서 같이 쓰는 것은 코브랜딩(co-branding) 전략에 속한다.
> c. 라인확장을 할 때 자기잠식(cannibalization)의 위험성은 하향 확장보다 상향 확장에서 높다.

① a
② b
③ c
④ a, b
⑤ b, c

1643
2022 CPA

브랜드에 관한 설명으로 가장 적절하지 않은 것은?

① 브랜드 자산(brand equity)은 브랜드가 창출하는 유형 및 무형의 부가가치를 의미한다.
② 수직적 라인 확장(vertical line extension)은 기존의 제품보다 신제품의 가격이 낮거나 높은 경우를 의미한다.
③ 카테고리 확장(category extension)은 기존 브랜드와 동일한 제품범주 내에서 출시된 신제품에 기존 브랜드를 사용하는 것을 의미한다.
④ 소비자는 자신의 자아개념(self concept)과 일치하는 브랜드 개성을 지닌 브랜드를 선호하는 경향이 있다.
⑤ 공동 브랜딩(co-branding)을 하면 하나의 제품에 여러 브랜드가 함께 레이블링(labeling) 될 수 있다.

1644
2024 CPA

브랜드관리에 관한 설명으로 가장 적절하지 않은 것은?

① 수직적 라인 확장이란 신상품이 기존상품보다 가격이 낮거나 높은 경우를 가리킨다.
② 수평적 라인 확장은 신상품이 기존상품과 가격대는 비슷하지만 다른 세분시장을 표적으로 삼는 경우를 가리킨다.
③ 라인 확장과 카테고리 확장은 신상품에 기존 브랜드를 이용한다는 공통점이 있다.
④ 희석효과(dilution effect)는 브랜드 확장으로 인하여 신상품에 대한 태도가 바뀌는 것이다.
⑤ 기존 브랜드가 특정 상품 범주와 밀접하게 연결되어 있는 경우에 카테고리 확장의 성공 가능성은 낮다.

서비스

1645
2005 CPA

서비스마케팅 전략 수립에 필요한 내용에 관한 설명 중 가장 올바른 것은?

> a. 시장점유율보다는 고객점유율을 높이기 위하여 고객 데이터베이스를 이용하여 기존고객과의 상호작용을 강화하려는 마케팅활동은 관계마케팅에 해당한다.
> b. 서비스를 제품개념으로 볼 때 서비스는 탐색적 속성, 경험적 속성, 신뢰적 속성 중에서 탐색적 속성이 강한 제품에 속한다.
> c. 서비스 기업이 고객에게 서비스를 판매하기 위하여 종업원을 훈련시키고 동기부여하는 종업원관리활동은 서비스마케팅 활동 중 내부마케팅(internal marketing) 활동에 속한다.
> d. 서비스품질을 측정하기 위하여 개발된 SERVPERF 모형은 서비스 기대치와 성과치의 차이를 측정하는 방법이다.
> e. 서비스는 유형제품에 비하여 가격차별화가 용이하기 때문에 가격차별화(price discrimination)를 통하여 이익을 올릴 수 있는 가능성이 상대적으로 높다.

① a, b, c   ② a, c, d
③ a, c, e   ④ a, d, e
⑤ b, c, d

1646
2009 CPA

서비스마케팅에 관한 다음 서술 중 가장 올바르지 않은 것은?

① SERVQUAL 모형에서 종업원의 능력, 공손함, 믿음직함은 확신성(assurance) 차원과 관련성이 있다고 할 수 있다.
② 서비스 만족 향상을 통해 고객충성도 제고를 기대할 수 있다.
③ SERVQUAL 모형은 에어로빅학원의 서비스품질 측정에 적용할 수 있다.
④ 서비스의 특징인 유형성(tangibility)은 서비스품질 측정을 어렵게 할 수 있다.
⑤ 서비스품질은 제공자와 제공 상황에 따라 다를 수 있다.

1647
2012 CPA

서비스마케팅에 관한 설명으로 가장 적절하지 않은 것은?

① 서비스는 제품과 구별되는 여러 가지 고유의 특성을 지니고 있는데, 일반적으로 무형성, 생산과 소비의 비분리성, 동질성, 소멸성의 네 가지 특성으로 요약된다.
② 소비자 욕구의 다양화, 급속한 기술의 발전, 평균수명의 증가, 삶의 복잡화는 서비스경제 성장에 공헌하고 있다.
③ 고객의 기대에 대한 경영자의 인식과 서비스 설계(명세) 간의 차이가 있을 때, 이러한 불일치는 고객의 서비스 기대와 성과 사이의 차이(gap)를 유발하는 요인이 된다.
④ 내부마케팅(internal marketing)은 서비스 기업이 고객과의 약속을 지킬 수 있도록 종업원을 교육하고, 동기부여하며, 보상하는 일련의 활동을 말한다.
⑤ 그뢴루스(Grönroos)는 2차원 서비스 품질모형을 제안하였으며, 두 개의 차원은 결과품질(outcome quality)과 과정품질(process quality)이다.

1648
2022 CPA

서비스의 특징으로 가장 적절하지 않은 것은?

① 무형성(intangibility)
② 생산과 소비의 비분리성(inseparability)
③ 변동성(variability)
④ 소멸성(perishability)
⑤ 동질성(homogeneity)

신제품개발

1649
2000 CPA

신제품 개발과정에 관한 다음의 내용 중에서 올바른 것을 고르시오.

> a. 아이디어 창출단계에서는 많은 수의 아이디어 창출에 중점을 둔다.
> b. 사업성분석은 제품컨셉트 테스트 다음에 이루어진다.
> c. 제품컨셉트 개발단계에서 시제품(prototype)을 만든다.
> d. 시장 테스트(market test)는 제품 출시(시판) 후에 소규모로 실시된다.

① a, b
② a, d
③ b, c
④ b, d
⑤ c, d

1650
2011 CPA

신상품 개발 프로세스에 관한 설명으로 가장 적절한 것은?

① 신상품 개발 프로세스는 일반적으로 아이디어 창출 및 심사 → 컨셉트 개발 및 테스트 → 마케팅 믹스 개발 → 시장 테스트 → 시제품 생산 → 사업성 분석 → 출시와 같은 단계로 이루어진다.
② 컨셉트 테스트는 우수한 신상품 컨셉트를 선택하기 위해 고객들을 대상으로 반응을 조사하는 것이다.
③ 신상품 컨셉트는 아이디어를 소비자가 사용하는 언어나 그림 등을 통하여 추상적으로 표현한 것이다.
④ 신상품이 '내구재인가' 아니면 '비내구재인가'는 시장 테스트의 방법과 의미에 영향을 미치지 않는다.
⑤ 아이디어 창출 및 심사 단계에서는 많은 아이디어를 창출하는 것이 중요하며, 아이디어의 원천은 사내(예 종업원, 최고경영자 등)를 제외하고 사외(예 최종 소비자, 유통업체, 공급업체, 국내외 경쟁자, 다른 산업/국가 등)로만 국한시켜 활용해야 한다.

1651
2014 CPA

제품관리 및 서비스관리에 관한 설명으로 가장 적절하지 않은 것은?

① 신제품 브랜드 전략에서 라인확장(line extension)과 카테고리확장(category extension)은 신제품에 기존 브랜드를 이용한다는 공통점이 있다.
② 신제품개발 프로세스에서 '마케팅믹스 개발'은 '사업성 분석'을 한 후에 실시되어야 한다.
③ 제품믹스(product mix)의 폭(width)은 제품믹스 안에 들어 있는 제품라인의 개수이다.
④ 예약시스템 도입은 서비스의 소멸성 특성과 관련이 있다.
⑤ 제품 개념의 차원은 핵심제품(core product/benefit), 실제제품(actual/tangible product), 확장제품(augmented product)으로 구분될 수 있다.

1652
2015 CPA

제품관리에 관한 설명으로 가장 적절하지 않은 것은?

① 혁신소비자(innovator), 조기수용자(early adopter), 조기다수자(early majority), 후기다수자(late majority), 지각수용자(laggard)는 소비자들을 신제품 수용 시점에 따라 구분한 것이다.
② 신상품 개발 프로세스는 일반적으로 아이디어 창출 및 심사 → 컨셉트 개발 및 테스트 → 마케팅 믹스 개발 → 사업성 분석 → 시장테스트 → 시제품 생산 → 출시 순서로 이루어진다.
③ 브랜드 계층구조(brand hierarchy)는 브랜드를 기업 브랜드(corporate brand), 패밀리 브랜드(family brand), 개별 브랜드(individual brand), 브랜드 수식어(brand modifier)로 구분한 것이다.
④ 전형적인 제품수명주기(product life cycle)는 도입기, 성장기, 성숙기, 쇠퇴기 단계를 갖는다.
⑤ 브랜드 확장은 '기존 브랜드와 동일한 상품 범주에 출시된 신상품에 기존 브랜드를 사용하는 라인 확장(line extension)'과 '기존 브랜드와 다른 범주에 속하는 신상품에 기존 브랜드를 사용하는 카테고리 확장(category extension)'으로 구분할 수 있다.

1653
2016 CPA

신제품 확산(diffusion)에 관한 설명으로 가장 적절한 것은?

① 상대적 이점, 단순성, 커뮤니케이션 가능성, 부합성은 확산에 영향을 미치는 신제품 특성 요인에 포함된다.
② 로저스(Rogers)는 수용이 이루어지는 시점에 따라 소비자를 4개의 수용자 범주로 분류하였다.
③ 수용시점에 따른 수용자 유형에서 조기다수자(early majority)는 혁신소비자(innovator) 바로 다음에 수용하는 소비자 집단이다.
④ 기술의 표준화는 신제품 확산 속도를 느리게 한다.
⑤ 확산 곡선의 기울기는 제품유형에 따라 다르지 않다.

1654
2023 CPA

제품관리에 관한 설명으로 가장 적절한 것은?

① 신제품개발 프로세스에서 마케팅믹스 개발 단계는 컨셉트 개발 및 테스트 단계와 사업성 분석 단계 사이에 위치한다.
② 선매품(shopping goods)의 경우 선택적 유통보다는 전속적 유통이 고려된다.
③ 제품믹스(라인)의 길이(length)는 제품믹스 안에 들어 있는 제품라인의 개수를 가리킨다.
④ 상대적 이점(relative advantage)은 신제품 확산에 정(+)의 영향을 미치고, 단순성(simplicity)은 신제품 확산에 부(-)의 영향을 미친다.
⑤ 희석효과(dilution effect)가 발생할 위험은 하향 확장(downward line extension)보다 상향 확장(upward line extension)에서 더 크다.

혁신수용 시점

1655
2018 CPA

신제품 확산과 제품수명주기에 관한 설명으로 적절한 항목만을 모두 선택한 것은?

> a. 후기다수 수용자(late majority)는 조기 수용자(early adopters) 바로 다음에 신제품을 수용하는 소비자 집단이다.
> b. 단순성(simplicity)은 신제품의 이해나 사용상의 용이한 정도를 의미하며, 신제품 수용에 영향을 미치는 요인들 중의 하나다.
> c. 시장규모는 성숙기보다 성장기에서 더 크고, 제품원가는 도입기보다 성장기에서 더 높다.

① a
② b
③ c
④ a, b
⑤ b, c

제품수명주기

1656
2009 CPA

제품수명주기(product life cycle)에 관한 서술 중 가장 적절하지 않은 것은?

① 제품수명주기는 크게 도입기, 성장기, 성숙기, 쇠퇴기로 구분할 수 있다.
② 고객의 다수가 혁신자인 제품수명주기는 쇠퇴기이다.
③ 도입기보다 성장기에 경쟁수준이 높다.
④ 성숙기에 판매 극대점에 도달한다.
⑤ 동일한 제품이더라도 한 국가와 다른 한 국가의 제품수명주기는 다를 수 있다.

1657
2010 CPA

AC사는 기존에 출시했던 상품이 상품수명주기상 쇠퇴기에 진입했는지 검토하고 있다. 해당 상품이 보이는 다음과 같은 징후 중에서 쇠퇴기의 징후로 가장 적절하지 않은 것은?

① 신규고객 보수성의 감소
② 이익의 감소
③ 판매량의 감소
④ 경쟁업체 수의 감소
⑤ 고객당 비용의 감소

1658
2017 CPA

제품관리에 관한 설명으로 가장 적절하지 않은 것은?

① 제품라인(product line) 내에 새로운 품목을 추가할 경우 자기시장잠식(cannibalization) 문제가 발생할 수 있다.
② 신제품개발 프로세스에서 '마케팅믹스 개발'은 '컨셉트 개발 및 테스트' 후에 실시된다.
③ 브랜드와 관련된 이미지(연상)가 호의적이고(유리하고), 독특하고, 강력할수록 브랜드 자산이 커진다.
④ 제품수명주기는 브랜드 수준에서만 사용되는 것이며, 제품범주 수준에서는 사용될 수 없다.
⑤ 상향 확장(upward line extension)의 경우, 신제품의 고급(프리미엄) 이미지 구축에 실패할 가능성이 있다.

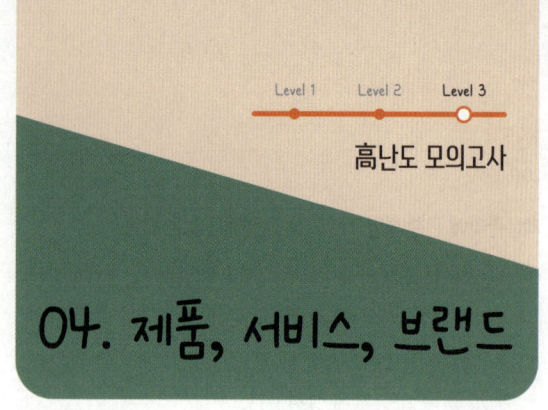

04. 제품, 서비스, 브랜드

1659

제품과 관련한 다음 설명 중 가장 적절하지 않은 것은?

① 성숙기에 접어든 소비재들 간의 가격경쟁이 치열해짐에 따라 소비자들은 가격에 민감하게 되었고, 이 때문에 유통업자 브랜드(PB: private brand)가 등장하게 되었다.
② 신제품 개발과정에서 제품컨셉트 테스트를 통과한 것들을 대상으로 마케팅 전략을 수립한다.
③ 동일한 제품 범주내에서 기존의 브랜드를 신제품에 확장시키는 라인확장(line extension) 전략은 수직적 라인확장(vertical line extension)과 수평적 라인확장(horizontal line extension)으로 구분된다.
④ 빨리 변화하고 경쟁이 치열한 시장에서는 팀 기반의 신제품 개발방식(team-based new product development)보다는 순차적 제품개발(sequential product development) 방식을 이용하는 것이 좋다.
⑤ 제품라인(product line) 내에 무작정 새로운 품목을 추가하기만 하면 새로 추가된 품목이 경쟁자의 고객을 빼앗아오는 것이 아니라 우리회사의 다른 품목의 고객을 빼앗을 가능성이 높아진다. 이것을 자기시장잠식(cannibalization)이라고 부른다.

1660

제품(product)과 관련한 다음의 설명 중 가장 적절한 것은?

① 소비재는 쇼핑습관에 따라 핵심 제품(core product), 실제 제품(actual product), 확장 제품(augmented product)으로 구분된다.
② 통상 소비재의 구매의사결정 과정이 산업재보다 더 복잡하다.
③ 조직, 사람, 장소, 아이디어 등은 제품의 범주에 포함되지 않는다.
④ 제품 컨셉트 테스트는 글로 서술되거나 그림으로 된 컨셉트 대안을 소비자들에게 제시하는 방법이 주로 이용된다.
⑤ 신제품개발과정에서 사업성 분석(business analysis)에 통과한 제품 컨셉트를 대상으로 마케팅 전략을 개발한다.

1661

브랜드와 관련한 다음 설명 중 가장 적절하지 않은 것은?

① 강력한 브랜드는 소비자의 브랜드 애호도(brand loyalty)를 높여 소비자의 자사브랜드에 대한 가격민감도를 낮게 한다.
② 브랜드 자산(brand equity)은 브랜드 인지도(brand awareness)와 브랜드 연상(brand association)으로 구성된다.
③ 요소브랜딩(ingredient branding)는 어떤 브랜드 제품에 반드시 들어가야 하는 자재, 구성품, 부품에 대한 브랜드 자산을 창출하기 위해 사용하는 것으로 성공한 요소브랜딩 전략으로 Dolby 잡음 제거시스템, Gore-Tex 방수소재 등이 있다.
④ 복합브랜딩(co-branding)는 한 제품에 두 가지 이상의 유명 브랜드들이 함께 부착되는 것을 말한다.
⑤ 복수브랜드(multi-brand) 전략을 많이 사용하면 원래 브랜드의 의미가 희석되는 희석효과(dilution effect)가 나타날 가능성이 높다.

1662

신제품 개발과 관련한 다음 설명 중 가장 적절하지 않은 것은?

① 신제품 개발은 아이디어 창출 및 선별, 제품컨셉트 개발 및 테스트, 마케팅믹스 개발, 사업성 분석, 시제품생산, 시장테스트, 출시의 순으로 진행된다.
② 시장테스트 시 내구재는 시용(trial)과 반복(repeat)의 과정을 관찰할 수 있는 방법을 사용해야 한다.
③ 빠른 개발속도보다는 정확성이 중요한 제품일 때, 순차적 개발방식(sequential product development)을 사용하는 것이 좋다.
④ 신제품을 빨리 시장에 출시하기 위해 기업들은 팀기반의 신제품 개발 방식(team-based product development)을 사용하고 있다.
⑤ 신제품 속성들의 여러 수준에 대해 고객이 부여하는 효용을 도출하는 컨조인트 분석(conjoint analysis)을 이용하면 제품컨셉트에 대한 소비자의 만족도를 측정할 수 있다.

1663

브랜드(brand)에 관한 다음 설명 중 가장 적절하지 않은 것은?

① 라인확장(line extension) 전략보다는 복수브랜드(multi-brand) 전략이 상표 전환자(brand switchers)를 붙잡는데 더 유리하다.
② 제품구매결정이 점포 밖이나 브랜드가 눈앞에 실제로 존재하지 않는 어떤 상황에서 이루어지는 경우에는 브랜드 회상(brand recall)보다 브랜드 재인(brand recognition)이 더 중요하다.
③ 공동브랜드(family brand)의 이점은 신제품 도입시 저렴한 마케팅 비용으로 소비자들에게 브랜드명을 쉽게 인식시킬 수 있다는 것이다.
④ 코브랜딩(co-branding)은 기존 브랜드가 단독으로 진출하기 어려운 시장으로 진출할 수 있게 해주므로 일종의 전략적 제휴(strategic alliance)이다.
⑤ 브랜드 인지도(brand awareness)가 높은 제품은 정보탐색 단계에서 고려상표군(consideration set)에 들어갈 확률이 높다.

1664

제품(product)과 브랜드(brand)에 관한 다음의 설명 중 가장 적절하지 않은 것은?

① 제품믹스의 폭(width)은 제품믹스 안에 들어 있는 제품라인의 수를 의미한다.
② 브랜드 계층구조(brand hierarchy)에서 개별 브랜드(individual brand)보다 패밀리 브랜드(family brand)가 더 위쪽에 위치한다.
③ 새로운 범주에 새로운 브랜드를 출시하는 전략은 신규 브랜드(new brand) 전략이다.
④ 로저스(Rogers)의 혁신수용에 관한 이론에서 가장 적은 비율을 차지하는 소비자층은 혁신자(innovator)이다.
⑤ 5차원 서비스 모형인 SERVQUAL의 구성요소는 확신성(assurance), 공감성(empathy), 반응성(responsiveness), 신뢰성(reliability), 무형성(intangibility)이다.

1665

제품(product)에 관한 다음 설명 중 가장 적절하지 않은 것은?

① 제품과 서비스의 특징, 디자인, 품질수준, 브랜드명 등은 고객이 기대하는 속성, 편익, 서비스 등을 유형화시킨 것으로 실제제품(actual product)에 해당한다.
② 전문품(specialty product)은 상표마다 독특한 특성 혹은 브랜드 정체성이 있는 제품과 서비스로서, 낮은 가격민감도, 강한 브랜드 선호도와 충성도, 특별한 구매노력, 높은 가격 등의 특징을 가지고 있다.
③ 제품수명주기 상 성숙기(maturity stage)에 대형유통업체를 중심으로 유통업자 브랜드(PB: private brand)가 등장할 확률이 높다.
④ 개별 브랜드(individual brand)보다는 패밀리 브랜드(family brand)가 특정 고객 그룹의 니즈를 충족시키기 위해 브랜드와 모든 마케팅 활동 지원을 맞춤화하기 더 좋다.
⑤ 설비와 부속장비 등, 구매자의 제품생산에 도움을 주는 산업용품은 자본재(capital items)로 일컫는다.

1666

서비스에 대한 다음 설명 중 가장 적절하지 않은 것은?

① 일반 제품이 표준화된 생산 공정을 통해 정형화가 가능한 반면, 서비스는 제공자나 제공 상황에 따라 고객이 인식하는 품질에 많은 차이가 발생하므로 품질관리가 어렵다.

② SERVQUAL은 Parasuraman, Zeithaml, Berry가 서비스 품질의 개념을 측정하기 위하여 제시한 모형이며, 크게 신뢰성, 확신성, 유형성, 공감성, 대응성으로 이루어져 있다.

③ 상호작용 마케팅(interactive marketing)은 고객 접촉점에 있는 종업원과 지원서비스 종사자들이 고객만족을 제공하기 위해 하나의 팀으로 일하도록 유도하고 동기를 부여하는 노력을 말한다.

④ 서비스 품질관리에 사용되는 SERVQUAL과 SERVPERF는 서비스의 품질측정에 사용되는 설문지를 의미한다.

⑤ 생산과 소비의 비분리성(inseparability)은 생산과 소비가 동시에 발생하는 서비스의 특징을 의미한다.

1667

제품과 브랜드에 대한 다음 설명 중 가장 적절하지 않은 것은?

① 상품라인(product line)의 길이(length)는 상품라인 안에 들어 있는 브랜드의 개수를 말하며, 상품라인의 깊이(depth)는 어떤 브랜드가 얼마나 많은 품목을 거느리고 있는가를 의미한다.

② 서로 다른 기업이 소유하는 두 개의 기존 브랜드명을 한 제품에 함께 사용하는 것을 코브랜딩(co-branding)이라 한다.

③ 복수 브랜드(multi brand) 전략은 욕구가 상이한 소비자에 맞추어 서로 다른 특성과 소구점이 있는 브랜드 제품을 제공할 수 있고 소매점에서 더 넓은 진열공간을 차지할 수 있다는 장점이 있다.

④ 유통업체 브랜드(PB: private brand)는 소매업체에게 더 많은 마진을 제공하고 다른 경쟁 소매업체에서 구매할 수 없기 때문에 더 많은 점포방문과 더 높은 고객충성도를 유발시킨다.

⑤ 소비자들이 우리 브랜드가 어떤 편익을 경쟁 브랜드보다 더 많이 갖고 있다고 믿을 때, 그 편익을 우리 브랜드의 유사점(point of parity)이라고 부른다.

1668

제품과 브랜드에 대한 다음 설명 중 가장 적절하지 않은 것은?

① 제조업자 브랜드는 유통업자 브랜드(PB: private brand)에 비해 저렴한 가격에 판매되므로 가격에 민감한 고객 집단에게 소구할 수 있다.

② 경쟁이 치열하지 않거나 제품수명주기(PLC)상 초기단계에 있는 제품군에 브랜드 확장(brand extension) 전략을 사용하는 것이 바람직하다.

③ 복수브랜드 전략(multibrand strategy)의 단점은 동일 범주 내에서 자사 브랜드들 간의 경쟁으로 인해 자기시장 잠식(cannibalization) 현상이 일어날 수도 있다는 점이다.

④ 브랜드 인지도(brand awareness) 피라미드에서 브랜드 회상(brand recall)은 브랜드 재인(brand recognition)보다 훨씬 강도가 높다.

⑤ 신제품 개발과정 중 '마케팅전략 개발' 단계에서 사용할 수 있는 분석방법은 군집분석(cluster analysis)과 다차원척도법(MDS: multidimensional scaling)이며, '제품개발' 단계에서 사용할 수 있는 방법은 품질기능전개(QFD: quality function deployment)이다.

1669

제품과 서비스 마케팅에 관한 다음 설명 중 가장 적절하지 않은 것은?

① 성장기(growth stage)에 제품을 구매하는 소비자층을 조기수용자(early adopter)라고 하는데 이들에 의한 호의적인 구전효과(word-of-mouth effect)가 시장확대의 성공요인이 된다.

② 서비스의 무형성(intangibility) 때문에 서비스의 선택에 있어서는 광고보다는 사용경험이 있는 다른 사람들의 구전효과(word-of-mouth effect)가 큰 비중을 차지하게 된다.

③ 서비스의 소멸성(perishability) 때문에 서비스산업에서는 공급과 수요를 적절히 조절하는 것이 중요하다.

④ 저가격을 이용한 포지셔닝은 유형의 제품보다 서비스제품에 보다 효과적이다.

⑤ 서비스제품에 있어 고객만족은 고객이 구매 전에 갖고 있던 기대수준보다 실제 제공받는 서비스의 품질이 크거나 별 차이가 없을 경우에 발생한다.

1670

브랜드(brand)에 대한 다음 설명 중 가장 적절하지 않은 것은?

① 요소 브랜딩(ingredient branding)은 둘 이상의 잘 알려진 기존 브랜드들을 결합해서 공동제품을 만들거나 공동으로 마케팅하는 것이다.
② 브랜드 자산(brand equity)의 원천은 브랜드에 대한 인지도와 브랜드에 대한 연상에 의하여 형성된다.
③ 브랜드 확장(brand extension)의 출발점이 된 기존 브랜드를 모 브랜드(parent brand)라고 부른다.
④ 브랜드 확장에서 새로운 브랜드를 기존 브랜드와 혼합하여 사용하는 경우를 서브 브랜드(sub brand)전략이라고 한다.
⑤ 브랜드 확장을 통해 모 브랜드가 이미 여러 제품들과 관련되어 있을 때 이를 공동 브랜드(family brand)라고 부른다.

1671

제품수명주기와 신제품 개발에 관한 다음 설명 중 가장 적절하지 않은 것은?

① 신제품 개발과정에서 마케팅 믹스 개발은 제품컨셉이 개발된 직후에 실시된다.
② 신제품 개발과정에서 표적집단면접(FGI: focus group interview)은 제품에 대한 아이디어를 소비자로부터 얻기 위해 시행된다.
③ 신제품 컨셉 개발은 창출된 아이디어를 의미 있는 소비자의 언어로 변환시켜 구체화시키는 작업을 말한다.
④ 대부분의 제품들은 제품수명주기 단계상 성장기(growth stage)에 있으며, 이 단계의 마케팅 전략은 시장 수정(market modification), 제품 수정(product modification), 마케팅 믹스 수정(marketing mix modification) 등의 세 가지이다.
⑤ 제품수명주기 단계상 도입기(introduction)의 마케팅 목표는 제품인지와 시용구매 창출이다.

1672

신제품 개발에 대한 다음 설명 중 가장 적절하지 않은 것은?

① 신제품개발 프로세스는 아이디어 관리 → 제품콘셉트 개발 및 테스트 → 마케팅 믹스 개발 → 사업성 분석 → 시제품개발 → 시험마케팅 → 출시의 순으로 진행된다.
② 제품개발 단계에서 컨조인트 분석(conjoint analysis)을 사용하면 신제품에 들어갈 속성과 속성 수준 결정에 도움이 된다.
③ 신제품의 시장세분화에 군집분석(cluster analysis)을 이용하면, 분석결과 분류된 집단들은 집단 내에서는 이질성(heterogeneity)을, 집단 간에는 유사성(homogeneity)을 지니게 된다.
④ 신제품 컨셉트는 창출된 아이디어를 기업의 시각보다는 소비자의 시각에서 정교화 과정을 통해 보다 구체화시킨 것을 말한다.
⑤ 신제품의 포지셔닝을 위한 다차원 척도법(MDS: multidimensional scaling)은 소비자들에게 각 제품쌍에 대한 유사성 정도를 측정하여, 기하학적인 공간 상에 제품 간 거리가 원래 소비자의 유사성 정도와 가능한 일치하도록 위치시킴으로써 지각도를 구성하는 방법이다.

1673

제품, 서비스, 브랜드에 대한 다음 설명 중 가장 적절하지 않은 것은?

① 서비스 기업에서는 서비스품질에 대한 기대수준과 실제로 제공되는 서비스와의 차이를 줄이기 위한 다각적인 노력을 필요로 하는데 이를 위한 실천적인 관리방법이 SERVQUAL이다.
② 수평적 라인확장(horizontal line extension)은 확장된 신상품이 기존 상품과 가격대는 비슷하지만 다른 세분시장을 표적으로 삼는 경우를 말한다.
③ 기존 제품시장이 정체되면 마케팅 관리자는 기존의 브랜드를 가지고 동일한 제품범주 내에서 현재위치보다 상급이나 하급시장으로 진출하고자 하는데, 이를 수직적 라인확장(vertical line extension)이라고 한다.
④ 기업이 동일한 제품범주 내에서 두 개 이상의 서로 다른 브랜드명을 사용하는 전략을 복수 브랜드 전략(multibrand strategy)이라고 한다.
⑤ 상품수명주기(PLC: product life cycle)는 독립변수가 아니라 종속변수이므로 쇠퇴기에 접어든 상품의 수명주기를 다시 성장기로 돌리는 것은 불가능하다.

1674

제품수명주기에 대한 다음 설명 중 가장 적절하지 않은 것은?

① 신제품 도입 초기에 제품을 수용하는 소비자를 혁신자(innovator)라고 하며 이들은 모험적이기 때문에 신제품 수용에 수반되는 위험을 기꺼이 감수하려는 성향을 가지고 있다.
② 신제품을 가장 나중에 수용하는 사람들을 최후수용자(laggard)라고 하며, 이들은 전통에 얽매인 소비자들로서 변화를 거부하며 전통에 집착하는 경향을 보인다.
③ 브랜드 수준의 제품수명주기는 제품군이나 제품형태에 적용된 제품수명주기보다 길다.
④ 도입기에서 사용할 수 있는 가격전략은 스키밍 가격전략(skimming pricing)이나 시장침투가격 전략(penetration pricing)이다.
⑤ 성장기(growth) 마케팅 전략의 핵심은 시장점유율 확대이며, 성숙기(maturity) 마케팅 전략의 핵심은 투자를 줄이고 현금흐름을 증가시키는 것이다.

1675

제품과 브랜드에 대한 다음 설명 중 가장 적절한 것은?

① 제품믹스(product mix)의 폭(width)이란 제품라인 안에 들어 있는 브랜드의 개수를 말한다.
② 새로 추가된 품목이 경쟁자의 고객을 빼앗아 오는 것이 아니라 자사의 다른 품목 고객을 빼앗는 것을 반향효과(feedback effect)라고 부른다.
③ 기존 브랜드가 어떤 상품 범주와 밀접하게 연결되어 있다면, 카테고리 확장(category extension)이 성공할 가능성이 높다.
④ 제품수명주기 단계는 마케팅 활동의 독립변수가 아니라 종속변수이다.
⑤ 제품수명주기 이론은 변화속도가 느린 시장에 유용하며, 변화가 매우 빠른 시장에는 유용하지 않다.

1676

브랜드 확장에 대한 다음 설명 중 가장 적절하지 않은 것은?

① 라인확장으로 인하여 소비자들이 모(母)브랜드에 대해서 갖고 있던 태도가 바뀔 수 있는데, 이를 반향효과(feedback effect 또는 reciprocal effect)라고 부른다.
② 그랜저 HG300을 사려던 사람이 이보다 값이 싼 그랜저 HG240을 산다면 HG240이 HG300의 판매를 잠식한 것이다. 이를 자기잠식(cannibalization)이라고 부른다.
③ 카테고리 확장(category extension)은 다른 범주로 브랜드를 확장하는 것이기 때문에 반향효과는 발생하지 않는다.
④ 상향확장(upward line extension)의 경우 프리미엄 이미지 구축에 실패할 가능성이 있다.
⑤ 상품과 상품 사이의 유사성이 낮더라도 브랜드 이미지와 상품 사이의 유사성이 높다면 카테고리 확장이 성공할 수도 있다.

1677

제품과 브랜드에 대한 다음 설명 중 가장 적절한 항목으로만 구성된 것은?

> a. 편의품(convenience product)에 대해 소비자들은 구매계획을 하지 않으나 빈번한 구매행동을 보인다.
> b. 상품의 편익은 기능적 편익(functional benefit), 심리적 편익(psychological benefit), 사회적 편익(social benefit)으로 구분된다.
> c. 제품라인(product line)이란 상호밀접하게 관련되어 있는 제품들의 집단을 말하는데 제품라인의 길이는 제품라인 안에 들어있는 브랜드의 개수를 말한다.
> d. 신제품 개발 프로세스에서 '마케팅 믹스 개발'은 '사업성 분석' 직후에 실시된다.
> e. 내구재의 시장 테스트는 '시용(trial)-반복(repeat)' 과정을 관찰할 수 있는 방법을 사용해야 한다.

① a, b, c
② a, c, d
③ b, c, e
④ b, d, e
⑤ c, d, e

1678

제품과 브랜드에 대한 다음 설명 중 가장 적절하지 않은 것은?

① 제품이 주는 편익 가운데, 수입고급차를 타면서 자신이 '잘 나가는' 인물임을 보여주는 편익은 사회적 편익(social benefit)에 해당한다.
② 제품라인(product line)의 길이(length)란 제품라인 안에 들어 있는 브랜드의 개수이고, 제품라인의 깊이(depth)는 어떤 브랜드가 얼마나 많은 품목을 거느리고 있는가를 의미한다.
③ 신상품개발 프로세스에서 '사업성 분석'은 컨셉트 테스트 결과 가장 우수한 컨셉트가 선택되고 마케팅 믹스 요소들이 결정되면, 이를 기초로 실시된다.
④ 샘표간장에서 캔커피를 개발한 후 카테고리 확장(category extension)을 실시하기로 했으나 상황이 여의치 않다면 선택할 수 있는 대안은 라인확장(line extension)이다.
⑤ 무어(Moore)는 신제품의 확산에서 초기시장(혁신수용자+조기수용자)과 주류시장(조기다수자+후기다수자+지각수용자) 사이에 큰 갭(gap)이 존재한다고 주장하고 이를 캐즘(chasm)이라고 불렀다.

1679

일반적으로 상품을 단 하나만 내놓기 보다는 여러 개의 상품들로 상품라인을 구성하는 것이 바람직한데 그 이유에 해당하는 것은 모두 몇 개인가?

> a. 소비자 욕구의 동질성
> b. 소비자의 다양성 추구 성향
> c. 소비자의 가격 민감도의 차이
> d. 경쟁자의 진입을 저지하기 위한 방안
> e. 전문기업이라는 이미지 제고

① 1개
② 2개
③ 3개
④ 4개
⑤ 5개

1680

우리가 '신상품'이라고 부르는 것 중의 대부분은 라인확장(line extension)에 해당되는데, 라인확장의 위험에 대한 다음 설명으로 가장 적절하지 않은 것은?

① 기존 브랜드가 신상품의 특성을 잘 나타내지 못할 가능성이 있다.
② 기존 브랜드가 어떤 상품 범주와 밀접하게 연결되어 있으면 라인확장이 실패할 가능성이 높다.
③ 라인확장이 실패할 경우 소비자들의 모(母)브랜드에 대해서 갖는 태도가 나빠지거나 심한 경우 판매도 줄어들 수 있다.
④ 하향 확장(downward line extension)의 경우 자기잠식(cannibalization)이 발생하여 수익성이 악화될 수도 있다.
⑤ 같은 브랜드 상품이 서로 다른 유통경로로 판매될 경우, 경로 간의 갈등을 일으킬 위험이 있다.

1681

제품관리에 관한 다음 설명 중 가장 적절하지 않은 것은?

① 상호 밀접하게 관련되어 있는 제품들의 집단을 제품믹스(product mix)라고 하고, 제품믹스의 폭(width)이란 제품믹스 안에 들어 있는 제품라인의 개수를 가리킨다.

② 신제품개발 프로세스에서 '사업성 분석'은 '마케팅 믹스 개발' 후에 실시한다.

③ 가격이 낮은 품목이 가격이 높은 품목의 판매를 잠식하여 제품라인 전체의 수익성을 악화시킬 수 있는데, 이를 자기시장잠식(cannibalization)이라고 한다.

④ 부정적인 반향효과(feedback effect)가 발생할 확률은 라인확장(line extension)보다는 카테고리 확장(category extension)이 더 낮다.

⑤ 로저스(Rogers)의 혁신수용시점에 따른 수용자 분류에서 가장 비중이 낮은 것은 '혁신자(innovators)'이고 그 다음으로 비중이 낮은 것은 '조기수용자(early adopter)'이다.

1682

상품과 브랜드에 관한 다음 설명 중 가장 적절하지 않은 것은?

① 상품은 편익의 묶음(bundles of benefit)이라고 할 수 있는데, 어떤 상품을 소비하는지가 다른 사람들에게 드러나는 경우에는 기능성 편익(functional benefit)보다는 심리적 편익(psychological benefit)이나 사회적 편익(social benefit)이 더 중요한 역할을 한다.

② 브랜드 자산을 구축하는 것은 짧은 시간 내에는 힘들기 때문에, 이런 경우에는 다른 회사가 구축해 놓은 브랜드 자산을 우리 회사의 브랜드와 결합해서 같이 쓰는 것을 코브랜딩(co-branding)이라고 한다.

③ 희석효과(dilution effect)는 상향 확장(upward line extension)보다는 하향 확장(downward line extension)에서 발생할 가능성이 높고, 자기 잠식(cannibalization)은 하향 확장보다는 상향 확장에서 발생할 가능성이 높다.

④ 새로운 시장을 창출하는 혁신적인 신상품(예: 자율주행 무인 자동차)이 얻을 수 있는 판매량은 잠재 구매자를 대상으로 한 컨셉트 테스트와 같은 방법으로 예측하기는 매우 어렵다.

⑤ 비내구재 신상품의 성패를 좌우하는 것은 얼마나 많은 소비자들이 시용(trial)을 했으며, 또 시용한 소비자들 중에서 얼마나 많은 사람들이 반복구매를 얼마나 자주 하는가에 달려 있다.

1683

상품과 브랜드에 관한 다음 설명 중 가장 적절하지 않은 것은?

① 애플(Apple)의 아이패드 미니(iPad mini)가 출시된 후 편리한 이동성과 활용성으로 맥제품군(아이맥, 맥북)과 기존 아이패드 9.7인치 시장이 줄어들었는데 이는 자기잠식(cannibalization)으로 볼 수 있다.

② 제품 라인(product line) 내에 무작정 새로운 품목을 추가하기만 하면 소매점에서 진열 면적을 확보하기가 어려워지고, 품절 가능성이 높아지므로 재고관리도 어려워진다.

③ 신제품 개발 과정에서 사업성 분석 결과가 만족스러울 때 마케팅 믹스 요소들을 결정한 후 소비자를 대상으로 컨셉트 테스트(concept test)를 하게 된다.

④ 제품수명주기 단계에서 유통경로 커버리지는 '도입기'부터 확대되기 시작해서 '성숙기'에 최대화된다.

⑤ 브랜드 계층 구조(brand hierarchy)에서 브랜드 수식어(brand modifier)란 특정한 품목이나 모델 타입 또는 특별한 제품 버전이나 외관을 명시하는 수단이다.

05 가격

제2편. 마케팅

1. 가격의 특성

① 가격은 다른 마케팅 믹스 요소들과는 달리 쉽게 변경할 수 있음
② 가격 이미지는 쉽게 바꿀 수 없음
③ 가격변경은 기업의 이익에 즉각적으로 커다란 영향을 미침
④ 가격경쟁은 가급적 피하는 것이 바람직함

2. 가격결정 시 고려 요인

1) 고객의 심리와 가격

고객의 심리와 관련한 가격

용어	내용
준거가격 reference price	소비자들이 제품가격의 고·저를 평가할 때 비교기준으로 사용하는 가격
단수가격 odd-pricing	현재의 화폐단위보다 조금 낮춘 990원, 29,900원 등의 가격을 책정하여 소비자들에게 가격을 낮게 책정하였다는 인식을 심어주기 위한 것
유보가격 reservation price	소비자가 어떤 제품에 대해 지불할 의사가 있는 최고가격을 말함. 이에 따라 구매 전에 소비자가 생각하고 있었던 유보가격보다 제시된 제품 가격이 비싸면 소비자는 구매를 유보하게 됨
최저수용가격 lowest acceptable price	소비자가 구매할 용의가 있는 최저가격을 말함
명성가격 prestige pricing	자신의 명성이나 위신을 나타내는 제품의 경우에 일시적으로 가격이 높아짐에 따라 수요가 증가되는 경향을 보이기도 하는데, 이를 이용하여 고가격으로 가격을 설정하는 방법
관습가격 customary pricing	일용품의 경우처럼 장기간에 걸친 소비자의 수요로 인해 관습적으로 형성되는 가격을 말함. 소매점에서 포장 과자류 등을 판매할 때, 생산원가가 변동되었다고 하더라도 품질이나 수량을 가감하여 종전가격을 그대로 유지하는 것을 의미함

2) 손실 회피성

사람들은 손해를 회피하려는 경향이 강하기 때문에, 자신에게 손해가 되는 경우와 이득이 되는 경우 중에서 손해가 되는 경우에 더 민감하게 반응하는데 이를 심리학에서는 손실 회피성(loss aversion)이라고 함

3) 웨버의 법칙

처음에 자극이 강할수록 다음에 오는 자극이 다르게 보이기 위해서 필요한 차이가 더 커야 함

> 예 낮은 가격의 제품은 가격이 조금만 올라도 구매자가 가격인상을 알아차리지만, 높은 가격의 제품은 어느 정도 올라도 구매자가 가격인상을 알아차리지 못함

$$K = \frac{\Delta I}{I}$$

I : 원래의 자극수준을 의미
ΔI : 알아차릴 수 있는 변화의 양

4) JND

JND(just noticeable difference)란 가격변화를 느끼게 만드는 최소의 가격변화폭을 의미함

예 만약 어떤 소비자가 제조업자 브랜드 세제(가격 5,000원)의 가격보다 유통업자 브랜드(PB: private brand) 세제의 가격이 1,000원 이상 싸야지만 가격차를 인식한다고 하면, JND는 1,000원이 되는 것임

절대식역과 차이식역

절대식역(absolute threshold)이란 지각을 발생시킬 수 있는 최소한의 자극의 양을 말한다. 즉, 인간이 자극을 알아차릴 수 있는 가장 낮은 수준의 자극점을 뜻한다. 반면 차이식역(differential threshold)은 2개의 자극을 지각할 수 있는 최소한의 차이를 말한다. 절대식역이 자극이 있는지 없는지를 판별하는 영역이라고 하면 차이식역은 두 자극 간 차이가 있는지 없는지를 판별하는 영역이라고 할 수 있다. 소비자는 차이식역 이하에서 자극 간의 어떤 차이도 파악할 수 없다. 그래서 차이식역을 JND(just noticeable difference)라고도 한다.

5) 가격-품질 연상

가격-품질 연상(price-quality association)이란 구매자들이 가격이 높은 상품일수록 품질도 높을 것이라고 기대하는 것. 지각적 추론(perceptual inference)과 관련 있음

3. 기본적인 가격결정 방법

(1) 원가기준법

원가기준법(cost-plus pricing 또는 markup pricing)은 제품의 원가에 업계에서 사용하는 이익을 더한 것을 가격으로 책정하는 방법임. 이 방법은 단순하다는 장점 때문에 많은 품목의 가격을 결정해야 하는 유통업자들이 주로 이용하지만 고객의 관점을 완전히 무시하며, 경쟁자의 가격이나 원가에 대한 고려가 없다는 단점을 지님

(2) 목표수익률 기준법

목표수익률 기준법(target-return pricing)이란 목표로 하고 있는 투자수익률(ROI: return on investment)을 달성할 수 있도록 가격을 결정하는 방법임

(3) 경쟁기준법

경쟁기준법(going-rate pricing)은 경쟁자의 가격을 기준으로 동일한 수준이나 아니면 조금 높거나 낮도록 가격을 결정하는 방법임. 이 방법은 가격경쟁을 최소화할 수 있다는 장점을 갖고 있는 반면에 고객측면을 전혀 고려하지 않는다는 단점을 갖고 있음

(4) 지각된 가치기준법

지각된 가치기준법(perceived-value pricing)이란 말 그대로 고객이 지각한 가치를 기준으로 가격을 결정하는 방법을 의미함

4. 고객별 가격결정

(1) 가격차별

동일한 제품에 대해 개별고객마다 또는 세분시장마다 다른 가격을 받는 것을 가격차별(price discrimination)이라고 함

1) 가격차별의 기준

- 유보가격이 높은 집단에는 높은 가격을 매김
- 높은 가치를 느끼는 집단에는 높은 가격을 받음
- 가격민감도가 높은 집단에는 낮은 가격을 받고, 가격민감도가 낮은 집단에는 높은 가격을 받음

가격차별의 사례

구분	사례
직접적 가격차별	• 학생할인 • 항공요금할인 • 수량할인(quantity discount) • 이중요율(two-part tariff) • 할인시간가격(off-peak pricing) • 할인쿠폰(discount coupon)
간접적 가격차별	• 소프트웨어 업그레이드 가격 • 제품라인 가격정책

5. 제품별 가격결정 : 보완재

제품별 가격결정

종류	내용
캡티브 프로덕트 가격 captive product pricing	주제품(면도기, 카메라)과 종속제품(면도날, 필름)을 함께 생산·판매하는 기업은 주제품에 대해서는 가격을 낮게 책정하고 종속제품에 대해서는 고가격을 책정하는 가격전략을 흔히 사용. 서비스에서는 이를 이중요율 가격(two-part tariff)이라고 함
묶음가격 bundling	여러 개의 제품들을 묶어서 할인된 가격으로 판매하는 것. 순수묶음(pure bundling)과 혼합묶음(mixed bundling)이 있음. 상품의 종류가 많고, 상품 하나하나에 대하여 고객들이 지각하는 가치가 너무나 이질적이어서, 기업이 상품별로 가격을 매기고 따로따로 파는 것이 어려운 경우

6. 시간의 흐름에 따른 가격결정

(1) 스키밍 가격

스키밍 가격(market-skimming pricing)은 신제품을 개발초기에 가격민감도가 가장 낮은 고소득 소비자층을 상대로 고가격을 책정하였다가 이들의 구매가 감소하기 시작하면 가격에 민감한 일반소비층을 표적으로 가격을 인하하여 단계적으로 이익을 극대화하는 것임

∨ 고가격에도 불구하고 상당 수의 소비자가 그 제품을 구매하고자 할 때
∨ 잠재 구매자들이 가격-품질 연상을 강하게 갖고 있을 때
∨ 초기 고가격이 소량생산으로 인한 단위 당 높은 생산비용을 상쇄할 수 있을 때
∨ 초기 고가격에도 불구하고 당분간 경쟁사의 시장진입이 어려울 때

(2) 시장침투 가격

시장침투 가격(market-penetration pricing)은 스키밍 가격과는 반대로, 신제품이 처음 나왔을 때 매우 낮은 가격을 매긴 다음, 시간의 흐름에 따라 점차 가격을 높여나가는 가격정책임

- ∨ 소비자들이 가격에 민감하여 낮은 가격이 빠른 시장성장을 실현할 수 있을 때
- ∨ 생산량이 축적될수록 제조원가와 유통비용이 빨리 하락할 때(경험곡선 효과가 클 때)
- ∨ 저가격전략이 경쟁사들의 시장진입을 방지할 수 있을 때

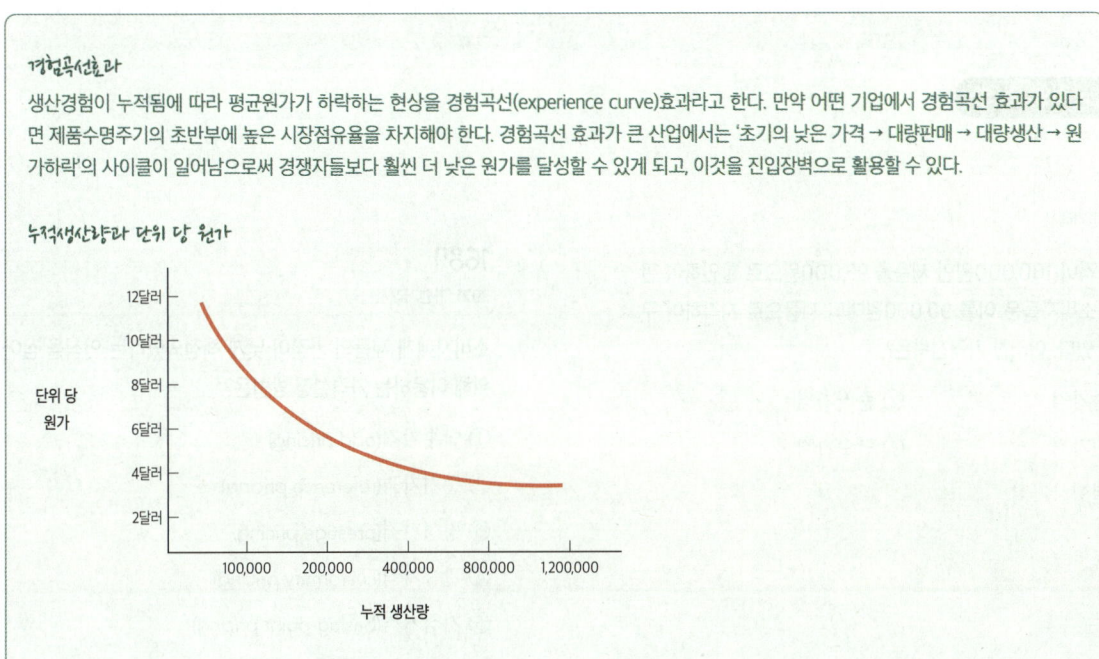

경험곡선효과

생산경험이 누적됨에 따라 평균원가가 하락하는 현상을 경험곡선(experience curve)효과라고 한다. 만약 어떤 기업에서 경험곡선 효과가 있다면 제품수명주기의 초반부에 높은 시장점유율을 차지해야 한다. 경험곡선 효과가 큰 산업에서는 '초기의 낮은 가격 → 대량판매 → 대량생산 → 원가하락'의 사이클이 일어남으로써 경쟁자들보다 훨씬 더 낮은 원가를 달성할 수 있게 되고, 이것을 진입장벽으로 활용할 수 있다.

7. 기타 가격결정

(1) 제품라인 가격결정

제품라인 가격(product line pricing)은 여러 제품라인을 구축하고 있는 기업에서 제품 간 제조원가, 성능의 차이를 근거로 다양한 가격단계를 설정하는 것을 말함

(2) 옵션제품 가격결정

옵션제품 가격결정(optional product pricing)은 주력제품에 추가하여 제공되는 각종 옵션 제품 혹은 액세서리에 부과되는 가격을 말하는 것으로 기본제품에 대해서는 저가격을, 옵션으로 제공되는 제품에 대해서는 높은 제품가격을 책정하는 방식을 말함

(3) 부산물 가격결정

부산물 가격결정(by-product pricing)은 제품제조 시 발생하는 부산물에 대한 가격으로 부산물은 값어치가 없기 때문에 운송비와 보관비만 상쇄되는 수준에서 가격이 결정됨

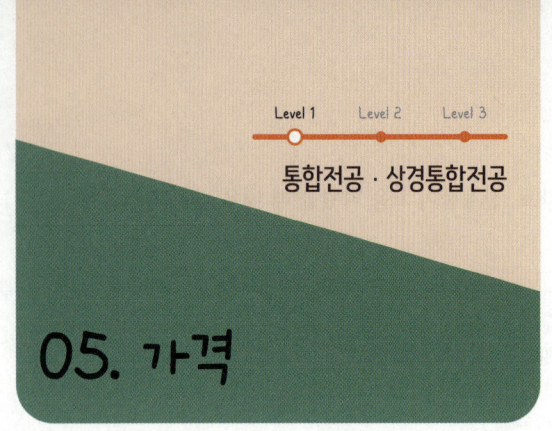

05. 가격

고객심리와 가격

1684
2014 가맹거래사

원래 가격이 100,000원인 제품을 99,000원으로 할인하여 판매하면 소비자들은 이를 90,000원대의 제품으로 지각하여 구매할 수 있다. 이러한 가격전략은?

① 관습가격
② 준거가격
③ 촉진가격
④ 단수가격
⑤ 특별행사가격

1685
2017 가맹거래사

심리적 가격조정 방법이 아닌 것은?

① 단수가격(odd pricing)
② 관습가격(customary pricing)
③ 준거가격(reference pricing)
④ 명성가격(prestige pricing)
⑤ 기점가격(basing-point pricing)

1686
2020 가맹거래사

어떤 제품을 구매하고자 할 때 소비자들 자신이 심리적으로 적정하다고 생각하는 가격결정 방법은?

① 단수가격
② 관습가격
③ 준거가격
④ 명성가격
⑤ 단계가격

1687
2021 가맹거래사

소비자에게 제품의 가격이 낮게 책정되었다는 인식을 심어주기 위해 이용하는 가격설정 방법은?

① 단수가격(odd pricing)
② 준거가격(reference pricing)
③ 명성가격(prestige pricing)
④ 관습가격(customary pricing)
⑤ 기점가격(basing-point pricing)

1688
2011 공인노무사

소비자들이 제품가격의 높고 낮음을 평가할 때 비교기준으로 사용하는 가격은?

① 유보가격
② 최저수용가격
③ 관습가격
④ 준거가격
⑤ 단수가격

1689
2019 공인노무사

소비자 심리에 근거한 가격결정 방법으로 옳지 않은 것은?

① 종속가격(captive pricing)
② 단수가격(odd pricing)
③ 준거가격(reference pricing)
④ 긍지가격(prestige pricing)
⑤ 관습가격(customary pricing)

1690
2020 공인노무사

(주) 한국은 10,000원에 상당하는 두루마리 화장지 가격을 9,990원으로 책정하였다. 이러한 가격결정 방법은?

① 단수가격　　② 명성가격
③ 층화가격　　④ 촉진가격
⑤ 관습가격

1691
2021 경영지도사

가격이 높으면 품질이 좋다는 판단을 유도하는 가격전략은?

① 심리가격　　② 명성가격
③ 유보가격　　④ 습관가격
⑤ 준거가격

1692
2011 7급 국가직

제품 가격을 990원 혹은 9,990원 등으로 책정하는 가격결정 방법은?

① 관습가격결정(customary pricing)
② 단수가격결정(odd pricing)
③ 준거가격결정(reference pricing)
④ 위신가격결정(prestige pricing)

1693
2015 7급 국가직

유인가격(leader pricing) 및 단수가격(odd pricing)에 대한 설명으로 옳지 않은 것은?

① 유인가격 전략은 일부 상품을 싸게 판매하면서 고객을 유인하는 전략이다.
② 유인가격 전략은 우유, 과일, 화장지 등의 제품 판매에 많이 적용되는 경향이 있다.
③ 단수가격 전략은 판매 가격의 끝자리를 미세한 단위로 조정하여 소비자가 받아들이는 심리적 가격 차이를 증가시키는 것이다.
④ 국내 의류회사가 고가 의류 100벌을 한정하여 판매한 경우, 유인가격 전략을 적용한 것이다.

1694
2021 7급 국가직

가격 및 가격결정에 대한 설명으로 옳은 것은?

① 10,000원짜리 제품에서 500원 미만의 가격 인상은 알아차리지 못하지만 500원 이상의 가격 인상은 알아차리는 현상을 웨버의 법칙(Weber's Law)으로 설명할 수 있다.
② JND(Just Noticeable Difference)는 같은 500원을 인상하더라도 인상 전 원래의 제품가격의 수준이 낮은 경우와 높은 경우에 따라 가격변화를 다르게 지각하는 것이다.
③ 일반적으로 준거가격은 최저수용가격보다 높고 유보가격보다 낮다.
④ 가격 – 품질 연상은 가격이 어느 수준 이하로 내려가면 해당 제품의 품질을 의심하는 것이며, 주로 품질을 평가하기가 쉬운 제품에서 발견된다.

1695
2023 가맹거래사

가격에 관한 설명 중 옳지 않은 것은?

① 준거가격은 구매자가 가격이 비싼지 싼지를 판단하는 기준으로 삼는 가격이다.
② 스키밍 가격전략은 신상품이 처음 나왔을 때 낮은 가격을 책정하고 이후 시간의 흐름에 따라 가격을 높이는 방식이다.
③ 최저수용금액은 구매자가 의심하지 않고 구매할 수 있는 최저금액이다.
④ 단수가격 조정은 끝자리를 미세한 단위(~9원)로 정하는 방식이다.
⑤ 유인가격은 일부 제품에 대해 원가와 무관하게 낮은 가격을 제시하는 것이다.

1696
2024 공인노무사

4P 중 가격에 관한 설명으로 옳지 않은 것은?

① 가격은 다른 마케팅 믹스 요소들과 달리 상대적으로 쉽게 변경할 수 있다.
② 구매자가 가격이 비싼지 싼지를 판단하는 기준으로 삼는 가격을 준거가격이라 한다.
③ 구매자가 어떤 상품에 대해 지불할 용의가 있는 최저가격을 유보가격이라 한다.
④ 가격변화를 느끼게 만드는 최소의 가격변화 폭을 JND(just noticeable difference)라 한다.
⑤ 구매자들이 가격이 높은 상품일수록 품질도 높다고 믿는 것을 가격-품질 연상이라 한다.

가격결정 목표

1697
2022 경영지도사

가격결정의 주요 목표로 옳지 않은 것은?

① 시장침투
② 수익의 안정
③ 제품의 판매촉진
④ 경쟁에 대한 대응 및 예방
⑤ 신제품 개발 역량 촉진

기본적인 가격결정 방법

1698
2022 가맹거래사

원가 중심적 가격결정 방법에 해당하는 것은?

① 경쟁입찰 가격결정
② 부가가치 가격결정
③ 시장가치 가격결정
④ 목표이익 가격결정
⑤ 항시 저가 가격결정

1699
2017 7급 서울시

사무용 의자를 생산하는 기업의 총고정비가 1,000만 원, 단위당 변동비가 10만 원이며, 500개의 의자를 판매하여 1,000만 원의 이익을 목표로 한다면, 비용가산법(Cost-Plus Pricing)에 의한 의자 1개의 가격은?

① 100,000원
② 120,000원
③ 140,000원
④ 160,000원

1700
2018 7급 서울시

자동차 제조회사가 공장을 건설하는 데 100억 원을 투자하고 투자비용에 대한 목표투자이익률(return on investment)을 20%로 책정하였다. 표준생산량이 1,000대이고 단위당 비용이 3백만 원일 때 목표투자이익률에 따른 가격결정(target return pricing)에 의한 자동차 1대의 가격은?

① 2,000,000원
② 3,000,000원
③ 4,000,000원
④ 5,000,000원

1701
2018 7급 국가직

'가산이익률에 따른 가격결정법(Mark-up Pricing)'을 사용할 경우 다음 제품의 가격은?

단위당 변동비: 10,000원
기대판매량: 100,000개
고정비: 400,000,000원
가산(Mark-up)이익률: 20%

① 16,800원
② 17,500원
③ 17,800원
④ 18,500원

1702
2019 7급 국가직

가격책정 전략 또는 전술에 대한 설명으로 옳지 않은 것은?

① 마크업 가격책정(markup pricing)은 가격책정의 궁극적 목표인 이윤극대화에 효과적이다.
② 가격의 끝자리에 0이 아닌 단수를 붙여 가격에 대한 고객의 심리적 수용도를 높이고자 하는 가격 전략을 단수 가격책정(odd pricing)이라고 한다.
③ 혼합 묶음가격(mixed price bundling)은 개별상품 가격의 합보다 낮거나 높을 수도 있고, 순수 묶음가격(pure price bundling)보다 더 높은 이익을 가져오는 경향이 있다.
④ 원가가산 가격책정(cost-plus pricing)은 고객의 관점을 무시하고 경쟁자의 가격을 고려하지 않는다는 결함을 가지고 있다.

1703
2023 9급 군무원

가격전략에 대한 설명으로 가장 적절한 것은?

① 원가 가산 가격결정 방법은 제품의 단위당 원가에 일정 비율의 마진을 더해 판매 가격을 결정하는 방법이다.
② 단수가격은 소비자가 제품의 구매를 결정할 때 기준이 되는 가격이다.
③ 2부제 가격(two-part tariff)은 성수기와 비수기의 가격을 다르게 책정하는 방식이다.
④ 유보가격(reserved price)보다 제품의 가격이 낮으면, 소비자가 제품의 품질을 의심해서 구매를 유보하게 된다.

1704
2023 7급 서울시

마케팅 가격결정전략으로 가장 옳지 않은 것은?

① 원가가산가격결정법(cost-plus pricing)은 가격변동이 판매량이 미치는 영향이 크고 기업이 가격을 통제할 수 없는 경우에 사용한다.
② 경쟁자의 진입이 용이하지 않을 경우 신제품에 대한 조기 수용자층에 대해서는 스키밍 가격(market-skimming pricing)을 사용한다.
③ 어떤 제품을 비교적 낮은 가격으로 판매한 다음 그 상품에 필요한 소모품이나 부품 등을 비교적 비싼 가격에 판매하는 가격관리방식은 종속제품에 대한 가격결정(captive-product pricing)이다.
④ 규모의 경제가 존재하거나 소비자들이 가격에 민감할 경우에는 시장침투가격(market-penetration pricing)을 사용한다.

1705
2024 9급 군무원

다음 중 비용 중심적 가격결정 방법에 대한 설명으로 가장 적절하지 않은 것은?

① 지수 가격결정은 총원가와 원가 비율을 이용하여 가격을 결정하는 방법으로 주로 서비스 산업에서 사용된다.
② 비용 가산 가격결정은 생산원가에 일정한 가산액이나 가산율을 부가하는 방법이다.
③ 공헌 마진 가격결정은 상품회전율과 상대적 수익률을 기준으로 하는 가격결정 방법이다.
④ 손익분기점 가격결정은 상품을 생산하고 판매하는 전 과정을 통해서 특별한 손실이나 이익이 나지 않은 수준에서 가격을 결정하는 방법이다.

고객별 가격결정

1706
2008 가맹거래사

가격차별화 전략에 관한 설명 중 옳지 않은 것은?

① 가격차별화란 동일한 상품에 대하여 개별 고객 또는 세분시장 별로 가격 책정을 달리하는 것을 말한다.
② 가격 민감도가 높은 집단에게는 높은 가격을, 가격민감도가 낮은 집단에게는 낮은 가격을 매긴다.
③ 유보가격이 높은 집단에게는 높은 가격을 매긴다.
④ 높은 가치를 느끼는 집단에게는 높은 가격을 매긴다.
⑤ 상품의 종류가 많고, 개별 상품에 대한 고객들이 지각하는 가치의 차이가 클수록 가격차별화 전략이 효과적이다.

1707
2022 공인노무사

제품의 기본가격을 조정하여 세분 시장별로 가격을 달리하는 가격결정이 아닌 것은?

① 고객집단 가격결정
② 묶음제품 가격결정
③ 제품형태 가격결정
④ 입지 가격결정
⑤ 시간 가격결정

1708
2015 7급 국가직

기업이 가격전략을 수립할 때, 소비자의 가격민감도를 낮출 수 있는 상황으로 적절하지 않은 것은?

① 제품이 이전에 구매한 자산과 결합하여 사용되는 경우
② 구매자가 제품을 비축할 수 있는 경우
③ 구매 비용 일부를 다른 사람이 부담하는 경우
④ 제품이 독특하여 대체품을 찾을 수 없는 경우

상품별 가격결정

1709
2013 가맹거래사

소비자들에게 프린터를 저렴한 가격으로 구매하게 한 다음 프린터 카트리지를 비싼 가격으로 판매하는 제품믹스 가격전략은?

① 제품라인 가격결정
② 선택사양제품 가격결정
③ 부산물 가격결정
④ 묶음제품 가격결정
⑤ 종속제품 가격결정

1710
2018 가맹거래사

가격책정에 관한 설명으로 옳지 않은 것은?

① 묶음가격책정(bundling pricing)은 함께 사용하는 제품에 대해 각각의 가격을 설정하는 것이다.
② 시장침투가격책정(penetration pricing)은 빠른 시간내에 매출 및 시장점유율을 확대하기 위해 신제품 도입 초기에 낮은 가격을 설정하는 것이다.
③ 초기고가책정(skimming pricing)은 신제품을 시장에 출시할 때 신제품이 지니고 있는 편익을 수용하고자 하는 소비자층을 상대로 가격을 높게 설정하는 것이다.
④ 단수가격책정(odd pricing)은 제품가격을 단수로 책정함으로써 실제보다 제품가격이 저렴한 것으로 느끼도록 가격을 설정하는 것이다.
⑤ 가격계열화(price lining)는 품질이나 디자인의 차이에 따라 가격대를 설정하고 그 가격대 내에서 개별제품에 대한 구체적인 가격을 설정하는 것이다.

1711
2017 공인노무사

A사가 프린터를 저렴하게 판매한 후, 그 프린터의 토너를 비싼 가격으로 결정하는 방법은?

① 종속제품 가격결정(captive product pricing)
② 묶음 가격결정(bundle pricing)
③ 단수 가격결정(odd pricing)
④ 침투 가격결정(penetration pricing)
⑤ 스키밍 가격결정(skimming pricing)

1712
2016 7급 서울시

가격전략에 대한 설명으로 가장 옳지 않은 것은?

① 시장침투가격(market-penetration pricing)은 단기이익을 조금 희생하더라도 장기적인 이익을 실현하려는 경우에 쓰인다.
② 묶음가격(product bundled pricing)은 자사가 제공하는 여러 개의 제품이나 서비스를 묶어서 하나의 가격으로 판매하는 것으로, 상품들이 상호 대체재인 경우에 효과적이다.
③ 단수가격(odd pricing)은 현재의 화폐단위보다 조금 낮춘 가격 책정을 통해 소비자들에게 가격을 낮게 책정하였다는 인식을 심어준다.
④ 종속제품에 대한 가격결정(captive-product pricing)은 면도기와 면도날처럼 주제품과 종속제품의 상호관련성을 고려한 가격결정 방식이다.

1713
2019 7급 국가직

어떤 상품을 싸게 판매한 후, 그 상품에 필요한 소모품이나 부품 등을 비싼 가격에 판매하여 큰 이익을 거둘 수 있는 가격 정책에 대한 설명으로 옳지 않은 것은?

① 이러한 가격 정책을 캡티브 프로덕트 가격 정책(captive product pricing)이라고 한다.
② 싸게 판매하는 상품의 가격은 원가 이하로 내려가기도 하며, 심지어 그 상품을 무료로 줄 수도 있다.
③ 해당 상품 시장에서 고객들이 지각하는 상품의 가치가 이질적이어서 상품별로 가격을 결정하기 어려운 경우에 사용된다.
④ 고객이 아니라 상품을 축으로 하는 가격구조에 해당되고, 상품들이 서로 보완재인 경우의 대표적인 가격구조이다.

1714
2022 5급 군무원

다음 중 제품믹스에 대한 가격결정에 대한 설명으로 가장 옳지 않은 것은?

① 제품계열에 대한 가격결정은 한 제품계열을 구성하는 여러 제품 간에 어느 정도의 가격 차이를 둘 것인가를 결정하는 데 초점을 맞춘다.
② 사양 제품(optional-product)에 대한 가격결정은 주력제품과 함께 판매되는 각종 사양 제품 혹은 액세서리에 부과되는 가격을 말한다.
③ 종속제품에 대한 가격결정은 특정 제품과 반드시 함께 사용되는 제품에 부과되는 가격을 말한다.
④ 묶음 제품 가격결정은 자사에서 판매하는 관련 제품들을 함께 묶어 고가에 판매하는 방식을 말한다.

1715
2024 가맹거래사

다음의 예시들이 의미하는 가격책정 방법은?

> • 프린터는 싸게 팔고 프린터 토너는 비싸게 판다.
> • 면도기는 싸게 팔고 면도날은 비싸게 판다.

① 종속제품(captive-product) 가격책정
② 제품계열(product line) 가격책정
③ 옵션제품(optional-product) 가격책정
④ 묶음제품(product-bundle) 가격책정
⑤ 차별적(discriminatory) 가격책정

1716
2024 7급 서울시

<보기>에서 설명하는 가격 정책으로 가장 옳은 것은?

> <보기>
> 특정 상품을 저렴하게 판매한 다음에, 그 상품에 필요한 소모품이나 부품 등을 비싼 가격에 판매함으로써 큰 이익을 거두는 가격 정책이다. 게임기와 소프트웨어, 프린터와 카트리지 같은 사례가 있다.

① 캡티브 프로덕트 가격(captive product pricing)
② 묶음 가격(bundling)
③ 스키밍 가격(skimming pricing)
④ 침투 가격(penetration pricing)

시간의 흐름에 따른 가격결정

1717
2010 가맹거래사

신상품 도입기에 사용할 수 있는 가격전략에 관한 설명으로 옳지 않은 것은?

① 스키밍(skimming) 가격전략이란 상품이 시장에 도입되는 초기단계에 고가로 출시하여 점차 가격을 하락시켜 나가는 방법이다.
② 시장침투 가격전략이란 시장에 도입되는 초기단계에 저가로 시작하여 점차 가격을 높여 나가는 방법이다.
③ 제품단위당 변동비용의 비중이 높은 경우 스키밍 가격전략이 효과적이다.
④ 혁신적인 기능이 추가된 신제품의 경우 시장침투 가격전략이 효과적이다.
⑤ 고객들의 가격민감도가 높은 경우 시장침투 가격전략이 효과적이다.

1718
2012 가맹거래사

스키밍(skimming) 가격 책정은 주로 언제, 어떻게 하는 전략인가?

① 도입기-고가격
② 도입기-저가격
③ 성장기-저가격
④ 성숙기-고가격
⑤ 성숙기-저가격

1719
2012 가맹거래사

우수한 품질에 저렴한 가격을 책정하는 전략은?

① 고가격(premium pricing) 전략
② 침투가격(penetration pricing) 전략
③ 초과가격(overcharging pricing) 전략
④ 평균가격(average pricing) 전략
⑤ 저렴한 가치(cheap value) 전략

1720
2015 가맹거래사

신제품을 시장에 출시하는 경우 특정 세분시장 확보를 위한 고가격 책정전략은?

① 시장침투가격(penetration pricing)
② 스키밍가격(skimming pricing)
③ 이미지가격(image pricing)
④ 이분가격(two-part pricing)
⑤ 노획가격(captive pricing)

1721
2016 가맹거래사

제품수명주기상 도입기에 고가격 전략을 적용하는 경우로 옳지 않는 것은?

① 초기에 높은 시장점유율을 확보하려 할 때
② 특허 기술 등의 이유로 제품이 보호되고 있을 때
③ 잠재적 고객들이 가격-품질의 연상이 강할 때
④ 경쟁자에 대한 시장 진입장벽이 높을 때
⑤ 대체품에 비해 신제품의 가치가 높을 때

1722
2019 가맹거래사

시장침투가격결정(penetration pricing)에 관한 설명으로 옳지 않은 것은?

① 신제품 출시 때, 빠른 시간 내에 매출 및 시장점유율을 확대하고자 하는 경우 적합한 방식이다.
② 경쟁자의 진입을 방지하고자 할 때 효과적인 방식이다.
③ 가격에 민감하지 않은 혁신소비자층(innovators)을 대상으로 하는 것이 적절하다.
④ 단위당 이익이 낮더라도 대량판매를 통해 높은 총이익을 얻을 수 있을 때 활용할 수 있는 방식이다.
⑤ 대체적으로 소비자들이 가격에 민감할 때 적합한 방식이다.

1723
2018 공인노무사

신제품 가격결정방법 중 초기고가전략(skimming pricing)을 채택하기 어려운 경우는?

① 수요의 가격탄력성이 높은 경우
② 생산 및 마케팅 비용이 높은 경우
③ 경쟁자의 시장진입이 어려운 경우
④ 제품의 혁신성이 큰 경우
⑤ 독보적인 기술이 있는 경우

1724
2017 경영지도사

경쟁이 거의 없는 동안 최적 이익을 얻기 위하여 신제품 가격을 높게 책정하는 전략은?

① 스키밍 가격전략(skimming price strategy)
② 침투 전략(penetration strategy)
③ 항시저가책정전략(everyday low pricing strategy)
④ 고-저 가격책정전략(high-low pricing strategy)
⑤ 심리적 가격책정전략(psychological pricing strategy)

1725
2017 7급 서울시

다음 중 시장침투가격(penetration pricing) 전략이 적합한 상황과 가장 거리가 먼 것은?

① 소비자들이 가격에 민감하지 않을 때
② 시장 성장률이 높을 때
③ 경쟁자의 진입을 사전에 방지하고자 할 때
④ 규모의 경제가 존재할 때

1726
2012 7급 국가직

신제품을 통해 시장에 진입할 때 초기 고가전략(skimming pricing strategy)을 적용하기에 적절한 경우는?

① 신제품이 소비자가 원하는 탁월한 특성을 갖고 있는 경우
② 신제품에 대한 규모의 경제가 가능한 경우
③ 신제품에 대한 극심한 경쟁이 예상되는 경우
④ 신제품에 대한 대규모의 시장이 존재하는 경우

1727
2020 코레일 사무직 복원

침투가격이 잘 맞는 경우가 아닌 것은?

① 수요탄력성이 낮을 때
② 규모의 경제가 가능할 때
③ 원가 경쟁력이 있을 때
④ 가격민감도가 높을 때
⑤ 낮은 가격으로 잠재경쟁자들의 진입을 막을 수 있을 때

1728
2023 경영지도사

가격전략에 관한 설명으로 옳지 않은 것은?

① 기업의 마케팅 목표 및 마케팅믹스 와의 조화를 고려하여 수립할 필요성이 있다.
② 수요의 가격탄력성이 높지 않을 경우, 상대적 고가격전략이 적합하다.
③ 시장침투(market-penetration) 가격전략은 신제품 출시 초기에 높은 가격을 책정하고, 추후 점차적으로 가격을 인하하여 시장점유율을 확대하고자 하는 전략이다.
④ 진입장벽이 높아 경쟁자의 시장 진입이 어려운 경우, 스키밍(market-skimming) 가격전략이 적합하다.
⑤ 소비자들의 본원적 수요를 자극하고자 하는 경우, 상대적 저가격전략이 적합하다.

1729
2023 7급 국가직

스키밍 가격(skimming pricing)에 대한 설명으로 옳지 않은 것은?

① 신상품 수용 시점에 따른 잠재 구매자 집단별 유보가격과 관련이 있다.
② 시간이 지나면서 가격이 내려가는 모든 경우가 스키밍 가격에 해당하지는 않는다.
③ 진입장벽이 낮은 경우에 적절하다.
④ 잠재 구매자들의 가격 – 품질 연상이 강한 경우에 효과적이다.

1730
2024 7급 국가직

가격전략에 대한 설명으로 옳지 않은 것은?

① 전략적 차원에서 이익이 희생되는 가격으로 책정할 수 있다.
② 제품의 확산 속도가 빠른 경우에는 시장침투 가격전략(penetration pricing strategy)이 효과적이다.
③ 잠재시장 규모가 큰 경우에는 스키밍 가격전략(skimming pricing strategy)이 적절하다.
④ 성숙기에 시장점유율 유지를 위한 적극적인 가격경쟁은 효과적인 전략이다.

기타 가격결정

1731
2009 7급 국가직

남성 정장류의 가격대를 저가, 중가, 고가 등으로 분류하여 저가 정장류는 5만원에서 10만원 사이, 중가 정장류는 13만원에서 25만원 사이, 고가 정장류는 30만원에서 55만원 사이의 가격을 책정한다고 할 때, 특정 기업이 중가 정장류를 판매하기로 하고 각 제품의 가격을 13만원, 16만원, 25만원으로 결정한다면 이러한 가격결정에 해당하는 것은?

① 시장침투가격(market-penetration pricing)
② 심리적 가격(psychological pricing)
③ 가격차별화(price discrimination)
④ 가격계열화(product line pricing)

1732
공기업 출제경향 반영

노트북 제조사인 A사에서는 동일한 노트북 제품인데도 불구하고 소비자들의 니즈에 따라 고가 노트북 브랜드, 중가 노트북 브랜드, 저가 노트북 브랜드를 가지고 각각의 브랜드에 맞는 가격을 책정하고 있는 상황이다. 현재 A사의 노트북 가격전략은 무엇이라고 볼 수 있는가?

① 준거가격(reference price)
② 관습가격(customary pricing)
③ 가격계열화(product line pricing)
④ 유보가격(reservation price)
⑤ 이중요율(two-part tariff)

1733
2024 5급 군무원

다음 중 기업의 생존부등식을 바르게 설명한 것은?

① P(상품의 가격) < C(상품의 원가)
② V(상품의 가치) > P(상품의 가격)
③ PB(생산자 혜택) = V(상품의 가치) - P(상품의 가격)
④ CB(소비자 혜택) = P(상품의 가격) - C(상품의 원가)

공공정책과 가격결정

1734
2007 가맹거래사

다음에서 설명하는 가격정책은?

> 유표품(branded goods)의 제조업자가 도매상 및 소매상과의 계약에 의하여 자기회사제품의 도소매 가격을 사전에 설정해 놓고, 이 가격으로 자사제품을 판매하는 전략으로 유표품이 도·소매상의 손실유인상품(loss leader)으로 이용되는 것을 방지하여, 가격안정과 명성유지를 도모하고자 하는 정책이다.

① 상대적 저가격전략
② 상층흡수가격정책
③ 대등가격전략
④ 상대적 고가격전략
⑤ 재판매가격 유지정책

프로스펙트 이론

1735
2021 7급 서울시

카너먼과 트버스키(Kahneman & Tversky)의 전망이론(prospect theory)에 대한 설명으로 가장 옳지 않은 것은?

① 가치함수가 이득 영역과 손실 영역에서 서로 상이하다.
② 준거점 근처에서 느끼는 한계효용과 준거점과 거리가 먼 부분에서 느끼는 한계효용이 서로 다르다.
③ 같은 금액의 이득보다 같은 금액의 손실을 더 크게 느낀다.
④ 복수 이득은 합하고 복수 손실은 나누는 것이 유리하다.

기타 가격관련

1736
2014 공인노무사

수요의 가격탄력성이 가장 높은 경우는?

① 대체재나 경쟁자가 거의 없을 때
② 구매자들이 높은 가격을 쉽게 지각하지 못할 때
③ 구매자들이 구매습관을 바꾸기 어려울 때
④ 구매자들이 대체품의 가격을 쉽게 비교할 수 있을 때
⑤ 구매자들이 높은 가격이 그만한 이유가 있다고 생각할 때

1737
2022 9급 군무원

다음 중에서 가격책정방법이 아닌 것은?

① 원가가산의 방법
② 수요지향적 방법
③ 경쟁지향적 방법
④ 재고지향적 방법

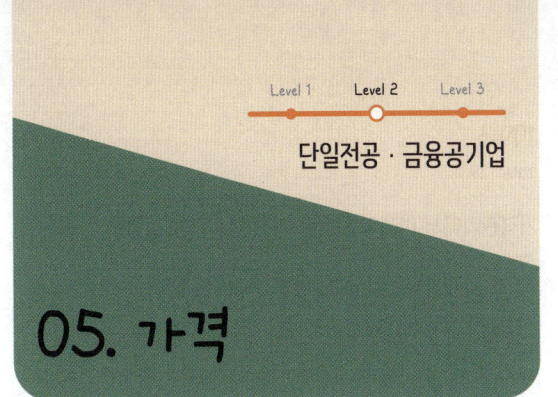

05. 가격

단일전공 · 금융공기업

고객심리와 가격

1738
2008 CPA

가격전략에 관한 다음 설명 중 옳은 것으로만 구성된 것은?

> a. 여러 가지 상품을 묶어서 판매하는 가격정책을 캡티브 프로덕트 가격전략(captive product pricing)이라 한다.
> b. 신상품이 처음 나왔을 때 아주 낮은 가격을 매긴 다음, 시간이 흐름에 따라 점차 가격을 올리는 가격정책을 스키밍 가격전략(market skimming pricing)이라 한다.
> c. 구매자들은 가격인하(이득)보다는 가격인상(손실)에 더 민감하게 반응하는 경향이 있으며 이것을 심리학에서는 손실회피(loss aversion)라 부른다.
> d. 가격변화에 대한 지각은 가격수준에 따라 달라진다는 법칙을 웨버의 법칙(Weber's Law)이라 한다.
> e. JND(just noticeable difference)란 가격변화를 느끼게 만드는 최소의 가격변화폭을 의미한다.

① a, b, c ② b, c, d
③ c, d, e ④ b, c, e
⑤ a, d, e

1739
2010 CPA

EJ사는 자사 상품의 가격을 동일한 비율로 인하하는 경우보다 인상하는 경우에 판매량 변화가 더 크다는 사실을 경험적으로 알고 있다. 이러한 현상을 설명할 수 있는 이론적 근거로 가장 적절한 것은?

① 음의 법칙(negative law)
② 비율효과(ratio effect)
③ 타협효과(compromise effect)
④ 채찍효과(bullwhip effect)
⑤ 로스 어버전(loss aversion)

1740
2010 CPA

AB사는 불황으로 매출이 감소하고 있어 자사 제품 3종류에 대한 가격인하를 전격적으로 추진하였다. 소비자들이 가격 인하를 느낄 수 있도록 웨버의 법칙(Weber's Law)을 이용해 최소한의 가격인하 폭을 결정하였다. 현재가격 (가), (나), (다)의 합에 대한 설명으로 가장 적절한 것은? (단, 웨버상수는 주관적으로 느낀 가격변화의 크기 또는 변화를 감지할 수 있는 증가/감소율을 의미한다.)

제품	A	B	C
과거가격	1,000원	5,000원	10,000원
웨버상수	0.7	0.2	0.5
현재가격	(가)	(나)	(다)

① (가)+(나)+(다) < 6,000원
② 6,000원 ≤ (가)+(나)+(다) < 9,000원
③ 9,000원 ≤ (가)+(나)+(다) < 12,000원
④ 12,000원 ≤ (가)+(나)+(다) < 15,000원
⑤ 15,000원 ≤ (가)+(나)+(다)

1741
2014 CPA

가격관리에 관한 설명으로 가장 적절하지 않은 것은?

① 가격은 다른 마케팅 믹스 요소들에 비해 상대적으로 쉽게 변경가능하며, 반응이 빠른 특성을 지니고 있다.
② 유보가격(reservation price)이 높은 집단에 높은 가격을 책정하는 것은 가격차별 중의 하나이다.
③ 가격변화의 지각은 변화 전 가격수준에 따라 달라질 수 있으며, 이것은 웨버의 법칙(Weber's Law)에 의해 설명될 수 있다.
④ 가격결정방법에서 경쟁기준법은 고객측면을 고려하지 않는다는 단점을 가지고 있다.
⑤ 구매자가 가격이 비싼지 싼지를 판단하는 데 기준으로 삼는 것을 가격-품질 연상 심리라 한다.

1742
2015 CPA

가격관리에서 아래의 상황을 가장 적절하게 설명할 수 있는 것은?

> 1,000원짜리 제품에서 150원 미만의 가격인상은 느끼지 못하지만, 150원 이상의 가격인상은 알아차린다.

① JND(just noticeable difference)
② 단수가격(odd-number pricing)
③ 유보가격(reservation price)
④ 스키밍가격(market-skimming pricing)
⑤ 웨버의 법칙(Weber's Law)

1743
2016 CPA

가격관리에서 아래의 현상을 가장 적절하게 설명할 수 있는 것은?

> 500원의 가격인상이 5,000원짜리 제품에서는 크게 여겨지는 반면에 50,000원짜리 제품에서는 작게 여겨진다.

① 웨버의 법칙(Weber's Law)
② 준거가격(reference price)
③ 가격-품질 연상(price-quality association)
④ 유보가격(reservation price)
⑤ JND(just noticeable difference)

1744
2021 CPA

레스토랑 A는 소비자들이 지각할 수 있는 최소한의 가격 인하를 실시하였다. 가격 인하 이전의 가격에 관한 설명으로 가장 적절한 것은? 단, 소비자는 웨버의 법칙(Weber's law)에 따라 가격지각을 한다고 가정한다.

메뉴	스테이크	피자	파스타
인하 후 가격(원)	27,000	17,100	12,000
K(웨버상수)의 절대값	0.10	0.05	0.20
W(임계수준)의 절대값	0.10	0.05	0
인하 전 가격(원)	a	b	c

① $b + c - a < -5,000$
② $-5,000 \leq b + c - a < -2,500$
③ $-2,500 \leq b + c - a < 0$
④ $0 \leq b + c - a < 2,500$
⑤ $2,500 \leq b + c - a$

기본적인 가격결정 방법

1745
2005 CPA

제품가격 의사결정에 필요한 내용에 관한 설명 중 가장 옳지 않은 것은?

① 신형모델의 제품을 구입하려는 소비자가 사용하던 구형모델을 반환할 경우에 일정금액을 보상해주고 신형모델을 판매하는 할인 가격전략을 거래공제(trade-in allowance)라 한다.
② (주)가나전자가 신형컴퓨터의 가격을 업계 최고 가격으로 결정했다면 일반적으로 이 기업의 가격목표는 품질선도자 위치 확보에 있다고 할 수 있다.
③ 가격에 대해 비탄력적인 수요함수 하에서는 초기고가전략을 사용하고, 탄력적인 수요함수 하에서는 침투가격전략을 사용하는 것이 이론적으로 바람직하다.
④ 학습곡선(경험곡선)의 효과로 장기적으로 생산비의 하락을 가져올 수 있는 경우에는 시장침투가격을 사용하는 것이 경쟁을 배제하는데 이론적으로 바람직하다.
⑤ 원가기준 가격결정 시에 기업에서 극단적으로 허용할 수 있는 최저가격의 기준이 되는 것은 총 제조원가이다.

1746
2022 CPA

다음은 제품 A에 관한 자료이다. 비용지향적 가격결정(cost-plus pricing 또는 markup pricing)을 따르고 영업이익률 40%를 기대하는 경우에 제품 A의 단위당 가격에 가장 가까운 것은? (단, 제시된 자료 이외에 다른 비용은 없다고 가정한다.)

단위당 변동비	20,000원
총고정비	100,000,000원
기대판매량	10,000개

① 30,000원 ② 35,000원
③ 40,000원 ④ 45,000원
⑤ 50,000원

고객별 가격결정

1747
2011 CPA

가격구조의 결정에 관한 설명으로 가장 적절한 것은?

① 스키밍가격(market-skimming pricing)은 상품라인 가격결정이며, 대량생산으로 인한 원가절감 효과가 클 때 효과적이다.
② 침투가격(market-penetration pricing)은 시간의 흐름에 따른 가격결정이며, 잠재 구매자들이 가격-품질 연상을 강하게 갖고 있을 때 효과적이다.
③ 캡티브제품가격(captive product pricing)은 고객별 가격결정이며, 상품들이 상호 대체재인 경우에 효과적이다.
④ 묶음가격bundling pricing)은 상품라인 가격결정이며, 상품들이 상호 대체재인 경우에 효과적이다.
⑤ 가격차별(price discrimination)은 고객별 가격결정이며, 가격차별이 중요한 이유는 모든 고객들에게 같은 가격을 받는 것보다 가격을 다르게 받는 것이 더 높은 이익창출이 가능하기 때문이다.

상품별 가격결정

1748
2003 CPA

묶음가격(price bundling)에 관한 다음 설명 중 옳지 않은 것은?

① 다른 종류의 상품을 몇 개씩 묶어 하나로 상품화 하고 여기에 부여한 가격을 말한다.
② 묶음가격은 개별상품에 대해 소비자가 평가하는 가치가 동질적일 때 더 효과적이다.
③ 묶음가격에는 순수묶음과 혼합묶음 가격이 있다.
④ 기업은 묶음가격을 통하여 매출과 이익을 증대시킬 수 있다.
⑤ 묶음가격은 제품 뿐 아니라 서비스에서도 적용된다.

1749
2004 CPA

세계시장에서 게임 관련 하드웨어 및 소프트웨어 분야의 대표적 기업인 닌텐도사가 게임기를 저렴한 가격으로 판매한 후, 이에 필요한 게임 소프트웨어를 높은 가격으로 판매하여 이익을 올리는 전략을 추구한다면 이는 다음 중 어느 가격전략에 해당하는가?

① 최적제품 가격전략(optimal product pricing)
② 제품라인 가격전략(product line pricing)
③ 부산품 가격전략(by-product pricing)
④ 포획제품 가격전략(captive product pricing)
⑤ 참조 가격전략(referral pricing)

1750
2009 CPA

YJ시네마는 특별 이벤트로 심야에 8,000원에 두 편의 영화를 동시 관람할 수 있는 상품을 판매하고 있었다. 한 손님이 두 편의 영화 중에서 한 편만 보고 싶으니 4,000원에 한 편의 영화티켓을 구입하겠다고 주장했다. 그러나 YJ시네마 측은 단호하게 8,000원을 지불하고 한 편만 볼 수 있지만, 영화 한 편의 티켓을 별도로 팔 수 없다고 답변했다. 이 경우 YJ시네마가 사용하고 있는 가격전략으로 가장 적절한 것은?

① 순수묶음(pure bundling)
② 혼합묶음(mixed bundling)
③ 이중요율(two-part tariff)
④ 스키밍가격(market-skimming pricing)
⑤ 손실유도가격(loss leader price)

1751
2013 CPA

구매량이 Q일 때, A사에서 구입하는 총 구매가격 $P_A(Q)$는 식(1)과 같은 선형 가격정책(linear pricing policy)에 따라 책정되고, B사에서 구입하는 총 구매가격 $P_B(Q)$는 식(2)와 같은 이중요율 가격정책(two-part tariff pricing policy)에 따라 책정된다. 다음 설명 중 적절한 항목만을 모두 고르면? (단,) ($Q>0$)

$$P_A(Q)=100Q \cdots\cdots(1)$$
$$P_B(Q)=800+20Q \cdots\cdots(2)$$

(가) $Q>10$일 때, B사에서 구입하는 것이 A사에서 구입하는 것보다 저렴하다.
(나) $Q>10$일 때, A사에서 구입하는 것이 B사에서 구입하는 것보다 저렴하다.
(다) A사에서 구입하면 구매량에 관계없이 평균구매단가가 동일하다.
(라) B사에서 구입하면 구매량에 관계없이 평균구매단가가 동일하다.

① (가), (다) ② (가), (라)
③ (나), (다) ④ (나), (라)
⑤ (가), (다), (라)

1752
2017 CPA

아래의 사례를 가장 적절하게 설명할 수 있는 가격결정방법은?

- 프린터를 싸게 판매한 이후에 토너는 비싼 가격에 판매함.
- 면도기를 싸게 판매한 다음에 면도날은 비싸게 판매함.

① 순수 묶음제품 가격결정(pure bundling pricing)
② 혼합 묶음제품 가격결정(mixed bundling pricing)
③ 스키밍 가격결정(market-skimming pricing)
④ 시장침투 가격결정(market-penetration pricing)
⑤ 종속제품 가격결정(captive product pricing)

1753
2018 CPA

가격관리에 관한 설명으로 가장 적절하지 않은 것은?

① 최저수용가격(lowest acceptable price)은 구매자가 품질을 의심하지 않으면서 구매할 수 있는 가장 낮은 가격을 의미한다.
② 빈번한 세일로 인해 구매자의 준거가격(reference price)이 낮아질 가능성이 있다.
③ 가격결정방법에서 원가기준법(cost-plus pricing)은 경쟁자의 가격과 원가를 고려하지 않는다는 단점을 가지고 있다.
④ 신제품 도입 초기에 가격을 낮게 책정하는 전략은 시장침투가격(market-penetration pricing)과 관련이 있다.
⑤ 순수 묶음가격(pure bundling)은 여러 가지 제품들을 묶음으로도 판매하고 개별적으로도 판매하는 가격정책이다.

1754
2020 CPA

어떤 제품을 비교적 낮은 가격으로 판매한 이후, 그 상품에 필요한 소모품이나 부품 등을 비교적 비싼 가격에 판매하는 가격관리 방식으로 가장 적절한 것은?

① 캡티브 제품 가격(captive-product pricing)
② 시장 침투 가격(market-penetration pricing)
③ 경험 곡선 가격(experience-curve pricing)
④ 시장 스키밍 가격(market-skimming pricing)
⑤ 지각된 가치 가격(perceived-value pricing)

1755
2021 CPA

가격관리에 관한 설명으로 적절한 항목만을 모두 선택한 것은?

> a. 준거가격(reference price)은 구매자가 어떤 상품을 구매할 때 싸다 또는 비싸다의 기준이 되는 가격을 의미한다.
> b. 묶음가격(bundling price)은 여러 가지 상품들을 묶어서 판매할 때 사용된다.
> c. 유보가격(reservation price)은 구매자가 어떤 상품에 대해 지불할 용의가 있는 최저 가격을 의미한다.

① a
② a, b
③ a, c
④ b, c
⑤ a, b, c

시간의 흐름에 따른 가격결정

1756
2002 CPA

다음 중 신제품의 가격책정 방법으로 초기고가전략(skimming pricing)이 적절한 상황을 모두 선택하시오.

> a. 특허에 의해 신제품의 독점판매권이 보호될 때
> b. 대체품에 비하여 신제품의 기술적 우수성이 탁월할 때
> c. 신제품의 확산속도가 매우 느릴 것으로 예상될 때
> d. 표적시장의 규모가 작아 규모의 경제 실현이 어려울 때
> e. 경쟁자들의 시장진입이 용이할 때

① a, b
② a, b, c
③ a, c, d
④ a, b, c, d
⑤ a, b, c, d, e

1757
2012 CPA

가격 및 가격결정에 관한 설명으로 가장 적절한 것은?

① JND(just noticeable difference)는 변화 전 가격수준에 따라 가격변화의 지각이 달라진다는 개념이다.
② 공헌마진(contribution margin)은 판매가격에서 고정비를 차감한 것이다.
③ 스키밍 가격결정(market-skimming pricing)은 잠재 구매자들이 가격과 품질 간의 연상을 강하게 갖고 있는 경우나 대량생산으로 인한 원가절감 효과가 크지 않은 조건에서 유리하다.
④ 단수가격결정(odd pricing)은 한 상품계열에 몇 가지의 가격대를 설정하는 것이며, 소비자에게 상품의 가격이 최대한 낮은 수준에서 결정되었다는 인상을 주어 판매량을 증가시키기 위한 것이다.
⑤ 순수 묶음가격(pure price bundling)은 상품을 개별적 뿐만 아니라 묶음으로도 구매할 수 있도록 가격을 책정하는 방법이며, 상품들이 상호 보완적인 경우에 효과적이다.

1758
2019 CPA

아래의 경우에서 가장 적합하게 사용될 수 있는 가격결정 전략은?

- 잠재 구매자들이 가격-품질 연상을 강하게 갖고 있는 경우
- 가격을 높게 매겨도 경쟁자들이 들어올 가능성이 낮은 경우

① 사양제품 가격결정(optional-product pricing)
② 시장침투가격(market-penetration pricing)
③ 혼합 묶음가격(mixed bundling)
④ 이중요율(two-part tariff)
⑤ 스키밍 가격(market-skimming pricing)

프로스펙트 이론

1759
2007 CPA

가격전략에 관한 다음 설명 중 올바른 것으로만 이루어진 것은?

a. 프린터를 싸게 판 다음, 잉크토너 등 관련 소모품을 비싸게 파는 가격정책을 혼합 묶음가격 전략(mixed bundling pricing)이라 한다.
b. 가격차별(price discrimination)이란 유보가격이 높은 세분시장에서는 높은 가격을 받고, 가격민감도가 높은 세분시장에서는 낮은 가격을 받는 것을 말한다.
c. 손익분기점(break-even point)은 고정비용을 공헌마진(contribution margin)으로 나누어 계산한다.
d. 프로스펙트 이론(prospect theory)에 따르면 사람들은 손실회피(loss aversion) 경향이 강한데, 예를 들면 소비자는 가격 10% 인상보다는 가격 10% 인하에 더 민감하게 반응한다는 것이다.
e. 준거가격(reference price)은 구매자가 가격이 비싼지 싼지를 판단하는 기준으로 삼는 가격으로 구매자에 따라 달라질 수 있다.

① b, c, e   ② a, b, c
③ b, c, d   ④ c, d, e
⑤ b, d, e

1760
2013 CPA

소비자의 가치평가를 설명하는 프로스펙트이론(Prospect Theory)에 관한 다음 설명 중 가장 적절한 것은?

① 카네만(Kahneman)과 트버스키(Tversky)에 의해 정립된 이론이다.
② 손실(loss) 영역의 가치함수 기울기와 이득(gain) 영역의 가치함수 기울기는 동일하다.
③ 이득(gain) 영역에서는 오목한(concave) 가치함수를 가정하고, 손실(loss) 영역에서는 선형(linear) 가치함수를 가정한다.
④ 소비자에게 혜택을 분리하여 제시할 때보다 합쳐서 제시할 때 소비자는 더 큰 가치를 느낀다.
⑤ 소비자에게 손실을 분리하여 제시할 때 소비자가 느끼는 가치와 소비자에게 손실을 합쳐서 제시할 때 소비자가 느끼는 가치 간에는 차이가 없다.

가격관리 종합

1761
2023 CPA

가격관리에 관한 설명으로 가장 적절한 것은?

① 공헌마진율이 낮은 제품의 가격 책정 목표는 단위당 마진 증대보다 판매량 증대가 되어야 한다.
② 사양(optional) 제품 가격결정에서는 주제품 가격을 싸게 책정하는 것이 효과적이나, 종속(captive) 제품 가격결정에서는 주제품 가격을 비싸게 책정하는 것이 효과적이다.
③ 시장침투가격은 규모의 경제가 존재할 때는 적절하나, 잠재 구매자의 가격-품질 연상이 강하다면 효과적이지 않다.
④ 제품라인 가격결정(product line pricing)은 여러 가지 제품을 묶어서 함께 판매하는 것이다.
⑤ 유보가격은 준거가격보다 높고 최저수용가격보다 낮다.

1762
2024 CPA

가격관리에 관한 설명으로 가장 적절한 것은?

① 스키밍 가격전략은 가격 민감도가 높은 집단에서는 적절하나, 진입장벽이 높은 상황에서는 효과적이지 않다.
② 웨버의 법칙(Weber's Law)은 가격변화를 느끼게 만드는 최소의 가격변화 폭을 가리킨다.
③ 혼합 묶음가격(mixed bundling) 전략은 제품을 개별적으로도 팔고 묶음으로도 판매하는 것이다.
④ 이중요율(two-part tariff)은 품질의 차이에 따라 가격대를 설정하여, 가격대 내에서 개별제품의 가격을 결정하는 것이다.
⑤ 비싼 제품은 가격-품질 연상이 강할수록 잘 팔리는 반면, 싼 제품은 최저수용가격 이하로 내려갈수록 잘 판매된다.

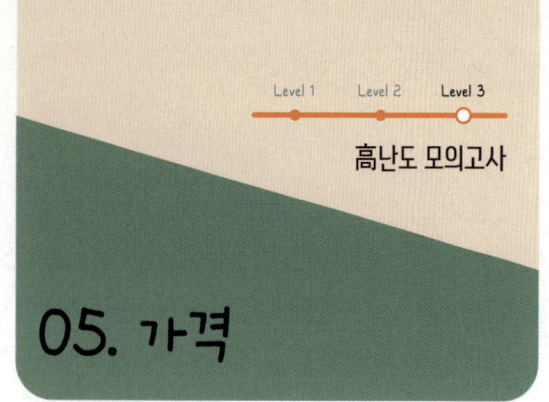

05. 가격

1763

가격과 관련한 다음 설명 중 가장 적절하지 않은 것은?

① 소비자는 어떤 제품의 시장가격이 준거가격(reference price)보다 낮으면 싸다고 지각할 것이다.
② 지각된 가치기준법(perceived-value pricing)이란 고객이 지각한 가치를 기준으로 가격을 결정하는 방법을 말한다.
③ 커피전문점에서 발생하는 커피찌꺼기를 고객들에게 방향제로 무료로 제공하는 것은 제품라인 가격결정(product line pricing)에 해당한다.
④ 시장이 가격에 민감하여 저가격이 더 많은 수요를 만들어내고, 판매량 증가에 따라 생산원가와 유통비용이 하락할 때 시장침투 가격전략(market-penetration pricing)을 사용하는 것이 좋다.
⑤ 일반적으로 대량 구매자는 소량 구매자에 비해 가격에 민감하므로, 대량 구매자에게 가격을 할인해주는 수량할인(quantity discount)은 일종의 가격차별(price discrimination)이라고 볼 수 있다.

1764

가격에 관한 다음 설명 중 적절한 것은 모두 몇 개인가?

> a. 소비자는 시장가격이 준거가격(reference price)보다 낮으면 싸다고 지각할 가능성이 높다.
> b. 단수가격(odd-pricing)은 준거가격을 가격결정에 활용한 것이라고 볼 수 있다.
> c. JND(just noticeable difference)는 절대식역(absolute threshold)이 아니라 차이식역(differential threshold)이라고 볼 수 있다.
> d. 원가기준법(cost-plus pricing)은 원가는 판매량에 따라 달라지고, 판매량은 가격에 달려있는데, 원가를 기준으로 가격을 계산한다는 것은 논리적으로 모순이다.
> e. 대량 구매자에게 가격 할인을 제공하는 수량할인(quantity discount)은 일종의 가격차별(price discrimination)로 볼 수 있다.

① 1개 ② 2개 ③ 3개
④ 4개 ⑤ 5개

1765

가격에 관한 다음 설명 중 가장 적절하지 않은 것은?

① 준거가격(reference price)은 가격이 싼지 비싼지를 판단하는 기준으로 삼는 가격으로 내적 준거가격과 외적 준거가격으로 나눌 수 있다.
② 가격을 결정할 때 상한선은 고객이 지각하는 제품 가치(value)이며, 만약 고객이 생각하는 가치 이상으로 가격이 설정된다면 수요가 존재하지 않을 것이다.
③ 일반적으로 제품수명주기 상 '성숙기'에 가장 많이 고려해야 하는 가격책정 변수는 경쟁사의 가격이다.
④ 서비스 업계에서 사용하는 이중요율 가격결정(two-part pricing)은 일종의 묶음제품 가격결정(product bundle pricing)이다.
⑤ 초기 고가격전략(market-skimming pricing)은 가능하면 많은 단기이익을 실현하려는 경우에 쓰이고, 시장침투 가격전략(market-penetration pricing)은 단기이익을 조금 희생하더라도 장기적인 이익을 실현하려는 경우에 쓰인다.

1766

아래의 경우를 가장 적합하게 설명하는 가격결정 전략 혹은 이론은?

> 정가 50,000원의 셔츠를 30,000원에 할인 판매하면 소비자는 할인폭을 크게 여길 수 있다. 하지만 500,000원의 코트를 480,000원에 할인 판매한다면 거의 할인을 하지 않는다고 생각할 수 있다. 만약 코트를 300,000원에 판매한다면 셔츠의 경우에 느꼈던 만큼 할인했다고 생각할 수 있다.

① 절대 식역(absolute threshold)
② 웨버의 법칙(Weber's Law)
③ 증식효과이론(incremental effects theory)
④ 순서효과(order theory)
⑤ 스키밍 가격(market-skimming pricing) 전략

1767

가격에 관한 다음 설명 중 가장 적절하지 않은 것은?

① 단수가격(odd-pricing)이란 현재의 화폐단위보다 조금 낮춘 990원, 29,900원 등의 가격을 책정하여 소비자들에게 가격을 낮게 책정하였다는 인식을 심어주기 위한 것이다.
② 내적 준거가격(reference price)은 기억 속에 저장되어 있는 과거에 지불했던 실제가격 혹은 정당하다고 생각되는 가격을 말한다.
③ 일반적으로 소비자들은 제품을 구매하고자 할 때 제품 가격을 고정하지 않고 일정범위의 가격들을 수용 가능한 것으로 받아들이는데, 이를 수용가능 가격범위(acceptable price range)라고 한다.
④ 유형의 제품이 무형의 서비스보다 가격차별화(price discrimination)가 더 용이하다.
⑤ 프로스펙트(prospect) 이론은 준거점을 중심으로 이득(gain)영역에서는 오목(concave)함수를, 손실(loss)영역에서는 볼록(convex)함수를 가정한다.

1768

가격에 관한 다음 설명 중 가장 적절하지 않은 것은?

① 경험곡선(experience curve) 효과를 누리기 위해서는 제품수명주기의 초반부에 높은 시장점유율을 차지해야 한다.
② 일반적으로 소비자는 준거가격(reference price)을 중심으로 유보가격(reservation price)과 최저수용가격(lowest acceptable price) 내에서 제품을 구매하게 된다.
③ 시장침투 가격전략(market-penetration pricing)은 시장이 가격에 민감하고, 판매량이 증가함에 따라 생산원가와 유통비용이 하락할 때 적합하다.
④ 가격차별(price discrimination)은 직접적인 것과 간접적인 것으로 구분되는데, 학생할인, 수량할인, 이중요율, 할인시간가격, 상품라인 가격정책은 직접적 가격차별에 해당한다.
⑤ 가격결정 방법 가운데 원가기준법(cost-plus pricing)과 경쟁기준법(going-rate pricing)은 고객측면을 전혀 고려하지 않는다는 공통점이 있다.

1769

가격에 대한 다음 설명 중 가장 적절하지 않은 것은?

① 수요의 가격탄력성이 낮은 경우, 소비자의 가격민감도가 낮으므로 가격을 인상하는 것이 기업의 매출액 증대에 도움이 된다.
② 마케팅 관리자는 가격할인을 할 경우 보통 기존의 가격을 함께 제시하는데 이는 소비자의 준거가격(reference price) 형성에 영향을 미침으로써 가격할인에 의한 매출 증대효과를 높이고자 하는 것이다.
③ 약탈적 가격(predatory pricing)이란 경쟁사에 보복하기 위해 혹은 경쟁사를 망하게 하여 장기적으로 더 높은 이익을 실현하기 위한 의도를 가지고 원가 이하의 가격으로 판매하는 것이다.
④ 시장이 세분화되어 있고 세분시장마다 수요 강도가 다를 때 가격차별(price discrimination)을 사용하는 것이 효과적이다.
⑤ 부산물(by-product)에 대한 가격은 부산물의 운송비와 보관비에 적정이윤을 추가한 수준에서 결정이 된다.

1770

가격(price)에 대한 다음 설명 중 가장 적절한 것은?

① 강력한 브랜드는 가격인상에 대한 소비자들의 탄력적 반응은 증가시키고, 가격인하에 대한 소비자들의 비탄력적 반응을 증가시킬 것이다.
② 고객들이 제품의 품질, 명성 또는 한정성이 높다고 판단할 경우 고객의 가격민감도는 증가한다.
③ 경쟁기업의 제품이 자사의 제품이 제공하지 않는 특성을 제공하고 있다면 경쟁자보다 상대적으로 높은 가격을 책정하는 것이 바람직하다.
④ 어떤 기업에서 생산중인 제품에 경험곡선(experience curve) 효과가 있다면 초기 고가격전략(market-skimming strategy)을 사용하는 것이 바람직하다.
⑤ 스키밍 가격(market-skimming pricing)을 사용할 경우 표적청중은 혁신자(innovator)나 조기수용자(early adopter)로 국한될 것이고, 반면 시장침투 가격(market-penetration pricing)이 사용되는 경우 표적청중은 다수자(majority) 등의 일반대중에게 맞춰야 한다.

1771

가격에 대한 다음 설명 중 가장 적절한 항목으로만 구성된 것은?

> a. 서비스 영역의 이중요율 가격결정(two-part pricing)은 종속제품 가격전략(captive product pricing)에 해당한다.
> b. 가격인하로 인한 수요 증가를 최대화하기 위해서는 JND(just noticeable difference) 범위 내에서 가격인하를 추진하는 것이 바람직하다.
> c. 소비자들이 가격에 민감할 경우, 시장침투가격(market penetration pricing)이 적절하다.
> d. 한 소비자의 베버상수 K 값이 0.2라면 10만 원에서 3만 원 인상은 지각되지만, 100만 원에서 3만 원 인상은 지각되지 않는다.
> e. 손실회피성(loss aversion)이란 동일한 금액의 손실과 이익을 비교하면, 손실로 생긴 '불만족'이 이익이 주는 '만족'보다 작게 느껴진다는 뜻이다.

① a, b, c
② a, c, d
③ b, c, d
④ b, d, e
⑤ c, d, e

1772

가격에 대한 다음 설명 중 가장 적절하지 않은 것은?

① 제품가격 책정시 제품원가는 가격의 하한선이 되고, 제품에 대한 소비자들의 지각된 가치(perceived value)는 가격의 상한선이 된다.
② 기업의 마케팅 목표가 시장점유율 극대화라면 시장침투가격(market penetration pricing) 전략을 활용하는 것이 바람직하다.
③ 유인가격(loss-leader), 계절할인(seasonal discount), 보상판매(trade-in)는 중간상을 대상으로 한 가격할인 전략이다.
④ 가치기반의 가격결정(value-based pricing)은 표적소비자들이 자사제품에 대해 어느 정도의 가치를 부여하는지를 조사하여 이에 상응하는 제품 가격을 목표가격으로 설정하고 그런 가치를 실현할 수 있도록 제품을 디자인하고 생산한다.
⑤ 준거가격(reference price)과 더불어 유보가격(reservation price)도 소비자의 과거 구매경험이나 제품 품질에 대한 인식에 따라 달라진다.

1773

가격에 대한 다음 설명 중 가장 적절한 항목으로만 구성된 것은?

> a. 가격은 다른 마케팅 믹스와는 달리 쉽게 변경이 가능하다.
> b. 구매자들의 유보가격(reservation price)이 높을 때에는 가격을 낮게, 유보가격이 낮을 때에는 가격을 높게 책정하는 것이 바람직하다.
> c. 로스 어버젼(loss aversion)이란 가격을 10% 인하한 경우 판매량이 10% 늘었다면, 가격을 10% 인상하면 판매량은 20~30% 줄어든다는 것이다.
> d. 웨버의 법칙과 JND(just noticeable difference)는 기업이 일정한 범위 내에서는 가격을 인상하더라도 구매자가 느끼지 못할 수 있다는 것을 보여준다.
> e. 스키밍 가격(market-skimming pricing)이 장기적으로 이익 극대화를 가져올 수 있는 이유는 진입장벽을 구축할 수 있기 때문이다.

① a, b, c
② a, c, d
③ b, c, e
④ b, d, e
⑤ c, d, e

1774

가격에 대한 다음 설명 중 가장 적절한 항목으로만 구성된 것은?

> a. 잠재구매자들이 가격-품질 연상(price-quality association)을 강하게 갖고 있다면 시장침투가격은 실패할 가능성이 높다.
> b. 심리학에서 로스 어버전(loss aversion)이란 낮은 가격 상품의 가격은 조금만 올라도 구매자가 가격인상을 알아차리는 반면, 높은 가격 상품은 어느 정도 올라도 구매자가 가격인상을 알아차리지 못하는 현상을 말한다.
> c. 고객들의 눈에 띄지 않게 가격인상을 하기 위해서는 JND(just noticeable difference) 범위 내에서 가격을 인상하여야 한다.
> d. 최저수용가격(lowest acceptable price)이란 구매자들이 품질을 의심하지 않고 구매할 수 있는 가장 낮은 가격을 말한다.
> e. 캡티브 프로덕트 가격(captive product pricing)과 묶음가격(bundling)은 모두 상품들이 대체재인 경우에 사용하는 가격구조이다.

① a, b, c
② a, c, d
③ b, c, e
④ b, d, e
⑤ c, d, e

1775

가격에 대한 다음 설명으로 가장 적절하지 않은 것은?

① 준거가격(reference price)은 구매자의 과거 구매경험이나 현재 갖고 있는 가격정보를 기초로 형성되므로, 구매자가 누구냐에 따라 달라진다.
② JND(just noticeable difference)란 기존의 가격이 높으면 높을수록 가격이 크게 인상돼야만 구매자가 가격인상을 느낄 수 있다는 것을 의미한다.
③ 사람들은 손실을 회피하려는 성향이 강하므로 가격을 인상하려고 할 때에는 처음부터 가격을 인상하지 말고, 가격인상의 효과를 거둘 수 있는 다른 방법을 먼저 시도하는 것이 바람직하다.
④ 가격차별(price discrimination)시에 고객의 가격민감도가 높거나 혹은 지각된 가치가 낮은 고객에게는 낮은 가격을 책정하는 것이 바람직하다.
⑤ 시장진입 초기에 많은 수의 구매자들을 확보함으로써, 이들을 통해 강력한 구전효과(word-of-mouth)를 창출하고자 한다면 시장침투가격(market-penetration strategy)이 바람직하다.

1776

가격에 대한 다음 설명으로 가장 적절하지 않은 것은?

① 특정 소비자에게 10,000원 짜리 제품의 JND(just noticeable difference)가 2,000원이라면 그 소비자 입장에서는 10,000원과 11,900원은 동일한 셈이다.
② 스키밍 가격(market-skimming pricing)이란 시간이 지나면서 대량생산에 의한 원가절감과 경쟁으로 인한 가격인하 때문에 가격이 내려가는 현상이다.
③ 캡티브 프로덕트 가격(captive product pricing)의 경우 처음에 싸게 판매하는 상품의 가격은 원가 이하로 내려가기도 하며, 심지어 무료로 줄 수도 있다.
④ 상품의 종류가 많고, 상품 하나 하나에 대하여 고객들이 지각하는 가치가 너무 이질적이어서, 기업이 상품별로 가격을 매기고 따로따로 파는 것이 어려운 경우에는 묶음가격(bundling)이 적합하다.
⑤ 간접적 가격차별이란 상품을 조금 다르게 한 다음 가격차별을 하는 것을 말하는데, 소프트웨어 가격이나 상품라인 가격정책이 이에 해당한다.

1777

가격에 대한 다음 설명으로 가장 적절하지 않은 것은?

① 상품라인 내에 값이 싼 품목부터 비싼 품목까지 여러 품목을 두는 상품라인 가격정책은 간접적 가격차별에 해당한다.
② 백화점이 세일기간에는 붐비다가, 세일기간이 아닐 때 한산한 이유는 준거가격(reference price)을 통해 설명할 수 있다.
③ 평창 동계 올림픽 입장권 가격이 비싼 이유는 경쟁자가 사실상 없는 독점 상품이기 때문에 소비자의 유보가격(reservation price)이 높기 때문이다.
④ 소비자들은 이득보다는 손실에 더 민감하게 반응하기 때문에 처음부터 가격을 인상하지 말고, 가격인상의 효과를 거둘 수 있는 방법을 먼저 시도해 보는 것이 바람직하다.
⑤ 스키밍 가격(market-skimming pricing)은 구매 전에 품질을 평가하기 어려운 경우보다 품질을 평가할 수 있는 정보가 풍부한 경우에 더 적절하다.

1778

아래의 사례를 가장 적절하게 설명할 수 있는 개념은 무엇인가?

> 제품의 가격을 10% 인하한 경우에 판매량이 정가일 때보다 10% 늘었지만, 반대로 가격을 10% 인상한 경우에는 정가일 때보다 20~30% 감소했다.

① 웨버의 법칙(Weber's law)
② JND(just noticeable difference)
③ 유보가격(reservation price)
④ 준거가격(reference price)
⑤ 손실회피성(loss aversion)

1779

가격에 대한 아래의 개념과 설명을 가장 적절하게 연결한 것은?

> (ㄱ) 감각기관이 자극을 감지할 수 있기 위한 자극에너지의 최소한의 강도
> (ㄴ) 두 개의 자극이 지각적으로 구분될 수 있는 최소한의 차이
> (ㄷ) 초기 자극에 변화가 일어났음을 감지하기 위해서는 초기자극이 클수록 자극 변화치가 더 커져야 함
> (ㄹ) 제품의 품질을 평가할 충분한 정보를 갖고 있지 못하면 가격이 높을수록 품질이 좋을 것이라는 기대

> a. 차이 식역(differential threshold)
> b. 절대 식역(absolute threshold)
> c. 가격-품질 연상(price-quality association)
> d. 웨버의 법칙(Weber's law)

① (ㄱ)-a, (ㄴ)-b, (ㄷ)-c
② (ㄱ)-b, (ㄴ)-d, (ㄹ)-c
③ (ㄱ)-b, (ㄷ)-d, (ㄹ)-c
④ (ㄴ)-a, (ㄷ)-c, (ㄹ)-d
⑤ (ㄴ)-a, (ㄷ)-d, (ㄹ)-b

1780

가격에 대한 설명으로 적절한 항목만을 모두 선택한 것은?

> a. 가격은 마케팅 믹스 가운데 가장 쉽게 바꿀 수 있다.
> b. 준거가격(reference price)은 사람마다 다를 수 있지만, 안 갖고 있는 사람은 없다.
> c. 로스어버전(loss aversion)의 개념에 따르면 동일한 제품의 10% 가격인하와 10% 가격인상에 따른 판매량의 변화는 10% 가격인상이 훨씬 심하다.
> d. 품질을 평가할 수 있는 정보가 풍부한 상품들의 경우 가격을 높게 책정해야 한다.
> e. 묶음가격(bundling)은 상품의 종류가 많고, 상품 하나 하나에 대해 고객들이 지각하는 가치가 이질적일 때 적절하다.

① a, b, c   ② a, b, d
③ b, c, d   ④ a, c, e
⑤ c, d, e

1781

A사는 매출목표를 달성하기 위해 자사의 B제품 가격을 인하하였다. B제품의 인하전 가격은 140,000원, 인하 후 가격은 100,000원, K(웨버상수)의 절대값은 0.3이다. 다음 설명 중 적절한 항목만을 모두 고르면? (단 소비자는 웨버의 법칙에 따라 가격을 지각한다고 가정한다.)

> a. B제품의 JND(just noticeable difference)는 40,000원이다.
> b. 현재의 인하된 가격으로는 소비자가 가격인하를 지각할 수 없다.
> c. 만약 B제품의 JND가 56,000원이라면 웨버상수 K는 0.4이다.
> d. 만약 140,000원에서 가격을 인하하지 않고 180,000원으로 가격을 인상했다면, 소비자는 가격인상을 지각할 수 있다.

① a, b   ② b, c
③ c, d   ④ a, b, c
⑤ b, c, d

1782

가격과 관련한 다음 설명 중 옳은 것으로만 구성된 것은?

> a. 시장가격이 준거가격(reference price)보다 높다면 소비자들은 구매를 하지 않을 것이다.
> b. 묶음가격(bundling)은 상품의 종류가 많고, 상품 하나하나에 대해 고객들이 지각하는 가치가 이질적일 때 적절하다.
> c. 어떤 소비자의 웨버상수 K는 JND(just noticeable difference)를 변화 전 가격으로 나누면 구할 수 있다.
> d. 손실 회피성(loss aversion)의 개념은 가격인하 시 보다는 가격인상 시에 중요한 의미를 갖는다.
> e. 가격-품질 연상(price-quality association)은 소비자가 품질을 평가할 만한 정보가 부족할 때보다는 풍부할 때 적절하다.

① a, b, c
② a, d, e
③ b, c, d
④ b, c, e
⑤ c, d, e

1783

타이어전문점 '컨택'은 윈터타이어 시즌을 맞이하여 윈터타이어 3종류를 소비자들이 지각할 수 있는 최소한의 가격만큼 인하하였다. 타이어 가격에 관한 설명으로 가장 적절한 것은? 단, 소비자는 웨버의 법칙(Weber's law)에 따라 가격 지각을 한다고 가정한다.

타이어	EVO^1	EVO^2	EVO^3
인하 후 가격(원)	135,000	161,500	208,000
K(웨버상수)의 절대값	0.10	0.15	0.20

① EVO^1의 JND는 10,000원보다 작다.
② EVO^2의 원래가격은 200,000원 이상이다.
③ EVO^3의 JND는 50,000원보다 작다.
④ EVO^2의 JND는 30,000원보다 작다.
⑤ EVO^3의 원래가격은 300,000원 이상이다.

06 유통

제2편. 마케팅

1. 유통경로의 본질

(1) 유통경로의 역할

1) 유통경로(중간상)의 존재 이유

① 시간상의 불일치

시간상의 불일치란 생산시점과 소비시점의 불일치를 의미함

예) 우리나라에서 쌀은 가을에만 생산되지만 소비는 1년 내내 일어남

② 장소상의 불일치

장소상의 불일치란 생산장소와 소비장소의 불일치를 의미함

예) 쌀은 농촌지역에서 생산되지만, 소비는 전국적으로 일어남

③ 형태상의 불일치

형태상의 불일치란 생산되는 형태와 소비되는 형태의 불일치를 말함

예) 쌀은 대량으로 생산되지만 소비자는 10kg, 20kg 등과 같이 소량으로 구매함

중간상의 효율성

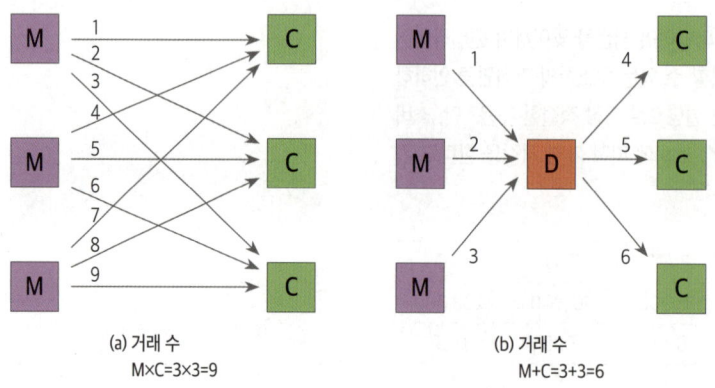

(a) 거래 수
M×C=3×3=9

(b) 거래 수
M+C=3+3=6

M : 제조업체   D : 유통업체   C : 고객

(2) 경로수준의 수

유통경로의 유형

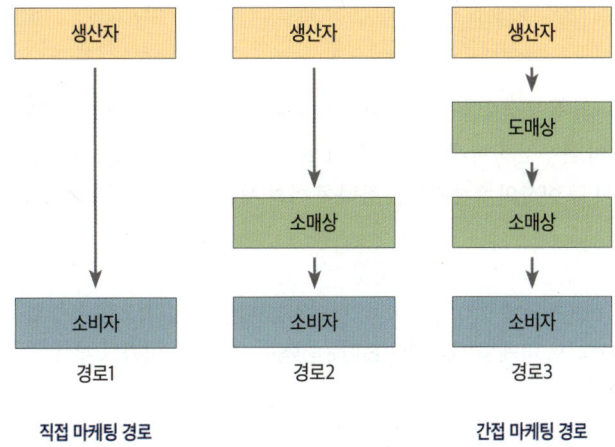

(3) 유통경로의 변화

인터넷의 등장으로 델(Dell)처럼 중간상을 배제하고 대부분의 유통기능을 생산자가 직접 수행하는 회사들도 등장하게 되었는데 이처럼 유통경로에서 중간상들을 배제하는 것을 디스인터미디에이션(disintermediation)이라 함

2. 유통경로 구조

(1) 통합적 유통경로와 독립적 유통경로

통합적 유통경로(integrated distribution channel)에서는 제조업자의 뜻대로 유통경로 기능이 수행된다는 장점이 있음. 이것을 통제가능성이라고 부름. 반면 독립적 유통경로(independent distribution channel)는 여러 기업의 제품을 취급하는 다양한 유통업자로 구성되므로 통제가능성이 통합적 유통경로에 비해 상대적으로 낮음

통제가능성과 투자비에 따른 유통경로 구조

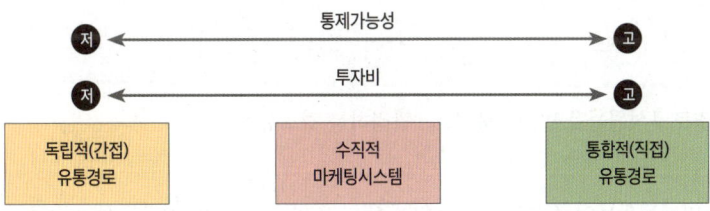

(2) 혼합적 유통경로

혼합적 유통경로는 독립적 유통경로와 통합적 유통경로를 혼합한 유통경로를 의미함. 대부분의 기업들은 통합적 유통경로와 독립적 유통경로의 장점을 모두 살리기 위해 복수경로 마케팅 시스템(multichannel marketing system)을 구축하는 회사들이 많음

1) 복수경로 마케팅 시스템

과거에 많은 기업들은 하나의 유통경로를 통해 하나의 시장을 공략하였지만, 오늘날에는 세분시장과 유통망의 증가로 인해 점점 더 많은 기업들이 복수경로 마케팅 시스템(multichannel marketing system)을 채택하고 있음. 이러한 복수경로 마케팅은 하나의 기업이 둘 이상의 유통경로를 통하여 여러 세분시장을 공략하고자 할 때 주로 사용

2) 하이브리드 마케팅 시스템

유통경로 기능들 중의 일부는 제조업자가 수행하고, 나머지는 다른 사업자(보통 유통업자)가 수행하는 유통경로를 쓰기도 하는데, 이것을 하이브리드 마케팅 시스템(hybrid marketing system)이라고 부름

(3) 수직적 마케팅 시스템

독립적 유통경로와 통합적 유통경로는 각각 장단점이 있어서, 이 두 가지 경로의 장점을 살리기 위해 절충적인 유통경로 구조들이 등장하게 되었는데, 수직적 마케팅 시스템(VMS : vertical marketing system)도 혼합적 유통경로의 하나임

전통적 유통경로와 수직적 마케팅 시스템의 비교

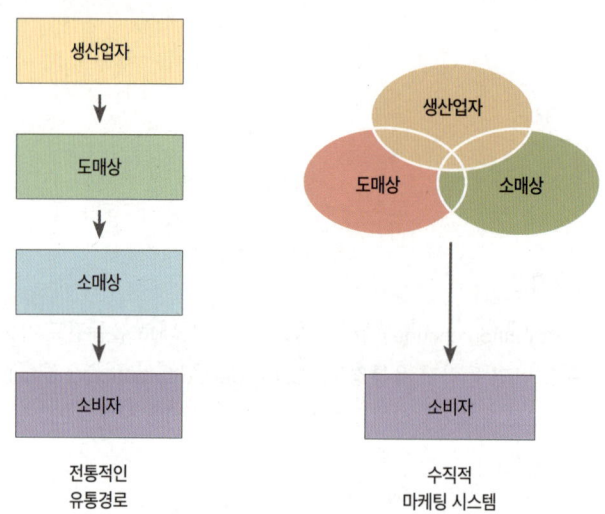

1) VMS의 종류

① **기업형** VMS

한 기업이 다른 경로구성원들을 법적으로 소유·관리하는 경로유형

② **관리형** VMS

경로구성원들의 마케팅활동이 소유권이나 계약에 의하지 않고 어느 한 경로구성원(경로리더)의 규모와 힘에 의해 조정되는 경로유형

③ **계약형** VMS

계약에 기초하여 유지되는 VMS

계약형 VMS

구분	내용
프랜차이즈 조직	프랜차이즈 조직(franchise organization)은 흔히 '체인점'이라고 불리는데, 본부(franchisor)가 가맹점(franchisee)에 대하여 제품, 서비스, 상점관리의 노하우 등을 제공하는 대가로 계약금이나 로열티(royalty) 등의 수입을 얻는 계약에 의하여 운영되는 유통경로를 가리킴
소매상 협동조합	소매상 협동조합(retailer cooperative)은 중소 소매상들이 연합하여 만든 조직체를 가리키는데, 대기업이 운영하는 슈퍼마켓 체인에 대항하기 위하여 형성됨
도매상이 후원하는 자발적 체인	도매상이 후원하는 자발적 체인(wholesaler-sponsored voluntary chain)은 소매상 협동조합과 비슷하지만, 대형 도매상을 중심으로 소형 소매상들이 뭉쳤다는 점이 다름

수직적 마케팅 시스템의 통합정도

3. 경로행동과 관리

(1) 경로행동

1) 경로갈등의 유형

경로갈등	내용
수평적 갈등 horizontal conflict	유통경로 상의 동일한 수준(단계)에 있는 경로구성원들 간의 갈등
수직적 갈등 vertical conflict	유통경로 상의 서로 다른 단계에 있는 경로구성원들 간의 갈등

2) 경로갈등의 원인

① **목표 불일치** goal incompatibility
경로구성원 각자의 목표가 서로 다르고, 이들 목표를 동시에 달성할 수 없는 경우 발생하는 갈등

② **영역 불일치** domain dissensus
경로구성원간에 각자의 역할이나 영역에 대하여 합의가 이루어지지 않는 경우 발생하는 갈등

③ **지각 불일치** perceptual differences
동일한 사안을 놓고도 경로구성원들이 인식을 다르게 하는 경우 발생하는 갈등

(2) 유통경로에서의 권력의 원천

유통에서 권력의 원천

권력의 원천	특징
보상적 권력 reward power	금전 또는 지위상승 등의 보상에 바탕을 둔 것
강압적 권력 coercive power	권력을 가진 경로구성원의 영향력 행사에 따르지 않을 경우 처벌을 받을 것이라는 두려움 때문에 발생하는 것
합법적 권력 legitimate power	경로구성원 A가 B에게 영향력을 행사할 권리를 가지고 있고, 또한 B는 그것을 받아들일 의무가 있다고 경로구성원 B가 믿기 때문에 발생되는 권력 예) 프랜차이즈 본사가 가맹점에게 갖는 권력
준거적 권력 referent power	경로구성원 B가 A와 일체감(identification)을 갖기를 원하기 때문에 A가 B에 대해 갖는 권력
전문적 권력 expert power	경로구성원 A가 특별한 지식이나 기술이 있다고 B가 지각할 때 발생하는 권력

4. 유통경로 설계 의사결정

(1) 고객욕구의 분석

① **1회 구매량** lot size
만약 고객이 한 번에 소량을 구매하기를 원한다면 유통경로를 길게 설계하는 것이 합리적임

② **대기 시간** waiting time
고객들은 통상적으로 빠른 배달 경로를 선호하므로 고객들에게 제품이나 서비스를 빠르게 공급하기 위해서는 상대적으로 긴 유통경로를 설계해야 함

③ **공간적 편의성** spatial convenience
유통경로가 고객들의 제품구매를 쉽게 하는 정도로서 고객들이 제품의 가까운 지역에서 쉽게 구매하는 것을 원할 때 유통경로를 길게 설계해야 함

④ **서비스 지원** service backup
유통경로가 제공하는 부가적 서비스로서 기술수준이 높은 상품의 경우 사후서비스의 편리성을 감안하면 유통경로를 짧게 설계해야 함

(2) 경로 커버리지 전략

유통 경로는 중간상의 수에 따라 집약적 유통, 선택적 유통, 전속적 유통으로 구분됨

경로 커버리지 전략

경로전략	집약적 유통 intensive distribution	선택적 유통 selective distribution	전속적 유통 exclusive distribution
개념	일정 지역 내에서 가능한 한 많은 수의 중간상들에게 상품을 공급하는 것	전속적 유통과 집약적 유통의 중간 형태	일정 지역 내에서 하나의 중간상에게만 상품을 공급하는 것(이 중간상은 경쟁 제품은 취급하지 않음)
특징	중간상의 푸시(push)보다는 소비자의 풀(pull)에 의해서 팔리는 상품에 적합 예 저가의 생활용품 같은 편의품이나 유행상품	전속적 유통과 집약적 유통의 중간	높은 마진이 보장되므로 중간상이 적극적으로 푸시(push)함 예 고급가구와 같은 전문품에 적합
통제정도	저	중	고

중간상의 수

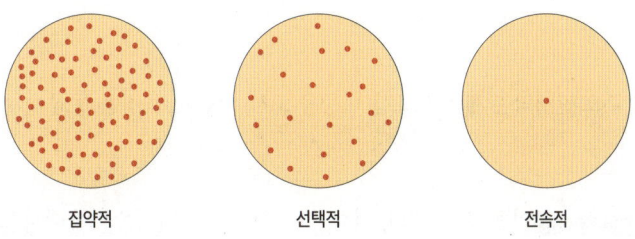

집약적   선택적   전속적

5. 소매상

(1) 점포형 소매상

1) 재래시장

점포형 소매상의 원조이며 재래시장은 도매기능과 소매기능을 겸하는 경우가 많음

2) 전문점(specialty store)

한정된 제품라인을 취급하지만, 그 제품라인 안에서는 다양한 브랜드를 취급하고 깊이 있는 구색을 갖춘 점포를 말함

3) 백화점(department store)

백화점은 다양한 상품 구색, 편리한 입지, 쾌적한 쇼핑공간, 높은 신뢰성, 강력한 품질보증을 제공하고 있고, 그 대신 가격이 높은 것이 특징

4) 슈퍼마켓(supermarket)

비교적 큰 규모, 저가격, 저마진, 대량판매, 셀프서비스로 운영되며, 식료품과 가정용품에 대한 소비자의 전반적인 욕구를 충족시키기 위한 소매점

5) 편의점(convenience store)

    비교적 소규모의 점포로 주거지역 가까이에 입지하며, 1주 내내 늦은 시간까지 영업하고, 재고 회전이 빠른 편의품 등의 한정된 제품계열을 다소 비싼 가격으로 판매함

6) 대형마트

    대형마트는 유명 브랜드 상품을 낮은 가격으로 판매하는 소매업태를 가리킴. 이마트, 홈플러스 등이 대표적이고, 미국에서는 월마트가 대표적임

7) 전문 할인점

    전문점이 높은 수준의 서비스, 품위 있는 매장, 높은 가격을 갖고 있다면, 전문 할인점(specialty discount store) 또는 카테고리 킬러(category killer)는 상대적으로 낮은 수준의 서비스, 넓지만 평범한 매장, 낮은 가격을 특징으로 함

8) 양판점

    양판점(GMS: general merchandising store)은 한마디로 상품구색 및 매장 형태는 백화점과 비슷하지만, 유명 브랜드보다는 자체 브랜드(private brand)를 많이 취급하므로 가격은 백화점보다 저렴함

(2) 무점포 소매상

1) 방문판매

    방문판매(direct sales)로 주로 판매되는 제품은 보험, 아동용 도서, 학습지, 화장품 등임

2) 다이렉트 마케팅

    다이렉트 마케팅(direct marketing)이란 우편, 전화, 팩스, 이메일 또는 인터넷을 이용해서 고객으로부터 어떤 반응이나 대화를 이끌어내는 것

3) 자동판매기

    자동판매기(vending machines)는 1950년대 후반 저가의 편의품을 판매하기 위하여 미국에서 처음 등장한 이후 점차 그 범위가 확대됨

소매상의 유형

유형	형태
점포형 소매상	• 재래시장 • 전문점(specialty store) • 백화점 • 슈퍼마켓 • 편의점 • 대형마트 • 전문 할인점 • 양판점
무점포 소매상	• 방문판매 • 다이렉트 마케팅 • 자동판매기

(3) 소매업의 동향

① 새로운 소매 형태와 복합
② 점포 유형 간 경쟁의 증가
③ 점포 소매와 무점포 소매 간 경쟁
④ 초대형 소매상의 출현
⑤ 소매기술의 중요성 증가

6. 도매상

(1) 도매상의 유형

1) 상인도매상(merchant wholesaler)

   독립 소유 업체로서 취급하는 상품에 대한 소유권을 가짐

   ① 완전 서비스 도매상

   정보제공, 촉진, 협상, 주문, 금융 등의 거의 모든 유통기능을 수행하며, 누구를 대상으로 하는지에 따라 도매상인(wholesale merchant)과 산업재 유통업자(industrial distributor)로 구분됨

   ② 한정 서비스 도매상

   거래 고객들에게 몇 가지 서비스만을 전문적으로 제공하는 도매상으로 현금거래 도매상(cash-and-carry wholesaler), 트럭 도매상(truck wholesaler), 직송 도매상(drop shipper), 진열 도매상(rack jobber) 등으로 구분됨

2) 브로커(broker)

   구매자와 판매자를 모아서 협상을 도와주며, 고용한 측으로부터 수수료를 받음, 한 번의 거래로 끝나는 단기적 관계

3) 대리상(agent)

   좀 더 장기간에 걸쳐 구매자 또는 판매자를 대리하며, 대부분의 제조업자 대리상은 소수의 숙련된 판매인력을 가진 소규모 사업체임

   ① 제조업자 대리점 manufacturers' agent

   서로 경쟁관계에 있지 않은 두 개 이상의 제조업자들과 계약을 맺고 이들을 대신하여 판매활동을 하는 대리점을 말함

   ② 판매 대리점 selling agent

   거래제조업자의 전 품목을 판매할 수 있는 계약을 맺고 판매활동을 하는 대리점

   ③ 구매 대리점 purchasing agent

   구매자(즉 소매상)와의 계약에 의하여 구매를 대신하고, 구매한 제품을 검사, 보관, 배달해 주기도 하는 대리점

   ④ 수수료 상인 commission merchant

   제품의 소유권은 갖지 않지만, 제품을 갖고 다니면서 판매를 성사시키는 기능을 함

4) 제조업체 도매상(manufacturers' sales branches and offices)

   제조업체 도매상은 독립적인 도매상이 아니라 제조업자가 소유하고 운영하는 것으로 도매상의 기능을 수행함

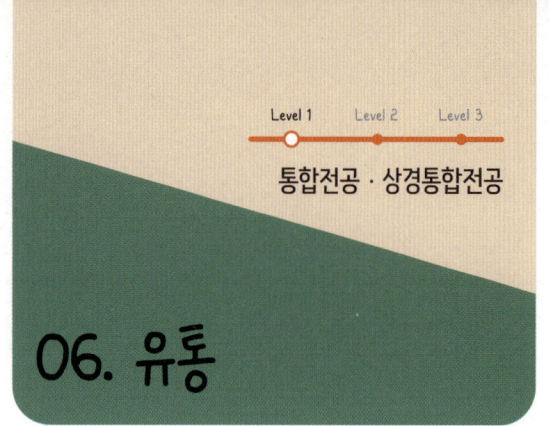

06. 유통

유통의 특성

1784
2007 가맹거래사

유통경로전략에 관한 설명 중 옳은 것은?

① 모든 나라에서 통용될 유통전략을 필요로 한다.
② 다른 마케팅믹스에 비해 가장 낮은 탄력성을 보유한다.
③ 개방적 유통경로란 제조회사가 선별한 소매점에게만 자사 제품을 취급할 수 있게 한다.
④ 유통커버리지의 결정과, 특정지역의 소매점들의 밀집도를 결정하는 2단계의 의사결정이 요구된다.
⑤ 집중적 유통경로란 일정 상권 내에 자사의 제품만을 취급할 수 있는 제한된 수의 소매점을 가지는 유통경로를 의미한다.

유통경로의 존재 이유

1785
2013 가맹거래사

유통과정에서 중간상의 역할로 옳지 않은 것은?

① 정보탐색비용 등 거래비용을 줄이는 역할을 한다.
② 생산자에게 적정 이윤을 보장하는 역할을 한다.
③ 생산자와 소비자 사이의 접촉횟수를 줄이는 역할을 한다.
④ 생산자와 소비자 사이의 교환과정을 촉진하는 역할을 한다.
⑤ 생산자와 소비자 사이에서 수요와 공급을 조절하는 역할을 한다.

1786
2022 가맹거래사

제조업체의 마케터가 중간상(intermediaries)을 이용하는 이점 중 소유 효용에 해당하는 것은?

① 유통경로가 축소되어 소비자와의 직접 거래로 인한 번거로움을 줄일 수 있다.
② 소비자가 상품을 원할 때 구매하도록 할 수 있다.
③ 소비자가 원하는 장소에서 구매하도록 할 수 있다.
④ 소비자가 원하는 가격으로 구매하도록 할 수 있다.
⑤ 소비자가 원하는 형태로 구매하도록 할 수 있다.

1787
2020 7급 국가직

판매활동의 경제성과 효율성을 높이기 위하여 제조업자가 중간상을 이용할 때 줄어드는 총거래 수는?

| 제조업자 100개, 고객 10만 명, 중간상 2개 |

① 9,599,600개 ② 9,699,700개
③ 9,799,800개 ④ 9,899,900개

1788
2024 7급 서울시

<보기>에서 설명하는 마케팅 요소로 가장 옳은 것은?

<보기>
수송, 저장, 판매, 촉진과 같은 관리 요소를 생산자보다 더 빨리 수행할 수 있으며, 다양한 제품 속성을 가진 여러 브랜드와 제품군을 필요로 하는 시장에서 교환 및 접촉의 수를 줄여주는 장점을 만들 수 있기 때문에 생산하는 가치 대비 비용을 줄일 수 있다는 장점이 있다.

① 타깃 마케팅(target marketing)
② 중간상(intermediary)
③ 개방적 유통(intensive distribution)
④ 프랜차이즈 계약(franchise agreement)

인터넷 마케팅

1789
2014 가맹거래사

인터넷마케팅의 장점이 아닌 것은?

① 주문 편의성
② 판매원의 설득 노력
③ 정보탐색 용이
④ 낮은 원가 시현
⑤ 방문자수 파악

VMS

1790
2017 가맹거래사

수직적 마케팅시스템(vertical marketing system: VMS)에 관한 설명으로 옳은 것을 모두 고른 것은?

> ㄱ. 수직적 마케팅시스템은 유통조직의 생산시점과 소비시점을 하나의 고리형태로 유통계열화 하는 것이다.
> ㄴ. 수직적 마케팅시스템은 유통경로 구성원인 제조업자, 도매상, 소매상, 소비자를 각각 별개로 파악하여 운영한다.
> ㄷ. 유통경로 구성원의 행동은 시스템 전체 보다는 각자의 이익을 극대화하는 방향으로 조정된다.
> ㄹ. 수직적 마케팅시스템의 유형에는 기업적 VMS, 관리적 VMS, 계약적 VMS 등이 있다.
> ㅁ. 프랜차이즈 시스템은 계약에 의해 통합된 수직적 마케팅시스템이다.

① ㄱ, ㄴ, ㄷ
② ㄱ, ㄴ, ㄹ
③ ㄱ, ㄹ, ㅁ
④ ㄴ, ㄷ, ㄹ
⑤ ㄴ, ㄹ, ㅁ

1791
2019 공인노무사

수직적 마케팅시스템(Vertical Marketing System) 중 소유권의 정도와 통제력이 강한 유형에 해당하는 것은?

① 계약형 VMS
② 기업형 VMS
③ 관리형 VMS
④ 협력형 VMS
⑤ 혼합형 VMS

1792
2022 공인노무사

프랜차이즈(franchise)에 관한 설명으로 옳지 않은 것은?

① 가맹점은 운영 측면에서 개인 점포에 비해 자율성이 높다.
② 가맹본부의 사업확장이 용이하다.
③ 가맹점은 인지도가 있는 브랜드와 상품으로 사업을 시작할 수 있다.
④ 가맹점은 가맹본부로부터 경영지도와 지원을 받을 수 있다.
⑤ 가맹점은 프랜차이즈 비용이 부담이 될 수 있다.

1793
2023 가맹거래사

프랜차이즈 가맹점의 장점으로 옳지 않은 것은?

① 관리 및 마케팅 지원
② 개인 소유
③ 이익 공유
④ 재정지원 및 조언
⑤ 높은 인지도

1794
2023 9급 군무원

수직적 마케팅 시스템(VMS : Vertical Marketing System)에 대한 설명으로 가장 거리가 먼 것은?

① 기업형 VMS를 통해 경로갈등을 해결할 수 있다.
② 제조기업이 중간상을 통합하는 것은 전방통합에 해당한다.
③ 프랜차이즈 시스템은 관리형 VMS에 해당한다.
④ 계약형 VMS가 관리형 VMS보다 수직적 통합의 정도는 강하다.

1795
2023 7급 서울시

특정 지역 내에서 일정기간 동안 모기업이 비교적 규모가 작은 개인 기업에 자신들의 제품, 서비스, 상표 및 기타 기업 운영방식을 사용하여 영업할 수 있는 권한을 허가해 주는 유통 형태인 프랜차이즈 시스템에 해당하는 유통경로는?

① 수평적 마케팅시스템
② 기업형 수직적 마케팅시스템
③ 계약형 수직적 마케팅시스템
④ 관리형 수직적 마케팅시스템

1796
2024 가맹거래사

수직적 마케팅 시스템(vertical marketing system: VMS)에 관한 설명으로 옳지 않은 것은?

① 프랜차이즈 조직은 기업형 VMS의 한 유형이다.
② 계약형 VMS는 경로 구성원들 간의 명시적인 계약을 통해 경로관계가 형성된다.
③ 기업형 VMS는 계약형 VMS보다 경로 구성원들에게 더 강한 통제력을 행사할 수 있다.
④ 관리형 VMS에서는 명시적인 계약에 의하지 않고 운영되는 특성이 있다.
⑤ VMS에서는 특정 경로 구성원에게 힘이 집중되는 특성이 있다.

수평적 마케팅시스템

1797
2022 공인노무사

새로운 마케팅 기회를 확보하기 위해 동일한 유통경로 단계에 있는 둘 이상의 기업이 제휴하는 시스템은?

① 혁신 마케팅시스템
② 수평적 마케팅시스템
③ 계약형 수직적 마케팅시스템
④ 관리형 수직적 마케팅시스템
⑤ 기업형 수직적 마케팅시스템

경로 갈등

1798
2018 7급 국가직

유통경로 내의 서로 다른 단계에 속하는 유통기관들 사이의 경로 갈등으로 옳은 것은?

① 수직적 갈등   ② 수평적 갈등
③ 능력 소요 갈등   ④ 능력 쿠션 갈등

1799
2022 5급 군무원

다음 중 유통경로 갈등(channel conflict)에 대한 설명으로 가장 옳지 않은 것은?

① 수평적 갈등은 유통경로 상의 동일한 수준(단계)에 있는 경로 구성원들 간의 갈등을 말한다.
② 유통경로 구성원들 간의 갈등은 유통경로 성과에 긍정적 혹은 부정적 영향을 미칠 수 있으며, 때로는 유통경로 성과에 영향을 주지 않는 경우도 있다.
③ 일반적으로 유통경로 갈등의 발생 원인은 유통경로 구성원 간 목표의 불일치, 현실 인식에서의 차이, 각 경로 구성원이 수행해야 할 영역의 불일치 등이 있다.
④ 유통경로의 갈등은 상위 목표가 아닌 거래 쌍방의 개별적 목표를 명확히 설정함으로써 해결할 수 있다.

1800
2024 7급 국가직

경로갈등의 원인으로 옳지 않은 것은?

① 목표의 불일치　② 보상의 불일치
③ 영역의 불일치　④ 지각의 불일치

유통경로에서 권력의 원천

1801
2019 7급 국가직

제조업자가 유통업자(중간상)를 자신이 기대하는 대로 행동하도록 유도하기 위해 동원할 수 있는 영향력의 원천에 해당하지 않는 것은?

① 강압적 힘(coercive power)
② 대항적 힘(countervailing power)
③ 보상적 힘(reward power)
④ 합법적 힘(legitimate power)

유통경로 설계

1802
2015 경영지도사

유통경로전략을 수립할 때 일반적으로 직접유통 경로(또는 유통단계의 축소)를 선택하는 경우가 아닌 것은?

① 제품의 기술적 복잡성이 클수록
② 경쟁의 차별화를 시도할수록
③ 제품이 표준화되어 있을수록
④ 소비자의 지리적 분산정도가 낮을수록
⑤ 제품의 부패가능성이 높을수록

중간상의 수

1803
2009 가맹거래사

유통경로의 설계전략에 관한 (　)안의 용어가 올바르게 묶인 것은?

- (ㄱ) 유통은 가능한 많은 중간상들에게 자사의 제품을 취급하도록 하는 것으로 과자, 저가 소비재 등과 같이 소비자들이 구매의 편의성을 중시하는 품목에서 채택하는 방식
- (ㄴ) 유통은 제품의 이미지를 유지하고 중간상들의 협조를 얻기 위해 일정 지역 내에서의 독점 판매권을 중간상에게 부여하는 방식
- (ㄷ) 유통은 앞의 두 유통대안의 중간 형태로 각 지역별로 복수의 중간상에게 자사의 제품을 취급할 수 있도록 하는 방식

① ㄱ－전속적, ㄴ－집중적, ㄷ－선택적
② ㄱ－집중적, ㄴ－전속적, ㄷ－선택적
③ ㄱ－선택적, ㄴ－전속적, ㄷ－집중적
④ ㄱ－선택적, ㄴ－집중적, ㄷ－전속적
⑤ ㄱ－전속적, ㄴ－선택적, ㄷ－집중적

1804
2019 7급 서울시

유통관리에 대한 설명으로 가장 옳지 않은 것은?

① 경로갈등 중 제조업자와 도매상 간에 발생하는 갈등은 수직적 갈등이다.
② 집약적 유통(intensive distribution)은 중간상의 판매가격, 신용정책, 서비스 등에 관해 보다 강한 통제를 할 수 있다.
③ 프랜차이즈 시스템은 계약형 수직적 마케팅 시스템(vertical marketing system)의 한 유형이다.
④ 유통경로가 길어질수록 각 중간상들이 수행하는 마케팅 기능은 보다 전문화된다.

1805
2021 7급 국가직

기업의 유통경로에 대한 설명으로 옳은 것은?

① 중간상의 수는 선택적(selective) 유통경로보다 전속적(exclusive) 유통경로에서 더 많다.
② 편의품은 집약적(intensive) 유통경로보다 전속적 유통경로에서 더 적합하다.
③ 제조업체는 집약적 유통경로보다 선택적 유통경로에서 더 높은 통제력을 가질 수 있다.
④ 전속적 유통경로에서 중간상은 경쟁제품을 취급하는 대신 다른 유통경로와 비교하여 낮은 마진을 갖는다.

1806
2021 5급 군무원

아래에 설명된 마케팅 유통경로 커버리지 전략(=유통경로 전략)을 표기한 것 중 가장 옳은 것은?

> ⊙ 가능한 한 많은 소매상들이 자사의 제품을 취급할 수 있도록 함으로써 포괄되는 시장의 범위를 확대시키려는 전략
> ⓒ 각 판매지역별로 하나 혹은 극소수의 중간상들에게 자사 제품의 유통에 대한 독점권을 부여하는 방식의 전략
> ⓒ 판매지역별로 자사의 제품을 취급하기를 원하는 중간상 중에서 일정 자격을 갖춘 하나 이상 혹은 소수의 중간상들에게 판매를 허가하는 전략

① ⊙ 집약적 유통(intensive),
　ⓒ 전속적 유통(exclusive),
　ⓒ 선택적 유통(selective)
② ⊙ 전속적 유통(exclusive),
　ⓒ 집약적 유통(intensive),
　ⓒ 선택적 유통(selective)
③ ⊙ 전속적 유통(exclusive),
　ⓒ 선택적 유통(selective),
　ⓒ 집약적 유통(intensive)
④ ⊙ 선택적 유통(selective),
　ⓒ 전속적 유통(exclusive),
　ⓒ 집약적 유통(intensive)

소매상

1807
2006 가맹거래사

상품라인(상품계열)의 깊이가 깊고, 폭이 좁은 상품구색을 지닐 가능성이 높은 소매업 형태는?

① 일반 소매점　② 슈퍼마켓
③ 할인점　　　④ 전문점
⑤ 편의점

1808
2018 가맹거래사

슈퍼마켓과 할인점 등의 장점을 결합한 대형화된 소매 업태로 주로 유럽을 중심으로 발전한 유형은?

① 회원제 도매클럽　② 하이퍼마켓
③ 전문할인점　　　④ 양판점
⑤ 전문점

1809
2019 가맹거래사

한 가지 또는 한정된 상품군을 깊게 취급하며 저렴한 가격으로 판매하여 동종의 제품을 취급하는 업태들을 제압하는 소매업태는?

① 편의점　　　　　② 상설할인매장
③ 카테고리 킬러　　④ 회원제 도매클럽
⑤ 슈퍼마켓

무점포 소매상

1810
공기업 출제경향 반영

다음 중 무점포소매상에 해당하는 것은 무엇인가?

① 전문점　② 양판점
③ 백화점　④ 편의점
⑤ 자동판매기

도매상

1811
2016 7급 서울시

다음 도매상의 형태 중 한정서비스상인 도매상에 해당하는 것은?

① 전문품 도매상　　② 브로커
③ 트럭 배달 도매상　④ 제조업자의 판매지점

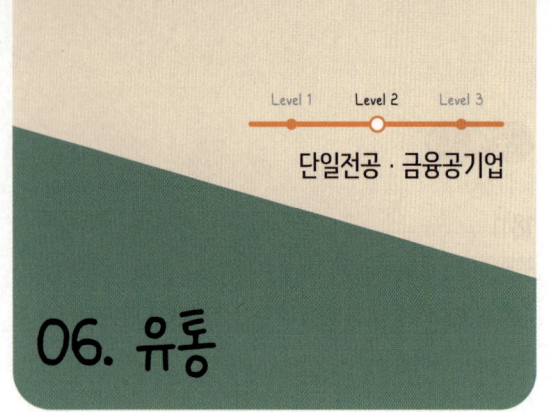

06. 유통

단일전공 · 금융공기업

유통경로의 존재 이유

1812
2010 CPA

제조업체가 유통업자를 이용하게 되는 이유로 가장 적절하지 않은 것은?

① 총 거래 수가 증가하게 되어 거래의 경제성을 달성할 수 있다.
② 소비자가 원하는 시간에 제품을 구매할 수 있도록 생산시점과 소비시점의 불일치를 감소시킬 수 있다.
③ 소비자가 원하는 장소에서 제품을 구매할 수 있도록 생산장소와 소비장소의 불일치를 감소시킬 수 있다.
④ 유통업자가 제조업체를 대신하여 판매, 재고부담 등의 마케팅 기능을 수행할 수 있다.
⑤ 유통업자가 제조업체를 대신하여 거래촉진기능(시장정보 제공, 금융기능 등)을 수행할 수 있다.

1813
2013 CPA

유통시스템 A에서는 제조업체 3개와 소매상 6개가 존재하며, 모든 제조업체는 모든 소매상과 거래를 한다. 반면 유통시스템 B에서는 제조업체 3개, 도매상 1개, 소매상 6개가 존재하며, 모든 제조업체와 모든 소매상은 도매상과만 거래를 한다. 유통시스템 A에서 가능한 모든 거래의 수에서 유통시스템 B에서 가능한 모든 거래의 수를 뺀 값을 X라고 할 때, X에 관한 다음 설명 중 가장 적절한 것은? (단, 개별 제조업체간, 개별 소매상간에는 거래하지 않는다. 개별 제조업체와 개별 소매상, 개별 제조업체와 도매상, 도매상과 개별 소매상간의 거래의 수는 각 1개로 계산한다.)

① $X < -1$
② $-1 \leq X < 2$
③ $2 \leq X < 5$
④ $5 \leq X < 8$
⑤ $8 \leq X$

1814
2017 CPA

유통관리에 관한 설명으로 가장 적절한 것은?

① 유통경로는 생산된 제품을 소비시점까지 보관하여 시간상의 불일치를 해소한다.
② 도매상 중에서 판매 대리점(selling agents)은 구매자(소매상)와의 계약에 의한 구매대행활동을 하며, 제품에 대한 소유권을 보유하고 있다.
③ 소매상 협동조합은 대형 도매상을 중심으로 소형 소매상들이 자발적으로 만든 체인이다.
④ 유통경로 갈등의 원인 중 목표 불일치는 경로구성원 간에 각자의 역할이나 영역에 대하여 합의가 이루어지지 않은 것을 말한다.
⑤ 전문점(specialty store)의 경쟁적 우위는 저렴한 제품가격에 있다.

인터넷 마케팅

1815
2006 CPA

인터넷 마케팅에 관한 다음 설명 중 올바른 것으로만 구성된 것은?

> a. 인터넷 마케팅의 발달로 실질적인 매스 카스터마이제이션(mass customization)이 가능하게 되었다.
> b. 인터넷 제품은 경험적 속성을 가진 정보제품이 주종이므로 수확체증의 법칙(returns to scale)이 발생한다.
> c. 인터넷쇼핑몰에서는 전환비용이 낮아 가격에 민감하기 때문에 저렴한 가격이 항상 유효한 가격전략이다.
> d. 인터넷 유통경로에서는 생산자와 소비자가 직접거래를 하기 때문에 중간상 배제(disintermediation) 현상은 나타나지만 중간상 재창출(reintermediation) 현상은 나타나지 않는다.
> e. 인터넷광고와 촉진수단 못지 않게 인터넷 구전(word of mouse)의 효과가 커지고 있다.

① b, c, d ② a, b, e
③ c, d, e ④ a, d, e
⑤ b, c, e

유통경로 구조

1816
2019 CPA

유통관리에 관한 설명으로 가장 적절한 것은?

① 방문판매는 영업사원에 의해 판매되는 무점포형 소매상인 반면에 다단계판매는 '제조업자-도매업자-소매업자-소비자'와 같은 일반적인 유통경로를 거치는 점포형 소매상이다.
② 한정 서비스 도매상(limited-service wholesaler)은 상품을 소유하지 않는 대신 소수의 상품라인만을 취급한다.
③ 전문품에 적합한 경로 커버리지는 집약적 유통(intensive distribution)이다.
④ '도매상이 후원하는 자발적 체인(집단)'은 대형 도매상을 중심으로 중소 제조업체들이 자발적으로 만든 경로유형이다.
⑤ 구매자가 요구하는 서비스 수준이 높은 경우에는 통합적 유통경로(integrated distribution channel)를 갖게 될 가능성이 높아진다.

VMS

1817
2007 CPA

유통경로구조의 설계 및 관리에 대한 다음 설명 중 올바른 것으로만 구성된 것은?

> a. 관리형 수직적 경로구조의 구성원들은 자율적인 상호이해와 협력에 의존하지만 협력해야 할 계약이나 소유권에 구속을 받지 않는다.
> b. 거래비용이론(Transaction Cost Analysis)에 따르면, 거래특유자산(transaction-specific assets)은 경로구성원의 대안교체를 쉽게 함으로써 기회주의적 행동을 유발한다고 한다.
> c. 경로구성원간의 정보밀집성(information impactedness)이 존재할 때 수직적 통합은 기회주의를 감소시켜 거래비용을 줄일 수 있다.
> d. 프랜차이즈 시스템은 계약형 수직적 경로구조로서 주로 강권력(coercive power)에 의해 운영된다.

① a, b ② a, c
③ b, c ④ b, d
⑤ c, d

1818
2012 CPA

수직적 마케팅 시스템(vertical marketing system; VMS)을 경로 구성원의 통합화된 정도가 낮은 수준에서 높은 수준의 순서로 나타낸 것으로 가장 적절한 것은?

① 계약형 VMS < 기업형 VMS < 관리형 VMS
② 기업형 VMS < 계약형 VMS < 관리형 VMS
③ 계약형 VMS < 관리형 VMS < 기업형 VMS
④ 관리형 VMS < 계약형 VMS < 기업형 VMS
⑤ 기업형 VMS < 관리형 VMS < 계약형 VMS

1819
2023 CPA

유통경로 및 수직적 마케팅 시스템(vertical marketing system, VMS)에 관한 설명으로 가장 적절하지 않은 것은?

① 독립적 유통경로는 통합적 유통경로보다 통제 가능성이 낮다.
② 복수 경로(multichannel) 마케팅 시스템은 통합적 유통경로와 독립적 유통경로가 함께 존재하는 혼합적 유통경로이다.
③ 소매상 협동조합(retailer cooperative)과 프랜차이즈 조직은 계약형 VMS이다.
④ 수직적 통합 수준은 기업형 VMS가 가장 높고, 계약형 VMS가 관리형 VMS보다 높다.
⑤ 계약형 VMS 중 하나인 도매상이 후원하는 자발적 체인(wholesaler-sponsored voluntary chain)은 대형 도매상을 중심으로 중소 제조업체들이 자발적으로 만든 체인이다.

경로 갈등

1820
2008 CPA

유통경로의 설계 및 관리에 관한 다음의 설명 중 옳은 것으로만 구성된 것은?

> a. 하이브리드 마케팅 시스템(hybrid marketing system)은 유통경로 기능들 중의 일부는 제조기업이 수행하고, 나머지는 유통기업이 수행하는 유통경로를 말한다.
> b. 중간상이 제조기업에 대해 일체감을 갖고 있거나 갖게 되기를 바라기 때문에 발생하는 파워를 준거적 파워(referent power)라 한다.
> c. 유통경로 갈등의 원인 중 동일한 사실을 놓고도 경로 구성원들이 인식을 다르게 하는 경우 발생하는 갈등의 원인을 지각 불일치(perceptual differences)라 한다.
> d. 경로 커버리지 전략 중 전속적 유통(exclusive distribution)은 중간상의 푸쉬(push)보다는 소비자의 풀(pull)에 의해서 팔리는 상품(예컨대 저가의 생활용품)에 적합하다.
> e. 유통은 바톤 패스(baton pass)와 유사하다. 즉 제조기업이 유통기업에게 바톤을 넘기듯이 모든 유통기능을 맡기는 것이 적절하다.

① a, b, c
② b, c, d
③ c, d, e
④ a, c, e
⑤ b, d, e

1821
2014 CPA

유통관리에 관한 설명으로 가장 적절한 것은?

① 준거적 파워(referent power)는 제조업자가 중간상이 가지고 있지 않는 지식이나 노하우를 가지고 있어서 발생하는 힘이다.
② 경로 구성원 수(커버리지) 결정 시, 통제의 정도는 '선택적(selective) 유통 < 집약적(intensive) 유통 < 전속적(exclusive) 유통' 순이다.
③ 목표 불일치, 영역 불일치, 지각 불일치는 경로갈등을 발생시키는 원인이다.
④ 수직적 마케팅 시스템(VMS)에서 경로 구성원의 통합화된 정도는 '계약형 VMS < 관리형 VMS < 기업형 VMS' 순이다.
⑤ '소매상협동조합'과 '도매상이 후원하는 자발적 체인'은 관리형 VMS에 속하며, '프랜차이즈 조직'은 계약형 VMS에 속한다.

1822
2016 CPA

유통관리에 관한 설명으로 가장 적절한 것은?

① 수직적 마케팅 시스템(VMS)에서 소매상 협동조합은 관리형 VMS에 포함된다.
② 거래규모가 작고 거래가 드물게 발생하는 경우 제조업체가 통합적 유통경로(기업형 VMS)를 갖게 될 가능성이 높아진다.
③ 유통경로 갈등의 원인 중 영역 불일치(domain dissensus)는 동일한 사안을 놓고도 경로구성원들이 다르게 인식하는 것이다.
④ 제조업체 도매상(manufacturers' sales branches and offices)은 독립적인 도매상이 아니며 제조업체에 의해 직접 소유·운영된다.
⑤ 전문적 힘(expert power)은 경로구성원 A가 B에 대해 일체감을 갖고 있거나 갖게 되기를 바라기 때문에 발생하는 힘이다.

1823
2024 CPA

유통관리에 관한 설명으로 가장 적절하지 않은 것은?

① 상인 도매상(merchant wholesaler)과 대리점(agent)의 차이는 상품의소유 유무이며, 대리점과 브로커(broker)는 상품을 소유하지 않는다는 공통점을 가지고 있으나 대리점은 장기적 관계이고 브로커는 단기적 관계라는 차이가 있다.
② 하이브리드 마케팅 시스템은 유통경로 기능들 중의 일부는 제조업자가 수행하고 나머지는 다른 사업자가 수행하는 유통 경로이다.
③ 집약적 유통(intensive distribution)에 비해 적극적 판매노력을 유도할 수 있는 전속적 유통(exclusive distribution)은 고가품에 적합한 경로 커버리지이다.
④ 상품판매에 요구되는 서비스 수준이 높거나 일관된 경험을 제공하는 것이 중요한 경우에는 통합적 유통경로를 갖게 될 가능성이 높다.
⑤ 유통경로 갈등의 원인 중 영역 불일치는 동일한 사안을 놓고도 경로구성원들이 인식을 다르게 하는 경우를 가리킨다.

영향 전략

1824
2018 CPA

유통관리에 관한 설명으로 가장 적절한 것은?

① 상인 도매상(merchant wholesaler)과 대리점(agent)은 취급하는 제품의 소유권을 갖고 있는 반면에 브로커(broker)는 소유권 없이 단지 거래를 성사시켜 주는 역할을 한다.
② 수직적 마케팅 시스템(VMS)에서 소매상 협동조합은 관리형 VMS이고 프랜차이즈 조직은 계약형 VMS이다.
③ 판매량이 감소한 사실을 놓고, 프랜차이즈 본부의 해석(예 가맹점의 서비스 질에 문제가 있어서)과 가맹점의 해석(예 경쟁브랜드의 신규출점 때문에)이 서로 달라서 발생하는 갈등은 지각 불일치(perceptual differences)와 관련이 있다.
④ 제조업자가 중간상에게 계약에 의거하여 일정 수준의 재고를 유지하도록 요구할 수 있는 것은 전문적 파워와 관련이 있다.
⑤ 전속적 유통(exclusive distribution)은 중간상의 역할이 그다지 중요하지 않은 제품에 적합하며, 제조업체의 표적시장 범위가 넓을수록 유리하다.

유통경로 설계

1825
2006 CPA

영향전략(influence strategies)이론에 따르면, 유통경로 구성원들은 힘의 원천(sources of power)을 행사할 때 정보교환(information exchange), 추천(recommendation) 등의 비강압적 영향전략과 약속(promise), 위협(threat), 요청(request), 법적 제소(legal plea) 등의 강압적 영향전략을 사용한다. 다음 설명 중에서 가장 옳지 않은 것은?

① 약속은 강압적 전략으로 분류되기는 하지만, 실제로 그 효과는 비강압적 전략과 동일하게 나타난다고 한다.
② 일반적으로 비강압적 영향전략은 경로구성원들간의 상호이해를 촉진하여 잠재갈등(latent conflict)의 수준을 낮추고, 반면에 강압적 영향전략의 활용은 경로구성원간의 목표와 현실인식에서의 양립가능성을 감소시켜 잠재갈등을 증가시킬 것이다.
③ 정보교환, 추천 같은 비강압적 영향전략에 필요한 힘의 원천은 합법력(legitimate power)이다.
④ 공급자와 유통업자의 상호의존성이 높아 힘이 균형을 이루고 있는 경우, 쌍방은 강압적 전략의 활용을 자제하고 비강압적 전략을 보다 많이 사용한다.
⑤ 강압적 영향전략이나 비강압적 영향전략이나 모두 표출된 갈등(manifest conflict)을 증가시킬 수 있다.

1826
2001 CPA

다음 중 일반적으로 유통경로의 단계수가 증가하는 경우는?

① 고객의 최소판매단위(lot size)에 대한 유통서비스 요구가 높을수록
② 고객의 상품정보제공(product information)에 대한 유통서비스 요구가 높을수록
③ 고객의 배달기간(delivery time)에 대한 유통서비스 요구가 낮을수록
④ 고객의 공간적 편의성(spatial convenience)에 대한 유통서비스 요구가 낮을수록
⑤ 고객이 대형유통업체를 선호할수록

중간상의 수

1827
2005 CPA

제품유통 의사결정에 필요한 내용에 관한 설명 중 가장 옳지 않은 것은?

① 중간상의 자질에 관한 문제나 유통마진의 크기에 관한 문제 등으로 경로구성원들 사이에서 발생하는 갈등을 목표불일치에 의한 수직적 갈등이라 할 수 있다.
② 물적유통의 목표는 고객만족을 극대화할 수 있도록 적절한 상품을 적시적소에 최소비용으로 배달하는 것이라고 할 수 있다.
③ 선택적 유통경로정책은 소비자들에게 제품의 노출을 선택적으로 제한함으로써 제품의 명성을 어느 정도 유지하면서 적정수준의 판매량을 확보하고자 할 때 사용할 수 있다.
④ 기술수준이 높은 상품의 유통경로 길이는 사후서비스의 편리성 등을 고려할 때 짧게 하는 것이 바람직하다.
⑤ 경로형태선택 시에 판매원을 이용한 직접판매는 대리상을 이용한 판매에 비하여 매출량에 비례해서 늘어나는 변동비는 비교적 많으나 고정비는 상대적으로 적다는 점을 고려하여야 한다.

소매상

1828
2011 CPA

유통경로(distribution channel)에 관한 설명으로 가장 적절하지 않은 것은?

① 유통경로가 존재하는 근본적인 이유는 생산자와 소비자 사이에 시간, 장소, 형태상의 불일치가 있기 때문이다.
② 통합적 유통경로(integrated distribution channel)는 독립적 유통경로(independent distribution channel)에 비해 통제가능성은 높은 반면 많은 투자비가 요구된다.
③ 복수경로 마케팅 시스템(multichannel marketing system)은 통합적 유통경로와 독립적 유통경로가 함께 존재하는 유통경로이다.
④ 계약형 수직적 마케팅 시스템(contractual VMS)은 상호 독립적인 경로구성원들이 계약에 의해서 서로의 활동을 통제하고 조정하는 것을 가리키며, 프랜차이즈 조직, 소매상 협동조합, 도매상이 후원하는 자발적 체인이 이에 해당된다.
⑤ 경로 커버리지와 관련하여 선택적 유통(selective distribution)은 특정 지역 내에서 단 한 개의 중간상에게만 상품을 공급하는 것이며, 집약적 유통(intensive distribution)은 특정 지역 내에서 가능한 많은 수의 중간상들에게 상품을 공급하는 것이다.

도매상

1829
2004 CPA

국내외의 최근 소매업의 변화추세를 설명하는 것이 아닌 것은?

① 소매업 업태 중 전문점, 편의점, 백화점 실패율의 상대적 증가
② 다른 유형의 소매업체간 경쟁 격화
③ 무점포 소매업의 증가
④ 초대형 소매점의 증가
⑤ 소매업 경영에 있어서 정보통신기술의 중요성 증대

1830
2009 CPA

유통에 관한 다음 서술 중 가장 적절하지 않은 것은?

① 상권분석을 위해 사용되는 허프(Huff)모형에서, 점포의 크기는 점포선택에 영향을 미친다.
② 경로구성원 간의 목표 불일치는 경로갈등의 원인이 된다.
③ 소매상은 상품을 최종 구매자에게 직접 판매하는 활동을 수행하는 상인이다.
④ 상인 도매상(merchant wholesaler)은 상품을 판매할 때까지 상품의 소유권을 갖지 않는다.
⑤ 부동산 중개인은 브로커(broker)이다.

1831
2015 CPA

유통경로구성원에 관한 설명으로 가장 적절하지 않은 것은?

① 소매 수레바퀴 가설(Wheel of Retailing)은 소매환경 변화에 따른 소매업태 변화를 설명하는 것이다.
② 전문점(specialty store)과 비교하여 전문할인점(specialty discount store or category killer)은 상대적으로 낮은 수준의 서비스와 저렴한 가격을 갖고 있다.
③ 상인 도매상(merchant wholesaler)은 취급하는 상품의 소유권을 가지고 있지 않다.
④ 방문판매(direct sales), 자동 판매기(vending machine), 다이렉트 마케팅(direct marketing)은 무점포 소매상에 포함된다.
⑤ 판매 대리점(selling agents)은 거래제조업자의 품목을 판매할 수 있는 계약을 맺고 판매활동을 한다.

1832
2021 CPA

유통관리에 관한 설명으로 적절한 항목만을 모두 선택한 것은?

> a. 유통경로는 생산된 제품을 소비시점까지 보관하여 시간상의 불일치를 해소한다.
> b. 유통업체 중에서 판매 대리점(selling agent)은 제품에 대한 소유권을 보유하는 반면에, 브로커(broker)는 제품에 대한 소유권을 보유하지 않는다.
> c. 소매상 협동조합은 제조업체 주도로 만들어진 소매상들의 유통체인이다.

① a
② a, b
③ a, c
④ b, c
⑤ a, b, c

상권분석

1833
2006 CPA

상권분석에 관한 다음 설명 중 가장 올바른 것은?

> a. 1차상권(primary trading area)이란 전체 점포이용고객의 대략 50-70%를 흡인하는 지역범위를 말한다.
> b. Christaller의 중심지이론(Central Place Theory)에 의하면 한 지역내 거주자들이 모든 상업중심지로부터 중심기능(최적 구입가격으로 상품을 구입하는 것)을 제공받을 수 있고 상업중심지들 간에 안정적인 시장균형을 얻을 수 있는 이상적인 상권모형은 원형이다.
> c. Reilly의 소매인력법칙(Law of Retail Gravitation)에 의하면 두 경쟁도시가 그 중간에 위치한 소도시로부터 끌어들일 수 있는 상권규모는 그들의 인구에 비례하고, 각 도시와 중간도시간의 거리자승에 반비례한다.
> d. Huff의 공간적 상호작용모델에 의하면 소비자의 점포에 대한 효용은 점포의 입지에 비례하고, 점포까지 걸리는 시간이나 거리에 반비례한다.
> e. Applebaum의 유추법(Analog Method)은 자사의 신규점포와 특성이 비슷한 유사점포를 선정하여 그 점포의 상권범위를 추정한 결과를 자사 점포의 신규입지에서의 매출액 또는 상권규모를 측정하는데 이용하는 방법이다.

① a, c, d
② b, c, e
③ a, d, e
④ a, c, e
⑤ b, d, e

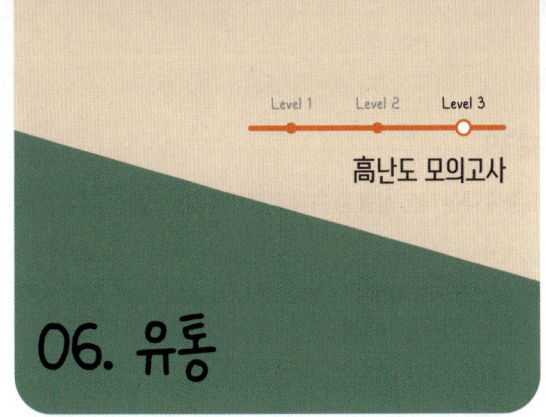

06. 유통

1834

유통(channel)과 관련한 다음 설명 중 가장 적절하지 않은 것은?

① 통합적 유통경로(integrated distribution channel)는 제조업자의 뜻대로 유통경로 기능이 수행된다는 장점이 있지만, 제조업자가 판매원들을 고용하고, 점포를 빌리는 데에 많은 비용이 소요된다는 단점이 있다.
② 자산특유성(asset specificity)이 낮은 거래는 중간상을 배제하고 경로활동을 직접 수행하는 것이 더 적절하다.
③ 무점포 소매상(non-store retailing)의 예로는 방문판매, 다이렉트 마케팅(카탈로그 판매, 텔레마케팅, 텔레비전 홈쇼핑, 인터넷 마케팅), 자동판매기 등이 있다.
④ 기술의 변화, 직접마케팅과 온라인 마케팅의 폭발적인 성장으로 탈중간상화 혹은 디스인터미디에이션(disintermediation) 현상이 나타나고 있다.
⑤ 현금거래 도매상(cash-and-carry wholesaler), 트럭 도매상(truck wholesaler), 직송 도매상(drop shipper), 진열 도매상(rack jobber) 등은 한정 서비스 도매상(limited service wholesaler)에 해당한다.

1835

유통(channel)에 관한 다음 설명 중 가장 적절하지 않은 것은?

① 선택적 유통(selective distribution)보다 전속적 유통(exclusive distribution)이 중간상을 통제하기 더 용이하다.
② 한 기업의 제품이 오프라인 매장, 온라인 쇼핑몰, TV 홈쇼핑 등에서 동시에 판매된다면 이는 수직적 마케팅 시스템(VMS)에 해당한다.
③ 대리상(agent)은 제품에 대한 소유권을 갖지 않지만, 상인도매상(merchant wholesaler)은 제품에 대한 소유권을 갖는다.
④ 라일리(Reilly)의 소매인력의 법칙(law of retail gravitation)은 도시들 간 상권경계를 정할 때 사용된다.
⑤ 자산 특유성(asset specificity)이 높을 때, 중간상을 배제하고 유통활동을 직접 수행하는 것이 좋다.

1836

유통(marketing channel)과 관련한 다음 설명 중 가장 적절하지 않은 것은?

① 집약적 유통(intensive distribution)이란 제조회사가 최대한으로 많은 점포를 이용하여 자사의 상품을 팔도록 하게 하는 정책으로, 주로 편의품(convenience product)을 만드는 회사들이 사용하는 정책이다.
② 선택적 유통(selective distribution)이란 집약적 유통과 전속적 유통의 중간에 해당하는 정책으로, 관리해야 하는 점포 수가 적어 점포 통제에 유리하나 전속적 유통에 비해 소비자들에게 상품을 노출시키기는 힘들어 전문품(specialty product)을 만드는 회사들이 사용하는 정책이다.
③ 프랜차이즈 시스템은 계약형 VMS(vertical marketing system)로서 주로 합법적 권력(계약)으로 운영되는데, 이는 유통경로 내에서 널리 행해지고 있는 방법이다.
④ 한 번에 판매되는 양이 많고 자주 판매되는 상품인 경우에는 독립적 유통경로(independent distribution channel)보다 통합적 유통경로(integrated distribution channel)가 더 적합하다.
⑤ 수수료 상인(commission merchant)은 제품의 소유권은 갖지 않지만, 제품을 갖고 다니면서 판매를 성사시키는 기능을 한다.

1837

유통(channel)과 관련한 다음 설명 중 가장 적절하지 않은 것은?

① 유통경로를 집약적(intensive), 선택적(selective), 전속적(exclusive) 유통으로 구분하는 기준은 중간상의 수이다.
② 광범위한 시장을 추구하는 제조업체는 상표선호도와 쇼핑형태가 다양한 소비자 집단을 대상으로 해야 하므로 집약적 유통(intensive distribution)이 요구된다.
③ 새로운 점포의 매출액을 예측할 때는 라일리(Reilly)의 소매인력의 법칙(law of retail gravitation)을 사용하는 것이 좋다.
④ 구매자와 공급자간의 거래의 반복발생 빈도가 높을수록 내부화된 거래가 발생할 가능성이 높다.
⑤ 제조업체와 유통업자 간의 유대를 강화시킬 수 있는 여건을 가장 많이 제공하는 것은 전속적 유통이다.

1838

유통(channel)과 관련한 다음 설명 중 가장 적절하지 않은 것은?

① 거래비용이론(transaction cost theory)에 따르면, 자산특유성(asset specificity)이 높은 거래는 거래상대방이 기회주의적 행동을 할 가능성이 높기 때문에 이를 피하기 위해 통합적 유통경로(integrated distribution channel)를 선택하는 것이 적절하다.
② 구매주기가 짧은 제품의 경우에는 짧은 유통경로보다는 긴 유통경로가 적절하다.
③ 제품수명주기(PLC: product life cycle)의 성장단계에는 제품을 널리 보급하기 위해 집약적 유통(intensive distribution)을 이용하는 것이 바람직하다.
④ 수평적 마케팅시스템(horizontal marketing system)이란 같은 경로수준에 있는 기업들이 자본, 생산, 마케팅기능 등을 결합하여 각 기업의 경쟁우위를 공유하려는 것을 의미한다.
⑤ 직송 도매상(drop shipper)은 회전이 빠른 한정된 계열의 제품만을 소규모의 소매상에게 현금지불을 조건으로 판매하며 배달은 하지 않는다.

1839

유통에 대한 다음 설명 중 가장 적절하지 않은 것은?

① 전문할인점(specialty discount store) 또는 카테고리 킬러(category killer)와 대형마트의 공통점은 낮은 수준의 서비스, 넓지만 평범한 매장, 낮은 가격이고 차이점은 상품라인이 카테고리 하나에 집중되느냐 아니면 여러 개이냐이다.
② 양판점(general merchandising store)과 백화점(department store)의 공통점은 상품의 구색과 매장형태이고 차이점은 양판점은 자체 브랜드(private brand 혹은 store brand)를 많이 취급하므로 가격이 백화점보다 더 저렴하다.
③ 판매량이 감소한 사실을 놓고, 제조업자는 유통업자가 판매노력을 게을리해서 생긴 일이라고 해석하고, 유통업자는 전체시장 규모가 줄어들고 있기 때문에 생긴 일이라고 해석하는 경우 발생하는 갈등은 '목표 불일치'로 인한 갈등이다.
④ 전속적 유통(exclusive distribution)은 일정 지역 내에서 한 개의 중간상에게만 상품을 공급하는 것이며, 높은 마진이 보장되므로 중간상이 적극적으로 푸시(push)한다.
⑤ 복수경로 마케팅 시스템(multichannel marketing system)은 통합적 유통경로와 독립적 유통경로가 함께 존재하는 유통경로이다.

1840

유통에 관한 다음 설명 중 적절한 항목으로만 구성된 것은?

> a. 무점포 소매상은 다이렉트 마케팅, 방문판매, 자동판매기 등으로 분류된다.
> b. 최근 소매업 트렌드 가운데 두드러지는 것은 제조업체에 대한 소매업체의 힘의 우위이다.
> c. 거래비용이론(transaction cost theory)에 따르면, 만약 기업이 거래특유투자(transaction specific investment)를 가지고 있다면 그와 거래하는 상대방은 기회주의적으로 행동할 가능성이 낮다.
> d. 카테고리 킬러(category killer)는 할인형 대규모 전문점으로서 특정 제품계열에서 전문점과 같은 깊이 있는 상품구색을 갖추고 매우 저렴하게 판매하는 것이 원칙이다.
> e. 크리스탈러(Christaller)의 중심지 이론(central place theory)과 라일리(Reilly)의 소매인력의 법칙(law of retail gravitation)은 상권분석의 기술적 모형(descriptive model)에 속한다.

① a, b, c
② a, b, d
③ b, c, d
④ b, d, e
⑤ c, d, e

1841

유통에 관한 다음 설명 중 가장 적절한 것은?

① 유통은 소비자의 쇼핑습관에 따라 집약적 유통(intensive distribution), 선택적 유통(selective distribution), 전속적 유통(exclusive distribution)으로 구분된다.
② 영향력 행사 전략에서 약속과 요청은 비강압적 전략에 해당한다.
③ 동일 지역 내에서 동네슈퍼마켓과 기업형 슈퍼마켓(SSM) 간의 갈등은 수직적 갈등(vertical conflict)에 해당한다.
④ 고객들이 빠른 배달을 선호한다면 유통경로를 길게 설계하는 것이 좋다.
⑤ 점포형 채널과 무점포형 채널의 결합은 수직적 마케팅 시스템(vertical marketing system)에 해당한다.

1842

유통에 관한 다음 설명 중 가장 적절하지 않은 것은?

① 중간상은 제조업자와 소비자에게 시간효용(time utility), 장소효용(place utility) 및 소유효용(possession utility)을 제공한다.
② 제조업자 입장에서 볼 때 제조업자와 소비자 사이에 많은 경로구성원(중간상)이 개입될수록, 즉 경로길이가 길어질수록 제조업자의 통제력은 강해진다.
③ 고객이 제품구매에 많은 쇼핑노력을 기울이고, 점포입지의 편리성에 대한 필요가 낮고, 제조업자와 유통업자 간 강한 유대관계를 형성하고자 할 때는 전속적 유통(exclusive distribution)이 적합하다.
④ 표적시장의 규모가 크고 지리적으로 시장이 집중될수록 제조업자는 긴 유통경로보다는 짧은 유통경로를 택하게 될 것이다.
⑤ 관리형 VMS보다 기업형 VMS가 경로구성원들에 대한 통제력이 높지만 더 많은 투자를 필요로 하며 유통환경 변화에 대응하는 유연성이 약해진다.

1843

유통관리에 관한 다음 설명 중 가장 적절하지 않은 것은?

① 기업형 VMS(vertical marketing system)는 독립적 유통경로(independent distribution channel)와 동일하다
② 유통경로 구축비용과 통제가능성은 서로 정(+) 비례한다.
③ 무점포 소매상(non-store retailing)의 종류에는 방문판매, 다이렉트 마케팅, 자동판매기 등이 있다.
④ 애플과 맥도날드가 주연컴퓨터와 BBQ 치킨보다 중간상에 대해 더 많은 준거적 권력(referent power)을 갖는다.
⑤ 가전제품 메이커가 대형마트에 상품을 공급하는 것에 대해 대리점들이 반발하는 것은 수직적 갈등(vertical conflict)의 예이다.

1844

유통에 대한 다음 설명 중 가장 적절하지 않은 것은?

① 유통경로는 일단 구축되면 변경하기가 용이하지 않으므로 마케팅 믹스 구성요소 중 가장 신중한 관리가 필요하다.
② 유통경로에서 중간상들을 배제하는 것을 디스인터미디에이션(disintermediation)이라고 부른다.
③ 무점포 소매상(non-store retailing)이란 점포를 이용하지 않는 소매상을 말하는데, 여기에는 방문판매(direct sales), 다이렉트 마케팅(direct marketing), 자동판매기(vending machines) 등이 포함된다.
④ 전속적 유통(exclusive distribution)은 높은 마진이 보장되므로 중간상이 적극적으로 푸시(push)하며, 제조업자의 통제가능성은 높다.
⑤ 기업형 VMS(vertical marketing system)는 한 경로구성원이 다른 경로 구성원들을 소유한 유통경로를 의미하며, 이는 혼합적 유통경로와 동일한 형태이다.

1845

유통에 대한 다음 설명 중 가장 적절하지 않은 것은?

① 수평적 마케팅 시스템(horizontal marketing system)이란 자원이 부족한 기업들이 효과적인 마케팅활동을 수행하기 위하여 같은 경로단계에 있는 다른 기업과 결합하는 것을 말한다.
② 라일리(Reilly)의 소매인력의 법칙(law of retail gravitation)은 쇼핑 시 주변도시의 매력도는 이동거리의 제곱에 반비례한다고 가정한다.
③ 가전제품 메이커가 대형마트에 상품을 공급하는 것에 대해서 대리점들이 반발한다면 이는 유통경로의 갈등 가운데 수평적 갈등(horizontal conflict)에 해당한다.
④ 집약적 유통(intensive distribution) 경로의 경우 제품의 노출 극대화가 일어나는 편의품(convenience product)에 적용된다.
⑤ 유통경로 기능들 중의 일부는 제조업자가 수행하고, 나머지는 다른 사업자가 수행하는 유통경로를 하이브리드 마케팅 시스템(hybrid marketing system)이라고 한다.

1846

유통에 대한 다음 설명 중 가장 적절하지 않은 것은?

① 도매상(wholesaler)의 유형은 상인도매상(merchant wholesaler), 대리점(agent) 및 브로커(broker), 제조업자 도매상(manufacturers' branches and offices)으로 구분된다.
② 제조업자가 독립적 유통경로(independent distribution channel)를 이용한다면, 점포를 빌리거나 판매원을 고용하는 비용이 줄기 때문에 제조업자는 유통에 대한 투자비를 절약할 수 있다.
③ 촉진, 협상 및 주문 접수 기능은 제조업자의 판매사원이 수행하고, 배달 및 판매 후 서비스는 독립적인 유통업자로 하여금 수행하게 하는 것은 복수경로 마케팅 시스템(multichannel marketing system)이다.
④ 중요한 영업비밀이 있거나 품질보증이 중요한 경우에는 통합적 유통경로(integrated distribution channel)가 적절하다.
⑤ 제조업자가 매우 효과적인 재고관리 기법을 갖고 있는 경우 갖게 되는 권력은 전문적 권력(expert power)이다.

1847

유통에 대한 다음 설명 중 가장 적절한 것은?

① 취급하는 제품라인이 하나의 카테고리에 집중되어 있으며, 낮은 가격과 낮은 서비스를 제공하는 전문 할인점(specialty discount store)은 도매상(wholesaler)에 해당한다.
② 맥네어(McNair)의 소매업 수레바퀴 가설(Wheel of retailing)은 소매업의 전문화 추세를 설명한다.
③ 제조업자가 매우 효과적인 재고관리기법을 갖고 있는 경우 제조업자는 경로구성원에 대해 준거적 권력(referent power)을 갖게 된다.
④ 어느 대리점이 다른 대리점의 구역을 침범하여 판매활동을 해서 대리점들 간에 갈등이 빚어지는 것은 수직적 갈등(vertical conflict)의 예이다.
⑤ 복수경로 마케팅 시스템(multichannel marketing system), 하이브리드 마케팅 시스템(hybrid marketing system), 수직적 마케팅 시스템(VMS: vertical marketing system)은 혼합적 유통경로에 해당한다.

1848

유통에 대한 다음 설명 중 가장 적절한 것은?

① 트럭 도매상(truck wholesaler)은 소매상으로부터 주문을 받으면 제조업자에게 연락하여 상품이 제조업자로부터 직접 소매상에게 배달되도록 한다.

② 만약 사무용 가구를 판매하는 회사가 총 10개의 유통관련 과업 가운데 8개는 직접 수행하고 2개만 다른 사업자에게 의존한다면 이는 하이브리드 마케팅(hybrid marketing system)에 해당한다.

③ 다단계 마케팅(multi-level marketing), 카탈로그 마케팅(catalog marketing), 텔레마케팅(telemarketing)은 다이렉트 마케팅(direct marketing)에 속한다.

④ 전속적 유통(exclusive distribution)은 중간상의 푸시(push)보다는 소비자의 풀(pull)에 의해 팔리는 상품에 적합하다.

⑤ 품질보증이 중요하면 독립적 유통경로(간접유통)가 적절하고, 한 번에 판매되는 양이 많고 자주 판매되는 상품인 경우에는 통합적 유통경로(직접유통)가 적절하다.

1849

유통관리에 대한 다음 설명 중 가장 적절한 것은?

① 유통경로가 존재하는 이유는 시간, 장소, 지각 불일치가 존재하기 때문이다.

② 관리형 VMS(vertical marketing system)란 상호 독립적인 경로구성원들 중에서 규모나 파워에 있어서 지도적 위치에 있는 기업이 다른 구성원들의 활동을 통제하고 조정하는 경우를 말한다.

③ 대형마트와 전문할인점은 제조업자 도매상(manufacturers' branches and offices)에 해당한다.

④ 카탈로그 마케팅(catalog marketing), 텔레마케팅(telemarketing), 온라인 쇼핑(online shopping), 카테고리 킬러(category killer)는 무점포 소매상이다.

⑤ 수수료 상인(commission merchant)은 상인 도매상(merchant wholesaler)에 해당한다.

07 촉진

제2편. 마케팅

1. 촉진믹스

(1) 촉진(=마케팅 커뮤니케이션)

제품의 존재를 현재 또는 미래의 고객들에게 알리고, 구매하도록 설득하며, 구매를 유인할 수 있는 여러 가지 인센티브를 제공하는 활동

(2) 촉진믹스

촉진 활동을 수행하기 위한 수단을 의미하며, 광고, PR, 구전, 판매촉진, 인적판매 등이 대표적 수단임

촉진믹스의 유형과 특징

유형	특징
광고 advertising	특정 광고주에 의한 아이디어, 상품 또는 서비스의 비인적 프레젠테이션과 촉진
PR public relations	회사나 제품 이미지를 증진하거나 보호하는 프로그램
구전 word of mouth	제품의 장단점이나 구매 또는 사용경험에 관한 사람과 사람 간의 구두, 서면 또는 전자적 커뮤니케이션
판매촉진 sales promotion	제품 및 서비스의 시용 혹은 구매를 촉진하기 위한 단기적인 인센티브
인적판매 personal selling	판매와 고객관계를 구축하기 위한 목적으로 수행되는 대면적인 프레젠테이션

촉진믹스 요소별 대표적인 수단들

유형	대표적 수단
광고	방송 광고, 인쇄 광고, 온라인 광고, 옥외 광고 등
PR	보도자료, 홈페이지, 스폰서십, 사회봉사활동 등
구전	대면 접촉, 소셜 미디어 등
판매촉진	할인쿠폰, 샘플, 사은품, 경품 등
인적판매	프리젠테이션, 고객초청세미나 등

2. 촉진믹스의 일반적 특성

(1) 제품유형별 촉진믹스

제품에 따른 촉진믹스의 상대적 중요성

소비재: 광고 > 판매촉진 > 인적판매 > PR
산업재: 인적판매 > 판매촉진 > 광고 > PR

(2) 반응단계별 촉진믹스

효과계층단계별 촉진믹스 요소의 효과

영역	효과계층단계	광고	PR	구전	판매촉진	인적판매
인지 cognitive	인지	●	●			
	지식	●	●	●		
감정 affective	호감	●	●	●		
	선호	●	●	●		
	확신			●	●	●
행동 behavior	구매				●	●

(3) 푸시와 풀

푸시전략과 풀 전략

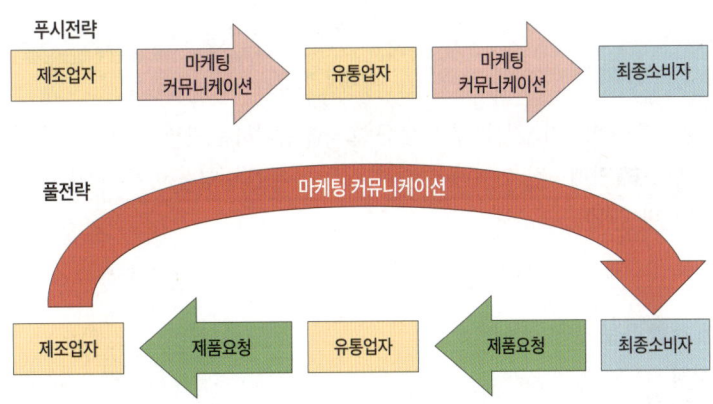

567

1) 푸시 전략(push strategy)

제조업체는 도매상에게, 도매상은 소매상에게, 소매상은 최종소비자에게 제품을 적극적으로 판매하는, 즉 밀어붙이는 전략

2) 풀 전략(pull strategy)

제조업체가 최종소비자들을 상대로 적극적인 촉진활동을 하여 이들로 하여금 자사제품을 찾게 함으로써 중간상인들로 하여금 자발적으로 자사제품을 취급하게 하는 전략

푸시와 풀에 따른 촉진믹스의 구성

	광고	PR	구전	판매촉진		인적판매
				소비자 판촉	중간상 판촉	
푸시		●			●	●
풀	●	●	●	●		

3. 광고

주요 광고 관련 의사결정

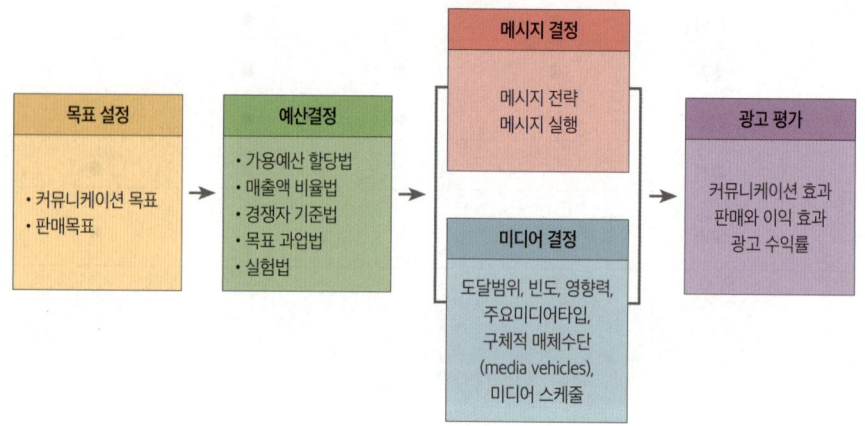

(1) 광고목표 설정

광고는 효과계층모형 가운데 비교적 앞부분에 가장 큰 효과를 발휘하는 반면, 정작 구매를 완결짓는 데에는 광고 이외에도 여러 가지 다른 변수(예 판매촉진, 인적판매, 가격 등)들이 더 큰 영향을 미치기 때문에 광고의 목표는 '커뮤니케이션 목표'로 정하는 것이 바람직함

1) 커뮤니케이션 목표
    ① 상품 카테고리에 대한 욕구 자극
    ② 브랜드 인지도 향상
    ③ 제품정보제공
    ④ 브랜드에 대한 호의적 태도 형성
    ⑤ 브랜드 선호도 향상
    ⑥ 만족도 향상/구매후 부조화 감소

(2) 광고예산의 결정

1) 시간의 흐름에 따른 광고효과

① **이월효과** carryover effect

과거(현재)에 이루어진 광고의 효과가 누적되어 현재(미래)의 매출에 영향을 미치는 것

② **광고 중단의 영향**

광고를 계속하다가 중단하면 매출액이 급감하는 것이 아니라 서서히 감소하는 패턴을 보임

2) 광고예산 결정 방법

① **가용예산 할당법** affordable method

회사의 재정이 허락하는 범위 내에서 최대한의 액수를 촉진예산으로 책정하는 방법으로 주로 소규모의 기업에서 사용함. 광고를 투자가 아니라 비용으로 간주하고 있다는 단점이 있음

② **매출액 비율법** percentage-of-sales method

실무에서 가장 널리 쓰이는 방법으로 현재 혹은 예상되는 매출액의 일정한 비율을 광고예산으로 책정하는 방법임. 광고비를 매출액의 원인으로 보는 것이 아니라, 매출액의 결과라고 간주하는 논리적인 오류를 범하고 있음

③ **경쟁자 기준법** competitive-parity method

매출액 대비 광고예산의 비율을 경쟁자들이 사용하는 비율 그대로 쓰는 방법을 말함. 모든 경쟁자들이 같은 비율을 쓰게 되면, 광고경쟁이 일어나는 것이 억제될 가능성이 있음

④ **목표 과업법** objective-and-task method

이 방식은 ① 구체적인 촉진목표의 설정 ② 목표를 달성하기 위해 필요한 과업결정 ③ 과업을 수행하기 위해 필요한 예산의 추정의 순으로 예산을 추정하는 방법임. 이 방법은 다른 방법들과는 달리 매우 논리적이라는 장점을 갖고 있으나 실제 현실에 적용이 어렵다는 단점도 있음

⑤ **실험법** experimentation method

실험법은 두 가지 이상의 광고비 수준들을 실험적으로 지출하고, 그 결과 얻어지는 매출액을 비교한 다음, 광고예산을 결정하는 방법임

(3) 메시지 결정

1) 메시지 소구

여러 가지 메시지 소구

유형	특징
이성적 소구 rational appeal	청중 자신의 이익과 관련이 있는 것으로 제품의 품질, 경제성, 가치, 성능 등을 제시하여 구매를 유도
감성적 소구 emotional appeal	구매할 동기를 부여하는 부정적인 혹은 긍정적인 감정을 일으켜 제품을 구매하도록 유도
도덕적 소구 moral appeal	무엇이 옳고 적합한지에 관한 청중의 생각에 초점을 맞춤
성적 소구 sex appeal	성적인 소재를 이용한 광고를 의미하며, 청중들의 흥미를 유발하고 주의를 끄는 효과가 있음
공포 소구 fear appeal	청중들에게 광고에서 제안하는 것을 따르지 않았을 때 닥치는 위험을 인식시키고, 극복하는 방법을 보여주는 광고, 공포수준이 너무 낮거나 높으면 광고 효과가 나타나지 않을 수 있음
유머 소구 humor appeal	유머러스한 소재를 이용한 광고를 말하며, 대개 스토리상에서 예기치 못한 반전을 집어넣음으로써 웃음을 유발함

(4) 미디어 결정

1) 도달범위, 빈도, GRP

① 도달범위

도달범위(reach)는 주어진 기간 동안에 적어도 한 번 이상 광고에 노출된 청중의 수 또는 비율을 의미함

> **빈도보다 도달범위를 높이는 것이 바람직한 경우**
> - 신상품인 경우
> - 유명 브랜드의 브랜드 확장 제품인 경우
> - 구매주기가 긴 상품인 경우
> - 표적청중을 명확히 정의하기 어려운 경우

② 빈도

빈도(frequency)는 청중들이 특정 기간 동안 광고 메시지에 노출되는 횟수를 말함

> **도달범위보다 빈도를 높이는 것이 바람직한 경우**
> - 강력한 경쟁자가 있는 경우
> - 메시지가 복잡한 경우
> - 표적청중들이 우리 상품에 대하여 부정적인 태도를 갖고 있는 경우
> - 구매주기가 짧은 상품인 경우

> **광고효과의 감퇴(advertising wearout)**
> 빈도(frequency)를 높이면 어느 수준까지는 광고의 효과가 높아지지만, 그 수준을 넘어서서 계속 빈도를 높이면 청중들이 광고에 더 이상 반응을 보이지 않거나, 경우에 따라서는 싫증이나 짜증을 내서 광고의 효과가 떨어질 수도 있다. 이것을 광고효과의 감퇴라고 부른다.

③ GRP

GRP(gross rating points)는 특정 광고 스케줄에 노출된 총접촉률 또는 중복된 시청자 수를 의미하는 것으로 GRP는 도달범위와 빈도의 곱으로 계산됨

$$GRP = 도달범위(reach) \times 빈도(frequency)$$

2) 주요 미디어 유형(media type)을 선정

미디어 유형 선정시 CPM(cost per thousand reach: 1,000명의 표적청중에게 도달하기 위한 광고비)도 고려해야 함

> **CPM**
> CPM(cost per thousand persons reached)이란 청중 1,000명에게 도달하기 위해 필요한 비용이다. 예를 들어 A신문에 5단짜리 흑백광고를 내는 비용이 1,000만 원이고, 독자수가 200만 명이면, A 신문의 CPM은 5,000원(=1,000만 원÷200만 명×1,000명)이다. 또한 B신문에 5단짜리 흑백광고를 내는 비용은 800만 원이고 독자수가 80만 명이라면, B신문의 CPM은 10,000원(=800만 원÷80만 명×1,000명)이다. 그러므로 CPM 기준으로는 A신문이 B신문보다 더 효율적인 매체수단이다.
> 그러나 위의 계산에는 오류가 있다. 위 계산의 오류는 A신문의 독자 200만 명과 B신문의 독자 80만 명이 모두 우리 광고의 표적청중이라고 생각한 것이다. 만약 우리 광고가 30~40대 직장인들을 표적으로 하고 있고, A신문의 독자들 중에서 1/4이, 그리고 B신문의 독자들 중에서 3/4이 표적청중에 해당된다면, CPM은 A신문이 20,000원(=1,000만 원÷50만 명×1,000명)이고 B신문이 13,333원(=800만 원÷60만 명×1,000명)이다. 그러므로 표적청중을 기준으로 하면, B신문이 더 효율적인 매체수단이 된다.

3) 구체적인 미디어 수단 혹은 도구(media vehicle)를 선정

미디어 도구(media vehicles)란 일반적인 미디어의 구체적 프로그램이나 잡지명 등을 말하는 것으로, 표적청중에게 전달하려는 광고를 TV 미디어 중 어느 프로그램에 삽입할 것인지, 혹은 잡지 가운데 어떤 잡지를 이용할 것인지를 말함

(5) 광고 미디어 스케줄

① 집중형

집중형(blitz)은 한 기간에 광고비를 모두 지출하는 것

② 지속형

지속형(even)은 정해진 기간 동안 고르게 노출 일정을 계획하는 것

③ 파동형

파동형(pulsing)은 주기적으로 낮은 수준의 광고활동과 높은 수준의 광고활동을 번갈아 가면서 하는 것

광고 스케줄링의 유형

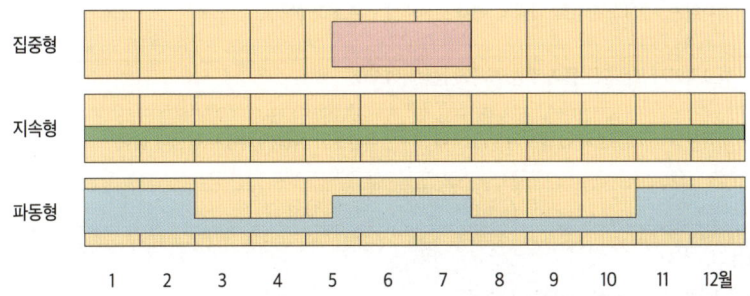

광고 스케줄링의 패턴

패턴	장점	단점	적합한 경우
집중형 blitz	단기적으로 큰 효과	• 광고효과가 곧 소멸할 가능성 • 지나친 집중으로 광고예산 낭비할 가능성	• 신상품 발매 시 • 예산이 부족한 경우 • 경쟁광고가 많은 경우 • 다양한 세분시장에 노출될 필요가 있는 경우
지속형 even	매체시간 확보 시 유리	• 지나친 광고 노출로 광고효과의 감퇴현상이 일어날 가능성 • 평균 광고량 작음	• 독점적 성숙 제품 • 지속적인 기억보강이 필요한 경우
파동형 pulsing	예산의 효율적 사용	• 매체 시간 확보 어려움	• 구매주기가 규칙적인 경우 • 경쟁자가 지속형 광고를 하는 경우

(6) 광고의 효과

1) 문의 테스트(inquiry test)

매체를 통하여 집행된 광고물에 대한 소비자들의 문의를 토대로 광고효과를 측정하는 것임

2) 재인 테스트(recognition test)

소비자에게 다수의 브랜드명을 제시한 후 자신이 본 광고의 브랜드를 표시하게 하는 것으로 객관식으로 측정됨

3) 회상 테스트(recall test)

소비자가 스스로 기억하는 브랜드나 내용을 파악하기 위한 것으로 주로 주관식으로 측정됨

4. PR

(1) 개념과 대상

PR은 홍보(publicity)활동뿐만 아니라 회사와 직접 또는 간접으로 관련이 있는 여러 집단들과 좋은 관계를 유지하는 활동, 합법적인 로비활동, 회사의 경영진에 대하여 회사 이미지나 사회적 이슈에 대하여 조언을 하는 활동, 그리고 회사에 위기가 닥쳤을 때 이를 관리하는 등의 활동이 모두 포함됨

(2) PR의 수단

마케팅에 활용될 수 있는 대표적인 PR 수단

수단	내용
홍보	회사 자체, 회사의 임직원 또는 제품 등에 관한 뉴스거리를 발굴하여 언론 매체에 실리도록 함
출판물	사보, 브로슈어, 연례 보고서, 신문 또는 잡지 기고문 등
이벤트	기자회견, 세미나, 전시회, 기념식, 행사 스폰서십, 스포츠마케팅 등
연설	최고경영자 또는 임원들이 각종 행사에 참석하여 연설
사회봉사활동	지역사회나 각종 공익 단체에 기부금을 내거나 임직원들이 직접 사회봉사 활동에 참여

> **광고와 홍보(publicity)의 차이**
> 1. 광고는 매체비용을 지불하지만, 홍보는 지불하지 않는다.
> 2. 청중들은 광고보다는 언론의 기사나 뉴스를 더 신뢰한다.
> 3. 광고의 내용, 위치, 일정 등에 대해서는 기업이 통제할 수 있지만, 홍보의 경우에는 그렇지 않다.

5. 인적판매

인적판매(personal selling)란 판매원(salesperson)이 직접 고객과 대면하여 자사의 제품이나 서비스를 구입하도록 권유하는 커뮤니케이션 활동을 말하며, 판매원 판매라고도 함. 고객의 반응에 맞추어 즉석에서 커뮤니케이션 할 수 있는 융통성이 있으나 비용이 많이 든다는 단점도 있음

(1) 인적판매의 특성

① **외부판매** outside selling
판매사원이 잠재구매자를 방문하여 판매활동을 하는 것

② **내부판매** inside selling
소매 또는 도매 점포에서 판매사원이 잠재구매자에게 판매활동을 하는 것

6. 판매촉진

(1) 판매촉진의 개념

판매촉진(sales promotion)은 제품과 서비스를 구매 또는 장려하기 위해 제공되는 단기적인 인센티브로 구성됨

판매촉진의 종류

종류	내용
소비자 판매촉진 consumer promotion	제조업자가 직접 소비자를 대상으로 여러 가지 인센티브를 제공하는 것
중간상 판매촉진 trade promotion	제조업자가 중간상(보통 도매업자나 소매업자)을 대상으로 인센티브를 제공히는 것
도매업자 판매촉진 wholesaler promotion 또는 소매업자 판매촉진 retailer promotion	도매업자가 소매업자를 대상으로, 또는 소매업자가 소비자를 대상으로 인센티브를 제공하는 것

(2) 판매촉진의 이론적 근거

1) 기대효용이론

① 취득효용

제품가치와 지불가격의 비교에 의해 결정되는 일반적 의미의 효용

② 거래효용

지불가격과 준거가격을 비교하여 느끼는 상대적 의미의 효용

2) 지각된 위험(perceived risk)

소비자는 사용경험이 없는 제품에 대하여 불확실성으로 인한 위험을 감소시키기 위해 무료샘플, 소량의 시용제품을 써 보거나 혹은 쿠폰을 이용하여 사용해 봄으로써 제품의 성능에 대한 불안감을 줄이고자 함

3) 고전적 조건화와 수단적 조건화

① 고전적 조건화

무조건 자극	무조건 반응	조건자극
먹이	침	종
경품행사 특별진열 소매점 광고	호의적 태도	상표

② 수단적 조건화

수단적 조건화의 좋은 예는 포장 내 쿠폰(in-pack coupon)임

(3) 판매촉진의 종류

1) 소비자 판매촉진

가격 수단

종류	내용
쿠폰 coupon	명시된 제품을 구매할 때 구매자에게 할인을 한다는 증빙서
리베이트 rebates	구매 이후에 가격을 할인해주는 것으로 소비자가 구매 증서를 제조업체에 보내면 구매액의 일부를 되돌려 주는 것
보너스 팩 bonus packs	같은 상품 또는 관련된 상품 여러 개를 묶어서 싼 가격에 판매하는 것
보상판매 trade-ins	우리 회사 혹은 경쟁회사 상품 사용자들에게 그 상품을 반납하고 우리 상품을 구입하는 조건으로 일정 기간 동안 일정 액수를 할인해 주는 것

비가격 수단

종류	내용
샘플 sample	소비자에게 무료로 나누어 주는 특수포장된 소량의 제품
사은품 premium	제품의 구매를 유도하기 위한 인센티브로, 무료 또는 낮은 비용으로 제공되는 상품
고정고객 우대 patronage reward	회사의 제품이나 서비스의 정기적인 사용자에게 제공되는 현금이나 다른 형태의 보상. 항공사에서 제공하는 마일리지 프로그램과 슈퍼마켓의 단골고객을 위한 전용카드를 발급하고 계산대에서 많은 할인을 해주는 것
콘테스트 contest	소비자에게 신청서를 제출할 것을 요구하고, 심사단이 신청서를 평가하여 가장 우수한 것을 선정
추첨 sweepstake	누구든지 참여할 수 있으며 운에 의해서 결정되는 것
구매시점 디스플레이 point-of-purchase display	소비자들이 어떤 상품을 구매하도록 유도하기 위하여 소매점 내에 눈에 잘 띄게 진열해 놓는 것

2) 중간상 판매촉진

여러 가지 중간상 판매촉진

	종류	내용
가격 수단	입점공제 slotting allowance	소매업자가 신상품을 취급해주는 대가로 제조업자가 상품대금의 일부를 공제해 주는 것
	광고공제 advertising allowance	소매업자가 자신의 광고물에 어떤 상품을 중점광고해주는 대가로 제조업자가 상품대금의 일부를 공제해 주는 것
	진열공제 display allowance	소매업자가 점포 내에 어떤 상품을 일정 기간 동안 눈에 잘 띄게 진열해주는 대가로 제조업자가 상품대금의 일부를 공제해 주는 것
	구매공제 buying allowance	제조업자가 일시적으로 출고가격을 인하하거나, 일정 비율의 상품을 무료로 제공하는 것

(4) 판매촉진의 효과

1) 가격 판촉은 소비자들의 가격 민감도를 높임

가격판촉이 거듭되면 고객들의 준거가격이 낮아지기 때문에, 가격판촉이 끝난 후에 구매량이 큰 폭으로 감소할 수 있고, 따라서 판촉으로부터 얻을 수 있는 이익이 감소될 수 있음

2) 판촉이 브랜드 이미지를 나쁘게 할 수도 있음

판촉을 자주하면 소비자들이 그 브랜드를 '싸구려'로 인식하기 때문에 브랜드 이미지가 떨어지고 더 나아가서는 브랜드 자산이 떨어질 수 있음. 하지만 항상 그런 것은 아니고, 비가격수단들 중에서 사은품(premium)은 브랜드 이미지를 높이는 데 매우 큰 효과를 발휘할 수 있음

7. 구전

1) 등장배경

최근 기업들은 고객 획득률과 유지율을 높이는 것 못지 않게 획득비용과 유지비용을 줄이는 것에도 깊은 관심을 갖게 되었는데, 이 덕분에 각광을 받게 된 것이 구전(word of mouth)임. 기업이 광고를 하려면 광고비가 들지만 구전은 사람들이 자발적으로 전파하는 것이므로 비용이 적게 들고 더불어 사람들은 광고보다 구전을 더 신뢰하는 경향이 있음

2) 버즈 마케팅

구전을 이용하는 마케팅을 구전 마케팅 또는 버즈(buzz) 마케팅이라고 부름

3) 바이럴 마케팅

온라인에서의 구전 마케팅을 특별히 바이럴 마케팅(viral marketing)이라고 부름

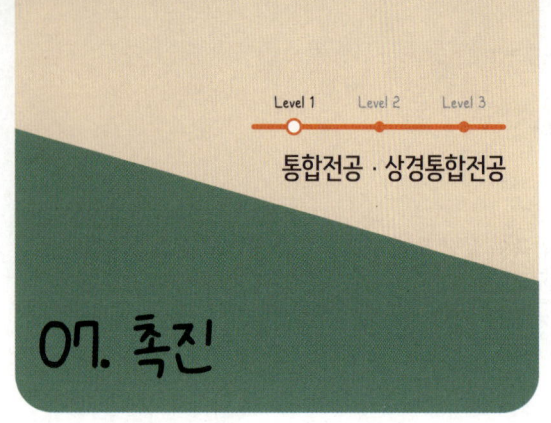

07. 촉진

촉진믹스

1850
2005 가맹거래사

촉진 수단과 그 특징이 바르지 않은 것은?

① 광고는 비인적 커뮤니케이션 방법이기 때문에 판매 사원들을 사용하는 방법만큼 설득적이지 못하다.
② 광고는 지역적으로 넓게 분산되어 있는 소비자들에 대한 촉진이 가능하다는 특성이 있다.
③ 인적 판매는 소비자의 욕구를 보다 직접적으로 알 수 있으며 또한 그에 대한 즉각적인 반응이 가능하다.
④ 판매촉진(sales promotion)은 인지도 제고, 기업이나 제품 이미지 제고 등 장기적인 목표를 달성하기 위한 투자가 대부분이다.
⑤ PR은 촉진수단으로서 뉴스, 행사 등을 활용하기 때문에 소비자들은 PR이 광고보다 더 믿을 만하다고 여기는 것으로 알려져 있다.

1851
2008 가맹거래사

마케팅 믹스(4P) 중 촉진활동(promotion)이 아닌 것은?

① 광고
② 홍보
③ 재고관리
④ 인적판매
⑤ 판매촉진

1852
2018 가맹거래사

마케팅믹스(marketing mix)에 관한 의사결정 중 촉진계획이 아닌 것은?

① 광고
② 재고관리
③ 인적판매
④ PR(public relations)
⑤ 판매촉진

1853
2020 가맹거래사

촉진믹스(promotion mix)의 수단에 해당하지 않는 것은?

① 광고
② 제품개발
③ 공중관계(PR)
④ 판매촉진
⑤ 인적판매

1854
2016 공인노무사

마케팅 커뮤니케이션 활동인 촉진믹스(promotion mix)의 구성요소와 관련이 없는 것은?

① 선별적 유통점포 개설
② 구매시점 진열
③ PR(public relation)
④ 광고
⑤ 인적판매

1855
2018 공인노무사

촉진믹스(promotion mix) 활동에 해당되지 않는 것은?

① 옥외광고
② 방문판매
③ 홍보
④ 가격할인
⑤ 개방적 유통

1856
2021 5급 군무원

A기업은 소비자가 구입한 상품에 대해 무제한 반품정책을 사용하기로 하였다. 이 전략을 행하기 위해 가장 필요한 분석으로 옳은 것은?

① 제품(price)전략 분석
② 유통(place)전략 분석
③ 촉진(promotion)전략 분석
④ 판매과정(process)전략 분석

푸시와 풀

1857
2008 가맹거래사

제조업자가 중간상들로 하여금 제품을 최종사용자에게 전달, 촉진 및 판매하도록 권유하기 위해 자사의 판매원을 이용하는 유통경로(channel)전략은?

① 집중적 경로전략
② 전속적 경로전략
③ 선택적 경로전략
④ 푸시(push)전략
⑤ 풀(pull)전략

1858
2019 가맹거래사

마케팅 활동과 관련된 푸시(push) 및 풀(pull) 전략에 관한 설명으로 옳지 않은 것은?

① 푸시 전략은 생산자가 유통경로를 통하여 소비자에게 제품을 밀어넣는 방식이다.
② 풀 전략은 생산자가 소비자를 대상으로 마케팅활동을 펼쳐 이들이 제품을 구매하도록 유도하는 방식이다.
③ 풀 전략이 효과적으로 작용하게 되면, 소비자들은 중간상에 가서 자발적으로 제품을 구매하게 된다.
④ 푸시 전략에서는 생산자가 중간상을 대상으로 판매촉진과 인적판매 수단을 많이 활용한다.
⑤ A기업이 소비자들을 대상으로 광고를 하여 소비자들이 점포에서 A기업 제품을 주문하도록 유인한다면 이는 푸시 전략의 사례에 해당된다.

1859
2017 7급 서울시

다음 중 촉진믹스 선정에 대한 설명으로 가장 옳은 것은?

① 소비재를 판매하는 기업은 대부분의 촉진비용을 PR에 주로 사용하며 그 다음으로 광고, 판매촉진, 그리고 인적판매의 순으로 촉진비용을 지출하게 된다.
② 푸쉬(Push) 전략을 사용하는 생산자는 유통경로 구성원들을 상대로 인적판매나 중간상 판촉 등과 같은 촉진활동을 수행한다.
③ 구매자의 의사결정단계 중 인지와 지식의 단계에서는 인적판매가 보다 효과적이다.
④ 제품수명주기 단계 중 성숙기에서는 광고가 판매촉진에 비하여 중요한 역할을 수행하게 된다.

1860
2021 7급 서울시

촉진 전략(promotion)에 대한 설명으로 가장 옳지 않은 것은?

① 풀(pull) 전략에는 제조사가 인적판매를 동원하여 유통채널에 제품을 많이 취급하도록 유도하는 방법이 포함된다.
② 소비자 판매촉진의 수단에는 쿠폰, 할인, 사은품 등이 포함된다.
③ 중간상 판매촉진은 푸시(push)전략에 포함된다.
④ 저가의 일상생활용품에 비해 고가의 가전제품의 경우 풀(pull) 전략이 더 효과적이다.

1861
2023 5급 군무원

홍보 전략에 관한 설명으로 가장 적절한 것은?

① 풀 전략(pull strategy)은 중간상으로 하여금 고객에게 자사 상품을 적극적으로 판매하도록 동기를 부여하는 전략이다.
② 푸시 전략(push strategy)은 소비자가 자사 상품을 찾게 하여 중간상이 자발적으로 자사 상품을 취급하도록 유도하는 전략이다.
③ 판매 홍보 활동을 통해 이루어지는 수요의 자극은 기업이 풀 전략(pull strategy)을 채택할 때 중요하다.
④ 기업은 홍보 전략을 사용할 때 푸시 전략(push strategy)과 풀 전략(pull strategy) 중 하나를 선택하여 사용하는 것이 결합(hybrid) 전략을 사용하는 것보다 효율적이다.

1862
2024 가맹거래사

촉진 전략의 두 가지 유형인 푸시(push) 전략과 풀(pull) 전략에 관한 설명으로 옳은 것은?

① 푸시 전략에서는 제조업체가 주로 최종소비자를 대상으로 촉진 활동을 수행한다.
② 푸시 전략에서는 풀 전략보다 광고를 많이 사용한다.
③ 풀 전략에서는 제조업체가 주로 유통업체를 대상으로 촉진 활동을 수행한다.
④ 풀 전략에서는 푸시 전략보다 인적판매를 많이 사용한다.
⑤ 촉진믹스 중 판매촉진은 푸시 전략과 풀 전략 모두에서 사용된다.

광고목표

1863
2020 코레일 사무직 복원

잡지의 기능으로 옳지 않은 것은?

① 효과가 지속된다.
② 반복광고가 가능하다.
③ 특정계층 타겟에 전달할 수 있다.
④ 반응이 즉각적으로 나타난다.
⑤ 복잡한 내용의 설명이 가능하다.

광고예산결정

1864
2006 가맹거래사

광고예산의 결정방식은 크게 상향적 접근방법과 하향적 접근방법으로 나눌 수 있다. 다음 중 상향적 접근방법에 속하는 것은?

① 가용자금법(affordable method)
② 목표과업법(objective and task method)
③ 매출비율법(percent of sales method)
④ 경쟁사기준법(competitive parity method)
⑤ 임의할당법(arbitrary allocation method)

1865
2015 가맹거래사

기업이 광고예산을 책정하는 방법이 아닌 것은?

① 수익성지수법 ② 가용예산활용법
③ 매출액비례법 ④ 경쟁자기준법
⑤ 목표 및 과업기준법

1866
공기업 출제경향 반영

기업이 운영에 있어 다른 필수적 경영활동(생산, 판매 등)에 우선적으로 자금을 책정한 후 여유자금이 허락하는 범위 내에서 광고예산을 수립하는 방법은 무엇인가?

① 실험법 ② 목표과업법
③ 경쟁자기준법 ④ 가용예산 할당법
⑤ 매출액비율법

광고종류

1867
2011 가맹거래사

영화나 드라마 상에 특정한 상품을 노출시키거나 사용상황을 보여줌으로써 광고 효과를 도모하는 광고기법은?

① POP(point of purchase)
② USP(unique selling point)
③ PPL(product placement)
④ POS(point of sale)
⑤ WOM(word of mouth)

1868
2013 가맹거래사

현재 보고 있는 인터넷 창에 새로운 창이 나타나면서 행하여지는 온라인 광고 형태는?

① 스팟광고 ② 배너광고
③ 팝업광고 ④ PPL광고
⑤ POP광고

광고효과

1869
2012 가맹거래사

광고에 관한 설명으로 옳은 것을 모두 고른 것은?

> ㄱ. 소비자의 광고제품에 대한 관여도가 낮을수록 해당광고에 대한 인지적 반응(cognitive response)의 양이 많아진다.
> ㄴ. 광고모델이 매력적일 경우에 모델자체는 주의를 끌 수 있으나 메시지에 대한 주의가 흐트러질 가능성이 있다.
> ㄷ. 광고의 판매효과를 측정하기 힘든 이유로 광고의 이월효과(carryover effect)를 들 수 있다.

① ㄱ ② ㄴ
③ ㄱ, ㄴ ④ ㄴ, ㄷ
⑤ ㄱ, ㄴ, ㄷ

메세지 결정

1870
2013 가맹거래사

소비자가 사랑, 가족애, 우정 등을 경험하게 함으로써 긍정적이고 온화한 감정을 불러일으키는 광고실행 전략은?

① 증언형 광고 ② 비교광고
③ 유머소구 ④ 온정소구
⑤ 이성적 소구

1871
2009 7급 국가직

촉진믹스의 개발 및 관리에 대한 설명 중 옳지 않은 것은?

① 광고는 많은 사람들에게 빠른 전달은 가능하나 인적판매에 비하여 설득력이 떨어진다고 볼 수 있다.
② 푸시(push) 전략이란 유통경로 구성원들을 대상으로 인적판매 등을 하는 활동이다.
③ 촉진 메시지의 구조를 결정할 경우 일면적 주장보다 양면적 주장이 더 효과적이다.
④ 산업재를 판매하는 기업은 촉진활동을 인적판매에 의존하는 경향이 강하다.

1872
2022 7급 국가직

감성적 메시지 소구 광고에 해당하는 것은?

① 제품 구매를 통해 얻게 되는 물리적 혜택을 강조하는 광고
② "아이의 흉터는 엄마 가슴에 새겨진대요"의 카피로 소구하는 유아용 밴드 제품 광고
③ 공정무역을 기치로 생산자와 직접 연계하여 유통마진을 낮췄다는 '착한 농산물' 광고
④ 우리의 헌혈이 이웃에게 도움을 줄 수 있다는 대의명분에 호소하는 광고

미디어 결정

1873
2015 7급 국가직

A사는 자사 제품을 B신문에 광고하고자 한다. B신문을 읽는 사람이 5천 명이고, B신문사는 CPM(Cost Per Milli(A Thousand) Persons Reached) 기준으로 10만 원을 요구하고 있다. B신문사의 요구대로 광고계약을 한다면 예상되는 광고비는?

① 5만 원 ② 50만 원
③ 500만 원 ④ 5,000만 원

PR

1874
2009 가맹거래사

다음은 광의의 판매촉진활동 중 무엇에 관한 설명인가?

> 다양한 미디어(신문, TV, 인터넷 등)에 제품이나 서비스, 기업활동의 인지수준을 높이고 수요를 환기시키도록 하는 자극을 말하며, 전달되는 메시지에 대해 잠재적 소비자들이 '인식상 방어현상(perceptual defense)'을 가지기 보다는 오히려 호기심을 갖고 받아들이는 경향 즉, '경계의식의 해제(off-guard)'를 활용하는 판매촉진활동이다.

① 광고(advertising)
② 인적 판매(personal selling)
③ 거래촉진(trade promotion)
④ 홍보활동(publicity)
⑤ 판매원 촉진(sales force promotion)

1875
2017 가맹거래사

기업에서 수행하는 PR(public relations)에 해당하는 것을 모두 고른 것은?

ㄱ. 제품홍보	ㄴ. 로비활동
ㄷ. 교차촉진	ㄹ. 언론관계

① ㄱ, ㄴ
② ㄱ, ㄷ
③ ㄱ, ㄴ, ㄷ
④ ㄱ, ㄴ, ㄹ
⑤ ㄴ, ㄷ, ㄹ

1876
2020 경영지도사

판매자가 비용을 지불하거나 통제하지 않고 개인, 제품, 조직에 대한 정보를 언론 매체가 일반 보도로 다루도록 함으로써 무료 광고 효과를 얻는 것은?

① PPL(product placement) 광고
② 바이럴 마케팅(viral marketing)
③ 블로깅(blogging)
④ 퍼블리시티(publicity)
⑤ 팟캐스팅(podcasting)

1877
2023 공인노무사

광고(advertising)와 홍보(publicity)에 관한 설명으로 옳지 않은 것은?

① 광고는 홍보와 달리 매체 비용을 지불한다.
② 홍보는 일반적으로 광고보다 신뢰성이 높다.
③ 광고는 일반적으로 홍보보다 기업이 통제할 수 있는 영역이 많다.
④ 홍보는 언론의 기사나 뉴스 형태로 많이 이루어진다.
⑤ 홍보의 세부 유형으로 PR(Public Relations)이 있다.

판매촉진

1878
2019 가맹거래사

소비자 판촉수단이 아닌 것은?

① 소비자에게 무료로 제공하는 샘플
② 제품 구입 시 소비자에게 일정금액을 할인해주는 쿠폰
③ 제품 구입 시 소비자에게 무료로 제공되는 사은품
④ 자사제품의 활용을 소비자들에게 보여주는 시연회
⑤ 자사의 제품을 적극적으로 판매하도록 하기 위해 중간상에게 제공하는 영업지원금

1879
2021 가맹거래사

유통업자 판매촉진에 해당하지 않는 것은?

① 판매량에 대한 콘테스트(contest) 실시
② 구매시점광고(point-of-purchase advertising)의 지원
③ 자사 제품을 소비자에게 잘 보이는 곳에 배치했을 때 제공하는 진열보조금
④ 소비자에게 특정 제품을 소량으로 포장하여 무료로 제공하는 샘플
⑤ 소매업자의 광고비용을 보상해주는 광고공제

1880
2022 가맹거래사

광고와 판매촉진의 비교에 관한 설명으로 옳지 않은 것은?

① 광고의 기본 목표는 매출 신장이지만, 판매촉진의 기본 목표는 소비자 태도 변화이다.
② 광고는 중장기적인 효과를 추구하지만, 판매촉진은 단기적인 효과를 추구한다.
③ 광고는 브랜드 관련 기억증가의 효과를 추구하지만, 판매촉진은 판매의 즉각적인 증가 효과를 추구한다.
④ 광고는 간접적이고 보통 수준의 당기 이익에 공헌하지만, 판매촉진은 직접적이고 높은 수준의 당기 이익에 공헌한다.
⑤ 광고는 브랜드를 인식하지 못한 소비자를 목표 고객으로 하지만, 판매촉진은 타사 브랜드 애용자를 목표 고객으로 한다.

1881
2008 7급 국가직

제품구매시점에서 소비자들이 느끼는 제품구매결과에 대한 불확실성 정도를 무엇이라고 하는가?

① 인지적 부조화   ② 지각된 결과
③ 인지적 관여도   ④ 지각된 위험

1882
2011 공인노무사

촉진믹스(promotion mix) 중 판매촉진(sales promotion) 활동에 해당하지 않는 것은?

① 적극적인 광고 및 홍보
② 샘플 제공
③ 가격 할인
④ 상품전시회 개최
⑤ 할인권 제공

1883
2014 7급 국가직

기업이 소비자에게 무료샘플, 경품, 리베이트, 쿠폰 등을 제공하는 마케팅 활동은?

① 광고   ② 홍보
③ 판매촉진   ④ 인적 판매

1884
2023 7급 국가직

촉진믹스(promotion mix)에 대한 설명으로 옳은 것은?

① 광고의 이월효과(carryover effect)는 광고의 노출빈도가 어느 수준을 넘어서면 광고효과가 떨어지는 것이다.
② 광고예산 결정방법에서 매출액 비율법은 광고비를 매출액의 원인으로 보는 방법이다.
③ 광고공제(advertising allowances)는 중간상 판매촉진(trade promotion)에 해당된다.
④ 진열공제(display allowances)는 제조업자가 소매업자에게 신상품 취급 대가로 상품 대금의 일부를 공제해 주는 것이다.

1885
2024 공인노무사

판매촉진의 수단 중 소비자들의 구입 가격을 인하시키는 효과를 갖는 가격 수단의 유형을 모두 고른 것은?

| ㄱ. 할인쿠폰 | ㄴ. 샘플 |
| ㄷ. 보상판매 | ㄹ. 보너스팩 |

① ㄱ, ㄴ
② ㄷ, ㄹ
③ ㄱ, ㄴ, ㄷ
④ ㄱ, ㄷ, ㄹ
⑤ ㄱ, ㄴ, ㄷ, ㄹ

1886
2024 7급 군무원

다음은 촉진관리에 관한 설명들이다. 이들 중 가장 적절하지 않은 것은?

① 중간상 판매촉진(trade promotion)은 제조업자가 중간상(도소매업자)을 대상으로 인센티브를 제공하는 것이다.
② 제조업자가 제품 취급의 대가로 특정 유통업체에게 제품 대금의 일부를 공제해 준다면, 이러한 판매촉진은 입점 공제(slotting allowances)에 해당한다.
③ 매체 결정에서 표적 청중을 명확히 하기 어려운 경우에는 일반적으로 도달률(reach)보다는 빈도(frequency)를 높이는 것이 바람직하다.
④ 광고모델의 매력도와 신뢰성은 각각 동일시(identification) 과정과 내면화(internalization) 과정을 거쳐 소비자를 설득한다.

구전

1887
2017 가맹거래사

고객들로 하여금 인터넷을 통해 자발적으로 친구나 주변사람들에게 제품을 홍보하도록 함으로써 제품홍보가 더 많은 네티즌 사이에 저절로 퍼져나가도록 하는 것은?

① 다이렉트 마케팅
② 텔레 마케팅
③ 바이럴 마케팅
④ 데이터베이스 마케팅
⑤ 심바이오틱 마케팅

1888
2015 공인노무사

통합적 마케팅 커뮤니케이션에 관한 설명 중 옳지 않은 것은?

① 강화광고는 기존 사용자에게 브랜드에 대한 확신과 만족도를 높여 준다.
② 가족 브랜딩(family branding)은 개별 브랜딩과는 달리 한 제품을 촉진하면 나머지 제품도 촉진된다는 이점이 있다.
③ 촉진에서 풀(pull) 정책은 제품에 대한 강한 수요를 유발할 목적으로 광고나 판매 촉진 등을 활용하는 정책이다.
④ PR은 조직의 이해관계자들에게 호의적인 인상을 심어주기 위하여 홍보, 후원, 이벤트, 웹사이트 등을 사용하는 커뮤니케이션 방법이다.
⑤ 버즈(buzz) 마케팅은 소비자에게 메시지를 빨리 전파할 수 있게 이메일이나 모바일을 통하여 메시지를 공유한다.

1889
2015 경영지도사

甲은 산행을 가기로 하였는데, A 대형마트 인터넷 쇼핑몰에서 품질 좋은 등산화를 싸게 판다는 얘기를 친구들로부터 들은 후 그 쇼핑몰에서 등산화를 구입하였다. 이러한 마케팅을 일컫는 말은?

① 퍼미션 마케팅(Permission marketing)
② 박리다매 마케팅(薄利多賣 marketing)
③ 옵트인 마케팅(Opt-in marketing)
④ 바이럴 마케팅(Viral marketing)
⑤ 옵트아웃 마케팅(Opt-out marketing)

1890
2017 경영지도사

소비자들로 하여금 온라인을 통해 다른 사람에게 오디오, 비디오, 문서로 된 정보 또는 기업이 개발한 제품이나 서비스를 전달하도록 고무시키는 방법은?

① 소문 마케팅(buzz marketing)
② PPL(product placement)광고
③ 팟캐스팅(podcasting)
④ 바이러스성 마케팅(viral marketing)
⑤ 홍보(publicity)

1891
2020 경영지도사

직접적인 대면 접촉에 의한 전통적인 구전(word of mouth)과 비교할 때, 인터넷을 매개로 하는 온라인 구전의 특성에 해당하는 것을 모두 고른 것은?

> ㄱ. 불특정 다수에게 정보의 전달이 가능
> ㄴ. 더 많은 대상에게 정보의 전달이 가능
> ㄷ. 직접적인 연관성이 낮은 대상에게도 정보의 전달이 가능

① ㄱ
② ㄱ, ㄴ
③ ㄱ, ㄷ
④ ㄴ, ㄷ
⑤ ㄱ, ㄴ, ㄷ

디지털마케팅

1892
2022 가맹거래사

디지털마케팅 커뮤니케이션에 관한 설명으로 옳지 않은 것은?

① 디지털 기술의 발전으로 인해 마케팅 전달 매체는 파편화되기보다는 통합화되었다.
② 대원칙은 각 매체의 믹스(mix)와 서로 다른 매체의 메시지 통합이다.
③ 디지털마케팅의 출발은 인터넷의 보급과 이용에서 촉발되었다.
④ 사용기기는 PC, 스마트폰, 태블릿 PC 등을 포함한다.
⑤ 인터넷마케팅 커뮤니케이션의 대표적 수단은 디스플레이(노출형) 광고와 검색광고이다.

1893
2017 7급 국가직

다음 자료를 이용하여 구매전환율(Conversion Rate)을 계산하면?

> 100,000명의 소비자가 e-쇼핑몰 광고를 보았고 1,000명의 소비자가 광고를 클릭하여 e-쇼핑몰을 방문하였다. e-쇼핑몰을 방문한 소비자 중 실제 제품을 구매한 소비자는 50명이며 이들 구매고객 중 12명이 재구매를 하여 충성고객이 되었다.

① 24%
② 5%
③ 1%
④ 0.05%

인적판매

1894
2024 경영지도사

촉진믹스 중 인적판매에 관한 설명으로 옳지 않은 것은?

① 개별 고객을 대상으로 한다.
② 고객에게 많은 양과 높은 질의 정보를 제공한다.
③ 비용이 적게 든다.
④ 고객의 즉각적인 피드백을 받을 수 있다.
⑤ 산업재 판매에 주로 적용된다.

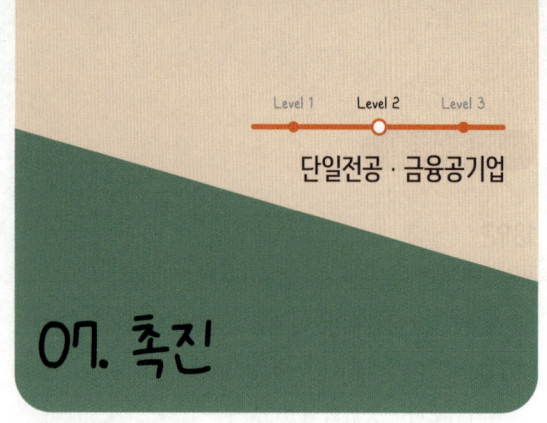

07. 촉진

촉진믹스

1895
2000 CPA

마케팅에서 촉진(promotion)의 정의를 고려할 때 다음 중에서 촉진믹스(promotion mix)에 해당되지 않은 것을 모두 고르시오.

a. 제품	b. 가격
c. 광고	d. 인적판매
e. 유통	f. PR

① a, b, d
② a, b, e
③ b, c, e
④ d, e
⑤ e, f

광고목표

1896
2005 CPA

제품촉진 의사결정에 필요한 내용에 관한 설명 중 가장 올바른 것은?

① 제조업자가 최종소비자 보다는 인적판매와 중간상에 대한 촉진에 집중함으로써 유통경로 상의 다음 단계 구성원들에게 영향력을 행사하여 매출을 늘리려는 전략을 촉진믹스(promotion mix)전략이라 한다.
② 제품수명주기 상 도입기에 1차 수요를 창출할 목적으로 제품에 관한 상세한 정보를 제공하는 광고를 상기광고(reminder advertising)라 한다.
③ 판매원의 고객관리방법으로 파레토최적 또는 20/80법칙이란 20%의 고객이 구입금액의 80%를 자사제품에서 구입할 수 있도록 관리해야 한다는 것을 의미한다.
④ 광고는 매출액에 영향을 주는 한 요인일 뿐 아니라 장기간에 걸쳐서 그 효과가 나타나기 때문에 특수한 경우를 제외하고는 광고목표설정 시에 매출목표보다는 커뮤니케이션목표가 적합한 경우가 많다.
⑤ 쿠폰이나 무료샘플 같은 판매촉진 수단은 주로 단기적인 목적으로 사용되나 비순환적이고 상표전환자를 유인하는 데는 부적합하다.

광고예산결정

1897
2013 CPA

마케팅에 관련된 다음 설명 중 적절한 항목은 모두 몇 개인가?

> (가) 자기 상품에 대한 수요를 감소시키기 위해 활동하는 것을 교차판매(cross selling)라고 한다.
> (나) 표본추출과정에서는 표본프레임을 결정한 이후에 모집단을 설정한다.
> (다) 효과적인 시장세분화를 위해 세분시장이 갖추어야 할 요건 중의 하나는 세분시장의 규모가 최대한 작아야 한다는 것이다.
> (라) S자의 광고 판매반응함수(sales response function)에서는 광고비(혹은 광고량)를 증가시킬 때 판매량(혹은 판매액)은 감소한다.

① 0개
② 1개
③ 2개
④ 3개
⑤ 4개

1898
2016 CPA

논리적이라는 장점을 갖고 있지만 실제 현실에 적용하여 사용하기가 쉽지 않은 광고예산 결정방법으로 다음 중 가장 적절한 것은?

① 매출액 비율법(percentage-of-sales method)
② 가용예산 할당법(affordable method)
③ 목표 과업법(objective-and-task method)
④ 경쟁자 기준법(competitive-parity method)
⑤ 전년도 광고예산 기준법

1899
2023 CPA

촉진비용과 촉진성과 간의 관계 규명이 어렵다는 단점과 논리적 타당성이 높다는 장점을 가지고 있는 촉진예산 결정방법으로 가장 적절한 것은?

① 매출액 비율법
② 가용예산 활용법(가용 자원법)
③ 경쟁자 기준법
④ 목표과업법
⑤ 수익률 비율법

광고효과

1900
2021 CPA

광고효과에 관한 설명으로 적절한 항목은 모두 몇 개인가?

> a. S자의 광고 판매반응함수(sales response function)는 광고비를 증가시킬 때 판매 증가가 미미하다가, 가속점(임계점)을 넘어서면 판매가 급격하게 증가하는 특징을 갖는다.
> b. 광고호의(advertising goodwill)는 특정시점의 광고투자비가 동일시점의 매출에 미치는 영향의 크기로 측정된다.
> c. 광고의 지침효과(wearout effect)는 광고의 노출빈도가 어느 수준을 넘어서면 광고효과가 떨어지는 현상을 의미한다.
> d. 광고의 이월효과(carryover effect)는 특정시점의 광고투자 효과가 그 이후 시점에서도 발현되는 현상을 의미한다.

① 0개 ② 1개
③ 2개 ④ 3개
⑤ 4개

미디어결정

1901
2009 CPA

광고에 관한 다음 서술 중 가장 적절하지 않은 것은?

① 집중형(blitz), 지속형(even), 파동형(pulsing)은 시간의 흐름에 따라 광고예산을 어떻게 할당할 것인지에 관한 광고 스케줄링(scheduling)과 관련된 개념이다.
② S자의 광고 판매반응함수(sales response function)에서는 광고비를 증가시킬 때 판매가 미미하다가 가속점을 넘어서면 판매가 급격하게 증가하는 현상이 있다.
③ CPM(cost per thousand persons reached)은 광고된 상품의 구매고객 1,000명에게 해당 광고를 노출시키는데 소요되는 매체비용을 의미한다.
④ 광고호의(advertising goodwill)는 광고의 누적효과를 나타내기 위한 개념이다.
⑤ 광고 판매반응함수(sales response function)는 광고와 판매반응의 관계를 수학적 함수로 표현한 것이다.

1902
2012 CPA

광고에 관한 설명으로 가장 적절한 것은?

① 메시지가 복잡한 경우에는 빈도(frequency)보다는 도달범위(reach)를 높이는 것이 바람직하다.
② GRP(gross rating point)는 도달범위(reach)에 빈도(frequency)를 곱한 것이다.
③ 광고는 풀(pull)보다는 푸쉬(push) 촉진활동에 더 가깝다.
④ 광고예산 결정에서 가용 자원법 혹은 가용예산 할당법(affordable method)은 광고목표 달성을 위한 과업 수행에 소요되는 예산을 추정하여 광고예산을 책정하는 방법이며, 광고를 비용이 아니라 투자로 간주하고 있다.
⑤ 광고의 노출빈도가 어느 수준을 넘어서면 광고효과가 떨어지는 현상을 광고의 이월효과(carryover effect)라고 한다.

1903
2014 CPA

촉진관리에 관한 설명으로 가장 적절하지 않은 것은?

① 광고예산 결정 방법에서 매출액 비율법(percentage-of-sales method)은 현재 또는 앞으로 예상되는 매출액의 일정한 비율을 광고예산으로 책정하는 방법이다.
② 입점공제(slotting allowances)는 소매업자가 신상품을 취급해 주는 대가로 제조업자가 상품대금 일부를 공제해 주는 것이다.
③ 매체 결정에서 표적청중을 명확히 정의하기 어려운 경우에는 일반적으로 도달률(reach)보다는 빈도(frequency)를 높이는 것이 바람직하다.
④ 중간상 판매촉진(trade promotion)은 제조업자가 중간상(도소매업자)을 대상으로 인센티브를 제공하는 것이다.
⑤ 공포를 이용한 광고소구(fear appeal)에서 공포 수준이 너무 낮거나 너무 높으면 광고 효과가 나타나지 않을 수 있다.

1904
2019 CPA

촉진관리에 관한 설명으로 가장 적절한 것은?

① 정교화가능성 모델(ELM)에 의하면 고관여 소비자는 중심단서(예 제품정보)보다 주변단서(예 광고모델)에 의해 영향을 받는다.
② 홍보는 광고보다 상대적으로 비용과 신뢰성이 낮은 반면에 통제가능성은 높다.
③ 구매주기가 긴 제품인 경우에는 빈도(frequency)보다는 도달률(reach)을 높이는 것이 바람직하다.
④ 보너스 팩(bonus packs)은 일정 기간 동안 제품을 구입한 사람에게 구입가격의 일부를 금품으로 보상해 주는 것이다.
⑤ 구매 공제(buying allowances)는 소매업자가 신제품을 취급해 주는 대가로 제조업자가 제품대금의 일부를 공제해 주는 것이다.

광고모델

1905
2007 CPA

광고모델의 효과에 대한 다음 설명 중 가장 옳지 않은 것은?

① 광고모델이 신뢰성(credibility)을 갖고 있다고 생각하면 소비자들은 내면화(internalization) 과정을 거쳐 메시지를 수용할 수 있다.
② 신뢰성이 낮은 모델이 전달하는 메시지에는 시간이 지난 다음에 그 효과가 나타나는 수면효과(sleeper effect)가 발생하기도 한다.
③ 광고모델의 매력(attractiveness)은 동일시(identification) 과정을 거쳐 소비자를 설득시킬 수 있다.
④ 저관여 상품의 경우 유명한 모델이 아닌 소비자와 유사한 일반모델을 사용한 증언형(testimonial)광고는 효과가 없다.
⑤ 일반적으로 광고모델의 매력은 유사성(similarity), 친근감(familiarity), 호감(likability)을 포함하는 개념으로 본다.

1906
2017 CPA

촉진관리에 관한 설명으로 가장 적절한 것은?

① 효과계층모형(인지→지식→호감→선호→확신→구매)에서 잠재구매자의 단계별 반응에 미치는 광고의 영향력은 판촉의 영향력과 차이가 없다.
② 광고모델의 매력도와 신뢰성은 각각 동일시(identification) 과정과 내면화(internalization) 과정을 거쳐 소비자를 설득시킨다.
③ 소비자 판촉 수단에서 준거가격이 낮아질 위험은 가격할인판촉보다 리베이트에서 더 높다.
④ 진열공제(display allowances)는 소매업자가 신상품을 취급해 주는 대가로 제조업자가 소매업자에게 상품대금 일부를 공제해 주는 것이다.
⑤ 홍보(publicity)는 기업과 관련이 있는 여러 집단들(투자자, 정부, 국회, 시민단체 등)과 좋은 관계를 구축하고 유지하는 총체적인 활동이기 때문에 PR(public relations)보다 대상범위가 넓다.

광고 종합

1907
2002 CPA

기업의 중요한 마케팅 수단인 광고에 관한 다음의 서술 중 가장 적절하지 않은 것은?

① 소비자의 광고제품에 대한 관여도가 낮을수록 해당광고에 대한 인지적 반응(cognitive response)의 양이 많아진다.
② 광고모델이 매우 매력적일 경우에 모델자체는 주의를 끌 수 있으나 메시지에 대한 주의가 흐트러질 가능성이 있다.
③ 광고의 판매효과를 측정하기 힘든 이유로 광고의 이월효과(carryover effect)를 들 수 있다.
④ 광고목표 설정 시 표적시장 및 비교기준(benchmark)을 명확하게 규정해야 한다.
⑤ 소비자가 광고에 접할 때 발생하는 유머(humor) 및 온정(warmth)의 감정은 소비자의 광고상표에 대한 태도에 영향을 준다.

PR

1908
2015 CPA

촉진관리에 관한 설명으로 가장 적절한 것은?

① 광고예산 결정 방법에서 매출액 비율법(percentage-of-sales method)의 단점은 광고비를 매출액의 결과가 아니라 원인으로 보는 것이다.
② 구매 공제(buying allowances)는 소비자 판매촉진(consumer promotion)에 포함된다.
③ 광고 공제(advertising allowances)는 소비자 판매촉진(consumer promotion)에 포함된다.
④ 홍보(publicity)는 PR(public relations) 활동에 포함된다.
⑤ 회상 테스트(recall test)는 소비자에게 다수의 브랜드명을 제시한 후 자신이 본 광고의 브랜드를 표시하게 하는 것이다.

인적판매

1909
2007 CPA

촉진믹스(광고, PR, 판매촉진, 인적판매) 중 '인적판매(personal selling)'에 관한 설명이다. 다음 항목 중 올바른 것으로만 구성된 것은?

> a. 인적판매는 효과계층모형(hierachy-of-effects model)의 여섯 단계(인지-지식-호감-선호-확신-구매) 중 인지와 지식 단계에 가장 큰 영향을 미친다.
> b. 촉진믹스 중에서 인적판매는 산업재 시장에서 촉진예산의 가장 높은 비중을 차지한다.
> c. 인적판매는 전형적인 풀(pull) 촉진정책이다.
> d. 인적판매는 혁신적인 신제품 도입에 효과적인 촉진수단이다.
> e. 인적판매는 고객 1인당 비용은 매우 많이 드나, 목표시장에 효율적으로 자원을 집중할 수 있다.

① a, c, e
② b, c, e
③ b, d, e
④ a, b, c
⑤ a, d, e

판매촉진

1910
2003 CPA

다음 쿠폰의 유형 중, 소비자를 유지하고 구매량을 증가시키기 위하여 가장 효과적인 것은?

① 즉석 쿠폰
② 매체(media) 쿠폰
③ 계산대 스캐너 쿠폰
④ 상품포장 내(in-pack) 쿠폰
⑤ 우편물 쿠폰

1911
2006 CPA

소비자의 구매의사 결정단계는 문제인식, 정보탐색, 대안평가, 구매, 구매 후 행동의 다섯 단계로 이루어진다. 그 중 소비자의 '구매' 단계에 가장 효과적인 촉진믹스로 이루어진 것은?

| a. 광고 | b. PR | c. 판매촉진 | d. 인적판매 |

① a, c
② b, d
③ c, d
④ a, b
⑤ a, d

1912
2007 CPA

소비자들이 좋아하는 음악을 상품광고에 등장시키는 것은 소비자들이 이 음악에 대해 가지는 좋은 태도가 상품에 대한 태도로 이전되기를 기대하기 때문이다. 이를 가장 잘 설명하는 학습이론은 무엇인가?

① 내재적 모델링(covert modeling)
② 작동적 조건화(operant conditioning)
③ 수단적 조건화(instrumental conditioning)
④ 대리적 학습(vicarious learning)
⑤ 고전적 조건화(classical conditioning)

1913
2008 CPA

판매촉진에 관한 다음의 설명 중 가장 적절하지 않은 것은?

① 소비자에 대한 판매촉진 중 사은품(premium)이란 일정한 기간 동안 어떤 상품을 구입한 사람들에게 다른 상품을 무료 또는 낮은 가격으로 제공하는 것을 말한다.
② 소비자에 대한 판매촉진 중 콘테스트(contests)란 소비자들에게 상당한 지식이나 기술을 요하는 문제를 낸 다음, 이를 맞춘 사람들에게 상을 주는 것을 말한다.
③ 중간상에 대한 판매촉진 중 광고공제(advertising allowances)란 소매기업이 자신의 광고물에 어떤 상품을 중점 광고해주는 대가로 제조기업이 상품 구매가격의 일정 비율을 공제해주는 것을 말한다.
④ 중간상에 대한 판매촉진 중 진열공제(display allowances)란 소매기업이 점포 내에 어떤 상품을 일정 기간 동안 눈에 잘 띄게 진열해 주는 대가로 제조기업이 상품 구매가격의 일정 비율을 공제해주는 것을 말한다.
⑤ 중간상에 대한 판매촉진 중 고정고객우대(patronage rewards) 프로그램이란 소매기업이 신상품을 취급해주는 대가로 제조기업이 소매기업에게 일정 액수의 현금을 지불해주는 것을 말한다.

1914
2011 CPA

촉진믹스(광고, PR, 판매촉진, 인적판매)에 관한 설명으로 가장 적절하지 않은 것은?

① 광고의 궁극적인 목표는 잠재고객으로 하여금 상품을 구매하게 만드는 것이나, 구매와 관련된 지표(예 시장점유율, 매출액 등) 자체를 광고의 목표로 삼는 것은 바람직하지 않다.
② 언론 매체에 회사의 상품이 노출된 횟수를 카운트(count)한 다음 이를 금액으로 환산하는 PR 효과 측정방법을 '노출횟수(exposures) 측정'이라고 부르며, 이 방법은 PR 효과를 단순하게 측정한다는 한계점을 갖고 있다.
③ '도매업자가 소매업자를 대상으로' 또는 '소매업자가 소비자를 대상으로' 인센티브를 제공하는 것은 중간상 판매촉진(trade promotion) 이라고 부른다.
④ 과거(현재)에 이루어진 광고의 효과가 누적되어 현재(미래)의 매출에 영향을 미치는 것을 '이월효과(carryover effect)'라고 부른다.
⑤ 인적판매는 상품을 알리고 질문에 답하며 주문을 끌어내기 위해 잠재고객들과 대면접촉하는 활동이다.

1915
2013 CPA

마케팅에서 사용되는 용어에 관한 다음 설명 중 적절한 항목은 모두 몇 개인가?

> (가) 마케팅 근시안(marketing myopia)이란 고객에게 제공될 구체적인 제품에 주의를 기울이지 않고, 그 제품으로 고객이 얻게 될 편익과 경험의 중요성만을 중요시 여기는 실수(경쟁의 범위를 한정시키지 않고 너무 넓게 보는 것)를 의미한다.
>
> (나) 스키밍 가격(market-skimming pricing)이란 신상품이 출시되었을 때는 가격을 낮게 설정하고 점차 가격을 높이는 가격정책을 말한다.
>
> (다) 리베이트(rebates)란 상품을 구입하지 않은 고객에게 견본품을 반복하여 제공하는 것을 말한다.
>
> (라) 소비자의 고려 대상에 포함된 상품이나 브랜드를 FCB(Foot, Cone and Belding)라고 부른다.

① 0개 ② 1개
③ 2개 ④ 3개
⑤ 4개

1916
2018 CPA

촉진관리에 관한 설명으로 가장 적절한 것은?

① 광고예산 결정방법에서 가용예산 할당법(affordable method)은 광고를 비용이 아닌 투자로 간주하고 있으며, 광고비의 과소 지출보다는 과다지출을 초래하는 경우가 더 많다.

② GRP(gross rating points)는 청중 1,000명에게 광고를 도달시키는 데 드는 광고비용을 가리키는 용어이다.

③ 진열 공제(display allowances)와 입점 공제(slotting allowances)는 중간상 판매촉진(trade promotion) 수단이다.

④ 샘플(samples)은 신제품 시용 유도, 반복구매 촉진, 다른 판촉 방법들에 비해 낮은 비용 등의 장점이 있다.

⑤ 인적판매에서 내부 판매(inside selling)는 판매사원이 잠재 구매자를 방문하여 판매활동을 하는 것이다.

1917
2021 CPA

촉진관리에 관한 설명으로 적절한 항목만을 **모두** 선택한 것은?

> a. 제조업체가 제품 취급의 대가로 특정 유통업체에게 제품대금의 일부를 공제해 준다면, 이러한 판매촉진은 입점공제(slotting allowances)에 해당된다.
>
> b. 판매촉진을 가격수단과 비가격수단으로 구분할 때, 보너스팩(bonus packs)은 가격수단 판매촉진으로 분류된다.
>
> c. 판매촉진을 소비자 판매촉진과 중간상 판매촉진으로 구분할 때, 광고공제(advertising allowances)는 소비자 판매촉진으로 분류된다.

① a   ② a, b
③ a, c   ④ b, c
⑤ a, b, c

1918
2024 CPA

촉진관리에 관한 설명으로 가장 적절하지 않은 것은?

① 중간상 판매촉진(trade promotion)은 중간상이 소비자를 대상으로 인센티브를 제공하는 것이다.

② 보너스 팩(bonus packs)은 다량구매나 조기구매를 유도할 수 있다는 장점이 있는 반면, 유통업자의 협조가 없이는 사용하기 어렵다는 단점이 있다.

③ 광고모델의 매력성은 일체화(identification) 과정을, 광고모델의 신뢰성은 내면화(internalization) 과정을 통해 소비자의 메시지 수용도를 증가시킨다.

④ 표적청중을 명확히 정의하기 어려운 경우에는 빈도(frequency) 보다는 도달률(reach)을 높이는 것이 바람직하다.

⑤ 광고예산 결정방법에서 매출액 비율법은 광고비를 매출액의 결과라고 간주하는 논리적인 문제가 있다.

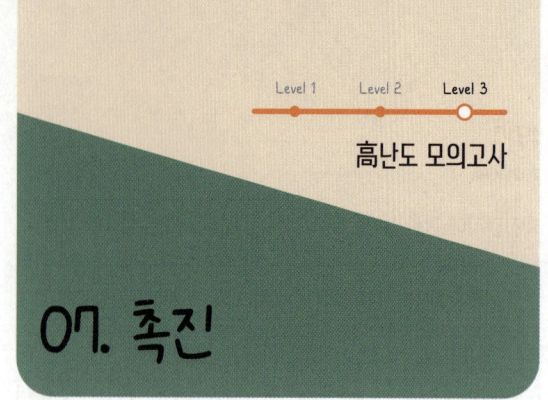

07. 촉진

1919

촉진(promotion)과 관련한 다음 설명 중 가장 적절하지 않은 것은?

① 래비지와 슈타이너(Lavidge & Steiner)의 효과계층 모형(hierarchy-of-effects model)은 잠재구매자의 반응단계를 인지(awareness) → 지식(knowledge) → 호감(liking) → 선호(preference) → 확신(conviction) → 구매 (purchase) 등 여섯 단계로 구분하고 있다.
② 보상판매(trade-ins)는 소비자 판매촉진(consumer promotion) 가운데 비가격수단에 해당한다.
③ 입점공제(slotting allowances), 구매공제(buying allowances), 광고공제(advertising allowances), 진열공제(display allowances) 등은 중간상 공제(trade allowances)에 해당한다.
④ 정교화가능성모델(ELM: elaboration likelihood model)에 따르면 고관여 소비자는 제품의 구체적 정보가 제시되면, 정보처리하려는 동기가 부여되어 있으므로 표적시장이 주로 고관여 소비자인 경우, 인쇄매체를 이용하여 구체적 정보를 제공하는 것이 좋다.
⑤ PR(public relation)은 홍보, 출판물, 이벤트, 연설, 사회봉사활동 등으로 구성되며, 푸시전략(push strategy)과 풀전략(pull strategy) 모두에 해당한다.

1920

촉진(promotion)과 관련한 다음 설명 중 가장 적절하지 않은 것은?

① 촉진믹스는 광고(advertising), PR(public relations), 판매촉진(sales promotion), 인적판매(personal selling), 구전(word of mouth) 등으로 구분된다.
② 광고는 고객당 비용이 많이 소요되나, 목표시장에 가장 효율적으로 자원을 집중시킬 수 있는 방법이다.
③ 소비자 판촉(consumer promotion)의 목표는 단기적으로 소비자의 구매를 유도하거나 또는 장기적인 고객관계를 향상시키며 풀(pull) 전략에 해당한다.
④ 홍보(publicity)란 사람이외의 매체로 하여금 제품, 서비스, 회사 등을 뉴스나 논설 형태로 다루게함으로써 이들에 대한 수요를 자극하는 것을 말한다.
⑤ 촉진믹스 중에서 인적판매는 산업재 시장에서 촉진예산의 가장 높은 비중을 차지하는 반면, 소비재 시장에서는 광고가 가장 높은 비중을 차지한다.

1921

촉진(promotion)에 관한 다음 설명 중 가장 적절하지 않은 것은?

① 광고예산 결정방법 가운데 매출액 비율법(percentage-of-sales method)은 광고비를 매출액의 원인으로 보는 것이 아니라, 매출액의 결과라고 간주하는 논리적인 오류를 범하고 있다.
② 광고효과의 감퇴(advertising wearout)는 광고의 도달범위(reach)보다는 빈도(frequency)와 밀접한 관련이 있다.
③ 래비지와 슈타이너(Lavidge & Steiner)의 효과계층모형(hierarchy-of-effects model) 중, 인지(awareness)와 지식(knowledge) 단계에 있는 잠재구매자에게는 판매촉진보다는 광고가 더 효과적이다.
④ 광고효과가 집행된 시기에만 국한되지 않고 장기간에 걸쳐 유지되는 것을 수면 효과(sleeper effect)라고 한다.
⑤ 정보원천이 권위적일 경우, 순응화(compliance) 과정을 통해 메시지가 수용될 수 있다.

1922

유통(channel)과 촉진(promotion)에 관한 다음 설명 중 가장 적절하지 않은 것은?

① 일반적으로 특정 상표가 시장에서 성공하기 위해 중간상의 역할이 절대적으로 필요한 경우, 전속적 유통(exclusive distribution)이 선택될 가능성이 높다.
② 프랜차이즈 시스템은 계약형 수직적 경로구조(VMS)로서 주로 합법적 권력(legitimate power)에 의존한다.
③ 도매상의 가장 중요한 기능은 조달(sourcing)과 분배(distribution)이며, 크게 상인도매상, 대리점, 브로커, 제조업체 도매상으로 나누어진다.
④ 촉진예산을 증가시키면 매출액이 증가한다는 논리에 가장 부합하는 예산책정 방법은 가용예산 할당법(affordable method)이다.
⑤ 촉진예산의 설정에 있어서, B2C(business to consumer) 기업은 광고의 비중이 가장 높고, B2B(business to business) 기업은 인적판매의 비중이 상대적으로 높다.

1923

촉진(promotion)에 관한 다음 설명 중 가장 적절하지 않은 것은?

① 어떤 촉진믹스 요소 하나에만 전적으로 의존하기 보다는 다른 요소와 같이 통합적으로 사용하는 것이 바람직한데 이를 GRP(gross rating point)라고 한다.
② 세분화된 마케팅으로의 이동과 정보와 커뮤니케이션 기술의 발전에 힘입어 촉진과정에서 매스미디어(broadcasting)를 적게 사용하고 전문화된 미디어(narrowcasting)를 더 많이 사용하고 있다.
③ 판매촉진(sales promotion)의 효과는 단기적으로 나타나지만, 장기적인 브랜드 선호나 고객관계를 구축함에 있어서 광고(advertising)나 인적판매(personal selling)만큼 효과적이지 못하다.
④ 상기형 광고(reminder advertising)는 고객관계를 유지시키고, 고객이 제품을 계속 생각나게 만드는데 도움을 준다.
⑤ 성장기(growth stage)의 제품은 소비자와 경로 구성원에게 더 적은 인센티브를 제공해도 되므로 도입기(introduction stage)에 비해 판매촉진의 비중이 감소되는 반면, 광고와 PR은 높게 유지되어야 한다.

1924

촉진(promotion)에 대한 다음 설명 중 가장 적절하지 않은 것은?

① 표적 청중(target audience)이 제품에 대해 모르거나 이름만 알고 있을 때 마케팅 관리자의 목표는 표적 청중들의 인지(awareness)와 지식(knowledge)의 창출이 목표가 된다.
② 구매시점광고(POP: point of purchase)는 제품이 진열되어 있는 곳 근처에 광고물이나 LCD 패널을 이용하여 제품광고를 하는 것을 말하며, 유통업체가 실시하는 구매시점광고는 푸시 전략(push strategy)에 해당한다.
③ 소비자 판매촉진 가운데 프리미엄(premium)은 '가격수단'에 해당한다.
④ 일반소비자가 등장하는 광고는 고관여보다는 저관여 제품에서 그 효과가 비교적 높다.
⑤ 샘플(sample)이 주로 비내구재에서 이용되는 반면, 가전제품, 자동차 등의 내구재 신상품을 일정 기간 동안 무료로 사용해 볼 수 있도록 하는 것을 무료시용(free trial)이라고 부른다.

1925

촉진(promotion)에 대한 다음 설명 중 가장 적절하지 않은 것은?

① 효과적인 마케팅 커뮤니케이션을 위한 첫 단계는 표적 청중(target audience)을 파악하는 것이다.
② 광고 예산결정 방법 가운데 지불능력 기준법(affordable method)은 투자로서의 광고의 역할과 매출액에 대한 영향을 무시하고 있다.
③ 효과계층모형(hierarchy-of-effects model)에서 '구매(purchase)' 단계에 있는 소비자들을 공략하기 위해서는 광고와 PR을 사용하는 것이 적절하다.
④ 제품수명주기(PLC) 단계에서 광고와 PR은 도입기(introduction stage)에 가장 효과적이다.
⑤ S자형 판매반응함수(sales response function)에서는 어떤 매출 효과가 일어나기 전에 일정 수준의 광고량이 필요한 광고 문턱효과(ad threshold effect)가 존재한다.

1926

촉진(promotion)에 대한 다음 설명 중 가장 적절하지 않은 것은?

① 효과계층모형에서 표적 청중(target audience)이 인지(awareness)와 지식(knowledge) 단계에 있을 때 가장 효과적인 촉진믹스는 광고이다.
② 광고에서 내면화(internalization) 과정을 통해 소비자를 설득하려고 한다면 신뢰성(credibility)있는 모델을 선택해야 한다.
③ 광고목표는 매출과 관련된 것보다는 커뮤니케이션과 관련된 것으로 정하는 것이 합당하다.
④ 제조업체가 시행하는 소비자 판매촉진(consumer sales promotion)과 중간상 판매촉진(trade sales promotion)은 모두 푸시(push) 전략에 해당한다.
⑤ 주요 미디어 가운데 TV는 도달범위(reach)가 넓고, 옥외광고는 빈도(frequency)가 높은 편이다.

1927

촉진(promotion)에 대한 다음 설명 중 가장 적절하지 않은 것은?

① 커뮤니케이션 채널을 인적채널(personal channel)과 비인적채널(nonpersonal channel)로 구분하는 기준은 발신자와 수신자 사이의 직접적인 접촉여부이다.
② 오목증가형 판매반응함수가 의미하는 바는 광고가 매출에 미치는 영향은 한계(saturation)가 있으며, 광고비 증가에 비해서 매출의 순증가 효과는 점차 감소한다는 것이다.
③ 최고경영자가 나름대로의 기준에 따라 광고예산을 결정하고 그에 맞추어서 광고전략이 집행되는 상향적 방법(bottom-up approach)에는 지불능력 기준법(affordable method), 매출액 비율법(percentage-of-sales method), 경쟁사대비 할당법(competitive-parity method) 등이 있다.
④ 광고메시지는 그 핵심내용을 광고물의 어디에서 제시하느냐에 따라 효과가 달라지는데, 처음에 제시하는 것이 효과적이라는 주장은 초기효과(primacy effect)에 근거한 주장이다.
⑤ 광고의 도달범위(reach)를 확대하려면 시청자가 중복되지 않는 프로그램을 선정하여 매체로 활용해야 하며, 도달빈도(frequency)를 증가시키려면 특정의 프로그램을 반복적으로 이용하는 것이 좋다.

1928

판매촉진(sales promotion)의 부정적 효과에 대한 다음 설명 중 가장 적절하지 않은 것은?

① 브랜드중심의 구매성향을 저하시킴으로써 상표에 대한 장기적인 애호도와 상표자산을 감소시킬 수 있다.
② 판매촉진을 무분별하게 사용하는 경우 가격민감성을 초래해 판매촉진 없이는 상품을 구매하지 않는 소비자 태도를 형성시킬 수 있다.
③ 소비자는 자주 판매촉진하는 제품에 대해서 품질에 결함이 있을지 모른다는 추론을 하게 된다.
④ 판매촉진의 강력한 단기적 판매효과 때문에 임시방편적 기업경영이 유도될 수 있다.
⑤ 광고보다 판매촉진은 변동비보다는 고정비적인 성격이 강하기 때문에 기업의 고정비 부담을 가중시킨다.

1929

촉진(promotion)에 대한 다음 설명 중 가장 적절하지 않은 것은?

① 래비지와 슈타이너(Lavidge & Steiner)의 효과계층모형(hierarchy-of-effects model)에서 구매(purchase) 단계에 있는 소비자에게는 촉진믹스 가운데 인적판매와 판매촉진을 사용하는 것이 바람직하다.
② 푸시 정책(push strategy)은 최종 구매자들의 브랜드 애호도가 낮고 브랜드 선택이 점포 안에서 이루어지며, 충동구매가 잦은 상품의 경우에 적합하다.
③ S자형 판매반응함수(sales response function)는 광고비를 너무 적게 지출하거나 너무 많이 지출하는 것은 비효율적이라는 것을 보여준다.
④ 다른 조건이 동일하다면, CPM이 높은 매체가 더 효율적이라고 할 수 있다.
⑤ 연속형 혹은 지속형 광고 스케줄링은 지나친 광고 노출로 광고효과의 감퇴(advertising wearout) 현상이 일어날 가능성이 높지만 지속적인 기억보강이 필요한 제품의 경우에 적합하다.

1930

판매촉진(sales promotion)에 대한 다음 설명 중 가장 적절하지 않은 것은?

① 쿠폰(coupons), 리베이트(rebates), 보너스 팩(bonus packs), 샘플(samples)은 가격을 인하하는 효과가 있는 판매촉진 수단이다.
② 보상판매(trade-ins)는 기존 상품 사용자에게만 낮은 가격을 적용하고, 처음 구입하는 사람들에게는 정상가격을 적용하므로 가격차별(price discrimination)의 일종으로 볼 수 있다.
③ 고정고객 우대 프로그램(patronage rewards)은 고객의 이탈을 방지함으로써 고객생애가치(customer lifetime value)를 높일 수 있다.
④ 가격판촉이 거듭되면 고객들의 준거가격(reference price)이 낮아지기 때문에, 가격판촉이 끝난 후에 판매량이 더 큰 폭으로 감소할 수 있다.
⑤ 관여도(involvement)가 높은 제품 카테고리에서 잦은 판매촉진은 소비자들의 브랜드에 대한 인식에 부정적 영향을 미치기 때문에 브랜드 이미지가 떨어지고 더 나아가 브랜드 자산(brand equity)을 떨어뜨리는 결과가 초래된다.

1931

촉진(promotion)에 대한 다음 설명 중 가장 적절하지 않은 것은?

① 통합적 마케팅 커뮤니케이션(IMC: integrated marketing communication)이란 어떤 촉진믹스 요소 하나에만 전적으로 의존하기보다는, 다른 요소와 같이 통합적으로 사용하는 것이 바람직하다는 아이디어를 의미한다.
② 풀 정책(pull strategy)은 제조업자가 최종구매자들을 대상으로 하여 주로 광고와 판매촉진수단들을 동원하여 촉진활동을 펼치는 것을 말한다.
③ 광고의 목표는 래비지와 슈타이너(Lavidge & Steiner)의 효과계층모형(hierarchy-of-effects model)에서 '인지(cognitive)' 단계와 관련된 지표들을 기준으로 설정되는 것이 바람직하며 이를 흔히 커뮤니케이션 목표라고 부른다.
④ 구매주기가 짧은 상품이거나 표적청중들이 우리 상품에 대해 부정적인 태도를 갖고 있는 경우 빈도(frequency)보다는 도달률(reach)을 높이는 것이 바람직하다.
⑤ 광고가 매출액에 영향을 미치기까지 걸리는 시간은 그 상품이 이미 시장에 출시된 기존 상품인지 아니면 신상품인가에 따라 달라진다.

1932

촉진(promotion)과 관련한 다음 설명 중 가장 적절한 것은?

① 소비자 판매촉진(consumer promotion)은 푸시(push) 촉진정책에 해당한다.
② 광고대행사에는 종합 대행사(full-service agency)와 전문 대행사(limited-service agency)의 두 가지 종류가 있다.
③ 구매시점 디스플레이(point-of-purchase display)는 중간상 판매촉진(trade promotion)이다.
④ 광고의 목표는 구매와 직접적으로 관련있는 구체적 지표들(예: 판매량, 시장점유율)로 삼는 것이 바람직하다.
⑤ 판매반응함수(sales response function)가 오목증가 형태인 경우, 광고비를 너무 적게 지출하면 광고효과를 거의 거둘 수 없다.

1933

촉진(promotion)과 관련한 다음 설명 중 가장 적절한 것은?

① 래비지(Lavidge)와 슈타이너(Steiner)가 주장한 효과계층 모형(hierarchy-of-effects model)의 여섯 단계는 인지(awareness) → 지식(knowledge) → 선호(preference) → 호감(liking) → 확신(conviction) → 구매(purchase)의 순이다.
② 광고효과의 감퇴(advertising wearout) 현상은 도달률(reach)보다는 빈도(frequency)가 높은 광고에서 발생할 가능성이 높다.
③ PR, 인적판매, 소비자 판촉 등의 촉진믹스는 푸시(push) 촉진정책에 해당한다.
④ 광고는 단기성 촉진믹스이므로 광고를 계속해오다가 중단하면 매출액도 급감하는 패턴을 보인다.
⑤ 광고예산 결정방법 가운데 경쟁자 기준법(competitive-parity method)은 경쟁자들이 사용하는 금액을 그대로 쓰는 방법을 말한다.

1934

다음 중 소비자 판매촉진(consumer promotion) 가운데 '가격수단'에 해당하는 것은 모두 몇 개인가?

> a. 할인쿠폰(discount coupon)
> b. 리베이트(rebates)
> c. 보상판매(trade-ins)
> d. 고정고객 우대 프로그램(patronage rewards)
> e. 구매 공제(buying allowances)
> f. 사은품(premium)

① 0개　　② 1개　　③ 2개
④ 3개　　⑤ 4개

1935

촉진(promotion)과 관련한 다음 설명 중 가장 적절한 것은?

① 래비지(Lavidge)와 슈타이너(Steiner)가 주장한 효과계층 모형(hierarchy-of-effects model)에서 인지(awareness), 지식(knowledge), 호감(liking), 선호(preference) 단계에서는 판매촉진과 인적판매가 효과적이다.
② 고정고객 우대 프로그램(patronage reward)은 소비자들에게 경제적 인센티브를 지급하지만 구매시점 디스플레이(point-of-purchase display)는 제공하지 않는다.
③ 광고(advertising)가 매출액에 미치기까지 걸리는 시간은 기존 상품과 신상품이 거의 동일하다.
④ 광고예산 결정방법 가운데 목표과업법(objective-and-task method)의 단점은 매출액이 감소하면 광고비도 감소하고, 그 결과 매출액이 더 감소하는 악순환에서 벗어나기 어렵다.
⑤ 소비자 판촉에서 가격수단들은 비가격수단들에 비해 매출액에 미치는 효과가 느리게 나타나고 그 크기도 작을 가능성이 높지만, 그 대신 브랜드 이미지를 높인다든지 상표 애호도를 높이는 등의 추가적인 효과를 가지고 있다.

1936

촉진(promotion)과 관련한 다음 설명 중 가장 적절한 것은?

① 풀(pull)정책의 목표는 유통업자들로 하여금 우리 회사의 상품을 많이 취급하도록 하고, 최종 구매자들에게 적극 권하도록 만드는 데에 있다.
② 가용 자원법(affordable method), 매출액 비율법(percentage-of-sales method), 경쟁자 기준법(competitive-parity method), 목표 과업법(objective-and-task method)은 광고예산 결정방법이다.
③ 래비지(Lavidge)와 슈타이너(Steiner)가 주장한 효과계층 모형(hierarchy-of-effects model)에서 '구전(word of mouth)'은 '확신(conviction)'과 '구매(purchase)' 단계에서 큰 효과를 발휘한다.
④ 광고메시지가 복잡한 경우에는 빈도(frequency)보다는 도달률(reach)을 높이는 것이 바람직하고, 표적청중을 명확하게 정의하기 어려운 경우에는 도달률보다는 빈도를 높이는 것이 바람직하다.
⑤ 소비자 판매촉진 가운데 샘플(sample), 무료시용(free trial), 사은품(premium), 보상판매(trade-ins)는 비가격 수단에 해당한다.

1937

촉진(promotion)과 관련한 다음 설명 중 가장 적절한 것은?

① 래비지(Lavidge)와 슈타이너(Steiner)가 주장한 효과계층 모형(hierarchy-of-effects model)은 인지(awareness) → 지식(knowledge) → 선호(preference) → 호감(liking) → 확신(conviction) → 구매(purchase)의 단계를 거친다.
② 푸시 정책의 목표는 최종 구매자들로 하여금 우리 회사의 상품을 찾게 만듦으로써 결국 유통업자들이 그 상품을 취급하게 만드는데 있고, 풀 정책의 목표는 유통업자로 하여금 우리 회사의 상품을 많이 취급하도록 하고, 최종 구매자들에게 적극 권하도록 만드는 데에 있다.
③ 판매반응함수(sales response function)는 일정 시점에서 광고비의 높고 낮음에 따라 매출액이 보이는 반응을 함수의 형태로 보여주는 것이다.
④ 도매업자가 소매업자를 대상으로, 또는 소매업자가 소비자를 대상으로 인센티브를 제공하는 것을 중간상 판매촉진(trade promotion)이라고 부른다.
⑤ 구매시점 디스플레이(point-of-purchase display)란 소비자들에게 경제적 인센티브를 제공하여 충동구매를 유발하는 소비자 판매촉진이다.

1938

촉진(promotion)과 관련한 다음 설명 중 가장 적절한 것은?

① 제품의 장단점이나 구매 또는 사용 경험에 대한 사람과 사람 간의 구두, 서면 또는 전자적 커뮤니케이션을 PR(public relations)이라고 한다.
② 구전(word of mouth)은 푸시(push)와 풀(pull) 전략 모두에 해당한다.
③ S형의 판매반응함수(sales response function)에서 가속점(threshold level)은 절대식역(absolute threshold)에 해당한다.
④ FCB 그리드는 관여도와 과거 경험 정도에 따라 소비자의 구매행동 유형을 구분하고 있다.
⑤ 중간상 판매촉진은 중간상이 주체가 되는 판매촉진으로 입점공제(slotting allowance), 광고공제(advertising allowance), 진열공제(display allowance), 구매공제(buying allowance) 등이 있다.

08 소비자 행동

제2편. 마케팅

1. 관여도

관여도(involvement)는 특정 상황에서 특정의 대상에 대한 개인의 관련성 지각정도 혹은 중요성 지각 정도를 의미함

(1) 관여도를 증가시키는 요인

① 제품의 중요도
② 제품이 감성 소구를 가질 때
③ 제품에 대한 지속적 관심
④ 제품의 구매가 상당한 위험을 수반할 때

(2) 관여도의 구분

1) 지속적 관여

   개인이 특정 제품군에 대하여 오랜 기간 동안 지속적으로 관심을 갖는 것

2) 상황적 관여

   특정상황에 국한해서 어떤 대상에 대하여 일시적으로 높은 관심을 보이는 것

(3) 관여도에 따른 문제해결 유형

관여도에 따른 문제해결

관여도	구분	내용
고	포괄적 문제해결 extensive problem solving	소비자가 상당한 시간과 노력을 투입하여 수집한 정보를 근거로 여러 대안들을 신중하게 평가하여 최종 선택을 하는 것
중	제한적 문제해결 limited problem solving	포괄적 문제해결에 비해 상대적으로 적은 시간과 노력을 투입하는 경우
저	일상적 문제해결 routinized problem solving	담배와 같은 기호품이나 일상적인 생활용품 등을 대상으로 한 구매의사결정에 해당

2. 관여도와 소비자 구매행동의 유형

소비자의 구매행동 유형

	고관여 구매행동	저관여 구매행동
브랜드 간 차이 **큰**	복잡한 구매행동 complex buying behavior	다양성 추구 구매행동 variety-seeking behavior
브랜드 간 차이 **작은**	부조화 감소 구매행동 dissonance-reducing behavior	습관적 구매행동 habitual buying behavior

(1) 고관여 구매행동

1) 복잡한 구매행동(complex buying behavior)

   소비자들이 제품의 구매에 있어서 높은 관여를 보이고 각 브랜드 간 뚜렷한 차이점이 있는 제품을 구매할 경우의 구매행동은 일반적으로 매우 복잡한 양상을 띠게 됨

2) 부조화 감소 구매행동(dissonance-reducing buying behavior)

   부조화 감소 구매행동은 소비자들이 구매하는 제품에 대하여 비교적 관여도가 높고 제품의 가격이 비싸고 평소에 자주 구매하는 제품이 아니면서 구매 후 결과에 대하여 위험부담이 있는 제품의 경우, 각 브랜드 간 차이가 미미할 때 일어남

(2) 저관여 구매행동

1) 다양성 추구 구매행동(variety-seeking buying behavior)

   구매하는 제품에 대하여 비교적 저관여 상태이며 제품의 각 상표 간 차이가 뚜렷한 경우에 소비자들은 다양성 추구 구매를 하게 됨

2) 습관적 구매행동(habitual buying behavior)

   습관적 구매는 제품에 대하여 소비자가 비교적 낮은 관여도를 보이며 브랜드 간 차이가 미미할 경우에 일어남

3. 소비자행동 모형

종합적인 소비자행동 모형

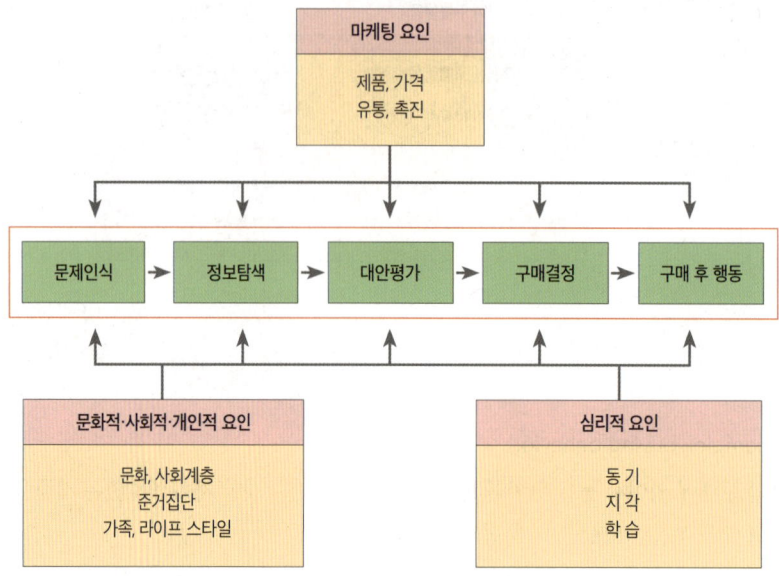

4. 소비자 구매 과정

소비자 구매 과정

(1) 문제인식

실제 상태와 바람직한 상태간의 차이를 지각하게 되는 단계

문제인식 과정

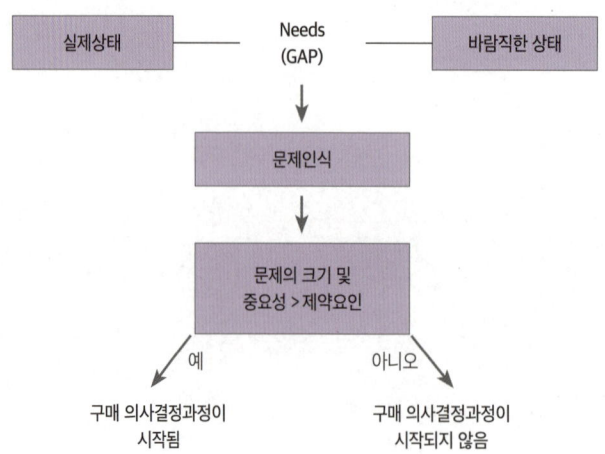

(2) 정보탐색

소비자가 욕구를 인식한 후, 정보를 수집하는 단계

정보탐색 과정

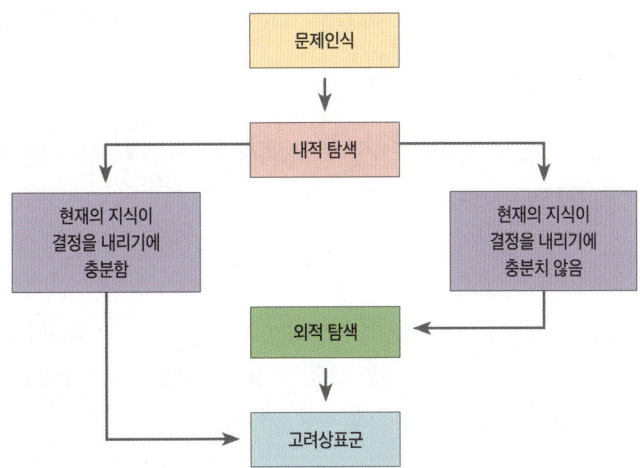

① 내적 탐색

기억 속에 저장되어 있는 정보 중 의사결정을 하는 데 도움이 되는 정보를 기억 속에서 끄집어내는 과정. 내적탐색의 결과물을 환기상표군(evoked set)이라고 함

② 외적 탐색

자신의 기억 이외의 원천으로부터 정보를 탐색하는 활동

■ 내적 탐색만으로 충분할 때

> 고려상표군 = 내적 탐색의 결과물 (환기상표군)

■ 내적 탐색만으로 충분하지 않을 때

> 고려상표군 = 내적 탐색의 결과물 (환기상표군) + 외적 탐색의 결과물

고려상표군과 환기상표군의 수 비교

(3) 대안의 평가

대안평가 방식

방식	특징	종류
보완적 방식	소비자가 각 상표의 어떤 속성의 약점을 다른 속성의 강점에 의해 보완하여 전반적인 평가를 수행하는 방식	다속성 태도 모형
비보완적 방식	한 평가기준에서의 약점이 다른 평가기준에서의 강점에 의하여 보완이 되지 않도록 하는 평가방식	사전편집식 순차적 제거식 결합식 분리식

1) 보완적 방식

다속성 태도 모형(multi-attribute attitude model)은 각 대안의 가치를 각 속성들의 상대적 중요성을 나타내는 가중치를 곱해 구하게 됨. 소비자가 다속성 태도 모형을 사용할 경우, 각 상표에 대한 기준별 평가를 합산하거나 평균 또는 가중평균 등의 방법을 거쳐 전반적 평가를 이룸. 최종적으로 가장 높은 평가를 받은 상표가 선택됨

2) 비보완적 방식

방식	내용
사전편집식 lexicographic rule	소비자가 가장 중요하게 생각하는 기준부터 비교하여 제품을 선택하는 것
순차적 제거식 elimination by aspect	사전편집식과 동일하지만, 최저수준(acceptable cutoff)을 정하여 이 수준을 넘어서느냐 아니면 미치지 못하느냐에 따라 탈락을 결정짓는다는 점에서 차이가 있음
결합식 conjunctive rule	각 기준별로 받아들일 수 있는 최소수준(cutoff)을 정하고 어느 한 선택기준이라도 이 수준에 미달할 경우 이 대안은 제외시킴
분리식 disjunctive rule	결합식과 마찬가지로 기준별로 최저수준을 정하지만, 접속규칙과는 달리 어떤 한 기준이라도 최소수준을 넘어서면 무조건 합격점을 줌

(4) 구매결정

1) 소비자 구매행동의 유형

소비자의 구매행동은 관여도와 과거 경험 정도에 따라 복잡한 의사결정, 브랜드충성도, 관성적 구매, 다양성 추구로 구분됨

2) 구매의 상황적 요인

소비자들의 제품에 관한 태도가 구매행동에 대한 설명력이 의외로 낮은 경우가 많은데 그 이유는 다음과 같음
① 예기치 않은 상황요인들, 가령 제품의 품절인 경우
② 확장된 피시바인 모델(extended Fishbein model)은 제품 자체에 대한 태도보다는 그 제품을 구매하는 의도가 더 중요하다고 봄
③ 태도의 인출가능성(attitude accessibility)

(5) 구매 후 행동

구매 후 소비자가 거치는 다양한 심리적 과정들은 다음과 같음

1) 인지부조화

많은 경우 소비자들은 제품을 구매, 소비, 처분한 후에 그러한 의사결정이 올바른 것이었는가에 대하여 확신하지 못하는 경험을 하게 되는데 이를 구매 후 부조화(post-purchase dissonance)라고 함

> 구매 후 부조화가 더욱 커지게 되는 상황
> 1. 제품을 반품할 수 없을 때
> 2. 가격이 높은 제품일 때
> 3. 선택한 제품이 갖지 못한 장점이 다른 제품에 있을 때
> 4. 관여도가 높을 때
> 5. 모든 의사결정을 전적으로 자신이 스스로 했을 때

> 구매 후 부조화를 줄이기 위한 방안
> 1. 긍정적 정보는 더욱 검색하고, 부정적 정보는 차단
> 2. 자신이 선택한 대안의 장점은 의식적으로 강화시키고, 선택하지 않은 대안의 장점은 의미를 축소
> 3. 의사결정 자체에 대한 의미를 축소
> 4. 태도에 따른 신념 변화

5. 소비자 행동에 영향을 미치는 요인

(1) 문화적 요인

1) 문화(culture)

어느 특정 사회가 지니고 있는 가치관, 태도, 살아가는 방식

2) 사회계층(social class)

비슷한 가치관, 관심사와 행동을 공유하는 사람끼리 구성된 비교적 영구적이고 계층적인 사회적 구분

(2) 사회적 요인

1) 준거집단(reference group)

한 개인의 태도나 행동을 형성하는데 직·간접적인 비교점 혹은 준거점의 역할을 하는 집단

2) 가족

구매행동에 강한 영향을 주며, 사회에서 가장 중요한 소비자 구매조직

3) 역할과 지위

사람의 위치는 역할과 지위로 정의될 수 있음. 사람들은 보통 자신의 지위에 맞는 제품을 선택하기 때문에 마케팅 관리자는 소비자의 역할과 지위에 많은 관심을 두어야 함

(3) 개인적 요인

1) 연령

   우리나라는 자신에 걸맞게 행동해야 한다는 규범이 강하기 때문에, 연령은 소비자 행동에 매우 큰 영향을 미침

2) 패밀리 라이프 사이클

   패밀리 라이프 사이클의 단계는 미혼, 신혼부부, 젊은 부부, 중년 부부, 장년 부부, 노년단계, 사별 후 독신기 등으로 구분되는데 가족단위로 구매결정이 이루어지는 상품의 경우에는 이 단계가 중요함

3) 라이프 스타일

   사람들이 살아가는 방식으로 개인마다 독특한 삶의 양식을 취함. 라이프 스타일에 대한 연구는 주로 소비자들의 활동(activity), 관심사(interest), 그리고 의견(opinion)의 측정을 중심으로 이루어짐

4) 성격과 자아개념

   개인의 독특한 성격과 자아개념은 특정 제품이나 브랜드의 선택과 관련된 소비자 행동 분석에 유용함

(4) 심리적 요인

1) 동기

   어떤 목표를 달성하기 위해 개인의 에너지가 동원된 상태

2) 지각

   여러 감각기관을 통해 두뇌로 들어온 자극을 선택(select), 조직화(organize), 해석(interpret)하는 과정

3) 학습

   경험으로 인한 개인행동의 변화

6. 소비자 정보처리과정

정보처리과정과 기억

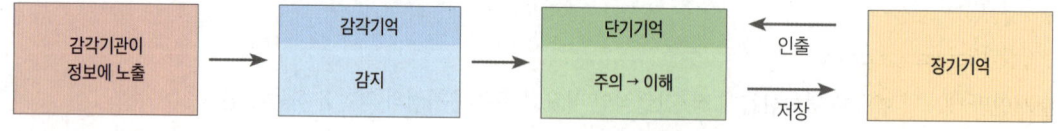

7. 산업재 시장

(1) 시장구조와 수요

① 소수의 대규모 구매자
② 지리적으로 집중
③ 파생 수요
④ 비탄력적 수요
⑤ 변동성이 큰 수요

(2) 구매 단위의 성격

① 많은 의사결정 참여자
② 전문적 구매노력

(3) 의사결정 형태와 의사결정 과정

① 더 복잡한 의사결정
② 높은 공식화
③ 공급기업과 고객 간의 밀접한 관계

(4) 산업재 구매행동

1) 산업재 구매행동의 주요 특징
   ① 시스템구매와 판매
   ② 구매센터

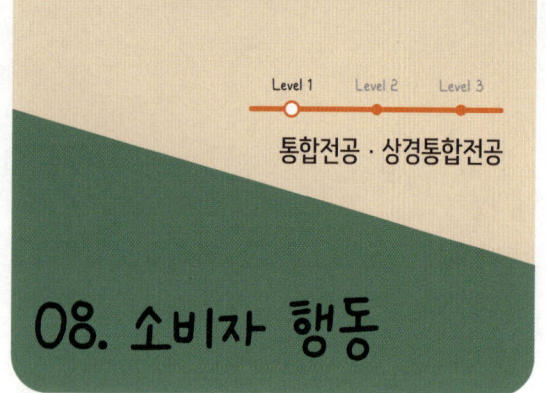

08. 소비자 행동

관여도

1939
2005 가맹거래사

소비자의 제품구입시 저몰입 상황의 특징에 해당되는 것은?

① 인지된 위험이 높다.
② 구매결과 만족도가 매우 높다.
③ 정보탐색활동이 거의 없다.
④ 최대한 많은 제품정보를 찾아본다.
⑤ 인터넷 검색을 많이 한다.

1940
2006 가맹거래사

다음 중 소비자 관여도에 관한 것으로 가장 옳은 것은?

① 고관여도 제품은 낮은 수준의 지각된 위험(perceived risk)을 수반한다.
② 고관여도 제품은 비교적 구매주기가 짧다.
③ 관여도는 특정 소비자가 주어진 상황에서 지각하는 관련성 혹은 중요성을 말한다.
④ 관여도가 낮은 제품일수록 사회적 가시성은 높다.
⑤ 관여도는 상황에 따라 변할 수 있으므로 지속적 관여도는 존재하지 않는다.

1941
2013 가맹거래사

저관여(low involvement) 제품에 해당하는 것은?

① 비누
② 자동차
③ 가구
④ TV
⑤ 컴퓨터

문제해결유형

1942
2020 7급 국가직

소비자행동 모델에 대한 설명으로 옳지 않은 것은?

① 포괄적 문제해결행동은 소비자가 제품부류에 대한 사전지식이 충분하고 대체품들의 평가기준을 잘 알고 있을 때 주로 발생한다.
② 한정적 문제해결행동은 소비자가 내적탐색과 더불어 외적탐색도 할 수 있으며, 조직의 수정재구매와 유사하다.
③ 자동적(일상적) 문제해결행동은 소비자가 동일제품을 반복 구매하여 그 제품에 대한 상당한 경험이 있고 만족하는 경우에 발생한다.
④ 조직의 단순재구매는 구매조건의 변경이나 경쟁입찰 없이 반복적으로 발생하는 구매상황을 의미한다.

기타 구매행동 모델

1943
2017 가맹거래사

일본의 광고대행사 덴쯔(Dentsu)가 AIDMA 모델을 활용하여 새롭게 제시한 소비자 구매행동 모델의 과정을 순서대로 나열한 것은?

① 검색(search) → 흥미(interest) → 구매(action) → 공유(share) → 주의(attention)
② 검색(search) → 구매(action) → 공유(share) → 주의(attention) → 흥미(interest)
③ 검색(search) → 공유(share) → 주의(attention) → 흥미(interest) → 구매(action)
④ 주의(attention) → 흥미(interest) → 검색(search) → 공유(share) → 구매(action)
⑤ 주의(attention) → 흥미(interest) → 검색(search) → 구매(action) → 공유(share)

관여도와 브랜드간 차이

1944
2012 가맹거래사

소비자구매행태를 고관여와 저관여로 구분한 설명으로 옳지 않은 것은?

① 다양성을 추구하는 행태를 보인다면 저관여 구매행태이다.
② 복잡한 구매행태를 보인다면 고관여 구매행태이다.
③ 구매후 부조화 감소는 주로 고관여 구매행태에서 나타난다.
④ 습관적 구매는 저관여 구매행태에 속한다.
⑤ 충동구매는 고관여 구매행태이다.

1945
2019 가맹거래사

소비자의 관여도(involvement)에 관한 설명으로 옳지 않은 것은?

① 제품에 대한 관심이 많을수록 관여도가 높아진다.
② 제품의 구매가 중요하고 지각된 위험이 높을수록 관여도가 높아진다.
③ 관여도가 높을수록 소비자는 신중하게 의사결정을 하려고 한다.
④ 다양성 추구(variety seeking) 구매행동은 관여도가 높을 때 나타날 수 있다.
⑤ 인지부조화 감소(dissonance reduction) 구매행동은 관여도가 높을 때 나타날 수 있다.

1946
2021 7급 군무원

소비자가 특정 제품에 대해 가지는 중요성에 대한 관여도(involvement)의 설명으로 가장 옳지 않은 것은?

① 저관여 제품의 구매 소비자는 불만족한 경우 다른 상표를 구매하는 다양성 추구의 경향을 보이며 구매 시 판매촉진에 많이 영향을 받는다.
② 고관여 제품의 구매 소비자는 다양한 정보를 이용해 능동적으로 제품 및 상표정보를 탐색하고 정보처리과정을 철저하게 수행하는 동기 수준이 높게 나타난다.
③ 고관여 제품의 구매 소비자는 구매 후 인지부조화가 자주 일어나며 비교쇼핑을 선호해 구매 후 자신의 구매에 대해 인정받고 싶어 한다.
④ 제품에 대한 소비자의 관여도가 높은 경우에는 소비자가 광고에 노출되었을 때 형성된 광고에 대한 태도가 광고 대상인 제품에 대한 소비자의 태도에 영향을 미치게 되어 광고를 좋아하는지 싫어하는지의 여부가 제품에 대한 태도 형성에 큰 영향을 미친다.

1947
2016 7급 서울시

관여도에 따른 소비자 구매행동 유형에 대한 설명으로 옳은 것은?

① 저관여 제품이고 제품특성 차이가 작을 때 소비자는 다양성(Variety-Seeking) 추구 구매 행동을 보인다.
② 고관여 제품이고 제품특성 차이가 클 때 소비자는 습관적(Habitual) 구매 행동을 보인다.
③ 저관여 제품이고 제품특성 차이가 클 때 소비자는 복잡한(Complex) 구매 행동을 보인다.
④ 고관여 제품이고 제품특성 차이가 작을 때 소비자는 부조화 감소(Dissonance-Reducing) 구매 행동을 보인다.

1948
2017 7급 서울시

제품에 대하여 소비자가 비교적 낮은 관여도(Involvement)를 보이며 브랜드 간의 차이가 미미할 경우에 취할 수 있는 소비자 구매행동은?

① 복잡한 구매행동(complex buying behavior)
② 부조화 감소 구매행동(dissonance-reducing buying behavior)
③ 다양성 추구 구매행동(variety-seeking buying behavior)
④ 습관적 구매행동(habitual buying behavior)

관여도와 과거 경험

1949
2024 7급 서울시

소비자의 구매행동에 대한 설명으로 가장 옳지 않은 것은?

① 부조화 감소 구매행동은 소비자의 제품에 대한 관여도 수준이 낮을수록 더 강하게 나타나는 경향이 있으며, 특히 여러 경쟁 제품들 사이의 특성 차이가 클수록 더 빈번히 발생할 수 있는 소비자의 구매 행동 유형이다.
② 기업이 준비한 제품 성능 및 브랜드에 대한 긍정적인 단서에 관한 커뮤니케이션은 소비자가 선택 행동에 대해 긍정적인 감정을 느끼게 함으로써 구매 후 부조화를 낮추는 데 도움이 된다.
③ 소비자가 다양한 브랜드를 선택하고 전환하는 행동은 브랜드에 대한 신념, 태도적 선호도, 충성도 등과 관련이 있을 뿐 아니라 단순히 다른 것을 경험해보고 싶은 욕구 및 다양성을 추구하려는 성향에서 나타날 수 있으며, 이 성향을 소비자의 고관여보다는 저관여 상태에서 나타날 확률이 더 높다.
④ 소비자는 구매 결정 후에 자신의 선택에 대한 문제점과 선택하지 못한 대안에 대한 장점을 상기하면서 인지부조화를 경험하여 불만족을 느낄 수 있기 때문에, 소비자의 불만족과 구매 후 입소문 행동에 대한 조사와 대처 전략이 필요하다.

구매의사결정 과정

1950
2010 가맹거래사

소비자들의 일반적인 구매의사결정과정의 순서로 옳은 것은?

① 문제인식 → 정보탐색 → 대안평가 → 구매 → 구매 후 행동
② 정보탐색 → 대안평가 → 문제인식 → 구매 → 구매 후 행동
③ 정보탐색 → 문제인식 → 대안평가 → 구매 → 구매 후 행동
④ 구매 → 정보탐색 → 대안평가 → 문제인식 → 구매 후 행동
⑤ 문제인식 → 구매 → 대안평가 → 구매 후 행동 → 정보탐색

1951
2014 가맹거래사

고관여(high involvement)제품의 구매의사결정과정이 순서대로 나열된 것은?

① 문제인식 → 정보탐색 → 구매 → 대안평가 → 구매후 행동
② 문제인식 → 대안평가 → 정보탐색 → 구매 → 구매후 행동
③ 정보탐색 → 문제인식 → 구매 → 구매후 행동 → 대안평가
④ 정보탐색 → 문제인식 → 구매 → 대안평가 → 구매후 행동
⑤ 문제인식 → 정보탐색 → 대안평가 → 구매 → 구매후 행동

1952
2021 가맹거래사

소비자의 구매의사결정과정을 순서대로 나열한 것은?

① 정보탐색 → 문제인식 → 구매 → 대안평가 → 구매 후 행동
② 문제인식 → 정보탐색 → 대안평가 → 구매 → 구매 후 행동
③ 문제인식 → 대안평가 → 구매 → 정보탐색 → 구매 후 행동
④ 정보탐색 → 문제인식 → 대안평가 → 구매 → 구매 후 행동
⑤ 대안평가 → 정보탐색 → 문제인식 → 구매 → 구매 후 행동

1953
2016 공인노무사

소비자들의 구매의사 결정과정을 순서대로 바르게 나열한 것은?

① 정보탐색 → 필요인식 → 대안평가 → 구매 → 구매 후 행동
② 정보탐색 → 필요인식 → 구매 → 대안평가 → 구매 후 행동
③ 정보탐색 → 대안평가 → 필요인식 → 구매 → 구매 후 행동
④ 필요인식 → 정보탐색 → 대안평가 → 구매 → 구매 후 행동
⑤ 대안평가 → 정보탐색 → 필요인식 → 구매 → 구매 후 행동

1954
2013 7급 국가직

고관여(high involvement) 상황 하에서 소비자 구매의사결정과정 5단계가 순서대로 바르게 나열된 것은?

① 문제 인식 → 정보 탐색 → 구매 → 대안 평가 → 구매 후 행동
② 문제 인식 → 정보 탐색 → 대안 평가 → 구매 → 구매 후 행동
③ 정보 탐색 → 문제 인식 → 구매 → 대안 평가 → 구매 후 행동
④ 정보 탐색 → 문제 인식 → 구매 → 구매 후 행동 → 대안 평가

대안평가

1955
2019 7급 서울시

다음 표는 음료를 구매하고자 하는 갑(甲) 소비자의 음료선택과 관련된 속성의 중요도와 각 속성별 브랜드 평가에 대한 내용이다. 중요도가 높을수록 해당속성을 중요하게 여기는 것이고, 속성별 평가 점수가 높을수록 해당 브랜드의 속성에 대해 우수하게 평가하는 것을 의미한다. 갑 소비자가 대안평가 방법 중 사전편집식방식(lexicographic rule)을 이용할 때, 갑 소비자가 선택할 하나의 브랜드는?

제품 속성	중요도	속성별 평가			
		A 브랜드	B 브랜드	C 브랜드	D 브랜드
맛	0.6	4	4	2	3
향기	0.3	3	2	3	1
가격	0.1	1	2	3	5

① A 브랜드 ② B 브랜드
③ C 브랜드 ④ D 브랜드

1956
2016 7급 국가직

홍길동은 다속성태도 모형에 기반해 자동차에 대한 태도를 형성한다. 중요도가 높을수록 해당 속성을 중요하게 여기는 것이고 속성별 브랜드의 평가 점수가 높을수록 해당 브랜드의 속성에 대해 우수하게 평가하는 것이다. 다음은 홍길동의 자동차 선택과 관련된 속성의 중요도 및 각 속성별 브랜드 평가에 대한 내용이다. 홍길동이 가장 선호하는 자동차 브랜드는?

		제품 속성		
		가격	성능	스타일
중요도		0.5	0.3	0.2
속성별 평가	A 브랜드	4	6	8
	B 브랜드	5	5	6
	C 브랜드	3	7	6
	D 브랜드	4	7	5

① A 브랜드 ② B 브랜드
③ C 브랜드 ④ D 브랜드

1957
2022 7급 국가직

소비자의 대안평가 방식 중 비보상적 방식에 대한 설명으로 옳은 것은?

① 분리식(disjunctive rule)은 모든 속성에서 최소한의 수용기준을 설정하고, 그 기준을 만족시키는 대안 중 평가 점수가 가장 높은 대안을 선택하는 방식이다.

② 결합식(conjunctive rule)은 모든 속성에서 수용 가능한 최소 수준을 설정하고, 단 하나의 기준이라도 충족시키지 못하면 제거하는 방식이다.

③ 순차적 제거식(sequential elimination rule)은 모든 속성에서 최소 어느 정도는 되어야 한다는 수용기준을 설정하고, 평가 점수가 가장 낮은 대안부터 제거해 나가는 방식이다.

④ 사전편집식(lexicographic rule)은 복수의 대안이 하나의 기준에서 동등한 평가를 받을 때, 사전과 마찬가지로 가나다 순으로 대안을 선택하는 방식이다.

1958
공기업 출제경향 반영

정선이는 이번 여름휴가에 친구들이랑 강릉으로 여행을 계획하고 있다. 그러던 중 여러 가지 교통수단을 생각하게 되었다. 아래의 표를 참조하여 보완적 평가방식을 활용해 정선이와 친구들이 강릉까지 이동 가능한 교통운송 수단을 고르면 어떤 대안이 선택될 수 있는가?

	평가 기준			
	경제성	편의성	승차감	속도
가중치	20	30	40	50
비행기	4	4	7	9
기차	5	4	5	8
고속버스	4	5	7	5
승용차	3	7	8	6
자전거	9	1	1	1

① 기차 ② 비행기
③ 고속버스 ④ 승용차
⑤ 자전거

구매후 행동

1959
2004 가맹거래사

고객행동분석에 관한 다음 설명 중 옳은 것은?

① 고객들은 선택할 제품의 수가 너무 많을 때 선택과정을 복잡하게 모형화하는 경향이 있다.
② 고객들은 정보탐색에서 기억 속에 존재하지 않는 것에 대해서는 내적 탐색을 시도한다.
③ 고객만족은 처음 기대보다 실제 결과가 더 클 경우에 나타난다.
④ 인지부조화는 고객들이 제품구매와 관련된 결과를 자신, 제품, 기업 또는 상황의 탓으로 돌리는 것을 말한다.
⑤ 고객들이 구매 전에 수집하는 정보의 양은 일반적으로 사전지식과 경험이 많을수록 많아진다.

1960
2016 공인노무사

제품구매에 대한 심리적 불편을 겪게 되는 인지부조화(cognitive dissonance)에 관한 설명으로 옳은 것은?

① 반품이나 환불이 가능할 때 많이 발생한다.
② 구매제품의 만족수준에 정비례하여 발생한다.
③ 고관여 제품에서 많이 발생한다.
④ 제품구매 전에 경험하는 긴장감과 걱정의 감정을 뜻한다.
⑤ 사후서비스(A/S)가 좋을수록 많이 발생한다.

1961
2020 7급 서울시

소비자들의 불만족에 관해 다룬 귀인이론(Attribution Theory)에 대한 설명으로 가장 옳지 않은 것은?

① 불만족을 일으킨 사건의 원인이 일시적인 것이라고 생각하면 불만족의 크기는 줄어든다.
② 결과에 대한 원인을 찾는 과정은 크게 내적 귀인과 외적 귀인이 있다.
③ 불만족의 원인을 기업이 통제 가능한 것이라고 생각할 때 불만족의 크기가 커진다.
④ 불만족의 원인에 대해 외적 귀인을 할 때 불만족의 크기는 줄어든다.

1962
2012 7급 국가직

소비자 구매 의사결정과정 중 인지 부조화(cognitive dissonance)와 관련이 깊은 단계는?

① 욕구의 발생
② 정보의 탐색
③ 대안의 평가
④ 구매 후 행동

1963
2020 코레일 사무직 복원

소비자의 인지부조화 감소행동이 최대화되는 상황은?

① 고관여, 제품차이가 작을 때
② 고관여, 제품차이가 많을 때
③ 저관여, 제품차이가 작을 때
④ 고관여, 제품차이가 많을 때
⑤ 전혀 상관없다.

구매행동 영향 요소

1964
2004 가맹거래사

소비자의 개인적 특성 중 생활양식(라이프 스타일)을 측정하는 도구로 소비자가 어떠한 활동에 종사하는가, 어떠한 일에 주로 관심을 가지는가, 가정이나 지역사회 등 전반적인 문제에 대해 어떠한 의견을 가지는가를 측정하기 위한 것은?

① 테크노그래픽스 ② LOV 항목
③ 동기유발 ④ 자아개념
⑤ AIO 항목

1965
2021 9급 군무원

소비자 구매 행동에 영향을 미치는 요인 중 내적인 동기요인과 가장 관련이 없는 것은?

① 소비자의 태도 ② 가족
③ 학력 ④ 나이

1966
2024 가맹거래사

소비자행동에 영향을 미치는 요인 중 소비자의 활동, 관심, 의견 등을 조사하여 파악되는 것은?

① 사회계층 ② 준거집단
③ 문화 ④ 라이프스타일
⑤ 가족

1967
2024 9급 군무원

다음 중 소비자행동의 영향요인으로 개인 심리적 요인과 가장 거리가 먼 것은?

① 라이프스타일 ② 학습
③ 가치 ④ 가족

소비자 정보처리과정

1968
2008 가맹거래사

전통적 소비자 행동연구 모델에서 인지심리학의 정보처리이론에 근거한 소비자의 정보처리 순서로서 맞는 것은?

① 자극 → 감정 → 인지 → 구매 → 구매 후 행동
② 자극 → 인지 → 감정 → 구매 → 구매 후 행동
③ 자극 → 감정 → 구매 → 인지 → 구매 후 행동
④ 자극 → 구매 → 감정 → 인지 → 구매 후 행동
⑤ 자극 → 인지 → 구매 → 감정 → 구매 후 행동

1969
2015 가맹거래사

효과적인 광고 목표를 달성하기 위한 소비자의 심리적 반응단계를 순서대로 나타낸 것은?

| ㄱ. 주의 (attention) | ㄴ. 구매행동 (action) |
| ㄷ. 욕구 (desire) | ㄹ. 관심 (interest) |

① ㄱ - ㄴ - ㄷ - ㄹ
② ㄱ - ㄷ - ㄹ - ㄴ
③ ㄱ - ㄹ - ㄷ - ㄴ
④ ㄹ - ㄱ - ㄴ - ㄷ
⑤ ㄹ - ㄱ - ㄷ - ㄴ

1970
2016 가맹거래사

소비자의 지각과정 순서로 옳은 것은?

① 주의 → 노출 → 해석 → 수용
② 주의 → 노출 → 수용 → 해석
③ 노출 → 해석 → 주의 → 수용
④ 노출 → 주의 → 수용 → 해석
⑤ 노출 → 주의 → 해석 → 수용

1971
2007 7급 국가직

소비자는 동일한 동기를 가지고, 동일한 상황에 처해져 있더라도 동일한 자극에 대해 서로 다르게 지각함으로써 상당히 다른 행동을 취하기도 한다. 이러한 소비자의 지각 과정으로 볼 수 없는 것은?

① 선택적 왜곡(selective distortion)
② 선택적 학습(selective learning)
③ 선택적 주의(selective attention)
④ 선택적 기억(selective retention)

1972
2023 가맹거래사

소비자의 정보처리 과정에 관한 설명 중 옳지 않은 것은?

① 정보처리 과정은 노출 → 이해(해석) → 주의 → 기억 순으로 진행된다.
② 노출은 자극이 감각기관에 들어오는 것이다.
③ 이해(해석)는 유입된 정보를 조직하고 그 의미를 해석하는 것이다.
④ 주의는 정보처리자원을 특정 자극에 집중하는 인지 작용이다.
⑤ 기억은 처리된 정보를 저장하는 것이다.

1973
2023 9급 군무원

소비자 행동의 근간을 이루는 소비자 정보처리 과정을 순서에 맞게 나열한 것은?

① 노출 → 주의 → 지각 → 태도
② 주의 → 노출 → 지각 → 태도
③ 노출 → 태도 → 주의 → 지각
④ 태도 → 노출 → 주의 → 지각

태도 관련 이론

1974
2021 7급 국가직

소비자행동에서 저관여 상황과 고관여 상황의 태도 형성 및 변화의 차이를 통합하여 설명하는 것으로 옳은 것은?

① 다속성 태도 모형(multi-attribute model)
② 정교화 가능성 모형(elaboration likelihood model)
③ 연상(association)에 의한 태도 모형
④ 단순노출효과(mere exposure effect)

1975
2023 7급 군무원

소비자 행동에서 다음과 같은 현상을 가장 적절하게 설명하는 것은?

> 새로 출시된 자동차의 디자인이 처음에는 마음에 들지 않았지만, 계속 보다 보니 조금씩 호감도가 증가한다.

① 휴리스틱(heuristic)
② 프로스펙트 이론(prospect theory)
③ 사회판단이론(social judgment theory)
④ 단순노출효과(mere-exposure effect)

1976
2024 7급 군무원

다음 중 소비자의 구매 의사결정에 대한 설명으로 가장 적절한 것은?

① 정교화 가능성 모형(elaboration likelihood model)에 따르면, 소비자의 정보처리 경로는 중심경로(central route) - 중간경로(middle route) - 주변경로(peripheral route)로 구분된다.
② 기대불일치모형(expectation disconfirmation model)에 의하면, 만족과 불만족은 소비자가 제품 사용 후 내린 평가가 기대 이상이냐 기대보다 못하냐에 따라 결정된다는 것이다.
③ 소비자의 구매 의사결정과정에서 '구매 후 과정'과 관련하여, 귀인이론(attribution theory)은 구매 후 소비자가 불만족 원인이 일시적이고, 기업이 통제 불가능한 것이었고, 기업의 잘못으로 일어났다고 소비자가 생각할수록 불만족할 가능성이 높다.
④ 구매하기로 선택한 대안이 갖지 못한 장점을 선택하지 않은 대안이 갖고 있을 때, 구매 후 부조화(postpurchase dissonance) 현상은 크게 발생하지 않는다.

산업재 구매행동

1977
2024 5급 군무원

다음 중 B2B 시장의 장점에 대한 설명으로 가장 적절하지 않은 것은?

① B2B 거래는 계약 예정이거나 계약 진행 중인 거래를 포함하기 때문에 어느 정도의 수요를 예측할 수 있다.
② B2B 거래는 일반적으로 B2C 거래보다 규모가 크다.
③ B2B 거래는 일반적으로 B2C보다 판매 주기가 짧다.
④ B2B 비즈니스는 종종 추천 및 입소문에 의해 거래할 수 있어 마케팅 비용이 절감된다.

기타 소비자행동

1978
2019 7급 서울시

소비자가 어떤 상품을 구매하고자 하는 욕구는 있으나, 그것을 구입할 경제적 능력이 없다면 마케팅은 발생할 수 없다. 그 이유에 대한 설명으로 가장 옳은 것은?

① 둘 혹은 그 이상의 당사자가 미충족된 욕구를 지니고 있기 때문이다.
② 한 당사자가 다른 당사자를 만족시키고자 하는 욕망이 없기 때문이다.
③ 관여한 당사자 중 하나가 다른 당사자를 만족시킬 수 있는 능력이 없기 때문이다.
④ 당사자들끼리 의사소통할 수 있는 방법이 전혀 없기 때문이다.

1979
2008 7급 국가직

서비스 구매에 관한 소비자행동모델이 유형제품구매에 관한 모델보다 상대적으로 복잡한 이유를 가장 잘 설명한 것은?

① 상대적으로 고가이기 때문에
② 준거집단의 영향력이 상대적으로 크기 때문에
③ 종류가 많기 때문에
④ 소비와 구매가 동시에 이루어지기 때문에

정보탐색

1980
2023 7급 국가직

소비자 정보탐색에 대한 설명으로 옳은 것은?

① 제한적 문제해결(limited problem solving)에서는 외적 정보탐색을 하지 않는다.
② 포괄적 문제해결(extensive problem solving)에서는 외적 정보탐색을 하지 않는다.
③ 능동적 정보탐색(active information search)은 내적 정보탐색이다.
④ 강화된 주의(heightened attention)는 외적 정보탐색이다.

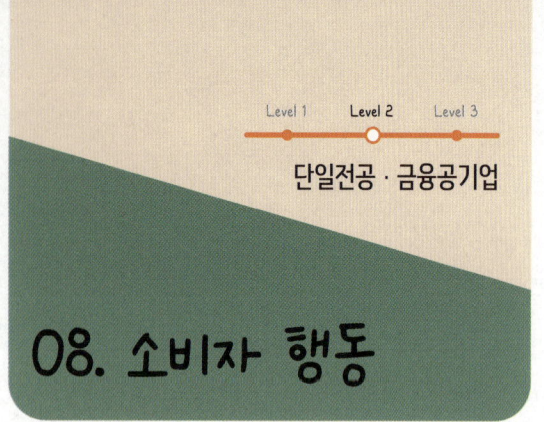

08. 소비자 행동

관여도와 과거경험

1981
2020 CPA

구매행동에 관한 설명으로 가장 적절한 것은?

① 공정성이론(equity theory)에 의하면, 소비자의 만족 또는 불만족은 구매 전 기대에 비해 성과를 얼마나 공정하다고 지각하는지에 따라 달라진다.
② 다양성추구(variety seeking)는 소비자가 이전에 선택한 브랜드에 싫증을 느끼거나 단지 새로운 것을 추구하려는 의도에서 다른 브랜드로 전환하는 것이다.
③ 동화효과(assimilation effect)는 소비자가 지각하는 성과가 기대와 다를 경우 기대를 성과에 동화시켜 지각하는 것이다.
④ 크루그만(Krugman)의 저관여 위계(low involvement hierarchy)는 소비자가 제품을 인지한 후 이에 대한 태도를 형성하고 이후 구매까지 이르는 과정을 설명한다.
⑤ 관성(inertia)은 제품사용경험이 없는 저관여 소비자가 의사결정의 과정을 단순화하기 위해 동일 브랜드를 반복적으로 구매하는 행동이다.

1982
2022 CPA

다음 빈칸 A에 들어갈 소비자 구매행동의 유형으로 가장 적절한 것은?

구분	고관여	저관여
최초구매	복잡한 의사결정	A
반복구매	브랜드 충성	관성적 구매

① 구매 후 부조화(post-purchase dissonance)
② 개성 추구(personality seeking)
③ 수동적 구매(passive purchase)
④ 다양성 추구(variety seeking)
⑤ 보완적 구매(compensatory purchase)

구매의사결정 과정

1983
2014 CPA

소비자 구매의사결정과정에 관한 설명으로 가장 적절하지 않은 것은?

① 소비자들은 자신의 불평행동으로부터 기대되는 이익과 비용을 고려하여 불평행동의 유형을 선택한다.
② 기대불일치모형(expectancy disconfirmation model)은 제품성과에 대한 기대, 지각된 제품성과, 기대와 성과 간의 차이 평가, 만족·불만족으로 구성되어 있다.
③ 비보완적(non-compensatory rule) 방식은 특정 속성에서의 약점이 다른 속성에서의 강점에 의해 보완이 되지 않는 방식이다.
④ 상기상표군(evoked set)에 포함되어 있는 상표의 수는 고려상표군(consideration set)에 포함되어 있는 상표의 수보다 많다.
⑤ 문제해결 동기의 크기는 '실제 상태와 바람직한 상태 간의 차이'와 '문제의 중요성'에 따라 달라진다.

1984
2019 CPA

소비자 의사결정과정에 관한 설명으로 가장 적절하지 않은 것은?

① 상기상표군(evoked set)은 외적 정보탐색과 관련이 있다.
② 사전편집식(lexicographic rule)은 비보완적 대안평가방식이다.
③ 결합식(conjunctive rule)은 비보완적 대안평가방식이다.
④ 구매경험이 있는 저관여 소비자가 구매노력을 덜기 위해 특정 브랜드를 반복 구매하는 것은 관성적 구매(inertia)와 관련이 있다.
⑤ 특정 브랜드에 대해 호의적 태도를 가지고 반복 구매하는 것은 브랜드충성도와 관련이 있다.

1985
2021 CPA

소비자행동에 관한 설명 중 가장 적절하지 않은 것은?

① 소비자의 브랜드 평가모형은 보완적(compensatory) 평가모형과 비보완적(non-compensatory) 평가모형으로 구분할 수 있다.
② 소비자 관여도는 제품과 소비자에 따라 다를 수 있고, 상황에 따라서도 다를 수 있다.
③ 피쉬바인(Fishbein)모형은 결합적(conjunctive) 모형에 포함된다.
④ 정교화가능성모델(elaboration likelihood model)에 따르면, 소비자 정보처리 경로는 중심경로와 주변경로로 구분할 수 있다.
⑤ 구매 후 부조화(post-purchase dissonance)는 소비자가 구매 이후 느낄 수 있는 심리적 불편함을 말한다.

> **정보탐색**

1986
2022 CPA

소비자가 문제를 인식했을 때 이를 해결할 수 있는 수단을 찾기 위해 기억 속에 저장되어 있는 정보에서 회상하는 과정으로 가장 적절한 것은?

① 강화된 주의(heightened attention)
② 내적 탐색(internal search)
③ 의도적 노출(intentional exposure)
④ 관여(involvement)
⑤ 프레이밍(framing)

> **대안평가**

1987
2003 CPA

소비자가 대안적인 브랜드들을 평가할 때, 특정 브랜드의 여러 가지 속성(attribute) 중 뛰어난 속성이 취약한 속성을 상쇄하지 못하는 비보상적인(non-compensatory) 방법이 아닌 것은?

① 다속성 태도(multi-attribute attitude) 모형
② 사전적(lexicographic) 모형
③ 순차적 제거(elimination by aspect) 모형
④ 결합적(conjunctive) 모형
⑤ 분리적(disjunctive) 모형

1988
2008 CPA

소비자 의사결정과정에 관한 다음의 설명 중 가장 적절하지 않은 것은?

① 소비자의 고려 대상에 포함된 상품이나 브랜드들을 고려상표군(consideration set)이라 하며, 고려상표군에서 제외된 대안들이 구매될 가능성은 거의 없다.
② 관여도(involvement)가 높아서 소비자가 상당한 시간과 노력을 들여 신중하게 의사결정하는 경우를 포괄적 문제해결(extensive problem solving)이라 한다.
③ 소비자로 하여금 행동을 취하도록 만들기에 충분할 정도로 강한 욕구를 동기(motive)라 한다.
④ 소비자가 여러 가지 자극들을 조직화하고 전체적으로 의미를 부여하는 과정을 지각(perception)이라 한다.
⑤ 소비자가 자신이 가장 중요시 여기는 속성을 기준으로 최상으로 평가되는 상표를 선택하는 의사결정규칙을 보완적 방식(compensatory rule)이라 한다.

1989
2009 CPA

대학생 JS씨는 5개 회사(A사, B사, C사, D사, E사)로부터 취직시험 합격통보를 받았다. 그는 무엇보다도 근무지가 국내인지 국외인지를 가장 중요하게 생각했는데 그는 국내근무를 원했다. 그래서 국내 근무를 할 수 있는 A사, B사, C사 중 하나를 선택하기로 했다. 그 다음으로 연봉을 중요하게 생각했는데 A사와 B사는 동일한 연봉수준으로 C사보다 높았다. 그래서 A사와 B사 중에서 하나를 선택하고자 하였다. 마지막으로 대학생들의 취업선호도가 높은 회사를 선택하고 싶었다. 조사결과에서 A사에 대한 선호도가 B사보다 높았기 때문에 최종적으로 A사를 선택하였다. 그가 사용한 선택규칙으로 가장 적절한 것은?

① 결합(접속) 규칙(conjunctive rule)
② 백과사전(사전편집)식 규칙(lexicographic rule)
③ 휴리스틱 규칙(heuristic rule)
④ 분리(비접속/분할) 규칙(disjunctive rule)
⑤ 보상(보완) 규칙(compensatory rule)

1990
2010 CPA

다음의 대안을 피쉬바인(Fishbein)의 다속성 태도모형(multi-attribute attitude model)에 따라 평가한다면 가장 높은 선호를 보일 것으로 기대되는 것은?

속성	속성 1	속성 2	속성 3	속성 4
신념강도	0.10	0.10	0.45	0.35
대안 A 평가	2	2	6	4
대안 B 평가	3	1	5	6
대안 C 평가	1	3	4	4
대안 D 평가	0	4	4	3
대안 E 평가	3	1	5	3

① 대안 A
② 대안 B
③ 대안 C
④ 대안 D
⑤ 대안 E

1991
2020 CPA

다음 표는 자외선 차단제에 대한 속성 점수를 나타낸 것이다. 세 가지 브랜드 중 B브랜드만을 선택하는 대안평가 방식을 모두 선택한 것은? 단, 비보완적 방식(non compensatory rule)의 경우, 모든 속성에 대한 최소한의 수용기준(cutoff)은 3이다. 또한 분리식(disjunctive rule)의 경우, 중요도가 높은 두 개의 속성을 기준으로 평가한다.

속성	중요도	브랜드 A	브랜드 B	브랜드 C
자외선 차단기능	50	4	5	3
지속성	30	2	4	3
가격 대비 용량	20	4	2	3

① 보완적 방식(compensatory rule), 사전편집식(lexicographic rule)
② 보완적 방식, 순차적 제거식(sequential elimination rule)
③ 사전편집식, 분리식
④ 순차적 제거식, 결합식(conjunctive rule)
⑤ 분리식, 결합식

구매후 행동

1992
2012 CPA

소비자의 구매의사결정과정에서 '구매 후 과정'에 대한 설명으로 가장 적절하지 않은 것은?

① 귀인이론(attribution theory)은 구매 후 소비자가 불만족 원인의 추적 과정을 이해하는 데 도움이 되며, 원인이 일시적이고, 기업이 통제 불가능한 것이었고, 기업의 잘못으로 일어났다고 소비자가 생각할수록 더 불만족할 가능성이 높다.
② 불만족한 소비자는 재구매의도의 감소뿐만 아니라 다양한 불평행동을 보이며, 소비자들은 자신의 불평행동으로부터 기대되는 이익과 비용을 고려하여 불평행동유형을 결정한다.
③ 제품처분(product disposal)은 소비자들의 처분과 관련된 의사결정이 향후의 제품구매의사결정에 영향을 주기 때문에 중요하며, 나아가 제품처분 관련 행동은 자원 재활용 측면에서도 중요하다.
④ 구매 후 부조화(post-purchase dissonance)는 소비자가 구매 이후 느낄 수 있는 심리적 불편함을 말하며, 구매결정을 취소할 수 없을 때 발생할 가능성이 높다.
⑤ 기대불일치모형(expectancy disconfirmation model)에 의하면, 만족과 불만족은 소비자가 제품사용 후에 내린 평가가 기대 이상이냐 혹은 기대 미만이냐에 따라서 결정된다.

1993
2020 CPA

구매 후 부조화(postpurchase dissonance)의 발생가능성이 낮은 상황만을 모두 선택한 것은?

a. 마음에 드는 선택 대안이 다수 있을 때
b. 구매 이후 반품이나 환불이 가능할 때
c. 구매 결정의 주체가 소비자 자신일 때
d. 구매 결정의 중요성이 낮을 때
e. 선택한 대안이 갖지 않은 장점을 선택하지 않은 대안이 갖고 있을 때

① a, b ② a, c
③ b, d ④ b, e
⑤ a, c, d

1994
2020 CPA

소비자가 의사결정 이후 성과가 기대에 부정적으로 불일치하다고 느낄 때, 이 불일치를 외적귀인(external attribution)하도록 하는 상황만을 모두 선택한 것은?

a. 결과의 원인이 지속적일 때
b. 결과가 소비자 자신에 의해 유발되었을 때
c. 발생한 결과가 기업에 의해 통제 가능했다고 판단할 때

① a ② c
③ a, c ④ b, c
⑤ a, b, c

구매행동 영향요소

1995
2011 CPA

소비자 행동에 영향을 미치는 요인에 관한 설명으로 가장 적절하지 않은 것은?

① 가치(value)란 특정 상황이나 대상에 대해 행동이나 판단을 이끄는 지속적 신념이며, 주로 활동(Activity), 관심사(Interest), 의견(Opinion)의 AIO척도를 통해 연구되고 있다.

② 비교 문화분석(cross-cultural analysis)은 자문화중심적인 사고에서 벗어나 현지 문화를 이해하고 그 문화가 수용할 수 있는 마케팅전략 개발에 활용되며, 호프스테드(Hofstede)의 모델이 이에 해당된다.

③ 시간의 흐름에 따라 가족구조와 가족구성원의 역할변화를 설명하는 개념인 가족생활주기(family life cycle)는 가정이 형성되어 성장·성숙된 후 소멸되기까지의 과정을 가족구성원의 역할 구조에 변화를 일으키는 사건을 중심으로 분류한다.

④ 구전 커뮤니케이션(word-of-mouth communication)은 소비자들 사이의 대화과정을 통해서 제품이나 서비스에 대한 정보를 상호 교환하는 것이다.

⑤ 준거집단(reference group)은 개인이 어떻게 생각하고 행동하는가에 대한 기준이나 가치를 제공하며, 준거집단이 소비자 행동에 미치는 영향에는 규범적 영향, 정보제공적 영향, 가치표현적 영향이 있다.

1996
2023 CPA

소비자행동 영향요인에 관한 설명으로 가장 적절한 것은?

① 공공장소에서 사용되는 사치품(publicly consumed luxuries)의 경우, 제품의 소유와 브랜드 선택 모두가 준거집단에 의해 영향을 받는다.

② 비공개적 모델링(covert modeling)은 모델이 취한 행동과 결과를 상상하도록 유도하지 않는 대신 타인이 어떻게 행동했는가를 들려주는 대리학습(vicarious learning)이다.

③ 사회계층의 특성은 다차원적이고 동적이며, 사회계층 측정에서 객관적 방법은 타인의 계층적 지위를 평가하도록 하는 것이다.

④ 수단-목적 사슬 모형(means-end chain model)에 의하면, 제품 속성은 목적에 해당된다.

⑤ 사회적 자아개념(social self-concept)은 타인들이 자신을 어떻게 봐주었으면 하는 것이다.

소비자 정보처리과정

1997
2005 CPA

다음 소비자행동이론에 관한 설명 중 가장 옳지 않은 것은?

① 소비자지각과 관련하여 이점이 불분명하고 세분시장이 특정되지 않은 경우에는 모호한 자극이 유리하다.

② 소비자는 지각적 방어에 의해 두려운 자극을 회피하는 경향이 강하므로 두려움 소구는 효과적이지 못하다.

③ 보상모형을 사용하여 대안평가를 할 경우에 총효용점수가 같다고 해서 두 제품의 실제적인 특성이 동일하다고 할 수 없다.

④ 관여도는 제품에 따라 달라지지만 개인이나 상황에 따라서도 달라진다.

⑤ 소비자 학습이론에서 반복과 인접성을 통한 연상을 이용하여 학습시키는 방법은 고전적 조건화이다.

1998
2017 CPA

소비자 정보처리과정에 관한 설명으로 가장 적절하지 않은 것은?

① 가격-품질 연상(price-quality association)은 지각적 추론(perceptual inference)과 관련이 있다.
② 정보 내용들이 차례로 제시된 경우 처음에 제시된 부분에 많은 비중을 두어 지각하는 것을 초기효과(primacy effect)라 한다.
③ 절대적 식역(absolute threshold)은 두 개의 자극이 지각적으로 구분될 수 있는 최소한의 차이를 말하며, JND(just noticeable difference)라고도 한다.
④ 정보과부하(information overload) 가설에 의하면, 소비자가 제한된 시간에 처리할 수 있는 정보의 양은 제한적이기 때문에 처리능력을 초과할 정도로 많은 정보가 주어지면 오히려 최선의 제품을 선택할 가능성이 낮아진다.
⑤ 장기기억으로부터 정보인출을 못하는 이유는 쇠퇴이론(decay theory)과 방해이론(interference theory)에 의해 설명될 수 있다.

1999
2018 CPA

소비자 정보처리과정에 관한 설명으로 가장 적절하지 않은 것은?

① 스팸성 광고물의 내용을 열어보지 않고 삭제해 버리는 것은 선택적 노출(selective exposure)의 예라 할 수 있다.
② 평소에 20도 소주를 마시던 소비자가 19도로 낮아진 소주는 구분 못하지만 18도로 낮아진 소주를 구분하는 것은 차이 식역(differential threshold)으로 설명될 수 있다.
③ 브랜드명, 보증기간, 원산지 등이 품질을 추론하는 단서로 이용되는 것은 지각적 추론(perceptual inference)과 관련이 있다.
④ 다이어트를 하는 학생들이 하지 않는 학생들에 비해 과거보다 식품 관련 광고가 더 많아졌다고 느끼는 것은 지각적 방어(perceptual defense)에 해당된다.
⑤ 다양한 제품정보에 노출되었을 때, 소비자는 맨 처음에 제시된 정보와 맨 나중에 제시된 정보를 중간에 제시된 정보보다 잘 기억하는 경향이 있다.

2000
2020 CPA

소비자가 자극에 노출되었을 때, 자신이 기억 속에 가지고 있던 스키마(schema)를 기반으로 자극을 이해하는 현상에 관한 설명으로 가장 적절한 것은?

① 지각적 범주화(perceptual categorization)
② 지각적 조직화(perceptual organization)
③ 지각적 균형(perceptual equilibrium)
④ 지각적 방어(perceptual defense)
⑤ 지각적 경계(perceptual vigilance)

2001
2022 CPA

소비자 정보처리과정의 순서로 가장 적절한 것은?

① 노출 → 감지 → 주의 → 기억 → 이해
② 노출 → 감지 → 주의 → 이해 → 기억
③ 노출 → 주의 → 감지 → 이해 → 기억
④ 노출 → 주의 → 감지 → 기억 → 이해
⑤ 노출 → 주의 → 이해 → 감지 → 기억

2002
2024 CPA

소비자 정보처리과정에 관한 설명으로 적절한 항목만을 모두 선택한 것은?

> a. 지각적 경계(perceptual vigilance)는 자신의 태도와 불일치하는 정보에 노출되면 그 정보를 회피하거나 왜곡시킴으로써 기존 태도를 보호하려는 심리적 경향을 가리킨다.
> b. 절대적 식역(absolute threshold)은 초기자극의 변화를 감지하는 것과 관련된 개념으로, 두 개의 자극이 지각적으로 구분될 수 있는 최소한의 차이를 말한다.
> c. 재인(recognition)보다 회상(recall)이 상대적으로 어렵기 때문에 더 많은 리허설이 요구된다.

① a
② b
③ c
④ a, c
⑤ b, c

태도관련 이론

2003
2006 CPA

다음 소비자의 태도이론에 관한 설명 중 가장 옳지 않은 것은?

① 다속성태도모델(multi-attribute attitude model)에 의하면, 대상에 대한 태도(attitude toward an object)는 대상이 특정속성을 갖는다는 신념의 강도와 특정속성에 대한 평가에 의해 결정된다.

② 동화이론(assimilation effect)에 의하면, 고관여 소비자는 수용영역 내에 커뮤니케이션 메시지가 속하게 되면 실제보다 더 긍정적으로 받아들이는 경향이 있다.

③ 정교화가능성모델(elaboration likelihood model)에 의하면, 소비자의 태도변화는 제시된 논점에 대한 사고의 결과로서 설득이 되는 중심경로(central route)와 제시된 논점과는 별 상관이 없는 광고모델의 매력성, 메시지의 재미 등의 주변경로(peripheral route)에 의해 일어난다.

④ 피쉬바인의 확장모델(Fishbein's extended model)에 의하면, 소비자의 구매의도는 소비자의 특정대상(예 상표)에 대한 태도(attitude toward an object)와 소비자의 행동에 대해 다른 사람들이 어떻게 볼 것인가와 관련된 주관적 규범(subjective norm)에 의해 결정된다.

⑤ 대조이론(contrast effect)에 의하면, 고관여 소비자는 거부영역 내에 커뮤니케이션 메시지가 속하게 되면 실제보다 더 부정적으로 받아들이는 경향이 있다.

2004
2008 CPA

다속성 태도모형(multi-attribute attitude model)에 대한 다음의 설명 중 옳은 것으로만 구성된 것은?

> a. 이 모형은 미국의 심리학자인 Richard Bagozzi가 개발한 모형에서 비롯되었기 때문에 'Bagozzi 모형'이라고도 불린다.
> b. 이 모형은 마케팅 관리자에게는 그다지 유용한 정보를 제공해주지 못한다.
> c. 이 모형을 이용하려면 그 상품의 중요 속성들이 무엇인지를 파악한 다음, 소비자를 대상으로 설문조사를 실시하여 속성 지각과 중요도를 측정하여야 한다.
> d. 이 모형의 한계점으로 상품속성만으로는 구매자의 태도를 충분히 설명할 수 없는 상품들이 존재한다는 점을 지적할 수 있다. 가령 향수, 화장품 등의 경우 상품속성뿐만 아니라 브랜드 이미지가 태도에 큰 영향을 미친다.
> e. 이 모형은 소비자의 태도를 측정하여 소비자가 어떤 대안을 구매할 지를 예측하는 데 유용하다.

① a, b, c
② a, c, d
③ b, c, d
④ c, d, e
⑤ a, d, e

2005
2011 CPA

태도 또는 태도변화 관련 모델들에 관한 설명으로 내용 연결(연구자 - 모델 - 주요 내용 또는 특징)이 가장 적절하지 않은 것은?

속성	연구자	모델	주요 내용 또는 특징
①	올리버 Oliver	기대불일치모델 expectancy disconfirmation model	광고 태도 상표 태도
②	피쉬바인과 에이전 Fishbein and Ajzen	피쉬바인확장모델 Fishein's extended model 또는 이성적행동모델 theory of reasoned action	행동에 대한 태도 주관적 규범
③	바고지 Bagozzi	의도적 행동모델 purposeful behavior model	신념 조건적 접근/ 회피 반응
④	페티와 카치오프 Petty and Cacioppo	정교화가능성모델 elaboration likelihood model	중심경로 주변경로
⑤	피쉬바인 Fishbein	다속성태도모델 multi-attribute attitude model	신념 속성 평가

2006
2013 CPA

소비자 태도에 관한 다음 설명 중 적절한 항목은 모두 몇 개인가?

> (가) 정교화가능성모델(Elaboration Likelihood Model)에 따르면, 소비자 정보처리경로는 중심경로(central route), 중간경로(middle route), 주변경로(peripheral route)로 구분된다.
> (나) 피쉬바인(Fishbein)모델은 다속성 태도모델이다.
> (다) 태도는 관찰될 수 있으나 일관적이지 않고 학습되지 않는다.
> (라) 피쉬바인모델의 오차항은 정규분포를 따른다.

① 0개
② 1개
③ 2개
④ 3개
⑤ 4개

2007
2014 CPA

소비자 A는 아래와 같은 생각을 하고 있다. 소비자 A를 설명할 수 있는 모형 중 가장 적절한 것은?

> "내가 이 자동차를 사면 다른 사람들이 어떻게 생각할까?"
> "이 옷 자체는 좋지만, 내가 구매해서 입으면 어울리지 않을 것 같다."

① 피쉬바인 확장모형(Fishbein's extended model)
② 다속성태도모형(multi-attribute attitude model)
③ 저관여 하이어라키모형(low involvement hierarchy model)
④ 수단-목적사슬모형(means-end chain model)
⑤ 정교화가능성모형(elaboration likelihood model)

2008
2015 CPA

소비자행동에서 아래의 상황을 가장 적절하게 설명할 수 있는 것은?

> 소비자는 자신이 좋아하는 연예인이 출연한 광고에 노출되면 그 광고 제품에 대한 태도가 호의적으로 변할 수 있다. 그러므로 자사상표에 대한 소비자들의 태도가 부정적일 때 소비자들이 좋아하는 연예인을 광고에 출연시킴으로써 태도변화를 시도할 수 있다.

① 균형이론(balance theory)
② 합리적 행동이론(theory of reasoned action)
③ 다속성태도모형(multi-attribute attitude model)
④ 정교화가능성모형(elaboration likelihood model)
⑤ 단순노출효과(mere exposure effect)

2009
2016 CPA

피쉬바인 확장모델(Fishbein's extended model)은 합리적 행동이론(theory of reasoned action)에 토대를 두고 개발된 것이다. 이 모델의 내용(요소)에 포함될 수 있는 적절한 항목은 모두 몇 개인가?

> a. 구매행동의도(behavioral intention)를 통한 구매행동 예측
> b. 대상과 관련된 구매행동에 대한 태도가 아닌 대상에 대한 태도
> c. 주관적 규범(subjective norm)
> d. 중심경로(central route)와 주변경로(peripheral route)

① 0개
② 1개
③ 2개
④ 3개
⑤ 4개

2010
2017 CPA

소비자행동에서 아래의 주장과 관련성이 가장 높은 것은?

> 고관여 소비자를 대상으로 하는 광고의 경우 구체적인 제품정보를 설득력 있게 제시하는 것이 효과적이다. 반면에 저관여 소비자를 표적으로 하는 경우에는 제품정보보다 광고모델에 초점을 두는 것이 더 효과적이다.

① 정교화가능성모델(elaboration likelihood model)
② 수단-목적사슬모델(means-end chain model)
③ 사회판단이론(social judgement theory)
④ 계획적 행동이론(theory of planned behavior)
⑤ 저관여 하이어라키모델(low involvement hierarchy model)

2011
2019 CPA

아래의 내용과 가장 가까운 태도변화 관련 이론은?

> • 제품 메시지의 수용영역과 기각영역
> • 동화효과(assimilation effect) 혹은 대조효과(contrast effect)

① 사회판단이론(social judgement theory)
② 균형이론(balance theory)
③ 합리적 행동이론(theory of reasoned action)
④ 인지부조화 이론(theory of cognitive dissonance)
⑤ 자기지각이론(self-perception theory)

2012
2023 CPA

확장된 피쉬바인(Fishbein) 모델에 관한 설명으로 가장 적절한 것은?

① 계획적 행동이론(theory of planned behavior)에 기반하고 있다.
② 다속성 태도모델(multi-attribute attitude model)과 비교하여, 태도와 행동 의도가 모델에 포함되어 있는 것은 동일하나 태도를 측정하는 대상이 다르다.
③ 지각된 행동 통제(perceived behavioral control)는 구매 행동에 영향을 미친다.
④ 브랜드에 대한 태도와 주관적 규범이 구매 행동에 미치는 영향을 정보처리의 관여도 차이에 의해 설명하고 있다.
⑤ 주관적 규범을 결정하는 요인 중 하나인 규범적 신념(normative belief)은 다른 사람들이 자신의 행동을 지지 혹은 반대할 것인가에 대한 자신의 생각이다.

2013
2024 CPA

소비자행동에 관한 설명으로 가장 적절하지 않은 것은?

① 자기감시성(self-monitoring)이 낮을수록 소비자 행동에 미치는 태도의 영향력은 감소하고 주관적 규범의 영향력은 증가한다.
② 사회판단이론에서 거부영역에 해당되는 메시지를 실제보다 더 부정적으로 해석하는 것을 대조효과라 한다.
③ 유인효과(attraction effect)와 타협효과(compromise effect)는 맥락효과(context effect)에 해당된다.
④ 정교화가능성 모델(elaboration likelihood model)은 고관여 상황과 저관여 상황의 태도 차이를 통합하여 설명하고 있다.
⑤ 고려상표군(consideration set)은 상기상표군(evoked set)을 포함하고 있다.

산업재 구매행동

2014
2006 CPA

산업재는 소비재와 달리 독특한 특징을 가지고 있다. 산업재와 산업재 구매자 행동의 특성에 가장 맞지 않은 것은?

① 보통 산업재시장에서 구매결정은 조직의 구매센터(buying center)에서 이루어진다.
② 산업재에 대한 구매수요는 최종소비재의 수요에 기인하는 파생수요(derived demand)의 특성이 있다.
③ 산업재구매자와 판매자는 서로 각자가 생산한 제품을 판매하고 구매해주는 상호구매가 많다.
④ 대부분의 산업재구매자는 문제를 총체적으로 해결해 줄 대안을 가진 판매자를 찾기 때문에 시스템적 구매와 판매의 특성이 있다.
⑤ 산업재 구매자는 구매해야 할 제품의 규모가 크고, 기술적으로 복잡한 경우가 많아 광범위한 유통망을 통하여 간접구매를 하는 것이 일반적이다.

2015
2010 CPA

산업재 수요의 특성으로 가장 적절하지 않은 것은?

① 소비재에 대한 수요로부터 파생된다.
② 가격변화에 크게 영향을 받지 않는다.
③ 두 개 이상의 품목수요가 결합되어 하나의 제품수요로 이어진다.
④ 수요의 안정성이 낮아 수요 변동폭이 크다.
⑤ 구매자 분포의 지역적 편중도가 낮다.

마케팅 윤리

2016
2015 CPA

마케팅과 관련된 윤리적 문제에 포함될 수 있는 적절한 항목은 모두 몇 개인가?

> a. 가격경쟁을 제한하는 행위
> b. 오도광고(misleading advertising)
> c. 유통경로구성원의 경로 파워 남용
> d. 개인정보 유출
> e. 제품의 계획적인 진부화(planned obsolescence)

① 1개　　② 2개
③ 3개　　④ 4개
⑤ 5개

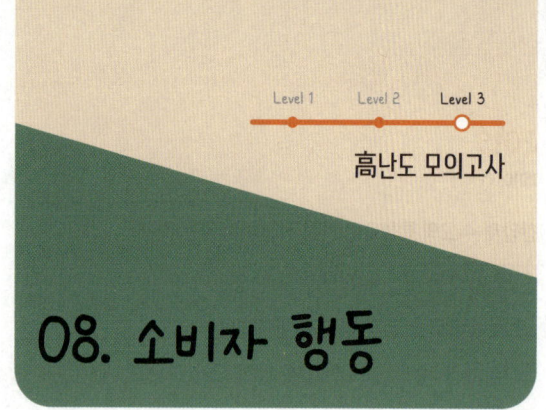

08. 소비자 행동

2017

소비자행동에 관한 다음 설명 중 가장 적절하지 않은 것은?

① 구매 후에 소비자들이 구매한 제품의 단점을 발견하거나 자신이 구매하지 않은 제품의 좋은 점을 들었을 때 소비자들은 구매 후 부조화(post-purchase dissonance)를 경험한다.

② 애연가가 금연 광고를 외면하고, 금연의 중요성을 무시하는 것은 지각적 방어(perceptual defense)의 일종으로 볼 수 있다.

③ 고전적 조건화는 소비자 학습이론에서 중성 자극과 무조건 자극의 반복과 인접을 통한 연상을 이용하여 학습시키는 방법이다.

④ 식역하의 지각(subliminal perception)이란 지각이 일어나는 한계수준 이하의 자극에 대한 지각을 의미한다.

⑤ 혁신적인 신제품을 가장 먼저 구입하는 사람들을 조기수용자(early adopter)라고 하며 이들은 젊고, 학벌이 좋고, 소득이 높은 편이다.

2018

소비자의 의사결정과정에 관한 다음 설명 중 가장 적절하지 않은 것은?

① 소비자가 가장 중요하게 생각하는 속성부터 평가하여 순차적으로 대안들을 탈락시켜 나가는 것은 보완적 방법(compensatory rule)에 의한 대안평가 방법이다.

② 브랜드 인지도가 높을수록 정보탐색 과정에서 고려상표군(consideration set)에 포함될 확률이 높아진다.

③ 어떤 소비자가 내적 탐색(internal search)을 할 때, 그의 머릿속에 떠오른 상표들을 환기상표군(evoked set)이라 한다.

④ 소비자 구매 의사결정과정은 문제인식 → 정보탐색 → 대안평가 → 구매결정 → 구매후 행동의 단계를 거친다.

⑤ 피시바인 확장 모형(extended Fishbein model)은 제품에 대한 호의적인 태도가 구매행동으로 이어지지 않는 까닭에 대해 설명해준다.

2019

소비자행동에 관한 다음 설명 중 가장 적절하지 않은 것은?

① 자신이 사용하기 위하여 제품을 구매하는 경우에 비해 남에게 선물을 주기 위하여 구매할 때 그 제품에 대한 관여도(involvement)가 높아져 선택에 보다 고심을 하게 되는데, 이와 같이 상황에 따라 변화하는 관여를 상황적 관여(situational involvement)라고 한다.

② 소비자 구매의사결정 모델에서 심리적 요인은 사회계층, 준거집단, 생활양식 등이다.

③ 브랜드 인지도가 높을수록 정보탐색 과정에서 고려 상표군(consideration set)에 들어갈 가능성이 높아진다.

④ 피시바인(Fishbein)의 다속성태도 모형(multi-attribute attitude model)은 보완적(compensatory) 대안평가 방식에 해당된다.

⑤ 피시바인 확장모델(Fishbein's extended model)에 의하면, 소비자의 구매의도는 제품 자체에 대한 태도(attitude toward an object)보다는 제품을 구매하는 행동에 대한 태도(attitude toward the behavior)에 달려 있다.

2020

아래의 표는 어느 소비자의 TV 구매의사결정에서 각 대안과 대안의 평가에 관한 것이다. 만약 이 소비자가 약점이 강점에 의해 보완되지 않는 평가방식을 이용하여 평가한 결과, B사 제품을 선택하였다면 그는 어떤 대안평가 방식을 사용한 것인가? (단 기준별 최소수준(cutoff)은 Good 이상이며, 후속 규칙은 사용하지 않음)

속성	중요도 순위	브랜드 평가		
		A사	B사	C사
화질	1	Excellent	Excellent	Excellent
음질	2	Poor	Excellent	Good
평판	3	Excellent	Poor	Excellent
인터페이스	4	Excellent	Poor	Poor
소비전력	5	Good	Good	Good
외관	6	Excellent	Poor	Good

① 보완적 방식(compensatory rule)
② 사전편집식(lexicographic rule)
③ 순차적 제거식(elimination by aspect)
④ 결합식(conjunctive rule)
⑤ 분리식(disjunctive rule)

2021

촉진(promotion)과 소비자행동(consumer behavior)에 관한 다음 설명 중 가장 적절하지 않은 것은?

① 광고예산 책정 방법 가운데 매출액 비율법(percentage-of-sales method)은 시장성장성은 높으나 매출실적이 저조한 브랜드에 적합한 방법이다.
② 리펀드(refund)는 소비자가 구매하는 시점에서 소비자에게 현금으로 바로 돌려주는 형태를 취하며, 리베이트(rebate)는 구매에 따른 가격할인의 형태로 이루어지며, 구매 증빙 후 구입가격의 일부를 금품으로 보상한다.
③ 가격할인은 장기적으로 사용할 경우 브랜드이미지가 훼손되지만, 사은품(premium)은 지속적으로 사용해도 브랜드이미지의 손상을 가져오지 않는다.
④ 고관여 소비자의 구매행동은 최초구매인가 또는 반복구매인가에 따라 복잡한 의사결정(complex decision making)과 브랜드충성도(brand loyalty)로 나누어진다.
⑤ 제품사용경험이 있는 저관여 소비자가 복잡한 의사결정을 피하기 위해 동일한 브랜드를 반복구매하는 것을 관성적 구매(inertia)라고 한다.

2022

소비자행동에 관한 다음 설명 중 가장 적절하지 않은 것은?

① 소비자는 자신의 욕구와 관련된 제품군(product class)에 대한 관여도가 높을수록 보다 많은 정보를 찾는 경향이 있다.
② 고려상표군(consideration set)은 기존에 알고 있던 상표들 중 회상되는 상표들과 기존에는 몰랐지만 외적탐색에서 발견된 상표들의 합이다.
③ 고관여 소비자의 구매행동은 최초구매인가 또는 반복구매인가에 따라 복잡한 의사결정(complex decision making)과 브랜드충성도(brand loyalty)로 나누어진다.
④ 저관여 소비자의 다양성 추구(variety seeking) 행동은 최적자극화이론(optimum stimulation theory)에 의해 설명될 수 있다.
⑤ 가격이 높을수록 품질이 좋다고 생각하는 가격-품질 연상(price-quality association)은 쇠퇴이론(decay theory)에 의한 것이다.

2023

소비자행동에 관한 다음 설명 중 가장 적절하지 않은 것은?

① 소비자는 절대 식역(absolute threshold) 이하에서는 자극을 지각하지 못한다.
② 제품 구매시, 정보탐색 단계에서 외적탐색(external search)의 결과물을 고려상표군(consideration set)이라 한다.
③ 브랜드 인지도가 높을수록 정보탐색 과정에서 고려 상표군(consideration set)에 들어갈 가능성이 높아진다.
④ 제품을 구매한 사람만이 받을 수 있는 포장내 쿠폰(in-pack coupon)은 조작적 조건화(operant conditioning)를 응용한 사례이다.
⑤ 피쉬바인(Fishbein)의 다속성 태도모델(multi-attribute attitude model)에 따르면, 제품에 싫어하는 속성이 있더라도 소비자는 그것을 구매할 수도 있다.

2024

광고에 대한 다음 설명 중 가장 적절하지 않은 것은?

① 광고의 목표는 효과계층모형(hierarchy-of-effects model) 단계에서 주로 앞부분과 관련된 지표들을 기준으로 설정되는 것이 바람직하다.
② 신뢰성이 낮은 사람이 전달한 메시지는 시간이 지난 다음 그 효과가 나타나는 데 이를 수면효과(sleeper effect)라고 한다.
③ 광고효과의 감퇴(advertising wearout)를 방지하기 위해서는 동일한 메시지를 반복적으로 광고하되 광고실행 방법(advertising execution)을 달리 하는 것이 좋다.
④ 공포소구(fear appeal) 광고는 지나치게 위협적이거나 소비자들의 근심을 불러일으키지 못하는 경우 설득효과를 가질 수 없다.
⑤ 유명인 모델의 경우, 광고모델이 브랜드보다 더 강조되어 브랜드의 정보 전달을 방해하는 간섭현상(interference effect)이 발생할 수 있다.

2025

소비자 행동(consumer behavior)에 관한 다음 설명 중 가장 적절하지 않은 것은?

① 소비자의 구매의사결정 과정에서 문제인식(problem recognition)이 정보탐색(information search) 단계로 이어지기 위해서는 '문제의 크기'가 '제약요인'보다 커야 한다.
② 환기 상표군(evoked set)은 내적탐색 중 회상되는 상표를 의미한다.
③ 소비자가 문제를 해결시켜 줄 수 있는 수단(제품/서비스)에 대한 정보를 기억으로부터 회상하는 것은 내적탐색(internal search)이다.
④ 산업재 구매는 소비재에 비해 구매의사결정 과정이 더 복잡하며, 더 공식화되어 있다.
⑤ 정교화 가능성 모형(ELM: elaboration likelihood model)을 바탕으로 소비자의 구매행동에 영향을 미칠 수 있는 전략은 소비자의 제품에 신념(belief)과 제품 속성에 부여하는 평가를 바꾸도록 하는 것이다.

2026

소비자 구매의사결정 과정에 대한 다음 설명 중 가장 적절하지 않은 것은?

① 소비자 구매의사결정 단계는 문제인식 → 정보탐색 → 대안평가 → 구매 → 구매후 행동의 순으로 진행된다.
② 정보탐색 단계에서 소비자는 내적탐색(internal search)과 외적탐색(external search)을 하는데 내적탐색의 결과물을 환기상표군(evoked set)이라고 하고 외적탐색의 결과물을 고려상표군(consideration set)이라고 한다.
③ 대안의 평가 방법은 보완적 방식과 비보완적 방식으로 구분되는데, 최소수준(cutoff)을 정하고 하나의 기준이라도 이를 통과하지 못하면 대안에서 제외하는 방식을 결합식(conjunctive rule)이라고 한다.
④ 소비자들이 대안을 평가한 후 선택한 대안이 구매되는 확률이 의외로 낮은데 이를 설명하는 소비자 행동 모형은 확장된 피쉬바인 모델(extended Fishbein model)이다.
⑤ 구매 후 행동 단계에서 소비자는 자신의 구매결정에 대한 일종의 심리적 갈등을 경험할 수 있는데, 이를 구매 후 부조화(post-purchase dissonance)라고 하며, 이는 제품사용에 따른 것이 아니므로 '불만족'과는 다른 것이다.

2027

관여도(involvement)와 관련한 다음 설명 중 가장 적절하지 않은 것은?

① 관여도는 특정 상황에서 특정 대상에 대한 개인의 관련성 지각정도 혹은 중요성 지각 정도이다.
② 관여도는 제품이나 사람에 따라 그 수준이 모두 다르기 때문에 지극히 주관적이고 상황적이다.
③ 관여도가 높은 소비자는 능동적으로 제품 및 상표정보를 탐색한다.
④ 관여도가 높을 때 소비자는 포괄적 문제해결(extensive problem solving)을 시도한다.
⑤ 정교화가능성 모델(ELM: elaboration likelihood model)에서 고관여 소비자는 광고에 노출되었을 때 광고모델, 배경장소, 배경음악 등을 통해 태도를 형성한다.

2028

소비자 행동(consumer behavior)에 관한 다음 설명 중 가장 적절하지 않은 것은?

① 특정 제품의 가격에 대한 차이 감지 식역(JND: just noticeable difference)이 1,000원이라면 500원의 가격 인하는 소비자가 가격차이를 인지하지 못할 가능성이 높다.
② 산업재 구매자들은 기술적으로 복잡하거나 고가의 아이템의 경우 중간상을 통해 구매하기보다 제조사로부터 직접 구매하는 경향이 있다.
③ 다속성 태도모델(multi-attribute attitude model)에서 태도는 상표구매와 관련된 신념이고, 확장된 피쉬바인 모델(Fishbein's extended model)에서 태도는 상표 자체와 관련된 신념이다.
④ 소비자들이 손실회피(loss aversion) 반응을 보이는 이유는 손실에서의 가치곡선이 이득에서의 가치곡선보다 더 가파르게 변화하기 때문에 같은 절대값을 가지는 경우 손실이 이득보다 훨씬 크게 느껴지기 때문이다.
⑤ 라이프스타일(lifestyle)이란 사람들이 살아가는 방식으로 가장 일반적인 측정 방법은 활동(activity), 관심(interest), 의견(opinion)을 반영한 AIO 항목이다.

2029

소비자 행동에 대한 다음 설명 중 가장 적절하지 않은 것은?

① 고관여 상황의 소비자는 능동적으로 제품 및 상표정보를 탐색한다.
② 바고지(Bagozzi)의 의도적 행동모델은 소비자의 메시지 처리가 중심경로(central route)인지 주변경로(peripheral route)인지에 따라 마케팅 전략을 달리 수립할 것을 시사하고 있다.
③ 올리버(Oliver)의 기대불일치 모델(expectancy disconfirmation model)에 따르면 소비자는 구매이전에 가졌던 기대와 제품사용을 통해 얻게 되는 성과를 비교함으로써 만족/불만족을 평가한다.
④ 피쉬바인 다속성태도모형(multi-attribute attitude model)에서 어떤 대상에 대한 전반적 태도를 구성하는 두 가지 요인은 대상과 관련된 부각적 신념의 강도와 이 신념에 대한 평가이다.
⑤ 피쉬바인 확장모델은 상품에 대한 태도 자체로서는 소비자의 구매행동을 예측하는 것이 쉽지 않다는 것을 보여준다.

2030

다음은 어느 소비자의 TV 구매의사결정에서 각 대안과 대안의 평가에 관한 것이다. 가장 적절한 것은?

속성	가중치	중요도	브랜드 평가		
			A사	B사	C사
화질	0.40	1	7	8	8
음질	0.20	2	4	9	6
브랜드 이미지	0.15	3	7	3	9
유저 인터페이스	0.15	4	9	4	5
외관 디자인	0.10	5	8	4	6

(단, 속성별 최저수준(cutoff)은 5점)

① 다속성태도모형(multi-attribute attitude model)을 사용하여 대안을 평가하면 브랜드 평가 총점이 가장 높은 A사 제품이 선택된다.
② 사전편집식(lexicographic rule)을 사용하면 모든 항목에서 최저수준을 통과한 C사 제품이 선택된다.
③ 순차적 제거식(elimination by aspect)을 사용하면 '화질'에서 동점인 B와 C 중, 음질이 더 좋은 B가 선택된다.
④ 결합식(conjunctive rule)을 사용하면 최저점이 가장 낮은 B사 제품이 선택된다.
⑤ 분리식(disjunctive rule)을 사용하면 대안을 선택을 위해 다른 규칙을 추가해야 한다.

2031

고관여 의사결정과 저관여 의사결정을 비교한 다음 내용 중 가장 적절하지 않은 것은?

	행동적 차원	고관여 관점	저관여 관점
①	정보탐색	제품 및 상표 정보 탐색은 제한적	능동적으로 제품 및 상표정보 탐색
②	인지적 반응	자신의 생각과 다른 정보에 저항/반박	자신의 생각과 다른 정보를 수동적으로 수용
③	정보처리관점	정보처리과정 철저히 준수	일부 과정 생략
④	메시지	메시지의 수보다 내용이 중요	메시지 반복 통해 설득 가능
⑤	인지부조화	빈번하며, 극복을 위해 노력	미미한 수준의 인지부조화

2032

소비자 행동(consumer behavior)에 대한 다음 설명 중 가장 적절하지 않은 것은?

① 관여도가 높아서 소비자가 상당한 시간과 노력을 들여서 신중하게 의사결정을 하는 경우를 포괄적 문제해결(extensive problem solving)이라고 한다.
② 올리버(Oliver)의 기대불일치 모델(expectancy disconfirmation model)은 제품자체에 대한 소비자의 태도만으로 소비자의 행동을 예측하는 것이 쉽지 않다는 것을 보여준다.
③ 다속성 태도모형(multi-attribute attitude model)은 마케터에게 속성지각 개선, 속성 중요도 유리하게 바꾸기 등의 유용한 정보를 제공한다.
④ 어느 백화점의 '무조건 환불해드립니다' 라는 광고는 구매에 따른 소비자의 지각된 위험(perceived risk)을 줄여주는 역할을 한다.
⑤ 산업재의 성공적 마케팅을 위해서는 조직의 구매센터(buying center)에 누가 참여하며, 각자가 어떤 결정에 어느 정도의 영향을 미치는지를 파악하여야 한다.

2033

다속성 태도 모형(multi-attribute attitude model)이 마케팅 관리자에게 제공하는 시사점 가운데 적절한 것은 모두 몇 개인가?

> a. 제품 자체를 개선한다.
> b. 소비자가 느끼는 속성 지각을 개선한다.
> c. 경쟁자의 속성 지각을 떨어뜨린다.
> d. 속성 중요도를 유리하게 바꾼다.
> e. 제품을 자주 노출시킨다.

① 1개　　② 2개
③ 3개　　④ 4개
⑤ 5개

2034

소비자 행동과 관련한 이론에 대한 다음 설명 중 가장 적절하지 않은 것은?

① 균형이론(balance theory)은 제품의 구체적인 속성이 제품의 사용 결과 그리고 종국적으로 소비자의 최종가치와 연결되어 있음을 가정한다.
② 정교화 가능성 모델(ELM: elaboration likelihood model)은 소비자의 관여도 수준에 따라 광고 전략을 달리 수립할 것을 제안하고 있다.
③ 저관여 하이어라키 모형(low involvement hierarchy model)은 소비자의 대상에 대한 태도(감정)는 행동에 근거하여 형성된다는 입장이다.
④ 효과계층모형(hierarchy of effects model)은 대상의 속성에 대한 '인지'를 토대로 '감정'이 형성되고, 이것에 근거하여 '행동'이 발생한다고 보는 인과적 관계를 가정하고 있다.
⑤ 합리적 행동이론(theory of reasoned action)에서 소비자의 태도는 행동에 대한 태도(attitude toward the behavior)와 주관적 규범(subjective norm)으로 구성된다.

2035

소비자 행동에 대한 다음 설명 중 가장 적절하지 않은 것은?

① TV는 인쇄매체에 비해 관여도(involvement)가 높은 매체이므로 TV를 통해 광고되는 제품들은 대부분 고관여 제품들이다.
② 정보탐색은 내적 탐색과 외적 탐색으로 구분되는데, 내적탐색(internal search)의 결과물은 없을 수도 있다.
③ 대안을 평가할 때 결합식(conjunction rule)을 사용하면 소비자가 여러 대안들 중에서 부적격한 대안을 빠르고 쉽게 제외시킬 수 있다.
④ 피시바인 확장 모형(Fishbein's extended model)에서 의미하는 태도는 특정 제품에 대한 태도가 아니라 제품을 구매하는 행위에 대한 태도를 의미한다.
⑤ "제품이나 서비스에 대한 기대가 크면 실망도 크다."라는 말은 올리버(Oliver)의 기대불일치 모형(expectancy disconfirmation model)으로 설명이 가능하다.

2036

소비자 행동(consumer behavior)에 관한 다음의 주장과 가장 관련성이 높은 것은?

> 제품 속성이 목적이나 가치와 관련된다고 지각하는 소비자는 그 제품에 대한 관여도가 높을 것이고, 제품 속성이 기능적 결과에만 관련이 있다고 생각하는 소비자는 관여도가 낮을 것이다. 이를 마케팅 전략에 활용하기 위해서는 제품을 소비자의 최종 가치나 목표에 연결시켜 관여도를 높이는 전략을 구현하는 것이 바람직하다. 즉 소비자의 목적과 핵심 가치를 파악하고 이를 제품 속성에 반영해서 커뮤니케이션(광고)을 이용해 전달함으로써 구매를 유발하는 것이다.

① 수단-목적사슬(means-ends chain)
② 정교화가능성 모델(ELM: elaboration likelihood model)
③ 균형이론(balance theory)
④ 단순노출효과(mere-exposure effect)
⑤ 정보과부하(information overload) 가설

2037

소비자행동(consumer behavior)에 대한 다음 설명 중 가장 적절하지 않은 것은?

① 포괄적 문제해결(extensive problem solving)은 문제인식 → 정보탐색 → 대안평가 → 구매 → 구매후 행동의 5단계를 거친다.
② 피시바인(Fishbein)의 다속성 태도모형(multi-attribute attitude model)은 '행동의도(behavioral intention)'를 통해 소비자의 구매행동을 예측하려고 한다.
③ 정보탐색 단계에서 내적탐색(internal search)의 결과물과 외적탐색(external search) 결과물을 합쳐서 고려상표군(consideration set)이라 한다.
④ 제품을 구매한 후에 생기는 '구매 후 부조화(post-purchase dissonance)'는 관여도(involvement)가 높을수록 커지게 될 가능성이 높아진다.
⑤ 태도(attitude)란 어떤 대상에 대하여 호의적 또는 비호의적으로 평가하고, 느끼고, 행동하려는 지속적인 경향을 말한다.

2038

소비자행동(consumer behavior)에서 아래의 상황을 가장 적절하게 설명할 수 있는 것은?

> 공공장소에서 흡연하는데 대해 적극적으로 반대하는 사람들은 '흡연자의 권리'를 주장하는 캠페인에 노출된다면 이에 주의를 기울이지 않거나 마음속으로 거부할 수 있다.

① 절대 식역(absolute threshold)
② 지각적 방어(perceptual defense)
③ 인지 부조화(cognitive dissonance)
④ 선택적 주의(selective perception)
⑤ 스키마(Schema)

2039

소비자행동(consumer behavior)에 대한 다음 설명 중 가장 적절한 것은?

① 포괄적 문제해결(extended problem solving), 제한적 문제해결(limited problem solving), 일상적 문제해결(routinized problem solving), 회상적 문제해결(recall problem solving)의 순으로 갈수록 소비자의 외적정보탐색 노력 정도는 증가한다.
② 소비자의 신념과 태도를 형성하거나 기존의 신념과 태도를 변화시키는 정보처리과정(information processing)은 노출(exposure) → 이해(comprehension) → 주의(attention) → 기억(memory)의 과정을 거친다.
③ 대부분의 사람들은 자신이 사용하기 위해 어떤 제품을 구매하는 경우에 비해 선물로 주기 위해 구매할 때 일시적으로 그 제품에 대한 관여도가 높아져 선택에 보다 고심하게 되는데 이를 지속적 관여(enduring involvement)라고 부른다.
④ 고려상표군(consideration set)이란 소비자가 기존에 알지 못한 상표 가운데 외적 정보탐색에 의하여 발견된 상표를 의미한다.
⑤ 사회판단이론(social judgment theory)에 따르면, 개인은 한 대상에 대한 관여도가 높을수록 자신의 의견에 반하는 설득적 메시지에 대한 수용영역이 좁고 거부영역이 넓다.

2040

정교화가능성 모델(ELM: elaboration likelihood model)을 근간으로 광고를 기획할 때 고관여 소비자의 반응을 효과적으로 유도하기 위한 방안으로 적절한 항목만을 선택한 것은?

> a. 광고에서 경쟁브랜드 대비 차별적 특성이나 혜택을 설득력 있게 제시하는 것이 좋다.
> b. 인쇄매체를 이용하여 정보를 자세히 제공한다.
> c. TV광고를 활용하여 정서적 반응을 유발한다.
> d. 광고분위기, 음악 혹은 광고모델에 중점을 두어 광고를 기획한다.

① a, b
② b, c
③ c, d
④ a, b, c
⑤ b, c, d

2041

고관여 소비자 혹은 고관여 상황에 대한 다음 설명 중 적절한 항목은 모두 몇 개인가?

> a. 제품 구매 시 정보탐색활동을 많이 한다.
> b. 소비자 구매 행동 중 브랜드 충성도(brand loyalty)나 관성적 구매(inertia) 행동을 보인다.
> c. 자신의 의견에 반하는 설득적 메시지에 대한 수용영역이 좁고 거부영역이 넓다.
> d. 광고의 중심단서(제품정보)보다 주변단서(광고모델의 매력도)에 더 많은 영향을 받는다.
> e. 잡지보다는 TV를 통해 공략하는 것이 더 좋다.

① 1개
② 2개
③ 3개
④ 4개
⑤ 5개

2042

소비자 행동에 대한 다음 설명 중 가장 적절하지 않은 것은?

① 선택적 노출(selective exposure)은 소비자가 필요하고 관심을 갖는 정보에만 자신을 노출시키는 지각적 메커니즘을 말한다.
② 식역하 지각(subliminal perception)은 자극의 강도가 미약하여 절대식역(absolute threshold) 수준에 미치지 못하는 경우에도 소비자가 그 자극을 무의식중에 감지하는 것을 말한다.
③ 대안평가에서 보완적 방식(compensatory rule)은 각 대안의 평가기준별 중요도와 평가점수를 곱한 값을 모든 평가기준에 걸쳐 합산한 값으로 평가한다.
④ 구매 후 부조화(post-purchase dissonance)가 클수록 지각적 방어(perceptual defense)가 일어날 가능성이 높다.
⑤ 상기상표군(evoked set)의 수가 '5'라면 고려상표군(consideration set)의 수는 항상 '5'보다 크다.

2043

소비자행동(consumer behavior)에 대한 다음 설명 중 가장 적절한 것은?

① 확장된 피시바인 모델이 시사하는 바는 표적청중이 광고 메시지를 처리함에 있어서 중심경로를 채택하는지, 주변경로를 채택하는지에 따라 마케팅 전략을 달리 수립해야 한다는 것이다.
② 단순노출효과(mere-exposure effect)는 저관여 보다는 고관여 소비자의 태도 변화에 관한 이론이다.
③ 다속성 태도모형(multi-attribute attitude model)을 활용하면 소비자들이 무엇을 구입할지는 비교적 정확하게 예측할 수 있지만, 왜 그 제품을 구매하려고 하는지에 대해서는 알 수 없다.
④ 구매과정에서 소비자들이 대안을 평가할 때 각 수준별로 받아들일 수 있는 최소수준(cutoff)을 정하고 어느 한 선택기준이라도 이 수준에 미달할 경우 이 대안은 제외시키는 것은 결합식(conjunctive rule) 규칙을 사용한 것이다.
⑤ 피시바인 확장모델에서 주관적 규범(subjective norm)은 구매행동에 대한 개인의 주관적 생각으로 이는 구매의 '사회적 요인'보다는 '개인적 요인'에 해당한다.

2044

소비자 행동과 관련한 이론에 대한 설명 중 가장 적절하지 않은 것은?

① 향수나 화장품 등의 품목은 피시바인(Fishbein)의 다속성 태도모형(multi-attribute attitude model)으로 구매자의 태도를 충분히 설명할 수 없다.
② 정교화가능성 모델(ELM: elaboration likelihood model)은 고관여 소비자와 저관여 소비자의 정보처리과정이 서로 다름을 설명한다.
③ 정보 과부하(information overload) 가설은 장기기억보다는 단기기억을 설명하는 이론이다.
④ 셰리프(Sherif)의 사회판단이론(social judgment theory)은 구매에 따른 개인적 요인과 사회적 요인이 구매 의도(behavior intention)에 영향을 미칠 수 있다는 점을 설명한다.
⑤ 증식효과이론(incremental effects theory)은 차이식역(differential threshold) 이하의 자극보다는 절대식역(absolute threshold) 이하의 자극을 설명하는 이론이다.

2045

소비자행동에 대한 다음 설명 중 가장 적절한 항목은 모두 몇 개인가?

> a. 소비자 구매행동 유형에서 다양성 추구(variety seeking)와 복잡한 의사결정(complex decision making)은 반복구매가 아니라 최초구매에 해당한다.
> b. 대안의 평가 방식 중 결합식은 고려상표군(consideration set)을 평가하는 방식이고, 순차적 제거식은 고려상표군에서 상기상표군(evoked set)을 제외한 대안을 평가하는 방식이다.
> c. 귀인이론(attribution theory)에 따르면 문제의 원인이 항구적이고, 기업과 관련되어 있으며, 기업이 통제해야 한다고 인식하면 외부에 귀인하고 불만족할 가능성이 높다.
> d. 지각적 경계(perceptual vigilance)와 지각적 방어(perceptual defense)는 모두 소비자의 정보처리과정에서 이해 단계에서 발생할 수 있다.

① 0개 ② 1개
③ 2개 ④ 3개
⑤ 4개

2046

소비자 행동과 관련된 단계 및 순서가 적절하지 않은 것은?

① 효과계층모형: 인지 → 지식 → 호감 → 선호 → 확신 → 구매
② 소비자 구매의사결정: 문제인식 → 정보탐색 → 대안평가 → 구매결정 → 구매 후 행동
③ 소비자 정보처리과정: 노출 → 감지 → 주의 → 이해 → 기억
④ 저관여 학습: 감정 → 행동 → 인지
⑤ 수단-목적 사슬: 구체적 속성 → 추상적 속성 → 기능적 결과 → 심리적 결과 → 도구적 가치 → 최종가치

2047

소비자 행동(consumer behavior)에 대한 다음 설명 중 가장 적절하지 않은 것은?

① 구매에 대한 관여도(involvement)가 높아질수록 구매의사 결정과정이 길어지며, 관여도가 낮아질수록 구매의사 결정과정이 짧아진다.
② 다속성 태도모형(multi-attribute attitude model)을 활용하면 소비자들이 무엇을 구입할지는 비교적 정확하게 예측할 수 있지만, 왜 그 제품을 구매하려고 하는지에 대해서는 알 수 없다.
③ 구매과정에서 소비자들이 대안을 평가할 때 각 수준별로 받아들일 수 있는 최소수준(cutoff)을 정하고 어느 한 선택기준이라도 이 수준에 미달할 경우 이 대안은 제외시키는 것은 결합식(conjunctive rule) 규칙을 사용한 것이다.
④ 올리버(Oliver)의 기대불일치 모형(expectancy disconfirmation model)이 시사하는 바는 마케팅 관리자들이 소비자에게 현실성 없는 기대를 조성해서는 안 된다는 것이다.
⑤ 페티와 카치오포(Petty & Cacioppo)의 정교화가능성 모델(ELM: elaboration likelihood model)이 시사하는 바는 표적청중이 광고 메시지를 처리함에 있어서 중심경로를 채택하는지, 주변경로를 채택하는지에 따라 마케팅 전략을 달리 수립해야 한다는 것이다.

전수환
객관식
경영학

03
경영과학/운영관리

01. 경영과학

02. 생산시스템과 프로세스 관리

03. 품질경영

04. 생산능력관리

05. 공급사슬관리

06. 재고관리

07. 운영계획과 자원계획

08. 린 시스템 설계

09. 경영정보시스템

01 경영과학

제3편. 경영과학/운영관리

1. 선형계획법

(1) 기본구조

선형계획법(linear programming)의 모형은 결정해야 할 변수 및 이미 정해진 매개변수로 구성된 의사결정 변수(decision variables), 목적함수식(objective function), 제약식(constraints)으로 구성

(2) 풀이방법

> 1단계: 제약식을 그린다.
> 2단계: 실행가능영역을 찾아낸다.
> 3단계: 목적함수를 그린다.
> 4단계: 눈으로 해를 찾는다.
> 5단계: 대수적으로 해를 찾는다.

최대화 문제

목적함수의 기울기	제약식1 < 목적함수 < 제약식2	제약식1 < 제약식2 < 목적함수	목적함수 < 제약식1 < 제약식2
최대값	제약식의 교점	실행가능영역의 X절편	실행가능영역의 Y절편
예			

최소화 문제

목적함수의 기울기	제약식1 < 목적함수 < 제약식2	제약식1 < 제약식2 < 목적함수	목적함수 < 제약식1 < 제약식2
최소값	제약식의 교점	실행가능영역의 Y절편	실행가능영역의 X절편
예			

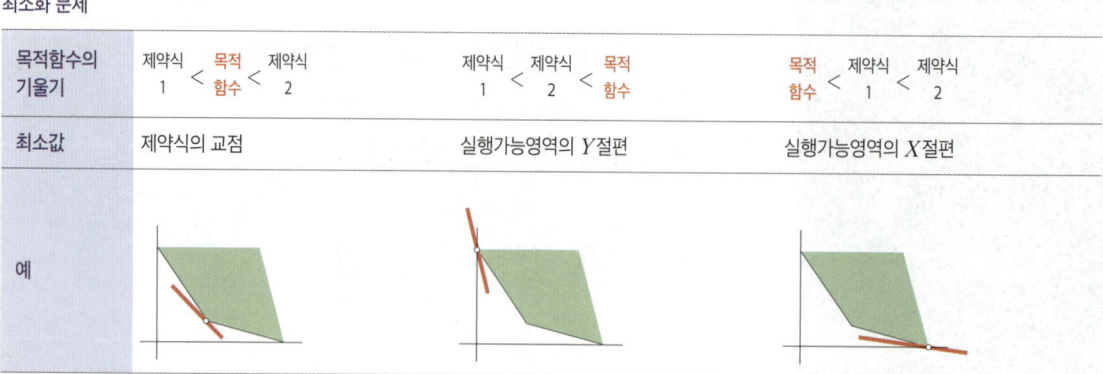

※ 단, 제약식이 위 그림과 같이 표시될 때만 가능함

(3) 민감도 분석

일반적인 선형계획법 모형은 암묵적으로 매개변수(parameter)가 확정적으로 주어져 있다는 것으로 가정하나 현실적으로 이들 매개변수는 변화할 수 있기 때문에 매개변수의 변화가 최적해에 미치는 영향을 분석하는 것을 민감도 분석(sensitivity analysis)이라고 함

(4) 할당모형

할당모형(assignment model)은 작업이나 작업요소를 자원에 할당하는 상황에서 활용할 수 있는 특수 목적 선형계획 모형으로, 대표적인 예는 기계나 작업자에게 작업을 할당하거나, 수리공에게 고장난 기계를 할당하는 것임. 기본 아이디어는 작업과 자원의 최적 결합을 도출하는 것인데, 흔히 사용되는 기준은 비용, 이익, 효율성 그리고 작업성과임

(5) 수송모형

수송모형(transportation model)은 공장이나 창고와 같은 여러 출발지에서 소매상과 같은 여러 목적지로 가는 제품들을 배에 실어 보낼 수 있는 항로 중 가장 비용이 적게 드는 항로를 결정하는 방법

(6) 특수한 선형계획법

특수한 선형계획법

구분	내용
정수계획법 integer programming	최적해로 정수만이 허용되는 확정적 수리모형으로, 일반적인 선형계획법의 모형에 하나의 제약식을 추가하여 최적해가 정수가 되도록 하는 기법
목표계획법 goal programming	목적함수에서 목표하는 하나 이상의 목적(objective)을 고려하는 선형계획법의 변형된 형태

2. 프로젝트 관리(네트워크 기법)

(1) 간트 차트

간트 차트(Gantt chart)는 과학적 관리법 시대에 개발된 것으로 부하할당, 일정계획과 실적비교, 진도관리를 위한 일정통제 등에 다양하게 활용될 수 있으며 적용이 매우 간단하여 프로젝트에서도 일정계획과 통제에 적용될 수 있는 체계적인 방법임

간트 차트 사례

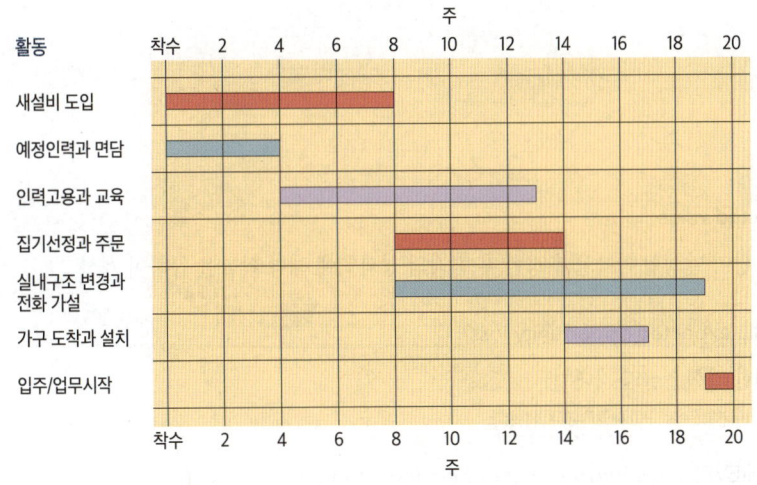

(2) PERT/CPM

1) 핵심 아이디어

프로젝트의 각 활동들을 네트워크화된 도형으로 표시하고 가장 오랜 시간이 소요되는 경로 즉 주경로(critical path)를 찾고, 주경로가 지연되지 않도록 관리한다는 것. 만약 주경로가 아닌 다른 경로의 경우라면, 전체 프로젝트를 지연시키지 않는 범위 내(활동 여유시간: slack time)에서의 지연은 무방함. 주경로에 대해서는 활동여유시간(slack time=0)이 존재하지 않음

2) 활동소요시간 추정

CPM(critical path method)은 활동소요시간이 확정적이나 PERT(program evaluation & review technique)는 베타(β)분포를 따름. 베타분포에서 작업을 마치는데 기대되는 시간(t_e)은 다음과 같이 추정됨

① **낙관적 소요시간**: 최적의 조건 아래에서의 작업 수행 시간으로 t_o로 표현됨
② **비관적 소요시간**: 최악의 조건 아래에서의 작업 수행 시간으로 t_p로 표현됨
③ **최빈 소요시간**: 가장 흔히 걸리는 작업 수행 시간으로 t_m으로 표현됨

$$t_e = \frac{t_o + 4t_m + t_p}{6}$$

3) 프로젝트 소요시간 단축

프로젝트 관리자들은 활동 소요시간 단축(crashing)을 위해 다음과 같은 정보를 가지고 있어야 함
① 각 활동에 대한 정규 시간과 단축된 시간에 대한 추정
② 각 활동에 대한 정규 비용과 단축되었을 경우 원가에 대한 추정
③ 주공정 상에 있는 활동들의 리스트

※ 활동여유시간은 미리 알 수 없고, PERT 네트워크를 그린 후에 알 수 있음

4) 일정계획의 수립

주경로(critical path)는 프로젝트의 완료시간을 결정하기 때문에 프로젝트 관리자는 주경로에 초점을 맞춰야 함. 그러나 프로젝트는 1개 이상의 주경로를 가질 수 있음

5) 활동여유시간

활동여유시간(slack time)은 전체 프로젝트의 시간을 지연시키지 않으면서 어떤 활동이 지연될 수 있는 최대의 시간을 말함. 주경로 상에 있는 활동들은 여유시간이 '0'임. 프로젝트 관리자는 여유시간이 없거나 아주 작은 활동들의 진행상황을 지속적으로 감독하면 전체 프로젝트의 일정의 맞추기 위하여 독려해야 할 활동들을 식별할 수 있음.

3. 의사결정

(1) 확률적 의사결정

1) 기대치(EV: expected value)
가능한 각각의 상황이 발생할 확률을 추정한 후 각각의 성과액에 해당 확률을 곱하여 계산

2) 기대기회손실(EOL: expected opportunity loss)
각 의사결정에 대한 기회손실의 기대치
※ 기대치로 구한 대안과 기대기회손실로 구한 대안은 항상 일치한다.

3) 완전정보의 기대치(EVPI: expected value of perfect information)
보다 나은 의사결정을 내리기 위해서 미래 상황에 대한 정보의 대가로 지불할 용의가 있는 최대 금액

> 완전정보의 기대치 = 완전정보하의 기대치 − 기존정보하의 기대치

(2) 비확률적 의사결정

비확률적 의사결정

구분	내용
MAXIMAX	가장 좋은 성과 중에서 가장 좋은 결과를 주는 대안을 선택
MAXIMIN	최소의 성과액들 중에서 최대의 성과(maximum of minimum)를 주는 대안을 선택
MINIMAX	최대의 기회손실을 최소화하는 의사결정(minimize the maximum regret) 대안을 선택
Hurwicz	각각의 결정 대안에 대하여 최대 성과액에 α를 곱하고, 최소 성과액에 $(1-\alpha)$를 곱하여 계산
Laplace	각각의 가능한 상황들에 동일한 확률을 적용

4. CVP 분석

(1) 의의

CVP 분석(cost-volume-profit)은 총원가를 변동원가와 고정원가로 분리하고 공헌이익이라는 이익개념을 중심으로 매출수량 및 매출액과 이익의 상호관계를 살펴보는 분석기법임

CVP 분석

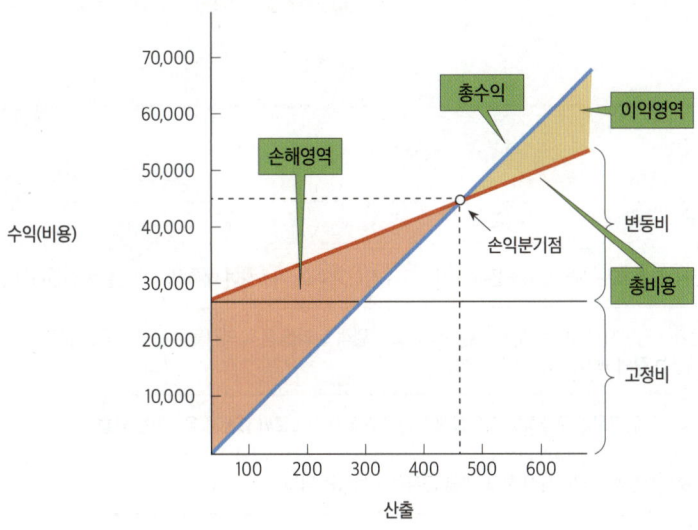

(2) 공헌이익

공헌이익과 공헌이익률

공헌이익	매출액-변동비
	고정비+이익
단위공헌이익	$\dfrac{\text{총공헌이익}}{\text{판매수량}}$
	판매가격-단위변동비
	판매가격×공헌이익률
공헌이익률	$\dfrac{\text{공헌이익}}{\text{매출액}}$
	$\dfrac{\text{단위공헌이익}}{\text{판매가격}}$

(3) 손익분기점

손익분기점(BEP: break-even point)은 매출액이 총원가와 동일한 지점, 즉 이익이 '0'이 되는 매출액 수준을 나타내는 개념

$$BEP매출수량 = \frac{고정비}{단위당\ 공헌이익} = \frac{a}{P-b}$$

$$BEP매출액 = \frac{고정비}{공헌이익률} = \frac{a}{\frac{P-b}{P}} = \frac{a \cdot P}{P-b}$$

5. 예측

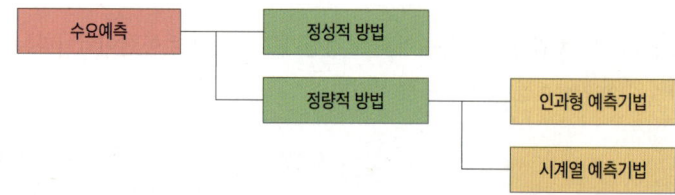

(1) 정성적 방법

정성적 예측기법

기법	내용
시장조사법	대상시장에 대하여 설문지, 전화 또는 개별방문을 통하여 자료를 수집하고 이에 기초하여 예측하거나 가설을 설정하고 검정
델파이법 Delphi method	미래상황에 대하여 전문가나 담당자로 구성된 위원회를 구성하고 개별적 질의를 통해 의견을 수집하여 종합·분석·정리하고 의견이 일치될 때까지 개별적 질의 과정을 되풀이하는 방법
패널조사법	전문가, 담당자, 소비자 등으로 위원회를 구성하여 자유롭게 의견을 개진케 함으로써 결론을 유도하는 방법
판매원 추정법	주기적으로 판매원들이 수요추정치를 작성하게 하고, 이를 근거로 예측하는 방법
경영자 판단법	경영자 집단의 의견, 경험, 기술적 지식을 요약하여 단일 예측치를 얻는 예측방법

(2) 인과형 예측기법

대표적 인과형 예측기법인 회귀분석(regression)은 수요에 영향을 주는 요인들을 독립변수로, 수요를 종속변수로 하고 독립변수에 대한 함수로서 수요를 통계적으로 모형화한 것

1) 회귀분석

수요를 종속변수로, 수요에 영향을 미치는 요인들을 독립변수로 놓고 양자의 관계를 나타내는 회귀방정식(regression equation)을 도출한 다음, 독립변수들의 특정한 값이 주어지면 이를 회귀방정식에 대입하여 종속변수인 수요를 추정하는 기법

기타 인과형 예측기법

예측기법	내용
계량경제모형	일련의 상호 관련된 회귀방정식을 이용하여 각종 경제활동을 예측하는 기법
투입산출모형	각 산업부문 간의 제품이나 서비스의 흐름을 분석하여 수요를 예측하는 기법
선도지표법	예측하고자 하는 대상의 선도지표에 의해 수요를 예측하는 기법
시뮬레이션 모형	각종 내생변수와 외생변수에 대해 가정을 설정한 다음, 컴퓨터를 이용한 모의실험을 통해 수요를 예측하는 일종의 동적모형 (dynamic model)임

(3) 시계열 예측기법

과거 수요패턴의 연장선상에서 미래의 수요를 예측하는 방법

1) 시계열의 구성요소

여러 가지 시계열의 구성요소

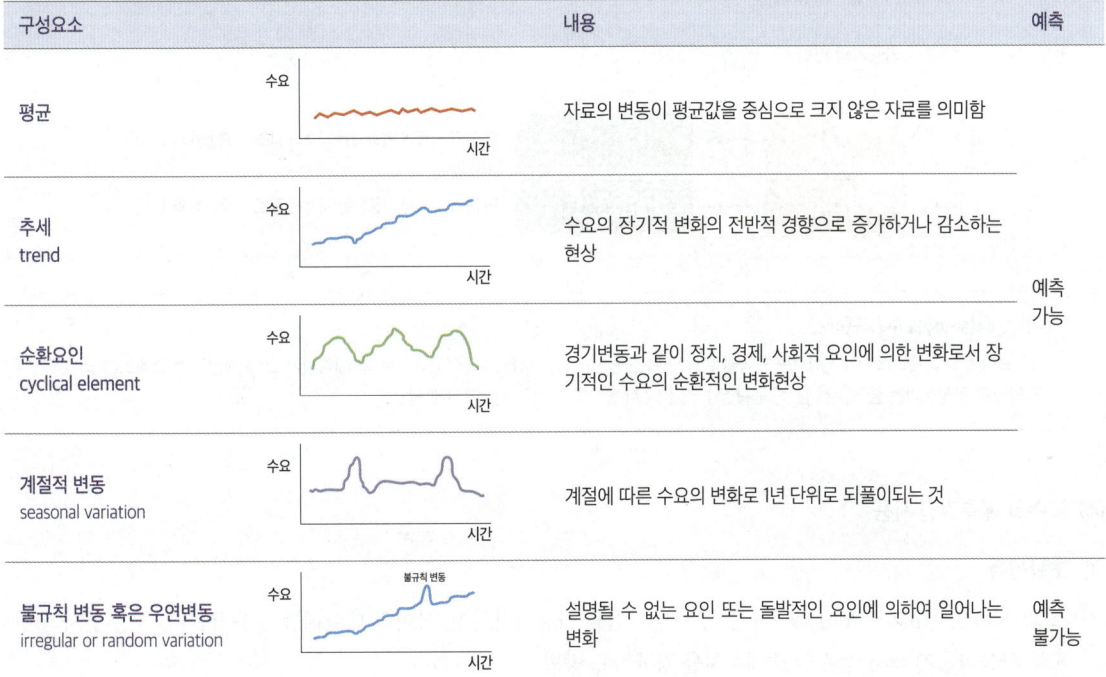

2) 시계열 자료를 활용한 여러 가지 예측 기법

① 단순이동평균법

확률적 변동의 영향을 제거하여 수요 시계열의 평균을 추정하는 방법

$$F_{t+1} = \frac{\text{최근 } n\text{기 수요의 합}}{n} = \frac{D_t + D_{t-1} + D_{t-2} + \cdots + D_{t-n+1}}{n}$$

② 가중이동평균법

평균을 계산할 때 실측치들이 가중치의 합이 '1'인 범위 내에서 서로 다른 가중치를 부여하는 방법

$$F_{t+1} = 0.5D_t + 0.3D_{t-1} + 0.2D_{t-2}$$

③ **지수평활법** exponential smoothing method

평균을 계산할 때 최근 수요에 더 많은 가중치를 부여하는 발전된 형태의 가중이동평균법으로, 다음 기의 예측치는 이번 기에 대한 예측치에 예측오차의 일정비율을 조정해 준 것

다르게 표현하면,
$$F_{t+1} = F_t + \alpha(D_t - F_t)$$
$$F_{t+1} = \alpha D_t + (1-\alpha)F_t$$

따라서 일반적으로는 다음과 같이 표현됨

$$F_t = \alpha D_{t-1} + \alpha(1-\alpha)D_{t-2} + \alpha(1-\alpha)^2 D_{t-3} + \cdots\cdots + \alpha(1-\alpha)^{t-2}D_1 + (1-\alpha)^{t-1}F_1$$

위 식을 보면 과거 정보의 중요성이 $(1-\alpha)$ 만큼 감소한다는 것을 알 수 있으며, 지수평활법이라고 불리는 이유도 이 때문임. 따라서 지수평활법은 최근 자료에 높은 가중치를 부여하고 현재로부터 먼 과거자료일수록 낮은 가중치를 부여하는 예측방법이라고 할 수 있음

평활상수( )값에 따른 가중치의 변화

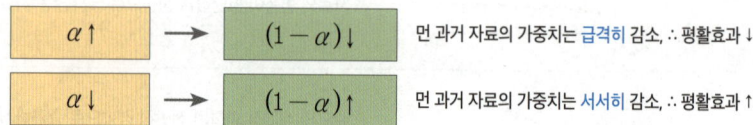

| $\alpha \uparrow$ → $(1-\alpha) \downarrow$ | 먼 과거 자료의 가중치는 급격히 감소, ∴ 평활효과 ↓ |
| $\alpha \downarrow$ → $(1-\alpha) \uparrow$ | 먼 과거 자료의 가중치는 서서히 감소, ∴ 평활효과 ↑ |

> **평활효과(smoothing effect)**
> 그래프를 부드럽게(smooth out)하는 효과를 말함. 지수평활법에서는 평활상수 α값이 클수록 예측치가 크게 계산되어 그래프가 급격하게 꺾이게 되므로 평활효과는 줄어들게 됨. 즉 평활상수 α값이 작을수록 평활효과는 커지게 됨

(4) 복수의 예측기법 사용

1) 조합예측

조합예측(combination forecasting)은 상이한 기법을 사용한다든지, 상이한 데이터를 사용하든지, 혹은 양자의 방법을 모두 사용하든지 해서 얻은 개별 예측치를 평균하는 방법

2) 초점예측

여러 가지 룰을 미리 만들고 매 시점마다 각각의 룰로 만든 예측치의 예측오차를 비교한 후 가장 낮은 예측오차를 산출한 룰로 다음 시점에 대한 예측을 하는 휴리스틱 기법

(5) 예측의 정확도

1) 예측오차의 척도

① **누적예측 오차** CFE : cumulative sum of forecast error

예측오차의 합을 의미

$$CFE = \sum E_t$$

② **평균오차** ME : mean errors

양(+)의 값을 갖는 오차와 음(-)의 값을 갖는 오차가 서로 상쇄되는 단점이 있지만, 예측치의 편의(bias)를 측정하는데는 유용한 자료

$$ME = \frac{\sum E_t}{n}$$

③ **평균 제곱오차 MSE 와 평균 절대오차 MAD**

예측오차의 산포도를 나타내는 것으로 예측오차를 제곱이나 절대값으로 계산하기 때문에 양(+) 혹은 음(-)의 부호는 무시됨

$$MSE = \frac{\sum E_t^2}{n}$$
$$MAD = \frac{\sum |E_t|}{n}$$

④ **평균절대비율오차** MAPE: mean absolute percent error

수요의 크기에 대한 상대적 예측오차를 측정하는 방법

> 예 실제수요가 50일 때 예측치가 45인 경우와 실제수요가 10일 때 예측치가 15인 경우는 다같이 절대편차가 5이지만 실제수요에 대한 상대오차(relative error)를 보면, 전자의 경우는 5/50=10%, 후자의 경우 5/10=50%의 오차가 발생한 것임

$$MAPE = \frac{\sum_{t=1}^{n} \frac{|D_t - F_t|}{D_t} \times 100}{n}$$

2) 예측오차의 해석

예측 오차

오차	해석
평균오차 ME	평균오차가 '0'이면, 편의(bias)는 없음. 즉 예측값이 실제 수요를 항상 과대하거나 과소하게 예측하지 않음. 그러나 예측이 완벽함을 의미하지는 않음
평균제곱오차 MSE	평균제곱오차가 '0'이면, 예측은 완벽함. 즉 오차가 존재하지 않음
평균절대오차 MAD	평균절대오차가 '0'이면, 예측은 완벽함. 즉 오차가 존재하지 않음
평균절대비율오차 MAPE	평균절대비율오차가 적을수록 상대오차가 적음을 의미함

3) 예측오차의 통제

추적지표(TS: tracking signal)란 다음 산식과 같이 누적예측오차(CFE)를 평균절대오차(MAD)로 나눈 값으로 어떤 예측기법에 의한 예측치가 실제치를 잘 따라가고 있는지를 판단하는 하나의 방법임. 측정단위는 MAD임

$$TS = \frac{CFE}{MAD}$$

TS는 매기간마다 재계산되며, 예측치가 실제치를 잘 따라가고 있으면 약간의 양의 오차와 음의 오차가 서로 상쇄되어 '0'에 가까운 값을 가짐. 허용 가능한 추적지표의 값의 범위는 ±4 또는 ±5임

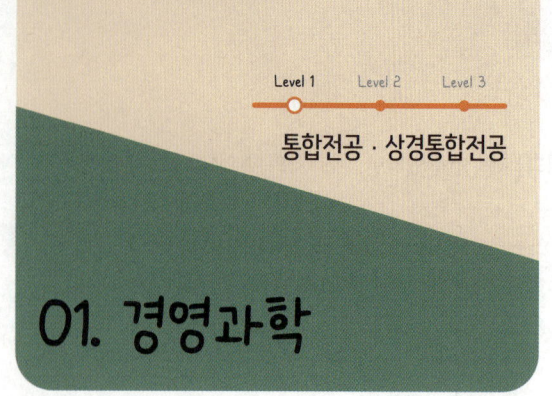

01. 경영과학

경영과학 개념

2048
2022 경영지도사

수학적 모델을 기초로 선형계획법과 같은 계량적 방법을 이용하여 조직 내 문제를 해결하고자 하는 경영이론은?

① 시스템이론
② 상황이론
③ XY이론
④ Z이론
⑤ 경영과학이론

경영과학 제기법

2049
2014 경영지도사

계량경영학의 주요 기법으로 옳지 않은 것은?

① 재고모형
② 대기이론
③ 시뮬레이션
④ 선형계획법
⑤ 과학적 관리법

2050
2023 9급 군무원

여러 대안 중에서 자신의 선호도와 기준의 중요도에 따라 최선의 대안을 선택하는 경영 과학 기법으로 가장 적절한 것은?

① 선형계획법(linear programming)
② 게임 이론(game theory)
③ 네트워크 모형(network)
④ 계층화 분석법(AHP)

선형계획법

2051
2007 7급 국가직

(주)한국기계에서는 M1과 M2 두 기계를 사용하여, A와 B 두 제품을 생산하고 있다. A제품 1개를 만들려면 M1 기계로 2시간, M2 기계로 2시간이 소요된다. 그리고 B제품 1개를 만들려면 M1 기계로 3시간, M2 기계로 4시간이 소요된다. 기계 가용시간은 M1 기계는 120시간, M2 기계는 100시간이다. 제품당 이익은 A 제품이 5만원, B제품이 4만원이다. X, Y를 각각 A제품과 B제품의 생산량이라 하고, (주)한국기계의 이익을 최대로 하기 위한 LP문제의 식을 다음과 같이 설정하였다. 잘못 설정된 식은?

① $X≥0, Y≥0$
② $2X+3Y≥120$
③ 최대화 $Z=50,000X+40,000Y$
④ $2X+4Y≤100$

수송모형

2052
2015 7급 국가직

각 공장에서 각 창고로 수송하는 단위당 비용이 아래 표와 같을 때 총수송비용을 최소화하는 최적해는? (단, 공장의 총공급량과 창고의 총수요량은 450단위로 일치한다)

	창고 1	창고 2	창고 3	공급량
공장 A	3	2	4	150
공장 B	3	4	1	300
수요량	150	200	100	450

① 공장A에서 창고1로 150개, 공장B에서 창고2로 200개, 공장B에서 창고3으로 100개를 수송한다.

② 공장A에서 창고2로 150개, 공장B에서 창고1로 100개, 공장B에서 창고2로 50개, 공장B에서 창고3으로 150개를 수송한다.

③ 공장A에서 창고1로 50개, 공장A에서 창고3으로 100개, 공장B에서 창고1로 100개, 공장B에서 창고2로 200개를 수송한다.

④ 공장A에서 창고2로 150개, 공장B에서 창고1로 150개, 공장B에서 창고2로 50개, 공장B에서 창고3으로 100개를 수송한다.

프로젝트 관리

2053
2004 가맹거래사

PERT/CPM(program evaluation and review technique/critical path method)에서는 각 활동의 수행에 필요한 시간을 적절하게 예측하여야 한다. 이때 추정해야 하는 시간을 올바르게 나타낸 것은?

① 평균시간-중앙시간-최빈시간
② 낙관적 시간-최빈시간-비관적시간
③ 활동시간-작업시간-휴식시간
④ 완전시간-평균시간-불완전시간
⑤ 평균시간-최초시간-최대시간

2054
2008 가맹거래사

다음 프로젝트의 주공정(결정적 경로 : critical path)을 찾으면?

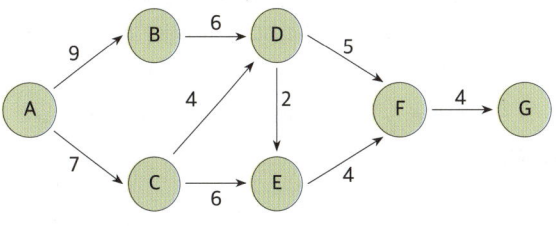

① A → B → D → F → G
② A → C → D → F → G
③ A → B → D → E → F → G
④ A → C → D → E → F → G
⑤ A → C → E → F → G

2055
2010 가맹거래사

아래 프로젝트에서 주공정(critical path)에 속하지 않는 작업은?

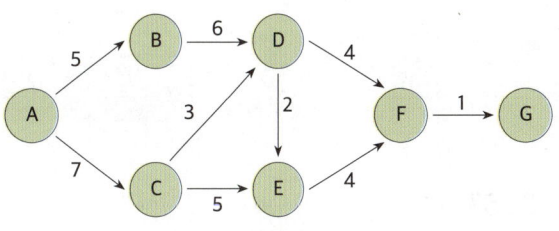

① B
② C
③ D
④ E
⑤ F

2056
2011 가맹거래사

PERT/CPM의 확률적 모형에서 각 활동시간은 낙관적 시간, 비관적 시간, 최빈시간의 3가지로 추정한다. 또한, 각 활동시간은 베타분포(beta distribution)를 따른다고 가정한다. 활동 K의 낙관적 시간이 3일, 비관적 시간이 11일, 최빈 시간이 7일이라고 추정될 경우에, 활동 K의 완료에 소요되는 시간의 기대치는 몇 일인가?

① 4일 ② 5일
③ 6일 ④ 7일
⑤ 8일

2057
2014 가맹거래사

활동 A의 활동시간에 대한 낙관적 시간이 5일, 비관적 시간이 27일, 최빈시간이 7일로 추정되는 경우에 PERT/CPM의 확률적 모형에 따른 활동 A의 활동시간에 대한 기대치는? (단, 각 활동시간은 베타분포에 따른다.)

① 7일   ② 9일
③ 10일 ④ 13일
⑤ 15일

2058
2019 경영지도사

다음 분석 기법을 설명하는 용어는?

> - 프로젝트 내 각 활동들의 시간 추정에 확률적 모형을 사용하며, 단계보다 활동을 중심으로 하는 시스템
> - 프로젝트 완료를 위한 활동순서를 표시하고, 각 활동과 관련하여 시간과 비용을 나타내는 흐름도표

① Markov chain analysis
② Gantt chart
③ LP(linear programming)
④ PERT(program evaluation & review technique)
⑤ VE(value engineering)

2059
2016 7급 서울시

프로젝트 일정관리 방법론인 PERT/CPM에서 주공정경로(critical path)에 대한 설명으로 가장 옳은 것은?

① 프로젝트를 완료하는 데 소요되는 시간이 가장 짧은 경로를 주공정경로라고 한다.
② 주공정경로는 여유시간(slack time)이 0보다 큰 활동들을 연결한 경로이다.
③ 주공정경로상의 활동들은 일정 부분 지연이 되더라도 전체 프로젝트 일정에는 영향이 발생하지 않는다.
④ 여유시간이 0인 활동들이 많을수록 일정관리가 더욱 어려워진다.

2060
2017 7급 서울시

다음 표에는 어떤 프로젝트를 구성하고 있는 작업(activity)들과 관련 정보가 정리되어 있다. 이 프로젝트의 주공정경로(critical path)의 길이는 얼마인가?

작업(activity)	선행 작업	수행시간
A	-	13
B	A	8
C	A	7
D	B, C	7
E	B, C	8
F	D, E	3
G	D	5

① 31시간 ② 32시간
③ 33시간 ④ 34시간

2061
2012 7급 국가직

다음 PERT/CPM 네트워크에서 주공정경로(critical path)의 소요시간은? (단, → 는 작업, ⇢ 는 가상작업(dummy activity)을 의미한다)

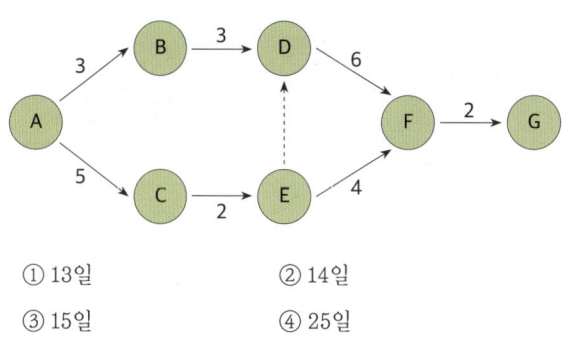

① 13일　　② 14일
③ 15일　　④ 25일

2063
2020 코레일 사무직 복원

PERT와 CPM의 차이점으로 올바른 것은?

	PERT	CPM
①	확률적	확정적
②	대규모 프로젝트	소규모 프로젝트
③	활동 중심	이벤트 중심
④	시간과 비용 모두 고려	시간적 측면만 고려
⑤	두 방법은 명칭만 다르고 차이는 없음	

2062
2019 산업안전지도사

어떤 프로젝트의 PERT(program evaluation and review technique) 네트워크와 활동소요시간이 아래와 같을 때, 옳지 않은 설명은?

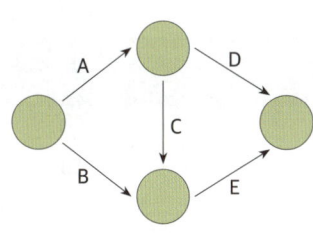

활동	소요시간
A	10
B	17
C	10
D	7
E	8
계	52

① 주경로(critical path)는 A-C-E이다.
② 프로젝트를 완료하는 데에는 적어도 28일이 필요하다.
③ 활동 D의 여유시간은 11일이다.
④ 활동 E의 소요시간이 증가해도 주경로는 변하지 않는다.
⑤ 활동 A의 소요시간을 5일 만큼 단축시킨다면 프로젝트 완료시간도 5일 만큼 단축된다.

2064
2023 7급 서울시

프로젝트 일정 관리를 위한 PERT/CPM 방법론에서 주경로(critical path)에 대한 설명으로 가장 옳지 않은 것은?

① 프로젝트를 구성하는 활동들의 관계를 네트워크로 나타냈을 때, 시점 마디로부터 종점 마디에 이르기까지의 최장 경로를 말한다.
② 주경로를 구성하는 활동 중 여유시간이 있는 활동의 소요 시간을 단축하면 프로젝트 일정을 단축할 수 있다.
③ 조기 시작 시점(early start)과 만기 시작 시점(late start) 간의 차이가 없는 활동들로 구성된다.
④ 주경로가 많이 존재할수록 프로젝트 일정 관리에 더 많은 노력이 요구된다.

의사결정

2065
2016 7급 서울시

한 투자자는 두 가지 투자대안을 고려하고 있으며 그 성과는 앞으로의 불확실한 경제 상황에 따라 달라질 수 있다. 경제 상황별 발생 확률과 각 상황별 투자대안의 성과(순이익)가 표와 같을 때, 기대가치기준으로 의사결정나무 분석을 한다면 경제 상황에 대한 완전정보의 가치는 얼마인가?

가격	호황	불황
A1	200만원	-20만원
A2	150만원	30만원
발생확률	0.3	0.7

① 15만 원 ② 20만 원
③ 25만 원 ④ 30만 원

2066
2008 7급 국가직

대한건설의 사업대안 A, B, C와 앞으로의 수요상황에 대한 예상 이익은 다음과 같다. Maximin 기준과 Laplace 기준에 의한 최적 대안은?

(단위 : 억원)

수요상황 / 사업대안	불황	정체	호황
A	50	50	50
B	40	50	60
C	30	60	90

① A, B ② A, C
③ B, C ④ B, A

2067
2022 7급 국가직

이익 성과표가 다음과 같을 경우, 라플라스(Laplace) 준거에 의해 선택 가능한 55인치 패널 공장의 최적 규모는?

(단위: 억 원)

77인치 패널 개발 / 55인치 패널 공장	성공	실패
규모 1	-300	500
규모 2	-225	375
규모 3	-50	100
규모 4	-100	200

① 규모1 ② 규모2
③ 규모3 ④ 규모4

2068
2022 5급 군무원

다음 보상표(payoff table)의 자료를 바탕으로 (가) 맥시민(maximin) 기준과 (나) 맥시맥스(maximax) 기준을 적용하여 가장 옳은 것은?

미래 상황 / 대안	E_1	E_2	E_3
D_1	20	20	20
D_2	-20	40	50
D_3	-60	60	120

① (가) D_1, (나) D_2 ② (가) D_1, (나) D_3
③ (가) D_2, (나) D_1 ④ (가) D_3, (나) D_1

2069
2023 7급 서울시

한 제조기업은 정부 발주 사업을 수주하기 위해 세 가지 장비 구매 대안을 고려하고 있다. 수주 여부에 따른 발생확률과 각 대안별로 사업 수주 여부에 따른 기업의 성과(순이익)는 <보기 1>과 같다. <보기 2>의 기준을 적용하여 의사결정을 할 때, A1이 최적 대안이 되는 경우를 모두 고른 것은?

<보기 1>

구매 대안	수주 여부	수주 성공	수주 실패
A1		400	-10
A2		200	40
A3		120	100
발생 확률		0.4	0.6

<보기 2>
ㄱ. 최대 최대(maximax)
ㄴ. 최대 최소(maximin)
ㄷ. 최소 최대후회(minimax regret)
ㄹ. 기대가치(expected value) 최대화

① ㄱ, ㄴ
② ㄱ, ㄷ, ㄹ
③ ㄴ, ㄷ, ㄹ
④ ㄱ, ㄴ, ㄷ, ㄹ

CVP분석

2070
2020 경영지도사

손익분기점(break-even point)이란?

① 고정비와 변동비가 일치하는 점
② 부채와 자본이 일치하는 점
③ 부채와 자산이 일치하는 점
④ 총비용과 총수익이 일치하는 점
⑤ 총비용과 총이익이 일치하는 점

2071
2021 7급 국가직

손익분기점분석(break-even analysis)에 대한 설명으로 옳은 것은?

① 총고정비가 증가하면 손익분기점은 감소한다.
② 비용함수는 비선형곡선이다.
③ 수량당 변동비가 감소하면 손익분기점은 증가한다.
④ 손익분기점은 판매가격에서 수량당 변동비를 뺀 값으로 총 고정비를 나눈 값이다.

2072
2024 7급 서울시

㈜ 서울은 새로운 공장을 건설하기 위해 세 곳의 후보 입지를 대상으로 손익분기점 분석을 하고자 한다. <보기>에 대한 설명으로 가장 옳지 않은 것은? (단, Q는 예상 생산량이다.)

<보기>
(단위: 원)

구분	A	B	C
고정비	160,000	200,000	400,000
단위당 변동비	2	1.4	0.8
총비용	160,000+2Q	200,000+1.4Q	400,000+0.8Q

① A와 B가 만나는 지점의 생산량을 Q1이라고 할 때, 예상 생산량 Q가 Q1보다 작을 경우 A가 더 유리하다.
② 예상 생산량 Q가 200,000일 경우 C가 가장 유리하다.
③ B와 C가 만나는 지점의 생산량을 Q2라고 할 때, 예상 생산량 Q가 Q2보다 큰 경우 C가 더 유리하다.
④ 예상 생산량 Q가 100,000일 경우 B가 가장 유리하다.

수요예측 분류

2073
2008 가맹거래사

다음 수요예측 기법 중 성격이 다른 것은?

① 델파이기법(delphi method)
② 역사적 유추법(historical analogy)
③ 위원회방법(panel consensus)
④ 라이프사이클 유추법(life-cycle analogy)
⑤ 시계열분석방법(time series analysis)

2074
2010 가맹거래사

다음 수요예측기법 중 인과형(causal) 모형에 속하는 것은?

① 시계열분해법 ② 지수평활법
③ 다중선형회귀분석 ④ 이동평균법
⑤ 추세분석법

2075
2011 가맹거래사

수요예측의 정성적 기법에 해당하지 않는 것은?

① 지수평활법 ② 시장조사법
③ 델파이법 ④ 패널동의법
⑤ 역사적 유추법

2076
2014 가맹거래사

다음 수요예측기법 중 시계열분석기법이 아닌 것은?

① 이동평균법 ② 지수평활법
③ 추세분석법 ④ 선도지표법
⑤ 전기수요법

2077
2017 가맹거래사

수요예측 방법 중 정성적(qualitative) 예측법이 아닌 것은?

① 경영자 판단 ② 델파이법
③ 회귀분석 ④ 소비자조사법
⑤ 판매원 의견종합법

2078
2012 공인노무사

수요예측 기법 중 정성적 기법에 해당되지 않는 것은?

① 델파이법 ② 시계열분석
③ 전문가패널법 ④ 자료유추법
⑤ 패널동의법

2079
2017 공인노무사

다음이 설명하는 기법은?

- 비구조적인 문제를 다루는데 유용하다.
- 경험을 체계화하고 정형화하여 해결책을 발견한다.

① 팀 빌딩 ② 휴리스틱
③ 군집분석 ④ 회귀분석
⑤ 선형계획법

2080
2019 공인노무사

수요예측기법 중 인과형 예측기법(causal forecasting methods)에 해당하는 것은?

① 델파이법 ② 패널동의법
③ 회귀분석법 ④ 판매원 의견종합법
⑤ 자료유추법

2081
2014 경영지도사

인과관계 예측기법으로 옳지 않은 것은?

① 회귀분석법 ② 계량경제모형
③ 박스-젠킨스모형 ④ 투입-산출모형
⑤ 시뮬레이션모형

2082
2020 경영지도사

생산관리에서 수요예측 방법 중 양적 기법(quantitative method)이 아닌 것은?

① 이동평균법(moving average)
② 델파이(Delphi) 기법
③ 지수평활법(exponential average)
④ 회귀모형(regression model)
⑤ 시계열분해법(decomposition of a time series)

2083
2022 7급 군무원

다음 중 수요예측 기법에 대한 설명으로 가장 옳지 않은 것은?

① 주관적 모형의 델파이기법은 주어진 분야의 전문가들에게 반복적인 질의와 응답을 통한 합의를 도출한다.
② 일반적으로 예측 기간은 주관적 모형에서 인과형 모형, 그리고 시계열 모형을 이동함에 따라 점점 짧아진다.
③ 주관적 모형의 상호영향분석 기법은 미래의 사건이 이전 사건의 발생과 관련이 있다고 가정하고 미래사건의 발생 가능성을 추정한다.
④ 주관적 모형의 역사적 유추법은 독립변수와 종속변수 간의 관계를 파악하여 수요를 예측한다.

2084
2016 7급 서울시

수요예측에 대한 설명으로 가장 옳은 것은?

① 전문가 그룹에 대해 설문조사를 하는 델파이법은 대표적인 정량적(quantitative) 예측기법이다.
② 종속변수가 독립변수를 설명하는 능력은 결정계수의 크기로 측정한다.
③ 단순이동평균법(simple moving average method)에서 이동평균기간을 길게 잡을수록 최근의 추세변화에 민감하게 반응할 수 있다.
④ 인과형 예측모형의 대표적인 기법으로 회귀분석을 들 수 있다.

2085
2019 7급 서울시

정성적 예측방법 중 하나인 델파이법(Delphi method)에 대한 설명으로 가장 옳은 것은?

① 다수의 전문가들로 전문가그룹을 구성하고 이들에게 수차례에 걸쳐 설문지를 배부하여 예측사안에 대해 의견을 수렴하는 방법이다.
② 사내 다양한 부서로부터 경험과 지식이 풍부한 전문가들로 위원회를 구성하여 자유토론을 통해 의견일치를 도출하는 방법이다.
③ 실제 조사하고자 하는 내용에 대한 가설을 세우고 설문지, 인터뷰 등을 통해 자료를 수집해서 가설을 검증하는 방법이다.
④ 판매원들로 하여금 그들이 담당하고 있는 지역 내의 수요를 예측하게 한 다음, 모든 판매원들이 예측한 자료를 종합하여 전체 수요를 예측하는 방법이다.

2086
2013 7급 국가직

수요예측기법들에 대한 설명으로 옳은 것은?

① 지수평활법은 평활상수가 클수록 최근 자료에 더 높은 가중치를 부여한다.
② 회귀분석법은 실제치와 예측치의 오차를 자승한 값의 총 합계가 최대화되도록 회귀계수를 추정한다.
③ 이동평균법은 과거의 모든 자료를 반영하고, 최근 자료일수록 가중치를 낮게 부여한다.
④ 이동평균법은 이동평균의 계산에 사용되는 과거자료의 개수(n)가 클수록 수요예측의 정확도가 높아진다.

2087
2023 경영지도사

공급사슬 계획에서 활용하는 정성적 수요예측 기법을 모두 고른 것은?

ㄱ. 선형회귀분석	ㄴ. 지수평활법
ㄷ. 시장조사	ㄹ. 패널동의법
ㅁ. 이동평균법	ㅂ. 델파이기법

① ㄱ, ㄴ, ㄷ
② ㄱ, ㄹ, ㅁ
③ ㄴ, ㄷ, ㅁ
④ ㄴ, ㅁ, ㅂ
⑤ ㄷ, ㄹ, ㅂ

2088
2024 7급 국가직

수요예측모형에 대한 설명으로 옳지 않은 것은?

① 회귀모형이나 계량경제모형은 여러 가지 변수들의 상호 관계를 알 수 있을 때 적용가능한 대표적인 인과형 예측모형이다.
② 지수평활법은 가중이동평균법과 마찬가지로 최근 자료에 높은 가중치를 두고 있으나 추세나 계절적 변동을 고려하여 보정할 수 있으므로 더욱 효과적이라고 평가된다.
③ 델파이법이나 패널동의법은 전문가집단이나 다양한 사람들의 의견을 통합하여 새로운 사업의 미래 상황을 정성적으로 예측하는 기법이다.
④ 예측기법을 선택할 때 예측할 대상의 특성은 고려하지 않아도 되지만 예측시간과 비용, 사용가능한 자료와 자료의 패턴 등은 비중있게 고려해야 한다.

시계열 분석

2089
2011 가맹거래사

시계열(time-series)분석기법은 시계열의 구성요소를 4가지로 정의한다. 구성요소에 해당하지 않는 것은?

① 추세(trend)
② 회귀적 요인(regressional element)
③ 계절적 변동(seasonal variation)
④ 불규칙 변동(irregular variation)
⑤ 순환 요인(cyclical element)

2090
2012 가맹거래사

수요예측기법 중 시계열(time-series)과 시계열분석기법에 관한 설명으로 옳지 않은 것은?

① 시계열은 특정 현상을 일정시간 간격으로 관찰하여 얻어지는 일련의 관측치이다.
② 시계열분석기법은 과거의 수요패턴이 미래에도 계속될 것이라는 가정 하에 수요를 예측한다.
③ 대표적인 시계열분석기법에는 이동평균법, 지수평활법, 추세분석법이 있다.
④ 시계열분석기법은 수요패턴의 전환점이나 근본적 변화를 예측할 수 있다.
⑤ 시계열은 추세, 계절적 변동, 순환요인 및 불규칙 변동과 같은 패턴을 가지고 있다.

2091
2022 9급 군무원

다음 중 시계열 분석기법에 속하는 수요예측 방법과 가장 옳지 않은 것은?

① 델파이법
② 이동평균법
③ 지수평활법
④ 추세분석법

2092
2017 7급 서울시

다음 중 시계열 수요예측 기법에 대한 설명으로 가장 옳은 것은?

① 과거에 발생하지 않았던 요소를 고려하여 미래의 수요를 예측한다.
② 시계열 수요예측 기법에는 델파이 방법과 회귀분석 방법 등이 있다.
③ 일반적으로 시계열은 추세, 계절적 요소, 주기 등과 같은 패턴을 갖는다.
④ 전략적 계획을 수립하는 데 필요한 장기적인 시장 수요를 파악하기 위하여 주로 사용된다.

2093
2018 산업안전지도사

수요예측을 위한 시계열 분석에서 변동에 해당하지 않는 것은?

① 추세변동(trend variation): 자료의 추이가 점진적, 장기적으로 증가 또는 감소하는 변동
② 계절변동(seasonal variation): 월, 계절에 따라 증가 또는 감소하는 변동
③ 위치변동(locational variation): 지역의 차이에 따라 증가 또는 감소하는 변동
④ 순환변동(cyclical variation): 경기순환과 같은 요인으로 인한 변동
⑤ 불규칙변동(irregular variation): 돌발사건, 전쟁 등으로 인한 변동

2094
2023 공인노무사

다음의 수요예측 기법 중 시계열(time series) 예측기법에 해당하는 것을 모두 고른 것은?

| ㄱ. 이동평균법 | ㄴ. 지수평활법 | ㄷ. 델파이 기법 |

① ㄱ
② ㄴ
③ ㄱ, ㄴ
④ ㄴ, ㄷ
⑤ ㄱ, ㄴ, ㄷ

2095
2023 7급 서울시

수요예측 기법에 대한 설명으로 가장 옳지 않은 것은?

① 시계열 분석법은 정량적 수요예측 기법 중 하나로 시계열 데이터를 구성하는 수준, 추세, 계절성 성분 이외 불규칙 성분에 대한 발생 이유를 설명하려는 기법이다.
② 유추법, 델파이 기법 등은 정성적 수요예측 기법으로 신제품, 신시장 등 과거 수요자료가 충분히 축적되어 있지 않을 때 적합한 기법이다.
③ 예측오차의 측정지표로서 추적지표(tracking signal)는 수요의 상향 혹은 하향 변화에 따라 예측 평균값이 편향 없이 잘 따라가고 있는지 여부를 측정하기 위한 지표이다.
④ 단순 지수평활법에서는 최근 기간의 예측 수요, 최근 기간의 실제 수요, 평활 상수 등 세 가지 요소만 있으면 다음 기간 수요를 예측할 수 있다.

2096
2024 가맹거래사

시계열 자료에서 발견할 수 있는 수요 변동의 형태를 모두 고른 것은?

| ㄱ. 수직적 패턴 | ㄴ. 수평적 패턴 |
| ㄷ. 추세 패턴 | ㄹ. 계절적 패턴 |

① ㄱ, ㄴ
② ㄱ, ㄹ
③ ㄴ, ㄷ
④ ㄱ, ㄷ, ㄹ
⑤ ㄴ, ㄷ, ㄹ

이동평균법

2097
2006 가맹거래사

다음과 같은 과거의 자료를 근거로 3개월 단순이동평균법에 의해 6차년도의 예측치를 구하면 얼마인가?

연도	1차	2차	3차	4차	5차
수요	200	240	230	250	240

① 230
② 240
③ 250
④ 260
⑤ 270

2098
2020 가맹거래사

생산 활동에서 수요예측기법에 관한 설명으로 옳은 것은?

① 델파이법은 공개적으로 진행되며, 과반수로 결정하는 방법이다.
② 전문가 패널법은 비공개적으로 진행되며, 만장일치제로 결정하는 방법이다.
③ 추세분석법, 자료유추법 등은 대표적 시계열분석기법에 해당한다.
④ 가중이동평균법은 단순이동평균법에 비해 환경변화를 민감하게 반영하게 된다.
⑤ 지수평활법은 비교적 장기 자료만으로 수요예측이 가능한 정성적 기법이다.

2099
2017 공인노무사

최근 3개월 자료로 가중이동평균법을 적용할 때, 5월의 예측생산량은? (단, 가중치는 0.5, 0.3, 0.2를 적용한다.)

구분	1월	2월	3월	4월
제품생산량(개)	90만	70만	90만	110만

① 87만개 ② 90만개
③ 93만개 ④ 96만개
⑤ 99만개

2100
2020 공인노무사

(주) 한국의 연도별 제품 판매량은 다음과 같다. 과거 3년간의 데이터를 바탕으로 단순 이동평균법을 적용하였을 때 2020년도의 수요예측량은?

연도	판매량(개)
2014	2,260
2015	2,090
2016	2,110
2017	2,150
2018	2,310
2019	2,410

① 2,270 ② 2,280
③ 2,290 ④ 2,300
⑤ 2,310

2101
2024 공인노무사

최근 5개월간의 실제 제품의 수요에 대한 데이터가 주어져 있다고 할 때, 3개월 가중이동평균법을 적용하여 계산된 5월의 예측 수요 값은? (단, 가중치는 0.6, 0.2, 0.2이다.)

구분	1월	2월	3월	4월	5월
실제 수요(개)	680만	820만	720만	540만	590만

① 606만 개 ② 632만 개
③ 658만 개 ④ 744만 개
⑤ 766만 개

2102
2024 7급 군무원

다음 중 수요예측과 관련된 정량적 기법에 대한 설명으로 가장 적절하지 않은 것은?

① 정량적 수요예측은 단순이동평균법이나 지수평활법 등 시계열 예측기법과 선형 추세법이나 다중 회귀예측 등 인과적 예측기법으로 나눌 수 있다.

② 단순이동평균법은 최근의 과거 수요를 사용하여 예측하는 기법으로, 수요가 시간에 따라 불안정할 때 상당히 신뢰할 수 있다.

③ 지수평활법은 정교한 형태의 가중이동평균 예측으로, 다음 기간의 예측치는 현재 기간의 예측치에서 현재 기간의 실제 데이터와 예측 기간의 가중 차이를 조정한 것이다.

④ 다중 회귀예측은 종속변수인 수요를 예측하는 데 여러 독립변수가 함께 사용되는 경우 사용되는 방법이다.

지수평활법

2103
2008 가맹거래사

지난달의 수요예측치가 200개, 실제수요치가 220개, 그리고 평활계수 α가 0.2이다. 단순 지수평활법으로 산출한 이번 달의 수요 예측치는 얼마인가?

① 200개 ② 204개
③ 206개 ④ 214개
⑤ 220개

2104
2012 가맹거래사

A제품의 지난 달 수요예측치가 200개 였는데, 지난 달 실제 수요는 150개 였다. 평활상수가 $\alpha=0.3$ 이라면, 단순지수평활법(simple exponential smoothing)에 의한 A제품의 이번 달 수요예측치는?

① 165개 ② 175개
③ 185개 ④ 195개
⑤ 215개

2105
2016 가맹거래사

다음 자료를 이용하여 지수평활법에 의해 계산한 6월의 판매예측치는?

- 5월 예측치   10,000대
- 5월 실제치   11,000대
- α(평활상수) 0.3

① 10,100대 ② 10,200대
③ 10,300대 ④ 10,400대
⑤ 10,500대

2106
2018 가맹거래사

대리점의 4월 판매예측치는 1,000대, 4월 판매실제치는 1,100대이다. 지수평활법에 의한 5월의 판매예측치가 1,030대인 경우 평활상수는?

① 0.2 ② 0.3
③ 0.4 ④ 0.5
⑤ 0.6

2107
2022 가맹거래사

㈜가맹의 지난달 A 품목 예측 수요가 2,200개이고, 실제 수요가 2,100개로 나타났을 때, 지수평활법으로 이번 달 수요를 예측하니 2,180개가 되었다. 이때 사용한 지수 평활계수는?

① 0.05 ② 0.1
③ 0.15 ④ 0.2
⑤ 0.25

2108
2014 공인노무사

2014년 5월 수요예측치는 200개이고 실제수요치는 180개인 경우, 지수평활계수가 0.8이면 단순지수평활법에 의한 2014년 6월 수요예측치는?

① 164개 ② 184개
③ 204개 ④ 214개
⑤ 224개

2109
2017 경영지도사

A자동차 회사의 3월 판매예측치는 20,000대, 3월 판매실적치는 21,000대이며 지수평활 계수는 0.3일 때, 지수평활법을 활용한 4월의 판매예측치는 얼마인가?

① 20,000대 ② 20,100대
③ 20,200대 ④ 20,300대
⑤ 20,400대

2110
2019 7급 국가직

이번 달의 수요 예측치가 1,000개이고 실제 수요는 900개일 때, 지수평활법을 이용하여 다음 달의 수요 예측치를 계산하면?(단, 평활상수(α)는 0.1이다)

① 990 ② 1,090
③ 1,100 ④ 1,190

2111
2023 5급 군무원

지수평활 수요예측 모형에 관한 설명으로 가장 적절하지 못한 것은?

① 과거 자료는 평준화 과정에서 배제된다.
② 가장 최근 자료만 예측치를 수정하기 위해 이용된다.
③ 최근 자료는 오래된 자료보다 더 많은 가중치를 받는다.
④ 평활 상수는 모형이 자료에 있는 패턴의 변화에 대응하는 정도를 변화시킬 수 있게 한다.

2112
2024 7급 군무원

국방산업(주)은 단순지수평활법(simple exponential smoothing)을 이용하여 수요를 예측하고 있다. 다음 표는 4월과 5월의 수요예측과 실제 수요를 나타낸 것이다. 다음 중 6월의 수요예측치와 가장 가까운 것은?

월	4월	5월	6월
수요예측치	60	50	?
실제 수요	52	55	

① 54.75 ② 56.25
③ 57.75 ④ 59.25

2113
2024 7급 국가직

지수평활법으로 6월의 수요예측치를 구하면? (단, 4월의 수요예측치는 450이고, 평활상수 α는 0.2이다)

월	실수요
4월	500
5월	450
6월	475

① 454 ② 456
③ 458 ④ 460

예측오차

2114
2022 공인노무사

(주)한국의 4개월간 제품 실제 수요량과 예측치가 다음과 같다고 할 때, 평균절대오차(MAD)는?

월(t)	실제수요량(D_t)	예측치(F_t)
1월	200개	225개
2월	240개	220개
3월	300개	285개
4월	270개	290개

① 2.5　　② 10
③ 20　　④ 412.5
⑤ 1,650

2115
2015 7급 국가직

수요예측기법(demand forecasting technique)의 평가에 대한 설명으로 옳은 것은?

① 수요예측과정에서 발생하는 예측오차들(forecasting errors)의 합은 영(zero)에 수렴하는 것이 바람직하다.
② 평균절대편차(mean absolute deviation)는 편차들의 평균이 사전에 설정한 절댓값을 초과하는지 여부를 평가하는 방법이다.
③ 평균제곱오차(mean squared error)는 매 기간 발생하는 수요예측오차를 제곱한 값들의 평균으로, 영(zero)에서 멀어질수록 바람직하다.
④ n기간 동안(단, n≥2) 예측오차들의 합이 영(zero)이라면 동일 기간 평균절대편차값도 반드시 영(zero)이 된다.

2116
2021 7급 국가직

2021년도 자료에 대한 수요예측 설명으로 옳은 것은?

기간 (t)	예측치 (F)	실제 수요 (Y)	오차 (=Y-F)
1월	130	110	-20
2월	100	120	20
3월	100	130	30
4월	130	140	10

① 바로 직전 기간에 주어진 자료(4월)만을 가지고 지수평활법(평활상수 = 0.2)을 적용하여 2021년 5월의 수요를 예측하면 128이다.
② 최근 3개월 단순이동평균법(SMA)을 적용하여 2021년 5월의 수요를 예측하면 110이다.
③ 4개월(1~4월) 동안의 수요예측에 대한 평균절대편차(MAD)는 15이다.
④ 4개월(1~4월) 동안의 수요예측에 대한 추적지표(TS)는 2이다.

2117
2023 가맹거래사

예측 방법이 실제 수요의 변화를 정확하게 예측하는지 판단하기 위해 관리한계를 활용하는 예측오차 측정 방법은?

① 추적지표(tracking signal)
② 평균자승오차(mean squared error)
③ 평균절대편차(mean absolute deviation)
④ 평균절대비율오차(mean absolute percentage error)
⑤ 평균오차(mean error)

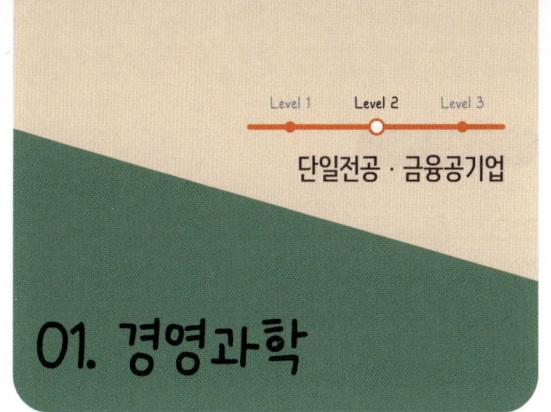

01. 경영과학

선형계획법

2118
2000 CPA

한국제과에서는 우유와 설탕을 사용하여 A, B 두 종류의 아이스크림을 생산하고 있다. 아이스크림A 한 개를 생산하기 위해 우유 2g과 설탕 4g이 필요하고, 아이스크림B 한 개를 생산하기 위해서는 우유 3g과 설탕 1g이 요구된다. 현재 보유하고 있는 가용 자원량은 우유 200g과 설탕 150g이다. 제품 매출 시 이익은 아이스크림A가 단위 당 40원이고, 아이스크림B가 단위 당 30원이다. 가용 자원들의 제약 조건하에 총 이익을 최대화하기 위한 A와 B의 생산량을 선형계획법을 이용하여 구하시오.

① (아이스크림 A, 아이스크림 B)=(30개, 30개)
② (아이스크림 A, 아이스크림 B)=(25개, 50개)
③ (아이스크림 A, 아이스크림 B)=(10개, 60개)
④ (아이스크림 A, 아이스크림 B)=(40개, 35개)
⑤ (아이스크림 A, 아이스크림 B)=(55개, 20개)

2119
2003 CPA

(주)대한가구는 조립공정과 도색공정을 통해 두 종류의 책상 A와 B를 제조한다. 제품 A를 한 개 만들기 위해서는 조립에 1시간, 도색에 1시간이 소요되며, 제품 B를 한 개 만들기 위해서는 조립에 2시간, 도색에 1시간이 소요된다. 현재 작업인력 규모로 볼 때 조립공정과 도색공정에 가용한 주당 작업시간이 각각 100시간과 50시간이고, 제품 A와 B의 개당 이윤은 동일하게 1만원씩이다. 이 회사는 선형계획법(linear programming)을 이용하여 총 이윤을 극대화하기 위한 최적의 주간 생산계획을 수립하고자 한다. 이러한 생산계획에 관한 다음의 설명 중 옳지 않은 것은?

① 최적의 주간 생산량은 종류에 관계없이 A와 B를 합해서 50개이며, 이때 최대 이윤은 50만원이다.
② 선형계획 모형에서 조립공정 가용시간에 관한 제약식은 사실상 불필요(redundant)하다.
③ 조립공정 가용시간이 50시간까지 줄어들더라도 최대 이윤에는 변화가 없다.
④ 도색공정에 작업자를 보충하여 가용 작업시간이 늘어나더라도 최적 생산량에는 변화가 없다.
⑤ 제품의 개당 이윤이 서로 다른 경우에는 A와 B 중에서 개당 이윤이 큰 제품 한 종류만을 50개 생산하는 것이 최적해이다.

2120
2012 CPA

책상을 만드는데 목재가 1kg, 플라스틱이 3kg 소요된다. 또한, 의자를 만드는데 목재가 3kg, 플라스틱이 4kg 소요된다. 목재는 총 90kg, 플라스틱은 150kg 사용 가능하다. 책상과 의자를 1개씩 팔았을 때 얻을 수 있는 이익은 각각 300원, 500원이다. 총이익을 최대로 하기 위한 책상과 의자의 생산 개수는 각각 얼마인가?

	책상	의자
①	12	26
②	14	27
③	16	25
④	18	24
⑤	20	23

할당모형

2121
2013 CPA

㈜대한은 수행해야 할 4개의 작업(Ⅰ, Ⅱ, Ⅲ, Ⅳ)과 모든 작업의 수행이 가능한 5대의 기계(A, B, C, D, E)가 있다. 5대의 기계 중 4대를 선택하여 각 기계에 작업을 하나씩 할당하고자 한다. 각 작업을 각 기계에서 수행하는 경우에 발생하는 작업비용(단위: 만원)은 다음의 표와 같다. 총 작업비용을 최소화하는 작업할당 방법들에 관한 다음 설명 중 가장 적절한 것은?

		기계				
		A	B	C	D	E
작업	Ⅰ	5	8	3	4	6
	Ⅱ	7	5	6	9	3
	Ⅲ	3	3	2	5	4
	Ⅳ	4	2	8	5	5

① 총 작업비용을 최소화하는 작업할당 방법은 3가지이다.
② 총 작업비용을 최소화하는 작업할당 방법들 중 작업 Ⅰ을 기계 D에 할당하는 방법이 존재한다.
③ 총 작업비용을 최소화하는 작업할당 방법들 중 작업 Ⅱ를 기계 B에 할당하는 방법이 존재한다.
④ 총 작업비용을 최소화하는 작업할당 방법들 중 작업 Ⅲ을 기계 B에 할당하는 방법이 존재한다.
⑤ 총 작업비용을 최소화하는 작업할당 방법들 중 작업 Ⅳ를 기계 A에 할당하는 방법이 존재한다.

프로젝트 관리

2122
2002 CPA

다음과 같은 프로젝트의 완료시간과 주공정 경로는 각각 무엇인가?

활동	활동시간(일)	직전 선행활동
A	2	–
B	4	A
C	3	A, B
D	1	B
E	4	B, C, D

① 11일, A–B–D–E ② 13일, A–B–C–E
③ 14일, A–B–C–D–E ④ 10일, A–B–E
⑤ 9일, A–C–E

2123
2005 CPA

PERT(Program Evaluation Review Technique)에 관한 설명 중 가장 적합한 것은?

① 프로젝트의 최단 경로를 구하는 기법이다.
② 선형계획법의 특수한 형태이다.
③ 일반적으로 파레토 기법을 이용하여 해를 구한다.
④ 목적계획법의 발전된 기법이다.
⑤ 프로젝트에 걸리는 시간이 확률적 형태를 가진다.

2124
2008 CPA

다음 중 프로젝트 네트워크 분석에 관해 올바른 설명들로 구성된 것은?

> a. 주경로(critical path)는 모든 경로들 중 소요시간이 가장 긴 경로를 의미하며, 하나 이상의 경로가 주경로가 될 수 있다.
> b. 프로젝트가 예상 완료시간에 끝나기 위해서는 모든 경로상의 활동들이 지체 없이 이루어져야만 한다.
> c. 주경로상에 있는 활동들의 활동여유시간은 모두 0이 되며, 주경로에 속하지 않는 활동들의 활동여유시간은 0보다 크다.
> d. 프로젝트의 소요시간을 단축(crashing)하는 과정에서, 단축시간 대비 비용효과가 가장 큰 활동을 선택하기 위하여 주경로상의 활동들을 우선적으로 단축하여야 한다.
> e. 프로젝트 네트워크를 작성하고 분석하기 위해서는 활동들의 목록, 활동들의 소요시간, 활동들의 활동여유시간에 관한 정보들이 사전에 준비되어야 한다.

① a, b, c
② a, c, d
③ a, d, e
④ b, c, d
⑤ c, d, e

2125
2010 CPA

주경로 분석법(critical path method)의 단일시간 예측기법(single time estimate)에서 다수의 선행활동이 필요한 활동 b를 수행하는데 소요되는 시간은 3, 가장 빠른 시작시간 ES(early start time)가 20, 가장 늦은 완료시간 LF(late finish time)가 25라고 할 때, 다음의 설명 중 가장 적절한 것은?

① 전체 프로젝트의 완료시간을 지연시키지 않는 범위 내에서 활동 b의 가장 늦은 시작시간 LS(late start time)는 23이다.
② 활동 b를 가장 일찍 끝낼 수 있는 시간은 25다.
③ 활동 b의 여유시간(slack time)은 2다.
④ 활동 b의 선행활동인 활동 a의 가장 빠른 완료시간 EF(early finish time)는 20이다.
⑤ 활동 b는 주경로(critical path) 상에 있다.

2126
2013 CPA

다음의 표와 같은 활동(activity)들로 이루어진 프로젝트를 고려하자. 각 활동들은 추가적인 비용 지출을 통해 정상완료시간에서 1일씩 단축이 가능하다. 표에서 정상완료시간은 추가적인 비용 지출 없이 각 활동들을 종료하는데 필요한 시간이고, 단축시간당 비용은 각 활동의 완료시간을 1일 단축하기 위해 추가적으로 발생되는 비용을 의미한다. 이 프로젝트를 34일 내에 완료하고자 할 때 추가적으로 지출해야 하는 최소 비용은?

활동	직전 선행활동	정상완료시간 (단위: 일)	단축시간당 비용 (단위: 백만 원)
A	-	10	10
B	A	15	4
C	A	10	4
D	A	10	3
E	C	5	5
F	D	4	2
G	B, E, F	10	9

① 0원
② 2백만 원
③ 4백만 원
④ 8백만 원
⑤ 9백만 원

2127
2014 CPA

프로젝트 일정관리를 위해 사용하는 주경로(critical path) 분석에 관한 설명으로 가장 적절하지 않은 것은?

① 여유시간(slack time)이 '0'인 단계(event)들을 연결하면 주경로가 된다.
② 주경로에 있는 활동(activity)들의 소요시간을 합하면 프로젝트 완료시간과 동일하다.
③ 주경로에 있는 활동이 예상된 소요시간보다 지체될 경우 프로젝트 완료시간도 예정보다 지연된다.
④ 복수의 주경로가 존재할 때 그 중 한 개의 소요시간을 단축하면 프로젝트 완료시간은 항상 단축된다.
⑤ 비용효율적인 프로젝트 완료시간 단축을 위해서는 주경로에 있는 활동 중 단축비용이 가장 작은 활동부터 단축한다.

2128
2016 CPA

아래의 도구 중 프로젝트의 완료시간을 계산하는 데 사용되는 적절한 도구만을 모두 선택한 것은?

> a. PERT/CPM
> b. 간트차트(Gantt Chart)
> c. 이시가와 다이어그램(Ishikawa Diagram)
> d. 파레토차트(Pareto Chart)

① a
② b
③ a, b
④ a, d
⑤ c, d

2129
2017 CPA

다음은 8개의 활동(activity) A~H로 구성된 프로젝트에서 각 활동들의 직전 선행활동을 나타낸 표와 간트차트(Gantt Chart)이다. 이에 관한 설명으로 가장 적절한 것은?

활동	A	B	C	D	E	F	G	H
직전 선행활동	–	A	A	B	B	C	E, F	D, G

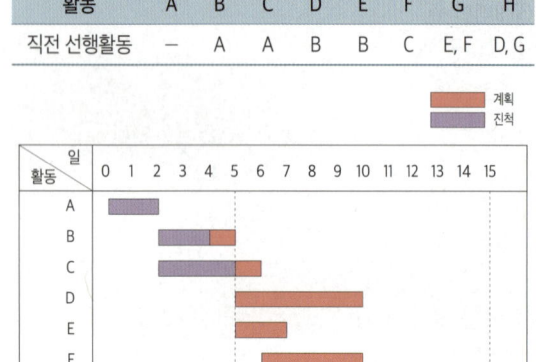

① 검토일 현재 B가 1일 지체되었으므로 프로젝트의 최단 완료일도 늦어진다.
② C의 활동시간(activity time)이 1일 증가되어 C가 7일차에 종료되더라도 프로젝트의 최단 완료일은 변하지 않는다.
③ 활동시간이 가장 긴 D가 지체되면 프로젝트 최단 완료일은 D가 지체된 만큼 늦어진다.
④ B가 6일차에 종료되고 E의 활동시간이 1일 증가되더라도 프로젝트의 최단 완료일과 후속 활동들의 시작일은 영향을 받지 않는다.
⑤ F의 활동시간이 단축되더라도 프로젝트의 최단 완료일은 변하지 않는다.

2130
2018 CPA

다음 표는 6개의 활동(activity) A~F로 이루어진 프로젝트에서 각 활동의 활동시간과 직전 선행활동을 나타낸 것이다. B의 여유시간(slack time)은 0이며, 각 활동의 여유시간을 모두 합하면 8일이 된다. 프로젝트의 최단완료시간이 45일이라고 할 때, C의 활동시간은?

활동	A	B	C	D	E	F
활동시간(일)	8	10	?	12	10	15
직전 선행활동	–	A	A	B, C	C	D, E

① 5일
② 6일
③ 7일
④ 8일
⑤ 9일

2131
2024 CPA

다음 표는 7개의 활동(A~G)으로 이루어진 프로젝트의 각 활동에 대한 활동시간, 직전 선행활동, 단축비용을 나타낸 것이다. 이 프로젝트에 관한 설명으로 가장 적절하지 않은 것은? (단, 활동 A와 G는 활동시간단축이 불가능하고, 활동 B~F 각각은 주어진 단축비용으로 최대 1일의 활동시간 단축이 가능하다.)

활동	활동시간(일)	직전 선행활동	단축비용(백만원)
A	3	–	–
B	4	–	1
C	5	A	3
D	2	A, B	2
E	4	C, D	5
F	5	D	4
G	6	E, F	–

① 활동시간을 단축하지 않는 경우 프로젝트의 최단 완료시간은 18일이다.
② 활동시간을 단축하지 않는 경우 각 활동의 여유시간을 모두 합하면 3일이 된다.
③ 프로젝트의 최단 완료시간을 1일 단축하기 위한 최소의 비용은 3백만 원이다.
④ 프로젝트의 최단 완료시간을 2일 단축하기 위한 최소의 비용은 5백만 원이다.
⑤ 활동시간의 단축이 가능한 모든 활동(B~F)을 1일씩 단축하면 프로젝트의 최단 완료시간은 16일이 된다.

의사결정

2132
2001 CPA

제조회사 김사장은 공장신축에 대하여 심사숙고하고 있다. 아래의 의사결정표를 이용하여 구한 완전정보의 기대가치(expected value of perfect information)는?

(단위 : 백만원)

대안 \ 상황	시장성이 좋음 (확률=0.4)	시장성이 나쁨 (확률=0.6)
큰 공장을 신축	400	-300
작은 공장을 신축	80	-10

① 0원
② 26백만 원
③ 128백만 원
④ 154백만 원
⑤ 174백만 원

2133
2001 CPA

아래 게임에서 A회사는 최소값의 최대화(maximin) 원리, B회사는 최대값의 최소화(minimax) 원리를 각각 적용할 때, A회사와 B회사의 최적전략의 조합은?

(단위 : 백만원)

A회사 \ B회사	Y_1	Y_2	Y_3
X_1	7	-10	2
X_2	5	7	4
X_3	4	14	1

① X_1, Y_1
② X_1, Y_2
③ X_2, Y_1
④ X_2, Y_3
⑤ X_3, Y_2

2134
2011 CPA

A기업은 신제품 B의 생산에 관한 의사결정을 하고자 한다. 대안으로 아웃소싱(outsourcing)을 활용하는 방안, 범용기계를 이용하여 직접 생산하는 방안, 전용기계를 이용하여 직접 생산하는 방안, B를 생산하지 않는 방안을 검토 중이다. 각각의 대안을 선택할 경우에는 표와 같이 수요에 따라 얻을 수 있는 이익(profit)이 변화한다는 것을 알아냈다. 높은 수요, 중간 수요, 낮은 수요가 발생할 가능성은 각각 20%, 50%, 30%이다. 표에서 음(-)의 값은 손실을 의미한다. A기업의 최적 의사결정에 관한 설명 중 적절한 항목만으로 구성된 것은?

대안	수요		
	높은 수요 (20%)	중간 수요 (50%)	낮은 수요 (30%)
아웃소싱	80	60	50
범용기계	90	80	20
전용기계	150	70	-20
생산하지 않음	0	0	0

a. 생산하지 않는 대안은 모든 수요에 대해 항상 이익이 높은 다른 대안이 존재하므로 고려할 필요가 없다.
b. 아웃소싱 대안의 기대기회손실(expected opportunity loss)은 25이다.
c. 기대이익(expected profit)에 근거한 의사결정에서는 범용기계 대안이 선택되고 기대기회손실에 근거한 의사결정에서는 아웃소싱 대안이 선택된다.
d. A기업이 수요에 대한 완벽한 정보(perfect information)를 외부 전문가에게 의뢰한다면, 최대 21까지의 비용을 지불해도 현재의 정보만을 이용하여 기대이익에 근거한 의사결정 이상의 기대이익을 얻을 수 있다.

① a, b
② a, c
③ a, d
④ b, c
⑤ c, d

CVP 분석

2135
2015 CPA

K기업에서는 전자제품의 조립에 필요한 어떤 부품을 자체생산할지, 외부 협력업체로부터 구매할지를 선택해야 한다. 총 3가지 대안에 대한 비용요소는 다음과 같다.

대안 1	고정비 3천5백만원, 단위당 변동비 2천원으로 자체생산
대안 2	고정비 2천만원, 단위당 변동비 4천원으로 자체생산
대안 3	첫 5,000단위까지는 단가 6천원, 초과분은 단가 5천원으로 구매

비용-조업도 분석(cost-volume analysis)을 활용하여 총비용에 대한 대안비교의 결과로 가장 적절하지 않은 것은? 단, 생산량 또는 구매량은 발생하는 수요량과 동일하다고 가정한다.

① 7,500단위를 생산할 경우 대안 1과 대안 2의 총비용은 동일하다.
② 대안 2가 가장 유리한 수요구간은 존재하지 않는다.
③ 수요가 10,000단위 미만일 때는 대안 3이 가장 유리하다.
④ 수요가 12,000단위라면 대안 1이 가장 유리하다.
⑤ 수요가 7,500단위 미만일 때는 대안 2가 가장 유리하다.

2136
2019 CPA

P제조업체에서는 비용-조업도 분석(cost-volume analysis)을 활용하여 생산방식에 대한 두 가지 대안을 검토 중이다. 생산품목은 단일품목이고 판매가는 단위당 7만 원이다. 각 대안에 대한 비용요소가 다음과 같을 때 분석 결과로 가장 적절하지 않은 것은? 단, 생산량은 발생하는 수요량과 동일하다고 가정한다.

대안 A	고정비 8억 원,	단위당 변동비 5만 원
대안 B	고정비 9억 3천만 원,	단위당 변동비 1만 원

① 대안 A의 BEP(손익분기점)는 40,000단위이다.
② 대안 B의 BEP는 15,500단위이다.
③ 대안 B의 이익(profit)이 9억 3천만원이 되기 위한 수요량은 31,000단위이다.
④ 생산량이 3,250단위 미만일 때는 대안 A가 대안 B보다 유리하다.
⑤ 다른 조건이 동일할 때, 대안 A의 단위당 변동비가 16,500원으로 변경되면 두 대안의 BEP는 같아진다.

수요예측 분류

2137
2003 CPA

수요예측 기법에 관한 다음의 설명 중 옳은 것은?

① 단순이동평균법(simple moving average method)에서 이동평균기간을 길게 잡을수록 최근의 추세변화에 민감하게 반응할 수 있다.
② 인과형 예측모형에서는 수요를 여러 가지 기업환경 요인에 의해 나타나는 결과로 간주하는데 이 범주에 속한 대표적인 예측기법으로 회귀분석을 들 수 있다.
③ 단순지수평활법(simple exponential smoothing method)에서 평활상수(smoothing parameter) a가 크면 클수록 먼 과거 자료에 대한 가중치가 급격히 줄어들므로 평활효과가 증가하게 된다.
④ 가법적 계절변동(additive seasonal variation) 분석에서는 수요의 평균치가 증가함에 따라 계절적 변동폭이 합산되면서 증가하는 것으로 가정한다.
⑤ 어떤 수요 예측치와 실측치로부터 계산된 평균오차(mean error)가 0이라는 것은 그 예측이 완벽하게 맞았음을 의미하는 것이다.

2138
2006 CPA

수요예측방법에 대한 설명들 중에서 가장 적절한 항목들로 구성된 것은?

> a. 전문가 그룹에 대해 설문조사를 하는 델파이법은 대표적인 정량적(quantitative) 예측기법이다.
> b. 지수평활법은 중요한 원인변수들에 대해 가중치를 다르게 부여하는 정성적(qualitative) 예측기법이다.
> c. 초점예측(focus forecasting)은 과거 정보로부터 논리적 규칙을 도출하여 이를 과거자료에 대한 시뮬레이션을 통해 검증하는 방식으로 진행된다.
> d. 시계열 분석(time-series analysis)이란 특정시점에서 수요에 영향을 주는 변수들을 구별해 내는 것이다.
> e. 인과관계(causal relationship)에 근거한 예측을 수행하기 위한 대표적인 도구는 다중회귀분석이다.

① a, b
② b, c
③ c, d
④ c, e
⑤ c, d, e

시계열 분석

2139
2018 CPA

수요예측 및 생산계획에 관한 설명으로 가장 적절한 것은?

① 시계열분석기법에서는 과거 수요를 바탕으로 평균, 추세, 계절성 등과 같은 수요의 패턴을 분석하여 미래 수요를 예측한다.
② 지수평활법은 최근의 수요일수록 적은 가중치가 부여되는 일종의 가중이동평균법이다.
③ 예측치의 편의(bias)가 커질수록 예측오차의 누적값은 0에 가까워지며 예측오차의 평균절대편차(MAD)는 증가한다.
④ 총괄생산계획(APP)을 통해 제품군 등을 기준으로 월별 혹은 분기별 생산량과 재고수준을 결정한 후, 주일정계획(MPS)을 통해 월별 혹은 분기별 인력운영 및 하청 계획을 수립한다.
⑤ 자재소요계획은 전사적자원관리(ERP)가 생산부문으로 진화·발전된 것으로, 원자재 및 부품 등의 필요량과 필요시기를 산출한다.

2140
2021 CPA

수요예측에 관한 설명으로 가장 적절하지 않은 것은?

① 이동평균(moving average)에서 이동평균기간이 길수록 평활효과(smoothing effect)는 커지고, 실제치의 변동에 반응하는 시차(time lag)도 커진다.
② 추세조정지수평활법(trend-adjusted exponential smoothing)은 2개의 평활상수를 사용하며 단순지수평활법에 비해 추세의 변화를 잘 반영하는 장점이 있다.
③ 순환변동(cycles)은 계절변동(seasonality)에 비해 보다 장기적인 파동모양의 변동을 의미한다.
④ 계절지수(seasonal index)는 계절변동을 반영하는 기법 중 가법모형(additive model)에서 사용되며 1.0 이상의 값을 갖는다.
⑤ 수요예측의 정확성을 평가하기 위한 방법 중 평균제곱오차(MSE)는 큰 오차에 더 큰 가중치를 부여할 수 있으며, 평균절대백분율오차(MAPE)는 실제치 대비 상대적인 오차를 측정할 수 있다.

이동평균법

2141
2004 CPA

수요예측에 관한 다음의 설명 중 옳은 것은?

① 수요예측오차의 척도 중 평균절대오차(mean absolute deviation)는 예측치가 실제치를 완벽하게 나타내지 않더라도 그 값이 0이 될 수 있다.
② 시계열 수요 자료를 분해하여 분석하는 목적은 자료에 내재되어 있는 임의변동(random variation)의 패턴을 분석하여 예측치에 반영하는 것이다.
③ 가중이동평균법(weighted moving average method)을 사용하면 과거자료 중 최근의 실제치를 더 많이 예측치에 반영할 수 있다.
④ 이동평균법(moving average method)에는 과거예측이 초래한 오차의 일정부분을 미래 예측치에 반영할 수 있는 학습효과가 내재되어 있다.
⑤ 지수평활법(exponential smoothing method)을 사용하면 예측치의 산정에 반영될 과거 기간의 수(n)를 조절함으로써 예측의 정확성을 높일 수 있다.

지수평활법

2142
2014 CPA

K사는 작년 4분기 수요를 15만개로 예측하였으나, 실제 판매량은 13만개였다. 단순 지수평활법(exponential smoothing)을 사용하여 올해 1분기 수요를 예측하니 14만4천개였다. 사용한 평활상수(α)는 얼마인가?

① 0.1 ② 0.3
③ 0.4 ④ 0.5
⑤ 0.7

2143
2015 CPA

A기업은 단순지수평활법(simple exponential smoothing)을 이용하여 수요를 예측하고 있다. 다음 표는 1월과 2월의 수요 예측치와 실제 수요를 나타낸 것이다. 3월의 수요 예측치와 가장 가까운 것은?

월	1	2	3
수요 예측치	35	33.5	?
실제 수요	30	40	

① 34.5 ② 35.5
③ 36.5 ④ 37.5
⑤ 38.5

2144
2020 CPA

단순지수평활법(simple exponential smoothing)을 활용한 수요 예측에 관한 설명으로 가장 적절하지 않은 것은?

① 당기예측치는 전기예측치에 전기예측오차(전기실제치와 전기 예측치의 차)의 일정부분을 더하는 방식으로 계산한다.
② 평활상수의 값을 크게 하면 최근의 수요변화에 더 민감하게 반응하고, 작게 하면 평활효과(smoothing effect)가 커진다.
③ 평활상수의 값을 작게 하면 전기실제치에 부여되는 가중치가 작아진다.
④ 과거 수요의 변동이 크고 평활상수의 값이 1.0인 경우, 당기 예측치는 전기예측치와 같다.
⑤ 과거 실제치에 대한 가중치는 현재로부터 멀어질수록 지수적으로 하락한다.

2145
2022 CPA

수요예측에 관한 다음 설명 중 적절한 항목만을 모두 선택한 것은?

> a. 지수평활법(exponential smoothing method)에서 최근 수요패턴의 변화를 빠르게 반영하기 위해서는 평활상수의 값을 줄여야 한다.
> b. 추적지표(tracking signal)의 값이 지속적으로 음의 값을 보이는 경우 예측을 실제보다 작게 하는 경향이 있다고 볼 수 있다.
> c. 이동평균법(moving average method)에서 이동평균 기간을 길게 할수록 우연요소에 의한 수요예측치의 변동이 줄어들게 된다.
> d. 지수평활법에서는 오래된 자료보다 최근 자료에 더 큰 비중을 두고 수요를 예측한다.

① a, b ② a, c
③ b, c ④ b, d
⑤ c, d

2146
2024 CPA

수요예측에 관한 설명으로 가장 적절한 것은?

① 개별 품목의 수요를 예측하는 것이 제품군의 총괄 수요를 예측하는 것보다 수요예측치의 정확도가 높다.
② 누적예측오차(CFE), 평균절대오차(MAD), 추적지표(TS)는 수요예측치의 편의(bias)를 측정하는 데 유용하다.
③ 단순지수평활법(simple exponential smoothing)의 수요예측치는 직전 시점의 수요예측치와 실제수요를 가중평균하여 얻을 수 있다.
④ 결합예측(combination forecast)은 공급사슬에 참여하는 주체들의 개별적인 수요예측치를 결합하여 수요를 예측하는 방법이고, 초점예측(focus forecast)은 공급사슬 상에서 고객과 가장 가까운 주체의 수요예측치를 사용하는 방법이다.
⑤ 수요예측은 생산계획 수립에 있어서 리드타임 감축이 핵심요소인 재고생산(MTS)공정보다 정시납품이 핵심요소인 주문생산(MTO) 공정에서 상대적으로 중요하다.

예측오차

2147
2002 CPA

예측모형으로는 다양한 수요요인을 완벽하게 표현할 수 없기 때문에 예측치와 실측치 사이에는 오차가 발생하는 것이 보통이다. A회사는 평활상수(α) 0.9의 단순지수평활법(simple exponential smoothing)을 이용하여 지난 10년 간 분기별 수요를 예측하였다. 그 결과 예측의 성과를 설명하는 여러 가지 측정치 중에서 평균오차(mean error)가 0이고 평균자승오차(mean squared error)가 100으로 계산되었다. 다음 중 옳은 것은?

> a. 평균오차가 0 이므로 예측은 완벽하다.
> b. 예측치의 편의(bias)는 없다.
> c. 평균자승오차가 100이므로 평균절대편차(mean absolute deviation)는 10이다.
> d. 예측오차가 존재하나 그 크기가 실측치에 비해 상대적으로 얼마나 큰지는 알 수 없다.
> e. 최근의 수요변화에 신속히 반응하는 예측모형을 사용하였다.
> f. 평활상수의 값으로 볼 때 평활효과가 매우 크다는 것을 알 수 있다.

① b, d, e ② a, b, e
③ b, e, f ④ b, c, d
⑤ a, c, f

2148
2012 CPA

수요예측에 관한 설명으로 가장 적절하지 않은 것은?

① 단순지수평활법(simple exponential smoothing)에서 평활상수 값이 클수록 최근의 자료를 더 많이 반영한다.
② 델파이법은 예측에 불확실성이 크거나 과거의 자료가 없는 경우에 유용하며, 신제품 개발을 위한 예측에 사용된다.
③ 평균오차(mean error)가 0이 아닐 때에도 평균절대편차(mean absolute deviation)는 0이 될 수 있다.
④ 예측오차의 측정방법 중 평균절대비율오차(mean absolute percent error)는 수요의 크기에 대한 상대적 예측오차를 측정하는 방법이다.
⑤ 단순이동평균(simple moving average)은 과거의 데이터에 합이 1이 되는 동일한 가중치를 부여하고, 가중이동평균(weighted moving average)은 합이 1이 되는 임의의 가중치를 부여한다.

2149
2015 CPA

수요예측에 관한 설명으로 가장 적절하지 않은 것은?

① 예측기법의 정확도가 높을수록 추적지표(TS: tracking signal) 값은 상승한다.
② 시계열(time series) 자료의 변동요인에는 추세, 계절변동, 순환변동, 불규칙변동이 포함된다.
③ 시계열 예측법은 과거의 수요패턴이 미래에도 계속 이어진다고 가정한다.
④ 지수평활법(exponential smoothing)은 최근 자료에 높은 가중치를 부여하고 현재로부터 먼 과거자료일수록 낮은 가중치를 부여하는 예측방법이다.
⑤ 단순회귀분석(simple regression analysis)에서는 회귀선 부근의 변동이 우연변동(random variation)이라고 가정한다.

2150
2017 CPA

수요예측에 관한 설명 중 가장 적절한 것은?

① 정량적 수요예측 기법에는 시장조사법(market research), 유추법(historical analogy), 시계열분석법(time series analysis), 인과분석법(causal analysis) 등이 있다.
② 가중이동평균법(weighted moving average)의 일종인 단순지수평활법(simple exponential smoothing)에서는 다음 시점의 수요예측치로 이번 시점의 수요예측치와 실제 수요의 가중평균을 사용한다.
③ 평균절대편차(MAD)는 예측오차의 절대적인 크기 뿐 아니라 예측치의 편향(bias) 정도를 측정하기 위해서도 사용된다.
④ 수요는 평균수준, 추세, 계절적 변동, 주기적 변동, 우연변동 등으로 구성되며, 이 중 우연 변동에 대한 예측 정확도가 수요예측의 정확도를 결정한다.
⑤ 일반적으로 단기예측보다는 장기예측의 정확도가 더 높다.

2151
2019 CPA

K기업은 다양한 평가지표를 활용하여 두 가지 수요예측방법을 비교 중이다. 다음 표는 지난 3개 분기 동안에 발생한 실제 수요와 예측치를 나타낸 것이다. 3개 분기 자료를 모두 활용하여 평가지표를 계산한 결과로 가장 적절하지 않은 것은?

분기	1	2	3
실제 수요	30	35	35
예측치(방법 A)	35	35	30
예측치(방법 B)	25	37.5	37.5

① 두 방법의 평균오차(mean error)값은 동일하다.
② 두 방법의 MAD(mean absolute deviation)값은 동일하다.
③ 두 방법의 MSE(mean squared error)값은 동일하다.
④ 두 방법의 MAPE(mean absolute percentage error)값은 동일하다.
⑤ 두 방법의 추적지표(tracking signal)값은 동일하다.

2152
2023 CPA

A사는 두 가지 예측 방법을 활용하여 수요를 예측하고 있다. A사가 추정한 월별 예측수요와 월별 실제 수요가 다음과 같을 때 이에 관한 설명으로 가장 적절하지 않은 것은? (단, 1월 이전의 자료는 없으며, 각 월의 통계치는 이전 기간의 자료를 반영하여 계산한다.)

구분	실제 수요	예측 수요(방법 1)	예측 수요(방법 2)
1월	500	490	520
2월	560	530	590
3월	490	470	530
4월	450	470	440

① 4월의 경우 방법 1의 추적지표(tracking signal) 값은 음수인데 비해 방법 2의 추적지표 값은 양수이다.
② 두 방법의 2월 기준 평균절대편차(mean absolute deviation) 값은 5의 차이가 있다.
③ 방법 2의 4월 기준 평균절대편차 값은 25이다.
④ 두 방법의 3월 기준 누적 예측오차(cumulative forecasting error) 값은 150의 차이가 있다.
⑤ 예측치가 수요를 과대평가하는 경향이 있는 경우 추적지표는 음(-)의 값을 갖는다.

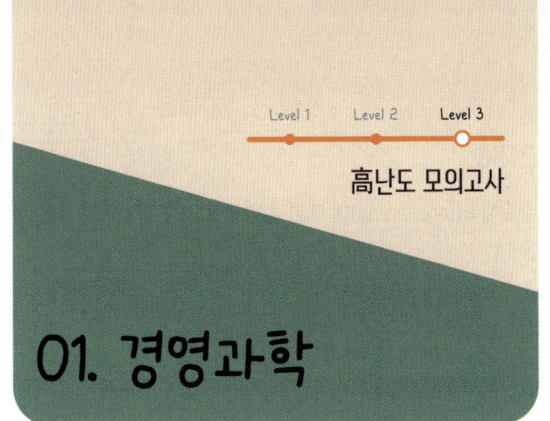

01. 경영과학

2153

공장 증설을 고려중인 김사장에게 SH컨설팅에서 제품의 향후 시장 전망에 관한 시장조사 프로젝트를 제안 하였다. 만약 이 프로젝트 보고서의 시장전망이 확실하다면, 아래의 의사결정표에 따라 김사장이 프로젝트 비용으로 지출할 수 있는 최대금액은 얼마인가?

(단위 : 백만 원)

오류	시장전망	
	좋음(0.5)	나쁨(0.5)
큰 공장	2,000	-1,800
작은 공장	1,000	-200
증설 안함	0	0

① 540   ② 560
③ 580   ④ 600
⑤ 620

2154

초점예측(focus forecasting)에 대한 설명으로 가장 적절한 것으로 구성된 것은?

> a. 여러 가지 규칙(rule)을 미리 만들고, 매 시점마다 각각의 규칙으로 만든 예측치의 예측 오차를 비교한 후 가장 낮은 예측오차를 산출한 규칙으로 다음 시점에 대한 예측을 하는 휴리스틱(heuristic) 기법
> b. 상이한 기법을 사용한다든지, 상이한 데이터를 사용하든지, 혹은 양자의 방법을 모두 사용하든지 해서 얻은 개별 예측치를 평균하는 방법
> c. 수요에 영향을 주는 요인들을 독립변수로, 수요를 종속변수로 하고 독립변수에 대한 함수로서 수요를 통계적으로 모형화한 것
> d. 미래상황에 대하여 전문가나 담당자로 위원회를 구성하고 개별적 질의를 통해 의견을 수집하여 종합·분석·정리하고 의견이 일치될 때까지 개별적 질의 과정을 되풀이하는 방법

① a, b   ② b, c
③ c, d   ④ a
⑤ b

2155

수요예측에 대한 다음 설명 중 가장 적절하지 않은 것은?

① 예측의 정확성을 높이기 위하여 복잡하고 정교한 예측 기법을 사용하는 것이 바람직하다.
② 시계열 자료를 이용한 예측시, 불규칙 변동(irregular variation)은 비정상적인 상황 때문에 발생하는 변동으로서 가능한 경우에는 이를 자료에서 제거하는 것이 좋다.
③ 지수평활법(exponential smoothing)에서 예측오차에 대해 예측치가 조정되는 순발력은 평활상수 α에 의해 결정되는데 그 값이 1에 가까울수록 반응성은 커지나 평활 효과는 감소한다.
④ 인과형 예측기법에서 수요에 영향을 미치는 변수가 2개 이상일 경우, 다중회귀분석을 사용하여야 한다.
⑤ 평균 절대오차(MAD: mean absolute deviation)와 평균 제곱오차(MSE: mean squared error)가 작으면 예측치가 실제 수요에 근접함을 의미한다.

2156

창고를 3곳에 가지고 있는 도서 판매업자가 다른 한 곳에 창고를 추가하려고 한다. 유력한 후보지 5곳에 대한 고정비, 변동비, 예상되는 월수송비 등은 아래의 표와 같다. 월간 800단위를 처리할 때 총비용이 가장 낮은 곳은 어디인가?

위치	고정비 (천 원/월)	변동비 (천 원/단위)	월간수송비
A	4,000	4	19,000
B	3,500	5	22,000
C	5,000	6	18,000
D	3,700	6	23,000
E	4,600	5	18,000

① A
② B
③ C
④ D
⑤ E

2157

프로젝트 네트워크 분석에 관한 다음 설명 중 가장 적절하지 않은 것은?

① 간단한 프로젝트의 경우, 간트차트(Gantt chart)를 이용하여도 프로젝트 완료시간을 계산할 수 있다.
② 프로젝트 네트워크를 분석하기 위해 사전에 활동(activity)과 활동들의 선행관계(precedence relationship)를 파악해야 한다.
③ 프로젝트의 최단 완료시간을 구하는 것은 PERT/CPM 네트워크에서 최단 경로의 소요시간을 구하는 것과 마찬가지다.
④ 주경로(critical path) 상의 활동들은 활동여유시간이 0이므로, ES=LS, EF=LF가 된다.
⑤ 2개의 주경로가 존재할 때 프로젝트에 걸리는 시간을 단축하기 위해서는 2개의 주경로 상의 활동을 모두 단축해야 한다.

2158

수요예측(forecasting)에 대한 설명으로 가장 적절하지 않은 것은?

① 평균 절대오차(MAD: mean of absolute deviation)는 예측오차의 산포도(dispersion)를 나타낸다.
② 지수평활법(exponential smoothing)은 지수적으로 감소하는 가중치를 이용하여 최근의 자료일수록 더 작은 비중을, 오래된 자료일수록 더 높은 비중을 두어 미래 수요를 예측한다.
③ 추적지표(TS: tracking signal)은 평균절대오차(MAD)에 대한 누적오차의 비율로, 이를 사용하는 목적은 시간이 경과함에 따라 발생할 수 있는 오차의 편의(bias)를 찾아내기 위한 것이다.
④ 가중이동평균법(weighted moving average)은 과거 수요보다는 최근의 수요변화에 민감하게 반응할 수 있는 예측기법이다.
⑤ 평균제곱오차(MSE: mean squared error)는 양의 오차와 음의 오차가 상쇄되지는 않으나 개개의 오차의 제곱을 취하기 때문에 오차가 클수록 부여되는 가중치가 커지는 결과를 초래한다.

2159

아래의 표와 같은 활동(activity)들로 구성된 프로젝트에서 각 활동들은 추가적인 비용지출을 통해 정상완료시간에서 1일씩 단축이 가능하다. 표에서 정상완료시간은 추가적인 비용 지출없이 각 활동들을 종료하는데 필요한 시간이고, 단축시간당 비용은 각 활동의 완료시간을 1일 단축하기 위해 추가적으로 발생되는 비용을 의미한다. 이 프로젝트를 28일 내에 완료하고자 할 때 추가적으로 지출해야 하는 최소 비용은?

활동	직전선행활동	정상완료시간 (단위: 일)	단축시간당 비용 (단위: 백만 원)
A	-	8	5
B	A	12	2
C	A	7	2
D	A	5	3
E	C	5	4
F	D	6	3
G	B, E, F	10	6

① 6백만 원 ② 7백만 원
③ 9백만 원 ④ 11백만 원
⑤ 14백만 원

2160

다음의 설명 중 옳지 않은 항목만으로 구성된 것은?

> a. 수송모형(transportation model)은 선형계획법(linear programming)의 특수한 형태이다.
> b. 선형계획법의 민감도 분석(sensitivity analysis)에서 목적함수의 계수가 변하면 실행가능영역이 변경된다.
> c. 주경로 분석법(critical path method)에서 어떤 활동의 가장 빠른 시작시간(ES: earliest start time)과 가장 빠른 완료시간(EF: earliest finish time)의 차이가 5라면 이 활동의 활동여유시간(slack time)은 5이다.
> d. 만일 실제 자료에 잘 맞는 평활상수가 0.9라면 지수평활법(exponential smoothing method)으로 현 자료를 예측하는 것은 바람직하지 않다.
> e. 예측이 지속적으로 과소했다면, 누적예측오차(CFE: cumulative sum of forecast errors)는 양(+)의 값을 갖는다.

① a, b ② b, c
③ c, d ④ c, d, e
⑤ b, d, e

2161

다음의 설명 중 옳지 않은 항목만으로 구성된 것은?

> a. 완전정보의 기대가치(EVPI: expected value of perfect information)란 완전한 정보를 제공한 사람에게 정보제공의 대가로 지불할 수 있는 최대 금액을 의미한다.
> b. 프로젝트 소요시간을 단축하기 위해서는 주경로(critical path) 상에 있는 활동을 우선 고려해야 한다.
> c. 시계열 자료(time series data)를 이용한 예측에서 자료에 상승추세가 있다면 단순이동평균법을 사용하는 것이 좋다.
> d. 수요예측을 위한 자료에 인과관계가 존재한다면 가중이동평균법(weighted moving average method)을 사용하는 것이 적절하다.
> e. 지수평활법(exponential smoothing method)에서 예측오차에 대해 예측치가 조정되는 순발력은 평활상수 α에 의해 결정되는데, 그 값이 0에 가까울수록 예측오차에 대해 조정되는 속도는 빨라진다.

① a, b ② b, c
③ c, d ④ c, d, e
⑤ b, d, e

2162

경영과학(management science)과 관련한 다음 설명 중 가장 적절하지 않은 것은?

① 선형계획법(linear programming)의 민감도 분석(sensitivity analysis)에서 제약식의 계수가 변하면 실행가능영역(feasible area)이 변한다.
② 프로젝트 네트워크 분석에서 주경로(critical path) 상의 활동들은 가장 빠른 시작시간(ES: earliest start time)과 가장 늦은 시작시간(LS: latest start time)이 동일하다.
③ 비확률적 의사결정에서 후회없는 의사결정을 하기 위해서는 MINIMAX 기준을 사용하는 것이 좋다.
④ 수요예측에서 누적 예측오차(CFE: cumulative sum of forecast errors)가 매우 큰 양(+)의 값을 갖는다면, 예측에 편의(bias)가 존재하며, 수요예측이 지속적으로 과소했음을 의미하는 것이다.
⑤ 확률적 의사결정에서 기대치(expected value)와 기대 기회손실(expected opportunity loss)을 이용하여 여러 대안을 평가하면 항상 상반된 결과가 도출된다.

2163

김사장은 새로운 주유소를 개업 준비 중이다. 아래의 표를 이용하여 의사결정을 할 때 다음 중 가장 적절하지 않은 것은?

	호황	평균	불황
소형	200,000	100,000	-32,000
중형	300,000	129,000	-100,000
대형	550,000	110,000	-310,000

① MAXIMAX 기준으로 의사결정 할 때는 가장 큰 이득이 발생하는 '대형' 주유소를 선택한다.
② MAXIMIN 기준으로 의사결정 할 때는 차라리 개업하지 않는 것이 좋다.
③ MINIMAX 기준에서는 가장 큰 후회값(regret)이 가장 작은 '소형' 주유소를 선택한다.
④ 라플라스(Laplace) 기준으로 의사결정 할 때는 '대형' 주유소를 선택한다.
⑤ 낙관계수 $\alpha=0.6$의 후르비츠(Hurwicz) 기준에서는 '대형' 주유소를 선택한다.

2164

다음과 같은 프로젝트의 완료시간과 주공정(critical path) 경로는 각각 무엇인가?

활동	낙관적 소요시간	최빈 소요시간	비관적 소요시간	선행활동
A	1	2	3	-
B	2	3	4	-
C	1	2	3	A
D	2	4	6	B
E	1	4	7	C
F	1	2	9	C
G	3	4	11	D, E
H	1	2	3	F, G

① 9일, A → C → F → H
② 15일, A → C → E → G → H
③ 14일, B → D → G → H
④ 18일, B → D → E → G → H
⑤ 16일, B → D → E → F → H

2165

주택 리모델링 사업을 하고 있는 M씨는 내년에 직원을 채용할 것인지, 하청을 이용할 것인지 아니면 현상유지할 것인지에 대해 의사결정하려고 한다. 하지만 주택 리모델링 사업은 수요를 예측하기 어렵기 때문에 발생가능한 상황에 대한 확률은 알 수 없다. 아래의 보상행렬을 이용하여 MAXIMAX, MAXIMIN, MINIMAX, Laplace 기준으로 대안을 선택했을 때 옳은 것으로 묶인 것은?

대안	주택 리모델링 수요		
	저	중	고
채용	-250,000	100,000	625,000
하청	100,000	150,000	415,000
현상유지	50,000	80,000	300,000

	MAXIMAX	MAXIMIN	MINIMAX	Laplace
①	채용	채용	하청	하청
②	채용	하청	현상유지	현상유지
③	채용	하청	채용	하청
④	현상유지	하청	하청	현상유지
⑤	채용	하청	하청	하청

2166

수요예측에 대한 다음 설명 중 가장 적절하지 않은 것은?

① 수요나 서비스의 수요를 발생 시간에 따라 관찰한 시계열(time series) 자료를 분석하면 추세(trend), 주기(cycle), 계절적 변동(seasonal variation)을 예측할 수 있다.
② 정량적 예측기법 가운데 대표적 인과형 예측기법은 선형회귀분석(linear regression)과 시계열 분석(time series analysis)이다.
③ 단순이동평균법(simple moving average method), 가중이동평균법(weighted moving average method), 지수평활법(exponential smoothing method)은 시계열분석 기법에 해당한다.
④ 지수평활법에서 α값이 작을수록 과거자료에 전체적으로 균일한 가중치를 주게 되어서 예측치의 변화가 적어진다.
⑤ 평균절대비율오차(mean absolute percent error)가 10%라는 것은 평균적으로 오차가 실제수요의 10% 수준이라는 것을 의미한다.

2167

다음 표는 8개월간의 예측치와 실제 판매량을 보여주고 있다. 다음 자료를 이용하여 구한 누적예측오차(CFE: cumulative sum of forecast errors), 평균제곱오차(MSE: mean squared errors), 평균절대오차(MAD: mean absolute errors) 값으로 옳은 것은? (단 소수점 첫째 자리에서 반올림할 것)

월	수요	예측치	오차
1	200	225	-25
2	240	220	20
3	300	285	15
4	270	290	-20
5	230	250	-20
6	260	240	20
7	210	250	-40
8	275	240	35

	CFE	MSE	MAD
①	195	5,275	195
②	2	5,275	200
③	-15	5,275	195
④	-20	659	26
⑤	-15	659	24

2168

아래 네트워크에서 모든 활동의 활동여유시간(slack time)의 합에 해당하는 것은?

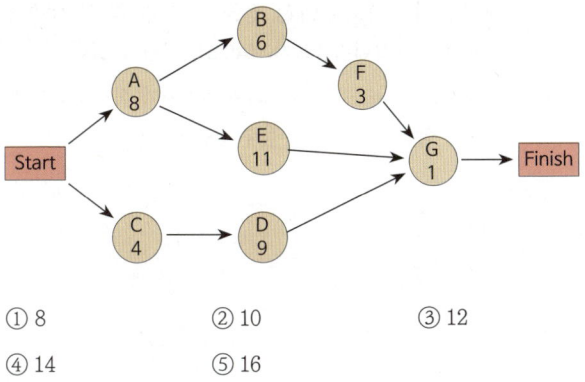

① 8 ② 10 ③ 12
④ 14 ⑤ 16

2169

예측(forecasting)에 대한 다음 설명 중 가장 적절하지 않은 것은?

① 과거의 자료가 없거나, 있다고 하여도 새로운 기술의 도입, 정부의 규제 등에 의해 그 자료의 신빙성이 거의 없는 경우는 정량적 기법(quantitative method)보다는 정성적 기법(qualitative method)을 사용하는 것이 적절하다.

② 델파이법(Delphi method)은 질문에 의한 전문가의 의견과 이의 근거자료가 제3자에 의해 정리되고, 이처럼 정리된 결과와 새로운 질문서가 다시 배포되는 과정을 의견일치가 이루어질 때까지 반복하게 된다.

③ 시계열(time series) 예측기법은 과거의 수요패턴이 미래에도 계속된다는 가정 하에 과거의 매출액 또는 수요에 관한 자료만을 이용하는 기법이다.

④ 지수평활법(exponential smoothing method)에서 가중치인 α값이 작을수록 뚜렷한 추세가 보이는 경우 좋은 결과를 얻을 수 있으며, 우연에 의한 변동이 심한 경우에는 큰 α값을 사용해야 한다.

⑤ 단순이동평균법(simple moving average method)은 계산이 용이하지만 과거의 모든 자료를 이용하지 않고, 또한 이동평균에 이용되는 실적치에 부과되는 가중치가 $1/n$로, 새로운 자료든 오래된 자료든 간에 예측에 있어서 자료의 중요성은 동일하다고 가정하고 있다.

2170

예측 오차(forecasting error)에 대한 다음 설명 중 가장 적절하지 않은 것은?

① 누적 예측오차(CFE: cumulative sum of forecast errors)가 '0'이면 평균오차(ME: mean errors)는 반드시 '0'이다.
② 누적 예측오차(CFE)는 음(−)의 값을 가질 수 있지만, 평균 절대오차(MAD: mean absolute deviation)는 음(−)의 값을 가질 수 없다.
③ 1년에 한번의 예측값을 정하는 예측에서 과거 10년간 절대비율오차의 합이 90%라면 평균절대비율오차(MAPE: mean absolute percent error)는 '9%'이다.
④ 평균 절대오차(MAD)는 예측오차의 산포를 나타내며, 이를 사용하면 예측이 과소했는지, 과대했는지를 알 수 있다.
⑤ 추적지표(TS: tracking signal) 값이 허용되는 한계치 밖에 있다면, 예측에 편의(bias)가 존재한다는 신호로 예측모형을 개선할 필요가 있다.

2171

㈜우리는 수행해야 할 4개의 작업(Ⅰ, Ⅱ, Ⅲ, Ⅳ)과 모든 작업의 수행이 가능한 4대의 기계(A, B, C, D)가 있다. 각 기계에 작업을 하나씩 할당하고자 한다. 각 작업을 각 기계에서 수행하는 경우에 발생하는 작업비용(단위: 만 원)이 다음의 표와 같을 때, 최소 작업비용은 얼마인가?

		기계			
		A	B	C	D
작업	Ⅰ	15	6	17	8
	Ⅱ	10	8	10	12
	Ⅲ	12	14	12	18
	Ⅳ	16	12	8	14

① 34만 원 ② 36만 원
③ 38만 원 ④ 40만 원
⑤ 42만 원

2172

다음과 같은 프로젝트의 완료시간과 E활동의 활동여유시간(slack time)은 각각 무엇인가?

활동	활동시간(일)	직전 선행활동
A	5	-
B	2	-
C	3	A
D	6	A
E	2	B, C
F	3	B, C
G	3	D, E

① 13일, 0일   ② 13일, 1일
③ 14일, 0일   ④ 14일, 1일
⑤ 15일, 0일

2173

수요예측에 대한 다음 설명 중 가장 적절하지 않은 것은?

① 누적 예측오차(CFE: cumulative sum of forecast errors)를 기간 수로 나눈 것이 평균오차(ME: mean errors)이다.
② 평균자승오차(MSE: mean squared error)는 양(+)의 오차와 음(−)의 오차가 상쇄되지 않는다.
③ 지수평활법(exponential smoothing method)에서 평활상수 α가 클수록 예측치는 수요변화에 더 많이 반응한다.
④ 과거 10년간 예측오차의 합과 절대편차의 합을 알고 있다면 누적 예측오차(CFE), 평균오차(ME), 평균절대편차(MAD), 평균절대비율오차(MAPE)를 구할 수 있다.
⑤ 추적지표(TS: tracking signal)는 예측치가 실제치보다 계속해서 상당히 높으면 큰 음수 값을 갖는다.

2174

A사는 단순지수평활법(simple exponential smoothing)을 이용하여 수요를 예측하고 있다. 다음 표는 1월과 2월의 수요 예측치와 실제 수요를 나타낸 것이다. 3월의 추적지표와 가장 가까운 것은?

월	실제수요	수요예측치	추적지표
1	10	14	
2	17	13	
3	15		?

① −0.66 ② −0.33
③ 0 ④ 0.33
⑤ 0.66

2175

집산지 1, 2, 3에서 농작물을 모아 공장 A, B, C로 수송하여 가공한다. 각 집산지에서의 공급량과 각 공장의 수요량 그리고 각 경로의 수송 단가는 아래 표와 같다.

(단위: 만 원)

에서\으로	A	B	C	공급량
1	6	8	10	150
2	7	11	11	175
3	4	5	12	275
수요량	200	100	300	600

총수송 비용을 최소화하기 위한 해를 보겔의 근사법(Vogel's approximation method, VAM)을 이용하여 구하시오.

① 5,925 만 원 ② 4,550 만 원
③ 5,125 만 원 ④ 4,525 만 원
⑤ 4,755 만 원

2176

다음 표는 7개의 활동(activity) A~G로 이루어진 프로젝트에서 각 활동의 활동시간과 직전선행활동을 나타낸 것이다. E의 활동시간은 알려져 있지 않지만 최소 1일 이상 소요되며, 프로젝트의 최단완료시간은 30일이라고 한다. 프로젝트의 모든 활동 중에서 최대가 될 수 있는 여유시간은 얼마인가?

활동	A	B	C	D	E	F	G
활동시간(일)	8	12	7	5	?	6	10
직전선행활동	−	A	A	A	C, D	D	B, E, F

① 1일 ② 2일
③ 3일 ④ 4일
⑤ 5일

2177

수요예측에 관한 설명 중 가장 적절하지 않은 것은?

① 이동평균법(moving average)은 시계열 자료에 계절적 변동(seasonal variation), 추세(trend) 또는 주기(cycle)가 없고 단지 평균수준(average level)과 우연변동(random variation)만 있을 때 적절하다.

② 지수평활법(exponential smoothing)에서 평활상수(smoothing constant)는 평활의 정도와 예측치와 실제치와의 차이에 반응하는 속도를 결정하므로 평활상수 값이 클수록 예측치는 수요 변화에 더 많이 반응한다.

③ 개별의 오차가 커질수록 평균절대편차(MAD) 값이 평균자승오차(MSE) 값보다 더 크게 증가한다.

④ 회귀분석(regression analysis)에서 도출된 회귀방정식(regression equation)을 통해 독립변수와 종속변수 간의 인과관계를 설명할 수 있다.

⑤ 추적지표(TS)는 양수 또는 음수 값을 취하면서 매 기간마다 재계산되므로 어떤 합리적인 관리한계 내에서 정상적으로 움직이면 예측치가 실제치를 잘 따라가고 있다고 판단한다.

2178

수요예측에 관한 설명 중 가장 적절하지 않은 것은?

① 인과형 수요예측의 대표적 기법인 회귀분석(regression analysis)은 수요를 종속변수로, 수요에 영향을 미치는 요인들을 독립변수로 놓고 양자의 관계를 나타내는 회귀방정식을 도출한 다음, 독립변수들의 특정한 값이 주어지면 이를 회귀방정식에 대입하여 종속변수인 수요를 추정하는 기법이다.
② 추적지표(TS: tracking signal)는 누적 예측오차(CFE)를 평균절대편차(MAD)로 나눈 값으로, 예측치가 실제치를 잘 따라가고 있음을 최종 산출된 마지막 값으로 판단한다.
③ 시계열 분석모형은 시계열 구성요소가 어떻게 결합되어 있느냐에 따라 승법 모형(multiplicative model)과 가법모형(additive model)으로 구분된다.
④ 단순지수평활법(simple exponential smoothing)은 지수적으로 감소하는 가중치를 이용하여 최근의 자료일수록 더 큰 비중을, 오래된 자료일수록 더 작은 비중을 두어 미래 수요를 예측한다.
⑤ 단순이동평균법(simple moving average)에서 이동평균 기간을 길게 할수록 우연요인이 더 많이 상쇄되어 예측치가 안정되지만 수요의 실제 변화에는 늦게 반응한다.

2179

프로젝트 관리에 관한 다음 설명 중 적절한 것으로만 구성된 것은?

> a. 만약 활동 K가 다수의 직전 선행활동을 가지고 있다고 가정하면, 활동 K의 모든 직전 선행활동의 가장 빠른 완료시간(EF) 중 가장 큰 값이 활동 K의 가장 빠른 시작시간(ES)이 된다.
> b. PERT/CPM 네트워크에서 최장 경로의 소요시간이 프로젝트의 최단 완료시간이 된다.
> c. 활동시간을 확률적으로 추정하는 경우, 낙관, 비관, 최빈시간이 각각 5일, 27일, 7일이면 활동시간은 13일이 된다.
> d. 자유 여유시간이란 전체 프로젝트를 지연시키지 않으면서 각 활동이 지체될 수 있는 시간을 의미한다.
> e. 주공정(critical path)상의 활동들은 가장 빠른 시작시간(ES)과 가장 늦은 시작시간(LS)이 일치한다.

① a, b, c
② a, b, d
③ a, b, e
④ a, c, e
⑤ b, d, e

2180

수요예측에 관한 다음의 설명 중 가장 적절한 것은?

① 델파이법(Delphi method)은 시간과 비용이 많이 들지만, 대신 전문가로 구성된 각 응답자 신분을 서로 알 수 있어 조사결과에 대한 전문성과 권위를 대중에게 어필할 수 있다.
② 시계열(time series)은 추세, 계절적 변동, 주기 등과 같은 패턴을 가지고 있으며, 이를 이용한 시계열분석기법은 주로 장기 예측보다는 단기 및 중기 예측에 많이 쓰인다.
③ 추적지표(TS: tracking signal)는 예측치를 실제치와 시각적으로 비교해 보는 것으로 예측치가 실제치보다 계속해서 상당히 낮으면 음(-)의 값을 갖고, 반대로 예측치가 실제치보다 계속해서 상당히 높으면 양(+)의 값을 갖는다.
④ 단순지수평활법(simple exponential smoothing)에서 평활상수(smoothing constant) α값이 클수록 예측치는 수요 변화에 더 많이 반응하며, 평활효과도 커진다.
⑤ 예측오차의 측정에서 평균자승오차(MSE: mean squared error)는 양(+)의 오차와 음(-)의 오차가 상쇄되므로 오차가 커져도 부여되는 가중치가 커지지 않는 장점이 있다.

2181

프로젝트 일정계획은 다음 표와 같으며, 간접비용은 완료시간 1일 당 2만 원이다.

활동	직전 선행활동	정상시간 (일)	정상비용 (만 원)	속성시간 (일)	속성비용 (만 원)	단축 가능일수	1일당 단축비용
A	-	6	8	4	10	2	1
B	A	8	10	6	12	2	1
C	A	5	7	6	10	1	3
D	B	4	5	3	7	1	2
E	C	5	6	2	8	2	1
F	D, E	3	7	2	10	1	3

다음의 설명 중 가장 적절한 것은?

① 이 프로젝트의 정상적인 완료시간은 19일이다.

② 이 프로젝트의 정상적인 완료시간보다 1일 단축하려면 기존 주경로에 있는 어떤 활동을 선택하여 단축하더라도 소요되는 비용은 같다.

③ 이 프로젝트의 정상적인 완료시간에서 2일 단축하면 기존 주경로는 계속해서 주경로가 될 수 없다.

④ 이 프로젝트는 완료시간을 17일까지 단축할 수 있다.

⑤ 이 프로젝트를 21일 만에 완료하는데 소요되는 총비용은 85만 원이다.

02 생산시스템과 프로세스 관리

제3편. 경영과학/운영관리

1. 운영관리

(1) 운영관리의 개념

생산목표를 달성할 수 있도록 생산활동이나 생산프로세스를 관리하는 것

(2) 제조업과 서비스업 비교

<u>제조업과 서비스업 특성 비교</u>

제조업 성향	서비스업 성향
• 유형, 내구적 제품	• 무형, 보관불가능한 제품
• 산출물 재고축적 가능	• 산출물 재고축적 불가능
• 고객 접촉이 적다	• 고객 접촉이 많다
• 반응시간이 길다	• 반응시간이 짧다
• 지역, 국내, 국제 시장	• 국지적 시장
• 대규모 설비	• 소규모 설비
• 자본집약적	• 노동집약적
• 품질측정 용이	• 품질측정 곤란

(3) 생산시스템

<u>생산시스템</u>

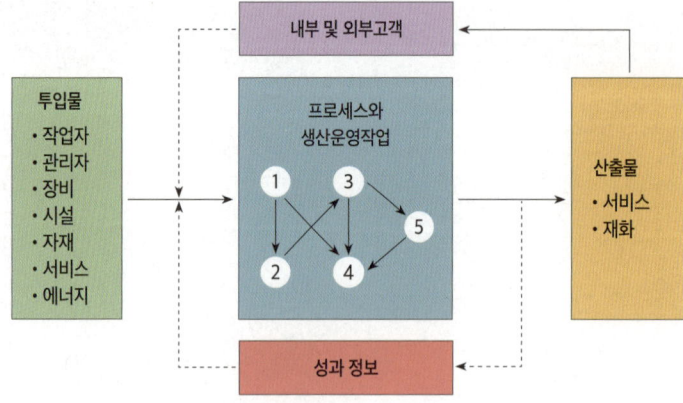

※ 운영관리란 생산시스템을 관리하는 것을 말하여, 생산시스템 내부에 들어가는 프로세스에는 job, batch, line, contiuos flow 등의 4가지가 있음. 또한 한 기업의 산출물은 다른 기업에게는 투입물이 될 수 있음

2. 운영관리의 의의

(1) 생산목표

기업이 경쟁우위를 달성하는 요소 내지 수단이며, 동시에 동일한 수준으로 달성하기 보다는 사업전략에 따라 우선순위를 부여하여 추구해야 하므로 '경쟁우선순위(competitive priorities)'라 함

생산시스템의 경쟁우선순위

범주	경쟁력	예
원가 Cost	1. 저원가 생산(low cost operations)	Costco
품질 Quality	2. 최고 품질(top quality)	Ferrari
	3. 일관된 품질(consistent quality)	McDonald
시간 Time	4. 빠른 인도시간(fast delivery time)	Dell
	5. 적시 인도(on-time delivery)	UPS(United Parcel Services)
	6. 개발속도(development speed)	Li & Fung
유연성 Flexibility	7. 고객화(customization)	Ritz Carlton
	8. 다양성(variety)	Amazon.com
	9. 수량유연성(volume flexibility)	USPS(US Postal Service)

※ 위 표의 경쟁력 가운데 공헌마진이 낮은 '저원가 생산', '일관된 품질', '적시 인도' 등은 알아두는 것이 좋음

(2) 경쟁순위에 따른 제조전략

제조전략

구분	전략	내용	경쟁우선순위
제조 전략	재고생산전략 make-to-stock strategy	즉각적인 납품이 가능하도록, 즉 고객인도시간을 최소화하기 위하여 품목을 재고로 보유하는 전략 예 대량생산	일관된 품질 저원가 생산 적시 인도
	주문조립 제조전략 assemble-to-order strategy	고객의 주문이 접수된 이후 비교적 적은 수량의 부품이나 조립품으로 고객화된 제품을 생산하기 위한 접근방법 예 고가의 소파제작	고객화 빠른 인도시간
	주문생산전략 make-to-order strategy	고객의 사양에 맞춰 소량으로 제품을 생산하는 제조업자가 활용하는 전략 예 고급주택	최고품질 고객화

※ make-to-stock은 원하는 서비스 수준을 최소 비용으로 충족시키는 것이 목표이고, make-to-order는 생산시간을 최소화하는 것이 목표임

3. 프로세스 관리

(1) 프로세스 관리

프로세스 관리는 투입물, 생산운영작업, 작업흐름, 그리고 투입물을 산출물로 변화시키는 방법 등을 선정하는 것

여러 가지 프로세스

프로세스	특징
개별작업 프로세스 job process	다양한 제품을 소량으로 생산하는 경우에 제품마다 각각 다른 공정의 흐름이 요구되는 경우에 활용되는 프로세스
뱃치 프로세스 batch process	표준화된 주문생산공정으로 표준화되어 있는 특정제품을 한동안 생산한 뒤 다른 제품을 같은 생산라인에서 생산하는 방식
라인 프로세스 line process	생산이 고정경로를 따라 순차적으로 이루어지며 제품이 완성될 때까지 한 작업장에서 다른 작업장으로 통제된 속도에 맞추어 이동하게 되는 것
연속 프로세스 continuous flow process	화학, 정유, 제지, 음료 등과 같은 장치산업에서 응용되는 프로세스로 조립생산과 같이 생산은 미리 정해진 순서대로 진행되나 조립생산과는 달리 프로세스가 끊이지 않고 지속적으로 진행되는 특성을 갖고 있음

※ Woodward의 기술분류와 비교하면, unit=job, mass=line, process=continuous flow임

프로세스별 특징

		개별작업	뱃치	라인	연속
개념		고객화된 제품	준-표준화된 제품	표준화된 제품	표준화가 매우 높은 제품
예	제조업	기계제작소	제과점	조립라인	제철소, 종이 공장
	서비스업	미용실	학교	카페테리아	중앙난방시스템
생산량		적음	중간	많음	매우 많음
산출의 변동성		매우 높음	중간	낮음	매우 낮음
설비의 유연성		매우 높음	중간	낮음	매우 낮음
장점		다양한 과업을 처리할 수 있음	중간 정도의 유연성	단위 당 비용이 낮고, 생산량이 많으며, 효율적임	매우 효율적이며, 생산량도 매우 많음
단점		느리며, 단위 당 비용이 높으며, 생산계획과 스케줄링이 매우 복잡함	단위 당 비용이 높은 편이며, 생산계획과 스케줄링도 복잡한 편	유연성이 낮고, 휴지기간의 비용이 높음	산출변동이 거의 없으며, 바꾸는 데 비용이 많이 듦. 휴지기간에 비용이 매우 높음

(2) 프로세스 선택

제품-프로세스 행렬

	제품구조 / 제품수명주기 단계				
공정구조 / 공정수명주기 단계		I 낮은 수량-낮은 표준	II 다양한 제품, 낮은 수량	III 주요 제품, 높은 수량	IV 높은 수량, 높은 표준화
유연성(높음) 단위 당 비용(높음)	I 개별작업	인쇄소 레스토랑			실현 불가능
	II 뱃치		중장비 커피숍		
	III 라인			자동차 조립 버거킹	
유연성(낮음) 단위 당 비용(낮음)	IV 연속	실현 불가능			설탕 정제소

(3) 서비스 매트릭스

슈메너(Schmenner)가 제시한 서비스 매트릭스는 고객화 및 고객접촉의 정도와 노동 집약도라는 2가지 요소에 의해 서비스 시스템을 분류

서비스 매트릭스

		고객접촉 및 고객화 정도	
		낮음	높음
노동집약도	낮음	**서비스 공장** • 항공사 • 운수회사 • 호텔 • 리조트	**서비스 숍** • 병원 • 자동차 수리 • 기타 수리 서비스
	높음	**대량서비스** • 소매업 • 도매업 • 학교 • 소매금융	**전문서비스** • 의사 • 변호사 • 회계사 • 건축사

※ 고객접촉 정도가 높을수록 서비스공정의 불확실성이 높아지고 비효율성이 증가함

서비스 분류

서비스 시스템	내용
서비스 공장 service factory	낮은 고객화와 낮은 노동집약도가 특징임. 항공사, 운송회사, 호텔 등이 포함되며, 마치 공장과 같이 매우 효율적으로 서비스를 생산함
서비스 숍 service shop	노동집약도는 낮으나, 고객화의 정도는 높음. 병원, 자동차 수리업 및 기타 수리업 등
대량서비스 mass service	노동집약도는 높으나 고객접촉과 고객화는 낮음. 도·소매업, 학교, 소매금융 등
전문서비스 professional service	노동집약도와 고객화 정도가 모두 높음. 변호사, 의사, 회계사, 건축사 등

1) 서비스 관리

   ① 노동집약도

   서비스에 대한 노동 대 자본의 비율에 따라 결정되는데, 자본/노동 비율이 낮을수록 좀 더 노동집약도가 높은 서비스로 분류됨

노동집약도	서비스 관리
고	• 인력의 교육 훈련 • 종업원 복지
저	• 토지, 설비, 기기와 같은 자금결정 • 비수기와 성수기의 수요에 대한 결정 • 서비스 공급의 스케줄링에 대한 결정

   ② 고객화 및 고객접촉 정도

   고객접촉(customer contact)은 고객이 서비스 프로세스에 출현하여 적극 참여하고 개인적인 특별한 서비스를 받는 정도를 의미하며, 고객화(customization)는 기업이 고객에게 맞춤 서비스를 제공하는 것을 의미함. 일반적으로 고객접촉도가 높을수록 서비스시스템과 고객 사이의 상호작용이 커지게 되고 이에 따라 불확실성도 높아지고 비효율성이 증가하게 됨

고객화 및 고객접촉	서비스 관리
고	• 일관된 서비스품질 유지 • 종업원의 충성심 관리
저	• 마케팅 • 서비스의 표준화

4. 기술관리

(1) 경쟁우위

신기술을 추구할 때 가장 먼저 고려해야 하는 것은 그것이 경쟁우위(competitive advantage)를 창출하는가의 여부

(2) 경쟁우선순위와 적합성

기술의 변화가 원가, 품질, 시간, 유연성이라는 기업의 경쟁우선순위를 달성하는데 도움이 될지를 검토하는 것

(3) 선도기업의 이점에 대한 고려

신기술을 시장에 가장 먼저 도입한다면 기술 선도 기업으로서의 이점을 누릴 수 있음

(4) 경제적 정당화

신기술 도입은 경제적 정당성을 가져야 함

(5) 혁신적 기술

혁신적 기술(disruptive technology)이란 기존 고객이나 현재의 제품에 대해서는 아직은 가치를 평가받지 못하는 특성을 가진 기술 혹은 기존 고객이나 미래의 고객이 가치를 두는 성과 특성에서는 아직 매우 열악하나, 그것이 다듬어졌을 때는 그러한 성과에서 곧 현재의 기술을 능가할 수 있는 기술을 의미함

5. 설비배치

(1) 제품별 배치

제품별 배치(product layout)는 대량의 제품이나 고객을 시설 내부에서 신속하고 원활하게 흐르도록 하고자 할 때 사용되는 설비배치

장점	• 산출률이 높은 덕분에 단위 당 원가가 낮음 • 과업이 단순하여 훈련 시간과 비용이 적게 들고, 감독이 용이 • 작업장 간의 거리가 짧아 자재취급비용이 낮음 • 인력과 장비의 가동률이 높음 • 생산계획 및 통제가 비교적 단순
단점	• 단순작업의 반복으로 작업자가 지루함을 느낌 • 물량의 변화나 제품의 설계 변경에 유연하게 반응할 수 없음 • 프로세스가 상호의존적이므로 고장이나 무단결근에 매우 취약 • 설비투자가 큼

(2) 공정별 배치

공정별 배치(process layout)는 처리 대상 제품이나 서비스마다 처리 요구 사항이 다를 때 적합한 프로세스임

장점	• 다양한 처리 요구를 다룰 수 있음 • 장비 고장에 크게 취약하지 않음 • 장비 가격이 저렴하며, 유지보수도 쉽고 비용도 적음 • 과업의 다양화로 작업자에게 더 큰 흥미와 만족을 줄 수 있음
단점	• 경로계획과 일정계획을 자주 수립해야 함 • 장비 가동률이 낮음 • 물자 운반이 느리고 비효율적임 • 제품별 배치에 비해 상대적으로 감독비용이 높음 • 단위 당 원가가 높음

(3) 위치고정형 배치(=프로젝트 배치)

위치고정형 배치(fixed position layout)는 제품을 고정시키고 작업자와 장비가 필요에 따라 이동하며 작업하는 배치형태, 프로젝트 배치라고도 함. 일반적으로 프로젝트형 생산은 비반복적이며 1회적인 성격을 가지고 있음. 엄밀히 말해 프로젝트에서는 제품의 흐름은 존재하지 않고, 다만 프로젝트의 완성에 필요한 많은 세부과업들이 있을 뿐임

장점	• 제품 이동이 없으므로 제품에 손상이 가지 않고 이동비용도 발생하지 않음 • 제품이 한 작업장에서 다른 작업장으로 이동되지 않으므로 할당된 노동인력의 계속성이 보장되어 새로운 작업을 시작할 때마다 인력을 재계획하고 교육시킬 필요가 없음
단점	• 동일한 작업자들이 다양한 작업을 처리해야 하므로 숙련된 다기능 작업자가 요구되고, 따라서 높은 수준의 임금을 지불해야 하는 문제가 있음 • 장비 및 인력의 이동에 많은 비용이 들 수 있음 • 일반적으로 장비의 이용률이 낮음

(4) 혼합형 배치

현실적으로 많은 기업들은 제품별, 공정별, 위치고정형 배치의 장단점을 고려하여 세 가지의 혼합 형태를 사용하고 있는데 이를 혼합형 배치(hybrid layout)라고 함

(5) 셀룰러 배치

다수의 유사 부품이나 부품군(part family)의 생산에 필요한 서로 다른 기계들을 가공 진행 순서에 따라 모아놓은 것을 제조셀(manufacturing cell)이라 함. 제조셀은 하나의 기계로 구성되거나, 상호 연결되어 있지 않은 다수의 기계로 구성되거나 또는 다수의 기계가 컨베이어나 기타 자동자재이동장치에 의해 상호 연결된 라인흐름 형태를 취할 수도 있음. 이러한 제조셀을 이용한 제조를 셀룰러 제조(cellular manufacturing)라 하고, 제조셀에 의한 설비배치를 셀룰러 배치(cellular layout)라 함

(6) 프로세스에 따른 설비배치

프로세스와 설비배치의 결합

프로세스 process	설비배치 layout
개별작업 프로세스 job process	공정별 배치(process layout)
배치 프로세스 batch process	
라인 프로세스 line process	제품별 배치(product layout)
연속 프로세스 continuous flow process	

6. 프로세스, 제조전략, 설비배치의 통합

프로세스, 제조전략, 설비배치의 관계

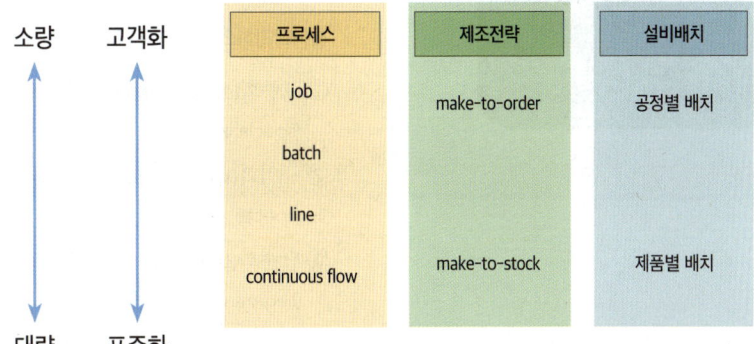

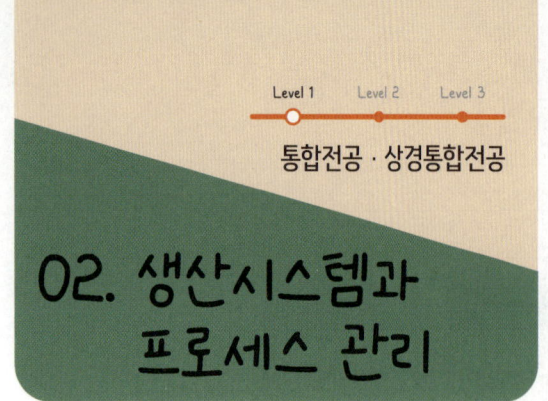

02. 생산시스템과 프로세스 관리

운영관리 의의

2182
2016 공인노무사

생산시스템 설계에 해당하는 것은?

① 일정관리 ② 시설입지
③ 재고관리 ④ 품질관리
⑤ 수요예측

2183
2021 9급 군무원

생산시스템 설계과정에 해당하지 않는 것은?

① 생산입지선정 ② 자원계획
③ 설비배치 ④ 제품설계

제조업과 서비스업

2184
2020 7급 서울시

제품과 차별되는 서비스의 특성에 대한 설명으로 가장 옳지 않은 것은?

① 서비스는 눈에 보이지 않는 무형적 특성이 있다.
② 품질의 표준화가 어렵다.
③ 대체로 생산과 소비의 분리가 이루어진다.
④ 재고로 저장하는 것이 어렵다.

운영관리 발전과정

2185
2011 공인노무사

생산합리화의 3S로 옳은 것은?

① 표준화(standardization)−단순화(simplification)−전문화(specialization)
② 규격화(specification)−세분화(segmentation)−전문화(specialization)
③ 단순화(simplification)−규격화(specification)−세분화(segmentation)
④ 세분화(segmentation)−표준화(standardization)−단순화(simplification)
⑤ 규격화(specification)−전문화(specialization)−표준화(standardization)

2186
2020 가맹거래사

생산의 표준화와 이동조립법(conveyor belt)을 도입하여 생산성을 높이고 경영을 합리화하고자 하는 관리기법은?

① 테일러 시스템
② 포드 시스템
③ 간트 차트의 통계적 품질관리
④ 메이나드의 동작연구
⑤ 길브레스의 방법연구

경쟁우선순위

2187
2009 가맹거래사

생산운영관리의 주요 활동목표와 가장 거리가 먼 항목은?

① 원가 ② 품질
③ 유연성 ④ 납기
⑤ 브랜드

2188
2012 가맹거래사

생산운영관리의 전형적 목표가 아닌 것은?

① 매출액 대비 제조원가 비율을 현행 60%에서 2년 뒤 50%로 낮춘다.
② 생산능력의 10% 변경기간을 현행 6개월에서 2년 뒤 2개월로 단축한다.
③ 재가공 및 재검사 비율을 현행 0.2%에서 2년 뒤 0.1%로 낮춘다.
④ 재고보충을 위한 리드타임을 현행 2주에서 2년 뒤 1주로 단축한다.
⑤ A제품의 시장침투율을 현행 15%에서 2년 뒤 30%로 증대한다.

2189
2020 가맹거래사

생산관리의 목표에 해당하지 않는 것은?

① 원가우위
② 고객만족을 통한 순현가 극대화
③ 품질우위
④ 납기준수 및 단축
⑤ 생산시스템 유연성 향상

2190
2010 공인노무사

생산관리의 주요 활동목표와 가장 거리가 먼 것은?

① 포지셔닝   ② 품질
③ 원가   ④ 납기
⑤ 유연성

2191
2015 공인노무사

생산관리의 전형적인 목표(과업)로 옳지 않은 것은?

① 촉진강화   ② 품질향상
③ 원가절감   ④ 납기준수
⑤ 유연성제고

2192
2022 9급 군무원

다음 중에서 생산관리의 목적으로 가장 옳지 않은 것은?

① 원가절감   ② 최고의 품질
③ 유연성 확보 ④ 촉진강화

2193
2021 7급 군무원

생산전략과 경쟁우선순위에 대한 설명으로 가장 옳지 않은 것은?

① 품질(quality)경쟁력은 산출된 제품과 설계된 사양의 일치정도인 설계품질(quality of design)의 측면으로 생각해 볼 수 있다.
② 유연성(flexibility)경쟁력은 제품 수량의 유연성과 고객화의 2가지 측면으로 구분할 수 있으며, 고객이 원하는 시점에 제품을 전달하는 능력은 적시 인도(on-time delivery)를 의미한다.
③ 경쟁우선순위의 상충모형에서는 품질(quality)은 원가(cost)와 상충되며 신뢰성(reliability)은 유연성(flexibility)과 상충되는 관계를 가진다.
④ 라인흐름전략(product-focused strategy)은 저원가에 대한 강조를 중요시 여기며 대량의 표준화 된 제품을 만들기 위한 전략이다.

2194
2016 7급 서울시

원가(cost)를 경쟁우선순위(competitive priority)로 하는 제조업체가 가지는 일반적인 특징으로 가장 옳은 것은?

① 다품종 소량생산체제를 가지고 있다.
② 다양한 일을 처리할 수 있도록 작업자들을 교차훈련시킨다.
③ 생산라인 자동화를 위한 투자가 비교적 많이 이루어진다.
④ 고객맞춤형 제품을 주력으로 생산한다.

2195
2024 공인노무사

기업에서 생산목표 상의 경쟁우선순위에 해당하지 않는 것은?

① 기술
② 품질
③ 원가
④ 시간
⑤ 유연성

제조전략

2196
2012 7급 국가직

주문생산(make-to-order)공정과 재고생산(make-to-stock)공정의 특성에 대한 설명으로 옳지 않은 것은?

① 재고생산공정은 푸쉬(push)생산공정이라고도 하며, 계획된 생산일정에 따라 재고생산이 이루어진다.
② 다른 조건들이 동일하다면, 생산되는 제품이 다양할수록 재고생산공정을 선택하는 것이 유리하다.
③ 다른 조건들이 동일하다면, 수요 불확실성이 높을수록 주문생산공정을 선택하는 것이 유리하다.
④ 다른 조건들이 동일하다면, 단위당 제조원가가 클수록 주문생산공정을 선택하는 것이 유리하다.

2197
2020 7급 국가직

시장의 수요 변동성에 의한 위험에 대응하기 위하여 다양한 제조전략을 활용할 수 있는데, 동일한 제품에 대하여 고객의 주문 시점부터 제품의 인도 시점까지인 리드타임(lead-time)이 가장 긴 제조전략은?

① 재고생산(make-to-stock)
② 주문생산(make-to-order)
③ 재고조립생산(assemble-to-stock)
④ 주문조립생산(assemble-to-order)

2198
2024 5급 군무원

생산방식의 유형에 대한 다음 설명 중 가장 적절하지 않은 것은?

① 고객의 주문을 받아서 제품을 계획적으로 생산하는 것을 계획생산이라고 한다.
② 개별 생산은 주로 고객의 주문에 따라 소량을 생산하는 방식이다.
③ 로트(Lot) 생산방식은 제품이 비교적 규격화 되어 있으며 주기적으로 일정량을 생산해야 할 때 활용된다.
④ 표준화된 제품을 대량으로 생산하여 불특정 다수에게 공급하는 생산방식을 대량생산이라고 한다.

프로세스 관리

2199
2016 경영지도사

다음은 어떤 생산공정에 관한 설명인가?

- 고객의 주문에 따라 일정기간 동안에 정해진 제품만을 생산한다.
- 이 공정의 예로는 건축, 선박제조, 신제품 개발 등이 있다.

① 프로젝트공정
② 대량생산공정
③ 유연생산공정
④ 자동생산공정
⑤ 연속생산공정

2200
2010 7급 국가직

생산공정에 대한 설명으로 옳은 것은?

① 일반적으로 저가품 단일시장은 프로젝트 공정(project process)을 요구한다.
② 단속적 공정(intermittent process)은 대량생산공정(mass production process)보다 더 많은 자본을 요구한다.
③ 고가품 대량시장은 단속적 공정(intermittent process)을 요구한다.
④ 대량생산공정(mass production process)은 다른 공정에 비해 상대적으로 값싸고 덜 숙련된 노동자를 요구한다.

2201
2020 7급 국가직

헤이즈와 휠라이트(Hayes and Wheelwright)의 제품 - 공정행렬(product-process matrix)에서 제시한 최적 조합이 아닌 것은?

① 소품종소량생산 – 조립라인생산
② 표준품대량생산 – 연속생산
③ 다품종소량생산 – 묶음생산
④ 비표준품소량생산 – 주문생산

서비스관리

2202
2015 가맹거래사

서비스시설과 관련된 입지요인이 아닌 것은?

① 고객과의 근접성
② 생산능력
③ 경쟁업자의 위치
④ 부지의 위치
⑤ 시장의 근접성과 운송비

2203
2015 가맹거래사

인적서비스에 관한 설명으로 옳지 않은 것은?

① 품질의 좋고 나쁨에 대한 평가는 주관적이다.
② 판매되지 않은 서비스는 재고형태로 보관이 가능하다.
③ 서비스 제공과정에 고도의 고객접촉이 일어난다.
④ 서비스는 가변적이며 비표준적인 산출물을 생산한다.
⑤ 서비스는 대량생산이 어렵다.

2204
2018 경영지도사

서비스의 특성으로 옳지 않은 것은?

① 노동집약성
② 무형성
③ 비분리성
④ 소멸성
⑤ 동질성

2205
2016 7급 국가직

서비스 단계별 '고객의 행동, 종업원의 행동, 종업원 지원 프로세스'를 가시선을 기준으로 나누어서 제시하는 플로우 차트(flow chart)는?

① 피쉬본 다이어그램(Fishbone Diagram)
② LOB(Line of Balance)
③ 간트 차트(Gant Chart)
④ 서비스 청사진(Service Blueprint)

서비스 매트릭스

2206
2024 7급 군무원

다음 중 슈머너(R.W. Schmenner)가 제시한 서비스 프로세스 매트릭스에 대한 설명으로 가장 적절하지 않은 것은?

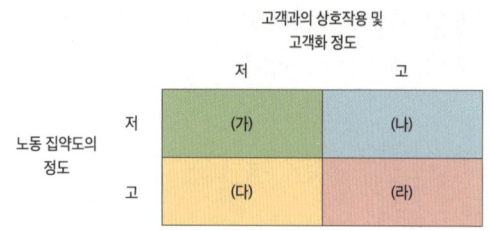

① (가) 유형은 유형제품의 생산공장처럼 표준화된 서비스를 대량으로 공급하며, 항공사와 호텔이 포함된다.
② (나) 유형에는 병원, 자동차 정비소 등이 포함된다.
③ (다) 유형에는 도·소매점, 학교, 은행 등이 포함된다.
④ (라) 유형은 전문적인 교육을 받은 서비스 제공자가 고객의 일반적 요구에 맞는 서비스를 제공한다.

기술관리

2207
2022 경영지도사

다음과 같은 제품개발이 의미하는 혁신 형태는?

- HDTV 등장
- 스마트폰 지문 기술 도입
- 자동차 전후방 카메라 설치

① 파괴적 혁신 ② 점진적 혁신
③ 디자인 혁신 ④ 사업 혁신
⑤ 조직 혁신

2208
2019 7급 서울시

기술혁신에 대한 설명으로 가장 옳지 않은 것은?

① 기술혁신은 주로 제품이나 서비스에 새로운 변화를 도입하여 실용화시켰을 때 나타난다.
② 기술혁신은 크게 공정혁신과 제품혁신으로 구분된다.
③ 공정혁신이란 조직이 그 구조, 절차, 관리방식 또는 정보통제시스템 등 경영관리체제와 관계된 새로운 제도를 도입하여 조직의 효율을 제고하는 혁신이다.
④ 제품혁신이란 새로운 시장 및 고객을 창출하거나 시장점유율을 높이기 위하여 신제품 혹은 신서비스를 개발하거나 기존의 제품 및 서비스를 개선하는 것을 뜻한다.

2209
2008 7급 국가직

와해성 기술(disruptive technology) 혹은 혁신적 기술에 대한 설명으로 옳지 않은 것은?

① 와해성 기술은 시장에서 요구하는 기능을 새로운 방법으로 제공한다.
② 와해성 기술 개발은 시장 선도기업이 주도하는 경우가 많다.
③ 기업의 주 고객은 와해성 기술에 대한 투자를 원하지 않는다.
④ 와해성 기술도 도입초기에는 가격경쟁력이 낮다.

2210
2020 7급 국가직

혁신에 대한 설명으로 옳은 것만을 모두 고르면?

> ㄱ. 존속적 혁신(sustaining innovation)은 기존의 기술을 지속해서 개선하되 기존의 시장에는 큰 영향을 주지 않는다.
> ㄴ. 선도기업은 존속적 혁신에 자원 대부분을 사용하기 때문에 파괴적 혁신(disruptive innovation)에 사용할 여유자원이 부족하다.
> ㄷ. 클레이튼 크리스텐슨(Clayton Christensen)은 혁신이 경제성장의 원동력인 동시에 경기순환을 발생시킨다고 처음으로 주장하였다.
> ㄹ. 보통 혁신의 산물인 독점적 이윤은 오래 지속되기 어렵다.

① ㄱ, ㄴ, ㄷ
② ㄱ, ㄴ, ㄹ
③ ㄱ, ㄷ, ㄹ
④ ㄴ, ㄷ, ㄹ

설비배치

2211
2004 가맹거래사

다음 중 제조업종의 생산시설 배치형태에 해당되지 않는 것은?

① 직원별 배치(employee layout)
② 제품별 배치(product layout)
③ 공정별 배치(process layout)
④ 셀룰러 배치(cellular layout)
⑤ 고정형 배치(fixed layout)

2212
2009 가맹거래사

공정별 생산설비 배치(process layout)의 장점으로 옳지 않은 것은?

① 제품의 수정, 수요변동, 작업순서의 변경에 대해 신축적으로 대응할 수 있다.
② 범용설비를 이용하므로 진부화의 위험 및 유지·보수비용이 적다.
③ 비숙련공들도 전문화된 설비를 사용할 수 있어 작업자 훈련 및 감독이 용이하다.
④ 적은 수량을 제조할 경우에는 제품별 배치보다 원가면에서 유리하다.
⑤ 작업자가 작업수행시에 융통성을 발휘할 수 있다.

2213
2016 가맹거래사

셀룰러배치(cellular layouts)의 장점으로 옳지 않은 것은?

① 작업자의 전문성이 향상된다.
② 준비시간을 줄일 수 있다.
③ 재공품 재고를 줄일 수 있다.
④ 자재처리 및 가공대기시간을 줄일 수 있다.
⑤ 생산자동화가 쉽지 않다.

2214
2016 경영지도사

공장 내 설비 배치에 관한 설명으로 옳지 않은 것은?

① 공정별 배치는 비슷한 작업을 수행하는 기계, 활동들을 그룹별로 모아 놓은 것으로 개별 주문생산시스템에 적합하다.
② 제품별 배치는 공정의 순서에 따라 배치하는 것으로 연속적인 대량생산에 적합하고, 재공품과 물류비 감소 및 생산 통제가 용이하다.
③ 위치고정형 배치는 대단위 제품들을 한 곳에 모아 놓고 조립하는 형태로 프로젝트 기법을 활용하여 생산계획과 통제를 한다.
④ 혼합형 배치는 공정과 제품요소를 동시에 혼합하는 것으로 소품종 대량생산의 경우에 적합하다.
⑤ 프로세스별 배치는 특정제품을 생산하는 일련의 고정된 순서에 의해 배치하는 것으로 주로 특수화된 공구와 장치 생산에 적합하다.

2215
2016 7급 서울시

설비배치의 유형 중 공정별 배치와 제품별 배치를 비교한 것으로 옳은 것은?

① 제품별 배치는 다양한 제품을 소량으로 생산하는 경우에 적합하다.
② 공정별 배치는 제품별 배치에 비해 생산속도가 빠르며 생산설비의 효율성이 높다.
③ 특정 제품만을 생산하기 위한 전용생산라인은 제품별 배치에 해당한다.
④ 공정별 배치는 제품의 공정 순서에 따라 일자형의 형태를 취하는 것이 보통이다.

2216
2011 7급 국가직

제품별 배치(product layout)와 공정별 배치(process layout)에 대한 설명으로 가장 적절하지 않은 것은?

① 대량생산을 통한 규모의 경제(economies of scale)를 추구하는 경우에는 제품별 배치가 보다 바람직하다.
② 다양한 제품 생산을 위하여 제조유연성을 추구하는 경우에는 공정별 배치가 보다 바람직하다.
③ 연속흐름(continuous flow) 생산공정을 구현하고자 할 경우에는 제품별 배치가 보다 바람직하다.
④ 제품생산의 효율성을 제고하고, 재공품 재고를 줄이고자 할 경우에는 공정별 배치가 보다 바람직하다.

2217
2016 7급 국가직

생산시설 배치(facility layout)에 대한 설명으로 옳지 않은 것은?

① 제품형 시설배치(product layout)는 특정 제품을 생산하는 데 필요한 작업순서에 따라 시설을 배치하는 방식을 말한다.
② 공정형 시설배치(process layout)는 다품종 소량생산에 적합하고 범용기계 설비의 배치에 많이 이용된다.
③ 항공기, 선박의 생산에 효과적인 생산시설 배치의 유형은 고정형 시설배치(fixed-position layout)이다.
④ 제품형 시설배치는 재공품 재고의 수준이 상대적으로 높으며 작업기술이 복잡하다.

2218
2019 7급 국가직

설비배치에 대한 설명으로 옳은 것은?

① 같은 기능을 갖는 기계를 작업장(workstation)에 모아 놓은 방식으로, 모든 작업자가 유사한 작업을 수행하는 방식을 제품별 배치(product layout)라고 한다.
② 반복적이고 연속적으로 제품을 생산하는 공정형태이며, 가공 혹은 조립에 필요한 기계를 일렬로 배치하여 모든 기계를 순차적으로 거치면서 제품이 완성되는 방식을 공정별 배치(process layout)라고 한다.
③ 제품별 배치와 공정별 배치 등을 혼합한 형태로 준비시간과 대기시간 단축의 장점이 있는 방식을 셀 배치(cellular layout)라고 한다.
④ TV를 제작하는 데 있어 섀시 조립, 회로기판 장착, 브라운관 장착, 스피커 장착, 외장박스 장착, 최종검사 등을 거치는 방식을 고정형 배치(fixed position layout)라고 한다.

2219
2019 산업안전지도사

공장의 설비배치에 관한 설명으로 옳은 것을 모두 고른 것은?

ㄱ. 제품별 배치(product layout)는 연속, 대량 생산에 적합한 방식이다.
ㄴ. 제품별 배치를 적용하면 공정의 유연성이 높아진다는 장점이 있다.
ㄷ. 공정별 배치(process layout)는 범용설비를 제품의 종류에 따라 배치한다.
ㄹ. 고정위치형 배치(fixed position layout)는 주로 항공기 제조, 조선, 토목건축 현장에서 찾아볼 수 있다.
ㅁ. 셀형 배치(cellular layout)는 다품종소량생산에서 유연성과 효율성을 동시에 추구할 수 있다.

① ㄱ, ㅁ
② ㄱ, ㄹ, ㅁ
③ ㄴ, ㄷ, ㄹ
④ ㄱ, ㄴ, ㄹ, ㅁ
⑤ ㄱ, ㄷ, ㄹ, ㅁ

2220
2023 5급 군무원

설비 배치에 관한 설명으로 가장 적절하지 않은 것은?

① 같은 종류의 기계를 한 작업장에 모아 놓은 방식을 공정별 배치라고 한다.
② 제품별 배치란 제품의 가공 혹은 조립에 필요한 기계를 일렬로 배치하고, 제품이 모든 기계를 순차적으로 거치도록 하는 방식이다.
③ 제품을 고정시키고 작업자와 기계가 필요에 따라 이동하면서 작업하는 방식을 셀 방식(cell manufacturing)이라고 한다.
④ 조립라인 배치란 생산라인을 따라 제품이 반복적이고 연속적으로 흘러가도록 하는 방식이다.

유연생산시스템

2221
2006 가맹거래사

다음 중 유연생산시스템(flexible manufacturing system)에 관한 설명으로 맞는 것은?

① 유사한 설계특성이나 제조특성을 기준으로 품목을 통일 품목의 군으로 구별해주는 접근방법
② 부품의 배치(batch) 생산에서 대량생산의 효율성과 생산성을 확보하기 위해 설계된 방식
③ 컴퓨터를 이용하여 새로운 부품이나 제품을 개발하거나 기존의 부품이나 제품을 대체하기 위해 설계하는 방식
④ 제품의 설계에서부터 유통에 이르기까지의 모든 데이터를 표준화하여 거래당사자들 간에 실시간으로 정보를 주고받을 수 있도록 하는 통합정보시스템
⑤ 공정순서가 기계구조에 의해서 고정되어 공정변화의 유연성이 없고 표준화된 대량생산에 적합한 자동화시스템

2222
2013 경영지도사

유연성을 높이는 공장자동화와 관련된 용어가 아닌 것은?

① JIT
② CAD/CAM
③ robotics
④ FMS
⑤ CIM

2223
2021 경영지도사

자동화 기술과 생산관리기술을 결합하여 주문 생산과 대량생산을 동시에 고려한 생산시스템은?

① 집단가공법
② 수치 제어가공
③ 셀 제조 방법
④ 모듈 생산
⑤ 유연생산시스템

2224
2017 7급 국가직

다양한 종류의 제품을 효율적으로 생산하기에 적합한 방식으로 옳지 않은 것은?

① 유연생산방식
② 린생산(Lean Production)방식
③ 대량생산방식
④ 컴퓨터지원설계·제조(CAD·CAM)방식

2225
2021 5급 군무원

생산공정의 유연성을 높이기 위해 적용되는 기술 혹은 기법 중 다품종 소량생산방식에 해당하지 않는 것은?

① 집단가공법(Group Technology, GT)
② 유연생산시스템(Flexible Manufacturing System, FMS)
③ 컴퓨터통합생산(Computer Integrated Manufacturing, CIM)
④ 모듈러 설계(Modular Design, MD)

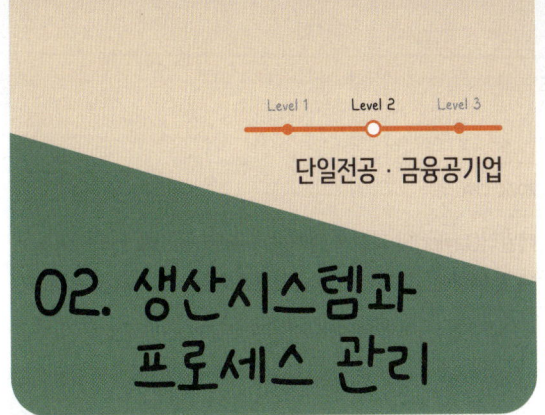

02. 생산시스템과 프로세스 관리

운영관리 의의

2226
2003 CPA

생산은 투입물에 변환을 가하여 가치가 부가된 산출물을 만드는 과정이다. 생산 및 생산시스템에 관한 아래의 설명 중 옳은 것을 모두 고르면?

> a. 생산시스템은 산출물로서 유형의 상품뿐만 아니라 무형의 서비스도 생산한다.
> b. 투입물의 가치 대비 산출물의 가치가 높을수록 생산성이 높으며 이는 상품 경쟁력의 원천이 된다.
> c. 비행기는 비행기 제조회사에게는 산출물이지만 여객항공 회사에게는 투입물이 된다.
> d. 운송창고업과 같이 투입물에 물리적 변환을 가하지 않는 업종은 생산시스템이라고 볼 수 없다.
> e. 산출물로부터 피드백이 내부에서 순환적으로 작용하여 투입물과 변환과정을 통제하기 때문에 생산시스템은 폐쇄시스템으로 볼 수 있다.

① a
② a, b
③ a, b, c
④ a, b, c, d
⑤ a, b, c, d, e

제조업과 서비스업

2227
2004 CPA

서비스업을 제조업과 비교하는 다음의 설명 중 가장 적절한 것은?

① 서비스제공과정에서 고객과의 접촉정도는 제조업에 비해 상대적으로 적다.
② 서비스제공과정에서의 생산성측정은 제조업에 비해 상대적으로 용이하다.
③ 서비스창출과정은 고객의 소비와 동시에 일어나는 경우가 제조업보다 많다.
④ 서비스업에서의 품질측정은 제조업에서의 품질측정보다 객관적으로 이루어질 수 있다.
⑤ 제조업에서처럼 모든 서비스도 재고의 개념을 적용하여 고객수요에 대응할 수 있다.

2228
2012 CPA

서비스업의 특성에 관한 다음 서술 중 적절한 항목들로만 구성된 것은?

> a. 서비스는 측정될 수 없는 무형의 프로세스이므로, 구매하기 전에 미리 사용해 보거나 테스트 해볼 수 없다.
> b. 서비스는 고객과 어느 정도 상호작용이 있어야 완성된다.
> c. 서비스는 근본적으로 이질적이며, 고객이나 서비스 제공자의 능력과 태도에 따라 시시각각 변화한다.
> d. 서비스는 제품과는 달리 시간이 지나면 사라져버리는 시간의존적 프로세스라서 저장될 수 없다.
> e. 제품에 비해 서비스는 상대적으로 반응시간도 길고, 시장도 국지적으로 형성된다.

① a, b
② a, c
③ b, c, d
④ c, d, e
⑤ a, b, c, d

2229
2015 CPA

생산시스템은 유형의 제품과 무형의 서비스에 대한 생산으로 구분된다. 제품과 서비스에 관한 설명으로 가장 적절하지 않은 것은?

① 제품은 서비스에 비해 상대적으로 투입물과 산출물의 균질성이 높다.
② 서비스는 제품에 비해 수요와 공급을 일치(matching supply with demand)시키기가 용이하다.
③ 서비스는 제품에 비해 생산프로세스에 대한 특허취득이 어렵다.
④ 서비스는 제품에 비해 산출물 품질에 대한 측정과 품질보증이 어렵다.
⑤ 서비스는 제품에 비해 생산프로세스에 대한 고객참여도가 높다.

2231
2024 CPA

테일러(Taylor)의 과학적 관리법과 포드(Ford)의 컨베이어 시스템 및 대량생산방식에 관한 설명으로 가장 적절하지 않은 것은?

① 테일러는 과업관리의 방법으로 작업 및 작업환경의 표준화, 공정분석을 통한 분업을 제시하였다.
② 테일러는 작업의 과학화를 통한 생산성 향상을 기반으로 고임금·저노무비를 실현하고자 하였다.
③ 포드는 장비의 전문화, 작업의 단순화, 부품의 표준화 등을 제시하였다.
④ 포드의 생산방식은 전문화된 장비를 활용하여 표준화된 제품을 대량으로 생산하는 데 활용된다.
⑤ 과학적 관리법은 개별 작업자의 능률향상에 공헌하였으며, 컨베이어 시스템은 전체 조직의 능률향상에 공헌하였다.

운영관리 발전과정

2230
2017 CPA

테일러(Taylor)의 과학적 관리법과 포드(Ford)의 이동컨베이어 시스템에 관한 설명으로 가장 적절하지 않은 것은?

① 과학적 관리법은 전사적 품질경영(TQM)에서 시작된 것으로, 개별 과업 뿐 아니라 전체 생산시스템의 능률 및 품질향상에 기여하였다.
② 과학적 관리법은 방임관리를 지양하고 고임금·저노무비용의 실현을 시도하였다.
③ 과학적 관리법의 주요 내용인 과업관리의 방법으로는 작업의 표준화, 작업조건의 표준화, 차별적 성과급제 등이 있다.
④ 이동컨베이어 시스템은 컨베이어에 의해 작업자와 전체 생산시스템의 속도를 동시화함으로써 능률 향상을 시도하였다.
⑤ 이동컨베이어 시스템을 효율적으로 이용하기 위해 장비의 전문화, 작업의 단순화, 부품의 표준화 등이 제시되었다.

경쟁우선순위

2232
2006 CPA

생산시스템의 경쟁우선순위(competitive priorities)에 대한 설명들 중 가장 적절하지 않은 것은?

① 품질(quality)경쟁력은 상대적으로 높은 수준의 제품품질(product quality)을 확보할 수 있는 능력뿐만 아니라 적합한 품질수준을 유지하는 능력도 포함된다.
② 원가(cost)경쟁력은 상대적으로 낮은 가격의 투입자원을 확보하거나 생산성을 향상시킴으로써 얻어지는 가격경쟁력을 의미한다.
③ 신뢰성(reliability)경쟁력은 기업에 대한 고객의 신뢰를 얻어낼 수 있도록 효과적으로 애프터서비스를 제공할 수 있는 능력이다.
④ 유연성(flexibility)경쟁력은 다양한 종류의 제품을 공급할 수 있는 능력뿐만 아니라 주문물량의 대소에 관계없이 대응할 수 있는 능력을 의미한다.
⑤ 시간(time)경쟁력은 빠른 제품개발능력 뿐만 아니라 빠른 인도(fast delivery) 및 적시인도(on-time delivery)능력도 포괄하는 개념이다.

2233
2009 CPA

시간(time)과 관련된 경쟁우선순위(competitive priorities)에 관한 다음 서술 중 가장 적절한 것은?

① 경쟁기업에 비해 빠른 개발속도와 인도시간을 달성하기 위해서는 일관된 품질(consistent quality)의 경쟁력은 상대적으로 저하되는 것이 불가피하다.
② 제조기업이 주문을 받고 나서 제품을 인도할 때까지 걸리는 시간을 경쟁기업보다 가능한 한 짧게 만들 수 있는 유일한 방법은 재고를 보유하는 것이다.
③ 새로운 제품을 보다 빠르게 시장에 내놓기 위해 개발속도를 높이는 동시에 시장에서의 실패확률을 줄일 수 있도록 하는 방법의 하나가 콘커런트 엔지니어링(concurrent engineering) 개념이다.
④ 제조기업에 있어서는 시간과 관련된 경쟁력이 원가(cost)와 관련된 경쟁력보다 그 중요성이 덜하다.
⑤ 오늘날에는 빠른 개발속도와 빠른 인도시간(fast delivery time)에 비해 약속된 납기를 준수하는 적시인도(on-time delivery) 개념은 그 중요성이 떨어진다.

2234
2017 CPA

제시된 생산운영관리의 목표를 달성하기 위한 방안 및 이에 관한 설명으로 가장 적절한 것은?

① 원가절감 : 설비 가동률의 최소화를 통한 규모의 경제(economies of scale) 달성
② 제품개발 시간의 단축: 지도카(Jidoka) 및 안돈(Andon)의 도입을 통한 제품개발 프로세스 개선 및 고객중심설계 적용
③ 제품 믹스(mix)의 유연성 강화 : 작업준비시간(set-up time)의 단축 및 차별화지연(delayed differentiation) 등의 활용
④ 품질향상: 식스시그마(Six Sigma)의 적용을 통한 프로세스 변동성(variation)의 최대화
⑤ 흐름시간(flow/throughput time)의 단축 : 프로세스 개선을 통한 재공품(work-in-process) 재고 및 주기시간(cycle time)의 최대화

제조전략

2235
2013 CPA

생산공정 및 설비배치에 관한 다음 설명 중 가장 적절하지 않은 것은?

① 주문생산(make-to-order)공정에서는 납기관리에 비해 수요예측이 더 중요한 반면 계획생산(make-to-stock)공정에서는 수요예측에 비해 납기관리가 더 중요하다.
② 직렬로 연결된 두 개의 공정 사이에 버퍼(buffer)를 두는 것은 작업장애(blocking) 혹은 작업공전(starving)을 방지하는 데 도움이 된다.
③ 라인공정(line process)은 단속공정(intermittent process)에 비해 효율성이 비교적 높다는 장점이 있으나 유연성이 비교적 낮다는 단점이 있다.
④ 제품별 배치(product layout)를 이용하는 경우는 공정별 배치(process layout)를 이용하는 경우에 비해 노동 및 설비의 이용률이 비교적 높다는 장점이 있다.
⑤ 그룹테크놀러지 배치(group technology layout)를 이용하는 경우, 다양한 제품을 소규모 로트(lot)로 생산하는 기업도 제품별 배치의 경제적 이점을 얻을 수 있다.

2236
2023 CPA

MTS(make-to-stock)에서 MTO(make-to-order) 프로세스로 변경할 경우 유리할 것으로 예상되는 상황만을 모두 선택한 것은?

> a. 제품의 생산 속도가 느리고 경쟁우위 유지에 제품 공급의 신뢰성이 중요하다.
> b. 제품의 수요에 대한 예측이 비교적 용이하다.
> c. 제품의 생산 속도가 빠르고 수요를 초과하여 생산할 경우 폐기 비용이 크다.
> d. 수요의 변동이 비교적 크고 제품의 재고비용이 크다.

① a, b   ② a, c
③ b, c   ④ b, d
⑤ c, d

프로세스 관리

2237
2003 CPA

제품-공정행렬(product-process matrix)에 관한 다음 설명 중 가장 적절치 않은 것은?

① 공정선택에 관한 의사결정을 동태적으로 분석하기 위해, 제품구조와 이를 생산하는 공정기술 유형과의 관계를 행렬 형태로 나타낸 것이다.
② 공정기술 유형은 주문생산공정, 뱃치생산공정, 조립라인생산공정, 연속생산공정으로 분류된다.
③ 제품구조 유형은 개별소량생산품, 다품종소량생산품, 소품종대량생산품, 표준대량생산품으로 분류된다.
④ 제품 발전과 그에 따른 생산공정의 변화는 대체로 행렬의 대각선을 따라 움직이되, 제품과 공정이 동시에 변화하는 경우는 드물기 때문에 대각선을 수직적 또는 수평적으로 번갈아 벗어나면서 변화한다.
⑤ 표준화가 낮은 개별제품의 소량생산은 주문생산방식에 의해 이루어지며 표준화된 일용상품은 연속생산방식에 의해 대량으로 생산되는 것이 일반적이므로, 이 관계를 제품-공정행렬 상에 표현하면 대부분의 생산기업들은 행렬의 우측상단 모서리와 좌측하단 모서리 부분에 위치하게 된다.

2238
2006 CPA

제품과 그 제조공정의 특성을 연결한 것 중 가장 적절하지 않은 것은?

① 휘발유 - 연속흐름(continuous flow)
② 소형승용차 - 조립라인(assembly line)
③ 전통공예가구 - 개별작업(job-shop)
④ 특수 중장비 - 다중흐름라인(multi-flow line)
⑤ 제과점의 여러 가지 빵과 생과자 - 뱃치 프로세스(batch process)

2239
2009 CPA

프로세스(process)관리와 관련된 다음 서술 중 가장 적절하지 않은 항목들로 구성된 것은?

> a. 연속 프로세스(continuous process)는 제품의 흐름이 고정되어 있으며 산출량이 많고 제품의 표준화 정도가 높은 경우에 해당한다.
> b. 개별작업 프로세스(job-shop process)는 특정 유형의 작업을 할 수 있는 장비와 작업자가 일정한 장소에 함께 배치되는 것이다.
> c. 후방통합(backward integration)은 제조기업이 유통센터나 소매점포와 같은 유통채널을 보다 많이 확보하는 것을 의미한다.
> d. 프로세스에 관한 의사결정은 제품의 개발단계에서 결정되어야 하며 일단 제품이 출시된 이후에는 변경하거나 수정할 수 없다.
> e. 수직적 통합을 강화한다는 것은 아웃소싱(outsourcing)의 수준이 낮아진다는 것을 의미한다.

① a, b ② a, c
③ b, d ④ c, d
⑤ d, e

서비스 관리

2240
2005 CPA

서비스업의 운영관리와 관련한 다음의 설명 중 가장 적절치 않은 것은?

① 서비스는 시간소멸적(time-perishable) 특성이 있어 서비스업의 경우 수요관리가 더욱 중요하다.
② 대부분의 서비스는 서비스 패키지를 구성하는 유·무형의 속성들을 혼합적으로 포함하고 있다.
③ 서비스 수요의 성수기와 비수기 주기는 일반적으로 제조업보다 짧고 격차도 큰 경향이 있다.
④ 서비스의 이질성을 극복하는 방안의 하나로 종업원에 대한 교육 훈련을 고려할 수 있다.
⑤ 표준화 정도가 높고 자본비용이 낮은 대량서비스로 분류되는 도매점의 경우 종업원의 충성도 획득이 중요한 경영과제이다.

서비스매트릭스

2241
2010 CPA

고객과의 접촉정도와 고객화(customization) 그리고 노동 집약 형태에 의해 분류되는 서비스 매트릭스에 대한 다음의 설명 중 옳은 항목만으로 구성된 것은?

> a. 서비스공장(service factory)은 고객과의 접촉정도와 노동집약도의 정도가 모두 낮은 서비스 조직으로 항공사, 호텔 등이 포함된다.
> b. 서비스샵(service shop)은 고객화 정도가 높고 노동집약도는 낮은 서비스 조직으로 서비스 공급의 스케쥴링(scheduling), 비수기와 성수기의 수요관리 등에 의사결정의 중점을 두어야 한다.
> c. 전문서비스(professional service)는 고객화의 정도와 노동집약도가 모두 높은 서비스 조직으로 병원, 자동차 수리소 등이 포함된다.
> d. 노동집약도가 높은 서비스 조직에서는 인력자원에 대한 교육, 훈련과 종업원 복지 등에 의사결정의 중점을 두어야 한다.
> e. 고객과의 접촉 및 고객화 정도가 높은 서비스 조직에서는 마케팅, 서비스표준화, 서비스 시설 등에 의사결정의 중점을 두어야 한다.

① a, b, d
② b, c, e
③ a, b, e
④ a, c, d
⑤ c, d, e

2242
2021 CPA

제품과 서비스의 생산에 관한 설명 중 적절한 항목만을 모두 선택한 것은?

> a. 서비스는 규격화가 용이하지 않으므로 제품에 비해 품질평가가 상대적으로 어렵다.
> b. 슈메너(Schmenner)의 서비스 프로세스 매트릭스에서는 고객화의 정도와 노동집약도가 높은 경우를 서비스공장(service factory)으로 분류하고, 원가관리와 서비스품질 유지를 강조한다.
> c. 제품은 서비스에 비해 수요와 공급을 일치시키기 위한 평준화전략(level strategy)을 사용하기가 상대적으로 용이하다.
> d. 서비스는 생산프로세스에 대한 고객참여도가 높기 때문에 제품에 비해 산출물의 품질변동이 줄어든다.

① a
② c
③ a, b
④ a, c
⑤ c, d

2243
2022 CPA

슈메너(Schmenner)의 서비스 프로세스 매트릭스에 관한 설명으로 가장 적절하지 않은 것은?

① 전문서비스(professional service)는 노동집약도와 고객화 정도가 모두 높은 서비스를 의미한다.
② 대량서비스(mass service)에는 소매업, 학교, 소매금융 등이 속한다.
③ 서비스 공장(service factory)에는 항공사, 운수회사, 호텔 등이 속한다.
④ 서비스 숍(service shop)은 노동집약도는 높으나 고객화 정도는 낮은 특징이 있다.
⑤ 전문서비스는 높은 수준의 인건비와 고객화 정도 때문에 비효율적인 경향이 있다.

기술관리

2244
2009 CPA

기술경영(technology management)과 관련된 다음 서술 중 가장 적절한 것은?

① 새로운 제품기술(product technology)을 개발하기 위해서는 마케팅 부문과 긴밀하게 협조하여 어떤 제품을 고객이 진정으로 원하는가를 정확히 파악하는 것이 필수적이다.
② 신기술의 개발이나 도입은 그로부터 얻어지는 경쟁우선 순위를 고려할 필요 없이 지속적으로 이루어져야만 한다.
③ 시장 내에서 신기술을 최초로 적용하는 선도 기업 전략을 택할 경우에는 과도한 R&D비용이나 시장수요의 불확실성으로 인한 재무적 위험부담을 고려할 필요가 없다.
④ 신기술의 개발과 적용에 있어서는 고객에 대한 서비스, 인도 시간, 재고, 자원의 유연성 등에 미치는 영향보다는 직접적인 재무적 비용만을 우선적으로 고려하여야 한다.
⑤ 경영자는 전략적으로 중요한 혁신적 기술의 변화를 수용함에 있어 언제나 소극적인 의사결정을 내려야 한다.

설비배치

2245
2002 CPA

생산설비의 배치는 제품의 생산공정과 밀접한 관계를 맺고 있다. 다음 설비배치에 관한 설명 중 가장 적절하지 않은 것은?

① 대형 여객기 제조회사에 가장 적합한 설비 배치 형태는 위치고정형 배치(fixed position layout)이다.
② 제품별 배치(product layout)는 생산제품에 변화가 있을 때마다 시설배치를 변경해야 하기 때문에 공정의 유연성이 떨어진다.
③ 공정별 배치(process layout)는 유사한 공정을 그룹별로 모아 배치하므로 공장 내 반제품 및 원자재의 흐름을 파악하기 쉽고 생산계획 및 통제가 간단하다.
④ 제품별 배치는 일반적으로 대규모의 생산설비 투자가 필요하며 표준화된 제품의 대량생산에 적합하다.
⑤ 공정별 배치는 제품별 배치에 비해 과업이 다양하므로 작업자로 하여금 작업에 대한 흥미와 만족도를 높여줄 수 있다.

2246
2005 CPA

생산 및 서비스 설비배치와 관련한 다음의 설명 중 가장 적절치 않은 것은?

① 놀이 공원은 공정별 배치(process layout)가 적절하다.
② 생산제품의 부피가 크거나 무게가 무거워 이동이 어려울 경우 고정형 배치가 적절하다.
③ 제조업의 생산제품에서 표준화보다는 고객화 정도가 높을수록 공정별 배치가 적절하다.
④ 다품종 소량생산의 경우 제품별 배치(product layout)를 채택하면 생산능력이 부족하여 과부하가 초래되므로 적절하지 못하다.
⑤ 공정별 배치가 제품별 배치보다 생산의 효율성이 낮은 경향이 있다.

2247
2008 CPA

프로세스 선택과 설비배치에 대한 다음의 설명 중 가장 적절하지 않은 것은?

① 정유공정이나 제철공정과 같이 고도로 표준화된 제품을 생산하기 위해서는 연속생산프로세스와 제품별배치가 바람직하다.
② 중장비나 선박용 부속품과 같은 제품의 생산을 위해서는 배치생산프로세스와 공정별배치가 바람직하다.
③ 시장에서의 반응이 아직 확인되지 않은 신제품의 경우에는 배치프로세스와 제품별배치가 바람직하다.
④ 제품의 수명주기에서 성숙기에 속하는 자동차의 생산을 위해서는 조립생산프로세스와 제품별배치가 바람직하다.
⑤ 표준화의 정도가 매우 낮고 주문별로 개별 작업이 필요한 경우에는 주문생산프로세스와 공정별배치가 바람직하다.

2248
2012 CPA

생산 및 서비스 설비배치에 관한 설명으로 가장 적절하지 않은 것은?

① 다품종 소량생산을 위해 설비나 작업장들이 L자, S자, U자의 형태를 갖는 제품별 배치를 채택하는 것이 적절하다.
② 공정별 배치는 범용기계의 사용이 가능하여 제품별 배치에 비해 기계설비에 대한 투자가 비교적 적다.
③ 공정별 배치는 제품별 배치에 비해 자재와 가공품들의 이동이 복잡하고 생산계획 및 통제가 복잡하다.
④ 고정형 배치는 생산제품의 부피가 크거나 무게가 무거워 이동이 어려울 경우 적절하다.
⑤ 그룹테크놀로지 배치(group technology layout)는 유사한 특성 및 생산흐름을 갖는 부품들을 몇 개의 부품군으로 분류한 다음, 각 부품군에 필요한 생산설비들을 모아 제조셀로 구성하는 것이다.

2249
2014 CPA

공정별 배치(process layout)에 관한 설명 중 적절한 항목만으로 구성된 것은?

> a. 주로 특정 작업을 위한 전용설비들로 생산라인이 구성된다.
> b. 다품종 소량생산의 주문생산방식에 적합하다.
> c. 제품별로 생산경로가 다양할 수 있어 경로계획과 작업일정계획을 자주 수립해야 한다.
> d. 표준화된 제품의 조립과 같이 반복적인 생산에 적합하다.
> e. 제품-공정 매트릭스(product process matrix)에서 유연성과 생산원가가 낮은 경우에 해당한다.

① a, c
② b, c
③ b, c, d
④ a, d, e
⑤ b, e

2250
2016 CPA

생산·서비스 공정 및 설비배치에 관한 설명으로 가장 적절한 것은?

① 배치공정(batch process)은 조립라인공정(assembly line process)에 비해 일정계획 수립 및 재고통제가 용이하고 효율성이 높다.
② 주문생산공정(make-to-order process)은 원하는 서비스수준(service level)을 최소 비용으로 충족시키는 것이 주요 목적이며, 재고생산공정(make-to-stock process)은 생산시간을 최소화하는 것이 주요 목적이다.
③ 고객접촉의 정도가 높을수록 서비스공정의 불확실성이 낮아지고 비효율성이 감소하게 된다.
④ 공정별배치를 셀룰러(cellular)배치로 변경함으로써 생산준비시간을 단축시키는 것이 가능하다.
⑤ 제품별배치에서는 제품이 정해진 경로를 따라 이동하지만 프로젝트배치와 공정별배치에서는 다양한 이동경로를 갖는다.

2251
2018 CPA

생산공정 및 설비배치에 관한 설명으로 가장 적절한 것은?

① 제품이 다양하고 뱃치크기(batch size)가 작을수록 잡숍공정(job shop process)보다는 라인공정이 선호된다.
② 주문생산공정은 계획생산공정보다 유연성이 높지만 최종제품의 재고수준이 높아지는 단점이 있다.
③ 제품별배치에서는 공정별배치에 비해 설비의 고장이나 작업자의 결근 등이 발생할 경우 생산시스템 전체가 중단될 가능성이 낮으며 노동 및 설비의 이용률이 높다.
④ 그룹테크놀로지(GT)를 이용하여 설계된 셀룰러배치는 공정별배치에 비해 가동준비시간과 재공품재고가 감소되는 등의 장점이 있다.
⑤ 프로젝트공정에 주로 사용되는 고정위치배치에서는 장비와 인원 등이 작업장의 특정위치에 고정되므로 작업물의 이동경로 관리가 중요하다.

2252
2020 CPA

설비배치 유형에 관한 비교설명으로 가장 적절한 것은?

① 공정별배치(process layout)는 대량생산을 통한 원가의 효율성이 제품별배치(product layout)보다 상대적으로 높다.
② 제품별배치는 생산제품의 다양성과 제품설계변경에 대한 유연성이 공정별배치보다 상대적으로 높다.
③ 제품별배치는 설비의 활용률(utilization)이 공정별배치에 비해 상대적으로 낮다.
④ 제품별배치는 경로설정(routing)과 작업일정계획(scheduling)이 공정별배치에 비해 상대적으로 단순하다.
⑤ 공정별배치는 설비의 고장에 따른 손실이 제품별배치보다 상대적으로 크다.

2253
2021 CPA

제품별배치(product layout)가 공정별배치(process layout)에 비해 상대적으로 유리한 장점만을 모두 선택한 것은?

> a. 산출률이 높고 단위당 원가가 낮다.
> b. 장비의 이용률(utilization)이 높다.
> c. 장비의 구매와 예방보전(preventive maintenance) 비용이 적다.
> d. 자재운반이 단순하고 자동화가 용이하다.
> e. 재공품재고(WIP)가 적다.
> f. 훈련비용이 적게 들고 작업감독이 쉽다.

① a, b, d, e, f ② b, c, d, e, f
③ b, d, e, f   ④ a, d, e
⑤ a, b, c

2254
2022 CPA

생산방식과 설비배치에 관한 설명으로 가장 적절하지 않은 것은?

① 수요의 변동성이 낮고 완제품에 대한 재고비용이 크지 않을 경우 계획생산 방식이 주문생산 방식에 비해 유리하다.
② 제품별 배치(product layout)는 전용설비가 사용되므로 범용설비가 사용되는 공정별 배치(process layout)에 비해 설비투자 규모가 크다.
③ 제품 생산과정이 빠르고 수요를 초과한 생산량에 대한 폐기비용이 클 경우 계획생산 방식이 주문생산 방식에 비해 유리하다.
④ 처리 대상 제품 또는 서비스에 따라 요구사항이 다를 경우 제품별 배치보다 공정별 배치가 적합하다.
⑤ 셀룰러 배치(cellular layout)의 경우 그룹 테크놀로지(group technology)를 활용하여 제품별 배치의 이점과 공정별 배치의 이점을 동시에 얻을 수 있다.

2255
2023 CPA

생산공정 및 설비배치에 관한 설명으로 적절하지 않은 항목만을 모두 선택한 것은?

> a. 제품별 배치는 공정별 배치에 비해 자재와 부품의 이동이 복잡하기 때문에 이동시간과 대기시간 관리가 중요하다.
> b. 집단가공법(group technology)은 기계설비가 중복투자될 수 있고 부품분류에 따른 작업량이 증가할 수 있다는 단점이 있다.
> c. 플로우샵(flow shop) 공정은 잡샵(job shop) 공정에 비해 범위의 경제(economies of scope) 효과를 통해 원가 절감을 하기에 더 유리하다.
> d. 직선 라인배치에 비해 U자나 S자형 라인배치는 인력의 탄력적 운용에 더 유리하며 문제 발생 시 작업자 간의 협업이 더 용이하다.

① a, b   ② a, c
③ b, c   ④ b, d
⑤ c, d

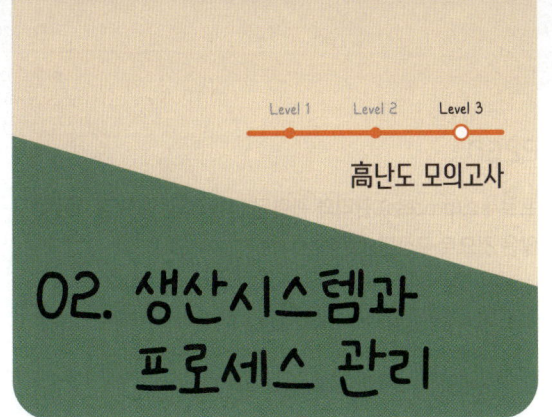

02. 생산시스템과 프로세스 관리

2256

다음 중 생산시스템의 경쟁우선순위(competitive priorities)에 관한 다음의 설명 중 가장 적절하지 않은 것은?

① 최고품질(top quality)과 저원가 생산(low cost operation)을 동시에 만족시키기는 어렵다.
② 경쟁우선순위의 선택은 각 세분시장의 요구와 경쟁사들의 반응을 고려하여야 하므로 마케팅부서와 생산부서 간의 공동노력을 필요로 한다.
③ 수량유연성(volume flexibility)이란 급격한 수요변동에 대응하기 위해서 산출률을 신속히 줄이거나 늘릴 수 있는 능력을 말한다.
④ 제품이나 서비스의 개발속도(development speed)에 집중하는 기업은 제품개발에 소요되는 시간을 단축하기 위하여 동시공학(concurrent engineering) 프로세스를 활용하는 것이 좋다.
⑤ 적시인도(on-time delivery)란 고객으로부터 주문을 받고 나서 제품이나 서비스의 인도에 걸리는 시간 즉 리드타임(lead time)을 단축하는 것을 의미한다.

2257

설비배치(layout)에 대한 다음 설명 중 가장 적절한 것은?

① 한가지 제품을 소량 생산하는 경우에는 제품별 배치(product layout)가 적합하다.
② 위치고정형 배치(fixed-position layout)는 제품 이동이 없으므로 제품에 손상이 가지 않고 이동비용도 발생하지 않는다는 장점이 있다.
③ 셀룰러 배치(cellular layout)는 제조 셀들이 일련의 특정한 가공작업들만 수행하도록 설계되어 있다는 점에서는 제품별 배치와 유사하고, 제한된 범위의 제품(부품)들의 생산에 전용이라는 점에서 공정별 배치와 유사하다.
④ 제품별 배치(product layout)는 각 제품이 고유의 생산 흐름을 갖기 때문에 원자재를 다루는데 다양한 경로가 요구된다.
⑤ 제품별 배치(product layout)가 공정별 배치(process layout)보다 더 고객화(customization)된 제품을 생산하는데 용이하다.

2258

최종모의고사

서비스업의 운영관리와 관련한 다음 설명 중 가장 적절하지 않은 것은?

① 빠른 비용상승을 경험하는 서비스 기업들은 서비스 생산성 향상을 위해 SERVPERF, SERVQUAL 등을 이용하고 있다.
② 서비스는 구매하기 전에 서비스 제품을 눈으로 보고, 맛을 보고, 느끼고, 소리를 듣고 혹은 냄새를 맡을 수 없으므로 고객들이 서비스의 품질을 추론할 수 있도록 서비스를 유형화하거나 단서(signal)를 제공해야 한다.
③ 유형재(physical goods)는 생산 → 저장 → 판매 → 소비의 과정을 거치지만 서비스는 판매가 먼저 이루어진 후 생산과 소비가 동시에 이루어진다.
④ 어떤 의사는 진료약속을 지키지 않은 환자에게 비용을 부과하는데 이는 서비스의 소멸성(perishability) 때문이다.
⑤ 서비스 품질 개선을 통해 수익을 창출하려는 서비스 기업은 외부마케팅 프로그램보다 내부마케팅(internal marketing) 프로그램 강화가 선행되는 것이 좋다.

2259

프로세스와 설비배치(layout) 유형에 대한 다음 설명 중 가장 적절하지 않은 것은?

① 개별작업 프로세스(job process)는 대상 제품이나 서비스가 매우 다양하고 개별 제품이나 서비스의 양이 적을 때 사용된다. 처리과정은 단속적이고, 처리 대상은 여러 가지 소규모 일감이며 각기 처리 요구사항이 다르다.

② 뱃치 프로세스(batch process)는 처리 대상의 다양성과 각 대상별 산출량이 아주 크지도 않고 적지도 않은 중간 정도일 때 사용된다. 빵집과 멀티플렉스 영화관이 그 예이다.

③ 라인 프로세스(assembly line process)는 산출량이 많은 표준 제품이나 서비스 생산에 유리한 공정이다. 산출이 표준화되어 있으므로 장비의 유연성 요구는 매우 제한적이고 인력의 숙련도도 일반적으로 낮다.

④ 연속 프로세스(continuous flow process)는 표준화된 연속적 산출물을 대량으로 생산할 때 사용한다. 이런 프로세스에서 생산되는 산출물은 다양성이 거의 없기 때문에 장비의 유연성도 별로 요구되지 않는다. 대표적 사례는 자동세차장이다.

⑤ 프로젝트 배치(project layout)는 건축, 조선, 대형 항공기 제작 등과 같은 프로젝트 공정에 적합한 설비배치이다.

2260

프로세스(process) 관리와 관련된 다음 설명 중 가장 적절하지 않은 것으로 구성된 것은?

> a. 재고생산(make-to-stock)의 주요 성과척도는 서비스 수준(service level)이고, 주문생산(make-toorder)의 주요 성과척도는 리드타임(lead time)이다.
> b. 프로세스 선택은 프로세스에서 요구되는 산출량과 고객화의 정도에 따라 달라진다.
> c. 프로세스가 공급자에 의해서보다 기업 내부에서 더 많이 수행될수록 수직적 통합(vertical integration)의 정도는 낮아진다.
> d. 연속생산(continuous flow) 프로세스는 자본집약도가 매우 높기 때문에, 가동률을 높이면서 경비가 많이 드는 정지 및 재시동을 하지 않기 위해 24시간 가동하는 것이 좋다.
> e. 단체 여행을 전문으로 하는 여행사는 개별작업 프로세스(job process)가 적합하다.

① a, c
② c, e
③ d, e
④ c, d, e
⑤ b, c, d

2261

프로세스(process) 관리와 관련된 다음 설명 중 가장 적절하지 않은 것으로 구성된 것은?

> a. 프로세스 의사결정은 생산시스템의 경쟁우선순위(competitive priorities)와 일관성이 있어야 한다.
> b. 프로세스 선택은 프로세스에서 요구되는 산출량과 고객화의 정도에 따라 달라진다.
> c. 프로세스가 공급자에 의해서 보다 기업 내부에서 더 많이 수행될수록 수직적 통합(vertical integration)의 정도는 낮아진다.
> d. 연속생산(continuous flow) 프로세스는 자본집약도가 매우 높기 때문에, 가동률을 높이면서 경비가 많이 드는 정지 및 재시동을 하지 않기 위해 24시간 가동하는 것이 좋다.
> e. 수명주기가 길고 고객화가 낮은 제품이나 서비스를 다루어야 하는 프로세스의 종업원들은 넓은 범위의 업무를 수행할 수 있어야 하고 장비는 범용장비가 사용되어야 한다.

① a, c
② c, e
③ d, e
④ c, d, e
⑤ b, c, d

2262

운영관리와 관련한 다음 설명 중 가장 적절하지 않은 것은?

① 기업이 어떤 생산 프로세스(process)를 사용할 것인지에 대한 선택은 총괄생산계획(aggregate production planning) 수립 시 결정된다.
② 범위의 경제(economies of scope)가 존재하는 상황에서는 고객화(customization)와 저원가 생산(low cost operation)이라는 경쟁우위는 양립가능하다.
③ 수직적 통합(vertical integration)이란 생산 프로세스의 투입(input)요소의 생산을 자체적으로 수행하는 것을 말한다.
④ 뱃치 프로세스(batch process)는 개별작업 프로세스(job process)보다 산출량은 많고, 제공되는 제품과 서비스의 다양성은 낮다.
⑤ 연속 프로세스(continuous flow process)는 일련의 연결된 작업이 아니라 전체가 하나의 독립된 개체이므로 정지 및 재시동은 엄청난 비용을 유발한다.

2263

설비배치(layout)에 대한 다음 설명 중 가장 적절하지 않은 것은?

① 공정별 배치(process layout)는 개별작업 프로세스(job process)에 적합하며, 연속 프로세스(continuous flow process)나 라인 프로세스(line process)에는 제품별 배치(product layout)가 적절하다.
② 공정별 배치(process layout)에서 작업장 배치는 단순히 제품의 공정순서에 따른다.
③ 제품별 배치(product layout)의 과제는 한 작업장에 들어가는 작업활동을 그룹화하여 어떻게 최소의 작업장으로 원하는 산출량을 달성하느냐 하는 점이다.
④ 셀 배치(cellular layout)에서 사용되는 그룹 테크놀러지(GT: group technology)는 비슷한 공정을 요구하는 제품의 집단을 형성하여 기계의 가동준비(setup)를 최소화하는 것이다.
⑤ 설비배치 설계 시, 공정별 배치(process layout)는 공장 내 어느 위치에 어떤 기계를 배치해야 하는지가 중요하며, 반면 제품별 배치(product layout)는 기계의 위치보다는 작업부하가 균등한 효율적인 생산라인을 구축하는 것이 중요하다.

2264

생산운영관리와 관련한 다음 설명 중 가장 적절하지 않은 것은?

① 선거운동이나 주택건설 같은 수요변동이 큰 산업에서 중요한 경쟁우선순위는 수량유연성(volume flexibility)이다.
② 라인흐름(line flow)이란 자재, 정보 또는 고객이 정해진 절차에 따라 한 공정에서 다음 공정으로 직선형으로 이동하는 것을 말한다.
③ 대부분의 장치산업은 자본집약도(capital intensity)가 높기 때문에 값비싼 장비의 손상을 방지하기 위해 가동률을 낮게 설정하는 것이 일반적이다.
④ 고객의 참여(customer involvement)와 성과정보(information on performance)는 생산시스템의 특수한 투입물(input)이다.
⑤ 공장 내 공장(PWP: plants within plants)은 1개 시설 내에 존재하는 여러 개의 상이한 작업들 각각을 개별적인 경쟁 우선순위, 프로세스로 구분하여 동일 시설 내에 보유하는 것을 말한다.

2265

생산능력과 설비배치(layout)에 대한 다음 설명 중 가장 적절한 것은?

① 고객화 정도가 높은 기계 제작 공정은 공정별 배치(process layout)가 적합하다.
② 생산능력 전략 가운데 관망전략(wait-and see strategy)은 새로운 수요에 앞서 생산능력을 확장하기 때문에 불충분한 생산능력으로 인한 판매손실의 기회를 최소화한다.
③ 제품별 배치(product layout)에 비해 공정별 배치(process layout)는 생산계획 및 통제가 비교적 단순하다.
④ 위치고정형 배치(fixed position layout)는 작업자와 장비가 고정되고 제품이 이동하며 작업하는 배치형태이다.
⑤ 1인 복수기계작업(OWMM: one-worker, multiple-machines)은 라인흐름을 갖도록 한 사람의 작업자가 동일한 기계 여러 대를 동시에 다루는 방법이다.

2266

생산 시스템에 대한 다음 설명 중 가장 적절한 것은?

① 서비스업은 투입물에 물리적 변환을 가하지 않으므로 생산 시스템이 존재하지 않는다.
② 개별작업(job) → 배치(batch) → 라인(line) → 연속(continuous flow) 프로세스 순으로 갈수록 고객화(customization) 정도가 증가한다.
③ 연속(continuous flow) → 라인(line) → 배치(batch) → 개별작업(job) 프로세스 순으로 갈수록 품목당 생산량은 증가한다.
④ 주문생산전략(make-to-order strategy)은 개별작업(job) 프로세스나 배치(batch) 프로세스에 적합하고, 재고생산전략(make-to-stock strategy)은 라인(line) 프로세스나 연속(continuous flow) 프로세스에 적합하다.
⑤ 공정별 배치(process layout)는 자재가 직선라인 흐름을 통해 이동하므로 작업장 간 거리가 최소화되며, 생산계획 및 통제가 비교적 단순하다.

2267

생산시스템의 관리와 설계에 관한 다음 설명 중 가장 적절하지 않은 것은?

① 표준화와 생산량 수준이 매우 높을 때는 연속 프로세스(continuous flow process)를 선택하는 것이 적합하고, 반대로 표준화와 생산량 수준이 매우 낮을 때는 개별작업 프로세스(job process)를 선택하는 것이 적합하다.
② 슈메너(Schmenner)의 서비스 매트릭스에서 고객화와 노동집약도 모두 낮은 서비스를 '서비스 공장'이라고 하고 고객화와 노동집약도 모두 높은 서비스를 '전문서비스'라고 한다.
③ 뱃치 프로세스(batch process)는 표준화된 개별작업 프로세스라고 할 수 있는데, 서로 다른 제품을 동일한 생산라인에서 특정 단위로 묶어서 집단으로 처리하는 것이 특징이며 산출량은 라인프로세스와 연속 프로세스의 중간 수준이다.
④ 제품별 배치(product layout)와 공정별 배치(process layout)에서는 제품이 이동하며 제작되나 위치고정형 배치(fixed-position layout)에서는 제품이 고정되고 작업자가 이동하게 된다.
⑤ 표준화되고 산출량이 많은 제품의 생산을 위해서는 제품별 배치(product layout)가 적절하다.

2268

생산시스템의 관리와 설계에 관한 다음 설명 중 가장 적절하지 않은 것은?

① 경쟁우선순위(competitive priorities)가 최고품질(top quality)이나 고객화(customization)일 때는 제조전략으로 주문생산전략(make-to-order)을 선택하는 것이 바람직하다.
② 개별작업 프로세스(job process)에 비해 뱃치 프로세스(batch process)는 산출량은 더 많지만, 생산되는 제품의 범위는 더 좁다.
③ 공정별 배치(process layout)가 제품별 배치(product layout)에 비해 생산계획 및 통제가 비교적 단순하다.
④ 개별작업 프로세스나 배치 프로세스는 공정별 배치(process layout)가 적합하고, 라인 프로세스나 연속 프로세스는 제품별 배치(product layout)가 적절하다.
⑤ 연속 프로세스(continuous flow process)는 자본집약도가 매우 높기 때문에 가동률을 높이면서 경비가 많이 드는 정지 및 재시동에 따른 고비용을 회피하기 위해 24시간 쉬지 않고 가동되는 것이 보통이다.

2269

생산시스템의 관리와 설계에 관한 다음 설명 중 가장 적절하지 않은 것은?

① 그룹테크놀러지셀은 생산해야 할 품목을 형상, 치수, 가공공정 등의 유사성에 근거하여 몇 개의 그룹으로 나누고 각 그룹별로 필요한 기계설비를 배치함으로써 생산준비시간, 작업장간의 운반거리, 대기시간 등을 줄여 개별생산시스템 하에서 생산성을 높이고자 하는 기법이다.

② 공정별 배치(process layout)는 범용기계설비가 주축을 이루고 있으므로 수요의 변동, 제품설계의 변경 또는 작업순서의 변동 등에 손쉽게 대응할 수 있다.

③ 제품별 배치(product layout)는 표준화된 제품을 반복생산하므로 단위당 생산비용이 저렴해지며, 생산계획 및 일정계획을 효율적으로 수립할 수 있다.

④ 개별작업 프로세스(job process)에는 제품별 배치(product layout)가 적절하고, 라인 프로세스(line process)에는 공정별 배치(process layout)가 적절하다.

⑤ 종합병원, 은행, 대학, 자동차 수리공장 등 대부분의 서비스업의 시설은 공정별 배치process layout)의 형태를 갖는다.

2270

제품별 배치(product layout)에 관한 설명 중 적절한 것은 모두 몇 개인가?

a. 다양한 제품의 생산에 적합하다.
b. 생산계획과 통제가 비교적 단순하다.
c. 놀이공원에 적합한 설비배치이다.
d. 제품을 고정시키고 작업자와 장비가 이동하며 작업한다.
e. 비내구재의 신제품개발 단계에서 '시험마케팅' 단계에 적합하다.

① 0개 ② 1개
③ 2개 ④ 3개
⑤ 4개

2271

생산시스템의 관리와 설계에 관한 다음 설명 중 가장 적절하지 않은 것은?

① 고객의 주문에 따라 제품을 만드는 경우에는 개별작업 프로세스(job process)를 선택하는 것이 바람직하다.

② 경쟁우선순위(competitive priorities) 가운데 '원가'를 강조하는 기업은 동일한 산업에 속한 다른 기업들에 비해 제품-공정행렬(product-process matrix)에서 대각선을 따라 아래 쪽에 위치한다.

③ 전통적인 대량생산(mass production) 방식은 규모의 경제(economy of scale)에 기반을 두고 있지만, 대량고객화(mass customization)는 범위의 경제(economy of scope)에 기반을 두고 있다.

④ 서비스 업종 가운데 치과와 미용실은 고객접촉도(degree of customer contact)가 높다고 볼 수 있으며 고객접촉도와 비효율성은 정(+)의 관계이다.

⑤ 재고생산전략(make-to-stock)에서 가장 중요한 성과척도는 리드타임(lead time)이고, 주문생산전략(make-to-order)에서 가장 중요한 성과척도는 서비스 수준(service level)이다.

2272

생산 및 서비스 설비배치와 관련한 다음의 설명 중 가장 적절하지 않은 것은?

① 서비스 시스템의 경우 판매 기회를 최대화하도록 고객을 어떤 목표시간 동안 서비스시스템 내에 붙잡아 두기 위해서는 공정별 배치가 적합하다.

② 공정별 배치를 위한 기법으로는 작업장 간의 물량 이동과 관련된 총비용이 최소가 되도록 각 작업장의 배치를 결정하는 체계적 배치계획과 작업장 간의 관계의 긴밀도에 의한 물량-거리모형이 있다.

③ 일반적으로 프로젝트형 생산은 비반복적이며 1회적인 성격을 가지고 있으므로 제품을 고정시키고 작업자와 장비가 필요에 따라 이동하며 작업하는 위치고정형 배치가 적합하다.

④ 제품별 배치는 산출률이 높아 단위당 원가가 낮아지는 장점이 있는 반면에 물량의 변화나 제품의 설계 변경에 유연하게 반응할 수 없는 단점이 존재한다.

⑤ 그룹테크놀러지(GT) 배치를 이용하는 경우, 다양한 제품을 소규모 로트로 생산하는 기업도 제품별 배치의 경제적 이점을 얻을 수 있다.

2273

생산공정 및 설비배치에 관한 설명으로 가장 적절한 것은?

① 재고생산공정(make-to-stock)의 가장 중요한 성과 척도는 제품의 설계, 생산 및 인도에 소요되는 시간인 리드타임(lead time)과 요청한 납기나 약속한 납기를 지킨 정시 납품비율이다.

② 주문생산공정(make-to-order)의 주요 성과 척도는 재고로부터 바로 충족되는 주문비율인 서비스수준(service level)을 최소의 비용으로 목표로 하는 수준으로 달성하는데 있다.

③ 셀룰러 배치(cellular layout)는 제조 셀들이 일련의 특정한 가공작업들만 수행하도록 설계되어 있다는 점에서 공정별 배치와 유사하고, 제한된 범위의 제품(부품)들의 생산에 전용이라는 점에서 제품별 배치와 비슷하다.

④ 서비스 공정 설계에서 서비스 생산의 비효율성은 고객접촉(customer contact)이 낮을수록 높아진다.

⑤ 프로젝트 배치(project layout)는 제품 이동이 없기 때문에 새로운 작업을 시작할 때마다 인력을 재계획하고 교육을 시켜야 한다.

2274

생산공정 및 설비배치에 관한 설명으로 가장 적절한 것은?

① 재고생산공정(make-to-stock)에서 각 작업은 특정 고객과 관련되어 있으나, 주문생산공정(make-to-order)에서 각 작업은 특정 고객과 관계가 없다.

② 주문생산공정(make-to-order)의 주요 성과 척도는 리드타임(lead time)이므로 이와 관련된 재고보충시간, 재고회전율, 가동률, 추후납품에 걸리는 시간 등을 중점적으로 관리해야 한다.

③ 수량이 많지 않은 다양한 종류의 제품을 생산할 때는 라인 프로세스(line process)가 적절하며, 이 경우에 적절한 설비배치는 제품별 배치(product layout)이다.

④ 프로젝트 공정에서는 장비, 작업자 및 자재가 프로젝트의 위치로 이동해 올 뿐, 프로젝트 그 자체는 고정되어 있기 때문에 제품의 흐름이 없다.

⑤ 대량고객화(mass customization)는 하나의 공정으로부터 다양한 제품을 효율적으로 생산할 수 있는 능력인 규모의 경제(economies of scale)에 기반하고 있다.

2275

생산공정 및 설비배치에 관한 설명으로 가장 적절한 것은?

① 위치고정형 배치(fixed-position layout)는 공정별 배치(process layout)보다 경로계획과 일정계획을 자주 수립해야 한다.

② 제품별 배치(product layout)는 예방보전, 긴급수리 능력, 예비비품 재고가 필요하여 이를 유지하는데 비용이 크며 설비투자에도 많은 비용이 소요된다.

③ 셀 생산방식(cellular production)은 비슷한 처리가 필요한 일단의 부품들을 묶어서 하나의 부품군으로 분류하고, 그 부품군에 속하는 부품들을 만들기 위하여 필요한 공정들을 수행할 작업장들을 하나의 셀로 구성하므로 셀은 소규모 공정별 배치가 된다.

④ 뱃치 프로세스(batch process)에서는 작업 대상은 한 자리에 있고, 작업자와 물자 그리고 장비들이 필요에 따라 이동한다.

⑤ 두 가지 이상의 제품을 동시에 생산할 수 있도록 라인을 설계하는 방법을 헤이준카(Heijunka)라고 하며, 린생산시스템에서 가장 흔하게 사용된다.

2276

생산공정 및 설비배치에 관한 설명으로 가장 적절하지 않은 것은?

① 범용장비의 사용 정도는 뱃치 프로세스(batch process)보다 조립라인 프로세스(assembly line process)가 더 높고, 작업자들의 숙련도와 유연성은 라인 프로세스보다 뱃치 프로세스가 더 높다.

② 재고생산(MTS: make-to-stock) 프로세스의 성과는 재고로 주문이 충족되는 비율로 측정할 수 있고 주문생산(MTO: make-to-order) 프로세스의 성과는 제품의 설계, 제조, 배송에 소요되는 시간으로 측정할 수 있다.

③ 공급사슬상에서 고객의 제품과 특정 고객주문이 연결되는 시점은 재고생산(MTS)보다 주문생산(MTO)이 더 빠르다.

④ 공정별 배치(process layout)에 GT(group technology)를 적용하면 GT 적용 전에 비해 부품이 한 작업장에서 다음 작업장으로 순조롭게 흐를 수 있도록 작업장이 재정의되므로 각 기계 옆에 있는 대부분의 재고가 제거된다.

⑤ 제품-공정 행렬(product-process matrix)에서 제품의 수량과 표준화 정도가 증가할수록 제품-공정 행렬 상의 좌측에서 우측 방향으로 이동하게 된다.

2277

셀배치(cellular layout)에 대한 다음 설명 중 가장 적절하지 않은 것은?

① 셀배치는 소규모의 제품별 배치(product layout)라고 볼 수 있다.
② 셀배치는 공정별 배치(process layout)에 비해 효율성은 높지만 재공품 재고는 더 많다.
③ 셀배치는 공정별 배치에 비해 제품의 이동거리가 상대적으로 더 짧다.
④ 셀배치는 공정별 배치에 비해 흐름시간(flow time)이 상대적으로 더 짧다.
⑤ 셀배치는 공정별 배치에 비해 장비의 이용률이 더 높다.

2278

설비배치(layout)에 대한 다음 설명 중 가장 적절하지 않은 것은?

① 공정의 유연성은 공정별 배치(process layout)가 제품별 배치(product layout)보다 높고 반대로 생산의 효율성은 제품별 배치가 공정별 배치보다 더 높다.
② 셀룰러 배치(cellular layout)는 제품의 이동이 없으므로 제품에 손상이 가지 않고 이동비용도 발생하지 않는다.
③ 혼합형 배치(hybrid layout)는 제품별, 공정별, 위치고정형 배치의 장단점을 고려하여 혼합한 형태이다.
④ 생산계획 및 통제는 제품별 배치가 공정별 배치보다 더 용이하다.
⑤ 제품별 배치가 공정별 배치보다 장비의 고장에 더 취약하다.

03 품질경영

제3편. 경영과학/운영관리

1. 품질의 개념

제품의 품질은 설계품질, 적합성품질, 가용성, 현장 서비스의 네 가지 차원으로 분해할 수 있음

1) 설계품질

설계품질(design quality)은 제품이 생산되기 전에 마케팅, 엔지니어링, 생산 및 기타 기능이 함께 참여하는 제품설계팀에 의해 결정됨

2) 적합성 품질

적합성 품질(conformance quality)이란 실제 생산된 제품이 설계명세에 부합하는 정도를 말함

3) 가용성

가용성(availability)은 시간 차원의 품질개념이며 제품이 고장이 나서 수리나 보전 중이 아니라 사용 가능한 상태에 있는 비율을 말함

4) 현장 서비스

현장 서비스(field service)란 제품판매 후의 보증과 수리 또는 교체를 의미하며, 고객서비스, 판매서비스, A/S(after sales service) 또는 그냥 서비스라고도 함

2. 품질비용

통제비용과 실패비용은 서로 대칭되는 개념으로 통제비용이 증가하면 실패비용은 감소하는 경향을 가짐

구분	항목	세부사항	예
통제비용	예방비용	품질문제가 발생할 가능성을 감소시키는 것과 관련된 비용	품질개선 프로그램, 훈련, 데이터 수집, 분석, 설계 비용 등
	평가비용 (감시비용)	품질 표준과의 일치 정도를 평가하기 위해 자재, 부품, 제품, 서비스를 측정, 평가, 감시하는 것과 관련된 비용	검사장비, 검증, 연구실, 조사자, 표본추출을 위한 생산중단
실패비용	내부 실패비용	고객에게 인도되기 전에 불량제품이나 서비스와 관련된 비용	재작업 비용, 문제해결, 자재 및 제품 손실, 쓰레기, 작업 중단 등
	외부 실패비용	기준 이하의 제품이나 서비스를 고객들에게 전달한 것과 관련된 비용	제품반송, 재작업비용, 품질보증비용, 이미지 훼손, 배상책임, 벌금 등

3. 전사적 품질경영

전사적 품질경영(TQM: total quality management)이란 기업의 모든 구성원들이 품질향상과 고객만족을 달성하기 위해 지속적으로 노력하는 품질혁신 철학을 의미함

TQM 수레바퀴

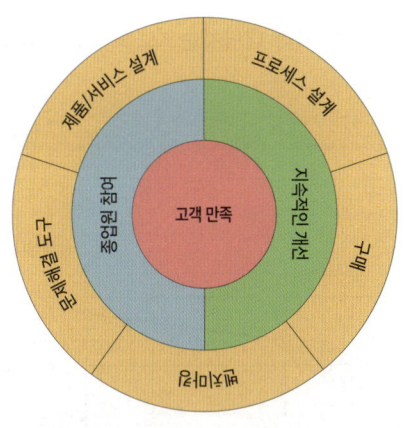

(1) 종업원 참여

1) 문화적 변화

품질경영의 관건은 품질의 중요성을 종업원들에게 일깨워주는 것과 제품품질을 향상시키도록 동기를 부여하는 것임

2) 팀 활동

종업원 참여를 달성하는 방법 중 하나가 팀(team)을 이용하는 것인데, 가장 일반적으로 활용되는 3가지 팀 형태는 문제해결팀, 특수목적팀, 자율적 관리팀임. 정도의 차이는 있으나, 이들 모두는 종업원 임파워먼트(employee empowerment)를 이용한 방법임

(2) 지속적 개선

'카이젠(改善: Kaizen)'이라고 불리는 용어에 근거를 둔 지속적 개선(continuous improvement)은 작업을 개선하기 위한 방법들을 계속적으로 추구하는 철학을 의미함. 지속적 개선은 '계획(plan)－실행(do)－검토(check)－조치(act)'의 사이클(P-D-C-A cycle)을 사용함

지속적 개선을 위한 문제해결 프로세스

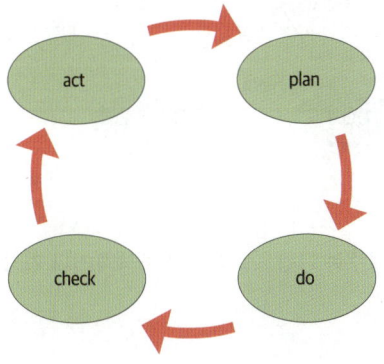

(3) 품질개선을 위한 여러 문제해결도구들

① **체크 시트** check sheet

공정으로부터 자료를 수집하는 가장 기본적인 방법으로 점검표에 의하여 수집된 자료는 도수분포표, 파레토도, 관리도 등의 작성에 사용

② **파레토 도표** Pareto diagram

발생빈도를 기준으로 요인들을 가로축을 따라 내림차순으로 표시한 막대그래프. 가장 중요한 문제 영역에 주목하기 위한 기법

<u>파레토 도표</u>

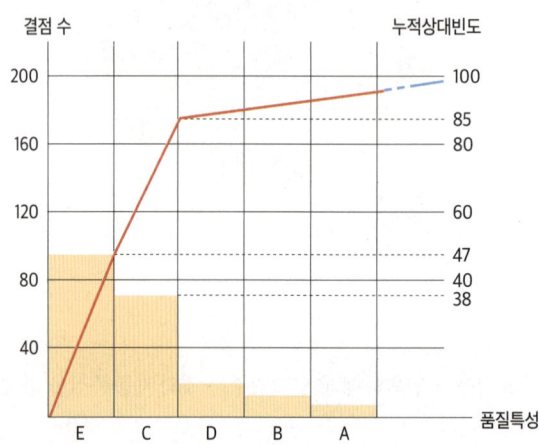

③ **인과분석도** cause and effect diagram

모양 때문에 어골도(fishbone diagram)라 불리기도 하며, 이 도구는 문제의 원인이 될 수 있는 요인들의 항목을 알아내 문제해결을 하려는 것. 이시카와 다이어그램(Ishikawa Diagram)이라고도 함

<u>인과분석도</u>

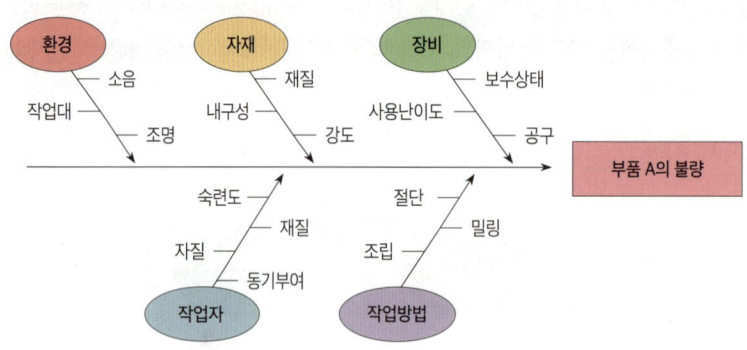

④ **산점도** scatter diagram

두 변수 간의 관계가 있는지를 보여주는 그림으로 가설을 채택하거나 기각하기 위한 기법임

(4) TQM과 전통조직 비교

TQM과 전통조직의 문화 비교

특징	일반조직	TQM
미션	투자수익률 극대화	고객만족향상
목표	단기실적 강조	장·단기균형
경영자의 역할	문제 순위화, 직원들 강요	코칭, 장애물 제거, 신뢰구축 등
고객의 요구사항	최상의 순위는 아님	최우선 순위, 고객요구를 이해하고 규명하는 것이 매우 중요
문제	문제에 대한 부정적 인식	문제를 규명하고 해결해야 할 과제로 여김
문제해결	체계적이지 않음. 개인적 해결	체계적, 팀 단위로 해결
개선	산발적	지속적
공급자와의 관계	적대적	파트너 관계
과업	과업의 범위가 좁고, 전문화됨. 개인 단위의 과업	폭넓은 과업, 전문화가 낮음, 팀단위의 과업 등
초점	제품 지향적(결과지향)	프로세스 지향적(과정지향)

4. 식스시그마

프로세스에서 불량과 변동성을 최소화하면서 기업의 성공을 달성하고, 유지하며, 최대화하려는 종합적이고 유연한 시스템임. 식스시그마가 추구하는 불량률은 100만개 중 3.4개에 불과함

(1) 식스시그마 개선 모형

식스시그마 개선 모형은 프로세스 성과 개선으로 가는 5단계로 이 단계를 DMAIC(Define, Measure, Analyze, Improve, Control)라 함

식스시그마 개선 모형(DMAIC)

구분	교육
정의 Define	고객의 니즈를 바탕으로 핵심품질특성(CTQ: critical to quality)은 무엇이며, 이와 관련된 내부 프로세스는 무엇인가를 정의함
측정 Measure	불량의 수준(고객의 욕구와 현재 프로세스의 품질수준의 차이)을 계량적으로 측정함
분석 Analyze	불량의 원인을 파악. 이때 인과분석도(cause and effect diagram)를 활용하여 한정된 자원이 불필요한 곳에 투입되는 것을 막기 위해서는 소수의 핵심인자(vital few)를 추출하는 것이 중요함
개선 Improve	문제의 근본원인을 제거하고, 프로세스 개선을 위한 최적의 조건을 찾아내어 실행하는 단계임
통제 Control	계속해서 불량이 발생하지 않도록 체계적인 품질통제(품질 책임자 선정, 실무자에게 품질교육, 정기적으로 계량적인 품질 측정 등)를 실시함

(2) 식스시그마 조직과 역할

식스시그마 추진요원의 구성

구분	주요 인력	역할	교육
챔피언	사업부 책임자	식스시그마 추진에 필요한 자원을 할당하고 블랙벨트의 개선 프로젝트 수행을 뒷받침한다. 또한 성과에 따른 보상을 실시한다.	1주일 간 챔피언 교육
마스터 블랙벨트	교육 및 지도 전문요원 (식스시그마 전임)	블랙벨트 등과 같은 품질요원의 양성교육을 담당하고, 블랙벨트를 지도·지원한다.	블랙벨트 교육을 받은 후, 2주일 간의 추가 교육
블랙벨트	개선프로젝트 추진 책임자 (식스시그마 전임)	식스시그마 개선 프로젝트의 실무 책임자로서 활동한다.	4주 간의 교육을 포함하여, 총 4개월 간의 교육 및 실습
그린벨트	현업 담당자 (모든 임직원이 가능)	블랙벨트의 개선 프로젝트에 파트타임으로 참여하거나, 상대적으로 작은 규모의 프로젝트를 책임지고 수행한다.	블랙벨트와 동일한 교육을 받는 것이 좋으나, 통상 1~2개월의 교육 및 실습

5. 품질의 측정

품질의 측정

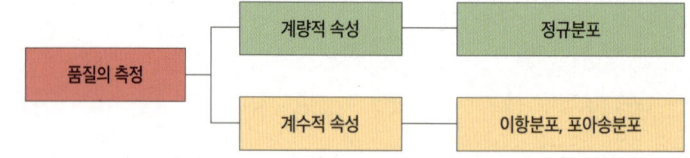

(1) 계량적 속성(variables)

무게, 길이, 부피 또는 시간 등과 같이 계량적 특성으로 품질을 측정하는 것

(2) 계수적 속성(attributes)

표본에 존재하는 불량품의 개수, 하루에 걸려오는 전화 통화 수처럼 계수적 특성으로 품질을 측정하는 것

6. 통계적 품질관리

(1) 표본검사법(acceptance sampling)

원자재나 완제품의 로트로부터 표본을 추출하여 그 검사결과에 의하여 로트의 합격 또는 불합격을 결정하는 통계적 방법

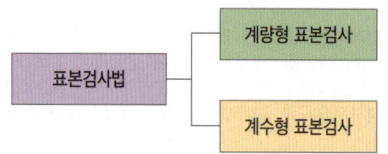

(2) 관리도(control chart)

생산 공정상의 품질특성을 대상으로 시간의 경과에 따른 품질수준을 표본으로 추출·측정하여 공정변동의 가능성이나 유무를 통계적으로 결정하는 방법

7. 표본검사법

(1) 계수형 표본검사법

1) 1회 표본검사법(single sampling plan)

주어진 로트로부터 일정한 크기의 표본을 1회 무작위추출(random sampling)하여 불량품의 수를 검사하고 이를 설정된 허용불량개수(acceptance number)와 비교하여 로트의 합격, 불합격을 결정하는 방법

n : 표본 크기 x : 불량품의 수 c : 허용불량 개수

① **합격품질수준** AQL : acceptance quality level
합격가능한 품질수준, 즉 좋은 품질수준

② **로트허용불량률** LTPD : lot tolerance percent defective
불합격되어야 할 품질 수준, 즉 나쁜 품질수준을 의미

③ **생산자 위험** α : producer's risk
제1종 오류라고도 하며 좋은 품질수준을 갖는 로트가 표본검사에 의하여 불합격될 확률

④ **소비자 위험** β : consumer's risk
제2종 오류라고도 하며 나쁜 품질의 로트가 표본검사에 의하여 합격될 확률

표본검사에서 발생하는 여러 가지 상황

로트	샘플	합격/불합격 여부	오류여부
양질	양질	합격	정상
	불량	불합격	오류(생산자 위험)
불량	양질	합격	오류(소비자 위험)
	불량	불합격	정상

※ 표본검사법은 전수검사가 아니므로 생산자 위험과 소비자 위험이 항상 존재함

1회 표본검사법의 통계적 접근

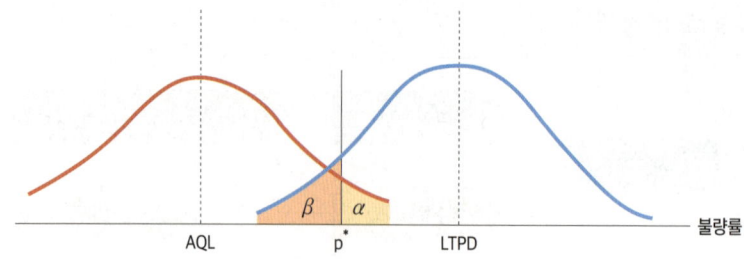

(p^* : 1회 표본검사법의 합격 불합격 임계치)

(2) 검사특성(OC: operating characteristic) 곡선

검사 대상이 되는 로트와 적용될 표본검사법이 주어져 있을 때 로트의 품질수준, 즉 불량률의 변함에 따른 로트의 합격확률을 도표로 표시한 것

전형적인 OC 곡선

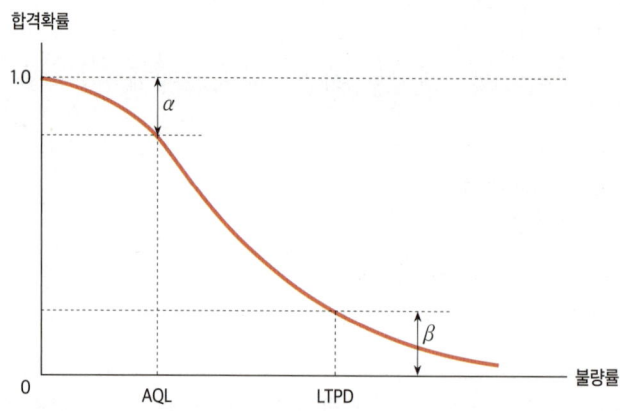

8. 관리도

공정에서 생산되는 제품의 품질특성이 설계규격에 적합한지를 지속적으로 검토하여, 시간이 경과함에 따라 발생하는 이상변동에 의한 공정상의 변화를 찾아내는 데 목적을 두는 통계기법

(1) 변동의 원인

1) 우연변동(random variation)

원자재, 작업환경, 작업방법, 기계상태 등의 미미한 변화와 종업원의 사기, 감독상태 등의 관리문제에 기인하는 피할 수 없는 변동으로서 통제할 수 없음

2) 이상변동(assignable variation)

마모된 공구, 기계장비의 불량, 작업자의 실수 또는 교체, 불량원자재 등 잘못되거나 수정되어야 할 원인에 의하여 발생되는 변동으로 통제되어야 할 변동

관리도 상의 여러 가지 패턴들

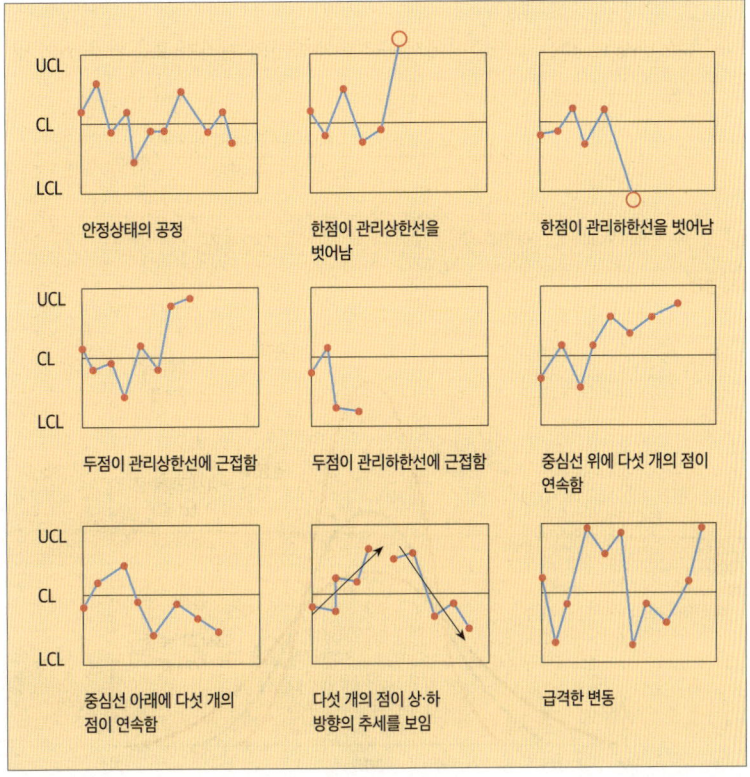

(2) 종류

1) 계량형 관리도

무게, 길이, 강도, 온도, 부피 등과 같이 연속적인 값을 갖는 품질특성을 통제하는 데 사용되며 공정에서 생산되는 품질특성치의 평균을 통제하는 데 사용되는 $\overline{X}$-관리도, 분산을 통제하는 데 사용되는 R-관리도, 그리고 공정의 평균과 분산의 이상변동의 여부를 함께 파악하기 위해서 사용되는 $\overline{X}-R$ 관리도가 있음

2) 계수형 관리도

합격 또는 불합격으로 구별될 수 있는 품질특성에 관한 것으로 불량률 관리도(p-관리도)와 결점수 관리도(c-관리도)가 있음

(3) 관리한계선과 품질판정

동일한 위치의 타점이지만 관리한계의 범위에 따라서 정상(임의요인만 존재하는 관리도)으로 판정받을 수도 있고, 이상요인이 발생한 관리도로 판정될 수 있음. 따라서 관리한계선이 좁을수록 생산자 위험이 증가하고, 넓어질수록 소비자위험이 증가함

관리한계선에 따른 품질 판정

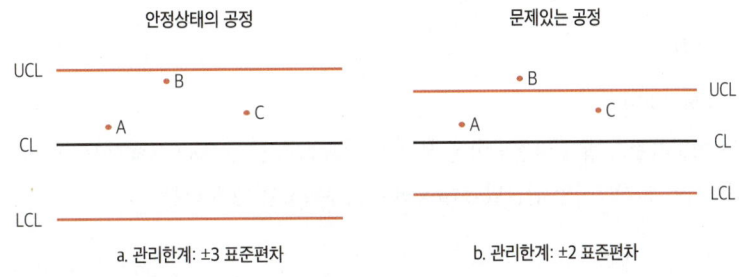

9. 프로세스 능력

(1) 시그마수준

일반적으로 시그마수준(sigma level)은 공정중심에서 규격한계까지의 거리가 표준편차(σ)의 몇 배가 되는지를 나타냄

$$시그마수준 = \frac{공정중심에서\ 규격까지의\ 거리}{공정의\ 표준편차}$$

시그마수준과 표준편차의 관계

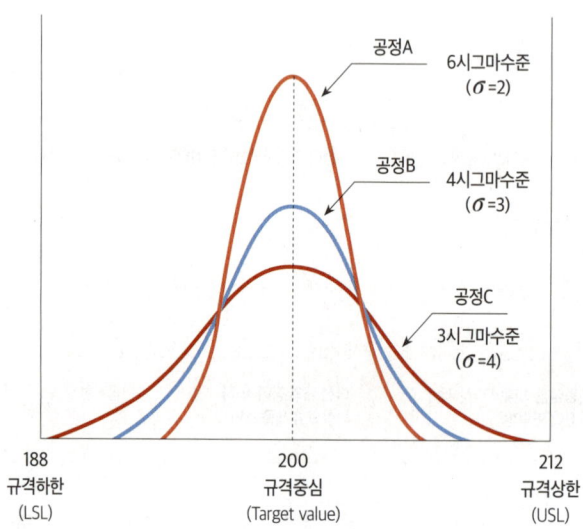

10. 기타 품질관리

(1) 품질경영의 역사

1) 국제 품질표준

① ISO 9000

품질경영에 관한 국제규격으로 시장조사, 제품개발, 제품설계, 생산, 검사, 애프터서비스, 제품폐기 등 제품생산에 요구되는 모든 단계와 필요업무를 체계적으로 정리한 품질보증시스템임

② ISO 14000

원재료의 사용과 유해물질의 생성, 처리, 폐기를 지속적으로 추적하도록 요구하는 표준임

(2) 말콤 볼드리지 품질상(Malcolm Baldridge National Quality Award)

초일류 품질의 제품이나 서비스를 생산하는 기업을 기리기 위해 1987년 미국 하원이 전임 상무부장관의 이름을 따서 제정한 상

(3) 싱고 시스템(Shingo system)

통계적 품질관리(SQC) 기법과 함께 발전되어온 싱고 시스템(Shingo System)은 품질개선이라는 같은 목적을 추구하고 있지만 그 철학면에서는 통계학적인 접근법을 활용하는 경우하고는 매우 다름

1) 싱고 시스템의 관점

SQC(statistical quality control)는 품질문제 예상시점에 대한 확률적인 정보를 주긴 하지만, 항상 불량이 생기고 난 후에 수집된 정보에 의한 것임. 어떠한 문제가 한 작업장의 작업이 완성된 후에 발견되지 않기 위해서는 품질관리를 그 과정 안에서 진행해야 함

2) 싱고 시스템의 품질관리

싱고(Shingo) 철학의 기본적인 특징은 오류와 결함 사이의 차이. 결함이라는 것은 사람들이 오류를 범하기 때문에 생겨나는 것으로 아무리 오류를 범하는 것이 피할 수 없는 것이라 해도 오류를 범한 바로 후에 피드백으로 인해 올바른 조치를 취한다면 결함을 막을 수 있다고 봄. 이런 피드백과 조치는 검사를 요구하는데, 이 검사는 후공정 작업자에 의한 통제(successive check), 자가통제(self-check) 그리고 불량원인 통제(source inspection) 등임

3) 포카요케

포카요케(ポカヨケ, Poka-yoke)는 원래 일본어로 "실수를 피하는"이란 뜻으로 빠진 부품이 있는지 알려주고, 부품이 남지 않게 하기 위해 계란판에 조립부품을 보관하고, 부품이 제자리가 아니면 맞지 않게 설계하고, 제품의 무게가 지나치게 적다면 소리를 내는 경보시스템 등이 좋은 예임

(4) 품질분임조(QC 서클)

품질, 생산성, 원가 등과 관련된 문제를 해결하기 위해 모이는 작업자 그룹임. 품질분임조는 단순히 의사결정에 작업자를 참여시킨다는 차원을 넘어 작업자들에게 문제해결기법을 훈련시키고 능동적으로 자료를 구하게 하여 작업자들이 공동으로 문제를 해결하도록 하는 데 특징이 있음

(5) ZD 프로그램

통계적 품질관리(SPC)보다는 작업자의 동기부여를 강조하는 ZD(zero defect) 프로그램은 품질관리에 있어서 예방을 강조하는 접근법으로서 처음부터 결점이 없는 완전한 제품을 생산하자는 품질향상운동임

11. 서비스 품질

SERVQUAL과 SERVPERF 비교

	SERVQUAL 모형	SERVPERF 모형
제안자	Parasuraman, Zeithaml, Berry	Cronin and Taylor
모델의 구성	성과-기대	성과
기대의 정의	규범적 기대(제공해야만 할 수준)	기대 측정 안함
측정자원	5개 차원 22개 항목	5개 차원 22개 항목

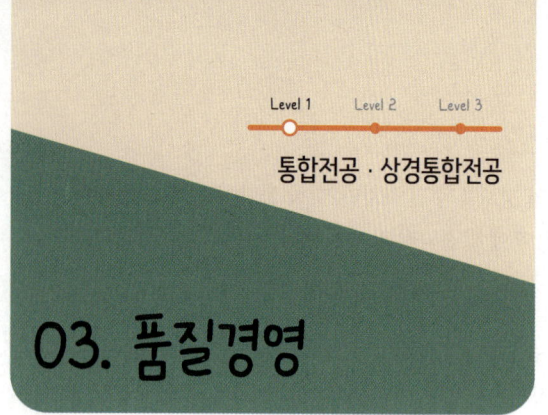

03. 품질경영

품질관리 의의

2279
2004 가맹거래사

품질관리의 실시로 기대할 수 있는 효과가 아닌 것은?

① 원가절감을 할 수 있다.
② 제품의 성능이 개선된다.
③ 제품의 불량률이 감소된다.
④ 작업자의 임금이 높아진다.
⑤ 제품에 대한 소비자의 신용도가 높아진다.

품질관련 비용

2280
2011 가맹거래사

품질비용에 속하지 않는 것은?

① 예방비용(prevention cost)
② 내적 실패비용(internal failure cost)
③ 품절비용(stockout cost)
④ 평가비용(appraisal cost)
⑤ 외적 실패비용(external failure cost)

2281
2012 가맹거래사

원자재의 수입(收入)검사, 공정검사, 완제품검사, 품질연구실 운영 등에 소요되는 품질비용을 지칭하는 용어는?

① 내부 실패비용(internal failure cost)
② 외부 실패비용(external failure cost)
③ 평가비용(appraisal cost)
④ 예방비용(prevention cost)
⑤ 준비비용(setup cost)

2282
2021 가맹거래사

품질비용에 관한 설명으로 옳지 않은 것은?

① 품질비용은 100% 완전하지 못한 제품생산으로 인한 비용이다.
② 평가비용은 검사, 측정, 시험 등과 관련한 비용이다.
③ 통제비용은 생산 흐름으로부터 불량을 제거하기 위한 활동과 관련된 비용이다.
④ 실패비용은 완성된 제품의 품질이 일정한 수준에 미달함으로써 발생하는 비용이다.
⑤ 외부실패비용은 폐기, 재작업, 등급 저하와 관련한 비용이다.

2283
2021 9급 군무원

품질경영에 관한 설명으로 가장 옳은 것은?

① 지속적 개선을 위한 도구로 데밍(E. Deming)은 PDAC(Plan-Do-Act-Check)싸이클을 제시하였다.
② 싱고 시스템은 통계적 품질관리 기법을 일본식 용어로 표현한 것이다.
③ 품질과 관련하여 발생하는 비용은 크게 예방 및 검사 등 사전 조치에 관련된 비용과 불량이 발생한 이후의 사후 조치에 관련된 비용으로 분류해 볼 수 있다.
④ 품질의 집 구축과정은 기대 품질과 지각 품질의 차이를 측정하고 차이 분석을 하는 작업이다.

2284
2021 7급 서울시

품질비용에 대한 설명으로 가장 옳지 않은 것은?

① 평가비용은 제품이나 프로세스가 수용 가능하도록 보장해 주는 검사, 시험 등의 작업에 소요되는 비용이다.
② 규명 비용에는 결함의 원인 규명 및 제거를 위한 활동 수행, 직원의 교육훈련, 제품이나 시스템 재설계 등에 소요되는 비용이 포함된다.
③ 내부실패비용은 시스템 내에서 발생한 결함에 따른 비용으로, 폐기, 재작업 등에 소요되는 비용을 포함한다.
④ 외부실패비용은 시스템 밖으로 나간 결함에 따른 비용으로, 고객 보증 교환, 고객 혹은 단골 이탈, 고객 불평 처리, 제품 수리 등에 소요되는 비용을 포함한다.

2285
2020 코레일 사무직 복원

품질관리(QC)에 대한 설명으로 옳지 않은 것은?

① 종합품질관리는 통계적 품질관리를 포함한다.
② 품질향상에 따라 예방원가는 감소함수이다.
③ 발췌검사법과 관리도법은 통계적 품질관리 기법이다.
④ 품질관리는 용역이나 제품의 특성 값이 표준 값에 적합하도록 보장하는 데 있다.
⑤ 품질관리의 목적은 제품의 생산과정이나 사용과정에서 일정한 표준이 지켜지도록 하는 데 있다.

2286
2024 공인노무사

품질 문제와 관련하여 발생하는 외부 실패비용에 해당하지 않는 것은?

① 고객 불만 비용
② 보증 비용
③ 반품 비용
④ 스크랩 비용
⑤ 제조물책임 비용

2287
2024 7급 국가직

품질비용의 분류와 예시가 옳지 않은 것은?

① 예방비용: 품질개선 관련 비용, 품질 관련 교육 및 훈련 비용, 품질시스템 설계 및 운영비용 등
② 평가비용: 샘플링 검사 비용, 원자재 및 부품 검사 비용, 시험 및 검사 설비의 유지 비용, 제품 출고 시 품질검사 비용 등
③ 내부 실패비용: 재작업 및 재가공 비용, 재평가 및 재검사 비용, 품질보증 비용, 반품 및 클레임 비용, 기업이미지 훼손 비용, 설비 가동 손실 비용, 폐기물 비용 등
④ 외부 실패비용: 고객 불평 처리 비용, 손해배상 비용, 제품 수리 비용 등

제조물책임

2288
2015 7급 국가직

제조물책임(PL : product liability)에서 규정하는 결함의 유형에 해당하지 않는 것은?

① 설계상의 결함
② 제조상의 결함
③ 분류상의 결함
④ 경고상의 결함

2289
2019 7급 국가직

우리나라 제조물 책임법 상 제조업자의 손해배상책임 대상에 해당하지 않는 것은?

① 원래 의도한 설계와 다르게 제조되어 안전하지 못하게 된 제조물로 인해 손해가 발생한 경우
② 피해나 위험을 줄이거나 피할 수 있는 합리적 대체설계를 채용하지 않아 안전하지 못하게 된 제조물로 인해 손해가 발생한 경우
③ 피해나 위험을 줄이거나 피할 수 있는 합리적 설명이나 경고를 하지 않은 제조물로 인해 손해가 발생한 경우
④ 제조물을 공급한 당시의 과학·기술 수준으로 발견할 수 없었던 결함으로 인해 손해가 발생한 경우

2290
2007 가맹거래사

다음 중 전사적 품질관리(Total Quality Management)에서 강조되지 않는 것은?

① 지속적인 개선(continuous improvement)
② 품질관리 기법에 대한 종업원 훈련
③ 조직문화 개선
④ 목표에 의한 관리(MBO)의 폐지
⑤ 과학적 분업의 강화

2291
2022 9급 군무원

다음 중 전통적 품질관리(QC)와 전사적품질경영(TQC)에 대한 비교가 가장 옳지 않은 것은?

구분		품질관리(QC)	전사적품질경영(TQC)
가	대상	제조 부문 위주	기업 내 전 부문
나		모든 업종에 적용됨	제조업 중심
다	목표	생산관리 면에 국한 (불량률 감소, 원가절감, 품질의 균일화 등)	기술혁신, 불량 예방, 원가절감 등을 통한 총체적 생산성 향상 및 고객 만족
라	성격	생산 현장에 정통한 품질관리 담당자 중심의 통제	생산직, 관리자, 최고경영자까지 전사적으로 참여

① 가
② 나
③ 다
④ 라

2292
2016 7급 서울시

전사적 품질경영(TQM)에 대한 설명으로 가장 옳은 것은?

① TQM은 프로세스의 지속적인 개선을 중요시한다.
② TQM은 경영 전략이라기보다 서비스 품질관리기법이다.
③ TQM은 결과지향적인 경영방식으로 완성품의 검사를 강조한다.
④ TQM은 단기적인 품질혁신 프로그램이다.

2293
2013 7급 국가직

전사적 품질경영(TQM)에 대한 설명으로 옳지 않은 것은?

① 고객 만족의 원칙을 바탕으로 품질을 재정의한다.
② 기존의 경영관리방식을 품질 중심으로 통합하여 새롭게 구성한다.
③ 불량률 감소, 원가절감, 품질의 균일화 등을 통해 생산관리의 효율성을 높이는 것이 목표이다.
④ 전략적 차원에서 생산직, 관리자, 최고경영자까지 참여하는 품질운동이다.

2294
2022 7급 국가직

전사적 품질경영(total quality management : TQM)에 대한 설명으로 옳은 것은?

① 고객 중심 경영, 지속적 개선, 생산라인 직원의 총체적 참여는 성공적 실행에 충분한 요건이다.
② 방해 요인은 품질개선에 대한 불명확성, 단기적 재무성과 강조, 경영자의 리더십 부족 등이다.
③ 개선에 필요한 권한을 종업원에게 부여하면 훈련이 부족하여 지속적 개선을 제대로 수행할 수 없다.
④ 단순 기법이나 프로그램의 집합이므로 조직문화의 변화가 필수적이지 않다.

자료분석도구

2295
2008 가맹거래사

품질관리를 위해 사용되는 물고기뼈 다이어그램(fishbone diagram)의 주요 원천이 아닌 것은?

① 원자재
② 인력
③ 생산방법
④ 기계
⑤ 정보

2296
2021 가맹거래사

특성요인도(cause-and-effect diagram)에 관한 설명으로 옳은 것은?

① SIPOC(공급자, 투입, 변환, 산출, 고객) 분석의 일부로 프로세스 단계를 묘사하는 도구
② 품질특성의 발생빈도를 기록하는 데 사용되는 양식
③ 연속적으로 측정되는 품질 특성치의 빈도분포
④ 불량의 원인을 세분화하여 원인별 중요도를 파악하는 도구
⑤ 개선하려는 문제의 잠재적 원인을 파악하는 도구

2297
2021 7급 서울시

<보기>의 내용에 해당하는 품질관리의 기본 도구는?

<보기>
특정한 문제나 결과를 일으키는 원인들을 그룹별로 분류하여 인과관계를 일목요연하게 보여줌으로써 문제의 근본 원인을 파악하고 해결책을 개발하는 데 도움을 준다. 잠재적 원인을 범주화하고 하부 원인들을 모두 기술한 뒤에 주요한 원인을 찾아나가는 방식으로 활용된다.

① 히스토그램(histogram)
② 파레토 도표(Pareto chart)
③ 피쉬본 다이어그램(fishbone diagram)
④ 관리도(control chart)

2298
2013 7급 국가직

생산관리와 관련된 개념들에 대한 설명으로 옳지 않은 것은?

① 동시공학(concurrent engineering)은 신제품 개발과정의 초기 단계부터 다양한 기능별 집단들의 참여가 중요함을 강조한다.
② 품질기능전개(quality function deployment)는 제품의 설계와 생산 부문의 통합에 큰 역할을 수행하는 기법이다.
③ 인과관계도표(cause and effect diagram)는 품질불량문제의 해법을 찾아내는데 일차적 초점을 둔 도구이다.
④ 흐름 공정표(flow process chart)는 공정 중에 발생하는 생산 작업과 운반, 저장, 검사 등의 활동까지 기호를 이용하여 도표화한 것으로 작업 흐름 과정의 개선점을 찾는데 도움을 준다.

2299
2019 산업안전지도사

품질개선 도구와 그 주된 용도의 연결로 옳지 않은 것은?

① 체크시트(check sheet): 품질 데이터의 정리와 기록
② 히스토그램(histogram): 중심위치 및 분포 파악
③ 파레토도(Pareto diagram): 우연변동에 따른 공정의 관리상태 판단
④ 특성요인도(cause and effect diagram): 결과에 영향을 미치는 다양한 원인들을 정리
⑤ 산점도(scatter plot): 두 변수 간의 관계를 파악

2300
2024 7급 서울시

품질관리 7가지 도구 중 체크시트에 대한 설명으로 가장 옳은 것은?

① 데이터의 분포 모습 및 산포 상태 파악에 사용한다.
② 제품의 어느 부위에 결함이 생기는가를 알기 쉽게 해 준다.
③ 문제 크기의 순위를 한눈에 알 수 있다.
④ 두 변수 사이의 관계 또는 상관관계를 평가할 수 있다.

식스시그마

2301
2017 가맹거래사

6시그마 프로젝트의 과정을 순서대로 나열한 것은?

① 정의(define) → 분석(analyze) → 측정(measure) → 개선(improve) → 통제(control)
② 정의(define) → 분석(analyze) → 개선(improve) → 통제(control) → 측정(measure)
③ 정의(define) → 분석(analyze) → 개선(improve) → 측정(measure) → 통제(control)
④ 정의(define) → 측정(measure) → 개선(improve) → 분석(analyze) → 통제(control)
⑤ 정의(define) → 측정(measure) → 분석(analyze) → 개선(improve) → 통제(control)

2302
2022 가맹거래사

6시그마 방법론에 관한 설명으로 옳은 것은?

① 정의 → 측정 → 개선 → 분석 → 통제의 순서로 이루어진다.
② 품질 개선을 위해 개발된 경영철학으로 정성적인 도구를 주로 사용한다.
③ 6시그마 품질 수준은 100 DPMO(Defects Per Million Opportunities)이다.
④ 6시그마는 기업이 원하는 품질 목표를 달성하는 것이다.
⑤ 6시그마의 성공을 위해서는 최고경영자의 참여가 필수적이다.

2303
2012 공인노무사

6시그마의 프로세스 개선 5단계에 해당되지 않는 것은?

① 정의
② 측정
③ 분석
④ 계획
⑤ 통제

2304
2016 공인노무사

다음에서 설명하는 경영혁신 기법으로 옳은 것은?

> 통계적 품질관리를 기반으로 품질혁신과 고객만족을 달성하기 위하여 전사적으로 실행하는 경영혁신 기법이며 제조과정뿐만 아니라 제품개발, 판매, 서비스, 사무업무 등 거의 모든 분야에서 활용 가능함

① 학습조직(learning organization)
② 다운사이징(downsizing)
③ 리스트럭처링(restructuring)
④ 리엔지니어링(reengineering)
⑤ 6시그마(six sigma)

2305
2021 공인노무사

식스 시그마의 성공적 수행을 위한 5단계 활동으로 옳은 순서는?

① 계획 → 분석 → 측정 → 개선 → 평가
② 계획 → 분석 → 측정 → 평가 → 개선
③ 계획 → 측정 → 평가 → 통제 → 개선
④ 정의 → 측정 → 분석 → 개선 → 통제
⑤ 정의 → 측정 → 평가 → 통제 → 개선

2306
2015 경영지도사

생산품의 결함발생률을 백만 개 중 3~4개 수준으로 낮추려는 데서 시작된 경영혁신운동으로 '측정'-'분석'-'개선'-'관리'(MAIC)의 과정을 통하여 문제를 찾아 개선해가는 과정은?

① 학습조직(Learning organization)
② 리엔지니어링(Reengineering)
③ 식스 시그마(6-sigma)
④ ERP(Enterprise resource planning)
⑤ BSC(Balanced scorecard)

2307
2016 경영지도사

기업이 직면한 문제를 해결하기 위하여 정의-측정-분석-개선-관리(DMAIC)의 과정을 통하여 문제해결을 해나가는 경영혁신 기법은?

① IRS
② CRM
③ TQM
④ DSS
⑤ 6-sigma

2308
2021 9급 군무원

식스 시그마와 관련된 내용으로 옳지 않은 것은?

① 매우 높은 품질을 확보하기 위한 혁신활동이다.
② 백만 개 중에 8개 정도의 불량만을 허용하는 수준이다.
③ 시그마는 정규분포에서의 표준편차를 의미한다.
④ 모토롤라가 시작해서 GE에 의해 널리 알려졌다.

2309
2018 7급 서울시

<보기>는 식스시그마(six sigma) 방법론에서 활용되는 프로세스 성과 개선 5단계(DMAIC)에 관한 설명이다. 이 중 세 번째 단계(A)와 다섯 번째 단계(C)에 해당하는 것은?

(가) 새로운 성과 목표를 달성하기 위하여 기존 방법을 변경하거나 재설계한다.
(나) 프로세스를 관찰하여 높은 성과 수준이 유지되는지 확인한다.
(다) 고객만족에 핵심적인 프로세스 산출의 특징을 결정하고, 이 특징과 프로세스 능력의 격차를 인지한다.
(라) 성과지표에 관련된 자료를 이용하여 프로세스를 분석한다.
(마) 성과격차에 영향을 미치는 프로세스 업무를 계량화한다.

	(A)	(C)
①	(가)	(라)
②	(나)	(마)
③	(다)	(가)
④	(라)	(나)

2310
2020 7급 서울시

6시그마 경영에 대한 설명으로 가장 옳지 않은 것은?

① 측정기준은 3.4 DPMO로, 100만 개당 3.4개의 불량 수준이다.
② 추진방법론으로는 DMAIC가 있다.
③ 6시그마는 톱다운(top-down)식으로 추진된다.
④ 추진요원 중 6시그마 추진에 필요한 자원을 할당하는 사업부 책임자는 마스터 블랙 벨트이다.

2311
2014 7급 국가직

6시그마(6 sigma)에 대한 설명으로 옳지 않은 것은?

① 프로세스에서 불량과 변동성을 최소화하면서 기업의 성과를 최대화하려는 종합적이고 유연한 시스템이다.
② 프로그램의 최고 단계 훈련을 마치고, 프로젝트 팀 지도를 전담하는 직원은 마스터블랙벨트이다.
③ 통계적 프로세스 관리에 크게 의존하며, '정의-측정-분석-개선-통제(DMAIC)'의 단계에 걸쳐 추진된다.
④ 제조프로세스에서 기원하였지만 판매, 인적자원, 고객서비스, 재무서비스 부문으로 확대되고 있다.

2312
2023 가맹거래사

식스 시그마 방법론(DMAIC)의 단계와 수행 활동의 연결로 옳은 것은?

① 정의 – 결함원인을 제거하기 위한 방법 규명
② 측정 – 프로세스 변동을 야기하는 핵심 변수를 파악함으로써 결함 원인 규명
③ 분석 – 프로세스 측정 및 운영 방법 결정
④ 개선 – 고객이 품질에 가장 큰 영향을 미칠 것이라고 생각하는 품질 핵심 요인 파악
⑤ 통제 – 개선을 유지할 방법 결정

2313
2024 경영지도사

프로세스와 품질 개선을 위해 DMAIC의 5단계 문제해결 접근방식을 활용하는 경영혁신기법은?

① 6시그마(six sigma)
② 종합적 품질경영(TQM)
③ 다운사이징(downsizing)
④ 리엔지니어링(reengineering)
⑤ 리스트럭처링(restructuring)

통계적 품질관리

2314
2022 경영지도사

통계적 품질관리(statistical quality control) 기법에 해당하지 않는 것은?

① 관리도
② 파레토 도표
③ 표본검사
④ QC 써클(circle)
⑤ 도수분포

2315
2009 7급 국가직

통계적 프로세스 관리(SPC: statistical process control)에서 사용되는 관리도에 관한 설명으로 옳은 것으로만 묶은 것은?

a. 생산공정상의 품질변동의 원인을 이상원인과 우연원인으로 구분한다.
b. 샘플 평균값이 관리상한선과 관리하한선 안에 위치하면 생산되는 제품의 품질특성은 제품규격에 일치하는 것으로 평가한다.
c. 기계설비가 완벽하고 공정이 아무 이상없이 가동되더라도 그 공정에서 나오는 제품이 똑같을 수는 없다는 기본적인 가정에 그 근거를 둔다.

① a, b
② b, c
③ a, c
④ a, b, c

2316
2012 7급 국가직

통계적 품질관리(statistical quality control)에 대한 설명으로 옳지 않은 것은?

① 샘플링(sampling) 검사를 활용하는 품질관리 방식으로 표본 수와 크기를 결정해야 한다.
② 관리도(control chart)를 활용하는 품질관리 방식으로 신뢰수준(confidence level)에 따라 관리상한선과 관리하한선이 달라질 수 있다.
③ 샘플링 검사를 활용하여 적은 비용과 시간으로 전체 생산품에서 불량품을 모두 선별하는 것을 목적으로 한다.
④ 관리도를 활용하여 품질변동을 초래하는 우연요인(random cause)과 이상요인(assignable cause) 중 이상요인을 파악하여 관리하고자 하는 기법이다.

2317
2022 5급 군무원

다음 중 품질관리와 관련된 개념 설명으로 옳은 것을 모두 고르시오

(가) 통계적 품질관리는 생산공정의 모든 단계를 지속적으로 감시하여 품질관리가 초기부터 제품에 구현되도록 하는 프로세스이다.
(나) 통계적 공정관리는 생산의 매 단계에서 부품의 통계적 표본을 취하여 그 검사 결과를 그래프상에 나타내는 프로세스이다.
(다) 전사적 품질관리는 소비자가 만족할 수 있는 제품 및 서비스를 경제적으로 생산하고 제공할 수 있도록 기업 내의 모든 부서와 구성원이 품질 통제를 이해하고 조직적으로 제품의 질을 높이는 과정에 참여하는 시스템이다.
(라) 식스 시그마는 현대적인 품질관리기준으로 십만 개당 3.4개 이하의 불량만을 허용하는 품질 혁신 운동을 말한다.

① (가)
② (가), (나)
③ (가), (나), (다)
④ (가), (나), (다), (라)

2318
2023 7급 군무원

다음 중 통계적 품질관리(SQC : Statistical Quality Control)에서 샘플링 검사(sampling inspection)에 관한 설명으로 가장 적절하지 않은 것은?

① 샘플링 검사 로트(lot)로부터 추출한 샘플이 판정 기준을 충족하지 못하면, 로트 전체를 불합격 판정한다.
② 검사특성곡선(OC Curve)은 로트의 불량률에 대한 합격 판정 확률을 그래프로 표현한 것이다.
③ 합격으로 판정해야 할 로트를 불합격으로 처리할 가능성을 소비자 위험(consumer's risk)이라고 한다.
④ 파괴 검사를 수행해야 하는 경우 샘플링 검사가 효과적이다.

관리도

2319
2012 가맹거래사

통계적 품질관리기법 중에서 산출물의 일정 단위당 결점수를 측정하는데 사용되는 관리도(control chart)는?

① p 관리도
② R 관리도
③ $\overline{X}$ 관리도
④ c 관리도
⑤ $\overline{X}-R$ 관리도

2320
2022 가맹거래사

관리도(control chart)에 관한 설명으로 옳은 것은?

① 두 변수 간의 상관관계를 분석하는 도표
② 변동의 공통원인과 이상 원인을 구분하는 도표
③ 데이터의 누락이나 오류 제거를 위한 데이터 정리 도표
④ 중요한 원인 요소를 구분하기 위한 도표
⑤ 두 개 또는 그 이상의 특성, 기능, 아이디어 상호 관련 도표

2321
2020 공인노무사

품질의 산포가 우연원인에 의한 것인지, 이상원인에 의한 것인지를 밝혀주는 역할을 하며, 제조공정의 상태를 파악하기 위해 공정관리에 이용되는 것은?

① 파레토도
② 관리도
③ 산포도
④ 특성요인도
⑤ 히스토그램

2322
2011 7급 국가직

계수형 관리도와 측정하고자 하는 대상을 바르게 연결한 것은?

① c 관리도 - 결점수
② np 관리도 - 단위당 결점수
③ p 관리도 - 불량품 개수
④ u 관리도 - 불량률

2323
2021 7급 국가직

제품 또는 서비스가 제조되는 동안 품질을 관리하기 위해 활용되는 관리도의 종류와 설명이 올바르게 연결된 것은?

① $\overline{X}$ - 관리도 : 추출한 표본의 표준편차를 기록하여 그 변동을 관리
② p - 관리도 : 추출한 표본의 불량률을 기록하여 그 변동을 관리
③ R - 관리도 : 추출한 표본의 분산을 기록하여 그 변동을 관리
④ c - 관리도 : 추출한 표본에서 발생한 불량품의 수를 기록하여 그 변동을 관리

2324
2022 5급 군무원

다음은 품질경영과 관련한 여러 설명들을 제시한 것이다. 이 설명 중 옳은 것만을 모두 고르면?

> A. 품질의 집(house of quality) 구축이란 기대품질과 지각품질의 차이를 측정하고 이 차이를 분석하는 작업을 말한다.
> B. c-관리도는 프로세스 내의 계수적 규격(즉 이산형 변수)의 변동성을 감지하기 위해 사용된다.
> C. 포카요케(poka-yoke)는 종업원에 대한 지속적인 훈련을 통하여 품질 오류를 예방하는 프로그램이다.
> D. SERVQUAL은 기업이 제공하는 서비스가 기업의 입장에서 볼 때 얼마나 자체 품질기준에 부합되는가를 측정하는 도구이다.
> E. 전사적 품질경영(TQM, Total Quality Management)은 고객지향, 종업원 참여, 지속적 개선 등을 중점적으로 강조하는 종합적 경영관리 개념이다.

① B, E
② A, D
③ D, E
④ A, C

2325
2023 7급 서울시

품질관리에 대한 설명으로 가장 옳은 것은?

① 품질비용을 예방·평가·실패비용으로 구분할 때 예방 및 평가비용을 늘리더라도 실패비용에는 영향을 미치지 않는다.
② 식스 시그마의 공식적 문제해결 프로세스는 DAMCI로 정의→분석→측정→통제→개선의 순서로 진행된다.
③ p-관리도(p-chart)는 측정 단위 당 발생빈도를 관리하기 위해 사용되며, 기초가 되는 표본분포는 포아송 분포이다.
④ 관리도의 종류에서 R-관리도(R-chart)는 변량 관리도이며, c-관리도(c-chart)는 속성관리도이다.

2326
2023 7급 국가직

품질관리 도구인 관리도에 대한 설명으로 옳은 것은?

① 관리도는 우연요인에 의한 변동을 감지하는 데 효과적이다.
② p-관리도는 정규분포를 적용하고, c-관리도는 포아송 분포를 적용한다.
③ $\overline{X} - R$ 관리도는 계량형 관리도에 해당한다.
④ 계수형 관리도는 길이, 무게, 강도 등의 데이터 관리에 적합하다.

2327
2024 가맹거래사

통계적 품질관리 기법 중 프로세스의 변동성을 모니터링하기 위하여 사용되는 관리도는?

① R-관리도
② $\overline{X}$-관리도
③ p-관리도
④ c-관리도
⑤ Z-관리도

검사특성곡선

2328
2004 가맹거래사

다음 중 표본검사의 OC 곡선(검사특성곡선)의 특징으로 옳지 않은 것은?

① OC 곡선은 불량률이 변화함에 따른 합격 로트(lot)의 확률을 나타낸다.
② 표본의 개수를 증가시킬수록 불량품 식별능력은 감소한다.
③ 표본의 크기가 커질수록 소비자의 위험은 감소한다.
④ 검사표본의 크기는 검사의 효율성과 비용간의 관계를 고려하여 결정한다.
⑤ 특정로트의 불량률과 합격률을 나타내는 곡선은 우하향하는 형태를 보인다.

프로세스 능력

2329
2019 가맹거래사

공정중심이 100이고, 규격하한과 규격상한이 각각 88과 112이며, 표준편차가 4인 공정의 시그마수준은?

① 1　　② 3
③ 4　　④ 6
⑤ 10

ISO

2330
2009 가맹거래사

ISO 인증제도에 관한 설명으로 옳지 않은 것은?

① ISO 9000 시리즈는 품질경영에 관한 인증표준이다.
② ISO 14000 시리즈는 환경경영에 관한 인증표준이다.
③ ISO 9000 시리즈는 공산품에 한정된 인증표준이다.
④ ISO 9000 시리즈는 완제품 자체에 대한 품질보증 보다는 생산과정에 대한 신뢰를 평가한다.
⑤ ISO 9000 시리즈는 생산자 중심의 규격 보다는 구매자 중심의 규격을 중시한다.

2331
2014 가맹거래사

ISO 환경경영표준 인증제도로서 제품의 설계, 생산, 사용, 폐기 등 제품의 생애주기 과정에서 환경에 미치는 영향 및 개선사항을 평가하는 규정을 포함하는 것은?

① ISO 9000　　② ISO 14000
③ ISO 26000　　④ ISO 31000
⑤ ISO 50001

2332
2018 가맹거래사

국제표준화기구(ISO)에서 제정한 환경경영시스템의 국제표준은?

① ISO 9000　　② ISO 14000
③ ISO 26000　　④ ISO 37001
⑤ ISO 50001

2333
2019 가맹거래사

식품의 원재료 생산부터 최종 소비자가 섭취하기 전까지 발생할 수 있는 모든 위해요소를 관리함으로써 식품의 안전성을 확보하기 위한 관리체계는?

① HACCP　　② QS 9000
③ ISO 9001　　④ ISO 14000
⑤ TL 9000

2334
2015 경영지도사

국제표준화기구(ISO)에서 제정한 환경경영체제와 관련된 국제표준은?

① ISO 9001　　② ISO 14001
③ ISO 22000　　④ ISO 26000
⑤ ISO/IEC 27001

2335
2019 경영지도사

기업의 환경경영체제를 평가하여 인증하는 국제환경규격은?

① ISO 9000　　② ISO 14000
③ ISO 26000　　④ ISO 27000
⑤ ISO 31000

기타 품질관리

2336
2010 가맹거래사

다음 중 품질관리의 기법이 아닌 것은?

① ZD 프로그램
② 100PPM 운동
③ 식스 시그마 (six sigma)
④ QC 서클
⑤ 간트 차트 (Gantt Chart)

2337
2015 7급 국가직

주요 국가에서는 제품 및 서비스의 품질을 향상시키기 위해 데밍상 등과 같은 국가품질상을 운영하고 있다. 이러한 시상제도의 목적으로 적절하지 않은 것은?

① 높은 품질 성과를 달성한 제품을 대외적으로 홍보하기 위한 순위 결정
② 품질향상을 위해 노력하는 기업들을 평가하기 위한 기준 마련
③ 수상 기업의 성공 지식을 다른 기업들에 전파
④ 시상제도를 통해 내부 평가와 품질향상을 지속하는 데 도움

서비스품질

2338
2018 가맹거래사

SERVQUAL 모형의 서비스품질을 측정하는 5가지 차원이 아닌 것은?

① 유형성
② 신뢰성
③ 공감성
④ 확신성
⑤ 무결성

2339
2022 공인노무사

서비스 품질평가에 사용되는 SERVQUAL 모형의 서비스 차원이 아닌 것은?

① 유형성(tangibles)
② 신뢰성(reliability)
③ 반응성(responsiveness)
④ 공감성(empathy)
⑤ 소멸성(perishability)

2340
2021 7급 군무원

서비스 품질측정 도구인 SERVQUAL과 종합적 품질경영인 TQM에 대한 설명으로 가장 옳지 않은 것은?

① SERVQUAL은 기대 서비스와 인지된 서비스 차이를 통해 고객 만족을 조사하기 위한 도구이다.
② SERVQUAL의 서비스 품질을 판단하는 차원에는 신뢰성(reliability), 보증성(assurance), 유형성(tangible), 공감성(empathy), 반응성(responsiveness)이 있다.
③ TQM에서 '원천에서의 품질관리(quality at the source)'의 의미는 제품의 원재료 품질이 중요하므로 납품업체의 품질관리에 힘쓰라는 것을 의미한다.
④ TQM은 경영시스템으로 최고경영자의 장기적인 열의가 필요하고 지속적인 개선을 통해 종업원들이 주인의식을 가져야 한다.

2341
2022 7급 군무원

다음 중 서비스 품질의 5가지 차원에 대한 설명으로 가장 옳은 항목은?

① 신뢰성(reliability)은 고객에 대한 배려와 개별적인 관심을 보일 준비 자세를 의미한다.
② 공감성(empathy)은 약속한 서비스를 정확하게 수행할 수 있는 능력을 의미한다.
③ 대응성(responsiveness)은 고객을 돕고 신속한 서비스를 제공하겠다는 의지를 의미한다.
④ 확신성(assurance)은 물리적인 시설이나 설비, 직원 등 외형적인 수단을 의미한다.

2342
2012 7급 국가직

서비스품질을 측정하기 위해 개발된 SERVQUAL 차원과 측정항목의 연결이 옳지 않은 것은?

① 신뢰성(reliability)-약속 이행정도
② 대응성(responsiveness)-고객에 대한 배려와 개인적 관심
③ 확신성(assurance)-예절을 포함한 고객에게 믿음을 주는 정도
④ 유형성(tangibility)-시설의 청결정도

2343
2019 7급 국가직

서비스 품질에 대한 설명으로 옳지 않은 것은?

① 서비스에 대한 고객의 기대는 구전, 개인적 요구, 과거 경험 등의 영향을 받는다.
② PZB는 서비스 품질을 기대 – 성과(인지) 간 격차함수라는 개념으로 인식하였다.
③ 서비스 실패는 인적 과실에서 비롯되는 경우가 많으며, 이 과실은 종업원뿐만 아니라 고객에 의해 발생하기도 한다.
④ 서비스 분야의 포카요케(poka-yoke)는 부득이한 서비스 실수에 대한 검증을 목적으로 활용된다.

2344
2023 9급 군무원

<SERVQUAL> 모형의 품질 차원으로 가장 적절하지 않은 것은?

① 신뢰성
② 공감성
③ 유형성
④ 내구성

2345
2024 경영지도사

서비스품질 평가 요소와 그에 관한 설명으로 옳지 않은 것은?

① 신뢰성 - 약속한 서비스를 정확히 제공하는 능력
② 반응성 - 고객을 도와주려는 의지와 신속히 서비스를 제공하고자 하는 의지
③ 확신성 - 노하우와 능력을 토대로 고객이 안심하고 이용할 수 있도록 믿음을 심어주기 위한 노력
④ 표준성 - 고객에게 제공하는 개별적 배려와 관심 정도
⑤ 유형성 - 물리적 시설, 종업원 복장과 외모, 커뮤니케이션을 위한 각종 도구 등

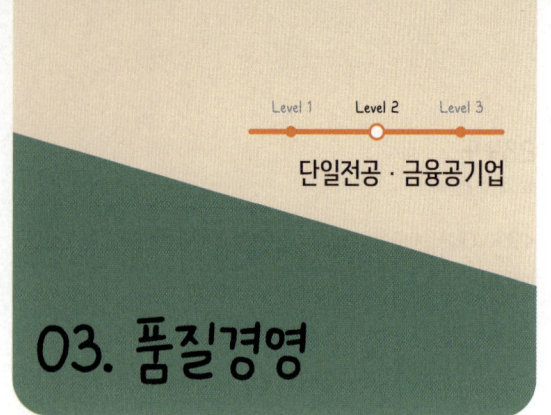

03. 품질경영

단일전공 · 금융공기업

품질관련 비용

2346
2009 CPA

품질불량비용과 관련된 다음 서술 중 가장 적절하지 않은 항목들로 구성된 것은?

> a. 내부 실패비용은 생산과정 중에 발견된 결함이 있는 제품을 폐기하거나 재작업 하는데 따른 비용이다.
> b. 외부 실패비용은 완제품의 출하 또는 인도 직전의 최종적인 검사에서 발견되는 품질결함과 관련된 비용이다.
> c. 품질향상을 위해 원자재나 부품의 공급업자와 협력하는데 필요한 비용은 예방비용의 범주에 속한다.
> d. 고객에게 인도된 이후의 품질결함에 따른 비용은 고객의 불만에 따른 이탈과 기업 신뢰도 하락과 같은 미래손실까지 포함하는 것으로는 볼 수 없다.

① a, c
② b, c
③ c, d
④ b, d
⑤ a, d

2347
2019 CPA

품질경영에 관한 설명으로 가장 적절하지 않은 것은?

① CTQ(critical to quality)는 고객입장에서 판단할 때 중요한 품질특성을 의미하며, 집중적인 품질개선 대상이다.
② 전체 품질비용을 예방, 평가, 실패비용으로 구분할 때 일반적으로 예방비용의 비중이 가장 크다.
③ DMAIC은 6시그마 프로젝트를 수행하는 절차이며, 정의-측정-분석-개선-통제의 순으로 진행된다.
④ 품질특성의 표준편차가 작아지면 공정능력(process capability)은 향상되고 불량률은 감소한다.
⑤ TQM(total quality management)은 결과보다는 프로세스 지향적이고 고객만족, 전원참여, 프로세스의 지속적인 개선을 강조한다.

TQM

2348
2007 CPA

TQM(Total Quality Management)에 관한 다음 설명 중에서 올바른 것으로만 구성된 것은?

> a. TQM은 품질경영 전략이라기보다 파레토도표, 원인결과도표 등 다양한 자료분석 도구들의 묶음으로 구성된 품질관리기법이다.
> b. TQM은 내부고객 및 외부고객의 만족을 강조한다.
> c. TQM은 프로세스의 지속적인 개선을 중요시한다.
> d. TQM은 결과지향적인 경영방식으로 완성품의 검사를 강조한다.
> e. TQM은 품질관리부서 최고책임자의 강력한 리더십에 의해 추진되는 단기적 품질혁신 프로그램이다.

① a, d, e
② b, d, e
③ a, d
④ b, c
⑤ a, c

2349
2012 CPA

품질경영에 관한 설명으로 가장 적절하지 않은 것은?

① 원인결과도표(cause and effect diagram)는 품질 문제의 원인을 찾아낼 때 사용된다.
② 파레토(Pareto) 분석은 주요 불량 항목을 파악할 때 사용된다.
③ 산점도(scatter diagram)는 두 변수 간 관계가 있는지를 확인할 때 사용된다.
④ 적합성품질(conformance quality)은 설계사항에 부합하고, 균일한 제품을 생산하는 능력에 대한 품질을 의미한다.
⑤ 지속적 개선(continuous improvement)을 위한 도구로 데밍(Deming)은 PDAC(plan-do-act-check) 싸이클을 제시하였다.

식스시그마

2350
2007 CPA

대표적인 품질경영 중의 하나인 식스 시그마(Six Sigma)에 관한 다음 설명 중에서 올바른 것으로만 구성된 것은?

> a. 식스 시그마는 비영리 서비스 조직에는 적용이 불가능하다.
> b. 식스 시그마 전문가 중에서 가장 높은 직책은 블랙벨트(Black Belt)이다.
> c. 식스 시그마의 대표적인 방법론은 DMAIC(Define - Measure - Analyze - Improve - Control)이다.
> d. 식스 시그마는 린 시스템(Lean System)과 상호보완적으로 사용되면 큰 효과를 발휘할 수 있다.

① a, b　　② c, d
③ b, c　　④ a, d
⑤ b, d

2351
2010 CPA

프로세스 혁신 기법에 관한 다음의 설명 중 가장 적절하지 않은 것은?

① BPR(business process re-engineering)은 비용이나 품질과 같은 주요 성과지표의 극적인 개선을 위해 업무 프로세스를 기본적으로 다시 생각하고 근본적으로 재설계하는 것이다.
② 아웃소싱(outsourcing)은 기업의 경쟁력 강화를 위해 가치사슬 중 경쟁력이 높은 프로세스는 직접 수행하고, 나머지 프로세스는 외부기업이 수행하게 함으로써 기업이 핵심역량에 집중할 수 있게 한다.
③ 식스시그마(six-sigma)는 프로세스를 개선하여 수익성을 극적으로 향상시키고 고객만족을 극대화하는 경영철학이며, 제품 1백만 개당 6개 이내의 불량만을 허용한다는 의미이다.
④ ERP(enterprise resource planning)는 기업의 목표를 달성하기 위해 기업의 전체 자원과 프로세스를 합리적으로 관리하는 통합정보시스템이다.
⑤ TQM(total quality management)은 고객의 욕구를 만족시키기 위해 전사적으로 자원의 효과적인 이용과 지속적인 개선을 추구하는 기업의 전략이며 철학이다.

2352
2016 CPA

식스시그마(Six Sigma) DMAIC 방법론의 M(Measure) 단계에서 수행되는 활동으로 가장 적절한 것은?

① 품질의 현재 수준을 파악한다.
② 핵심인자(vital few)를 찾아낸다.
③ 통계적 방법을 활용하여 핵심인자의 최적 운영 조건을 도출한다.
④ 관리도(control chart)를 이용하여 개선 결과를 측정하고 관리하는 방안을 마련한다.
⑤ 고객의 니즈(needs)를 바탕으로 핵심품질특성(CTQ: Critical to Quality)을 파악한다.

2353
2020 CPA

식스시그마 방법론에 관한 설명으로 가장 적절한 것은?

① 하향식(top-down) 프로젝트활동보다는 품질분임조나 제안제도와 같은 자발적 상향식(bottom-up) 참여가 더 강조된다.
② 시그마수준(sigma level) 6은 품질특성의 표준편차(v)를 지속적으로 감소시켜 규격상하한선(specification limit) 사이의 폭이 표준편차의 6배와 같아지는 상태를 의미한다.
③ 고객이 중요하게 생각하는 소수의 핵심품질특성(CTQ, critical to quality)을 선택하여 집중적으로 개선하며, 블랙벨트와 같은 전문요원을 양성한다.
④ 품질자료의 계량적 측정과 통계적 분석보다는 정성적 품질목표의 설정과 구성원의 지속적 품질개선노력이 더 강조된다.
⑤ 품질특성의 표준편차가 감소하면 불량률과 시그마수준 모두 감소한다.

2355
2010 CPA

품질경영과 통계적 프로세스 관리(SPC)에 관한 다음의 설명 중 옳은 항목만으로 구성된 것은?

a. 통계적 프로세스 관리는 프로세스에서 현재 생산되는 산출물의 품질을 측정하고 품질을 저하시킬 정도로 프로세스가 변화되었는지를 찾아내기 위해 사용한다.
b. 통계적 프로세스 관리에서 프로세스가 통계적 통제 상태에 있다면 산출물에는 변동의 원인을 구체적으로 추적 가능하고 제거될 수 있는 특별원인만 존재하는 것으로 판단한다.
c. 품질기능전개(quality function deployment)는 고객의 요구를 제품의 특성 또는 기능으로 변환시키는 기법이다.
d. 특성요인도(fishbone diagram)는 품질과 관련된 어떤 제품 또는 서비스의 특성에 대한 발생빈도를 기록하기 위한 기법이다.
e. 파레토도(Pareto diagram)는 해결해야 할 품질문제를 발견하고 어떤 문제부터 해결할 것인가를 결정하기 위해 가로축을 따라 요인들의 발생빈도를 내림차순으로 표시한 막대그래프를 말한다.

① a, c, d
② b, c, d
③ a, b, e
④ b, d, e
⑤ a, c, e

통계적 품질관리

2354
2008 CPA

통계적 품질관리에 관한 다음의 설명 중 가장 적절한 것은?

① 통계적 품질관리를 위한 관리도(control chart)를 작성하기 위해서는 생산되는 모든 제품의 전수조사가 필요하다.
② p-관리도는 길이, 넓이, 무게와 같이 계량적으로 측정 가능한 연속적 품질 측정치를 이용하는 관리도이다.
③ R-관리도는 프로세스의 변동성이 사전에 설정한 관리상한선과 관리하한선 사이에 있는가를 판별하기 위해 사용된다.
④ 프로세스능력비율(process capability ratio)은 프로세스의 평균이 규격상한선과 규격하한선 사이에 있는가를 판별하는 데 사용된다.
⑤ 관리도는 통계적 기법을 통해 품질문제의 원인을 직접 파악할 수 있도록 하는 데 그 목적이 있다.

2356
2011 CPA

품질경영(quality management)과 품질향상을 위해 사용되는 도구들에 관한 설명으로 가장 적절한 것은?

① 공정에서 얻은 데이터로부터 계산된 타점통계량(charting statistic)이 모두 관리도의 관리한계선(control limits) 내에 타점된 경우, 공정의 산포가 통계적으로 관리상태(in-control state)에 있다고 판단할 수 있다.

② TQM(Total Quality Management)에서는 정보시스템을 이용한 공정혁신(process innovation)을 품질향상의 원동력으로 간주한다.

③ 통계적 공정관리(SPC: Statistical Process Control)의 기법들은 일반적으로 공정에서 발생하는 우연변동(common variation)을 개선할 수 없는 대상으로 인식하지만, TQM과 식스시그마(Six Sigma)에서는 우연변동을 감소시킬 수 있는 대상으로 인식한다.

④ 원인결과도표(cause-and-effect diagram 또는 fish-bone diagram)는 일반적으로 품질 문제를 유발하는 가장 중요한 요인을 추출해 내기 위해 사용된다.

⑤ 원자재의 검사비용은 불량의 발생을 사전에 방지하기 위한 것으로 품질비용(cost of quality) 중 예방비용(prevention cost)에 속한다.

관리도

2357
2001 CPA

관리도(control chart)에 대한 다음 설명 중 가장 옳지 않은 것은?

① 관리도는 공정의 안정상태를 유지하는데 사용하는 통계적 도구이다.
② 공정이 안정상태를 유지할 때, 공정내에는 우연변동만이 존재한다.
③ 슈하트의 3σ법은 검사결과 평균에서 3σ범위 밖이면 불량으로 판단한다.
④ 관리도상의 타점(plot)들이 일정한 패턴을 보이면, 관리한계를 벗어나지 않더라도 공정내에 이상이 있음을 뜻한다.
⑤ 속성(attributes) 관리도는 정규분포를, 변량(variables) 관리도는 이항분포 또는 포아송 분포를 가정한다.

2358
2005 CPA

품질경영과 관련하여 가장 적절하게 설명된 항목들로 구성된 것은?

> a. 관리도에서 관리한계선의 폭이 좁을수록 생산자 위험(producer's risk)이 높아진다.
> b. 품질의 집(house of quality) 구축과정은 기대품질과 지각품질 차이를 측정하고 차이분석을 하는 작업이다.
> c. 포카요케(poka-yoke)는 종업원에 대한 지속적인 훈련을 통하여 품질오류를 예방하는 프로그램이다.
> d. SERVQUAL은 서비스 기업에서 품질관리 목적으로 개발되었으며, 서비스 품질의 여러 가지 결정요인에 대해서 각각의 통계적 관리도와 종합 관리도를 구축하는 품질 통제 기법이다.
> e. 품질비용은 예방비용, 검사비용, 내부실패비용, 외부실패비용으로 구성된다.

① a, b ② b, c
③ c, d ④ d, e
⑤ a, e

2359
2013 CPA

품질경영의 도구들에 관한 다음 설명 중 가장 적절하지 않은 것은?

① $\overline{X}$-관리도는 품질특성치의 평균과 제품의 규격을 비교하여 공정에 특별한 이상요인이 발생했는지를 판단하는 데 사용된다.
② 식스시그마(Six Sigma)는 인적자원, 조직문화와 관련된 요소를 포함하고 있다.
③ SERVQUAL에서는 서비스를 제공받기 이전의 기대된 서비스 수준과 서비스를 제공받은 이후의 지각된 서비스 수준과의 차이를 통해 품질을 측정하는 방법이 활용된다.
④ 품질과 관련된 문제를 발견한 이후, 어떤 문제부터 해결해야 할지를 결정하는 데 파레토도(Pareto diagram)를 이용할 수 있다.
⑤ 원인결과도(Fishbone diagram)는 식스시그마의 DMAIC 방법론 중 A(분석)단계에서 문제의 원인을 규명하는 데 사용될 수 있다.

2360
2014 CPA

관리도(control chart)를 활용한 통계적 품질관리에 관한 설명으로 가장 적절하지 않은 것은?

① 관리도는 이상변동(assignable variation)의 발생으로 인해 공정이 안정상태(under control)를 벗어났는지를 판단하는 도구이다.
② 모든 타점(plot)이 관리한계(control limit) 내에 있을 경우 공정은 안정상태를 유지하는 것으로 판단한다.
③ 관리한계의 폭을 넓히면 타점이 관리한계 바깥쪽으로 벗어날 가능성이 줄어들고 제2종 오류(소비자 위험)가 커진다.
④ 품질개선활동을 통해 품질특성의 산포가 줄어들게 되면 타점들이 지속적으로 하락하는 추세를 보이게 된다.
⑤ 일반적으로 관리상한선과 관리하한선이 중심선으로부터 $\pm 3\sigma$만큼 떨어진 관리도를 많이 사용한다.

2361
2020 CPA

관리도(control chart)를 활용한 공정관리에 관한 설명으로 가장 적절하지 않은 것은?

① 관리도의 관리한계선(control limit)의 폭이 넓을수록 공정에 발생한 이상변동(assignable variation)을 탐지하지 못할 가능성은 더 커진다.
② 관리도는 공정에 발생한 이상변동의 원인과 해결방안을 찾아주고 공정능력(process capability)을 향상시켜 준다.
③ 관리도를 계량형(변량형)과 계수형(속성형)으로 구분할 때, $\overline{X}-R$관리도는 계량형 관리도이며 p 관리도(불량률 관리도)는 계수형 관리도이다.
④ 3σ 관리도를 사용하면, 관리상하한선 사이의 폭은 표준편차의 6배가 된다.
⑤ 우연변동(random variation)에 의해서도 타점(plot)이 관리 한계선을 벗어날 가능성은 존재한다.

2362
2023 CPA

품질관리에 관한 설명으로 가장 적절하지 않은 것은?

① 소비자에게 전달되기 전에 발견된 불량품의 재작업 비용 및 실패분석 비용은 내부실패비용에 해당된다.
② 식스 시그마(six sigma) 방법론인 DMAIC는 정의, 측정, 분석, 개선, 통제의 순서로 비즈니스 프로세스 혁신을 추진한다.
③ 식스 시그마를 지원하는 내부인력으로서 블랙벨트(black belt)는 일상 업무에서 벗어나 식스 시그마 프로젝트만 수행하며 프로젝트 실무를 이끌어가는 역할을 한다.
④ 관리도는 공정이 우연 현상의 발생 없이 이상 현상으로만 구성되어 잘 관리되고 있는지를 판단하기 위해 활용된다.
⑤ 실패비용이 전체 품질비용에서 차지하는 비중은 일반적으로 예방비용에 비해 크다.

2363
2024 CPA

품질경영 및 품질관리에 관한 설명으로 가장 적절한 것은?

① 전사적품질경영(TQM)의 주요 원칙은 고객 만족, 통계적 방법을 활용한 프로세스 혁신, 전 직원 대표의 경영 참여이다.
② 식스시그마(Six Sigma)의 DMAIC 방법론에서 중점적으로 관리해야 할 핵심인자(vital few)를 찾는 단계는 M(측정) 단계이다.
③ 품질관리분임조(quality circle)는 품질관리기법을 학습하기 위해 구성된 그린벨트(green belt) 종업원의 모임이다.
④ 공정의 평균과 규격 상한과 하한의 중앙이 일치하는 경우 공정능력지수 C_p값이 C_{pk}값보다 작게 된다.
⑤ $\overline{X}$-관리도의 관리한계선을 작성할 때 공정의 산포가 클수록 관리한계선의 폭도 증가하는 경향이 있다.

프로세스 능력

2364
2015 CPA

공정능력분석에 사용되는 공정능력비율(process capability ratio, C_p)에 관한 설명으로 가장 적절하지 않은 것은?

① 공정능력비율은 공정이 설계규격(specification)에 적합한 제품을 생산하는 능력이 어느 정도인지를 측정하는 도구이다.
② 공정능력비율이 증가하면 일반적으로 제품 불량률은 감소한다.
③ 설계규격한계(specification limit)가 일정할 때 공정변동(표준편차)이 감소하면 공정능력비율은 증가한다.
④ 공정능력비율이 증가하면 공정의 시그마수준(sigma level)도 증가한다.
⑤ 공정능력비율이 1.0 미만이면 공정이 안정상태(under control)를 벗어났다고 판단한다.

2366
2009 CPA

품질경영에 대한 다음 서술 중에서 가장 적절하지 않은 항목들로 구성된 것은?

> a. c-관리도는 프로세스 내의 계량적 규격의 변동성을 감지하기 위해 사용된다.
> b. 지속적 개선을 위한 목표를 세울 때 벤치마킹을 적절히 이용하는 것도 좋은 방법이다.
> c. ISO 9000 시리즈는 품질 프로그램에 대한 일련의 표준으로 여기에는 유해물질의 생성, 처리, 처분에 관한 자료를 지속적으로 추적하는 것도 포함된다.
> d. 통계적 프로세스 관리에 있어 품질 측정치들이 안정적인 확률분포를 보이는 경우 그 프로세스는 통제 상태에 있는 것으로 본다.
> e. 전사적 품질경영(TQM)은 고객 지향, 종업원 참여, 지속적 개선을 중점적으로 강조하는 개념이다.

① a, b   ② a, c
③ b, c   ④ c, e
⑤ d, e

2365
2021 CPA

품질관리와 품질비용에 관한 설명으로 가장 적절하지 않은 것은?

① 공정능력(process capability)은 공정이 안정상태(under control)에서 설계규격(specification)에 적합한 제품을 생산할 수 있는 능력을 의미하며 공정능력이 커질수록 불량률은 줄어든다.
② 품질특성 산포의 평균이 규격한계(specification limit)의 중앙에 있고 공정능력지수(C_p)가 1.0인 공정에서 규격한계의 폭이 12라면, 산포의 표준편차는 1.0이다.
③ 파레토의 원리(또는 80:20 법칙)는 소수의 핵심품질인자(vital few)에 집중하는 것이 전체 품질개선에 효율적인 방안임을 시사한다.
④ 품질비용을 예방·평가·실패 비용으로 구분할 때 예방 및 평가 비용을 늘리면 일반적으로 품질수준은 향상되고 실패비용은 감소한다.
⑤ 실패비용은 불량품이 발생했을 경우 이를 기업 내·외부에서 처리하는 데 발생하는 비용을 포함한다.

기타 품질관리

2367
2004 CPA

품질에 관한 다음의 내용 중 옳지 않은 것은?

① 품질비용(cost of quality)은 예방비용(prevention cost), 평가비용(appraisal cost), 그리고 실패비용(failure cost) 등으로 개념화시킬 수 있다.
② 품질통제의 도구인 관리도(control chart)는 관리상한선과 관리하한선을 결정하여 사용한다.
③ 말콤 볼드리지 상(Malcolm Baldrige National Quality Award)은 국제표준기구(International Organization for Standardization)에 의해 제정된 제3자 기관에 의한 품질시스템 인증제도이다.
④ 관리도는 생산공정에서 발생하는 변동요인 중 우연요인(random causes)과 이상요인(assignable causes)을 구분하기 위해 사용된다.
⑤ 원인결과도표(cause and effect diagram 또는 fishbone diagram)는 품질관리문제의 원인을 찾아내기 위한 도구이다.

2368
2006 CPA

품질경영과 관련된 다음 서술들 중 가장 적절하지 않은 항목들로 구성된 것은?

> a. 품질과 관련하여 발생하는 비용은 크게 예방 및 검사 등 사전조치에 관련된 비용과 불량이 발생한 이후의 사후조치에 관련된 비용으로 분류해 볼 수 있다.
> b. SERVQUAL은 기업이 제공하는 서비스가 기업의 입장에서 볼 때 얼마나 자체품질기준에 부합되는가를 측정하는 도구이다.
> c. 현대의 품질경영은 기업조직 전체가 소비자가 요구하는 제품과 서비스의 기준을 모두 능가할 수 있도록 경영하는 것이라고 할 수 있다.
> d. 싱고(Shingo)시스템은 통계적 품질관리(SQC)기법을 일본식 용어로 표현한 것이다.
> e. 발췌검사(acceptance sampling)에서는 크기가 다른 로트들에 대해서 동일한 검사특성곡선(OC curve)을 갖도록 표본의 크기와 합격판정개수를 정해야 한다.

① a, c
② b, d
③ b, e
④ c, e
⑤ d, e

2369
2018 CPA

품질경영에 관한 설명으로 가장 적절하지 않은 것은?

① 품질분임조(QC서클)는 품질, 생산성, 원가 등과 관련된 문제를 해결하기 위해 모이는 작업자 그룹이다.
② ZD(zero defect)프로그램에서는 불량이 발생되지 않도록 통계적 품질관리의 적용이 강조된다.
③ 품질비용은 일반적으로 통제비용과 실패비용의 합으로 계산된다.
④ 6시그마 품질수준은 공정평균(process mean)이 규격의 중심에서 '1.5 × 공정표준편차(process standard deviation)' 만큼 벗어났다고 가정한 경우, 100만개 당 3.4개 정도의 불량이 발생하는 수준을 의미한다.
⑤ 데밍(Deming)에 의해 고안된 PDCA 사이클은 품질의 지속적 개선을 위한 도구로 활용된다.

서비스 품질

2370
2007 CPA

서비스품질의 측정도구인 SERVQUAL에 대한 다음 설명 중에서 가장 적절하지 않은 것은?

① Parasuraman, Zeithaml과 Berry (PZB)의 연구에 의해 개발되었다.
② 고객이 서비스품질을 판단하는 차원에는 신뢰성(reliability), 반응성(responsiveness), 확신성(assurance), 공감성(empathy), 유형성(tangibles) 등이 있다.
③ 서비스품질의 갭 모형(quality gap model)을 근거로 고객만족을 조사하기 위한 효과적인 도구이다.
④ 다양한 서비스 분야 중 호텔, 레스토랑, 여행업에 한정적으로 사용된다.
⑤ 기대한 서비스(expected service)와 인지된 서비스(perceived service)의 차이를 측정한다.

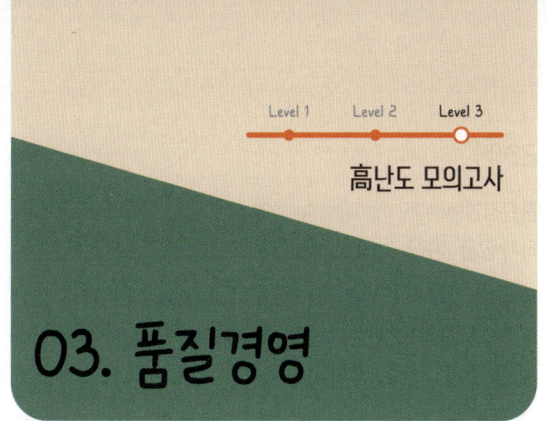

03. 품질경영

2371

품질(quality)에 관한 다음 설명 중 가장 적절하지 않은 것은?

① 적합성품질(conformance quality)이란 실제 생산된 제품이 설계명세에 부합하는 정도를 말한다.
② 보증서비스 비용(warranty cost)과 품질로 인한 소송비용은 외부 실패비용(external failure cost)에 해당한다.
③ 전사적 품질경영(TQM: total quality management)은 팀 단위로 과업을 부과하며, 이들 팀들은 대체로 임파워먼트(empowerment) 수준이 높다.
④ 파레토 도표(Pareto diagram)를 활용하면 20% 요인에 집중함으로써 80%의 문제를 해결할 수 있다.
⑤ 은행에서 배서하지 않은 예금증서의 수나 오류가 있는 거래명세서를 보낸 수 등은 $\overline{X}$ 관리도를 통해 관리할 수 있다.

2372

통계적 공정관리(SPC: statistical process control)에 관한 다음 설명 중 가장 적절하지 않은 것은?

① 관리도(control chart)의 목적은 공정의 산출물이 우연변동(random variation)에 의한 것인지 이상변동(assignable variation)에 의한 것인지를 가려내는 것이다.
② 관리도의 관리한계를 ±3 표준편차에서 ±2 표준편차로 바꾸면 소비자 위험(consumer's risk)이 증가한다.
③ 품질 측정방식은 계량적 속성(variables)을 측정하는 것과 계수적 속성(attribute)을 측정하는 방식으로 구분되는데, 계량적 속성을 측정하는데 더 많은 노력과 시간이 소요된다.
④ 시그마 수준(sigma level)은 공정중심에서 규격한계까지의 거리가 표준편차의 몇배가 되는지를 나타낸다.
⑤ p-관리도는 표본에 주어진 불량률의 변동을 파악하고 c-관리도는 결점수의 변동을 파악하는데 이용된다.

2373

품질(quality)에 관한 다음 설명 중 적절하지 가장 적절하지 않은 것은?

① QC서클이나 ZD(zero defects)운동은 구성원의 품질향상 의욕을 고취시키는 일종의 품질 모티베이션 프로그램(quality motivation program)이다.
② 품질비용 가운데 가장 높은 것은 실패비용이고, 가장 낮은 것은 예방비용이다.
③ 파레토(Pareto diagram)는 품질관리활동에서 손실액이 적은 많은 항목, 즉 다수경미 항목보다는 소수중요(vital few) 항목을 중점적으로 관리할 수 있는 것이 특징이다.
④ 관리도(control chart)는 생산공정의 품질변동 정도를 측정하여 이들 변동폭을 줄이기 위해 설계규격(specification)과 비교·분석하는 것이다.
⑤ $C_p = C_{pk}$ 일 때 공정평균은 목표치(중심)와 동일하다.

2374

품질(quality)에 관한 다음 설명 중 가장 적절하지 않은 것은?

① 품질비용은 통제비용(control cost)과 실패비용(failure cost)으로 구분되는데, 통제비용이 증가하면 실패비용이 감소하는 경향을 갖는다.
② 계량적 속성(variables)으로 품질을 측정하는 것은 계수적 속성(attributes)으로 측정하는 것보다 더 많은 시간과 노력이 소요된다.
③ OC(operating characteristic) 곡선은 표본의 수가 증가할수록 OC곡선의 판별력은 증가한다.
④ 관리도(control chart)는 공정의 우연변동(random variation)을 통제하는 도구이다.
⑤ 싱고 시스템(Shingo system)은 불량품이 작업이 완성된 후에 발견되지 않게 하기 위해서 작업과정에서 검사를 강조하는 기법이다.

2375

품질관리(quality control)와 관련한 다음 설명 중 가장 적절하지 않은 것은?

① TQM(total quality management)에서 가장 중요한 요소는 종업원 참여인데, 이를 위해 종업원들에게 의사결정 권한을 위임하는 것이 좋다.
② 파레토(Pareto) 도표로 관리자는 20% 요인에 집중함으로써 80%의 품질문제를 해결할 수 있다.
③ 로트허용불량률(LTPD: lot tolerance percent defective)보다 불량률이 높은 로트가 합격될 확률을 생산자 위험(producer's risk)이라고 한다.
④ 관리도(control chart)상에 우연변동(random variation)만이 존재할 때 이 공정은 '안정상태(under control)'에 있다고 할 수 있다.
⑤ 품질이 6시그마(6σ) 수준에 근접하면 프로세스 능력(process capability)은 높아진다.

2376

품질관리(quality control)와 관련한 다음 설명 중 가장 적절하지 않은 것은?

① ISO 14000은 원재료의 사용과 유해물질의 생성, 처리, 폐기를 지속적으로 추적하도록 요구하는 표준이다.
② 품질향상을 위한 작업자의 교육훈련 비용은 예방비용(prevention cost)에 해당한다.
③ 인과분석도(cause and effect diagram)는 품질문제의 원인을 알아내 문제해결 노력을 체계화하는데 도움을 준다.
④ 불량품이 많이 포함되어 있는 로트가 품질검사에서 합격판정을 받을 확률을 소비자 위험(β : consumer's risk)이라고 한다.
⑤ OC(operating characteristic) 곡선이 완경사를 이룰수록 적은 불량률의 차이에도 불구하고 합격확률에 많은 차이가 나며, 판별력이 높아진다.

2377

품질경영(quality management)에 관한 다음 설명 중 가장 적절하지 않은 것은?

① 실패비용은 외부실패비용과 내부실패비용으로 구분되는데, 일반적으로 외부실패비용이 내부실패비용보다 훨씬 크다.
② 전사적 품질경영(TQM)에서 말하는 원천적 품질확보(quality at the source)는 생산현장의 각 작업자가 자신의 작업 품질에 대해 책임을 지도록 하자는 철학이다.
③ 주유소의 휘발유 판매가 정량으로 이루어지고 있는지를 리터(litre)단위로 측정했다면 이는 계량적 속성을 사용한 품질측정이며, 이들의 분포는 이항분포(binomial distribution)나 포아송분포(Poisson distribution)를 따른다.
④ 통계적 품질관리 기법에는 표본검사법(acceptance sampling)과 관리도(control chart)가 있다.
⑤ 전통적 견해와는 달리 다구치(Taguchi)는 산출물이 목표치로부터 조금이라도 벗어나면 불량품질이 되고, 목표치로부터 멀리 벗어날수록 비용은 더욱 증가한다고 주장했다.

2378

통계적 품질관리(SQC: statistical quality control)에 관한 다음 설명 중 가장 적절하지 않은 것은?

① 관리도(control chart)의 목적은 공정의 산출물이 우연변동(random variation)에 의한 것인지 이상변동(assignable variation)에 의한 것인지를 가려내는 것이다.
② 관리도의 관리한계선을 ±3 표준편차에서 ±2 표준편차로 변경하면 생산자 위험(producer's risk)이 증가한다.
③ 검사특성 곡선(operating characteristic curve)에서는 합격품질수준(AQL: acceptance quality level)과 로트허용불량률(LTPD: lot tolerance percent defective)을 알면 생산자 위험과 소비자 위험을 바로 판명할 수 있다.
④ 로트허용불량률(LTPD: lot tolerance percent defective)을 초과하는 로트가 표본검사에서 합격 판정을 받을 확률을 생산자 위험(producer's risk)이라고 한다.
⑤ 검사특성 곡선(operating characteristic curve)의 판별력을 증가시키기 위해서는 검사하는 표본의 개수(n)를 증가시키고 허용불량 개수(c)는 감소시키는 것이 좋다.

2379

품질경영(quality management)과 관련한 다음 설명 중 가장 적절한 것은?

① 소비자 위험(consumer's risk)이란 좋은 품질수준을 갖는 로트가 표본검사에 의하여 불합격될 확률이다.
② 표본검사법(acceptance sampling)에서 합격품질수준(AQL: acceptance quality level)이란 구매자가 받아들일 수 있는 불량품의 비율을 말한다.
③ 검사특성 곡선(operating characteristic curve)에서 로트허용불량률(LTPD: lot tolerance percent defective)에서의 합격확률이 0.15라는 것은 소비자위험(consumer's risk)이 0.85라는 것을 의미한다.
④ 관리도(control chart) 상에서 우연변동(random variation)은 발견 즉시 그 원인이 규명되고 제거하기 위한 조치가 취해져야 한다.
⑤ 계수적 속성(attribute)을 측정하는 것보다 계량적 속성(variable)을 측정하는 것이 측정에 필요한 노력과 자원이 적게 든다.

2381

관리도(control chart)에 대한 다음 설명 중 가장 적절한 항목으로만 구성된 것은?

> a. 관리도는 표본 통계치를 크기순으로 나타낸 도표인데, 이는 우연변동(random variation)과 이상변동(assignable variation)을 구별하기 위한 것이다.
> b. 계수적 속성 관리도(attribute control chart)에는 불량률을 통제하는 p-관리도와 결점수를 관리하는 c-관리도가 있다.
> c. $\bar{X}$-관리도는 공정의 중심화 경향을 감시하며, R-관리도는 공정의 산포를 감시한다.
> d. 관리도 상에서 더 넓은 범위의 관리한계를 사용하면 이상변동을 탐지하기 더 힘들어진다.
> e. 관리도 상에서 관리한계선 내에 모든 점이 존재하면 공정은 안정상태에 있다고 보아야 한다.

① a, b, c
② a, c, d
③ b, c, d
④ b, c, d, e
⑤ a, c, d, e

2380

품질관리에 대한 다음 설명 중 가장 적절하지 않은 것은?

① 싱고시스템(Shingo system)은 한 작업장의 작업이 완성된 후에 결함이 발견되지 않기 위해서는 품질관리를 그 과정안에서 진행하여야 한다고 주장한다.
② 포카요케(poka-yoke)는 작업자가 일을 시작하기 전에 결함으로 이어지는 오류를 범하지 않게 방지하는 목적을 가지고 있다.
③ 표본조사가 아닌 전수조사의 경우에는 생산자위험(producer's risk)과 소비자위험(consumer's risk)이 존재하지 않는다.
④ 검사특성(OC) 곡선에서 AQL=0.02, LTPD=0.08, α=0.05, β=0.10 이라면, AQL에서의 합격확률은 90% 이다.
⑤ 통계적 품질관리(statistical quality control)에 소요되는 비용은 품질비용 가운데 검사비용에 해당한다.

2382

통계적 품질관리(statistical quality control)에 대한 다음 설명 중 가장 적절하지 않은 것은?

① 표본검사법(acceptance sampling)에서 AQL, α, LTPD, β는 소비자, 생산자, 경제성을 고려하여 결정하는데, 만약 좋은 로트를 불합격시키는 위험이 크다면, β보다 α를 적게하고, 나쁜 로트를 합격시키는 위험이 크다면 α보다 β를 더 적게 하는 것이 바람직하다.
② AQL=0.02, LTPD=0.05, α=0.05, β=0.10으로 정했다면, 로트크기가 1,000개 일 때, 불량이 20개 이하면 그 로트는 받아들여져야 할 좋은 로트이고, 불량품수가 50개 이상이면 그 로트는 불합격 처리되어야 할 로트이다.
③ 전수검사의 검사특성(OC) 곡선에서 AQL내의 합격확률은 100%이다.
④ 검사특성(OC) 곡선에서 허용불량 개수를 1로 유지하면서 표본의 수를 증가시키면, 생산자위험 α는 감소하고, 소비자위험 β는 증가한다.
⑤ 검사특성(OC) 곡선에서 AQL에서의 합격확률은 $1-\alpha$이고, LTPD에서의 합격확률은 β이다.

2383

통계적 품질관리(statistical quality control)에 대한 다음 설명 중 가장 적절하지 않은 것은?

① 관리도(control chart)는 설계가 완벽하고 공정이 아무 이상 없이 가동되더라도 그 공정에서 나오는 제품이 똑같을 수는 없다는 기본적인 가정에 그 근거를 둔다.
② 변량 관리도(variable control chart)에는 표본평균치의 변화를 통제하는 데 사용되는 관리도와 표본 내 산포의 변화를 관리하는데 사용되는 관리도가 있다.
③ 검사특성(operating characteristic) 곡선은 n과 c가 주어져 있을 때 여러 가지 상이한 불량률을 갖는 로트를 합격으로 판정할 확률을 나타내는 그래프를 말한다.
④ 검사특성(operating characteristic) 곡선은 c값이 커짐에 따라 그 형태가 직사각형 모양을 따라가게 된다.
⑤ 생산자 위험 α는 AQL(acceptable quality level)의 로트를 불합격으로 처리할 오류의 가능성을 뜻한다.

2384

품질에 대한 다음 설명 중 가장 적절하지 않은 것은?

① 공정의 산포(표준편차)가 커질수록 시그마 수준(sigma level)은 낮아진다.
② $p-$관리도의 불량률은 이항분포(binomial distribution)를 따르고, $c-$관리도의 결점수는 포아송분포(Poisson distribution)를 따르는 것으로 가정한다.
③ 로트허용불량률(LTPD: lot tolerance percent defective) 이상의 불량률을 지닌 로트가 샘플검사에서 합격할 확률을 소비자 위험(consumer's risk)이라고 한다.
④ 관리도(control chart) 상에서 관리한계선을 좁게 설정할수록 생산자 위험(producer's risk)은 증가한다.
⑤ 설계규격이 1,000±180시간이고, 표준편차가 40이면 프로세스 능력비율(process capability ratio)은 '1.3'이다.

2385

품질경영에 대한 다음 설명 중 가장 적절하지 않은 것은?

① 서비스 품질의 차원 가운데 신뢰성(reliability)이란 약속한 서비스를 실수없이 정확하게 수행하는 능력을 말한다.
② 관리한계가 중심선으로 멀어지면 제1종 오류(생산자 위험)의 확률은 감소한다.
③ 관리도(control chart) 내의 점들이 모두 관리한계 내에서 무작위(random)로 변동하면 생산공정에는 우연변동만 있고 이상변동은 없는 것으로 판단한다.
④ $p-$관리도에서는 일정한 시간 간격마다 생산공정으로부터 임의로 크기 n의 표본을 추출하여 표본의 불량률(p)을 계산한 다음, 이를 관리도에 점으로 표시해 나간다.
⑤ 어떤 공정이 통계적으로 관리상태이며, 평균 μ=130, 표준편차 σ=8 이다. 이 공정의 규격 상한과 하한은 각각 USL=150, LSL=100이면 공정능력지수(C_{pk})는 1보다 크다.

2386

품질관리(Quality control)와 관련한 다음 설명 중 가장 적절하지 않은 것은?

① 식스 시그마(six sigma)는 단순한 품질향상운동이라기 보다는 기업의 종합적인 품질전략으로 DMAIC과정이라고 불리는 다섯 단계를 충실하게 이행해야 한다.
② 통계적 프로세스관리(SPC)에서 사용되는 관리도는 계량형 관리도와 계수형 관리도로 구분되며, 대표적인 계수형 관리도에는 $p-$관리도와 $c-$관리도가 있다.
③ 프로세스 능력비율(process capability ratio: C_p)은 설계규격의 범위에 비해 프로세스의 범위가 어느 정도인가를 나타내는 수치로써 오늘날의 추세는 1.33이상을 목표로 한다.
④ 파레토 도표는 품질개선을 위한 도구로 가장 중요한 문제 영역에 주목하기 위한 기법이며 ABC재고관리에서도 활용된다.
⑤ 관리도에서 관리한계선이 좁을수록 소비자 위험(β : consumer's risk)이 증가하고, 넓어질수록 생산자 위험(α : producer's risk)이 증가한다.

2387

품질관리 및 품질경영에 대한 다음 설명 중 가장 적절한 것은?

① 관리도는 중심선(CL), 관리상한선(UCL), 관리하한선(LCL)을 이용하여 공정의 상태를 확인할 수 있으며, 평균치 관리도($\overline{X}$-관리도), 범위 관리도(R-관리도), 불량률 관리도(p-관리도)는 대표적인 계량형 관리도이다.

② 공정능력지수(C_{pk})는 공정의 표준편차(σ)를 이용하여 계산하므로 설계규격의 중앙에 있지 않으면 공정능력을 정확히 나타낼 수 없는 공정능력비율(C_p)의 문제점을 해결한다.

③ 인과분석도(cause-and-effect diagram)를 통해 여러 가지 불량 항목의 중요도를 쉽게 파악할 수 있기 때문에 어떤 불량 항목을 먼저 해결해야 하는가를 알 수 있다.

④ C_p < 1 이면, 즉 공정능력비율이 1보다 작으면 공정의 폭이 설계규격의 폭 내에 있으므로 공정능력이 좋음을 의미한다.

⑤ 식스 시그마(six sigma)를 성공적으로 수행하기 위해서는 데밍(Deming)이 고안한 PDCA 사이클을 충실하게 이행해야 한다.

2388

품질관리 및 품질경영에 대한 다음 설명 중 가장 적절한 것은?

① 불량률 관리도(p 관리도)와 결점수 관리도(c 관리도)는 대표적인 계수형(attribute) 관리도이며, 이는 계량형(variable) 관리도와 달리 우연원인(random variation)에 의한 품질변동을 찾아내어 공정을 통제한다.

② 공정능력 측정에 있어 공정능력지수(C_{pk})보다 공정능력비율(C_p)이 실제 공정능력을 더 정확하게 반영하기 때문에 일반적으로 더 많이 사용된다.

③ 공정을 지속적으로 개선해 나가는 경영철학을 지속적 개선(CI) 또는 카이젠(Kaizen)이라고 하며 대표적인 개념적 도구로는 DMAIC 과정과 벤치마킹이 있다.

④ 체크시트(check sheet)와 파레토표(Pareto diagram)는 불량항목을 발생 빈도로 기록하여 사용하는 공통점이 있다.

⑤ 공정이 설계규격의 중앙에 위치하고 C_p > 1 이면 설계규격을 벗어나는 제품이 나올 가능성이 있으므로 표준편차를 줄이거나 또는 설계규격의 폭을 증가시켜야 한다.

2389

품질관리 및 품질경영에 대한 다음 설명 중 가장 적절한 것은?

① $\overline{X}$-관리도는 공정 평균에 민감하며, R-관리도는 공정 산포의 변화에 민감하기 때문에 함께 사용하면 동일한 공정에 대한 더 많은 정보를 알 수 있다.

② 실패비용(failure cost) 중 리콜(recall)에 의한 재작업은 내부 실패비용에 해당된다.

③ 부품의 수가 많은 자동차와 같은 기계의 누적수율(rolled yield)을 개선하기 위해서는 시스템 내 수율관리가 가장 중요하다.

④ 식스시그마(Six Sigma)는 공정능력비율(C_p)이 '1'인 것을 의미하며, 결과적으로 설계 규격 내에 들어가지 못하는 산출물의 확률이 극단적으로 작다.

⑤ 공정의 평균이 설계규격의 중앙에서 많이 떨어져 있어 설계규격을 크게 벗어나더라도 변동 폭이 작은 경우에는 공정능력지수(C_{pk})값이 클 수 있다.

04 생산능력 관리

제3편. 경영과학/운영관리

1. 생산능력계획

(1) 생산능력의 측정

1) 생산능력

   생산능력(capacity)은 다음과 같이 2가지로 구분됨

   ① **설계생산능력** design capacity

   　설계 시에 결정한, 한 작업 단계, 공정 또는 시설의 최대 산출률이나 서비스 용량

   ② **유효생산능력** effective capacity

   　설계생산능력에서 작업자의 개인 시간과 장비 유지 관리 등으로 인한 공제량을 뺀 용량

   ※ 유효생산능력(effective capacity)은 설계생산능력(design capacity)을 초과할 수 없다.

2) 생산설비의 유효성 측정

$$생산능력\ 효율 = \frac{실제산출률}{유효생산능력} \times 100\%$$

$$생산능력\ 이용률 = \frac{실제산출률}{설계생산능력} \times 100\%$$

설계생산능력이 유효생산능력보다 항상 더 크기 때문에 생산능력 이용률(utilization)은 생산능력 효율(efficiency)을 초과할 수 없으며, 설계생산능력이 고정된 상태에서 실제산출률이 증가하면 생산능력 이용률은 향상됨. 또한 실제 산출률(actual output rate)은 유효생산능력을 초과할 수 없음으로 생산능력 이용률 개선의 핵심은 품질문제의 해결, 훌륭한 장비 유지 관리, 충분한 직원훈련, 병목 자원의 완전한 활용을 통하여 유효생산능력을 늘리는 것임

설계생산능력 ≥ 유효생산능력

∴ 생산능력 효율 ≥ 생산능력 이용률

(2) 규모의 경제

규모의 경제(economies of scale)란 산출량을 증가시킴으로써 제품 또는 서비스의 평균 단가가 감소하는 것을 말함

규모의 경제와 규모의 비경제

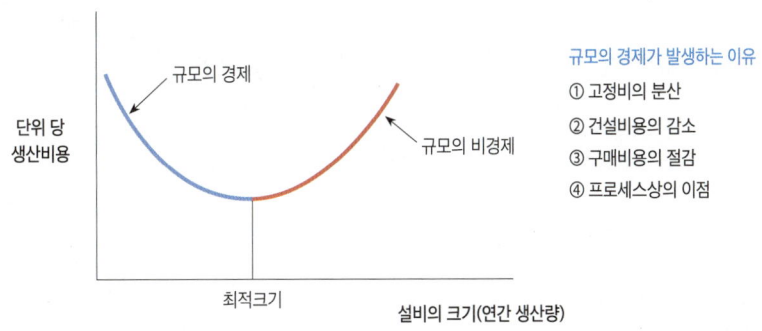

규모의 경제가 발생하는 이유
① 고정비의 분산
② 건설비용의 감소
③ 구매비용의 절감
④ 프로세스상의 이점

(3) 규모의 비경제

규모의 비경제(diseconomies of scale)란 설비의 규모가 증가함에 따라 평균단가가 증가하는 것을 말하는데 이것은 과도한 설비규모가 복잡성, 초점의 상실, 비효율성 등으로 인하여 제품이나 서비스의 평균단가를 상승시키기 때문임

2. 생산능력 증감 시점 및 규모

(1) 여유생산능력(capacity cushion)

수요의 불확실성을 고려하여 예상 수요보다 많게 생산용량을 계획하는 것을 말하며, 관행적으로 이 여분은 절대량으로 나타내지 않고 백분율로 나타냄

$$여유생산능력 = (100\% - 이용률)$$

상황에 따른 여유생산능력의 결정

높은 여유생산능력	낮은 여유생산능력
1. 수요의 불확실성이 높을 때 2. 고객서비스가 중요한 산업	1. 표준 제품이나 서비스 2. 자본집약도가 높은 산업 3. 생산설비의 신뢰도가 높을 때 4. 인력의 유연성이 높을 때

(2) 확장의 시기 및 규모

1) 확장주의 전략(expansionist strategy)
   수요에 앞서서 확장하기 때문에 불충분한 생산능력으로 인한 판매 손실의 기회를 최소화

2) 관망전략(wait-and-see strategy)
   새로운 설비를 신축하는 것과 같은 방법보다는 현재의 설비를 보수하는 것처럼 작은 폭으로 생산능력을 확대하는 전략

생산능력 전략

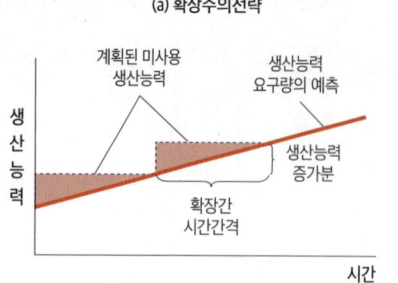
(a) 확장주의전략

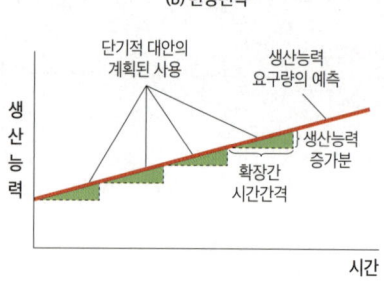
(b) 관망전략

3. 프로세스 제약관리

(1) 제약의 파악

제약(constraints)이란 시스템의 성과를 제한시키고, 산출을 한정시키는 요인으로, 만약 일부 단계에 제약이 있으면 생산능력에 불균형(일부 부서는 너무 높고, 일부 부서는 너무 낮음)이 발생하고, 그 결과 병목의 생산능력(capacity)이 전체 시스템의 생산능력을 제한함

(2) 제약이론(TOC: theory of constraints)

1) 개요

골드랫(E. Goldratt)에 의해 개발된 제약이론의 주요 논리는 병목작업의 해소에 초점을 맞추면, 생산능력과 관련된 복잡성의 많은 부분을 피해갈 수 있다는 것. 그는 생산 시스템의 생산량은 병목작업에 의해 줄어들게 되는데, 이를 해결하기 위해서는 병목이 아닌 작업들을 병목작업의 유휴시간이 최소화되도록 계획을 수립해야 한다고 주장하였음

2) 작업흐름을 최대화하는 절차
① 병목공정의 확인
② 병목공정의 활용
③ 다른 모든 의사결정을 위의 결정사항(제약)에 종속시킴
④ 제약을 향상시킴
⑤ 지속적 개선(1단계로 돌아감)

3) 드럼-버퍼-로프 시스템

제약이론은 시스템을 관리하기 위해 drum-buffer-rope 개념을 사용함

> **버퍼, 작업장애, 작업공전**
> 버퍼(buffering)란 작업단계 간의 저장공간을 의미하는데, 후속 프로세스에서 작업이 시작되기 전에 머무는 공간을 말함. 버퍼는 각 프로세스 단계가 독립적으로 작업할 수 있는 여건을 조성해줌. 만일 버퍼가 존재하지 않는다면 작업장애 또는 작업공전이 발생하게 됨. 작업장애(blocking)란 재공품을 작업 후 보관할 장소가 없는 경우에 작업을 어쩔 수 없이 중단해야 하는 경우를 말하며, 작업공전(starving)은 선행 프로세스에서 작업물량이 원활히 공급되지 못하며 버퍼가 없을 경우에 작업량이 없어서 작업진행을 할 수 없는 경우를 말함

드럼-버퍼-로프 시스템

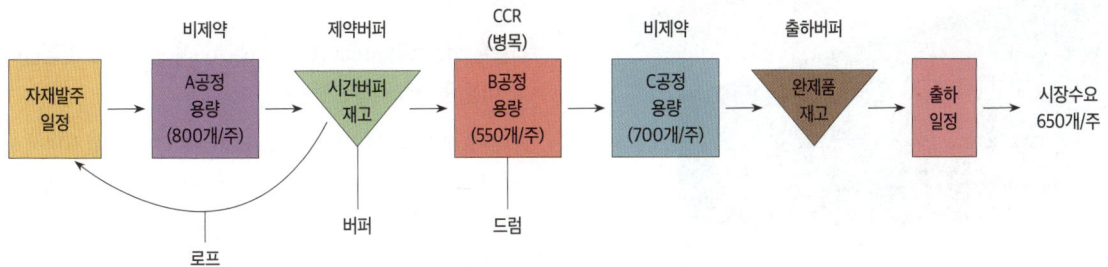

4) 제약이론의 목표

골드랫은 '기업의 목표는 돈을 버는 것이다'라는 매우 단순한 생각을 가지고 있었으며, 개선의 효과를 평가하기 위해 다음의 3개의 척도를 사용

① 재무적 측정기준
- 순이익 – 화폐가치를 통한 절대적 기준
- 투자수익률 – 투자규모를 고려한 상대적 기준
- 현금흐름 – 생존 가능성 기준

이 세 가지 기준은 반드시 함께 사용되어야 함

② 운영적 기준
- 산출(throughput) – 판매를 통하여 시스템에 의해 창출된 돈
- 재고(inventory) – 판매를 목적으로 한 물건들을 구매하는데 투자된 모든 돈
- 운영비용(operating expenses) – 재고를 산출로 전환하는데 시스템이 소비하는 모든 돈

③ 생산성
생산성은 기업이 목표(산출증대, 재고축소, 운영비용 감소)를 달성하려는 모든 행동들

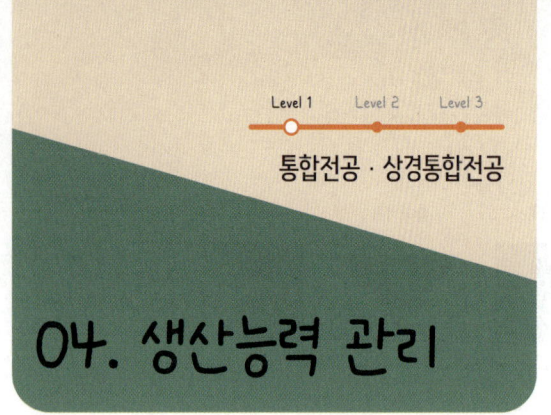

04. 생산능력 관리

생산능력 관리

2390
2021 7급 군무원

생산능력(capacity)에 대한 설명으로 가장 옳지 않은 것은?

① 규모의 경제(economic of scale)는 생산량이 고정비를 흡수하게 됨으로써 단위당 고정비용이 감소하는 것을 의미한다.
② 실제 생산능력(actual output rate)은 생산시스템이 실제로 달성하는 산출량이다.
③ 병목(bottleneck)을 고려한 정상적인 조건하에서 보여지는 산출량은 유효생산능력(effective capacity)이다.
④ 생산능력 이용률(capacity utilization)은 설계 생산능력(design capacity)이 커지면 함께 증가한다.

2391
2007 7급 국가직

(주)한국산업의 공장은 한 작업자가 1시간에 20개의 제품을 생산하도록 설계되어 있다. 이번 달 가동률은 80%이며, 생산량은 8,000개였다. 작업자가 5명이고, 하루 8시간, 한 달에 25일 작업한다고 할 때, 이 공장의 생산효율은?

① 40% ② 50%
③ 70% ④ 80%

2392
2024 7급 군무원

다음은 생산능력(production capacity)에 관한 여러 설명들이다. 이들 중 가장 적절한 것은?

① 유효생산능력(effective capacity)은 설비의 설계명세서에 명시되어 있는 생산능력으로, 설비 운영의 내적·외적 요인에 영향을 받지 않고 생산 가능한 최대 생산량이다.
② 규모의 경제(economies of scale)란 생산량의 증가 등으로 인해 단위당 변동비가 줄어들어 단위당 평균원가가 감소하는 현상을 의미한다.
③ 최적조업도는 단위당 고정원가가 최소로 되는 산출량을 말한다.
④ 유효생산능력(effective capacity)은 설계생산능력(design capacity)을 초과할 수 없다.

생산성

2393
2017 7급 서울시

어떤 기업이 지난 달 8천만 원의 매출을 달성하였는데, 직원 10명이 지난 달에 각각 160시간씩 근무했고, 장비 5대가 지난 달에 각각 300시간씩 운용되었다. 이 기업의 지난 달 노동생산성으로 올바른 것은? (단, 소수점 첫째 자리에서 반올림 한다.)

① 10,000원/시간 ② 22,222원/시간
③ 40,000원/시간 ④ 50,000원/시간

2394
2016 7급 국가직

A기업은 8월에는 제품 2천 4백개를 생산했으며, 9월에는 2천개를 생산했다. 8월 한 달 동안 풀타임(160시간/월) 직원 6명과 파트타임(100시간/월) 직원 4명이 근무했다. 9월 한 달 동안 풀타임(160시간/월) 직원 6명과 파트타임(40시간/월) 직원 2명이 근무했다. A기업의 8월 대비 9월 '직원 근무 시간당 생산성'의 변화율(%)은? (단, 소수점 셋째 자리에서 반올림한다)

① −17.65 ② −1.76
③ 8.97   ④ 15.84

규모의 경제

2395
2022 가맹거래사

제조기업의 능력 계획에 비해 서비스기업의 능력 계획에서 추가적으로 고려하여야 할 사항으로 옳지 않은 것은?

① 서비스 위치
② 높은 수요변동성
③ 서비스 능력 가동률
④ 서비스 시간
⑤ 규모의 경제

2396
2022 9급 군무원

다음 중에서 일정 기간 내의 생산의 절대량이 증가할수록 제품(또는 제품을 생산하는 작업)의 단가가 저하되는 현상을 설명으로 가장 옳은 것은?

① 규모의 경제   ② 범위의 경제
③ 경험 효과   ④ 시너지

2397
2021 7급 군무원

규모의 불경제(diseconomies of scale)의 원인으로 가장 적절하지 않은 것은?

① 설비 규모의 과도한 복잡성에서 초래되는 비효율성
② 과도한 안전 비용에서 초래되는 비효율성
③ 과도한 고정비에서 초래되는 비효율성
④ 과도한 근로 인력 규모에서 초래되는 비효율성

2398
2024 가맹거래사

규모의 경제가 발생하는 이유로 옳지 않은 것은?

① 단위당 고정비용 분산
② 단위당 건설비용 감소
③ 단위당 자재 구매비용 감소
④ 관료주의 심화
⑤ 학습효과 가속화

2399
2024 7급 서울시

규모의 경제(economies of scale)와 기업 경영의 관계에 대한 설명으로 가장 옳은 것은?

① 규모의 경제는 대량 생산에 필요한 원자재를 구매함으로써 단위당 생산 원가를 낮추며 이는 경쟁기업에 비해 가질 수 있는 가격 경쟁력이 감소될 수 있는 단점이 있다.
② 기업은 다양한 욕구를 가진 소비자를 위한 표적시간 마케팅을 하기 위해 다양한 제품을 생산하고자 하며, 이는 규모의 경제를 통한 대량 생산을 가능하게 하는 방법이다.
③ 페이욜(H. Fayol)은 권한의 위계화(hierarchy of authority), 일관된 명령(unity of command) 등의 개념을 설명하였는데, 이는 대량 생산 체계의 조직관리와 관련이 있다.
④ 베버(M. Weber)는 대량 생산을 위한 부문화와 역피라미드 조직을 통해 넓은 통제 범위를 적용하여 빠른 의사결정이 가능한 관료주의적 조직을 강조했다.

제약이론

2400
2007 가맹거래사

다음 중 제약이론(Theory of Constraint)에 관한 설명인 것은?

① 비병목공정의 가동률은 시스템내의 투입물의 속도에 의해 결정된다.
② 병목공정에서 1시간을 상실했다면, 이는 곧 생산시스템 전체에서 1시간을 상실한 것이다.
③ 생산시스템의 산출률과 재고는 최종 작업공정에 의해 결정된다.
④ 모든 공정에서 골고루 작업처리시간을 줄여야 한다.
⑤ 생산시스템의 산출률과 재고는 생산능력이 가장 큰 비병목 작업공정에 의해 결정된다.

2401
2018 7급 서울시

기업의 성과측정기준으로 <보기>와 같은 세 가지 운영적 지표를 사용하여야 한다고 주장하는 생산이론은?

> • 판매를 통하여 시스템에 의해 창출된 돈
> • 판매를 목적으로 한 물건들을 구매하는 데 투자된 모든 돈
> • 재고를 산출로 전환하는 데 시스템이 소비하는 모든 돈

① 린 생산이론(lean manufacturing)
② 제약이론(theory of constraints)
③ 식스시그마(six sigma)
④ 가치분석(value analysis)

2402
2008 7급 국가직

병목작업이란 처리능력 이상으로 가동되고 있어 언제나 하나 이상의 작업이 대기 중인 작업장을 말한다. 병목작업장이 어디인지 찾아내고 거기에 생산능력을 추가하여 공정의 흐름을 개선함으로써 조직 전체의 최적화를 추구하는 이론은?

① 제약이론(theory of constraints)
② 공급체인관리(supply chain management)
③ 고객관계관리(customer relationship management)
④ 전사적 자원관리(enterprise resource planning)

라인밸런싱

2403
2017 7급 국가직

다음과 같이 순서의 변경이 가능한 7개의 작업요소로 구성된 조립라인에서 시간당 20개의 제품을 생산한다. 공정균형화 (Line-Balancing)를 고려한 주기시간(Cycle Time)과 공정효율 (Efficiency)은?

작업요소	시간(초)
A	100
B	90
C	45
D	110
E	50
F	100
G	85

① 110초, 약 81%
② 110초, 약 107%
③ 180초, 약 81%
④ 180초, 약 107%

2404
2020 코레일 사무직 복원

제품을 제조하는 공정이 A~E까지 5개이고 작업은 순차적으로 수행될 때 이 제조공정의 주기시간은?

공정	시간(분)
A	2
B	3
C	4
D	5
E	6

① 2분 ② 3분
③ 4분 ④ 5분
⑤ 6분

2405
2023 7급 국가직

라인밸런싱(line balancing)에 대한 설명으로 옳지 않은 것은?

① 라인밸런싱의 목표는 유휴시간을 최소화하는 것이다.
② 단위기간 내 목표생산량이 증가하면 생산주기(cycle time)도 증가한다.
③ 라인밸런싱은 제품별 배치의 설계를 위해 사용한다.
④ 밸런스 지체(balance delay)가 감소하면 라인효율(efficiency)은 증가한다.

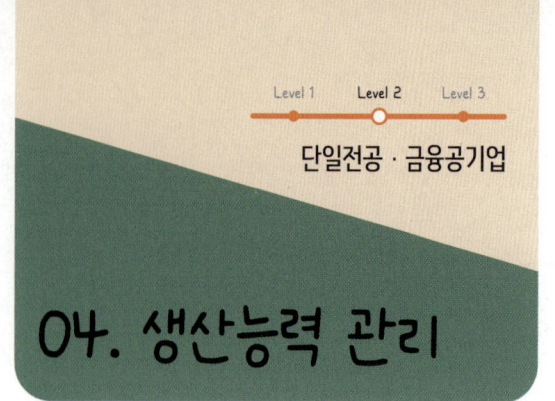

04. 생산능력 관리

생산능력 관리

2406
2008 CPA

생산능력에 관한 다음의 기술 중 가장 적절하지 않은 것은?

① 규모의 경제(economies of scale)는 생산량의 증가 등으로 인해 단위 당 고정비가 줄어 단위당 평균원가가 감소하는 현상을 의미한다.

② 규모의 비경제(diseconomies of scale)는 과도한 설비규모가 복잡성, 커뮤니케이션의 장애, 운영초점의 상실 등을 초래하여 단위당 평균원가가 상승하는 현상을 의미한다.

③ 여유생산능력(capacity cushion)은 평균가동률이 100% 이하로 떨어진 정도를 의미하며, 다른 조건이 동일하다면 수요의 변동이 큰 업종일수록 여유생산능력을 크게 유지하는 것이 바람직하다.

④ 유효생산능력(effective capacity)이란 정상적이고 일반적인 제약 하에서 경제적으로 지속가능한 최대 산출량으로서, 실제산출량이 일정하다면 생산능력의 효율성은 유효생산능력이 클수록 커진다.

⑤ 다른 조건이 동일하다면 자본집약도가 높은 기업일수록 여유생산능력을 적게 유지하는 것이 바람직하다.

2407
2019 CPA

다음은 장기적인 생산능력(capacity)의 측정과 평가에 대한 설명이다. 가장 적절하지 않은 것은?

① 유효생산능력(effective capacity)은 설계생산능력(design capacity)을 초과할 수 없다.

② 실제산출률(실제생산능력)은 유효생산능력을 초과할 수 없다.

③ 생산능력 이용률(utilization)은 생산능력 효율(efficiency)을 초과할 수 없다.

④ 설계생산능력이 고정된 상태에서 실제산출률이 증가하면 생산능력 이용률은 향상된다.

⑤ 효과적인 생산관리 활동(제품 및 공정설계, 품질관리 등)을 통해 실제산출률은 증가하지만 유효생산능력은 변하지 않는다.

2408
2024 CPA

어느 제철소에서는 특수 철강제품을 생산하기 위해 매주 500kg의 철광석을 구매하여 모두 사용하고 있으며, 제품 1개의 생산에 4kg의 철광석이 필요하다. 제철소 내에서 임의의 시점에 재공품 재고로 200개의 제품이 생산되고 있을 때, 철광석이 제철소에 도착해서 제품으로 만들어지는 데까지 필요한 시간과 가장 가까운 것은?

① 0.4주　　② 1.6주
③ 2.5주　　④ 8.0주
⑤ 10.0주

용량 소요량

2409
2003 CPA

(주)한국화학은 두 가지 제품 A, B를 뱃치(batch)생산 방식을 통해 제조하고 있다. 다음은 두 제품에 대한 내년도 수요와 생산관련 자료를 요약한 표이다. 두 제품은 같은 사출성형기계에서 생산되는데, (주)한국화학은 현재 이 기계를 2대 보유하고 있다. 기계는 대당 1년에 250일, 하루에 15시간 가동된다. 기계 당 완충생산능력(capacity cushion)을 20% 감안할 때, 내년도 수요를 만족시키기 위한 생산능력(production capacity) 계획 방안으로 옳은 것은?

관련 자료 항목	제품 A	제품 B
내년도 수요량	40,000개/년	70,000개/년
뱃치크기	50개/뱃치	70개/뱃치
개당 공정시간	5분/개	3분/개
뱃치당 작업준비(setup) 시간	100분/뱃치	80분/뱃치

① 초과근무를 통해 현재의 기계를 하루 20시간 가동한다.
② 기계 당 완충생산능력을 90%로 늘인다.
③ A와 B의 뱃치크기를 각각 현재의 두 배로 늘인다.
④ 기계를 2대 더 증설한다.
⑤ 현재의 생산능력으로도 내년의 수요를 만족시킬 수 있다.

2410
2008 CPA

벤처회사인 (주)한국개발은 최근 게임용 소프트웨어를 개발하였다. 이 회사는 개발된 제품을 자체적으로 생산하는 것을 고려하고 있으며, 이를 위해 자동생산공정, 반자동생산공정 또는 수동생산공정을 고려하고 있다. 각 생산공정의 원가구조와 생산능력은 다음과 같다.

생산공정	연간 고정생산비	단위당 변동생산비	단위당 생산시간
자동	70,000,000원	25,000원	2시간
반자동	30,000,000원	30,000원	3시간
수동	20,000,000원	40,000원	5시간

회사는 각 공정을 연간 300일, 하루 16시간 운영할 수 있으며 생산된 제품은 사용된 공정에 상관없이 단위당 50,000원에 판매하려 한다. 제품의 연간시장수요가 2,500개로 예상된다고 할 때, 어떤 공정(들)이 경제적 타당성이 있다고 할 수 있는가?

① 자동, 반자동　　② 반자동, 수동
③ 자동　　　　　　④ 반자동
⑤ 수동

제약이론

2411
2006 CPA

골드랫(E. Goldratt)의 제약이론(TOC)에 대한 서술 중 가장 적절한 것은?

① 모든 성과지표들 중 가장 중요한 것은 순이익(net profit)이다.
② 제약자원에 대한 파악과 능력개선은 필요한 경우에만 실시해야 한다.
③ 생산시스템의 운영적 측면에서 활용할 수 있는 성과척도는 Throughput, Inventory, Operating Expenses 등 세 가지이다.
④ 서로 다른 제약자원들이 동시에 존재하는 시스템에서는 투자수익률에 근거하여 우선적인 개선대상을 결정한다.
⑤ 기업의 궁극적인 목표는 고객만족과 사회적 책임 등을 포괄하는 다차원적인 것으로 파악되어야 한다.

라인밸런싱

2412
2002 CPA

아래 그림과 같이 a, b, c 세 개의 순차적인 과업을 통해 제품을 조립하는 생산라인이 있다. 이를 하루 8시간 가동할 때 조립라인 균형의 효율(efficiency)과 하루 생산량은 각각 얼마인가?

	ⓐ	→	ⓑ	→	ⓒ
수행시간	10초		30초		5초

① 50%, 960개　　② 66.7%, 960개
③ 75%, 960개　　④ 50%, 640개
⑤ 66.7%, 640개

2413
2004 CPA

다음과 같이 A, B, C, D 네 개의 순차적인 단계를 거쳐 제품이 조립되는 생산라인이 있다. 네 단계 중 생산량에 제약을 주는 병목공정(bottleneck operation)은 무엇이며, 작업수행시간의 조정을 통해 해당 병목공정의 작업수행시간이 5초로 조정된다면 전체 공정에서의 1분당 생산량은 얼마가 되겠는가?

작업공정	A	B	C	D
공정별 작업수행시간	4초	12초	6초	10초

① A, 5개　　② A, 12개
③ A, 15개　　④ B, 12개
⑤ B, 6개

2414
2007 가맹거래사

다음은 제조공정의 리드타임을 구성하는 요소들을 정리해 놓은 것이다. 이 중 바르게 설명한 것은?

① 생산준비시간은 리드타임 중 차지하는 비율이 가장 높은 요소로서 평균적으로 충분한 능력을 가지더라도 작업량이 심하게 변동하면 그 값은 커진다.
② 설비의 배치가 제품별로 되어 있으면 공정별로 배치되어 있을 때보다 대기시간이 증가한다.
③ 생산준비작업에 긴 시간이 소요되면 제조공정의 신축성을 떨어뜨리고 재공품 재고를 증가시킨다.
④ 셀이나 흐름라인을 도입하면 부품주문 소요시간을 줄일 수 있다.
⑤ 리드타임의 축소가 제품원가의 절감으로 이어지지는 않는다.

2415
2012 CPA

아래 그림과 같이 ⓐ, ⓑ, ⓒ, ⓓ 네 개의 순차적인 과업을 통해 제품이 완성되는 조립라인이 있다. 조립라인 균형을 고려하였을 때, 보기의 설명 중 가장 적절하지 않은 것은?

과업	ⓐ	→	ⓑ	→	ⓒ	→	ⓓ
수행시간	10초		20초		15초		10초

① 최소주기시간은 20초이다.
② 주기시간을 20초로 결정한다면, 4개의 작업장이 필요하다.
③ 주기시간을 20초로 결정한다면, 총유휴시간(total idle time)은 25초이다.
④ 주기시간을 20초로 결정한다면, 생산라인의 효율(efficiency)은 36%이다.
⑤ 주기시간을 20초로 결정한다면, 8시간 동안 총 1,400개의 수요를 충족시키는데 문제가 없다.

2416
2013 CPA

㈜설악에서는 시간당 100개의 제품 생산이 가능한 한 개의 생산라인을 보유하고 있다. 최근 수요의 증가에 따라 동일한 생산라인을 추가로 한 개 더 설치하고자 한다. 이 때 발생할 수 있는 상황에 관한 다음 설명 중 적절한 항목만을 모두 고르면? (단, 수요, 공급 및 공정 내부에서의 변동성 등은 고려하지 않고 각 라인은 설비, 작업자의 숙련도 및 원재료 등 모든 요소가 동일하며 두 라인의 가동률은 100%로 가정한다.)

> (가) 회사 전체의 주기시간(cycle time)은 생산라인 추가 설치 이전의 절반 수준으로 감소하고 시간당 생산능력은 2배 수준으로 증가한다.
> (나) 회사 내부에 존재하는 재공품재고(work in process)는 생산라인 추가 설치 이전의 2배 수준으로 증가한다.
> (다) 하나의 제품을 생산하는 데 소요되는 처리시간(flow time)은 생산라인 추가 설치 이전의 절반 수준으로 감소한다.

① (가) ② (다)
③ (가), (나) ④ (가), (다)
⑤ (가), (나), (다)

2417
2014 CPA

K사의 조립라인은 5개의 과업(task)으로 구성된다. 현재는 3개의 작업장(work-station)에 아래 그림과 같이 과업들을 할당하여 생산을 하고 있다. 다음 설명 중 가장 적절하지 않은 것은? 단, 과업은 Ⓐ, Ⓑ, Ⓒ, Ⓓ, Ⓔ의 순으로 순차적으로 수행되며, 과업 밑에 표시된 수치는 각 과업의 수행시간이다.

① 현재의 라인밸런싱(line balancing)을 유지한다면 병목(bottleneck)은 2번 작업장이며, 전체 생산라인의 주기시간(cycle time)은 30분이다.
② 현재의 라인밸런싱을 유지한다면 8시간 동안 총 16개의 제품을 생산할 수 있으며, 라인효율(efficiency)은 약 78.9%이다.
③ 라인밸런싱을 수정하여 과업 Ⓑ를 1번 작업장으로 옮길 경우 전체 생산라인의 주기시간은 24분으로 줄어든다.
④ 현재의 라인밸런싱을 유지한다면 총 유휴시간(idle time)은 19분이다.
⑤ 현재의 과업구성을 변경하지 않고 주기시간을 20분으로 줄이기 위해서는 5개의 작업장이 필요하다.

2418
2015 CPA

라인밸런싱(line balancing)에 관한 설명으로 가장 적절하지 않은 것은?

① 라인밸런싱은 제품별배치(product layout)의 설계를 위해 사용한다.
② 라인밸런싱의 목적은 작업장(work-station)별 작업시간의 균형을 이루어 유휴시간(idle time)을 최소화하는 것이다.
③ 생산라인의 주기시간(cycle time)은 병목(bottleneck) 작업장의 작업시간보다 작다.
④ 생산라인의 총유휴시간이 감소하면 라인효율(efficiency)은 증가한다.
⑤ 생산라인의 총유휴시간이 감소하면 밸런스지체(balance delay)는 감소한다.

2419
2017 CPA

다음 그림은 병렬로 배치된 공정 A와 B에서 각각 생산된 부품을 공정 C에서 조립한 후 공정 D에서 마무리 작업을 실시하는 생산시스템을 나타낸 것이다. 버퍼(buffer)는 존재하지 않으며, 각 공정의 ( )안에 표시된 숫자는 공정의 작업시간(단위: 분)이다. 생산시스템은 최소주기시간에 맞추어 운영되고 있으며, 생산시스템 가동 전 모든 공정에는 작업가능한 재공품이 존재한다. 이 생산시스템에 관한 설명으로 가장 적절한 것은?

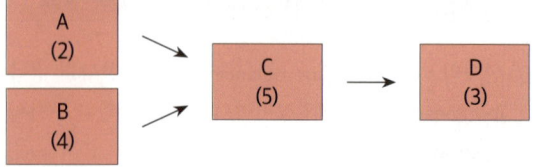

① A는 병목공정(bottleneck process)이다.
② B에 작업자 1명을 더 투입하여 작업시간을 단축시키면, B의 이용률(utilization)은 증가한다.
③ C에서는 작업공전(starving)과 작업장애(blocking)가 동시에 발생한다.
④ 흐름시간(flow/throughput time)은 10분이다.
⑤ 시간당 12개의 제품 생산이 가능하다.

2420
2018 CPA

공정성능을 나타내는 지표들에 관한 설명으로 가장 적절한 것은?

① 주기시간(cycle time)의 변동없이 처리시간(flow 또는 throughput time)을 감소시키면 재공품재고도 감소되는 경향이 있다.
② 병목공정(bottleneck process)의 이용률(utilization)은 비병목공정의 이용률보다 낮다.
③ 생산능력(capacity)이 증가하면 이용률이 증가하는 경향이 있다.
④ 생산능력이 감소하면 주기시간이 짧아지는 경향이 있다.
⑤ 가동준비(setup)가 필요한 뱃치공정(batch process)에서 가동준비시간이 늘어나면 생산능력이 증가되는 효과가 있다.

2421
2018 CPA

다음 표는 6개의 작업(task) A~F로 이루어진 조립라인에서 각 작업의 작업시간과 직전 선행작업을 나타낸 것이다. 이 조립라인에서는 하루 400분 동안 100개의 제품이 생산되도록 주기시간을 설정하고 작업장을 구성하였다. 또한, 작업장의 수가 최소가 되도록 각 작업을 작업장에 할당하였으며, 각 작업장에는 1명의 작업자를 배치하였다. 이 조립라인에 관한 설명으로 가장 적절한 것은?

활동	A	B	C	D	E	F	합계
작업시간(분)	2	1.5	1.5	2	2.5	2.5	12
직전 선행작업	–	A	A	B	C	D, E	

① 조립라인의 주기시간은 2.5분이다.
② 각 작업 간의 선후행 관계를 고려하지 않았을 때, 이론적 최소작업장의 수는 2개이다.
③ 조립라인은 3개의 작업장으로 구성된다.
④ A와 D는 같은 작업장에 할당된다.
⑤ F만으로 하나의 작업장이 구성된다.

2422
2019 CPA

라인밸런싱(line balancing)에 관한 설명으로 가장 적절하지 않은 것은?

① 밸런스 효율(balance efficiency)과 밸런스 지체(balance delay)를 합하면 항상 100%가 된다.
② 최다 후속작업 우선규칙이나 최대 위치 가중치(positional weight) 우선규칙 등의 작업할당 규칙은 휴리스틱(heuristic)이므로 최적해를 보장하지 않는다.
③ 주기시간(cycle time)은 병목(bottleneck) 작업장의 작업시간과 동일하다.
④ 주기시간을 줄이기 위해서는 작업장 수를 줄일 필요가 있다.
⑤ 작업장 수를 고정하면 주기시간을 줄일수록 밸런스 효율은 향상된다.

2423
2020 CPA

B기업의 조립라인은 5개의 과업(task)으로 구성되는 작업을 수행하고 있으며, 각 과업의 수행시간과 과업 간의 선후관계는 아래 표와 같다. 주기시간(cycle time)을 1분으로 하는 라인밸런싱(line balancing)을 수행한다고 할 때 각, 다음 설명 중 가장 적절하지 않은 것은?

과업	과업 수행시간(분)	직전 과업
a	0.5	-
b	1.0	-
c	0.3	a
d	0.2	b, c
e	0.7	d
합계	2.7	

① 과업 b의 수행시간으로 인해 주기시간을 1분 미만으로 줄일 수는 없으며, 필요한 작업장(workstation) 수는 최소 3개이다.
② 과업 간의 선후관계로 인해 과업 a와 d는 같은 작업장에 할당될 수 없다.
③ 라인밸런싱의 결과로 전체 과업이 3개 작업장에 순서대로 [작업장1: 과업 a와 c] → [작업장2: 과업 b] → [작업장3: 과업 d와 e]와 같이 할당되었다면, 라인효율(밸런스효율, efficiency)은 90%이다.
④ 작업장 3개, 주기시간 1분인 조립라인의 총 유휴시간(idle time)은 0.3분이다.
⑤ 과업 b가 할당된 작업장이 병목공정(bottleneck)이 된다.

2424
2020 CPA

생산시스템 지표들 간의 관계에 관한 설명으로 가장 적절하지 않은 것은? (단, 아래의 각 보기마다 보기 내에서 언급된 지표를 제외한 나머지 지표들과 생산환경은 변하지 않는다고 가정하며, 생산능력(capacity)은 단위시간당 생산되는 실제 생산량(산출량)을 나타낸다.)

① 수요와 리드타임(lead time)의 변동성이 커지면 재고는 증가한다.
② 준비시간(setup time)이 길어지면 생산능력은 감소한다.
③ 주기시간(cycle time)을 단축하면 생산능력은 증가한다.
④ 설비의 고장과 유지보수로 인해 시간지연이 길어지면 처리시간(flow time)은 커지고 생산능력은 감소한다.
⑤ 로트크기(lot size)를 크게 하면 생산능력은 증가하고 재고는 감소한다.

2425
2021 CPA

라인밸런싱(line balancing)에 관한 설명으로 가장 적절하지 않은 것은?

① 연속된 두 작업장에 할당된 작업부하(workload)의 균형이 맞지 않을 경우 작업장애(blocking) 또는 작업공전(starving) 현상이 발생한다.
② 라인밸런싱의 결과, 모든 작업장의 이용률(utilization)이 100%라면 전체 생산라인의 효율(efficiency)도 100%이다.
③ 각 작업장의 이용률은 유휴시간(idle time)이 클수록 낮아진다.
④ 주기시간(cycle time)은 작업장 수를 늘릴수록 줄어든다.
⑤ 목표 산출률을 높이기 위해서는 이를 달성할 수 있는 목표 주기시간도 늘어나야 한다.

2426
2022 CPA

다음 그림과 같이 버퍼(buffer)가 존재하지 않는 4개의 작업장으로 구성된 생산 프로세스에 관한 설명으로 가장 적절하지 않은 것은? (단, 각 작업장에 기재된 시간은 각 작업장에서 투입된 재공품 1단위를 처리하는 데 걸리는 시간이다.)

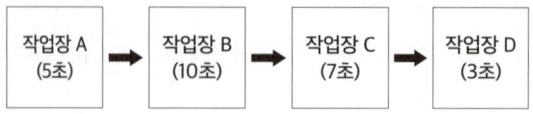

① 이 생산 프로세스의 흐름시간(flow time)은 25초이다.
② 병목(bottleneck)이 발생하는 작업장은 작업장 B이다.
③ 작업장 C에서는 작업공전(starving)이 발생한다.
④ 이 생산 프로세스의 시간당 생산량은 720단위이다.
⑤ 작업장 D의 이용률(utilization rate)은 30%이다.

리틀의 법칙

2427
2011 CPA

공정의 성능을 측정하기 위한 지표들에 관한 설명으로 가장 적절하지 않은 것은?

① 모든 병목(bottleneck)공정의 주기시간(cycle time)을 단축시킴으로써 일반적으로 전체 공정의 주기시간을 단축시킬 수 있다.
② 배치크기(batch size)에 관계없이 일정한 가동준비시간(set-up time)과 단위 제품 당 동일한 공정시간(run time)을 갖는 공정에서 배치크기가 증가하면 일반적으로 공정의 생산능력(capacity)이 증가하는 경향이 있다.
③ 생산성(productivity) 향상을 위해서는 투입(input) 대비 산출(output)의 비율을 높여야 한다.
④ 처리시간(flow time 또는 throughput time)이 동일한 두 공정에서 일반적으로 주기시간이 짧은 공정의 재공품(WIP: Work-in-process) 개수가 적다.
⑤ 공정의 품질 수준은 불량률, Cp, Cpk 등의 공정능력지수(PCIs: Process Capability Indices) 또는 시그마수준(sigma level) 등으로 측정 가능하다.

2428
2016 CPA

주기시간(cycle time)마다 일련의 작업장을 통과하는 이동 컨베이어 시스템이 설치된 조립라인에 관한 설명 중 적절한 항목만을 모두 선택한 것은?

> a. 조립라인의 변경 없이 주기시간을 늘리는 경우, 조립라인 균형의 효율성은 감소한다.
> b. 조립라인의 생산능력(capacity) 비교를 위해 각 조립라인의 주기시간 당 생산되는 제품의 수가 활용된다.
> c. 조립라인에 존재하는 재공품이 20개이고 주기시간이 2분인 경우, 조립라인의 처리시간(flow/throughput time)은 30분 이내이다.
> d. 주기시간은 가장 짧은 작업시간을 갖는 작업장과 가장 긴 작업시간을 갖는 작업장의 작업시간 사이의 값을 갖는다.

① a
② c
③ a, b
④ b, c
⑤ c, d

2429
2022 CPA

주민센터 A의 업무 프로세스는 리틀의 법칙(Little's law)을 따른다. 이 주민센터의 시간당 처리 민원인 수가 10명이고, 민원인 한 명이 민원 해결을 위해 평균 30분을 주민센터에 머문다고 할 경우 어느 특정 시간에 주민센터 A 내에 머물고 있는 평균 민원인 수는? (단, 각 민원인은 주민센터에 도착한 순서대로 서비스를 받고 민원이 해결되는 즉시 주민센터를 떠나는 것으로 가정한다.)

① 2명
② 5명
③ 10명
④ 20명
⑤ 60명

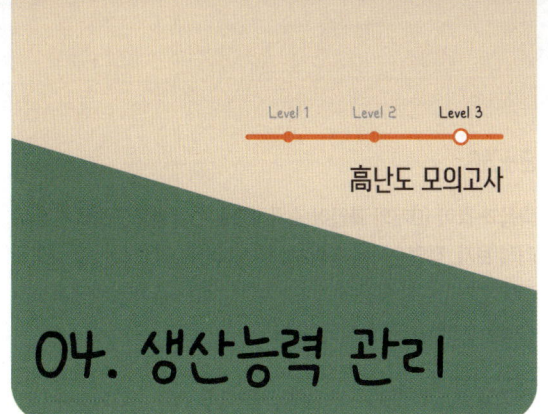

04. 생산능력 관리

2430

다음 중 여유생산능력(capacity cushion)을 높게 유지해야 하는 상황에 해당하는 것은?

① 인력의 유연성이 높을 때
② 자본집약도(capital intensity)가 높을 때
③ 빠른 고객서비스에 대한 요구가 낮을 때
④ 장비의 신뢰도가 높을 때
⑤ 수요의 불확실성이 높을 때

2431

어떤 조립라인 프로세스는 아래와 같은 과업시간을 가지고 있다고 하자. 이 조립라인은 하루에 8시간 가동되며, 제품의 수요는 하루에 800개 라고 한다. 다음 설명 중 가장 적절한 것은?

과업	A	B	C	D	E	F	G
과업시간(초)	40	30	15	25	20	18	15

① 수요를 맞추기 위해 생산하는데 필요한 주기시간은 40초가 된다.
② 필요한 주기시간과 최대 과업시간이 일치하므로 생산량과 수요량도 일치한다.
③ 총과업시간은 280초가 된다.
④ 위 상태로 작업이 진행된다면 수요를 충족시키기 위해 50분의 잔업이 필요하다.
⑤ 제품을 재설계하거나 더 숙련된 작업자를 과업 A에 투입하여 과업 A의 과업시간을 줄여야 한다.

2432

생산능력 관리(capacity management)에 관한 설명 중 가장 적절하지 않은 것은?

① 라인밸런싱(line balancing)은 병목의 생산능력을 잘 활용하는 주문을 받아 병목자원을 보존할 수 있도록 일정계획을 수립하는 것이다.
② 일주일에 수요가 2,400단위 발생하고 라인이 일주일에 40시간 운영된다면 이론적인 산출률은 시간당 60개이다.
③ 생산라인에 재공품 1단위를 가진 6개의 작업장으로 구성되고 작업처리비율이 1분마다 3개라면 처리시간은 2분이다.
④ 평균적으로 1시간에 12명의 고객을 처리하며, 고객이 평균 2시간을 머무는 카페내부의 평균 고객수는 24명이다.
⑤ 5개의 작업요소가 40초→ 60초→ 50초→ 45초→ 40초의 순서로 구성된 조립라인이 시간당 40개의 제품을 생산한다면 균형 효율은 69.12%이다.

2433

라인밸런싱(line balancing)과 관련된 다음 설명 중 가장 적절한 것은?

① 라인밸런싱의 목표는 작업자나 기계의 유휴시간을 최대화하는 것이다.
② 주기시간(cycle time)은 하나의 작업물에 대하여 각 작업장에서 수행하여야 하는 모든 요소작업들의 총소요 시간의 상한이다.
③ 각 요소작업을 작업장에 할당할 때 최단 주기시간은 모든 요소작업의 소요시간의 합과 같다.
④ 밸런스 효율(balance efficiency)은 평균 유휴시간을 주기시간으로 나눈 다음 100을 곱한 값이다.
⑤ 라인밸런싱은 공정별 배치(process layout)에서 필수적인 절차이다.

2434

생산능력관리(capacity management)에 대한 다음 설명 중 가장 적절하지 않은 것은?

① 생산용량을 확장할 때 생산용량을 추가하는 간격이 길어지면 추가하는 규모도 커져야 한다.
② 규모의 경제와 학습효과가 강하다면, 관망전략(wait-and-see strategy) 보다는 확장주의 전략(expansionist strategy)을 사용하는 것이 더 좋다.
③ 총 작업에 270초가 걸리는 생산라인에서 주기시간이 60초일 때, 최소한의 필요 작업장은 5개이며 이때 균형효율은 90%가 된다.
④ 제약이론(TOC: theory of constraints)에서는 병목공정의 가동률을 높이는 것보다는 병목과 비병목 모두의 산출과 효율을 증가시켜야 시스템 전체의 산출(throughput)이 증가한다고 본다.
⑤ 라인밸런싱(line balancing)은 라인 프로세스가 최소의 작업장 수로 원하는 산출을 얻도록 작업을 할당하는 과정으로 라인이 처음 가동될 때와 시간당 산출이 변할 때 수행한다.

2435

생산능력 관리(capacity management)에 대한 다음 설명 중 가장 적절하지 않은 것은?

① 생산설비의 평균이용률이 70%라는 것은 여유생산능력(capacity cushion)이 30%라는 것을 의미한다.
② 모든 작업요소의 총소요시간이 360초이고, 주기시간(cycle time)이 50초라면 필요한 작업장의 이론적 최소 개수는 7개이다.
③ 생산라인의 목표산출률이 시간 당 40개라면 주기시간은 90초이다.
④ 4개의 작업장으로 구성된 조립라인에서 작업수행 시간이 순서대로 15 → 25 → 30 → 10 이라면, 균형효율은 66.6%이다.
⑤ 4개의 작업장으로 구성된 조립라인에서 작업수행 시간이 순서대로 15 → 25 → 30 → 10 이라면, 유휴시간(idle time)은 40이다.

2436

다음과 같이 10개의 과업이 순차적으로 수행되는 조립라인을 고려해 보자. 작업순서는 과업A에서 시작하여 과업J에서 끝나도록 되어 있다. 1주일 평균 작업가능시간은 40시간이며 주당 목표생산량은 2,000개로 책정되어 있다.

과업	A	B	C	D	E	F	G	H	I	J
소요시간(분)	0.3	0.5	0.3	0.2	0.2	0.1	0.4	0.3	0.8	0.2

다음 보기 중 목표생산량을 달성하기 위한 주기시간, 목표생산량 달성에 필요한 작업장의 수, 균형효율이 가장 적절하게 연결된 것은 무엇인가?

	주기시간	작업장 수	균형효율
①	0.8분	4개	약 0.915
②	0.9분	4개	약 0.915
③	1.0분	3개	약 0.915
④	1.1분	3개	약 0.917
⑤	1.2분	3개	약 0.917

2437

생산능력관리에 관한 다음 설명 중 가장 적절하지 않은 것은?

① 평균산출량이 일정할 때, 유효생산능력(effective capacity)이 증가하면 가동률(utilization)은 감소한다.
② 수요의 불확실성이 높은 산업에서는 여유생산능력(capacity cushion)을 높게 잡고, 자본집약적인 산업에서는 여유생산능력을 낮게 잡는다.
③ 라인밸런싱(line balancing)이란 생산성을 향상시키기 위하여 가능한 많은 작업장에 작업을 할당하는 방법이다.
④ 생산능력 확장 전략 가운데 관망전략(wait-and-see strategy)은 생산능력을 작은 규모로 자주 추가하는 전략을 의미한다.
⑤ 라인밸런싱(line balancing) 후에 계산한 총유휴시간(idle time)이 증가하면 생산라인의 효율(efficiency)은 감소한다.

2438

생산능력관리(capacity management)에 대한 다음 설명 중 가장 적절하지 않은 것은?

① 자본집약도가 높고 인력의 수를 유연하게 조절할 수 없는 산업에서는 여유생산능력(capacity cushion)을 낮게 유지하는 것이 바람직하다.
② 총 작업에 315초가 걸리는 생산라인에서 주기시간이 70초, 필요한 최소한의 작업장은 5개라면 이때 균형효율은 90%이다.
③ 5개의 작업장으로 구성된 조립라인에서 작업수행 시간이 순서대로 10 → 20 → 15 → 30 → 25 이라면, 총유휴시간(idle time)은 50이다.
④ 라인밸런싱(line balancing)은 산출률을 인력계획이나 생산계획에 맞추기 위해 라인 프로세스가 최소의 작업장 수로 원하는 산출을 얻도록 작업을 할당하는 과정이다.
⑤ 생산라인의 총유휴시간이 증가하면 균형효율(efficiency)과 밸런스지체(balance delay)가 감소한다.

2439

공정흐름분석에 관한 설명으로 가장 적절한 것은?

① 주기시간(cycle time)과 총과업시간이 일정할 때 총유휴시간(idle time)을 최소화하기 위해서는 작업장의 수를 최소화해야 한다.
② 목표생산량이 정해져 있는 경우 작업시간을 목표생산량으로 나누어 필요한 주기시간을 계산하며, 이때 계산된 주기시간은 최대 과업시간보다 작아야 한다.
③ 일주일에 수요가 3,000단위 발생하고 라인이 일주일에 40시간 운영된다면 바람직한 산출률은 시간 당 70개이다.
④ 조립라인공정(assembly line process)은 가동준비시간이 오래 걸리기 때문에 일반적으로 뱃치공정(batch process)보다 생산능력이 낮다.
⑤ 작업장의 유휴시간(idle time)이 크다면, 과업을 분할하여 총과업시간을 줄일 수 있다.

2440

생산능력(capacity)에 관한 설명 중 가장 적절하지 않은 것은?

① 생산능력 효율(efficiency)이 생산능력 이용률(utilization)보다 항상 큰 이유는 설계생산능력이 유효생산능력보다 항상 더 크기 때문이다.
② 여유생산능력(capacity cushion)은 수요의 갑작스런 증가나 생산능력의 일시적인 손실에 대처하기 위한 것으로 고객서비스가 중요한 산업과 자본집약도가 높은 산업은 여유생산능력을 높게 유지하는 것이 유리하다.
③ 골드렛(Goldratt)이 개발한 제약이론(TOC: Theory of Constraints)에서 생산량은 병목작업에 의해 좌우되므로 병목작업장에 1시간의 생산능력을 추가하는 것은 전체 공정에 1시간의 생산능력을 추가하는 것과 마찬가지이다.
④ 라인밸런싱(line balancing)에서 총유휴시간(idle time)을 최소화하면 밸런스 효율(balance efficiency)이 증가하고 결과적으로 밸런스 지체(balance delay)는 감소하게 된다.
⑤ 15초 → 30초 → 20초의 순차적인 과업을 통해 제품이 완성되는 조립라인에서 총유휴시간은 25초이고, 밸런스 효율은 72.22%이다.

2441

생산능력(capacity)에 관한 설명 중 가장 적절하지 않은 것은?

① 생산능력이용률(utilization)을 올리려면 유효생산능력(effective capacity)을 올려야 하므로 무엇 때문에 유효생산능력이 제한되는지 파악해야 한다.
② 작은 여유생산능력(capacity cushion) 전략을 취하는 경우 단기적 이익은 최대화하지만 경쟁자가 큰 여유생산능력을 채택하여 초과 수요를 흡수하게 되면 시장점유율에서는 불리할 수 있다.
③ 라인밸런싱(line balancing)은 병목의 생산능력을 잘 활용하도록 주문을 받아 병목 자원을 보존할 수 있도록 일정계획을 수립하는 방법이다.
④ 과업의 분할, 과업의 공유, 병렬 작업장의 사용과 같은 방법으로 각 작업장마다 할당된 과업의 총수행시간이 주기시간을 넘지 않도록 할 수 있다.
⑤ 1일 8시간의 작업시간으로 20초 → 15초 → 25초의 순차적인 과업을 통해 제품이 완성되는 조립라인에서 주기시간이 25초인 경우 1일 유휴시간은 4.8시간이다.

05 공급사슬관리

제3편. 경영과학/운영관리

1. 공급사슬의 역동성

(1) 채찍효과의 개념

채찍효과(bullwhip effect)란 공급사슬 상류의 기업일수록 주문의 변동을 더 크게 겪고, 그 결과로 기업이 보유하는 재고량에 영향을 미치는 것을 말함. 즉 공급사슬의 하류에서 생긴 수요의 변화가 상류로 거슬러 갈수록 그 크기가 증폭되는 현상

화장지 공급사슬의 역동성

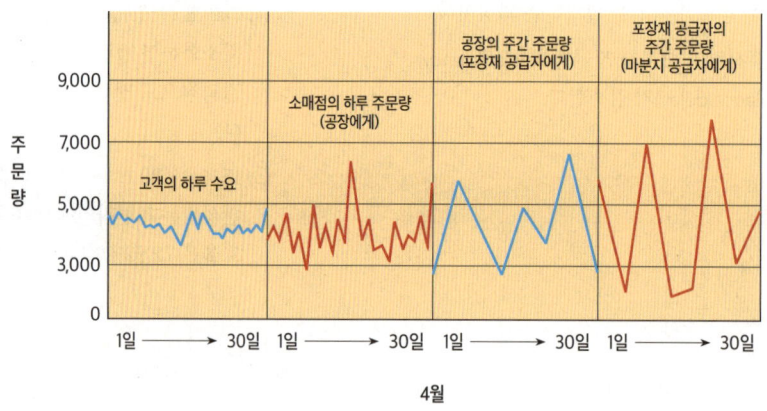

(2) 채찍효과의 원인

① 수요정보의 부재
② 긴 리드타임
③ 정보 공유의 지연

(3) 채찍효과의 시사점

① 공급사슬은 상호작용이 매우 큰 시스템임
② 공급사슬에는 흔히 채찍효과가 나타남
③ 모든 단계에 완전한 정보가 제공된다 해도 공급사슬에 채찍효과가 나타날 수 있음
④ 공급사슬을 개선하는 가장 좋은 방법은 전체 리드타임을 단축하고 최단시간 내에 실제 수요정보를 모든 단계에 알리는 것

2. 대량고객화

대량고객화(mass customization)는 표준제품과 표준서비스를 생산하되 최종 제품이나 서비스에는 어느 정도의 고객화를 가미하는 전략

(1) 대량고객화를 위한 공급사슬설계

1) 주문조립생산(assemble-to-order)
표준화된 부품이 제조되거나 구매되어 재고로 유지되다가 이 표준부품을 특정한 고객 주문에 맞추어 조립하는 것

2) 모듈화 설계(modular design)
제품은 다양하면서도 생산원가를 낮추기 위해 제품을 이루는 구성요소를 표준화시키는 방법으로 제조과정에는 대량생산에 의한 규모의 경제를, 최종조립단계에는 제품을 다양화하여 제품차별화를 이루어 비용우위와 차별화를 동시에 추구하는 제품설계의 접근 방법

> **모듈화 설계와 주문조립생산의 차이**
> 모듈화 설계(modular design)는 부품자체를 모듈화하고 이 모듈을 여러 종류 준비해서 다양한 고객의 니즈에 맞추는 것이고, 주문조립생산(assembly-to-order)은 부품을 모듈화하는 것이 아니라 생산을 어느 정도 진행시켜서 반제품 상태로 만들어 놓고 고객 주문 시 마무리만 고객주문에 맞게 고객화시키는 방법임

3) 연기(postponement)
주문이 접수될 때까지 서비스나 제품의 생산 활동을 완료하지 않고 연기하는 것임. 지연 차별화(delayed differentiation)라고도 함. 연기의 개념을 공급사슬로 확대하면 채널조립(channel assembly)이 됨. 이는 유통채널상의 구성원을 마치 공장의 한 조립장으로 간주하는 개념으로, 유통업체가 특정 고객에게 제품을 전달하기 전에 최종적인 고객화 조립생산을 담당하는 것을 의미함

3. 아웃소싱 프로세스

투입물의 제조를 택하면 수직적 통합(vertical integration)의 정도가 높아지고, 구매를 택하면 아웃소싱(outsourcing)이 늘어남

(1) 수직적 통합
수직적 통합(vertical integration)은 투입물을 직접 제조하는 것으로 두 가지로 분류됨. 후방통합(backward integration)은 기업인수를 통해 원재료, 부품 및 서비스의 원천인 후방쪽으로 움직이는 것. 반면 전방통합(forward integration)은 기업이 유통센터나 소매점과 같은 유통채널을 보다 많이 보유하는 것을 의미함

(2) 아웃소싱
아웃소싱(outsourcing)은 다른 기업이나 공급업자로 하여금 필요한 서비스나 자재를 공급하도록 하는 것. 핵심역량(core competence) 관점에서 아웃소싱은 기업이 핵심역량의 개발과 유지에 더 집중하기 위해 상대적으로 중요도가 낮은 프로세스들을 외부화(buy)하는 것으로 파악됨. 아웃소싱 가운데 프로세스를 다른 나라로 이전하는 것을 오프쇼어링(offshoring)이라고 함

> **오프쇼어링**
> 아웃소싱과 자주 혼동하는 개념이 오프쇼어링(offshoring)이다. 오프쇼어링이란 기업 내부에서 수행하던 일을 동일 기업에 속하는 국외의 다른 설비에 맡기는 것을 말한다. 즉 오프쇼어링이란 기업들이 생산 및 서비스 분야의 업무 일부를 인건비가 싼 해외로 이전하는 현상을 말한다. 예를 들면, 미국 기업들이 미국 내의 콜센터(call center)를 인건비가 싸고 영어 구사능력을 갖춘 인도나 필리핀으로 이전하는 경우가 이에 속한다. 제조의 경우, 삼성전자가 구미공장에서 생산하던 휴대폰을 점차 인건비가 싼 베트남 공장으로 이전하는 것도 오프쇼어링의 한 예라고 할 수 있다. 이에 비해 아웃소싱은 원래 기업 내부에서 수행하던 일을 국내외를 불문하고 제3의 다른 기업에 맡기는 것을 말한다. 오늘날에는 많은 기업들이 원가절감, 해외시장 개척 등을 위해 오프쇼어링을 하고 있다.

4. 공급사슬설계 전략

Hau Lee의 불확실성 프레임워크

		수요의 불확실성	
		저(기능적 제품)	고(혁신적 제품)
공급의 불확실성	저 (안정적 프로세스)	식료품, 기본 의류, 연료와 가스 (효율적 공급사슬)	패션의류, 컴퓨터, 팝음악 (반응적 공급사슬)
	고 (진화적 프로세스)	수력발전, 일부 농산물 (위험회피 공급사슬)	통신, 첨단 컴퓨터, 반도체 (민첩 공급사슬)

(1) 효율적 공급사슬

효율적 공급사슬(efficient supply chain)은 최대한의 비용 효율을 추구하는 전략을 채택한 전략. 이 공급사슬의 초점은 자재와 서비스의 흐름을 조화시켜 재고를 최소화하고 공급사슬상에서 기업의 효율성을 극대화시키고자 하는 것임

(2) 반응적 공급사슬

반응적 공급사슬(responsive supply chain)은 다양하고 변화하는 고객의 니즈에 대한 효과적 반응과 유연성을 추구하려는 전략. 반응적이기 위해서 기업들은 구체적인 고객 요구조건을 만족시킬 수 있는 수단으로 주문생산 방식과 대량 고객화를 채택하고 있음

(3) 위험회피 공급사슬

위험회피 공급사슬(risk-hedging supply chain)은 공급 측면의 문제점이 발생할 경우의 위험을 공유하기 위해 공급사슬 내의 자원을 공유하는 전략. 예를 들어 주요 부품에 대한 안전재고를 증가시키거나 동일한 부품을 사용하는 다른 기업들과 재고를 공유함으로써 위험을 공유할 수 있음

(4) 민첩 공급사슬

민첩 공급사슬(agile supply chain)은 고객 니즈에 대한 효과적인 반응과 유연성을 추구하는 동시에 공급부족이나 공급체계의 문제점에 따른 위험을 회피하기 위해 재고와 여러 생산 자원들을 공유하는 전략을 채택한 전략. 이러한 공급사슬은 위험회피 공급사슬과 반응적 공급사슬의 장점을 결합한 것임

5. 신규 서비스 및 제품 개발 프로세스

(1) 동시공학(concurrent engineering)

제품 엔지니어, 프로세스 엔지니어, 마케팅 담당자, 구매담당자, 정보처리 전문가, 품질 전문가 및 공급자를 한 곳에 모이게 해서 고객 기대에 부합하는 제품과 프로세스를 설계하도록 하는 것. 동시공학의 방법을 수행하는 제품개발팀은 느슨한 기능횡단팀(cross functional team) 형태로 구성됨

(2) 컴퓨터지원설계(CAD : computer-aided design)

컴퓨터 그래픽을 이용하여 설계하는 것을 말하며, 설계 내용이 일단 컴퓨터에 입력되면 설계 대상을 회전시켜 다른 시각에서 볼 수 있고, 쪼개어 내부를 볼 수도 있으며, 일부를 확대하여 더 세밀하게 검토할 수도 있음

(3) 제조용이성 설계

제조용이성 설계(DFM: design for manufacturability)는 제품의 생산이 용이하고 경제적으로 이루어질 수 있도록 하는 제품설계로, 단순화(simplification), 표준화(standardization), 모듈화(modularization)를 통하여 가능

(4) 조립용이성설계

조립용이성설계(DFA: design for assembly)란 설계의 초점을 부품 수 감축과 조립 방법 및 순서에 두는 것임

(5) 물류를 고려한 설계

물류를 고려한 설계(design for logistics)는 제품설계단계에서 자재조달과 유통비용을 포함시키는 것으로 이를 적용하면 엔지니어링과 마케팅뿐만 아니라 구매 및 제조 단계와 물류의 연계성이 크게 향상될 수 있음

(6) 재활용

재활용 용이성 설계(DFR: design for recycling)는 재활용 가능한 부품의 회수를 위하여 제품사용 후 분해 용이성을 염두에 둔 설계

(7) 재생(분해용이성설계)

분해용이성 설계(DFD: design for disassembly)는 부품 수를 줄이고 자재를 적게 쓰도록 하며, 나사 또는 볼트와 너트 대신 간단한 스냅핏(snap-fit)을 장려

(8) 품질기능전개

품질기능전개(QFD: quality function deployment)는 '고객의 목소리'를 제품이나 서비스 개발 프로세스에 통합하는 구조화된 방법. QFD에서 고객요구사항에 관한 정보는 품질의 집(house of quality)이라고 불리는 매트릭스 형태로 정리됨

품질의 집

상관관계
◎ 강한 양의 상관관계
○ 양의 상관관계
× 음의 상관관계
∗ 강한 음의 상관관계

(9) 가치분석

가치분석/가치공학의 기본 목적은 제품과 제품제조과정을 단순화하는 것. 가치분석/가치공학(VA/VE)(value analysis/value engineering)의 목표는 고객에 의하여 정의된 모든 기능적 요구사항들을 충족시키는 동시에 원가절감과 보다 나은 제품의 성능을 이끌어 내는 것임

- 더 싼 부품이나 원자재를 쓸 수는 없는가?
- 이 부품이 하는 기능이 정말 필요한가?
- 두 가지 혹은 그 이상의 부품에 의한 기능을 단일 부품으로 더 싸게 할 수는 없는가?
- 부품을 단순화할 수는 없는가?
- 제품 사양을 완화할 수 있고 그렇게 하여 비용을 낮출 수는 없는가?
- 비표준 부품을 표준부품으로 바꿀 수는 없는가?

> **가치분석과 가치공학의 차이**
> 가치분석과 가치공학을 엄밀히 구분하면, 가치분석은 이미 생산되고 있는 제품에 적용되며 생산명세나 구매요구상에 나타난 제품의 명세나 요건을 분석하는데 사용됨. 전형적으로 구매부서는 가치분석을 원가절감기법으로 사용됨. 이에 비해 가치공학은 원가회피방법으로 생산단계 이전의 제품설계 시에 사용됨. 그러나 실무적으로 보면 두 기법은 한 제품에 대해 생산 전후의 관계에 있을 뿐 상호 피드백이 되어야 하므로 실질적인 차이는 없음. 왜냐하면 가치공학에 의해 설계된 제품에 대해서도 새로운 자재나 공정이 도입되면 가치분석 기법을 적용해야 하기 때문임

(10) 로버스트 디자인(robust design)

제품이나 공정을 처음부터 환경변화에 의해 영향을 덜 받도록 설계하는 것. 로버스트 설계를 이용하면 온도, 조명, 먼지 등과 같은 환경상의 변동요인들을 생산공정상에서 통제하는 것보다 훨씬 덜 들게 됨

6. 공급자 관계 프로세스

(1) 조달

조달(sourcing) 프로세스는 공급자의 선정, 인증, 평가 및 공급계약 관리 등을 수행

(2) 설계협력

1) 공급자 조기 참여

공급자 조기 참여(early supplier involvement)는 제품이나 서비스의 설계단계에서부터 공급자를 참여시키는 프로그램

2) 사전소싱

사전소싱(presourcing)은 더 높은 수준의 공급자 조기 참여로 컨셉 개발단계에서 납품업체를 선정하고 일부 부품이나 시스템의 설계에 대해 상당한 책임을 부여하는 납품업체 참여제도임

(3) 협상

협상(negotiation) 프로세스는 공급자관계 프로세스의 내부고객이 요구하는 가격, 품질 및 배송요구사항에 부합하도록 효과적인 계약을 달성하는데 중점을 둠

공급자 관계

유형	개념
경쟁지향 competitive orientation	구매자와 공급자와의 협상을 제로섬게임(zero-sum game: 한편이 잃은 만큼 반대편이 얻는 상황)으로 간주하고, 장기계약보다는 단기적 이익을 선호하는 공급자 관계
협력지향 cooperative orientation	구매자와 공급자가 가능한 한 서로 도와주는 동반자로 여기는 공급자 관계

(4) 구매

① 전자자료교환(EDI)
② 카탈로그 허브(catalog hub)
③ 직거래장터(exchange)
④ 경매(auction)

(5) 정보교환

공급사슬에 있는 구성원 간에 정보교환(정보공유)이 강화되면 채찍효과로 인한 현상을 줄일 수 있음

1) RFID

RFID(radio frequency identification)는 제품에 부착된 태그로부터 발생하는 전파신호를 사용하여 제품을 식별하는 기법

2) 공급자 재고관리

공급자 재고관리(VMI: vendor-managed inventories)는 공급자가 고객의 재고정보에 접근 권한을 갖는 대신 고객이 요구하는 재고수준을 유지하는데 책임을 지는 것. VMI를 활용하면, 구매자의 재고발주비용은 '0'이 되고 리드타임도 감소하고 더불어 공급자 입장에서는 수요자의 실제 수요정보, 재고정보를 알 수 있으므로 재고관리의 효율성이 향상됨

3) 크로스도킹

크로스도킹(cross-docking)은 월마트에 의해 처음으로 도입된 혁신적인 물류시스템으로서 대규모 소매업체에서 사용되고 있음. 크로스도킹이란 공급자들이 트럭으로 지역별 창고(또는 물류센터)의 여러 입하구로 상품을 수송해 오면, 이들 상품들을 각 소매점포의 필요에 따라 분류 및 재그룹화한 다음, 보관없이 곧바로 창고의 다른 쪽 여러 출하구에서 트럭에 실어 각 소매점포로 배송하는 물류시스템임.
크로스도킹은 보관 및 하역작업 등을 제거함으로써 비용절감과 함께 물류의 효율성을 증대시킴. 크로스도킹은 입고 및 출고를 위한 모든 작업의 긴밀한 동기화(同期化)를 필요로 함. 예를 들면, 월마트는 자사의 방대한 유통망에 걸쳐 크로스도킹이 효과적으로 작동될 수 있도록 정보시스템, 바 코딩(bar coding), 전략적 입지의 대규모 창고들, 많은 트럭수송단 등을 사용하고 있음.
크로스도킹 시스템에서 창고는 상품을 보관하는 장소라기보다는 고객(소매점포)으로의 효율적인 배송을 조직하는 단기적인 장소가 됨. 크로스도킹의 이점으로는 재고투자, 보관 공간, 취급비용 및 리드타임의 감소를 들 수 있음

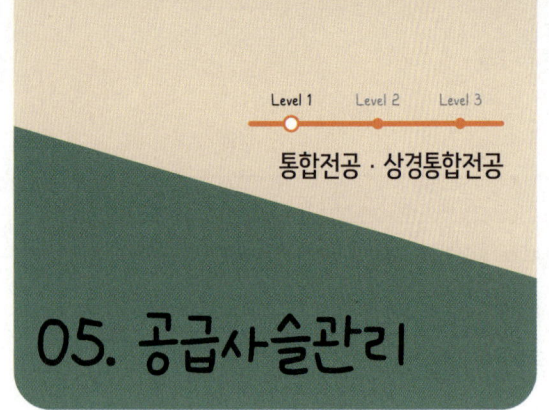

05. 공급사슬관리

공급사슬관리의 의의

2442
2005 가맹거래사

다음 중 공급망관리(supply chain management)에 관한 설명인 것은?

① ERP 시스템을 확장한 것으로 유통망의 최적화와 영업인원의 축소에 목표를 둔다.
② 수직계열화와 유사한 개념으로 외부조달보다는 가급적 자사 내에서 모든 소요제품을 생산 조달함으로써 리드타임을 줄이고자 하는데 목표가 있다.
③ 자사 조직 내의 물적 흐름을 최적화시키기 위해 계량적인 컴퓨터 모델을 이용한 최첨단 물류관리기법이다.
④ 전통적 재고관리를 한차원 높인 것으로 컴퓨터를 이용한 체계적인 완제품 및 원자재 주문관리시스템이다.
⑤ 고객에서부터 공장에 이르기까지의 공급과정 전체를 고객관점에서 단순화, 표준화하고 정보시스템의 지원을 통해 통합적으로 관리하고자 한다.

2443
2015 가맹거래사

동일한 목표를 달성하고 새로운 가치창출을 위해 공급업체들과 자원 및 정보를 협력하여 하나의 기업처럼 움직이는 생산시스템은?

① 공급사슬관리(SCM)
② 적시생산시스템(JIT)
③ 자재소요계획(MRP)
④ 유연제조시스템(FMS)
⑤ 컴퓨터통합생산(CIM)

2444
2011 공인노무사

기업이 공급사슬관리(SCM)를 적극적으로 수행해야 할 필요성과 관계가 없는 것은?

① 운송비의 지속적 감소
② 글로벌화의 진전
③ 아웃소싱의 증가
④ 공급사슬의 복잡화
⑤ 전자상거래 도입의 증가

2445
2021 공인노무사

공급자에서 기업 내 변환과정과 유통망을 거쳐 최종 고객에 이르기까지 자재, 제품, 서비스 및 정보의 흐름을 전체 시스템 관점에서 설계하고 관리하는 것은?

① EOQ
② MRP
③ TQM
④ SCM
⑤ FMS

2446
2016 경영지도사

공급사슬관리(SCM)가 중요해지는 이유에 해당하는 것은?

① 경영환경의 불확실성 증가
② 물류비용의 감소
③ 채찍효과로 인한 예측의 불확실성 감소
④ 기업의 경쟁강도 약화
⑤ 리드타임의 영향력 감소

2447
2017 경영지도사

공급사슬관리(SCM)의 필요성이 증대되고 있는 이유로 볼 수 없는 것은?

① 생산, 재무, 마케팅 등 기업기능의 독립적 수행 필요 증대
② 아웃소싱(outsourcing)의 증대
③ 고객화 요구 증대
④ 기업간의 경쟁 치열
⑤ 글로벌화 증대

2448
2022 9급 군무원

다음 중 공급사슬관리(SCM, Supply Chain Management)의 기대효과에 해당하지 않는 것은?

① 거래비용의 절감
② 채찍효과(bullwhip effect)의 증폭
③ 거래의 오류 감소
④ 정보 전달과 처리의 편의성 증대

2449
2022 7급 군무원

다음 중 공급사슬관리의 개념과 내용에 대한 설명으로 가장 옳지 않은 항목은?

① 공급사슬관리는 기업 내 변환과정과 유통망을 거쳐 최종 고객에 이르기까지 자재, 서비스 및 정보의 흐름을 전체 시스템에서 설계하고 관리하는 것이다.
② 채찍효과란 최종 소비자의 수요변동에 따라 공급사슬의 상류에 있는 주체로 갈수록 하류에 있는 주체로부터 주문을 받는 양의 변동성이 더 커지는 현상을 말한다.
③ 공급사슬의 성과는 총공급사슬원가, 정시납품 비율, 재고충족률 등 원가, 품질, 납품, 유연성 및 시간의 측면에서 측정할 수 있다.
④ 공급사슬의 주체들 간 상호작용을 감소시킴으로써 어느 한 주체의 의사결정이 나머지 다른 주체에 영향을 미치지 않는다.

2450
2010 7급 국가직

기업의 경쟁력 향상을 위한 핵심 비즈니스 프로세스를 통합하는 과정인 공급사슬관리(supply chain management)에 대한 설명으로 옳지 않은 것은?

① 공급사슬관리는 부분최적화보다는 정보의 공유와 공급사슬 흐름의 개선을 통하여 공급사슬 전체의 효율성을 제고시키는 것이 목적이다.
② 공급사슬 상에서 수요왜곡의 정도가 증폭되는 채찍효과의 원인으로는 중복수요예측, 일괄주문처리, 제품의 가격변동, 리드타임의 증가 등이 있다.
③ 반응적 공급사슬은 재화와 서비스가 다양하고 수요예측이 어려운 환경에 적합하며, 반응시간을 줄이는데 초점을 두어 시장수요에 신속하게 반응하고자 하는 것이다.
④ 공급사슬관리는 제품생산에 필요한 자재를 필요한 시각에 필요한 수량만큼 조달하여 낭비적 요소를 근본적으로 제거함으로써 작업자의 능력을 완전하게 활용하여 생산성 향상을 달성하는 관리방식이다.

2451
2022 7급 국가직

공급사슬에서 도매물류센터의 수가 증가하여 소매업체에 가까이 위치함으로써 발생할 수 있는 결과가 아닌 것은?

① 소매업체의 수요변동에 신속하게 대응할 수 있다.
② 도매물류센터의 수가 증가하여 재고 분산 효과와 리스크 풀링(risk-pooling) 효과가 모두 증가할 수 있다.
③ 각 도매물류센터에서 소매업체로 출고되는 물량의 평균 수송비용 및 시간이 모두 감소할 수 있다.
④ 각 도매물류센터로 입고되는 물량의 평균 수송비용이 증가할 수 있다.

2452
2022 5급 군무원

다음 중 공급사슬관리와 관련된 설명으로 가장 옳은 것은?

① 공급사슬 상의 정보 왜곡 현상은 조직마다 목표가 상이하여 발생하기 때문에 공급사슬의 전체 최적화보다 부문 최적화를 목표로 하여야 한다.
② 공급사슬에 물자의 흐름은 공급업체에서 고객에게 이르기까지 구체적인 제품의 흐름을 의미하며, 반품이나 그와 관련된 서비스, 재활용, 처분 등 역방향의 흐름도 포함한다.
③ 황소 채찍효과(bullwhip effect)는 공급사슬 상류의 고객 주문정보가 하류로 전달되면서 정보가 왜곡되는 현상을 말한다.
④ 공급사슬관리는 일반적으로 공급자에서 고객에 이르는 공급사슬 상의 물자와 현금의 흐름만을 관리한다.

2453
2023 9급 군무원

다음 중 물류관리에 관한 설명으로 가장 거리가 먼 것은?

① 물류관리의 성과지표에는 매출액 대비 물류비용, 납기 준수율 등이 있다.
② 물류관리의 대상은 하역, 포장, 보관, 운송, 유통가공, 정보 등이다.
③ 제품이 수송 및 배송 활동을 거쳐 소비자에게 전달되는 과정은 인바운드 물류(in - bound logistics)에 해당한다.
④ 생산에 필요한 원자재를 자사 창고나 공장으로 이동하는 활동은 조달물류에 해당한다.

2454
2024 7급 군무원

다음은 공급망관리 혹은 공급사슬관리(supply chain management, SCM)와 관련된 여러 설명들이다. 이들 중 가장 적절한 것은?

① 정보와 물류의 리드타임이 길수록 공급사슬 내 채찍효과(bullwhip effect)로 인한 현상은 감소한다.
② 공급자 재고관리를 활용하면, 구매자의 재고유지비용은 빈번한 발주와 리드타임의 증가로 인해 상승하고, 공급자의 수요예측 정확도는 낮아진다.
③ 고객에서부터 공장에 이르기까지 공급의 모든 과정을 고객 관점에서 단순화 및 표준화하고, 정보시스템의 지원을 통해 이 과정을 통합적으로 관리하고자 하는 경영노력을 SCM이라고 할 수 있다.
④ 대량 고객화(mass customization) 전략은 표준화된 단일 품목에 대한 고객수요를 최대한 확대하려는 방향으로 공급 네트워크를 구성하려는 전략이다.

채찍효과

2455
2009 가맹거래사

공급사슬에서 하위흐름(고객)에서 발생한 수요변동이 상위흐름(공급업체)으로 거슬러 올라가면서 그 수요변동의 폭이 증폭되어 가는 현상은?

① 네트워크효과(Network Effect)
② 강화(Reinforcement)
③ 미니맥스(Minimax)
④ 대비효과(Contrast Effect)
⑤ 채찍효과(Bullwhip Effect)

2456
2013 가맹거래사

라이트(J. N. Wright)가 제시한 채찍효과(bullwhip effect)의 대처방안이 아닌 것은?

① 수요에 대한 정보를 집중화하여 불확실성을 감소시킨다.
② 고객 요구 프로세스의 고유한 변동 폭을 감소시킨다.
③ 안전재고의 양을 감소시키기 위한 리드타임을 단축시킨다.
④ 뱃치(batch) 주문을 실시한다.
⑤ 공급사슬에서 재고를 관리하는 정보를 공유할 수 있는 전략적 파트너십을 구축한다.

2457
2016 가맹거래사

공급사슬 내에서 소비자로부터 생산자로 갈수록 수요변동 폭이 확대되는 것은?

① 채찍효과(bullwhip effect)
② 크로스도킹(cross docking)
③ 동기화(synchronization)
④ 순환변동(cyclical movement)
⑤ 불규칙변동(random variation)

2458
2018 가맹거래사

공급사슬 구조 개선방법이 아닌 것은?

① 주요 제품설계 개선
② 공급사슬의 수직적 통합
③ 아웃소싱
④ 준비 시간의 단축
⑤ 공급사슬의 네트워크의 구성과 입지개선

2459
2021 가맹거래사

공급사슬관리에서 채찍효과를 해결하기 위한 적절한 방법은?

① 정보시스템을 활용한 공급사슬 구성원 간 정보공유
② 불확실성에 대비한 대규모 재고 비축
③ 공급자들과 단기계약을 통한 원가절감
④ 아웃소싱 최소화로 공급 불확실성 해소
⑤ 불확실한 수요변화에 대응하기 위한 공급업체의 선적 지연

2460
2014 공인노무사

채찍효과의 발생요인이 아닌 것은?

① 공급망의 단계별로 이루어지는 수요예측
② 일정기간 예상되는 물량에 대한 일괄주문방식
③ 판촉 및 세일 등으로 인한 가격변동
④ 공급을 초과하는 수요에 따른 구매자간 힘겨루기
⑤ 전자자료교환 사용

2461
2017 경영지도사

공급사슬의 상류로 올라갈수록 수요의 변동폭이 증폭되어 나타나는 현상인 채찍효과(bullwhip effect)의 원인에 해당하지 않는 것은?

① 수요정보처리과정의 정보왜곡
② 배급게임(rationing game)
③ 일괄주문의 영향
④ 가격변동의 영향
⑤ 실시간 수요정보 공유

2462
2019 경영지도사

공급사슬 내에서 소비자로부터 생산자로 갈수록 그 주문 변동 폭이 확대되는 것은?

① 크로스도킹시스템(cross docking system)
② 동기화(synchronization)
③ e-커머스(e-commerce)
④ 채찍효과(bullwhip effect)
⑤ 자동발주시스템(computer assisted ordering)

2463
2016 7급 서울시

고객 주문 및 수요에 대한 예측 정보가 소매업체, 도매업체, 물류센터, 제조업체, (원료)공급자 방향으로 전달되는 과정에서 지연이나 왜곡현상이 발생하여 과잉재고 등의 문제가 발생하는 것을 무엇이라 하는가?

① 시장실패 ② 인지부조화
③ 집단사고 ④ 채찍효과

2464
2020 7급 서울시

공급사슬관리에서 황소채찍효과(bullwhip effect)의 발생 원인으로 가장 거리가 먼 것은?

① 수요정보의 공유
② 뱃치(batch)식 주문
③ 가격할인
④ 공급자의 전략적 분배

2465
2007 7급 국가직

제품을 생산하는 기업이 느끼는 시장수요의 변동폭이 최종소비자의 실제 시장수요의 변동폭보다 큰 현상을 채찍효과라고 한다. 이러한 문제점을 해소하기 위해 개발된 경영관리기법은?

① 공급망 관리(SCM: supply chain management)
② 비즈니스 프로세스 리엔지니어링(BPR: business process reengineering)
③ 식스 시그마(Six Sigma)
④ 전사적 자원관리(ERP: enterprise resource planning)

2466
2009 7급 국가직

다음 중 공급사슬상에서 고객으로부터 생산자 방향으로 갈수록 수요의 변동성이 증폭되어 나타나는 현상을 지칭하는 것은?

① 채찍효과(bullwhip effect)
② 가치밀도효과(value density effect)
③ 프로세스지연효과(process postponement effect)
④ 물류고려설계효과(design effect for logistics)

2467
2018 7급 국가직

공급사슬상 채찍효과(Bullwhip Effect)가 발생하는 원인으로 옳지 않은 것은?

① 과잉 주문 ② 일괄 주문
③ 큰 가격 변동 ④ 짧은 리드타임

2468
2021 7급 국가직

채찍효과(bullwhip effect)의 해결방안으로 옳지 않은 것은?

① 주문량이나 판매량에 따라서 가격의 조정이 자주 일어나지 않도록 안정적인 가격정책을 수립한다.
② 수요 초과로 인해 물량확보 경쟁이 격해져서 발생하는 채찍효과의 경우 과거 판매실적에 근거한 공급량 배분 방식으로 주문량을 부풀리려는 의도를 방지할 수 있다.
③ 공급사슬망의 단계 수 증대 및 확대를 통해 제품을 다양화하며, 참여 구성원의 유연성을 증대시킨다.
④ 수요정보처리의 왜곡을 해결하기 위해 최종 수요정보를 공급사슬의 전체 계층에서 공유한다.

2469
공기업 출제경향 반영

공급사슬관리의 효율적 개선 방법 중 나머지 넷과 다른 하나는?

① 공급사슬의 수직적 통합 또는 가상통합
② 주요 제품설계 개선
③ 준비시간(set-up)의 감축
④ 아웃소싱
⑤ 네트워크의 구성 및 입지 개선

2470
2023 공인노무사

최종소비자의 수요변동 정보가 전달되는 과정에서 지연이나 왜곡 현상이 발생하여 재고 부족 또는 과잉 문제가 발생하고 공급사슬 상류로 갈수록 수요변동이 증폭되는 현상은?

① 채찍효과
② 포지셔닝 효과
③ 리스크 풀링 효과
④ 크로스 도킹 효과
⑤ 레버리지 효과

공급사슬의 성과척도

2471
2022 가맹거래사

재고회전율에 관한 설명으로 옳지 않은 것은?

① 재고회전율을 높이면 재고가 늘어나 현금성 자산의 소요가 증가한다.
② 재고회전율을 이용한 재고수준 평가 방법 중 하나는 업계 선두기업과 비교하는 것이다.
③ 재고회전율은 연간 매출원가에 연간 평균 총재고액을 나눈 값이다.
④ 매출원가 계산 기준은 제품의 판매 가격이 아닌 제조원가이다.
⑤ 총자산 중 재고 비율은 일반적으로 도·소매업이 제조업보다 높다.

2472
2024 공인노무사

공급사슬관리의 효율성을 측정하는 지표로 옳은 것은?

① 재고회전율
② 원자재투입량
③ 최종 고객 주문량
④ 수요통제
⑤ 채찍효과

대량고객화

2473
2005 가맹거래사

대량생산처럼 신속히 값싸게 만들지만 고객의 니즈를 철저히 반영하고 궁극적으로는 서비스 품목의 가지 수에 제한이 없는 고객 중심적인 전략을 무엇이라 하는가?

① 매스 커스토마이제이션 전략
② 유연생산전략
③ Quick Response 시스템
④ 적시생산시스템
⑤ PERT/CPM

2474
2006 가맹거래사

Mass customization(대량고객화)에 대한 설명 중 잘못된 것은?

① Mass customization은 규모의 경제를 통한 생산라인의 생산성을 추구한다.
② Mass customization 구현에는 새로운 생산공정과 기계 도입에 따른 대규모 투자가 요구될 수 있다.
③ Mass customization은 생산수량을 필요에 따라 효율적으로 변동시킬 수 있는 생산라인을 요구한다.
④ Dell 컴퓨터는 Mass customization 전략의 대표적인 성공사례이다.
⑤ Mass customization 구현을 위해서는 고도로 숙련된 작업자들이 요구된다.

2475
2008 가맹거래사

다음은 무엇에 관한 설명인가?

> 1. 호환성이 있는 최소종류의 부품을 통하여 최대한 많은 종류의 제품을 생산하고자 하는 기법
> 2. 고객의 다양한 욕구를 충족시키기 어렵다는 소품종 대량생산시스템의 문제점을 해결하기 위한 생산방식
> 3. 소품종 대량생산시스템의 최적화를 실현하기 위한 방식

① 집단관리기법(GT : group technology)
② 유연생산시스템(FMS : flexible manufacturing system)
③ 셀형제조방식(CMS : cellular manufacturing system)
④ 수치제어가공(NC가공 : numerically controlled machining)
⑤ 모듈러 생산(MP : modular production)

2476
2017 가맹거래사

대량 맞춤화(mass customization)에 관한 내용이 아닌 것은?

① 개별고객을 만족시키기 위한 제품맞춤화
② 소프트웨어 융합을 통한 맞춤화 실현
③ 전용설비를 사용한 소품종 대량생산화
④ IT기술과 3D 프린터를 이용한 개별생산 가능
⑤ 일대일 마케팅의 현실화

2477
2020 경영지도사

많은 개별 고객들의 요구를 만족시키기 위해 제품들을 맞춤화하여 생산하는 것은?

① 서비타이제이션(servitization)
② 가치 공학(value engineering)
③ 린 생산(lean production)
④ 매스 커스터마이제이션(mass customization)
⑤ 대량 생산(mass production)

2478
2021 7급 군무원

공급사슬관리에 대한 설명으로 가장 옳지 않은 것은?

① 채찍효과(bullwhip effect)는 수요변동의 폭이 도매점, 소매점, 제조사, 공급자의 순으로 점점 커지는 것을 의미한다.
② 지연 차별화(delayed differentiation)의 개념은 제품의 차별화가 지연되면 고객의 불만족을 야기하므로 초기에 차별화된 제품 및 서비스를 개발 및 제공하자는 것이다.
③ 신속 반응시스템(quick response system)을 갖추기 위해서는 POS(Point Of Sale)이나 EDI(Electronic Data Interchange)와 같이 정보를 신속하게 획득, 공유할 수 있는 프로그램이 필요하다.
④ 판매자가 수송한 상품을 입고시키지 않고 물류센터에서 파레트 단위로 바꾸어 소매업자에게 배송하는 것을 크로스 도킹(cross docking)이라고 한다.

2479
2009 7급 국가직

대량생산체제에서 대량고객화(mass customization)으로의 진화를 가능하게 하는 제품 디자인 및 프로세스 혁신으로 볼 수 없는 것은?

① 모듈러 디자인: 제품이 모듈의 결합으로 완성되도록 디자인함으로써 제조공정의 효율화 및 리드타임의 단축 가능
② 유연생산시스템(FMS): 고도로 자동화된 셀 제조방식으로 제조공정을 유연하게 변경 가능
③ 차별화 지연: 제조공정의 마지막 부분이나 유통단계에서 제품의 차별적 특성 구축 가능
④ 가치공학(VE): 가치개선을 위한 체계적인 접근방법으로 제품이나 부품 및 작업요소 등의 가치 혁신 가능

공급사슬 설계전략

2480
2020 가맹거래사

공급사슬관리(SCM)에 관한 설명으로 옳지 않은 것은?

① 공급사슬은 제품과 서비스를 생산하여 소비자에게 제공하는 일련의 과정이다.
② 공급사슬관리란 공급사슬의 모든 활동을 조정하고 관리하는 것이다.
③ 공급사슬 성과지표에는 배송성과와 환경성과 등이 있다.
④ 반응적 공급사슬은 수요의 불확실성에 대비하여 재고의 크기와 생산 능력의 위치를 설정함으로써 시장수요에 민감하게 반응하도록 설계하는 것이다.
⑤ 효율적 공급사슬의 목표는 영업비용을 최소화하기 위해 제품의 물류 및 판매시간을 단축하는데 있다.

2481
2023 7급 국가직

공급사슬관리에 관한 설명으로 옳지 않은 것은?

① 효율적(efficient) 공급사슬 전략에서는 원가절감에 중점을 두며, 가동률을 높이는 것이 필요하다.
② 반응적(responsive) 공급사슬 전략에서는 신속한 수요대응에 중점을 두며, 여유 생산 능력을 줄이는 것이 필요하다.
③ 재고기간이 짧을수록 재고회전율은 높아진다.
④ 대량 고객화(mass customization)는 대량생산이 주는 이점과 주문 생산의 고객화라는 이점을 동시에 추구한다.

2482
2024 9급 군무원

다음 중 공급사슬의 유형과 가장 거리가 먼 것은?

① 파트너십 사슬
② 효율적 사슬
③ 린 사슬
④ 신속대응 사슬

제품설계

2483
2008 가맹거래사

제품개발과정에서 설계, 기술, 제조, 구매, 마케팅, 서비스 등의 담당자뿐만 아니라 납품업자, 소비자들이 하나의 팀을 구성하여 각 부분이 서로 제품개발에 대한 정보를 교환하면서 제품개발과정을 단축시키는 방식을 무엇이라고 하는가?

① 적시생산(JIT: just-in-time)
② 리엔지니어링(re-engineering)
③ 동시공학(concurrent engineering)
④ 6시그마(six sigma)
⑤ 자재소요계획(MRP: material requirement planning)

2484
2013 가맹거래사

제품의 디자인에서 생산에 이르기까지 각 과정의 설계 작업을 동시에 수행함으로써 생산리드타임을 획기적으로 단축시키는 기법은?

① 벤치마킹(benchmarking)
② 리엔지니어링(reengineering)
③ 리스트럭처링(restructuring)
④ 콘커런트 엔지니어링(concurrent engineering)
⑤ 다운사이징(downsizing)

2485
2016 가맹거래사

고객의 요구를 기술적 특성과 연결시켜 제품에 반영하는 기법은?

① 품질기능전개(QFD)
② 동시공학(CE)
③ 가치분석(VA)
④ 가치공학(VE)
⑤ 유연생산시스템(FMS)

2486
2018 가맹거래사

제품설계 및 개발에 관한 설명으로 옳지 않은 것은?

① 제조용이성설계(DFM): 제품의 생산이 용이하고 경제적으로 이뤄질 수 있도록 하는 제품설계 방법
② 품질기능전개(QFD): 고객의 요구사항을 제품이나 서비스의 설계명세에 반영하는 방법
③ 로버스트 설계(robust design): 제품의 성능 특성이 제조 및 사용 환경의 변화에 민감하도록 설계하는 방법
④ 모듈러 설계(modular design): 제품의 다양성을 높이면서 동시에 제품라인의 생산에 사용되는 구성품의 수를 최소화하는 제품설계 방법
⑤ 가치분석(VA): 기능적 요구조건을 충족시키는 범위 내에서 불필요하게 원가를 유발하는 요소를 제거하고자 하는 체계적인 방법

2487
2019 가맹거래사

제품설계과정에서 활용되는 방법과 이에 관한 설명의 연결이 옳은 것은?

ㄱ. 가치분석(VA)
ㄴ. 품질기능전개(QFD)
ㄷ. 모듈러 설계(modular design)

a. 낮은 부품다양성으로 높은 제품다양성을 추구하는 방법
b. 제품의 원가대비 기능의 비율을 개선하려는 체계적 노력
c. 고객의 다양한 요구사항과 제품의 기능적 요소들을 상호 연결

① ㄱ: a, ㄴ: b, ㄷ: c
② ㄱ: a, ㄴ: c, ㄷ: b
③ ㄱ: b, ㄴ: a, ㄷ: c
④ ㄱ: b, ㄴ: c, ㄷ: a
⑤ ㄱ: c, ㄴ: a, ㄷ: b

2488
2021 가맹거래사

제품과 서비스 설계에 관한 설명으로 옳지 않은 것은?

① 동시공학(concurrent engineering)은 제품 및 서비스 개발과 관련된 다양한 부서원들이 공동 참여하는 방식이다.
② 품질기능전개(quality function deployment)는 고객의 요구사항을 설계특성으로 변환하는 방법이다.
③ 가치분석 / 가치공학(value analysis / value engineering)은 제품의 가치를 증대시키기 위한 체계적 방법이다.
④ 모듈화 설계(modular design)는 구성품의 다양성을 높여 완제품의 다양성을 낮추는 방법이다.
⑤ 강건설계(robust design)는 제품이 작동환경의 영향을 덜 받고 기능하도록 하는 방법이다.

2489
2017 경영지도사

제품 설계시 제품의 변동을 일으키는 원인인 노이즈를 제거하거나 차단하는 대신에 노이즈에 대한 영향을 없애거나 줄이도록 하는 설계방법은?

① 손실함수(loss function)설계
② 로버스트(robust)설계
③ 프로젝트(project)설계
④ 학습곡선(learning curve)설계
⑤ 동시공학(concurrent engineering)설계

2490
2021 7급 군무원

제품설계의 방법에 대한 설명으로 가장 옳지 않은 것은?

① 최종 제품설계는 기능설계, 형태 설계, 생산 설계로 구분하며 그 중 형태 설계는 제품의 모양, 색깔, 크기 등과 같은 외형과 관련된 설계이다.
② 가치분석(value analysis)은 불필요하게 원가를 유발하는 요소를 제거하고자 하는 방법을 의미한다.
③ 동시공학(concurrent engineering)은 제품개발 속도를 줄이기 위해 각 분야의 전문가들이 기능식 팀(functional team)을 구성하고 모든 업무를 각자 동시에 진행하는 제품개발방식이다.
④ 품질기능전개(QFD)는 품질개선의 방법으로 표준화된 의사소통을 통해 고객의 요구를 각 단계에서 전달하는 기법으로 시행착오를 줄이는데 그 목적이 있다.

2491
2022 7급 군무원

다음 제품설계와 관련된 내용에서 (___)에 해당하는 설명으로 가장 옳은 것은?

> ㄱ. (   )은(는) 원가를 올리지 않으면서 제품의 유용성을 향상시키거나 또는 제품의 유용성을 감소시키지 않으면서 원가를 절감하는 방법이다.
> ㄴ. (   )은(는) 제품의 다양성은 높이면서도 동시에 제품생산에 사용되는 구성품의 다양성은 낮추는 제품설계 방법이다.
> ㄷ. (   )은(는) 제품의 성능 특성이 제조 및 사용 환경의 변화에 영향을 덜 받도록 제품을 설계하는 방법이다.
> ㄹ. (   )은(는) 마케팅, 생산, 엔지니어링 등 신제품 관련 부서와 경우에 따라서는 외부 공급자까지 참여시켜 제품을 설계하는 방법이다.

	ㄱ	ㄴ	ㄷ	ㄹ
①	가치분석	모듈러설계	로버스트설계	동시공학
②	로버스트설계	모듈러설계	가치분석	동시공학
③	동시공학	가치분석	모듈러설계, 로버스트설계	
④	동시공학	로버스트설계	가치분석	모듈러설계

2492
2009 7급 국가직

제품품질을 '제품에 의해 야기된 사회적 손실'로 정의하고 지속적 개선과 원가절감은 기업이 경쟁사회에서 존속하기 위한 필수요건이며, 이를 위한 프로그램은 품질특성의 목표치와 편차를 끊임없이 감소시켜 나가는 것임을 강조한 사람은?

① 데밍(Deming)
② 쥬란(Juran)
③ 다구치(Taguchi)
④ 크로스비(Crosby)

2493
2018 7급 서울시

제품설계방법 중 하나로서 추상적인 고객의 욕구, 필요성, 기호 등을 설계, 생산에서 적용할 수 있는 구체적인 기술적 명세로 전환시키는 기법은?

① 품질기능전개(quality function deployment)
② 가치공학(value engineering)
③ 동시공학(concurrent engineering)
④ 모듈러 설계(modular design)

2494
2023 가맹거래사

품질의 집(house of quality) 구성요소가 아닌 것은?

① 고객 요구사항
② 제품의 기술 특성
③ 기술 특성에 관한 경쟁사의 설계목표
④ 고객 요구사항과 기술 특성의 상관관계
⑤ 고객 요구사항에 관한 자사와 경쟁사 수준 평가

2495
2023 공인노무사

제품설계 기법에 관한 설명으로 옳은 것은?

① 동시공학은 부품이나 중간 조립품의 호환성과 공용화를 높여서 생산원가를 절감하는 기법이다.
② 모듈러설계는 불필요한 원가 요인을 발굴하여 제거함으로써 제품의 가치를 높이는 기법이다.
③ 가치공학은 신제품 출시과정을 병렬적으로 진행하여 신제품 출시 기간을 단축하는 기법이다.
④ 품질기능전개는 소비자의 요구사항을 체계적으로 제품의 기술적 설계에 반영하는 과정이다.
⑤ 가치분석은 제품이나 공정을 처음부터 환경변화의 영향을 덜 받도록 설계하는 것이다.

2496
2024 공인노무사

가치분석/가치공학 분석에서 사용하는 브레인스토밍(brainstorming)의 주제로 옳지 않은 것은?

① 불필요한 제품의 특성은 없는가?
② 추가되어야 할 공정은 없는가?
③ 무게를 줄일 수는 없는가?
④ 두 개 이상의 부품을 하나로 결합할 수 없는가?
⑤ 제거되어야 할 비표준화된 부품은 없는가?

2497
2024 7급 군무원

다음 중 모듈러 설계(modular design) 방식 생산의 특징에 해당하는 것으로 가장 알맞게 짝지어진 것은?

> ㉠ 소품종 대량생산 체제의 최적화를 위한 기법이다.
> ㉡ 모듈식 생산을 통하여 대량 고객화를 달성할 수 있다.
> ㉢ 완제품의 표준화를 위한 기법이다.
> ㉣ 소량생산 체제와 대량생산 체제의 접근화의 한 사례이다.

① ㉠
② ㉠, ㉡
③ ㉠, ㉡, ㉣
④ ㉠, ㉢, ㉣

공급자 관계

2498
2020 7급 국가직

공급사슬관리의 주요 기법에 관한 설명으로 옳지 않은 것은?

① 특화된 제품들에 사용되는 공통부품의 수요 변동성은 특화된 각 제품의 개별 수요 변동성보다 작게 되는 리스크 풀링(risk pooling) 특성을 반영하여 재고관리의 효율성을 높일 수 있다.
② 공급자 재고관리(VMI)는 수요자의 측면에서 공급자가 재고를 추적하고 납품 일정 및 주문량을 결정하여 주문시간비용과 재고유지비용을 줄일 수 있는 방식이다.
③ 생산프로세스에서 제품별로 특화된 부품의 재고량을 줄이기 위하여 제품의 차별화 시점을 최종 단계로 이전시키는 공정 재설계 방안을 지연 차별화(delayed differentiation)라고 한다.
④ 정보공유는 기업 내 생산프로세스의 부서와 팀이 실시간으로 정보를 공유함으로써 정보의 지연시간 없이 재고관리와 수요 대비를 가능하게 하는 원동력이다.

2499
2023 9급 군무원

판매회사가 제조업체에 제품의 생산을 위탁하면 제조업체가 이 제품을 자체적으로 설계·개발·생산하여 판매회사에 납품하는 방식으로 가장 적절한 것은?

① OJT
② OBM
③ ODM
④ OEM

2500
2023 5급 군무원

다음 중 오프쇼링(offshoring)에 관한 설명으로 가장 옳지 않은 것은?

① 기업이 지켜야 할 정보나 데이터에 대한 보안이 용이하다.
② 기업들은 비용 절감 등의 이유로 오프쇼링을 선택한다.
③ 사업장 혹은 자회사를 외국으로 옮기는 것을 말하며 아웃소싱과 동일한 의미이다.
④ 자회사를 외국에서 운영하는 것이기에 국제적 업무에서 강한 통제가 가능하다.

입지선정

2501
2019 가맹거래사

(주)가맹이 전자제품 조립공장 입지를 선정하기 위해 다음과 같이 3가지 대안에 관한 정보를 파악하였을 때, 입지대안 비교 결과로 옳지 않은 것은?

대안	고정비(원)	단위당 변동비(원)
1	4,000	10
2	2,000	20
3	1,000	40

① 생산량이 40단위라면 대안 2와 대안 3의 입지비용은 동일하다.
② 생산량이 70단위라면 대안 2가 가장 유리하다.
③ 생산량이 100단위라면 대안 1과 대안 3의 입지비용은 동일하다.
④ 생산량이 200단위라면 대안 1과 대안 2의 입지비용은 동일하다.
⑤ 생산량이 210단위라면 대안 1이 가장 유리하다.

2502
2018 7급 국가직

생산입지에 대한 설명으로 옳지 않은 것은?

① 원자재의 부피가 크거나 무겁다면 원자재 가공공장은 원자재 산지 근처에 두는 것이 유리하다.
② 지역별로 생활수준, 취업률, 노동인력의 숙련도 등이 다르기 때문에 임금수준의 격차가 발생한다.
③ 완제품의 수송비용이 많이 드는 경우에는 완제품 조립공장을 원자재 산지 근처에 두는 것이 유리하다.
④ 유사업체들이 이미 생산설비를 가동하고 있다면 원자재 공급업체 확보가 용이하다.

2503
2020 7급 국가직

시설의 입지를 결정하는 모형에 대한 설명으로 옳지 않은 것은?

① 중심지법(centroid, center of gravity)은 새로운 시설과 기존 시설들과의 거리 및 수송할 물량을 평가요소로 활용한다.
② 요인평점법(factor-rating)은 각 입지 요인의 상대적 중요도를 반영한 가중치를 활용하여 양적 및 질적 요인을 함께 고려할 수 있다.
③ 수송계획법(transportation method)은 선형계획법의 한 유형으로 최소비용법(minimum cell cost method), 보겔의 추정법(Vogel's approximation method) 등으로 초기해를 도출한 후 수정배분법(modified distribution method) 등으로 최적해를 도출하는 방법이다.
④ 손익분기점분석법(break-even analysis)은 총생산비용과 총수익의 상관관계를 이용하여 수요가 최대가 되는 최적 입지를 찾는 분석법이다.

2504
2024 5급 군무원

다음은 여주, 음성, 구미 등 세 곳의 잠정적 유통센터 입지를 분석하기 위해 필요한 다섯 가지 요소에 대한 가중치와 평가점수이다. 가중 요소 평가기법을 이용할 경우 입지의 우선순위로 가장 적절한 것은?

입지 요소	가중치	여주	음성	구미
토지/건설비용	.20	70	90	100
숙련된 노동 강요성	.15	100	80	90
시장까지의 거리	.30	100	90	80
세금/인센티브	.25	80	100	70
삶의 질	.10	70	60	100

① (1순위) 여주 - (2순위) 음성 - (3순위) 구미
② (1순위) 음성 - (2순위) 여주 - (3순위) 구미
③ (1순위) 구미 - (2순위) 음성 - (3순위) 여주
④ (1순위) 여주 - (2순위) 구미 - (3순위) 음성

크로스도킹

2505
2018 가맹거래사

창고나 물류센터로 입고되는 상품이 곧바로 소매 점포로 배송되는 방식은?

① 동기화
② 채찍효과
③ 최적화 분석
④ 자동발주시스템
⑤ 크로스 도킹시스템

제3자물류

2506
2020 7급 서울시

제3자 물류(third party logistics, 3PL)에 대한 설명으로 가장 옳지 않은 것은?

① 물류의 전문화로 인해 물류비용이 증가한다.
② 물류 서비스의 수준이 향상된다.
③ 물류의 효율성이 높아진다.
④ 종합물류 서비스를 지향한다.

기타

2507
공기업 출제경향 반영

다음의 내용이 설명하는 것은 무엇인가?

> 이것은 1960년대부터 급속히 세계적인 규모로 보급된 것으로서 수송, 보관, 통신 네트워크 등이 종합적인 시스템으로 작용해야 하며, 이러한 시스템을 어떻게 확립하느냐에 따라 유통경비가 크게 달라진다. 더불어 하역 또는 수송 등에 의해 발생하는 화물 손상의 감소로 인해 수송의 안전성이 향상되고, 고객과의 신뢰가 증진된다.

① EOQ
② ULS(Unit Load System)
③ 적시생산시스템
④ 공급사슬관리
⑤ Cross Docking

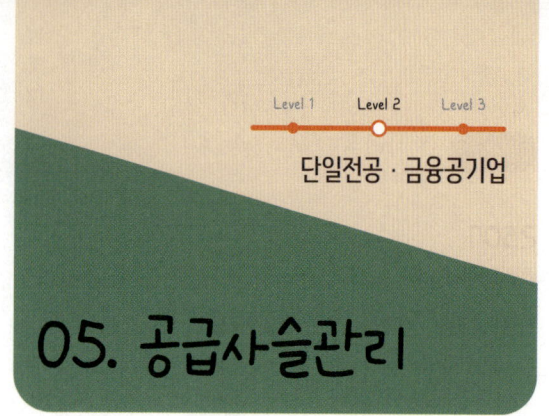

05. 공급사슬관리

채찍효과

2508
2005 CPA

공급사슬에서 채찍효과(bullwhip effect)를 가장 적절하게 설명한 것은?

① 공급사슬에서 채찍효과란 고객으로부터 소매점, 도매점, 제조업체, 부품업체의 순으로 사슬의 상류로 가면서 최종 소비자의 수요 변동에 따른 수요 변동폭이 증폭되어 가는 현상을 말한다.
② 공급사슬에서 채찍효과란 부품업체, 제조업체, 유통업체의 순으로 하류방향으로 가면서 부품업체의 생산량 변동에 대한 정보에서 생산량 변동폭이 증폭되어 나타나는 현상을 말한다.
③ 공급사슬에서 채찍효과란 부품업체, 제조업체, 유통업체의 순으로 하류방향으로 가면서 상류에서 협력의 경제적 효과가 증폭되어 나타나는 현상을 말한다.
④ 공급사슬에서 채찍효과란 생산정보를 공유하는 경우 부품업체, 제조업체, 유통업체의 순으로 하류방향으로 가면서 생산정보시스템의 도입에 대한 한계비용 효과가 증폭되어 나타나는 현상을 말한다.
⑤ 공급사슬에서 채찍효과란 소매점, 도매점, 제조업체, 부품업체의 순으로 사슬의 상류로 가면서 재고수준에 대한 정보공유 효과가 증폭되어 가는 현상을 말한다.

2509
2008 CPA

공급사슬관리(supply chain management)에 관한 다음의 설명 중 가장 적절하지 않은 것은?

① 공급사슬 성과측정치 중 하나인 재고회전율은 연간매출원가를 평균 총 재고가치로 나눈 것이다.
② 공급사슬의 효과적인 설계와 운영을 위해 제품의 수요와 공급에 관한 여러 특성들을 고려하는 것이 바람직하다.
③ 다른 모든 조건이 동일하다면, 수요의 불확실성이 높고 제품의 수명주기가 짧은 제품일수록 적기 공급보다 신속한 공급이 더 중요하게 강조되어야 한다.
④ 공급사슬에 속한 기업들간의 기본적 관계는 공급자와 구매자간의 관계로서, 공급사슬은 공급자와 구매자간의 관계가 연달아 이어지는 관계의 사슬이라고도 볼 수 있다.
⑤ 정보와 물류의 리드타임이 길수록 공급사슬내의 채찍효과(bullwhip effect)로 인한 현상은 감소한다.

2510
2014 CPA

공급사슬망(supply chain)에서 발생하는 채찍효과(bullwhip effect)를 감소시키기 위한 방안으로 가장 적절하지 않은 것은?

① 공급사슬망 중개업자의 단계수를 늘리고 제품을 다양화함으로써 공급사슬망의 유연성을 증대시킨다.
② 계획 수립과 예측, 재고보충에 있어 공급사슬망 구성원 간의 정보공유를 강화한다.
③ 유통업자 및 소매상의 재고를 공급자가 직접 모니터링하고 필요시에 재고를 자동적으로 보충하는 공급자 재고관리(vendor managed inventory)를 도입한다.
④ 생산 및 운송에 소요되는 공급사슬망 리드타임을 줄인다.
⑤ 전자문서교환(EDI), 무선주파수인식(RFID)과 같은 정보기술을 활용하여 공급사슬망 가시성(visibility)을 높인다.

SCOR모델

2511
2012 CPA

공급사슬망관리에 관한 설명으로 가장 적절하지 않은 것은?

① 리스크풀링(risk pooling) 효과는 여러 지역의 수요를 하나로 통합했을 때 수요 변동성이 감소하는 것을 의미한다.
② 공급사슬은 상호작용이 큰 시스템으로서 어느 한 부분의 의사결정이 나머지 다른 부분에 영향을 미칠 수 있다.
③ 공급사슬운영참조(SCOR) 모델에서는 공급사슬 운영을 계획(plan), 조달(source), 생산(make), 배송(deliver), 판매(sell)의 다섯 개의 프로세스 범주로 나눈다.
④ 주문에서 납품까지 리드타임이 길어질수록 채찍효과(bullwhip effect)는 커지게 된다.
⑤ 공급자와 구매자간에 품질, 경영, 기술 및 생산에 대한 공동 노력과 지원을 하는 경우, 협력적 관계에 있다고 한다.

공급사슬의 성과척도

2512
2019 CPA

공급사슬관리(SCM)에 관한 설명으로 가장 적절하지 않은 것은?

① 수요 변동이 있는 경우에 창고의 수를 줄여 재고를 집중하면 수요처별로 여러 창고에 분산하는 경우에 비해 리스크 풀링(risk pooling) 효과로 인하여 전체 안전재고(safety stock)는 감소한다.
② 공급사슬의 성과척도인 재고자산회전율(inventory turnover)을 높이기 위해서는 재고공급일수(days of supply)가 커져야 한다.
③ 지연차별화(delayed differentiation)는 최종 제품으로 차별화하는 단계를 지연시키는 것으로 대량 고객화(mass customization)의 전략으로 활용될 수 있다.
④ 크로스 도킹(cross docking)은 입고되는 제품을 창고에 보관하지 않고 재분류를 통해 곧바로 배송하는 것으로 재고비용과 리드타임(lead time)을 줄일 수 있다.
⑤ 묶음단위 배치주문(order batching)과 수량할인으로 인한 선구매(forward buying)는 공급사슬의 채찍효과(bullwhip effect)를 초래하는 원인이 된다.

공급사슬 설계전략

2513
2006 CPA

공급사슬(supply chain)의 구성전략과 관련된 다음 서술들 중 가장 적절하지 않은 항목들로 구성된 것은?

a. 공급사슬의 많은 부분을 아웃쏘싱(outsourcing)하는 것은 기업이 자신의 핵심역량에만 보다 집중할 수 있도록 하는 전략으로 볼 수 있다.
b. 대량 고객화(mass customization)전략은 표준화된 단일 품목에 대한 고객수요를 최대한 확대하는 방향으로 공급네트워크를 구성하는 것이다.
c. 가치밀도(무게당 제품의 가치)는 제품의 저장위치와 수송방식을 결정하는 유일한 기준이다.
d. 위험회피형 공급사슬이란 주요한 원자재나 핵심부품의 공급이 단절되지 않도록 공급선을 다변화 하거나 안전재고를 높이는 등의 방식으로 구성되는 것을 말한다.
e. 효율적인 공급사슬의 설계를 위해서는 제품개발의 초기단계부터 물류를 고려한 설계(design for logistics) 개념을 적용할 필요가 있다.

① a, c
② b, c
③ c, d
④ b, e
⑤ d, e

2514
2011 CPA

공급사슬관리(supply chain management)에 관한 설명으로 가장 적절하지 않은 것은?

① 공급의 불확실성은 낮으나 수요의 불확실성이 높은 기업군에서는 주문생산이 가능한 형태의 공급사슬을 설계하여 사용하는 것이 효과적이다.
② 공급의 불확실성은 높으나 수요의 불확실성이 낮은 기업군에서는 안전재고를 확보하고 타사와의 재고 공유 등을 통해 공급의 불확실성에 대한 위험을 회피하고자 하는 공급사슬을 설계하여 사용하는 것이 효과적이다.
③ 정보기술 등을 활용하여 공급사슬 참여자 간에 수요 및 생산계획에 관한 정보를 공유함으로써 채찍효과(bullwhip effect)를 감소시킬 수 있다.
④ 공급사슬을 구성하는 각 조직들은 서로 상반된 목표를 갖고 있는 것이 일반적이므로 개별 조직들의 최적화를 이룬 후에 전체 공급사슬의 최적화를 달성하는 것이 바람직하다.
⑤ 아웃소싱(outsourcing)이 일반적인 구매 혹은 컨설팅 계약과 다른 점 중 하나는 부분적 활동이 이전될 뿐만 아니라 인적자원, 시설, 설비 및 기술 등을 포함한 자원과 일부 의사결정의 책임도 이전된다는 것이다.

2515
2023 CPA

공급사슬관리에 관한 설명으로 적절하지 않은 항목만을 모두 선택한 것은?

> a. 기능적 제품(functional product)은 혁신적 제품(innovative product)에 비해 수요예측의 불확실성이 상대적으로 크다.
> b. 채찍효과(bullwhip effect)가 발생할 경우 공급사슬의 하류로 갈수록 주문량의 변동이 더 크게 나타난다.
> c. 제조기업이 원재료 및 부품 공급의 안정성을 확보하기 위해 기업 인수를 하는 경우는 수직적 통합이면서 후방통합(backward integration)에 해당한다.
> d. 대량고객화(mass customization)를 위한 공급사슬 설계방법으로 모듈화 설계(modular design)와 지연 차별화(delayed differentiation)가 있다.

① a, b ② a, c
③ b, c ④ b, d
⑤ c, d

제품설계

2516
2004 CPA

다음의 설명 중 제품의 설계와 개발과정에서 고려되는 제조용이성 설계(design for manufacturability) 개념을 가장 적절히 나타내는 것은?

① 소비자가 사용하던 제품을 폐기처분하는 과정에서 재활용이 가능한 부품들의 수거과정을 원활히 하고자 하는 개념이다.
② 제품개발의 초기과정에서부터 모든 관련부서가 참여하여 제품개발에 소요되는 시간을 줄이고자 하는 개념이다.
③ 소비자가 원하는 제품개념(voice of customers)을 설계와 생산을 담당하는 부서원들에게 보다 효과적으로 전달하고자 하는 개념이다.
④ 제품개발과정에서 제품설계와 공정설계를 동시에 고려하여 제품설계에 필요한 시간과 비용을 줄이고자 하는 개념이다.
⑤ 단순화, 표준화, 모듈(module)화 등의 원칙을 통해 제품을 설계함으로써 보다 저렴하고 쉽게 생산하자는 개념이다.

2517
2005 CPA

제품개발과 관련하여 적절하게 설명된 항목들로 구성된 것은?

> a. 제품개발을 위한 아이디어의 원천은 크게 고객욕구와 기술발전으로 분류된다.
> b. 동시공학(concurrent engineering) 접근법은 제품의 공학적 설계과정에서 협력업체를 포함하는 관련 엔지니어들이 동시에 팀으로 진행하여 설계기간을 단축하는 것이다.
> c. 모듈라디자인(modular design)을 적용하는 경우 제품 생산의 용이성은 증가하나 제품의 다양성은 매우 제한적이 되는 단점이 있다.
> d. 제품개발 시 순차적 접근법(sequential approach)을 적용하는 경우 제품개발 소요기간이 길어져서 시장경쟁이 심한 첨단기술 제품의 개발에는 적절하지 않다.

① a, b ② b, c
③ c, d ④ a, d
⑤ a, b, c, d

2518
2007 CPA

동시공학(Concurrent Engineering)에 관한 다음 설명 중에서 가장 적절하지 않은 것은?

① 동시공학은 제품개발 과정에 시간, 품질, 가격, 유연성 등의 경쟁요소를 주입(built-in)하고자 한다.
② 동시공학을 실행하기 위해 QFD(Quality Function Deployment), DFM(Design for Manufacturability), 모듈라설계, 실험설계 등이 활용된다.
③ 동시공학을 활용한 제품개발은 일반적으로 전문화의 원리에 충실한 기능별 조직(functional organization) 형태를 갖는다.
④ 동시공학은 CAD/CAE 뿐 아니라 협업을 지원하는 정보시스템을 적극적으로 활용한다.
⑤ 동시공학은 매우 경쟁적인 시장상황에 적합한 제품개발 방법이다.

2519
2012 CPA

제품설계에 관한 설명으로 가장 적절하지 않은 것은?

① 모듈러(modular) 설계는 대량생산과 제품의 고객화를 실현하는 대량 고객화(mass customization)를 가능하게 한다.
② 로버스트(robust) 설계는 생산환경의 변화에 따라 제품의 설계를 변경하는 방식이다.
③ 가치공학(value engineering)과 가치분석(value analysis)은 제품의 가치에 공헌하지 않는 불필요한 기능을 제거하고자 한다.
④ 품질기능전개(quality function deployment)는 고객의 요구를 제품이나 서비스 개발과 생산의 각 단계에서 기술적 명세로 바꾸는 방법이다.
⑤ 동시공학(concurrent engineering)은 설계내역이 프로세스 및 공급사슬의 생산능력과 불일치하는 경우를 방지하기 위해 다양한 관련 전문가들이 한 곳에 모여 설계하는 것이다.

2520
2015 CPA

다음의 설계기법과 이에 대한 설명을 가장 적절하게 연결한 것은?

(ㄱ) VE(value engineering)
(ㄴ) DFA(design for assembly)
(ㄷ) QFD(quality function deployment)
(ㄹ) Robust Design

a. 부품수 감축, 조립 방법 및 순서에 초점을 맞추는 설계
b. 품질에 나쁜 영향을 미치는 노이즈(noise)로부터 영향정도를 최소화 할 수 있도록 설계
c. 제품의 원가대비 기능의 비율을 개선하려는 노력
d. 고객의 다양한 요구사항과 제품의 기능적 요소들을 상호 연결함

① (ㄱ)-a, (ㄴ)-c, (ㄷ)-d
② (ㄱ)-c, (ㄴ)-a, (ㄹ)-d
③ (ㄱ)-a, (ㄷ)-b, (ㄹ)-d
④ (ㄱ)-c, (ㄷ)-a, (ㄹ)-b
⑤ (ㄴ)-a, (ㄷ)-d, (ㄹ)-b

공급자 관계

2521
2016 CPA

공급사슬관리(SCM)에 관한 설명으로 가장 적절하지 않은 것은?

① 공급사슬 참여자간에 원활한 정보공유가 이루어지지 않는 경우, 공급사슬에서 고객과의 거리가 멀어질수록 주문의 변동 폭이 증가하는 채찍효과(bullwhip effect)가 발생할 수 있다.
② 하우 리(Hau Lee)에 의하면 수요의 불확실성 정도 뿐 아니라 공급의 불확실성 정도에 따라서도 공급사슬 전략에 차이가 발생하게 된다.
③ 재고일수는 확보하고 있는 물량으로 공급이 가능한 기간을 의미하며, 재고일수가 짧을수록 재고회전율은 높게 된다.
④ 대량고객화(mass customization)의 구현을 위해 제품의 모듈화 설계(modular design), 차별화 지연(process postponement) 등이 활용될 수 있다.
⑤ 공급자재고관리(vendor managed inventory)를 활용하면, 구매자의 재고유지 비용은 빈번한 발주와 리드타임 증가로 인해 상승하고 공급자의 수요예측 정확도는 낮아진다.

입지선정

2522
2008 CPA

입지선정기법들에 관한 다음의 기술 중 가장 적절한 것은?

① 입지손익분기분석(locational break-even analysis)은 입지별로 입지와 관련된 비용을 장기 비용요소와 단기 비용요소로 구분한 뒤, 입지별 예상생산수량과 비교하여 최종입지를 결정하는 분석을 말한다.
② 운송모형(transportation model)은 고객시장을 기준으로 수익을 최대화 할 수 있는 입지를 선정하는 기법이다.
③ 요소분석방법(factor rating method)은 입지결정과 관련된 요인들에 가중치를 부여하여 평가하는 분석을 말한다.
④ 무게중심분석방법(center of gravity method)은 한정된 후보지들을 대상으로 하는 입지선정 시 효과적이다.
⑤ 입지에 관한 분석 시 직각거리(rectilinear distance)를 이용한 분석은 두 지점사이의 직선거리 또는 가장 짧은 거리를 이용하여 입지선정에 활용하는 방법이다.

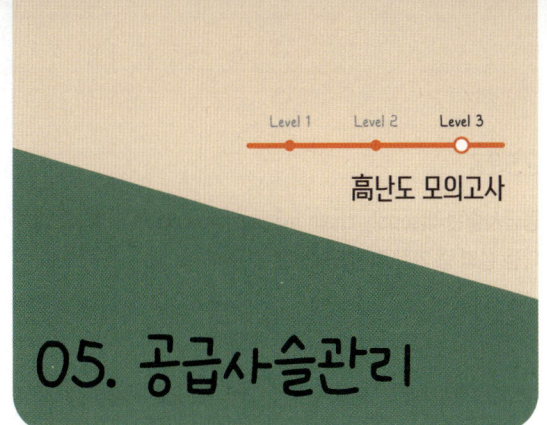

05. 공급사슬관리

2523

공급사슬(supply chain)과 관련한 다음의 설명 중 가장 적절하지 않은 것은?

① 채찍효과(bullwhip effect)란 공급사슬 상류의 기업일수록 주문의 변동을 더 크게 겪고, 그 결과로 기업이 보유하는 재고량에 영향을 미치는 것을 말한다.
② SCOR 모델(supply chain operation reference model)은 계획(plan), 구매(source), 생산(make), 배송(deliver), 회수(return) 프로세스가 계속 반복되는 기본적 형태의 공급사슬에 초점을 맞추고 있다.
③ 제조용이성설계(DFM: design for manufacturability)는 제품의 생산이 용이하고 경제적으로 이루어질 수 있도록 하는 제품설계로, 단순화(simplification), 표준화(standardization), 모듈화(modularization)를 통하여 가능하다.
④ 로버스트 설계(robust design)란 제품이나 공정을 처음부터 환경변화에 의해 영향을 덜 받도록 설계 하는 것이다.
⑤ 하우 리(Hau Lee)의 불확실성 프레임워크 가운데 효율적 공급사슬(efficient supply chain)은 고객화(customization), 수량유연성(volume flexibility), 최고품질(top quality) 등의 경쟁우선순위를 가진 기업이 주로 채택한다.

2524

제품과 서비스 설계에 관한 다음의 설명 중 가장 적절하지 않은 것은?

① 가치분석(value analysis)은 제품이나 서비스의 가치 또는 기능에 공헌하지 못하는 것은 모두 제거함으로써 제품의 성능요건과 고객의 요구를 가능한 최소의 비용으로 충족시키는 것을 말한다.
② 대량고객화(mass customization)란 표준제품과 표준서비스를 생산하되 최종제품이나 서비스에는 어느 정도의 고객화를 가미하는 전략이다.
③ 신뢰성(reliability)이란 제품이나 부품, 서비스 또는 시스템이 미리 정해진 조건하에서 제 기능을 수행할 수 있는 능력의 척도이다.
④ 로버스트 설계(robust design)란 제품이나 서비스가 폭넓은 조건에서 기능하도록 설계하는 것이다.
⑤ '고객의 목소리'를 제품이나 서비스 개발 프로세스에 통합하는 구조화된 방법을 동시공학(concurrent engineering)이라고 한다.

2525

최근의 시장환경은 표준화된 제품보다는 고객화된 제품의 생산에 대한 요구가 거세지고 있다. 이 때문에 고객화된 제품 및 서비스를 대량으로 저렴한 원가에 생산하자는 대량고객화(mass customization)라는 개념이 등장하였는데, 다음 중 대량고객화 달성과 가장 거리가 먼 것은?

① 모듈화 설계(modular design)를 이용한 제품설계 방식을 도입한다.
② 공급사슬 관리에 지연차별화(delayed differentiation)의 개념을 도입한다.
③ 로버스트 설계(robust design)를 이용한 제품설계방식을 도입한다.
④ 생산설비를 유연생산시스템(FMS: flexible manufacturing system)으로 교체한다.
⑤ 제품을 생산하기 위해 컴퓨터통합생산(CIM: computer integrated manufacturing) 시스템을 도입한다.

2526

제품설계와 공급사슬관리(supply chain management)와 관련한 다음의 설명 중 가장 적절하지 않은 것은?

① 하우 리(Hau Lee)의 불확실성 프레임워크에서 반응적 공급사슬(responsive supply chain)은 수요의 불확실성 대비할 수 있도록 재고와 생산능력을 적절히 배치시켜 시장수요에 신속하게 반응하고자 할 때 사용된다.
② 모듈러 설계(modular design)는 제품의 다양성은 높이면서도 동시에 제품 생산에 사용되는 구성품의 다양성은 낮추는 제품설계 방법이다.
③ 공급주수는 평균총재고액을 연간 매출원가로 나눈 값을 의미하며 공급주수가 작을수록 전반적인 재고수준은 낮아진다.
④ 로버스트 설계(robust design)를 이용하면 온도, 조명, 먼지 등과 같은 제조 환경상의 변동요인들을 생산공정에서 통제하는 것보다 비용이 훨씬 덜 들게 된다.
⑤ 공급자와 경쟁적 관계를 형성하면 공급사슬에서 공급자의 수를 줄일 수 있고, 이에 따라 공급사슬관리에서 복잡성을 단축할 수 있다는 장점이 있다.

2527

제품설계 방식과 그 내용의 연결이 적절하지 않은 것은?

① 제품이나 서비스의 생산을 진행하되 고객의 요구나 선호도가 알려지기 전까지는 일부를 완성하지 않고 미루다가 고객의 요구를 안 다음 그것을 반영하여 완성하는 방법(지연차별화: delayed differentiation)
② 제품의 다양성을 높이면서도 생산원가를 낮추기 위해 제품을 이루는 구성요소를 표준화시키는 방법(모듈러 디자인: modular design)
③ 제품이나 공정을 처음부터 환경변화에 의해 영향을 덜 받도록 설계하는 것(로버스트 디자인:robust design)
④ 비용을 절감하거나 공급사슬의 성과와 고객가치를 높이기 위해 생산에 관련된 자재, 프로세스, 정보시스템, 자재의 흐름을 심도 있게 점검하는 활동(품질기능전개: quality function deployment)
⑤ 제품의 생산이 용이하고 경제적으로 이루어질 수 있도록, 단순화 표준화, 모듈화를 통한 설계(제조용이성 설계: design for manufacturability)

2528

공급사슬관리(supply chain management)와 재고관리에 대한 다음 설명 중 가장 적절하지 않은 것은?

① 수송재고(pipeline inventory)를 줄이기 위해서는 주문량 줄이는 것이 최선이다.
② 로트 크기가 커질수록(주문량이 많아질수록), 주기재고(cycle inventory)는 커진다.
③ 대량고객화(mass customization)를 위한 공급사슬설계 방식으로 주문조립생산(assemble-to-order), 모듈화 설계(modular design), 지연차별화(delayed differentiation) 등이 있다.
④ 하우 리(Hau Lee)의 불확실성 프레임워크에서 효율적 공급사슬(efficient supply chain)에 적절한 경쟁우선순위(competitive priorities)는 저원가 생산, 일관된 품질, 적시인도 등이다.
⑤ 공급자 재고관리(VMI: vendor-managed inventory)를 활용하면 공급사슬에서 발생하는 채찍효과(bullwhip effect)를 줄일 수 있다.

2529

공급사슬관리(supply chain management)에 관한 다음 설명 중 가장 적절하지 않은 것은?

① 주문비용을 줄이고자 주문횟수를 줄이면 1회 주문량이 증가하는데, 이는 직접적인 안전재고(safety stock)의 증가 원인이 된다.
② 주문비용(ordering cost)은 주문할 때마다 발생하는 비용으로 작업장에 제조명령을 하거나 공급자에게 주문하는데 발생하는 비용으로 같은 품목에 대한 주문비용은 주문량에 상관없이 일정하다.
③ 집중배치(centralized placement)는 제품 재고를 한 지점에 쌓아두었다가 고객에게 직접 배달하는 것인데, 이렇게 하면 고객수요의 변동이 합쳐지면서 안전재고(safety stock)가 감소하게 된다.
④ 하우 리(Hau Lee)의 불확실성 프레임워크에서 효율적 공급사슬(efficient supply chain)에 있는 공급자들은 설비이용률이 높아야 단위원가가 낮아지기 때문에 여유생산능력(capacity cushion)을 작게 유지해야 한다.
⑤ 기업은 공급문제의 위험을 회피하기 위해 주요 부품에 대한 안전재고를 증가시키거나 동일한 부품을 사용하는 다른 기업들과 안전재고를 공유하기도 한다.

2530

공급사슬관리와 관련된 다음 설명 중 가장 적절하지 않은 것은?

① 완제품 재고를 집중배치(centralized placement)하는 경우 재고통합(inventory pooling) 효과를 볼 수 있다.
② 안전재고(safety stock)를 줄이기 위해서는 가능한 늦게 발주하는 것이 좋으나 이 경우 고객서비스가 하락할 가능성이 높으므로 수요와 공급의 불확실성을 최소화하는 것이 좋다.
③ 모듈화 디자인(modular design)을 이용하면 비용우위와 차별화를 동시에 추구할 수 있다.
④ 하우 리(Hau Lee)의 불확실성 프레임워크에서 위험회피형 공급사슬(risk-hedging supply chain)은 공급의 불확실성은 낮고 수요측면의 불확실성이 높을 때 설계하는 공급사슬이다.
⑤ 품질기능전개(quality function deployment)는 고객의 목소리를 제품이나 서비스 개발 프로세스에 통합하는 구조화된 방법이다.

2531

다음 중 채찍효과를 증가시키는 요인에 해당하지 않는 것은?

① 제품 제조에 필요한 핵심부품의 공급지연
② 제품의 설계 변경
③ 새로운 제품과 서비스 출시
④ 통합된 공급사슬의 설계
⑤ 공급자 공장의 문제로 인한 주문량의 일부 납품

2532

공급사슬관리와 관련된 다음 설명 중 가장 적절하지 않은 것은?

① 가치분석(value analysis)의 목표는 고객에 의하여 정의된 모든 기능적 요구사항들을 충족시키는 동시에 원가절감과 보다 나은 제품의 성능을 이끌어 내는 것이다.
② 안전재고(safety stock)를 감소시키기 위해서는 주문시기를 가급적 늦춰야 한다.
③ 대량고객화(mass customization)를 위한 공급사슬설계 전략에는 주문조립생산(assemble-to-order), 모듈화 설계(modular design), 지연 차별화(delayed differentiation) 등이 있다.
④ 하우리(Hau Lee)의 불확실성 프레임워크에서 공급의 불확실성은 낮고 수요의 불확실성이 높을 때는 공급선을 다변화하거나, 주요 부품의 안전재고를 증가시키거나, 동일한 부품을 사용하는 다른 기업과 재고를 공유하는 방안이 고려될 수 있다.
⑤ 로버스트 디자인(robust design)이 적용된 제품은 작동 환경의 변동으로 인한 고장 가능성이 낮기 때문에 고객 만족은 높아진다.

2533

신제품개발과 공급사슬관리와 관련된 다음 설명 중 가장 적절한 항목으로만 구성된 것은?

> a. 컨커런트 엔지니어링(concurrent engineering)은 제품의 품질과 성능을 결정하거나 여기에 영향을 미치는 여러 부서의 전문가들로 구성된 기능횡단팀(cross-functional team)을 통해 제품이 개발되도록 하는 방식이다.
> b. 가치분석(value analysis)을 사용하면 제조공정을 단순하게 유지하면서도 소비자들에게 다양한 제품을 제공할 수 있다.
> c. 품질기능전개(QFD: quality function deployment)는 제품설계 전반에 걸쳐 각 단계에서 다소 막연하면서도 추상적인 소비자의 요구, 필요성, 기호 등을 이에 대응되는 기술적인 요구로 전환하는 과정이다.
> d. 수요의 불확실성은 높고, 공급의 불확실성은 낮은 위험회피 공급사슬(risk-hedging supply chain)에서는 주문생산 방식과 대량 고객화를 채택하는 것이 바람직하다.
> e. 재고를 다수의 지역창고에 분산시키는 것보다는 소수의 물류센터에 집중시키는 경우, 운송비용은 다소 증가하겠지만, 전체적인 재고는 현저히 줄어들고 품절로 인한 고객서비스 저하현상도 줄어든다.

① a, b, c
② a, c, e
③ b, c, e
④ b, d, e
⑤ c, d, e

2534

공급사슬관리에 관한 다음 설명 중 가장 적절한 것은?

① 다른 조건이 일정하다면, 가격할인을 많이 할수록 공급사슬에서 채찍효과(bullwhip effect)는 감소한다.
② 제조용이성설계(DFM: design for manufacturability)는 제품의 생산이 용이하고 경제적으로 이루어질 수 있도록 단순화(simplification), 표준화(standardization), 모듈화(modularization)를 이용한다.
③ 하우 리(Hau Lee)의 불확실성 프레임워크에서 효율적 공급사슬(efficient supply chain)이란 다양하고 변화하는 고객의 니즈에 대한 효과적 반응과 유연성을 추구하려는 공급사슬이다.
④ 모듈화 설계(modular design)란 제품이나 공정을 처음부터 환경변화에 의해 영향을 덜 받도록 설계하는 것이다.
⑤ 품질기능전개(QFD: quality function deployment)란 고객에 의하여 정의된 모든 기능적 요구사항들을 충족시키는 동시에 원가절감과 보다 나은 제품의 성능을 이끌어 내는 것을 의미한다.

2535

공급사슬관리에 관한 다음 설명 중 가장 적절하지 않은 것은?

① 고객이나 지역에 따라 수요의 불확실성이나 변동성이 클 때는 전방배치(forward placement)보다 집중배치(centralized placement)가 적합하다.
② 가치분석(value analysis)이란 제품과 서비스의 가치를 향상시키기 위해 고객의 요구사항을 제품이나 서비스 개발 프로세스에 반영하는 체계적인 기법이다.
③ 수요의 불확실성이 높고 공급의 불확실성이 낮은 패션의류는 반응적 공급사슬(responsive supply chain)로 설계하는 것이 바람직하다.
④ 로버스트 설계(robust design)란 제품의 성능 특성이 제조 및 사용 환경의 변화에 가장 둔감하도록 설계하는 것을 말한다.
⑤ 컨커런트 엔지니어링(concurrent engineering)은 제품개념부터 판매에 이르는 제품개발과정에 관련되는 모든 주요 기능부서로부터 전문가가 동시에 참여하여 제품설계, 생산방법, 프로세스 설계, 생산계획 등을 한 번에 수행토록 하는 방법이다.

2536

공급사슬관리(supply chain management)에 관한 설명 중 가장 적절하지 않은 것은?

① 주문량의 변동성은 재고에도 영향을 미쳐 공급사슬의 상류로 갈수록 재고의 변동성도 커지는데 이러한 현상을 채찍효과(bullwhip effect)라고 한다.
② 공급사슬의 상류주체들(공장 등)은 시장에 가까이 있는 하류 주체들로부터의 부풀려진 주문에 대해 더 크게 주문하기 때문에 시장의 올바른 수요정보를 왜곡한다.
③ 공급사슬은 상호독립성이 큰 시스템이기 때문에 공급사슬에서 각 주체의 의사결정은 다른 주체에 영향을 미치지 않는다.
④ 리드타임이 긴 경우에 채찍효과가 발생하는 이유는 공급사슬의 각 주체가 예기치 못한 큰 주문에 대비하여 더 많은 안전재고를 가지기 때문이다.
⑤ 공급사슬을 개선하는 최상의 방법은 총리드타임을 단축시키고, 공급사슬의 모든 단계에 실제 수요 정보를 신속하게 피드백 해 주는 것이다.

2537

공급사슬관리(SCM)에 관한 설명으로 가장 적절한 것은?

① 공급사슬에서의 모든 단계에 정보공유가 완벽하게 이루어지면 채찍효과(bullwhip effect)는 발생하지 않는다.
② 하우 리(Hau Lee)는 불확실성 프레임워크를 통해 수요의 불확실성과 공급사슬의 정보공유의 높고 낮음을 사용하여 4가지 공급사슬 전략을 제시하였다.
③ 오늘날에는 모듈러 설계, 신속한 제품 간 생산전환, 선택사양의 지연전략(차별화 지연) 등을 통해 대량고객화(mass customization)가 가능하게 되었다.
④ 공급자재고관리(VMI: vendor managed inventory)는 공급자들이 트럭으로 지역별 창고로 상품을 수송해 오면, 각 소매점포의 필요에 따라 분류 및 재그룹화한 다음, 보관 없이 곧바로 창고의 다른쪽 여러 출하구에서 트럭에 실어 각 소매점포로 배송하는 물류시스템이다.
⑤ 동시공학(concurrent engineering)은 신속한 개발이 중요하기 때문에 외부 공급자보다는 사내 부서의 참여가 우선되어야 한다.

2538

공급사슬관리(supply chain management)에 관한 다음의 설명 중 가장 적절한 것은?

① 오프쇼어링(offshoring)은 아웃소싱(outsourcing)의 대표적인 방법이다.
② 공급자와의 관계가 협력적이기 보다 경쟁적일 때 공급사슬에서 공급자의 수를 줄일 수 있고, 이에 따라 공급사슬관리에서 복잡성을 줄일 수 있다.
③ 크로스도킹(cross-docking) 시스템에서 창고는 상품을 보관하는 장소라기보다는 고객(소매점)으로의 효율적인 배송을 조직하는 단기적인 장소가 된다.
④ 3자 물류(third party logistics)는 공급자가 고객의 재고정보에 접근 권한을 갖는 대신 고객이 요구하는 재고수준을 유지하는데 책임을 지는 것이다.
⑤ 재고 척도인 평균 총재고액은 재고일수(공급주수)와 재고회전율을 이용하여 구할 수 있다.

2539

공급사슬관리(supply chain management)와 관련된 다음 서술들 중 가장 적절하지 않은 항목들로 구성된 것은?

> a. 실시간 수요정보의 공유와 리드타임의 단축으로 채찍효과(bullwhip effect)를 완화할 수 있다.
> b. 지연차별화(delayed differentiation)는 가능한 한 공통 부품의 상태를 오래 유지하고 특정 제품별로의 특화 시점을 최대한 연기함으로써 리스크 풀링(risk pooling)의 효과를 최대로 얻고자 하는 방법이다.
> c. 수요정보 처리과정에서 정보 왜곡이 발생하는데 주문처리비용의 절감을 위하여 소매점이 몇 개의 고객수요를 묶어서 한 번에 많은 양을 주문하는 형태를 배급게임(rationing game)이라고 한다.
> d. 공급 파트너와의 관계 유형에서 전략적 파트너 관계는 시장 변화에 적극적으로 대응할 수 있는 유연성을 확보하기가 용이하다.
> e. 재고회전율은 일년에 몇 번 정도 재고가 새로 보충되는지를 의미하므로 재고회전율이 높을수록 그 기업은 평균적으로 비교적 적은 수량의 재고를 보유한다고 말할 수 있다.

① a, c
② b, c
③ c, d
④ b, e
⑤ d, e

06 재고관리

제3편. 경영과학/운영관리

1. 재고관련 비용

1) 품목비용

품목비용(item cost)이란 재고품목 그 자체의 구매비용 또는 생산비용을 말하며 단위 당 원가에 구매수량 또는 생산수량을 곱한 값으로 표현됨

2) 주문비용 또는 가동준비비용

주문비용(ordering cost)은 재고품목을 외부에서 구입할 때 소요되는 여러 가지 경비와 관리비를 말하며 주문량의 크기와는 관계없는 고정비 성격을 가짐. 한편 재고품목을 기업 내에서 생산하는 경우에는 가동준비비용(setup cost)이 발생. 주문비용과 가동준비비용은 재고관리에서 각각 주문량이나 생산량의 크기에 관계없이 일정액으로 발생하는 고정비로 취급

3) 유지비용

유지비용(holding cost)에는 재고에 묶인 자본의 기회비용, 저장시설에 대한 비용, 취급비용, 보험료, 도난, 파손, 진부화(obsolescence), 세금 등 재고유지와 관련된 모든 비용 항목이 포함

유지비용과 주문비용의 관계

연간수요	주문량	주문횟수	유지비용(500원)	주문비용(10,000원)
1,200개	100개	12회	$\frac{100}{2} \times 500원 = 25,000원$	12회 × 10,000원 = 120,000원
1,200개	200개	6회	$\frac{200}{2} \times 500원 = 50,000원$	6회 × 10,000원 = 60,000원

※ 유지비용과 주문비용은 역의 관계임. 즉, 주문비용을 줄이기 위해 주문횟수를 줄이면 주문량이 증가되어 유지비용이 증가하고, 유지비용을 줄이려고 주문량을 줄이면 주문횟수가 증가되어 주문비용이 증가하게 됨

4) 재고부족비용

어떤 품목의 재고가 고갈되며, 그 품목에 대한 수요는 재고가 보충될 때까지 기다려서 충족되거나 또는 취소됨. 이 경우 재고부족으로 인해 발생하는 여러 가지 비용을 총괄하여 재고부족비용(inventory shortage cost)이라 함

2. 재고의 목적

1) 불확실성에 대처하기 위한 안전재고(safety stock)
재고시스템에 있어서는 공급, 수요 및 조달기간(lead time)의 불확실성이 존재함. 기업은 이러한 불확실성에 대처하기 위해 안전재고를 유지

2) 경제적 생산과 구매를 위한 주기재고(cycle inventory)
고정비의 성격을 가진 가동준비비용(setup cost)과 주문비용(ordering cost) 때문에 대규모 생산이나 구매가 경제적일 때가 많음. 이 때문에 자재를 로트로 생산하거나 구입할 때 발생하는 재고를 주기재고라 함

3) 예상되는 수요나 공급의 변화에 대처하기 위한 예상재고(anticipation inventory)
수요나 공급의 변화가 예상되는 경우, 예상되는 수요나 공급의 변화에 대처하기 위한 재고를 예상재고라 함

> **안전재고와 예상재고의 차이**
> 안전재고와 예상재고 둘 다 불규칙한 수요와 공급에 대응하기 위한 재고라는 공통점이 있다. 그러나 안전재고는 주로 단기적인 불확실성에 대응하기 위한 재고이고, 예상재고는 보통 계절적 수요에 대응하기 위한 재고라는 차이점이 있음

4) 운송을 위한 운송재고(pipeline inventory)
생산이나 판매를 위해 한 지역에서 다른 지역으로 운송 중인 완제품 또는 원자재의 재고를 운송재고라 함

3. 완제품 재고의 배치

완제품 재고를 어디에 두느냐에는 집중배치와 전방배치의 두 가지 방법이 있음. 이는 규모의 경제를 통해 효율성을 높이는 집중화(centralization)와 고객에 가까이 위치함으로써 반응성을 향상시키는 분산화(decentralization) 사이에서 무엇을 선택하느냐의 문제임

유형	개념
집중배치 centralized placement	제품 재고를 모두 공장이나 창고와 같이 한 지점에 쌓아두었다가 고객에게 직접 배달하는 것. 고객 수요의 변동이 합해지면서 안전재고와 재고가 줄어드는 재고통합(inventory pooling) 효과가 있음
전방배치 forward placement	재고를 고객과 가까운 창고, 유통센터, 도매점, 소매점에 쌓아 두는 것

4. 조직전반의 재고관리

(1) ABC 재고관리

ABC 재고관리(ABC inventory planning)는 재고품목을 재고가액에 따라 3가지로 분류하여 경영자가 고가 품목에 집중할 수 있게 하는 것으로, A품목은 매우 자주 주문하는 편이, B품목은 격주로, C품목은 매달 혹은 격월로 주문하는 편이 관리하기 용이함. 이 방법은 파레토 도표를 사용함

ABC 분석

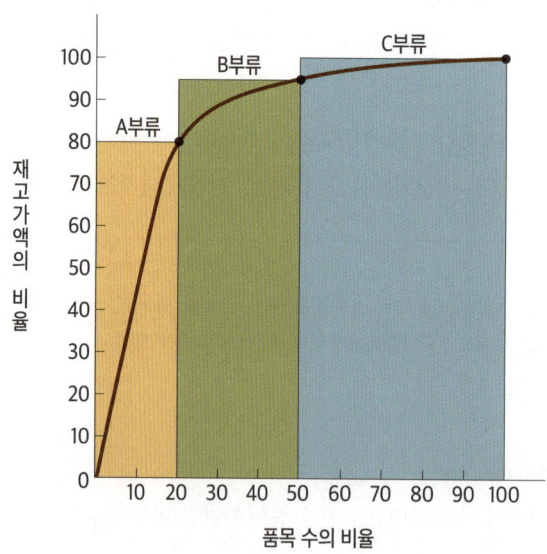

5. 경제적 주문량 모형

경제적 주문량(EOQ: economic order quantity)은 재고유지비용과 주문비용의 교환관계에 균형을 맞추고 최선의 주기 재고수준을 결정하는 것으로 연간 재고유지비용과 주문비용의 합을 최소화하는 로트의 크기를 의미

(1) EOQ의 가정

> EOQ모형의 가정들
> 1. 해당 품목의 수요율은 일정하고, 확실히 알려져 있음
> 2. 로트크기에 제한이 없음
> 3. 구입단가는 주문량에 관계없이 일정함
> 4. 관련된 비용은 재고유지비용과 고정비용(주문비용이나 가동준비비용) 밖에 없음
> 5. 다른 품목과 독립적으로 의사결정함
> 6. 리드타임과 공급에 불확실성은 없음

EOQ 가정 도식화

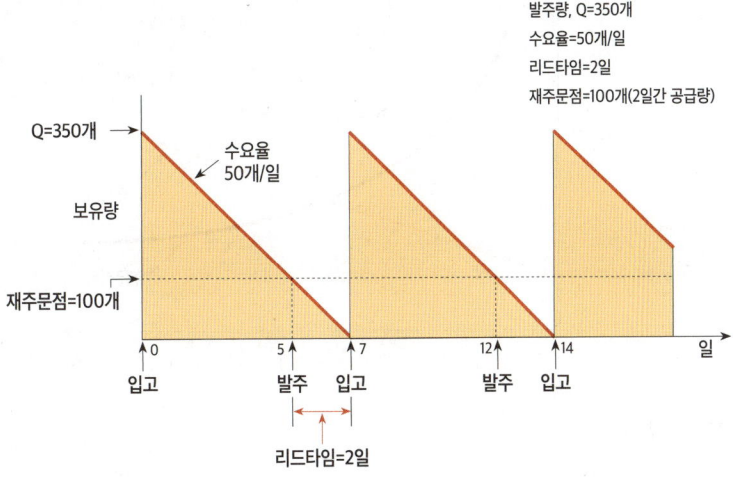

(2) EOQ 계산

1) 연간유지비용

연간유지비용은 Q에 비례하여 증가함

$$\text{연간유지비용} = (\text{평균주기재고}) \times (\text{단위당 유지비용}) = \frac{Q}{2} \times H$$

2) 연간주문비용

$$\text{연간주문비용} = (\text{연간주문횟수}) \times (\text{주문비용 혹은 가동준비비용}) = \frac{D}{Q} \times S$$

3) 연간총비용

$$\text{연간총비용}(C) = \text{연간유지비용} + \text{연간주문비용 또는 가동준비비용} = \frac{Q}{2}(H) + \frac{D}{Q}(S)$$

단, C = 연간총비용
Q = 로트크기
H = 단위 당 연간유지비용
D = 연간수요량
S = 로트당 주문비용 또는 가동준비비용

주문량과 재고관련 총비용

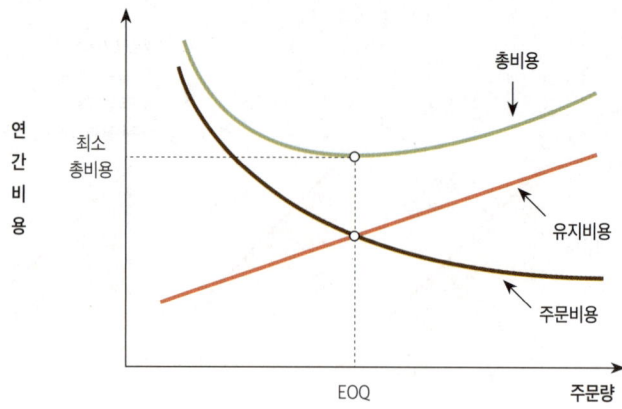

※ EOQ에서는 주문비용과 유지비용이 일치함

$$EOQ = \sqrt{\frac{2DS}{H}}$$

H = 유지비용(holding cost)
D = 연간수요(demand)
S = 주문비용(setup or ordering cost)

4) 주문간격

주문간격(TBO: time between order)이란 보충주문이 도착하는(또는 주문을 내는) 시간간격의 평균치를 말함

$$TBO_{EOQ} = \frac{EOQ}{D} \times (12월/년)$$

(3) EOQ의 시사점

파라미터	EOQ	파라미터의 변화	EOQ의 변화
수요량	$\sqrt{\frac{2DS}{H}}$	↑	↑
주문/가동준비비용	$\sqrt{\frac{2DS}{H}}$	↑	↑
재고유지비용	$\sqrt{\frac{2DS}{H}}$	↓	↑

6. 독립수요와 종속수요

1) 독립수요
독립수요(independent demand)란 완제품이나 예비부품(spare parts)에 대한 수요와 같이 다른 품목의 수요에 의존하지 않고 기업 외부의 시장조건에 의해 결정되는 수요를 말함

2) 종속수요
종속수요(dependent demand)란 최종제품의 생산에 소요되는 각종 원자재, 부품, 구성품 등과 같이 모품목의 수요에 종속되어 있는 품목의 수요를 의미함. 따라서 종속수요는 예측에 따라 결정되는 것이 아니라 독립수요 품목의 생산계획에 따라 결정됨

3) 수요의 패턴
독립수요는 시장조건에 의해 결정되며, 우연적인 변동이 있기는 하지만 어떤 시계열 패턴을 가지고 계속적으로 발생함. 반면 종속수요 품목은 독립수요 품목을 생산할 때에만 필요하고, 또 많은 경우에 생산은 로트 방식으로 이루어지므로 종속수요는 산발적이고 일괄적(lumpy)으로 발생함

독립수요와 종속수요

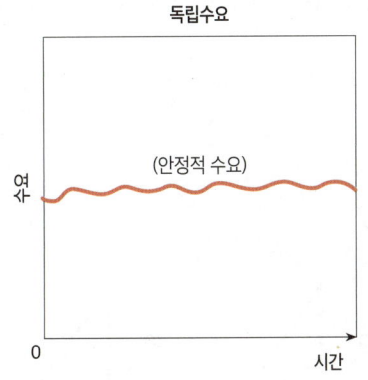
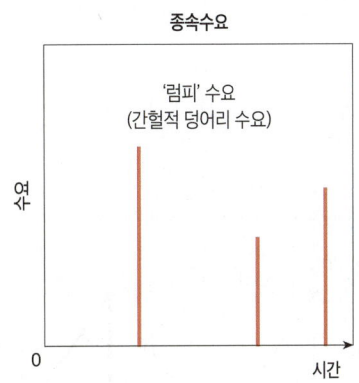

4) 보충(replenishment)과 소요(requirement)

보충과 소요의 개념

수요	관리개념	내용
독립수요	보충 replenishment	재고가 줄어들면 고객의 수요에 대비하여 다시 재고를 보충
종속수요	소요 requirement	종속수요 품목의 주문량은 이들을 사용하는 상위단계의 품목이 그 종속수요 품목을 얼마나 필요하느냐에 따라 결정됨

7. 재고시스템

재고시스템의 유형

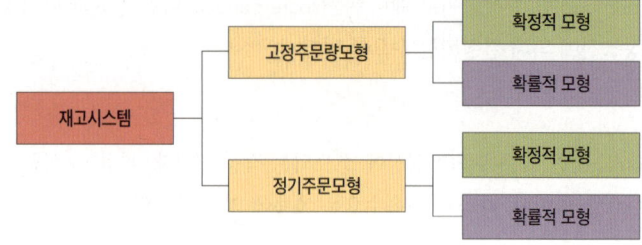

(1) 고정주문량모형(=연속조사 시스템=Q 시스템)

고정주문량모형(fixed-order quantity model)에서는 재고수준이 미리 정해진 재주문점(reorder point) R에 도달하면 일정한 양 Q만큼 주문

1) 확정적 고정주문량모형의 재주문점 산출(=EOQ 모형)

확정적 고정주문량모형은 수요나 리드타임이 일정하기 때문에 재주문점 R은 리드타임 동안의 수요량이며 안전재고는 필요 없음

확정적 고정주문량모형

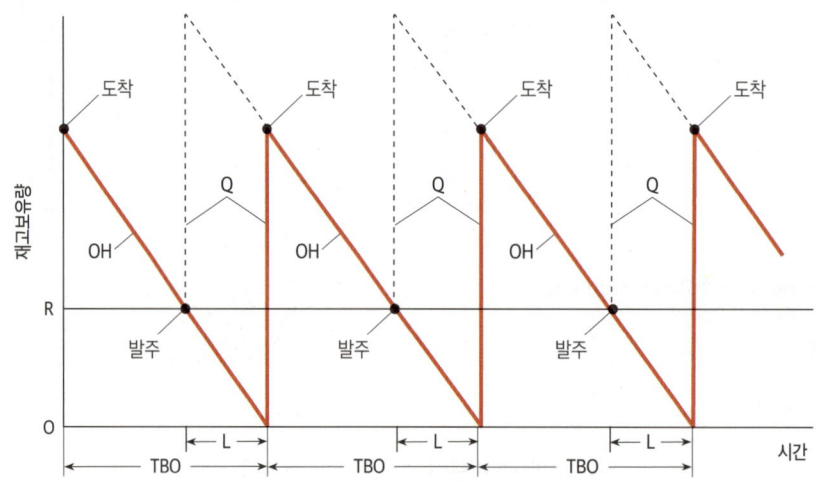

$$R = d \times L$$
$$d = 수요율$$
$$L = 리드타임$$

2) 확률적 고정주문량모형의 재주문점 산출

수요나 리드타임에 변동성이 있을 경우, 실제 수요가 예측 수요를 초과할 가능성이 나타남. 결과적으로 리드타임 동안 재고를 소진할 위험을 줄이기 위해 안전재고(safety stock)라는 추가적인 재고를 유지해야 함. 재주문점은 안전재고량으로 인해 증가함

확률적 고정주문량모형

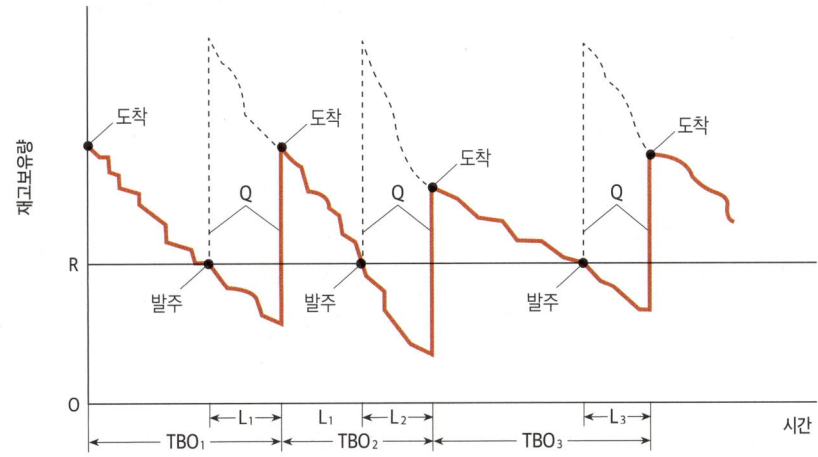

$$R = \text{리드타임 기간 동안 평균수요} + \text{리드타임 기간 동안의 안전재고}$$
$$= (\bar{d} \times L) + \text{리드타임 기간 동안의 안전재고}$$
$$\bar{d} = \text{주간 (또는 일간, 월간) 평균수요}$$
$$L = \text{리드타임}$$

(2) 정기주문모형(=주기조사시스템=P 시스템)

정기주문모형(fixed-order interval model)에서는 미리 정해진 일정한 시간간격마다 주문을 하며, 보통은 목표재고수준(target inventory level) 또는 재고보충수준을 미리 정해 놓고 주문시점의 재고수준과 목표재고수준과의 차이만큼을 주문함

1) 확정적 정기주문모형

정기주문모형에서는 P 기간마다 주문을 하며, 주문량은 주문시점의 재고수준과 목표재고수준 T와의 차이가 됨. 따라서 정기주문모형에서는 최적주문주기 P와 최적목표재고수준 T의 값을 구해야 함

확정적 정기주문모형

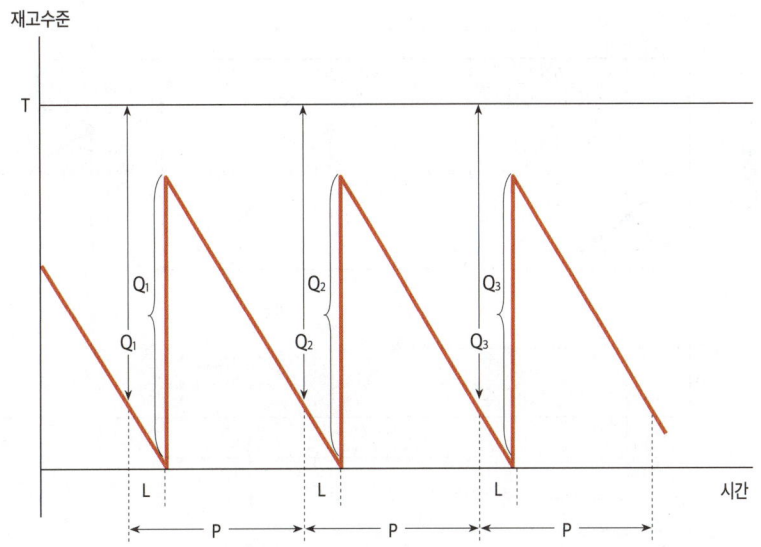

※ EOQ 모형의 가정하에서 고정주문량모형과 정기주문모형의 주문량과 주문주기는 일치함

① 최적주문주기

EOQ모형과 동일한 가정을 하고 재고부족을 허용하지 않으면 한 주문주기당 주문량 Q는 주문주기 P 기간 동안의 수요 D를 충족시켜야 하므로 다음과 같음

$$Q = D \times P$$

위 식과 EOQ 모형을 활용해서 최적주문주기를 구하면 다음과 같음

$$TC = \frac{Q}{2}H + \frac{D}{Q}S = \frac{DPH}{2} + \frac{S}{P}$$

위 식을 P에 미분한 다음 '0'으로 놓고 풀면 다음과 같이 최적주문주기 P를 구할 수 있음

$$\frac{dTC}{dP} = \frac{DH}{2} - \frac{S}{P^2} = 0$$
$$P^2 = \frac{2S}{DH}$$
$$\therefore P^* = \sqrt{\frac{2S}{DH}}$$

② 최적목표재고수준

최적목표재고수준 T는 조달기간 L 동안의 수요를 더한 값이므로 다음과 같음

$$T = Q + d \cdot L = \sqrt{\frac{2DS}{H}} + d \cdot L$$

2) 확률적 정기주문모형

P시스템에서는 P 기간 동안 재고를 조사, 보충, 조정을 할 수 없기 때문에, 한 번의 주문으로 다음 번 주문까지 견딜 수 있어야 함. 즉 주문할 때마다 P+L 기간 동안을 방지기간(protection interval)으로 설정해야 함

확률적 정기주문모형

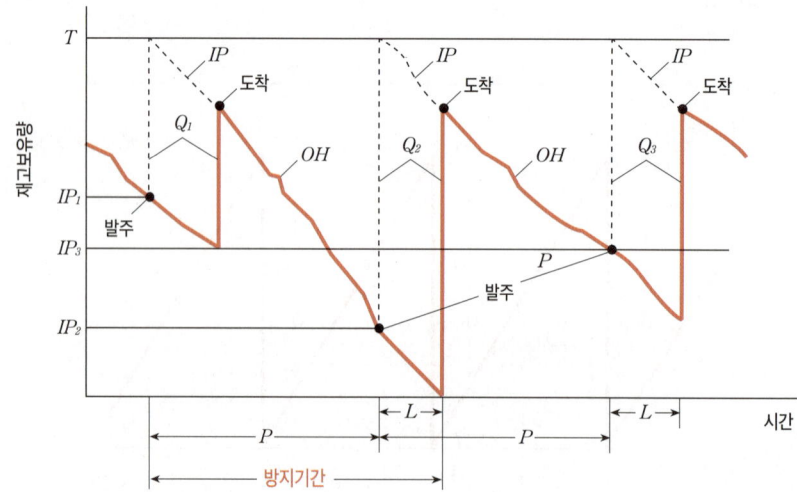

$$T = \text{방지기간 동안의 평균수요} + \text{방지기간 동안의 안전재고}$$
$$= \bar{d}(P+L) + \text{방지기간 동안의 안전재고}$$
$$T = \text{목표재고}$$
$$\bar{d} = \text{주간 (또는 일간, 월간) 평균수요}$$
$$P = \text{조사간격}$$
$$L = \text{리드타임}$$

(3) Q시스템과 P시스템의 차이

1) P시스템의 장점

① 주기적으로 재고를 보충하므로 재고관리가 편하며, 주문 간격이 고정되면 배달시기와 배달경로를 표준화할 수 있음
② 같은 공급자에게 구매하는 여러 품목을 묶어서 주문할 수 있음
③ 재고를 조사할 때에만 재고상태(IP)를 파악하면 됨

2) Q시스템의 장점

① 품목별로 조사빈도를 달리할 수 있음. 품목별로 적정한 조사빈도를 정하면 주문비용과 재고유지비용을 절감할 수 있음
② 고정 로트크기는 수량할인을 가능하게 함
③ 안전재고 수준이 낮아져서 비용을 절감할 수 있음

3) Q시스템 vs P시스템

유형	주문시기	주문량	재고수준 검토	방지기간
고정주문량모형 (Q시스템)	재고수준이 재주문점에 도달할 때	일정	계속 검토	리드타임
정기주문모형 (P시스템)	미리 정해진 주문주기의 말	변함	주문주기의 말에만 검토	주문간격+리드타임

8. 특수한 재고시스템

(1) 이중상자 시스템

이중상자 시스템(two-bin system)은 Q시스템의 개념을 시각적 시스템으로 전환한 것. 즉 재고수준을 시각적으로 판단하여 특정 표시 시점까지 줄어들면 작업자가 주문을 내도록 하는 시스템

(2) 단일상자 시스템

단일상자 시스템(one-bin system)은 P시스템의 개념을 시각적 시스템으로 전환한 것

(3) 조건부 보충시스템

조건부 보충시스템(optional replenishment system)은 고정된 시간 간격으로 재고상태를 조사하여 재고상태가 사전에 정한 수준 이하로 떨어지면 예상 수요에 대비할 수 있을 만큼 주문함

(4) 기본재고 시스템

가장 간단한 형태인 기본재고 시스템에서는 재고가 인출될 때마다 인출량만큼 보충주문을 함. 이러한 1:1 보충정책 때문에 재고수준을 리드타임 동안의 수요량과 안전재고의 합과 같은 기본재고 수준으로 항상 유지할 수 있음

(5) 단일기간 재고시스템

단일기간 재고시스템(single-period inventory system)은 구매가 일회성이고 재고기간이 짧은 경우에 적용됨. 신문, 호텔의 객실, 비행기 좌석 등이 그 예

1) 재고관련 비용

단일기간 재고모형에서는 일반적으로 재고의 부족 및 잉여와 관련된 두 가지 비용에 초점을 둠

① 재고부족비용

재고부족으로 인해 단위 당 실현되지 않은 이익

$$\text{재고부족비용 (shortage cost)} = C_s = \text{단위 당 가격} - \text{단위 당 원가}$$

② 재고잉여비용

유통기간 마지막에 남은 항목으로 인한 것으로 구입비용과 잔존가치의 차이

$$\text{재고잉여비용 (excess cost)} = C_e = \text{단위 당 원가} - \text{단위 당 잔존가치}$$

2) 연속수요일 때 재고수준

$$\text{서비스 수준} = \frac{C_s}{C_s + C_e}$$

여기서,
C_s = 단위당 재고부족비용
C_e = 단위당 재고잉여비용

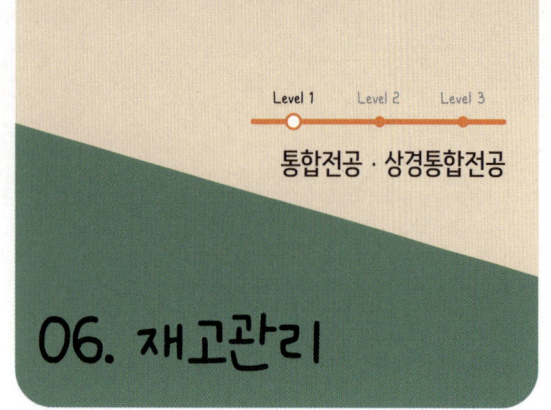

06. 재고관리

재고관련비용

2540
2004 가맹거래사

다음 중 재고부족시 발생할 수 있는 비용에 해당하지 않는 것은?

① 회사브랜드 가치 하락 비용
② 생산독촉비용
③ 보험료
④ 납품지연비용
⑤ 기회손실비용

2541
2014 가맹거래사

재고관리에서 재고비축 유인으로 옳지 않은 것은?

① 재고부족비용
② 주문비용
③ 미납주문비용
④ 재고유지비용
⑤ 수송비용

2542
2022 9급 군무원

다음 중 재고 관련 비용의 유형에 대한 설명으로 가장 옳지 않은 것은?

① 품목비용 : 재고 품목 그 자체의 구매비용 또는 생산비용
② 주문비용 : 재고 품목을 외부에 주문할 때 발생하는 경비와 관리비
③ 재고유지비용 : 한 번의 조업을 위한 생산설비의 가동 준비에 소요되는 비용
④ 재고부족비용 : 재고가 소진된 후 보충될 때까지 기다리는 과정에서 발생하는 비용

2543
2014 7급 국가직

효율적 재고(inventory)관리에 대한 설명으로 옳지 않은 것은?

① 다른 조건들이 동일하다면, 주문간격(order interval)이 길수록 평균재고량이 증가한다.
② 다른 조건들이 동일하다면, 주문에 대한 배달소요시간이 길수록 재주문점(reorder point)은 증가한다.
③ 다른 조건들이 동일하다면, 주문비용(ordering cost)이 증가할수록 회당 주문량은 감소한다.
④ 다른 조건들이 동일하다면, 평균재고량이 증가할수록 재고회전율(inventory turnover)은 감소한다.

재고의 목적

2544
2007 가맹거래사

다음 중 재고의 필요성으로 옳지 않은 것은?

① 재고는 투입물을 항상 보유하여 경제적 생산량을 보장하여 줌으로써 연속적 생산을 촉진시킬 수 있다.
② 재고는 한 공정의 중단이 전체 공정에 영향을 주지 않도록 계속되는 공정 사이의 충격을 흡수한다.
③ 재고는 생산활동을 평준화시키고 고용을 안정화시킨다.
④ 재고는 장기적이고 안정적인 수요에 적절히 대비할 수 있도록 해준다.
⑤ 재고는 경제적 로트의 크기와 수량할인을 얻을 수 있도록 도와준다.

2545
2019 가맹거래사

재고유형과 이에 관한 설명이 다음과 같을 때, (A), (B), (C)의 내용으로 옳은 것은?

재고유형	설명
파이프라인 재고	공장, 유통센터, 고객 간에 이동 중인 재고
(A)	경제성을 위해 필요 이상 구입하거나 생산하여 남은 재고
(B)	수요나 생산의 불확실성에 대비하여 보유하는 재고
(C)	향후 급격한 수요증가에 대비하여 사전에 확보한 재고

① A: 주기재고, B: 안전재고, C: 예비재고
② A: 주기재고, B: 대응재고, C: 예비재고
③ A: 주기재고, B: 예비재고, C: 수요재고
④ A: 필요재고, B: 안전재고, C: 예비재고
⑤ A: 필요재고, B: 예비재고, C: 대응재고

2546
2018 7급 서울시

재고관리에 대한 설명으로 가장 옳지 않은 것은?

① 안전재고(safety stock)는 일정기간의 평균수요를 충족시키기 위해 보관하는 재고이다.
② 1일 수요량은 연간 수요량을 연간 작업일수로 나누어 계산한다.
③ 경제적 생산량(EPQ) 모형에서는 연간 생산량이 수요량을 초과하는 것으로 가정한다.
④ 경제적 주문량(EOQ)은 연간 재고보관비용과 주문 비용의 합을 최소화하는 1회당 주문량이다.

2547
2013 7급 국가직

보유 목적에 따른 재고유형에 대한 설명으로 옳지 않은 것은?

① 작업의 독립성을 유지하기 위해 보유하는 것은 완충(decoupling) 재고이다.
② 생산준비비용이나 주문비용을 줄이기 위해 보유하는 것은 경제(economic) 재고이다.
③ 수요의 불확실성에 대비하기 위해 추가적으로 보유하는 것은 안전(safety) 재고이다.
④ 계절에 따른 수요변화에 대응하기 위해 보유하는 것은 비축(anticipation) 재고이다.

2548
2022 5급 군무원

다음 중 기업이 재고를 유지하는 목적으로 옳은 것을 모두 고르시오

(가) 제품 수요의 변동에 맞추기 위해서
(나) 원자재 조달 측면의 안전성을 확보하기 위해서
(다) 경제적 구매량의 이점을 살리기 위해서
(라) 작업 일정에 유연성을 가지기 위해서
(마) 작업의 독립성을 어느 정도 유지하기 위해서

① (가), (나)
② (가), (나), (다)
③ (가), (나), (다), (라)
④ (가), (나), (다), (라), (마)

2549
2024 9급 군무원

다음 중 안전재고에 대한 설명으로 가장 적절한 것은?

① 바쁜 크리스마스 판매 시즌이나 세일 행사 기간과 같이 수요가 높을 것으로 예상되는 기간 동안 수요를 충족시킬 수 있는 재고를 말한다.
② 예상하지 못한 공급이나 생산 문제가 일어나거나 수요가 예상보다 높을 때 수요를 충족시키기 위해 보유하는 재고이다.
③ 기업이 구매나 생산을 하고 다음번 구매나 생산할 기간까지 유지할 수 있는 충분한 양을 구매하거나 생산할 때 발생한다.
④ 기업들이 가격 인상이나 공급축소 등을 대비하여 물품을 비축해 놓을 때 생성되는 재고이다.

ABC 재고관리

2550
2009 가맹거래사

재고관리의 ABC 관리법에서 품목을 분류할 때 사용되는 분석 방법은?

① 민감도분석
② 빈도분석
③ 비용/이익분석
④ 파레토분석
⑤ 인과분석

2551
2010 가맹거래사

재고 및 재고관리에 대한 설명으로 옳지 않은 것은?

① 작업의 독립성을 유지하고 생산활동을 용이하게 하기 위해 재고가 필요하다.
② 고객의 불확실한 예상 수요에 대비하기 위한 재고를 안전재고(safety stock)라고 한다.
③ 경제적 주문량모형(EOQ)은 재고모형의 확정적 모형 중 고정주문량모형에 속한다.
④ 고정주문량모형(Q시스템)에서는 재고수준이 미리 정해진 재주문점에 도달하면 일정량 Q만큼 주문한다.
⑤ ABC 재고관리에서는 재고 품목을 연간 사용량에 따라 A등급, B등급, C등급의 세가지 유형으로 구분한다.

2552
2010 공인노무사

재고관리의 ABC 관리법에서 품목을 분류할 때 가장 많이 사용되는 분석 방법은?

① 민감도분석
② 추세분석
③ 비용-편익 분석
④ 파레토분석
⑤ 인과분석

2553
2018 공인노무사

재고 품목을 가치나 상대적 중요도에 따라 차별화하여 관리하는 ABC 재고관리에 관한 설명으로 옳은 것은?

① A등급은 재고 가치가 낮은 품목들이 속한다.
② A등급 품목은 로트 크기를 크게 유지한다.
③ C등급 품목은 재고유지비가 높다.
④ ABC 등급 분석을 위해 롱테일(long tail) 법칙을 활용한다.
⑤ 가격, 사용량 등을 기준으로 등급을 구분한다.

2554
2019 7급 국가직

재고와 재고관리에 대한 설명으로 옳지 않은 것은?

① ABC 재고관리 시스템은 재고 품목을 연간 사용횟수에 따라 A등급, B등급, C등급으로 구분한다.
② 경제적 주문량(EOQ) 모형은 확정적 재고관리모형에 속한다.
③ 조달기간의 수요변동에 대비하여 보유하는 부가적 재고를 안전재고라고 한다.
④ 경제적 생산량(EPQ) 모형은 주문량이 한 번에 모두 도착하는 것을 전제로 하지 않는다.

2555
2020 코레일 수송직렬 복원

중요성 정도 및 가격 등급으로 케이스를 분류하고 그 중요도에 따라 적절한 자재 관리 방식을 도입하여 자재의 효율적인 관리를 도모하고자 하는 것과 관련성이 높은 것은 무엇인가?

① 간트 차트
② 피쉬본 모형
③ EOQ 모형
④ 파레토 모형
⑤ 산점도 모형

경제적 주문량 모형

2556
2009 가맹거래사

제품 P는 1년간 1,210개가 판매될 것으로 예측된다. 제품 P의 연간 재고유지 비용은 개당 100원이고, 주문 1회당 소요되는 주문비용은 500원이다. 이 경우 제품 P의 경제적 주문량(EOQ)은 얼마인가?

① 95개
② 100개
③ 105개
④ 110개
⑤ 120개

2557
2011 가맹거래사

제품 A의 연간수요는 10,000개로 예측된다. 제품 A의 구입단가는 1,000원, 1회당 주문비용은 2,500원, 연간 재고유지비용은 단위당 200원이다. 제품 A의 경제적 주문량(EOQ)으로 산출한 연간 최적주문횟수는?

① 5회
② 10회
③ 15회
④ 20회
⑤ 25회

2558
2012 가맹거래사

확정적 정기주문모형인 경제적 주문량 모형(economic order quantity: EOQ)에서 경제적 주문량은 다음의 산식으로 구한다.

$$EOQ = \sqrt{\frac{2(ㄴ)(ㄷ)}{(ㄱ)}}$$

여기에서 (ㄱ), (ㄴ), (ㄷ)에 해당하는 변수를 바르게 나열한 것은?

	(ㄱ)	(ㄴ)	(ㄷ)
①	1회 주문비용	연간 단위당 재고유지비용	연간 수요
②	연간 수요	단위당 구입가격	연간 단위당 재고유지비용
③	연간 단위당 재고유지비용	단위당 구입가격	1회 주문비용
④	연간 단위당 재고유지비용	연간 수요	1회 주문비용
⑤	1회 주문비용	단위당 구입가격	연간 단위당 재고유지비용

2559
2013 가맹거래사

경제적 주문량(EOQ) 모형을 도출하기 위한 가정이 아닌 것은?

① 재고조달기간은 일정하다.
② 단위 기간당 재고사용량이 일정하다.
③ 연간 수요량이 알려져 있다.
④ 수량할인이 인정되지 않는다.
⑤ 1회 주문비용은 주문량에 비례하여 커진다.

2560
2014 가맹거래사

제품 X의 연간 수요량이 10,000개, 1회당 주문비용이 10,000원, 단위당 재고유지비용이 50원이면 제품 X의 경제적 주문량(EOQ)은?

① 500개 ② 1,000개
③ 1,500개 ④ 2,000개
⑤ 2,500개

2561
2015 가맹거래사

제품 A의 연간수요는 1,000단위로 예측되며, 단위당 연간 재고유지비용 1,000원, 1회 경제적 주문량이 100단위일 경우 경제적 주문량(EOQ) 모형을 이용한 1회당 주문비용은?

① 1,000원 ② 2,000원
③ 3,000원 ④ 4,000원
⑤ 5,000원

2562
2018 가맹거래사

대리점의 연간 타이어 수요량은 1,000개이다. 타이어의 단위당 재고유지비는 100원이고 1회 주문비는 2,000원이다. 발주량을 경제적 발주량(EOQ)으로 하는 경우 연간 주문횟수는?

① 5
② 10
③ 12
④ 15
⑤ 24

2563
2019 가맹거래사

재고관리에 관한 설명으로 옳지 않은 것은?

① 동일 공급자로부터 여러 품목을 납품받는 경우에 고정주문간격모형이 많이 사용된다.
② 다른 조건이 일정할 때 연간수요가 증가하면 경제적 주문량은 감소한다.
③ 고정주문간격모형은 주문할 때마다 주문량이 일정하지 않을 수 있다.
④ 고정주문량모형은 재고수준이 재주문점에 도달하면 주문하고, 고정주문간격모형은 정해진 시기에 주문한다.
⑤ 고정주문량모형은 주문할 때마다 주문량이 동일하다.

2564
2021 가맹거래사

연간수요가 1,000개, 1회당 주문 비용은 50원, 단위당 연간 재고유지비용은 40원이다. 경제적 주문량(EOQ)과 연간 주문 비용은 얼마인가?

① 50개, 100원
② 50개, 500원
③ 50개, 1,000원
④ 100개, 500원
⑤ 100개, 1,000원

2565
2010 공인노무사

제품 P의 연간수요는 10,000개로 예상된다. 이 제품의 연간 재고유지비용이 단위당 100원이고, 주문 1회당 소요되는 주문비용은 200원이다. 이 경우 경제적 주문량(EOQ)은?

① 100
② 150
③ 200
④ 250
⑤ 300

2566
2012 공인노무사

A 기업의 X 부품에 대한 연간 수요는 2,000개 이다. X 부품의 1회 주문비용은 1,000원, 연간 단위당 재고 유지비용은 400원일 때 경제적 주문량 모형을 이용하여 1회 경제적 주문량과 이때의 연간 총비용을 구하면?

① 50개, 20,000원
② 50개, 40,000원
③ 100개, 20,000원
④ 100개, 40,000원
⑤ 150개, 60,000원

2567
2013 공인노무사

제품 A의 연간수요는 10,000개로 예상된다. 이 제품의 연간 재고유지비용이 단위당 200원이고 주문 1회당 소요되는 주문비용은 100원이다. 이 경우 경제적 주문량(EOQ)에 의한 최적 주문횟수는?

① 50회
② 75회
③ 100회
④ 150회
⑤ 200회

2568
2015 공인노무사

A기업은 1년간 400개의 부품을 사용한다. 부품가격은 개당 1,000원, 주문 비용은 회당 10,000원, 단위당 연간 재고유지비용은 부품가격의 20%라면 이 부품의 경제적 주문량(EOQ)은?

① 100개
② 150개
③ 200개
④ 250개
⑤ 300개

2569
2016 공인노무사

해리스(F. W. Harris)가 제시한 EOQ(경제적 주문량) 모형의 가정으로 옳은 것은?

① 단일품목만을 대상으로 한다.
② 조달기간은 분기단위로 변동한다.
③ 수량할인이 적용된다.
④ 연간수요량은 알 수 없다.
⑤ 주문비용은 주문량에 정비례한다.

2570
2018 공인노무사

A 점포의 연간 자전거 판매수량은 500대이고, 한 번 주문할 때 소요되는 주문비용은 10만 원이다. 자전거 한 대의 구입가격은 15만 원이며, 재고 유지를 위해 매년 부담하는 비용은 대당 1만 원이다. A 점포의 경제적 주문량(EOQ)과 최적주문횟수는 각각 얼마인가?

① 50대, 5회
② 50대, 10회
③ 100대, 5회
④ 100대, 7회
⑤ 250대, 2회

2571
2019 공인노무사

(주)한국의 A 부품에 대한 연간수요는 4,000개이며, A 부품 구입가격은 단위당 8,000원이다. 1회당 주문비용은 4,000원이고, 단위당 연간 재고유지비용은 구입가격의 10%일 때 A 부품의 경제적 주문량(EOQ)은?

① 100개
② 200개
③ 300개
④ 400개
⑤ 600개

2572
2022 공인노무사

경제적 주문량(EOQ)에 관한 설명으로 옳지 않은 것은?

① 연간 재고유지비용과 연간 주문 비용의 합이 최소화되는 주문량을 결정하는 것이다.
② 연간 재고유지비용과 연간 주문 비용이 같아지는 지점에서 결정된다.
③ 연간 주문 비용이 감소하면 경제적 주문량이 감소한다.
④ 연간 재고유지비용이 감소하면 경제적 주문량이 감소한다.
⑤ 연간 수요량이 증가하면 경제적 주문량이 증가한다.

2573
2013 경영지도사

재고관리에 관한 설명으로 옳지 않은 것은?

① 경제적 주문량(EOQ) 모형에서 다른 요인이 일정하다고 가정할 때 주문비용이 4배 증가하면 경제적 주문량은 8배 증가한다.
② 가능한 완제품의 재고수준을 높게 유지할수록 고객수요에 신속하게 대응할 수 있다.
③ 안전재고(safety inventory)를 감소시키기 위해서는 공급량의 불규칙성을 감소시킬 필요가 있다.
④ 재고회전율(inventory turnover)이 높다는 것은 기업이 평균적으로 낮은 수준의 재고를 보유하고 있어 금융자산의 활용도가 높음을 의미한다.
⑤ ABC 재고관리에서 A 품목은 가능한 철저한 통제를 위해 1회 주문당 주문량은 줄이고 주문횟수는 늘리는 것이 보통이다.

2574
2015 경영지도사

개당 10,000원에 판매되는 제품 A의 연간수요는 400개로 일정하게 발생하고 있으며, 1회 주문비용은 5,000원, 개당 연간 재고유지비용은 판매가격의 25% 정도로 추산하고 있다. 경제적 주문량(EOQ) 모형을 적용하여도 큰 무리가 없다고 가정할 때, 경제적 주문량은?

① 25개　　② 30개
③ 35개　　④ 40개
⑤ 50개

2575
2018 경영지도사

㈜ 경지사에서는 연중 일정하게 판매되고 있는 A제품에 대하여 해리스(F. W. Harris)의 경제적 주문량 모형을 활용하여 최적의 주문량을 결정하고 있다. 연간 수요는 2,000개이며, 1회 주문비용은 2,500원, 개당 연간 재고유지비용은 250원으로 추산하고 있을 때의 평균재고수준은?

① 50개　　② 100개
③ 150개　　④ 200개
⑤ 250개

2576
2020 경영지도사

(주) 경지사의 연간수요는 10,000단위, 회당 주문비용은 200원, 연간 단위당 재고유지비용은 400원일 경우 경제적 주문량(EOQ)은? (단, 주어진 조건 외에 다른 조건은 고려하지 않음)

① 100단위　　② 200단위
③ 300단위　　④ 400단위
⑤ 500단위

2577
2017 7급 서울시

기본 경제적 주문량(EOQ) 모형에 관한 설명으로 옳지 않은 것은?

① 기본 경제적 주문량 모형에서는 주문은 한 번에 배달되고, 주문량에 따른 수량 할인은 없다고 가정한다.
② 기본 경제적 주문량 모형에서 재주문점(reorder point)은 리드타임에 일일 수요를 곱하여 구할 수 있다.
③ 기본 경제적 주문량 모형에서 발주비용은 발주량과 선형의 역비례 관계를 갖는다.
④ 기본 경제적 주문량 모형에서 주문사이클은 주문량을 연간 수요량으로 나눈 후 연간 조업일수를 곱하여 구할 수 있다.

2578
2019 7급 서울시

EOQ(Economic Order Quantity) 모형의 가정으로 가장 옳지 않은 것은?

① 단위기간 동안에 발생하는 수요율은 일정하며 확정적이다.
② 제품의 주문은 로트(lot)단위로 이루어지며, 로트 크기에 제약이 없다.
③ 주문리드타임(lead time)은 일정하고 주문한 양은 정확하게 공급받을 수 있다.
④ 동일한 공급업체에 대해 여러 개의 품목을 주문하는 경우 이를 결합해서 주문한다.

2579
2007 7급 국가직

이자율은 전년도 대비 9%p 증가하여 18%까지 올라갔다. 또한 주문 1회당 고정주문비용은 전년도 대비 2만 원 감소하여 4만 원으로 떨어졌다. 경제적 주문량은 전년도 대비 어떻게 변동하겠는가?

① 증가한다.
② 감소한다.
③ 변동없다.
④ 정보가 충분하지 않아 알 수 없다.

2580
2009 7급 국가직

기업은 어떤 자재를 필요할 때마다 구매할 수도 있으나 이럴 경우 구매요청에 따른 번거로움과 구매처리비용 등이 많이 발생한다. 그렇다고 한꺼번에 1년치를 주문하면 재고유지비용이 많이 든다. 따라서 주문비용과 재고유지비용을 고려하여 일정량 만큼씩 구매하는 것이 경제적이다. 다음과 같은 자료가 주어져 있을 경우 경제적 주문량은?

> 자재의 구입원가 = 40,000원/단위,
> 연간수요량 = 20,000단위
> 연간재고유지비용 = 2,000원/단위,
> 주문비용 = 2,000원/회

① 200단위
② 300단위
③ 약333단위
④ 400단위

2581
2010 7급 국가직

기업은 영업활동을 수행하면서 최소의 비용으로 재고자산을 관리하려 한다. 다음 중 재고관련 비용을 최소화시키는 경제적 주문량(EOQ) 모형의 기본적인 가정에 속하지 않는 것은?

① 단위당 재고유지비용은 일정하다.
② 재고조달기간이 정확히 지켜진다.
③ 재고자산의 사용률은 일정하며 알려져 있다.
④ 재고자산의 단위당 구입원가는 일정하다.

2582
2018 7급 국가직

재고관리 비용을 최소화하기 위한 재고관리 기법에 해당하지 않는 것은?

① EOQ(Economic Order Quantity)
② JIT(Just-in-Time)
③ MRP(Material-Requirements Planning)
④ PERT(Program Evaluation and Review Technique)

2583
2021 5급 군무원

경제적 주문량(EOQ: Economic Order Quantity)에 대한 설명으로 옳지 않은 것은?

① 연간 재고유지비용과 주문 비용의 합을 최소화하는 주문량을 의미한다.
② 주문 비용은 주문량과 정비례하여 감소한다.
③ 총비용은 U자 곡선을 그린다.
④ 구입 단가는 주문량과 관계없이 일정하다고 가정한다.

2584
2023 7급 군무원

다음 중 재고관리의 접근방법으로서 경제적 주문량(EOQ : Economic Order Quantity) 산출 시 적용되는 기본 가정에 해당하지 않는 것은?

① 제품의 수요가 일정하고 균일하다.
② 조달기간이 일정하며 조달이 일시에 이루어진다.
③ 품절이나 과잉재고가 허용된다.
④ 주문비와 재고유지비가 일정하며 재고유지비는 평균 재고에 기초를 둔다.

2585
2023 7급 서울시

재고관리에서 경제적주문량(EOQ)에 대한 설명으로 가장 옳은 것은?

① 1회 주문비용이 증가하면 최적 주문량도 증가하지만 재주문점은 변동하지 않는다.
② 제품 단위 당 재고유지비용이 증가하면 최적 주문량은 증가하며 재주문점은 감소한다.
③ 재주문점은 리드타임의 기대수요가 높을수록 증가하지만 안전재고와는 관련이 없다.
④ 연간 재고유지비용은 주문량에 반비례하며, 연간 주문비용은 주문량에 선형적으로 비례한다.

2586
2024 가맹거래사

경제적 주문량 모형(EOQ)에 관한 설명으로 옳지 않은 것은? (단, 다른 조건이 동일하다고 가정한다.)

① 연간 수요가 감소하면, 경제적 주문량은 감소한다.
② 재고유지비용이 감소하면, 경제적 주문량은 감소한다.
③ 재고유지비용이 감소하면, 재고회전율은 감소한다.
④ 주문비용이 감소하면, 재고회전율은 증가한다.
⑤ 주문비용이 감소하면, 공급주수(weeks of supply)는 감소한다.

2587
2024 7급 서울시

㈜서울의 특정 제품에 대한 연간 총수요량은 1,000개이다. 이 제품의 1회당 주문비용은 2,000원이고, 연간 재고유지비용은 개당 400원이다. 이 경우 경제적 주문량(EOQ)로 옳은 것은? (단, 주어진 자료 이외의 다른 사항은 고려하지 않는다.)

① 50개 ② 100개
③ 200개 ④ 400개

2588
2024 7급 국가직

경제적 주문량(economic order quantity: EOQ) 모형에 대한 설명으로 옳은 것은?

① EOQ는 연간 재고유지비용을 최소화하는 주문 수량이다.
② 연간 수요량이 일정한 경우, 주문비용이 발생하지 않으면 EOQ는 연간 평균 수요량에 수렴한다.
③ 연간 수요량이 일정한 경우, 주문 수량이 증가하면 주문 빈도가 감소하여 연간 주문비용과 재고유지비용이 감소한다.
④ 연간 수요량만 증가하면 EOQ는 증가한다.

경제적 생산량 모형

2589
2023 7급 국가직

재고관리에 대한 설명으로 옳은 것은?

① 경제적 주문량(EOQ) 모형은 총비용인 재고유지비용, 주문비용, 재고부족비용의 합을 최소로 만들어 주는 주문량을 찾는 것이다.
② 경제적 생산량(EPQ) 모형에서 다른 조건이 일정하다면, 1일 재고수요량이 증가하면 총비용은 감소한다.
③ ABC 재고관리법에서 A 품목군에 비해 C 품목군의 통제 수준이 더 강하다.
④ 고정주문량 모형은 고정기간 모형에 비하여 평균적으로 더 많은 안전재고를 보유한다.

재고시스템

2590
2022 7급 군무원

다음 중 재고(inventory) 및 재고관리에 대한 설명으로 가장 옳지 않은 항목은??

① 재고는 제품의 생산이나 고객수요의 충족을 위해 보유하고 있는 자재이며, 완제품, 재공품, 각종 원자재 등이 포함된다.
② 재고 관련 비용 중에서 추후납품비용이나 품절 비용은 재고부족비용에 해당된다.
③ 경제적 주문량 모형은 연간 주문 비용 및 연간 재고유지 비용 등의 연간 총비용을 최소화하는 주문량을 산출한다.
④ 일반적으로 고정주문량 모형은 정기 주문모형보다 더 많은 안전재고를 요구한다.

2591
2019 7급 서울시

재고관리 Q시스템에 대한 설명으로 가장 옳지 않은 것은?

① 주기적으로 재고를 보충하기 때문에 관리하기가 쉽다.
② 품목별로 조사 빈도를 달리할 수 있다.
③ 고정 로트 크기는 수량할인으로 나타나기도 한다.
④ 안전재고 수준이 낮아져서 비용을 절감할 수도 있다.

2592
2020 7급 서울시

재고관리 모형에 대한 설명으로 가장 옳지 않은 것은?

① 재고모형을 이용하여 수요와 조달기간에 대한 계량적인 확률 수요를 도출할 수 있다.
② 시장의 수요에 대비할 수 있도록 적시에 적량의 재고를 보유해야 한다.
③ 고객이 서비스를 요청하여 제공 완료까지의 조달기간을 확정적 모형을 통해 확률분포로 계산한다.
④ 재고의 과다한 보유 및 부족 현상을 관리하기 위해 주문량과 시점을 결정해야 한다.

2593
2016 7급 국가직

재고관리의 P시스템(P-모형)과 Q시스템(Q-모형)에 대한 설명으로 옳은 것은?

① Q시스템은 P시스템보다 일반적으로 더 많은 안전재고가 필요하다.
② P시스템에서는 주문시점마다 주문량이 달라지지만 Q시스템에서는 주문주기가 고정된다.
③ 투-빈(two-bin)법은 재고량을 절반으로 나누어 안전재고를 확보하는 방법으로 P시스템의 내용을 시각화한 것이다.
④ Q시스템은 현재의 재고량을 수시로 조사하여 재주문점 도달 여부를 판단해야 하므로 관리부담이 많다.

2594
2021 7급 국가직

재고관리에 대한 설명으로 옳은 것은?

① 고정주문량 모형은 고정주문 주기 모형보다 엄격한 재고관리를 수행하므로 보다 많은 안전재고를 요구한다.
② 경제적 주문량 모형의 경우 재고 조달기간은 알려져 있으며, 단위 당 재고유지비용은 일정하고, 구입단가는 주문량과 관계없이 일정하고, 재고 부족 현상은 발생하지 않는다는 가정을 두고 있다.
③ 고정주문량 모형은 주문량이 일정하므로 매 주문 시점에서만 재고를 검토하면 된다.
④ 경제적 생산량 모형은 수요가 일정하며, 생산하고자 하는 양이 일시에 전량 생산되어 재고가 보충된다는 가정을 두고 있다.

2595
2020 코레일 사무직 복원

수요변동이 심하지 않고 가격이 낮은 제품의 재고관리에 가장 적합한 방법은?

① ABC 관리
② ERP
③ MRP
④ 고정주문기간 모형
⑤ 고정주문량 모형

2596
2023 가맹거래사

고정주문량모형(Q-모형)과 고정기간모형(P-모형)을 비교한 설명으로 옳지 않은 것은?

① Q-모형은 주문량이 일정하고, P-모형은 주문량이 변동한다.
② Q-모형은 재고량이 재주문점에 이를 때 주문하고, P-모형은 정기적으로 주문한다.
③ Q-모형은 반입·반출 시 재고량을 파악하고, P-모형은 점검 시기에 재고량을 파악한다.
④ Q-모형의 재고량이 P-모형의 재고량보다 상대적으로 많다.
⑤ Q-모형은 고가이고 중요한 품목에 활용되고, P-모형은 저가 품목에 활용된다.

재주문점

2597
2022 가맹거래사

수요와 리드타임이 일정하다면 재주문점은? (단, 연간 수요의 작업 일수는 250일이다.)

- 연간 수요: 10,000개
- 1회당 주문비용: 50,000원
- 단위당 연간 재고 비용: 1,250원
- 리드타임: 7일
- 제품단가: 150원

① 40개
② 220개
③ 280개
④ 894개
⑤ 6,258개

2598
2011 7급 국가직

A 핸드폰 가게의 하루 판매량은 10개로 일정하고, 주문 리드타임은 5일로 일정하다. 현재 이 가게의 재고량이 30개라면 재주문점(reorder point)은?

① 20개　　② 30개
③ 50개　　④ 80개

2599
2024 가맹거래사

수요와 리드타임이 확실한 고정주문량모형(Q-모형)의 재주문점은?

○ 일일수요: 40개　　○ 리드타임: 4일
○ 보유재고: 10개　　○ 예정입고: 200개
○ 미납주문: 0개

① 10개　　② 40개
③ 160개　　④ 200개
⑤ 210개

특수한 재고시스템

2600
2023 7급 군무원

다음 중 재고관리에 관한 설명으로 가장 적절하지 않은 것은?

① 정량 발주시스템(Q-system)에서는 재고 소진 속도가 빨라지면 주문 시기가 빨라진다.
② 정기 발주시스템(P-system)에서는 재고조사 기간 사이에 재고 소진이 많을수록 많은 양을 주문하게 된다.
③ 투 빈 시스템(two-bin system)은 정기 발주 시스템을 시각화한 것이다.
④ ABC 재고관리에서 A그룹은 재고 기록이나 조달기간을 엄격히 관리해야 한다.

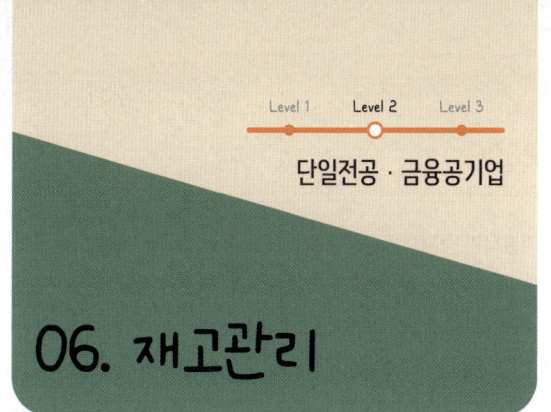

06. 재고관리

재고관련 비용

2601
2009 CPA

재고관리에 대한 다음 서술 중에서 가장 적절하지 않은 항목들로 구성된 것은?

a. ABC분석에서 경영자가 집중 관리해야 하는 그룹은 품목의 수가 많고 품목별 금전적 가치도 높은 A그룹이다.
b. 주문비용이나 셋업비용이 상대적으로 클 경우에는 보다 적은 양의 재고를 유지할 수 있도록 1회 생산로트의 크기를 줄여야 한다.
c. 부품공급의 리드타임에 대한 불확실성이 높을수록 안전재고의 수준을 높여줄 필요가 있다.
d. 재고유지비용은 이자, 보관비용, 취급비용, 세금, 보험료, 상품훼손 등의 비용을 포함한다.
e. 도소매상과 같은 유통업체가 보유하는 품목들의 대부분이 독립수요를 갖는 재고라고 볼 수 있다.

① a, b
② b, c
③ b, d
④ c, d
⑤ d, e

재고의 목적

2602
2002 CPA

안전재고(safety stock)란 조달기간 중 수요의 불확실성에 기인한 품절현상을 막기 위해 평균적 수요량을 초과해 보유하는 재고량을 말한다. 아래의 안전재고에 관한 설명 중 가장 적절치 않은 것은?

① 경제적 주문량 모형에서 안전재고량은 0이다.
② 수요의 표준편차가 클수록 안전재고를 많이 보유해야 한다.
③ 서비스 수준을 높이기 위해서는 안전재고의 수준을 높여야 한다.
④ 조달기간이 짧을수록 안전재고의 수준은 낮아진다.
⑤ 안전재고가 0이면 조달기간 중 품절율은 100%이다.

2603
2013 CPA

재고관리에서 안전재고(safety stock)에 관한 다음 설명 중 가장 적절하지 않은 것은?

① 수요, 공급 및 리드타임(lead time) 등의 변동성이 작을수록 안전재고의 필요성이 감소한다.
② 기업에서 요구되는 서비스수준(service level)이 낮을수록 서비스 수준을 달성하는 데 필요한 안전재고의 수준이 높아진다.
③ 수요예측의 정확도를 향상시키는 노력과 납품업체와의 생산계획 공유를 통해 공급의 불확실성을 감소시키는 노력은 안전재고를 감축하는데 도움이 된다.
④ 고정주문량 모형(Q-모형)을 이용하는 경우, 리드타임 동안에 재고부족이 발생할 수 있으므로 리드타임 동안의 품절 위험에 대비한 안전재고를 고려해야 한다.
⑤ 정기주문 모형(P-모형)을 이용하는 경우, 리드타임 동안 뿐만 아니라 주문시점부터 다음 재고조사 시점까지의 수요의 불확실성도 고려하여 안전재고를 확보해야 한다.

ABC 재고관리

2604
2005 CPA

ABC재고관리와 관련한 다음의 설명 중 가장 적절치 않은 것은?

① 취급상품의 종류가 다품종인 경우에 적용한다.
② A품목, B품목, C품목 중 총가치 대비 비중이 가장 큰 품목군이 A품목이다.
③ A, B, C품목 중 C품목의 주문주기가 가장 짧다.
④ C품목군은 정기주문 시스템인 P-시스템 주문모형에 적합하다.
⑤ ABC재고관리 목적과 개념상 3개 이상의 품목으로 분류하는 것도 가능하다.

경제적 주문량 모형

2605
2000 CPA

수요가 균등한 단일 제품의 연간 수요량은 3,600개이고, 1회 주문 비용은 50원 그리고 연간 단위 당 재고유지비용은 4원이다. 조달 기간은 일정하고 주문량은 일시에 배달된다. 총비용이 연간 주문비용과 연간 재고유지비용의 합이라고 할 때 총비용을 최소화하는 경제적 주문량(EOQ)을 구하시오.

① 200개　　② 300개
③ 400개　　④ 500개
⑤ 600개

2606
2007 CPA

기본적인 경제적 주문량(EOQ: Economic Order Quantity) 모형에 대한 다음 설명 중에서 가장 적절하지 않은 것은?

① 다른 조건이 일정할 때 주문비용이 감소하면 EOQ는 감소한다.
② 다른 조건이 일정할 때 연간 수요가 증가하면 EOQ는 감소한다.
③ EOQ는 연간 재고유지비용과 연간 주문비용이 같아지는 1회 주문량이다.
④ 다른 조건이 일정할 때 연간 단위당 재고유지비용이 증가하면 EOQ는 감소한다.
⑤ EOQ는 연간 재고유지비용과 연간 주문비용의 합인 연간 총재고비용을 Q(1회 주문량)에 대해 미분한 뒤 0으로 놓고 Q에 대해 풀면 구할 수 있다.

2607
2010 CPA

재고관리에 관한 다음의 설명 중 가장 적절하지 않은 것은?

① 고정기간(fixed time period) 모형은 주문과 주문 사이의 기간이 고정되어 있고, 정해진 주기가 종료되는 시점에서만 발주하는 재고관리 모형이다.
② 고정주문량(fixed order quantity) 모형은 주문량이 고정되어 있으며 재고가 특정 수준까지 줄어들면 주문을 발주하는 재고관리 모형이다.
③ 생산제품 변경을 위해 추가적인 준비비용(setup cost)이 발생하지 않는다면 1회 생산량을 줄이는 것이 재고량도 적어지고 재고유지비용의 절감도 가능하다.
④ 경제적 주문량(EOQ) 모형에서 다른 요인이 일정하다고 가정할 때 주문비용이 50% 증가하면 경제적 주문량(Q*)은 약 37.5% 증가한다.
⑤ 고정기간 모형은 고정주문량 모형에 비하여 평균적으로 더 많은 안전재고를 보유한다.

2608
2012 CPA

재고관리에 관한 설명으로 가장 적절하지 않은 것은?

① 조건부 보충 시스템(optional replenishment system)은 재고수준을 정기적으로 확인했을 때 재고량이 사전에 정한 최저재고수준보다 작으면 주문을 하여 최대(목표) 재고수준이 되도록 하는 시스템이다.
② 경제적 주문량(EOQ) 모형에 기초하였을 때, 연간 수요량이 2배가 될 때 1회 경제적 주문량은 2배가 되어야 한다.
③ 공급, 수요 및 조달기간의 불확실성에 대비하기 위한 재고를 안전재고라고 한다.
④ 정기재고검토시스템(periodic review system)은 연속재고검토시스템(continuous review system)에 비해 재고확인을 위한 비용을 줄일 수 있고, 값싼 품목에 대해 적용하기 좋다.
⑤ 적시생산시스템(just-in-time)은 비용절감, 재고감소 및 품질향상을 통한 이익의 증대를 목적으로 한다.

2609
2014 CPA

다음 중 경제적 주문량(EOQ) 재고관리모형에 관한 설명으로 가장 적절하지 않은 것은?

① 1회 최적주문량은 연간 재고유지비용(holding cost)과 연간 주문비용(ordering cost)이 같아지는 지점에서 발생한다.
② 1회 주문량이 커지면 연간 재고유지비용은 커지고 연간 주문비용은 작아진다.
③ 다른 조건이 일정할 때 연간 수요량이 4배 커지면 1회 최적주문량은 2배 커진다.
④ 다른 조건이 일정할 때 단위당 재고유지비용이 4배 커지면 1회 최적주문량은 2배 작아진다.
⑤ 1회 주문량이 커지면 연속된 주문간 간격시간은 짧아진다.

2610
2021 CPA

경제적주문량(EOQ)모형에 관한 설명으로 가장 적절하지 않은 것은?

① 단위당 재고유지비용(holding cost)이 커지면 최적주문량은 줄어들지만, 재주문점(reorder point)은 변하지 않는다.
② 주문당 주문비용(ordering cost)이 커지면 최적주문량은 늘어나지만, 재주문점은 변하지 않는다.
③ 리드타임(lead time)이 증가하면 재주문점은 커지지만, 최적주문량은 변하지 않는다.
④ EOQ모형에서는 재고보충시 재고수준이 일시적으로 증가하지만 경제적생산량(EPQ)모형에서는 생산기간 중 점진적으로 증가한다.
⑤ 주문량에 따라 가격할인이 있는 경우의 EOQ모형에서 최적주문량은 일반적으로 연간 재고유지비용과 연간 주문비용이 같아지는 지점에서 발생한다.

2611
2023 CPA

재고관리에 관한 설명으로 가장 적절하지 않은 것은?

① 수요예측의 정확도가 떨어질수록 동일한 서비스 수준을 유지하기 위해 필요한 재고량은 증가한다.
② 고정주문량 모형(fixed order quantity model)에서는 재고수준을 지속적으로 관찰하므로 재고부족은 리드타임(lead time) 기간에만 발생한다.
③ 경제적주문량 모형(economic order quantity model)에서 주문비용이 증가하고 재고유지비용이 감소하면 경제적주문량은 감소한다.
④ 경제적주문량 모형에서 경제적주문량은 연간 주문비용과 연간 재고유지비용이 일치하는 지점에서 결정된다.
⑤ 단일기간재고모형은 조달기간이 길거나 수명주기가 짧은 제품의 주문량 결정에 적합하다.

재고시스템

2612
2003 CPA

재고관리의 정기주문모형(periodic review system, P 시스템)과 고정주문량모형(continuous review system, Q 시스템)에 관한 다음 설명 중 옳지 않은 것은?

① P 시스템은 정기적으로 정해진 시점에서만 재고를 조사하고 보충하기 때문에 Q 시스템에 비해 재고관리가 간편하다.
② Q 시스템에서는 현 재고 상태를 항시 알고 있어야 하므로 P 시스템에 비해 일반적으로 재고조사 비용이 많이 소요된다.
③ 동일한 수준의 품절률을 가정하면, Q 시스템이 P 시스템에 비해 더 낮은 안전재고 수준을 유지한다.
④ 다품종 재고관리의 경우, P 시스템은 각 제품의 주문을 묶어서 일괄 요청할 수 있으므로 주문비용과 수송비용을 줄일 수 있는 장점이 있다.
⑤ 일반적으로 P 시스템의 주문간격은 Q 시스템의 주문간격보다 길다.

2613
2004 CPA

다음 중 재고모형들에 관한 설명이 옳지 않은 것은?

① 정기주문모형(periodic review system)은 재주문점(reorder point)의 개념과 병행되어 사용된다.
② 단일기간(single period) 재고모형은 재고부족에 따른 기회비용과 초과재고에 따른 재고잉여비용의 합을 최소화하는 재고모형이다.
③ 경제적 주문량(economic order quantity) 모형은 주문비용과 재고유지비용의 합을 최소화하는 재고모형이다.
④ 조달기간(replenishment leadtime)동안의 수요에 변동성이 없다면 재주문점은 조달기간 동안의 일일 평균수요의 합과 동일하다.
⑤ 다른 모든 조건이 동일하다면 조달기간이 길수록 안전재고의 양도 많아진다.

2614
2006 CPA

재고관리에 관한 다음 서술들 중 가장 적절하지 않은 것은?

① 안전재고의 수준을 높일수록 조달기간중의 품절율은 낮아진다.
② 수요발생이 일정할 경우 제조설비의 셋업(set-up) 횟수를 줄이면 평균재고의 규모는 상대적으로 작아지게 된다.
③ 가능한 한 작은 규모의 재고를 보유하면서도 안정적인 대응을 할 수 있는 생산시스템을 갖추는 것이 오늘날의 생산관리에서는 필수적이다.
④ 순차적으로 연결된 작업단위들 사이에 존재하는 재공품 재고는 두 작업간의 생산흐름이 불균형을 이루고 있다는 의미로 볼 수 있다.
⑤ 바코드 시스템을 활용할 경우 재고실사에 필요한 많은 시간과 경비를 절약할 수 있다.

2615
2011 CPA

재고(inventory) 및 재고관리(inventory management)에 관한 설명으로 가장 적절한 것은?

① 가능한 완제품의 재고수준을 낮게 유지할수록 고객의 수요에 신속하게 대응하게 되어 고객서비스 능력이 높아진다.
② 예상재고(anticipation inventory)를 감소시키기 위해서는 공급업체의 납품소요시간 혹은 공급량의 불규칙성을 감소시키는 것이 중요하다.
③ 재고회전율(inventory turnover)이 높다는 것은 기업이 평균적으로 높은 수준의 재고를 보유하고 있어 금융자산의 활용도가 낮다는 것을 의미한다.
④ 수요의 분포, 리드타임의 분포, 재고비용 등 재고시스템을 설계하기 위한 모든 환경이 동일하다면 일반적으로 고정기간모형(fixed-time period model)이 고정주문량모형(fixed-order quantity model)에 비해 필요한 안전재고(safety stock)의 양이 증가한다.
⑤ ABC 재고관리에서 A 품목은 가능한 철저한 통제를 위해 1회 주문당 주문량은 늘이고 주문횟수는 줄이는 것이 일반적이다.

2616
2015 CPA

재고관리에 관한 설명으로 가장 적절하지 않은 것은?

① 확률적 고정주문량모형(fixed-order quantity model, Q-system)에서는 재고수준이 재주문점(reorder point)에 도달할 때 새로운 주문을 하게 된다.
② 확률적 고정주문량모형에서 주문주기(order cycle)는 일정하지 않다.
③ 투빈시스템(two-bin system)은 주기별 주문량이 일정한 고정주문량모델이다.
④ 조달기간(lead time) 동안의 평균수요가 커지면 안전재고량은 증가한다.
⑤ 서비스수준(service level)을 높이면 품절확률은 감소하고 안전재고량은 증가한다.

2617
2017 CPA

재고관리시스템에 관한 설명 중 가장 적절한 것은?

① 정량발주시스템(Q시스템)은 주문시점마다 재고수준을 점검하고, 정기발주시스템(P시스템)은 재고에 변동이 발생할 때마다 재고수준을 점검한다.
② 정량발주시스템은 재고수준이 재주문점(reorder point) 이하로 떨어지는 경우 사전에 결정한 주문량과 현 재고수준과의 차이만큼을 주문하고, 정기발주시스템은 일정 시점마다 사전에 결정한 주문량만큼을 주문한다.
③ 정량발주시스템에서는 품절이 발생하지 않으며, 정기발주시스템에서는 주문시점부터 주문량이 도착할 때까지의 기간에만 품절이 발생한다.
④ 수요의 변동성이 커질수록, 특정 서비스수준(service level)의 달성을 위해 정량발주시스템에서는 재주문점이 증가하고 정기발주시스템에서는 주문량이 증가하는 것이 일반적이다.
⑤ 정량발주시스템에서 EOQ모형을 사용하는 경우, 주문량은 1회 주문비용 및 단위당 연간 재고유지비용에 정비례한다.

2618
2018 CPA

A사에서 판매하는 제품의 일일 수요는 평균이 20개이고 표준편차가 5개인 정규분포를 따르며 서로 독립이다. A사는 외부 업체로부터 제품을 조달하며, 주문 후 입고되기까지의 조달기간(lead time)은 9일이다. A사가 95%의 서비스수준(service level)을 충족하는 최소의 안전재고를 유지하고자 할 때, A사의 재고시스템에 관한 설명으로 가장 적절한 것은? (단, Z를 표준정규분포를 따르는 확률변수라고 할 때, $Pr(Z>1.6)=0.05$로 가정하라.)

① 정량발주시스템(Q시스템)을 사용하는 경우, 필요한 안전재고는 50개보다 많다.
② 정량발주시스템을 사용하는 경우, 재주문점(reorder point)은 180개이다.
③ 주문주기가 16일인 정기발주시스템(P시스템)을 사용하는 경우, 필요한 안전재고는 40개이다.
④ 주문주기가 16일인 정기발주시스템을 사용하는 경우, 최대재고량의 목표치는 352개이다.
⑤ 주문주기가 16일인 정기발주시스템을 사용하는 경우, 주문시점에서 30개의 재고가 남아있었다면 주문량은 600개보다 많다.

2619
2019 CPA

A 제품의 수요는 연간 900개로 연중 균일하다. 1회 주문비용은 10만 원이고 재고유지비용은 개당 연간 5만 원이다. 현재는 2개월에 한 번씩 150개를 주문하고 있으며, 리드타임(lead time)은 2일이다. 재고비용을 주문비용과 재고유지비용의 합이라고 할 때 다음 설명 중 가장 적절한 것은?

① 현재의 주문방식을 고수할 경우 연간 재고비용은 750만 원이다.
② EOQ(경제적 주문량)로 주문량을 변경하면 현재에 비해 연간 135만 원의 재고비용을 절감할 수 있다.
③ EOQ로 주문량을 변경하면 연간 주문비용은 200만 원이 되고, 이는 연간 재고유지비용과 동일하다.
④ EOQ로 주문량을 변경하면 안전재고(safety stock)는 리드타임 동안의 수요량이 된다.
⑤ EOQ 재고모형은 고정주문량모형(fixed-order quantity model)이므로 현재의 수요량과 리드타임이 변경되더라도 EOQ의 변동은 없다.

2620
2020 CPA

A제품의 수요는 일간 평균이 3인 정규분포를 따른다. 신규주문에 대한 리드타임(lead time)은 2일이며 확정적이다. 고정주문량모형 (Q-시스템)을 사용한다고 가정할 때, 다음 설명 중 가장 적절하지 않은 것은? (단, Z가 표준정규분포를 따르는 확률변수라고 할 때, $Pr(Z>1.28)=0.10$이고 $Pr(Z>1.65)=0.05$이다.)

① 서비스수준(service level) 50%를 위한 재주문점(reorder point)은 6이고 안전재고량(safety stock)은 0이다.
② 임의의 서비스수준을 충족하는 재주문점이 8.33이라면, 안전재고량은 2.33이다.
③ 서비스수준 90%를 충족하는 재주문점이 8.56이라면, 리드타임동안 수요의 표준편차는 2이다.
④ 수요의 표준편차가 커질 경우, 안전재고량과 재주문점은 모두 증가할 것이다.
⑤ 서비스수준 95%를 충족하는 재주문점이 7.65라면, 서비스수준 90%에 대한 재주문점은 8.56이다.

2621
2021 CPA

K기업은 화학원료를 고정주문량모형(Q-시스템)을 사용하여 외부업체로부터 조달하고 있다. 이 원료의 수요는 일간 평균 20리터인 정규분포를 따른다. 리드타임(lead time)은 3일이며 확정적이다. 현재 방침인 95% 서비스수준(service level)에 대한 재주문점(reorder point)은 76.5리터이나, 향후 서비스수준을 99%로 올리기로 결정했다. 새로운 서비스수준을 충족하는 재주문점과 안전재고는 각각 몇 리터인가? 단, Z가 표준정규분포를 따르는 확률변수라고 할 때, $Pr(Z > 1.65)=0.05$이고 $Pr(Z > 2.33)=0.01$이다.

① 83.3, 23.3
② 76.5, 16.5
③ 60.0, 16.5
④ 80.97, 20.97
⑤ 60.0, 0

2622
2022 CPA

재고모형에 관한 설명으로 가장 적절하지 않은 것은?

① 실제수요가 예측수요를 초과할 가능성에 대비하여 안전재고를 보유할 경우 재주문점은 증가한다.
② 정기주문모형(fixed-order interval model)에서는 정해진 목표재고수준에 따라 주문시점에 재고수준과 목표재고수준의 차이만큼 주문한다.
③ 정기주문모형에서는 배달시기와 배달경로의 표준화가 용이하며 같은 공급자에게 여러 품목을 동시에 주문할 수 있는 장점이 있다.
④ 고정주문량모형(fixed-order quantity model)에서는 고정된 로트(lot) 크기로 주문하므로 수량할인이 가능하다.
⑤ 고정주문량모형은 주기조사시스템(periodic review system)이라고도 불리며 안전재고를 활용하여 수요변화에 대처한다.

2623
2023 CPA

A사는 확률적 고정주문기간모형(fixed order interval model)을 활용하여 재고를 관리하고 있다. 일일 평균 수요가 5개, 재고조사 주기가 40일, 리드타임(lead time)이 15일, 수요의 변동성을 고려한 안전재고 요구량이 30개라고 할 때 재고조사 시점인 현재의 재고량이 130개라면 최적 주문량은?

① 100개
② 105개
③ 175개
④ 205개
⑤ 230개

2624
2024 CPA

재고관리에 관한 설명으로 가장 적절한 것은?

① 주기재고(cycle inventory)는 수요의 계절성(seasonality)에 대응하기 위해 주문량을 주기적으로 변화시킴에 따라 발생한다.
② 정량발주시스템(Q 시스템)은 사전에 정해진 특정 시점마다 일정한 양을 주문하는 것으로 주문량뿐만 아니라 주문 간격도 일정하게 된다.
③ 경제적발주량(EOQ)은 연간 수요가 확정적으로 알려져 있으나 단위시간당 수요는 확률적으로 변화하고 주문비용은 주문량에 관계없이 일정하다는 가정 등을 전제로 도출된다.
④ 긴 공급일수(days-of-supply)와 높은 재고회전율(inventory turns)은 재고수준이 높다는 것을 의미한다.
⑤ 전통적으로 재고는 수요변동을 흡수하여 생산계획의 안정성을 높인다고 인식되고 있으나, 린 생산시스템(Lean system)에서는 재고를 낭비이자 다른 문제들을 감추는 역할을 하는 것으로 인식한다.

재주문점

2625
2008 CPA

수요예측과 재고관리에 관한 다음의 설명 중 가장 적절하지 않은 것은?

① 재주문점(reorder point)의 설정을 위해서 주문간격(order interval)동안에 예측되는 수요의 평균과 표준편차가 사용된다.
② 단일기간재고모형(single-period model)에는 단일기간 동안에 예측되는 수요의 분포가 사용된다.
③ 생산계획과 재고통제 기법인 MRP(material requirement planning)에 필요한 수요자료에는 완제품의 수요예측으로부터 산정되는 종속수요의 개념이 사용된다.
④ 안전재고의 설정을 위해서 안전재고가 필요한 기간 동안에 예측되는 수요의 표준편차가 사용된다.
⑤ 고정주문간격(fixed order interval) 재고관리시스템에서 주문간격이 길수록 목표재고(target inventory)의 양이 증가한다.

특수한 재고시스템

2626
2005 CPA

단일기간 재고모형과 관련된 다음의 설명 중 가장 적절치 않은 것은?

① 단위당 품절비용, 단위당 재고비용, 1회 주문비용 등을 고려하여 주문량을 결정한다.
② 조달기간이 길고 수명주기가 짧은 상품에 대한 주문량 결정과 호텔의 초과예약 객실 수 결정에도 적용된다.
③ 단위당 품절비용이 증가되면 적정 주문량도 증가될 가능성이 높다.
④ 수요가 확정적인 경우 수요량만큼 주문한다.
⑤ 수요의 확률분포를 0에서 100사이의 연속형 균일분포(uniform distribution)로 가정하는 경우, 단위당 품절비용 대 단위당 재고비용의 비율이 1:1에서 3:1로 증가되면 적정 주문량은 50% 증가된다.

2627
2011 CPA

A씨는 외국 유명 패션제품을 수입해 국내에 판매하고자 한다. A씨는 이 제품을 개당 60만원에 들여와 100만원에 판매할 예정이며 판매되지 않은 제품은 개당 40만원에 모두 처분이 가능하다. 이 제품의 수요에 대한 확률분포는 다음과 같다. 수입물량의 의사결정에 관한 설명으로 가장 적절한 것은?

수요	10개 이하	11개	12개	13개	14개	15개	16개 이상
확률	0	0.4	0.2	0.2	0.1	0.1	0

① 수요가 발생할 확률이 가장 높은 11개를 수입해 오는 것이 기대이익을 최대로 하는 의사결정이다.
② 13개를 수입해 오는 것이 기대이익을 최대로 하는 의사결정이다.
③ 최대 수요로 예상되는 15개 또는 최소 수요로 예상되는 11개를 수입해 오는 것이 기대이익을 최대로 하는 의사결정이다.
④ 12개를 수입해 온다면 기대이익은 450만원보다 작다.
⑤ 12개를 수입해 온다면 서비스수준(service level)은 0.8이 된다.

2628
2016 CPA

재고관리에 관한 설명으로 가장 적절한 것은?

① 주문량은 주기재고(cycle inventory)에 직접적인 영향을 미치며, 판매촉진 활동 등으로 인해 예상되는 수요증가는 안전재고(safety stock)에 직접적인 영향을 미친다.
② 경제적 주문량(EOQ) 모델에 기초하였을 때, 연간 재고 유지비용은 연간 주문비용보다 작게 된다.
③ EOQ 모델의 기본 가정 하에서는 정량발주모형(fixed-order quantity model)보다 정기발주모형(fixed-order interval model)의 평균 재고수준이 높게 된다.
④ 단일기간(single-period) 재고모형은 정기간행물, 부패성 품목 등 수명주기가 짧은 제품의 주문량 결정 뿐 아니라 호텔 객실 등의 초과예약수준 결정에도 활용될 수 있다.
⑤ ABC 재고분류에서 세심한 관리가 필요한 A항목에 포함된 품목은 높은 재고수준을 감수하고서라도 발주간격을 늘리는 것이 바람직하다.

2629
2024 CPA

어느 소매점에서는 명절에 판매할 과일 선물세트를 도매상으로부터 세트당 10만 원에 구입하여 15만 원에 판매하며, 판매되지 않은 선물세트는 세트당 2만 원에 처분하고자 한다. 선물세트 수요의 확률분포가 다음 표와 같을 때, 단일기간 재고모형을 활용한 소매점의 최적 주문량은?

선물세트 수요(세트)	확률
20	0.3
21	0.2
22	0.1
23	0.2
24	0.2

① 20세트 ② 21세트
③ 22세트 ④ 23세트
⑤ 24세트

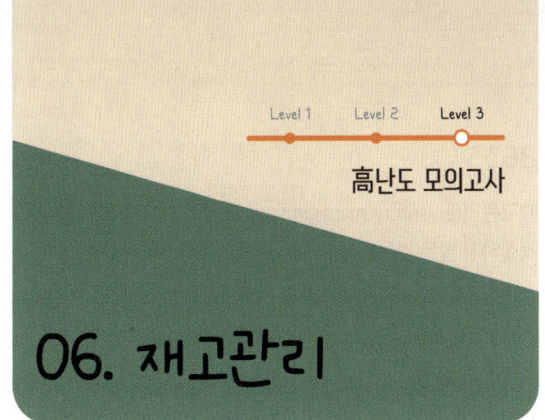

06. 재고관리

2630

재고(inventory)와 관련한 다음의 설명 중 가장 적절하지 않은 것은?

① 고객서비스 수준을 높이기 위해서는 재고량을 높게 유지하는 것이 바람직하다.
② 재고와 안전재고를 줄이기 위해서는 전방배치(forward placement)보다는 집중배치(centralized placement) 방식을 선택하는 것이 더 적절하다.
③ 경제적 주문량(EOQ) 모형에서는 수요와 리드타임(LT: lead time)이 일정한 것으로 가정하므로 안전재고량은 '0'이다.
④ 주기조사(P) 시스템에서 목표재고 수준(target inventory level)의 결정에 고려되는 기간은 주문간격이다.
⑤ 조건부 보충시스템(optional replenishment system)은 고정된 시간간격을 두고 재고상태를 조사 한다는 점에서 주기조사(P) 시스템과 유사하다.

2631

재고관리(inventory management)와 관련한 다음의 설명 중 가장 적절하지 않은 것은?

① 수요가 일정할 때, 발주횟수가 줄어들면 평균재고는 증가한다.
② 경제적 주문량(EOQ) 모형에서는 재고유지비용과 주문비용이 일치하는 점에서 재고관련 총비용이 최소가 된다.
③ 정기발주모형(P-모형)은 다른 재고관리 시스템에 비해 더 적은 안전재고를 필요로 한다.
④ 재주문점모형(Q-모형)에서 재주문점(ROP: reorder point)은 평균수요율, 평균 리드타임, 수요와 리드타임의 변동성, 바람직한 서비스 수준 등을 고려하여 결정된다.
⑤ 단일기간 재고모형(single period model)에서 재고수준은 재고부족비용과 재고잉여비용에 따른 서비스수준에 의해 결정된다.

2632

A 기업에서 판매되는 제품의 1일 수요는 정규분포를 따르며 관련 자료는 다음과 같다.

> 1일 평균 수요 = 100 단위/일
> 1일 수요의 표준편차 = 50 단위
> 조달기간 = 4일
> 요구되는 서비스수준 = 95%
> 1회 주문비용 = 1,000 원/회
> 연간 단위당 재고유지비용 = 200 원/단위·년
> 1주일에 5일, 연간 50주, 연간 250일 영업

A 기업의 재고시스템에 관한 설명으로 가장 적절한 것은?(단, z를 표준정규분포를 따르는 확률변수라고 할 때, $P(z > 1.6) = 0.05$ 로 가정하라.)

① 고정주문량시스템(Q 시스템)을 사용하는 경우 재주문점(reorder point)은 600개이다.
② 고정주문량시스템을 사용하는 경우 안전재고는 150보다 작다
③ 정기주문량시스템(P 시스템)을 사용하는 경우, 필요한 안전재고는 250이다.
④ 정기주문량시스템을 사용하는 경우, 목표재고수준은 1,140개 이다.
⑤ 정기주문량시스템을 사용하는 경우, 주문시점에서 100개의 재고가 남아 있었다면 주문량은 1,000개 보다 작다.

2633

재고관리(inventory management)와 관련한 다음의 설명 중 가장 적절하지 않은 것은?

① 재고통합효과(inventory pooling effect)란 한 고객(또는 지역)의 기대치보다 높은 수요가 다른 고객(또는 지역)의 기대치보다 낮은 수요에 의해 상쇄됨으로써 총수요가 안정되는 것을 말한다.
② 린 시스템(lean system)을 도입하여 대규모 로트 생산에서 소규모 로트 생산으로 전환하면 주기재고(cycle inventory)를 줄일 수 있다.
③ 총괄생산계획(aggregate production planning)에서 평준화 전략(level strategy)을 채택하여 생산율을 일정하게 유지하면 비수기에 예상재고(anticipation inventory)를 비축할 수 있다.
④ 확률적 고정주문량모형(fixed-order quantity model)에서 재주문점 산출에는 리드타임 동안의 수요의 평균과 표준편차만 사용된다.
⑤ 서비스 수준(service level)이란 재고로부터 바로 충족되는 고객 수요의 백분율(%)을 의미한다. 따라서 서비스 수준이 낮을수록 품절확률은 낮아진다.

2634

재고관리(inventory management)와 관련한 다음 설명 중 가장 적절하지 않은 것은?

① 부품을 직접 생산해서 사용하는 경우, 부품 제조설비의 셋업(setup) 횟수를 줄이면, 부품의 평균재고는 증가한다.
② 단일기간 재고모형에서는 재고부족비용(shortage cost)과 재고잉여비용(excess cost) 만을 고려한다.
③ 주기재고(cycle inventory)를 줄이기 위해서는 주문량(Q)을 줄여야 하며, 운송재고(pipeline inventory)를 줄이기 위해서는 리드타임(lead time)을 줄여야 한다.
④ 수요예측을 개선하고 리드타임을 줄이면, 안전재고(safety stock inventory)를 줄일 수 있다.
⑤ 연속조사 시스템(Q-시스템)에서 평균 이상으로 발생하는 수요는 발주량을 더 크게 하고 주기조사 시스템(P-시스템)에서 평균 이상으로 발생하는 수요는 발주 사이의 시간 간격을 짧게 한다.

2635

재고관리(inventory management)와 관련한 다음 설명 중 가장 적절하지 않은 것은?

① 단일기간 재고모형(single-period inventory system)에서 재고잉여비용(excess cost)이 증가추세에 있다면, 평소보다 재고량을 증가시키는 것이 좋다.
② 종속수요를 갖는 품목의 재고관리에는 MRP(material requirement planning)를 사용하고, 독립수요 품목의 재고관리는 P-시스템이나 Q-시스템을 사용한다.
③ 완성품 재고를 한 곳에 모아 배치하면 재고통합(inventory pooling) 효과를 얻을 수 있다.
④ 공헌이익이 낮은 제품일 경우, 부품재고를 최소화하는 것이 바람직하다.
⑤ 경제적 주문량(EOQ)에서 주문량이 증가할수록 주문간격(TBO: time between order)은 넓어진다.

2636

재고관리에 대한 다음 설명 중 가장 적절하지 않은 것은?

① 연속조사 시스템(고정주문량 모형, Q-시스템)에서 수요나 리드타임이 일정하면 재주문점은 리드타임 동안의 수요량이 된다.
② 독립수요를 갖는 완제품의 재고는 주기조사 시스템과 연속조사 시스템을 통해 관리하며, 종속수요를 갖는 부품수요는 MRP 시스템을 통해 관리한다.
③ 서비스 수준(service level)이 95%라는 것은 20번의 리드타임 중 19번은 보유재고로 수요를 충족시킬 수 있다는 것이 아니라, 발생하는 수요량의 95%가 충족될 수 있다는 것을 의미한다.
④ 동일한 조건에서 주기조사 시스템(고정간격 모형)이 연속조사 시스템(고정주문량 모형)보다 안전재고(safety stock)의 양이 많다.
⑤ 연속조사 시스템(Q-시스템)은 추가 주문이 언제든 가능하기 때문에 리드타임 동안만 재고부족이 발생하지 않도록 한다.

2637

재고관리(inventory management)에 대한 다음 설명 중 가장 적절한 것은?

① 주기조사 시스템(고정간격 모형, P-시스템)에서는 고정된 시간간격으로 재고상태를 조사하여 재고상태가 사전에 정한 수준 이하로 떨어질 때에만 예상 수요에 대비할 수 있을 만큼 주문한다.

② 연속조사 시스템(고정주문량 모형, Q-시스템)의 방지기간(protection time)은 주문간격(TBO: time between order)에 리드타임(LT: lead time)을 더한 것이 된다.

③ 이윤 폭이 큰 고가품의 소매상 경우에는 재고자산회전율이 높고, 이윤 폭이 작은 슈퍼마켓의 경우에는 재고자산회전율이 상당히 낮다.

④ 단일기간 재고모형에서 수요가 연속형 균일분포라고 가정하면, 서비스수준이 0.8에서 0.6으로 변하면 재고량을 늘려야 한다.

⑤ 이중상자 시스템(two-bin system)에서 2개의 상자 중 첫 번째 상자가 비었다는 것은 새로운 주문을 발주할 필요가 있다는 것을 의미한다.

2638

재고관리에 대한 다음 설명 중 가장 적절하지 않은 것은?

① 이중상자 시스템(two-bin system)에서 저장소 두 곳 중 물건을 꺼내 쓰는 한곳의 저장소가 비었다는 것은 재주문점(reorder point)을 의미하므로 이 방식은 P-모형이다.

② 단일상자 시스템(one-bin system)은 필요량이 아무리 적어도 주기적으로 다시 보충해야 하므로 조건부보충시스템(optional replenishment system)과는 다르다.

③ ABC 시스템에서 A, B, C 품목 가운데 가장 자주 주문해야 할 품목은 A 품목이다.

④ 고정주문량 모형(fixed-order quantity model)은 미리 정해진 주문량이 필요한 상황에 이르면 발주하고, 고정기간재고 모형(fixed-time period model)은 미리 결정된 주기의 말에만 주문이 발주된다.

⑤ 단일기간 재고모형(single-period inventory system)은 비행기 좌석의 초과예약, 패션 품목의 주문, 일회성 주문 등에 활용될 수 있다.

2639

A씨는 박물관 기념품 가게의 매니저이다. 박물관 기념품 가게에서 가장 잘 팔리는 물건은 마우스 패드인데 판매량은 1주일에 18개이고 구매단가는 6,000원이다. 주문비용은 4,500이고 연간 재고유지비용은 구매가의 25%이다. 박물관은 연간 52주 개관한다. 매니저 A씨는 주문횟수를 줄이기 위해 로트크기를 390개로 정했다. A씨의 의사결정에 관한 설명 중 가장 적절한 것은?

① 경제적 주문량(EOQ)은 약 420개이다.

② 로트크기(Q)를 390개로 유지하면 주문비용이 유지비용을 초과하므로 로트크기를 줄이는 것이 좋다.

③ 로트크기(Q)가 390일 때 재고관련 총비용은 303,300원이다.

④ 로트크기(Q)를 390에서 468로 올리면 재고관련 총비용은 줄어든다.

⑤ 만약 로트크기(Q)를 156으로 정한다면 주문간격(TBO)은 약 1개월이 된다.

2640

재고관리의 P 시스템과 Q 시스템에 대한 다음 설명 중 가장 적절하지 않은 것은?

① Q 시스템 운영에서 결정해야할 2가지는 조사간격과 목표재고수준이다.

② P 시스템은 주문주기(P)가 고정되며, Q 시스템에서는 주문량(Q)이 고정된다.

③ 바코드나 RFID(radio frequency identification)를 이용한 재고관리는 Q 시스템에 해당된다.

④ Q 시스템은 재고량을 항상 파악하고 있다가 재주문점(ROP)에 도달하면 주문한다.

⑤ 확정적 정기주문모형(P 시스템)에서 주문주기가 7일이고 리드타임(LT)이 2일이라면, 방지기간(protection time)은 9일이다.

2641

경제적 주문량(EOQ: economic order quantity) 모형에 대한 다음 설명 중 가장 적절하지 않은 것은?

① 수요율과 리드타임(LT: lead time)이 확정적이므로 안전재고(safety stock)는 필요치 않다.
② 재고관련 비용으로 고려되는 것은 재고유지비용과 주문비용만이다.
③ 만약 EOQ 모형으로 구한 최적주문량에서의 주문비용이 300만 원이라면, 재고관련 총비용은 600만 원이다.
④ 다른 조건이 일정하다면, 연간수요가 9배 감소하면 EOQ는 3배 감소한다.
⑤ 다른 조건이 일정하다면, 현재보다 이자율이 증가하면, EOQ도 증가된다.

2642

재고와 재고관리에 관한 다음 설명 중 가장 적절하지 않은 것은?

① 예상재고(anticipation inventory)란 수요가 계절에 따라 변동하거나 원자재 가격이 상승하리라 예상될 때에 확보하는 재고를 말한다.
② 경제적 주문량 모형에서 연간수요 2,000개, 주문비용 1,000원, 유지비용 400원 일 때, 재고관련 총비용은 20,000원이다.
③ ABC 재고관리에서 A품목은 상당한 투자를 요구하는 품목들이므로 재고흐름에 대한 정확한 정보를 지속적으로 수집·유지해야 할 필요가 있다.
④ 리틀의 법칙(Little's law)에 따르면 평균적으로 1시간에 6명의 고객을 처리하며, 고객이 평균 3시간을 머무는 카페 내부의 평균 고객 수는 18명으로 기대된다.
⑤ 단일기간 재고모형에서 재고부족으로 인해 발생하는 단위당 미실현된 판매이익이 재고처분비용 보다 훨씬 큰 경우 최대수요에 가깝게 생산량을 설정해야 한다.

2643

재고와 재고관리에 관한 다음 설명 중 가장 적절하지 않은 것은?

① 경제적 주문량(EOQ) 모형에서 유지비용이 주문비용보다 클 때는 주문량을 줄이는 것이 좋다.
② 경제적 주문량(EOQ) 모형에서 연간유지비용이 300,000원이라면, 연간주문비용도 300,000원이다.
③ 확정적 고정주문량 모형에서 재주문점(reorder point)은 수요율에 리드타임을 곱하여 산출한다.
④ 재고관리의 주기조사시스템에서 주문량은 매기 일정하지만, 연속조사시스템에서 주문량은 매기 달라진다.
⑤ 단일기간 재고시스템(single-period inventory system)에서 재고잉여비용(excess cost)은 구입비용과 잔존가치의 차이다.

2644

재고와 재고관리에 관한 다음 설명 중 가장 적절하지 않은 것은?

① 준비비용(setup cost)이 크면 경제적 생산을 위해 배치크기를 줄여야 한다.
② 고정주문량 모형(Q 모형)에서는 재고수준이 재주문점(reorder point)에 도달하였는지를 알기 위해서 계속적으로 재고수준을 검토해야 한다.
③ 일반적으로 P 모형이 Q 모형보다 더 많은 안전재고를 요구한다.
④ 확률적 고정주문량모형에서 재주문점은 조달기간의 평균 수요에 안전재고를 더하여 산출한다.
⑤ 연간수요가 500병이고, 주문당 비용이 1,000원, 유지비용이 400원일 때 재고관련 총비용은 20,000원이다.

2645

재고관리에 관한 다음 설명 중 가장 적절한 것은?

① P 시스템에서 재주문점(reorder point)에 도달하는 시기는 재고품목의 수요에 따라 달라지므로 주문 간격은 일정하지 않으며, Q 시스템에서는 재고보충수준을 미리 정해놓고 주문시점의 재고수준과 목표재고수준과의 차이만큼을 주문한다.

② 동일한 공급자에게 여러 품목을 함께 주문하여 납품받는 경우에는 P 시스템이 일반적으로 사용된다.

③ 볼트나 너트와 같이 값싼 품목에 대해서는 일반적으로 P 시스템보다 Q 시스템이 더 선호된다.

④ Q 시스템은 품절의 위험에 대비하기 위해 P 시스템보다 더 많은 안전재고가 요구된다.

⑤ 수량할인이 있는 경제적 주문량(EOQ) 모형의 경우, 총비용(TC: total cost)의 계산에 주문비용과 유지비용만을 고려한다.

2646

재고관리에 관한 설명 중 가장 적절한 것은?

① 독립수요 품목의 경우 소요의 원리(requirement philosophy)가 적용되며, 종속수요 품목의 경우 보충의 원리(replenishment philosophy)가 적용된다.

② 재고시스템은 주문시기와 주문량을 어떻게 결정하느냐에 따라 확정적 모형(deterministic model)과 확률적 모형(probabilistic model)으로 구분된다.

③ 고정주문량모형(fixed-order quantity model)에서는 재고수준이 미리 정해진 재주문점(reorder point)에서 주문하기 때문에 계속적으로 재고수준을 검토해야 하는 정기재고검토시스템(periodic review system)이라고도 불리고 Q 시스템이라고도 한다.

④ 일반적으로 동일한 공급자에게 여러 품목을 함께 주문하여 납품받는 경우 P 시스템이 Q 시스템보다 선호된다.

⑤ 같은 서비스수준에서 고정주문량모형은 정기주문모형(fixed-order interval model)에 비해 언제나 더 많은 안전재고를 필요로 한다.

2647

재고관리에 관한 다음 설명 중 가장 적절하지 않은 것은?

① 경제적 주문량(EOQ: economic order quantity)모형에서 주문량이 일시에 전량이 들어온다는 가정을 제거하면 경제적 생산량(EPQ: economic production quantity)모형이 된다.

② 단일기간 재고모형(single-period inventory model)에서 주문은 그 기간 동안 단 1회만 일어나므로 한 번의 최적 주문량을 결정하기 위해서는 한계이익(최종 단위가 팔렸을 때 얻을 수 있는 이익)과 한계손실(최종 단위가 팔리지 않았을 때 발생하는 손실)에 관한 정보가 필요하다.

③ ABC 재고관리(ABC inventory management)는 파레토의 법칙(Pareto principle)을 적용하여 재고품목을 연간 사용금액에 따라 세 가지 유형으로 나누어 재고통제의 엄격도를 달리하여 관리하는 것을 말한다.

④ Q-시스템은 주문주기와 목표재고수준을 결정하는 것이 중요하며, P-시스템은 재주문점과 주문량을 결정하는 것이 중요하다.

⑤ 확률적 재고모형에서는 필요한 수준의 안전재고를 유지해야 하며, 이 때 서비스 수준(service level)을 이용하여 주문량 또는 주문주기를 결정한다.

2648

재고관리에 관한 설명 중 가장 적절하지 않은 것은?

① ABC 재고관리(ABC inventory management)는 연간사용액 등 재고품목의 중요도에 따라 재고 품목을 분류하여 통제노력을 달리한다.

② 서비스 수준이 일정할 때, 수요율이나 리드타임 변동성이 클수록 이 서비스 수준을 달성하는데 필요한 안전재고량은 커진다.

③ 투빈시스템(two bin system)에서 첫 번째 상자가 비게 되면 재고보충이 될 때까지 두 번째 상자의 재고를 사용하게 되므로 정기주문모형(P 시스템)과 유사하게 운영된다.

④ 단일기간(single-period) 재고모형은 주문이 단 1회만 일어나지만 수요는 이산형인 경우와 연속형인 경우 모두 적용가능하다.

⑤ 수량할인(quantity discounts)이 있는 경우 재고유지비용 및 주문비용 뿐만 아니라 구매비용까지 고려해야 한다.

07 운영계획과 자원계획

제3편. 경영과학/운영관리

1. 생산계획 간 관계

APP → (분해) → MPS → MRP

2. 총괄생산계획

(1) 총괄생산계획의 영역

계획수립의 수준

장기계획	중기계획	단기계획
장기생산능력 입지선정 설비배치 제품설계 작업시스템설계	고용수준 산출량 재고수준 미납주문 하도급	설비작업량 작업할당 작업순서 생산로트크기 주문량 작업일정
*장기계획에 대해서는 이미 앞에서 다룸	총괄생산계획의 영역	주생산계획의 영역

(2) 총괄생산계획(aggregate production planning)

향후 1년에 걸친 계획대상기간 동안 변화하는 수요를 가장 경제적으로 충족시킬 수 있도록 월별로 기업의 전반적인 고용수준, 산출량, 재고수준, 하도급수준 등을 결정하는 중기계획

1) **목적**

세부적인 면에 지나치게 빠져들지 않으면서 회사의 전략적 목표와 일치하는 일반적인 행동방안을 제시하는 것

2) **특성**

보통 1년을 대상 계획기간으로 함

3) **산출단위의 통합**

철강산업의 톤, 페인트산업의 갤런 등과 같이 생산되는 모든 제품을 총괄할 수 있는 하나의 산출단위, 즉 총괄생산단위로 표시

4) **생산량 조정**

생산설비 능력, 고용수준, 하도급, 재고수준 등의 변경을 통하여 생산량 조정

(3) 수요와 생산용량

$$\text{수요} \fallingdotseq \text{생산용량}$$

(4) 수요와 생산용량 대안들

총괄생산계획에서 고르지 않은 수요에 대처하는 방안은 반응적 대안, 공격적 대안 2가지로 구분됨

1) 반응적 대안(reactive alternatives)

  생산용량이 수요에 대응하도록 생산용량의 변경을 시도하는 것
  ① 인력조정: 종업원을 채용하거나 해고
  ② 예상재고: 비수기의 수요에 대처하여 예상재고를 축적하였다가 성수기에 사용
  ③ 인력활용: 초과근무, 단축근무
  ④ 휴가계획: 비수기에 최소인원 만을 남기고 회사의 조업을 중단
  ⑤ 하청업체: 성수기에 단기생산능력 부족을 해결하고자 하청업체를 이용

2) 공격적 대안(aggressive alternatives)

  수요가 생산용량과 대응되도록 수요 변경을 시도함
  ① 보완적 제품 : 비슷한 자원을 필요로 하지만 서로 다른 수요를 가지고 있는 제품이나 서비스를 만들어내는 것
  ② 수요창출가격 : 수요를 창출하는 가격으로 판매를 촉진시키는 방법으로 여름의 겨울옷 가격인하, 비수기 항공권가격 인하 등이 있음
  ③ 추후납품 : 추후납품(backlog)이란 미래에 납품하겠다고 약속한 고객 주문의 누적분임. 추후납품을 활용하면 미래의 생산량에 대한 불확실성이 줄고, 생산량의 균등화가 가능해짐

(5) 반응적 대안들을 활용한 수요 충족 기본전략

1) 추종전략(chase strategy)

  이는 수요변동에 따라 종업원을 채용 또는 해고함으로써 고용수준을 수요율과 일치시키는 전략으로 공급이 수요를 따라가는 전략

2) 평준화 전략(level strategy)

  이는 고용수준을 일정하게 유지하는 전략

  ① 재고수준을 조정하는 전략

   이는 수요의 변동성을 극복하기 위해 완제품의 재고를 가지는 것으로 고용수준이나 생산율을 고정시키고 재고수준을 조절함으로써 수요의 변동을 흡수하는 전략

  ② 노동력의 이용률을 조정하는 전략

   이는 노동력의 규모는 일정하게 유지하되 잔업과 유휴시간을 통한 이용률을 조정하여 수요의 변동에 대비하는 전략

  ③ 하청을 이용하는 전략

   이는 고용수준과 생산율을 모두 일정하게 유지하고, 수요변동은 하청을 이용하여 흡수하는 전략

3) 혼합전략

총괄생산계획에서 수요변동에 대처하기 위해 사용할 수 있는 변수들은 채용과 해고를 통한 고용수준의 조정, 잔업과 유휴시간에 의한 작업시간의 조정, 재고 및 추후납품 그리고 하청 등임. 이 가운데서 하나의 전략만을 사용하여 수요변동을 흡수하는 전략을 순수전략(pure strategy)이라 하고, 두 개 이상의 변수를 혼합하여 사용하면 혼합전략(mixed strategy)이라 함

(6) 총괄생산계획에서 고려하는 비용

1) 정규시간비용

종업원들에게 지불되는 정규시간 보수뿐만 아니라 건강보험, 치과치료, 사회보장, 퇴직연금, 휴가나 공휴일 혹은 기타 유급휴가에 대한 급여를 포함함

2) 초과근무비용

초과근무비용은 부가급부를 제외하고 일반적으로 정규시간보수의 150%임

3) 채용과 해고비용

채용비용에는 구인 광고, 인터뷰, 신규 종업원을 위한 훈련 프로그램, 신규 종업원의 미숙련으로 인한 불량, 생산성 손실, 초기 서류작업 등이 있으며 해고비용은 해직면담, 퇴직수당, 남은 노동자와 관리자를 재훈련시키는 비용, 생산성 저하 등을 포함함

4) 재고유지비용

재고유지비용은 자본비용, 저장·창고의 변동비, 분실 및 진부화 비용, 보험비용과 세금 등을 말함

5) 미납주문과 재고고갈비용

생산촉진 비용, 고객들에게 주는 부정적인 이미지, 판매 기회 상실에 따른 기회비용 등을 의미함

(7) 총괄생산계획의 제 기법

1) 시행착오적 기법

시행착오적 기법 가운데 가장 대표적인 방법은 도표법(graphical method)임. 도표법은 도표를 이용하여 총괄생산계획의 여러 가지 대안을 개발한 다음 이들의 총비용을 계산·비교하여 최선의 대안을 선택하는 기법

2) 수리적 기법

도표법은 간단하지만 최적해를 보장해 주지 못한다는 단점이 있음. 이러한 단점을 극복하기 위해 여러 가지 수리적 모형이 개발되었는데 선형계획법, 목표계획법, 수송모형 등이 이에 해당

3) 휴리스틱 기법(heuristic techniques)

① 경영계수 모형 management coefficient model

작업자 수 및 생산율에 관한 과거의 결정들을 이용한 다중회귀분석으로 결정규칙을 찾음

② 탐색결정규칙 search decision rules

비용함수의 형태에 관계없이 계획기간 중 최소의 비용을 가져오는 작업자 수 및 생산율을 체계적으로 탐색해나가는 기법

③ 지식기반 전문가 시스템 knowledge-based expert system

특정 영역의 문제를 해결하기 위해 전문가들의 축적된 지식을 이용하는 것으로 컴퓨터 프로그램임

3. 주생산계획

총괄생산계획(aggregate production planning)을 분해(disaggregate)하여 제품 혹은 작업장 단위로 수립한 생산계획을 주생산계획(MPS: master production schedule)이라고 함

총괄계획에서 주생산계획으로 이동

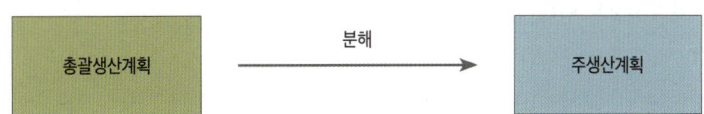

4. 자재소요계획(MRP)

(1) MRP의 의의

자재소요계획(material requirement planning)은 최종제품의 제조에 소요되는 원자재, 부품, 부분품 등과 같이 종속수요(dependent demand) 품목의 재고관리를 위한 재고관리기법임

(2) MRP의 이점

MRP는 필요로 하는 하위품목을 필요한 때에 필요한 양만큼 조달하는 것을 목적으로 생산일정이 단축된다든지 새로운 주문이나 주문이 취소되는 경우 등 상황변화에도 쉽게 하위품목의 조달계획을 수정할 수 있는 종속수요를 갖는 하위품목의 일정계획 및 재고 통제기법임

(3) MRP의 특징

MRP는 컴퓨터에 기초한 재고관리기법으로 제조시스템에 최종제품의 수가 다양하고 이에 종속되는 하위품목의 수 또한 다양한 경우에는 수작업에 의하여 다양한 하위품목들의 소요량과 소요시기를 결정하는 것은 불가능하며 결과적으로 MRP를 수행하기 위해서는 컴퓨터의 적용이 필수적임

(4) MRP 구성

MRP 개요

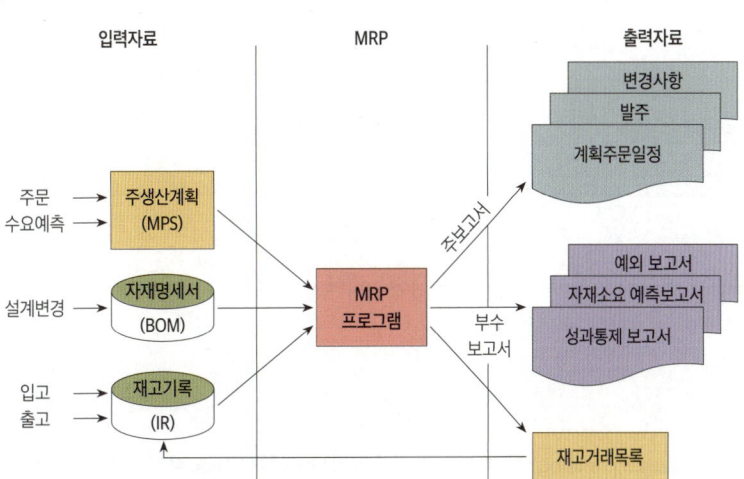

(5) MRP 프로그램의 분류

1) 재생형(regenerative) MRP

    MRP 기록(records)을 주기적으로 업데이트 하는 프로그램

2) 순변화(net change) MRP

    MRP 기록(records)을 지속적으로 업데이트 하는 프로그램

(6) MRP 활용

MRP에서 제공되는 발주시점과 발주량은 각 작업장에서 작업우선순위를 결정하는데 매우 유용하게 이용될 수 있을 뿐만 아니라 컴퓨터에 의한 MRP 계획은 미래의 불확실성에 쉽게 대응할 수 있어 예기치 못한 새로운 주문이나 주문취소, 납기변경, 주문독촉 등의 경우에 조속한 재계획이 가능

(7) JIT와 MRP 비교

JIT와 MRP의 비교

	JIT	MRP
자재계획	pull 시스템	push 시스템
재고	재고를 줄이기 위해 가능한 모든 노력을 기울임	예측오차, 미래의 불확실성에 대비하여 안전재고를 유지
로트크기	꼭 필요한 양만 보충 (최소 보충량만 유지)	EOQ모형에 근거하여 로트크기 유지
조달기간	조달기간을 짧게 유지	필요한 조달기간을 인정
제조준비	제조준비시간의 최소화	제조준비시간에 대한 고려가 낮음
자재대기	자재의 대기행렬 제거	자재의 대기는 필요한 투자
공급자관계	공급자와 협력관계를 유지하고 공급자를 생산시스템의 일부로 간주	다수의 공급자를 통한 경쟁의 유지
품질	완전한 품질을 강조하고 품질문제는 원천에서 개선	약간의 불량을 허용
보전활동	지속적인 보전활동 수행	필요할 때만 보전활동 수행
작업자	합의에 의한 경영	명령에 의한 경영

5. MRP II

(1) MRP의 단점

MRP에 의하여 수립된 계획을 실행하기 위해서는 생산능력에 대한 검토가 필요하며 능력이 초과되는 경우에는 MPS나 생산능력계획의 수정이 불가피한 단점을 가짐

(2) MRP II로의 확장

MRP(manufacturing resource planning) II는 MRP를 대체하거나 개선시키는 것이 아니라 오히려 MRP의 범주에 생산용량소요계획(CPR: capacity requirement planning)을 포함시키고 계획수립 과정에서 마케팅 및 재무와 같은 조직의 기능영역을 포함한 것

MRP II 개요

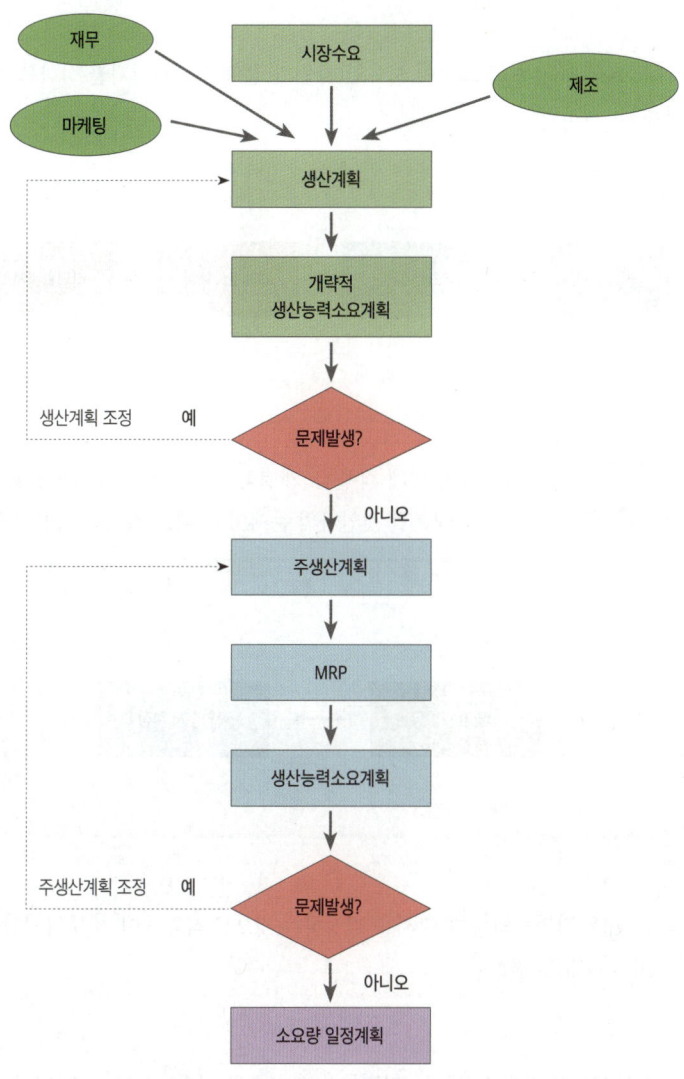

6. ERP

(1) ERP(ERP: enterprise resource planning) 개요

MRP II와 같이 보통 MRP의 핵심적 기능을 가지고 있으며, 시스템을 보다 효과적으로 관리하기 위하여 조직의 서로 다른 영역간의 정보 공유를 허용하며 표준화된 기록 관리를 통합

(2) ERP 특징

ERP 소프트웨어는 조직 전체의 의사결정자와 기타 사용자에게 실시간으로 데이터를 획득하고 가용하게 하는 시스템을 제공하며, 통합된 모듈로 구성(회계, 재무, 제조, 판매, 공급사슬, 인적자원관리 등) 됨

7. 일정계획

(1) 의의

조직 내에서 일정계획(scheduling)은 그 조직이 보유한 자원의 정확한 사용시기를 정하는 것으로서, 설비 및 인적자원의 활용과 관련이 있음

<u>일정계획의 계층</u>

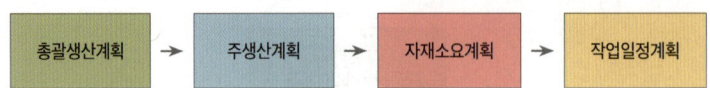

(2) 일정계획 수립

일정계획의 수립은 주로 생산물의 생산량에 의해 좌우됨. 개별작업 프로세스(job process)의 일정계획은 2가지 기본 이슈가 있는데, 하나는 작업부하를 어떻게 배분할 것인가의 문제이고, 다른 하나는 어떤 작업을 먼저 수행할 것인지 순서의 문제임

<u>일정계획의 2가지 측면</u>

(3) 작업순서 결정

작업순서결정(sequencing)은 작업들의 수행 순서를 결정하는 것으로 작업들이 여러 작업장에서 수행되는 순서와 개별 작업장에서 수행되는 순서를 모두 결정함

1) 우선순위 규칙

작업이 처리하는 순서를 정하기 위해 사용되는 기법들을 우선순위 규칙(priority rule)이라고 하는데 가장 많이 사용되는 우선순위 규칙은 다음과 같음

① **선착순규칙** FCFS: first-come, first-served
선착순 규칙 하에서 해당 작업장에 가장 먼저 도착한 작업에 가장 높은 우선권을 줌

② **최소납기일규칙** EDD: earliest due date
납기가 가장 촉박한 작업을 가장 먼저 처리함

③ **최단처리시간규칙** SPT: shortest processing time
해당 작업장에서의 처리시간이 가장 짧은 작업을 다음에 처리함

④ **최소여유시간규칙** slack time remaining
여유시간이란 현재부터 납기까지 남은 시간에서 잔여 처리시간을 뺀 시간이다. 이 규칙에서는 여유시간이 가장 짧은 작업부터 우선적으로 처리함

⑤ **잔여 작업 당 최소여유시간규칙** S/O: slack time remaining per operations

잔여 작업 당 여유시간이란 아래의 식과 같이 여유시간을 앞으로 수행해야 할 잔여 작업의 수로 나눈 값으로 이 규칙에서는 잔여 작업 당 여유시간이 가장 짧은 작업부터 우선적으로 처리함

$$\text{잔여작업당 여유시간} = \frac{\text{납기까지 남은시간} - \text{잔여 처리시간}}{\text{잔여 작업의 수}}$$

⑥ **긴급률** CR: critical ratio

긴급률이란 다음 식과 같이 현재부터 납기까지 남은 시간을 잔여 처리시간으로 나눈 값으로 이 규칙에서는 긴급률이 가장 작은 것을 우선 처리함

$$\text{긴급률}(CR) = \frac{\text{납기까지 남은시간}}{\text{잔여 처리시간}} = \frac{\text{납기일} - \text{현재시점}}{\text{잔여 처리시간}}$$

2) 작업순서의 평가기준

① **총완료시간** makespan

총완료시간이란 모든 작업이 완료되는 시간(즉, 최종작업이 완료되는 시간)을 말하며, 총완료시간은 짧을수록 좋음

② **평균완료시간** mean flow time

평균 흐름시간이라고도 하며 작업의 평균 완료시간은 짧을수록 좋음

③ **작업장 내 평균 작업 수**

작업장 내 평균 작업 수는 적을수록 좋음

④ **평균 납기지연시간** average tardiness

납기지연이란 실제 작업완료 시점과 납기 사이의 차이를 말하며 평균 납기지연시간은 작을수록 좋음

⑤ **유휴시간** idle time

작업장, 기계 또는 작업자의 유휴시간은 작을수록 좋음

(4) 두 개의 작업장을 거치는 작업의 순서 결정

두 개의 작업장을 거치는 경우, 존슨의 규칙을 이용하여 최종 작업이 두 번째 작업장에서 완료되는 시간, 즉 총완료시간(makespan)이 최소가 되도록 작업순서를 결정함

> **존슨의 규칙**
> 1단계: 각 작업마다 작업장 1과 작업장 2에서의 처리시간을 산정한다.
> 2단계: 작업장 1, 2에 관계없이 처리시간이 가장 짧은 작업을 선택한다. 이 가장 짧은 처리시간이 작업장 1에서 발생하면 그 작업을 가능한 앞 순위에 놓고, 작업장 2에서 발생하면 그 작업을 가능한 뒷 순위에 놓는다.
> 3단계: 단계 2에서 순위가 결정된 작업은 고려 대상에서 제외한다.
> 4단계: 모든 작업의 순서가 결정될 때까지 단계 2와 단계 3을 반복한다.

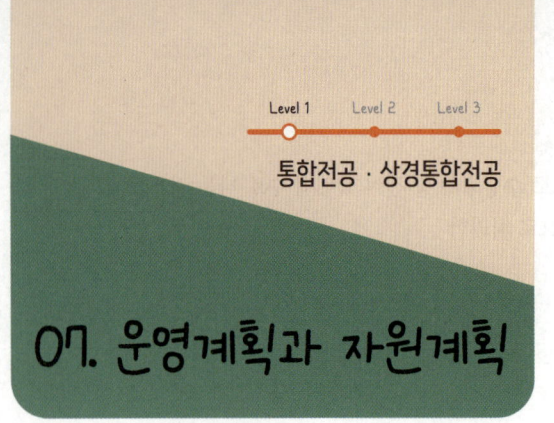

07. 운영계획과 자원계획

총괄생산계획의 개념

2649
2014 경영지도사

계획기간 내에 변화하는 수요를 가장 경제적으로 충족시킬 수 있도록 기업이 보유한 생산능력의 범위내에서 생산수준, 고용수준, 재고수준, 하청수준 등을 결정하는 것은?

① 기준생산계획
② 능력소요계획
③ 총괄생산계획
④ 자재소요계획
⑤ 생산일정계획

2650
2017 경영지도사

변동적 수요에 효과적으로 대처하기 위해 생산자원을 효율적으로 분배하고 비용 최소화를 목적으로 장래 일정기간의 생산율, 고용수준, 재고수준, 잔업 및 하청 등을 중심으로 수립하는 계획은?

① 일정계획
② 자재소요계획
③ 총괄생산계획
④ 주일정계획
⑤ 전략적 능력계획

수요충족전략

2651
2016 가맹거래사

총괄생산계획에서 선택할 수 있는 공급능력의 대안으로 옳지 않은 것은?

① 노동력의 규모를 조정하는 전략
② 노동력의 이용률을 조정하는 전략
③ 재고수준을 조정하는 전략
④ 추후납품(back-order)을 통해 조정하는 전략
⑤ 하청(subcontracting)을 이용하는 전략

2652
2022 7급 국가직

총괄생산계획(aggregate production planning:APP)의 수립전략에 대한 설명으로 옳은 것은?

① 수요 추종 전략(chase strategy)은 수요의 변동을 반영하여 제품 생산율을 조정하므로 급증하는 수요에 최적화된 전략이다.
② 평준화 전략(level strategy)은 일정기간 동안 균등한 양을 생산하여 재고가 발생하지 않는 전략이다.
③ 혼합 전략(mixed strategy)은 수요 추종 전략과 평준화 전략을 혼합하여 실행이 복잡하므로 실제로 활용되지 않는다.
④ 고용수준 변경이나 생산율 변경에 의한 비용은 수요 추정 전략에서 가장 많이 발생하고, 재고 비용이나 납기지연 비용은 평준화 전략에서 가장 많이 발생한다.

2653
2024 가맹거래사

총괄생산계획에서 선택할 수 있는 수요전략 방안으로 옳지 않은 것은?

① 노동력 이용률 조정
② 가격 조정
③ 광고와 판매촉진 활용
④ 보완제품의 수요 개발
⑤ 추후납품(back-order) 조절

고려비용

2654
2021 7급 군무원

다음 중 총괄생산계획에서 고려하지 않는 비용으로 옳은 것은?

① 채용과 해고비용
② 재고유지비용
③ 초과근무비용
④ 생산입지 선정비용

2655
2023 7급 국가직

총괄생산계획에서 고려되는 비용에 대한 설명으로 옳지 않은 것은?

① 기본 생산비용은 주어진 기간 내에 제품을 생산하는 데 소요되는 고정비 및 변동비 등을 의미한다.
② 생산율 변경비용은 생산율 변화에 따른 인력 충원, 해고, 교육 훈련 등에 소요되는 비용을 의미한다.
③ 재고유지비용에는 원자재 및 완제품 등 유형자원에 묶여 있는 자본비용과 보관, 보험, 세금, 손괴 및 진부화에 따른 비용이 포함된다.
④ 재고부족비용은 산출이 용이한 비용으로 납품 지연으로 발생하는 생산 촉진비용, 판매기회 상실에 따른 비용 등을 의미한다.

총괄생산계획 종합

2656
2011 7급 국가직

총괄생산계획(aggregate production planning)에 대한 설명으로 옳은 것은?

① 총괄생산계획은 자재소요계획(material requirement planning)을 바탕으로 장기 생산계획을 수립하는 과정이다.
② 총괄생산계획에서 평준화전략(level strategy)은 재고수준을 연중 일정하게 유지하고자 하는 전략이다.
③ 총괄생산계획은 제품군에 대한 생산계획으로 추후 개별 제품의 주일정계획(master production schedule)으로 분해된다.
④ 총괄생산계획에서 추종전략(chase strategy)은 고객주문의 변화에 따라 재고수준을 기간별로 조정하고자 하는 전략이다.

2657
2020 코레일 사무직 복원

총괄생산계획(aggregate production planning)에 대한 설명으로 옳지 않은 것은?

① 수요예측에 의해 총괄생산계획을 짠다.
② 총괄생산계획을 기반으로 주생산계획(MPS)을 짠다.
③ 총괄생산계획은 대일정계획을 포함한다.
④ 수요변동이 생길 때마다 즉시 반응할 수 있다.
⑤ 수요량과 생산량이 불일치하기 때문에 총괄생산계획을 수립한다.

주생산계획

2658 공기업 출제경향 반영

수주에서부터 출하까지 일정계획을 다루고 있으며 제품의 종류 및 수량 등에 관한 생산시기를 결정하는 계획은 무엇인가?

① 포카요케　　② 린시스템
③ 주생산계획　④ 총괄생산계획
⑤ 전사적자원관리

MRP 개념

2659 2004 가맹거래사

기업이 적정한 시간과 장소에서 알맞은 양의 제품과 서비스를 생산하기 위해 필요한 부품이나 자재를 확보할 수 있도록 보장해주기 위해 설계된 기법은?

① MBO　　② MPS
③ MRP　　④ EOQ
⑤ PERT

2660 2017 공인노무사

생산수량과 일정을 토대로 필요한 자재조달 계획을 수립하는 관리시스템은?

① CIM　　② FMS
③ MRP　　④ SCM
⑤ TQM

2661 2018 공인노무사

최종품목 또는 완제품의 주생산일정계획(master production schedule)을 기반으로 제품생산에 필요한 각종 원자재, 부품, 중간조립품의 주문량과 주문시기를 결정하는 재고관리방법은?

① 자재소요계획(MRP)
② 적시(JIT) 생산시스템
③ 린(lean) 생산
④ 공급사슬관리(SCM)
⑤ 칸반(kanban) 시스템

2662 2016 경영지도사

다음은 어떤 생산시스템에 관한 설명인가?

> - 원재료·부품·반제품 등과 같은 종속적 수요의 재고에 대한 주문 및 생산계획을 처리하도록 만들어진 정보 시스템
> - 재고관리, 일정계획과 통제의 두 가지 기능을 동시에 수행하는 기법

① 공급사슬관리(SCM)
② 자재소요계획(MRP)
③ 적시생산시스템(JIT)
④ 컴퓨터통합생산(CIM)
⑤ 유연제조시스템(FMS)

2663 2024 경영지도사

생산계획에 관한 설명으로 옳지 않은 것은?

① 생산계획은 수요예측 및 판매계획을 토대로 수립된다.
② 생산계획은 생산품종, 생산 수량, 생산 시기 등을 결정하는 것이다.
③ 총괄생산계획은 개별 제품이 아닌 제품 그룹을 대상으로 한다.
④ 주생산계획은 개별 제품별로 생산 시기와 생산 수량을 결정하는 것이다.
⑤ 생산 일정계획은 제품생산에 필요한 부품과 원자재의 종류, 수량, 주문 시기 등을 결정하는 과정이다.

MRP 입력자료

2664
2018 경영지도사

자재소요계획(MRP)을 효과적으로 수립하고 원활히 실행하기 위해서 직접적으로 필요한 정보가 아닌 것은?

① 총괄생산계획(aggregate production planning)
② 자재명세서(bill of materials)
③ 재고기록철(inventory record file)
④ 자재조달기간(lead time)
⑤ 주일정계획(master production scheduling)

2665
2011 7급 국가직

자재소요계획(material requirement planning)을 수립하기 위해 필요한 3대 투입요소에 해당되지 않는 것은?

① 주일정계획(master production schedule)
② 자재명세서(bill of material)
③ 재고기록철(inventory record file)
④ 부하계획(loading)

2666
2023 가맹거래사

자재소요계획(MRP)의 입력자료를 모두 고른 것은?

ㄱ. 주일정계획(MPS)	ㄴ. 자재명세서(BOM)
ㄷ. 재고기록철	ㄹ. 발주계획 보고서
ㅁ. 예외 보고서	

① ㄱ, ㄴ, ㄷ
② ㄱ, ㄴ, ㄹ
③ ㄱ, ㄷ, ㅁ
④ ㄴ, ㄹ, ㅁ
⑤ ㄷ, ㄹ, ㅁ

BOM

2667
2010 가맹거래사

최종제품 A의 자재명세서(BOM)는 아래의 그림과 같다. A를 100단위 생산하는데 소요되는 부품 E의 양은?

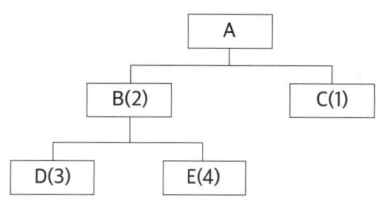

① 100단위　　② 200단위
③ 400단위　　④ 600단위
⑤ 800단위

2668
2011 가맹거래사

최종제품 V의 자재명세서(BOM)가 아래의 그림과 같은 경우, 제품 V를 100개 생산하는데 소요되는 부품 Z의 소요량은?

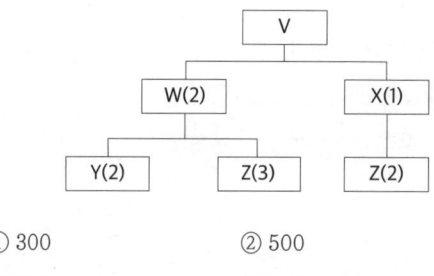

① 300　　② 500
③ 600　　④ 800
⑤ 900

2669
2012 가맹거래사

MRP(material requirements planning) 시스템의 3대 입력자료 중 하나로 최종제품으로부터 시작하여 각 상위품목을 한 단위 생산하는데 필요한 자재명과 소요량을 보여주는 것은?

① 주일정계획(master production schedule)
② 재고기록철(inventory records file)
③ 생선뼈 다이어그램(fishbone diagram)
④ 공급사슬(supply chain)
⑤ 자재명세서(bill of materials)

2670
2021 가맹거래사

제품 A를 1개 만들기 위해서는 2개의 부품 B와 3개의 부품 C가 필요하다. 그리고 1개의 부품 B에는 1개의 부품 D와 2개의 부품 E가 필요하며, 1개의 부품 C에는 3개의 부품 D와 1개의 부품 E가 필요하다. 제품 A를 100개 생산하기 위해 필요한 부품 D와 부품 E의 수량은?

① D: 800개, E: 500개
② D: 800개, E: 600개
③ D: 1,000개, E: 600개
④ D: 1,100개, E: 700개
⑤ D: 1,300개, E: 800개

MRP 종합

2671
2014 7급 국가직

자재소요계획(Material Requirement Planning :MRP)과 관련된 설명으로 옳은 것은?

① MRP는 풀생산방식(pull system)의 전형적 예로서 시장 수요가 생산을 촉발시키는 시스템이다.
② MRP는 독립수요(independent demand)를 갖는 부품들의 생산수량과 생산시기를 결정하는 방법이다.
③ 자재명세서(bill of materials)의 각 부품별 계획주문발주 시기를 근거로 MRP를 수립한다.
④ 대생산일정계획(master production schedule)의 완제품 생산일정과 생산수량에 관한 정보를 근거로 MRP를 수립한다.

2672
2022 경영지도사

반제품에 대한 수요 패턴 및 재고통제에 관한 설명으로 옳은 것은?

① 독립적인 재고수요를 따른다.
② 경제적 주문량에 따라 주문을 하여 재고를 통제한다.
③ 자재소요계획을 이용한 단위 주문량에 의해 재고를 통제한다.
④ 수요를 파악하기 위해 정교한 예측 기법을 사용한다.
⑤ 수요의 발생 원천이 회사의 통제권 밖에 있기 때문에 기업에서 관리하는 것은 불가능하다.

MRP vs JIT

2673
2021 7급 서울시

자재소요계획(MRP)과 적시생산시스템(JIT)에 대한 설명으로 가장 옳지 않은 것은?

① 자재소요계획(MRP)은 주문 생산이나 로트(lot) 생산 등의 비반복적 생산에서 효과가 높다.
② 자재소요계획(MRP)은 푸시(push) 시스템이다.
③ 적시생산시스템(JIT)은 낭비의 제거를 목표로 한다.
④ 적시생산시스템(JIT)은 시각적 통제 도구인 칸반을 이용하기 때문에 약간의 불량은 인정한다.

2675
2021 가맹거래사

작업 우선순위를 결정하기 위한 규칙에 관한 설명으로 옳지 않은 것은?

① 최소작업시간(SPT): 작업시간이 짧은 순서대로 처리
② 최소여유시간(STR): 납기일까지 남은 시간이 작은 순서대로 처리
③ 최소납기일(EDD): 납기 일이 빠른 순서대로 처리
④ 선입선출(FCFS): 먼저 도착한 순서대로 처리
⑤ 후입선출(LCFS): 늦게 도착한 순서대로 처리

작업순서결정

2674
2014 가맹거래사

존슨의 규칙(Johnson's Rule)은 모든 작업이 동일한 순서로 2개의 작업장을 거치는 경우에 최종작업이 두 번째 작업장에서 완료되는 시간, 즉 모든 작업이 끝나는 총완료시간(makespan)이 최소가 되도록 작업순서를 결정하는 방법이다. 존슨의 규칙에서 사용하는 작업의 우선순위규칙은?

① 선착순규칙(first-come, first-served)
② 최소납기일규칙(earliest due date)
③ 최단처리시간규칙(shortest processing time)
④ 최소여유시간규칙(slack time remaining)
⑤ 긴급률규칙(critical ratio)

2676
2023 가맹거래사

5개 작업이 동일한 순서(기계1→기계2)로 두 대의 기계에서 처리되는 경우, 존슨의 규칙(Johnson's rule)을 적용하여 모든 작업의 완료시간을 최소화할 수 있는 작업순서는?

작업	작업시간	
	기계 1	기계 2
A	3	5
B	4	2
C	6	4
D	6	6
E	5	7

① A - B - C - D - E
② A - B - E - C - D
③ A - E - D - C - B
④ B - A - C - E - D
⑤ B - C - A - D - E

2677
2014 7급 국가직

인쇄소에 대기작업이 3개 있고, 이들의 예상 작업시간과 납기시간은 다음 표와 같다.

작업	작업시간	납기시간
가	4	6
나	4	5
다	5	9

긴급률(critical ratio) 규칙에 따라 작업을 진행하였다면 평균 납기지연시간은?

① 1.5시간 ② 2.0시간
③ 2.5시간 ④ 3.5시간

2678
2020 코레일 수송직렬 복원

작업시간이 가장 짧은 것부터 우선적으로 결정하는 방법은 무엇인가?

① 최소여유시간 우선법
② 최소작업시간 우선법
③ 최소납기일 우선법
④ 선착순 우선법
⑤ 긴급률 우선법

2679
2023 7급 군무원

하나의 작업장에서 작업순서를 결정하려고 한다. 4개 작업(A, B, C, D)의 현재 시점에서의 작업 정보가 다음과 같을 때, 최소여유시간법(LSTR : Least Slack Time Remaining)에 따른 작업순서로 가장 적절한 것은?

작업	A	B	C	D
잔여 작업 소요 시간(일)	3	10	8	4
납기까지 남은 시간(일)	10	18	17	8

① D → A → B → C
② A → D → C → B
③ D → A → C → B
④ A → D → B → C

2680
2024 7급 국가직

작업일정계획의 우선순위원칙에 따른 작업순서로 옳지 않은 것은?

작업	작업장 도착순서	작업 시간(일)	납기(일)
A	3	5	13
B	1	2	8
C	2	6	9

	우선순위원칙	작업순서
①	최소가공시간 우선규칙(SPT)	B → A → C
②	최소긴급률 우선규칙(CR)	B → C → A
③	최소여유시간 우선규칙(STR 또는 LST)	C → B → A
④	최근납기 우선규칙(EDD)	B → C → A

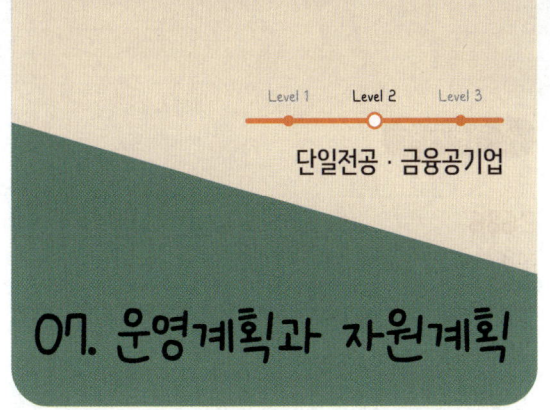

07. 운영계획과 자원계획

단일전공 · 금융공기업

총괄생산계획의 개념

2681
2001 CPA

생산에 관련된 다음 설명 중 가장 적절하지 않은 것은?

① 집중화 생산은 각 공정이나 설비에 특정고객집단을 위한 한정된 생산과업만을 부여하는 것이다.
② 총괄생산계획은 데이터베이스를 통합 구축하여 생산 일정을 총괄적으로 수행할 수 있게 해주는 계획이다.
③ 모듈러 생산은 가장 최소 종류의 부품으로 최대 종류의 제품을 생산하는 방식이다.
④ 유연생산시스템은 개별생산의 유연성과 대량생산의 생산성을 동시에 고려하는 시스템이다.
⑤ 대량주문생산(mass customization)은 대량생산을 유지하면서, 고객의 다양한 요구를 충족시키는 생산형태이다.

수요충족전략

2682
2013 CPA

㈜한국은 1월부터 6월까지 6개월 동안의 월별 생산계획을 수립하였다. 생산계획에 따르면 외주를 주지 않고, 매월 동일한 양의 제품을 생산하며, 수요 변동은 재고와 추후납품으로 흡수한다. 다음의 표는 6개월 동안의 제품 수요이다. 계획 시작시점인 1월의 기초재고는 0이고, 생산계획에 따른 6월의 기말재고는 0이 된다. 매월 발생되는 재고에 대해 다음 달 납품시점까지의 재고유지비용은 개당 1만원이고 다음 달에 추후납품을 하기 위해서는 개당 5만원의 비용이 발생한다. ㈜한국의 생산계획에 따라 발생하는 6개월 동안의 재고관련 비용(재고유지비용과 추후납품비용의 합)의 최소값과 가장 가까운 것은? (단, ㈜한국은 제품들을 생산된 순서에 따라 순차적으로 납품하고, 미납주문을 우선적으로 충족시킨다.)

월	1	2	3	4	5	6
수요(단위:개)	100	200	200	300	300	100

① 533만 원
② 550만 원
③ 600만 원
④ 800만 원
⑤ 1,200만 원

고려비용

2683
2002 CPA

총괄생산계획(aggregate production planning)은 향후 약 1년 기간동안의 수요를 가장 경제적으로 충족시킬 수 있는 월별 생산공급계획을 세우는 일이다. 이러한 총괄계획의 대안들을 평가할 때 총비용에서 고려해야 하는 비용요소 중에 포함되지 않은 것은?

① 하청비용
② 채용비용과 해고비용
③ 잔업비용과 유휴시간비용
④ 생산설비 운용 및 확장비용
⑤ 재고유지비용과 재고부족비용

총괄생산계획 종합

2684
2015 CPA

총괄생산계획(aggregate production planning)에 관한 설명 중 적절한 항목만으로 구성된 것은?

> a. 총괄생산계획은 주생산계획(master production schedule) 이후에 수립한다.
> b. 수요추종전략(chase strategy)은 설비의 확장 및 축소를 통해 공급량을 조절하는 전략이다.
> c. 혼합전략은 수요추종전략이나 평준화전략(level strategy)에 비해 총비용이 증가하는 단점이 있다.
> d. 평준화전략은 수요추종전략에 비해 재고수준의 변동폭이 크다.
> e. 총괄생산계획을 위해 도표법, 선형계획법, 휴리스틱이 사용된다.

① a, b ② b, c
③ c, d ④ d, e
⑤ a, e

2685
2024 CPA

생산능력계획 및 총괄생산계획(APP)에 관한 설명으로 가장 적절하지 않은 것은?

① 수요가 충분한 경우 설비의 용량이 증가함에 따라 일정 기간 규모의 비경제(diseconomies of scale)가 나타난 이후 규모의 경제(economies of scale)가 나타난다.
② 고객의 수요에 즉각적으로 대응하기 위해서는 수요의 변동성이 클수록 여유 생산능력을 더 높게 유지하는 것이 필요하다.
③ 총괄생산계획은 제품군을 기준으로 생산율, 고용수준, 재고수준 등을 결정하기 위한 중기계획이다.
④ 재고유지비용이 높으나 생산용량 변경 비용이 낮은 경우에는 총괄생산계획 수립에 평준화전략(level strategy) 보다 수요추종 전략(chase strategy)을 활용하는 것이 더 효과적이다.
⑤ 총괄생산계획은 주일정계획(MPS)과 자재소요계획(MRP)을 마련하기 이전에 수립되는 것이 일반적이다.

주생산계획

2686
2014 CPA

생산계획(production planning)에 관한 설명으로 가장 적절한 것은?

① 일반적으로 생산계획은 총괄생산계획, 자재소요계획(MRP), 기준생산계획(MPS), 작업일정계획(job scheduling)의 순으로 수립한다.
② 총괄생산계획에서 수요추종전략(chase strategy)은 재고와 부재고(backorder)의 조합을 활용하여 수요와 공급을 일치시키려는 전략이다.
③ 자재소요계획(MRP)의 작성을 위해서는 능력계획(capacity planning), 자재명세서(BOM), 재고기록철의 입력자료가 필요하다.
④ 기준생산계획(MPS)은 제품군에 대해 총괄적으로 작성된 총괄생산계획을 품목별로 분해하여 작성한다.
⑤ 작업일정계획은 설비배치의 최적화를 통해 생산비용을 최소화하고 납기를 준수하기 위한 계획이다.

MRP 전개

2687
2017 CPA

품목 A의 생산을 위해 품목 B 2개가 필요하다. A의 현재 보유재고는 20개, 조달기간(lead time)은 1주이며, A의 발주에는 필요한 만큼씩만 발주하는 L4L(lot for lot) 방식이 사용된다. A의 주차별 총소요(gross requirements)가 다음 표와 같을 때, 자재소요계획(MRP)의 전개에 따른 B의 2주차 총소요는? (단, A와 B 모두 안전재고(safety stock)는 필요 없으며, 계획된 예정입고(scheduled receipts)는 없다.)

주차	1	2	3
품목 A의 총소요(개)	0	0	40

① 0개 ② 20개
③ 40개 ④ 60개
⑤ 80개

2688
2021 CPA

자재소요계획(MRP)에 관한 설명으로 가장 적절하지 않은 것은?

① MRP는 종속수요품목에 대한 조달 계획이며, 독립수요품목과 달리 시간에 따른 수요변동이 일괄적(lumpy)이라는 특징을 가진다.
② MRP의 입력자료인 자재명세서(BOM)는 품목 간의 계층관계와 소요량을 나무구조형태로 표현한 것이다.
③ L4L(lot for lot) 방식으로 조달하는 품목의 계획발주량(planned order releases)은 보유재고로 인해 순소요량(net requirements)보다 많다.
④ 계획발주량은 계획입고량(planned order receipts)을 리드타임(lead time)만큼 역산하여 기간 이동한 것이다.
⑤ 하위수준코딩(low level coding)이란 동일품목이 BOM의 여러 수준(계층)에서 출현할 때, 그 품목이 출현한 수준 중 최저 수준과 일치하도록 BOM을 재구축하는 것을 의미한다.

MRP 종합

2689
2000 CPA

자재소요계획(MRP)에 관한 설명으로 가장 거리가 먼 것은?

① 독립수요 제품의 소요량 산정을 위해 주로 사용된다.
② 계획생산에 입각한 푸쉬(push)방식을 적용한다.
③ 자재명세서(bill of materials)를 필요로 한다.
④ MRP운영에는 전산시스템이 중요하다.
⑤ 주생산계획(master production schedule)이 전제가 되어야 한다.

2690
2007 CPA

MRP(Material Requirements Planning) 시스템에 대한 다음 설명 중에서 가장 적절하지 않은 것은?

① 독립적 수요(independent demand)를 갖는 품목의 재고 및 생산계획과 관련된 컴퓨터 기반의 정보시스템이다.
② 주보고서로는 계획된 주문일정, 계획된 주문변경 등에 대한 보고서가 포함된다.
③ 주요 입력요소로는 MPS(master production schedule), BOM(bill of materials), IR(inventory record) 등이 있다.
④ 운영체계로는 재생형(regenerative) MRP와 순변화(net change) MRP 시스템이 있다.
⑤ MRP는 MRP II(manufacturing resource planning), ERP(enterprise resource planning) 등으로 확대 발전하였다.

2691
2009 CPA

MRP(material requirements planning) 시스템에 대한 다음 서술 중 가장 적절한 것은?

① MRP의 기본 입력자료 세 가지는 자재명세서(BOM), 기준생산계획(MPS) 그리고 수요예측이다.
② 자재명세서(BOM)는 특정 품목의 모든 부품들과 이들의 공정상의 선후관계 및 소요량을 그림이나 체계화된 목록으로 나타낸 것이다.
③ MRP 전개과정은 기준생산계획(MPS)의 완제품 생산량에 대한 생산 일정계획을 정하는 절차이다.
④ 생산능력소요계획(CRP)은 MRP시스템의 운영과는 관계 없는 별도의 계획이다.
⑤ 서비스 업체는 자재, 인력, 설비 등의 특성이 제조업체와 상이한 관계로 MRP의 원리를 적용할 수 없다.

2692
2019 CPA

MRP(자재소요계획)에 관한 설명 중 적절한 항목만을 모두 선택한 것은?

> a. MRP를 위해서는 재고기록, MPS(기준생산계획), BOM(자재명세서)의 입력 자료가 필요하다.
> b. 각 품목의 발주시점은 그 품목에 대한 리드타임을 고려하여 정한다.
> c. MRP는 BOM의 나무구조(tree structure)상 하위품목에서 시작하여 상위품목 방향으로 순차적으로 작성한다.
> d. MRP를 위해서는 BOM에 표시된 하위품목에 대한 별도의 수요예측(forecasting) 과정이 필요하다.

① a, b ② a, c
③ b, c ④ b, d
⑤ c, d

MRP vs JIT

2693
2006 CPA

MRP와 JIT 시스템에 대한 다음 설명들 중 가장 적절하지 않은 것은?

① MRP는 자재명세서(BOM) 외에도 원자재 및 부품의 재고현황, 조달에 필요한 소요기간(lead-time) 등에 대한 정확한 정보를 필요로 한다.
② JIT는 원자재, 부품은 물론 재공품과 완제품 재고를 최소로 유지하면서 적시에 수요를 충족시킬 수 있도록 설계된 시스템이라 할 수 있다.
③ JIT 시스템을 안정적으로 운영하기 위해서는 신뢰할 수 있는 공급자의 확보가 필수적이다.
④ MRP에서 주된 계획대상으로 삼고 있는 독립수요는 제품설계사양에 의해 일정한 규칙을 가지고 발생하게 된다.
⑤ 시스템 운영원리의 특성에 따라 MRP는 push 시스템, JIT는 pull 시스템이라 불리기도 한다.

운영계획 종합

2694
2004 CPA

기업의 생산계획수립과정에 관한 다음의 설명 중 가장 적절치 않은 것은?

① 총괄생산계획(aggregate planning)의 수립을 위해서 제품군내의 품목들에 대한 공통의 측정단위가 필요하다.
② 총괄생산계획에서 수요변동에 따른 고용 인력의 조정이 어려운 경우에는 추종전략(chase strategy)을 사용하여 목표생산량을 만족시킬 수 있다.
③ 제품군내 품목별 주생산계획(master production schedule)은 총괄생산계획의 분해(disaggregation)를 통해 얻어진다.
④ 주생산계획의 수립은 품목별로 생산시기와 수량을 결정하는 작업으로서 자재소요계획(material requirement planning) 수립을 위한 정보가 된다.
⑤ 총괄생산계획에서 재고, 초과작업, 하청 등을 이용하여 계획기간동안의 수요변동에 대처하고자 하는 전략을 평준화전략(level strategy)이라고 한다.

2695
2005 CPA

생산계획과 관련하여 적절하게 설명된 항목들로 구성된 것은?

> a. 총괄계획은 설비, 인력, 투입 부품 등을 공통으로 사용하는 제품모델들로 구성된 제품군에 대한 생산계획으로, 이 단계에서는 제품모델별 생산계획은 도출하지 않는다.
> b. 최적 총괄계획을 도출하는 과정은 수요추종전략, 생산수준 평준화전략, 작업시간 조정전략을 각각 적용하고 여기서 얻어진 총괄계획 중 가장 우수한 것을 선택하는 것이다.
> c. 주생산계획(Master Production Schedule)은 총괄계획보다 계획기간이 길지 않다.
> d. 자재소요계획을 도출하기 위해서는 자재명세서, 재고기록철, 총괄계획이 필요하다.

① a, b ② b, c
③ a, c ④ b, d
⑤ c, d

2696
2010 CPA

생산시스템 설계에 관한 다음의 설명 중 가장 적절하지 않은 것은?

① 범위의 경제(economies of scope)는 여러 제품을 각각 독립적으로 생산하는 것보다 조합하여 함께 생산함으로써 더 낮은 원가로 생산할 수 있는 능력을 의미한다.
② 능력 유연성(capacity flexibility)은 제품 생산량을 신속히 증감하거나 한 제품 또는 서비스로부터 다른 것으로 전환시키는 능력이다.
③ 총괄생산계획(aggregate production planning)은 제품군(product family)별 또는 제품구분 기준별로 생산율을 정하는 생산계획이다.
④ 여유생산능력(capacity cushion)은 기대 수요를 초과하는 생산능력이다.
⑤ 자재소요계획(MRP)은 최종제품을 언제, 얼마만큼 생산할 것인지를 나타내며 자재명세서(BOM) 등과 함께 기준생산계획(MPS)의 주요 입력자료이다.

2697
2020 CPA

생산계획에 관한 설명으로 적절한 항목만을 모두 선택한 것은?

> a. 총괄계획(aggregate planning)을 수립할 때 재고유지비용이 크다면, 수요추종전략(chase strategy)이 생산수준평준화전략(level strategy)보다 유리하다.
> b. 자재소요계획(MRP)을 통해 하위품목에 대한 조달일정이 정해진 이후, 완제품에 대한 주생산계획(MPS)을 수립한다.
> c. 로트크기(lot size)는 총괄계획의 주요결과물 중 하나이다.
> d. 주생산계획은 완제품의 생산시점과 생산량을 결정하고 이를 통해 그 제품의 예상재고를 파악할 수 있다.

① a, b
② a, c
③ a, d
④ b, c
⑤ a, c, d

2698
2022 CPA

생산계획에 관한 설명으로 가장 적절하지 않은 것은?

① 재고수준의 변동은 일반적으로 수요추종 전략(chase strategy)보다 평준화 전략(level strategy)을 활용할 경우 크게 나타난다.
② 주생산계획(MPS)은 통상적으로 향후 수개월을 목표 대상기간으로 하여 주 단위로 수립된다.
③ 자재소요계획(MRP)의 입력자료에는 주생산계획, 자재명세서(BOM), 재고기록철(inventory record)이 있다.
④ 총괄생산계획을 통해 개별 제품별로 월별 생산수준, 인력수준, 재고수준을 결정한다.
⑤ 자재소요계획은 생산능력, 마케팅, 재무적 요소 등에 관한 조정기능을 포함한 MRP II 및 ERP로 확장되었다.

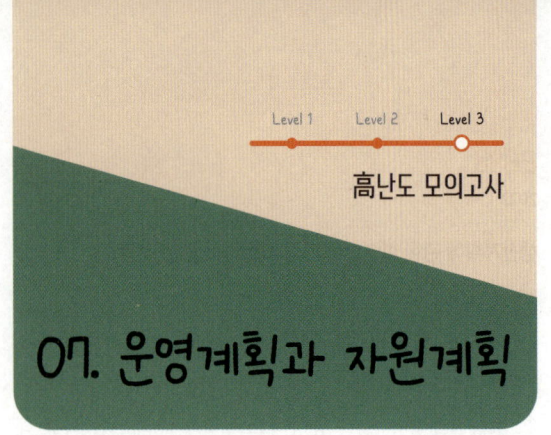

07. 운영계획과 자원계획

2699

생산계획수립에 대한 다음 설명 중 가장 적절하지 않은 것은?

① 총괄생산계획(aggregate production planning)에서 고려하는 추종 전략(chase strategy)과 평준화 전략(level strategy)은 모두 수요를 조절하는 것이 아니라 공급을 조절하는 것이다.
② 총괄생산계획은 세부적인 면에 지나치게 빠져들지 않으면서 회사의 전략적 목표와 일치하는 일반적인 행동방안을 제시한다는 이점을 갖는다.
③ 총괄생산계획에서 고려하는 것은 설비투자, 입지선정, 설비배치, 제품설계 등의 비용이다.
④ 총괄생산계획을 분해(disaggregate)하여 주생산계획(MPS: master production schedule)을 작성한다.
⑤ 추종 전략은 미숙련 노동력이나 일상적인 직무에 적합하고, 반면에 평준화 전략은 고도의 숙련 노동력과 복잡한 직무에 적합하다.

2700

총괄생산계획(aggregate production planning)에 대한 다음의 설명 중 가장 적절하지 않은 것은?

① 총괄생산계획의 목표는 기대수요를 충족하기 위해 조직의 자원을 효과적으로 활용하는 생산계획(production plan)을 만들어내는 것이다.
② 총괄생산계획에서 고용, 산출량, 재고수준에 대한 의사결정과 밀접한 관련이 있다.
③ 계획 수립자가 개별 제품 혹은 서비스 요구사항의 복잡성 없이 자원활용에 대한 일반적 의사결정을 용이하게 행하도록 산출단위를 총괄화한다.
④ 평준화전략(level strategy)은 특정 기간 동안의 계획된 산출량이 그 기간의 기대수요와 동일하게 하는 것으로 재고 투자와 노동 활용도가 높게 유지된다는 장점이 있다.
⑤ 총괄생산계획은 분해(disaggregate)되어 계획기간 동안에 개별 최종제품 수량과 생산시기가 나타나는 주생산계획(MPS: master production schedule)이 된다.

2701

자원계획(resource planning)에 대한 다음의 설명 중 가장 적절하지 않은 것은?

① 자재소요계획(MRP)은 종속수요(dependent demand)를 갖는 부품의 소요량 산정에 사용되며, 종속수요를 갖는 부품은 항시 재고를 보유할 필요없이 생산시점 직전에 재고만 확보되면 된다.
② 자재소요계획은 주일정계획(MPS)의 완제품 소요량을 시간단계별로 하위 조립품, 구성부품 그리고 원자재에 대한 소요량으로 변환하는 컴퓨터 기반의 정보시스템이다.
③ 자재소요계획의 투입물은 주일정계획(MPS), 자재명세서(BOM), 재고기록(IR)이다.
④ 주문개념이 자재소요계획은 '보충(replenishment)'임에 반해 재주문점 모형(Q-모형)은 '소요(requirement)'의 개념을 사용한다.
⑤ 전사적 자원관리(Enterprise Resource Planning: ERP)는 MRP로 시작되어 MRP Ⅱ로 진화된 그 다음 발전단계로 조직전체의 의사결정자와 기타 사용자에게 실시간으로 데이터를 획득하고 가용하게 하는 시스템을 제공한다.

2702

생산계획(production schedule)과 관련된 다음 설명 중 가장 적절하지 않은 것은?

① 총괄생산계획(aggregate production planning)은 향후 1년간 변화하는 수요에 가장 경제적으로 대처하기 위해 생산수준, 고용수준, 잔업수준, 하청수준, 재고수준을 결정하는 것이다.
② 추종전략(chase strategy)은 공급이 수요를 따라가도록 노동력을 조절하는 것을 말한다.
③ 최적 총괄생산계획의 도출은 고용수준의 조정, 잔업과 유휴시간에 의한 작업시간의 조정, 재고 및 추후 납품, 하청 등의 변수들을 사용하되, 사용가능한 여러 변수들 가운데서 관련비용을 최소화하는 전략을 선택해야 한다.
④ 서비스업에서 평준화 전략(level strategy)은 신규고용과 해고가 많아지는 문제가 있으나, 잔업이나 단축근무는 없다.
⑤ 제품그룹별 생산계획은 총괄생산계획이 담당하며, 세부 품목별, 기간별 생산계획은 주생산계획(MPS: master production schedule)이 담당한다.

2703

생산운영관리에 다음 설명 중 가장 적절하지 않은 것은?

① 톰슨(Thompson)의 상호의존성 분류에 따르면 동시공학(concurrent engineering)을 위한 기능횡단팀(cross-functional team)은 교호적(reciprocal) 상호의존성을 갖는다.
② 관리도(control chart)에서 관리한계선 내에 모든 측정값들이 위치하면 공정은 안정상태에 있다고 말할 수 있다.
③ 유연생산시스템(FMS: flexible manufacturing system)은 제품생산에 유연성(flexibility)이 강조되므로 이들 기술을 사용하는 조직은 유기적(organic)인 조직구조가 적합하다.
④ 총괄생산계획(aggregate production planning)은 분해되어 제품 혹은 작업장 단위의 주생산계획(MPS: master production schedule)으로 구체화된다.
⑤ 재고관리의 주기조사(P)시스템에서는 재고조사를 실시할 때마다 재고를 주문한다.

2704

운영계획과 관련된 다음 설명 중 가장 적절하지 않은 것은?

① 총괄생산계획(aggregate production planning)에서는 생산능력확장, 입지선정, 설비배치 등의 문제는 다루지 않는다.
② 추종전략(chase strategy)은 신규고용과 해고가 많아지는 문제가 있으나, 잔업이나 단축근무는 없다. 반면 평준화 전략(level strategy)은 고용수준을 연중 일정하게 유지하면서 대신 잔업이나 단축근무, 휴가 등으로 노동력의 이용률을 변동시켜 수요에 맞춘다.
③ 최적 총괄생산계획의 도출은 고용수준의 조정, 잔업과 유휴시간에 의한 작업시간의 조정, 재고 및 추후납품, 하청 등의 변수들을 사용하되, 사용가능한 여러 변수들 가운데서 관련비용을 최소화하는 전략을 선택해야 한다.
④ 자재소요계획(MRP) 입력자료 중 자재명세서(BOM)에는 자재의 보유량과 주문량이 포함되며, 더불어 공급자, 리드타임, 로트사이즈 결정 방침과 같은 것들도 포함된다.
⑤ 제품그룹별 생산계획은 총괄생산계획(aggregate production planning)이 담당하며, 세부 품목별, 기간별 생산계획은 주생산계획(master production schedule)이 담당한다.

2705

운영관리에 대한 다음 설명 중 가장 적절하지 않은 것은?

① 자본집약적 산업에서는 여유생산능력(capacity cushion)을 낮게 가져가는 것이 바람직하다.
② 제약이론(TOC: theory of constraints)은 병목의 가동률과 비병목 가동률이 큰 차이가 나지 않도록 설계하는 것이고 라인밸런싱(line balancing)은 병목의 생산능력을 잘 활용하는 주문을 받거나 일정계획을 통해 병목을 해결하고자 하는 기법이다.
③ 로트 대 로트(L4L: lot-for-lot) 발주란 각 기간의 발주량이 그 기간의 수요와 동일하도록 정하는 것이다.
④ 경제적 주문량(EOQ) 모형에서는 주문은 한번 배달되는 것으로 가정하지만 경제적 생산량(EPQ) 모형은 주문이 한번에 입고되지 않고 생산 기간 중에 점차적으로 이루어진다고 가정한다.
⑤ 공정별 배치(process layout)는 개별작업 프로세스(job process)에 적합하며, 연속생산 프로세스(continuous flow process)나 라인 프로세스(line process)에는 제품별 배치(product layout)가 적절하다.

2706

다음 중 총괄생산계획(aggregate production planning) 수립 시 고려하는 공급옵션에 해당하지 않는 것은?

① 불균등한 수요나 공급을 완화하기 위한 예상재고(anticipation inventory)의 활용
② 주문적체(backlog)의 활용
③ 고용과 해고를 통한 고용수준의 조정
④ 잔업이나 단축근무를 활용한 노동력 이용률의 조정
⑤ 하청계약이나 휴가계획의 활용

2707

다음 중 총괄생산계획(aggregate production planning)에 대한 설명 중 가장 적절하지 않은 것은?

① 총괄생산계획은 제품군별 계획인데 이는 기업의 전략목표와 일관성을 유지하기 좋고 지나치게 상세한 항목에 빠져들지 않게 하기 위함이다.
② 일반적으로 총괄생산계획의 대상은 제품/서비스, 노동력, 시간 등 3가지이다.
③ 추종전략(chase strategy)은 평준화 전략(level strategy)에 비해 재고관련 비용이 낮고, 노동활용도가 높게 유지된다.
④ 수요가 균일하지 않을 경우, 수요에 공급을 맞추는 것이 어렵기 때문에 보완적 제품, 판매촉진가격, 예약 등을 활용하여 수요의 패턴을 바꾸는 것도 고려되어야 한다.
⑤ 만약 한 기업이 변화하는 수요에 대처하기 위해 고용수준 조정, 잔업, 단축근무, 예상재고, 휴가계획을 활용하고 있다면 이는 평준화 전략(level strategy)에 해당한다.

2708

다음 중 총괄생산계획(aggregate production planning)에 관한 다음 설명 중 가장 적절하지 않은 것은?

① 총괄생산계획이 유용한 이유는 포괄적인 활동에 초점을 맞추고 있어서 기업의 전략목표와 일관성을 유지하기 좋고 지나치게 상세한 항목에 빠져들지 않기 때문이다.
② 모델별 생산계획 혹은 공장별 생산계획을 도출한 후에 이를 총괄화하여 총괄생산을 도출한다.
③ 추종전략(chase strategy)은 고용이나 해고를 이용하여 계획대상시간 동안의 수요예측에 고용수준을 맞추는 방법이다.
④ 평준화 전략(level strategy)은 고용수준을 일정하게 유지하는 전략이다. 대신 잔업, 단축근무, 휴가 등으로 노동력 이용률을 변동시켜 수요예측을 맞춘다.
⑤ 혼합전략(mixed strategy)은 수요충족을 위한 공급옵션을 모두 사용하는 전략으로 예상재고, 시간제 근로자, 하청, 미납주문, 재고고갈 등 모든 옵션을 활용하는 것이다.

2709

다음 중 총괄생산계획(aggregate production planning)에 관한 다음 설명 중 가장 적절하지 않은 것은?

① 총괄생산계획은 판매 및 생산계획(S&OP: sales & operations planning)이라고도 한다.
② 수요를 변경시키는 전략에는 가격조정, 광고에 의한 수요조정, 추후납품을 통한 조정, 새로운 수요창출 등이 있다.
③ 변화하는 수요에 대응하는 전략에는 노동력의 규모조정, 노동력의 이용률 조정, 재고수준 조정, 하청이용 등이 있다.
④ 수요대응전략 중 어느 하나를 단독으로 사용하면 순수전략(pure strategy)이라고 하고 두 가지 이상을 혼합하여 사용하면 혼합전략(mixed strategy)이라고 한다.
⑤ 추종전략(chase strategy)은 수요의 변동성을 극복하기 위하여 완제품의 재고를 가지는 것으로 고용수준이나 생산율을 고정시키고 재고수준을 조절함으로써 수요의 변동을 흡수하는 방법이다.

2710

다음 중 총괄생산계획(aggregate production planning)에 대한 설명 중 가장 적절한 것은?

① 총괄생산계획·자재소요계획(MRP)·주생산계획(MPS)의 순으로 생산계획은 작성된다.
② 만약 한 기업이 변화하는 수요에 대처하기 위해 고용수준 조정, 재고수준 조정, 노동력 이용율 조정을 모두 활용하고 있다면 이는 평준화 전략(level strategy)에 해당한다.
③ 총괄생산계획에서 고려하는 것은 설비투자, 입지선정, 설비배치, 제품설계 등의 비용이다.
④ 평준화전략(level strategy)은 특정 기간 동안의 계획된 산출량이 그 기간의 기대수요와 동일하게 하는 것으로 재고 수준이 적절하게 유지되고, 노동 활용도가 높다는 장점이 있다.
⑤ 총괄생산계획은 분해(disaggregate)되어 계획기간 동안에 개별 최종제품 수량과 생산시기가 나타나는 주생산계획(master production schedule)이 된다.

08 린 시스템 설계

제3편. 경영과학/운영관리

1. 린 시스템 개요

(1) 린 시스템

린 시스템은 2차 대전 이후의 열악한 환경에 처한 일본기업의 경영방식에 부여한 명칭인데, 전체시스템 관점에서 효율적인 프로세스를 만들기 위해 고안한 생산시스템을 통칭함. 린 시스템의 일반적인 요소들을 내장하고 가장 널리 알려진 시스템이 바로 JIT(just-in-time) 시스템

2. 린 시스템 접근을 활용한 지속적 개선

(1) JIT의 철학

JIT의 철학은 단순하지만, 강력한데, "여분의 재고와 용량을 잘라내고 부가가치가 없는 활동을 없애서 낭비를 제거하라"라고 요약할 수 있음

8가지 낭비

낭비	정의
과잉생산	필요하지도 않는데 미리 생산하여 재고와 리드타임을 초래하는 행위
과잉처리	단순한 기계로도 충분한데 고가의 정밀 장비를 사용하는 행위
대기	제품이 이동하지 않거나 처리되지 않고 있어서 발생하는 시간 낭비
운반	프로세스 사이의 지나치게 빈번한 물자 이동
동작	실제 작업과는 관련없는 동작
재고	과잉 재고는 작업 현장의 문제를 숨기며 공간을 차지하고, 리드타임을 늘림
불량품	품질불량은 재작업과 폐기를 초래하여 불필요한 비용 야기, 실패비용 최소화를 목표로 함
종업원의 활용 부족	종업원의 지식과 창의성을 활용하지 못하면 낭비제거 노력이 지속되지 못함

(2) 지속적 개선

린 시스템은 품질과 생산성의 지속적 개선을 유도하기 위해 카이젠(Kaizen, 改善)이라는 방법을 사용. 카이젠의 핵심은 재고수준을 낮게 유지하고 시스템에 주기적으로 압박을 가하여 문제점을 파악하고 린 시스템의 요소들에 집중하는 것임

JIT 시스템에서 지속적 개선

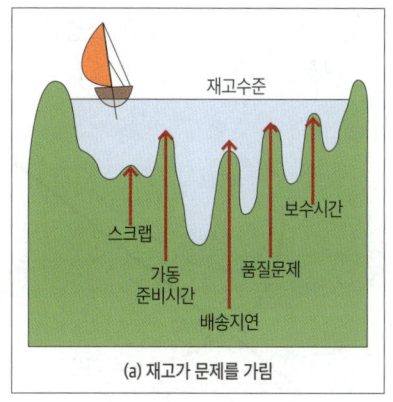
(a) 재고가 문제를 가림

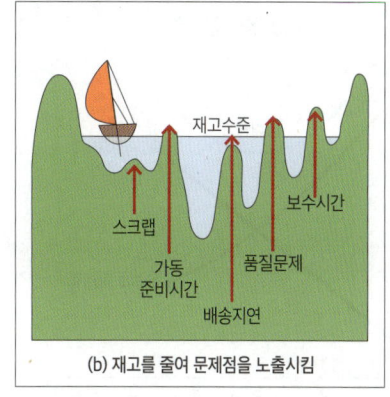
(b) 재고를 줄여 문제점을 노출시킴

3. 린 시스템에서의 공급사슬 관련 사항

(1) 공급업체와의 유대강화

JIT 시스템은 매우 적은 재고로 운영되므로 공급업체와 긴밀한 관계를 유지하는 것이 필수적임

(2) 소규모 로트와 가동준비시간

1) 소규모 로트

로트(lot)란 같이 처리되는 품목의 양을 의미하는데, 린 시스템은 가능한 작은 로트크기로 생산함. 로트가 작아지면 재고수준이 낮아지고 작은 로트는 큰 로트에 비해 자재를 대기하도록 하는 시간이 짧으므로 큰 로트보다 시스템을 빨리 통과함. 또한 작은 로트는 시스템의 작업부하를 균등하게 하고 과잉 생산을 방지함

2) 가동준비시간

로트크기를 줄이면 로트가 클 때보다 종업원이나 장비의 시간 낭비가 많아지므로 작은 로트 생산을 실시하여 효과를 보려면 가동준비(setup)시간을 단축해야 함

3) 경제적 로트크기

가동준비시간이 '0'에 근접하면 이상적인 1단위 로트 크기가 가능해짐

$$Q = \sqrt{\frac{2DS}{H}}$$

여기서 D= 연간 수요
S= 가동준비비용
H= 연간 단위 당 재고유지비용

위 식에서 가동준비시간이 단축되면 가동준비비용 S가 줄어들고 따라서 경제적 로트 크기 Q도 줄어듦

로트 크기에 대한 전통적 접근법과 린 시스템 접근법

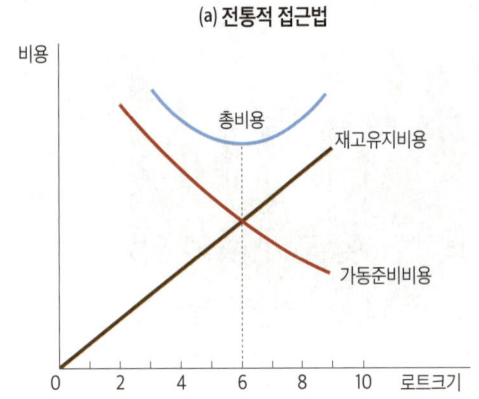
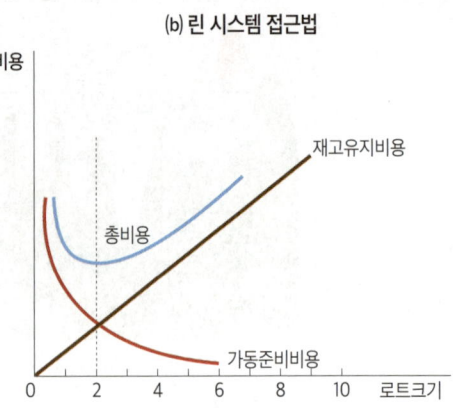

4. 린 시스템에서 프로세스 고려 사항

(1) 풀 방식 업무 흐름

린 시스템은 풀 방식의 자재흐름을 채택하는데 풀 방식(pull method)이란 고객의 주문에 의하여 제품이나 서비스 생산을 개시하는 방식으로 다음 단계의 수요에 의하여 생산이 허가되고 작업물이 이동하는 것을 의미함

(2) 원천적 품질 확보

고객의 기대를 일관성 있게 만족시키기 위해 원천적 품질 확보(quality at the source)라는 관행을 고수하는 것인데, 이 철학은 불량은 그 발생 장소에서 적발하고 고치자는 것임

1) 지도카

원천적 품질 확보를 위해 작업자는 자기 작업의 품질을 스스로 검사하여 불량품은 후속 프로세스에 결코 내려 보내지 않아야 하는데, 문제가 발생하면 자동적으로 프로세스를 정지하고 그 현장에서 바로 고치는 제도를 지도카(Jidoka, 自動化)라 함

2) 포카요케

포카요케(ポカヨケ, poka-yoke)는 실수방지 방법으로 그 목표는 고장이 발생하는 경우 시스템이 자동으로 정지하도록 설계하여 인간의 실수를 막거나 최소화할 수 있도록 하는 방법

3) 안돈

안돈(행등: 行燈)은 생산문제를 가시화하는 하나의 개념임. 간단히 말하면 하나 이상의 색깔있는 전등을 조립라인이나 기계 위에 설치하는 것. 이러한 기법은 제품을 수리하거나 재작업 할 때, 부품의 결품이 나려고 할 때, 생산 중에 불량이 발견되었을 때, 비정상적인 작업이 진행될 때, 작업자에게 이상이 생겼을 때, 그리고 그 밖의 공정에 이상이 있을 때 사용함

(3) 작업장 부하 균일화

린 시스템은 개별 작업장의 1일 부하가 비교적 균등하여야 최상으로 작동하므로, 제조 프로세스에서는 매일 품종 구성과 생산량을 비슷하게 구성하여 작업장의 일별 수요를 균일하게 함. 이를 헤이준카(Heijunka, 平準化)라고 함

(4) 부품·작업방법 표준화

반복성이 높은 서비스 운영에서 효율을 크게 높이려면 작업방법을 분석하고 개선안을 문서화하여 모든 종업원이 사용하게 함

(5) 유연한 노동력

다기능을 보유한 노동력은 여러 가지 작업을 수행할 수 있기 때문에 병목현상이 일어나더라도 재고에 의존하지 않고 해결하는데 도움을 주며, 질병이나 휴가로 빠진 작업자의 일을 대신 할 수도 있음. 제품이나 서비스의 고객화가 높을수록 다기능 작업자의 필요성은 더 커짐

(6) 종합적 예방정비

린 시스템에서는 업무 흐름이 정교하게 조절되고 여유 용량이 작업장 간 안전재고가 거의 없기 때문에 기계의 불시정지는 혼란을 야기하게 됨. 그러므로 종합적 예방정비(TPM: total preventive maintenance)를 통하여 미리 계획된 정비시간에 기계의 부품교체를 실시하는 편이 기계가 생산 도중에 고장 났을 때보다 쉽고 빠름

5. 린 시스템 배치

(1) 1인 복수기계작업 셀

1인 복수기계작업(OWMM: one-worker, multiple-machines) 셀은 한 사람의 작업자가 라인흐름의 효과를 얻을 수 있도록 한 작업장에서 여러 대의 기계를 동시에 다루는 방법

1인 복수기계작업 셀

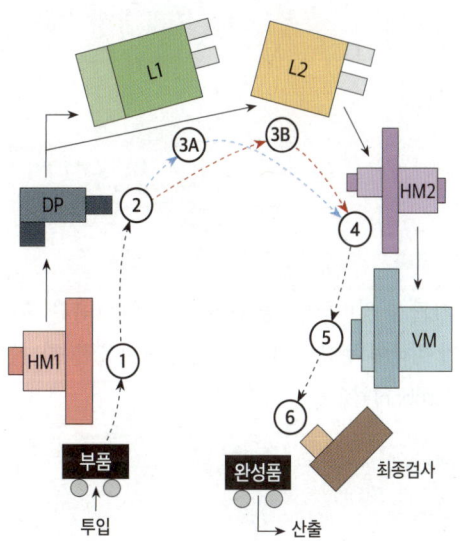

(2) 그룹 테크놀러지 셀

그룹 테크놀러지(GT: group technology)는 부품 혹은 제품들을 비슷한 특성을 갖는 것끼리 유사군(family)을 형성하여 그것들을 생산할 수 있는 기계들을 그룹화(제조셀)하는 것

GT기법을 적용하기 전후의 공정흐름

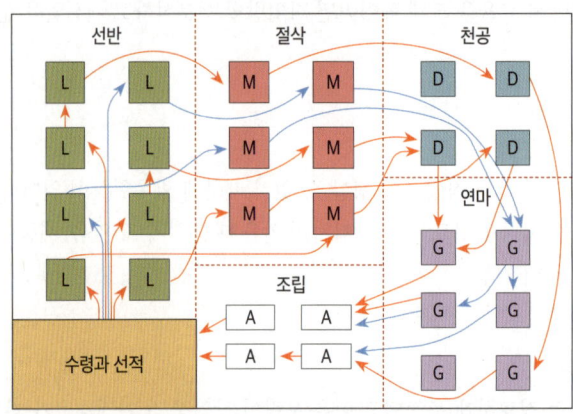

(a) GT기법을 적용하기 전의 공정흐름

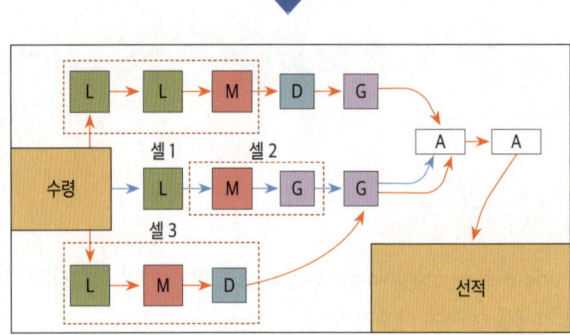

(b) GT기법을 적용한 후의 공정흐름

6. 칸반 시스템

(1) 개요

칸반(Kanban, 看板)은 일본말로 '카드'를 의미하며, 공장에서 생산의 흐름을 통제하기 위해 사용되는 카드를 가리킴. 생산 허가와 자재 이동을 통제하기 위하여 두 가지 유형의 칸반이 사용됨. 하나는 생산칸반(production Kanban)이고, 다른 하나는 인출칸반(withdrawal Kanban)임

칸반시스템의 작동원리

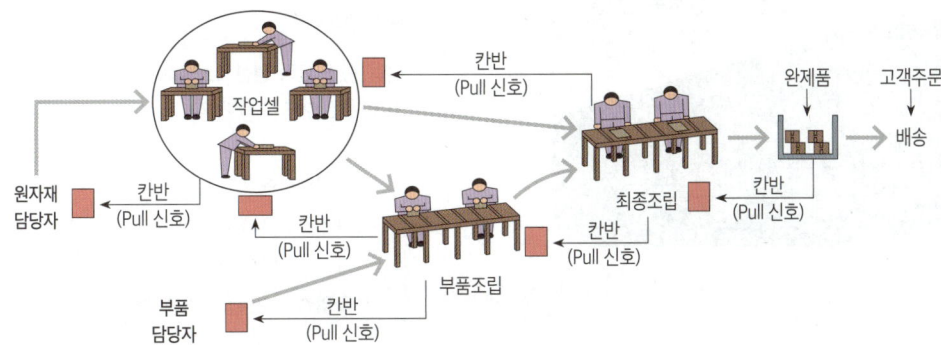

(2) 운영

칸반시스템(Kanban system)은 한 작업장에서 다음 작업장으로 부품을 적시에 끌어가기 위해 사용되는 칸반과 컨테이너로 구성된 단순하고 가시적(可視的)인 부품 인출시스템임. 칸반시스템의 목적은 부품이 더 필요하다는 신호를 보내고, 다음 단계의 제작이나 조립작업을 지원하도록 부품이 적시에 생산되도록 하는데 있음

(3) 칸반시스템의 작동

작업장 A와 B(A가 B에 공급) 사이에 8대의 컨테이너가 사용되며, 각 컨테이너는 정확하게 20개의 부품을 담을 수 있다고 가정하면, 모든 컨테이너가 채워지면 작업장 A의 생산은 중단되므로 두 작업장 간의 최대재고는 160(=80×2)개가 됨.

정상적인 경우, 3대의 컨테이너는 부품이 가득 채워진 상태로 작업장 A의 산출지역에 위치해 있고, 1대의 컨테이너는 작업장 A에서 부품이 생산되는 대로 채워지고 있음. 1대의 가득 채워진 컨테이너는 작업장 A에서 B로 이동 중이고, 2대의 가득 채워진 컨테이너는 작업장 B의 투입지역에 사용을 위해 대기 중이며, 나머지 1대의 컨테이너는 작업장 B의 생산을 위해 사용되고 있음

칸반시스템

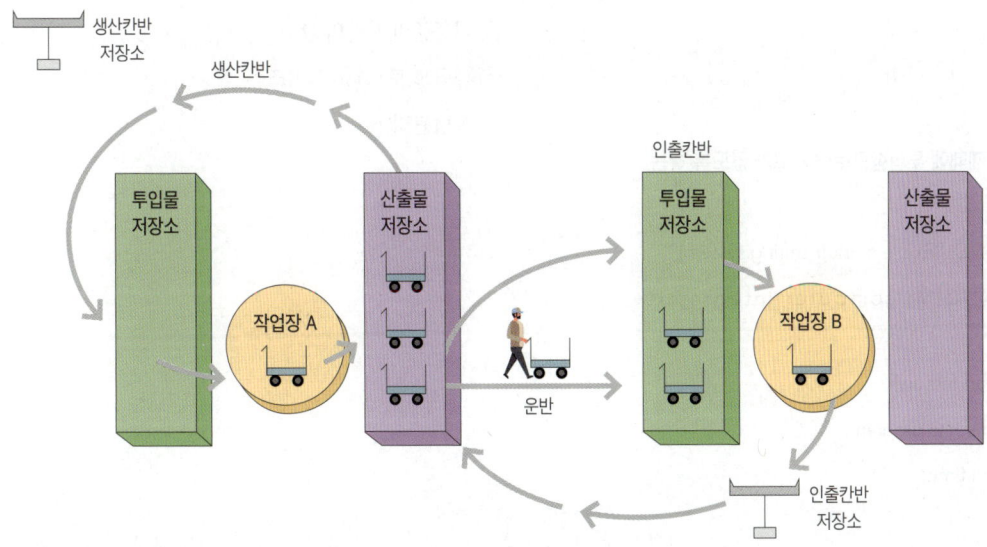

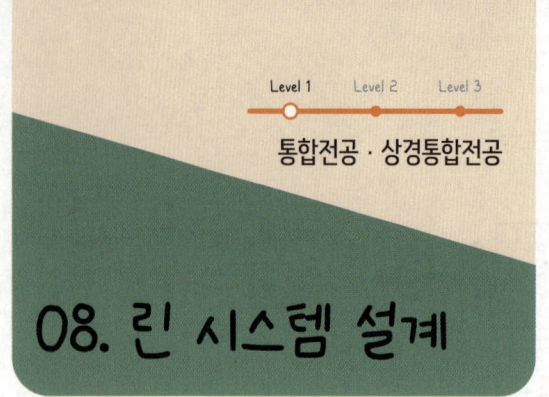

08. 린 시스템 설계

JIT 철학

2711
2022 공인노무사

생산 프로세스에서 낭비를 제거하여 부가가치를 극대화하기 위한 것은?

① 린(lean) 생산
② 자재소요계획(MRP)
③ 장인 생산(craft production)
④ 대량고객화(mass customization)
⑤ 오프 쇼오링(off-shoring)

2712
2020 경영지도사

생산에 필요한 요소를 제때에 투입함으로써 재고가 없도록 하는 생산 방식은?

① 유연생산시스템(FMS: flexible manufacturing system)
② 컴퓨터 통합생산(CIM: computer integrated manufacturing)
③ 스마트 팩토리(smart factory)
④ 무결점운동(zero defects program)
⑤ 적시생산(JIT: just in time)

2713
2023 공인노무사

다음 중 도요타 생산시스템에서 정의한 7가지 낭비유형에 해당하는 것을 모두 고른 것은?

> ㄱ. 과잉생산에 의한 낭비
> ㄴ. 대기시간으로 인한 낭비
> ㄷ. 재고로 인한 낭비
> ㄹ. 작업자 재교육으로 인한 낭비

① ㄱ, ㄴ
② ㄷ, ㄹ
③ ㄱ, ㄴ, ㄷ
④ ㄴ, ㄷ, ㄹ
⑤ ㄱ, ㄴ, ㄷ, ㄹ

JIT 특징

2714
2008 가맹거래사

적시생산(JIT : just-in-time)의 주요 요소로 볼 수 없는 것은?

① 부품의 표준화
② 고품질
③ 가동준비 시간의 감소
④ 대규모 로트(lot) 사이즈
⑤ 예방관리

2715
2009 가맹거래사

적시생산계획(Just In Time: JIT)에 관한 설명으로 옳지 않은 것은?

① 적시에 적량의 필요한 부품을 생산에 공급하도록 하는 생산·재고관리 시스템이다.
② 계획생산을 통해 재고부족이나 주문지연을 방지하는 푸시 시스템(push system)이 적용된다.
③ 생산허가와 자재이동을 위한 방법으로 칸반시스템(kanban system)을 사용한다.
④ 생산 롯트의 축소(소롯트화)를 통해 재고의 낭비를 제거하고 생산을 평준화하려 한다.
⑤ 수요변동에 따라 생산시설과 작업자 수의 유연성이 요구되므로 다기능공이 필요하다.

2716
2010 가맹거래사

적시생산(JIT) 시스템의 특성에 해당하지 않는 것은?

① 다기능 작업자의 투입
② 소규모 로트(lot) 크기
③ 부품과 작업 방식의 표준화
④ 푸시(push) 방식의 자재흐름
⑤ 작업장간 부하 균일화

2717
2016 가맹거래사

JIT시스템의 구성요소로 옳지 않은 것은?

① 간판방식
② 생산의 평준화
③ 공급자 네트워크
④ 다기능작업자
⑤ 대규모 로트 사이즈

2718
2017 가맹거래사

JIT(just in time) 구매방식의 특징이 아닌 것은?

① 소량 구매
② 소수의 협력업체
③ 품질과 적정가격에 의한 장기계약
④ 구매에 관한 문서의 최소화
⑤ 적은 납품횟수

2719
2011 공인노무사

적시생산(JIT) 시스템의 특성이 아닌 것은?

① 푸시시스템(push system)
② 칸반 생산
③ 공장부하의 균일화
④ 유연한 자원
⑤ 빠른 생산준비시간

2720
2013 공인노무사

다음 특성에 알맞는 생산운영관리시스템의 명칭은?

| • 칸반(Kanban) 시스템 | • 린(lean) 시스템 |
| • 무재고 생산 지향 | • 생산의 평준화 |

① JIT
② MRP
③ MRP Ⅱ
④ CIM
⑤ FMS

2721
2014 공인노무사

린(lean) 생산방식의 전제조건이 아닌 것은?

① 작업장 정비
② 품질경영과 실수방지책 구축
③ 푸쉬 시스템 도입
④ 생산준비시간 단축
⑤ 생산스케줄 평준화와 안정화

2722
2015 공인노무사

JIT(Just-in-time) 시스템의 특징으로 옳지 않은 것은?

① 푸쉬(push) 방식이다.
② 필요한 만큼의 자재만을 생산한다.
③ 공급자와 긴밀한 관계를 유지한다.
④ 가능한 한 소량 로트(lot) 크기를 사용하여 재고를 관리한다.
⑤ 생산지시와 자재 이동을 가시적으로 통제하기 위한 방법으로 간판(Kanban)을 사용한다.

2723
2015 경영지도사

적시생산시스템(JIT)에 관한 설명으로 옳지 않은 것은?

① 유럽의 자동차회사에서부터 시작되었음
② 공간절약을 통해 비용을 절감하고자 함
③ 재고를 최소화하고자 함
④ 이 시스템은 대량의 반복생산체제에 적합함
⑤ 유통망의 장애를 고려하지 않는다는 단점이 존재

2724
2017 경영지도사

적시생산시스템(JIT) 구성요소에 해당하지 않는 것은?

① 간판방식
② 대로트생산
③ 생산의 평준화
④ 다기능작업
⑤ 준비시간 최소화

2725
2021 9급 군무원

JIT(Just-In Time) 생산시스템의 특징에 해당하지 않는 것은?

① 적시구매
② 소로트의 반복생산
③ 안전재고의 저장
④ 다기능공의 존재

2726
2016 7급 서울시

다음 중 적시생산방식(JIT)시스템의 특징이 아닌 것은?

① 풀시스템(pull system)
② 칸반(kanban)에 의한 생산통제
③ 생산평준화
④ 소품종 대량생산체제

2727
2018 7급 서울시

적시생산방식(JIT)시스템에 대한 설명 중 가장 옳은 것은?

① 로트(lot)의 크기를 최대화하여 단위 제품당 생산시간과 생산비용을 최소화한다.
② 생산활동에서 낭비적인 요인들을 제거하는 것이 필수적이다.
③ JIT시스템이 원활하게 진행되기 위해서는 제조준비(set-up)시간의 충분한 증가가 먼저 이루어져야 한다.
④ 사전에 수립된 계획에 따라 실제 생산이 이루어지도록 지시하는 일종의 풀(pull)시스템이다.

2728
2021 7급 국가직

적시생산시스템(Just-In-Time Production)에 대한 설명으로 옳은 것은?

① 로트(lot)크기를 줄이려고 하며, 소로트 생산으로 인한 생산준비 비용 최소화와 생산준비 시간의 단축이 중요한 과제가 된다.
② 기계설비의 예방보전은 불필요한 자원의 낭비라고 판단하여 기계의 고장 수리를 보다 강조한다.
③ 작업자들의 전문화를 강조하기 위하여 작업을 세분화한 후 개별 작업자들에게 할당하며, 다기능작업자 양성보다 전문적 작업자 양성을 목표로 하고 있다.
④ 생산 목표의 초과 달성으로 인한 과잉재고는 문제가 되지 않으며, 약간의 불량은 인정된다.

2729
2023 가맹거래사

JIT(just in time) 생산방식에서 제거 대상으로 제시한 낭비에 해당하지 않는 것은?

① 과잉생산에 의한 낭비
② 대기시간으로 인한 낭비
③ 수송으로 인한 낭비
④ 재고 부족으로 인한 낭비
⑤ 제품 불량에 의한 낭비

2730
2023 경영지도사

적시생산시스템(JIT)이 지향하는 목표로 옳지 않은 것은?

① 제조 준비시간의 단축
② 충분한 재고의 확보
③ 리드타임의 단축
④ 자재 취급 노력의 경감
⑤ 불량품의 최소

2731
2023 9급 군무원

다음에서 설명하는 생산시스템으로 가장 적절한 것은?

> 이 생산시스템은 생산활동에서 가치를 부가하지 않는 활동, 자재, 운영 등 낭비의 원천을 제거하여 생산효율을 극대화한다. 프로세스 개선을 통해 제품 품질을 향상시킨다. 재고 감소를 통한 생산 리드타임 단축으로 고객의 수요변화에 신속히 대응한다.

① 린(Lean) 생산시스템
② ERP 생산시스템
③ MRP 생산시스템
④ Q-system

2732
2023 5급 군무원

적시(just in time) 생산방식이 제조업의 생산성 향상에 기여하는 방식으로 가장 적절하지 않은 것은?

① 원자재와 부품이 최저 가격으로 공급될 수 있도록 충분한 재고를 갖춘다.
② 작업 효율을 높이기 위해 5S라는 작업장 관리 운용을 시행한다.
③ 협력사와 긴밀한 업무 협조를 갖추는 것이 필요하다.
④ 종업원의 적극적 참여를 유도하여 생산 품질을 높인다.

2733
2024 공인노무사

준비 비용이 일정하다고 가정하는 경제적 주문량(EOQ)과는 달리 준비 비용을 최대한 줄이고자 하는 시스템은?

① 유연생산시스템(FMS)
② 자재 소요 관리시스템(MRP)
③ 컴퓨터통합생산시스템(CIM)
④ ABC 재고관리시스템
⑤ 적시생산시스템(JIT)

2734
2024 7급 서울시

적시생산시스템(JIT)에 대한 설명으로 가장 옳지 않은 것은?

① 재고와 생산시간을 최소화시키는 것이 기본 목표이다.
② 칸반 시스템(kanban system)은 이동 간판과 생산 간판으로 구성되며, 생산허가와 부품운반의 기능을 담당한다.
③ 수립된 생산계획에 따라 미리 자재의 양을 결정하여 앞 공정에 투입된 중간생산물을 순차적으로 밀어내는 푸쉬 시스템(push system)으로 구성된다.
④ 공급업체는 장기공급계약에 의한 독점적 공급으로 소량 다회 납품한다.

JIT vs MRP

2735
2020 가맹거래사

JIT 및 MRP 시스템에 관한 설명으로 옳은 것은?

① JIT는 재고를 자산으로 인식한다.
② JIT는 계획 추진시스템이다.
③ MRP의 관리 목표는 재고의 최소화이다.
④ JIT는 생산준비시간과 로트크기를 최소화 하고자 한다.
⑤ MRP는 무결점을 지향한다.

2736
2020 7급 서울시

재고관리의 전통적 접근과 적시관리(just in time, JIT) 접근에 대한 설명으로 가장 옳은 것은?

	전통적 접근	JIT 접근
①	재고는 부채이다	재고는 자산이다
②	단시간 생산가동한다	장시간 생산가동한다
③	조달기간을 단축시킨다	조달기간이 길어도 무방하다
④	다수의 공급자로부터 공급 받는다	단일의 공급자로부터 공급 받는다

2737
2018 가맹거래사

GT(group technology)에 관한 설명으로 옳은 것은?

① 다품종 소량생산에서 유사한 가공물들을 집약·가공할 수 있도록 부품설계, 작업표준, 가공 등을 계통화시켜 생산효율을 높이는 기법
② 설계와 관련된 엔지니어링 지식을 병렬적으로 통합하는 기법
③ 제품설계, 공정설계, 생산을 완전히 통합하는 기법
④ 원가절감과 기능개선을 목적으로 가치를 향상시키는 기법
⑤ 기업전체의 경영자원을 최적으로 활용하기 위하여 업무 기능의 효율화를 추구하는 기법

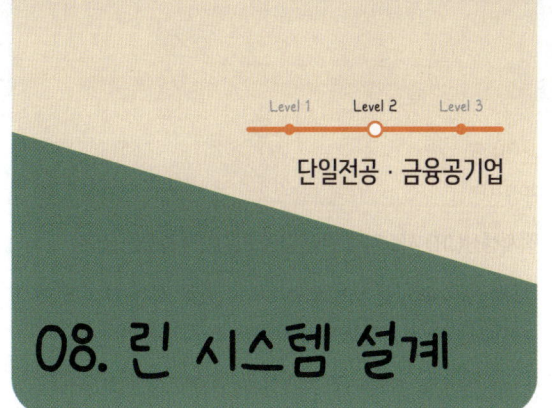

08. 린 시스템 설계

JIT 특징

2738
2004 CPA

적시생산(Just-in-time: JIT)시스템에 관한 다음의 설명 중 가장 적절치 않은 것은?

① JIT시스템은 반복적 조립생산공정에 유효하며 비교적 적은 품종의 제품을 생산할 경우에 보다 효과적으로 운영될 수 있다.
② JIT시스템은 생산활동에서 낭비적인 요인들을 제거하는 것이 궁극적 목적이다.
③ 간판(kanban)시스템은 JIT시스템을 지원하는 일종의 정보시스템으로서 상위 작업장으로부터의 작업흐름을 통제하는 목적으로 사용된다.
④ JIT시스템의 성공적 도입을 위해서는 제조준비(set-up) 시간의 충분한 증가가 먼저 이루어져야 한다.
⑤ JIT시스템을 효과적으로 운영하기 위해서는 생산의 평준화가 이루어져야 한다.

2739
2010 CPA

JIT(Just-in-Time) 방식에 관한 다음의 설명 중 가장 적절하지 않은 것은?

① JIT는 자재흐름을 위해 풀(pull) 시스템을 사용하며, 제품의 가치에 공헌하지 않는 것은 모두 낭비로 규정하여 재고를 최소로 유지하는 시스템이다.
② 생산흐름을 통제하기 위한 신호수단으로 간판(Kanban)을 사용하며 비반복적이고 소규모 뱃치(batch)로 생산하는 개별주문생산공정에 적합하다.
③ 공급원에서부터 품질관리를 한다는 원칙으로 공장의 작업자 자신들이 품질검사자 역할을 하며 작업결과의 품질에 대한 책임을 진다.
④ 작업자가 기계의 가동준비와 정비까지 할 수 있도록 보다 넓은 범위의 기술을 요구하며, 전통적인 제조방식에 비해 작업자에게 다양한 기술과 강한 팀워크를 요구한다.
⑤ JIT의 궁극적인 목표는 비용절감, 재고감소 및 품질향상을 통한 투자수익률 증대이다.

2740
2011 CPA

린 생산(Lean Production)과 적시생산(JIT: Just-in-time)에 관한 설명 중 적절한 항목만으로 구성된 것은?

> a. 린 생산은 JIT를 미국식 환경에 맞추어서 재정립한 것으로 JIT의 주요 구성요소가 린 생산에서도 그대로 적용된다.
> b. 린 생산에서 린(lean)은 낭비 없는 생산(wasteless production)을 의미하며 생산과정에서 발생하는 어떤 유형의 낭비도 철저히 제거하자는 것이 린 생산의 핵심이다.
> c. 린 생산에서 과잉재고의 보유는 작업장의 품질문제를 숨기는 것으로 인식되고 있다.
> d. 린 생산에서 기계 및 설비가 고장 나기 이전에 예방보전(preventive maintenance)을 하는 것은 자원의 낭비라고 판단하여 기계가 고장난 이후 수리를 실시하는 고장수리(corrective maintenance)를 보다 강조한다.
> e. JIT는 효율성을 추구하는 것을 목표로 하여 로트(lot)의 크기를 최소로 유지하고 작업자들이 한 가지 작업에만 집중하여 숙달할 수 있도록 작업들을 가능한 한 세분화한 후 개별 작업자에게 할당한다.

① a, b, c ② a, b, e
③ b, c, d ④ b, c, e
⑤ c, d, e

2741
2013 CPA

린생산시스템(Lean Production System)에서는 작은 로트 크기 (lot size)를 추구한다. 작은 로트 크기가 공정에 미치는 영향에 관한 다음 설명 중 적절한 항목만을 모두 고르면?

> (가) 로트 크기를 줄이면 생산준비(set-up) 비용이 감소하게 되어 생산준비 횟수를 줄일 수 있다.
> (나) 로트 크기를 줄이면 소규모의 주문을 자주 발주하게 되어 생산계획을 공급업체와 공유하더라도 채찍효과 (bullwhip effect)가 증가된다.
> (다) 로트 크기를 줄이면 주기재고(cycle inventory)가 감소하여 재고유지비용이 낮아지고 재고 보관을 위한 공간이 줄어들게 된다.
> (라) 로트 크기를 줄이면 공정에서 발생한 품질문제를 조사하거나 처리하는 시간이 감소하게 된다.

① (가), (나) ② (가), (다)
③ (나), (다) ④ (나), (라)
⑤ (다), (라)

2742
2016 CPA

적시생산(JIT)시스템에 관한 설명으로 가장 적절한 것은?

① 생산리드타임(production lead time) 단축, 생산준비시간 (set-up time) 단축, 생산평준화(production leveling) 등을 추구한다.
② 로트(lot)의 크기를 최대화하여 단위 제품당 생산시간과 생산비용을 최소화한다.
③ 선후행 작업장 사이에 발생하는 재고의 양은 칸반 (Kanban)의 수에 반비례하므로 칸반의 수를 최대화하고 재고를 줄이기 위한 방안을 지속적으로 강구한다.
④ 품질향상을 위해 품질비용 중 예방비용(prevention cost) 의 최소화를 목표로 한다.
⑤ 수요의 변동이 생산시스템에 미치는 영향을 최소화하기 위해 자재소요계획(MRP)을 기반으로 생산 및 통제를 실시한다.

2743
2017 CPA

적시생산(JIT) 시스템에 관한 설명으로 가장 적절한 것은?

① 사전에 수립된 자재소요계획에 따라 실제 생산이 이루어지도록 지시하는 일종의 풀(pull) 시스템이다.
② 각 제품의 수요율과 생산율을 최대한 일치시키고자 필요한 만큼씩만 생산하게 되므로 로트크기 감소를 위한 생산준비시간의 단축이 중요한 요소가 된다.
③ 칸반(kanban)시스템을 통해 공급자에게 소규모의 빈번한 조달을 요구해야 하므로 다수의 공급자를 유지하고 공급자와 단기계약을 체결하는 것이 중요하다.
④ 무결함(zero defect) 생산을 추구하므로 불량품이 재고에 의해 보충되도록 적정 수준의 안전재고를 유지하는 것이 중요하다.
⑤ 생산시스템의 효율을 극대화하기 위해 생산준비 이후 동일 제품을 최대한 많이 생산하고 다음 제품으로 생산 전환을 하는 혼류생산(mixed-model production) 및 생산평준화(production leveling)를 실시한다.

2744
2018 CPA

토요타생산시스템(TPS)에 관한 설명으로 가장 적절한 것은?

① TPS 집을 구성하는 2가지 기둥은 JIT와 풀시스템이다.
② 생산평준화(heijunka)를 위해 지도카(jidoka), 자재소요계획(MRP) 등을 활용한다.
③ 전통적인 제조방식에 비해 다기능 작업자보다는 하나의 작업에 전문적인 능력을 갖춘 작업자의 육성을 강조한다.
④ 재작업, 대기, 재고 등을 낭비의 유형으로 간주한다.
⑤ 이용률 최대화 및 재공품의 안정적 흐름을 위해, 공정에 품질 등의 문제가 발생하더라도 공정을 계속적으로 운영할 것을 강조한다.

2745
2022 CPA

린 생산(lean production)에 관한 설명으로 가장 적절하지 않은 것은?

① 작업장의 재고를 정교하게 통제하기 위해 풀 방식(pull system)에 의한 자재흐름이 적용된다.
② 생산 프로세스의 작업부하를 일정하게 하고 과잉생산을 방지하기 위해 가능한 작은 로트(lot) 단위로 생산한다.
③ 수요변동에 효과적으로 대응하기 위해 급변하는 환경을 가정하여 설계되었다.
④ 린 생산 시스템의 성공적인 정착을 위해서는 가동준비시간(setup time)의 최소화가 필요하다.
⑤ 린 생산을 도입할 경우 전통적인 생산시스템에 비해 공급자 수는 감소하는 대신 공급자와의 유대는 강화되는 경향이 있다.

2746
2023 CPA

적시생산시스템(JIT system)에 관한 설명으로 가장 적절하지 않은 것은?

① 적시생산시스템에서는 재고나 여유용량이 생산 프로세스에 내재되어 있는 문제를 감추는 역할을 하는 것으로 본다.
② 실수를 피하는 프로그램이라는 의미의 헤이준카(heijunka)는 작업자의 오류가 실제 결함으로 이어지지 않고 신속하게 수정될 수 있도록 도와준다.
③ 롯트(lot) 단위가 작아질수록 수요변동에 쉽게 대응할 수 있으므로 이상적인 롯트 단위를 1로 본다.
④ 칸반(kanban)은 부품 컨테이너(container)마다 필요하므로 공정통제를 위해 사용되는 칸반의 수와 부품 컨테이너의 수는 비례 관계에 있다.
⑤ 공정 자동화로 인해 소수의 작업자가 다양한 기계를 다루게 되므로 전통적 제조방식에 비해 더 많은 기능을 수행할 수 있는 다기능작업자를 필요로 한다.

JIT vs MRP

2747
2001 CPA

푸쉬 시스템(push system)과 풀 시스템(pull system)을 비교한 다음 내용 중 가장 적절하지 않은 것은?

	푸쉬(push) 시스템	풀(pull) 시스템
①	적시생산 시스템에 적합	자재소요계획 시스템에 적합
②	생산자 중심	소비자 중심
③	비반복생산의 재고관리	반복생산의 재고관리
④	약간의 불량 인정	무결점을 추구
⑤	납품업자와 적대관계	납품업자와 협력관계

2748
2007 CPA

JIT(Just-In-Time)방식과 미국식 포드시스템(Ford system)에 기반을 둔 전통적 생산방식의 일반적 특성을 비교한 다음 설명 중에서 가장 적절하지 않은 것은?

① 전통적 생산방식은 계획 중심적이고 컴퓨터 의존적이나 JIT는 통제 중심적이며 시각적 통제를 강조한다.
② 전통적 생산방식은 전문화되고 개인주의적인 노동력에 기반을 두고 있으나 JIT는 유연하며 팀 중심적인 노동력에 기반을 둔다.
③ 전통적 생산방식은 비교적 충분한 재고를 갖고 운영되나 JIT는 재고를 낭비로 보아 극소화 한다.
④ 전통적 생산방식은 다수의 경쟁적인 공급업자를 갖으나 JIT는 하나 혹은 소수의 협력적 공급업자를 갖는다.
⑤ 전통적 생산방식은 생산성을 위해 짧은 준비시간(setup time)을 추구하나 JIT는 안정적 생산을 위해 비교적 긴 준비시간을 추구한다.

GT

2749
2009 CPA

생산시설의 설비배치와 관련된 다음 서술 중 가장 적절한 것은?

① 공정별 배치(process layout)는 제품이나 고객이 일정한 흐름을 따라 움직이며 생산설비와 자원은 해당 제품이나 서비스의 완성경로에 따라 배치되는 것을 의미한다.

② 제품별 배치(product layout)는 선박의 건조나 대형 항공기의 제작과 같이 제품이 매우 크거나 움직일 수 없는 경우에 작업자들이 해당 제품으로 도구와 장비를 가지고 와서 작업하는 것을 의미한다.

③ GT(group technology)는 한 사람의 작업자가 라인 흐름의 효과를 얻을 수 있도록 한 작업장에서 여러 대의 기계를 동시에 다룰 수 있게 만드는 방법이다.

④ 표준화된 한 가지 제품을 대량생산하기 위해 필요한 설비를 배치하는 경우에는 작업장의 크기 및 작업장 간 인접요인의 계량화가 가장 중요하다.

⑤ 라인 밸런싱(line balancing)은 연속적인 흐름을 갖는 공정에서 최소의 작업장 수로 원하는 생산속도를 달성하기 위해 작업을 작업장에 할당하는 것이다.

2750
2010 CPA

GT(group technology)배치에 관한 다음의 설명 중 가장 적절하지 않은 것은?

① 제품 생산방식을 제품별 생산시스템에서 개별 생산시스템으로 변환하여 이점을 얻고자 하는데 있다.

② 빠른 학습효과로 인해 작업자의 능률을 향상 시키며 소규모 작업팀의 작업자 간에 더 좋은 인간관계를 형성한다.

③ 상대적으로 적은 종류의 제품으로 가동 준비횟수와 가동준비시간(setup time)을 줄일 수 있다.

④ 셀은 몇 가지 생산단계를 결합하기 때문에 재공품 재고가 감소하고 부품의 이동과 대기 시간을 감축시킨다.

⑤ 서로 다른 기계를 같은 셀에 할당하여 라인배치와 유사한 형태를 가지며 금속조립과 컴퓨터 칩 제조 그리고 조립작업에 널리 활용된다.

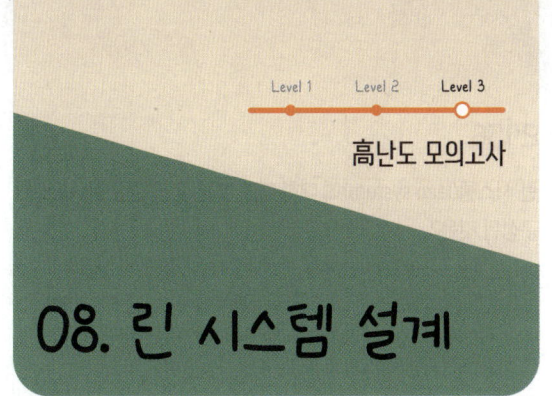

08. 린 시스템 설계

2751

린 시스템(lean system)과 적시생산(JIT) 시스템에 대한 다음 설명 중 가장 적절한 항목만으로 구성된 것은?

> a. 서비스는 형태가 없기 때문에 린시스템은 서비스업에는 적용불가하다.
> b. 린시스템은 생산성 향상을 위해 소규모 장비보다는 고가의 정밀장비를 활용할 것을 요구한다.
> c. 지도카(jidoka, 自動化)란 물량 조절과 제품혼합을 모두 사용하여 생산부하를 평준화하는 방법을 말한다.
> d. 린 시스템이 등장하면서 생산현장에서 근로자의 역할은 더욱 중요해지고 있다.
> e. 린 시스템에서는 업무흐름이 정교하게 조절되고 여유용량이나 작업장 간 안전재고가 거의 없기 때문에 기계의 불시 정지는 혼란을 야기한다.
> f. 린 시스템에서 활용하는 1인복수기계작업(OWMM)셀이나 그룹테크놀러지(GT)셀은 여러 작업자로 구성된 생산라인이 한 유형의 고객이나 제품만 전담하기에는 생산량이 충분하지 않은 경우에도 라인 흐름의 이점을 얻을 수 있게 해준다.

① a, b, c ② b, d, e
③ b, c, d ④ c, d, e
⑤ d, e, f

2752

JIT 시스템에 대한 다음 설명 중 가장 적절하지 않은 것은?

① 그룹테크놀러지(GT)가 적용된 JIT 시스템은 부품이 한 작업장에서 다음 작업장으로 원활하게 흘러갈 수 있도록 재정비되므로 공정 간 완충재고가 제거된다.
② 로트크기의 축소는 가동준비횟수를 증가시키므로 JIT 시스템에서는 가능한 큰 로트를 사용한다.
③ JIT는 반복생산에 적합하고, MRP는 비반복적 생산에 적합하다.
④ 소량의 완충재고만을 보유하는 JIT 시스템에서 기계고장은 큰 혼란을 야기하기 때문에 예방적 보수활동이 매우 중요하다.
⑤ 칸반(kanban)은 생산의 흐름을 통제하기 위해 사용하는 카드를 의미한다.

2753

JIT(just in time)에 관한 다음 설명 중 적절한 항목으로만 구성된 것은?

> a. 고객이 제품을 구입해 가면 최종조립자가 생산자에게 필요한 만큼의 제품 생산을 추가로 발주하는 방식의 자재흐름
> b. 공정의 반복성이 낮고 다품종 소량 생산에 적합함
> c. 작은 로트크기는 가동준비(setup)횟수를 증가시키므로, 가동준비시간의 단축이 필수적임
> d. 시스템의 효율성을 높이기 위해 일일 작업부하량을 일정하게 유지
> e. 대량 생산기술로 작업자의 유연성이 낮음

① a, b, c ② a, c, d
③ b, c, d ④ c, d, e
⑤ b, d, e

2754

JIT(just in time)에 관한 다음 설명 중 가장 적절하지 않은 것은?

① 유사한 제품라인의 생산량이 충분히 많지 않은 경우 그룹 테크놀러지(GT: group technology)를 사용하여 공통적 특성을 가진 부품군을 대량으로 생산하는 소규모 생산라인을 설계한다.
② 비반복 생산보다는 반복 생산 공정에 적합하다.
③ 작업자들의 유연성이 높아 병목현상을 줄이기 위해 작업장 간 자유로운 배치가 가능하다.
④ 균일한 작업부하를 유지하기 위해 매일매일 생산하는 품종의 구성과 수량을 일정하게 유지해야 한다.
⑤ SMED(single-minute exchange of die)를 사용하여 작업준비에 충분한 시간을 확보한다.

2755

JIT(just in time) 시스템에 대한 다음 설명 중 가장 적절하지 않은 것은?

① 풀 방식(pull method)의 자재흐름을 사용하는데, 풀 방식은 고객이 주문하기 전에 생산을 시작하는 방식으로 주로 표준화된 제품 생산에 적절하다.
② 생산시설에 걸리는 부하를 균등하게 하기 위해 헤이준카(heijunka, 平準化)라는 개념을 사용하여 생산부하를 평준화한다.
③ JIT는 반복생산에 적합하고, MRP는 비반복 생산에 적합하다.
④ 소량의 완충재고만을 보유하는 JIT 시스템에서 기계고장은 큰 혼란을 야기하기 때문에 예방적 보전활동이 매우 중요하다.
⑤ 여러 제품을 소량생산하는 생산라인에서 제품별 배치(product layout)의 효과를 내기 위해 유사한 공정을 요구하는 제품의 집단을 형성하여 기계의 가동준비(setup)를 최소화하는 것을 그룹테크놀러지(GT)라고 한다.

2756

린 시스템(lean system)에 대한 다음 설명 중 적절한 항목으로만 구성된 것은?

> a. 린 시스템은 기업의 모든 활동에서 낭비와 지연을 제거하여 부가가치를 극대화하는 운영시스템으로 제조업과 서비스업에 모두 적용 가능하다.
> b. 린 시스템은 운영전략, 프로세스 설계, 품질관리, 제약관리, 설비배치, 공급사슬설계, 재고관리를 모두 포함하는 개념이다.
> c. 린 시스템의 공급자들은 고품질의 부품을 공급해야 하며, 자주 배달하고, 리드타임이 짧아야 한다.
> d. 린 시스템에서는 작은 로트를 사용하는데, 이것이 의미하는 바는 한 번 가동준비(setup)하여 함께 생산하는 물량이 작다는 것을 의미한다.
> e. 린 시스템에서는 작업장에 균일한 부하를 유지하기 위해 매일 품종 구성과 생산량을 비슷하게 하여 작업장의 일별 수요를 균일하게 한다.

① a, b, c
② b, c, d
③ b, c, d, e
④ a, b, d, e
⑤ 모두

2757

린 시스템(lean system)에 대한 다음 설명 중 가장 적절하지 않은 것은?

① 린 시스템은 기업의 모든 활동에서 낭비와 지연을 제거하여 부가가치를 극대화하는 운영시스템을 의미한다.
② 린 시스템에서 말하는 지속적 개선(kaizen)의 핵심은 재고수준을 낮게 유지하고 시스템에 주기적으로 압박을 가하여 문제점을 파악하고, 문제점을 개선하는 것을 말한다.
③ 린 시스템의 공급자들은 고품질의 부품을 자주 배달해야 하며, 리드타임이 짧아야 하고, 적시에 도착해야 한다.
④ 린 시스템에서 활용하는 원천적 품질확보(quality at the source)란 불량은 그 발생 장소에서 찾아내고 고치자는 것으로 이를 위해 토요타 생산 시스템에서는 지도카(jidoka, 自動化)를 활용하고 있다.
⑤ 린 시스템에서는 작업장의 부하 균일화를 위해 헤이준카(heijunka, 平準化)라는 개념을 사용하는데 이는 고객들의 주문순서에 따라 제품을 생산하는 것을 말한다.

2758

린 시스템(lean system)에 대한 다음 설명 중 가장 적절하지 않은 것은?

① 공장 부하의 평준화(heijunka)는 생산계획 변화로 인해 발생하는 문제점을 줄이기 위해 생산흐름을 평준화하는 것을 말한다.
② 작은 로트 사이즈는 품질에 문제가 발생했을 때 검사와 재작업을 해야 하는 아이템 수가 적기 때문에 검사와 재작업을 위한 비용이 적게 들어간다.
③ 작은 로트로 인해 재고관리의 효율성은 높일 수 있으나, 변화하는 소비자의 요구에 신속하게 대응할 수 없다는 단점이 있다.
④ 칸반(kanban) 방식에 따라 작업준비비용이 크게 줄어들고 따라서 최적주문량도 감소한다.
⑤ 그룹 테크놀러지(GT: group technology)를 사용하면 작업과 작업 간의 불필요한 이동과 대기시간을 제거할 수 있고 재고가 감소하여 작업자의 수도 줄일 수 있다.

2759

린 시스템(lean system)에 대한 다음 설명 중 가장 적절하지 않은 것은?

① 린 시스템에서 다기능공 확보가 전제조건인 이유는 작업현장에서 작업자 수를 유연하게 조정하여도 생산성을 높게 유지하려면 여러 가지 훈련을 거친 숙련된 다기능공이 필요하기 때문이다.
② 린 시스템에서는 작업의 흐름이 유연하고 균일하게 하기 위해 불량과 재작업을 없애려고 노력한다.
③ 린 시스템은 풀(pull) 방식의 자재흐름을 채택하는데, 이는 미리 결정된 상세한 생산계획에 따라 할당된 물량을 생산하여 이를 필요로 하는 부서에 전달하는 생산시스템이라 할 수 있다.
④ 린 시스템에서 생산준비시간(setup time)을 줄여야 하는 이유는 생산준비시간이 줄면 로트의 크기가 줄고, 줄어든 로트 크기로 인해 리드타임은 짧아지기 때문이다.
⑤ 린 시스템에서 생산을 평준화(平準化, Heijunka)하는 이유는 최종조립라인을 지원하는 모든 작업장의 부하를 균일하게 하기 위함이다.

2760

린 시스템(lean system)에 대한 다음 설명 중 가장 적절한 것은?

① 린 시스템은 낭비와 지연을 제거하는 것이 목적이므로 효율적 생산과 재고관리는 포함되나 품질관리는 포함되지 않는다.
② 린 시스템은 주로 공정의 반복성이 높은 조립생산공정에 적합하므로 비용효율적인 미숙련공을 주로 이용한다.
③ 린 시스템에서 소규모 로트로 생산하는 이유는 소규모 로트로 생산하면 시스템의 부하를 균등하게 유지하기 용이하고 과잉생산을 방지할 수 있기 때문이다.
④ 린 시스템은 풀(pull) 방식의 자재흐름을 채택하는데, 풀 방식은 고객의 주문에 의해 생산이 시작되는 방식이므로 주문순서대로 순차적으로 생산된다.
⑤ 린 시스템에서는 공급업체와 긴밀한 관계구축이 중요한데 이는 부품의 주기재고(cycle inventory)가 크기 때문이다.

2761

린 시스템(lean system)에 대한 다음 설명 중 가장 적절하지 않은 것은?

① 린 시스템에서는 기계설비의 신뢰성이 항상 유지될 수 있도록 정기적인 검사와 수리가 실시되는 예방정비(preventive maintenance)가 강조된다.
② 린 시스템에서는 작업의 흐름이 유연하고 균일하게 하기 위해 불량과 재작업을 없애려고 노력한다.
③ 린 시스템은 매일매일 생산율이 큰 폭으로 변하는 경우에 적합하다.
④ 린 시스템에서 생산준비시간(setup time)을 줄여야 하는 이유는 생산준비시간이 줄면 로트의 크기가 줄고, 줄어든 로트 크기로 인해 리드타임은 짧아지기 때문이다.
⑤ 린 시스템에서는 작업자로 하여금 처음부터 일을 제대로 하도록 하고, 무언가 잘못되면 공정이나 조립라인을 즉시 중단시키도록 한다.

2762

린 시스템(lean system)에 관한 다음 설명 중 가장 적절하지 않은 것은?

① 린 시스템의 목적은 투자수익률의 향상에 있으며, 이는 수익증대, 원가절감 및 소요 투자액의 감축에 의해 이루어진다.
② 린 시스템에서는 주생산계획이 대상시간 동안 생산량은 매일 일정해야 하고, 여러 제품모델이 혼류생산되므로 완제품 재고가 최소화된다.
③ 칸반시스템은 주생산계획을 충족시킬 수 있도록 전(前)공정은 후(後) 공정이 필요로 하는 양만큼만 부품을 생산해 제공하게 되므로 재고를 최소화할 수 있다.
④ 린 시스템에서는 신뢰할 수 있는 품질의 부품을 적시에 자주 납품해야하므로 여러 공급자들의 경쟁을 통해 품질을 높이고 가격을 하락을 도모할 수 있는 관계가 확립되어야 한다.
⑤ 재고수준이 낮기 때문에 저장공간과 작업장 면적이 줄어들며, 기계설비는 언제나 최상으로 정비되어 있어야 한다.

2763

생산시스템에 관한 설명으로 가장 적절한 것은?

① 총괄생산계획(APP: aggregate production planning)은 기업 내 다른 기능 간 협조와 조정보다는 주생산계획(MPS: master production schedule) 수립이 우선시 된다.
② 자재소요계획(MRP: material requirement planning)은 종속수요 품목보다는 완제품이나 예비부품과 같이 수요가 다른 품목에 종속되어 있지 않고 시장조건에 의해 독립적으로 결정되는 독립수요 품목에 더 적합하다.
③ MRP시스템은 공통의 데이터베이스를 통해 생산, 재무/회계, 마케팅 및 인적자원 정보시스템을 통합하고 나아가 공급자와 고객까지 연결·통합함으로써 기업의 모든 자원을 최적으로 관리하는 전사적 자원관리(ERP: enterprise resource planning) 시스템으로 진화·발전하였다.
④ 린(lean)생산시스템에서는 안정되고 평준화된 주생산계획(MPS)이 요구되므로, 대상기간 동안 생산량은 매일 일정해야 하고, 여러 제품모델의 로트 크기를 크게 해야 한다.
⑤ 칸반시스템(kanban system)은 적시생산시스템(JIT: just-in-time)의 한 유형으로 예측에 의한 계획에 따라 수요에 앞서 제품이나 서비스를 생산하는 '푸시(push) 사고'를 기반으로 한다.

2764

생산시스템에 관한 설명으로 가장 적절한 것은?

① 총괄생산계획(APP: aggregate production planning)은 수요에 따라 고용수준을 조절하는 추종전략과 일정하게 유지하는 평준화 전략으로 구분되며 궁극적인 목표는 단기적인 수요와 공급을 맞추기 위함이다.
② 자재소요계획(MRP: material requirement planning)과 같은 풀 시스템(pull system)에서는 다음 공정(작업장)의 요구가 있을 때에만 자재가 제공되며 부하가 일정한 반복적인 대량생산에 적합하다.
③ 린 사고(lean thinking)에서는 가치를 기여하지 못하는 것은 모두 낭비(waste)로 간주하며 사용되는 대표적인 방법으로는 5 Whys, 5S, 포카요케(Poka-yoke)가 있다.
④ 린 생산시스템에서 준비시간(setup) 감축을 위한 내부준비(internal setup)란 기계를 가동하면서 수행될 수 있는 준비 활동을 의미하며, 외부준비(external setup)란 기계의 가동 중단을 요구하는 준비 활동을 말한다.
⑤ 칸반시스템(kanban system)에서 준비시간, 로트 크기 및 리드타임의 감축은 칸반의 수를 늘려, 재고수준을 감소시킬 수 있다.

2765

생산시스템에 관한 설명으로 가장 적절한 것은?

① 서비스 산업에서 총괄생산계획(APP: aggregate production planning)은 수요와 일치하도록 생산용량을 조절하는 공급전략이 일반적이다.
② 자재소요계획(MRP: material requirement planning)은 종속수요를 갖는 재고시스템이므로 안전재고(safety stock)를 유지할 필요가 없다.
③ 린 생산시스템에서는 즉각적인 부품조달이 핵심이므로 복수 공급자 전략 및 공동입지를 추구한다.
④ 린 생산시스템에서는 실수를 덮어줄 재고가 없기 때문에 완벽한 품질이 요구되므로 원천적 품질 확보(quality at the source), 지도카(Jidoka), 포카요케(Poka-yoke) 등의 방법으로 품질을 관리한다.
⑤ 칸반시스템(Kanban system)에서 부품 수요율은 1분당 2개이고, 컨테이너 1대에 담을 수 있는 부품의 수는 25개이다. 컨테이너의 순환시간(즉, 준비시간, 생산시간, 대기시간 및 이동시간을 모두 포함한 시간)은 100분일 때, 필요한 컨테이너의 수(칸반의 수)는 4대이다.

2766

린 시스템(lean system)과 연계된 용어와 그 의미가 적절하지 않은 것은?

① 칸반(Kanban): 부품이나 원자재의 필요에 대한 신호에 대응하여 이들의 이동을 통제하기 위해 사용되는 수동 시스템
② 헤이준카(Heijunka): 생산량의 변동은 낭비를 유발하므로 작업부하가 일정하게 유지되도록 생산량의 안정적 흐름을 유지하는 방법
③ 카이젠(Kaizen): 생산시스템은 항상 개선의 여지가 있으며 따라서 개선노력을 끊임없이 계속하는 것
④ 지도카(Jidoka): 기계가 불량 부품을 발견하면 자동으로 정지하고, 다음에 작업자가 생산 라인을 정지시켜서 품질이 원천에서 확보되도록 하는 기법
⑤ 안돈(Andon): 공정에서 발생할 수 있는 실수의 가능성을 제거하거나 줄이기 위해 공정에 설치하는 안전장치

09 경영정보시스템

제3편. 경영과학/운영관리

1. 정보의 개념

(1) 자료와 정보
① 자료(data): 가공되지 않은 데이터
② 정보(information): 의사결정을 하는데 유용하게 활용되는 일련의 처리 또는 가공된 자료

(2) 정보의 가치에 영향을 미치는 요인

요인	내용
적합성(relevance)	관리자가 의사결정을 해야 하는 상황에서 제공되는 정보가 얼마나 적절한가, 의사결정 내용과 얼마나 연관되어 있는가에 관한 것
정확성(accuracy)과 증거성(verifiability)	정보에 오류가 어느 정도 포함되어 있는지, 정보의 정확성을 확인할 수 있는 정도
적시성(timeless)	정보가 필요한 시기에 얼마나 제때에 공급되는지의 정도
형태성(presentability)	의사결정자의 요구에 정보가 얼마나 부합되는 형태로 제공되는지에 관한 정도

2. 정보시스템

(1) 정보시스템이란?
정보시스템(information system)이란 정보를 수집, 처리, 가공, 저장, 공급함으로써 한 조직의 활동과 의사결정, 통제 활동을 지원하는 구성 요소들의 집합

(2) 정보시스템의 구성요소

3. 정보시스템과 경영정보시스템

(1) 경영정보시스템의 의의

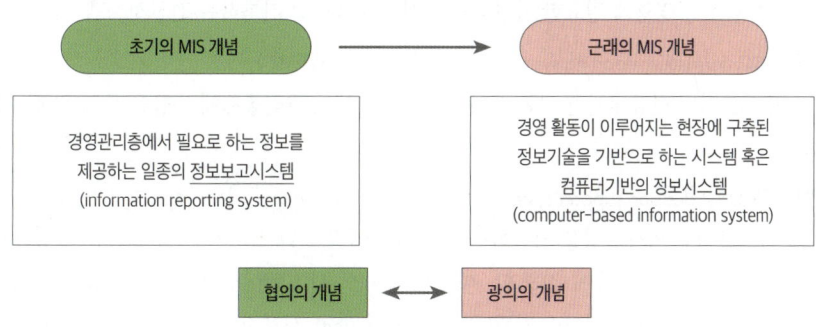

(2) 정보시스템의 구분

1) 조직의 각 위계에 대응되는 통제활동 및 정보의 특성

조직의 위계	주요 업무 및 통제 활동		정보의 특성			
	활동	예	원천	범위	정확성	집중도
최고 경영층	전략계획 strategic planning	중장기계획 수립/통제: 사업단위 조정, M&A 등	외부 ↕ 내부	광범위 ↕ 협소	낮다 ↕ 높다	통합적 ↕ 세분
중간 경영층	전술통제 tactical control	전략계획에 따른 실행계획 수립/통제: 연간 예산, 사업단위별 평가 등				
현장 경영층	운영통제 operational control	부서 단위의 기본 활동/통제: 부서단위별 평가 등				
일선 종업원	실행 operation	일상적 업무처리 등				

2) 조직의 각 위계의 의사결정, 통제활동과 정보시스템

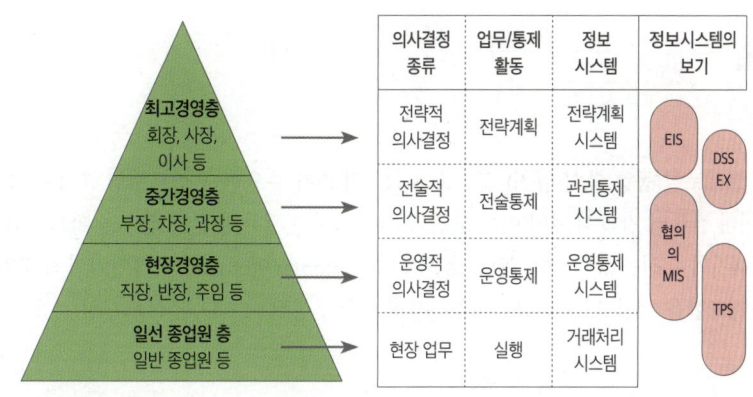

3) 조직의 계층에 따른 구분

① 거래처리시스템 TPS: transactional processing system

조직의 말단부에서 이루어지는 일상적인 업무 처리를 돕는 정보시스템으로 판매 주문 입력, 호텔예약, 급여, 인사 기록관리, 그리고 출하 등 경영에 필요한 일상적인 거래를 수행하고 기록하는 전산시스템

② 정보보고시스템 IRS: information reporting system: **협의의 경영정보시스템(MIS)**

거래처리시스템(TPS)이나 현장에서 발생한 데이터를 관리자에게 관리통제에 도움을 주기 위해서 요약된 형태로 제공하는 시스템

③ 의사결정지원시스템 DSS: decision support system

중간관리층의 비일상적인 의사결정을 지원하며, 문제해결에 필요한 절차가 사전에 충분히 정의되어 있지 않은 독특하고 빠르게 변화하는 문제들에 집중함. 데이터베이스 시스템(database system)과 모델베이스 시스템(modelbase system), 사용자 인터페이스 기관(user interface unit), 사용자(user)의 네 가지 하위시스템으로 구성

④ 임원정보시스템 EIS: executive information system

임원정보시스템 혹은 중역정보시스템은 고위관리층이 의사결정을 내릴 수 있도록 지원

4) 기능별 정보시스템

① 인적자원정보시스템

종업원의 모집, 배치, 개발, 평가, 보상 등 인사관리기능을 지원하는 정보시스템

② 생산정보시스템

생산 시스템의 운영 및 통제 활동을 지원하는 정보시스템

③ 마케팅정보시스템

마케팅 활동의 조정 및 통제 등의 활동을 지원하는 정보시스템

④ 재무정보시스템

투자활동과 자금조달 등 재무 활동을 지원하는 정보시스템

⑤ 회계정보시스템

분개에서 전기, 결산에 이르는 회계의 제반 업무 및 이와 관련된 업무를 처리하는 시스템

4. 인터넷과 무선기술

(1) TCP/IP

TCP/IP는 일종의 프로토콜(공통 통신 규칙) 집합으로 TCP와 IP가 주요한 구성요소임. TCP는 'Transmission Control Protocol'의 약어이며 컴퓨터 간의 데이터 이동을 관리하며, TCP는 컴퓨터 간에 접속을 확보하고 순서에 따라 패킷을 전송하며 전송된 패킷의 수신을 알림. IP는 '인터넷 프로토콜(Internet Protocol)'의 약어이며 패킷의 전송과 전송과정에서의 패킷 분해와 재조합을 책임짐. 다음 그림은 4가지 층으로 구성된 TCP/IP 참조 모델임

TCP/IP 모형

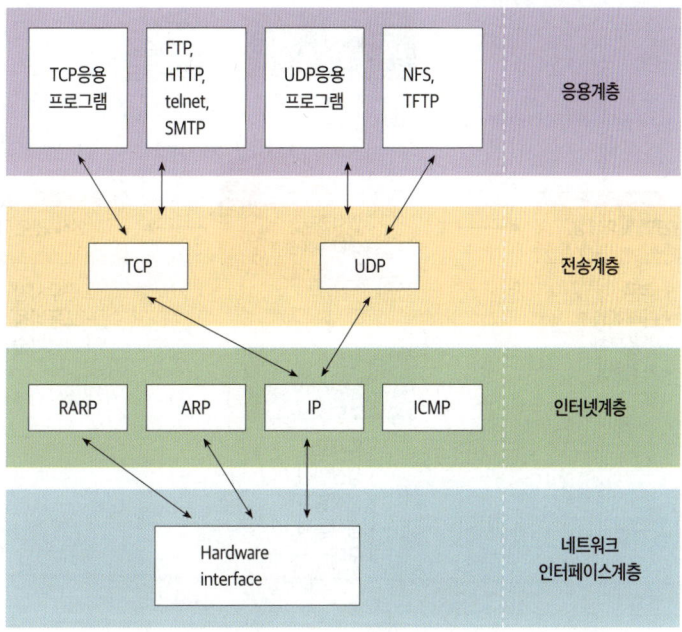

(2) 블루투스

블루투스(bluetooth)는 근거리 유선 케이블을 대체하는 목적으로 10m 이내의 거리에서 1Mbps의 데이터 전송속도를 지님. PAN(personal area network)을 말할 때에는 모바일 컴퓨팅(mobile computing)이나 웨어러블 컴퓨팅(wearable computing)적인 성격이 강하고, Bluetooth 등의 기술을 이용하여 개인 휴대 기기 사이에서 구성된 무선 연결망을 의미함

(3) NFC

NFC(근거리 무선 통신: Near Field Communication)는 10cm 이내의 가까운 거리에서 인식이 가능(초근거리 통신 기술)하며 통신 과정에서의 반응속도가 빠름. 초기의 인증과정이 필요 없으며 암호화의 기술이 적용 가능. NFC는 결제(금융 등)뿐만 아니라 슈퍼마켓이나 일반 상점에서 물품 정보나 방문객을 위한 여행정보의 전송, 교통, 출입통제 잠금장치 등에 광범위하게 활용되고 있음

5. 기업 연계 시스템

시스템	내용
전사적 자원관리 ERP: enterprise resource planning	기업들의 제조 및 생산, 재무 및 회계, 판매 및 마케팅 그리고 인적자원관리 등의 비즈니스 프로세스들을 하나의 소프트웨어 시스템으로 통합하기 위한 것
공급사슬관리 SCM: supply chain management	공급업체, 구매 기업, 유통업체 그리고 물류회사들이 주문, 생산, 재고수준 그리고 제품과 서비스의 배송에 관한 정보를 공유하도록 하여 제품과 서비스를 효율적으로 구매, 생산, 배송할 수 있도록 지원
고객관계관리 CRM: customer relationship management	고객관계관리(CRM) 시스템은 수익과 고객 만족 그리고 고객 유지를 최적화할 수 있도록 고객과 관련된 판매, 마케팅, 서비스 부문의 모든 비즈니스 프로세스들을 조정하는데 필요한 정보를 제공
지식관리시스템 KMS: knowledge management system	조직들이 지식과 전문기술의 획득 및 적용을 위한 프로세스들을 보다 잘 관리하며, 기업에 있는 유용한 지식과 경험을 수집하여 비즈니스 프로세스와 경영의사결정의 개선을 위해 언제 어디서나 활용될 수 있도록 지원한다.

전사적 자원관리 역할

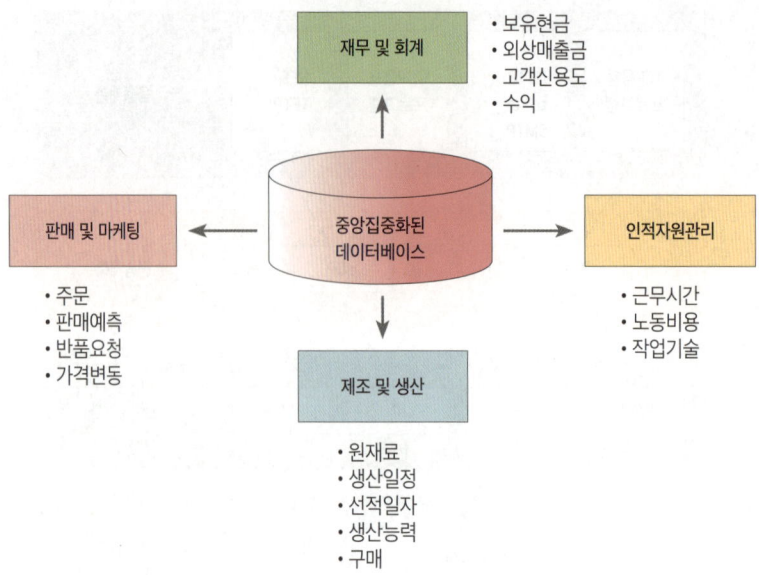

CRM 데이터 웨어하우스

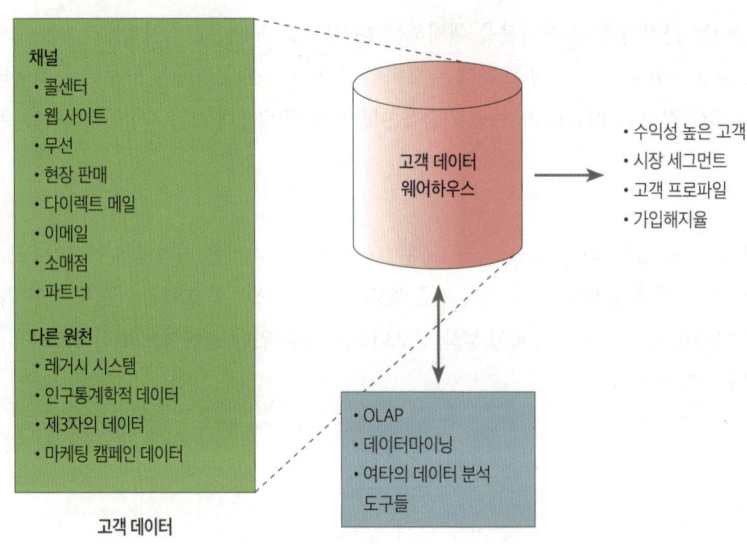

6. 경쟁우위 달성을 위한 정보시스템 활용

(1) 전략정보시스템

1) 등장배경

기업경영활동으로부터 나온 모든 활동정보(재화/서비스, 프로세스, 거래데이터 등)를 기업의 경쟁무기로 활용하여 전략적으로 이용하려는 전략정보시스템(SIS: strategic information system)이 1980년대 중반부터 태동하게 됨

2) 정의

정보기술(IT)을 이용하여 경쟁우위를 확보하려는 의도를 가지고 구축한 시스템을 통칭하여 전략 정보시스템이라고 칭함

3) 전략정보시스템의 유형

- 진입장벽을 구축하는 시스템
- 전환비용을 유발시키는 시스템
- 경쟁기반을 변화시키는 시스템
- 연관기업과의 관계를 개선하고 이익을 주는 시스템

(2) 정보전략계획

1) 정의

정보전략계획(ISP: information strategy planning)이란 기업 내의 전략적 정보 요구를 식별하고, 비즈니스 활동과 이에 대한 자료 영역을 기술하며, 현행 정보지원의 수준을 평가하고, 정보 시스템 개발을 위한 통합된 프레임워크를 제공하며, 이의 구현을 위한 통합 정보시스템 계획을 작성하는 체계임

2) 목표

① ISP는 기업의 전략적인 계획과 일치해야함
② ISP는 사용자, 애플리케이션, 데이터베이스를 완벽하게 연결하는 IT 아키텍처를 제공해야 함
③ ISP는 정보시스템 개발 자원을 서로 경쟁하는 프로젝트 사이에 효율적으로 배분하여 프로젝트들이 제시간에, 예산 범위 안에서 요구되는 기능들을 모두 수행할 수 있도록 해야 함

7. 데이터베이스와 정보관리

(1) 전통적인 파일환경의 문제점

전통적인 파일처리

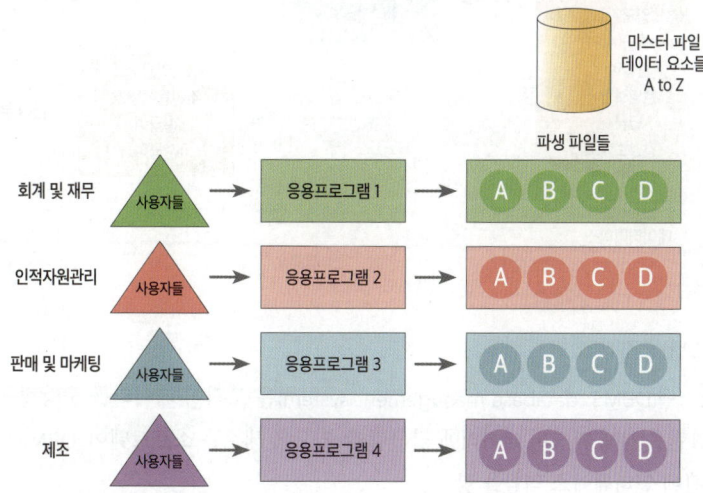

1) 데이터 중복

    데이터 중복(data redundancy)은 데이터가 하나 이상의 장소나 위치에 저장되어 여러 데이터 파일들에 중복적으로 나타나는 것을 말함

2) 데이터 불일치

    데이터 불일치(data inconsistency)란 같은 속성이 서로 다른 값을 가지는 것을 말함

3) 프로그램-데이터 의존성

    프로그램-데이터 의존성(program-data dependency)은 파일에 저장된 데이터와 이런 파일을 갱신하고 유지하는데 필요한 특정 프로그램들 간의 결합관계를 의미함

4) 유연성 부족

    전통적인 파일 시스템은 특별한 리포트 제공이나 예기치 못한 정보 요구에 대해 시기적절하게 대응할 수 없음

5) 부실한 보안성

    데이터에 대한 통제 또는 관리 메커니즘이 거의 없기 때문에, 정보에 대한 접근 및 분배가 통제되지 않을 수 있음

6) 데이터 공유 및 가용성 결여

    상이한 파일들과 조직의 상이한 부분들에 존재하는 정보들은 서로 연관될 수 없기 때문에 정보가 가상 공간에서 시기적절하게 공유되거나 접근되는 것이 불가능

(2) 데이터관리에 관한 데이터베이스 접근방법

여러 뷰들을 가진 인적자원 데이터베이스

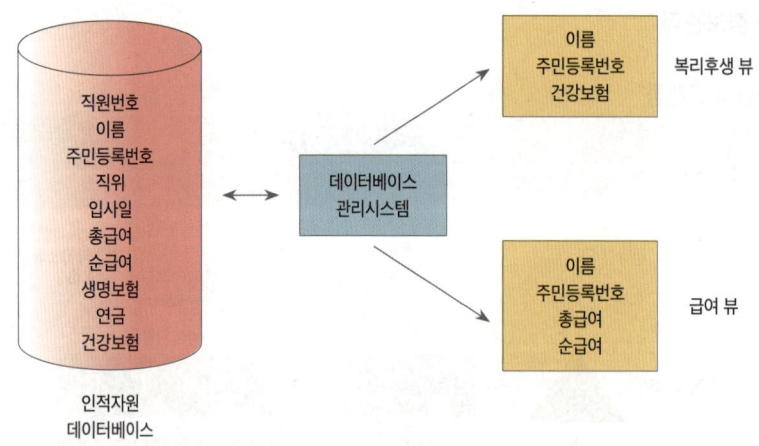

1) 데이터베이스관리시스템

    데이터베이스관리시스템(DBMS: database management system)은 조직이 데이터를 중앙집중화시키고, 효율적으로 관리하며, 응용프로그램을 통해 저장된 데이터에 접근할 수 있도록 해주는 소프트웨어. DBMS는 응용프로그램들과 물리적 데이터 파일들 간에 인터페이스 역할을 함

8. 관계형 DBMS

(1) 개념

관계형 데이터베이스는 데이터들을 2차원의 테이블[관계(relation)라 부름]들로 표현함

예 Microsoft의 Access, IBM DB2, Oracle Database, Microsoft SQL 서버 등

(2) 구성

다음의 예에서 보는 바와 같이 관계형 데이터베이스에는 공급자 개체에 대한 테이블과 부품 개체에 대한 테이블이 있으며, 각 테이블은 데이터들의 행과 열로 구성됨. 각 개체의 개별적인 데이터 요소들은 별개의 필드로 저장되는데, 각 필드는 해당 개체의 속성 하나를 의미함

관계형 데이터베이스 테이블

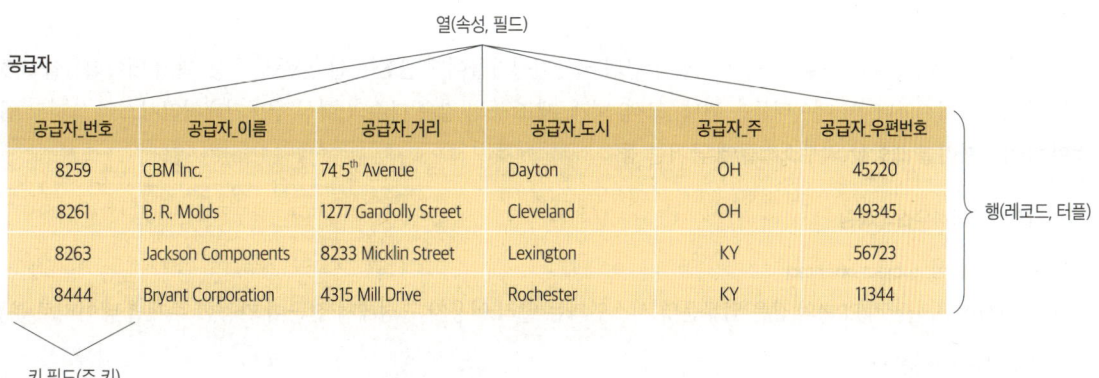

(3) 운영

관계형 데이터베이스 테이블들은 2개의 테이블이 공통된 데이터 요소가 있는 상황에서 사용자가 요구하는 데이터들을 제공하기 위해 쉽게 결합될 수 있음. 관계형 데이터베이스에서는 유용한 데이터들을 도출하기 위해서는 3가지 기본적인 연산(operation)들 select, project, join 을 사용할 수 있음

(4) 데이터베이스 설계

1) 정규화

관계형 데이터베이스 모델을 효과적으로 사용하기 위해 데이터의 복잡한 그룹 내에 존재하는 중복 데이터 요소들과 다루기 불편한 다대다 관계성들을 최소화해야 함. 복잡한 데이터 그룹들로부터 작고, 안정적이며, 게다가 유연하고 적응력 있는 데이터 구조들을 생성하는 프로세스를 정규화(normalization)라 함

2) 참조무결성

참조무결성(referential integrity)이란 한쪽 테이블의 외래키(foreign key)는 반드시 일치하는 연관된 테이블의 주키(primary key)값을 가져야 한다는 것임

(5) 데이터베이스 활용

1) 데이터웨어하우스

데이터웨어하우스(data warehouse)는 기업 전반의 의사결정자들에게 관심이 될 만한 현재 및 과거 데이터들을 저장하는 데이터베이스이다. 이 데이터들은 판매, 고객, 회계, 제조 등과 같은 다수의 핵심적인 거래처리시스템 그리고 웹 사이트 거래처리를 포함한 외부소스들에 근거를 둠

① 데이터웨어하우스의 특징

1. 주제지향성 subject-oriented

전사적 자원관리(ERP)와 같은 업무운영 시스템과는 달리 이용자 관점에서 접근이 가능한 주제별 데이터로 분류

2. 통합성 integrated

다양한 운영데이터를 표준적이고 일관된 데이터웨어하우스용 데이터베이스로 변환. 즉 같은 성격을 갖는 데이터의 표현을 단일화함

3. 시간 가변성 time-variant

데이터웨어하우스는 과거의 데이터와 현재의 데이터를 동시에 유지한다는 점에서 시간 가변적이라 할 수 있음

4. 비휘발성 non-volatile

데이터웨어하우스의 마지막 주요 특징인 비휘발성은 데이터웨어하우스에 데이터가 일단 적재되고 나면 주기적인 batch 작업에 의한 갱신 이외에는 데이터베이스에 대한 Insert, Delete 등의 변경이 수행되지 않는 것을 의미함

2) 비즈니스 인텔리전스 도구

데이터웨어하우스에 구조화된 데이터들은 비즈니스 인텔리전스(business intelligence) 도구들을 활용하여 추가적인 분석에 활용될 수 있다. 비즈니스 인텔리전스 도구들로는 데이터베이스 쿼리 및 리포팅 소프트웨어, 다차원 데이터 분석(온라인분석처리), 데이터마이닝 도구를 들 수 있음

① 온라인분석처리 OLAP

온라인분석처리(OLAP: online analytical processing)는 사용자들이 동일한 데이터를 여러 기준들을 이용하는 다양한 방식으로 바라보면서 다차원(multidimensional) 데이터 분석을 할 수 있도록 도와줌

다차원 데이터 모델

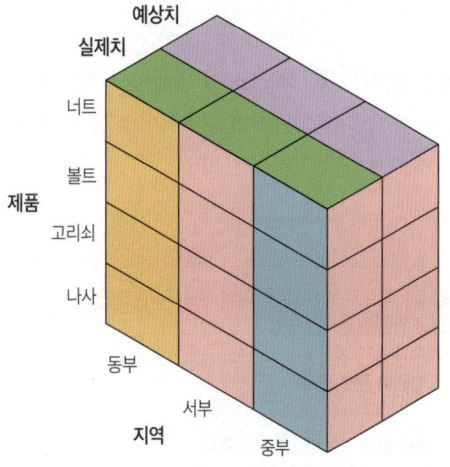

② 데이터마이닝

데이터 마이닝(data mining)은 대용량 데이터베이스들에 숨긴 패턴들과 관계성들을 찾아내고 이런 패턴 및 관계성들을 통해 미래의 행위를 예측함으로써 OLAP를 통해서는 얻을 수 없는 통찰을 제공

9. 객체지향 DBMS

객체지향(object-oriented) DBMS는 데이터들과 데이터를 다루는 절차들을 자동으로 조회되고 공유될 수 있는 객체로 저장함. 객체(object)는 실존하는 정보 또는 이를 사용하는 유·무형의 존재(사람, 장소, 사물, 사건 등)를 나타낸다는 점에서 개체(entities)와 유사한 개념이나 객체는 성질, 상태, 수량 등 자신의 속성을 나타내주는 정적인 데이터 값(attributes)들과 더불어 객체들이 수행하는 동작이나 연산을 같이 포함함

10. 지식경영과 정보시스템

(1) 전문가시스템

전문가시스템(expert system)은 매우 구체적이고 한정된 전문 영역에서 암묵지(tacit knowledge)를 획득하기 위한 지능형 기술이다. 이 시스템은 숙련된 직원들로부터 획득한 지식을 소프트웨어 시스템에 일련의 규칙 형태로 표현하여 다른 사람들이 사용할 수 있도록 함

전문가시스템의 구성요소

구성요소	내용
지식베이스 knowledge base	전문가시스템은 사람의 지식을 규칙의 집합으로 모델링하며 이러한 규칙의 집합을 의미함
추론엔진 inference engine	전문가시스템은 문제의 복잡성에 따라 수백에서 수천 개의 규칙들을 갖는다. 지식베이스를 검색하기 위해 사용되는 전략
사용자 인터페이스 user interface	다른 응용 프로그램에서와 마찬가지로 사용자가 질의와 정보를 입력하는 등 시스템과 상호작용할 수 있게 함
설명 기능 explanation facility	시스템으로 하여금 시스템 자신이 도출한 결론에 대해 설명하거나 정당화할 수 있게 하며, 개발자로 하여금 시스템의 작동을 검사할 수 있게 함

11. 정보기술

(1) 정보시스템의 성장단계 모형

정보시스템 성장단계 모형은 1974년 놀란(Richard L. Nolan)에 의해서 소개된 것으로 기업의 정보시스템이 도입, 발전하는 흐름을 이론화한 것임. 놀란은 S자 곡선으로 각 단계의 세부적인 흐름을 설명함

놀란의 정보기술 성장단계 모형

단계		내용
1단계	착수	• 비용절감을 목적으로 핵심 업무분야별 정보시스템 도입 • 기술활용을 위한 전문요원 도입 • 느슨한 계획과 통제 실시 • 사용자의 방관적 자세 견지
2단계	전파	• 모든 업무분야별로 정보시스템 도입 확대 • 사용자 지향적인 프로그래머 중심으로 정보시스템 조직 구성 • 느슨한 계획수립과 통제 실시 • 사용자의 소극적인 사용의지 소유
3단계	통제	• 기존 업무분야별 정보시스템 재구성(고도화) 및 전자문서화 • 중간관리자 역할 강조 • 공식화된 계획과 통제 방법 수행(관리 및 통제 강화) • 사용자의 독단적인 책임의식 소유
4단계	통합	• 데이터베이스 기술을 이용한 기존 업무분야 개선 추진 • 조직 내 서비스 제공기능을 수행하는 조직부서로 역할 정의 • 적절히 조정된 계획 및 통제 방식 수행 • 사용자의 책임의지 강화
5단계	데이터 관리	• 기존 업무분야의 조직적 통합 • 데이터의 공유 및 여러 응용분야에서 공통으로 이용 가능한 시스템 개발에 중점 • 사용자의 효과적인 책임의식 소유
6단계	성숙	• 조직 내 정보 흐름을 반영할 수 있는 방향으로 통합 • 데이터 자원관리에 중점 • 데이터 자원에 대한 전략계획 수립 • 사용자와 정보시스템 관리조직 간 공동책임의식 확산

(2) 정보보안의 목표

정보보안의 목표

목표	내용
기밀성 confidentiality	수신자 이외에는 데이터를 보지 못해야 한다는 것을 의미
무결성 integrity	데이터가 중간에 변조가 되지 않고 그대로 전달이 되어야 한다는 것을 의미
가용성 availability	정보가 필요할 때 정보는 물론 그 정보를 처리하기 위해 사용되는 컴퓨터자원이 모두 준비되어 있고 정확히 가동이 되고 있음을 의미
부인 봉쇄 non-repudiation	거래 부인 방지를 의미하는데, 후에 송신자나 수신자가 거래를 부인하지 못하는 것. 즉 영수증의 기능을 의미
인증성 authentication	인터넷에서 상대방과 거래 혹은 대화를 하는 과정에서 상대방의 신원을 확인하기 위한 방법 혹은 수단을 말함

12. 클라우드 컴퓨팅

(1) 개념

클라우드 컴퓨팅에서 사용자는 인터넷에 연결된 서비스 제공자의 '클라우드 데이터 센터(CDC : cloud data center)'에 접속하여 어플리케이션, 스토리지, OS, 보안 등 필요한 IT 자원을 원하는 시점에 필요한 만큼만 골라서 사용하게 됨. 한마디로 클라우드 컴퓨팅은 '빌려 쓰고, 자신이 사용한 만큼만 대가를 지불'하는 컴퓨팅 환경이라 할 수 있음

(2) 특징

- 자원의 공유
- 광범위한 네트워크를 통한 접속
- 빠른 탄력성
- 서비스 용량의 측정
- 주문형 셀프서비스

(3) 장점

- 단기간 필요한 서비스에 적합
- 규모 및 부하의 변화가 큰 서비스
- 비전략적, 범용 어플리케이션

13. 그리드 컴퓨팅

(1) 개념

그리드 컴퓨팅(grid computing)은 최근 활발히 연구가 진행되고 있는 분산 병렬 컴퓨팅의 한 분야로서, 원거리 통신망(WAN, Wide Area Network)으로 연결된 서로 다른 기종의(heterogeneous) 컴퓨터들을 묶어 가상의 대용량 고성능 컴퓨터를 구성하여 고도의 연산 작업(computation intensive jobs) 혹은 대용량 처리(data intensive jobs)를 수행하는 것을 말함

14. 빅데이터

(1) 개념

빅데이터는 통상적으로 사용되는 데이터 수집, 관리 및 처리 소프트웨어의 수용 한계를 넘어서는 크기의 데이터를 말함. 빅데이터의 사이즈는 단일 데이터 집합의 크기가 수십 테라바이트에서 수 페타바이트에 이르며, 그 크기가 끊임없이 변화하는 것이 특징임.

빅데이터의 특징은 3V로 요약되며, 즉 데이터의 양(Volume), 데이터 생성 속도(Velocity), 형태의 다양성(Variety)을 의미함. 최근에는 가치(Value)나 복잡성(Complexity)을 덧붙이기도 함

빅데이터 환경의 특징

구분	기존	빅데이터 환경
데이터	• 정형화된 수치자료 중심	• 비정형의 다양한 데이터 • 문자 데이터(SMS, 검색어) • 영상 데이터(CCTV, 동영상) • 위치 데이터
하드웨어	• 고가의 저장장치 • 데이터베이스 • 데이터웨어하우스(Data-warehouse)	• 클라우드 컴퓨팅 등 비용효율적인 장비 활용 가능
소프트웨어/분석 방법	• 관계형 데이터베이스(RDBMS) • 통계패키지(SAS, SPSS) • 데이터 마이닝(data mining) • machine learning, knowledge discovery	• 오픈소스 형태의 무료 소프트웨어 • Hadoop, NoSQL • 오픈 소스 통계솔루션(R) • 텍스트 마이닝(text mining) • 온라인 버즈 분석(opinion mining) • 감성 분석(sentiment analysis)

15. 보안·해킹 관련 용어들

(1) 보안 위협 요소

1) **랜섬웨어**

   랜섬웨어는 '몸값'(Ransom)과 '소프트웨어'(Software)의 합성어로, 시스템을 잠그거나 데이터를 암호화해 사용할 수 없도록 만든 뒤, 이를 인질로 금전을 요구하는 악성 프로그램을 말함

2) **스푸핑**

   스푸핑(Spoofing)의 사전적 의미는 '속이다'이며, 네트워크에서 스푸핑 대상은 MAC 주소, IP주소, 포트 등 네트워크 통신과 관련된 모든 것이 될 수 있고, 스푸핑은 속임을 이용한 공격을 총칭함

3) **스니핑**

   스니핑(sniffing)은 디지털 네트워크나 네트워크의 일부를 통해 전달되는 트래픽을 가로채거나 기록할 수 있는 컴퓨터 프로그램 또는 컴퓨터 하드웨어를 의미함

4) 서비스 거부 공격

서비스 거부 공격(denial-of-service attack)은 시스템을 악의적으로 공격해 해당 시스템의 자원을 부족하게 하여 원래 의도된 용도로 사용하지 못하게 하는 것임

5) 신원도용

신원도용(identity theft)은 다른 누군가로 가장하려고 그 사람의 주민번호, 운전면허증번호, 신용 카드번호 등 개인 핵심정보를 빼내는 범죄를 말함

6) 피싱

피싱(phishing)은 전자우편 또는 메신저를 사용해서 신뢰할 수 있는 사람 또는 기업이 보낸 메시지인 것처럼 가장함으로써, 비밀번호 및 신용카드 정보와 같이 기밀을 요하는 정보를 부정하게 얻으려는 'social engineering'의 한 종류임

7) 파밍

파밍(pharming)은 사용자가 자신의 웹 브라우저에 정확한 웹 페이지 주소를 입력하더라도 이를 가짜 웹 페이지로 방문하게 만드는 것

(2) 암호화

1) 개념

암호화(encryption)란 평범한 문자메시지나 데이터를 송신자 및 수신자 이외의 사람이 전혀 해독할 수 없는 형태의 암호문으로 변환하는 과정임. 암호화의 목적은 저장된 정보를 보호하고 또 정보를 안전하게 전송하는 것이라고 할 수 있음

2) 종류

암호화의 방식에는 암호화와 복호화에 동일한 키를 사용하는 대칭형 암호화 방식과 암호와와 복호화에 서로 다른 키 세트(즉 공개키와 개인키)를 사용하는 공개키 암호화 방식의 두 가지가 있음

3) 공개키 암호화 방식

① 전통적 암호화 방식의 문제점

전통적 암호화 방식은 키를 절대적으로 비밀로 하고 이 키를 사전에 안전한 방법에 의해 상대방에게 전달해야만 했기 때문에, 키의 전달과정과 관련해 상당한 불편과 문제점이 존재했음

② 공개키 암호화 방식

공개키 암호화 방식(public key encryption)은 암·복호화에 사용하는 키가 서로 다름. 따라서 공개키 암호화 방식에서는 송수신 자가 모두 한 쌍의 키(개인키, 공개키)를 갖고 있음. 즉, 공개키 암호화 방식은 암호학적으로 연관된 두 개의 키를 만들어서 하나는 자기가 안전하게 보관하고 다른 하나는 상대방에게 공개함. 개인키로 암호화한 정보는 그 쌍이 되는 공개키로만 복호화가 가능하고 공개키로 암호화한 정보는 그 쌍이 되는 개인키로만 복호화가 가능함. 이 때문에 비대칭형 암호화방식(asymmetric encryption)이라고도 불림

16. 정보시스템 개발

(1) 폭포수 모델(waterfall model) 개발

폭포수 모델은 '요구분석 → 설계 → 디자인 → 코딩 → 개발' 순으로 순차적으로 이어지는 흐름이 마치 폭포수처럼 아래로 이어지는 개발 방식을 말함

(2) 애자일(agile) 개발

애자일 개발은 전체적인 플랜을 짜고 문서를 통해 주도해 나가던 과거의 방식(폭포수 모델)과 달리 앞을 예측하며 개발하지 않고, 일정한 주기를 가지고 끊임없이 프로토타입을 만들어 내며 필요할 때마다 요구사항을 더하고 수정하여 커다란 소프트웨어를 개발해 나가는 방식을 말함

17. 기타 IT관련 용어들

(1) 무어의 법칙

인텔의 공동창업자 고든 무어(Gordon Moore)가 제시한 무어의 법칙은 동일한 비용으로 컴퓨터 집적회로에 집적할 수 있는 트랜지스터의 수가 대략 2년마다 2배로 증가함을 의미함

(2) 증강현실

가상현실(VR: virtual reality)은 현실에서 경험하기 어려운 것들을 가상의 세계를 통해 경험하게 하는 기술이고, 증강현실(AR: augmented reality)은 현실 세계에 입체적인 느낌의 데이터를 추가해 유저들의 이용에 편의를 제공하는 기술

(3) 크라우드소싱

크라우드소싱(crowdsourcing)은 '대중(crowd)'과 '외주(sourcing)'의 합성어로 소비자 또는 대중은 기업의 활동 중 일부에 일종의 개별 외주업체로 참여하게 되고, 이러한 참여를 통해서 기업의 활동 능력 향상이 이루어져 수익을 창출하면, 이를 참여한 대중과 공유하게 됨

(4) 소셜 커머스

소셜 커머스(social commerce)란 사회적 상호작용 및 사용자 참여를 지원하는 온라인 매체인 이른바 소셜 미디어를 이용해 제품 및 서비스의 온라인 매매를 수행하는 전자상거래의 한 유형으로 정의됨. 즉, 소셜 커머스는 전자상거래를 수행하는 과정에서 소셜 네트워크를 이용하는 것을 뜻함

(5) 지능형 에이전트

지능형 에이전트(intelligent agents)는 인간의 직접적인 개입없이 사용자, 비즈니스 프로세스 또는 소프트웨어 응용프로그램의 전문적이고 반복적이며 예측가능한 업무를 이면에서 수행하는 소프트웨어 프로그램

(6) 롱테일 현상

가장 잘 팔리는 상위 20%가 전체 매출의 80%를 차지한다고 보는 파레토 법칙과는 달리 수요가 그다지 높지 않은 다양한 제품들을 판매함으로써 수익을 창출하는 것을 '롱테일 현상'이라함

롱테일 현상

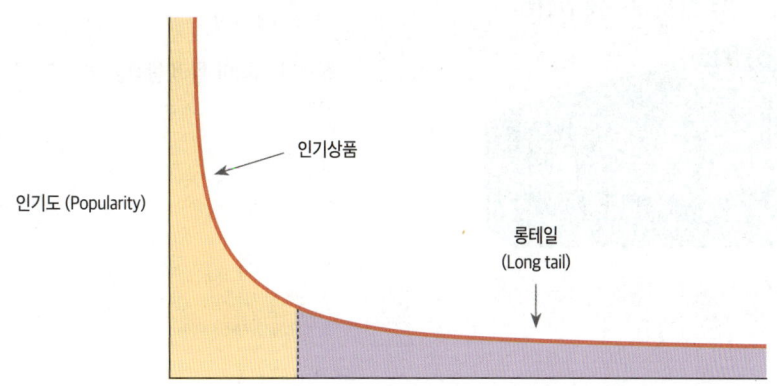

(7) 블록체인

블록체인(blockchain)은 P2P(Peer to Peer) 네트워크를 통해서 관리되는 분산 데이터베이스의 한 형태로 거래 정보를 담은 장부를 중앙 서버 한 곳에 저장하는 것이 아니라 블록체인 네트워크에 연결된 여러 컴퓨터에 저장 및 보관하는 기술로 다양한 분야에 활용이 가능한 기술. 이러한 블록체인은 분산처리와 암호화 기술을 동시에 적용하여 높은 보안성을 확보하는 한편 거래 과정의 신속성 및 투명성을 특징으로 함

(8) 핀테크

핀테크(fintech)는 금융(finance)에 IT기술(technology)을 접목한 것으로 복잡하고 어려웠던 금융을 효율적으로 편리하게 서비스하는 것을 말함

(9) 사물인터넷

사물인터넷(internet of things)은 세상에 존재하는 유형 혹은 무형의 객체들이 다양한 방식으로 서로 연결되어 개별 객체들이 제공하지 못했던 새로운 서비스를 제공하는 것을 말하며, 사물들이 서로 연결된 것 또는 사물들로 구성된 인터넷을 의미함

(10) 매시업

매시업(mashup)은 '두 가지 이상의 노래를 합쳐서 만든 노래'라는 뜻임. 이와 비슷한 맥락에서 메시업 서비스는 정보통신 분야에서도 사용되는데, 여러 웹 사이트에서 제공하는 정보를 통합해서 새로운 서비스와 정보를 제공하는 것을 의미함. 대표적인 매시업 서비스는 하우징맵(HousingMaps.com)을 들 수 있는데 이 웹 사이트는 구글에서 제공하는 지도에 부동산 정보를 결합하여 만들어진 정보를 제공함. 지도를 통해 정확한 위치나 주변 환경을 한 눈에 확인할 수 있으면서 동시에 부동산 정보를 얻을 수 있기 때문에 부동산 정보를 원하는 이용자들 사이에서는 큰 인기를 얻고 있음

(11) 정보 사일로

정보 사일로(information silo)는 하나의 정보 시스템이나 하위 시스템이 다른 관련 시스템과 상호 간의 운영을 할 수 없는 배타적인 관리 체제를 의미함. 그렇기에 정보는 적절히 공유되지 않고 각 시스템이나 하위 시스템에 격리되며, 이는 마치 곡물이 사일로(저장탑) 안에 갇히는 것처럼 컨테이너 안에 갇히는 것으로 비유됨

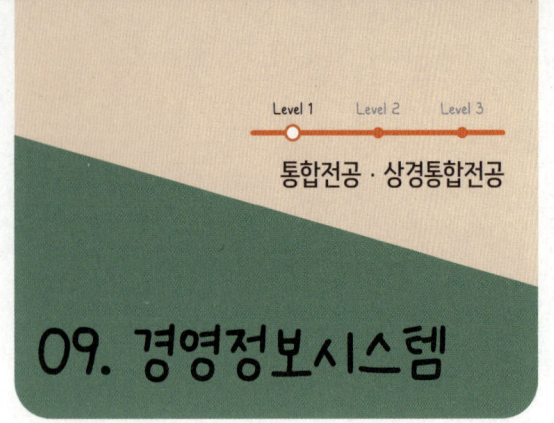

09. 경영정보시스템

정보의 개념

2767
2004 가맹거래사

경영활동이나 의사결정에 필요한 가치를 가지기 위한 정보의 특성에 해당되지 않는 것은?

① 정보는 많아야 한다.
② 정보는 오차가 적어야 한다.
③ 정보는 입증할 수 있어야 한다.
④ 정보는 의사결정과 관련성이 있어야 한다.
⑤ 정보는 의사결정을 하는데 필요한 시점에 제공되어야 한다.

2768
2005 가맹거래사

정보시스템에서 정보에 관한 설명 중 옳지 않은 것은?

① 데이터와 정보의 관계는 원자재와 완제품의 관계와 같다.
② 적정한 정보는 의사결정 상황하에서 확실성을 감소시킨다.
③ 정보란 수혜자에게 의미 있는 형태로 가공된 데이터이다.
④ 정보는 현재나 미래의 의사결정에 있어서 실제적이거나 인지된 가치를 갖는다.
⑤ 정보가 보다 의미있게 축적 가공되면 지식이 된다.

2769
2008 가맹거래사

정보가 지녀야 할 바람직한 가치 및 특성 중 가장 거리가 먼 것은?

① 적시성　　② 가치성
③ 이해가능성　　④ 관련성
⑤ 복잡성

2770
2008 가맹거래사

정보의 가치와 특성으로 옳지 않은 것은?

① 정확성　　② 적시성
③ 관련성　　④ 완전성
⑤ 휘발성

2771
2010 공인노무사

정보가 지녀야 할 바람직한 가치 및 특성 중 가장 거리가 먼 것은?

① 적시성　　② 완전성
③ 검증 가능성　　④ 관련성
⑤ 복잡성

2772
2011 공인노무사

경영정보시스템(MIS)에 관한 설명으로 옳지 않은 것은?

① MIS는 경영시스템의 하위 시스템 중 하나이다.
② MIS는 경영자에게 데이터보다 정보를 제공하는 데 중점을 둔다.
③ MIS는 정보시스템을 통해 기업의 경영목표를 달성하도록 지원하는 시스템이다.
④ 정보는 숫자, 이름 또는 수량과 같이 분석되지 않은 사실을 말한다.
⑤ 정보시스템은 데이터를 입력받아 이를 정보로 변화시키는 시스템이다.

2773
2014 경영지도사

기업경영에서 정보의 가치를 결정하는 요인으로 옳지 않은 것은?

① 적합성
② 정확성
③ 적시성
④ 형태성
⑤ 접근성

2774
2024 경영지도사

정보가 의사결정에 유용하게 활용되기 위해 갖추어야 할 특성에 관한 설명으로 옳지 않은 것은?

① 정확하고 신뢰할 수 있는 현실을 반영해야 한다.
② 필요한 시기에 이용될 수 있도록 제공되어야 한다.
③ 효과적 의사결정에 부합하도록 충분히 제공되어야 한다.
④ 의사결정과 직접적 관련성이 있어야 한다.
⑤ 물리적으로 존재하여 보거나 만져볼 수 있어야 한다.

2775
2024 7급 군무원

다음 중 고품질 데이터의 특징과 관련된 내용이 올바르게 짝지어진 것은?

> ㉠ 정보에 누락된 값이 있는가?
> ㉡ 통합 정보 또는 요약 정보가 상세 정보와 일치하는가?
> ㉢ 정보가 비즈니스 필요의 관점에서 최근의 것인가?

① ㉠ 완전성, ㉡ 일관성, ㉢ 적시성
② ㉠ 완전성, ㉡ 일관성, ㉢ 고유성
③ ㉠ 일관성, ㉡ 완전성, ㉢ 적시성
④ ㉠ 일관성, ㉡ 완전성, ㉢ 고유성

정보시스템 구분

2776
2004 가맹거래사

정보시스템은 분류하는 기준에 따라서 다르게 분류될 수 있다. 다음 중 나머지 넷과 분류가 다르게 되는 것은?

① 거래처리시스템(transaction processing systems)
② 인사정보시스템(human resource information systems)
③ 의사결정지원시스템(decision support systems)
④ 사무자동화시스템(office automation systems)
⑤ 전문가시스템(expert systems)

2777
2004 가맹거래사

경영정보시스템을 피라미드 형태로 표시하는 경우 하위부터 상위까지 올바르게 나열한 것은?

① 거래처리시스템 → 의사결정지원시스템 → 정보보고시스템 → 중역정보시스템
② 정보보고시스템 → 거래처리시스템 → 의사결정지원시스템 → 중역정보시스템
③ 거래처리시스템 → 정보보고시스템 → 의사결정지원시스템 → 중역정보시스템
④ 정보보고시스템 → 의사결정지원시스템 → 거래처리시스템 → 중역정보시스템
⑤ 의사결정지원시스템 → 정보보고시스템 → 거래처리시스템 → 중역정보시스템

2778
2024 7급 서울시

경영정보시스템의 유형에 대한 설명으로 가장 옳지 않은 것은?

① 거래처리시스템(transaction processing system: TPS)은 기업 업무수행 과정에서 발생하는 데이터를 처리, 저장, 관리하는 중간경영자 대상의 정보시스템이다.
② 전문가 시스템(expert system: ES)은 전문가의 지식을 추출하고 컴퓨터에 프로그램화하여 전문가의 역할을 대신할 수 있는 중간경영자 대상의 정보시스템이다.
③ 전략정보시스템(strategic information system: SIS)은 기업의 정보시스템으로 전략적 우위를 창출할 수 있도록 활용하는 최고경영자 대상의 정보시스템이다.
④ 사무자동화시스템(office automation system: OAS)은 업무처리 과정을 컴퓨터로 처리함으로써 생산성을 증가시키고 의사소통을 원활히 하도록 만들어진 일선경영자 대상의 정보시스템이다.

정보시스템 설계와 이용 오류

2779
2007 가맹거래사

경영정보시스템(MIS)의 설계와 이용에 있어서 조심하여야 할 오류로 옳게 묶여진 것은?

> a. 컴퓨터가 모든 것을 할 수 있다는 가정
> b. 경영자가 MIS의 운영과정을 이해할 필요가 없다는 가정
> c. 보다 많은 의사소통이 경영성과를 향상시킨다는 가정
> d. 경영자에게 필요한 모든 정보를 제공한다면 그들의 의사결정이 향상될 것이라는 가정
> e. 보다 많은 정보가 항상 좋다는 가정

① a
② a, b
③ a, b, c
④ a, b, c, d
⑤ a, b, c, d, e

2780
2008 가맹거래사

다음 중 경영정보시스템(MIS) 설계자 및 이용자에 의해 발생하는 오류가 아닌 것은?

① 모든 정보가 필요하다는 가정
② 관련된 모든 업무담당자가 충분히 참여해야 한다는 가정
③ 보다 많은 정보가 좋다는 가정
④ 경영자가 경영정보시스템(MIS)의 운영과정을 이해할 필요가 없다는 가정
⑤ 경영자에게 필요한 정보를 모두 제공한다면 그들의 의사결정기능이 향상될 것이라는 가정

TPS

2781
2013 가맹거래사

거래를 처리하는 과정에서 발생하는 데이터를 저장하고 관리하는 시스템은?

① TPS
② MIS
③ EIS
④ DSS
⑤ SIS

2782
2011 공인노무사

조직의 최하위부서에서 이루어지는 일상적인 업무처리를 돕는 정보시스템은?

① 전략계획시스템(strategic planning system)
② 거래처리시스템(transaction processing system)
③ 의사결정지원시스템(decision support system)
④ 전문가시스템(expert system)
⑤ 관리통제시스템(managerial control system)

2783
2021 공인노무사

급여계산, 고객 주문처리, 재고관리 등 일상적이고 반복적인 과업을 주로 수행하는 정보시스템은?

① EIS
② DSS
③ ES
④ SIS
⑤ TPS

2784
2015 경영지도사

조직의 말단부에서 이루어지는 일상적인 업무처리를 자동화하여 처리해주는 시스템은?

① 전략계획시스템(Strategic planning system)
② 운영통제시스템(Operational control system)
③ 거래처리시스템(Transactional processing system)
④ 관리통제시스템(Managerial control system)
⑤ 의사결정지원시스템(Decision support system)

2785
2023 7급 군무원

기업의 반복적인 과업을 수행하는 운영관리업무에 유용한 정보시스템으로서 주로 조직의 운영상 기본적으로 발생하는 자료를 신속하고 정확하게 처리하는 데에 초점을 두고 있는 정보시스템의 유형을 무엇이라고 하는가?

① 거래처리시스템(TPS : Transaction Processing System)
② 정보보고시스템(IRS : Information Reporting System)
③ 중역정보시스템(EIS : Executive Information System)
④ 의사결정지원시스템(DSS : Decision Support System)

DSS

2786
2012 가맹거래사

다음의 설명에 가장 적합한 경영정보시스템의 명칭은?

- 반구조적(semi-structured) 경영문제
- Ad-hoc 질의
- 모델베이스
- 대화기반(dialog-based) 사용자 인터페이스

① TPS
② DSS
③ ERP
④ POS
⑤ SCM

2787
2022 5급 군무원

다음 중 의사결정지원시스템과 관련된 설명으로 가장 옳지 않은 것은?

① 의사결정지원시스템은 반구조적 및 비구조적인 의사결정 문제보다 일상적이며 구조적인 의사결정 문제를 지원한다.
② 의사결정지원시스템은 대화식 정보처리와 그래픽 디스플레이를 지원하는 사용자 인터페이스를 통해 시스템의 효과를 크게 높여준다.
③ 의사결정지원시스템에서 활용하는 민감도 분석은 결정된 해결 방안과 관련하여 일부 변수의 변화가 여타 변수에 미치는 영향을 분석함으로써 불확실한 미래의 상황에 대한 가정을 테스트하는 데 사용된다.
④ 의사결정지원시스템에서 활용하는 목표값 찾기 분석은 결과변수 값이 주어질 때 입력변수가 어떠한 값을 가져야 하는지 역으로 추적하는 데 사용된다.

EIS

2788
2008 가맹거래사

1980년대 이후 최고경영진의 의사결정에 도움이 되는 정보를 제공하기 위한 목적으로 등장한 경영정보시스템은?

① TPS(Transaction Processing System)
② SIS(Strategic Information System)
③ IRS(Information Reporting System)
④ DSS(Decision Support System)
⑤ EIS(Executive Information System)

2789
2014 가맹거래사

최고경영자층의 의사결정을 지원하기 위한 목적으로 개발된 경영정보시스템은?

① EDI
② POS
③ TPS
④ SCM
⑤ EIS

2790
2012 공인노무사

경영정보시스템 관련 용어에 대한 설명으로 옳은 것은?

① 데이터베이스관리시스템은 비즈니스 수행에 필요한 일상적인 거래를 처리하는 정보시스템이다.
② 전문가시스템은 일반적인 업무를 지원하는 정보시스템이다.
③ 전사적자원관리시스템은 공급자와 공급기업을 연계하여 활용하는 정보시스템이다.
④ 의사결정지원시스템은 데이터를 저장하고 관리하는 정보시스템이다.
⑤ 중역정보시스템은 최고경영자층이 전략적인 의사결정을 하도록 도와주는 정보시스템이다.

2791
2013 공인노무사

최고경영자층의 의사결정을 지원하기 위한 목적으로 개발된 경영정보시스템의 명칭은?

① ERP
② EDI
③ POS
④ EIS
⑤ TPS

인터넷과 무선기술

2792
2008 가맹거래사

다음 네트워크 용어의 약어에서 밑줄 친 P에 동일하게 해당하는 영어 단어는?

| HTT<u>P</u> | FT<u>P</u> | TCP/I<u>P</u> |

① Process
② Program
③ Protocol
④ Project
⑤ Principle

2793
2013 가맹거래사

초소형 칩에 데이터를 저장하고 무선으로 데이터를 송수신하는 기술은?

① OCR
② RFID
③ LAN
④ 바코드
⑤ 자기문자인식장치

2794
2014 가맹거래사

인터넷에서 사용하는 TCP/IP 프로토콜을 구성하는 4개 계층에 해당되지 않는 것은?

① 응용(application) 계층
② 네트워크 인터페이스(network interface) 계층
③ 전송(transport) 계층
④ 인터넷(internet) 계층
⑤ 게이트웨이(gateway) 계층

2795
2016 가맹거래사

'언제, 어디서나 존재한다.' 라는 의미로, 사용자가 시간과 장소에 상관없이 네트워크를 사용할 수 있는 환경은?

① 무선망
② 인터넷
③ 유비쿼터스
④ 홈네트워크
⑤ 전자상거래

2796
2020 가맹거래사

무선 PAN(personal area network) 기술로 휴대전화, 컴퓨터 및 다른 장치들 사이의 짧은 거리에서 신호를 전송해 주는 근거리 무선통신기술은?

① 블루투스(bluetooth)
② 와이브로 (wibro)
③ 웹브라우저(web browser)
④ 텔레매틱스(telematics)
⑤ 소셜네트워킹 (social networking)

2797
2020 가맹거래사

Web 2.0의 4가지 규정적 특징이 아닌 것은?

① 상호작용성
② 실시간 사용자 통제
③ 사회적 참여 및 정보공유
④ 사용자 생성 콘텐츠(user-generated content)
⑤ 시맨틱 검색(semantic search)

2798
2013 공인노무사

다음 네트워크 용어들의 밑줄 친 P에 해당하는 영어 단어는?

- TCP / IP
- HTTP

① program
② process
③ procedure
④ profile
⑤ protocol

2799
2019 공인노무사

스마트폰에 신용카드 등의 금융정보를 담아 10~15cm의 근거리에서 결제를 가능하게 하는 무선통신기술은?

① 블루투스(Bluetooth)
② GPS(Global Positioning System)
③ NFC(Near Field Communication)
④ IoT(Internet of Things)
⑤ 텔레매틱스(Telematics)

2800
2022 경영지도사

네트워크 전송 중 지켜야 할 규칙과 데이터 포맷을 상세화한 표준은?

① 프로토콜(protocol)
② 패킷 교환(packet switching)
③ 토폴로지(topology)
④ 라우터(router)
⑤ 허브(hub)

2801
2023 경영지도사

중거리 무선 네트워크에 해당하지 않는 것은?

① 초광대역 네트워크(Ultra Wide Band)
② 와이파이(Wi-Fi)
③ 와이파이 다이렉트(Wi-Fi Direct)
④ 마이파이(Mi-Fi)
⑤ 라이파이(Li-Fi)

2802
2024 7급 서울시

OSI 7계층 중 1계층에 해당하는 것은?

① 물리 계층(Physical Layer)
② 세션 계층(Session Layer)
③ 네트워크 계층(Network Layer)
④ 데이터링크 계층(Data Link Layer)

`ERP`

2803
2005 가맹거래사

다음 중 ERP(Enterprise Resource Planning)에 관한 설명이 아닌 것은?

① 기존 정보시스템의 단점인 비유연성을 최소화하고 신기술인 객체지향 기술 등을 받아들인 체제이다.
② 분산화, 개방화된 시스템(open system)으로 운영된다.
③ 생산관리 업무는 물론 회계, 영업, 마케팅, 관리부문과 경영지원 기능을 포함하는 정보시스템이다.
④ 정보의 입력과 처리는 물론 IT 인력까지 아웃소싱함으로써 조직의 규모를 줄인다.
⑤ SCM과 연동되어 기업 정보화의 핵심적 도구로 사용되고 있다.

2804
2007 가맹거래사

조직의 제반 업무기능영역을 포괄적으로 통합하여 하나의 솔루션으로 지원하는 정보시스템 유형은?

① ERP 시스템
② Simulation 시스템
③ CRM 시스템
④ SCM 시스템
⑤ Expert 시스템

2805
2014 가맹거래사

독립적으로 운영되어 온 생산, 유통, 재무, 인사 등의 기능영역별 정보시스템을 전사적 차원에서 단일 플랫폼으로 통합하는 정보시스템의 명칭은?

① DSS
② BPR
③ MRP
④ KMS
⑤ ERP

2806
2017 가맹거래사

ERP(enterprise resource planning) 시스템에 관한 설명으로 옳지 않은 것은?

① ERP 시스템은 기능영역 정보시스템들 사이의 커뮤니케이션 결여를 바로 잡고자 하는 것이다.
② ERP 시스템은 기능영역에 걸친 기업성과에 대한 기업정보를 제공하여 관리자의 의사 결정능력을 향상시킬 수 있다.
③ ERP 시스템은 비즈니스 프로세스를 통합하여 고객서비스를 개선시킬 수 있다.
④ ERP 시스템을 구축·실행하는 데 초기비용이 적게 소요된다.
⑤ ERP 시스템 도입 후에는 통합 데이터베이스를 운영하게 되어 정보의 공유가 용이해진다.

2807
2019 가맹거래사

전사적 자원관리(ERP) 시스템의 도입효과로 옳지 않은 것은?

① 부서 간 실시간 정보공유
② 데이터의 일관성 유지
③ 적시 의사결정 지원
④ 조직의 유연성과 민첩성 증진
⑤ 기존 비즈니스 프로세스 유지

2808
2020 가맹거래사

조직의 구매, 인적자원, 생산, 판매, 회계 활동 등에 대한 모든 데이터를 하나의 시스템으로 통합한 것은?

① 경영정보시스템(MIS)
② 그룹의사결정지원시스템(GDSS)
③ 공급사슬관리 시스템(SCM)
④ 고객관리시스템(CRM)
⑤ 전사적자원관리(ERP)

2809
2016 공인노무사

다음에서 설명하는 것은?

> 기업의 자재, 회계, 구매, 생산, 판매, 인사 등 모든 업무의 흐름을 효율적으로 지원하기 위한 통합정보 시스템

① CRM
② SCM
③ DSS
④ KMS
⑤ ERP

2810
2017 공인노무사

전사적 자원관리(ERP) 도입의 효과가 아닌 것은?

① 신기술 수용 및 활용
② 사업장 및 업무통합
③ 고객 이미지 개선
④ 정보 적시 제공
⑤ 업무프로세스 복잡화

2811
2019 경영지도사

다음에서 공통으로 설명하는 개념은?

- MRP, MRP Ⅱ를 거치면서 등장하였으며, 전체 기업 내부의 운영효율화를 위해 정보시스템을 활용한다.
- 기업 내 구매, 생산, 물류, 판매, 회계영역의 프로세스를 개선하기 위해 통합된 데이터베이스를 운영한다.

① business intelligence
② customer relationship management
③ enterprise resource planning
④ supplier relationship management
⑤ supply chain management

2812
2020 경영지도사

기업 내 판매, 생산, 회계, 인사 등 여러 부문의 데이터를 일원화하여 관리함으로써 경영자원을 효율적으로 운용할 수 있도록 하는 기법은?

① 전사적 자원관리(ERP : enterprise resource planning)
② 공급사슬관리(SCM : supply chain management)
③ 자재소요계획(MRP : material requirements planning)
④ PERT(program evaluation and review technique)
⑤ 컴퓨터지원생산(CAM : computer-aided manufacturing)

2813
2021 9급 군무원

전사적 자원관리(ERP)의 장점으로 가장 옳지 않은 것은?

① 경영자원의 통합적 관리
② 자원의 생산성 극대화
③ 차별화된 현지 생산
④ 즉각적인 의사결정 지원

2814
2008 7급 국가직

전사적 자원관리(ERP: enterprise resource planning) 시스템을 도입하려는 배경으로 적절하지 않은 것은?

① 기업의 전산 유지 비용을 절감하는 효과를 기대
② 다양한 소비자의 요구에 대한 기업의 전사적 대응이 필요
③ 조직의 리엔지니어링을 도입하는 실천수단으로 활용될 수 있다는 기대감
④ 급격하게 길어지는 제품의 라이프사이클(product life cycle)에 대한 대응이 필요

2815
2023 가맹거래사

ERP(enterprise resource planning) 시스템의 특징에 해당하지 않는 것은?

① 통합 데이터베이스를 매개로 기업의 다양한 업무에 적용이 가능하다.
② 영업, 생산, 구매, 재고, 회계, 인사 등 기업 내 단위업무를 통합적으로 처리한다.
③ 국제적으로 인정된 표준에 맞게 업무 프로세스를 구현할 수 있다.
④ 다양한 기능을 내장한 ERP 패키지는 파라미터 지정을 통해 해당 기업에 맞도록 시스템을 적용할 수 있다.
⑤ 기업 업무 내용의 외부 유출을 방지하기 위해 폐쇄적 구조로 설계되어 시스템 확장이 어렵다.

2816
2024 경영지도사

전사적 자원관리(ERP) 시스템에 관한 설명으로 옳지 않은 것은?

① 자재, 회계, 구매, 생산, 판매, 인사 등 기업 내 업무의 통합정보시스템을 의미한다.
② 기업 내 각 부문의 데이터를 일원화하여 관리함으로써 경영자원을 계획적이고 효율적으로 운영하도록 해 준다.
③ 선진 프로세스를 내장하고 있는 패키지 도입 시 기업의 업무처리 방식을 최적화하는데 도움이 될 수 있다.
④ 수주처리에서 출하 및 회계처리까지 일련의 업무통합으로 고객 요구에 신속하고 정확하게 대응할 수 있다.
⑤ 정보기술의 급속한 발전에 따라 ERP를 SCM, CRM 등과 연계시켜 MRP로 진화하고 있다.

CRM

2817
2006 가맹거래사

다음 중 고객관계관리(CRM: customer relationship management)에 관한 설명으로 가장 적절한 것은?

① 대용량의 데이터 내에 존재하는 관계, 패턴, 규칙 등을 탐색하고 찾아내어 모형화함으로써 유용한 지식을 추출하는 일련의 과정이다.
② 고객에서부터 공장에 이르기까지 공급과정 전체를 고객 관점에서 단순화, 표준화하고 정보시스템의 지원을 통해 통합적으로 관리하고자 한다.
③ 기업이 보유하고 있는 다양한 데이터를 사용자의 요구에 따라 체계적으로 분류하여 기업의 의사결정 및 경영활동을 지원하기 위한 시스템이다.
④ 고객에 대한 정확한 이해를 바탕으로 고객이 원하는 제품과 서비스를 지속적으로 제공하여 고객의 평생가치를 극대화한다.
⑤ 지식의 획득에서 축적, 공유, 재사용 및 새로운 지식의 창출에 이르는 지식의 전체 생명주기를 효과적으로 관리한다.

2818
2022 가맹거래사

고객관계관리(CRM) 시스템의 2가지 기본적 구성요소는?

① 기술적 CRM과 분석적 CRM
② 운영적 CRM과 분석적 CRM
③ 기술적 CRM과 전술적 CRM
④ 운영적 CRM과 전술적 CRM
⑤ 운영적 CRM과 기술적 CRM

2819
2019 경영지도사

고객관계관리(CRM)의 성공 전제조건이 아닌 것은?

① 고객을 분석할 수 있는 데이터마이닝 도구가 필요하다.
② 고객관계관리를 위하여 인적네트워크가 필수적이다.
③ 대용량 데이터분석을 위한 대용량 컴퓨터가 필요하다.
④ 전략실행을 위한 다양한 마케팅채널과 연계되어야 한다.
⑤ 고객통합 데이터베이스가 구축되어야 한다.

SCM

2820
2024 경영지도사

공급사슬관리(SCM)에 관한 설명으로 옳지 않은 것은?

① 자재 조달에서 제조, 판매, 고객까지 물류 및 정보 흐름을 최적화하는 것을 의미한다.
② 정보공유를 토대로 공급업체, 제조업체, 유통업체 및 소비자를 유기적으로 연결하여 통합적으로 관리하는 시스템을 말한다.
③ 내부 물류 흐름뿐만 아니라 외부 물류 흐름의 통합에도 초점을 두고 있다.
④ 상류 기능과 하류 기능을 유기적으로 연결시켜 주는 것이기 때문에 수직계열화와 같다.
⑤ 공급사슬관리의 확산 배경으로는 인터넷을 비롯한 정보통신기술의 진전을 들 수 있다.

2821
2024 7급 군무원

다음 중 고객관계관리(customer relationship management, CRM)에 대한 설명으로 가장 적절하지 않은 것은?

① 거시적 관점에서 전략적 CRM은 기업의 경영환경에 영향을 미치고 있는 기업, 고객, 경쟁자, 협력자를 통합적으로 고려한다.

② 미시적 관점에서 전술적 CRM은 고객에게 최적의 상품과 서비스를 제공하기 위한 자료의 도출과 분석에 초점을 둔 구체적인 고객대응 전략을 목표로 한다.

③ RFM(recency, frequency, monetary) 분석은 고객과의 커뮤니케이션에 초점을 맞춘 분석이다.

④ 잠재고객의 평상가치는 해당 잠재고객을 경쟁상대에게 빼앗겼을 때 예상할 수 있는 손실 값으로 정의할 수 있다.

KMS

2822
2018 경영지도사

조직 내의 인적자원들이 보유하고 있는 지식을 체계화하고 서로가 공유하기 위하여 구축하는 시스템은?

① CRM　　② FMS
③ ERP　　④ KMS
⑤ SCM

SIS

2823
2008 가맹거래사

1980년대 이후 논의되고 있는 개념으로서 정보시스템을 이용하여 경쟁사보다 정보우위와 경쟁우위를 달성하는 자원으로서의 정보의 역할을 강조한 시스템은?

① TPS(transaction processing system)
② SIS(strategic information system)
③ ES(expert system)
④ DSS(decision support system)
⑤ IRS(information reporting system)

2824
2021 경영지도사

정보기술을 전략 수행이나 경쟁우위 확보를 위해 활용하는 정보시스템은?

① EDP(electronic data processing)
② ES(expert system)
③ SIS(strategic information system)
④ DSS(decision support system)
⑤ TPS(transactional processing system)

ISP

2825
2011 가맹거래사

다음은 무엇에 관한 설명인가?

- 조직의 경영전략과 정보시스템 전략을 정렬(alignment)한다.
- 조직의 정보요구사항을 반영하는 정보 아키텍처를 설계한다.
- 정보시스템 개발을 위한 통합 프레임워크를 제공한다.

① ERP   ② MRP
③ ISP   ④ KMS
⑤ ASP

2826
2012 가맹거래사

ISP(information strategy planning)의 목표에 관한 설명으로 옳지 않은 것은?

① 국지적 차원의 정보시스템 부문의 최적화를 통해서 미래지향적 시스템 계획을 마련한다.
② 현행 정보시스템과 정보시스템 조직을 분석, 진단, 평가한다.
③ 정보시스템의 구축과 운영에 소요되는 자원의 효율적 활용을 위한 프로젝트 계획을 수립한다.
④ 경영전략을 체계적으로 검토하고 경영전략에 부합하는 정보전략을 도출한다.
⑤ 통합정보시스템에 대한 아키텍처와 이를 구성하는 핵심요소를 기술한 마스터 플랜을 작성한다.

데이터 단위

2827
2014 가맹거래사

데이터 용량을 측정하는 단위를 오름차순으로 바르게 나열한 것은?

① GB-TB-PB-EB   ② GB-PB-EB-TB
③ TB-EB-GB-PB   ④ GB-PB-TB-EB
⑤ GB-TB-EB-PB

2828
2015 가맹거래사

가장 기본적인 데이터의 구성요소로 0과 1을 표현하는 비트가 모여 조합을 이룬 것으로 하나의 문자를 표현하는 단위는?

① 필드   ② 바이트
③ 레코드   ④ 파일
⑤ 데이터베이스

2829
2020 가맹거래사

컴퓨터가 다룰 수 있는 데이터의 가장 작은 단위는?

① 비트(bit)   ② 바이트(byte)
③ 필드(field)   ④ 레코드(record)
⑤ 파일(file)

DBMS

2830
2011 가맹거래사

데이터베이스관리시스템(DBMS)에 관한 설명으로 옳지 않은 것은?

① 파일처리방식에서 발생할 수 있는 데이터의 중복성과 불일치성을 감소시킨다.
② 다수의 응용프로그램에서 데이터를 공유할 수 있다.
③ 응용프로그램과 데이터간의 의존성을 높여 준다.
④ 파일처리방식보다 데이터 보안을 강화할 수 있다.
⑤ 데이터의 표준화 작업을 용이하게 한다.

2831
2012 가맹거래사

전통적인 파일관리 시스템의 한계를 극복하기 위해 등장한 것이 데이터베이스관리시스템(database management system: DBMS)이다. DBMS 도입의 장점으로 옳지 않은 것은?

① 데이터 중복성(redundancy)을 최소화할 수 있다.
② 데이터 무결성(integrity) 제어가 용이하다.
③ 데이터와 프로그램 사이의 의존성(dependency)을 증대시켜 준다.
④ 데이터 동시성(concurrency) 제어가 가능하다.
⑤ 데이터 불일치성(inconsistency)을 최소화할 수 있다.

2832
2022 가맹거래사

데이터베이스 관리시스템(DBMS)의 주요 이점으로 옳지 않은 것은?

① 데이터의 중복성 제거
② 데이터의 무결성 향상
③ 데이터와 프로그램 간 독립성 유지
④ 데이터의 공유 촉진
⑤ 데이터 접근의 복잡화

데이터베이스 설계

2833
2019 가맹거래사

관계형 데이터베이스 설계에서 연관된 테이블들 간의 관계성이 일관성 있게 유지될 수 있도록 해주는 규칙은?

① 정규화
② 핵심업무 무결성 제약조건
③ 개념적 데이터 설계
④ 참조 무결성
⑤ 자료 중복성

2834
2015 공인노무사

데이터 중복을 최소화하고 무결성을 극대화하며, 최상의 성능을 달성할 수 있도록 관계형 데이터베이스를 분석하고 효율화하는 과정을 지칭하는 용어는?

① 통합화(integration)
② 최적화(optimization)
③ 정규화(normalization)
④ 집중화(centralization)
⑤ 표준화(standardization)

데이터웨어하우스

2835
2005 가맹거래사

데이터 웨어하우스 활용 방안으로 옳지 않은 것은?

① 일상적인 거래처리
② OLAP
③ 데이터 마이닝
④ EIS
⑤ DSS

2836
2011 가맹거래사

데이터웨어하우스의 활용방안으로 가장 거리가 먼 것은?

① TPS
② OLAP
③ 데이터마이닝
④ DSS
⑤ EIS

2837
2014 가맹거래사

데이터 웨어하우스의 특성으로 옳지 않은 것은?

① 주제지향성(subject-oriented)
② 통합성(integrated)
③ 시간 가변성(time-variant)
④ 비휘발성(non-volatile)
⑤ 정규성(normalized)

2838
2016 가맹거래사

여러 개의 데이터베이스를 통합한 보다 큰 데이터베이스로서 의사결정에 필요한 정보를 제공하는 것은?

① 아웃소싱관계관리
② 데이터 웨어하우스
③ 중역정보시스템
④ 거래처리시스템
⑤ 경영지원시스템

2839
2019 가맹거래사

데이터 웨어하우스에 관한 설명으로 옳지 않은 것은?

① 데이터는 의사결정 주제 영역별로 분류되어 저장된다.
② 대용량 데이터에 숨겨져 있는 데이터 간 관계와 패턴을 탐색하고 모형화한다.
③ 데이터는 통일된 형식으로 변환 및 저장된다.
④ 데이터는 읽기 전용으로 보관되며, 더 이상 갱신되지 않는다.
⑤ 데이터는 시간정보와 함께 저장된다.

2840
2022 경영지도사

다양한 업무 데이터베이스로부터 정보를 모아 비즈니스 분석 활동과 의사결정 업무를 지원하는 것은?

① 자료중심적 웹사이트(data-focused website)
② 데이터웨어하우스(data warehouse)
③ 비즈니스 프로세스 관리시스템(business process management system)
④ 의사결정지원시스템(decision support system)
⑤ 관리통제시스템(managerial control system)

2841
2023 7급 군무원

기업의 의사결정을 지원하기 위한 핵심 기반구조로서 데이터 웨어하우스(DW: Dataware - house)의 주요 특징에 대한 설명 중 가장 적절하지 않은 것은?

① 주제 지향성(subject-orientation) : DW의 데이터는 컴퓨터에 익숙하지 않은 사용자라도 이해하기 쉬운 의사결정 주제를 중심으로 구성됨
② 통합성(integration) : DW의 데이터는 유관 기업과의 통합된 업무처리를 위한 일관적인 형태(일관된 코드 등)를 유지하도록 추출, 변환, 적재되기 때문에 통합성이 유지됨
③ 시계열성(time-variancy) : DW의 데이터는 시간의 경과에 따라 일정 부분 변경되더라도 변경 이전의 과거 데이터가 계속해서 관리됨
④ 비휘발성(non-volatilization) : DW의 데이터는 과거 데이터를 제외한 최신 3년 동안의 데이터에 한해서는 추가 및 삭제 등이 허용되지 않음

데이터베이스 기타

2842
2012 가맹거래사

데이터베이스의 보안관리, 장애복구, 무결성, 사용자 허가 및 비허가 사용자의 접근통제 등의 업무를 수행하며, 데이터베이스의 정의, 갱신 및 유지에 대한 책임을 지는 사람을 지칭하는 용어는?

① Database Operator
② Database Designer
③ Database Manager
④ Database Officer
⑤ Database Administrator

비즈니스 인텔리전스

2843
2022 가맹거래사

빅데이터를 포함한 기업환경에서 발생한 데이터를 저장, 결합, 보고, 분석하는 인프라를 통칭하는 포괄적 의사결정 응용프로그램을 지칭하는 용어로 하워드 드레스너(H. Dresner)가 사용한 것은?

① 비즈니스 인텔리전스(Business Intelligence)
② 비즈니스 빅데이터(Business Big Data)
③ 비즈니스 지식(Business Knowledge)
④ 비즈니스 공학(Business Engineering)
⑤ 비즈니스 어낼리틱스(Business Analytics)

2844
2024 9급 군무원

다음 중 비즈니스 인텔리전스에 관한 설명으로 가장 적절하지 않은 것은?

① 온라인 분석처리는 다차원 데이터분석을 가능하도록 해 준다.
② 텍스트 마이닝은 대량의 구조화된 데이터 집합으로부터 핵심 요인을 추출하고 패턴을 발견하도록 해 준다.
③ 웹 마이닝은 웹 컨텐트 마이닝, 웹 구조 마이닝, 웹 사용 마이닝으로 분류된다.
④ 데이터 마이닝을 통해 획득 가능한 정보의 유형은 연관성, 순차, 분류, 군집, 예보 등이다.

데이터마이닝

2845
2015 가맹거래사

기업 경영 활동 과정에서 발생한 대규모 데이터에 담겨있는 변수들 간에 존재하는 패턴과 관계를 발견하여 가치 있는 정보를 추출하는 기법은?

① 델파이법
② 데이터마이닝
③ 명목집단법
④ 데이터베이스
⑤ 신디케이트 조사

2846
2017 가맹거래사

대규모 데이터베이스에서 숨겨진 패턴이나 관계를 발견하여 의사결정 및 미래예측에 활용할 수 있도록 데이터를 모아서 분석하는 것은?

① 데이터 웨어하우스(data warehouse)
② 데이터 마이닝(data mining)
③ 데이터 마트(data mart)
④ 데이터 정제(data cleansing)
⑤ 데이터 세정(data scrubbing)

2847
2020 공인노무사

기업이 미래 의사결정 및 예측을 위하여 보유하고 있는 고객, 거래, 상품 등의 데이터와 각종 외부 데이터를 분석하여 숨겨진 패턴이나 규칙을 발견하는 것은?

① 데이터 관리(data management)
② 데이터 무결성(data integrity)
③ 데이터 마이닝(data mining)
④ 데이터 정제(data clearing)
⑤ 데이터 마트(data mart)

Expert System

2848
2004 가맹거래사

다음의 설명 중 옳지 않은 것은?

① DSS(Decision Support System)는 컴퓨터를 기반으로 조직내에서 발생하는 정형화되지 않은 문제들에 관한 효과적인 의사결정을 지원하는 정보시스템이다.
② GDSS(Group Decision Support System)는 집단이 회의를 할 때 발생하는 의사소통의 장애요소들을 제거하고, 토론의 내용을 체계적으로 정리한다.
③ EIS(Executive Information System)는 기업 안팎의 정보를 최고경영진이 쉽게 접근하여 의사결정에 활용할 수 있도록 설계된 정보시스템이다.
④ 전문가시스템(Expert System)은 지식베이스(Knowledge base), 근거리통신망 (local area network), 추론기관 (inference engine), 설명단위 (explanation unit) 등의 요소로 구성되어 있다.
⑤ 경영정보시스템은 기업경영에 필요한 정보를 적시에 제공할 수 있도록 미리 자료나 정보를 수집, 보관하였다가 필요할 때에는 즉시 검색, 분석, 처리하여 제공하는 전사적 시스템이다.

2849
2012 공인노무사

전문가시스템(ES)의 구성요소에 해당되지 않는 것은?

① 지식베이스
② 추론기관
③ 계획기관
④ 설명기관
⑤ 사용자인터페이스

2850
2019 7급 서울시

전문가시스템(expert system)에 대한 설명으로 가장 옳지 않은 것은?

① 인간의 지식을 규칙의 집합으로 모델링한 것이다.
② 입력층, 은닉층, 출력층으로 구성되어 있다.
③ 지식베이스를 검색하기 위해 사용되는 추론엔진을 포함한다.
④ 오작동 기계의 진단이나 신용대출 여부 결정 같은 업무에 적용할 수 있다.

정보시스템 성장단계 모형

2851
2012 가맹거래사

다음은 놀란(Richard L. Nolan)이 제시한 정보기술 성장의 6단계 모델을 나열한 것이다. 빈 칸의 (ㄱ), (ㄴ), (ㄷ) 에 해당하는 단계를 바르게 나열한 것은?

착수 → (ㄱ) → (ㄴ) → (ㄷ) → 데이터관리 → 성숙

	(ㄱ)	(ㄴ)	(ㄷ)
①	전파	통합	통제
②	전파	통제	통합
③	통제	전파	통합
④	통제	통합	전파
⑤	통합	통제	전파

2852
2014 가맹거래사

놀란(Nolan)이 제시한 정보기술 성장의 6단계 모델은 다음과 같다. (ㄱ), (ㄴ), (ㄷ) 에 해당하는 단계명칭을 바르게 나열한 것은?

착수 - (ㄱ) - 통제 - (ㄴ) - (ㄷ) - 성숙

	(ㄱ)	(ㄴ)	(ㄷ)
①	전파	데이터관리	통합
②	통합	전파	데이터관리
③	데이터관리	전파	통합
④	전파	통합	데이터관리
⑤	통합	데이터관리	전파

정보보안

2853
2011 가맹거래사

정보통신 보안의 요건에 해당하지 않는 것은?

① 인증(authentication)
② 부인방지(non repudiation)
③ 무결성(integrity)
④ 기밀성(confidentiality)
⑤ 위조(fabrication)

2854
2014 가맹거래사

e-비즈니스와 전자상거래를 수행하는데 요구되는 보안요건에 해당되지 않는 것은?

① 무결성(integrity)
② 부인방지(nonrepudiation)
③ 확장성(scalability)
④ 프라이버시(privacy)
⑤ 인증(authentication)

2855
2016 가맹거래사

개인 정보보호 방안에 관한 설명으로 옳지 않은 것은?

① 업무를 위해 수집한 개인정보를 타 부서에 제공할 경우에 외부 유출방지를 위해 해당 부서의 서면 동의만 받는다.
② 방화벽을 설치하여 허가 받지 않은 사용자의 불법 침입을 막는다.
③ 침입탐지장치를 설치하여 네트워크를 감시하고 이상 징후를 기록한다.
④ 기밀정보를 암호화하여 지정된 수취인만 해독할 수 있게 한다.
⑤ 사용자의 업무에 따른 최소한의 권한을 부여하도록 한다.

2856
2022 가맹거래사

기업의 정보보안 취약성 증가 요인에 해당하지 않는 것은?

① 신뢰성 높은 네트워크 환경
② 더 작고, 빠르고, 저렴해진 컴퓨터와 저장장치
③ 국제적 범죄조직의 사이버 범죄 진출
④ 점점 복잡하며, 상호 연결되고, 의존적인 무선 네트워크 환경
⑤ 관리적 지원의 부족

2857
2013 경영지도사

정보의 생성, 처리, 전송, 출력 등 정보순환의 모든 과정에서 중요시 되는 정보보안의 목표에 해당되지 않는 것은?

① 인증성(authentication)
② 가용성(availability)
③ 무결성(integrity)
④ 기밀성(confidentiality)
⑤ 실행성(execution)

2858
2017 경영지도사

기업정보자원의 이용목적 및 정보접근권한 보유자를 규정하는 것은?

① 인증정책
② 보안정책
③ 재난 복구계획
④ 비즈니스 연속성 계획
⑤ 위험도 평가

2859
2019 7급 국가직

홈페이지를 통해 피자 한 판을 주문한 고객은 피자가 배달되었을 때 변심하여 주문하지 않았다고 주장하였다. 전자상거래에서 발생할 수 있는 이러한 상황을 방지하고자 하는 정보보호 요소는?

① 무결성(integrity)
② 자기부정방지(non-repudiation)
③ 인증(authentication)
④ 기밀성(confidentiality)

클라우드 컴퓨팅

2860
2020 가맹거래사

클라우드 컴퓨팅(cloud computing)에 관한 설명으로 옳지 않은 것은?

① 비즈니스 데이터 및 시스템 보안에 대한 우려를 없애준다.
② 자신 소유의 하드웨어 및 소프트웨어에 많은 투자를 할 필요가 없다.
③ 사용자는 광대역 네트워크 통신망을 통해 클라우드에 접속해 업무를 수행할 수 있다.
④ 필요한 IT 자원을 빌려 쓸 때 용량 등에 있어 확장성이 있다.
⑤ 인터넷을 통해 원격으로 제공되는 자원이나 응용프로그램을 사용하는 것이다.

2861
2014 공인노무사

클라우드 컴퓨팅에 관한 설명으로 옳지 않은 것은?

① 인터넷기술을 활용하여 가상화된 IT 자원을 서비스로 제공하는 방식이다.
② 사용자는 소프트웨어, 스토리지, 서버, 네트워크 등 다양한 IT자원을 필요한 만큼 빌려서 사용한다.
③ 조직의 모든 정보시스템의 중앙집중화로 막대한 IT자원을 필요로 한다.
④ 사용자 주문형 셀프서비스, 광범위한 네트워크 접속, 자원공유, 사용량 기반 과금제 등의 특징을 갖는다.
⑤ 단기간 필요한 서비스, 규모의 변화가 큰 서비스, 범용 애플리케이션을 구축하는 경우에 효과적이다.

2862
2022 공인노무사

컴퓨터, 저장장치, 애플리케이션, 서비스 등과 같은 컴퓨팅 자원의 공유된 풀(pool)을 인터넷으로 접근할 수 있게 해 주는 것은?

① 클라이언트/서버 컴퓨팅(client/server computing)
② 엔터프라이즈 컴퓨팅(enterprise computing)
③ 온프레미스 컴퓨팅(on - premise computing)
④ 그린 컴퓨팅(green computing)
⑤ 클라우드 컴퓨팅(cloud computing)

2863
2020 경영지도사

정보를 자신의 컴퓨터가 아닌 인터넷에 연결된 다른 컴퓨터들을 이용하여 처리하는 기술은?

① 매시업(mashup) 서비스
② 클라우드 컴퓨팅(cloud computing)
③ 사물인터넷(IoT)
④ 크라우드소싱(crowdsourcing)
⑤ 정보 사일로(information silo)

2864
2021 경영지도사

우버(Uber)와 에어비엔비(Airbnb) 등 공유가치 기반 창업의 핵심 요인은?

① 클라우드(cloud)
② 다단계 유통채널(distribution channel)
③ 규모의 경제(economy of scale)
④ 물류단지(logistic facility)
⑤ 경험 효과(effect of experience)

2865
2024 가맹거래사

클라우드 컴퓨팅과 관련된 개념으로 옳은 것은?

① Saas : 사용자들은 클라우드 컴퓨팅 제공업체의 컴퓨터 자원을 활용하여 자신들의 정보시스템을 가동시킨다.
② Paas : 사용자들은 기존의 애플리케이션을 실행할 수 있고, 새로운 애플리케이션을 개발하여 테스트할 수도 있다.
③ Iaas : 클라우드 컴퓨팅 제공업체가 사용자들의 요구사항에 특화된 소프트웨어를 제공한다.
④ On-demand self service : 클라우드 컴퓨팅 시스템을 최적화하기 위해 데이터를 네트워크 말단의 서버에서 처리한다.
⑤ Edge Computing : 사용자들은 자신만의 서버 타임이나 네트워크 저장소와 같은 컴퓨터 역량을 얻을 수 있다.

2866
2024 공인노무사

다음에서 설명하는 것은?

> ○ 데이터 소스에서 가까운 네트워크 말단의 서버들에서 일부 데이터 처리를 수행한다.
> ○ 클라우드 컴퓨팅 시스템을 최적화하는 방법이다.

① 엣지 컴퓨팅
② 그리드 컴퓨팅
③ 클라이언트/서버 컴퓨팅
④ 온디멘드 컴퓨팅
⑤ 엔터프라이즈 컴퓨팅

2869
2018 공인노무사

다음에서 설명하는 것은?

> 지리적으로 분산된 네트워크 환경에서 수많은 컴퓨터와 저장장치, 데이터베이스 시스템 등과 같은 자원들을 고속 네트워크로 연결하여 그 자원을 공유할 수 있도록 하는 방식

① 전문가 시스템(Expert System)
② 그린컴퓨팅(Green Computing)
③ 사물 인터넷(Internet of Things)
④ 그리드 컴퓨팅(Grid Computing)
⑤ 인트라넷(Intranet)

그리드 컴퓨팅

2867
2016 가맹거래사

그리드 컴퓨팅(grid computing)에 관한 설명으로 옳지 않은 것은?

① 그리드 상의 모든 관련 컴퓨터의 계산능력을 결합하여 저렴한 가격으로 복잡한 연산을 수행한다.
② 할당받은 작업을 처리용량에 여유가 있는 PC에 할당한다.
③ 지리적으로 멀리 떨어져 있는 컴퓨터들을 하나의 네트워크로 연결한다.
④ 컴퓨터 자원을 효율적으로 사용하지만 기존 컴퓨터보다는 업무 처리 속도가 느리다.
⑤ 그리드 컴퓨팅의 보편화를 위해서는 컴퓨팅 기술표준과 보안문제가 해결되어야 한다.

2870
2020 공인노무사

경영정보시스템 용어에 관한 설명으로 옳지 않은 것은?

① 비즈니스 프로세스 리엔지니어링(business process re-engineering)은 새로운 방식으로 최대한의 이득을 얻기 위해 기존의 비즈니스 프로세스를 변경하는 것이다.
② 비즈니스 인텔리전스(business intelligence)는 사용자가 정보에 기반하여 보다 나은 비즈니스 의사결정을 돕기 위한 응용프로그램, 기술 및 데이터 분석 등을 포함하는 시스템이다.
③ 의사결정지원시스템(decision support system)은 컴퓨터를 이용하여 의사결정자가 효과적인 의사결정을 할 수 있도록 지원하는 시스템이다.
④ 위키스(Wikis)는 사용자들이 웹페이지 내용을 쉽게 추가·편집할 수 있는 웹 사이트의 일종이다.
⑤ 자율 컴퓨팅(autonomous computing)은 지리적으로 분산된 네트워크 환경에서 수많은 컴퓨터와 데이터베이스 등을 고속 네트워크로 연결하여 공유할 수 있도록 한다.

2868
2018 가맹거래사

지리적으로 떨어져 있는 많은 컴퓨터들을 연결해서 가상 슈퍼컴퓨터를 구축함으로써 복잡한 연산을 수행하는 방식은?

① 가상화
② 서버 컴퓨팅
③ 클라이언트 컴퓨팅
④ 그리드 컴퓨팅
⑤ 전사적 컴퓨팅

2871
2023 5급 군무원

여러 대의 컴퓨터를 하나의 대규모 가상 컴퓨터처럼 사용하는 기술로 가장 적절한 것은?

① 클라우드 컴퓨팅(cloud computing)
② 집중 컴퓨팅(distributed computing)
③ 양자 컴퓨팅(quantum computing)
④ 그리드 컴퓨팅(grid computing)

빅데이터

2872
2022 가맹거래사

빅데이터에 관한 설명으로 옳지 않은 것은?

① 빅데이터는 관계형 데이터베이스에 테이블 형태로 저장된다.
② 빅데이터는 전통적인 데이터들에 비해 훨씬 많은 양과 훨씬 빠른 속도로 생성된다.
③ 빅데이터의 사용 목적은 통합된 관점에서 데이터를 분석하여 새로운 사실을 예측하는 것이다.
④ 빅데이터를 확보, 저장, 분석하는 데 많은 비용이 든다.
⑤ 빅데이터는 기존에 기업에서 관리하는 데이터 뿐만 아니라 비정형화된 데이터를 포함한다.

2873
2016 공인노무사

빅데이터 기술에 관한 설명으로 옳지 않은 것은?

① 관계형 데이터베이스인 NoSQL, Hbase 등을 분석에 활용한다.
② 구조화되지 않은 데이터도 분석 대상으로 한다.
③ 많은 양의 정보를 처리한다.
④ 빠르게 변화하거나 증가하는 데이터도 분석이 가능하다.
⑤ 제조업, 금융업, 유통업 등 다양한 분야에 활용된다.

2874
2017 공인노무사

빅데이터(big data)의 기본적 특성(3v)으로 옳은 것을 모두 고른 것은?

| ㄱ. 거대한 양(volume) | ㄴ. 모호성(vagueness) |
| ㄷ. 다양한 형태(variety) | ㄹ. 생성 속도(velocity) |

① ㄱ, ㄴ
② ㄴ, ㄷ
③ ㄱ, ㄴ, ㄹ
④ ㄱ, ㄷ, ㄹ
⑤ ㄴ, ㄷ, ㄹ

2875
2017 경영지도사

빅데이터의 요건인 4V에 해당하지 않는 것은?

① volume
② velocity
③ variety
④ virtuality
⑤ value

2876
2021 5급 군무원

디지털 경제의 확산에 따라 많은 관심을 받는 빅데이터(big data)의 대표적 특징인 '3V'에 해당하지 않는 것은?

① 데이터의 생성 속도(velocity)
② 데이터 출처의 가상성(virtuality)
③ 데이터의 양(volume)
④ 데이터 형태의 다양성(variety)

2877
2023 9급 군무원

빅데이터(Big Data)의 대표적 특징인 3V에 해당하지 않는 것은?

① 변동성(Variability)
② 규모(Volume)
③ 다양성(Variety)
④ 속도(Velocity)

2878
2024 경영지도사

빅데이터의 특징에 관한 설명으로 옳은 것을 모두 고른 것은?

> ㄱ. 수집하여 분석하는 데이터 분량이 매우 많다.
> ㄴ. ERP, SCM, MES, CRM 등의 시스템에 저장된 정형화된 데이터를 분석한다.
> ㄷ. 사진 및 동영상, 콜센터 고객상담 내용 등 비정형화된 데이터를 분석한다.
> ㄹ. 수많은 사용자 요청을 신속하게 처리하여 결과를 제시한다.

① ㄱ, ㄴ, ㄷ
② ㄱ, ㄴ, ㄹ
③ ㄱ, ㄷ, ㄹ
④ ㄴ, ㄷ, ㄹ
⑤ ㄱ, ㄴ, ㄷ, ㄹ

2879
2024 공인노무사

비정형 텍스트 데이터의 가치와 의미를 찾아내는 빅데이터 분석 기법은?

① 에쓰노그라피(ethnography) 분석
② 포커스그룹(focus group) 인터뷰
③ 텍스트마이닝
④ 군집 분석
⑤ 소셜네트워크 분석

2880
2024 7급 서울시

빅데이터 활용 사례로 가장 옳지 않은 것은?

① 암 진단의 정확성을 높이기 위해서 판별/분류 분석을 수행한다.
② 카드 사용의 부정행위를 적발하고 예방하기 위해서 카드 사용 패턴을 분석한다.
③ 고객 이탈 방지를 위해 이탈 고객에게 일일이 전화를 걸어 확인한다.
④ 상품과 고객의 구매 패턴 사이의 연관성을 발견하기 위해 데이터마이닝을 수행한다.

보안해킹관련 용어

2881
2018 가맹거래사

사용자의 컴퓨터를 조정하거나 성가신 팝업 메시지들을 띄워서 컴퓨터시스템을 악성코드로 감염시켜 사용자의 돈을 갈취하는 악성 프로그램은?

① 웜
② 엑스트라넷
③ 트로이 목마
④ 스파이웨어
⑤ 랜섬웨어

2882
2018 공인노무사

네트워크 붕괴를 목적으로 다수의 잘못된 통신이나 서비스 요청을 특정 네트워크 또는 웹 서버에 보내는 방식을 의미하는 것은?

① 스푸핑(spoofing)
② 스니핑(sniffing)
③ 서비스 거부 공격(denial-of-service attack)
④ 신원도용(identity theft)
⑤ 피싱(phishing)

2883
2022 공인노무사

특정 기업의 이메일로 위장한 메일을 불특정 다수에게 발송하여 권한 없이 데이터를 획득하는 방식은?

① 파밍(pharming)
② 스니핑(sniffing)
③ 피싱(phishing)
④ 서비스 거부 공격(denial-of-service attack)
⑤ 웜(worm)

2884
2017 경영지도사

사용자가 올바른 웹페이지 주소를 입력해도 가짜 웹페이지로 보내는 피싱기법은?

① 파밍(pharming)
② 투플(tuple)
③ 패치(patch)
④ 쿠키(cookie)
⑤ 키 로거(key logger)

2885
2023 공인노무사

일반 사용자의 컴퓨터 시스템 접근을 차단한 후, 접근을 허용하는 조건으로 대가를 요구하는 악성코드는?

① 스니핑(sniffing)
② 랜섬웨어(ransomware)
③ 스팸웨어(spamware)
④ 피싱(phishing)
⑤ 파밍(pharming)

2886
2024 가맹거래사

합법적인 웹사이트로의 요청경로를 바꾸어 가짜 웹사이트로 연결시키는 수법은?

① 피싱(phishing)
② 파밍(pharming)
③ 도스(Dos: Denial of Service)
④ 디도스(DDos: Distributed Denial of Service)
⑤ 백도어(back door program)

암호화

2887
2021 가맹거래사

암호화(encryption)에 관한 설명으로 옳지 않은 것은?

① 암호화 기술은 디지털 정보를 저장하거나 인터넷을 통해 전송할 때 이를 보호하기 위해 사용된다.
② 공개키 암호화 방식은 공개키만으로 편리하게 사용된다.
③ 전자인증서는 전자거래에서 사용자의 신원과 전자 자산의 고유성을 확립하기 위해 사용된다.
④ 암호란 원래의 메시지를 의도된 수신자를 제외한 누군가에 의해 읽힐 수 없는 형태로 변형시키는 것이다.
⑤ 인증기관은 디지털인증서를 발급하고, 인증서의 진위와 무결성을 확인해준다.

2888
2023 가맹거래사

정보 및 정보시스템 보안에 관한 설명 중 옳지 않은 것은?

① 방화벽은 네트워크에 승인되지 않은 사용자가 접근하는 것을 막는 장치이다.
② 방화벽은 하드웨어, 소프트웨어 혹은 그 두 개의 결합으로 구성된다.
③ 암호화는 텍스트나 데이터를 송신자와 수신예정자 이외의 다른 사람이 읽을 수 없는 형태로 변경하는 프로세스이다.
④ 암호화 방법은 대칭키 암호화와 공개키 암호화 방식이 있다.
⑤ 대칭키 암호화 방식은 공개키와 비밀키를 사용한다.

정보시스템 설계와 개발

2889
2016 가맹거래사

정보시스템 개발을 위한 절차는?

① 분석 → 설계 → 구축 → 구현
② 설계 → 분석 → 구축 → 구현
③ 설계 → 구축 → 분석 → 구현
④ 설계 → 분석 → 구현 → 구축
⑤ 분석 → 설계 → 구현 → 구축

2890
2018 가맹거래사

정보시스템을 구축할 때 최소 규모의 개발 팀을 이용하여 프로젝트를 능률적으로 신속하게 개발하는 방식은?

① 최종 사용자(end-user) 개발
② 컴포넌트 기반(component-based) 개발
③ 폭포수 모델(waterfall model) 개발
④ 웹마이닝(web mining) 개발
⑤ 애자일(agile) 개발

2891
2016 공인노무사

경영정보시스템의 분석 및 설계 과정에서 수행하는 작업이 아닌 것은?

① 입력 자료의 내용, 양식, 형태, 분량 분석
② 출력물의 양식, 내용, 분량, 출력주기 정의
③ 시스템 테스트를 위한 데이터 준비, 시스템 수정
④ 자료가 출력되기 위해 필요한 수식연산, 비교연산, 논리연산 설계
⑤ 데이터베이스 구조 및 특성, 자료처리 분량 및 속도, 레코드 및 파일 구조 명세화

2892
2023 7급 서울시

정보시스템 통제 중 응용통제(application control)의 하위 유형으로 가장 옳지 않은 것은?

① 입력 통제
② 프로세스 통제
③ 구현 통제
④ 출력 통제

2893
2024 가맹거래사

시스템개발 수명주기에서 시스템 분석단계의 결과물로 옳은 것은?

① 프로토타이핑
② 계속/중지 결정
③ 시스템 요구사항
④ 시스템 타당성 조사
⑤ 기술적 시스템 사양서

정보시스템 아웃소싱

2894
2008 가맹거래사

정보시스템 아웃소싱(outsourcing)에 대한 설명으로 옳지 않은 것은?

① 정보시스템 아웃소싱은 기초 및 기반기술에 대한 투자 없이 응용기술을 바로 활용할 수 있다.
② 정보시스템 아웃소싱은 보다 부가가치가 높은 기능에 전산자원을 집중하게 한다.
③ 정보시스템 아웃소싱은 정보시스템 개발 및 운영비용을 구체화시켜 예측성과 통제성을 증진시킨다.
④ 정보시스템 아웃소싱은 시스템 개발과정이나 개발된 시스템의 품질에 대한 통제가 용이하다.
⑤ 정보시스템 아웃소싱은 해당 기술 분야에서 가장 앞선 외부조직의 기술이나 경험을 활용할 수 있다.

2895
2019 가맹거래사

정보시스템 활동 중 일부분을 아웃소싱하는 이유로 옳지 않은 것은?

① IT와 비즈니스 지식을 겸비한 자체인력 양성
② 적은 노력으로 전문지식과 경험 확보
③ 외부인력 활용을 통한 비용 절감
④ 일정 수준의 품질 보장을 통한 리스크 감소
⑤ 인터넷 확산으로 국외 위탁 용이

2896
2021 가맹거래사

기업이 정보시스템을 아웃소싱하는 목적으로 옳지 않은 것은?

① 외부 공급업체에 의한 규모의 경제효과로 비용 절감
② 외부 공급업체의 경험이나 최신정보기술 습득 및 활용
③ 향후 비용에 대한 예측 가능성 제고
④ 인력수급의 경직성 확보
⑤ 기업 전문 인력의 전략적 활용

2897
2023 가맹거래사

정보시스템 아웃소싱의 장점이 아닌 것은?

① 규모의 경제를 활용한 비용 절감
② 개발과정이나 개발 결과에 관한 통제 용이
③ 외부 조직의 기술이나 경험 활용
④ 고정자산에 관한 투자 회피를 통한 유동성 증진
⑤ 핵심적 활동에 조직 자원 집중

e-비즈니스 유형

2898
2015 가맹거래사

e-비즈니스 관련 기술을 활용한 정부-시민 간 서비스 제공유형은?

① B2B
② B2C
③ C2B
④ G2C
⑤ G2B

2899
2020 공인노무사

전자(상)거래의 유형에 관한 설명으로 옳은 것은?

① B2E는 기업과 직원 간 전자(상)거래를 말한다.
② B2C는 소비자와 소비자 간 전자(상)거래를 말한다.
③ B2B는 기업 내 전자(상)거래를 말한다.
④ C2C는 기업과 소비자 간 전자(상)거래를 말한다.
⑤ C2G는 기업 간 전자(상)거래를 말한다.

2900
2013 경영지도사

최근 전자상거래(E-비즈니스)가 증가하는 이유로 옳지 않은 것은?

① 공간효율
② 시간효율
③ 광고비 절감
④ 정보의 손쉬운 취득과 비교 구매 가능
⑤ 소비자권리 보호

2901
2013 경영지도사

e-커머스의 효과에 관한 설명으로 옳지 않은 것은?

① 기업의 점포 운영비 절감
② 대기업과 중소기업이 대등한 관계에서 공정경쟁
③ 브랜드 이미지와 물리적 요소의 영향력 증대
④ 소비자의 제품 가격 비교 용이
⑤ 소비자의 제품 선택 폭 확대

2902
2016 경영지도사

인터넷 쇼핑몰, 인터넷 뱅킹, 공연이나 여행 관련 예약 등 기업과 소비자 간에 이루어지는 전자상거래의 형태는?

① B2B
② C2C
③ B2C
④ B2G
⑤ G2C

2903
2016 경영지도사

E-비즈니스에 관한 설명으로 옳지 않은 것은?

① E-비즈니스는 전자상거래와 인터넷 비즈니스를 포괄하는 개념이다.
② 인터넷 비즈니스는 네트워크의 규모가 클수록 새로운 참여자에 대한 가치가 커지는 무어의 법칙(Moore's Law)이 존재한다.
③ 인터넷 애플리케이션이란 고객에게 가치를 제공하는 인터넷 기반의 소프트웨어를 의미한다.
④ E-비즈니스에서 정보를 전략적으로 활용하는 능력은 경쟁우위의 확보와 직결된다.
⑤ E-비즈니스 기업은 빠르게 변화하는 초고속 정보화 시대에 적응하기 위해 학습조직화 되어야 한다.

2904
2018 경영지도사

원자재가 필요한 회사가 인터넷 온라인을 통해 불특정 다수의 기업으로부터 입찰을 받아서 공급회사를 결정하는 전자상거래 형태는?

① B2B
② C2C
③ B2C
④ G2C
⑤ B2G

2905
2019 경영지도사

기업 간 전자상거래를 의미하는 용어는?

① B2B
② B2C
③ B2G
④ G2C
⑤ C2C

2906
2023 경영지도사

고객이 인터넷으로 호텔 객실의 가격을 미리 제시하면 공급사가 판매 여부를 결정하는 사례와 같이, 고객이 주체가 되어 원하는 상품이나 아이디어를 기업에 제공하고 대가를 얻는 e-비지니스 모델은?

① B2B　　② B2C
③ B2E　　④ C2B
⑤ C2C

모바일 비즈니스

2907
2017 공인노무사

모바일 비즈니스의 특성으로 옳지 않은 것은?

① 편재성　　② 접근성
③ 고정성　　④ 편리성
⑤ 접속성

2908
2018 경영지도사

m-Business로 창출되는 서비스에 해당하지 않는 것은?

① 위치 지리정보 서비스
② 위치 확인 서비스
③ 개인 특화 서비스
④ 콘텐츠 제공 서비스
⑤ 인터넷 TV 서비스

기타 IT 관련 용어

2909
2017 가맹거래사

온라인 상의 사회적 관계를 나타내는 소셜 그래프(social graph)의 아이디어에 바탕을 두고 이루어지는 전자상거래는?

① 전자지갑(digital wallet)
② 고객관계관리(customer relationship management)
③ 홈쇼핑(home shopping)
④ T-커머스(T-commerce)
⑤ 소셜 커머스(social commerce)

2910
2018 가맹거래사

가상이미지들이 실제 시야와 통합되어 증강디스플레이를 만드는 기술은?

① AR　　② LBS
③ GPS　　④ VR
⑤ EA

2911
2019 가맹거래사

인터넷 비즈니스에서 성공한 기업들이 20%의 히트상품보다 80%의 틈새상품을 통해 더 많은 매출을 창출하는 현상과 관련된 용어는?

① 파레토(pareto) 법칙
② 폭소노미(folksonomy)
③ 네트워크 효과(network effect)
④ 롱테일(long tail)
⑤ 확장성(scalability)

2912
2020 가맹거래사

인공지능 시스템 중 실제 세상 또는 상상 속의 행위를 모방한 컴퓨터 생성 시뮬레이션은?

① 인공신경망(artificial neutral network)
② 전문가시스템(expert system)
③ 지능형 에이전트(intelligent agent)
④ 영상인식 시스템(visionary recognition system)
⑤ 가상현실 시스템(virtual reality system)

2913
2021 가맹거래사

기업과 조직들이 중앙집중적 권한 없이 거의 즉시 네트워크에서 거래를 생성하고 확인할 수 있는 분산 데이터베이스 기술로 옳은 것은?

① 빅데이터(big data)
② 클라우드 컴퓨팅(cloud computing)
③ 블록체인(blockchain)
④ 핀테크(fintech)
⑤ 사물인터넷(internet of things)

2914
2021 가맹거래사

SNS(social networking service)에 해당하지 않는 것은?

① 페이스 북
② 인공지능
③ 카카오스토리
④ 트위터
⑤ 인스타그램

2915
2015 공인노무사

USB는 컴퓨터와 주변장치(키보드, 마우스, 메모리스틱 등)를 연결하는 장치이다. 여기서, USB는 U=Universal, S=Serial, B=( )의 약자이다. 괄호 안에 들어갈 단어는?

① Bit
② Bus
③ Box
④ Boot
⑤ Base

2916
2017 경영지도사

개인 사용자, 비즈니스 프로세스, 소프트웨어 응용프로그램을 대상으로 반복적이고 예측 가능한 특정 작업들을 수행하기 위해 구축되거나 학습된 지식 베이스를 이용하는 소프트웨어 프로그램은?

① 지능형 에이전트(intelligent agent)
② 유전자 알고리즘(genetic algorithm)
③ 신경망(neural network)
④ 기계학습(machine learning)
⑤ 퍼지논리(fuzzy logic)

2917
2019 경영지도사

정보 사일로(information silo)의 의미는?

① 2개 이상의 독립적인 기업이 특정 시스템을 공유하는 것
② 다양한 업무부서의 활동을 지원하기 위한 정보시스템
③ 서로 다른 정보시스템에서 데이터가 고립되어 상호작용이 어려운 관리시스템
④ 고객과의 상호작용 업무와 관련된 모든 시스템을 연결한 통합관리 시스템
⑤ 고유프로세스, 어플리케이션, 데이터베이스를 단일한 플랫폼으로 연결한 집합체

2918
2016 7급 국가직

소비자뿐만 아니라 회사의 직원, 일반대중까지 폭넓은 사람들의 커뮤니티를 신제품 혁신과정에 초대하여 혁신의 가능성을 높이는 정책은?

① 클라우드(cloud) 컴퓨팅
② 크라우드(crowd) 소싱
③ MOT(Moment of Truth)
④ 오프-쇼어(off-shore) 파이낸싱

2919
2023 공인노무사

다음에서 설명하는 기술발전의 법칙은?

- 1965년 미국 반도체회사의 연구개발 책임자가 주장하였다.
- 마이크로프로세서의 성능은 18개월마다 2배씩 향상된다.

① 길더의 법칙 ② 메칼프의 법칙
③ 무어의 법칙 ④ 롱테일 법칙
⑤ 파레토 법칙

2920
2023 7급 군무원

다음 중 4차 산업혁명 시대의 핵심기술에 대한 설명으로 가장 적절하지 않은 것은?

① 빅데이터는 경쟁력 향상을 위한 중요한 자산이라는 점에서, 데이터 자본주의 시대가 도래하였다.
② 클라우드 컴퓨팅 서비스가 증가한다.
③ 사물인터넷을 통해 '현실 세계에 존재하는 물리적 사물'과 '사이버 세상에 존재하는 가상의 사물'을 결합하여 상호작용한다.
④ 가상현실(VR : Virtual Reality)이란 사용자가 눈으로 보는 실제 세계의 배경이나 이미지에 가상의 이미지를 겹쳐 하나의 영상으로 보여 주는 기술이다.

2921
2023 7급 군무원

다음 중 '네트워크의 가치는 그 이용자 수의 제곱에 비례한다'는 법칙으로 가장 적절한 것은?

① 멧칼프의 법칙(Metcalfe's Law)
② 길더의 법칙(Gilder's Law)
③ 무어의 법칙(Moore's Law)
④ 황의 법칙(Hwang's Law)

2922
2024 가맹거래사

인간의 시각 시스템을 모방하여 실제 이미지에서 정보를 추출하는 방법으로 옳은 것은?

① 딥러닝(deep learning)
② 로봇공학(robotics)
③ 컴퓨터비전(computer vision)
④ 자연어처리(natural language processing)
⑤ 지능형 에이전트(intelligent agent)

기타

2923
2005 가맹거래사

인터넷을 통해 조직 외부의 데이터센터에 접근하여 원하는 어플리케이션을 일정한 사용요금을 지불하고 임대하여 사용하는 것은?

① BSC   ② e-Marketplace
③ ASP   ④ CRM
⑤ SCM

2924
2016 가맹거래사

정보시스템으로 인한 조직변화에 관한 설명으로 옳은 것은?

① 중간관리자의 역할이 늘어난다.
② 권위적인 리더십이 필요해진다.
③ 경영자층과 하위층의 의사소통이 더욱 쉬워진다.
④ 조직계층의 수가 늘어난다.
⑤ 조직 내의 의사결정 권한이 상위계층에 집중된다.

2925
2022 가맹거래사

전자상거래 수익모델(business model)에 관한 설명으로 옳은 것을 모두 고른 것은?

> ㄱ. 제휴 수익모델은 거래를 가능하게 해주는 대가로 수수료를 받아 수익을 창출한다.
> ㄴ. 구독료 수익모델은 서비스를 제공하는 웹 사이트를 일정 기간 접근하는 것을 허용하여 수익을 창출한다.
> ㄷ. 판매 수익모델은 제품, 정보, 서비스를 고객에게 판매함으로써 수익을 창출한다.
> ㄹ. 광고 수익모델은 기본 서비스는 무료로 제공하지만 특별한 서비스에는 사용료를 부과하여 수익을 창출한다.

① ㄱ, ㄴ
② ㄱ, ㄷ
③ ㄴ, ㄷ
④ ㄴ, ㄹ
⑤ ㄴ, ㄷ, ㄹ

2926
2017 경영지도사

기업이 어떤 일을 하는지, 기업이 제품이나 서비스를 어떻게 전달하는지에 대한 개념적 설명을 기업이 부를 창출하는 방법과 함께 묘사한 것은?

① 비즈니스 생태계(business ecosystem)
② 비즈니스 동인(business driver)
③ 비즈니스 모델(business model)
④ 비즈니스 성과관리(business performance management)
⑤ 비즈니스 인텔리전스(business intelligence)

2927
2022 경영지도사

전자상거래에 있어서 차세대 결제 수단인 전자화폐의 장점을 모두 고른 것은?

> ㄱ. 위조 및 이중 사용의 불가능
> ㄴ. 국가적 통화 관리의 용이
> ㄷ. 대금 결제 용이
> ㄹ. 고객의 익명성 보장

① ㄱ, ㄴ
② ㄷ, ㄹ
③ ㄱ, ㄷ, ㄹ
④ ㄴ, ㄷ, ㄹ
⑤ ㄱ, ㄴ, ㄷ, ㄹ

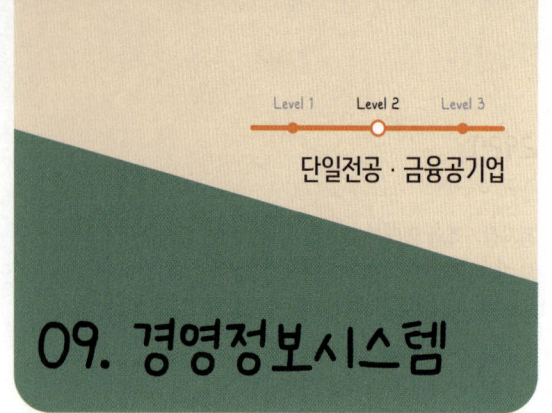

09. 경영정보시스템

정보의 개념

2928
공기업 출제경향 반영

정보의 가치를 결정하는 요인에 대한 설명으로 옳지 않은 것은?

① 제품 발송 후 신용불량고객 보고서를 제공하는 정보시스템은 도움이 되지 않는다.
② 의사결정자의 요구에 부합되는 형태로 정보가 제공되어야 한다.
③ 정보는 모든 사용자에게 접근이 용이하도록 설계되어야 한다.
④ 단기 신용대출이자율에 대한 정보를 위해 과거 20년 장기주택담보대출 이자율 보고서는 관련이 없는 데이터이다.
⑤ 인터넷 검색 결과 또는 컴퓨터 질의어(query)로부터 나온다고 해서 항상 신뢰해서는 안 된다.

EIS

2929
공기업 출제경향 반영

정보시스템 유형에 대한 다음 설명 가운데 적절하지 않은 것은?

① 중역정보시스템(EIS)은 표와 그래프 등 요약된 형태의 정보를 활용하여 사용하기 쉽고 일상적인 의사결정을 내릴 수 있도록 지원한다.
② 거래처리시스템(TPS)에서 발생한 데이터를 처리하여 관리자의 관리통제 활동에 도움을 주기 위하여 정보보고시스템(IRS)이 구축되기 시작하였다.
③ 의사결정지원시스템(DSS)은 관리자들이 그때 그때 필요한 정보를 대화식 형태로 제공하며, 시스템에 저장된 계량모델을 데이터에 적용하여 분석을 효율적 및 효과적으로 지원한다.
④ 인공지능(AI) 기술의 출현으로 컴퓨터에 내장된 전문적 지식을 통해 문제를 해결하기 위해 전문가시스템(ES: expert system)이 개발되어 사용되기 시작했다.
⑤ 거래처리시스템(TPS)은 수작업으로 하던 거래자료 처리와 같은 단순 반복적인 업무를 컴퓨터로 자동화하기 위해 만들어졌으며 정보의 가용성, 최신성, 정확성 등이 요구된다.

ERP

2930
공기업 출제경향 반영

전사적자원관리(ERP)에 대한 설명으로 옳지 않은 것은?

① ERP 시스템은 기업 내부 시스템과 공급망관리(SCM) 및 고객관계관리(CRM) 시스템과 연동하여 확장할 수 있는 연결 고리를 제공한다.
② 기업 내 업무의 통합을 추구하는 노력으로 시작되어, MRP → MRP Ⅱ → ERP 시스템으로 발전하였다.
③ ERP 시스템은 오랜 경험으로 얻어진 표준 업무 프로세스의 도입을 통해 기업의 업무 재설계(BPR)를 해주는 기능을 한다.
④ 부서 간 개별 시스템의 독립된 데이터베이스를 통해 정보의 무결성을 유지할 수 있다.
⑤ 대부분의 ERP 시스템은 모듈구조로 설계되어 있어 필요에 따라 프로세스 모듈을 추가할 수 있다.

2931
공기업 출제경향 반영

전사적자원관리(ERP)의 특징과 효과에 대한 설명으로 옳지 않은 것은?

① 제조 프로세스의 투명성이 향상되어 일정계획에 따라 정확하게 제품인도가 가능하고 재고를 줄일 수 있다.
② 시스템이 표준화되기 때문에 정보의 흐름이 일원화될 뿐만 아니라 시스템 성능이 최적화되고 이중 작업을 방지하게 된다.
③ ERP 시스템 도입 시 맞춤화 작업을 많이 하면 할수록 프로세스의 통합과 혁신을 더욱 견고하게 달성할 수 있다.
④ 모든 자료는 한 번의 입력을 통해 작업의 중복과 자료의 불일치를 없애고 일상적 작업을 최적화하고 통합화시켜 불필요한 노동력을 줄여준다.
⑤ 사용자의 상황에 따라 시스템이 설치될 하드웨어 및 데이터베이스 플랫폼 등을 결정할 수 있도록 하는 개방성을 가지고 있다.

2932
공기업 출제경향 반영

다음 중 정보시스템과 그 응용에 대한 설명이 옳지 않은 것을 고르시오.

① 기업이 일상적으로 수행하는 경영활동의 결과로 발생하는 거래자료를 처리하고 저장 및 관리하는 시스템을 거래처리시스템(TPS)이라고 한다.
② 기업의 경영혁신을 위하여 컴퓨터나 IT기술을 활용하여 기업의 업무를 재설계하는 것을 시스템통합(SI: system integration)이라고 한다.
③ 기업에서 통합 데이터베이스를 구축하여 구매, 생산, 재고, 판매, 인사, 고객관리 등 기업의 모든 업무 프로세스를 통합적으로 관리하여 정보를 공유하는 시스템을 전사적자원관리(ERP)라고 한다.
④ 기업에서 생산, 유통 등 각 공급사슬 단계를 최적화하기 위하여 제품, 정보, 재정의 흐름을 적절한 시간과 적절한 장소에 배치하여 수요자의 요구에 대응하는 시스템을 공급사슬관리(SCM)라고 한다.
⑤ 기업 내에서 고객과 관련된 자료를 통합하고 분석하여 고객의 특성에 맞는 마케팅 활동을 지원하자는 경영기법을 고객관계관리(CRM)라고 한다.

CRM

2933
공기업 출제경향 반영

다음 고객관계관리(CRM) 시스템에 대한 설명 중 옳지 않은 것은?

① 고객 데이터를 분석한 후 그 결과를 다양한 고객 접점에 배분함으로써, 기업이 고객과 상호 작용하는데 활용하도록 하는 경영 프로세스이다.
② 신규고객을 유치하거나 수익성 있는 고객을 유지, 개발함으로써 고객의 가치를 더욱 증가시킬 수 있다.
③ 개인화된 고객 서비스를 평생에 걸쳐 제공하여 고객생애가치를 증대하는 역할을 수행한다.
④ 기존 고객 1명 유지보다 신규 고객 1명을 확보하는 비용이 더 적기 때문에 고객 이탈방지보다는 신규고객 확보에 노력을 기울여야 한다.
⑤ 자동화를 통한 비용절감, 영업 프로세스의 표준화 및 간소화가 가능해진다.

SCM

2934
공기업 출제경향 반영

다음 공급사슬관리(SCM) 시스템에 대한 설명 중 옳지 않은 것은?

① 공급망을 구성하는 업체들이 동일한 시스템으로 연결됨으로써, 이들 업체들 간에는 고객의 수요, 재고, 운송 현황 등의 정보를 서로 실시간 공유할 수 있게 된다.
② 협력적 예측 보충 시스템(CPFR)은 대표적인 공급망 실행 기능(Supply Chain Execution) 시스템이고, 공급자 재고 관리(VMI)는 대표적인 공급망 계획 기능(Supply Chain Planning) 시스템이다.
③ 공급망을 모니터링 함으로써 공급망 전반에 걸친 비용, 현재 운영상태의 이상 유무를 파악하고 개선사항을 도출하며, 문제가 있을 시 사전에 예방하는 기능을 제공한다.
④ 채찍효과(bullwhip effect) 즉, 공급망에서 최종 소비자로부터 멀어질수록 수요와 재고의 변동성이 확대되는 현상은 EDI(Electronic Data Interchange), FRID(radio frequency identification) 등을 사용함으로써 감소시킬 수 있다.
⑤ 업체 간 중복 업무를 제거하고, 이를 통해 수송배송 역량 증가, 재고의 감소, 작업 지연 시간 단축 등을 기대할 수 있다.

KMS

2935
공기업 출제경향 반영

기업 연계 시스템에 관한 설명으로 옳지 않은 것은?

① 전통적인 기업의 정보시스템은 재무, 생산, 회계 등 조직의 기능별로 정보시스템을 개발하여 독립적으로 운영해 왔다.
② 오늘날 기업은 조직 내 부서 간, 공급자, 고객에 이르는 방대한 프로세스와 데이터들을 통합적으로 관리하는 유기적인 시스템을 구축하여 운영하고 있다.
③ 공급사슬관리(SCM) 시스템은 공급자, 구매자 간의 실시간 정보공유를 통해 수요정보의 왜곡을 최소화할 수 있다.
④ 고객관계관리(CRM) 시스템은 고객 지향 비즈니스를 위해 가장 수익성 있는 고객들을 파악·확보·유지하는 것을 도와주고, 기존 고객에게 보다 나은 서비스를 제공하고 판매를 증대하도록 지원한다.
⑤ 지식관리시스템(KMS)은 팀 위주로 구성된 조직에서 공동과업을 수행해야 하는 구성원들이 목적을 달성하기 위해 효과적으로 의사소통 및 정보 공유를 할 수 있도록 지원해 주는 네트워크 기반이 정보기술이다.

SIS

2936
공기업 출제경향 반영

전략정보시스템에 대한 설명 중 옳지 않은 것은?

① 신규경쟁사가 시장에 진입하지 못하도록 진입장벽을 구축할 수 있다.
② 기업과 구매자 간에 새로운 관계를 맺음으로써 차별화 전략의 구현을 통해 업무 의존도를 높일 수 있다.
③ 구매자의 지속적인 사용으로 '고객 충성심'이 강화되고 전환비용이 낮아지게 되어 구매자의 교섭력은 낮아지고 기업의 경쟁우위로 연결된다.
④ 공급자와의 네트워크 연결을 전략적 무기로 사용하는 경우 공급업자의 교섭력 또한 약화시킬 수 있다.
⑤ 조직내부비용을 현저하게 줄임으로써 원가를 낮출 수 있고, 이윤도 높아지므로 기업의 성장에 중요한 역할을 할 수 있다.

DBMS

2937
공기업 출제경향 반영

데이터베이스 관리시스템(DBMS)에 관한 설명으로 옳지 않은 것은?

① 응용프로그램과 데이터가 완전히 독립적이기 때문에 데이터의 형식이나 위치가 변경되어도 응용프로그램을 변경할 필요가 없다.
② 사용자별로 서로 다른 권한을 부여하여 합리적인 데이터 관리를 도모할 수 있다.
③ 같은 정보를 여러 곳에 중복 저장하지 않아 서로 다른 값을 가지는 경우가 줄어들어 데이터의 무결성이 개선된다.
④ SQL 등을 이용하여 데이터베이스를 사용하므로 데이터 접근의 표준화가 이루어졌다.
⑤ 업무환경이 복잡한 대기업일수록 데이터베이스 및 DBMS 프로그램은 시스템을 단순화시켜 시스템 복잡성을 줄여주며 시스템 운용비용 부담을 줄여준다.

2938
공기업 출제경향 반영

다음 중 설명이 옳지 않은 것을 고르시오.

① 데이터를 처리해서 사람이 이해하기 적합한 형태로 만든 것을 정보라고 한다.
② 정보는 데이터가 구조화되어 의미 있고 유용성 있게 처리된 결과이다.
③ 필요한 정보를 쉽게 검색하거나 사용할 수 있도록 데이터를 구조화하여 모아놓은 것을 데이터베이스라고 한다.
④ 데이터베이스는 데이터의 공유를 위하여 데이터 중복을 최소화하며, 데이터 접근이 용이할 뿐 아니라 응용 소프트웨어의 개발시간도 단축한다.
⑤ 지금까지 가장 널리 사용되는 방식의 DBMS의 종류는 객체지향형 데이터베이스(Object-Oriented Database)이다.

OLAP

2939
공기업 출제경향 반영

데이터베이스 활용에 관한 설명으로 옳지 않은 것은?

① 데이터웨어하우스(data warehouse)는 기업이 전사적인 관점에서 다양한 데이터베이스들을 통합함으로써 데이터 분석을 가능하게 한다.
② 데이터마트(data mart)는 데이터웨어하우스의 하위개념으로 재무, 인사, 재고 등과 같은 특정 분야에 국한시켜 데이터를 통합하는 것이 특징이다.
③ 온라인분석처리(OLAP)는 동일하지 않은 데이터를 통합하고 단일차원 데이터 분석을 할 수 있도록 도와준다.
④ 데이터마이닝(data mining)은 대용량 데이터베이스들에 숨어있는 패턴들과 관계성들을 찾아내고 이를 통해 미래의 행위를 예측할 수 있는 통찰을 제공한다.
⑤ 데이터웨어하우스에 구조화된 데이터는 온라인분석처리, 데이터마이닝 등 비즈니스 인텔리전스 도구들을 활용하여 추가적인 분석에 활용될 수 있다.

정보시스템 성장단계 모형

2940
공기업 출제경향 반영

놀란(Nolan)이 제시한 정보기술 성장단계 모형의 각 단계에 대한 설명이 다음과 같다. 단계 순서를 바르게 나열한 것은?

> 가. 빠른 성장을 보이는 단계로 질적으로나 양적으로나 팽창하게 된다. 장비와 인력을 전폭적으로 지원하며, 의욕도 성장하고 실력도 성장하고 시장도 성장한다.
> 나. 시스템의 도입을 적극 홍보하지만 아직은 익숙하지 않은 그런 단계이며, 일단 사용자들에게 교육을 통해 계속해서 기술을 전달하는 데 초점을 맞춘다.
> 다. 관리 경험이 쌓이면서 거시적으로 보는 시각이 생겨나 기존 시스템을 새로운 기술을 이용하여 통합, 개선하는 시도를 하게 된다.
> 라. 예산이 점차 줄어들고 계획과 통제, 문서화작업들이 강조된다.

① 가-나-다-라
② 가-나-라-다
③ 나-가-다-라
④ 나-가-라-다
⑤ 나-다-가-라

정보보안

2941
공기업 출제경향 반영

정보보안에 관한 설명으로 옳은 것은?

① 기밀성(confidentiality): 상대방과 거래 혹은 대화를 하는 과정에서 상대방의 신원을 확인하기 위한 방법 혹은 수단을 말함
② 무결성(integrity): 거래 부인 방지를 의미하는데, 후에 송신자나 수신자가 거래를 부인하지 못하는 것
③ 가용성(availability): 정보가 필요할 때 정보는 물론 그 정보를 처리하기 위해 사용되는 컴퓨터자원이 모두 준비되어 있고 정확히 가동이 되고 있음을 의미
④ 부인봉쇄(non-repudiation): 데이터가 중간에 변조가 되지 않고 그대로 전달이 되어야 한다는 것을 의미
⑤ 인증성(authentication): 수신자 이외에는 데이터를 보지 못해야 한다는 것을 의미

클라우드 컴퓨팅

2942
공기업 출제경향 반영

클라우드 컴퓨팅(cloud computing)의 특징에 관한 설명으로 옳지 않은 것을 고르시오.

① 컴퓨팅 자원의 풀을 형성하고, 다수의 고객들이 이를 공유하고 필요한 만큼 나누어 쓰게 된다.
② 일반 사용자들이 이용하는 여러 유형의 클라이언트 기기들은 표준을 따르기만 하면 네트워크를 통해 쉽게 클라우드에 접속할 수 있고 원하는 서비스를 제공받게 된다.
③ 변화가 심한 수요에 대하여 적절하게 자동으로 부하를 서로 다른 서버나 스토리지로 분산시키는 작업이 매우 중요하다.
④ 일반적으로 사용량에 따라 요금을 지불하는 방식을 따르므로 저장용량, 프로세싱 용량, 네트워크 대역폭 사용량 등을 정확히 측정할 필요가 있다.
⑤ 클라우드 제공업자는 사용자에게 제공되는 여러 서비스들을 고객들이 받아들이게 하는 푸시형 셀프 서비스(push self-service)의 형식을 따른다.

2943
공기업 출제경향 반영

클라우드 컴퓨팅(cloud computing)에 관한 설명으로 옳지 않은 것을 고르시오.

① 기존의 낭비되는 자원과 모자란 자원을 획기적으로 줄이고 확보된 자원은 핵심분야에 투자하여 경쟁 우위를 확보할 수 있다.
② 인터넷이라는 네트워크를 통해서 서비스가 전달되기 때문에 완벽한 서비스를 한 치의 오차도 없이 실시간으로 제공이 가능하다.
③ 높은 컴퓨팅 리소스를 필요로 하는 작업을 가상화(virtualization) 기술을 이용하여 다양한 시스템과 자원들을 공유하여 가상의 슈퍼컴퓨터와 같이 활용할 수 있다.
④ 하나의 서버에 여러 운영체계(OS)를 설치할 수 있으며 신규 하드웨어를 위한 자본 지출이 필요성을 줄일 수 있다.
⑤ 클라우드 환경에서는 하드웨어, 플랫폼, 소프트웨어 든 간에 이들은 일종의 서비스의 형태로 제공된다.

빅데이터

2944
공기업 출제경향 반영

빅데이터(Big Data)의 4V 요건에 관한 설명으로 옳지 않은 것은?

① 게놈 프로젝트(Genome Project)는 2003년에는 $30억의 비용과 13년의 시간이 투자되어야 완성할 수 있었는데 최근에는 $1,000의 비용으로 2시간만에 완성할 수 있다.
② 2003년까지 생성된 모든 데이터는 5 엑사바이트(Exabyte) 정도인데, 오늘날 하루에 만들어내는 데이터는 2.5 엑사바이트 정도이다.
③ 유튜브(Youtube)에 동영상을 올리고, 페이스북(Facebook)에 자신의 근황을 뉴스피드로 작성하고, 인스타그램(Instagram)에 친구들과의 사진을 올리는 등 프로슈머들에 의한 데이터는 현재 전체 데이터의 90% 이상을 차지하고 있다.
④ 고객데이터 분석을 통해 숨어 있는 고객유형별 가치를 발견하였다.
⑤ 슈퍼컴퓨터 대신 분산처리 시스템을 이용하여 효율성을 높였다.

2945
공기업 출제경향 반영

빅데이터(Big Data)에 관한 설명으로 가장 올바른 것을 고르시오.

① 하둡(Hadoop)과 맵리듀스(MapReduce) 같은 분산처리 방식의 시스템이 주로 사용된다.
② NoSQL를 이용하여 관계형 데이터베이스를 처리한다.
③ 텍스트, 이미지, 동영상 등의 비정형화된 데이터를 활용하는데 많은 어려움이 있다.
④ 수평적 확장(horizontal scalability)의 용이성보다는 개별 데이터의 정합성(consistency), 유효성(availability)을 중요시 한다.
⑤ 각 개체(entity)들 간의 관계가 중요하기 때문에 운영을 위한 개별 데이터 관리가 주 활용 분야이다.

보안해킹관련 용어

2946
공기업 출제경향 반영

다음 중 설명이 가장 올바른 것을 고르시오.

① 랜섬웨어(ransomware)는 시스템을 악의적으로 공격해 해당 시스템의 자원을 부족하게 하여 원래 의도된 용도로 사용하지 못하게 하는 것이다.
② 스푸핑(spoofing)이란 자체의 보안 취약성을 악용한 것으로 주로 자신의 IP주소를 속이고 접속하여 공격을 한다.
③ 스니핑(sniffing)은 신뢰할 수 있는 사람 또는 기업이 보낸 메시지인 것처럼 가장하여 비밀번호 및 신용카드 정보와 같이 기밀을 요하는 정보를 부정하게 얻으려는 것을 의미한다.
④ 서비스 거부 공격(DoS)은 시스템을 잠그거나 데이터를 암호화해 사용할 수 없도록 만든 뒤, 이를 인질로 금전을 요구하는 악성 프로그램이다.
⑤ 피싱(phishing)은 네트워크를 통해 전달되는 트래픽을 가로채거나 기록할 수 있는 컴퓨터 프로그램 또는 컴퓨터 하드웨어를 의미한다.

STEP 2

전수환
객관식 경영학

정답 및 해설

mealthebook

Contents

01 인사/조직/전략

01. 경영일반
- 통합전공·상경통합전공 — 6
- 단일전공·금융공기업 — 28
- 高난도 모의고사 — 29

02. 조직행동 : 개인
- 통합전공·상경통합전공 — 30
- 단일전공·금융공기업 — 46
- 高난도 모의고사 — 56

03. 조직행동 : 집단·조직
- 통합전공·상경통합전공 — 64
- 단일전공·금융공기업 — 80
- 高난도 모의고사 — 89

04. 조직이론
- 통합전공·상경통합전공 — 98
- 단일전공·금융공기업 — 105
- 高난도 모의고사 — 110

05. 인적자원관리
- 통합전공·상경통합전공 — 115
- 단일전공·금융공기업 — 134
- 高난도 모의고사 — 147

06. 전략경영
- 통합전공·상경통합전공 — 163
- 단일전공·금융공기업 — 172
- 高난도 모의고사 — 174

07. 국제경영
- 통합전공·상경통합전공 — 178
- 단일전공·금융공기업 — 181

02 마케팅

01. 마케팅 개요
- 통합전공·상경통합전공 — 184
- 高난도 모의고사 — 186

02. 마케팅 조사
- 통합전공·상경통합전공 — 187
- 단일전공·금융공기업 — 190
- 高난도 모의고사 — 196

03. 마케팅 전략
- 통합전공·상경통합전공 — 202
- 단일전공·금융공기업 — 207
- 高난도 모의고사 — 211

04. 제품, 서비스, 브랜드
- 통합전공·상경통합전공 — 216
- 단일전공·금융공기업 — 223
- 高난도 모의고사 — 227

05. 가격
- 통합전공·상경통합전공 — 233
- 단일전공·금융공기업 — 238
- 高난도 모의고사 — 243

06. 유통
- 통합전공·상경통합전공 — 249
- 단일전공·금융공기업 — 252
- 高난도 모의고사 — 256

07. 촉진
- 통합전공·상경통합전공 — 262
- 단일전공·금융공기업 — 266
- 高난도 모의고사 — 271

08. 소비자 행동
- 통합전공·상경통합전공 — 277
- 단일전공·금융공기업 — 282
- 高난도 모의고사 — 291

03 경영과학/운영관리

01. 경영과학
- 통합전공·상경통합전공 — 302
- 단일전공·금융공기업 — 309
- 高난도 모의고사 — 322

02. 생산시스템과 프로세스 관리
- 통합전공·상경통합전공 — 332
- 단일전공·금융공기업 — 336
- 高난도 모의고사 — 342

03. 품질경영
- 통합전공·상경통합전공 — 348
- 단일전공·금융공기업 — 353
- 高난도 모의고사 — 358

04. 생산능력 관리
- 통합전공·상경통합전공 — 363
- 단일전공·금융공기업 — 365
- 高난도 모의고사 — 373

05. 공급사슬관리
- 통합전공·상경통합전공 — 377
- 단일전공·금융공기업 — 384
- 高난도 모의고사 — 386

06. 재고관리
- 통합전공·상경통합전공 — 391
- 단일전공·금융공기업 — 396
- 高난도 모의고사 — 402

07. 운영계획과 자원계획
- 통합전공·상경통합전공 — 408
- 단일전공·금융공기업 — 412
- 高난도 모의고사 — 415

08. 린 시스템 설계
- 통합전공·상경통합전공 — 417
- 단일전공·금융공기업 — 420
- 高난도 모의고사 — 423

09. 경영정보시스템
- 통합전공·상경통합전공 — 428
- 단일전공·금융공기업 — 442

전수환
객관식
경영학

01
인사/조직/전략

정답 및 해설

01. 경영일반

02. 조직행동 : 개인

03. 조직행동 : 집단·조직

04. 조직이론

05. 인적자원관리

06. 전략경영

07. 국제경영

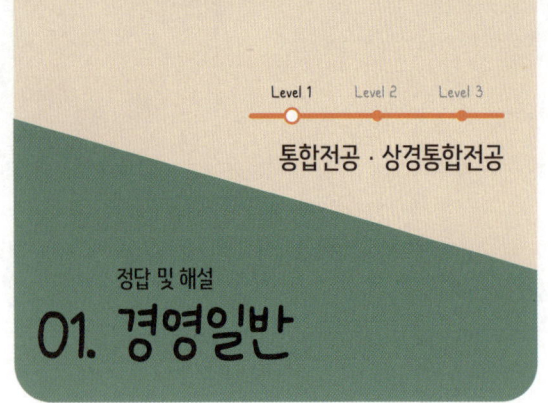

01. 경영일반

0001 ①
효과성은 목표의 달성정도를 의미하고, 효율성은 자원의 활용도를 의미한다.

0002 ⑤
경영마인드는 효과성과 효율성 그리고 혁신을 추구하지만, 행정마인드는 형평성과 일관성을 추구한다.

0003 ②
② 조직목표의 달성정도와 관련이 있는 개념은 효율성이 아니라 효과성(effectiveness)이다.

0004 ⑤
효율성(efficiency)은 '일을 올바르게 수행하는 것(doing things right)'을 의미하고 효과성(effectiveness)은 '옳은 일을 하는 것(doing the right things)'을 의미한다.

0005 ③
경영이나 관리 모두 영어로는 management로 특별히 다를 것이 없지만, 이 문제에서 경영은 조직의 목표달성과 관련된 계획, 조직, 지휘, 통제와 관련된 의사결정으로 보았고, 관리는 경영의사결정에 따른 미시적인 하위 업무활동으로 보았다. 이런 관점에서 보면 ③은 관리가 아닌 '경영'에 해당한다고 볼 수 있다.

0006 ②
매출목표 달성을 위해 신기술을 도입하였으나 목표달성이 안 되었으므로 효과적이지 않으나 생산원가는 감소하였으므로 효율적이라고 볼 수는 있다.

0007 ②
효과성(effectiveness)은 목표의 달성여부를 의미하고, 효율성(efficiency)은 투입 대비 산출의 비율을 높이는 것을 말한다.
① 소비자에게 가장 저렴한 가격으로 공급하는 능력은 소비자에게 가성비 좋은 제품을 공급하는 것이므로 효율성에 해당한다.
② 소비자가 원하는 것을 공급 대비 생산하는 능력은 소비자가 원하는 것, 즉 소비자가 목표로 하는 것을 공급하는 것이므로 이는 효과성에 해당한다.
③ 기업의 가격 대비 비용을 최소화하는 능력은 투입 요소를 줄이는 능력이므로 이는 효율성에 해당한다.
④ 기업의 투입 대비 산출 비율을 언급했으므로 이는 효율성과 관계된다. 하지만 투입 대비 산출은 '최소화'가 아니라 '최대화'되어야 한다.

0008 ②
① 소유경영자가 경영하는 조직은 대부분 규모가 작고 또한 빠른 의사결정이 가능하기 때문에 환경변화에 빠르게 대응할 수 있다.
② 임기가 정해져 있는 전문경영자는 임기 내에 좋은 성과를 창출하기 위해 소유경영자보다 단기적 성과에 더 집착하는 경향이 강하다.
③ 전문경영자와 주주 사이에 이해관계가 상충되는 현상을 대리인 문제(agency problem)라고 한다. 대리인 문제를 해결하기 위한 방안 가운데 하나가 주식매입선택권(stock option)이다.
④ 전문경영자가 경영에 대한 전문성이 소유경영자보다 상대적으로 더 높다.

0009 ①
① 소유경영자보다는 전문경영자가 더 단기적 이익에 집중한다. 왜냐하면 전문경영자는 임기가 제한되어 있기 때문에 임기내에 실적에 대한 압박이 있기 때문이다.

0010 ④
ㄱ. 소유경영자의 장점
ㄴ. 전문경영자의 장점
ㄷ. 소유경영자의 장점
ㄹ. 전문경영자의 장점

0011 ①
전문경영자는 소유권이 없으므로 강력한 리더십을 발휘할 수 없다. 하지만 소유경영자는 강력한 리더십 발휘가 가능하다.

0012 ④
경영자를 수평적 관점에서 분류하면 전반경영자(general manager)와 직능경영자(functional manager)로 나눌 수 있다. 직능경영자는 마케팅, 생산, 재무, 인사 등 각 기능의 전문가를 의미한다. 반면, 전반경영자는 기업 전체를 총체적인 관점에서 조정하고 조율하는 사람을 말한다.

0013 ④
① 소유경영은 역량강화는 어려울 수 있지만 기업의 규모가 작은 편이라 환경 변화에 빠르게 대응할 수 있다.
② 소유경영은 여러 주주의 의견수렴을 거칠 필요가 없기 때문에 과감한 경영혁신이 용이하다.
③ 전문경영은 경영의 전문화는 가능하지만 장기적 관점의 수익 추구에는 비효과적이다.

0014 ②

ㄴ. 외부 환경변화에 빠르게 대응할 수 있다는 장점이 있는 것은 소유경영자이다.
ㄷ. 소유경영자는 전문경영자에 비해 상대적으로 강력한 리더십의 발휘가 가능하다는 장점이 있다.

0015 ②

최고경영자에게 가장 필요한 것은 개념적 기술(conceptual skill)이고, 일선경영자에게 가장 중요한 것은 전문적 기술(technical skill)이다.

0016 ④

최고경영자, 중간경영자, 일선경영자 모두에게 중요한 것은 인간적 능력(human skill)이며, 더불어 경영자에게 필요한 능력은 개념적 능력, 인간적 능력, 전문적 능력으로 구성된다. 그 내용은 다음과 같다.

㉠ 개념적 능력(conceptual skill)

조직을 전체적으로 파악하여, 조직의 각 부문은 서로 어떤 연관이 있는지, 한 부문에서의 변화가 조직 전체에 어떤 영향을 미칠 것인가를 예측할 수 있어야 한다. 또한 조직이 지니고 있는 능력과 자원은 환경과 어떤 관계를 맺고 있는지 파악하고, 주어진 정보를 분석할 때 장기적이고, 모든 분야를 동시에 고려하는 능력을 말한다. 이는 최고경영자에게 가장 많이 필요한 능력이다.

㉡ 인간적 능력(human skill)

구성원들과 원만한 관계를 유지하면서, 그들의 사기를 북돋아 주고, 서로 조정해 주며, 협조를 이끌어내는 능력을 말한다. 이는 모든 계층의 경영자에게 공통적으로 필요한 능력이다.

㉢ 전문적 능력(technical skill)

현장실무 능력이라고도 하며, 전문화된 활동을 수행하는 데 필요한 기술, 즉 업무와 관련된 지식을 이용할 수 있는 능력을 말한다. 일선경영자(first line manager)가 과업담당자에게 지시, 상담, 감독하기 위해서는 현장의 실무를 처리하는 일에 능통해야 한다.

0017 ③

ㄷ. 조직의 현황이나 현안을 파악하여 세부적으로 처리하는 실무적 능력은 전문적 기술에 해당하고, 개념화 능력(conceptual skills = 개념적 기술)은 기업의 모든 이해관계와 활동을 조정하고 통합할 수 있는 능력으로 이것은 기업을 전체적인 관점에서 바라볼 수 있고, 기업 내의 각 부분은 서로 어떤 연관성이 있으며, 한 부분에서의 변화가 기업 전체에 어떤 영향을 미칠 것인가를 예측할 수 있는 능력을 말한다.

0018 ①

의사결정자 역할은 기업가(entrepreneur), 분쟁조정자(disturbance handler), 자원배분자(resource allocator), 협상자(negotiator) 등으로 구성된다. 그러나 연락자(liaison)는 대인관계 역할에 해당한다.

0019 ③

① 섭외자 역할(liaison role): 대인관계 역할
② 정보탐색자 역할(monitor role): 정보전달자 역할
④ 분쟁조정자 역할(disturbance role): 의사결정자 역할
⑤ 자원배분자 역할(resource allocator role): 의사결정자 역할

0020 ①

① 정보전달자 역할(informational role)
② 대인관계 역할(interpersonal role)
③ 대인관계 역할(interpersonal role)
④ 대인관계 역할(interpersonal role)

0021 ③

통상적으로 최고경영층(top management)은 수탁기능과 전반관리기능으로 구분되는데, 각각을 보면 다음과 같다.

㉠ 수탁관리기능(the trusteeship function)
- 주주의 이익을 대표, 보호, 촉진하는 역할을 수행한다.
- 기업의 기본정책 및 일반적인 방향을 결정하며 전체적인 성과를 평가한다.
- 기업재산을 관리하며 동시에 보다 더 효과적인 활용을 도모하는 기능을 수행한다.

㉡ 전반관리기능(the general management function)
- 기업 전체에 관련되는 기능을 수행하지만 전반관리기능의 경우 이사회가 정한 기본정책의 범위 내에서 기업 전체를 적극적으로 계획, 조직, 통제하게 되는 기능을 말한다.

0022 ④

인적 네트워크 구축은 기업가 정신의 핵심요소가 아니다.

0023 ②

기업가(entrepreneur)는 일정한 수익을 목적으로 열성적인 노력과 창의력을 발휘하여 새로운 제품이나 서비스를 제공하는 사람을 말한다. 기업가가 필요한 이유는 이들의 활동이 경제 활동에 활력을 불어넣고 경제발전의 밑거름이 되기 때문이다. 하지만 학습곡선을 안정화시키는 데에는 생산경험을 쌓는 것이 필요하기 때문에 기업가 정신이 직접적으로 필요하지는 않다.

0024 ②

경영관리 과정은 planning → organizing → leading → controlling의 순서이다.

0025 ③

사후통제는 업무가 종료된 후에 이루어지는 통제활동으로 결과의 변경은 불가능하다.

0026 ②

보통 조직화 단계는 다음과 같다.
1. 조직의 사명과 목표를 설정
2. 조직의 사명과 목표를 달성하기 위한 과업을 식별
3. 업무를 하위 활동집단들로 구분하여 그룹화 혹은 부문화
4. 업무를 개인에게 할당
5. 개인과 부문의 업무를 조정

위의 단계에 따르면 ㄷ → ㅁ → ㄱ → ㄹ → ㄴ이 되어야 하나, 발표된 정답은 2번으로 ㄷ → ㅁ → ㄴ → ㄱ → ㄹ 이다. ㄷ, ㅁ이 가장 먼저 와야하고, 가장 나중에 와야 하는 것은 조정(ㄴ)이므로 정답 오류이다.

0027 ①

① 운영적 통제는 기업이 제품 및 서비스 등을 생산하기 위해 사용하는 활동 또는 방법 등을 규제하기 위한 통제를 의미한다.
② 전략적 통제는 조직의 목표달성에 있어 이에 알맞도록 기업의 조직구조, 기술, 리더십, 인적자원과 정보 및 통제적 시스템을 갖추어야 함을 의미한다.
③ 전술적 통제는 전략적 계획의 성공적 실행을 위해서 구체화된 행동방침을 통제하는 것을 말한다.
④ 관료적 통제는 조직권한에 다른 관리규칙, 규제, 절차, 정책에 의지하는 통제방법을 말하며 구성원들이 적합한 행동을 통해 성과표준을 충족시킬 수 있도록 활동의 표준화, 직무기술서 및 예산과 같은 기타 관리수단에 의존하는 통제방법이다.
⑤ 시장 통제는 관료적 통제의 대안으로 가격경쟁이나 상대적 시장점유율과 같은 외부시장 메커니즘을 사용하는 통제방법을 말하며, 제품 및 서비스가 명확하게 식별되는 조직과 상당한 시장경쟁이 존재하는 조직에 사용하며, 평가결과에 근거하여 자원배분, 전략적 변화, 기타 작업 활동에 대한 의사결정을 한다.

0028 ③

③ 계획화의 단점으로는 계획을 수립하는 데 있어 막대한 시간 및 비용 등을 필요로 하며, 계획은 경영자들의 의사결정을 지연시킬 수 있으며, 이러한 지연은 기업의 성공이 변화에 얼마나 빠르게 적응하는가에 달려 있는 경우에는 커다란 손실을 초래할 수 있다.

0029 ⑤

통제활동이란 경영자가 계획된 여러 가지 활동들이 바람직한 방향으로 진행되는지 또는 조직이 의도했던 결과를 달성할 수 있는지를 확인하고 문제가 있을 때에는 수정조치를 취하여 미래의 계획에 반영시키는 과정을 말한다. 통제의 목적은 환경의 변화와 불확실성에의 대처, 오류와 실수의 발견, 비용감소와 생산성 향상, 기회의 발견 등이다.

0030 ①

① 경영통제 시 실제 성과와 비교하는 산출표준에는 물리적 기준(physical standard), 원가기준(cost standard), 자본기준(capital standard), 수익기준(revenue standard) 등이 있다. 생산 수량과 불량률 등은 물리적 기준에 해당하고 비용은 원가기준에 해당한다.
② PERT는 재무통제가 아니라 물적 자원의 생산과정을 대상으로 한 통제활동인 생산통제에 해당한다.
③ 원재료와 재공품은 재고통제의 대상이다.
④ 재무상태표 상의 유동자산을 유동부채로 나눈 것을 '유동비율'이라고 한다.
⑤ 문제가 발생하기 전에 취하는 관리적인 행동을 사전통제(feedforward control)라고 한다. 동시통제(concurrent control)는 자원변환과정 중에 이루어지는 통제활동이다.

0031 ④

④ 과업달성을 위해 책임을 부과하는 것은 조직화(organizing)에 해당한다.

0032 ②

① 계획화(planning)에 대한 설명
② 조직화(organizing)에 대한 설명
③ 통제화(controlling)에 대한 설명
④ 지휘화(leading)에 대한 설명

0033 ③

지속가능경영(sustainable management)은 기업의 모든 경영활동 과정을 경제적 수익성, 환경적 건전성, 사회적 책임성을 바탕으로 통합 추진해 지속가능발전을 추구하는 경영 패러다임을 말한다.

0034 ①

① 기업의 규모와 다양성이 증가하면서 하위층 관리자에게 권한위임과 분권화가 증대되지만 효율적인 통제시스템이 없다면 위양된 업무의 진행과 달성 정도를 점검할 수가 없게 된다. 따라서 권한의 위임 및 분권화의 정도가 증대될수록 통제의 필요성은 증대된다.

0035 ③

① 사이몬(H. A. Simon)은 구조화 정도에 따라서 의사결정을 정형적 의사결정, 비정형적 의사결정의 2가지 유형으로 분류하였다.
② 기업목표 변경, 기업 성장·다각화 계획 등은 관리적 의사결정이 아니라 '전략적 의사결정'에 해당한다. 관리적 의사결정은 목표의 달성을 위한 자원의 획득 및 효율적인 활용과 연관된 활동을 말한다. 이는 주로 중간경영자층이 수행하는 의사결정이다.
④ 의사결정자가 발생할 수 있는 결과를 추정할 수 있으나 그 발생확률을 알 수 없는 경우는 불확실성 하에서의 의사결정(decision making under uncertainty)이다.

⑤ 각 대안에 대한 기대치를 계산하는 의사결정나무는 '정형적' 의사결정에 속한다.

0036 ③

③ 신제품 개발 시 시장의 수요를 예측하고 생산 일정계획을 수립하는 것은 '사전' 통제시스템에 해당한다.

0037 ②

② 유사하거나 관련이 있는 과업들과 활동들이 조정될 수 있도록 직무를 집단화하는 과정을 부문화(departmentalization)라고 한다.

0038 ②

① 계획은 기업의 목표를 설정하고 그 달성을 위해 미래를 예견하고 행동 방침을 결정하는 것을 말한다.
③ 지휘는 사람들로 하여금 조직·집단 목표 달성에 기여하도록 그들을 동기부여하고 리더십을 행사하는 것을 말한다.
④ 조정은 조직화 단계에서 설정된 업무와 할당된 자원을 효율적으로 조정하는 것을 말한다.
⑤ 통제는 경영자가 계획한 여러 가지 일들이 바람직한 방향으로 이루어지고 있는지를 확인·감독하는 것을 말한다.

0039 ④

① 계획화(planning)에 대한 설명이다.
② 조직화(organizing)에 대한 설명이다.
③ 통제화(controlling)에 대한 설명이다.
④ leading은 지휘화라고도 하며 동기부여, 리더십, 의사소통 등을 포함한다.

0040 ④

기업의 상위 경영층의 의사결정인 전략적 의사결정은 분권적이기 보다는 집권적 프로세스로 진행된다.

0041 ③

③ 정형적 의사결정(programmed decision)은 통상적으로 예측이 가능한 상황에서 이루어지며, 이렇게 예측이 가능한 결과를 지니는 의사결정으로서 이는 주로 지시, 방침, 절차 등에 의해 정형화되어 있다. 반면 비정형적 의사결정(nonprogrammed decision)은 특수한 상황에서 이루어지고 예측이 불가능한 결과를 갖는 의사결정으로 정형적 의사결정과는 달리 정해진 규칙이 거의 없으며 개인(최고 경영층)의 경험 및 판단 등에 좌우되는 경우가 대부분이다. 그렇기 때문에 비정형적 의사결정은 비자발적이며 여유를 가지고 의사결정을 할 수가 없기 때문에, 가능한 한 위험을 최소화할 수 있는 의사결정이어야 하는데, 이때 의사결정은 하위층이 아닌 최고경영자 수준에서 이루어지고 장기적 예측상황 및 자사의 생존과 연관된 것들이다.

0042 ①

① 기업자원의 효율을 극대화하는 일정계획, 감독, 통제 활동 등은 전략적 의사결정과 관리적 의사결정을 구체화하기 위한 활동 즉, 기업의 실제적인 활동이 보다 효율적으로 이루어지도록 하기 위한 의사결정으로 기업의 생산이나 마케팅, 인사, 재무관리 등에서 일상적으로 일어나는 의사결정을 말하는데, 이러한 의사결정은 하위 경영층에 의하여 이루어지는 것으로 업무적 의사결정(operational decision making)에 해당한다.

0043 ②

기업의 환경을 내부환경과 외부환경으로 구분했을 때 주주는 내부환경에 속한다. 보통 외부환경은 경제적 환경, 정치·법률적 환경, 사회·문화적 환경, 기술적 환경, 국제경영 환경을 의미하고, 내부환경은 인적자원 환경, 물적자원 환경, 재무자원 환경, 기술자원 환경을 의미한다.

0044 ⑤

기업의 외부환경이란 기업 외부에 존재하면서 기업에 영향을 미치는 것으로 사회문화, 법률, 경제정책, 정치 등은 해당되지만 최고경영자는 회사의 내부 환경에 해당한다.

0045 ①

기업환경은 과업환경과 일반환경으로 구분되는데, 과업환경은 기업에 직접 영향을 미치는 환경으로 주로 이해관계자 집단(stakeholders)을 의미하며, 일반환경은 기업에 간접적으로 영향을 미치는 환경으로 사회문화적 환경, 법적 환경, 정치적 환경 등이 이에 해당한다. 보기 ①의 경쟁기업은 기업에 직접 영향을 미치기 때문에 과업환경에 해당한다.

0046 ⑤

기업의 환경 중 과업환경(task environment)은 경영활동에 직접적 영향을 미치는 환경(미시환경)이고, 일반 환경(general environment)은 기업의 경영활동에 간접적 영향을 미치는 환경(거시환경)이다. ①②③④는 일반 환경에 해당하며, ⑤는 과업환경에 해당한다. 일반 환경과 과업환경을 구분하면 다음과 같다.

과업환경	일반 환경
1. 경쟁자	1. 경제적 환경
2. 소비자	2. 정치·법률적 환경
3. 공급자	3. 사회·문화적 환경
4. 규제기관	4. 기술적 환경
5. 지역사회	5. 국제적 환경
6. 언론	

0047 ③

기업이 전략적 의사결정을 할 때 환경위협 요인을 파악하기 위해 사용하는 것이 산업구조분석(5 force 모형)이다. 기존 기업 간 경쟁, 잠재경쟁자의 진입위협, 대체재의 위협, 공급자의 교섭력, 구매자의 교섭력은 5 force 모형의 5가지 요인에 포함되지만 정부의 통화정책과 유망기술은 포함되지 않는다.

0048 ④
　④ 과업환경(task environment)은 경영활동의 수행에 직접적으로 영향을 끼치는 환경 요소들을 의미하며, 경쟁자, 지역사회, 공급업자, 노동조합 등이 이에 포함된다.

0049 ④
　④ 소비자는 기업에 직접 영향을 미치는 직접적 환경에 해당한다.

0050 ④
　① 감사는 임의기관이다.
　② 이사는 1인 이상을 둘 수 있다.
　③ 출자자는 유한책임을 진다.
　⑤ 기관의 구성이 간단하고 폐쇄적이다. 하지만 2011년 개정된 상법에서는 폐쇄성이 많이 완화되었다.

0051 ②
　① 합명회사: 무한책임 사원으로만 구성
　② 합자회사: 무한책임 사원+유한책임 사원
　③ 유한회사: 유한책임사원으로만 구성
　④ 주식회사: 유한책임사원으로만 구성

0052 ③
　합명회사는 회사의 채무에 관하여 직접·연대·무한책임을 지는 2인 이상의 사원으로 구성된 전형적인 인적회사이다. 각 사원이 회사채권자에 대하여 직접·연대·무한책임을 지는 결과, 사원 각자의 신용은 회사채권자와의 관계에 있어 중대한 영향을 미친다.

0053 ①
　대기업이 분사(分社, spin-off)를 통해 사실상의 자회사를 만들어 중소기업 영역에서 직접 운영하는 경우, 상대적으로 경쟁력이 약한 중소기업이 피해를 보게 된다.

0054 ①
　① 합명회사는 무한책임을 지는 사원만으로 구성되는데, 무한책임 사원은 출자액에 관계 없이 무한책임을 지는 사원이다.

0055 ③
　① 유한책임회사는 새로운 사원을 가입시키기 위해서 정관을 변경해야 하는데 이때에는 총사원의 동의가 있어야 하므로 사원을 가입시키려면 총 사원의 동의가 필요하다. 따라서 다른 사원의 동의가 없으면 그 지분의 전부 또는 일부를 타인에게 양도하지 못한다.
　② 합명회사의 사원은 무한책임사원으로서 직접·연대·무한의 책임을 부담한다. 사원은 다른 사원의 동의를 얻지 않으면 그 지분의 전부 또는 일부를 타인에게 양도하지 못한다. 그러므로 사원이 자신의 지분을 양도하려면 다른 사원 전원의 동의를 얻어야 한다.
　③ 합자회사의 무한책임사원은 합명회사의 사원과 같이 회사 채무에 대하여 직접·연대·무한책임을 지지만, 유한책임사원은 그 출자가액에서 이미 이행한 부분을 공제한 가액을 한도로 하여 회사 채무를 변제할 책임이 있다. 유한책임사원은 회사의 업무 집행이나 대표행위를 하지 못한다.
　④ 주주는 회사에 대하여 자기가 인수한 주식의 인수가액을 한도로 하여 재산상의 출자의무를 부담할 뿐이며, 그 밖에는 아무런 책임도 지지 않는 것을 주주의 유한책임이라고 한다.

0056 ③
　① 주식회사의 주주는 유한책임을 진다.
　② 유한회사는 1인 이상의 유한책임사원으로 구성된다.
　④ 합명회사는 회사의 채무에 관하여 직접·연대·무한책임을 지는 2인 이상의 사원으로 구성된다.

0057 ②
　ㄴ. 무한책임사원으로 구성된 합명회사에 비해 합자회사는 자본 조달이 용이한 반면 무한책임사원의 지분을 양도할 경우에 전체 사원들의 동의를 필요로 하고 유한책임사원의 지분 양도에 있어서도 무한책임사원의 동의를 필요로 하는 등의 지분양도에 있어 제약이 따른다.
　ㄷ. 무한책임을 지는 1인 이상의 무한책임사원과 유한책임을 지는 1인 이상의 유한책임사원으로 구성된 회사는 합자회사이다.

0058 ③
　ㄱ. 주식회사의 주주는 유한책임을 원칙으로 하고 있으므로 무한책임을 지는 경우는 없다.
　ㄷ. 합명회사는 사원전체가 동의해야만 지분의 양도가 가능하므로 자금조달이 용이하지는 않다.
　ㅁ. 유한회사는 합명회사와 주식회사의 장점을 고려한 기업 유형이다.

0059 ③
　③ 합명회사란 회사의 채무에 관하여 직접·연대·무한책임을 지는 2인 이상의 사원으로 구성된 전형적인 인적회사이다. 각 사원이 회사채권자에 대하여 직접·연대·무한책임을 지는 결과, 사원 각자의 신용은 회사채권자와의 관계에 있어 중대한 영향을 미치며 사원 전원의 동의가 있어야만 지분의 양도가 가능하다.

0060 ③
　주식회사의 투자금은 모두 균일한 주권으로 분할되고, 그것을 표시한 주식이 발행된다. 주식은 유가증권으로 매매가 가능하다. 이 때문에 소유권 이전이 용이하다.

0061 ②
　주주는 이익에 대해 배당을 청구할 수는 있지만, 이자를 청구할 수는 없다. 이자를 청구하는 사람은 채권자이다.

0062 ④

주식회사에서 이사와 감사의 선임 및 해임권, 정관의 변경, 신주발행 결정 등의 권한은 주주총회에 있다.

0063 ④

주식회사에서 감사는 상설기관이며 반드시 설치해야 한다.

0064 ④

물적분할(physical division)이란 분리, 신설된 회사의 주식을 모회사가 전부 소유하는 기업분할 방식을 말한다. 기존 회사가 분할될 사업부를 자회사 형태로 보유하므로 자회사에 대한 지배권을 계속 유지한다. 이와 유사한 것으로 '인적분할'이라는 것이 있는데, 이는 기존 회사 영업부문의 일부를 신설 분할회사로 이전시키면서 기존 회사의 주주가 신설 분할회사의 주식을 취득하는 것을 말한다.

0065 ⑤

① 자본의 증권화로 소유권 이전이 용이하다.
② 주주는 유한책임을 진다.
③ 소유와 경영의 분리가 가능하다.
④ 주식회사는 인적 결합 형태라기보다는 자본적 결합의 형태이다. 그리고 법적 규제가 강하다.

0066 ②

① 주식회사는 불특정 다수에게 주식을 발행하고 투자를 받을 수 있으므로 대규모 자본조달이 용이하다.
② 주식회사의 출자자는 다수이고 또한 그 전부가 유한책임사원으로서 주식의 매매 및 양도를 통해 자유롭게 주주의 지위를 떠날 수 있기 때문에 소유 및 경영의 분리가 촉진된다.
③ 주주총회는 주주전원에 의하여 구성되고 회사의 기본조직과 경영에 관한 중요한 사항을 의결하는 필요적 기관이다. 주주총회는 주식회사의 최고의사결정 기관이다.
④ 주식회사는 주주 자신의 출자금액 범위내에서만 책임을 지는 유한책임을 전제로 한다.
⑤ 증권 제도(자본의 증권화)로 인해 주주의 출자는 주권을 통하여 증권화 되어 자유롭게 매매 양도할 수 있으므로 누구나 기업에 참가하거나 이탈할 수 있다. 즉, 자본의 증권화 제도를 통해 자유로운 소유권 이전이 가능하다.

0067 ④

① 경영자가 아니라 주주는 부채에 대해 유한책임을 진다.
② 주식회사도 이해관계자 집단 즉 주주, 지역사회, 공급업자 등과 이해관계를 조정해야 한다.
③ 주식회사에 투자한 지분은 유가증권으로 인정된다.

0068 ③

주식은 어디서든 사고 팔 수 있다. 다만 거래의 효율성을 높이기 위해 특정 요건을 충족시키는 주식은 증권거래소를 통해 거래 가능하다.

0069 ②

투자자보호의 관점에서 기업지배구조는 크게 내부메커니즘과 외부메커니즘으로 구분 가능함
- 내부메커니즘은 의사결정관리와 의사결정 통제기능의 분리, 주식소유분포(대주주, 경영자, 기관투자자 지분), 이사회 구성(사내이사, 사외이사), 인센티브에 기초한 보수체계(스톡옵션, 성과급) 등의 적절성에 의해 그 효율성이 결정
- 외부메커니즘은 채권단에 의한 기업감시 및 파산절차, 자본시장, 기업지배시장(위임장경쟁, 기업합병 및 인수), 경영자 노동시장 등의 적절성에 의해 그 효율성이 결정

0070 ④

주식회사에서 주주의 수에는 실질적인 제한이 없다.

0071 ④

① 지주회사(holding company)는 다른 기업을 지배할 목적으로 지배대상기업의 주식을 지배에 필요한 비율만큼 소유하는 회사를 말하며, 지주회사와 피지배 기업 간에는 모회사-자회사(parent's-son's company)의 관계가 성립된다. 이 경우에 자회사는 법률적인 독립성을 유지하고 있으나 실제로는 지주회사의 지배를 받고 있다.
② 순수지주회사는 지주회사 중 주식 보유만을 목적으로 하고 부수적으로 생산이나 상업을 하지 않는 회사를 의미한다. 즉, 순수지주회사는 별도의 사업을 영위하지 않으면서 오직 다른 회사의 지배·관리만을 목적으로 하는 회사를 말한다.
③ 금융지주회사는 주식(지분)보유를 통해 은행이나 증권사, 보험사 등과 같은 금융기관을 자회사로 소유하고 경영하는 회사를 의미한다.
④ 레버리지 효과(leverage effect)란 타인이나 금융기관 등에서 차입한 자본을 투자하여 이익을 발생시키는 것을 말한다. 따라서 지주회사의 레버리지 효과는 자회사를 지배하는 데 필요한 소유주식의 비율이 낮을수록 더욱 커진다. 즉 자회사를 지배하는 투입되는 비율은 작고 수익은 많아질 가능성이 높기 때문에 레버리지 효과가 커진다.

0072 ③

주식회사는 보통 전문경영자에 의해 경영되는데, 이런 전문경영인 제도 하에서는 대리인 문제가 발생할 수 있다. 대리인 문제(agency problem)란 주주로부터 기업의 경영을 위탁받은 대리인인 전문경영자가 주주의 이익에 반하는 행동을 하는 것을 의미한다. 예를 들어, 자신의 편의를 위해 회사의 자금으로 별장이나 자가용 비행기를 구입하거나, 기업의 자금을 마치 자신의 돈인 것처럼 사용하거나, 위험을 수반하는 투자를 회피하거나, 자신의 사회적 위신을 위해 수익성이 없는 사업으로 다각화하여 기업규모를 키우는데 주력하는 등의 행위를 말한다.

0073 ②

① 합병은 두 개 이상의 회사가 「상법」의 규정에 따라 청산절차를 거치지 않고 하나의 회사가 되는 것을 의미한다.

② 인수란 인수기업이 인수대상 기업의 경영지배권을 획득하기 위하여 인수대상 기업의 주식이나 자산을 취득하는 것을 의미한다. 기업인수에는 기업의 취득뿐만 아니라 의결권 행사를 위한 위임장 대결과 부채에 의한 기업인수도 포함된다.

③ 기업분할은 회사의 분할 규정에 따라 한 회사가 사업 구조 개편, 구조조정, 재무구조 및 지배구조 개선 등의 이유로 일부 사업부분을 분리하여 하나 이상의 독립된 회사를 설립하는 것을 의미한다.

④ 인수는 한 기업이 다른 기업의 자산 또는 주식의 취득을 통해 경영권을 획득하는 것을 의미한다.

0074 ⑤

⑤ 주식회사에서 주식은 유가증권으로서 그 양도가 자유롭고, 증권 제도의 발전으로 자본의 증권화를 가능케 하여 자본조달의 용이성을 제공한다. 또한, 자본의 증권화 제도로 인해 투자의 회수가 용이하며, 동시에 주식회사의 출자자는 다수이며 또한 그 전부가 유한책임사원으로서 주식의 매매·양도를 통하여 자유로이 주주의 지위를 떠날 수 있으므로 소유와 경영의 분리가 촉진된다는 특징을 지닌다.

0075 ⑤

⑤ 주식회사의 출자자인 주주는 모두 유한책임사원으로서 출자액 범위 내에서 회사의 적자·채무·자본 리스크에 대한 책임을 진다.

0076 ④

④ 기업에 출자한 사람이 모두 경영에 참가할 수는 없기 때문에 소유와 경영의 분리는 기업에 출자한 사람과 실제 경영하는 사람은 다르다는 것을 의미한다.

0077 ③

대리인 문제와 관련된 비용에는 감시비용, 확증비용, 잔여손실이 있는데, 감시비용은 주주들이 경영자를 감시하는데 사용되는 비용으로 성과급 제도, 사외이사, 주식옵션(stock option), 외부회계감사 등의 제도 운영에 들어가는 직.간접적인 비용이 모두 포함된다.

0078 ④

대리인 비용은 감시비용(monitoring cost), 확증비용(bonding cost), 잔여손실(residual cost)로 구성된다.

0079 ④

④ 경영자가 일반 주식보다 자신이 소유한 주식에 대해 많은 투표권을 갖도록 책정하는 행위는 경영자가 지배주주가 되게 하여 오히려 부분 매수(partial takeover)만으로 경영권을 획득하는 것을 제한할 수 있기 때문에 소유지배괴리를 낮추어 대리인 문제를 완화할 수 있다.

0080 ②

① 협동조합이 아니라 '민법상의 조합'에 관한 내용이다.
② 주식회사는 출자액에 따라 의결권이 부여되는 1주 1표제지만, 협동조합은 출자액에 상관없이 모든 이에게 1인 1표제가 적용된다.

0081 ①

① 협동조합은 사기업에 속한다.

0082 ④

④ 카르텔(cartel): 한 상품 또는 상품군의 생산이나 판매를 일정한 형태로 제한하고자 경제적, 법률적으로 서로 독립성을 유지하며, 기업 간 상호 협정에 의해 결합하는 담합형태이다.
⑤ 기업합동: 트러스트(trust)를 의미함

0083 ②

① 지주회사(holding company): 다른 회사의 주식을 소유함으로써, 사업활동을 지배하는 것을 주된 사업으로 하는 회사
③ 컨글로메리트(conglomerate): 기업집단의 일종으로 이종기업의 주식을 무차별 집중매입하여 합명함으로써 기업의 규모를 확대시켜 대기업의 이점을 추구하려는 다각적 합병을 의미
④ 트러스트(trust): 독점을 목적으로 각 참가기업들이 법률적.경제적 독립성을 완전히 버리고 새로운 기업으로 통합하는 결합형태
⑤ 콘체른(concern): 기업연맹이라고도 하며, 몇 개 기업의 독립성을 유지하면서 실질적으로 주식소유, 자금대여와 같은 방법에 의해 하나의 기업으로 결합되는 형태

0084 ④

① 카르텔(cartel)은 기업연합이라고도 하며 동종 또는 유사한 산업에 속하는 다수의 기업들이 법률적·경제적 독립성을 유지한 채 신사협정을 맺고 과당경쟁을 제한하여 가격의 안정을 도모하고 독점적으로 시장을 지배하여 기업의 안정과 경제적 이익을 얻기 위해 수평적으로 결합하는 것을 말한다.
② 콤비나트(combinat)는 기업집단의 대표적인 형태로 기술적인 관점에서 유기적으로 결합된 다수 기업의 집단으로서 공장집단이라고도 한다. 이러한 콤비나트는 원재료의 가공, 폐기물·부산물의 처리및 이용, 원재료와 반제품의 종합적 이용을 위해 결성되어 자원의 다각적·효율적인 이용, 원료확보 및 에너지 절약, 운송비 절감 등의 측면에서 시너지 효과를 발휘한다.
③ 트러스트(trust)는 기업합병이라고도 하는데 자유경쟁의 배제 내지 제한을 통한 독점과 경영합리화를 목적으로 각 참가 기업들이 법률적·경제적인 독립성을 완전히 버리고 새로운 기업으로 통합하는 결합 형태이다. 트러스트는 대자본의 시장지배력과 독점성이 카르텔보다 강하다.

⑤ 디베스티처(divestiture)는 경영성과가 부진하거나 또는 비효율적인 생산라인을 타 사에 매각하여 기업의 체질을 개선하고 경쟁력을 향상시키려는 기업집중 전략이다. 즉, 회사 전체를 매각하는 것은 흡수합병이 되지만, 디베스티처는 채산성이 떨어지는 부문이나 이익이 나지 않는 생산라인 일부를 부분 매각하는 것을 의미한다.

0085 ①

콘체른(konzern): 기업결합이라고 하며 법률상으로 독립되어 있으나 지분 결합 등의 방식으로 경영상 실질적으로 독립성이 없는 기업결합 형태를 말한다. 일반적으로는 거대 기업이 여러 산업의 다수 기업을 지배할 목적으로 형성된다.

0086 ④

④ 카르텔에 참여하지 않는 기업 즉 담합에 참여하지 않는 기업(아웃사이더)이 많을수록 카르텔의 영향력은 줄어든다.

0087 ⑤

시장지배를 목적으로 동일한 생산단계에 속한 기업들, 즉 경쟁업체들을 하나의 기업으로 통합하는 형태를 트러스트(trust)라고 한다.

0088 ④

① 콤비나트(combinat)는 기술적 연관이 있는 여러 생산부문이 근접 입지하여 형성된 기업의 지역적 결합체이다.
② 다국적 기업(multinational corporation)은 다수 국에 직접투자를 행하는 모회사 및 자회사로 구성된 기업집단으로 여러 국가에 직접투자한 관계회사와 기술, 자금, 정보, 신용, 상표 등 기업자원을 공동 활용하며 공동 전략을 추구하면서 생산 활동을 하는 세계지향적인 국제기업이다.
③ 조인트 벤처(joint venture)는 자원과 지식을 상호이익을 위해 공유하는 두 개 이상의 기업이 파트너로서 참여하는 전략적 제휴의 한 형태이다.
④ 콩글로머리트는 다른 회사를 매수하여 합병함으로써 기업의 규모를 확대시켜 대규모 기업의 이점을 추구하는 다각적 결합방법, 즉 다각적 합병(conglomerate merger)인데 동종기업의 수평적 결합이나 원료공급자와 제조업자 및 판매업자가 결합하는 수직적 결합이 아니라 이종기업 간의 과감한 결합이다. 특히 콩글로머리트가 갖는 기본적 특성은 주식공개매입제도(take over bid) 혹은 매수신청제도(tender offer system)에 의해서 다른 회사의 주식을 무차별 집중 매입한다는 점이다. 이러한 콩글로머리트는 기업의 지배권을 이양 받을 목적으로 당해 기업의 주식을 그 기업을 실제로 지배할 수 있는 비율까지 공개적으로 집중매입 해 나가는 것이다.
⑤ 카르텔(cartel)은 동종 또는 유사한 산업에 속하는 다수의 기업들이 법률적·경제적 독립성을 유지한 채 신사협정을 맺고 과당경쟁을 제한하여 가격의 안정을 도모하고 독점적으로 시장을 지배하여 기업의 안정과 경제적 이익을 얻기 위한 기업 간 담합을 의미한다.

0089 ③

콘체른(Konzern)은 기업연맹이라고도 하는데 몇 개의 기업이 독립성을 유지하면서 실질적으로 주식 소유, 자금대여와 같은 방법에 의해 하나의 기업으로 결합되는 형태이다. 콘체른은 생산, 판매 및 금융에 대해 경영상으로 수평적으로는 물론 수직적 또는 다각적으로 결합된다. 콘체른의 지배방법은 지주회사를 이용한 형태가 일반적이다. 대규모 기업이 중소기업을 지배할 목적으로 이들 중소기업의 주식을 보유함으로써 경영권을 장악하는 경우에 나타나는데 이때 중소기업들은 외형상으로는 독립성을 유지하지만 실질적으로는 독립성을 잃고 대규모 기업에 종속하게 된다. 이러한 대규모 기업을 지주회사 또는 모회사라고 하고 중소기업은 자회사라고 한다.

0090 ①

① 카르텔(cartel)에 속한 기업들은 법률적·경제적 독립성을 유지한다.

0091 ①

① 카르텔(cartel or kartell)은 과당경쟁을 제한하면서 시장을 지배하기 위한 목적으로 각 기업이 경제적 독립성과 법률적 독립성을 유지한 채 통합한 형태이다.

0092 ④

① 트러스트(trust)는 다수의 개별 기업들이 법률적으로나 경제적으로 독립성을 상실하고 자본적으로 하나의 기업이 되는 기업형태(fusion)를 말한다.
② 콘체른(concern)은 다수의 개별 기업들이 법률적으로는 독립성을 유지하지만 경제적으로는 독립성을 상실한 기업집중의 형태 즉, 한 기업이 다른 기업의 주식을 소유하거나, 금융대여, 경영진 파견을 통한 인적 결합의 형태를 말한다.
③ 콤비나트(kombinat)는 서로 관련이 있고 연관이 있는 여러 생산 부문이 근접 입지하여 특정 지역에 모여서 기업집단을 이루고 형성된 기업의 지역적 결합체를 말한다.
⑤ 흡수합병(merger)은 합병당사 회사 중 1개의 회사만 존속하고 나머지 다른 회사는 소멸하며, 존속회사가 소멸회사의 재산과 권리 의무를 포괄적으로 승계하고 소멸회사의 주주를 수용하는 방식을 말한다.

0093 ①

② 트러스트(trust)에 대한 설명이다.
③ 카르텔(cartel)에 대한 설명이다.
④ 콩글로머리트(conglomerate)에 대한 설명이다.

0094 ④

④ 카르텔(cartel)은 동종 또는 유사한 산업에 속하는 다수의 기업들의 수평적 결합이고, 트러스트(trust)는 시장을 지배할 목적으로 동종 혹은 이종 기업이 서로 간의 수직적 결합이다.

0095 ①

① 몇 개의 기업이 독립성을 상실한 채 하나의 거대 기업으로 변모하여 시장을 지배하는 것은 트러스트이다.

0096 ④

① 우회전략(turnaround strategy)은 기업수준의 전략(corporate level) 가운데 '축소'전략에 해당하는 것으로 비용절감을 위한 다운사이징과 효율 증진을 위한 구조조정을 포함하는 것이다.
② 집중전략(concentration strategy)은 기업의 핵심능력을 한정된 시장에 집중하는 전략을 말한다.
③ 프랜차이징(franchising)은 상호, 특허품, 기술 등을 소유한 자(프랜차이저)가 계약을 통해 이를 이용하고 싶은 자(프랜차이지)에게 상호 및 상표의 사용권과 특정 제품의 판매권, 기술 및 특정 지역에서의 독점적 영업권 등을 제공하고 그 대가로 가맹비, 보증금, 로열티 등을 받는 사업모델을 의미한다.
④ 컨소시엄(consortium)은 2개 이상의 개인, 기업 또는 단체 등이 공통의 목적에 참여하는데 공통의 목적을 두고 참여하며 공통의 자원을 투입한다. 통상적으로 특정 작업을 수행하기 위해 회사나 기업가들이 만든 임시조직을 의미한다.
⑤ 포획전략(captive strategy)은 기업수준의 전략(corporate level) 가운데 '축소'전략에 해당하는 것으로, 이 전략은 주요 고객에게 집중함으로써 다른 기능 활동은 축소하는 것이다. 보통 이 전략은 중간 정도의 산업매력도를 나타내거나 쇠퇴하는 사업이기 때문에 우회 전략을 강구할 수 없을 때 채택한다.

0097 ③

민간 부문이 가진 우수한 정보·기술과 풍부한 자본을 공공부문에 도입해 공동출자 형식으로 행하는 지역개발사업을 말한다. 제3섹터란 이름은 공공부문인 1섹터와 민간부문인 2섹터의 장점을 서로 혼합한 새로운 형태의 개발주체라고 해서 붙여진 것이다.

0098 ④

기업의 동종 또는 유사기업 간의 수평적·수직적 결합이 아닌 이종기업 간의 결합을 통해 이점을 추구하는 기업집중은 콩글로머리트이다.

0099 ③

콤비나트(kombinat)란 일정한 지역에서 기초 원료로부터 제품에 이르기까지 생산 단계가 다른 각종 생산 부문이 기술적으로 결합되어 집약적인 계열을 형성한 기업의 지역적 결합체를 말한다.

0100 ④

② 참고로 ESG는 환경(Environmental), 사회(Social), 지배구조(Governance)의 영문 첫 글자를 조합한 단어로, 기업 경영에서 지속가능성을 달성하기 위한 3가지 핵심 요소이다.
④ CSR은 대부분 기업 평판에만 집중하고 기업과 사회의 이익을 연결시키지 못하기 때문에 장기적 차원의 정당성 확보와 운영이 어렵다는 한계점이 나타나고 있다. 이에 기업이 당면한 사회적 요구를 파악하고 그 문제를 해결하는 과정에서 경제적 수익과 사회적 가치를 동시에 창출하는 경영 전략으로 공유가치 창출(CSV: Creating Shared Value)이라는 개념이 등장하였다. 마이클 포터(Michael E. Porter)가 제시한 CVS는 기부나 봉사활동과 같은 전통적 사회공헌 방식을 벗어난 협력업체, 지역사회 등과 공유할 수 있는 이익 창출을 통해 사회적 이슈를 근본적으로 해결하는 선순환 구조를 지향하자는 것이다.

0101 ②

기업의 사회적 책임은 '경제적 책임-법적 책임-윤리적 책임-자선적 책임'의 순서로 이루어진다.
㉠ 경제적 책임(이익 창출)은 사회적으로 필요한 제품 및 서비스 등을 생산해 이를 적절한 가격에 판매하며 그 결과 기업을 계속 영위하며 투자자들에게 보상이 가능한 이윤을 창출하는 책임이다.
㉡ 법적 책임(법규 준수)은 기업 운영이 공정한 규칙 속에서 이루어져야 한다는 것으로 사회가 법을 통해 만들어 놓은 테두리 내에서 기업 경영을 해야 할 책임이다.
㉢ 윤리적 책임은 사회가 기대하고 요구하는 바를 충족시킬 수 있어야 하며 소비자, 근로자 및 투자자 등의 기대 기준 가치에 합당하는 행동을 해야 할 책임이다.
㉣ 자선적 책임은 경영활동과는 직접적인 연관이 없는 문화활동, 기부, 자원봉사 등을 수행해야 할 책임이다.

0102 ①

캐롤(A. B. Carrol)의 피라미드 모형에서 제시된 기업의 사회적 책임 단계는 다음과 같다.

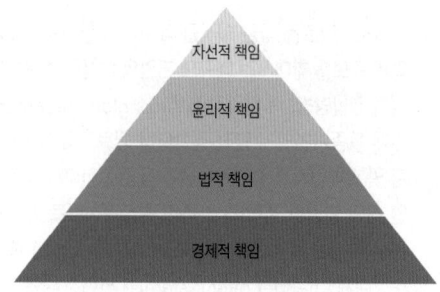

0103 ①

Georgia대학 Carroll 교수는 기업의 사회적 책임을 경제적 책임, 법적 책임, 윤리적 책임, 자선적 책임 등 네 가지로 구분하고 있다. 이 가운데 기업 자체가 존재하는 목적으로서 제품과 서비스를 생산하여 적절한 가격에 판매하고 투자자들에게는 보상이 가능한 이윤을 창출하는 책임은 경제적 책임이다.

0104 ①

사회적 책임의 전통적 관점은 밀튼 프리드만(Milton Friedman)의 견해로 기업의 사회적 목표 추구는 제품 및 서비스의 가격상승을 초래하여 소비자들이 피해를 보게 되므로 기업은 가장 중요한 이해관계자인 주주의 이익을 극대화하기 위해 최선을 다해야 한다는 것이다.

0105 ①

기업의 사회적 책임이 필요한 이유는 외부경제보다는 외부불경제효과 때문이다.

0106 ⑤

지속가능경영을 구성하는 3가지 구성요소는 경제적 수익성, 환경적 건전성, 사회적 책임성이다.

0107 ③

피터 드러커가 제시한 사회적 책임은 경제적 책임, 법적 책임, 윤리적 책임, 자선적 책임(임의적 책임)이다.

0108 ②

① 방해전략(obstructive strategy): 기업 이윤에만 집착하고 사회적 책임 수행은 전혀 신경 쓰지 않으며 또한 사회로부터 고발을 당해도 극구 부정한다.
③ 방어전략(defensive strategy): 소극적으로 법이 요구하는 최소한의 규정만 지킨다. 잘못이 드러나면 정당화시키며 변명한다.
④ 행동전략(proactive strategy): 미리 예방적, 적극적, 자발적으로 사회적 책임을 이행하는 경우이다. 수익성이 높은 대기업에서는 적극적 행동전략이 필요하다.
⑤ 적응전략(accommodative strategy): 도의적인 책임까지 인정하고 압력이 크면 책임을 실천한다. 그러나 압력이 없는데도 미리 적극적으로 윤리적 혹은 사회적 책임을 이행하는 것은 아니다.

0109 ④

① ISO 9000: 품질경영
② ISO 14000: 환경경영
③ ISO 22000: 식품안전경영
④ ISO 26000: 사회적 책임
⑤ ISO/IEC 27000: 정보보안관리 시스템

0110 ③

③ 윤리적 책임: 법으로 규정하지는 못하나 기업에게 사회의 구성원으로서 기대하는 행동과 활동을 의미한다.

0111 ③

③ 기업의 사회적 책임을 강조하는 견해는 새뮤앨슨(P. Samuelson)이 주장한 사회경제적 관점이다. 반면 밀튼 프리드먼은 기업의 사회적 책임은 이윤을 극대화하는 것이라고 본 전통적 관점(classical view)을 주장했다.

0112 ④

① 지속가능 기업전략에서는 주주와 더불어 기업의 모든 이해관계자의 이익을 중시한다.
② 지속가능성 평가 기준의 일종인 삼중선(triple bottom lines)은 경제, 사회, 환경 차원의 책무를 강조한다.
③ 사회적 책임이 포함된 기업전략을 수립하는 것에 대해 모든 기업이 동의하는 것은 아니다.

0113 ③

기업의 사회적 책임(Corporate Social Responsibility)이란 기업의 의사결정과정에서 모든 이해자 집단에 끼치게 될 의사결정의 영향력을 고려하고, 그 이해자 집단들에게 최선의 결과가 주어질 수가 있는 의사결정을 내릴 수 있도록 하기 위한 노력이라 할 수 있다. 구체적인 내용은 다음과 같다.
1. 기업유지 및 존속에 대한 책임
2. 이해자 집단에 대한 이해조정책임
3. 후계자 육성의 책임
4. 정부에 대한 책임
5. 지역사회 발전의 책임

0114 ①

식스시그마(6 sigma) 운동은 품질경영과 관련된 것이다.

0115 ②

지속가능경영이란 기업의 모든 경영활동 과정을 경제적 수익성, 환경적 건전성, 사회적 책임성을 바탕으로 통합 추진해 지속가능 발전을 추구하는 경영 패러다임을 말한다. 이는 기업경영 전반에 적용되는데 공급사슬관리에도 역시 적용된다.

0116 ④

내부자 거래(Insider Trading)는 특정 기업의 직무 또는 지위를 맡은 사람이 기업 내부 정보를 이용하여 자기 회사의 주식을 거래하는 행위이다. 이러한 거래로 부당이익을 취할 수 있기 때문에 대부분의 국가에서는 이를 범죄로서 처벌한다.

0117 ①

① 제1단계는 경제적 책임(Economic Responsibility)으로 이는 고객의 욕구를 충족시키며 이윤을 창출하고, 고용을 확대하는 기업의 가장 기본적인 역할이다.

0118 ④

① 가장 높은 수준의 사회적 책임은 자선적 책임이다. 자선적 책임은 기업에 대해 명확한 메시지를 지니고 있지는 않으나 기업의 개별적 판단 또는 선택 등에 맡겨져 있는 책임으로 이에는 사회적 기부행위, 보육시설 운영, 약물남용 방지 프로그램, 사회복지시설 운영 등의 자발적 영역에 해당하는 것이다.

② 기업의 사회적 책임은 기업이 마땅히 지켜야 할 일종의 도리이므로 이를 다한다고 해서 사회적 권력이 부여되는 것은 아니다. 기업의 사회적 책임은 크게 두 가지의 기본원리를 바탕으로 하고 있다. 즉, 자선의 원리와 수탁의 원리이다. 자선의 원리(Charity Principle)는 부유한 자가 가난한 자에게 베푼다는 기본 특성에 근거한 것이며, 카네기(A. Carnegie)가 공공도서관을 기증하고 가난한 사람들에게 기부하는 예를 통해 볼 수 있다. 또한 기업의 경영자들은 자신을 공공의 이익을 위해 일하는 수탁자(steward or trustees)로 간주할 수 있다. 기업경영자들은 자신에게 주어진 많은 자원을 가지고 사회에 중요한 영향력을 행사하기 때문에 그러한 자원을 단지 주주뿐 아니라 전체사회에 대해 좋은 방향으로 사용할 책임을 갖는다. 따라서 자선의 원리는 기업으로 하여금 사회의 불우하고 빈곤한 집단에 대한 자발적인 원조를 제공할 것을 촉구하며, 수탁의 원리는 기업으로 하여금 공공의 이익을 위한 수탁자가 되도록 촉구한다. 이 두 원리를 충실히 따르는 기업은 사회적 책임을 다하는 기업으로 간주될 것이며, 장기적으로 자기이익을 추구하는 행동과 조화될 것으로 받아들여지고 있다.

③ 이해관계자의 복리를 '보이지 않는 손' 즉 가격논리에 의해 이루어진다고 본 것은 사회경제적 관점이 아니라 전통적 관점이다.

④ 전통적 관점은 밀턴 프리드먼의 견해로 이러한 관점에 따르면 기업의 사회적 책임은 이윤(이익)을 극대화하는 것이라 보고 있다.

0119 ②

기업이 자유로운 경쟁을 통해 성장하고 도태되는 것은 당연하지만 현대의 기업들이 거대화되면서 기업을 둘러싼 이해관계는 상당히 복잡해졌다. 기업의 도산과 부도는 이해당사자들은 물론 국민 전체에 커다란 영향을 미치게 된다. 또한, 기업의 이윤추구는 한계를 갖게 되는데, 이러한 원인은 사회적 이익과 배치되기 때문이다. 결국 기업의 지나친 이윤추구는 환경파괴는 물론 국민 전체의 복지를 해치는 상황을 초래하기도 한다. 기업의 이윤추구를 제한하는 것은 정부만의 역할은 아니다. 현대에 와서 기업이 자발적으로 사회적 책임을 수행하는 것은 매우 중요한 의무로 자리 잡았다.

0120 ③

캐럴의 기업의 사회적 책임 피라미드의 사회적 책임 4단계는 1단계 경제적 책임, 2단계 법적 책임, 3단계 윤리적 책임, 4단계 자선적 책임으로 나누어진다.

0121 ②

② 경제적 책임(Economic Responsibilities)은 기업은 사회구성원들에게 재화와 서비스를 생산하도록 설계된 경제주체로, 소비자들이 필요로 하는 재화와 서비스를 생산하고, 고용을 늘리고 이를 통해 이윤을 창출하여야 한다.

0122 ②

캐롤(A. Carroll)이 제시한 기업의 사회적 책임(CSR: Corporate Social Responsibility)의 4단계는 경제적 책임, 법률적 책임, 윤리적 책임, 자선적 책임이다.

0123 ③

경제적 책임과 법적 책임은 자발성보다는 의무성이 더 강하지만 윤리적 책임과 자선적 책임은 의무성보다는 자발성이 더 강하다.

0124 ③

③ 정보통신기술과 물류체계의 발달, 전문성의 증대, 산업의 고도화 등은 사회를 구성하는 모든 요인들의 상호의존성을 더욱 심화시키고 있다. 이에 따라 사회의 각 요인 또는 구성원들에게 서로를 위한 협력의 필요성이 더욱 강조되고 있으며 사회에 재화와 용역을 제공하는 기능을 하는 기업에게도 이러한 측면에서 책임이 요구된다.

0125 ④

④ 공유가치창출(creating shared value: CSV)은 기업의 CSR 활동의 진보한 형태로써 사회적 가치 및 환경적 가치, 경제적 가치 등을 동시에 추구하는 활동을 의미한다.

0126 ①

공리주의 접근법(utilitarian approach)은 도덕적 행동과 의사결정의 결과는 최대다수에게 최대의 만족을 제공하는 일반선(general good)을 지향해야 한다는 주장이다.

0127 ④

수익성 제고는 기업경영의 윤리적 이슈와 직접적 관계가 없다.

0128 ①

① 공리주의 접근법(utilitarian approach)은 도덕적 행동과 의사결정의 결과는 최대다수에게 최대의 만족을 제공하는 일반선(general good)을 지향해야 한다는 주장이다.

0129 ⑤

① 공리주의(utilitarianism)는 도덕적 행동과 의사결정의 결과는 최대 다수에게 최대의 만족을 제공하는 일반선(general good)을 지향해야 한다는 주장이다.

② 공리주의는 행위의 동기보다는 행위에 따른 객관적 결과물을 중요시 한다. 그래서 비용-효익 분석은 공리주의를 대표하는 분석방법이라고 할 수 있다. 하지만 의사결정의 결과가 금전적으로 측정이 안되면 비용-효익 분석을 적용할 수 없다.

③ 공리주의 결과물의 양이 중요하므로 다수집단에 속한 사람들의 권리가 소수집단에 속한 사람들의 권리에 우선한다.

④ 공리주의는 객관적 결과물을 중요시 하므로 이익극대화, 능률성 추구를 정당한 것으로 본다.

⑤ 결정 또는 행동이 정당성, 공정성, 공평성의 원칙을 전제로 하는 것은 사회적 정의 접근법(social justice approach)이다. 이 접근법은 모든 사람은 동등하게 취급되어야 하고 법규는 공평하고 공정하게 적용되어야 한다고 주장한다.

0130 ④

방임적 통제 프로세스는 기업의 활동에 어떤 통제도 하지 않는 것을 의미하므로 윤리적 환경 구축과는 거리가 멀다. 윤리경영 내지 윤리적 환경 구축을 위해서는 어느 정도의 통제 프로세스는 반드시 필요하다.

0131 ③

① 공리주의 윤리관은 윤리문제에 관한 다수가 이익을 보게 된다면, 이에 따르는 윤리문제는 문제삼지 않는 것이 옳다는 것을 말한다.
② 정의론적 윤리관은 규칙에 의해 공정하게 운영하는 것으로 인종, 성격, 성별 등 자의적인 판단에 의해서는 안 된다는 것을 말한다.
③ 사회계약론적 윤리관은 해당 산업계 및 사회 전반에 대해서 통용되는 관행에 기반해 경영에 대해서 옳고 그름을 판단해야 한다고 주장하는 것을 말한다. 즉 윤리에 대한 절대적인 판단기준은 없으며, 통상적으로 보았을 때 사회적으로 윤리적이라고 여겨지는 계약에 따라 경영을 하게 되면 이는 윤리적이라고 보아야 한다는 것이다.
④ 인권론적 윤리관은 개개인의 주장할 수 있는 권리, 안전, 생명 등과 같이 개개인의 권리 및 자유 등을 우선적으로 존중하며 보호해야 한다는 것을 말한다.

0132 ⑤

조직의 관리과정을 계획, 조직, 충원, 지휘, 통제로 구분한 사람은 쿤츠와 오도넬(Koontz & O'Donnell)이다. 이와 유사하게 페욜(Fayol)은 계획, 조직, 지휘, 조정, 통제로 조직의 관리과정을 구분하였다.

0133 ①

ㄱ. 테일러의 과학적 관리법
ㄴ. 테일러의 과학적 관리법
ㄷ. 테일러의 과학적 관리법
ㄹ. 페욜의 일반관리론
ㅁ. 인간관계론(human relations)

0134 ⑤

사회적 접근은 인간적 접근을 의미하는 것으로 인간관계론(human relations)에 해당하는 내용이다.

0135 ⑤

컨베이어 시스템은 포드시스템의 특징이다.

0136 ③

③ 테일러의 과학적 관리법의 내용 가운데 종업원의 보상과 관련된 부분은 '차별적 성과급'인데, 이는 집단차원의 보상이 아니라 개인차원의 보상에 관한 것이다.

0137 ④

테일러의 차별적 성과급은 '시간제' 임금이 아니라 '생산량'에 비례한 임금이다. 추가적으로 테일러의 차별적 성과급은 표준과업을 중심으로 임률을 2가지로 구분하였지만, 메리크(Merrick)식 차별적 성과급은 임률을 3가지로 구분하고 있다.

0138 ④

권한과 책임(authority and responsibility)의 원칙은 페욜(Fayol)의 14가지 관리원칙 가운데 하나이다.

0139 ③

① 과학적 관리법은 시간, 동작연구를 통해 과업수행에 효과적인 도구를 개발 및 선택하고, 이를 통해 최적화되고 안정화된 작업방식을 이용하여 과업을 수행하였다.
② 과학적 관리법은 기존의 자의적이고 전습적인 과업결정 방법을 지양하기 위한 합리적인 과업수행을 위한 전 단계로, 넓게는 동작 하나 하나에 들어가는 시간을 분석하고, 불필요한 동작을 제거한 뒤, 이러한 동작 수행에 적절한 사람을 선발하여 교육시키는 과정까지 볼 수 있다.
③ 테일러의 이론은 작업현장의 효율성과 관련된 것이고 관리활동의 통합과는 거리가 멀다.
④ 하루의 공정한 작업량인 표준과업을 시간연구를 통해 과학적으로 설정하고 임금률의 차별적 설정을 통해 노동자의 조직적 태업을 방지하고, 작업의 능률증진을 도모하려고 하였다.
⑤ 과학적 관리법의 차별적 성과급은 사람들이 경제적 성과를 극대화하기 위해 표준과업 이상을 달성할 것이라는 것을 전제로 하므로 합리적 경제인을 가정하고 있다고 볼 수 있다.

0140 ①

① 테일러는 차별적 성과급 제도를 통해 성취감이나 인간적 만족 등의 내적 보상보다는 경제적 보상을 통해 종업원을 동기부여 하려고 했다.
② 동작연구, 시간연구를 통해 각 과업마다 표준과업을 설정하고 이를 초과달성하면 인센티브를 제공함으로써 효율성을 강화하였다.
③ 과학적 선발을 통해 선발, 훈련, 평가제도에 합리성을 제공하였다.
④ 기획부 제도를 만들어 계획과 실행을 분리하였다.

0141 ②

①, ③ 테일러의 과학적 관리론은 19세기 전반 남북전쟁을 계기로 급속한 공업화 과정을 겪게 된 미국경제는 종업원들의 조직적인 태업 문제에 직면했으며, 이전 관리방

식인 표류관리 즉 경험적, 인습적인 관리 방법을 통해서는 이러한 문제를 해결할 수 없었음을 알게 되었으며 이러한 조직적 태업의 원인을 생산성 증가를 인한 종업원 자신 또는 직장동료의 해고에 대한 두려움, 경영자에 의해 일방적으로 설정된 불안정한 임금 체계, 통상적인 작업의 비효율성이라 보았으며 시간연구 및 동작연구에 따른 표준작업량의 설정으로 이러한 문제들을 해결하고자 하였다.

② 노동 과정에 이동조립법에 의한 유동작업방식을 도입함으로써 고임금, 저가격을 가능케 하여 기업의 공익적 역할을 추구할 수 있도록 한 것은 포드시스템이다. 포드시스템은 테일러의 과학적 관리법의 단점을 보완하여 유동작업을 기반으로 하는 진보된 과학적 관리법으로 포드 자동차 회사에서 실시한 경영 합리화의 체계(포드 시스템)가 대표적이다.

④ 테일러는 작업방법 및 작업조건을 표준화하고 스톱워치를 활용해 작업자들의 작업시간 측정, 작업순서에 따라 정리되어 있는 작업지도표를 활용하였다.

0142 ①

과학적 관리법은 집단보다는 개인 중심의 보상을 더 중요시 하였다. 대표적 예는 차별적 성과급 제도(differential piece rate incentive)이다.

0143 ②

과학적 관리법을 통해 테일러가 실현하고자 했던 것은 고임금, 저노무비(high wage-low labor cost)이다. 한편 저가격 고임금(low price-high wage)은 포드가 주장한 것이다.

0144 ③

테일러(Taylor)는 집단 성과급이 아닌 개인 성과급 제도를 도입하였는데 이를 차별적 성과급 제도(differential piece rate incentive)라고 한다. 테일러식 차별적 성과급 제도는 표준과업 이상을 달성한 종업원에게는 높은 임금을 지급하고, 표준과업을 달성하지 종업원에게는 낮은 임금을 지급하는 임금제도이다.

0145 ②

② 과학적인 근로자 선발은 근로자 선발부터 그 작업에 적합한 체격과 성격을 소유한 사람을 선발하는 것이다.

0146 ⑤

①②③④는 테일러 시스템에 해당하며, ⑤는 길브레스 부부가 제안한 원칙에 해당한다. 길브레스 부부(Frank and Lillian Gilbreth)는 테일러의 영향을 받은 가장 유명한 추종자들인데, '동작경제'의 원칙은 작업자가 에너지의 낭비 없이 효과적으로 작업할 수 있도록 작업자의 동작을 세밀하게 분석하여 가장 경제적이고 합리적인 표준동작을 설정하는 것을 말한다.

0147 ⑤

⑤ 대량 생산방식의 3S는 포드시스템에 해당한다.

0148 ⑤

테일러(F. W. Taylor)의 과학적 관리법은 작업의 시간과 작업을 하는 동작을 과학적인 방식으로 분석하여 생산성을 높이는 최선의 작업 방법(one best way)을 찾고자 하였으며 제시된 원칙은 다음과 같다.

1. 작업의 과학화
2. 근로자의 과학적 선발, 훈련, 교육, 개발
3. 관리자와 작업자 간의 긴밀한 협조관계의 유지
4. 경영자와 작업자간의 균등한 작업 및 책임의 배분

0149 ④

포드(Ford): 고임금 저가격의 원칙

0150 ②

포드시스템의 기본원리는 작업조직의 철저한 합리화에 의하여 작업의 동시적 진행을 기계적으로 실현하고 관리를 자동적으로 전개하려는 동시관리에 기반한다. 또한, 포드(H. Ford)의 경영이념인 포디즘(Fordism)은 "봉사주의" 내지 "저가격, 고임금(low prices and high wage)"의 원리를 중심으로 하고 있다.

0151 ①

포드(Ford)는 반(反)노동조합적 성향을 매우 완강하게 유지였던 인물이었다. 이 때문에 미국의 자동차 3사 중에서 가장 늦게 노동조합이 허용된 회사가 바로 포드였다.

0152 ①

① 페욜의 14가지 일반관리 원칙 중 '협동심 부여'에 관한 설명이다. 협동심 부여는 구성원들의 단결과 조화를 유지함으로써 동기부여와 시너지 효과를 누리도록 한다.

0153 ④

① 포드는 각 작업의 소요시간을 평균화하여 일정한 속도로 이동하는 컨베이어 라인에 전 공정을 연결하여 동시에 시작하고 동시에 종료하는 동시관리(synchronization management)를 실시하였다. 컨베이어 시스템을 도입함으로써 대량생산이 가능하였고 자동차의 원가를 절감하여 판매가격을 인하시킬 수 있었다. 이러한 유동작업을 기반으로 하는 새로운 생산관리 방식을 '포드시스템' 또는 '동시관리'라고 한다.

② 연속생산공정(continuous process)은 단속 프로세스(intermittent process)의 반대말로, 가공대상 제품이 일정한 공정흐름을 따라 순서대로 각 작업장를 통과하고 연속적으로 반복 생산하는 시스템을 의미한다. 공정은 폐쇄적이고 작업자는 공정 흐름에 따라 연속형식으로 배열되며 작업 대상인 가공품 혹은 조립품은 같은 방향으로 이동한다. 이 공정은 생산량은 많으나 유연성이 낮기 때문에 소품종 대량생산에 적합하다.

③ 과거의 조립작업은 고정조립법이었다. 이는 작업 대상물이 고정되어 있고, 작업자가 이동하는 방식이었다. 이러한 고정조립법의 문제점은 부품, 재료의 운반 및 공구의 준비와 처리 등에 있어 상당한 시간을 소비한다는 것이었다. 그래서 이러한 고정조립법의 불필요한 노동량 및 노동력을 감소시키기 위해 이동조립법을 고안하였다.
④ 차별성과급제도는 테일러의 과학적 관리법에 해당하는 내용이다.
⑤ 포드 시스템은 기업경영을 일반대중에 대한 봉사활동으로 간주 즉, 경영목적을 이윤 동기가 아닌 봉사동기와 임금주의(wage motive)에 초점을 두었다. 따라서 포디즘(Fordism)은 "봉사주의" 또는 "저가격, 고임금(low prices and high wage)"의 원리를 중심으로 한다. 포드는 자신의 경영이념을 사회에 봉사하는 것으로 정하였고 이러한 경영이념을 달성하기 위한 경영의 지표로서 '저가격, 고임금'을 정했다. 포드는 제품과 서비스를 저렴하게 소비자들에게 공급함으로써 봉사를 하며 근로자들에게는 고임금을 지불함으로써 봉사를 하겠다는 것이었다.

0154 ①

Fayol은 일반관리론에서 관리 활동을 다음과 같이 분류하였다.
① 기술적 활동(생산, 제조, 가공)
② 상업적 활동(구매, 판매, 교환)
③ 재무적 활동(자본의 조달과 운용)
④ 보호적 활동(재화와 종업원의 보호)
⑤ 회계적 활동(재산목록, 대차대조표, 원가, 통계 등)
⑥ 관리적 활동(계획, 조직, 지휘, 조정, 통제)

0155 ④

① F. W. Taylor: 과학적 관리법을 주창함
② Henry Ford: 대량생산을 위한 3S(standardization, simplification, specialization)
③ H. A. Simon: 의사결정의 제한된 합리성 모형을 제시함
⑤ H. Mintzberg: 조직설계의 5가지 옵션과 경영자의 역할 등을 제시함

0156 ④

④ 페욜의 14가지 일반관리 원칙을 모두 외우는 것은 힘들기 때문에 이 문제는 페욜의 일반관리론이 만들어지던 20c초의 시대적 상황과 결부하여 유추해야 한다. 20c초의 경영환경은 비교적 안정적이었고 기업들은 모두 낮은 생산성(효율성)을 높이기 위한 방안들을 최우선적으로 강구했기 때문에 조직의 분권화보다는 집권화를 추구했다고 보아야 한다. 하지만 21c인 요즘은 조직의 분권화를 추구하는 것이 옳다.

0157 ①

Fayol의 14가지 일반관리 원칙에는 '분권화의 원칙' 대신 '집권화의 원칙'이 있다. 페욜의 일반관리론은 20C초에 효율성을 강조하던 시기의 이론이므로 효율성이 높은 기계적 조직의 특징에 해당하는 것은 관련이 있으나 분권화(decentralization)는 유기적 조직의 특징이므로 관련성이 낮다.

0158 ③

③ 우선 페욜 이론의 조직설계와 관련된 것이기 때문에 동작경제의 원칙 같은 작업현장에 쓰일 것 같은 원칙은 답이 되지 않는다. 동작경제의 원칙(the principle of motion economy)은 길브레스 부부가 제시한 것이다.

0159 ④

① 업무의 분화(division of work): 모든 작업은 분업화 혹은 전문화해야 한다.
② 명령의 일원화(unity of command): 상사는 반드시 1명이어야 한다.
③ 방향의 단일화(unity of direction): '방향의 단일화'는 잘못된 용어이고, '지휘의 통일' 혹은 '지휘의 단일화'라고 해야 맞다. 의미는 하나의 과업은 한 사람의 상급자에 의해 계획되고, 지휘되어야 한다는 것이다.
⑤ 개인보다 조직 이해의 우선: 개인 목표가 조직목표보다 우선시 될 수 없다.

0160 ②

② 페이욜의 14가지 관리원칙의 '조직목표 우선'은 개인의 목표가 조직목표, 단체목표보다 우선시 될 수 없다는 것을 의미한다.

0161 ②

② 개인 목표 우선이 아니라 조직 목표 우선이다.

0162 ③

③ 비전(vision)은 기업이 장기적으로 지향하는 바를 의미하는데 페욜이 활동하던 시기에 이런 개념은 없었다.

0163 ③

상황적합적 관리는 1970년대 등장한 상황론적 접근법(contingency approach)의 논리이다.

0164 ④

매슬로, 허즈버그, 맥그리거, 아지리스의 이론은 동기부여 이론, 즉 행동과학 이론에 해당하지만, 베버의 관료제론은 고전적 조직이론에 해당한다.

0165 ④

관료제의 원리에 연공승진은 존재하지 않는다. 연공승진은 근속연수에 따라 승진하는 것으로 속인중심의 인적자원관리가 발달한 곳에서 사용하는 승진의 원칙이다.

0166 ①
관료제의 원리가 조직에 적용되면 조직은 기계적 조직에 가까워진다. 하지만 수평적 의사소통은 유기적 조직의 특징에 해당하므로 관료제의 특성에 해당하지 않는다.

0167 ⑤
관료제이론은 수직적 계층을 중요시하므로 신속한 의사결정과는 거리가 멀다.

0168 ⑤
⑤ 개인별 특성을 고려한 관리는 베버의 관료제와 전혀 관련이 없다. 개인별 특성을 고려한 관리는 상황이론의 논리이다.

0169 ③
막스 베버(Max Weber)가 제시한 관료제(bureaucracy)는 분업, 명확한 권한 계층, 공식적 규칙과 규제, 비개인성으로 대별되는 조직운영의 원리를 갖는다. 하지만 창의성은 관료제의 특징에 해당하지 않는다.

0170 ③
③ 베버의 "이상적 관료제" 원칙에 공식적 규칙은 포함되지만, '비공식 규칙'은 포함되지 않는다.

0171 ②
② 관료제의 원리를 조직에 주입하면 기계적 조직에 가까워지므로 관료제 조직은 사람에 따라 차별화되고 유연하게 적용되는 조직이 아니다.

0172 ③
조직 내 비공식조직의 활용을 중시한 이론은 행동과학(behavioral science)이 아니라 인간관계론(human relations)이다.

0173 ⑤
① 인간관계론은 사회적 접근을 강조했으나 과학적 관리법은 조직 내 합리성을 강조하였다.
② 인간 없는 조직이란 비판을 들은 것은 과학적 관리법이다.
③ 인간관계론은 심리요인과 사회요인이 생산성에 큰 영향을 미친다고 주장하였다.
④ 비공식집단의 중요성을 매우 높게 평가했다.

0174 ③
③을 제외한 나머지는 모두 테일러의 과학적 관리법의 내용에 해당한다.

0175 ③
1차 실험: 조명실험
2차 실험: 계전기 조립실험
3차 실험: 면접실험
4차 실험: 배선작업 관찰

0176 ⑤
⑤ 호손실험 중 배선작업 실험은 4차 실험에 해당하는데 이를 통해 작업장이 단순히 돈을 벌려는 인간과 기계의 집합체가 아닌 머리와 가슴을 가진 인간들의 사회적 장소임을 깨닫게 되었다. 즉 경제적 욕구보다는 사회적 욕구가 더 중요하다는 것을 확인하였다.

0177 ③
"작업자의 생산성은 임금, 작업시간, 노동환경의 함수이다."라고 주장한 것은 테일러(Taylor)이다. 호손실험으로 등장한 인간관계론은 작업자의 생산성을 작업자의 심리적 요인과 사회적 요인으로 설명하고 있다.

0178 ①
인간관계론은 비용의 논리보다는 감정의 논리를 추구한다.

0179 ⑤
① 호손실험에서 작업자는 경제적 요인보다는 심리적 요인에 의해서 동기화 된다.
② 작업자의 생산성은 작업환경 및 작업시간 등의 물리적 요인보다는 감정.심리적 요인과 밀접한 연관이 있다.
③ 생산성 향상을 위해 명확한 업무설계와 조직설계를 강조한 것은 Taylor의 과학적 관리법을 포함한 고전적 경영학 이론들이다.
④ 비공식조직도 성과에 영향을 준다는 것을 밝혔다.
⑤ 인간의 감정.심리적 요인이 작업성과에 미치는 영향이 크기 때문에 작업자에게 단지 관심을 기울여주기만 해도 성과가 개선된다.

0180 ④
④ 작업의 과학화, 객관화, 분업화의 중요성을 강조한 것은 테일러의 과학적 관리법(scientific management)이다.

0181 ④
① 호손연구는 표준화된 작업조건보다는 인간의 사회적, 심리적 조건이 생산성에 좀 더 영향을 미친다고 주장하였다.
② 작업자들의 행동이 관찰되거나 특별한 관심의 대상이 되는 것은 생산성과 관련이 있다. 이는 호손연구의 2차실험에 관한 내용이다.
③ 호손연구는 임금, 노동시간 등 근로조건의 기술적, 경제적 측면보다는 종업원들의 사회적, 심리적 측면에 초점을 두었다.
⑤ 호손연구는 공식조직의 업무체계 강화보다는 비공식 조직의 운영 논리를 이해하는 것에 초점을 두었다.

0182 ③
① 과학적 관리법과 인간관계론은 무관하다. 인간관계론은 '호손실험'을 통해 탄생했다.
② 차별적 성과급은 과학적 관리법의 내용이다.
④ 상황론적 접근법(contingency approach)의 내용이다.

0183 ③

③ 인간관계론은 서부전기회사(Western electric)의 호손(Hawthorne) 공장에서 실시된 호손실험으로 탄생되었으며, 과학적 관리법은 이보다 앞선 20c초 필라델피아에 위치한 미드베일 스틸컴퍼니에 테일러가 관리자로 있을 때 탄생되었다.

0184 ⑤

① 호손(Hawthorne)실험을통해인간관계론(humanrelations)이 시작되었다.
② 4차에 걸쳐 진행된 프로젝트이다. 제1차 조명실험, 제2차 계전기 조립 실험, 제3차 면접 실험, 제4차 배선관찰 실험이다.
③ 호손효과는 직원들이 특별한 주목을 받으면서 선발됐다고 느낄 때 관리자가 직원의 복지에 관심을 기울인다고 느낄 때 종업원들이 업무를 더 잘 수행하는 현상으로 비경제적인 보상은 작업자의 만족과 관련이 깊다.
④ 직무의 전문화는 메이요의 호손실험이 아닌 테일러의 과학적 관리론에 대한 내용이다.

0185 ②

ㄱ. 호손은 학자 이름이 아니라 실험을 진행한 공장 이름이다.
ㄷ. 공장 내 조명도 보다는 기타 인간적인 요인이 생산능률에 큰 영향을 미친다는 것을 확인했다.

0186 ④

④ 최고의 생산력을 유지하기 위해 계획부서(기획부서)를 따로 두어 계획과 생산을 분리한 것은 테일러이다.

0187 ④

④ 호손실험은 인간의 내면을 심층적으로 다루지 못해서 빨리 한계에 봉착하였으나, 이후에 인간의 내면을 심층적으로 다룬 행동과학 발전의 토대가 되었다.

0188 ⑤

시스템이론 관점에서 투입물은 노동, 자본, 전략, 정보 등이며 산출은 제품과 서비스 등이다.

0189 ⑤

시스템이란 구성요소(sub-system), 즉 기능적으로 체계가 있는 요소를 상호 연결시킨 복합체가 모여서 공통의 목적을 달성하기 위한 통일체를 의미하며 시스템적 접근방법의 속성은 다음과 같다.

시스템의 속성

목표지향성	환경적응성 - 개방시스템 - 폐쇄시스템
분화와 통합성 - 상위시스템 - 하위시스템	투입-변환-산출 과정

0190 ③

엔트로피(entropy)는 시스템이 쇠퇴하고 소멸해 가는 경향을 말한다. 환경으로부터 투입물과 에너지를 공급받지 못하는 폐쇄시스템은 엔트로피가 증가하여 결국 소멸하고 만다. 따라서 기업은 환경을 감시하고 그의 변화를 적응하고 생존과 성장을 계속해서 새로운 투입물을 공급받아야 한다. 개방시스템에서는 엔트로피가 감소하게 된다. 엔트로피의 증가는 시스템의 붕괴를 의미하므로 적절하지 않다.

0191 ⑤

④ 엔트로피는 시스템이 쇠퇴하고 소멸해 가는 경향인데, 이는 환경으로부터 투입물과 에너지를 공급받지 못하는 폐쇄시스템은 엔트로피가 증가하여 결국 소멸하게 된다. 반면 환경 변화에 적응하고 생존과 성장을 계속하여 새로운 투입물을 공급받는 개방 시스템에서는 엔트로피가 감소한다.
⑤ 시스템 이론은 인간행동의 영향 요소들 간의 복잡한 상호작용의 중요성을 강조하였다. 즉 모든 것이 서로 관련이 있고 의존되어 있다는 것이다. 이런 관점에서 볼 때 조직에서 인간의 행동은 태도, 성격, 의사소통, 보상제도 등과 같은 다양한 요소의 상호작용에 의해 결정된다고 할 수 있다. 조직에 있어서도 각 하위 시스템을 분리해서 취급하려는 것이 아니고 조직을 하나의 전체로서 보다 큰 외부 환경의 한 부분으로서 보려는 것이다. 이렇게 함으로써 시스템 이론은 조직의 어떤 분야의 활동이 다른 모든 분야의 활동에 영향을 미친다고 주장한다.

0192 ④

'계량적 분석 중시'는 1950년대 등장한 계량 경영학의 특징이다.

0193 ②

② 기업에 따라 판매점의 운영방식을 일률적이 아닌 개별 판매점의 특색을 갖추어 다르게 운영하는 것은 상황에 따라 경영방식을 다르게 접근하는 것이므로 이는 상황이론(contingency theory)에 해당한다.

0194 ①

① 자원기반관점(RBV: resource-based view)에서 기업이 경쟁우위를 획득하고 장기간의 탁월한 성과를 이끌어내는 것은 기업의 '내부자원'이라고 주장한다. 이러한 '내부자원'은 시간에 걸쳐 기업 외부에서 형성되는 것으로, 차별적이고 독특하며, 다른 기업으로 완전 이동이 불가능하다고 본다.

0195 ③

VRIO는 Value, Rarity, Imitability, Organization의 약자를 의미하며, 이들의 조합에 따라 발생하는 경쟁력 상태는 다음 표와 같다.

가치가 있는가?	희소성이 있는가?	모방하기 어려운가?	조직에 의해 실현되는가?	경쟁력 상태
아니오				경쟁열위
예	아니오			경쟁등위
예	예	아니오		일시적 경쟁우위
예	예	예	아니오	비활용 경쟁우위
예	예	예	예	지속적 경쟁우위

0196 ⑤

⑤ 금융자산과 기계 등 유형 자원보다는 VRIN한 특성을 갖는 인적자원이나 무형 자원 등이 더 기업의 지속적인 경쟁우위 확보•유지에 가장 중요한 자원이다.

0197 ③

② 사이먼(H. Simon)이 제시한 관리인 가설(administrative hypothesis)이란 '인간의 합리성은 제한되어 있으므로 최적의 의사결정은 불가능하고 만족할만한(satisficing) 의사결정을 해야 한다' 것을 의미한다.
③ 조직 의사결정은 제약된 합리성 혹은 제한된 합리성(bounded rationality)에 기초하게 된다고 주장한 사람은 사이먼(Herbert Simon)이다.

0198 ③

인간관계이론이 행동과학이론을 반박한 것이 아니라, 오히려 행동과학이론이 인간관계이론의 주장을 반박하며 인간을 다양한 욕구를 가진 존재로서 파악하였다.

0199 ④

① 과학적 관리법: F. W. Taylor
② 관료제: Max Weber
③ 상황이론: Joan Woodward
④ 의사결정이론: 특히 Herbert Simon은 제한된 합리성 이론을 주장함
⑤ 경영과학 중 선형계획법: George Dantzig

0200 ⑤

⑤ 생산성은 작업자들의 사회적, 심리적 조건이나 감독방식에 의존한다고 주장한 것은 '인간관계론'이다. 반면 관료적 조직론은 사회적, 심리적 조건보다는 인간의 합리성에 근거하여 제정된 합리적 원칙(관료제의 원칙)이 조직의 효율성을 높인다고 주장한다. 결국 인간관계론은 조직을 사회적 관점에서 보았지만, 관료적 조직론은 조직을 합리적 관점에서 보았다고 할 수 있다.

0201 ②

② 베버가 주장한 관료주의(bureaucracy)의 원칙에 인간적(개인적)인 면을 최대한 고려한 관계는 존재하지 않는다. 오히려 베버의 이상적인 관료제는 인간적인 면을 최대한 배제한 비개인성의 원칙을 근간으로 운영되어야 한다고 주장했다.

0202 ④

ㄱ. 테일러(Taylor)의 과학적 관리이론에서 과업관리 목표는 '높은 임금과 높은 노무비의 원리'가 아니라 '높은 임금과 낮은 노무비의 원리'이다.
ㄴ. 포드 시스템(Ford system)은 대량생산을 위해 생산의 표준화를 전제로 한다.
ㄷ. 패욜(Fayol)의 관리이론 중 생산, 제작, 가공활동은 관리활동이 아니라 '기술활동'에 해당한다. 관리활동에는 계획, 조직, 지휘, 조정, 통제가 포함된다.
ㄹ. 메이요(Mayo)의 호손연구(Hawthorne Studies)에 의하면 물리적 환경의 변화나 금전적 인센티브 보다는 동료집단의 규범이 규칙 등의 사회적 자극이 생산성에 더 많은 영향을 미치는 것으로 나타났다.

0203 ②

① 테일러(F. Taylor)의 과학적 관리론에서는 차별적 성과급제를 통한 조직관리를 강조하였다.
③ 인간을 제한된 합리성을 갖는 의사결정자로 본 사람은 사이먼(H. A. Simon)이다.
④ 호손실험을 계기로 활발하게 전개된 인간관계론은 비공식적 작업집단이 작업자의 생산성에 큰 영향을 미친다고 주장하였다.

0204 ②

ⓒ Taylor의 과학적 관리법이 '인간 없는 조직'이라고 비판을 받았다면 인간관계론의 조직관은 '조직 없는 인간'이라는 비판을 받기도 하였다.
ⓔ 시스템은 사전에 결정된 공통적 목적이나 목표를 달성하기 위해 하나 이상의 구성 요소가 상호 기능적으로 관련된 요소(elements)들의 결합이라 정의할 수 있다. 즉 전체를 구성하는 상호 관련된 부분들의 집합을 말한다. 따라서 시스템은 상호 관련된 부분들의 집합 이상의 개념을 갖는다.

0205 ①

① 과학적 관리론은 다품종 소량생산체제 보다는 소품종을 대량생산하는 방식에 더 적합하다.

0206 ①

① 페이욜(H. Fayol)은 관리과정을 구성하고 있는 관리기능을 최초로 제시했는데, 그는 관리를 "계획(plan)하고, 조직(organize)하고, 지휘(lead)하고, 조정(coordinate)하고, 통제(control)한다."는 다섯 가지의 관리기능으로 설명하고 있다.

0207 ②

지식은 암묵지(tacit knowledge)와 형식지(explicit knowledge)로 구분되는데, 조종메뉴얼이나 프로그램에서 얻어지는 지식은 형식지이다.

0208 ①

암묵지에서 암묵지로 학습되는 과정을 이식화(socialization)라고 한다.

0209 ④

조직의 가치창출을 위해 지식을 생성, 저장, 공유, 활용하는 일련의 활동은 지식경영(knowledge management)이다.

0210 ②

① 암묵지는 언어로 표현할 수 없는 주관적 지식이므로 다른 사람에게 전수하기 어렵다.
③ 공식성과 체계성을 갖고 있는 것은 형식지(explicit knowledge)이다.
④ 제품설명서, 매뉴얼 등은 형식지에 해당된다.
⑤ 암묵지는 주관적 지식이다.

0211 ①

② 객관적 사실, 측정된 내용, 통계를 의미하는 것은 데이터이다.
③ 데이터(data)는 단순한 사실의 나열이며, 정보(information)는 데이터를 의미있게 가공한 것이다. 지식(knowledge)은 정보들 간의 관계를 통해 얻은 가치 있는 정보를 의미한다.
④ 객관적이며 이성적이고 기술적인 지식은 형식지(explicit knowledge)이다.
⑤ 경험을 통해 축적한 지식으로 통찰력과 노하우를 의미하는 것은 암묵지(tacit knowledge)이다.

0212 ③

개인의 암묵지가 암묵지로 전달되는 것을 사회화 혹은 이식화(socialization)라고 한다. 이식화 과정은 보통 관찰이나 모방을 통해 일어난다.

0213 ①

① 언어로 표현 가능한 객관적 지식은 형식지이다. 암묵지는 체험을 통해 개인에게 습득돼 있지만 겉으로 드러나지 않은 상태의 지식을 의미한다.

0214 ①

① 이식화(socialization)는 개인의 암묵지가 관찰과 경험으로 옆사람의 암묵지로 전환되는 과정이다.

0215 ①

암묵지(tacit knowledge)는 말이나 글로는 표현하기 어렵고 몸에 밴 지식으로 전수하기 어렵다.

0216 ③

① 언어로 표현하기 힘든 주관적 지식을 암묵지(tacit knowledge)라고 한다.
② 암묵지에서 형식지로 지식이 전환되는 과정을 분절화(articulation)라고 한다. 내면화(internalization)는 형식지가 암묵지가 되는 것을 말한다.
③ 수집된 데이터를 문제해결과 의사결정에 도움이 될 수 있도록 일정한 패턴으로 정리한 것을 정보라고 한다. 즉 가공이 안된 데이터를 의사결정에 도움이 되는 방식으로 표나 그래프 등으로 가공한 것이 '정보'이다.
④ 지식경영은 형식지를 기업 구성원들에게 체화시킬 수 있는 암묵지로 전환하는 것에 국한되는 것이 아니다. 형식지가 형식지, 암묵지가 암묵지, 그리고 암묵지가 형식지화될 수도 있다. 즉 조직 내의 모든 지식을 공유하여 조직의 구성원들이 지식을 더 발전시키는 것을 지식경영이라고 한다.

0217 ③

③ 형식지에서 암묵지로 전환과정을 내재화(internalization)라고 한다.

0218 ③

③ 지식변환과정(knowledge conversion process)은 socialization → articualtion(externalization) → combination → internalization의 순서로 이루어진다.

0219 ②

② 데이터가 가공되어 정보가 되고 정보가 집적되어 지식이 된다.

0220 ②

비즈니스 프로세스 리엔지니어링(BPR: Business Process Reengineering)은 품질, 비용, 속도, 서비스와 같은 업무성과의 점진적 개선이 아니라 급격한 개선을 목표로 한다.

0221 ①

② 업무 프로세스 변화가 '점진적'이 아니라 '급진적'이다.
③ 업무 프로세스 재설계는 어렵고 오래 걸리는 과정이다.
④ 조직 구조의 측면에서 하향식으로 추진된다. 즉 조직 상부의 필요에 의해 시작되는 변화 프로세스이다.
⑤ 실패 가능성과 위험이 적지는 않다.

0222 ⑤

참고로 ④의 전략사업단위(strategic business unit)는 경쟁자 및 고객을 대상으로 제품이나 서비스를 제공하는 사업조직 단위를 의미한다. 각 사업부 간 고객의 요구가 다양함에 따라 자원 중복이 생겨나는 등의 불편한 점이 드러나게 되고 그렇게 생겨난 요구에 대응해 가는 전략을 책정하고 실시해 가는 조직을 말한다.

0223 ②

고객에게 보다 높은 가치를 전달하기 위해 업무프로세스를 과격하게 바꾸는 재설계 기법은 BPR이다.

0224 ④

독립 가능한 사업부와 조직 단위를 개개의 조직 단위로 나누어 소형화하는 것은 다운사이징(downsizing)이다.

0225 ③

리스트럭처링(restructuring)이란 쉽게 말해 구조조정을 말하며, 조직이나 사업구조를 재구축하여 기업의 경쟁력을 높이는 것을 말한다.

0226 ②

① 동료그룹(peer group)평가는 360도 피드백 가운데 하나로 상사가 부하직원을 평가하는 것이 아니라, 동료들이 서로를 평가하는 방법을 의미한다.
② 벤치마킹(benchmarking)은 조직의 업적향상을 위해 최고수준(best practice)에 있는 다른 조직의 제품, 서비스, 업무방식 등을 서로 비교하여 새로운 아이디어를 얻고 경쟁력을 확보해 나가는 체계적이고 지속적인 개선활동 과정을 의미한다.
③ 구조조정(restructuring)은 시스템이나 조직을 새로운 방향으로 조정하는 것을 말하며, 실제 기업에서 사업포트폴리오의 개편, 부채비중감소와 같은 자본구조의 변화, 조직구조의 혁신, 보상과 인센티브 제도의 개혁, 기업문화의 혁신과 같은 기업경영의 제반 시스템의 변화를 의미한다.
④ 6시그마(six sigma)는 프로세스에서 불량과 변동성을 최소화하면서 기업의 성공을 달성·유지·최대화하려는 종합적이고 유연한 시스템을 의미한다.
⑤ 종합적 품질경영(TQM: total quality management)은 기업의 모든 구성원들이 품질향상과 내·외부 고객만족을 달성하기 위해 지속적으로 노력하는 품질혁신 철학을 의미한다.

0227 ①

② 기업 수준의 구조조정
③ 기업 수준의 구조조정
④ 기업 수준의 구조조정
⑤ 기업 수준의 구조조정

0228 ①

② 조직이 목표에 다가가고 있는지 확인하기 위한 명확한 기준을 설정하고 직원의 성공적인 수행을 보상하기 위한 과정은 '통제'이다.
③ 조직의 구조를 설계하고 모든 것들이 목표 달성을 위해 함께 작동하는 체계를 구축하는 과정은 '조직화'이다.
④ 비전을 수립하고 조직목표를 더 효과적으로 달성하기 위해 의사소통 및 권한과 동기를 부여하는 과정은 '지휘'이다.

0229 ③

③ 아웃소싱을 실행하게 되는 경우에 일정한 계약 하에 아웃소싱 기업에서 업무를 수행하게 되므로 그에 따른 리스크를 감소시킬 수 있다.

0230 ②

② 업무 프로세스, 절차, 공정의 재설계는 BPR(business process reengineering)에 관한 내용이다.

0231 ④

④ 벤치마킹(benchmarking)은 조직의 업적향상을 위해 최고 수준에 있는 다른 조직의 제품, 서비스, 업무방식 등을 서로 비교하여 새로운 아이디어를 얻고 경쟁력을 확보해 나가는 체계적이고 지속적인 개선 활동 과정을 말한다. 최고의 경쟁력을 가진 상대를 정해서 전체 또는 부분적으로 비교하여 상대의 강점을 파악하고 최고와 비교함으로써 동등 이상이 되기 위한 경영 혁신 기법을 말한다.

0232 ④

best practice를 가지고 있다면 업종과 조직 내외부와 무관하게 벤치마킹의 대상이 될 수 있다.

0233 ④

지나치게 어려운 목표는 종업원을 동기부여하지 못하므로 목표는 달성이 가능한 범위내에서 도전적인 것으로 설정되어야 한다.

0234 ③

목표관리(MBO)는 참여적 목표설정을 핵심으로 한다. 이는 목표를 설정하는데 있어 상부로부터 일방적인 톱다운 방식이 아니라 관리자와 함께 하부계층의 구성원들이 참여하여 목표를 설정하는 것을 의미한다.

0235 ①

① 목표에 의한 관리(MBO)는 맥그리거의 'Y이론'에 바탕을 두고 있다. Y이론은 인간을 본성적으로 성장과 발전의 잠재력을 갖춘 자율적 존재로 본다. 이런 맥락에서 MBO는 목표의 달성 방법과 수준을 조직구성원의 자율에 맡기므로 Y이론에 바탕을 두고 있다고 볼 수 있다.

0236 ③

다면평가는 인사평가에서 여러 명의 평가자로 하여금 평가를 실행하게 하는 것인데, 목표관리와는 무관하다.

0237 ⑤

MBO(목표에 의한 관리)는 종업원이 상사와 함께 목표를 설정하고 이를 실행한 후에 이에 대한 성과를 함께 평가하는 결과지향의 평가방법으로 단순히 목표달성 여부를 평가하는 데 그 의미가 국한되는 것이 아닌 근본적으로 목표를 통해 인력을 효율적으로 동기부여하면서 관리하는 제도이다.
MBO에서 목표설정 시의 SMART 원칙은 다음과 같다.
㉠ S(Specific) : 목표는 구체적이어야 한다.

ⓒ M(Measurable) : 목표는 측정이 가능해야 한다.
ⓒ A(Achievable) : 목표는 달성 가능하면서도 도전적이어야 한다.
ⓔ R(Results-oriented) : 결과지향적이어야 한다.
ⓜ T(Time-bound) : 시간제약적이어야 한다.

0238 ⑤

목표관리(MBO)는 종업원 개개인에게 목표를 부여하고, 이의 달성정도에 따라 평가하고 이를 기반으로 종업원들을 차등 보상하는 제도이므로 호봉제를 통한 안정적 보상시스템보다는 성과에 따라 차등 보상하는 성과중심의 보상시스템이 마련되어야 한다.

0239 ③

목표관리에서 설정하는 목표는 구체적(specific)이어야 하므로 사기와 같은 직무의 무형적 측면은 고려되지 않는다.

0240 ⑤

목표의 구체성(goal specificity), 명확한 기간(explicit time period), 성과 피드백(performance feedback), 참여적 의사결정(participative decision making)은 MBO의 일반적 요소이지만, '조직구조'는 MBO의 요소가 아니다.

0241 ②

② 목표관리에서는 목표를 정하는 과정에 부하를 참여시키는 참여적 목표설정 방법을 사용한다. 부하가 상사와 협의하지 않고 목표를 세우는 것을 '자기설정 목표'라고 하는데 이는 MBO에서 사용하는 방법이 아니다.

0242 ③

MBO에서 목표의 난이도는 달성 가능한 수준 범위 내에서 가급적 높아야 하고, 목표는 달성정도를 쉽게 파악할 수 있을 정도로 구체적이어야 하며, 목표에 대한 수용성을 높이기 위해 목표설정 과정에 종업원을 참가시켜야 한다. 하지만 목표의 유연성은 MBO의 원칙에 해당되지 않는다.

0243 ③

MBO는 상사와 조직에 의한 하향식 목표 설정 즉 지시적 목표를 사용하지 않고, 부하가 목표설정에 참여하는 참여적 목표를 사용한다.

0244 ④

① MBO는 목표설정, 실행계획 검토(계획수립), 과정검토(중간평가), 성과의 평가(최종평가)의 순으로 이루어진다.
② 목표관리는 조직의 구성원이 단순하게 주어진 목표만을 설정하는 것이 아닌 개개 직무 담당자가 경영목표 또는 각 부문의 목표를 달성하기 위해 자신의 직무 면에서 무엇을 해야 할 것인가의 목표를 구체적으로 설정하고 목표 및 실천을 비교·관찰하여 자기통제를 해 가는 시스템이다. 즉 구성원들 각자에게 기대하는 성과를 사전에 구체적, 정량적으로 설정 및 표시함과 동시에 적극성 및 창의성에 따른 자기통제를 중심으로 하여 그 실현을 도모하며, 또 다른 한편으로는 그 실제의 성과를 측정 및 평가하여 이를 각각의 해당 부서에 피드백 시킴으로써 자사의 발전 및 개인의 성장을 통합시키고자 하는 것이다.
③ MBO는 목표수립 초기와 달리 중간에 경영환경의 변화로 인하여 목표달성이 불가능하면 목표를 신축적으로 변경시키는 것도 가능하다.
④ MBO는 사전에 목표를 정하고 이 목표를 달성하려고 노력하는 것이기 때문에 가능하면 조직 내외의 환경이 안정적인 것이 좋다. 왜냐하면 환경이 변하면 조직목표부터 개인목표에 이어지는 모든 것들을 수정해야 하기 때문이다. 따라서 MBO에서 사전에 정한 목표의 변경은 가능하지만 가급적 안정적인 환경에 처한 기업에 적합하다고 볼 수 있다.
⑤ MBO는 조직목표와 개인목표를 조화시킨다. 다시 말해 각 조직 구성원의 목표가 달성되면, 부서의 목표가 달성되며, 각 부서의 목표가 달성되면 조직전체의 목표가 달성된다.

0245 ⑤

목표관리의 일반적 요소에는 명확한 기간, 참여적 의사결정, 피드백, 목표의 명확성 등이 있다.
① 명확한 기간은 목표를 달성해야 하는 기간을 명확히 한다는 것이다. 보통 기간은 1년으로 한다.
② 참여적 의사결정은 목표가 상급자에 의해 정해지고 그것이 하급자에게 할당되면 하급자를 동기부여하지 못하므로 목표를 설정하는 과정에 하급자를 참여시키는 것이다.
③ 피드백은 구성원들이 목표를 잘 수행하도록 지속적으로 수행결과에 대해 알려주는 것을 의미한다.
④ 목표의 명확성은 특정 표적과 시간계획을 제공하며 책임을 부여해야 한다는 것이다.
⑤ 목표관리의 초점은 목표의 성취이다. 이는 업적의 평가를 전제로 하는 결과지향적인 관리기법으로, 행정의 효과성 내지 생산성을 높인다. 또한, 주먹구구가 아니라 구체적인 목표, 구체적인 계획에 기반한 관리기법이기 때문이다.

0246 ②

② 목표관리는 단기간의 목표만을 지나치게 강조하여 기업의 장기적 목표 달성에 방해가 될 수 있다.

0247 ④

BSC의 성과지표는 재무 지표와 비재무지표, 장기지표와 단기지표, 내부지표와 외부지표, 그리고 선행(원인)지표와 후행(결과)지표 등으로 구분할 수 있지만 개인지표와 집단지표로 구분할 수는 없다.

0248 ②

① CRM(customer relationship management): 고객관계관리
③ SCM(supply chain management): 공급사슬관리
④ KMS(knowledge management system): 지식경영시스템
⑤ ERP(enterprise resource planning): 전사적 자원관리

0249 ③

③ 사회적 책임은 BSC의 지표에 포함되지 않는다. BSC의 4가지 지표는 재무, 고객, 내부 프로세스, 학습과 성장 관점이다.

0250 ③

균형성과표(BSC)의 4가지 관점은 재무적 관점, 고객 관점, 내부 프로세스 관점, 학습과 성장 관점이다.

0251 ④

④ 경쟁이 무의미하기 때문에 차별화와 저비용을 동시에 추구하도록 전략을 추구하는 것은 블루오션(Blue Ocean) 전략이다.

0252 ③

자발적 이직률은 학습과 성장 관점에 해당한다.

0253 ③

BSC의 4가지 관점은 재무적 관점, 고객관점, 내부 프로세스 관점, 학습과 성장 관점이다.

0254 ②

전통적 성과관리 시스템	균형성과표(BSC)
・재무지향	・고객지향
・재무성과	・재무성과와 고객만족
・기업전략과 연계 없음	・기업전략과 연계됨

0255 ④

④ 기존의 성과평가시스템이 지나치게 회계적 혹은 재무적인 성과에만 치우쳐 있는 문제점 때문에 등장한 것이 BSC이므로 BSC가 궁극적으로 조직의 대표적 성과인 회계 및 재무적 성과목표를 달성하는데 초점을 두고 있다는 것은 맞지 않다.

0256 ④

① 균형성과표를 제시한 것은 Kaplan과 Norton이다. 프라할라드와 해멀(Prahalad & Hamel)이 제시한 것은 '핵심역량'이다.
② 재무적인 측정치와 더불어 비재무적 측정치도 있어서 명확성 및 객관성 등이 부족하다.
③ 재무적, 단기적 성과와 비재무적, 장기적 성과를 동시에 평가한다.
⑤ 기업들이 균형성과표를 필요로 하는 가장 근본적인 이유는 정보시대의 출현이라는 환경 변화에 있다.

0257 ④

① 균형성과표(BSC: balanced scorecard)는 업무수행상의 모호한 체크리스트 성격이 아닌 경영전략의 구체적인 실행방법으로서의 포괄적 경영시스템 즉, 회계학 분야의 캐플란(R. Kaplan)과 노튼(D. Norton)이 개발한 전략실행 프레임 워크이다.
② 균형성과표(BSC: balanced scorecard)는 조직의 비전 및 전략 등을 달성하기 위해 수행해야 할 핵심적인 사항을 측정 가능한 형태로 바꾼 성과지표의 집합이므로 조직의 비전은 균형성과표에서 고려된다.
③ 균형성과표(BSC: balanced scorecard)에서의 가장 미래지향적인 관점은 학습과 성장 관점이다. 학습과 성장 관점은 다른 세 가지 관점(재무적 관점, 고객 관점, 내부 프로세스 관점)의 성과를 이끌어 내는 원동력으로 다른 세 가지 관점(재무적 관점, 고객 관점, 내부프로세스 관점)에서 설정한 목표를 이루기 위해 필요로 하는 기업의 핵심역량을 파악하며 동시에 세부적 성과지표를 선정하게 된다.

0258 ⑤

슘페터(J. Schumpeter)는 기업이윤의 원천으로 기업가의 혁신을 주장하였는데, 혁신이란 기업가가 신상품, 신기술, 새로운 자원, 새로운 시장 및 새로운 조직을 개발시키는 창조적인 파괴행위라고 주장하였다.

0259 ②

① 유기적 조직구조: 기계적 조직에 비해 느슨한 조직구조로 혁신에 도움이 됨
② 세밀하고 철저한 일정관리: 조직원들의 업무수행에 압박요인이 되므로 혁신에 도움이 안됨
③ 긍정적 피드백: 부정적인 피드백보다 혁신에 도움이 됨
④ 갈등에 대한 포용: 생각이 다른 사람들이 모여야 혁신이 가능하고, 또 생각이 다른 사람들이 일을 하다보면 갈등이 발생할 가능성이 높아지는데, 이 때 갈등에 대한 포용은 혁신과제를 계속 수행하게끔 하는데 도움이 됨
⑤ 낮은 외부 통제: 외부 통제는 조직 외부에서의 통제를 의미하는데, 외부 통제가 높다면 여러 가지 제약요소가 많아서 혁신에 걸림돌이 되지만, 외부 통제가 혁신에 걸림돌은 별로 없기 때문에 혁신에 도움이 됨

0260 ①

① 조직 효과성 평가에 관한 모형 중 조직의 외부환경을 전혀 고려하지 않고 조직의 내부 건전성과 효율성에 초점을 두고, 보유하고 있는 자원을 어떻게 활용하는가에 따라 조직효과성을 평가하는 모형은 내부 프로세스 접근법(internal process approach)이다. 이는 효과적인 조직은 원활하게 잘 돌아가는 내부 프로세스를 가지고 있으며, 구성원들은 행복감과 만족을 느낀다는 가정 하에 조

직효과성을 평가하는 모형이다. 이는 오로지 조직의 내부과정(internal process)만으로 조직을 평가하는 모형이므로 조직과 외부환경과의 관계는 내부과정모형을 통해 측정이 불가능하다.

② 경쟁가치 모형(competing value framework)은 내부 프로세스 평가를 조직효과성 평가에 포함하고는 있으나, 조직의 외부환경을 고려한 다른 모형들도 통합적으로 고려한 다차원적 모형이기 때문에 이는 틀린 보기이다. 특히 경쟁가치 모형의 경우 가치관의 우선순위는 있으나 하나의 가치모형만을 통해서 조직효과성을 평가하지 않는다는 점이 특징이다.

③ 전략적 이해관계자 접근법(strategic constituents approach)은 조직의 생존능력을 좌우하는 주요 이해관계자들의 만족도에 따라 조직 효과성을 측정한다. 이는 조직 내부뿐만 아니라 외부환경에 있는 여러 요소들까지 함께 평가를 한다.

④ 균형성과표(balanced scorecard)는 전통적인 재무지표와 기업의 핵심성공요인과 관련된 운용지표들을 균형있게 결합하여 하나의 틀로 통합하여 효과성을 측정하는 모형이다. 내부뿐 아니라 고객환경 시장환경 등의 외부환경 역시 조직효과성 평가의 중요 고려대상으로 보고 있다.

⑤ 자원기준 접근법(resource-based approach)은 투입 측면으로 효과성을 평가하는 방법으로 생존에 필수적인 희소한 자원을 얼마나 잘 '획득'할 수 있는가의 관점에서 조직효과성을 평가한다. 보유하고 있는 자원을 '활용'하는 것은 내부프로세스 접근법과 관련이 있는 설명이므로 이는 틀린 선지이다.

0261 ③

자원기준 모형은 전통적 시스템적 접근법 중 하나이다. 퀸과 로어바우의 경쟁가치 모형의 그림은 다음과 같다.

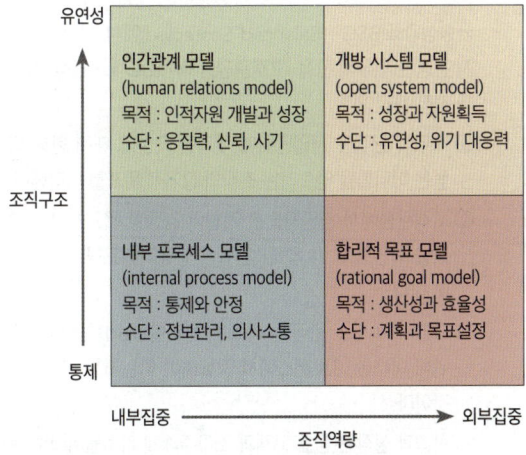

경쟁가치 접근법

0262 ②

② 소비주체는 기업이 아니라 가계이다.

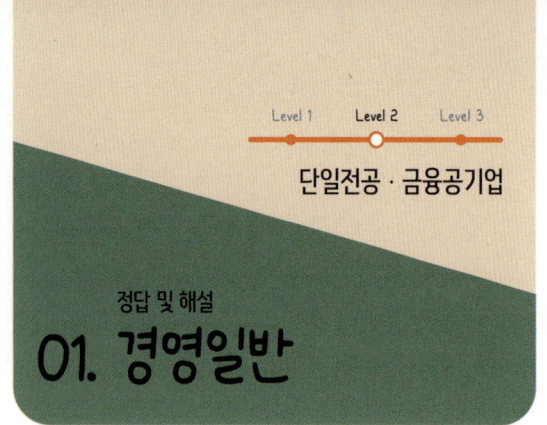

정답 및 해설
01. 경영일반

0263 ④

① 테일러가 주장한 차별적 성과급은 생산성은 고려하지만, 연공, 팀워크, 능력 등은 고려하지 않는다.
② 20C초 경영현장에서는 부하에게 권한을 위임하는 임파워먼트보다는 상사의 권한을 강화하는 것을 중시하였고, 조직 하부의 의견을 청취하는 상향적 커뮤니케이션보다는 위에서 아래로 명령을 내리는 하향적 커뮤니케이션을 더 중시하였다. 임파워먼트(empowerment)와 상향적 커뮤니케이션은 최근 경영현장에서 강조되고 있는 것들이다.
③ 과학적 관리법은 작업현장의 생산성 향상을 목적으로 동작연구와 시간연구를 진행하였다. 그러나 감정연구나 인간관계에 관한 연구는 과학적 관리법보다 늦게 등장한 인간관계론(human relations)부터 시작된 연구분야이다.
⑤ 과학적 관리법은 직무설계에서 전문화를 강조하였다. 분권화, 개성화, 자율화된 직무설계를 강조한 것은 비교적 최근의 일이다.

0264 ④

④ 조직의 관리과정을 계획, 조직, 지휘, 조정, 통제의 단계로 구분한 사람은 페욜(Fayol)이다. 페욜의 이론은 조직의 높은 단계에 있는 경영자를 중심으로 한 관리 조직의 공헌을 중시한 반면, 테일러의 과학적 관리법은 조직의 낮은 단계의 노동자를 중심으로 한 현장 조직의 공헌을 중시하였다는 점에서 차이가 있다.

0265 ③

ㄱ. 부품을 표준화하고, 작업이 동시에 시작하여 동시에 끝나므로 동시 관리라고도 한다.(컨베이어 시스템을 활용한 포드시스템에 관한 내용)
ㅁ. 작업환경에 관계없이 작업자의 동기부여가 작업능률을 증가시키는 결과를 보여주었다.(테일러의 과학적 관리법은 작업자의 동기부여에 관한 내용은 다루지 않았다. 동기부여는 행동과학에 해당하는 주제임)

0266 ③

③ 호손실험을 통해 작업장에서의 능률향상은 물리적 작업조건(조명, 작업시간 조정, 휴식시간의 도입, 직무재설계 등)의 변화보다는 인간의 정서적·심리적 요인이 더 중요하다는 것을 확인하였다. 호손실험을 통해 정립된 인간관계론은 전통적 관리에서 경시되어 온 비공식 조직의 존재와 생산성을 좌우하는 것은 상사, 동료와의 관계, 집단 내의 분위기, 비공식 집단 등 인간관계라는 사실을 밝힘으로써 경영학의 발전에 큰 공헌을 하였다.

0267 ②

② 전체 시스템처럼 각 하위시스템들도 목적을 갖는다. 그러나 전체시스템의 목적을 달성하기 위해서 하위시스템의 목적은 전체시스템의 목적에 부합하도록 관리되어야 한다. 즉 전체시스템의 관점에서 하위시스템의 문제가 해결되어야 한다는 것이다. 조직의 하위시스템은 어느 정도 자율적으로 관리되지만 이들 간의 상호의존성으로 말미암아 하위시스템의 경영자는 조직 전체의 목적에 부합하도록 의사결정해야 한다는 것이다.

0268 ②

② 비공식 조직(집단)의 존재와 그 기능을 밝힌 것은 '인간관계론'이다. 행동과학(Behavioral Science)은 인간관계론의 한계점으로 인하여 인간에 대한 보다 정교하고 과학적인 지식의 필요성에서 등장하였으며, 이런 지식을 발전시키는데 경영학 내부에서는 한계가 있었기 때문에 심리학, 사회심리학 등 다방면의 인접과학들의 이론적 틀을 활용하고, 상호교류하면서 인간행동에 대한 연구를 함께 추진하였는데 이를 통틀어 행동과학이라고 부른다.

0269 ⑤

⑤ 지식은 형식지와 암묵지의 복합체로 존재하기 때문에 형식지와 암묵지는 각각 독립적인 지식창출과정을 거치는 것이 아니라 이식화(socialization), 분절화(articulation), 연결화(combination), 내재화(internalization) 단계의 상호전환 과정을 거치면서 개인 차원의 지식에서 조직 차원의 지식으로 발전한다.

0270 ⑤

균형성과표(BSC : Balanced Scorecard)에서 제시한 4가지 관점은 재무적 관점, 고객관점, 내부 프로세스 관점, 학습과 성장 관점이다.
① 재무적 관점은 사업단위에 투자된 자본에 대해 한층 더 높은 이익률을 얻으려는 조직의 장기적 목표를 나타낸다.
② 고객관점에서 경영자들은 기업이 경쟁할 목표시장과 고객을 확인하고 이 목표시장에서의 성과척도를 인식하여야 한다.
③ 내부 프로세스 관점의 목표는 성과를 최대한 달성하기 위해 어떠한 프로세스에서 탁월해야 하는지를 규정하는 것이다.
④ 학습과 성장 관점은 고객과 소유주에게 가치를 부여하는 탁월한 내부 프로세스 능력을 개선하기 위해 반드시 하여야 하는 바를 확인한다.

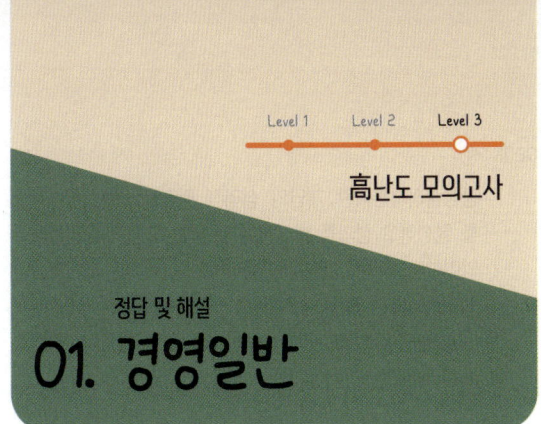

정답 및 해설
01. 경영일반

0271 ③

③ 베버(Weber)가 제시한 관료제(bureaucracy)는 조직구조라기 보다는 대규모 조직을 효율적으로 운영하기 위한 원리를 의미한다. 관료제의 원칙들은 조직의 환경적응의 문제는 고려하지 않고, 조직내부의 효율성을 높이기 위한 것으로만 구성되어 있으므로, 관료제는 조직을 개방시스템(open system)이 아니라 폐쇄시스템(closed system)으로 가정하고 있다.

⑤ 우드워드(Woodward)의 기술과 조직구조 간 연구는 조직이 사용하는 기술에 따라 조직구조가 달라져야 한다고 보았으므로 경영학의 상황론적 접근법(contingency approach)에 해당한다고 볼 수 있다.

0272 ⑤

벤치마킹(benchmarking)은 조직의 업적향상을 위해 최고 수준에 있는 다른 조직의 제품, 서비스, 업무방식 등을 서로 비교하여 새로운 아이디어를 얻고 경쟁력을 확보해나가는 체계적이고 지속적인 개선활동 과정을 말한다. 최고의 경쟁력을 가진 상대를 정해서 전체 또는 부분적으로 비교하여 상대의 강점을 파악하고 최고와 비교함으로써 동등 이상이 되기 위한 경영 혁신 기법이다. 따라서 벤치마킹은 상황론적 관점이 아니라 보편론적 관점이라고 볼 수 있다.

0273 ③

③ 목표관리는 로크(Locke)의 목표설정이론(goal-setting theory)을 바탕으로 하고 있다. 하우스(House)의 경로-목표 이론(path-goal theory)은 리더십 이론으로 목표관리와는 무관하다.

0274 ④

④ 자원기반관점은 기업이 어떤 산업에 들어가느냐가 중요한 것이 아니라 기업이 내부에 보유하고 있는 자원이 중요하다고 보는 관점이다. 따라서 자원기반관점으로 인수대상 기업을 선정한다면 가장 우선적으로 고려해야 할 것은 인수합병 대상기업이 참여하고 있는 산업의 수익성보다는 그 기업 자체가 어떤 자원을 보유하고 있는지가 되어야 한다.

0275 ②

② 인간관계론(human relations)은 작업자들 간의 물리적 작업환경이나 경제적 보상보다는 비공식적 인간관계와 심리적 친근감에 의해 작업성과가 좌우된다고 본다.

0276 ④

a. 지식경영(knowledge management): 조직 내 지식을 창출하고 확산시키기 위한 방안으로, 암묵지(tacit knowledge)와 형식지(explicit knowledge)의 상호전환 과정을 거쳐 개인의 지식을 조직의 지식으로 발전시키는 방법이다.

c. 벤치마킹(benchmarking): 우수한 성과를 내고 있는 기업들의 경쟁적 강점을 찾고 이들과 비교함으로써 동등 이상이 되기 위한 경영혁신 기법이다. 참고로 기술수준을 파악하기 위해, 경쟁자의 제품을 구하여 분해해 보는 방법을 역공학(reverse engineering)이라고 한다.

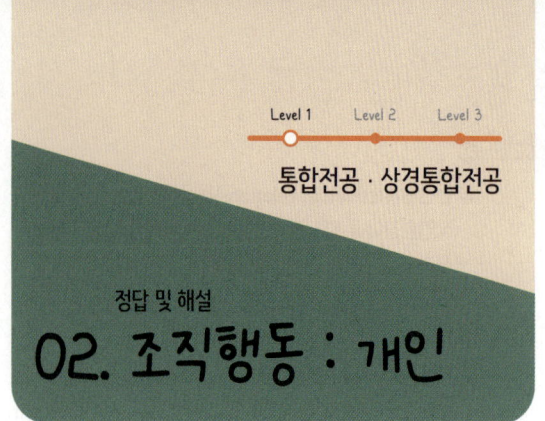

정답 및 해설
02. 조직행동 : 개인

통합전공 · 상경통합전공

0277 ④

① 능력(ability)이란 어떤 일을 할 수 있는 최대한의 한계를 의미하며, 태어날 때부터 가지고 있을 수도 있고 학습에 의해 개발될 수도 있다.

② 다중지능이론(multiple intelligence)이란 지능에 대한 개념이 여러 개의 독립적인 영역으로 구성되어 있다고 보고 일반지능이론인 IQ를 비판하였다. 즉 사람마다 다른 영역에서 지능/능력을 가지고 있고 이런 지능들이 서로 독립적이라고 주장하였다. 이와 반대로 일반지능이론인 IQ는 상이한 지능 요인들 사이에 서로 상관이 있다고 보는 이론이다. 일반지능이론은 성과가 전체 지능 점수와 상관이 있으므로 이를 적극적으로 활용하자고 주장한다.

③ 사회지능이란 교육심리학자인 손다이크(Thorndike)에 의해 1920년 한 저널에서 인간의 사회화 능력으로서 처음 제시한 것이다. 그는 인간의 능력을 추상적 지능, 기계적 지능 그리고 사회지능으로 구분하고 사회지능을 하나의 독립된 지능으로 보았다. 사회지능이란 타인의 이해와 타인에 대해 현명하게 행동하는 능력을 말하며, 또한 타인에 대한 인지적인 이해와 타인의 행동에 초점을 두고 인간관계 속에서 현명하게 행동하는 능력을 뜻한다.

④ 감성지능이란 자신과 타인의 감성(혹은 감정)을 인지하고 조절할 수 있는 능력을 말한다. 이는 최근 조직행동 분야에서 관심을 끌고 있지만 측정에 대한 문제와 실제 이러한 감성지능이 존재 여부에 대한 논쟁의 여지가 완전히 해결되지 못하였다는 점에서 한계가 존재한다. 보기에서는 감성 지능이 명확히 측정될 수 있다고 나타나 있으나 현실적으로 이를 측정하는 것은 어려우며 채용기준으로서 통용될 수 있는 측정 기구도 없다. 최근 이를 주제로 많은 연구가 진행되고 있으나, 감성 지능에 대한 타당성은 아직 입증되지 못했다고 본다.

⑤ 도덕지능은 원래 교육학의 주된 주제로 연구되고 있었으며 최근에야 조직행동 분야에서 관심을 가지게 되었다. 이는 기업의 사회적 책임에 대한 이론이 구축되고 기업조직에서 신뢰와 조직효과성과의 관계를 연구하면서 리더의 도덕지능의 중요성이 강조되면서 시작되었다. 도덕지능이란 착하고 친절하며 다른 사람을 배려할 줄 아는 마음이며, 또한 무엇이 옳고 그른지 생각하고 판단하는 능력을 뜻한다.

0278 ①

긍정심리자본이란 개인의 심리적 장점을 바탕으로 목표를 달성하고 성과를 향상시킬 수 있는 긍정적 심리상태를 의미한다. 이는 CHOR모델이라고도 불리며 자기효능감(confidence 혹은 self-efficacy), 희망(hope), 낙관주의(optimism), 회복 탄력성(resilience)을 포함한다. 창의력(creativity)은 긍정심리자본에 해당하지 않는다.

0279 ④

④ 아메바일의 창의력 모델에서 창의력 발휘에 방해가 되는 요인은 업무과중과 조직경직성이다. 아메바일의 모형은 다음과 같다.

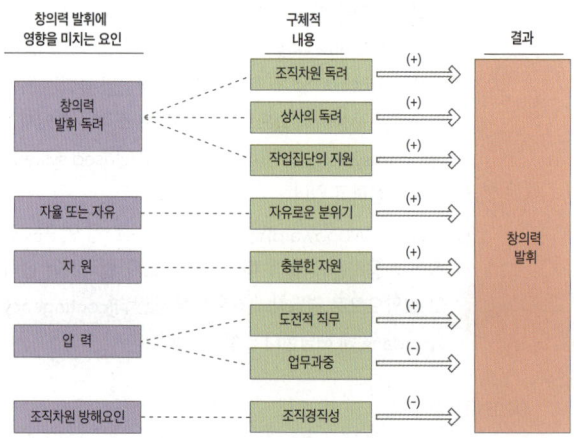

0280 ④

④ 창의성이 높다고 윤리 수준이 높은 것은 아니다.

0281 ③

③ 대리적 강화(vicarious reinforcement) 혹은 대리학습은 조작적(작동적) 조건화 이론에 포함되는 것이 아니라 반두라의 사회적 학습이론에 포함되는 것이다. 행위 뒤에 오는 결과를 조작하여 학습을 유발하는 스키너의 작동적 조건화 이론에 포함되는 것은 아래 그림과 같다.

	첨가	제거
유쾌한 사건	긍정적 강화 positive reinforcement (행동이 증가함)	소거 extinction (행동이 중단됨)
불유쾌한 사건	처벌 punishment (행동이 중단됨)	부정적 강화 negative reinforcement (행동이 증가함)

0282 ②

기존에 제공하던 긍정적 결과를 제공하지 않거나 혹은 유쾌한 보상을 제거하여 어떤 행동을 줄이거나 중지시키는 것은 소거(extinction)이다.

0283 ④

바람직한 행동과 관계없이 특정한 시간 간격에 따라 보상하면 간격법이고, 바람직한 행동의 특정 횟수에 따라 보상하면 비율법이다. 그런데 바람직한 행동의 특정 횟수가 정해져 있으면 고정비율법이고, 바람직한 행동의 특정 횟수가 정해져 있지 않고 불규칙하면 변동비율법이다.

0284 ①

스키너(B. F. Skinner)의 조작적 조건화의 원리를 조직 상황에 적용하여 긍정적 행동의 강화에 이론적 기초를 두고 있는 것은 행동수정기법이다.

0285 ②

① 품행이 좋은 학생에게 칭찬과 격려를 아끼지 않는다.(긍정적 강화: 유쾌한 것을 첨가)
② 성적이 기준에 미달한 학생에게 장학금 지급을 일시적으로 중지한다.(소거: 유쾌한 것을 제거)
③ 수형생활을 모범적으로 하는 죄수에게 감형이나 가석방의 기회를 부여한다.(부정적 강화: 불쾌한 것을 제거)
④ 업무수행 실적이 계속해서 좋지 않은 직원을 징계한다.(벌: 불쾌한 것을 첨가)

0286 ④

① 적극적 강화(긍정적 강화)는 반응행동에 대한 결과가 만족스러울 시에 원하는 보상을 제공함으로써 해당 자극과 반응과의 관계를 강화시켜주는 것을 말한다.
② 소극적 강화(부정적 강화)는 반응행동의 결과에 대해 원하지 않는 자극을 제거해 줌으로써 해당 자극과 반응행동과의 관계를 강화시키는 것을 말한다.
③ 소거(extinction)는 이전의 부정적인 행동을 중단시키기 위해 긍정적 강화물을 제거하는 것을 말한다.
④ 벌(punishment)은 어떠한 반응에 대해서 싫거나 또는 불편한 결과를 주거나 긍정적인 결과를 제거하는 것을 말한다.
⑤ 연속적 강화계획(continuous reinforcement)은 바람직한 행동을 할 때마다 강화물을 제공하는 것으로 강화의 일정계획 중 가장 효과적이고 이상적이나 경제성이 문제가 되어 현실 적용에 어려움이 있다.

0287 ⑤

자기효능감을 향상하는 방법은 성공 경험(enactive mastery experience), 대리 모델링(vicarious learning), 구두 설득(verbal persuasion), 정신적·육체적 각성(arousal)이 있다. 구체적 목표는 자기효능감과는 관련이 없고 동기부여 이론 중 목표설정이론(Goal setting theory)과 관련이 있다.

0288 ③

① 긍정적 강화에 따른 보상으로 강화물에 대한 강화 효과가 높게 나타나기 위해서는 유의성(valence)이 높은 보상을 강화물로 사용하는 것이 바람직하다. 즉 종업원이 높은 가치를 느끼는 보상을 제공하는 것이 바람직하다.
② 부정적 강화란 종업원이 원치 않는 벌과 같은 결과물을 철회하는 것이다. 이는 바람직한 행동의 증가라는 효과를 일으키므로 긍정적 강화와는 동일한 결과를 나타내지만, 벌과는 다르다. 벌은 바람직하지 않은 행동의 감소를 일으키며 소거와 같은 효과를 나타낸다.
③ 소거란 구성원에게 선호하는 보상이 주어진 상태에서 보상을 철회시켜 존재했던 행동의 빈도를 감소시키는 강화유형이다. 연수원에서 교육받는 종업원이 교육성적이 낮은 경우 이를 제거하기 위해 강화물로 존재하는 교육수당을 제거하여 교육성적을 높이도록 하는 강화유형이다.
④ 벌이란 구성원에게 바람직하지 않은 강화물을 첨가하는 강화유형이다. 구성원에게 선호하는 보상이 주어진 상태에서 보상을 철회시키는 것은 긍정적 강화물을 제거하는 것으로 '소거'에 해당한다.
⑤ 부정적 강화는 생산실적이 낮은 종업원이 아닌 생산실적이 높은 종업원에게 벌점을 제거해주어 생산활동에 더욱 몰입하게 하는 강화유형이다. 위의 경우는 관련이 없는 내용이다.

0289 ①

① 손다이크는 대표적인 행동주의 학습이론을 주장한 학자이다. 인지주의 학습이론의 대표적인 학자로는 잠재학습이론을 연구한 톨만과 통찰학습이론을 연구한 퀼러가 있다.
②③④⑤ 잠재학습이론과 통찰학습이론은 대표적인 인지주의 학습이론이다. 잠재학습이론이란 강화물이 없는 상태에서도 기대, 목적, 내부 인지과정을 통하여 학습이 일어난다고 보는 이론이다. 대표적인 실험으로는 쥐 실험이 있다. 쥐 실험에서 톨만은 강화물을 처음부터 제공한 그룹과 아예 강화물을 제공하지 않은 그룹 그리고 중간부터 강화물을 제공한 그룹으로 나누어 강화실험을 진행하였다. 여기서 중간부터 강화물을 제공한 그룹의 강화가 급격하게 일어나는 것을 보고 강화가 없던 초반에도 강화물 없이 잠재적 학습이 일어난다는 결론을 얻을 수 있다. 통찰학습이론이란 유기체가 환경을 있는 그대로 받아들이는 것이 아닌, 환경을 능동적으로 구조화하고 조직함으로써 형태를 구성한다고 본다. 침팬지 실험을 통해 행동주의에서 주장하는 점진적 문제해결과정이 아닌 갑작스런 완전한 문제 해결을 통해 고등동물의 인지과정을 설명하는데 도움을 주었다. 관련성 없는 여러 요인이 갑자기 완전한 형태로 재구성되어 문제를 해결하는 모습을 침팬지 실험을 통해 보여주는 대표적 인지주의 학습이론이다.

0290 ①

① 강화이론에서는 인간의 행동은 원인이 아닌 결과변수로 간주하며, 이러한 행동이 나타나게 하는 벌, 상 등을 원인변수로 간주한다.

0291 ④

태도(attitude)는 인지적(cognitive), 정서적(affective), 행동적(behavioral) 요소로 구성되는데, 인지적 요소란 대상에 대해 인간이 지니고 있는 사고나 아이디어를 의미하며, 정서적 요소는 대상에 대한 느낌과 관련된 것이며, 행동적 요소는 대상에 대한 행동 의도를 나타내는 부분이다. 따라서 문제의 보기를 이용하여 태도의 구성요소를 구분하면 다음과 같다.

1. 나의 상사 A는 권위적이다.(인지적 요소)
2. 나는 상사 A가 권위적이어서 좋아하지 않는다.
   (감정적 요소)
3. 나는 권위적인 상사 A의 지시를 따르지 않겠다.
   (행동적 요소)

0292 ①

① 부정적 강화(negative reinforcement)는 불쾌한 자극을 제거해 줌으로써 바람직한 행동을 강화해 주는 것이다.
② 단속적 강화에서 간격법보다는 비율법이 효과적이고 비율법 중에서는 변동비율법보다는 고정비율법이 안정적이므로 빠른 시간 내에서 안정적인 성과 달성을 위해서는 고정비율법을 사용하는 것이 효과적이다.

0293 ③

① 직무만족을 증가시키는 개인적 성향은 긍정적 정서와 긍정적 자기평가이다.
② 역할 모호성, 역할 갈등, 역할 과다를 경험한 사람들의 직무 만족이 낮다.
④ 종업원과 상사 사이의 공유된 가치관은 직무만족을 증가시킨다.

0294 ④

④ 경제적 가치를 위해 조직에 남으려는 것은 지속적 몰입(continuance commitment)이다. 재무적 몰입이라는 것은 존재하지 않는다.

0295 ③

Farrell의 직무 불만족에 따른 종업원 반응은 능동적-수동적, 건설적-파괴적으로 나뉘며 4가지는 각각 이탈(E), 주장(V), 충성(L), 방관(N)이며 EVLN모형으로 불린다.

직무불만에 따른 반응

	파괴적	건설적
능동적	이탈 exit	주장 voice
수동적	방관 neglect	충성 loyalty

0296 ④

① 직무만족을 측정하는 방법으로 대표적인 방법인 단순 종합평가법과 직무요소 합산법이 있다. 단순 종합평가법이란 응답자가 전반적으로 당신의 직무에 얼마나 만족하는가와 같이 하나의 질문에 응하는 간단한 방법이다. 이는 측정 및 시행이 간편하고 용이하나 정교하지 못하다. 반면 직무요소 합산법은 직무에 있어 핵심요소를 식별하고 각 요소에 대한 종업원의 감정을 묻도록 한다. 전형적인 요소로는 직무의 특성, 감독, 현재의 급여, 승진 기회, 동료와의 관계 등을 들 수 있다.

② 성과차이 이론은 보상의 현실-기대 차이에 따른 직무만족의 접근방식이다. 이 이론에서 직무만족의 크기는 다음과 같이 계산된다.

$$S = 1 - \left(\frac{|X - V|}{V}\right)$$

(X는 실제로 받은 양, V는 받고 싶어했던 양)

위 식에 따르면 실제로 얻은 보상과 기대했던 보상의 차이(X-V)가 직무만족의 크기(S)를 결정한다.

③ Porter와 Lawler의 동기모델에 따르면 보상(내재적 보상과 외재적 보상)과 만족 사이에 보상에 대한 공정성 지각이 조절변수로 들어가 있다. Porter와 Lawler의 동기모델에서 만족은 실제로 얻은 보상과 지각된 공정한 보상과의 차이이기 때문에, 조직구성원들이 높은 성과를 달성함으로써 만족이 증가되는 경우는, 높은 성과가 보상을 증가시키고 이것에 의해서 지각된 공정한 보상수준과 실제로 얻은 보상수준 간의 차이가 거의 없는 경우뿐이다.

④ Herzberg는 2요인 이론에서 만족을 시켜주는 동기요인(Motivation factor)과 불만족을 해소시키는 위생요인(Hygiene factor)를 구분하였다. 이 중 직무만족의 결정 요소로서 종업원을 동기부여시키는 것은 동기요인이다.

⑤ 직무 만족의 정의는 포괄적으로 정의될 수 있다. 다양한 정의가 있고 일반적으로 직무에 대한 평가에 따른 긍정적·호의적 감정 및 태도로서 정의된다.

0297 ⑤

① 인지부조화 이론에 따르면 태도와 행동 사이에는 일관성을 유지하려는 욕구가 존재한다. 그러므로 행동과 태도가 다른 경우 행동과 태도의 주체는 심리적 불편함(혹은 긴장감)을 느끼며 이를 해소하려 한다.

②, ③ 피시바인과 에이전(Fishbein & Ajzen)의 합리적 행위이론(theory of reasoned action)은 행동에 대한 태도(attitude toward the behavior)와 행동에 대한 주관적 규범(subjective norm)이 행위 의도에 영향을 미치고 이것이 행동에 영향을 미친다고 보았다. 주관적 규범이란 행위가 스스로가 행동에 대해 평가하는 것에서 나아가, 그 행동에 대한 행위자 주변 사람들의 평가를 말한다. 이러한 모델을 통해 행동에 대한 태도가 행동에 어떻게 영향을 미치는지 보여주었다.

④ Ajzen의 계획된 행위이론은 합리적 행위이론에 더해서 행동에 대한 지각된 통제감을 행동과 행위 의도에 영향을 주는 변수로서 추가했다. 행동에 대한 지각된 통제감이란 자신이 행동을 실제로 얼마나 잘 수행하고 통제할 수 있는지에 대한 주관적 평가로서, 상황적인 제약 등에 의해 행위 의도가 행동을 온전히 설명할 수 없다는 한계를 극복하기 위한 것이다.

⑤ 페스팅어(Festinger)의 인지부조화 이론은 태도와 행동이 같지 않을 수 있다고 본다. 다만 태도와 행동이 다른 경우 심리적 불편함이 발생하고 행동과 태도의 주체는 이러한 불편함을 해소하고자 한다는 것이 이론의 주된 내용이다.

0298 ③

태도(attitudes)는 인지적 요소(cognitive component), 정서적 요소(affective component), 행동적 요소(behavioral component)로 구성된다.

0299 ⑤

조직에서 공식적으로 주어진 임무 이외의 일을 자발적으로 수행하는 것을 조직시민행동(OCB: organizational citizenship behavior)이라고 한다.

0300 ③

① 예의 행동(courtesy)은 자신 때문에 남이 피해보지 않도록 미리 배려하는 행동
② 이타적 행동(altruism)은 타인을 도와주려는 친사회적 혹은 친밀한 행동
③ 공익적 행동(civic virtue)은 조직 생활에 관심을 가지고 적극적으로 참여하는 행동
④ 양심적 행동(conscientiousness)은 조직이 요구하는 것 이상의 봉사나 노력을 하는 행동
⑤ 혁신적 행동(innovative behavior)은 조직시민행동(OCB)에 포함되지 않는다.

0301 ①

① 감정노동(emotional labor)은 고객을 대할 때, 자신의 감정이 좋거나 슬프거나 화나는 상황이 있더라도 회사에서 요구하는 감정과 표현만을 고객에게 보여주는 고객 응대업무 즉, 자신의 감정이 주체적 통제가 아닌 외부로부터 강요되는 일종의 감정규칙에 의해 통제되어지는 것을 의미한다.

0302 ③

정서적 사건 반응이론은 작업환경이 작업사건에 영향을 미치고, 그에 따라 종업원이 긍정적이거나 부정적인 감정반응을 나타내며, 이러한 감정반응은 직무성과와 직무만족으로 이어짐을 보여주는 이론이다. 이때 종업원의 감정반응은 종업원의 성격 혹은 기분에 따라 조절(moderate)된다. 예를 들면 자신이 항공사의 항공 엔지니어로 일한다고 가정해보자. 최근 코로나-19에 의하여 항공 엔지니어에 대한 직무 수요가 급감하였다.(직무환경) 이에 따라 항공사는 항공 엔지니어에 대한 해고를 단행하려고 한다.(작업사건) 이에 따라 자신은 부정적인 감정반응을 가지게 되고,(감정반응) 그리고 이러한 사건은 엔지니어 업무수행(직무성과) 및 만족(직무만족)에 영향을 미치게 된다. 또한 비관적 성격이나, 기분이 좋지 않은 경우 종업원의 부정적 반응은 더욱 큰 강도로 나타나게 된다.(개인적 성향)

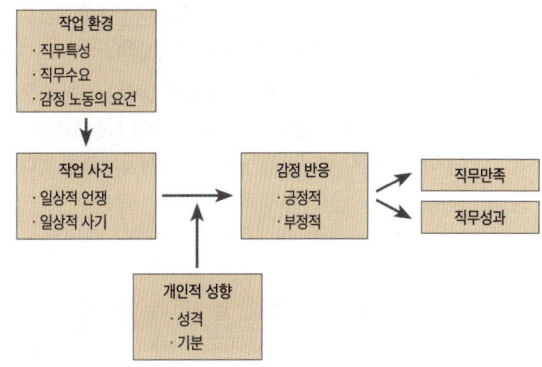

0303 ⑤

⑤ 직무스트레스와 직무성과 간의 관계는 U자형의 관계가 아니라 역 U(inverted U)자형 관계이다. 즉 직무스트레스가 너무 낮거나 너무 높을 때보다는 적절할 때 오히려 성과가 높다.

0304 ⑤

① 직무요구란 직무수행을 하는 과정에서 부담으로 작용하는 작업량 등을 말한다. 직무요구가 높아지면 스트레스 수준은 높아진다.
② 직무 요구-자원 모형(job demand-resource model)에 따르면 스트레스 수준은 같은 요구 수준인 경우, 자원이 적은 경우가 자원이 많은 경우보다 스트레스 수준이 높게 된다. 직무 요구-자원 모형에 따르면, 비록 많은 조직들이 처한 구체적인 직무조건이나 상황이 저마다 조금씩 다르긴 하지만, 이들 조직의 직무특성들은 크게 직무요구(job demands)와 직무자원(job resources)이라는 두 가지 일반적 요인들로 구분해 볼 수 있다. 먼저 '직무요구'란 '직무담당자로 하여금 직무수행이나 완수를 위해 지속적인 육체적, 정신적 노력을 기울이도록 요구함으로써, 그 결과 해당 직무수행자에게 상당한 생리적, 심리적 희생을 감내하게 만드는 직무특성'을 의미한다. 이에 비해 '직무자원'이란, '직무담당자가 자신의 과업목표를 달성해 가는데 기능적인 역할을 하며, 그 과정에서 직무요구의 여러 부정적인 심리적, 생리적 영향을 감소시키는데 기여할 뿐만 아니라, 나아가 개인적인 성장과 학습, 개발을 촉진하는 직무 측면'을 일컫는다.
③ 셀리에는 스트레스를 받는 경우 우리의 신체 반응이 어떠한 단계를 거치면서 반응하는지 3가지 단계를 통해서 설명한다. 단계는 다음 그림과 같다.

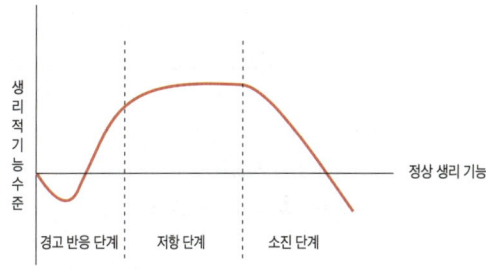

④ 스트레스의 결과는 직무 행동적, 인지적, 신체적으로 나타날 수 있다. 스트레스의 신체적 결과는 신체의 피로도를 상승시키고 스트레스 호르몬을 증가시킨다.
⑤ 셀리에의 일반적응 증후군에 따르면 신체의 기능 수준은 초기 경고 반응 단계에서는 줄어들다가 저항단계에서 높아져서 제일 높이 올라가며 소진 단계에서 제일 낮아지게 된다.

0305 ③

③ 위험을 감수하는 성향은 말 그대로 위험감수성향(risk-taking propensity)이라고 하며, 나르시시즘(narcissism)은 자기 자신의 중요성을 과도하게 포장하고, 큰 인정을 요구하며, 주어진 권리를 누리려 하는, 오만한 성격 유형을 이르는 말이다.

0306 ②

Big 5 모델에서 제시하는 다섯 가지 성격요소는 외향성(extraversion), 친화성(agreeableness), 성실성(conscientiousness), 개방성(openness), 정서적 안정성(emotional stability) 이다.

0307 ③

마키아벨리적 성향이 높은 사람은 남은 잘 설득하지만 자신은 잘 설득되지 않는다.

0308 정답없음

5가지 성격은 심리학에서 경험적인 조사와 연구를 통해 정립한 성격 특성의 5가지 주요한 요소 또는 차원을 의미한다.
① 조화성(agreeableness) 혹은 친화성은 타인을 존중하는 개인의 성향을 가리킨다. 친화성이 높은 사람은 협조적이고 온화하며, 신뢰할 만하다. 친화성이 낮은 사람은 차갑고 의견 일치가 어려우며 적대적이다.
② 신경성(neuroticism)은 걱정, 부정적 감정 등과 같은 바람직하지 못한 행동과 관계된 것으로 걱정, 두려움, 슬픔, 긴장 등과 같은 특질을 포함한다. 다른 말로는 정서적 안정성(emotional stability)이라고도 한다.
③ 성실성(conscientiousness)은 꾸준함이나 신뢰성을 의미한다. 성실성이 높은 사람은 책임감이 있고, 잘 조직화되어 있어서 의존할 만하고 일관성이 있다. 성실성이 낮은 사람은 쉽게 마음이 분산되고 조직화되어 있지 않아서 신뢰하기 어렵다.
④ 외향성(extraversion)은 어떤 사람이 사회적 관계 속에서 편안함을 느끼는 정도를 말한다. 외향적인 사람은 모이는 것을 좋아하고, 활발하며, 남과 잘 어울린다. 반면에 내향적인 사람은 수줍어하고 소극적이며 조용하다.
⑤ 개방성(openness to experience)은 새로운 것에 호기심을 갖고 매료되는 정도이다. 개방성이 매우 높은 사람은 창의적이고 호기심이 많으며 미학적인 감각이 있다. 개방성이 낮은 사람은 보수적이고, 기존의 익숙한 환경 속에서 평안을 느끼기를 좋아한다.

0309 ②

① 제도적 규제와 질서, 명확한 활동을 선호하며 회계사 같은 직무가 적절한 것은 보수형(Conventional)이다.
② 사업형(Enterprising)은 상대방에 대한 영향과 언변활동을 선호하며, 자신감, 야망, 오만, 정력적, 권력지향적인 성격특성을 가지고 있으며 변호사 부동산 중개업자, 대외 홍보 전문가, 중소기업 관리자 등이 적합한 직무이다.
③ 다른 사람을 도와주고 육성시키는 활동에 주력하는 것은 친화형(Social)이다.
④ 사고력, 조직력, 이해력이 요구되는 활동을 선호하는 것은 탐구형(Investigative)이다. 예술형(Artisitic)은 창조적이고 비체계적인 모호한 활동을 선호한다.
⑤ 소심하고 성실하며 고집 있고 실용적인 성격특성을 갖는 것은 현실형(Realistic)이다.

0310 ②

① MBTI는 칼 융(Carl Jung)의 인식과 판단에 대한 심리적 기능이론과 태도이론을 바탕으로 개념화되었다.
② MBTI는 4가지 차원(에너지 차원, 정보수집, 의사결정, 생활양식)으로 이루어져 있다.
③ 네 가지 차원이 각각 상반된 방향으로 나타날 수 있으며 이에 따라 총 16가지 성격 유형이 제시된다.(2x2x2x2)
④ 에너지차원은 외향성(Extroversion)과 내향성(Introversion)으로, 정보수집은 감각형(Sensing)과 직관형(iNtuition)으로, 의사결정 유형은 사고형(Thinking)과 감정형(Feeling)으로, 생활양식은 판단형(Judging)과 인식형(Perceiving)으로 각각 상반된 두 유형으로 나뉜다.
⑤ 검사 결과가 일정하지 못하다는 점에서 신뢰성의 문제가 있다는 비판이 있고, 외향성 이외에 성격 유형에 대한 근거가 전형적인 미국식 귀납추리에 근거한 까닭에 타당성 측면에서도 부족하다는 비판이 있다.

0311 ④

BIG 5 성격 모형의 요소는 다음과 같다.
㉠ 외향성(extroversion) : 어떤 사람이 사회적 관계 속에서 편안함을 느끼는 정도이다.
㉡ 친화성(agreeableness) : 타인을 존중하는 개인의 성향을 가리킨다.
㉢ 성실성(conscientiousness) : 신뢰성(reliability)을 측정한다.
㉣ 정서적 안정성(emotional stability) : 스트레스에 대처하는 개인의 능력에 대한 차원이다.
㉤ 개방성(openness to experience) : 새로운 것에 호기심을 갖고 매료되는 정도이다.

0312 ①

Big 5 모델에서 말하는 다섯 요소는 다음과 같다.
㉠ 외향성(extroversion)
㉡ 친화성(agreeableness)
㉢ 성실성(conscientiousness)

ⓔ 정서적 안정성(emotional stability)

ⓜ 개방성(openness to experience)

0313 ④

핵심 자기평가(CSE : core self-evaluation)는 개인이 자신과 타인, 주변 환경을 지각하여 자신의 가치나 역량, 능력에 대해 평가하는 것으로 자신과 자신이 속한 세계를 인식하고 해석하는 하나의 프레임이다. 이러한 핵심 자기평가의 구성요소는 다음과 같다.

1. 자기존중감(self-esteem)은 개인이 자기 자신에 대해 갖는 가장 근본적인 평가로 자기 자신이 얼마나 가치 있는 존재인지에 대한 전반적 인식을 말한다.
2. 일반화된 자기효능감(generalized self efficacy)은 자기 자신이 여러 상황에서 주어진 과업을 성공적으로 수행할 수 있다고 믿는 정도를 말한다.
3. 통제 위치(locus of control)는 개개인이 자신의 삶을 스스로 통제할 수 있고, 영향을 미칠 수 있다고 생각하는 믿음을 말한다.
4. 정서적 안정성(emotional stability)은 걱정 및 불안, 두려움 등으로부터 안정된 상태를 말한다.

0314 ④

홉스테드의 문화분류 차원은 권력격차, 불확실성 회피성향, 남성문화-여성문화, 개인주의-집단주의, 장기성향-단기성향으로 구성된다.

0315 ④

④ 로키치의 연구에서 궁극적 가치(terminal values)는 사람의 가장 바람직한 존재양식에 관한 것이고, 수단적 가치(instrumental values)는 선호하는 행위 양식 또는 궁극적 가치를 달성하는 수단에 해당한다. 따라서 행동방식, 용기, 정직, 지성 등은 수단적 가치에 해당한다.

0316 ②

에드워드 홀(Edward T. Hall)은 전 세계의 문화를 고맥락 문화(상황중시문화: high-context culture)와 저맥락 문화(상황경시문화: low-context culture)로 양분하고, 관리자들은 이 차이를 알고 있어야 커뮤니케이션을 잘하며 조직을 관리할 수 있다고 했다. 고맥락 문화는 타인과 대화하고 인간관계를 가질 때 상대방이 제시한 내용보다도 그 배경, 즉 그의 신분이나 직책 등에 더 큰 비중을 둔다는 것이다. 반면 저맥락 문화권의 사람들은 기록된 정보나 상대방이 말한 내용에 비중을 많이 둔다.

0317 ④

④ 홉스테드는 문화 차이를 측정한 학자이고, 사회주의 몰락 이후, 문화적 차이가 세계적인 갈등의 가장 큰 원인이 될 것으로 예측한 사람은 새뮤얼 헌팅턴(Samual. P. Huntington)이다. '문명의 충돌(The Clash of Civilizations)'이라는 유명한 저서가 있다.

0318 ③

홉스테드(Geert Hofstede)가 제시한 문화분류 차원은 다음과 같다.

1. 개인주의와 집단주의(individualism vs collectivism)
2. 남성문화와 여성문화(masculinity vs femininity)
3. 장기 성향과 단기 성향(long vs short-term orientation)
4. 권력 격차(power distance)
5. 불확실성 회피성향(uncertainty avoidance)

0319 ⑤

수단적 가치는 올포트의 분류가 아니라 로키치(Rokeach)의 가치관 분류에 해당한다. 올포트(Allport)의 가치관은 다음과 같이 분류된다.

㉠ 정치적 가치 : 권력과 영향력의 획득을 강조하는 가치유형

㉡ 경제적 가치 : 유용성과 실용성을 강조하는 가치유형

㉢ 이론적 가치 : 비판적이고 합리적 접근을 통하여 진실을 밝히는데 중요성을 두는 가치유형

㉣ 사회적 가치 : 사람들의 이타적, 박애적 사랑에 높은 가치를 부여하는 유형

㉤ 심미적 가치 : 인간의 형식과 조화에 가장 높은 가치를 두는 유형

㉥ 종교적 가치 : 초월적이고 신비적인 경험에 의존하여 우주와의 합일을 추구하며 현세와 내세를 통합하려는 가치유형

0320 ④

① 이는 가치관의 정의를 잘 나타내주고 있다. 즉 가치관에는 무엇이 옳고 그르며 바람직한가에 대한 판단적 요인이 내포되어 있다.

② 가치관은 한번 형성되면 상대적으로 오래가기 때문에 상대적으로 다른 개인차원의 변수들에 비해 안정적이고 고정적인 특징을 갖는다.

③ 로키치의 가치분류에 따르면 가치는 사람이 달성하고자 하는 최종적 목표와 관련된 궁극적 가치와 이를 위해 선호하는 수단과 행동방식을 설명해주는 수단적 가치로 분류할 수 있다.

④ 가치관은 세대별로 다르게 나타날 수 있고 같은 조직 내에 있더라도 예외는 아니다. 그러므로 조직 내에 상존하는 다른 가치관들을 잘 관리하는 조직관리방식이 필요하다.

⑤ 가치관은 직접적으로 행동에 영향을 미치는 변수로 볼 수 없지만 태도 동기부여 지각에 영향을 주어 행동에 간접적인 영향을 준다. 즉 종업원의 태도와 동기부여를 설명해주는 근간이 되는 변수라고 볼 수 있다.

0321 ③

① 고배경 문화란 상황중시 문화라고도 불리며 타인과 의사소통하는 경우 타인의 배경을 중시하는 문화를 의미한다. 예를 들어 한국에서는 타인과의 관계에서 명함교환이 의미가 있는 것을 고배경 문화현상의 일종으로 볼 수 있다.

②,④ 저배경 문화는 주로 미국, 유럽, 독일, 스위스등과 같은 다인종 국가에서 공통의 경험이 결핍되어 있는 경우 나타나는 문화이다. 공통의 경험이 결핍되어 있어 직접적이고 객관적인 언어, 문자, 문서 위주의 의사소통이 주로 나타난다.

③ 고배경 문화에서는 인간관계에서 배경, 신분, 직책에 영향을 많이 받기 때문에 간접적 의사소통과 같은 비언어적 의사소통이 많이 나타난다.

⑤ 배경 문화이론은 배경 문화가 서로 다른 국가 사이에 의사소통이 있을 때 이를 알고 대처할 수 있도록 해 준다. 예를 들어 고배경 문화인 우리나라 사람이 미국과 같은 저배경 문화의 국가 사람들과 의사소통을 하는 경우, 우리나라에서 의사소통할 때와 다르게 문서, 언어에 신경을 써서 의사소통하는 것을 들 수 있다.

0322 ④

로키치는 가치관을 궁극적 가치와 수단적 가치로 구분하였는데, 궁극적 가치란 개인이 평생 추구하고자 하는 가장 바람직한 존재 양식을 의미하며, 도구적 가치는 선호하는 행위 양식 혹은 궁극적 가치를 달성하는 수단이 무엇인지를 의미한다.

① 야망(ambitious): 수단적 가치
② 용기(courageous): 수단적 가치
③ 청결(clean): 수단적 가치
④ 자유(freedom): 궁극적 가치
⑤ 복종(obedient): 수단적 가치

0323 ②

② 홉스테드(G. Hofstede)는 국가별 문화의 차이를 다음의 5가지 차원으로 설명하고 있다.
1. 개인주의 vs 집단주의
2. 남성문화 vs 여성문화
3. 장기성향 vs 단기성향
4. 권력격차 고 vs 저
5. 불확실성 회피 성향 고 vs 저

0324 ④

④ 저배경 문화(상황경시문화 : low-context culture)는 미국과 유럽의 독일, 스칸디나비아국가, 스위스 등의 국가들이 포함되는데, 이들 국가는 다인종인 관계로 공통의 경험이 결핍되어 있어 상세하고 객관적인 정보를 제공해야 하기 때문에 언어 위주의 직접적인 의사소통을 한다.

0325 ③

지각주체 관련 요소에는 태도, 동기, 흥미, 경험, 기대 등이 있으며, 지각에 영향을 미치는 요소는 다음과 같이 구분할 수 있다.
· 지각주체 관련 요소 : 태도, 동기, 흥미, 경험, 기대 등
· 지각대상 관련 요소 : 참신성, 동작, 소리, 크기, 배경, 근접성, 유사성 등
· 상황요소 : 시간, 직무여건, 사회적 여건 등

0326 ③

① 근원적 귀인 오류(fundamental attribution error)란 타인의 행동 원인을 귀인하는 과정에서 상황적인 요소에 의해 발생했을 가능성을 과소 추정하고 내적인 요소에 의해 발생했을 가능성을 과대 추정하는 귀인오류이다.

② 행위자 관찰자 편견(actor-observer bias)은 관찰자 입장에서 타인의 행동은 기질적인 요소에 귀인하고, 행위자의 입장에서 자신의 행동은 상황적인 요소에 귀인하는 오류를 말한다.

④ 자존적 편견(self-serving bias)이란 자신의 성공은 내부에로 귀인하고 자신의 실패는 외부에 귀인하여 자기 존중감(self-esteem)을 지키도록 하는 것으로 귀인오류에 해당한다.

⑤ 대응 추론 편향(correspondence bias)이란 사람의 행동 원인을 그 사람의 기질에 대응시키는 경향을 뜻하며 근원적 귀인오류(fundamental attribution error)와 동일한 의미이다.

0327 ⑤

① 초두효과(primacy effect)란 타인을 평가하는 데 있어서 다른 조건이 같다면 그에 대해 먼저 제시된 정보가 나중에 제시된 정보보다 큰 영향을 미친다는 것이다.

② 현저성 효과(salience effect)란 하나의 두드러진 점이 한 사람의 인상을 형성하는 데 결정적인 역할을 하는 경우를 말한다.

③ 상대방에 대한 여러 가지 정보 중 인상형성에 중요한 영향을 미치는 정보를 중심특질로 하고 별로 영향을 미치지 않는 정보를 주변특질이라고 한다.

④ 일관성 원리(principle of consistency)란 사람을 평가할 때 대개 소수의 몇 가지 정보를 가지고 하는데 이 정보종류가 서로 방향이 다를 때 나타나는 현상이다. 긍정적인 정보와 부정적인 정보가 동시에 주어진 경우, 둘 중 하나를 택해서 일관되게 평가하는 현상을 의미한다.

⑤ 근본적 귀인 오류(fundamental attribution error)는 귀인오류 중 하나로서 '타인의 행동'을 해석할 때 상황의 영향을 과소평가하고 개인 특성의 영향을 과대평가하는 경향을 뜻한다.

0328 ②

사회적 정보처리 모형에 따른 지각과정은 선택적 주의/이해 – 부호화/단순화 – 저장/보유 – 인출/반응 4단계로 이루어진다. 선택적 주의/이해란 선택적 지각이라고도 하며 어떠한 사건, 사물 또는 사람에 대해 의식적으로 관심을 가지는 과정을 의미한다. 부호화/단순화란 원래 들어온 정보를 인지적 틀(category)에 따라 할당하는 과정을 의미한다. 저장/보유 단계는 들어온 정보의 할당을 마친 후 이를 장기기억에 저장하고 유지하는 과정을 의미한다. 인출/반응은 장기기억 속에서 현재 문제 해결에 관련된 정보를 꺼내는 과정을 말한다.

0329 ③

③ 켈리(Kelley)의 입방체 이론에 따르면, 특이성(distinctiveness) 및 합의성(consensus)이 높고, 일관성(consistency) 혹은 일치성이 낮은 경우에는 외적요인에 귀인하게 되며, 일관성이 높고 합의성과 특이성이 낮은 경우에는 내적요인에 귀인하게 된다.

0330 ①

① 외부귀인
② 내부귀인
③ 내부귀인
④ 켈리의 귀인이론에는 포함되지 않는 내용이다.

0331 ②

② 켈리(H. H. Kelley)의 귀인이론은 원인귀속의 방향, 즉 원인을 내부로 돌리느냐 아니면 외부로 돌리느냐에 대한 결정요인으로 합의성, 특이성, 일관성을 제시하고 있다.
- 합의성(consensus) : 개인의 행동을 그의 동료들과 비교하는 것을 말한다.
- 특이성(distinctiveness) : 직무에 있어서 그 사람의 다른 과업에서의 행동과 비교를 통해 결정되는 것을 말한다.
- 일관성(consistency) : 시간의 흐름에도 주어진 직무에 얼마나 일관성이 있는지를 판단함으로써 결정되는 것을 말한다.

0332 ②

① 자존적 귀인오류(self-serving bias)는 자신의 성공은 내부에 귀인하고 자신의 실패는 외부에 귀인하는 것을 말한다.
③ 근본적 귀인오류(fundamental attribution error)는 타인의 행동을 평가할 때 외재적 요인에 대해서 과소평가하고 내재적 요인에 대해서 과대평가하는 것이다.
④ 관찰한 행동의 원인은 그 행동의 합의성(consensus)과 특이성(distinctiveness)이 높을 때 '외부적' 요인에 의해 귀인된다.

0333 ③

① 사람의 배경이나 출신학교를 근거로 평가하는 경향: 스테레오타입(stereotype)
② 지원자의 한 특질을 보고 현혹되어 지원자를 제대로 평가하지 못하는 경향: 후광효과(halo effect)
④ 최근에 좋은 업적을 냈더라도 과거의 실적이 좋지 않으면 나쁘게 평가하는 경향: 초기효과(primacy effect)
⑤ 하나의 영역에서 좋은 점수를 보이면 다른 영역도 잘 할 것이라고 판단하는 경향: 논리적 오류(logical error)

0334 ①

① 스테레오타입(stereotype): 피평가자가 속한 사회적 집단의 속성을 기초로 피평가자를 평가하려는 경향이다. 즉 평가자 자신이 피평가자 속한 집단의 속성 지각을 기준으로 평가하는 것이다. 한마디로 고정관념을 가지고 평가하는 것을 말한다.

0335 ②

피그말리온 효과(Pygmalion effect)와 자기실현적 예언 혹은 자성적 예언(self-fulfilling prophecy)은 동일한 말인데, 특정인에 대한 기대가 그의 행동을 규정하게 되는 현상을 의미한다.

0336 ②

① 유사효과(similar-to-me effect)는 자신과 유사한 사람들을 더 호의적으로 평가하는 것을 의미한다.
③ 관대화 경향(leniency tendency)은 피평가자들에게 대체로 높은 점수를 주는 경향을 말한다.
④ 투영효과(projection)는 주관의 객관화라고도 하며, 판단을 함에 있어 자신과 비교하여 남을 평가하려는 경향을 말한다.
⑤ 중심화 경향(central tendency)은 피평가자들을 모두 중간점수로 평가하려는 경향을 말한다.

0337 ④

후광효과(halo effect)는 특정인이 가진 지엽적인 특성만을 가지고 그 사람의 모든 측면을 '긍정적'으로 평가하는 오류이다.

0338 ②

어떤 대상(개인)으로부터 얻은 일부 정보가 다른 부분의 여러 정보들을 해석할 때 (긍정적으로) 영향을 미치는 것을 후광효과(halo effect)라고 한다.

0339 ⑤

어떤 대상에 대한 자신의 고정관념을 가지고 평가하는 오류를 상동적 태도(stereotyping)라고 한다.

0340 ③

타인에 대한 평가에 평가자 자신의 감정이나 특성을 귀속 또는 전가시키는데서 발생하는 오류를 주관의 객관화(projection)라고 한다.

0341 ④

평가자가 본인의 특성과 피평가자의 특성을 비교하려는 경향을 주관의 객관화(projection)라고 한다. 대비오류(contrast errors)는 피평가자를 평가할 때 주위의 다른 사람과 비교하여 잘못 평가하는 오류이다.

0342 ④

외부적 상황이 모호할수록 자신의 경험, 욕구, 동기를 근거로 눈에 먼저 들어오는 정보에 의존하고 다른 정보는 무시하려는 경향은 선택적 지각(selective perception)이며, 논리적 오류(logical error)란 평가자가 평소 논리적인 사고에 얽매여 논리적으로 관계가 없는 것을 임의적으로 평가해 버리는 경우를 말한다.

0343 ①
고과자가 피고과자를 평가함에 있어 쉽게 기억할 수 있는 최근 업적이나 능력을 중심으로 평가하려는 데서 나타나는 오류는 시간적 오류 혹은 최근효과(recency error)라고 한다.

0344 ①
인사평가(인사고과)에서 평가자 자신의 감정이나 경향을 피평가자의 능력을 평가하는데 귀속시키거나 전가하는 오류를 주관의 객관화(projection)라고 한다. 예를 들어 정직성이 낮은 평가자가 정직한 평가자보다 피평가자를 더 부정적으로 평가하는 것을 말한다.

0345 ②
피평가자 간 차이를 회피하기 위해 모든 피평가자들을 유사하게 평가하는 것은 분포상의 오류라고 하는데, 이는 중심화 경향(central tendency), 관대화(leniency) 경향, 가혹화(strictness) 경향 오류로 구분된다.

0346 ④
여러 명을 평가했을 때 발생하는 점수 분포의 오류에 해당하는 것은 관대화 오류(leniency error), 중심화 오류(central error), 가혹화 오류(strictness error)이다.
• 항상오류(constant error)
특정 평가자가 다른 평가자들에 비해 피평가자들에게 언제나 높은 점수 혹은 언제나 낮은 점수를 주는 오류를 말한다. 높은 점수를 주거나 낮은 점수를 주는 것이 언제나 일관적이라는 점에서 항상오류는 일관적 오류 혹은 규칙적 오류(systematic error)라고 불리기도 한다. 고과평가 상황에서 항상오류가 발생하면 피평가자는 어떤 평가자를 만나는지에 따라서 높은 점수를 받기도 하고 낮은 점수를 받기도 하기 때문에 객관적 평가가 이루어지기 어렵게 된다.

0347 ⑤
⑤ 최근효과는 제공된 정보의 시간이 차이가 있을 때 어떤 정보에 비중을 두는가의 문제로써 가장 최근의 것이 기억에 남게 되는데, 이 때문에 과거 행위보다 최근의 행위에 비중을 두어 대상을 인식하게 되는 효과를 의미한다.

0348 ②
① 유사효과(similar-to-me effect)는 자신과 유사한 특성을 갖는 사람을 더 호의적으로 평가하는 것을 말한다.
② 스테레오타이핑(stereotyping)은 개개인 간의 차이를 충분히 고려하지 않은 채, 타인의 행동이나 성격을 그 개인이 속한 집단의 속성으로 규정하는 것을 말하는데 대인평가에 있어 고정관념이자 편견이다.
③ 후광효과(halo effect)는 특정인이 가진 지엽적인 특성만을 가지고 그 사람의 모든 측면을 '긍정적'으로 평가하는 오류를 의미한다.
④ 주관의 객관화(projection)는 판단을 함에 있어 자신과 비교하여 남을 평가하려는 경향을 의미한다.
⑤ 대비효과(contrast effect)는 판단을 함에 있어 대비되는 정보로 인하여 판단이 왜곡되는 것을 의미한다.

0349 ④
①,⑤ 피그말리온 효과를 다른 말로 자기실현적 예언(self-fulfilling prophecy) 혹은 로젠탈 효과(Rosenthal effect)라고도 표현할 수 있다.
② 자기효능감을 향상시키는 4가지 요인 중 구두 설득(verbal persuasion)과 가장 관련이 깊다.
③ 이 문장에서 주어는 '자신'이 아닌 '타인'이다. 이 점에서 플라시보 효과와는 차이가 있다.
④ 피그말리온 효과는 특정인에 대한 기대가 그의 행동을 규정하게 되는 현상을 일컫는 말이다. 즉 어떠한 사람이 윗사람이나 동료가 믿고 기대하는 바에 따라 행동하게 되고 그러한 행동의 결과로 타인이 기대하는 바가 현실로 나타나는 현상을 말한다. 이는 자기효능감 이론에서 구두 설득과 같은 매커니즘을 갖는다. 그러므로 피그말리온 효과를 통해서 누군가는 자기효능감을 형성하여 더 높은 성과를 얻는 긍정적인 효과를 가질 수 있다.

0350 ②
확실한 상황에서는 미래 상황에 대한 객관적 확률을 알 수 있기 때문에 기댓값(EV: expected value)을 이용한 의사결정이 가능하지만, 불확실성의 상황에서 미래 상황에서의 객관적 확률을 알 수 없기 때문에 의사결정자가 의사결정 규칙을 미리 정할 필요가 있다.

0351 ②
제한된 합리성 모형을 발표하여 1978년 노벨경제학상을 수상한 사람은 허버트 사이먼(H. Simon)이다.

0352 ②
② 제한된 합리성 모형(bounded rationality model)은 만족모형 혹은 관리인 모델(administrative man)이라고도 하는데, 이 모형은 의사결정자는 합리성을 추구하지만, 실제로는 여러 제한요소들 때문에 합리성은 제한될 수밖에 없게 된다는 것이다.

0353 ①
① 합리적 의사결정은 규범적 모형이고, 제한된 합리성 모형은 기술적 모형이라고 할 수 있다. 합리적 의사결정은 최적의 의사결정을 할 수 있다고 가정하지만, 이는 실제로 경영에 관한 의사결정 과정을 설명하기 보다는 우리가 의사결정을 할 때 '어떻게 해야 하는가'라는 당위성을 설명해 주는 규범적 모델이다. 규범적 모델(normative model)은 최적화 모델 혹은 분석적 모델이라고 하는데 이는 의사결정자가 주어진 목적을 가장 효율적으로 달성하기 위해 어떻게 결정을 내려야 하는가를 규정하는 모델이다. 말 그대로 모범답안 같은 것을 제시하는 모형이다. 반면 기술적 모델(descriptive model)은 의사결정이 실제로 어떻게 이루어지고 있는지를 서술하는 모델로서 규

범적 모델을 사용할 수 없는 경우에 사용된다. 즉 합리적 의사결정은 규범적 모델이기 때문에 실제의 의사결정 행동을 제대로 설명하지 못한다. 이에 따라 1978년 노벨상을 수상한 사이먼(H. A. Simon)이 제한된 합리적 모형을 제시하였다.

② 제한된 합리성의 원리에 따르면, 합리성을 지향하는 행위자는 복잡한 실제상황을 다루기 위해 그것의 단순화된 모델(simplified model)을 구성할 수밖에 없다. 즉, 제한적 합리성에 의하면 의사결정자는 인지적 한계 때문에 문제의 단순화된 모델을 구성할 수밖에 없다.

③⑤ 사이먼에 의하면 현실의 인간은 지식, 학습능력, 정보, 기억 등의 점에서 항상 제약을 받고 있다. 따라서 가능한 대안들 중에서 극히 제한된 소수의 대안만을 제시하고 기술할 수밖에 없으며, 소수의 대안에 관해서조차 매우 불완전하게 그 결과의 일부를 예상할 수밖에 없다.

④ 인간의 제한된 합리성을 전제로 하여 최적 해(optimal solution)가 아닌 만족스러운 정도의 정책 대안(만족 해) 수준을 선택함으로써 의사결정이 이루어진다고 본다.

0354 ①

② 합리적 의사결정 모형의 가정에 해당하는 내용이다.
③ 합리적 의사결정 모형의 가정에 해당하는 내용이다.
④ 합리적 의사결정 모형의 가정에 해당하는 내용이다.
⑤ 합리적 의사결정 모형의 가정에 해당하는 내용이다.

0355 ④

① 정치적 의사결정 모형은 문제를 정의할 때나 목표로 선택할 시에 견해가 대립하게 되면 광범위한 협상 및 절충 등의 정치적 과정을 거쳐 의사결정이 이루어지는 것을 의미한다.
② 합리적 의사결정 모형은 인간이나 조직이 원래 합리적이기 때문에 여러 가지 대안들 중에서 최적의 대안을 선택하고 실행할 수 있다고 보는 견해이다.
③ 직관적 의사결정 모형은 경험, 느낌 그리고 축적된 판단에 근거한 의사결정 즉, 축적된 경험에서 우러나오는 무의식적인 과정을 말한다.
④ 제한된 합리성 모형은 실질적으로 의사결정과정에서 작용하는 심리적, 인지적, 동기적 그리고 시간적 제한을 중시하고 있다. 이 모형에 따르면 의사결정자는 합리성을 추구하지만, 실제로는 여러 제한요소들 때문에 합리성은 제한될 수밖에 없으며 따라서 최적의 의사결정보다는 만족스러운 대안을 선택하게 된다.

0356 ③

① 사이먼이 말한 '관리인(administrative man)'이 의미하는 바는 여러 한계 내에서 경험 및 분석력 등을 기반으로 상황을 판단하면서 의사결정하는 것을 말한다.
②④ 의사결정자는 대안의 선택에 있어서 최적화(optimization)된 대안이 아니라 만족스러운(satisfaction)된 대안을 구한다. 즉, 가장 뛰어난 성과를 위해서 무한정 노력하는 것이 아닌 기대수준에 맞는 성과라면 탐색을 멈춘다.

③ 조직이 겪는 상황은 무정부 상태와 같이 불확실하며, 이러한 상황에서 인간의 의사결정은 비합리적으로 이루어진다는 것은 쓰레기통 모형(garbage can model)이다. 이 모형은 비합리적, 우연적 선택으로 인해 의사결정이 이루어진다고 보고 있다. Cohen, March, Olsen 등이 제시한 이 모형은 조직이나 집단의 응집성이 아주 약한 상태, 즉 '조직화된 무질서 상태(organized anarchies)'에서 이루어지는 비합리적인 의사결정의 측면을 강조하였으며, 비합리적인 의사결정에 강조점을 둔다는 점에서 다른 모형과는 구별된다.

0357 ④

① 증거기반 경영(EBM: evidence based management)이란 가능한 최선의 과학적 증거를 바탕으로 관리상의 의사결정을 함으로써 체계적인 경영 의사결정을 보완해 주는 방법을 말한다.
②,③ 현장방문 경영(MBWA: management by walking around)은 배회 관리와 같은 말이다. 이는 경영자의 증거기반 경영을 지원해 주기 위해 일선 현장에서 기업 현장의 정보를 수집하는 관리 방법을 의미한다.
④ 델파이(Delphi) 기법은 집단의사결정 과정에서 집단사고(group think)를 최소화하기 위한 기법으로 개인 의사결정에서 직관적 의사결정을 보완하는 방법으로 볼 수 없다.
⑤ 빅데이터(big data) 분석은 엄청나게 많은 정보의 분석을 통해 직관적 의사결정을 지원한다.

0358 ④

① 선별적으로 정보를 구성하고 선택하는 오류를 선택적 지각 오류라고 한다.
② 과거의 선택과 부합하는 정보만을 선택하는 것은 확증오류(confirmation bias)이다. 확증오류는 선택적 지각의 특수한 경우로 과거의 선택을 뒷받침하는 정보는 수집하고 과거의 판단이 틀렸다고 하는 정보는 무시하는 것이다.
③ 자신의 실패 원인은 내부가 아니라 외부에서 찾고, 성공의 원인은 외부가 아니라 내부에서 찾는 오류는 자존적 편견(self-serving bias)이다.
④ 매몰비용(sunk cost)은 이미 어떠한 일을 진행하면서 지출되어 회수할 수 없는 비용을 의미한다. 매몰비용으로 인해 이미 실패하거나 또는 실패가 예상되는 일에 시간, 노력, 예산 등을 지속적으로 투자하는 것을 '매몰비용의 오류'라고 한다.

0359 ②

② 만족할 만한 대안을 찾는 것은 제한된 합리성 모형(bounded rationality model)에 대한 설명이다.

0360 ③

③ 합리성에도 수준이 있다면 조직이나 집단이 개인보다 항상 더 합리적인 결정을 보장하는 것은 아니다.

0361 ①

의사결정 스타일을 모호성을 용인하는 정도와 합리성(이성적 또는 직관적)을 기준으로 4가지로 구분하면 아래와 같다.

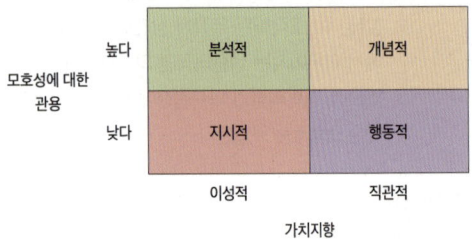

0362 ①

② 확증 오류(confirmation bias)는 선택적 지각의 특수한 경우이다. 사람들은 과거의 선택을 확증해주는 정보를 수집하는 경향이 있고, 과거의 판단이 틀렸다고 하는 정보는 무시한다. 따라서 사람들은 일반적으로 기존의 관점을 뒷받침해 주는 편향을 띠기 쉽다.
③ 맹목성 오류(hindsight bias)는 사건의 결과가 실제로 알려진 후 결과를 정확히 예측할 수 있었다고 잘못 믿는 경향을 말한다.
④ 유용성 오류(availability bias)는 사람들이 쉽게 접근할 수 있는 정보에 근거를 두고 판단을 내리는 경향이 있다는 것을 의미한다. 생생한 감정을 불러일으키는 특별한 사건 또는 최근에 발생한 사건은 기억 속에서 쉽게 떠오른다.

0363 ①

하위단계의 욕구가 충족되면, 더 이상 이 욕구는 동기부여 역할을 하지 못하고 그 보다 상위단계의 욕구가 동기를 유발한다. 이는 매슬로의 욕구단계이론에 해당되는 내용으로 "만족-진행 가설"에 관한 것이다.

0364 ②

매슬로(Maslow)의 욕구단계이론에서 욕구의 단계를 저차적인 것부터 고차적인 것 순으로 열거하면 '생리적 → 안전 → 사회적 → 존경 → 자아실현'의 순이다.

0365 ⑤

① 조직의 감시, 감독 및 통제가 필요하다는 주장은 X이론이다.
② 쌍방향 의사결정은 Y이론에서 주로 발생한다.
③ 자기통제가 많은 것은 Y이론이다.
④ 순자의 성악설은 X이론에 해당한다.

0366 ③

이요인이론에서 '급여'는 위생요인에 해당하므로 급여를 더 많이 지급하는 것으로 불만족을 낮추는 효과는 있지만 만족을 증진시키지는 못한다. 따라서 좋은 성과를 낸 직원을 동기부여하기 위해서는 동기요인을 주는 것이 좋다.

0367 ③

A. Maslow의 욕구단계이론: 내용이론
C. Alderfer의 ERG이론: 내용이론
V. Vroom의 기대이론: 과정이론
J. Adams의 공정성이론: 과정이론
F. Herzberg의 2요인 이론: 내용이론

0368 ①

① 상위단계의 욕구 충족이 좌절되면 그 보다 하위단계의 욕구를 충족시키려 하는 것은 앨더퍼의 ERG이론에 해당하는 것으로 좌절-퇴행의 원리(상위 욕구 미충족 시에 하위단계의 욕구가 커짐)를 설명하는 것이다.

0369 ⑤

매슬로(Abraham Maslow)의 욕구 단계이론(needs hierarchy theory)에서 5가지 욕구는 생리적 욕구(physiological needs), 안전 욕구(safety needs), 사회적 욕구(social needs), 존경 욕구(esteem needs), 자아실현 욕구(self-actualization needs)이다.

0370 ②

허쯔버그의 2요인이론에서 동기요인(motivator)은 성취감, 일 자체, 발전성, 성장가능성, 인정을 받을 수 있는 기회 등이며, 이들은 만족을 증진시키는 요인이다. 반면 위생요인(hygiene factor)은 불만족을 해소하는 요인으로 급여, 동료와의 관계, 직장안정성, 작업조건 등이 이에 해당한다.

0371 ①

동기부여의 내용이론에는 매슬로의 욕구단계이론, 앨더퍼의 ERG이론, 허즈버그의 2요인이론, 맥클리랜드의 성취동기이론, 맥그리거의 X이론, Y이론 등이 있다. 또한 과정이론에는 기대이론, 공정성이론, 목표설정이론 등이 있다.

0372 ①

매슬로(Maslow)의 욕구 5단계는 '생리적 욕구 → 안전 욕구 → 사회적 욕구(소속욕구) → 존경욕구 → 자아실현 욕구' 순으로 점점 높아진다.

0373 ①

매슬로가 제시한 욕구는 생리적, 안전, 사회적, 존경, 자아실현 욕구이다.

0374 ④
상사와의 관계: 위생요인
성취: 동기요인
회사 정책 및 관리방침: 위생요인
작업조건: 위생요인
인정: 동기요인

0375 ②
② 직무수행에 대한 분명한 지시는 X이론적 관점이고, 직무수행에 대한 자율성 부여는 Y이론적 관점이다.

0376 ④
④ Maslow의 욕구단계이론에서 다른 사람으로부터 인정과 존경을 받고자 하는 욕구는 '성장욕구'가 아니라 '존경욕구'이다.

0377 ③
③ 허즈버그의 2요인 이론에서 임금은 대표적인 위생요인이다.

0378 ④
ㄱ. X이론적 가정에 해당하는 내용이다.
ㄷ. X이론적 가정에 해당하는 내용이다.

0379 ②
① 맥그리거(D. McGregor): X·Y이론
② 매슬로우(A. Maslow): 욕구단계이론(needs hierarchy theory)
③ 페욜(H. Fayol): 일반관리론(general administrative theory), 14가지 일반관리 원칙, 경영관리의 5요소(계획, 조직, 지휘, 조정, 통제)
④ 버나드(C. Barnard): 조직이란 두명 이상의 사람의 의식적 협력 활동 또는 힘으로 구성된 협동시스템(cooperative system)이라고 주장
⑤ 사이몬(H. Simon): 의사결정의 제한된 합리성 모형(bounded rationality model)

0380 ③
책임감, 인정, 성장, 일자체 등의 내재적 보상(intrinsic reward)은 동기요인에 해당하며, 급여, 직업안정성, 작업조건, 회사의 정책 등의 외재적 보상(extrinsic reward)은 위생요인에 해당한다.

0381 ①
X 이론은 대다수 사람들은 조직문제를 해결할 만한 능력이나 창의성이 없다고 가정한다. 즉 사람을 부정적으로 보기 때문에 감시와 감독이 필요하다고 본다.

0382 ②
위생요인은 불만족을 감소시킬지의 여부에 영향을 미치며, 만족증진 여부에는 영향을 미치지 못한다.

0383 ⑤
⑤ 아지리스(C. Argyris)는 미성숙.성숙이론을 제시하였다.

0384 ②
② 아담스(J. S. Adams)의 공정성이론, 로크의 목표설정이론, 기대이론은 동기부여의 과정이론이다.

0385 ⑤
허즈버그(F. Herzberg)의 2요인이론에서 감독, 급여, 작업조건 등 외재적 보상에 속하는 것들은 위생요인(hygiene factor)에 해당한다. 위생요인은 불만족을 해소하는 요인이다.

0386 ④
④ 욕구단계이론에서는 한 시점에 낮은 단계와 높은 단계의 욕구가 동시에 발생하지 않고 낮은 단계부터 순차적으로 발생한다.
⑤ 욕구단계이론에서 생리적 욕구와 안전 욕구는 ERG이론에서 존재욕구에 해당한다.

매슬로와 앨더퍼 이론의 욕구 연관성

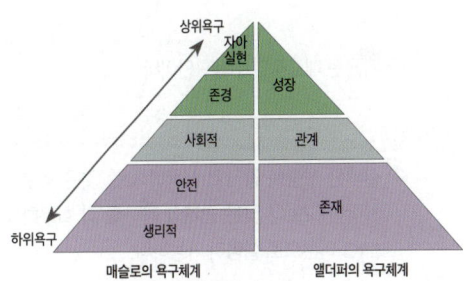

0387 ⑤
위생요인은 직무와 연관된 요인들로 아무리 호의적이더라도 불만족은 줄이지만 만족을 주지 못하는 것으로 이에는 급여, 기술적 감독, 회사 정책 및 행정, 감독자와의 인간관계, 하급자와의 인간관계, 동료와의 인간관계, 작업조건, 개인생활 요소들, 지위, 직장의 안정성 등이 있으며, 동기요인은 충족될 경우에 의욕이나 직무만족 등으로 이어지지만 딱히 충족되지 않더라도 그다지 불만으로 이어지지 않는 요인들로서 보람 있는 과업의 부여, 업무 달성, 좋은 평가, 승진, 성과급 지급 등이 이에 해당한다. 지문 ①, ②, ③, ④는 동기요인에 해당한다.

0388 ④
아지리스(C. Argyris)의 미성숙·성숙이론은 건전한 인간의 퍼스낼리티는 미성숙 상태로부터 성숙한 상태로 발전하는 것이라고 설명한다. 또한 성숙한 인간은 자아실현이라는 고유의 경향을 갖고 있으며 따라서 조직구성에 있어서도 가능한 한 인간 최대의 성숙상태를 실현할 수 있는 방법이 모색되어야 한다고 주장한다. 미성숙 단계의 인간은 수동적이고 단기적 안목, 단순한 행동이 특징이지만, 성숙 단계의 인간은 능동적이고 장기적 안목을 가지며, 복잡한 행동이 특징이다.

0389 ③
　맥클리랜드(McClelland)는 성취동기이론에서 자신이 제시하는 3가지 욕구, 즉 성취욕구(need for achievement), 권력욕구(need for power), 친화욕구(need for affiliation)는 위계가 없으며 모두 동일한 수준이라고 주장하였다.

0390 ②
　매슬로(Maslow) 이론의 욕구단계는 '생리적 → 안전 → 사회적 → 존경 → 자아실현'의 순이다.
　ㄱ. 안전욕구
　ㄴ. 생리적 욕구
　ㄷ. 사회적 욕구
　ㄹ. 자아실현 욕구
　ㅁ. 존경욕구

0391 ①
　허쯔버그(F. Herzberg)의 2요인 이론(two factor theory)에서 임금(급여), 작업조건, 동료관계 등은 동기요인(motivator)이 아니라 위생요인(hygiene factor)에 해당한다.

0392 ④
　④ 임금은 대표적인 위생요인이다.

0393 ①
　① 실패한 사람이 갑자기 식욕이 느는 것은 욕구가 좌절된 사람이 그보다 낮은 단계의 욕구를 더 희구하게 된다는 ERG 이론으로 설명이 가능하다.

0394 ①
　① 도전적 과업 및 창의적 역할 부여: 자아실현욕구
　② 타인의 인정 및 칭찬: 존경욕구
　③ 화해와 친목분위기 조성 및 우호적인 작업팀 결성: 사회적 욕구
　④ 안전한 작업조건 조성 및 고용 보장: 안전 욕구
　⑤ 냉난방 시설 및 사내식당 운영: 생리적 욕구

0395 ①
　① 책임감은 성취감과 더불어 대표적인 동기요인이다.

0396 ①
　① 앨더퍼 ERG 이론은 욕구의 '만족-진행'을 인정하지만 상위 욕구에 대해 불충족한 시에는 하위 욕구를 더 강하게 요구하게 된다는 '좌절-퇴행' 가설도 포함하고 있다.

0397 ①
　① ERG 이론은 앨더퍼(C. P. Alderfer)에 의해 주장된 이론이다.

0398 ①
　① 맞는 보기. 위생요인은 불만족을 줄여주는 요인으로 이에는 급여(임금), 기술적 감독, 회사의 정책과 행정, 감독자(상사)와의 인간관계, 하급자와의 인간관계, 동료와의 인간관계, 작업조건, 개인생활 요소들, 직위, 직장의 안정성 등이 있다.
　② 위생요인을 개선하면 불만족이 줄어든다.
　③ '인정'은 동기요인에 해당하며 인정받지 못한 직원은 만족이 줄어든다.
　④ 허쯔버그는 만족과 불만족을 상이한 차원으로 보았으므로 불만족이 만족에 영향을 미치는 것은 아니다.

0399 ③
　③ 기대이론, 공정성이론, 목표설정이론 등은 과정이론이다.

0400 ②
　② 위생요인(hygiene factors)은 종업원 불만족을 감소시키지만 긍정적 만족을 가져오지는 않는다. 따라서 동기부여 효과가 적극적으로 발생하지는 않는다.

0401 ②
　② 매슬로우(A. Maslow)는 생리적 욕구와 안전욕구는 저차적 욕구로, 사회적, 존경, 자아실현 욕구는 고차적 욕구로 분류하였다.

0402 ①
　로크(Locke)의 목표설정이론(goal setting theory)은 구체적(specific)이면서도 난이도가 적절히 높아서 도전감을 불러일으킬 수 있는 목표와 목표 설정과정에 종업원을 참여시키는 참여적(participative) 목표가 종업원을 동기부여시킨다고 주장하였다.

0403 ③
　동기부여의 과정이론에 해당되는 것은 브룸(Vroom)의 기대이론, 아담스(Adams)의 공정성이론, 로크(Locke)의 목표설정이론 등이다.

0404 ②
　② 로크의 목표설정이론과 더불어 기대이론, 공정성이론은 동기부여의 과정이론에 속한다.

0405 ⑤
　ㄱ, ㄴ, ㄷ, ㄹ 4가지 모두 해당되며, 추가로 준거인물에게 영향력 행사, 산출의 인지적 왜곡 등도 포함된다.

0406 ⑤
　⑤ 동기부여의 과정이론에는 아담스(J. Adams)의 공정성이론, 브룸의 기대이론, 로크의 목표설정이론 등이 있다.

0407 ①

브룸의 기대이론(expectancy theory)은 동기부여를 기대감(expectancy), 수단성(instrumentality), 유의성(valence)을 곱으로 설명하고 있다.

$$M = E \times I \times V$$

0408 ⑤

종업원들은 주어진 보상에 대하여 서로 다른 유의성을 갖는다. 즉 종업원 각자의 보상에 대한 가치지각은 모두 다르다.

0409 ②

공정성이론이란 보통 사람들은 자신의 투입과 산출의 비율을 다른 사람(준거인)의 비율과 비교하여 자신의 처우가 공정한지 아닌지를 판단한다는 이론이다. 문제의 보기에서 팀원 A는 같은 팀 동료 B와 자신의 투입과 산출의 비율을 비교하여 행동을 결정했으므로 이 행동은 공정성이론으로 설명된다.

0410 ⑤

⑤ 개인이 지각한 불공정성을 시정하기 위해서는 준거인물 유지가 아니라 준거인물을 변경해야 한다.

0411 ①

이 문제는 오류인 것 같다. 기대이론(expectancy theory)은 과업과 보상이 주어진 상황에서 개인이 기대감(expectancy), 수단성(instrumentality), 유의성(valence) 값을 계산해서 동기부여가 되고, 이렇게 계산된 동기부여 수준에 따라 노력의 양이 결정된다는 이론이다. 그러나 기대감, 수단성, 유의성의 순으로 동기부여가 계산된다는 내용은 어디에도 없다. 과업이 먼저 주어지고 보상이 나중에 주어지기 때문에 기대감이 먼저이고 수단성과 유의성이 나중이라고 할 수도 있으나 동기부여는 기대감, 수단성, 유의성의 곱으로 정해지기 때문에 과업만 제시되면 수단성과 유의성 값을 알 수 없기 때문에 동기부여 값 자체가 계산되지 못한다. 이런 이유로 과업과 보상이 이미 주어져 있는 상태에서 동기부여 값을 계산해야 하므로 순서대로 동기부여된다는 것은 말이 되지 않는다. 또 순서대로 동기부여된다고 하면 기대감이 수단성에 영향을 미치고, 수단성이 유의성에 영향을 미칠 것이다. 하지만 이런 내용도 기대이론에는 없다.

0412 ①

브룸(V. Vroom)의 기대이론: 과정이론
매슬로우(A. Maslow)의 욕구단계이론: 내용이론(욕구이론)
아지리스(C. Argyris)의 성숙·미성숙이론: 내용이론(욕구이론)
허즈버그(F. Herzberg)의 2요인이론: 내용이론(욕구이론)
맥그리거(D. McGregor)의 X·Y이론: 내용이론(욕구이론)

0413 ②

동기부여의 과정이론은 기대이론, 공정성이론, 목표설정이론으로 구성된다.

0414 ①

② 스키너의 조작적 조건화에 대한 설명이다.
③ 허즈버그의 2요인 이론에 대한 설명이다.
④ 반두라의 자기효능감에 대한 설명이다.

0415 ①

로크(Locke)의 목표설정이론(goal-setting theory)은 추상적 목표보다는 구체적(specific) 목표가 사람들을 더 많이 동기부여한다고 주장한다.

0416 ②

수단성은 성과를 달성하고 보상을 획득할 확률을 의미하는데, 조직에 대한 신뢰가 낮고 의사결정이 조직정치에 의해 좌우된다는 인식이 강할수록 성과가 보상으로 이어질 확률을 낮게 지각하므로 수단성은 낮아진다.

0417 ④

조직적 정의/공정성이란 조직 구성원이 조직으로부터 받는 대우의 공정한 정도를 말한다. 이러한 조직 공정성에서는 분배적 공정성(distributive justice), 절차적 공정성(procedural justice), 상호작용 공정성(interactional justice)이 있다. 상호작용 공정성의 하위 개념으로 정보 공정성(informational justice)과 대인간 공정성(interpersonal justice)이 있다. 분배적 공정성이란 조직구성원이 조직으로부터 받는 성과나 결과에 대한 공정성을 의미한다. 절차적 공정성이란 조직 구성원이 받는 성과를 결정하는 절차에 대한 공정성으로 정의된다. 상호작용 공정성은 자신을 공정하게 대우해 주는 상사와의 대인 관계에 대한 공정성(대인간 공정성)과 종업원들에게 의사결정 체계에 대해 설명해 주는 정보적 공정성을 의미한다.

0418 ④

④ 기대이론은 동기부여를 기대감(expectancy), 수단성(instrumentality), 유의성(valence)의 곱으로 설명한다.

0419 ②

② 공정은 아담스(J. Stacy Adans)의 공정성 이론에 해당하는 것이다.

0420 ⑤

핵크만과 올드햄(Hackman & Oldham)의 직무특성이론(job characteristic model)에서 5가지 핵심직무차원은 기술다양성(skill variety), 과업정체성(task identity), 과업중요성(task significance), 자율성(autonomy), 피드백(feedback)이다. 성장욕구는 직무특성이 아니라 직무특성과 심리상태 간, 그리고 심리상태와 성과 간 관계를 조절하는 변수(moderator)이다.

0421 ⑤

핵크만과 올드햄(Hackman & Oldham)의 직무특성이론(job characteristic model)에서 5가지 핵심직무차원은 기술다양성(skill variety), 과업정체성(task identity), 과업중요성(task significance), 자율성(autonomy), 피드백(feedback)이다.

0422 ①

직무특성이론에서 '성장욕구 강도'는 핵심 직무 차원이 아니라 핵심 직무 차원이 심리상태 그리고 심리상태가 성과에 영향을 미치는 효과를 조절하는 역할을 한다.

0423 ③

타인의 일과 삶에 영향을 미치는 정도를 과업중요성(task significance)이라 한다.

0424 ③

데시(Edward Deci)의 인지평가이론(cognitive evaluation theory)은 내재적으로 동기부여된 행동에 외재적 보상이 제공되면 오히려 내재적 동기가 감소하게 되는 현상을 설명하고 있다. 즉 인지평가이론이 주장하는 바는 사람들은 내재적 보상과 외재적 보상을 구별한다는 것이다.

0425 ④

핵크만과 올드햄의 5가지 핵심직무특성은 기술(기능) 다양성, 과업 정체성, 과업 중요성, 자율성, 피드백으로 구성된다.

0426 ④

핵크만(Hackman)과 올드햄(Oldham)이 제시한 직무특성모형에는 '과업적합성'이라는 직무특성은 존재하지 않는다.

0427 ③

핵크만과 올드햄(Hackman & Oldham)의 직무특성이론의 5대 핵심직무특성에 직무혁신성은 포함되지 않는다. 5대 핵심직무특성은 기술다양성(skill variety), 과업정체성(task identity), 과업중요성(task significance), 자율성(autonomy), 피드백(feedback)으로 구성된다.

0428 ②

핵크맨(Hackman)과 올드햄(Oldham)이 제시한 5가지 핵심직무특성은 기술다양성, 과업정체성, 과업중요성, 자율성, 피드백이다.

0429 ①

① 직무특성모형에서의 미충만 혹은 의미감(meaningfulness)에 영향을 미치는 것은 기술다양성(skill variety), 과업정체성(task identity), 과업중요성(task significance)이다. 참고로 자율성은 '책임감'에 영향을 미치고 피드백은 '직무수행결과에 대한 지식'에 영향을 미친다.

0430 ③

③ 과업 정체성은 5대 핵심직무특성 가운데 하나로 직무특성모형의 결과요인이 아니라 원인이다.

0431 ⑤

⑤ 데시(Edward L. Deci)의 인지평가이론(cognitive evaluation theory)이 주장하는 것은 내재적(본질적)으로 동기부여된 행동에 외재적 보상이 주어질 때, 내재적 동기가 오히려 감소하는 과잉정당화(overjustification) 효과가 발생한다는 것을 말한다.

0432 ④

아담스(J. Adams)의 공정성이론은 과정이론에 속한다.

0433 ②

② 브룸(V. Vroom)이 주장한 것은 기대이론(expectancy theory)이다. 기대이론은 개인의 동기는 자신의 노력이 어떠한 성과를 가져오리라는 기대(expectancy)와, 그러한 성과가 보상을 가져다주리라는 수단성(instrumentality)과 보상에 대한 유의성(valence)의 곱으로 결정된다는 동기이론을 말한다. Z이론(theory Z)은 맥그리거가 주장한 X·Y이론을 이분법적 한계에 국한된 이론이라고 비판하면서 등장한 이론으로 윌리엄 오우치(William Ouchi)가 제시하였다.

0434 ⑤

① 매슬로의 욕구단계이론에서 가장 상위 욕구인 자아실현 욕구도 결핍-충족의 원리가 적용된다. 하지만 자아실현 욕구는 그 크기가 매우 크기 때문에 완전히 충족시킬 수는 없다.

④ 앨더퍼의 ERG이론은 매슬로 이론에 비해 욕구의 위계가 느슨하므로 동시에 두 가지 욕구가 발현될 수 있다.

⑤ 불쾌한 자극을 제거하는 것은 부정적 강화(negative reinforcement)이다. 소거(extinction)는 긍정적 강화요인을 제거함으로써 특정 행동의 중단을 유도하려는 전략이다.

0435 ②

급여, 작업조건, 고용안정 등 작업환경과 관련된 것은 허즈버그(Herzberg)의 2요인이론에서 위생요인에 해당한다.

0436 ④

① 허즈버그(Herzberg)의 2요인 이론(dual factor theory)에 의하면 작업환경(위생요인)을 개선하면 종업원의 불만족이 감소한다.

② 애덤스(Adams)의 공정성이론(equity theory)에 의하면 임금 수준보다는 투입과 산출에 대한 비율이 만족도를 결정하는 핵심적인 요소가 된다.

③ 매슬로우(Maslow)의 욕구계층이론(hierarchy of needs theory)에 의하면 아래에서 네 번째 위치의 존경 욕구는 사회적 욕구 위에 존재한다.

0437 ①
① 강화(reinforcement)이론은 바람직한 행동 뒤에 긍정적 보상을 주거나(긍정적 강화), 바람직한 행동 뒤에 부정적 결과를 제거해 주는(부정적 강화) 것으로 이는 강화물이 없이는 바람직한 행동이 자율적으로 나타나지 않는다고 보기 때문에 Y이론 보다는 X이론적 관점에 가깝다고 볼 수 있다.

0438 ③
③ 허즈버그의 2요인이론에서 봉급, 작업조건, 감독, 상급자와의 관계는 동기요인이 아니라 위생요인에 해당한다.

0439 ③
① 포터와 로울러의 동기모델은 Vroom의 기대이론을 동적인 모델로서 확장하였으며 이에 따라 수정 기대이론으로 불리기도 한다. 선지에서 '수정 기대이론'이라는 표현을 사용할 경우, 이는 포터와 로울러의 동기모델을 나타내므로 이를 참고하도록 한다.
② 기대이론과 공정성이론 그리고 내재적 보상과 외재적 보상을 구분하였다는 점에서 2요인 이론과도 관련이 있다. 포터와 로울러의 동기모델은 위 이론들을 하나의 모델로 설명하고 있다. 다만 이러한 점 때문에 모델이 복잡하고 어렵다는 비판이 있다.
③ 노력이 성과로 이어지는 경우 조절변수로 영향을 미치는 것은 개인의 능력과 특성 그리고 역할지각이다. 보상의 공정성에 대한 지각은 성과와 만족 간의 조절변수이다. 즉 포터와 로울러의 동기모델은 성과가 보상으로 나타난 이후 보상이 종업원의 만족으로 이어지기 위해서는 보상이 공정해야 한다는 점(종업원이 이를 공정하다고 지각해야함)을 설명해준다.
④ 만족이란 직무성과에 따라 제공된 보상에 대하여 개인이 느끼는 욕구의 충족 정도를 말한다. 이는 보상의 가치에 영향을 미치며 노력으로 이어진다. 즉 기존의 정적 모델이었던 Vroom의 기대이론을 동적모델로 이어주는 연결고리로서 역할을 한다.
⑤ "종업원의 능력 및 특성(abilities and traits)과 역할지각(role perception)의 두 변수 때문에 노력과 성과의 관계는 완전한 비례관계를 갖지 못한다고 본다."는 말은 곧 "종업원의 능력 및 특성과 역할지각이라는 두 변수가 노력과 성과의 관계를 조절하는가?"를 물어보는 것이다. 포터와 로울러의 동기모델에서 종업원의 능력 및 특성 그리고 역할지각은 노력과 성과의 관계를 조절한다.

Porter-Lawler의 동기모델

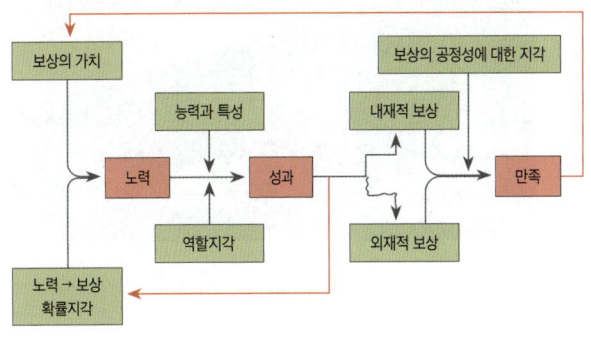

0440 ①
① 알더퍼(C. Alderfer)의 ERG 이론은 인간의 욕구를 존재욕구, 관계욕구, 성장욕구로 구분하였다.

0441 ②
② 직무특성모형에서 피드백은 작업의 의미감이 아니라 직무수행결과에 대한 지식을 준다. 그리고 '공정성'이라는 핵심직무특성은 존재하지 않는다.

0442 ④
① 동기부여의 내용이론은 욕구(needs)를 가지고 동기부여를 설명하는 이론인데 강화이론은 욕구에 관한 이론이 아니므로 내용이론이 아니다.
② 맥클리랜드(D. C. McClelland)는 매슬로의 욕구단계설의 상위 욕구에 초점을 맞춰 성취욕구, 권력욕구, 친화욕구를 제시하였다.
③ 공정성이론은 버나드의 이론이 아니라 아담스(J. Stacy Adams)의 이론이다.

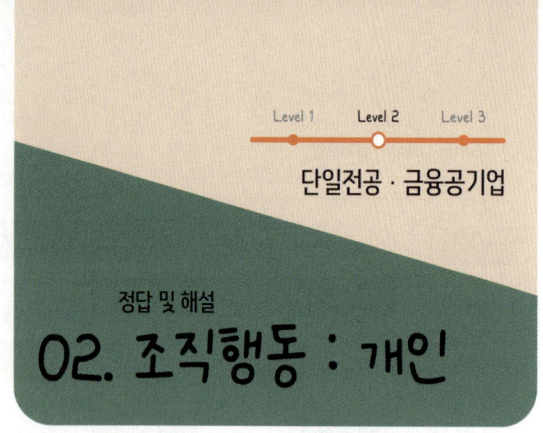

정답 및 해설
02. 조직행동 : 개인

0443 ①

① 부적 강화(negative reinforcement)는 행동 뒤에 불편한 것을 제거하여 바람직한 행동의 빈도수를 증가시키고, 정적 강화(positive reinforcement)는 행동 뒤에 유쾌한 보상을 제공하여 바람직한 행동의 빈도수를 증가시킨다.
④ 과거에는 직무만족(job satisfaction)이 높을수록 성과가 높을 것으로 예상했지만, 실증연구 결과 직무만족과 성과 간에 직접적 효과가 낮은 것으로 밝혀져 최근 직무만족에 관한 연구는 활발하지 않다. 연구결과 오히려 직무만족과 성과간의 관계는 역의 관계, 즉 고성과를 달성했을 때 적절한 보상을 받으면 만족하는 것으로 드러났다.

0444 ⑤

a. 태도는 인지적, 정서적, 행동(의도)적 요소로 구성된다.
b. 통제의 위치(locus of control)가 내부에 있는 사람, 즉 내재론자(internals)는 자신의 운명을 스스로 통제할 수 있다고 믿기 때문에 자신의 성과를 결정짓는 것이 자신의 노력이라고 믿는다.
c. 조직 내에서 종업원의 태도변수 중 하나인 조직몰입(organizational commitment)은 정서적, 지속적, 규범적 몰입으로 구성된다.
d. 귀인(attribution)이란 자기와 타인의 행동에 대해 그 원인을 추론하려는 성향을 말한다. 켈리의 귀인이론은 특이성, 합의성, 일관성을 통해 타인의 행동의 원인이 그 사람 내부에 의한 것인지, 외부에 의한 것인지를 추론한다.
e. 강화(reinforcement)가 뒤에 붙은 것들, 즉 긍정적 강화(positive reinforcement)와 부정적 강화(negative reinforcement)는 모두 행동을 증가시킨다. 반면 소거(extinction)와 벌(punishment)은 행동을 감소시킨다.

0445 ④

① 조직몰입은 정서적 몰입, 지속적 몰입, 규범적 몰입으로 구성되는데, 조직구성원으로서 가져야 할 의무감에 기반한 몰입은 규범적 몰입(normative commitment)이고, 지속적 몰입은 경제적 가치에 기반한 몰입이다.
② 강화가 중단되었을 때도 바람직한 행동이 계속 나오는 것, 즉 강화물 소거에 대한 저항은 보통 고정적 강화보다는 변동적 강화가 더 크다. 따라서 정적 강화(positive reinforcement)에서 강화가 중단될 때, 고정비율법에 따라 강화된 행동이 변동비율법에 따라 강화된 행동보다 빨리 사라지며, 마찬가지로 고정간격법에 따라 강화된 행동이 변동간격법에 따라 강화된 행동보다 빨리 사라진다.
③ 감정노동(emotional labor)의 강도가 높을수록 조직몰입은 감소하고 감정소진(emotional burnout)은 증가한다. 감정지능(emotional intelligence)은 감정노동과 감정소진 간의 조절변수 역할을 한다.
⑤ 조직시민행동은 신사적 행동(sportsmanship), 예의바른 행동(courtesy), 이타적 행동(altruism), 공익적 행동(civic virtue), 양심적 행동(conscientiousness) 등의 5가지 요소로 구성된다.

0446 ③

① 내재론자는 일의 실패와 성공이 모두 자기로 인해 비롯된다고 생각하기 때문에 그 반대인 외재론자보다는 동기수준이 높다.
② 내재론자는 성과를 결정짓는 것이 자신의 노력이라고 생각하지만, 외재론자는 성과를 결정짓는 것이 자신 외부의 무언가라고 생각한다.
③ 외재론자(externals)는 자기가 통제할 수 있는 일이 적다고 믿으므로 장래에 자신이 통제 못할 사건이 발생할 것에 대해 근심이 많다.
④ 내재론자는 자신의 노력이 성과를 결정한다고 믿으므로 업무와 관련된 문제해결이나 학습에 있어서 보다 능동적이다.
⑤ 외재론자는 걱정을 많이 하는 경향이 있기 때문에 걱정없이 일할 수 있는 단순 노동이나 규정대로만 해야 하는 직무, 완전 통제 하에서 움직여야 하는 조직에서는 외재론자가 내재론자보다 더 효과적일 수 있다.

0447 ③

① 자기효능감(self-efficacy)은 다음의 4가지 경우에 증가될 수 있다. 직무와 관련하여 과거에 그 직무를 성공적으로 수행한 경험(성공경험)이 있거나, 누군가 해당 일을 성공하는 것을 보았을 때(대리 모델링), 누군가가 자신이 성공에 필요한 기술을 가지고 있다고 말했을 때(구두설득), 활력이 넘치는 상태일 때(각성) 자기 효능감은 증가된다.
② 자기감시성향(self-monitoring)이 높은 사람은 외부 정보에 무척 민감하고 상황마다 다르게 행동할 수 있으므로, 외부 상황적 요인에 적응시키는 능력이 뛰어나다.
③ Big 5 성격유형에서 타인을 존중하는 개인의 성향은 친화성(agreeableness)이다. 한편 Big 5 성격유형 가운데 성실성(conscientiousness)이 높은 사람은 자신의 직무에 많은 노력을 투입하기 때문에, 직무성과가 높은 편이다.
④ A형 성격은 적은 시간에 많은 것을 성취하기 위해 끊임없이 노력을 하고, 경쟁적이며, 시간에 쫓기는 것처럼 보인다. 반면 B형 성격은 A형 성격의 정반대이다.

0448 ①

① big 5 성격유형 가운데 다른 사람들과 잘 어울리고 남을 신뢰하는 성향은 친화성(agreeableness)이다. 경험에 대한 개방성(openness to experience)은 새로운 것에 호기심을 갖고 매료되는 정도를 말한다.

② MBTI(Myers-Briggs Type Indicator)에서는 에너지차원, 개인이 정보를 수집하는 방식, 판단하는 방식, 생활양식 등 4가지 차원에 근거하여 성격유형을 분석하고 성격유형에 적합한 직업을 제시하고 있다.

③ 자신의 자존심을 지키기 위해 성공의 원인은 자신의 능력이나 노력 등의 내재적 요인에서 찾고, 실패의 원인은 과업의 난이도나 운 등의 외재적 요인에서 찾으려는 경향을 자존적 편견(self-serving bias)이라고 한다.

④ A형 성격은 완벽주의자와 유사하므로 A형의 성격을 지닌 사람은 B형의 성격을 지닌 사람보다 경쟁적이고 조급한 편이다. 이 때문에 스트레스를 많이 받고 심혈관 질환에 걸릴 확률이 높다.

0449 ①

① 자신의 운명을 스스로 통제한다고 믿는 사람들을 내재론자(internalizer)라 하고, 반대로 자신의 운명이 자기 외부에 존재하는 힘들에 의해 결정된다고 믿는 사람들을 외재론자(externalizer)라고 한다. 따라서 내재론자는 외재론자에 비해 자기 자신을 자율적인 인간으로 보고 자기의 운명과 일상생활에서 당면하는 상황을 자기 자신이 통제할 수 있다고 믿는 경향이 있다.

② 프리드만과 로즈만(Friedman & Roseman)에 의하면 A형 성격은 참을성이 없고 성취에 대한 욕망이 크며 완벽주의로 특징 지워지는 성격이다. 반면, B형은 느긋하고 모든 일에 태평하며 덜 경쟁적인 성격 유형이다.

③ 지각(知覺, perception)이란 사람들이 환경에 의미를 부여하기 위하여 감각적 인상을 조직하고 해석하는 과정을 말하며, 지각과정에 영향을 미치는 요인에는 지각대상, 지각자, 지각이 일어나는 상황 등이 있다. 즉 지각대상, 지각자, 상황에 따라 지각이 될 수도 있고 안될 수도 있다.

④ 외향성(extroversion)은 어떤 사람이 사회적 관계 속에서 편안함을 느끼는 정도를 말한다. 외향적인 사람은 모이는 것을 좋아하고, 활발하며, 남과 잘 어울린다. 반면에 내향적인 사람은 수줍어하고 소극적이며 조용하다. 따라서 외향적인 성향의 사람은 내향적인 성향의 사람보다 말이 많고 활동적인 경향이 있다.

⑤ 많은 자극 가운데 자신에게 필요한 자극에만 관심을 기울이고 이해하려 하는 현상을 선택적 지각(selective perception)이라고 한다. 사람들은 자신이 관찰한 것을 모두 흡수하지 못하므로 선택적 지각을 할 수 밖에 없다. 모든 것을 흡수할 수 없기 때문에, 사람들은 조각조각 부분적인 자료를 모은다. 그러나 이러한 자료는 무작위적으로 선택되는 것이 아니며, 관찰자의 관심, 배경, 경험, 태도 등에 따라 모아지는 조각은 달라진다.

0450 ②

a. 성격(personality)은 개인의 독특한 개성을 나타내는 전체적인 개념으로 선천적 유전에 의한 생리적인 것을 바탕으로 하여 개인이 사회문화환경과 작용하는 과정에서 형성된다. 또한 성격은 시간과 상황의 변화에도 불구하고 지속적인 동시에 한 개인을 다른 사람과 구별해주는 특징적인 사고, 감정 및 행동양식이라고 할 수 있다.

b. 어떤 목적을 위해 개인의 행동을 일정한 방향으로 작동시키는 내적 심리상태를 의미하는 것은 '욕구'가 아니라 '동기(motive)'이다. 그리고 동기부여(motivation)란 조직목표를 효과적으로 달성하기 위한 경영자의 핵심적인 지휘활동의 하나로 조직 구성원들이 조직의 목표를 자발적이고 적극적으로 수행하려는 내적인 심리상태를 가지도록 유도하는 과정을 말한다. 반면 욕구(needs)는 특정 목적이 있는 동기와는 달리 안전, 편안함, 배부름 등과 같이 본원적인 것으로 이를 충족시키기 위해서는 현실적 수단이 필요하다. 욕구가 사람들의 행동에 동기를 부여한다고 보는 것이 바로 동기부여의 욕구이론이다.

c. 사회적 학습이론(social learning theory)은 타인을 보고 배우는 인지적이고 이성적인 과정을 통하여 새로운 행동이 습득되는 학습방식이다. 단순히 반응적이거나 강화나 벌에 의한 조작적 조건 없이도 타인을 관찰함으로써 오는 생각과 깨달음을 통해 새로운 행동을 배울 수 있다는 의미이다. 따라서 사회적 학습이론에서 학습자는 다른 사람의 어떤 행동을 관찰하여 그것이 바람직한 결과를 가져올 때에는 그 행동을 모방하고, 좋지 않은 결과를 가져올 때에는 그 같은 행동을 하지 않게 된다.

d. 직무에 대한 개인의 의무·권한·책임이 명료하지 않은 지각상태를 의미하는 것은 역할모호성(role ambiguity)이다. 역할갈등(role conflict)은 한 사람이 여러 가지 역할을 수행하는 과정에서 어느 한 역할을 수행할 경우 다른 역할수행이 어려운 것을 말한다.

0451 ④

① 태도는 특정 대상에 대한 호의적 비호의적 느낌이므로 태도가 가치관보다 더 구체적이다.

② 태도는 구체적인 가치관은 포괄적이기 때문에 가치관이 같아도 특정 대상에 대한 태도는 다를 수 있고, 반대로 가치관이 달라도 특정 대상에 대한 태도는 같을 수 있다. 가령 진보적인 가치관을 가진 사람과 보수적인 가치관을 가진 사람은 가치관은 달라도 '나이키"에 대한 태도는 같을 수도 있다.

③ 가치관은 사람의 인생을 통해 서서히 형성되고 또한 흑백논리를 통해 형성되므로 태도보다는 가치관이 더 안정적이다.

④ 가치관(values)은 태도(attitude)의 바탕을 형성하는 것이므로 가치관은 태도에 영향을 미치지만, 역으로 태도는 가치관에 영향을 미치지는 못한다.

⑤ 한 조직을 구성하는 사람들이 공통으로 갖는 가치관은 조직문화의 요소가 될 수 있으며, 나아가 한 국가를 구성하는 사람들이 공통으로 갖는 가치관은 국가문화의 요소가 될 수 있다.

0452 ①

홉스테드의 국가간 문화분류의 차원은 다음과 같다.
1. 개인주의 vs 집단주의
2. 남성문화(남성성) vs 여성문화(여성성)
3. 장기성향 vs 단기성향
4. 불확실성 회피성향 고 vs 저
5. 권력격차 고 vs 저

하지만 고맥락(high context)과 저맥락(low context)은 Hofstede의 분류가 아니라 Hall의 분류이다.

0453 ③

① 맞는 보기. 감성지능(emotional intelligence) 혹은 감정지능이란 자신의 감정을 잘 알고, 타인의 감정을 잘 파악하여 감정적인 자극과 정보를 간파하고 관리하는 능력을 말한다. 이 때문에 감성지능이 낮은 사람보다 높은 사람이 타인과의 갈등을 건설적으로 더 잘 해결하는 경향이 있다.

② 맞는 보기. 스트레스는 조직 구성원의 긴장을 유발시키며, 일상생활의 균형감을 잃게 하는 심리적·생리적 반응을 가져오게 하는 힘이며, 스트레스는 갈등과 마찬가지로 순기능과 역기능을 동시에 갖는다. 스트레스가 적절한 수준이면 업무성과에 긍정적 영향을 미치지만 스트레스가 과다하면 직무불만족이 증가하고 이로 인해 업무성과가 낮아질 수 있다.

③ 가치관(value)은 궁극적 가치관과 수단적 가치관으로 구분되는데, 궁극적 가치관(terminal values)은 개인이 평생 추구하는 목표를 의미하고 수단적 가치관(instrumental value)은 어떤 목표나 최종상태를 달성하기 위한 수단 혹은 사용될 수 있는 수용 가능한 행동을 형성하는 가치관을 말한다.

④ 맞는 보기. 귀인오류 가운데 하나인 자존적 편견(self-serving bias)은 자신의 성공은 내재적 요인에 원인을 귀인하고, 실패는 외재적 요인에 귀인하는 경향을 말한다.

⑤ 맞는 보기. 인상관리(impression management)는 정치적 행동 가운데 하나로 다른 사람들이 자신에 대해 형성하게 되는 지각(인상)을 개인이 관리하거나 통제하려고 시도하는 과정을 말한다. 보통 자기감시(selfmonitoring) 성향이 높은 사람이 인상관리에 더 많은 신경을 쓴다.

0454 ③

일관성이 높고, 합의성과 특이성이 낮은 경우 내적 요인에 귀인하게 되며, 반대로 일관성이 낮고, 합의성과 특이성이 높은 경우 외적 요인에 귀안하게 된다.

0455 ③

① 인간이 자기와 타인의 행동에 대해 그 원인을 추론하려는 성향을 귀인(attribution)이라고 하는데, 귀인은 내적귀인과 외적귀인으로 구분된다. 내적 귀인(internal attribution)은 행위자의 외향적 성격과 대인관계 역량에 귀인하는 것이고, 외적 귀인(external attribution)은 사건의 원인을 행위자의 운과 맡은 과업의 성격 탓으로 귀인하는 것이다.

② 켈리(Kelley)의 귀인모형에서 합의성(consensus)이 높으면 행위자의 외적 요인에 귀인하는 경향이 있다. 예를 들어 합의성이란 A군의 영어시험 성적을 다른 사람의 영어 점수와 비교하는 것으로 합의성이 높다면, 즉 A군만 영어점수가 낮은게 아니라 다른 사람도 영어점수가 낮다면 A군의 영어점수가 낮은 이유를 영어시험이 어려운 탓으로 돌릴 가능성이 높다.

④ 자존적 편견(self-serving bias)은 자신의 자존심(self-esteem)을 지키기 위해 자신의 성공은 기질이나 성격 등과 같은 내적인 요소에 귀인하는 반면, 자신의 실패에 대해서는 상황 등의 외적 요소에 귀인하는 오류이다.

⑤ 켈리(Kelley)의 귀인모형에서 특이성(distinctiveness)이 높으면 행위자의 외적 요인에 귀인하는 경향이 있다. 예를 들어 특이성이란 A군의 영어시험 성적을 A군의 다른 과목 점수와 비교하는 것으로 특이성이 높다면 즉 A군이 영어시험 성적은 낮은데 다른 과목에서 점수가 높다면, A군의 영어점수는 예외적인 상황이므로 외부적으로 원인(영어시험이 어렵게 출제됨)으로 귀인하게 될 것이다.

0456 ②

① 10명의 후보자가 평가위원과 일대일 최종 면접을 할 때 피평가자의 면접순서는 대비효과와 최근효과에 영향을 미칠 수 있으나, 평가자의 중심화 경향, 관대화 경향과는 관련이 없다. 대비효과(contrast effect)는 판단을 함에 있어 대비되는 정보로 인하여 판단이 왜곡되는 것을 의미한다. 만약 면접에서 극히 나쁜 태도를 갖고 있어 성적이 좋지 않은 피면접자의 면접 직후에 보통의 피면접자가 면접을 하게 된다면 이 피면접자는 우수하다고 평가될 수 있다. 또한 최근효과(recency effect)는 판단을 함에 있어 최근에 제공된 정보에 보다 무게를 두게 되는 경향을 말한다. 지금까지 아카데미 영화제에서 최우수 작품상에 선정된 25편의 영화 중 21편이 하반기에 개봉된 것이고, 무려 12편이 연말에 개봉된 영화이다. 심사위원들이 최근에 개봉된 영화에 높은 점수를 주는 경향이 있다는 것을 미루어 짐작할 수 있는 부분이다. 이와 마찬가지로 면접관들이 10명의 후보자를 면접한 후에 가장 나중(최근)에 면접을 한 사람에게 더 높은 점수를 줄 수도 있다. 이것이 최근효과이다. 하지만 중심화 경향과 관대화 경향은 면접의 순서와는 관련이 없다.

② 켈리(Kelley)의 귀인모형에서 귀인(attribution)의 법칙은 다음과 같다.

	합의성	특이성	일관성
내부귀인	저	저	고
외부귀인	고	고	저

③ 행위자 관찰자효과(actor observer effect)는 다른 사람들 즉 관찰자의 행동은 기질적인 요소에 의한 것으로 판단하는 반면, 자신 즉 행위자의 행동은 상황적인 요소 때문에 발생한 것으로 생각하는 것이다. 예를 들어, 수업시간에 교수의 질문에 대답하지 못한 학생의 행동에 대해 우리는 그 학생이 게으르고 공부를 못하는 학생이라고 판단하지만, 교수의 질문에 대답을 하지 못한 자신에 대해서는 전날에 다른 과목 시험공부를 하느라 복습할 시간이 없었기 때문에 또는 몸이 좋지 않았기 때문이라고 생각할 것이다. 즉 행위자 입장에서는 행동에 미치는 외적 요인(상황적 요인)에 대한 이해가 충분하나, 관찰자 입장에서는 행위자의 외적 요인을 간과하거나 무시하고 행위자의 내적 요인으로 귀인하려는 오류이다.

④ 개인은 만족할 만한 수준의 대안을 찾는 의사결정을 하기보다는 인지적 한계와 탐색비용을 고려하지 않고 최적의 대안(optimal solution)을 찾는 의사결정을 한다고 본 것은 합리적 의사결정(rational decision making)이다. 제한된 합리성(bounded rationality)하에서 개인이나 조직은 최적의 대안 선택에 관심을 갖고 있으나, 최적의 대안을 선택하는 것은 여러 제한요소들 때문에 불가능하고 대신 최적의 대안은 아니지만 만족스러운(satisficing) 대안을 선택하게 된다.

⑤ 집단 사고(group think)는 절차가 비민주적이고 응집력이 강한 집단에서 구성원들간의 합의에 대한 요구가 지나쳐서 이 요구가 다른 대안의 모색을 저해하는 경향을 말한다. 이와는 달리 집단으로 모여 문제해결을 위한 토의를 하면 토론 전과는 달리 토론 후에 의견이 양극화되는 현상을 '집단 양극화(group bipolarization)'이라고 한다.

0457 ⑤

① 어떤 과업의 성공적 수행에 필요한 능력을 개인 스스로 가지고 있다고 생각하는 믿음은 자기효능감(self-efficacy)이다. 주관의 객관화(projection)는 정직성이 낮은 평가자가 정직한 평가자보다 피평가자를 더 부정적으로 평가하는 경향을 말한다.

② 자존적 편견(self-serving bias)은 자신의 성공은 내적 요인에 귀인하고, 반면 실패는 외적 요인에 귀인하는 것을 말한다.

③ 주위사람의 기대대로 행동함으로써 결국은 예측된 결과가 이루어지는 것은 자성적 예언(self-fulfilling prophecy) 혹은 피그말리언 효과이다. 나와의 유사성(similar-to-me) 효과는 자신과 유사한 사람을 호의적으로 평가하는 것을 말한다.

④ 대비효과(contrast effect)는 판단을 함에 있어 대비되는 정보로 인해 판단이 왜곡되는 현상을 의미한다. 가령 면접시 극히 태도가 나쁘고 성적이 낮은 지원자의 직후에 보통 정도의 지원자가 면접을 하게 될 경우, 이 면접자는 우수하다고 평가될 수 있다.

0458 ④

① 출신학교나 출신지역과 같이 그 사람이 속한 집단을 근거로 사람을 평가하는 오류를 스테레오타입(stereotype)이라고 한다.

② 피평가자가 가진 비슷한 특질들(예 근면성과 성실성)이 서로 관계가 있는 것으로 생각하여 유사하게 평가하려는 경향을 논리적 오류(logical error)라고 한다.

③ 평가를 할 때, 처음에 주어진 정보에 더 큰 비중을 두는 경향을 초기효과(primacy error)라고 한다.

④ 중심화 경향(central tendency)은 평가자가 매우 좋다 혹은 나쁘다 하는 판단을 기피하여 중간 정도로 판단하는 것으로 사전에 일정한 범위와 수를 결정해 놓고 비율에 따라 강제로 할당하는 강제할당법(forced distribution method)을 사용하면 중심화 경향 오류를 감소시킬 수 있다.

⑤ 정직성이 낮은 평가자가 정직한 평가자보다 피평가자를 더 부정적으로 평가하는 경향을 투영효과(투사, 주관의 객관화, projection)라고 한다.

0459 ②

① 켈리(Kelley)의 귀인이론에서는 타인의 행동을 귀인할 때 특이성(기존행위와 다른 정도), 합의성(다른 사람들의 행동과 동일한 정도), 일관성(시간의 변화와 무관하게 항상 동일한 정도)으로 구분하여 파악한다.

② 자존적 편견(self-serving bias)은 평가자가 자신의 자존심을 지키기 위하여, 자신이 실패했을 때는 자신의 외부적 요인에서 원인을 찾고, 자신의 성공에 대해서는 내부적 요인에서 원인을 찾으려는 경향을 의미한다. 반면 이와 비교되는 것으로 근원적 귀인오류(fundamental attribution error)란 타인의 행동에 대해 외부적 상황보다는 그 사람의 기질적 특성이나 성격을 통해 설명하고 이해하려는 경향을 말한다.

③ 성격유형을 A형과 B형으로 구분할 때, A형은 완벽주의자에 가까운 성격유형이므로 느긋한 B형보다 업무처리 속도가 빠르고, 인내심이 부족한 편이다.

④ 조직시민행동(organizational citizenship behavior)이란 조직에서의 공식적인 역할이 아니더라도, 조직을 위해 자발적으로 희생하고 노력하며 동료를 돕는 행동을 의미한다. 즉 조직에서 사람들 사이를 부드럽게 하는 윤활제 같은 행동이다.

⑤ 마이어(Meyer)와 알렌(Allen)은 조직몰입을 정서적 몰입, 지속적 몰입, 규범적 몰입으로 구분하였는데, 이 중 지속적(continuance) 몰입은 조직을 떠나면 경제적 비용이 많이 발생하기 때문에 조직에 머물러 있으려는 태도를 의미한다. 즉 지속적 몰입은 경제적 가치에 근거한 몰입이다.

0460 ④

a. 맞는 보기. 태도(attitude)란 어떤 대상, 사람 또는 사건에 대해 호의적, 비호의적으로 평가하는 것을 말한다. 태도는 정서적(affective), 인지적(cognitive), 행동적(behavioral) 요소로 구성된다.

b. 직무만족(job satisfaction)은 직무와 관련된 태도 중 하나로 직무의 여러 요소에 대한 평가를 종합하여 지니게 되는 직무에 대한 호의적인 감정이다. 직무만족의 구성개념(construct)은 업무자체, 급여, 승진, 상사, 동료, 직무전반 등이다.

c. 맞는 보기. 마키아벨리즘(Machiavellianism)이란 자신의 목적 달성을 위해 다른 사람을 이용하고 조작하려는 성향을 의미한다. 마키아벨리즘적 성향이 높은 사람은 대인관계에 있어 속임수와 조작을 사용하는 성향을 보인다.

d. 켈리(Kelley)가 제시한 귀인의 결정요인은 합의성(consensus), 특이성(distinctiveness), 일관성(consistency)이다. 합의성은 개인의 행동을 다른 사람과 비교하는 것이고, 특이성은 직무에 있어서 그 사람의 다른 과업에서의 행동과 비교하는 것이고, 일관성은 시간의 흐름에도 주어진 직무에 얼마나 일관성이 있는지를 판단하는 개념이다.

e. 맞는 보기. 피그말리온 효과(Pygmalion effect) 혹은 자성적 예언(self-fulfilling prophecy)이란 특정인에 대한 기대가 실제 행동 결과로 나타나게 되는 현상을 의미한다. 사람은 윗사람이나 동료가 믿고 기대하는 바에 따라 행동하게 되고 그러한 행동의 결과로 타인이 기대하는 바가 현실로 되는 경우가 많은데 이러한 현상을 피그말리온 효과라고 한다.

0461 ①

b. 상위욕구의 충족이 좌절되면 그보다 하위단계의 욕구를 충족시키려 한다.(ERG 이론의 좌절-퇴행 가설을 의미함)

c. 생리적 욕구-안전욕구-사회적 욕구-존경욕구-자아실현욕구의 순서로 단계가 나누어진다.

d. 욕구의 5단계를 양분했을 때, 상위욕구들은 동기요인에, 하위욕구들은 위생요인에 해당한다.

e. ERG이론은 매슬로 이론의 5가지 욕구를 3가지로 재분류하였다.

0462 ③

① 기대이론에서 동기부여는 기대감(expectancy), 유의성(valence), 수단성(instrumentality)의 곱으로 계산되므로 셋 중 하나라도 0의 값을 가지면 동기부여 수준은 0이 된다.

② 기대이론의 3가지 개념 가운데, 수단성과 유의성은 음(-)의 값을 가질 수 있기 때문에 전체 동기부여 수준은 음(-)의 값을 가질 수 있다.

③ 기대감(expectancy)이란 노력을 했을 때 특정 수준의 성과를 낼 수 있는가에 대한 주관적 확률로서 0에서 1까지의 값을 가진다.

④ 카페테리아식 복리후생 제도를 실시하면 자신에게 가치가 있는 복리후생을 선택할 수 있기 때문에 종업원의 유의성(valence)을 높이는 방법이 될 수 있다.

⑤ 성과급을 도입하면 성과와 보상 간의 연계가 확립되므로 종업원의 수단성(instrumentality)이 높아질 수 있다.

0463 ③

① 기술다양성(skill variety)은 업무수행에 요구되는 기술이 얼마나 여러 가지인가를 뜻하며, 다양성이 높은 직무에서 수행자는 직무의 의미성(meaningfulness)을 느끼게 된다.

② 과업정체성(task identity)은 업무내용이 시작부터 끝까지 전체에 관한 것인지 아니면 일부에만 관여하도록 되어 있는지에 관한 것으로 정체성이 높은 직무에서 수행자는 직무의 의미성(meaningfulness)을 느끼게 된다.

④ 자율성(autonomy)은 업무수행에서 개인에게 부여된 자유와 재량권 정도로서 자율성이 큰 직무에서 수행자는 업무에 대한 책임감(responsibility)을 느끼게 된다.

⑤ 피드백(feedback)은 업무자체가 주는 수행성과에 대한 정보의 유무를 뜻하며 피드백이 높은 직무에서 수행자는 수행결과에 대한 지식을 얻게 된다.

0464 ①

① 과업정체성(task identity)이란 업무의 내용이 시작부터 끝까지 전체에 관한 것인지 아니면 일부에만 관여하도록 되어 있는지를 의미한다.

② 결과변수에는 작업의 질, 만족도, 이직율, 결근율이 포함된다. 하지만 작업의 양은 늘어나지 않는다.

③ 성장욕구가 강한 사람에게는 과업중요성(task significance)과 과업정체성(task identity)이 높은 직무가 적합하다. 더 나아가 성장욕구 수준이 높은 사람에게는 MPS(motivating potential score)값이 높은 직무가 적합하다.

④ 작업자의 성장욕구 수준은 직무특성과 심리상태 간 조절변수(moderator) 역할을 하므로 성장욕구가 강한 사람에게 자율성(autonomy)이 높은 직무를 맡기면 직무에 대한 책임감을 더 많이 경험하게 된다.

⑤ 중요 심리상태에는 작업의 의미에 대한 경험(의미감), 책임감 그리고 직무수행 결과에 대한 지식으로 구성된다.

0465 ③

③ 인지적 평가이론(cognitive evaluation theory)은 내재적 보상으로 인해 동기가 유발되어 있는 상황에서 외재적 보상이 투입되면 내재적 보상의 효과를 외재적 보상이 대체한다고 주장한다. 즉 인지적 평가이론은 내재적 보상과 외재적 보상을 동일한 보상으로 보지 않고 외재적 보상이 내재적 보상을 대체한다고 본다.

0466 ④
① 맥클리랜드는 성취동기이론에서 성취욕구(need for achievement), 권력욕구(need for power), 친교욕구(need for affiliation)의 3가지 욕구를 제시하면서, 사람들은 욕구의 수준에 부합하는 행동을 한다고 주장하였다. 즉 친교욕구(need for affiliation)가 높은 사람은 다른 사람의 인정을 받으려고 노력하고 권력욕구(need for power)가 높은 사람은 다른 사람을 지배하고 통제하고 싶어한다. 또한 성취욕구가 높은 사람은 성공에 대한 강한 희망을 가지고 있어 도전적이다.
② 앨더퍼(Alderfer)의 ERG이론은 매슬로의 욕구단계이론의 5가지 욕구를 존재(E: existence), 관계(R: relatedness), 성장(G: growth)의 세 가지 욕구로 재분류하고 욕구의 만족-진행(satisfaction-progression)과 더불어 좌절-퇴행(frustration-regression)이 일어난다고 주장한다.
③ 공정성 이론(equity theory)에서 자신의 투입(input)과 산출(outcome)의 비율이 준거인 대비 불공정하다고 지각한 개인은 자신의 투입(input)의 변경, 산출(output)의 변경, 투입과 산출의 인지적 왜곡, 비교대상의 변경 등의 방법으로 불공정성을 해결하려고 한다.
④ 봉급, 작업조건 감독, 상사와의 관계 등은 '불만족'에 관여하는 위생요인(hygiene factor)에 해당하며, 이들 요인은 '만족'에 전혀 영향을 미치지 못한다.

0467 ④
① 허쯔버그(Herzberg)의 2요인이론에서 작업환경은 위생요인(hygiene factor)에 해당하는 것으로 작업환경을 개선한다고 해도 종업원의 '만족'에는 변화가 없으며, 종업원의 '불만족'만 줄어들 뿐이다.
② 공정성 이론(equity theory)에서 임금 수준 그 자체보다는 투입과 산출의 비율을 준거인과 비교했을 때 이것이 '불공정'한지 혹은 '공정'한지를 개인이 어떻게 지각하느냐가 더 중요하다.
③ 기대이론에서 종업원이 좋아하는 보상을 제공할 때 유의성(valence)이 높아진다.
④ 직무특성이론에서 성장욕구 수준은 5가지 핵심직무특성과 심리상태 간, 심리상태와 성과 간 조절변수(moderator)로 작용하므로 성장욕구 수준이 낮은 종업원에게는 5가지 핵심직무특성이 낮은 단순한 직무가 더 적절하다.
⑤ 과업의 분화가 많이 될수록, 즉 전문화 수준이 높아질수록 과업정체성(task identity)은 낮아진다.

0468 ④
① 기대이론(expectancy theory)에서 기대감(expectancy)은 행위자의 노력이 1차적 성과를 달성할 수 있을지에 대한 주관적인 판단이다.
② 아담스(Adams)의 공정성이론(equity theory)은 분배적 공정성 혹은 분배적 정의(distributive justice) 만을 고려하고 있다. 분배적 공정성이란 보상이 고정하고 형평성에 맞게 분배되는지에 관한 사람들의 믿음을 의미한다. 아담스의 공정성이론에서는 주로 자신의 투입과 산출의 비율을 다른 사람들의 투입과 산출과 비교하기 때문에 분배적 공정성만을 다루고 있다. 하지만 최근의 공정성의 개념은 분배적 공정성을 뛰어넘어 절차적 공정성(procedural justice)과 상호작용 공정성(interactional justice)으로 확대되었다.
③ 허쯔버그(Herzberg)의 2요인이론에서 위생요인은 임금, 작업환경, 근로조건을 포함하고 근로자의 불만족을 제거하는 역할을 한다.(칭찬과 인정은 동기요인에 해당된다)
⑤ 동기부여 이론을 크게 내용이론(content theory)과 과정이론(process theory)으로 분류할 때 ERG이론은 내용이론에 속하지만, 직무특성이론은 내재적 동기이론에 속한다.

0469 ②
② 허쯔버그(Herzberg)는 성취감은 동기요인으로, 급여는 위생요인으로 분류하였다. 동기요인은 만족감을 증진시키고, 위생요인은 불만족을 감소시킨다.
③ 핵크만(Hackman)과 올드햄(Oldham)의 직무특성이론에서 성장욕구수준은 직무특성과 동기부여 수준 간 조절변수의 역할을 한다. 따라서 성장욕구 수준이 높은 사람이 직무정체성(task identity)이 높은 직무를 수행할 때 의미감을 더 많이 느낄 수 있고, 이 의미감이 동기부여 수준을 더 높이는데 기여한다.
⑤ 허쯔버그(Herzberg)가 제시한 위생요인과 동기요인은 각각 외재적 보상과 내재적 보상을 의미하므로 둘 모두는 개인이 받는 보상(산출물)에 포함될 수 있다.

0470 ②
① 허쯔버그(Herzberg)의 2요인이론(Two Factor Theory)에 의하면, 회사의 정책, 작업조건, 급여 등의 요건은 위생요인이므로 이것이 충족되어도 만족도가 증가하지는 않고, 불만족이 줄어들 뿐이다.
② 기대이론(Expectancy Theory)에 의하면, 개인이 특정한 성과를 달성했을 때 최종적인 보상을 받을 수 있는 가능성에 대한 주관적 믿음을 수단성(instrumentality)라고 하며, 이는 '-1'부터 '1'까지의 값을 가진다.
③ 공정성 이론(Equity Theory)에 의하면, 과소보상과 과다보상 모두 인지부조화 상태에 해당하므로 심리적 균형을 회복하기 위해 비교대상이 되는 사람을 변경하거나 다른 사람의 투입과 산출을 다르게 해석하려고 노력할 수 있다.
④ 핵크만(Hackman)과 올드햄(Oldham)의 직무특성이론(Job Characteristics Theory)에 의하면, 잠재적 동기지수(MPS: Motivating Potential Score)는 다음과 같은 공식으로 계산되므로 직무의 자율성이 '0'의 값을 가지면 잠재적 동기지수는 '0'의 값을 가진다.

$$\text{동기잠재력 지수}(MPS) = \frac{(\text{기술다양성}+\text{과업정체성}+\text{과업중요성})}{3} \times \text{자율성} \times \text{피드백}$$

⑤ 목표설정이론(Goal Setting Theory)에 의하면, 목표의 특성과 종류뿐만 아니라 상황적 요인에 따라서도 성과가 달라질 수 있다. 대표적 상황요인에는 조건적 보상과 피드백이 있다.

0471 ④

① 앨더퍼(Alderfer)의 ERG 이론에 의하면 높은 차원의 욕구인 관계욕구(R)가 충족되지 않을 때 (낮은 차원의 욕구인 존재욕구(E)에 대한 강도가 더 강해진다.)
② 공정성 이론(equity theory)에서는 자신의 투입과 산출의 비율을 준거인과 비교하므로 보상의 절대적 수준보다는 상대적 수준이 더 강조된다.
③ 허쯔버그(Herzberg)의 이요인 이론(two factor theory)에 의하면 동료와의 관계는 위생요인(hygiene factor)이므로 동료와의 관계가 개선되면 불만족이 감소한다.
④ 기대이론(expectancy theory)에 의하면 동기부여는 기대감, 수단성, 유의성의 곱으로 계산되므로 기대(expectancy), 수단성(instrumentality), 유의성(valence) 중 하나라도 '0'의 값을 가지면 전체 동기부여 수준은 '0'이 된다.
⑤ 기대이론에 의하면 개인의 성과와 임금의 상관관계가 높을 때 수단성(instrumentality) 값이 높아질 수 있다.

0472 ②

① 브룸(Vroom)의 기대이론(expectancy theory)에 의하면, 수단성(instrumentality)을 높이기 위해서는 성과와 보상 간의 연계를 강화할 필요가 있는데 이를 위해 성과에 비례하여 지급하는 성과급 제도를 확립하는 것도 좋은 방법이 된다. 종업원이 선호하는 보상 수단을 제공하면 그들의 유의성(valence)을 높일 수 있다.
② 허쯔버그(Herzberg)의 이요인이론(two factor theory)에 의하면, 임금, 작업환경, 동료와의 관계 등의 위생요인(hygiene factor)은 불만족에만 관여하는 요인이므로 이들 위생요인을 개선하면 종업원의 불만족을 줄일 수 있지만 그렇다고 종업원의 만족도를 높일 수는 없다.
③ 브룸의 기대이론에서 기대(expectancy)는 노력했을 때 성과가 나타날 수 있는 주관적 확률로서 보통 자기효능감(self-efficacy)이 높은 사람이 '기대'가 높다.
④ 브룸의 기대이론에 의하면, 기대(expectancy)란 노력과 성과 간의 연계를 의미하는 것으로 노력이 성과로 이어지기 위해서는 종업원들에게 직무수행과 관련된 적절한 교육훈련을 제공하는 것이 좋다.
⑤ 아담스(Adams)의 공정성 이론(equity theory)에 의하면, 자신의 교환비율(산출/투입)이 타인의 그것과 비교했을 때 공정하지 않고 과다하거나 과소할 때 모두 공정성을 회복하려는 행동에 동기부여된다. 즉 과다보상의 경우에는 투입을 늘려서 공정한 교환관계가 되려고 할 것이고 반대로 과소보상의 경우에는 투입을 줄이거나 산출을 늘려서 공정한 관계가 되려고 할 것이다. 종업원이 불공정성(과다 혹은 과소)을 지각했을 때 공정성을 회복하려는 행동에 동기부여되는 것은 페스팅어(Festinger)의 인지부조화(cognitive dissonance)이론으로 설명가능하다.

0473 ②

① 앨더퍼(Alderfer)의 ERG이론, 허쯔버그(Herzberg)의 2요인이론(two factor theory)은 동기부여의 내용이론(content theory)에 해당되나, 브룸(Vroom)의 기대이론(expectancy theory)은 동기부여의 과정이론(process theory)에 해당한다.
③ 브룸(Vroom)의 기대이론에 따르면 유의성(valence)은 개인이 특정한 행위를 달성함으로써 그에 따라 얻어지는 2차적 결과물들 각각에 대하여 갖는 욕구를 의미한다. 유의성은 행위자가 보상에 대하여 갖는 욕구와 관련이 있지만, 성장욕구나 존재욕구와는 관련이 없다. 수단성이란 1차적 결과(과업)를 달성했을 때 2차적 결과(보상)가 주어질 것인가에 대한 확률지각을 의미한다.
④ 매슬로(Maslow)의 욕구단계이론은 욕구의 좌절은 고려하지 않았다. 하지만 이후에 등장한 앨더퍼(Alderfer)의 ERG이론은 욕구의 좌절을 고려하여 성장욕구나 관계욕구가 좌절이 되면 바로 아래 욕구인 관계욕구와 존재욕구를 충족시키려는 좌절-퇴행(frustration regression)의 과정이 발생한다고 주장했다.
⑤ 아담스(Adams)의 공정성 이론(equity theory)은 개인과 조직 간 교환관계에서 지각된 불균형이 갖는 동기적 효과를 설명하는 이론이므로 분배적 공정성(distributive justice)의 내용만을 다루고 있다. 그러나 1970년대 후반부터 공정성 이론이 확대되어 조직공정성(organizational justice)으로 발전하였는데, 조직공정성은 분배적(distributive), 절차적(procedural), 상호적(interactional) 공정성으로 구성된다.

0474 ③

① 목표설정이론에 따르면 일반적인 목표보다 구체적(specific)인 목표를 제시하는 것이 구성원들의 동기부여에 더 효과적이다. 그리고 목표는 도전감이 생길 정도로 조금 어려운 것이 좋다.
② 공정성이론은 조직 내의 정의(justice)의 문제 즉 어떤 것이 정의로운 것이냐의 문제를 다루고 있다. 그런데 공정성이론을 제시한 아담스(Stacy Adams)는 분배적 정의(distributive justice)를 기반으로 한 공정성(equity)이라는 개념을 통해 조직 내 정의의 문제를 다루고 있다. 그러나 조직 내 정의는 최근에는 분배적 공정성 뿐만 아니라 절차적 공정성(procedural justice)과 상호작용 공정성(interactional justice)으로 확대되고 있다. 그러나 보기에 있는 것처럼 공정성의 개념에 동기부여의 욕구이론처럼 위계(hierarchy)가 있는 것은 아니다.

③ 기대이론(expectancy theory)은 동기부여를 기대감(expectance), 수단성(instrumentality), 유의성(valence)의 곱으로 설명하고 있는데, 기대감은 노력이 성과로 연결되느냐의 주관적 확률이므로 이를 높이기 위해서는 직무수행자의 능력을 높이는 교육훈련을 제공하거나 직무를 재배치하여 자신에게 좀 더 잘 맞는 직무를 수행할 기회를 주는 것이 적절하다.

④ 앨더퍼(Alderfer)는 ERG 이론을 통해 욕구는 좌절될 수 있다고 주장했는데, 이는 한 욕구의 충족을 위해 계속 시도함에도 불구하고 좌절되는 경우 개인은 이를 포기하는 대신 이보다 하위 욕구를 달성하기 위해 노력한다는 것이다. 이를 좌절(frustration)-퇴행(regression) 가설이라고 한다.

⑤ 핵크만(Hackman)과 올드햄(Oldham)의 직무특성모형(job characteristics model)에 의하면, 자신이 잘하는 한 가지 기능만 사용하는 직무를 부여하는 경우보다 다양한 기능을 사용하는 직무기회를 제공하는 경우에 작업수행자의 기술다양성(skill variety)을 높여주기 때문에 동기부여 수준이 더 높다.

0475 ⑤

① 허쯔버그(Herzberg)의 2요인이론(two factor theory)에서 위생요인(hygiene factor)은 불만족을 해소하는 요인이고, 동기요인(motivator)은 만족을 증진시키는 요인이다. 보통 위생요인은 외재적 보상에 해당하고, 동기요인은 내재적 보상에 해당한다. 따라서 급여, 작업환경의 개선, 감독, 회사의 정책, 안전욕구의 충족은 위생요인에 속하고 도전적 과제의 부여, 인정, 권한의 확대, 승진의 기회 등은 동기요인에 해당된다.

② 강화이론(reinforcement theory)에서 바람직하지 못한 행동의 빈도를 감소시키는 것은 벌(punishment)과 소거(extinction)이고, 바람직한 행동의 빈도를 증가시키는 것은 긍정적 강화(positive reinforcement)와 부정적 강화(negative reinforcement)이다.

③ 브룸(Vroom)의 기대이론에서 행위자의 자기 효능감(self efficacy)은 '기대(expectancy)'를 높인다. 유의성(valence)을 높이는 것은 '카페테리아식 복리후생' 등의 종업원 욕구에 적합한 보상이며, 수단성(instrumentality)을 높이는 것은 '성과급'이다.

④ 매슬로(Maslow)의 욕구이론에 따르면 생리욕구-안전욕구-친교욕구(사회적 욕구)-존경욕구-자아실현욕구의 순서로 욕구가 충족된다. 즉 욕구는 저차적인 것부터 고차적인 욕구의 순으로 충족된다.

⑤ 아담스(Adams)의 공정성 이론(equity theory)에 의하면 개인이 지각하는 투입(input)에는 개인이 직장에서 투여한 시간, 노력, 경험 심지어 건강 등도 포함될 수 있고, 개인이 지각하는 산출(output)에는 직장에서 받은 급여와 유무형의 혜택들이 포함될 수 있다. 참고로 허쯔버그 이론의 위생요인과 동기요인은 '산출'에 포함된다.

0476 ②

① 아담스(Adams)의 공정성이론(equity theory)은 절차적 공정성과 상호작용적 공정성은 고려하지 않고 분배적 공정성만을 고려한 이론이다. 부연설명하면, 조직 내에서 지켜져야하는 정의를 조직적 정의(organizational justice)라고 하는데 이에는 분배적 정의, 절차적 정의, 상호작용적 정의 등 3가지가 있다. 이 가운데 아담스의 공정성이론은 분배적 정의(distributive justice) 만을 고려했고, 더불어 페스팅어(Festinger)의 인지부조화이론(cognitive dissonance theory)에 기반을 두고 있다.

② 핵크만(Hackman)과 올드햄(Oldham)의 직무특성이론에서 직무의 의미감에 영향을 미치는 요인은 과업의 정체성(task identity), 과업의 중요성(task significance), 기술의 다양성(skill variety)이다. 더불어 자율성(autonomy)은 책임감에 영향을 미치며, 피드백(feedback)은 직무수행결과에 대한 지식에 영향을 미친다.

③ 브룸(Vroom)의 기대이론에서 수단성(instrumentality)과 보상의 유의성(valence)은 관계가 없다. 수단성은 1차적 결과(과업) 달성이 2차적 결과(보상)로 이어지는 지에 대한 확률이고, 유의성은 보상에 대한 개인의 선호도를 의미하므로 수단성이 높아진다고 유의성이 높아지는 것은 아니다. 참고로 수단성을 높이기 위해서는 성과급을 지급하는 것이 좋고, 유의성을 높이기 위해서는 카페테리아식 복리후생을 제공하는 것이 좋다.

④ 인지적 평가이론(cognitive evaluation theory)은 내재적으로 동기부여된 상태에서 외재적 보상이 주어지면, 내재적 동기부여의 효과는 사라지고 그 자리를 외재적 보상의 동기가 대체하게 된다는 이론이다. 따라서 인지적 평가이론에서 내재적 보상에 의해 동기부여가 된 사람에게 외재적 보상을 주면 내재적 동기가 더욱 커지는 것이 아니라 오히려 내재적 동기는 사라진다. 예를 들어, 일 자체에 만족하여 열심히 일하고 있는 사람에게 추가로 외재적 보상을 주게 되면, 일 자체에 의한 동기부여는 사라지고 그 자리를 외재적 동기가 채운다는 것이다.

⑤ 허쯔버그(Herzberg)의 2요인이론(two factor theory)에서 위생요인은 불만족을 감소시키는 요인이고, 동기요인은 만족을 증진시키는 요인이다.

0477 ②

① 개인과 개인 또는 개인과 조직 간의 교환관계에 초점을 두는 것은 공정성이론(equity theory)이다. 여기서 말하는 교환관계란 개인이 조직에 투입한 것과 받은 것의 비율을 말하며, 이 비율을 다른 사람의 비율과 비교하여 공정해야 한다고 주장하는 것이 바로 공정성이론이다. 반면 브룸(Vroom)의 기대이론(expectancy theory)은 동기부여를 기대감(expectancy), 수단성(instrumentality), 유의성(valence)의 곱으로 설명하고 있다.

② 파블로프(Pavlov)의 고전적 조건화(classical conditioning)는 학습은 단순히 자극(종소리)에 대한 조건적 반응(침)에 의해 이루어지는 것이라고 본다. 반면 스키너(Skinner)의 조작적 조건화(operant conditioning)는 반응행동(심부름)으로부터의 바람직한 결과(용돈)를 작동시킴에 따라서 이루어진다고 본다. 여기서 말하는 '작동(作動)'이라는 말은 학습자에 의한 자발적 반응을 의미한다.

③ 매슬로(Maslow)의 욕구이론에서 가장 상위위치를 점하는 욕구는 자아실현 욕구(self-actualization needs)이고, 이는 개인의 잠재력을 실현화하고 능력을 완전히 활용하려는 욕구이다. 다른 사람들로부터 인정이나 존경을 받고 싶어 하는 심리적 상태는 존경욕구(esteem needs)와 관련된다. 한편 '성장욕구'는 매슬로 이론에는 해당하지 않고 앨더퍼의 ERG 이론에 해당하는 욕구이다.

④ 맥그리거(McGregor)의 'X형·Y형이론'에 의하면 X형의 인간관을 가진 관리자는 부하를 신뢰하지 않고 철저히 관리한다. 반면 Y형 인간관을 가진 관리자는 부하를 성장과 발전의 잠재력을 갖춘 행동주체로 인식하고 이들의 자율성을 바탕으로 한 관리방식을 강조한다.

⑤ 개인이 체화하여 가지고 있으며 말로 하나하나 설명할 수 없는 내면의 비밀스러운 지식을 암묵지(tacit knowledge)라 하고, 전달과 설명이 가능하며 적절히 표현되고 정리된 지식을 형식지(explicit knowledge)라고 한다.

0478 ②

① 동기부여의 내용이론(content theory)은 인간의 행동에 동기를 부여하는 것은 욕구(needs)이며 또한 동기의 강도는 욕구의 결핍 정도에 의해 직접적으로 영향을 받는다고 주장한다.

② 맥클리랜드(McClelland)의 성취동기이론에서 개인이 다른 사람들에게 영향력을 행사하여 그들을 통제하고 싶은 욕구를 말하는 것은 권력욕구(need for power)이다. 반면 성취욕구(need for achievement)란 어떤 표준에 맞추어 성취를 이루며, 성공을 향해 매진하도록 하는 욕구를 말한다.

③ 강화이론(reinforcement theory)에 의하면, 벌(punishment)과 소거(extinction)는 행동의 빈도를 감소시키고, 긍정적 강화(positive reinforcement)와 부정적 강화(negative reinforcement)는 행위자의 바람직한 행동의 빈도를 증가시킨다.

④ 공정성이론(equity theory)에 의하면, 개인이 불공정성을 느끼는 경우 준거인물의 변경 뿐만 아니라 투입 변경, 산출 변경, 투입과 산출의 인지적 왜곡, 장의 이탈, 준거인물에게 영향을 미침으로써 불균형상태를 줄일 수 있다.

⑤ 알더퍼(Alderfer)의 ERG이론은 매슬로우(Maslow)의 다섯 가지 욕구를 모두 포함하고 있다. 매슬로우와 알더퍼 이론의 관계는 아래 그림과 같다.

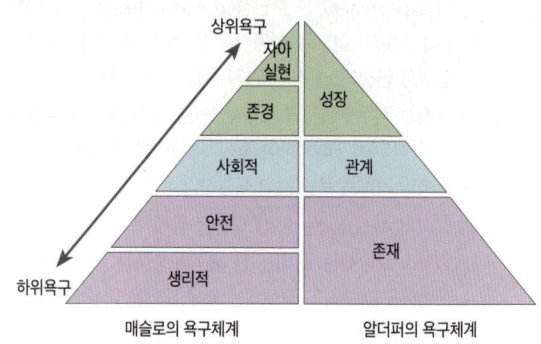

매슬로와 알더퍼 이론의 욕구 연관성

0479 ④

① 맞는 보기. 허쯔버그(Herzberg)의 2요인 이론은 만족과 불만족을 동일한 개념의 양극으로 보지 않고 두 개의 각각 독립된 개념 즉 상이한 차원으로 본다. 따라서 만족과 불만족이 동시에 높거나 낮은 것도 가능하고 둘 중 하나만 높은 것도 가능하다.

② 맞는 보기. 핵크만과 올드햄의 직무특성모델(job characteristics model)에서 개인의 성장욕구강도(growth need strength)는 아래 그림과 같이 직무특성과 심리상태 간의 관계 및 심리상태와 성과 간의 관계를 조절(moderating)한다.

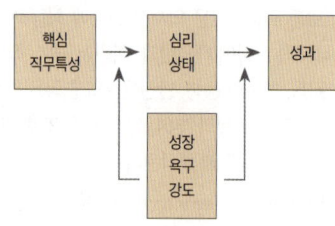

③ 맞는 보기. 자기효능감(self-efficacy)은 어떤 과업을 수행할 수 있다는 개인의 믿음으로 반두라(Bandura)는 자기효능감을 높이는 방안으로 과거의 성공경험, 대리 모델링, 구두 설득, 각성 등을 제시하였다.

④ 인지평가이론(cognitive evaluation theory)에서는 어떤 직무에 대하여 내재적 동기가 유발되어 있는 경우 외적 보상이 주어지면 내재적 동기는 오히려 감소한다. 인간은 자신의 행동에 대한 원인을 규명하려는 속성을 갖는데 이 관점에서 외적 보상없이 내재적으로 동기가 유발되어 있는 상태에서는 원인으로 돌릴 만한 다른 요인이 없기 때문에 열심히 일하는 행위의 원인을 일 자체의 특성 때문이라고 귀인하게 된다. 그런데 이 상태에서 외재적 보상을 제공하게 되면 열심히 일하는 것에 대한 귀인의 대상이 일 자체에서 보상으로 바뀌게 되므로 내재적 동기는 감소하는 것이다.

⑤ 맞는 보기. 마이어와 알렌(Meyer & Allen)은 조직몰입(organizational commitment)을 정서적 몰입, 지속적 몰입, 규범적 몰입으로 구분하였는데 이 중 규범적(normative) 몰입은 도덕적, 심리적 부담감이나 의무감 때문에 조직에 몰입하는 경우를 의미한다.

0480 ③

a. 맥그리거(McGregor)의 X-Y 이론에 의하면, 인간이 기본적으로 책임을 기꺼이 수용하며 자율적으로 직무를 수행한다고 가정하는 것은 Y이론이다. 반면 X 이론은 인간은 의욕이 없고, 일하기 싫어하며, 책임을 지는 것을 피하고 싶어하며, 효과적으로 일을 하게 하려면 밀착하여 통제할 필요가 있다고 가정한다.

b. 맞는 보기. 공정성이론에서 개인이 불공정성을 지각하는 경우, 개인은 준거인물을 변경, 투입이나 산출의 변경, 산출의 인지적 왜곡, 장의 이탈 등의 방법으로 불균형 상태를 줄일 수 있다.

c. 맞는 보기. 명목집단법(nominal group technique)의 주된 특징은 참석자들로 하여금 서로 대화에 의한 의사소통을 못하도록 하는데 있다. 그럼으로써 집단의 각 구성원들이 진실로 마음 속에 생각하고 있는 바를 끄집어내려는 것이다.

d. 결과를 결정하는 데 사용되는 과정의 공정성에 대한 지각은 절차적 공정성(procedural justice)이다. 분배적 공정성(distributive justice)은 조직 구성원이 조직으로부터 받는 성과나 결과에 대한 공정성을 말한다.

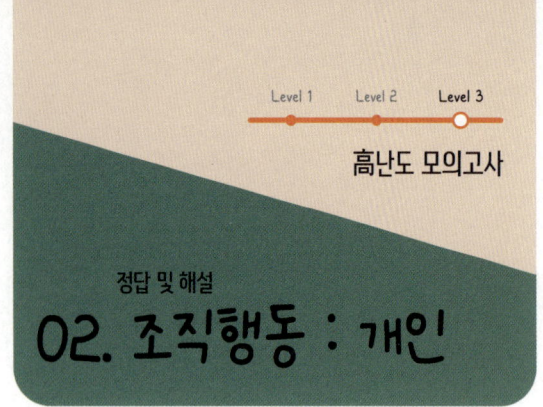

정답 및 해설
02. 조직행동 : 개인

0481 ②

한 개인이 인지부조화(cognitive dissonance)를 경험한다고 해서 항상 인지부조화를 해결하려고 하는 것은 아니다. 인지부조화를 해소하려는 열망은 인지부조화를 일으키는 요소의 중요도와 그 요소를 통제할 수 있다고 믿는 정도, 그리고 인지부조화가 가져다주는 보상의 크기에 의해서 결정된다. 만약 인지부조화를 일으키는 요소가 그다지 중요한 게 아니라면 불균형을 바로 잡으려는 생각은 그다지 강하지 않을 것이다.

0482 ⑤

① 매슬로(Maslow)의 욕구단계이론은 동기부여의 내용이론으로, 내용이론은 '무엇이 사람을 동기부여하는지'를 밝히는 이론이다. 무엇이 사람을 동기부여하는지에 대한 대답으로 욕구단계이론은 '욕구'를 제시한다. 좀 더 엄밀히 말하면 그냥 욕구가 아니라 충족되지 않은 욕구다. 매슬로 이론에 따르면 이미 충족된 욕구는 더 이상 동기부여의 효과가 없으며 사람들의 행동에 동기를 부여하는 것은 충족되지 않은 욕구이다.
② 허즈버그(Herzberg)는 만족과 불만족을 상이한 차원으로 보았다. 따라서 허즈버그의 2요인 이론에 따르면 불만족을 유발하는 요인들을 제거하면 불만족이 제거되어 평화스러운 분위기가 조성될지는 모르지만 그렇다고 조직 구성원들의 만족이 높아지는 것은 아니다. 만족을 높이기 위해서는 만족을 증진시키는 요인인 동기요인(motivator)이 제공되어야 한다.
③ 맥클리랜드(McClelland)의 이론도 매슬로(Maslow)와 앨더퍼(Alderfer)와 마찬가지로 욕구를 가지고 동기부여를 설명하고 있지만 이들 이론과 차이점은 욕구의 위계가 없다는 것과 욕구를 교육을 통해 학습이 가능하다고 본 것이다.
④ 핵크만과 올드햄(Hackman & Oldham)의 직무특성이론(job characteristics theory)에서 성장욕구는 조절변수(moderator)로 5가지 핵심직무특성이 심리상태에 미치는 영향과 심리상태가 동기부여에 미치는 영향을 조절하는 역할을 한다. 즉 성장욕구 수준이 높은 경우에는 5가지 핵심직무특성이 심리상태에 더 많은 영향을 미치고, 심리상태가 동기부여에 영향을 더 많이 미치게 한다. 따라서 성장욕구가 높은 사람은 그렇지 않은 사람에 비해 직무 충실(job enrichment) 정도가 높은 직무에서 중요 심리상태를 경험할 가능성이 더 높다.

⑤ 공정한 인사평가 제도를 확립하게 되면, 자신의 노력에 대해 정당한 평가를 받을 수 있기 때문에 성과와 보상 간의 상관관계가 높아지게 된다. 따라서 공정한 인사평가의 확립은 기대이론(expectancy theory)의 수단성(instrumentality)과 밀접하게 관련된다.

0483 ③

첫 수업 시간에 교수가 퀴즈는 불시에 보며, 퀴즈 점수가 성적의 20%에 해당한다고 말하는 것은 변동간격법(variable interval schedule)을 사용하는 것이다. 즉 퀴즈에서 획득한 점수가 성적에 합산되고, 퀴즈의 간격이 일정한 시간 간격이 아니므로 변동간격법에 해당한다.

0484 ①

① 매슬로(Maslow)의 욕구단계이론은 욕구(needs)가 사람의 행동에 동기를 부여한다고 주장한다. 그런데 여기서 말하는 욕구는 그냥 욕구가 아니라 미충족 욕구이다. 욕구단계이론에서 욕구는 충족의 대상이므로 이미 충족된 욕구는 동기부여의 효과가 없고 충족이 되지 않은 욕구(미충족 욕구)가 욕구를 충족시키려는 행동에 동기를 부여한다고 본다.

0485 ①

① Big 5 성격유형에서 정서적 안정성(emotional stability)이란 스트레스에 대처하는 개인의 능력에 대한 것이다. 정서적 안정이 높은 사람은 침착하고 자제력과 인내심이 크다. 반면 책임감 있고, 잘 조직화되어 있어 의존할 만하고 일관성이 있음은 성실성(conscientiousness)을 의미한다.

0486 ①

① 로크의 목표설정이론은 목표가 있는 것이 없는 것보다 좋다는 것을 설명하는 이론이 아니라 목표는 당연히 있는 것이 좋고, 그 중에 어떤 목표가 더 동기부여를 더 많이 하는지에 관한 이론이다.
③ 공정성이론(equity theory)에 따르면 사람들은 자신의 투입과 산출의 비율을 다른 사람의 비율과 비교하여 공정성을 판단하므로, 임금이 적다고 해서 바로 불공정성(inequity)을 지각하는 것은 아니다. 자신의 임금이 적어도 투입이 적은 경우에는 불공정성을 지각하지 않을 수도 있다.
④ 허즈버그(Herzberg)의 2요인 이론(two-factor theory)에 만족과 불만족을 서로 다른 차원으로 보기 때문에 만족과 불만족을 동시에 가질 수 있다. 만약 만족과 불만족이 동일한 차원이라면 사람들은 만족과 불만족을 동시에 갖지 못하고 둘 중 하나만을 가질 수 있을 것이다.
⑤ 핵크만과 올드햄(Hackman & Oldham)의 직무특성이론(JCM: job characteristic model)에서 작업자의 성장욕구(growth needs) 수준은 조절변수(moderator) 역할을 하므로 성장욕구 수준에 맞게 직무를 설계하는 것이 중요하다.

0487 ④
④ 선발면접시 발생할 수 있는 지각오류를 줄이기 위해 상황면접(situational interview) 등의 구조적 면접(structured interview)이 권장된다.

0488 ⑤
투입과 산출의 비율이 준거인보다 낮다고 지각한 종업원 즉 자신이 과소보상을 받고 있다고 지각한 종업원은 과소보상을 해결할 수 있는 즉각적인 행동들에 동기부여된다. 이들 행동에는 투입의 축소, 보상의 인상요구, 준거인에게 악영향을 미침, 준거인 변경, 산출의 인지적 왜곡, 이직 등이 해당된다. 그러나 더 많은 노력을 기울이는 행동은 투입의 증가로 인해 불공정성을 더 심화시키므로 이론상 적절하지 못한 행동이다.

0489 ③
공격적 성향이 높은 평가자는 공격적인 성향이 낮은 평가자보다 피평가자의 성격을 더 공격적인 것으로 평가하는데 이를 주관의 객관화(projection) 혹은 투영효과라고 한다.

0490 ③
a. 매슬로(Maslow)의 욕구단계이론에서 존경욕구(esteem needs)는 사회적 욕구(social needs)보다 더 상위의 욕구이다.
b. 허즈버그(Herzberg)의 2요인이론에서 급여나 작업조건의 개선은 종업원의 '만족' 수준을 높이기보다는 종업원의 '불만족'을 줄일 뿐이다.

0491 ⑤
① 직무만족(job satisfaction)이 성과에 미치는 영향은 미미하므로 직무만족이 높다고 해서 반드시 생산성과 같은 양적 성과가 높아지는 것은 아니다.
③ 페스팅어(Festinger)의 인지부조화(cognitive dissonance) 이론에 따르면 태도와 행동간의 부조화가 발생한 경우 사람들은 행동보다는 태도를 바꿔서 인지부조화를 해소하려고 하는데, 이는 행동은 엎질러진 물과 같아서 되돌릴 수 없기 때문이다.
⑤ 고정비율법(fixed-ratio)은 일정횟수의 바람직한 행동이 있고 난 후 보상을 해주는 방법이다. 만약 고정비율법에서 바람직한 행동과 보상의 비율을 1대 1로 고정시키면 매 행위마다 보상을 해주는 연속적 강화(continuous reinforcement)와 동일해진다.

0492 ③
③ 맥클리랜드의 성취동기이론은 매슬로의 욕구단계이론과는 달리 욕구에 단계가 존재하지 않으며, 모든 욕구가 동등한 자격을 갖는다.

0493 ③
③ 하우스(House)의 경로-목표 이론(path-goal thory)에 따르면, 통제의 위치(locus of control)가 내부에 있는 사람(internals)에게는 참여적(participative) 리더십이 적절하고, 통제의 위치가 외부에 있는 사람(externals)에게는 지시적(directive) 리더십이 적절하다.

0494 ②
② 공정성이론(equity theory)은 인지부조화 이론과 분배적 정의(distributive justice)의 개념을 기초로 한다.

0495 ⑤
① 매슬로(Maslow)의 이론은 동기부여의 내용이론, 즉 무엇이 인간을 동기부여시키는가를 찾아내고자 하는 이론인데, 그 중에서도 특히 인간행동의 동기를 인간의 욕구(needs)에서 찾으려고 하였다.
② 핵크만과 올드햄(Hackman & Oldham)의 직무특성이론은 인간행동의 동기를 개인의 내면(욕구, 본능, 인지)보다는 개인이 맡고 있는 직무의 특성(job characteristic)에서 찾으려고 하였다. 즉 개인이 맡고 있는 직무가 기술다양성, 과업정체성, 과업중요성, 자율성, 피드백이 높다면 종업원을 많이 동기부여한다고 보았다.
③ 브룸(Vroom)의 기대이론(expectancy theory)은 개인 스스로가 기대감(expectancy), 수단성(instrumentality), 유의성(valence)의 값을 주관적으로 생각하고 이를 토대로 동기부여가 된다고 보는 이론이기 때문에 인간의 인지적 작용을 중요하게 생각하는 이론이다.
④ 허쯔버그(Herzberg)의 2요인이론에서는 종업원의 동기부여를 위해서는 위생요인보다 동기요인이 강조되는데, 하지만 동기요인은 제공할 수 없고 종업원 스스로가 과업수행을 통해 느껴야 하는 것이므로 종업원의 직무를 수직적으로 확대하여 설계하는 것이 바람직하다.
⑤ 데시(Deci)의 인지적 평가이론(cognitive evaluation theory)은 내재적 보상과 외재적 보상은 상호 연관되어 있기 때문에 내재적 보상이 있는 곳에 추가적으로 외재적 보상을 제공하면 내재적 보상은 사라지고 외재적 보상만 남는다고 주장한다. 즉 50의 내재적 보상이 있는데 50의 외재적 보상이 주어지면 당초의 내재적 보상 50은 사라진다는 것이다. 일이 재밌어서 열심히 했는데 외재적 보상이 주어지면 일 자체에 대한 흥미가 줄어든다는 뜻이다.

0496 ④
① 자기감시 성향(self-monitoring)이란 외부 상황 변화에 잘 적응하기 위해 스스로의 감정과 태도를 감시하는 성향이라고 할 수 있다. 이 때문에 자기감시 성향이 높은 사람들은 외부 자극에 대해 민감하고, 상황에 따라서 다른 방식으로 행동하는데 능숙하다. 또한 자기감시 성향이 높은 사람은 타인의 행동에 높은 주의를 기울이며, 그들의 행동에 맞추어 행동하기를 잘한다. 그리하여 좋은 성과평가를 받으며, 승진을 더 잘하고 조직에서 핵심적인 자리를 차지할 가능성이 높다.

② 소거(extinction)의 예는 다음과 같다. 예 지각을 자주 하는 직원에게 연장근무수당을 받을 수 있는 기회를 박탈함으로써 행동의 변화가 이루어지도록 하는 것이다.

③ 조직시민행동(OCB: organizational citizenship behavior)은 의무가 아니며, 그에 따른 보상도 따르지 않는다. 하지만 자신이 속한 조직과 구성원들의 발전을 위해 자발적으로 수행함으로써 조직유효성에 도움이 된다.

④ 자존감(self-esteem)은 자신을 얼마나 가치 있는 존재로 여기는지를 의미한다. 따라서 자신과 자신의 능력에 대해서 긍정적인 사람은 스스로를 좋아하고 가치 있다고 생각한다. 반면 자존감이 낮은 사람은 외부환경에 큰 영향을 받으며, 타인으로부터 좋은 평가를 받는 것에 많은 관심을 기울인다. 그래서 자존감이 낮은 사람은 다른 사람의 인정을 받고자 노력하며, 다른 사람의 행동과 신념에 부합하고자 노력하는 경향이 있다.

⑤ 고전적 조건화(classical conditioning)와 조작적 조건화(operant conditioning) 이론은 모두 인간이 직접적인 경험을 통해 학습(learning)을 한다는 것을 전제로 하고 있다. 그러나 인간은 직접적인 경험없이 간접적인 경험만으로도 학습을 할 수 있다. 왜냐하면 인간은 상황이나 사태를 지각하고 판단하는 인지적 능력을 가지고 있기 때문이다. 인간의 인지능력을 전제로 한 대표적 학습이론이 사회적 학습(social learning)이다.

0497 ⑤

① ERG 이론의 주요 골자는 욕구의 좌절 가능성에 대해 언급했다는 것이다. 매슬로의 욕구단계이론과 ERG 이론의 공통점은 만족-진행 가설이 존재한다는 것이며, 매슬로의 이론에는 없고 ERG이론에만 있는 것은 좌절-퇴행 가설이다.

② 맥그리거(McGregor)의 X이론, Y이론은 인간에 대한 상반된 가정을 제시하였는데, X이론은 인간은 원래 일하기를 싫어하고, 책임을 회피하려 하고, 공식적인 지시나 감독을 선호한다고 가정한다. 그래서 X이론적인 가정에 바탕을 둔 경영방식은 종업원들을 강압적으로 대하고 규정을 통해 규제해야만 열심히 일하므로, 조직은 이를 위한 여러 가지 방법을 개발하여 사람들을 통제해야 한다고 생각한다. 반면 Y이론에 따르면 조직 안의 사람들은 스스로를 통제할 수 있는 능력과 자아실현의 의지를 갖고 있는 존재이다. 따라서 경영자의 역할은 명령이나 통제가 아니라, 사람들이 갖고 있는 능력을 발휘할 수 있는 업무 환경을 만들어 주는 것이다. 또한 갖고 있는 잠재력의 가능한 많은 부분을 개발할 수 있도록 교육과 훈련의 기회를 제공함으로써 개인의 목표와 조직의 목표가 같은 방향이 되도록 하는 것이다.

③ 허쯔버그(Herzberg)는 2요인이론에서 위생요인(hygiene factor)은 불만족을 방지하는 효과는 있으나, 만족으로 이끌지는 못한다. 즉 위생요인의 효과는 초기화, 영점조정, 출발선에 세우기, 물을 마시기 위해 물가에 데려다 주는 역할 등과 같이 작업자에서 불만족을 방지하는 역할에 머문다. 즉 동기부여를 위한 발판을 제공한다. 일상에서 위생요인이라는 것은 건강하고 정상적인 생활을 위한 기본 전제가 되는 것을 의미한다. 따라서 위생적인 환경이라고 해서 동기부여가 되는 것이 아니다.

④ 데시(Deci)의 인지적 평가이론(cognitive evaluation theory)이 주장하는 바는 내재적으로 동기부여된 행동에 외재적 보상이 주어질 때, 내재적 동기가 오히려 감소하는 과잉정당화(over-justification) 효과가 발생한다는 것이다. 예컨대 봉사하는 즐거움으로 열심히 남을 위해 봉사활동을 하던 사람에게 어떤 시점부터 수고비를 지급한다면, 봉사활동은 더 이상 자신이 원해서 하는 것이 아닌, 금전적 및 외재적인 보상으로 인해 즐거움과 만족도가 떨어지게 된다. 그에 대한 이론적 근거는 외재적 보상으로 인하여 자신의 행동에 대한 통제력의 상실을 경험하게 됨으로써 내재적 동기부여 수준이 저하되기 때문이다.

⑤ 직무충실화(job enrichment)는 직무설계에 있어 단순한 순환과 확대에서 더 나아가 허쯔버그의 2요인 이론을 직무설계에 적용한 것이다. 이는 직무 수행시 사람들을 동기부여하기 위해서는 직무의 양적 확대에 더하여 직무가 성취감, 인정, 책임감, 발전과 성장의 기회가 될 수 있도록 설계해야 한다는 것이다. 구체적으로 직무충실화는 작업자에게 자신의 업무를 계획, 지휘, 통제함에 있어서 더욱 많은 권한과 자율권을 부여하고, 이를 통해 개인적 발전과 경력개발의 기회가 될 수 있도록 해야 한다. 그렇게 함으로써 충실화된 직무를 수행하는 작업자는 자신의 활동을 완결할 수 있고, 자율성과 독립성이 늘어나고, 책임감이 증대됨으로써 일에서 동기부여 될 수 있다. 결국 직무충실화는 Hackman & Oldham의 직무특성이론 가운데 자율성(autonomy)의 향상과 밀접하게 관련이 있다.

0498 ①

① 데시(Deci)의 인지적 평가이론(cognitive evaluation theory)에 의하면 내재적으로 동기부여된 상태에서 외재적 보상이 주어지면 내재적 동기는 오히려 감소하거나 사라진다. 데시의 인지적 평가이론이 주장하는 것은 내재적(본질적)으로 동기부여된 행동에 외재적 보상이 주어질 때, 내재적 동기가 오히려 감소하는 과잉정당화(over-justification) 효과가 발생한다는 것이다. 예컨대 봉사하는 즐거움으로 열심히 남을 위해 봉사활동을 하던 사람에게 어떤 시점부터 수고비를 지급한다면, 봉사활동은 더 이상 자신이 원해서 하는 것이 아닌, 금전적인 외재적 보상으로 인한 것이 되고, 이 때문에 즐거움과 만족도가 떨어지게 된다는 것이다. 따라서 인지적 평가이론은 사람들은 내재적 보상과 외재적 보상을 서로 구별하므로 종업원이 느끼는 총보상은 내재적 보상에 외재적 보상을 더한 값이 아니다.

② 로크(Locke)의 목표설정이론(goal setting theory)은 목표 자체가 갖는 동기부여 효과를 설명하는 이론으로서, 이에 따르면 목표는 구체적이면서 어려워야 하며, 목표의 설정과정에 종업원을 참가시킴으로써 목표의 수용성을 높이는 것이 좋다(참여적 목표). 더불어 목표의 달성과정에 피드백과 적절한 보상이 주어지면 목표달성을 더욱

촉진할 수 있다.

③ 허쯔버그의 2요인이론(two factor theory)에서 동기요인(motivator)은 만족을 증진시키는 요인이고, 위생요인(hygiene factor)은 불만족을 해소 혹은 감소시키는 요인이다. 이에 따라 급여(salary), 작업조건, 직장의 안정성, 회사의 정책 등은 위생요인이므로 불만족을 줄이는 역할만 하며, 성취감, 책임감, 인정 등의 동기요인은 만족을 증진시키는 역할만 한다. 따라서 위생요인 중 하나인 급여를 통해서 얻을 수 있는 최선의 결과는 불만족 수준을 '0'에 이르게 하는 것이며, 종업원의 만족수준을 높이기 위해서는 동기요인을 제공하는 것이 적절하다.

④ 브룸(Vroom)의 기대이론(expectancy theory)은 동기부여를 기대(expectancy), 수단성(instrumentality), 유의성(valence)의 곱으로 설명하고 있다. 기대는 노력을 했을 때 1차적 결과(과업)를 달성할 수 있는지에 관한 주관적 확률이며, 수단성은 1차적 결과를 달성했을 때 2차적 결과(보상)를 얻을 수 있으리라는 주관적 믿음이다. 마지막으로 유의성은 개인이 특정한 1차적 결과를 달성함으로써 그에 따라 얻어지는 2차적 결과에 대한 욕구를 의미한다. 이 보기에서 제시한 수단성은 1차적 결과와 2차적 결과 간의 상관관계를 말하므로 직무수행 성과를 정확하고 공정하게 측정하는 방법이 존재한다면 높은 성과가 보상으로 이어질 확률이 높아지기 때문에 수단성을 높이는 방법이 될 수 있다.

⑤ 아담스(Adams)의 공정성이론(equity theory)은 사회적 교환과정, 즉 내가 조직에 투입하고 받은 것의 비율과 다른 사람이 조직에 투입하고 받은 것의 비율이 갖는 동기부여의 효과를 설명하는 이론이다. 아담스는 공정성이론을 만들면서 페스팅어(Festinger)의 인지부조화(cognitive dissonance)이론을 차용했다. 이는 자신의 투입과 산출의 비율이 준거인의 투입과 산출의 비율과 비교해서 공정하다고 지각되면 현재의 공정한 관계를 지속하기 위한 행동에 동기가 부여되고, 반대로 불공정성을 지각한다면 불공정성을 시정하기 위한 행동에 동기가 부여된다고 주장을 뒷받침하고 있다.

0499 ①

① 내재론자(internal locus of control)는 자신들의 삶에 영향을 미치는 사건과 결과를 통제할 수 있다고 믿는 사람을 의미한다. 반면 외재론자(external locus of control)는 본인의 성과는 자신의 즉각적인 통제를 넘어서 있는 환경의 결과라고 믿는다. 따라서 내재론자는 시험 합격과 같은 긍정적 결과나 불합격 같은 부정적 사건 모두를 자신의 능력에 귀인한다. 반면 외재론자는 시험 합격과 같은 긍정적 결과나 불합격 같은 부정적 사건 모두를 운이나 운명 같은 환경적 요소에 귀인하는 경향이 있다.

② 자아개념(self-concept)에는 자기존중감(self-esteem), 자기효능감(self-efficacy), 자기감시(self-monitoring) 등의 3가지가 있다. 자기존중감은 전반적인 자기평가에 기초한 자아가치에 관한 신념이다. 자기존중감을 측정할 때, 긍정적인 진술과 부정적인 진술을 함께 측정하는데, 긍정적 진술은 다음과 같다. '나는 내가 가치있는 사람이고 다른 사람과 동등하다고 느낀다.' 부정적 진술은 '나는 내가 자랑스럽다고 여겨지지 않는다.'라는 것이다. 보통 자기존중감이 높은 사람은 긍정적인 예문에 동의하고 부정적인 예문에 반대한다. 사람들은 보통 자기존중감이 성공의 원인이 될 수 있다고 가정하는데 관련 연구에 따르면, 자기존중감이 성공을 높이는 것이 아니라 오히려 반대로 성공이 자기존중감을 높이는 것으로 알려져 있다.

③ 자기효능감(self-efficacy)은 개인이 어떤 특정한 과업을 성공적으로 완수할 수 있다고 믿는 것이다. 종업원의 자기효능감을 높이는 것은 과거의 성공경험, 대리모델링, 타인의 구두설득, 각성 등인데, 이 4가지 요소들이 어느 개인의 자기효능감을 증가시키면, "나는 이 일을 할 수 있다."라는 신념이 높아지고, 이 신념이 목표를 달성하도록 노력을 많이 하게끔 하고, 이것들이 성공을 가져온다. 자기효능감과 성과의 관계는 매우 강한 연관성을 갖으며, 자기효능감과 성과의 관계는 순환적이기도 하다. 즉 자기효능감이 높으면 성과가 높아지고, 높은 성과가 다시 자기효능감을 높인다.

④ 의사결정의 오류 가운데 대표성 오류(representative bias)는 사람들이 사건 발생의 가능성을 평가할 때 사용된다. 그것은 사람이 비슷한 사건으로부터 받았던 인상에 근거하여 사건 발생의 가능성을 평가하는 경향을 의미한다. 예를 들어 관리자는 어느 특정 대학 출신의 3명이 좋은 직원이었다면, 이에 영향을 받아 그 대학을 졸업한 사람을 고용할 수도 있다. 이 경우에 "그 학교를 다녔다."는 기준이 입사 인터뷰와 관련된 복잡한 정보 과정을 간단하게 만드는데 사용된다. 하지만 이런 간단한 방법은 선입견이라는 결점이 있다. 비슷한 경우로 어떤 사람이 특정 소프트웨어 패키지가 배우기 쉬웠다는 이유로 새로운 다른 소프트웨어 패키지를 단기간 내에 숙달할 수 있을 거라고 믿는다. 이런 평가는 정확할 수 있고 아닐 수도 있다. 새로운 소프트웨어를 습득하기 위해서 다른 프로그래밍 언어를 배워야 한다면 그것을 익히는데 더 많은 시간이 필요할 수도 있다.

⑤ 인지부조화(cognitive dissonance)란 쉽게 말해 태도와 현실의 충돌을 의미한다. 좀 더 정확하게 표현하면, 인지부조화는 사람들의 태도 또는 믿음이 행동과 일치하지 않을 때 발생하는 심리적 불편함이다. '마케팅' 분야에서는 이를 제품구매 후에 생기는 인지부조화라고 하여 구매후 부조화(post-purchase dissonance)라고 부른다. 인지부조화를 이론을 주장한 페스팅어(Festinger)는 사람들이 자신의 태도와 믿음 그리고 행동 사이의 일관성을 유지시키기 위해 동기부여 된다는 사실을 제기했다. 사람들이 태도와 행동 간의 불일치로 인해 발생한 심리적 불편함을 줄이기 위해 하는 노력들은 다음과 같다.

1. 태도 또는 행동을 바꾸거나 둘다 바꾼다.
2. 일관성 없는 행동의 중요성을 낮춘다.
3. 불일치보다 더 중요한 일치점을 찾는다.

0500 ⑤
① 매슬로(Maslow)는 생리적, 안전, 사회적, 존경, 자아실현 욕구 등 5가지 기초적인 욕구의 작용을 동기부여라고 생각하였다. 또한 매슬로는 이러한 욕구들이 강력한 위계 형태로 배열된다고 주장하였다. 즉 인간욕구가 일반적으로 예측 가능한 수순에 의해 나타난다고 생각하였다. 생리적 욕구가 어느 정도 충족되었을 때 안전욕구가 나타나고 이어서 욕구 단계에 따라 한 번에 한 단계씩 나타나게 된다. 하위욕구가 충족되어지면 차례로 상위욕구가 나타난다는 것이다. 이러한 하위욕구의 충족에 따른 상위욕구의 출현은 욕구 단계의 최상위 욕구인 '자아실현 욕구'가 나타날 때까지 계속된다. 따라서 매슬로 이론의 시사점은 이미 실현되거나 충족된 욕구는 더 이상 사람들을 동기부여 시키지 못하므로, 관리자가 종업원을 동기부여 시키고자 할 때 이미 출현한 욕구 또는 출현하지 않은 욕구를 충족시킬 수 있는 프로그램 등을 고안하여야 한다는 것이다.

② 직무설계에 대한 동기부여적 접근은 종업원의 직무만족, 내재적 동기부여와 같은 정서 및 태도적 반응과 결근, 이직, 성과와 같은 행동적 결과를 개선시키고자 하는 것이다. 직무를 수평적으로 확대하는 직무확대(job enlargement)와 직무를 수직적 확대하는 직무충실화(job enrichment)는 모두 핵크만(Hackman)과 올드햄(Oldham)의 직무특성이론(job characteristic theory)의 5가지 핵심직무특성 가운데 일부를 증가시키는 것이므로 동기부여를 위한 직무설계 방법이라고 할 수 있다. 구체적으로 직무확대는 기술다양성(skill variety)과 과업정체성(task identity)을 증가시키고, 직무충실화는 자율성(autonomy)을 증가시킨다.

③ 기대이론은 동기부여 값이 기대감(expectancy), 수단성(instrumentality), 유의성(valence)의 곱으로 계산될 수 있다고 주장하였고, 공정성이론은 자신의 투입과 산출의 비율을 준거인의 비율과 비교하여 지각한다고 주장하였으므로 두 이론의 공통점은 모두 동기부여의 정도를 계량화할 수 있다고 가정했다는 것이다. 반면 차이점은 기대이론은 개인내(within person)차원의 이론이지만, 공정성이론은 개인간(between person) 차원의 이론이라는 것이다. 즉 기대이론은 개인 혼자서도 E, I, V 값을 곱해서 동기부여될 수 있지만, 공정성이론은 혼자서는 공정성을 지각할 수 없고 반드시 다른 사람과 비교를 통해서 공정성을 지각한다는 것이다.

④ 허쯔버그의 2요인이론(two factor theory)은 만족과 불만족이 상이한 차원이라고 주장하였다. 따라서 직무만족의 반대 개념은 직무불만족이 아니라 '직무에 만족이 없는 상태'이고, 마찬가지로 직무불만족의 반대 개념은 직무만족이 아니라 '직무에 불만족이 없는 상태'이다. 만약 좋은 관리감독과 근로조건, 높은 급여를 받지만, 승진기회가 적고 지루한 업무를 담당하는 종업원은 불만족은 거의 없고, 동시에 만족도 매우 낮을 것이다. 왜냐하면 이 종업원은 좋은 위생요인으로 인해 불만족을 느끼지 않으며, 동기요인의 부재로 인해 만족도 하지 않을 것이기 때문이다.

⑤ 브룸(Vroom)의 기대이론(expectancy theory)에서 수단성은 성과와 보상 간 연계에 대한 지각이다. 이는 특정수준의 성과를 달성하는 것이 특정 보상과 연동될 것이라는 개인적 믿음을 의미한다. 성과의 실현이 어떤 보상을 가져오므로, 수단적 성격이 된다. 예를 들면, 시험에 통과하는 것은 대학에서 졸업하기 위한 수단이 된다. 수단성의 범위는 '-1'에서 '1'이다. 여기서 '1'의 수단성은 특정 보상을 받는 것이 전적으로 과업성과에 달려있음을 나타낸다. '0'의 수단성은 성과와 받게 되는 보상 간에 아무런 관계가 없다는 것을 나타낸다. 마지막으로 '-1'의 수단성은 높은 성과는 보상을 얻을 수 있는 기회를 감소시키는 반면, 낮은 성과가 오히려 보상을 얻을 기회를 증가시킨다는 것을 의미한다. 가령 수험생들이 CPA 시험에 합격(성과)하기 위하여 공부에 더 많은 시간을 투입할수록, 게임하는 시간(보상)은 더 적어질 것이고, 공부하는데 더 적은 시간을 소비한다면, 게임하는 시간은 증가할 것이다.

0501 ④
① 아담스의 공정성이론(equity theory)은 분배적 공정성(distributive justice), 즉 개인간 보상의 양과 할당이 공정하다는 지각에 초점을 두었다. 그러나 최근의 공정성의 개념은 조직 공정성(organizational justice)으로 확대되고 있다. 조직 공정성(organizational justice)이란 조직구성원들이 조직으로부터 받는 대우의 공정한 정도를 말한다. 이러한 조직 공정성에서는 분배적 공정성, 절차적 공정성, 상호작용 공정성이 있다. 분배적 공정성(distributive justice)은 조직 구성원이 조직으로부터 받는 성과나 결과에 대한 공정성을 말하며, 절차적 공정성(procedural justice)은 조직 구성원이 받는 성과를 결정하는 절차에 대한 공정성으로 정의된다. 상호작용 공정성(interactional justice)은 자신을 공정하게 대우해 주는 상사와의 대인 관계에 대한 공정성과 종업원들에게 의사결정 체계에 대해 설명해 주는 정보적 공정성을 의미한다.

② 앨더퍼(Alderfer)의 ERG이론에서 중요한 점은 '욕구의 좌절'인데 이는 매슬로(Maslow) 이론에는 없는 독특한 가정이다. 이는 고차적 욕구가 충족되지 않으면 않을수록 저차적 욕구를 더욱 희구하게 되는 것을 말한다. 즉 성장욕구가 충족되지 않을수록 관계욕구를 더욱 희구하게 된다. 욕구가 좌절된다는 것이 갖는 의미는 고차원 욕구와 저차원 욕구의 trade-off 관계가 발생한다는 것이다. 즉 조직 내에서 구성원들의 고차원 욕구가 충족이 잘 된다면, 상대적으로 저차적 욕구 충족에 신경을 덜 쓸 것이고, 반대로 고차적 욕구 충족이 잘 안된다면, 상대적으로 저차적 욕구 충족에 더 많이 쓸 것이다.

③ 맥그리거(McGregor)의 X, Y이론에 각 관점은 관리자가 종업원을 바라보는 관점을 의미한다. X이론적 관점은 인간은 일을 싫어하기 때문에 업무수행은 피동적 특성을 띄어야 한다고 주장한다. 반면 Y이론적 관점은 인간은 일을 좋아하기 때문에 업무수행은 능동적이라고 주장한다. 따라서 X이론적 관리자는 강압성을 사용하지만, Y이론적 관리자는 자율성과 위임을 사용한다. 일 자체가 단순반

복이라 사람들이 피하는 일이라면 관리자는 X이론적 관점에서 접근할 수밖에 없다. 반면 재밌고, 흥미있고, 성취감을 주는 일이라면 관리자는 Y이론적 관점에서 접근할 것이다.

④ 기대이론(expectancy theory)에서는 동기부여를 E(기대)×I(수단성)×V(유의성)로 계산하는데 이를 로또구매 행위로 설명하면 로또구매는 E(기대)가 매우 낮은 편이어서 동기부여 값이 낮다고 볼 수 있다. 만약 이상한 상사를 만나서 자신의 노력의 결과가 정당한 평가를 받지 못한다면 이는 I(수단성) 값이 매우 낮은 거라고 볼 수 있다.

⑤ 동기부여의 욕구이론은 욕구(needs)가 사람을 동기부여한다고 주장한다. 어떤 일을 열심히 하는 것은 자신이 가지고 있는 욕구 혹은 욕망을 충족시키는 것에 불과하다는 의미를 갖는다. 즉 동기부여는 욕구(needs)가 만들어내는 것이라고 주장한다. 대표적 욕구이론은 매슬로(Maslow)의 욕구단계이론은 '모든 인간에게는 고차원 욕구보다는 저차적 욕구가 우선한다.'고 주장한다. 이 때문에 극히 일부의 종교지도자를 제외하고 일반적인 사람은 5가지 욕구 가운데 저차적 욕구를 먼저 충족시키려고 노력할 것이다.

0502 ③

① 자아개념에는 자기존중감, 자기효능감, 자기감시의 3가지가 있는데, 이 중에서 자기존중감(self-esteem)은 개인이 인식하는 자신의 능력과 자아상(image)에 대한 개념으로 마음속에 항상 가지고 있다. 반면 자기효능감(self-efficacy)은 개인이 특정 상황에서 특정의 일을 얼마나 잘 할 수 있는지에 관한 스스로의 믿음이다. 즉 어떤 특정한 과업을 성공적으로 완수할 수 있다고 믿는 것이다. 자기효능감의 개념을 처음 제시한 반두라(Albert Bandura)는 과거의 성공경험, 대리모델링, 구두 설득, 각성 등을 통해 자기효능감을 증가시킬 수 있다고 제안했다. 자기감시(self-monitoring)란 자신의 행동을 외부 상황적 요인에 적응시키는 개인의 능력을 의미한다. 자기감시가 높은 사람들은 외부의 자극에 민감하게 반응하며, 상황에 따라 다른 방식으로 행동하는데 능숙하다. 실제 조직생활에서는 자기감시가 높거나 낮은 개인들은 비난받기 쉽다. 자기감시가 높은 개인은 종종 쉽게 자기를 둘러싼 환경에 맞춰 행동한다고 '카멜레온'이라고 불려진다. 한편 자기감시가 낮은 개인들은 혼자만의 세계에 산다거나 타인에 대해 둔감하다고 욕을 먹는다.

② 통제위치(locus of control)란 스스로 운명을 통제할 수 있다고 믿는 정도를 말한다. 자신의 삶에 영향을 미치는 사건의 결과를 자신이 통제할 수 있다고 믿는 사람들을 내재론자(internal locus of control)라 하고, 반대로 본인의 성과는 자신의 통제를 넘어서는 환경의 결과라고 믿는 사람들을 외재론자(external locus of control)라고 한다. 내재론자는 외재론자에 비하여 직무만족도가 높고 적극적이며 참여적인 행동을 보일 뿐만 아니라, 정서적으로도 안정되어 있어 스트레스에 대한 수용도 더 강하기 때문에 외재론자보다 높은 성과를 보인다. 통제위치는 리더십 이론인 경로-목표이론의 '상황' 변수이기도 한데, 외재론자에게는 '지시적(directive)' 리더십이 적합하고, 내재론자에게는 '참여적(participative)' 리더십이 적합하다.

③ 새로운 것에 대한 관심과 흥미 정도가 높고, 창의적이기 때문에 조직 변화와 외부적 환경 변화에 더 잘 적응하는 성격유형은 개방성(openness to experience)이며, 개방성이 높은 사람들은 창의적이며 호기심이 많으며 예술적 감수성이 있다. 반면 Big 5 성격유형에서 외향성(extraversion)은 사회적 관계 속에서 편안함을 느끼는 정도를 말하며, 외향성이 높은 사람은 집단 내에서 다양한 사회적 관계를 형성하기 때문에 그들의 리더십이 부각되는 중요한 요소가 된다. 참고로 Big 5 성격유형은 외향성, 친화성, 성실성, 정서적 안정성, 개방성으로 구성된다. 이 가운데 가장 성과와 관련성이 높은 것은 성실성(conscientiousness)이다.

④ 페스팅어(Festinger)가 제시한 인지부조화(cognitive dissonance)란 사람들의 태도 또는 신념이 행동과 일치하지 않을 때 느끼는 심리적 불편함을 말한다. 즉 사람들은 자신의 태도(신념)와 행동에 일관성을 추구하려는 욕구가 있지만 이 일관성이 무너지면 심리적으로 불편함을 느낀다는 것이다. 마케팅에서는 소비자가 자시의 태도(신념)과 일치하지 않는 제품을 구매했을 때 느끼는 심리적 불편함을 구매후 부조화(post-purchase dissonance)라고 한다.

⑤ 태도(attitude)는 인지적 요소, 정서적 요소, 행동적 요소로 구분되는데, 과거에는 태도가 행동에 직접적인 영향을 미친다고 생각했다. 하지만 에이젼(Ajzen)과 피시바인(Fishbein)의 연구에 의해 태도는 행위의 의도(behavioral intention)를 통해서 행동에 영향을 미친다는 것이 밝혀졌다. 이것이 이미 2016년에 마케팅 분야에서 시험에 출제된 적이 있는 '합리적 행동이론(theory of reasoned action)'이다. 합리적 행동이론은 구매 행동에 직접 영향을 미치는 것은 '구매행동 의도'이고, 구매행동 의도에 영향을 미치는 것은 '행동에 대한 태도(attitude toward the behavior)'와 '주관적 규범(subjective norm)'임을 제시하고 있다.

0503 ④

① 허즈버그(Herzberg)의 2요인 이론(two factor theory)은 사람들의 욕구는 '불만족' 해소차원과 '만족' 증진차원으로 구성된다고 주장한다. 여기서 불만족을 해소하는 것을 위생요인(hygiene factor)이라 하고, 만족을 증진하는 것을 동기요인(motivator)이라고 한다. 위생요인은 보통 '작업환경'과 관련된 요인으로 그 예로는 급여, 직업안정성, 감독, 작업조건, 직위, 동료와의 인간관계 등이 있다. 반면 동기요인은 '직무내용'과 관련된 것으로 그 예로는 성취감, 인정을 받을 수 있는 기회, 직무 자체가 주는 도전감, 책임감, 발전성 등이 있다. 따라서 불만족 해소를 위해서는 작업환경을 개선하는 것이 바람직하고, 만족 증진을 위해서는 직무내용을 개선하는 것이 바람직하다.

② 브룸(Vroom)의 기대이론(expectancy theory)은 동기부여를 '기대', '수단성', '유의성'의 곱으로 설명한다. 기대(expectancy)는 노력을 했을 때 1차적 결과(과업)를 달성할 수 있을지에 관한 주관적 확률로 '0'에서 '1' 사이 값을 가지며, 통상 자기효능감(self-efficacy)이 높은 사람이 '기대'가 높다. 수단성(instrumentality)은 1차적 결과(과업)와 2차적 결과(보상)간의 상관관계를 말하며, '-1'에서 '1' 사이 값을 갖는다. 유의성(valence)은 보상에 대한 개인의 욕구 크기를 말하는데, 보상에 대해 개인이 갖는 욕구는 사람마다 모두 상이하기 때문에 유의성은 '-n'에서 'n' 사이 값을 갖는다. 따라서 기대이론에서 종업원과 기업 간 신뢰(trust)가 클수록 '수단성'이 높아지고, 종업원 개인의 가치관에 부합하는 보상이 주어질수록 '유의성'이 높아진다.

③ 핵크만(Hackman)과 올드햄(Oldham)의 직무특성이론(JCM: job characteristic model)은 일 자체가 주는 동기부여 효과를 설명하는 이론이다. 즉 일의 재미가 사람을 동기부여하는데, 재밌는 일은 기술다양성, 과업정체성, 과업중요성, 자율성, 피드백 등의 5가지 직무특성이 높으며, 이 5가지 직무특성이 바로 사람을 동기부여하는 것이 아니라 '직무의 의미감', '책임감', '직무수행결과에 대한 지식'이라는 3가지 심리상태를 통해 동기부여에 영향을 미친다. 그리고 이들 관계를 조절하는 것이 '작업자의 성장욕구' 수준이다. 즉 성장욕구 수준이 높은 사람에게는 5가지 직무특성이 높은 일을 맡기는 것이 좋고, 반대로 성장욕구 수준이 낮은 사람에게는 5가지 직무특성이 낮은 일을 맡기는 것이 적절하다. 위 보기에서 '작업자의 성장욕구' 수준은 직무에서 경험하는 의미와는 전혀 관련이 없고, 직무의 의미감(meaningness)을 높이는 것은 기술다양성, 과업정체성, 과업중요성이다.

④ 데시(Deci)의 인지적 평가이론(cognitive evaluation theory)은 내재적으로 동기부여된 행동에 외재적 보상이 제공되면 오히려 내재적 동기가 감소하는 과잉정당화(over-justification)가 발생한다고 주장한다. 과잉정당화란 어떤 행동을 설명할 만한 외부적 보상이 많으면 그 행동에 대한 흥미가 떨어지는 현상을 의미한다. 예를 들어, 봉사하는 즐거움으로 열심히 남을 위해 봉사활동을 하던 사람에게 어떤 시점부터 수고비를 지급한다면, 봉사활동은 더 이상 자신이 원해서 하는 것이 아닌, 금전적인 보상 때문에 하는 것으로 인식되기 때문에 봉사활동의 즐거움과 만족도가 떨어지게 된다.

⑤ 맥클리랜드(McClelland)가 성취동기이론에서 제시한 3가지 욕구는 성취욕구(need for achievement), 권력욕구(need for power), 친화욕구(need for affiliation)이며, 이들은 위계(hierarchy) 없이 동등하다. 또한 맥클리랜드는 개인의 욕구는 타고나는 것이 아니라 '학습'된 것으로 보아, 욕구가 낮은 사람도 욕구수준을 높이는 것이 가능하다고 보았다.

0504 ⑤

① 동기부여의 내용이론(content theory)은 인간행동을 동기화시키는 원동력(모티베이션 내용)이 무엇인지, 무엇이 행동을 일으키는지에 관해 설명하는 이론이며, 동기부여의 원동력은 주로 인간이 가지고 있는 욕구(needs)라고 본다. 반면 과정이론(process theory)은 동기를 유발시키는 역동적 변수들 간의 관계성을 찾는데 초점을 맞추고 있으며, 이 이론들은 행동이 어떻게 시작되고, 지향되고, 유지되는가에 보다 큰 관심을 두고 있다.

② 핵크만과 올드햄(Hackman & Oldham)의 직무특성이론(job characteristic model)에서 5가지 핵심직무특성의 값이 모두 '10'이라고 가정하면, 동기잠재력 지수(MPS: motivating potential score)는 '1,000'이 된다.

$$MPS = \frac{기술다양성 + 과업정체성 + 과업중요성}{3} \times 자율성 \times 피드백$$

$$= \frac{10+10+10}{3} \times 10 \times 10 = 1,000$$

③ 아담스(Adams)의 공정성 이론(equity theory)은 호만스(Homans)의 분배적 정의(distributive justice)의 개념을 근간으로 하는데, 분배적 정의란 조직이 종업원들에게 분배한 보상 정도가 공정한가에 대한 지각을 의미한다. 즉 종업원의 회사에 투입한 노력, 기술, 충성에 대한 교환으로 받은 보상에 대한 공정을 의미한다. 한편 보상제도가 보상 분배에 대한 의사결정에 있어서 편의(bias)나 오류를 감소시키도록 설계되었는지를 의미하는 것은 절차적 공정성(procedural justice)이다.

④ 기대이론은 기대감, 수단성, 유의성의 값을 계산하여 개인 혼자서도 동기부여되지만, 공정성 이론은 개인 혼자서는 동기부여될 수 없으며, 자신의 투입과 산출의 비율을 다른 사람의 그것과 비교하여 동기부여된다고 주장한다.

⑤ '만족'과 '불만족'에 관한 전통적 관점에서는 만족과 불만족은 서로 반대의 개념으로 보았으므로 만족과 불만족은 양립할 수 없지만, 허즈버그(Herzberg)의 관점에서는 만족과 불만족은 상이한 차원이기 때문에 만족과 불만족은 양립할 수 있다. 즉 '만족'도 많고 '불만족'도 많은 것이 동시에 가능하다는 것이다.

0505 ③

① 과업과 과업수행에 따른 보상이 주어지면 개인이 스스로 행동과 노력의 방향과 양을 결정한다고 본 이론은 기대이론이다. 기대이론은 과업과 과업수행에 따른 보상이 주어지면 개인이 스스로 기대감(expectancy), 수단성(instrumentality), 유의성(valence)의 인식을 통해 동기부여 값을 계산하고, 계산의 결과로 행동의 방향이나 양을 결정한다고 보았다. 즉, 여러 가지 대안 가운데 E, I, V의 곱(×)이 가장 큰 대안을 선택하고 계산된 동기부여 양 만큼 노력을 투입한다고 보았다. 공정성 이론(equity theory)은 개인의 동기부여 수준 자체보다는 다른 사람

과 비교했을 때 지각하는 공정성이 동기부여에 미치는 영향을 설명하는 이론이다.

② 아담스(Adams)의 공정성 이론은 페스팅어(Festinger)의 인지부조화(cognitive dissonance) 이론과 호만스(Homans)의 분배적 공정성(distributive justice)을 바탕으로 한다. 따라서 공정성이론은 절차적 공정성(procedural justice)과 상호작용적 공정성(interactional justice)은 고려하지 않는 이론이다.

③ 공정성 이론에서 개인은 자신의 투입과 산출의 비율을 준거인의 투입과 산출의 비율과 비교하여 지각한다. 따라서 임금은 '산출'의 일부이므로 임금이 낮다고 해서 바로 불공정성을 지각하지는 않는다. 또한 자신의 임금이 낮더라도 자신의 투입이 적은 경우에는 불공정성을 지각하지 않는다.

④ 선택적 복리후생제도(flexible benefit plan) 혹은 카페테리아식 복리후생은 한정된 예산 범위 내에서 자신의 니즈에 맞게 복리후생을 선택하는 제도로 이 제도는 종업원들의 유의성(valence)을 제고하는 방안이 될 수 있다. 성과급(performance-based pay) 제도를 시행하면 노력한 만큼 보상을 받을 수 있기 때문에 종업원의 수단성(instrumentality)을 높이는 방안이 될 수 있다.

⑤ 기대이론과 공정성이론은 모두 동기부여의 과정이론으로 두 이론 모두 종업원이 동기부여가 되는 과정을 계량적으로 표현할 수 있다는 공통점을 갖는다. 하지만 두 이론의 차이점은 기대이론은 개인 스스로 E, I, V 값을 계산하여 동기부여 된다고 보는 반면, 공정성 이론은 개인 스스로는 동기부여 되지 않고 반드시 남들과 비교를 통해 동기부여가 된다고 본다.

0506 ④

① 학습(learning)은 직·간접적 경험의 결과로 발생한 행동의 항구적 변화로 정의되며, 이 때 경험은 실습과 같은 직접적인 것뿐 아니라 독서와 같은 간접적인 것도 포함한다. 직접 경험을 통해 학습하는 것은 '고전적 조건화(classical conditioning)'와 조작적 '조건화(operant conditioning)'가 대표적이고, 간접 경험을 통해 학습하는 것은 '사회적 학습(social learning)'이 대표적이다.

② 단속적 강화(intermittent reinforcement)에는 간격법과 비율법이 있는데, 간격법은 시간 간격을 조절하는 것이고 비율법은 행동과 강화물의 비율을 조절하는 것이다. 간격법 중 고정 간격법(fixed-interval)은 강화물과 강화물 사이의 시간 간격을 고정하는 것이고, 한편 고정 비율법(fixed-ratio)은 바람직한 행동의 횟수와 강화물의 비율이 고정되는 것이다.

③ 가치관(value)은 개인의 가치판단 기준을 의미하며, 로키치(Rokeach)는 가치관을 궁극적 가치(terminal value)와 도구적 가치(instrumental value)로 분류하였다. 궁극적 가치란 개인에 의해 선호되는 최종 상태를 말하며, 도구적 가치는 개인에 의해 선호되는 행위방식이나 행동양상을 말한다. 즉, 도구적 가치란 궁극적 가치에 이르기 위한 수단을 말한다.

④ 태도(attitude)란 특정 대상에 대한 좋고 싫음의 감정을 포괄하는 개념이며, 조직 내 대표적 태도 변수에는 직무만족(job satisfaction), 조직몰입(organizational commitment), 직무몰입(job involvement), 조직지원인식(perceived organizational support) 등이 있다. 하지만 조직시민행동(OCB: organizational citizenship behavior)은 태도 변수가 아니다.

⑤ 태도와 가치관 모두 어느 정도 일관성을 갖지만 태도보다는 가치관이 상대적으로 더 안정적이다. 가치관은 비교적 안정적이며 지속적인 속성을 가지고 있다. 이는 가치관을 절대적인 기준이나 흑백 기준에 의해 습득했기 때문이다.

0507 ①

a. 켈리(Kelley)의 귀인이론에서 특이성(distinctiveness)은 사람이 상황에 따라 얼마나 다른 방식으로 행동하는 성향이 있는가의 문제로 특이성이 높을 때 내부가 아니라 외부적으로 귀인하게 된다. 참고로 합의성(consensus)은 유사한 상황에 처한 모든 사람들이 모두 유사한 방식으로 행동하느냐의 문제로 합의성이 높을 때 외부에 귀인하게 된다. 또한 일관성(consistency)은 특정 행동이 시간을 두고 반복되는지 여부를 말하며, 일관성이 높을 때 내부에 귀인하게 된다.

b. 사람들은 자존심이 위협받는 상황이 되면 자존심을 지키기 위해 자신의 성공은 내부에 귀인하고, 반면 자신의 실패는 외부에 귀인한다. 이렇게 하는 이유는 성공을 내부에 귀인하면 자존심을 올릴 수 있고, 실패를 외부에 귀인하면 자존심이 떨어지는 것을 막을 수 있기 때문이다. 이를 자존적 편견(self-serving bias)이라 한다.

c. 근원적 귀인오류(fundamental attribution error)란 다른 사람의 행동을 판단할 때 외부적 요인의 영향을 과소평가하고 내부적인 요인의 영향을 과대평가하는 경향을 말한다. 이는 사람들이 타인이 처한 상황을 잘 모르기 때문에 타인의 행동을 판단할 때 상황을 경시하고 그 사람의 내부적 요인만을 가지고 평가하기 때문이다.

d. 행위자 관찰자 효과(actor-observer bias)란 동일한 사건을 귀인할 때 자신이 그 사건의 행위자(actor)일 때와 관찰자(observer)일 때 귀인이 달라지는 것을 말한다. 자신 즉, 행위자의 행동은 상황적인 요소 때문에 발생한 것으로 생각하고, 관찰자 입장에서 다른 사람들의 행동은 내부적 요소에 의한 것으로 판단하는 것이다.

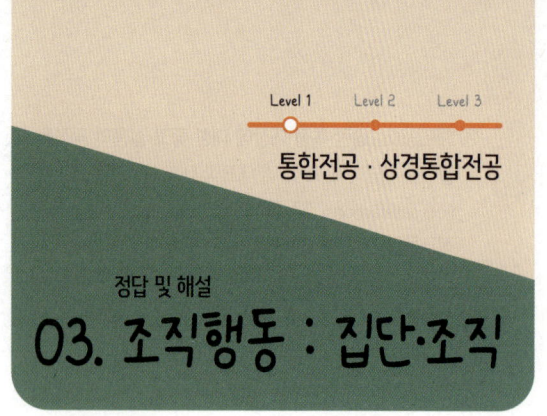

정답 및 해설
03. 조직행동 : 집단·조직

0508 ⑤

조직행동(organizational behavior)은 개인, 집단, 조직차원 변수로 구분된다.
개인차원: 학습, 능력, 성격, 지각, 태도, 가치관, 동기부여, 감정 등
집단차원: 리더십, 의사소통, 집단의사결정, 갈등, 협상, 권력 등
조직차원: 조직문화, 조직변화, 조직개발 등

0509 ②

집단과 조직목표가 일치할 경우, 집단의 응집력이 낮아도 집단의 성과는 중간 정도로 나온다. 만약, 이 경우 응집력이 높다면 성과는 당연히 높다. 반면 집단과 조직목표가 일치하지 않을 경우, 집단의 응집력 높거나 낮거나 상관없이 성과가 낮지만 둘 중 성과가 상대적으로 더 낮은 것은 집단의 응집력이 높은 경우이다. 왜냐하면 응집력이 높은 집단은 집단과 조직의 목표가 일치하지 않을 경우 바람직하지 않은 방향으로 집단의 힘을 쏟아부을 수 있기 때문이다.
① 높은 성과
② 낮은 성과
③ 중간 성과
④ 중간보다 약간 낮은 성과

0510 ③

③ 사회적 태만은 집단의 규모가 증가하면서 생기는 현상이므로 팀의 규모를 늘려서 공동의 업무를 증가시키는 것은 사회적 태만을 오히려 더 증가시킨다.

0511 ②

집단차원에는 집단역학, 규범, 지위, 역할, 갈등, 의사소통, 의사결정, 권력, 정치, 리더십 등이 있으며, ②는 개인적 차원(능력, 학습, 태도, 가치관, 성격, 지각, 동기부여, 감정)에 해당한다.

0512 ②

② 집단 내 경쟁은 집단응집성의 감소요인이다.

증가 요소	감소 요소
1. 집단의 규모 축소 2. 집단 목표에 대한 동의 도출 3. 구성원들이 함께 지내는 시간 증가 4. 집단의 지위를 높이고, 집단 구성원으로서의 자격 획득을 어렵게 함 5. 다른 집단과 경쟁 6. 집단별 보상 7. 집단을 격리	1. 목표에 대한 불일치 2. 집단크기의 증가 3. 집단 내 경쟁 증가 4. 불만족스러운 경험

0513 ③

③ 집단구성원들 간에 집단의 목표와 수단에 대해 합의가 이루어지고 응집력이 높아지며, 구성원들의 역할과 권한관계가 정해지는 단계는 규범기(norming)이다.

0514 ③

레윈(K. Lewin)의 3단계 변화모형은 해빙(unfreezing), 변화(changing), 재동결(refreezing)의 순이다.

0515 ③

집단사고(groupthink)는 집단의사결정의 문제점 가운데 하나로 응집성(cohesiveness)이 강한 집단에서 합의에 대한 요구가 지나쳐서 다른 대안의 모색을 저해하는 경향을 의미한다.

0516 ①

① 집단사고(group think)란 집단의사결정의 단점 중 하나로 응집성이 높고 의사결정 절차가 비민주적인 집단에서 구성원들 간의 합의에 대한 요구가 지나쳐서 이 요구가 다른 대안의 모색을 저해하는 경향을 말한다.

0517 ②

① 집단이동적 사고
③ 사회적 태만 혹은 무임승차
④ 몰입의 상승현상

0518 ⑤

집단사고(groupthink)란 집단의사결정 시 합의에 대한 요구가 지나쳐서 다른 대안의 모색을 방해하는 현상을 의미한다. 주로 응집성이 높거나 의사결정의 절차가 비민주적일 때 많이 발생한다.
① 집단사고의 증상 가운데 '도덕적 환상'에 해당함
② 집단사고의 증상 가운데 '만장일치의 환상'에 해당함
③ 집단사고의 증상 가운데 '자기 억압'에 해당함
④ 집단사고의 증상 가운데 '적에 대한 고정관념'에 해당함

0519 ④
서로의 의견에 비판 없이 동의하는 경향은 집단의사결정의 단점이다.

0520 ⑤
⑤ 집단의사결정에서 항상 최선책이 채택되지는 않기 때문에 차선책을 채택하는 오류가 발생하기도 한다.

0521 ②
기업의 내부자원을 조직화하기 위한 의사결정은 관리적 의사결정이다. 전략적 의사결정은 기업의 내부문제보다는 기업과 외부환경과의 관계에 관한 의사결정, 기업의 성격을 기본적으로 좌우하는 의사결정을 말한다.

0522 ②
개인의사결정이 집단의사결정에 비해 책임소재가 더 명확하다.

0523 ⑤
⑤ 집단사고(groupthink)는 집단의사결정의 단점 중 하나로 의사결정 절차가 비민주적이고 응집력이 높은 집단에서 구성원들 간 합의에 대한 요구가 지나쳐, 해당 요구가 다른 대안의 모색을 저해하게 되는 경향을 의미한다.

0524 ③
③ 집단사고(groupthink)란 집단의사결정 과정에서 발생하는 문제점 가운데 하나이므로 집단의사결정시에 집단사고 현상이 발생하면 최선의 의사결정이 도출될 수 없다.

0525 ②
① 쓰레기통 모형은 조직 내 상황이 다소 복잡하고 무질서한 상태(조직화된 무질서)에 있을 시에 적용할 목적으로 개발된 의사결정 모형이다.
② 의사결정의 구성요소는 다음과 같다.
 - 선택기회(Choice of opportunities) : 조직은 항상 무엇이든 간에 선택 및 결정 등이 이루어지며 항상 문제가 출현하기를 기다리고 있다.
 - 대안들(Solutions) : 특정 문제 해결을 위한 것은 아니나 조직 내에는 무수한 대안들이 있다.
 - 문제들(Problems) : 없는 문제도 만들면 되는 방식으로 조직에는 이슈화할 문제가 산적해 있다.
 - 결정자들(Participants) : 타인에게 무엇인가를 보여주고자 하는 결정 주체들은 항상 무엇인가를 결정할 준비가 되어 있으며, 그러한 결정도 실제로 적당히 하고 넘어가는 성향이 있다.
③ 조직 내에는 많은 이해관계자들로 구성되어 있으므로 구성원 각자 업무처리의 우선순위는 서로 상이하다.

④ 쓰레기통 모형은 위계적인 조직구조보다는 계층제적 권위가 없는 조직구조의 의사결정에 적용되며, 조직화된 무정부 상태에서는 문제해결(정책갈등 상황 해결)에 의한 의사결정보다는 진빼기 결정과 날치기 통과 등의 의사결정이 이루어진다고 보았다.
⑤ 쓰레기통 모형은 의사결정이 합리적 과정을 통해 이루어지는 것이 아니라 무질서한 상황에서 우연히 이루어진다고 보는 관점이다.

0526 ⑤
Daft의 상황적합적 의사결정 체계는 문제에 대한 합의(problem consensus)와 해결방안에 대한 기술적인 지식(technical knowledge)에 따라 4가지로 나뉜다. 문제에 대한 합의란 문제 상황에 대한 경영자들 간의 의견 일치성을 뜻한다. 해결방안에 대한 기술적인 지식은 문제를 해결하고 목표를 달성하는 방법에 대한 이해, 즉 인과관계를 뜻한다. 문제에 대한 합의가 되어 있고 해결방안에 대한 기술적인 지식이 있다면 경영과학(management science) 모형(합리적 의사결정 모형)을 통해 의사결정 하는 것이 바람직하다. 해결방안에 대한 기술적인 지식이 있지만, 문제에 대한 합의가 되어있지 않다면 연합을 형성하여 문제에 대한 합의를 이루는 의사결정 모형인 카네기(Carnegie) 모형이 적절하다. 그리고 해결방안에 대한 기술적인 지식이 없지만, 문제에 대한 합의가 된 경우, 민쯔버그(Mintzberg)의 점진적 의사결정 모형이 적절하다. 마지막으로 문제에 대한 합의도 되어 있지 않고 해결방안에 대한 기술적인 지식도 없는 경우 두 모형을 같이 사용하는 것이 바람직하다. 그러나 여러 가지 문제가 혼합되어 있는 경우 이는 쓰레기통(garbage can) 모형으로 귀결된다.
브레인스토밍(brainstorming)은 집단의사결정 기법 중 하나로서 여러 명이 한 가지의 문제를 놓고 아이디어를 무작위로 개진하여 그 중에서 최선책을 찾아내는 방법이다. 이는 Daft의 상황적합적 의사결정 체계의 의사결정 방법에 포함되지 않는다.

적합한 의사결정 모형을 활용하기 위한 분석체계

	확실 ← 문제에 대한 합의 → 불확실	
해결방안에 대한 기술적 지식 확실	① 개인 : 합리적 접근, 계산 조직 : 경영과학	② 개인 : 교섭, 연합 형성 조직 : 카네기 모형
해결방안에 대한 기술적 지식 불확실	③ 개인 : 판단, 시행착오 조직 : 점진적 의사결정 과정 모형	④ 개인 : 교섭과 판단, 영감과 모방 조직 : 카네기 모형 및 점진적 의사결정 모형, 쓰레기통 모형으로 진화됨

0527 ①

① 민쯔버그(Mintzberg)의 점진적 의사결정 모형은 정치적이고 사회적인 요인보다 구조화된 의사결정 순서를 강조하는 모형이다. 즉 중요한 의사결정은 한 순간에, 한 번으로 이루어지는 것이 아니라 일련의 작은 결정들의 연속적인 조합으로 이루어지기 때문에 점진적으로 의사결정 해결안에 접근해야 한다는 것이 취지이다. 그러므로 점진적 의사결정 모형은 문제를 확인하는 단계보다 문제를 해결하는 단계에서 더 적합하다. 위 모형은 점진적 의사결정을 강조하며 언제든지 문제가 잘못되었을 경우 이전 단계로 돌아가서 다시 결정하면서 의사결정이 단계적으로 이루어진다고 본다. 이는 크게 3단계(문제 확인-대안 개발-대안 선택)로 나타난다. 처음에 문제를 확인하는 단계는 문제에 대한 인식과 진단으로 나누어진다. 문제의 대안을 개발하는 방법은 기존 방법들에서 찾는 방법으로 탐색 및 정리가 있고, 새로운 대안 중 선택하는 설계 방안이 존재한다. 대안을 선택하는 방안은 한 사람에 의한 판단, 기법을 통한 분석, 집단을 통한 교섭 방안을 들 수 있다.

0528 ②

① 마이클 코헨(Micheal Cohen), 제임스 마치(James March), 요한 올슨(Johan Olsen)이 처음 제시하였다.
② 쓰레기통 모형은 대표적인 기술적 모형(descriptive model)으로 다수의 의사결정 사안들이 존재하는 경우 불확실한 의사결정 상황을 설명해준다. 쓰레기통 모형을 규범적으로 여기는 것은 맞지 않고 실제 다수의 의사결정 상황의 현실적인 모습을 보여주고 있으므로 대표적인 조직 의사결정의 기술적 모형이라고 본다.
③,⑤ 성장과 변화가 지속적으로 요구되는 학습조직과 같은 극단적으로 불확실한 상황을 가정한다. 이 모형을 처음 제시한 마이클 코헨(Micheal Cohen), 제임스 마치(James March), 요한 올슨(Johan Olsen)은 이를 조직화된 무질서(organized anarchy)라 명명하였다.

0529 ①

① 카네기 모형은 카네기 멜론(Carnegie Mellon) 대학의 사이어트(Richard Cyert), 마치(James March), 사이먼(Herbert Simon)의 연구에 기초하는 것으로 인간의 합리성이 제한되었다고 본다. 즉 문제에 대한 의사결정에서 경영자는 최적해 보다 만족해를 추구하게 되며, 그 과정에서 경영자가 단기적 해결책에 관심을 갖는 당면과제 검토(problemistic search)가 일어난다고 본다. 여기서 핵심은 문제에 대한 우선순위를 결정하는 연합(coalition)을 형성하는 것이다. 그러므로 카네기 모형은 문제의 우선순위에 대한 합의가 되어있지 않은 상황을 가정하며, 조직 의사결정은 이러한 불확실성과 갈등 속에서 정치적이고 사회적인 과정을 통해 연합을 형성하여 만족해를 결정하는 형태로 나타난다고 본다.

0530 ④

④ 명목집단법(NGT : nominal group technique)은 참석자들로 하여금 서로 대화에 의한 의사소통을 못하도록 하는데 있는데 이는 집단의 각 구성원들이 진실로 마음속에 생각하고 있는 바를 끄집어내리는 것이다.

0531 ②

① 브레인스토밍 시 다른 사람이 제출한 아이디어에 대해 자유롭게 비판할 수 없다. 아이디어에 대한 평가는 아이디어가 모아진 이후에 실시한다.
③ 아이디어의 질보다는 양에 치중하는 방법이다.
④ 자유롭게 진행되어야 하므로 집단 내에서 영향력 있는 여러 명의 리더가 번갈아 가담하는것은 바람직하지 않다.
⑤ 브레인스토밍은 빠르게 결론을 도출하는 방법이 아니라, 아이디어를 모으는 방법이다.

0532 ③

전문가를 대상으로 개별 접촉하여 최적의 집단의견을 도출하는 기법은 델파이법(Delphi method)이다.

0533 ②

전문가들에게 설문지, 이메일, 전화 등으로 개별적으로 접촉하여, 반복적인 절차를 통해 예측치를 구하는 방법은 델파이법(Delphi method)이다.

0534 ①

참가자들을 대립적인 두 개의 그룹으로 나누어 토론을 진행하는 것은 지명반론자법(devil's advocate method)이다.

0535 ①

보기의 설명은 브레인스토밍의 특징들이다. 부연하면 자유롭게 아이디어를 제시할 수 있다는 것은 '표현 권장(expressiveness)' 규칙을 의미하며, 타인이 제시한 아이디어에 대해 비판은 금지된다는 '평가 지연(postpone evaluation)' 규칙을 의미하며, 아이디어의 질보다 양을 강조한다는 '질보다 양(quantity)' 규칙을 의미한다.
⑤ 참고로 프리모텀 법(premortem)은 미래에 달성하고 싶은 목표를 미리 정하는 것까지는 같지만, 이 목표가 실패했다고 가정하고 "왜 실패했는지?" 그 이유를 찾아보는 방식을 의미한다. 즉, 프리모텀 법(premortem)은 심리학자 클라인이 제안한 기법으로 미리(pre) 사업이 실패(mortem)할 것을 가정하고 해당 실패 원인을 도출해 이를 제거함으로써 성공 가능성을 높이려는 의사결정 방법을 의미한다. 즉, 프로젝트 등이 이미 실패했다고 가정하고 해당 원인을 찾는 '예기적 사후' 가정이 의사결정의 성공 확률을 30% 이상 끌어올린다고 진단했다. 이러한 프리모텀은 기업들의 대규모 신규사업 투자에서 활용될 수 있다.

0536 ②
  델파이기법(Delphi method): 전문가들에게 개별적으로 설문을 전하고 의견을 받아서 반복수정하는 절차를 거쳐서 의사결정을 내리는 방법

0537 ①
  전문가들을 한 자리에 모으지 않고, 이들을 대상으로 서면으로 정보를 수집하여 의견을 종합한 후 종합의견에 대한 이들의 의견을 재차 묻는 식의 지속적인 피드백 과정을 수 회에 걸쳐 의견을 수렴하는 방법은 델파이법이다.

0538 ⑤
  그룹 다이내믹스(group dynamics)는 집단역학, 즉 집단을 연구하는 학문분야를 말한다.

0539 ④
  ④ 델파이기법(Delphi technique): 전문가들에게 개별적으로 접촉하여 의견을 구하고 다른 전문가들을 의견을 보고 나서 다시 수정한 의견을 제시하는 일련의 절차를 거쳐 최종 결정을 내리는 방법

0540 ③
  ③ 브레인스토밍은 많은 아이디어 산출이 목표이므로 아이디어 산출과정에서 타인의 의견에 대한 비판은 하지 않는다.

0541 ②
  ② 전문가들에게 대안을 수집하는 맞지만, 의견을 제시하고 조정하는 과정을 반복하기 때문에 신속하게 의사결정을 할 수는 없다.

0542 ⑤
  ① 브레인스토밍(brainstorming)에 대한 설명이다.
  ② 명목집단법(NGT : nominal group technique)에 대한 설명이다.
  ③ 지명 반론자법(devil's advocate method)에 대한 설명이다.
  ④ 델파이법(Delphi method)에 대한 설명이다.
  ⑤ 변증법적 토의법(dialectical inquiry model)에 대한 설명. 변증법적 토의는 전체 구성원들을 각 대안에 대해 두 집단(찬성과 반대)으로 나누어 각 대안을 토의하는 방식이다. 이 방식의 경우에 반대안을 만드는 시간, 비용, 노력 등이 많이 든다는 단점이 있다. 한 가지 사실을 대립된 2가지로 파악하는 것으로서 문답에 따라 진리에 도달하는 방법이다.

0543 ⑤
  ① 브레인스토밍(brainstorming)은 새로운 아이디어를 양산하는 방법이지 무기명 투표로 서열을 정하는 방법이 아니다.

  ② 지명 반론자법(devil's advocate method)은 여러 이해관계자를 대표하여 토론하는 것이 아니라 한 집단이 제시한 의견에 대해서 반론자로 지명된 집단의 반론을 듣고 토론을 벌여 본래의 안을 수정하고 보완하는 일련의 과정을 거친 후 최종 대안을 도출하는 방법이다.
  ③ 델파이법(Delphi method)은 면대면 토론을 하지 않는다.
  ④ 변증법적 토의법(dialectical inquiry model)은 구성원들이 대안에 대하여 공개적으로 찬성 또는 반대를 표명한다.

0544 ①
  전문가집단의 각 구성원에게 설문을 보내고 이에 대한 응답을 모아 요약정리한 후, 다시 전문가에게 보내는 과정을 반복함으로써 의사결정을 행하는 방법은 델파이법이다.

0545 ④
  명목집단기법(NGT: nominal group technique)은 아이디어를 모으는 단계에서 참가자들 간의 대화를 금지하고 서면으로 아이디어를 제출받는 방법이다.

0546 ④
  ④ 의사결정에 참여한 구성원 집단을 둘로 나누어서 한 집단이 제시한 의견에 대한 반론 집단의 비판을 들으면서 본래의 의사결정 대안을 수정하고 보완하는 방법은 '지명 반론자법(devil's advocate method)'이다.

0547 ①
  ① 브레인스토밍(brainstorming) 방법은 아이디어의 질보다는 양을 우선시한다.

0548 ①
  ② 합의에 도달하는 시간이 오래 걸리므로 긴박성이 요구되는 문제해결에 적합하지 않다.
  ③ 참여자의 익명성이 보장된다.
  ④ 제시된 의견들의 우선순위를 비밀투표에 부쳐 최종안을 선택하는 것은 명목집단법(NGT)이고 델파이법은 전문적인 의견을 설문을 통해 전하고 다른 사람들의 의견을 보고 나서 다시 수정한 의견을 제시하는 일련의 절차를 거쳐 최종 결정을 내리는 방법이다.

0549 ③
  ① 평가지연
  ② 표현권장
  ③ 델파이기법
  ④ 아이디어의 질보다는 양
  ⑤ 아이디어 확장

0550 ①

① 문제에서 얼굴을 맞대고 하는 방법이라고 했으므로 델파이법은 해당되지 않는다. 또한 익명성이 보장된다고 했으므로 브레인스토밍과 지명반론자법은 해당되지 않는다. 결국 NGT만 가능하다.

0551 ⑤

Robbins의 목적에 따른 팀 유형은 4가지로 분류된다. 이는 자율적 관리팀(self-managed work team), 가상 팀(virtual team), 문제해결 팀(problem-solving team), 기능횡단팀(cross-functional team)으로 분류된다. 자율적 관리팀이란 관련성이 높은 직무나 상호의존적인 직무를 수행하는 사람들로 구성되면 감독자가 맡았던 책임의 대부분을 맡아 수행하는 팀이다. 가상 팀이란 공동의 목표를 달성하기 위해 물리적으로 떨어져 있는 구성원들을 연결하기 위해 컴퓨터 기술을 사용하기 위한 팀이다. 문제해결 팀이란 동일 부서에 속한 5~12명의 인원으로 매주 몇 시간씩 만나 품질, 효율, 작업환경을 개선하는 방법을 논의하는 팀을 말한다. 기능횡단팀이란 어떤 과업을 함께 달성하기 위해 동일한 계층에서 그러나 상이한 직무 영역에서 온 사람들로 구성되는 것으로 신제품을 개발하기 위한 태스크포스 팀 등을 의미한다.

0552 ③

수레바퀴형(wheel-type): 사슬형(chain), Y자형, 완전연결형(all channel), 원형 등과 더불어 공식적 커뮤니케이션 네트워크의 일종이다.

0553 ①

조직차원의 의사소통은 상하 계층 간 커뮤니케이션(상향식과 하향식), 같은 계층 내에서 커뮤니케이션(수평적) 그리고 다른 부서의 다른 계층에 있는 사람과의 커뮤니케이션(대각선)으로 구성된다.

0554 ⑤

집단 내에 강력한 리더가 있는 것은 아니지만 어느 정도 대표성 있는 인물을 통해 비교적 공식적인 계층을 따라 의사소통이 신속하게 이루어지는 의사소통 네트워크 유형은 Y자형이다.

0555 ②

커뮤니케이션 과정에서 전달된 메시지를 자신에게 주는 의미로 변환시키는 과정을 해독(decoding)이라고 한다.

0556 ③

① 원형(circle)은 구성원 간의 상호작용이 집중되어 있지 않고 분산되어 있는 커뮤니케이션 네트워크이다. 그러므로 커뮤니케이션의 의사전달속도가 느리다. 자신의 정보가 모두 전달되며, 어느 정도 피드백까지 받기 때문에 만족감이 높다. 또한 이 유형은 권력의 집중도 없고, 지위의 고하도 없는 조직에서 특정 문제해결을 위해 나타난다.

② Y자형은 중심인물을 중심으로 커뮤니케이션이 이루어지며, 비교적 집단을 대표할 수 있는 인물이 있는 경우에 나타난다. 또한, 단순한 문제를 해결하는데 있어서 정확도는 비교적 높다.

③ 수레바퀴형(wheel)은 정보의 전달과 의사결정이 신속하여, 실생활에 적합하지만, 복잡하고 많은 정보가 필요한 의사결정에는 적합하지 않다. 구성원이 한 사람의 감독자에게만 보고하는 작업집단에서 이루어지는 커뮤니케이션 유형인데, 가운데 사람이 커뮤니케이션의 중심인물이며 다른 구성원은 중심인물과만 커뮤니케이션이 가능하다. 또한 이는 집단 내 특정한 리더가 있을 때에 발생한다. 특정 리더에 의해 모든 정보의 전달이 이루어지기 때문에 정보가 특정 리더에게 집중되는 현상을 보인다.

④ 사슬형(chain)은 일반적으로 공식적 조직에서 볼 수 있는 형태로, 이는 공식적인 계통과 수직적인 경로를 통해서 의사(정보)전달이 이루어지는 형태이다. 그러므로 명령과 권한의 체계가 명확한 공식적인 조직에서 사용되는 커뮤니케이션 네트워크이다. 주로 관료적 조직이나 공식화가 진행된 조직에서 이러한 네트워크 형태를 쉽게 발견할 수 있으며 사슬이 길수록 정보왜곡의 가능성은 커진다.

⑤ 전체연결형(all channel)은 이 유형에서는 공식적 및 비공식적 리더가 없이 구성원 누구나 커뮤니케이션을 할 수 있는 유형이다. 이는 비공식적인 커뮤니케이션 방법으로서 구성원 전체가 서로의 의견이나 정보를 자유의지에 따라 교환하는 형태이다.

0557 ①

의사소통은 송신할 메시지, 메시지 부호화(encoding), 채널(매체), 메시지 해독, 메시지 수신, 피드백의 과정으로 이루어진다.

0558 ②

수레바퀴형(wheel)은 집단 내의 특정한 리더가 있을 때 발생한다. 특정 리더에 의해서 모든 정보의 전달이 이루어지기 때문에 정보가 특정 리더에게 집중되는 현상을 보인다.

0559 ①

① 연쇄형(사슬형; chain)은 공식적인 계통과 수직적인 경로를 통해서 의사(정보)전달이 이루어지는 형태이다. 그러므로 명령과 권한의 체계가 명확한 공식적인 조직에서 사용되는 커뮤니케이션 네트워크이다. 관료적 조직이나 공식화가 진행된 조직에서 이러한 네트워크를 쉽게 발견할 수 있으며 사슬이 길수록 정보왜곡의 가능성은 커진다.

② Y자형은 집단 내에 특정의 리더가 있는 것은 아니지만, 비교적 집단을 대표할 수 있는 인물이 있는 경우에 나타난다. 특히 라인과 스탭의 혼합집단에서 찾아볼 수 있으며 단순한 문제를 해결하는데 있어서의 정확도는 비교적 높다.

③ 원형(circle)은 위원회 조직이나 태스크포스 조직에서와 같이 권력의 집중도 없고, 지위의 고하도 없이 특정 문제해결을 위해서 구성된 조직에서 발생한다.

④ 바퀴형(수레바퀴형; whee)은 집단 내의 특정한 리더가 있을 때 발생한다. 특정 리더에 의해서 모든 정보의 전달이 이루어지기 때문에 정보가 특정 리더에게 집중되는 현상을 보인다. 이 방법은 힘이 한 곳(리더)에 집중되어 구성원들 간의 정보공유가 안 된다는 단점을 갖고 있다.

0560 ④

원형 네트워크는 집단 구성원 간 뚜렷한 서열이 없는 경우에 나타나게 되는 커뮤니케이션 유형으로써 중심 인물이 없는 상황에서 커뮤니케이션의 목적 및 방향 없이 구성원들 사이에 정보가 전달된다.

0561 ④

④ 주로 조직 내에서 명령, 지휘, 통제 등을 통해 이루어지는 것은 공식적 의사소통에 해당한다. 그레이프바인이란 조직에서 비공식 커뮤니케이션의 일종으로, 인사이동이 임박해서 발생하는 여러 가지 소문들, 회장의 행동에 관한 비밀스런 이야기들, 동료나 상사에 대한 입바른 평가나 불평 등이 그 예이다. 그레이프바인은 정확성은 떨어지지만, 조직변화 필요성에 대하여 경고를 해주고, 조직문화 창조에 매개 역할을 하며, 집단응집력을 높이는 역할을 할 뿐만 아니라 구성원들 간에 아이디어 전달의 경로가 되기도 한다. 그레이프바인의 순기능으로 공식적 의사소통을 보완하고, 조직원들의 정서적 긴장감을 해소해 주며, 새로운 정책이나 정보의 빠른 전달을 도와주고, 조직변화에 대한 저항을 약화시켜주는 것을 들 수 있다. 또한 역기능으로 조직의 비효율성이 증가하고, 비공식 채널로 전달되는 정보가 신뢰받는 점을 들 수 있다.

0562 ②

② 매체의 정보 충실도(richness)는 정보를 운반하는 잠재적인 능력이다. 조직 내에서 의사소통 경로로서 역할을 하는 매체는 의사소통 상황이 복잡한 정도에 따라 적절하게 사용되어야 한다. 문제의 복잡한 정도보다 매체의 정보 충실도가 높으면 정보 과부화 문제가 일어난다. 예를 들어 멀리 떨어져 있는 두 사람이 미팅날짜를 잡기 위해서 굳이 찾아가서 미팅 날짜가 언제가 괜찮으시냐고 묻는 것을 들 수 있다. 반대로 문제의 복잡한 정도가 높은데 정보 충실도가 낮으면 지나친 단순화 현상이 일어난다. 지나친 단순화란 만나서 급하게 상의할 불확실한 문제에 대처하기 위해 회의가 아닌 문자로 대화하는 경우를 뜻한다. 이 경우 역시 적절한 의사소통이 이루어지지 않는다.

0563 ③

③ 이는 조하리 창에 대한 설명이다. 이는 모형을 연구한 학자인 조셉의 Jo와 해링톤의 Harri를 따 이름을 만든 것이다. 마치 4가지 모양이 창문과 같아서 조하리의 창이라는 이름이 붙게 되었다.

조하리의 창

	자기가 아는 영역	자기가 모르는 영역
남이 아는 영역	나도 알고 남도 알고 있다. (Open)	나는 모르는데 남은 알고 있다. (Blind)
남이 모르는 영역	나는 아는데 남은 모른다. (Hidden)	나도 모르고 남도 모른다. (Unknown)

0564 ③

ㄱ. 커뮤니케이션 장애요인
ㄴ. 커뮤니케이션 활성화 요인
ㄷ. 커뮤니케이션 장애요인
ㄹ. 커뮤니케이션 활성화 요인
ㅁ. 커뮤니케이션 장애요인

0565 ⑤

효과적인 의사소통을 방해하는 요인은 다음과 같다.

㉠ 발신자 관련 방해요인
- 의사소통 목적의 결여
- 타인에 대한 민감성의 부족
- 신뢰성 부족
- 의사소통 기술의 부족
- 준거 체계의 차이

㉡ 수신자 관련 방해요인
- 선택적 청취
- 평가적인 경향
- 반응적인 피드백의 부족
- 선입견

㉢ 상황적 방해요인
- 비언어적인 메시지의 오용
- 어의상의 문제
- 커뮤니케이션 분위기
- 정보의 과중(information overload)
- 지위 차이
- 시간의 압박

0566 ①

오하이오 주립대학(OSU) 모형의 리더십 유형은 구조주도(initiating structure)와 배려(consideration)이다.

0567 ②

② (1, 9)형은 컨트리클럽형(인기형) 리더는 맞지만, 구조주도 행동(과업행동)을 보이는 것이 아니라 인간에 대한 관심을 많이 보이는 리더이다.

0568 ②

① 관리격자 이론은 '생산에 대한 관심(concern for production)'과 '인간에 대한 관심(concern for people)'의 두 축으로 구성된다.
③ 관리격자(managerial grid) 이론은 블레이크와 머튼(Blake & Mouton)이 제시한 이론이다.
④ 컨트리클럽형(인기형, country club)은 배려 및 종업원 지향적 리더십 행동과 유사한 것으로 이는 과업보다 구성원과의 인간적인 측면에 관심을 많이 갖는다. 이는 상급자보다는 하급자들의 사회심리적인 욕구를 충족시키면서 인화중심의 조직분위기를 통해 과업목표를 달성하려는 행동을 보인다.

0569 ④

④ 미수미의 PM이론은 리더십 행동이론 중 구조주도와 배려의 리더십 스타일이 일본으로 전해지면서 각색된 이론이다. P는 성과지향(Performance orientation)을 M은 유지지향(Maintenance Orientation)으로 각각 구조주도와 배려의 의미와 유사하다. 그의 연구에서 리더십 유효성은 PM > pM = Pm > pm으로 나타난다. PM이론은 리더십 행동이론으로 리더가 처한 상황을 고려하지 않았다.

0570 ⑤

① 1·1형 – 무관심형
② 1·9형 – 인기형(혹은 컨트리클럽형)
③ 5·5형 – 중간형
④ 9·1형 – 과업형
⑤ 9·9형 – 이상형(혹은 팀형)

0571 ④

④ 생산에 대한 관심을 높일 수 있는 훈련을 통해 이상형 리더로 발전시켜야 하는 것은 컨트리클럽형(1, 9) 리더이다.

0572 ④

ㄱ. 리더의 행동차원을 인간에 대한 관심과 과업(생산)에 대한 관심 두 가지로 나누어 다섯 가지 형태의 리더십으로 구분한 것은 관리격자(managerial grid)이론이다.

0573 ②

① 부하의 성과에 따른 리더의 보상에 초점을 맞춘다.(조건적 보상: 거래적 리더십)
③ 리더가 부하를 섬기고 봉사함으로써 조직을 이끈다.(서번트 리더십)
④ 리더십을 지시형(telling), 설득형(selling), 참여형(participating), 위임형(delegating) 등의 4가지로 구분하였다.
⑤ 리더십에 영향을 줄 수 있는 상황적 요소는 부하의 성숙도이다.

0574 ①

하우스(R. House)의 경로-목표이론은 리더십의 유형을 지시적, 지원적(후원적), 참여적, 성취지향적 리더십의 4가지를 제시하고 있다. 4가지 리더십은 다음과 같다.

㉠ 지시적(directive) 리더십은 다른 말로 도구적 리더십(Instrumental leadership)이라고도 표현되는데, 이 리더십 유형은 통제와 조직화, 감독 행위 등과 관련된 리더의 행동이다. 리더가 부하들이 해야 할 일이 무엇인지 분명히 알려주고 구체적인 지시를 명령하며 그들에게 기대되고 있는 것이 무엇이고 그 과업이 어떻게 수행되어야 하는가에 대해 말해주며 과업의 완성기한 및 분명한 과업기준을 설정하여 부하들이 따라야 할 규칙이나 규정을 명확하게 알려주는 리더십 유형을 의미한다. OSU연구의 구조주도(initiating structure)와 유사하다.

㉡ 지원적(supportive) 리더십은 친절하고 접근하기 쉽도록 하는 리더행동 유형으로 이 유형의 리더는 부하의 욕구를 배려하고, 복지에 관심을 가진다. 그리고 지원적 리더십에서 리더는 의도적으로 만족스러운 인간관계를 강조하면서 부하들을 평등하게 대하며 그들의 작업이 즐거운 것이 되도록 하기 위해 친구처럼 대하고 동지적 관계를 중요시하며 후원적인 분위기를 조성하는 데에 노력한다. 조직후원과 관련이 있으며 배려적이고, OSU연구의 배려(consideration)와 유사하다.

㉢ 참여적(participative) 리더십은 부하의 문제에 대해 리더 혼자 독단적으로 결정하는 것이 아닌 부하와 협의를 하며, 부하의 의견과 제안을 고려하고 의사결정과정에 참가시키는 행동을 하는 리더십의 형태를 의미한다. 이러한 참여적 리더십은 통제위치(locus of control)가 내부에 있는 부하들에게 긍정적으로 작용하며, 높은 참여욕구를 가지고 있는 부하들에게 긍정적으로 작용한다.

㉣ 성취지향적(achievement-oriented) 리더십은 리더가 부하에게 도전적인 목표를 설정하고, 성과의 달성을 강조하며 높은 탁월성 수준을 설정해 주고 지속적인 개선을 추구하는 리더십의 형태를 의미한다. 리더는 부하들에게 도전적인 목표를 설정하게 하고 그것을 성과로 달성해낼 수 있다는 신뢰가 있기에 부하들의 능력 발휘를 격려하고 자율적인 실행기회를 부여한다.

0575 ④

허시와 블랜차드는 과업행동과 관계행동을 기준으로 리더십을 지시형, 설득형, 참여형, 위임형으로 구분하고 있는데, 과업(지시)행동과 관계(지원)행동 둘다 낮은 리더십은 위임형(delegating)이다.

0576 ①

하우스가 경로-목표이론에서 정의한 리더십은 지시적(instrumental), 지원적(supportive), 참여적(participative), 성취지향적(achievement oriented) 리더십이다.

0577 ③

허시와 블랜차드는 지시형(telling), 설득형(selling), 참여형(participating), 위임형(delegating)의 4가지 리더십을 제시하였다. 1번 보기의 '설명형'은 telling을 의미함

0578 ④

	과업지향적 행동	관계지향적 행동
지시형(directing) 혹은 telling	고	저
코치형(coaching) 혹은 selling	고	고
지원형(supporting) 혹은 participating	저	고
위임형(delegating)	저	저

0579 ③

③ 피들러는 상황변수로 리더-구성원 관계(leader-member relations), 과업구조(task structure), 직위권력(position power)의 3가지를 제시하였다.

0580 ①

① 지시적 리더(directive leader)는 부하직원에게 기대하는 것을 알려주고, 작업계획을 세우고, 과업 수행 방법을 지도한다. 이는 오하이오 주립대학(OSU) 연구의 구조주도(initiating structure)와 유사하다.

0581 ②

② 문제의 상황은 리더와 구성원 관계가 좋고, 과업구조화 정도가 높고, 리더의 직위권력이 강한 상황인데, 이는 피들러의 리더십 모형의 8가지 상황 중 첫 번째 상황에 해당하므로 '과업지향적 리더십'이 적절하다.

0582 ②

하우스(Robert House)의 경로-목표 이론이 제시하는 리더십 스타일은 다음과 같다.
㉠ 지시적 리더(directive leader)
㉡ 지원적 리더(supportive leader)
㉢ 참여적 리더(participative leader)
㉣ 성취지향적 리더(achievement oriented leader)

0583 ④

④ 피들러 이론의 상황변수는 리더-구성원 관계(leader-member relations), 과업구조(task structure), 직위권력(position power) 이다.

0584 ③

비전을 제시하고 비전의 달성을 강조하는 리더십은 변혁적 리더십(transformational leadership)이다.

0585 ③

개별적 배려와 지적자극을 통해 부하를 변화시키는 리더십은 변혁적 리더십이다.

0586 ⑤

예외에 의한 관리(management by exception)와 조건적 보상은 거래적 리더십(transactional leadership)의 요소이다.

0587 ①

조건적 보상은 예외관리(management by exception)와 함께 거래적 리더십(transactional leadership)의 요소이다.

0588 ⑤

성과에 대한 보상(혹은 조건적 보상)은 거래적 리더십(transactional leadership)의 요소이다.

0589 ③

ㄴ. 거래적 리더십의 '문제해결'에 대한 내용
ㄷ. 거래적 리더십의 '조건적 보상'에 대한 내용
ㅁ. 변혁적 리더의 문제해결 방식에 대한 내용

0590 ③

① 거래적 리더십(transactional leadership)은 역할과 과업의 요구조건을 명확히 함으로써 부하들을 계획된 목표의 방향으로 안내하거나 동기부여하는 리더십을 의미한다.
② 수퍼리더십(super-leadership)은 자기부하를 스스로 판단하도록 하고, 행동에 옮기며 그 결과도 책임질 수 있도록 하는 부하들을 셀프리더로 키우는 리더십을 의미한다.
④ 서번트 리더십(servant leadership)은 리더의 자기희생은 작게는 구성원들로 하여금 기회주의와 불안을 극복하게 하고 적극적 행동을 유발하여 조직의 위기상황에서 구성원들의 위기 적응행위를 촉진하는 리더십이다.
⑤ 진성 리더십(authentic leadership)은 리더의 진정성을 강조하는 리더십으로, 명확한 자기 인식에 기초하여 확고한 가치와 원칙을 세우고 투명한 관계를 형성하여 조직 구성원들에게 긍정적인 영향을 미치는 리더십을 의미한다.

0591 ③

ㄱ. 거래적 리더십의 요소이다.
ㄴ. 변혁적 리더십의 요소이다.
ㄷ. 거래적 리더십의 요소이다.
ㄹ. 거래적 리더십의 요소이다.

0592 ②
① 변혁적 리더십의 '개별적 배려'에 대한 설명이다.
② 거래적 리더십에 관한 설명이다.
③ 변혁적 리더십의 '영감에 의한 동기유발'에 대한 설명이다.
④ 변혁적 리더십의 '이상화된 영향력'에 대한 설명이다.

0593 ①
① 변혁적 리더십의 요소인 '영감에 의한 동기부여'에 대한 설명이다.
② 거래적 리더십의 '조건적 보상'에 대한 설명이다.
③ 거래적 리더십의 '행동적 표준화'에 대한 설명이다.
④ 거래적 리더십의 '문제해결'에 대한 설명이다.

0594 ②
② 리더가 부하직원의 성과와 욕구충족을 명확히 인식하고 노력에 대한 보상을 약속하여 기대되는 역할은 거래적 리더십의 요소인 '조건적 보상'에 해당한다.

0595 ②
② 노력 및 보상 등을 교환하기로 계약하고, 뛰어난 성과에 대한 보상을 약속하며 성취를 인정하는 것은 거래적 리더십(Transactional Leadership)에 관한 내용이다.

0596 ③
③ 변혁적 리더십(transformational leadership)은 이상화된 영향력(카리스마), 영감에 의한 동기유발, 지적 자극, 개별적 배려로 구성된다.

0597 ②
변혁적 리더십의 구성요소는 다음과 같다.

변혁적 리더	이상화된 영향력(카리스마)	바람직한 가치관, 존경심, 자신감 등을 부하들에게 심어주고 비전을 제시한다.
	영감에 의한 동기유발	높은 기대를 전달하고, 노력을 집중시키기 위해 상징을 사용하고, 주요 목표를 단순하게 표현함
	지적 자극	부하들이 상황을 분석하는데 있어 기존의 합리적 틀을 뛰어넘어 보다 창의적인 관점을 개발하도록 격려함
	개별적 배려	부하들에게 개인적인 관심을 보이고, 부하직원들을 개별적으로 대하고, 코치하고, 조언함
거래적 리더	조건적 보상	노력에 대해 보상하기로 계약하고, 뛰어난 성과에 대한 보상을 약속하며 성취를 인정함
	예외에 의한 관리	하급자들이 부여받은 임무를 수행하도록 하고 목표가 달성될 때까지 간섭하지 않는다. 즉 예외적인 사건이 발생할 때만 간섭함

0598 ④
① 변혁적 리더십에 대한 설명이다.
② 변혁적 리더십에 대한 설명이다.
③ 거래적 리더십에 대한 설명이다.

0599 ④
진성 리더십(authentic leadership)은 자신의 특성을 있는 그대로 인식하고 내면의 신념이나 가치와 일치되게 행동하며, 자신에게 진솔한 모습으로 솔선수범하며 조직을 이끌어가는 리더의 행동을 말한다. 진성 리더십의 가장 중심적인 자질은 '신뢰(trust)'이다. 진성 리더는 정보를 공유하고, 열린 토론을 장려하며, 자신의 이상과 부합하도록 힘쓴다. 그 결과 사람들은 리더를 신뢰한다. 이 문제에서 진성 리더십의 여러 요소들을 모두 외울 수는 없지만 보기에서 '정서적 치유'는 진성리더십의 요소가 아니라 서번트 리더십의 요소라는 것을 바로 알 수 있다.

0600 ①
② 서번트 리더십: 조직의 발전을 위해 구성원들로 하여금 기회주의와 불안을 극복하게 하고 적극적 행동을 유발하기 위해 리더가 자발적으로 희생하는 리더십
③ 카리스마적 리더십: 리더가 가진 카리스마를 이용하여 부하들에게 영향력을 행사하는 리더십
④ 거래적 리더십: 리더와 하급자 간의 교환관계에 기초한 리더십
⑤ 코칭 리더십: 조직의 리더와 구성원 간의 파트너적 관계를 바탕으로 리더가 조직 구성원에 대해 영향력을 발휘할 수 있는 리더십

0601 ⑤
⑤ 비전 달성을 위해 위험감수 등 비범한 행동을 보이는 것은 카리스마 리더의 특성이다.

0602 ①
① 명확한 비전제시는 변혁적 리더십의 특성에 해당한다.

0603 ②
① 카리스마적 리더십(Charismatic Leadership)은 리더가 구성원에게 영향력을 미치기 위해 개인적 능력과 재능을 활용하는 리더십을 말한다.
② 리더-구성원 교환 리더십(LMX : leader member exchange)은 리더와 구성원의 관계에 초점을 맞추며, 리더와 부하의 관계는 모두 같은 것이 아니라 구성원에 따라 차별적으로 형성된다고 주장한다. 내집단 관계의 부하와는 친밀하고 잦은 상호작용을 하지만 외집단 관계의 부하와는 공식적 범위 내의 관계만 형성한다. 결국 내집단 관계가 리더십의 효과가 더 높다.
③ 변혁적 리더십(transformational leadership)은 개별적 배려, 지적 자극, 영감에 의한 동기유발, 이상화된 영향력 등을 통해 부하들의 성과를 기대했던 것 이상으로 높이는 리더십을 말한다.

④ 슈퍼 리더십(super leadership)은 부하들이 자기 자신을 리드할 수 있는 셀프리더로 키우는 리더십을 말한다.
⑤ 서번트 리더십(servant leadership)은 리더는 자신보다는 부하, 고객, 지역사회에 봉사하는 것을 우선으로 삼는 사람이며, 장기적 관점에서 부하들의 생활과 과업수행 방식의 변화에 초점을 두고 접근하는 리더십이다.

0604 ④

④ 켈리의 팔로워십 유형은 행동이 수동적인지 적극적인지, 사고가 독립적인지 의존적인지에 따라 5가지로 분류된다. 이는 소외형 팔로워(Alienated follower), 모범형 팔로워(effective follower), 수동형 팔로워(passive follower), 실무형 팔로워(pragmatic follower), 순응형 팔로워(conformist)으로 분류할 수 있다. 한가한 팔로워(leisure follower)는 켈리의 팔로워십 유형에 포함되지 않는다.

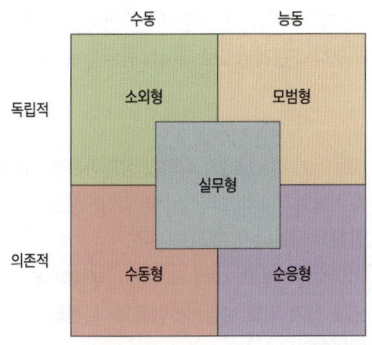

켈리의 다섯가지 팔로워십 스타일

0605 ④

①,⑤ 리더십 귀인이론과 리더십 대체이론은 모두 리더십 효과성에 의문을 가지는 이론이다. 리더십 귀인이론이란 리더십은 신기루 같은 것이고 단순히 좋은 일에 귀인을 받은 것일 뿐이라고 본다. 리더십 대체이론은 리더십 대체요인과 중화요인을 통해 리더십을 대체 혹은 무력화시키는 변수를 제시하고 있다.

②,③ 리더십 대체이론에서 향상요인이란 기존의 리더십 상황이론과 같이 긍정적 조절변수를 의미하고, 대체요인은 도구적 내지는 지원적 리더십과 동일한 효과를 만들어 기존 리더의 행동을 불필요하게 만드는 요인을, 중화요인은 리더십 자체를 무력화시키는 요인을 말한다.

④ 보상에 대한 무관심은 도구적 리더십 뿐 아니라 지원적 리더십에 대해서도 리더십 중화요인으로 작용한다. 리더십 중화요인은 리더십 무효화요인으로도 불린다.

0606 ④

장래비전에 대한 공유를 통해 부하의 몰입도를 높여 부하가 원래 생각했던 성과이상을 달성할 수 있도록 동기부여시키는 것은 변혁적 리더십(transformational leadership)이다. 반면 거래적 리더십(transactional leadership)은 리더가 상황에 따른 보상에 기초하여 부하들에게 영향력을 행사하는 것이다.

0607 ②

F. Fiedler의 상황모형(contingency model)에서 리더와 부하의 관계가 좋고, 리더의 권력이 강한 상황은 호의적 상황에 해당하므로 이 상황에서는 관계지향적인 리더십보다는 과업지향적인 리더십을 사용하는 것이 더 효과적이다.

0608 ③

① 리더십의 특성이론(trait theory)은 상황변수를 고려하지 않는다.
② 관리격자(managerial grid) 이론에서 가장 적절한 리더십 유형은 생산에 대한 관심과 사람에 대한 관심이 모두 높은 팀형(9.9)이다.
④ 리더-참여 모형은 의사결정 상황에 따라 리더의 의사결정 유형을 달리하는 의사결정나무(decision tree)를 제시하고 있다.
⑤ 허시와 블랜차드(P. Hersey & K. H. Blanchard)의 리더십 이론에 의하면, 부하의 성숙도가 높을 경우에는 위임형(delegating) 리더십이 적합하다.

0609 ④

과거의 부정적 결과를 제거함으로써 긍정적인 행동의 확률을 높이는 것을 부정적 강화(negative reinforcement)라고 한다. 반면 소거(extinction)는 긍정적 결과를 제거함으로써 부정적인 행동의 확률을 낮추는 것을 말한다.

0610 ③

③ 기존의 리더십 이론들은 리더가 부하들을 모두 동일한 방식으로 대한다는 가정을 기반으로 하고 있지만 리더-구성원 교환(LMX)이론은 리더가 부하들을 차별적으로 대한다는 것을 가정한다. LMX이론은 상사와 부하의 관계가 외집단(out-group)일 때보다 내집단(in-group) 관계일 때 리더십 효과가 더 좋다고 주장한다.

0611 ②

경로-목표이론은 하우스(House)의 이론이다. 허시와 블랜차드는 상황적 리더십 이론을 발표하였다.

0612 ⑤

슈퍼 리더십은 리더가 종업원을 스스로 리드할 수 있는 셀프리더로 키우는 리더십이다.

0613 ④

피들러는 개인의 리더십 유형은 변할수 없고, 고정되는 것이라고 보았다. 즉 피들러(F. Fiedler)는 리더는 관계지향적 리더십과 과업지향적 리더십을 동시에 가질 수는 없고 리더의 리더십은 둘 중 하나에 고정되는 것으로 가정하였다. 하지만 허시와 블랜차드(Hersey & Blanchard), 하우스(House)는 리더가 리더십을 여러 가지 가질 수 있다고 가정했다.

0614 ⑤

피들러의 리더십 상황이론에 의하면 상황이 리더에게 아주 유리하거나 불리할 때는 과업지향적인 리더십이 효과적이다.

0615 ①

리더십의 유효성에 영향을 미치는 변수를 기준으로 리더십 이론은 특성이론, 행동이론, 상황이론으로 구분된다.

0616 ②

① 하우스(House)의 경로목표이론에서 리더의 행동과 결과의 관계를 조절하는 두 종류의 상황변수는 환경적 요인과 개인적 특성이다. 집단의 과업 내용은 환경적 요인에 해당하고, 부하의 경험과 능력, 성취욕구는 개인적 특성에 해당한다.
② 장기적인 목표를 강조해 부하들이 창의적 성과를 낼 수 있게 환경을 만들어 주며, 새로운 변화와 시도를 추구하게 만드는 리더십은 변혁적 리더십(transformational leadership)이다.
③ 영감적 동기부여와 지적 자극은 이상적 영향력과 개별적 배려와 더불어 변혁적 리더십의 요소이다.
④ 리더-구성원 교환(LMX : leader member exchange) 이론은 부하들과의 관계를 내집단(in-group) 관계와 외집단(out-group) 관계로 구분하고 각각의 내집단 관계를 형성한 부하들과의 관계와 외집단 관계의 부하들과의 관계는 질적인 차이를 보인다고 가정한다. 즉, 내집단은 리더와 부하와의 관계가 높은 집단으로 승진의 기회가 생기면 리더는 내집단을 먼저 고려하게 된다.

0617 ③

① LPC(Least Preferred Coworker)척도를 이용하여 리더의 유형을 나눈 것은 피들러(Fiedler)의 이론이다.
② 개인화된 배려, 지적 자극, 영감에 의한 동기유발 등을 통해 부하를 이끄는 리더십은 변혁적 리더십(transformational leadership)이다.
④ 카리스마를 포함하는 것은 변혁적 리더십이다.

0618 ②

① 생산에 대한 관심과 인간에 대한 관심을 각각 X축과 Y축에 표현한 것은 관리격자이론이다.
③ 하우스의 경로-목표 이론은 리더십을 지시적, 후원적, 참여적, 성취지향적 리더십으로 구분하였다.
④ 허시와 블랜차드(Paul Hersey & Ken Blanchard)의 연구는 리더십을 과업행동과 관계행동의 고저에 따라 지시형(telling), 설득형(selling), 참여형(participating), 위임형(delegating)으로 구분하였다. 리더십을 구조주도와 배려로 구분한 것은 OSU 연구이다.

0619 ②

리더(leader)는 변화와 혁신을 추구하는 사람이고 관리자(manager)는 관리하는 직위에 있는 사람을 의미하므로 리더와 관리자는 같은 재능과 기술을 필요로 하지 않는다.

0620 ④

변혁적 리더십(transformational leadership)은 개별적 배려, 지적 자극, 카리스마를 이용하여 부하들을 동기부여하는 리더십이다. 반면 부하들로 하여금 조직에서 요구되는 필수적인 노력을 경주하도록 자신감을 만들어 주기 위해 부하들의 역할과 과업의 요구조건을 명확하게 만드는 리더십은 거래적 리더십(transactional leadership)이다.

0621 ④

④ 피들러(F. Fiedler)의 상황이론에서 과업지향적 리더십과 관계지향적 리더십의 사용은 3가지 상황변수를 조합한 상황 호의성에 따라 달라진다. 상황호의성이 높거나 낮을 때는 과업지향적 리더십이 적절하고 중간일 때는 관계지향적 리더십이 적절하다. 적어도 이 이론에서는 리더와 부하의 관계만으로 리더십 종류를 결정할 수는 없다.

0622 ②

ㄴ. 피들러(F. Fiedler)의 리더십 상황이론에 의하면 상황이 호의적이거나 비호의적일 때 과업지향형 리더가 관계지향형 리더보다 더 효과적이다.
ㄹ. 예외적인 사항에 대해 개입하고, 부하가 좋은 성과를 내도록 하기 위해 보상시스템을 잘 설계하는 것은 거래적 리더이다.

0623 ④

① 허시(Hersey)와 블랜차드(Blanchard)는 부하의 성숙도가 가장 높을 때는 위임형(delegating) 리더십이 효과적이고, 부하의 성숙도가 가장 낮을 때는 "지시형(telling)" 리더십이 효과적이라고 주장하였다.
② 피들러(Fiedler)의 상황이론에 따르면 리더 - 멤버 사이의 관계가 좋고, 과업이 구조화되어 있고, 리더의 권한이 강한 상황에서는 과업지향형 리더가 관계지향형 리더보다 효과적이다.
③ 슈퍼리더십(super leadership)은 부하의 지도 및 통제에 역점을 두는 것이 아니라 부하를 셀프 리더로 키우는 리더십이다.

0624 ③

③ 자유방임형 리더는 집단의 활동에 거의 개입하지 않으며 의사결정은 구성원들이 스스로 내리게 하며 리더는 단지 정보를 제공하는 역할만 한다.

0625 ③

③ 하우스(House)의 경로-목표 이론에 의하면, 참여적 리더십은 내적 통제위치를 가진 하급자에게 책임감을 느끼도록 하고 의사결정의 주체가 되도록 하기 때문에 하급자의

만족도를 높여줄 수 있다. 반면 외적 통제위치를 가진 하급자에게는 지시적 리더십이 더 적절하다.

0626 ①

프렌치와 레이븐(French & Raven)의 분류에서 개인적 권력에 해당하는 것 준거적 권력(referent power)과 전문적 권력(expert power)이다. 그 중에서 개인적 성격특성과 관련되는 것은 준거적 권력이다. 전문적 권력은 개인이 보유한 전문성과 지식에 따른 것이다.

0627 ①

A부장은 순응하지 않으면 승진 누락, 원하지 않는 부서로의 이동 등의 부정적인 결과에 대한 두려움에 기반한 강압적 권력을 사용하고 있다.

0628 ①

조직에서 권력을 키우기 위한 전술에는 다음과 같은 것들이 있다.
- 불확실한 영역으로 들어감
- 의존성을 창출함
- 희소자원을 제공함
- 전략적 상황요인을 충족시킴

0629 ②

프렌치와 레이븐의 5가지 권력의 원천은 강압적(강제적), 보상적, 합법적, 준거적, 전문적 권력이다.

0630 ②

프렌치와 레이븐의 권력 분류

분류	권력의 원천
공식적 권력	강압적 권력
	보상적 권력
	합법적 권력
개인적 권력	전문적 권력
	준거적 권력

0631 ③

프렌치와 레이븐(French & Raven)의 권력의 원천 가운데 조직에서 나오는 권력은 공식적 권력을 의미한다. 공식적 권력에는 보상적 권력, 합법적 권력, 강압적 권력이 있다. 반면 개인의 특성에 기반한 개인적 권력에는 준거적 권력과 전문적 권력이 있다.

0632 ④

목표가 명확하지 않을수록 조직정치가 발생할 가능성이 높다.

0633 ④

① 보상적 권력(reward power)에 대한 설명이다.
② 강압적 권력(coercive power)에 대한 설명이다.
③ 합법적 권력(legitimate power)에 대한 설명이다.
④ 준거적 권력(referent power)에 대한 설명이다.
⑤ 정보적 권력(informative power)과 전문적 권력(expert power)에 대한 설명이다.

> **참고**
> 정보적 권력(informative power)은 유용한 정보를 접하거나 얻을 수 있는 능력을 말하고 전문적 권력(expert power)은 정보적 권력과 달리 정보를 이해하고 사용할 줄 아는 능력으로, 교육이나 경험을 통해 얻게 되는 능력이다.

0634 ④

① 강압적 권력에 해당한다.
② 보상적 권력에 해당한다.
③ 합법적 권력에 해당한다.
④ 전문적 권력에 해당한다.

0635 ④

사장이 누구를 만날지, 언제 만날지를 결정할 수 있는 비서는 권한은 작으나 권력은 크다. 비서는 조직 내에서 직급이 낮기 때문에 실제로 권한(합법적 권력)은 작다. 하지만 사장의 스케줄을 관리하기 때문에 자기보다 직급이 높은 사람에게도 권력을 행사할 수 있다.

0636 ④

① 합법적 권력(legitimate power)은 공식적 지위로 인해 발생하는 권력을 의미한다.
② 전문적 권력(expert power)은 전문기술, 숙련기술, 지식을 가지고 있음으로 인해 생기는 영향력에 대한 권력을 의미한다.
③ 보상적 권력(reward power)은 다른 사람이 가치 있다고 생각하는 보상을 제공할 수 있는 사람이 갖는 권력을 의미한다.
④ 준거적 권력(referent power)은 매력적인 자원이나 개인적 특성을 가지고 있는 사람이 갖는 권력을 의미한다.
⑤ 강압적 권력(coercive power)은 순응하지 않을 경우 발생하는 부정적인 결과에 대한 두려움에 기반한 권력을 의미한다.

0637 ③

③ 페퍼(Pfeffer)와 셀런식(Salancik)의 의존성에 기반한 권력의 상황적 접근에서 부서의 권력 원천은 자원의 조달 및 통제 능력, 중심성, 대체 불가능성, 불확실성 대처 능력으로 구성된다. 이들은 모두 부서에 대한 '의존성'을 높여주는 변수로 부서의 권력 수준을 높여준다. 팀 지향성은 이와 무관하게 팀원이 팀에 대해 갖는 호의적인 태도를 뜻한다.

0638 ④

④ 권력이란 사회적 관계 속에서 상대방의 의지에 관계없이 나의 의지를 관철시킬 수 있는 실제적·잠재적 힘 또는 능력을 말한다. 권력은 사회적 관계 속에서 이루어지므로 상호적/사회적이고, 상대방에 따라 다르므로 상대적이며, 같은 상대라도 상황에 따라 다를 수 있으니 가변적이다. 그러나 합법적이라는 것은 권력의 일반적인 속성으로 볼 수 없다. 왜냐하면 합법적인 권력(=권한)도 있지만 그렇지 못한 권력도 있기 때문이다.

0639 ④

프렌치(J. French)와 레이븐(B. Raven)이 제시한 권력의 원천을 구분하면 다음과 같다.

분류	권력의 원천
공식적 권력 formal power	강압적 권력 coercive power
	보상적 권력 reward power
	합법적 권력 legitimate power
개인적 권력 personal power	전문적 권력 expert power
	준거적 권력 referent power

0640 ②

② 강압적 권력은 공식적 지위로부터 발생하는 권력이다.

0641 ④

임파워먼트(empowerment)란 조직원들에게 자신이 조직을 위해서 많은 주요한 일을 할 수 있는 권력, 힘, 능력 등을 갖고 있다고 확신을 심어주는 과정이다. 이러한 임파워먼트의 구성요소는 다음과 같다.
- 자기 결정력(self-determination) : 자신이 처한 문제, 상황에 대한 개인적 통제력 또는 영향력의 정도를 말한다.
- 능력(competence) : 과업 자신감 또는 자기 효능감(self-efficacy)이라고 하는데, 이는 특정 과업 또는 활동 등을 성공적으로 수행할 수 있는 능력을 말한다.
- 의미감(meaning) : 어떤 일이나 활동이 자기에게 중요하다는 인식을 말한다.
- 영향력(impact) : 한 개인이 개인이나 집단, 지역사회의 어떤 결정에 관한 영향력을 가지고 있다는 신념을 말한다.

0642 ⑤

집단 간 상호의존성(interdependence)의 증가는 갈등을 오히려 증가시킨다.

0643 ⑤

상위목표의 설정은 집단 간 갈등해소의 방안이다.

0644 ②

토마스와 킬먼이 제시한 갈등해결방식은 아래 그림과 같다.

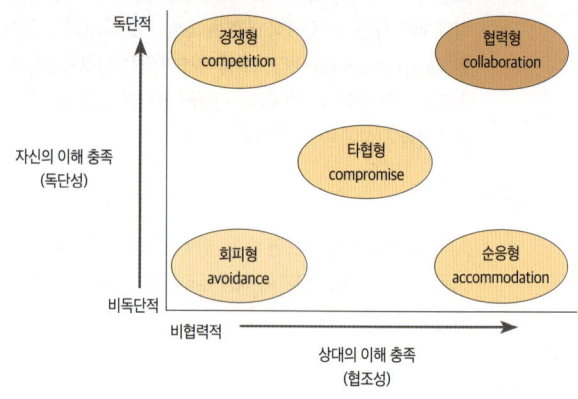

0645 ④

토마스와 킬먼이 제시한 갈등해결의 5가지 방법은 다음과 같다.

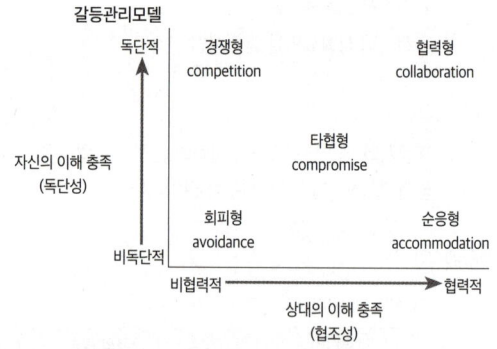

① 이슈가 사소한 것이거나 자기의 의견이 관철될 가능성이 매우 낮을 때 갈등이 표면화되는 것을 봉쇄하기 위해 사용하는 것은 철수/회피(avoidance)이다.
② 나중을 위해 신용을 얻고자 할 때 자신의 이익을 포기하는 것을 양보/수용 혹은 순응(accommodation)이라고 한다.
③ 타협(compromise)은 자기 주장도 적당히 하고 타협점을 찾는 방법으로 목표는 중요하나 더 이상 설득이 힘들거나, 양측이 어느 정도 만족할 수 있는 합의점을 도출할 수 있거나, 비슷한 파워를 가진 집단들일 때 주로 사용한다.
④ 강요 혹은 경쟁(competition)은 권력에 근거한 갈등관리 방식으로 이는 상대보다 권력이 클 때 사용하는 방법이다.

0646 ①

상호의존성(interdependence)은 집단 간 갈등의 원인이므로 상호의존성은 낮추는 것이 좋다.

0647 ③

조화(accommodating) 혹은 순응 전략은 사회적 신뢰가 중요한 경우나 문제가 타인에게 중요한 의미를 지닌 경우에 주로 이용된다.

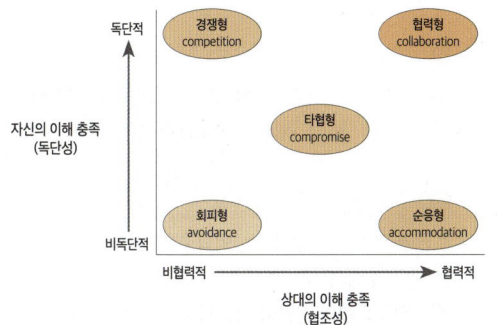

0648 ③

③ 갈등의 대처방식으로 협조(collaboration)는 서로의 관심사를 모두 만족시키려고 하는 것을 의미한다. '서로 양보하여 약간씩만 자기만족을 꾀하는 방식'은 타협(compromise)을 의미한다.

0649 ⑤

목적달성을 위해 비협조적으로 자기 관심사만을 만족시키려는 유형은 경쟁형이다.

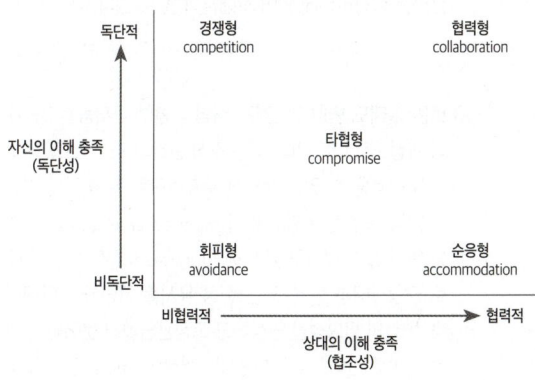

0650 ③

협상에는 분배적 협상과 통합적 협상이 있는데, 분배적 협상은 협상을 zero-sum으로 인식하므로 당사자들 사이의 이해관계보다 각 당사자의 입장에 초점을 맞춘다. 그러나 통합적 협상은 각 당사자의 입장보다는 당사자들의 사이에 이해관계에 초점을 맞춘다.

0651 ④

① 나도 이기고 상대도 이긴다.(통합적 협상)
② 장기적 관계를 형성한다.(통합적 협상)
③ 정보공유를 통해 각 당사자의 관심을 충족시킨다. (통합적 협상)
④ 당사자 사이의 이해관계보다 각 당사자의 입장에 초점을 맞춘다.(분배적 협상)
⑤ 양 당사자 모두 만족할 만큼 파이를 확대한다. (통합적 협상)

0652 ⑤

엑스노베이션(exnovation)이란 기업에서 기존에 채택하고 있던 제도를 중단하는 것을 의미한다. 조직문화를 개혁한 후에도 지속적인 엑스노베이션(exnovation)은 필요하다.

0653 ③

약한 문화(weak culture)는 조직에 대한 특별한 이미지도 없고, 신념, 상징, 로고 등의 문화적 구성요소들이 발견되지 않거나 있어도 중구난방(다양한 하위문화가 존재)이다. 이런 경우 문화는 약하다고 할 수 있다. 대개 신설 조직이거나 너무 오래되어 구성원들이 대거 교체되었거나 강력한 지도자 없이 수년을 지탱해 온 조직에서 흔히 발견된다.

0654 ③

파스칼(R. Pascale)과 피터스(T. Peters)의 조직문화 7S는 shared value, strategy, structure, system, staff, style, skill이며, 다른 요소들을 연결시키는 핵심적 요소는 공유가치(shared value)이다. 공유가치는 7S 중 조직문화의 핵심적인 구성요소로 조직 구성원들이 공동으로 소유하고 있는 가치관, 이념, 전통가치 및 조직의 기본목적 등을 의미한다. 공유가치는 서로 다른 조직문화 구성요소에 지배적인 영향을 끼침으로써 조직문화의 형성에 가장 중요한 위치를 차지하고 있는 것이다.

0655 ④

통제에는 관료적 통제, 시장통제, 클랜 통제 등의 3가지가 있는데, 관료적 통제는 관료제 조직을 통한 통제를 말하고, 시장통제는 시장 메커니즘 즉 시장가격을 통한 통제를 말하고, 클랜 통제는 조직문화를 통한 통제를 의미한다.

0656 ②

맥킨지(McKinsey)가 제시한 조직문화 7S 요소에는 공유가치(Shared Value), 전략(Strategy), 조직구조(Structure), 시스템(System), 관리기술(Skill), 구성원(Staff), 리더십스타일(Style) 등이 있다. 이 중 Strategy, Structure, System은 하드한 요소에 해당하며 Style, Staff, Skill, Shared Value는 소프트한 요소에 해당한다. 이를 구분하면 아래 그림과 같이 나타낼 수 있다.

7S 모델

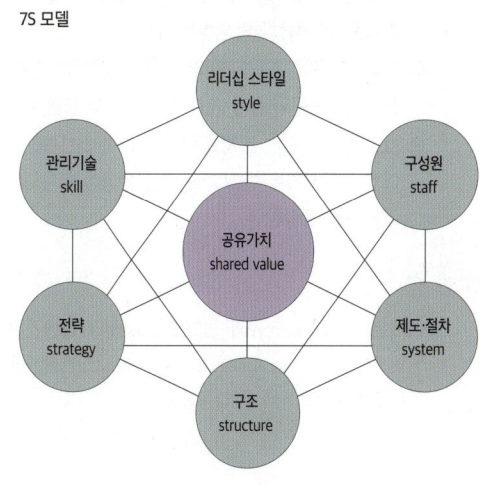

0657 ②

7S 모형의 구성요소는 다음과 같다.

7S 모형

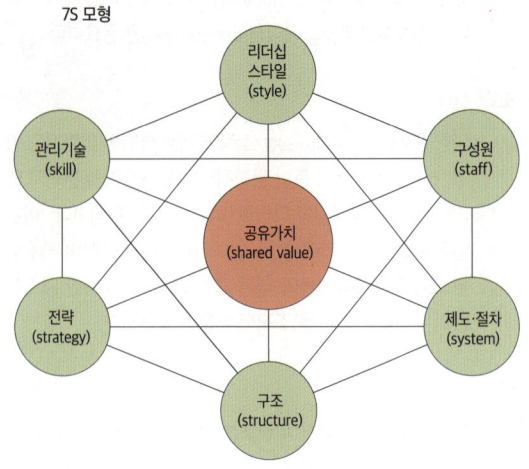

0658 ①

7S 모델은 기업조직의 변화대처능력에 영향을 미치는 7가지 경영 요소로부터 조직을 진단하고 전략 수립, 실행, 평가하는 내부역량분석 경영 모델을 의미한다.

<하드웨어>

㉠ Strategy(전략) : 조직의 장기적 방향과 기본적 성격을 결정하고, 조직운영 방식의 혁신에 영향을 미친다.

㉡ System(제도) : 조직운영을 위한 일련의 의사결정과 일상운영의 틀이 되는 보상제도와 인센티브, 경영정보와 의사결정시스템 등 경영 각 분야의 관리 제도와 절차 등을 포함한다.

㉢ Structure(조직구조) : 전략수행에 필요한 틀, 조직구조와 직무설계, 권한관계와 방침 등 구성원들의 역할과 상호관계를 지배하는 공식요소들을 포함한다.

<소프트웨어>

㉠ Shared Values(공유가치) : 조직구성원이 함께 하는 가치관으로서 다른 조직의 구성요소에 영향을 주는 핵심요소이다.

㉡ Style(리더십 스타일) : 조직구성원을 이끌어 나가는 관리자의 관리 스타일, 동기부여와 상호작용, 조직분위기와 조직문화에 직접적인 영향을 미친다.

㉢ Staff(구성원) : 조직의 인력구성과 구성원들의 능력, 전문성, 신념, 욕구와 동기, 지각과 태도, 형태 등을 포함한다.

㉣ Skills(관리기술) : 조직의 각종 물리적 하드웨어 기술과 이를 작동시키는 S/W 기술, 기관운영에 활용되는 관리 기법 등을 포함한다.

0659 ①

카메론(K.S.Cameron)과 퀸(R.E.Quinn)의 경쟁가치 프레임워크(competing value framework, CVF)를 기반으로 하는 조직문화의 유형은 다음과 같다.

㉠ 단결 및 응집성을 강조하는 친족(clan) 문화
㉡ 통제 및 일관성을 중시하는 위계(hierarchy) 문화
㉢ 혁신 및 적응성을 강조하는 임시(adhocracy) 문화
㉣ 경쟁 및 고객지향성에 초점을 두는 시장(market) 문화

0660 ⑤

조직변화의 저항요인은 현상고수의 집단규범, 구조적 관성, 미래세계에 대한 두려움, 실패에 대한 불안 등이다.

0661 ⑤

르윈에 의하면, 해빙단계는 변화추진 세력과 변화에 저항하는 세력 간 힘겨루기 상태인데, 변화를 성공시키기 위해서는 추진세력의 힘의 총량이 저항세력의 힘의 총량을 능가하도록 만들어야 하는데 그렇게 하기 위해서는 (1) 추진세력의 힘을 증진시키던가, (2) 저항세력의 힘을 약화시키던가, 아니면 (3) 이 두 방법을 동시에 사용하든가 할 수 있다. 따라서 변화추진력을 높이면 저항하는 힘이 작아지는 것이 아니라 변화추진력이 저항하는 힘을 능가하게 되므로 효과가 있다.

0662 ①

① 관리자와 팀원 사이에 명확한 권한-지시 관계에서 학습조직의 특징은 수직적·수평적 경계를 가로 지르는 학습을 방해할 수 있으며 또한 정보공유가 어렵고 자율적인 조직문화를 형성하는데 있어 장애물이 될 수 있다.

0663 ④

④ 르윈의 태도 변화 3단계는 해빙 – 변화 – 재동결 3단계의 과정으로 나타난다. 이는 조직 변화의 3단계로도 동일하게 적용될 수 있는 중요한 주제이므로 잘 숙지할 필요가 있다. 르윈은 계획적 변화(planned change)의 3단계를 위와 같이 제시하였다. 해빙(unfreezing)이란 말 그대로 균형상태라 할 수 있는 현상 유지를 해빙하는 단계이다. 변화의 필요성을 인식하고 고정관념에서 벗어나기 위한 준비를 한다. 그다음 단계는 변화(change) 단계이다. 동일화 혹은 내면화 단계를 거쳐 변화하고자 하는 방향으로 새로운 생각을 형성하는 단계이다. 마지막으로 재동결(refreezing) 단계는 새롭게 형성된 태도 혹은 행동양상이 반복되고 정착될 수 있도록 이를 지원하고 강화하는 단계이다.

0664 ②

코터의 8단계 변화 모형은 1) 공감대 형성 2) 연합 형성 3) 비전을 가진 전략제시 4) 전 조직에 전략 전달 5) 변화의 장애물 제거 6) 단기적 성공에 대한 보상 7) 변화에 대한 재평가 8) 변화에 대한 보상으로 이루어 진다. 이를 르윈의 변화 3단계 모형에 대응 시키면 1~4단계는 해빙(unfreezing) 단계에 5~7단계는 변화(change) 단계로 8단계는 재동결(refreezing) 단계에 대응된다.

0665 ①

① 게르식(Gersick)의 단절적 균형 모형(punctuated-equilibrium model)은 마감 시한이 존재하는 임시집단의 독특한 과업 수행단계를 설명하기 위한 모형으로 적합하다. 이는 집단의 생성과 소멸이 항상 정상적인 단계를 거친다고 가정하는 ②의 Tuckman의 집단발달단계 모형하고 대비되는 모형으로 집단의 불확실한 환경, 즉 어떠한 예상치 못한 상황이 발생한 경우 등을 설명하는 경우에 적절하다.

③ 민쯔버그(Mintzberg)의 점진적 의사결정 모형은 조직의 사결정 모형 중 하나로서 집단의 과업 수행단계를 설명하는 모형이 아니다.

④ 블레이크(Blake)와 머튼(Mouton)의 관리격자모형(managerial grid model)은 리더십 행동이론으로 마감 시한이 있는 임시집단의 독특한 과업수행단계를 설명하기 위한 모형으로 보기 어렵다.

⑤ 토마스(Thomas)와 킬만(Kilmann)의 갈등관리 모형은 집단 차원의 변수로서 조직 내 갈등을 관리하기 위한 기법을 제시해 주는 모형이므로 마감 시한이 있는 집단의 과업 수행단계를 설명하기 위한 모형으로 보기 어렵다.

0666 ①

① 켈만(Kelman)의 권력에 관한 일반적 상황모델에서 3가지 권력화 과정은 대리인으로부터 유리한 보상을 얻고 처벌을 회피하기 위해 하는 순응(compliance), 스스로가 누군가에 대한 동일화를 통해 만족을 얻기 위해 하는 동일화(identification), 대리인의 가치구조와 대상 스스로의 가치구조로 내재화하는 내면화(internalization) 과정으로 설명된다.

0667 ③

피터 셍게(Peter Senge)가 주장한 학습조직은 팀 학습, 개인적 숙련, 사고모델(정신적 모델), 시스템적 사고, 비전의 공유를 구성요소로 한다.

0668 ④

학습조직은 지식을 생성, 획득 및 전달하고 새로운 지식과 통찰력을 반영하기 위해 행동을 수정하는 데 능숙한 조직을 말한다. 학습조직은 체계적 문제해결, 새로운 접근법을 사용한 실험, 자신의 경험과 과거 역사로부터 학습, 다른 사람의 경험과 모범 사례로부터의 학습, 조직 전체에 빠르고 효율적으로 지식을 전달하는 활동, 마지막으로 새로운 지식에 대한 습득 이전에 과거와 단절하려는 의식적인 변화 노력인 '폐기학습(Unlearning)'에 능숙하다.

0669 ①

① 셀프(자기) 리더십(self leadership)은 조직구성원이 스스로 리드하는 것을 의미한다. 구성원이 스스로 목표를 세우고, 이를 달성하는데 필요한 능력을 갖추도록 노력하며, 그 결과에 따라서 만족하거나 반성하고 보다 나은 방향으로 나아갈 수 있도록 하는 것이다. 기존의 리더와 구성원의 관계에서 구성원은 리더의 명령이나 지시에 따라 행동하지만, 셀프 리더십에서 구성원은 자율적으로 판단하고 행동하는 특징을 지닌다. 이런 특징으로 인해 상황에 재빠르게 대응하고 해당 현장에서 즉각적인 문제해결이 가능하다.

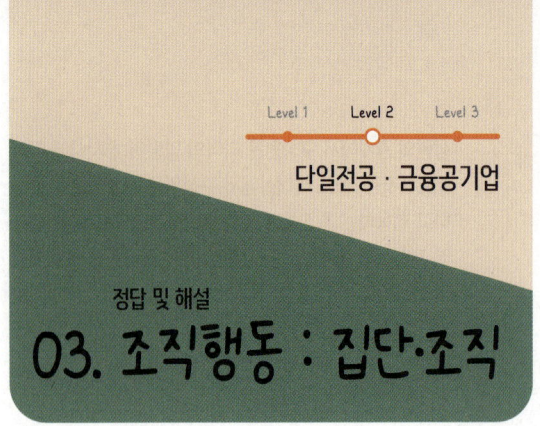

정답 및 해설
03. 조직행동 : 집단·조직

0670 ③

② 집단의 응집성이 높아도 집단이 속한 조직의 목표와 집단의 목표가 일치하지 않으면 생산성이 낮을 수도 있다.
③ 집단 발달은 형성기(forming) - 격동기(storming) - 규범화(norming) - 성과달성기(performing) - 해체기(adjourning)의 단계를 거친다.
④ 집단의 크기가 작은 즉 구성원의 수가 적은 집단이 의사결정의 속도는 빨라지는 경향이 있다.
⑤ 이질적인 집단이 동질적인 집단에 비해 창의성이 높은 경향이 있다. 그러나 집단 구성원이 이질적인 만큼 관리는 동질적 집단에 비해 더 어렵다.

0671 ④

준거적 권력(referent power)과 전문적 권력(expert power)은 공식적인 지위와 관련 없는 개인적 권력(personal power)에 해당한다.

0672 ③

③ 사회적 태만(social loafing) 현상은 집단의 규모가 커짐으로 인해 집단의 구성원들이 노력을 하지 않는 경향을 말하는데, 이 경우 팀 규모를 늘리면 사회적 태만 현상이 심화되므로 집단의 크기를 최적화하여 여유인력을 가급적으로 줄이는 것이 바람직하다.

0673 ④

a. 프렌치(French)와 레이븐(Raven)이 제시한 권력의 원천은 공식적 권력(formal power)과 개인적 권력(personal power)으로 구분할 수 있는데, 그 중 공식적 권력은 조직에서의 개인적 직위에 바탕을 둔 것으로 강압적 권력, 보상적 권력, 합법적 권력이 이에 해당하고, 개인적 권력은 개인적 특성에서 나오는 권력으로 이에는 준거적 권력(referent power)과 전문적 권력(expert power)이 있다. 준거적 권력은 개인적 권력이므로 조직의 특성보다는 개인의 특성에 기반을 둔 권력이라고 할 수 있다.
b. 브레인스토밍(brainstorming)은 여러 명이 한가지 문제를 놓고 무작위로 의견을 개진하는 방법이고 반면 명목집단법(NGT: nominal group technique)은 의견을 모으는 과정에서 참가자간 의사소통을 금지하는 방법이므로 구성원 간 상호작용을 제한하는 정도는 명목집단법이 브레인스토밍보다 더 강하다.

c. 자원의 크기가 고정되어 있을 때, 이해관계가 상반되는 양 당사자가 자신의 몫을 극대화하려는 협상방식을 분배적 협상(distributive bargaining)이라고 하고, 자원의 크기가 변동될 때 쌍방에 유리한 해결책을 만들어내려는 협상방식을 통합적 협상(integrative bargaining)이라고 한다.
d. 몰입상승(escalation of commitment)이란 어떤 집단이 의사결정을 한 후에 변화가 일어나 먼저 내린 의사결정이 부적절하고 잘못임에도 불구하고 여러 가지 이유를 들어 최초의 의사결정을 고수하려는 경향을 말한다.

0674 ②

a. 집단 간 갈등은 목표의 차이, 지각의 차이, 제한된 자원 등과 더불어 작업흐름의 상호의존성, 지위불균형, 역할모호성 등으로 인해 발생한다.
b. 다양한 부서에 소속되어 있고 상호보완적인 능력을 지닌 구성원들이 모여 특정 업무를 수행하는 팀은 기능팀(functional team)이 아니라 기능횡단팀(cross-functional team)이다. 기능팀은 동일한 부서에 속한 사람들이 서로의 능력이나 과업을 상호보완하기 위해 만든 팀이다.
c. 상동적 태도(stereotyping) 혹은 스테레오 타이핑이란 개인 간의 차이를 충분히 고려하지 않은 채 타인의 행동이나 성격을 그 개인이 속한 집단의 속성으로 규정하는 것을 말한다. 즉, 개인이 특정 집단의 구성원이라는 이유만으로 그 특정 집단이 가지는 모든 특성을 다 가지고 있을 것이라고 가정하고 평가하는 오류로서, 일종의 대인평가에 있어서 고정관념이자 편견이다. 따라서 상동적 태도는 타인에 대한 평가가 그가 속한 사회적 집단에 대한 지각에 기초하여 이루어지는 것이라고 말할 수 있다.
d. 구성원의 만족감이 직무수행 상의 성취감이나 책임감 등 직무 자체에 존재하는 요인을 통해 나타날 때, 이 요인을 내재적 강화요인이라고 한다. 내재적 강화요인(intrinsic reinforcer)이란 강화의 요인이 개인의 욕구, 흥미, 호기심 등 내적이고 개인적인 요인들에서 유발된 요인을 말한다. 반면 외재적 강화요인은 강화의 요인이 돈을 벌거나, 상을 타거나, 장학금을 받을 기회를 제공하는 등의 외적인 요인들에서 유발된 요인을 말한다.

0675 ①

a. 맞는 보기. 집단사고(group think)는 집단의사결정의 단점 중 하나로 응집력(cohesiveness)이 높고 의사결정의 절차가 비민주적인 집단에서 구성원들 간의 합의에 대한 요구가 지나쳐서 이 요구가 다른 대안의 모색을 저해하는 경향을 말한다.
b. 사회적 태만(social loafing)은 집단으로 일할 때보다 개인으로 일할 때 노력을 덜 하는 현상이 아니라 반대로 개인으로 일할 때보다 집단으로 일할 때 노력을 덜 하는 현상이다.
c. 제한된 합리성(bounded rationality)에서 사람들은 의사결정 시 '최적의 대안'보다는 '만족스러운 대안'을 찾는

다. 최적의 대안을 찾는 것은 합리적 의사결정(rational decision making) 모형이다.

d. 맞는 보기. 감정노동(emotional labor)은 직무상 대인 간의 상호작용이 이루어지는 일을 수행할 때에 조직에서 바람직하다고 여기는 감정을 일부러 표현해야 하는 것을 말한다. 감정노동은 감정적 부조화(emotional dissonance)를 수반하는데 이는 인지된 감정(felt emotion)과는 달리 표현된 감정(displayed emotion)이 다름을 의미한다.

e. 빅 파이브(big-five) 모델에서 정서적 안정성(emotional stability)은 스트레스에 대처하는 개인의 능력을 말한다. 반면 사회적 관계 속에서 편안함을 느끼는 정도는 외향성(extraversion)이다.

0676 ①

c. 집단의사결정은 응집력이나 위험쏠림현상 등으로 인해 집단사고, 집단극화현상 등이 일어나기 쉬우므로 개인의 건전한 의견이 의사결정에 반영되기 위한 방안이 강구되어야 한다.

d. 집단의사결정시 영향력이 가장 큰 리더가 먼저 자신의 의견을 피력하는 것은 구성원들에게 편견을 심어주거나 동조의 압력으로 받아들여질 수도 있어 삼가야 한다.

0677 ⑤

① 합리적 의사결정모형(rational decision making model)은 최대의 이득을 가져올 대안을 선택할 수 있다고 본다. 따라서 합리적 의사결정은 ① 문제의 명확성 ② 택 대안에 대한 완전한 지식(완전정보) ③ 명확한 우선순위 ④ 선호의 불변성(일관된 선호체계) ⑤ 시간 및 비용의 제약이 없음 ⑥ 최대의 결과 추구 등을 가정한다.

② 제한된 합리성모형(bounded rationality model)은 의사결정자는 합리성을 추구하지만, 실제로는 여러 요소들 때문에 합리성은 제한될 수밖에 없다고 본다. 이 때문에 제한된 합리성 모형은 결과의 최적화보다는 만족화(satisficing)를 추구한다.

③ 쓰레기통모형(garbage can model)은 불확실성이 매우 높은 조직에서의 의사결정 패턴을 설명하기 위한 것으로 의사결정이 합리적 과정을 통하기보다는 예기치 않은 상황에 의해 이루어진다고 설명한다.

④ 일반적으로 개인적 의사결정이 집단적 의사결정에 비하여 속도가 빠르기 때문에 효과성은 낮지만 시간적 효율성은 높다.

⑤ 집단의 높은 응집성(cohesiveness) 때문에 발생하는 현상은 집단사고(groupthink)이다.

0678 ②

① 합리적 의사결정 모델은 최대의 이익을 가져올 대안을 선택할 수 있다고 가정하지만 현실세계에서는 시간과 인지능력의 제약으로 가능한 모든 대안을 다 검토하지 못하고 의사결정하는 경우가 많다.(제한된 합리성 모형)

② 절차가 비민주적이고 응집력이 높을수록 집단사고(groupthink)가 발생할 가능성이 높다.

③ 고도의 불확실성 상황에 직면해서는 문제와 해결대안들과 의사결정자가 뒤죽박죽 섞여지기도 한다.(쓰레기통 모형)

④ 별 생각의 차이가 없는 개인들이 집단에 들어와서 토론하게 될 경우, 집단으로 의사결정을 하게 될 때 책임이 작게 느껴지는 경우, 다른 구성원이 자신과 동일한 견해를 가지고 있는 것을 확인한 경우 집단양극화(group bipolarization)가 나타날 수 있다.

0679 ②

① 브레인스토밍의 4가지 규칙은 표현권장, 평가지연, 질보다는 양, 아이디어 확장 등 4가지이다.

② 명목집단기법(NGT: nominal group technique)의 특징은 참석자들로 하여금 서로 대화에 의한 의사소통을 못하도록 하는데 있다. 그럼으로써 집단의 각 구성원들이 진실로 마음 속에 생각하고 있는 바를 끄집어 내려는 것이다. 이 방법을 사용하면 의사결정에 참여한 모든 구성원들은 각자 독립적으로 자신의 의사를 개진할 수 있기 때문에 의사결정을 방해하는 타인의 영향력을 줄일 수 있다는 장점이 있다.

④ 지명반론자법(devil's advocate method)은 집단을 둘로 나누어 한 집단이 제시한 의견에 대해서 반론자로 지명된 집단의 반론을 듣고 토론을 벌여 본래의 안을 수정하고 보완하는 일련의 과정을 거친 후 최종대안을 도출하는 방법으로 이 방법을 적용할 경우, 집단사고(group think) 현상을 방지할 수 있다.

0680 ⑤

① 사이먼(Simon)은 의사결정자들이 능력, 시간, 정보의 한계로 최적의 대안보다는 만족스러운 수준에서 의사결정을 하는 제한된 합리성(bounded rationality) 모델을 제시하였다.

② 집단사고(group think)가 의미하는 바는 집단의사결정이 개인의사결정에 비해 항상 긍정적이지는 않다는 것을 의미한다.

③ 집단 내 응집력이 강하고 리더가 비민주적인 경우에 집단사고(group think)가 발생할 가능성이 더 커진다.

④ 브레인스토밍(brainstorming) 시 아이디어 산출과정에서 다른 사람의 의견에 대해서는 비판하지 않는다.

⑤ 브룸(Vroom)과 예튼(Yetton)의 리더-참여 모형은 리더십이론이기도 하지만 실제로는 의사결정 상황에서 리더가 부하의 참여를 어느 정도 허용할 것인지에 관한 모형이라고 볼 수 있다.

0681 ②

① 집단발전의 단계 중 형성기(forming)는 집단의 목적·구조·리더십을 정하는 과정이 불확실하다는 특징을 가지고 있다. 형성기에서 구성원들은 집단에서 자신들이 어떠한 행동을 수행해야 하며, 그 행동을 수행하기 위하여 필요한 기술이나 자원은 무엇인가 등을 결정하여야 한다. 그러나 구성원들은 자신들이 해야 할 내용을 잘 알지 못하기 때문에 규칙을 세우고 자신들이 해야 할 일들을 정하는데 있어서 많은 부분을 리더에게 의존하게 된다. 형성기는 하급자들이 집단에 대하여 충분한 지식을 가지고 있지 못한 상황이며 리더는 구성원들에게 집단에 대한 지식을 교육시킴으로써 구성원들을 집단의 목표에 부합시키는 단계이다.

② 1차 집단과 2차 집단은 집단구성원 간 인간관계의 밀착성을 기준으로 분류한 것인데 1차 집단(primary group)은 구성원 간 높은 상호 의존성과 동일시를 특징으로 한다. 1차 집단의 예는 '가족'이다. 1차 집단은 구성원의 태도, 가치관 형성 및 사회화에 중심적인 역할을 한다. 2차 집단(secondary group)은 보다 복잡한 사회에서 비교적 크고 공식적으로 조직되는 사회집단(작업 집단, 동호회 등)을 말한다. 이러한 집단은 집단구성원의 태도, 가치관 및 사회화에 영향을 미치지만 1차 집단에 비해 그 영향력이 작다. 또한 1차 집단에 비해 집단구성원 간의 관계는 감정적이라기보다 이성적이며 계산적이다.

③ 규범(norm)은 집단 구성원이 공유하고 있는 행동기준이며 의무사항이라고 할 수 있다. 또한 규범은 특정 상황에서 무엇을 해야 하고 무엇을 하지 말아야 하는지를 말해 준다. 개인적 측면에서 규범은 집단을 이해하고, 주변 세계에 대한 조직행동의 준거기준으로서 필요하고, 집단 측면에서는 집단의 유지와 존속, 목표 달성에 필요한 통일된 행동을 이끌어 내기 위해 필요하다.

④ 의사결정을 정형적 의사결정(programmed decision)과 비정형적 의사결정(non-programmed decision)의 두 가지 형태로 구분할 때, 정형적 의사결정은 반복적이고 일상적이며, 이미 결정의 절차가 마련되어 있어서 일이 있을 때마다 처음부터 새로운 것으로 취급할 필요가 없는 상례적인 것들이다. 정형적 의사결정이 많으면 많을수록 경영자의 재량권은 작아지고, 반대로 적을수록 경영자는 많은 융통성과 자유 재량권을 얻게 된다. 비정형적 의사결정은 새롭고, 전례없는 문제에 대한 의사결정으로 문제의 특성과 구조가 분명치 않고 복합적이다. 따라서 미리 예정해 놓은 방법이 없는 결정이다. 그러므로 경영자의 창의성과 판단력이 더 중요하다. 비정형적 의사결정은 특정의 목적을 위하고 일회적인 것이다. 문제를 다룰 때 합의된 절차나 방법이 없기 때문에 의사결정자는 자기의 창의력이나 독창성만 믿지 말고 관련된 사람들의 아이디어와 합의를 얻을 수 있도록 공개적인 협조체제를 마련할 필요가 있다. 따라서 집단의사결정은 비정형적 의사결정(non-programmed decisions)에서 개인의사결정에 비해 그 효과가 더 높게 나타날 수 있다.

0682 ⑤

① 블레이크와 머튼의 관리격자(managerial grid) 이론은 이상적인 리더십 스타일로 인간에 대한 관심과 생산에 대한 관심이 모두 높은 것을 꼽고 있으나 이는 리더십 상황이론이 아니라 행동이론이다.

② 브룸과 예튼은 리더십을 A1, A2, C1, C2, G2로 구분하여 각각에 적합한 의사결정 상황을 제시하고 있다. 즉 각각에 적합한 의사결정 상황을 제시하고 있는 리더십 이론은 하우스의 이론이 아니라 브룸과 예튼의 리더-참여 모형이다.

③ 일반적으로 전제적(authoritative) 리더보다 민주적(democratic) 리더가 높은 성과를 내는 경향이 있으나 이는 리더십 상황이론이 아니라 행동이론에 관한 것이다.

④ 허시와 블랜차드 이론에서 상황변수는 부하의 성숙도뿐이다. 리더-부하간 관계(leader-member relations)는 피들러 이론의 상황변수이다.

0683 ④

① 리더십 스타일로 관계지향적 리더십과 과업지향적 리더십을 제시하였다.

② 상황에 적절한 리더십 스타일 적용을 강조하고 있다.

③ LPC 점수로 리더십을 구별하고 있다. 즉 LPC 점수가 높으면 관계지향적 리더이고 LPC 점수가 낮으면 과업지향적 리더이다.

⑤ 리더십 스타일은 상황호의성에 따라 달라진다. 부하의 성숙도에 따라 리더십 스타일이 달라진다고 주장한 것은 허시와 블랜차드의 리더십 이론이다.

0684 ②

② 변혁적 리더십(transformational leadership)의 특성은 이상화된 영향력, 영감에 대한 동기유발, 지적 자극, 개인화된 배려 등이다. 예외에 의한 관리(management by exception)는 거래적 리더십(transactional leadership)의 요소이다.

0685 ③

③ LPC(least preferred co-worker)란 피들러가 리더십 연구에서 리더십 스타일을 구분하기 위한 사용한 설문지를 의미한다. 이 설문지는 응답자에게 같이 일했던 동료들 중, 가장 함께 일하고 싶지 않았던(least preferred co-worker) 한 사람을 평가하도록 고안되었다. 가장 함께 일하기 싫은 동료를 비교적 긍정적인 용어로 기술한다면(LPC 점수가 높음), 그 응답자는 동료들과 좋은 인간관계를 형성하는데 주로 관심을 가지고 있으므로 관계지향적(relationship oriented)인 사람으로 분류된다. 반대로 가장 일하고 싶지 않은 동료를 비교적 비호의적으로 평가하였다면(LPC점수가 낮음), 그 응답자는 생산성에 주로 관심을 갖고 있으므로 과업지향적(task oriented)인 사람으로 분류된다.

0686 ②
① 리더십 유형을 배려(consideration)와 구조주도(initiating structure)로 나눈 것은 OSU 연구이다.
③ 허시와 블랜차드의 리더십 이론은 인간 중심과 과업 중심으로 리더십의 차원을 나누고 부하의 성숙도에 따라 지시형(telling), 설득형(selling), 참여형(participating), 위임형(delegating) 중 적절한 리더십을 발휘할 수 있다고 보았다.
④ 브룸과 예튼의 리더십 모형은 A1, A2, C1, C2, G2 등 5가지 리더십 스타일을 제시하였다.
⑤ LMX 이론은 리더가 부하를 차별적으로 대한다고 가정하며, 리더-부하간 관계가 외집단(out-group) 관계보다는 내집단(in-group) 관계가 더 리더십 유효성이 높다고 주장한다.

0687 ④
④ 하우스의 경로-목표 이론은 상황변수로 크게 2가지를 제시하고 있는데 그 중 하나는 환경적 요인이고 다른 하나는 부하직원의 특성요인이다. 환경적 요인에 해당하는 것은 과업구조, 공식적 권한체계, 작업집단이며, 부하직원의 특성요인에 해당하는 것은 통제의 위치, 욕구상태, 능력 등이다. 환경적 요인은 피들러(Fiedler) 이론의 상황변수와 유사하고, 부하직원의 특성요인은 허시와 블랜차드 연구의 상황변수와 유사하다고 보면 되겠다.

0688 ②
② 하우스의 경로-목표이론에서 내재적 통제위치(internal locus of control)를 가진 부하직원에게는 참여적 리더십(participative leadership)이 효과적이다. 반면 외재적 통제위치(external locus of control)를 가진 부하직원에게는 지시적 리더십(directive leadership)이 효과적이다.

0689 ④
④ 허시(Hersey)와 블랜차드(Blanchard)는 리더십의 상황요인으로 부하직원의 성숙도(readiness)를 제시하였다. 성숙도는 하급자가 특정한 일을 수행하려는 능력(ability)과 의지(willingness)의 고저로 구분하였다. 리더와 구성원 관계, 과업구조(task structure), 직위권력(position power) 등은 피들러 이론의 상황변수에 해당한다.

0690 ①
① 개별적 배려, 지적 자극, 영감에 의한 동기부여, 비전 제시와 내재적 보상을 통해서 부하를 이끄는 것은 변혁적 리더십(transformational leadership)이다.

0691 ③
① 하우스(House)의 경로-목표이론(path-goal theory)에서는 리더의 유형을 지시적, 지원적, 참여적, 성취지향적 리더십으로 구분하고, 환경특성과 부하특성에 따라 리더십 스타일이 달라진다고 하였다.
② 피들러(Fiedler)의 이론에서는 리더의 특성을 LPC(least preferred co-worker) 설문에 의해 측정하고, LPC 점수가 높을수록 관계지향적 리더십으로 정의하고 있다.
④ 허시(Hersey)와 블랜차드(Blanchard)의 이론에 의하면 하급자(부하)의 능력과 의지가 낮은 경우에는 지시적 리더십 스타일이 적합하다.
⑤ 허시(Hersey)와 블랜차드(Blanchard)의 이론에서는 관계행위(배려)가 높고 과업행위(구조주도)가 낮은 리더를 참여형으로 정의하고 있다.

0692 ③
① 허시(Hersey)와 블랜차드(Blanchard)의 리더십 이론에는 리더와 부하의 관계라는 상황변수는 없다. 리더와 부하의 관계는 피들러 이론의 상황변수이다.
② 리더-구성원 교환관계이론(leader-member exchange theory) 또는 수직쌍관계이론(vertical dyads linkage theory)에 의하면, 리더와 부하가 외집단(out-group)의 관계일 때, 상사는 부하와 공식적인 범위 내에서만 관계를 유지하는 경향이 있다.
④ 피들러(Fiedler)의 리더십 상황모형에 의하면, 상황이 리더에게 매우 호의적이거나 매우 비호의적인 경우에는 LPC(least preferred co-workers) 점수가 낮은 과업지향적 리더십 스타일이 적합하다.
⑤ 거래적 리더십(transactional leadership) 스타일을 지닌 리더는 부하의 역할과 목표를 명확하게 제시하고, 부하 개개인의 욕구에 관심을 가지며, 부하들을 지속적으로 격려하는 행동을 한다. 밑줄 친 부분은 변혁적 리더십(transformational leadership)에 해당하는 내용이다.

0693 ②
② 피들러(Fiedler)의 리더십 상황이론에 의하면 상황이 리더에게 매우 호의적이거나 비호의적인 경우에는 LPC 점수가 낮은 과업지향적 리더십 스타일이 적합하고, 상황이 보통일 때는 LPC 점수가 높은 관계지향적 리더십이 적합하다.

0694 ⑤
① 피들러(Fiedler)의 상황이론에 의하면, 리더가 처한 상황이 매우 호의적이거나 매우 비호의적인 경우에는 과업지향적 리더십이 적절한데 이는 LPC(least preferred co-worker) 점수가 낮은 리더십이다.
② 리더-구성원 교환관계이론(LMX: leader-member exchange theory)은 상사와 부하의 관계에 초점을 두는 이론으로 상사와 부하의 관계가 내집단 관계냐 외집단 관계냐에 따라 리더십의 효과가 달라진다고 주장한다. 따라서 이 리더십 이론에서는 "상사가 부하를 차별적으로 대한다"라고 가정한다. 반면 다른 리더십 이론들(행동이론이나 상황이론)은 초점이 리더와 부하의 관계가 아니라 리더에게 초점이 맞춰져 있으며, 리더가 부하들을 동질적으로 대한다고 가정한다.

③ 허시(Hersey)와 블랜차드(Blanchard)의 상황이론에 의하면, 부하의 성숙도가 매우 낮을 때는 지시적(telling) 리더십이 적합하고 부하의 성숙도가 매우 높은 경우에는 위임형(delegating) 리더십 스타일이 적합하다.
④ 블레이크(Blake)와 머튼(Mouton)의 관리격자모형(managerial grid model)은 리더십의 행동이론에 해당하므로 리더가 처한 상황은 제시하지 않고 가장 좋은 리더십은 인간에 대한 관심과 생산에 대한 관심 모두 높은 팀형 리더십이라고 주장하였다.

0695 ④

① 조건적 보상과 예외에 의한 관리(management by exception)는 거래적 리더십(transactional leadership)에 포함되지만 지적인 자극과 이상적인 영향력은 변혁적 리더십(transformational leadership)의 요소이다.
② 피들러(Fiedler)의 리더십 모형은 리더를 둘러싼 상황을 리더와 부하의 관계, 과업의 구조, 리더의 직위권력으로 구분한다.
③ 브룸(Vroom)과 예튼(Yetton)의 리더십 모형은 리더십의 스타일을 AI, AII, CI, CII, GII의 5가지로 구분하였다. 한편 리더와 부하의 관계로 리더십의 효과를 설명한 것은 LMX(leader-member exchange)이론이다.
⑤ 블레이크(Blake)와 머튼(Mouton)은 (9,9)형 리더십, 즉 '팀형' 리더십을 이상적인 리더십 스타일로 규정하였다.

0696 ②

① 오하이오주립대학교(Ohio State University) 리더십 행동연구는 리더십 행동으로 구조구도(initiating structure)와 배려(consideration)를 제시하고 있는데, 하급자에게 분명한 업무를 부여하는 행위는 구조주도(initiating structure) 측면에 해당한다.
② 허시(Hersey)와 블랜차드(Blanchard)의 상황적 리더십 이론(situational leadership theory)은 리더십을 둘러싼 상황변수로 '부하의 성숙도'를 제시하고 있다. 따라서 부하의 성숙도에 따라 리더십 스타일의 유효성이 달라진다고 주장한다.
③ 피들러(Fiedler)는 리더십을 구분하기 위해 LPC(least preferred co-worker, 가장 싫어하는 동료)라는 설문을 만들었는데, LPC 설문에서 높은 점수를 기록한 사람은 '가장 싫어하는 동료'를 좋게 평가했다는 의미이므로 관계지향적 리더라고 볼 수 있다. 반면 LPC 설문에서 낮은 점수를 기록한 사람은 '가장 싫어하는 동료'를 나쁘게 평가했다는 의미이므로 과업지향적 리더라고 볼 수 있다.
④ 리더십 대체이론(substitutes for leadership)을 제시한 커와 저미어(Kerr & Jermier)는 리더십의 효과를 감소시키는 상황변수들을 파악하였는데, 이들이 리더십 대체요인(substitutes)과 리더십 중화요인(neutralizers)이다. 리더십 대체요인은 리더의 행동을 불필요하거나 불가능하게 만드는 변수를 말하고, 중화요인은 리더가 특정한 방식으로 행동하는 것을 방해하거나 리더의 행동이 미치는 영향을 무력화시키는 구성원 특성과 과업 특성 및 조직특성을 말한다. 조직구성원의 전문적 성향이나 응집력이 강한 작업집단은 리더의 관계지향적 행위와 과업지향적 행위를 모두 대체할 수 있다.
⑤ 리더십 귀인이론(attribution theory of leadership)은 리더십이란 단지 사람들이 다른 사람에 대해 귀인하는 것이라고 말한다. 따라서 기존의 리더십처럼 부하가 상사를 카리스마 리더로 인식할 때 조직 성과가 높아지는 것이 아니라, 오히려 조직의 성과가 높은 경우 리더를 카리스마 리더로 인식하는 정도가 강해진다는 것이다. 리더십 귀인이론에 따르면, 중요한 것은 실제적인 업무능력보다는 겉으로 보이는 것이다.

0697 ④

① 변혁적 리더십(transformational leadership)은 이상적인 영향력의 행사, 영감을 주는 동기부여, 지적 자극, 개별적 배려로 구성되며, 상황에 따른 보상(조건적 보상)과 예외에 의한 관리는 변혁적 리더십의 요소가 아니라 거래적 리더십(transactional leadership)의 요소이다.
② 피들러(Fiedler)는 과업의 구조가 잘 짜여져 있고(과업구조화 정도가 높고), 리더와 부하의 관계가 긴밀하고(리더-부하 관계가 좋고), 부하에 대한 리더의 지위권력이 큰(리더의 직위권력이 큰) 상황, 즉 호의적 상황(구체적으로는 8가지 상황 중 첫 번째 상황)에서는 관계지향적 리더보다 과업지향적 리더의 성과가 높다고 주장하였다.
③ 오하이오 주립대학(OSU)의 스톡딜(Stogdill)은 리더십을 구조주도(initiating structure)와 배려(consideration)로 구분하고 리더십의 유효성을 연구하였는데, OSU 연구는 리더십의 행동이론에 해당하므로, 위 보기와 같이 특정 상황(부하의 직무능력과 감성지능이 높을수록)에서 특정의 리더십(구조주도)이 효과가 있다는 주장과는 무관하다.
④ 허시(Hersey)와 블랜차드(Blanchard)는 부하의 성숙도가 가장 낮을 때(R1)는 지시형 리더십(telling style)이 효과적이고 부하의 성숙도가 가장 높을 때(R4)는 위임형 리더십(delegating style)이 효과적이라고 주장하였다. 참고로 R2에서는 설득형 리더십(selling style), R3에서는 참여형 리더십(participating style)이 효과적이라고 주장하였다.
⑤ 서번트 리더십(servant leadership)은 자신보다 타인에 대한 더 큰 희생에 초점을 맞춘 리더십으로, 경청, 감정이입(공감), 치유, 설득 등을 통하여 집단의 효율성과 생산성보다는 집단의 성장을 높이는 데 초점을 두고 있다. 참고로 명확한 비전의 제시는 변혁적 리더십의 특성이고, 적절한 보상은 거래적 리더십의 특성이다.

0698 ⑤

① 허시와 블랜차드의 이론에서 참여형 리더보다 설득형 리더가 과업지향적 행동을 더 많이 한다. 아래 <그림>참조

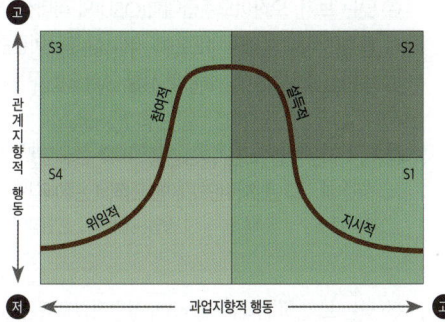

② 피들러의 리더십 이론은 개인의 리더십 스타일은 고정된다고 보아 상황이 변하면 리더를 교체해야 한다고 보았다. 부연하면, 피들러가 리더십 스타일을 측정하기 위해 만든 LPC(least preferred coworker) 설문에서 점수가 높으면 관계지향적 리더이고 점수가 낮으면 과업지향적 리더이다. 점수가 높은 관계지향적 리더는 점수가 낮은 과업지향적 리더가 될 수 없으므로 피들러는 리더십은 고정되는 것으로 보았다.

③ 블레이크와 머튼의 관리격자이론에서 가장 좋은 리더십은 모든 상황에 관계없이 팀형(9, 9) 리더십이므로, 관리격자이론은 리더십 행동이다. 행동이론에는 OSU연구와 미시건 대학의 연구도 포함된다.

④ 거래적 리더십은 예외에 의한 관리와 조건적 보상을 포함하는데, 예외에 의한 관리란 부하들에게 간섭을 하지 않다가 예외적인 사건이 발생할 때만 간섭하는 것을 말하며, 조건적 보상이란 노력에 대해 보상하기로 계약하고 뛰어난 성과에 대한 보상을 약속하며 성취를 인정하는 것을 말한다.

0699 ④

① 서번트 리더십(servant leadership)은 경청, 감정이입(공감), 치유, 설득 등을 통해 리더가 부하들에게 주인의식을 고취함으로써 그들의 자발적인 헌신과 참여를 제고하는 리더십을 말한다. 또한 서번트 리더십은 집단의 효율성과 생산성보다는 집단의 성장에 초점을 맞추고 있다.

② 리더십 특성이론은 리더십의 효과는 리더가 보유한 특성으로부터 나온다는 입장으로 사회나 조직체에서 인정되고 있는 성공적인 리더들은 어떤 공통된 특성을 가지고 있다는 전제하에 이들 특성을 집중적으로 연구하여 개념화한 이론이다. 그러나 리더십 특성이론은 리더의 특성과 리더십 유효성간의 상관관계가 약하고, 리더십을 둘러싼 여러 가지 상황변수들을 고려하지 못했다는 한계점을 가지고 있다.

③ 카리스마적 리더십(charismatic leadership)은 리더가 영적, 심적, 초자연적인 특질을 가질 때 부하들이 이를 신봉함으로써 생기는 리더십을 말하며, 반면 변혁적 리더십(transformational leadership)은 변화를 주도하는 사람이 사용하는 일련의 행위이다. 즉 카리스마적 리더는 주로 준거적 권력(referent power)을 제공하는 '개인적 특성'에 바탕을 두고 있으며, 변혁적 리더는 '행동'에 바탕을 두고 있다는 것이 두 이론의 차이점이다.

④ 권력의 원천 가운데 전문적인 기술이나 지식 또는 독점적 정보에 바탕을 둔 권력은 전문적 권력(expert power)이다. 준거적 권력(referent power)은 매력적인 자원이나 개인적 특성에 바탕을 둔 것이다.

0700 ④

① 권한(authority)은 직위에 주어진 권력으로서 프렌치와 레이븐(French & Raven)의 권력의 원천에서 합법적 권력(legitimate power)에 해당하는 것이다. 이는 특정 직위를 맡은 사람에게 주어진 책임과 임무를 완수하는 데 필요한 의사결정권을 의미한다.

② 기존의 리더십 이론들은 실제로 리더가 가지고 있진 않지만 리더십 효과를 높이기 위해 특정의 리더십 스킬이나 스타일을 보여줄 것을 강조한다. 이와는 반대로 진성리더(authentic leader)는 자신의 특성을 있는 그대로 인식하고 내면의 신념이나 가치와 일치되게 행동하며, 자신에게 진솔한 모습으로 솔선수범하며 조직을 이끌어가는 사람을 말한다.

③ 리더십 행동이론은 리더십을 리더가 하급자들에게 보여주는 행동 스타일이라고 규정하고, 여러 가지 리더십 스타일을 찾아 내어 각각에 대한 효과성을 검증하는 연구를 진행하였다. 리더십 행동이론에는 독재적-민주적-자유방임적 리더십, 구조주도-배려 리더십(OSU연구), 관리격자이론, 미시건 대학의 연구, PM이론 등이 포함된다.

④ 카리스마적 리더십(charismatic leadership)은 리더가 영적, 심적, 초자연적인 특질을 가질 때 부하들이 이를 신봉함으로써 생기는 리더십을 말한다. 만약 부하직원이 리더가 카리스마(영적, 심적, 초자연적 특질)가 있다고 생각하면 리더의 말이나 행동은 효과를 발휘하게 된다. 카리스마적 리더는 비전제시를 통해 집단의 응집성을 높일 수 있다. 하지만 집단응집성은 집단사고(groupthink)의 원인이 되므로 이는 집단의사결정의 효과성을 떨어뜨릴 가능성이 높다.

⑤ 리더가 부하의 행동에 영향을 주는 방법에는 모범(emulation), 제안(suggestion), 설득(persuasion), 강요(coercion) 등이 있다.

1. 모범(emulation): 리더를 본 받아서 자신의 행동에 변화를 가져오게 하는 것을 말하며, 리더의 신분이나 매력 또는 카리스마를 통해 리더를 역할 모델로 삼고 이를 통해 부하의 행동에 영향을 미치는 것을 말한다.

2. 제안(suggestion): 커뮤니케이션을 통해 아이디어나 의견을 제시하여 부하로 하여금 자신의 행동에 영향을 가져오게 하는 방법이다. 제안을 할 수 있는 리더의 자격이나 신분 그리고 신뢰에 의해 그 영향력이 결정된다.

3. 설득(persuasion): 제안보다는 더 직접적인 방법으로 부하의 행동에 영향을 주려는 적극적인 방법으로 논리적 또는 합리적인 설명, 보상조건의 간접적인 제시 등이 설득에 포함된다.

4. 강요(coercion): 상벌을 중심으로 부하의 행동을 강제로 유도하는 방법으로 승진, 승급 또는 해임 등의 상벌을 이용하여 부하로 하여금 육체적 또는 심리적 압박을 느끼게 함으로써 그의 행동에 영향을 주는 강제적 방법이다.

0701 ④

② LMX(leader-member exchange)이론에 따르면 리더는 외집단(out-group)보다 내집단(in-group)의 부하들과 질 높은 교환관계를 가지며 그들에게 더 많은 보상을 한다. 따라서 외집단보다는 내집단 관계에서 부하들에 대한 리더십 효과가 더 높게 나타난다.

③ 피들러(Fiedler)의 리더십 상황모형에서 낮은 LPC(least preferred co-worker) 점수는 리더가 LPC(가장 싫어하는 동료)를 나쁘게 평가했다는 것을 뜻하며 이는 과업지향적 리더십 스타일을 의미한다. 반면 높은 LPC 점수는 리더가 LPC(가장 싫어하는 동료)를 좋게 평가했다는 것을 뜻하며 이는 관계지향적 리더십 스타일을 의미한다.

④ 리더십 위인이론(great man theory)은 역사학에서 처음 주장되었던 이론으로서 리더는 추종자(부하: follower)와 다르며 리더는 타고난 자질로 인해 위대한 인물이 된다는 것이다. 리더에 의해서 역사가 만들어지며 리더가 그 자리를 차지하게 되는 것은 우연이나 운명에 의한 것이 아니라 그의 위대성을 나타내게 만드는 어떤 특성이 있다는 것이다. 이 이론은 한마디로 리더는 어떤 특성과 자질을 갖추고 있는데 반해 부하는 그러한 특성을 가지고 있지 않다는 것이다. 따라서 위인이론은 리더십 행동이론(behavioral theory)보다는 리더십 특성이론(trait theory)과 더 관련성이 높다.

⑤ 변혁적 리더(transformational leader)는 이상화된 영향력, 영감에 의한 동기 유발, 지적 자극, 개인화된 배려의 특성을 보인다. 반면 거래적 리더(transactional leader)는 예외에 의한 관리, 조건적 보상 등의 특성을 보인다.

0702 ③

① 맞는 보기. 리더십 이론은 크게 특성, 행동, 상황이론으로 구분할 수 있는데 이 가운데 특성이론(trait theory)은 리더십의 효과를 리더가 보유한 특성에서 찾는 것으로 이에 해당하는 대표적 이론으로 위인이론(great man theory)을 들 수 있다. 위인이론은 역사학에서 처음 주장되었던 이론으로서 리더는 추종자(부하: follower)와 다르며 리더는 타고난 자질로 인해 위대한 인물이 된다는 것이다. 리더에 의해서 역사가 만들어지며 리더가 그 자리를 차지하게 되는 것은 우연이나 운명에 의한 것이 아니라 그의 위대성을 나타내게 만드는 어떤 특성이 있다는 것이다.

② 맞는 보기. 하우스(House)의 경로-목표이론은 리더십 스타일을 지시적(directive), 후원적(supportive), 참여적(participative), 성취지향적(achievement-oriented)으로 구분하고 상황변수는 부하직원의 특성 요인과 환경적 요인을 제시하고 있다.

③ 리더와 개별 구성원의 역할과 업무 요구사항을 명확히 함으로써 부서 내 구성원의 목표 달성을 돕는 것은 거래적 리더십(transactional leadership)이다. 리더-구성원 교환(leader-member exchange, LMX) 이론은 리더와 부하의 관계에 초점을 두며, 리더와 부하의 관계가 내집단(in-group) 관계일 때, 외집단(out-group) 관계일 때보다 리더십 효과가 좋다고 주장한다.

④ 맞는 보기. 오하이오주립대학(OSU)의 리더십 연구는 대표적인 리더십 행동이론인데, 리더십 행동이론은 대체로 리더십 스타일을 일 중심과 사람 중심으로 구분한다.

리더십 스타일	OSU연구	Michigan大	관리격자이론
일 중심	구조주도	생산지향적	생산에 대한 관심
사람 중심	배려	종업원지향적	인간에 대한 관심

⑤ 맞는 보기. 피들러(Fiedler)의 상황적합모델은 LPC(least preferred co-worker) 설문을 이용하여 리더십을 관계중심(relationship oriented)과 과업중심(task oriented) 리더십으로 구분하였다. LPC 설문에서 점수가 높으면 관계중심 리더십이고 점수가 낮으면 과업중심 리더십이다.

0703 ②

① 맞는 보기. 권력은 공식적 권력과 개인적 권력으로 구분할 수 있는데, 공식적 권력에는 합법적 권력(legitimate power), 강압적 권력(coercive power), 보상적 권력(reward power)이 있고 개인적 권력에는 전문적 권력(expert power)과 준거적 권력(referent power)이 있다.

② 피들러(Fiedler)는 리더십 상황이 리더에게 호의적이거나 비호의적인 경우에는 관계지향적 리더보다 과업지향적 리더가 더 효과적이고, 반면 상황이 보통의 경우에는 과업지향적 리더보다 관계지향적 리더가 더 효과적이라고 주장하였다.

③ 맞는 보기. 리더십 행동이론 중 하나인 미시간대학교(University of Michigan)의 리더십 모델에서는 리더십 유형을 생산중심형(production-oriented)과 종업원중심형(employee-oriented)의 두 가지로 구분한다. 참고로 오하이오주립대학(OSU)의 연구는 리더십을 구조주도(initiating structure)와 배려(consideration)로 구분하였다.

④ 맞는 보기. 하우스와 하웰(House & Howell)은 카리스마적 리더를 사회화된 카리스마적 리더와 개인화된 카리스마적 리더로 구분하였다. 사회화된 카리스마적 리더(socialized charismatic leader)는 사회화된 권력동기 즉 부하를 임파워먼트 하는 것에 초점을 두고, 조직의 비전 및 사명과 일치하는 행동을 강화하기 위해 보상을 사용한다. 반면 개인화된 카리스마적 리더(personalized charismatic leader)는 개인적 권력동기 즉 부하직원을 자신에 복종시키는 것에 초점을 두며, 부하의 복지보다는 자기 미화와 권력유지에 더 많은 관심을 갖는다.

⑤ 맞는 보기. 서번트 리더(servant leader)는 자신보다는 부하, 고객, 지역사회에 봉사하는 것을 우선으로 삼는 사람이며, 장기적 관점에서 부하들의 생활과 과업수행 방식의 변화에 초점을 두고 접근하는 리더이다.

0704 ④

① 분배적 협상(distributive negotiation)은 한사람이 이익을 보면 다른 사람은 손해를 보는 제로섬(zero sum)에 초점을 맞추고 있고, 통합적 협상(integrative negotiation)은 쌍방에게 모두 유리한 해결책을 만들어낼 수 있는 방안이 존재한다는 포지티브섬(positive sum)에 초점을 맞추고 있다.

② 분배적 협상에서 정보공유는 상대방의 이익만을 만족시키고, 통합적 협상에서 정보공유는 각 당사자의 흥미를 만족시키기 때문에 분배적 협상보다 통합적 협상에서 정보의 공유가 상대적으로 많이 이루어지는 경향이 있다.

③ 협상이 깨지더라도 선택할 수 있는 다른 대안이 있다면, 협상자는 좀 더 자신감있게 협상을 진할 수 있다. 이는 '믿는 구석'이 있기 때문이다. 이 믿는 구석을 BATNA(best alternative to a negotiated agreement)라고 한다. 즉 BATNA는 협상을 통한 합의가 불가능할 경우 취할 수 있는 최선의 대안을 말한다. 만약 연봉 협상에서 연봉이 5,000만 원인 김차장이 6,000만 원을 받고 싶을 때, 경쟁사의 연봉 6,000만 원 제안은 BATNA가 된다. 즉 김차장이 매력적인 BATNA를 가지고 있다면 그의 협상력은 올라갈 수 있다.

④ 토마스와 킬만(Thomas & Kilmann)의 갈등관리유형 중 회피형(avoiding)은 자기에 대한 관심과 자기주장의 정도와 상대에 대한 관심과 협력의 정도가 모두 낮은 경우이다. 자기에 대한 관심과 자기주장의 정도가 높고 상대에 대한 관심과 협력의 정도가 낮은 경우는 경쟁형(competing)이다. 토마스와 킬만의 갈등관리유형은 다음 그림과 같다.

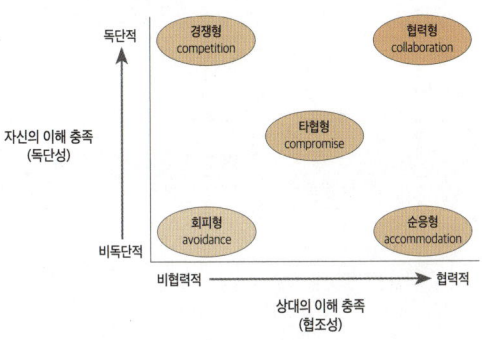

⑤ 통합적 협상에서는 제시된 협상의 이슈(issue)뿐만 아니라 협상당사자의 관심사(interests)에도 초점을 맞추어야 좋은 협상결과가 나온다. 즉 임금협상에서 인상 금액만 생각하기보다는 왜 그 직원이 임금 인상을 요구하는지에 초점을 맞추는 것이 낫다는 것이다. 협상 당사자들이 협상 중인 안건에서 벗어나 서로 상대방이 무엇을 진정으로 원하는지 이해한다면 그동안 해결책이 잘 보이지 않았던 통합적인 합의에 이를 수 있다. 보통 협상에 임하는 당사자들이 협상을 통한 단기적인 성과보다는 폭넓고 전체적인 목표를 추구할 때 상호간 근본적인 요구를 이해하기가 보다 쉬워진다. 또한 각자의 최종 결과에만 관심이 있는 협상자보다는 상호 간의 이해관계를 배우려고 노력하는 협상자가 보다 생산성 높은 공동 합의에 이르게 된다.

0705 ①

① 조직사회화는 조직에 들어오기 전에 이미 시작되는데, 이를 사전적(pre-arrival) 사회화 단계라고 한다.

0706 ⑤

① 샤인(Schein)에 따르면, 조직문화(organizational culture)란 일정한 패턴을 갖는 조직 활동의 기본가정(basic assumptions)이며, 특정 집단이 외부환경에 적응하고 내적으로 통합해 나가는 과정에서 고안, 발견 또는 개발된 것이다.

② 조직문화는 다음과 같은 4가지 기능을 갖는다.
　1. 구성원들에게 조직 정체성(organizational identity)을 제공
　2. 구성원들이 취해야 할 태도와 행동기준을 제시하여 집단적 몰입을 가져옴
　3. 조직 체계의 안정성을 높이는 기능을 함
　4. 구성원들의 행동을 원하는 방향으로 만들어 갈 수 있음

③ 조직에서 변화(change)에 대한 구성원의 저항행동에 작용하는 요인에는 고용안정에 대한 위협감, 지위 손실에 대한 위협감, 성격의 차이 등이 있다. 따라서 조직변화의 저항을 극복하기 위해서는 최고경영자의 강력한 의지 천명 및 행동, 제도적 지원, 교육 및 홍보, 구성원 참여 등의 방법들을 활용해야 한다.

④ 기업이 생존하고 성장하기 위해서는 외부 환경변화에 효과적으로 적응해야 한다. 적응적(adaptive) 조직문화를 갖는 조직에서 구성원들은 고객을 우선적으로 생각하며 변화를 가져올 수 있는 인적, 물적, 또는 제도나 과정 등의 내적 요소들에 많은 관심을 보인다. 반면에 부적응 조직문화에서는 조직원들이 고객보다는 자기 자신의 이익을 우선 생각하고 위험을 감수하려 하지 않으며 변화를 싫어한다.

⑤ 레윈(Lewin)의 조직변화 3단계 모델에 의하면, '해빙(unfreezing)' 단계에서는 구성원의 변화 필요성 인식, 주도세력 결집, 비전과 변화전략의 개발 등이 이루어지며, '변화(changing)' 단계에서는 임파워먼트, 단기성과 축적, 변화확대 등이 이루어지며, 마지막 '재동결(refreezing)' 단계에서는 변화된 상태를 조직문화로 고착시키는 것이 이루어진다.

0707 ④

퀸(Quinn)의 경쟁가치 모형에 따르면 조직문화는 아래의 그림과 같이 두 가지 차원에서 4가지로 구분된다.

퀸의 경쟁가치 모형

	내부통합	외부지향
유연성 강조	관계지향 문화 = 협력문화(cooperative culture)	혁신지향 문화 = 적응문화(adaptive culture)
통제 강조	위계지향 문화 = 관료문화(bureaucratic culture)	시장지향 문화 = 경쟁문화(competitive culture)

① 맞는 보기. 협력문화(cooperative culture)는 내부에 초점을 맞추고 안정성과 통제보다는 유연성의 가치를 갖고 있는 문화이다. 이는 가족 기업의 문화와 유사하며, 종업원들과 부서 간의 상호 유대를 강하게 유지하는 것을 중시한다.

② 맞는 보기. 적응문화(adaptive culture)는 외부에 초점을 두고 유연성에 가치를 둔다. 이런 유형의 조직문화는 빠른 적응력, 창조성, 시장의 변화에 대한 즉각적인 반응을 통해 혁신적인 제품이나 서비스를 만들어 낸다. 차별화 전략을 추구하는 조직에 적합하다.

③ 맞는 보기. 경쟁문화(competitive culture)는 외부에 초점을 두고 안정성과 통제에 가치를 둔다. 고객에 대한 경쟁이 극심하고 성숙한 시장환경에 처한 조직에 적합하다.

④ 관료문화(bureaucratic culture)는 더욱 형식적이고 구조화된 업무 환경을 만드는데 초점을 두고 유연성보다는 안정성과 통제에 가치를 둔다. 따라서 관료문화는 차별화 전략보다는 원가우위 전략에 적합하다.

⑤ 맞는 보기. 파스칼(Pascale)과 피터스(Peters)가 제시한 조직문화 모형에서 7S란 공유가치(shared value), 전략(strategy), 구조(structure), 시스템(system), 구성원(staff), 기술(skill), 리더십 스타일(style) 등을 의미한다.

7S 모델

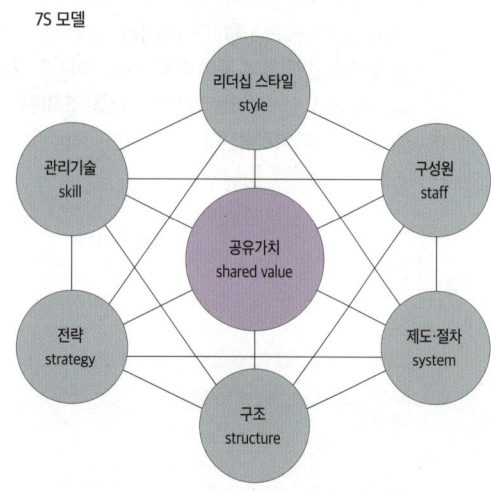

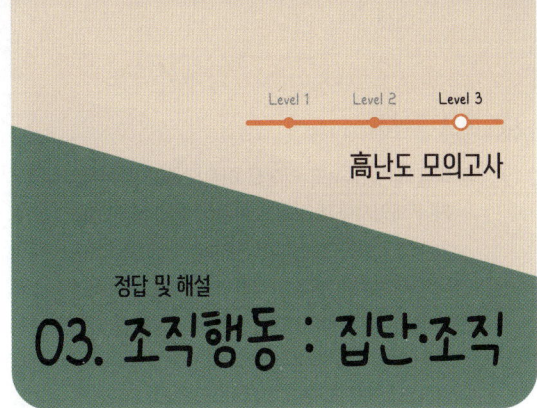

정답 및 해설
03. 조직행동 : 집단·조직

0708 ①

① 논의가 이루어지기 전에 각 구성원들은 독립적으로 주어진 문제에 대한 자신의 아이디어를 종이에 적고, 자신의 아이디어를 발표한 후 집단으로 토의하는 것을 명목집단 기법(NGT: nominal group technique)이라고 한다. 델파이법(Delphi method)이란 전문가를 대상으로 개별적으로 접촉하여 사안에 대한 의견을 듣고 수정하는 절차를 반복하는 기법을 말한다.

② 합리적 의사결정(rational decision making)은 규범적 모형이고, 제한된 합리성 모형(bounded rationality model)은 기술적 모형이라고 할 수 있다. 합리적 의사결정은 최적인 의사결정을 할 수 있다고 가정하지만, 이는 실제로 경영에 관한 의사결정 과정을 설명하기 보다는 우리가 의사결정을 할 때 '어떻게 해야하는가' 라는 당위성을 설명해 주는 규범적 모델이다. 규범적 모델(normative model)은 최적화 모델 혹은 분석적 모델이라고도 하는데, 이는 의사결정자가 주어진 목적을 가장 효율적으로 달성하기 위해 어떻게 결정을 내려야 하는가를 규정하는 모델이다. 말 그대로 모범답안 같은 것을 제시하는 모형이다. 반면 기술적 모델(descriptive model)은 의사결정이 실제로 어떻게 이루어지고 있는지를 서술하는 모델로서 규범적 모델을 사용할 수 없는 경우에 사용된다. 즉 합리적 의사결정은 규범적 모델이기 때문에 실제의 의사결정 행동을 제대로 설명하지 못한다. 현실의 의사결정은 합리적 의사결정 모형으로는 설명이 될 수 없기 때문에 제한된 합리성 모형이 사이먼(H. A. Simon)에 의해 제시되었다.

0709 ④

① 블레이크와 머튼(Blake and Mouton)의 관리격자(managerial grid) 이론에서 가장 효과적인 리더십은 '팀형'이다. 팀형 리더십은 생산에 대한 관심(concern for production)과 사람에 대한 관심(concern for people) 둘 다 높은 리더십을 의미한다.

② 피들러는 리더-구성원 관계(leader-member relations), 과업구조(task structure), 직위권력(position power)을 이용하여 8개의 상황을 제시하고, 이들을 다시 3개의 상황(호의적, 보통, 비호의적)으로 구분하였다.

③ 리더십의 특성이론은 리더는 만들어지는 것이 아니라 타고난다는 관점으로 이를 '자질론'이라 하며, 리더십의 행동이론은 리더는 타고난다기 보다는 만들어지는 것이라고 보기 때문에 '육성론'이라고 한다. 따라서 리더십 특성이론은 리더의 육성보다는 선발에 초점을 두고, 리더십 행동이론은 리더의 선발보다는 육성에 초점을 맞추고 있다.

⑤ 수직쌍 연결(VDL: vertical dyad linkage) 이론 혹은 리더-구성원 교환이론(LMX: leader-member exchange)에서 리더와 하급자가 내집단(in-group) 관계를 형성할 때, 신뢰와 존경, 공동운명의식을 갖게 되고, 계약 외적인 행동교환이 발생함으로써 리더와 하급자가 서로 큰 영향을 주고받게 된다. 반대로 외집단(out-group) 관계일 때는 리더가 하급자에 대해서 감독자(supervisor)의 행동을 보이며, 일방적이고 하향적인 영향력의 행사, 공식적 역할범위 내의 관계 유지 등의 행동을 보인다. 그리고 상호 운명적 결속력이 희박하다.

0710 ②

사회적 태만(social loafing)이 없는 효과적인 팀을 만들기 위해서 경영자는 개별적 인사평가와 더불어 집단평가, 집단별 인센티브 제도 등의 팀협력을 강화할 수 있는 인사 시스템을 도입해야 한다.

0711 ④

사회적 태만(social loafing)은 혼자 일할 때보다 집단으로 일할 때 노력을 덜 기울이려는 개인 성향을 말한다. 즉 집단의 규모와 성과의 상관관계가 작아지는 현상을 의미한다. 사회적 태만이 발생하는 원인은 집단의 규모가 증가하기 때문이다.

0712 ②

피들러(Fiedler)의 리더십 상황이론에서 상황이 리더에게 호의적이거나 비호의적일 때는 과업 지향적(task oriented) 리더십이 더 효과적이고, 상황이 중간일 때는 관계 지향적(relationship oriented) 리더십이 더 효과적이다.

0713 ⑤

① 집단으로 모여 문제해결을 위한 토의를 하면 집단구성원들은 그들의 태도를 어느 한쪽으로 편향시키는 경향을 보이는데 이를 집단이동적 사고(groupshift)라고 한다. 반면 몰입의 상승현상(escalation of commitment)이란 한 번 의사결정된 사안이 오류임에도 불구하고 여러 가지 이유를 들어 이미 결정된 사안을 고수하는 경향을 말한다.

② 집단의사결정은 참여자가 많기 때문에 책임이 분산되기 마련이며, 최종결과에 대해 책임을 지는 특정인을 찾기 어렵다. 따라서 집단의사결정은 책임소재가 명확하지 않다.

③ 브레인스토밍(brainstorming)은 여러 명이 한 가지의 문제를 놓고 아이디어를 무작위로 개진하여 그 중에서 최선책을 찾아내는 방법이다.
④ 시간 효율성 측면에서는 집단의사결정보다 개인의사결정이 효율적이다.

0714 ②

② 블레이크와 머튼(Blake & Mouton)의 관리격자(managerial grid) 이론은 리더십의 상황이 아니라 행동이론이다. 5가지 리더십 스타일을 제시하고 있지만, 이는 각 상황에 적합한 리더십 스타일이 아니라 사람에 대한 관심(concern for people)과 생산에 대한 관심(concern for production)의 정도에 따라 리더십을 5가지로 구분한 것이다.

0715 ③

① 작업집단(work group)보다는 팀(team)이 더 긍정적인 시너지를 창출한다.
② 자율적 관리팀(self-managed work team)은 팀원들이 공동으로 의사결정하므로 감독자나 팀장의 역할이 매우 적다.
④ 팀이 작업집단에 비해 유기적(organic) 조직의 성격에 더 가깝다.
⑤ 팀조직을 활용하게 되면 수직적 위계가 줄어들기 때문에 조직구조의 복잡성(complexity) 즉, 수직적 분화(vertical differentiation) 정도가 낮아진다.

0716 ⑤

② 허시와 블랜차드(Hersey & Blanchard)의 리더십 이론의 상황변수는 부하직원의 능력과 의지이므로 부하에 관한 것으로 볼 수 있고, 피들러(Fiedler) 이론의 상황변수는 리더-부하의 관계, 과업구조, 리더의 직원권력이므로 리더십을 둘러싼 회사의 상황요인으로 볼 수 있다.
⑤ LPC(least-preferred co-worker) 설문은 함께 일했던 동료들 가운데, 가장 싫었던 인물을 평가한 응답자의 설문을 토대로 관계지향적 리더십(high LPC)과 과업지향적 리더십(low LPC)으로 구분하였다.

0717 ①

① 마키아벨리즘(Machiavellianism) 성향이 높은 사람은 실용적이며, 감정적인 거리를 유지하며 결과가 수단을 정당화할 수 있다고 생각한다. 그래서 이들은 더 많이 승리하며, 덜 설득당하고, 남들을 더 설득한다. 반면 나르시시즘(narcissism)이 높은 사람은 자시 자신의 중요성을 과도하게 포장하고, 큰 인정을 요구하며, 주어진 권리를 누리려하고, 오만하다.

0718 ⑤

④ 피들러(Fiedler)의 리더십 이론은 리더는 관계지향적이거나 과업지향적 리더십 가운데 어느 하나만을 가질 수 있다고 가정하므로 리더십을 둘러싼 상황의 변화는 리더의 교체를 의미한다.
⑤ 하우스(House)의 리더십 이론에서 명확한 과업을 수행하는 사람에게 지시적 리더십(directive leadership)을 사용하면 부정적으로 작용하여 부하의 만족도와 동기를 저하시킨다. 반면 지시적 리더십은 모호한 과업을 수행하거나 외적 통제위치를 가진 부하에게 효과적이다.

0719 ②

② 보상적 권력(reward power)은 다른 사람이 가치 있다고 생각하는 보상을 제공할 수 있는 사람이 갖는 권력이다. 매력적인 자원이나 특성을 갖고 있는 사람이 갖는 권력은 준거적 권력(referent power)이다.

0720 ④

④ 명목집단법(NGT: nominal group technique)은 대량의 아이디어를 산출하는데 적절하나 서로 간에 상호작용이 배제되는 방식이므로 집단의 응집성을 발전시키기 적합하지 않다. 반면 브레인스토밍은 비판을 하지 않는 가운데 자유롭게 자신의 의견을 제시할 수 있기 때문에 집단의 응집성을 발달시키는 데 도움이 된다.

0721 ④

④ 피들러(Fiedler)의 리더십 상황모델에서 LPC(least preferred co-worker) 설문에서 점수가 높은 사람은 관계지향적(relationship oriented)로 분류되며, LPC 설문에서 점수가 낮은 사람은 과업지향적(task oriented) 리더로 분류된다.
⑤ 거래적 리더십(transactional leadership)은 효율성과 관련되며, 변혁적 리더십(transformational leadership)은 혁신과 관련되므로 리더가 거래적 리더십과 변혁적 리더십을 동시에 가지고 있으면 업무도 효율적으로 할 수도 있고 동시에 혁신도 할 수 있다.

0722 ③

의사결정 참가자들의 상호작용을 제한하는 것은 델파이법(Delphi method)과 명목집단법(NGT: nominal group technique)이다.

0723 ②

피들러는 OSU 연구나 관리격자(managerial grid) 이론과는 달리 관계지향적 리더십과 과업지향적 리더십을 단일차원의 양극점으로 보았다. 즉 한사람의 리더십은 관계지향적 리더십이나 과업지향적 리더십 중 어느 하나에 가까운 것이지, 한사람이 동시에 두 개의 리더십을 모두 가질 수는 없다는 것이다.

0724 ⑤

역동적 환경에 적절하게 적응하기 위해 수평적 의사소통(lateral communication) 채널을 확대하는 것이 좋다. 수평적 의사소통은 동일한 계층에 있는 사람 간 의사소통을 말하며, 수직적 의사소통은 상하 간 의사소통을 의미하는데, 역동적 환경은 부서 간 상호의존성을 증가시키므로 높은 수준의 상호의존성을 효과적으로 다루기 위해서는 수평적 의사소통이 매우 중요한 역할을 한다.

0725 ③

b. 피들러(Fiedler)의 리더십 연구는 LPC(least preferred co-worker) 설문을 이용하여 리더십을 과업지향적 리더십과 관계지향적 리더십으로 구분하였다.

d. 거래적 리더십(transactional leadership)과 변혁적 리더십(transformational leadership)은 최근에는 상호 보완적인 것으로 인식되고 있다. 변혁적 리더십은 거래적 리더십 위에 있는 개념으로, 거래적 리더십이 만들어낼 수 있는 것 이상의 수준으로 부하직원의 노력과 성과를 이끌어낸다. 반면 거래적 리더십은 변혁적 리더십이 만들어낼 수 있는 것 이상으로 이끌어내지 못한다. 따라서 최고의 리더는 거래적이면서 변혁적인 리더이다.

0726 ②

② 거래적 리더십(transactional leadership)은 리더와 하급자 간의 교환관계에 기초한 것이므로 거래적 리더십(transactional leadership)에서 리더는 원하는 결과가 무엇인가를 하급자에게 주지시켜야 하며, 결과달성에 따라 하급자가 어떤 보상을 받게 되는지를 명확히 알려주어야 한다. 반면 변혁적 리더십(transformational leadership)에서 리더는 가시적 보상에 기초한 하급자들과의 거래관계 보다는 장기적 비전을 제시하고 비전 달성을 위해 함께 매진할 것을 호소한다.

③ 관리격자(managerial grid) 이론은 리더십을 생산에 대한 관심과 사람에 대한 관심의 두 축으로 나누었는데, 여기서 두 축은 이분법이 아니라 서로 독립적이어서 리더는 생산에 대한 관심과 사람에 대한 관심을 모두 많이 보일수도 있고 그렇지 않을 수도 있다. 하지만 피들러(Fiedler)의 리더십 이론은 관계지향적 리더십과 과업지향적 리더십을 이분법적으로 분류하고 있어서 한 사람의 리더는 둘 중 하나의 리더십 스타일만 가질 수 있다.

0727 ⑤

⑤ 변혁적 리더십(transformational leadership)의 요소는 개별적 배려, 지적자극, 카리스마, 영감에 의한 동기유발 등이며, 조건적 보상과 예외관리는 거래적 리더십(transactional leadership)의 요소이다.

0728 ③

③ 강한 문화(strong culture)는 조직의 핵심가치가 강하고 넓게 공유되고 있는 것을 의미한다. 만약 조직의 환경이 안정적이라면 강한 문화는 일관성 있는 행동을 제시하므로 조직에게 가치있는 자신이라고 할 수 있지만, 변화하는 환경에서는 무거운 짐이 되고 대응능력을 떨어뜨리게 된다. 이 경우 오히려 강한 문화는 오히려 조직발전의 장애요인이 될 수 있다.

0729 ④

① 리더-구성원 관계가 좋고, 과업구조화 정도가 높고, 리더의 직위권력이 약한 상황은 피들러(Fiedler)가 제시한 8가지 상황 가운데 2번째 상황 즉 호의적 상황에 해당하므로 과업지향적 리더십(low LPC 리더십)이 적절하다.

② 허시와 블랜차드(Hersey & Blanchard)의 이론에서, 부하 직원의 능력이 낮고, 의지가 높은 상황은 R2 상황인데, 이때는 과업행동과 관계행동을 모두 많이 하는 설득적(selling) 리더십이 적절하다.

③ 브룸과 예튼(Vroom & Yetton)의 리더-참여 모형은 의사결정 상황에 따라 리더의 간섭과 참여 정도가 달라져야 한다고 주장하였다.

④ 하우스(House)의 경로-목표이론은 OSU의 리더십 연구(구조주도, 배려)에 동기부여의 기대이론(expectancy theory)을 접목시킨 모형이라고 볼 수 있다.

⑤ 피들러의 이론에서 리더십의 분류는 LPC 점수가 높으면 관계지향적 리더십이고, LPC 점수가 낮으면 과업지향적 리더십으로 분류되는데, 이러한 분류는 리더의 행동은 두 리더십 중 하나로 구분된다는 논리이다. 이 때문에 피들러는 리더의 행동은 바꿀 수 없으므로 상황을 바꿔야 한다고 주장한다. 하지만, 브룸과 예튼 같은 학자들은 리더의 리더십 스타일은 하나에 고정되는 것이 아니라 여러 개의 리더십 가운데 상황에 따라 유연하게 변신할 수 있다고 주장하였다.

0730 ③

① 오하이오 주립대학(OSU)의 리더십 연구는 리더십을 구조주도(initiating structure)와 배려(consideration)로 구분했는데, 높은 배려 행동과 동시에 높은 구조주도 행동을 하는 리더가 구성원들의 만족도와 구성원들의 성과에 있어서 가장 효과적인 것으로 밝혀졌다.

② 블레이크와 머튼(Blake & Mouton)의 관리격자 모델은 과업과 사람에 대한 관심 수준에 따라 각기 9개 등급으로 구분된다. 따라서 모두 81개의 격자가 구성된다. 그 가운데 5개의 격자를 전형적인 리더십 유형으로 설명하고, 아울러 관리격자 모델에서 어디에 해당하는지를 알아볼 수 있는 평가자료를 제시하고 있다. 따라서 실무 차원에서 자신이 관리격자(managerial grid) 모델의 어디에 위치하는지를 확인한 다음, 스스로에게 필요하다고 생각하는 개선방안(행동변화)을 모색하도록 하였다.

③ 브룸과 예튼(Vroom & Yetton)의 규범적 리더십 모델에서 부하의 의사결정 참여 정도가 가장 낮은 리더십 스타일은 AI(완전 독단적 리더십)형 리더십이다. AI은 리더가 현재 보유하고 있는 정보를 이용하여 스스로 문제를 해결하며 의사결정을 하는 유형이다. 따라서 부하의 의사결정 참여도는 없거나 매우 낮다. 반면 GII(집단적 리더

십)는 문제 해결이나 의사결정을 위해 리더와 구성원들이 팀이 되는 것이다. 따라서 해결방안에 관해 함께 논의하고, 토론하고, 평가하며, 의사결정에 의결일치를 이루기 위해 노력한다. 이때 리더의 역할은 회의의 의장으로서 토의를 주재하고, 논의가 주제에서 벗어나지 않도록 한다. 이는 부하의 참여 정도가 가장 높은 리더십 유형이라고 할 수 있다.

④ 피들러(Fiedler)의 리더십 상황모델에서 LPC(least preferred coworker)에게 비교적 높은 점수를 주면, 그 응답자는 동료와 좋은 인간관계를 형성하는데 주된 관심을 기울이고 있는 사람이다. 따라서 그 응답자는 관계 중심적 리더라고 할 수 있다. 왜냐하면 '가장 선호하지 않는 동료'를 호의적으로 표현한다는 것은 좋은 대인관계를 유지하는데 일차적인 관심을 갖는 사람이기 때문이다. 그에 비해 LPC에게 비교적 낮은 점수를 주는 응답자는 업무 중심적 리더라고 할 수 있다. LPC에게 낮은 점수를 준다는 것은 과업을 성공적으로 수행하는데 일차적 관심을 두기 때문이다. 따라서 직무의 성공적인 수행에 별 도움이 되지 못하거나 방해가 되는 LPC를 성가신 존재로 인식하는 경향을 반영한 것이다.

⑤ 기존의 리더십에 관한 이론에서는 리더와 구성원들과 친소관계가 동일하다는 전제 아래 연구가 이루어졌다. 따라서 구성원이 모두 동일하게 리더의 행동을 지각하고 해석하여 반응한다고 가정한다. 즉 리더와 구성원 각자 간 관계 특성을 고려하지 않고, 리더와 구성원 집단 전체와 관계만을 다룬다. 그에 비해 리더-구성원 교환관계(LMX: leader-member exchange) 이론은 조직에서 리더는 구성원들 각자와 각기 다른 관계를 발전시킨다는 전제 하에, 그러한 관계의 특성을 결정하는 요인들을 찾으려는 접근이다. 리더-구성원 교환관계(LMX: leader-member exchange) 이론은 리더와 구성원 간 교환관계는 1개의 형태로 존재하는 것이 아니라, 구성원이 누군가에 따라 여러 가지의 교환 형태가 존재한다고 가정한다. 즉 리더는 구성원들에게 동일한 역할을 전달하는 것이 아니라 구성원 개개인에 대해서 차별적으로 역할 전달을 한다. 그에 따라 리더와 각각의 구성원 간 차별적 교환관계가 발생하게 된다는 것이다.

0731 ⑤

① 미시간 대학의 연구에서는 생산지향적 리더십과 종업원지향적 리더십을 하나의 연속선상에 양극단으로 개념화하였다. 따라서 리더는 이론적으로 생산지향적 또는 종업원지향적 행동 중 하나를 명확하게 드러내며, 이 두 가지 차원의 행동을 모두 명확하게 드러낼 수는 없다고 간주한다. 반면 오하이오 주립대학(OSU)의 연구는 구조주도(initiating structure)와 배려(consideration)의 두 리더십 차원을 단일차원의 양극단으로 보지 않고 두 개의 독립된 별개의 차원으로 보고 있다. 이는 OSU 연구를 바탕으로 한 관리격자(managerial grid) 이론을 보면 쉽게 알 수 있다.

② 전통적 리더십 이론은 리더가 하나의 집단 내의 모든 부하들과의 상호작용을 하는데 있어서 자신만이 가지고 있는 스타일에 의존하고 있으므로 그 스타일에 따라 집단 내의 모든 부하들에 대해 동질적인 행동을 보여준다는 가정에 바탕을 두고 있다. 그러나 리더-구성원 교환(LMX: leader-member exchange) 이론은 리더와 부하의 상호작용은 부하 개개인과의 관계마다 독특한 특성을 가지고 있으며 따라서 한 집단 내에서 부하들과 차별적인 관계를 형성한다는 것을 가정한다. 즉 리더가 모든 부하를 동질적으로 대하기 보다는 차별적 관계를 형성한다고 가정한다.

③ 브룸(Vroom)과 예튼(Yetton)의 규범적 리더십모형은 리더가 사용하는 의사결정 절차는 의사결정의 질과 그 결정을 실행해야 하는 구성원들의 수용에 영향을 미친다고 주장하면서, 5가지 의사결정 절차(A1, A2, C1, C2, G2)를 제시하고, 상황에 대한 고려없이 특정 의사결정 절차만을 사용하게 되면 의사결정의 질이 떨어지거나 수용도가 저하될 것이기 때문에 주어진 상황에 적합한 의사결정 절차를 파악하기 위한 일련의 규칙들을 제시하고 있다. 따라서 부하들이 의사결정에 참여하는 정도가 상황의 특성에 맞게 달라질 필요가 있다고 가정하였다.

④ 피들러(Fiedler)는 리더가 지니고 있는 욕구 수준과 지배적 행동 성향은 일생 동안의 경험을 통해 형성되는 것이기 때문에 이를 변화시키기는 힘들다고 보았다. 즉 관계지향적 리더십과 과업지향적 리더십을 동시에 가질 수 없고, 둘 중 하나만 가질 수 있다고 보았다. 따라서 피들러는 리더십을 변화시키거나 육성하기 위해 교육훈련을 시키기보다는 상황에 맞는 특성을 지닌 리더를 선발하여 배치하거나 리더가 기존에 지니고 있는 리더십 특성에 맞추어 상황을 바꾸는 방법이 더 효과적이라고 주장하였다.

⑤ 하우스(House)의 경로-목표이론(path-goal theory)에서 구성원의 동기유발에 관련된 지각을 매개변수(mediator)로 도입하고 있는데, 이러한 매개변수는 기대이론에 기초한 것으로 구성원은 ① 그들이 노력하면 주어진 과업을 완수할 수 있다고 믿을 때 ② 노력의 결과가 어떤 보상과 연계될 것이라고 믿을 때 ③ 과업 수행의 결과로 얻은 보상이 가치 있는 것이라 믿을 때 동기부여된다는 것이다. 경로-목표이론에서 리더의 역할은 부하가 지각하는 3가지 요소에 영향을 미치는 것이다. 따라서 리더는 특정한 행동을 통해 구성원이 노력을 기울이면 성과를 달성할 수 있다는 기대감을 향상시키고, 성과를 달성하면 어떠한 보상이 주어질 것이라는 수단성을 높여주며, 주어지는 보상의 가치를 높게 평가하도록 해 준다면 부하는 큰 노력을 투입하게 되고, 이는 보다 높은 직무만족과 과업 성과를 가져올 것이다.

0732 ②

① 홉스테드(Hofstede)에 의하면 불확실성 회피(uncertainty avoidance) 성향이란 사람들이 비구조적 상황보다 구조적 상황을 선호하는 정도를 의미한다. 불확실성 회피 성향이 높은 문화에서는 불확실성과 모호

한 상태에 대해 불안감을 느끼므로 법규나 통제활동을 통하여 불확실성을 감소시키려 한다. 반대로 불확실성 회피 성향이 낮은 문화에서는 사람들이 모호성을 받아들이며, 제도지향성이 낮으며, 위험을 부담하고 더 신속하게 변화를 받아들인다. 따라서 불확실성 회피(uncertainty avoidance) 성향이 강한 사회의 구성원들은 미래에 대한 예측 불가능성을 줄이기 위해 더 많은 규칙과 규범을 제정하려는 노력을 기울인다.

② 합리적 의사결정 모형은 규범적 모형이고 제한된 합리성 모형은 기술적 모형이라고 할 수 있다. 합리적 의사결정은 최적의 의사결정을 할 수 있다고 가정하지만, 이는 실제로 경영에 관한 의사결정 과정을 설명하기 보다는 우리가 의사결정을 할 때 어떻게 해야 하는가라는 당위성을 설명해 주는 규범적 모델이다. 규범적 모델(normative model)은 최적화 모델 혹은 분석적 모델이라고 하는데 이는 의사결정자가 주어진 목적을 가장 효율적으로 달성하기 위해 어떻게 결정을 내려야 하는가를 규정하는 모델이다. 말 그대로 모범답안 같은 것을 제시하는 모형이다. 반면 기술적 모델(descriptive model)은 의사결정이 실제로 어떻게 이루어지고 있는지를 서술하는 모델로서 규범적 모델을 사용할 수 없는 경우에 사용된다. 즉 합리적 의사결정은 규범적 모델이기 때문에 실제의 의사결정 행동을 제대로 설명하지 못한다. 이에 따라 사이먼이 제한된 합리성 모형을 제시하였다.

③ 갈등의 정도가 너무 높을 경우 집단은 혼란에 빠지고 구성원들은 서로 분열하며, 적대감을 보이고 경우에 따라서는 서로를 위협하며 심지어는 공격적 행동을 하기도 한다. 이러한 상황에서의 집단 성과는 낮을 수밖에 없다. 반면 갈등의 정도가 너무 낮을 경우, 즉 관심을 끄는 이슈 없이 구성원들이 한가롭게 지내다 보면 새로운 일이 발생하였을 때 이에 대한 대처 능력이 떨어진다. 뿐만 아니라 새로운 문제없이 지내다 보면 사고가 다양하지 못하고 획일적이 되며 무사안일에 빠진다. 이러한 집단의 성과 역시 낮게 나타난다. 갈등의 양이 적정수준일 경우, 집단은 문제가 발생했을 때 이를 해결하기 위한 활동이 보다 왕성해지고 창의적인 아이디어도 많이 나오며 집단 분위기는 도전적이 되어 활기를 띤다. 이러한 집단은 문제해결을 위해 변화에 보다 적극적이 되고 공동의 목표를 달성하기 위해 보다 많은 노력을 보여준다.

④ 권한(authority)이란 관리자의 지위에 본질적으로 내포되어 있는 권리를 말하며, 권한을 가지고 있는 사람은 명령을 내릴 수 있고 명령을 받은 사람은 이에 복종해야 한다는 것을 의미한다. 따라서 이는 프렌치(French)와 레이븐(Raven)의 권력의 원천 즉 강압적 권력, 보상적 권력, 합법적 권력, 전문적 권력, 준거적 권력 가운데 합법적 권력(legitimate power)에 해당한다.

⑤ 단속적 강화(intermittent reinforcement)는 바람직한 행동을 보였을 때마다 강화 요인을 제공하지 않고 충분한 횟수나 간격을 두고 강화요인을 제공하는 것이다. 이때 시간을 기준으로 강화물을 제공할 때 이를 간격법이라고 하고 반응빈도를 기준으로 강화물을 제공하는 방식을 비율법이라고 한다. 이러한 방식은 다시 간격 혹은 비율을 사전에 고정시키느냐 혹은 고정시키지 않느냐에 따라 고정간격법(fixed-interval schedule), 변동간격법(variable-interval schedule), 고정비율법(fixed-ratio schedule), 변동비율법(variable-ratio schedule)으로 나눠진다.

0733 ③

① 리더십의 효과를 리더가 보유한 특성을 기반으로 설명하는 리더십 특성이론(trait theory)은 연구방법의 한계로 일관된 결과를 도출하지 못하였다. 그러나 최근에는 연구방법의 발전에 힘입어 리더십 특성이론에 대한 연구가 새롭게 시도되고 있는데, 그 가운데 가장 대표적인 연구가 Big 5 성격과 리더십 간의 관계이다. 빅 5(Big five) 성격특성과 리더십 출현, 그리고 그 효과에 관한 연구 결과, 외향성(extraversion)이 가장 지속적이고 긍정적으로 리더십 출현과 효과성 모두에 관련이 있는 것을 밝혀졌다. 성실성(conscientiousness)과 개방성(openness to experience) 또한 리더십 효과와 긍정적인 상관관계를 가졌다.

② 리더의 행동을 연구한 OSU연구, 미시건대학의 연구, 관리격자(managerial grid)이론 등은 모두 유사한 맥락에서 접근하고 있다. 주로 업무를 중시하는가 아니면 구성원을 중시하는가를 기준으로 유형을 분류하고 있지만, 연구자들마다 그 표현이 다를 뿐이다. 그러므로 리더십 행동이론은 모두 리더의 주요 관심사가 구성원인가 아니면 업무인가로 분류되며, 두 기준에 모두 관심이 많고 적절한 경우를 최고의 리더 행동으로 간주한다. 그러나 과연 리더가 인간중심적이면서 동시에 과업중심적이 될 수 있는지는 의문이다.

③ 조직의 현재 목적을 좀 더 효과적으로 달성하도록 직무성과와 의미있는 보상과 연결시키거나 직무를 수행하는데 필요한 자원을 획득할 수 있도록 하는 행위는 거래적 리더십(transactional leadership)을 의미한다. 초기의 리더십 행동이론이나 상황이론들은 종업원의 성과와 만족을 향상시키는 리더의 행동에 초점을 맞추기 때문에 거래적 관점을 채택하고 있었다. 리더는 종업원의 성과와 만족을 높이는 향상시키는데 집중해야 하기 때문에 거래적 리더십은 '일을 옳게 하는' 것으로 여겨졌다. 반대로 변혁적 리더십은 조직이 환경변화에 더 잘 적응하도록 조직의 전략과 문화를 변화시키는 것을 '리드'한다. 따라서 변혁적 리더는 새로운 조직의 가치와 행동으로 종업원을 독려하고 지도하는 변화 에이전트이다. 조직은 변혁적 리더와 거래적 리더 모두를 필요로 한다. 거래적 리더는 조직의 효율성을 향상시키고, 변혁적 리더는 좀 더 바람직한 쪽을 조직을 이끈다. 특히 변혁적 리더십은 외부환경에 적응이 중요한 조직에서는 매우 중요하다. 그러나 대부분의 리더들은 거래적 리더십이 필요한 일상적 과업들에 사로잡혀 있어서 변혁적 리더십의 요소는 잊은지 오래다. 만약 조직에 변혁적 리더가 없다면, 조직은 환경에 제대로 적응하지 못할 것이다.

④ 리더십 특성 및 행동 이론과 다른 상황이론의 특징은 리더십의 효과를 유발하는 요인으로 리더(리더십 스타일, 특성, 행동), 구성원(욕구, 성숙도, 훈련), 조직상황(과업, 조직구조, 시스템, 환경) 등을 들고, 이들이 상호적합 관계를 이룸으로써 리더십 효과가 가능하다는 점을 강조하고 있다. 상황적합(contingency)이란 하나의 요소가 다른 요소에 관련되어 상호의존한다는 의미이며, 상황적합 이론의 기본 전제는 '유일한 최선의 리더십 스타일'은 존재하지 않으며, 다양한 상황에 적절하게 조화를 이루어 높은 성과를 내는 리더십이 그 상황에서 최고의 리더십 스타일이라는 것이다.

⑤ 허시와 블랜차드의 리더십 이론은 구성원들의 성숙도가 낮은 경우, 리더들은 지시형(telling) 리더십을 사용하는 것이 바람직하고, 성숙도가 중간에서 약간 높은 정도인 경우에는 설득형(selling)과 참여형(participating) 리더십을 사용하는 것이 바람직하며, 구성원들의 성숙도가 높은 경우에는 위임형(delegating) 리더십이 효과적이라고 제시한다. 허시와 블랜차드의 이론은 구성원들의 특성에만 초점을 두고 있기 때문에 피들러의 이론보다 이해하기 쉽다. 리더는 구성원들의 성숙도 수준을 판단하고 이 상황에 어떤 리더십 스타일을 적용하는 것이 바람직한지를 결정해야 한다. 이러한 결론은 암시하는 것은 리더가 한가지 유형의 리더십만 보유하고 적용하기보다는 구성원의 다양한 성향에 적절하게 대응하는 것이 바람직하다는 것이다.

0734 ②

① 프렌치(French)와 레이븐(Raven)의 권력의 원천 가운데 강압적 권력(coercive power)은 공포에 근거한 권력이다. 보상적 권력과는 피권력자에 대해서 어떠한 형태의 처벌을 가할 수 있다는 가능성에 기반하는 것이다. 따라서 이것을 처벌 권력이라고도 한다. 그런데 강제적 권력은 반드시 어떠한 폭력적인 위협에만 의존하는 것은 아니다. 즉, 완력을 사용하는 경우뿐만 아니라 현란한 말솜씨나 제공하던 정서적 지지를 철회하는 등의 방법을 사용할 수도 있다. 그렇게 함으로써 상대를 들볶거나 모멸감을 줌으로써 정신적, 심리적으로 제압하여 권력을 행사하는 경우가 있다. 조직 내에서 강제적 권력은 예는 징계권, 전출권, 특권 몰수나 사무실 이동에 관한 권한 등이다.

② 카리스마 혹은 개인적 매력에 기반한 권력인 준거적 권력(referent power)을 가진 사람은 '내면화(internalization)' 과정이 아니라 '동일화(identification)' 과정을 통해 영향력을 행사한다. 동일화(identification)는 보상을 얻고 처벌을 피하기 위한 것이 아니라 스스로가 권력자와 동일화를 통해 만족을 얻는 것을 의미한다. 이때 동일화가 이루어지기 위해서는 대리인이 준거적 권력(referent power)을 가지고 있어야 한다. 즉 사람을 끌 수 있는 매력이나 차별화할 수 있는 특성을 갖고 있어야 한다는 것이다. 예를 들어 청소년들은 뛰어난 운동선수나 매력적인 연예인의 말과 행동에 영향을 많이 받는다. 따라서 그들을 광고에 활용하는 것은 그러한 이유라고 할 수 있다. 반면 내면화(internalization)는 권력자의 가치구조가 피권력자 스스로의 가치구조와 병존하기에, 권력자의 가치를 내면화하는 것이다. 이와 같은 내면화가 이루어지기 위해서는 권력자는 전문적 권력(expert power)과 합법적 권력(legitimate power)을 함께 갖추고 있어야 한다.

③ 하우스(House)의 경로-목표이론(path-goal theory)에 따르면 높은 과업능력을 가진 직원은 추가적인 지시를 필요로 하는 경향이 적기 때문에 지시적(directive) 리더십에 부정적으로 반응한다. 이런 사람은 참여적이고 성취지향적 리더십에 의해 더욱 동기부여되고 만족을 느낀다. 반대로 경험이 부족하거나 과업능력이 낮은 직원들은 새로운 업무를 배우는 것과 관련하여 도전에 직면했을 때 성취지향적 리더십보다는 지시적 리더십이 도움이 될 수 있다.

④ 거래적 리더십(transactional leadership)은 조직의 현재 목적을 좀 더 효과적으로 달성하도록 직무성과와 의미있는 보상을 연결시키거나 직무를 수행하는데 필요한 자원을 획득할 수 있도록 하는 행위를 말한다. 따라서 초기의 리더십 행동이론이나 상황이론들은 종업원의 성과와 만족을 향상시키는 리더의 행동에 초점을 맞췄기 때문에 거래적 관점을 채택하고 있었다. 리더는 종업원의 성과와 만족을 높이고 향상시키는데 집중해야 하기 때문에 거래적 리더십은 '일을 옳게 하는' 것으로 여겨졌다. 반대로 변혁적 리더십(transformational leadership)은 조직이 환경변화에 더 잘 적응하도록 조직의 전략과 문화를 변화시키는 것을 '리드'한다. 따라서 변혁적 리더는 새로운 조직의 가치와 행동으로 종업원을 독려하고 지도하는 '변화 에이전트'이다. 조직은 변혁적 리더십과 거래적 리더십 모두를 필요로 한다. 거래적 리더십은 조직의 효율성을 향상시키고, 변혁적 리더십은 좀 더 바람직한 쪽으로 조직을 이끈다. 특히 변혁적 리더십은 외부환경에 적응이 중요한 조직에서는 매우 중요하다. 그러나 대부분의 리더들은 거래적 리더십이 필요한 일상적 과업들에 사로잡혀 있어서 변혁적 리더십의 요소는 잊은 지 오래다. 따라서 변혁적 리더가 없다면, 조직은 환경에 제대로 적응하지 못할 것이다.

⑤ LMX 이론은 리더가 직속 부하직원과 각기 다른 1:1 관계를 발전시킨다는 가정에 기초하고 있다. 보통 이런 종류의 관계를 수직쌍 연결관계(VDL: vertical dyad linkage)라고 부른다. 수직쌍 연결관계의 형성은 자연적으로 발생하는 과정이라 말하며, 리더의 직무 역할의 분배와 권한 위임 시도의 결과이다. 이 과정의 결과로 두 가지로 구분되는 독특한 유형의 리더-구성원 교환관계가 형성된다. 첫 번째 유형은 내집단 교환(in-group exchange) 관계로 이 관계에 있는 리더와 부하직원은 상호영향, 존경과 호감, 공동체 정신 등의 파트너십을 키워나간다. 두 번째 유형은 외집단 교환(out-group exchange) 관계로 이 관계에서 리더는 상호신뢰, 존경 또는 공동체 정신을 만들어 내는데 실패한 감독자로 구분된다.

0735 ③

① 톰슨(Thompson)은 상호의존성을 집합적, 순차적, 교호적으로 구분하였다. 집합적 상호의존성(pooled interdependence)은 집단의 성과는 각 개인 성과의 단순합을 의미하며, 이 경우에는 팀보다는 작업집단이 오히려 적합하다. 순차적 상호의존성(sequential interdependence)은 순서가 있는 것으로 A가 처리하지 않으면 B는 과업을 수행할 수 없고, B가 처리하지 않으면 C도 과업을 수행할 수 없는 것을 말한다. 집합적 상호의존성보다는 상호의존성이 높지만 이 역시 작업집단을 구성하는 것이 적절하다. 마지막으로 교호적 상호의존성(reciprocal interdependence)은 상호의존성이 매우 높은 것으로, 이 경우 팀원의 역할과 활동이 상호보완적이어야 하기 때문에 팀으로 과업을 수행하는 것이 적절하다.

② 학습이란 직·간접적인 경험의 결과로 생긴 행동의 항구적인 변화를 의미한다. 여기서 중요한 것은 행동의 변화가 있어야 학습이라는 것이다. 만약 어떤 사람이 과거에 하던 행동을 계속하고 있다면 이는 '학습'이 아니라고 볼 수 있다. 따라서 학습은 반드시 행동의 변화를 수반해야만 한다.

③ 켈리(Kelley)의 귀인이론에서 합의성(consensus)이란 개인의 행동을 그의 동료들과 비교하는 것을 말한다. 한 사람이 집단의 다른 사람들과 비슷하게 행동하면 합의성이 높은 것이고, 집단의 다른 사람들과 다르게 행동하면 합의성이 낮은 것이다. 특이성(distinctiveness)은 직무에 있어서 그 사람의 다른 과업에서의 행동과 비교를 통해 결정되는 개념이다. 높은 특이성은 직무에 있어 다른 과업과는 상당히 다르게 수행하는 것을 의미한다. 낮은 특이성은 직무에 있어서 다른 과업들과 비슷한 성과와 질을 의미한다. 일관성(consistency)은 시간의 흐름에도 주어진 직무에 얼마나 일관성이 있는지를 판단함으로써 결정된다. 높은 일관성은 시간이 지나도 주어진 직무를 같게 수행하는 것을 의미한다. 시간이 지남에 따라 주어진 직무에 대한 불안정한 수행은 낮은 일관성을 의미한다.

④ 의사결정의 유용성 오류(availability bias)란 사람들이 쉽게 접근할 수 있는 정보에 근거를 두고 판단을 내리는 경향이 있다는 것을 의미한다. 생생한 감정을 불러일으키는 특별한 사건 또는 최근에 발생한 사건은 기억 속에 쉽게 떠오른다. 예를 들어 항공 사고를 언론에서 비중있게 보도하는 것 때문에 지상교통보다 발생가능성이 낮은 항공 사고가 과도하게 기억나는 것이다.

⑤ 애시 효과(Asch effect)란 집단내의 동조(conformity) 압력에 관한 것이다. 사람들은 어떤 집단의 구성원이 되고 싶어 한다. 집단의 구성원이 되고 싶은 사람들은 집단규범에 쉽게 동조한다. 집단이 구성원에게 개인의 태도와 행동을 바꿔 집단규범에 동조하도록 강력한 압력을 행사할 수 있음을 증명한 가장 대표적인 연구는 애시(Solomon Asch)에 의한 것이다. 애시는 7~8명의 학생들로 구성된 집단을 만들고, 두 개의 카드를 보여주고 길이가 같은 것을 찾아내도록 요구하였다. 일상적인 상황에서 두 카드를 비교하고 길이가 같은 카드를 골라내지 못할 확률은 1%도 채 되지 않았다. 애시는 실험집단의 모든 구성원들이 모두 틀린 답을 말하기 시작한다면 마지막 응답자는 어떤 답을 말할지에 초점을 맞추고 실험을 진행하였다. 여러 번의 실험에서 실험 대상자의 75%가 적어도 한 번은 집단에 동조한 답변을 하였다. 즉 그들은 틀리다는 것을 알면서도, 다른 집단 구성원의 대답에 일치하는 답을 말했다. 이렇게 다수가 공유하는 틀린 생각 때문에 한 개인의 옳은 판단이 영향을 받게 되는 것을 애쉬효과라고 한다.

0736 ⑤

① 블레이크(Blake)와 머튼(Mouton)의 관리격자(managerial grid) 이론은 '미시건 대학'의 리더십 연구가 아니라 '오하이오 주립대학(OSU)'의 연구, 즉 구조주도(initiating)와 배려(consideration)를 기초로 리더십 유형을 구분하였으며, 상황에 관계없이 가장 효과적 리더십은 '생산에 대한 관심(구조주도)'과 '사람에 대한 관심(배려)'이 모두 높은 '팀형(9. 9)'이라고 주장하였다.

② 피들러(Fiedler)는 리더십을 구분하기 위해 LPC(least preferred co-worker) 설문을 사용했으며, 이 설문에서 점수가 높은 리더는 '가장 싫어하는 동료(LPC)'를 '부정적'이 아니라 '긍정적'으로 평가했다는 것을 의미한다. 따라서 LPC 설문에서 점수가 높으면 '관계지향적 리더'이고, 점수가 낮으면 '과업지향적 리더'이다. LPC 설문의 점수가 낮은 사람은 높아질 수 없고, 반대로 점수가 높은 사람이 낮아질 수 없기 때문에 피들러는 한 사람의 리더십은 고정되는 것이라고 보았다. 즉 상황이 바뀌면 리더십 스타일을 바꾸는 것이 아니라 리더 자체를 바꿔야 한다.

③ 하우스(House)의 경로-목표이론(path-goal theory)에 따르면, 과업능력과 경험수준이 높은 직원은 추가적인 지시를 필요로 하지 않기 때문에 지시적(directive) 리더십에 부정적으로 반응한다. 이런 사람은 오히려 참여적(participative) 리더십이나 성취지향적(achievement-oriented) 리더십에 의해 더욱 동기부여되고 만족을 느낀다. 반면 과업능력과 경험수준이 낮은 직원이 새로운 업무를 배우는 것과 관련하여 도전에 직면했을 때, 직원들은 리더의 성취지향적 리더십에 대응하는 것이 힘들다고 생각한다. 이 경우 오히려 지원적이나 지시적 리더십을 사용하는 것이 직원들에게 더 도움이 될 수 있다.

④ 변혁적 리더십(transformational leadership)은 이상화된 영향력, 영감에 의한 동기유발, 지적 자극, 개인화된 배려를 포함하며, 이 가운데 '개인화된 배려'는 부하들에게 지지와 격려, 권한위임, 코칭을 제공하는 것과 같은 행동을 말한다. 부하들이 현상유지에 의문을 갖고 조직적 문제에 혁신적이고 창의적인 해결을 추구하도록 고무하는 행동은 '지적 자극'이다.

⑤ 서번트 리더십(servant leadership)은 자신보다 타인에 대한 더 큰 희생에 초점을 맞추고 있다. 서번트 리더십의 요소로는 경청, 공감, 치유, 자각, 설득, 개념화, 통찰력, 책무, 공동체 건설 등이 있으며, 서번트 리더십이 초

점은 자신의 이익을 떠나서 다른 사람을 섬기는 것이 때문에 서번트 리더는 다른 사람을 다치게 할 수 있는 자기중심적인 행동을 덜 하려는 경향이 있다. 서번트 리더는 자신에 대한 거액의 보너스가 종업원들의 사기를 저하시킬 경우, 보너스를 포기할 수도 있다. 또한 서번트 리더십은 부하들의 변화를 통해 성과를 향상시키는 리더십이기 때문에 효과가 빠른 리더십은 아니다. 서번트 리더십이 효과를 발휘하기 위해서는 좀 더 오랜 기간이 필요하다.

0737 ②

① 합리적 의사결정 모형(rational decision making model)은 인간이나 조직이 원래 합리적이기 때문에 여러 가지 대안들 중에서 최적의 대안(optimal solution)을 선택하고 실행할 수 있다고 보는 견해이다. 이 견해에 따르면 의사결정자는 문제해결을 위한 최적의 해결안을 체계적으로 찾아내어 자신의 목적을 최대화하는 경제인(economic man)이다. 만약 기업의 의사결정일 경우 합리적 의사결정 모형에 따르면 기업이 항상 경제적 이득을 극대화시키는 의사결정을 할 수 있다는 것이다. 이 모형에서는 의사결정이 '문제인식' → '대안의 탐색' → '대안의 평가 및 선택' → '대안의 실행' → '실행결과의 평가' 순으로 이루어진다고 본다.

② 토머스와 킬먼(Thomas & Kilmann)은 관리격자이론(managerial grid)을 활용하여 갈등관리 기법을 개발하였다. 이 갈등관리 기법은 '자신의 관심과 이익 충족'과 '타인의 이익과 관심 충족'의 두 가지 차원으로 다섯 가지 갈등관리 기법을 제시하고 있다.

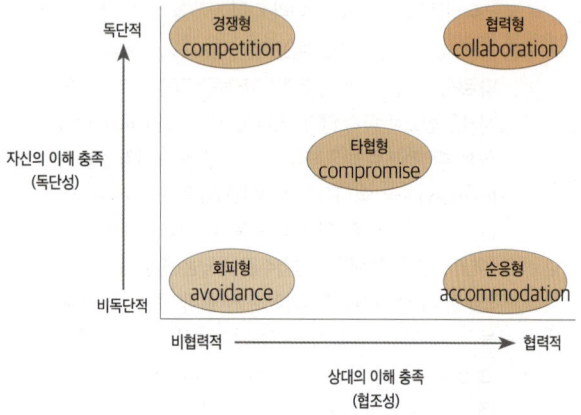

0738 ⑤

① 피들러(Fiedler) 이론의 상황변수는 리더-부하의 관계, 과업구조, 리더의 직위권력이고, 허시와 블랜차드(Hersey & Blanchard) 이론의 상황변수는 부하의 능력과 의지이다. 참고로 피들러는 LPC(least preferred co-worker) 설문을 이용하여 리더십을 관계지향적 리더십과 과업지향적 리더십으로 구분하였다. 허시와 블랜차드는 리더십을 지시형(telling), 설득형(selling), 참여형(participating), 위임형(delegating)으로 구분하였다.

② 브룸과 예튼(Vroom & Yetton)은 리더-참여 모형(leader-participation model)에서 리더십을 A1, A2, C1, C2, G2의 5가지를 제시하고 있는데, A1에서 G2 쪽으로 갈수록 부하 직원의 참여정도가 높아지고, G2에서 A1쪽으로 갈수록 부하직원의 참여정도가 낮아진다. 따라서 부하의 참여정도가 가장 낮은 리더십은 AI(A1)형이다.

③ 하우스(House)의 경로-목표 이론(path-goal theory)에서 상황변수는 크게 환경적 요인과 부하직원의 특성 요인으로 구분되며, 환경적 요인에는 과업구조, 공식적 권한체계, 작업집단의 특성 등이 포함되며, 부하직원의 특성 요인에는 통제위치, 욕구상태, 능력 등이 포함된다.

④ 변혁적 리더십(transformational leadership)은 이상화된 영향력, 영감에 의한 동기유발, 지적 자극, 개인화된 배려를 포함하며, 이 가운데 '이상화된 영향력'은 바람직한 가치관, 존경심, 자신감 등을 부하들에게 심어주고 비전을 제시하는 것을 말한다. '영감에 대한 동기유발'은 부하들에게 높은 기대를 전달하고, 노력을 집중시키기 위해 상징을 사용하고, 주요 목표를 단순하게 표현하는 것을 말한다. '개인화된 배려'는 부하들에게 지지와 격려, 권한위임, 코칭을 제공하는 것과 같은 행동을 말한다. 마지막으로 '지적 자극'은 부하들이 현상유지에 의문을 갖고 조직 문제에 혁신적이고 창의적인 해결을 추구하도록 고무하는 행동을 말한다.

⑤ 커와 저미어(Kerr & Jermier)의 리더십 대체이론에서 제시하는 대체요인과 중화요인은 리더십의 중요성을 감소시키는 상황요인들을 말하는데, 리더십 대체요인(substitute)은 리더의 행동을 불필요하거나 불가능하게 만드는 변수들을 의미하고, 리더십 중화요인(neutralizer)은 리더가 특정한 방식으로 행동하는 것을 방해하거나 리더의 행동이 미치는 영향을 무력화시키는 구성원 특성과 과업 특성 그리고 조직 특성을 말한다.

0739 ⑤

① 피들러(Fiedler)의 이론은 LPC(least preferred co-worker) 설문을 이용하여 리더십을 구분하였는데, LPC 설문에서 점수가 낮으면 '과업지향적'이고 점수가 높으면 '관계지향적'이다. 이것은 LPC 설문에서 점수가 낮은 사람은 과업지향적 리더이지 관계지향적 리더일 수 없다는 것을 의미한다. 반대로 LPC 설문에서 점수가 높은 사람은 관계지향적 리더이지 과업지향적 리더일 수는 없다는 것을 의미한다.

② 부하의 참여정도에 따라 리더십이 달라져야 한다고 주장하고 그에 적절한 5가지 리더십을 제시한 것은 브룸과 예튼(Vroom & Yetton)의 리더-참여 모형(leader participation model)이다. 블레이크와 머튼(Blake & Mouton)의 관리격자(managerial grid) 이론에서는 5가지 대표적 리더십을 제시하고 있으나 이는 부하의 참여도에 따른 것은 아니다.

③ 하우스(House)의 경로-목표 이론(path-goal theory)에 따르면 모호한 과업(ambiguous task)을 수행하거나 외적 통제의 위치(external locus of control)를 갖는 하급

자에게는 지시적(directive) 리더십이 효과적이다. 반면 내적 통제의 위치(external locus of control)를 갖는 하급자에게는 참여적(participative) 리더십이 적절하다.

④ 허시(Hersey)와 블랜차드(Blanchard)의 이론에 따르면 부하의 능력과 의지가 모두 높은 상황(R4)에서는 위임형(delegating) 리더십이 적절하다. 위임형 리더십은 과업행동과 관계행동이 모두 낮은 리더십이다. 반면 과업행동과 관계행동이 모두 높은 리더십은 설득형(selling)이고 이는 부하의 능력은 낮고 의지는 높은 상황 즉, R2에 적절한 리더십이다.

⑤ 하우스의 경로-목표이론의 4가지 리더십 가운데 2가지는 오하이오 주립대학(OSU)의 연구에서 가져온 것인데, 지시적 리더십은 OSU연구의 구조주도(initiating structure)와 같고, 후원적 리더십은 OSU연구의 배려(consideration)와 같다.

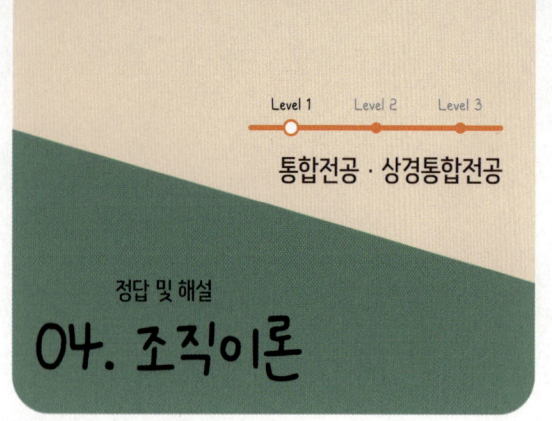

정답 및 해설
04. 조직이론

0740 ④
① 폐쇄합리적 조직이론은 환경과의 관련성을 고려하지 않는다.
② 공식적 구조에 초점을 맞춘 것은 폐쇄합리적 조직이론이다.
③ 챈들러(Chandler)는 '구조는 전략을 따른다(Structure follows strategy)'는 명제를 제시하였다.
⑤ 개방사회적 조직이론은 조직의 목표달성을 위해서 생존이 중요하다는 점을 강조하지만, 공식성과 합리성보다는 조직 간 권력과 갈등 등의 비공식성과 비합리성을 중점적으로 다룬다.

0741 ②
관리자가 스텝으로부터 업무 상 조언과 지원을 많이 받으면, 그만큼 관리의 부담이 적어지므로 통제의 범위는 넓어지게 된다.

0742 ④
조직설계의 상황변수는 전략(strategy), 규모(size), 기술(technology), 환경(environment)의 4가지이다.

0743 ②
조직설계시 영향을 미치는 요인 혹은 조직설계에 고려해야 하는 요인은 전략, 규모, 기술, 환경이다. ②번 보기의 전문화(specialization)와 공식화(formalization)는 조직설계시 고려해야하는 변수가 아니라 조직구조를 설명하는 변수이다.

0744 ③
보통 행정학에서는 분권적 권한(decentralized authority)이라고 하고 경영학에서는 분권화(decentralization)라고 한다. 분권화는 조직의 하위층에게 좀더 많은 의사결정의 재량권을 주는 것을 말한다.
① 종업원들에게 더 많은 권한위임이 발생하는 것은 분권화된 조직이다.
② 분권화되면 현장 실무자가 직접 의사결정 할 수 있기 때문에 의사결정이 신속해진다.
③ 분권화되면 현장 실무자가 직접 의사결정 할 수 있기 때문에 소비자에 대한 반응이 빨라진다.
④ 분권화되면 조직의 여러 하위부문의 이해관계가 의사결정 과정에 반영되므로 예산이나 자원의 분배과정이 복잡해진다.
⑤ 조직의 하위층에 좀더 많은 재량권을 주므로 최고경영진의 통제는 약해진다.

0745 ①
① 분업을 실시하면 핵크만과 올드햄의 직무특성이론에서 과업정체성(task identity)과 기술다양성(skill variety)이 낮아져 동기부여 수준이 낮아지기 때문에 종업원이 자신의 업무에 몰입하기 어려워진다.

0746 ③
태스크포스는 임시적 위원회를 의미하는데, 이는 여러 부서 간 업무활동의 조정을 위한 것이므로 수직적이라기 보다는 수평적 통합을 위한 조정 매커니즘에 해당한다.

정보공유 메커니즘	종류
수직적	· 계층상의 상사 · 규칙과 계획 · 수직적 정보시스템
수평적	· 수평적 정보시스템 · 직접접촉 · 태스크포스 · 전임통합자 · 프로젝트팀

0747 ②
명령일원화(unity of command)의 원칙은 존재하지만, 방향일원화의 원칙은 존재하지 않는다.

0748 ①
기능별 부문화는 지식과 기술의 유사성을 근거로 부서화 함으로써 높은 규모의 경제(economy of scale)를 달성할 수 있다는 장점이 있다.

0749 ②
② 통제의 범위가 좁은 경우(상하 간 계층 수가 많은 경우) 수직적인 위계질서가 중요한 조직구조가 되므로 구성원들의 창의성 발휘는 어려워진다.

0750 ③
③ 과업이 단순할수록 예측이 가능하며 명확한 과업을 수행하기 때문에 그로 인해 공식화의 정도가 높고 집권화되어 있으므로, 통제범위는 '넓어진다'. 반면에 과업이 복잡할수록 과업의 예외적인 발생빈도가 높아져 공식화가 어려워지고, 발생하는 문제들에 대한 분석의 가능성은 떨어지게 되어 그로 인한 분권화가 필요하게 되어 작업자와 경영관리자 사이의 상호작용과 피드백이 많이 요구될수록 통제범위는 '좁아진다'.

0751 ③

③ 의사결정의 결과가 매우 심각하거나 조직이 위기에 처했을 때는 '집권화'가 효과적이다.

0752 ④

매트릭스 조직(matrix structure)은 2명의 상사에게 명령을 받아야 하는 구조이므로 역할갈등(role conflict)이 발생할 가능성이 높고, 명령일원화(unity of command)의 원칙에도 어긋나는 조직구조이다.

0753 ④

많은 종류의 제품을 생산하는 대규모 조직에서 효율적으로 기능하는 조직은 사업부 조직(divisional structure)이다. 매트릭스 조직은 프로젝트성 과업을 수행하는 중규모 조직에 적합하다.

0754 ①

수평적 분화 즉 직무나 부서를 나누는 것에 중점을 두며, 각자의 전문분야에서 작업능률을 높일 수 있는 조직구조는 기능조직이다.

0755 ③

이익센터란 이익책임단위를 의미하는 것으로 의사결정의 일부 권한이 위양되면 하위 조직은 하나의 의사결정 주체가 되는 동시에 권한에 대응하는 책임을 지는 책임 단위가 된다. 사업부제 조직의 각 사업부는 제품의 생산과 판매에 관한 결정이 맡겨져 있으므로 이익센터가 된다.

0756 ⑤

매트릭스 구조는 명령일원화(unity of command)의 원칙이 적용되지 않으므로 의사결정의 책임소재가 불명확할 수도 있다.

0757 ⑤

매트릭스 조직은 모든 사람이 두 가지 역할을 수행하므로 역할 분담, 권력 균형, 갈등 조정 등이 어렵다.

0758 ③

매트릭스 조직(matrix structure)은 두 명의 상사에 명령을 받아야 하는 구조이므로 역할갈등(role conflict)이 발생할 가능성이 높고, 명령일원화(unity of command)의 원칙이 지켜지지 않는다.

0759 ①

매트릭스 조직에서는 서로 다른 기능부서에 속해 있는 전문인력들이 프로젝트 관리자가 이끄는 프로젝트에서 함께 일한다. 매트릭스 조직에 속한 개인은 두 명의 상급자(기능부서 관리자, 프로젝트 관리자)로부터 지시를 받으며 보고를 하게 된다. 이러한 매트릭스 조직은 조직 구성원들의 권한 및 책임한계 등이 명확하지 않아 조정이 어려우며 의사결정이 지연될 우려가 있다. 또한 이중보고 체계로 인해 무질서와 혼란, 권력투쟁, 갈등 및 긴장 등이 발생하게 된다. 그리고 매트릭스 조직의 구성원은 기능부서의 상사와 프로젝트 팀장의 지시를 동시에 받게 되므로 명령일원화(unity of command)의 원칙은 지켜지지 않는다.

0760 ③

기능 조직(functional structure)은 기능별 전문화의 원칙에 따라 공통의 전문지식과 기능을 지닌 부서단위로 묶는 조직구조를 의미한다. 생산, 회계, 인사, 영업, 총무 등의 기능을 나누고 각 기능을 담당할 부서단위로 조직된 구조를 말한다.

0761 ③

① '프로젝트 조직'은 특정과제나 목표를 달성하기 위해 구성하는 임시조직이다.
② '기능조직'은 업무내용이나 기능을 유사한 것끼리 묶는 조직형태를 말한다.
④ '사업부 조직'은 동일한 제품이나 지역, 고객, 업무과정을 중심으로 분화하여 만든 조직이다.
⑤ 라인조직은 기능 조직의 다른 형태로 기능을 중심으로 '수직적'으로 조직된다.

0762 ⑤

자원의 효율적인 활용으로 기능부서 내에서 규모의 경제를 기할 수 있다는 것은 기능조직(functional structure)의 장점이다.

0763 ④

명령통일의 원칙 혹은 명령일원화(unity of command)의 원칙이 무시되며, 이중보고체계로 문제가 발생할 가능성이 높은 조직은 매트릭스 조직이다.

0764 ③

'라인스텝조직'이라는 용어는 요즘은 거의 사용하지 않지만, 라인스텝조직은 기능조직(functional structure)과 유사한 조직구조라고 보면 된다. 따라서 가장 기계적이면서 전통적인 조직이라고 볼 수 있다.

0765 ④

④ 네트워크 조직(network organization)은 조직 내부에서 수행하던 기능들을 계약을 통해 외부에서 수행하도록 설계된 조직이다. 즉 조직의 일부기능들을 아웃소싱하는 조직을 말한다.

0766 ⑤

⑤ 사업부 조직(divisional structure)은 제품 라인 내 통합과 조정은 잘 되지만, 제품 라인 간(사업부 간) 통합과 표준화는 어렵다.

0767 ④

④ 네트워크 조직(network organization)은 조직 내에는 꼭 필요한 핵심 기능을 보유하고 그 외의 기능들은 상황에 따라 다른 조직을 활용함으로써 조직의 유연성을 확보하고자 하는 조직구조이다. 즉 핵심기능은 직접 수행하고 비핵심 기능은 아웃소싱을 활용하는 조직을 말한다.

0768 ③

① 다국적 기업의 일반적 조직구조는 개별제품별 사업부가 내수사업과 해외사업을 모두 관장하는 형태의 글로벌 사업부제 조직구조를 취하고 있다.
② 사업부제 조직의 개별사업부는 각각의 사업부 내에 생산, 마케팅, 관리부서들을 갖추고 하나의 작은 회사처럼 독립적으로 운영한다.
③ 사업부 조직은 기능 조직에 비해 사업단위별로 권한과 책임을 부여함으로써, 비교적 시장의 요구에 빠르게 반응할 수 있을 뿐만 아니라, 사업의 성패에 대한 책임소재도 분명히 할 수 있다.
④ 사업부는 자기 완결적 기능단위로서 사업부 내 기능 간 조정이 유리하므로 환경변화에 신축적으로 대응할 수 있으며 산출물별로 운영되기 때문에 다양한 고객만족도를 제고할 수 있다.
⑤ 각 사업부는 자기 완결적 기능단위로서 사업과 관련한 권한이 위임되며, 이에 대해 책임도 져야 한다.

0769 ④

④ 가상 조직(virtual structure)은 지리적으로 떨어져 있고 문화적으로 다양한 사람들을 전자적인 의사소통의 방식(컴퓨터 및 정보통신기술을 이용)으로 연결한 집단을 의미한다.

0770 ⑤

사내 벤처비즈니스는 혁신을 위한 조직설계 방안의 하나로 창조적인 조직구성원이 자유롭게 활동할 수 있도록 기존의 조직절차에 제약을 받지 않도록 별도의 장소와 시설을 사용한다. 마치 대기업에 속해 있는 작은 회사와 같이 창조적인 조직구성원들이 대기업의 관료제로부터 자유롭게 활동할 수 있도록 운영되는 것을 의미한다. 다시 말하면 기업의 지원은 받으면서도 간섭은 받지 않은 매우 자율성이 높은 소규모 팀이라고 보면 된다.

0771 ②

① 위원회 조직(committee organization)은 조직목표의 달성을 위하여 특별한 과업이나 문제를 해결하기 위하여 조직의 일상적인 업무를 수행하는 기구와는 별도로 구성한 전문가 또는 업무관계자들의 활동조직을 의미한다. 조직의 정책결정을 한 사람이 아닌 조직을 구성하는 복수가 참여해 결정하는 것으로 집단결정으로 인해 합리적인 결정을 내릴 수 있는 반면에 일이 지연되고 책임을 전가하기가 쉬운 관계로 책임 소재는 불명확하다.

③ 매트릭스 조직(matrix structure)는 지휘계통의 다원화로 인해 조직원의 소속감 결여, 업무처리 혼선의 야기, 권한과 책임의 한계가 불명확하다.
④ 사업부 조직(divisional structure)은 사업부마다 중복된 부서가 있어 자원의 낭비를 초래하여 규모의 경제 실현이 어렵다.
⑤ 기능 조직(functional structure)은 고객 요구보다 전문화를 더 중시한다.

0772 ①

a. 매트릭스 조직은 전통적 기능조직과 사업부 조직(작게는 프로젝트 조직)이 결합한 형태이다.
b. 매트릭스 조직이 아니라 프로젝트 조직에 관한 설명이다.
c. 매트릭스 조직이 아니라 프로젝트 조직에 관한 설명이다.
d. 기능부서에 소속된 특정 분야의 전문가와 프로젝트 조직을 구성하므로 창의적인 업무 수행이 가능하다.
e. 매트릭스 조직은 명령일원화의 원칙이 적용되지 않는다.

0773 ④

① 기능조직은 조직 내에 하나의 기능을 담당하는 부서가 1개만 존재하므로 각 기능별 규모의 경제를 획득할 수 있다.
② 기능조직은 동일한 기능을 수행하는 종업원들이 같은 부서에 속해있으므로 각 기능별 깊이있는 기술개발이 용이하다.
③ 기능조직은 기계적 조직에 가깝기 때문에 내적 효율성 향상이 가능하다. 하지만 유연성은 매우 낮다.
④ 기능조직은 제품의 가지수가 적은 중소기업에게는 적절하지만 제품의 가지수가 많아지면 적절하지 못한 조직구조이다. 제품의 종류가 많은 조직은 사업부 조직이 적절하다.

0774 ③

① 매트릭스 조직에서 종업원은 최소 2개의 부서에 속하게 되는데 하나는 기능(직능)부서이며 다른 하나는 특정 프로젝트를 수행하기 위해 속하게 되는 부서이다.
② 매트릭스 조직에서 기능부서 통제권한의 계층은 수직적으로 흐르고, 사업부서 간 조정 권한의 계층은 수평적으로 흐르게 된다. 이러한 이중구조에서 조직구성원은 동시에 두 명의 상관에 보고하는 체계를 가지므로, 명령일원화(unity of command)의 원리에 위배되며, 기능적, 사업적 권한 체계의 적절한 균형을 찾는 것이 중요한 문제가 된다. 그러므로 두 상사의 갈등적인 요구를 해결해야 하는 매트릭스 조직의 구성원은 탁월한 인간관계 기술을 필요로 하며, 매트릭스 구조의 상사는 부하에 대해 완전한 통제력을 갖지 못하고, 상사들 간의 대면, 협력, 갈등 등을 조정할 수 있는 관리능력이 요구된다.

③ 매트릭스 조직은 이중적인 보고체계로 인하여 보고담당자가 역할갈등을 느낄 수 있고 업무의 혼선이 생길 수 있다. 즉 한 종업원이 두 명의 상사를 두고 있어 이들로부터 상이한 지시를 받을 경우 혼란이 발생할 수 있다는 단점(명령일원화 원칙에 위배)이 있다.
④ 기능 조직과 프로젝트 조직의 단점은 줄이고 장점을 살린 것이 매트릭스 조직인데 팀 구성원들이 기능조직에서 고유의 업무와 프로젝트 업무를 동시에 진행할 수 있다.

0775 ④
수직적으로 연계된 구조와 사람 및 정보를 중시하고, 자기관리에 의한 통제방식을 주요한 관리수단으로 활용하는 조직은 기능조직(functional structure)이다.

0776 ④
권한과 책임은 동등한 것이 좋기 때문에 팀제라고 하여 책임은 줄이고 권한을 강화하는 것은 바람직하지 않다.

0777 ①
② 시장의 새로운 변화에 유연하게 대처하기 쉽다. 매트릭스조직보다 새로운 변화에 더 유연하게 대처할 수 있는 조직은 수평적 조직(horizontal structure)이나 네트워크 조직(network structure)이다.
③ 기능적 조직과 사업부제 조직을 결합한 형태는 혼합형 조직(hybrid structure)이다.
④ 단일 제품을 생산하는 조직에 적합한 형태는 단순조직(simple structure)이나 기능조직(functional structure)이다.

0778 ②
② 사업부제 조직은 전통적인 기능적 조직구조 및 집단적 조직 형태를 준수하며 사업부 단위를 유연하게 편성할 수 있다. 하지만 각 사업부는 각각 독립적으로 운영되고 사업의 영역 또한 각각 다르기 때문에 각 사업부가 원래 독자적으로 행동하는 구조이다.

0779 ③
③ 사업부 조직은 각 사업부 간에 기능의 중복현상이 발생하여 기능부서 내에서 규모의 경제 효과가 감소하는 단점이 있다.

0780 ③
③ 전문적인 지식과 기술의 축적이 용이한 것은 기능별 조직(기능조직)이다.

0781 ④
사업부 조직은 생산하는 제품의 수와 참가하고 있는 시장의 수가 많아짐에 따라 제품이나 시장 또는 지역을 기초로 분류된 조직 형태가 출현하는 것이다. 특정 제품에 관련되는 경영활동은 대부분 해당 사업부문의 책임자에 의해 이루어지기 때문에 사업부의 책임자는 대부분의 권한을 보유하고 행사하게 된다. 사업부 조직은 기능 조직에 비해 사업단위별로 권한과 책임을 부여함으로써, 비교적 시장의 요구에 빠르게 반응할 수 있을 뿐만 아니라, 사업의 성패에 대한 책임소재도 분명히 할 수 있다.

0782 ③
③ 업무수행에 있어 유사한 기술이나 지식이 요구되는 활동을 토대로 조직을 부문화 시킨 것으로 내적 효율성을 기할 수 있는 것은 기능조직(functional structure)이다. 라인조직은 조직목표 달성과 직접적인 관련이 있는 부서나 직위를 의미한다.

0783 ②
② 라인스탭 조직(line and staff organization)은 기업목표의 달성에 있어 필요로 하는 핵심적인 활동을 실행하는 라인 조직에 전문적인 지식 또는 기술 등을 가지고 라인의 활동을 도와주는 형태의 스탭을 결합한 조직을 말하는데 요즘은 잘 사용하지 않는 용어이다. 구성원이 두 개 이상의 공식적인 집단에 동시에 속하는 것은 매트릭스 조직(matrix structure)이다.

0784 ①
② 네트워크 조직은 환경 변화에 유연하게 대응할 수 있고, 고정비 부담도 작다.
③ 사업부 조직은 기능부서에서 규모의 경제효과가 작아지는 단점이 있다.
④ 기능조직은 제품 종류가 다수보다 소수인 경우에 효과적이다.

0785 ③
③ 라인-스태프 조직(line and staff organization)은 라인 조직을 기본으로 하면서 스텝의 기능이 부가되어 있는 조직 형태'로서 다른 말로 직계참모조직이라고도 한다. 이러한 조직 형태는 전문적 지식이나 기술을 가진 사람들이 참모로서 라인 활동에 대해 조언 내지 권고를 하는 데 있다. 따라서 이 조직에서 지휘•명령의 권한은 라인 계통의 경영자나 관리자에게 있으며, 스태프(참모)는 기획, 조사, 연구 부문 등에서 라인 활동에 대하여 조언이나 권고의 권한을 갖게 된다.

0786 ⑤
네트워크 조직(network organization)은 내부의 여러 기능들을 없애버리고 공급업체들과의 계약을 활용하여 기업에 필요한 자원과 서비스를 조달한다. 이렇게 구매(buy)가 자체 생산(make)보다 더 효율적인 방안이 되기도 하는 것은 근래 전자상거래의 확산과 정보기술의 발전으로 시장에서의 거래비용이 점차 낮아지고 있는데 기인한다.

0787 ①
① 수직적 위계질서가 강조되는 조직구조의 특징이다.

0788 ①

ㄱ. 기능조직은 부서간 의사소통 채널이 미비되어 있어 부서 간 수평적 조정이 약하다는 약점이 있다.
ㄴ. 기능조직은 특정 분야에 대한 깊이 있는 지식과 기술개발이 가능하다.
ㄷ. 기능조직은 수평적 조정이 약해서 환경변화에 대한 반응이 느리다는 약점이 있다.
ㄹ. 빈번한 회의와 갈등 조정 과정으로 인해 많은 시간이 소요되는 것은 매트릭스 조직(matrix structure)이다.

0789 ①

안정적 환경에서 효율성을 높이기 위한 기계적 구조는 과업의 분화(전문화) 수준이 높으나, 불안정한 환경에서 유연성을 높이기 위한 유기적 구조는 과업의 분화 수준이 상대적으로 낮다.

0790 ⑤

① 기계적 조직은 직무 전문화가 높고, 유기적 조직은 직무 전문화가 낮다.
② 기계적 조직은 의사결정 권한이 집권화되어 있고, 유기적 조직은 의사결정 권한이 분권화되어 있다.
③ 기계적 조직은 안정적이고 단순한 환경에 적합하며, 유기적 조직은 동태적이고 복잡한 환경에 적합하다.
④ 기계적 조직은 통제범위가 좁고, 유기적 조직은 통제범위가 넓다.

0791 ②

기계적 조직은 공식화 정도가 높은 반면, 유기적 조직은 낮다.

0792 ④

비공식적 커뮤니케이션이 많은 것은 유기적 조직의 특징이다.

0793 ②

② 많은 규칙은 기계적 조직의 특징이다.

0794 ③

유기적 조직은 업무의 분업화 정도 즉 전문화(specialization) 정도가 낮다.

0795 ④

고객의 욕구 및 환경이 안정적이고 예측가능성이 높은 경우에는 효율성이 높은 기계적 조직이 효과적이다.

0796 ③

③ 기계적 구조가 유기적 구조보다 분화(전문화)는 높고 분권화는 낮은 특성을 보인다.

0797 ⑤

① 유기적 조직에서는 분권화 수준이 높기 때문에 종업원들에게 높은 전문성이 요구된다.
② 유기적 조직의 권한위양(위임)은 많이 이루어지는 편이며 업무간의 조정은 비공식적으로 개인적인 융통성의 폭이 크다.
③ 유기적 조직은 직무 전문화나 부문화의 수준이 낮고 계층이 감소함에 따라 수평적인 팀의 구성을 활용한다. 따라서 통제 범위가 넓고 의사결정이 분권화되면서 조직원들도 원활한 소통을 통해 환경 변화에 탄력적으로 대응할 수 있다.
④ 유기적 조직의 의사소통은 수평적으로 이루어지며 학습 능력을 높이기 위해 고객, 공급자 때로는 경쟁자들과도 의사소통을 하기도 한다. 또한 환경변화에 빠르게 대응하기 위해 정보는 계층적으로 그리고 전 부서에 걸쳐 모든 방향으로 흐를 수 있도록 한다.
⑤ 기계적 조직은 부서 간 업무가 상당히 독립적이고 관리의 폭이 좁은 반면에, 유기적 조직에서의 부서 간 업무는 상당히 상호의존적이며, 관리의 폭이 넓다.

0798 ②

조직설계 시 영향을 미치는 요인 혹은 조직설계에 고려해야 하는 요인은 전략, 규모, 기술, 환경이다.

0799 ⑤

마일즈와 스노우는 prospector(공격형), defender(방어형), analyzer(분석형)로 전략을 구분하였다.

0800 ④

마일즈(R. Miles)와 스노우(C. Snow)의 4가지 전략 유형은 방어형(defender), 공격형(=탐색형 prospector), 분석형(analyzer), 반응형(reactor)으로 구분된다.

0801 ④

④ 공격형 전략: 유기적 조직이 적합
⑤ 방어형 전략: 기계적 조직이 적합

0802 ⑤

① 우드워드(J. Woodward)의 기술분류 기준이다.
② 페로(C. Perrow)의 기술분류 기준이다.
④ 페로(C. Perrow)의 기술분류 기준이다.
⑤ 톰슨(J. D. Thompson)은 '상호의존성' 정도에 따라 기술을 분류하였다.

0803 ③

페로우는 문제의 분석가능성(problem analyzability)과 과업의 다양성(task variability)을 두 축으로 기술을 일상적(routine), 공학적(engineering), 장인(craft), 비일상적(non-routine) 기술로 분류하였다.

0804 ③

ㄴ. 페로우(C. Perrow)는 부서수준의 기술을 문제의 분석 가능성(problem analyzability)과 과업의 다양성(task variability)의 고저를 기준으로 일상적, 비일상적, 공학적, 장인 기술의 4가지로 구분하였다. 여기서 과업의 다양성은 예외적인 사건의 정도를 의미하며, 문제의 분석 가능성은 업무처리가 표준화된 절차에 의해 수행되는 정도를 의미한다.

ㄱ. 기술복잡성(technological complexity)은 우드워드(J. Woodward)의 연구에서 사용된 기술 분류 기준이다.

ㄷ. 상호의존성(interdependence)은 톰슨의 연구에서 사용된 기준이다.

ㄹ. 과업정체성(task identity)은 핵크만과 올드햄의 직무특성이론의 5가지 핵심직무특성 가운데 하나이다. 과업정체성은 업무내용이 시작부터 끝까지 전체에 관한 것인지 아니면 일부에만 관여하도록 되어 있는지에 관한 것을 의미한다.

0805 ③

① 일상적 기술: 문제의 분석가능성은 높고 과업의 다양성은 낮음
② 비일상적 기술: 문제의 분석가능성은 낮고 과업의 다양성은 높음
③ 장인 기술: 문제의 분석가능성과 과업의 다양성 모두 낮음
④ 공학 기술: 문제의 분석가능성과 과업의 다양성 모두 높음

0806 ⑤

⑤ 경계연결(boundary spanning) 혹은 경계역할이란 외부환경의 핵심요소들과 조직을 연결하고 조정하는 것을 말한다. 경계역할은 주로 정보 교환을 통해 이루어진다. 구체적으로는 외부환경의 변화를 파악하고 필요한 정보를 수집하거나, 조직에게 유리한 방향으로 외부환경에게 정보를 제공하는 두가지 방법으로 이루어진다. 조직은 외부환경에서 무슨 일이 일어나고 있는지 항상 추적하고 있어야 한다. 시장의 변화 또는 다른 발전이 있을 경우에 경영자가 신속하게 대응하기 위해서이다.

0807 ②

경영자가 자원을 획득하고 유지할 수 있는 능력을 조직생존의 핵심 요인으로 파악하는 자원의존이론(RDT: resource dependence theory)이다.

0808 ②

③ 자원의존 이론: 조직의 생존에 필요한 자원확보의 중요성을 강조한 이론으로 특정 조직에 대한 의존도를 낮추는 것을 강조한다.
④ 조직군생태학 이론: 조직의 생존을 환경적응보다는 환경의 선택에 달려있다고 보는 이론
⑤ 협력적 네트워크 이론: 자원의존 이론과는 달리 조직의 생존을 위해서는 기업 간 협력관계를 강화하는 것이 중요하다고 보는 이론

0809 ②

외부환경에 의존하지 않고 자율성과 독립성을 유지하는 것을 강조하는 것은 자원의존이론이다.

0810 ④

① 자원의존이론(resource dependence theory)은 조직이 중요한 자원을 공급받기 위하여 환경에 의존할 수 밖에 없다는 사실을 강조한다. 조직은 가능한 환경에 대한 의존도를 최소화하고, 자율성과 독립성을 유지하기 위해 환경에 압력을 행사한다. 또한, 조직의 성공은 독립성과 자율성 확보를 통해서 가능하다고 본다.

② 제도화 이론(Institutionalism)은 조직이 생존하기 위해서는 효율적인 생산을 하는 것 이상으로 이해관계자로부터 정당성을 획득하는 것이 중요하다고 주장한다. 또한, 조직은 외부 이해관계자를 만족시키기 위해서 조직구조와 과정을 선택하며, 조직의 활동에 대한 외부 이해관계자의 기대는 조직에게 일종의 규칙으로 여겨진다.

③ 학습조직 이론(Learning Organization theory)은 지속적으로 변화하고 적응할 수 있는 능력을 가지고 있는 조직이다. 개인이 학습을 하는 것처럼 조직 역시 학습한다.

⑤ 거래비용 이론(transaction cost theory)은 어떠한 재화 또는 서비스 등을 거래하는 데 수반되는 비용이다. 다른 말로 하면, 시장에 참여하기 위해 드는 비용이라 할 수 있다. 즉, 윌리엄슨(Oliver E. Williamson)은 거래 과정에서 발생하는 재화와 용역의 가격을 제외한 모든 비용을 총칭하여 거래비용이라고 규정하면서, 시장에서 기업과 기업 사이에서 뿐만 아니라 기업 내부에서 한 부서로부터 다른 부서로 재화나 용역이 이동할 때에도 거래비용이 발생하게 된다고 보았다. 보다 구체적으로 거래비용(transaction cost)이란 상품의 거래에 통상적으로 지불되는 화폐적 비용과는 별도로 경제적 거래를 수행하는데 발생하는 비화폐적 비용을 포함한다.

0811 ②

버나드(C. Barnard)는 조직을 협동시스템(cooperative system, 협동체계)이라고 칭했다. 여기서 말하는 '협동시스템'이 의미하는 바는 2가지인데, 첫째는 조직이란 협동 즉 조직 내 여러 개인들의 공헌이 통합으로 구성된다는 것을 의미하고, 둘째는 조직이 개방시스템이라는 것을 의미한다.

① 조직은 시스템이기 때문에 시스템을 구성하는 여러 하부시스템(subsystem)과 상부시스템(suprasystem)들로 구성된다.

② 조직의 구성원은 경제적 보상을 최대화하기 위하여 생산을 극대화시킨다는 것은 버나드의 견해가 아니라 테일러의 견해이다. 버나드는 조직이 유지되기 위해서는 조직구성원의 공헌과 보상은 그 크기가 비슷해야 한다고 주장했다. 즉 개인이 조직에 기여하는 공헌(contribution)과 조직이 개인에게 주는 유인(inducement)이 비슷하거나 공헌보다 유인이 더 커야 조직이 존속할 수 있다고 주장했다.

0811

③ 버나드의 관점에서 조직은 시스템이므로 조직은 외부환경(투자자, 협력업체, 소비자)과도 좋은 관계를 유지해야 한다.

④ 버나드는 관리자는 그들의 책임의 정도에 비례하여 조직으로부터 권한을 부여받는다는 고전적 개념(권한의 하향적 속성)과는 달리 조직의 명령, 즉 관리자의 권한은 구성원이 수용할 때 공헌으로 이어진다고 주장하였다.

⑤ 조직 구성원들은 서로 상호작용하면서 협동한다. 이것이 바로 협동시스템이다.

0812 ②

② 제도화(instituitionalism) 이론에서 말하는 동형화는 기업을 둘러싸고 있는 여러 이해관계자들로부터 정당성을 획득하기 위해 다른 조직들과 조직운영 방법이나 조직구조가 유사해지는 것을 의미한다.

0813 ⑤

Mintzberg가 주장한 조직의 5가지 부문은 최고경영층·전략경영 부문(Strategic apex), 일반지원 부문(Supporting staff), 중간계층 부문(Middle line), 전문·기술지원 부문(Technostructure) 그리고 핵심운영부분(Operating core)이다.

0814 ③

민쯔버그(H. Mintzberg)가 제시한 조직구조 설계에 있어서의 기본 부문(basic parts)은 전략부문(strategic apex), 중간라인부문(middle line), 핵심운영부문(operating core), 기술전문가부문(technostructure), 지원 스탭 부문(support staff)이다.

0815 ①

민츠버그(H. Mintzberg)의 5가지 조직유형은 다음과 같다.
- 단순구조(simple structure)는 전략 부문이 지배하는 구조로써 소규모 기업에 적합한 조직구조이다.
- 기계적 관료제(machine bureaucracy)는 기술전문가 부문이 지배하는 구조로써 안정적인 환경에 처한 조직에 적합하다.
- 전문적 관료제(professional bureaucracy)는 핵심 운영 부문이 지배하는 구조로써 전문 인력에 의해 주도되는 조직에 적합하다.
- 사업부 조직(divisional structure)은 중간라인 부문이 지배하는 구조로써 민간 대기업에 가장 적합하다.
- 애드호크래시(adhocracy)는 지원 스탭이 지배하는 구조로써 환경이 복잡하고 동태적일 때 적합하다.

0816 ②

조직수명주기는 창업 단계(entrepreneurial stage) → 집단공동체 단계(collectivity stage) → 공식화 단계(formalization stage) → 정교화 단계(elaboration stage) 순이다.

0817 ③

퀸과 카메론(Quinn & Cameron)이 제시한 조직 수명주기 단계는 다음과 같다.
① 창업 단계(entrepreneurial stage) : 조직의 초기 단계로 제품의 창출과 시장에서의 생존에 초점이 맞추어지는 단계이다.
② 집단공동체 단계(collectivity stage) : 조직이 강력한 리더십을 갖게 되고, 명확한 목표와 방향을 개발하기 시작하는 단계이다.
③ 공식화 단계(formalization stage) : 규칙, 절차, 통제시스템의 구축에 매진하는 단계이다.
④ 정교화 단계(elaboration stage) : 조직의 지나친 경직성을 팀워크나 수평적 조정을 통하여 해결하는 단계이다.

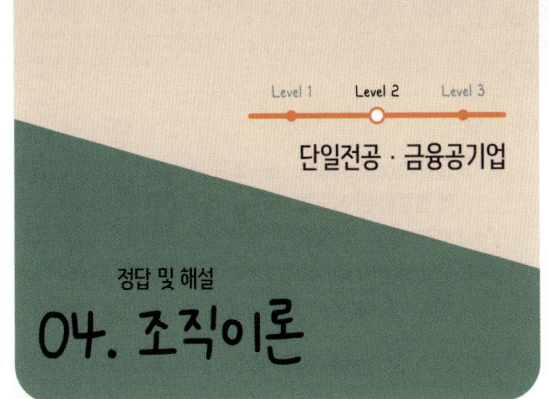

정답 및 해설
04. 조직이론

0818 ③

조직이론은 폐쇄-합리, 폐쇄-사회, 개방-합리, 개방-사회 순으로 발전하였다. a는 인간관계론으로 폐쇄-사회 체계이론에 해당한다. b는 과학적 관리법이나 관료제를 의미하며 폐쇄-합리 체계이론이다. c는 자원의존이론을 의미하며, 개방-사회 체계에 속한다. d는 상황적합이론은 개방-합리 체계에 속한다. 만약 조직이론의 4가지 분류가 이해하기 어렵다면 경영학 이론의 발전 순으로 이해해도 무방하다.

0819 ⑤

a. 제한된 합리성(bounded rationality)은 사이먼(M.A. Simon)의 견해이다.

0820 ①

① 통제의 범위(span of control)는 한 사람의 경영자가 직접 감독할 수 있는 종업원 수에 대한 한계를 의미한다. 통제의 범위가 너무 넓으면 철저한 감독이 어렵고, 반대로 통제의 범위가 너무 좁으면 철저한 감독은 되지만, 상급자의 수가 많아지게 되어 많은 비용이 소요될 수 있다. 최근 추세는 통제의 범위를 다소 넓게 가져가는 경향을 보인다.

② 부문별 조직(divisional structure) 혹은 사업부 조직은 시장과 고객의 요구에 대응할 수 있으나 각 사업부별로 각각의 시설을 보유해야 하므로 사업부 내에서 규모의 경제를 달성하기가 쉽지 않다. 하지만 기능조직(functional structure)은 사업부별로 시설을 분리하기 보다는 조직 내 하나의 시설로 통합하기 때문에 기능부서 내에서 규모의 경제효과를 얻을 수 있다.

③ 집권화(centralization)란 조직에서 의사결정권한이 조직 내 특정 부서나 개인에게 집중되어 있는 정도를 말한다. 이와는 반대로 하위층 구성원들이 더 많은 정보와 자료를 제공하거나 의사결정 재량권이 이들에게 실질적으로 주어졌을 경우에는 분권화(decentralization)되어 있다고 말한다.

④ 기능별 조직(functional structure)은 기능별 전문성을 확보할 수 있으나, 기능을 담당하는 부서별로 조직화되어 있기 때문에 기능부서들 간의 조정이 어렵고 이에 따라 시장의 변화에 즉각적으로 대응하기가 쉽지 않다. 이런 문제를 해결하기 위해서는 기능조직 내에 별도의 수평적 정보공유 메커니즘 즉, 수평적 정보시스템, 부서 간 직접접촉, 태스크포스(taskforce). 전임통합자(full time integrator), 프로젝트팀 등을 활용할 필요가 있다.

⑤ 매트릭스 조직(matrix structure)은 프로젝트별로 필요한 인력을 기능별 조직으로부터 배정하는 형태이다. 이 때문에 매트릭스 조직의 조직원들은 최소한 두 개의 부서에 속하게 되므로 이중적인 보고체계로 인하여 명령일원화(unity of command)의 원칙이 지켜지지 않으며, 보고담당자가 역할갈등(role conflict)을 느낄 수 있고 업무에 혼선이 생길 수 있다.

0821 ⑤

⑤ 많은 종류의 제품을 생산하는 대규모 조직에 적합한 조직구조는 사업부 조직(divisional structure)이다. 매트릭스 조직은 프로젝트 형태의 과업을 수행하는 중규모 조직에 적합하다.

0822 ③

③ 제품이나 서비스의 수가 많아질수록 기능조직(functional structure)보다는 사업부 조직(divisional structure)이 더 적합하다. (Chandler의 연구)

0823 ①

① 유기적 조직(organic organization)은 공식화(formalization) 정도가 낮다. 더불어 전문화와 집권화도 낮다.

0824 ④

④ 매트릭스 구조(matrix structure)는 한 사람이 동시에 두 가지 역할을 맡고 있어 역할갈등(role conflict)이 발생할 가능성이 높다.

0825 ④

④ 매트릭스 조직에서는 모든 구성원의 상사가 2명이므로 명령일원화(unity of command)의 원칙이 지켜지지 않는다.

0826 ⑤

a. 기능별 구조(functional structure)에서는 수평적 정보공유(의사소통) 메커니즘이 없는 조직이므로 기능부서 간 협력과 의사소통이 원활하지 못하다는 단점을 가지고 있다. 반면 사업부 조직(divisional structure)은 사업부의 본부장을 통해 사업부 내의 기능부서 간 활동의 조정과 협력이 원활하다는 장점이 있다.

b. 글로벌기업 한국지사의 영업담당 팀장이 한국지사장과 본사 영업담당 임원에게 동시에 보고하는 체계는 매트릭스 조직(matrix organization)의 특징을 보여준다. 예를 들어, 본사의 조직이 한 축은 기능별, 다른 한 축은 지역별로 구분된 매트릭스 조직일 때, 한국지사의 영업팀장은 본사의 영업담당 임원의 부하이면서 동시에 한국지사장의 부하이므로 두 사람에게 동시에 보고해야 한다. 이렇게 상사가 2명일 경우 명령일원화(unity of command)의 원칙이 지켜지지 않는다.

c. 단순 구조(simple structure)는 매우 작은 규모의 조직에 적합한 조직구조이다. 이 조직은 수평적 분화(부서나 직무의 수)와 수직적 분화(수직적 계층의 수)도 낮고, 조직이 작기 때문에 업무의 표준화 정도를 의미하는 공식화(formalization) 정도도 낮다.

0827 ⑤

① 복합적이고 거시적 개념인 조직문화는 단일요인에 의해 형성되는 것이 아니라, 여러 요인이 복합적으로 작용하여 형성된다. 딜과 케네디(Deal & Kennedy)는 조직 문화의 형성에 작용하는 중요한 요소로서 환경, 기본가치, 중심인물, 의례와 의식, 그리고 문화망을 들고 있다. 샤인(Schein)은 이와는 달리 조직구성원과 전체 조직행동에 영향을 주는 의식체계를 중심으로 조직문화의 구성요소(기본가정, 가치관, 인공물과 창작물)와 이들 요소 간의 상호관계를 설명하고 있다.

② 조직사회화(socialization)란 조직생활에 필요한 요령을 익혀 나가고 조직에 중요한 것들을 실제로 중요하다고 인식하게끔 학습하고 훈련하는 과정이다. 조직사회화가 완료되면 신입 조직구성원들은 조직과 자신이 속한 과업집단의 규범을 이해하고 받아들이게 되며, 동료들이 자신을 믿을 만하고 가치 있는 사람이라고 여긴다고 느끼며, 업무를 성공적으로 수행할 수 있다는 자신감을 갖게 된다. 또한 자기 자신의 과업뿐만 아니라 규칙, 절차, 그리고 비공식적으로 통용되는 관행까지도 이해하게 되며, 성과평가를 위해 어떤 기준이 사용될 것인지 이해하게 된다. 따라서 조직사회화는 조직문화를 정착시키기 위해 조직에서 활용되는 핵심 매커니즘으로 새로운 구성원을 내부 구성원으로 변화시키는 활동이라 말할 수 있다.

③ 불안정한 환경에서 '유연성'을 강조하는 유기적 조직에서는 전문화, 공식화, 집권화 수준이 모두 낮기 때문에 일을 스스로 알아서 해야 하므로 실력과 능력이 존중되고 조직체에 대한 자발적 몰입이 중요시 된다. 반면 안정적인 환경에서 '효율성'을 강조하는 기계적 조직에서는 전문화, 공식화, 집권화 수준이 모두 높기 때문에 자율성보다는 수직적 위계에 따른 통제가 강조된다.

④ 강한 조직문화란 조직의 핵심가치가 강하게 그리고 널리 공유되고 있는 조직문화를 의미한다. 문화가 강하면 조직문화 자체가 구조가 되고 규정이 되어 저절로 구성원들을 관리한다. 문화가 강하다면 모두 거기에 따를 것이므로 개별적으로 통제나 관리를 할 필요도 없고 별도의 행동지침이나 내규를 만들어서 제시할 필요도 없다. 강한 조직문화는 응집력과 충성심과, 조직몰입을 가져오며, 이것은 다시 이직률의 감소로 이어진다.

⑤ 집권적 조직(기계적 조직)은 기능중심의 전문성 확대와 일관성 있는 통제를 통하여 조직의 능률과 합리성을 증대시킬 수 있다. 반면 분권적 조직(유기적 조직)은 권한위양을 통하여 결과에 대한 책임을 부여하고, 자율적인 의사결정을 통하여 자발적이고 적극적인 성취 동기를 유발시킴으로써 조직구성원들의 만족감을 높이고 조직의 성과도 높일 수 있다.

0828 ①

① 집권화(centralization)란 조직 내 의사결정권이 상층부에 집중화 된 정도를 의미하는데 환경이 안정적이라면 의사결정권을 집권화하는 것이 필요하겠지만 반대로 조직이 변화하는 외부상황에 적절하고 신속하게 대처하기 위해서는 집권화보다는 분권화(decentralization)가 더 필요하다.

② 조직변화(organizational change)란 조직의 적응수준을 변화시키고, 종업원의 행동을 변화시켜서 조직의 능률을 제고시켜 조직을 존속, 성장, 발전시키려 하는 과정이다. 일반적으로 조직변화는 계획적 조직변화를 말하며, 이 경우 구성원의 만족과 성과 등을 포함하는 조직유효성을 높이기 위해 조직의 구조, 과정, 인간 등 전반에 걸쳐 의식적이고 계획적으로 이루어지는 조직변화전략을 뜻한다. 조직변화는 조직 내 개인이나 집단의 변화, 그리고 조직 차원의 포괄적 변화 등으로 구분된다. 개인의 변화란 조직구성원 개인의 행동, 가치관, 몰입, 만족도 등의 변화를 목표로 하며 집단의 변화란 집단의 과정손실을 최소화하고 집단활동에서 얻게 되는 여러 가지 장점들을 최대한 활용하는 것을 목표로 한다. 조직변화는 조직 내·외적인 변화의 압력을 고려하여 한 개체로서 조직의 생존력을 높이려는 것으로서 개인이나 집단의 변화까지를 포함한다.

③ 기계적 구조는 저원가전략(cost-minimization strategy)을 추구하는 조직에 적합하고 유기적 구조는 차별화전략(differentiation strategy)을 추구하는 조직에 적합하다.

⑤ 부문별 구조(divisional structure) 혹은 사업부 조직은 조직의 규모는 크지만 사업부별로 분권화된 의사결정이 이루어지므로 기능별 구조(functional structure) 혹은 기능조직보다 고객과 시장의 요구에 더 빨리 대응할 수 있다.

0829 ④

④ 기능 조직(functional structure)은 전문화 수준이 높고, 엄격한 부서화 등의 특성을 갖고 있기 때문에 기계적 조직(mechanistic organization)의 특성에 가깝다.

0830 ④

조직구조 설계 시 고려되는 상황요소는 전략, 규모, 기술, 환경 등이다. 나머지 분화(differentiation), 공식화(formalization), 집권화(centralization)는 조직구조를 설명할 때 사용하는 변수들이다.

0831 ⑤

① 맞는 보기. 레윈(Kurt Lewin)은 장이론을 통하여 모든 수준의 변화 즉 개인의 태도, 집단 및 조직 등의 변화에 전반적으로 적용될 수 있는 3단계 모델을 제시하였다. 그의 주장에 따르면 이 변화는 해빙(unfreezing), 변화(changing), 재동결(refreezing)의 단계를 거쳐 발생한다.

② 맞는 보기. 베버(Weber)가 주장한 이상적인 관료제(bureaucracy)는 대규모 조직을 효율적으로 운영하기 위한 원리를 의미하는데, 관료제는 분업, 권한계층, 공식적 채용, 비인간성, 경력지향, 문서화의 특징을 갖고 있다. 이러한 관료제의 원리들이 조직에 주입되면 조직구조는 기계적(mechanistic) 조직에 가깝게 된다.

③ 맞는 보기. 페로우(Perrow)는 문제의 분석 가능성(problem analyzability)과 과업 다양성(task variability)이라는 두 가지 차원을 이용하여 부서 수준의 기술을 장인(craft) 기술, 비일상적(nonroutine) 기술, 일상적(routine) 기술, 공학적(engineering) 기술로 구분한다.

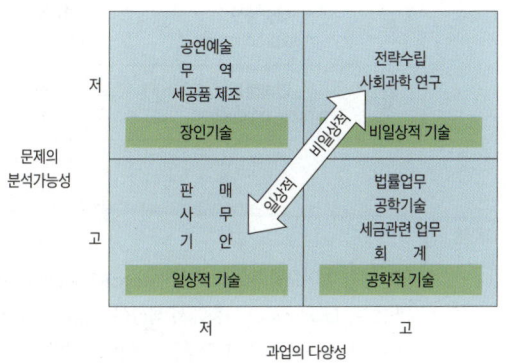

④ 맞는 보기. 민쯔버그(Minzberg)가 제시한 조직의 5대 구성요인은 전략 부문(strategic apex), 중간라인 부문(middle line), 핵심운영 부문(operating core), 기술전문가 부문(technostructure), 지원스탭 부문(support staff)이다. <아래 그림 참조>

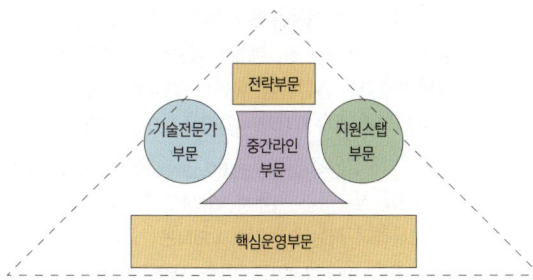

⑤ 챈들러(Chandler)는 전략과 조직구조간의 관계를 설명했는데 이를 위해 그가 제시한 명제는 '구조는 전략을 따른다(structure follows strategy)'이다. 즉 조직구조가 전략에 영향을 미치는 것이 아니라 전략이 조직구조에 영향을 미친다는 것이다.

0832 ⑤

① 우드워드(Woodward)의 기술분류에 따르면 기술복잡성(technological complexity)이 저, 중, 고로 높아질 때 각각에 적합한 조직구조는 순서대로 유기적, 기계적, 유기적 구조이다.

② 조직의 과업다양성이 높을수록 조직의 전반적인 구조는 더욱 유기적인 것이 바람직하다.

③ 조직이 과업을 수행함에 있어 당면할 수 있는 상호의존성이 높을수록 수평적 의사소통이 중요해진다.

④ 중개형 기술(mediating technology)을 사용하는 조직에서는 부서 간의 활동을 조정하기 위해 과업과 행동을 표준화하는 것이 바람직하다.

⑤ 유연생산기술(FMT 혹은 FMS)이란 소품종 대량생산의 생산성과 다품종 소량생산의 유연성을 동시에 추구하는 기술을 의미한다. 유연생산기술에 사용되는 기계는 컴퓨터로 제어되어, 설계를 쉽게 변경할 수 있어 생산성 손실을 최소화하면서, 다양한 제품을 처리하는 것이 가능하다. 따라서 유연생산기술을 사용하는 조직은 다양한 제품을 모두 취급할 수 있는 숙련된 종업원이 요구되므로, 좁은 통제의 범위, 적은 권한 계층, 비반복적 과업, 전문화의 정도가 낮으며, 집권화 또한 낮아 전반적으로 유기적(organic) 조직에 가까운 특징을 보인다.

0833 ④

상호의존성의 정도와 의사소통의 요구정도는 비례한다. 따라서 의사소통 요구정도는 교호적-순차적-집합적 순으로 낮아진다.

0834 ④

① 부문화는 관련이 있는 과업들과 활동들이 조정될 수 있도록 직무를 집단화하는 것이다.

② 공식화는 과업수행에 관련된 행동을 표준화시키는 것이다.

③ 조직구조가 생산기술에 영향을 미치는 것이 아니라 조직이 사용하는 생산기술(technology)이 조직구조에 영향을 미치며, 이들의 적합성(fit) 여부에 따라 조직의 성과가 달라진다.

⑤ 혁신의 양면성 모형은 새로운 아이디어를 탐색하고, 개발하는 부서는 유기적 구조로 설계하고, 혁신을 실행하는 부서는 기계적인 구조로 설계하는 것이다.

0835 ⑤

⑤ 톰슨은 상호의존성의 정도를 교호적(reciprocal), 순차적(sequential), 집합적(pooled) 상호의존성으로 구분하였다.

0836 ⑤

① 기술복잡성에 따라서 우드워드(Woodward)는 생산기술을 3가지로 분류하였는데 이는 크게 단위소량생산기술(unit), 대량생산기술(mass), 연속공정생산기술(process)로 구분된다.

② 우드워드(Woodward)에 따르면 단위소량생산기술(unit)을 사용하는 조직은 전반적으로 유기적 조직구조를 가지는 반면, 대량생산기술(mass)을 가진 조직은 전반적으로 기계적 조직구조를 가진다.

③ 페로(Perrow)는 과업의 다양성(task variability)과 문제의 분석가능성(problem analyzability)에 따라서 부서단위의 기술을 분류하였다.

④ 페로(Perrow)에 따르면 일상적기술(routine technology)을 가진 부서는 공학적 기술(engineering technology)을 가진 부서에 비하여 공식화와 집권화의 정도가 상대적으로 높다.

0837 ②

①④⑤ 페로(Perrow)의 기술분류에 따르면, 장인(craft)기술을 사용하는 부서는 과업의 다양성이 낮으며 발생하는 문제가 비일상적이고 문제의 분석가능성이 낮다. 공학적(engineering) 기술을 사용하는 부서는 과업의 다양성이 높고 잘 짜여진 공식과 기법에 의해서 문제의 분석가능성이 높다. 그리고 비일상적(nonroutine) 기술을 사용하는 부서는 과업의 다양성이 높고 문제의 분석가능성이 낮다.

페로의 기술분류

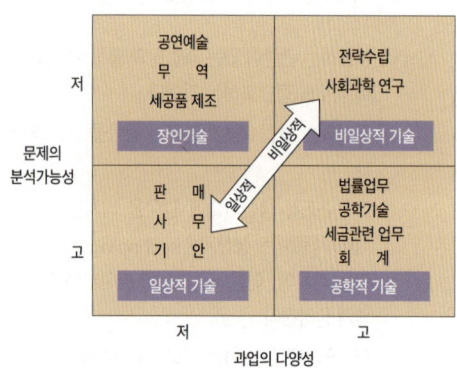

② 톰슨(Thompson)에 따르면 교호적(reciprocal) 상호의존성은 집약형 기술을 사용하여 부서 간 상호조정의 필요성이 높고 표준화, 규정, 절차보다는 팀워크가 중요하다. 톰슨(Thompson)의 연구를 요약하면 다음과 같다.

상호의존성에 따른 기술분류

상호의존성		수평적 의사소통 필요성	조정형태	기술분류
저	집합적 pooled	저	표준화, 규칙, 절차	중개형 mediating
중	순차적 sequential	중	계획, 스케줄, 피드백	연속형 long-linked
고	교호적 reciprocal	고	상호조정, 부서 간 회의, 팀워크	집약형 intensive

③ 우드워드(Woodward)는 기술복잡성에 따라 기술을 3가지로 분류하였다. 이 분류에 따르면 연속공정생산기술은 산출물에 대한 예측가능성이 높고 기술의 복잡성이 높다.

기술복잡성	기술	→	조직구조
저	단위소량생산 unit production	→	유기적 organic
중	대량생산 mass production	→	기계적 mechanistic
고	연속생산 process production	→	유기적 organic

0838 ③

① 맞는 보기. 메이요와 뢰슬리스버거(Mayo&Roethlisberger)의 호손(Hawthorne) 실험에서 생산성은 임금, 작업시간, 노동시간 등 물적·인적 제조건 외에도 인간의 심리적·정서적 요인에 의해서도 영향을 받는다는 것을 발견하였다. 따라서 호손실험은 조직 내 비공식 조직(informal group)과 생산성 간의 관계 및 인간관계와 생산성 간의 관계를 설명한다.

② 맞는 보기. 통제의 범위(span of control)는 한 감독자가 관리해야 하는 부하의 수를 의미한다. 효율성을 강조하는 고전이론에서는 통제를 완벽하게 하기 위해 좁은 통제의 범위를 선호했으나 최근에는 비용절감, 신속한 의사결정, 종업원에 대한 권한위임, 유연성 강화 등을 위해 통제의 범위를 다소 넓게 가져가는 경향을 보이고 있다.

③ 자원기반관점(resource-based view)에서 기업은 경쟁우위를 창출하기 위해서 VRIN한 특성을 갖는 자원을 보유해야 하는데 여기서 VRIN은 기업이 보유한 자원이 가치(valuable)있고, 희소(rare)하며, 모방 불가능(inimitable)하며, 대체 불가능(non-substitutable)해야 하는 것을 의미한다. 보통 이런 특징을 갖는 자원을 핵심역량(core competence)이라 한다.

④ 맞는 보기. 로렌스와 로쉬(Lawrence & Lorsch)의 연구에 의하면, 기업은 경영환경이 복잡하고 불확실할수록 조직구조를 차별화(differentiation) 한다. 여기서 차별화(혹은 분화)는 기능적으로 서로 다른 부서 간 공식적 구조가 차이가 난다는 것을 의미한다. 즉 환경 불확실성이 높

아지면 조직 내 각각의 부서는 서로 처한 환경이 다르기 때문에 각각의 환경에 효과적으로 대처하기 위해 부서 간 차별화 정도가 높아지며, 이 때문에 차별화된 부서를 통합(integration)하기 위한 노력도 많아지게 된다.

⑤ 맞는 보기. 홉스테드(Hofstede)의 국가 간 문화차이 비교 기준은 1. 개인주의와 집단주의 2. 남성문화와 여성문화 3. 장기성향과 단기성향 4. 불확실성 회피성향 5. 권력격차(혹은 권력간 거리)인데 이 중 권력간 거리(power distance)는 사회에 존재하는 권력의 불균형에 대해 구성원들이 받아들이는 정도를 의미한다.

0839 ②

② 조직의 중간라인부문은 '분권화'를 추구하는 힘을 행사하고, 이 힘은 '산출물의 표준화'에 의한 조정으로 발휘된다. 반면에 기술전문가부문은 '표준화'를 추구하는 힘을 행사하고, 이 힘은 '작업과정의 표준화'에 의한 조정으로 발휘된다.

0840 ①

① 전문적 관료제
② 기계적 관료제
③ 단순구조
④ 애드호크래시
⑤ 사업부제 조직

0841 ④

① 공식화(formalization)란 직무(업무)가 표준화되어 있는 정도를 말하는데, 공식화가 잘 되어 있는 조직에는 확실한 직무기술서가 갖추어져 있고, 많은 규칙이 만들어져 있으며, 작업 공정에 대한 절차가 잘 정의되어 있다. 따라서 공식화의 정도는 조직 내 규정과 규칙, 절차와 제도, 직무 내용 등이 문서화되어 있는 정도를 통해 알 수 있다.

② 번즈(Burns)와 스토커(Stalker)가 제시한 기계적 조직(mechanistic structure)과 유기적 조직의 특징은 다음과 같다.

	기계적 조직	유기적 조직
전문화	고	저
공식화	고	저
집권화	고	저

③ 수평적 조직(horizontal structure)은 핵심 프로세스를 중심으로 조직화하는 구조이다. 여기서 프로세스란 고객을 위한 가치 창출을 위해 투입물을 산출물로 변환시키는 과정에서 공동으로 작업하는 과업이나 활동으로 조직화된 집단을 말한다. 따라서 수평적 조직은 고객의 요구에 빠르게 대응할 수 있고 협력을 증진시킬 수 있다.

④ 민쯔버그가 제시한 애드호크라시(adhocracy)는 환경이 복잡하고 동태적일 경우에 적합하며, 매트릭스 조직, 프로젝트 팀 또는 태스크포스 등의 형태로 유기적 조직의 성격에 가깝다. 반면 기계적 관료제(machine bureaucracy)는 대규모 조직에서 고도로 표준화가 이루어진 형태로 막스 베버(Max Weber)가 주장한 관료제와 거의 동일한 형태로 기계적 조직에 가깝다. 따라서 애드호크래시가 기계적 관료제보다 공식화와 집권화의 정도가 낮다.

⑤ 네트워크 조직(network structure)은 내부의 여러 기능들을 없애버리고 공급업체들과의 계약을 활용하여 기업이 필요한 자원과 서비스를 조달하는 조직이므로 공장과 제조시설에 대한 대규모 투자가 없어도 사업이 가능하다.

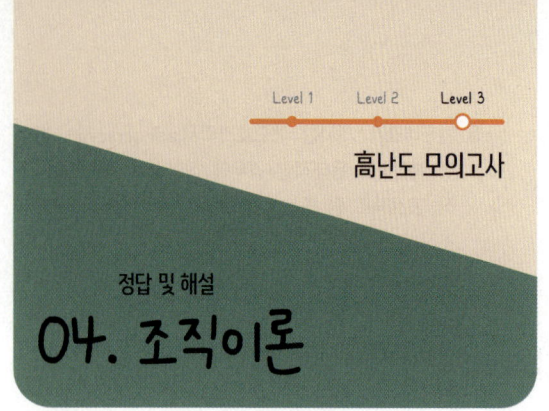

정답 및 해설
04. 조직이론

0842 ④

조직의 주요부문	조직구조의 형태	핵심 조정 메커니즘	구조 형성의 방향
최고경영층 strategic apex	단순구조 simple structure	직접적 감독체계	집권화 추구
기술구조부문 technostructure	기계적 관료제 machine bureaucracy	작업과정의 표준화	표준화 추구
핵심운영부문 operating core	전문적 관료제 professional bureaucracy	직무기술의 표준화	전문화 추구
중간관리층 middle line	사업부 조직 divisional structure	산출물의 표준화	분권화 추구
지원스탭 support staff	애드호크래시 adhocracy	부서 간 상호 조정	협력화 추구

0843 ①

상황론적인 조직설계의 관점에서 보면 조직구조(structure)는 기업의 전략(strategy)을 고려하여 설계해야 한다. 즉 전략이 조직구조를 결정한다는 관점이다.

0844 ③

③ 로렌스와 로쉬(Lawrence & Lorsch)의 연구에 의하면 환경의 불확실성이 높을수록 환경 불확실성에 대응하기 위해 부서 간 조직구조와 운영방식에는 차이가 많아지고, 이런 부서 간 차이가 클수록 조직목표를 달성하기 위한 통합 노력은 더 많아져야 한다.

⑤ 제조업에 비해 서비스업은 산출물의 재고축적이 불가능하기 때문에 설비를 고객의 가까이 배치시켜야 한다. 따라서 제조업보다는 설비의 지리적 분산 정도는 더 높다. 또한 서비스는 서비스 제공자와 고객이 만나야 서비스가 제공되므로 별도의 경계활동(boundary spanning)을 필요로 하지 않는다.

0845 ③

③ 톰슨(Thompson)은 상호의존성을 기준으로 기술을 구분하였으며, 집합적 상호의존성(pooled interdependence)을 갖는 은행의 경우 조정형태로 '표준화'를 제시하였다. 부서 간 상호조정은 교호적 상호의존성(reciprocal interdependence)을 갖는 병원의 경우에 적합한 것이다.

0846 ③

a. 환경(environment)이 안정적일 때: 기계적 구조
b. 기업이 단위소량생산기술(unit technology)을 사용할 때: 유기적 구조
c. 기업이 유연생산기술(FMS: flexible manufacturing system)을 사용할 때: 유기적 구조
d. 부서(department)수준의 기술이 문제의 분석가능성(problem analyzability)은 높고, 과업의 다양성(task variability)이 낮을 때: 기계적 구조
e. 다양한 전문가들이 혁신과제를 수행해야 할 때: 유기적 구조(adhocracy)

0847 ⑤

a. 조직의 규모(size)가 커질수록 조직의 관료화가 증가하므로 공식화(formalization) 수준은 증가한다.
b. 우드워드(Woodward)의 연구에 따르면, 정유나 화학 공장이 자동차나 전자제품을 조립하는 공장보다 더 유기적(organic) 조직구조를 갖는 것이 바람직하다.

0848 ①

부서 간 조정이 용이한 기능횡단팀(cross functional team)이나 일시적인 프로젝트를 수행하기 위한 태스크포스팀(TFT)으로 구성되는 것은 수평적 조직(horizontal structure)이다.

0849 ④

a. 기업의 조직구조(structure)가 전략(strategy)에 영향을 미치는 것이 아니라 조직의 전략이 조직구조에 영향을 미친다.
d. 우드워드(Woodward)의 연구에 따르면 대량생산(mass production) 기술을 사용하는 조직은 기계적 조직구조에 가깝게 설계해야 한다.

0850 ④

① 조직이 성장하여 규모가 커질수록 조직은 점점 관료화되기 때문에 공식화(formalization), 전문화(specialization), 집권화(centralization) 수준은 점차 높아진다.
② 챈들러(Chandler)의 전략-구조 간 연구는 전략이 조직구조에 영향을 미친다는 논리이므로, 조직구조에 맞는 전략보다는 전략에 맞는 조직구조를 설계할 것을 강조한다.

③ 우드워드(Woodward)의 연구에 따르면 기술복잡성(technological complexity)이 저, 중, 고 각각에 적합한 구조는 순서대로 유기적, 기계적, 유기적 구조이다. 즉 기술복잡성이 높아질수록 조직구조가 기계적이 되는 것은 아니다.
⑤ 퀸과 카메론(Quinn & Cameron)의 조직수명주기는 창업단계 → 집단공동체 단계 → 공식화 단계 → 정교화 단계의 순으로 진행된다.

0851 ④

① 기계적 조직의 특성에 가까운 조직은 공식화(formalization)와 전문화(specialization) 수준과 더불어 집권화(centralization) 수준이 높다. 분권화(decentralization)가 높은 것은 유기적 조직의 특징이다.
② 민쯔버그(Mintzberg)의 조직설계에서 애드호크라시(adhocracy)는 유기적 조직의 특성에 가깝다.
③ 페로(Perrow)는 과업의 다양성과 문제의 분석가능성이 모두 높은 기술을 공학적 기술(engineering technology)이라고 하였다.
⑤ 기능조직(functional structure)보다는 매트릭스 조직(matrix structure)이 더 유기적 조직의 특성에 가깝다.

0852 ④

① 수평적인 정보공유(horizontal information sharing) 메커니즘은 부서 간 의사소통과 협력 그리고 부서 간 활동의 조정을 조장하는 것인데, 그 예로써 정보시스템, 부서 간 직접촉, 태스크포스, 전임통합자, 프로젝트팀 등을 들 수 있다. 그런데 일반적인 기능조직(functional structure)은 이러한 수평적인 정보공유 메커니즘을 거의 보유하고 있지 않기 때문에 환경에 대한 대응이 느리다. 이 때문에 기능조직은 여러 조직구조 가운데 가장 기계적인(mechanistic) 조직으로 구별된다.
② 수직적 정보공유(vertical information sharing) 메커니즘의 주요 목적은 '통제'이다. 수직적 정보공유 메커니즘에는 계층상의 상사, 규칙과 계획, 수직적 정보시스템 등이 있다. 수직적 정보공유 메커니즘은 보통 기계적인 조직에서 많이 관찰된다.
③ 경계활동(boundary spanning roles)이란 기술핵심부서에 환경변화에 따른 혼란을 줄여주는 활동을 말하며, 환경에 관한 필요한 정보를 탐색, 정보를 조직 안으로 들여오는 정보입수(detect & bring) 역할과 조직 안의 정보를 조직에게 필요한 정도로 조직에게 유리하게 환경에 내보내는 정보전달(send) 역할로 구분된다. 그런데 서비스 조직에서는 서비스가 의사나 회계사 등의 기술핵심 조직과 직접 상호작용해야 받을 수 있기 때문에 서비스 조직에서는 경계활동을 거의 사용하지 않는다. 또한 설비의 지리적 분산도 서비스는 무형의 산출물을 다루기 때문에 고객들 가까이 가능한 작은 단위로 분리하여 배치하는 것이 좋고, 제조기업은 단일 지역에 집중하여 운영하는 것이 좋다.

④ 톰슨(Thompson)의 연구에서 교호적 상호의존성(reciprocal interdependence)을 갖는 과업은 높은 상호의존성을 조정하기 위해 업무담당자 간 상호조정이 보다 중요하며, 상호의존성이 낮은 집합적 상호의존성(pooled interdependence)을 갖는 과업은 업무의 표준화만으로도 충분히 상호의존성을 조정할 수 있다.
⑤ 전략과 조직구조 간 연구는 챈들러(Chandler)와 마일즈와 스노(Miles & Snow)가 기본적이지만, 여기에 추가로 포터의 전략유형과 조직구조 간 관계를 살펴보면, 차별화(differentiation) 전략은 혁신에 가까운 전략이므로 유기적(organic) 조직구조가 적절하며, 원가우위(cost-leadership) 전략은 생산효율성이 중요하므로 기계적(mechanistic) 조직구조가 적절하다.

0853 ②

a. 번스(Burns)와 스타커(Stalker)는 기업의 조직구조는 환경에 따라 달라져야 한다고 주장했는데, 안정적 환경에 처한 기업들에게서 공통적으로 발견되는 조직을 기계적 조직(mechanistic organization)으로, 역동적 환경에 처한 기업들에게 발견되는 조직을 유기적 조직(organic organization)으로 칭하였다. 기계적 조직의 안정적 환경에서 '효율성'을 추구하는 조직으로 고도의 전문화, 명확한 부서화, 좁은 감독의 범위, 높은 공식화, 하향식 의사소통 등의 특징을 갖는다. 반면, 유기적 조직은 기계적 조직과는 정반대로 불안정한 환경에서 '유연성'을 추구하는 조직으로 직무를 표준화하고 규칙을 세우기보다 환경변화에 빠르게 적응하도록 직무의 유연성을 강조한다.
b. 마일즈(Miles)와 스노(Snow)는 기업의 제품과 시장의 변화 정도를 이용하여 기업의 전략을 defender, analyzer, prospector로 구분하였는데, 이 중 방어형(defender) 전략은 한정된 제품과 서비스의 생산에 집중하는 전략으로 이 전략을 사용하는 기업들은 제한된 분야에 고도로 숙련되어 있고 효율성이 매우 높다. 주로 작은 니치마켓(niche market) 내에서 활동하며, 고품질의 제품 혹은 경쟁적인 가격의 제품을 출시하는 방법을 사용한다. 샘표간장, BIC(볼펜회사) 등의 방어형 전략을 구사하는 기업은 시장의 트렌드를 연구하거나 신제품 개발을 중요시 하지 않기 때문에 다른 시장으로 확장하기 보다는 자신의 영역을 지키기 위해 비용을 줄이는 문제에 치중하는 경향을 보인다. 따라서 이들에게 기계적 조직이 적합하다.
c. 페로(Perrow)의 연구에서 비일상적 기술(non-routine technology)은 과업의 다양성이 높고, 문제의 분석가능성이 낮다. 이 때문에 비일상적 기술을 사용하는 부서에서는 예외적 상황이 발생할 가능성이 높고, 문제가 잘 정의되어 있지 않기 때문에 문제를 해결하기 위해서 과거의 경험이나 판단, 직관 등을 이용해 시행착오를 거듭해야 하는 경우를 말한다. 업무수행과 관련된 공식화 정도가 매우 낮으며, 의사결정의 분권화 정도가 매우 높기 때문에 조직구조의 유연성이 필요하게 된다. 따라서 이들에게 유기적 조직이 적합하다.

d. 우드워드(Woodward)의 연구에서 연속생산(continuous flow process) 기술은 생산의 전과정이 기계화되어 있으므로 산출물에 대한 예측 가능성은 매우 높다. 생산방식은 연속적으로 기계적인 변환과정을 거치는 것이 특징인데, 다른 기술과 비교해 볼 때 사용하고 있는 기술의 복잡성이 가장 높다. 예를 들어 정밀화학제품을 생산하는 공장, 석유정제공장, 그리고 섬유산업이 이에 해당한다. 연속생산 기술은 조직구조의 공식화와 집권화가 낮기 때문에 전반적으로 기계적 조직보다는 유기적 조직이 더 적합하다.

e. 조직구조는 조직의 전체목표를 달성하는데 필요한 수직적·수평적 정보가 원활하게 흐를 수 있도록 설계되어야 하는데, 수직적 연결장치들은 '통제'를 주목적으로 하고 있고, 수평적 연결장치들은 보통 통제를 완화시켜주는 수단으로 '조정과 협력'을 목표로 하고 있다. 따라서 효율성을 강조하는 기계적 조직 내에서는 조직의 상층과 하위층 간의 활동을 조정하기 위해 수직적 정보공유 장치들을 상대적으로 더 사용해야 한다. 반대로 유연성이 강조되는 유기적 조직 내에서는 부서 간 업무의 협력과 조정을 위해 수평적 정보공유 장치들을 상대적으로 더 많이 사용해야 한다.

0854 ①

① 안정적 환경에서 '효율성'을 추구하는 기계적 조직(mechanistic organization)은 상하간의 위계질서가 강조되므로 수직적 의사소통이 빈번하고, 불안정한 환경에서 '유연성'을 유기적 조직(organic organization)은 부서 간 협력과 조정이 중요하므로 수평적 의사소통이 빈번하다. 수직적 의사소통과 수평적 의사소통은 근본적으로 상충관계에 있기 때문에 두 가지 의사소통을 모두 충실히 할 수는 없다. 결국 기계적 조직은 수직적 의사소통 채널을 구축하는 것이 좋고, 유기적 조직은 수평적 의사소통 채널을 구축하는 것이 좋다.

② 베버(Weber)의 관료제(Bureaucracy)의 원칙은 분업(전문화), 권한계층, 공식적 채용, 공식적 규칙과 규제, 비개인성, 경력지향, 문서화 등이다. 이 가운데 분업은 전문화 수준을 높이고, 공식적 규칙과 규제 그리고 문서화는 공식화 수준을 높이고, 권한계층은 집권화 수준을 높인다. 따라서 관료제의 원칙을 조직에 적용하면 전문화(specialization), 공식화(formalization), 집권화(centralization)가 모두 높아지므로 조직구조는 기계적 조직에 가까워진다.

③ 내부의 여러 기능들을 없애고 외부업체들과의 계약을 통해 기업에 필요한 자원과 서비스를 조달하는 것은 네트워크 조직(network organization)이다. 네트워크 조직은 활동 대부분을 아웃소싱(outsourcing)에 의존하므로 환경에 매우 유연하고 신속한 대응이 가능하다. 수평적 조직(horizontal structure)은 최근에 등장한 조직화 방법으로 핵심 프로세스를 중심으로 조직화하는 구조이다. 여기서 프로세스란 고객을 위한 가치 창출을 위해 투입물을 산출물로 변환시키는 과정에서 공동으로 작업하는 과업이나 활동으로 조직화된 집단을 말한다. 기업이 수평적 구조로 리엔지니어링을 하게 되면 조직 전체에 있는 모든 구성원들은 의사소통과 조정이 가능하도록 쉽게 접촉할 수 있는 고객 불만 처리 혹은 주문처리 프로세스에 속해서 일을 한다. 수평적 구조의 예로 부서 간 조정이 용이한 기능횡단팀, 일시적인 프로젝트를 수행하기 위한 태스크포스 등이 있다.

④ 민쯔버그(Mintzberg)의 5가지 조직구조 중 효과적인 혁신을 위해 서로 다른 전문 분야의 전문가들을 유기적으로 연결시키는 구조는 애드호크래시(adhocracy)이며 이는 유기적 조직의 특성에 가깝다고 볼 수 있다. 기계적 관료제(machine bureaucracy)는 Weber가 언급한 관료제와 가까운 형태로서, 그 특징은 작업이 철저하게 세분화되어 있고 또 그 작업은 반복적으로 수행되며, 특히 핵심 현장부서에서 매우 높은 공식화를 보인다. 또 조직 전반에 많은 규칙과 규제가 존재하며 의사소통 또한 매우 공식화되어 있다. 이런 특징으로 인해 기계적 관료제는 기계적 조직에 가깝다고 볼 수 있다.

⑤ 우드워드(Woodward)와 페로(Perrow)의 연구는 기술과 조직구조에 관한 것인데, 두 연구 모두 공통적으로 조직이 사용하는 '기술'이 조직구조에 영향을 미친다는 논리를 가지고 있다. 이는 '상황론적 조직설계'에 적용되는 공통의 논리라고 보면 된다. 즉 전략, 규모, 기술, 환경이 조직구조에 영향을 미치며 이 반대 논리는 성립되지 않는다. 우드워드와 페로 연구의 차이점은 우드워드는 조직 전체의 기술이고 페로는 부서수준의 기술을 연구에 적용했다는 점이다.

0855 ①

a. 업무의 (세)분화 정도를 의미하는 것은 전문화(specialization)이다. 업무를 작은 단위로 나누어 좁은 범위의 업무를 수행토록 하면 전문화 정도가 높다고 할 수 있다. 이와 달리 공식화(formalization)란 업무의 표준화를 의미하며, 업무를 수행하기 위한 규칙, 규정 혹은 업무처리 매뉴얼 등이 상세하게 규정되어 있을수록 공식화는 높다고 할 수 있다. 공식화 수준이 높으면 높을수록 개인의 재량권(discretion)은 줄어든다. 일반적으로 조직의 규모가 커질수록 업무처리의 복잡성을 줄이기 위해 공식화 수준을 점점 높이는 경향이 있다.

b. 챈들러(Chandler)가 주장한 'Structure follows strategy'라는 말은 '조직구조는 전략을 따라간다.'는 의미로, 조직구조와 전략 가운데 전략이 선행한다는 뜻이다. 즉 조직구조를 설계할 때 전략을 고려해서 설계해야 함을 의미한다. 이는 조직설계의 기본인 상황론적 조직설계(조직이론의 발전과정 중 3번째)에서 말하는 것과도 일치한다. 상황론적 조직설계는 조직구조를 조직목표 달성을 위한 수단으로 보기 때문에 조직구조는 조직의 전략, 규모, 기술, 환경을 고려하여 설계되어야 한다는 입장이다.

c. 페로(Perrow)는 '문제의 분석가능성(problem analyzability)'과 '과업의 다양성(task variability)'을 기준으로 과업을 4가지(일상적, 공학적, 장인, 일상적)로 분류하였다. 이와는 달리 우드워드(Woodward)는 '기술복잡성(technological complexity)'을 기준으로 기술을 3가지(unit, mass process)로 분류하였다.

d. 네트워크 조직(network organization)은 조직이 수행해야 할 여러 가지 활동들을 네트워크로 연결된 외부기업에 아웃소싱하는 조직이다. 따라서 기능부서 업무의 많은 부분을 외주(outsourcing)함으로써 본사는 단지 브로커(broker)로서의 역할만 하게 된다. 이 때문에 네트워크 조직은 공장, 장비 유통시설 등에 대한 막대한 투자가 없이도 사업이 가능하고, 고객의 욕구에 매우 유연하고 신속한 대응이 가능하다는 장점이 있다. 전자상거래와 정보기술의 발전으로 시장에서의 거래비용이 낮아지면서 기업의 활동을 아웃소싱하는 기업들이 점점 더 증가하고 있다.

e. 톰슨(Thompson)은 상호의존성을 3가지로 분류하였는데, 집합적 상호의존성(pooled interdependence), 순차적 상호의존성(sequential interdependence), 교호적 상호의존성(reciprocal interdependence)의 순으로 상호의존성이 점점 높아진다. 상호의존성이 높아질수록 부서 간 의사소통의 필요성은 증가한다.

0856 ①

① 스코트(Scott)의 조직이론 분류는 시스템 관점과 조직구조의 목적으로 조직이론을 4가지로 분류하고 있다. 이 분류에 따르면 '자원의존이론(resource dependence theory)'은 '개방시스템' 관점과 '사회적' 측면을 취한다고 볼 수 있다.

조직이론의 관점변화

	Type 1	Type 2	Type 3	Type 4
	1900~1930	1930~1960	1960~1975	1975~
조직의 시스템 관점	폐쇄		개방	
조직 구조의 목적	합리적	사회적	합리적	사회적
주요 관심사	기계적 효율성	인간관계	상황론적 조직설계	권력과 정치
주요 이론들	과학적 관리법 관료제	인간관계론	상황적합이론	자원의존이론

② 전문화(specialization), 공식화(formalization), 집권화(centralization), 통제의 범위(span of control), 명령체계(chain of command), 부문화(departmentalization), 복잡성(complexity) 등은 조직을 설계할 때 고려하는 변수가 아니라 조직구조를 설명하는 변수이다. 조직을 설계할 때 고려하는 변수는 전략, 규모, 기술, 환경 등의 조직구조의 상황적 요소이다.

③ 번스와 스타커(Burns & Stalker)가 제시한 유기적 조직(organic organization)은 불안정한 환경에서 유연성을 추구하는 조직구조이며, 기계적 조직(mechanistic organization)은 안정적인 환경에서 효율성을 추구하는 조직구조이다.

④ 민쯔버그(Mintzberg)가 제시한 단순조직, 기계적 관료제, 전문적 관료제, 사업부 조직, 애드호크라시 가운데, 애드호크라시(adhocracy)는 유기적 조직에 가깝다고 볼 수 있고, 기계적 관료제(machine bureaucracy)는 기계적 조직에 가깝다고 볼 수 있다.

⑤ 톰슨(Thompson)은 상호의존성을 3가지로 분류하였는데, 집합적 상호의존성(pooled interdependence), 순차적 상호의존성(sequential interdependence), 교호적 상호의존성(reciprocal interdependence)의 순으로 상호의존성이 점점 높아진다. 상호의존성이 높아질수록 부서 간 의사소통의 필요성은 증가한다. 상호의존성과 필요한 조정의 형태는 다음과 같다.

상호의존성	상호의존성의 수준	수평적 의사소통의 필요성	조정형태	기술
집합적 (pooled)	저	저	표준화, 규칙	중개형 (mediating)
순차적 (sequential)	중	중	계획, 스케줄	연속형 (long-linked)
교호적 (reciprocal)	고	고	상호조정, 부서간 회의	집약형 (intensive)

0857 ②

① 통제의 범위(span of control)는 한 사람의 경영자가 직접 감독할 수 있는 종업원 수에 대한 한계를 의미한다. 통제의 범위가 좁을수록 관리자 한 사람이 소수의 인원을 관리해야 하므로 관리자의 수와 계층은 증가한다. 따라서 조직의 가장 낮은 계층의 종업원 수가 같다면, 통제의 범위(span of control)가 좁은 기업이 넓은 기업에 비해 상대적으로 관리자 계층의 수가 더 많다.

② 사업부 조직은 사업부의 장(長)을 통해 사업부 내의 기능부서 간 조정이 원활하다. 하지만 하나의 조직내에서 사업부별로 동일한 기능부서가 존재하기 때문에 기능부서 내에서 규모의 경제 달성은 쉽지 않다. 반면 기능별 조직은 기능부서 간 수평적 의사소통 채널이 거의 없기 때문에 부서 간 업무조정은 원활하지 않다. 하지만 같은 조직 내에 하나의 기능부서만 존재하기 때문에 기능부서 내에서 규모의 경제 달성은 용이하다.

③ 기능별 조직(functional structure)은 기능별 전문성을 확보할 수 있지만, 환경 변화에 빠르게 대응하기는 어렵다. 환경에 빠르게 대응하려면 부서 간 협력을 증진할 수 있는 수평적 의사소통 채널이 많이 확보되어야 하는데, 기능별 조직은 수평적 의사소통 채널보다는 수직적 의사소통 채널이 많기 때문에 환경에 빠른 대응은 어렵다. 하지만 수평적 조직(horizontal structure)은 환경에 빠르게 대응하고 협력을 증진할 수는 있지만 기능별 전문성을 확보하기는 어렵다.

④ 톰슨(Thompson)의 연구에서 은행의 지점들 간의 상호의존성(interdependence)은 집합적 상호의존성(pooled interdependence)이라고 볼 수 있다. 집합적 상호의존성은 상호의존성의 정도가 가장 낮다. 참고로 상호의존성의 정도가 가장 높은 것은 교호적 상호의존성(reciprocal interdependence)이다.

⑤ 조직설계 시 유연성 보다 효율성이 더 중요하다면 기계적 조직(mechanistic organization)으로 설계하는 것이 바람직하고, 반대로 효율성 보다 유연성이 더 중요하다면 유기적 조직(organic organization)으로 설계하는 것이 바람직하다.

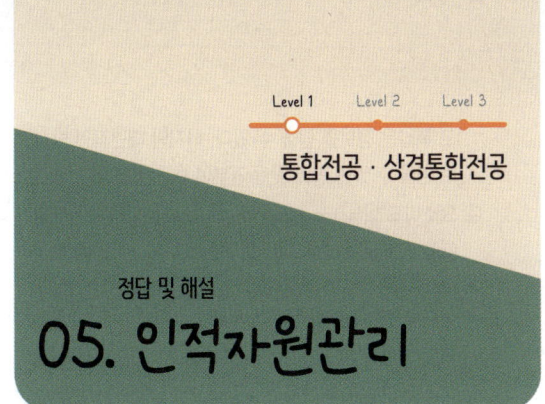

정답 및 해설
05. 인적자원관리

0858 ⑤

현대적 인적자원관리는 X이론보다는 Y이론적인 가정을 취하고 있기 때문에 인력의 효율적 통제 및 관리보다는 개인의 자율성과 근로생활의 질을 추구한다.

0859 ③

① 확보관리 – 계획, 모집, 선발, 배치 등
② 개발관리 – 경력관리, 이동관리, 승진관리, 교육훈련 등
④ 보상관리 – 임금관리, 복지후생 등
⑤ 유지관리 – 인간관계관리, 근로조건관리, 노사관계관리 등

0860 ②

인적자원관리는 인력의 확보, 개발, 평가, 보상 유지 등의 영역으로 구성되는데 조직설계 활동은 인적자원관리의 영역에 포함되지는 않는다.

0861 ②

지식기반사회에서는 객관적이면서 명시적 지식보다는 암묵적 지식이 더 중요하다.

0862 ③

인적자원관리자는 장단기 초점을 맞추면서 전략적인 활동과 운영적인 활동을 동시에 수행해야 하며 프로세스를 관리하는 것에서부터 사람을 관리하는 것까지 활동영역의 폭을 넓혀야 한다. 이렇듯 인적자원관리자는 기업 조직의 불필요한 비용의 제거 및 해당 조직의 효율성을 높이고, 직무를 보다 잘 수행할 수 있는 방법을 찾는 활동 등을 하게 된다. 문제에서 보면 ①②④⑤는 인적자원관리자의 최고경영층에 대한 역할에 해당하며, ③은 라인에 대한 역할을 나타낸다.

① 최고경영층에 대한 역할
  ㉠ 인적자원관리자는 최고경영층의 정보원천이 되어야 한다. 이를 위해서 인적자원 관리자는 기업 조직의 분위기 및 풍토가 어떤지, 조직 구성원들에게 영향을 끼치는 여러 가지 활동 및 의사결정 등에 대해 사람들은 어떤 생각 및 태도를 보이는지, 조직구성원들이 무엇을 생각하고 있는지 등에 대해서 분석 및 종합하여 최고경영층에 보고하여야 한다.
  ㉡ 인적자원관리자는 최고경영층에 실력 있는 인재를 추천함과 동시에 그에 따르는 공평한 평가기준 및 신념을 가지고 있어야 한다.
  ㉢ 인적자원관리자는 최고경영층과의 잦은 접촉으로 인한 의견 충돌을 줄여야 하고, 동시에 발생되는 문제에 대해 문제해결자로서의 역할도 수행하여야 한다.
  ㉣ 인적자원관리자는 종업원들의 인사부문이나 또는 노사관계에 있어서도 조직 구성원이나 경영층의 어느 한쪽만을 지지하는 모습을 지양해야 하는 반대자 역할을 수행하며, 설령 다루기 싫은 문제라고 해서 일선에서 알아서 처리하도록 하는 책임에 대한 회피를 없애야 한다.

② 조정자(부문 간 조정)로서의 역할
  ㉠ 기업 조직에서는 수직, 수평적인 부분에서도 구성원들은 서로 각기 다른 생각 및 관점을 가진다. 이렇듯 인적자원관리자는 서로 다른 관점의 생각을 조율하는 역할을 수행한다.
  ㉡ 인적자원관리자는 조정자로서 자신이 마주치는 여러 집단들의 입장과 요구사항 등을 이해해야 하고, 그런 각 집단들의 상황을 직시하여 어느 한 집단의 생각이 타 집단에 제대로 전달되어질 수 있게끔 해서 집단 간의 부정적인 마찰을 줄이는 교량역할을 수행한다.

③ 라인(종업원)에 대한 서비스 역할
  인적자원관리자는 라인(종업원)에 대해서 인적자원관리자로서의 조언 등을 하게 된다.

0863 ④

와이트(White)의 인적자원개발은 직무관리 기법이 아니라 개발(development) 방법의 하나이다.

0864 ①

직무기술서(job description)에는 TDR(task, duty, responsibility)이 포함되며, 직무명세서(job specification)에는 KSA(knowledge, skill, ability)가 포함된다. 따라서 직무 수행에 필요한 지식과 기술은 직무명세서에 포함된다.

0865 ④

④ 서열법, 분류법, 점수법, 요소비교법은 '직무분석' 방법이 아니라 '직무평가' 방법이다. 직무분석 방법은 면접법, 질문지법, 관찰법, 종업원 기록법, 경험법, 중요사건법, 결합법 등이 있다.
⑤ 직무평가 방법 중 점수법과 요소비교법은 계량적 직무평가 방법이고, 서열법과 분류법은 비계량적 직무평가 방법이다.

0866 ③

ㄱ. 직무기술서에 포함된다.
ㄴ. 직무명세서에 포함된다.
ㄷ. 직무기술서에 포함된다.
ㄹ. 직무기술서에 포함된다.
ㅁ. 직무명세서에 포함된다.

0867 ①

직무분석의 결과물 가운데 직무수행요건 즉 지식(knowledge), 스킬(skill), 능력(ability) 등에 초점을 맞추고 있는 것은 직무명세서(job specification)이다.

0868 ④

직무를 수행하는데 필요한 인적요건을 중심으로 작성되는 것은 직무명세서(job specification)이다.

0869 ①

직무기술서(job description)에는 TDR(task, duty, responsibility)이 포함되며, 직무명세서(job specification)에는 KSA(knowledge, skill, ability)가 포함된다. 따라서 요구되는 지식은 직무명세서에 포함된다.

0870 ④

① 직무의 내용을 체계적으로 정리하여 '직무기술서'를 만든다.
② 직무수행자에게 요구되는 자격요건을 정리하여 '직무명세서'를 작성한다.
③ 직무분석과 인력확보를 연계하는 것은 타당하다. 즉 공석인 직무에 요구되는 직무수행요건을 직무분석의 결과물인 직무명세서를 통해 파악한 후 이에 적절한 인재를 확보하는 것은 고성과를 달성하기 위한 기본적인 과정이다.
⑤ 직무분석은 직무평가 결과를 토대로 실시하는 것이 아니라 직무평가는 직무분석 결과를 토대로 이루어진다.

0871 ⑤

④ 직무기술서(job description): 직무를 있는 그대로 기술·서술·묘사한 것으로 직무의 TDR(task, duty, responsibility)이 기재되어 있음
⑤ 직무명세서(job specification): 직무수행에 요구되는 KSA(knowledge, skill, ability)를 적어놓은 문서

0872 ④

직무분석 방법에는 관찰법, 면접법, 질문지법, 중요사건법, 종업원기록법, 워크샘플링법 등이 있으며, ④의 요소비교법은 직무평가 방법에 해당한다. 참고로 직무평가의 방법에는 서열법, 분류법, 점수법, 요소비교법 등이 있다.
① 관찰법(observation)은 직무분석자가 직무담당자의 직무수행 장면을 관찰하고 관찰 결과를 기록함으로써 직무정보를 얻는 방법이다.
② 면접법(interview)은 직무담당자 또는 감독자와 면접을 통해 직무정보를 획득하는 방법이다. 직무에 관한 유사한 질문을 하도록 구조화되어 있고 분석자는 해당 직무에 대해 잘 알고 있어야 한다. 또한, 비언어적 행동이나 주변 환경과 같은 정보의 획득이 가능하다.
③ 질문지법(questionnaire)은 구조화된 설문지나 응답자가 질문 내용에 대한 답변을 자유로이 기술하는 개방식 질문지를 개발하고, 직무담당자나 감독자가 작성하여 직무에 대한 정보를 얻는 방법이다. 시간 및 비용이 절감되

고 폭넓은 정보를 얻을 수 있다. 하지만 대면적인 방식으로 얻을 수 있는 협조 및 동기부여 효과가 없다.
④ 요소비교법(factor comparison method)은 직무평가(job evaluation) 중 하나로 기준직무(key job)를 선정하고 그 기준직무에 대해 지급되는 임금액을 평가요소에 배분하여 기준직무를 평가요소별로 서열화한 다음 기준직무의 평가요소와 평가하려는 직무의 평가요소를 비교하여 직무의 상대적 가치를 수량적으로 평가하는 방법이다.
⑤ 워크샘플링법(work sampling)은 단순한 관찰법을 보다 세련되게 개발한 것으로 전체 작업 과정 동안 무작위적인 간격으로 많은 관찰을 행하여 직무행동에 관한 정보를 얻는 방식이다. 이 방식은 횡단적으로는 여러 직무 담당자의 직무활동을 동시에 기록함으로써 직무의 모습을 그려내기도 하고, 종단적으로는 한명 또는 몇 명의 동일한 직무 담당자를 관찰할 수도 있다. 또한, 전문적인 작업 연구자들이 많이 활용한다.

0873 ②

① 직무기술서(job description)는 TDR(task, duty, responsibility)로 구성된다.
② 직무명세서(job specification)는 하나의 직무를 적절히 수행하기 위해 필요한 최소한의 인적자원에 관한 설명이며, 성별, 교육 정도, 전공, 자격 및 면허, 최적 연령 등의 직무수행요건과 기초지식, 전문지식, 숙련 기간, 창의적 판단, 육체적 부하, 작업환경 등의 직무 특성을 포함한다.
③ 직무행위서는 없는 용어이다.
④ 직무분석서는 없는 용어이다.

0874 ④

④ 직무기술서와 직무명세서는 직무분석의 결과물이다.

0875 ④

① 직무의 가치를 밝히는 활동은 직무평가이다.
② 직무명세서는 직무수행자에게 요구되는 자격요건에 관한 정보를 작성한 문서이고 .직무기술서는 직무내용에 관한 정보를 작성한 문서이다.
③ 직무정보 수집 방법으로는 관찰법, 면접법, 질문지법, 결과물 분석법, 작업기록법, 중요사건기록법 등이 있으며, 직무분석 기법으로는 기능적 직무분석, 직위 분석 질문지법, 관리 직위 기술 질문지법, 과업목록법 등이 있다. 하지만 앞에서 열거한 직무분석 기법은 직무에 관한 정보수집 방법도 포함하고 있으므로 엄밀하게 따지면 이 보기도 맞다고 볼 수 있다.

0876 ④

④ 문제 오류. 직무의 내용과 범위 등은 기업 내외부의 요구에 따라 수시로 변경된다. 하지만 직무분석을 통해 회사 내에서 정의한 직무의 내용과 범위는 변하지 않는다.

0877 ④

직무관리의 핵심영역은 직무분석(job analysis), 직무평가(job evaluation), 직무설계(job design) 등이다.

0878 ④

인력배치의 기본 원칙은 다음과 같다.
① 적재적소의 원칙은 구성원들의 능력 및 적성 등을 고려해 최적의 직위에 배치함으로써 최대한의 능력을 발휘할 수 있도록 하게 하는 것을 말한다.
② 능력주의 원칙은 구성원들이 능력을 발휘할 수 있는 영역을 제공하며 업무에 대해 바르게 평가하고 평가된 실력 및 업적 등에 대해 만족할 수 있는 대우를 하게 하는 것을 말한다.
③ 인재육성의 원칙은 상사에 의한 육성 뿐만 아니라 구성원 스스로의 의사 및 의욕 등을 기반으로 한 육성의 의욕을 개발하기 위한 것을 말한다.

0879 ②

① 직무평가는 직무의 상대적 가치를 정하는 체계적인 방법이다.
③ '동일노동, 동일임금'을 기본원리로 하는 직무급제도의 기초가 된다.
④ 직무평가 시 각 직무의 곤란도, 위험도는 평가하지만 수익성을 평가하지 않는다.
⑤ 평가방법에는 서열법, 분류법, 점수법, 요소비교법이 있고, 정량적 평가방법에는 점수법과 요소비교법을 들 수 있다.

0880 ④

④ 작업기록법(employee recording)은 직무평가 방법이 아니라 직무분석 방법이다.

0881 ⑤

직무평가는 직무의 상대적 가치를 평가하는 절차로 일체의 속인적 요건을 떠난 직무에 대한 평가이다. 직무평가는 지식, 숙련, 경험, 노력, 책임 등으로 평가한다. 그러나 성과는 직무평가가 아닌 성과평가(인사고과)의 요소이다.

0882 ②

① 서열법(ranking method)에 관한 설명이다.
③ 분류법(classification method)에 관한 설명이다.
④ 요소비교법(factor comparison method)에 관한 설명이다.

0883 ④

④ 체크리스트법(checklist method)은 직무평가 기법이 아니라 인사평가 기법이다.

0884 ④

	직무 대 기준	직무 대 직무
계량적	점수법	요소비교법
비계량적	분류법	서열법

0885 ④

④ 서열법(ranking method)은 등급을 매기는 것이 아니라 서열(등수)을 매기는 방법이며, 직무를 전체적으로 평가하므로 직무의 어떤 요소에 의해 높게 혹은 낮게 서열이 매겨졌는지 알 수 없다.

0886 ①

직무평가 방법은 계량적 접근 여부와 비교방식이라는 두 가지 차원으로 분류할 수 있다.

구분	비계량적 방법	계량적 방법
직무 대 직무	서열법	요소비교법
직무 대 기준	분류법	점수법

0887 ②

직무가 종업원으로 하여금 보람있고, 창의력이나 판단력을 행사하여 달성감과 책임감을 갖게 하도록 직무를 재편성하는 것은 직무충실화(job enrichment)이다.

0888 ①

직무를 분류하고 다수의 평가요소들에 대하여 평가된 점수의 고저에 의해 그 직무가 갖는 상대적 가치를 결정하는 것은 점수법(point rating method)이다.

0889 ①

직무에 관한 정보를 수집, 분석하여 직무의 내용과 직무담당자의 자격요건을 체계화하는 것은 직무분석(job analysis)이다.

0890 ③

③ 여러 직무를 여러 작업자들이 순환하며 수행하는 방식은 직무순환(job rotation)이다.

0891 ③

부하의 재량권과 자율성을 강화하는 방식으로 직무를 수직적으로 확대하는 것을 직무충실화(job enrichment)라고 한다.

0892 ⑤

보기에 기술된 3가지를 모두 가능하게 하는 직무설계는 직무충실화(job enrichment)이다.

0893 ⑤
① 전통적 직무설계이다.
② 전통적 직무설계이다.
③ 전통적 직무설계이다.
④ 전통적 직무설계이다.
⑤ 현대적 직무설계이다.

0894 ④
① 직무순환(job rotation)
② 직무확대(job enlargement)=직무의 수평적 확대
③ 직무충실화(job enrichment)=직무의 수직적 확대
④ 직무세분화, 전문화, 표준화 등은 동기부여를 위한 직무설계가 아니라 생산성 향상을 위한 직무설계이다.
⑤ 자율적 작업집단(autonomous workgroup)=자율적 관리팀(self-managed work team): 집단 차원의 동기부여적 직무설계임

0895 ③
현대적 직무설계는 보통 '동기부여'에 기반을 두므로, Hackman과 Oldham의 직무특성이론으로 동기부여 효과를 설명할 수 있다면 현대적 직무설계 방안으로 보아도 된다.
① 직무순환(job rotation): 기술다양성(skill variety)을 증가시킴
② 직무확대: 기술다양성(skill variety)과 과업정체성(task identity)을 증가시킴
③ 직무전문화: 기술다양성(skill variety)과 과업정체성(task identity)을 감소시킴
④ 직무충실화: 자율성(autonomy)을 증가시킴
⑤ 준자율적 작업집단: 집단차원의 직무설계로 자율성(autonomy)을 증가시킴

0896 ⑤
⑤ 종업원이 수행하는 과업의 숫자는 증가하나 의사결정권한이나 책임은 별로 증가하지 않는 것은 직무확대(job enlargement)의 개념이다. 반면, 직무충실화(job enrichment)는 직무를 수직적으로 확대하여 작업자의 의사결정 권한과 책임을 증가시키는 것을 의미한다.

0897 ①
① 직무충실(job enrichment)은 조직구성원의 자율성과 책임, 의사결정 권한을 증대시키는 것을 통한 직무의 수직적 확대이다. 즉 업무 그 자체를 질적으로 충실히 하기 위해 업무에 계획, 준비, 통제라고 하는 내용을 추가하고, 책임이나 권한의 범위를 확대하여 업무의 수직적 폭을 넓히고자 하는 것이다.
④ 준자율적 작업집단(semi-autonomous workgroup)은 직무를 수행하는 집단에 자율성을 부여함으로써 집단 구성원들이 실행영역 뿐만 아니라 생산목표, 책임자 선정 등에 대한 계획 및 통제영역까지 자신들이 수립한 규범에 따라 직무를 스스로 통제하고 조정할 수 있게 하는 것이다. 자율적 관리팀(self-managed work team)과 유사한 개념이다.

0898 ④
동기부여를 위한 직무 설계는 핵크만과 올드햄의 5가지 핵심직무특성 즉 기술다양성, 과업정체성, 과업중요성, 자율성, 피드백을 높이는 것을 말한다.
① 기술다양성(skill variety)에 대한 내용으로 동기부여를 강조하는 직무설계에 해당한다.
② 과업 중요성(task significance)에 대한 내용으로 이 역시 동기부여를 강조하는 직무설계에 해당한다.
③ 자율성(autonomy)에 대한 내용으로 동기부여를 강조하는 직무설계에 해당한다.
④ 피드백(feedback)이 많거나 명확할수록 더 높게 동기부여 되므로 이는 틀린 내용이다.

0899 ③
직무충실화(job enrichment)는 직무를 수직적으로 확대하는 것으로 구체적으로는 작업자가 수행하는 직무에 대한 의사결정의 자율권과 재량, 책임을 부여하기 위해 직무수행과 관련된 계획, 조직, 통제, 평가기능 등을 추가하여 수행하도록 하는 것이다.

0900 ①
① 기존의 업무수행 프로세스에 대한 가장 기본적인 가정을 의심하고 재검토하는 것에서 시작하여 근본부터 전혀 다른 새로운 업무처리 방법을 설계하는 것은 BPR(business process reengineering)이다. 비즈니스 리스트럭처링(restructuring)은 일종의 '사업 구조조정'을 말하는 것으로 장래의 주력사업을 정하고 이 사업의 경쟁력 강화를 위해 어떤 신규 사업으로 진입할 것인지, 그리고 기존의 어떤 사업을 축소, 철수, 통폐합시킬 것인가를 결정하는 것을 의미한다.
③ 준자율적 작업집단은 동기부여적인 접근법에 따른 직무설계 방법으로 '개인'이 아니라 '집단'을 대상으로 하는 수직적 직무확대로 직무를 수행하는 작업집단에 어느 정도 자율성을 부여하여 구성원들이 자신들이 수립한 규범에 의해 스스로 통제하고 조정하는 집단을 의미한다.
④ 직무전문화는 전체적인 과업을 더 작은 요소로 나누어 담당하도록 하는 것을 의미하는 것이다. 즉 작업자로 하여금 좁은 범위의 과업을 수행하게 하는 것을 말한다.

0901 ④
④ 직무충실화(job enrichment)는 직무의 수직적인 확장으로 근로자가 스스로 직무를 계획, 실행, 평가하는 정도를 확대하는 것이다. 이는 성장 욕구가 '높은' 작업자의 만족도 향상에 효과적이다.

0902 ④
④ 직무담당자가 다양한 기술과 지식 등을 활용하도록 직무설계를 해야 한다는 것은 핵심직무특성 중 기술다양성(skill variety)을 의미한다.

0903 ②
① 분류법과 요소비교법은 직무평가 방법이다.
③ 해당 직무를 수행하기 위해 필요한 인적요건과 관련한 지식, 기술, 능력 등을 서술한 것은 직무명세서(job specification)이다.
④ 핵크만(Hackman)과 올드햄(Oldham)의 직무특성이론에서 5가지 핵심 직무차원은 기술다양성(skill variety), 과업정체성(task identity), 과업중요성(task significance), 자율성(autonomy), 피드백(feedback)이다.

0904 ④
① 직무의 수평적 확대
④ 직무의 수직적 확대

0905 ③
① 기계적 접근은 산업공학에 기반을 두고 있다.
② 동기부여적 접근은 심리학 중 조직심리학이나 행동과학에 기반을 두고 있다.
④ 작업 자체에 관심을 기울이는 것은 기계적 접근이다. 생물학적 접근은 인체공학에 기반을 두고 있다.

0906 ④
④ 작업자에게 작업에 대한 권한과 책임을 부여하는 직무설계이므로 성과에 대한 평가도 작업자 스스로가 확인해야 한다.

0907 ⑤
노동과학적 기법은 양적 인력수요 예측기법이다.

0908 ③
①②④⑤는 인력자원 수요예측기법 중 질적 방법에 해당하며, ③은 양적 방법에 해당한다.

0909 ④
④ 빠르게 변화하는 환경에 적응하는 데에는 내부모집보다는 외부모집이 더 효과적이다.

0910 ①
① 사내공모제는 내부모집이므로 이를 실시하면 종업원의 상위직급 승진 기회가 제공된다. 종업원의 상위직급 승진 기회가 제한되는 것은 외부모집이다.

0911 ②
① 승진 기회 확대로 종업원 동기부여 향상: 내부모집의 장점
③ 모집에 소요되는 시간, 비용 단축: 내부모집의 장점
④ 채용된 기업의 문화에 대한 적응이 쉬움: 외부모집의 단점

0912 ④
새로운 아이디어나 방법을 접하는 기회를 얻게 되는 것은 '외부모집'이다. 내부모집만을 활용하는 기업은 만장일치의 사고에 익숙하게 되어 전략적 변화나 혁신에 적응하지 못하는 경우가 생긴다. 따라서 외부모집을 하는 경우 조직은 새로운 아이디어나 방법을 접하는 기회를 얻게 된다. 또한 자격을 갖춘 자를 채용하게 되면 교육·훈련에 들어가는 비용을 절감할 수 있다.

0913 ③
ㄱ. 맞는 보기. 내부모집은 승진 기회를 제공함으로써 내부인들의 사기를 고양하고 자기 개발을 유도할 수 있다.
ㄴ. 맞는 보기. 내부모집은 조직 내에서 잘 알려진 지원자를 확보할 수 있어 지원자에 대한 정확한 평가가 가능하다.
ㄷ. 틀린 보기. 외부 모집의 장점에 대한 설명이다.

0914 ④
④ 고급 인력 확보는 외부 리쿠르팅 전문 인터넷 사이트보다는 헤드헌팅 업체나 헤드헌터 등을 통하는 것이 더 적절하다.

0915 ①
① 내부모집은 사내모집이라고도 하며, 조직 내부의 기존 인력을 대상으로 모집하는 것을 말한다. 조직 내에서 잘 알려진 지원자를 확보할 수 있어 지원자에 대한 정확한 평가가 가능하며, 지원자들이 모집하는 직무에 대하여 잘 알고 있기 때문에 직무에 대한 비현실적 기대를 최소화할 수 있으며, 종업원들에게 승진 기회를 제공함으로써 내부인들의 사기를 고양하고 자기개발을 유도할 수 있다.

0916 ③
다수의 면접자가 한 명의 응모자를 평가하는 방법은 패널면접이다. 반면 집단면접은 다수의 면접자가 다수의 응모자를 평가하는 방법이다.

0917 ⑤
선발시험 합격자들의 시험성적과 입사 후 일정 기간이 지나서 이들이 달성한 직무성과와의 상관관계를 측정하는 지표는 예측타당도(predictive validity)이다. 반면 현직 종업원들의 직무성과 점수와 그들에게 신입사원용 입사시험을 보게 한 후 얻은 두 점수 간 상관관계를 측정하는 지표는 동시타당성(concurrent validity)이다.

0918 ②

맥락효과(context effect)란 어떤 정보에 대한 평가는 그 정보가 어떤 맥락 안에서 제시되는가에 의해 영향 받는다는 것이다. 예를 들어, 5명의 피면접자가 집단면접을 할 경우, 4명의 피면접자들은 열등한데 비해 우월한 1명의 피면접자가 있다면 이 우월한 한명이 선발될 확률이 높아질 수 있고, 반대로 모든 피면접자들이 비슷할 경우 이 5명의 피면접자 그룹에서는 선발되는 인원이 없을 확률이 높아지는 것을 말한다. 결국 집단면접에서는 어떤 그룹에 속하느냐에 따라 선발될 확률이 달라질 수 있다는 것을 의미한다.

0919 ①

① 시험성적과 성과 간의 관계를 통해 측정하는 타당성은 기준관련타당성(criterion-related validity)이다. 이 가운데 바로 타당성을 측정하기 위해 현재 실무에 종사 중인 직원을 대상으로 시험문제를 풀게 하고 이들의 시험성적을 성과와 비교하는 것은 현재타당도(concurrent validity) 혹은 동시타당도이다.

② 기준관련타당성(criterion-related validity)의 하나로 예측타당도(predictive validity)는 신입사원의 시험성적을 보관하고 있다가 나중에 성과 점수가 나오면 그 때 시험성적과 성과 점수를 비교하여 측정한다.

③ 구성타당도(construct validity)는 일반적으로 특정한 추상적 개념을 측정하기 위해 설계된 측정 도구가 그 측정하고자 하는 개념을 얼마나 정확하게 측정하고 있는지 그 정도를 나타낸다.

④ 내용타당도(content validity)는 측정 도구의 내용이 측정하고자 하는 구성개념을 얼마나 적절히 반영하고 있는가에 관한 것이다.

⑤ 외적타당도(external validity)는 일반화 또는 대표성에 대한 문제로서 실험에 의해 어떤 관계가 발생하였을 때, 그것을 어떤 모집단에 일반화할 수 있는가 하는 문제와 관련된다.

0920 ②

① 신뢰성은 선발시험 점수끼리 비교하여 평가하는 것으로 신뢰성이 높다면 선발도구의 측정도구로서 오차가 적다고 볼 수 있다. 즉 선발도구로 측정된 점수가 믿을 만하다고 볼 수 있다.

② 선발도구로부터의 성과(점수)가 직무로부터의 성과를 반영하는 정도는 '타당성(validity)'이다.

0921 ③

① 올바른 합격자(true positive)란 검사에서 합격점을 받아서 채용되었고 채용된 후에도 만족스러운 직무수행을 나타내는 사람이다.

② 잘못된 합격자(false positive)란 검사에서 합격점을 받아서 채용되었지만 채용된 후에는 불만족스러운 직무수행을 나타내는 사람이다.

④ 잘못된 불합격자(false negative)란 검사에서 불합격점을 받아서 떨어뜨렸지만 채용하였다면 만족스러운 직무수행을 나타냈을 사람이다.

⑤ 인사선발 과정의 궁극적인 목적은 올바른 합격자와 올바른 불합격자를 최대한 늘리고 잘못된 불합격자와 잘못된 합격자를 줄이는 것이다.

0922 ③

① 스트레스 면접은 면접자가 지원자를 고의적으로 무시하거나 자존심을 상하게 하는 질문을 하거나 당황하게 하여 좌절감 등을 느끼도록 하여 스트레스 상황 하에서 얼마나 감정의 안정성을 유지하고 좌절의 극복 및 인내심을 발휘하는가를 관찰하는 방법이다.

② 집단면접은 한 명의 지원자에 대해 한 명의 면접관이 실시하는 단독면접과 구별되는 것으로 여러 명의 면접관이 여러 명의 지원자를 대상으로 실시하는 면접이다.

③ 상황면접은 주어진 상황에서의 대처능력을 알아보기 위한 면접으로, 상황면접에서 주어지는 질문은 경험기반 항목과 미래지향 항목으로 구분된다. 경험기반(experience-based) 항목은 지원자가 그 상황에 직면했을 때 과거에 그 사람이 경험했던 실제 경험을 드러내길 요구하며, 미래지향(future-oriented) 항목은 미래에 특정한 가상적인 상황에 직면했을 때 그 사람이 어떻게 대처할지를 묻는다.

④ 패널면접은 여러 명의 면접관이 한 명의 지원자를 면접하는 방식이다. 두 명 이상의 면접관이 종합적으로 판단하게 되므로 결과적으로 선발 과정에서 개인적인 편견을 줄일 수 있다.

⑤ 표적 집단면접(FGI: focus group interview)은 목적에 따라 모여진 소수의 응답자와 집중적인 대화를 통하여 정보를 찾아내는 소비자 분석 방법이다.

0923 ③

직무현장훈련(OJT: on-the-job training)이란 업무와 훈련을 겸하는 교육훈련 방법을 의미하는데, 생산직(blue collar)에서 주로 사용하는 OJT는 도제식 훈련이고, 사무직(white collar)에서 주로 사용하는 것은 인턴사원 제도이다.

0924 ③

① 모집활동
② 보상활동
③ 개발활동
④, ⑤ 유지활동

0925 ④

업무우수자가 우수한 훈련자가 아닌 경우도 많다.

0926 ③

OJT(on-the-job training)란 종업원이 직무에 관한 지식과 기술을 현직에 종사하면서 감독자의 지도하에 훈련받는 현장실무 중심의 현직훈련을 의미한다. 보기 가운데 OJT에 해당하는 것은 도제식 훈련이다. 나머지 세미나, 사례연구 시뮬레이션, 역할연기법 등은 직무현장을 떠나서 이루어지므로 off-the-job training에 해당한다.

0927 ②

② 역할연기법(role play)은 주어진 사례나 문제에서 어떠한 역할을 실제로 연기해 봄으로써 그의 당면한 문제를 체험해 보는 교육훈련 방법이다.

0928 ⑤

① 팀 학습(team learning): 개인 차원이 팀 차원의 학습으로 교차훈련(cross-training)이나 조정훈련(coordination training)이 있다.
② 학습조직(organizational learning): 지속적으로 변화하고 적응할 수 있는 능력을 가지고 있는 조직을 의미한다.
③ 문제중심학습(problem based learning): 기존의 강의 방식을 지양하고 문제를 해결해 나가는 과정을 통해 학습이 이루어지도록 하는 방법을 말한다.
④ 혼합형 학습(blended learning): 두 가지 이상의 학습 방법이 지니는 장점을 결합하여 적절히 활용함으로써 학습효과를 극대화하기 위한 학습 형태를 의미한다.

0929 ④

직무순환(job rotation)은 직무설계의 방법이지만 교육훈련 방법으로도 사용할 수 있다. 만약 교육훈련 방법으로 사용한다면 직무현장 훈련(OJT)에 해당한다. 또한 이를 팀내에서 사용하면 교차훈련(cross-training)이라고 한다.

0930 ②

① 오리엔테이션: 고용이 결정된 신입사원들에게 기업의 조직, 부서, 직무에 대하여 소개하는 교육훈련을 의미한다.
② 도제제도(apprenticeship): 초보자(도제)에게 전문가(장인)에 의하여 고도의 숙련직무에 필요한 이론과 실무를 종합적으로 훈련시키는 훈련 방법을 의미한다.
③ 직무순환제도: 근로자로 하여금 다양한 직무를 경험하게 함으로써 개인의 지식 및 기능을 향상시키는 동시에 조직의 특수적인 역량을 확보하게 하여 조직의 생산성 향상에 기여할 수 있도록 하는 제도를 의미한다.
④ 정신개발 교육 : 자기개발 훈련, 교양 훈련, 극기 훈련 등을 말한다.
⑤ 감수성 훈련: 다른 사람이 느끼고 생각하는 것을 정확히 감지할 수 있는 능력과 반응하는 태도로써 이는 행동을 개발하는 경영자 육성 방법 중 하나이다.

0931 ④

④ OJT는 직장의 상사가 일상 업무 중에서 행하는 직장 내 훈련, 멘토, 코칭의 방식으로 이루어지므로 근로자의 개인적 능력에 따른 교육훈련은 가능하지만 다수의 종업원에게 통일적이고 조직적인 교육은 불가능하다.

0932 ②

커크패트릭(Kirkpatrick)은 4단계 평가 기준은 반응, 학습, 행동, 결과이다.

0933 ①

① OJT는 직무현장훈련이므로 훈련을 담당하는 사람은 훈련전문가가 아니라 동료나 상사이다. 따라서 훈련의 효과에 대한 신뢰는 낮을 수 있다.

0934 ②

Kirkpatrick의 4단계 평가 모형은 교육 프로그램의 성과를 반응(Reaction), 학습(Learning), 행동(Behavior), 결과(Result)의 4단계로 평가할 것을 제시한 모형이다.
① 1단계 반응평가는 만족도 평가라고 할 수 있고, 학습자들이 어느 정도 만족했는가에 대한 주관적인 느낌을 평가하는 것이다.
② 2단계 학습평가는 학습 성취도에 관한 평가이다. 학습자들이 어느 정도 학습내용을 인지(이해)했는지 학습 성취도를 평가하는 것이다.
③ 3단계 행동평가는 실제 교육훈련이 업무에 얼마나 활용되고 있는지를 평가하는 것이다. 교육훈련을 통해 학습한 내용을 현장에서 어떻게 활용하는지 교육을 통한 현장에서의 태도변화를 평가하는 것이다.
④ 4단계 결과평가는 조직기여도를 평가하는 것이다. 즉, 학습 결과가 조직의 생산성을 향상시키는데 얼마나 기여했는가를 측정하는 것이다.

0935 ③

③ 직장 내 교육훈련(on-the-job training)은 보통 부서장이 주관하여 모든 계획과 집행의 책임을 지는 부서 내 교육훈련으로 현장 상황에 맞게 훈련할 수 있으나 훈련의 표준화 정도는 낮다.

0936 ②

② 직장 내 교육훈련(on-the-job training)은 보통 부서장이 주관하여 모든 계획과 집행의 책임을 지는 부서내 교육훈련으로 현장 상황에 맞게 훈련할 수 있으나 훈련의 표준화 정도는 낮다.

0937 ④

대용승진(surrogate promotion)은 준승진(quasi-promotion) 혹은 건승진(dry promotion)이라고도 하는데 승진은 발생했지만 직무내용이나 보상(임금)이 변동되지 않은 경우이다. 즉 직무내용의 실질적인 변동없이 직급명칭 혹은 자격명칭만 변경되는 형식적 승진이다.

0938 ⑤

봉사 닻 - 타인을 돕는 직업에서 일함으로써 타인의 삶을 향상시키고 사회를 위해 봉사하는데 주된 관심이 있다.

0939 ⑤

능력(적성), 직무, 시간 적합성을 극대화시키는 원칙은 '적재적소적시주의'이다.

0940 ②

'효과적인 임금제도의 설계'는 경력관리의 목적이 아니라 임금관리의 목적이다.

0941 ②

숙련자가 비숙련자에게 자신의 여러 가지 경영기법을 오랜 기간에 걸쳐 전수해 주는 교육·훈련 기법으로서 비공식적으로 진행되는 특징이 있는 것은 멘토링(mentoring)이다.

0942 ④

홀(D. T. Hall)은 레빈슨(D. J. Levinson)의 생애단계이론(life stage theory)에 영향을 받아 사람들이 일생에 있어서 생애단계를 거치는 것과 같이, 조직에 있어서 종업원들은 경력단계를 경험하게 된다는 사실을 확인하였다. Hall의 경력개발단계모형은 탐색단계 → 확립단계 → 유지단계 → 쇠퇴단계로 구성된다.

경력단계의 모형

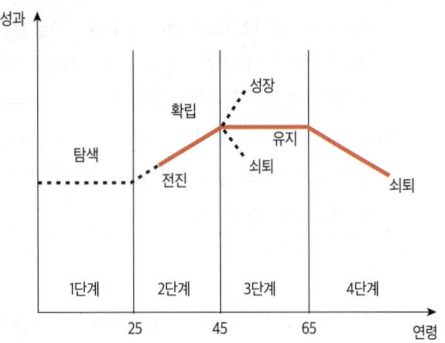

㉠ 탐색단계(1단계 : 25세 이하)는 기업에 처음으로 입사하여 여러 가지 활동을 탐색하고 직무와 관련된 기술과 지식을 습득하며, 자아개념을 정립하여 자신이 무엇을 해야 할 것인가에 대한 경력지향(career-orientation)을 결정한다.

㉡ 확립단계(2단계 : 25세~45세)는 탐색단계에서 시행착오를 거쳐 하나의 직업 또는 직장을 선택하여 정착하고, 장기적 고용관계를 유지하려는 시기. 이 시기에 개인들은 자신의 능력과 발전가능성을 파악하고, 조직 내의 정보교류를 통하여 자신의 성장경로를 설정한다.

㉢ 유지단계(3단계 : 45~65세)는 조직은 개인의 지식과 경험을 효과적으로 활용하여 중요한 업무를 수행하도록 하고, 개인은 경력개발을 통하여 생산적·역동적으로 활동하며, 부하들을 지도, 개발하는 등 조직 내에서 개인의 위치와 책임이 중요시되는 시기이다. 즉 다음 세대에 무엇인가 의미있는 것을 만들어내려고 노력하는 시기라고 해서 "생산의 시기"라고도 한다.

㉣ 쇠퇴단계(4단계 : 65세 이상)는 개인의 육체적·정신적 능력이 쇠퇴하고 개인의 목표와 열망, 경력개발 등에 대한 의욕이 감퇴하는 시기이다. 이 단계에는 최고경영자나 아이디어 혁신가로서 역할을 수행하게 되므로 조직의 방향설정에 중요한 영향을 미치며, 인간관계는 조직의 외부에서 이루어진다.

0943 ②

① 직급승진은 '사원-대리-과장-차장-부장'의 순서로 직급의 상승이 이루어지는 것을 말하며 승진에 따른 권한변동은 적은 편이며, 주로 급여의 인상을 목적으로 하는 것을 말한다.
③ 자격승진은 종업원이 갖추고 있는 자격에 따라 승진시키는 것을 말한다. 직능자격제도에 따른 승진이다.
④ 연공승진은 구성원의 학력, 연령, 경력 및 근속년수 등을 기반으로 구성원 개인적인 신분과 연공에 의해 승진시키는 것이다.
⑤ 조직변화(OC) 승진은 승진의 대상에 비해서 직위가 부족한 경우 조직변화를 통한 조직의 직위 계층을 늘려서 종업원들에게 승진 기회를 확대시키는 것을 말한다.

0944 ⑤

직무수행상태를 표시하는 고과척도에 의해 직무요건과 피고과자를 대응시키는 방법으로 기업에서 가장 많이 사용되는 것은 평정척도법(rating scale)이다. 반면 행동평가척도법(BOS: behavioral observation scale)은 피평가자의 해당 행동 빈도를 관찰하여 빈도를 측정하는 방식으로 평가하는 기법이다.

0945 ①

평가대상자를 며칠 간 합숙시키면서 각종 게임 및 토의, 심리검사 등을 통해 평가하는 방법은 평가센터법(assessment center 혹은 human assessment center method)이다. 중요사건서술법(CIM: critical incident method)은 평가기간에 일어난 효과적 또는 비효과적, 성공 또는 실패한 업적 등 중요사건을 관찰·기록해두었다가 이것을 토대로 평가하는 방법이다.

0946 ②

인사고과(인사평가)는 직무를 수행하는 사람을 평가하는 것이고, 직무평가는 직무 자체를 평가하는 것이다. 따라서 직무의 가치평가는 직무평가(job evaluation)의 목적이지 인사평가의 목적이 아니다.

0947 ④

다면평가는 피평가자를 둘러싼 여러 사람들이 평가하는 방법이므로 특정 계층 고과자들에 의하여 평가가 좌우되지는 않는다.

0948 ①
후광효과(halo effect)에 대한 설명이다. 즉 어느 한 요소에서의 평가결과가 다른 요소에 대한 평가에 긍정적 영향을 주는 경향을 말한다.

0949 ⑤
인사평가는 개인의 성과를 측정하는 것인데 개인의 성과에는 개인성과에 공헌하는 요소와 집단성과에 공헌하는 요소 모두 포함된다.

0950 ③
복수의 평가자가 여러 가지 평가 도구를 활용하여 지원자의 행동을 관찰 및 평가하여 선발하는 방법은 평가센터법(혹은 종합평가제도)이다.

0951 ①
인사고과 시 부하들의 능력이나 성과를 실제보다 높게 평가하는 경향을 관대화 경향이라고 한다.

0952 ②
상관편견(correlational bias)이란 고과자가 고과항목의 의미를 정확하게 이해 못했을 때 나타난다. 예를 들면 성실성과 책임감, 창의력과 기획력이라는 항목간의 정확한 차이를 구분 못하는 고과자는 피고과자를 평가할 때 항목들에 대해 항상 똑같은 점수를 주는 것이다. 상관편견과 유사한 것으로 논리적 오류(logical error)가 있는데 상관편견은 두 항목간의 차이를 구분하지 못해서 생기는 오류지만 논리적 오류는 개인이 가진 두 가지 이상의 행동특성을 서로 관련이 깊은 것으로 생각하고 그 중 하나의 특성만 보고 다른 특성까지도 유사한 성질의 것으로 평정함으로써 빗게 되는 오류를 말한다. 논리적 오류는 두 가지 이상의 특성이 서로 관련이 깊은 것으로 생각하여 'A가 이러하다면, B도 그것과 관련이 깊으므로 필경 같을 것이다'라는 논리적 판단이 개입되는 경우이다. 예컨대 어떤 학생이 글씨를 잘 쓰면 그를 공부 잘하는 학생으로 본다든가, 사교성이 있는 사람이면 명랑한 성격을 가진 사람으로 단정해 버리는 것과 같은 경우이다.

0953 ②
서열화 경향이라는 오류는 존재하지 않는다.

0954 ⑤
피고과자의 능력을 실제보다 높게 평가하는 것을 관대화 경향(leniency error)이라고 하며, 대비오차(contrast errors)는 고과자가 자신과 비교하여 피고과자를 평가할 때 발생하는 오류이다.

0955 ③
① 신뢰성(reliability): 인사평가에 있어서 결과치의 일관성(consistency) 또는 안정성을 의미함
③ 타당성(validity): 직무성과와 관련성(relevance)이 있는 내용을 측정하는 정도를 말함

0956 ②
① 직접서열법(ranking): 피평가자의 업적이나 가치에 대해 서열을 매기는 방법
② 행위관찰평가법(BOS: behavioral observation scale): 피평가자가 해당 행동의 빈도를 관찰하여 빈도를 측정하는 방식으로 평가(절대평가)
③ 분류법: 이는 인사고과 방법이 아니라 직무평가(job evaluation)의 방법임
④ 요인비교법: 이 역시 직무평가 기법임
⑤ 쌍대비교법(paired-comparison ranking): 순위를 매기기 위해 종업원들을 서로 짝을 지워서 평가하는 방법

0957 ④
평가자가 피평가자의 일상 작업생활에 대한 관찰 등을 통해 특별히 효과적이거나 비효과적인 행동, 업적 등을 기록하고 이를 평가시점에 정리하여 평가하는 기법은 중요사건기술법(critical incident method)이다.

0958 ⑤
⑤ 평가센터법은 여러 가지 평가도구들과 여러 전문가들이 평가에 참여하므로 다른 평가기법에 비해 상대적으로 비용과 시간이 많이 소요된다.

0959 ③
인사평가방법 중 피평가자의 능력, 태도, 작업, 성과 등에 관련된 표준행동들을 제시하고 평가자가 해당 서술문을 대조하여 평가하는 방법은 체크리스트법이다.

0960 ①
① 피고과자가 속한 사회적 집단에 대한 평가를 기초로 사람을 판단하는 오류는 상동적 오류(stereotyping errors)이다.

0961 ③
분배적 오류 혹은 분포상의 오류는 관대화 경향, 가혹화 경향, 중심화 경향 등 3가지로 구분된다.

0962 ④
비용과 시간이 많이 필요하기 때문에 관리직 인력을 선발할 때 주로 사용하며, 다수의 지원자를 특정 장소에 모아놓고 여러 종류의 선발도구를 적용하여 지원자를 평가하는 방법은 평가센터법이다.

0963 ②
② 후광효과(halo effect)는 어떤 특정인이 가진 지엽적인 특성만을 가지고 그 사람의 모든 측면을 '긍정적'으로 평가하는 오류를 의미한다. 참고로 평가자와 피평가자 간의 가치관, 행동 패턴 그리고 태도 면에서 유시한 정도에 따라 평가 결과가 영향을 받는 것은 '유사효과(similar-to-me effect)'이다.

0964 ④
① 인사평가의 종류에는 특성, 행동, 결과가 있는데 BARS, BOS, CIM, 체크리스트법 등은 '행동'을 관찰하여 평가하는 방법에 해당된다.
② BARS는 절대평가 방식으로 평가범주마다 제시된 대표적인 행동패턴 가운데 하나를 선택하여 등급을 매긴다.
③ 직무수행에 성공적인 행동을 찾은 후에 이를 지표화해야 하므로 평가방법의 개발에 시간 및 비용이 많이 들며 평가의 타당성 확보가 어렵다는 단점이 있다.
④ 척도의 타당성과 수용성을 확보하기 위해 척도개발에 실제 사용하는 평가자와 피평가자도 개발과정에 참여시킨다.

0965 ①
① 평가자들의 정치적 성향은 성과 평가에 오류를 가져올 수 있다. 만약 자신과 정치적 성향과 같다는 이유로 특정의 피평가자에게 좋은 점수를 준다면 이는 유사효과(similar-to-me effect)라고 할 수 있다.
② 평가자들은 자신과 비슷하다고 생각하는 사람을 더 좋게 평가하는 경향이 있다. 이는 유사효과(similar-to-me effect)를 의미한다.
③ 평가자들은 개인을 비교할 때 객관적 기준이 아니라 다른 사람과 비교하는 대조 오류를 범할 수 있다. 이는 대조효과(contrast effect)에 관한 내용이다.
④ 평가자들은 하나의 특징을 가지고 다른 부분들을 판단하는 경향이 있다. 이는 후광효과(halo effect)에 관한 내용이다.

0966 ③
다면평가의 결과는 피평가자에게 피드백되므로 발전적 목적에 충실한 인사평가 기법이라고 할 수 있다.

0967 ④
① 평가센터법에서 테스트하는 것 중에 상당 부분이 피평가자의 언어능력(verbal ability)에 기반하므로 언어능력이 뛰어나면 다른 능력을 평가하는데 현혹효과(halo effect)가 나타날 가능성이 있다.
② 여러 기법을 사용하여 종합적으로 평가하므로 다른 평가 기법에 비해 평가 시간과 비용이 많이 소요된다.
③ 관리자들의 선발이나 승진에도 사용되지만 관리자를 종합적으로 평가한 후, 이 결과를 기존 관리자들에게 피드백하여 기존 관리자들의 인력개발을 위해서도 활용될 수 있다.
④ 전문성을 갖춘 한 명이 아니라 여러 명의 평가자가 다수의 피평가자를 평가하는 기법이다.

0968 ③
① 집단성과급제도(성과배분제도)는 일정한 조직단위를 기준으로 성과를 측정하고 그에 준하는 임금을 지불하는 것으로 집단적 성과급제는 업무 성격 상 구성원 개개인의 업적을 평가하기가 힘들거나 구성원들의 협조 및 공동의 노력이 중요시되는 경우 적용될 수 있다.
③ 목표에 의한 관리(MBO)는 상사와 부하가 공동으로 목표를 설정한 후 목표가 달성된 정도를 측정하고 평가함으로써 경영의 효율성을 증진시키기 위한 전사적 차원의 조직관리 체계를 의미한다. ③은 다면평가제(360도 평가)를 설명하고 있다. 다면평가제는 상사의 평가는 물론 부하직원의 상향평가, 동료 직원의 평가 외에 필요한 경우 고객의 평가까지 동원하는 것으로 평가의 주체가 다양해 인사고과에 대한 공정성 및 객관성 등을 높일 수 있으며 평가 결과에 대한 반발을 감소시킬 수 있다.
④ 선택적(카페테리아식) 복리후생은 마치 카페테리아에서 자신이 원하는 음식을 선택하듯이 기업이 제공하는 복리후생 항목 중 일정금액 한도 내에서 노동자가 자신의 필요에 맞춰 복리후생 항목을 설계할 수 있게 한 제도를 의미한다. 선택적 복리후생은 구성원의 욕구를 반영함으로써 동기부여에 효과적이고, 구성원의 자율적 선택권을 보장해 취향을 만족시킬 수 있으며, 복리후생 제도의 효과 파악이 용이한 반면에 구성원이 선택을 잘못했을 경우 효과가 반감되며, 관리 및 운영 등이 복잡하면서 많은 비용이 소요되고, 구성원이 특정 복리후생을 선호하게 되는 경우 비용 상의 문제가 발생하게 된다.

0969 ②
② 행동기준평정척도법(behaviorally anchored rating scales:BARS)은 중요사건법(CIM)을 기초로 하고 있으므로 직무와 관련하여 '보편적' 행동이 아니라 '중요한' 행동을 선정하여 평가한다.

0970 ②
② 보통 관리 직무에 요구되는 다양한 수행차원에 대해 피평가자들을 평가한다.

0971 ⑤
⑤ 평가센터법(assessment center method)은 관리자들이 선발, 개발, 적성 및 능력 등의 진단을 위해 실시되는 평가 방법을 말하며, 통상적으로 외부와 차단된 별도의 장소에서 다수의 평가자들이 일정한 기준을 가지고 평가를 실시하는 방법이다.

0972 ③
각 직무담당자의 성과를 평가함과 동시에 그가 지닌 잠재적 능력 및 개발 가능성에 초점을 두는 현대적 인사고과시스템 설계의 기본원칙은 다음과 같다.
㉠ 고객중시의 원칙 : 내·외부 고객의 입장에서 평가요소를 추출하고 평가요소에 고객 참여
㉡ 계량화의 원칙 : 객관성과 수용성을 제고하기 위해 최대한 계량화
㉢ 다면평가의 원칙 : 다양한 관점에서 평가가 이루어지도록 설계

ⓔ 경쟁과 협동의 원칙 : 경쟁과 협동이 원활히 이루어지도록 개인평가와 집단평가를 조화
ⓕ 과업특성 고려의 원칙 : 직무분석을 바탕으로 담당업무 성격에 따라 고과 차별화
ⓖ 종합관리의 원칙 : 업적, 능력, 태도를 종합적인 시각에서 평가
ⓗ 계층별·목적별 평가의 원칙 : 계층과 평가목적에 따라 평가체계 차별화
ⓘ 수용성의 원칙 : 구성원 전체가 납득할 수 있는 제도

0973 ⑤

인사평가(performance appraisal)는 조직의 목표를 달성하기 위해서 조직원 개개인의 행동과 성과를 평가하고 조정하는 것을 의미한다. 즉, 인사평가 제도는 종업원의 능력을 강화하고 생산성을 촉진시키도록 고안된 지속적이며, 쌍방향의 프로세스이다. 참고로 행동평가는 직무 수행의 과정이 중요할 때 사용한다.

㉠ 평정척도법(rating scale)은 한 직원의 성과요인에 등급을 매기는 성과평가 방법으로 '특성평가'에 해당한다.
㉡ 목표관리(MBO : management by objectives)는 조직의 각 수준에 있는 사람들이 위에서부터 아래로 과업이 흘러가는 과정에서 목표를 수립하는 시스템으로 '결과평가'에 해당한다.
㉢ 중요사건법(CIM : critical incident method)은 평가기간에 일어난 효과적 또는 비효과적 성공 또는 실패한 업적 등 중요사건을 관찰·기록해 두었다가 이것을 토대로 평가하는 방법으로 '행동평가'에 해당한다.
㉣ 행위기준고과법(BARS: behaviorally anchored rating scale)은 실제 업무 행동의 예시들에 대해서 한 직원의 행동을 구체적으로 평가하는 성과평가 방법으로 '행동평가'에 해당한다.
㉤ 체크리스트법(checklist method)은 평가에 적당한 몇 가지의 표준행동을 구체적으로 기술한 문장을 소정의 리스트에 작성·기재하고 종업원의 능력, 근무상태 등에 관하여 이 리스트와 대조하고 해당 사항이 있으면 체크한 후 일정한 채점기준표를 통하여 등급을 매기는 방법으로 '행동평가'에 해당한다.

0974 ⑤

일반적인 고과 요소로는 태도, 능력요소, 업적요소 등이 있다. 통상적으로 업적고과의 경우에는 개발부서, 영업부서 등에서 실시하며 능력요소 및 태도고과의 경우에는 모든 구성원들을 대상으로 실시한다.

0975 ①

① 행동기준평가법(behaviorally anchored rating scales)은 피평가자의 실제 행동을 평가의 기준으로 삼는 고과법으로 중요사건기술법(CIM)과 평정척도법(rating scale)이 결합된 기법이다.

0976 ④

① 행동기준고과법(BARS: behavioral anchored rating scale)은 실제 업무 행동의 예시들에 대해서 한 직원의 행동을 구체적으로 평가하는 성과평가 방법으로 중요사건법(CIM)과 평가척도법(rating scale)을 기초로 한다.
② 다면평가는 기존의 상급자가 하급자를 평가하는 하향식 평가는 물론, 동료, 부하직원, 외부의 고객들과 더 나아가 자신까지도 평가자가 되는 평가방식을 말하며 이는 다른 말로 360도(360 degree)평가라고도 한다.
③ 후광효과(halo effect)는 특정인이 가진 지엽적인 특성만을 가지고 그 사람의 모든 측면을 '긍정적'으로 평가하는 오류를 말한다. 피평가자 개인의 특성보다는 출신학교와 같은 사회적 집단에 근거해 평가할 때 나타나는 오류는 스테레오 타이핑(stereotyping)이다.

0977 ④

출제오류 문제임. "평가자 자신이 인지하지 못하는 오류"라는 것이 존재하지 않는다. 인터넷에서 아래와 같은 분류를 찾았는데 이런 분류를 누군가 주장하더라도 국가 공인시험에서는 이를 검증하고 출제했어야 하는데 그렇지 못했다. 아래 분류가 정확하다면 왜 '중심화 경향'은 두가지 분류에 모두 해당하는가? 적어도 분류라고 하면 분류간 상호배타적 특징은 지니고 있어야 하지 않을까?

(참고) 인사평가 오류의 구분
㉠ 고과자의 의도적인 주관적 평가로 인해 발생하는 오류 : 중심화 경향, 관대화 경향, 상동적 오류, 가혹화 경향, 평균화의 오류, 연공 오류
㉡ 고과자 자신이 인지하지 못하는 오류 : 시간적 오류, 대비 오류, 유사성 오류, 후광효과, 상관 편견
㉢ 정보 부족으로 인한 오류 : 중심화 경향, 2차 고과자의 오류, 귀속 과정의 오류

0978 ④

④ 평가척도법(rating scale method)은 평가요소별 척도 혹은 등급을 정한 후 피고과자의 업무성과를 체크하는 방법이다.

0979 ①

① 중심화 경향(central tendency)은 매우 좋다 혹은 나쁘다 하는 판단을 기피하여 중간 정도로 판단하는 것 즉, 고과자가 평가 방법을 잘 이해하지 못하거나 피고과자들 간의 차이를 인식하지 못하는 무능력에서 발생할 수 있는 인사고과의 오류를 말한다.
② 논리적 오류(logical errors)는 평가자가 평소 논리적인 사고에 얽매여 임의적으로 평가해버리는 경우를 말한다. 이는 각 평가 항목 간 논리적인 상관관계가 있는 경우, 비교적 높게 평가된 평가항목이 있으면 다른 항목도 높게 평가하는 경향을 말한다.
③ 현혹 효과(halo effect)는 피고과자의 어느 한 면을 기준으로 다른 것까지 함께 평가하는 경향을 말한다.

④ 상동적 태도(stereotyping)는 개인 간의 차이를 충분히 고려하지 않은 채, 타인의 행동이나 성격을 그 개인이 속한 집단의 속성으로 규정하는 것을 말한다.
⑤ 근접 오차(proximity errors)는 인사평가표상에서 근접하고 있는 평가 요소의 평가 결과 혹은 특정평가 시간 내에서의 평가 요소 간의 평가 결과가 유사하게 되는 경향을 말한다. 시간적인 근접 오류의 예로 업적평가를 하고 난 후에 곧바로 능력평가를 하게 되면 상당한 시간이 경과된 후에 평가하는 것보다 더 유사한 평가 결과가 나오게 될 가능성이 있다. 즉, 시간적으로 근접해 있으면 앞의 결과에 영향을 받기 쉽다는 것이다.

0980 ②
② 기업의 성과는 매우 다양한 측면이 존재하므로 일이 처리되는 방식과 얼마나 많은 일이 얼마나 자주 처리되는지도 함께 중요하다.

0981 ①
① 측정 결과가 실제 성과를 얼마나 제대로 평가했는지 정도는 신뢰성이 아니라 타당성이다.

0982 ①
임금수준(pay level)은 종업원에게 지급하는 평균임금을 의미하는데, 임금수준의 상한선은 기업의 지불능력이 결정하며, 하한선은 종업원의 생계비, 평균은 동종기업의 임금수준과 비교하여 결정된다. 노조의 단체교섭력도 임금수준에 영향을 미치는 요인 중에 하나이다. 가령 노조의 단체교섭력이 강하면 임금수준은 높아질 가능성이 높다.

0983 ③
생계비, 시장임금, 경쟁기업의 임금, 물가상승률 등은 임금수준 결정의 외적요소이다.

0984 ②
연공주의 임금제도는 근속년수가 증가할수록 임금이 상승하므로 장기근속을 유도(이직과 노동이동 감소)하는 측면이 있으며, 근로자의 생활을 안정시키는 측면도 있다. 또한 연공은 객관적 측정이 가능하므로 임금계산이 객관적이고 간편하다. 그러나 직무수행 성과나 직무난이도를 반영하지 못해 종업원을 동기부여하지 못하며, 능력에 따른 보상이 이루어지지 않아 고급인력의 확보와 유지에 어려움이 있다.

0985 ②
직무급은 직무평가(job evaluation)를 통해 임금이 산정되므로 임금 산정 절차가 단순하지는 않다. 오히려 임금을 산정하는 절차가 단순한 것은 연공급이라고 할 수 있다.

0986 ④
생계비 수준, 타 기업의 임금수준은 임금수준(pay level) 결정의 외적 요소이다.

0987 ③
① 직무급(job-based pay): 직무의 상대적 가치에 따라 임금을 차등화하는 제도
② 연공급(seniority-based pay): 근속년수에 따라 임금을 차등화하는 제도
③ 직능급(skill-based pay): 직무수행능력에 따라 임금을 차등화하는 제도
④ 업적급: 업적에 따라 임금을 차등화하는 제도(기본급이라기 보다는 추가급)
⑤ 성과급(performance-based pay): 성과에 비례하여 임금을 차등화하는 제도

0988 ④
동일 직무를 수행하면 동일 임금을 지급하는 임금체계는 직무급(job-based pay)이다. 직능급은 업무수행자가 보유한 능력에 따라 임금을 차등지급하는 제도로 동일한 직능 수준을 보유하고 있으면 어떤 직무를 수행하는가에 관계없이 동일한 임금을 받는 제도이다.

0989 ⑤
임금수준의 상한선은 기업의 지불능력에 의하여 결정된다.

0990 ⑤
⑤ 직무급을 시행하기 위해서는 직무분석(job analysis)과 직무평가(job evaluation)가 반드시 필요하므로 시행 절차가 간단하고 적용이 용이하지는 않다.

0991 ①
① 직무급(Job-based pay): 직무의 상대적 가치로 임금 차등화
② 연공급(Seniority-based pay): 근속연수를 근간으로 임금 차등화
③ 역량위주의 임금(Competency-based pay): 보유한 역량을 근간으로 임금 차등화
④ 스킬위주의 임금(Skill-based pay): 보유한 스킬을 근간으로 임금 차등화

0992 ①
① 기업의 임금총액을 종업원 수로 나누면 평균임금이 계산되는데, 평균임금은 임금체계가 아니라 임금수준과 관련이 있다. 임금체계는 총액임금을 어떤 기준으로 종업원에게 배분할 것인가의 문제를 다룬다.

0993 ①
직무급(job-based pay)은 담당하고 있는 직무의 상대적 가치를 기준으로 임금을 책정하는 임금체계를 말한다. 직무의 상대적 가치는 직무평가(job evaluation)를 통해 달성되며, 이 때 평가기준은 숙련, 노력, 책임, 직무환경 등이다.

0994 ④
① 연공급(seniority-based pay)은 근속연수인 연공에 비례하여 임금을 산정하여 지급하는 방식이다.
② 직능급(skill-based pay)은 직무에 공헌할 수 있는 담당자의 능력을 기초로 임금을 책정하는 것이다.
③ 직무급(job-based pay)은 맡은 직무의 상대적 가치를 기준으로 임금을 책정하는 것이다.
⑤ 역량급(competency-based pay)은 직원이 습득한 역량을 근간으로 임금을 차등 책정하는 제도이다.

0995 ②
① 직무급(job-based pay)은 해당 기업에 존재하는 직무들을 평가하여 상대적인 가치에 따라 임금을 결정하는 제도이다.
③ 연공급(seniority-based pay)은 종업원의 근속년수를 기준으로 임금을 차별화하는 제도이다.
④ 성과급(performance-based pay)은 종업원이 달성한 성과의 크기를 기준으로 임금액을 결정하는 제도이다.

0996 ②
① 직무급의 임금체계를 도입하기 위해서 직무의 상대적 가치를 정하는 절차인 직무평가가 선행되어야 한다.
② 직원의 연령, 근속 연수, 학력 등 속인적 요소가 강조되는 것은 직무급이 아니라 연공급이다. 직무급은 직원이 담당하고 있는 직무의 숙련, 노력, 책임, 작업조건 등의 속직적 요소가 강조된다.
③ 종업원이 담당하고 있는 직무에 따라 임금이 달라지므로 동일노동에 대한 동일임금의 원칙이 적용된다.
④ 조직 내 직무들 간 상대적 가치 즉 직무평가를 기준으로 임금이 달라진다.

0997 ③
③ '동일노동 동일임금(Equal Pay for Equal Work)'이 적용되는 것은 직무급(job-based pay)이다.

0998 ③
③ 직능급(skill-based pay)은 직무에 공헌할 수 있는 담당자의 능력을 기초로 임금을 책정하는 것으로 직무내용에 따른 임금 결정이 아니므로 비용이 많이 드는 직무분석 또는 직무평가가 전제되지 않는다. 하지만 정확하고 공정한 종업원의 능력에 대한 평가가 전제되어야 한다.

0999 ⑤
① 최저생계비는 종업원이 건강하고 문화적인 생활을 유지하기 위하여 필요한 최소한의 비용을 의미한다. 종업원의 생계비 수준은 종업원 개인뿐만 아니라 그를 둘러싸고 있는 가족의 생계비 수준까지의 의미를 포함한다. 이러한 생계비 수준은 임금수준 결정에 있어 하한선이 된다.

② 최저생계비는 물가 또는 물자의 공급 상태에 따라 이론생계비와 실태생계비에 기초를 두고 산정된다. 이론 생계비는 생계비 계측 기준으로 설정한 모형에 따라 표준생계비와 최저생계비로 구분할 수 있다. 예를 들어, 생계비 계측 모형의 기준을 노동자 가구의 '표준적인 생활'로 선택하면 '표준생계비'가 되며, 노동자가구의 '최저수준의 생활'을 선택하면 '최저생계비'가 되는 것이다. 이론생계비와 달리 실태생계비는 일상 생활에서 필요에 의해 지출한 실제 비용을 조사한 생계비이다.
③④ 종업원들은 개인이 아닌 가족으로서 생활유지를 항상 염두에 두어야 하므로 연령별 세대모형(family model)이 고려되어야 한다. 다시 말해, 라이프사이클에 따라서 생계비가 다르므로 생계비 보장에 의한 임금의 하한선을 결정할 때는 종업원의 라이프사이클을 정확하게 파악해야 한다.
⑤ 실태 생계비는 실질적으로 한 명의 노동자가 생활하는 데 어느 정도의 비용이 필요한지를 알아보는 것이며, 연간 가계 동향은 가계의 소득 동향과 지출 동향을 보여주는 자료로 기본적인 삶의 수준을 나타낸다. 이론생계비는 열량 필요량 등을 포함하여 과학적 기준에 의거하여 표준 가계의 생활모형을 설정하고 그 생활의 유지에 필요한 품목의 종류와 수량을 결정하여 여기에 필요한 비용을 계산한 것으로 이론생계비는 이론상으로는 합리적이지만 실질적이지 못하다는 단점을 지닌다.

1000 ②
ㄱ. 연공급: 종업원의 근속연수
ㄴ. 직무급: 직무의 가치
ㄷ. 성과급: 업무의 성과
ㄹ. 직능급: 종업원이 보유한 스킬

1001 ③
임금관리의 3요소는 다음과 같다.

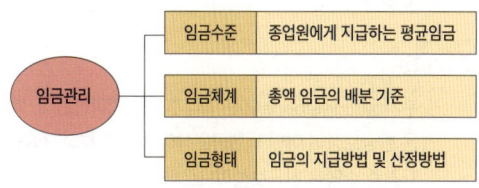

1002 ④
사전에 약정된 가격으로 신주 또는 자기주식을 일정 수량까지 일정기간 내에 매수할 수 있는 권리를 주는 것을 주식매입선택권 혹은 스톡옵션(stock option)이라고 한다.

1003 ⑤
성과배분기준으로 스캔론 플랜에서는 매출액(혹은 판매가치)을, 럭커 플랜에서는 부가가치를 사용한다.

1004 ⑤

성과배분(gain sharing)제도는 말 그대로 발생한 이득(gain)을 노사가 나눈다(share)는 것을 의미하므로 스캔론 플랜과 럭커플랜 모두 이득을 사전에 합의된 비율에 따라 노사가 배분한다.

1005 ③

스캔론 플랜(Scanlon plan)은 판매가치(매출액) 대비 인건비 비중으로 집단성과를 계산하며, 럭커 플랜(Rucker plan)은 부가가치 대비 인건비 비중으로 집단성과를 계산한다.

1006 ③

테일러식 차별적 성과급은 임률의 종류를 두 가지로 정하고 있으며 메리크식 복률성과급은 임률을 3가지로 정하고 있다.

1007 ①

단위당 소요되는 표준작업시간과 실제작업시간을 비교하여 절약된 작업시간에 대한 생산성 이득을 노사가 각각 50:50의 비율로 배분하는 임금제도는 임프로쉐어 플랜이다.

1008 ④

부가가치를 기준으로 인센티브를 산정하는 것은 럭커 플랜이다. 반면 스캔론 플랜은 판매가치(혹은 매출액)를 기준으로 인센티브를 산정한다.

1009 ①

① 스캔론 플랜(Scanlon Plan)은 생산(물)의 판매 가치(혹은 매출액)를 기준으로 보너스를 지급한다.

1010 ④

구성원들 사이에 능력과 성과에 큰 차이가 존재한다면 집단 내 고성과자들의 업적이 집단성과급 하에서는 정확하게 반영되지 않기 때문에 공동협조와 집단의 동기부여가 지속될 수 없다.

1011 ③

부가급(fringe benefit)은 복리후생을 의미하는데, 복리후생은 현금보상이 아닌 비현금보상이 주를 이룬다. 직능수당 즉 자격증 수당은 현금보상이므로 부가급에 해당하지 않는다.

1012 ②

② 어떤 반응 뒤에 혐오적 자극 즉 처벌(punishment)은 미래에 그 반응의 빈도를 감소시키는 역할을 하지만 호의적 자극인 보상은 그 이후 유사한 상황에서 그 행동의 발생가능성을 증가시킨다.

1013 ①

② 럭커 플랜(Rucker plan)은 부가가치 비율을 기준으로 보너스를 지급하는 것을 말한다.
③ 임프로쉐어(improshare)는 표준 작업시간과 비교한 절약된 노동시간을 기준으로 보너스를 지급하는 방식을 말한다.

④ 성과배분제(profit sharing)는 경영성과로 인해 발생한 이익의 일정 몫을 노사 간 배분하는 것을 말한다.
⑤ 직능급제(skill based pay)는 구성원들이 수행하는 기술이 아닌 보유하고 있는 기술의 종류 및 수준 등으로 임금을 결정하는 것을 말한다.

1014 ④

법정복리후생 내 사회보험에 속하는 것은 국민연금, 의료보험, 고용보험, 산업재해보상보험이다.

1015 ③

법정복리후생에는 4대 보험(국민건강보험, 국민연금, 산업재해보상보험, 고용보험)과 유급휴가, 퇴직금 등이 있다.

1016 ④

건강보험, 국민연금, 고용보험, 산업재해보상보험 등의 4대 보험에 더불어 퇴직금과 유급휴가제도는 법정복리후생에 해당한다.

1017 ①

법정 복리후생제도는 근로기준법에 규정된 항목으로서 일정한 기준에 해당되는 경우 기업에서 반드시 제공하여야 할 의무가 있는 제도를 의미하는 것으로 이에는 의료보험, 국민연금, 산업재해보상보험, 고용보험, 퇴직금, 유급휴가제도 등이 있다. 법정 외 복리후생제도는 법에서 강제하는 제도가 아니라 기업이 임의적으로 제공하는 자발적인 복리후생제도를 의미한다. 이에는 보육지원, 경조비, 통근비용, 자녀학비보조, 문화체육오락비용의 보조, 자기계발지원, 주거비 보조 등이 있다.
② 고용보험은 국내에서 1995년부터 시행되었으며 고용안정, 직업능력개발, 실업수당 지급 등을 목적으로 시행하고 있다. 고용 보험료에 대한 재원은 고용안정 사업과 직업능력 개발 사업에 대해서는 기업이 전액 부담해야 하고, 실업 수당 보험료에 대해서만 기업과 종업원이 반씩 부담한다.
③ 의료보험은 상시 근로자가 5인 이상인 사업장에 종사하는 근로자 및 피부양자에 대해 적용된다. 보험료는 원칙적으로 기업과 종업원이 반씩 부담한다.
④ 국민연금은 기업의 연금보험료 지원은 5인 이상 고용하고 있는 기업까지 적용된다. 보험료의 부담 비율은 의료보험과 마찬가지로 기업과 종업원이 반씩 부담한다.
⑤ 산업재해보상보험은 우리나라 사회보장 제도의 출발로서 1963년에 제정된 산업재해 보상 보험법에 근거하고 있으며 현재 모든 기업은 반드시 이 보험에 가입해야 하며 보험료는 전액 기업이 부담한다.

1018 ③

정년까지 고용을 유지하는 대신 일정 연령이 되면 생산성 등을 감안하여 임금을 줄이는 제도는 임금피크제(wage peak system)이다.

1019 ⑤

⑤ 최저임금제는 국가가 노사 간의 임금결정과정에 개입하여 임금의 최저수준을 정하고, 사용자에게 이 수준 이상의 임금을 지급하도록 법으로 강제함으로써 저임금 근로자를 보호하는 제도를 말하며, 계약자유 원칙의 한계 보완, 저임금 노동자 보호, 임금인하 경쟁 방지, 유효수요 창출은 그 필요성이 맞으나 '소비자 부담 완화' 필요성에 해당하지 않는다.

1020 ②

① 업종별 차등 적용: 제조업, 광업 차등적용
② 지역별 차등 적용: 일본은 있으나 한국은 없음
③ 직무별 차등 적용: 단속적 근로자에 적용
④ 사업체 규모별 차등 적용: 10인 이상
⑤ 근로자 연령별 차등 적용: 연령에 따른 차등 적용

1021 ③

연봉제는 기본급과 각종 수당 및 상여금을 통합하여 임금체계를 단순화시키는 임금제도이다.

1022 ②

기업에 대한 노조의 지배력은 '오픈 숍(open shop)-유니온 숍(union shop)-클로즈드 숍(closed shop)'의 순서로 증가한다.

1023 ④

유니언 숍(union shop) 제도에서는 신규채용된 근로자는 일정기간이 지나면 반드시 노동조합에 가입해야 한다.

1024 ④

조합원이 아니더라도 단체교섭의 당사자인 노동조합이 모든 종업원으로부터 조합비를 징수하는 제도는 agency shop이다.

1025 ③

① 기업별 교섭: 기업을 단위로 1사용자와 1노조가 교섭하는 형태
② 집단교섭: 수개의 노동조합 지부가 공동으로 수개의 기업 집단과 집단적으로 교섭하는 형태
③ 대각선교섭: 산업별 노조와 개별기업과의 교섭
④ 복수사용자교섭=통일교섭
⑤ 통일교섭: 산업별 노조 혹은 직업별 노조와 전국적 사용자 단체 간 교섭 형태

1026 ③

① 태업(soldiering)은 노동조합이 형식적으로는 노동력을 제공하지만 고의적으로 불성실하게 근무함으로써 실제적으로는 작업을 하지 않거나 필요 이상의 완만한 작업 또는 조잡한 작업을 하여 작업능률을 저하시키는 행위를 말한다.

② 보이콧(boycott)은 노동조합이 사용자 또는 그와 거래관계가 있는 제3자의 상품구입 또는 시설 이용을 거절하거나 또는 그들과의 근로계약 체결을 거절할 것을 호소하는 쟁의 수단을 말한다. 또한 파업을 지원하기 위해 부수적으로 활용하는 경우가 대부분이다.
④ 직장폐쇄(lock-out)는 '사용자가 근로자측의 쟁의행위에 대항해서 근로자의 노무 수령을 거부하는 행위'로 노사관계에서 실제적인 대등을 확보하기 위해 사용자에게 인정되는 쟁의행위를 말한다.
⑤ 준법투쟁(law-abiding policy)은 노동조합이 법령이나 단체협약, 취업규칙 등의 내용을 엄격히 준수한다는 명분 하에 업무의 능률이나 실적을 저해시키는 방식으로 업무의 정상적인 운영을 저해함으로써 자신의 주장을 받아들이도록 사용자에게 압력을 가하는 집단행동을 말한다. 이는 잔업거부, 집단휴가, 집단 사표 제출에 의한 노무 정지, 안전보건 투쟁, 식당 배식구 한줄서기, 안전 및 보안 법규 철저 준수 등의 여러 가지의 형태로 나타날 수 있다.

1027 ④

근로자의 임금 지급 시 조합원의 노동조합비를 일괄하여 징수하는 제도는 체크오프 시스템(check-off system)이다.

1028 ④

대각선교섭: 산업별 노동조합이 개별 사용자와 교섭하는 방식

1029 ⑤

조직구성원의 경영참여 방식에는 의사결정 참여, 자본참여, 이익배분참여 등의 3가지 방식이 있는데, 분임조나 제안제도는 의사결정 참여제도에 속하며, 성과배분제도는 이익배분 참여제도에 해당하며, 종업원지주제도는 자본참여제도에 속한다. 그러나 전문경영인제도는 경영참여와는 관련이 없다.

1030 ③

agency shop은 조합원 및 비조합원 모두에게 조합비를 징수하는 제도이다.

1031 ②

조합원이 아닌 종업원에게도 노동조합비를 징수하는 제도는 에이젠시 숍(agency shop)이다.

1032 ②

② 숙련근로자들의 최저생활조건을 확보하기 위한 조직으로 초기에 발달한 형태는 직업별 노동조합이다. 직업별 노동조합은 직종별 노동조합 혹은 직능별 노동조합이라고도 불린다.

1033 ③

① 태업은 노동조합의 통제 아래 표면적으로는 취업을 하면서도 집단적으로 작업 능률을 저하시키고 소극적 작업을 함으로써 사용자에게 손해를 주는 쟁의행위를 의미한다.

파업의 경우 노동력을 생산수단과의 결합상태에서 분리시키고 사용자의 지휘명령으로부터 완전히 벗어나는 것이라면, 태업은 사용자의 지휘명령을 그대로 따르지 않는데 그 특징이 있다.

② 단체교섭은 노동조합 그 밖의 근로자단체와 사용자 또는 사용자단체 사이에 근로조건의 유지·개선과 근로자의 경제적·사회적 지위 향상에 관한 집단적 교섭을 말한다. 근로자가 조직력을 배경으로 사용자와 대등한 지위에서 근로조건과 근로자의 경제적·사회적 지위에 관해 교섭을 하고 그 향상을 결정하게 함으로써 근로자의 생존권을 보장하고 다른 한편으로는 노사대화를 통한 노사협조로 산업평화를 기하려는데 취지가 있다.

③ 부당노동행위는 정당한 노동조합 활동을 이유로 불이익 취급을 하거나 노동조합 활동에 사용자가 지배·개입하는 등 근로자의 노동3권(단결권, 단체교섭권, 단체행동권)을 침해하는 사용자의 행위를 의미한다.

④ 노동쟁의는 임금·근로시간·복지·해고 기타 대우 등 근로조건의 결정에 관한 노동관계 당사자 간 주장의 불일치로 일어나는 분쟁상태를 의미한다. 이러한 노동쟁의는 노동관계 당사자 사이의 주장이 서로 일치하지 않기 때문에 발생하는 것이므로 사전의 단체교섭 실시를 전제로 한다.

⑤ 준법투쟁은 작업장에서 필요한 업무를 최소한으로만 유지하거나 보안규정이나 안전 규정을 필요 이상으로 아주 엄격하게 준수함으로써 작업능률과 생산능률을 일부러 저하시키는 투쟁 방식을 의미한다.

1034 ⑤

③ 오픈 숍(open shop): 조합원이든 비조합원이든 아무나 고용할 수 있는 제도
④ 클로즈드 숍(closed shop) : 조합원 중에서만 고용해야 하는 제도
⑤ 유니온 숍(union shop): 아무나 고용할 수 있지만, 일단 고용된 근로자는 일정 기간 내 노동조합에 가입해야 하는 제도

1035 ③

탄력적 근로시간제란 특정기간의 근로시간을 연장하는 대신 다른 기간의 근로시간을 단축시킴으로써, 일정기간(단위기간)의 평균 근로시간을 법정근로시간인 주당 40시간 이내로 맞추는 제도이다. 탄력적 근로시간제는 사용자가 필요하다고 해서 임의로 도입할 수는 없다. 2주 또는 3개월 단위기간에 따라 법에 정해진 도입 요건을 준수해야 한다. 3개월 이내 탄력적 근로시간제는 우선 근로자대표와 서면 합의가 필요하며, 그 합의 내용에는 적용 대상 근로자(전체 또는 직종, 사업부문 등), 단위기간 내 근로일과 해당 근로일별 근로시간 등을 반드시 포함해야 한다.

1036 ②

헌법에 보장된 노동3권은 단결권, 단체교섭권, 단체행동권이다.

㉠ 단결권은 근로자가 근로조건의 향상을 위하여 자주적으로 노동조합 등의 단결체를 조직·가입하거나 그 단결체를 운영할 권리를 의미한다.
㉡ 단체교섭권은 근로자가 그 단결체의 대표를 통하여 사용자 측과 단체교섭을 하고, 그 결과 합의된 사항을 단체협약으로 체결할 권리를 의미한다.
㉢ 단체행동권은 근로자가 파업이나 태업 등 그 주장을 관철할 목적으로 업무를 저해하는 행위, 즉 쟁의행위를 할 권리를 의미한다.

1037 ②

① 오픈숍(open shop): 노조원과 비조원 아무나 채용가능
③ 클로즈드숍(closed shop): 노조원만 채용가능
④ 에이전시숍(agency shop): 노조원과 비노조원 모두 조합비를 납부하는 제도

1038 ①

② 기본적으로 노사협의회는 단체교섭과 구분되어야 한다. 노사협의회의 주요 목적은 참여와 협력을 통한 노사공동의 이익 증진과 산업평화 도모이다. 근로자의 지위향상 및 근로조건의 개선유지를 목적으로 하는 것은 단체교섭이다.
③ 쟁의권에 의하여 쟁의행위가 수반되는 것은 노사협의회가 아니라 단체교섭이다.
④ 임금, 근로시간, 기타 근로조건 관련 사항은 단체교섭의 대상이며, 단체교섭에서는 노사 간의 이해가 대립된다. 하지만 노사협의회의 주요 협의 대상이 되는 것은 단체교섭에서 취급하지 않는 사항이다.

1039 ①

① 조합원 자격을 규정하고 있는 숍(shop)제도는 기본적으로 오픈 숍(open shop), 유니언 숍(union shop), 클로즈드 숍(closed shop) 등 3가지 제도로 나뉜다. 일반적으로 노동조합은 가능한 한 고용조건으로서 조합원이 되어야 한다는 클로즈드숍이나 유니언 숍 제도를 확립하여 노조안정을 기하려고 하는 데 반하여, 사용자는 종업원의 노조가입이 자유로운 오픈 숍 제도를 선호하고 있다.
② 노사관계는 성과의 배분이라는 측면에서는 '대립적 관계'이기도 하지만, 생산이라는 측면에서는 '협조적 관계'를 가지고 있으며, 근로자는 종업원으로서 경영자의 지휘 명령에 복종해야 하는 '종속적 관계'를 가지고 있지만, 노동력의 공급자로서 근로조건의 결정과 운영에 있어 사용자 측과 동등한 지위로 교섭하는 '대등적 관계'에 있다.
③ 노동조합의 경제적 기능은 노동조합이 단결된 힘으로 사용자와 단체교섭을 통하여 근로자들의 경제적 이익을 도모하는 활동이다.
④ 노동쟁의는 임금·근로시간·복지·해고·기타 대우 등 근로조건의 결정에 관한 노동관계 당사자 간 주장의 불일치로 일어나는 분쟁상태를 의미하는데 이러한 분쟁 상태가 실력행사로 이어질 때 쟁의행위라 한다.

1040 ①
- ② 가장 오랜 역사를 가진 노동조합의 형태로서 기본 원리는 숙련공들의 기득권 보호와 노동력의 공급 제한이 목적인 노동조합의 형태는 '직업별 노동조합(craft union)'이다.
- ③ 프레퍼렌셜 숍(preferential shop)은 채용에 있어서 '조합원'에 우선순위를 주는 제도를 의미한다.
- ④ 직장폐쇄는 사용자가 '단체행동권' 남용에 맞서는 방법이다.

1041 ⑤
- ⑤ 기업별 노동조합은 직능이나 직종에 차이를 두지 않고, 또한 숙련도 등을 무시한 채 한 기업에 고용된 근로자를 다 같이 하나의 노동조합에 가입하게 하는 조직형태이다.

1042 ⑤
- ① Reward Power(보상적 권력)는 부하직원이 조직의 보상 및 자원 등에 영향을 받는 것을 의미한다. 이는 공식적 보상뿐만 아니라 업무성과 및 승진평가 등에 있어서 영향력이 있는 리더에게 영향을 받게 된다. 직원들의 경우 일을 잘하게 되면 보너스, 인센티브 등의 금전적 보상과 더불어 직무배치, 승진 등과 같은 추후의 더 큰 보상을 받는 것을 기대하게 되므로 리더의 권력에 따르게 되는 것이다.
- ② TQM은 품질에 중점을 두고, 전원참여에 의해 고객만족, 조직구성원 및 사회에 대한 이익창출로써 장기적인 성공에 목표를 두는 조직 전체의 체계적 노력이다.
- ③ 6 sigma는 기업 또는 조직 내의 다양한 문제를 구체적으로 정의하고 현재 수준을 계량화하며 평가한 다음 개선하고 이를 유지·관리하는 경영 기법이다.
- ④ Task Force는 특정 업무의 해결 또는 사업의 목표를 달성키 위해 전문가 등을 선발해 임시로 편성한 조직을 의미한다.
- ⑤ QWL(근로생활의 질)은 작업환경의 개선 및 공정한 보상 등을 통해 일과 직장생활의 조화를 꾀함으로써 산업 발전 과정에서 잃어버린 인간성(인간 소외)을 회복해서 노동자들의 만족 및 기업의 생산성 향상을 위한 목적으로 제기된 개념이며, 이는 삶의 질 증가, 노사관계의 발전 등을 위한 사회적 이슈의 측면에서 그 중요성이 크다.

1043 ③
- ① 파업(strike)은 노동조합 기타 노동단체와 사용자 간에 있어 노동력에 대한 사용자의 지배로부터의 이탈, 즉 노동력 제공의 정지를 내용으로 하는 쟁의행위를 말한다.
- ② 태업(soldiering)은 불완전한 형태의 노무를 제공하는 것을 말하는 것으로 근로자들이 단결해서 의식적으로 작업 능률을 저하시키는 것을 말한다.
- ③ 준법투쟁(work-to-rule struggle)은 노동조합의 통제 아래 다수의 근로자들이 근로기준법 및 노동조합법 등 관련 법령에 규정된 권리를 동시에 행사하거나, 의무를 동시에 이행하여 파업이나 태업과 같은 효과를 발생하는 것을 말한다. 즉, 평상시보다 어떤 형태로든지 생산성이 현저히 저하되는 쟁의행위를 말한다. 예를 들면 전원 동시 휴가, 일제 휴직, 안전 운동 등의 안전 투쟁, 잔업거부, 근로시간 준수, 동시이행의 항변권, 집단사표, 조기퇴근, 사무직 등에 있어서의 지나친 확인 작업 등이다.
- ④ 직장폐쇄(lockout)는 사용자가 근로자들의 쟁의행위에 맞서 근로자들의 근로를 받아들이지 않고, 회사에 출입하지 못하게 하는 것을 말한다.
- ⑤ 피케팅(picketing)은 파업을 효과적으로 수행하기 위하여 근로 희망자들의 사업장 또는 공장의 출입을 저지하고 파업 참여에 협력할 것을 요구하는 행위로 노조 대표가 표지를 들고 노동쟁의의 진행을 알리는 행위를 말한다.

1044 ④
- ④ 유니온 숍(union shop)은 오픈 숍과 클로즈드 숍의 중간 형태로 고용주는 노동조합의 조합원 이외의 근로자까지 자유로이 고용할 수 있으나 일단 고용된 근로자는 일정 기간 중에 조합원이 되지 않으면 안 되는 제도를 말한다.

1045 ②
- ① 유니언 숍(union shop)은 오픈 숍과 클로즈드 숍의 중간 형태로 고용주는 노동조합의 조합원 이외의 근로자까지 자유로이 고용할 수 있으나 일단 고용된 근로자는 일정 기간 중에 조합원이 되지 않으면 안 되는 제도를 말한다.
- ② 에이전시 숍(agency shop)은 조합원이든 비조합원이든 간에 모든 종업원은 단체교섭의 당사자인 노동조합에 조합비를 납부할 것을 요구하는 제도를 말한다.
- ③ 오픈 숍(open shop)은 노동조합에 가입한 조합원이나 가입하지 않은 비조합원이나 모두 고용할 수 있는 제도를 말한다.
- ④ 클로즈드 숍(closed shop)은 결원 보충이나 신규 채용에 있어 사용자가 조합원 중에서 고용하지 않으면 안 되는 제도를 말한다.

1046 ①
- ① 대각선 교섭(diagonal bargaining)은 산업별 노동조합이 개별 기업과 개별적으로 교섭하는 방식을 말하는데, 이러한 형태는 산업별 노동조합에 대응할 만한 사용자단체가 없거나 또는 있다 하더라도 각 기업이 특수한 사정이 있을 때 사용하는 방식을 말한다. 하나의 노동조합이 둘 이상의 사용자 내지 그 단체와 교섭하는 것과 하나의 사용자나 그 단체가 둘 이상의 노동조합과 교섭하는 것으로서 미국에서는 거대기업의 경우에 흔히 볼 수 있는 방식이다. 우리나라와 같이 기업별 조합에서도 그가 소속하는 상부 단체가 기업별 조합에 대응하는 개별 기업과 개별적으로 교섭하는 대각선 교섭의 방식을 취할 수도 있다.
- ② 통일적 교섭(multi-employer bargaining)은 복수사용자 교섭이라고도 하는데, 이는 전국적·지역적인 산업별 또는 직업별 노동조합과 이에 대응하는 전국적·지역적인 사용자 단체 간에 이루어지는 교섭의 방식으로 이를 산업별 교섭이라고 한다.

③ 기업별 교섭(company bargaining)은 1 사업장 또는 기업을 단위로 1 사용자와 1 노조가 교섭하는 형태로서 우리나라 및 일본과 같이 기업별 노조가 전형적인 노동조합 형태를 보이는 경우 가장 대표적인 교섭유형이다.

④ 공동교섭(joint bargaining)은 노동조합이 기업별 노조로 구성되어 있는 경우 또는 산업별·직업별 노조의 경우에 기업 단위의 지부가 당해 기업과 단체교섭을 하는 경우 상부 단체인 전국 노동조합이 이에 참가하는 것으로 연명교섭이라고도 한다.

⑤ 집단교섭(united bargaining)은 연합교섭이라고 하는데 수 개의 노동조합 지부가 공동으로 수 개의 기업집단과 집단적으로 교섭하는 형태이다.

1047 ③

① 집단교섭(united bargaining)에 대한 설명이다. 집단교섭(united bargaining)이란 연합교섭이라고 하는데 수개의 노동조합 지부가 공동으로 수개의 기업집단과 집단적으로 교섭하는 형태이다. 이것은 노동조합측이나 사용자측이 산업별로 연합전선을 형성하여 교섭하는 것이다.

② 통일교섭(multi-employer bargaining)에 대한 설명이다. 통일교섭(multi-employer bargaining)이란 복수사용자 교섭이라고도 하는데, 이는 전국적·지역적인 산업별 또는 직업별 노동조합과 이에 대응하는 전국적·지역적인 사용자 단체 간에 이루어지는 교섭의 방식으로 이를 산업별 교섭이라고 한다.

③ 대각선교섭(diagonal bargaining)이란 산업별 노동조합이 개별기업과 개별적으로 교섭하는 방식을 말하는데, 이러한 형태는 산업별 노동조합에 대응할 만한 사용자단체가 없거나 또는 있다하더라도 각 기업이 특수한 사정이 있을 때 사용하는 방식을 말한다.

④ 기업별교섭(company bargaining)에 대한 설명이다. 기업별교섭(company bargaining)은 1사업장 또는 기업을 단위로 1사용자와 1노조가 교섭하는 형태로서 우리나라 및 일본과 같이 기업별 노조가 전형적인 노동조합 형태를 보이는 경우 가장 대표적인 교섭유형이다.

1048 ④

정리해고의 요건 4가지는 다음과 같다.
① 긴박한 경영상의 필요가 있어야 한다.
② 사용자는 해고를 피하기 위한 노력을 다하여야 한다.
③ 공정한 해고의 기준을 정하고 이에 따라 그 대상을 선정하여야 한다.
⑤ 사용자는 해고를 피하기 위한 방법 및 해고의 기준 등에 관하여 노동조합 내지 근로자 대표와 성실하게 협의하여야 한다.

1049 ④

① 건물, 기계설비, 장치의 결함: 물적 요인
② 안전보호장치, 보호구의 오작동: 물적 요인
③ 생산공정의 결함 : 물적 요인
④ 개인의 부주의, 불안정한 행동: 인적 요인
⑤ 경계표시, 설비의 오류: 물적 요인

1050 ①

고성과 작업시스템(high performance work system)은 고몰입 인적자원관리시스템(high-involvement HR system)으로도 불리며, 이는 조직이 직원들에게 적극적으로 투자하면 직원들이 높은 생산성과 지속적 혁신을 통해 경쟁력 제고라는 열매를 돌려주게 된다는 순환적 상호투자(mutual investment) 원칙에 기반해 있다. 직원들에 대한 투자관점에서 고성과 작업시스템은 직원들의 지속적인 역량향상을 뒷받침하기 위한 교육훈련 투자 외에도 직원들에게 보다 많은 재량권과 의사결정 과정에 참여할 수 있는 권한을 주고 조직의 경제적 성과를 직원들과 공유한다. 또한 고성과 작업시스템은 직원들이 일을 통해 자존감이나 자기성장의 욕구, 자기결정의 욕구 등 상위의 욕구를 충족시킬 수 있도록 직무특성을 강화하는 방향으로 직무를 설계한다.

1051 ③

고성과 작업시스템(high performance work system)은 고몰입 인적자원관리시스템(high-involvement HR system)으로도 불리며, 이는 조직이 직원들에게 적극적으로 투자하면 직원들이 높은 생산성과 지속적 혁신을 통해 경쟁력 제고라는 열매를 돌려주게 된다는 순환적 상호투자(mutual investment) 원칙에 기반해 있다. 직원들에 대한 투자관점에서 고성과 작업시스템은 직원들의 지속적인 역량향상을 뒷받침하기 위한 교육훈련 투자 외에도 직원들에게 보다 많은 재량권과 의사결정 과정에 참여할 수 있는 권한을 주고 조직의 경제적 성과를 직원들과 공유한다. 또한 고성과 작업시스템은 직원들이 일을 통해 자존감이나 자기성장의 욕구, 자기결정의 욕구 등 상위의 욕구를 충족시킬 수 있도록 직무특성을 강화하는 방향으로 직무를 설계한다.

① 전통적인 통제기반 인사관리시스템에서는 조직구성원들의 의사결정 참여기회가 극히 제한되며, 일선작업자들은 노동력 제공자로 취급된다. 업무는 미숙련 작업자들도 쉽게 수행할 수 있도록 단순화되고 세분화된다. 계획과 실행이 철저히 분리되어 일선작업자들은 관리자들의 명령에 의해 작업을 수행하게 된다. 하지만 고성과 작업시스템은 조직구성원들의 높은 작업동기와 헌신에 기초하여 조직의 성과를 높이려는 인사경영시스템으로서 직무충실화, 권한위임, 의사결정 참여기회 확대, 자율적 관리팀의 적극적 활용, 열린 의사소통 등을 그 특징으로 한다.

② 고성과 작업시스템은 지적자본(intellectual capital) 즉 조직구성원들의 업무수행역량을 향상시키는데 초점을 둔다. 지식사회에서는 구성원들의 역량이 타 경쟁사들보다 뛰어나야 경쟁에서 우위를 점할 수 있기 때문에 조직구성원들의 역량을 높이기 위한 지속적인 투자와 지원은 필수적이다. 따라서 고성과 작업시스템은 종업원에게 교육훈련 및 인적자원개발에 대한 투자와 다양한 교육훈련 및 인적자원개발 프로그램을 제공하고자 노력한다.

③ 직무는 개인 단위로 설계되고, 시장지향적 고용관계를 지향하며, 세밀하고 명확한 직무규정을 강조하는 것은 전통적인 통제기반의 인사시스템이다. 고성과 작업시스템은 직무는 팀 단위로 설계되고, 고용보장과 장기적 고용관계를 지향하며, 직무특성을 강화하는데 초점을 두고 있다.

④ 인적자원을 통한 경쟁력 향상을 도모하고, 업무와 조직에 대한 구성원들의 정서적 몰입을 높이는 데 초점을 둔다. 아무리 능력이 많은 직원이라 할지라도 조직에 헌신하고자 하는 의지나 조직에 대한 애착이 없다면 성과는 높지 않을 것이다. 따라서 고성과 작업시스템은 조직구성원들을 자신이 맡은 일에 대한 열정과 자신이 속한 조직에 대한 애착이 높은 직원들로 만드는데 기여한다. 이를 위해 조직은 종업원들에게 자율성과 주도권을 부여할 필요가 있다.

1052 ②

② 인적자본의 가치가 높고, 독특성이 낮은 경우 외부노동시장에서 인재를 획득하는 것이 바람직하며, 반면 인적자본의 가치가 높고, 독특성도 높은 경우에는 인재를 내부에서 육성하는 것이 바람직하다.

		인적자본의 가치	
		저(외부화)	고(내부화)
인적자본의 독특성	저 (거래적 고용)	<계약업무방식> - 단기계약 중심의 아웃소싱 - 순응형 인사관리	<직무기반고용> - 외부노동시장에서 인재를 획득 - 공생관계·시장형 모델
	고 (관계적 고용)	<제휴-파트너십> - 장기적 관계구축 - 협력형 인사관리	<지식기반고용> - 내부개발을 통한 장기적 관계구축 - 몰입형 인사관리

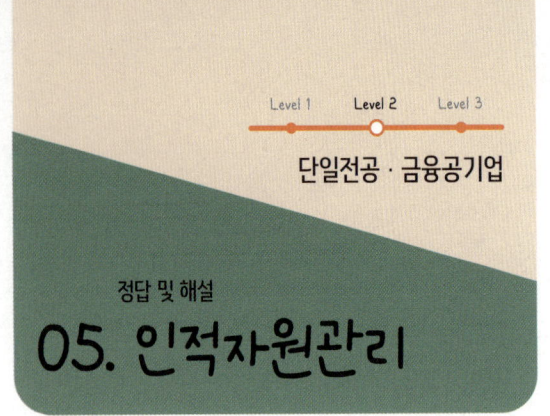

정답 및 해설
05. 인적자원관리

1053 ④
① 직무확대(job enlargement)는 전문화된 단일과업을 수평적으로 확대하여 과업의 수를 늘리는 것인 반면, 직무충실화(job enrichment)는 종업원의 직무를 수직적으로 확대하여 직무의 책임을 증가시키는 것이다.
② 직무평가(job evaluation)는 직무급 체계를 확립하기 위해 직무의 상대적 가치를 정하는 절차이다.
③ 직무분석의 기법에는 인터뷰, 설문지법, 관찰법, 경험법, 종업원 기록법, 중요사건법, 결합법 등이 있다.
⑤ 핵크먼과 올드햄(Hackman & Oldham)의 직무특성모형을 보면 기술다양성, 과업정체성, 과업중요성, 자율성, 피드백의 다섯 개 요인과 개인의 성장 욕구의 강도에 의해 동기부여가 된다고 한다.

1054 ①
② 분류법, 요소비교법, 점수법, 서열법 등은 직무분석방법이 아니라 직무평가(job evaluation) 방법이다.
③ 해당 직무를 수행하기 위해 필요한 지식, 기술, 능력 등을 기술하고 있는 것은 직무명세서이다. 직무기술서에는 직무의 task, duty, responsibility가 기술되어 있으며, 직무명세서에는 직무수행에 필요한 knowledge(지식), skill(기술), ability(능력)가 기술되어 있다.
④ 관찰법, 질문지법, 중요사건법, 면접법 등은 직무분석 방법이다. 추가로 직무분석 방법에는 종업원기록법, 경험법, 등이 있다.
⑤ 수행하는 과업의 수와 다양성을 증가시키는 수평적 직무확대를 직무확대(job enlargement)라 한다. 반면 직무충실화(job enrichment)는 직무의 수직적 확대라고도 하며, 근로자가 스스로 직무를 계획, 실행, 평가하는 정도를 확대하는 것을 말한다. 즉 직무충실화는 직무수행자에게 자율성과 독립성을 늘리는 것이라고 볼 수 있다.

1055 ③
① 직무분석(job analysis)은 高성과를 달성하기 위해서는 직무상 필요로 하는 직무요건(job requirement)과 직무수행자의 인적요건을 일치시킬 필요가 있는데, 직무요건을 알아보고자 직무에 대한 정보(직무의 내용, 맥락, 인적 요건 등)를 수집·분석·종합하는 것을 직무분석(job analysis)이라고 한다. 즉, 직무분석이란 적재적소(適材適所)의 배치를 실현하기 위하여 필요한 직무에 관한 정보를 얻기 위한 절차이다.
② 직무설계(job design)는 업무가 수행되는 방식과 주어진 직무에서 요구되는 과업들을 정의하는 과정을 말한다. 직무를 효과적으로 설계하기 위해서는 직무분석(job analysis)을 통해 직무 자체를 철저히 이해하고 있어야 하며 업무 흐름 분석을 통해 대단위 업무 흐름의 어디에 직무가 위치하는지를 파악하고 있어야 한다.
③ 성과기준(performance standard)은 종업원의 성과에 대한 기대 수준을 말하며 일반적으로 '직무기술서'로부터 직접 도출된다. 직무기술서(job description)는 어떤 직무가 갖고 있는 과업(task), 임무(duty) 및 책임(responsibility)의 목록을 말하며, 이들 세 가지(TDRs) 내용은 관찰 가능한 것들이다. 좀 더 구체적으로 직무기술서는 직무분석의 결과로 얻어진 직무에 관한 모든 중요한 사실과 정보자료, 즉 직무의 성격, 내용, 수행방법 등을 간략하게 정리하여 기록한 문서이다.
④ 원격근무(telework)는 직장에서 떨어진 사무실이나 집에서 근무하는 것으로, 컴퓨터와 통신기술의 발달로 인해서 정보 관련 업무에 종사하는 사원이 증가함에 따라 확산 속도가 빨라지기 시작했다. 원격근무는 출·퇴근시간을 절약할 수 있고 근로시간을 유연하게 활용할 수 있으며, 또한 별도의 보육서비스를 필요로 하지 않는다는 장점이 있다. 또한 기업 측에서도 사무실이나 주차공간이 필요 없고 관리·감독에 소요되는 비용을 감소시킬 수 있다는 장점이 있다.

1056 ②
① 직무평가의 목적은 직무의 상대적 가치를 정하는 것이다.
③ 직무수행에 필요한 인적 요건에 관한 정보를 구체적으로 기록한 것이 직무명세서(job specification)이다.
④ 점수법은 직무를 세부 요소로 구분하여 직무들의 상대적 가치를 판단한다.
⑤ 사전에 등급이나 기준을 만들고 그에 맞게 직무를 판정하는 방법을 분류법(classification method)이라고 한다.

1057 ⑤
① 직무평가를 통하여 직무의 상대적 가치를 산출한다.
② 직무평가는 직무수행 방식을 평가하는 절차가 아니다. 직무평가는 직무의 상대적 가치를 정하는 절차이다.
③ 서열법은 직무의 수가 많고 직무의 내용이 복잡한 경우에 적절하지 않은 평가방법이다.
④ 요소비교법은 핵심이 되는 몇 개의 기준 직무를 선정하고, 평가하고자 하는 직무의 평가요소를 기준 직무의 평가요소와 비교하는 방법이다.

1058 ③
③ 직무평가는 직무분석 결과를 바탕으로 현재 직무의 상대적 가치를 정하여 직무급 체계를 확립하는 것을 목적으로 한다.

1059 ④

① 핵크만(Hackman)과 올드햄(Oldham)의 직무특성이론에 의하면, 핵심직무 특성에는 기능다양성(skill variety), 과업완결성(task identity), 과업중요성(task significance), 자율성(autonomy), 피드백(feedback)이 포함된다.
② 핵크만(Hackman)과 올드햄(Oldham)의 직무특성이론에 의하면, 과업중요성이 높은 직무를 수행할수록 직무에 대한 의미감을 많이 느끼게 된다.
③ 직무확대(job enlargement)는 재량권과 책임은 변화시키지 않고, 수행하는 작업의 종류만 증가시키는 직무재설계 방법이다.
⑤ 서열법(Ranking Method)은 직무의 수가 적을 때, 시간과 비용을 절약하기 위해 도입하는 직무평가방법이다.

1060 ①

① 요소비교법(factor comparison method)은 직무의 상대적 가치를 평가할 때 기준직무와 비교하는 방식으로 이를 위해 직무의 평가요소(숙련, 노력, 책임, 작업조건)와 기준직무(key job)를 선정하는 것이 필요하다. 요소비교법으로 직무를 평가하면 직무의 상대적 가치가 금액으로 매겨진다.
② 핵크만(Hackman)과 올드햄(Oldham)이 주장한 직무특성이론(job characteristics theory)에서 핵심직무특성에는 기능다양성(skill variety), 과업정체성(task identity), 과업중요성(task significance), 자율성(autonomy), 피드백(feedback)이 포함된다.
③ 직무확대(job enlargement)란 과업의 다양성을 증진시키기 위해 직무의 수를 증가시키는 것을 의미하며, 직무충실화(job enrichment)란 자율성을 증진시키기 위해 직무를 수직적으로 확대하는 것을 의미한다.
④ 분류법(classification method)을 사용하여 직무평가를 할 때에는 등급(class)분류 기준을 설정해야 한다. 서열법은 평가해야할 직무의 수가 적을 때 적합한 방법으로 직무를 직접적으로 비교하여 상대적 서열을 정하는 방법이다.
⑤ 핵크만(Hackman)과 올드햄(Oldham)의 직무특성이론에서 중요심리상태에는 작업에 대한 의미감, 작업 결과에 대한 책임감, 직무수행 결과에 대한 지식이 포함된다.

1061 ①

직무평가(job evaluation)란 '동일노동 동일임금(equal pay for equal work)'의 원칙을 실현하는 직무급(job-based pay)을 도입하기 위한 기초작업으로 직무의 상대적 가치를 산정하는 체계적인 과정이다. 직무평가 방법은 서열법, 분류법, 점수법, 요소비교법 등이 있다. 그러나 강제할당법(forced distribution method), 중요사건기술법(critical incident method), 행동기준평가법(behaviorally anchored rating scale), 체크리스트법(check list method) 등은 모두 직무평가의 방법이 아니라 인사평가의 방법이다.

1062 ③

① 일반적으로 기본급(base pay)은 임금(wage)과 봉급(salary)으로 구분된다. 임금(wage)은 시간당 임률이 정해져 있는 블루칼라(blue collar) 노동자가 받으며, 연장근무(overtime)에 대해서도 보수를 지급받을 수 있다. 반면에 봉급(salary)은 연장근무에 대한 보상을 받지 못하는 사무직(white collar) 근로자들이 받는 보상을 의미한다. 임금은 시급형태로 제공되며, 봉급은 급여의 형태로 제공된다. 따라서 임금은 시간단위로 계산되는데 반해 봉급은 주(week), 월(month) 단위로 계산된다.
② 상대평가 기법 중 하나인 강제할당(forced distribution)은 사전에 일정한 범위와 수를 결정해 놓고 종업원을 비율에 따라 강제로 할당하는 것이다. 강제할당을 사용할 경우 실제 종업원들의 성과와 할당된 성과의 비율이 일치하지 않을 확률이 매우 높다. 또한 강제할당을 사용하면 관대화 경향 오류가 발생할 수 없기 때문에 평가자 인플레이션에 대처할 수 있다.
③ 직무평가(job evaluation)는 조직 내 여러 가지 직무의 '절대적 가치'가 아니라 '상대적 가치'를 결정하는 공식적이며 체계적인 과정을 말한다.
④ 개인 인센티브 제도는 개인 성과에 대해 보상하는 것이지만 기본급에 포함되지는 않는다. 즉 인센티브는 각 성과평가 기간마다 정해지기 때문에 어떤 시기에는 인센티브가 제공되지 않을 수도 있다. 개인 인센티브 제도는 매우 효과적이며 어떤 행동에 대해 보상할 것인지에 대한 유연한 대응이 가능하다. 대부분의 경우, 종업원들은 판매나 생산량 등과 같은 전형적 목표의 달성에 대해 인센티브를 받고 그러한 인센티브는 노력을 하도록 유도한다. 그러나 성장과 혁신에 초점을 두는 기업은 인센티브를 현재 직무의 수행 정도와 연계하기보다는 새로운 기술 습득에 대해 보상하는 것이 더 좋은 결과를 얻을 수 있다. 그러나 조직이 개인 인센티브 제도를 효과적으로 사용하기 위해서는 각 개인의 성과를 객관적으로 확인하고 측정할 수 있는 평가방법이 전제되어야 한다.
⑤ 가장 널리 사용되는 종업원에 대한 평가방법은 직속상사가 종업원의 성과를 평가하는 것이나 인사평가를 단 한 명의 평가 정보에 의존하는 것은 많은 문제를 야기한다. 사람들은 개인적인 선호가 있고, 이것은 평가에서 선입견으로 작용하게 된다. 또한 한 사람의 관점은 제한된 것일 수도 있다. 그래서 최근에는 최대한 정확한 평가를 위해 조직은 모든 가능한 출처로부터 정보를 모은다. 이를 360도 피드백이라고 한다.

1063 ③

③ 한 작업자가 수행하는 과업의 수를 늘리고 의사결정과 관련된 권한과 직무의 책임을 증가시키는 것을 수직적 직무확대(=직무충실화)라고 한다. 반면 과업의 수와 다양성을 증가시킴으로써 전체 직무의 다양성을 증가시키는 것을 직무의 수평적 확대(=직무확대)라고 한다.

1064 ④

④ 직무확대(job enlargement)는 과업의 다양성을 증진시키기 위해 직무의 범위를 수평적(horizontal)으로 확대하는 것을 의미한다. 반면 직무충실화(job enrichment)는 직무의 범위를 수직적(vertical)으로 확대하는 것을 말한다.

1065 ③

① 다양한 기술이 필요하도록 직무를 설계하면 기술다양성(skill variety)이 증가하므로, 직무수행자는 해당 직무에서 의미감(meaningness)을 경험하게 된다.
② 직무수행에 자유재량을 부여하면 자율성(autonomy)이 증가하므로, 직무수행자가 해당 직무에서 책임감(responsibility)을 경험하게 된다.
③ 도전적인 목표의 제시는 목표설정이론(goal setting theory)과 관련되며 핵크만과 올드햄의 이론과는 무관하다.
④ 직무수행에 관한 정보를 제공하면 피드백(feedback)이 증가하므로, 직무수행자는 해당 직무에서 직무수행 결과에 대한 지식을 가지게 된다.
⑤ 타인의 과업이나 삶에 많은 영향을 미치는 직무를 설계하면, 과업중요성(task significance)이 증가하므로, 직무수행자는 해당 직무에서 의미감(meaningness)을 경험하게 된다.

1066 ⑤

① 개인-직무 적합(person-job fit)은 사람의 특성이 직무의 특성에 부합한지를 판단하는 개념이다. 즉, 이는 가장 많은 능력이나 스킬을 보유한 사람에게 직무를 맡기는 것이 아니라 직무가 요구하는 능력과 스킬을 가진 사람에게 직무를 맡겨야 한다는 개념이다.
② 교육훈련의 전이(transfer of training)란 교육훈련에서 배운 지식과 정보를 직무에 실제로 활용하는 것을 말한다. 훈련현장과 직무현장 간, 그리고 훈련내용과 직무내용 간 유사성이 높을수록 교육훈련의 전이는 높다. 또한, 교육훈련의 전이가 가장 높은 교육훈련은 직무현장훈련(OJT)과 액션러닝이다.
③ 직무순환(job rotation)은 하나의 직무를 여러 종업원이 번갈아가면서 수행하므로 종업원이 다양한 직무를 수행할 수 있는 능력을 개발하게 한다.
④ 공식적 교육훈련(formal training)이란 비용지출이 명시되는 교육훈련으로, 기업 내에서 실시되는 여러 가지 off-the-job training이 여기에 속한다. 반면 비공식적 교육훈련(informal training)은 종업원 간의 상호작용 및 피드백을 통해서 일어나는 교육훈련을 말하며 대부분의 OJT는 비공식교육훈련으로 볼 수 있다.
⑤ 직무를 성공적으로 달성하는 데 있어서 여러 가지 활동을 요구하는 정도를 의미하는 것은 기술다양성(skill variety)이다. 기술다양성은 멀티태스킹(multi-tasking)과 혼동해서는 안 된다. 멀티태스킹은 task 즉, 과업을 한꺼번에 여러 개 수행하는 것으로 하나의 과업을 수행하는데 필요한 기술이 여러 가지인 기술다양성과는 차이가 있다. 과업중요성(task significance)은 자신의 과업이 타인의 일과 삶에 영향을 미치는 정도를 말한다.

1067 ⑤

⑤ 자격요건 분석은 직무분석을 통해 해당 직무의 수행에 필요한 요건을 파악하고 적임자가 누구인지를 찾아내는 방법이다. 이 방법은 대개 인력수요의 단기적 예측에 사용되는데, 직무내용, 조직구조, 생산기술이 거의 변화되지 않는 경우에 적합하다. 예측과정은 특정 직무에 관한 현재의 직무기술서와 직무명세서를 근거로, 미래의 직무기술서와 직무명세서를 예측·작성함으로써 해당 직무를 구성하고 있는 핵심적 과업과 부수적 과업의 변화와 자격요건에 대해 예측하는 것이다.

1068 ②

② 인력수요예측의 상향적 접근법은 인력수요를 과다하게 예측할 확률이 높다. 예컨대 2.5명의 인원이 필요한 부서는 인적자원관리 부서에 3명의 인원을 신규채용해달라고 요청해야 하기 때문이다.

1069 ④

①② 마코프체인 기법(Markov chain method)에서는 기업내 직무간 이동확률을 장기간에 걸쳐 정리한 전이확률행렬(transitional probability matrix)을 이용하여 인력의 소요량을 예측한다. 마코프체인 기법에 의한 예측이 정확하려면 정해진 전이확률대로 직무 간 이동이 이루어져야 하므로 주로 경영환경이 안정적일 경우에 적합한 기법이다.
③ 기능목록(skill inventory)에는 종업원에 대한 데이터베이스를 의미하며 종업원 개인의 학력, 직무경험, 기능, 자격증, 교육훈련 경험이 포함된다.
④ 델파이 기법(Delphi method)은 전문가들을 대상으로 하며, 전문가 개인 간 영향력을 최소화하기 위해 대면접촉 없이 팩스, 이메일 등의 수단을 이용하여 개별적인 접촉을 통해 자료를 수집하는 방법이다.
⑤ 조직의 규모가 급격하게 성장하면 내부의 인력만으로는 충원이 불가피하기 때문에 외부모집을 해야 하며, 혁신이나 새로운 사업으로의 진출 등 전략적 변화가 필요할 때 내부에서는 이에 적합한 인재를 찾을 수 없기 때문에 외부모집이 적절하다.

1070 ①

① 내부 모집 시 과당경쟁이 벌어질 수도 있으며, 선발에서 탈락될 경우 불만이 생길 가능성이 높다.

1071 ⑤

⑤ 동시타당성(concurrent validity)은 인사평가 점수가 있는 현직 종업원에게 선발도구를 적용하여 얻은 점수(예측치)와 그 종업원의 인사평가 점수를 비교하는 방법으로 검증된다.

1072 ③

③ 집단 면접은 다수의 면접자가 다수의 응모자를 평가하는 방법이다. 다수의 면접자가 한명의 응모자를 평가하는 것은 패널면접이다.

1073 ①

② 관대화경향(leniency tendency) 오류는 특정인에 대한 평가 오류가 아니라 피평가자들의 점수 분포상의 오류이다.
③ 피평가자를 평가자 자신의 가치 기준으로 평가하는 오류를 대비오류(contrast error)라고 한다.
④ 인력선발 도구의 신뢰성(reliability)은 피평가자에 대한 측정결과의 일관성(consistency)을 의미한다.
⑤ 인력선발에서 같은 지원자에 대해 다른 평가 방법을 사용하더라도 결과가 동등할 경우 선발도구의 신뢰성(reliability)이 높다고 할 수 있다.

1074 ⑤

⑤ 여러 상황에 누가, 언제 측정하더라도 측정치가 일관되게 나오는 것을 선발도구의 신뢰성(reliability)이라고 한다.

1075 ③

b. 선발도구의 기준관련타당도(criterion-related validity)는 선발도구들이 실제로 직무성과를 얼마나 잘 예측하는지를 말해 주는 것으로 예측타당도(predictive validity)와 동시타당성(concurrent validity)이 있다.
c. 기업은 인력을 충원하기 위해 크게 내부모집과 외부모집을 고려할 수 있는데, 외부모집은 조직 내부에 새로운 충격을 주기 위해 선택되기도 한다.

1076 ⑤

① 예측타당성(predictive validity)은 신입사원의 입사성적과 입사 후 성적을 비교하여 타당성을 검증하는 것인데, 검증에 오랜 시간이 소요된다. 반면 동시타당성(concurrent validity)은 타당성 검증을 바로 하기 위해 입사 시험을 현직사원에게 보게 한 후 그들의 시험점수와 인사평가 점수를 비교하는 방법을 사용한다.
② 선발도구의 일관성을 신뢰성(reliability)이라고 한다. 검증은 시험-재시험방법(test-retest method), 복수양식법, 양분법 등을 이용하여 측정할 수 있다.
③ 내부 모집은 내부의 구성원들에게 승진의 기회를 제공하므로 내부 인력의 능력개발을 유도하는 장점이 있다.
④ 조직이 급격하게 성장하고 변화와 혁신이 필요할 때에는 적절한 인재를 회사 내에서 찾을 수 없으므로 외부 모집을 하는 것이 적절하다.
⑤ 노동조합이 클로즈드 숍(closed shop) 형태인 경우 사용자는 반드시 노동조합의 조합원 중에서 종업원을 채용해야 한다.

1077 ③

① 중심화경향(central tendency)은 매우 좋다 혹은 나쁘다 하는 판단을 기피하여 중간 정도로 판단하는 것을 말한다. 평가자가 피평가자의 중심적인 행동특질을 가지고 피평가자의 나머지 특질을 평가하는 것은 인상형성이론에서 주변특질보다 중심특질(central traits)에 가중치를 더 많이 부여하여 다른 사람을 평가하는 것을 말한다.
② 인사평가의 신뢰성(reliability)을 파악하기 위해서는 관대화경향, 중심화경향, 후광효과, 최근효과, 대비효과를 지표로 측정하여야 한다. 즉 평가자가 오류를 범하지 않도록 조치를 취해야 한다. 반면 인사평가의 수용성을 증대시키기 위해서는 평가요소를 선정할 때나 평가방식을 만들 때 사원들을 참여시키고, 전부 확정된 다음에는 이를 공개하여 공론화하거나, 종업원들이 이해 못하는 부분이나 새로운 제도는 교육을 통해 설명하여야 한다.
③ 시험-재시험 방법(test-retest method), 내적 일관성(internal consistency) 측정방법, 양분법(split half method)은 선발도구의 신뢰도 측정에 사용되는 방법이다. 내적 일관성(internal consistency)은 보통 설문지의 신뢰성을 측정할 때 사용하는 것으로 설문항목에 대하여 신뢰성을 저해하는 항목을 찾아내고 제거하기 위해 주로 사용된다. 보통 설문지는 몇 개의 개념들을 평가한다. 각 개념들을 측정하기 위해서 몇 개의 질문을 준비하는 것이 일반적인데, 이 때 '여러 문항들이 얼마나 일관성이 있는가? 혹은 하나의 개념을 잘 측정하고 있는가?'의 정도를 내적 일관성이라고 한다. 주로 크론바하 알파(Cronbach's Alpha)를 통해 측정된다.
④ 신입사원의 입사 시험성적과 입사 후 일정기간이 지난 후의 직무태도를 비교하여 상관관계를 조사하는 방법은 선발도구의 예측 타당도(predictive validity)를 조사하는 것이다. 반면 현재의 종업원을 대상으로 선발도구를 적용하여 예측치를 얻고, 동시에 그 종업원의 직무성과와 비교하는 방법은 현재 타당도(concurrent validity)를 조사하는 것이다.
⑤ 인사평가의 신뢰성은 인사평가 결과의 일관성을 의미한다. 인사평가에 있어서는 특히 서로 다른 평가자 사이에서의 일관성이 중요한 문제가 된다. 같은 사람을 평가하는데 있어서 단지 평가자가 다른 사람이라는 이유만으로 전혀 다른 결과가 나온다면 이 평가제도는 신뢰성이 결여되었다고 할 수 있다. 물론 평가자가 상관일 때와 동료 또는 하급자일 때에는 대상자를 보는 관점과 함께한 경험이 다르기 때문에 결과가 역시 크게 다를 수 있다. 그러나 조직 내에서 같은 위치에 있는 평가자들이라면 한 평가대상자에 대하여 일관된 결과가 나와야만 이를 신뢰성 있는 평가제도라 할 수 있다. 인사평가의 타당성(validity)은 특정의 평가도구가 얼마나 평가목적을 잘 충족시키느냐에 관한 것이다.

1078 ①

① 선발대상자의 특징을 측정한 결과가 일관성 있게 나타나는 것은 선발도구의 신뢰성(reliability)이라고 한다. 반면 선발도구의 타당성(validity)이란 선발도구가 측정하고자 하는 것을 적절하게 측정하고 있는가 여부를 말한다.

② 사내공모제(job posting)는 사내 직원을 대상으로 지원자를 받는 것이기 때문에 외부모집보다는 지원자가 직무에 대한 잘못된 정보로 인해 회사를 이직할 가능성이 상대적으로 낮은 모집 방법이다.

③ 평가센터법(assessment center)은 여러 가지 평가도구를 사용하므로 비용상의 문제로 하위직보다 주로 상위 관리직 채용에 활용된다.

④ 지원자의 특정 항목에 대한 평가가 다른 항목의 평가 또는 지원자에 대한 전반적 평가에 긍정적 영향을 주는 것을 후광효과(halo effect)라고 한다. 반면에 지엽적인 특징을 보고 그 사람에 대한 전체적 인상을 사실과는 다르게 부정적으로 평가하는 것은 뿔 효과(horn effect)라고 한다.

⑤ 다수의 면접자가 한 명의 피면접자를 평가하는 방식을 패널면접(panel interview)이라고 하고, 다수의 면접자가 다수의 피면접자를 평가하는 방식을 집단면접(group interview)이라고 한다.

1079 ③

① 내부모집은 사내모집이라고도 하며, 조직 내부의 기존 인력을 대상으로 모집하는 것을 말한다. 반면 외부모집은 기업의 외부에서 지원자를 불러 모으는 것을 의미하며, 지원자의 직접 지원이나 인터넷 모집 등의 방법으로 진행된다. 따라서 외부모집은 직무수행에 적임자를 뽑을 수 있기 때문에 교육훈련 비용을 절감하는 효과가 있고 외부에서 새로 모집된 인력을 통해 새로운 아이디어를 얻을 수 있고, 또한 조직의 변화와 혁신에 도움이 될 수 있다.

② 최근효과와 중심화 경향은 선발도구의 신뢰성과 관계는 있으나 통계적 오류는 아니다. 통계적 오류에는 제1종 오류와 제2종 오류가 있다. 선발에서 발생할 수 있는 제1종 오류란 고성과자를 불합격시키는 오류이고, 제2종 오류는 저성과를 합격시키는 오류를 말한다. 그림으로 설명하면 다음과 같다.

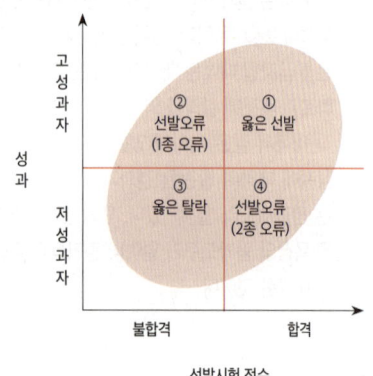

④ 행위기준고과법(BARS: behaviorally anchored rating scales)은 실제 업무 행동의 예시들에 대해서 한 직원의 행동을 구체적으로 평가하는 성과평가 방법을 의미하며 이는 상대평가가 아니라 절대평가이다.

⑤ 360도 피드백은 피평가자를 둘러싼 모든 사람들이 평가에 참여하며, 이에는 상사와 부하도 포함된다.

1080 ⑤

① 맞는 보기.

② 맞는 보기. 모집(recruiting)은 지원자를 불러 모으는 과정으로 조직의 직무에 적합한 지원자의 풀(pool)을 생성하는 과정을 말한다.

③ 맞는 보기. 사내공모제(job posting)는 내부모집의 일환으로 조직 내 다른 직무들에 대해 현직종업원들을 대상으로 모집할 수 있는 주요 방법의 하나이다.

④ 맞는 보기. 인지능력검사(cognitive ability test)는 언어이해력, 수리 능력, 추론 능력 같은 지능이나 지원자의 적성을 측정한다. 인지능력검사는 신체적 능력보다는 정신적 능력인 인지능력이 대부분인 직무수행에 필수적 요건이다.

⑤ 구조화 면접(structured interview)은 모든 지원자들에게 직무기술서를 기초로한 일련의 표준화된 질문들을 사용하기 때문에 비구조화 면접(unstructured interview)보다 지원자들에 대한 비교 가능한 자료를 획득하기가 더 용이하다.

1081 ⑤

⑤ 중요사건법(critical incident method)은 인사평가의 방법으로 종업원의 직무수행에 중요한 사건을 상사가 기록해 두었다가 평가 시 반영하는 것이다.

1082 ①

① 불쾌한 결과를 제거하여 바람직한 행위를 유도하는 방법을 부정적 강화(negative reinforcement)라고 한다. 소거(extinction)는 유쾌한 결과를 제거하는 것을 말한다.

1083 ⑤

커크패트릭의 4단계 평가모형은 반응→학습→행동→결과의 단계로 구성된다.

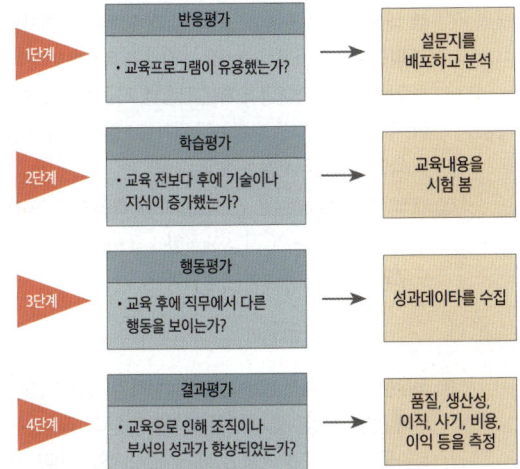

1084 ④

① 맞는 보기. 노동조합(union)은 임금근로자들이 그들의 근로생활의 제 조건을 유지·개선할 목적으로 조직한 항구적인 단체로 조직이 작업장 공정성을 지키도록 견제하고 종업원들이 공정하게 대우받도록 보장하는 기능을 한다.
② 맞는 보기.
③ 맞는 보기. 교차훈련(cross training)은 팀구성원이 다른 팀원의 역할을 이해하고 수행하는 방법을 익히는 것을 말한다. 이는 종업원들의 미래 직무 이동이나 승진에 도움을 준다.
④ 직무상 교육훈련(on-the-job training)은 종업원이 직무에 관한 지식과 기술을 현직에 종사하면서 감독자의 지도하에 훈련받는 현장실무 중심의 현직훈련이다. 사내 및 외부의 전문화된 교육훈련은 직장외 훈련(off the job training)이다.
⑤ 맞는 보기.

1085 ④

① E-learning은 인터넷이나 사내 인트라넷을 사용하여 실시하는 온라인 교육을 의미하며, 시간과 공간의 제약을 초월하여 많은 종업원을 대상으로 교육을 실시할 수 있다는 장점이 있다. 그러나 e-learning 시스템 도입에 많은 비용이 들 수 있고, 학습효과가 그리 높지 않을 수도 있다는 단점이 있다.
② 직무순환(job rotation)은 주기적으로 근로자의 직무를 서로 바꾸도록 하는 것이다. 어떤 직무를 지루하게 느끼기 시작하면, 비슷한 수준에서 유사한 기능을 요구하는 다른 직무로 순환시킨다. 기업은 이를 통해 종업원들로 하여금 기업의 목표와 다양한 기능들을 이해하게 하며, 그들의 문제해결 및 의사결정 능력 등을 향상시킬 수 있다.
③ 교차훈련(cross-training)이란 팀 구성원이 다른 팀원의 역할을 이해하고 수행하는 방법을 말한다. 이를 통해 팀은 여러 기능을 함께 공유한 팀원들로 구성되어 어떠한 작업 지시 상황에도 공동 대처할 수 있게 된다.
④ 조직이 조직체의 인적자원 수요와 구성원이 희망하는 경력목표를 통합하여 구성원의 경력 진로(career path)를 체계적으로 계획·조정하는 인적자원관리 과정을 경력관리(career management)라고 한다. 승계계획(succession planning)은 중요한 자리에 공석이 발생했을 경우를 대비해서 사전에 후계자를 선발하여 육성하는 것을 의미한다. 이는 예기치 못한 리더십의 공백을 사전에 예방하고, 우수한 인재가 유출되는 것을 방지하는 역할을 한다.
⑤ 교육훈련 설계(training design)는 교육훈련의 필요성 평가로부터 시작되며, 이러한 평가는 조직분석, 과업분석, 개인분석 등을 포함한다. 조직수준은 교육훈련에 영향을 미칠 조직 전체의 요인들에 대한 검토를 말하며, 과업분석은 교육훈련에서 강조해야 할 과업, 지식, 기술, 행동 등을 확인하는 과정이다. 개인분석은 개인차원에서 개발이 필요한 영역을 판단하는 과정이다.

1086 ④

④ 인사고과(=인사평가)에서 강제할당법(forced distribution method)은 사전에 일정한 범위나 수를 결정해 놓고 종업원을 비율에 따라 강제로 할당하는 방법으로 실제 성과 분포와는 다를 수밖에 없다.

1087 ⑤

⑤ 결과평가법은 주로 단기적인 관점을 지향한다. 장기지향적인 것은 행동 평가법이며, 개발과 활용에 시간과 비용이 많이 소요된다는 특징을 가진다.

1088 ⑤

⑤ 행위기준평정법(BARS: behaviorally anchored rating scales)은 개인의 행동기준을 제시하고 실제 달성정도를 파악하여 평가하되, 상대평가 하는 것이 아니라 절대평가 하는 기법이다. 개인의 성과목표를 제시하고 실제 달성정도를 평가하는 것은 MBO이다.

1089 ③

③ 자신과 생각이나 행동방식이 유사한 사람을 호의적으로 평가하는 오류를 나와의 유사성(similar-to-me)이라고 한다. 관대화 경향이란 모든 피평가자에게 고르게 높은 점수를 주는 오류를 말한다.

1090 ③

③ 인사평가에서 서열법은 평가해야 할 직무가 적은 경우에 사용하는 방법이다. 따라서 조직의 규모가 작은 경우에 적합한 평가방법이다.

1091 ③

① 행위기준고과법(BARS: behaviorally anchored rating scales)은 종업원의 '행동'을 평가하는 기법으로 중요사건법(CIM: critical incident method)을 이용하여 업무수행에 중요한 행동을 정도의 차이에 따라 설정하고, 피평가자가 평가기간에 보여준 행동을 순차적 열거된 행동기준에 부합하는 정도와 비교하여 평가하는 것을 의미한다. 반면 개인의 성과목표를 정하고 목표대비 달성 정도를 평가하는 것은 결과 평가(예를 들어 MBO 등)이다.

② 스테레오타입(stereotype)은 피평가자 개인의 특성보다는 출신학교나 출신지역에 근거해 평가할 때 나타나는 오류이다. 피평가자가 속한 계층이나 집단의 특성에 대한 고정관념을 반영한 것이라고 할 수 있다. 반면 후광효과는 한 개인이 가지고 있는 특질에 근거하여 그 사람을 지각하는 것을 의미한다.

③ 서열법(ranking method)은 종업원의 전반적인 성과를 관리자의 주관적 판단에 의해 순위를 매기는 방식으로 평가가 간단하다는 장점이 있지만 피평가자의 강약점이나 절대적인 성과 수준을 파악할 수 없다는 단점이 있다. 주로 승진목적의 인사평가에서 사용하는 것이 적합하다.

④ 행위기준고과법은 평가척도법(rating scale)과 중요사건법(CIM)을 결합한 것으로 피평가자의 구체적 행동에 근거하여 평가하는 방법이다.

⑤ 평가의 신뢰성(reliability)이란 동일한 피평가자를 반복하여 평가하여도 비슷한 결과가 나타나는지를 의미한다. 반면 평가의 타당성(validity)은 어떤 내용으로 성과를 평가해야 정확하게 성과를 평가할 수 있는지에 관한 것이다.

1092 ⑤

① 신뢰성(reliability)이란 선발도구 혹은 인사평가를 통해 얻은 측정치가 언제, 누가 측정하더라도 측정하려는 특성이 변하지 않는 한 일관되게 나타나는 정도, 즉 측정치의 일관성을 의미한다. 따라서 동일한 피평가자를 반복 평가하여 비슷한 결과가 나타나는 것은 신뢰성(reliability)과 관련이 있다.

② 선발도구를 통해 얻은 예측치와 직무성과와 같은 기준치의 관련성을 기준관련 타당성(criterion-related validity)이라고 하는데, 기준관련 타당성을 검증하는 방법에는 예측타당성과 동시타당성 검증이 있다. 예측타당성(predictive validity)은 신입사원의 입사시험 성적과 입사 이후 업무성과의 상관관계를 조사하는 방법이고, 동시타당성(concurrent validity)은 현재 종업원을 대상으로 선발도구를 적용하여 예측치를 얻고, 동시에 그 종업원의 직무성과와 비교하는 것이다.

③ 행위기준고과법(BARS: behaviorally anchored rating scales)은 내용면에서는 중요사건기술법(CIM: critical incident method)을 그리고 형식면에서는 평정척도법(rating scale method)을 응용하여 개발된 인사평가 방법이다.

④ 타당성(validity)이란 측정하고자 하는 것을 정확하게 측정하는 정도이다. 인사평가에서 타당성은 평가가 성과의 모든 면을 적절하게 측정하는지 혹은 부적절한 면은 제외되었는지를 의미한다. 이 때문에 인사평가의 타당성은 주로 내용타당성(content validity)과 관계된다. 인사평가의 타당성을 높이기 위해서는 인사평가 목적별로 각각 다른 기준으로 평가하던가 혹은 직종별, 직급별로 세분화하여 각 집단에 알맞은 차별화된 평가요소를 적용하면 평가의 타당성을 증대시킬 수 있다.

⑤ 내적 일관성(internal consistency) 측정방법, 양분법(split half method), 시험 재시험(test-retest) 등은 선발도구의 신뢰성을 측정하는 방법이다.

1093 ⑤

① 직무분석은 적재적소의 배치를 실현하기 위해 필요한 직무에 관한 정보를 얻기 위한 절차를 말한다. 직무분석의 결과물인 직무기술서(job description)와 직무명세서(job specification)는 인적자원의 선발, 교육훈련, 개발, 인사평가, 직무평가, 보상 등 대부분의 인적자원관리 업무에서 기초자료로 활용된다.

② 다면평가 혹은 360도 피드백이란 상급자가 하급자를 평가하는 하향식 평가의 단점을 보완하여 상급자에 의한 평가 이외에도 평가자 자신, 부하직원, 동료, 고객, 외부전문가 등 다양한 평가자들이 평가하는 것을 말하며, 보통 개발(development) 목적으로 활용된다.

③ 설문지법(questionnaire method)은 조직이 비교적 단시일 내에 많은 구성원으로부터 직무관련 자료를 수집할 수 있다는 장점이 있으나 직무내용을 정확하게 포착할 수 있도록 설문지를 설계하려면 많은 노력과 비용이 소요되며, 설문지 자체가 너무 길어질 위험성도 크다.

④ 과업(task)은 종업원에게 할당된 일의 단위를 의미하며 독립된 목적으로 수행되는 하나의 명확한 작업활동으로 조직활동에 필요한 기능과 역할을 가진 일을 뜻한다. 여러 유사한 과업들이 모여서 하나의 의무(duty)와 책임(responsibility)이 된다.

⑤ 피평가자가 속한 집단에 대한 지각에 기초하여 이루어지는 것으로 평가자가 생각하고 있는 특정집단 구성원의 자질이나 행동을 그 집단의 모든 구성원에게 일반화시키는 경향은 상동적 태도 혹은 스테레오타이핑(stereotyping)이다. 대조오류(contrast errors)란 객관적이고 절대적인 기준에 의해 평가하지 않고 동료집단 사이에서 평가하는 경우 여러 명의 피평가자가 서로 비교되는 과정에서 서로 영향을 주는 것을 말한다. 예를 들어, 선발면접에서는 직전 면접자와 비교하여 점수를 주는 경우에 발생하고 인사평가에서는 평가자 자신과 비교하여 피평가자를 평가할 때 발생한다.

1094 ①

① 평가센터(assessment center) 또는 역량평가센터는 다양한 평가기법을 사용하여 다양한 가상상황에서 피평가자의 행동을 '다수'의 평가자가 평가하는 방법이다. 평가센터에서 주로 사용하는 도구들은 적성검사, 인터뷰, 의사결정게임, 사례학습, 발표 및 연설, 역할연기법, 인바스켓 기법 등이며, 일상적인 인사평가보다는 관리자로서의 잠재력을 갖추고 있는가를 평가하는 방법으로 많이 사용되고 있다.

② 맞는 보기. 목표에 의한 관리(management by objectives, MBO)는 목표의 명확성(goal specificity), 명확한 기간(explicit time period), 피드백(performance feedback), 참여적 의사결정(participative decision making) 등의 특징을 갖는데, 여기서 참여적 의사결정은 목표가 상급자에 의해 정해지고 그것이 하급자에게 할당되면 하급자를 동기부여하지 못하기 때문에 평가자 뿐만 아니라 피평가자도 목표설정 과정에 함께 참여하는 것을 의미한다.

③ 맞는 보기. 타인평가 시 발생하는 오류 중 후광효과(halo effect)는 개인이 갖는 특정한 특징(예: 지능, 사교성 등)에 기초하여 그 개인에 대한 일반적 인상을 형성하는 것이다. 좀 더 구체적으로는 특정인이 가진 지엽적인 특성만을 가지고 그 사람의 모든 측면을 '긍정적'으로 평가하는 오류를 말한다.

④ 맞는 보기. 360도 피드백 평가는 인사평가를 상사 단 한 명의 평가 정보에 의존하는 것은 많은 문제를 야기하므로 최대한 정확한 측정을 하기 위해 조직의 모든 가능한 출처로부터 정보를 모으는 것을 말한다. 360도 피드백 평가(360° feedback) 혹은 다면평가(多面評價)의 핵심은 첫째, 피고과자를 관찰하고 있는 주변의 많은 사람(관리자, 동료, 부하, 고객 등)이 평가를 한다는 점이고 둘째, 이들이 평가한 결과는 직접적이든 간접적이든 당사자에게 피드백해줌으로써 스스로를 판단하면서 개발해 나갈 수 있도록 지원역할을 한다는 점이다.

⑤ 맞는 보기. 인사평가 기법 중 체크리스트법, 중요사건법(CIM: critical incident method), 행위기준척도법(BARS: behaviorally anchored rating scales), 행동관찰척도(BOS: behavioral observation scales) 등은 모두 인사평가의 행동평가 기법들로 이 중 행위기준척도법은 피평가자들의 태도가 아닌 관찰 가능한 행동을 척도에 기초하여 평가한다.

1095 ①

① 상대평가 기법 중 하나인 서열법(ranking)은 성과평가에 있어서 집단의 규모가 클 때보다 작을 때 더 적합하다.

② 맞는 보기.

③ 맞는 보기.

④ 맞는 보기. 특성평가 중 하나인 도식평정척도(graphic rating scale)는 평가자가 특정한 특성에 대해 낮은 수준에서 높은 수준을 나타내는 연속체에 종업원의 성과를 표시할 수 있게 하는 척도를 말한다.

⑤ 맞는 보기. 초두효과(primacy effect) 혹은 초기효과는 평가자가 개인의 성과를 평가하면서 맨 처음에 접한 정보에 더 많은 가중치를 부여하는 경우에 발생한다. 반대로 최근효과(recency effect)는 맨 나중 즉 최근에 접한 정보에 더 많은 가중치를 부여하는 경우에 발생한다.

1096 ①

① 종업원이 맡은 직무의 중요성과 난이도를 근거로 임금을 차등화하는 것을 직무급(job-based pay)이라고 한다.

1097 ②

② 임금수준(pay level)이란 한 기업이 근로자에게 지급하는 평균 임금액을 의미하는데, 근로자의 평균 근속연수는 임금수준을 정할 때 고려되지 않는다. 근로자의 근속연수는 임금체계를 정할 때 사용된다.

1098 ③

③ 직무급(job-based pay)은 속직급(屬職給)이라고도 하는데, 직무수행자의 요건은 전혀 고려함이 없이 오로지 직무에 따라 임금이 결정되는 임금제도이다. 따라서 직무급에서는 담당자의 직무에 대한 태도와 직무적성, 직무성과 등은 전혀 고려하지 않는다.

1099 ③

① 회사 재직 중에 종업원의 직무가 변하지 않을 경우, 연공급(seniority-based pay)을 도입하면 종업원의 장기근속을 유도할 수 있다. 연공급은 근속년수가 증가할수록 임금이 높아지기 때문에 근로자의 장기근속을 유도할 수 있다. 그러나 직무급(job-based pay)은 수행하고 있는 직무의 난이도에 따라 임금이 결정되므로 종업원의 동일한 직무를 맡고 있다면 동일한 임금이 지급되므로 종업원의 장기근속을 유도할 수 없다. 이 때문에 직무급은 보통 자유로운 노동이동이 가능한 국가(미국이나 영국)에서 주로 발달한다.

② 임금수준(pay level)이란 종업원에게 지급되는 평균임금을 말하며, 임금수준을 결정할 때에는 기업의 지불능력(상한선)과 종업원의 생계비(하한선), 업계의 평균임금(평균)을 고려하여 결정한다. 추가로 개인이 받는 임금의 크기는 임금체계(연공급, 직무급, 직능급, 성과급)에 의해 결정된다.

③ 직능급(skill-based pay)은 종업원의 스킬에 따라 임금이 차등화되는 임금체계로 이를 도입할 경우, 우수 인재를 유인·유지할 수 있으며 기존 종업원들의 능력개발을 유도하는 장점이 있다.

④ 직무급(job-basd pay)은 속인급이 아니라 속직급에 해당한다. 즉 사람의 가치에 따라 임금이 매겨지는 것이 아니라 그가 맡고 있는 직무의 가치에 따라 임금이 매겨진다. 따라서 직무급은 직무담당자가 맡고 있는 직무가 요구하는 숙련, 책임, 노력, 작업조건에 의해 결정된다.

⑤ 스캔론 플랜(Scanlon plan)은 매출액(혹은 판매가치)을 기준으로 성과배분액을 계산하며 종업원 제안제도를 채택하고 있다. 반면 럭커 플랜(Rucker plan)은 부가가치를 기준으로 성과배분액을 계산한다.

1100 ⑤

① 직무급(job-based pay)은 종업원이 맡은 직무의 상대적 가치에 따라 임금을 결정하는 방식으로 동일한 가치의 직무를 수행하면 나이와 무관하게(20세가 수행하든 60세가 수행하든), 성별과 무관하게(남자든 여자든), 고용형태와 무관하게(정규직이든 비정규직이든), 학력과 무관하게(중학교 졸업자이든 박사학위 소지자이든), 국적과 무관하게(한국인이든 외국인이든), 출생과 무관하게(한문화 가정이든 다문화 가정이든), 근속연수와 무관하게(1년차 직원이든 30년차 직원이든) 그리고 심지어 능력과 무관하게(비숙련자이든 고숙련자이든) 누구나 같은 임금을 받는 것을 말한다.

②③ 종업원들은 자신의 투입과 산출을 다른 사람과 비교함으로써 자신이 조직으로부터 공정한 처우를 받고 있는지에 대해 판단하게 되는데, 이때 공정성 판단의 비교대상은 조직외부의 유사직무 수행자일 수도 있고, 조직 내 다른 직무 수행자일 수도 있고, 동일조직 내에서 동일직무를 수행하는 다른 사람일 수도 있다. 이 가운데 조직외부의 유사직무 수행자와의 투입과 산출의 비교를 통해 인식하는 것을 외부공정성(external equity)이라 한다. 외부공정성은 해당 기업의 종업원이 받는 임금수준(pay level)을 타 기업 종업원의 임금수준과 비교하는 것과 관련이 있다. 또한 동일조직 내에서 다른 직무수행자와 비교를 통해 인식하는 것을 내부공정성(internal equity)이라고 하는데 이는 해당 기업 내 종업원간의 임금수준의 격차와 관련이 있다. 마지막으로 동일조직 내에서 동일직무를 수행하는 다른 사람과 비교를 통해 인식하는 공정성은 개인공정성(individual equity)이다.

④ 직능급(skill-based pay)은 종업원이 보유하고 있는 직무수행능력을 기준으로 임금을 결정하는 방식이다. 따라서 동일한 직무를 수행하거나, 근속연수가 동일하더라도 종업원 간 직무수행능력에 차이가 있다면 임금이 다를 수 있다.

⑤ 해당 기업의 지불능력, 생계비 수준, 노동시장에서의 임금수준에 의해 결정되는 것은 내부공정성이 아니라 외부공정성이다. 직무급 임금체계의 경우, 내부공정성은 직무평가(job evaluation)를 통해서 확보된다.

1101 ②

① 보상관리 전략은 기업 성장주기(life cycle)와 관련이 있는데, 초기와 성장기에는 기업의 빠른 성장을 촉진하기 위해 종업원들에게 성과급을 강조하는 것이 적절하고, 안정기와 쇠퇴기에는 기업의 성장이 둔화되거나 줄어드는 시기이므로 종업원에게 안정감을 주기 위해 복리후생을 강조하는 것이 일반적이다.

② '동일노동 동일임금'의 원칙은 동일한 가치의 노동을 하면 동일한 임금을 지급한다는 것인데, 이를 실현하기 위해서는 임금을 '사람'을 근거로 지급하는 것보다는 '직무'에 따라 달라지도록 하는 직무급 제도를 실시해야만 한다. 즉 동일한 직무를 수행하면 학력, 성별, 근속연수, 국적, 정규직 여부와는 상관없이 동일한 임금을 받는 것이 직무급제도이다.

③ 외적 공정성(external equity)은 동일한 직무의 임금을 다른 조직과 비교하여 인식하는 공정성이고, 내적 공정성(internal equity)은 동일한 조직 내에서 직무간 비교를 통해 인식하는 공정성이다. 외적 공정성을 확보하기 위해서는 임금조사(wage survey)를 통해 경쟁사 및 유사한 조직체의 임금자료를 조사하는 것이 필요하며, 내적 공정성을 확보하기 위해서는 직무평가(job evaluation) 제도를 실시하는 것이 필요하다.

④ 연공급의 문제점을 극복하기 위한 방안으로 제시된 직무급(job-based pay)에서는 직무의 중요도, 난이도, 위험도 등이 반영된 직무의 상대가치를 기준으로 보상수준이 결정된다.

⑤ 스캔론 플랜(판매가치를 기준으로 집단성과를 배분)과 럭커 플랜(부가가치를 기준으로 집단성과를 배분)은 집단의 업무성과를 기초로 임금수준을 정하는 집단성과급 제도이다.

1102 ③

① 직무급(job-based pay)은 맡은 직무의 상대적 가치를 기준으로 임금을 책정하는 것인데 부가가치를 많이 생산하거나 어려운 일이면 직무의 가치가 높을 것이기에 누가 그 일을 맡든 임금은 높게 책정된다. 이는 동일노동에 동일임금이라는 원칙에도 부합되며 회사에 공헌한 대로 임금을 준다는 거래적 차원에서도 타당하다. 직무급은 연공급과는 달리 근속연한이 증가한다고 임금이 증가하지 않는다. 즉 종업원이 재직 중에 직무의 변화가 없다면 동일한 임금을 계속 받아야 하므로 노동의 이동이 자유로운 경우에 적합하다.

② 직무평가(job evaluation)에는 서열법, 분류법, 요소비교법, 점수법 등의 방법이 있다. 서열법은 평가해야할 직무가 상대적으로 적을 때 주로 사용하는 방법이고, 가장 많이 사용되는 것은 점수법이다. 요소비교법은 기준직무(key job)를 선정하고 그 기준직무에 대해 지급되는 임금액을 평가요소에 배분하여 기준직무를 평가요소별로 서열화한 다음 기준직무의 평가요소와 평가하려는 직무의 평가요소를 비교하여 직무의 상대적 가치를 수량적으로 평가하는 방법이다. 분류법은 평가하려는 직무를 사전에 규정된 등급 혹은 분류에 배정함으로써 직무를 평가하는 방법이다.

③ 임금제도 설계에서 가장 중요한 것은 공정성(equity) 확보이다. 여기서 말하는 공정성은 투입과 산출의 비율이 타인과 비교하였을 때 공정해야 한다는 것을 의미한다. 따라서 내재적 보상과 외재적 보상의 절대적 크기만으로 임금의 공정성이 높아지는 것은 아니다. 또한 내재적 보

상이 클수록 임금의 내부공정성이 높아지고, 외재적 보상이 클수록 임금의 외부공정성이 높아지는 것은 절대 아니다. 내부공정성은 동일 조직 내에서 다른 직무수행자와 비교하여 인식하는 공정성이므로 직무평가를 통해 확보된다. 또한 외부공정성은 동일직무에 대해 조직 간 비교를 통해 인식하는 공정성으로 시장임금조사를 통해 확보된다.
④ 직능급(skill-based pay)은 종업원이 보유하고 있는 직무수행능력을 고려하여 임금을 결정하는 방식이다. 이는 다양한 직무 기술 습득에 대한 동기 유발로 학습조직 분위기를 만들 수 있고 우수인재를 유인하고, 유지할 수 있다는 장점이 있다.
⑤ 임금수준은 종업원에게 지불하는 평균임금을 의미한다. 기업의 지불능력은 임금수준의 상한선을 결정하며, 종업원의 생계비 수준은 하한선은 결정하며, 노동시장의 평균임금, 노동시장에서의 수요와 공급 등을 고려하여 결정된다.

1103 ②

① 연공급(seniority-based pay)은 근속연수인 연공에 비례하여 임금을 산정하여 지급하는 방식으로 기업에서 종업원들의 근속연수나 경력 등의 연공요소가 증가함에 따라 그들의 숙련도나 직무수행능력이 향상된다는 논리에 근거를 둔다. 하지만 이 제도는 노력과 능력을 고려하지 않아서 종업원을 무사안일로 유도할 수 있다.
② 보상은 직접보상과 간접보상으로 크게 구분된다. 직접보상은 현금으로 받는 부분을 의미하며, 간접보상은 현금으로 받지는 않지만 금전적 가치를 갖는 보상을 의미한다. 기본급(base pay), 변동급(variable pay) 등은 직접보상에 해당하며, 각종 복리후생(benefits)은 간접보상에 해당한다.
③ 임금피크제(salary peak system)란 일정의 연령부터 임금을 조정하는 것을 전제로 소정의 기간 동안 종업원의 고용을 보장하거나 연장하는 제도이다. 이 제도는 연공형 임금제도하에서 인건비의 과도한 부담을 해소하기 위해 정년을 몇 년 앞둔 일정시점부터 정년을 조정하고 임금액을 감소시키는 특수임금결정방식이다.
④ 이윤분배제도(profit-sharing plan)는 기업에 일정 수준의 이윤이 발생했을 경우 그 중의 일정 부분을 사전에 노사의 교섭에 의해 정해진 배분방식에 따라 종업원들에게 지급하는 제도이다. 하지만 이윤배분제도는 기업이익의 고저가 종업원에 의하여 좌우되는 것이 아니고, 기업 측의 능력 또는 외적 조건(물가변동, 경기순환 등)에 의해 좌우되는 수가 있다는 한계점이 있다.
⑤ 연봉제는 개별종업원의 능력, 실력 및 공헌도를 평가하고 계약에 의해 연간 임금액을 결정하는 능력 중심형 임금지급 체계이다. 이 제도는 능력과 실적이 임금과 직결되어 능력주의, 실적주의로 종업원들에게 동기를 부여함으로써 의욕적인 근무를 가능케 하지만, 종업원 개인 간의 지나친 경쟁의식을 유발하여 위화감을 조성하고 조직 내 팀워크를 약화시키며, 단기 업적주의의 풍토를 조장할 수 있다는 단점이 있다.

1104 ④

① 중요사건법(critical incident method)은 평가자가 전체 평정기간 동안 피평가자에 의해 수행된 특별히 효과적인 또는 비효과적인 행동 내지 업적 모두를 기록해 두었다가 이것을 토대로 평가하는 방법이다. 이런 구체적인 방식으로 성과를 평가하는 것은 종업원에게 그들이 무엇을 잘하고 무엇을 못하는지 피드백할 수 있게 해 준다. 그러나 매일 혹은 매주 중요 사건을 기록해두는 것은 상당한 노력을 요구한다.
② 법정 복리후생은 국가가 사회복지의 일환으로 기업의 종업원들을 보호하기 위해 법률 제정을 통해 기업으로 하여금 강제적으로 도입하도록 한 제도를 말한다. 우리나라에서 실시 중인 법정 복리후생은 의료보험, 국민연금, 산업재해 보상보험, 고용보험, 퇴직금, 유급휴가 제도가 있다.
③ 성과관리(performance management) 혹은 성과평가(인사평가)는 경영자들이 종업원들의 활동과 결과물이 조직 목표와 일치하는지를 확인하는 과정을 말한다. 즉 조직의 목표를 달성하기 위해서 조직원 개개인의 행동과 성과를 평가하고 조정하는 것을 말한다. 이러한 종업원의 평가 결과는 평가 자체에 머무는 것이 아니라 체계적인 인적자원관리 프로세스와 연계된다. 즉 인사평가 제도는 종업원의 능력을 강화하고 생산성을 촉진시키도록 고안된 지속적이며, 쌍방향적인 프로세스이다.
④ 직무가치와 급여조사에서 나온 정보를 사용하여 개발되는 것은 '변동급'이 아니라 '직무급'이다. 직무급에서 직무가치는 직무평가나 시장가격정책을 사용하여 결정될 수 있다.
⑤ 360도 피드백에서 종업원의 관리자 평가는 유능한 관리자를 확인하고 관리자의 경력개발 노력을 향상시키는 데 기여할 수 있기 때문에 매우 유용한 정보를 제공한다. 그러나 상하 관계로 인해 잠재적인 문제의 발생가능성이 있다. 즉 부하들은 상급자에 대해 부정적인 견해를 밝히기를 꺼린다. 그래서 익명으로 평가하기를 원하며, 이름을 공개할 경우에는 관리자에게 최고 점수를 주는 오류가 발생한다.

1105 ②

① 맞는 보기. 임금수준이란 종업원에게 지급하는 평균임금을 의미하는데 임금수준은 선도정책, 동행정책, 추종정책으로 구분된다. 선도정책(lead policy)은 시장임금과 비교하여 상대적으로 높은 임금을 지급함으로써 우수한 인재를 확보하고 유지하려는 정책이며, 동행정책(match policy)은 경쟁기업과 동등한 수준으로 임금을 지급하는 것이고, 추종정책(lag policy)은 동종업계보다 낮은 수준으로 임금을 지급하는 것으로 우수한 인재를 유지하고 유인하기는 어렵다.
② 임금체계에는 직무급(job-based pay), 직능급(skill-based pay), 연공급(seniority-based pay), 성과급(performance-based pay) 등이 있는데 이 가운데 직무급은 종업원이 수행하고 있는 직무의 난이도에 따라 임금이 결정된다. 또한 직무의 난이도는 숙련, 노력, 책임, 작업조건에 의해 결정된다.

③ 맞는 보기. 임금공정성에는 외부공정성, 내부공정성, 개인공정성이 있는데 외부공정성(external equity)은 동일직무에 대해 조직간 비교를 통해 인식하는 공정성이며, 내부공정성(internal equtiy)은 동일조직 내에서 직무 간 비교를 통해 인식하는 공정성이며, 개인 공정성(individual equity)은 동일 조직에서 동일 직무를 담당하고 있는 구성원들 간의 개인적인 특성(예: 연공, 성과 수준 등)에 따른 임금 격차에 대한 지각을 의미한다.

④ 맞는 보기. 임금수준의 상한선은 기업의 지불능력이며, 노동시장의 임금수준은 평균에 해당하며, 임금수준의 하한선은 생계비이다.

⑤ 맞는 보기. 연공급은 근속연수에 따라 임금을 지급하는 임금체계인데, 근속연수가 올라갈수록 능력 및 성과가 향상되는 경우에는 연공급을 적용하는 것이 적절하다.

1106 ⑤

① 맞는 보기. 임금조사(pay survey)는 외적 급여공정성(외부공정성)을 확립하는 절차이고 직무평가(job evaluation)는 내적 급여공정성(내부공정성)을 확립하는 절차이다.

② 맞는 보기. 성과급제(piece-rate system)는 생산량에 비례하여 임금을 지불하는 제도로 널리 사용되는 개인 인센티브 제도 중 하나이다.

③ 맞는 보기. 스톡옵션제도(stock option plan)는 대리인 문제를 해결하기 위한 방안으로 종업원에게 정해진 기간에 정해진 행사 가격으로 정해진 수량의 회사 주식을 구입할 수 있는 권리를 부여하는 것을 말한다.

④ 맞는 보기.

⑤ 이윤분배제(profit sharing plan)는 조직의 이윤에 근거하여 책정된 보상을 종업원들의 기본급의 일부가 아니라 인센티브로 지급하는 제도이다.

1107 ②

① 스캔론 플랜은 집단 성과급에 속하는 제도이다.

③ 성과이윤분배제는 회계처리가 끝난 후 재무적 성과가 발생할 시에 보상을 받는 방법이다.

④ 직능급(skill-based pay)은 다양한 업무기술 습득에 대한 동기 유발로 학습조직 분위기를 만들 수 있다.

⑤ 성과급(performance based pay)의 단점은 성과향상을 위한 과다 경쟁으로 구성원 간의 협동심을 저하시키는 것이다.

1108 ①

① 스캔론 플랜(Scanlon plan)은 판매가치에 대한 인건비 비율을 이용하여 상여배분을 실시하는 방법이며, 럭커플랜(Rucker plan)은 사전에 설정한 성과표준을 초과달성한 부분에 대해 부가가치를 기준으로 상여배분을 실시하는 방법이다.

1109 ⑤

⑤ 성과배분제도인 럭커플랜(Rucker plan)은 부가가치를 성과배분의 기준으로 하고 있다. 매출액을 성과배분의 기준으로 하는 것은 스캔론 플랜이다.

1110 ②

① 직능급(skill-based pay)은 스킬이 향상되면 임금이 상승하는 제도이므로 이를 도입할 경우 종업원들의 자기개발 노력을 유도할 수 있다.

② 스캔론 플랜(Scanlon plan)에서는 성과배분의 기준으로 판매가치(혹은 매출액)를 사용하며, 럭커 플랜(Rucker plan)에서는 부가가치를 기준으로 성과배분을 한다.

③ 임금관리의 공정성 특히 외부공정성(external equity)을 확보하기 위하여 경쟁사의 임금수준을 조사할 필요가 있다.

④ 직무급은 종업원이 현재의 기업에서 자신의 능력에 맞는 직무를 발견하지 못하였을 때, 자신의 능력에 적합한 타 기업의 직무로 자유로이 이동할 수 있는 시장여건이 조성되어 있어야 하므로 기업 간 노동의 이동이 자유로운 경우에 적합하다.

⑤ 성과급, 직무급을 도입할 경우 합리적 임금차등화를 실현할 수 있기 때문에 임금관리의 내적 공정성(internal equity)이 높아질 수 있다.

1111 ②

② 우리나라의 법정 복리후생에는 국민건강보험, 산업재해보상보험, 고용보험, 국민연금 등이 포함되는데, 국민건강보험과 고용보험은 반액을 회사에서 지원하여야 한다.

1112 ②

① 보상은 직접보상과 간접보상으로 구분되는데, 직접보상은 현금으로 받는 보상으로 기본급과 각종 성과급 등이 이에 해당하고, 간접보상은 현금이 아니라 혜택(benefit)으로 받는 보상으로 복리후생이 이에 해당한다. 따라서 복리후생은 근로자의 노동에 대한 간접적 보상으로서, 임금은 이에 포함되지 않는다.

② 허쯔버그(Herzberg)의 2요인이론(two-factor theory)에 따르면 경제적 복리후생은 위생요인(hygiene factor)에 해당하며 직원 동기부여에는 영향을 미치지 않는다. 직원들을 동기부여하기 위해서는 동기요인(motivator)을 제공하는 것이 좋다.

③ 우리나라에서 산전·후 휴가 및 연차유급휴가는 법정 복리후생에 해당하는데, 이외에도 4대보험과 퇴직금 제도가 포함된다.

④ 우리나라에서 고용보험 보험료는 고용 안정 사업과 직업 능력 개발 사업에 대해서는 기업이 전액 부담해야 하고, 실업수당 보험료에 대해서만 기업과 근로자가 반씩 부담한다. 산업재해보상보험 보험료는 회사가 전액 부담한다.

⑤ 카페테리아(cafeteria)식 복리후생제도는 여러 복리후생 프로그램 중 종업원 자신이 선호하는 것을 선택할 수 있도록 하는 제도를 말하는데 이 제도를 실시하면 종업원의 기대이론의 개념 중 하나인 유의성(valence)을 높일 수 있다.

1113 ③

③ 유니온 숍(union shop)은 오픈 숍과 클로즈드 숍의 중간 형태로 비조합원, 조합원 모두를 자유롭게 고용할 수 있으나, 일단 고용된 근로자는 일정기간 내에 노동조합에 가입하여야 하는 제도

1114 ①

① 자발적 이직(voluntary turnover)의 일반적인 원인에는 직무 불만족, 낮은 임금 및 복리후생 수준 등이 있다. 하지만 부진한 성과는 자발적 이직보다는 비자발적 이직의 원인으로 볼 수 있다.

② 퇴직자 인터뷰(exit interview)는 면접자가 체크리스트를 가지고 직접 상담하는 방법이다. 퇴직자 인터뷰는 퇴직 원인만을 알아내는 것이 아니라, 기업의 적절한 조치로 이직을 방지할 수 있는 방법도 찾을 수 있다. 면접자는 적절한 면접기술을 가지고 종업원들의 실제 퇴직이유를 알아낼 수 있는 사람이어야 한다. 전문역량을 갖춘 면접자는 이직자의 이직원인을 파악하여 이직을 줄이는 방안을 제시함은 물론 기업의 인사정책을 개선할 수도 있는 것이다.

③ 개인이 조직에서 성과를 내는 데 영향을 미치는 주요 요인에는 개인적 능력, 투입된 노력, 조직의 지원 등이 있다.

성과에 영향을 미치는 요인들

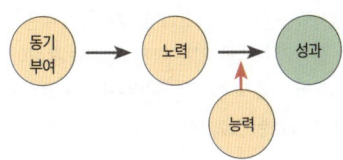

④ 많은 고용주가 종업원의 무단결근(absenteeism)을 줄이기 위해 출근 보상(긍정적 수단), 유급 근로시간면제 프로그램(긍정적 수단), 징계(부정적 수단) 등을 사용한다.

1115 ③

① 인적자원계획(human resource planning)은 조직이 전략적 목표를 달성할 수 있도록 사람들의 수요와 가용성(공급)을 분석하고 확인하는 과정이다.

② 인력과잉(수요<공급)이 예상되면 시간을 두고 인력감축을 계획하고 실행해야 한다. 시간이 충분하다면 자연 감소를 통해 줄어드는 인력을 더 이상 충원하지 않는 방법이 가장 바람직하다. 인위적으로 사람을 내보내면 회사가 부담하게 되는 경제적 비용이 클 뿐 아니라 사회적 평판도 나빠진다. 기업의 인력과잉 대처방안에는 임금의 삭감, 자발적 이직프로그램의 활용, 근로시간의 단축, 정리해고 등이 있다.

③ 임금공정성(pay equity)은 (실제 성과가 상당히 달라도)가 아니라 (직무가 달라도) 임무 수행에 요구되는 지식, 기술, 능력 수준이 유사하면 비슷한 수준의 급여가 지급되어야 한다는 개념이다.

④ 적극적 고용개선조치란 적극적 조치(Affirmative Action)를 고용 부분에 적용한 개념으로 국가, 지방자치단체 또는 사업주 등이 현존하는 고용상의 차별을 해소하거나 고용평등을 촉진하기 위하여 잠정적으로 취하는 모든 조치 및 그에 수반되는 절차를 말한다. 적극적 고용개선조치는 능력주의나 업적주의를 침해하지 않는 방법으로 소수집단의 대표성을 확대시켜가는 방식이다. 즉 적극적 고용개선조치는 여성, 소수집단, 장애인에 대해 역사적으로 누적된 차별을 해소하기 위한 적극적인 고용제도이다.

> 적극적 조치(Affirmative Action)는 실질적 평등을 위해 형식적 평등을 유예하는 조치로 모든 사람들에게 동일한 기준을 부여할 경우 특정 집단에게 불이익이나 차별이 가해질 수 있으므로 그러한 소수집단에게 일정 부분 혜택을 제공하여 불평등한 구조를 개선시키려는 것을 말한다.

⑤ 고용주는 적법한 장애인에게 평등한 고용기회를 주기 위해 합리적인 편의(reasonable accommodation)를 제공해야 한다. 여기서 말하는 합리적인 편의란 장애인이 학교 또는 직장 등에서 어려움 없이 공간을 이동할 수 있도록 돕는 엘리베이터 설치를 그 예로 들 수 있다. 합리적인 편의의 제공은 장애인들이 비장애인들과 동등하게 사회활동에 참여할 수 있는 기회를 제공하는 중요한 요소이나, 제공자에게 지나치게 불균형하거나 과도한 부담을 주는 경우에는 불합리한 것으로 간주될 수 있다.

1116 ④

① 내부모집(internal recruiting)은 내부인 대상의 모집을 의미하며 내부모집을 많이 한다는 것은 내부승진제도나 조직 내부에서 인재를 발탁한다는 의미이므로 외부모집(external recruiting)에 비해 종업원들에게 희망과 동기를 더 많이 부여한다.

② 평등고용기회(EEO: equal employment opportunity)는 조직에서 불법적 차별에 의해 영향을 받지 않는 고용을 의미한다. 또한 근로자의 고용에 있어서 차별적인 관행을 예방하여 조직의 법적 책임 및 도덕적 책임을 다하게 하려는 개념이다. 여기에는 종업원 채용, 훈련, 평가, 보상에 영향을 미치는 결정이 포함된다. 헌법 제11조 제1항에 "모든 국민은 법 앞에 평등하다. 누구든지 성별, 종교 또는 사회적 신분에 의하여 정치적·경제적·사회적·문화적 생활의 모든 영역에 있어서 차별을 받지 아니한다"라고 규정되어 있다. 이것은 평등권으로써 여성은 남성과 동등하게 모든 생활 영역에 참여할 수 있는 기회를 보장받는다는 기본권을 명시하고 있는 것이다. 여성 고용과 관련해서 헌법 제32조 제4항에 "여자의 근로는 특별한 보호를 받으며 고용, 임금 및 근로조건에 있어서 부당한 차별을 받지 아니한다"로 적혀 있다. 이것이 평등권을 구체적으로 규정하는 것으로서 근로기준법과 남녀고용평등법의 모체가 되고 있다.

③ 선발기준(selection criterion)은 한 개인이 조직에서 담당할 직무를 성공적으로 수행하기 위해 갖춰야 하는 특성을 말한다. 구체적으로는 한 개인이 가져야 할 능력(ability), 지식(knowledge), 기술(skill) 그리고 경험 등이 포함된다.

④ 친족주의(nepotism)는 족벌주의(族閥主義)라고도 불리는데 업무능력과 상관없이 자신의 친족을 요직에 중용하는 것을 일컫는 것으로, 일종의 부패(corruption)로 볼 수 있다.

⑤ 종업원을 직장에서 연령, 인종, 종교, 장애에 의해 차별하는 것은 근로기준법, 남녀고용평등법, 고령자 고용촉진법 위반으로 불법적 관행에 속한다.

1117 ②

② 경력 닻 모형(career anchors model)은 샤인(E, H, Schein)이 1960년대 개발한 것으로 경력의 닻(anchor)이란 조직 내의 개인들이 경력을 선택하고 발전시키도록 영향을 주는 욕구나 충동의 조합을 말하며, 샤인은 대표적으로 8개의 경력앵커가 있음을 주장하고 있다.

1118 ③

① 현실적 직무소개(RJP: realistic job preview)란 기업이 모집단계에서 직무 지원자에게 해당 직무에 대해 정확한 정보를 제공하는 것을 말한다. 이는 지원자의 직무기대감을 낮추며 실제 직무의 경험과 지원자의 기대를 보다 더 일치시키는 경향이 있다. 모집방법으로는 사원추천제도(employee referral)가 현실적 직무소개가 가장 잘 이루어진다고 볼 수 있다.

② 선발시험(selection test)에는 능력검사, 성격검사, 성취도검사 등이 있다. 능력검사는 보통 인지능력검사(cognitive ability test)가 많이 활용되는데 이는 개인의 언어능력, 계산능력, 추론능력 등의 3가지 측면을 검사한다. 성격검사는 외향성, 친화성, 성실성, 정서적 안정성, 개방성 등의 개인의 성격을 검사하는 방법으로 MBTI, MMPI 등이 사용된다. 성취도검사는 작업표본검사(work sample test)라고도 하며, 지원자로 하여금 직무의 대표적 과업을 수행하도록 하고 그 성취도를 검사하는 방법이다. 위 3가지 선발시험 가운데 가장 타당성(validity)이 높은 것은 성취도검사이다.

③ 직무기술서를 기초로 질문항목을 미리 준비하여 면접자가 피면접자에게 질문하는 것으로 이러한 면접은 훈련을 받지 않았거나 경험이 없는 면접자도 어려움 없이 면접을 수행할 수 있다는 이점이 있는 것은 구조적 면접(structured interview)이다. 대표적 형태로는 상황면접(situational interview)이 있다. 반면 비구조적 면접(unstructured interview)은 피면접자에게 최대한 의사표시의 자유를 주면서 피면접자에 대한 폭넓은 정보를 수집하는 면접법이다.

④ 기업의 인력부족 대처방안에는 초과근무 활용, 파견근로 활용, 아웃소싱 등이 있다. 반면 인력과잉 대처방안에는 급여삭감, 전직, 채용동결, 명예퇴직, 정리해고 등이 있다.

⑤ 외부노동시장에서 지원자를 모집하는 원천(source)에는 광고, 교육기관, 기존 종업원의 추천 등이 있다. 이 방법은 고성장 기업이거나 혁신을 중요시하는 기업에서 주로 활용하며, 외부로부터 인력이 유입되어 조직분위기 쇄신이 가능하고, 능력을 갖춘 자를 채용하게 되므로 교육훈련비를 줄일 수 있다는 장점이 있다.

1119 ①

① 일반적으로 교육훈련(training)은 종업원에게 현재 수행하고 있는 직무에서 사용하게 할 목적으로 지식과 기술을 제공한다. 반면 미래의 직무에서 사용하게 할 목적으로 지식과 기술을 제공하는 것은 '개발(development)' 혹은 '경력개발(career development)'이다.

② 고용주들은 조직 내부의 인적자원을 개발하느냐 아니면 이미 개발된 개인들을 외부에서 채용하느냐의 선택에 직면한다. 즉 인재를 make 할 것이냐 아니면 buy 할 것이냐의 의사결정을 해야 한다. 일반적으로 make 전략을 선택할 경우 종업원들에게 많은 교육훈련을 제공하지만, buy 전략을 선택할 경우 공식적인 교육훈련을 거의 제공하지 않는다.

③ 직무상 교육훈련(OJT: on-the-job training)은 직무에 대한 경험과 기술을 가진 사람이 피훈련자가 현장에서 직무 기술을 익히도록 도와주는 방법이다. 이 방법은 매우 실질적이고 적용이 용이하여 오늘날 교육훈련 방법 중 가장 많이 사용되고 있다. 전사적인 교육훈련의 프로그램에 의해 실시되는 것이 아니고 보통 부서장이 주관하여 모든 계획과 집행의 책임을 지는 부서 내 교육 훈련이다. 참고로 사무직의 대표적 OJT는 '인턴사원' 교육이고, 생산직의 대표적 OJT는 '도제제도'이다.

④ 오리엔테이션(orientation)은 신입사원이 새로운 직장 환경에 적응하기 위한 훈련으로 도입훈련(entrance training)이라 고도 한다. 훈련내용은 조직 전체에 대한 개괄, 직무와 개개 종업원의 관계, 기타 조직의 일원으로서 필요한 입문교육(직무지식, 예절, 일반상식) 등이다. 오리엔테이션은 조직문화의 관점에서 볼 때 입사 초기부터 조직의 전통적 가치를 습득시키고 조직체의 사람을 만드는 조직사회화(organizational socialization)의 과정이기도 하다. 오리엔테이션은 조직구성원으로서의 기본 정신과 자세를 배울 뿐만 아니라, 심리적 안정감을 주고 직무에 임하는 마음의 준비를 갖게 만든다.

⑤ 사내공모제(job posting)는 결원이 발생한 직무를 회보나 회람, 게시판 등에 의해 조직 내부의 전 종업원에게 공식적으로 알리고 신청을 받는 제도로써, 자신이 자격요건이 된다고 생각하는 종업원이 지원할 수 있도록 하는 제도이다. 이는 모집에 있어서 투명성을 제고할 수 있고, 종업원들의 승진과 성장 및 발전에 대한 기회를 균등하게 제공할 수 있다.

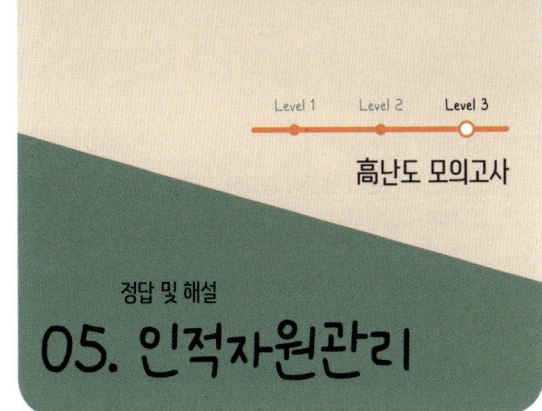

정답 및 해설
05. 인적자원관리

1120 ②

인사평가에 대한 정보를 근거로 종업원의 단점을 효과적으로 수정하려고 할 때 가장 구체적인 정보를 제공하는 것은 종업원의 '행동'을 평가하는 방법이다. 일반적으로 종업원의 '행동'을 평가하는 기법들, 가령 BARS, BOS, CIM, 체크리스트법 등이 구체적 피드백 측면에서 높은 평가를 받는다.

1121 ①

① 생산이윤분배제(gain sharing)는 기대이론(expectancy theory)에서 종업원의 수단성(instrumentality)을 높이는 방안이다.
② 기술다양성(skill variety)과 과업정체성(task identity) 향상
③ 기술다양성, 자율성(autonomy), 피드백(feedback) 향상
④ 피드백(feedback) 향상
⑤ 자율성(autonomy) 향상

1122 ②

직무분석의 결과물인 직무기술서와 직무명세서가 직무평가의 기본자료가 되는 것은 맞다. 하지만 직무평가의 요소는 숙련, 노력, 책임, 작업조건 등이다. 작업자의 특성, 행동, 업적 등은 직무평가 요소가 아니라 인사평가의 요소이다.

1123 ⑤

근로자들이 임금의 공정성(equity)을 평가할 때, 비교의 대상(준거인)은 다른 조직에서 자신과 동일한 직무를 수행하는 종업원(외부공정성), 같은 조직 내의 다른 직무 종사자(내부공정성), 같은 조직 내의 동일직무 종사자(개인공정성) 등이다.

1124 ⑤

④ 마일즈와 스노(Miles & Snow)의 전략유형 가운데, 방어형(defender) 전략은 효율성을 강조하므로 조직 내에서 실시하는 직무현장훈련(on-the-job training)이 더 적합하고, 탐색형(prospector) 전략은 혁신을 강조하므로 혁신에 도움이 되는 기업 외부의 직무외훈련(off-the-job training)이 더 적절하다.

⑤ 인사평가의 타당성(validity)은 어떤 기준 혹은 어떤 항목으로 평가해야 정확한 평가가 되는지의 문제이므로 내용타당성(content validity)의 문제라고 볼 수 있다.

1125 ④

④ 집단 성과급 중에서 종업원 제안제도를 포함하고 있는 것은 럭커플랜(Rucker plan)이 아니라 스캔론 플랜(Scanlon plan)이다.

1126 ②

① 직무분석(job analysis)의 결과물은 직무기술서와 직무명세서로 구분된다. 직무기술서(job description)는 직무에 관한 사실과 정보를 모든 사람이 이해하기 쉽도록 간략하게 정리하여 기술한 양식으로 주요 내용은 직무의 TDR(task, duty, responsibility)이다. 직무기술서는 인적자원관리의 여러 부분에 두루 사용되지만 특히 '인사평가'의 기본자료로 활용된다. 인사평가시 각 직무의 TDR을 고려하여 평가기준과 성과기준을 선정해야 인사평가의 타당성을 높일 수 있기 때문이다. 직무명세서(job specification)는 직무수행에 요구되는 최소한의 요건을 기록한 것으로 주요 내용은 KSA(knowledge, skill, ability)이다.

② 직무평가(job evaluation)는 '동일노동 동일임금(equal pay for equal work)'의 원칙을 실현하기 위한 직무급 도입의 기초절차인 것은 맞지만, 직무평가는 임금의 외부공정성(external equity)보다는 내부공정성(internal equity)을 확보하기 위한 수단이다. 임금의 내부공정성은 동일한 조직 내에서 직무 간 임금격차에 관한 것으로 공정한 직무평가를 통해 임금격차의 공정성을 확보할 수 있다. 임금의 외부공정성은 동일한 직무에 대해 외부 조직의 임금과 비교하는 것으로 이는 시장임금조사(market pay survey)를 통해 확보된다.

③ 직무충실화(job enrichment)는 직무를 '수직적'으로 확대하는 것이고, 직무확대(job enlargement)는 직무를 '수평적'으로 확대하는 것을 의미한다. 이들이 갖는 동기부여의 효과를 직무특성이론(job characteristic model)으로 설명하면, 직무를 수평적으로 확대하면 기술다양성(skill variety)과 과업정체성(task identity)이 높아지고 이것이 직무의 의미감을 증대시키며, 직무를 수직적으로 확대하면 자율성(autonomy)이 높아지고 이것이 책임감(responsibility)을 증대시킨다.

④ 선발도구의 신뢰성(reliability)이란 선발도구를 통해 얻은 점수가 언제, 누가 측정하더라도 점수가 일관되게 측정되는 것을 말한다. 따라서 패널면접(panel interview) 시 동일한 인물에 대한 평가에서 여러 명의 면접관들의 판단이나 점수가 일치하지 않는다면 이는 신뢰성(reliability)에 문제가 있다고 판단할 수 있다. 반면 타당성(validity)은 선발도구가 측정하고자 하는 바를 제대로 측정하느냐의 문제로, 면접시 면접자에게 던지는 질문이 직무와 관련성이 전혀 없을 경우 이는 타당성이 낮은 것으로 판단할 수 있다.

⑤ 기준관련 타당성(criterion-related validity)이란 선발도구를 통해 얻은 측정치(predictor)와 직무성과와 같은 기준치(criterion)의 관련성을 말한다. 예를 들어 삼성에서 실시하는 GSAT(선발시험 점수)와 성과점수(종업원의 업무성과) 간의 관련성이 바로 기준관련 타당성이다. 기준관련 타당성을 측정하는 방법에는 2가지가 있는데, 예측타당성(predictive validity) 검증은 합격자들의 선발시험 점수를 보관하고 있다가 나중에 업무성과에 대한 평가결과가 나오면 그 때 타당성을 측정하는 것이고, 동시타당성(concurrent validity) 검증은 업무성과 점수가 있는 현직 사원들에게 선발시험을 보게하여 타당성을 검증하는 것을 말한다. 이를 다음과 같이 표현할 수도 있다. A(종업원의 업무성과)와 B(선발시험 점수) 간의 관계를 측정할 때 A와 B간의 상관관계가 높으면 기준관련 타당성(criterion-related validity)이 높다고 볼 수 있으며, 이 때 A가 미래사건이면 예측타당성(predictive validity)이고, 현재사건이면 동시타당성(concurrent validity)이다.

1127 ①

① 정확한 평가정보 수집을 위해 평가항목의 수보다는 평가자 수를 증가시키는 것이 좋다.

1128 ④

④ 직무평가(job evaluation) 제도는 직무급(job-based pay) 제도를 도입하기 위한 필수절차로 연공중심이 아니라 직무중심의 인적자원관리 시스템 확립에 필요하다.
⑤ 직무평가(job evaluation)를 통해 직무의 상대적 가치가 확립되면 조직 내에서 직무 간 임금격차의 공정성이 확보되므로 직무평가는 임금의 내부공정성(internal equity) 확립에 기여한다.

1129 ③

③ 행위기준고과법(BARS: behaviorally anchored rating scale)은 중요사건법(CIM)을 근간으로 성과차원을 구체적 행동으로 묘사하고 이를 통해 종업원의 행동을 평가하는 방식이다. 일정 비율의 팀원들에게 반드시 낮은 등급을 부여하게 함으로써 팀원들의 사기를 떨어뜨릴 수 있는 단점을 가진 방법은 강제할당법(forced distribution method)이다.

1130 ③

② 라인(assembly line) 프로세스로 운영되는 자동차 기업의 작업자들은 조립라인에서 전문화된 과업을 수행하므로, 작업자들은 좁은 범위의 과업을 반복적으로 수행한다.
③ 공정별 배치(process layout)의 작업자들이 제품별 배치의 작업자보다 훨씬 다양한 과업을 수행하기 때문에 그들의 기술 다양성(skill variety)과 과업 정체성(task identity)이 더 높다.

1131 ②

② 혁신적 제품의 생산이 중요한 기업은 혁신에 필요한 내부에서 양성하기 보다는 외부에서 영입하는 것이 더 적절하다.

1132 ③

a. 선발에 앞서 직무 수행에 필요한 지식(knowledge), 기술(skill), 능력(ability)이 무엇인지를 확인하기 위해 직무명세서(job specification)를 활용한다.
c. gain은 종업원이 노력을 하면 달성할 수 있지만 profit은 종업원이 노력한다고 해서 달성될 가능성이 낮기 때문에 종업원 입장에서는 생산이윤분배제(gain sharing)보다 성과이윤분배제(profit sharing)의 위험이 더 높게 지각된다.
e. 종업원에게 구체적 피드백을 주기 위해서는 '행동'에 근거한 인사평가(performance appraisal)가 가장 적절하다.

1133 ④

기준관련 타당성(criterion-related validity)은 선발시험 점수와 성과점수 간의 상관관계 분석을 통해 검증되지만, 내용타당성(content validity)은 전문가의 평가에 의해 검증된다.

1134 ④

① 특성, 행동, 결과 평가 가운데 종업원 개발과 능력향상 목적에 가장 적합한 것은 행동 평가(behavior-based appraisal)이다.
② 360° 피드백 혹은 다면평가는 개인의 능력개발을 위한 피드백을 제공할 목적으로 활용하는 것이 바람직하다. 만약 보상이나 상벌 등에 중대한 영향을 미치도록 설계될 경우 특히 부하의 입장에서 상사에 대한 정확한 정보를 제공하기가 부담스러워질 수 있다.
③ 임금수준(pay level)은 종업원에게 지급하는 임금의 평균액을 의미하며 이는 임금의 외부 공정성(external equity)의 문제로 직결된다. 반면에 종업원에게 할당할 임금의 총액을 어떤 기준으로 나누어 줄 것인가를 임금체계(pay structure)라고 하는데 이는 내부 공정성(internal equity)의 문제이다.
④ 마일즈와 스노(Miles & Snow)의 전략 유형 가운데 탐색형(prospector) 전략은 '혁신'을 강조하는 유형이므로 혁신을 수행하는 고급인력을 외부에서 조직 내부와 유인하기 위해서는 다른 기업보다 임금을 상대적으로 더 많이 지급하는 선도전략(lead strategy)을 사용하는 더 적절하다.
⑤ 임금을 기본급(base pay)과 인센티브(incentive)로 구분할 때, 인사평가(performance appraisal)와 연계하여 지급되는 고과급(merit pay)은 인센티브에 속한다.

1135 ②

② 부하에게 권한을 위임하는 것은 직무의 자율성(autonomy) 증가를 가져오며, 이는 책임감(responsibility)을 높이는 결과를 가져온다.

1136 ④

① 직무급(job-based pay)은 고난도 직무를 수행할수록 더 많은 급여를 받는다. 그런데 보통은 어려운 직무는 상위 직급을 의미하기 때문에 직무급은 승진위주의 임금제도라고 할 수 있다.
④ 종업원의 공헌도에 따라 차등지급되는 인센티브(incentive)는 기대이론(expectancy theory)의 수단성(instrumentality) 차원에서 제공되는 것이다.

1137 ②

② 작업표본검사(work sample test)는 지원자가 모의 직무를 어떻게 수행하는지를 관찰하기 위해 고용 전 모의실험을 하는 것으로 일반화가능성(generalizability)이 낮은 편이다. 일반화가능성이란 여러 가지 상황에서 타당성을 갖는 것으로 작업표본검사는 job-specific한 성격을 갖기 때문에 여러 상황에서 타당성을 갖지는 못한다.

1138 ①

① 인적자원관리의 기본은 적재적소의 배치를 통한 성과향상인데, 이를 위해 직무분석(job analysis)은 필수적이다. 그러나 직무분석은 직무평가를 바탕으로 이루어지는 것이 아니다. 오히려 직무평가가 직무분석의 결과물인 직무기술서와 직무명세서를 근간으로 한다.

1139 ③

① 임금수준(pay level)이 높은 기업은 노동시장에서 경쟁력이 높기 때문에 임금수준이 낮은 기업보다 모집활동에서 상대적으로 수준 높은 지원자를 확보할 가능성이 높다.
③ 선발시험 점수와 성과 점수간의 관련성은 신뢰성이 아니라 타당성(validity)이다.
④ 동시타당성(concurrent validity) 검증은 현직 종업원에게 시험을 보게 한 후 그들의 점수와 성과점수를 비교하는 방법으로 현직 종업원은 이미 채용된 이후이기 때문에 시험에서 높은 점수를 얻기 위해 최선을 다하지 않을 가능성이 높기 때문에 시험점수의 신뢰도에 문제가 야기된다.
⑤ 커크패트릭의 교육훈련 평가 4단계 모형은 반응, 학습, 행동, 결과 순으로 평가하는데, 이 중 행동과 결과 평가가 교육훈련의 전이(transfer of training), 즉 교육받은 내용이 실제 직무에 잘 적용되는가를 평가하는 것이다.

1140 ②

① 임금의 외부공정성(external equity)은 해당 기업 종업원이 받는 임금수준이 타 기업의 그것과 비교하여 공정한가에 대한 것이며, 내부공정성(internal equity)은 해당 기업 내 종업원들 간의 임금 격차가 공정한가에 관한 것이다.

③ 법정 외 복리후생의 경우 기업이 많은 예산을 지출하였음에도 불구하고 이를 받아들이는 종업원이 가치를 느끼지 못한다면 보상의 효과가 감소하므로 복리후생의 효과 극대화를 위해 선택적 복리후생 프로그램(flexible benefits package) 혹은 카페테리아식 복리후생을 실시해야 한다.
④ 성과평가 방법 가운데 전략과의 적합성(strategic congruence)이 가장 높은 것은 '결과' 평가이고, 구체적 피드백(specificity)이 가장 높은 것은 '행동' 평가이다.
⑤ 쌍대비교법(paired-comparison method)과 강제할당법(forced-distribution method)은 순위를 매기거나 미리 정해진 비율에 따라 평가해야 하므로 상대평가에 해당하고, 행위기준고과법(BARS)과 행동관찰척도(BOS)는 각 피평가자에게 개별적으로 점수를 부여할 수 있기 때문에 절대평가에 해당한다.

1141 ②

② 스캔론 플랜(Scanlon plan)과 럭커 플랜(Rucker plan)은 gainsharing의 일종으로 이는 집단별 성과급에 해당한다.

1142 ④

④ 직무평가의 주요 요소는 숙련(기술), 노력, 책임, 직무환경 등이며, 종업원이 보유한 특성이나 종업원이 보여주는 행동은 직무평가가 아닌 인사평가의 요소이다.

1143 ③

③ 평가센터(assessment center)는 다양한 평가자들이 다양한 평가도구를 활용하여 피평가자를 체계적으로 평가하는 방법을 의미하며 관리상의 기술, 대인관계 기술, 관리자 업무의 적합성 등을 평가한다. 반면 인바스켓 훈련은 관리자의 의사결정능력을 제고시키기 위해 개발된 것으로 모의 경영상황을 하나의 바구니에 담아 참가자로 하여금 이를 처리하게 하는 것이다. 이러한 인바스켓 상황에서 참가자는 현재의 업무상황을 신속하게 판단하고 중요한 순서대로 의사결정을 내려 업무를 처리해야 하는 의무를 부여받는 것이다.

1144 ②

① 면접법(interview method)은 작업자와 직접면접을 통하여 직무관련 자료를 수집하는 방법인데, 개인적으로 혹은 소그룹 단위로 면접을 시행할 수 있다. 이 때문에 작업자로부터 직접 직무관련 자료를 수집하기 때문에 자료의 실질성이 큰 반면, 면접에 많은 시간이 소요될 수 있다.
② 직무평가(job evaluation)의 서열법(ranking method)은 '비계량적' 방법이며 '직무 대 직무'를 비교하는 방법이다.

직무평가 기법의 비교

구분	비계량적 방법	계량적 방법
직무 대 직무	서열법	요소비교법
직무 내 기준	분류법	점수법

③ 보통 중요사건법(CIM: critical incident method)은 인사평가 기법 중 체크리스트법, BARS, BOS와 더불어 종업원의 행동(behavior)을 평가하는 방안에 해당하는데, 직무분석에도 사용이 가능하다. 중요사건법은 매우 성공적인 직무수행 사례들과 매우 비효과적인 직무수행 사례들을 체계적으로 모아 분석함으로써 효과적인 직무수행 방법과 피해야 할 직무수행 방법, 그리고 그와 연계된 직무수행 자질 등에 관한 자료를 도출하는 방법이다. 이 때문에 중요사건법을 이용하여 얻는 직무분석 자료는 성공과 실패에 관한 극단적 업무처리와 관련된 것들이기 때문에 보통 수준에서 직무를 수행할 때 관련되는 자료를 확보하는데는 한계가 있다.

④ 유연시간 근무제(flextime 혹은 flexible worktime)는 직원에게 출퇴근 시간대를 선택할 수 있는 재량권을 부여하는 것이다. 따라서 직무수행자의 자율과 책임감을 높여 직무만족을 높일 것으로 기대되지만 외부와의 접촉이 잦거나 고객과 약속된 시간에 따라서 근무해야 하는 경우에는 적용이 어렵다.

⑤ 압축근무제(compressed workweek)는 주당 40시간 근무를 기준으로 할 때, 주당 4일 근무에 1일 10시간 근무하는 방식, 하루에 12시간씩 3일간 근무하고 4일째는 하루 4시간 근무하는 방식 등이 있다. 이러한 형태는 주당 근무일수를 5일에서 4일로 하루 줄이고 근무시간을 8시간에서 10시간으로 혹은 12시간으로 늘리는 것이다. 압축근무제를 실시하면, 긴 주말을 이용하여 가족과 레크리에이션과 개인적 업무처리 기회가 증가한다.

11-5 ①

① 타당성(validity)이란 선발도구가 측정하고자 하는 것, 즉 응모자가 선발되어 직무에 배치되었을 때 직무수행성과를 얼마나 잘 측정하고 있는가를 가리킨다. 다시 말해 선발도구를 통해 얻은 측정치와 직무수행성과와의 관련성을 말한다. 만약 스포츠팀에서 선수선발에 지원자의 운동능력이나 성과잠재력을 측정하지 않고 지적능력을 측정한다면 이는 선발도구의 타당성(validity)에 문제가 생길 수 있다. 왜냐하면 지적능력과 운동선수의 성과 간에 관련성이 없을 가능성이 높기 때문이다.

② 면접의 신뢰성과 타당성 향상을 위해 보통 구조적 면접(structured interview)을 사용하는데, 구조적 면접은 상황면접(situational interview)과 행위기술면접(BDI: behavior description interview)으로 구분된다. 상황면접은 주로 미래지향적 항목으로 구성되는 반면, 행위기술면접은 경험(과거)지향적 항목으로 구성된다.

③ 구성타당성(construct validity)은 일반적으로 특정한 추상적 개념(construct)을 측정하기 위하여 설계된 측정도구가 그 측정하고자 하는 개념을 얼마나 정확하게 측정하고 있는지를 나타낸다. 선발의 맥락에서는 업무성과와 관련성이 높다고 판단되는 특성들(예 지능, 성격, 적성 등)을 측정하기 위하여 설계된 선발도구가 해당 특성을 얼마나 정확하게 측정하는지를 말해주는 것이 구성타당성이다. 따라서 구성타당성은 특정 선발도구의 성과

예측도를 나타낸다기 보다는 해당 선발도구의 측정도구(measurement tool)로서의 적격성을 판정하는 타당성(validity)이라고 할 수 있다.

④ 평가센터법(assessment center method 혹은 human assessment center method)은 선발(selection)과 인사평가(performance appraisal)에 모두 사용할 수 있는 방법인데, 비용이 많이 들기 때문에 보통 고위직에 한해서 주로 사용한다. 선발과정의 궁극적인 목적은 여러 가지 선발도구를 사용하여 조직에서 높은 성과를 올릴 수 있는 지원자들을 선발하는 것이다. 그러한 노력의 일환으로 다양한 방법을 사용하여 지원자를 체계적으로 평가하여 타당성(validity)을 높이려는 것이 평가센터법이다. 다시 말해서 평가센터법은 복수의 방법과 복수의 평가자를 활용하여 지원자와 조직구성원의 자질과 능력을 보다 집중적으로 그리고 종합적으로 평가하는 방법으로서 많은 조직에서 그 타당성을 인정받고 있다.

⑤ 모집의 효과성을 증진하기 위해서 즉 양질의 지원자들이 지원을 많이 하게끔 하기 위해서는 리크루터의 활동이 중요하지만 이보다 더 중요한 것은 기업의 임금수준이다. 보통 임금수준이 높은 기업은 모집(recruitment) 과정에서 우수인재를 유인하기 쉬우며, 현재의 인력을 유지하는데 유리하다. 따라서 외부노동시장에서 경쟁력이 높다고 할 수 있다.

11-6 ③

① 경력정체(career plateau)는 아직 시험에 등장하지 않은 개념이지만 최근 기업에서 구조조정이 자주 발생하고 있는 상황과 결부하여 중요한 용어이므로 시험에 출제하였다. 이외에도 유리천장(glass ceiling)이란 개념도 알아두시기 바란다. 이는 여성들이 기업에서 높은 지위로 진급하는 것을 막는 투명한 장벽을 묘사하기 위해 만들어진 단어이다. 유리천장은 여성이 고위경영층으로 진출하고자 할 때 겪는 눈에 보이지 않는 장애를 일컫는 표현이다.

② 이 역시 시험에 아직 등장하지 않은 용어이다. 네트워크 경력경로(network career path)에서는 해당 직급 내 여러 직무를 개인이 수행한 후 상위직급으로 이동하는 경우를 말한다. 이러한 경력경로는 종업원에게 해당 직급별 다양한 직무경험을 할 수 있게 하여 인력배치의 유연성을 높일 수 있다는 장점을 갖는다. 이와는 비교되는 개념이 전통적 경력경로(traditional career path) 인데, 이는 주로 직무급을 사용하는 서양기업에서 발견되는 것으로, 개인이 경험하는 조직 내 직무들이 수직적으로 배열되어 있어 한 개인이 특정 직무를 수년 간 수행한 후, 유사 수준의 다른 직무를 수행함 없이 상위 수준의 직무를 수행하는 것이다.

③ 단위당 소요되는 표준작업시간과 실제작업시간을 비교하여 절약된 작업시간에 대한 생산성 이득을 노사가 각각 50:50의 비율로 배분하는 집단성과배분(gain sharing) 제도를 임프로쉐어(Improshare)라고 한다. 이는 생산직 종업원에게 적용되는 제도로 제품 하나를 제조하는데 소요되는 작업시간 단위로 성과표준치를 설정하여 구성원

들의 집단적 노력을 통하여 표준작업시간을 줄인 만큼을 이득(gain)으로 계산하여 회사와 구성원들이 합의한 배분비율에 따라 배분하는 제도이다. 반면 스캔론 플랜은 생산의 판매가치 대비 인건비 비율로 이득을 계산하며, 럭커 플랜은 인건비 대비 부가가치 비율로 이득을 계산하여 배분한다.

④ 효과적 성과평가 기준 가운데 구체적 피드백(specificity)이란 성과평가의 결과물이 종업원이 성과달성을 위해 구체적으로 무엇을 해야 하는지를 구체적으로 알려주는 정도를 의미한다. 이 때문에 행동(behavior)을 평가하는 체크리스트법, CIM, BARS, BOS 등의 평가방법이 구체적 피드백이 높다. 또한 자신의 둘러싼 여러 사람으로부터 피드백을 받는 360도 피드백(혹은 다면평가)도 구체적 피드백이 높다.

⑤ 임금의 내부공정성(internal equity)이란 조직 내부에서 직무 간 비교를 통해 확립되는 공정성을 의미한다. 이는 기업에서 허용되는 임금총액을 개인들에게 어떠한 격차로 나누어 주어야 공정한가에 대한 개념이다. 임금 배분 방법에는 직무의 상대적 가치에 따라 배분하는 직무급(job-based pay), 스킬에 따라 배분하는 직능급(skill-based pay), 근속년수에 따라 배분하는 연공급(seniority-based pay), 성과에 따라 배분하는 성과급(performance-based pay) 등이 있다.

1147 ①

① 직무급제도를 확립하기 위한 기초 절차인 직무평가(job evaluation) 제도는 일체의 속인적 요건을 떠난 순수한 직무에 관한 평가이므로 평가시 평가 대상 직무의 현직 수행자의 성별, 학력, 스킬 등을 고려해서는 안된다. 가령 동일한 가치의 직무를 수행하고 있다면 직무평가 점수가 같아야 하는데, 그렇지 못하고 남성이 주로 수행하는 직무를 여성이 주로 수행하는 직무보다 높은 점수를 주거나, 대졸이 주로 수행하는 직무를 고졸이 수행하는 직무에 비해 높은 점수를 주어서는 안된다는 뜻이다.

② 직무분석(job analysis)의 결과물은 직무기술서와 직무명세서로 구분된다. 직무기술서(job description)는 어떤 직무가 갖고 있는 과업(task), 의무(duty) 및 책임(responsibility)의 목록을 말하며, 이들 세가지(TDR) 내용은 관찰 가능한 것들이다. 반면 직무명세서(job specification)는 성공적 직무수행을 위해 필요한 인적요건(KSA: knowledge, skill, ability)을 중심으로 기술한 것이며, 이들(KSA)은 직접 관찰이 용이하지 않다.

③ 핵크만과 올드햄(Hackman & Oldham)의 직무특성이론에서 제시하는 5가지 핵심직무특성은 직무수행자로 하여금 의미감(meaningfulness), 책임감(responsibility), 직무수행의 완성도를 알 수 있도록 한다. 구체적으로 기술다양성, 과업정체성, 과업중요성은 의미감을, 자율성은 책임감을, 피드백은 직무수행의 완성도를 알 수 있도록 한다.

1148 ③

① 사원추천(employee referral) 제도는 직장내 공석이 생겼을 때 현직 종업원들이 적임자를 추천하도록 하여 신규직원을 채용하는 제도이다. 이 제도는 신규직원 모집에 있어서 현직 종업원이 자신이 잘 아는 친구나 친지를 채용에 응하도록 권유함으로써 모집원천의 신뢰성을 높이는데 기여한다. 사원추천제도는 무엇보다도 경제적인 모집수단이라는 데 장점이 있다. 즉 회사가 필요로 하는 자격을 갖춘 인재들을 저렴한 비용으로 모집하게 되므로 모집의 효과성을 높일 수 있다.

② 현실적 직무소개(RJP: realistic job preview)는 모집과 선발과정에서 지원자에게 조직에서 본인이 하게 될 직무에 대한 장단점을 구체적으로 제시해 줌으로써 지원자가 보다 현실적인 기대를 가지고 입사결정을 할 수 있도록 도와주는 다양한 노력을 일컫는다. 현실적 직무소개의 방법은 책자나 비디오 또는 동영상 자료를 보여 주거나 일정 기간 동안 실제로 자신이 해야 할 업무를 직접 해보게 하는 등 다양하다. 이 방법을 사용하면 지원자들에게 그 직장이 자신에게 맞는 일인지를 심각하게 생각할 수 있는 기회를 제공함으로써, 입사후 그들의 이직률을 낮추는데 기여할 수 있다.

③ 선발도구가 합리적이려면 신뢰성과 타당성을 지니고 있어야 한다. 신뢰성은 측정치의 일관성을 의미하는데, 선발도구를 통해 얻은 측정치가 언제, 누가 측정하더라도 측정하려는 속성이 변하지 않는 한 일관되게 나오는 정도를 의미한다. 영어실력이 일정하게 유지된다면 언제 시험을 보더라도 TOEIC 점수가 일정하게 나오므로 신뢰성을 높다고 할 수 있다. 반면 타당성은 선발도구 점수와 성과간의 연관성을 의미하는데 당연히 선발도구 점수와 성과점수가 정비례하는 것이 타당성이 높다고 말할 수 있다. 하지만 TOEIC이 은행원 직무수행 성과를 예측하는데 적합하지 못하므로 TOEIC을 은행원 선발에 사용하면 신뢰성 보다는 타당성의 문제가 제기될 확률이 높다고 하겠다.

④ 기준관련 타당성(criterion-related validity)은 선발시험 점수와 성과점수 간의 상관관계를 통해 확인되는데, 기준관련 타당성을 검증하기 위한 방법에는 2가지가 있다. 하나는 예측타당성 검증이고 다른 하나는 동시타당성 검증이다. 예측타당성(predictive validity)은 선발 시에 지원자들로부터 얻은 선발도구들의 점수와 시간이 경과된 후 지원자들이 선발되어 종업원 자격을 갖고 있을 때, 직무성과를 측정하여 양자를 비교함으로써 선발도구의 타당성을 알아보는 방법이다. 이와 같은 예측타당성을 알아보기 위해서는 많은 비용과 시간이 필요하게 된다. 반면 동시타당성(concurrent validity)은 현재의 종업원을 대상으로 선발도구를 적용하여 예측치를 얻고, 동시에 그 종업원의 직무성과와 비교하는 것이다. 즉, 현직 종업원을 대상으로 예측치와 기준치를 구하고 상관관계의 분석을 통해 타당성을 알아보는 방법이다. 그런데 기존에 사용하던 선발시험의 경우에는 선발점수와 성과점수 간 비교가 가능하지만 새로 만든 선발도구의 경우에는 합격자의 성

과점수를 구할 수 없으므로 예측타당성 검증은 사용할 수가 없고 동시타당성 검증만이 가능하다.

⑤ 선발과정에서 발생하는 오류는 두 가지 있는데, 하나는 고성과자를 불합격 시키는 오류를 말하고 이를 제1종 오류라고 한다. 다른 하나는 저성과자를 합격시키는 오류를 말하는데 이를 제2종 오류라고 한다. 이 오류는 '품질관리'에서 학습한 생산자위험(제1종 오류)과 소비자위험(제2종 오류)의 내용과 같다. 이 두 가지 오류를 줄이기 위해서는 다음 그림과 같이 타당성이 높은 선발도구를 사용해야 하는데, 타당성이 높은 선발도구라는 것은 선발시험 점수와 성과 점수간에 상관관계가 높은 선발도구라고 할 수 있다.

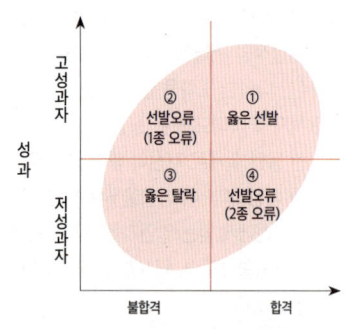

<상관계수가 0.50일 때>

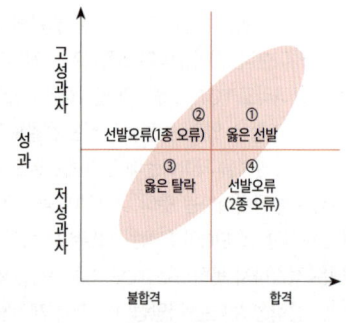

<상관계수가 0.75일 때>

1149 ②

① 교육훈련의 전이(transfer of training)란 교육받은 지식, 기술, 행동을 실무에 적용하는 것을 의미하는데, 사무직을 대상으로 교육훈련의 전이를 높이기 위해서는 강의, 비디오, OJT, 팀훈련 등을 실시해야 하나, 만약 암벽등반이나 급류타기 등의 모험학습(adventure learning)을 실시하면 교육훈련의 전이(transfer of training) 정도가 대체로 낮다.

② 커크패트릭의 교육훈련 평가 4단계 모형은 반응, 학습, 행동, 결과를 순서대로 측정하는데, 1단계와 2단계인 반응과 학습 평가에 비해 3단계와 4단계인 행동과 결과 평가가 높은 교육훈련 방법이 조직의 성과향상에 좀더 전략적 가치가 높다고 할 수 있다. 보통 3단계와 4단계 평가를 교육훈련의 전이(transfer of training) 평가라고도 한다.

③ 역할연기법(role play)은 관리자뿐만 아니라 일반 종업원을 대상으로 인간관계에 대한 태도개선 및 인간관계기술을 제고시키기 위한 기법이다. 주어진 사례나 문제에서 어떠한 인물의 역할을 실제로 연기해 봄으로써 그의 당면한 문제를 체험해 보는 교육훈련 방법이다. 따라서 인간관계의 태도나 행동변화에 비교적 적합하지만, 지식교육에는 그리 효과적이지 않다. 때문에 이 방법은 관리층의 인간관계훈련이나 판매훈련용으로 많이 사용된다.

④ 인사평가 기법 가운데 서열법(ranking method)과 강제할당법(forced distribution method)은 상대평가 기법이므로 이를 사용하면 관대화 경향과 중심화 경향 오류 같은 분포상의 오류를 제거할 수 있다는 장점이 있다. 보통 인사평가 기법은 상대평가와 절대평가로 구분할 수 있는데 상대평가는 선별의 논리가 중심이 되고, 절대평가는 육성의 논리가 중심이 된다.

⑤ 인사평가에서 전략과의 적합성(strategic congruence)은 인사평가가 조직의 전략, 목표, 문화에 부합되도록 종업원의 행동과 태도를 조성할 수 있느냐의 여부인데, 이것이 가장 높은 것은 MBO나 BSC 등의 '결과'평가이다. 인사평가의 구체적 피드백(specificity)은 성과측정의 결과물이 종업원의 성과문제를 지적할 수 있는가의 여부, 즉 조직의 목표달성을 위해 종업원이 구체적으로 무엇을 해야 하는지를 알려주는 여부를 의미하며, 이것이 가장 높은 것은 체크리스트법, CIM, BARS, BOS 등의 '행동' 평가이다.

1150 ④

① 임금의 외부공정성(external equity)은 동일한 직무를 수행하고 있는 타조직 사람과 비교를 통해 공정성을 지각하는 것을 말한다. 만약 특정 직무의 외부공정성 비교값이 낮다면 이 직무 수행자들은 불공정을 지각하기 때문에 이직할 가능성이 높아지며, 이 직무에 대해서는 외부에서 능력있는 인재를 유인하기도 쉽지 않다. 결국 외부공정성이 확보되지 않으면 인재의 유지와 유인이 어렵다. 이 때문에 외부공정성을 외부경쟁력(external competitiveness)이라고도 한다. 반면 내부공정성(internal equity)이란 동일 조직 내에서 직무 간 비교를 통해 인식하는 공정성을 말하며, 이는 직무 간 임금의 차등화의 문제라고 할 수 있다.

② 임금의 외부공정성을 확보하는 방안은 시장임금조사(pay survey)이며, 임금의 내부공정성을 확보하기 위한 방안은 직무평가(job evaluation) 제도이다.

③ 종업원에 지급하는 평균임금액을 관리하는 것을 임금수준(pay level)의 관리라고 한다. 임금수준의 상한선은 기업의 지불능력이며, 하한선은 최저생계비, 평균은 사회일반 내지는 업계의 평균 임금이다. 임금수준이 정해지면 이를 종업원수로 곱하면 임금 총액이 되므로 임금수준의 관리는 임금총액을 관리하는 것과 같다.

④ 직무급(job-based pay)은 직무의 난이도에 따라 임금이 차등화되며, 직능급(skill-based pay)은 직무수행자의 스킬에 따라 임금이 차등화되므로, 직무급이나 직능급 제동하에서는 근속년수가 동일하더라도 난이도 다른 일을 하거나 스킬의 등급이 다르면 서로 다른 임금을 받게 된다.

⑤ 임금피크제(salary peak)는 연공형 임금제도하에서 인건비의 과다한 부담을 해소하기 위해 정년을 몇 년 앞둔 일정시점부터 정년을 조정하고 임금액을 감소시키는 특수 임금결정방식이다.

1151 ③

① 면접법(interview method)은 직무담당자와 직접 면접을 통해 정보를 수집하는 방법인데, 개인적으로 혹은 소그룹 단위로 면접을 시행할 수 있다. 면접법은 작업자로부터 직접 자료를 얻기 때문에 자료의 실질성이 큰 반면에, 면접에 많은 시간이 소요될 수 있다. 직무내용이 비교적 구조화되어 있는 경우에는 시간을 절약할 수 있으나 직무내용이 비구조적인 경우에는 많은 시간이 소요될 수 있다. 면접법은 완전하고 정확한 직무자료를 획득할 수 있다는 장점이 있으나 자료 수집에 시간과 노력이 많이 소비되고, 비용이 많이 든다는 단점이 있다.

② 최근 급격한 환경 변화로 인해 직무에서 요구되는 정보 및 능력은 지속적인 개선을 필요로 한다. 따라서 직무분석은 현재의 직무에 대한 생생한 자료가 되어야 하며, 직무변화 내용을 잘 반영하고 있어야 한다. 이에 따라 최근 기업에서는 직무보다는 직무수행자에 초점을 맞춘 직무분석을 사용하고 있는데, 이를 역량모델(competency model)이라고 한다. 역량모델은 직무분석의 일종으로 조직의 성과향상에 영향을 미치는 종업원들의 특성을 파악하고 이들을 활용하는 것에 초점을 맞춘다. 역량모델은 성공적 직무수행에 반드시 필요한 것이라고 규명된 일련의 역량 세트로 구성된다. 역량모델은 직무의 담당자가 수행해야만 하는 의무와 책임보다는 일을 성공적으로 수행할 수 있는 역량을 갖는 것에 초점을 맞춘다. 이 때문에 역량모델은 직무를 분석하는 것이 아니라 직무를 수행할 종업원을 분석한다.

③ 직무평가(job evaluation)는 일체의 속인적 요건을 고려하지 않은 순수한 직무에 대한 평가이다. 즉 평가하고자 하는 직무가 주로 고졸 작업자가 수행하는지 아니면 대졸 작업자가 수행하는지, 혹은 남자가 주로 수행하는지는 아니면 여자가 주로 수행하는지 여부는 직무평가에 고려되어서는 안된다. 따라서 현재 직무수행자의 인적요건을 직무평가에 반영하는 것은 허용되지 않는다.

④ 직무를 수평적으로 확대하는 것은 직무의 수행범위를 증가시키므로 핵크만과 올드햄(Hackman & Oldham)의 직무특성이론에서 말하는 직무특성 가운데 기술다양성(skill variety)과 과업정체성(task identity)을 증가시킨다. 기술다양성(skill variety)이란 직무를 수행하는데 있어 요구되는 기술의 종류가 얼마나 여러 가지인가를 뜻한다. 기술다양성이 높은 직무는 한 개인이 수행하는 직무의 폭이 넓어지게 된다. 과업정체성(task identity)이란 직무의 내용이 시작부터 끝까지 전체에 관한 것인지 아니면 일부에만 관여하도록 되어 있는지에 관한 것을 말한다. 과업정체성이 높은 직무는 캐비닛 제조업자와 같이 설계, 목재 선택, 조립, 설치까지 수행하는 직무이다.

⑤ 직무를 수직적으로 확대하는 것은 작업자에게 작업을 계획하고 통제하는 역할까지 부여하는 것이므로 핵크만과 올드햄(Hackman & Oldham)의 직무특성이론에서 말하는 직무특성 가운데 자율성(autonomy)을 증가시킨다. 자율성이란 개인이 자신의 직무에 대하여 개인적으로 느끼는 책임감의 정도를 뜻한다. 이 특성은 구체적으로 작업자가 자신의 작업일정과 작업방식을 수립함에 있어 갖는 재량권의 정도를 의미한다. 자율성이 높은 직무에서 작업자는 책임감을 느끼게 된다.

1152 ③

① 내부모집을 사용하는 기업은 회사 안에서 인력수급이 주로 이루어지기 때문에 외부에서 경력사원을 채용하는 것보다는 신입사원을 채용한 후, 육성하여 사용하는 인력관리가 이루어진다. 반면 외부모집을 주로 사용하는 기업은 회사 외부에서 인력수급이 이루어지기 때문에 경력사원을 채용하는 것이 보편적이다. 내부모집을 주로 사용하면 내부노동시장(ILM: internal labor market) 모형이라 하고, 외부모집을 주로 사용하면 외부노동시장(ELM: external labor market) 모형이라고 부른다.

② 사원추천(employee referral) 제도는 직장내 공석이 생겼을 때 현직 종업원들이 적임자를 추천하도록 하여 신규직원을 채용하는 제도이다. 이 제도는 신규직원 모집에 있어 현직종업원의 지인을 채용에 응하도록 권유하는 것이기 때문에 외부모집 기법에 해당한다. 이 제도는 회사가 필요로 하는 자격을 갖춘 인재들을 저렴한 비용으로 모집하게 되므로 모집의 효과성을 높일 수 있다.

③ 면접의 신뢰성(reliability)은 면접관의 지각오류의 문제이고, 면접의 타당성(validity)은 면접에서 물어보는 질문의 문제이다. 신뢰성은 선발도구를 통해 얻은 측정치의 일관성(consistency)을 의미한다. 피면접자의 발언에 대해 여러 명의 면접관이 준 점수가 동일하면 면접의 신뢰성이 높다고 말할 수 있다. 반면 타당성(validity)은 선발도구가 직무수행성과를 얼마나 잘 측정하고 있는가를 의미한다. 면접의 내용이 직무수행에서 발생할 수 있는 구체적 상황을 다루는 질문들로 구성되지 않으면 면접이 직무수행성과를 제대로 측정할 수 없다. 따라서 이는 면접의 타당성을 낮추는 원인이 된다. 즉 면접의 타당성을 높이기 위해서는 면접의 질문내용이 직무수행과 직접적인 관련이 있는 것이어야 한다.

④ 검사-재검사법(test-retest method)은 동일한 상황에서 동일한 선발도구를 시간을 달리하여 두 번 측정하여 그 결과를 비교하는 것이다. 다시 말해 어떤 시점에서 신뢰성을 알아보려는 선발도구를 통해 측정한 후 일정기간이 경과한 뒤 동일한 선발도구를 사용하여 동일한 대상에게 다시 한 번 측정하여 그 결과의 상관계수(correlation)를 계산하는 것이다. 복수양식법(multiple forms method)

은 난이도, 문항 수, 내용 등이 아주 유사한 두 가지 선발시험 문제를 개발하여 동일한 대상에 대해 실시한 후 양 점수 사이의 상관계수가 높으면 신뢰성이 높은 것으로 판단하는 기법이다. 양분법(split-half method)은 선발도구를 2개의 임의의 세트로 나눈 다음, 이 2개의 세트간 측정 결과의 상관관계를 통해 신뢰성을 측정하는 방법이다. 검사-재검사법, 복수양식법, 양분법은 모두 상관계수라는 통계치를 이용하여 검증하는 방법이다.

⑤ 기준관련 타당성(criterion-related validity)의 측정방법 가운데 동시타당성(concurrent validity)은 현재의 종업원을 대상으로 선발도구를 적용하여 예측치를 얻고 동시에 그 종업원의 직무성과와 비교하는 방법으로 검증되며, 예측타당성(predictive validity)은 선발 시에 지원자들로부터 얻은 선발도구의 점수와 시간이 경과된 후 지원자들이 선발되어 종업원 자격을 갖고 있을 때, 직무성과를 측정하여 양자를 비교함으로써 선발도구의 타당성을 검증하는 방법이다.

1153 ⑤

① 직능급(skill-based pay)은 종업원이 보유한 능력을 근간으로 임금을 차등화하는 제도이다. 따라서 이 임금제도를 운영하기 위해서는 사전에 종업원의 능력을 정확하고 공정하게 파악하는 인사평가 제도가 갖춰져야 한다. 만약 종업원의 능력을 공정하게 평가하는 제도 없이 직능급을 시행한다면, 종업원들이 임금제도의 공정성을 지각할 수 없기 때문에 조직 내에서 저항에 직면하게 될 것이다.

② 훈련의 전이(transfer of training)란 교육받은 지식, 기술, 행동을 실무에 적용하는 것을 의미한다. 조직 내 교육훈련은 일반교육과는 달리 훈련을 통해 습득한 지식, 기술, 행동양식을 직무에서 활용하는 것을 전제로 한다. 따라서 조직 내 교육훈련은 훈련의 전이가 잘 일어나도록 설계하고, 실제 직무환경이 훈련의 전이가 잘 일어나도록 구성되어야 한다. 훈련의 전이 정도를 높이기 위해서는 훈련현장과 직무 현장 간 유사성을 제고하거나, 훈련내용과 직무내용 간 유사성을 제고하고, 훈련 기간 중 습득한 내용을 실습하거나 적용할 기회를 제공하거나, 학습내용이 익숙해지도록 반복학습(overlearning)이 충분할 정도로 일어나도록 해야 한다.

③ 효과적인 인사평가의 기준 가운데 전략과의 적합성(strategic congruence)은 인사평가가 조직의 전략, 목표, 문화에 부합되도록 종업원의 행동과 태도를 조성하는 정도를 의미한다. 조직이 수립한 전략이 잘 실행되어야 조직의 목표가 달성될 수 있는데, 조직의 전략이 효과적으로 실행에 옮겨지기 위해서는 종업원들이 전략에 부합하는 행동을 할 필요가 있다. 이런 종업원의 행동을 만들어 내는 것이 바로 인사평가이다. 즉 인사평가의 항목이 조직의 전략에 부합하는 행동을 하도록 구성되는 것이 매우 중요하다. 결론적으로 인사평가는 조직의 전략과 종업원의 행동 사이의 연결자 역할을 하는 것이다. 이런 역할을 잘 수행하는 인사평가 제도일수록 전략과의 적합성이 높다고 평가할 수 있다.

④ 타당성이란 측정하고자 하는 것을 정확하게 측정하는 정도를 말한다. 이를 인사평가에 적용하면 타당성(validity)은 일을 잘하는 사람은 평가에서 높은 점수를 받아야 하고, 일을 못하는 사람은 낮은 점수를 받아야 한다. 그러기 위해서는 우선 '일을 잘하는 것'이 무엇을 의미하는지가 정확히 정의되어야 한다. 평가항목에 이와 관련된 핵심적인 질문들이 모두 들어가야 하며, 일과 상관없는 요소는 제거되어야 한다. 평가항목이 제대로 구성된다는 가정하에 타당성을 높이기 위해서는 인사평가를 평가목적별 혹은 평가집단에 따라 세분화하는 것이 바람직하다. 인사평가의 목적에는 전략적 목적, 관리적 목적, 발전적 목적의 3가지가 있는데 각 목적에 부합하도록 평가항목을 구성해야 하며, 전체 사원을 평가하기 위한 공통 항목도 필요하지만, 때로는 직종별, 직급별로 세분화하여 각 집단에 알맞은 차별화된 평가요소를 적용하는 것도 평가의 타당성을 높이는 방안이 될 수 있다.

⑤ 인사평가가 인재육성에 활용되기 위해서는 현재 종업원의 절대적 수준을 파악하고 이를 근거로 각 종업원별로 개별적인 처방이 내려져야 한다. 예를 들어 동일 직급의 종업원에게 리더십을 키우기 위한 교육훈련을 제공한다면, 각 종업원의 현재 리더십 수준을 파악해서 각자 모자라는 정도를 채우는 교육훈련이 시행되어야 한다. 그러나 서열법(ranking method), 강제할당법(forced-distribution method), 쌍대비교법(paired comparison method) 등의 상대평가 기법은 종업원의 절대적 수준을 파악할 수 없기 때문에 인재육성 목적으로 활용되기는 곤란하며, 오히려 순위가 중요한 승진목적의 평가에 적합하다.

1154 ④

① 내부공정성(internal equity)은 단일 조직 내에서 직무의 상대적 가치에 임금이 비례하는 정도를 말한다. 내부공정성은 직무평가(job evaluation)를 통해서 실현된다. 즉 직무의 상대적 가치를 평가한 후 상대적 가치에 따라 임금이 비례하도록 하면 임금의 내부공정성을 확보할 수 있다.

② 외부공정성(external equity)은 다른 조직에 있는 유사한 직무와의 관계를 나타내는 것으로 종업원이 자신의 임금을 시장임금과 비교하는 차원이다. 즉 동일 직무에 대하여 노동시장에서 지불되는 임금액에 대비한 구성원의 임금에 대한 공정성 지각을 의미한다. 외부공정성은 시장임금조사(market pay survey)를 통해 확보될 수 있다. 만약 외부공정성이 확보되지 않는다면 고급인력의 유출이나 종업원의 태도에 변화가 발생할 것이다.

③ 개인공정성(individual equity)은 '동일 직무' 내에서 개인의 특질, 교육정도, 동료들과의 인화력, 업무몰입수준 등과 같은 개인적 특성이 임금에 반영되는 정도를 의미한다. 즉 내부공정성을 통해 결정된 동일한 임금배분 기준 내에서의 개인간 임금차등화를 의미한다. 보통의 경우 내부공정성의 기준은 직무의 가치이므로 이를 제외하고 연공, 성과, 스킬 등을 기준으로 동일한 직무를 수행하는 사

람들 간의 임금을 차등화하는 것을 내부공정성이라 한다. 보기에서는 "다양한 직무 간"이라는 표현은 내부공정성을 의미하므로 적절하게 고치면 "동일 직무내에서 개인 간" 이라고 해야 한다.
④ 직무급(job-based pay)은 직무의 상대적 가치에 따라 임금이 차등화되므로 어려운 일을 할수록 많은 임금을 받을 수 있다. 따라서 직무급에서 임금상승은 상대적 가치가 높은 직무로의 이동을 통해 가능하다. 반면 직능급(skill-based pay)은 종업원이 보유한 스킬의 정도에 따라 임금이 차등화되므로 스킬의 수준이 높을수록 많은 임금을 받을 수 있다. 따라서 직능급에서의 임금상승은 스킬의 획득에 의해 가능하다.
⑤ 내부공정성은 단일 조직 내에서 직무 간 비교를 통해 인식하는 공정성으로 이를 확보하기 위해서는 직무평가를 실시해야 한다. 외부공정성은 동일 직무에 대해 조직간 비교를 통해 인식하는 공정성으로 시장임금조사를 통해 확보된다. 따라서 조직구성원에 대한 면접조사를 통해 종업원의 사기나 이직의도 등에 대한 자료를 구할 수는 있지만 임금의 내부공정성과 외부공정성을 확보할 수는 없다.

1155 ④

① 인적자원관리의 출발점은 직무분석이다. 이는 조직 내의 인적자원관리가 효과적으로 이루어지기 위해서는 무엇보다도 종업원들이 담당하는 직무에 대한 정확한 정보 획득이 우선되어야 한다는 것을 의미한다. 만약 직무에 대한 정확한 정보를 알고 있다면 직무에 가장 적합한 사람을 선발할 수도 있고, 직무수행능력의 향상에 어떠한 교육과 훈련이 필요한지도 알 수 있으며, 승진과 인사이동을 위한 적절한 기준을 마련할 수 있다. 또 종업원 간 보상의 공정한 차이를 둘 수 있는 합리적인 기준도 마련할 수 있다. 이와 같은 다양한 목적하에 조직 내의 직무에 대한 정보를 얻기 위해 이루어지는 활동을 직무분석이라 한다. 즉 직무분석은 직무의 내용, 직무가 수행되는 맥락, 직무 수행자의 인적요건 등에 대한 정보를 수집하고 분석하기 위한 체계적인 과정이다.

② 관찰법은 분석대상이 되는 조직구성원의 직무를 직접 관찰함으로써 직무에 관한 정보를 획득하는 방법이다. 이는 일이 단순하고 주기가 짧은 경우에 정확한 정보를 얻을 수 있지만 일이 복잡하고 주기가 긴 경우에는 정확한 자료수집이 곤란하다. 관찰법의 경우 직접관찰에 따른 한계와 저항을 줄이기 위해 직접관찰 대신 비디오카메라 등을 이용한 간접관찰을 실시할 수도 있다.

③ 직무평가란 기업 내에서 각각의 직무가 차지하는 상대적 가치를 결정하는 것이므로 직무가 지니는 책임도, 업무수행상의 곤란도, 복잡도 등도 비교·평가하는 과정이다. 직무평가는 조직 내에서의 각 직무의 상대적 가치를 결정하기 위한 것이므로 어디까지나 직무 그 자체의 가치를 판단하는 것이지 결코 직무담당자를 평가하는 것은 아니다. 즉 직무평가는 직무분석과 마찬가지로 구체적인 개개의 인간과는 분리된 각 직무가 요구하는 지식, 숙련, 노력, 책임, 직무조건 등을 평가요소로 하여 각 직무의 상대적 가치를 체계적으로 평가하는 것이다. 가장 일반적으로 적용되는 평가요소는 다음의 4가지이다.
- 숙련(skill): 교육수준, 경험, 창의적 기교, 지식, 판단력, 정신적 기술
- 노력(effort): 육체적 노력, 정신적 노력
- 책임(responsibility): 설비와 공정에 대한 책임, 원재료와 제품에 대한 책임, 안전에 대한 책임, 작업에 대한 책임
- 작업조건(job condition): 작업환경, 위험도

④ 요소비교법(factor comparison method)은 조직 내의 직무를 평가요소별로 분해하고 가장 핵심이 되는 몇 개의 기준직무(key job)를 선정하여 타 직무의 평가요소를 기준직무의 평가요소에 결부시켜 상호 비교함으로써 조직 내에서 이들이 차지하는 상대적 가치를 결정하는 방법이다. 이 방법은 직무요소별 비교를 통해 직무별 임금을 계량적으로 결정할 수 있으나, 요소별 비교가 실제적으로 상당히 어려울 뿐 아니라 직무의 수가 방대한 경우에는 체계적이고 일관된 비교가 어려워지고 복잡해지며, 기준직무(key job)의 변화에 따른 평가결과의 비지속성 등으로 인하여 사실상 현실적인 적용이 제한될 수밖에 없다.

⑤ 점수법은 직무를 구성요소로 나누고 각 요소별로 중요도에 따라 점수를 결정한 후 이 점수들을 합하여 각 직무의 가치를 평가하는 방법이다. 점수법은 직무내에 속한 핵심 요소를 보다 세밀하게 처리한다는 점에서 계량적 분석범주에 속하는 요소비교법에 비해 보다 정확한 것으로 평가된다. 직무급을 주로 사용하는 미국의 경우 기업의 95% 정도가 점수법을 사용하고 있으며, 점수법에는 각 평가요소에 가중치를 두지 않는 단순 점수법과 가중치를 주는 가중점수법이 있으나 가중점수법이 더 많이 사용되고 있다.

1156 ④

① 마코프 분석은 전이행렬표(transitional probability matrix)를 작성하는 것이 핵심이다. 전이행렬표는 현재 각 직무에서 일하고 있는 사람이 다음해에 그 자리에 있거나 다른 직무로 자리를 옮기거나 또는 회사를 그만둘 확률을 표로 정리한 것이다. 각각의 확률에 연초 인원을 곱하면 연말에 얼마의 인원이 여전히 그 직무에 남아 있을 것인지를 예측할 수 있다. 전이행렬표는 전문가에 의해 만들어지는 것이 아니라 지난 수년 동안 직무 간에 일어났던 실제 이동상황을 조사하여 만든다.

② 인력수요가 공급을 초과하는 것은 '인력부족' 상황인데, 이 상황에서는 인력을 더 충원하거나 충원하는 것과 유사한 효과가 있는 방법들을 사용해야 한다. 예를 들어, 초과근무, 아웃소싱, 신규채용, 전직자 재교육 등의 방법이 있다. 그러나 조기퇴직(early retirement)은 인력의 공급이 수요를 초과하는 상황 즉 '인력과잉' 상황에서 사용해야 할 방법에 해당한다.

③ 검사-재검사법(test-retest method)은 동일한 상황에서 동일한 대상에 대해 동일한 선발도구를 시간을 달리하여 2회 측정하여 측정값들의 상관관계 값으로 평가한다. 이 방법을 사용할 때 첫 번째 선발시험과 두 번째 선발시험간의 간격이 너무 짧으면 주시험 효과(main testing effect)가 발생하여 두 번째 시험에서 첫 번째 시험을 기억하여 답할 수 있다. 일반적으로 2주 간격 정도가 권장된다. 주시험 효과가 일어나는 것을 방지하기 위해서는 복수양식법(multiple forms method)을 사용하는 것이 좋다. 복수양식법은 두 번째 시험을 첫 번째 시험과는 난이도는 유사하지만 다른 문제들로 구성하는 것을 의미한다.

④ 기준관련 타당성(criterion-related validity)은 예측타당성과 동시타당성으로 나누어진다. 예측타당성(predictive validity)은 선발 시에 지원자들로부터 얻은 선발도구들의 점수와 시간이 경과된 후 지원자들이 선발되어 종업원 자격을 갖고 있을 때, 직무성과를 측정하여 양자를 비교함으로써 선발도구의 타당성을 알아보는 방법이다. 동시타당성(concurrent validity)은 현재의 종업원을 대상으로 선발도구를 적용하여 예측치를 얻고, 동시에 그 종업원의 직무성과와 비교하는 것이다. 따라서 예측타당성(predictive validity)은 선발도구가 미래의 성과를 얼마나 잘 예측하는가에 관한 것이고, 동시타당성(concurrent validity)은 선발도구가 현재의 성과를 얼마나 잘 예측하는가에 관한 것이라고 할 수 있다.

⑤ 내용타당성(content validity)은 측정대상의 주제를 선발도구가 어느 정도 내포하고 있는가를 가리킨다. 가령 '마케팅 조사' 시험 문제에서 브랜드 자산, 포지셔닝, 시장세분화 등의 질문을 한 경우와 신뢰성, 타당성, 표본추출 방법 등의 질문을 한 경우에 당연히 후자가 내용타당성이 높다고 할 수 있다. 전자의 문제들은 마케팅의 영역으로 마케팅 지식을 측정하는데는 내용타당성을 갖지만 마케팅 조사의 지식을 측정하는데는 내용타당성이 결여된 문제들이다. 일반적으로 내용타당성은 계산과정을 거치지 않고 주관적으로 평가한다. 그런데 현실적으로 평가자마다 주관적 판단이 다르므로 내용타당성 유·무 혹은 정도는 절대적일 수 없다.

115번 ⑤

① 직무급은 직무의 속인적인 특징(학력, 연령, 근속연수, 능력)보다는 직무의 가치에 따라서 임금이 결정되는 임금제도이다. 예를 들어, 어떤 직무가 월 기본급 100만 원으로 책정되어 있다면, 나이와 무관하게(20세가 수행하든 60세가 수행하든), 성별과 무관하게(남자든 여자든), 고용형태와 무관하게(정규직이든 비정규직이든), 학력과 무관하게(중학교 졸업자이든 박사학위 소지자이든), 국적과 무관하게(한국인이든 외국인이든), 출생과 무관하게(한문화가정이든 다문화가정이든), 근속연수와 무관하게(1년차 직원이든 30년차 직원이든) 그리고 심지어 능력과 무관하게(비숙련자이든 고숙련자이든) 누구나 월 기본급 100만 원을 받는 것을 말한다. 직무급은 이러한 의미에서 동일노동 동일임금을 가장 근접하게 실현하는, 즉 공정한 보상제도라고 할 수 있다. 여기서 동일노동을 다르게 표현하면 동일직무가치라고 할 수 있다.

② 임금의 내부공정성(internal equity)은 다른 말로 내부형평성(internal alignment)이라고도 하며, 기업이 허용임금 총액을 종업원들에게 어떻게 배분하느냐에 관한 것이다. 임금배분의 기준은 직무의 가치, 종업원의 가치(연공, skill, 역량) 그리고 성과 등을 들 수 있는데, 직무급 제도에서는 '직무의 가치'를 기준으로 임금을 배분하게 된다. 직무의 가치에 따라 임금을 차등화하기 위해 실시하는 것이 '직무평가(job evaluation)'이다.

③ 임금의 외부공정성(external equity)은 외부경쟁력(external competitiveness)이라고도 하며, 다른 조직에 있는 유사한 직무와의 관계를 나타내는 것으로 종업원이 자신의 임금을 시장임금과 비교하는 차원이다. 외부공정성(external equity)은 다른 조직에 있는 유사한 직무와의 관계를 나타내는 것으로 비록 직급은 같지만, 회사의 규모(size), 산업(industry), 위치(location) 혹은 필요로 하는 지식, 기술, 경험의 차이에 따라 조직간 임금이 차등화 됨을 의미한다. 예를 들면, 직급이 같은 과장이라도 임금은 회사의 상황에 따라 달라지게 됨을 의미한다. 만약 외부공정성이 확보되지 않는다면 고급인력의 외부 유출이나 종업원의 태도에 변화가 발생할 것이다. 임금수준을 결정하는 주요한 방법은 시장임금조사(market pay survey)이다. 시장임금을 조사하는 데 있어서 한가지 유의해야 할 점은 임금조사는 임금체계에 따라 달라져야 한다는 것이다. 즉 직무급 제도에서는 임금조사를 동일한 직무를 근간으로 실행해야 할 것이다.

④ 연공급(seniority-based pay) 제도에서는 근속연수가 증가함에 따라 임금이 올라가지만, 직무급 제도에서는 난이도가 높은 직무로 이동을 통해 임금이 상승하게 된다. 여기서 난이도가 높은 직무는 보통 상위직급을 의미하므로 직무급제도인 기업에서 종업원들의 가장 큰 관심사는 '승진(promotion)'이다. 상위직급이 난이도가 더 높은 이유는 직무평가 요소인 숙련, 노력, 책임, 작업조건 등에서 더 높은 점수를 요구하기 때문이다.

⑤ 연공급은 근속연수에 따라 임금이 달라지는 제도이므로 빠르게 변화하는 환경에서 경영진의 의도에 따라 인력의 채용과 배치에서 유연성을 발휘하기가 용이하다. 왜냐하면 연공급 제도에서는 어떤 직무를 수행하느냐가 임금을 결정하는 것이 아니라 근속연수가 임금을 결정하기 때문이다. 그리고 종업원의 경력개발에 있어서도 다른 직무로 이동하더라도 임금이 올라가거나 내려가지 않기 때문에 연공급 제도에서는 종업원들이 수평적 이동을 주저하지 않는다. 그러나 직무급 제도에서는 직무분석을 토대로 적재적소의 배치를 실현해야 하기 때문에 직무수행 요건에 맞지 않는 채용과 배치는 쉽지 않다. 이 때문에 연공급은 generalist를 양성하는데 적절하고 반면, 직무급은 specialist를 양성하는데 적절하다.

1158 ④

① 질문지법은 직무에 관한 질문지를 작성하여 작업자로 하여금 개별 항목이 분석대상 직무에 해당되는지, 해당된다면 어느 정도로 해당되는지 응답하도록 하여 직무정보를 수집하는 방법이다. 질문지가 잘 설계되고 작업자들이 정확한 정보자료를 제공할 경우, 매우 많은 작업자로부터 비교적 단시일 내에 정보자료를 수집할 수 있는 장점이 있다. 그러나 직무내용을 정확하게 포착할 수 있도록 질문지를 잘 설계하려면 많은 노력과 비용이 소요되며, 질문지 자체가 너무 길어질 위험성도 크다.

② 수시로 변화하는 직무 환경은 매번 업데이트할 필요가 없는 신축적인 직무기술서를 요구한다. 이에 따라 기업에서는 '의무(duty)'보다는 '역량(competency)'을 중심으로 한 직무분석을 사용하는데, 이를 역량모델이라고 한다. 역량모델은 직무분석(job analysis)의 일종으로 조직의 성과향상에 영향을 미치는 종업원들의 특성을 파악하고 이들을 활용하는 것에 초점을 맞춘다. 역량모델은 성공적 직무수행에 반드시 필요한 것이라고 규명된 일련의 역량 세트로 구성된다. 역량 모델은 직무의 담당자가 수행해야만 하는 의무보다는 일을 성공적으로 수행할 수 있는 역량을 갖는 것에 초점을 맞춘다. 이 때문에 역량 모델은 직무를 분석하는 것이 아니라 직무를 수행할 종업원을 분석하는 것이다.

③ 점수법은 가장 많이 사용되는 직무평가 기법으로, 직무를 여러 평가요소로 분리하여 그것들에 점수를 부여하여 직무의 가치를 평가하는 방식이다. 점수법은 평가요소의 선정, 개별 평가요소의 가중치(weight) 결정, 개별 평가요소에 대한 점수 부여의 단계를 거친다. 점수법은 직무 간 차이에 대한 구체적인 정보를 획득할 수 있으며, 여러 직무들 간의 임금격차에 대한 합리성 및 공정성을 보다 많이 확보할 수 있다는 장점이 있다.

④ 마일즈와 스노(Miles & Snow)의 전략유형 가운데 탐색형(prospector)은 지속적으로 새로운 시장기회를 탐색하며, 새로운 제품과 서비스를 실험하는 혁신형 기업을 의미하며, 탐색형 전략을 구사하는 기업은 높은 수익성(profitability)보다는 혁신(innovation)을 더 중요하게 여긴다. 끊임없이 새로운 영역의 잡지를 만들어내는 잡지사는 탐색형 전략의 좋은 예다. 탐색형 전략을 사용하는 기업의 성공여부는 외부 환경의 기회와 변화를 탐색하는 능력을 유지하고 개발하는데 달려있으므로 인력선발시 내부모집보다는 외부모집의 비중이 상대적으로 높다. 반면 방어형(defender) 전략은 한정된 제품과 서비스의 생산에 집중하는 전략으로 이들 기업들은 제한된 분야에 고도로 숙련되어 있고 효율성이 매우 높다. 주로 작은 니치마켓(niche market) 내에서 활동하며, 고품질의 제품 혹은 경쟁적인 가격의 제품을 출시하는 방법을 사용한다. 방어형 전략을 구사하는 기업은 시장의 트렌드를 연구하거나 신제품 개발을 중요시 하지 않기 때문에 다른 시장으로 확장하기 보다는 자신의 영역을 지키기 위해 비용을 줄이는 문제에 치중하는 경향을 보인다. 따라서 방어형 전략을 구사하는 조직은 인력선발시 외부모집보다는 내부모집의 비중이 상대적으로 높다.

⑤ 대안항목 신뢰성은 주시험효과를 방지하기 위하여 두 번째 측정할 때 첫 번째 사용한 선발시험과 매우 유사하지만 다른 선발시험을 사용하는 것이다. 예를 들어 난이도, 문항 수, 내용 등이 아주 유사한 두 가지 선발시험 문제를 개발하여 동일한 대상에 대해 실시한 후 양 점수 사이의 상관계수가 높으면 신뢰성이 높은 것이고 그렇지 않으면 신뢰성이 낮은 것이다. 대안항목 신뢰성을 측정하는 방법은 평행양식법(parallel forms method), 대안항목법(alternate forms method), 복수양식법(multiple forms method) 등이 있다.

> **주시험효과(main testing effect)**
> 주시험효과는 첫 번째 처치(시험)로 인한 학습효과가 두 번째 처치(시험)의 순수한 효과를 왜곡시키는 것을 말한다. 예를 들어, 학생이 전혀 시험준비를 하지 않고 TOEIC이 어떤 식으로 구성되는지를 모르는 상태에서 시험을 친 후, 전혀 공부를 하지 않고 다음 시험을 치더라도 보다 높은 성적을 받을 가능성이 높다. 이는 첫 시험을 통하여 시험요령을 터득했기 때문이다. 또 다른 예로 어떤 제품의 태도를 시간 간격을 두고 2회 측정하는 경우 응답자는 두 번째 응답시 자신의 처음 응답을 회상하여 응답함으로써 주시험효과가 발생할 수 있다.

1159 ⑤

① 거의 모든 인력을 외부노동시장에 영입하는 기업, 즉 외부노동시장을 많이 활용하는 기업은 필요한 인재를 키워서 쓰기보다는 필요할 때마다 외부에서 채용해서 쓰기 때문에 조직 내에서 공식적 교육훈련을 거의 제공하지 않는다. 반면 인력의 대부분을 내부 공급에 의존하는 기업, 즉 내부노동시장을 많이 활용하는 기업은 필요한 인재를 키워서 쓰기 때문에 조직 내에서 광범위한 교육훈련을 제공한다.

② 교육훈련의 전이(transfer of training)란 교육받은 지식, 기술, 행동을 실무에 적용하는 것을 의미한다. 교육훈련의 전이가 잘 일어나게 하려면 우선, 훈련현장과 직무 현장 간, 그리고 훈련내용과 직무내용 간 유사성이 제고되어야 하며, 훈련기간 중 습득한 내용을 실습하거나 적용할 기회가 제공되어야 한다. 또한 학습내용이 충분한 정도로 익숙해지기 위하여 반복학습(overlearning)이 일어나도록 한다. 조직 내 교육훈련은 일반교육과는 달리 훈련을 통해 습득한 지식, 기술, 행동양식을 직무에서 활용하는 것을 전제로 한다는 점이다. 훈련을 받은 사람들이 훈련기간에 습득한 내용을 자동적으로 직무현장에서 적용하고 활용하는 것은 아니기 때문에 훈련의 효과성을 높이려면 훈련내용의 업무수행 현장으로의 전이(transfer of training)에 각별한 주의를 기울일 필요가 있다. 교육훈련의 전이 정도가 가장 높은 교육훈련 방법은 OJT(on-the-job training)와 행동학습(action learning)이다.

③ 커크패트릭(Kirkpatrick)의 교육훈련 평가 4단계 모형은 반응평가(1단계), 학습평가(2단계), 행동평가(3단계), 결과평가(4단계)로 구성되는데 대학에서 이루어지는 학생에 대한 평가는 1단계(반응평가)와 2단계(학습평가)가 전부이다. 3단계와 4단계 평가는 교육현장이 아니라 실무현장에서 이루어지기 때문이다.

④ 행위기준고과법은 평가 척도법(rating scale method)과 중요사건법(CIM: critical incident method)을 혼용하여 보다 정교하게 계량적으로 수정한 기법이다. 이 기법은 먼저 관리자로부터 직무를 수행하는데 나타나는 수많은 중요사실을 추출해서 몇 개의 범주로 나눈다. 그리고 나서 각 범주의 중요한 사건을 척도에 의해 평가자가 평가하게 한다. 행위기준고과법은 종업원의 인성적 특성(trait)을 중시하는 전통적인 평가방법의 비판에 기초하여 피평가자의 실제 행동을 관찰하여 평가하는 기법이다.

⑤ 인사평가란 조직의 성공에 기여한 정도를 측정하는 것인데, 현재까지 기여한 것을 평가하는 것을 '결과(업적)평가'라고 하고, 미래에 기여할 수 있는 부분을 평가할 것을 평가하는 것을 '역량(행동)평가'라고 한다. 그런데 결과평가만을 하면 미래에 기여할 부분을 평가하지 못하고, 역량평가만을 하면 현재까지 조직에 기여한 것을 평가하지 못하므로 이 둘은 함께 평가되어야 한다. 기업이 미래지향적인 관점을 갖게 되면 역량평가를 해야 하고 기업이 과거지향적인 관점을 갖게 되면 업적평가를 해야 한다.

1160 ②

① 종업원이 맡고 있는 직무의 숙련, 노력, 책임, 작업조건 등의 정도에 따라 결정되는 임금제도는 직무급(job-based pay)이다. 직능급(skill-based pay)은 종업원이 보유한 스킬에 딸 임금이 결정되는 제도이다.

② 연공급 제도에서는 어떤 직무를 수행하느냐가 임금을 결정하는 것이 아니라 근속연수가 임금을 결정하기 때문에 빠르게 변화하는 환경에서 경영진의 의도에 따라 인력의 채용과 배치에서 유연성을 발휘하기가 용이하다. 그리고 종업원의 경력개발에 있어서도 다른 직무로 이동하더라도 임금이 올라가거나 내려가지 않기 때문에 연공급 제도에서는 종업원들이 수평적 이동을 주저하지 않는다. 그러나 직무급 제도에서는 직무분석을 토대로 적재적소의 배치를 실현해야 하기 때문에 직무수행 요건에 맞지 않는 채용과 배치는 쉽지 않다. 이 때문에 연공급은 generalist를 양성하는데 적절하고 반면, 직무급은 specialist를 양성하는데 적절하다.

③ 임금은 개별 종업원마다 차등적으로 지원되며, 노동의 질, 양 능률 등에 따라 달라진다. 그러나 복리후생은 종업원 모두에게 집단적으로 지급되고, 기본적으로 조직구성원 모두에게 동일한 기회가 부여된다. 따라서 노사간의 화합 증진과 구성원들의 사기수준을 높이는 목적에는 직접보상인 임금보다는 간접보상인 복리후생의 효과가 상대적으로 더 크다.

④ 종업원에게 지급하는 평균임금을 의미하는 것은 임금수준(pay level)이며, 높은 임금수준은 유능한 종업원을 유인하고, 유지하는데 효과가 크다. 임금체계는 임금수준에서 정해진 총액임금을 어떠한 기준에 의해 종업원들에게 배분할 것인가라는 문제를 다룬다. 임금배분의 기준에는 직무가치, 종업원의 가치, 결과가치가 일반적으로 사용된다. 직무가치는 보통 구미국가에서 사용하는 것으로 기업내 존재하고 있는 직무들 간의 상대적인 가치를 측정하여 임금을 배분하는 것을 말한다. 또 종업원 가치는 종업원의 연공이나 스킬을 사용하는 것을 말하고, 결과가치는 종업원의 업무처리 결과물을 성과를 근간으로 임금을 배분하는 것을 말한다.

⑤ 스캔론 플랜(Scanlon plan)과 럭커 플랜(Rucker plan)은 모두 노무비(labor cost) 절감을 목표로 한다. 스캔론 플랜은 총매출액에 대한 노무비 절약분을 인센티브 임금으로 종업원들에게 배분하는 비용절감 인센티브 제도이며, 럭커 플랜은 총노무비 중 부가가치의 비율을 기준으로 보너스를 지급하는 제도이다. 럭커 플랜과 스캔론 플랜이 다른 점은 성과배분의 기준으로 스캔론 플랜은 생산의 판매가치(매출액)를 사용한 것에 반하여, 럭커 플랜은 부가가치를 기준으로 삼고 있다는 것이다.

1161 ③

① 직무평가는 직무의 '절대적'이 아니라 '상대적' 가치를 정하는 절차이다.

② '동일노동 동일임금'을 기본원리로 하는 '직무급(job-based pay)'제도의 기초가 된다.

④ 종업원의 직무수행 결과를 평가하는 것은 직무평가가 아니라 '인사평가'이다.

⑤ 평가방법에는 서열법, 분류법, 점수법, 요소비교법 등이 있다. 경험법, 질문지법, 종업원 기록법 등은 직무평가 방법이 아니라 직무분석 방법이다.

1162 ⑤

① 인사평가의 목적은 전략적 목적, 관리적 목적, 발전적 목적 3가지로 구분된다. 이 가운데 전략적 목적(strategic purpose)은 효과적인 인사평가를 통해 조직이 사업목표를 달성하도록 돕는 것을 의미하며, 관리적 목적(administrative purpose)은 보상, 복리후생, 표창 등에 사용할 목적으로 평가하는 것이며, 발전적 목적(development purpose)은 종업원의 지식과 기술을 발전시킬 목적으로 인사평가를 사용하는 것이다.

② 측정도구가 측정하고자 하는 바를 정확하게 측정하는 정도를 타당성이라고 한다. 인사평가에서 타당성(validity)은 평가가 성과의 모든 면을 적절하게 측정하는지 혹은 부적절한 면은 제외되었는지를 의미한다. 이 때문에 인사평가의 타당성은 주로 내용타당성(content validity)과 관련이 된다. 타당성있는 인사평가 제도 하에서는 일을 실제로 잘하는 사람이 보다 높은 점수를 받게 될 것이다. 그러기 위해서는 우선 '일을 잘하는 것'이 무엇을 의미하는지가 정확히 정의되어야 한다. 평가항목에는 이와 관련

된 핵심적인 질문이 들어가야 하며, 일과 상관없는 요소는 모두 제거되어야 한다. 인사평가의 타당성을 증대시키기 위해서는 평가를 직급별로 세분화하여 실시하거나 평가목적에 부합한 평가를 사용하는 것이 좋다.

③ 평가척도법(rating scale method)은 판단력, 의사소통, 대인관계 기술 등 종업원의 특성을 목록화하고 각 특성에 평가척도를 적용하는 방법이다. 이 방법의 단점은 종업원들의 특성, 판단력, 대인관계 기술 등이 관리자의 평가에 전적으로 달려있다는 점이다. 또한 평가 때마다 관리자들이 다른 판단을 할 수 있기 때문에 평가결과의 신뢰성이 낮다.

④ 행위기준고과법(BARS: behaviorally anchored rating scale)은 형식면에서는 평가척도법(rating scale method)을 따르고 있고 평가에 들어가는 내용은 중요사건법(CIM: critical incident method)을 통해 얻고 있다. 이 기법은 먼저 관리자로부터 직무를 수행하는데 나타나는 수많은 중요사실을 추출해서 몇 개의 범주로 나눈다. 그리고 나서 각 범주의 중요한 사건을 척도에 의해 평가자가 평가하게 한다. 행위기준고과법은 종업원의 인성적 특성을 중시하는 전통적인 평가방법의 비판에 기초하여 피평가자의 실제 행동을 관찰하여 평가한다.

⑤ 인사평가를 상대평가와 절대평가로 구분할 때, 절대평가는 절대기준과 평가대상을 비교하여 평가하는 것으로 인재육성 목적으로 활용되며, 상대평가는 종업원간 비교를 통해 평가되며 주로 승진 목적으로 사용된다. 절대평가에는 평가척도법, 체크리스트법, 중요사건법, 행위기준고과법, 행동관찰척도 등이 있으며, 상대평가 방법에는 서열법, 강제할당법, 쌍대비교법 등이 있다.

1163 ③

① 직무급(job-based pay)은 개인이 수행하고 있는 직무에 대해 임금을 지급하는 방식이고, 직능급(skill-based pay)은 종업원이 수행하고 있는 직무 대신에 종업원이 지닌 스킬의 범위, 깊이, 유형에 대해 임금을 지급하는 방식이다. 따라서 한 개인이 맡는 직무가 고정되어 있지 않고 가변적이며 또 팀단위로 일하는 경우가 많은 작업장에서는 '직무급'보다는 '직능급'을 실시하는 것이 바람직하다. 왜냐하면 이런 경우 직무급을 사용하면 한 개인의 조직 기여도를 충분히 반영하지 못한다는 인식 때문이다.

② 종업원들의 회사에 대한 귀속감과 공동체 의식을 높이기 위해서는 '성과급'보다는 '복리후생'을 많이 지급하는 것이 적절하다. 성과급은 성과에 기초한 급여로 성과에 근간을 둔 기본급과 추가적인 인센티브를 포함하는 용어다. 성과급은 지급되는 액수가 사전에 정한 산출물과 연계되므로 효과적이긴 하지만 특히 개인 성과급의 경우에는 성과향상을 위해 종업원간 경쟁이 심화될 수 있기 때문에 회사에 대한 귀속감과 공동체 의식을 고취하는 데는 부적절하다. 반면 복리후생은 성과나 직무와는 무관하게 종업원 모두에게 집단적으로 지급되고, 기본적으로 조직구성원 모두에게 동일한 기회가 부여되므로 종업원들의 조직에 대한 귀속감과 공동체의식을 고취할 수 있다.

③ 동일한 직무를 수행하는 사람에게 학력, 근속연수, 나이, 성별, 국적, 정규직 여부에 상관없이 같은 임금을 제공하는 것을 '동일노동 동일임금(equal pay for equal work)'의 원칙이다. 임금체계에는 직무급, 직능급, 연공급, 성과급 등의 여러 가지가 있지만 동일노동 동일임금을 실현하기 위해서는 '사람'이 아니라 '직무'에 임금을 매겨야 하기 때문에 직무급(job-based pay) 임금체계를 활용해야 한다.

④ 종업원에게 지급해야 할 임금총액 혹은 평균임금(임금총액 ÷ 종업원수)을 관리하는 것을 임금수준 관리라 하고, 임금수준이 높으면 노동시장에서 경쟁력이 있고, 반대로 낮으면 경쟁력이 없기 때문에 임금수준은 외부공정성과 관련된다. 또한 임금총액을 종업원에게 배분하는 기준을 임금체계라고 하는데, 임금체계는 조직 내에서 직무 간 임금격차에 관한 문제이므로 이는 임금의 내부공정성과 관련된다. 따라서 임금배분의 기준은 직무의 가치, 종업원의 가치(연공, 스킬, 역량) 그리고 성과 등을 들 수 있는데, 이는 임금의 '내부공정성'과 관련이 있다.

⑤ 기업이 주어진 인건비로 평상시보다 더 많은 부가가치를 창출하였을 경우, 이 초과된 부가가치를 노사협동의 산물로 보고 기업과 종업원간에 배분하는 제도는 스캔론 플랜(Scanlon plan)이 아니라 '럭커플랜(Rucker plan)'이다. 스캔론 플랜은 생산의 '판매가치'에 대한 인건비 비율이 사전에 설정한 표준 이하의 경우 종업원에게 보너스를 주는 제도이다. 이 비율을 낮추기 위해 근로자들은 인건비를 최소화하고 생산량은 늘려야 한다.

1164 ③

① 직무분석(job analysis)은 적재적소의 배치를 실현하기 위해 필요한 직무에 관한 정보를 얻기 위한 절차를 말하여 관찰법, 질문지법, 중요사건법, 종업원 기록법 등의 기법을 사용한다. 반면 직무평가(job evaluation)는 '동일노동 동일임금(equal pay for equal work)'의 원칙을 실현하기 위한 직무급 도입의 기초절차로 서열법, 분류법, 점수법, 요소비교법 등의 방법을 활용한다.

② 직무분석(job analysis)의 결과물은 직무기술서와 직무명세서로 구분된다. 직무기술서(job description)는 직무에 관한 사실과 정보를 모든 사람이 이해하기 쉽도록 간략하게 정리하여 기술한 양식으로 주요 내용은 직무의 TDR(task, duty, responsibility)이다. 직무기술서는 인적자원관리의 여러 부분에 두루 사용되지만 특히 '인사평가'의 기본자료로 활용된다. 인사평가 시 각 직무의 TDR을 고려하여 평가기준과 성과기준을 선정해야 인사평가의 타당성을 높일 수 있기 때문이다. 직무명세서(job specification)는 직무수행에 요구되는 최소한의 요건을 기록한 것으로 주요 내용은 KSA(knowledge, skill, ability)이다. 직무명세서(job specification)는 주로 선발과 교육훈련에 사용된다.

③ 핵크만과 올드햄의 직무특성이론에서 보면 직무를 수평적으로 확대하는 직무확대(job enlargement)는 기술다양성(skill variety)과 과업정체성(task identity)을 증가시

켜 직무의 의미감을 높이고, 직무를 수직적으로 확대하는 직무충실(job enrichment)은 자율성(autonomy)을 증가시켜 책임감(responsibility)을 높인다고 볼 수 있다.
④ 모집을 내부모집과 외부모집으로 구분할 때 내부모집은 조직 내부인을 모집 대상으로 하므로 외부모집에 비해 상대적으로 비용이 저렴하고 모집의 속도도 빠르다는 장점을 갖는다. 반면 외부모집은 필요한 인력을 내부에서 양성하는 것이 아니라 외부에서 영입하는 것이므로 교육훈련에 들어가는 비용을 줄일 수 있다는 장점이 있다.
⑤ 선발도구의 구성타당성(construct validity)이란 측정도구가 실제로 측정하고자 하는 추상적인 개념을 실제로 측정도구에 의해서 적절하게 측정되었는가에 관한 문제이다. 즉 어떤 척도(선발도구)가 측정하고자 하는 construct 값을 정확히 측정하는 정도를 말한다. 반면 한 구성개념(construct)을 여러 항목으로 측정했을 때 항목들이 일관성(consistency) 혹은 동질성(homogeneity)을 갖는가에 관한 것은 내적 일관성(internal consistency)이다.

1165 ④

① 교육훈련의 전이(transfer of training)란 교육받은 지식, 기술, 행동을 실무에 적용하는 것을 의미한다. 훈련을 받은 사람들이 훈련기간에 습득한 내용을 자동적으로 직무현장에서 적용하고 활용하는 것은 아니기 때문에 훈련의 효과성을 높이려면 훈련내용의 업무수행 현장으로의 전이에 각별한 주의를 기울일 필요가 있다. 교육훈련의 전이는 훈련현장과 직무 현장 간, 그리고 훈련내용과 직무내용 간 유사성이 높을수록 높다. 따라서 교육훈련의 전이 정도가 가장 높은 교육훈련 방법은 교육현장과 직무현장이 일치하는 직무현장 훈련(OJT : on the job training)과 행동학습(action learning)이다.
② 커크패트릭(Kirkpatrick)의 교육훈련 평가 4단계 모형은 반응, 학습, 행동, 결과의 4단계로 구성되는데, 반응평가(1단계)와 학습평가(2단계)는 교육현장에서 교육 후 바로 측정되고, 행동평가(3단계)와 결과평가(4단계)는 추후에 실무현장에서 이루어진다. 이 때문에 3단계와 4단계를 교육훈련의 전이를 평가하는 단계라고도 한다.
③ 인사평가를 특성, 행동, 결과 평가로 구분할 때, 평가 척도법(rating scale)은 특성 평가에 해당하고, 중요사건법(CIM: critical incident method), 체크리스트법(checklist), 행위기준고과법(BARS), 행동관찰척도(BOS)는 행동 평가에 해당한다. 마지막으로 목표관리(MBO)는 결과평가에 해당한다.
④ 인사평가의 목적을 전략적, 관리적, 발전적 목적으로 구분할 때 '전략적 목적'에 적절한 평가를 선정하기 위해서는 '전략과 적합성'이 높아야 한다. '구체적 피드백'이 높은 인사평가 방법은 발전적 목적에 적합하다.
⑤ 인사평가에 발생하는 근접오류(proximity errors)란 "인사평가표상에서 근접하고 있는 평가요소의 평가결과 혹은 특정평가 시간 내에서의 평가요소간의 평가결과가 유사하게 되는 경향"을 말한다. 시간적인 근접 오류의 예로 업적평가를 하고 난 후에 곧바로 능력평가를 하게 되면 상당한 시간이 경과된 후에 평가하는 것보다 더 유사한 평가결과가 나오게 될 가능성이 있다. 즉, 시간적으로 근접해 있으면 앞의 결과에 영향을 받기 쉽다는 것이다.

1166 ②

① 성과배분제도(gain sharing)는 집단성과급에 해당하며, 회사가 종업원에게 경영성과의 일부를 나누어주는 것으로 회사 내의 협동심으로 제고하기 위해 사용된다. 따라서 성과배분제도의 일종인 스캔론 플랜(Scanlon plan)과 럭커플랜(Rucker plan)은 모두 집단성과급에 해당한다.
② 마일즈와 스노(Miles & Snow)의 전략유형 가운데, 탐색형(prospector) 전략은 혁신을 강조하므로 혁신에 따르는 리스크를 회사와 종업원이 나누기 위해 고정급보다는 성과급의 비중이 높은 임금제도가 적절하고, 방어형(defender) 전략은 효율성을 강조하므로 종업원에게 안정감을 주기 위해 성과급의 비중보다는 고정급의 비중이 높은 임금제도가 적절하다.
③ 임금수준관리에서 정해진 총액임금을 어떠한 기준에 의해 종업원들에게 배분할 것인가에 대한 문제를 다루는 것은 임금체계이다. 임금형태는 임금의 지급방법 및 산정방법을 뜻하며, 임금을 지불할 때 무엇을 단위로 산정하는가를 나타내주는 개념이다.
④ 내부공정성(internal equity) 확보를 통해 결정된 동일한 임금배분기준 내에서의 개인 간 임금차등화를 의미하는 것은 개인공정성(individual equity)이다. 외부공정성은 해당 기업의 임금수준에 관한 문제인데, 외부경쟁력(external competitiveness)이라고도 하며, 다른 조직에 있는 유사한 직무와의 관계를 나타내는 것으로 종업원이 자신의 임금을 시장임금과 비교하는 차원이다.
⑤ 에이전시 숍(agency shop)은 종업원들의 노조가입 여부가 강제적으로 규정되지는 않지만 비조합원들도 조합원들의 조합비에 상당하는 금액을 정기적으로 노동조합에 불입하도록 하는 제도이다. 프레퍼렌셜 숍(preferential shop)은 우선 숍제도라고도 하며, 이 제도는 비조합원의 고용은 가능하지만 조합원에 대해서는 고용상의 차별적인 우대를 가하는 제도이다.

1167 ①

① 직무급(job-based pay)은 동일노동, 동일임금의 원칙에 따라 명확하게 임금배분의 공정성을 기할 수 있으나, 종업원의 배치전환은 어렵다. 직무급은 종업원이 맡고 있는 직무의 난이도에 따라 임금이 달라지기 때문에 종업원 입장에서는 숙련, 노력, 책임, 작업조건 등에서 점수가 높은 직무를 수행하는 것이 좋다. 그런데 보통 이런 4가지 항목에서 점수가 높은 직무는 상위 직무이다. 따라서 상위직무로의 이동 즉, 승진위주의 임금제가 직무급이다. 하지만 상위직무로 이동하려면 상위 직무수행에 필요한 KSA(knowledge, skill, ability)를 보유하고 있어야 하므로 다른 직계로 이동하는 것보다는 자신의 직계에서 계속 전문성을 쌓는 것이 유리하기 때문에 직무급 제도 하에서 종업원들은 배치전환을 꺼려한다. 가령 인사업무를 하던

사람이 마케팅 부서로 옮기게 되면 마케팅 업무를 전혀 모르기 때문에 인사업무 때와 동일한 직급을 맡을 수는 없고 하위 직급(쉬운 업무)을 맡아야 하므로 임금의 하락이 불가피하다. 이 때문에 직무급 제도에서는 종업원들이 수평적 이동 즉, 타 직무로의 이동을 주장한다. 결국 직무급 제도는 전문성에 초점을 맞추는 제도라고 할 수 있다.

② 연공급(seniority-based pay)은 근속연수가 증가하면 매년 임금이 정기적으로 승급된다. 따라서 종업원 입장에서는 매년 임금이 증가하고 몇 년 후에는 어느 정도 임금을 받을 수 있는지 예측이 되기 때문에 종업원에게 생활의 안정감과 미래에 기대를 줄 수 있다는 장점이 있다.

③ 임금피크제(salary peak system)는 기업이 인건비의 과다한 부담을 해소하기 위해 정년을 조정하면서 일정시점을 정하여 일생의 최고임금(피크임금)으로 삼고 그 이후부터 임금액을 감소시키는 제도이다. 이 제도는 연공형 임금제도 하에서 임금액을 감소시키는 특수임금결정방식이다. 다시 말해 임금피크제는 기업이 주로 종업원이 생산기여에 비해 과다한 인건비의 지출을 완화시키기 위한 제도이다. 따라서 임금피크제는 직능급보다는 연공급 임금체계인 기업에 더 적합하다.

④ 테일러(Taylor)식 차별성과급은 근로자의 하루 표준 작업량을 시간연구 및 동작연구에 의해 과학적으로 설정하고 이를 기준으로 하여 고저 두 종류의 임금률을 적용하는 제도이다. 메리크(Merrick)식 복률성과급은 표준생산량을 83% 이하, 83~100% 그리고 100% 이상으로 나누어 상이한 임금률을 적용하는 방식이다.

⑤ 할증급(premium plan)은 종업원이 표준작업 시간 내 표준과업량을 달성하지 못하더라도 일정한 임금을 보장해 주고, 표준작업 시간 내에 과업을 달성해서 노동성과가 높은 종업원에 대해서는 기본시간급에 일정한 비율의 할증 임금을 추가로 지급하는 제도이다. 이 제도는 작업능률의 증대로 절약된 시간에 대한 임금의 일부를 종업원에게 배분한다는 점에서 절약임금 배분제도라고도 한다. 절약된 시간에 대한 임금을 종업원 개인에게 어떤 비율로 배분하느냐에 따라 할시식, 로완식, 간트식으로 구분된다.

1168 ②

② 인사평가 시 사용하는 목표관리(MBO: management by objectives)와 균형성과표(BSC: balanced scorecard)는 모두 '결과' 평가에 해당한다. 목표관리(MBO)란 조직의 목표달성을 위하여 구성원 각자가 조직의 목표와 연계된 자신의 목표를 상사와 협의 하에 설정하고 각자가 자기통제(self control)를 하면서 스스로의 목표를 달성하고, 달성된 목표에 대해서는 상급자가 공동으로 평가하는 제도이다. BSC도 MBO와 동일하게 조직전체의 목표와 부서 그리고 개인의 목표를 연계하지만 목표가 4가지(재무, 고객만족, 내부 프로세스, 학습과 성장)로 구분된다는 것만 다르다. 따라서 MBO와 BSC 모두 '결과' 평가에 해당한다.

③ 타당성(validity)은 측정도구가 측정하고자 하는 바를 정확하게 측정하는 정도를 말한다. 인사평가에서 타당성은 평가가 종업원 성과의 모든 면을 적절하게 측정하는지 혹은 부적절한 면은 제외되었는지를 의미한다. 이 때문에 인사평가의 타당성은 주로 내용타당성(content validity)과 관련된다. 가령, 영업직 사원의 인사평가에서 '근무태도'를 가지고 평가하면 영업직의 가장 중요한 성과인 '실적'의 측정이 불가능하므로 '근무태도'보다는 '영업실적'으로 평가하는 것이 인사평가의 타당성(validity)을 확보할 수 있다.

④ 유리천장(glass ceiling)이란 자격있는 사람이 조직 내에서 충분한 잠재력을 발휘할 수 있도록 더 높은 직급으로 승진하는 것을 가로막는 장애물을 지칭한다. 이는 원래 여성 종업원에게 어떤 단계 이상의 수준을 넘어서는 승진을 허용하지 않는다는 한계점의 개념으로 오늘날에는 그 범위가 소수집단으로까지 확장되었다.

⑤ 인사평가 중 특성평가는 평가시스템 구축은 용이하지만 종업원의 특성과 성과 간의 연계가 없을 가능성이 높기 때문에 타당성에 문제가 있는 방법이다. 이런 단점을 극복하기 위한 한 가지 방법은 종업원의 행동을 평가하는 것이다. 일반적으로 행동평가는 직무 수행의 과정이 중요할 때 사용된다. 종업원의 '특성'보다는 밖으로 드러나는 '행동'이 훨씬 관찰가능성이 높기 때문에 '행동'을 평가하는 것은 평가의 객관성, 정확성 그리고 공정성을 확보할 수 있다.

1169 ③

① 직무평가(job evaluation)는 직무의 상대적 가치를 평가하는 절차로 평가 항목은 숙련, 노력, 책임, 작업요건(직무환경) 등이다. 이 4가지 평가항목에 관한 정보가 담겨 있는 것이 직무기술서(job description)와 직무명세서(job specification)이기 때문에 이들이 없으면 직무평가는 불가능하다.

② 직무평가는 직무급 제도를 확립하기 위한 필수 절차이다. 직무평가의 결과는 직무급 임금체계에서 내부공정성(internal equity) 확립에 사용된다. 즉 직무평가 결과의 고저에 따라 임금이 달라지는 것이다. 하지만 연공급은 근속연수에 따라 임금이 달라지기 때문에 굳이 직무평가를 할 필요가 없다.

③ 선발도구의 타당성(validity)은 선발도구가 측정하고자 하는 바를 제대로 측정하고 있는지에 관한 것이므로 선발시험 점수와 인사평가 점수 간의 상관관계를 통해 평가하고 선발도구의 신뢰성(reliability)은 선발도구를 통해 측정하고자 하는 바가 언제, 어디서 측정하더라도 측정치가 일관되게 측정되어야 하므로 동일한 선발시험을 2번 보거나, 혹은 동일한 내용과 난이도의 시험을 2번 본 후 이들의 상관관계로 신뢰성을 평가한다.

④ 선발시험을 통해 사람을 뽑다보면 제대로 된 의사결정이 이루어지기도 하지만 더러는 고성과자가 시험을 못 봐서 불합격(제1종 오류)하기도 하고 혹은 저성과자가 시험을 잘 봐서 합격(제2종 오류)하기도 한다.

⑤ 외부모집보다는 내부모집을 많이 하는 기업을 다르게 표현하면 외부노동시장보다는 내부노동시장에 많이 의존한다고 표현할 수 있다. 내부노동시장이란 회사 내의 노동시장을 말하며, 필요한 인력을 회사 내에서 길러서 쓰는 것을 의미한다. 따라서 내부노동시장을 주로 활용하는 기업은 회사 내에서 필요한 인력을 만들어 쓰므로 내부 인력에게 광범위한 교육훈련을 제공한다. 반면 외부노동시장 즉 필요한 인력을 회사 외부에서 뽑아쓰는 기업은 내부에서 인력을 양성하기 보다는 필요할 때마다 외부에서 충원하기 때문에 회사 내부의 인력에 비해 많은 교육훈련을 제공하지 않는다.

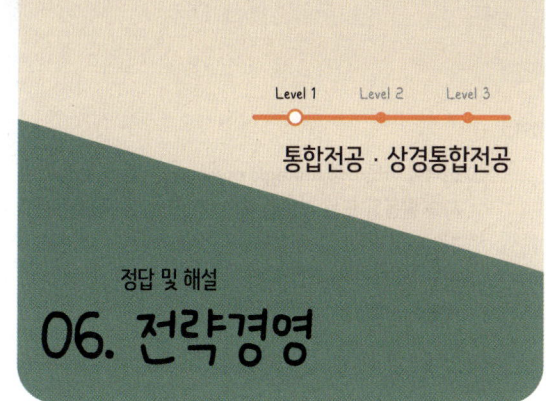

정답 및 해설
06. 전략경영

1170 ②

S	strength(강점)	내부역량 분석
W	weakness(약점)	
O	opportunity(기회)	외부환경 분석
T	threat(위협)	

1171 ②

전략을 도출하는 과정에서 기업외부의 기회와 위협 요소들을 파악하고 기업내부의 강점 및 약점을 분석하는 기법은 SWOT분석이다.

1172 ④

SWOT분석은 말 그대로 strength, weakness, opportunity, threat을 분석하는 기법이다.

1173 ④

④ SWOT 분석에서 철수가 필요한 경우는 약점과 위협(WT 전략)이 만나는 셀이다.

1174 ④

④ SO(강점-기회)는 시장 기회를 활용하기 위해 강점을 사용하는 전략으로, 이는 시장 기회가 있고 자사의 전략적인 강점이 많은 경우에 시장 기회의 선점 전략을 적용하거나 시장 및 제품의 다각화 전략을 추구한다. 하지만 제품확충전략의 경우에는 기존 제품라인의 유휴설비를 활용하는 것으로 이는 강점 및 기회 등을 활용하는 전략으로 볼 수 없다.

1175 ②

SWOT 분석에서 SW는 내부역량 즉 내부의 강점과 약점을 분석하는 것이고, OT는 외부환경 즉 외부환경의 기회와 위협을 평가하는 것이다. 보기의 ①③④⑤는 기업의 내부역량 가운데 강점(strength)에 해당하고, ② 해외시장의 성장은 외부환경 요인 즉 기회(opportunity)에 해당한다.

1176 ③

③ WO전략에는 기회를 활용하기 위해 약점을 극복하기 위해 핵심역량 강화나 전략적 제휴 등의 전략을 고려해야 한다. 시장에서 나오는 전략은 WT 상황에 적합하다.

1177 ⑤

기업 내 사업단위가 그 사업에 관련된 시장에서의 경쟁에 대한 전략은 운영전략 혹은 기능수준의 전략(functional level strategy)이 아니라 사업부 수준의 전략(business level strategy)이다.

1178 ④

사업단위들 간의 시너지효과를 높이는 데 초점을 두는 전략은 기업차원의 전략(corporate level strategy)이다.

1179 ②

아웃소싱은 외부의 업체나 인력을 활용하는 것이므로 조직에서 핵심 및 비핵심 분야를 포괄하는 다양한 인재의 역량육성은 불가능하다.

1180 ③

① 수직적 계열화: 이종 생산단계에 종사하는 각 기업을 집단화하는 것, 최근에는 이를 수직적 통합이라고 함
② 수평적 계열화: 동일한 생산단계에 종사하는 각 기업을 집단화하는 것, 최근에는 이를 수평적 통합이라고 함
③ 사행적 계열화: 부산물을 가공하는 기업을 계열화한다든가 혹은 보조적 서비스를 행하는 기업을 계열화하는 경우
④ 분기적 계열화: 같은 공정 또는 같은 원료에서 이종 제품 공정이 분기화되는 기술적 관련을 갖는 계열화
⑤ 카르텔: 기업연합이라고도 하는데, 이는 시장통제의 목적을 갖고, 동종 또는 유사 업종간에 신사협정에 의한 기업집중의 형태

1181 ④

기업활동의 유연성을 강화시키는 요인으로 작용해서 경쟁력을 강화시킬 수 있으며, 특히 기술변화가 심하고 수요가 불확실하거나 경쟁이 치열한 경우에 적합한 것은 수직적 통합이 아니라 아웃소싱(outsourcing)이다.

1182 ②

경쟁관계에 있는 기업들 간에 특정사업 및 업무분야에 걸쳐 협력관계를 맺는 것을 의미하는 것으로 기업 간의 상호 보완적인 제품, 시설, 기능, 기술을 공유하고자 하는 것을 전략적 제휴(strategic alliance)라고 하고, 가장 높은 수준의 전략적 제휴를 조인트벤처(joint venture)라고 한다.

1183 ⑤

자원의 공동활용과 축적된 기업능력을 활용하는 것은 관련형 다각화(related diversification)이다.

1184 ②

인수합병으로 인한 투자소요액이 클 경우 법인을 신설하는 편이 비용이 덜 든다.

1185 ①
① 집중화전략(focus strategy)은 전사적 수준(corporate level)의 전략이 아니라 사업부 수준(business level)의 전략이다.

1186 ②
전략적 제휴(strategic alliance)는 경쟁관계에 있는 기업이 일부 사업 또는 기능별 활동부분에서 경쟁기업과 일시적인 협조관계를 갖는 것을 말한다.

1187 ③
수직적 통합의 한계점은 다음과 같다.
- 기업의 환경변화에 탄력적인 대응이 어려움
- 모든 활동단계의 효율적인 생산규모와 전체적인 생산능력의 균형을 유지하기 어려움
- 통합된 기업 중 어느 한 기업의 비효율성이 기업전체로 확대될 가능성

1188 ①
② 수평적 통합(horizontal integration)은 경쟁력을 강화하려는 목적이거나 혹은 경쟁의 정도를 줄이기 위해 같은 산업 내의 기업을 통합하는 것을 의미한다.
③ 원가우위 전략(cost leadership)은 경쟁기업보다 낮은 원가로 재화 또는 용역(서비스)을 생산하여 제공함으로써 경쟁자에 대해 비교우위를 확보하려는 전략을 의미한다.
④ 방어전략(defensive strategy)은 경쟁적인 신제품에 대응해 기존 제품의 수익성을 보호해 준다.
⑤ 수직적 통합(vertical integration)은 기업의 가치사슬, 즉 기업이 제품이나 서비스를 구매자에게 판매하기 위해 원재료의 상태에서 최종 단계까지 실행해야 하는 일련의 기업 활동 중 그 기업의 영역 안에서 실행되는 것을 의미한다.

1189 ③
윌리엄슨의 거래비용이론에서 거래 특유 자산에 대한 투자가 커서 거래 상대방의 기회주의적 행동이 우려될 때는 외부화(아웃소싱)보다는 내부화(수직적 통합)하는 것이 더 적절하다.

1190 ①
② 사업부 전략(business strategy)은 기업전략의 하위전략으로 각 사업 단위에서 수립되는 전략이다. 이러한 사업부 전략은 주어진 사업영역에서 변화하는 환경에 대처하고 경쟁에서 우위를 점할 수 있도록 주어진 가용자원을 활용하는 경쟁방법을 결정하는 전략이다. 경쟁전략이라고도 한다.
③ 기능 수준의 전략(functional strategy)이다.
④ 기능 수준의 전략(functional strategy)이다.

1191 ①
① 전략적 아웃소싱(strategic outsourcing)은 회사의 가치사슬 활동들 또는 기능들 중의 하나 이상을 독립된 전문기업들이 수행하도록 결정하는 것을 의미한다. 이러한 독립된 전문기업들은 모든 지식 및 기술 등을 단지 한 가지 종류의 활동에만 집중하고 있는 기업이다.

1192 ④
① 수직적 통합에서 판매 및 마케팅 경로를 통합하는 것은 '전방통합(forward integration)'이다.
② 기존의 기업 활동과 전혀 관련이 없는 새로운 분야로 진출하는 것을 비관련형 다각화(unrelated diversification)라고 한다.
③ 특정 기업이 현재의 사업 범위와 서로 관련성이 큰 사업에 진출하는 것은 관련형 다각화(related diversification)에 해당한다.

1193 ①
셔츠제조업자가 의류상점을 새로 개설하여 사업 확장을 도모하였다면 이는 전방통합(forward integration)에 해당한다. 만약 셔츠제조업자가 원단 업체를 설립했다면 이는 후방통합(backward integration)에 해당한다.

1194 ②
다각화는 규모의 경제보다는 범위의 경제를 획득하기 위한 목적으로 실시된다.

1195 ③
포터가 제시한 경쟁전략은 차별화전략(differentiation strategy), 원가우위전략(cost leadership strategy), 집중화전략(focus strategy) 이다.

1196 ①
수직적 통합(vertical integration)에는 전방통합과 후방통합이 있는데, 전방통합(forward integration)은 기업이 현재 실행하는 기업 활동으로부터 최종구매자 쪽의 방향의 활동들을 기업의 영역내로 끌어들이는 것을 말하고, 후방통합(backward integration)이란 기업이 현재 실행하는 기업 활동으로부터 원재료 쪽의 방향의 활동들을 그 영역 안으로 끌어들이는 것을 말한다.
① 제조 기업이 원재료의 공급업자를 인수·합병하는 것을 말한다.(후방통합)
② 제조 기업이 제품의 유통을 담당하는 기업을 인수·합병하는 것을 말한다.(전방통합)
③ 기업이 같거나 비슷한 업종의 경쟁사를 인수하는 것을 말한다.(수평적 통합)
④ 기업이 기존 사업과 관련이 없는 신사업으로 진출하는 것을 말한다.(다각화)

1197 ③

부품의 자력 공급을 통해 제품차별화 가능성을 높일 수 있는 것은 후방통합(backward integration)의 이점이다.

1198 ②

① 다각화의 정의를 '한 기업이 다른 여러 산업에 참여하는 것'으로 정의하면, 수직적 통합도 다각화로 볼 수 있다.
② '부품업체 → 조립업체 → 유통업체'의 과정에서 조립업체가 부품업체를 통합하는 것은 후방통합(backward integration)이다.

1199 ③

① 정유업체의 유정개발사업 진출 : 후방통합(backward integration)
② 영화상영관업체의 영화제작사업 진출 : 후방통합(backward integration)
③ 자동차업체의 차량공유사업 진출 : 전방통합(forward integration)
④ 컴퓨터업체의 반도체사업 진출 : 후방통합(backward integration)

1200 ②

① 위험분산도 전략적 제휴의 동기에 포함된다.
③ 기업은 신시장으로의 진입 또는 기존 시장으로부터의 퇴거를 보다 쉽게 하기 위해 전략적 제휴를 활용할 수 있다. 특히 기업이 시장진입이나 퇴거가 자신에게 유리한지에 대해 확신이 없을 때 전략적 제휴는 더욱 유용하다. 예를 들어 스타벅스의 경우, 해외진출을 할 경우 반드시 현지에서 유통 및 판매를 책임질 파트너 사를 찾고 합작회사를 건립하는 방식을 사용하는데 이는 새로운 국가시장에 대한 정보가 파트너 사에 더 많기 때문이기도 하지만 새로운 국가시장 진입에 대한 불확실성과 퇴거 시의 비용을 줄이기 위함이기도 하다.
④ 지분비율이 50대 50으로 동등한 경우가 그렇지 않은 경우보다 성공가능성이 높다. 지분 구조가 동일한 경우에 제휴를 통해 얻는 재무적 이익이 동일하므로 제휴 파트너의 몰입성이 높게 나타난다. 또한 지역, 기술, 제품 측면에서 중복이 없을수록 해당 전략적 제휴의 성공가능성이 높다. 두 파트너사 간 중복이 많은 경우, 제휴보다 인수합병이 더 적절하다.

1201 ④

④ 수직적 통합은 가치 활동을 내부화함에 따라 '관료적 비용' 및 '유연성 상실'로 핵심사업에서의 경쟁적 지위를 저하시킬 수 있다. 또한, 수요가 불확실한 경우에 생산이나 유통 부문의 가동률 저하 및 공급능력 부족 등이 발생하게 되며 기술의 변화가 빠를 경우에 보유기술의 진부화 및 기술의 변화에 대한 대응력이 약화 되어 신기술 도입 및 적응 등에 있어서 어려움이 발생하게 된다.

1202 ④

④ 의류제조업체가 섬유제조업체를 통합하는 것은 후방통합(backward integration)에 해당한다.

1203 ①

① 이 보기가 정답이라고 하나 이는 비관련 다각화가 오히려 더 적절한 상황이다.

1204 ⑤

Porter는 기업이 경쟁에서 이기기 위해서는 차별화(differentiation)나 원가우위(cost leadership) 둘 중 하나의 경쟁우위에 집중해야 한다고 주장하였다. 두 가지 전략 동시에 추구하는 것은 상호모순으로 인하여 둘 중 어느 하나도 달성하지 못하게 된다. 이를 포터는 이것도 저것도 아닌 상황이라고 하여 "stuck in the middle"이라고 하였다.

1205 ①

① 제품품질의 차별화는 차별화(differentiation) 전략의 실행 방법이다.

1206 ④

포터는 기업이 경쟁력을 확보하기 위해서는 원가우위(cost leadership), 차별화(differentiation) 전략 중 하나를 사용해야 한다고 주장하였다.

1207 ⑤

① 경험효과(experience curve effect): 원가우위전략의 원천
② 규모의 경제(economy of scale): 원가우위전략의 원천
③ 투입요소 비용: 원가우위 전략의 원천
④ 생산시설 활용도: 원가우위 전략의 원천

1208 ①

포터 (M. Porter) 의 경쟁전략은 원가우위 전략, 차별화 전략, 집중화 전략으로 구성된다.

1209 ①

포터의 본원적 전략은 사업부 수준의 경쟁우위 획득을 위한 전략인데, 월마트는 일부 시장이 아닌 전체 시장에서 경쟁우위로 "Everyday low price"를 표방하므로 원가우위전략(cost-leadership strategy)이라고 할 수 있다.

1210 ④

디자인의 차별화는 원가우위 전략(cost leadership strategy)에서 원가차이를 발생시키는 요인이 아니라 차별화 전략(differentiation strategy)에서 차별화를 발생시키는 요인이다.

1211 ③

마이클 포터(M. Porter)의 본원적 경쟁 전략(사업부 수준의 전략)으로는 원가우위 전략, 차별화 전략, 집중화 전략 등의 3가지 유형이 있다.

ㄱ. 원가(비용)우위 전략은 효율적인 생산체계, 표준화된 제품 등으로 저렴한 제품을 대규모 시설투자 등으로 대량생산을 하고 규모의 경제 등을 통한 원가 절감을 통해 경쟁우위를 달성하는 전략을 의미한다.
ㄷ. 차별화 전략은 고객이 가치가 있다고 생각하는 요소를 제품 및 서비스 등에 반영해 경쟁자의 제품과 차별화하여 고객 충성도를 확보하고 이를 통해 가격 프리미엄이나 매출증대 등을 꾀하는 전략을 의미한다.
ㄹ. 집중화 전략은 전체 시장이 아니라 시장의 일부만을 대상으로 고객들의 니즈를 원가우위 또는 차별화 전략 등을 통해 충족시키는 전략을 의미한다.

1212 ③

③ 다양한 제품의 기획이나 제품 품질에 대한 광고전략 등을 통해 경쟁우위를 확보하는 것은 차별화 전략에 해당한다.

1213 ③

① 낮은 원가를 유지하기 위해 추가적 특성이나 서비스를 제거한 표준화된 제품을 제공한다.(원가우위전략)
② 독특한 기능을 제공하기 위해 추가적 비용을 지불한다.(차별화 전략)
③ 끊임없이 새로운 시장에 진입하거나 기존시장에서 철수하여 시장 다각화를 도모한다.(이는 본원적 전략 즉 사업부 수준이 아니라 전사적 수준의 전략 가운데 하나임)
④ 특정 고객층에 집중화된 전문 상품을 개발한다.(집중화 전략)

1214 ④

제품을 납품하는 대형마트의 재고시스템과 연계된 생산시스템을 도입하면 재고회전율이 낮아지는 것이 아니라 높아질 것이다.

1215 ②

② 강력한 마케팅 능력은 원가우위가 아니라 차별화 전략과 더 관련이 있다.

1216 ④

④ 영화 제작사와 제휴를 맺어 새로운 영화에 등장하는 캐릭터 인형을 판매하는 것은 전략적 제휴(strategic alliance)인데 이는 전사적 수준의 전략에 해당한다.

1217 ③

③ 포터(Porter)의 경쟁전략 가운데 규모의 경제를 누릴 수 있는 설비에 적극적으로 투자하고, 경험곡선 효과를 누리기 위해 노력해야 하며, 원가와 총비용의 철저한 통제가 필요하며, 이익을 내기 어려운 거래는 피하고 연구개발이나 서비스, 판매요원, 광고 등의 분야에서 원가를 최소화시키는 노력이 필요한 전략은 원가우위(cost leadership strategy)이다. 반면 차별화 전략(differentiation strategy)은 제품이나 서비스를 차별화함으로써 산업전반에 걸쳐서 그 기업이 독특하다고 인식될 수 있는 그 무엇을 창조하여 경쟁우위를 달성하는 것으로 소비자에게 차별화에 대한 대가로 프리미엄 가격(premium price)을 요구한다.

⑤ 전략적 제휴(strategic alliance)란 경쟁관계에 있는 기업이 일부 사업 또는 기능별 활동부분에서 경쟁기업과 일시적인 협조관계를 맺는 것을 의미한다. 전략적 제휴의 가장 근본적인 원리는 상호성(reciprocity)이다. 즉 파트너끼리 상호이익을 위하여 경영자원을 공유, 교환, 통합하는 조직적 접근을 의미한다. 전략적 제휴의 여러 유형 가운데 제품스왑(product swap)이란 판매제휴를 의미하며, 타사의 생산품에 자사의 브랜드를 붙여 마치 자사의 생산품인 것처럼 판매하는 방식이다. 또 다른 유형인 합작투자(joint venture)는 연구개발, 판매, 생산 등에서 좀 더 높은 수준의 제휴 활동으로 기능별 제휴(functional agreement)처럼 한 기능이나 업무분야에 국한되어 있기보다는 기업활동의 여러 분야에 걸친 종합적인 협력관계가 필요할 때 실행되는 경우가 많다.

1218 ①

① 규모의 경제는 차별화 전략보다는 원가우위 전략의 요소에 해당한다.

1219 ②

② 대체로 소규모 기업은 전체 시장을 공략할 수 없으므로 일부 시장에 집중하는 집중화전략(focus strategy)을 선택한다.

1220 ①

포터의 산업구조분석에서 5가지 요소는 기존기업 간 경쟁, 잠재진입자의 위협, 대체재의 위협, 공급자의 교섭력, 구매자의 교섭력이다.

1221 ②

포터의 산업구조분석에서 5가지 요소는 기존기업 간 경쟁, 잠재진입자의 위협, 대체재의 위협, 공급자의 교섭력, 구매자의 교섭력이다.

1222 ③

③ 대체재란 서로 다른 제품임에도 불구하고 효용가치가 같은 것을 의미한다. 소비자 관점에서 사용도가 유사하나 다른 제품이라면 이는 대체재라고 할 수 있다.

1223 ①

진입장벽(entry barrier)은 포터의 산업구조분석에서 '잠재진입자의 위협'을 설명하는 요소이다. 만약 진입장벽이 높다면 경쟁자가 산업내 진입이 용이하지 않기 때문에 산업내 기업들의 매력도는 높아진다. 따라서 진입장벽↑ → 잠재진입자의 위협↓ → 산업의 매력도↑ 논리가 성립된다.

1224 ②
포터의 산업구조분석(5 force 분석)의 요소는 기존기업 간 경쟁, 신규진입자의 위협, 대체재의 위협, 공급자의 교섭력, 구매자의 교섭력이다.

1225 ⑤
산업구조분석은 현재 산업 내의 5가지 동인에 대해 분석하는 모형이므로 동태적이라기 보다는 정태적 모형이다.

1226 ①
① 잠재경쟁자의 진입위험이 높으면(진입장벽이 낮으면) 경쟁자가 많아질 가능성이 높기 때문에 산업의 전반적인 수익률은 낮아진다.

1227 ①
① 산업구조분석(5 force 모형)의 요소는 '산업군 내 기존 산업 간의 경쟁'이 아니라 '산업 내 기존 기업 간 경쟁'이다.

1228 ③
① 높은 진입장벽이다.
② 높은 진입장벽이다.
③ 낮은 진입장벽이다.
④ 높은 진입장벽이다.
⑤ 높은 진입장벽이다.

1229 ⑤
⑤ 전략집단(strategic group) 혹은 전략군은 특정 산업 내에 속해 있는 기업 중 전략적 차원에서 동일하거나 또는 비슷한 전략을 추구하는 집단(기업군)을 의미한다. 따라서 같은 산업 내 있다고 해서 모두 경쟁자는 아니고 같은 전략군 내에 있는 기업만 경쟁자라고 볼 수 있다.

1230 ①
다섯 가지의 힘(5 forces)은 기존기업 간 경쟁, 신규진입자의 위협, 대체재의 위협, 공급자의 교섭력, 구매자의 교섭력이다.

1231 ②
② 대부분의 경우 산업에서 경쟁의 양상과 산업 전체의 수익률을 결정하는 가장 중요한 요인은 이미 경쟁하고 있는 '기존 기업 간 경쟁'이다.

1232 ④
공급자가 전방통합(forward integration) 능력이 있을 때 공급자의 협상력은 높아진다. 예를 들면 밀가루 제조사가 라면 사업을 수행할 능력을 갖고 있다면 라면 회사에 대한 밀가루 제조사의 협상력은 높아질 것이다.

1233 ①
포터가 제시한 산업구조분석의 5가지 요소는 기존 기업 간 경쟁, 잠재진입자의 위협(진입장벽), 대체재의 위협, 구매자의 교섭력, 공급자의 교섭력이다.

1234 ②
② 만약 구매자의 공급자 전환비용(Switching Cost)이 높다면 공급업자를 바꿀 때 드는 비용이 증가하므로 구매자의 교섭력(협상력)이 낮아져 결국 시장의 매력도가 높아진다.

1235 ①
① 산업구조분석에서 다루는 시장매력도는 산업 전체의 평균 수익성을 의미할 뿐이고, 각 기업 조직의 수익성은 해당 기업이 경쟁 기업들에 비해 얼마나 높은 경쟁우위를 지니고 있는지에 따라 달라지게 된다.
② 제품시장의 성장률이 낮을수록 기존 기업 간의 경쟁은 '증가'하는 경향을 보이게 된다.
③ (구매자의) 후방통합 가능성이 높아질수록 구매자는 구매협상에서 유리한 위치를 점할 수 있다. 즉, 후방통합의 가능성이 높을수록 구매자의 협상력은 증가하는 경향을 보이게 된다.
④ 초과설비가 많아질수록 기존 기업 간 경쟁은 치열해지므로 산업 내 기업의 수익률은 낮아지게 된다.

1236 ④
④ 인구통계적 요인은 포터의 5force 모형에 포함되지 않는다.

1237 ③
포터의 본원적 경쟁전략은 차별화전략, 원가우위 전략, 집중화 전략으로 구성된다.

1238 ③
③ 포터(M. Porter)의 5-Forces 모형에 정부 정책의 위협은 없다.

1239 ③
③ 산업 내 대체재가 산업 내 기업의 교섭력을 줄어들기 때문에 산업 내 기업들의 수익성은 낮아진다.

1240 ①
① 보완재의 존재 여부가 아니라 대체재의 존재 여부이다.

1241 ③
③ 기존 고객의 상표 충성도가 높다면 진입장벽이 높지만 기존 고객의 상표 충성도가 높지 않다면 진입장벽은 높지 않다.

1242 ③

포터의 가치사슬 모형에서 본원적 활동은 물류투입 → 운영(생산) → 물류산출 → 마케팅 및 판매활동 → 서비스 활동의 순으로 가치를 창출한다.

포터의 가치사슬 모형

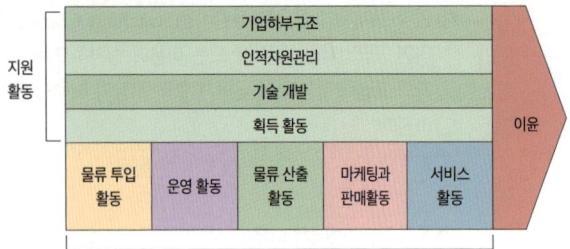

1243 ⑤

포터의 가치사슬 모형에서 본원적 활동(주요 활동)에 해당하는 것은 물류투입, 생산(제조), 물류산출, 영업 및 마케팅, A/S 등이다. 인적자원관리는 본원적 활동이 아니라 지원활동에 해당한다.

1244 ②

포터(Michael E. Porter)의 가치사슬 모형은 기업의 가치창출 활동을 본원적(주요) 활동과 지원(보조) 활동의 2가지 범주로 나눈다. 본원적 활동(primary activity)은 물류투입(원자재 및 재고 보관), 제조 혹은 생산, 물류산출(완제품 보관, 완제품 유통), 판매와 마케팅 그리고 서비스(소매점 지원 및 구매자 서비스)를 포함한다. 지원 활동(support activity)은 하부구조(기획, 재무, MIS, 법적 자문), 기술개발(연구개발, 제품 디자인), 조달활동(원자재와 비품의 획득 혹은 구매 활동) 그리고 인적자원관리 등을 포함한다.

1245 ④

이 문제는 오류일 가능성이 높다. 본원적 활동이란 기업의 부가가치 창출에 직접적 영향을 미치는 활동을 말하는데, 연구개발 활동은 직접 영향을 미치지 않기 때문에 지원활동에 해당한다. 또한 구매활동도 기업의 부가가치 창출에 직접적 영향을 미치지 않기 때문에 지원활동으로 보는 것이 합당하다.

1246 ⑤

2013년 경영지도사 기출문제와 유사성이 높은 문제인데 이 문제 역시 오류이다. 정답은 1과 5번이 되어야 한다. 인적자원관리 활동과 더불어 구매(조달, 획득) 활동 역시 본원적 활동(primary activities)이 아니라 지원활동(support activities)에 해당한다.

1247 ③

③ 인적자원관리활동은 주활동이 아니라 지원활동에 해당한다.

1248 ⑤

가치사슬 모형(value chain model)은 기업이 보유한 내부의 핵심역량(경쟁우위의 원천)을 파악하기 위해 일련의 기업활동을 각 단계별로 세세히 분석하는 것이다.

1249 ①

① 비관련 다각화는 핵심역량을 공유할 수 없는 분야로 다각화하는 것이기 때문에 핵심역량 강화와는 무관하다.

1250 ④

① 구매활동이 원재료나 부품의 공급사슬을 관리하는 것을 의미한다면 '본원적 활동'에 해당한다.
② 본원적 활동
③ 본원적 활동
④ 지원 활동

1251 ②

② 기업의 가치사슬 활동은 전략적 제휴나 아웃소싱을 통해 다른 기업과 연계될 수 있다.

1252 ②

② 자원기반이론은 기업 경쟁력의 원천은 기업 내부의 자원에서 나온다고 본다. 따라서 높은 진입장벽은 기업의 내부적 요소가 아니라 외부적 요소이므로 자원기반이론에서 경쟁우위의 원천으로 볼 수 없다.

1253 ④

인적자원관리 활동은 본원적 활동(primary activities)이 아니라 지원활동(support activities)에 해당한다.

1254 ①

자원기반관점(RBV: resource-based view)은 동일 산업에 속하는 기업 간에는 통제가능한 전략적 자원이 서로 이질적이라는 것을 전제로 한다.

1255 ③

① 가치사슬(Value Chain)이란 고객에게 가치를 제공함에 있어서 부가가치 창출에 직·간접적으로 관련된 일련의 활동, 기능, 프로세스의 연계를 의미한다.
② ④ 주 활동(primary activities)은 제품의 생산 및 제조, 유통, 마케팅, 판매, 서비스 등과 같이 기업 활동과 직결된 활동을 의미하며, 보조 활동(support activities)은 기업의 인프라구조 관리, 인적자원 관리, 기술개발, 조달(구매)활동 등과 같이 주 활동을 지원하는 일련의 간접 활동을 의미한다. 즉 주 활동은 부가가치 창출에 직접적으로 영향을 미치는 부문이다. 참고로 보조 활동의 경우 이러한 부가가치 창출에 간접적으로 영향을 미치는 부문이다.
③ 가치사슬의 수평축을 따라 기업이 수행하는 각 활동은 가치를 점진적으로 증가시키지만, 비용을 점진적으로 감소시키지는 않는다.

1256 ⑤

가치사슬(value chain) 모형은 기업이 경쟁우위를 찾고 이를 강화시키기 위한 기본적 분석도구이며, 이는 기업이 수행하는 활동을 제품의 설계, 생산, 마케팅, 유통 등의 개별적인 활동으로 나누어 놓은 것을 의미한다. 본원적 활동은 기업의 가치창출에 직접적으로 관여하는 활동을 의미하며, 지원활동은 간접적으로 관여하는 활동이다. ①②③④는 본원적 활동에 해당하며, ⑤는 지원활동에 해당한다.

1257 ②

② 서비스는 본원적 활동에 포함된다.

1258 ②

② 기술개발(R&D)은 지원활동에 해당한다.

1259 ②

BCG 매트릭스에서 물음표(question mark)에 해당하는 사업부는 시장의 성장률이 높고, 상대적 시장점유율은 낮다.

1260 ①

보스턴 컨설팅그룹(BCG) 매트릭스에서 상대적 시장점유율과 업계성장율이 높은 경우는 별(star)이다.

1261 ③

BCG 매트릭스에서 자금창출을 극대화하기 위하여 시설의 유지와 생산원가 절감에 도움이 되는 투자만을 행하고, 연구개발, 광고, 신규시설 등에 대한 투자는 일체 금하는 전략을 구사하여야 할 제품은 cash cow이다.

1262 ④

BCG 매트릭스의 두 축은 시장의 성장률과 상대적 시장점유율이다.

1263 ⑤

BCG 매트릭스에서 상대적 시장점유율은 높으나 시장성장률이 낮은 영역은 cash cow이다.

1264 ②

BCG 매트릭스에서 상대적 시장점유율은 낮지만 시장성장률이 높은 영역은 물음표(question mark)이다.

1265 ③

저성장 시장의 리더는 cash cow이다.

1266 ②

물음표(question marks)는 높은 시장성장률과 '낮은' 상대적 시장점유율을 유지하기 때문에 많은 투자가 필요하다.

1267 ④

현금젖소(cash cow) 사업은 시장이 더 이상 커지지 않으나, 시장점유율이 높아 현금이 꾸준하게 창출되므로 시장에서 철수할 필요는 없다. 철수를 준비해야 하는 사업단위는 개(dog)이다.

1268 ②

BCG 성장-점유율 매트릭스에서 시장의 성장률은 낮으나 상대적 시장점유율이 높은 사업부는 현금젖소(cash cow)이다.

1269 ④

BCG(Boston Consulting Group) 매트릭스에서 상대적 시장점유율과 시장의 성장률이 모두 낮고, 시장전망이 밝지 않아 가능한 빨리 철수하는 것이 바람직한 셀은 '개(dog)'이다.

1270 ②

② BCG 매트릭스(BCG Growth-Share Matrix)는 산업이나 시장의 성장률과 '상대적' 시장점유율로 사업 기회를 사업 포트폴리오로 분석하는 기법이다.

1271 ②

① 횡축은 상대적 시장점유율, 종축은 시장의 성장률이다.
③ 자금젖소(cash cow) 영역은 시장성장률이 낮고, 상대적 시장점유율은 높아 현상유지를 해야 한다.
④ 자금젖소 영역은 확대 전략보다는 유지 전략을 사용해야 한다.
⑤ 자금젖소 영역은 시장지배적인 위치를 구축하여 성숙기에 접어든 경우이다.

1272 ②

BCG 매트릭스 상에서 바람직한 포트폴리오 상의 이동은 물음표(question mark) 사업을 키워서 별(star)로 만든 뒤 시장의 성장률이 줄어들면서 현금젖소(cash cow) 역할을 수행하는 것이 이상적이다.

1273 ⑤

① 시장의 성장률과 상대적 시장점유율을 기준으로 분류한다.
② 물음표(question mark)에 속해 있는 사업단위는 투자가 필요하고 성장가능성은 높다.
③ 개(dog)에 속해 있는 사업단위는 철수전략이 필요하다.
④ 별(star)에 속해 있는 사업단위는 확대나 수확전략이 필요하다.

1274 ①

GE/맥킨지 매트릭스는 산업의 장기매력도와 사업단위의 경쟁력이라는 두 가지 차원에서 전략산업 단위를 평가한다.

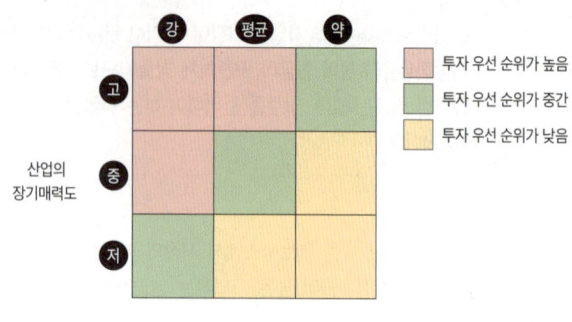

1275 ⑤

안정적 현금 확보가 가능한 사업은 시장성장률은 낮지만 시장점유율이 높은 cash cow이다.

1276 ②

① 어떤 사업 단위가 '물음표(question mark)' 위치에 있었다면 이를 '별(star)'로 이동하도록 관리하는 것이 바람직하다.
③ '개(dog)' 상황은 시장이 커질 가능성도 낮고, 수익도 거의 나지 않는 상황이다.
④ '물음표(question mark)' 상황은 현금유입은 적지만, 현금유출이 많은 경우이다.
⑤ '현금젖소(cash cow)' 상황에 필요한 전략은 현상유지전략이다.

1277 ⑤

사업 포트폴리오의 성공적인 순환경로는 물음표 → 별 → 현금젖소이다.

1278 ①

ㄱ. 개(dogs)는 시장의 성장률도 낮고 상대적 시장점유율도 낮은 사업을 말한다.

1279 ①

① 현금카우(cash cow) 사업부는 시장의 성장률은 낮지만 시장점유율이 높아서 이익이 많이 나는 사업부를 의미한다.

1280 ②

② 현금젖소(cash cow) 사업부는 시장점유율이 높은 반면, 시장의 성장률은 낮은 사업을 일컫는다.

1281 ④

④ 스타(star)는 높은 시장성장률 및 상대적 시장점유율을 지닌 사업부로 현금유입도 많고 현금유출도 많아 현금흐름의 여유가 크지는 않다. 현금흐름의 여유가 큰 것은 cash cow이다.

1282 ①

BCG 매트릭스에서 상대적 시장점유율이 높고 시장성장률이 낮은 경우는 자금젖소(cash cow)이고 상대적 시장 점유율이 낮고 시장성장률이 높은 경우는 물음표(question mark)이다.

1283 ③

③ 캐시 카우(cash cow) 사업부는 수익을 '물음표'에 투자하여 스타로 만드는데 사용된다.

1284 ①

cash cow는 시장의 성장률은 낮으나 상대적 시장점유율이 높은 경우에 해당한다.

1285 ③

문제아(problem child) 혹은 물음표(question mark) : 시장의 성장률은 높으나 상대적 시장점유율은 낮아 많은 투자가 요구되는 사업단위에 해당한다.

1286 ④

BCG 매트릭스에서 시장의 성장률과 상대적 시장점유율이 모두 낮아 철수가 요망되는 영역은 'dog'이다.

1287 ④

ㄱ. 시장성장률이 높다는 것은 그 시장에 속한 사업부의 매력도가 높은 것이 아니라 그 사업부가 속한 시장의 매력도가 높다는 것을 의미한다.
ㄴ. 매트릭스 상에서 원의 크기는 자사 사업부의 매출규모를 의미한다.

1288 ①

BCG 매트릭스에서 시장성장률도 높고 상대적 시장점유율도 높은 경우에 해당하는 것은 별(Star) 사업부이다.

1289 ④

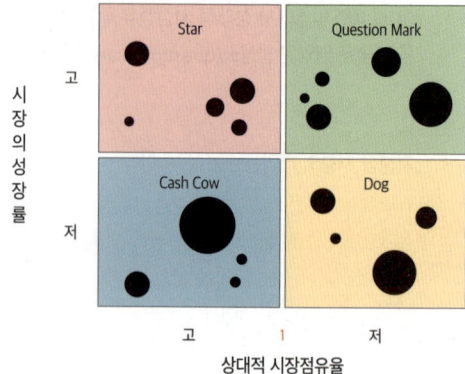

1290 ④
① 산업의 장기매력도와 사업 단위의 경쟁력이라는 두 가지 차원에서 전략산업 단위를 평가하는 것은 GE/맥킨지 매트릭스(GE/McKinsey Matrix)이다.
② 원의 크기는 각 사업부의 매출 규모를 의미한다.
③ BCG 매트릭스는 시장성장률이 높을수록 사업부의 매력도가 높은 것으로 평가되는 것이 아닌, 해당 시장 자체의 매력도가 높다고 할 수 있다.
⑤ 안정적인 현금이 유입되어 유망한 신규사업에 대한 투자 재원으로 활용되는 사업부는 현금 젖소(cash cow)군의 사업부로 분류된다.

1291 ③
③ 시장성장률과 상대적 시장점유율이 모두 높은 영역은 Star이다.

1292 ③
장기적인 조직의 임무, 목표, 자원배분에 관한 의사결정을 수행하는 과정을 전략적 계획이라고 한다.

1293 ⑤
한 기업이 타 산업의 전혀 다른 사업활동을 하는 기업을 인수합병하는 것을 콩글로메리트(conglomerate)라고 하는데 우리나라 대기업이 이 형태이다.

1294 ①
기업수준(corporate level)의 전략은 확장, 안정(유지), 축소 전략이 있는데, 과거의 목표설정과 관리방식을 유지하면서 주요 정책이나 방침에 변화를 주지 않는 것은 안정전략이다. 차별화 전략은 경쟁자의 제품을 기능, 성능, 디자인 면에서 압도하는 것으로 기업수준의 전략이 아니라 사업부 수준의 전략이다.

1295 ⑤
전사적 수준의 전략에는 확장(expansion), 안정(stability), 축소(retrenchment), 결합(combination) 전략 4가지가 있다.
① 확장(expansion) 전략은 성장전략과 동의어이며, 회사를 보다 빠르게 성장시키려는 전략으로 다각화, 수직적 통합, 수평적 통합, 전략적 제휴 등이 이에 속한다.
② 성장(growth) 전략은 확장 전략과 같은 의미이다.
③ 축소(retrenchment) 전략은 일부 사업단위를 청산이나 매각을 통해 사업을 축소·재조정하는 전략을 말한다. 전환(turnaround)전략, 매각(divestment), 청산(liquidation) 등이 이에 해당한다.
④ 안정(stability) 전략은 기업이 현재 공략하고 있는 사업의 종류와 규모, 포지션을 그대로 유지하는 전략이다. 이에는 무변화(no change) 전략, 이익추구(profit) 전략 등이 있다.
⑤ 결합(combination) 전략은 하나 이상의 다른 전략을 동시에 채용하는 전략으로, 기업 조직 내 각각의 사업부가 각기 다른 전략을 채용하고 있는 경우를 말한다.

1296 ③
③ 블루오션 전략(blue ocean strategy)에서 쉽게 말해 레드오션(경쟁이 치열한 시장)에서 블루오션(경쟁이 없는 시장)으로 이동하는 것이다. 즉 기업이 성공하기 위해서는 경쟁이 없는 독창적인 새로운 시장을 창출하고 발전시켜야 한다는 것을 의미한다.

1297 ③
블루오션 전략은 기존 시장 내에서 틈새시장을 확보하려는 전략이 아니라 기존 시장과는 다른 새로운 시장을 창출하려는 전략이다.

1298 ④
선도진입자에 의해 시장의 불확실성은 해결되므로 시장불확실성은 후발 주자의 유리한 점이다.

1299 ①
레드오션은 경쟁으로부터 이겨야 하는 부담감을 지니고 가치 및 비용 중 하나를 선택해야 하는 시장으로 차별화 또는 저비용 중 하나를 선택하여 조직 전체 활동 체계를 정렬해야 하는 것이다. ㉠, ㉢은 레드오션에 해당하며, ㉡, ㉣은 블루오션에 해당한다.

1300 ①
① 비전(vision)은 기업이 장기적으로 지향하는 목표이므로 조직의 방향을 설정하는 위계에서 가장 높은 곳을 차지한다.

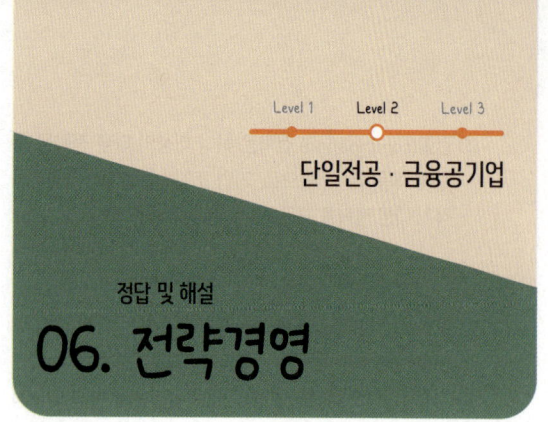

정답 및 해설
06. 전략경영

1301 ⑤

W-T 상황은 약점(W: weakness)과 위협(T: threat) 요인이 만나는 취약한 상황이므로 W를 S로 바꾸는 전략이나, 사업을 축소하거나 철수하는 전략이 고려된다. 핵심역량개발, 전략적 제휴, 벤치마킹은 모두 W를 S로 바꾸는 전략이다.

1302 ④

④ 핵심역량의 독자적 개발이 어려울 때는 다른 기업과 공동으로 개발하는 것도 가능하다. 이를 전략적 제휴(strategic alliances)라고 한다.

1303 ①

① 기계, 설비, 사무장비, 건물 등의 자산과 원재료, 소모품 등의 요소를 구입하는 활동은 조달(획득)활동(procurement)이며 이는 보조활동(support activity)으로 분류된다.
② 투입요소를 최종제품 형태로 만드는 활동: 생산활동
③ 제품을 구매자에게 유통시키기 위한 수집, 저장, 물적 유통과 관련된 활동: 물류산출활동
④ 구매자가 제품을 구입할 수 있도록 유도하는 활동: 마케팅, 영업
⑤ 제품 가치를 유지, 증진시키기 위한 활동: A/S활동

1304 ④

④ 포터(Porter)의 가치사슬(value chain) 모형에서 기계와 건물을 구입하는 것은 조달활동(혹은 획득활동)으로 이는 지원활동에 해당한다.

1305 ①

① 산업의 수익률은 보완재가 아닌 대체재에 의해 영향을 받는다.

1306 ①

① 산업구조 분석의 5가지 요소는 공급자의 교섭력, 잠재적 진입자의 위협, 대체재의 위협, 구매자의 교섭력, 현재 산업 내의 경쟁 등이다.

1307 ⑤

⑤ 진입장벽이 높으면 신규기업의 진입이 어려우므로 산업 내 기업의 수익률은 증가한다. 또한 공급자의 교섭력, 구매자의 교섭력, 대체재의 위협은 낮을수록 산업 내 수익률은 증가한다.

1308 ②

① BCG 매트릭스는 시장성장률과 상대적 시장점유율로 구성된다.
② 별(star): 확대 혹은 수확, 물음표(question mark): 확대 혹은 철수, 현금젖소(cash cow): 유지, 개(dog): 철수
③ 철수가 요망되는 영역은 개(dog)이다.
④ GE/McKinsey 매트릭스 산업매력도와 사업단위 경쟁력으로 구성된다.
⑤ GE/McKinsey 매트릭스 상의 원의 크기는 산업전체의 크기를 의미하며, 진한 부분은 해당 사업부의 시장점유율이다.

1309 ③

③ 현금보유가 가장 많은 cash cow에서 question mark로 자금을 이동하는 것이 가장 바람직하다.

1310 ②

② 자금흐름이 가장 많이 생기는 것은 현금젖소(cash cow)이다.

1311 ③

③ 시장성장률이 낮고 상대적 점유율도 낮은 사업단위는 개(dog)로 분류된다.

1312 ①

① 보스톤 컨설팅 그룹(BCG)의 사업포트폴리오 매트릭스에서 문제아(problem child, question marks)의 경우에 상대 시장점유율을 근거로 자금을 투입하여 경쟁력을 강화하려는 확대(build) 전략과 더 이상 자금을 투입하지 않고 사업을 접는 철수(divestiture) 전략이 고려된다.
② 관련다각화나 비관련다각화 모두 기존의 기업활동과는 다른 새로운 영역으로 진출하는 전략이므로 범위의 경제(economy of scope)의 실현을 목표로 한다. 규모의 경제는 생산규모가 증가할수록 단위당 원가가 하락하는 현상인데 이는 생산용량의 확대를 통해 실현된다. 운영관리(operation management)에서 학습하는 확장주의 전략(expansionist strategy)이 규모의 경제를 실현하는 방안 중의 하나이다.
③ 포터(Porter)의 가치사슬(value chain) 모형에 의하면 본원적 활동(primary activities)에는 물류, 생산, 판매, 유통, 사후관리가 포함되며, 지원활동(support activity) 혹은 보조활동에는 기획, 구매(조달), 인적자원관리, 재무관리, 회계 등이 포함된다.

④ 포터(Porter)의 산업구조분석 모형에 의하면 구매자의 교섭력, 공급자의 교섭력, 대체재의 위협, 기존기업 간 경쟁강도, 잠재진입자의 위협 등이 모두 낮을수록 산업의 매력도 즉 수익성은 높아진다.
⑤ 보스톤 컨설팅 그룹(BCG)의 사업포트폴리오 매트릭스에서 상대적 시장점유율이 1보다 크다는 것은 해당 사업부의 시장점유율이 1위라는 것을 의미한다. 어떤 사업부의 시장점유율이 50% 이상이라면 항상 시장에서 1위이겠지만, 시장점유율이 50%가 안되는 1위 기업도 존재하므로 이 보기가 항상 옳은 것은 아니다.

1313 ③

③ 창의성과 유연성을 강조하는 전략 유형은 탐색형(Prospector)이다. 한정된 제품과 서비스의 생산에 집중하는 방어형(Defender) 전략은 제한된 분야에 고도로 숙련되어 있고 효율성이 매우 높다. 이들은 주로 작은 니치마켓(niche market) 내에서 활동하며, 자신의 영역을 지키기 위해 비용을 줄이는 문제에 치중하는 경향을 보인다.

1314 ③

c. 기업의 수직적 통합(vertical integration) 전략은 크게 후방 통합(backward integration)과 전방 통합(forward integration)으로 구분된다.
e. 전략적 인적자원관리(strategic human resource management)란 인적자원관리 활동의 초점을 조직의 목표 달성에 맞추고 이를 달성할 수 있도록 인적자원관리 활동을 수행하는 것을 의미한다. 즉 기업이 수립한 전략(strategy)을 수행할 수 있도록 인적자원의 구성을 유지하거나 변경하는 활동에 초점을 맞추는 인적자원관리를 말한다. 따라서 전략적 인적자원관리에서는 물적자원 보다 인적자원을 중시한다.

1315 ④

① 포터(Porter)의 가치사슬(value chain) 모형에 의하면 마케팅과 생산관리는 본원적 활동이고 재무관리와 인적자원관리는 지원활동에 포함된다.
② 보스톤컨설팅그룹(BCG)의 사업포트폴리오 매트릭스에서는 시장의 성장률과 상대적 시장점유율을 기준으로 사업을 평가한다.
③ 제조업체에서 부품의 안정적 확보를 위해 부품회사를 인수하는 경우는 후방통합(backward integration)에 해당하며, 제품 판매를 위해 유통회사를 인수하는 경우는 전방통합(forward integration)에 해당한다.
⑤ 대량생산기술을 적용할 때에는 기계적 조직이 적합하며, 소량주문생산기술을 적용할 때에는 유기적 조직이 적합하다.

1316 ③

a. 포터(Porter)의 가치사슬(value chain) 모형에서 본원적 활동(primary activities)에 해당하는 것은 물류, 생산, 판매 및 유통, 사후관리 등이다. 기획과 구매는 지원활동에 해당한다.
b. 보스턴 컨설팅 그룹(BCG)의 사업포트폴리오 매트릭스에서 시장의 성장률이 낮고 상대적 시장점유율이 높은 경우를 cash cow라고 한다.

1317 ④

① 교차 라이센싱(cross-licensing)은 비지분 제휴이고 합작투자(joint venture)는 지분제휴 가운데 투자금액이 가장 높기 때문에 교차 라이센싱이 합작투자에 비해 자원 및 위험의 공유정도가 낮다. 교차 라이센싱이란 기술 상호교환을 위한 제휴방식 가운데 가장 대표적인 것인데, 이는 자사가 갖고 있는 기술을 제공하는 대가로 상대기업의 기술을 사용하게 되는 방식인데 기술의 상호 보완성이 핵심 요소가 된다. 기술 상호교환 이외에 기업들은 인력·자본 등 연구개발 자원을 분담해 새로운 기술을 공동으로 개발하기도 하는데, 이것이 바로 공동연구개발이다. 공동연구개발은 두 기업 사이에 추진되는 양자적 형태로부터 다수의 기업·협회·학회 등이 참여해 대규모 연구개발 컨소시엄을 구성하는 형태가 있다. 그밖에 기업 간에 진행되고 있는 기술도입 및 교환, 특허공유, 연구참여 등이 기술제휴의 형태에 포함된다.
② 포터(Porter)의 가치사슬 분석에 의하면 기업활동은 주활동(본원적 활동)과 보조활동(지원활동)으로 구분되는데, 물류투입, 생산, 물류산출, 영업 및 마케팅, A/S 등은 주활동에 속하고, 기술개발, 구매, 인적자원관리 등은 보조활동에 해당한다.
③ 자동차 생산회사가 생산에 필요한 강판을 안정적으로 확보하기 위해 철강회사를 인수하는 것은 후방통합(backward integration)의 예이다. 반면 자동차 생산회사가 생산한 자동차 판매를 위해 자동차 판매회사를 설립하거나 인수하는 것은 전방통합(forward integration)의 예이다.
④ 전략을 기업전략(corporate level), 사업전략(business level), 기능전략(functional level)으로 구분할 때, 포터(Porter)가 제시한 본원적 전략 중의 하나인 차별화(differentiation)는 사업수준의 전략에 해당한다. 부연하면 기업전략은 여러 개 사업부를 가지고 있는 대기업 수준의 전략으로 수직적 통합, 수평적 통합, 다각화 등의 전략이 이에 해당하고, 사업수준의 전략은 경쟁전략이라고도 하는데 사업부 수준의 경영자가 제품의 경쟁우위(원가우위 혹은 차별화)를 정하는 전략이고, 기능전략은 사업부 내의 기능부서 수준의 전략을 의미한다.
⑤ BCG 매트릭스에서 상대적 시장점유율은 높지만 시장성장률이 낮은 사업군을 자금 젖소(cash cow)라고 한다. 자금 젖소는 현금이 흐름이 매우 좋은 사업군으로 '유지'전략을 사용하는 것이 적절하다.

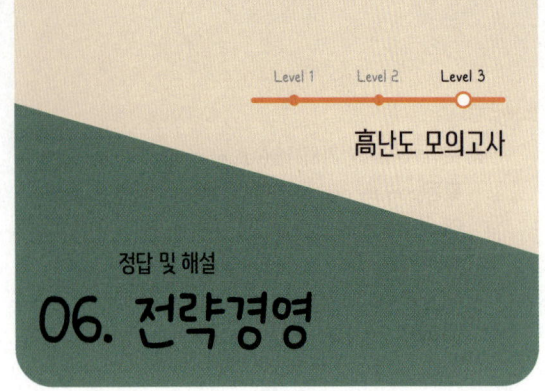

정답 및 해설
06. 전략경영

1318 ③
③ 사업 포트폴리오 모형인 BCG 매트릭스와 GE/McKinsey 매트릭스는 다수의 사업부(business)를 가진 대규모 기업의 최고경영진(즉 corporate level의 경영자)이 사업 포트폴리오의 관리를 위하여 사용하는 것이다.

⑤ BCG 모형의 횡축은 특정 기업의 절대적 시장점유율이 아니라 상대적 시장점유율을 표시한다. 상대적 시장점유율을 다른 기업대비 시장점유율을 높은지 낮은지를 나타내는 것으로 시장점유율이 높은 기업은 타 기업 대비 생산량이 많을 수밖에 없으므로 타 기업보다 더 빨리 생산경험을 쌓을 수 있다. 따라서 BCG 모형은 규모의 경제보다 경험곡선 효과(experience curve effect)가 중요한 산업에 더 적합하다.

1319 ③
③ SWOT 분석에서 S(strength)와 W(weakness)는 내부역량을 분석하기 위한 것이고, O(opportunity)와 T(threat)는 외부 환경을 분석하기 위한 것이다.

1320 ②
② 포터의 경쟁전략에 따르면 기업은 차별화 전략과 원가우위 전략 가운데 어느 하나만을 선택하여 추구하여야 한다. 동시에 둘 모두를 추구할 경우 경쟁력을 상실할 수 있다.

1321 ⑤
d. 산업구조분석(5 forces) 모형에서 구매되는 제품들이 차별화되어 있을 때, 구매자(buyer)의 교섭력은 감소한다.
e. 전략수립 시 자원기반관점(RBV: resource-based view)은 내부역량 분석의 기초가 되고, 포터(Porter)의 산업구조분석은 외부환경 분석의 기초가 된다.

1322 ③
a. 기업의 전반적 사업포트폴리오 관리를 어떻게 할 것인가의 문제는 전사적 수준(corporate level)의 전략에서 다룬다.
e. 지원활동(support activity)에 해당되는 활동들도 기업의 핵심역량(core competence)이 될 수 있다.

1323 ③
③ 기업이 수직적 통합(vertical integration)을 하고 있다는 것은 제한된 합리성(bounded rationality), 기회주의(opportunism), 불확실성(uncertainty) 등으로 인하여 외부화 비용이 내부화 비용보다 높다는 것을 의미한다.

1324 ③
③ 포터(Porter)의 산업구조 분석에서 특정 산업의 산출물을 구매하는 기업이 후방통합(backward integration) 능력을 가지고 있다면, 즉 구매자의 교섭력이 높다면 산업의 매력도는 감소한다.

1325 ⑤
⑤ 경험곡선 효과(experience curve effect)가 중요하다는 것을 강조하고 있는 것은 BCG 매트릭스의 두축 가운데 '상대적 시장점유율'이다. 경험곡선 효과는 누적생산량이 증가할수록 원가가 낮아지는 현상인데, 누적생산량에서 경쟁자보다 앞서나가기 위해서는 시장점유율을 높이는 것이 가장 중요하다.

1326 ②
① 진입자의 위협은 진입장벽의 높이에 달려 있는데, 규모의 경제(economy of scale) 효과가 큰 산업에서는 초기부터 대규모 설비가 요구되는데 이를 갖추기 위해서는 대규모 자본이 필요하기 때문에 규모의 경제 효과는 진입장벽(entry barrier)을 높이는 역할을 하므로 규모의 경제(economy of scale) 효과가 큰 산업일수록 잠재진입자의 위협은 낮다.
② 제품의 차별화 정도가 높은 산업에서는 경쟁자마다 각각 다른 소비자들을 대상으로 제품을 공급하기 때문에 기업 간 경쟁이 치열하지 않다. 하지만 제품의 차별화 정도가 낮다면 모두 동일한 소비자들을 공략하므로 기업 간 경쟁은 치열해진다.
③ 대체재(substitute)는 문자 그대로 어느 산업 내의 제품이나 서비스를 대체할 수 있는데, 이는 어느 기업이 산업 내에서 가질 수 있는 가격과 이익의 상한선을 결정한다.
④ 공급자들이 전방통합(forward integration) 능력이 있을 때 공급자의 교섭력은 증가한다. 예를 들어 스웨터 실을 공급하던 업자가 스웨터 제조 능력이 있을 때 스웨터 제조사들은 그들이 시장에 들어오지 않도록 좀 더 높은 가격으로 실을 구매해줘야 한다.
⑤ 구매자들이 후방통합(backward integration) 능력이 있을 때 구매자의 교섭력은 증가한다. 예를 들어 스웨터 제조사가 스웨터 실을 제조할 능력이 있다면 스웨터 실 제조사들은 그들이 시장에 들어오지 스웨터 실 사업을 시작하지 않도록 더 낮은 가격에 실을 공급해야 한다.

1327 ②

① 톰슨(Thompson)의 상호의존성(interdependence) 분류에서 집합적(pooled), 순차적(sequential), 교호적(reciprocal)의 순으로 상호의존성이 증가한다. 상호의존성이 증가할수록 수평적 의사소통의 필요성은 증가한다.
② 페로(Perrow)는 과업의 다양성(task variability)과 문제의 분석가능성(problem analyzability)을 이용하여 부서수준의 기술을 분류했는데, 과업다양성과 문제의 분석가능성이 모두 높은 것은 공학적(engineering)이다. 비일상적(non-routine) 기술은 과업다양성은 높으나 문제의 분석가능성은 낮은 경우이다.
③ 우드워드(Woodward)는 기술복잡성(technological complexity)을 저, 중, 고로 하여 기술을 단위소량생산(unit), 대량생산(mass), 연속생산(process)으로 구분하였다.
④ 전략 수립시 내부역량과 외부환경을 분석하는 것이 중요한데, 내부역량 분석시 포터의 가치사슬(value chain) 모형을 사용할 수 있고, 외부환경 분석은 포터의 산업구조 분석을 사용하면 된다.
⑤ BCG 매트릭스에서 상대적 시장점유율 값이 0.8이면 산업내에서 시장점유율이 1위가 아니다. 고로 상대적 시장점유율이 0.8인 사업부는 BCG 매트릭스 상의 오른쪽인 물음표(question mark)나 개(dog)에 해당하는 사업부이다.

1328 ④

① 경험곡선효과(experience curve effect)는 누적생산량이 증가함에 따라 상당히 규칙적으로 비용이 하락하는 것을 말한다. 이는 생산공정에 있는 작업자들이 생산과정을 반복하면서 작업효율성을 높이는 방법을 고안하고, 낭비와 비효율을 없앰으로써 생산성을 높이기 때문에 발생한다. 또한 축적된 경험은 공정을 개선하거나 제품재설계를 통하여 생산비용을 절감할 수 있게 해 준다. 이와 같은 경험곡선효과는 생산공정 및 제품의 개선에서 발생하므로 생산공정이 복잡할수록, 그리고 부품수가 많을수록 경험곡선 효과가 큰 경향이 있다. 경험곡선효과가 있다면, 경쟁기업에 비해 비용우위를 가질 수 있는지 여부는 누가 먼저 산출량을 늘릴 수 있는지에 달려 있다. 즉 생산량을 더 빨리 증가시켜서 경험곡선효과를 최대한도로 활용하는 기업이 낮은 비용을 발판으로 가격을 낮추면 후발기업은 결국 비용상의 불리함으로 인해서 그 기업과 경쟁을 할 수 없게 된다.
② 만일 모든 산업에서 진입이 자유롭게 허용된다면, 설사 수익률이 높은 산업일지라도 새로운 진입자들에 의하여 그 수익률은 점차 낮아질 것이다. 또한 실제적으로 진입이 일어나지 않는다고 하더라도 다른 기업들이 언제든지 그 산업에 뛰어들 준비가 되어 있다면, 그 산업에 있는 기존기업들은 잠재적 경쟁자가 진입할 수 있다는 위협 때문에, 가격을 높게 설정하지 못하고 경쟁적인 수준으로 낮추어 이러한 진입을 막으려고 할 것이다. 따라서 진입장벽이 없는 산업에서는 가격이 경쟁적인 수준으로 낮아지고, 이윤 역시 시장 내의 기업의 수와 상관없이 정상이윤밖에 얻지 못하는 경우가 있다. 그러나 대부분의 산업에서 신규진입기업은 기존 기업들에 비해 상당히 불리한 입장에 있는 것이 사실이다. 이와 같이 기존기업들이 신규진입기업에 대해 가지는 우위를 진입장벽(entry barrier)이라고 한다.

대표적인 진입장벽은 자본소요량, 규모의 경제, 제품차별화 등이다. 신규기업이 산업에 진입하는데 필요한 투자액이 굉장히 많은 경우에는 소수의 기업을 제외하고는 이런 산업에 진입하기 힘들다. 항공기 제작산업이 대표적 예이다. 또한 자본집약적이거나 연구개발투자가 많이 소요되는 산업에서 효율적으로 조업하기 위해서는 대규모 투자가 필요하다. 예를 들어 자동차 산업에서는 규모의 경제가 상당히 크기 때문에 연간 백만대 이상의 자동차를 생산해서 판매할 능력이 없는 기업들은 시장진입을 할 수 없다. 마지막으로 제품차별화가 가능한 산업에서 기존기업들은 신규진입기업들에 비해 브랜드 인지도 및 소비자들의 상표충성도 측면에서 상당한 이득을 보고 있다. 따라서 제품차별화가 된 시장에 신규진입하기 위해서는 자신의 브랜드에 대한 막대한 투자를 해야 하므로, 자본력이 없는 기업에게는 이것이 진입장벽으로 작용하게 된다.
③ 네트워크 조직(network structure)은 기업이 수행해야하는 기능의 많은 부분을 외주(outsourcing)함으로써 본사는 단지 브로커(broker)의 역할만 하게 된다. 이 때문에 작은 조직이라도 전 세계에서 많은 인력과 자원을 획득하는 것이 가능하고, 막대한 투자 없이도 사업이 가능하다는 장점이 있지만, 많은 활동을 자사가 직접 수행하는 것이 아니기 때문에 이에 대한 통제력을 확보할 수 없고, 협력업체와의 관계유지 및 갈등해결에 많은 시간이 소요된다는 단점도 있다.
④ 페로(Perrow)는 부서수준의 기술을 과업의 다양성(task variability)과 문제의 분석가능성(problem analyzability)을 각각 고저로 구분하여 4가지로 분류하였다. 이에 따르면 과업의 다양성이 낮고, 문제의 분석가능성이 높은 일상적 기술(routine technology)에서 과업의 다양성이 높고, 문제의 분석가능성이 낮은 비일상적 기술(nonroutine technology) 쪽으로 갈수록 조직구조는 점점 유기적이 되어야 한다. 따라서 과업의 다양성(task variability)과 문제의 분석가능성(problem analyzability)이 증가할수록 조직구조는 좀 더 유기적으로 설계되어야 한다는 것은 적절하지 않다.
⑤ 조직군 생태학(population ecology view)은 생물학의 자연선택설(natural selection)에 입각하여, 조직은 내부의 구조적 관성(structural inertia), 즉 환경의 변화에 맞추어 변화하기 어려운 내적 속성을 지니고 있어 환경적응을 위한 변화를 시도하더라도 그 결과가 부정적이라는 것이다. 따라서 조직이 환경에 적응하는 측면보다는 환경이 생존할 조직을 선택하는 측면을 강조하고 있다.

1329 ②

a. 사업부 수준의 전략(business level strategy)은 기업이 특정한 시장이나 산업에서 경쟁우위를 얻기 위해 활용할 수 있는 전략을 말하며, 전사적 수준의 전략(corporate level strategy)은 한 기업이 여러 시장이나 산업에 걸쳐 있을 때 경쟁우위를 얻기 위해 전사적으로 활용할 수 있는 전략을 말한다.

b. 학습곡선과 규모의 경제는 유사하지만 2가지 차이점이 있다. 첫째, 규모의 경제가 어느 한 시점의 생산량과 단위원가의 관계를 설명하는 반면, 학습곡선은 어느 기간 동안 누적된 생산량과 단위원가의 관계를 설명한다. 둘째, 규모의 경제에는 원가 상승 구간(최적 생산량 초과 구간)이 존재하는 반면, 학습곡선에는 그런 구간이 없다. 즉 누적 생산량이 증가할수록 원가는 기술적으로는 가능한 한계치까지 감소한다.

c. 규모의 경제가 존재하거나 제품 차별화(product differentiation) 수준이 높은 산업은 진입장벽이 높다. 진입장벽(barriers to entry)이란 진입 원가를 높이는 산업의 구조적 특성을 말한다. 진입 장벽이 높으면 잠재적 진입자들은 설사 산업 내 기존 기업들이 경쟁 우위를 누리고 있더라도 그 산업에 진입하지 않을 것이다. 따라서 진입장벽이 높으면 '잠재경쟁자의 진입위협'은 낮아지기 때문에 산업의 매력도는 높아진다. 참고로 제품 차별화는 어느 기업이 다른 기업에 비해 높은 상표 인지도나 구매자 충성도를 가지는 것을 뜻한다.

d. BCG 매트릭스의 문제점은 복잡한 사업의 성격을 너무 단순하게 시장성장률과 시장점유율로만 표시하려고 하기 때문에 사업부의 잠재적인 성장성을 무시하거나 현재 상황을 너무 단순하게 파악하기 쉽다는 것이다. 특히 BCG매트릭스에서 시장점유율이 경쟁우위를 측정할 수 있다는 가정은 실제로 적용되지 않는 경우가 많다. 왜냐하면 규모의 경제를 활용할 수 있는 산업에서는 시장점유율이 비용우위를 결정하는 아주 중요한 변수이나 규모의 경제가 중요하지 않은 산업에서는 시장점유율은 그다지 큰 의미가 없기 때문이다.

e. 거래 특유의 투자(transaction-specific investment)는 현행 거래가 다른 용도의 거래로 전환될 때 그 투자의 가치가 현저하게 감소하는 성격을 띠는 투자를 말한다. 어느 기업이 거래 특유의 투자를 할 때 거래 파트너에 의한 기회주의 위협은 증가한다. 보통 거래 특유의 투자가 수반되는 거래는 거래 당사자들이 거래조건에 합의할 가능성이 낮기 때문에 거래가 성사될 가능성이 낮다. 따라서 이런 투자들은 시장거래(외부화)를 하기 보다는 수직적 통합 즉 내부화되는 경우가 많다.

1330 ②

① 기업활동의 유연성을 강화시키는 요인으로 작용해서 기업의 경쟁력을 강화시킬 수 있으며, 특히 기술변화가 심하고 수요가 불확실하거나 경쟁이 치열한 경우에 적합한 것은 아웃소싱(outsourcing)이다. 수직적 통합은 make에 해당하는 전략으로 '유연성'보다는 '효율성'에 더 가깝다.

② 기능별 제휴(functional agreement)는 지분참여 없이 그 기업이 수행하는 여러 가지 업무 분야의 일부에서 협조관계를 갖는 것이다. 이러한 제휴관계는 상당히 구체적인 기능별 분야, 즉 연구개발, 생산, 마케팅, 기술, 유통 같은 각각의 기능별 분야에서 공동프로젝트를 수행하는 것이다. 반면 전략적 제휴관계가 그 기업의 전략에 중요한 역할을 하게 되고, 제휴를 통해 보다 높은 경제성과 시너지를 창출할 필요를 느낀다면, 기업들은 합작투자(joint venture)의 형식을 고려할 수 있다. 합작투자는 연구개발, 판매, 생산에서 이루어질 수 있으며 나아가서는 자신의 핵심사업분야 자체를 합작투자화하는 경우도 발생하고 있다. 일부기능에만 국한된 기능별 제휴와 달리 합작투자는 법률적으로 모기업으로부터 독립된 법인체를 설립한다. 이러한 합작투자방식은 기능별 제휴처럼 한 기능이나 업무분야에 국한되어 있기보다는 기업활동의 여러 분야에 걸친 종합적인 협력관계가 필요할 때 실행하는 경우가 많다.

③ BCG 매트릭스에서 시장성장률이 높다는 것은 그 시장에 속한 사업의 매력도 높다는 것을 의미하는 것이 아니라 그 사업부가 속한 시장의 매력도가 높다는 것을 의미한다.

④ 자원기반관점(RBV: resource-based view)은 기업이 경쟁우위를 획득하고 장기간의 탁월한 성과를 이끌어 내는 것은 기업이 보유한 자원들이라고 주장한다. 자원기반관점의 이론적 핵심은 기업을 유형자원과 무형자원의 독특한 집합체로 파악하는 것이다. 자원기반관점은 경쟁우위의 원천이 되는 자원에 있어서 기업 간 이질성(heterogeneous)과 비이동성(immobile)을 가정한다. 즉 기업이 통제 가능한 전략적 자원에 있어서 동일산업에 속하는 기업 간에도 이질적이라는 것을 전제로 하며, 이들 자원은 기업 간에 완전하게 이동할 수 없다고 본다. 이러한 이유로 자원이 이질성은 장기간 지속될 수 있으며, 이것이 경쟁우위의 지속성을 뒷받침한다고 본다.

⑤ 자원의 공동활용과 축적된 기업능력의 활용을 가능하게 하므로 시너지 효과와 범위의 경제에서 오는 이점을 누릴 수 있는 것은 관련형 다각화(related diversification)이다.

1331 ②

① 전략은 위계에 따라 전사적 수준(corporate level), 사업부 수준(business level), 기능부서 수준(functional level)으로 구분되는데, 수직적 통합(vertical integration), 수평적 통합(horizontal integration), 다각화(diversification) 등은 전사적 수준의 전략에 해당하고, 포터의 차별화(differentiation) 전략, 원가우위(cost leadership) 전략, 집중화(focus) 전략은 사업부 수준의 전략에 해당한다.

② 포터의 산업구조분석(5 forces model)에서 가장 수익성이 높은 산업은 기존 기업 간 경쟁, 잠재 경쟁자의 진입위협, 대체재의 위협, 공급자의 교섭력, 구매자의 교섭력이 모두 낮은 산업이다. 그러나 진입장벽(entry barrier)은 높으면 잠재 경쟁자의 진입위협은 낮고, 반대로 진입장벽이 낮으면 잠재 경쟁자의 진입위협은 높기 때문에 진입장벽은 높을수록 산업의 수익성(매력도)은 높아진다.

③ 수직적 통합에는 전방통합과 후방통합이 있는데, 만약 제조기업이 원재료의 안정적 수급을 위한 목적으로 실행하는 것은 후방통합(backward integration)이고, 반대로 제조기업이 유통망을 확보하여 고객에게 차별적 서비스를 제공하기 위해 실행하는 것은 전방통합(forward integration)이다.

④ BCG(Boston Consulting Group) 매트릭스에서 시장점유율 2위 기업의 상대적 시장점유율이 0.5라면, 이는 1위 기업의 시장점유율 대비 50% 수준이라는 것을 의미하므로, 반대로 1위 기업의 상대적 시장점유율은 2위 기업의 '2'배가 된다.

$$\text{상대적 시장점유율} = \frac{\text{자사의 시장점유율}}{\text{1위 기업의 시장점유율 (자사제외)}}$$

⑤ 전략적 인적자원관리란 기업의 전략과 인적자원관리 간 적합성이 있어서 한다는 개념이므로 이를 고려하면 제품의 혁신과 차별화를 전략으로 하는 기업은 인력모집시 새로운 방법과 아이디어를 구하기 용이한 '외부모집'을 더 많이 실시하는 것이 좋다.

1332 ①

a. SWOT분석에서 S(강점)와 W(약점)은 내부분석에 해당되며, O(기회)와 T(위협)는 외부분석에 해당되는데, 경영학에서는 보통 환경은 기업이 적응해야 할 대상이지 변화시킬 수 있는 대상이 아니기 때문에 S(강점)와 T(위협)가 만나는 셀에서는 T(위협)를 O(기회)로 바꾸는 전략은 불가능하고 S를 이용하여 T를 극복하는 전략을 선택하는 것이 바람직하다.

b. 전략은 위계에 따라 전사적 수준(corporate level), 사업부 수준(business level), 기능부서 수준(functional level)으로 구분되는데 수직적 통합(vertical integration), 수평적 통합(horizontal integration), 다각화(diversification) 등은 전사적 수준의 전략에 해당하고, 포터의 차별화(differentiation) 전략, 원가우위(cost leadership) 전략, 집중화(focus) 전략은 사업부 수준의 전략에 해당한다. 수직적 통합(vertical integration)과 다각화(diversification)는 모두 전사적 수준(corporate level)의 전략이며, 또한 성장 전략에 해당한다.

c. 시장에 참여하고 있는 기업들 간에 정보밀집성(information impactedness)이 존재할 때는 외부화(아웃소싱)된 거래보다는 내부화(수직적 통합)된 거래를 선택하는 것이 거래비용을 줄일 수 있어서 더 합리적이다.

d. 집중화 전략(focus strategy)은 특정 시장, 즉 특정 소비자집단, 일부 제품종류, 특정 지역 등을 집중적으로 공략하는 것을 말한다. 원가우위 전략과 차별화 전략이 전체 시장을 대상으로 한 전략임에 반하여 집중화 전략은 특정 시장에만 집중하는 전략이다. 일반적으로 집중화 전략을 추구하는 기업은 특화된 영역 안에서 원가우위나 차별화를 동시에 추구하지 않고 둘 중 하나를 선택한다. 왜냐하면 집중화 전략을 추구하는 기업이 선택한 시장은 보통 규모가 작아서 원가우위 전략을 수행하기가 어렵기 때문이다.

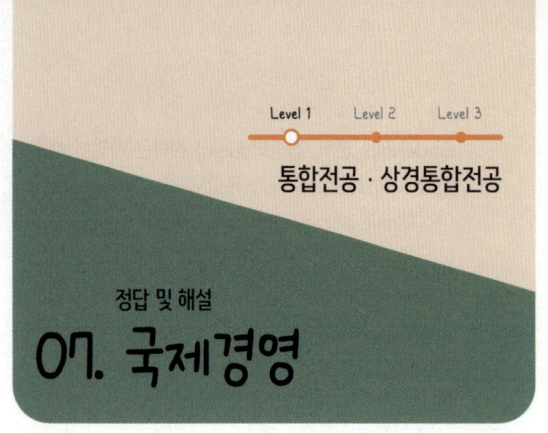

정답 및 해설
07. 국제경영

1333 ②

② 지리적 다변화를 통한 위험 '분산'은 다각화의 필요성이 될 수 있다.

1334 ①

유통경로의 국가별 차이 증가는 현지화의 필요성을 증대시키는 요인이다.

1335 ③

유통채널의 국가 간 차이 증가는 현지화 증가 요소이다.

1336 ③

① 본국중심주의(ethnocentric)에 대한 설명이다.
② 지역중심주의(regiocentric)에 대한 설명이다.
④ 글로벌 매트릭스 조직에 대한 설명이다.

1337 ②

신흥시장에서 사업을 수행하는 데 따르는 위험 요인으로 대규모 기업집단 부재는 직접적 관련이 없다.

1338 ④

간접수출 → 직접수출 → 합작투자 → 단독투자 순으로 투자와 통제가능성이 증가함
- 간접수출: 제조업자가 자국 내에 있는 중간 기구(무역상사)나 중간상인에게 수수료(commission)를 주고 해외로 수출을 하는 행위를 말한다.
- 직접수출: 제조업체가 중간상인을 통하지 않고 직접 최종소비자에게 전달하는 것을 말한다.
- 합작투자: 국적이 다른 두 기업 이상이 출자하여 새로운 법인을 설립하는 것을 말한다.

1339 ②

해외자회사는 해외시장에 많은 자금과 기술을 투자하는 것이므로 기업의 해외자산에 대한 위험도가 높다. 따라서 해외정부로부터 자산을 안전하게 지키지 못할 수도 있다.

1340 ①

① 라이선싱은 주로 제조기업에서 사용되지만 프랜차이징(franchising)은 서비스기업에서 선호한다. 프랜차이징은 가맹점이 모기업의 등록상표, 제품, 방식, 사업계획, 자원, 자금지원, 정체성과 이미지 등을 사용하는 대가로 사용료 또는 수익의 일정한 비율을 제공하기로 하고 체결하는 사업상의 계약이다.
⑤ 구상무역이란 두나라 사이의 협정을 맺어 일정기간 서로 수출을 균등하게 하여 무역차액을 '0'으로 만들고, 결제자금이 필요없게 하는 것이다.

1341 ③

① 아웃소싱(Outsourcing): 일부의 자재, 부품, 노동, 서비스를 외국으로부터 구매하는 것
② 합작투자(Joint venture): 2개 이상의 기업이 공동으로 투자하여 새로운 기업을 설립하는 것
④ 계약생산(Contract manufacturing): 해외진출기업이 투자대상국의 기업에게 일정한 계약하에서 제품을 생산하도록 하고, 판매 및 마케팅은 해외진출기업이 직접 담당하는 형태를 말한다.
⑤ 턴키프로젝트(Turn-key project): 공장이나 여타 생산설비를 가동 직전까지 준비한 후 인도해주는 방식

1342 ③

기업이 세계화를 추진하는 다양한 방법 중에서 진입비용이 큰 것일수록 경영관리 이슈나 의사결정이 많이 발생한다. 따라서 보기의 내용 중 글로벌 소싱이 이슈나 의사결정이 가장 적고 해외 자회사가 가장 많다.

1343 ②

해외직접투자 방식 중 기업이 최종재의 생산에 필요한 원재료나 중간재를 확보하거나, 최종소비자에게 제품을 판매할 목적으로 해외에 진출하는 방법은 수직적 해외직접투자이다. 이는 수직적 통합(vertical integration)을 해외에 실시하는 것이다.

1344 ③

턴키프로젝트는 생산설비 등을 건설하고 설비가 가동되어 생산이 개시될 수 있는 시점에 소유권을 넘겨주는 계약이다.

1345 ③

자동차 제조의 경우 B국의 A사 신제품에 대한 소비 시점이 A사 자국 내 소비 시점과 다를 경우에는 노후 설비를 활용하기 위해 해외직접투자를 시행할 필요가 있지만, 소비시점이 동일한 경우에는 수출전략이 더 적절하다.

1346 ①

해외직접투자에는 그린필드(green field)와 브라운필드(brown filed) 투자가 있는데, 그린필드 투자는 해외에 진출하는 기업이 직접 스스로 부지를 확보하고 생산라인을 만드는 투자형태이고, 브라운필드 투자는 이미 설립돼 있는 회사를 인수합병하는 것이다.

1347 ③

③ 브랜드와 기술 등 무형자산과 함께 품질관리, 경영방식, 기업체 조직 및 운영, 마케팅 지원 등과 같은 경영관리 노하우까지 포함하기 때문에 철저한 통제가 가능한 것은 프랜차이징이다.

1348 ④

③ 기업이 수출(간접투자) 대신 해외직접투자를 하는 이유는 수출(간접투자)보다는 해외직접투자의 비용이 저렴하기 때문이다. 이는 내부화 이론으로 설명할 수 있다. 내부화 이론을 다른 말로 거래비용이론이라고 한다.

④ 해외직접투자란 독립적인 생산설비나 자회사를 설립하거나 매입하는 방식을 선택하는 것으로 합작투자, 신설투자, 인수합병은 이 범주에 해당한다. 하지만, 라이선싱은 해외직접투자 유형에 속하지 않는다.

1349 ②

② 조인트벤처의 후방통합은 기업의 업스트림(상향) 활동에 합작투자를 의미하며, 전방통합은 기업의 다운스트림(하향) 활동에 대한 합작투자를 의미한다.

1350 ①

② 보유 기술들을 보호·통제할 필요가 있는 산업은 라이센싱을 하는 것보다는 직접투자하는 방식이 적합하다.

③ 관세장벽이나 수량제한 정도가 높다면 현지 업체에게 라이선싱이 적합하지만 반면 관세장벽이 높지 않다면 수출방식이 더 적합하다.

④ 현지 상황에 따라 진출 방식이나 전략을 단기에 유연하게 전환해야 하는 산업이라면 직접 투자하는 방식이 적합하다.

1351 ③

① 러그만(A. Rugman)의 단순 모형은 현실적으로 많은 기업들이 활용하는 선택모형으로서 환경변수를 고려하며 최종 선택 대안으로는 수출, 라이센싱, 해외직접투자의 3가지가 있다.

② 루트(F. Root) 모형은 기업이 해외시장 진입 방법을 선택할 때 외부요인과 내부요인 고려하게 되며 이는 다음과 같다. 외부요인에는 진출대상국의 생산요인, 환경요인, 시장요인 등이 있고, 내부요인에는 자원 및 투입요인과 제품요인이 있다.

③ 러그만(A. Rugman)의 모형은 간편하면서도 빠른 의사결정이 가능하다는 이점이 있는 반면에, 해외시장에서의 사업 기회에 관한 기업의 사업 능력을 가장 잘 발휘할 수 있는 진출방식을 명확하게 설명하지 못하며 동시에 소극적인 해외 진출에 국한된다는 약점이 있다.

④ 루트는 진화론적 관점에서 기업의 해외 진입방식 선택 문제를 다루고 있다. 기업은 시간이 지남에 따라 현지 시장의 마케팅활동에 대한 통제를 보다 강화하게 되고 이에 따라 진입방식을 점진적으로 변화시키게 된다. 기업이 해외사업에 대한 통제 정도를 확대 및 강화함에 따라 기업이 해외시장에 투입하게 되는 자원이 증대하고 이에 따라 현지 시장에서 기업이 부담하는 위험의 수준도 함께 높아지게 되는 것이다.

1352 ③

혁신의 국제적 활용, 글로벌 효율성, 다국적 유연성을 동시에 달성함으로써 전세계적인 경쟁우위를 확보하는 것은 초국적 전략(transnational strategy) 혹은 초국적 조직이다.

1353 ④

Bartlett과 Ghoshal의 통합-적응 모형

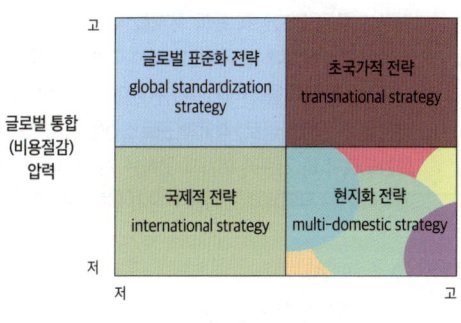

① 글로벌 표준화 전략(global standardization strategy)은 규모의 경제, 학습효과, 입지우위를 통해 얻을 수 있는 비용 절감을 통해 수익을 극대화하는 것에 초점을 맞추는데, 이 전략의 목표는 전 세계적인 생산규모를 기반으로 저비용 전략을 추구하는 것이다. 또한 이 전략의 경우 비용 절감의 압력은 큰 반면에 현지화의 압력은 상대적으로 낮을 경우 적합하다.

② 국제적 전략(international strategy)은 기업이 해외 시장에 현지화를 최소화한, 내수시장에서 판매하던 제품을 거의 그대로 판매하는 전략을 의미하는 것으로 비용절감 및 현지화에 대한 압력이 적은 경우에 바람직하다.

③ 현지화 전략(multi-domestic Strategy)은 다국가적 전략이라고도 하며, 현지시장의 이질성에 대응할 수 있도록 현지 생산 및 판매 체제를 구축하는 전략을 의미하는 것으로 시장의 파편화(Market fragmentation)가 강조되는 다국적 산업에 적합하며, 현지에 맞도록 제품 및 경영 방식을 조정하는 국가별 적응전략이다.

④ 초국가적 전략(transnational strategy)은 원가 절감, 현지 대응 그리고 학습을 동시에 추구하고자 하는 전략이다. 경쟁이 심한 환경에서 살아남기 위해 기업은 경험 기반의 비용 경제 및 지역적인 경제성을 활용해야 하고 반드시 핵심 경쟁력을 기업 내 다른 현지 자회사들에게 이전되어야 한다는 인식으로부터 출발한다. 즉 입지우위, 규모의 경제, 학습효과를 통한 비용 절감의 획득하며, 각 국가별로 상이한 환경에 맞게 서로 다른 제품이나 서비스를 제공하는 것을 의미한다. 또한, 기업의 전 세계적 네트워크를 통한 기술 및 역량이 이동한다. 이 전략의 경우 원가 절감에 대한 압력과 현지화에 대한 압력이 모두 높을 경우에 사용하는 것이 바람직하다. 이 전략을 추구

하는 다국적기업이 창출하는 가치 대부분이 현지국에서 창출되기 때문에 환위험(foreign exchange risk)에 높게 노출된다.

1354 ②

BRICs는 Brazil, Russia, India, China를 의미한다.

1355 ①

블루 라운드: 세계 각국의 근로조건을 국제적으로 표준화할 목적으로 추진되는 다자간 무역협상으로 1995년 1월 세계무역기구(WTO)의 출범을 전후해 새로운 통상문제가 계속 제기되면서 선진국들이 개발도상국에 비해 우위에 있는 환경권·노동권·경제정책 등의 문제를 무역과 연계하려는 움직임이 강화되었다. 블루라운드 역시 국가 간의 통상 문제에 노동기준과 무역을 연계시키기 위한 선진국들의 이러한 무역정책 가운데 하나로, 각국의 근로조건을 국제적으로 표준화함으로써 이 기준에 미치지 못하는 개발도상국들의 상품에 대해서는 무역제재 조치를 취하기 위한 것이다.

1356 ③

① 본국중심가격결정은 본국중심(ethnocentric)의 국제전략을 펴는 회사의 가격전략으로 제품의 가격을 본국의 가격과 유사한 수준에서 책정하는 것을 말한다.
② 현지중심가격결정은 현지중심(polycentric)의 국제전략을 펴는 회사의 가격전략으로 제품이 팔리는 현지의 가격에 적합하게 각각 다르게 책정하는 것을 말한다.
④ 세계중심가격결정은 세계중심(geocentric)의 국제전략을 펴는 회사의 가격전략으로 제품의 가격을 전세계에 동일하게 책정하는 것을 말한다.

1357 ①

더닝(J. H. Dunning)이 개발한 절충이론의 구성요소는 다음과 같다.
· 소유특유우위(ownership-specific advantage)는 현지 기업과 현지국에 진출한 기업이 보유하지 못한 기업 특유 자산을 소유함으로써 이러한 이점을 활용하기 위해 진출한 것으로 소유특유우위는 기업 특유의 자산 소유의 정도를 의미한다.
· 입지특유우위(location-specific advantage)는 특정 국가의 지역에 직접 투자할 경우 노동인력, 저임금, 원료, 원자재 확보의 용이성, 현지국 정부로부터의 여러 혜택 등이 존재하며 이러한 이점을 활용하기 위해 입지특유우위는 국내보다는 더 좋은 환경의 입지우위를 의미한다.
· 내부화우위(internalization advantage)는 기업의 해외국으로의 진출 시에 외부거래를 내부거래화 함으로써 발생하게 되는 거래비용을 최소화시키고 나아가 자원의 확보, 현지국 정부와의 접촉, 여러 세제상의 혜택 등의 여러 측면에서 나타나게 되는 이점을 보유하기 위해 내부화 우위는 현지 사업에 대한 통제 수준의 정도를 의미한다.

1358 ②

<바틀렛(Bartlett)과 고샬(Ghoshal)은 해외 자회사 유형>

	자사의 핵심역량	
	저	고
현지시장의 중요성 고	블랙홀	전략적 리더
현지시장의 중요성 저	실행자	기여자

① 전략적 리더(strategic leader)는 핵심역량이 높으며 동시에 현지 시장의 전략적 중요성도 높은 경우에 해당한다. 이러한 유형의 자회사는 글로벌 시장에서 나타나는 상황의 변화를 사전에 탐지하며, 예상되는 기회 및 문제점 등을 분석하고, 그에 맞는 적절한 대응책을 강구해내는 능력이 크다. 전략적 리더는 경우에 따라서는 독자적으로 신제품 개발을 추진하고, 해당 신제품의 제조 및 마케팅에 있어서도 기업 전체를 선도하는 역할을 하는 유형이다.
② 기여자(contributor)은 핵심역량이 뛰어난 반면에 현지 시장의 규모가 작거나 전략적인 시장영역이 아닌 경우에 해당한다. 하지만, 자회사가 실질적으로 특정한 분야에서 상당한 핵심역량을 보유하고 있으므로 모기업 또는 다른 자회사에게 상당한 기여를 하게 되는 유형이다.
③ 실행자(implementer)는 진출한 시장에서의 전략적인 중요도가 낮으며, 동시에 보유한 핵심역량도 일반적 수준인 경우에 해당한다. 통상적으로 이러한 유형의 자회사는 글로벌 기업 본사 또는 다른 자회사에서 개발한 핵심역량을 도입해 현지에서 제품을 조립 또는 제품을 만들어 판매함으로써 글로벌 기업의 수익을 증가시키는 데 기여를 하게 되는 유형이다.
④ 블랙홀(black hole)은 현지 시장에서의 중요성이 상당히 크므로 지속적으로 경영자원을 투입하지만, 핵심역량이 부족한 관계로 그 능력이 개발되지 않는 경우에 해당한다. 이러한 유형의 자회사가 지닌 강점을 기반으로 대규모의 기업 자원을 투입해 핵심역량을 개발하고, 동시에 현지에서의 환경에 빠르게 대응할 수 있는 능력을 키워 주어야 하는 유형이다.

정답 및 해설
07. 국제경영

단일전공 · 금융공기업

1359 ③

ㄴ, ㄷ은 해외생산의 주요 동기 중 적극적 동기, ㄱ, ㄹ, ㅁ은 소극적 동기에 해당한다.
해외생산의 주요 동기(적극적 동기, 소극적 동기)를 구분하면 다음과 같다.
① 해외생산의 주요 동기(적극적 동기)
㉠ 원자재
㉡ 생산기술
㉢ 시장의 선점
㉣ 신시장의 개척
② 해외생산의 주요 동기(소극적 동기)
㉠ 수송비
㉡ 수입규제
㉢ 국내임금의 상승

1360 ②

② 신흥 산업 보호는 국가가 자유무역에 간섭하는 '정치적 동기'가 아니라 '경제적 동기'에 해당하며, 이는 한 국가의 신흥 산업은 그들이 충분한 국제 경쟁력을 갖출 때까지 국제 경쟁으로부터 보호를 필요로 한다는 주장이다. 이 주장은 유치 산업은 급격한 학습곡선 때문에 보호가 필요하다는 아이디어에 기반한 것이다.

1361 ⑤

글로벌 경영전략 중 해외시장에서의 시장점유율과 이익을 극대화하려고 해외지사를 통제할 필요성이 있을 때 가장 효과가 있는 방법은 해외직접투자(FDI)이다.

1362 ③

③ 시장 불완전성(market imperfection) 이론이라고도 하는 내부화 이론은 시장의 불완전성이 어느 거래를 덜 효율적으로 이루어지게 할 때 기업은 그 거래를 내부화해서 불완전성을 제거하기 위해 해외직접투자(FDI)에 착수한다고 설명한다.

1363 ④

④번 보기의 설명은 초국적 모델에 대한 것이 아니라 글로벌 전략에 대한 설명이다.

1364 ⑤

마이클 포터는 한 국가의 4가지 특성이 현지 기업들이 경쟁하는 환경을 조성하며, 이러한 특성들이 경쟁우위 창출을 촉진할 수도, 방해할 수도 있다고 이론화하였는데, 이들 4가지 조건이 다이아몬드를 구성한다고 하여 다이아몬드 모형이라고 한다. 이들 4가지 특성은 다음과 같다.

1. 요소 부존(factor endowment): 특정 산업에서 경쟁하는 데 필요한 인프라, 숙련된 노동력 등의 생산 요건에서 한 국가가 차지하는 위치
2. 수요조건(demand condition): 그 산업의 제품이나 서비스에 대한 까다롭고 민감한 현지 수요
3. 관련 지원 산업(relating and supporting industry): 국제적으로 경쟁력있는 공급 산업, 관련 산업의 유무
4. 기업 전략, 구조, 경쟁(firm strategy, structure and rivalry): 국가 내 회사들의 전략, 구조, 경쟁상태

문제의 5번 보기는 포터의 다이아몬드 모형에 포함되지 않는다. 또한 포터는 운과 정부(government)라는 두 가지 추가적인 변수가 국가 다이아몬드에 중요한 영향을 준다고 하였다.

전수환
객관식
경영학

02

마케팅

정답 및 해설

01. 마케팅 개요

02. 마케팅 조사

03. 마케팅 전략

04. 제품, 서비스, 브랜드

05. 가격

06. 유통

07. 촉진

08. 소비자 행동

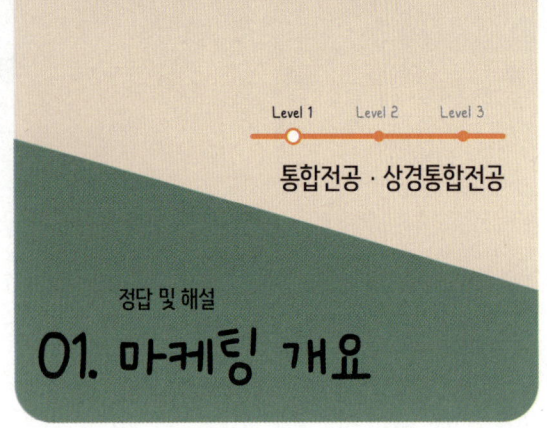

01. 마케팅 개요

1365 ⑤
⑤ 마케팅은 판매만을 의미하는 개념은 아니다. 오히려 제품기획 단계에서부터 광고와 판매까지 전체에 해당하는 개념이다.

1366 ①
마케팅 관리철학은 생산 → 제품 → 판매 → 마케팅(고객지향적) → 사회적 마케팅의 순으로 발전되어 왔다.

1367 ①
① 수요가 공급을 초과하는 경우, 생산만 하면 판매가 되는 상황이므로 이러한 상황에서는 생산 효율성에 주력하는 생산개념(production concept)이 강조된다.

1368 ④
마케팅 관련 개념은 생산 → (제품) → 판매 → 마케팅 → 사회적 마케팅(총체적 마케팅)의 순으로 발전하였다.

1369 ②
② 생산과 효율성을 향상시키는데 주력해야 한다는 것은 생산개념(production concept)이다.

1370 ③
판매개념은 생산능력의 증대로 제품공급의 과잉상태가 나타나게 되며, 이로 인해 고압적인 마케팅 방식에 의존하여 광고, 유통 등에 많은 관심을 갖게 된다. 하지만, 소비자의 욕구보다는 판매방식이나 판매자 시장에 관심을 가지게 되므로 장기적으로 보게 되면 소비자들의 불만 및 부정적인 구전을 야기하고 더 나아가 해당 상표이미지의 추락이라는 우려가 발생할 수 있다.

1371 ②
마케팅 철학의 변화 과정은 생산개념, 제품개념, 판매개념, 마케팅개념, 사회적마케팅개념의 순이다.

1372 ③
① 최고의 품질로 생산해야 한다는 믿음이 중요한 것은 제품개념(product concept)이다.
② 소비자가 쉽고 저렴하게 구매할 수 있는 제품을 선호할 것이라는 전제를 기반으로 하는 것은 생산 개념이다.

③ 판매개념은 판매를 주목적으로 하므로 단기적으로 영업실적에 효과적일 수 있다.
④ 마케팅 개념(marketing concept)의 핵심개념은 고객만족을 통한 이익 창출이지, 매출 증대를 통한 이익 창출이 아니다.

1373 ⑤
마케팅 믹스는 제품(product), 가격(price), 유통(place), 촉진(promotion)으로 구성된다.

1374 ①
② 제품 - 브랜드
③ 제품 - 포장
④ 제품 – 품질

1375 ④
④ 과정(procedure)은 마케팅 믹스가 아니라 물리적 증거(physical evidence), 사람(people)과 더불어 서비스 마케팅 믹스에 포함되는 요소이다.

1376 ④
마케팅 믹스(marketing mix)는 기업이 목표시장의 고객에게서 기대하는 반응을 창출하기 위해 사용하는 통제 가능하고 전술적인 마케팅 도구의 집합이다. 이에는 제품(product), 가격(price), 유통(place), 촉진(promotion)이 있다.

1377 ②
구매자 관점의 4A는 다음과 같다.
• 수용성(acceptability)
• 가용성(affordability)
• 접근성(accessibility)
• 인지도(awareness)

1378 ⑤
⑤ 4P에서 촉진은 4C에서는 커뮤니케이션이다. 로터본(Lauterborn)이 제시한 4C를 4P와 대응시키면 아래 표와 같다.

4P와 4C 비교

4P	4C
product 제품	customer solution 고객 솔루션
price 가격	cost 고객 부담 비용
place 유통	convenience 편의성
promotion 판매 촉진	communication 커뮤니케이션

1379 ②

② 디마케팅(demarketing)은 자사의 상품에 대한 구매를 의도적으로 줄이는 마케팅활동을 말한다. 원래 마케팅이 판매량 증대를 위해 고객을 모으는 활동인데 반해 디마케팅은 반대로 고객을 감소시키고자 하는 활동이다.

1380 ⑤

① 전환적 마케팅(conversional marketing)은 부정적 수요 상태에서 실제수요를 (-)로부터 (+)로 전환시켜 이상적인 수요와의 격차를 줄이기 위한 마케팅 활동이다.
② 재마케팅(remarketing)은 감퇴되거나 침체되어 있는 수요에 대해 소비자의 욕구나 관심을 불러 일으키는 마케팅 활동이다.
③ 동시화 마케팅(synchro marketing)은 상품의 수요가 시간이나 계절 등의 영향으로 불규칙하지만 이를 특별 할인 등을 통해서 수요의 차이를 극복하는 마케팅 활동이다.
⑤ 카운터 마케팅(counter marketing)은 수요를 억누르는 마케팅 활동으로 술, 담배, 마약과 같이 바람직하지 않은 수요 자체가 발생하지 않도록 하는 마케팅 활동이다.

1381 ⑤

⑤ 수요가 공급을 초과할 때 수요를 감소시키는 것을 목적으로 하는 마케팅관리 기법은 디마케팅(demarketing)이다.

1382 ④

② 재마케팅(remarketing)은 감퇴되거나 침체되어 있는 수요에 대해 소비자의 욕구나 관심을 불러일으키는 마케팅 활동이다. 기존 제품에 대한 수요가 종전보다 줄어드는 상황에서 이를 타개하는 방법으로는 이미지 개선을 위해 포장을 교체하거나 업그레이드 된 용도를 제안해 수요를 활성화시켜야 한다.
④ 대항 마케팅(counter marketing)은 담배, 술, 마약과 같은 불건전한 수요를 억제 혹은 소멸시키는 마케팅 활동을 의미한다.
⑤ 터보 마케팅(turbo marketing)은 제품개발, 유통, 생산, 금융, 마케팅 등의 각종 활동과 흐름을 컴퓨터, 커뮤니케이션, 오토메이션에 의한 저스트 인 타임(just in time)으로 전개시켜 필요한 시간을 크게 단축하는 마케팅 기법을 의미한다. 베네통(Benetton)은 전 세계에 수천여 개의 판매점에서 거의 시간차 없이 어떤 상품이 얼마나 팔리고 있는가 하는 정보를 취합한다. 그리고 이를 근거로 하나 하나의 매출경향을 분석하여, 매주 공급하는 상품의 내역과 구색을 조절하는 동시에 점두의 디스플레이도 변경시키고 있다. 이로 인해 베네통은 젊은 고객들에게 인기를 끌고 있다.

1383 ①

마케팅 개념(marketing concept)의 발전 순서는 다음과 같다.
㉠ 생산 개념(production concept)은 고객의 욕구를 만족시키고자 하는 노력없이 생산비용을 낮추는데 집중하는 것을 말한다.
㉡ 제품 개념(product concept)은 소비자가 제품의 품질, 성능 및 독특한 특징을 가진 제품을 선호하기 때문에 지속적인 제품개선에 마케팅의 초점을 맞추는 것을 말한다.
㉢ 판매 개념(selling concept)은 충분한 규모의 판매와 촉진 노력이 이루어지지 않으면 소비자는 충분한 양의 제품을 구매하지 않을 것이라는 사고를 말한다.

1384 ③

③ 관계마케팅에서는 고객과의 지속적 고객관계 구축이 중요하므로 고객관리에서 수렵형보다는 경작형 고객관리를 강조한다.

1385 ③

③ 관계 마케팅은 고객 및 이해 관계자와의 강한 유대 관계를 형성, 이를 유지해 가며 발전시키는 마케팅 활동으로 고객만족 극대화를 위한 경영 이념이다. 즉 관계 마케팅은 기존의 판매 위주의 거래지향적 개념에서 탈피, 장기적으로 고객과 경제·사회·기술적 유대 관계를 강화함으로써 개별적 거래의 이익 극대화보다는 고객과의 호혜 관계를 극대화하여 고객과의 우호 관계를 구축하면 이익은 절로 수반된다는 원리에 기초한 마케팅이다.

1386 ②

② 판매자 중심의 시장에서 구매자 중심시장으로 전환되면서 관계마케팅이 중요하게 되었다.

1387 ③

관계마케팅은 시장규제 약화에 따른 경쟁자의 증가 때문에 등장하게 되었다.

1388 ③

다양한 분석기법을 활용하여 고객 데이터로부터 개별고객의 가치, 욕구, 행동패턴 등을 예측하여 고객만족을 위한 고객관리전략을 수립하고 고객과의 관계를 지속하는 마케팅 방식을 고객관계관리(CRM: customer relationship management)라고 한다.

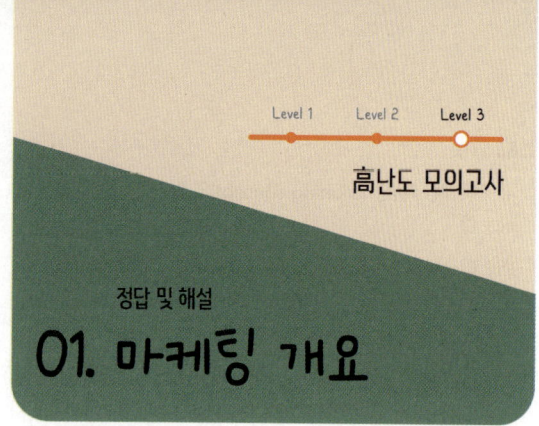

01. 마케팅 개요

1389 ⑤

b. 마케팅 관리자의 노력에도 불구하고 통제 불가능한 것으로 받아들여지는 환경요인에 대해 정치나 여론형성 등을 사용하여 어느 정도 영향을 미칠 수 있다는 개념은 메가마케팅(mega marketing)이다. 디마케팅(demarketing)은 자사의 상품에 대한 구매를 의도적으로 줄이는 마케팅 활동을 말한다. 디마케팅은 실제수요의 크기가 마케터가 공급할 수 있는 양을 초과하는 상황이거나 수익성이 낮은 일부 고객들을 밀어내고 수익성이 높은 고객들에게 집중하기 위해 사용된다.

e. 앤소프(Ansoff)의 제품/시장 확장 매트릭스(product/market expension matrix)에서 시장침투(market penetration) 전략은 기존 제품을 변경하지 않고 기존 고객에게 더 많이 판매하는것이다. 반면 시장개발(market development) 전략은 새로운 시장을 개발하여 기존제품을 판매하는 것이다.

1390 ③

③ 고객관계관리를 위해 사용하는 POS 데이터(point-of-sales data)는 1차 자료(primary data)가 아니라 2차 자료(secondary data)에 해당한다.

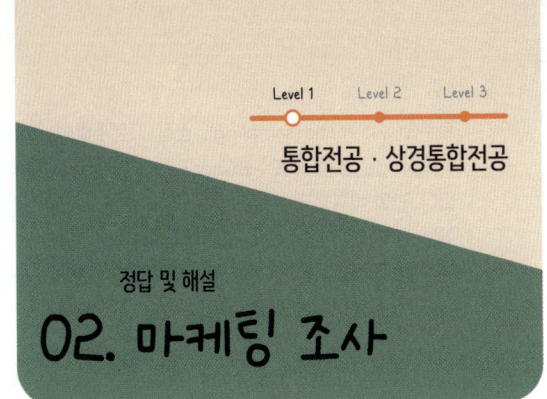

정답 및 해설
02. 마케팅 조사

1391 ③

③ 1차 자료란 조사자가 당면 문제를 해결하기 위해 직접 수집한 자료이고, 2차 자료는 당면 문제보다는 다른 문제를 해결하기 위해 타인에 의해 수집된 것이다. 따라서 관련 협회나 컨설팅 회사에서 수집한 자료는 2차 자료에 해당한다.

1392 ③

문헌조사, 전문가 의견조사는 대표적 2차 자료 수집방법이다. 2차 자료(secondary data)는 다른 문제를 해결하기 위하여 기존에 이미 수집된 자료를 의미한다. 참고로 1차 자료(primary data)는 현재 직면한 문제를 해결하기 위하여 특별히 수집된 자료를 의미한다. 1차 자료 조사방법에는 서베이법, 우편조사법, 전화면접법 등이 있다.

1393 ①

① 표적집단면접(FGI: focus group interview): 표적시장으로 예상되는 소비자를 일정한 자격기준에 따라 6~12명 정도 선발하여 한 장소에 모이게 한 후 면접자의 진행 아래 조사목적과 관련된 토론을 함으로써 자료를 수집하는 마케팅조사 기법, 초점집단면접이라고도 한다.

1394 ①

마케팅 조사는 탐색조사와 종결조사로 구분되고, 종결조사는 다시 기술조사와 인과조사로 구분된다. 인과관계조사는 인과조사에 속하므로 탐색조사에 속하지 않는다.

1395 ③

① FGI(focus group interview)는 진행자가 6~10명의 응답자들과 함께 대화 형식으로 이끌어 가는 면접방법을 가리킨다. FGI는 자유스러운 분위기 속에서 비교적 긴 시간 동안 진행되기 때문에, 어떤 상품에 대하여 응답자들이 갖고 있는 심층적인 느낌이나 감정을 발견할 수 있다는 장점을 갖고 있다. 그러나 응답자의 수가 작기 때문에, FGI에서 나온 결과를 그대로 일반화하기는 어렵다는 단점도 갖고 있다. 그러므로 FGI에서 얻은 결과는 기술조사나 인과조사를 통하여 재확인하여야 한다.

② 횡단조사(cross-sectional survey)는 모집단으로부터 추출된 표본에서 단 1회의 조사를 통해 마케팅 정보를 수집하는 방식을 의미한다. 이러한 횡단조사의 경우, 소비자로부터 구매한 상표들의 정보를 얻을 수는 있으나, 소비자들의 기억능력의 한계로 인해 최근의 구매에 대한 정보로 만족해야 한다는 문제점이 존재한다.

③ 종단조사(longitudinal survey)는 횡단조사와는 달리 동일한 표본을 대상으로 해서 일정한 간격으로 반복적 조사를 통해 마케팅 변수의 변화추이를 보는 조사방식을 의미한다. 일정기간을 두고 한 번 이상 조사를 하므로, 변화에 따른 마케팅 변수에 대한 소비자의 반응측정이 가능하다. 이 방식은 통상적으로 패널조사라고 한다.

④ 탐색조사(exploratory research)는 기업의 마케팅 문제와 현재의 상황을 보다 더 잘 이해하기 위해서, 조사 목적을 명확히 정의하기 위해서, 필요한 정보를 분명히 파악하기 위해서 시행하는 예비조사를 의미한다. 주로 특정 문제가 잘 알려져 있지 않은 경우에 적합한 조사방법 즉, 문제의 규명이 목적이다.

⑤ 서베이법은 다수 응답자들을 대상으로 설문조사에 의하여 자료를 수집하는 방법을 의미하며, 조사문제가 명확하게 정의된 경우에 활용하며, 정형화된 설문지를 사용한다.

1396 ③

① 명목척도(nominal scale)에 대한 설명이다.
② 서열척도(ordinal scale)에 대한 설명이다.
④ '온도'는 간격척도(등간척도)이다.

1397 ④

① 모집단을 어떤 기준에 따라 서로 상이한 소집단들로 나누고, 각 소집단으로부터 표본을 무작위로 추출하는 방법은 층화표본추출(stratified sampling)법이다.

② 체계적 오류와 비체계적 오류는 각각 척도의 타당성과 신뢰성과 관계된다. 타당성(validity)은 측정하고자 하는 대상을 척도가 얼마나 정확히 측정하는가에 관한 것으로, 예를 들어 길이를 측정하는 자가 객관적으로 정확할수록 그 자는 길이를 측정하는데 보다 타당하다. 그러므로 체계적 오류가 작을수록 그 척도의 타당성은 높다. 이에 비해 신뢰성(reliability)은 어떤 대상을 반복 측정했을 때 동일한 결과를 얻는 정도에 관한 것이다. 그러므로 비체계적 오류가 작을수록 그 척도의 신뢰성은 높다.

③ 2차 자료는 탐색조사 성격을 지니고 있으므로 구체적 조사를 위한 일종의 사전조사적인 성격으로 표적집단면접은 이에 해당하며, 설문조사는 조사자가 필요에 의해 직접 수집한 자료이므로 이는 1차 자료에 해당한다. 그러므로 설문조사는 1차 자료를 수집하기 위한 방법이며, 반면에 2차 자료에 해당하는 표적집단면접법(FGI)은 본조사가 아닌 예비조사의 성격을 띠는 탐색조사에 적합하다.

1398 ①

① 편의표본추출(convenience sampling)은 비확률 표본추출이며, 편리성을 기준으로 조사자가 마음대로 표본을 선정하는 것으로 모든 표본추출기법 중 가장 비용이 적게 들고 시간도 가장 적게 소요된다. 하지만 모집단에 포함된 원소들이 표본으로 선택될 확률이 일정하지 않기 때문에 표본의 대표성은 낮다.

② 군집표본추출(cluster sampling)은 확률 표본추출이며, 모집단을 소집단(군집)들로 나누고, 일정수의 소집단을 무작위로 표본추출한 다음, 추출된 소집단 내의 구성원들을 모두 조사하는 방법이다.

③ 층화표본추출(stratified sampling)은 확률 표본추출이며, 모집단을 어떤 기준에 따라 상이한 소집단으로 나누고 이들 각 소집단들로부터 표본을 무작위적으로 추출하는 방법이다.

④ 할당표본추출(quota sampling)은 비확률 표본추출이며, 모집단의 구성비율과 동일하게 표본을 구성하는 방법이다.

⑤ 판단표본추출(judgmental sampling)은 비확률 표본추출이며, 조사자의 판단에 따라 표본을 선정하는 방법이다.

1399 ③

① 할당표본추출은 비확률표본추출에 해당한다.
② 할당표본추출은 비확률표본추출이므로 모집단 내의 각 대상이 표본에 추출될 확률이 모두 동일하지 않다.
④ 모집단을 어떤 기준에 따라 상이한 소집단으로 나누고 각 소집단으로부터 표본을 무작위로 추출하는 방법은 층화표본추출(stratified sampling)이다.

1400 ④

④ 모집단을 서로 배타적이고 포괄적인 소그룹으로 구분한 다음 각 소그룹별로 단순 무작위 표본추출하는 방법은 층화표본추출(stratified sampling) 방법이다.

1401 ④

① 군집표본추출은 확률표본추출에 해당한다.
② 할당 표본추출(quota sampling)에 대한 설명이다.
③ 층화표본추출(stratified sampling)에 대한 설명이다.

1402 ①

표본조사를 위한 표본추출은 다음과 같다.
- 비확률 표본추출 – 편의표본추출, 판단표본추출, 할당표본추출, 눈덩이 표본추출
- 확률 표본추출 – 단순무작위 표본추출, 체계적 표본추출, 군집 표본추출, 층화 표본추출

1403 ①

① 확률 표본추출(probability sampling)에는 단순 무작위 표본추출(simple random sampling), 체계적 표본추출(systematic sampling), 군집 표본추출(cluster sampling), 층화 표본추출(stratified sampling) 등이 있다. 반면 비확률 표본추출(nonprobability sampling)에는 편의 표본추출(convenience sampling), 판단 표본추출(judgmental sampling), 할당 표본추출(quota sampling), 눈덩이 표본추출(snowball sampling)이 있다.

1404 ①

① 층화표본추출: 확률표본추출
② 할당표본추출: 비확률표본추출
③ 편의표본추출: 비확률표본추출
④ 판단표본추출: 비확률표본추출
⑤ 눈덩이표본추출: 비확률표본추출

1405 ①

② 상관관계분석: 두 변수들 간의 관계가 음(-)의 관계인지 양(+)의 관계인지를 측정하는 기법
③ 분산분석: 집단들 간에 특정변수의 평균 값이 서로 차이가 있는지를 검정하는 기법
④ 회귀분석: 독립변수가 종속변수에 미치는 영향의 정도를 파악하는 기법

1406 ④

집단 간의 차이를 파악하는 방법은 t분석, 분산분석(ANOVA), 교차분석(cross tabulation analysis) 등이 있는데 문제에서 제시한 좋고, 나쁨은 명목척도에 해당하므로 이 경우 교차분석을 사용하여 카이자승 검정을 실시해야 한다. 참고로 교차분석은 교차집계라고도 불리며 실제 빈도와 기대빈도 간의 비교 분석을 통해 두 변수 간의 독립성 및 동질성 여부를 분석하는 기법으로 명목척도(성별, 지역별, 종교별, 직업별, 나이별 등)의 성향을 가지고 있는 사회현상의 분석에 주로 사용한다. 명목 및 서열척도와 같은 범주형 변수들을 분석하기 위해 2개의 변수가 가진 각 범주를 교차하여 해당 빈도를 표시하는 교차분석표를 작성함으로써 두 변수 간의 독립성과 이질성을 분석하는데 이용되며, 두 변수 간의 관계를 카이자승($2l$)이라는 통계치를 이용하여 검정하기 때문에 '카이자승 검정'이라고도 한다.

1407 ②

① 컨조인트 분석(conjoint analysis): 표적시장에 가장 적절한 제품을 디자인하기 위해 제품 각각의 속성에 있어서 자사 제품이 어느 정도 수준을 갖도록 할 것인지를 결정하는데 도움을 주는 기법
③ 판별분석(discriminant analysis): 판별함수를 개발하여 각 대상들의 특성을 대입해서 각 대상들이 속하는 집단을 찾아내려는 기법
④ 군집분석(cluster analysis): 대상을 군집이라 불리는 상대적으로 동질적인 집단으로 분류하는데 이용되는 기법

14-08 ②

②상관관계분석(Correlation Analysis)은 데이터 안의 두 변수 간의 관계를 알아보기 위해 사용한다. 두 변수의 상관관계를 알아보기 위해 상관계수(Correlation coefficient)를 이용하는데, 이러한 상관계수에는 등간척도 이상으로 측정되는 두 변수들 간의 상관관계를 측정하는 데 쓰이는 피어슨 상관계수(Pearson correlation)와 서열척도인 두 변수들의 상관관계를 측정하는 데 사용하는 스피어만 상관계수(Spearman correlation)가 있다.

14-09 ④

①②③은 모두 투사법에 해당한다. 투사법(projective technique)은 조사의 목적 혹은 연구 주제를 응답자가 모르도록 하면서 간접적(indirect)으로 조사한다는 점이 주된 특징이다. 이 방법은 응답자에게 불명확한 상황이나 타인의 행동 등을 제시하고 응답하도록 하는데, 응답자의 내면에 있는 동기, 생각 또는 감정 등이 응답에 투사된다고(projected) 보기 때문에 투사법이라고 부른다.

① 단어연상법(word association)은 조사자가 하나의 단어를 제시한 후에 응답자가 해당 단어로부터 연상되는 단어들을 순서대로 나열하도록 해서 조사하는 방법을 말한다.

② 문장완성법(sentence completion)은 응답자에게 미완성의 문장을 끝까지 완성할 수 있도록 해서 완성된 문장으로 응답자가 생각하는 것을 조사하는 방법을 말한다.

③ 그림 묘사법(picture response technique)은 응답자에게 이해하기 애매모호한 그림을 제시한 후에 해당 그림이 무엇을 묘사하는지를 물어보고 응답자의 심리상태를 파악하는 방법을 말한다.

④ 래더링 기법(laddering technique)은 응답자의 내면에 있는 궁극적인 이유를 알아낼 때까지 계속적으로 질문을 하는 것을 말한다. 즉, 심층 면접 과정 중에서 어떠한 제품 또는 브랜드 등이 제공하는 속성, 편익, 가치들이 어떻게 계층적으로 연결되어 있는지를 찾아내는 방법이다.

14-10 ②

① 등간척도(interval scale)는 속성의 절대적 크기는 측정할 수 없으므로 곱하거나 나누는 승제(×, ÷)의 계산은 불가능하다.

③ 표적집단면적(focus group interview), 문헌조사, 전문가 의견조사는 탐색조사(exploratory research method) 방법에 해당한다.

④ 전화설문기법(telephone survey technique)은 모든 사람들이 전화번호를 공개하지 않거나 전화번호 목록에 포함되지 않을 수 있어, 특정 인구 통계학적 그룹에 도달하기 어려울 수 있고, 스팸 전화에 대한 우려로 인해 응답률이 낮기 때문에 표본의 대표성이 저해될 수 있다. 따라서 전화설문기법이 표본 범주 통제에 용이하다고 볼 수 없다.

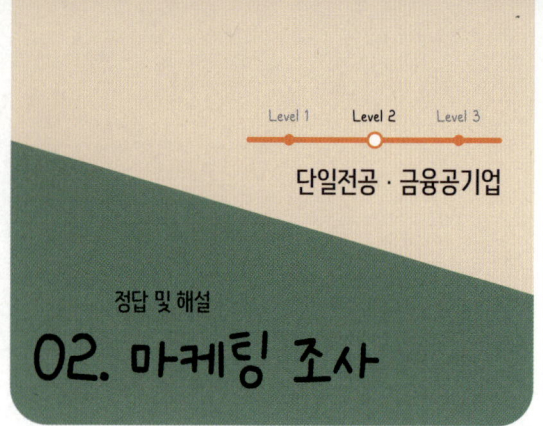

정답 및 해설
02. 마케팅 조사

14·11 ②

② 표본의 크기가 커질수록 조사비용과 조사시간이 증가한다. 그러나 표본의 크기가 커질수록 표본이 모집단 크기에 근접하므로 모집단을 대표할 수 없는 표본을 뽑아서 생기는 표본오류는 감소한다.

14·12 ①

a. 마케팅 정보의 원천은 다양하지만, 크게 나누면 2차 자료와 1차 자료로 분류할 수 있다. 2차 자료(secondary data)란 다른 문제를 해결하기 위하여 이미 수집된 자료를 가리키며, 1차 자료(primary data)란 현재 직면한 문제를 해결하기 위하여 특별히 수집된 자료를 말한다. 행정기관, 지방자치단체, 협회, 경제단체, 경제연구소, 마케팅 조사회사, 일간지, 전문지, 소셜 미디어 등의 자료는 2차 자료에 해당한다.

b. 척도의 4가지 유형(명목, 서열, 등간, 비율) 중에서 측정대상을 구분하는 범주나 종류를 측정하는 데 사용되는 유형을 명목척도(nominal scale)라고 한다. 반면 서열척도(ordinal scale)는 대상들이 어떤 특성을 가지고 있는가의 상대적인 크기를 나타내기 위해 대상들에게 숫자를 부여하는 것이다. 서열척도는 한 대상이 다른 대상보다 특성을 더 또는 덜 가지고 있는가를 결정하는데 이용된다. 서열척도의 예는 품질등급, 경기에서의 팀 순위, 사회경제적 계급, 직업의 사회적 지위를 포함한다.

c. 표본오차는 모집단을 대표할 수 있는 표본을 선정하지 못함으로써 발생하는 오류로 이는 '표본조사'에서만 발생한다. 전수조사(census)는 한 모집단 원소들을 모두 조사하는 것으로, 전수조사가 실시된 후 모집단 모수들은 간단한 방식(평균, 분산 등)으로 직접 계산될 수 있다.

14·13 ②

① 타당성(validity)은 측정 도구가 측정하고자 하는 개념이나 속성을 얼마나 정확하게 측정할 수 있는가를 나타내는 지표이다. 반면 신뢰성(reliability)은 측정하고자 하는 개념이나 속성을 유사한 측정 도구로 여러 번 측정하거나 한가지 척도로 반복 측정했을 때 일관성 있는 결과(consistent results)를 산출하는 정도를 말한다.

② 탐색조사는 조사문제가 불명확할 때 기본적인 통찰과 아이디어를 얻기 위하여 실시된다. 탐색조사는 계량적 방법보다는 주로 비계량적 방법에 의한 자료수집과 분석이 이루어진다. 탐색조사에는 문헌조사(literature survey), 전문가 의견조사(key informant survey), 심층면접법(in-depth interview), 표적집단면접(focus group interview) 등이 있다. 반면 기술조사(descriptive research)는 조사대상으로부터 수집한 자료를 분석하고 그 결과를 기술하는 것으로 기술조사에 의해 의사결정자는 고객, 경쟁자, 표적시장, 기타 관심대상에 대해 이해할 수 있다. 기술조사에는 서베이(survey)나 관찰(observation)에 의해 자료를 수집하고 통계적 방법에 의하여 분석이 이루어진다.

③ 척도에 따라 변수가 갖게 되는 정보량의 크기는 명목척도(nominal scale), 서열척도(ordinal scale), 등간척도(interval scale), 비율척도(ration scale) 순으로 증가한다.

④ 단순무작위표본추출(SRS : simple random sampling), 군집표본추출(cluster sampling), 체계적 표본추출(systematic sampling), 층화표본추출(stratified sampling) 등은 확률표본추출방법이다.

⑤ 일반적으로 표본조사 과정에서 발생하는 오류는 크게 표본오류(sampling error)와 비표본오류(non-sampling error)로 구분할 수 있다. 비표본오류는 비관찰오류와 관찰오류로 구분된다. 비관찰오류(non-survey error)란 모집단의 일부가 표본추출 대상에서 제외됨으로써 발생하는 불포함오류와 표본으로 추출된 응답자가 응답을 회피함으로써 발생하는 무응답오류가 있다. 관찰오류(survey error)란 관찰하는 과정에서 발생하는 오류와 수집한 자료를 기록하고 처리하는 단계에서 발생하는 오류를 말하는데, 조사현장의 오류나 자료의 기록 및 처리오류 등이 포함된다.

14·14 ③

a. 내적 타당성(internal validity)은 실험이 실험변수의 효과를 정확하게 측정할 수 있도록 설계되어 외생변수의 통제가 얼마나 잘 이루어질 수 있는가를 나타내는 지표를 말한다. 외적 타당성(external validity)은 실험결과를 실험실 밖의 실제상황에서 어느 정도까지 확대 적용할 수 있는가를 나타내는 지표를 말한다. 일반적으로 실험이 현실과 유사하게 설계되면 될수록 외적 타당성은 높아져 실험실 결과를 일반화하여 실제 사회에 확대 적용할 수 있다.

b. 표본프레임이 모집단과 정확하게 일치하지 못함으로써 발생하는 오류를 불포함 오류라 하는데 이는 비표본 오류에 포함된다.

c. 투사법(projective technique)은 조사의 목적 혹은 연구주제를 응답자가 모르도록 하면서 간접적으로 조사한다는 점이 주된 특징이다. 이 방법은 응답자에게 불명확한 상황이나 타인의 행동 등을 제시하고 응답하도록 하는데, 응답자의 내면에 있는 동기, 생각 혹은 감정 등이 투사된다고 보기 때문에 투사법이라고 부른다. 이와는 표적집단면접법(FGI)과 심층면접법(in-depth interview)은 조사의 목적이 응답자에게 명시적으로 드러난다는 점에서 직접적인 정성조사방법이라고 볼 수 있다.

14-15 ③

① 맞는 보기. 체계적 오차는 척도 자체가 잘못됨으로써 발생하는 오류로 타당성(validity)과 관계되며, 비체계적 오차는 측정하는 사람이나 상황으로부터 발생하는 오류로 신뢰성(reliability)과 관계된다. 또한 실험의 타당성 중 외적타당성(external validity)은 실험결과를 실험실 밖의 실제상황에서 어느 정도까지 확대 적용할 수 있는가를 나타내는 지표로 일반화 가능성에 관한 타당성이고, 내적타당성(internal validity)은 실험이 실험변수의 효과를 정확하게 측정할 수 있도록 설계되어 외생변수의 통제가 얼마나 잘 이루어질 수 있는가를 나타내는 지표를 말한다.

② 맞는 보기. 사전(원시)실험설계(pre-experimental design)는 실험 처치 및 측정 시기와 대상에 대해 거의 통제를 하지 않는 실험디자인으로 이에는 단일집단 사후실험설계(one-group, posttest design), 단일집단 사전사후실험설계(one-group, pretest-posttest design), 집단비교설계(static-group comparison design) 등이 있다. 순수실험설계(true experimental design)는 집단을 무작위로(randomly) 실험집단과 통제집단으로 구분하는데 그 특징이 있으며, 이에는 통제집단 사후실험설계(after-only with control group design 혹은 posttest-only control group design)와 통제집단 사전사후실험설계(pretest-posttest control group design)가 이에 해당된다.

③ 투사법(projective technique)은 조사목적을 공개하지 않지만, 설문지법과 면접법은 조사목적을 공개한다. 또한 면접법과 투사법은 자료수집 과정의 비체계화(비표준화)되어 있다는 공통점을 갖는다.

자료수집과정의 표준성과 체계성 조사목적 공개여부	체계적 (표준화)	비체계적 (비표준화)
공개	설문지법	면접법
비공개	서베이법	투사법

④ 맞는 보기. 층화표본추출(stratified sampling)은 모집단을 어떤 기준에 따라 상이한 소집단으로 나누고, 이들 각 소집단들로부터 표본을 무작위적으로 추출하는 방법을 말한다. 유사한 것으로 군집표본추출(cluster sampling)은 모집단을 소집단(군집)들로 나누고, 일정 수의 소집단을 무작위적으로 표본추출한 다음, 추출된 소집단 내의 구성원들을 모두 조사하는 것을 말한다.

⑤ 비표본오류(non-sampling error)는 표본오류를 제외한 나머지 모든 오류를 말하며, 주로 자료를 수집하는 과정에서 발생하는 오류를 말한다. 이는 비관찰오류, 관찰오류로 나뉘어진다. 비관찰오류(non-survey error)란 모집단의 일부가 표본추출 대상에서 제외됨으로써 발생하는 불포함오류와 표본으로 추출된 응답자가 응답을 회피함으로써 발생하는 무응답오류가 있다. 관찰오류(survey error)란 관찰하는 과정에서 발생하는 오류와 수집한 자료를 기록하고 처리하는 단계에서 발생하는 오류를 말하는 것으로 조사현장의 오류, 자료의 기록 및 처리오류 등이 있다.

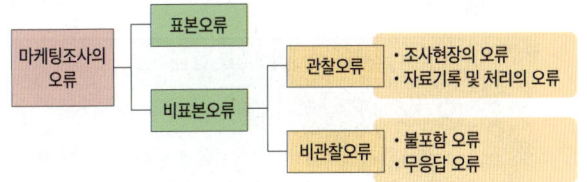

14-16 ②

① 신뢰성(reliability)은 측정결과가 얼마나 일관되는지를 나타낸다. 반면 타당성(validity)은 측정하고자 하는 대상을 척도가 얼마나 정확히 측정하는가에 관한 것이다. 예를 들어 길이를 측정하는 자가 객관적으로 정확할수록 그 자는 길이를 측정하는데 보다 타당하다. 또한 동일한 물체에 대해 길이를 반복 측정하는 경우에도 측정할 때마다 길이가 일관되게 측정된다면 이는 신뢰성이 높다고 할 수 있다.

② 첫 번째 측정이 그 다음의 측정에 영향을 미치는 것을 주시험효과(main testing effect)라고 한다. 측정도구의 편향(instrumental bias)은 측정도구, 측정기법 등의 차이에 의한 효과를 말한다. 예를 들어, 다수의 설문 조사 면접원에 의해 서베이를 하는 경우 각 면접원의 질문 매너, 스타일 등은 동일할 수 없다. 또한 여러 사람들을 대상으로 한 명의 면접원이 질문했다 하더라도 면접원의 기분상태, 육체적인 컨디션 등에 따라 질문할 때마다 조금씩 다를 수 있다.

③ 외적 타당성(external validity)은 실험의 결과를 실험실 외의 상황에 어느 정도까지 적용할 수 있는지를 나타낸다. 반면 내적 타당성(internal validity)은 실험이 실험변수의 효과를 정확하게 측정할 수 있도록 설계되어 외생변수의 통제가 얼마나 잘 이루어질 수 있는가를 나타내는 지표를 말한다.

④ 유의수준(p-value)은 1종 오류의 최대허용 한계를 의미한다. 가령 유의수준을 5%로 통제한다는 말은 1종 오류의 발생 수준을 5%이내로 통제한다는 의미이다.

	H_0 채택	H_0 기각
H_0 사실	옳은 판단	제1종 오류(α)
H_0 거짓	제2종 오류(β)	옳은 판단

⑤ 양측검정(two-sided test)에서는 귀무가설을 기각할 수 있는 영역이 좌우 양쪽에 위치하며, 단측검정(one-sided test)에서는 귀무가설을 기각할 수 있는 영역이 좌 또는 우 어느 한쪽에 위치한다.

14-17 ②

② 양쪽 끝에 상반되는 의미를 가지는 척도에서 선택하도록 하는 질문형태를 어의차이척도(semantic differential scale)라고 한다. 리커트 척도(Likert scale)는 응답자들에게 서술형(statement)으로 작성된 질문항목에 대한 동의 혹은 반대의 정도를 표시하도록 하는 척도구성법으로 가장 널리 사용되고 있는 척도의 하나이다. 보통 1~5 혹은 1~7까지의 응답범위(response category)를 제시하는 것이 일반적이다.

리커트 척도의 예

리커트 척도	응답자가 동의나 반대의 정도를 나타내도록 하는 질문
	예) 소규모 항공사는 일반적으로, 대형 항공사보다 나은 서비스를 제공한다.
	매우 반대 1 반대 2 어느쪽도 아님 3 동의 4 매우 동의 5
어의차이 척도	상반되는 의미를 양끝으로 가지는 척도에서 선택하도록 하는 질문
	예) 아시아나 항공은
	작다 1 2 3 4 5 크다
	경험이 적다 1 2 3 4 5 경험이 많다
	구식이다 1 2 3 4 5 최신이다

14-18 ④

① 표본조사 과정에서 발생하는 오류는 크게 표본오류(sampling error)와 비표본오류(non-sampling error)로 구분할 수 있다. 표본오류는 표본추출과정에서 발생하는 오류로, 모집단을 대표할 수 있는 표본을 선정하지 못함으로서 발생하는 오류이다. 비표본오류는 표본오류를 제외한 나머지 모든 오류를 말하며, 주로 자료를 수집하는 과정에서 발생하는 오류를 말한다. 비표본오류는 관찰 오류와 비관찰 오류로 구분되는데, 관찰오류(survey error)에는 조사현장의 오류와 자료의 기록 및 처리오류 등이 있으며, 비관찰 오류(non-survey error)는 불포함 오류(non-inclusion error)와 무응답 오류(non-response error)가 포함된다.

③ 신뢰성(reliability)은 측정하고자 하는 현상이나 대상을 얼마나 일관성 있게 측정하였는가를 나타내는 것이다. 즉 일관성 있는 결과가 산출될수록 그 측정치의 신뢰성은 높다. 예를 들어 소비자행동을 설명하는 변수인 관여도(involvement)를 측정하는 설문지가 여러 번의 반복측정에도 불구하고 일관성이 높은 값을 보인다면 이 설문지의 측정값은 신뢰성이 높다고 할 수 있다.

④ 비율척도(ratio scale)는 절대적 '0'을 포함하며 각각의 값이 절대적 의미를 갖는다. 따라서 비율척도로 측정된 값은 사칙연산이 가능하다. 그러나 등간척도(interval scale)는 절대적 '0'의 개념이 없어서 일정한 크기의 척도로 측정된 값들 간의 상대적인 크기 비교만 가능하다. 예를 들어 5점 등간척도로 측정된 값은 7점 등간척도로 측정된 값과 정확하게 비교하기는 어렵다. 또한 같은 등간척도로 측정한 값이더라도 서로 다른 조사에서 측정된 값들이면 이들을 직접적으로 비교하기는 어렵다.

⑤ 실험설계(experimental design)는 크게 사전실험설계, 순수실험설계, 유사실험설계의 3개 그룹으로 구분된다. 이들 간의 주요한 차이는 조사자가 실험하는데 있어 통제의 정도에 있다. 사전실험설계(pre-experimental design)는 실험 처치 및 측정시기와 대상에 대해 거의 통제를 하지 않는 실험디자인이다. 순수실험설계(true experimental design)은 집단을 무작위로(randomly) 실험집단과 통제집단으로 구분하는데 그 특징이 있으

며, 통제집단 사후설계(after-only with control group design 혹은 posttest-only control group design)와 통제집단 사전사후설계(pretest-posttest control group design)가 이에 해당된다.

14-19 ⑤

① 척도는 포함하는 정보의 양에 따라 명목, 서열, 등간, 비율 척도로 분류된다. 이 중 명목척도가 포함하는 정보의 양이 가장 적고 비율척도가 가장 많다.

② 동의 정도를 나타내는 리커트 척도(Likert scale)와는 달리 어의차이 척도(semantic differential scale)는 척도의 양극단에 속성의 정도를 나타내는 반의어를 제시한다.

③ 비율척도(ratio scale)는 명목, 순위, 등간척도의 모든 성질을 가지고 있고, 절대적 '0'이 존재하므로 각각의 값이 절대적 의미를 갖는다. 따라서 비율척도로 측정된 값은 사칙연산이 가능하다. 그러나 등간척도 (interval scale)는 절대적 '0'의 개념이 없기 때문에 일정한 크기의 척도로 측정된 값들 간의 상대적인 크기의 비교만 가능하다.

④ 간격척도(interval scale) 혹은 등간척도에서 척도의 수치상 거리는 측정되어질 특성의 가치와 동일하다. 등간척도는 서열척도의 모든 정보를 포함하고 대상들 간의 차이를 비교가능하게 해 준다. 어떤 두 척도값들 간의 차이는 등간척도의 다른 두 인접한 값들의 차이와 같다. 척도 값들 간에는 일정하거나 간격이 동일하다. 1과 2의 차이는 2와 3의 차이와 같고, 이는 5와 6의 차이와 같다. 또한 등간 척도로 측정한 속성 간의 상대적 차이를 나타내는 숫자를 더하거나 빼는(+, -) 산술적 계산이 가능하다. 등간척도의 대표적 예는 리커트 척도(Likert scale)이다.

⑤ 서열척도(ordinal scale)는 측정 대상들의 상대적 위치는 알 수 있으나 절대적 위치는 알 수 없다. 절대적 위치를 알 수 있는 것은 비율척도(ratio scale)이다.

14-20 ④

④ 대표성은 높으나 시간과 비용이 많이 소요되는 표본추출 방법은 확률표본추출이다. 확률표본추출에는 단순무작위표본추출, 체계적 표본추출, 군집 표본추출, 층화 표본추출 등이 있는데 그 중 단순무작위 표본추출(SRS: simple random sampling)은 표본 프레임(sampling frame)을 구성해야 하므로 시간과 비용이 가장 많이 든다.

14-21 ⑤

② 설문지 작성 시, 질문유형에는 개방형(open-ended question)과 고정형(fixed-alternatives question)이 있다. 개방형 질문은 응답대안이 주어지지 않은 상태에서 응답자가 자유롭게 응답을 표현하는 방법으로 비정형적 질문(unstructured questions)이다. 보통 초점집단면접(FGI: focus group interview)과 심층면접법에서 사용하는 질문은 모두 개방형 질문에 속한다. 더불어 단어연상법도 개방형 질문에 속한다.

⑤ 편의표본추출은 확률표출이 아니라 비확률 표출(non-probability sampling)이므로 모집단을 구성하는 모든 측정치들에게 동일한 추출기회를 부여하지 못한다.

14-22 ②

② 군집표본추출(cluster sampling)은 확률표본추출이며, 모집단을 소집단으로 나누고, 일정수의 소집단을 무작위적으로 표본추출한 다음, 추출된 소집단 내의 구성원들을 모두 조사하는 방법이다. 반면 모집단을 서로 상이한 소집단들로 나누고, 각 소집단으로부터 표본을 단순 무작위 추출하는 방법은 층화표본추출(stratified sampling)이다.

14-23 ③

a. 표본의 크기가 증가해서 모집단의 크기에 근접할수록, 표본오류(sampling error)는 점차 작아지며, 표본과 모집단이 완전히 같아지면 전수조사로서 표본오류는 완전히 없어진다. 반면 표본의 크기가 커질수록 조사과정에서 발생하는 비표본오류(non-sampling error)는 상대적으로 증가하며 전수조사의 경우 비표본오류가 최대가 된다.

b. 실험설계(experimental design)는 크게 사전실험설계, 순수실험설계, 유사실험설계의 3개 그룹으로 구분된다. 이들 간의 주요한 차이는 조사자가 실험하는데 있어 통제의 정도에 있다. 사전실험설계(pre-experimental design)는 실험 처치 및 측정시기와 대상에 대해 거의 통제를 하지 않는 실험디자인이다. 사전실험설계에는 단일집단 사후실험설계, 단일집단 사전사후실험설계, 그리고 집단비교설계 등으로 구분된다. 순수실험설계(true experimental design)는 집단을 무작위로(randomly) 실험집단과 통제집단으로 구분하는데 그 특징이 있으며, 통제집단 사후설계(after-only with control group design 혹은 posttest-only control group design)와 통제집단 사전사후설계(pretest-posttest control group design)가 이에 해당된다.

c. 할당표본추출(quota sampling)은 인구통계적 특성, 거주지 등의 측면에서 사전에 정해진 비율에 따라 모집단 구성원들을 할당하는 방법으로 이는 비확률 표본추출방법에 해당한다. 할당표본추출이 확률표본추출방법인 층화표본추출(stratified sampling)과 유사하게 보이나 분명히 다르다. 층화표본추출은 조사하고자 하는 특성 면에서 모집단이 여러 가지 다른 집단들로 구성된 경우 각 집단에서 일부씩 추출하는 방식이다. 이에 비해 할당표본은 인구통계적 특성이나 거주지를 중심으로 조사자가 표본크기를 할당하는 것이다.

14-24 ②

a. 일반적으로 패널(panel)이란 공급자나 거래점 또는 소비자 등으로 구성된 고정된 표본으로서, 패널의 특징과 변화를 시간경과에 따라 여러 차례 반복적으로 측정하는 조사를 일반적인 시계열 조사와 구별하여 패널조사(panel research)라 부르며, 패널조사를 통해 수집된 자료를 패널자료라고 한다. 패널조사는 시계열 자료와 더불어 보통 기술조사(descriptive research)에 사용되고, 실험(experiment)은 인과조사(causal research)에서 이용되는 방법이다.

b. 응답자가 질문 항목에 대한 동의나 반대의 정도를 나타내도록 하는 질문 형태는 리커트 척도(Likert scale)이다. 어의차이척도(semantic differential scale)는 러커트 척도와는 달리 서로 상반되는 말을 양쪽 끝에 나타낸 척도이다.

c. 모집단을 어떤 기준에 따라 서로 상이한 소집단들로 나누고, 각 소집단으로부터 표본을 무작위로 추출하는 방법은 층화표본추출(stratified sampling)이다. 군집표본추출법(cluster sampling)은 모집단을 어떤 기준 변수에 따라 서로 상이한 소집단으로 나누는 데까지는 층화표본추출과 같지만, 소집단들 중에서 일부를 단순무작위추출하여, 선택된 소집단 내의 모든 대상들을 표본에 포함시키는 방법이다.

d. 어떤 construct의 값을 척도로 측정한 경우 반드시 실제 값을 제대로 측정했다고 할 수 없다. 측정에는 오류가 있기 마련인데, 오류에는 체계적 오류와 비체계적 오류의 2가지가 있다. 체계적 오류(systematic error)는 척도 자체가 잘못됨으로써 발생하는 오류이다. 예를 들어, 길이나 무게를 측정하면서 부정확한 자나 저울을 사용할 때 발생하는 오류이다. 비체계적 오류(nonsystematic error)는 측정하는 사람이나 상황으로부터 발생하는 오류이다. 예를 들어, 길이를 반복 측정할 때 측정하는 사람이 부주의하면 동일한 자를 사용하더라도 차이가 있을 수 있다. 흔들리는 차안에서 측정하는 경우에도 역시 차이가 있을 것이다. 체계적 오류와 비체계적 오류는 각각 척도(혹은 측정치)의 타당성과 신뢰성과 관련된다. 타당성(validity)은 측정하고자 하는 대상을 척도가 얼마나 정확히 측정하는가에 관한 것으로, 예를 들어 길이를 측정하는 자가 객관적으로 정확할수록 그 자는 길이를 측정하는데 보다 타당하다. 그러므로 체계적 오류가 작을수록 그 척도의 타당성은 높다. 이에 비해 신뢰성(reliability)은 어떤 대상을 반복 측정했을 때 동일한 결과를 얻는 정도에 관한 것이다. 그러므로 비체계적 오류가 작을수록 그 척도의 신뢰성은 높다.

14-25 ⑤

⑤ 컨조인트 분석(conjoint analysis)은 제품의 주요 속성과 속성의 수준을 이용하여 제품 속성의 중요도 파악 및 시장 세분화에 의한 고객 특성 파악을 통해 신제품 아이디어를 도출, 각 세분시장별로 기존제품(자사 및 타사)과 신제품을 가상적으로 투입한 'choice simulation'을 통하여 시장 점유율을 예측하고 가장 성공 가능성이 높은 신제품을 결정, 신제품 컨셉 평가, 경쟁분석을 통한 시장 점유율 예측, 시장 내 제품 포지셔닝, 최적 가격 설정, 시장 세분화 등에 쓰이는 분석기법이다.

1426 ②

카이스퀘어(χ^2) 검정은 관찰빈도(observed frequency)와 기대빈도(expected frequency)와의 차이를 계산함으로써 두 변인간의 관계가 유의미한지 아니면 상호독립적인지를 검증하는 방법이다. χ^2를 구하는 공식은 다음과 같다.

$$\chi^2 = \sum \frac{(o-e)^2}{e}$$

o=관찰빈도
e=기대빈도

기대빈도 = $\frac{f_r f_c}{n}$, 여기서 n은 총사례수, f_r은 가로의 소계, f_c는 세로의 소계를 나타낸다.

기대빈도

	통신서비스 A	통신서비스 B	총계
남자	$\frac{100 \times 100}{200} = 50$	$\frac{100 \times 100}{200} = 50$	100
여자	$\frac{100 \times 100}{200} = 50$	$\frac{100 \times 100}{200} = 50$	100
총계	100	100	200

o	e	$o-e$	$(o-e)^2$	$(o-e)^2/e$
45	50	-5	25	$\frac{1}{2}$
55	50	5	25	$\frac{1}{2}$
45	50	-5	25	$\frac{1}{2}$
55	50	5	25	$\frac{1}{2}$
200	200	0	-	$2 = \chi^2$

만약 위 문제를 아래와 같이 값을 바꾸고 카이스퀘어 값을 구해보자.

	통신서비스 A	통신서비스 B	총계
여자	40	60	100
남자	60	40	100
총계	100	100	200

관찰빈도는 동일하게 모든 셀이 50이다.

o	e	$o-e$	$(o-e)^2$	$(o-e)^2/e$
40	50	-10	100	2
60	50	10	100	2
40	50	-10	100	2
60	50	10	100	2
200	200	10	-	$8 = \chi^2$

새롭게 구한 카이스퀘어 값은 8이다. 결국, 관찰빈도와 기대빈도와의 차이가 클수록 카이스퀘어(χ^2)값은 커지기 때문에, 카이스퀘어 값이 클수록 집단 간에 차이가 있을 확률이 높다고 볼 수 있다.

1427 ⑤

ANOVA(분산분석)는 3개 이상되는 집단 간 평균차를 검증하는 방법이다.

$$F = \frac{ms_b}{ms_w} = \frac{900 \div 2}{3000 \div 120} = 18$$

원천	제곱합 Sum of Squares	자유도	mean square	F
between	900	2	450	18
within	3,000	120	25	
총계	3,900			

ANOVA란 각 집단의 평균들이 서로 달라 넓게 퍼져 있는 정도를 나타내는 집단 간 분산(집단 간 평균제곱)이 집단 내 관측치들의 분산(집단 내 평균제곱)에 비하여 몇 배나 큰가를 나타내는 F값으로 집단 간 평균의 차이가 통계적으로 유의한지를 검증한다. 따라서 집단 간 분산이 클수록 그리고 집단 내 분산이 작을수록 모집단의 평균값 간에는 차이가 있을 가능성이 높다.

1428 ①

> 다차원척도법(MDS: multidimensional scaling)은 상표(기업이미지)를 비롯하여 상품이 가지고 있는 속성이나 이상점과 같은 자극점들(stimuli) 간의 복잡한 다차원관계를 저차원인 2차원 평면이나 3차원 공간상에 단순한 구도로 시각화하여 나타내주는 기법이다. 다차원척도법은 상표 간의 유사성과 속성에 대한 소비자들의 평가자료를 이용해서 동일한 공간상에 비교한 여러 상표들의 상대적 위치를 나타내는 포지셔닝 맵(positioning map) 혹은 지각도(perceptual map)를 그리는 방법이다.

① 기업은 다차원척도법을 활용하여 소비자들이 인식하고 있는 유사성을 기반으로 브랜드 간 거리를 산출하며, 이를 통해 평가브랜드들의 절대적 위치가 아니라 상대적 위치를 알 수 있다.

② 기업은 다차원척도법을 활용하여 자사 브랜드의 포지션과 평가브랜드들 간의 경쟁정도를 파악할 수 있다. 지각도상에서 가까이 위치한 상표들은 그 이미지가 비슷하여 서로 경쟁이 심하고, 반면에 멀리 떨어져 있는 상표들은 서로 달라 경쟁관계가 미약하다고 판단할 수 있다.

③ 다차원 상에서 평가한 속성들을 2차원이나 3차원과 같은 저차원의 공간 상에 점이나 벡터로 나타낼 수 있다. 이렇게 저차원 공간상에 나타나는 속성들 간의 거리는 유사성과 반비례하는 값으로서 가까이 위치한 것들일수록 서로 유사하고, 반대로 멀리 떨어져 있을수록 서로 유사하지 않는 것으로 해석할 수 있다.

④ 스트레스 값은 소비자의 인식과 지각도(perceptual map)상 자극점들(stimuli) 간의 불일치 정도를 나타내는 것으로 응답자들이 인식하는 실제거리와 다차원척도법으로 추정된 거리 간의 차이, 즉 오차의 크기를 나타내는 지수이다.
⑤ 다차원척도법은 기업이 소비자의 브랜드 인지 시 사용하는 평가차원의 수와 속성의 종류를 파악하는 데 유용하다. 예를 들어, 호텔에 대하여 평가하는 경우 소비자들이 호텔의 숙박료나 지리적 위치, 시설에 대하여 어느 정도 중요하게 생각하는지를 알 수 있다. 그러나 이러한 평가차원은 사전적으로 미리 알 수 있는 것이 아니라, 지각도 상에서 나타는 속성들의 개별적 특성과 위치에 따라 사후적으로 판단하게 된다.

1429 ④

① 문헌조사와 사례조사, 전문가면접법, 표적 집단면접법(FGI)는 모두 탐색조사 방법이다.
② 표본프레임을 이용하여 표본을 추출하는 방법은 확률표본추출방법이다.
③ 설문지에서 사용되는 개방형 질문(open-ended questions)은 자료 분석이 어렵다.
⑤ 내적타당성이 높아지면 외적 타당성은 낮아지는 경향이 있다.

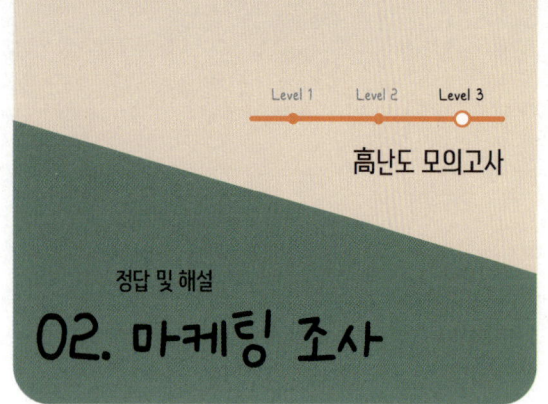

정답 및 해설
02. 마케팅 조사

1430 ④

b. 제품 수명주기의 도입기에는 소비자들의 욕구가 불확실하므로 전체 시장을 목표시장으로 선정하는 것이 적절하고, 시장이 성숙기로 접어들어 소비자 욕구가 다양해지면 복수의 세분시장을 고려하는 것이 좋다.

d. 집단을 무작위로(randomly) 실험집단과 통제집단으로 구분한다는 것이 특징인 것은 순수실험설계(true experimental design)이다.

e. 명목(nominal), 서열(ordinal), 등간(interval), 비율(ratio) 척도 순으로 척도에 담겨있는 정보의 양이 증가한다.

1431 ②

② 인과조사(causal research)에서 가장 많이 사용하는 방법은 설문조사(survey)가 아니라 실험(experiment)이다.

1432 ①

d. 독립변수(independent variable)는 조사자에 의해 조작되는 변수로서 예측변수(predictor) 혹은 처치변수(treatment variable)라고도 한다. 예를 들어, 기업의 마케팅믹스 변수와 매출액과의 인과관계를 조사할 때 마케팅믹스 변수인 가격, 제품/패키지 디자인, 유통노력, 촉진활동 등이 독립변수로 설정될 수 있다.

e. 관찰오류(survey error)란 관찰하는 과정에서 발생하는 오류와 수집한 자료를 기록하고 처리하는 단계에서 발생하는 오류를 말한다. 모집단의 일부가 표본추출 대상에서 제외되거나, 추출된 응답자가 응답을 회피할 때 발생하는 오류는 비관찰오류이다.

1433 ②

② 설문지의 학력을 묻는 문항에서 중졸 1, 고졸 2, 대졸 3, 대학원졸 4로 코딩(coding)을 한다면 이 숫자들은 명목척도(nominal scale)가 아니라 서열척도(ordinal scale)로 인식해야 한다. 왜냐하면 집단 간 구분도 되면서 동시에 숫자가 커지면서 학력이 높아지므로 숫자가 집단의 서열을 담고 있기 때문이다.

1434 ②

① 시장에 대한 정보가 거의 없거나 지식 수준이 낮을 때 시장에 대한 통찰력을 제공할 목적으로 실시되는 조사를 탐색조사(exploratory research)라고 한다.

③ 체계적 표본추출(systematic sampling)은 표본추출틀을 구성할 필요가 없기 때문에 단순무작위 표본추출(SRS: simple random sampling)보다 비용이 덜 들고 쉽게 실행할 수 있다.

④ 다차원 척도법(MDS: multidimensional scaling)은 소비자의 고려대상이 되는 여러 제품들을 소비자가 느끼기에 비슷한 순서대로 짝지어서 나열하여 그 자료를 바탕으로 비슷한 제품들은 서로 가깝게, 그렇지 않은 제품들은 서로 멀리 위치하도록 공간상에 배치하는 기법이다.

⑤ 모집단(population)의 원소 비율과 구성비율이 동일해지도록 표본집단을 구성하므로 할당표본추출(quota sampling)은 비확률표본추출(nonprobability sampling)에 해당된다.

1435 ③

③ 체계적 표본추출(systematic sampling)은 확률표본추출이며, 표본프레임이 필요없다는 점이 특징이다. 그러나 추출된 표본의 대표성이 감소될 수도 있다.

1436 ⑤

① 마케팅 조사에는 탐색적 조사, 기술조사, 인과조사가 있는데, 시장의 크기, 시장 내 소비자의 구매력, 유통업자의 유무와 소비자의 성향을 파악하기 위한 조사는 마케팅 조사 중 기술조사(descriptive research)에 해당한다. 탐색조사(exploratory research)는 예비조사라고도 하는데, 필요한 지식수준이 낮은 경우에 실시하는 조사형태이다. 또한 인과조사(causal research)는 원인과 결과의 관계에 대한 증거를 구하는데 이용된다.

② 1차 자료(primary data)는 조사자가 당면문제 파악을 위해 직접 수집한 자료로, 조사 방법에는 우편 설문, 전화 설문, 대인면접, 온라인 조사 등이 있다.

③ 명목척도(nominal scale)는 성별처럼 단순히 집단을 구분하기 위해 상징적으로 붙이는 것이므로, 명목척도는 대상들이 가지고 있는 특성의 가치를 보여주지 못한다. 따라서 명목척도의 경우에는 빈도 계산(frequency counts)에 바탕을 둔 제한된 수의 통계량만 허용된다.

④ 전수조사(census)는 모집단(population)을 모두 조사하는 것으로 전체를 조사하는 경우에는 표본오류(sampling error)가 발생하지 않는다. 하지만 조사과정에서 발생하는 비표본오류(non-sampling error)는 최대 수준으로 발생한다. 반면 표본조사의 경우에는 표본오류와 비표본오류 모두 발생한다. 표본의 크기와 조사오류의 관계를 살펴보면, 표본의 크기가 커질수록 표본오류는 감소하지만, 비표본오류의 크기는 증가한다.

⑤ 확률표본추출(probability sampling)은 모집단에 속한 모든 원소들이 표본으로 추출될 확률이 동일하게 만드는 것인데, 확률표본추출 가운데 단순 무작위 표본

추출(SRS: simple random sampling)은 표본 프레임(sample frame)이 반드시 필요하지만, 체계적 표본추출(systematic sampling)이나 군집표본추출(cluster sampling)은 표본 프레임이 없어도 실행이 가능하다.

1437 ⑤

① 마케팅 조사에는 탐색조사, 기술조사, 인과조사가 있는데, 탐색조사(exploratory research)는 예비조사라고도 하는데, 필요한 지식수준이 낮은 경우에 실시하는 조사 형태이고, 시장의 크기, 시장내 소비자의 구매력, 유통업자의 유무와 소비자의 성향을 파악하기 위한 조사는 기술조사(descriptive research)에 해당한다. 또한 인과조사(causal research)는 원인과 결과에 대한 증거를 구하는데 이용된다.

② 표본추출방법은 크게 확률표본추출과 비확률표본추출로 나누어진다. 확률표본추출(probability sampling)이란 모집단 내의 각 대상이 표본에 뽑힐 확률이 얼마인지를 알 수 있는 표본추출방법을 가리킨다. 반면 비확률표본추출(nonprobability sampling)은 모집단 내의 각 대상이 표본에 뽑힐 확률이 얼마인지를 알 수 없는 표본추출방법을 가리킨다. 이 방법은 대개 표본프레임이 없는 경우에 이용되는데, 이 방법을 사용하면 신뢰구간을 계산할 수 없고, 추출된 표본이 모집단을 얼마나 잘 대표하는지를 알 수 없다는 단점이 있다.

③ 할당표본추출(quota sampling)은 모집단의 특성을 반영하도록 미리 할당된 비율에 따라 표본을 추출하는 것이다. 여기서 모집단의 특성이란 주로 연령, 거주지, 성별 등과 같은 인구통계적 특성을 의미한다. 할당표본추출은 마케팅 조사에서 표본프레임이 없을 경우 가장 많이 사용한다. 이 방법을 쓰면 모집단의 인구통계적 특성을 반영하는 표본을 추출할 수는 있지만, 표본의 대표성은 보장되지 않는다.

④ 층화표본추출(stratified sampling)은 모집단을 어떤 기준변수에 따라 서로 상이한 소집단들로 나누고, 각 소집단으로부터 표본을 단순 무작위 혹은 체계적 표본추출하는 방법을 가리킨다. 군집표본추출(cluster sampling)은 모집단을 어떤 기준변수에 따라 서로 상이한 소집단들로 나누는데 까지는 층화표본추출과 같지만, 소집단들 중에서 일부를 단순 무작위추출하여, 선택된 소집단 내의 모든 대상들을 표본에 포함시키는 방법이다.

⑤ 표본조사 과정에서 발생하는 오류는 크게 표본오류(sampling error)와 비표본오류(non-sampling error)로 구분할 수 있다. 표본오류는 모집단을 대표하지 못하는 표본을 추출함으로써 발생하는 오류이다. 반면 비표본오류는 표본오류를 제외한 나머지 오류를 말하며 주로 자료의 측정과 수집과정에서 발생하는 오류를 말한다. 비표본오류는 불포함오류, 무응답오류, 조사현장의 오류, 자료기록 및 처리의 오류로 구분된다. 추출을 위한 표본프레임(sample frame)이 불완전하기 때문에 발생하는 불포함오류(non-inclusion error)는 비표본오류(non-sampling error)에 속한다.

1438 ⑤

① 할당표본추출(quota sampling)은 모집단의 특성을 반영하도록 미리 할당된 비율에 따라 표본을 추출하는 것이다. 따라서 A자동차 회사에 대한 이미지 조사를 위해 우리나라 소비자를 거주지에 따라 5개 권역으로 분류한 후 각 권역에 속한 인구 수를 고려하여 표본의 크기를 정하고 표본을 임의로 추출하는 것은 할당표본추출에 해당한다. 마케팅 조사에서 표본프레임이 없을 때 가장 많이 쓰이는 표본추출방법이 바로 할당표본추출이다. 이 방법을 쓰면 모집단의 인구통계적 특성을 반영하는 표본을 추출할 수는 있지만, 단지 그렇다고 해서 표본이 모집단을 대표한다는 보장이 있는 것은 아니다.

② 분산분석(ANOVA: analysis of variance)은 집단 간 평균의 차이를 검정하는 분석방법이다. 일반적으로 집단이 2개인 경우에는 t 검정으로 집단 간 평균의 차이를 검정할 수 있다. 그러나 집단이 3개 이상인 경우 t 검정으로 집단 간 평균의 차이를 한 번에 분석하기는 어렵다. 이처럼 집단이 3개 이상인 경우에 집단 간 평균의 차이를 동시에 비교 검정할 수 있는 방법이 바로 분산분석이다. 위 보기에서 3가지 판매원 교육 프로그램의 효과를 측정하므로 분산분석을 사용하는 것이 적절하다.

③ 표본조사를 실시하는 경우, 모집단(population)을 정확하게 대표할 수 있는 표본을 선정·조사해서 이로부터 얻는 표본통계량 값으로 모집단의 모수(parameter)를 추론하게 된다. 그러나 표본통계량으로 모집단의 모수를 추론하는 과정에서 적지 않은 오류가 발생할 가능성이 있다. 이 중에 가장 큰 오류가 표본오류(sampling error)이다. 이러한 표본오류를 줄이기 위해서는 모집단을 가장 정확하게 대표할 수 있는 표본을 추출하는 것이 무엇보다도 중요하다. 효과적인 표본추출을 위한 표본추출과정은 '모집단 확정 → 표본프레임 결정 → 표본추출방법 결정 → 표본크기 결정 → 표본추출 실행'의 순으로 진행된다.

④ 인과조사(causal research)는 특정한 현상 간의 인과관계를 밝히기 위한 조사로, 특정 현상을 구체적으로 정확하게 이해하여 설명하거나 예측하고자 하는 경우에 사용되는 조사이다. 일반적으로 경영자가 의사결정을 하는 경우, 자신의 의사결정에 따른 결과를 예상하고 가능한 한 확신을 가지고 의사결정하기를 원한다. 이를 위해서는 의사결정의 원인과 실행결과 간의 연관관계에 대하여 과학적으로 조사하고 분석한 결과가 필요하다. 예를 들어, 판매원 서비스 교육 실시에 따른 고객만족도가 어떻게 변화했는가에 대한 정확한 관측자료를 통해 판매원 서비스 교육과 고객만족도 간의 관계를 의사결정에 활용하는 것이 필요하다. 이 경우 판매원 서비스 교육과 고객만족도 간의 관계를 규명하기 위해서 실시하는 조사가 일종의 인과조사이다.

⑤ 군집표본추출(cluster sampling)은 모집단을 어떤 기준변수에 따라 서로 상이한 소집단들로 나누는 데까지는 층화표본추출(stratified sampling)과 같지만, 소집단들 중에서 일부를 단순무작위(혹은 체계적 표출) 추출하여, 선택된 소집단 내의 모든 대상들을 표본에 포함시키는 방법

이다. 만약 문제의 보기에서 모집단이 여러 개의 소집단으로 구성되어 있을 때, 소집단들 중에서 일부를 무작위로 추출하고 선택된 소집단 내의 모든 대상을 표본에 포함시키면 군집표본추출이라고 할 수 있지만, 각각의 그룹에서 편의적으로 표본을 추출하는 것은 군집표본추출이라고 할 수 없다.

1439 ①

① 명목척도란 응답대안(응답자)을 배타적으로 분류하기 위하여 각각의 응답대안에 임의적으로 숫자를 부여한 척도를 말한다. 따라서 숫자는 그 자체적으로 크거나 작다는 의미를 갖지 않는다. 운동선수의 등번호, 주민등록번호의 뒷자리 숫자 등이 이에 해당한다. 반면, 비율척도는 범주, 서열, 거리의 정보에 추가적으로 비율의 정보를 갖는 척도로서 가장 상위의 척도이다. 비율척도는 절대 '0'을 포함하며 각각의 값이 절대적 의미를 갖는다. 따라서 각각의 척도점의 의미를 누구나 동일하게 받아들인다. 대표적인 예로 길이와 무게 등을 들 수 있다. 그러나 기온은 임의로 부여한 '0'만이 존재하고 절대적 '0'이 존재하지 않기 때문에 각 숫자 자체는 절대적 의미를 갖지 못한다. 따라서 기온은 등간척도(interval scale)이다.

② 불포함오류는 표본추출을 위한 표본프레임(sample frame)이 불완전하기 때문에 발생하는 오류이며, 무응답오류는 표본으로 선정된 사람이 응답을 회피하거나 조사자가 실수하여 답변을 제대로 받아내지 못하는 경우에 발생하는 오류이다. 마케팅조사의 오류는 아래 그림과 같다.

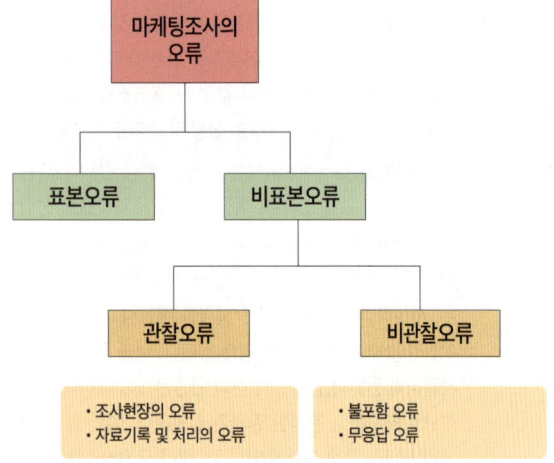

③ 확률표본추출은 모집단의 각 표본추출단위가 표본으로 추출될 확률이 사전에 알려져 있고 '0'이 아니도록 표본을 추출하는 방법이며, 비확률표본추출은 각 표본추출단위가 표본으로 추출될 확률이 사전에 알려지지 않은 표본추출방법이다. 비확률표본추출의 경우 표본은 조사자의 편의, 판단, 혹은 지식 등에 의해서 추출되므로 모집단에 대한 대표성이 확률표본추출에 비해 낮다.

④ 층화표본추출은 모집단이 다수의 그룹들로서 구분될 수 있는 경우, 각 그룹에서 무작위로 표본을 추출하는 것이다. 이때 각 그룹을 층(strata)이라 부른다. 모집단을 여러 개의 층으로 나눌 때, 가급적 각 층은 조사특성 측면에서 내부적으로 동질적이며, 층 상호간에는 이질적이 되도록 해야 한다. 따라서 층화표본추출에서 대표성을 확보하기 위해서는 층을 구분하는 기준변수를 적절히 선정하는 것이 중요하다. 예를 들어, 백화점의 경우 연간 구매금액 대신 연령 혹은 학력을 기준으로 모집단을 나눈다면 매우 부적절한 표본이 추출될 것이다. 참고로 군집표본추출(cluster sampling)은 모집단이 여러 개의 소그룹들로 구성되어 있으며, 각각의 그룹이 그룹들 간에 유사한 경우 각 그룹은 모집단에 대한 대표성이 높다. 가령, 100개의 동으로 구성된 아파트 단지에서 설문조사를 한다면, 각 동이 군집이고, 동이 선택되는 것이므로, 아파트 주민들의 소득이나 연령은 동에 따라 차이는 없어야 한다. 만약 동(군집)내에서는 같고 동(군집)간에 차이가 있다면, 선택되는 동(군집)에 따라 설문조사가 왜곡될 수 있다. 따라서 군집표본추출은 같은 군집내에서는 특성이 이질적이고 군집간에는 차이가 없는 것이 좋다.

⑤ 실험설계 유형 가운데, 사전실험(pre-experimental)은 실험처치 및 측정시기와 대상에 대해 거의 통제를 하지 않는 것이고, 순수실험(true experimental)은 집단을 무작위로(randomly) 실험집단(experimental group)과 통제집단(control group)으로 구분한 것이고, 유사실험(quasi-experimental)은 현장실험의 경우 사용되는 실험설계 방식으로 측정시기와 측정대상의 통제만이 가능한 실험이다.

1440 ①

① 탐색조사(exploratory research)란 마케팅 문제 및 현재 상황을 보다 잘 이해하기 위하여, 조사목적을 명확히 정의하기 위하여, 또는 필요한 정보를 분명히 파악하기 위하여 벌이는 일종의 예비적인 조사이다. 탐색조사는 그 자체로서 끝나 버리는 것이 아니라, 다음 단계에서 기술조사나 인과조사를 하기 위한 '징검다리' 역할을 하는 경우가 대부분이다. 예를 들어, 탐색조사는 기술조사인 대규모 설문조사를 하기에 앞서, 설문지에 어떤 문항을 넣어야 할지를 결정하기 위하여 흔히 이용된다. 즉 탐색조사는 '조사를 위한 조사'라고 이해할 수 있다.

② 탐색조사 방법에는 문헌조사, 전문가 면접, 표적집단면접 등이 있다. 문헌조사란 2차 자료(secondary data)를 검토하는 것을 말하며, 전문가 면접이란 해당 산업 또는 기업에 대하여 많은 지식이나 경험을 갖고 있는 사람들로부터 정보를 얻는 방법을 가리킨다. 여기서 '전문가'에는 회사 내부의 임직원들은 물론, 유통업자, 소비자, 교수 등 회사 외부의 사람들까지 포함된다. 표적집단면접(FGI: focus group interview)은 진행자가 6~10명의 응답자들과 함께 대화 형식으로 이끌어 가는 면접방법을 가리킨다. FGI는 자유로운 분위기 속에서 비교적 긴 시간(약 두 시간) 동안 진행되기 때문에, 어떤 상품에 대하여 응답자들이 갖고 있는 심층적인 느낌이나 감정을 발견할 수

있다는 장점을 갖고 있다. 그러나 응답자의 수가 작기 때문에, FGI에서 나온 결과를 그대로 일반화하기는 어렵다는 단점도 갖고 있다. 그러므로 FGI에서 얻은 결과는 기술조사나 인과조사를 통하여 재확인하여야 한다.

③ 사전실험설계(pre-experimental design)에는 단일집단 사후실험설계(one-group, posttest design), 단일집단 사전사후실험설계(one-group, pretest-posttest design), 집단비교설계(static-group comparison design) 등의 3가지가 있는데 이들 실험설계는 실험 처치 및 측정시기와 대상에 대해 거의 통제를 하지 않는 실험디자인으로 순수실험과 유사실험에 비해 실험설계의 엄격성(rigorousness)과 정교성(elaborateness)이 낮다.

④ 등간척도(interval scale)에서 척도의 수치상 거리는 측정되며 동일한 가치를 나타낸다. 등간척도는 서열척도의 모든 정보를 포함하고 대상들 간의 차이를 비교가능하게 해준다. 어떤 두 척도값들 간의 차이는 등간척도의 다른 두 인접한 값들의 차이와 같다. 척도값들 간에는 일정하거나 간격이 동일하다. 1과 2의 차이는 2와 3의 차이와 같고, 이는 5와 6의 차이와 같다. 또한 등간척도로 측정한 속성 간의 상대적 차이를 나타내는 숫자를 더하거나 빼는(+, -) 산술적 계산이 가능하다. 따라서 등간척도로 측정된 값들의 평균을 구하여 사용할 수도 있다. 그러나 속성의 절대적 크기는 측정할 수 없으므로 곱하거나 나누는 승제(×, ÷)의 계산은 불가능하다.

⑤ 비관찰오류(non-survey error)란 모집단의 일부가 표본추출 대상에서 제외됨으로써 발생하는 불포함 오류와 표본으로 추출된 응답자가 응답을 회피함으로써 발생하는 무응답 오류가 있다. 불포함 오류는 표본추출을 위한 표본프레임(sample frame)이 불완전하기 때문에 발생하는 오류이고 무응답 오류란 표본으로 선정된 사람이 응답을 회피하거나 조사자가 실수하여 답변을 제대로 받아내지 못하는 경우에 발생하는 오류이다.

1441 ④

a. 2차 자료(secondary data)란 누군가 다른 목적으로 이미 수집된 자료를 가리키며, 1차 자료(primary data)란 현재 직면한 문제를 해결하기 위해 특별히 수집한 자료를 가리킨다. 2차 자료에는 주문-결제 데이터, POS 데이터(point-of-sale data), 고객 데이터베이스 등이 이에 해당된다. 1차 자료는 주로 관찰이나 설문조사의 방법으로 수집된다.

b. 문헌조사와 표적집단면접(focus group interview)은 탐색조사의 방법이지만, 설문조사는 기술조사(descriptive research)의 방법이다. 탐색조사(exploratory research)란 마케팅 문제 및 현재 상황을 보다 잘 이해하기 위하여, 조사목적을 명확히 정의하기 위하여, 또는 필요한 정보를 분명히 파악하기 위하여 벌이는 일종의 예비적인 조사이다. 탐색조사 방법에는 문헌조사, 전문가 면접, 표적집단면접 등이 있다. 문헌조사란 2차 자료(secondary data)를 검토하는 것을 말하며, 전문가 면접이란 해당 산업 또는 기업에 대하여 많은 지식이나 경험을 갖고 있는 사람들로부터 정보를 얻는 방법을 가리킨다. 여기서 '전문가'에는 회사 내부의 임직원들은 물론, 유통업자, 소비자, 교수 등 회사 외부의 사람들까지 포함된다. 표적집단면접(FGI: focus group interview)은 진행자가 6~10명의 응답자들과 함께 대화 형식으로 이끌어 가는 면접방법을 가리킨다. FGI는 자유스러운 분위기 속에서 비교적 긴 시간(약 두 시간) 동안 진행되기 때문에, 어떤 상품에 대하여 응답자들이 갖고 있는 심층적인 느낌이나 감정을 발견할 수 있다는 장점을 갖고 있다. 그러나 응답자의 수가 작기 때문에, FGI에서 나온 결과를 그대로 일반화하기는 어렵다는 단점도 갖고 있다. 그러므로 FGI에서 얻은 결과는 기술조사나 인과조사를 통하여 재확인하여야 한다.

c. 순수실험설계(true experimental design)에는 통제집단 사후실험설계(posttest-only, control group design)와 통제집단 사전사후실험설계(pretest-posttest control group desing)가 있는 이 둘은 모두 집단을 무작위로 실험집단과 통제집단으로 구분한다는 특징이 있다.

d. 표본추출의 단계는 모집단 결정 → 표본프레임 결정 → <표본추출방법 결정> → <표본크기 결정> → 표본추출 실행의 순으로 이루어진다.

e. 군집표본추출(cluster sampling)이란 모집단을 소집단(군집)들로 나누고, 일정수의 소집단을 무작위적으로 추출한 다음, 추출된 소집단 내의 구성원들을 모두 조사하는 방법이다. 이와 달리 층화표본추출(stratified sampling)은 모집단을 어떤 기준에 따라 상이한 소집단으로 나누고, 이들 각 소집단들로부터 표본을 무작위적으로 추출하는 방법이다.

1442 ②

① 성숙효과(maturation)는 종속변수의 변화가 실험변수의 처치에 의하지 않고 시간경과에 따라 자연스럽게 이루어지는 것을 말한다. 예를 들어, 어린이들에게 성장에 도움이 되는 영양제를 복용하게 하고 그 영양제의 성장 촉진효과를 측정한다면 실험기간 동안에 아이들의 자연성장은 성숙효과로 작용한다. 반면 상호작용 시험효과(interactive testing effect)는 첫 번째 측정이 그 다음의 처치 자체에 영향을 미치는 것이다. 예를 들어, 일정기간 동안의 광고 실행이 브랜드 인지도 향상에 미치는 효과를 측정하고자 한다. 이를 위하여 어떤 시점에 피실험자들을 대상으로 브랜드 인지도를 측정하고 일정기간 동안 광고를 한 다음 브랜드 인지도를 측정하여 비교할 수 있다. 이때 피실험자들은 광고노출 이전에 그 브랜드에 대한 인지도를 측정하였기 때문에 나중에 그 광고에 노출될 때 보다 주의를 기울일 수 있다. 순수실험설계(true experimental design)의 일종인 '통제집단 사전사후실험설계'는 외생변수의 영향이 무작위로 추출한 두 집단에 동일하게 적용할 것이라는 전제하에서 순수한 실험효과를 측정할 수 있다. 따라서 통제집단 사전사후실험설계의 경우 대부분의 외생변수를 통제하는 것이 가능하나 결과변수의 측정이 실험변수의 효과에 미치는 상호작용 시험

효과를 제거하기는 어렵다. 왜냐하면 상호작용 시험효과는 사전측정이 실험자에게 노출되는 실험변수의 효과에 영향을 미침으로써 발생하는 것이므로, 이는 실험변수를 가하지 않는 통제집단에는 작용하지 않고 실험집단에만 작용하기 때문이다.

② 불포함 오류(non-inclusion error)란 대표성이 없는 표본으로 인하여 발생하는 표본오류와는 달리, 표본추출을 위한 표본프레임(sample frame)이 불완전하기 때문에 발생하는 오류이다. 예를 들어, 전화번호부를 표본프레임으로 하여 대선 후보 지지율 조사를 하는 경우, 전화번호부에 이름이 없는 유권자들은 표본선정에서 제외되며, 또한 전화가 2대 이상이어서 한 사람의 이름이 두 번 이상 전화번호부에 나오는 경우가 있다. 이러한 사람은 다른 사람들보다 표본으로 선정될 확률이 2배로 높다. 이와 같이 표본추출과정에서 사용되는 표본프레임이 모집단과 정확하게 일치하지 못함으로써 발생하는 오류를 불포함 오류라고 한다.

③ 실험의 타당성은 내적 타당성(internal validity)과 외적 타당성(external validity)으로 구분되는데, 내적 타당성(internal validity)은 실험이 실험변수의 효과를 정확하게 측정할 수 있도록 설계되어 외생 변수의 통제가 얼마나 잘 이루어질 수 있는가를 나타내는 지표를 말한다. 따라서 실험변수의 결과변수에 대한 정확한 영향을 측정할 수 있도록 모든 외생변수를 효과적으로 통제된 실험설계의 경우 내적 타당성이 높다고 판단한다. 반면 외적 타당성(external validity)은 실험결과를 실험실 밖의 실제상황에서 어느 정도까지 확대 적용할 수 있는가를 나타내는 지표를 말한다. 일반적으로 실험이 현실과 유사하게 설계될수록 외적 타당성은 높아져 실험실 결과를 일반화하여 실제 사회에 확대 적용할 수 있다. 그러나 외적 타당성은 내적 타당성과 상쇄관계(trade-off) 관계에 있다. 만약 내적 타당성을 높이기 위하여 실험조건을 엄격히 통제한다면 현실과 동떨어져 실험결과를 일반화시켜 실제상황에 적용시킬 수 있는 외적 타당성이 낮아진다. 반대로 현실에 가깝게 실험을 설계하여 외적 타당성을 높이면 표본의 무작위화나 외생변수의 통제가 제대로 이루어지지 않기 때문에 실험 자체의 내적 타당성이 낮아져 실험의 결과에 대한 신뢰성이 떨어진다. 따라서 조사자는 내적 타당성과 외적 타당성을 상황에 맞게 적절히 조정하여 적당한 수준으로 실험을 설계하고 조사를 수행하는 것이 필요하다.

④ 측정의 오차에는 체계적 오차와 비체계적 오차의 두 가지가 있다. 체계적 오차(systematic error)는 척도 자체가 잘못됨으로써 발생하는 오차이다. 예를 들어, 길이나 무게를 측정하면서 부정확한 자나 저울을 사용할 때 발생하는 오차이다. 목욕탕의 체중계가 잘못되어 항상 몸무게가 2kg이 더 나가도록 되어 있다면 이는 '체계적 오차(systematic error)'에 해당한다고 볼 수 있다. 비체계적 오차(non-systematic error)는 측정하는 사람이나 상황으로부터 발생하는 오차이다. 예를 들어, 길이를 반복 측정할 때 측정하는 사람이 부주의하면 동일한 자를 사용하더라도 차이가 있을 수 있다. 또한 흔들리는 차안에서 측정하는 경우에도 역시 차이가 있을 것이다. 체계적 오차와 비체계적 오차는 각각 척도의 타당성 및 신뢰성과 관계된다. 타당성(validity)은 측정하고자 하는 대상을 척도가 얼마나 정확히 측정하는가에 관한 것으로, 예를 들어 길이를 측정하는 자가 객관적으로 정확할수록 그 자는 길이를 측정하는데 보다 타당하다. 그러므로 체계적 오차가 작을수록 그 척도의 타당성은 높다. 이에 비해 신뢰성(reliability)은 어떤 대상을 반복 측정했을 때 동일한 결과를 얻는 정도에 관한 것이다. 그러므로 비체계적 오차가 작을수록 그 척도의 신뢰성은 높다.

⑤ 관찰대상을 측정할 때, 명목척도(nominal scale), 서열척도(ordinal scale), 등간척도(interval scale), 비율척도(ratio scale)의 순으로 많은 정보를 포함하고 있다. 따라서 많은 정보를 얻고자 하면, 가능한 한 많은 정보를 포함하고 있는 비율척도를 사용해야 한다. 하지만 척도가 많은 정보를 가질수록 응답자나 조사자에게 부담을 주게 되어 실제로 측정하고자 하는 정확한 값을 얻기가 어려워진다는 문제가 있다. 또한 보다 많은 정보를 얻을 수 있는 척도로 측정하기 위해서는 보다 많은 노력과 시간 그리고 비용이 요구된다.

1443 ⑤

a. 상품 자체를 평가함으로써 상품이 가지고 있는 속성(attribute) 하나 하나에 소비자의 효용(utility)을 추정하여, 소비자가 선택할 상품을 예측할 수 있는 기법은 컨조인트 분석(conjoint analysis)이다. 컨조인트 분석은 실험설계에 의해 구성된 가상적인 상품으로 표시되는 다속성 자극물(multi-attribute stimuli)에 대한 소비자의 선호를 수리적으로 분석하는 방법을 총칭하는 말이다. 컨조인트 분석은 일반적으로 상품의 중요속성 파악, 시장세분화, 포지셔닝 그리고 시장점유율을 예측하는 데에 유용하게 사용된다. 컨조인트 분석을 이용하면 개별소비자가 중요시하고 있는 상품의 속성에 대한 분석은 물론 이러한 개별소비자의 효용자료를 활용하여, 시장을 세분화하고 세분시장의 특성을 파악할 수 있으며, 특정한 속성수준 값을 갖는 신상품이 시장에 출시될 경우 이 상품의 시장점유율을 추정할 수 있다. 요인분석(factor analysis)은 변수들간의 상호 연관성을 분석해서 이들 간에 공통적으로 작용하고 있는 내재된 요인을 추출하여 전체 자료를 대변할 수 있는 변수의 수를 줄이는 기법이다.

b. 표적집단면접(FGI: focus group interview)은 문헌조사, 전문가 의견조사(key informant survey), 심층면접법(in-depth interview)과 더불어 탐색조사(exploratory research) 방법 중 하나이다. 표적집단면접은 1명의 사회자 진행 아래 6~12명의 참여자가 주어진 주제에 대하여 자유롭게 토론하는 가운데 필요한 정보를 찾아나가는 방법으로 보통 1시간 30분에서 2시간 정도 소요된다. 이 방법은 추후에 계량적 방법으로 검정할 수 있는 가설의 설정, 설문지 구성 시 필요한 정보의 취득, 신상품 아이디어를 모색하거나 신제품의 성공가능성을 파악하고 싶을 경우 혹은 이미 계량적으로 조사되어 있는 자료를 다시 검증하고자 할 경우에 사용될 수 있다. 표적집단면접은 창의적 아이디어가 창출될 수 있다는 장점이 있지만 반대

로 매우 제한된 수의 조사대상자들로부터 수집한 자료이므로 조사 결과를 일반화할 수 있는 가능성이 낮다는 단점도 있다.

c. 통제집단 사전사후실험설계는 모집단을 대표하는 표본으로 뽑힌 실험대상을 실험집단(EG)과 통제집단(CG)에 무작위(R)로 할당하여 조사를 실시한다. 반면 2집단 사전사후실험설계는 조사대상을 실험집단(EG)과 통제집단(CG)으로 분류할 수는 있으나 실험대상자를 각 집단에 무작위로 배정할 수 없을 경우에 행하는 실험설계이다. 즉 통제집단 사전사후실험설계와 같으나 대상을 무작위로 통제집단과 실험집단에 할당하지 않는 실험설계이다.

<통제집단 사전사후실험설계>

$$(EG):[R] \quad O_1 \quad X \quad O_2$$
$$(CG):[R] \quad O_3 \quad\quad O_4$$

<2집단 사전사후실험설계>

$$(EG): \quad O_1 \quad X \quad O_2$$
$$(CG): \quad O_3 \quad\quad O_4$$

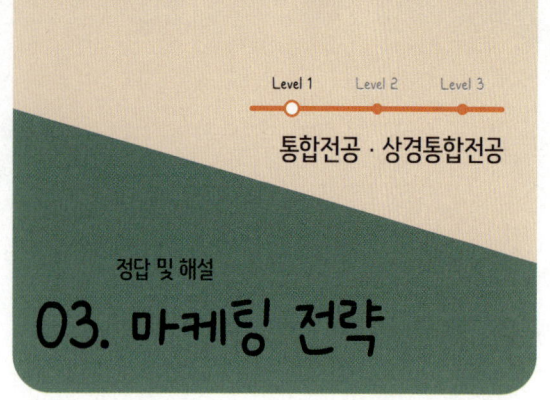

정답 및 해설
03. 마케팅 전략

1444 ③

마케팅 전략을 수립하는 순서는 STP 즉 시장세분화(segmentation) → 표적시장선정(targeting) → 포지셔닝(positioning)이다.

1445 ④

라이프스타일은 심리분석적(psychographic) 변수에 해당한다.

1446 ⑤

라이프스타일은 심리분석적(psychographic) 변수에 해당한다.

1447 ①

① 나이: 인구통계적 변수
② 라이프스타일: 심리분석적 변수
③ 개성: 심리분석적 변수
④ 추구편익: 고객 행동변수
⑤ 제품 사용률: 고객 행동변수

1448 ③

③ '성격'은 심리분석적 변수이다.

1449 ⑤

⑤ 가족생애주기는 인구통계적 세분화 변수에 해당한다.

1450 ①

② 추구하는 편익, 사용량, 상표애호도, 사용 여부 등을 바탕으로 시장을 나누는 것은 행동적 세분화 변수이다.
③ 시장 내에서 우월한 위치를 차지하도록 고객을 위한 제품·서비스 및 마케팅 믹스를 개발하는 것은 포지셔닝(positioning)이다.
④ 세분화된 시장의 좋은 점을 분석한 후 진입할 세분시장을 선택하는 것은 시장 표적화(targeting) 혹은 표적시장 선정이라고 한다.
⑤ 생활습관, 개인성격 등을 바탕으로 시장을 나누는 것은 심리분석적 변수이다.

1451 ③

③ 행동적 변수란 고객의 구매행동과 밀접한 관련이 있는 변수들을 말한다. 추구편익(benefit sought), 사용상황, 상표충성도, 제품사용경험 등은 행동적 변수에 해당한다. 반면 소비자의 라이프스타일은 심리분석적 세분화 변수에 해당한다.

1452 ③

라이프 스타일은 심리분석적 변수이다.

1453 ③

③ 제품사용경험, 제품에 대한 태도, 충성도 등은 고객 행동에 따른 세분화이고 종교는 인구통계적 세분화 변수에 해당한다.

1454 ⑤

① 지역적 세분화: 남미시장, 라틴계 시장, 미국 시장
② 인구통계학적 세분화: 젊은 인구
③ 심리적 세분화: 외향적이며 자극적인 음식을 즐기는
④ 편의 세분화: 크레올, 레드 빈, 나초 치즈 수프

1455 ③

① 인구통계적(demographic) 시장세분화는 성별, 연령, 소득, 직업, 교육수준, 가족 구성 등과 같은 인구통계적 변수를 활용하여 시장을 세분화한 것을 의미한다.
② 지리적(geographic) 시장세분화는 국가, 지역, 도시 등과 같이 지리적인 단위에 따라 시장을 세분화한 것을 의미한다.
③ 행동적(behavioral) 시장세분화는 추구하는 편익, 사용상황, 사용량, 브랜드 충성도, 태도, 고객생애가치 등과 같은 구매와 소비 행동에 관한 변수로 시장을 세분화한 것을 의미한다.
④ 심리분석적(psychographic) 시장세분화는 라이프스타일, 성격(개성) 등과 같은 심리적 변수로 시장을 세분화한 것을 의미한다.

1456 ③

행동적 변수란 고객의 구매행동과 밀접한 관련이 있는 변수들을 말한다. 행동적 세분화 변수로는 추구하는 편익, 사용상황, 사용량, 상표애호도, 고객생애가치 등이 있다.

1457 ①

① 사용상황, 사용량, 추구편익 등은 행동적 세분화 변수이지만, 가족생활주기(가족생애주기)는 인구통계적 변수에 속한다.

1458 ⑤

⑤ 인구통계학적 세분화 기준으로는 연령, 성별, 소득, 직업, 종교, 교육 수준, 가족수명주기, 가족 규모 등이 있다. 라이프스타일과 성격은 심리분석적 세분화 기준에 해당한다.

1459 ②

② 시장을 고객의 심리적 특성에 따라 구분하는 것은 심리분석적 특성(psychographics)인데 이는 소비자의 라이프스타일과 성격으로 시장을 나눈 것이고, 소비자의 구매패턴, 소비자가 추구하는 편익 등을 고려하는 것은 고객행동변수에 해당한다.

1460 ④

① 역세분화(counter-segmentation)는 세분화된 시장을 통합하여 여러 세분시장에 동시에 어필할 수 있는 상품을 내놓는 것으로 시장점유율이 높은 기업보다는 낮은 기업에게 적합한 방법이다.

② 세분시장에 접근하여 그 시장에서 활동할 수 있는 정도는 접근가능성이다. 측정가능성은 세분시장의 크기, 구매력, 기타 특성들을 측정할 수 있어야 한다는 것을 의미한다.

③ 각 세분시장의 차이를 무시하고 단일 혹은 소수의 제품으로 전체시장에 접근하는 것은 비차별적 마케팅(undifferentiated marketing)이다. 집중적 마케팅(concentrated marketing) 전략은 자원이 제한되어 있는 많은 기업들은 큰 시장에서 낮은 시장점유율을 추구하는 대신에 하나의 표적시장 혹은 몇 개의 세분시장에 집중함으로써 높은 점유율을 확보하려는 방법을 의미한다.

1461 ③

① 신뢰성
② 측정가능성
④ 접근가능성
⑤ 규모적정성

1462 ②

효과적 시장세분화의 요건은 측정가능성, 규모적정성, 접근가능성, 세분시장 내 동질성과 시장 간 이질성 등이다.

1463 ③

③ 동일한 세분시장 내에 있는 소비자들의 동질성이 극대화되도록 해야 하며, 서로 다른 시장 간에는 소비자들의 이질성이 극대화되도록 해야 한다.

1464 ④

시장세분화 조건 가운데 '무형성'은 존재하지 않는다.

1465 ①

① 세분화된 시장 내에서는 동질성이 극대화 되어야 하며, 세분화된 시장 간에는 이질성이 극대화 되어야 한다.

1466 ④

④ 세분시장 간에는 이질적이어야 하고 세분시장 내에서는 동질적이어야 한다.

1467 ⑤

시장세분화에 고려해야 하는 변수는 측정가능성, 규모적정성, 접근가능성, 세분시장 내 동질성과 세분시장 간 이질성 등이다. 여기에 추가로 시장을 세분화에 소요되는 비용도 고려해야 한다.

1468 ③

③ 시장세분화를 하면 할수록 시장의 규모가 작아지기 때문에 비용효율성은 낮아진다.

1469 ③

① 시장세분화의 기준변수가 연속적인 경우에는 군집분석을 이용하고, 범주형 변수일 경우에는 교차테이블 분석을 사용하여 세분시장을 발견할 수 있다.

② 고객의 욕구가 충분히 형성되기도 전에 너무 일찍 세분시장 마케팅을 시도하면 실패할 수도 있기 때문에 혁신적인 신상품의 경우에는 시장세분화가 시기상조일 수 있다.

④ 효과적인 시장세분화가 되기 위해서는 같은 세분시장에 속한 고객끼리는 최대한 같고, 서로 다른 세분시장에 속하는 고객끼리는 최대한 다르게 세분화하는 것이 좋다.

1470 ②

① 시장세분화의 접근가능성은 적절한 마케팅 노력으로 세분시장에 효과적으로 접근하여 제품이나 서비스 등을 제공할 수 있는 적절한 수단이 있어야 한다는 것을 의미한다.

② 시장세분화 시 세분시장 내에서는 소비자들의 특성이 가급적 유사해야 하며, 세분시장 간에는 소비자들의 특성이 가능한 이질적이어야 한다.

③ 시장세분화 기준변수에는 고객행동변수, 인구통계적 변수, 심리분석적 변수 등이 있으며, 상황에 적절한 변수들을 사용해야 시장세분화가 효과적이다.

④ 시장을 세분화하고 특정 세분시장에 차별화된 마케팅 프로그램을 제공하는 것이 시장 전체를 하나의 마케팅 프로그램으로 공략하는 매스마케팅에 비해 경쟁우위를 가질 수 있으며, 시장을 세분화 함으로써 새로운 기회를 발견할 수도 있다.

1471 ③

시장세분화 시 세분시장 내에서 소비자들이 최대한 동질적이어야 하고, 세분시장 간에는 최대한 이질적이어야 한다.

1472 ④

④ 효과적인 시장세분화 요건에는 측정가능성, 규모적정성, 접근가능성, 시장내 동질성, 시장간 이질성 등이 있다. 하지만 유형성이라는 요건은 존재하지 않는다.

1473 ③

③ 적합성은 기업이 보유하고 있는 특성과 시장의 특성 간의 일치하는 정도를 말하는 것으로 세분시장 내 고객들과 기업의 적합성은 높아야 한다.

1474 ⑤

① 전체 시장을 대상으로 하여 단일 제품을 판매하고자 하는 전략은 비차별적 마케팅(undifferentiated marketing) 전략이다.
② 시장의 이질성이 클수록 차별적 마케팅(differentiated marketing)이 적절하다.
③ 경쟁자의 수가 적어 경쟁 정도가 약할수록 비차별적 마케팅이 적절하다.
④ 기업의 기존 마케팅 및 조직문화와의 이질성이 작은 시장을 표적시장으로 선택하는 것이 좋다.

1475 ④

세분시장 간의 차이를 무시하고 하나의 제품으로 전체시장을 공략하는 전략은 비차별화 마케팅(undifferentiated marketing) 혹은 무차별 마케팅이다.

1476 ④

④ 제품수명주기에서 도입기에는 비차별적(혹은 무차별적) 마케팅이나 집중적 마케팅이 적절하다.

1477 ②

다수의 표적시장을 공략하는 경우에는 각각의 시장마다 서로 다른 마케팅 믹스로 공략하는 차별적 마케팅(differentiated marketing)전략이 적절하다.

1478 ②

① 마케팅 비용을 절감하기 위해서는 '차별화 마케팅'보다는 '비차별화 마케팅' 전략이 더 적절하다.
② 일반적인 표적시장 선정 전략의 구성형태는 다음과 같다.
- 단일세분화 시장 집중(single segment concentration)은 하나의 제품으로 하나의 시장을 선정해 모든 것을 집중하는 형태를 의미한다.
- 제품전문화(product specialization)는 하나의 제품에 대해 여러 시장 집단을 표적 시장으로 하는 것을 의미한다.
- 시장전문화(market specialization)는 여러 제품에 대해 하나의 시장 집단을 표적 시장으로 하는 것을 의미한다.
- 선별적 전문화(selective specialization)는 제품별 각각의 선별적인 시장 집단을 표적 시장으로 하는 것을 의미한다.
- 전체시장의 확보(full market coverage)는 여러 또는 모든 제품에 대해 여러 또는 모든 시장 집단을 표적 시장으로 하는 것을 의미한다.

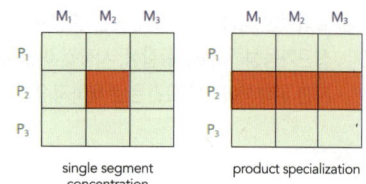

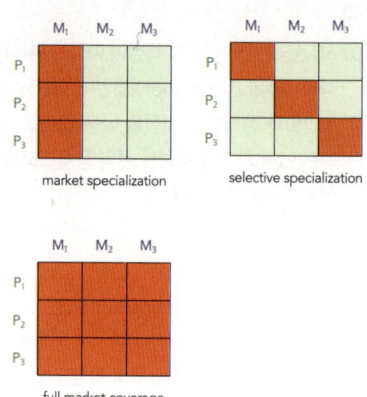

③ 전체시장을 목표로 하는 마케팅전략은 비차별적 마케팅 전략이다.
④ 제품의 확장 속성은 전통적 제품의 개념이 고객서비스에까지 확대된 것으로 제품에 대한 사후보증, 애프터서비스, 배달, 설치, 대금지불방법 등의 고객서비스를 모두 포함하는 차원의 개념이다. 판매자가 제공하거나 구매자가 추구하는 본질적 편익은 핵심제품을 의미한다.
⑤ 실질성은 각 세분시장에서 고객들에게 매력 있고, 이들의 욕구에 충분히 부응할 수 있는 효율적인 마케팅 프로그램을 계획하고 실행할 수 있는 정도를 의미하며, 마케팅 관리자가 각 세분시장의 규모나 구매력 등을 측정할 수 있어야 한다는 것을 의미하는 것은 측정가능성이다.

1479 ②

② 비차별적 마케팅(undifferentiated marketing)은 대량 마케팅(mass marketing)이라고도 하는데 이는 세분시장의 차이를 무시하고 하나의 제품으로 전체시장을 공략하는 전략이다.

1480 ③

경쟁제품과의 차별성을 목표고객에게 인식시키기 위한 마케팅 전략은 포지셔닝 전략이다.

1481 ④

④ 제품을 그 사용상황에 연계하는 것은 사용상황에 의한 포지셔닝이다. 범주 포지셔닝은 자신의 제품이 특정 제품 범주에서 리더임을 알리는 포지셔닝이다.

1482 ②

② 포지셔닝(positioning)은 표적시장의 소비자들의 마음속에 차별적인 위치를 차지하도록 기업의 제공물과 이미지를 설계하는 활동이다.

1483 ③

③ 각 세분시장의 매력성을 평가하고 여러 세분시장 가운데서 기업이 진출하고자 하는 하나 또는 그 이상의 세분시장을 선정하는 것은 STP 가운데 'T'이다. 즉 표적시장(target market)을 선정하는 것이다.

1484 ④

모두 맞는 보기임

1485 ②

포지셔닝 맵의 작성 순서는 차원 결정 → 차원의 이름 결정 → 경쟁제품 및 자사제품의 위치확인 → 이상적 포지션의 결정의 순이다.

1486 ③

① 시장세분화는 시장의 수요 또는 욕구 등을 일정한 기준에 따라 몇 개의 소비자 집단으로 구분하는 것을 의미한다.
② 관여도는 특정한 상황에 있어서 자극에 의해 유발되어 지각된 개인적인 중요성 또는 관심의 수준을 의미한다.
③ 재포지셔닝은 기존 제품이 지니고 있는 이미지 및 콘셉트 등을 새로이 분석해 이를 재조정하는 것이다. 즉, 경쟁 상황과 소비자 욕구의 변화에 따라 제품의 포지션을 다시 설정하는 활동을 의미한다.
④ 라이프스타일은 사람들이 살아가는 방식으로 개개인마다 독특한 삶의 양식을 취하는 것을 의미한다.
⑤ 통합 마케팅 커뮤니케이션은 명확하면서도 일관성 있는 메시지를 전달하기 위해 기업들이 자신의 커뮤니케이션 채널을 정교하게 통합 및 조정하는 것을 의미한다.

1487 ④

④ 포지셔닝(위상 정립 ; positioning)은 표적시장의 소비자들의 마음 속에 차별적인 위치를 차지하도록 기업의 제공물과 이미지를 설계하는 활동으로 위상 정립에 대한 활동들은 다음과 같다.
㉠ 속성에 의한 포지셔닝(positioning by attribute)
㉡ 혜택에 의한 포지셔닝(positioning by benefit)
㉢ 사용상황에 의한 포지셔닝(positioning by use/application)
㉣ 사용자에 의한 포지셔닝(positioning by user)
㉤ 경쟁자에 의한 포지셔닝(positioning by competitor)
㉥ 제품 카테고리에 의한 포지셔닝(positioning by product category)
㉦ 품질이나 가격에 의한 포지셔닝(positioning by quality/price)

1488 ①

제품-시장 매트릭스에서 새로운 시장에 신제품 출시를 통해 시장점유율을 제고하는 전략은 '다각화 전략'이다.

1489 ③

③ 앤소프의 제품/시장 확장 매트릭스(product/market expansion matrix)에 차별화 전략은 존재하지 않는다.

제품/시장 확장 매트릭스

	기존제품	신제품
기존시장	시장침투 market penetration	제품개발 product development
신시장	시장개발 market development	다각화 diversification

1490 ①

① 앤소프(Ansoff)의 제품-시장 확장 매트릭스 상에서 기존 시장에서 기존제품으로 매출을 늘리려는 전략은 시장침투(market penetration) 전략에 해당한다.

1491 ①

앤소프의 제품/시장 매트릭스(product/market matrix)에서 신제품을 가지고 신시장에 진출하는 성장전략은 다각화이다.

1492 ②

① 원가우위 전략은 앤소프의 전략 유형이 아니다.
③ 시장개발 전략(market development)은 기업이 기존 제품을 새로운 시장에 판매해 이익을 창출하는 전략으로 판매 지역을 확대하거나 고객층을 다양화하는 방법이다.
④ 제품개발 전략(product development)은 기존 시장에 신제품을 개발 및 출시해 시장점유율을 확대하는 전략으로 기존 고객에게 신제품을 추가로 판매해 제품라인 확장 전략이라고도 한다.
⑤ 다각화 전략(diversification)은 새로운 제품이나 서비스를 개발해 새로운 고객층들에게 판매하고 새로운 시장을 개척하는 전략으로 성장전략 중 가장 적극적이면서도 혁신성이 높은 반면에 리스크도 가장 크다.

1493 ②

앤소프의 제품/시장 매트릭스(product/market matrix)에서 신제품을 통해 신시장에 진출하는 전략은 다각화이다.

1494 ①

① Ansoff의 제품-시장 확장 매트릭스에서 기존 고객들에게 기존의 제품을 더 많이 구입하게 하는 전략은 시장침투(market penetration) 전략에 해당한다.

1495 ③

① 제품개발 전략에 해당한다.
② 시장개발 전략 혹은 다각화 전략에 해당한다.
③ 시장침투 전략에 해당한다.
④ 제품개발 전략에 해당한다.

1496 ⑤

앤소프(H. Ansoff)가 제시한 기업 수준의 성장전략은 다음과 같다.

제품/시장 확장 매트릭스

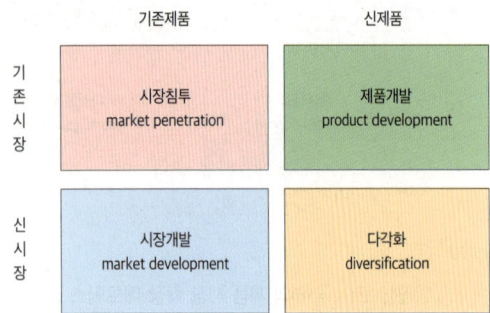

1497 ④

① 시장침투전략에 대한 내용이다. 시장침투(market penetration) 전략은 기존 제품을 변경하지 않고 기존 고객에게 더 많이 판매하는 것을 말한다.
② 시장개발 전략에 대한 내용이다. 시장개발(market development) 전략은 새로운 시장을 개발하여 기존 제품을 판매하는 것을 말한다.
③ 제품개발 전략에 대한 내용이다. 제품개발(product development) 전략은 기존시장을 대상으로 수정된 혹은 새로운 제품을 제공하는 것을 말한다.
④ 시장침투 전략에 대한 내용이다. 시장침투(market penetration) 전략은 기존 제품을 변경하지 않고 기존 고객에게 더 많이 판매하는 것을 말한다.

1498 ①

① 커피 자체의 변경없이 광고, 가격, 서비스, 매장 디자인을 개선하고 기존 고객이 주문을 용이하게 하도록 앱을 개발하는 것은 시장침투전략에 해당한다.

1499 ⑤

제품/시장 확장 매트릭스는 다음과 같다.

1500 ①

기업중심적 방법에는 제품-시장 매트릭스(product-market matrix), 기술적 대체 가능성(technological substitutability), 표준 산업분류(standard industrial classification) 등이 있으며, 브랜드 전환 매트릭스(brand switching matrix)는 고객중심적 방법에 해당한다.

1501 ②

② 기업내부환경은 거시적 환경이 아니다. 거시적 환경은 산업 분야의 외부에서 발생하는 요인으로 마케팅활동에 영향을 미치며, 기업이 통제할 수는 없지만 오랜 시간에 걸쳐 기업에 영향을 미치는 환경요소를 의미한다. 거시적 환경으로는 인구통계적 환경, 경제적 환경, 기술적 환경, 정치·법률적 환경, 사회문화적 환경, 경쟁 환경 등이 있다.

1502 ⑤

⑤ 촉진수단에는 광고, PR, 판매촉진, 인적판매, 구전 등이 있다.

1503 ③

③ 시장 세분화는 시장을 일정한 기준으로 나누는 것을 의미하므로 시장이 세분화될수록 규모의 경제와 경험효과는 줄어든다.

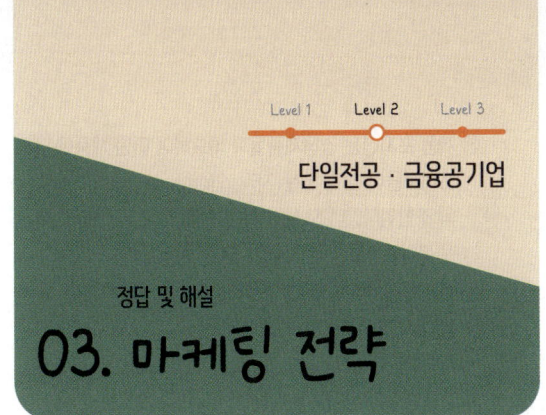

03. 마케팅 전략

1504 ①

① 치약시장을 충치예방, 미백효과, 청결유지 등으로 구분한 것은 소비자가 치약사용으로부터 추구하는 효용(benefit sought)에 따른 것이다. 추구하는 효용은 고객 행동변수이다.

1505 ②

② 1대1 대응형 마케팅을 미시적 마케팅(micro marketing)이라고 하는데, 이는 경쟁이 치열하고 소비자들의 욕구가 다양할수록 사용될 가능성이 높은 전략이다.

1506 ③

③ 시장세분화 시, 소비자의 욕구는 동일한 세분시장 내에서는 동질적이어야 하며, 세분시장 간에는 이질적일수록 좋다.

1507 ④

① 세분시장의 크기, 구매력, 기타 특성 등을 측정할 수 있어야 한다.(측정가능성)
② 세분시장에 속하는 고객들에게 효과적이고 효율적으로 접근할 수 있어야 한다.(접근가능성)
③ 세분시장이 너무 작아서는 안 된다.(규모적정성)
④ 경쟁회사의 세분시장에 대응할 수 있도록 세분시장을 결정할 경우, 경쟁회사가 강력하고 공격적이라면 경쟁우위를 획득하지 못할 수도 있다.
⑤ 같은 세분시장에 속한 고객끼리는 최대한 비슷하여야 하고, 서로 다른 세분시장에 속한 고객끼리는 최대한 상이하여야 한다.(세분시장 내 동질성, 세분시장 간 이질성)

1508 ⑤

효과적 시장세분화가 되기 위한 조건은 다음과 같다.
① 측정가능성
  세분시장의 크기, 구매력, 기타 특성들을 측정할 수 있어야 한다.
② 규모적정성
  세분시장이 너무 작아서는 안 된다. 즉 그 세분시장만을 타겟으로 마케팅활동을 해도 이익이 날 수 있을 정도의 규모를 갖고 있어야 한다.

③ 접근가능성
  세분시장에 속하는 고객들에게 효과적이고 효율적으로 접근할 수 있어야 한다. 즉, 고객들이 어떤 매체를 주로 보는지 또는 고객들이 주로 어느 지역에 사는지 등과 같은 정보를 알고 있어야 한다.
④ 세분시장 내 동질성과 세분시장 간 이질성
  같은 세분시장 내에 속한 고객들끼리는 최대한 비슷하여야 하고, 서로 다른 세분시장에 속한 고객들끼리는 최대한 달라야 한다.

1509 ①

d. 같은 세분시장에 속한 고객끼리는 최대한 비슷하고, 서로 다른 세분시장에 속하는 고객끼리는 최대한 다르게 세분화하는 것이 좋다.
e. 군집분석(cluster analysis)은 기준변수가 연속형 변수일 때 사용한다. 만약 연속형이 아닌 범주형 변수일 경우 시장세분화는 교차분석(cross tabulation analysis) 혹은 교차집계를 이용하게 된다.

1510 ⑤

⑤ 소비자들의 욕구가 다양화되고 있어, 기업은 더 좁은 시장을 표적으로 하는 미시적 마케팅 전략으로 점점 이행하고 있다.

1511 ④

④ 글로벌 브랜드는 글로벌 연상효과 때문에 제품에 대한 지각된 위험(perceived risk)을 줄인다.

1512 ④

④ 각 세분시장의 차이를 무시하고 단일(혹은 소수의) 제품으로 전체시장에 접근하는 것은 비차별적(undifferentiated) 마케팅 전략이다. 집중적 마케팅전략은 시장을 세분화한 후 회사의 모든 마케팅 역량을 단 하나의 시장에 집중하는 것을 말한다.

1513 ⑤

a. 측정가능성(measurability)은 규모적정성, 접근가능성, 세분시장 내 동질성과 세분시장 간 이질성과 더불어 효과적인 시장세분화 요건 중 하나이다.
b. 성별, 연령, 소득, 직업, 지역, 가족생활주기, 가족의 크기, 교육 수준, 종교 등은 인구통계학적 세분화 변수로 분류된다.
c. 시장세분화(market segmentation)란 한 기업이 시장을 일정한 기준에 따라 몇 개의 동질적인 소비자 집단으로 나누는 것을 말한다. 시장세분화를 하면 하지 않는 경우에 비하여 고객들의 욕구를 보다 잘 이해할 수 있기 때문에 자칫하면 눈에 띄지 않았을 마케팅 기회를 더 잘 발견할 수 있다. 뿐만 아니라 마케팅 노력을 유망한 세분시장에 집중함으로써 효율적이고 효과적인 마케팅을 할 수 있다.

1514 ③

③ 제품사용자에 의한 포지셔닝은 표적시장 내의 전형적 소비자를 겨냥하여 자사의 제품이 그들에게 적절한 제품이라고 소구하는 방법이다.

1515 ①

① 시장을 어린이와 청소년으로 나눈 것은 연령에 따른 세분화이며, 아이스크림의 맛에 의한 세분화는 추구하는 효익(benefits sought)에 의한 것이다. 2개의 시장을 각기 다른 마케팅 믹스로 공략하므로 차별화 마케팅전략에 해당하며, 광고의 초점이 '고유의 맛을 지닌 아이스 바' 이므로 속성에 의한 포지셔닝 전략에 해당한다.

1516 ①, ②

교차판매(cross-selling)는 더 많은 제품과 서비스를 판매하기 위해 상품을 구입한 고객에게 다른 상품도 판매하는 것을 의미하는데, 교차판매의 대상이 기존의 자사 제품일 경우엔 시장침투전략에 가깝지만, 은행에서 판매되는 타 사의 펀드나 보험처럼 교차판매의 대상이 타사 제품일 경우엔 제품개발전략에 더 가깝다고 말할 수 있다.

1517 ④

① 생활용품 회사가 자사제품 기존 소비자의 사용빈도와 1회 소비량을 증가시키기 위한 마케팅전략 아이디어를 찾고 있다면 이는 Ansoff 매트릭스 중 시장침투(market penetration) 전략에 속한다.
② 지각과정에서 최초의 자극이 강할수록 자극 간 차이를 인식시키기 위해서는 차별화와 변화의 폭이 충분히 커야된다는 법칙을 웨버의 법칙(Weber's law)이라고 한다. 지각적 경계법칙(perceptual vigilance)은 자신과 관련성 높은 정보에는 주의를 기울이고 그렇지 않은 정보에는 주의를 기울이지 않는 것을 말한다.
③ 마케팅 의사결정지원시스템은 마케팅관련 의사결정권자를 위한 정보시스템이므로 판매 현장에서 사용하는 정보시스템이 아니다.
⑤ 모집단을 서로 상이한 소집단으로 분류한 후에 각 소집단으로부터 단순 무작위표본추출을 하는 방법을 층화 표본추출(stratified sampling)이라고 한다.

1518 ④

① 제품 포지션(position)이란 소비자들의 인식 속에 자사의 제품이 경쟁 제품에 대비하여 차지하고 있는 상대적 위치를 말하는데, 제품의 포지션이 한번 정해졌더라도 기업은 고객의 욕구와 경쟁사 전략의 변화에 대응할 수 있도록 지속적으로 자사의 포지션(position)을 파악하여 적응해 나가야 한다. 이를 재포지셔닝이라고 한다.
② 회사가 보유한 자원별로 표적시장전략(market targeting strategy)이 달라진다. 만약 회사의 자원이 제한적이라면 차별적 마케팅(differentiated marketing) 전략보다는 집중적 마케팅(concentrated marketing) 전략이 더 적합하다.

③ 제품 포지션은 경쟁제품들과 비교하여 어떤 제품에 대해 소비자들이 갖고 있는 지각, 인상(impression), 느낌 등의 조합이다. '디즈니는 어린이에게 꿈을 심어준다.' 혹은 '일본차는 가격대비 품질이 좋다.' 등의 인식이 그 예이다.
④ 현재의 브랜드명을 다른 제품범주의 신제품에 확장해 사용하는 것은 카테고리 확장(category extension)이다. 라인확장(line extension)은 현재의 브랜드명을 동일한 제품범주의 신제품에 확장해 사용하는 것이다.
⑤ 마케터는 차별화 요소를 찾기 위해 자사의 제품과 서비스에 대한 고객의 다양한 경험을 최대한 고려해야 한다. 더불어 종업원, 유통경로, 이미지 등도 차별화를 위해 고려될 수 있다.

1519 ②

② 전반적인 경제의 성장률을 예측하는 데 이용되는 선행지수들을 이용하여 시장규모를 예측하는 기법은 선행지수법(leading indicators method)이다.

1520 ④

① 상품형태(product form) 수준의 경쟁이란 같은 형태를 가진 상품들 간의 경쟁을 말하며, 일반적으로 가장 치열한 경쟁이 바로 이 수준에서 벌어진다. 코카콜라와 펩시콜라 간의 경쟁이 여기에 해당한다.
② 상품범주(product category) 수준의 경쟁이란 상품형태는 다소 다르지만 기본적으로 같은 범주(예 청량음료 범주)에 속하는 상품들 간의 경쟁을 말한다. 상품형태 수준의 경쟁 다음으로 치열한 경쟁이 이 수준에서 벌어진다. 청량음료 범주에 속하는 코카콜라와 칠성사이다와의 경쟁이 여기에 속한다.
③ 휴대폰의 보급으로 청소년들의 통신비가 급증하면서 다른 부문(예 놀이공원)에 대한 지출이 줄어드는 것은 예산수준의 경쟁이라고 볼 수 있다. 예산수준의 경쟁은 그 범위가 너무 넓기 때문에 특별한 경우가 아니면 마케팅 관리자에게 유용한 지침을 주지 못한다.
④ 전략군(strategic group)이란 개념은 기업들을 전략적인 특성에 따라 구분한 것이다. 전략군은 어느 한 산업에서 유사한 전략을 추구하는 기업들의 집단이라고 정의할 수 있다. 구체적으로 어떠한 제품군 또는 지역시장에 집중하고 있는가? 또는 어떤 유통채널을 선택하고 있는가? 제품의 질은 어느 수준인가? 그리고 수직적 통합의 정도. 기술의 선택 등과 같은 여러 가지 측면에서 기업들의 전략을 평가하여 유사한 전략을 추구하는 기업들을 묶어서 전략군이라고 정의한다. 예를 들어 같은 반도체 산업이라고 하더라도, 삼성과 하이닉스는 메모리 반도체를 주로 생산하고 있으며, 인텔과 모토롤라는 비메모리 반도체를 생산하고 있으므로 서로 다른 전략군에 속하고 있다는 것을 알 수 있다. 그러므로 동일한 전략군에 속한 인텔과 모토롤라 간 경쟁은 다른 전략군에 속한 기업과의 경쟁보다는 상대적으로 강하다.

⑤ 마케팅에서는 상품의 형태나 종류에 관계없이 대체 가능성(substitutability)이 있는 것은 모두 경쟁자가 될 수 있다. 즉 같은 상품으로 경쟁하는 경쟁자뿐만이 아니라, 기존 상품을 대체하는 새로운 상품도 위협적인 경우가 있으므로, 마케팅 관리자는 경쟁을 폭넓게 보아야 한다.

1521 ⑤

⑤ 제품수명주기는 경쟁자 분석방법이 아니라 시장의 매력도 분석에 사용되는 방법이다.

1522 ①

경쟁자 분석방법은 아래와 같이 구분된다.

경쟁자 파악방법

분류	기법
기업중심적 방법	제품/시장 확장 매트릭스 기술적 대체가능성 표준산업분류
고객중심적 방법	**고객지각에 기초한 방법** 지각도 상품제거 사용상황별 대체
	고객행동에 기초한 방법 상표전환 매트릭스 수요의 교차탄력성

1523 ③

1. 고객지각에 기초한 방법: 고객이 지각한 제품 간 유사성에 기초하여 경쟁자를 파악하는 방법
   - 지각도(perceptual map)
   - 상품제거(product deletion)
   - 사용상황별 대체(substitution in-use)
2. 고객 행동에 기초한 방법: 고객이 실제로 대체 사용하는 패턴을 기초로 경쟁자를 파악하는 방법
   - 상표전환 매트릭스(brand switching matrix)
   - 수요의 교차탄력성(cross-elasticity of demand)

1524 ①

a. 경쟁자 파악방법은 아래의 표와 같이 구분된다.

경쟁자 파악방법

분류	기법
기업중심적 방법	제품/시장 확장 매트릭스 기술적 대체가능성 표준산업분류
고객중심적 방법	**고객지각에 기초한 방법** 지각도 상품제거 사용상황별 대체
	고객행동에 기초한 방법 상표전환 매트릭스 수요의 교차탄력성

b. 시장세분화 기준변수를 크게 고객행동변수와 고객특성변수로 구분하였을 때, 사용상황은 고객행동변수로 분류된다.

세분화에 이용되는 고객 행동변수와 특성변수

분류	기법
고객 행동변수 (1차적 역할)	추구편익 사용상황 사용량 상표애호도 또는 태도 고객생애가치 (효과계층모형의) 반응단계
고객중심적 방법	**인구통계적 변수** 연령/성별/소득/직업/지역 가족생활주기/가족의 크기 교육수준/사회계층
	심리분석적 변수 라이프스타일 성격

c. 기업이 세분시장의 차이를 무시하고 하나의 제품으로 전체시장을 공략하는 시장범위 전략은 비차별적 마케팅(undifferentiated marketing) 전략이다.

1525 ③

a. 마케팅에서는 대체가능성(substitutability)이 있는 것은 모두 경쟁자가 될 수 있다. 예를 들어, 코카콜라의 마케터가 주스는 콜라도 아니고 청량음료도 아니기 때문에 코카콜라의 경쟁상대가 될 수 없다고 생각하였다면, 이것은 고객의 관점을 무시한 근시안적인 생각이다. 이렇게 경쟁의 범위를 같은 형태나 같은 종류로 한정시켜서 좁게 보는 것을 마케팅 근시(marketing myopia)라고 부른다. 마케팅 근시(marketing myopia)는 고객에게 제공될 편익과 경험 등의 본원적 욕구에 주의를 기울이지 않고, 그 제품의 기능과 특성 등의 구체적 욕구에만 주의를 기울이는 실수를 말한다. 마케팅 근시는 본원적 편익(intrinsic benefit) 수준까지 넓게 보지 않고 제품형태(product form)나 제품범주(product category) 수준으로 국한시키는 것을 말한다.

b. 고객 지각에 기초한 경쟁자 파악 방법은 고객들에게 여러 가지 상품들을 주고 이 상품들이 서로 얼마나 비슷하다고 느끼는 지를 물어봄으로써 어떤 상품과 어떤 상품이 높은 대체가능성을 갖고 있는지, 즉 치열한 경쟁관계에 있는지를 파악할 수 있다. 이렇게 지각된 유사성에 기초하여 경쟁자를 파악하는 방법에는 지각도(perceptual map), 제품 제거(product deletion), 사용상황별 대체(substitution in-use)의 세가지가 있다. 고객 행동에 기초한 방법은 고객이 실제로 대체 사용하는 패턴을 관찰하여 이를 기초로 주요 경쟁자들이 누구인지를 파악하는 것이다. 여기에는 상표전환 매트릭스(brand switching matrix)를 이용한 방법과 수요의 교차탄력성(cross-elasticity of demand)을 이용한 방법이 있다.

c. 상표전환 매트릭스(brand switching matrix)는 구매자들이 한 상표에서 다른 상표로 전환하는 비율을 계산해 놓은 표를 말한다. 이를 활용한 경쟁자 파악 시, 주의할 점은 브랜드 A에서 브랜드 B로 전환이 일어났다는 것이 반드시 두 브랜드가 대체관계에 있음을 의미하지는 않는다는 것이다. 즉, 구입자와 사용자가 동일인이 아닐 수도 있고, 사용자는 같아도 사용상황이 달라서 상표전환이 일어난 것

1526 ④

a. 제품/시장 매트릭스(product/market matrix)를 이용한 경쟁자 파악 방법은 앤소프의 제품/시장 매트릭스를 이용한 것으로 기업중심적 경쟁자 파악방법에 해당하며, 잠재적인 경쟁자들을 파악해 준다는 장점이 있으나 마케터의 주관적인 판단에 의존한다는 단점을 갖고 있다.

b. 상표전환 매트릭스(brand switching matrix)는 여러 명의 고객들에게 지난번에 무엇을 샀으며 이번에는 무엇을 샀는지를 질문하고 이를 정리하여 구매자들이 한 상표에서 다른 상표로 전환하는 비율을 계산해놓은 표를 말한다. 이를 이용한 경쟁자 파악 방법은 두 브랜드를 1:1로 비교하기 때문에 두 브랜드 간의 경쟁관계 발생 유무는 알 수 있지만 경쟁관계 발생 원인은 설명해주지 못한다.

c. 사용상황별 대체(substitution in-use)는 대체가능성을 평가하는데 있어서 사용상황을 고려한다는 특징을 가지고 있다. 이 방법은 본원적 편익 수준은 물론 예산수준의 경쟁자들까지 파악할 수 있다는 장점이 있다. 즉 경쟁의 범위를 폭넓게 파악하는데 도움이 된다.

1527 ②

① 효과적인 시장세분화의 요건 중 측정 가능성(measurability)은 세분시장의 크기, 구매력, 기타 특성들을 측정할 수 있어야 한다는 것을 말하며, 마케팅믹스가 표적 세분시장에 도달할 수 있어야 한다는 것은 접근 가능성(accessibility)을 의미한다.

② 맞는 보기. 마케팅에서는 상품의 형태나 종류가 다르더라도 대체가능성(substitutability)이 있는 것들은 경쟁자가 될 수 있다. 즉 같은 상품으로 경쟁하는 경쟁자뿐만 아니라, 기존 상품을 대체하는 새로운 상품도 위협적인 경우가 있으므로, 마케팅 관리자는 경쟁을 폭넓게 봐야 한다. 따라서 경쟁자 파악 방법에서 사용상황별 대체(substitution in-use)는 대체가능성을 파악하기 때문에 상표 전환 매트릭스(brand switching matrix)보다 폭넓게 경쟁자를 파악하게 해준다.

③ 추구 편익(benefit sought)은 시장세분화에서 대표적 고객 행동변수이다. 고객 행동변수란 고객의 구매행동과 밀접한 관련이 있는 변수들을 말하는데 여기에는 추구 편익과 더불어 사용상황, 사용량, 상표애호도, 고객생애가치 등이 포함된다. 반면 심리분석적(psychographic) 변수는 고객 특성변수에 속하는데 여기에는 라이프스타일, 성격 등이 있다.

④ 제품/시장 성장매트릭스(product/market expansion matrix)에서 시장침투(market penetration) 전략은 기존 제품을 변경하지 않고 기존 고객에게 더 많이 판매하는 것을 말하며, 기존 제품을 잠재적 구매자에게 판매함으로써 성장을 추구하는 전략은 시장개발(market development) 전략이다.

⑤ 틈새시장 전략이며 자원이 제한된 기업에 의해 주로 사용하는 것은 집중적 마케팅(concentrated marketing)이다. 차별적 마케팅(differentiated marketing)은 여러 세분시장을 표적시장으로 삼고, 이들 각각의 시장에 독특한 제품을 제공하는 것을 말한다.

1528 ②

① 사용빈도를 높이는 것과 1회 사용량을 높이는 것은 모두 시장침투전략과 관련이 있다.

③ 시장세분화에서 고객생애가치는 고객행동변수이고, 사회계층과 가족생활주기는 인구통계변수에 속한다. 그리고 라이프스타일은 성격과 함께 심리분석적 변수에 해당한다.

④ 본원적 편익 수준의 경쟁이란 형태나 범주는 다르지만 고객에게 기본적으로 동일한 편익을 제공하는 상품들간의 경쟁을 말한다. 상품형태는 다르지만 같은 범주에 속하는 상품 간의 경쟁은 상품범주 수준의 경쟁이다.

⑤ 집중적 마케팅은 전체 시장에서 작은 점유율을 추구하는 대신에 하나의 표적시장에 집중함으로써 높은 시장점유율을 확보하는 방법이다.

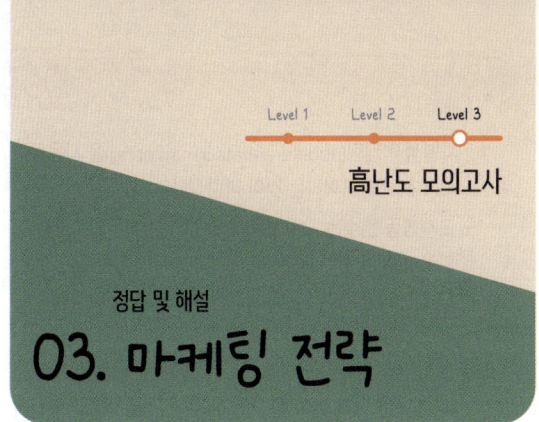

정답 및 해설
03. 마케팅 전략

1529 ①

b. 세분화된 시장을 통합하여 여러 세분시장에 동시에 어필할 수 있는 상품을 내놓는 것을 역세분화(counter-segmentation)라 부른다. 시장이 지나치게 세분화된 경우에는 고객기반을 통합하는 역세분화를 해야 한다. 역세분화는 시장에서 점유율이 높은 회사보다는 점유율이 낮은 회사들에게 적합한 방법이다. 점유율이 높은 회사는 이미 철저하게 시장을 세분화하여 각 세분시장에서 확보한 위치를 차지하고 있으므로, 굳이 이러한 구도를 파괴하면서 역세분화를 할 이유가 적다. 더구나 역세분화하면 자기회사 상품의 판매를 잠식할 위험이 크다. 그러나 점유율이 낮은 회사들은 기존의 구도하에서 획기적인 변화를 가져오기 힘들다고 판단하게 되면, 역세분화를 통하여 시장을 흔들어 볼 이유가 충분하다.

d. 큰 시장에서 낮은 시장점유율을 추구하는 대신 하나의 표적시장에 집중함으로써 높은 점유율을 확보하려는 방법은 집중적 마케팅(concentrated marketing)이다. 집중적 마케팅은 주로 자원이 제한적인 작은 기업들이 사용하며 이들 기업은 그들이 세분시장의 욕구에 대해 보다 많은 지식을 얻을 수 있고, 세분시장에서 특별한 인기를 끌 수 있기 때문에 강력한 시장지위를 확보할 수 있다. 반면 비차별적 마케팅(undifferentiated marketing) 전략을 사용하는 기업은 세분시장의 차이를 무시하고 하나의 제공물로 전체시장을 공략한다. 이 전략은 고객욕구의 차이점보다는 공통점에 초점을 맞춘다. 이 때문에 대량생산을 통한 원가절감 등의 효과를 거둘 수 있으나 요즘같이 고객의 욕구가 다양화되고 기업 간 경쟁이 치열해지는 상황에서는 효과적이지 못한 방법이다.

e. '직업'은 인구통계적 세분화 변수에 해당한다. 심리분석적 세분화(psychographic segmentation) 변수에는 라이프스타일과 성격이 있다.

1530 ①

보기 a와 b는 고객 지각에 기초한 방법에 대한 설명이고, 보기 c는 고객 지각에 기초한 방법 중 '사용상황별 대체'에 관한 설명이다.

a. 고객 지각에 기초하여 경쟁자를 파악하는 방법은 고객이 주관적으로 느끼고 있는 상품들 간의 유사성을 근거로 삼고 있다. 그런데 어떤 고객이 어떤 상품과 어떤 상품이 비슷하다고 느낀다는 것은 대체 사용할 가능성이 높다는 것을 의미할 뿐이지, 반드시 대체 사용하고 있다는 뜻은 아니다. 즉 잠재적인 대체가능성만을 나타낼 뿐이다. 이것은 장점이기도 하고 단점이기도 하다. 현재 대체사용이 일어나지 않더라도 앞으로 일어날 가능성을 보여준다는 것은 경쟁의 범위를 폭 넓게 파악하는 데 도움이 되지만, 현재 일어나지도 않는 것까지 모두 경쟁의 범위에 포함시킴으로써 마케터의 초점을 흐릴 수 있다는 단점이 있다.

b. 상품형태(product form)나 상품범주(product category) 수준의 경쟁자를 파악하는 것이 목적이라면 어떤 방법을 사용하더라도 가능하다. 그러나 본원적 편익이나 예산 수준에서 경쟁자를 파악하려면 고객 지각에 기초한 방법이 더 좋다. 하지만 고객 지각에 기초한 방법은 대개 1차 자료(primary data)를 필요로 하기 때문에 시간과 비용이 많이 드는 단점이 있다.

c. 사용상황별 대체(substitution in-use)는 대체가능성을 평가하는데 있어서, 상품의 사용상황을 고려한다는 특징을 갖고 있다. 이 방법은 3단계로 이루어진다. 첫째, 어떤 상품을 고객에게 제시하고 이 상품의 모든 가능한 사용상황들을 이야기하도록 한다. 둘째, 첫 번째 단계에서 나온 사용상황별로, 그 사용상황에 적합한 다른 상품들을 이야기하도록 한다. 셋째, 두 번째 단계에서 나온 상품마다 그 사용상황에 어울리는 정도를 점수로 매기도록 한다. 이 방법은 본원적 편익(intrinsic benefit) 수준의 경쟁자는 물론 예산(budget) 수준의 경쟁자들까지 파악할 수 있는 장점을 가지고 있으나, 사용상황별로 조사를 해야 하므로, 다소 번거롭다는 단점을 갖고 있다.

1531 ③

b. 시장 세분화에 사용되는 분석방법은 요인분석이 아니라 군집분석(cluster analysis)이다.

d. 포지셔닝에 사용되는 제품위치도는 제품에 대한 소비자들의 지각과 선호를 시각적으로 표현한 것으로 다차원척도법(multidimensional scaling : MDS)을 이용하여 작성된다.

1532 ⑤

a. 생애주기와 소득은 인구통계적(demographic) 세분화 변수에 해당한다.

c. 앤소프(Ansoff)의 제품-시장 확장 매트릭스에서 기존 제품을 변경하지 않고 기존 고객에게 더 많이 판매하려는 것은 시장 침투(market penetration) 전략이다.

1533 ④

b. 회사가 어떤 고객으로부터 얻는 이익흐름의 현재가치를 고객생애가치(customer lifetime value)라 하는데 이는 인구통계적 시장세분화 변수가 아니라 고객 행동변수에 해당한다.

1534 ④

앤소프(Ansoff)의 제품/시장 확장 매트릭스(product/market expansion matrix)는 기업의 성장벡터에 관한 매트릭스로 기업의 제품믹스 관리에 사용되는 것이 아니라 향후 기업의 성장방향을 어느 곳으로 향하게 해야 할 지를 결정하는데 도움을 주는 것이다.

1535 ③

① 마케팅 전략 수립은 시장세분화(market segmentation), 목표시장 선정(targeting), 포지셔닝(positioning)의 순으로 이루어진다.
② 표적시장 선정 전략 중 차별적 마케팅(differentiated marketing)은 집중적 마케팅(concentrated marketing)보다 더 넓은 시장을 공략 대상으로 한다.
④ 사회계층은 인구통계적 세부화 변수에 해당하고, 생활양식, 개성 등은 심리분석적 세분화(psychographic segmentation)에 해당된다.
⑤ 표적시장 내 전형적인 소비자를 겨냥하여 자사제품이 그들에게 적절한 제품이라고 인식시키는 것은 사용자에 의한 포지셔닝(positioning by user)에 해당된다.

1536 ②

② 할당표본추출(quota sampling)은 모집단의 특성을 감안하여 일정한 기준(예: 성별, 연령별, 지역별)에 의해 전체 표본을 여러 집단으로 구분하고, 각 집단별로 필요한 대상을 추출하는 기법이지만, 표본에 포함될 원소가 편의성과 판단을 근거로 상당히 자유롭게 선택되므로 비확률 표본추출(non-probability sampling)에 해당한다.

1537 ②

② 라이프스타일은 고객행동변수가 아니라 심리분석적 변수에 해당한다.

1538 ④

a. 지각도(perceptual map) 혹은 포지셔닝 맵은 여러 가지 상품들이 고객의 마음 속에서 차지하고 있는 위치를 2차원이나 3차원 공간에 나타낸 그림으로 이 그림에서 가까이에 위치한 상품들은 유사성이 높음을 나타내고, 멀리 위치한 상품들은 유사성이 낮음을 나타낸다. 지각도는 보통 다차원 척도법(MDS: multidimensional scaling)에 의해 작성되며, 주로 포지셔닝(positioning)시에 많이 사용된다.
b. 연령, 성별, 소득, 직업, 지역, 가족생활주기, 가족의 크기, 교육수준 등은 인구통계적 세분화 변수에 해당하지만, 라이프스타일, 성격 등은 심리분석적 세분화 변수에 해당한다. 이밖에 추구하는 편익, 사용상황, 사용량, 상표애호도, 고객생애가치(customer lifetime value) 등은 고객행동변수에 해당한다.
c. 제품수명주기 단계상 도입기(introduction)에서는 시장의 형성기이며 소비자의 기호가 아직 세분화되지 않았기 때문에 차별적 마케팅(differentiated marketing)보다 비차별적 마케팅(undifferentiated marketing)을 사용하여 시장 전체를 공략하는 것이 바람직하다.
d. 고객행동 변수는 구매행동과 밀접한 관련이 있는 변수이므로 누가 비슷한 욕구를 갖고 있고, 누가 다른 욕구를 갖고 있는지를 가려내는데 효과적이다. 그러나 고객행동 변수로 시장을 세분화했다고 해서 곧바로 세분시장 마케팅을 할 수 있는 것은 아니다. 고객 특성변수(인구통계적 변수, 심리분석적 변수)를 이용하여 각 세분시장을 구성하는 고객들이 누구인지를 파악해야 효율적으로 이들에게 접근할 수 있는 것이다. 따라서 세분시장 마케팅을 효과적이고 효율적으로 하려면 먼저 고객 행동변수를 이용하여 시장을 세분화한 다음, 고객 특성변수를 이용하여 세분시장 각각의 전반적인 특성을 파악해야 한다.
e. 세분화된 시장을 통합하여 여러 세분시장을 동시에 어필할 수 있는 상품을 내놓는 것을 역세분화(counter-segmentation)라고 하며, 역세분화는 시장에서 점유율이 높은 회사보다는 점유율이 낮은 회사들에게 적합하다. 왜냐하면 점유율이 높은 회사는 이미 철저하게 시장을 세분화하여 각 세분시장에서 확고부동한 위치를 차지하고 있으므로, 굳이 이러한 구도를 파괴하면서 역세분화를 할 이유가 적기 때문이다. 더구나 역세분화를 하면, 자기회사 상품의 판매를 잠식할 위험도 크다. 그러나 점유율이 낮은 회사들은 기존의 구도 하에서 획기적인 변화를 가져오기 힘들다고 판단되면 역세분화를 통하여 시장을 흔들어 볼 이유가 충분하다.

1539 ①

a. 기업의 성장전략에 관한 앤소프(Ansoff)의 제품/시장 확장 매트릭스는 시장침투, 제품개발, 시장개발, 다각화 전략을 제시하고 있다. 그 중 가장 빈번하게 쓰이는 전략은 시장침투전략과 제품개발전략이다. 시장개발 전략은 많은 노력이 들기 때문에 비교적 흔치 않은 전략이며, 다각화 전략은 새로운 고객과 새로운 제품을 필요로 하므로, 상품이나 브랜드 수준의 전략이라기 보다는 사업단위 수준이나 기업 전체 수준의 전략이라고 할 수 있다. 시장침투 전략은 현재 이 상품을 사용하는 고객들로 하여금 상품을 더 많이 또는 더 자주 구입하게 함으로써 성장을 달성하는 전략이다. 제품개발 전략은 기존 상품을 구입하는 고객들로 하여금 새로운 상품을 구입하게 함으로써 성장을 달성하는 전략이다. 또한 시장개발(market development) 전략은 기존 상품을 아직 구입하지 않는 사람들을 설득하여 구입하게 만듦으로써 성장을 달성하는 전략이다.
b. 연령, 성별, 소득, 직업, 지역, 가족생활주기, 가족의 크기, 교육수준 등은 인구통계적 세분화 변수이고, 라이프스타일, 성격 등은 심리분석적 세분화 변수에 해당한다. 이밖에 추구하는 편익, 사용상황, 사용량, 상표애호도, 고객생애가치(customer lifetime value) 등은 고객행동변수에 해당한다.

c. 제품수명주기 단계에서 도입기에는 시장의 규모도 작고 성장률도 낮기 때문에 매력도가 낮다. 성장기에는 시장이 빠르게 서장하면서 규모가 커지기 때문에 매력도가 가장 높다. 성숙기에는 성장률이 정체되고 규모가 커지기 때문에 매력도는 낮아진다. 쇠퇴기에는 매력도가 낮기 때문에 대부분의 경쟁자들이 시장을 떠나게 된다.

d. 속성에 의한 포지셔닝은 제품자체가 지나고 있는 고유의 속성 즉, 규모나 연한 등을 소비자에게 인식시키는 것이다. 반면 사용자에 의한 포지셔닝은 표적시장내의 전형적 소비자를 겨냥하여 자사제품이 그들에게 적절한 제품이라고 인식시키는 것이다.

e. 제품/시장 확장 매트릭스, 기술적인 대체가능성 판단, 표준산업분류를 이용한 방법 등은 기업중심적 경쟁자 파악 방법이다. 반면 지각도, 상품제고, 사용상황별 대체, 상표전환 매트릭스, 수요의 교차탄력성 등은 고객중심적 경쟁자 파악방법이다.

1540 ②

① 고객 행동변수란 고객의 구매행동과 밀접한 관련이 있는 변수들을 가리킨다. 예를 들어, 추구편익, 사용상황, 사용량, 상표애호도 등이다. 고객 특성변수란 고객이 누구인지를 나타내 주는 변수들을 가리킨다. 예를 들어, 인구통계적 변수(연령, 성별, 소득, 직업 등)와 심리분석적 변수(라이프 스타일, 성격 등) 등이다. 세분시장 마케팅을 효과적이고 효율적으로 하려면 먼저 고객 행동변수를 이용하여 시장을 세분화한 다음, 고객 특성변수를 이용하여 세분시장 각각의 전반적인 특성을 파악해야 한다. 고객 행동변수는 구매행동과 밀접한 관련이 있는 변수이므로 누가 비슷한 욕구를 갖고 있고, 누가 다른 욕구를 갖고 있는지를 가려내는 데 효과적이다. 그러나 시장을 세분화하였다고 해서 곧바로 세분시장 마케팅을 할 수 있는 것은 아니다. 고객 특성변수를 이용하여 각 세분시장을 구성하는 고객들이 누구인지를 파악해야 효율적으로 이들에게 접근할 수 있을 것이다.

② 측정가능성은 세분시장의 크기, 구매력, 기타 특성들을 측정할 수 있는 정도를 의미하며, 접근가능성은 고객들에게 효과적이고 효율적으로 접근할 수 있어야 한다는 것을 의미한다. 만약 시장을 세분화한 후, 시장에 속한 고객들이 어떤 매체를 주로 보는지 또는 고객들이 주로 어느 지역에 사는지 등과 같은 정보를 모른다면 이는 접근가능성 결여된 시장세분화이다.

③ 제품/시장 확장 매트릭스의 시장개발(market development) 전략은 기존의 제품을 가지고 신규 시장에 진입하는 전략을 의미하는데, 여기서 의미하는 '시장'은 새로운 인구통계적 시장(demographic market)이나 지역시장(geographical market)을 뜻한다. 즉 나이대가 더 높은 소비자들을 공략하거나 해외시장을 공략하는 것을 의미한다.

④ 수요의 교차탄력성(cross-elasticity of demand)이란 한 상품의 가격이 1% 변했을 때, 다른 상품의 판매량이 몇 % 변했는지를 나타낸다. 예를 들어, 리복의 가격이 1% 올랐을 때, 나이키의 판매량이 2% 늘어났다면, 나이키의 리복에 대한 교차탄력성은 '2'가 된다. 두 상품간의 교차탄력성이 높다면, 이것은 한 상품의 판매량이 다른 상품의 가격변화에 민감하게 반응한다는 뜻이므로, 두 상품 사이의 대체가능성이 높다. 즉 치열한 경쟁관계가 있다고 볼 수 있다.

⑤ 지각도(perceptual map)란 여러 가지 제품들이 고객의 마음 속에서 차지하고 있는 위치를 2차원의 공간에 나타낸 그림을 가리킨다. 지각도 상에서 가까이에 위치한 상품들은 유사성이 높음을 나타내고, 멀리 위치한 상품들은 유사성이 낮음을 나타낸다.

1541 ④

① 제품/시장 확장 매트릭스에서 제품개발(product development) 전략은 기존제품을 구입하는 고객들로 하여금 새로운 제품을 구입하게 함으로써 성장을 달성하는 전략이다. 예를 들어, 세단을 만들던 자동차 회사가 SUV 차량을 내놓는 전략이나, 강력한 판매조직을 가진 회사의 경우에 기존조직의 이용도를 높이기 위해 계속적으로 신상품을 개발하기도 한다. 예를 들어, 코웨이 정수기, 비데, 공기청정기 등 가정용품을 지속적으로 개발한 다음 자신들이 보유하고 있는 강력한 방문판매조직을 통하여 판매하고 있다. 제품/시장 확장 매트릭스에서 가장 빈번하게 쓰이는 전략은 시장침투전략과 제품개발전략이다. 시장개발 전략은 많은 노력이 들기 때문에 비교적 흔치 않은 전략이며, 다각화 전략은 새로운 고객과 새로운 제품을 필요로 하므로, 상품이나 브랜드 수준의 전략이라기 보다는 사업단위수준이나 기업전체수준의 전략이라고 할 수 있다.

② 시계열(time-series) 기법이란 과거의 데이터만을 이용하여 미래의 매출액을 예측하는 기법으로 이동평균법, 지수 평활법 등이 이에 해당한다. 회귀분석은 매출액과 높은 상관관계를 갖고 있을 것이라고 믿어지는 변수들을 나열하고, 매출액과 이들 변수들 사이의 함수관계를 식으로 표현한 후 이 함수를 통해 매출액을 예측하는 기법이다. 따라서 회귀분석은 가격이나 광고 등과 같은 여러 마케팅 믹스 변수들을 설명변수로 이용하여 예측하기 때문에, 마케팅 관리자가 의사결정을 내리는 데 훨씬 더 유용한 정보를 제공해 주는 장점이 있다. 그러나 회귀분석은 매출액뿐만 아니라 여러 설명 변수들에 대한 데이터를 요구한다는 단점을 갖고 있다.

③ 선행 지수라는 용어는 원래 경제학에서 온 것으로, 실업률, 재고, 설비투자 등과 같은 거시경제적인 변수들의 움직임이 경제성장률의 움직임보다 앞서서 일어나는 경향이 있기 때문에 이들 선행변수들을 이용하여 경제성장률을 예측할 수 있다는 아이디어에서 비롯되었다. 전반적인 경제의 성장률을 예측하는데 그 산업 고유의 선행지수들과는 별도로, 반도체. 건설 등 일부 산업에서는 그 산업 고유의 선행지수들이 개발되어 산업 전체의 미래 시장규모를 예측하는데 이용되고 있다.

④ 상품제거(product deletion)는 고객 지각에 기초한 방법이다. 상품제거는 다음과 같이 두 단계로 이루어진다. 첫째, 고객에게 여러 상품 들을 제시한 다음, 그 중에서 무엇을 살 것인지를 질문한다. 둘째, 고객이 사겠다고 응답한 상품들을 제거한 다음, 나머지 상품들 중에서 무엇을 살 것인지를 묻는다. 둘째 단계에서 응답된 상품은 첫째 단계에서 응답된 상품과 높은 대체가능성을 갖고 있고, 치열한 경쟁관계에 있는 것으로 볼 수 있다. 반면 상표전환 매트릭스(brand switching matrix)는 고객행동에 기초한 방법이다. 이는 구매자들이 한 상표에서 다른 상표로 전환하는 비율을 계산해 놓은 표를 의미한다. 상표전환 매트릭스 상에서 높은 점수는 상표의 높은 대체관계를 설명하지만 구입자가 같아도 사용자가 달라서 상표전환이 일어나는 것처럼 보이는 경우와 사용자는 같아도 사용 상황이 달라서 상표전환이 일어나는 것처럼 보이는 경우도 있으므로 해석에 각별히 유의해야 한다.

⑤ 세분시장 마케팅을 하려면 고객 행동변수와 고객 특성변수에 대한 데이터가 필요하다. 고객 행동변수란 고객의 구매행동과 밀접한 관련이 있는 변수들을 가리킨다. 예를 들어 추구편익, 사용상황, 사용량, 상표애호도 등이다. 고객 특성변수란 고객이 누구인지를 나타내 주는 변수들을 가리킨다. 예를 들어, 인구통계적 변수(연령, 성별, 소득, 직업 등)와 심리분석적 변수(라이프스타일, 성격 등)이다. 세분시장 마케팅을 효과적이고 효율적으로 하려면 먼저 고객 행동변수를 이용하여 시장을 세분화한 다음, 고객 특성변수를 이용하여 세분시장 각각의 전반적인 특성을 파악하여야 한다. 그러므로 고객 행동변수는 세분화의 기준변수가 됨으로써 일차적인 역할을 하고, 고객 특성변수는 일단 발견된 세분시장의 전반적인 특성을 알려줌으로써 이차적인 역할을 한다고 볼 수 있다.

1542 ④

① 상품형태(product form) 수준의 경쟁이란 같은 형태를 가진 상품들간의 경쟁을 말하며, 상품범주(product category) 수준의 경쟁이란 상품형태는 다소 다르지만 기본적으로 같은 범주에 속하는 상품들간의 경쟁을 가리킨다. 일반적으로 가장 치열한 경쟁이 바로 이 수준에서 벌어진다. 코카콜라와 펩시콜라 간의 경쟁이 여기에 해당한다. 상품형태 수준의 경쟁 다음으로 치열한 경쟁이 이 수준에서 벌어진다. 청량음료 범주에 속하는 코카콜라와 칠성사이다와의 경쟁이 여기에 속한다.

② 시계열(time-series) 기법이란 과거의 데이터만을 이용하여 미래의 매출액을 예측하는 기법으로 이동평균법, 지수평활법 등이 이에 해당한다. 이동평균법은 최근 몇 기(期) 동안의 매출액 평균치를 다음 기 매출액 예측치로 삼는 방법이며, 지수 평활법은 과거의 모든 데이터를 가중 평균하여 예측치를 구하되, 최근의 값일수록 더 높은 가중치가 부여되도록 하는 방법이다.

③ 표준산업분류를 이용한 방법은 정부가 만든 표준산업분류(SIC: standard industrial classification)를 이용하는 방법이다. 표준산업분류에서 유사한 코드를 갖는 기업을 경쟁자로 인식하면 된다.

④ 가격경쟁보다는 차별화 경쟁이 벌어지는 시장에서 경쟁은 덜 치열하다. 가격경쟁이 벌어지는 시장에서는 모든 경쟁자들이 같은 전략을 쓰고 있으므로 충돌이 잦아지기 때문이다. 또한 차별화 요소가 많아질수록 더 많은 경쟁자들이 공존할 수 있고 경쟁은 덜 치열해진다. 예를 들어, 차별화의 요소가 품질 한 가지밖에 없는 시장에서는 많은 경쟁자들이 품질 향상에 매달리므로 경쟁이 치열할 수밖에 없다. 그러나 차별화 요소가 품질과 서비스 이렇게 두 가지가 있는 시장에서는 어떤 경쟁자는 품질에, 다른 경쟁자는 서비스에 집중함으로써 상호간의 직접적인 경쟁을 줄일 수 있다.

⑤ 제품/시장 확장 매트릭스에서 시장침투(market penetration) 전략은 기존 제품을 변경하지 않고 기존고객에게 더 많이 판매하는 것이다. 만약 스타벅스(Starbucks) 경영진이 제품의 변경없이 기존 고객들에게 매출액을 더 높이려고 광고, 가격, 서비스, 점포디자인 등을 향상시키려 한다면 이는 시장침투 전략에 해당된다. 문제에서 치약회사가 기존 고객의 사용량을 증가시키려는 방법을 사용하고 있으므로 이는 시장침투 전략으로 볼 수 있다.

1543 ⑤

a. 시장세분화 기준변수 중 생활양식(lifestyle)은 심리분석적 변수에 해당하고, 상표애호도(brand loyalty)는 고객행동 변수에 해당한다. 참고로 심리분석적 변수에는 생활양식과 성격이 있고, 고객행동 변수에는 추구편익, 사용상황, 사용량, 상표애호도, 고객생애가치 등이 있다.

b. 세분화된 시장을 통합하여 여러 세분시장에 동시에 어필할 수 있는 상품을 내놓는 것을 역세분화라고 부른다. 역세분화(counter-segmentation)는 시장에서 점유율이 높은 회사보다는 점유율이 낮은 회사들에게 적합한 방법이다. 점유율이 높은 회사는 이미 철저하게 시장을 세분화하여 각 세분시장에서 확고부동한 위치를 차지하고 있으므로, 굳이 이러한 구도를 파괴하면서 역세분화를 할 이유가 적기 때문이다. 더구나 역세분화를 하면 자기회사 상품의 판매를 잠식할 위험도 크다.

c. 고객의 욕구가 다양해지고 있는 상황에서는 비차별적 마케팅(undifferentiated marketing)보다는 차별적 마케팅(differentiated marketing)을 사용하는 것이 적절하다. 비차별적 마케팅은 대량 마케팅이라고도 하는데, 이는 세분시장의 차이를 무시하고 하나의 제공물로 전체시장을 공략하는 전략이다. 이 전략은 고객욕구의 차이점 보다는 공통점에 초점을 맞춘다. 이 때문에 대량생산을 통한 원가절감 등의 효과를 거둘 수 있으나 요즘같이 고객의 욕구가 다양화되고 기업 간 경쟁이 치열해지는 상황에서는 효과적이지 못한 방법이다.

d. 상품제거(product deletion)와 상표전환 매트릭스(brand switching matrix)는 고객중심적 경쟁자 파악 방법이나 상품수명주기(product life cycle)는 경쟁자 파악 방법이 아니라 '시장의 매력도 평가방법'이다.

방법	항목
기업중심적 방법	제품/시장 확장 매트릭스 기술적 대체가능성 표준산업분류
고객중심적 방법	고객지각에 기초한 방법 - 지각도 - 상품제거 - 사용상황별 대체
	고객행동에 기초한 방법 - 상표전환 매트릭스 - 수요의 교차탄력성

e. 코카콜라와 오렌지 주스 간의 경쟁은 본원적 편익(intrinsic benefit) 수준의 경쟁으로 볼 수 있다. 경쟁의 수준은 상품형태 수준, 상품범주 주순, 본원적 편익 수준, 예산 수준의 4가지로 나눌 수 있다. 상품형태(product form) 수준의 경쟁이란 같은 형태를 가진 상품들 간의 경쟁을 말하며, 일반적으로 가장 치열한 경쟁이 바로 이 수준에서 벌어진다. 코카콜라와 펩시콜라 간의 경쟁이 여기에 해당한다. 상품범주(product category) 수준의 경쟁이란 상품형태는 다소 다르지만 기본적으로 같은 범주에 속하는 상품들 간의 경쟁을 가리키는데, 상품형태 수준의 경쟁 다음으로 치열한 경쟁이 이 수준에서 벌어진다. 청량음료 범주에 속하는 코카콜라와 칠성사이다와의 경쟁이 여기에 속한다. 본원적 편익 수준의 경쟁은 형태나 범주는 다르지만 고객에게 기본적으로 동일한 편익을 제공하는 상품들 간의 경쟁을 가리킨다. 오렌즈 주스나 생수는 갈증해소라는 편익을 제공하므로 코카콜라와 본원적 편익 수준에서 경쟁하고 있다. 예산 수준의 경쟁이란 제공하는 편익이 다르더라도 고객의 한정된 예산을 차지하기 위하여 여러 상품들이 경쟁하는 것을 가리킨다. 예산 수준의 경쟁은 그 범위가 너무 넓기 때문에 특별한 경우가 아니고서는 마케터에게 유용한 지침을 제공해주지 못한다.

1544 ⑤

a. 제품/시장 매트릭스(product/market matrix)를 이용한 방법에서 자사와 상품과 표적시장이 모두 같은 경우는 예산 수준의 경쟁자가 아니라 상품형태(product form) 수준의 경쟁자라고 볼 수 있다. 예를 들어, 입냄새 억제 효과를 중요시하는 20대 여성들을 표적시장으로 하는 "페리오 브레쓰 케어"와 동일한 표적시장을 가진 "2080 어드밴스 그린 구취케어"가 이 경우에 해당된다.

b. 사용상황별 대체(substitution in-use)는 대체가능성을 평가하는데 있어서, 상품의 사용상황을 고려한다는 특징을 갖고 있다. 이 방법은 3단계로 이루어진다. 첫째, 어떤 상품을 고객에게 제시하고 이 상품의 모든 가능한 사용상황들을 이야기하도록 한다. 둘째, 첫 번째 단계에서 나온 사용상황별로, 그 사용상황에 적합한 다른 상품들을 이야기하도록 한다. 셋째, 두 번째 단계에서 나온 상품마다 그 사용상황에 어울리는 정도를 점수를 매기도록 한다. 이 방법은 본원적 편익(intrinsic benefit) 수준의 경쟁자는 물론 예산(budget) 수준의 경쟁자들까지 파악할 수 있는 장점을 가지고 있으나, 사용상황별로 조사를 해야 하므로, 다소 번거롭다는 단점을 갖고 있다.

c. 상표전환 매트릭스(brand switching matrix)는 구매자들이 한 상표에서 다른 상표로 전환하는 비율을 계산해 놓은 표를 의미한다. 상표전환 매트릭스 상에서 높은 점수는 상표의 높은 대체관계를 설명하지만 구입자가 같아도 사용자가 달라서 상표전환이 일어나는 것처럼 보이는 경우와 사용자는 같아도 사용상황이 달라서 상표전환이 일어나는 것처럼 보이는 경우도 있으므로 해석에 각별히 유의해야 한다. 또한 상표전환 매트릭스는 어떤 브랜드와 어떤 브랜드가 대체관계에 있는지는 보여주지만, 왜 두 브랜드가 대체관계에 있는지는 설명해주지 못한다. 또 상표전환 매트릭스는 한정된 범위의 경쟁자밖에 파악할 수 없는 한계점을 갖고 있다. 왜냐하면, 고객들에게 지난번에는 무엇을 샀고 이번에는 무엇을 샀는지를 질문하기 전에 조사대상에 포함되는 상품들의 범위를 미리 결정해야 하기 때문이다.

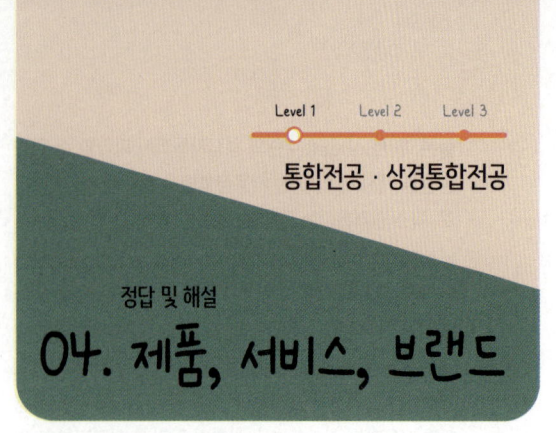

정답 및 해설
04. 제품, 서비스, 브랜드

1545 ①

① 제품은 핵심(core) 제품, 실제 혹은 물리적(actual) 제품, 확장(augmented) 제품 차원으로 구분되는데 판매 후 서비스는 확장제품 차원에 해당한다.

1546 ①

유형제품(tangible product) 혹은 실제제품(actual product)은 구매시 고객이 기대하는 속성, 편익, 서비스 등을 유형화시킨 것을 의미한다.
① 제품의 포장 : 유형제품
② 보증 : 확장제품
③ 대금결제방식 : 확장제품
④ 배달 : 확장제품
⑤ A/S(after-sale service) : 확장제품

1547 ⑤

⑤ 포장은 유형제품(actual product) 차원에 해당한다.

1548 ③

① 핵심제품의 관점에서 보면 소비자들은 제품이 주는 혜택을 구매하고 있는 것이다.
② 핵심제품은 확장제품이 아니라 유형제품에 의해 구체화된다.
④ 포장, 상표 등은 유형제품에 해당한다.
⑤ 제품의 설치, 배달 등은 확장제품에 해당한다.

1549 ②

보증, 대금결제방식, 배달, 애프터 서비스는 모두 확장제품에 해당한다.

1550 ①

ㄱ. 제품디자인: 유형제품 차원
ㄴ. 제품 포장: 유형제품 차원
ㄷ. 브랜드명: 유형제품 차원
ㄹ. 보증제도: 확장제품 차원
ㅁ. 배달: 확장제품 차원

1551 ①

① 표적 소비자 집단이 제품에 기대하는 혜택의 파악은 핵심제품(core product) 차원에 해당한다.

1552 ②

코틀러의 3가지 수준의 제품구성 차원 중 확장 제품은 핵심 혜택과 실제 제품을 지원하는 추가적인 서비스와 혜택, 즉 전통적 제품의 개념이 고객서비스에까지 확대된 것으로 제품에 대한 사후 보증, 애프터서비스(A/S), 배달, 설치, 대금지불방법 등의 고객서비스를 모두 포함하는 차원의 개념으로 소비자 기대를 뛰어 넘어 경쟁제품과 차별화되는 특성을 포함하는 제품이다.
ㄱ. 특성: 실제 제품
ㄴ. 배달: 확장 제품
ㄷ. 편익: 실제 제품
ㄹ. 설치: 확장 제품
ㅁ. 포장: 실제 제품
ㅂ. 스타일(모양): 실제 제품
ㅅ. 신용: 확장 제품
ㅇ. 브랜드: 실제 제품

1553 ②

유형제품은 제품의 유형적인 측면을 나타내는 것으로서, 소비자가 제품으로부터 추구하는 혜택을 구체적인 물리적 속성들의 집합으로 유형화시킨 것을 의미한다. 고객이 구입하는 근본적인 혜택의 형상화된 모습으로 고객이 실제 구매하는 서비스나 혜택이다. 보증은 확장제품에 해당한다. 확장제품은 전통적 제품의 개념이 고객서비스에 까지 확대된 것으로 제품에 대한 사후보증, 애프터서비스, 배달, 설치, 대금지불방법 등의 고객서비스를 모두 포함하는 차원의 개념으로 소비자의 기대를 뛰어 넘어 경쟁제품과 차별화되는 특성을 포함하는 제품이다.

1554 ①

① 어떤 제품이라도 모든 소비자의 욕구를 충족시킬 수는 없기 때문에 제품 전략은 전체 시장이 아닌 특정 세분시장에 초점을 맞추는 것이 좋다.

1555 ①

① OO 발효유는 실제제품차원에 해당하므로 실제제품차원에 해당하는 것은 브랜드, 디자인, 품질 등이다.

1556 ①

① 확장제품(augmented product)은 핵심혜택과 실제제품을 지원하는 추가적인 서비스와 혜택을 의미한다. 하지만, 고객이 구입하는 근본적인 혜택의 형상화된 모습 즉, 물리적 실체로 만들어지는 것은 핵심제품(핵심혜택)이다.

1557 ②
① 편의품은 대체제품 수용도가 높다.
③ 편의품은 구매빈도가 매우 높은 편이다.
④ 전문품은 대체제품 수용도가 낮다.
⑤ 편의품은 불특정 다수에 대한 광고가 효과적이다.

1558 ④
사탕은 편의품(convenience product)에 해당한다.

1559 ⑤
⑤ 전문품의 경우 소비자들의 브랜드충성도는 매우 높다.

1560 ④
① 전문품(specialty product)은 '전속적 유통'이 적합하다.
② 소모품은 소비재의 분류에 해당하지 않는다.
③ 자재와 부품 또한 소비재의 분류에 해당하지 않는다.
⑤ 편의품은 빈번하게, 즉시 그리고 최소한의 노력으로 구매되는 제품으로 '집약적 유통'이 적절하다.

1561 ③
제품마다 고유한 특성을 지니며, 고객 충성도가 높고, 구매 시 많은 시간과 노력을 투입하는 것은 '전문품'이다.

1562 ②
① 편의품(convenience product)에 대한 설명이다.
③ 미탐색품(unsought product)에 대한 설명이다.
④ 편의품(convenience product)에 대한 설명이다.
⑤ 전문품(specialty product)에 대한 설명이다.

1563 ③
대체제품 수용도가 높고, 구매빈도가 높은 것은 전형적인 편의품의 특징이다. 또한 대체제품 수용도가 없고, 구매노력을 많이 하는 것은 전문품의 특징이다.

1564 ⑤
보기의 내용은 비(미)탐색품에 대한 것이다. 비(미)탐색품은 소비자에게 알려지지 않는 혁신제품, 인지하고는 있지만 당장에 필요하지 않아 구매를 고려하지 않고 있는 제품을 의미한다.

1565 ⑤
편의품(Convenience Goods)은 구매빈도가 높은 저가의 제품(치약, 비누, 세제, 껌, 신문, 잡지 등)을 말한다. 더불어서 최소한의 노력과 습관적으로 구매하는 경향이 있는 제품이다. 선매품(Shopping Goods)은 소비자가 가격, 품질, 스타일이나 색상 면에서 경쟁제품을 비교한 후에 구매하는 제품(패션의류, 승용차, 가구 등)을 말하며, 전문품(Specialty Goods)은 소비자 자신이 찾는 품목에 대해서 전문 지식을 갖추고 이에 대해 너무나 잘 알고 있으며, 그것을 구입하기 위해서 특별한 노력을 기울이는 제품을 말한다.

1566 ②
② 원가우위를 확보하기 위해서는 소수의 제품들로 상품라인을 구성하는 것이 좋다.

1567 ③
ㄱ. 특정 판매자가 구매자들에게 제공하는 모든 제품계열과 품목을 합한 것을 제품믹스(product mix)라고 한다. 쉽게 말하면 어떤 회사가 판매하는 모든 제품들의 집합을 의미한다.
ㄴ. 서로 밀접하게 관련되어 있는 제품들의 집단을 제품계열(product line)이라고 한다.
ㄷ. 제품계열 내에서 크기, 가격, 외형 또는 다른 속성에 따라 구분할 수 있는 하나의 독특한 단위를 제품품목(product item)이라고 한다.

1568 ②
② 제품계열(product line) 혹은 제품라인은 기업의 제품이 하나의 상품군에 여러 가지 유사제품을 가지고 있을 때 이러한 유사제품군의 집합 즉 물리적, 기술적인 특징이나 용도 등이 비슷한 제품집단을 의미한다.
③ 제품믹스는 회사가 관리하는 제품계열의 결합으로써 이는 넓이, 길이 및 깊이 등으로 구성된다. 제품믹스의 넓이(breadth)는 회사가 제공하는 제품계열(product line)의 수를 의미하며, 제품믹스의 길이(length)는 특정 제품계열 내에 있는 제품의 수를 의미하고 제품믹스의 깊이(depth)는 특정 제품계열 내에 각 제품이 제공하는 품목(version)의 수를 의미한다.

1569 ②
② 기업명이 브랜드 역할을 하는 것을 공동브랜드(family brand)라 한다.

1570 ④
④ 브랜드 퍼스낼리티, 사용자, 제품 용도, 원산지 등 제품과 직접적인 관련이 없는 것들도 브랜드 연상(brand association)에 포함되어야 한다.

1571 ④
④ 브랜드 인지도를 높은 것부터 낮은 것 순으로 배열하면 top of mind → brand recall → brand recognition → 무인지 이다.

1572 ④
제품에 부착되어 상표명을 보여주고 제조회사, 제조날짜, 성분, 사용법 등 제품 정보를 소비자에게 전달하는 것은 레이블링(labeling)이다.

1573 ①
브랜드의 구성요소는 캐릭터, 슬로건, 심벌, 로고, 징글, 패키지, 컬러 등이다.

1574 ⑤

브랜드는 특정 판매인의 제품 및 서비스 등을 분류하는 데 있어 활용되는 명칭, 기호, 디자인 등을 의미하는 것으로 브랜드 구성요소는 다음과 같다.

1. 브랜드 네임(brand name)
2. 로고(logo) 및 심볼(symbol)
3. 징글(jingle)
4. 슬로건(slogan)
5. 캐릭터(character)
6. 패키지(package)
7. 브랜드 컬러(brand color)
8. 서체
9. 디스플레이(display)

1575 ①

① 소비자의 브랜드 지식을 통하여 창출되는 것을 브랜드자산이라고 한다. 브랜드 아이덴티티란 한 브랜드가 고객들의 마음 속에 심어주고자 하는 이미지들의 집합을 의미한다.

1576 ⑤

⑤ 브랜드는 자사 제품에 대해 경쟁사의 제품과 뚜렷하게 구분하기 위해 사용하는 일종의 문자, 기호 등의 표식을 의미하고 이를 개발하는 것이지 창의적인 광고를 통해 관련 이미지를 만들어내는 것은 아니다.

1577 ②

① 구매 시점에 브랜드를 선택하는 경우에는 브랜드 재인(brand recognition)이 중요하다. 반면 구매시점 이전에 브랜드를 선택할 경우에는 브랜드 회상(brand recall)이 더 중요하다.
② 티저광고(teaser ad)는 제품의 일부분만을 공개하여 소비자의 궁금증과 기대감을 자극하고, 브랜드에 대한 호기심을 유발하는 것을 말한다. 이는 기대감 조성, 호기심 유발, 바이럴 효과, 강한 첫인상 등으로 브랜드 회상 창출 도구로 사용될 수 있다.
③ 기업브랜드(corporate brand) 전략은 기업 전체의 이미지를 통합하거나 개별 제품의 품질을 상호 이미지로써 같이 가는 것으로 한 제품의 이미지가 나빠지면 전체 제품에 나쁜 영향을 미치게 된다.
④ 기업의 사업 포트폴리오 간의 이질성이 높은 경우에는 같은 이미지를 얻게 되는 기업 브랜드 전략은 비효과적이다.

1578 ①

① 기존 브랜드를 기존 범주에 그대로 사용하는 것은 라인확장(line extension)이다.

1579 ④

① 수평적 라인확장전략(horizontal line extension strategy)은 신상품이 기존 상품과 비슷한 가격대에서 다른 세분시장을 표적으로 삼고 있는 경우를 말한다.
② 수직적 라인확장전략(vertical line extension strategy)은 신상품이 기존 상품보다 가격이 낮거나 높은 경우를 의미한다.
③ 개별 브랜드전략(individual brand strategy)은 생산된 제품에 각각 다른 브랜드명을 사용하는 것이다.
④ 브랜드 확장전략(brand extension strategy) 혹은 카테고리 확장전략은 신제품을 출시할 때 기존 시장에서 잘 알려진 제품군의 브랜드명을 확장하여 이를 새로운 제품에 그대로 사용하는 것 즉, 타 제품군으로의 확장을 의미한다.
⑤ 공동 브랜드전략(family brand strategy)은 생산된 제품들에 기존의 기업명 또는 브랜드명을 사용하는 것이다. 라인확장과 카테고리확장이 이에 해당된다.

1580 ⑤

⑤ 기존의 A라는 브랜드를 다른 범주(category)의 제품에 확장하므로 카테고리 확장 혹은 범주확장(category extension)에 해당한다.

1581 ①

① 개별상표(individual brand) 전략은 생산된 제품에 각각 다른 브랜드명을 사용하는 것이다. 반면 공동상표(family brand) 전략은 생산된 제품들에 기존의 기업명 또는 브랜드명을 사용하는 것이다.

1582 ③

③ 상표연장(brand extension): 현재의 브랜명을 새로운 범주의 신제품으로 확장하는 전략으로 카테고리 확장(category extension)이라고도 함

1583 ⑤

① 공동 브랜딩(co-branding)은 둘 이상의 기존 브랜드를 결합하여 공동제품으로 하거나 공동으로 마케팅하는 것 즉, 한 제품에 두 가지 이상의 유명브랜드들이 함께 부착되는 것을 말한다.
② 복수 브랜딩(multi-branding)은 동일한 제품범주 내에서 여러 개의 브랜드를 사용하는 전략을 말한다.
③ 신규 브랜드(new brand)는 새로운 제품범주에 새로운 브랜드를 출시하는 전략이다.
④ 라인 확장(line extension)은 현재 모 브랜드가 속한 제품범주 내에서 새로운 세분시장을 목표로 하는 신제품에 모 브랜드 상표를 붙이는 것 즉, 제품범주 내에서 새로운 형태, 컬러, 사이즈, 원료, 향의 신제품에 기존 브랜드명을 함께 사용하는 것이다.

1584 ③

③ 문제 오류로 보인다. 라인확장(line extension)은 기존 브랜드를 기존 브랜드와 동일 범주 내 신제품에 붙이는 것을 의미한다. 문제에서 단순히 "새로운 제품"이라고 했기 때문에 이것이 동일 범주 내 새로운 제품인지 다른 범주 내 새로운 제품인지 구별이 되지 않기 때문이다.

1585 ②

② 자기잠식(Cannibalization)이란 신상품이 우리 회사 다른 상품의 판매를 잠식하는 것을 말한다. 하향적 계열확장의 경우 모브랜드(Parent Brand)의 자기잠식(Cannibalization) 위험성이 높다. 예를 들어, 그랜저 HG300을 사려던 사람이 이보다 값이 더 싼 그랜저 HG240을 산다면 HG240이 HG300의 판매를 잠식한 것이다.

1586 ④

④ 브랜드의 역점을 새로운 목표시장에 맞게 변화시키거나, 변화하는 시장 선호에 대응하여 브랜드 핵심 주안점을 재정비하는 전략으로, 오래된 브랜드에 활력을 제공하는 것은 브랜드 재활성화(brand revitalization)이다. 반면 리브랜딩(rebranding)은 시대적인 흐름에 맞춰 회사조직이 새롭고 차별화된 정체성을 개발할 의도로 새로운 이름이나 로고, 디자인 등의 마케팅 전략을 재고(再考)하는 것을 의미한다.

1587 ④

④ 라인확장(line extension)은 제품 범주 내에서 새로운 형태, 컬러, 사이즈, 원료, 향의 신제품에 기존 브랜드명을 함께 사용하는 것 즉, 기존 브랜드를 기존 제품 범주에 확장하는 것을 라인확장(line extension)이라고 한다.

1588 ④

④ 서비스 품질을 측정하는 5가지 차원은 신뢰성(reliability), 확신성(assurance), 유형성(tangibles), 공감성(empathy), 반응성(responsiveness) 혹은 대응성이다.

1589 ①

① 마케팅 믹스는 4P(Product, Price, Place, Promotion)라고 칭하지만, 서비스 마케팅 믹스는 서비스 재화의 특성상 여기에 3P(Process, Physical Evidence, People)를 더해 확장된 서비스 마케팅 믹스(7P)로 구분하고 있다.

1590 ④

④ 현장종업원들의 사기를 증진시켜 외부 고객을 만족시키는 것은 내부마케팅(internal marketing)이다.

1591 ⑤

서비스는 고객의 욕구 충족을 목적으로 사람의 노력이나 설비 등을 통해 제공되는 무형의 행위나 활동을 의미한다. 이에 해당하는 서비스의 일반적인 특징은 다음과 같다.

ㄱ. 무형성(intangibility): 서비스는 일반적인 제품과는 달리 형태가 없다는 것이다. 다시 말해 서비스는 보이지도 않으며, 만질 수도 없고, 인간의 감각기관을 통하여 느끼지도 못한다. 따라서 서비스는 경험적 속성이 매우 강한 제품에 속한다.

ㄴ. 생산과 소비의 비분리성(inseparability): 일반적으로 제품은 공장에서 생산되고 유통과정을 통하여 소비자에게 전달되고 최종 소비되는 단계를 거친다. 그러나 서비스는 생산과 소비가 동시에 발생하게 된다.

ㄷ. 소멸성(perishability): 서비스는 생산과 소비가 동시에 이루어지며 보관이 불가능하다.

ㄹ. 변동성 혹은 이질성(heterogeneity): 대량생산을 통해 표준화된 제품들과는 달리 서비스는 제공자, 구매자, 제공 상황에 따라 서비스의 품질에 많은 차이가 발생한다. 심지어 같은 종업원이라 할지라도 본인의 기분 상태에 따라 서비스의 내용이 달라지기도 한다.

1592 ②

② 진실의 순간은 현장에서 고객과 접하는 최초의 15초를 말하며 이는 15초 동안의 고객 응대에 따라 기업 이미지가 결정된다는 것을 말한다. 서비스 업종인 대형항공사는 연간 고객 접점 횟수가 매우 높고 제조업인 중소 부품업체의 연간 고객 접점 횟수는 매우 적다.

1593 ③

③ 반응성이라는 서비스 특징은 존재하지 않는다.

1594 ④

④ 서비스업은 서비스 전달 시스템에 고객이 참여하기 때문에 고객마다 '상이한' 서비스가 제공된다.

1595 ①

① 서비스는 저장이 안되고 소멸되기 때문에 가격 차별화, 비성수기 수요 개발, 보완적 서비스 제공, 예약시스템 도입 등을 실시한다.

1596 ②

② 제품과 다른 서비스의 특성으로 무형성(intangibility), 비분리성(inseparability), 변동성(이질성), 소멸성(perishability) 등을 들 수 있다. 서비스의 특성 가운데 비분리성(inseparability)이란 생산과 동시에 소비가 발생한다는 의미, 즉 생산과 소비가 분리되지 않는 것을 의미한다.

1597 ④

④ 고객을 지속적으로 유인하기 위한 마일리지 프로그램은 경험을 제공하는 핵심요인이라기 보다는 서비스 촉진(promotion) 수단에 해당한다.

1598 ①

서비스의 일반적인 특징으로는 무형성, 생산과 소비의 비분리성, 이질성, 소멸성 등이 있다. 각 서비스의 특징에 대한 내용은 다음과 같다.

㉠ 무형성은 일반적인 제품과는 달리 형태가 없다는 것이다. 다시 말해 서비스는 보이지도 않으며, 만질 수도 없고, 인간의 감각기관을 통하여 느끼지도 못한다.

㉡ 비분리성은 일반적으로 제품은 공장에서 생산되고 유통 과정을 통하여 소비자에게 전달되고 최종 소비되는 단계를 거친다. 그러나 서비스는 생산과 소비가 동시에 발생하게 된다.

㉢ 이질성은 대량생산을 통해 표준화된 제품들과는 달리 서비스는 제공자, 구매자, 제공 상황에 따라 서비스의 품질에 많은 차이가 발생한다. 심지어 같은 종업원이라 할지라도 본인의 기분상태에 따라 서비스의 내용이 달라지기도 한다.

㉣ 소멸성이란 서비스는 생산과 소비가 동시에 이루어지며 보관이 불가능하다.

1599 ④

④ 신제품 개발 절차는 아이디어 창출 → 아이디어 선별 → 제품컨셉 개발 및 테스트 → 마케팅 전략 수립 → 사업성 분석 → 제품개발 → 시험마케팅 → 시판 이다.

1600 ②

신제품개발은 소비자요구분석 → 아이디어창출 → 컨셉도출 → (마케팅믹스개발) → 신제품사업성 확인 → 제품개발 → 상품화의 순으로 이루어진다.

1601 ③

결합분석법(conjoint analysis)은 신제품 개발과정 중 '제품컨셉 개발 및 테스트' 단계에서 사용한다.

1602 ①

② 시제품(prototype)은 제품개발 단계에서 만든다.
③ 신상품 컨셉은 소비자가 사용하는 언어나 그림 등을 통하여 '구체적'으로 표현한 것이다.
④ 시장테스트는 제품 출시 '전'에 소규모로 실시된다.

1603 ④

④ 신제품에 대한 아이디어가 소비자의 언어로 잘 표현되고 있는지 여부는 제품컨셉 개발 단계에서 검토할 사항이다.

1604 ⑤

㉠ 상대적 이점은 기존 제품에 비해 가격, 기능, 디자인 등이 우수할 경우에 수용 속도는 빨라진다.

㉡ 복잡성은 제품의 이해 및 사용상의 편리에 있어 복잡하게 되면 소비자들의 수용 속도는 느리게 된다. 예 컴퓨터의 경우 젊은 연령층은 수용 속도가 빠른 반면에 연령이 많이 높은 경우 수용 속도는 늦어지게 된다.

㉢ 적합성은 수용자들의 문화, 경험, 가치관 등을 자극할 수 있다면 수용 속도는 빨라지게 된다. 예 여성의류 중 운동할 시에 입는 탱크탑은 외국과는 다르게 국내 소비자들의 가치관 및 차이 등에 있어 수용 속도가 느리다.

㉣ 시용가능성은 샘플 또는 시연 등으로 인해 소비자들이 직접적으로 경험해 볼 수 있는 경우에 수용 속도가 빨라지게 된다. 예 비누, 샴푸, 치약 등의 편의품은 샘플 제작 및 배포가 용이하기 때문에 소비자들에게 빠르게 수용되고 확산될 가능성이 크다.

㉤ 관찰가능성은 제품내용 및 특징 등을 용이하게 관찰할 수 있는 즉, 소비자들에게 노출이 용이하며 자주 사용되는 제품의 경우 확산 속도가 빠르게 된다. 예 동일한 신제품이라 하더라도 밖에서 자주 목격되는 자전거, 자동차 등은 자주 목격되지 않는 전자레인지처럼 특정의 장소에만 노출이 가능한 제품에 비해서 소비자들에게 수용 및 확산이 빠를 수 있다.

1605 ②

① 혁신층(innovator): 혁신을 가장 먼저 수용하며, 전체시장의 약 2.5%를 구성하는 소비자들이다.
③ 조기 다수층(early majority): 조기 수용층 다음에 혁신을 수용하며 전체시장의 약 34%를 구성하고 있는 소비자들이다.
④ 후기 다수층(late majority): 조기 다수층 다음에 혁신을 수용하며 전체시장의 약 34%를 구성하고 있는 소비자들이다.
⑤ 최후 수용층(laggard): 후기 다수층 다음에 혁신을 수용하며 전체시장의 약 16%를 구성하고 있는 소비자들이다. 가장 보수적이라고 볼 수 있다.

1606 ①

① 조기수용자(early adopters): 제품수명주기(PLC) 상 성장기(growth)의 주요 고객으로 혁신자 다음에 혁신을 수용하는 고객층을 말한다.

1607 ②

조기수용자의 비율은 13.5%이다.

1608 ①

수용자 집단의 특징

수용자 집단	특징
혁신자 innovator	모험적으로 위험을 감수하고 새로운 아이디어를 수용
조기수용자 early adopter	존중에 기반하여 행동하며, 자신의 커뮤니티에서 여론주도자이고 새로운 아이디어를 조기에 수용하지만, 신중하게 선택
조기다수자 early majority	신중하며, 리더는 아니지만 보통 사람보다는 빨리 새로운 아이디어를 수용
후기다수자 late majority	의심이 많으며 대다수가 사용한 후 새로운 것을 수용
지각수용자 laggard	전통에 얽매어 있고, 변화를 의심하고 혁신이 전통이 된 후에야 수용

1609 ③

③ 혁신자(innovator) 집단은 다른 집단에 비해 상대적으로 상표충성도가 낮다.

1610 ①

① 소비자의 기존 사용습관에 부합할수록 신제품의 수용 속도는 빨라진다.

1611 ③

로저스(E. Rogers)의 혁신에 대한 수용자 유형은 다음과 같다.
- 혁신자(innovators) : 모험적으로 위험을 감수하고 새로운 아이디어를 시용한다.
- 조기수용자(early adopter) : 존중에 기반하여 행동하며, 자신의 커뮤니티에서 여론주도자이고 새로운 아이디어를 조기에 수용하지만, 신중하게 선택한다.
- 조기다수자(early majority) : 신중하며, 리더는 아니지만 보통 사람보다는 빨리 새로운 아이디어를 수용한다.
- 후기다수자(late majority) : 의심이 많으며 대다수가 사용한 후 새로운 것을 수용한다.
- 지각수용자(laggard) : 전통에 얽매어 있고, 변화를 의심하고 혁신이 전통이 된 후에야 수용한다.

1612 ⑤

⑤ 혁신수용시점에 따른 수용자 분류는 다음과 같다.

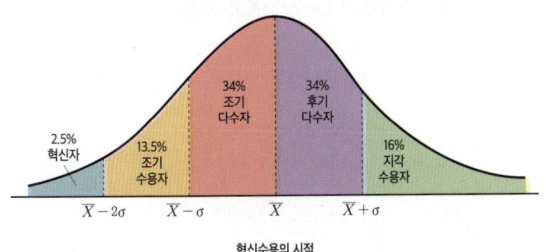

혁신수용의 시점

1613 ②

② 제품수명주기 상의 각 단계의 지속기간은 기업의 마케팅 활동에 따라 달라진다.

1614 ⑤

제품수명주기는 도입기 → 성장기 → 성숙기 → 쇠퇴기의 순이다.

1615 ③

③ 매출액과 순이익의 성장률이 둔화되는 시기는 성숙기이다.

1616 ③

③ 시장점유율을 확보하려고 노력하여 매출이 급상승하는 단계는 성장기(growth) 단계이다.

1617 ②

② 산업재는 직접유통이 일반적이나, 소비재는 중간상을 활용한 간접유통이 일반적이다.

1618 ④

④ 성숙기에는 다수자(majority) 즉, 조기다수자(early majority)와 후기다수자(late majority)의 구매가 시장 확대에 중요하다.

1619 ③

③ 성숙기에는 이익과 매출 모두 최고점에 이른다. 이익이 점점 증가하는 시기는 성장기이다.

1620 ①

제품수명주기는 도입기 → 성장기 → 성숙기 → 쇠퇴기의 순이다.

1621 ②

도입기에는 제품의 조기 수용층에 대한 제품인지 형성이 중요하므로 정보제공형 광고가 적절하고, 성장기에는 일반 소비자층에 대한 제품에 대한 관심 향상이 중요하므로 제품선호형 광고가 더 적절하다.

1622 ④

① 도입기의 광고는 본원적 수요를 자극하기 위한 광고를 하며 상품을 알리는데 주력해야 한다. 경쟁자가 진입하기 시작하는 시기는 도입기가 아니라 성장기이다.
② 성장기는 시장에서 어느 정도 알려져서 매출이 급상승하는 시기이며, 이 시기의 광고는 상표를 강조하는 광고를 해야 한다.
③ '안정기' 라는 단계는 존재하지 않는다.
⑤ 쇠퇴기는 제품판매가 감소하는 단계로 신제품 출시보다는 제품의 수를 줄이는 것이 좋으며, 투자를 회수하는 전략이나 철수하는 전략을 고려해야 한다.

1623 ④
④ 제품인지도를 높여 새로운 구매수요를 발굴하는 것은 '도입기'의 특성이다.

1624 ①
② 성숙기에 판매 극대점에 도달한다.
③ 쇠퇴기에 접어든 상품의 수명주기를 다시 성장기로 되돌려 놓을 수도 있다. 이를 재활성화(reactivation)라고 한다.
④ 제품 '성장기'에는 제품의 판매가 급격히 증가하면서 순이익이 발생하는 시기이다.

1625 ③
③ 성숙기에 판매수량은 극대화되지만 판매수량의 증가율은 둔화된다.

1626 ②
② 제품수명주기 가운데 가장 경쟁이 치열한 것이 성숙기이긴 하지만 매출액이 급락하지는 않는다.

1627 ③
보기가 의미하는 것은 성숙기에 해당한다.
① 쇠퇴기
② 성장기
③ 성숙기
④ 도입기

1628 ④
① 성장기
② 도입기
③ 쇠퇴기

1629 ③
③ 쇠퇴기에 기업은 유통경로를 확대하기 보다는 오히려 유통경로를 줄인다.

1630 ③
ㄱ. 성장기
ㄴ. 성장기
ㄷ. 성숙기
ㄹ. 성장기

1631 ②
제품수명주기는 하나의 제품이 시장에 출시된 후 성장 및 성숙 과정을 거쳐 결국은 쇠퇴하고 시장에서 사라지게 되는 과정을 설명한다. 제품수명주기의 형태는 다양해서 단정짓기는 어렵지만 전형적인 제품수명주기는 늘어진 S자의 형태를 취하며 도입기, 성장기, 성숙기, 쇠퇴기의 4단계로 구분된다.

① 도입기에서는 출시된 제품을 시장에 알리기 위해 판매액 대비 광고비 비율이 높고, 유통경로 또한 제한적이다. 따라서 마케팅비용은 전반적으로 높다. 또한 소비자들의 신제품에 대한 인지도가 낮고 기존제품의 구매로부터 형성된 소비습관의 저항에 의해 완만한 매출 증가를 보인다.
② 성장기는 제품의 매출액과 이익이 급성장하게 되는 시기이면서 주위에 경쟁자가 나타남으로써 시장이 확대된다. 더불어 경쟁격화로 인해 가격이 도입기보다 낮아지는 것이 일반적인 현상이다. 또한 이 단계에서의 목표는 수요 증가에 의한 시장점유율의 극대화에 있다.
③ 성숙기는 매출과 이익이 모두 극대화되며, 이 단계에서는 원가경쟁력의 확보가 중요하며, 제품 간 차이가 작기 때문에 브랜드 충성도가 중요한 역할을 하게 된다.
④ 쇠퇴기에서는 추가적인 투자 없이 해당 제품으로부터 거둘 수 있는 모든 수확을 다 얻기 위해 노력하는 단계이다. 즉 제품과 관련된 투자와 지출은 점차 줄이면서 가격인하 등을 통해 모든 수확을 다 얻어 내는 것이다.

1632 ④
제품포트폴리오관리(PPM)란 다수의 사업 혹은 제품을 가진 기업의 전략적 강약점 분석을 위해 성장률과 시장점유율이라는 두 개의 분석요인을 가진 도표(growth/share matrix)를 사용하여, 그 기업이 가진 사업 혹은 제품을 두 분석요인에 따라 분류하고 적절한 자원배분을 위한 대응전략을 취할 수 있도록 해 주는 기법으로 Boston Consulting Group(BCG)가 개발했다. 제품포트폴리오관리는 시장세분화와 시장성숙도에 기초하는 것이 아니라 시장의 성장률과 상대적 시장점유율로 시장을 구분한다.

1633 ①
소비자가 현재 사용하고 있는 특정 제품이나 서비스에서 다른 제품이나 서비스를 사용하려고 할 경우 발생되는 비용을 '전환비용'이라고 한다.

1634 ②
② 성장기(growth stage)에는 시장에서 제품의 판매가 급격히 증가하면서 순이익이 발생하는 시기이다. 시장기회가 매력적이기 때문에 새로운 경쟁기업들이 시장에 진입한다. 이 시기에는 촉진 비용이 대규모 판매량에 분산되고, 생산자의 학습효과에 따라 제조 비용이 가격보다 더욱 신속하게 감소하기 때문에 이익이 증가한다.

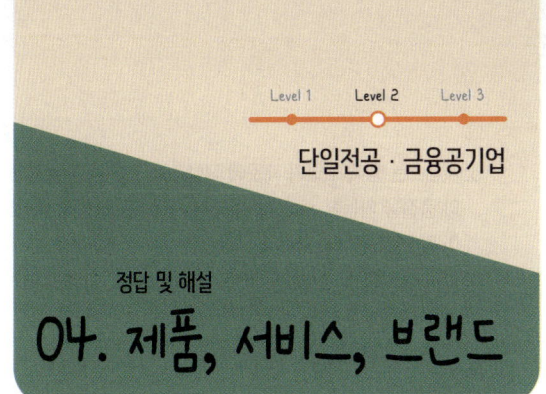

정답 및 해설
04. 제품, 서비스, 브랜드

1635 ②

① 제품은 핵심제품(core product/benefit), 실제제품(actual/tangible product), 확장제품(augmented product)과 같은 세 가지 수준의 개념으로 분류될 수 있다. 핵심제품은 고객이 구입하는 근본적인 혜택이 형상화된 모습이며, 실제제품은 구매시 고객이 기대하는 속성, 편익, 서비스 등을 유형화시킨 것을 의미한다. 마지막으로 확장제품은 핵심제품과 실제제품을 지원하는 추가적인 서비스와 혜택을 말한다.

② 전문품(specialty goods)은 브랜드 충성도가 강하며 브랜드 대안 간 비교가 이루어지지 않는 제품이다. 반면 선매품(shopping goods)은 비교적 가끔 구매되는 제품과 서비스로, 고객은 이를 구매하는 과정에서 각 대안의 욕구충족정도, 품질, 가격, 스타일을 신중하게 비교한다.

③ 제품라인(product line)은 상호 밀접하게 관련되어 있는 제품들의 집합을 의미하는데, 비슷한 기능을 수행하거나, 동일한 고객집단에게 판매되거나, 동일한 유통경로를 통해 판매되거나 혹은 비슷한 가격대에서 판매되는 제품들을 일컫는다.

④ 라인확장(line extension)은 수직적 라인확장과 수평적 라인확장으로 구분되는데, 수직적 라인확장(vertical line extension)이란 신상품이 기존상품보다 가격이 낮거나 높은 경우를 의미한다. 특히 기존상품보다 낮은 가격대로 확장하는 경우를 하향확장, 높은 가격대로 확장하는 경우를 상향확장이라고 부른다. 하향확장(downward line extension)의 경우 확장된 신제품이 기존 브랜드의 이미지를 약화시킬 수 있는 위험이 있다.

⑤ 복합브랜드 혹은 공동브랜드(co-branding)는 한 제품에 두 가지 이상의 유명브랜드들이 함께 부착되는 것을 말한다. 우리 회사의 브랜드와 다른 회사의 브랜드를 결합해서 사용하는 것은 공동브랜드(co-branding)의 일종이다.

1636 ③

b. 높은 브랜드 인지도와 브랜드 연상은 브랜드 자산의 필요조건이자 충분조건이다.
c. 기존 브랜드를 다른 상품범주로 확대하는 것은 카테고리 확장(category extension) 이라고 한다.

1637 ②

② 기존의 브랜드를 기존 제품의 카테고리로 확장하는 라인확장(line extension)이 비용도 적게 들고 위험도 낮다. 이 때문에 가장 많이 사용하는 브랜드 확장 전략이다.

1638 ②, ③

① 제품을 편의품, 선매품, 전문품으로 나누는 것은 소비자의 쇼핑습관에 따른 것으로 소비자 구매 행동을 파악하기 위함이다.
④ 제품=상징적 효용+물리적 효용+심리적 효용
⑤ 낮은 유통원가와 대량노출, 대량광고 등이 주요 마케팅 전략 수단이 되는 제품은 편의품이다.

1639 ④

④ 신상품의 대부분은 카테고리 확장(category extension)이 아니라 라인확장(line extension) 전략을 사용한다.

1640 ⑤

⑤ 두 상품 범주 간에 유사성이 높을수록 카테고리 확장(category extension)이 성공할 가능성이 높으며, 여기서 유사성이란 '상품과 상품 사이의 유사성'과 '브랜드 이미지와 상품 사이의 유사성'까지 포함된다.

1641 ①

a. 수직적 라인확장(vertical line extension)이란 신상품이 기존상품보다 가격이 낮거나 높은 경우를 가리킨다. 특히 기존상품보다 낮은 가격대로 확장하는 경우를 하향 확장(downward line extension), 높은 가격대로 확장하는 경우를 상향 확장(upward line extension)이라고 부른다. 하향 확장의 경우 모브랜드의 고급 이미지를 희석시켜서 결국에는 브랜드 자산을 약화시키는 부정적인 반향효과(feedback effect)의 위험이 크다. 이를 특별히 희석효과(dilution effect)라고 부르기도 한다. 예를 들어, 초이스(Taster's Choice) 커피가 캔 커피에도 초이스 브랜드를 붙인 것은 초이스 커피의 고급 이미지에 손상을 입혔을 가능성이 높다.

b. 새로운 제품 범주에서 출시하고자 하는 신제품을 대상으로 새로운 브랜드를 개발하는 경우는 '신규브랜드(new brand)' 전략이다. 복수브랜드(multi brand) 전략은 동일한 제품범주 내에서 여러 개의 브랜드를 사용하는 전략을 말한다.

c. 두 제품 범주 간에 유사성이 낮은 경우에는 브랜드 확장(특히 카테고리 확장)이 실패할 가능성이 높다. 예를 들어, 샘표 식품은 캔 커피를 출시하면서 샘표 브랜드를 붙이는 실수를 범하였다. 여기서 유사성이란 제품과 제품 사이의 유사성(예 비누와 샴푸) 뿐만 아니라 브랜드 이미지와 제품 사이의 유사성도 포함하는 것임에 주의하여야 한다. 즉, 제품과 제품 사이의 유사성이 낮더라도 브랜드 이미지와 제품 사이의 유사성이 높다면 카테고리 확장이 성공할 수도 있다. 샤넬이나 버버리 같은 고급 패션 브랜드들이 옷에서부터 핸드백까지 다양한 종류의 상품에 확장되는 이유도 여기에 있다.

1642 ②

a. 기존 브랜드와 다른 제품 범주에 속하는 신제품에 기존 브랜드를 붙이는 것은 라인확장이 아니라 카테고리 확장(category extension)이다. 라인확장(line extension)은 제품범주 내에서 새로운 형태, 컬러, 사이즈, 원료, 향의 신제품에 기존 브랜드 명을 함께 사용하는 것이다.
b. 코브랜딩(co-branding)이란 한 제품에 두 가지 이상의 유명브랜드들이 함께 부착되는 것을 말한다. 이는 브랜드파워가 약한 경우에 타 기업의 유명 브랜드를 결합해서 같이 쓰는 것이다.
c. 자기잠식(cannibalization)이란 가격이 낮은 품목이 가격이 높은 품목의 판매를 잠식하여 상품라인 전체의 수익성을 악화시키는 것을 말한다. 라인확장 시 자기잠식의 위험성은 상향 확장보다 하향 확장에서 높다. 가령 BMW 5시리즈 세단을 구매하려던 사람이 이보다 값이 더 싼 3시리즈 세단을 산다면 3시리즈가 5시리즈의 판매를 잠식한 것이다.

1643 ③

① 브랜드 자산(brand equity)은 브랜드가 창출하는 유형 및 무형의 부가가치를 의미하며 브랜드 자산은 브랜드 인지도(brand awareness)와 브랜드 연상(brand association)으로 구성된다.
② 수직적 라인 확장(vertical line extension)은 기존의 제품보다 신제품의 가격이 낮거나 높은 경우를 의미한다. 특히 기존 상품보다 낮은 가격대로 확장하는 경우를 하향 확장(downward line extension), 높은 가격대로 확장하는 경우를 상향 확장(upward line extension)이라고 부른다. 이와 달리 수평적 라인확장(horizontal line extension)은 신상품이 기존 상품과 비슷한 가격대에서 다른 세분시장을 표적으로 삼고 있는 경우를 말한다.
③ 기존 브랜드와 동일한 제품범주 내에서 출시된 신제품에 기존 브랜드를 사용하는 것은 라인 확장(line extension)이다. 카테고리 확장(category extension)은 현재의 브랜드명을 새로운 제품 범주의 신제품으로 확장하는 것이다. 빅토리녹스(Victorinox)가 다용도 나이프로 인지도가 높은 스위스 아미(Swiss Army) 브랜드를 식탁용 나이프와 스푼, 볼펜, 시계, 가방 등 새로운 제품범주에 확장한 것이 카테고리 확장의 예이다.
⑤ 공동 브랜딩(co-branding)은 한 제품에 두 가지 이상의 유명 브랜드들이 함께 부착되는 것으로 이를 사용하면 하나의 제품에 여러 브랜드가 함께 레이블링(labeling) 될 수 있다.

1644 ④

④ 희석효과(dilution effect)는 브랜드 확장으로 인하여 신상품에 대한 태도가 바뀌는 것이 아니라 기존 제품에 대한 소비자의 태도가 바뀌는 것을 말한다.

1645 ③

b. 서비스는 형태가 없기 때문에 직접 서비스를 경험해보아야 품질을 가늠할 수 있다. 따라서 서비스는 경험적 속성이 강한 제품이다.
d. 서비스 품질을 측정하는 방법 중, SERVQUAL은 서비스의 기대치와 실제 성과의 차이를 측정하는 방법이고, SERVPERF는 기대치 측정없이 실제 서비스의 성과만 측정하는 방식이다.

1646 ④

④ 서비스의 특징인 무형성(intangibility)은 품질측정을 어렵게 한다.
⑤ 서비스품질은 제공자와 제공 상황에 따라 다를 수 있다.(서비스의 이질성)

1647 ①

① 서비스는 제품과 구별되는 여러 가지 고유의 특성을 지니고 있는데, 일반적으로 무형성, 생산과 소비의 비분리성, 이질성, 소멸성의 네 가지 특성으로 요약된다.
⑤ SERVQUAL과 SERVPERF 모형은 5차원 모형임에 반해 그린루스(Grönroos)의 서비스 품질모형은 결과품질(outcome quality)과 과정품질(process quality)의 2차원 모형이다.

1648 ⑤

① 무형성(intangibility): 서비스의 가장 큰 특징은 일반적인 제품과는 달리 형태가 없다는 것이다. 다시 말해 서비스는 보이지도 않으며, 만질 수도 없고, 인간의 감각기관을 통하여 느끼지도 못한다. 따라서 서비스는 경험적 속성이 매우 강한 제품에 속한다.
② 생산과 소비의 비분리성(inseparability): 일반적으로 제품은 공장에서 생산되고 유통과정을 통하여 소비자에게 전달되고 최종 소비되는 단계를 거친다. 그러나 서비스는 생산과 소비가 동시에 발생하게 된다.
③ 변동성(variability) = 이질성(heterogeneity)
④ 소멸성(perishability): 서비스는 생산과 동시에 소비되며 소멸되기 때문에 보관이 불가능하다. 이에 따라 서비스 산업에서는 수요와 공급을 적절히 조절하는 것이 중요하다. 다양한 직능교육을 통하여 직원을 순환배치하거나, 유휴시설을 투입하여 탄력성 있는 생산을 하기도 하며, 사전예약제를 통하여 수요를 미리 예측하기도 한다.
⑤ 서비스의 특징에는 동질성(homogeneity)이 아니라 이질성(heterogeneity)이 포함된다. 서비스의 이질성이 의미하는 바는 대량생산을 통해 표준화된 제품들과는 달리 서비스는 제공자, 구매자, 제공상황에 따라 서비스의 품질에 많은 차이가 발생한다는 것이다. 심지어 같은 종업원이라 할지라도 본인의 기분상태에 따라 서비스의 내용이 달라지기도 한다. 이 때문에 서비스를 제공하는 일부 기업의 경우 품질관리를 위해 서비스의 내용을 일정수준 이상으로 표준화시키기도 한다.

1649 ①

신제품개발 과정은 아이디어 창출 및 심사 → 제품컨셉트의 개발과 테스트 → 마케팅믹스 개발 → 사업성 분석 → 시제품 생산 → 시장테스트 → 출시 순으로 이루어진다.

1650 ②

① 신상품 개발 프로세스는 일반적으로 아이디어 창출 및 심사 → 제품컨셉트의 개발과 테스트 → 마케팅믹스 개발 → 사업성 분석 → 시제품 생산 → 시장테스트 → 출시와 같은 단계로 이루어진다.
③ 신상품 컨셉트는 아이디어를 소비자가 사용하는 언어나 그림 등을 통하여 구체적으로 표현한 것이다.
④ 신상품이 '내구재인가' 아니면 '비내구재인가'는 시장 테스트의 방법과 의미에 영향을 미친다. 보통 내구재는 신제품 개발 프로세스에 큰 돈이 들어가기 때문에 시장테스트 결과에 따라 출시가 보류되거나 취소되지 않는다. 그러나 비내구재는 신제품 개발 프로세스에서 가장 돈이 많이 들어가는 단계가 '출시'단계이므로 출시전에 신제품의 매출액을 예측해 보는 것이 중요하다.
⑤ 아이디어 창출 및 심사 단계에서는 많은 아이디어를 창출하는 것이 중요하며, 아이디어의 원천은 사내(예 종업원, 최고경영자 등)와 사외(예 최종 소비자, 유통업체, 공급업체, 국내외 경쟁자, 다른 산업/국가 등) 모두 활용해야 한다.

1651 ②

① 라인확장(line extension)과 카테고리확장(category extension)은 신제품에 기존 브랜드를 이용한다는 공통점이 있다. 이 때문에 둘을 합쳐서 공동브랜드(family brand) 전략이라고 한다.
② 신상품 개발 프로세스는 일반적으로 아이디어 창출 및 심사 → 제품컨셉트의 개발과 테스트 → 마케팅믹스 개발 → 사업성 분석 → 시제품 생산 → 시장테스트 → 출시와 같은 단계로 이루어진다. 따라서 '마케팅믹스 개발'은 '사업성 분석' 전에 이루어진다.
③ 제품믹스(product mix)란 한 기업이 생산하며 판매하는 모든 제품라인과 품목을 합한 것을 말한다. 제품라인(product line)이 추가되면 제품믹스의 폭(width)은 넓어지고, 제품라인이 길어지면 제품믹스의 길이가 연장된다. 따라서 제품믹스의 폭은 제품라인의 수라고 할 수 있고, 제품믹스의 길이는 제품라인 내에 있는 품목의 수라고 할 수 있다.
④ 서비스의 소멸성(perishability)이란 서비스가 제공되는 시점에 이를 소비하지 않으면 그 서비스는 사라진다는 개념이다. 이를 극복하기 위해서는 서비스의 가격차별화, 비성수기 수요의 개발, 보완적 서비스의 제공, 예약시스템의 도입 등의 다양한 방법들을 실시해야 한다.
⑤ 제품 개념의 차원은 핵심제품(core product/benefit), 실제제품(actual/tangible product), 확장제품(augmented product)으로 구분된다. 핵심제품은 고객이 구입하는 근본적인 혜택이 형상화된 모습이며, 실제제품은 구매시 고객이 기대하는 속성, 편익, 서비스 등을 유형화시킨 것을 의미한다. 확장제품은 핵심혜택과 실제제품을 지원하는 추가적인 서비스와 혜택을 말한다.

1652 ②

① 혁신소비자(innovator), 조기수용자(early adopter), 조기다수자(early majority), 후기다수자(late majority), 지각수용자(laggard)는 로저스(Rogers)의 신제품 수용 시점에 따른 분류이다. 로저스의 이론은 1930년대 아이오와 주 그린 카운티에서 개량 옥수수 품종이 확산되었던 방식에 관한 브루스 라이언과 닐 그로스의 연구에 근거를 둔다. 259명의 농부들 중 1932년과 1933년에 개량 옥수수 품종을 재배하기 시작한 농부들은 극히 일부에 지나지 않았다. 1934년에 이 도박에 뛰어든 농부는 16명에 불과했다. 1935년에는 21명의 농부들이, 1936년과 1937년에는 각 61명이 재배하였다. 1941년이 되었을 때 단 2명을 제외하고는 모든 농부들이 재배하였다. 이를 통해 혁신소비자 → 조기수용자 → 조기다수자 → 후기다수자 → 지각수용자로 이어지는 혁신의 수용시점에 대한 이론을 정립하였다.
② 신상품 개발 프로세스는 일반적으로 아이디어 창출 및 심사 → 컨셉트 개발 및 테스트 → 마케팅 믹스 개발 → 사업성 분석 → 시제품 생산 → 시장테스트 → 출시 순서로 이루어진다.
③ 브랜드 계층구조(brand hierarchy)란 한 기업이 제공하는 여러 제품들 간에 적용되는 브랜드 유형들 간의 서열을 말한다. 브랜드 계층구조는 기업 브랜드(corporate brand), 패밀리 브랜드(family brand), 개별 브랜드(individual brand), 브랜드 수식어(brand modifier)로 구분된다. 예를 들어, '대상'은 기업 브랜드이고, 대상의 '청정원'은 패밀리 브랜드, '순창'은 개별 브랜드, '고추장'은 브랜드 수식어에 해당한다.

1653 ①

① 혁신적인 신제품이 시장에 퍼져나가는 현상을 확산(diffusion) 현상이라고 부른다. 상대적 이점, 단순성, 커뮤니케이션 가능성, 부합성은 확산에 영향을 미치는 신제품 특성 요인에 포함된다.
② 로저스(Rogers)는 수용이 이루어지는 시점에 따라 소비자를 혁신자(innovator), 조기수용자(early adopter), 조기다수자(early majority), 후기다수자(late majority), 지각수용자(laggard)의 5개 수용자 범주로 분류하였다.
③ 수용시점에 따른 수용자 유형에서 조기수용자(early adopter)는 혁신소비자(innovator) 바로 다음에 수용하는 소비자 집단이다.
④ 기술의 표준화는 신제품 확산 속도를 빠르게 한다.
⑤ 신제품을 구입한 소비자의 수를 누적해서 표시하면 S자 모양의 곡선을 확인할 수 있는데 이를 확산곡선이라고 한다. 확산 곡선의 기울기는 제품유형에 따라 모두 다르다.

1654 ①

① 맞는 보기. 신제품 개발 프로세스 단계는 '아이디어 창출 및 심사 → 컨셉트 개발 및 테스트 → 마케팅 믹스 개발 → 사업성 분석 → 시제품 생산 → 시장 테스트 순서'의 단계로 이루어진다.

② 선매품(shopping goods)의 경우 '전속적 유통'보다는 '선택적 유통'이 고려된다. 선매품은 선택과 구매과정에서 고객이 적합성, 품질, 가격 및 스타일 등을 기준으로 특징을 가지고 여러 중간상들을 비교하는 제품으로 전속적 유통(exclusive distribution)처럼 중간상을 극소수로 제한하여 서비스 수준과 산출에 대한 통제를 유지하는 전략과 같이 고객 입장에서 선택의 여지가 없는 전략보다는 선택적 유통(selective distribution)과 같이 특정 제품을 취급하고자 하는 중간상들 중에서 고객이 직접 일부를 선별하여 선정하는 전략에 적합하다.

③ 제품믹스 안에 들어 있는 제품라인의 개수를 가리키는 것은 제품믹스의 폭(width)이다. 제품믹스(라인)의 길이(length)는 제품라인 안에 들어 있는 브랜드의 개수를 말한다. 또한 제품라인의 깊이(depth)는 어떤 브랜드가 얼마나 많은 품목을 거느리고 있는가를 의미한다.

④ 상대적 이점(relative advantage)과 단순성(simplicity)은 모두 신제품 확산에 정(+)의 영향을 미친다.

혁신적인 신제품이 시장에 퍼져나가는 현상을 확산(diffusion) 현상이라고 부른다. 상대적 이점, 단순성, 부합성, 관찰가능성, 시험가능성은 확산에 영향을 미치는 신제품 특성 요인에 포함된다. 여기서 상대적 이점(relative advantage)이란 원래의 아이디어보다 얼마나 더 좋은가를 수용자가 느끼는 정도를 말하며, 단순성(simplicity)이란 개혁이 이해하거나 사용하기에 쉽다고 인지되는 정도를 말하며, 부합성(compatibility)이란 기술이 사회체계의 가치나 규범에 부합하는지를 말하며, 시험가능성(trialability)이란 수용자가 개혁을 한정된 범위에서 시험해 볼 수 있는 정도를 말한다. 마지막으로 관찰가능성(observability)이란 개혁의 결과가 타인에게 보여질 수 있는 정도를 말한다. 상대적 이점, 단순성, 부합성, 관찰가능성, 시험가능성은 모두 신제품의 확산에 정(+)의 영향을 미친다.

⑤ 희석효과(dilution effect)란 라인 확장된 신상품이 기존 브랜드의 이미지를 약화시키는 것을 말하는데, 희석효과가 발생할 위험은 상향 확장(upward line extension)보다 하향 확장(downward line extension)에서 더 크다.

1655 ②

a. 조기 수용자(early adopters) 바로 다음에 신제품을 수용하는 소비자 집단은 조기다수자(early majority)이다. 후기다수자(late majority)는 조기다수자 다음에 신제품을 수용하는 소비자 집단이다.

b. 신제품 확산에 영향을 미치는 신제품 특성 요인에는 상대적 이점, 단순성, 커뮤니케이션 가능성, 부합성, 사용가능성 등이 있다. 상대적 이점(relative advantage)은 신제품이 기존제품보다 소비자에게 얼마나 더 큰 이점을 제공하는가를 의미한다. 단순성(simplicity)은 신제품을 이해하고 사용하는데 있어 상대적으로 용이한 정도를 의미하며 사용하기 쉬울수록 빨리 확산된다. 커뮤니케이션 가능성(communicability)은 신제품의 편익(benefit)이 잠재 소비자에게 쉽게 전달될 수 있는 정도를 말하며, 편익을 쉽게 파악할 수 있는 제품일수록 빠르게 수용된다. 부합성(compatibility) 혹은 호환성은 신제품이 잠재 소비자의 기존 신념과 관습에 부합되는 정도를 말하며, 기존 소비자의 사용패턴과 부합될수록 쉽게 수용된다. 시용가능성(trialability)은 잠재 소비자가 수용하기 전에 적은 양으로 사용할 수 있는 정도를 말하며, 구매 전 테스트가 쉬울수록 빨리 확산된다.

c. 제품수명주기에서 성숙기에 판매극대점에 도달하므로 시장의 규모는 '성숙기'에 가장 크다. 또한 원가는 도입기에 가장 높고, 성숙기로 갈수록 점점 낮아지는 경향을 보인다. 따라서 시장규모는 성장기보다 성숙기에서 더 크고, 제품원가는 성장기보다 도입기에서 더 높다.

1656 ②

② 고객 다수가 혁신자(innovator)인 시기는 도입기(introduction stage)이다.

1657 ①

① 쇠퇴기(decline)의 주요 고객은 지각수용자(laggard)인데, 이들은 보수적인 사람들이다. 만약 고객 가운데 지각수용자의 비중이 늘어난다면 이는 쇠퇴기의 증후로 볼 수 있다. 그러나 신규고객 보수성이 감소한다면 이는 쇠퇴기의 증후는 아니다.

1658 ④

① 자기시장잠식(cannibalization) 현상이란 새로 추가된 품목이 경쟁자의 고객을 빼앗아 오는 것이 아니라 우리 회사의 다른 품목의 고객을 빼앗는 것을 말한다.

④ 제품수명주기는 제품범주나 제품형태 수준에서 사용하여야 하며, 브랜드 수준에서 사용해서는 안 된다. 왜냐하면 브랜드의 수명은 제품범주나 제품형태의 수명보다 더 길 수 있기 때문이다.

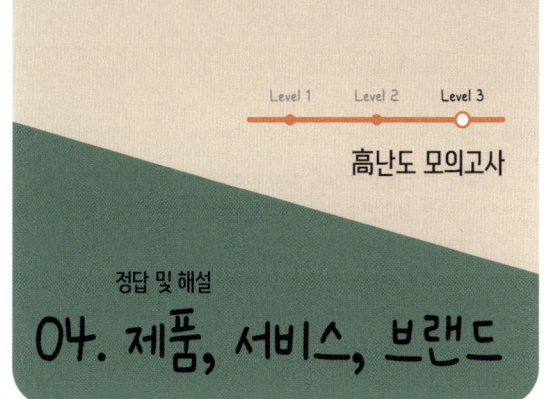

정답 및 해설
04. 제품, 서비스, 브랜드

1659 ④

빨리 변화하고 경쟁이 치열한 시장에서는 순차적 제품 개발(sequential product development) 방식 보다 팀 기반의 신제품 개발방식(team-based new product development)을 이용하는 것이 좋다.

팀 기반의 신제품 개발방식(team-based new product development)이란 회사 내의 부서가 복합기능팀의 구성원으로서 서로 긴밀히 협조하며, 때때로 시간을 절약하고 효율성을 높이기 위해 제품개발 과정에서 두 가지 이상 단계가 동시에 진행되기도 한다. 신제품을 이 부서에서 저 부서로 넘기는 것이 아니라, 다양한 부서의 사람으로 팀을 구성하여 신제품 개발의 처음부터 끝까지 공동으로 작업한다.

1660 ④

① 소비재는 쇼핑습관에 따라 편의품(convenience product), 선매품(shopping product), 전문품(specialty product)으로 나뉜다. 반면 핵심 제품(core product), 실제 제품(actual product), 확장 제품(augmented product) 차원은 제품의 분류가 아니라 제품의 수준에 해당하며, 하나의 제품이 이 3가지 차원을 갖는 다는 것을 의미한다.
② 통상 산업재가 의사결정에 더 많은 사람이 참여하기 때문에 소비재보다 의사결정과정이 더 복잡하다.
③ 조직, 사람, 장소, 아이디어 등도 제품의 범주에 포함된다.
⑤ 신제품 개발과정에서 제품컨셉트 테스트를 통과한 것을 대상으로 마케팅 믹스를 개발하고, 마케팅믹스 개발 단계를 통과한 것을 대상으로 사업성 분석(business analysis)을 실시한다.

1661 ⑤

희석효과란 모 브랜드가 갖고 있는 이미지가 약화되는 것을 의미하는데 이는 라인확장(line extension)이나 카테고리 확장(category extension) 등의 브랜드 확장 전략에 주로 발생한다. 특히 하향확장(downward line extension)에서 발생할 가능성이 높다. 복수브랜드 전략은 제품마다 다른 브랜드를 사용하므로 희석효과가 발생하지 않는다.

1662 ②

② 시장테스트 시 시용(trial)과 반복(repeat)의 과정을 관찰할 수 있는 방법을 사용해야 하는 것은 비내구재이다. 내구재의 경우, 시장테스트는 큰 의미가 없다. 내구재(가령 자동차)는 신제품 개발 프로세스에 큰돈이 들어가기 때문에 시장테스트 결과에 따라 출시가 보류되거나 취소되지는 않는다. 그러므로 내구재의 시장 테스트는 출시 여부를 결정하기 위한 것이 아니라, 출시할 신제품의 매출액을 좀 더 정확히 예측하고, 마케팅 계획을 수정/보완하는 데에 그 목적이 있다.

1663 ②

② 브랜드재인(brand recognition)과 브랜드회상(brand recall)의 상대적 중요도는 소비자가 브랜드를 보면서 제품구매결정을 내리는지 혹은 브랜드를 직접 볼 수 없는 상황에서 제품구매결정이 이루어지는지에 따라 달라진다. 예를 들어, 점포 내에서 제품구매결정이 이루어진다면 경쟁브랜드들이 선반 위에 실제로 진열되어 있기 때문에 브랜드재인이 보다 중요할 것이다(과거 자주 본 적이 있는 브랜드를 선택할 것이다). 이에 반해 점포 밖이나 브랜드가 눈앞에 실제로 존재하지 않는 어떤 상황에서 제품구매결정이 이루어지는 경우에는 브랜드회상이 보다 중요할 것이다(기억으로부터 떠오르는 브랜드들을 선택대안으로 고려하게 될 것이다).

1664 ⑤

⑤ 5차원 서비스 모형인 SERVQUAL의 구성요소는 확신성(assurance), 공감성(empathy), 반응성(responsiveness), 신뢰성(reliability), 유형성(tangibility)이다.

1665 ④

④ 개별브랜드(individual brand)는 생산된 제품에 각각 다른 브랜드명을 사용하는 것으로, 이는 회사의 명성이 하나 또는 몇몇의 제품에 좌우되지 않으며, 한 제품의 실패가 다른 제품들에 대한 피해를 적게 하며, 신제품 출시 시 그에 알맞은 이름을 붙일 수 있다는 장점을 갖는다. 따라서 패밀리 브랜드(family brand)보다는 개별 브랜드(individual brand)가 특정 고객 그룹의 니즈를 충족하기 위해 브랜드와 모든 마케팅 활동 지원을 맞춤화하기 더 좋다.

1666 ③

③ 고객 접촉점에 있는 종업원과 지원서비스 종사자들이 고객만족을 제공하기 위해 하나의 팀으로 일하도록 유도하고 동기를 부여하는 노력을 내부마케팅(internal marketing)이라고 한다. 상호작용 마케팅(interactive marketing)은 서비스 접점에서 구매자와 판매자 상호작용의 품질을 제고시켜 서비스 품질을 실현하는 노력을 말한다. 제품마케팅의 경우, 제품품질은 고객이 제품을 획득하는 과정에 별 영향을 받지 않는다. 그러나 서비스 마케팅은 서비스 품질이 서비스 전달자와 서비스 전달 활동의 품질에 크게 영향을 받는다. 따라서 서비스 마케터는 상호작용 마케팅 기술을 완벽히 습득해야 한다.

1667 ⑤

⑤ 소비자들이 우리 브랜드가 어떤 편익을 경쟁 브랜드보다 더 많이 갖고 있다고 믿을 때, 그 편익을 우리 브랜드의 point of difference(차이점)라고 부른다. 볼보의 경우 안전이 point of difference에 해당된다. 이와는 달리 소비자들이 어떤 편익에 대해서는 우리 브랜드나 경쟁 브랜드나 특별히 차이가 없다고 믿을 때 그 편익을 point of parity(유사점)라고 부른다.

1668 ①

① 유통업자 브랜드(PB: private brand)는 제조업자 브랜드에 비해 저렴한 가격에 판매되므로 가격에 민감한 고객집단에게 소구할 수 있다.

② 경쟁이 치열하면 차별화를 위해 여러 브랜드를 만들어야 하지만 경쟁이 치열하지 않으면 브랜드확장 전략을 사용하는것이 바람직하다. PLC초기단계에는 주로 '혁신자'들만 제품을 구입하며, 초기에는 소비자들의 지각된 위험(perceived risk)이 높기 때문에 이를 줄여주는 브랜드확장 전략이 바람직하다.

1669 ④

유형의 제품에 비해 서비스에 있어서 가격은 소비자들의 구매과정에 보다 큰 영향을 미치는데, 그 이유는 다른 특별한 물리적 속성이 없는 상태에서 가격이 품질의 척도로 사용되기 때문에 저가격을 이용한 포지셔닝은 부정적 이미지를 형성시킬 가능성이 높다.

1670 ①

① 둘 이상의 잘 알려진 기존 브랜드들을 결합해서 공동제품을 만들거나 공동으로 마케팅하는 것은 코브랜딩(co-branding)이다.

④ 브랜드 확장에서 새로운 브랜드를 기존 브랜드와 혼합하여 사용하는 경우를 서브 브랜드(sub brand)전략이라고 한다. 애플 아이패드, 아메리칸 익스프레스 블루카드 등이 그 예이다.

1671 ④

④ 대부분의 제품들은 제품수명주기 단계상 성숙기(maturity stage)에 있으며, 성숙기의 마케팅 전략은 시장 수정(market modification), 제품 수정(product modification), 마케팅 믹스 수정(marketing mix modification) 등의 세 가지이다.

1672 ③

③ 군집분석(cluster analysis)은 응답자와 제품 등과 같은 대상들을 비슷한 특성을 갖는 집단으로 분류하는 방법으로 신제품 시장세분화에 군집분석을 이용하면, 분석결과 분류된 집단들이 집단 내에서는 유사성(homogeneity)을, 집단 간에는 이질성(heterogeneity)을 지니게 된다.

1673 ⑤

⑤ 상품수명주기(PLC: product life cycle)는 독립변수가 아니라 종속변수이다. 즉 상품수명주기는 운명적으로 주어지는 것이 아니라 마케팅 노력 여하에 따라 달라질 수 있으므로 쇠퇴기에 접어든 상품이 '회춘'할 수도 있다. 쇠퇴기에 접어든 상품의 수명주기를 다시 성장기로 돌려놓는 것을 재활성화(reactivation)라고 부른다.

1674 ⑤

⑤ 투자를 줄이고 현금흐름을 증가시키는 것이 좋은 단계는 쇠퇴기(decline)이다.

1675 ④

① 제품믹스(product mix)의 폭(width)이란 제품믹스 안에 들어 있는 제품라인(product line)의 개수를 말하며, 제품라인의 길이(length)란 제품라인 안에 들어 있는 브랜드의 개수를 가리킨다.

② 새로 추가된 품목이 경쟁자의 고객을 빼앗아 오는 것이 아니라 자사의 다른 품목 고객을 빼앗는 것을 자기잠식(cannibalization)이라고 부른다. 반향효과(feedback effect 혹은 reciprocal effect)란 브랜드 확장으로 인하여 소비자들의 모 브랜드에 태도가 바뀌는 효과를 말한다. 반향효과는 부정적일수도 있고, 긍정적일수도 있다.

③ 기존 브랜드가 어떤 상품 범주와 밀접하게 연결되어 있다면, 카테고리 확장(category extension)이 실패할 가능성이 높다. 예를 들어 '하이트=맥주'라는 이미지가 너무 강하기 때문에, 다른 종류의 술에 하이트를 쓴다면 성공하기 어려울 것이다.

④ 제품수명주기 단계는 마케팅 활동의 독립변수가 아니라 종속변수이다. 즉 제품수명주기는 기업의 마케팅 노력에 관계없이 일정한 단계를 거치는 것이 아니라 기업들이 어떤 노력을 하는가에 따라 제품수명주기가 달라질 수 있다.

⑤ 제품수명주기 이론은 변화가 빠른 시장에서는 매우 유용하지만, 반대로 변화가 거의 없는 시장에서는 별로 유용하지 못하다. 예를 들어 이동전화 단말기 같은 하이테크 상품이나 조개구이 전문점과 같이 급속한 유행을 타는 상품들은 불과 1~2년 사이에도 수명주기상의 단계가 바뀌기 때문에 마케팅 활동을 적절히 변화시키는 것이 중요해진다. 그러나 맥주, 샴푸 등과 같이 거의 변화가 없는 시장에서는 몇 년 전이나 지금이나 차이가 거의 없으므로 마케팅을 하는데 수명주기를 고려할 필요가 적어진다.

1676 ③

① 라인확장으로 인하여 소비자들이 모(母)브랜드에 대해서 갖고 있던 태도가 바뀔 수 있는데, 이를 반향효과(feedback effect 또는 reciprocal effect)라고 부른다. 반향효과는 긍정적인 것과 부정적인 것으로 구분된다. 긍정적인 반향효과는 라인확장된 신제품으로 인하여 기존 브랜드 이미지가 더 높아지는 것을 의미하며, 반대로 라인 확장이 부적절하거나 실패한 경우 소비자들이 모브랜

드에 대해서 갖는 태도가 나빠지거나 심한 경우에는 판매도 줄어들 수 있다. 이를 부정적 반향효과라고 한다.

② 새로 추가된 품목이 경쟁자의 고객을 빼앗아 오는 것이 아니라 우리 회사의 다른 품목의 고객을 빼앗을 가능성이 높다면 이를 자기잠식(cannibalization)이라고 한다. 그랜저 HG300을 사려던 사람이 이보다 값이 싼 그랜저 HG240을 산다면 HG240이 HG300의 판매를 잠식한 것이다.

③ 카테고리 확장(category extension)도 라인확장과 마찬가지로 반향효과가 발생한다. 만약 카테고리 확장이 성공적이라면 소비자들이 그 브랜드를 '크고 유명한' 브랜드라고 생각해서 더 높은 신뢰감을 갖게 되므로, 브랜드 자산이 높아지는 긍정적 반향효과가 기대된다. 반대로 부정적인 반향효과가 발생해서 모브랜드가 타격을 입을 수 있다. 대체로 부정적 반향효과는 두 상품이 유사하면 크지만, 유사하지 않으면 작은 것으로 알려져 있다. 그러므로 라인확장에 비해서는 카테고리 확장에서는 부정적인 반향효과가 발생할 가능성이 낮다.

④ 신상품이 기존상품보다 높은 가격대로 확장하는 경우를 상향확장(upward line extension)이라고 하며, 이 경우 프리미엄 이미지 구축에 실패할 가능성이 있다. 토요타가 미국 시장에서 최고급 승용차를 출시하면서 "TOYOTA" 브랜드를 사용하지 않고 "LEXUS"를 사용한 것은 "TOYOTA"라는 브랜드로는 프리미엄 이미지 구축에 실패할 것으로 판단하여 내린 결정이다.

⑤ 상품과 상품 사이의 유사성이 낮더라도 브랜드 이미지와 상품 사이의 유사성이 높다면 카테고리 확장이 성공할 수도 있다. 예를 들어 롤렉스(ROLEX)는 시계라는 이미지는 물론 고급스럽다는 이미지도 갖고 있기 때문에 시계와 유사성이 낮은 넥타이 핀이나 남성용 향수 같은 상품에 확장을 해도 성공할 가능성이 높다.

1677 ①

a. 편의품은 소비자들이 구매계획을 하지 않으나 빈번한 구매행동을 보이며, 브랜드 대안 간 비교나 쇼핑노력을 상대적으로 적게할 수 있다. 또한 편의품은 주로 제조업체에 의한 대량촉진이 이루어지며, 고객이 필요로 할 때 쉽게 이용할 수 있도록 집약적 유통(intensive distribution)이 주로 이용된다.

b. 대부분의 상품들은 단 한가지 편익만을 제공하는 것이 아니라, 여러 가지 편익을 동시에 제공하기 때문에, 상품은 편익의 묶음(bundles of benefit)이라고 볼 수 있다. 편익에는 기능적 편익(functional benefit), 심리적 편익(psychological benefit), 사회적 편익(social benefit)의 세가지 종류가 있다. 기능적 편익이란 상품이 직접적으로 제공해주는 편익으로 난로의 따뜻함, 치약의 충치예방 등이 그것이다. 심리적 편익이란 상품을 구입, 소유, 사용하면서 얻는 심리적인 만족감을 의미한다. 마지막으로 사회적 편익이란 상품을 통하여 다른 사람들에게 자신의 개성을 표현하면서 얻는 편익을 말한다.

c. 어떤 회사가 판매하는 모든 제품들의 집합을 제품믹스(product mix)라고 하고, 상호밀접하게 관련되어 있는 제품들의 집단을 제품라인(product line)이라고 한다. 제품믹스의 폭(width)이란 제품믹스 안에 들어 있는 제품라인의 개수를 말하며, 제품라인의 길이(length)는 제품라인 안에 들어있는 브랜드의 개수를 말한다. 추가로 제품라인의 깊이(depth)는 어떤 브랜드가 얼마나 많은 품목을 거느리고 있는가를 의미한다.

d. 신제품개발 프로세스는 '아이디어 창출 및 심사 → 컨셉트 개발 및 테스트 → 마케팅 믹스 개발 → 사업성 분석 → 시제품 생산 → 시장 테스트 → 출시' 의 순으로 진행된다. 따라서 '마케팅 믹스 개발'은 '사업성 분석' 직전에 실시된다.

e. 맥주나 샴푸 같은 비내구재의 매출은 '시용(trial)-반복(repeat)' 이라는 과정을 거쳐서 이루어진다. 즉 새로운 음료가 시장에 나오게 되면, 소비자들이 시험삼아 구매해서 마셔보고(시용), 마음에 들면 자주 구매하여 마시게 된다(반복). 즉 비내구재 신상품의 성패를 좌우하는 것은 얼마나 많은 소비자들이 시용을 했으며, 또 시용한 소비자들 중에서 얼마나 많은 사람들이 반복구매를 하는가에 달려 있다. 반면 내구재의 경우 시장테스트는 큰 의미를 갖지 못한다. 왜냐하면 내구재의 경우 신상품 개발 프로세스에서 가장 큰 돈이 들어가는 시점이 '시장 테스트' 이전이기 때문이다.

1678 ④

① 대부분의 상품들은 단 한가지 편익만을 제공하는 것이 아니라, 여러 가지 편익을 동시에 제공하기 때문에, 상품은 편익의 묶음(bundles of benefit)이라고 볼 수 있다. 편익에는 기능적 편익, 심리적 편익, 사회적 편익의 세가지 종류가 있다. 사회적 편익(social benefit)이란 상품을 통하여 다른 사람들에게 자신의 개성을 표현하면서 얻는 편익을 말한다. 예를 들어, 수입고급차를 타면서 자신이 '잘 나가는' 인물임을 보여주는 것이나 친환경 제품을 사용하면서 다른 사람들에게 자신이 '의식있는' 소비자임을 보여주는 것 등이다.

② 어떤 회사가 판매하는 모든 제품들의 집합을 제품믹스(product mix)라고 하고, 상호밀접하게 관련되어 있는 제품들의 집단을 제품라인(product line)이라고 한다. 제품믹스의 폭(width)이란 제품믹스 안에 들어 있는 제품라인의 개수를 말하며, 제품라인의 길이(length)는 제품라인 안에 들어있는 브랜드의 개수를 말한다. 제품라인의 깊이(depth)는 어떤 브랜드가 얼마나 많은 품목을 거느리고 있는가를 의미한다.

③ 가장 우수한 컨셉트가 결정되면, 이 컨셉트와 어울리는 다른 마케팅 믹스 요소들을 결정한다. 신상품 컨셉트에는 이미 상품과 가격 요소가 포함되어 있으므로, 마케팅 믹스 개발 단계에서 촉진계획이 수립되고 유통경로에 대한 결정이 이루어진다. 이렇게 마케팅 믹스 요소들이 모두 결정되면 이를 바탕으로 사업성을 분석한다. 사업성 분석의 목표는 선택된 컨셉트를 기초로 상품을 만들었을 때 얻을 수 있는 판매량, 원가, 이익을 추정하고 이것이 이 상품의 마케팅 목표에 부합되는지를 판단하는데 있다.

④ 샘표간장에서 캔커피를 개발한 후 카테고리 확장(category extension) 즉 '샘표'라는 브랜드를 붙이는 것이 두 상품 범주 간에 유사성이 낮기 때문에 실패할 가능성이 높다. 이 경우 대안으로 고려되는 것은 새 브랜드(new brand) 밖에는 없다. 라인확장(line extension)은 기존 브랜드와 같은 상품범주에 출시된 신상품에 기존 브랜드를 붙이는 것이다. 이미 개발된 캔커피는 간장과는 전혀 다른 카테고리이므로 라인확장은 불가능하다. 따라서 대안은 새 브랜드 뿐이다.

⑤ 하이테크 분야의 유명한 컨설턴트인 제프리 무어(Geoffrey Moore)는 신제품의 확산에서 초기시장(혁신수용자+조기수용자)과 주류시장(조기다수자+후기다수자+지각수용자) 사이에 큰 갭(gap)이 존재한다고 주장하고 이를 협곡을 뜻하는 지질학 용어를 사용하여 캐즘(chasm)이라고 불렀다. 무어에 따르면 초기 시장의 소비자들은 기술을 잘 알고 있고, 남과 다르게 보이기 위해서 위험을 기꺼이 감수할 의사를 갖고 있는 반면, 주류 시장의 소비자들은 기술을 잘 모르고 있고, 위험을 최소화하고 싶어하며 남과 함께 가기를 원한다고 한다. 그러므로 초기 시장에서 성공한 방식을 그대로 주류시장에 적용하려고 하면 캐즘에 빠져서 실패하게 될 것이다. 무어는 초기시장에서 성공하려면 앞선 기술이 가장 중요하지만, 기술만으로는 충분하지 않고 소비자의 문제를 완벽하게 해결해 줄 수 있는 솔루션을 제공해야 한다고 주장하였다.

1679 ④

a. 소비자 욕구의 동질성이 아니라 이질성 때문이다. 즉, 하나의 상품으로 여러 개의 세분시장들이 갖고 있는 상이한 욕구들을 충족시킬 수 없기 때문이다. 예를 들어, 많은 샴푸브랜드들은 모발상태별로 제품을 따로 내놓고 있다.

b. 소비자의 다양성 추구 성향 때문이다. 예를 들어, 게토레이는 다양한 맛을 선보임으로써, 이온 음료의 단순한 맛에 식상한 소비자들이 다른 음료로 이탈하는 것을 방지하고 있다.

c. 가격 민감도의 차이 때문이다. 즉, 고객들 가운데 같은 제품이라도 조금 높은 가격을 지불할 용의가 있는 집단과 그렇지 않은 집단이 있다고 하자, 이런 경우에 제품을 한 가지만 내놓고 한 가지 가격으로만 판매하는 것보다는, 제품을 다양화하여 높은 가격을 지불할 용의가 있는 집단에는 조금 비싼 제품을 팔고, 그렇지 않은 집단에는 조금 싼 제품을 파는 것이 이익을 극대화할 수 있다. 이것을 가격차별(price discrimination)이라고 부른다.

d. 경쟁자의 진입을 저지할 수 있기 때문이다. 예를 들어, 인텔(Intel)은 마이크로프로세서 라인에 불과 1년 동안 무려 25가지나 되는 품목을 추가한 적이 있었는데, 이것은 AMD와 같은 경쟁자들이 인텔 제품라인의 빈틈을 파고 들지 못하도록 하기 위한 것이었다.

e. 전문기업(또는 브랜드)이라는 이미지를 줄 수 있고, 이를 통하여 고품질 이미지도 획득할 수 있기 때문이다. 가령 여러분이 누군가에게 초콜릿을 선물해야 하는데, 두 브랜드의 매장 중 한 곳을 골라야 한다고 가정하자. 브랜드 A는 30가지 종류의 초콜릿을 전시하고 있고, 브랜드B는 10가지라면 여러분은 어디로 들어가겠는가? 이런 상황을 다룬 연구 결과는 대다수의 소비자들은 브랜드A를 선택하며, 이 브랜드가 전문성이 높고 품질도 높다고 인식한다는 것을 보여준다.

1680 ②

① 신상품에 새 이름을 붙이지 않고 기존 이름을 붙이면 신상품이 갖고 있는 새로움을 잘 나타내지 못함으로써 신상품이 실패하게 될 위험이 있다. 예를 들어, 1990년대 초 LG생활건강이 '한스푼', CJ제일제당이 '비트'를 내놓으면서 고농축 세탁세제 붐이 일어나자 애경산업은 '울트라 스파크'를 내놓았다. '울트라 스파크'는 애경의 세탁세제인 '스파크'로부터 라인 확장을 한 것에서, 많은 소비자들은 '울트라 스파크'가 새로운 고농축 세제가 아니라 '스파크'를 이름만 바꾼 것이라고 생각했다. 결과적으로 '울트라 스파크'는 저조한 판매를 기록했다.

② 카테고리 확장은 다른 범주에 속하는 신상품에 기존 브랜드를 붙이는 경우 말하는데, 기존 브랜드가 어떤 상품 범주와 밀접하게 연결되어 있으면 라인확장이 아니라 카테고리 확장이 실패할 가능성이 높다. '하이트 소주'를 예를 들어보면, '하이트'는 매우 강력한 브랜드이지만 '하이트=맥주'라는 이미지가 너무 강하기 때문에 다른 종류의 술에 '하이트'를 쓴다면 성공하기 어려울 것이다.

③ 라인확장이 실패할 경우 소비자들의 모(母)브랜드에 대해서 갖는 태도가 나빠지거나 심한 경우 판매도 줄 수 있다. 이것을 부정적인 반향효과(feedback effect 혹은 reciprocal effect)라고 부른다.

④ 하향 확장(downward line extension)의 경우 모 브랜드의 고급 이미지를 희석시켜서 결국에는 브랜드 자산을 약화시키는 부정적인 반향효과의 위험이 크다. 이를 희석효과(dilution effect)라고 부르기도 한다. 예를 들어, 초이스(Taster's Choice) 커피가 캔 커피에도 '초이스' 브랜드를 붙인 것은 초이스 커피의 고급 이미지에 손상을 입혔을 가능성이 높다. 또한 가격이 낮은(즉, 수익성이 낮은) 품목이 가격이 높은(수익성은 높은) 품목의 판매를 잠식하여 상품라인 전체의 수익성을 악화시킬 수 있다. 예를 들어, 그랜저 HG300을 사려던 사람이 이보다 값이 싼 그랜저 HG240을 구입한다면 HG240이 HG300의 판매를 잠식한 것이다. 이것을 자기잠식(cannibalization)이라고 부른다.

⑤ 같은 브랜드 상품이 서로 다른 유통경로로 판매될 경우, 경로간의 갈등을 일으킬 위험이 있다. 예를 들어, 아모레퍼시픽은 한때 라네즈를 전문점과 대형마트 양쪽에서 판매하였는데, 전문점 주인들은 대형마트에서 라네즈가 더 낮은 가격으로 팔리고 있기 때문에 판매가 안된다고 강한 불만을 표시하였다. 이 때문에 아모레퍼시픽은 이니스프리를 대형마트 전용 브랜드로 출시하고, 라네즈는 전문점에서만 판매하기로 결정한 적이 있다.

1681 ①

① 상호 밀접하게 관련되어 있는 제품들의 집단을 '제품믹스(product mix)'가 아니라 '제품라인(product line)'이라고 한다. 제품믹스란 어떤 회사가 판매하는 모든 제품들의 집합을 말한다. 제품믹스의 폭(width)이란 제품믹스 안에 들어 있는 제품라인의 개수를 가리키며, 제품믹스의 길이(length)는 제품라인 안에 들어있는 브랜드 개수를 가리킨다. 마지막으로 제품라인의 깊이(depth)는 어떤 브랜드가 얼마나 많은 품목을 거느리고 있는가를 의미한다.

② 신제품개발 프로세스에서 '사업성 분석'은 '마케팅 믹스 개발' 후에 실시한다. 참고로 신제품 개발 프로세스는 아이디어 창출 및 심사 → 제품컨셉 개발 및 테스트 → 마케팅믹스 개발 → 사업성 분석 → 시제품 생산 → 시장테스트 → 출시의 순으로 진행된다.

③ 가격이 낮은 품목이 가격이 높은 품목의 판매를 잠식하여 제품라인 전체의 수익성을 악화시킬 수 있는데, 이를 자기시장잠식(cannibalization)이라고 한다. 예를 들어, BMW 5시리즈 세단을 사려던 사람이 이보다 값이 더 싼 3시리즈 세단을 산다면 3시리즈가 5시리즈의 판매를 잠식한 것이다. 이런 이유 때문에 자기시장잠식 현상은 라인확장(line extension) 가운데 상향확장(upward line extension) 보다는 하향확장(downward line extension)에서 발생할 가능성이 높다. 또한 하향확장에서는 모브랜드의 고급 이미지를 희석시켜서 결국에는 브랜드 자산을 약화시키는 희석효과(dilution effect)가 발생 위험이 크다.

④ 라인확장이나 카테고리 확장으로 인하여 소비자들이 모브랜드에 대해서 갖고 있던 태도가 바뀔 수 있는데, 이를 반향효과(feedback effect 또는 reciprocal effect)라고 부른다. 반향효과는 부정적일 수도 있고 긍정적일 수도 있다. 카테고리 확장에서 부정적 반향효과가 발생해서 모브랜드가 타격을 입을 수 있다. 그러나 많은 연구에 의하면 부정적인 반향효과는 두 개의 상품이 유사하면(예: 건성모발용 샴푸와 중성모발용 샴푸) 크지만, 유사하지 않으면(예: 가습기 살균제와 세탁용 표백제) 작은 것으로 알려져 있다. 그러므로 라인확장(line extension)에 비해 카테고리 확장(category extension)에서는 부정적인 반향효과(feedback effect)가 발생할 가능성이 더 낮다.

⑤ 로저스(Rogers)의 혁신수용시점에 따른 수용자 분류에서 가장 비중이 낮은 것은 '혁신자(innovators)'이고 그 다음으로 비중이 낮은 것은 '조기수용자(early adopter)'이다. 참고로 혁신자는 2.5%, 조기수용자는 13.5%, 조기다수자와 후기다수자가 각각 34%, 그리고 마지막으로 혁신을 수용하는 최후수용자(laggard)가 16%이다.

1682 ③

① 대부분의 상품들은 단 한 가지의 편익만 제공하는 것이 아니라, 여러 개의 편익들을 동시에 제공하기 때문에, 상품은 편익의 묶음(bundles of benefit)이라고 볼 수 있다. 편익에는 기능적 편익, 심리적 편익, 사회적 편익의 3가지 종류가 있다. 난로의 따뜻함, 치약의 충치예방 편익처럼 상품이 직접 제공해 주는 편익은 기능적 편익(functional benefit)이라고 부른다. 상품을 구입, 소유, 사용하면서 얻는 심리적 만족감을 심리적 편익이라고 부른다. 마지막으로 사회적 편익은 다른 사람들에게 '나는 이런 사람이야'라고 자신의 지위나 개성을 표현하면서 얻게 되는 편익을 가리킨다. 어떤 상품을 소비하는지가 다른 사람들에게 드러나는 경우, 또는 경쟁 상품 사이에 기술적인 차이가 없어져서 기능적 편익으로 상품을 차별화하기 어려운 경우에는 기능성 편익(functional benefit)보다는 심리적 편익(psychological benefit)이나 사회적 편익(social benefit)이 더 중요한 역할을 한다.

③ 희석효과(dilution effect)란 확장된 신제품이 모브랜드의 고급 이미지를 희석시켜서 결국에는 브랜드 자산을 약화시키는 부정적인 반향효과를 의미한다. 또한 새로 추가된 품목이 경쟁자의 고객을 빼앗아 오는 것이 아니라 우리 회사의 다른 품목의 고객을 빼앗을 가능성이 높아지는데, 이를 자기 잠식(cannibalization)이라 한다. 희석효과와 자기 잠식은 모두 상향 확장(upward line extension) 보다는 하향 확장(downward line extension)에서 발생할 가능성이 높다.

④ 다양한 신상품 컨셉들 중에서 가장 우수한 컨셉를 선택하기 위해 고객들을 대상으로 신상품 컨셉들에 대한 반응을 조사하는 것을 컨셉트 테스트(concept test)라고 부른다. 새로운 시장을 창출하는 혁신적인 신상품(예 자율주행 무인 자동차)이 얻을 수 있는 판매량은 잠재 구매자를 대상으로 한 컨셉트 테스트와 같은 방법으로 예측하기는 매우 어렵다. 왜냐하면 잠재 구매자 자신들이 이러한 혁신적인 신상품의 효용을 확신하기 어려우므로, 확실한 응답을 하지 못하기 때문이다.

⑤ 비내구재 신상품의 성패를 좌우하는 것은 얼마나 많은 소비자들이 시용(trial)을 했으며, 또 시용한 소비자들 중에서 얼마나 많은 사람들이 반복구매를 얼마나 자주 하는가에 달려 있다. 그러므로 비내구재를 시장 테스트할 때에는 '시용-반복 과정을 관찰할 수 있는 방법을 사용해야 한다. 그러자면 잠재 구매자들에게 신상품을 사용할 수 있는 기회를 준 다음, 재구매 의도를 물어보는 방법을 쓰게 된다.

1683 ③

① 새로 추가된 품목이 경쟁자의 고객을 빼앗아 오는 것이 아니라 우리 회사의 다른 품목의 고객을 빼앗을 가능성이 높다면 이를 자기잠식(cannibalization)이라고 한다. 새로 추가된 애플(Apple)의 아이패드 미니(iPad mini)가 기존의 다른 품목인 맥제품군(아이맥, 맥북)과 아이패드 9.7인치 고객을 빼앗았다면 이는 자기잠식(cannibalization)으로 볼 수 있다.

② 제품 라인(product line) 내에 무작정 새로운 품목을 추가하기만 하면 제품의 가짓 수는 많아지지만 제품 각각의 매출은 적기 때문에 소매점에서 진열 면적을 확보하기가 어렵다. 소매점은 이익 극대화를 위해 제한된 판매대를 잘 팔리는 제품들로만 채우고 싶어하기 때문에 매출이 적은 물건들은 진열 면적 확보가 어렵다. 더불어 제품의 가짓 수가 많아지면 품목이 많아 재고관리도 어렵다.

③ 신제품 개발 과정은 '아이디어 창출 및 심사 → 컨셉트 개발 및 테스트 → 마케팅 믹스 개발 → 사업성 분석 → 시제품 생산 → 시장 테스트 → 출시'의 순으로 진행된다. 따라서 컨셉트 테스트(concept test)를 통해 가장 우수한 컨셉트가 결정되며, 이 컨셉트와 어울리는 다른 마케팅 믹스 요소들을 결정한다. 이렇게 결정된 마케팅 믹스를 기초로 사업성을 분석하게 된다.

④ 제품수명주기 단계에서 도입기에는 제품의 인지도가 낮기 때문에 유통경로 커버리지를 확대하기 어렵고, 경로 커버리지는 성장기를 거쳐서 시장이 가장 큰 성숙기에 최대화된다. 일반적으로 도입기에는 선택적 유통(selective distribution)이고, 성장기와 성숙기에 집약적 유통(intensive distribution)이다. 성장기와 성숙기에 모두 집약적 유통이긴 하지만 성숙기에 유통 커버리지가 최대화된다.

⑤ 브랜드 계층구조(brand hierarchy)란 한 기업이 제공하는 여러 제품들 간에 적용되는 브랜드 유형들 간의 서열을 말한다. 브랜드 계층구조는 기업 브랜드(corporate brand), 패밀리 브랜드(family brand), 개별 브랜드(individual brand), 브랜드 수식어(brand modifier)로 구분된다. 이 가운데 브랜드 수식어란 특정한 품목이나 모델 타입 또는 특별한 제품 버전이나 외관을 명시하는 수단이다.

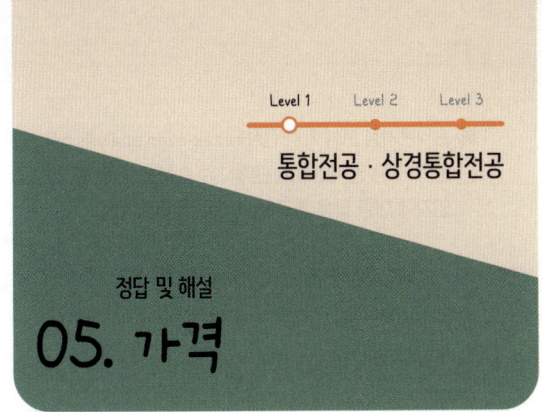

정답 및 해설
05. 가격

1684 ④
① 관습가격은 시장에서 한 제품군에 대해 오랜 기간 고정되어 있는 가격을 의미하며 껌, 라면, 담배, 휴지 등 습관적으로 구매하는 제품들에서 주로 형성되는데, 이 때 관습가격보다 제품이 비싸면 소비자들은 구매 저항을 느끼고, 반대로 관습가격보다 저렴한 값에 제품을 판매할 경우 품질이 낮다고 인지하여 매출이 감소할 수 있으므로 기업은 제품을 출시할 때 시장 내 형성되어 있는 관습가격과 비슷하게 가격을 설정하는 것이 좋다.
④ 단수가격(odd pricing): 현재의 화폐단위보다 조금 낮춘 990원, 29,900원 등의 가격을 책정하여 소비자들에게 가격을 낮게 책정하였다는 인식을 심어주기 위한 것

1685 ⑤
④ 명성가격(prestige pricing)은 잠재고객들이 가격-품질 연상(price-quality association)을 강하게 가지고 있다고 가정하고 시장에서 제시된 가격 중 가장 높은 가격을 설정하는 전략을 말한다.
⑤ 기점가격(basing-point pricing)은 심리적 가격조정과는 상관없이 판매자가 특정 도시나 지역을 하나의 기준점으로 하여 제품이 운송되는 지역과는 관계없이 모든 고객에게 동일한 운송비를 부과하는 방법이다.

1686 ③
① 단수가격은 제품 가격의 끝자리를 홀수(단수)로 표시해 소비자들로 하여금 제품 가격이 저렴하다는 인식을 심어주어 구매의욕을 불러일으키는 가격이다.
③ 준거가격은 소비자들이 제품가격의 높고 낮음을 평가할 때 비교기준으로 사용하는 가격을 말한다.

1687 ①
① 단수가격(odd pricing): 현재의 화폐단위보다 조금 낮춘 990원, 29,900원 등의 가격을 책정하여 소비자들에게 가격을 낮게 책정하였다는 인식을 심어주기 위한 것이다.
② 준거가격(reference pricing): 소비자들이 제품가격의 고·저를 평가할 때 비교기준으로 사용하는 가격을 말한다.
③ 명성가격(prestige pricing): 고품질의 이미지를 유지하기 위하여 비교적 높은 가격을 구사하는 정책을 말한다.
④ 관습가격(customary pricing : 오래전부터 소비자들이 습관적으로 인정하는 가격을 말하는 것으로 그로 인해 가격을 올리게 되면 시장의 반발을 초래할 수 있고, 반대로 낮추게 되면 품질에 이상이 있는 것은 아닌가 하는 의심을 소비자에게 전달하게 되어 판매량을 떨어뜨리게 될 수 있다.
⑤ 기점가격(basing-point pricing): 제품이 생산된 지점(기준점)에서 하나 또는 그 이상의 지점으로 전달되는 비용을 판매자가 정찰가격에 포함시켜서 부과하는 가격설정 방법이다.

1688 ④
④ 소비자들이 제품가격의 높고 낮음을 평가할 때 비교기준으로 사용하는 가격을 준거가격(reference price)이라고 한다. 유보가격(reservation price)은 특정 제품에 대해 지불할 용의가 있는 최고가격을 의미한다.

1689 ①
① 종속가격(captive pricing) 혹은 종속제품가격은 소비자의 심리가 아니라 제품의 특성(보완재)에 근거한 가격결정이다.

1690 ①
① 단수가격은 시장에서 경쟁이 치열할 때 소비자들에게 심리적으로 값싸다는 느낌을 주어 판매량을 늘리려는 가격결정방법이다. 즉, 제품의 가격을 100원, 1,000원 등과 같이 현 화폐단위에 맞게 책정하는 것이 아니라, 그 보다 조금 낮은 95원, 970원, 990원 등과 같이 단수로 책정하는 방식이다.
③ 층화가격은 제품라인 가격(product line pricing)을 의미하며, 여러 제품 라인을 구축하고 있는 기업에서 제품 간 제조원가, 성능의 차이를 근거로 다양한 가격단계를 설정하는 것이다.

1691 ②
② 명성가격(prestige pricing): 품질과 브랜드 이름, 높은 품격을 호소하는 가격설정 방법으로 가격이 높을수록 품질이 좋다고 인식되고 제품의 가격과 소비자 자신의 권위가 비례한다고 느끼게 되는 경우에 적용한다.

1692 ②
② 단수가격(odd-pricing)이란 단수로 가격을 매겨 소비자로 하여금 훨씬 싸다는 느낌과 가격을 정확히 책정했다는 인식을 받도록 하는 방법을 말한다.

1693 ④
④ 한정판매는 가격 변화가 전혀 없는 것이기 때문에 유인가격 전략이 아니다.

1694 ③

① 10,000원짜리 제품에서 500원 미만의 가격 인상은 알아차리지 못하지만 500원 이상의 가격 인상은 알아차리는 것은 500원이 JND(just noticeable difference)이기 때문이다.

② 같은 500원을 인상하더라도 인상 전 원래의 제품가격의 수준이 1,000원인 경우와 10,000원인 경우에 따라 가격변화를 다르게 지각하는 것은 웨버의 법칙(Weber's Law)으로 설명 가능하다.

④ 가격-품질 연상(price-quality association)이란 구매자들이 가격이 높은 상품일수록 품질도 높을 것이라고 기대하는 것을 의미한다. 제품의 품질을 의심하지 않는 가장 낮은 가격을 최저수용가격이라고 한다.

1695 ②

② 신상품이 처음 나왔을 때 낮은 가격을 책정하고 이후 시간의 흐름에 따라 가격을 높이는 방식은 시장침투가격(market-penetration pricing)이다. 참고로 스키밍 가격(market-skimming pricing)은 신상품이 처음 나왔을 때 아주 높은 가격을 매긴 다음에 시간의 흐름에 따라 점차 가격을 낮추는 가격 정책을 의미한다.

1696 ③

③ 유보가격(reservation price)은 소비자가 어떤 제품에 대해 지불할 의사가 있는 최고가격을 말한다.

1697 ⑤

① 가격결정의 목표가 시장침투라면 가격은 낮게 책정해야 한다.

② 가격결정의 목표가 수익의 안정이라면 가격은 높게 책정되어야 한다.

③ 가격결정의 목표가 제품의 판매촉진이라면 가격은 낮게 책정하는 것이 좋다.

④ 가격결정의 목표가 경쟁에 대한 대응이라면 가격은 낮게 책정되어야 한다.

⑤ 가격목표와는 직접적으로 관계 없다.

1698 ④

원가중심적 가격결정(Cost Based Pricing)은 제품을 생산, 판매하는데 들어가는 모든 원가를 충당하고, 원하는 목표이익을 반영하여 가격을 결정하는 것을 말한다. 이에 해당하는 것은 아래와 같다.

㉠ 원가가산 가격 결정(cost-plus pricing)은 총원가에 원하는 목표이익을 가산하는 방법을 말한다.

㉡ 가산이익률 가격 결정(markup pricing)은 제품 한 단위당 원가를 계산 후 원하는 가산이익률을 적용하여 가격을 결정하는 방법을 말한다.

㉢ 목표투자이익률 가격 결정(target return pricing)은 기업이 목표로 하는 투자이익률을 달성할 수 있도록 가격을 설정하는 것을 말한다.

㉣ 손익분기점 분석 가격 결정(break-even analysis pricing)은 최소한 얼마만큼을 판매하여 손실을 면할 수 있는 것인가에 대한 답을 제공하는 것을 말한다.

1699 ③

총수익−총비용=10,000,000

총수익=500×가격

총비용
=고정비+변동비
=10,000,000+(100,000×500개)
=60,000,000

(500×가격)−60,000,000=10,000,000

500×가격=70,000,000

가격=70,000,000÷500=140,000원

1700 ④

(자동차 1대당 가격−단위당 비용)×판매량=이익

(자동차 1대당 가격−3,000,000)×1,000대
=2,000,000,000원

자동차 1대당 가격−3,000,000=2,000,000원

자동차 1대당 가격=5,000,000원

1701 ②

$$단위당원가 = 변동비 + \frac{고정비}{판매량}$$

$$단위당원가 = 10,000 + \frac{400,000,000}{100,000} = 14,000원$$

$$제품가격 = \frac{단위당원가}{1 - 가산이익률}$$

$$= \frac{14,000}{1 - 0.2}$$

$$= 17,500원$$

1702 ①

① 마크업 가격책정(markup pricing)은 제품의 원가에 업계에서 사용하는 이익을 더한 것으로 가격을 책정하는 방법으로 이 가격책정의 궁극적 목표는 비용의 회수이다.

1703 ①

② 단수가격(Odd Pricing)은 시장에서 경쟁이 치열할 때 소비자들에게 심리적으로 값싸다는 느낌을 주어 판매량을 늘리려는 가격결정 방법으로 제품의 가격을 100원, 1,000원 등과 같이 현 화폐단위에 맞게 책정하는 것이 아닌 그보다 조금 낮은 95원, 970원, 990원 등과 같이 단수로 책정하는 방식을 말한다. 참고로 소비자가 제품의 구매를 결정할 때 기준이 되는 가격은 준거가격(reference price)이다.

③ 이중요율(two-part tariff)은 가격체계가 전화요금처럼 기본요금과 이용요금의 두 가지로 이루어진 것을 말한다. 참고로 성수기와 비수기의 가격을 다르게 책정하는 방식과 같이 어떤 기업이 원가 차이를 같은 비율로 반영하지 않는 둘 이상의 가격으로 제품이나 서비스를 판매

할 때 발생하는 것을 가격차별(price discrimination)이라고 한다.

④ 유보가격(reservation price)이란 소비자가 어떤 제품에 대해 지불할 의사가 있는 최고가격을 말한다.

1704 ①

① 원가가산가격결정법(cost-plus pricing)은 원가를 기반으로 가격을 결정하는 방법으로 이는 제품의 원가에 업계에서 사용하는 이익을 더한 것을 가격으로 책정하는 방법이다. 이 방법의 문제점은 고객이 이 제품에 대하여 어느 정도의 가치를 느끼며, 얼마 정도를 지불하려고 하는지를 전혀 고려 하지 않는다. 따라서 가격변동이 판매량에 미치는 영향이 작고 기업이 가격을 통제할 수 있는 경우에 사용하는 것이 효과적(예 중장비 산업, 선박 제조 등)인 가격결정 전략방식이다.

1705 ③

③ 공헌 마진 가격결정은 상품회전율과 상대적 수익률과는 무관하며, 공헌마진에 목표이익을 더하여 가격을 결정하는 방법이다.

1706 ②

② 가격차별화(price discrimination)란 동일한 상품에 대하여 개별 고객 또는 세분시장 별로 가격책정을 달리하는 것을 말하는데, 이때 가격 민감도가 높은 집단에게는 낮은 가격을, 가격민감도가 낮은 집단에게는 높은 가격을 매긴다.

1707 ②

세분시장별로 가격을 달리하는 것을 가격차별화(price discrimination)라고 한다. 즉 고객집단, 제품형태, 입지, 시간대별로 가격을 달리 매기는 것을 말한다. 하지만 묶음가격은 고객에 따라 가격을 달리 매기는 가격차별이 아니라 여러 개의 제품을 묶어서 할인된 가격으로 판매하는 것을 말한다.

1708 ②

가격민감도란 가격에 대한 탄력적 반응을 의미하는데, 즉, 가격이 내려가면 소비자들이 구매를 큰 폭으로 증가시키고, 반대로 가격이 올라가면 구매를 큰 폭으로 감소시키는 것을 말한다. 제품이 이전에 구매한 자산과 결합하여 사용되는 경우는 가격에 관계없이 구매해야 하므로 가격민감도가 낮아진다. 또한 구매비용의 일부를 다른 사람이 부담하는 경우에는 자기 부담을 덜 수 있기 때문에 가격민감도가 낮아진다. 또한 제품이 독특해서 대체품을 찾을 수 없는 경우에도 그 제품을 구매할 수밖에 없기 때문에 가격민감도는 낮아진다. 반면 구매자가 제품을 비축할 수 있다면 가격이 저렴할 때 대량으로 구매하고 가격이 비쌀 때는 비축된 제품을 사용하면 되므로 가격민감도는 높아진다.

1709 ⑤

⑤ 종속제품 가격결정(captive product pricing): 주제품과 함께 사용되어지는 종속제품에 대한 가격설정으로 주제품에 대해서는 가격을 낮게 책정하고, 종속제품에 대해서는 고가격을 책정하는 가격전략을 말한다.

1710 ①

① 묶음가격책정(bundling pricing)은 함께 사용하는 제품을 묶어서 할인된 가격을 설정하는 것이다.

1711 ①

프린터(주제품)를 저렴하게 판매한 후, 그 프린터의 토너(종속제품)를 비싼 가격으로 결정하는 방법은 종속제품 가격결정이다.

1712 ②

② 묶음가격(product bundled pricing)은 자사가 제공하는 여러 개의 제품이나 서비스를 묶어서 하나의 가격으로 판매 하는 것으로, 상품들이 상호 보완재인 경우에 효과적이다.

1713 ③

③ 해당 상품 시장에서 고객들이 지각하는 상품의 가치가 이질적이어서 상품별로 가격을 결정하기 어려운 경우에 사용되는 것은 묶음가격(bundling)이다.

1714 ④

④ 묶음 제품 가격결정(product-bundle pricing)은 몇 개의 관련된 제품들을 묶어 이를 할인된 가격으로 판매하는 것을 의미한다.

1715 ①

① 종속제품(captive-product) 가격책정은 주제품(면도기, 카메라)에 대해서는 가격을 낮게 책정하고 종속제품(면도날, 필름)에 대해서는 고가격을 책정하는 가격전략을 말한다.

1716 ①

① 캡티브 프로덕트 가격(captive product pricing)은 주제품과 함께 사용되어지는 종속제품에 대한 가격 설정을 말한다. 면도기와 함께 사용하는 면도날이나 카메라에 넣는 필름 등은 종속제품의 예이다.

1717 ④

④ 혁신적인 기능이 추가된 신제품의 경우 스키밍 가격전략이 효과적이다. 즉 가격을 비싸게 책정하는 것이 효과적이다.

17.18 ①

① 스키밍 가격 책정은 신제품에 대해 가격을 높게 책정하는 전략이므로 도입기에 고가격을 책정하는 전략을 의미한다.

17.19 ②

② 우수한 품질에 저렴한 가격을 책정하는 것은 침투가격(penetration pricing) 전략이다.

17.20 ②

② 스키밍가격(skimming pricing)은 처음에는 가격을 높게 책정하였다가 시간이 지남에 따라 가격을 낮추는 전략을 말한다. 반면 시장침투가격(penetration pricing)은 처음에 가격을 낮게 책정했다가 시간이 지남에 따라 가격을 높이는 전략을 말한다.

17.21 ①

① 초기에 높은 시장점유율을 확보하려 할 때는 낮은 가격을 책정하여 판매량을 늘리는 것이 좋다.

17.22 ③

③ 시장침투가격은 신제품 출시 때 저렴한 가격을 매기는 방법으로 가격에 민감한 고객층을 대상으로 하는 것이 적절하다. 혁신소비자층(innovator)은 신제품을 모험적으로 구매하는 고객층으로 가격에 민감하지는 않다.

17.23 ①

① 수요의 가격탄력성이 높은 경우에는 가격의 하락하면 수요가 큰 폭으로 증가하고 가격이 상승하면 수요가 큰 폭으로 하락하기 때문에 초기고가전략을 사용하기 어렵다.

17.24 ①

스키밍 가격전략(skimming price strategy)은 신제품 출시 초기에 비싼 가격을 책정하여 초기에 높은 이익을 도모하는 방법이다. 이 방법은 주로 경쟁자가 없거나 있어도 경쟁력이 약할 때, 그리고 자사 제품이 특허에 의해 보호될 때 사용한다.

17.25 ①

① 소비자들이 가격에 민감하지 않을 때는 스키밍가격(skimming pricing) 전략이 적합하다.

17.26 ①

① 신제품이 소비자가 원하는 탁월한 특성을 갖고 있는 경우에는 스키밍 가격전략이 적절하다.

17.27 ①

① 수요의 (가격)탄력성이 낮다는 것은 가격의 변화에 상관없이 수요가 일정하다는 것을 의미하므로 이런 상황에서는 가격을 상대적으로 높게 유지하는 것이 바람직하다. 반면 수요의 가격탄력성이 높다면 가격의 변화에 따라 수요의 변동이 크므로 가격을 비교적 낮게 유지하는 것

이 바람직하다. 따라서 수요의 가격탄력성이 낮으면 초기 고가격전략(skimming pricing) 혹은 스키밍 가격이 적절하고, 수요의 가격탄력성이 높으면 시장침투가격(market penetration pricing)이 적절하다.

② 규모의 경제 즉 생산 규모가 커질수록 단위당 원가가 낮아진다면, 생산의 규모를 늘리기 위해 가격을 낮게 책정하는 침투가격 전략이 적절하다.

③ 제품의 가격을 낮게 책정하면 경쟁자들은 이익이 줄거나 혹은 손해일 수 있지만 원가 경쟁력있는 기업은 지속적으로 이윤 창출이 가능하므로 원가 경쟁력이 있다면 가격을 낮게 책정하는 침투가격이 적절하다.

④ 고객이 가격에 민감해서 낮은 가격이 시장점유율을 빨리 높일 수 있다면 침투가격전략이 적절하다.

⑤ 가격을 낮게 책정하면 잠재 경쟁자들의 시장 진입이 어렵기 때문에 경쟁자들의 진입위협이 높을 때는 침투가격이 적절하다.

17.28 ③

③ 시장침투(market-penetration) 가격전략은 제품 출시 초기 낮은 가격을 책정하여 가격에 민감하게 반응하는 소비자들에게 많은 판매량을 유도해 빠르게 높은 시장점유율을 확보하여 생산성의 증가를 얻게 하려는 가격정책을 말한다. 참고로, 신제품 출시 초기에 높은 가격을 책정하고, 추후 점차적으로 가격을 인하해 시장점유율을 확대하고자 하는 전략은 초기고가전략(skimming pricing)이다.

17.29 ③

③ 진입장벽이 낮은 경우에는 제품의 가격을 낮게 책정하는 시장침투가격이 적절하다.

17.30 ③

③ 잠재시장 규모가 큰 경우에는 빠르게 시장에 진입하고 진입 후에는 시장점유율 확보를 위해 가격을 낮게 책정하는 시장침투 가격이 효과적이다.

17.31 ④

④ 여러 제품 라인을 구축하고 있는 기업에서, 제품 간 제조원가, 성능의 차이를 근거로 다양한 가격단계를 설정하는 것을 제품라인가격전략 혹은 가격계열화라고 한다.

17.32 ③

① 준거가격(reference price)은 소비자들이 제품가격의 고·저를 평가할 때 비교기준으로 사용하는 가격이다. 소비자는 자주 구매되는 상표의 가격, 과거에 지불된 가격, 유사제품의 평균가격 등을 이용하여 준거가격을 형성할 수 있다. 소비자는 어떤 제품의 시장가격이 준거가격보다 낮으면 저렴하다고 지각할 것이고 마케팅 관리자는 가격할인을 할 경우 보통 기존의 가격을 함께 제시하는데 이는 소비자의 준거가격 형성에 영향을 미침으로써 가격할인에 의한 매출증대 효과를 높이고자 하는 것이다.

② 관습가격(customary pricing)은 구매빈도가 잦은 일용품의 경우와 같이 사회적 관습으로 가격이 어느 정도 확정되어 있는 경우 원가가 증가하더라도 가격인상은 거의 불가능하므로, 함량이나 품질수준으로 가격을 조정하게 되는 방법을 의미한다. 예) 콩나물 1근 천 원, 파 1단 2천 원 등

③ 가격계열화(product line pricing)는 한 상품에 대해 단일가격을 설정하는 것이 아닌 품질 또는 디자인 등의 차이에 따라 가격대를 설정하고 해당 가격대 내에서 개별 상품에 대한 구체적인 가격을 결정하는 것을 의미한다. 즉, 소비자들은 가격에 약간의 차이가 아니라 큰 차이가 있을 경우에만 이를 인식하게 된다고 보고 선정된 제품계열에 한정된 수의 가격만 설정하는 방법이다. 예) 여성 정장의 가격대, 남성 정장의 가격대 등

④ 유보가격(reservation price)은 소비자가 어떤 제품에 대해 지불할 의사가 있는 최고 가격을 말한다. 구매자의 경험이나 정보에 의해서도 형성되지만, 무엇보다도 구매자 자신이 해당 상품에 대하여 주관적으로 느끼는 효용과 지불능력에 의하여 많은 영향을 받는다. 보통 구매자들의 유보가격이 높을 때에는 가격을 높게 책정하고, 유보가격이 낮을 때에는 가격을 낮게 책정한다.

⑤ 이중요율(two-part tariff)은 가격체계가 전화요금처럼 기본요금과 이용요금의 2가지로 이루어진 것을 의미한다. 이중요율 하에서 대량 사용자들은 낮은 단가를 지불한다. 하지만 대량 사용자들이 소량 사용자들보다 가격에 더 민감한 경향을 보이기 때문에 이중요율은 가격차별의 효과를 갖고 있다.

1733 ②

PVC(price, value, cost) 패러다임으로 보면 아래 그림과 같이 소비자가 지각하는 가치는 자신이 지불하는 제품의 가격보다는 커야 하고, 기업 입장에서 제품의 원가는 소비자가 지불하는 가격보다는 낮아야 한다. 소비자가 지각하는 가치와 가격의 차이를 소비자 잉여(consumer's surplus)라고 하고 소비자가 지불하는 가격과 원가의 차이를 생산자 잉여(producer's surplus)라고 한다.

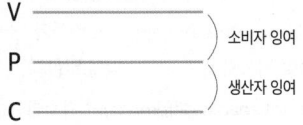

① P(상품의 가격)는 C(상품의 원가)보다 커야 한다.
③ PB(생산자 혜택) 혹은 생산자 잉여란 가격에서 비용을 뺀 값을 의미한다.
④ CB(소비자 혜택) 혹은 소비자 잉여란 제품의 가치에서 가격을 뺀 값을 의미한다.

1734 ⑤

⑤ 재판매가격 유지(resale price maintenance) 정책이란 제조업자가 거래업체에게 특정의 소매가격을 책정하도록 요구하는 것을 말한다.

1735 ④

④ 프로스펙트 이론의 가치함수에서 도출될 수 있는 결론은 복수의 이득은 분리하고 복수의 손실은 합하는 것이다.

1736 ④

수요의 가격탄력성이란 소비자의 가격에 대한 민감도를 나타내는 말인데, 가격이 오르고 내림에 따라 수요의 변화가 클수록 가격탄력성이 높다. 구매자들이 대체품의 가격을 쉽게 비교할 수 있을 때, 가격상승으로 대체품 대비 가격이 비싸지면 수요가 큰 폭으로 줄고 가격하락으로 대체품 대비 가격이 싸지면 수요가 큰 폭으로 증가하므로 가격 탄력성이 높다고 할 수 있다.

1737 ④

④ 재고지향적 가격결정방법은 존재하지 않는다.

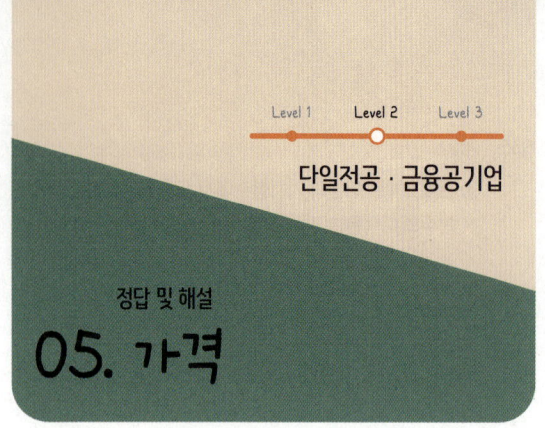

정답 및 해설
05. 가격

1738 ③

a. 여러 가지 상품을 묶어서 판매하는 가격정책을 묶음제품 가격전략(product bundle pricing)이라고 한다.
b. 신제품의 가격책정 시, 신제품 출시 초기에 가격을 낮게 책정하는 것을 시장침투가격(market-penetration pricing) 전략이라 한다.

1739 ⑤

⑤ 손실 회피성(loss aversion)은 소비자들은 가격 인하(이득)보다 인상(손실)에 더 민감하게 반응하는 것을 의미한다.

1740 ③

웨버 상수 $K = \dfrac{\Delta i}{I}$

Δi = 알아차릴 수 있는 변화의 최소폭
I = 원래의 자극 수준

제품	A	B	C
과거가격(I)	1,000원	5,000원	10,000원
웨버상수(K)	0.7	0.2	0.5
최소 인하가격(Δi)	700원	1,000원	5,000원
현재가격($I-\Delta i$)	300원	4,000원	5,000원

현재가격 = 300 + 4,000 + 5,000 = 9,300원

1741 ⑤

① 가격은 다른 마케팅 믹스 요소들에 비해 상대적으로 쉽게 변경가능하며, 반응이 빠른 특성을 지니고 있다. 반면 가장 변경가능성이 낮은 마케팅 믹스는 유통이다.
② 유보가격(reservation price)이란 소비자가 한 품목에 대해 지불할 용의가 있는 최고가격으로 유보가격이 높은 집단에 높은 가격을 책정하는 것은 가격차별(price discrimination) 중의 하나이다.
③ 가격변화의 지각은 변화 전 가격수준에 따라 달라질 수 있으며, 이것은 웨버의 법칙(Weber's Law)에 의해 설명될 수 있다. 가령 똑같은 가격 10만 원 인상이라도 원래 가격이 100만 원인 경우에는 가격변화가 지각될 가능성이 높지만, 원래 가격이 1,000만 원인 경우에는 가격변화가 지각될 가능성이 낮을 수도 있다.
④ 가격결정방법에서 경쟁기준법은 고객측면을 고려하지 않는다는 단점을 가지고 있다. 고객측면을 고려하기 위해서는 고객기준법을 사용하는 것이 좋다.
⑤ 구매자가 가격이 비싼지 싼지를 판단하는 데 기준으로 삼는 것을 준거가격(reference price)이라고 한다. 가격-품질 연상(price-quality association)이란 가격을 보고 품질을 연상하는 것으로 가격이 높을수록 품질이 높을 것으로 생각하거나 혹은 가격이 낮으면 품질이 낮을 것으로 생각하는 것을 말합니다.

1742 ①

① JND(just noticeable difference)란 가격변화를 느끼게 만드는 최소의 가격변화폭을 의미한다. 반면 낮은 가격의 제품은 가격이 조금만 올라도 구매자가 가격인상을 알아차리지만 가격이 높은 제품은 가격이 어느 정도 올라도 구매자가 가격인상을 알아차리지 못하는 데, 이는 웨버의 법칙(Weber's Law)으로 설명이 가능하다. 즉 동일 금액으로 가격이 올랐어도 원래의 가격이 얼마였는지에 따라 구매자가 주관적으로 느끼는 가격변화의 크기는 달라진다. 다시 말해서 원래의 가격이 높으면 높을수록 가격이 크게 올라야만 구매자가 가격인상을 느낄 수 있다.

1743 ①

① 웨버의 법칙(Weber's Law)이란 낮은 가격의 상품은 가격이 조금만 올라도 구매자가 가격인상을 알아차리는 반면, 높은 가격의 상품은 어느 정도 올라도 구매자가 가격인상을 알아차리지 못하는 현상을 말한다. 5,000원짜리 제품에서 500원의 가격인상은 10% 인상이기 때문에 크게 여겨지는 반면에 50,000원짜리 제품에서 500원의 가격인상은 1% 인상이기 때문에 작게 여겨진다.
② 준거가격(reference price)이란 소비자들이 제품가격의 고·저를 평가할 때 비교기준으로 사용하는 가격을 말한다.
③ 가격-품질 연상(price-quality association)이란 구매자들은 가격이 높은 상품일수록 품질도 높을 것이라고 기대하는 것을 말한다. 소비자들이 가격-품질 연상을 강하게 가지고 있다면 가격을 높게 책정하는 것이 좋다.
④ 유보가격(reservation price)이란 소비자가 어떤 제품에 대해 지불할 의사가 있는 최고가격을 말한다.
⑤ JND(just noticeable difference)란 가격변화를 느끼게 만드는 최소의 가격변화폭을 의미한다.

1744 ⑤

메뉴	스테이크	피자	파스타
인하 전 가격(원)	a	b	c
K(웨버상수)의 절대값	0.10	0.05	0.20
W(임계수준)의 절대값	0.10	0.05	0
인하 후 가격(원)	$a \times (1-0.10)$ = 27,000	$b \times (1-0.05)$ = 17,100	$c \times (1-0.20)$ = 12,000

$$a = \frac{27{,}000}{0.9} = 30{,}000$$

$$b = \frac{17{,}100}{0.95} = 18{,}000$$

$$c = \frac{12{,}000}{0.8} = 15{,}000$$

$$b + c - a = 18{,}000 + 15{,}000 - 30{,}000 = 3{,}000$$

참고로 차이식역과 절대식역을 구해보면 다음과 같다.

메뉴	스테이크	피자	파스타
인하 전 가격(원)	30,000	18,000	15,000
K(웨버상수)의 절대값	0.10	0.05	0.20
W(임계수준)의 절대값	0.10	0.05	0
JND(차이식역)	30,000×0.10 =3,000	18,000×0.05 =900	15,000×0.20 =3,000
절대식역	30,000×0.10 =3,000	18,000×0.05 =900	15,000×0 =0

1745 ⑤

⑤ 원가기준 가격결정(cost-based pricing)에서 최저가격의 기준이 되는 것은 총제조원가이지만, 극단적인 경우에는 일시적으로 변동비를 회수하는 수준에서 가격이 책정되기도 한다.

1746 ⑤

단위당 원가
=단위당 변동비+단위당 고정비=단위당 변동비+$\frac{고정비}{판매량}$

$= 20{,}000 + \frac{100{,}000{,}000}{10{,}000} = 30{,}000$원

제품가격=$\frac{단위당 원가}{1-영업이익율} = \frac{30{,}000원}{1-0.4\%} = 50{,}000$원

비용지향적 가격결정(cost-plus pricing 또는 markup pricing) 또는 원가기준법은 원가를 기반으로 가격을 결정하는 방법 중 가장 간단한 것이다. 이는 제품의 원가에 업계에서 사용하는 이익을 더한 것을 가격으로 책정하는 방법이다. 이 방법은 단순하다는 장점 때문에 많은 품목의 가격을 결정해야 하는 유통업자들이 주로 이용한다. 그러나 아래와 같은 단점도 있다.

1. 고객의 관점을 완전히 무시한다.

   고객이 해당 제품에 대하여 어느 정도의 가치를 느끼며, 어느 정도를 지불하려고 하는지에 대한 고려가 전혀 없다. 이 방법에 의해 결정된 가격은 고객이 지불하려는 가격보다 훨씬 낮아지거나 높아질 가능성이 높다.

2. 경쟁자를 고려하지 않는다.

   자신의 원가만을 고려하고 경쟁자의 가격이나 원가에 대한 고려가 없다.

3. 논리적인 결함을 안고 있다.

   단위원가는 판매량에 따라 달라지는데, 판매량을 결정하는 것은 판매가격이다. 그러므로 판매가격을 정하기 위하여 단위원가를 계산한다는 것은 논리적으로 모순이다. 따라서 판매수량이 가격에 의하여 영향을 받는 경우에는 부적절하다.

1747 ⑤

① 스키밍가격(market-skimming pricing)은 시간의 흐름에 따른 가격결정이며, 잠재 구매자들이 가격-품질 연상을 강하게 갖고 있을 때 효과적이다.

② 침투가격(market-penetration pricing)은 시간의 흐름에 따른 가격결정이며, 대량생산으로 인한 원가절감 효과가 클 때 효과적이다.

③ 캡티브 제품가격(captive product pricing)은 제품라인(상품라인)별 가격결정이며, 상품들이 상호 보완재인 경우에 효과적이다.

④ 묶음가격(bundling pricing)은 제품라인(상품라인)별 가격결정이며, 상품들이 상호 보완재인 경우에 효과적이다.

1748 ②

② 묶음가격(bundling)은 상품의 종류가 많고, 상품 하나 하나에 대해 고객들이 지각하는 가치가 이질적일 때 적절하다. 이 경우 기업은 상품별로 가격을 매기고 따로 파는 것이 어렵기 때문이다. NETFLIX 요금제가 묶음가격의 좋은 예이다. 또한 묶음가격은 A상품 시장에서 독점적인 지위를 가진 기업이 B상품 시장에서의 경쟁자를 몰아내기 위하여, 상품 A와 B를 묶음으로 만들고, 사실상 B는 무료로 판매하는 경우나 고객이 다른 회사로 이탈하는 것을 억제함으로써 가격 경쟁을 완화하고자 하는 경우에도 적절하다. 통신사들이 집전화, 이동전화, 초고속인터넷, IPTV 등을 묶어서 할인혜택을 주는 것이 좋은 예이다.

1749 ④

④ 주제품(게임기)은 저렴하게 판매하고 종속제품(게임 소프트웨어)은 비싸게 판매하는 전략을 캡티브 프로덕트 가격전략(captive product pricing)이라고 한다.

1750 ①

① 묶음제품 가격전략(product bundling pricing) 중 소비자가 제품묶음으로만 제품 또는 서비스를 구입할 수 있으면 순수묶음(pure bundling)이고, 제품이나 서비스를 하나 하나 구입할 수도 있고 또는 둘 이상 묶어서 구입할 수도 있으면 혼합묶음(mixed bundling)이다.

1151 ①

두 가격함수를 도식화하면 다음과 같다.

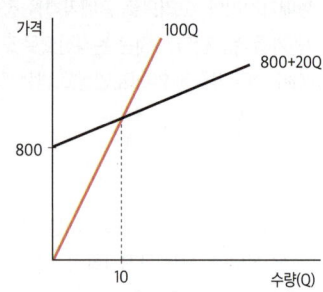

두 가격함수가 만나는 교점은 Q=10인데, 수량이 10개를 기점으로 A사의 제품은 개당 100씩 가격이 증가하지만 B사는 20씩 증가하므로 10개 이상일 경우에는 B사의 제품이 더 저렴하다. 또한 A사의 제품의 평균구매단가는 100Q/Q=100으로 일정하지만, B사의 제품은 (800+20Q)/Q, 즉 800/Q+20이므로 수량이 많아질수록 평균구매단가는 지속적으로 감소하는 것이 특징이다.

1152 ⑤

종속제품 가격결정(captive product pricing)이란 주제품(프린터, 면도기)에 대해서는 가격을 낮게 책정하고 종속제품(토너, 면도날)에 대해서는 고가격을 책정하는 가격전략을 말한다.

1153 ⑤

① 가격이 낮을수록 구매자들이 무조건 좋아하는 것은 아니며, 어느 수준 이하로 내려가면 해당 제품의 품질을 의심하게 된다. 바로 이 수준의 가격을 최저수용가격(lowest acceptable price)이라고 부른다. 즉 최저수용가격은 구매자가 품질을 의심하지 않으면서 구매할 수 있는 가장 낮은 가격을 의미한다.

② 준거가격(reference price)이란 구매자가 가격이 비싼지 싼지를 판단하는데 기준으로 삼는 가격을 말한다. 백화점이 세일기간에는 붐비다가 세일기간이 아닐 때에는 한산한 이유도 준거가격을 이용하여 설명할 수 있다. 즉, 백화점들이 너무 자주 세일을 하기 때문에, 구매자들의 준거가격이 내려가게 된 것이다.

③ 가격결정방법에서 원가기준법(cost-plus pricing)은 제품의 원가에 일정 비율의 이익을 더하여 가격을 결정하는 방법이다. 이 방법은 단순하다는 장점 때문에 많은 품목의 가격을 결정해야 하는 유통업자들이 주로 이용하지만 다음과 같은 단점들을 갖고 있다. 첫째, 고객의 관점을 완전히 무시하고 있다. 즉 고객이 이 제품에 대하여 어느 정도의 가치를 느끼며, 얼마 정도를 지불하려고 하는지를 전혀 고려하지 않는다. 둘째, 경쟁자의 가격이나 원가에 대한 고려도 전혀 하지 않고 있다. 셋째, 논리적 결함을 안고 있다. 단위원가는 판매량에 따라 달라지는데, 판매량은 판매가격에 따라 달라지기 때문이다. 그러므로 판매가격을 정하기 위하여 단위원가를 계산한다는 것은 논리적으로 모순이다.

④ 시장침투가격(market-penetration pricing)은 신제품 도입 초기에 가격을 낮게 책정하였다가 시간이 흐름에 따라 점차 가격을 높여나가는 전략이다. 시장침투가격은 한 마디로 단기적으로 이익을 희생하는 대신, 장기적으로 이를 상쇄하고도 남을 정도의 이익을 얻기 위하여 사용된다. 이 전략은 초기에 많은 수의 구매자들을 확보함으로써 이들을 통하여 강력한 구전(word-of-mouth)을 창출할 수 있으며, 원가우위를 확보할 수 있다는 장점이 있다.

⑤ 묶음가격(bundling)이란 여러 가지 제품들을 묶어서 판매하는 가격정책이다. 여기서 묶음으로 판매되는 제품들은 서로 보완재인 경우가 대부분이다. 묶음가격에는 2가지가 있는데, 순수 묶음가격(pure bundling)은 제품들을 개별적으로 팔지 않고 묶음으로만 판매하는 것을 말하고, 혼합 묶음가격(mixed bundling)은 제품을 묶음으로도 팔고, 개별적으로도 파는 것을 말한다.

1154 ①

② 시장침투 가격(market-penetration pricing)은 신제품이 처음 나왔을 때 매우 낮은 가격을 매긴 다음, 시간이 흐름에 따라 점차 가격을 높여나가는 가격정책이다. 시장침투 가격은 단기적으로 이익을 희생하는 대신, 장기적으로 이를 상쇄하고도 남을 정도의 이익을 얻기 위하여 사용된다.

③ 경험곡선 가격(experience-curve pricing)은 미래에 예상되는 평균원가에 기초를 둔 가격결정방법이다. 경험곡선의 원리에 따라 가격을 결정할 때 실제 원가가 아니라 그 제품이 판매될 때 예상되는 미래원가를 토대로 가격을 결정하는 것이 경험곡선 가격이다. 만약 원가가 예상대로 경험곡선의 원리에 따라 하락한다면 이 방법은 좋은 결과를 가져올 것이다. 하지만 이 방법은 수요를 고려치 않고 있다는 한계를 지니고 있으며, 저가 판매로 이미지 손상 위험이 있고, 과잉 생산설비를 초래할 위험도 있다.

④ 시장스키밍 가격(market-skimming pricing)은 신제품 개발초기에 가격민감도가 가장 낮은 고소득 소비자층을 상대로 고가격을 책정하였다가 이들의 구매가 감소하기 시작하면 가격에 민감한 일반소비층을 표적으로 가격을 인하하여 단계적으로 이익을 극대화하는 것이다.

⑤ 지각된 가치 가격(perceived-value pricing)이란 말 그대로 고객이 지각한 가치를 기준으로 가격을 결정하는 방법을 의미한다. 지각된 가치기준법은 고객의 관점에서 출발하지만, 경쟁제품의 특성과 자사의 원가를 모두 고려한다는 점에서 다른 가격결정 방법들보다 우월하다. 실제로 점점 더 많은 기업들이 이 방법을 가격결정에 도입하고 있다.

1155 ②

a. 준거가격(reference price)은 구매자가 어떤 상품을 구매할 때 싸다 또는 비싸다의 기준이 되는 가격을 의미한다. 소비자는 자주 구매되는 상표의 가격, 과거에 지불된 가격, 유사제품의 평균가격 등을 이용하여 준거가격을 형성할 수 있다. 소비자는 어떤 제품의 시장가격이 준거가격

보다 낮으면 싸다고 지각할 것이고 마케팅 관리자는 가격 할인을 할 경우 보통 기존의 가격을 함께 제시하는데 이는 소비자의 준거가격 형성에 영향을 미침으로써 가격할인에 의한 매출증대 효과를 높이고자 하는 것이다.

b. 묶음가격(bundling price)은 여러 가지 상품들을 묶어서 판매할 때 사용된다. 묶음가격에는 2가지 종류가 있는데, 소비자가 제품묶음으로만 제품 또는 서비스를 구입할 수 있으면 순수묶음(pure bundling) 가격이고, 상품이나 서비스를 하나 하나 구입할 수도 있고 둘 이상 묶어서 살 수도 있으면 혼합묶음(mixed bundling) 가격이다. 묶음가격 전략은 이러한 가격 책정방식을 도입하지 않을 경우에는 구매하지 않았을 상품의 판매를 촉진시킬 수 있지만, 묶음가격은 묶음상품의 구매를 유도할 만큼 충분히 저렴해야 한다.

c. 유보가격(reservation price)은 구매자가 어떤 상품에 대해 지불할 용의가 있는 '최고' 가격을 의미한다. 이에 따라 구매 전에 소비자가 생각하고 있었던 유보가격보다 제시된 제품 가격이 비싸면 소비자는 구매를 유보하게 된다. 반면 최저수용가격(lowest acceptable price)이란 소비자가 해당 상품의 품질을 의심하지 않으면서 구매할 수 있는 '최저' 가격을 의미한다.

1156 ④

e. 경쟁자들의 시장진입이 용이할 때는 경쟁자들의 진입을 차단하기 위해 가격을 낮게 책정하는 것, 즉 시장침투 가격전략(market-penetration pricing)을 쓰는 것이 좋다.

1157 ③

① JND(just noticeable difference)는 가격변화를 느끼게 만드는 최소의 가격변화폭을 의미한다. 한편 웨버의 법칙은 변화 전 가격수준에 따라 가격변화의 지각이 달라진다는 개념이다.
② 공헌마진(contribution margin)은 판매가격에서 변동비를 차감한 것이다.
④ 단수가격결정(odd pricing)은 현재의 화폐단위보다 조금 낮춘 990원, 29,900원 등의 가격을 책정하여 소비자들에게 가격을 낮게 책정하였다는 인식을 심어주기 위한 것이다.
⑤ 혼합 묶음가격(mixed price bundling)은 상품을 개별적 뿐만 아니라 묶음으로도 구매할 수 있도록 가격을 책정하는 방법이며, 상품들이 상호 보완적인 경우에 효과적이다.

1158 ⑤

스키밍 가격(market-skimming pricing)이란 신상품이 처음 나왔을 때 아주 높은 가격을 매긴 다음, 시간이 흐름에 따라 점차 가격을 낮추는 가격정책을 가리킨다. 스키밍 가격은 가격을 일부러 높게 매겨도 경쟁자들이 들어올 가능성이 낮을 때와 잠재 구매자들이 가격-품질 연상(price-quality association)을 강하게 가지고 있을 때, 초기 고가격이 소량생산으로 인한 단위당 높은 생산비용을 상쇄할 수 있을 때 사용하는 것이 이상적이다. 시장침투가격(market-penetration pricing)은 스키밍 가격과는 반대로, 신제품이 처음 나왔을 때 매우 낮은 가격을 매긴 다음, 시간이 흐름에 따라 점차 가격을 높여나가는 가격정책이다. 시장침투가격은 소비자들이 가격에 민감하여 낮은 가격이 빠른 시장성장을 실현할 수 있을 때, 경험곡선 효과가 클 때, 저가격전략이 경쟁사들의 시장진입을 방지할 수 있을 때 사용하는 것이 좋다.

1159 ①

a. 프린터를 싸게 판 다음 잉크를 비싸게 판매하는 것은 캡티브 프로덕트 가격전략(captive product pricing)이라고 한다.
d. 프로스펙트(prospect) 이론에 따르면 소비자들은 손실회피 경향이 강해서 가격인하(이득)보다는 가격인상(손실)에 더 민감하게 반응한다.

1160 ①

② 손실(loss) 영역의 가치함수 기울기가 이득(gain) 영역의 가치함수 기울기보다 더 가파르다.
③ 이득(gain) 영역에서는 오목한(concave) 가치함수를 가정하고, 손실(loss) 영역에서는 볼록한(convex) 가치함수를 가정한다.
④ 소비자에게 혜택은 합쳐서 제시할 때보다 분리하여 제시할 때 소비자는 더 큰 가치를 느낀다.(복수이득 분리의 법칙)
⑤ 소비자에게 손실을 분리하여 제시할 때 소비자가 느끼는 가치는 소비자에게 손실을 합쳐서 제시할 때 소비자가 느끼는 가치보다 더 크다.(복수손실 통합의 법칙)

1161 ③

① 공헌마진율이 '높은' 제품의 가격 책정 목표는 단위당 마진 증대보다 판매량 증대가 되어야 한다. 판매가격 중에서 공헌마진(=판매가격-변동비)이 차지하는 비율을 공헌마진율(contribution margin rate)이라고 부른다. 공헌마진율이 높은 상품의 가격목표는 판매량 증대가 되어야 한다. 고정비의 비중이 매우 높은 항공운송업의 경우, 비행기가 일단 이륙하면 빈자리는 모두 매출 손실을 의미하므로 변동비만 커버할 수 있다면 운임을 할인해서라도 빈자리를 채우는 것이 바람직하다. 그러나 반대로 총원가 중에서 고정비의 비중이 낮고 변동비의 비중이 높은 제품의 경우에는 고정비를 커버하는 것은 이슈가 되지 않으며, 오히려 공헌마진이 거의 이익을 좌우하게 된다. 그러므로 이러한 제품의 가격목표는 단위가 가격을 높은 수준에서 유지하는데에 맞추어져야 한다.
② 사양(optional) 제품 가격결정과 종속(captive) 제품 가격결정 모두 주제품 가격을 '싸게' 책정하는 것이 효과적이다. 사양 제품 가격은 주력제품에 추가하여 제공되는 각종 옵션 제품 혹은 액세서리에 부과되는 가격을 말하는 것으로, 기본제품에 대해서는 저가격을, 옵션으로 제공되는 제품에 대해서는 높은 제품가격을 책정하는 방식을 말

한다. 또한 종속 제품 가격은 주제품과 함께 사용되어지는 종속제품에 대한 가격 설정을 말하는 것으로 주제품과 종속제품을 함께 생산·판매하는 기업은 주제품에 대해서는 가격을 낮게 책정하고 종속제품에 대해서는 고가격을 책정하는 가격전략을 흔히 사용한다.

③ 맞는 보기. 시장침투 가격전략은 가격을 낮게 책정하여 빠른 속도로 시장에 깊게 침투하는 것으로써 규모의 경제가 존재하거나 또는 단위당 이익이 낮다 하더라도 시장에서의 대량판매를 통해 높은 이익을 확보할 수 있다고 판단될 시에 적절한 반면에 잠재 구매자들이 가격-품질 연상(price-quality association)을 강하게 갖고 있다면 시장침투가격은 실패할 위험이 높다.

④ 제품라인 가격(product line pricing)은 여러 제품라인을 구축하고 있는 기업에서, 제품 간 제조원가, 성능의 차이를 근거로 다양한 가격단계를 설정하는 것을 말한다. 반면에 묶음가격(bundling)이란 여러 개의 제품들을 묶어서 할인된 가격으로 판매하는 것을 말한다.

⑤ 통상적으로 준거가격(reference price)은 최저수용가격(lowest acceptable price)보다는 높으며 유보가격(reservation price)보다는 낮다. 준거가격이란 소비자들이 제품가격의 고저를 평가할 때 비교기준으로 사용하는 가격이며, 유보가격은 소비자가 어떤 제품에 대해 지불할 의사가 있는 최고가격을 말한다. 최저수용가격이란 소비자가 품질에 의심을 하지 않으면서 받아들일 수 있는 최저가격을 말한다.

1162 ③

① 스키밍 가격전략은 신제품 출시초기에 가격을 높게 책정하는 전략으로 가격 민감도가 낮은 집단에게는 적절하나, 진입장벽이 높은 상황에서 이 보다는 가격을 낮게 책정하는 시장침투가격이 더 적절하다.

② 가격변화를 느끼게 만드는 최소의 가격변화 폭은 JND (just noticeable difference)이다.

④ 품질의 차이에 따라 가격대를 설정하여, 가격대 내에서 개별제품의 가격을 결정하는 것은 제품라인 가격이다.

⑤ 비싼 제품은 가격-품질 연상이 강할수록 잘 팔리는 반면, 싼 제품은 준거가격 이하로 내려갈수록 잘 판매된다. 최저수용가격이란 소비자가 품질에 의심하지 않고 구매할 수 있는 가장 낮은 가격으로 최저수용가격 이하에서는 싼 제품이라고 하더라도 구매가 거의 이루어지지 않는다.

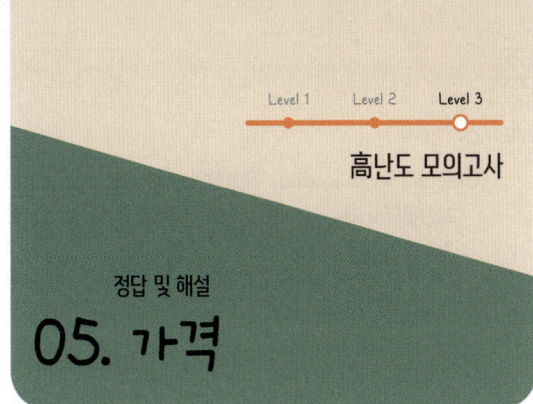

정답 및 해설
05. 가격

1763 ③

① 준거가격(reference price)이란 소비자들이 제품가격의 고저를 평가할 때 비교기준으로 사용하는 가격이다. 소비자는 어떤 제품의 시장가격이 준거가격보다 낮으면 싸다고 지각할 것이다. 가격할인을 할 경우 보통 기존의 가격을 함께 제시하는데 이는 소비자의 준거가격 형성에 영향을 미침으로써 가격할인에 의한 매출증대 효과를 높이고자 하는 것이다.

③ 커피전문점에서 발생하는 커피찌꺼기를 고객들에게 방향제로 무료로 제공하는 것은 부산물 가격결정(by-product pricing)에 해당한다. 부산물 가격결정(by-product pricing)은 주제품의 가격이 경쟁력을 갖도록 부산물 가격을 책정하는 것이다. 부산물 가격결정에서 제조업체는 부산물을 원하는 시장을 찾아서 처분해야 하는데, 어떤 가격대라 하더라도 이를 저장/전달하는데 드는 비용을 상쇄시키는 가격을 수용해야 한다.

⑤ 동일한 제품에 대해 개별고객마다 또는 세분시장마다 다른 가격을 받는 것을 가격차별(price discrimination)이라고 한다. 일반적으로 대량 구매자는 소량 구매자에 비해 가격에 민감하므로, 대량 구매자에게 가격을 할인해주는 것은 수량할인(quantity discount)은 일종의 가격차별이라고 볼 수 있다.

1764 ⑤

a. 준거가격(reference price)이란 소비자들이 제품가격의 고·저를 평가할 때 비교기준으로 사용하는 가격이다. 소비자는 자주 구매되는 상표의 가격, 과거에 지불된 가격, 유사제품의 평균가격 등을 이용하여 준거가격을 형성할 수 있다. 소비자는 어떤 제품의 시장가격이 준거가격보다 낮으면 싸다고 지각할 것이다.

b. 단수가격(odd-pricing)은 현재의 화폐단위보다 조금 낮춘 990원, 29,900원 등의 가격을 책정하여 소비자들에게 가격을 낮게 책정하였다는 인식을 심어주기 위한 것이다. 이는 준거가격을 가격결정에 이용한 또 하나의 예이다.

c. 절대식역(absolute threshold)이란 지각을 발생시킬 수 있는 최소한의 자극의 양을 말한다. 즉, 인간이 자극을 알아차릴 수 있는 가장 낮은 수준의 자극점을 뜻한다. 반면 차이식역(differential threshold)은 2개의 자극을 지각할 수 있는 최소한의 차이를 말한다. 절대식역이 자극이 있는지 없는지를 판별하는 영역이라고 하면 차이식역은 두 자극 간 차이가 있는지 없는지를 판별하는 영역이라고 할 수 있다. 소비자는 차이식역 이하에서 자극 간의 어떤 차이도 파악할 수 없다. 그래서 차이식역을 JND(just noticeable difference)라고도 한다.

d. 원가기준법(cost-plus pricing)은 제품의 원가에 업계에서 사용하는 이익을 더한 것을 가격으로 책정하는 방법이다. 이 방법은 단순하다는 장점 때문에 많은 품목의 가격을 결정해야 하는 유통업자들이 주로 이용한다. 그러나 이 방법은 단위원가는 판매량에 따라 달라지는데, 판매량을 결정하는 것은 판매가격이다. 그러므로 판매가격을 정하기 위하여 단위원가를 계산한다는 것은 논리적으로 모순이다. 따라서 판매수량이 가격에 의하여 영향을 받는 경우에는 부적절하다.

e. 수량할인(quantity discount)이란 한 번에 구입하는 물량이 많아짐에 따라 단가를 낮춰주는 가격 정책을 말한다. 일반적으로 대량구매자는 소량 구매자에 비하여 가격에 민감하므로, 대량 구매자에게 가격 할인을 해주는 수량할인은 가격차별(price discrimination)의 효과를 가져온다.

1765 ④

① 준거가격(reference price)은 가격이 싼지 비싼지를 판단하는 기준으로 삼는 가격으로 내적 준거가격과 외적 준거가격으로 나눌 수 있다. 내적 준거가격은 기억 속에 저장되어 있는 과거에 지불했던 실제가격 혹은 정당하다고 생각되는 가격을 말하는 반면, 외적 준거가격은 구매환경에서 관찰된 자극에 의해 제공되는 가격을 말하는데 구매 시점에서 관찰되는 제품범주 내 모든 브랜드들의 가격에 그 토대를 둔다.

④ 이중요율 가격결정(two-part pricing)은 서비스 영역에서 사용하는 캡티브 프로덕트 가격전략이다. 서비스 가격은 고정된 기본수수료(주제품)와 사용량에 따른 변동가격(종속제품)으로 구성되는 것이 일반적이다. 예를 들면, SK 텔레콤의 '표준요금제'는 기본요금 12,000원에 통화시간에 비례하여 10초당 18원의 요금이 부과된다. 즉 기본요금은 서비스 이용을 유도하기 위해 가능한 낮게 책정하고, 이익의 상당부분은 사용량에 비례하여 부과하는 변동수수료로 얻는다. 이와 유사한 가격전략을 사용하는 곳으로 극장을 들 수 있다. 극장은 영화관람료를 주제품 가격으로 하며 구내매점에서 추가 수입을 창출한다.

1766 ②

② 위 상황은 웨버의 법칙과 관련된다. 웨버의 법칙에 의하면 차이식역(differential threshold)에 도달하기 위해 필요한 자극의 최소 변화치는 초기자극의 강도에 비례한다. 즉 초기자극에 변화가 일어났음을 감지하기 위해서는 초기자극이 클수록 자극 변화치가 커져야 한다. 예를 들어, 한 개인이 설탕 다섯 스푼을 탄 1리터의 설탕물에 한 스푼을 추가하였을 때 단맛의 차이를 감지한다고 하자. 만약 그가 설탕 열 스푼을 탄 2리터의 설탕물로부터 동일

한 맛 차이를 감지하기 위해서는 두 스푼의 설탕을 추가해야 한다.

1767 ④

④ 서비스는 형태가 없어서 소비자들이 원가를 추정하기 어렵기 때문에, 제품보다 서비스의 가격차별화(price discrimination)가 더 용이하다.

⑤ 프로스펙트(prospect) 이론은 부의 모든 영역에서 일관성 있는 위험에 대한 태도(일반적으로 위험 회피적인 태도를 가정하기 때문에 전 영역에서 오목함임)를 가정하는 전통적인 효용함수와는 달리 준거점을 중심으로 이득(gain)영역에서는 오목(concave)함수를, 손실(loss)영역에서는 볼록(convex)함수를 가정한다.

1768 ④

④ 가격차별(price discrimination)은 직접적인 것과 간접적인 것으로 구분되는데, 직접적 가격차별은 똑같은 상품을 갖고 가격차별하는 것이고 간접적 가격차별은 상품을 조금 다르게 한 다음 가격차별을 하는 것을 말한다. 학생할인, 수량할인, 이중요율, 할인시간가격, 항공요금 할인 등은 직접적 가격차별에 해당되지만, 소프트웨어 할인이나 상품라인 가격정책은 간접적 가격차별에 해당한다.

1769 ⑤

제품 제조 시 발생하는 부산물(by-product)은 보통 값어치가 없어서 처리하는 비용만이 소요되게 마련이다. 만약 이들이 제품화되어 판매된다면 운송비와 보관비만 상쇄되는 수준에서 가격이 결정될 것이다.

1770 ⑤

① 강력한 브랜드는 가격인상에 대한 소비자들의 비탄력적 반응은 증가시키고, 가격인하에 대한 소비자들의 탄력적 반응을 증가시킬 것이다.

② 고객들이 제품의 품질, 명성 또는 한정성이 높다고 판단할 경우 고객의 가격민감도는 감소한다.

③ 경쟁기업의 제품이 자사의 제품이 제공하지 않는 특성을 제공하고 있다면 경쟁자보다 상대적으로 낮은 가격을 책정하는 것이 바람직하다.

④ 어떤 기업에서 생산중인 제품에 경험곡선(experience curve) 효과가 있다면 시장침투 가격전략(market-penetration strategy)을 사용하는 것이 바람직하다.

1771 ②

b. 가격인하로 인한 수요 증가를 최대화하기 위해서는 JND(just noticeable difference) 범위 밖에서 가격인하를 추진하는 것이 바람직하다.

e. 손실회피성(loss aversion)이란 동일한 금액의 손실과 이익을 비교하면, 손실로 생긴 '불만족'이 이익이 주는 '만족' 보다 크게 느껴진다는 뜻이다.

1772 ③

③ 유인가격(loss-leader), 계절할인(seasonal discount), 보상판매(trade-in allowance)는 소비자를 대상으로 한 가격할인 전략이다.

1773 ②

a. 가격은 마케팅 믹스 가운데 가장 쉽게 변경할 수 있다. 예를 들어 일단 개발된 상품을 개선하거나 변경하는 데에는 적지 않은 시간과 비용이 들어간다. 광고 역시 마찬가지다. 유통 경로의 경우에는 변경하기가 매우 어렵다. 그러나 가격은 변경하겠다고 결정한 즉시 실행에 옮길 수 있다. 이것은 온라인에서 특히 그러하다.

b. 유보가격(reservation price)이란 구매자가 어떤 상품에 대하여 지불할 용의가 있는 최고금액을 말한다. 즉 그 상품의 가격이 이 수준 이하이면 구매를 하지만, 이 수준을 넘어서면 너무 비싸다고 생각해서 구매를 유보하게 되는 가격이다. 이 때문에 구매자들의 유보가격이 높을 때에는 가격을 높게, 유보가격이 낮을 때에는 가격을 낮게 책정하는 것이 바람직하다.

c. 프로스펙트 이론(Prospect theory)에서 로스 어버젼(loss aversion)이란 손실은 같은 금액의 이득보다 훨씬 강하게 평가된다는 의미이다. 즉 액수가 동일한 손실과 이익이 있다면, 손실로 생긴 불만족은 이익이 가져다주는 만족보다 더 크게 느껴진다는 뜻이다. 이 때문에 가격을 10% 인하한 경우 판매량이 10% 늘었다면, 가격을 10% 인상하면 판매량은 20~30% 줄어든다는 것이다.

d. 웨버의 법칙과 JND(just noticeable difference)는 기업이 일정한 범위 내에서는 가격을 인상하더라도 구매자가 느끼지 못할 수 있다는 것을 보여준다. 그러므로 기업은 그 범위 내에서 가격을 인상하더라도 판매량이 줄지 않을 것이고, 마찬가지로 일정한 범위 내에서 가격을 인하하더라도 구매자가 느끼지 못할 수도 있다. 이 경우에는 판매량이 늘지 않고 마진만 줄어들므로 기업은 가격인하를 하지 않는 편이 더 나을 것이다.

e. 침투가격(market-penetration pricing)은 스키밍 가격(market-skimming pricing)과는 반대로 신상품이 처음 나왔을 때 매우 낮은 가격을 매긴 다음, 시간이 흐름에 따라 점차 가격을 높여나가는 가격정책이다. 이 정책이 장기적으로 이익 극대화를 가져올 수 있는 이유 중 하나는 진입장벽을 구축할 수 있기 때문이다. 침투가격으로 충분히 많은 수의 구매자들에게 상품을 안겨 놓으면, 나중에 경쟁자가 진입하였을 때 남아있는 수요가 부족할 것이기 때문에, 잠재적인 진입자가 진입을 포기할 수 있다. 이러한 효과는 주로 구매주기가 긴 내구재에서 기대할 수 있다.

1774 ②

a. 구매자들이 가격이 높은 상품일수록 품질도 높을 것이라고 기대한다면 이를 가격-품질 연상(price-quality association)이라고 부른다. 그러나 이러한 경향은 보편적인 것이 아니라, 구매하기 전에 품질을 평가하기 어려

운 향수나 보석 등과 같은 상품들에서 주로 발견된다. 이들 상품의 경우에는 대부분의 구매자들이 품질을 평가할 수 있는 지식을 갖고 있지 못하므로, 가격에 의존하여 품질을 추측할 수밖에 없기 때문이다. 그러므로 이러한 상품들을 마케팅할 때는 가격을 높게 매겨야 구매자들에게 품질이 높다는 것을 암시할 수 있다. 이 때문에 잠재 구매자들이 가격-품질 연상을 강하게 갖고 있을 때는 스키밍 가격이 침투가격보다 더 이상적이다.

b. 심리학에서 로스 어버전(loss aversion)이란 구매자들이 이득보다 손실에 더 민감하게 반응하는 현상을 말한다. 예를 들어 가격을 10% 인하한 경우에 판매량이 정가일 때보다 10% 늘었다면, 가격을 10% 인상한 경우에는 판매량은 정가일 때보다 20~30% 줄어든다는 것이다. 반면, 낮은 가격 상품의 가격은 조금만 올라도 구매자가 가격인상을 알아차리는 반면, 높은 가격 상품은 어느 정도 올라도 구매자가 가격인상을 알아차리지 못하는 현상은 웨버의 법칙으로 설명가능하다. 즉 원래의 가격이 높으면 높을수록 가격이 크게 올라야만 구매자가 가격인상을 느낄 수 있다.

c. JND(just noticeable difference)란 가격변화를 느끼게 만드는 최소의 가격변화폭을 의미하므로 고객들의 눈에 띄지 않게 가격인상을 하기 위해서는 JND(just noticeable difference) 범위 내에서 가격을 인상하여야 한다. 만약 JND 범위 내에서 가격을 인상하게 된다면 판매량이 줄지 않을 것이고, 새로이 확보된 마진으로 수익성을 적지 않게 향상시킬 수 있을 것이다.

e. 캡티브 프로덕트 가격(captive product pricing)과 묶음가격(bundling)은 모두 상품들이 상호 보완재인 경우에 사용하는 가격구조이다. 캡티브 프로덕트 가격(captive product pricing)이란 일단 어떤 상품을 싸게 판매한 다음에, 그 상품에 필요한 소모품이나 부품 등을 비싼 가격에 판매함으로써 더 큰 이익을 거둘 수 있는 가격정책을 말한다. 또한 묶음 가격(bundling)은 여러 가지 상품들을 묶어서 판매하는 가격정책이다. 여기서 묶음으로 판매되는 상품들은 컴퓨터와 프린터처럼 서로 보완재인 경우가 대부분이다.

1995 ②

① 준거가격(reference price)이란 구매자가 가격이 비싼지 싼지를 판단하는데 기준으로 삼는 가격을 말한다. 준거가격은 구매자의 과거 구매경험이나 현재 갖고 있는 가격정보를 기초로 형성되므로, 구매자가 누구냐에 따라 달라진다. 백화점이 세일기간에는 붐비다가, 세일기간이 지나면 한산한 이유도 준거가격을 이용하여 설명할 수 있다. 따라서 소비자의 준거가격을 일일이 조사하는 것보다는 기업의 마케팅 활동이 준거가격을 높이거나 낮출 수 있다는 것을 이해하는 것이 중요하다.

② 기존의 가격이 높으면 높을수록 가격이 크게 인상돼야만 구매자가 가격인상을 느낄 수 있다는 것을 의미하는 것은 웨버의 법칙(Weber's law)이다. 반면 JND(just noticeable difference)란 가격변화를 느끼게 만드는 최소한의 변화폭을 의미한다. 웨버의 법칙에서 1,000원의 제품이 1,200원으로 인상되면 웨버상수는 0.2가 되지만, 2,000원의 제품이 2,200원이 되면 웨버상수는 0.1이 된다. 똑같이 200원 인상됐지만, 기존의 가격이 얼마였는지에 따라 구매자가 주관적으로 느끼는 가격변화의 크기는 달라진다. 반면 JND는 1,000원 짜리 제품에서 100원 미만의 가격인상은 알아차리지 못하지만, 100원 이상의 가격인상에 대해서는 알아차린다고 한다면, 100원이 JND에 해당된다.

③ 사람들은 손실을 회피하려는 경향이 강하기 때문에 자신에게 손실이 되는 경우와 이득이 되는 경우 중에서 손실이 되는 경우에 더 민감하게 반응한다는 것을 심리학에서 손실회피성(loss aversion)이라고 한다. 따라서 가격을 인상하려고 할 때에는 처음부터 가격을 인상하지 말고, 가격인상의 효과를 거둘 수 있는 방법을 먼저 시도하는 것이 바람직하다.

④ 가격차별(price discrimination)이란 기본적으로 동일한 제품에 대해서 개별고객마다 또는 세분시장마다 다른 가격을 받는 것을 말한다. 가격차별의 기준에는 다음과 같은 것들이 있다. 유보가격이 높은 집단에는 높은 가격을 받고, 유보가격이 낮은 집단에는 낮은 가격을 받는다. 높은 가치를 느끼는 집단에는 높은 가격을 받고, 낮은 가치를 느끼는 집단에는 낮은 가격을 받는다. 가격민감도(price sensitivity)가 높은 집단에는 낮은 가격을 받고, 가격민감도가 낮은 집단에는 높은 가격을 받는다.

⑤ 시장침투가격(market-penetration strategy)이란 스키밍 가격과는 반대로, 신제품이 처음 나왔을 때 매우 낮은 가격을 책정한 다음, 시간이 흐름에 따라 점차 가격을 높여나가는 가격정책이다. 따라서 시장진입 초기에 많은 수의 구매자들을 확보함으로써, 이들을 통해 강력한 구전효과(word-of-mouth)를 창출하고자 한다면 시장침투가격(market-penetration strategy)이 바람직하다.

1996 ②

① JND란 가격변화를 느끼게 만드는 최소의 가격변화폭을 의미한다. 예를 들어, 10,000원 짜리 상품에서 2,000원 미만의 가격인상은 알아차리지 못하지만, 2,000원 이상의 가격인상에 대해서는 알아차린다고 한다면, 2,000원이 JND에 해당된다. 즉 구매자입장에서는 10,000원부터 11,999원 까지는 차이가 없게 지각된다는 것이다.

② 시간이 지나면서 가격이 내려간다고 모두 스키밍 가격은 아니다. 예를 들어, 전자제품의 가격이 시간이 지나면서 내려가는 것은 스키밍 가격 때문이 아니라, 대량생산에 의한 원가절감, 경쟁으로 인한 가격인하 때문에 나타나는 현상이다. 스키밍 가격이란 이런 요인들에 의하여 가격이 낮아지는 것을 가리키는 것이 아니다. 의도적으로 가격을 높게 매긴 다음 단계적으로 가격을 낮추는 것만을 가리킨다.

③ 캡티브 프로덕트 가격(captive product pricing)이란 일단 어떤 상품을 싸게 판매한 다음에, 그 상품에 필요한 소모품이나 부품 등을 비싼 가격에 판매함으로써 더 큰 이익을 거둘 수 있는 가격정책을 말한다. 게임기와 소프트웨어, 프린트와 잉크 카트리지, 자동차와 부속품 등이 좋은 예이다. 이런 상품들의 경우, 대부분의 이익은 소모품이나 부품 등을 지속적으로 판매하는 데에서 얻어진다. 그러므로 이 경우 처음에 싸게 판매하는 상품의 가격은 원가 이하로 내려가기도 하며, 심지어 무료로 줄 수도 있다.

④ 묶음가격(bundling)은 다음과 같은 경우에 적합하다.
1. A상품 시장에서 독점적인 지위를 가진 기업이 B상품 시장에서의 경쟁자를 몰아내기 위하여, 상품 A와 B를 묶음으로 만들고, 사실상 B는 무료로 판매하는 경우
2. 고객이 다른 회사로 이탈하는 것을 억제함으로써 가격 경쟁을 완화하고자 하는 경우이다. 통신사들이 집전화, 이동전화, 초고속인터넷, IPTV 등을 묶어서 할인혜택을 주는 것이 좋은 예이다.
3. 상품의 종류가 많고, 상품 하나 하나에 대하여 고객들이 지각하는 가치가 너무 이질적이어서, 기업이 상품별로 가격을 매기고 따로따로 파는 것이 어려운 경우이다. 헐리우드의 영화 공급자들이 영화를 개별적으로 판매하기보다는 패키지로 판매하는 것이 좋은 예이다.

⑤ 가격차별(price discrimination)이 성공하기 위해서는 고객들이 가격차별을 당한 데 대하여 나쁜 감정을 갖지 않도록 해야 한다. 고객의 불만을 일으키지 않으면서 기본적으로 동일한 상품을 다른 가격으로 팔려면, 고객이 받아들일 수 있는 이유를 붙이지 않으면 안된다. 그러한 이유를 발견할 수 없다면, 상품을 조금 다르게 만든 다음 가격을 다르게 붙여야 한다. 이렇게 똑같은 제품을 갖고 가격차별하는 것은 직접적 가격차별, 상품을 조금 다르게 한 다음 가격차별을 하는 것을 간접적 가격차별이라고 부른다.

1777 ⑤

① 동일한 제품에 대해 개별고객마다 또는 세분시장마다 다른 가격을 받는 것을 가격차별(price discrimination)이라고 한다. 가격차별에는 2가지가 있는데 똑같은 제품을 갖고 가격차별하는 것은 직접적 가격차별, 상품을 조금 다르게 한 다음 가격차별을 하는 것을 간접적 가격차별이라고 부른다. 간접적 가격차별에는 소프트웨어 업데이트 가격과 상품라인 가격정책이 있다.

② 준거가격(reference price)이란 소비자들이 제품가격의 고·저를 평가할 때 비교기준으로 사용하는 가격이다. 소비자는 자주 구매되는 상표의 가격, 과거에 지불된 가격, 유사제품의 평균가격 등을 이용하여 준거가격을 형성할 수 있다. 소비자는 어떤 제품의 시장가격이 준거가격보다 낮으면 싸다고 지각할 것이고 마케팅 관리자는 가격할인을 할 경우 보통 기존의 가격을 함께 제시하는데 이는 소비자의 준거가격 형성에 영향을 미침으로써 가격할인에 의한 매출증대효과를 높이고자 하는 것이다. 그러나 세일이 끝나고 가격이 정상수준으로 올라가면 소비자들은 쇼크를 받게 된다. 즉 세일로 인해 소비자들의 준거가격이 내려가게 된 것이다. 그러므로 세일이 끝나고 가격이 정상수준으로 돌아가면 쇼크를 받는 것이다.

③ 유보가격(reservation price)이란 소비자가 어떤 제품에 대해 지불할 의사가 있는 최고가격을 말한다. 가능하다면 판매자는 상품의 가격을 구매자의 유보가격 수준까지 올려야 이익을 극대화할 수 있다. 이번 평창 동계 올림픽의 입장권 가격도 비싸게 책정되어 있는데 이는 동계 올림픽이 사실상 경쟁자가 없는 독점 상품이기 때문이다. 실제로는 대부분의 시장에서 경쟁자들이 존재하므로 경쟁 상품의 가격을 무시하고 상품의 가격을 유보가격 수준까지 높이는 것은 불가능하다.

④ 사람들은 손해를 회피하려는 경향이 강하기 때문에, 자신에게 손해가 되는 경우와 이득이 되는 경우 중에서 손해가 되는 경우에 더 민감하게 반응한다. 이를 심리학에서는 손실 회피성(loss aversion)이라고 한다. 가격과 관련해서 생각해보면 가격인상은 구매자들에게 손해가 되는 경우이고, 인하는 이득이 되는 경우에 해당한다. 손실 회피성은 기업이 가격을 인상하려고 할 때 중요한 의미를 갖는다. 처음부터 가격을 인상하지 말고, 가격인상의 효과를 거둘 수 있는 방법을 먼저 시도해 보는 것이 바람직하다.

⑤ 스키밍 가격(market-skimming pricing)은 신제품을 개발초기에 가격민감도가 가장 낮은 고소득 소비자층을 상대로 고가격을 책정하였다가 이들의 구매가 감소하기 시작하면 가격에 민감한 일반소비층을 표적으로 가격을 인하하여 단계적으로 이익을 극대화하는 것이다. 이 가격은 잠재 구매자들이 가격-품질 연상을 강하게 갖고 있을 때 적절한 방법이다. 여기서 가격-품질 연상(price-quality association)이란 구매자들은 가격이 높은 상품일수록 품질도 높을 것이라고 기대하는 것을 의미한다. 이는 향수나 보석의 경우 대부분이 구매자들이 품질을 평가할 수 있는 지식을 갖고 있지 못하므로, 가격에 의존하여 품질을 측정할 수밖에 없기 때문이다. 그러므로 이러한 상품들을 마케팅할 때에는 가격을 높게 매겨야 구매자들에게 품질이 높다는 것을 암시할 수 있다. 그러나 품질을 평가할 수 있는 정보가 풍부한 상품들의 경우에는 가격이 품질평가의 단서가 되지 못하므로 가격을 높게 매길 필요가 없다.

1778 ⑤

① 웨버의 법칙(Weber's law)은 가격변화에 대한 지각은 가격수준에 따라 달라진다는 것이다. 즉 가격변화 전과 후의 차이를 인식하기 위한 차이는 '절대량'이 아니라 최초의 자극에 대한 '비교량'이므로, 변화전 가격이 높을수록 가격 차이를 인식하기 위해서는 가격 변화 폭은 더 커야 한다는 것이다.

② 웨버의 법칙과 밀접하게 관련되는 것으로 JND는 가격변화를 느끼게 만드는 최소한의 가격변화폭을 의미한다. 예를 들어, 소비자가 1,000원짜리 제품에서 100원 미만의 가격인상을 알아차리지 못하지만, 100원 이상의 가격인상을 알아차린다고 한다면 100원이 JND에 해당된다. 즉 구매자의 입장에서 1,000원이나 1,099원이나 마찬가지인 셈이다.

③ 유보가격(reservation price)이란 소비자가 어떤 제품에 대해 지불할 의사가 있는 최고가격을 말한다. 가능하다면 판매자는 상품의 가격을 구매자의 유보가격 수준까지 올려야 이익을 극대화할 수 있다. 보통 올림픽이나 월드컵 경기의 입장권 가격이 비싸게 책정되는 것은 올림픽이나 월드컵이 사실상 경쟁자가 없는 독점 상품이기 때문이다. 실제로는 대부분의 시장에서 경쟁자들이 존재하므로 경쟁 상품의 가격을 무시하고 상품의 가격을 유보가격 수준까지 높이는 것은 불가능하다.

④ 준거가격(reference price)이란 소비자들이 제품가격의 고·저를 평가할 때 비교기준으로 사용하는 가격이다. 소비자는 자주 구매되는 상표의 가격, 과거에 지불된 가격, 유사제품의 평균가격 등을 이용하여 준거가격을 형성할 수 있다. 소비자는 어떤 제품의 시장가격이 준거가격보다 낮으면 싸다고 지각할 것이고 마케팅 관리자는 가격할인을 할 경우 보통 기존의 가격을 함께 제시하는데 이는 소비자의 준거가격 형성에 영향을 미침으로써 가격할인에 의한 매출증대효과를 높이고자 하는 것이다. 그러나 세일이 끝나고 가격이 정상수준으로 올라가면 소비자들은 쇼크를 받게 된다. 즉 세일로 인해 소비자들의 준거가격이 내려가게 된 것이다. 그러므로 세일이 끝나고 가격이 정상수준으로 돌아가면 쇼크를 받는 것이다.

⑤ 사람들은 손해를 회피하려는 경향이 강하기 때문에, 자신에게 손해가 되는 경우와 이득이 되는 경우 중에서 손해가 되는 경우에 더 민감하게 반응한다. 이를 심리학에서는 손실 회피성(loss aversion)이라고 한다. 가격과 관련해서 생각해보면 가격인상은 구매자들에게 손해가 되는 경우이고, 인하는 이득이 되는 경우에 해당한다. 손실 회피성은 기업이 가격을 인상하려고 할 때에 중요한 의미를 갖는다. 처음부터 가격을 인상하지 말고, 가격인상의 효과를 거둘 수 있는 방법을 먼저 시도해 보는 것이 바람직하다.

1779 ③

(ㄱ) 감각기관이 자극을 감지할 수 있기 위한 자극에너지의 최소한의 강도: 절대 식역(absolute threshold)
(ㄴ) 두 개의 자극이 지각적으로 구분될 수 있는 최소한의 차이: 차이 식역(differential threshold)
(ㄷ) 초기 자극에 변화가 일어났음을 감지하기 위해서는 초기자극이 클수록 자극 변화치가 더 커져야 함: 웨버의 법칙(Weber's law)
(ㄹ) 제품의 품질을 평가할 충분한 정보를 갖고 있지 못하면 가격이 높을수록 품질이 좋을 것이라는 기대: 가격-품질 연상(price-quality association)

1780 ④

a. 가격은 다른 마케팅 믹스 요소들과는 달리 쉽게 바꿀 수 있다. 예를 들어, 일단 개발된 상품을 개선하거나 변경하는 데에는 시간과 비용이 들어간다. 광고 역시 마찬가지다. 유통은 변경하기 매우 어렵다. 하지만 가격은 변경하겠다고 결정한 즉시 실행에 옮길 수 있다. 특히 가격 경쟁이 치열하게 벌어지는 온라인 오픈마켓에 입점한 소매점들의 경우 경쟁자의 가격을 모니터하는 소프트웨어를 이용해서 하루에도 몇 번씩 가격을 올리거나 내리기도 한다.

b. 준거가격(reference price)은 사람마다 다를 수도 있고 안 갖고 있는 사람도 있다. 준거가격(reference price)이란 구매자가 가격이 비싼지 싼지를 판단하는데 기준으로 삼는 가격을 말한다. 준거가격은 구매자의 과거 구매경험이나 현재 갖고 있는 가격정보를 기초로 형성되므로, 구매자가 누구냐에 따라 달라진다. 이처럼 준거가격은 사람마다 다를 수 있고, 준거가격을 안 갖고 있는 사람들도 많기 때문에, 설문조사를 통해 준거가격을 일일이 조사하는 것은 별로 도움이 되지 않는다. 오히려 그보다 기업의 마케팅 활동이 준거가격을 높이거나 낮출 수 있다는 것을 이해하는 것이 중요하다.

c. 로스어버전(loss aversion)이란 구매자들이 이득보다는 손실에 더 민감하게 반응하는 현상을 말한다. 따라서 동일한 제품의 가격인하와 가격인상에 따른 판매량의 변화는 가격인상이 가격인하보다 2~3배 더 민감하다. 예를 들어, 가격을 10% 인하한 경우에 판매량이 정가일 때 보다 10% 늘었다면, 가격을 10% 인상한 경우에는 판매량은 정가일 때보다 20~30% 줄어든다는 것이다.

d. 품질을 평가할 수 있는 정보가 풍부한 상품들의 경우 가격을 '높게'가 아니라 '낮게' 책정해야 한다. 가격이 높을수록 품질이 높을 것이라고 기대하는 것을 가격-품질 연상(price-quality association)이라고 한다. 그러나 이러한 경향은 보편적인 것이 아니라, 구매하기 전에 품질을 평가하기 어려운 향수나 보석 등과 같은 상품에서 주로 발견된다. 이들 상품의 경우에는 대부분의 구매자들이 품질을 평가할 수 있는 지식을 갖고 있지 못하므로, 가격에 의존하여 품질을 측정할 수밖에 없기 때문이다. 그러므로 이러한 상품들을 마케팅할 때에는 가격을 높게 매겨야 구매자들에게 품질이 높다는 것을 암시할 수 있다. 그러나 품질을 평가할 수 있는 정보가 풍부한 상품들의 경우에는 가격이 품질평가의 단서로서 역할을 거의 하지 못하므로, 품질이 높다는 것을 암시하기 위하여 가격을 높게 매길 필요가 없다.

e. 묶음가격(bundling)은 상품의 종류가 많고, 상품 하나 하나에 대해 고객들이 지각하는 가치가 이질적일 때 적절하다. 이 경우 기업은 상품별로 가격을 매기고 따로 파는 것이 어렵기 때문이다. NETFLIX 요금제가 묶음가격의 좋은 예이다. 또한 묶음가격은 A상품 시장에서 독점적인 지위를 가진 기업이 B상품 시장에서의 경쟁자를 몰아내기 위하여, 상품 A와 B를 묶음으로 만들고, 사실상 B는 무료로 판매하는 경우나 고객이 다른 회사로 이탈하는 것을 억제함으로써 가격 경쟁을 완화하고자 하는 경우에

도 적절하다. 통신사들이 집전화, 이동전화, 초고속인터넷, IPTV 등을 묶어서 할인혜택을 주는 것이 좋은 예이다.

1781 ②

a. B제품의 JND(just noticeable difference)는 40,000원이 아니라 42,000원이다.
   JND=인하전가격×K=140,000×0.3=42,000

b. 맞는 보기. JND가 42,000원이므로 40,000원 인하된 현재의 가격으로는 소비자가 가격인하를 지각할 수 없다.

c. 맞는 보기. 만약 B제품의 JND가 56,000원이라면 웨버상수 K는 0.4이다.
   $K = \dfrac{JND}{인하전가격} = \dfrac{56,000}{140,000} = 0.4$

d. B제품의 JND는 42,000원이므로 가격 인하든 인상이든 모두 42,000원 이상이어야 소비자가 가격인하도 지각할 수 있고 가격인상도 지각할 수 있다. 따라서 140,000원에서 180,000원으로의 가격인상은 JND 범위 내이므로 소비자는 가격인상을 지각할 수 없다.

1782 ③

a. 준거가격(reference price)이란 구매자가 가격이 비싼지 싼지를 판단하는데 기준으로 삼는 가격을 말한다. 시장가격이 준거가격(reference price)보다 높다고 소비자들이 구매를 안하는 것은 아니다. 단지 가격이 비싸다고 판단할 것이다. 만약 시장가격이 소비자의 유보가격(reservation price)보다 높다면 구매를 하지 않을 것이다.

b. 상품의 종류가 많고, 상품 하나 하나에 대해 고객들이 지각하는 가치가 이질적일 때 기업은 상품별로 가격을 따로 매기고 판매하는 것이 어렵기 때문에 묶음가격(bundling)이 적절하다. NETFLIX 요금제가 묶음가격의 좋은 예이다.

c. 어떤 소비자의 웨버상수 K는 변화가 감지될 수 있는 증가율 또는 감소율을 의미하며 알아차릴 수 있는 변화의 양(JND)를 원래의 자극 수준(변화 전 가격)으로 나누면 구할 수 있다. 또한 JND는 웨버상수 K와 변화 전 가격을 곱하면 구할 수 있다.

d. 로스어버전(loss aversion)이란 구매자들이 이득보다는 손실에 더 민감하게 반응하는 현상을 말한다. 따라서 동일한 제품의 가격인하와 가격인상에 따른 판매량의 변화는 가격인상이 가격인하보다 2~3배 더 민감하다. 예를 들어, 가격을 10% 인하한 경우에 판매량이 정가일 때 보다 10% 늘었다면, 가격을 10% 인상한 경우에는 판매량은 정가일 때보다 20~30% 줄어든다는 것이다. 따라서 손실 회피성의 개념은 가격인하 시 보다는 가격인상 시에 중요한 의미를 갖는다.

e. 가격이 높을수록 품질이 높을 것이라고 기대하는 것을 가격-품질 연상(price-quality association)이라고 한다. 품질을 평가할 수 있는 정보가 풍부한 상품들의 경우에는 가격이 품질평가의 단서로서 역할을 거의 하지 못하므로, 품질이 높다는 것을 암시하기 위하여 가격을 높게 매길 필요가 없다. 따라서 가격-품질 연상은 소비자가 품질을 평가할 만한 정보가 풍부할 때보다는 부족할 때 적절하다.

1783 ④

타이어	EVO^1	EVO^2	EVO^3
인하 후 가격(원)	135,000	161,500	208,000
K(웨버상수)의 절대값	0.10	0.15	0.20
인하 전 가격(원)	$\dfrac{135,000}{0.9}$ = 150,000	$\dfrac{161,500}{0.85}$ = 190,000	$\dfrac{208,000}{0.8}$ = 260,000
JND	15,000	28,500	52,000

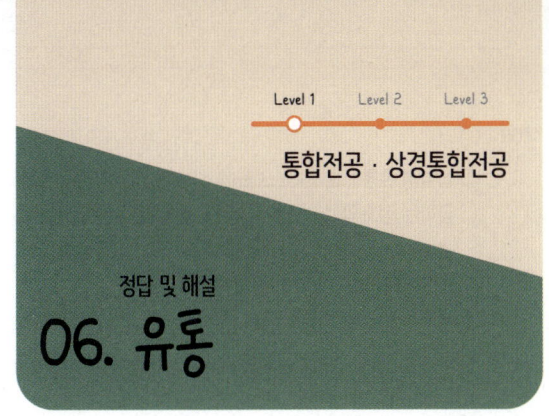

정답 및 해설
06. 유통

1784 ②

② 유통경로의 구조를 바꾸기 위해서는 많은 시간과 비용이 투입되므로 유통은 마케팅믹스 중에서 환경변화에 대해 가장 낮은 탄력성을 갖는다. 따라서 어느 한 유통경로를 선택하여 사용할 경우 기업 내·외적 상황 변화에 따라 다른 유통경로를 쉽게 전환하기가 용이하지 않다.

1785 ②

② 중간상이 생산자에게 적정 이윤을 보장하지는 못한다.

1786 ⑤

이 문제는 오류 가능성이 높다. 시험주관 기관에서 발표한 정답은 5번인데 5번이 정답이 되기 위해서는 보기 5번의 "소비자가 원하는 형태"는 소비자가 원하는 (제품의) 형태가 아닌 소비자가 원하는 (구매의) 형태 즉 할부, 리스 등이 되어야 한다. 하지만 중간상의 효용에는 형태효용이 있어서 이것과의 혼동은 불가피하다.

1787 ③

중간상 없을 때 총거래수
= 100×100,000 = 10,000,000

중간상 있을 때 총거래수
= (100×2)+(100,000×2) = 200,200

차이
= 10,000,000−200,200 = 9,799,800개

1788 ②

② 중간상(intermediary)은 마케팅 업무를 대부분의 생산자보다 더 빨리, 더 저렴하게 수행하며, 발생하게 되는 거래 및 접촉의 수를 감소시킴으로써 시장을 효율적으로 만들어주는 역할을 수행한다.

1789 ②

② 인터넷 마케팅은 고객과 직접 접촉이 불가하므로 판매원의 설득 노력은 의미가 없다.

1790 ③

ㄴ. 수직적 마케팅시스템은 유통경로 구성원인 제조업자, 도매상, 소매상이 하나의 단일 시스템으로 활동한다.
ㄷ. 유통경로 구성원의 행동은 각자의 이익보다는 시스템 전체를 극대화하는 방향으로 조정되어야 한다.

1791 ②

소유권 정도와 통제력은 관리형, 계약형, 기업형 순으로 높아진다.

1792 ①

① 개인 점포는 운영적인 측면에서 보면 점주의 자율 의지로 운영한다. 하지만, 가맹점주는 본부로부터 브랜드, 제품공급 및 품질관리, 판촉광고 및 경영지원 등 이른바 구상(concept)기능을 제공받아 실제 고객과의 접점에서 상품판매활동을 실행하므로 가맹점주의 자유재량은 최소화된다.

1793 ③

③ 모기업과의 이익을 공유하는 것은 단점에 해당한다.

1794 ③

③ 프랜차이즈 시스템은 계약형 VMS에 해당한다. 계약형 VMS는 계약으로 VMS가 구성되며, 예로는 프랜차이즈, 도매상의 후원하는 자발적 체인, 소매상 협동조합 등이 있다.

1795 ③

③ 프랜차이즈 시스템은 대표적 계약형 VMS이다.

1796 ①

① 프랜차이즈 조직은 계약형 VMS의 한 유형이다.

1797 ②

② 수평적 마케팅시스템(horizontal marketing system)은 새로운 마케팅 기회를 추구하기 위해 같은 경로 수준에 있는 기업들이 자본, 생산, 마케팅 기능 등을 결합한 것을 의미한다.
③ 계약형 수직적 마케팅시스템(contractual VMS)은 상호 독립적인 경로 구성원들이 계약에 의해서 서로의 활동을 통제하고 조정하는 것을 가리키며 프랜차이즈 조직, 소매상 협동조합, 도매상이 후원하는 자발적 체인이 이에 해당된다.
④ 관리형 수직적 마케팅시스템(administered VMS)은 경로 구성원들의 마케팅활동이 소유권이나 계약에 의하지 않고 어느 한 경로 구성원(경로 리더)의 규모와 힘에 의해 조정되는 경로 유형이다. 시장점유율이 높은 제조업자들은 유통업자에게 강력한 협조와 지지를 얻을 수 있다.

⑤ 기업형 수직적 마케팅시스템(corporate VMS)은 한 기업이 다른 경로 구성원들을 법적으로 소유·관리하는 경로 유형이다. 제조업체가 도·소매상들을 점유하는 전방통합(forward integration)과 소매상들이 그들에게 제품을 공급하는 제조업체들을 통합하는 후방통합(backward integration)이 기업형 VMS의 전형적인 형태이다.

1798 ①

유통경로 내의 서로 다른 단계에 속하는 유통기관들 사이의 경로갈등을 수직적 갈등이라고 한다.

1799 ④

④ 기업은 거래 쌍방의 개별적 목표가 아닌 상위 목표를 설정함으로써 경로갈등을 해결할 수 있다. 이 방법의 경우 경로 구성원 간 어느 정도의 공존의식 및 일체감 등이 형성되어 있는 경우에 효과적이므로 주로 수직적 마케팅 시스템에서 효과적인 갈등 해소방법이다.

1800 ②

유통 경로에서 갈등이 발생하는 원인은 보통 다음의 3가지이다.
① 목표 불일치(goal incompatibility)는 경로구성원 각자의 목표가 서로 다르고, 이들 목표를 동시에 달성할 수 없는 경우 발생하는 갈등이다.
③ 영역 불일치(domain dissensus)는 경로구성원 간에 각자의 역할이나 영역에 대하여 합의가 이루어지지 않는 경우를 가리킨다.
④ 지각 불일치(perceptual differences)는 동일한 사안을 놓고도 경로구성원들이 인식을 다르게 하는 경우를 가리킨다.

1801 ②

② 프렌치와 레이븐의 권력의 원천 가운데 대항적 힘(countervailing power)이라는 것은 존재하지 않는다.

1802 ③

일반적으로 기업의 규모가 클수록, 제품의 부패가능성이 높을수록, 경쟁업체와의 차별화가 필요할수록, 제품의 표준화가 쉽지 않을수록(표준화 정도가 낮을수록), 소비자의 지리적 분산 정도가 작을수록 직접유통이 더 유리하다.

1803 ②

- 집약적 유통(intensive distribution)은 가능한 많은 중간상들에게 자사의 제품을 취급하도록 하는 것
- 전속적 유통(exclusive distribution)은 일정 지역 내에서의 독점 판매권을 중간상에게 부여하는 방식
- 선택적 유통(selective distribution)은 집약적 유통과 전속적 유통의 중간 형태

1804 ②

② 집약적 유통(intensive distribution)은 자사의 제품을 취급하는 점포의 수가 많기 때문에 전속적 유통(exclusive distribution)에 비해 중간상의 판매가격, 신용정책, 서비스 등에 관해 보다 강한 통제를 할 수 없다.
③ 프랜차이즈 시스템, 소매상 협동조합, 도매상이 후원하는 자발적 체인은 계약형 VMS(vertical marketing system)의 유형이다.
④ 유통경로가 길어질수록, 즉 상품이 최종 소비자에게 전달될 때까지 거쳐야 할 유통단계(channel level)가 많아질수록, 각 중간상들이 수행하는 마케팅기능은 보다 전문화된다. 각 중간상은 자신이 잘 할 수 있는 유통기능만을 수행하기 때문에 이로 인해 얻어지는 효율성의 증대는 제조업자가 모든 유통기능들을 직접 수행할 경우와 비교하여 최종소비자가격을 더 낮출 수 있는 것이다. 그러나 제조업자와 소비자 사이에 보다 많은 중간상들이 개입될수록, 제조업자의 통제력은 약해진다.

1805 ③

① 중간상의 수는 전속적(exclusive) 유통경로보다 선택적(selective) 유통경로에서 더 많다.
② 편의품은 집약적 유통이 적절하고 전문품은 전속적 유통이 적절하다.
④ 전속적 유통경로는 경쟁제품은 취급하지 않으며, 유통마진은 높은 편이다.

1806 ①

㉠ 집약적 유통(intensive)에 대한 설명이다.
㉡ 전속적 유통(exclusive)에 대한 설명이다.
㉢ 선택적 유통(selective)에 대한 설명이다.

1807 ④

④ 전문점(예, ABC 마트)은 취급하는 제품믹스의 폭은 좁고, 깊이가 깊다.

1808 ②

슈퍼마켓과 할인점 등의 장점을 결합한 대형화된 소매 업태는 대형마트인데, 이 가운데 식료품 비중이 높은 것을 미국에서는 슈퍼센터(supercenter)라 하고, 유럽에서는 하이퍼마켓(hypermarket)이라고 한다.

1809 ③

한 가지 또는 한정된 상품군을 깊게 취급하며 저렴한 가격으로 판매하여 동종의 제품을 취급하는 업태들을 제압하는 소매업태는 카테고리 킬러 혹은 전문할인점이다.

1810 ⑤

①②③④번은 점포형 소매상에 해당하며, ⑤번은 무점포 소매상에 해당한다.

① 전문점(specialty store)은 한정된 제품라인을 취급하지만, 제품라인 안에서는 다양한 브랜드를 취급하고 깊이 있는 구색을 갖춘 점포를 가리킨다.
② 양판점(GMS : general merchandising store)은 상품 구색 및 매장 형태는 백화점과 비슷하지만, 가격은 백화점보다 저렴한 곳이라고 할 수 있다.
③ 백화점(department store)은 다양한 상품 구색, 편리한 입지, 쾌적한 쇼핑 공간, 높은 신뢰성, 강력한 품질보증을 제공하고 있지만, 그 대신 가격이 높은 것이 특징이다.
④ 편의점(convenience store)은 비교적 소규모의 점포로 주거지역 가까이에 입지하며, 늦은 시간까지 영업하고, 재고 회전이 빠른 편의품 등의 한정된 제품계열을 다소 비싼 가격으로 판매한다.
⑤ 텔레마케팅(telemarketing), 방문판매, 자동판매기는 무점포 소매상에 해당한다.

1811 ③

한정서비스 도매상이란 거래 고객들에게 몇 가지 서비스만을 전문적으로 제공하는 도매상으로 현금거래 도매상(cash-and-carry wholesaler), 트럭 도매상(truck wholesaler), 직송 도매상(drop shipper), 진열 도매상(rack jobber) 등으로 구분된다.

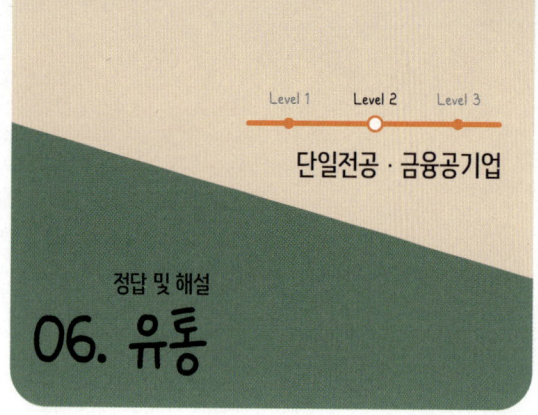

정답 및 해설
06. 유통

1812 ①

① 유통업자는 생산자와 소비자와의 총거래 수를 감소시킨다.
<아래 그림을 참조>

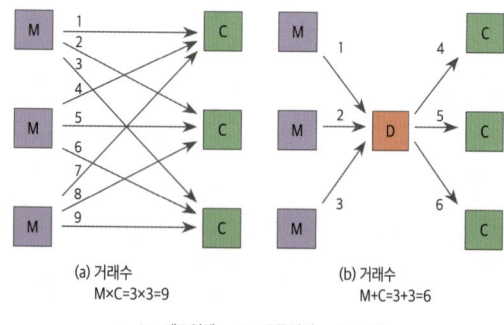

(a) 거래수   (b) 거래수
M×C=3×3=9   M+C=3+3=6

M : 제조업체   D : 유통업체   C : 고객

1813 ⑤

유통시스템 A는 중간상이 없으므로 총거래수는 3×6=18이 된다. 반면 유통시스템 B는 중간상이 존재하므로 총거래수는 3+6=9가 된다. 따라서 18-9=9이다.

1814 ①

② 도매상 중에서 구매 대리점(purchasing agents)은 구매자(소매상)와의 계약에 의한 구매대행활동을 하며, 제품에 대한 소유권을 보유하고 있지 않다. 반면 판매 대리점(selling agents)은 거래제조업자의 전 품목을 판매할 수 있는 계약을 맺고 판매활동을 하는 대리점이다.
③ 대형 도매상을 중심으로 소형 소매상들이 자발적으로 만든 것은 도매상이 후원하는 자발적 체인(wholesaler-sponsored voluntary chain)이다. 소매상 협동조합(retailer cooperative)은 중소 소매상들이 연합하여 만든 조직체를 의미하며, 대기업이 운영하는 슈퍼마켓 체인에 대항하기 위하여 형성되었다.
④ 유통경로 갈등의 원인 중 영역 불일치는 경로구성원 간에 각자의 역할이나 영역에 대하여 합의가 이루어지지 않은 것을 말한다.
⑤ 전문 할인점(specialty discount store)의 특징은 낮은 수준의 서비스 넓지만 평범한 매장, 낮은 가격이다. 반면 전문점(specialty store)은 높은 수준의 서비스, 품위있는 매장, 높은 가격이 특징이다.

1815 ②

c. 소비자들은 제품구매를 고려할 때, 하나의 가격만을 가지고 있지 않다. 일반적으로 소비자들은 어떤 특정한 제품에 대해 수용 가격 범위(acceptable price range)를 가지고 있는데, 최저 수용가격보다 가격이 낮을 경우 품질이 의심되므로 소비자들은 구매를 하지 않는다. 따라서 저렴한 것이 항상 좋은 것은 아니다.
d. 온라인 마케팅의 폭발적 성장으로 많은 산업에서 중간상 배제(disintermediation) 현상이 나타나고 있지만, 한편으로는 가격비교, 경매, 판매대행 등의 중간상이 재창출(reintermediation)되고 있다.

1816 ⑤

① 무점포 소매상이란 점포를 이용하지 않는 소매상을 가리키는 말이다. 무점포 소매상의 예로는 방문판매, 다이렉트 마케팅(카탈로그 판매, 다이렉트메일 마케팅, 텔레마케팅, 텔레비전 홈쇼핑, 인터넷 마케팅), 자동판매기 등이 있다. 다단계판매도 무점포 소매상에 속하는데 이는 '제조업자-도매업자-소매업자-소비자'와 같은 일반적인 유통경로를 거치지 않고, 상품을 사용해 본 소비자가 판매원이 되어 상품을 구입, 다른 소비자에게 판매하고, 이 소비자가 다시 판매원이 되는 과정이 반복되는 판매형식을 가리킨다.
② 한정 서비스 도매상(limited-service wholesaler)은 상인 도매상(merchant wholesaler)의 일종으로 상품을 소유하며, 거래 고객들에게 몇가지 서비스만을 제공하는 도매상이다. 예로는 현금거래 도매상(cash-and-carry wholesaler), 트럭 도매상(truck wholesaler), 직송 도매상(drop shipper), 진열 도매상(rack jobber) 등이 있다.
③ 전문품에 적합한 경로 커버리지는 전속적 유통(exclusive distribution)이다. 집약적 유통(intensive distribution)은 편의품에 적합한 유통경로이다.
④ '도매상이 후원하는 자발적 체인(집단)'은 수직적 마케팅 시스템(VMS)의 일종으로 소매상 협동조합과 비슷하지만, 대형 도매상을 중심으로 소형 소매상들이 뭉쳤다는 점이 다르다. 참고로 소매상 협동조합(retailer cooperative)은 중소 소매상들이 연합하여 만든 조직체를 가리키는데, 대기업이 운영하는 슈퍼마켓 체인에 대항하기 위해 형성되었다. 이 협동조합은 공동구매 및 공동촉진 활동을 수행함으로써 여기에 가입한 소매상들이 비용을 절감할 수 있도록 해준다.
⑤ 통합적 유통 경로(integrated distribution channel)란 유통경로 기능들을 제조업자가 직접 수행하는 것을 말한다. 구매자가 요구하는 서비스 수준이 높은 경우, 중요한 영업비밀이 있는 경우, 한 번에 판매되는 양이 많고 자주 판매되는 상품인 경우에는 통합적 유통 경로를 갖게 될 가능성이 높아진다.

1817 ②

b. 거래특유의 자산(transaction-specific asset)이 존재하면 경로교체가 어려워지고, 이로 인해 기회주의적 행동이 유발될 수 있다.
d. 프랜차이즈 시스템은 강압적 권력(coercive power)이 아니라 합법적 권력에 의해 운영된다.

1818 ④

④ 소유권으로 묶인 기업형 VMS가 가장 통합정도가 높고, 소유권이나 계약도 없는 관리형 VMS의 통합정도가 가장 낮다.

1819 ⑤

① 맞는 보기. 유통경로 기능들을 제조업자가 직접 수행하는 것을 통합적 유통경로(integrated distribution channel)라고 하고 독립적 유통업자에게 맡기는 것을 독립적 유통경로(independent distribution channel)라고 한다. 따라서 통합적 유통경로가 투자비는 많이 들지만 통제 가능성은 상대적으로 더 높다.
② 맞는 보기. 독립적 유통경로와 통합적 유통경로가 서로 상반된 장·단점을 갖고 있기 때문에 극단적인 두 경로의 장점을 골고루 살리기 위해서 혼합적인 형태의 유통경로들을 고안하게 되었는데 그 중 하나가 복수 경로(multichannel) 마케팅 시스템이다. 예를 들어, 대량 구매자들에게는 제조업자가 직접 판매하고 소량 구매자들에게는 독립적인 유통업자로 하여금 판매하게 하는 것이다.
③ 맞는 보기. 수직적 마케팅 시스템(VMS)에서 소매상 협동조합, 프랜차이즈 조직, 도매상이 후원하는 자발적 체인은 계약형 VMS에 해당한다. 참고로 소매상 협동조합(retailer cooperative)은 중소 소매상들이 연합하여 만든 조직체를 가리키는데, 이는 대기업이 운영하는 슈퍼마켓 체인에 대항하기 위해 형성되었다.
④ 맞는 보기. 수직적 마케팅 시스템의 통합 정도는 '관리형 VMS < 계약형 VMS < 기업형 VMS'이다.
⑤ 도매상이 후원하는 자발적 체인(wholesaler-sponsored voluntary chain)은 소매상 협동조합과 비슷하지만, 대형 도매상을 중심으로 '소형 소매상'들이 연합하여 만든 조직체라는 점이 다르다.

1820 ①

d. 전속적 유통(exclusive distribution)은 높은 마진이 보장되므로 중간상의 적극적 푸시에 의해 팔리는 전문품에 적합하다. 반면 집약적 유통(intensive distribution)은 중간상의 푸시보다는 소비자의 풀에 의해 팔리는 편의품이나 유행상품 등에 적합하다.
e. 유통은 바톤패스가 아니다. 회사가 보유한 유통경로에 따라 매출이 달라지기 때문에, 통합적 유통경로와 독립적 유통경로 사이의 다양한 선택대안 가운데 회사의 상황에 적합한 유통경로를 선택하는 것이 매출증대와 비용절감에 큰 기여를 할 수 있다.

1821 ③

① 제조업자가 중간상이 가지고 있지 않는 지식이나 노하우를 가지고 있어서 발생하는 힘은 전문적 권력(expert power)이다.
② 경로 구성원 수(커버리지) 결정 시, 통제의 정도는 '집약적(intensive) 유통 < 선택적(selective) 유통 < 전속적(exclusive) 유통' 순이다.
③ 목표 불일치, 영역 불일치(혹은 불명확한 역할과 권한), 지각 불일치, 의존 등은 경로갈등을 발생시키는 원인이다.
④ 수직적 마케팅 시스템(VMS)에서 경로 구성원의 통합화된 정도는 '관리형 VMS < 계약형 VMS < 기업형 VMS' 순이다.
⑤ '소매상 협동조합', '도매상이 후원하는 자발적 체인' 그리고 '프랜차이즈 조직'은 모두 계약형 VMS에 속한다.

1822 ④

① 수직적 마케팅 시스템(VMS)에서 소매상 협동조합, 프랜차이즈 조직, 도매상이 후원하는 자발적 체인은 계약형 VMS에 포함된다. 계약형 VMS(contractual VMS)는 서로 다른 생산과 유통 단계에 있는 독립적 기업들로 구성되며, 이들은 계약에 기초하여 프로그램을 통합함으로써 혼자서 하는 것보다 더 큰 경제성이나 판매 영향력을 얻는다. 계약형 VMS에서는 경로구성원에 대한 역할조정과 갈등관리는 경로 구성원 사이의 계약적 합의로 이루어진다.
② 거래규모가 작고 거래가 드물게 발생하는 경우, 즉 거래비용이론(transaction cost theory)에서 말하는 '거래의 발생빈도'가 낮을 때는 유통망을 내부화(make)하는 것보다는 외부화(buy)하는 것이 상대적으로 거래비용을 줄일 수 있으므로 통합적 유통경로(기업형 VMS)보다는 독립적 유통경로를 갖게 될 가능성이 높아진다.
③ 유통경로 갈등의 원인 중 영역 불일치(domain dissensus)는 경로구성원 간에 각자의 역할이나 영역에 대하여 합의가 이루어지지 않는 경우를 가리킨다. 예를 들어, 가전제품 메이커들은 본사에 특판팀을 두고 대형 거래처에 대해서 직접 판매를 하고 있는데, 대리점들도 대형 거래처에 판매하기를 원하므로 갈등이 빚어질 수 있다. 반면 지각 불일치(perceptual differences)란 동일한 사안을 놓고도 경로구성원들이 인식을 다르게 하는 경우를 가리킨다.
④ 도매상은 상인도매상(merchant wholesaler), 대리점(agent), 브로커(broker), 제조업체 도매상(manufacturers' branches and offices)으로 구분되는데 그 가운데 제조업체 도매상은 독립적인 도매상이 아니며 제조업체에 의해 직접 소유·운영된다.
⑤ 준거적 힘(referent power)은 경로구성원 A가 B에 대해 일체감을 갖고 있거나 갖게 되기를 바라기 때문에 발생하는 힘이다. 반면 전문적 힘(expert power)은 경로구성원 A가 특별한 지식이나 기술이 있다고 B가 지각할 때 발생하는 권력이다.

1823 ⑤

⑤ 동일한 사안을 놓고도 경로구성원들이 인식을 다르게 하는 경우는 유통경로 갈등의 원인 중 지각 불일치이다.

1824 ③

① 도매상(wholesaler)은 재판매 또는 사업을 목적으로 구매하는 고객에게 제품을 판매하고 이와 관련된 활동을 수행하는 상인을 가리킨다. 소매상은 최종 구매자를 상대하는 반면, 도매상은 주로 소매상을 상대하며, 도매상은 소매상에 비하여 더 넓은 상권을 대상으로 대규모의 거래를 한다는 점이 차이점이다. 상인 도매상(merchant wholesaler)은 제품을 제조업자로부터 구매하여 이것을 판매할 때까지 자기가 소유권을 갖지만, 대리점(agent)과 브로커(broker)는 제품을 제조업자로부터 구입하는 것이 아니라 제품은 계속 제조업자(또는 생산자)가 소유하고 있는 가운데, 단지 거래를 성사시켜 주는 역할을 할 뿐이다.

② 수직적 마케팅 시스템(VMS)에서 소매상 협동조합과 프랜차이즈 조직 그리고 도매상이 후원하는 자발적 체인은 계약형 VMS이다. 참고로 소매상 협동조합(retailer cooperative)은 중소 소매상들이 연합하여 만든 조직체를 가리키는데, 대기업이 운영하는 슈퍼마켓 체인에 대항하기 위하여 형성되었다. 이 협동조합은 공동구매 및 공동촉진활동을 수행함으로써 여기에 가입한 소매상들이 비용을 절감할 수 있도록 해 준다.

③ 유통경로 갈등이 발생하는 원인은 크게 목표 불일치, 영역 불일치, 지각 불일치의 3가지로 분류할 수 있다. 목표 불일치(goal incompatibility)란 경로구성원 각자의 목표가 서로 다르고, 이들 목표를 동시에 달성할 수 없는 경우를 말한다. 영역 불일치(domain dissensus)란 경로구성원 간에 각자의 역할이나 영역에 대하여 합의가 이루어지지 않는 경우를 말한다. 마지막으로 지각 불일치(perceptual differences)란 동일한 사안을 놓고도 경로구성원들이 인식을 다르게 하는 경우를 말한다. 판매량이 감소한 사실을 놓고, 프랜차이즈 본부의 해석(예 가맹점의 서비스 질에 문제가 있어서)과 가맹점의 해석(예 경쟁 브랜드의 신규출점 때문에)이 서로 달라서 발생하는 갈등은 지각 불일치(perceptual differences)와 관련이 있다.

④ 합법적 파워는 제조업자가 중간상에 대하여 어떤 행동을 요구할 수 있는 합법성 또는 정당성을 갖고 있기 때문에 발생하는 것이다. 따라서 제조업자가 중간상에게 계약에 의거하여 일정 수준의 재고를 유지하도록 요구할 수 있는 것은 합법적 파워와 관련이 있다. 전문적 파워는 제조업자가 중간상이 안 갖고 있는 특별한 지식이나 노하우를 갖고 있기 때문에 발생하는 것이다. 제조업자가 매우 효과적인 재고관리기법을 갖고 있는 경우에는 제조업자가 중간상에 대해 전문적 파워를 가질 수 있다.

⑤ 집약적 유통(intensive distribution)은 중간상의 역할이 그다지 중요하지 않은 제품, 즉 중간상의 푸시보다는 소비자의 풀(pull)에 의해서 팔리는 저가의 생활용품 같은 편의품에 적합하며, 일정 지역내에 가능한 한 많은 수의 중간상들에 제품을 공급하기 때문에 제조업체의 표적시장 범위가 넓을 때 유리하다. 반면 전속적 유통(exclusive distribution)은 일정 지역 내에서 한 개의 중간상에게만 제품을 공급하는 것으로 고급가구 등의 전문품에 적합하다.

1825 ③

③ 정보교환과 추천 같은 비강압적 영향전략의 원천은 전문적 권력(expert power)과 보상적 권력(reward power)이다.

1826 ①

① 라면 회사는 밀가루를 한꺼번에 대량으로 구매하므로 소매상을 통해 구입하기 보다는 제조사와 직거래하는 것이 유리하다. 그러나 밀가루를 작은 단위로 구매하는 일반 소비자들은 작은 단위의 포장을 소매상을 통해 구입하는 것이 유리하다.

② 고객이 상품정보(product information)를 요구한다면 이는 소매상에서 제공이 불가능하고 제조사에서 직접 제공해야 하므로 직거래를 하는 것이 더 유리할 것이다.

③ 고객이 빠른 배달을 선호한다면 소비시장 가까이에 여러 소매상에게 물건을 뿌려야 하지만 고객들이 빠른 배달을 요구하는 정도가 낮다면 천천히 배달해도 되므로 제조사가 직접 소비자를 상대해도 된다.

④ 고객이 가까운 곳에서 제품을 구매하기 원하는 정도가 높다면 소비자 가까이에 있는 여러 점포에 물건을 갖다놓아야 한다. 이 경우 유통경로는 길어지게 마련이다.

⑤ 고객이 대형유통업체를 선호한다면 제조사-유통사-고객으로 이어지는 짧은 유통경로가 유리할 것이다.

1827 ⑤

⑤ 판매원을 고용한 직접판매는 고정비는 많이 들지만 변동비는 상대적으로 낮다. 그러나 대리상을 이용하는 것은 매출에 따른 일정비율의 커미션이 주어지므로 판매원 고용보다는 상대적으로 많은 변동비가 발생하게 된다.

1828 ⑤

⑤ 경로 커버리지와 관련하여 전속적 유통(exclusive distribution)은 특정 지역 내에서 단 한 개의 중간상에게만 상품을 공급하는 것이며, 집약적 유통(intensive distribution)은 특정 지역내에서 가능한 많은 수의 중간상들에게 상품을 공급하는 것이다.

1829 ①

① 최근 소매업은 재래시장을 중심으로 구멍가게, 소형슈퍼마켓 등의 업태들은 쇠퇴하고 있고, 인터넷과 대형할인점을 중심으로 전문화된 소매점과 대규모 소매점 등의 형태가 고성장하고 있다.

1830 ④

④ 중개인(broker)과 대리인(agent)은 제품의 소유권을 갖지 않지만, 상인 도매상(merchant wholesaler)은 상품을 판매할 때까지 소유권을 갖는다. 중개인은 구매자와 판매자를 같은 장소에 함께 모이게 하여 거래협상을 도와주는 역할을 한다. 대리인은 구매자나 판매자 중 어느 한쪽을 대표하며, 이들과 지속적인 관계를 유지한다.

1831 ③

① 소매업에서 새로운 업태는 기존의 업태보다 더 낮은 가격을 무기로 삼아서 등장하는 경향을 보인다. '백화점 → 양판점 → 할인점 → 회원제 창고형 도소매점'의 순서로 등장한 것이 이를 잘 보여준다. 이를 설명하는 이론이 맥네어(M. P. McNair)의 소매업 수레바퀴 가설(Wheel of Retailing)이다. 이 가설에 따르면, 소매업에 처음 들어온 업태는 저원가, 저마진, 저가격으로 시작하지만, 보다 상류층 소비자들을 흡수하기 위하여 점차 상품 및 서비스를 개선하고 가격을 올리게 된다. 이렇게 되면, 이 공백을 메우기 위하여 새로운 업태가 더 낮은 원가, 마진, 가격을 앞세워서 진입하고, 기존 업태는 가격경쟁을 피하기 위하여 더욱 차별화된 상품들을 취급하고 고급화하는 길을 걷게 된다.

② 전문점(specialty store)이 높은 수준의 서비스, 품위 있는 매장, 높은 가격을 갖고 있다면 전문할인점(specialty discount store or category killer)은 상대적으로 낮은 수준의 서비스, 넓지만 평범한 매장, 낮은 가격을 갖고 있다. 다시 말해서 상품라인이 카테고리 하나에 집중되어 있다는 것 이외에는 대형마트와 매우 비슷한 특징을 갖고 있다.

③ 상인 도매상(merchant wholesaler)은 상품을 제조업자로부터 구매하여 이것을 판매할 때까지 자기가 소유권을 갖지만, 대리점(agent) 및 브로커(broker)는 상품을 제조업자로부터 구입하는 것이 아니라, 상품은 계속 제조업자가 소유하고 있는 가운데, 단지 거래를 성사시켜 주는 역할을 할 뿐이다.

④ 무점포 소매상(non-store retailing)이란 점포를 이용하지 않는 소매상을 가리키는 말이다. 무점포 소매상은 방문판매(direct sales), 자동 판매기(vending machine), 다이렉트 마케팅(direct marketing)을 포함한다.

⑤ 판매 대리점(selling agents)은 어떤 제조업자의 전품목을 판매할 수 있는 계약을 맺고 판매활동을 하며, 실질적으로 제조업자의 판매부서와 같은 기능을 수행하므로, 가격과 판매조건 등에 대해 상당한 영향력을 행사한다. 또한 제조업자 대리점(manufacturers' agent)은 서로 경쟁관계에 있지 않는 두 개 이상의 제조업자들과 계약을 맺고 이들을 대신하여 판매활동을 한다. 이들은 대개 몇 명의 판매사원들을 고용하고 있는 작은 기업이다.

1832 ①

a. 유통경로가 존재하는 근본적인 이유는 생산자와 소비자 사이에 시간, 장소, 형태상의 불일치가 있기 때문이다. 시간상의 불일치란 생산시점과 소비시점의 불일치를 가리킨다. 시간상의 불일치를 해소하는 것을 '보관'이라고 한다. 장소상의 불일치란 생산장소와 소비장소의 불일치를 의미한다. 장소상의 불일치를 해소하는 것을 '운송'이라고 한다. 마지막으로 형태상의 불일치란 생산되는 형태와 소비되는 형태의 불일치를 말한다.

b. 도매상은 상인도매상(merchant wholesaler), 대리점(agent), 브로커(broker), 제조업자 도매상(manufacturers' branches and offices)의 4가지 유형으로 구분된다. 가장 대표적인 도매상은 상인도매상이다. 상인도매상과 대리점 및 브로커의 차이는 상품의 소유권을 누가 갖느냐 하는 데에 있다. 즉 상인도매상은 제품을 제조업자로부터 구매하여 이것을 판매할 때까지 자기가 소유권을 갖지만, 대리점 및 브로커는 제품을 제조업자로부터 구입하는 것이 아니라, 제품은 계속 제조업자가 소유하고 있는 가운데, 단지 거래를 성사시켜 주는 역할을 할 뿐이다.

c. 계약형 VMS의 하나인 소매상 협동조합(retailer cooperative)은 중소 소매상들이 연합하여 만든 조직체를 가리키는데, 대기업이 운영하는 슈퍼마켓 체인에 대항하기 위하여 형성되었다. 이 협동조합은 공동 구매 및 공동 촉진활동을 수행함으로써 여기에 가입한 소매상들이 비용을 절감할 수 있도록 해 준다. 여기에 가입한 소매상들은 상당량의 상품들을 본부(즉, 조합)로부터 구입하여야 하며, 같은 상호 하에 점포를 운영한다.

1833 ④

b. 중심지이론에 따르면 이상적인 상권모형은 정육각형이다.

d. 허프(Huff)는 소비자의 점포에 대한 효용은 점포의 규모가 클수록 증가하고, 점포까지의 거리가 멀수록 감소한다고 보았다.

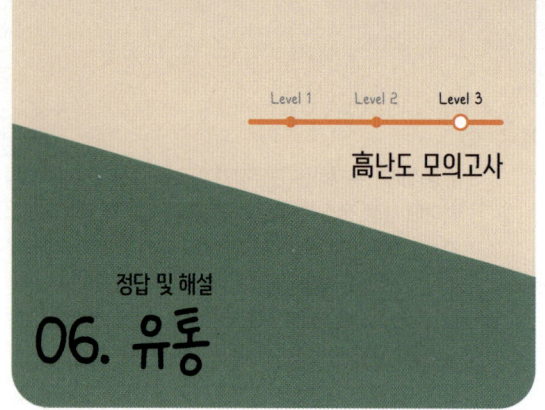

정답 및 해설
06. 유통

1834 ②

자산특유성(asset specificity)은 특정거래만을 위해 투자가 전문화된 정도를 의미한다. 다시 말해 투자된 자산의 가치를 희생시키지 않고 그 자산을 다른 용도로 활용할 수 있다면 자산특유성은 낮다고 할 수 있다. 예를 들어, 다른 공급자로부터 대체구매가 가능한 비전문화된 제품의 거래는 자산특유성이 낮다. 자산특유성이 낮은 거래에서는 시장을 통한 거래가 가장 효율적인 지배구조가 된다. 반면 자산특유성이 높아지면, 구매자나 공급자 모두 일정기간 동안 쌍방간의 교환관계에 묶이게 되며, 이를 유지하기 위해 각별한 노력을 기울이게 된다. 그 결과, 거래당사자들은 시장메커니즘을 통한 거래보다는 내부화된(수직적으로 통합된) 거래를 선택할 가능성이 높다. 따라서 거래의 자산특유성이 높은 거래는 중간상을 배제하고 경로활동을 직접 수행하는 것이 더 적절하다.

1835 ②

② 한 기업의 제품이 오프라인 매장, 온라인 쇼핑몰, TV 홈쇼핑 등에서 동시에 판매된다면 이는 복수경로 마케팅 시스템(multichannel distribution system)에 해당한다. VMS는 경로구성원들 중에서 누군가가 다른 구성원들보다 더 큰 파워를 갖고 다른 구성원들의 활동을 통제하고 조정하는 역할을 하는 유통경로를 말한다.

1836 ②

② 선택적 유통(selective distribution)이란 집약적 유통과 전속적 유통의 중간에 해당하는 정책으로, 관리해야 하는 점포 수가 적어 점포 통제에 유리하나 집약적 유통에 비해 소비자들에게 상품을 노출시키기는 힘들어 선매품(shopping product)을 만드는 회사들이 사용하는 정책이다. 전문품(specialty product)에 적절한 유통경로는 전속적 유통(exclusive distribution)이다.

④ 유통경로 기능들을 제조업자가 직접 수행하는 것은 통합적 유통경로(integrated distribution channel)라 하고, 유통경로 기능들은 독립적 유통업자에게 맡기는 것을 독립적 유통경로(independent distribution channel)라 부른다. 일반적으로 한 번에 판매되는 양이 많고 자주 판매되는 상품인 경우에는 독립적 유통경로(independent distribution channel)보다 통합적 유통경로(integrated distribution channel)가 더 적합하다.

⑤ 수수료 상인(commission merchant)은 제조업자 대리점, 판매 대리점, 구매 대리점 등과 함께 대리점(agent)의 일종으로 제품의 소유권은 갖지 않지만, 제품을 갖고 다니면서 판매를 성사시키는 기능을 한다.

1837 ③

② 광범위한 시장을 추구하는 제조업체는 상표선호도와 쇼핑행태가 다양한 소비자 집단을 대상으로 해야 하므로 집약적 유통(intensive distribution)이 요구된다. 반면 소규모이고 다양한 소비자 집단을 표적시장으로 하는 제조업체에게는 선택적 유통(selective distribution)이 보다 적절하다.

③ 새로운 점포의 매출액을 예측할 때는 애플바움(Applebaum)의 유추법(analog method)을 사용하는 것이 좋다. 라일리의 소매인력의 법칙은 개별점포의 상권경계보다는 이웃 도시들 간의 상권경계를 결정하는데 주로 이용된다. 이 법칙에 따르면, 두 경쟁도시가 그 중간에 위치한 소도시로부터 끌어들일 수 있는 상권규모(proportion of retail trade)는 그들의 인구에 비례하고, 각 도시와 중간(위성)도시 간의 거리자승에 반비례한다.

⑤ 전속적 유통은 소매상들과 제조업체가 친밀한 관계를 갖도록 한다. 일정지역에 독점적인 판매권리를 부여했으므로 소매상은 제조업체에 우호적이며 제조업체 역시 매출이 독점소매상들만을 통해 이루어지므로 한정된 자원을 집중하여 지원할 수 있다.

1838 ⑤

① 거래비용이론(transaction cost theory)에 따르면, 만약 기업이 자산특유성(asset specificity)이 높은 거래를 하고 있다면 그와 거래하는 상대방은 기회주의적 행동을 할 가능성이 높다. 자산특유성이란 투자자산이 특정한 거래상대방과의 관계에서만 쓰일 수 있는 자산을 뜻한다. 그러므로 특정 거래상대와 더 이상 거래를 지속하지 않으면 그 거래특유자산은 아무 가치가 없게 된다. 예를 들어, 한 제조업체가 월마트와 거래를 하기 위해 월마트와의 거래에만 쓰일 수 있는 EDI시스템에 투자하면, 이 투자는 자산특유성이 높은 것이 된다.

② 자주 구매되는 제품은 여러 소매점에 반드시 비치되어야 하기 때문에 제조업체와 직접 거래하는 것보다는 지역적으로 가까이에 위치한 도매상에게 공급받는 것이 충분한 물량을 확보하기가 용이하다. 따라서 구매주기가 짧을수록 유통경로가 길어지는 경향이 있다.

⑤ 회전이 빠른 한정된 계열의 제품만을 소규모의 소매상에게 현금지불을 조건으로 판매하며 배달은 하지 않는 것은 현금거래 도매상(cash and carry wholesaler)이다. 직송 도매상(drop shipper)은 주로 석탄, 목재, 중장비 등의 산업에서 활동한다. 이들은 고객으로부터 주문을 접수하면 협상을 통해 합의된 조건과 배달시간에 따라 고객에게 직접 제품을 선적·운반할 제조업자를 찾는다. 이들은 재고유지를 하지 않으며 주문의 접수시부터 제품의 배달시간까지의 위험만을 부담하게 되므로 일반적으로 저렴한

비용을 제시하게 된다.

1839 ③

① 전문점이 높은 수준의 서비스, 품위 있는 매장, 높은 가격을 갖고 있다면, 전문할인점(specialty discount store 혹은 category killer)은 상대적으로 낮은 수준의 서비스, 넓지만 평범한 매장, 낮은 가격을 갖고 있다. 다시 말해서 상품라인이 카테고리 하나에 집중되어 있다는 것 이외에는 대형마트와 매우 비슷한 특징을 갖고 있다.

② 양판점은 의류 및 생활용품을 중심으로 다품종 대량 판매하는 체인형 대형 소매점으로 상품구색 및 매장형태는 백화점과 비슷하지만, 가격은 백화점보다 싼 곳이라고 할 수 있다. 양판점은 유명 브랜드보다는 자체 브랜드(private brand 혹은 store brand)를 많이 취급하므로 가격이 백화점보다 더 저렴하다. 또한 다점포화를 통해서 구입원가를 낮춘다.

③ 유통경로 갈등의 원인 중 영역 불일치(domain dissensus)는 경로 구성원간에 각자의 역할이나 영역에 대하여 합의가 이루어지지 않는 경우를 가리킨다. 예를 들어, 가전제품 메이커들은 본사에 특판팀을 두고 대형 거래처에 대해서 직접 판매를 하고 있는데, 대리점들도 대형 거래처에 판매하기를 원하므로 갈등이 빚어질 수 있다. 지각 불일치(perceptual differences)란 동일한 사안을 놓고도 경로구성원들이 인식을 다르게 하는 경우를 가리킨다. 예를 들어, 판매량 감소한 사실을 놓고, 제조업자는 유통업자가 판매노력을 게을리해서 생긴 일이라고 해석하고, 유통업자는 전체시장 규모가 줄어들고 있기 때문에 생긴 일이라고 해석하는 경우이다. 목표불일치(goal incompatibility)란 경로구성원 각자의 목표가 서로 다르고, 이들 목표를 동시에 달성할 수 없는 경우를 가리킨다. 예를 들어, 제조업자는 저가격을 통한 빠른 시장침투를 원하고, 반면 유통경로 구성원들은 단기적 이익 실현을 위해 고가격을 원할 때 발생하는 갈등이다.

④ 전속적 유통(exclusive distribution)은 중간상 수를 매우 제한하는 것을 의미하며, 일정 지역 내에서 한 개의 중간상에게만 상품을 공급하는 것이다. 높은 마진이 보장되므로 중간상이 적극적으로 푸시(push)한다. 제조업자의 통제가능성이 매우 높으며, 고급가구와 같은 전문품(specialty product)에 적합하다. 반면, 집약적 유통(intensive distribution)은 가능한 많은 판매점에서 상품이나 서비스를 판매하는 전략이다. 이 전략은 일반적으로 담배, 비누, 스낵, 껌 등과 같이 소비자가 공간적 편의성(spatial convenience)을 많이 요구하는 품목들이나 제품의 노출 극대화가 필요한 편의품(convenience product)에 적용된다. 이들 유통은 중간상의 푸시(push)보다는 소비자의 풀(pull)에 의해서 팔리는 예컨대 저가의 생활용품 같은 편의품이나 유행상품에 적합하다.

⑤ 독립적인 유통경로와 통합적인 유통경로는 매우 상반된 장단점을 갖고 있기 때문에, 제조업자는 이 극단적인 두 경로의 장점을 골고루 살리기 위해서 혼합적인 형태의 유통경로들을 고안하게 되었다. 그 중의 하나가 복수경로 마케팅 시스템(multichannel marketing system)이다. 예를 들어, 대량 구매자들에게는 제조업자가 직접 판매하고 소량 구매자들에게는 독립적인 유통업자로 하여금 판매하게 하는 것이다. 반면 하이브리드 마케팅 시스템(hybrid marketing system)은 유통경로 기능들 중의 일부는 제조업자가 수행하고 나머지는 다른 사업자가 수행하는 유통경로를 말한다. 가령 촉진, 협상 및 주문접수 기능은 제조업자의 판매사원들이 수행하고, 배달 및 판매 후 서비스는 독립적인 유통업자로 하여금 수행하게 하는 것이다.

1840 ②

c. 거래비용이론(transaction cost theory)에 따르면, 만약 기업이 거래특유투자(transaction specific investment)를 가지고 있다면 그와 거래하는 상대방은 기회주의적으로 행동할 가능성이 높다. 거래특유투자란 투자자산이 특정한 거래상대방과의 관계에서만 쓰일 수 있는 자산을 뜻한다. 그러므로 그 특정 거래상대방과의 관계에서만 쓰일 수 있는 자산을 뜻한다. 그러므로 그 특정 거래상대와 더 이상 거래를 지속하지 않으면 그 거래특유자산은 아무 가치가 없게 된다. 거래특유투자는 현재의 거래에서만 가치가 있는 것이기 때문에 거래특유자산에 투자한 기업은 현재의 거래를 지속해야만 한다. 거래가 지속되지 않으면 거래특유투자는 가치를 상실하게 된다. 따라서 거래를 지속하기 위해 거래상대방의 요구를 거절하기 힘들어지므로 거래상대방은 거래특유투자라는 인질을 소유하게 된다. 그리고 그 인질을 이용하여 거래특유투자를 한 거래상대방을 착취하여 자산의 이익을 극대화하려 하거나 자사의 이익만을 위해 기회주의적으로 행동할 가능성이 많아지게 된다.

e. 크리스탈러(Christaller)의 중심지 이론(central place theory)과 라일리(Reilly)의 소매인력의 법칙(law of retail gravitation)은 상권분석의 규범적 모형(normative model)에 속하며, 기술적 모형(descriptive model)에는 애플바움(Applebaum)의 유추법과 체크리스트법 등이 있다. 또한 확률적 모형에는 허프(Huff)의 공간적 상호작용 모델이 있다.

1841 ④

① 유통은 중간상의 수에 따라 집약적 유통, 선택적 유통, 전속적 유통으로 구분된다.

② 영향력 행사 전략에서 약속과 요청은 강압적 전략에 해당한다. 비강압적 영향 행사 전략은 정보교환과 추천이다.

③ 동일 지역내에서 동네 슈퍼마켓과 기업형 슈퍼마켓(SSM) 간의 갈등은 수평적 갈등(horizontal conflict)에 해당한다.

⑤ 점포형 채널과 무점포형 채널의 결합은 복수경로마케팅(multichannel distribution system)에 해당한다.

1842 ②

② 제조업자 입장에서 볼 때 제조업자와 소비자 사이에 많은 경로구성원(중간상)이 개입될수록, 즉 경로길이가 길어질수록 제조업자의 통제력은 약해진다.

1843 ①

① 유통을 제조업자가 직접 수행하면 통합적 유통경로(integrated distribution channel)라고 하고, 독립적 유통업자에게 맡기면 독립적 유통경로(independent distribution channel)라고 부른다. 기업형 VMS(vertical marketing system)는 한 경로구성원이 다른 경로구성원들을 소유한 유통경로이므로 이는 통합적 유통경로와 동일한 개념이다.

② 통합적 유통경로는 통제가능성은 높고, 독립적 유통경로는 통제가능성이 낮다. 반면 통합적 유통경로를 구축하려면 많은 투자비를 들여야 한다. 이와는 반대로 독립적 유통경로를 이용하려면 많은 투자비가 필요치 않다. 이 때문에 유통경로 구축비용과 통제가능성은 서로 정(+) 비례한다.

③ 무점포 소매상(non-store retailing)이란 점포를 이용하지 않는 소매상을 말한다. 무점포 소매상에는 방문판매, 다이렉트 마케팅, 자동판매기 등이 있다.

④ 준거적 권력(referent power)이란 중간상이 제조업자에 대해 일체감을 갖고 있거나 갖게 되기를 바라기 때문에 발생하는 권력으로, 애플과 맥도날드의 중간상이 주연컴퓨터와 BBQ 치킨의 중간상보다는 제조업자에 대해 일체감을 더 많이 느끼기 때문에 애플과 맥도날드가 주연컴퓨터와 BBQ 치킨보다 중간상에 대해 더 많은 준거적 권력(referent power)을 갖는다.

⑤ 수직적 갈등(vertical conflict)이란 유통경로 내의 다른 레벨에 있는 구성원간의 갈등을 의미하며, 수평적 갈등(horizontal conflict)은 유통경로 내의 같은 레벨에 있는 구성원들 간에 발생하는 갈등이다. 가전제품 메이커와 대리점간의 갈등이므로 수직적 갈등(vertical conflict)의 예이다.

1844 ⑤

① 마케팅 믹스 가운데 가장 변경이 용이한 것은 '가격'이고 반면 '유통'은 일단 구축되면 변경하기가 용이하지 않으므로 마케팅 믹스 구성요소 중 가장 신중한 관리가 필요하다.

② 인터넷의 등장으로 가장 큰 영향을 받은 마케팅 믹스 요소가 바로 유통인데, 실제로 상품에 따라 다르지만, 여러 가지 유통경로의 기능들을 생산자가 웹사이트를 통하여 직접 수행하는 것이 가능해졌다. 그 결과 도매상이나 소매상 같은 중간상들의 역할이 줄어들게 되었고, 델(Dell)처럼 중간상을 배제하고 대부분의 유통기능을 생산자가 직접 수행하는 회사들도 등장하게 되었다 이처럼 유통경로에서 중간상들을 배제하는 것을 디스인터미디에이션(disintermediation)이라고 부른다.

③ 무점포 소매상(non-store retailing)이란 점포를 이용하지 않는 소매상을 말하는데, 여기에는 방문판매(direct sales), 다이렉트 마케팅(direct marketing), 자동판매기(vending machines) 등이 포함된다. 무점포 소매상은 기업에게는 점포개설 비용이 절감되고, 입지조건에 구애받지 않고 표적시장에 접근할 수 있다는 장점을 제공하고, 소비자에게는 시간을 절약해 주는 편익을 제공한다.

④ 전속적 유통(exclusive distribution)은 일정 지역내에서 한 개의 중간상에게만 상품을 공급하는 것으로 이 때 이 중간상은 경쟁상품은 취급하지 않는다. 주로 전문품이 적합하며, 높은 마진이 보장되므로 중간상이 적극적으로 푸쉬(push)하며, 중간상의 수가 적기 때문에 제조업자의 통제가능성은 높다.

⑤ 기업형 VMS(vertical marketing system)는 한 경로구성원이 다른 경로 구성원들을 소유한 유통경로를 가리킨다. 이는 통합적 유통경로(integrated distribution channel)와 동일한 형태이다.

1845 ③

① 수평적 마케팅 시스템(horizontal marketing system)이란 자원이 부족한 기업들이 효과적인 마케팅 활동을 수행하기 위하여 같은 경로단계에 있는 다른 기업과 결합하는 것을 말한다. 이러한 통합을 통해 각각의 기업은 서로의 목표를 달성해나가기 위한 시너지효과를 얻게 되는데 이러한 시스템을 공생적 마케팅(symbiotic marketing)이라고도 한다. 이러한 시스템은 경쟁자이든 비경쟁자이든 상관없이 서로의 목표를 위해 힘을 결속할 수 있다는 장점이 있다.

② 라일리(Reilly)의 소매인력의 법칙(law of retail gravitation)은 개별점포의 상권경계보다는 이웃 도시들 간의 상권경계를 결정하는데 주로 이용된다. 이 법칙에 따르면, 두 경쟁 도시가 그 중간에 위치한 소도시로부터 끌어들일 수 있는 상권의 규모(proportion of retail trade)는 그들의 인구에 비례하고, 각 도시와 중간(위성)도시간 거리의 제곱에 반비례한다.

③ 유통경로에서 발생하는 갈등은 크게 수직적 갈등과 수평적 갈등의 두 가지 종류로 나누어진다. 수직적 갈등(vertical conflict)이란 유통경로 내의 다른 레벨에 있는 구성원들 간에 발생하는 갈등을 가리킨다. 가전제품 메이커가 대형마트에 상품을 공급하는 것에 대해서 대리점들이 반발한다든지, 패스트푸드 프랜차이즈 본사가 신상품 개발을 게을리해서 가맹점들의 매출액이 줄어들고 있다고 가맹점 주인들이 집단행동을 한다든지 하는 것들이 수직적 갈등의 예이다. 수평적 갈등(horizontal conflict)이란 유통경로 내의 같은 레벨에 있는 구성원들 간에 발생하는 갈등을 가리킨다. 대리점마다 판매구역이 정해져 있는데, 어느 대리점이 다른 대리점의 구역을 침범하여 판

매활동을 해서 대리점들 간에 갈등이 빚어지는 것이 수평적 갈등의 예이다.

④ 집약적 유통(intensive distribution)은 가능한 많은 판매점에서 상품이나 서비스를 판매하는 전략이다. 이 전략은 일반적으로 담배, 비누, 스낵, 껌 등과 같이 소비자가 공간적 편의성(spatial convenience)을 많이 요구하는 품목들이나 제품의 노출 극대화가 필요한 편의품(convenience product)에 적용된다. 이들 유통은 중간상의 푸시(push)보다는 소비자의 풀(pull)에 의해서 팔리는 예컨대 저가의 생활용품 같은 편의품이나 유행상품에 적합하다. 반면 전속적 유통(exclusive distribution)은 중간상 수를 매우 제한하는 것을 의미하며, 일정 지역 내에서 한 개의 중간상에게만 상품을 공급하는 것이다. 높은 마진이 보장되므로 중간상이 적극적으로 푸시(push)한다. 제조업자의 통제가능성이 매우 높으며, 고급가구와 같은 전문품(specialty product)에 적합하다.

⑤ 독립적인 유통경로와 통합적인 유통경로는 매우 상반된 장단점을 갖고 있기 때문에, 제조업자는 이 극단적인 두 경로의 장점을 골고루 살리기 위해서 혼합적인 형태의 유통경로들을 고안하게 되었다. 그 중의 하나가 복수경로 마케팅 시스템(multichannel marketing system)이다. 예를 들어서, 대량 구매자들에게는 제조업자가 직접 판매하고 소량 구매자들에게는 독립적인 유통업자로 하여금 판매하게 하는 것이다. 혹은 유통경로 기능들 중의 일부는 제조업자가 수행하고 나머지는 다른 사업자가 수행하는 유통경로를 이용하기도 하는데, 이것을 하이브리드 마케팅 시스템(hybrid marketing system)이라고 한다. 가령 촉진, 협상 및 주문접수 기능은 제조업자의 판매사원들이 수행하고, 배달 및 판매 후 서비스는 독립적인 유통업자로 하여금 수행하게 하는 것이다.

1846 ③

① 도매상(wholesaler)은 재판매나 사업 용도로 구매하는 사람들에게 제품이나 서비스를 판매하는 것과 관련된 모든 활동을 수행하는 상인을 가리킨다. 도매상은 상인도매상(merchant wholesaler), 대리점(agent), 브로커(broker), 제조업자 도매상(manufacturers' branches and offices)의 4가지 유형으로 구분된다. 가장 대표적인 도매상은 상인도매상이다. 상인도매상과 대리점 및 브로커의 차이는 상품의 소유권을 누가 갖느냐 하는 데에 있다. 즉 상인도매상은 제품을 제조업자로부터 구매하여 이것을 판매할 때까지 자기가 소유권을 갖지만, 대리점 및 브로커는 제품을 제조업자로부터 구입하는 것이 아니라, 제품은 계속 제조업자가 소유하고 있는 가운데, 단지 거래를 성사시켜 주는 역할을 할 뿐이다. 제조업자 도매상은 독립적인 도매상이 아니라 제조업자가 소유하고 운영하는 것으로 도매상의 기능을 수행한다. 판매 지점(sales branches)은 재고를 보유하는 반면, 판매 사무소(sales offices)는 재고를 보유하지 않는 점이 다르다.

② 유통경로 기능들을 제조업자가 직접 수행하는 것을 통합적 유통경로(integrated distribution channel)이고, 독립적 유통업자에게 맡기는 것을 독립적 유통경로(independent distribution channel)라고 부른다. 통합적 유통경로에서는 제조업자의 뜻대로 유통경로 기능이 수행된다는 장점이 있다. 이것을 통제가능성이라고 부른다. 반면 독립적 유통경로는 여러 기업의 제품을 취급하는 다양한 유통업자로 구성되므로 통제가능성이 통합적 유통경로에 비해 상대적으로 낮다. 그러나 통합적 유통경로에 좋은 점만 있는 것은 아니다. 제조업자가 판매원들을 고용하고, 점포를 빌리는 데에 많은 비용이 소요되므로, 통합적 유통경로를 구축하려면 많은 투자비를 들여야 한다. 반대로 독립적 유통경로를 이용하면 많은 투자가 필요치 않다.

③ 복수경로 마케팅 시스템(multichannel marketing system)은 대량 구매자들에게는 제조업자가 직접 판매하고 소량 구매자들에게는 독립적인 유통업자로 하여금 판매하게 하는 것이다. 혹은 유통경로 기능들 중의 일부는 제조업자가 수행하고, 나머지는 다른 사업자(보통 유통업자)가 수행하는 유통경로를 쓰기도 하는데, 이것을 하이브리드 마케팅 시스템(hybrid marketing system)이라고 부른다. 가령, 촉진, 협상 및 주문 접수 기능은 제조업자의 판매사원들이 수행하고, 배달 및 판매후 서비스는 독립적인 유통업자로 하여금 수행하게 하는 것이다.

④ 통합적 유통경로가 적절한 상황은 다음과 같다.
1. 생산자가 이미 통합적 유통경로를 갖고 있는 경우
2. 그 상품을 취급할 수 있는 다수의 유능한 중간상들이 없는 경우
3. 중요한 영업비밀이 있는 경우
4. 그 상품을 판매하는데 요구되는 수준이 높거나 일관된 경험을 제공하는 것이 중요한 경우
5. 규격화된 상품을 판매하는 것보다는 상품을 구매자의 요구에 맞춰주는 것이 중요한 경우
6. 품질보증이 중요한 경우
7. 운반이나 보관절차가 복잡한 경우
8. 한 번에 판매되는 양이 많고 자주 판매되는 상품인 경우

⑤ 전문적 권력(expert power)이란 제조업자가 중간상이 안 갖고 있는 특별한 지식이나 노하우를 갖고 있기 때문에 발생하는 권력으로 제조업자가 매우 효과적인 재고관리 기법을 갖고 있는 경우 제조업자가 중간상에게 갖게 되는 권력이다.

1847 ⑤

① 취급하는 제품라인이 하나의 카테고리에 집중되어 있으며, 낮은 가격과 낮은 서비스를 제공하는 전문 할인점(specialty discount store)은 '도매상(wholesaler)'이 아니라 '소매상(retailer)'에 해당한다. 도매상(wholesaler)은 재판매나 사업 용도로 구매하는 사람들에게 제품이나 서비스를 판매하는 것과 관련된 모든 활동을 수행하는 상인을 가리킨다. 도매상은 상인도매상(merchant wholesaler), 대리점(agent), 브로커(broker), 제조업자 도매상(manufacturers' branches and offices)의 4가지 유형으로 구분된다. 가장 대표적인 도매상은 상인도매상이다. 상인도매상과 대리점 및 브로커의 차이는 상품

의 소유권을 누가 갖느냐 하는 데에 있다. 즉 상인도매상은 제품을 제조업자로부터 구매하여 이것을 판매할 때까지 자기가 소유권을 갖지만, 대리점 및 브로커는 제품을 제조업자로부터 구입하는 것이 아니라, 제품은 계속 제조업자가 소유하고 있는 가운데, 단지 거래를 성사시켜 주는 역할을 할 뿐이다. 소매상에는 점포형 소매상과 무점포 소매상이 있는데, 무점포 소매상에는 방문판매, 다이렉트 마케팅, 자동판매기 등이 있다.

② 맥네어(McNair)의 소매업 수레바퀴 가설(Wheel of retailing)은 소매업의 '전문화' 추세가 아니라 '고급화' 추세를 설명한다. 소매업 수레바퀴 가설에 따르면, 소매업에 처음 들어온 업태는 저원가, 저마진, 저가격으로 시작하지만, 보다 상류층 소비자들을 흡수하기 위해 점차 상품 및 서비스를 개선하고 가격을 올리게 된다. 이렇게 되면, 이 공백을 메우기 위해 새로운 업태가 더 낮은 원가, 마진, 가격을 앞세워서 진입하고, 기존 업태는 가격경쟁을 피하기 위해 더욱 차별화된 상품들을 취급하고 고급화의 길을 걷게 된다는 것이다.

③ 제조업자가 매우 효과적인 재고관리기법을 갖고 있는 경우 제조업자는 경로구성원에 대해 '준거적 권력(referent power)'이 아니라 '전문적 권력(expert power)'을 갖게 된다. 전문적 권력이란 제조업자가 중간상이 안 갖고 있는 특별한 지식이나 노하우를 갖고 있기 때문에 발생하는 권력이다. 반면 준거적 권력은 중간상이 제조업자에 대해 일체감을 갖고 있거나 갖게 되기를 바라기 때문에 발생하는 권력이다.

④ 어느 대리점이 다른 대리점이 구역을 침범하여 판매활동을 해서 대리점들 간에 갈등이 빚어지는 것은 '수직적 갈등(vertical conflict)'이 아니라 '수평적 갈등(horizontal conflict)'의 예이다. 수직적 갈등이란 유통경로 내의 다른 레벨에 있는 구성원들 간에 발생하는 갈등을 말하는데, 가전제품 메이커가 대형마트에 상품을 공급하는 것에 대해서 대리점이 반발하는 것이 수직적 갈등의 예이다. 반면 수평적 갈등은 유통경로 내의 같은 레벨에 있는 구성원들 간에 발생하는 갈등을 말하는데, 문제의 보기에서처럼 대리점마다 판매구역이 정해져 있는데, 어느 대리점이 다른 대리점의 구역을 침범하여 판매활동을 해서 대리점들 간에 갈등이 빚어지는 것이 수평적 갈등의 예이다.

⑤ 혼합적 유통경로란 통합적 유통경로와 독립적 유통경로 장점을 골고루 살리기 위해서 고안된 유통경로를 말한다. 그 예로 복수경로 마케팅 시스템(multichannel marketing system), 하이브리드 마케팅 시스템(hybrid marketing system), 수직적 마케팅 시스템(VMS: vertical marketing system) 등이 있다. 복수경로 마케팅 시스템(multichannel marketing system)은 대량 구매자들에게는 제조업자가 직접 판매하고 소량 구매자들에게는 독립적인 유통업자로 하여금 판매하게 하는 것이다. 혹은 유통경로 기능들 중의 일부는 제조업자가 수행하고, 나머지는 다른 사업자(보통 유통업자)가 수행하는 유통경로를 쓰기도 하는데, 이것을 하이브리드 마케팅 시스템(hybrid marketing system)이라고 부른다. 가령, 촉진, 협상 및 주문 접수 기능은 제조업자의 판매사원들이 수행하고, 배달 및 판매후 서비스는 독립적인 유통업자로 하여금 수행하게 하는 것이다. 또 다른 혼합적 유통경로로서 수직적 마케팅 시스템이 있다. 수직적 마케팅 시스템에서는 경로구성원들 중에서 누군가가 다른 구성원들보다 더 큰 파워를 갖고 다른 구성원들의 활동을 통제하고 조정하는 역할을 한다.

1848 ②

① 트럭 도매상(truck wholesaler)은 과일, 야채 등 부패 가능성이 높은 식료품을 트럭에 싣고 순회하면서 현금판매하는 도매상이다. 소매상으로부터 주문을 받으면 제조업자에게 연락하여 상품이 제조업자로부터 직접 소매상에게 배달되도록 하는 기능을 수행하는 도매상은 직송 도매상(drop shipper)이다.

② 유통경로 기능들 중에 일부는 제조업자가 직접 수행하고, 나머지는 유통업자가 수행하는 유통경로를 하이브리드 마케팅 시스템이라고 부른다. 만약 사무용 가구를 판매하는 회사가 총 10개의 유통관련 과업 가운데 8개는 직접 수행하고 2개만 다른 사업자에게 의존한다면 이는 하이브리드 마케팅(hybrid marketing system)에 해당한다.

③ 다이렉트 마케팅(direct marketing)이란 우편, 전화, 팩스, 이메일 또는 인터넷을 이용해서 고객으로부터 어떤 반응이나 대화를 이끌어내는 것이다. 다이렉트 마케팅에는 카탈로그 마케팅(catalog marketing), 다이렉트 메일 마케팅(direct mail marketing), 텔레마케팅(telemarketing), 텔레비전 홈쇼핑, 온라인 쇼핑 등이 있다. 반면 다단계 마케팅(multi-level marketing)은 '제조업자 – 도매업자 – 소매업자 – 소비자'와 같은 일반적인 유통경로를 거치지 않고, 상품을 사용해 본 소비자가 판매원이 되어 상품을 구입, 다른 소비자에게 판매하고, 이 소비자가 다시 판매원이 되는 과정이 반복되는 판매형식을 말한다. 즉 소비자가 판매원이 된다는 것이 핵심이다. 다단계 마케팅은 방문판매에 해당한다.

④ 전속적 유통(exclusive distribution)은 일정 지역내에 한 개의 중간상에게만 상품을 공급하는 것으로 높은 마진이 보장되므로 중간상이 적극적으로 푸시한다. 보통 전문품에 해당하는 경로커버리지 전략이다. 반면 집약적 유통(intensive distribution)은 일정 지역 내에서 가능한 많은 수의 중간상들에게 상품을 공급하는 것으로 중간상의 푸시(push)보다는 소비자의 풀(pull)에 의해 팔리는 상품에 적합하다. 예컨대 저가의 생활용품 같은 편의품이나 유행상품에 적합한 경로커버리지 전략이다.

⑤ 품질보증이 중요하거나 한 번에 판매되는 양이 많고 자주 판매되는 상품인 경우에는 통합적 유통경로(직접유통)가 적절하다.

1849 ②

① 유통경로가 존재하는 이유는 시간, 장소, '형태상'의 불일치가 있기 때문이다. 지각 불일치는 경로갈등의 원인 중 하나이다. 시간상의 불일치는 생산시점과 소비시점의 불일치를 가리킨다. 장소상의 불일치는 생산장소와 소비장소의 불일치를 가리킨다. 형태상의 불일치란 생산되는 형태와 소비되는 형태의 불일치를 가리킨다.

② 수직적 마케팅 시스템(VMS: vertical marketing system)는 관리형 VMS, 계약형 VMS, 기업형 VMS로 구분되는데 이 가운데 관리형 VMS는 상호 독립적인 경로구성원들 중에서 규모나 파워에 있어서 지도적 위치에 있는 기업이 다른 구성원들의 활동을 통제하고 조정하는 경우를 말한다. 이와 같이 경로상에서 지도적 위치에 있는 기업을 채널 캡틴(channel captain)이라고 부른다. 우리나라에서는 가전제품과 같이 대기업이 생산하는 상품의 경우 제조업자가, 의류의 경우에는 백화점이나 대형마트와 같은 대형 소매업자가 대개 채널 캡틴의 역할을 한다.

③ 대형마트와 전문할인점은 둘 다 소매상인데, 그 중에서도 점포형 소매상에 해당한다. '제조업자 도매상'은 소매상이 아니라 도매상의 한 유형이다. 제조업자 도매상(manufacturers' branches and offices)은 독립적인 도매상이 아니라 제조업자가 소유하고 운영하는 것으로 도매상의 기능을 수행한다. 이 중 판매 지점(sales branches)은 재고를 보유하는 반면, 판매 사무소(sales offices)는 재고를 보유하지 않는다.

④ 카탈로그 마케팅(catalog marketing), 텔레마케팅(telemarketing), 온라인 쇼핑(online shopping)은 다이렉트 마케팅에 해당하며, 이는 무점포 소매상에 해당한다. 하지만 카테고리 킬러(category killer)는 전문 할인점(specialty discount store)을 의미하며 이는 점포형 소매상에 해당한다. 참고로 전문 할인점은 전문점에 비해 상대적으로 낮은 수준의 서비스, 넓지만 평범한 매장, 낮은 가격을 갖고 있다. 상품라인이 카테고리 하나에 집중되어 있다는 것 이외에는 대형마트와 매우 비슷한 특징을 갖고 있다.

⑤ 수수료 상인(commission merchant)은 '상인 도매상(merchant wholesaler)'이 아니라 '대리점 및 브로커'에 해당한다. 수수료 상인은 상품의 소유권은 갖지 않지만, 상품은 갖고 다니면서 판매를 성사시키는 기능을 한다. 주로 농산물을 위탁받아서 트럭에 농산물을 싣고 큰 시장에 가서 팔아주는 일을 한다.

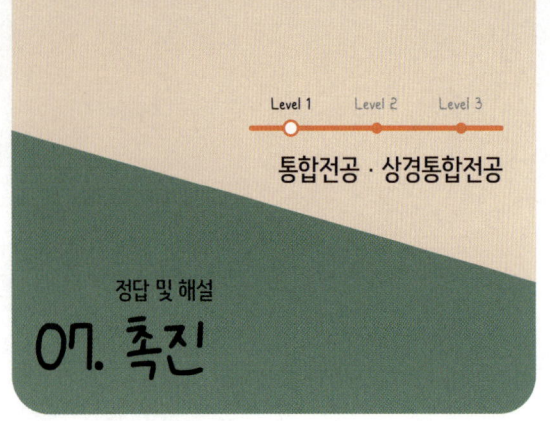

정답 및 해설
07. 촉진

1850 ④

④ 인지도 제고, 기업이나 제품 이미지 제고 등 장기적인 목표를 달성하기 위한 투자가 대부분인 것은 광고와 PR(public relation)이다.

1851 ③

③ 촉진믹스는 광고, PR, 인적판매, 판매촉진, 구전으로 구성된다.

1852 ②

② '재고관리'는 촉진에 해당하지 않는다.

1853 ②

기업의 촉진활동은 '광고', '판매촉진', 'PR', '인적판매', '구전'의 5가지 커뮤니케이션 수단에 의해 이루어지며 이들을 촉진믹스 또는 마케팅 커뮤니케이션 믹스라고 한다.

1854 ①

촉진믹스는 광고, PR, 인적판매, 촉진판매, 구전으로 구성된다.

1855 ⑤

⑤ '개방적 유통'은 촉진이 아니라 '유통'에 해당한다.

1856 ③

③ 무제한 반품은 구매자들이 구매시점에서 지각하는 위험을 줄여주므로 이는 촉진 전략 분석에 해당한다.

1857 ④

④ 푸시 전략(push strategy)은 제조업체는 도매상에게, 도매상은 소매상에게, 소매상은 최종소비자에게 제품을 적극적으로 판매하는 것이다.

1858 ⑤

⑤ 광고를 통해 소비자를 공략하는 방법은 풀 전략의 사례에 해당된다.

1859 ②

① 소비재를 판매하는 기업은 대부분의 촉진비용을 광고에 주로 사용하며 그 다음으로 판매촉진, 인적판매 그리고 PR의 순으로 촉진비용을 지출하게 된다.
③ 구매자의 의사결정단계 중 인지와 지식의 단계에서는 광고가, 인적판매보다 효과적이다.
④ 제품수명주기 단계 중 성숙기에서는 판매촉진이 광고에 비하여 중요한 역할을 수행하게 된다.

1860 ①

① 제조업체가 실시하는 인적판매는 대표적인 푸시(push) 전략이다.

1861 ③

① 풀 전략(pull strategy)은 제조업체가 최종소비자들을 상대로 적극적인 촉진 활동을 하여 이들로 하여금 자사 제품을 찾게 함으로써 중간상인들로 하여금 자발적으로 자사 제품을 취급하게 하는 전략을 말한다.
② 푸시 전략(push strategy)은 중간상으로 하여금 고객에게 자사 상품을 적극적으로 판매하도록 동기를 부여하는 전략이다.
④ 기업은 홍보 전략을 사용할 때 푸시 전략(push strategy)과 풀 전략(pull strategy) 중 하나를 선택하여 사용하는 것보다는 결합(hybrid) 전략을 사용하는 것이 보다 더 효율적이다.

1862 ⑤

① 제조업체가 주로 최종소비자를 대상으로 촉진 활동을 수행하는 것은 풀전략이다.
② 광고를 많이 사용하는 것은 풀전략이다.
③ 제조업체가 주로 유통업체를 대상으로 촉진 활동을 수행하는 것은 푸시전략이다.
④ 인적판매는 대표적 푸시전략이다.
⑤ 판매촉진 가운데 중간상 판매촉진은 푸시 전략이고 소비자 판매촉진은 풀 전략이다.

1863 ④

①② 잡지의 수명은 비교적 장기간이라 광고의 수명도 한 번의 게재로 그만큼 장기간으로 될 수 있으며 경우에 따라서는 품위 있는 이미지의 제공이 가능하다. 특히 화장품 같이 색감 및 높은 해상도가 중요한 제품의 광고에서 상당히 적절한 매체 수단으로 활용된다. 또한 잡지는 몇 달씩 폐기되지 않고 여러 사람들에게 읽히면서 경우에 따라서는 반복적으로 읽히기도 한다. 그러므로 구체적인 설득을 필요로 하는 광고의 경우에도 잡지에 게재가 가능하다.
③ 잡지는 특성화, 세분화 성격이 강한 전달 매체로 성별, 연령, 학력, 직업, 취미 등에 따른 특정한 내용을 가지고 제호(잡지명)를 만들어 정기적으로 발행되는 출판물인데, 이러한 잡지 광고는 잡지의 전문적이고 세분화된 특성을 살려 각 특정 계층에게 알릴 수 있는 장점을 가진 광고이다. 더불어서 잡지는 다른 매체들에 비해 한 가지 문제를

집중적으로 다루기 때문에 해당 문제에 관심이 많은 사람들만 그 잡지를 볼 가능성이 크다. 다시 말해 특정 잡지의 수용자들은 매우 동질적이라는 의미이다.
④ 잡지 광고도 광고의 일종이다. 따라서 광고의 반응은 즉각적이지 않다. 광고는 효과계층모형 상의 앞 단계에서 효과가 있으므로 광고가 '구매'로 이어지기까지는 많은 시간이 소요된다. 반응이 즉각적인 것은 '판매촉진'과 '인적판매'이다.
⑤ 잡지는 상세한 정보전달형 매체로서 브랜드 및 제품 등에 대한 자세한 설명이 가능하다. 잡지광고는 주로 실사 이미지 및 헤드카피, 서브카피, 상세설명의 조합으로 구성되므로 흡입력 있는 광고의 연출이 가능하며 제품 및 서비스에 관한 자세한 설명 및 묘사가 가능하다.

1864 ②
② 목표과업법은 촉진목표 달성을 위해 수행할 과업을 결정하고 그 과업을 수행하는데 필요한 비용을 합산하는 방법이므로 상향적 접근방식에 해당한다.

1865 ①
① 수익성지수법이라는 광고예산 결정방법은 존재하지 않는다.

1866 ④
① 실험법은 2가지 이상의 광고비 수준들을 실험적으로 지출하고, 그 결과 얻어지는 매출액을 비교한 다음, 광고예산을 결정하는 방법이다.
② 목표과업법은 마케터가 우선적으로 광고 목표를 세우고, 해당 목표를 달성하기 위하여 필요한 과업들을 결정한 다음, 이 과업들을 수행하는 데 필요한 예산을 추정하는 방법이다.
③ 경쟁자기준법은 매출액 비율법에서 매출액 대비 광고예산의 비율을 경쟁자들이 사용하는 비율 그대로 쓰는 방법을 말한다.
④ 가용예산 할당법은 회사의 재정이 허락하는 범위 내에서 최대한의 액수를 촉진예산으로 책정하는 방법으로 주로 소규모의 기업에서 사용한다. 하지만 광고를 투자가 아니라 비용으로 간주한다.
⑤ 매출액비율법은 현재 혹은 예상되는 매출액의 일정한 비율을 광고예산으로 책정하는 방법이다.

1867 ③
③ PPL(product placement)이란 영화나 드라마 속에 소품으로 등장하는 상품을 일컫는 것으로 브랜드명이 보이는 상품뿐만 아니라 이미지, 명칭 등을 노출시켜 관객들에게 홍보하는 일종의 광고마케팅 전략이다.

1868 ③
③ 팝업광고(pop-up advertisement): 웹 사이트를 방문했을 때, 브라우저에 불쑥 나타나는 팝업 창을 이용하는 광고
④ PPL광고(product placement advertisement): 영화나 드라마에 특정 제품을 소도구로 삽입하는 형태로 이루어지는 광고
⑤ POP광고(point of purchase advertisement): 제품 판매전략의 하나로, 구매(판매)가 실제 발생하는 장소에서의 광고를 말하며, 구매시점(point of purchase) 광고 또는 PS 광고(판매시점 광고)라고도 함

1869 ④
ㄱ. 소비자의 광고제품에 대한 관여도가 높을수록 해당광고에 대한 인지적 반응(cognitive response)의 양이 많아진다.

1870 ④
① 증언형 광고(testimonial advertisement): 증언형 광고란 용어 그대로 어떤 인물이 상품에 대해 증언하는 식으로 광고하는 기법이다. 증언형 광고는 제품의 특징이나 장점을 나열하는 것이 아니라 제품을 사용해 본 사용자가 직접 체험한 것을 증언식으로 보여줌으로써 상품의 신뢰성을 높일 수 있다는 장점이 있다.
④ 온정소구(emotional appeal): 구매할 동기를 부여하는 부정적인 혹은 긍정적인 감정을 불러일으켜서 제품을 구매하도록 유도

1871 ③
③ 일면적 주장과 양면적 주장 모두 장단점을 가지고 있기 때문에 상황에 따라 적절하게 사용하는 것이 바람직하다.

1872 ②
① 이성적 소구(rational appeal)에 해당한다.
② 감성적 소구(emotional appeal)에 해당한다.
③ 도덕적 소구(moral appeal)에 해당한다.
④ 도덕적 소구(moral appeal)에 해당한다.

1873 ②
CPM이란 1,000명당 광고비를 의미하는데, CPM이 10만 원이라면 광고비가 독자 1,000명당 10만 원이라는 의미이다. 따라서 독자가 5,000명이라면 이는 5CPM 이므로 광고비는 50만 원이다.

1874 ④
④ 홍보활동은 제품정보가 기사나 뉴스 형태로 제공되므로 소비자들은 정보가 객관적이고 정확하다고 인식한다. 이 때문에 홍보는 소비자들에게 쉽게 순응된다.

1875 ④

교차촉진은 PR이 아니라 판매촉진에 해당한다.

1876 ④

① PPL(product placement) 광고는 특정 기업의 협찬을 대가로 영화 또는 드라마 등에서 해당 기업의 상품 또는 브랜드 이미지를 소도구로 끼워넣는 광고기법을 의미한다.
② 바이럴 마케팅(viral marketing)은 네티즌들이 이메일 또는 다른 전파 가능한 매체 등을 통해서 자발적으로 어떤 기업이나 기업의 제품을 홍보할 수 있도록 제작해 이를 널리 퍼뜨리는 마케팅 기법을 의미한다.
③ 블로깅(blogging)은 온라인 공간에 자신의 블로그를 개설 운영하면서 타인의 블로그와 교통하는 행위를 의미한다.
⑤ 팟캐스팅(podcasting)은 사용자들이 인터넷을 통해 새로운 방송을 자동으로 구독할 수 있게 하는 미디어 아이팟(iPod)과 방송(broadcast)의 합성어로, 인터넷을 통해 영화나 드라마 등 각종 콘텐츠를 제공받을 수 있는 것을 의미한다.

1877 ⑤

⑤ 홍보의 유형 중 PR이 있는 것이 아니라 반대로 홍보(publicity)가 PR(Public Relations)의 한 유형에 속한다.

1878 ⑤

⑤ 자사의 제품을 적극적으로 판매하도록 하기 위해 중간상에게 제공하는 영업지원금은 소비자 판촉수단이 아니라 중간상 판촉수단이다.

1879 ④

① 유통업자(중간상) 판매촉진에 해당한다.
② 유통업자(중간상) 판매촉진에 해당한다.
③ 유통업자(중간상) 판매촉진에 해당한다.
④ 소비자 판매촉진에 해당한다.
⑤ 유통업자(중간상) 판매촉진에 해당한다.

1880 ①

① 광고는 효과가 장기적이며 기본 목표는 소비자의 태도 변화이다. 그러나 판매촉진은 효과가 단기간에 나타나며 기본 목표는 매출 신장이다.

1881 ④

④ 제품구매시점에서 소비자들이 느끼는 제품구매결과에 대한 불확실성 정도를 지각된 위험(perceived risk)이라고 한다.

1882 ①

① 판매촉진(sales promotion)은 제품과 서비스의 구매 또는 판매를 장려하기 위해 제공되는 단기적인 인센티브를 의미하는데, 광고 및 홍보는 이에 해당되지 않는다.

1883 ③

③ 무료샘플, 경품, 리베이트, 쿠폰 등은 소비자 대상의 판매촉진 활동에 해당한다.

1884 ③

① 광고의 노출빈도가 어느 수준을 넘어서면 광고효과가 떨어지는 것을 광고효과의 감퇴(advertising wearout)라고 한다.
② 광고예산 결정방법에서 매출액 비율법은 매출액의 일정 비율을 나누는 것으로 이는 광고비를 매출액의 원인으로 보는 것이 아닌 매출액의 결과로써 보는 것이다.
④ 진열공제(display allowances)는 소매업자가 점포 내에 어떤 상품을 일정 기간 동안 눈에 띄게 진열해주는 대가로 제조업자가 상품대금의 일부를 공제해 주는 것을 말한다.

1885 ④

소비자 판매촉진의 수단에서 소비자들의 구입가격을 인하시키는 효과를 갖는 가격수단은 다음과 같다.

㉠ 가격수단
- 할인쿠폰(discount coupon)
- 리베이트(rebate)
- 보너스 팩(bonus pack)
- 보상판매(trade-ins)
- 세일(sale)

㉡ 비가격수단
- 샘플(sample)
- 사은품(premium)
- 콘테스트(contest) 및 추첨(sweepstakes)
- 고정고객 우대 프로그램(patronage rewards)
- 구매시점 디스플레이(point-of-purchase display)

1886 ③

③ 도달률(reach)이란 일정한 기간 동안에 특정 광고에 적어도 한 번 이상 노출된 사람의 비율을 가리키는 말이며, 빈도(frequency)는 일정한 기간 동안에 한 사람 당 특정 광고가 노출된 평균 횟수를 의미한다. 매체 결정에서 표적청중을 명확히 정의하기 어려운 경우에는 일반적으로 빈도(frequency)보다는 도달률(reach)을 높이는 것이 바람직하다.

1887 ③

구전(word of mouth)을 이용한 마케팅을 구전 마케팅 혹은 버즈 마케팅(buzz marketing)이라고 부르고, 온라인에서의 구전 마케팅을 특별히 바이럴 마케팅(viral marketing)이라고 한다.

1888 ⑤

⑤ 구전마케팅을 버즈(buzz) 마케팅이라고도 하며, 온라인에서 이루어지는 구전마케팅을 바이럴(viral) 마케팅이라고 한다.

1889 ④

보통 구전마케팅을 버즈(buzz) 마케팅이라고도 하는데, 그 중에서 특히 온라인에서 이루어지는 구전마케팅을 바이럴(viral) 마케팅이라고 한다.

1890 ④

온라인을 통한 구전 마케팅을 바이러스성 마케팅(=바이럴 마케팅)이라고 한다.

1891 ⑤

전통적인 구전(word of mouth)과는 달리 온라인 구전(word of mouse)은 인터넷이라는 가상공간에 존재하는 구전을 의미한다. 그렇기에 인터넷만 연결되어 있다면 누구에게라도 정보를 전달할 수 있으며, 오프라인 구전과는 다르게 다수에게 정보를 전달할 수 있다. 온라인 구전은 불특정다수의 사회적 유대관계가 없는 사람과도 구전정보가 교류가 된다. 송신자는 인터넷을 통해 자신의 의견을 불특정다수에게 노출시킬 수 있고, 수신자는 단지 인터넷 접속만 가능하면 자신과는 상관없는 사람들의 구전정보를 쉽게 얻을 수 있지만 이는 전달자와 수신자간의 친분관계가 없는 만큼 수신자가 개인에 미치게 되는 영향력은 오프라인에 비해 상대적으로 작아질 수 있다.

1892 ①

① 디지털 기술의 발전으로 인해 YOUTUBE, 인스타그램, 카카오톡 등의 매체가 등장하면서 전달매체는 점점 파편화되고 있다.

1893 ②

구매 전 환율(conversion rate)이란 웹사이트 방문자가 제품 구매 행동을 취하는 비율을 말한다. 1,000명의 방문자 가운데 50명이 실제로 제품을 구매했으므로 구매 전환율은 5%이다.

1894 ③

③ 인적판매(personal selling)는 판매원이 직접 고객과 대면하여 자사의 제품이나 서비스를 구입하도록 권유하는 커뮤니케이션 활동을 말하며, 판매원 판매라고도 한다. 이러한 인적판매는 고객의 반응에 맞추어 즉석에서 커뮤니케이션 할 수 있는 융통성이 있으나 고객 1인당 커뮤니케이션 비용이 다른 촉진 수단에 비하여 고가인 관계로 비용이 많이 든다는 단점이 있다.

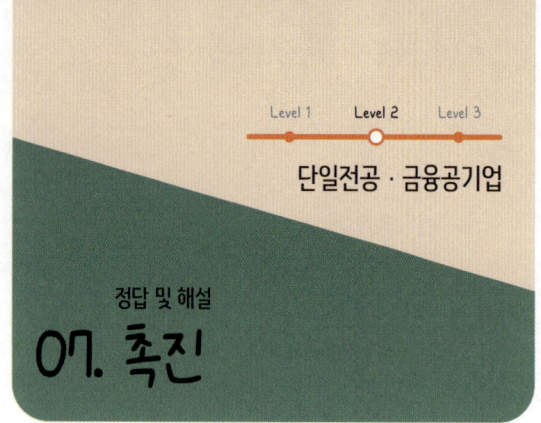

07. 촉진

1895 ②

촉진믹스(promotion mix)는 광고, PR, 인적판매, 판매촉진, 구전으로 구성된다. 제품, 가격, 유통은 마케팅 믹스에 해당하는 것들이다.

1896 ④

① 제조업자가 최종소비자 보다는 인적판매와 중간상에 대한 촉진에 집중함으로써 유통경로 상의 다음 단계 구성원들에게 영향력을 행사하여 매출을 늘리려는 것을 푸시(push) 전략이라고 한다.
② 제품수명주기 상 도입기에 1차 수요를 창출할 목적으로 제품에 관한 상세한 정보를 제공하는 광고를 정보 전달형 광고(informative advertising)라고 한다.
③ 20/80법칙이란 20% 고객이 구입금액의 80%를 자사 제품에서 구입할 수 있도록 관리해야 한다는 것이 아니라 20% 고객의 전체 매출의 80%를 구매하는 것이 균형점이라는 것을 의미한다.
⑤ 판매촉진 자체가 상표전환자나 경쟁 브랜드 사용자를 공략하기 위한 수단이다.

1897 ①

(가) 자기 상품에 대한 수요를 감소시키기 위해 활동하는 것을 디마케팅(demarketing)이라고 한다.
(나) 표본추출과정에서는 모집단을 설정한 후에 표본프레임을 결정한다.
(다) 효과적인 시장세분화를 위해 세분시장의 규모는 적정해야 한다.
(라) S자의 광고 판매반응함수(sales response function)에서는 광고비(혹은 광고량)를 증가시킬 때 판매량(혹은 판매액)이 가속점(threshold level)까지는 일정하다가 가속점을 지난 이후에 판매량은 증가한다.

1898 ③

① 매출액 비율법(percentage-of-sales method)은 실무에서 가장 널리 쓰이는 방법으로 현재 혹은 예상되는 매출액의 일정한 비율을 광고예산으로 책정하는 방법이다. 이 방법은 단순하고 나름대로 일관성을 유지할 수 있다는 장점을 갖고 있다. 그러나 광고비를 매출액의 원인으로 보는 것이 아니라, 매출액의 결과라고 간주하는 논리적인 오류를 범하고 있다.
② 가용예산 할당법(affordable method)은 회사의 재정이 허락하는 범위 내에서 최대한의 액수를 광고예산으로 책정하는 방법으로 주로 소규모의 기업에서 사용한다. 이 방법은 단순하다는 장점을 갖고 있지만, 광고를 투자가 아니라 비용으로 간주하고 있다는 단점을 갖고 있다.
③ 목표 과업법(objective-and-task method)은 다음과 같은 방법으로 광고예산을 추정하는 방법이다.
　㉠ 구체적인 광고목표의 설정
　㉡ 목표를 달성하기 위해 필요한 과업결정
　㉢ 과업을 수행하기 위해 필요한 예산의 추정
따라서 다른 방법들과는 달리 매우 논리적이라는 장점이 있지만 실제 현실에서 적용이 쉽지 않다는 단점이 있다.
④ 경쟁자 기준법(competitive-parity method)은 매출액 비율법에서 매출액 대비 광고예산의 비율을 경쟁자들이 사용하는 비율을 그대로 쓰는 방법을 말한다. 모든 경쟁자들이 같은 비율을 쓰게 되면, 광고경쟁이 일어나는 것이 억제될 가능성이 있다.
⑤ 전년도 광고예산 기준법은 전년도에 책정했던 광고예산을 올해도 그대로 적용하는 것을 말한다.

1899 ④

① 매출액 비율법(percentage-of-sales method)은 실무에서 가장 널리 쓰이는 방법으로 현재 혹은 예상되는 매출액의 일정한 비율을 광고 예산으로 책정하는 방법을 말한다. 이 방법은 단순하고 나름대로 일관성을 유지할 수 있다는 장점이 있는 반면에 광고비를 매출액의 원인으로 보는 것이 아니라 매출액의 결과라고 간주하는 논리적인 오류를 범하고 있으며, 매출액이 감소하면 광고비도 감소하고, 그 결과 매출액이 더 감소하고 악순환에서 벗어나기 어렵다는 단점이 있다.
② 가용예산 할당법(affordable method)은 회사의 재정이 허락하는 범위 내에서 최대한의 액수를 촉진 예산으로 책정하는 방법으로 주로 소규모의 기업에서 사용하는 방법이다. 이 방법은 단순하다는 장점을 갖고 있지만, 광고를 투자가 아니라 비용으로 간주하고 있고, 광고 예산이 어떤 원칙 없이 해마다 들쭉날쭉해진다는 단점을 갖고 있다.
③ 경쟁자 기준법(competitive-parity method)은 매출액 비율법에서 매출액 대비 광고 예산의 비율을 경쟁자들이 사용하는 비율을 그대로 쓰는 방법을 말한다. 이 방법은 경쟁자들과 같은 비율을 광고 예산으로 책정하는 것은 단순하고 편리하다. 또한, 모든 경쟁자들이 같은 비율을 쓰게 되며, 광고 경쟁이 일어나는 것이 억제될 가능성이 있다. 반면에 광고비를 매출액의 원인으로 보는 것이 아니라 매출액의 결과라고 간주하는 논리적인 오류를 범하고 있으며, 매출액이 감소하면 광고비도 감소하고, 그 결과 매출액이 더 감소하고 악순환에서 벗어나기 어렵다는 단점이 있다.

④ 목표과업법(objective-and-task method)은 구체적인 촉진 목표의 설정, 목표를 달성하기 위해 필요한 과업결정, 과업을 수행하기 위해 필요한 예산의 추정 순으로 예산을 추정하는 방법을 말한다. 이 방법은 매우 논리적이라는 장점을 가지고 있는 반면에 이 방법이 이익을 극대화하는 최적 광고비를 도출해 준다는 보장이 있는 것은 아니며, 현실에 적용하여 사용하기 어렵다는 단점이 있다.

⑤ 수익률 비율법은 수익률의 일정 비율을 광고비로 책정하는 방법을 말한다.

1900 ④

a. 판매반응함수(sales response function)란 광고비와 매출액 간의 관계를 함수로 표현한 것을 말한다. 가장 많이 사용되는 판매반응함수의 모양은 S형의 반응함수와 오목증가(concave)형의 반응함수이다. S형의 판매 반응곡선에 의하면 광고비 지출이 적을 때에는 매출에 대한 영향이 아주 미미하다가 광고비지출이 점차 증가하여 가속(임계점)을 넘어서면 매출이 급속히 증가하기 시작하고, 어느 수준 이상의 과다한 광고비 지출은 매출증가에 거의 영향을 미치지 않게 된다.

b. 광고호의(advertising goodwill)는 광고의 누적효과를 나타내기 위해 만든 것으로 기존의 광고 효과와 새로 추가된 광고 효과를 합하여 표현한 개념이다. 광고호의는 과거에 수행한 광고 중에서 효과가 남아 있는 부분을 누적한 개념으로 일반적으로 다음과 같이 계산한다.

> 이번기의 광고호의
> = 전기의 광고호의 × (1 - 상각율) + 이번기의 광고비중

c. 광고의 빈도(frequency)를 높이면 어느 수준까지는 광고의 효과가 높아지지만, 그 수준을 넘어서서 계속 빈도를 높이면 청중들이 광고에 더 이상 반응을 보이지 않거나, 경우에 따라서는 싫증이나 짜증을 내서 광고의 효과가 떨어질 수도 있다. 이것을 광고효과의 감퇴(advertising wearout) 혹은 광고의 지침효과(wearout effect)라고 부른다.

d. 광고의 이월효과(carryover effect)는 특정 시점의 광고 투자 효과가 그 이후 시점에서도 발현되는 현상을 의미한다. 즉 이월효과란 과거(현재)에 이루어진 광고의 효과가 누적되어 현재(미래)의 매출에 영향을 미치는 것을 말한다.

1901 ③

③ CPM(cost per mille 혹은 cost per thousand persons reached)은 구매고객 1,000명에게 노출되는데 드는 비용이 아니라, 구매고객을 포함한 일반 소비자 1,000명에게 노출되는데 드는 비용을 의미한다. 대중매체에 의해 전파되는 광고의 상대적인 가격이 얼마인지를 나타내는 척도이기도 하다. 절대적인 가격 대신, CPM은 광고의 1,000뷰(view) 당 가격을 표현해준다.

1902 ②

① 메시지가 복잡한 경우에는 여러 번 광고에 노출되어 이해가 되므로 도달범위(reach)보다는 빈도(frequency)를 높이는 것이 바람직하다.

③ 광고는 푸시(push)가 아니라 풀(pull) 촉진활동이다.

④ 광고예산 결정에서 목표과업법은 광고목표 달성을 위한 과업 수행에 소요되는 예산을 추정하여 광고예산을 책정하는 방법이며, 광고를 비용이 아니라 투자로 간주하고 있다.

⑤ 광고의 노출빈도가 어느 수준을 넘어서면 광고효과가 떨어지는 현상을 광고의 감퇴(advertising wearout)이라고 한다.

1903 ③

① 광고예산 결정 방법에서 매출액 비율법(percentage-of-sales method)은 실무에서 가장 많이 쓰는 방법으로 현재 혹은 예상매출액의 일정한 비율을 촉진예산으로 책정하는 것으로, 회사자금운용이 쉽고, 실무 면에서 쓰기 쉽다는 장점이 있다.

② 입점공제(slotting allowances)는 소매업자가 신상품을 취급해 주는 대가로 제조업자가 상품대금 일부를 공제해 주는 것이다. 혹은 제조업체가 자사의 제품을 점포에 진열하여 판매하는 대가로 소매업체에 지불하는 돈이다. 다른 말로 입점비(slotting fee)라고도 한다. 입점공제는 푸시촉진의 한 형태로 우리나라의 경우 화장품처럼 경쟁이 심한 상품은 일부 유통업체에서 처음 입점할 때 입점비를 내는 경우도 간혹 있다. 요즘은 제조업체에 대한 유통업체의 파워가 증가함으로써 점포 내 입점을 위해 입점비를 강요받는 경우가 많다.

③ 도달률(reach)이란 일정한 기간 동안에 특정 광고에 적어도 한 번 이상 노출된 사람의 비율을 가리키는 말이며, 빈도(frequency)는 일정한 기간 동안에 한 사람당 특정 광고가 노출된 평균횟수를 의미한다. 매체 결정에서 표적청중을 명확히 정의하기 어려운 경우에는 일반적으로 빈도(frequency)보다는 도달률(reach)을 높이는 것이 바람직하다.

④ 중간상 판매촉진(trade promotion)은 제조업자가 중간상(도소매업자)을 대상으로 인센티브를 제공하는 것으로 이는 푸시(push)전략의 일부이며, 소비자 판매촉진(consumer promotion)은 이는 풀(pull)전략의 일부로 고객의 즉각적인 구매행동을 유도하기 위한 목적으로 제조업체가 소비자를 대상으로 시행한다.

⑤ 공포 소구(fear appeal)란 청중들에게 광고에서 제안하는 것을 따르지 않았을 때 닥치는 위험을 인식시키고, 이를 극복할 수 있는 방법을 보여주는 광고를 말한다. 그러나 공포 수준이 너무 낮거나 너무 높으면 광고 효과가 나타나지 않을 수 있다.

1904 ③

① 정교화가능성 모델(ELM: elaboration likelihood model)에 의하면 고관여 소비자는 광고상품에 관심이 높기 때문에 중심단서 즉 제품의 정보를 중심으로 정보처리하지만, 저관여 소비자는 광고상품에 관심이 없기 때문에 주변단서 즉 광고모델, 배경음악 등 실행적 단서 위주로 정보를 처리한다. 이때 고관여 소비자의 태도형성 경로를 중심경로(central route)라고 하고, 저관여 소비자의 태도형성 경로를 주변경로(peripheral route)라고 한다.

② 홍보(publicity)는 매체비용을 지불하지 않고 회사의 활동이나 제품에 대한 정보를 언론의 기사나 뉴스 형태로 내보낸 것을 말한다. 따라서 홍보는 매체비용을 지불하는 광고보다 상대적으로 비용과 통제가능성은 낮은 반면 신뢰성은 높다.

③ 도달률(reach)이란 일정한 기간 동안에 특정 광고에 적어도 한번 이상 노출된 사람의 비율을 말하며, 빈도(frequency)란 역시 일정한 기간 동안에 한 사람당 특정 광고에 노출된 평균횟수를 가리키는 말이다. 신상품, 유명브랜드의 확장제품, 구매주기가 긴 제품의 경우에는 빈도보다는 도달률을 높이는 것이 좋다. 반면 강력한 경쟁자가 있는 경우, 메시지가 복잡한 경우, 구매주기가 짧은 상품인 경우에는 도달률보다는 빈도를 높이는 것이 좋다.

④ 보너스 팩(bonus packs)이란 같은 상품 또는 관련된 상품 여러 개를 묶어서 싼 가격에 판매하는 것을 말한다. 일정 기간 동안 제품을 구입한 사람에게 구입가격의 일부를 금품으로 보상해 주는 것은 리베이트(rebate)이다.

⑤ 소매업자가 신제품을 취급해 주는 대가로 제조업자가 제품대금의 일부를 공제해 주는 것은 입점 공제(slotting allowances)이다. 구매 공제(buying allowances)는 제조업자가 일시적으로 출고가격을 인하하거나 일정 비율의 제품을 무료로 제공하는 것이다.

1905 ④

④ 일반소비자가 등장하는 광고는 증언형(testimonial)이나 생활단면형이 효과적이며, 저관여 제품에서 그 효과가 높은 것으로 알려져 있다.

1906 ②

① 효과계층모형(인지→지식→호감→선호→확신→구매)에서 잠재구매자의 단계별 반응에 미치는 광고의 영향력은 판촉의 영향력과 차이가 있다. 광고는 인지나 지식 단계에 영향력이 크고, 판촉(판매촉진)은 확신과 구매 단계에 영향력이 크다.

③ 가격할인판촉이 거듭되면 고객들의 준거가격이 낮아지기 때문에, 가격할인판촉이 끝난 후에 구매량이 큰 폭으로 감소할 수 있다. 따라서 소비자 판촉 수단에서 준거가격이 낮아질 위험은 리베이트보다 가격할인판촉이 더 높다.

④ 소매업자가 신상품을 취급해 주는 대가로 제조업자가 소매업자에게 상품대금 일부를 공제해 주는 것은 입점공제(slotting allowances)이다.

⑤ 홍보(publicity)는 매체비용을 지불하지 않고 특정 기업의 활동이나 제품에 대한 정보를 언론의 기사나 뉴스 형태로 내보낸 것만을 가리키지만, PR(public relations)은 기업과 관련이 있는 여러 집단들(투자자, 정부, 국회, 시민단체 등)과 좋은 관계를 구축하고 유지하는 총체적인 활동이기 때문에 보다 대상범위가 홍보보다 넓다.

1907 ①

① 인지적 반응(cognitive response)이란 광고를 보거나 읽거나 듣는 동안에 소비자에게 떠오르는 생각들을 말한다. 일반적으로 소비자의 관여도가 높을수록, 발생되는 인지적 반응의 총수가 증가한다. 광고에 노출된 소비자가 떠올리는 인지적 반응의 총수가 적다는 것은 그 소비자가 광고된 브랜드에 대해 별다른 생각을 하지 않음을 의미하므로 광고 내용보다는 모델, 광고의 질, 색상 등이 브랜드 태도 형성에 영향을 미칠 가능성이 높다.

1908 ④

① 광고예산 결정 방법에서 매출액 비율법(percentage-of-sales method)의 단점은 광고비를 매출액의 원인으로 보는 것이 아니라 매출액의 결과라고 간주하는 것이다.

② 구매 공제(buying allowances)는 제조업자가 일시적으로 출고가격을 인하하거나(가격인하), 일정 비율의 상품을 무료로 제공하는 것(물량 할증)을 말한다. 이는 중간상 판매촉진에 해당한다.

③ 광고 공제(advertising allowances)는 소매업자가 자신의 광고물에 어떤 상품을 중점 광고해 주는 대가로 제조업자가 상품대금의 일부를 공제해 주는 것을 말한다. 이는 중간상 판매촉진에 해당한다.

④ 홍보(publicity)는 엄밀히 말하면 PR(public relations)보다 범위가 좁다. 홍보는 매체비용을 지불하지 않고, 우리 회사의 활동이나 상품에 대한 정보를 언론의 기사나 뉴스 형태로 내보내는 것만을 가리키지만, PR은 홍보활동뿐만 아니라 고객, 언론, 정부, 국회, 시민단체 등 회사와 직·간접으로 관련 있는 여러 집단들과 좋은 관계를 구축하고 유지하는 활동, 이들에게 회사에 유리한 방향으로 영향을 미치기 위한 합법적인 로비활동, 회사의 경영진에 대하여 회사 이미지나 사회적 이슈에 대하여 조언하는 활동을 모두 포함한다.

⑤ 인쇄 광고에 대한 광고집행 후 테스트에는 문의 테스트, 재인 테스트, 회상 테스트 등이 있다. 문의 테스트(inquiry test)는 인쇄 매체를 통하여 집행된 광고물에 대한 소비자들의 전화문의, 쿠폰회수량 등을 토대로 광고효과를 측정하는 것이다. 재인 테스트(recognition test)는 소비자에게 다수의 브랜드명을 제시한 후 자신이 본 광고의 브랜드를 표시하게 하는 것으로 객관식으로 측정된다. 반면 회상 테스트(recall test)는 소비자가 스스로 기억하는 브랜드나 내용을 파악하기 위한 것으로 주로 주관식으로 측정된다.

1909 ③
a. 인지와 지식 단계에 가장 큰 영향을 미치는 것은 '광고'이다. 인적판매는 '구매' 단계에서 큰 영향을 미친다.
c. 인적판매는 전형적인 푸시(push) 촉진정책이다.

1910 ④
④ 포장 내 쿠폰(in-pack coupon)은 조작적 조건화(operant conditioning)을 응용한 것인데, 구매를 해야만 쿠폰을 받을 수 있기 때문에 소비자 유지와 구매량 증가에 효과적이다.

1911 ③
'구매'단계에 있는 소비자들을 자극하는 가장 효과적인 수단은 판매촉진과 인적판매이다. 광고와 PR은 효과가 장기에 걸쳐 나타나므로 구매단계에서는 좀 더 직접적인 자극을 줄 수 있는 판매촉진과 인적판매가 가장 효과적인 수단이다.

1912 ⑤
⑤ 고전적 조건화 : 중립적 조건자극을 특정반응을 유발하는 무조건 자극과 결부시켜 반복적으로 노출시키면 조건자극은 당초 무조건자극에 의하여 야기되던 반응과 매우 유사한 반응을 유발한다는 것

1913 ⑤
⑤ 고정고객 우대(patronage rewards) 프로그램은 소비자에 대한 판매촉진으로 회사의 제품이나 서비스의 정기적인 사용자에게 제공되는 현금이나 다른 형태의 보상이다.

1914 ③
③ 중간상 판매촉진(trade promotion)은 중간상을 대상으로 한 판매촉진을 의미한다. 즉 제조회사가 소매상이나 도매상을 대상으로 판촉활동을 전개하는 것을 말한다.

1915 ①
(가) 마케팅 근시안(marketing myopia)이란 고객에게 제공될 편익과 경험에 주의를 기울이지 않고, 그 제품으로 고객이 얻게 될 구체적인 제품의 중요성만을 중요시 여기는 실수(경쟁의 범위를 너무 한정시키는 것)를 의미한다.
(나) 시장침투가격(market penetration pricing)이란 신상품이 출시되었을 때는 가격을 낮게 설정하고 점차 가격을 높이는 가격정책을 말한다.
(다) 샘플(sample)이란 상품을 구입하지 않은 고객에게 견본품을 반복하여 제공하는 것을 말한다.
(라) 소비자의 고려 대상에 포함된 상품이나 브랜드를 고려상표군(consideration set)이라고 부른다.

1916 ③
① 광고예산 결정방법에서 가용예산 할당법(affordable method)은 광고를 투자가 아니라 비용으로 간주하고 있고, 광고예산이 어떤 원칙 없이 해마다 들쭉날쭉해진다는 단점이 있다. 반면 광고비 계산 방법이 단순하다는 장점은 있다.
② 청중 1,000명에게 광고를 도달시키는 데 드는 광고비용을 가리키는 용어는 CPM(cost per mille)이다. GRP(gross rating points)는 특정 광고 스케줄에 노출된 총접촉률 또는 중복된 시청자 수를 의미하는 것으로 GRP는 도달범위(reach)와 빈도(frequency)의 곱으로 계산된다. GRP는 도달범위와 빈도를 모두 고려하는 개념이라고 볼 수 있다.
③ 중간상 판매촉진(trade promotion) 수단에는 진열 공제(display allowances), 입점 공제(slotting allowances), 구매 공제(buying allowances), 광고 공제(advertising allowances) 등이 있다.
④ 샘플(samples)이란 소량의 상품을 무료로 제공하는 것을 가리킨다. 샘플은 잠재구매자들에게 상품을 사용해 볼 수 있는 기회를 제공함으로써, 시용을 유도할 수 있기 때문에 신상품에 아주 효과적이라는 장점을 갖는다. 특히 '시용-반복' 과정을 거쳐서 판매가 일어나는 식품, 생활용품, 화장품, 의약품 등의 신상품 발매시에 널리 쓰이고 있다. 그러나 샘플은 다른 판매촉진 방법들에 비하여 상대적으로 비용이 많이 드는 데다가, 샘플 배포를 정확하게 하지 못하면 사용되지 않는 샘플이 많이 발생하기 때문에 비효율적일 수 있다.
⑤ 인적판매(personal selling)는 외부판매(outside selling)와 내부판매(inside selling)로 나누어지는데, 판매사원이 잠재구매자를 방문하여 판매활동을 하는 것은 외부판매이고, 소매 또는 도매 점포에서 판매사원이 잠재구매자에게 판매활동을 하는 것은 내부판매라고 부른다.

1917 ②
a. 입점공제는 중간상 공제에 해당하는데, 중간상 공제(trade allowances)란 유통업자가 어떤 상품을 취급해주거나, 대량구매 해주거나, 광고를 해 주거나, 구매시점 디스플레이를 해주는 대가로 제조업자가 받아야 하는 상품 대금에서 일부를 공제해 주거나 아니면 별도로 현금을 지불하는 것을 말한다. 제조업체가 제품 취급의 댓가로 특정 유통업체에게 제품대금의 일부를 공제해 준다면, 이러한 판매촉진은 입점공제(slotting allowances)에 해당된다. 실무에서는 입점 장려금, 입점 수수료 등의 용어로 불린다.
b. 보너스 팩(bonus pack)이란 같은 상품 또는 관련된 상품 여러 개를 묶어서 저렴한 가격에 판매하는 것을 가리킨다. 보너스 팩의 장점은 다량구매나 조기구매를 유도해서, 경쟁자들이 침투할 여지를 좁혀 놓을 수 있다는 데 있다. 그러나 진열면적을 많이 차지하기 때문에, 유통업자의 협조가 없이는 사용하기 어렵다는 단점도 있다. 판매촉진을 가격수단과 비가격수단으로 구분할 때, 보너스 팩

(bonus packs)은 보상판매, 세일, 리베이트, 쿠폰 등과 함께 가격수단 판매촉진으로 분류된다.

c. 판매촉진을 소비자 판매촉진과 중간상 판매촉진으로 구분할 때, 광고공제(advertising allowances)는 '중간상' 판매촉진으로 분류된다. 이밖에 입점 공제(slotting allowances), 구매 공제(buying allowances), 진열 공제(display allowances) 등도 '중간상' 판매촉진에 해당한다.

1918 ①

① 중간상 판매촉진(trade promotion)은 제조업체가 중간상을 대상으로 인센티브를 제공하는 것이다.

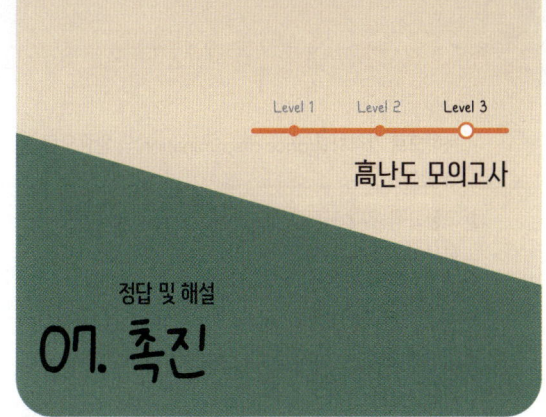

정답 및 해설
07. 촉진

1919 ②

② 소비자 판매촉진(consumer promotion) 가운데 보상판매(trade-ins)는 우리 회사 또는 경쟁회사 제품 사용자들에게, 그 제품을 반납하고 우리 제품을 구입하는 조건으로 일정 액수를 할인해주는 것을 말한다. 따라서 보상판매는 직접적으로 가격을 할인하므로 비가격수단이 아니라 가격수단에 해당한다.

④ 정교화가능성 모델(ELM: elaboration likelihood model)은 소비자들의 관여도가 높다면 그들은 정보를 처리하도록 더 많은 동기를 부여하고, 보다 정교화(중심)된 처리를 하게 된다. 반면 저관여 소비자들은 정보를 처리하는데 거의 동기를 부여하지 않는 대신 정교화하지 않은(주변) 처리를 하게 된다. 정교화가능성이 높을 때 태도는 주로 제품정보에 영향을 받아 형성되는데 이를 중심단서라고 부르고 이러한 태도형성 경로를 중심경로(central route)라고 하였다. 반면에 정교화가능성이 낮을 때는 광고모델, 음악 등 실행적 단서에 주로 영향을 받는데 그들은 이러한 것들을 주변단서라고 부르고 이때의 태도형성 경로를 주변경로(peripheral route)라고 하였다. 따라서 고관여 소비자는 제품의 구체적 정보가 제시되면, 정보처리하려는 동기가 부여되어 있으므로 표적시장이 주로 고관여 소비자인 경우, 인쇄매체(TV보다 상대적으로 고관여 매체)를 이용하여 구체적 정보를 제공하는 것이 우선적이다.

1920 ②

② 고객 당 비용이 많이 소요되나, 목표시장에 가장 효율적으로 자원을 집중시킬 수 있는 방법은 인적판매이다.

1921 ④

④ 광고효과가 집행된 시기에만 국한되지 않고 장기간에 걸쳐 유지되는 것을 이월효과(carryover effect)라고 한다. 수면 효과(sleeper effect)란 신뢰성이 낮은 사람이 전달하는 메시지는 시간이 지난 다음에 그 효과가 나타나는 것을 말한다.

1922 ④

④ 가용예산 할당법 회사의 재정이 허락하는 범위 내에서 최대한의 액수를 촉진예산으로 책정하는 방법이므로 촉진예산↑ → 매출액↑의 관계에 대한 고려가 전혀 없다.

1923 ①

① 어떤 촉진믹스 요소 하나에만 전적으로 의존하기 보다는 다른 요소와 같이 통합적으로 사용하는 것이 바람직한데 이러한 아이디어를 통합적 마케팅 커뮤니케이션(integrated marketing communication)이라고 한다. 반면 GRP(gross rating points)는 특정 광고 스케줄에 노출된 총접촉률 또는 중복된 시청자 수를 의미하는 것으로 GRP는 도달범위(reach)와 빈도(frequency)의 곱으로 계산된다. GRP는 도달범위와 빈도를 모두 고려하는 개념이라고 볼 수 있다.

1924 ③

소비자 판매촉진 가운데 비가격 판매촉진은 프리미엄(premium), 샘플, 콘테스트와 추첨, 시연회 등이며, 가격 판매촉진에는 가격할인, 쿠폰, 리베이트 등이 있다. 프리미엄이란 제품의 구매를 유도하기 위한 인센티브로 무료 또는 낮은 비용으로 제공되는 상품이다.

1925 ③

③ 효과계층모형(hierarchy-of-effects model)에서 '구매(purchase)' 단계에 있는 소비자들에게는 판매촉진과 인적판매가 적절하고, 인지나 지식 단계에 있는 소비자에게는 광고와 PR이 적절하다.

1926 ④

④ 소비자 판매촉진(consumer sales promotion)은 보통 제조업체에서 소비자들 대상으로 실시하므로 풀(pull) 전략의 일부로서 고객의 즉각적인 구매행동을 유도하기 위한 목적으로 자주 활용된다. 반면 중간상 판매촉진(trade sales promotion)은 푸시(push) 전략의 일부로 제조업체가 유통업체로 하여금 적극적인 판매활동을 하도록 자극하고 취급률을 높이기 위하여 유통업체를 대상으로 행해지는 판매촉진이다.

1927 ③

③ 최고경영자가 나름대로의 기준에 따라 광고예산을 결정하고 그에 맞추어서 광고전략이 집행되는 하향적 방법(top-down approach)에는 지불능력 기준법(affordable method), 매출액 비율법(percentage-of-sales method), 경쟁사대비 할당법(competitive-parity method) 등이 있다. 반면 광고목표를 설정하고 이를 달성하기 위해 수행되어야 하는 세부광고활동을 결정한 다음 각각의 활동에 필요한 비용을 추정하는 상향적 방법(bottom-up approach)에는 목표과업법(objective-and-task method)이 있다.

1928 ⑤

⑤ 판매촉진은 변동비적인 비용의 성격을 지니므로 고정비 부담을 감소시킨다. 즉 광고가 고정비적인 성격이 강한 반면 판매촉진은 팔리는 상품에 한해서 적용되기 때문에 변동비적인 성격을 지녀 자금여력이 부족한 경우 촉진예산을 신축적으로 사용할 수 있게 한다.

1929 ④

① 래비지와 슈타이너(Lavidge & Steiner)의 효과계층모형(hierarchy-of-effects model)에서 구매(purchase) 단계 즉 마지막 행동 단계에 소비자 있는 경우 단기적인 촉진믹스인 인적판매와 판매촉진을 사용하는 것이 바람직하다. 반면에 인지(awareness)나 지식(knowledge) 단계에 있는 소비자에게는 광고와 홍보가 적합하다.

② 푸시 정책(push strategy)은 최종 구매자들의 브랜드 애호도가 낮고 브랜드 선택이 점포 안에서 이루어지며, 충동구매가 잦은 상품의 경우에 적합하다. 반면 풀 정책(pull strategy)은 최종 구매자들의 브랜드 애호도가 높고, 브랜드 선택이 점포에 오기 전에 이미 이루어지며, 관여도가 높은 상품의 경우에 적합하다.

③ S자형 판매반응함수(sales response function)에서는 가속점(threshold level)을 넘어서야 매출이 증가하므로 광고비를 너무 적게 지출하면 광고효과를 거둘 수 없다. 또한 포화수준이 존재하므로 광고비를 너무 많이 지출하면, 매출액은 더 이상 높아지지 않고 도리어 이익만 감소하는 결과를 낳을 수 있다.

④ CPM(cost per thousand persons reached)이란 청중 1,000명에게 도달하는 비용이므로 다른 조건이 동일하다면, CPM이 낮은 매체가 더 효율적인 매체수단이다.

⑤ 연속형 혹은 지속형 광고 스케줄링은 지나친 광고 노출로 광고효과의 감퇴(advertising wearout) 현상이 일어날 가능성이 높지만 지속적인 기억보강이 필요한 제품의 경우에 적합하다. 반면 파동형(pulsing) 광고는 매체 시간 확보에 어려움이 있으나, 구매주기가 규칙적인 경우나 경쟁자가 지속형 광고를 하는 경우에 적합하다. 집중형은 신상품 발매시나 예산이 부족한 경우에 사용할 수 있다.

1930 ①

① 쿠폰(coupons), 리베이트(rebates), 보너스 팩(bonus packs), 보상판매(trade-ins) 등은 가격을 인하하는 효과를 갖기 때문에 매출액에 미치는 효과가 매우 빠르고 눈에 띄게 나타난다. 그러므로 단기적으로 매출액을 높이는 데에는 매우 효과적이다. 반면 샘플(samples), 사은품(premium), 고정고객 우대 프로그램(patronage rewards) 등은 가격을 인하하는 효과가 없기 때문에 효과가 느리게 나타난다.

② 보상판매(trade-ins)란 우리 회사 또는 경쟁회사 상품 사용자들에게, 그 상품을 반납하고 우리 상품을 구입하는 조건으로 일정 기간 동안 일정 액수를 할인해주는 것을 말한다. 보상판매는 기존 상품 사용자에게만 낮은 가격을 적용하고, 처음 구입하는 사람에게는 정상가격을 적용하므로 가격차별(price discrimination)의 일종으로 볼 수 있다.

③ 고정고객 우대 프로그램(patronage rewards)이란 어떤 회사의 상품을 구매한 양이나 액수에 비례하여 현금, 제품 또는 서비스 등으로 보상해 주는 프로그램을 말한다. 대부분의 항공사에서 시행하고 있는 마일리지 프로그램이 좋은 예이다. 이 프로그램의 장점은 고객의 이탈을 방지함으로써 고객생애가치(customer lifetime value)를 높일 수 있다는 것이다.

④ 가격판촉이 거듭되면 고객들의 준거가격(reference price)이 낮아지기 때문에, 가격판촉이 끝난 후에 판매량이 더 큰 폭으로 감소할 수 있다. 또한 소비자들이 판촉 시점을 미리 예측할 수 있게 되면, 구매를 세일 시점까지 지연시키는 현상이 나타날 수 있는데, 이것 역시 기업의 이익을 감소시킨다. 이러한 현상들은 가격에 따라 소비자들의 구매량이 점점 더 큰 영향을 받게 된다는 것을 의미하므로, 가격민감도가 높아진 것으로 봐야 한다.

⑤ 관여도가 높은 제품 카테고리에서 잦은 판매촉진은 소비자들의 브랜드에 대한 인식에 부정적 영향을 미치기 때문에 브랜드 이미지가 떨어지고 더 나아가 브랜드 자산(brand equity)을 떨어뜨리는 결과가 초래된다. 그러나 관여도가 낮은 제품의 경우에는 가격판촉을 하더라도 브랜드 이미지가 나빠지지 않을 수도 있다.

1931 ④

① 모든 경우에 적용되는 효과적인 촉진믹스 요소는 존재하지 않기 때문에 어떤 촉진믹스 요소 하나에만 전적으로 의존하기보다는, 다른 요소와 같이 통합적으로 사용하는 것이 바람직하다. 이를 통합적 마케팅 커뮤니케이션이라고 한다.

② 푸시 정책(push strategy)이란 제조업자가 유통업자들을 대상으로 하여 주로 판매촉진과 인적판매수단을 동원하여 촉진활동을 펼치는 것을 말한다. 푸시 정책의 목표는 유통업자들로 하여금 우리 회사의 상품을 많이 취급하도록 하고, 최종 구매자들에게 적극 권하도록 만드는 데에 있다. 푸시 정책은 최종 구매자들의 브랜드 애호도가 낮고, 브랜드 선택이 점포 안에서 이루어지며, 충동구매가 잦은 상품의 경우에 적합하다. 반면 풀 정책(pull strategy)은 제조업자가 최종구매자들을 대상으로 하여 주로 광고와 판매촉진수단들을 동원하여 촉진활동을 펼치는 것을 말한다. 풀 정책의 목표는 최종 구매자들로 하여금 우리 회사의 상품을 찾게 만듦으로써 결국 유통업자들이 그 상품을 취급하게 만드는 데에 있다. 풀 정책은 최종 구매자들의 브랜드 애호도가 높고, 브랜드 선택이 점포에 오기 전에 이미 이루어지며, 관여도가 높은 상품의 경우에 적합하다.

③ 광고의 궁극적인 목표는 잠재고객으로 하여금 우리 상품을 구매하게 만드는 것이지만, 구매와 관련된 지표(예: 판매량, 시장점유율 등) 그 자체를 광고의 목표로 삼는 것은 바람직하지 않다. 그 이유는 광고는 효과계층모형(hierarchy-of-effects model)에서 '인지(cognitive)' 단

계에서 가장 큰 효과를 발휘하는 반면, 정작 구매를 완결 짓는 데에는 광고 이외에도 여러 가지 다른 변수(예: 판매촉진, 인적판매, 가격, 상품, 경쟁자의 마케팅 활동 등)들이 더 큰 영향을 미치기 때문이다. 따라서 광고의 목표는 래비지와 슈타이너(Lavidge & Steiner)의 효과계층모형(hierarchy-of-effects model)에서 '인지(cognitive)' 단계와 관련된 지표들을 기준으로 설정되는 것이 바람직하다.

④ 강력한 경쟁자가 있는 경우, 메시지가 복잡한 경우, 구매주기가 짧은 상품인 경우 그리고 표적청중들이 우리 상품에 대해 부정적인 태도를 갖고 있는 경우에는 도달률(reach)보다는 빈도(frequency)를 높이는 것이 바람직하다. 그러나 빈도를 높이면 어느 수준까지는 광고의 효과가 높아지지만, 그 수준을 넘어서서 계속 빈도를 높이면 청중들이 광고에 더 이상 반응을 보이지 않거나, 경우에 따라서는 싫증이나 짜증을 내서 광고의 효과가 떨어질 수도 있다. 이것을 광고효과의 감퇴(advertising wearout)라고 부른다.

⑤ 광고가 매출액에 영향을 미치기까지 걸리는 시간은 그 상품이 이미 시장에 출시된 기존 상품인지 아니면 신상품인가에 따라 달라진다. 기존 상품에 대한 광고를 한동안 중단했다가 다시 시작하였다면, 매출은 즉각 늘어나는 경우가 대부분이다. 그러나 신상품의 경우에는 시간이 걸리는 경우가 대부분이다. 그 이유는 신상품의 매출이 일어나려면 인지, 지식, 호감, 선호, 확신 그리고 구매로 이어지는 효과계층모형의 단계를 일부 또는 전부를 거쳐야 하기 때문이다.

1932 ②

① 소비자 판매촉진(consumer promotion)은 제조업자가 직접 소비자를 대상으로 여러 가지 인센티브를 제공하는 것이다. 따라서 이는 풀(pull) 촉진정책에 해당한다. 반면 중간상 판매촉진(trade promotion)은 제조업자가 중간상을 대상으로 인센티브를 제공하는 것으로 이는 푸시(push) 촉진정책에 해당한다.

② 광고대행사에는 종합 대행사(full-service agency)와 전문 대행사(limited-service agency)의 두 가지 종류가 있다. 종합 대행사는 브랜드 포지셔닝, 카피, 제작, 매체결정, 조사 등 광고와 관련된 종합적인 서비스를 기업에게 제공한다. 반면 전문 대행사는 제작, 녹음, 촬영 등 한정된 서비스만을 전문으로 제공한다.

③ 구매시점 디스플레이(point-of-purchase display)란 소비자들이 어떤 상품을 구매하도록 유도하기 위하여 소매점 내에 그 상품을 눈에 잘 띄게 진열해 놓은 것을 가리킨다. 예를 들어, 대형마트에 가면 통로 끝 매대에 어떤 상품을 가득 쌓아 놓은 것을 볼 수 있는데, 이것이 구매시점 디스플레이에 해당된다. 이는 중간상 판매촉진(trade promotion)이 아니라 소비자 판매촉진(consumer promotion)에 해당한다.

④ 광고의 목표를 구매와 직접적으로 관련있는 구체적 지표들(예: 판매량, 시장점유율)로 삼는 것이 바람직하지 않다. 왜냐하면 광고는 잠재구매자의 반응단계들 중에서 비교적 앞부분에서 가장 큰 효과를 발휘하는 반면, 정작 구매를 완결짓는 데에는 광고 이외에도 판매촉진, 인적판매, 가격, 제품, 경쟁자의 마케팅 활동 등이 더 큰 영향을 미치기 때문이다. 따라서 광고의 목표는 반응단계 중에서 앞부분과 관련된 지표들을 기준으로 설정하는 것이 바람직하다. 이것을 흔히 커뮤니케이션 목표라고 부른다.

⑤ 광고와 매출액 간의 관계를 함수로 나타낸 것을 판매반응함수(sales response function)라고 부른다. 판매반응함수가 S자 형태라면, 광고비를 너무 적게 지출하면 광고효과를 거의 거둘 수 없다. 이것은 커뮤니케이션 과정 모형에서 언급된 소음(noise) 때문이라고 설명할 수 있다. 즉 광고비를 너무 적게 지출하면 자사의 목소리가 경쟁자들의 목소리에 눌려서 수신자에게 거의 전달되지 않는다.

1933 ②

① 래비지(Lavidge)와 슈타이너(Steiner)가 주장한 효과계층모형(hierarchy-of-effects model)의 여섯 단계는 인지(awareness) → 지식(knowledge) → 호감(liking) → 선호(preference) → 확신(conviction) → 구매(purchase)의 순이다. 효과계층모형은 주로 관여도가 높고 대안들 간의 차별성이 큰 경우에 적용될 수 있다. 또한 이 모델은 앞의 단계가 성공적으로 달성되어야 뒤의 단계로 넘어갈 수 있다고 가정하고 있다.

② 광고의 빈도(frequency)를 높이면 어느 수준까지는 광고의 효과가 높아지지만, 그 수준을 넘어서서 계속 빈도를 높이면 청중들이 광고에 더 이상 반응을 보이지 않거나, 경우에 따라서는 싫증이나 짜증을 내서 광고의 효과가 떨어질 수도 있다. 이것을 광고효과의 감퇴(advertising wearout)라고 부른다. 또 이 현상은 연속형 혹은 지속형 광고 스케줄링을 사용하여 지나친 광고 노출을 할 경우에도 발생할 수 있다. 이를 예방하려면 포지셔닝의 일관성을 유지하면서 소재에 변화를 준 후속 광고들을 계속 내보내는 것이 바람직하다.

③ 푸시정책이란 제조업자가 유통업자들을 대상으로 주로 판매촉진과 인적판매수단들을 동원하여 촉진활동을 펼치는 것을 말한다. 푸시 정책의 목표는 유통업자들로 하여금 우리 회사 상품을 많이 취급하도록 하고, 최종 구매자들에게 적극 권하도록 만드는데 있다. 푸시 촉진의 예들은 다음과 같다.

	광고	PR	구전	판매촉진		인적판매
				소비자 판촉	중간상 판촉	
푸시		●			●	●
풀	●	●	●	●		

④ 광고의 이월효과(carryover effect)란 과거(현재)에 이루어진 광고의 효과가 누적되어 현재(미래)의 매출에 영향을 미치는 것을 말한다. 따라서 광고를 계속해오다가 이번 달에 광고비를 전혀 지출하지 않더라도, 당장의 매출액은 거의 영향을 받지 않는다. 실제로 광고를 중단할 경우, 매출액은 서서히 감소하는 패턴을 보인다.

⑤ 광고예산 결정방법 가운데 경쟁자 기준법(competitive-parity method)이란 광고예산을 결정할 때 경쟁자들이 사용하는 금액을 그대로 쓰는 방법이 아니라, 경쟁자들이 사용하는 비율, 즉 매출액 대비 광고예산의 비율을 그대로 쓰는 방법을 말한다. 이 방법은 경쟁자들과 같은 비율을 광고예산으로 책정하는 것은 단순하고 편리하고 모든 경쟁자들이 같은 비율을 쓰게 되면, 광고경쟁이 일어나는 것이 억제될 가능성이 있다는 장점이 있다.

1934 ④

a. 할인쿠폰(discount coupon): 소비자 판매촉진(가격수단)으로 쿠폰 소지자가 쿠폰에 표시된 상품을 구매할 때, 일정 기간 동안 명시된 만큼의 할인혜택을 받을 수 있게 해주는 증서를 말한다.

b. 리베이트(rebates): 소비자 판매촉진(가격수단)으로 일정 기간 동안 어떤 상품을 구입한 사람에게 구입가격의 일부를 금품으로 보상해 주는 것을 말한다.

c. 보상판매(trade-ins): 소비자 판매촉진(가격수단)으로 우리 회사 또는 경쟁회사 상품 사용자들에게, 그 상품을 반납하고 우리 상품을 구입하는 조건으로 일정 기간 동안 일정 액수를 할인해주는 것을 말한다. 보상판매는 기존 상품 사용자에게만 낮은 가격을 적용하고, 처음 구입하는 사람들에게는 정상가격을 적용하므로 가격차별(price discrimination)의 일종으로 볼 수 있다.

d. 고정고객 우대 프로그램(patronage rewards): 소비자 판매촉진(비가격수단)으로 어떤 회사의 상품을 구매한 양이나 액수에 비례하여 현금, 제품 또는 서비스 등으로 보상해 주는 프로그램을 말한다. 대부분의 항공사에서 시행하고 있는 마일리지 프로그램이 좋은 예이다. 이 프로그램의 장점은 고객의 이탈을 방지함으로써 고객생애가치(customer lifetime value)를 높일 수 있다는 것이다.

e. 구매공제(buying allowances): 중간상 판매촉진(가격수단)으로 제조업자가 일시적으로 출고가격을 인하하거나(가격인하), 일정 비율의 상품을 무료로 제공하는 것을 말한다. 그런 구매공제는 다음과 같은 문제가 발생할 수도 있다. 구매공제가 제공되는 기간 동안에 도소매업자들은 많은 물량을 조기구매(forward buying)하는데, 이렇게 폭발적인 수요를 맞추기 위하여 제조업자의 생산 및 물류 시스템에 과부하가 발생한다. 또 제조업자가 도소매업자에게 가격을 할인해 준 것만큼 소비자가격이 낮아지지 않을 수 있다.

f. 사은품(premium): 소비자 판매촉진(비가격수단)으로 제품의 구매를 유도하기 위한 인센티브로 무료 또는 낮은 비용으로 제공되는 상품을 말한다.

1935 ②

① 래비지(Lavidge)와 슈타이너(Steiner)가 주장한 효과계층모형(hierarchy-of-effects model)에서 인지(awareness), 지식(knowledge), 호감(liking), 선호(preference)의 앞의 4단계에 큰 영향을 미치는 것은 광고와 PR이고 확신(conviction)과 구매(purchase)등의 마지막 2단계에 큰 영향을 미치는 것은 판매촉진과 인적판매이다.

② 고정고객 우대 프로그램(patronage rewards)은 회사의 제품이나 서비스의 정기적인 사용자에게 제공되는 현금이나 다른 형태의 보상이다. 항공사에서 제공하는 마일리지 프로그램(mileage program)과 슈퍼마켓의 단골고객을 위한 전용카드를 발급하고 계산대에서 많은 할인을 해주는 것 등이 이에 해당한다. 반면 구매시점 디스플레이(point-of-purchase display)은 소비자들이 어떤 제품을 구매하도록 유도하기 위하여 소매점 내에 그 제품을 눈에 잘 띄게 진열해 놓은 것을 말한다. 예를 들어, 대형마트에 가면 통로 끝 매대에 어떤 상품을 가득 쌓아 놓은 곳을 볼 수 있는데 이것이 구매시점 디스플레이이다. 고정고객 우대 프로그램과는 달리 구매시점 디스플레이는 소비자들에게 경제적인 인센티브를 지급하는 것은 아니다. 구매시점 디스플레이는 단지 소비자들의 시선을 집중시킴으로써 충동구매를 유발할 수 있다.

③ 광고가 매출액에 영향을 미치기까지 걸리는 시간은 그 상품이 기존 제품인가 아니면 신제품인가에 따라 달라진다. 기존 제품에 대한 광고를 중단했다가 다시 시작했다면, 매출은 즉각 늘어나는 경우가 대부분이다. 그러나 신제품의 경우에는 시간이 걸리는 경우가 대부분이다. 그 이유는 신제품의 매출이 일어나려면 인지, 지식, 호감, 선호, 확신 그리고 구매로 이어지는 반응단계의 일부 또는 전부를 거쳐야 하기 때문이다.

④ 매출액 비율법(percentage-of-sales method)은 실무에서 가장 널리 쓰이는 방법으로 현재 혹은 예상되는 매출액의 일정 비율을 광고예산으로 책정하는 방법이다. 이 방법은 단순하고 나름대로 일관성을 유지할 수 있다는 장점을 갖고 있다. 그러나 이 방법의 단점은 다음과 같다. 첫째, 광고비를 매출액의 원인으로 보는 것이 아니라, 매출액의 결과라고 간주하는 논리적인 오류를 범하고 있다, 둘째, 매출액이 감소하면 광고비도 감소하고, 그 결과 매출액이 더 감소하고 악순환에서 벗어나기 어렵다.

⑤ 소비자 판촉에서 가격수단들은 가격을 인하하는 효과를 갖기 때문에, 매출액에 미치는 효과가 매우 빠르고 눈에 띄게 나타난다. 그러므로 단기적으로 매출액을 높이는 데에는 매우 효과적이다. 또 잠재구매자들의 가격민감도가 높아질수록 가격수단들의 효과는 더욱 높아진다. 반면 비가격수단들은 가격수단들에 비하여 매출액에 미치는 효과가 느리게 나타나고, 그 크기도 작을 가능성이 높지만, 그 대신 브랜드 이미지를 높인다든지 브랜드 애호도를 높이는 등의 추가적인 효과를 갖고 있다.

1936 ②

① 유통업자들로 하여금 우리 회사의 상품을 많이 취급하도록 하고, 최종 구매자들에게 적극 권하도록 만드는 데에 목적이 있는 것은 푸시(push) 정책이다. 푸시정책은 최종 구매자들의 브랜드 애호도가 낮고, 브랜드 선택이 점포 안에서 이루어지며, 충동구매가 잦은 상품의 경우에 적합하다. 반면 풀(pull) 정책의 목표는 최종 구매자들로 하여금 우리 회사의 상품을 찾게 만듦으로써 결국 유통업자들이 그 상품을 취급하게 만드는 데에 있다. 풀 정책은 최종 구매자들의 브랜드 애호도가 높고, 브랜드 선택이 점포에 오기 전에 이미 이루어지며, 관여도가 높은 상품의 경우에 적합하다.

② 가용 자원법(affordable method), 매출액 비율법(percentage-of-sales method), 경쟁자 기준법(competitive-parity method), 목표 과업법(objective-and-task method) 그리고 실험법(experimentation method)은 광고예산 결정방법이다.

③ 래비지(Lavidge)와 슈타이너(Steiner)가 주장한 효과계층모형(hierarchy-of-effects model)의 여섯 단계에서 '구전(word of mouth)'은 지인간에 이루어질 경우 광고에 비해 신뢰도가 높은 반면, 대중매체를 이용한 광고에 비해서는 도달범위가 작다. 따라서 지식, 호감, 선호, 확신단계에서 가장 큰 효과를 발휘한다고 볼 수 있다. 확신과 구매 단계에 가장 큰 효과를 발휘하는 것은 판매촉진과 인적판매이다.

④ 광고메시지가 복잡하거나 구매주기가 짧은 상품의 경우에는 '도달률(reach)'보다는 '빈도(frequency)'를 높이는 것이 바람직하고, 표적청중을 명확하게 정의하기 어려운 경우나 구매주기가 긴 상품의 경우에는 빈도보다는 도달률을 높이는 것이 바람직하다.

⑤ 소비자 판매촉진 가운데 샘플(sample), 무료시용(free trial), 사은품(premium)은 비가격 수단에 해당하지만 보상판매(trade-ins)는 가격수단에 해당한다. 소비자 판매촉진 가운데 가격수단에 해당하는 것은 할인쿠폰, 리베이트, 보너스 팩, 보상판매, 세일 등이 있으며 비가격 수단에는 샘플과 무료시용, 사은품, 현상경품, 콘테스트, 고정고객 우대 프로그램, 구매시점 디스플레이 등이 있다.

1937 ③

① 래비지(Lavidge)와 슈타이너(Steiner)가 주장한 효과계층모형(hierarchy-of-effects model)은 인지(awareness) → 지식(knowledge) → 호감(liking) → 선호(preference) → 확신(conviction) → 구매(purchase)의 단계를 거친다.

② 푸시 정책은 제조업자가 유통업자들을 대상으로 하여 주로 판매촉진과 인적판매수단을 동원하여 촉진활동을 펼치는 것을 말하며, 푸시정책의 목표는 유통업자로 하여금 우리 회사의 상품을 많이 취급하도록 하고, 최종 구매자들에게 적극 권하도록 만드는 데에 있다. 반면 풀 정책은 제조업자가 최종구매자들을 대상으로 하여 주로 광고와 판매촉진수단을 동원하여 촉진활동을 펼치는 것을 말하며, 풀 정책의 목표는 최종 구매자들로 하여금 우리 회사의 상품을 찾게 만듦으로써 결국 유통업자들이 그 상품을 취급하게 만드는데 있다.

③ 광고비와 매출액 간의 관계를 함수로 나타낸 것을 판매반응함수(sales response function)라고 부른다. 대체로 모양은 S자 형태를 보여준다. X축은 어떤 브랜드의 광고비를 나타내고, Y축은 그 브랜드의 매출액을 나타낸다. S자 형태의 판매반응함수가 의미하는 바는 광고비를 너무 적게 지출하거나 너무 많이 지출하는 것은 비효율적이라는 것을 의미한다. 판매반응함수는 시간의 흐름에 따른 광고효과가 아니라 일정 시점에서 광고비의 높고 낮음에 따라 매출액이 보이는 반응을 함수의 형태로 보여주는 것이다.

④ 도매업자가 소매업자를 대상으로 인센티브를 제공하는 것은 도매업자 판매촉진(wholesaler promotion)이라 하고, 소매업자가 소비자를 대상으로 인센티브를 제공하는 것을 소매업자 판매촉진(retailer promotion)이라 한다. 중간상 판매촉진(trade promotion)이란 제조업자가 중간상(보통 도매업자나 소매업자)을 대상으로 인센티브를 제공하는 것을 말한다.

⑤ 구매시점 디스플레이(point-of-purchase display)란 소비자들이 어떤 상품을 구매하도록 유도하기 위해 소매점 내에 그 상품을 눈에 띄게 진열해 놓은 것을 가리킨다. 예를 들어, 대형마트에 가면 통로 끝 매대에 어떤 상품을 가득 쌓아 놓은 것을 볼 수 있는데, 이것이 구매시점 디스플레이에 해당한다. 구매시점 디스플레이는 소비자들에게 경제적인 인센티브를 제공하는 것은 아니다. 구매시점 디스플레이는 단지 소비자들의 시선을 집중시킴으로써 충동구매를 유도할 수 있다. 실제로 세일을 하지 않더라도, 그 상품이 세일을 하는 것으로 생각하고 구매하는 경향이 있다고 한다. 그렇기 때문에 구매시점 디스플레이는 경제적인 인센티브를 제공하는 것은 아니지만, 심리적인 인센티브를 제공한다고 볼 수도 있다.

1938 ③

① 제품의 장단점이나 구매 또는 사용 경험에 대한 사람과 사람 간의 구두, 서면 또는 전자적 커뮤니케이션을 구전(word of mouth)이라고 한다. PR(public relations)은 기업이 직간접적으로 관련이 있는 여러 집단들과 좋은 관계를 구축하고 유지함으로써 기업 이미지를 높이고 구매를 촉진하기 위하여 벌이는 활동이다. PR수단에는 홍보, 출판물, 이벤트, 연설, 사회봉사활동 등이 있다.

② 구전(word of mouth)은 풀(pull) 전략에만 해당한다. 푸시와 풀 모두에 해당하는 것은 PR이다. 참고로 광고는 대표적 '풀'이고, 인적판매는 대표적 '푸시'이다. 소비자판촉은 '풀'이고 중간상판촉은 '푸시'이다.

③ S형의 판매반응함수(sales response function)에서 가속점(threshold level)은 광고의 효과가 '없다'와 '있다'의 경계선을 의미한다. 어떤 자극이나 효과가 '있다'와 '없다'의 경계를 절대식역(absolute threshold)이라고 하므로 S형 판매반응함수의 가속점은 절대식역이다. 절대식역과는 달리 차이식역(differential threshold)은 자극 간 차이를 인식할 수 있는 영역을 의미한다. 차이식역은 JND(just noticeable difference)라고도 한다.

④ FCB 그리드는 관여도와 의사결정 방식에 따라 소비자의 반응을 4가지로 구분하고 있다.

<FCB 그리드>

	사고 (thinking)	느낌 (feeling)
고관여	정보제공적 광고	감정유발 광고
저관여	습관형성 광고	자아만족 광고

⑤ 중간상 판매촉진에는 입점공제(slotting allowance), 광고공제(advertising allowance), 진열공제(display allowance), 구매공제(buying allowance) 등이 있는 것은 맞지만, 중간상 판매촉진은 중간상이 '주체'가 되는 판매촉진이 아니라 중간상을 '대상'으로 하는 판매촉진이다.

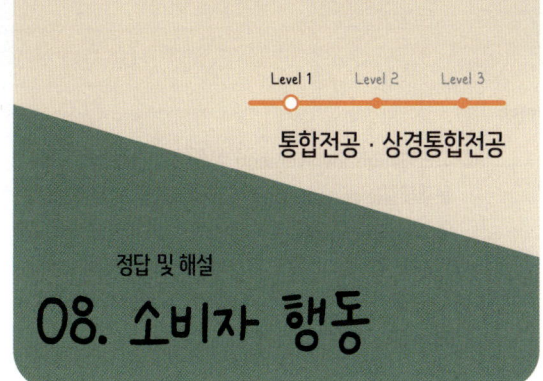

정답 및 해설
08. 소비자 행동

1939 ③

저관여(low involvement)란 구매자들의 자아 개념이나 의지와는 무관하게 구매 행위가 일어나는 상황 즉, 개인적 관심도가 별로 없고, 구매결정을 잘못 내리더라도 지각된 위험(perceived risk)이 거의 없으며, 구매 결과에 대해서 불안감이 없고, 구매 제품과 자아 개념 사이의 관계가 매우 희박한 경우를 말한다.

저관여 상황에서는 소비자들이 깊게 생각하지 않고 간단하며 신속하게 구매결정을 하는 경향이 많고, 값이 싸고, 구매 중요도가 낮으며, 상표간의 차이도 별로 없어서 잘못 구매시에도 별로 큰 피해를 입히지 않는 제품의 경우가 해당한다. 또한, 저관여 상황은 구매결정과정과 정보처리과정이 간단하고 신속한 특징이 있다.

1940 ③

① 고관여도 제품은 높은 수준의 지각된 위험(perceived risk)을 수반한다.
② 고관여도 제품은 비교적 구매주기가 길다.
④ 관여도가 높은 제품일수록 사회적 가시성은 높다.
⑤ 관여도에는 상황적 관여와 지속적 관여가 있다.

1941 ①

① 관여도(involvement)란 특정상황에서 특정 대상에 대한 개인의 관련성 지각정도 혹은 중요성 지각정도인데, 저관여 제품은 구매가 별로 중요하지 않은 일상제 등으로 보면 된다.

1942 ①

① 포괄적 문제해결(extensive problem solving) 행동은 상당한 시간과 노력을 투입하여 정보를 탐색하고 신중한 의사결정을 하는 것으로 관여도가 높은 경우에 해당하며, 의사결정 과정의 각 과정에 많은 시간과 노력을 기울인다. 더불어 신제품 구매 시 제품에 대한 사전지식이 없고 각 대체품의 평가기준을 모르는 상황에서 발생하게 된다.
② 한정적 문제해결(limited problem solving) 혹은 제한적 문제해결은 소비자가 문제해결을 위해 포괄적 문제해결보다는 제한된 범위의 정보탐색을 하는 것을 말한다. 문제 자체가 비교적 간단하거나 혹은 어려운 문제이더라도 소비자가 어느 정도 정보를 보유하고 회상할 수 있는 경우의 문제해결방식이다. 포괄적 문제해결과 한정적 문제해결 모두 내적 탐색과 더불어 외적 탐색을 하지만, 일상적 문제해결과 회상적 문제해결은 자신이 알고 있는 기존 정보로 의사결정을 한다. 즉 내적 탐색만을 한다. 조직구매의사결정과 비교하면 신규 구매(new task)는 포괄적 문제해결, 단순 재구매(straight rebuy)는 일상적 문제해결, 수정 재구매(modified rebuy)는 제한적 문제해결이라고 할 수 있다. 수정 재구매란 조직 구매자가 기존의 공급업자를 상대로 구매조건을 변경하고자 하는 것을 말한다.
③ 일상적 문제해결(routinized problem solving) 행동은 직접적인 경험을 통해 어떤 문제를 해결하기 위한 최선의 대안을 알고 있어 문제인식 후 어떤 제품 혹은 브랜드를 선택할 것인지를 곧바로 결정하는 것을 말한다. 따라서 이는 소비자가 동일제품을 반복 구매하여 그 제품에 대한 상당한 경험이 있고 만족하는 경우에 발생한다.
④ 조직의 단순 재구매(straight rebuy)는 이미 선정된 공급업자로부터 구매조건의 변경 없이 반복적으로 구매하는 상황을 가리킨다. 주로 사무실에서 사용되는 소모용품 등을 구매하는 경우가 해당된다.

1943 ⑤

일본의 광고대행사 덴쯔(Dentsu)가 AIDMA 모델을 활용하여 새롭게 제시한 소비자 구매행동 모델은 AISAS 이다.

1944 ⑤

⑤ 충동구매는 문제인식이 없거나 점포방문 전까지 구매의사가 없던 상황에서 발생하는 구매행동으로 충동구매되는 제품은 저관여로 보아야 한다.

	고관여 구매행동	저관여 구매행동
브랜드 간 차이 큰	복잡한 구매행동 complex buying behavior	다양성 추구 구매행동 variety-seeking behavior
브랜드 간 차이 작은	부조화 감소 구매행동 dissonance-reducing behavior	습관적 구매행동 habitual buying behavior

1945 ④

④ 다양성 추구(variety seeking) 구매행동은 관여도가 낮을 때 나타날 수 있다.

1946 ④

④ 제품에 대한 소비자의 관여도가 '낮은' 경우에는 소비자가 광고에 노출되었을 때 형성된 광고에 대한 태도가 광고 대상인 제품에 대한 소비자의 태도에 영향을 미치게 되어 광고를 좋아하는지 싫어하는지의 여부가 제품에 대한 태도 형성에 큰 영향을 미친다.

1947 ④

① 저관여 제품이고 제품특성 차이가 클 때 소비자는 다양성(Variety-Seeking) 추구 구매 행동을 보인다.

② 저관여 제품이고 제품특성 차이가 작을 때 소비자는 습관적(Habitual) 구매 행동을 보인다.
③ 고관여 제품이고 제품특성 차이가 클 때 소비자는 복잡한(Complex) 구매 행동을 보인다.

	고관여 구매행동	저관여 구매행동
브랜드 간 차이 큰	복잡한 구매행동 complex buying behavior	다양성 추구 구매행동 variety-seeking behavior
브랜드 간 차이 작은	부조화 감소 구매행동 dissonance-reducing behavior	습관적 구매행동 habitual buying behavior

1948 ④
- 저관여 제품이고 제품특성 차이가 클 때 소비자는 다양성(Variety-Seeking) 추구 구매 행동을 보인다.
- 저관여 제품이고 제품특성 차이가 작을 때 소비자는 습관적(Habitual) 구매 행동을 보인다.
- 고관여 제품이고 제품특성 차이가 클 때 소비자는 복잡한(Complex) 구매 행동을 보인다.

	고관여 구매행동	저관여 구매행동
브랜드 간 차이 큰	복잡한 구매행동 complex buying behavior	다양성 추구 구매행동 variety-seeking behavior
브랜드 간 차이 작은	부조화 감소 구매행동 dissonance-reducing behavior	습관적 구매행동 habitual buying behavior

1949 ①
① 부조화 감소 구매행동(dissonance-reducing buying behavior)은 소비자들이 구매하는 제품에 대하여 비교적 관여도가 높고 제품의 가격이 비싸고 평소에 자주 구매하는 제품이 아니면서 구매 후 결과에 대하여 위험부담이 있는 제품의 경우, 각 브랜드 간 차이가 미미할 때 일어난다.

1950 ①
① 구매의사결정과정은 문제인식 → 정보탐색 → 대안평가 → 구매 → 구매 후 행동의 순이다.

1951 ⑤
⑤ 제품이 고관여일 때 소비자는 포괄적 문제해결(extensive problem solving) 과정을 거치는데, 이는 문제인식 → 정보탐색 → 대안평가 → 구매 → 구매 후 행동의 순으로 구성된다.

1952 ②
소비자 구매의사결정 과정은 문제 인식 → 정보탐색 → 대안평가 → 구매 → 구매 후 행동의 순으로 이루어진다.

1953 ④
소비자 구매의사결정 과정은 필요인식 → 정보탐색 → 대안평가 → 구매 → 구매 후 행동의 순으로 이루어진다.

1954 ②
② 고관여(high involvement) 상황에서 사람들은 '포괄적 문제해결(extensive problem solving)' 과정을 거치는데, 이 과정은 '문제인식 → 정보탐색 → 대안평가 → 구매 → 구매 후 행동'의 순으로 진행된다. 반면 저관여 상황에서는 '문제인식 → 정보탐색(제한적 내적탐색 위주) → 구매 → 구매 후 행동'의 순으로 진행된다.

1955 ①

제품 속성	중요도	속성별 평가			
		A 브랜드	B 브랜드	C 브랜드	D 브랜드
맛	0.6	4	4	2	3
향기	0.3	3	2	3	1
가격	0.1	1	2	3	5

1. 사전편집식(lexicographic rule)은 소비자가 가장 중요하게 생각하는 속성에서 가장 높은 점수를 받은 대안을 선택하는 방식이다. 사전편집식에 따르면, 중요도가 가장 높은 '맛'에서 높은 점수를 받은 브랜드를 선택하면 되는데, '맛'에서 브랜드 A와 B가 동률이므로 A와 B중에서 중요도 다음 순위인 '향기'에서 점수가 더 높은 A를 선택하면 된다.
2. 만약 보완적 방식인 다속성 태도 모형으로 대안을 선택한다면 브랜드 A가 선택된다.
   A 브랜드 = (0.6 × 4) + (0.3 × 3) + (0.1 × 1) = 3.4
   B 브랜드 = (0.6 × 4) + (0.3 × 2) + (0.1 × 2) = 3.2
   C 브랜드 = (0.6 × 2) + (0.3 × 3) + (0.1 × 3) = 2.4
   D 브랜드 = (0.6 × 3) + (0.3 × 1) + (0.1 × 5) = 2.6

1956 ①
A 브랜드=0.5(4)+0.3(6)+0.2(8)=5.4
B 브랜드=0.5(5)+0.3(5)+0.2(6)=5.2
C 브랜드=0.5(3)+0.3(7)+0.2(6)=4.8
D 브랜드=0.5(4)+0.3(7)+0.2(5)=5.1

1957 ②
① 분리식(disjunctive rule)은 기준별로 최저수준을 정하지만, 어떤 한 기준이라도 최소 수준을 넘어서면 무조건 합격점을 주는 것을 의미한다.
③ 순차적 제거식(sequential elimination rule)은 가장 중요한 기준부터 그 다음 중요한 기준의 순서로 탈락시켜가는 방법이다. 다만 이때 최저수준(acceptable cutoff)을 정하여 이 수준을 넘어서느냐 아니면 미치지 못하느냐에 따라 탈락이 결정된다.
④ 사전편집식(lexicographic rule)은 소비자가 가장 중요하게 생각하는 기준부터 비교한다. 그 기준에서 하나의 상표가 가장 높은 평가를 받으면 이 상표가 선택되고, 만일 두 개 이상의 상표가 동점을 받으면 그 다음 중요한 기준에 따라 결정짓게 된다.

1958 ②

보완적 평가방식은 각 상표에 있어 어떤 속성의 약점을 다른 속성의 강점에 의해 보완하여 전반적인 평가를 내리는 방식을 의미한다.

- 비 행 기 : $(20 \times 4) + (30 \times 4) + (40 \times 7) + (50 \times 9)$
  $= 930$
- 기　　차 : $(20 \times 5) + (30 \times 4) + (40 \times 5) + (50 \times 8)$
  $= 820$
- 고속버스 : $(20 \times 4) + (30 \times 5) + (40 \times 7) + (50 \times 5)$
  $= 760$
- 승 용 차 : $(20 \times 3) + (30 \times 7) + (40 \times 8) + (50 \times 6)$
  $= 890$
- 자 전 거 : $(20 \times 9) + (30 \times 1) + (40 \times 1) + (50 \times 1)$
  $= 300$

1959 ③

① 고객들은 선택할 제품의 수가 너무 많을 때 선택과정을 단순하게 모형화하는 경향이 있다.
② 고객들은 정보탐색에서 기억 속에 존재하지 않는 것에 대해서는 외적 탐색을 시도한다.
④ 귀인이론은 고객들이 제품구매와 관련된 결과를 자신, 제품, 기업 또는 상황의 탓으로 돌리는 것을 말한다.
⑤ 고객들이 구매 전에 수집하는 정보의 양은 일반적으로 사전지식과 경험이 적을수록 많아진다.

1960 ③

③ 인지부조화는 관여도가 높을수록 많이 발생한다. 관여도라는 것이 제품의 중요성 지각정도이므로 중요한 제품일수록 구매 후에 인지부조화가 발생할 확률이 높아진다.

1961 ④

소비자들은 불만족의 원인이 일시적이고, 소비자 자신의 잘못으로 발생했고, 소비자가 직접 통제 가능하다고 생각하면 내부(자신)에게 귀인하고 불만족의 크기가 줄지만, 반대로 불만족의 원인이 항구적이고, 기업의 잘못으로 발생했고, 기업이 통제 가능한 것이라고 생각하면 외부(기업)에 귀인하고 불만족의 크기가 커진다.
④ 불만족의 원인에 대해 외적 귀인을 할 때, 즉 불만족의 원인을 기업에게 귀인할 때 불만족의 크기는 커진다.

1962 ④

④ 인지부조화는 '구매 후 행동' 단계에서 발생한다.

1963 ①

부조화 감소 구매행동(dissonance-reducing behavior)은 구매자들이 구매하는 제품이 고관여, 고가격, 자주 구매하지 않고, 구매 후 결과에 대하여 위험부담이 있는 제품인 경우, 각 상표 간의 큰 차이가 없을 때 일어난다. 이렇듯 소비자들이 스스로 상표들의 차이를 판단할 수 있는 내용이 적기 때문에 소비자들은 자신에게 효율적인 정보를 얻기 위해 여러 점포들을 방문하지만 최종적인 구매는 비교적 빨리 이루어진다. 일반적으로 이렇게 상표간의 큰 차이가 없는 제품구매에 있어서 생각하는 것은 소비자들은 비교적 적당한 가격 등과 같은 내용에 먼저 반응하게 되고, 실제 제품 구매를 한 뒤 구매한 제품에 대한 불만사항을 발견하거나 또는 주변으로부터 구입하지 않은 제품에 대한 긍정적인 정보나 이야기를 듣게 되면 비로소, 구매 후 부조화를 경험하게 되는 것이다. 이러한 부조화를 줄이기 위해서 마케팅 관리자들은 소비자들이 구매 후 구매에 대한 확신을 갖게 하기 위한 촉진활동을 벌이게 되는 것이다.

소비자의 구매행동 유형

브랜드 간 차이	고관여 구매행동	저관여 구매행동
큰	복잡한 구매행동 complex buying behavior	다양성 추구 구매행동 variety-seeking behavior
작은	부조화 감소 구매행동 dissonance-reducing behavior	습관적 구매행동 habitual buying behavior

1964 ⑤

⑤ 라이프스타일에 대한 연구는 주로 소비자들의 활동(activity), 관심사(interest), 의견(opinion)의 측정을 중심으로 이루어지고 있다.

1965 ②

내적인 동기요인은 소비자 자신에게 귀속되는 것(자기 자신 안에서 발생하는 것) 즉, 태도, 학력, 나이는 소비자 자신이 가진 것이 되며 외적인 동기요인은 소비자가 소속되어 있는 것(자기 자신의 밖에서 발생하는 것) 즉, 가족은 그 소비자가 속한 집단이므로 소비자의 외적인 동기요인에 해당한다.

1966 ④

④ 소비자의 AIO 즉, 활동(activity), 관심(interest), 의견(opinion)을 측정하는 것은 라이프스타일이다.

1967 ④

④ 소비자행동에 영향을 미치는 요인 중 '가족'은 사회적 요인에 해당한다.

1968 ②

② 소비자의 정보처리 과정은 자극에 의한 반응인데, 자극에 대하여 인지, 감정, 행동(구매) 그리고 구매 후 행동의 순으로 일어난다.

1969 ③

소비자의 심리적 반응단계는 주의→관심→욕구→구매행동의 순으로 진행된다.

1970 ⑤

소비자의 지각과정은 소비자가 자극에 노출되고 주의를 기울이며 자극 내의 정보를 해석하고 정보를 수용하여 기억하는 과정을 말한다.

1971 ②

① 선택적 왜곡(selective distortion) : 정보를 받아들일 때 자신에게 유리한 방향으로 정보를 재해석 왜곡시키는 경향
③ 선택적 주의(selective perception) : 비록 많은 정보에 노출될지라도 중요하지 않은 정보는 주의를 기울이지 않는 경향
④ 선택적 보유(selective retention) : 자신의 기존 가치체계(태도/신념)을 보조해주는 정보를 간직하려는 특징

1972 ①

① 소비자 정보처리 과정은 노출(exposure) → 감지(sensation) → 주의(attention) → 이해(comprehension) → 기억(memory)의 순으로 이루어진다.

1973 ①

① 소비자 정보처리과정(information processing)은 교과서마다 설명이 조금씩 다르기 때문에 수험생 입장에서 헷갈릴 소지가 분명히 있는 대목이다. 대부분의 교과서는 노출, 감지, 주의, 이해, 기억의 순으로 정보처리가 된다고 보는데 어떤 교재는 이 문제와 같이 노출, 주의, 지각(이해), 태도, 기억이라고 보기도 한다.

1974 ②

① 다속성 태도 모형(multi-attribute model)은 고관여 상황에 해당하는 모형이다.
② 정교화 가능성 모형(elaboration likelihood model)은 저관여와 고관여 상황 모두 설명하는 모형이다.
③ 연상(association)에 의한 태도 모형은 고전적 조건화(classical conditioning)를 의미하며 이는 고관여 상황보다는 저관여 상황에 효과적이다.
④ 단순노출효과(mere exposure effect)는 저관여 상황에 해당하는 모형이다.

1975 ④

① 휴리스틱(heuristic)은 어떠한 상황에 처했을 때 여러 요인을 체계적으로 고려하지 않고 스스로의 경험, 직관, 상식 등에 기반해 문제를 해결하고자 하는 일종의 즉흥적인 판단추론 기법을 말한다.
② 프로스펙트 이론(prospect theory)은 카너먼(D. Kahneman)과 트버스키(A. Tversky)가 제시한 것으로 이는 전통적인 효용이론과는 달리 어떤 개인이 준거점을 어디에 두는가에 의해 평가대상의 가치가 결정된다고 보는 것을 말한다.

③ 사회판단이론(social judgment theory)은 스스로의 사회적 판단 기준에 의해 태도를 결정하는 이론을 말한다. 이는 소비자가 특정 브랜드에 대한 충성도(brand loyalty)가 강하면 경쟁 브랜드에 대한 설득적 메시지에 노출되더라도 설득이 잘 되지 않는데 이는 그 제품군에 높게 관여된 경우 더욱 뚜렷하다. 즉 개인은 설득적 메시지에 노출되었을 때, 그 메시지가 수용영역(latitude of acceptance)에 속하면 설득이 이루어지고, 거부영역(latitude of rejection)에 속하면 설득이 이루어지지 않으며, 중립영역(latitude of noncommitment)에 속하면 수용도 아니지만 그렇다고 거부도 아닌 입장을 취하게 된다.
④ 단순노출효과(mere-exposure effect)는 사람들이 설득 대상물에 단순히 노출되는 것만으로도 대안에 대한 긍정적 태도가 형성될 수 있다는 심리학 이론이다. 사회 심리학에서는 이러한 단순 노출 효과를 친숙성 원리(familiarity principle)라고 부르기도 하는데 익숙하지 않은 자극의 경우 반복적으로 그 자극을 보는 것만으로도 호감이 상승할 수 있다는 것이다.

1976 ②

① 정교화 가능성 모형(elaboration likelihood model)에 따르면, 소비자의 정보처리 경로는 중심경로(central route), 주변경로(peripheral route)로만 구분된다.
③ 귀인이론에 따르면 소비자는 구입한 제품에서 발생한 문제가 항구적이고, 기업의 잘못으로 발생한 문제이고, 기업이 통제할 수 있었다고 인식하게 되는 순간, 소비자들은 불만족하게 될 것이다.
④ 구매 후 부조화가 더욱 커지게 되는 상황은 다음과 같다.
- 제품을 반품할 수 없을 때
- 가격이 높은 제품일 때
- 선택한 제품이 갖지 못한 장점이 다른 제품에 있을 때
- 관여도가 높을 때
- 모든 의사결정을 전적으로 자신이 스스로 했을 때
- 마음에 드는 대안이 다수 있을 때

1977 ③

③ B2C 거래는 일반적으로 B2B 거래보다 판매 주기가 짧다. B2B의 경우 다른 기업을 대상으로 하고, 긴 판매 주기 및 복잡한 의사결정 과정을 거치는 반면에 B2C의 경우 개인 소비자를 대상으로 하며, 빠르고 감정적인 구매 결정을 목적으로 한다.

1978 ③

③ 소비자가 어떤 상품을 구매하고자 하는 욕구는 있으나, 그것을 구입할 경제적 능력이 없는 상태라면 이는 제약요인이 문제의 크기나 중요성보다 더 큰 상태이다. 이런 상황이 발생하는 이유는 관여한 당사자 중 하나가 다른 당사자를 만족시킬 수 있는 능력이 없기 때문이다.

1979 ④

④ 서비스 생산자가 서비스를 생산하기 시작하면 소비자는 그것을 소비하기 시작한다. 그리고 서비스의 생산이 끝나는 시점에서 소비자의 소비도 완료가 된다. 즉 서비스는 생산과 소비가 동시에 이루어지기 때문에 소비자의 참여가 빈번하게 이루어지며 이 때문에 서비스 구매에 관한 소비자행동모델은 유형제품보다 상대적으로 더 복잡하다.

1980 ④

① 제한적 문제해결(limited problem solving)은 제한된 범위의 정보탐색을 하여 의사결정을 하는 것으로 외적 탐색을 수행한다.
② 포괄적 문제해결(extensive problem solving)은 상당한 시간과 노력을 투입하여 정보를 탐색하고 신중한 의사결정을 하는 것으로 외적탐색을 수행한다.
③ 능동적 정보탐색(active information search)은 보다 적극적으로 나서서 정보를 탐색하는 것으로 이는 외적 정보탐색을 의미한다.
④ 외적탐색은 능동적 외적탐색, 수동적 외적탐색으로 구분된다. 능동적 외적탐색을 능동적 정보탐색(active information search)라고 하며 이는 적극적으로 나서서 정보를 탐색하는 것을 말하며, 수동적 외적탐색은 강화된 주의(heightened attention)라 하여 문제와 관련된 정보에 노출될 때마다 주의를 기울이는 것을 말한다.

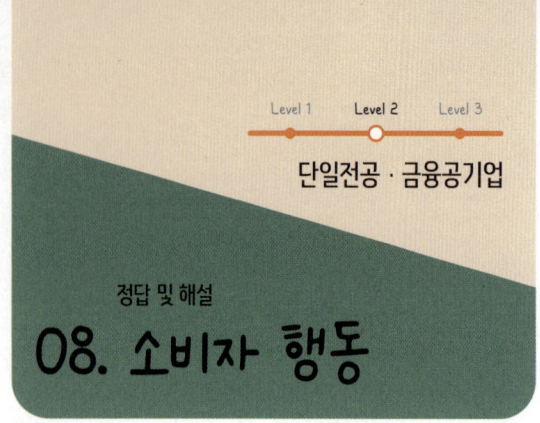

08. 소비자 행동

1981 ②

① 소비자의 만족 또는 불만족은 구매 전 기대에 비해 성과를 얼마나 공정하다고 지각하는지에 따라 달라진다는 것은 올리버(Oliver)의 기대 불일치 모델(expectancy disconfirmation model)이다. 반면 공정성이론(equity theory)은 교환의 속성에 초점을 두고 만족/불만족을 설명한다. 즉 소비자들은 자신의 투입자원과 확보한 결과물이 기업의 투입자원이나 결과물과 비교해 볼 때 공정하다고 인식되는 한 만족하게 되지만, 그렇지 않다면 불만족하게 된다는 것이다.

② 소비자 구매의사결정 단계 중 '구매'단계에서 소비자가 보여주는 구매행동은 관여수준과 과거 경험 정도에 따라 아래 그림과 같은 다양한 유형을 보인다. 다양성추구(variety seeking)는 관여도가 낮은 제품을 구매하는 소비자가 이전에 선택한 브랜드에 싫증을 느끼거나 단지 새로운 것을 추구하려는 의도에서 다른 브랜드로 전환하는 것이다. 다양성 추구행동은 최저자극화이론(optimum stimulation theory)에 의해 설명될 수 있다. 최저자극화이론에 의하면 사람들은 적정수준의 활성화를 유지하려고 하며, 따라서 활성화수준이 너무 낮거나 너무 높으면 이를 변화시키려 한다. 이에 따라 소비자는 신체적/정신적 활성화를 위해 다른 브랜드로 전환하기도 한다.

	고관여	저관여
최초 구매	복잡한 의사결정	다양성 추구
반복 구매	브랜드충성도	관성적 구매

③ 기대불일치 모델(expectancy disconfirmation model)에 관한 후속 연구들은 '기대'가 '지각된 성과'에 영향을 미칠 수 있는 것으로 본다. 이 경우 객관적으로 동일한 성과라 해도 지각된 성과는 기대에 영향을 받을 수 있는데, 이와 관련하여 동화효과(assimilation effect)란 소비자가 지각하는 성과가 기대와 다를 경우 기대를 성과에 동화시키는 것이 아니라 성과를 기대에 동화시켜 지각하는 것이다. 즉 기대의 방향으로 지각하는 것이다. 다시 말하면 성과가 기대보다 못하더라도 그다지 못하지 않은 것으로 지각하는 것이다. 이는 성과가 기대보다 못하다고 느낄수록 심리적 불편함(인지부조화)을 갖게 되므로 성과를 기대에 동화시켜 좀 더 긍정적으로 받아들이는 것이다(인지부조화 감소). 이 견해에 따르면 성과가 기대보다 좋더라도 소비자는 기대보다 그다지 좋지 않은 것으로 지각하는 것으로 볼 수 있다. 반대로 대조효과(contrast effect)는 위의 경우와는 반대로 성과가 기대에 미치지 못하는 경우 분노를 느껴 성과를 실제보다 더 낮게, 그리고 성과가 기대를 초과하는 경우에는 실제보다 더 높게 평가하는 것을 말한다.

④ 고관여 소비자의 태도 형성은 소비자가 제품을 인지한 후 이에 대한 태도를 형성하고 이후 구매까지 이르는 과정이지만, 저관여 소비자의 태도 형성은 소비자가 제품을 인지한 후 구매하고 소비와 사용 경험을 통해 비로소 태도가 형성된다. 즉 고관여 소비자는 인지(cognition) → 태도(attitude) → 행동(behavior)의 순서이지만 저관여 소비자는 인지(cognition) → 행동(behavior) → 태도(attitude)의 순서로 태도가 형성된다. 이 때 전자를 학습 위계(learning hierarchy)라 하고 후자를 크루그만(Krugman)의 저관여 위계(low involvement hierarchy)라고 한다.

⑤ 관성(inertia)은 제품사용경험이 있는 저관여 소비자가 의사결정의 과정을 단순화하기 위해 동일 브랜드를 반복적으로 구매하는 행동이다.

1982 ④

소비자 구매행동의 4가지 유형

	고관여	저관여
최초 구매	복잡한 의사결정	다양성 추구
반복 구매	브랜드충성도	관성적 구매

과거 경험

다양성 추구(variety seeking)는 소비자가 이전에 구매한 브랜드에 싫증이 나서 또는 단지 새로운 것을 추구하려는 의도에서 다른 브랜드로 전환하는 것을 말한다. 다양성 추구행동은 최저자극화이론(optimum stimulation theory)에 의해 설명될 수 있다. 최저자극화이론에 의하면 사람들은 적정수준의 활성화를 유지하려고 하며, 따라서 활성화 수준이 너무 낮거나 너무 높으면 이를 변화시키려고 한다. 이에 따라 소비자는 신체적 및 정신적 활성화를 위해 다른 브랜드로 전환하기도 한다. 그러므로 기업은 다양성 추구성향을 보이는 고객을 타깃으로 판촉행사를 실시해 자사 제품을 한번 구매해 보도록 유도할 수 있다. 그러나 다양성 추구는 새로운 제품을 한번 시도해 보려는 사람들의 습성이기 때문에 이러한 판촉전략이 단기적인 매출만 올릴 뿐 장기적인 매출에는 별다른 영향을 주지 못할 수 있다.

1983 ④

① 소비자들은 자신의 불평행동으로부터 기대되는 이익과 비용을 고려하여 불평행동의 유형을 선택한다. 즉 소비자들은 불평행동이 많은 시간과 노력을 필요로 하거나 또는 그렇게 함으로써 돌아오는 실익이 적고, 제품이 그렇게 중요하지 않은 경우 불평행동을 하지 않는다.

② 올리버(Oliver)의 기대불일치모형(expectancy disconfirmation model)은 소비자의 만족/불만족을 설명하는 이론으로 다음과 같이 구성된다.

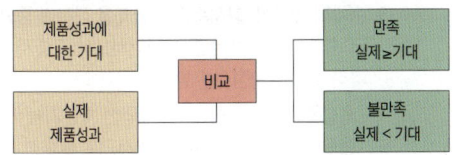

③ 비보완적(non-compensatory rule) 방식은 특정 속성에서의 약점이 다른 속성에서의 강점에 의해 보완이 되지 않는 방식이다. 반면 보완적 방식(compensatory rule)은 약점이 강점에 의해 보완되도록 전반적인 평가를 수행하는 방식이다.

④ 상기상표군(evoked set)은 내적탐색의 결과물을 의미하고, 고려상표군(consideration set)은 대안으로 최종적으로 고려되는 상표들을 의미한다. 소비자의 정보탐색과정에서 내적탐색만으로 충분할 때는 고려상표군과 상기상표군이 일치하지만, 소비자가 정보탐색과정에서 내적탐색과 외적탐색을 모두 할 때는 고려상표군은 상기상표군과 외적탐색의 결과물을 합한 것이 된다. 따라서 상기상표군(evoked set)에 포함된 상표의 수는 고려상표군에 포함되어 있는 상표의 수보다 더 적거나 같다.

⑤ 실제 상태와 바람직한 상태 간의 차이가 클수록 문제에 대한 지각이 높아지며, 문제의 중요성이 제약요인보다 더 크면 구매의사결정단계에서 다음 단계로 진행할 수 있다.

1984 ①

① 소비자가 정보를 탐색하는 과정은 내적 탐색과 외적 탐색으로 구분되는데, 내적 탐색(internal search)이란 기억 속에 저장되어 있는 정보 중 의사결정을 하는데 도움이 되는 정보를 기억 속에서 끄집어내는 과정을 말한다. 내적 탐색의 결과물을 상기상표군(evoked set)이라고 한다. 외적 탐색(external search)이란 자기의 기억 이외의 원천으로부터 정보를 탐색하는 활동을 말한다. 상기상표군과는 달리 소비자가 외적 탐색을 하는 경우 외적 탐색으로 인하여 추가되는 상표와 상기상표군을 합하여 고려상표군(consideration set)이라 한다.

② ③ 사전편집식(lexicographic rule), 순차적 제거식(elimination by aspect), 결합식(conjunctive rule), 분리식(disjunctive rule) 등은 비보완적 대안평가방식이다. 보완적 평가방식에는 다속성 태도 모형이 있다.

④ ⑤ 고관여 소비자가 구매된 브랜드에 만족하여 반복 구매하는 것을 브랜드 충성도에 의한 구매라 하고, 저관여 소비자가 복잡한 의사결정을 피하기 위해 동일한 브랜드를 반복 구매하는 것을 관성적 구매라고 한다.

1985 ③

① 소비자의 브랜드 평가모형은 보완적(compensatory) 평가모형과 비보완적(non-compensatory) 평가모형으로 구분할 수 있다. 보완적 모형은 소비자가 각 상표의 어떤 속성의 약점을 다른 속성의 강점에 의해 보완하여 전반적인 평가를 수행하는 방식을 의미하며, 비보완적 모형은 한 평가기준에서의 약점이 다른 평가기준에서의 강점에 의하여 보완이 되지 않도록 하는 평가 방식을 의미한다.

보완적 방식	다속성 태도 모형(multi-attribute attitude model)
비보완 방식	사전편집식(lexicographic rule) 순차적 제거식(elimination by aspect) 결합식(conjunctive rule) 분리식(disjunctive rule)

② 관여도(involvement)는 '특정 상황에서 특정 대상에 대한 개인의 관련성 지각정도(perceived personal relevance) 혹은 중요성 지각 정도(perceived personal importance)'라고 정의된다. 관여도는 제품이나 사람에 따라 그 수준이 모두 다르기 때문에 지극히 주관적이고, 상대적이며, 상황적이다.

③ 피쉬바인(Fishbein)모형 즉 다속성 태도모형은 '결합적(conjunctive) 모형'이 아니라 '보완적 방식'에 포함된다.

④ 정교화가능성모델(elaboration likelihood model)에 따르면, 소비자 정보처리 경로는 중심경로와 주변경로로 구분할 수 있다. 정교화가능성모델에 따르면 고관여 소비자는 정보를 처리하도록 더 많은 동기를 부여하고, 보다 정교화(중심된) 처리를 하게 된다. 하지만 저관여 소비자들은 정보를 처리하는데 거의 동기를 부여하지 않는 대신 정교화하지 않은(주변) 처리를 하게 된다.

1986 ②

① 고관여 상태의 주의 유형에서는 강화된 주의와 자발적 주의가 있는데, 강화된 주의(heightened attention)란 문제해결을 위해 정보를 수집하는 과정에서 우연히 관련 광고에 노출되어 주의 수준이 높아지는 것을 의미한다. 반면 자발적 주의(voluntary attention)란 소비자가 적극적 또는 능동적으로 관련 정보를 찾아 해당 정보에 주의를 기울이는 것을 의미한다.

② 소비자가 문제를 인식한 후, 정보를 탐색하는 과정은 보통 내적 탐색과 외적 탐색으로 구분된다. 내적 탐색(internal search)이란 기억 속에 저장되어 있는 정보 중 의사결정을 하는 데 도움이 되는 정보를 기억 속에서 끄집어내는 과정을 말한다. 내적 탐색의 결과가 만족스러우면 소비자는 구매과정의 다음 단계로 나아가고 그렇지 않으면 외적 탐색을 하게 된다. 어떤 소비자가 내적 탐색의 방법으로 정보를 탐색할 때, 그의 머리속에 떠오르는 상표들을 환기상표군(evoked set)이라 한다. 반면 외적 탐색(external search)이란 자신의 기억 이외의 원천으로부터 정보를 탐색하는 활동을 말한다.

③ 소비자가 정보에 노출되는 유형에는 우연적 노출, 의도적 노출, 선택적 노출이 있다. 이 가운데 의도적 노출

(intentional exposure)이란 소비자가 당면한 문제 해결을 위하여 자신을 의도적으로 마케팅 정보에 노출시키는 것을 말한다. 이 때 소비자는 해당 의사결정에 높게 관여될수록 적극적이고 더 많은 정보를 탐색하게 된다.

④ 관여(involvement)는 '특정 상황에서 특정 대상에 대한 개인의 관련성 지각 정도(perceived personal relevance) 혹은 중요성 지각 정도(perceived personal importance)'라고 정의된다. 관여는 제품이나 사람에 따라 그 수준이 모두 다르기 때문에 지극히 주관적이고, 상대적이며, 상황적이다.

⑤ 프레이밍(framing)이란 어떤 사안이 제시되는 방법에 따라 동일한 사안이라고 해도 그에 관한 사람들의 해석이나 의사결정이 달라지는, 인식의 왜곡(cognitive bias) 현상을 가리키는 말이다.

1987 ①

① 다속성 태도모형은 브랜드 평가의 보상적인(compensatory) 방법이다.

1988 ⑤

⑤ 자신이 가장 중요하게 생각하는 속성으로 평가하기 위해서는 기준에 부합하지 않는 대안들을 제거하면서 평가하는 비보완적(non-compensatory) 방식을 사용하여야 한다.

1989 ②

② 사전편집식은 사전을 편집하는 것과 같은 방식으로, 소비자가 가장 중요하게 생각하는 기준부터 비교한다. 그 기준에서 하나의 상표가 가장 높은 평가를 받으면 이 상표가 선택되고, 만일 두 개 이상의 상표가 동점을 받으면 그 다음 중요한 기준에 따라 결정짓게 된다.

1990 ②

다속성 태도 모형에 따르면 소비자의 제품에 대한 태도는 제품의 각 속성과 각 속성에 대한 신념의 강도에 의해 종합적으로 평가된다.

즉, $A_o = \sum_{i=1}^{n} b_i e_i$

A_o : 대상에 대한 태도(attitude toward an object)
b_i : 이 대상이 속성 i를 갖는다는 신념(belief)의 강도
e_i : 속성 i의 평가(evaluation)
n : 부각적 신념의 수

각 대안의 평가

속성	속성1	속성2	속성3	속성4	합계
대안 A 평가	0.2	0.2	2.7	1.4	4.50
대안 B 평가	0.3	0.1	2.25	2.1	4.75
대안 C 평가	0.1	0.3	1.8	1.4	3.60
대안 D 평가	0	0.4	1.8	1.05	3.25
대안 E 평가	0.3	0.1	2.25	1.05	3.70

결국 대안 B가 선택된다.

1991 ①

1. 보완적 방식: 각 속성의 중요도와 평가점수를 곱하여 합계를 내는 방식
   - 브랜드 A = (50×4)+(30×2)+(20×4) = 340
   - 브랜드 B = (50×5)+(30×4)+(20×2) = 410
   - 브랜드 C = (50×3)+(30×3)+(20×3) = 300

2. 사전편집식: 소비자가 가장 중요하게 생각하는 기준부터 비교하여 제품을 선택하는 것
   - 속성중요도가 가장 높은 '자외선 차단기능'에서 속성평가 점수가 가장 높은 브랜드B가 선택됨

3. 순차적 제거식: 최저수준(cutoff)을 정하여 중요한 속성부터 순차적으로 이 수준을 넘어서느냐 그렇지 못하느냐에 따라 탈락을 결정짓는 방식
   - 속성중요도가 가장 높은 '자외선 차단기능'에서 모든 브랜드들이 cutoff 3점을 넘어서므로 탈락한 브랜드는 없다. 두 번째 중요한 속성인 '지속성'에서는 브랜드A가 2점으로 탈락한다. 브랜드B와 C만 남은 상태에서 세 번째 기준을 적용하면 브랜드B가 2점으로 탈락하고 최종적으로 남는 브랜드C가 선택된다.

4. 결합식: 각 기준별로 받아들일 수 있는 최소수준(cutoff)을 정하고 어느 한 선택기준이라도 이 수준에 미달할 경우 이 대안은 제외시킴
   - 브랜드A는 '지속성'에서 3점을 넘지 못해 탈락
   - 브랜드B는 '가격 대비 용량'에서 3점을 넘지 못하여 탈락
   - 브랜드C는 모든 속성에서 3점을 넘어서므로 탈락되지 않음

   결국 탈락되지 않고 살아 남은 브랜드C가 선택됨

5. 분리식: 결합식과 마찬가지로 속성별로 최저수준을 정하지만, 결합식과는 달리 어떤 한 기준이라도 최저수준을 넘어서면 무조건 합격시키는 것
   - 분리식을 적용하면 브랜드 A, B, C 모두 적어도 하나 이상이 최저수준인 3점을 넘기 때문에 모두 합격이 됨. 따라서 분리식을 적용하면 특정 브랜드를 선택할 수 없으므로 추가적인 규칙을 적용해야 함

1992 ①

① 귀인이론(attribution theory)은 구매 후 소비자가 불만족 원인의 추적 과정을 이해하는 데 도움이 되며, 원인이 항구적이고, 기업이 통제 가능한 것이었고, 기업의 잘못으로 일어났다고 소비자가 생각할수록 더 불만족할 가능성이 높다.

1993 ③

구매후 부조화(postpurchase dissonnance)란 소비자가 구매 이후 가질 수 있는 심리적 불편함(psychological discomfort)을 말한다. 즉 소비자가 나의 선택이 옳았는가 하는 불편한 감정을 의미한다. 구매후 부조화의 개념은 페스팅어(Festinger)에 의해 제기된 인지부조화(cognitive dissonance)의 한가지 유형인 결정후 부조화(postdecision dissonance)를 소비자 행동연구에 적용함으로써 대두되었다. 의사결정은 원래 두 가지 이상의 대안들 중 한 가지를 선택하는 행위로서 선택한 대안이 선택하지 않은 대안에 비하여 갖는 상대적 단점(혹은 선택하지 않

은 대안이 선택한 대안에 비하여 갖는 상대적 장점) 때문에 결정후 부조화가 발생한다. 각 보기의 구매후 부조화 발생가능성은 다음과 같다.

a. 마음에 드는 선택 대안이 다수 있을 때, 만약 이 가운데 하나를 선택하게 되면, 선택하지 않은 대안의 상대적 강점 때문에 구매후 부조화 발생가능성이 높아진다.
b. 구매 이후 반품이나 환불이 가능할 때는 구매행동을 철회할 수 있으므로 구매후 부조화 발생가능성이 낮아진다.
c. 구매 결정의 주체가 소비자 자신일 때, 구매후 부조화 발생가능성은 높다. 왜냐하면 구매 이후에 발생하는 불편한 감정은 전적으로 자신의 책임이기 때문이다. 하지만 구매 결정을 타인이 했을 경우는 구매 이후 발생하는 불편한 감정은 타인의 책임이므로 구매후 부조화 발생가능성은 낮아진다.
d. 구매 결정의 중요성이 낮을 때, 이는 관여도(중요성 지각정도)가 낮다는 의미이므로 구매후 부조화 발생가능성은 낮아진다.
e. 선택한 대안이 갖지 않은 장점을 선택하지 않은 대안이 갖고 있을 때는 자신의 의사결정이 옳은가 하는 불편한 감정이 생기므로 이 경우 구매후 부조화 발생가능성은 높아진다.

1994 ③

귀인이론(attribution theory)은 구매 후 소비자가 만족/불만족 원인을 찾는 과정을 이해하는 데 도움이 된다. 귀인이론은 우리 자신이나 다른 사람들의 특정 행동의 이유를 외부적 상황의 탓으로 돌리거나 혹은 내부적 성향(disposition) 때문인 것으로 돌리는 과정을 다룬다. 귀인이론에 따르면 다음이 세가지 요인이 어떤 사건(결과)의 원인을 찾는데 영향을 미친다고 한다.

요인	내용	상황	귀인
안정성 stability	이 사건의 원인이 일시적인가 아니면 지속적인가?	일시적	내부 (소비자)
		지속적	외부 (기업)
책임소재 focus	이 문제가 소비자가 유발했는가 아니면 기업이 유발했는가?	소비자 유발	내부 (소비자)
		기업 유발	외부 (기업)
통제가능성 controllability	이 문제는 소비자가 통제할 수 있는 문제인가 아니면 소비자가 통제할 수 없고 기업이 통제해야 하는 문제인가?	소비자 통제	내부 (소비자)
		기업 통제	외부 (기업)

따라서 문제의 3가지 보기는 다음과 같이 귀인된다.

a. 결과의 원인이 지속적일 때: 불만족을 하고 이를 외부귀인
b. 결과가 소비자 자신에 의해 유발되었을 때: 불만족하지 않고 내부귀인
c. 발생한 결과가 기업에 의해 통제 가능했다고 판단할 때: 불만족하고 외부귀인

1995 ①

① 가치(value)란 특정 상황이나 대상에 대해 행동이나 판단을 이끄는 지속적 신념이다. 가치관은 로키치의 설문이나 VALS 설문 등으로 측정된다. 반면 활동(Activity), 관심사(Interest), 의견(Opinion)의 AIO척도를 통해 연구되는 것은 생활 양식이다.

1996 ①

① 맞는 보기. 고가의 골프채나 요트 같은 공공장소에서 사용되는 사치품(publicly consumed luxuries)은 다른 사람들이 보는 앞에서 제품이 사용되며, 소수의 사람들에 의해 소유되거나 사용된다. 이 경우 제품의 소유와 브랜드 선택 모두가 준거집단에 의해 영향을 받게 된다. 반면 손목시계(고가 시계 X) 같은 공공장소에서 사용되는 필수품(publicly consumed necessities)은 여러 사람이 보는 앞에서 사용되며, 거의 모든 사람이 소유하고 있다. 거의 모든 사람이 소유하는 필수품으로 준거집단은 제품구매 여부에 거의 영향을 미치지 않으나, 남의 눈에 띄는 공공장소에서 사용되기 때문에 브랜드 선택에 있어서는 준거집단의 영향이 강하게 나타난다.
② 대리학습(vicarious learning)에는 공개적 모델링, 비공개적 모델링 그리고 언어적 모델링의 세 가지가 있다. 공개적 모델링(overt modeling)은 개인으로 하여금 타인(모델)의 행동 및 행동의 결과를 관찰하게 함으로써 개인의 행동을 변화시키고자 하는 시도를 말한다. 비공개적 모델링(covert modeling)은 실제적 행동이나 결과가 제시되지 않는 대신 소비자에게 모델이 어떤 상황에서 취하는 행동과 결과를 상상하도록 요구함으로써 이루어진다. 마지막으로 언어적 모델링(verbal modeling)은 행동이 직접 제시되지 않고 또한 모델이 어떤 행동을 수행하는 것을 상상하도록 요구되지 않는다. 그 대신 사람들에게 그들과 유사한 다른 사람들이 특정 상황에서 어떻게 행동했는가를 들려준다. 평가적 방법에서는 사회구성원들에게 타인의 계층적 지위를 평가하도록 하여 개인의 사회계층을 결정한다.
③ 사회계층은 다차원적이고 동적이며, 사회계층 측정에서 객관적 방법은 개인의 계층적 지위를 사회구성원의 객관적 속성을 근거로 결정한다. 즉 소득이나 직업, 교육 수준과 같은 객관적인 변수로서 사회계층을 측정하도록 하는 것이다. 반면 주관적 측정방법에서는 개인에게 자신의 계층적 지위를 어떻게 인식하고 있는가를 스스로 평가하도록 하고 그것을 바탕으로 하여 사회계층을 결정하는 것이다.
④ 수단-목적 사슬(means-end chain)에 의하면 소비자들은 제품 속성이라는 수단으로부터 편익이라는 목적을 달성하고 이러한 편익은 다시 가치라는 목적을 달성하는 수단이 된다.
⑤ 자아개념 중 사회적 자아개념(social self-concept)은 다른 타인들이 자신을 어떻게 보는가에 관한 개인의 생각이고, 이상적 사회적 자아개념(ideal social self-concept)은 타인들이 자신을 어떻게 봐 주었으면 하는 것이며, 이

상적 자아개념(ideal self-concept)은 자신이 어떻게 되고 싶은가 하는 것이다.

1997 ②

② 소비자는 자신의 기존 신념과 태도에 크게 불일치하는 정보에 노출되면 이를 회피하는 경향이 있다. 그러나 그러한 정보에 강제적으로 노출되면 그 정보를 왜곡시킴으로써 자신의 기존 신념과 태도를 보호하려는 심리적 경향이 있는데 이를 지각적 방어(perceptual defense)라고 한다. 광고에서 메시지의 효과를 높이기 위해 사용하는 공포소구(fear appeals)는 지나치게 위협적인 경우에는 실패할 가능성이 높다. 예를 들면 말기암 환자의 모습을 보여주는 금연캠페인 광고를 접한 흡연자들은 이를 무시해 버리거나 인지부조화를 감소시키기 위한 지각적 방어(perceptual defense)를 작동시키고 그 메시지를 받아들이지 않게 된다. 반면 공포의 정도가 너무 작아 소비자의 근심(anxiety)을 불러일으키지 못하는 경우에도 설득효과를 기대하기 어렵다. 결론적으로 공포소구는 공포심의 수준이 중간정도이면서 위협을 회피할 수 있는 해결책이 제시될 때 효과적이다.

1998 ③

③ 절대식역(absolute threshold)이란 지각을 발생시킬 수 있는 최소한의 자극의 양을 말한다. 즉, 인간이 자극을 알아차릴 수 있는 가장 낮은 수준의 자극점을 뜻한다. 반면 차이식역(differential threshold)은 2개의 자극을 지각할 수 있는 최소한의 차이를 말한다. 절대식역이 자극이 있는지 없는지를 판별하는 영역이라고 하면 차이식역은 두 자극 간 차이가 있는지 없는지를 판별하는 영역이라고 할 수 있다. 소비자는 차이식역 이하에서 자극 간의 어떤 차이도 파악할 수 없다. 그래서 차이 식역을 JND(just noticeable difference)라고도 한다.

1999 ④

① 선택적 노출(selective exposure)은 소비자가 필요하고 관심을 갖는 정보에만 자신을 노출시키는 지각적 메커니즘을 말한다. 예를 들어, 신문, 잡지의 광고부분을 의도적으로 보지 않거나, 이메일 광고를 제목도 보지 않고 삭제해 버리거나, 광고물 봉투도 뜯지 않고 버리거나, 텔레마케팅 전화는 받자마자 끊어버리거나, TV를 시청하던 중 광고가 나오면 바로 채널을 전환(zapping)하거나, 녹화한 프로그램을 보던 중 광고나 흥미없는 부분이 나오면 빨리 돌려버리는(zipping) 것 등을 말한다.

② 식역에는 절대식역과 차이식역이 있는데, 절대식역(absolute threshold)이란 지각을 발생시킬 수 있는 최소한의 자극의 양을 말한다. 즉, 인간이 자극을 알아차릴 수 있는 가장 낮은 수준의 자극점을 뜻한다. 반면 차이식역(differential threshold)은 2개의 자극을 지각할 수 있는 최소한의 차이를 말한다. 절대식역이 자극이 있는지 없는지를 판별하는 영역이라고 하면 차이식역은 두 자극간 차이가 있는지 없는지를 판별하는 영역이라고 할 수 있다. 소비자는 차이식역 이하에서 자극 간의 어떤 차이도 파악할 수 없다. 그래서 차이식역을 JND(just noticeable difference)라고도 한다. 평소에 20도 소주를 마시던 소비자가 19도로 낮아진 소주는 구분 못하지만 18도로 낮아진 소주를 구분하는 것은 차이 식역(differential threshold)으로 설명될 수 있다.

③ 지각적 추론(perceptual inference)은 한 대상을 평가할 때 직접적인 평가를 하지 않고 다른 것들로부터 추리하는 것을 말한다. 예를 들어, 사람들은 고급승용차를 타는 사람을 보면 그 사람이 부자이거나 허세가 심하다고 쉽게 추론하게 된다. 소비자는 제품의 품질을 평가할 충분한 정보를 갖고 있지 못하면 가격이 높을수록 품질이 더 좋은 것으로 생각하는 경향이 있는데 이는 바로 지각적 추론에 의한 것이다. 이러한 가격-품질 연상(price-quality association)은 소비자들은 가격이 높은 제품은 대체로 품질이 좋았다는 경험을 가지고 있으며, 이에 따라 가격이 높을수록 품질이 좋을 것이라는 기대(expectation)가 형성되기 때문이다. 브랜드명, 보증기간, 원산지 등이 품질을 추론하는 단서로 이용되는 것은 지각적 추론과 관련이 있다.

④ 소비자는 정보에 노출되었을 때 그 정보가 자신의 욕구 혹은 환기된 동기(aroused motive)와 관련성이 높을수록 더 많은 주의를 기울인다. 이와 같이 자신과의 관련성이 높은 정보에는 주의를 기울이고 그렇지 않은 정보에는 주의를 기울이지 않는 메커니즘을 지각적 경계(perceptual vigilance)라고 한다. 여대생들을 대상으로 한 연구에서는 다이어트를 하는 학생들은 하지 않는 학생들에 비해 과거보다 식품광고가 더 많아진 것으로 생각하는 것으로 나타났다. 이는 그 학생들이 다이어트로 인해 배가 고픈 상태에 있어 타인들보다 식품광고에 더 민감하게 주의가 주어졌기 때문이다. 사람들은 가급적 일관된 신념과 태도를 유지하려는 경향이 있다. 따라서 소비자는 자신의 기존 신념과 태도에 크게 불일치하는 정보에 노출되면 이를 회피하는 경향이 있다. 그러나 그러한 정보에 강제적으로 노출되면 그 정보를 왜곡시킴으로써 자신의 기존 신념과 태도를 보호 하려는 심리적 경향이 있는데 이를 지각적 방어(perceptual defense)라고 한다.

⑤ 동일한 내용이라도 그 내용의 순서를 달리함으로써 개인은 다르게 이해할 수 있다. 이를 순서효과라고 하는데, 순서효과(order effects)에는 두 가지가 있다. 첫째는 최근효과(recency effect)로서 자극의 내용들이 차례로 제시된 경우 맨 끝에 제시된 부분에 비중을 많이 두어 지각하는 것이다. 둘째는 초기효과(primacy effect)로서 처음에 제시된 부분에 많은 비중을 두어 지각하는 것이다. 이 분야의 연구자들은 자극물에 대한 평가적 인상의 결정(즉, 태도형성)에는 초기효과가 크게 작용하고, 회상(즉, 메시지 내용의 기억)에는 최근효과가 크게 작용하는 것으로 본다. 이는 소비자는 초기에 제시된 정보에 보다 주의를 기울여서 전체적인 인상을 형성하고 나중에 제시된 정보는 회상 시점에서 볼 때 시간적으로 가깝기 때문인 것으로 추정된다.

2000 ①

① 지각적 범주화(perceptual categorization)는 소비자가 자극에 노출되면 그 자극을 기억 속에 가지고 있던 스키마(schema)와 관련지음으로써 자신의 방식으로 그것을 이해하는 것을 말한다. 여기서 스키마(schema)란 어떤 대상에 대한 지식의 단위들로써 구성되는 네트워크를 말하며, 고급수입승용차는 '성능과 승차감이 좋고 값이 비싸다'라는 의미들로써 구성되는 스키마를 갖는 소비자가 Bentley 광고에 접하면 자연스럽게 Bentley를 자신의 스키마에 있는 의미들과 관련지음으로써 그렇게 지각하는 것이다.

② 지각적 조직화(perceptual organization)는 소비자가 정보처리 대상의 여러 요소들을 통합하는 메커니즘을 가리킨다. 예를 들어, 브랜드의 물리적 특성, 소비·사용에 따른 편익, 가격, 유통경로, 광고 캠페인 등 그 제품과 관련된 모든 요소들이 통합되어 소비자의 그 제품에 대한 이미지를 결정하는 것이다.

③ 강한 신념과 태도를 지니고 있을수록 지각적 방어가 일어날 가능성이 높다. 이는 소비자의 기존 신념과 태도가 강할수록 자신의 신념과 태도를 보호하여 지각적 균형(perceptual equilibrium) 상태를 유지하고자 하는 의도가 더욱 강하기 때문이다.

④ 사람들은 가급적 일관된 신념과 태도를 유지하려는 경향이 있다. 따라서 소비자는 자신의 기존 신념과 태도에 크게 불일치하는 정보에 노출되면 그 정보를 왜곡시킴으로써 자신의 기존 신념과 태도를 보호하려는 심리적 경향이 있는데 이를 지각적 방어(perceptual defense)라고 한다.

⑤ 지각적 경계(perceptual vigilance)란 소비자가 정보에 노출되었을 때 자신과의 관련성이 높은 정보에는 주의를 기울이고 그렇지 않은 정보에는 주의를 기울이지 않는 메커니즘을 말한다. 여대생들을 대상으로 한 연구에서는 다이어트를 하는 학생들은 하지 않는 학생들에 비해 과거보다 식품광고가 더 많아진 것으로 생각하는 것으로 나타났다. 이는 그 학생들이 다이어트로 인해 배가 고픈 상태에 있어 타인들보다 식품광고에 더 민감하게 주의가 주어졌기 때문이다.

2001 ②

소비자 정보처리과정은 아래 그림과 같다.

정보처리과정

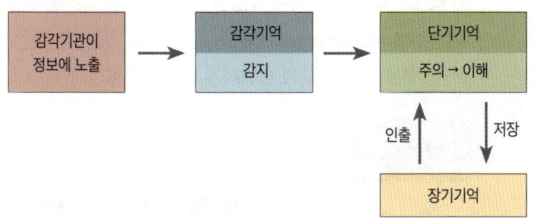

1. 노출
   노출(expose)은 개인이 자극에 물리적으로 접근하여 개인의 다섯 개 감각기관 중 한 개 이상이 활성화(active)될 준비상태를 말하며, 이는 정보처리과정의 첫 단계가 된다.

2. 감지
   감지(sensation)는 자극의 강도가 어느 정도 강해져 감각기억이 해당 자극을 알아차리는 것을 말한다.

3. 주의
   주의(attention)는 어떤 시점에서 개인이 접하는 정보 중 일부를 선택하게 되는 메커니즘을 의미한다. 그러므로 주의는 특정 정보에 대한 정보처리능력의 집중이라고 할 수 있다.

4. 이해
   이해(comprehension)는 유입된 정보의 내용을 조직화하고 해당 의미를 해석하는 것을 말한다.

5. 기억
   소비자는 정보처리과정을 통하여 형성 및 변화된 신념과 태도를 기억 속에 저장하였다가, 후에 새로운 제품정보에 노출되었을 때 이에 대한 의미를 부여하기 위해 기억 속에 저장된 정보를 이용한다.

2002 ③

a. 자신의 태도와 불일치하는 정보에 노출되면 그 정보를 회피하거나 왜곡시킴으로써 기존 태도를 보호하려는 심리적 경향은 지각적 방어(perceptual defense)이다. 참고로 지각적 경계(perceptual vigilance)는 자신과의 관련성이 높은 정보에 주의를 기울이고 그렇지 않은 정보에는 주의를 기울이지 않는 메커니즘을 의미한다.

b. 초기자극의 변화를 감지하는 것과 관련된 개념으로, 두 개의 자극이 지각적으로 구분될 수 있는 최소한의 차이는 차이식역(differential threshold)이다.

2003 ④

④ 피쉬바인 확장모델에 따르면 구매행동에 영향을 미치는 것은 대상과 관련된 행동에 대한 태도(attitude toward the behavior)와 구매 행동과 관련하여 사회적 측면에서 생각할 때 어떻게 할 것인가에 관한 주관적 규범(subjective norm)이다.

2004 ④

a. 다속성 태도모형은 피쉬바인(M. Fishbein)에 의해 개발되었다.

b. 다속성 태도모형은 소비자의 구매행동을 예측하게 하고, 소비자들이 왜 A제품을 구매하지 않고 B제품을 구매하려고 하는지 등에 관한 정보를 마케팅 관리자에게 제공한다.

2005 ①

① 올리버(Oliver)의 기대불일치 모델(expectancy disconfirmation model)은 제품에 대한 기대와 제품의 실제성과와의 차이에 관한 것이다.

2006 ②

(가) 정교화가능성모델(Elaboration Likelihood Model)에 따르면, 소비자 정보처리경로는 중심경로(central route), 주변경로(peripheral route)로 구분된다.

(다) 태도는 직접 관찰될 수 없으나, 일관적이고, 경험을 통해 학습될 수 있다.

(라) 피쉬바인모델은 오차항이 존재하지 않는다.

2007 ①

"내가 이 자동차를 사면 다른 사람들이 어떻게 생각할까?" 이 문장은 소비자들이 소비상황에서 다른 사람을 의식한다는 것을 나타낸다. 즉 피쉬바인 확장모형에서 주관적 규범(subjective norm)을 의미한다.

"이 옷 자체는 좋지만, 내가 구매해서 입으면 어울리지 않을 것 같다." 이 문장은 소비상황에서 소비자의 대상에 대한 태도(attitude toward an object)보다는 피쉬바인 확장모형에서 강조하는 대상을 구매하는 행위에 대한 태도(attitude toward the behavior)를 더 중요시 한다는 것을 암시한다.

2008 ①

① 균형이론(balance theory)

하이더(Heider)는 특정의 대상과 두 사람 간에 불균형이 나타나는 상황에서 인지의 일관성을 회복하는 과정인 균형이론을 제안했다. 이 이론에 따르면 세 가지 관계 간의 긍정적인 정서(+)와 부정적인 정서(-)의 곱에 의해 인지체계가 균형 또는 불균형을 이룬다. 즉, 삼자 간 감정 관계의 곱이 (+)일 때가 균형 상태이고, (-)일 때가 불균형 상태이다. 불균형이 발생할 경우 최소한의 노력으로 균형이 회복되는 쪽으로 변화가 일어나는데, 예를 들어, 삼자 간의 관계 중의 하나 이상의 관계를 바꾸거나 요소를 변경함으로써 불균형에서 균형 상태로 바꾸는 과정을 거치게 된다. 아래 그림에서 오른쪽에 있는 상황들은 나(P), 상대방(X), 그리고 대상(O)간의 불균형 상태를 나타내고, 왼쪽에 있는 상황들은 삼자간 균형 상태를 나타낸다. 삼자 간에 불균형이 발생할 경우 이를 해소하는 방법은 다음과 같다.

㉠ 하나 이상의 관계를 바꾸어 곱이 (+)가 되도록 한다. 예를 들어, 연인과 영화A의 삼자 관계에서 내 여자친구가 영화A를 싫어한다면 불균형이 생기는데, 이 때 내가 영화A에 대한 태도를 호의적(+)에서 비호의적(-)인 것으로 바꿈으로써 삼자 관계를 균형 상태로 만들 수 있다.

㉡ 삼자 관계의 한 요소를 대체한다. 예를 들어, 영화A 대신에 둘 다 좋아하는 영화B로 바꾸거나, 여자친구가 싫어하는 삼겹살보다는 아웃백으로 바꾸는 것이다.

㉢ 관계 자체를 무효화한다. 예를 들어, 상표에 대해서는 호의적이지만 광고에 대해서는 비호의적이라면 상표와 광고를 별개로 간주하면 둘 간의 불균형에 따른 부조화를 느끼지 않을 것이다.

균형 이론의 다양한 상황 균형 상태(좌)와 불균형 상태(우)

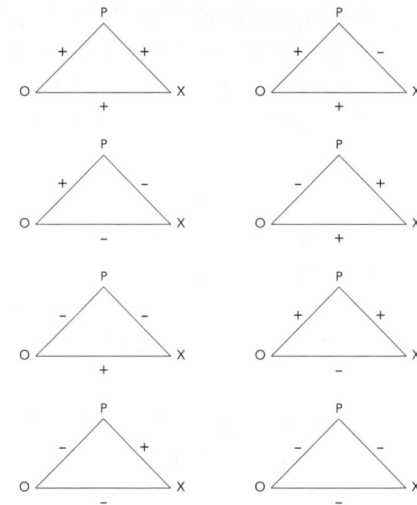

② 합리적 행동이론(theory of reasoned action)

피쉬바인 확장모델(extended Fishbein model)의 다른 이름

⑤ 단순노출효과(mere exposure effect)

여러 연구에 따르면 어떤 인지적 활동 없이 단순노출(mere exposure)을 통해서 좋은 태도가 형성될 수 있다고 한다. 즉 사람들에게 전혀 무의미한 단어나 글자들을 보여주었을 때에 많이 보여준 단어나 글자들을 더 좋아하게 된 것으로 나타났다. 이것은 단순히 사람들이 더 친숙하거나 잘 아는 것을 선호하기 때문이라고 볼 수 있다. 따라서 실제 기억하지는 못하지만 어디에선가 본 적이 있다고 생각하는 상표 쪽에 더 손이 가게 되는 것이다. 단순반복노출이 효과를 나타내는 것은 이와 같은 친숙성(familiarity)이 원인일 수도 있고, 또 다른 해석으로는 저관여학습(low involvement learning)이 일어났기 때문일 수도 있다.

2009 ③

피시바인과 에이전(Fishbein & Ajzen, 1975)이 주장한 합리적 행동이론(theory of reasoned action)은 사람들이 특정 행동에 대해 긍정적인 태도를 가지고 있고, 자신에게 중요한 주변 사람들에게 그 행동이 용인될 수 있을 때(주관적 규범), 행동 의도(동기)가 높아지게 된다고 주장한다.

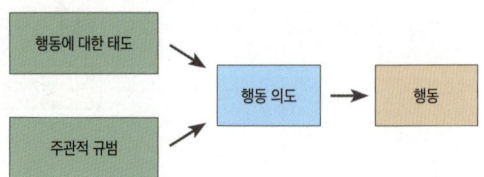

일반적으로 합리적 행위이론은 $BI=(AB)W_1+(SN)W_2$라는 방정식으로 표현되는데, 이때 BI는 행위 의도(behavior intention), AB는 행동에 대한 태도(attitude toward the behavior), SN은 주관적 규범(subjective norm)을 의미하며, W_1, W_2는 각각 개인이 태도와 주관적 규범에 대해 부여하는 가중치를 의미한다.

a. 합리적 행동이론은 구매행동의도(behavioral intention)를 통해서 구매행동에 대한 예측을 하므로 이는 맞는 보기이다.
b. 대상과 관련된 행동에 대한 태도(attitude toward the behavior)가 아닌 대상에 대한 태도(attitude toward an object)라고 했으므로 이는 틀린 보기이다. 대상에 대한 태도를 강조한 것은 피쉬바인 확장모델이 아니라 다속성 태도모형(multi-attribute attitude model)이다.
c. 주관적 규범(subjective norm)은 합리적 행동이론에서 행동의 의도를 설명하는 한 요소가 맞다.
d. 중심경로(central route)와 주변경로(peripheral route)는 정교화가능성 모형(ELM: elaboration likelihood model)의 요소이다.

2010 ①

정교화가능성모델(ELM: elaboration likelihood model)은 광고에 노출되었을 때 고관여 소비자와 저관여 소비자의 정보처리과정이 서로 다름을 설명하는 모델이다. 고관여 소비자는 정보를 처리하도록 더 많은 동기를 부여하고, 따라서 보다 정교화(중심경로)된 처리를 하게 된다. 저관여 소비자들은 정보를 처리하는데 거의 동기부여하지 않는 대신 정교화하지 않은(주변경로) 처리를 하게 된다. 여기서 말하는 중심경로(central route)란 광고에서 제시하는 제품에 대한 정보를 의미하며, 주변경로(peripheral route)란 광고모델, 배경, 배경음악 등의 것을 의미한다. 이 모형을 광고 전략에 이용할 때, 고관여 소비자를 대상으로 하는 광고의 경우 구체적인 제품정보를 설득력 있게 제시하는 것이 효과적이다. 반면에 저관여 소비자를 표적으로 하는 경우에는 제품정보보다 광고모델에 초점을 두는 것이 더 효과적이다.

2011 ①

소비자는 특정 브랜드에 대한 충성도(brand loyalty)가 강하면 경쟁 브랜드에 대한 설득적 메시지에 노출되더라도 설득이 잘 되지 않는다. 이는 그 제품군에 높게 관여된 경우 더욱 뚜렷하다. 이러한 현상은 사회판단이론(social judgement theory)으로 설명이 가능하다. 셰리프(Sherif)의 사회판단이론에 의하면, 개인은 설득적 메시지에 노출되었을 때, 그 메시지가 수용영역(latitude of acceptance)에 속하면 설득이 이루어지고, 거부영역(latitude of rejection)에 속하면 설득이 이루어지지 않으며, 중립영역(latitude of noncommitment)에 속하면 수용도 아니지만 그렇다고 거부도 아닌 입장을 취한다. 소비자는 메시지가 수용영역에 해당하면 실제보다 더 긍정적으로 해석하는 경향이 있는데, 이를 동화효과(assimilation effect)라고 한다. 반대로 기존 태도 또는 신념에 상반되는 메시지, 즉 거부영역에 해당하는 메시지는 실제보다 더 부정적으로 해석할 수 있는데, 이를 대조효과(contrast effect)라고 한다.

2012 ⑤

① 확장된 피시바인 모델(Extended Fishbein Model)은 계획된 행동이론(theory of planned behavior)이 아니라 합리적 행동이론(theory of reasoned action)에 기반하고 있다.
② 다속성 태도모델(multi-attribute attitude model)에는 행동 의도(behavioral intention)가 포함되어 있지 않지만, 확장된 피쉬바인 모델에는 행동 의도가 모델에 포함되어 있다. 또한 다속성 태도모델에서 태도는 대상에 대한 태도(attitude toward an object)이지만 확장된 피쉬바인 모델에서 태도는 행동에 대한 태도(attitude toward the behavior)로 두 모델의 태도를 측정하는 대상이 서로 다르다.
③ 지각된 행동 통제(perceived behavioral control)는 계획된 행동이론(theory of planned behavior)에서 행동 의도에 영향을 미치는 변수로 확장된 피쉬바인 모델과는 무관하다.
④ 브랜드에 대한 태도가 아니라 특정 브랜드를 구매하는 행동에 관한 태도(attitude toward the behavior)와 주관적 규범(subjective norm)이 구매 행동에 미치는 영향을 '행동 의도'를 통해 설명하고 있다. <아래 그림 참조>

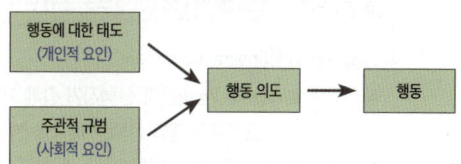

⑤ 맞는 보기. 주관적 규범(subjective norm : SN)은 그 행동과 관련하여 사회적 측면에서 생각할 때 어떻게 할 것인가에 대한 개인의 주관적 생각을 말하는 것으로 규범적 신념과 순응 동기 두가지 요인에 의해 결정된다. 규범적 신념(normative belief : NB)은 준거인(혹은 준거집단)이 자신의 행동을 지지 혹은 반대할 것인지에 대한 개인의 생각이다. 그리고 순응 동기(motivation to comply: MC)는 개인이 그 준거인(혹은 준거집단)의 의견을 얼마나 수용하는가에 관한 것이다.

2013 ①

① 자기감시성(self-monitoring)은 개인이 자신의 행동을 사회적 상황에 맞추어 조절하는 정도를 말한다. 또한 주관적 규범(subjective norm)은 특정 행동을 수행하는 것에 대해 중요한 다른 사람들(예: 가족, 친구, 동료 등)이 기대하는 바를 얼마나 따르려고 하는지를 나타내는 개념이다. 따라서 자기감시성이 낮은 사람은 주변의 상황이나 기대보다는 자신의 신념에 따라 행동할 확률이 높기 때문에 자기감시성이 낮을수록 소비자 행동에 미치는 태도의 영향력은 증가하고 주관적 규범의 영향력은 감소한다고 볼 수 있다.

③ 맥락효과(context effect)는 사람들이 의사결정을 할 때 선택의 맥락이나 환경이 어떻게 영향을 미치는지를 설명하는 개념이다. 이는 선택지 간의 상대적인 비교를 통해 특정 선택이 더 매력적으로 보이거나 덜 매력적으로 보이게 만드는 효과를 말한다. 맥락효과에는 다음과 같은 것들이 있다.

1. 유인효과(attraction effect)

    유인효과는 기존의 선택지에 비해 열등한 제3의 선택지가 추가될 때 기존 선택지가 더 매력적으로 보이는 현상을 말한다. 예를 들어, 소비자가 A와 B 중 선택해야 할 때, A와 유사하지만 열등한 C가 추가되면 A가 더 매력적으로 보이게 되는 경우를 말한다.

2. 타협효과(compromise effect)

    타협효과는 사람들이 극단적인 선택지보다는 중간 선택지를 선호하는 경향을 말한다. 예를 들어, 저가, 중가, 고가 제품 중에서 소비자가 중간 가격의 제품을 선택하는 경우가 이에 해당한다.

3. 프레이밍 효과(framing effect)

    프레이밍 효과는 동일한 정보라도 제시되는 방식에 따라 사람들의 선택이 달라지는 현상을 말한다. 예를 들어, 90% 성공률이라고 표현된 수술과 10% 실패율이라고 표현된 수술은 실질적으로 동일하지만, 사람들은 90% 성공률이라고 들었을 때 더 긍정적으로 반응한다.

4. 상호작용 효과(interaction effect)

    상호작용 효과는 두 개 이상의 선택지가 함께 제시될 때 선택지 간의 상호작용이 개별 선택의 매력을 변화시키는 현상을 말한다. 예를 들어, 단독으로는 매력적이지 않은 선택지가 다른 선택지와 함께 제시될 때 더 매력적으로 보일 수 있다.

2014 ⑤

⑤ 산업재는 구매단위가 크고 기술적으로 복잡하여 중간상의 역할이 적으므로 직접구매가 일반적이다.

2015 ⑤

⑤ 산업재 수요는 지리적으로 집중되어 있다. 이는 생산시설의 입지가 한 지역의 공단을 중심으로 편향되기 때문이다.

2016 ⑤

마케팅 활동이 일으킬 수 있는 대표적인 윤리적 문제들을 상품, 가격, 촉진, 유통, 마케팅 정보의 다섯 가지 분야로 나누어 보면 다음과 같다.

1. 상품
    - 상품의 결함으로 인한 문제
    - 원래 위험한 상품이 일으키는 문제
    - 제품의 계획적인 진부화
    - 성분 및 효능에 대한 허위 표시
    - 환경오염

2. 가격
    - 가격경쟁을 제한하는 행위
    - 기만적인 가격표시
    - 실질적인 가격인상
    - 유보가격을 이용한 가격결정

3. 촉진
    - 허위광고와 오도광고
    - 어린이를 대상으로 하는 광고
    - 파워블로거의 기만적 추천행위
    - 과도한 사은품이나 경품 제공

4. 유통
    - 우월적 지위를 남용한 대금지급연기
    - 우월적 지위를 남용한 일방적 비용청구

5. 마케팅 정보와 관련된 윤리적 문제
    - 경쟁자 정보 수집
    - 개인정보보호

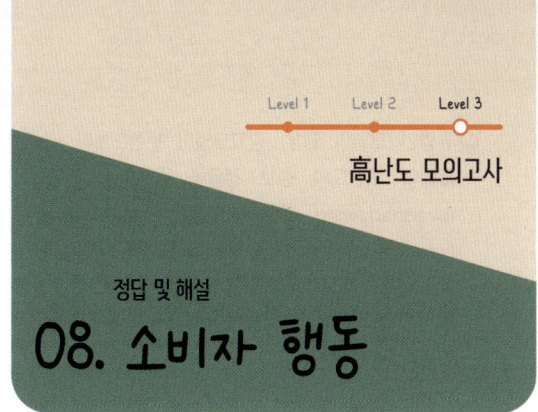

정답 및 해설
08. 소비자 행동

2017 ⑤

② 애연가가 금연 광고를 외면하고, 금연의 중요성을 무시하는 것은 지각적 방어(perceptual defense)의 일종으로 볼 수 있다. 사람들은 가급적 일관된 신념과 태도를 유지하려는 경향이 있다. 따라서 소비자는 자신의 기존 신념과 태도에 크게 불일치하는 정보에 노출되면 이를 회피하려는 경향이 있다. 그러나 이러한 정보에 강제적으로 노출되면 그 정보를 왜곡시킴으로써 자신의 기존 신념과 태도를 보호하려는 심리적 경향이 있는데 이를 지각적 방어(perceptual defense)라고 한다. 보통 구매 후 부조화(post-purchase dissonance)가 클수록 지각적 방어가 일어날 가능성이 높다. 소비자는 상품을 구매한 후에 이전의 신념에 불일치(가령, 자신이 구매한 제품이 좋지 않다는 등)하는 메시지에 노출되면 그 메시지 자체를 무시하거나 혹은 그 제품구매의 필요성을 의식적으로 높임으로써 자산의 구매행위를 지지하고 방어하려 할 수 있다.

⑤ 혁신적인 신제품을 가장 먼저 구입하는 사람들을 조기수용자(early adopter)가 아니라 혁신자(innovator)라고 하며 이들은 젊고, 학벌이 좋고, 소득이 높은 편이다.

2018 ①

① 소비자가 가장 중요하게 생각하는 속성부터 평가하여 순차적으로 대안들을 탈락시켜 나가는 것은 보완적 방법이 아닌 비보완적 방법(non-compensatory rule)에 의한 대안평가 방법이다. 비보완적 방식에는 사전편집식(lexicigraphic rule), 순차적 제거식(elimination by aspect), 결합식(conjunctive rule), 분리식(disjunctive rule) 등이 있다. 보완적 방법은 소비자가 각 상표의 어떤 속성의 약점을 다른 속성의 강점에 의해 보완하여 전반적인 평가를 수행하는 방식이다. 대표적인 보완적 방식에는 다속성 태도 모형(multi-attribute attitude model)을 들 수 있다.

⑤ 피시바인 확장모델(extended Fishbein model)은 제품에 대한 호의적인 태도가 구매행동으로 이어지지 않는 까닭에 대해 설명해준다. 피시바인 확장 모델은 합리적 행동이론(theory of reasoned action)에 토대를 둔 것으로 소비자의 구매행동에 직접 영향을 미치는 것은 행동의도(behavioral intention)이며, 행동의도는 개인적 요인과 사회적 요인에 의해 결정된다. 개인적 요인은 '대상에 대한 태도(attitude toward an object)'가 아니라 '대상과 관련된 행동에 대한 태도(attitude toward the behavior)'이며, 사회적 요인은 주관적 규범이다. 주관적 규범(subjective norm : SN)은 그 행동과 관련하여 사회적 측면에서 생각할 때 어떻게 할 것인가에 대한 개인의 주관적 생각이다. 결국 피시바인 확장모델은 행동에 직접 영향을 미치는 것은 행동의 의도이므로 제품에 대한 호의적인 태도가 구매행동에 직접적 영향을 미치지 못한다고 설명한다.

2019 ②

① 관여도(involvement)는 지속적 관여와 상황적 관여로 구분되는데, 지속적 관여(enduring involvement)는 개인이 특정 제품군에 대하여 오랜 기간 동안 지속적으로 관심을 갖는 것으로 제품이나 활동에 대해 개인적 관련성이 높은 경우에 발생한다. 반면 상황적 관여(situational involvement)는 특정제품에 구매시점 등과 같이 특정상황에 국한해서 어떤 대상에 대하여 일시적으로 높은 관심을 보이는 것을 의미한다.

② 소비자 구매의사결정 모델에서 심리적 요인은 동기, 지각, 학습이다.

⑤ 피시바인 확장모델(Fishbein's extended model)에 의하면, 소비자의 구매의도(행위의도)에 영향을 미치는 것은 아래 그림과 같이 2가지이다. 하나는 제품을 구매하는 행동에 대한 태도(attitude toward the behavior)이고 다른 하나는 주관적 규범(subjective norm)이다.

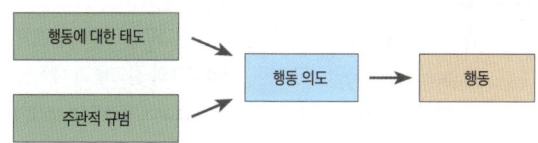

2020 ②

② 사전편집식(lexicographic rule) 소비자가 가장 중요하게 생각하는 속성부터 평가하여 순차적으로 대안들을 탈락시켜 나가는 방법인데, 중요도가 가장 높은 '화질'에서 A, B, C 모든 브랜드가 excellent 등급을 받았으므로 다음으로 중요한 음질에서 가장 높은 점수를 받은 B 브랜드가 선택된다.

2021 ①

① 매출액 비율법(percentage-of-sales method)이 갖는 논리적 모순은 '빈익빈 부익부'를 가져온다는 것이다. 매출실적이 좋은 브랜드는 커뮤니케이션 예산이 많이 책정되고 그에 따라 매출액이 증가함으로써 차기년도 광고예산이 다시 높게 책정되는 '부익부' 현상이 일어날 가능성이 높지만, 매출실적이 저조한 브랜드의 경우는 이와 반대로 '빈익빈' 현상이 일어날 가능성이 높다. 따라서 이 방법을 사용하면 시장성장성은 높으나 매출실적의 저조로 현재 시장점유율이 낮은 브랜드에 대해서는 전략적으로 광고예산을 집중적으로 투자하여 매출액 증가를 추구해야 하지만, 매출액 비율법으로는 이러한 전략적 의사결정의 가능성이 원초적으로 배제된다.

④ 소비자의 구매행동은 관여도와 과거 경험 정도에 따라 복잡한 의사결정, 브랜드충성도, 관성적 구매, 다양성 추구로 구분됨

2022 ⑤

④ 최적자극화이론(optimum stimulation theory)에 의하면 사람들은 적정수준의 활성화를 유지하려고 하며, 따라서 활성화수준이 너무 낮거나 너무 높으면 이를 변화시키려고 한다. 이에 따라 소비자는 신체적/정신적 활성화를 위해 다른 브랜드로 전환하기도 한다. 그러므로 기업은 다양성 추구성향을 보이는 고객을 타깃으로 판촉행사를 실시해 자사제품을 한 번 구매해 보도록 유도할 수 있다.

⑤ 가격이 높을수록 품질이 좋다고 생각하는 가격-품질 연상(price-quality association)은 지각적 추론에 의한 것이다. 지각적 추론(perceptual inference)은 한 대상을 평가할 때 직접적인 평가를 하지 않고 다른 것들로부터 추리하는 것을 말한다. 반면 쇠퇴이론(decay theory)은 기억에 관한 것으로 기억의 자국(trace)이 시간이 경과함에 따라 서서히 사라진다는 것이다. 즉, 이 이론은 어떤 정보가 생각나지 않는 것은 시간이 지나면서 그 정보의 자국이 희미하거나 사라졌기 때문인 것으로 설명한다. 이 이론은 어떤 정보를 저장한지 오래될수록 잘 기억이 나지 않는 현상을 설명해준다.

2023 ②

② 내적탐색(external search)의 결과물을 환기상표군(evoked set)이라고 하며, 외적탐색의 결과물과 내적탐색의 결과물을 합쳐서 고려상표군(consideration set)이라 한다.

⑤ 피쉬바인(Fishbein)의 다속성 태도모델(multi-attribute attitude model)은 보완적 모델(compensatory model)에 해당하므로 제품에 일부 싫어하는 속성이 있더라도 종합적으로 평가했을 때 다른 제품에 비해 평가점수가 높다면 소비자는 그것을 구매할 수도 있다.

2024 ⑤

① 광고의 목표는 효과계층모형(hierarchy-of-effects model)의 단계에서 주로 앞부분과 관련된 지표들을 기준으로 설정되는 것이 바람직하다. 이를 보통 커뮤니케이션 목표라고 한다.

③ 제품광고의 횟수가 늘어날수록 제품정보에 대한 학습효과가 증가하지만 그 증가율은 감소한다. 그러나 반복횟수가 지나치면 광고효과가 감소할 수 있는데 이를 광고효과의 감퇴(advertising wearout)라고 한다. 광고효과의 감퇴를 방지하기 위해서는 동일한 메시지를 반복적으로 광고하되 광고실행 방법(advertising execution)은 달리하는 것이 좋다.

⑤ 유명인 모델의 경우, 광고모델이 브랜드보다 더 강조되어 브랜드의 정보 전달을 방해하는 음영효과(overshadowing effect)가 발생할 수 있다. 간섭현상(interference effect)이란 해당 모델이 지나치게 많은 제품광고에 중복 출연하면 광고 메시지들 간에 간섭이 발생하는 것을 말하며, 이 때문에 특정제품의 메시지에 대한 기억이 방해될 수 있다.

2025 ⑤

⑤ 소비자의 신념과 이러한 신념에 부여하는 가치가 브랜드의 전반적인 평가에 영향을 미친다는 것은 다속성 태도모형(multi attribute attitude model)으로 이 기준에 따라 소비자의 구매행동에 영향을 미칠 수 있는 전략은 소비자의 제품에 대한 신념(belief)과 제품 속성에 부여하는 평가를 바꾸도록 하는 것이다.

2026 ②

내적탐색(internal search)의 결과물을 환기상표군(evoked set)이라고 하며, 외적탐색(external search)의 결과물은 특정한 이름이 없다. 내적탐색과 외적탐색의 결과물을 합쳐서 고려상표군(consideration set)이라고 한다.

2027 ⑤

⑤ 정교화가능성 모델(ELM: elaboration likelihood model)에 따르면, 관여도가 높은 소비자는 광고에 노출되었을 때 제품정보 등의 중심경로(central route)를 통해 정보를 처리하고, 저관여 소비자는 광고모델, 배경장소, 배경음악 등의 주변경로(peripheral route)를 통해 정보를 처리한다.

2028 ③

③ 다속성 태도모델(multi-attribute attitude model)에서 태도(attitude toward an object)는 상표와 관련된 신념이고, 확장된 피쉬바인 모델(Fishbein's extended model)에서 태도(attitude toward the behavior)는 상표구매와 관련된 신념이다.

2029 ②

② 페티와 카치오포(Petty & Cacioppo)의 정교화가능성 모델은 소비자의 메시지 처리가 중심경로(central route)인지 주변경로(peripheral route)인지에 따라 마케팅 전략을 달리 수립할 것을 시사하고 있다. 바고지(Bagozzi)의 의도적 행동모델은 피쉬바인 확장모델에서 태도를 결정하는 두 가지 요소인 신념과 평가 중, 평가의 개념과 측정방법에 문제점이 많다고 보고, 평가 대신 조건적 접근/회피 반응을 사용할 것을 제시하였다.

2030 ⑤

① 다속성태도모형(multi-attribute attitude model)을 사용하여 대안을 평가하면 C사 제품이 선택된다.

1. 보상적 방식(다속성 태도 모형)

A사
=(0.40×7)+(0.20×4)+(0.15×7)+(0.15×9)+(0.10×8)
=6.80

B사
=(0.40×8)+(0.20×9)+(0.15×3)+(0.15×4)+(0.10×4)
=6.45

C사
=(0.40×8)+(0.20×6)+(0.15×9)+(0.15×5)+(0.10×6)
=7.10

② 사전편집식(lexicographic rule)을 사용하면 B사 제품이 선택된다. 가장 중요한 속성인 화질에서 B와 C사의 제품이 동점이므로 두 번째 중요한 속성인 음질에서 점수가 더 높은 B사의 제품이 선택됨

③ 순차적 제거식(elimination by aspect)을 사용하면 C사 제품이 선택된다.
첫 번째 중요한 화질 차원에서는 A, B, C사 모두 통과
두 번째 중요한 음질 차원에서 A사 탈락, 남은 것은 B와 C
세 번째 중요한 브랜드 이미지 차원에서 B탈락, C가 선택됨

④ 결합식(conjunctive rule)을 사용하면 최저수준(cutoff) 5점을 모두 통과한 C가 선택됨

2031 ①

행동적 차원	고관여 관점	저관여 관점
정보탐색	능동적으로 제품 및 상표 정보 탐색	제품 및 상표 정보 탐색은 제한적

2032 ②

① 관여도가 높아서 소비자가 상당한 시간과 노력을 들여서 신중하게 의사결정을 하는 경우를 포괄적 문제해결 (extensive problem solving)이라고 한다. 또한 관여도가 낮아서 소비자가 비교적 적은 시간과 노력을 들여서 의사결정하는 경우는 제한적 문제해결(limited problem solving)이라고 부른다. 과거에 구매했던 대안을 습관적으로 구매하는 것을 일상적 문제해결(routinized problem solving)이라고 한다.

② 확장된 피쉬바인 모형은 제품자체에 대한 소비자의 태도 (attitude toward an object)만으로 소비자의 행동을 예측하는 것이 쉽지 않다는 것을 보여준다. 올리버(Oliver)의 기대불일치 모델(expectancy disconfirmation model)은 마케터는 소비자에게 현실성 없는 기대를 조성해서는 안 된다는 것을 보여준다. 따라서 제공할 수 있는 제품성과나 서비스에 일치하는 현실적인 기대를 구축해야 할 것이다. 만약 제품이 제공할 수 있는 것 이상을 약속하는 광고로 인해 소비자는 불만족을 경험하게 되며, 그 제품을 다시 구입하지 않으며, 비호의적인 부정적 구전을 전파하게 될 것이다.

③ 다속성 태도모형(multi-attribute attitude model)의 공식은 $A_0 = \sum_{i=1}^{n} b_i e_i$이다. 즉 소비자가 제품에 대해 갖는 여러 속성에 대한 가중치와 속성에 대한 평가점수의 곱을 더한 것이다. 따라서 다속성 태도모형은 마케터에게 소비자의 속성 지각을 개선, 경쟁자의 속성 지각을 떨어뜨리기, 속성중요도, 즉 가중치를 유리하게 바꾸기 등의 유용한 정보를 제공한다.

④ 사용경험이 없는 제품에 대해 소비자가 느끼는 불확실성을 지각된 위험이라고 하는데, 비싼 제품일수록, 제품에 대한 확신이 낮을수록 지각된 위험을 크게 느낀다. 마케터는 소비자의 지각된 위험을 주는 원인이 무엇인지를 파악하고, 이를 줄이기 위해 노력해야 한다. 어느 백화점의 '무조건 환불해드립니다' 라는 광고는 구매에 따른 소비자의 지각된 위험(perceived risk)을 줄여주는 역할을 한다. 이처럼 매우 관대한 환불정책은 고객들이 구매 전에 느끼는 지각된 위험을 줄여주는 효과가 있다. 그럼으로써 고객들이 아무 부담 없이 지갑을 열도록 만들 수 있다.

⑤ 산업재의 구매는 조직의 구매센터에서 결정되는데, 구매센터(buying center)란 조직의 특정 부서가 아니라 소속 부서에 상관없이 구매결정에 영향을 미치는 모든 사람들을 추상적으로 가리키는 말이다. 따라서 산업재의 성공적 마케팅을 위해서는 조직의 구매센터에 누가 참여하며, 각자가 어떤 결정에 어느 정도의 영향을 미치는지를 파악하여야 한다.

2033 ④

다속성 태도 모형(multi-attribute attitude model)은 태도 형성을 제품의 속성과 편익에 대한 소비자의 신념의 함수로 설명한다. 이 모형을 이용하면 중요한 속성에 따라 소비자들이 대안 브랜드를 평가하는 방법을 이해할 수 있어, 마케팅 관리자들은 경쟁사 브랜드의 강점 및 약점과 비교하여 자사 브랜드의 강점과 약점을 분석·진단할 수 있다. 피시바인(Fishbein)이 제시한 모형은 다음과 같은 식으로 표현된다.

$$A_0 = \sum_{i=1}^{n} b_i e_i$$

A_o : 대상에 대한 태도(attitude toward an object)
b_i : 이 대상이 속성 i를 갖는다는 신념(belief)의 강도
e_i : 속성 i의 평가(evaluation)
n : 부각적 신념의 수

위 식에서와 같이 다속성 태도 모형은 a.제품 자체를 개선하거나, b.우리 제품에 대해 소비자가 느끼는 속성 지각을 개선하거나, c.경쟁자의 속성에 대한 소비자의 지각을 떨어뜨리거나, d.속성 중요도를 자사에 유리하게 바꾸는 등의 방법을 사용하여 경쟁제품에 비해 더 높은 태도 값을 갖도록 제안한다.

e. "제품을 자주 노출시킨다." 라는 보기는 자욘츠(Zajonc)의 단순노출효과(mere-exposure effect)의 시사점이다.

2034 ①

① 제품의 구체적인 속성이 제품의 사용 결과 그리고 종국적으로 소비자의 최종가치와 연결되어 있음을 가정하는 것은 수단-목적 사슬(means-end chain) 모형이다. 이 모형은 소비자가 제품에 대해 가지고 있는 지식의 구조를 속성, 결과, 가치의 3단계로 파악하며, 속성과 결과, 가치라는 세수준의 상품지식이 연합적 연결망의 형태로 결합되어 있다고 본다. 따라서 이를 마케팅 전략에 활용하기 위해서는 제품을 소비자의 최종 가치나 목표에 연결시켜 관여도를 높이는 전략을 구현하는 것이 바람직하다. 즉 수단-목적 사슬 분석을 통해 소비자의 목적과 핵심 가치를 파악하고 이를 제품 속성에 반영해서 커뮤니케이션을 이용해 전달함으로써 구매를 유발하는 것이다. 반면 균형이론(balance theory)은 특정의 대상과 두 사람 간의 긍정적인 정서(+)와 부정적인 정서(-)의 곱에 의해 인지 체계가 균형 또는 불균형을 이룬다고 설명한다. 즉, 삼자 간 감정 관계의 곱이 (+)일 때가 균형 상태이고, (-)일 때가 불균형 상태이다. 불균형이 발생할 경우 최소한의 노력으로 균형이 회복되는 쪽으로 변화가 일어나는데, 예를 들어, 삼자 간의 관계 중의 하나 이상의 관계를 바꾸거나 요소를 변경함으로써 불균형에서 균형 상태로 바꾸는 과정을 거치게 된다.

② 정교화 가능성 모델(ELM: elaboration likelihood model)이 시사하는 바는 광고 관리자들은 소비자의 광고 메시지 처리 능력과 동기를 염두에 두고 광고 전략을 수립해야 한다는 것이다. 첫째, 타겟 소비자의 관여도가 높을 경우에는 제품의 속성에 대한 논점을 명확히 하고 강력한 메시지를 제시하여 정교한 정보 처리를 유도할 필요가 있다. 둘째, 비누, 치약, 맥주와 같은 저관여 제품의 광고에 대해서 소비자는 메시지를 적극적으로 처리하려는 동기가 낮기 때문에, 제품 속성에 대해 강력히 주장하는 광고보다는 주변단서를 이용하는 광고가 효과적이다.

③ 저관여 하이어라키 모형(low involvement hierarchy model)은 태도가 인지-행동-감정의 순서로 형성된다는 것이다. 즉 소비자가 광고 내용에 대해 의식적인 주의를 기울이지 않고 무의미한 철자처럼 정보를 처리하고 이를 통해 구매 의사 결정을 하며, 구매 후 사용 과정을 거치면서 대상에 대한 평가가 일어나고 태도를 형성한다. 예컨대 껌이나 간단한 음료를 구매하는 것과 같은 저관여 상태의 소비자는 제품에 대한 일정 수준의 인지에 의해 구매 행동이 일어나고, 구매 행동의 결과로서 대상에 대해 평가하게 된다. 저관여 하이어라키가 발생할 때, 소비자의 의사 결정 과정은 매우 수동적이고 의사결정에 사용한 정보의 정교화 수준도 매우 낮다. 즉 소비자가 대상 제품에 대해 관여도가 매우 낮거나, 선택해야 할 대안 제품들 간의 차이가 별로 없다고 느낄 때, 그리고 제품을 구매하는 것에 대한 지각된 위험(perceived risk)이 낮을 때 저관여 하이어라키가 발생하기 쉽다.

④ 효과계층모형(hierarchy of effects model)에 따르면 대상의 속성에 대한 지식(인지)을 토대로 태도(감정)가 형성되고, 이것에 근거하여 행동 의도(행동)가 발생한다고 보는 인과적 관계를 가정하고 있다. 이런 인과적 설정은 인간의 행동을 매우 합리적인 것으로 보는 이성주의 전통에서 유래하는 것이다. 효과계층(hierarchy of effect)이란 커뮤니케이션 메시지가 수신자의 사고와 행동에 영향을 일으키는 과정이 어떤 순차적 과정을 거쳐 발생한다는 것을 말한다. 래비지와 슈타이너(Lavidge & Steiner)의 효과계층모형이 구매의 과정을 순차적으로 설명한 대표적 이론이라고 할 수 있다. 다속성 태도 모형, 합리적 행동이론, 정교화 가능성 모델은 모두 인지적 관점의 이론으로서, 제품의 여러 대상에 대한 정보처리의 결과로 대상에 대한 선호도, 즉 태도가 결정된다는 가정에 바탕을 둔 것이다.

⑤ 합리적 행동이론(theory of reasoned action) 혹은 피시바인 확장 모델(Fishbein's extended model)에서 소비자의 태도는 행동에 대한 태도(attitude toward the behavior)와 주관적 규범(subjective norm)으로 구성된다. 확장된 피시바인 모델에 따르면 대상에 대한 태도(attitude toward an object)보다는 행동에 대한 태도(attitude toward the behavior)를 결정하는 것이 중요하다고 본다. 즉 롤스로이스라는 브랜드 자체에 대한 측정을 하기 보다는 롤스로이스 구매에 대한 개인의 태도를 규정하는 것이 더 중요하다는 것이다. 또한 주관적 규범(subjective norm)은 가족과 동료의 기대에 부합하기 위해 소비자들이 생각하는 정도를 의미한다. 인간 생활의 다른 모든 영역에서도 그렇지만 소비상황에 있어서도 사람들은 다른 사람을 의식하는 경우가 많다. "내가 이웃을 사면 다른 사람들은 어떻게 생각할까?", "내가 이 자동차를 타고 다니면 다른 사람들이 어떻게 볼까?" 등이 항상 마음속에 떠오르는 생각이 될 수 있다.

2035 ①

① 크루그먼(Krugman)의 저관여 학습(low involvement learning) 이론에 따르면, TV는 인쇄매체에 비하여 관여도가 낮은 매체이며 또한 TV를 통해 광고되는 상품들도 저관여 제품인 경우가 대부분이다. 저관여 상황 하에서 시청자들은 광고를 보면서 실제로 주의를 집중하지 않기 때문에 나중에 광고에 대해 들어도 내용은 기억 못하고 광고를 본 적이 있다는 정도만 기억한다. 이런 저관여 학습으로 태도변화를 일으키지는 못하겠지만, 상표명을 부각시킬 수 있고, 또 어떤 속성을 부각시킬 수 있다.

② 문제가 인식되면 소비자는 먼저 내적탐색을 하게 된다. 내적탐색이란 기억 속에 저장되어 있는 정보 중 의사결정을 하는 데 도움이 되는 정보를 기억 속에서 끄집어내는 과정을 말하는데, 소비자는 내적 탐색의 결과가 없거나 충분하지 못하면 추가적인 정보 수집을 위해 외적 탐색을 하게 된다.

③ 결합식(conjunctive rule)은 소비자가 여러 대안들 중에서 부적격한 대안을 빠르고 쉽게 제외시키기 위하여 사용하는 절차이다. 구매과정에서 소비자들이 대안을 평가할 때 각 수준별로 받아들일 수 있는 최소수준(cutoff)을 정하고 어느 한 선택기준이라도 이 수준에 미달할 경우 이 대안은 제외시키는 것이다. 즉 모든 기준에서 최소수준을 충족시키는 상표를 선택하는 것이다. 이 방법을 사용하면 복수의 상표가 최종적으로 남게 될 수 있는데 이때에는 또 다른 규칙을 사용한다.

④ 피시바인의 다속성 태도모형(multi-attribute attitude model)에서 말하는 태도는 특정제품에 대한 태도 즉 attitude toward an object이지만, 피시바인 확장 모형(Fishbein's extended model)에서 의미하는 태도는 제품을 구매하는 행위에 대한 태도, 즉 attitude toward the behavior를 의미한다.

⑤ 올리버(Oliver)의 기대불일치 모델(expectancy disconfirmation model)은 마케터는 소비자에게 현실성 없는 기대를 조성해서는 안된다는 것을 보여준다. 따라서 제공할 수 있는 제품성과나 서비스에 일치하는 현실적인 기대를 구축해야 할 것이다. 만약 제품이 제공할 수 있는 것 이상을 약속하는 광고로 인해 소비자는 불만족을 경험하게 되며, 그 제품을 다시 구입하지 않으며, 비호의적인 부정적 구전을 전파하게 될 것이다.

2036 ①

② 정교화가능성모델(ELM: elaboration likelihood model)은 광고에 노출되었을 때 고관여 소비자와 저관여 소비자의 정보처리과정이 서로 다름을 설명하는 모델이다. 고관여 소비자는 정보를 처리하도록 더 많은 동기를 부여하고, 따라서 보다 정교화(중심경로)된 처리를 하게 된다. 저관여 소비자들은 정보를 처리하는데 거의 동기부여하지 않는 대신 정교화하지 않은(주변경로) 처리를 하게 된다. 여기서 말하는 중심경로(central route)란 광고에서 제시하는 제품에 대한 정보를 의미하며, 주변경로(peripheral route)란 광고모델, 배경, 배경음악 등의 것을 의미한다. 이 모형을 광고 전략에 이용할 때, 고관여 소비자를 대상으로 하는 광고의 경우 구체적인 제품정보를 설득력 있게 제시하는 것이 효과적이다. 반면에 저관여 소비자를 표적으로 하는 경우에는 제품정보보다 광고모델에 초점을 두는 것이 더 효과적이다.

③ 하이더(Heider)는 특정의 대상과 두 사람 간에 불균형이 나타나는 상황에서 인지의 일관성을 회복하는 과정인 균형이론(balance theory)을 제안했다. 이 이론에 따르면 세 가지 관계 간의 긍정적인 정서(+)와 부정적인 정서(-)의 곱에 의해 인지 체계가 균형 또는 불균형을 이룬다. 즉, 삼자 간 감정 관계의 곱이 (+)일 때가 균형 상태이고, (-)일 때 불균형 상태이다. 불균형이 발생할 경우 최소한의 노력으로 균형이 회복되는 쪽으로 변화가 일어나는데, 예를 들어, 삼자 간의 관계 중의 하나 이상의 관계를 바꾸거나 요소를 변경함으로써 불균형에서 균형 상태로 바꾸는 과정을 거치게 된다.

④ 단순 노출 효과(mere-exposure effect)는 사람들이 설득 대상물에 단순히 노출되는 것만으로도 대안에 대한 긍정적 태도가 형성될 수 있다는 심리학 이론이다. 1960년대 로버트 자욘츠(Robert Zajonc)가 실시한 일련의 실험을 통해서 널리 알려지게 되었다. 단순 노출 효과에 관한 자욘츠의 실험들 중 가장 유명한 실험은 한자(Chinese character)를 자극으로 한 실험이라고 할 수 있다. 자욘츠는 미국 대학신문의 귀퉁이에 한자를 싣는 실험을 했는데 한자가 대부분의 학생들에게 아무런 의미가 없는 상징이었음에도 불구하고 그것에 자주 노출된 집단이 한자의 의미를 더 호의적으로 평가했다. 즉 익숙하지 않은 자극의 경우 반복적으로 그 자극을 보는 것만으로도 호감이 상승할 수 있다는 것이다.

⑤ 정보과부하(information overload) 가설은 소비자가 제한된 시간에 처리할 수 있는 정보의 양은 제한적이기 때문에 정보처리능력을 초과할 정도로 많은 정보가 주어지면 오히려 최선의 제품을 선택할 가능성이 낮아진다는 것이다.

2037 ②

① 관여도(involvement)가 높아서 소비자가 상당한 시간과 노력을 기울여서 신중하게 의사결정을 하는 경우를 포괄적 문제해결(extensive problem solving)이라고 부른다. 반면 관여도가 낮아서 소비자가 비교적 적은 시간과 노력을 들여서 의사결정을 하는 경우는 제한적 문제해결(limited problem solving)이라고 한다. 포괄적 문제해결 과정은 문제인식 → 정보탐색 → 대안평가 → 구매 → 구매후 행동의 5단계를 모두 거친다.

② '행동의도(behavioral intention)'를 통해 소비자의 구매행동을 예측하려는 모형은 피시바인(Fishbein)의 다속성 태도모형(multi-attribute attitude model)이 아니라 피시바인 확장모델(extended Fishbein model)이다. 피시바인 확장모델은 합리적 행동이론(theory of reasoned action)에 토대를 둔 것으로 행동에 선행하는 것은 '행동의도'이며, 이 행동의도는 개인적 요인(구매행동에 대한 태도)과 사회적 요인(주관적 규범)에 의해 결정된다고 본다.

③ 정보탐색 단계에서 내적탐색(internal search)의 결과물을 '환기상표군(evoked set)'이라 하는데, 내적탐색의 결과물인 환기상표군과 외적탐색(external search) 결과물을 합쳐서 '고려상표군(consideration set)'이라 한다. 소비자들이 고려상표군에 포함시키는 대안의 수는 상품의 종류에 따라 다르지만 대개 3~4개 정도에 불과한 것으로 알려져 있다. 어떤 브랜드가 고려대상에서 제외되는 이유는, 그 브랜드의 존재를 모르거나, 아니면 무슨 이유에서건 부적당한 것으로 판단되기 때문이다. 고려상표군에서 제외된 대안들이 구매될 가능성은 거의 없으므로, 만약 자사의 상품이 많은 소비자들의 고려상표군에서 제외되어 있다면 이는 매우 큰 문제라고 할 수 있다.

④ 제품을 구매한 후에 생기는 '구매 후 부조화(post-purchase dissonance)'는 다음과 같은 상황에서 커질 가능성이 높아진다.
- 제품을 반품할 수 없을 때
- 가격이 높은 제품일 때
- 선택한 제품이 갖지 못한 장점이 다른 제품에 있을 때
- 관여도가 높을 때
- 모든 의사결정을 전적으로 자신이 스스로 했을 때

⑤ 태도(attitude)란 어떤 대상에 대하여 호의적 또는 비호의적으로 평가하고, 느끼고, 행동하려는 지속적인 경향을 말한다. 태도는 지각(perception)을 통해 형성되며, 다속성 태도모형(multi-attribute attitude model)은 지각이 태도를 어떻게 형성하는지를 보여주는 모형이다.

2038 ②

① 절대 식역(absolute threshold)이란 감각기관이자극을 감지할 수 있기 위한 자극에너지의 최소한의 강도를 말한다. 예를 들어, 어떤 사람이 TV를 시청하는 중에 휴대폰의 벨이 울리더라도 이를 알아차리지 못할 수 있다. 그러나 벨소리가 점차 커짐에 따라 어느 순간 이를 알아차릴 수 있다. 이 경우의 소리의 크기, 즉 사람이 그 소리를 감지할 수 있는 최소한의 음량이 절대 식역에 해당한다. 절대 식역이 초기자극을 감지하는 것과 관련된 개념인데 비해 차이식역(differential threshold)은 두 개의 자극이 지각적으로 구분될 수 있는 최소한의 차이를 말하며, JND(just noticeable difference)라고도 한다. 예를 들어, 소비자가 20도 소주와 19도 소주는 구분하지 못하지만 20도 소주와 18도 소주는 구분한다면 그에게 차이식역은 2도이다. 와인 소믈리에(sommelier)는 와인의 맛이나 향에 매우 민감한 사람들로서 그 분야에서 차이식역의 크기가 매우 작은 사람들이라고 할 수 있다.

② 사람들은 가급적 일관된 신념과 태도를 유지하려는 경향이 있다. 따라서 소비자는 자신의 신념과 태도에 불일치하는 정보에 노출되면 이를 회피하는 경향이 있다. 그러나 그러한 정보에 강제적으로 노출되면 그 정보를 왜곡시킴으로써 자신의 기존 신념과 태도를 보호하려는 심리적 경향이 있는데 이를 지각적 방어(perceptual defense)라고 한다. 공공장소에서 흡연하는데 대해 적극적으로 반대하는 사람들은 '흡연자의 권리'를 주장하는 캠페인에 노출된다면 이에 주의를 기울이지 않거나 마음속으로 거부할 수 있다. 사람들은 자신의 신념과 태도에 반하는 정보에 노출되면 지각적 방어 메커니즘이 작동할 수 있으므로 AIDS 예방광고, 금연광고 등에서 AIDS나 흡연으로 인해 극도로 부정적인 결과가 초래되는 상황을 묘사하면 오히려 효과가 떨어질 수도 있다.

2039 ⑤

① 소비자의 구매의사결정은 외적정보탐색의 노력 정도에 따라 포괄적 문제해결(extended problem solving), 제한적 문제해결(limited problem solving), 일상적 문제해결(routinized problem solving), 회상적 문제해결(recall problem solving)로 구분된다. 포괄적 문제해결에서 회상적 문제해결의 순으로 소비자의 외적정보탐색의 노력 정도는 점점 감소한다.

② 소비자의 신념과 태도를 형성하거나 기존의 신념과 태도를 변화시키는 정보처리과정(information processing)은 노출(exposure) → 주의(attention) → 이해(comprehension) → 기억(memory)의 과정을 거친다.

③ 한 제품에 대한 관여도는 개인마다 다르다. 예를 들어, 신제품 맥주 광고에 처음으로 노출된 경우, 평소 맥주를 즐기는 사람은 그렇지 않은 사람에 비해 그 광고에 보다 관심을 갖는다. 이와 같이 개인이 어떤 제품군에 대하여 지속적으로 갖는 관여를 지속적 관여(enduring involvement)라고 한다. 또한 대부분의 사람들은 자신이 사용하기 위해 어떤 제품을 구매하는 경우에 비해 선물로 주기 위해 구매할 때 일시적으로 그 제품에 대한 관여도가 높아져 선택에 보다 고심하게 되는데 이를 상황적 관여(situational involvement)라고 부른다. 일반적으로 지속적 관여는 상당히 안정적인데 비해 상황적 관여는 상황에 따라 크게 변화된다.

④ 고려상표군(consideration set)이란 기존에 알던 상표 가운데 상기된 상기상표군(evoked set)에 소비자가 기존에 알지 못한 상표 가운데 외적 정보탐색에 의하여 발견된 상표를 더한 것을 의미한다.

⑤ 소비자의 특정 브랜드에 대한 충성도가 강하면 경쟁 브랜드에 대한 설득적 메시지에 노출되더라도 설득이 잘 되지 않는다. 이는 그 제품군에 높게 관여된 경우 더욱 뚜렷하다. 이러한 현상은 사회판단이론으로 설명이 가능하다. 사회판단이론(social judgment theory)에 따르면, 설득적 메시지의 수용영역과 거부영역의 크기는 메시지에 대한 개인의 관여도에 의해 결정된다. 개인은 한 대상에 대한 관여도가 높을수록 자신의 의견에 반하는 설득적 메시지에 대한 수용영역이 좁고 거부영역이 넓다. 따라서 어떤 제품군에 높게 관여된 소비자가 비호의적 태도를 갖는 브랜드에 대한 설득적 메시지에 노출되더라도 기존의 태도가 변화될 가능성은 낮다.

2040 ①

a. 대체로 고관여 소비자를 표적으로 한다면 광고에서 경쟁브랜드와 비교한 차별적 특성이나 혜택 등 중심단서를 설득력 있게 제시하는 것이 효과적일 것이다.(고관여 소비자)

b. 고관여 소비자에게 자세한 정보를 제공하여 중심단서로 소구하고자 한다면 방송매체(TV광고)보다 인쇄매체가 더 효과적일 수 있다. 인쇄매체를 이용하면 정보를 자세히 제공할 수 있고, 그러한 정보를 필요로 하는 소비자가 천천히 정보를 습득할 수 있다.(고관여 소비자)

c. 방송매체(TV광고)를 이용하면 대개의 경우 광고시간이 짧으므로 정보를 제공하는데 한계가 있다. 그러나 주변단서에 의해 소구하고자 하면 신문이나 잡지 광고보다는 TV광고가 보다 감정을 유발할 수 있으므로 더 효과적일 수 있다.(저관여 소비자)

d. 저관여 소비자를 주된 표적으로 한다면 구체적인 제품정보보다는 광고분위기, 음악 혹은 광고모델 등의 주변단서에 중점을 두어 광고를 기획해야 할 것이다. 쇼핑의 경우 고관여 쇼핑객들은 제품의 특성이 선택에 매우 중요하지만, 저관여 쇼핑객들에게는 매력적인 점포내 전시, 판매원의 매력도, 제품포장 등도 선택에 영향을 미칠 수 있다.(저관여 소비자)

2041 ②

a. 관여도(involvement)는 어떤 대상이 특정 상황에서 한 개인에게 관련된 정도 혹은 개인이 그 대상에 부여하는 의미의 정도를 말한다. 소비자는 자신의 욕구와 관련된 제품군(product class)에 대한 관여도가 높을수록 보다 많은 정보를 찾는 경향이 있다. 반면 저관여 소비자는 자신이 알고 있는 기존 정보로써 의사결정 하는 경우가 흔하다.

b. 소비자 구매 행동 중 브랜드 충성도(brand loyalty)는 고관여 소비자의 구매행동이지만 관성적 구매(inertia)는 저관여 소비자의 구매행동이다. 소비자 구매행동의 유형은 다음 그림과 같다.

	고관여	저관여
최초 구매	복잡한 의사결정	다양성 추구
반복 구매	브랜드충성도	관성적 구매

c. 사회판단이론(social judgment theory)에 따르면 설득적 메시지의 수용영역과 거부영역의 크기는 메시지에 대한 개인의 관여정도(involvement level)에 의해 결정된다. 개인은 한 대상에 대해 관여도가 높을수록 자신의 의견을 강하게 가지는 경향이 있으며, 자신의 의견에 반하는 설득적 메시지에 대한 수용영역이 좁고 거부영역이 넓다. 따라서 어떤 제품군에 높게 관여된 소비자가 비호의적 태도를 갖는 브랜드에 대한 설득적 메시지에 노출되더라도 기존의 태도가 변화될 가능성은 낮다. 이에 비해 관여도가 낮은 소비자는 자신이 비호의적 태도를 갖는 브랜드의 설득적 메시지에 노출될 때 그 정보를 비교적 쉽게 수용하며 이에 따라 태도가 비교적 쉽게 변화될 수 있다.

d. 정교화가능성모델(ELM: elaboration likelihood model)은 광고에 노출되었을 때 고관여 소비자와 저관여 소비자의 정보처리과정이 서로 다름을 설명한다. 고관여 소비자는 정보를 처리하도록 더 많은 동기를 부여하고, 따라서 보다 정교화(중심경로)된 처리를 하게 된다. 저관여 소비자는 정보를 처리하는데 거의 동기부여하지 않는 대신 정교화하지 않은(주변경로) 처리를 하게 된다. 여기서 말하는 중심경로(central route)란 광고에서 제시하는 제품에 대한 정보를 의미하며, 주변경로(peripheral route)란 광고모델, 배경, 배경음악 등의 것을 의미한다. 이 모형을 광고 전략에 이용할 때, 고관여 소비자를 대상으로 하는 광고의 경우 구체적인 제품정보를 설득력 있게 제시하는 것이 효과적이다. 반면에 저관여 소비자를 표적으로 하는 경우에는 제품정보보다 광고모델에 초점을 두는 것이 더 효과적이다. 따라서 광고의 중심단서(제품정보)보다 주변단서(광고모델의 매력도)에 더 많은 영향을 받는 것은 저관여 소비자이다.

e. 고관여 소비자는 제품의 구체적인 정보가 제시되면, 정보처리하려는 동기가 부여되어 있으므로 표적시장이 주로 고관여 소비자인 경우, 인쇄매체(TV보다 상대적으로 고관여 매체)를 이용하여 구체적 정보를 제공하는 것이 좋다. 반면 크루그먼(Krugman)의 저관여 학습(low involvement learning) 이론에 따르면, TV는 인쇄매체에 비하여 관여도가 낮은 매체이며 또한 TV를 통해 광고되는 상품들도 저관여 제품인 경우가 대부분이다. 저관여 상황 하에서 시청자들은 광고를 보면서 실제로 주의를 집중하지 않기 때문에 나중에 광고에 대해 들어도 내용은 기억 못하고 광고를 본 적이 있다는 정도만 기억한다. 이런 저관여 학습으로 태도변화를 일으키지는 못하겠지만, 상표명을 부각시킬 수 있고, 또 어떤 속성을 부각시킬 수 있다.

2042 ⑤

① 선택적 노출(selective exposure)은 소비자가 필요하고 관심을 갖는 정보에만 자신을 노출시키는 지각적 메커니즘을 말한다. 예를 들어, 신문, 잡지의 광고부분을 의도적으로 보지 않거나, 이메일 광고를 제목도 보지 않고 삭제해 버리거나, 광고물 봉투을 뜯지 않고 버리거나, 텔레마케팅 전화는 받자마자 끊어버리거나, TV를 시청하던 중 광고가 나오면 바로 채널을 전환(zapping)하거나, 녹화한 프로그램을 보던 중 광고나 흥미 없는 부분이 나오면 빨리 돌려버리는(zipping) 것 등을 말한다.

② 식역하 지각(subliminal perception)은 자극의 강도가 미약하여 절대식역(absolute threshold) 수준에 미치지 못하는 경우에도 소비자가 그 자극을 무의식중에 감지하는 것을 말한다. 식역하 지각을 설명하는 이론은 증식효과이론(incremental effects theory)이다. 이 이론은 개인이 매우 미약한 자극에 노출되면 처음에는 이를 감지하지 못하지만 반복적으로 노출되면 자극의 표상이 개인의 신경체계에 축적되어 추후 그 자극의 강도가 절대식역(absolute threshold)을 초과하기 때문인 것으로 설명한다.

③ 대안평가에서 보완적 방식(compensatory rule)은 각 상표에 있어서 어떤 속성의 약점을 다른 속성의 강점으로 보완하여 평가하는 것을 말한다. 구체적으로는 각 대안의 평가기준별 중요도와 평가점수를 곱한 값을 모든 평가기준에 걸쳐 합산한 값으로 평가한다.

④ 애연가가 금연 광고를 외면하고, 금연의 중요성을 무시하는 것은 지각적 방어(perceptual defense)의 일종으로 볼 수 있다. 사람들은 가급적 일관된 신념과 태도를 유지하려는 경향이 있다. 따라서 소비자는 자신의 기존 신념과 태도에 크게 불일치하는 정보에 노출되면 이를 회피하려는 경향이 있다. 그러나 이러한 정보에 강제적으로 노출되면 그 정보를 왜곡시킴으로써 자신의 기존 신념과 태도를 보호하려는 심리적 경향이 있는데 이를 지각적 방어(perceptual defense)라고 한다. 보통 구매 후 부조화(post-purchase dissonance)가 클수록 지각적 방어가 일어날 가능성이 높다. 소비자는 상품을 구매한 후에 이전의 신념에 불일치(가령, 자신이 구매한 제품이 좋지 않다는 등)하는 메시지에 노출되면 그 메시지 자체를 무시하거나 혹은 그 제품구매의 필요성을 의식적으로 높임으로써 자산의 구매행위를 지지하고 방어하려 할 수 있다.

2043 ④

① 표적청중이 광고 메시지를 처리함에 있어서 중심경로를 채택하는지, 주변경로를 채택하는지에 따라 마케팅 전략을 달리 수립해야 한다는 것은 정교화 가능성 모델(ELM: elaboration likelihood model)이다.

② 단순노출효과(mere-exposure effect)는 사람들이 설득 대상물에 단순히 노출되는 것만으로도 대안에 대한 긍정적 태도가 형성될 수 있다는 심리학 이론으로 이는 '고관여' 보다는 '저관여' 소비자의 태도 변화에 관한 이론이다.

③ 다속성 태도모형은 소비자가 제품에 대해 태도는 속성지각을 속성 중요도로 가중합산으로써 구할 수 있다. 다속성 태도모형은 유용성은 크게 두 가지이다. 첫째, 소비자들이 무엇을 구입할지를 비교적 정확하게 예측할 수 있게해 준다. 둘째, 마케터에게 유용한 정보를 풍부하게 제공한다. 즉 소비자들이 왜 A를 구매하려고 하는지, 또는 왜 B는 구매하려고 하지 않는지를 파악할 수 있다.

⑤ 피시바인 확장모델에서 주관적 규범(subjective norm)은 행동의도에 영향을 미치는 사회적 요인으로 그 행동과 관련하여 사회적 측면에서 생각할 때 어떻게 할 것인가에 대한 개인의 주관적 생각이다. 따라서 주관적 규범은 구매의 '개인적 요인'보다는 '사회적 요인'에 해당한다. 구매의 개인적 요인은 '행동에 대한 태도'이다.

2044 ④

④ 구매에 따른 개인적 요인(행동에 대한 태도)과 사회적 요인(주관적 규범)이 구매 의도(behavior intention)에 영향을 미칠 수 있다는 점을 설명하는 이론은 피시바인 확장모델이다. 셰리프(Sherif)의 사회판단이론(social judgment theory)은 소비자의 한 대상에 대한 관여도에 따라 설득적 메시지의 수용영역은 좁거나 넓을 수 있다고 주장하는 이론이다. 사회판단이론에 따르면 설득적 메시지의 수용영역과 거부영역의 크기는 메시지에 대한 개인의 관여도(involvement level)에 의해 결정된다. 개인은 한 대상에 대해 관여도가 높을수록 자신의 의견을 강하게 가지는 경향이 있으며, 자신의 의견에 반하는 설득적 메시지에 대한 수용영역이 좁고 거부영역이 넓다. 따라서 어떤 제품군에 높게 관여된 소비자가 비호의적 태도를 갖는 브랜드에 대한 설득적 메시지에 노출되더라도 기존의 태도가 변화될 가능성은 낮다. 이에 비해 관여도가 낮은 소비자는 자신이 비호의적 태도를 갖는 브랜드의 설득적 메시지에 노출될 때 그 정보를 비교적 쉽게 수용하며 이에 따라 태도가 비교적 쉽게 변화될 수 있다.

2045 ③

b. 대안의 평가 방식 중 결합식은 각 기준별로 받아들일 수 있는 최소수준(cutoff)을 정하고 어느 한 선택기준이라도 이 수준에 미달할 경우 이 대안은 제외시키는 방식이고, 순차적 제거식은 사전편집식과 동일하지만, 최저수준(acceptable cutoff)을 정하여 이 수준을 넘어서느냐 아니면 미치지 못하느냐에 따라 탈락을 결정짓는 것이다.

d. 지각적 경계(perceptual vigilance)와 지각적 방어(perceptual defense)는 모두 소비자의 정보처리과정에서 '주의' 단계에서 발생할 수 있다. 지각적 경계란 소비자가 정보에 노출되었을 때 그 정보가 자신의 욕구 혹은 환기된 동기(aroused motive)와 관련성이 높을수록 더 많은 주의를 기울이는 것을 말한다. 여대생들을 대상으로 한 연구에서는 다이어트를 하는 학생들은 하지 않는 학생들에 비해 과거보다 식품광고가 더 많아진 것으로 생각하는 것으로 나타났는데 이는 그 학생들이 다이어트로 인해 배가 고픈 상태에 있어 타인들보다 식품광고에 더 민감하게 주의가 주어졌기 때문이다. 반면 지각적 방어란 소비자는 자신의 기존 신념과 태도에 크게 불일치하는 정보에 강제적으로 노출되면 그 정보를 왜곡시킴으로써 자신의 기존 신념과 태도를 보호하려는 심리적 경향을 말한다.

2046 ④

④ 저관여 위계(인지→행동→감정)는 대상에 대한 태도가 행동에 근거해서 형성된다는 입장이다. 즉 소비자가 광고 커뮤니케이션 내용에 대해 의식적인 주의가 일어나지 않은 채 무의미한 절차처럼 정보를 처리하고 이를 통해 구매 의사결정을 하며, 구매 후 사용과정을 거치면서 대상에 대한 평가가 일어나고 태도를 형성한다. 반면 학습위계(고관여 학습)는 인지와 감정(태도), 행동이라는 3요소의 선형적 위계성을 강조한다. 인지→감정→행동(cognition-affect-behavior)의 순서로 인간의 태도를 설명하는 학습 위계 관점에서 보면, 소비자는 구매를 결정하기 전에 태도를 반드시 형성하고, 태도를 형성하기 위해서는 제품에 대해 깊이 관여하고 많은 정보를 탐색하기 위해 동기화되며 주의 깊게 대안을 비교하고 검토하는 신중하고 합리적인 존재이다. 또한 경험적 위계 혹은 쾌락적 위계(감정→행동→인지) 모델은 대상에 대한 감정적 반응(태도)을 기초로 행동하고, 행동 이후에 그 대상에 대한 지식을 갖게 된다는 것이다.

2047 ②

① 소비자가 어떤 대상에 대하여 관심을 갖는 정도나 중요하게 여기는 정도를 관여도(involvement)라고 부른다. 즉 어떤 구매에 대한 관여도(involvement)가 높아질수록 구매의사 결정과정이 길어지며, 관여도가 낮아질수록 구매의사 결정과정이 짧아진다. 관여도가 높아서 소비자가 상당한 시간과 노력을 들여서 신중하게 의사결정을 하는 경우를 포괄적 문제해결(extensive problem solving)이라고 부른다.

② 다속성 태도모형은 소비자가 제품에 대해 태도는 속성지각을 속성 중요도로 가중합산함으로써 구할 수 있다. 다속성 태도모형은 유용성은 크게 두 가지이다. 첫째, 소비자들이 무엇을 구입할지를 비교적 정확하게 예측할 수 있게 해 준다. 둘째, 마케터에게 유용한 정보를 풍부하게 제공한다. 즉 소비자들이 왜 A를 구매하려고 하는지, 또는 왜 B는 구매하려고 하지 않는지를 파악할 수 있다.

③ 결합식(conjunctive rule)은 구매과정에서 소비자들이 대안을 평가할 때 각 수준별로 받아들일 수 있는 최소수준(cutoff)을 정하고 어느 한 선택기준이라도 이 수준에 미달할 경우 이 대안은 제외시키는 것이다. 즉 모든 기준에서 최소수준을 충족시키는 상표를 선택하는 것이다. 이 방법을 사용하면 복수의 상표가 최종적으로 남게 될 수 있는데 이때에는 또 다른 규칙을 사용한다.

④ 올리버(Oliver)의 기대불일치 모형(expectancy disconfirmation model)은 소비자의 만족/불만족은 소비자가 구매 이전에 가졌던 기대와 제품사용을 통해 얻게 된 성과를 비교함으로써 그 결과가 얼마나 일치하는가 하는 주관적 평가에 달려 있다고 주장한다. 결국 소비자의 만족은 제품사용을 통해 얻게 된 성과가 기대보다 클 때 생긴다. 따라서 이 모델은 마케팅 관리자들이 소비자에게 현실성 없는 기대를 조성해서는 안 된다는 것을 시사한다. 제품의 실제가 정해진 상태에서 소비자들에게 과장광고를 통해 그들의 기대를 키우는 것은 실제와 기대와의 차이를 더 벌리는 일이 될 것이다.

⑤ 페티와 카치오포(Petty & Cacioppo)의 정교화가능성 모델(ELM: elaboration likelihood model)에 따르면 태도변화에는 두 개의 기본적 경로가 있는데, 하나는 중심경로(central route)라고 하여 제시된 논점에 대한 사고의 결과로서 설득이 되는 경우이고, 다른 하나는 주변경로(peripheral route)라고 하여 제시된 논점과는 별 상관이 없는 요소들에 따라 설득 또는 태도변화가 일어나는 경우이다. 이때에 새로운 태도가 논점과 관련하여 열심히 생각한 결과로서 형성되는 경우 새로 형성된 태도는 상대적으로 강하고 지속적이다. 이렇게 논점과 관련된 사고, 즉 정교화가 어느 정도 일어나느냐에 따라 설득경로는 중심적이기도 하고 주변적이 되기도 한다. 따라서 기업의 측면에서는 어떤 상황에서 표적청중이 어떻게 메시지를 처리하는가, 즉 중심경로를 채택하는가, 주변경로를 채택하는가 하는 것을 알고 이에 따라 마케팅 전략을 수립하는 것이 필요하다.

전수환
객관식
경영학

03
경영과학/운영관리

정답 및 해설

01. 경영과학

02. 생산시스템과 프로세스 관리

03. 품질경영

04. 생산능력관리

05. 공급사슬관리

06. 재고관리

07. 운영계획과 자원계획

08. 린 시스템 설계

09. 경영정보시스템

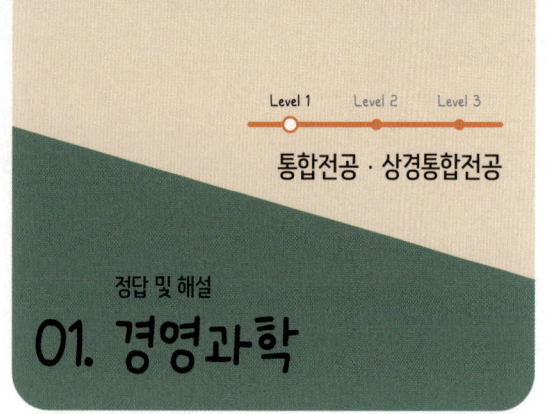

정답 및 해설
01. 경영과학

2048 ⑤

⑤ 경영과학(management science) 이론은 경영학에 대한 응용적 과학 접근 방법으로 이는 의사결정에 계량적 방법을 적용하기 위해 노력하고, 수학적 모형이나 계량화를 통해 경영관리 문제를 해결하려는 것이다.

2049 ⑤

⑤ 테일러의 과학적 관리법은 계량경영학(경영과학)과는 무관하다.

2050 ④

① 선형계획법(linear programming)은 목표 및 자원의 제한이 주어졌을 때, 기업의 의사결정을 선형적으로 나타내는 모형을 말한다.
② 게임 이론(game theory)은 한 사람이 자신의 행동을 결정하기 전에 상대방이 이 행동에 대해 어떤 반응을 보일 것인가를 먼저 생각하고 하는 행동 즉, 사람들의 전략적 행동을 연구하는 이론을 말한다.
③ 네트워크 모형(network)은 수송, 전화, 통신, 도로 등의 네트워크 형태로 이루어진 프로젝트 분석 시에 활용하는 것을 말한다.
④ 계층화 분석법(AHP: analytic hierarchy process)은 의사결정의 계층구조를 구성하고 있는 요소 간의 비교에 의한 판단을 통하여 평가자의 지식, 경험 및 직관을 포착하고자 하는 의사결정 방법 즉, 여러 요소(속성)들을 계층화하고 이들 서로 연관된 요소들의 중요도를 파악해 비교하여 최적의 전략적 의사결정을 위한 대안을 제공하는 기법을 말한다.

2051 ②

문제를 요약하면 다음과 같다.

	A제품	B제품	가용시간
M1	2	3	120
M2	2	4	100
이윤	50,000	40,000	

A제품의 생산개수를 X, B제품의 생산개수를 Y라 하면,
목적함수: 최대화 Z=50,000X+40,000Y
제약식: 2X+3Y≤120
2X+4Y≤100
X≥0, Y≥0

2052 ④

VAM 단계 1

수송표의 각 행과 열에 대해 두 개의 가장 저렴한 단위 수송비용 간의 차이를 구한다. 이 차이는 행이나 열에 있는 최선 경로와 행이나 열에 있는 차선의 경로와의 차이를 나타낸다. 아래 표는 단계 1의 계산방법을 설명하고 있다. 위에서 설명한 이 차이가 열의 가장 위에 또 행의 가장 오른쪽에 나타나 있다. 예컨대, 행 1에는 세 개의 수송 비용이 있다. 즉 3, 2와 4 중 가장 저렴한 비용은 2와 3이기 때문에 이들의 차이는 1이다.

에서\으로	창고1 (0)	창고2 (2)	창고3 (3)	공급량	
공장A	3	2	4	150	1
공장B	3	4	1	300	2
수요량	150	200	100	450	

VAM 단계 2

차이가 가장 큰 행이나 열을 찾는다. 차이가 3인 열 3(창고 3)이다. 선택된 행이나 열에 있는 가장 저렴한 칸에 될 수 있는 대로 많은 단위를 할당한다. 이렇게 해서 할당한 양이 아래 표에 나타나 있다.

에서\으로	창고1 (0)	창고2 (2)	창고3 (3)	공급량	
공장A	3	2	0　　4	150	1
공장B	3	4	100　1	300	2
수요량	150	200	100	450	

VAM 단계 3

방금 100을 할당하여 소요량이 완전하게 만족된 행이나 열을 없앤다. 수송표에서 비용의 차이를 다시 계산하고, 단계 2에서 지워서 없어진 행이나 열을 생략한다.

에서\으로	창고1 (0)	창고2 (2)	창고3 (~~3~~)	공급량	
공장A	0　　3	150　2	0　　4	150	1
공장B	150　3	50　　4	100　1	300	1
수요량	150	200	100	450	

2053 ②

PERT에서 활동소요시간 추정은 $t_e = \frac{t_o + 4t_m + t_p}{6}$ 에 의한다.

t_o는 낙관적 소요시간, t_m은 최빈시간, t_p는 비관적 소요시간

2054 ③

① A→B→D→F→G : 24
② A→C→D→F→G : 20
③ A→B→D→E→F→G : 25 (주경로)
④ A→C→D→E→F→G : 21
⑤ A→C→E→F→G : 21

2055 ②

주경로(critical path)는 A → B → D → E → F → G 이므로 주경로에 해당하지 않는 것은 C 활동이다.

2056 ④

PERT에서 활동소요시간 추정은 $t_e = \frac{t_o + 4t_m + t_p}{6}$ 이므로

활동 $K = \frac{3 + (4 \times 7) + 11}{6} = 7$

2057 ③

PERT에서 활동소요시간 추정은 $t_e = \frac{t_o + 4t_m + t_p}{6}$ 이므로

활동 $A = \frac{5 + (4 \times 7) + 27}{6} = 10$

2058 ④

프로젝트의 일정계획을 위한 과학적인 기법으로 PERT와 CPM이 있는데, PERT는 활동시간을 세 가지로 추정하여 평균시간을 계산하는 일종이 확률적 모형이고, 이와는 달리 CPM은 활동시간을 확정적으로 추정한다.

2059 ④

① 프로젝트를 완료하는 데 소요되는 시간이 가장 긴 경로를 주공정경로라고 한다.
② 주공정경로는 여유시간(slack time)이 '0'인 활동들을 연결한 경로이다.
③ 주공정경로상의 활동들이 일정 부분 지연이 되면 전체 프로젝트 일정이 지연된다.

2060 ③

PERT네트워크를 그리면 다음과 같다.

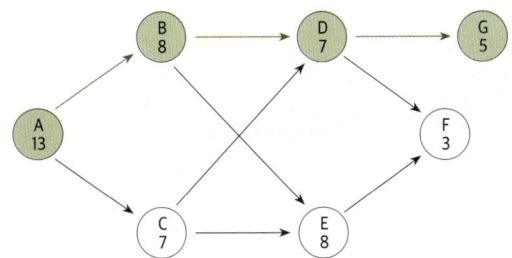

주경로는 A→B→D→G로 33시간이 걸린다.

2061 ③

더미 작업도 경로에 포함되어야 하므로 가능한 모든 경로를 나열하면 다음과 같다.

A→B→D→F→G : 14
A→C→E→F→G : 13
A→C→E→D→F→G : 15 (주경로)

2062 ⑤

① 모든 경로들 가운데 가장 긴 경로는 A-C-E이며, 이것이 주경로(critical path)가 된다.
② 주경로가 A-C-E이므로 이 프로젝트를 완료하는 데에는 적어도 28일이 필요하다.
③ 주경로는 28일이 소요되고 활동 D가 포함된 경로는 17일이 소요되므로 활동 D는 11일 만큼의 여유가 있다.
④ 현재도 A-C-E 경로가 가장 긴 경로이므로 활동 E의 소요시간이 여기서 더 증가된다고 해도 주경로에는 변함이 없다.
⑤ 활동 A의 소요시간을 5일 만큼 단축시킨다면 프로젝트 완료시간도 5일 만큼 단축되지 않는다. 왜냐하면 활동 A가 5일 단축되면 주경로는 25일이 소요되는 B-E가 되기 때문이다.

2063 ①

① PERT(program evaluation and review technique)는 확률적인 추정치를 이용하여 단계중심의 확률적 모델을 전개한 모형이며, CPM(critical path method)은 과거 실적 또는 경험 등의 확정적인 결과값을 이용해 활동중심의 확정적 모델을 전개한 모형이다.
② 보통 소규모 프로젝트는 간트차트를 이용하여 관리하지만 대규모 프로젝트는 PERT나 CPM을 통해 관리한다. 하지만 PERT는 신규, 비반복적인 연구개발이나 신제품 개발 프로젝트에 적합하고, CPM은 과거의 충분한 실적자료, 경험을 가진 반복 프로젝트, 가령 토목공사, 선박건조, 건설 등에 적합하다.
③ PERT는 이벤트(event)를 중심이지만 CPM은 활동(activity) 중심으로 관리된다. 이벤트는 네트워크 상에서 '○'로 표시되고, 활동은 네트워크 상에서 '→'로 표시된다.
④ PERT는 시간적 측면만 고려하지만 CPM은 시간과 비용 모두를 고려한다.

2064 ②

② 주경로를 구성하는 활동은 여유시간이 '0'이다. 따라서 여유시간이 있는 활동은 존재하지 않는다.

2065 ①

완전정보하의 기대치
=(200만 원×0.3)+(30만 원×0.7)
=81만 원

A1의 기대치
=(200만 원×0.3)+(-20만 원×0.7)
=46만 원

A2의 기대치
=(150만 원×0.3)+(30만 원×0.7)
=66만 원(기존정보하의 기대치)

완전정보의 기대치
=완전정보하의 기대치-기존정보하의 기대치
=81만 원-66만 원
=15만 원

2066 ②

maximin 기준은 최소값을 최대화하는 의사결정이므로, 최소값이 가장 큰 A 대안을 선택한다. 또한 Laplace 기준은 등확률을 가정하므로 3가지 대안의 합이 가장 큰 C 대안을 선택한다.

2067 ①

규모 1 (-300×0.5)+(500×0.5)=100
규모 2 (-225×0.5)+(375×0.5)=75
규모 3 (-50×0.5)+(100×0.5)=25
규모 4 (-100×0.5)+(200×0.5)=50

2068 ②

1. 맥시민(maximin) 기준 각 대안별 선택안

미래상황 대안	E_1	E_2	E_3
D_1	20	20	20
D_2	-20	40	50
D_3	-60	60	120

맥시민 기준에서 최소값이 그나마 가장 큰 D_1을 선택한다.

2. 맥시맥스(maximax) 기준 각 대안별 선택안

미래상황 대안	E_1	E_2	E_3
D_1	20	20	20
D_2	-20	40	50
D_3	-60	60	120

맥시맥스 기준에서 최대값이 가장 큰 D_3을 선택한다.

2069 ②

ㄱ. 최대 최대(maximax) 기준 하에서는 최대값이 가장 큰 A1이 선택된다.
ㄴ. 최대 최소(maximin) 기준 하에서는 최소값이 그나마 가장 큰 A3이 선택된다.
ㄷ. 최소 최대후회(minimax regret) 기준 하에서는 최대 후회값이 가장 작은 A1이 선택된다.

<후회값>

구매 대안	수주 여부	수주 성공	수주 실패
A1		0	110
A2		200	60
A3		280	0

ㄹ. 기대가치(expected value) 최대화 기준하에서는 기댓값이 가장 큰 A1이 선택된다.
A1 = (0.4 × 400) + (0.6 × -10) = 154
A2 = (0.4 × 200) + (0.6 × 40) = 104
A3 = (0.4 × 120) + (0.6 × 100) = 108

2070 ④

손익분기점(BEP: break-even point)은 총수익과 총비용이 동일한 지점, 즉 이익이 '0'이 되는 매출액 수준을 나타내는 개념으로서 원가-조업도-이익 분석에서 자주 쓰이고 있다. 손익분기점을 통해 투자된 비용을 완전히 회수할 수 있는 매출액을 판단하며, 이로 인해 손익분기점이 낮을수록 수익성이 높은 것이다. 이러한 손익분기점 분석은 원가-조업도-이익 분석(cost-volume-profit 분석: CVP 분석)으로도 불리는데 그 이유는 이의 분석목표가 손익분기점을 결정하기 위한 원가, 조업도, 이익과의 관계를 연구 대상으로 하기 때문이다. 결국 손익분기점 분석은 총수익과 총비용의 일치하는 매출량을 구하는 작업이 기반이 되고, 공헌이익이라는 개념은 매출량과 변화에 따른 이익변화의 분석을 가능케 하므로 여러 가지 관리적 의사결정에 이용되고 있다.

2071 ④

① 아래의 손익분기점 공식에서 단위당 공헌이익이 일정할 때 고정비가 증가하면 손익분기점은 증가한다.

$$\text{손익분기점매출수량} = \frac{\text{고정비}}{\text{단위당가격}-\text{단위당변동비}} = \frac{\text{고정비}}{\text{단위당공헌이익}}$$

② 비용함수는 아래와 같이 고정비와 변동비의 합으로 구성되는데 일정한 고정비에 수량에 따라 증가하는 변동비가 더해지므로 비용함수는 비선형이 아니라 선형이다.

> 총비용 = 고정비+변동비
> = 고정비+(수량×단위당변동비)

③ 고정비와 단위당 가격은 일정할 때, 단위당 변동비가 감소하면 단위당 공헌이익은 커지기 때문에 손익분기점은 감소한다.

2072 ②

위 문제의 내용을 그림으로 표현하면 다음과 같다.

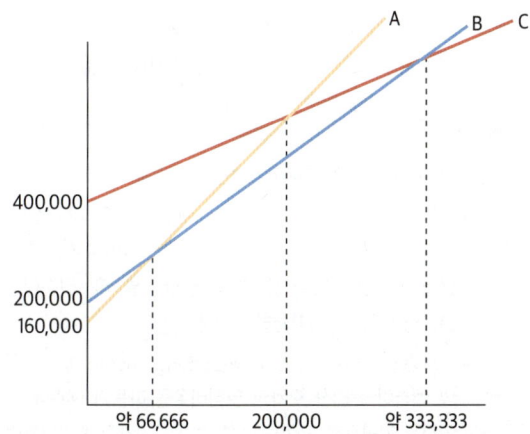

① 맞는 보기. A와 B가 만나는 지점의 생산량 Q1은 약 66,666개이고 예상생산량이 이보다 적을 때는 그림에서 보는 바와 같이 A가 더 유리하다.
② 예상생산량 200,000개에서 A와 C가 만나는 지점이므로 A와 C가 동일하다.
③ 맞는 보기. B와 C가 만나는 지점의 생산량은 약 333,333개 인데, 예상생산량이 이보다 큰 경우 그림에서처럼 C가 더 유리하다.
④ 예상 생산량 Q가 100,000일 때, 그림에서처럼 B가 가장 유리하다.

2073 ⑤

⑤ 시계열분석방법은 정량적 기법(quantitative method)이고, 나머지는 모두 정성적 기법(qualitative method)에 해당한다.

2074 ③

③ 대표적 인과형 예측기법은 회귀분석(regression analysis)이다. 변수가 하나이면 단순회귀분석이고 변수가 2개 이상이면 다중회귀분석이다.

2075 ①

① 지수평활법은 과거의 자료를 이용하여 수리적 계산에 의해 예측치를 산출하는 방법이므로 정량적 예측기법에 해당한다.

2076 ④

④ 선도지표법(leading indicator model)은 회귀분석과 더불어 인과형 예측 모형에 해당한다.

2077 ③

회귀분석은 정량적 예측기법이다.

2078 ②

② 시계열 분석(time series analysis)은 정량적 예측기법(quantitative method)에 해당한다.

2079 ②

휴리스틱(heuristic)이란 불충분한 시간이나 정보로 인하여 합리적인 판단을 할 수 없거나, 체계적이면서 합리적인 판단이 굳이 필요하지 않은 상황에서 사람들이 빠르게 사용할 수 있는 어림짐작의 방법을 말한다.

2080 ③

대표적 인과형 예측기법은 회귀분석(regression)이다.

2081 ③

③ Box-Jenkins 모형은 시계열자료의 예측에 널리 사용된다.

2082 ②

수요예측에 관한 방법은 크게 2가지로 구분되어지는데 정성적 방법(질적 기법)과 정량적 방법(양적 기법)으로 나뉘어진다. 정성적 방법(질적 기법)에는 시장조사법, 델파이법, 패널조사법, 판매원 추정법 등이 있으며 정량적 방법(양적 기법)은 인과형 예측기법(회귀분석법)과 시계열 예측기법(지수평활법, 이동평균법)으로 구분된다.

2083 ④

④ 역사적 유추법(historical analogy)은 신제품의 경우와 같이 과거 자료가 없을 때 이와 비슷한 기존 제품이 과거에 시장에서 어떻게 도입기, 성장기, 성숙기를 거치면서 수요가 성장해 갔는가에 기반해서 수요를 유추하는 방법을 의미한다. 수요에 영향을 주는 요인들을 독립변수로 수요를 종속변수로 하고 독립변수에 대한 함수로서 수요를 통계적으로 모형화한 것은 인과형 예측기법이다.

2084 ④

① 전문가 그룹에 대해 설문조사를 하는 델파이법은 대표적인 정성적(qualitative) 예측기법이다.
② 독립변수가 종속변수를 설명하는 능력은 결정계수의 크기로 측정한다.
③ 단순이동평균법(simple moving average method)에서 이동평균기간을 짧게 잡을수록 최근의 추세변화에 민감하게 반응할 수 있다.

2085 ①
② 사내 다양한 부서로부터 경험과 지식이 풍부한 전문가들로 위원회를 구성하되, 참가자들간 상호작용을 배제하기 위해 토론은 하지 않는다.
③ 델파이법은 가설을 세우고 설문 등을 통해 가설을 검증하는 실증연구 방식이 아니라 전문가의 의견을 종합하는 질적인 연구방법이다.
④ 판매원으로 하여금 그들이 담당하고 있는 지역 내의 수요를 예측하게 한 다음, 모든 판매원들이 예측한 자료를 종합하여 전체 수요를 예측하는 방법은 판매원 추정법이다.

2086 ①
① 지수평활법(exponential smoothing method)의 공식이 의미하는 바는 과거 예측이 초래한 오차(Dt-Ft)의 일정 부분 (a)을 다음기(Ft+1) 예측에 반영하자는 것이다. 따라서 평활상수 a가 클수록 직전 예측의 오차가 더 많이 다음기 예측에 반영된다.
② 회귀분석(regression)에서 회귀방정식을 도출할 때, 최소자승법(least square method)을 사용하는데 이는 실제치와 예측치의 오차를 자승한 값의 총 합계가 최소화되도록 회귀계수를 추정한다.
③ 이동평균법을 사용하든 가중이동평균법을 사용하든 과거의 모든 자료를 반영할 수도 있고, 그렇지 않을 수도 있다. 또한 이동평균법은 합이 1이 되는 동일한 가중치를 부여하는 방법이다.
④ 이동평균법에서 과거자료 개수(n)을 증가시키면 예측치를 평활하는 효과는 크지만 예측의 민감도는 떨어뜨려서 수요예측의 정확도는 오히려 낮아진다.

2087 ⑤
ㄱ. 선형회귀분석: 정량적 수요예측
ㄴ. 지수평활법: 정량적 수요예측
ㄷ. 시장조사: 정성적 수요예측
ㄹ. 패널동의법: 정성적 수요예측
ㅁ. 이동평균법: 정량적 수요예측
ㅂ. 델파이기법: 정성적 수요예측

2088 ④
④ 예측기법을 선택할 때 예측할 대상의 특성과 동시에 그에 따르는 예측시간과 비용, 사용가능한 자료와 자료의 패턴 등은 비중있게 고려해야 한다.

2089 ②
시계열자료를 분석하면 추세(trend), 주기(cycle), 계절적 변동(seasonal variation), 임의변동(random variation) 혹은 불규칙 변동 등을 알 수 있다.

2090 ④
④ 시계열분석은 과거의 수요패턴이 미래에도 계속될 것이라는 가정 하에 수요를 예측하므로 수요패턴의 전환점이나 근본적 변화는 예측할 수 없다.

2091 ①
① 시계열 분석기법은 양적인 방법이나, 델파이법(Delphi method)은 질적인 예측방법에 해당한다.

2092 ③
① 시계열 수요예측은 과거의 패턴으로 미래를 예측하는 것이므로 과거에 발생하지 않았던 요소는 고려되지 않는다.
② 델파이 방법은 시계열 예측 같은 정량적 기법이 아니라 정성적 기법이다. 그리고 회귀분석 방법은 정량적 기법이기는 하지만 시계열 예측이 아니라 인과형 예측기법이다.
④ 시계열 수요예측은 장기적인 시장 수요를 파악에는 적합하지 않다.

2093 ③
③ 시계열 자료에서 보여지는 변동 가운데 위치변동(locational variation)이라는 것은 존재하지 않는다.

2094 ③
시계열자료를 이용한 예측기법은 다음과 같다.
• 이동평균법(moving average method)은 평균의 계산 기간을 순차적으로 한 개의 항씩 이동시켜 가면서 기간별 평균을 계산하여 경향치를 구하는 방법을 말하며, 단순이동평균법과 가중이동평균법이 있다.
• 지수평활법(exponential smoothing method)은 과거의 예측이 초래한 오차의 일정비율을 다음기 예측에 반영하는 기법으로 단순지수평활법과 추세조정 지수평활법(trend-adjusted exponential smoothing)이 있다.

2095 ①
① 시계열 분석법은 추세, 주기, 평균, 계절적 변동 등의 것은 예측이 가능하지만 불규칙 성분 혹은 변동은 예측하지 못한다.

2096 ⑤
시계열 자료에서 발견할 수 있는 수요 변동의 형태는 추세, 주기, 계절적 변동, 평균(수평적 패턴), 불규칙 변동 등이다.

2097 ②
3개월 단순이동평균법을 사용하면
6차년도 예측치
$= \dfrac{230 + 250 + 240}{3} = 240$

2098 ④
① 델파이법은 구성원이 모인 자리에서 토론을 거쳐 결정을 하는 것이 아니라 비공개적으로 전문적인 의견을 설문을 통해 전하고 다른 사람들의 의견을 보고 나서 다시 수정한 의견을 제시하는 일련의 절차를 거쳐 최종 결정을 내리는 방법이다.

② 전문가 패널법은 특정 문제에 관해 관심이 있는 전문가들을 패널로 뽑아 청중들 앞에서 공개적으로 서로 의견을 주고받으며 결론을 유도하는 방법이다.
③ 추세분석법은 시계열 분석기법에 해당하지만 자료유추법은 해당하지 않는다. 자료유추법은 기존 데이터가 없는 신제품의 미래를 예측하는데 활용하는 방법으로 신제품과 유사한 기존제품의 과거자료를 참고로 신제품의 미래를 유추하는 방법이다.
④ 단순이동평균법은 합이 '1'이 되는 동일한 가중치를 부여하지만 가중이동평균법은 합이 '1'이 되는 서로 다른 가중치를 부여할 수 있으므로 단순이동평균법에 비해 환경변화에 더 민감하게 반응할 수 있다.
⑤ 지수평활법은 직전 기간의 예측값과 실제 수요를 사용하여 수요를 예측하는 기법이다.

2099 ④

예측치=(0.2×70만)+(0.3×90만)+(0.5×110만)=96만개

2100 ③

단순이동평균법은 가장 가까운 과거의 일정 기간에 해당되는 시계열의 평균값을 바로 다음 기간의 예측치로 사용하는 방법을 의미하며, 이 문제에서는 과거 3년 간의 데이터를 기반으로 2020년도의 수요예측량을 구하라고 했으므로, 2017년, 2018년, 2019년의 데이터를 기반으로 수요를 다음과 같이 예측한다.

2020년도의 수요 예측량
$= \frac{2,150 + 2,310 + 2,410}{3} = 2,290$

2101 ②

(8,200,000×0.2)+(7,200,000×0.2)+(5,400,000×0.6)=6,320,000만개

2102 ②

② 단순이동평균법은 최근의 과거 수요를 사용하여 예측하는 기법으로, 수요가 시간에 따라 불안정할 때보다는 수요가 안정적일 때 적절한 방법이다.

2103 ②

지수평활법 $F_{t+1} = F_t + \alpha(D_t - F_t)$ 이므로, 이번 달 예측치
=200+0.2(220-200)=204

2104 ③

지수평활법 $F_{t+1} = F_t + \alpha(D_t - F_t)$ 이므로, 이번 달 예측치
=200+0.3(150-200)=185

2105 ③

지수평활법 $F_{t+1} = F_t + \alpha(D_t - F_t)$ 이므로, 이번 달 예측치
=10,000+0.3(11,000-10,000)=10,300

2106 ②

$F_{t+1} = F_t + \alpha(D_t - F_t)$
$= 1,000 + \alpha(1,100 - 1,000)$
$= 1,030$
∴ $\alpha = 0.3$

2107 ④

$F_t = 2,200$
$D_t = 2,100$
$F_{t+1} = F_t + \alpha(D_t - F_t) = 2,200 + \alpha(2,100 - 2,200) = 2,180$
∴ $\alpha = 0.2$

2108 ②

$F_{t+1} = F_t + \alpha(D_t - F_t)$
$= 200 + 0.8(180 - 200)$
$= 184$

2109 ④

지수평활법 $F_{t+1} = F_t + \alpha(D_t - F_t)$ 이므로, 이번 달 예측치
=20,000+0.3(21,000-20,000)
= 20,300

2110 ①

$F_{t+1} = F_t + \alpha(D_t - F_t) = 1,000 + 0.1(900 - 1,000) = 990$

2111 ①

① 과거 자료는 평준화 과정에서 배제되지 않고 포함된다. 하지만 먼 과거자료로 갈수록 예측에서 차지하는 비중은 줄어든다.

2112 ②

$F_5 = F_4 + \alpha(D_4 - F_4) = 60 + \alpha(52 - 60) = 50$
∴ $\alpha = 1.25$

평활상수는 0과 1 사이 값이 되어야 하므로 문제오류이다.

2113 ③

월	실수요	예측치
4월	500	450
5월	450	① 460
6월	475	② 458

① $F_5 = F_4 + 0.2(D_4 - F_4)$
$= 450 + 0.2(500 - 450) = 460$

② $F_6 = F_5 + 0.2(D_5 - F_5)$
$= 460 + 0.2(450 - 460) = 458$

2114 ③

월	실제수요 D_t	예측치 F_t	예측오차 D_t-F_t	절대오차 $|D_t-F_t|$
1월	200	225	-25	25
2월	240	220	20	20
3월	300	285	15	15
4월	270	290	-20	20
합계	1,010	1,020	-10	80

$$MAD = \frac{\sum|D_t - F_t|}{n} = \frac{80}{4} = 20$$

2115 ①

① 수요예측과정에서 발생하는 예측오차들(forecasting errors)의 합은 영(zero)에 수렴하는 것이 바람직하다. 예측오차들의 합이 '0'이 되면 즉 CFE값이 '0'이 되면, ME=0이 되므로 예측의 편의(bias)는 없다고 볼 수 있다.

② 평균절대편차(mean absolute deviation)는 예측오차에 절대값을 붙여서 더 한 후 평균을 한 것이다.

③ 평균제곱오차(mean squared error)는 매 기간 발생하는 수요예측오차를 제곱한 값들의 평균으로, 영(zero)에서 가까울수록 바람직하다.

④ 예측오차들의 합 즉 CFE가 '0'이라고 해도 이는 양(+)의 오차와 음(-)의 오차가 서로 상쇄되는 경우도 있으므로 CFE=0이라고 MAD=0이 되는 것은 아니다.

2116 ④

기간 (t)	예측치 (F)	실제 수요 (Y)	오차 ($=Y-F$)	절대오차
1월	130	110	-20	20
2월	100	120	20	20
3월	100	130	30	30
4월	130	140	10	10
합계			40=CFE	80

① $F_5 = F_4 + 0.2(D_4 - F_4) = 130 + 0.2(140 - 130) = 132$

② 단순이동평균법
$$= \frac{D_4 + D_3 + D_2}{3} = \frac{140 + 130 + 120}{3} = 130$$

③ $MAD = \frac{\sum|E_t|}{n} = \frac{80}{4} = 20$

④ $TS = \frac{CFE}{MAD} = \frac{40}{20} = 2$

2117 ①

① 추적지표(tracking signal)는 예측의 정확도를 나타내며, 이상적인 경우 TS값은 0이고, 허용 가능한 추적지표의 값의 범위는 ±4 또는 ±5의 한계가 자주 사용된다. 허용 가능한 범위 외부에서 TS값이 발생하면 예측에 편의(bias)가 존재한다는 신호로 받아들일 수 있으며 교정활동이 필요하다는 것을 의미한다.

② 평균자승오차(mean squared error)는 오차 제곱의 합을 기간 수로 나눈 것으로 예측오차의 산포도를 나타낸다.

③ 평균절대편차(mean absolute deviation)는 오차 절대치의 합을 기간 수로 나눈 것으로 예측오차의 산포도를 나타낸다.

④ 평균절대비율오차(mean absolute percentage error)는 실제 수요에 대한 상대오차의 비율을 모두 더한 다음 기간 수로 나눈 값을 말한다.

⑤ 평균오차(mean error)는 매 기간의 오차를 모두 더하여 기간 수로 나눈 값을 말한다.

정답 및 해설
01. 경영과학

단일전공 · 금융공기업

2118 ②

	아이스크림(x_1)	아이스크림(x_2)	총가용자원
우유	2	3	200
설탕	4	1	150
이익	40원	30원	

목적함수   maximum profit=$40x_1+30x_2$

제약식 $2x_1+3x_2 \leq 200$
   $4x_1+x_2 \leq 150$

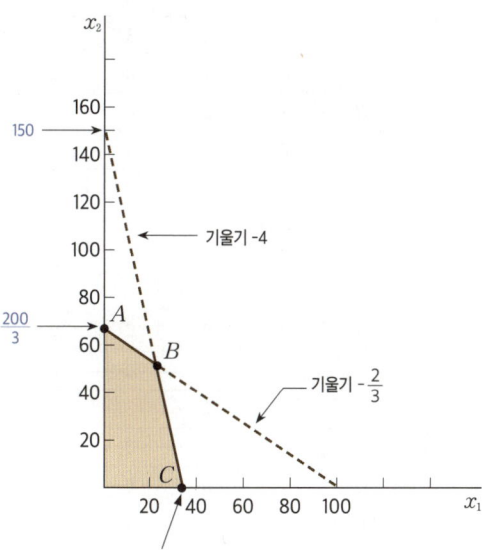

* 해 찾기

목적함수의 기울기가 $-\frac{4}{3}$이므로 B점에서 최대값을 갖는다. B의 좌표(x_1=25, x_2=50)를 목적함수에 입력하면 2,500이 나온다. 즉 아이스크림 A를 25개 생산하고 아이스크림 B를 50개 생산할 때, 이익이 2,500원으로 최대가 된다.

2119 ④

	제품A(x_1)	제품B(x_2)	총가용자원
조립	1	2	100
도색	1	1	50
이익	10,000원	10,000원	

목적함수   maximum profit=$10,000x_1+10,000x_2$

제약식 $x_1+2x_2 \leq 100$
   $x_1+x_2 \leq 50$

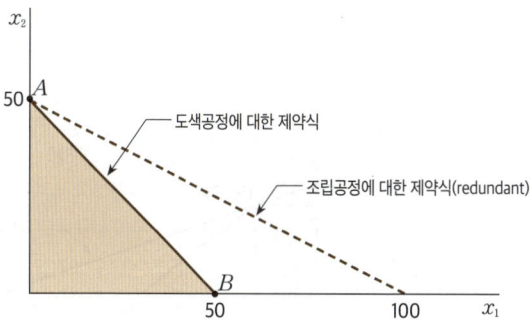

* 목적함수와 실행가능영역의 기울기가 같기 때문에 A에서 B까지의 모든 점들이 해가 된다. 두 제품을 합하여 50개 생산하는 것이 최적생산량이며, 이 때 이윤은 50만 원이다.

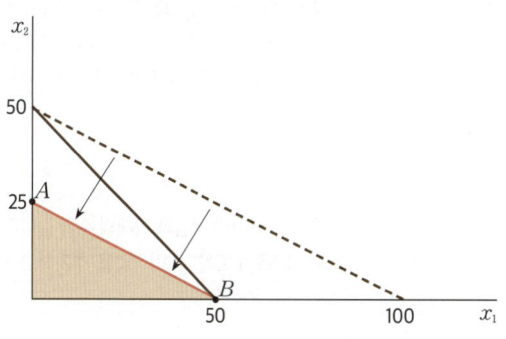

* 조립공정 가용시간이 50시간으로 준다면 최적해는 B점이 된다. A제품만을 50개 생산하면 되므로 최대이윤에는 변화가 없다.

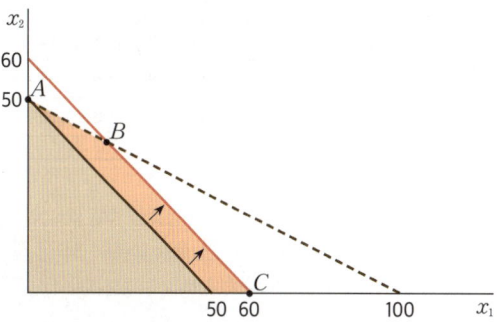

* 만약 도색공정의 가용시간이 60시간으로 늘어난다면 B점과 C점을 연결하는 점들이 최적해가 되며, 이 때 최대이윤은 60만 원이 된다.

2120 ④

	책상(x_1)	의자(x_2)	총가용자원
목재	1	3	90
플라스틱	3	4	150
이익	300원	500원	

목적함수 maximum profit=$300x_1+500x_2$

제약식 $x_1+3x_2 \leq 90$

$3x_1+4x_2 \leq 150$

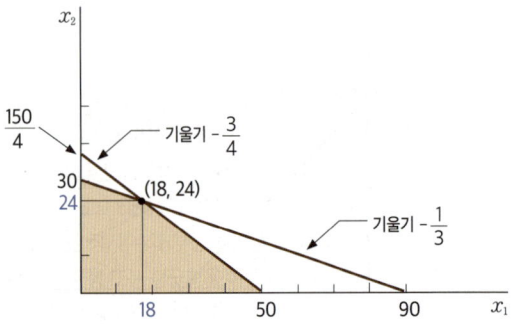

목재 제약식의 기울기는 $-\frac{1}{3}$이고, 플라스틱 제약식의 기울기는 $-\frac{3}{4}$이다. 또한 목적함수의 기울기는 $-\frac{3}{5}$이므로 목재 제약식과 플라스틱 제약식의 교점에서 이익 최대가 된다. 즉 책상 18개, 목재 24개를 생산할 때가 최대 이익이다.

2121 ②

할당기법을 사용하려면 작업과 기계의 수가 같아야 한다. 그러기 위해서 비용이 '0'인 더미작업을 추가하고 문제를 푼다.

			기계			최소작업시간
		A	B	C	D	E	
작업	I	5	8	3	4	6	3
	II	7	5	6	9	3	3
	III	3	3	2	5	4	2
	IV	4	2	8	5	5	2
	더미	0	0	0	0	0	0

최소작업시간을 차감한 결과는 다음과 같다. 여기서는 열차감은 시행하지 않는다. 더미작업의 비용이 '0'이므로 결과가 바뀌지 않는다. '0'을 제거하기 위해 필요한 라인의 최소 수는 4이다.

			기계			
		A	B	C	D	E
작업	I	2	5	0	1	3
	II	4	2	3	6	0
	III	1	1	0	3	2
	IV	2	0	6	3	3
	더미	0	0	0	0	0

라인의 수가 행의 수보다 작으므로 값들을 수정한다.

(1) 커버되지 않은 값 중에서 최소값 '1'을 차감한다.

(2) 라인이 교차하는 점에 있는 값들에 최소 커버되지 않은 값을 가산한다.

			기계			
		A	B	C	D	E
작업	I	1	5	0	0	3
	II	3	2	3	5	0
	III	0	1	0	2	2
	IV	1	0	6	2	3
	더미	0	1	1	0	1

최적성을 검사한다.

			기계			
		A	B	C	D	E
작업	I	1	5	0	0	3
	II	3	2	3	5	0
	III	0	1	0	2	2
	IV	1	0	6	2	3
	더미	0	1	1	0	1

라인의 최소 수가 행의 수와 같으므로 최적할당이 가능하다.

			기계			
		A	B	C	D	E
작업	I	1	5	0	0	3
	II	3	2	3	5	0
	III	0	1	0	2	2
	IV	1	0	6	2	3
	더미	0	1	1	0	1

II번과 IV번 작업은 각각 기계E와 기계B에 할당되어야만 한다. 모든 경우를 조합하면 아래와 같다.

	기계	할당1	할당2	할당3
작업	I	C(3)	D(4)	D(4)
	II	E(3)	E(3)	E(3)
	III	A(3)	A(3)	C(2)
	IV	B(2)	B(2)	B(2)
		11	12	11

할당 결과 '할당2'는 비용이 12이므로 최적이 아님

비용을 최소화하는 작업 할당 방법은 아래와 같이 2가지이다. (총작업시간 11로 동일하다.)

	기계	A	B	C	D	E
작업	I	5	8	3	4	6
	II	7	5	6	9	3
	III	3	3	2	5	4
	IV	4	2	8	5	5

	기계	A	B	C	D	E
작업	I	5	8	3	4	6
	II	7	5	6	9	3
	III	3	3	2	5	4
	IV	4	2	8	5	5

<기회비용을 이용한 방안>

	A	B	C	D	E	기회비용
I	5	8	3	4	6	1
II	7	5	6	9	3	2
III	3	3	2	5	4	1
IV	4	2	8	5	5	2

기회비용은 가장 작은 비용과 그 다음 작은 비용의 차이임

위 작업할당 표를 이용하여 각 작업마다 가장 비용이 적은 것으로만 작업을 할당하면 비용이 10이지만 기계 C에 작업이 2개나 할당이 되는 관계로 불가능하다. 이를 통해 알 수 있는 것은 비용이 11정도면 최소라는 것이다. 비용이 11이 되도록 할당을 하기 위해서 우선 기회비용이 큰 것을 고정시키는 것이다. 기회비용이 큰 것을 고정시키는 이유는 비용을 줄이기 위해서이다. 가령 작업 II는 기계 E에 할당하면 비용이 2지만 만약 기계 E에 할당하지 않고 다른 기계 B에 할당하면 비용이 2만큼 증가한다. 따라서 작업 II는 기계 E 그리고 작업 IV는 기계 B에 고정시키고 작업 I과 III을 변동하는 것이 좋다.

<할당1> 3 + 3 + 3 + 2 = 11

	A	B	C	D	E	기회비용
I	5	8	3	4	6	1
II	7	5	6	9	3	2
III	3	3	2	5	4	1
IV	4	2	8	5	5	2

<할당2> 4 + 3 + 2 + 2 = 11

	A	B	C	D	E	기회비용
I	5	8	3	4	6	1
II	7	5	6	9	3	2
III	3	3	2	5	4	1
IV	4	2	8	5	5	2

① 총 작업비용을 최소화하는 작업할당 방법은 2가지이다.
③ 총 작업비용을 최소화하는 작업할당 방법들 중 작업 II를 기계 E에 할당한다.
④ 총 작업비용을 최소화하는 작업할당 방법들 중 작업 III을 기계 A와 C에 할당된다.
⑤ 총 작업비용을 최소화하는 작업할당 방법들 중 작업 IV를 기계 B에 할당된다.

2122 ②

A-B-C-E가 주경로(critical path)이며 활동소요시간은 13일이다.

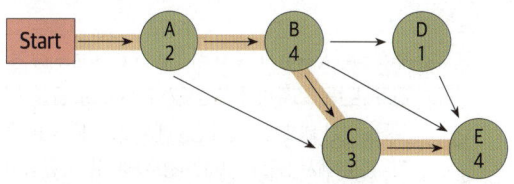

2123 ⑤

① PERT는 프로젝트의 최장 경로를 구하는 기법이다.
② PERT는 선형계획법의 특수한 형태가 아니다. 선형계획법의 특수한 형태는 수송모형, 정수계획, 목표계획법, 할당모형 등이다.
③ 일반적으로 네트워크 기법을 이용하여 해를 구한다.
④ 목적계획법 혹은 목표계획법은 선형계획법의 특수한 형태이다.

2124 ②

b. 주경로(critical path)가 아닌 경로는 허용되는 범위 내에서 조금 지체되어도 상관없다.
e. 활동여유시간은 네트워크를 분석하기 전에는 알 수 없는 정보이다.

2125 ③

가장 빠른 완료시간(EF: earliest finish time)은 가장 빠른 시작시간(ES: earliest start time)과 예상소요시간 t의 합 즉, EF = ES + t

가장 늦은 시작시간(LS: lastest start time)은 가장 늦은 시작시간(LF: lastest finish time)에서 예상소요시간을 뺀 값, 즉, LS = LF - t

① 가장 늦은 시작시간(LS) = LF - t = 25 - 3 = 22
② 가장 빠른 완료시간(EF) = ES + t = 20 + 3 = 23
③ 활동여유시간=가장 늦은 완료시간(LF)-가장 빠른 완료시간(EF) = 25 - 23 = 2
④ 여러 가지 선행활동이 존재할 가능성이 있으므로 b의 가장 빠른 시작시간(ES)=a의 가장 빠른 완료시간은 아니다. 만약 a 활동만이 b의 선행활동이라면 a의 가장 빠른 완료시간(EF)은 20이다.
⑤ 주경로(critical path)는 활동여유시간이 0이어야 한다. 그러나 이 경로는 활동여유시간이 존재하므로 주경로가 아니다. b 활동을 그림으로 표현하면 다음과 같다.

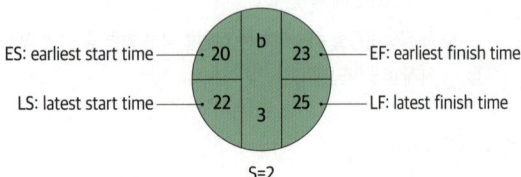

2126 ④

주경로는 A → B → G 경로1과 A → C → E → G 경로2이며 완료시간은 35주이다. 주경로가 2개이므로 공정완료시간을 1주 줄이기 위해서 2개의 경로에서 모두 1주씩을 줄여야 한다. 경로1에서 B활동 그리고 경로2에서는 C활동이 단축대비 비용이 가장 낮다. 따라서 추가적으로 지출해야 하는 최소비용은 8(=4+4)백만 원이다.

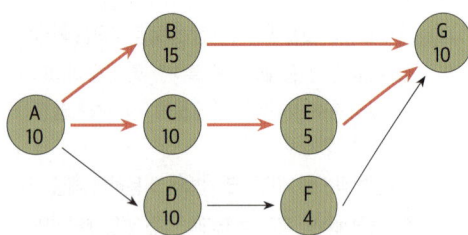

2127 ④

① 주경로(critical path) 상의 활동들은 여유시간이 '0'이기 때문에는 여유시간(slack time)이 '0'인 단계(event)들을 연결하면 주경로가 된다.
② 주경로는 여러 경로들 가운데 가장 소요시간이 긴 경로이므로 주경로에 있는 활동(activity)들의 소요시간을 합하면 프로젝트 완료시간과 동일하다.
③ 주경로는 가장 긴 경로이므로 주경로상에 있는 활동이 예상된 소요시간보다 지체될 경우 프로젝트 완료시간도 예정보다 지연된다.
④ 복수의 주경로가 존재할 때 복수의 경로 모두 소요시간을 단축하면 프로젝트 완료시간은 단축된다.
⑤ 주경로가 가장 길기 때문에 프로젝트 완료시간 단축을 위해서는 주경로에 있는 활동들 중 단축비용이 적은 것부터 우선적으로 단축한다.

2128 ③

a. PERT(program evaluation & review technique)와 CPM(critical path method)은 원과 화살표를 이용하여 각 활동들을 도형화하는 방식인데, PERT/CPM의 핵심 아이디어는 프로젝트의 각 활동들을 네트워크화된 도형으로 표시하고 가장 오랜 시간이 소요되는 경로(주경로)를 찾고, 이 경로(주경로)가 지연되지 않도록 관리한다는 것이다.
b. 간트 차트(Gantt Chart)는 과학적 관리법 시대에 개발된 것으로 부하할당, 일정계획과 실적비교, 진도관리를 위한 일정통제 등에 다양하게 활용될 수 있으며 적용이 매우 간단하여 프로젝트에서도 일정계획과 통제에 적용될 수 있는 체계적인 방법이다.
c. 이시가와 다이어그램(Ishikawa Diagram)은 인과분석도(cause and effect diagram) 혹은 특성요인도라고도 불리는데 문제의 원인들을 찾기 위한 체계적인 접근법을 제공한다. 모양 때문에 어골도(fishbone diagram)라 불리기도 하며, 이 도구는 문제의 원인이 될 수 있는 요인들의 항목을 알아내 문제해결 노력을 체계화하는데 도움을 준다.
d. 파레토차트(Pareto Chart)는 가장 중요한 문제 영역에 주목하기 위한 기법이다. 파레토 개념이 의미하는 바는 상대적으로 작은 요인들이 전체 케이스(불만, 불량, 문제와 같은)의 대부분을 차지한다는 것이다. 이러한 생각은 중요성의 정도에 따라 케이스를 분류하고 가장 중요한 부분을 해결하고, 덜 중요한 부분을 남겨두는 것이다. 80-20 법칙으로 언급되는 파레토 개념은 문제의 약 80%가 20%의 항목으로부터 나온다는 것을 언급한 것이다.

2129 ④

① 검토일 현재 B가 1일 지체되었으나, B는 주경로 상의 활동이 아니므로 프로젝트의 완료일에 영향을 주지 않는다.
② C는 주경로 상의 활동이므로 C의 활동시간(activity time)이 1일 증가되면 프로젝트의 완료일은 1일 증가한다.
③ D는 주경로 상의 활동이 아니고, D의 활동 여유시간은 2이므로 2 이내로 지체되면 프로젝트 최단 완료일에 영향을 미치지 않는다.
④ B가 6일차에 종료되고 E의 활동시간이 1일 증가되더라도 프로젝트의 최단 완료일과 후속 활동들의 시작일은 영향을 받지 않는다. 왜냐하면 B활동의 활동여유시간이 2일이기 때문이다.
⑤ F활동은 주경로상의 활동이므로 활동시간이 단축되면 프로젝트의 최단 완료일은 단축된다.

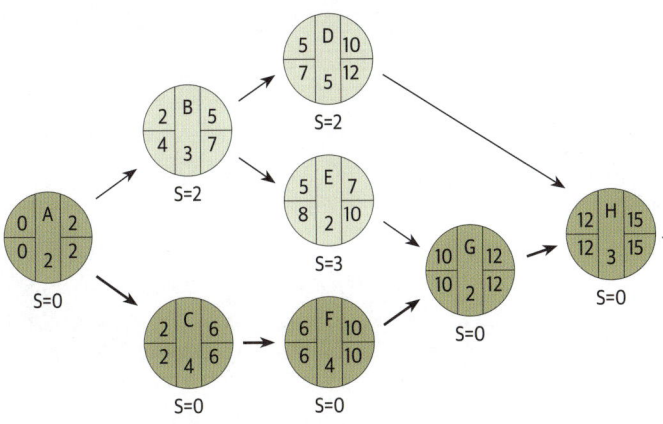

2130 ③

주어진 값들을 이용하여 네트워크를 작성하면 다음과 같다.

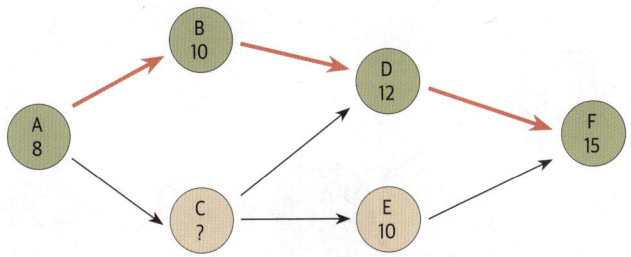

여유시간이 '0'인 활동들을 연결하면 주경로가 되기 때문에 주경로는 반드시 B활동을 포함해야 한다. 따라서 주경로는 A → B → D → F가 되며, 프로젝트 완료에 소요되는 시간은 45이다. 문제에서도 프로젝트의 최단완료시간이 45일이라고 했으므로 주경로는 A → B → D → F이다.

이해를 돕기 위해 아래와 같이 각 활동의 가장 빠른 시작시간(ES), 가장 빠른 완료시간(EF), 가장 늦은 시작시간(LS), 가장 늦은 완료시간(LF)를 계산하면 다음과 같다.

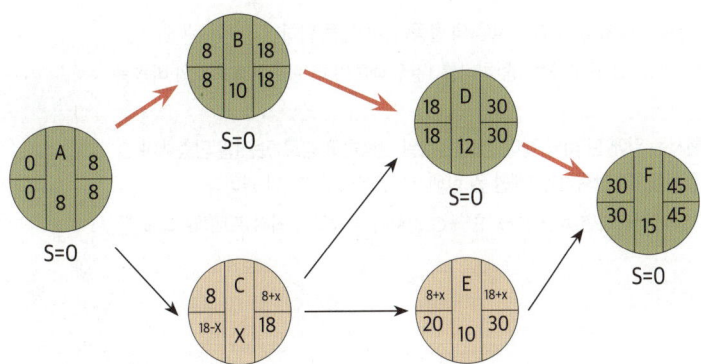

각 활동의 여유시간의 합이 '8'이므로 주경로를 제외한 C활동과 E활동의 여유시간의 합이 8이다. C활동의 활동시간이 알려지지 않았으므로 'x'로 놓고, 5부터 9까지 활동시간을 대입하여 여유시간이 8인 경우를 찾거나 아래와 같이 방정식을 이용하여 구할 수도 있다.

C활동의 여유시간 $= LF - EF = LS - ES = 18 - (8+x) = 10 - x$

E활동의 여유시간 $= LF - EF = LS - ES = 30 - (18+x) = 12 - x$

C활동의 여유시간 + E활동의 여유시간 $= (10-x) + (12-x) = 8$

$\therefore x = 7$

2131 ④

위 프로젝트를 그림으로 표현하면 다음과 같다.

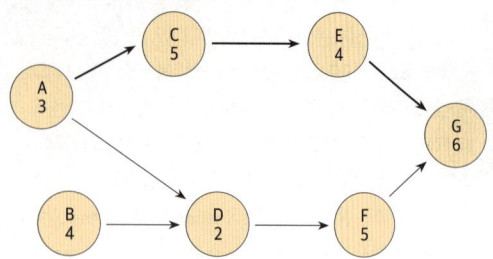

경로 1: A → C → E → G : 18일 주경로
경로 2: A → D → E → G : 15일
경로 3: A → D → F → G : 16일
경로 4: B → D → E → G : 16일
경로 5: B → D → F → G : 17일

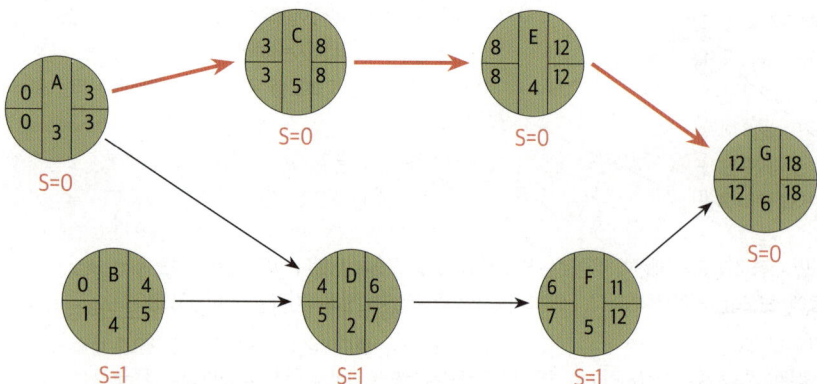

① 활동시간을 단축하지 않는 경우 프로젝트의 최단 완료시간(주경로)은 18일이다.
② 주경로 상의 활동은 활동여유시간이 '0'이고 주경로 아닌 활동, B, D, F 활동의 활동여유시간을 합하면 3일이 된다.
③ 프로젝트의 최단 완료시간을 1일 단축하기 위해서는 A, C, E, G 활동 중 하나를 1일 단축해야 하는데 이때 최소의 비용은 C활동을 단축하는 3백만 원이다.
④ 프로젝트의 최단 완료시간을 2일 단축하기 위해서는 위에 본 바와 같이 경로1은 2일 단축하고 경로 5는 1일 단축해야 한다. 따라서 C활동을 2일 단축하면 6백만 원, B활동을 1일 단축하면 1백만 원 합해서 최소비용은 7백만 원이다..
⑤ 활동시간의 단축이 가능한 모든 활동(B~F)을 1일씩 단축하면 A → C → E → G 경로가 주경로가 되며 프로젝트의 최단 완료시간은 16일이 된다. <아래 그림 참조>

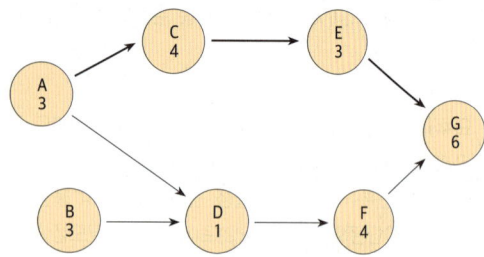

2132 ③

1. 완전정보하의 기대가치
   =(400×0.4)+(-10×0.6)=160-6=154
2. 큰 공장 신축의 기대가치
   =(400×0.4)+(-300×0.6)=-20
3. 작은 공장 신축의 기대가치
   =(80×0.4)+(-10×0.6)=26

작은 공장의 기대치가 더 크므로 기존정보하의 기대치는 26이 된다.

> 완전정보의 기대가치
> =완전정보하의 기대가치-기존정보하의 기대가치
> =154-26=128

2133 ④

A회사의 의사결정(MAXIMIN) : 최소값이 가장 큰 X_2전략을 선택

B회사의 의사결정(MINIMAX) : 기대손실을 가장 적게 하는 대안을 선택하기 위해서 '기대손실표'를 작성해야 하지만, 위 표에서 B회사의 기대손실을 이미 확인할 수 있다. 즉 문제에서 제시된 표는 A와 B회사의 게임에서 A회사가 얻게 될 이익만을 나타내고 있다. 그러므로 A회사의 이익은 B회사의 기대손실이므로 표의 변경없이 B회사의 MINIMAX(기대손실을 가장 작게 하는 의사결정) 대안을 선택하면 된다. 그래서 정답은 최대 기회 손실이 '4'인 Y_3전략을 선택하면 된다.

2134 ③

<기대값>

대안	수요			기대이익
	높은 수요 (20%)	중간 수요 (50%)	낮은 수요 (30%)	
아웃소싱	80	60	50	61
범용기계	90	80	20	64
전용기계	150	70	-20	59
생산하지 않음	0	0	0	0

<기대기회손실>

대안	수요			기대 기회손실
	높은 수요 (20%)	중간 수요 (50%)	낮은 수요 (30%)	
아웃소싱	70	20	0	24
범용기계	60	0	30	21
전용기계	0	10	70	26
생산하지 않음	150	80	50	85

<완전정보의 기대가치>

완전정보하의 기대가치
=(0.2×150)+(0.5×80)+(0.3×50)=85

기존정보하의 기대가치=64

완전정보의 기대가치=21, 즉 완전정보를 제공한 자에게 최대 21까지 보상해도 됨

b. 아웃소싱 대안의 기대기회손실(expected opportunity loss)은 24이다.

아웃소싱=(70×0.2)+(20×0.5)+(0×0.3)=24
범용기계=(60×0.2)+(0×0.5)+(30×0.3)=21
전용기계=(0×0.2)+(10×0.5)+(70×0.3)=26
생산하지 않음=(150×0.2)+(80×0.5)+(50×0.3)=85

c. 기대이익(expected profit)과 기대기회손실에 근거한 의사결정은 동일하게 범용기계 대안이 선택된다.

2135 ⑤

위 대안들을 도식화하면 다음 그림과 같다.

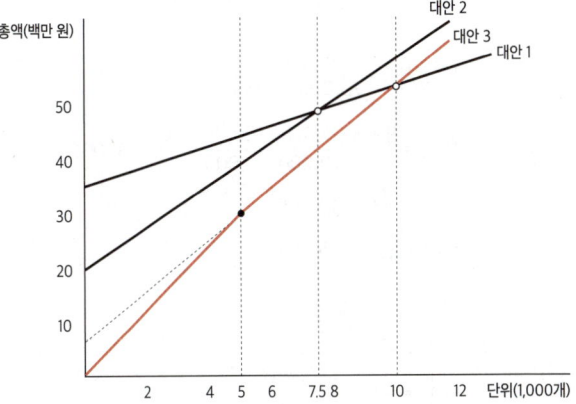

그러나 위와 같이 도식화하는 방법은 시간이 오래 걸리기 때문에 식을 세운 후 풀어나가는 것이 좋다.

대안1: $y = 35{,}000{,}000+2{,}000x$

대안2: $y = 20{,}000{,}000+4{,}000x$

대안3: $y = 6{,}000x (x \leq 5{,}000)$
      $y = 5{,}000{,}000+5{,}000x (x > 5{,}000)$

① 7,500단위를 생산할 경우 대안 1과 대안 2의 총비용은 50,000,000으로 동일하다.

대안 1	$y = 35{,}000{,}000+2{,}000×7{,}500 = 50{,}000{,}000$
대안 2	$y = 20{,}000{,}000+4{,}000×7{,}500 = 50{,}000{,}000$

② 대안 2가 가장 유리한 수요구간은 존재하지 않는다. 이 보기는 도식화하면 쉽게 알 수 있지만 식으로는 알기 힘들기 때문에 다른 보기를 먼저 살펴보는 것이 좋다.

③ 위 그림에서 보는 바와 같이 수요가 10,000단위 미만일 때는 대안 3이 가장 유리하다.

대안 1	$y = 35,000,000 + 2,000 \times 10,000 = 55,000,000$
대안 2	$y = 20,000,000 + 4,000 \times 10,000 = 60,000,000$
대안 3	$y = 5,000,000 + 5,000 \times 10,000 = 55,000,000$

④ 수요가 12,000단위라면 대안 1이 가장 유리하다.

대안 1	$y = 35,000,000 + 2,000 \times 12,000 = 59,000,000$
대안 2	$y = 20,000,000 + 4,000 \times 12,000 = 68,000,000$
대안 3	$y = 5,000,000 + 5,000 \times 12,000 = 65,000,000$

⑤ 위 그림에서 보는 바와 같이 수요가 7,500단위 미만일 때는 대안 3이 가장 유리하다.

2136 ⑤

$P = 70,000$, $F^A = 800,000,000$, $V^A = 50,000$, $F^B = 930,000,000$, $V^B = 10,000$

① $BEP_A = \dfrac{800,000,000}{70,000 - 50,000} = 40,000$ 단위

② $BEP_B = \dfrac{930,000,000}{70,000 - 10,000} = 15,500$ 단위

③ $Q = \dfrac{930,000,000 + 930,000,000}{70,000 - 10,000} = 31,000$

∴ Q = 31,000 단위

④ Q = 3,250단위 이면

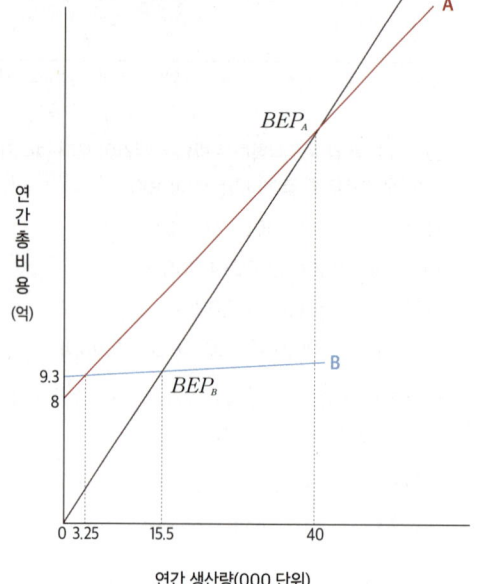

$profit_A$
$= 70,000 \times 3,250 - (800,000,000 + 50,000 \times 3,250)$
$= -735,000,000$

A의 이익

$profit_B$
$= 70,000 \times 3,250 - (930,000,000 + 10,000 \times 3,250)$
$= -735,000,000$

B의 이익

이므로 A와 B의 이익이 같으며 3,250 단위 이하이면 대안 A가 대안 B보다 유리하다.

⑤ 다른 조건이 동일할 때, 대안 A의 단위당 변동비가 16,500원으로 변경되면

$BEP_A = \dfrac{800,000,000}{70,000 - 16,500} ≒ 14,953$ 단위가 되어 대안 B의 BEP인 15,500 단위와 같지 않다.

2137 ②

① 단순이동평균법(simple moving average method)에서 이동평균기간을 짧게 잡을수록 최근의 추세변화에 민감하게 반응할 수 있다.

③ 단순지수평활법(simple exponential smoothing method)에서 평활상수(smoothing parameter) α가 크면 클수록 과거 자료에 대한 가중치가 급격히 감소하므로 평활효과가 감소하게 된다.

$$F_t = \alpha D_{t-1} + \alpha(1-\alpha)D_{t-2} + \alpha(1-\alpha)^2 D_{t-3} + \cdots + \alpha(1-\alpha)^{t-2}D_1 + (1-\alpha)^{t-1}F_1$$

위 식을 보면 과거 정보의 중요성이 $(1-\alpha)$만큼 감소한다는 것을 알 수 있다. 따라서 α값이 크면 클수록 먼 과거 자료에 대한 가중치는 급격하게 떨어진다.

④ 수요의 평균치가 증가함에 따라 계절적 변동폭이 합산되면서 증가하는 것은 승법적 계절변동이다.

⑤ 어떤 수요 예측치와 실측치로부터 계산된 평균오차(mean error)가 0이라는 것은 편의(bias)가 없음을 의미한다.

2138 ④

a. 델파이법은 정성적(qualitative) 예측기법이다.
b. 지수평활법은 시계열자료를 이용한 분석기법의 하나로 정량적 방법에 해당한다.
d. 수요에 영향을 주는 변수들을 구별해 내는 기법은 인과형 예측기법은 회귀분석이다.

2139 ①

① 시계열분석기법은 과거의 수요 자료에 근거하여 미래 수요를 예측한다. 과거의 수요자료는 평균수준, 추세, 계절적 변동, 주기 및 우연변동의 5가지 요소로 분해할 수 있다.

② 지수평활법(exponential smoothing)은 지수적으로 감소하는 가중치를 이용하여 최근의 자료일수록 더 큰 비중을, 오래된 자료일수록 더 작은 비중을 두어 미래수요를 예측한다. 다음과 같이 연속적으로 전개시켜 지수평활법의 의미를 알아보면 다음과 같다.

기간1: D_1, F_1(F_1은 최초의 예측치, D_1은 실제수요)

기간2: $F_2 = \alpha D_1 + (1-\alpha)F_1$

기간3: $F_3 = \alpha D_2 + (1-\alpha)F_2$
$= \alpha D_2 + (1-\alpha)\{\alpha D_1 + (1-\alpha)F_1\}$
$= \alpha D_2 + \alpha(1-\alpha)D_1 + (1-\alpha)^2 F_1$

기간4:
$F_4 = \alpha D_3 + (1-\alpha)F_3$
$= \alpha D_3 + (1-\alpha)\{\alpha D_2 + \alpha(1-\alpha)D_1 + (1-\alpha)^2 F_1\}$
$= \alpha D_3 + \alpha(1-\alpha)D_2 + \alpha(1-\alpha)^2 D_1 + (1-\alpha)^3 F_1$

따라서 일반적으로 F_t는 다음과 같이 표현된다.

$$F_t = \alpha D_{t-1} + \alpha(1-\alpha)D_{t-2} + \alpha(1-\alpha)^2 D_{t-3} + \cdots + \alpha(1-\alpha)^{t-2} D_1 + (1-\alpha)^{t-1} F_1$$

위 식을 보면 과거 정보의 중요성이 $(1-\alpha)$만큼 감소한다는 것을 알 수 있으며, 지수평활법이라고 불리는 이유도 이 때문이다. 따라서 지수평활법은 최근 자료에 높은 가중치를 부여하고 현재로부터 먼 과거자료일수록 낮은 가중치를 부여하는 예측방법이라고 할 수 있다.

③ 예측치의 편의(bias), 즉 예측치가 실제치에 비해 전반적으로 높거나 낮은 정도가 커질수록 예측오차의 누적값은 '0'에서 멀어진다. 또한 MAD(mean absolute deviation)는 오차의 절대치를 평균한 것으로 예측치의 편의가 커질수록 MAD도 증가한다.

④ 총괄생산계획(APP: aggregate production planning)을 분해하여 작성하는 것이 주일정계획(MPS: master production schedule)이다. 따라서 APP의 계획기간과 MPS의 계획기간은 동일하지 않고 MPS가 APP보다 작아야 한다. 결국 총괄생산계획을 통해 제품군 등을 기준으로 월별 혹은 분기별 생산량과 재고수준을 결정한다. 이후 총괄생산계획의 분해를 통해 개별 최종 제품 수량과 생산시기가 나타나는 주일정계획(MPS)이 되며 일반적으로 6주에서 8주 정도의 기간을 다루게 된다.

⑤ 전사적 자원관리가 자재소요계획으로 발전한 것이 아니라 자재소요계획이 전사적 자원관리로 발전한 것이다. 즉 자재소요계획(MRP)은 원자재 및 부품 등의 필요량과 필요시기를 산출하며 전사적 자원관리(ERP)로 진화·발전하였다.

2140 ④

① 평활효과란 변동의 폭이 큰 시계열 자료 값을 변화가 완만하게 만드는 것을 의미한다. 예측값의 평활효과를 크게 하려면 과거의 오랜 기간 동안의 시계열 자료에 반영하면 된다. 즉 예측에 반영되는 기간이 길면 평활효과가 크고 반영되는 기간이 짧으면 평활효과가 작다. 따라서 이동평균(moving average)에서 이동평균기간이 길수록 평활효과(smoothing effect)는 커진다. 또한 이동평균 기간이 길수록 데이터가 증가하는 경우 예측치는 너무 낮게 예측될 가능성이 크고, 데이터가 감소하는 경우 예측치는 너무 높게 예측될 가능성이 크다. 이 때문에 이동평균에서 이동평균시간이 길수록 실제치의 변동에 반응하는 시차(time lag)도 커진다.

② 추세조정지수평활법(trend-adjusted exponential smoothing)에서는 평균과 추세 모두에 평활법을 적용하므로 2개의 평활상수가 필요하다. 이는 단순지수평활법에 비해 추세의 변화를 잘 반영하는 장점이 있다.

③ 순환변동(cycles)은 1년 이상의 주기로 곡선을 그리며 추세변동에 따라 변동하며, 계절변동(seasonality)은 1년 이내의 기간 중 주기적으로 나타나는 변동을 의미한다. 따라서 순환변동은 계절변동에 비해 보다 장기적인 파동 모양의 변동을 의미한다.

④ 계절지수(seasonal index)는 계절변동을 반영하는 기법 중 '승법모형(multiplicative model)'에서 사용되며 1.0을 기준으로 '1' 이상이나 '1' 이하의 값을 갖는다. 여기서 계절지수란 시계열 값이 계절적 요인에 의해 추세로부터 변동하는 정도를 나타내는 것으로, 계절지수가 0.8이면 수요가 평균치보다 20% 작다는 것을 의미하고, 반대로 계절지수가 1.14면 수요가 평균치보다 14% 많다는 것을 의미한다.

⑤ 수요예측의 정확성을 평가하기 위한 방법 중 평균제곱오차(MSE)는 오차를 제곱한 후 평균을 내는 방법이므로 오차를 제곱하는 과정에서 큰 오차에 더 큰 가중치를 부여할 수 있으며, 평균절대백분율오차(MAPE)는 오차가 실제 수요의 몇 % 수준인지를 나타내는 것으로 실제치 대비 상대적인 오차를 측정할 수 있다.

2141 ③

① 수요예측오차의 척도 중 평균절대오차(MAD: mean absolute deviation)는 예측치가 실제치를 완벽하게 나타내지 않으면 0이 될 수 없다.

② 임의변동(random variation)은 예측이 불가하다.

④ 지수평활법(exponential smoothing method)에는 과거 예측이 초래한 오차의 일정부분을 미래 예측치에 반영할 수 있는 학습효과가 내재되어 있다.

⑤ 지수평활법(exponential smoothing method)에서는 과거의 기간 수를 조절할 수 없다.

2142 ②

지수평활법 공식은 다음과 같다.

$$F_{t+1} = F_t + \alpha(D_t - F_t)$$

공식에 대입하면,

$$F_{t+1} = F_t + \alpha(D_t - F_t)$$
$$= 150,000 + \alpha(130,000 - 150,000)$$
$$= 144,000$$

$\alpha = 0.3$이다.

2143 ②

문제에서 평활상수 α가 주어져 있지 않으므로 2월의 예측치를 이용하여 α를 구하면 다음과 같다.

$$F_2 = F_1 + \alpha(D_1 - F_1) = 35 + \alpha(30 - 35) = 33.5$$
$$\therefore \alpha = 0.3$$

앞서 구한 α를 이용하여 3월의 예측치를 구하면 다음과 같다.

$$F_3 = F_2 + \alpha(D_2 - F_2) = 33.5 + 0.3(40 - 33.5) = 35.45$$

2144 ④

단순지수평활법(simple exponential smoothing)은 시계열에 계절적 변동, 추세 및 주기가 크게 작용하지 않을 때 유용한 수요예측기법으로, t기의 수요 예측치 F_t를 구하기 위해 가장 최근의 예측치 F_{t-1}, 가장 최근의 실제 수요 D_{t-1}, 평활상수 $\alpha(0 \leq \alpha \leq 1)$의 세 가지 자료를 이용하여 다음과 같은 수식으로 나타낼 수 있다.

$$F_t = F_{t-1} + \alpha(D_{t-1} - F_{t-1}) = \alpha D_{t-1} + (1-\alpha)F_{t-1}$$

혹은

$$F_{t+1} = F_t + \alpha(D_t - F_t) = \alpha D_t + (1-\alpha)F_t$$

① $F_t = F_{t-1} + \alpha(D_{t-1} - F_{t-1})$ 공식에서 보는 바와 같이 당기예측치(F_t)는 전기예측치(F_{t-1})에 예측오차 ($D_{t-1} - F_{t-1}$)의 일정부분(α)만큼 연속적으로 수정해 나가는 과정으로 볼 수 있다.

②⑤ 단순지수평활법(exponential smoothing)을 아래와 같이 연속적으로 전개시키면 F_t는 다음과 같이 표현된다.

$$F_t = \alpha D_{t-1} + \alpha(1-\alpha)D_{t-2} + \alpha(1-\alpha)^2 D_{t-3} + \cdots\cdots + \alpha(1-\alpha)^{t-2} D_1 + (1-\alpha)^{t-1} F_1$$

위 식을 보면 과거 정보의 중요성이 $(1-\alpha)$만큼 감소한다는 것을 알 수 있다. 따라서 평활상수 α값을 크게 하면 $(1-\alpha)$ 값은 상대적으로 작아지기 때문에 먼 과거 자료의 가중치는 매우 작아지고, 이 때문에 최근의 수요에 더 민감하게 반응하게 된다. 최근 자료에 민감하게 반응하면 예측곡선이 급격하게 꺾이게 되므로 평활효과(smoothing effect)는 작아진다.

③ 단순지수평활법은 다음의 공식처럼 $F_t = \alpha D_{t-1} + (1-\alpha)F_{t-1}$ 전기실제치에는 가중치 α를 부여하고 전기예측치에는 가중치 $(1-\alpha)$를 부여하는 기법이므로, 평활상수의 값을 작게 하면 전기실제치에 부여되는 가중치가 작아진다.

④ $F_t = F_{t-1} + \alpha(D_{t-1} - F_{t-1})$ 앞의 공식에서 $F_t = F_{t-1}$이 되려면 α값은 '0'이 되어야 한다. 만약 α값이 '1'이 되면 $F_t = D_{t-1}$이 된다.

2145 ⑤

a. 지수평활법(exponential smoothing method)에서 최근 수요패턴의 변화를 빠르게 반영하기 위해서는 평활상수의 값을 크게해야 한다.

$$F_t = \alpha D_{t-1} + \alpha(1-\alpha)D_{t-2} + \alpha(1-\alpha)^2 D_{t-3} + \cdots\cdots + \alpha(1-\alpha)^{t-2} D_1 + (1-\alpha)^{t-1} F_1$$

무한급수로 변경한 위 지수평활법의 공식을 보면 과거 정보의 중요성이 $(1-\alpha)$만큼 감소한다는 것을 알 수 있다. 이 때문에 지수평활법은 최근 자료에 높은 가중치를 부여하고 현재로부터 먼 과거자료일수록 낮은 가중치를 부여하는 예측방법이라고 할 수 있다. 즉 α 값이 크면 클수록 먼 과거 자료에 대한 가중치는 급격하게 떨어진다. 따라서 α 값이 크면 클수록 보다 최근의 자료가 예측치에 더 많이 반영됨을 알 수 있다.

b. 아래 공식에서 보는 바와 같이 추적지표(tracking signal)는 CFE를 MAD(음의 값을 가질 수 없음)로 나누어 계산하므로, TS 값이 지속적으로 음(-)의 값을 보이는 것은 CFE 값이 음의 값이기 때문이다. 아래 공식에서 보는 바와 같이 CFE가 음의 값이라는 것은 예측을 실제보다 크게 하는 경향이 있다고 볼 수 있다.

$$TS = \frac{CFE}{MAD}$$
$$CFE = \sum(D_t - F_t)$$

2146 ③

① 개별 품목의 수요보다는 제품군의 총괄 수요가 더 변동성이 적기 때문에 개별 품목의 수요 예측보다는 제품군의 총괄수요 예측의 정확도가 더 높다.

② 누적예측오차(CFE)는 수요예측치의 편의(bias)를 측정하는 데 유용하지만 평균절대오차(MAD), 추적지표(TS)는 편의를 알 수 없다.
④ 결합예측(combination forecast)은 상이한 기법, 상이한 데이터 혹은 양자를 모두 사용해서 얻는 개별예측치를 평균하는 방법이고, 초점예측(focus forecast)은 여러 가지 룰을 미리 만들고 매 시점마다 각각의 룰로 만든 예측치의 예측오차를 비교한 후 가장 낮은 예측오차를 산출한 룰로 다음 시점에 대한 예측을 하는 휴리스틱 기법이다.
⑤ 수요예측은 주문생산(MTO)보다는 재고생산(MTS)에서 보다 중요하다.

2147 ①

a. 평균오차는 오차들의 합이므로 예측이 완벽하지 않더라도 0에 근접할 수 있다.
c. 평균자승오차가 100이라고 평균절대오차가 10이 되는 것은 아니다.
f. 평활효과란 곡선을 부드럽게 하는(smooth out) 효과를 말하는 것으로 평활상수 값이 작을수록 평활효과가 크다.

2148 ③

③ 평균오차(mean error)는 각 기간별 예측오차를 평균한 것인데, 평균오차가 0이 되려면 예측이 완벽하거나 아니면 오차의 합(CFE)이 0이 되면 된다. 반면 평균절대편차(MAD)는 예측이 완벽할 경우에만 0이 된다. 따라서 MAD가 0이면 평균오차가 0이지만, 반대로 평균오차가 0이라고 해서 항상 MAD가 0이 되는 것은 아니다. 또한 MAD가 0이 되려면 평균오차는 항상 0이 되어야 한다.
④ 평균절대비율오차(mean absolute percent error)는 수요의 크기에 대한 상대적 예측오차를 측정하는 방법으로 공식은 다음과 같다.

$$MAPE = \frac{\sum_{t=1}^{n} \frac{|D_t - F_t|}{D_t} \times 100}{n}$$

2149 ①

① 추적지표(TS: tracking signal)는 예측기법이 실제수요변화를 정확히 예측하고 있는지를 나타내는 지표이다. 추적지표는 누적 예측오차(CFE: cumulative sum of forecast errors)가 평균 절대오차(MAD: mean absolute deviation)의 몇 배 정도인지를 나타낸다. 예측모형에 오류가 없을 때 TS값은 0에 가깝다. TS는 예측치가 실제치를 잘 따라가고 있으면 약간의 양의 오차와 음의 오차가 서로 상쇄되어 0에 가까운 값을 갖는다. 그러나 TS는 예측치가 실제치보다 계속해서 상당히 낮으면 큰 양수값을 갖고, 반대로 예측치가 실제치보다 계속해서 상당히 높으면 큰 음수값을 갖는다.

$$TS = \frac{CFE}{MAD}$$
$$CFE = \sum E_t$$
$$MAD = \frac{\sum |E_t|}{n}$$

④ 지수평활법(exponential smoothing)은 지수적으로 감소하는 가중치를 이용하여 최근의 자료일수록 더 큰 비중을, 오래된 자료일수록 더 작은 비중을 두어 미래수요를 예측한다. 아래와 같이 연속적으로 전개시켜 지수평활법의 의미를 알아보면 다음과 같다.

기간1: D_1, F_1(F_1은 최초의 예측치, D_1은 실제수요)

기간2: $F_2 = \alpha D_1 + (1-\alpha)F_1$

기간3: $F_3 = \alpha D_2 + (1-\alpha)F_2$
$= \alpha D_2 + (1-\alpha)\{\alpha D_1 + (1-\alpha)F_1\}$
$= \alpha D_2 + \alpha(1-\alpha)D_1 + (1-\alpha)^2 F_1$

기간4:
$F_4 = \alpha D_3 + (1-\alpha)F_3$
$= \alpha D_3 + (1-\alpha)\{\alpha D_2 + \alpha(1-\alpha)D_1 + (1-\alpha)^2 F_1\}$
$= \alpha D_3 + \alpha(1-\alpha)D_2 + (1-\alpha)^2 D_1 + (1-\alpha)^3 F_1$

따라서 일반적으로 F_t는 다음과 같이 표현된다.

$$F_t = \alpha D_{t-1} + \alpha(1-\alpha)D_{t-2} + \alpha(1-\alpha)^2 D_{t-3} + \cdots + \alpha(1-\alpha)^{t-2}D_1 + (1-\alpha)^{t-1}F_1$$

위 식을 보면 과거 정보의 중요성이 $(1-\alpha)$만큼 감소한다는 것을 알 수 있으며, 지수평활법이라고 불리는 이유도 이 때문이다. 따라서 지수평활법은 최근 자료에 높은 가중치를 부여하고 현재로부터 먼 과거자료일수록 낮은 가중치를 부여하는 예측방법이라고 할 수 있다.

⑤ 단순회귀분석(simple regression analysis)을 사용하기 위해서는 다음의 3가지가 충족되어야 한다.
첫째, 회귀선 부근의 변동은 우연변동(random variation)이어야 한다. 우연변동만 존재한다면 자료값을 그래프로 나타냈을 때 순환변동이나 추세변동과 같은 패턴은 나타나지 않는다.
둘째, 회귀선 부근의 편차는 정규분포를 따라야 한다. 회귀선 주위의 자료 값들이 집중되어있는 반면 회귀선에서 멀어질수록 자료 값들의 분포비율이 낮다면 이는 정규성의 가정을 만족하는 것이라고 볼 수 있다.
셋째, 예측은 관측된 값들의 범위 내에서만 유효하다.

2150 ②

① 정량적 수요예측 기법에는 시계열분석법(time series analysis), 인과분석법(causal analysis) 등이 있으며, 정성적 수요예측 기법에는 시장조사법(market research), 유추법(historical analogy) 등이 있다.

② 단순지수평활법의 공식을 아래와 같이 표현하면, 실제수요에 α를 곱하고, 예측치에 $(1-\alpha)$를 곱하는 방법이라고 할 수 있다. 더불어 α와 $(1-\alpha)$를 더하면 1이므로 가중평균한다고 볼 수 있다.
③ 평균절대편차(MAD)는 아래 식에서 보는 바와 같이 오차의 절대치를 모두 더한 후, 이를 기간 수로 나눈 값이다. 예측오차의 절대적 크기는 알 수 있으나 예측치의 편향(bias) 정도는 측정하기 어렵다. 편향은 예측치가 전반적으로 높거나 낮음을 나타내는 것으로 이는 평균오차(ME: mean error)를 통해 측정할 수 있다.

$$\text{MAD} = \frac{\sum |D_t - F_t|}{n}$$

④ 수요는 평균수준, 추세, 계절적 변동, 주기적 변동, 우연 변동 등으로 구성되며, 이 중 우연 변동(random variation)은 예측이나 통제가 불가능한 변동을 의미한다.
⑤ 일반적으로 장기예측이 변동성이 크기 때문에 단기예측보다 정확도가 더 낮다.

2151 ③

방법 A

분기	실제수요 (D)	예측치 (F)	예측오차 $(D-F)$	CFE $\sum(D-F)$	ME	절대편차 $\lvert D-F \rvert$	제곱오차 $(D-F)^2$	절대비율오차 $\frac{\lvert D-F \rvert}{D} \times 100$	누적절대편차 $\sum \lvert D-F \rvert$	MAD	TS (CFE/MAD)
1	30	35	-5	-5	-5	5	25	16.67	5	5	-1
2	35	35	0	-5	-2.5	0	0	0	5	2.5	-2
3	35	30	5	0	0	5	25	14.29	10	3.33	0
계				0		10	50	30.95			

방법 B

분기	실제수요 (D)	예측치 (F)	예측오차 $(D-F)$	CFE $\sum(D-F)$	ME	절대편차 $\lvert D-F \rvert$	제곱오차 $(D-F)^2$	절대비율오차 $\frac{\lvert D-F \rvert}{D} \times 100$	누적절대편차 $\sum \lvert D-F \rvert$	MAD	TS (CFE/MAD)
1	30	25	5	5	5	5	25	16.67	5	5	1
2	35	37.5	-2.5	2.5	1.25	2.5	6.25	7.14	7.5	3.75	0.66
3	35	37.5	-2.5	0	0	2.5	6.25	7.14	10	3.33	0
계				0		10	37.5	30.95			

① $ME_A = \frac{\sum(D-F)}{n} = \frac{0}{3} = 0$

$ME_B = \frac{\sum(D-F)}{n} = \frac{0}{3} = 0$

두 방법의 평균오차(mean error)값은 0으로 동일하다.

② $MAD_A = \frac{\sum \lvert D-F \rvert}{n} = \frac{10}{3} = 3.33$

$MAD_B = \frac{\sum \lvert D-F \rvert}{n} = \frac{10}{3} = 3.33$

두 방법의 MAD(mean absolute deviation)값은 3.33으로 동일하다.

③ $MSE_A = \frac{\sum(D-F)^2}{n} = \frac{50}{3} = 16.67$

$MSE_B = \frac{\sum(D-F)^2}{n} = \frac{37.5}{3} = 12.5$

두 방법의 MSE(mean squared error)값은 서로 같지 않다.

④
$$MAPE_A = \frac{\sum \frac{|D-F|}{D} \times 100\%}{n} = \frac{30.95}{3} = 10.316$$

$$MAPE_B = \frac{\sum \frac{|D-F|}{D} \times 100\%}{n} = \frac{30.95}{3} = 10.316$$

두 방법의 MAPE(mean absolute percentage error)값은 동일하다.

⑤ 3기의 추적지표 값은 동일하지만, 추적지표(tracking signal)는 매 기간마다 재계산되므로 두 방법의 추적지표 값은 서로 같지 않다.

2152 ①

① 추적지표(tracking signal)는 CFE를 MAD로 나누어 계산하는데, MAD는 음(-)의 값을 가질 수 없기 때문에 추적지표의 음수 혹은 양수의 여부는 CFE에 달려 있다. 그런데 예측방법 1의 CFE를 어림으로 구해도 양(+)의 값을 가지므로 1번 보기가 바로 틀렸다는 것을 알 수 있다. 4월의 추적지표 값은 방법 1은 2인데 비해 방법 2의 추적지표 값은 -3.2이다.
② 두 방법의 2월 기준 평균절대편차(mean absolute deviation) 값은 5의 차이가 있다.
③ 방법 2의 4월 기준 평균절대편차 값은 25이다.
④ 두 방법의 3월 기준 누적 예측오차(cumulative forecasting error) 값은 150의 차이가 있다.
⑤ 예측치가 수요를 과대평가하는 경향이 있는 경우 추적지표는 음(-)의 값을 갖는다.

방법1

구분	실제수요	예측수요	예측오차	CFE	절대오차	MAD	TS
1월	500	490	10	10	10	10	1
2월	560	530	30	40	30	20	2
3월	490	470	20	60	20	20	3
4월	450	470	-20	40	20	20	2

방법2

구분	실제수요	예측수요	예측오차	CFE	절대오차	MAD	TS
1월	500	520	-20	-20	20	20	-1
2월	560	590	-30	-50	30	25	-2
3월	490	530	-40	-90	40	30	-3
4월	450	440	10	-80	10	25	-3.2

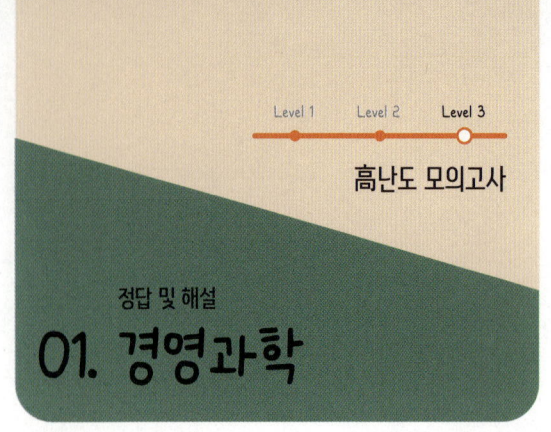

정답 및 해설
01. 경영과학

2153 ④

완전정보에 대한 최대 지불금액을 완전정보의 기대치(EVPI: expected value of perfect information)라고 한다. 완전정보의 기대치는 다음과 같이 계산된다.

> 완전정보의 기대치
> = 완전정보하의 기대치 − 기존 정보하의 기대치
>   (최대 기대가치를 갖는 대안)

기대치(EV)
큰 공장 : 2000(0.5) + −1800(0.5) = 100
작은 공장 : 100(0.5) + −200(0.5) = 400(기존 정보하의 기대치)
증설 안함 : 0(0.5) + 0(0.5) = 0
완전정보하의 기대치 : 2000(0.5) + 0(0.5) = 1000
∴ EVPI = 1000 − 400 = 600

EVPI가 600만 원이라는 것은 완전정보를 제공받으면 평균적으로 600만 원의 이익을 추가적으로 볼 수 있다는 것을 의미한다. 따라서 프로젝트가 완전정보를 제공해준다면 프로젝트 비용으로 600만 원 이하를 지불해야 한다.

2154 ④

a. 초점예측(focus forecasting)
b. 조합예측(combination forecasting)
c. 회귀분석(regression)
d. 델파이법(Delphi method)

2155 ①

① 예측기법은 이해하고 사용하기에 단순해야 한다. 아주 복잡한 기법을 사용한 예측에 대해서는 예측자가 자신감을 가지기 어렵다. 그 기법이 타당한 상황인지 또는 기법의 한계점은 없는지에 대해 잘 이해하지 못하기 때문이다.
③ 지수평활법(exponential smoothing)에서 평활상수 α는 평활(smoothing)의 정도와 예측치와 실제치의 차이에 반응하는 속도를 결정한다. 즉, α값이 클수록 예측치는 수요변화에 더 많이 반응하며, α값이 작을수록 평활효과는 더 커진다. 평활상수의 값은 제품의 수요특성과 관리자가 좋은 반응률을 나타낸다고 생각하는 α값에 의해 결정된다. 만약 식품수요와 같이 실제수요가 안정적이면 단기적 혹은 우연 변동의 효과를 줄이기 위해 작은 α 값을 사용하며, 유행품과 같이 실제 수요가 급격하게 변하면 그 변화를 빨리 따라갈 수 있도록 값을 크게 한다. 일반적으로 α의 값은 예측치가 안정성을 유지할 수 있도록 0.1~ 0.3 사이에서 결정된다.
⑤ 평균 절대오차(MAD: mean absolute deviation)와 평균 제곱오차(MSE: mean squared error)가 '0'에 가까워지면 오차가 거의 없음을 의미하므로 MAD와 MSE 값이 작으면 예측치가 실제 수요에 근접함을 의미한다.

2156 ①

위치	고정비 (천 원/월)	변동비 (천 원/단위)	월간수송비
A	4,000	4	19,000
B	3,500	5	22,000
C	5,000	6	18,000
D	3,700	6	23,000
E	4,600	5	18,000

월간 총비용 = 고정비 + 변동비 + 수송비
A지점: 4,000 + (4 × 800) + 19,000 = 26,200
B지점: 3,500 + (5 × 800) + 22,000 = 29,500
C지점: 5,000 + (6 × 800) + 18,000 = 27,800
D지점: 3,700 + (6 × 800) + 23,000 = 31,500
E지점: 4,600 + (5 × 800) + 18,000 = 26,600

2157 ③

③ 프로젝트의 최단 완료시간은 최장 경로의 소요시간과 동일하므로 프로젝트의 최단 완료시간을 구하는 것은 PERT/CPM 네트워크에서 '최장' 경로의 소요시간을 구하는 것과 마찬가지다.
④ 주경로(critical path) 상의 활동들은 활동여유시간이 '0'이므로, ES와 LS 값이 동일하고, EF와 LF값이 동일하다. 따라서 ES(earliest start time)=LS(latest start time), EF(earliest finish time)=LF(latest finish time)가 된다.

2158 ②

② 지수평활법(exponential smoothing)에서 지수적으로 감소하는 가중치를 이용하여 최근의 자료일수록 더 큰 비중을, 오래된 자료일수록 더 작은 비중을 두어 미래 수요를 예측한다. 여기서 평활상수 α값이 클수록 오래된 자료의 비중이 줄어 들어 최근 자료를 위주로 예측이 이루어진다.

2159 ③

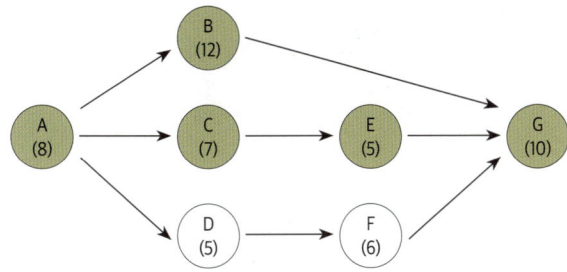

각 경로 완료시간은
A→B→G: 8+12+10 = 30일
A→C→E→G: 8+7+5+10 = 30일
A→D→F→G: 8+5+6+10 = 29일

주경로(critical path)는 완료시간이 30인 2개가 존재하며, 2개 경로에서 모두 1일씩 우선 줄인다.
A→B→G 경로에서는 B활동, A→C→E→G 경로에서는 C활동이 단축대비 비용이 가장 낮으므로 일단 29일로 단축하는데 4(2+2)백만 원이 소요된다.
이제 모든 경로가 완료시간이 29일인 주경로가 되었기 때문에 모든 경로에서 1일씩 줄여야 한다. 남은 활동 중에서 공통으로 줄일 수 있는 활동이 A, G가 존재하며 이중 단축비용이 더 적은 A를 선택하면 모든 경로의 완료시간을 1일 감축할 수 있으며 목표인 28일에 맞출 수 있다. 따라서 최소 비용은 9(4+5)백만 원이 된다.

2160 ②

b. 선형계획법의 민감도 분석(sensitivity analysis)에서 목적함수의 계수가 변하면 목적함수의 기울기가 변경된다.
c. 주경로 분석법(critical path method)에서 활동여유시간은 LF(latest finish time)에서 EF(earliest finish time)를 빼거나 LS(latest start time)에서 ES(earliest start time)를 빼서 구한다. 어떤 활동의 가장 빠른 시작시간(ES: earliest start time)과 가장 빠른 완료시간(EF: earliest finish time)의 차이가 5라면 이는 활동의 수행시간은 '5'라는 것을 의미한다.
d. 지수평활법은 평활효과를 얻기 위해 사용하는데, 만일 실제 자료에 잘 맞는 평활상수가 0.9라면 이는 평활효과가 거의 없음을 의미하므로, 지수평활법을 사용하기 보다는 가중이동평균법을 이용하는 것이 오히려 더 바람직할 수 있다.

2161 ④

c. 시계열 자료(time series data)를 이용한 예측에서 자료에 상승추세가 있다면 단순이동평균법보다 가중이동평균법을 사용하는 것이 좋다.
d. 수요예측을 위한 자료에 인과관계가 존재한다면, 인과형 예측방법인 회귀분석(regression)을 사용하는 것이 적절하다.

e. 지수평활법(exponential smoothing method)에서 예측오차에 대해 예측치가 조정되는 순발력은 평활상수 α에 의해 결정되는데, 그 값이 '0'에 가까울수록 예측오차에 대해 조정되는 속도는 늦어진다.

2162 ⑤

확률적 의사결정에서 기대치(expected value)와 기대 기회손실(expected opportunity loss)을 이용하여 여러 대안을 평가하면 항상 동일한 결과를 가져온다.

2163 ③

② MAXIMIN 기준으로 의사결정 할 때는 '소형'이 선택되지만, -32,000의 손실이 발생하므로 차라리 개업하지 않는 것이 좋다.
③ MINIMAX 기준에서는 가장 큰 후회값(regret)이 가장 작은 '중형' 주유소를 선택한다.

<후회값>

	호황	평균	불황
소형	<u>350,000</u>	29,000	0
중형	<u>250,000</u>	0	68,000
대형	0	19,000	<u>278,000</u>

밑줄 친 것이 각 대안의 최대 후회값인데, 그 중 가장 작은 것은 '중형' 주유소의 250,000이다.

2164 ②

우선 각 활동의 예상소요시간을 구하면 다음과 같다.

활동	낙관적 소요시간 a	최빈 소요시간 m	비관적 소요시간 b	예상 소요시간 (a+4m+b)/6	선행활동
A	1	2	3	2	-
B	2	3	4	3	-
C	1	2	3	2	A
D	2	4	6	4	B
E	1	4	7	4	C
F	1	2	9	3	C
G	3	4	11	5	D, E
H	1	2	3	2	F, G

예상소요시간을 이용하여 도식화하면 다음과 같다.

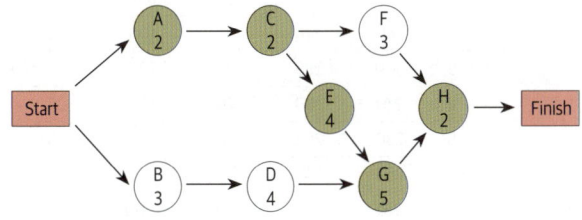

주경로는 A → C → E → G → H 이고, 15일이 소요된다.

2165 ⑤

<풀이>

MAXIMAX 기준 하에서는 최대값이 가장 큰 '채용'을 선택한다.

MAXIMIN 기준 하에서는 최소값이 가장 큰 '하청'을 선택한다.

MINIMAX 기준 하에서는 최대후회값이 가장 작은 '하청'을 선택한다.

<후회값>

	주택 리모델링 수요		
대안	저	중	고
채용	350,000	50,000	0
하청	0	0	210,000
현상유지	50,000	70,000	325,000

Laplce 기준 하에서는 '하청'을 선택한다.

	주택 리모델링 수요			
대안	저	중	고	합계/3
채용	-250,000	100,000	625,000	158,333
하청	100,000	150,000	415,000	221,666
현상유지	50,000	80,000	300,000	143,333

2166 ②

<풀이>

② 정량적 예측기법 가운데 대표적 인과형 예측기법은 선형회귀분석(linear regression)이다. 시계열 분석(time series analysis)은 정량적 예측기법이긴 하지만 인과형 예측기법은 아니다.

⑤ 평균절대비율오차(mean absolute percent error)는 2012년에 출제되었던 개념이다. MAPE는 수요의 크기에 대한 상대적 예측오차를 측정하며, 예측의 성과를 측정하기에 적절한 관점이다.

$$MAPE = \frac{\sum_{t=1}^{n} \frac{|D_t - F_t|}{D_t} \times 100}{n} = 10$$ 이라는 것은 평균적으로 오차가 실제수요의 10% 수준이라는 것을 의미한다.

2167 ⑤

월	수요	예측치	오차	제곱오차	절대오차
1	200	225	-25	625	25
2	240	220	20	400	20
3	300	285	15	225	15
4	270	290	-20	400	20
5	230	250	-20	400	20
6	260	240	20	400	20
7	210	250	-40	1,600	40
8	275	240	35	1,225	35
			합계	-15	5,275	195

1. $CFE = \Sigma E_t = -15$
2. $MSE = \frac{\Sigma E_t^2}{n} = 5{,}275/8 = 659$
3. $MAD = \frac{\Sigma |E_t|}{n} = 195/8 = 24$

2168 ⑤

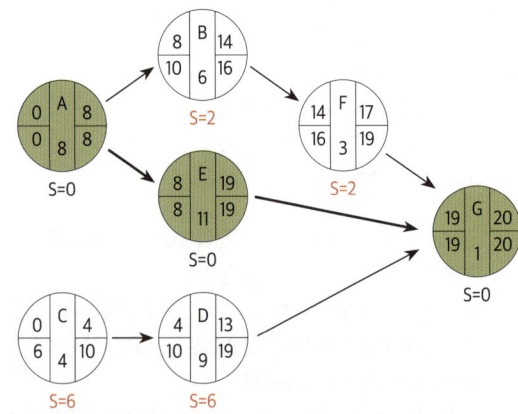

주경로는 A → E → G 이며, 따라서 A, E, G 활동은 여유시간이 '0'이며, B, C, D, F 활동의 여유시간은 각각 2, 6, 6, 2이므로 활동여유시간의 합은 '16'이다.

2169 ④

② 델파이법(Delphi method)의 특징은 공개적으로 진행시 나타날 수 있는 몇몇 권위자의 영향력을 배제하고, 다수의 의견에 자신의 의견표시를 포기하는 문제점을 줄이고자 하는 데에 있다. 이 방법은 질문에 의한 전문가의 의견과 이의 근거자료가 제3자에 의해 정리되고, 이처럼 정리된 결과와 새로운 질문서가 다시 배포되는 과정을 의견일치가 이루어질 때까지 반복하게 된다. 이 방법은 상당히 정확한 예측결과를 도출해 낼 수 있으나 비용과 시간이 많이 소요된다는 것이 단점이다.

③ 시계열(time series) 예측기법은 과거의 수요패턴이 미래에도 계속된다는 가정 하에 과거의 매출액 또는 수요에 관한 자료만을 이용하는 기법으로, 인과형 기법과는 달리 수요에 영향을 미치는 요인들을 전혀 고려하지 않는다. 이 기법은 기본적으로 과거 수요의 패턴이 평균수준(average level), 추세(trend), 계절적 변동(seasonality), 순환변동(cycle) 그리고 불규칙 변동(random variation) 등으로 나누어져 있다고 가정하며 불규칙 변동을 제외한 나머지 요인을 규명하여 예측하고자 하는 기법이라고 할 수 있다.

④ 지수평활법(exponential smoothing method)에서 일반적으로 α값이 클수록 예측오차($D_t - F_t$)에 보다 큰 가중치를 부여하게 되므로 불규칙 변동이 적거나 뚜렷한 추세가 보이는 경우 좋은 결과를 얻을 수 있으며, 이와 반대로 불규칙 변동이 심한 경우에는 작은 α값을 사용해야 한다. 적정 α값은 여러 개의 α값을 이용하여 예측치와 MAD 또는 MSE를 계산해 본 후 이들 중 오차가 가장 작은 α값을 택한다.

⑤ 단순이동평균법(simple moving average method)을 이용하고자 할 때 가장 큰 문제는 이동평균을 계산하기 위해 사용하는 과거자료의 적정개수, 즉 n을 결정하는 것이다. 일반적으로 시계열 자료에 뚜렷한 추세가 있거나 불규칙변동이 심하지 않은 경우에는 작은 n값이 유리하고, 그렇지 않을 경우는 n값을 크게 잡아야 한다. n값의 적정수준을 구하기 위해서는 n을 바꾸어 가면서 MAD나 MSE를 계산해 본후 이들 중 오차가 가장 작은 n값으로 결정하는 과정을 거쳐야 한다. 이동평균법은 계산이 용이하지만 과거의 모든 자료를 이용하지 않고, 또한 이동평균에 이용되는 실적치에 부과되는 가중치가 $1/n$로, 새로운 자료든 오래된 자료든 간에 예측에 있어서 자료의 중요성은 동일하다고 가정한다는 단점이 있다. 이러한 문제점은 실적치에 부과되는 가중치를 중요도에 따라 달리 책정함으로써 어느 정도 해소될 수 있는데 이를 가중이동평균법이라고 한다.

2170 ④

① 누적 예측오차(CFE: cumulative sum of forecast errors)는 아래의 식처럼 각 기별 예측오차의 합이다. 또한 평균오차(ME: mean errors)는 CFE를 기간 수로 나눈 것이기 때문에 CFE가 '0'이면 ME값도 반드시 '0'이다.

$$CFE = \Sigma E_t$$
$$ME = \frac{CFE}{n}$$

② 누적 예측오차(CFE)는 오차를 단순히 더한 것이기 때문에 양(+)의 값을 가질 수도 있고, 음(-)의 값을 가질 수도 있다. CFE가 '0'에 근접하면 예측치의 편의는 없는 것으로 보아야 한다. 그러나 CFE 값이 계속적으로 증가하면 예측방법에 구조적 결함이 있음을 나타낸다. 평균 절대오차(MAD: mean absolute deviation)는 아래와 같이 예측오차를 절대값으로 계산하기 때문에 예측오차의 양(+) 혹은 음(-)의 부호는 무시된다. 따라서 MAD 값은 음(-)의 값을 가질 수 없다.

$$MAD = \frac{\Sigma |E_t|}{n}$$

③ 평균절대비율오차(MAPE: mean absolute percent error)는 기간에 따라 수요의 크기가 달라질 때 유용한 방법이다. 아래 식과 같이 MAPE는 절대비율오차의 합을 기간수로 나눈 것이다. 따라서 절대비율오차의 합이 90%라면 평균절대비율오차(MAPE: mean absolute percent error)는 9%이다.

$$MAPE = \frac{\sum_{t=1}^{n} \frac{|D_t - F_t|}{D_t} \times 100}{n}$$
$$= \frac{\text{절대비율오차의합}}{\text{기간}}$$
$$= \frac{90\%}{10} = 9\%$$

④ 평균 절대오차(MAD)는 예측오차의 산포를 나타내며, MAD는 이해하기 쉽다는 이유로 예측오차의 측정에 많이 사용하는 방법인데, 일정기간 동안 발생한 오차의 절대값들을 단순 평균한 것으로서 이를 통해 예측이 과소했는지, 과대했는지는 알 수 없다. 예측이 과소했는지 과대했는지를 알기 위해서는 CFE나 ME 값을 계산해보아야 한다.

⑤ 추적지표(TS: tracking signal)는 누적 예측오차(CFE)를 평균 절대오차(MAD)로 나눈 값으로서 측정단위는 MAD가 된다. TS는 매기간마다 재계산된다. TS는 예측치가 실제치를 잘 따라가고 있으면 약간의 양의 오차와 음의 오차가 서로 상쇄되어 '0'에 가까운 값을 갖는다. 그러나 TS는 예측치가 실제치보다 계속해서 상당히 낮으면 큰 양수값을 갖고, 반대로 예측치가 실제치보다 계속해서 상당히 높으면 큰 음수값을 갖는다. 이상적인 경우 TS값은 '0'이고, 허용 가능한 추적지표의 값의 범위는 ±4 또는 ±5의 한계가 자주 사용된다. TS 값이 허용되는 한계치 밖에 있다면, 예측에 편의(bias)가 존재한다는 신호로 예측모형을 개선할 필요가 있다.

2171 ②

아래 표에서처럼 각 작업의 최소비용만을 합쳐도 34만 원(=6+8+12+8)이다. 하지만 이는 기계B에 2개의 작업이 할당되므로 불가능하다. 따라서 최소비용은 34만 원 이상 되어야 한다. 아래 표에서 기계B의 작업만 겹치고, 나머지 기계A와 기계C의 작업은 최적의 할당이 되어있는 상태이므로 기계B의 할당만 변경하면 된다. 작업I를 기계B에 할당하면 작업II를 기계D에 할당해야 하는데 이는 작업II를 기계B에 할당하고 작업I를 기계D에 할당하는 것보다 비용이 많이 들기 때문에 후자인 작업II를 기계B에 할당하고 작업I를 기계D에 할당하는 것이 적절하다. 따라서 작업의 최소비용은 36만 원(=8+8+12+8)이다.

		기계			
		A	B	C	D
작업	I	15	6	17	8
	II	10	8	10	12
	III	12	14	12	18
	IV	16	12	8	14

		기계			
		A	B	C	D
작업	I	15	6	17	8
	II	10	8	10	12
	III	12	14	12	18
	IV	16	12	8	14

2172 ④

네트워크는 아래 그림과 같다.

경로 1: A-D-G 14일 (주경로)
경로 2: A-C-E-G 13일
경로 3: B-E-G 7일

주경로는 A-D-G이며, 소요시간은 14일이다. 활동E는 주경로 상의 활동이 아니므로 활동여유시간은 '0'이상이다. 그런데 경로1에서 A~G까지 완료하는데 걸리는 시간이 9(=6+3)일인데 반해 경로2는 8(= 3+2+3)일이 소요되므로 활동여유시간은 1일이다.

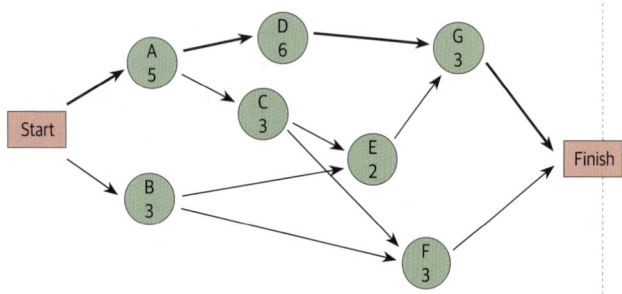

2173 ④

① 누적 예측오차(CFE: cumulative sum of forecast errors)를 기간 수(n)로 나눈 것이 평균오차(ME: mean errors)이다.

$$CFE = \Sigma(D_t - F_t) = \Sigma E_t$$
$$ME = \frac{CFE}{n}$$

② 평균자승오차(MSE)의 식은 다음과 같다.

$$MSE = \frac{\Sigma E_t^2}{n}$$

평균자승오차는 양의 오차와 음의 오차가 상쇄되지 않으나 개개의 오차의 제곱을 취하기 때문에 오차가 클수록 부여되는 가중치가 커지는 결과를 초래한다.

③ 지수평활법에서 평활상수 α는 평활의 정도와 예측치와 실제치와의 차이에 반응하는 속도를 결정한다. 즉 α값이 클수록 예측치는 수요 변화에 더 많이 반응하며, α값이 작을수록 평활의 효과는 더 커진다. 평활상수 값은 수요 특성과 관리자가 좋은 반응률을 나타낸다고 생각하는 값에 의해 결정된다. 만약 식품 수요와 같이 실제 수요가 안정적이면 단기적 혹은 우연적 변동의 효과를 줄이기 위해 작은 α값을 사용하며, 유행품과 같이 실제 수요가 급격하게 변하면 그 변화를 빨리 따라갈 수 있도록 α값을 크게 한다. 일반적으로 α의 값은 예측치가 안정성을 유지할 수 있도록 0.1~0.3 사이에서 결정된다.

④ 과거 10년간 예측오차의 합과 절대편차의 합을 알고 있다면 누적 예측오차(CFE), 평균오차(ME), 평균절대편차(MAD)는 구할 수 있지만 평균절대비율오차(MAPE)는 구할 수 없다. 지난 10년간 예측오차의 합이 CFE이고, 이 값을 10으로 나누면 ME다. 그리고 지난 10년간 절대편차의 합을 10으로 나누면 MAD이다. 그러나 MAPE는 구할 수 없다. MAPE 공식은 아래와 같다.

$$MAPE = \frac{\sum_{t=1}^{n} \frac{|D_t - F_t|}{D_t} \times 100}{n}$$

⑤ 추적지표(TS: tracking signal)는 누적 예측오차(CFE)를 평균 절대오차(MAD)로 나눈 값으로서 측정단위는 MAD가 된다. TS는 매기간마다 재계산된다. TS는 예측치가 실제치를 잘 따라가고 있으면 약간의 양의 오차와 음의 오차가 서로 상쇄되어 0에 가까운 값을 갖는다. 그러나 TS는 예측치가 실제치보다 계속해서 상당히 낮으면 큰 양수값을 갖고, 반대로 예측치가 실제치보다 계속해서 상당히 높으면 큰 음수값을 갖는다. 이상적인 경우 TS값은 0이고, 허용 가능한 추적지표의 값의 범위는 ±4 또는 ±5의 한계가 자주 사용된다. TS 값이 허용되는 한계치 밖에 있다면, 예측에 편의(bias)가 존재한다는 신호로 예측모형을 개선할 필요가 있다.

2174 ④

문제에서 평활상수 α가 주어져 있지 않으므로 2월 예측치를 이용하여 α를 구하면 다음과 같다.

$$F_2 = F_1 + \alpha(D_1 - F_1) = 14 + \alpha(10 - 14) = 13$$
$$\therefore \alpha = 0.25$$

앞서 구한 α를 이용하여 3월의 예측치를 구하면 다음과 같다.

$$F_3 = F_2 + \alpha(D_2 - F_2) = 13 + 0.25(17 - 13) = 14$$

$$TS = \frac{CFE}{MAD}$$

공식을 이용하여 추적지표를 작성하면 다음과 같다.

월	실제 수요	수요 예측치	예측 오차	누적 예측오차	절대 편차	누적 절대편차	평균 절대편차	추적 지표
1	10	14	-4	-4	4	4	4	-1
2	17	13	4	0	4	8	4	0
3	15	14	1	1	1	9	3	0.33

2175 ③

VAM 단계 1

수송표의 각 행과 열에 대해 두 개의 가장 저렴한 단위 수송 비용 간의 차이를 구한다. 이 차이는 행이나 열에 있는 최선 경로와 행이나 열에 있는 차선의 경로와의 차이를 나타낸다. 아래 표는 단계 1의 계산방법을 설명하고 있다. 위에서 설명한 이 차이가 열의 가장 위에 또 행의 가장 오른쪽에 나타나 있다. 예컨대, 행 1에는 세 개의 수송 비용이 있다. 즉 6, 8와 10 두 개의 가장 저렴한 비용은 6과 8이기 때문에 이들의 차이는 2이다.

에서\으로	2 A	3 B	1 C	공급량	
1	6	8	10	150	2
2	7	11	11	175	4
3	4	5	12	275	1
수요량	200	100	300	600	

VAM 단계 2
차이가 가장 큰 행이나 열을 찾는다. 차이가 4인 행 2이다.

VAM 단계 3
선택된 행이나 열에 있는 가장 저렴한 칸에 될 수 있는 대로 많은 단위를 할당한다. 이렇게 해서 할당한 양이 아래 표에 나타나 있다. 행 2아래에서 가장 저렴한 경로는 2A(비용이 7)이다. 2A 칸에 175개를 할당했다. 더 이상은 할당할 수 없다. 왜냐하면 2의 총공급량인 175를 초과하기 때문이다.

에서\으로	2 A	3 B	1 C	공급량	
1	6	8	10	150	2
2	175 / 7	11	11	175	~~4~~
3	4	5	12	275	1
수요량	200	100	300	600	

VAM 단계 4
방금 175를 할당하여 소요량이 완전하게 만족된 행이나 열을 없앤다. 175를 할당한 2A 이외의 칸, 즉 2B와 2C에다 X 를 한다.

에서\으로	2 A	3 B	1 C	공급량	
1	6	8	10	150	2
2	175 / 7	X 11	X 11	175	~~4~~
3	4	5	12	275	1
수요량	200	100	300	600	

VAM 단계 5
수송표에서 비용의 차이를 다시 계산하고, 단계 4에서 지워서 없어진 행이나 열을 생략한다. 아래의 표에서 보는 것과 같이 5단계에 따라 계산하면 열 B 위에 있는 차이의 숫자가 바뀐다. 2가 없어지고, 1과 3의 차이는 전과 같다.

에서\으로	2 A	3 B	1 C	공급량	
1	6	X 8	10	150	2
2	175 / 7	X 11	X 11	175	4
3	4	100 5	12	275	1
수요량	200	100	300	600	

VAM 단계 6
단계 2로 되돌아가 최초의 실행 가능 해를 구할 때까지 이 단계를 반복한다. 이 문제는 열 B가 가장 큰 차이인 30이기 때문에 지워지지 않은 열 B에 있는 가장 저렴한 칸, 즉 3B에다 100단위를 할당한다. 여기에서 B의 수요량을 만족시켰기 때문에 B를 없애기 위해 1B 칸에 X로 표시한다. 다시 한 번 차이를 계산한다. 이러한 과정은 다음 표에 요약되어 있다.

에서\으로	2 A	3 B	1 C	공급량	
1	6	X 8	10	150	4
2	175 / 7	X 11	X 11	175	4
3	4	100 5	12	275	1
수요량	200	100	300	600	

가장 큰 차이가 행 3에 존재하기 때문에 행 3에 있는 가장 저렴한 비용의 칸, 즉 비용이 4인 3A에 가능한 한 많은 단위를 할당해야 한다. 최대 할당량인 25를 할당하면 A의 수요량 200을 모두 써버렸다. 그러므로 칸 1A를 다음 표에 나타나 있는 것처럼 지워버린다.

에서\으로	2 A	3 B	1 C	공급량	
1	X 6	X 8	150 10	150	4
2	175 / 7	X 11	X 11	175	4
3	25 / 4	100 5	150 12	275	8
수요량	200	100	300	600	

위와 같은 VAM에 의한 할당을 할 때의 비용은 아래와 같다.
(175개×7)+(25개×4)+(100개×5)+(150개×10)+(150개×12)=5,125

2176 ④

위 정보를 이용하여 네트워크를 완성하면 다음과 같다.

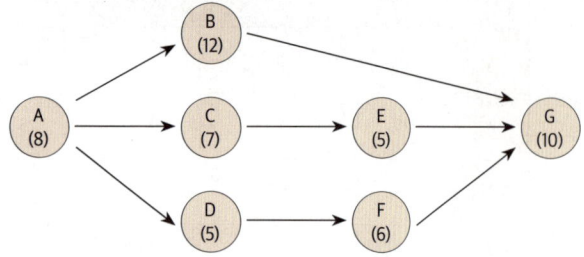

각 경로 완료시간은
(A→B→G): 8+12+10 = 30 일
(A→C→E→G): 8+7+E+10 = 25+E 일
(A→D→E→G): 8+5+E+10 = 23+E 일
(A→D→F→G): 8+5+6+10 = 29 일

네트워크를 그려본 결과 알 수 있는 정보는 다음과 같다.
1. 프로젝트의 최단완료 시간이 30일이므로 A→B→G는 주경로이고, 더불어 A, B, G의 활동여유시간은 '0'이다.
2. A→D→F→G 경로에서 주경로에 속하는 A와 G활동을 제외한 D와 F활동의 활동여유시간은 각각 1일임을 알 수 있다.
3. 프로젝트 완료시간이 30일이기 때문에 E는 1~5 사이의 값을 가질 수 있다.

<경우 1>
만약 E의 활동시간이 '5'이면 (A→B→G)와 (A→C→E→G)가 함께 주경로가 되고 주경로 상의 활동 A, B, C, E, G의 여유시간은 0이다. 따라서 최대 여유시간은 D와 F활동의 활동여유시간인 1일이 된다.

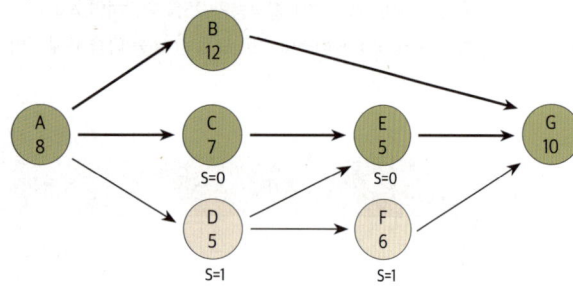

<경우 2>
만약 E의 활동시간이 1~4이면 주경로는 (A→B→G)이고 이때 A, B, G 활동의 여유시간은 0이고, D, F는 각각 1일이므로 최대 여유시간이 커지기 위해서는 E활동의 활동시간은 작아야 한다. 따라서 E활동의 시간이 최소인 1이 되면, C, E 활동의 활동여유시간은 각각 4가 되므로 최대값은 4이다.

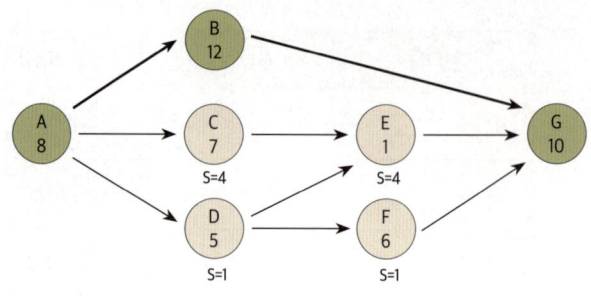

2177 ③

① 시계열분석기법 중에서 가장 단순한 방법이 이동평균법(moving average)이다. 이동평균법은 시계열 자료에 계절적 변동(seasonal variation), 추세(trend) 또는 주기(cycle)가 없고 단지 평균수준(average level)과 우연변동(random variation)만 있을 때 적절하다. 이동평균법에는 과거 일정기간의 실제 수요를 단순 이동평균하여 미래 수요를 예측하는 단순이동평균법(simple moving average)과 과거 일정 기간의 실제 수요를 가중 이동평균하여 미래 수요를 예측하는 가중이동평균법(weighted moving average)이 있다. 단순이동평균법은 이동평균기간 동안의 각 자료에 동일한 가중치를 부여하나, 가중이동평균법은 예측에 사용되는 실제 수요에 합이 '1'이 되는 가중치를 자유롭게 부여한다.

② 지수평활법(exponential smoothing)은 지수적으로 감소하는 가중치를 이용하여 최근의 자료일수록 더 큰 비중을, 오래된 자료일수록 더 작은 비중을 두어 미래수요를 예측한다. 아래와 같이 연속적으로 전개시켜 지수평활법의 의미를 알아보면 다음과 같다.

기간1: D_1, F_1 (F_1은 최초의 예측치, D_t은 실제수요)

기간2: $F_2 = \alpha D_1 + (1-\alpha)F_1$

기간3: $F_3 = \alpha D_2 + (1-\alpha)F_2$
$= \alpha D_2 + (1-\alpha)\{\alpha D_1 + (1-\alpha)F_1\}$
$= \alpha D_2 + \alpha(1-\alpha)D_1 + (1-\alpha)^2 F_1$

기간4:
$F_4 = \alpha D_3 + (1-\alpha)F_3$
$= \alpha D_3 + (1-\alpha)\{\alpha D_2 + \alpha(1-\alpha)D_1 + (1-\alpha)^2 F_1\}$
$= \alpha D_3 + \alpha(1-\alpha)D_2 + (1-\alpha)^2 D_1 + (1-\alpha)^3 F_1$

따라서 일반적으로 F_t는 다음과 같이 표현된다.

$$F_t = \alpha D_{t-1} + \alpha(1-\alpha)D_{t-2} + \alpha(1-\alpha)^2 D_{t-3} + \cdots\cdots + \alpha(1-\alpha)^{t-2}D_1 + (1-\alpha)^{t-1}F_1$$

위 식을 보면 과거 정보의 중요성이 $(1-\alpha)$만큼 감소한다는 것을 알 수 있으며, 만약 α값이 크다면 $(1-\alpha)$값은 작기 때문에 과거자료는 예측에 거의 반영되지 않고 최근 자료만 반영되므로 예측치는 수요 변화에 더 민감하게 반응한다. 따라서 α값이 클수록 예측곡선을 부드럽게 하는 평활효과는 작아진다.

③ 개별의 오차가 커질수록 MAD보다는 MSE 값이 더 크게 증가한다. 아래의 MAD와 MSE 공식에서 보는 바와 같이 MAD는 오차에 절대값을 취한 후 평균을 낸 것이고, MSE는 오차를 제곱하여 평균한 것이므로 오차가 커질수록 MAD보다는 MSE가 좀더 큰 폭으로 증가한다.

$$MAD = \frac{\sum |E_t|}{n}$$

$$MSE = \frac{\sum E_t^2}{n}$$

④ 회귀분석(regression analysis)이란 수요를 종속변수로, 수요에 영향을 미치는 요인들을 독립변수로 놓고 양자의 관계를 나타내는 회귀방정식(regression equation)을 도출한 다음, 독립변수들의 특정한 값이 주어지면 이를 회귀방정식에 대입하여 종속변수인 수요를 추정하는 방법이다. 따라서 회귀분석에서 도출된 회귀방정식을 통해 독립변수와 종속변수 간의 인과관계를 설명할 수 있다.

⑤ 추적지표(TS: tracking signal)는 누적 예측오차(CFE)를 평균 절대오차(MAD)로 나눈 값으로서 측정단위는 MAD가 된다. TS는 매기간마다 재계산된다. TS는 예측치가 실제치를 잘 따라가고 있으면 약간의 양의 오차와 음의 오차가 서로 상쇄되어 0에 가까운 값을 갖는다. 그러나 TS는 예측치가 실제치보다 계속해서 상당히 낮으면 큰 양수값을 갖고, 반대로 예측치가 실제치보다 계속해서 상당히 높으면 큰 음수값을 갖는다. 이상적인 경우 TS값은 0이고, 허용 가능한 추적지표의 값의 범위는 ±4 또는 ±5의 한계가 자주 사용된다. TS 값이 허용되는 한계치 밖에 있다면, 예측에 편의(bias)가 존재한다는 신호로 예측모형을 개선할 필요가 있다.

2178 ②

① 인과형 수요예측은 수요를 여러 가지 요인의 함수로 생각한다. 대표적 기법에는 회귀분석(regression analysis)이 있는데, 이는 수요를 종속변수로, 수요에 영향을 미치는 요인들을 독립변수로 놓고 양자의 관계를 나타내는 회귀방정식을 도출한 다음, 독립변수들의 특정한 값이 주어지면 이를 회귀방정식에 대입하여 종속변수인 수요를 추정하는 기법이다. 종속변수인 수요와 이에 가장 큰 영향을 미치는 하나의 독립변수와의 관계를 규명하는 경우를 단순회귀분석(simple regression analysis)이라 하고, 둘 이상의 독립변수와의 관계를 규명하는 경우를 다중회귀분석(multiple regression model)이라 한다.

② 추적지표(TS: tracking signal)는 누적 예측오차(CFE)를 평균절대편차(MAD)로 나눈 값으로, 매 기간마다 재계산하여 어떤 예측기법에 의한 예측치가 실제치를 잘 따라가고 있는지를 판단하는 방법이다. 즉 TS는 최종 산출된 값만 비교하는 것이 아니라 여러 기간에 걸쳐 예측치가 실제치를 잘 따라가고 있는지를 판단하는 값이다.

③ 시계열 분석모형은 시계열 구성요소가 어떻게 결합되어 있느냐에 따라 승법 모형(multiplicative model)과 가법 모형(additive model)으로 구분된다. 승법모형에서는 시계열의 구성요소가 서로 곱하기 형태를 취하며, 가법모형에서는 더하기 형태를 취한다.

④ 많은 경우에 보다 최근이 자료가 먼 과거의 자료보다는 미래를 더 잘 반영하기 때문에 단순지수평활법(simple exponential smoothing)은 지수적으로 감소하는 가중치를 이용하여 최근의 자료일수록 더 큰 비중을, 오래된 자료일수록 더 작은 비중을 두어 미래 수요를 예측한다. 아래와 같이 연속적으로 전개시켜 지수평활법의 의미를 알아보면 다음과 같다.

기간1: D_1, F_1 (F_1은 최초의 예측치, D_1은 실제수요)

기간2: $F_2 = \alpha D_1 + (1-\alpha) F_1$

기간3: $F_3 = \alpha D_2 + (1-\alpha) F_2$
$= \alpha D_2 + (1-\alpha)\{\alpha D_1 + (1-\alpha) F_1\}$
$= \alpha D_2 + \alpha(1-\alpha) D_1 + (1-\alpha)^2 F_1$

기간4:
$F_4 = \alpha D_3 + (1-\alpha) F_3$
$= \alpha D_3 + (1-\alpha)\{\alpha D_2 + \alpha(1-\alpha) D_1 + (1-\alpha)^2 F_1\}$
$= \alpha D_3 + \alpha(1-\alpha) D_2 + \alpha(1-\alpha)^2 D_1 + (1-\alpha)^3 F_1$

따라서 일반적으로 F_t는 다음과 같이 표현된다.

$$F_t = \alpha D_{t-1} + \alpha(1-\alpha) D_{t-2} + \alpha(1-\alpha)^2 D_{t-3} + \cdots\cdots + \alpha(1-\alpha)^{t-2} D_1 + (1-\alpha)^{t-1} F_1$$

위 식을 보면 과거 정보의 중요성이 $(1-\alpha)$만큼 감소한다는 것을 알 수 있으며, 만약 값이 크다면 값은 작기 때문에 과거자료는 예측에 거의 반영되지 않고 최근 자료만 반영되므로 예측치는 수요 변화에 더 민감하게 반응한다. 따라서 값이 클수록 예측곡선을 부드럽게 하는 평활효과는 작아진다.

2179 ③

a. 각 활동의 ES와 EF는 전진(앞에서 뒤로 가면서) 계산되고, LS와 LF는 후진(뒤에서부터 앞으로 가면서) 계산된다. 따라서 어떤 활동이 선행활동이 없으면, 즉 시작 활동이면 ES는 0이 되고, 만약 어떤 활동이 다수의 직전 선행활동이 있다면 모든 직전 선행활동 가운데 가장 큰 값이 ES가 된다. 왜냐하면 다수의 직전 선행활동을 가지면 이들 활동들이 모두 끝나야 활동을 시작할 수 있기 때문이다.

b. PERT/CPM 네트워크에서 가장 긴 경로가 끝나야 프로젝트가 끝나기 때문에 프로젝트의 최장 경로 소요시간이 프로젝트의 최단 완료시간이 된다.

c. 확률적 모형에서 활동시간은 베타분포를 따른다고 가정한다.

$$T_e = \frac{T_o + T_p + 4T_m}{6} = \frac{5 + 27 + 4(4 \times 7)}{6} = 10$$

d. 자유 여유시간은 바로 다음 활동들의 가장 빠른 시작시간을 지연시키지 않으면서 각 활동이 지체될 수 있는 시간을 의미한다. 전체 프로젝트를 지연시키지 않으면서 각 활동이 지체될 수 있는 시간은 여유시간이다. 어느 활동의 여유시간을 먼저 사용하면 나중에 후속활동들의 여유시간이 감소하게 된다. 즉, 한 활동이 여유시간 만큼 늦어지면 최단 완료시간은 영향을 받지 않지만 후속활동의 시작시간은 늦어질 수 있다. 반면에 자유 여유시간은 프로젝트의 최단 완료시간 뿐 만 아니라 후속활동들의 시작시간에도 전혀 영향을 미치지 않는다.

e. 주공정(critical path)상의 활동들은 활동여유시간이 '0'이므로 가장 빠른 시작시간(ES)과 가장 늦은 시작시간(LS)이 일치한다.

2180 ②

① 델파이법(Delphi method)은 전문가들에게 개별적으로 예측을 위한 설문을 이메일이나 팩스로 돌려 익명으로 각자의 예측치와 그 이유 및 설명을 제시하도록 한다. 시간과 비용이 많이 들지만, 대신 익명성이 보장되어 패널의 어느 한 사람에 의해 예측치가 좌우되지 않는다는 장점을 가지고 있다.

② 시계열은 추세, 평균, 계절적 변동, 주기 및 우연변동을 포함하고 있으며, 시계열분석기법에서는 이와 같은 과거의 수요 패턴이 미래에도 계속될 것이라는 가정 하에 과거의 수요패턴을 분석하여 미래에 투영함으로써 미래 수요를 예측한다. 그러나 과거의 수요패턴은 장기간 계속 유지된다고 보기는 힘들기 때문에 시계열분석기법은 장기 예측보다는 주로 단기 및 중기 예측에 많이 사용된다.

③ 추적지표(TS)는 다음 식과 같이 누적 예측오차(CFE)를 MAD로 나눈 값이다. TS는 매 기간마다 재계산되며 예측치가 실제치를 잘 따라가고 있으면 약간의 양의 오차와 음의 오차가 서로 상쇄되어 '0'에 가까운 값을 갖는다.

$$MAPE = \frac{\sum_{t=1}^{n} \frac{|D_t - F_t|}{D_t} \times 100}{n}$$

위 공식에서 보는 바와 같이 CFE는 음(-)의 값을 가질 수 있지만 MAD는 음(-)의 값을 가질 수 없기 때문에, TS값을 결정하는 것은 CFE이다. 예측치(F_t)가 실제치(D_t)보다 계속해서 상당히 낮으면 CFE는 양(+)의 값을 갖고, 반대로 예측치가 실제치보다 계속해서 상당히 높으면 CFE는 음(-)의 값을 갖는다. 따라서 추적지표(TS: tracking signal)는 예측치가 실제치보다 계속해서 상당히 낮으면 '양(+)'의 값을 갖고, 반대로 예측치가 실제치보다 계속해서 상당히 높으면 '음(-)'의 값을 갖는다.

④ 단순지수평활법(simple exponential smoothing)은 최근의 수요일수록 예측에 반영이 많이 되고, 과거 자료는 반영이 적게 되는 기법이다. 과거 자료는 $(1-\alpha)$ 만큼씩 가중치가 줄어든다. 따라서 평활상수(smoothing constant) α값이 클수록 $(1-\alpha)$ 값은 작아지기 때문에 최근 수요만 예측에 반영되므로 수요 변화에 좀 더 민감해지고, α값이 클수록 예측곡선을 부드럽게 하는 평활효과는 작아진다.

⑤ 예측오차의 측정에서 양(+)의 오차와 음(-)의 오차가 상쇄되어 오차가 커져도 부여되는 가중치가 커지지 않는 장점이 있는 것은 평균오차(ME)이다. 평균자승오차(MSE)에서는 양의 오차와 음의 오차가 상쇄되지는 않으나 개개의 오차의 제곱을 취하기 때문에 오차가 클수록 부여되는 가중치가 커지는 결과를 초래한다.

2181 ⑤

① 이 프로젝트의 정상적인 완료시간은 21일이다.
A→B→D→F ⇒ 6+8+4+3 = 21(주경로)
A→C→E→F ⇒ 6+5+5+3 = 19

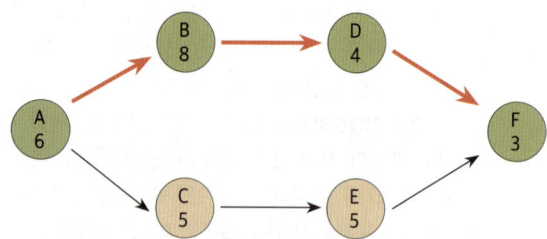

② 주경로에서 완료시간 단축 시 1일 당 단축비용이 가장 적은 활동은 A, B가 1만 원으로 모두 같다. 둘 중 하나를 선택하면 같은 비용으로 1일 단축할 수 있다. 하지만 D를 선택하면 1일 단축에 2만 원이 소요되므로 비용이 다르다.

활동	직전 선행활동	정상시간 (일)	정상비용 (만 원)	속성시간 (일)	속성비용 (만 원)	단축 가능일수	1일당 단축비용
A	-	6	8	4	10	2	1
B	A	8	10	6	12	2	1
C	A	5	7	4	10	1	3
D	B	4	5	3	7	1	2
E	C	5	6	2	8	2	1
F	D, E	3	7	2	10	1	3

③ 주경로인 A→B→D→F에서 B와 D를 각각 1일씩 단축해서 A→B→D→F가 19일이 되면 A→B→D→F와 A→C→E→F 두 개 경로가 모두 주경로가 되므로 기존 주경로도 계속 주경로가 될 수 있다. 하지만 A를 2일 단축해서 A→B→D→F가 19일이 되면, A→C→E→F도 2일이 줄어들기 때문에 A→B→D→F 단독으로 주경로는 유지된다. A와 F를 각각 1일씩 단축해도 결과는 마찬가지다.

④ 아래 그림과 같이 속성시간으로 바꿔서 네트워크를 그리면 15일까지 단축할 수 있음을 알 수 있다.

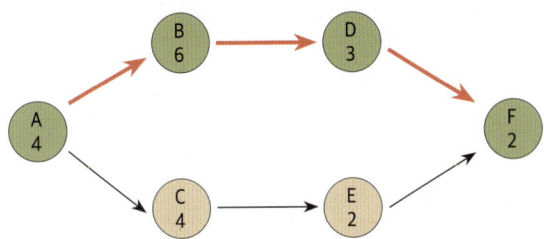

⑤

완료시간	직접비용	간접비용	총비용
21	43(=8+10+7+5+6+7)	42(=21시간×2만 원)	85만 원

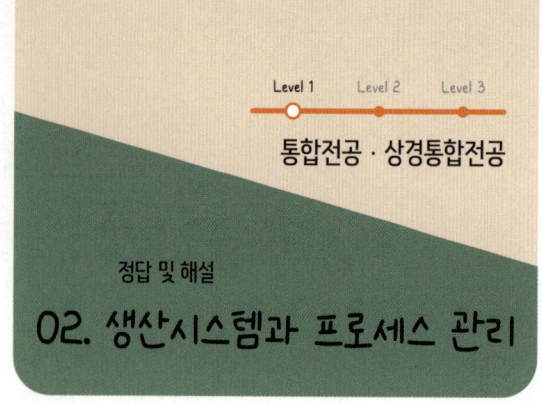

정답 및 해설
02. 생산시스템과 프로세스 관리

2182 ②

생산시스템의 설계에는 프로세스 선택, 설비배치, 입지선정 등이 해당된다.

2183 ②

② 총괄생산계획(aggregate production planning) 같은 자원계획은 생산시스템을 설계한 후 만들어진 생산시스템을 어떻게 활용할 것인지에 관한 것으로 생산계획에서 고려되어야 할 사항은 아니다.

2184 ③

① 서비스에서 말하는 무형성은 일반적인 제품과는 달리 형태가 없다는 것이다. 다시 말해 서비스는 보이지도 않으며, 만질 수도 없고, 인간의 감각기관을 통하여 느끼지도 못한다.
② 대량생산을 통해 표준화된 제품들과는 달리 서비스는 제공자, 구매자, 제공 상황에 따라 서비스의 품질에 많은 차이가 발생한다. 심지어 같은 종업원이라 할지라도 본인의 기분상태에 따라 서비스의 내용이 달라지기도 한다. 이를 이질성이라고 하며, 이런 특성 때문에 서비스는 표준화가 어렵다.
③ 서비스는 생산과 소비의 비분리성이라는 특성을 갖는다. 일반적으로 제품은 공장에서 생산되고 유통과정을 통하여 소비자에게 전달되고 최종 소비되는 단계를 거친다. 그러나 서비스는 산출물의 재고축적이 불가능하므로 생산과 소비가 동시에 발생하게 된다.
④ 서비스는 형태가 없기 때문에 재고의 형태로 보관이 불가능하다. 이러한 특성을 소멸성이라고 하며 이 때문에 서비스는 즉각적으로 사용하지 않으면 사라지게 된다.

2185 ①

① 포드(Ford)가 제시한 3S는 표준화(standardization), 단순화(simplification), 전문화(specialization)이다.

2186 ②

② 포드 시스템에서 포드의 이동조립법(moving assembly method)은 컨베이어와 생산의 표준화를 주축으로 하는데 조립 라인을 구성하는 컨베이어 속도와 근로자의 작업 속도를 기계적으로 동기화시켰고 관리와 연계시킴으로써 동시관리(management by synchronization)를 이루었다.

2187 ⑤

생산시스템의 경쟁우선순위에는 원가(cost), 품질(quality), 시간(time), 유연성(flexibility) 등 4가지이다.

2188 ⑤

① 원가
② 유연성
③ 품질
④ 시간
⑤ 생산운영관리가 아닌 마케팅과 관련된 목표임

2189 ②

생산관리의 목표(생산시스템의 경쟁우선순위)에는 원가, 품질, 시간(납기), 유연성 등의 4가지가 있다.

2190 ①

① 생산관리의 주요 활동목표 즉 생산시스템의 경쟁우선순위(competitive priority)는 품질, 원가, 시간, 유연성의 4가지다.

2191 ①

운영관리의 주요 활동목표는 품질, 원가, 시간, 유연성의 4가지이다.

2192 ④

생산관리의 주요 활동 목표 즉 생산시스템의 경쟁우선순위(competitive priority)는 품질, 원가(비용), 시간(납품), 유연성의 4가지이다.

2193 ①

① 품질(quality) 경쟁력은 최고품질(top quality)과 일관된 품질(consistent quality)의 2가지 측면으로 구분할 수 있다. 보기에서 제시된 '제품과 설계된 사양의 일치 정도'는 설계품질이 아니라 적합성품질(conformance quality)을 의미한다.

2194 ③

원가(cost)를 경쟁우선순위(competitive priority)로 하는 제조업체는 대량생산을 위해 생산라인 자동화를 위한 투자를 비교적 많이 한다.

2195 ①

경쟁우선순위는 원가, 품질, 시간 유연성이다.

2196 ②

② 다른 조건들이 동일하다면, 생산되는 제품이 다양할수록 주문생산공정을 선택하는 것이 유리하다.

2197 ②

① 재고생산(make-to-stock)은 완제품을 재고로 가지고 있다가 고객의 주문에 맞추어 공급하는 전략이다. 대부분의 공산품은 이러한 전략으로 생산된다. 재고생산은 완제품을 보유하고 있기 때문에 리드타임이 가장 짧다.

② 주문생산(make-to-order)은 고객의 주문이 들어오면 원자재의 가공, 반제품의 생산 및 완제품의 조립이 이루어지는 형태를 의미한다. 통상적으로 일반 최종소비자에게 판매하는 제품이 아닌 수요가 지속적으로 발생하지 않는 특수 제작하는 제품에 적용된다. 생산 활동이 고객의 개별적 주문에 의해 이루어지는 이 방식에서는 리드타임(주문을 받은 후 납품까지의 시간, 즉 제품의 설계, 생산 및 인도에 소요되는 시간)이 가장 길다.

④ 주문조립생산(assemble-to-order)은 반제품을 재고로 보관하고 있다가, 고객의 주문에 맞추어 조립한 후에 제품을 공급하는 전략이다. 즉 최종 제품이 아닌 반제품의 형태로 재고를 보관함으로써 최종 조립을 최대한 지연시키는 전략이다. 주문조립생산은 리드타임이 재고생산보다는 길고, 주문생산보다는 짧다.

2198 ①

① 계획생산(make-to-stock)은 제품을 판매하기 이전에 미리 제품을 만들어 놓는 생산방식을 말한다. 반면, 고객의 주문을 받아서 제품을 주문 순서대로 생산하는 것을 주문생산(make-to-order)라고 한다.

2199 ①

선박, 건축물 등은 위치고정형 배치(프로젝트 배치)가 적절하다.

2200 ④

① 일반적으로 저가품 단일시장은 대량생산공정(mass production process)을 요구한다.

② 대량생산공정(mass production process)은 단속적 공정(intermittent process)보다 더 많은 자본을 요구한다.

③ 고가품은 프로젝트 공정(project process)을 요구한다.

2201 ①

① 제품-공정행렬의 제품구조에 소품종 대량생산이나 다품종 소량생산은 있지만 소품종 소량생산은 없다. 조립라인(assembly line)은 소품종 대량생산에 적합하다.

2202 ②

서비스는 생산과 소비가 비분리되며, 재고축적이 불가능하므로 고객과의 근접성, 경쟁업자의 위치, 부지의 위치, 시장의 근접성과 운송비 등을 고려하여 입지를 선정하여야 한다. 반면 생산능력은 서비스시설과 관련된 입지요인이 아니다.

2203 ②

서비스는 재고축적이 불가능하므로 판매되지 않은 서비스는 재고형태로 보관이 불가능하다.

2204 ⑤

⑤ 서비스의 특성에는 '동질성'이 아니라 '이질성(heterogeneity)'이 포함된다.

2205 ④

서비스 청사진(service blueprint)이란 종업원, 고객, 기업 측이 서비스 전달과정에서 해야 하는 각자의 역할에 대해 서비스 프로세스와 관련된 단계와 흐름으로 묘사한 것을 말한다.

2206 ④

④ (라) 유형은 전문서비스(professional service)로 이는 노동집약도와 고객화의 정도가 모두 높은 특징을 갖는다. 여기에는 변호사, 의사, 회계사, 건축사 등의 전통적인 직업이 포함되며, 고객의 특화된 요구에 맞는 서비스를 제공한다.

고객접촉 및 고객화 정도

	낮음	높음
노동집약도 낮음	서비스 공장 • 항공사 • 운수회사 • 호텔 • 리조트	서비스 숍 • 병원 • 자동차 수리 • 기타 수리 서비스
노동집약도 높음	대량서비스 • 소매업 • 도매업 • 학교 • 소매금융	전문서비스 • 의사 • 변호사 • 회계사 • 건축사

2207 ②

① 파괴적 혁신(disruptive innovation)은 기존 고객이나 현재의 제품에 비해 아직은 가치를 평가받지 못하는 특성을 가진 기술 혹은 기존 고객이나 미래의 고객이 가치를 두는 성과 특성에는 매우 열악하나 기술적으로 진전이 되면 곧 현재의 기술을 능가할 수 있는 기술을 개발하는 형태를 의미한다. 즉 기존의 기술과는 연장선상에 있지 않는 전혀 새로운 차원의 혁신을 말한다.

② 점진적 혁신(incremental innovation)은 파괴적 혁신에 대한 상대적인 개념으로 기존 제품 및 서비스에 대한 약간의 개선, 변경하는 것으로 근본적인 변화는 아닌 기존 기술의 개선, 급진적 혁신의 보완적인 혁신 등 작은 기술변화들을 지칭하는 것을 의미한다.

2208 ③

③ 공정혁신이란 다른 말로 프로세스 혁신이라고 하며, 제품 생산 과정에서 비용 감소를 가능하게 하는 새로운 공정(프로세스)을 택하거나 동일 공정에서 제품 품질 개선 기법을 채택하는 공정(프로세스)의 개선을 말한다. 즉 공정혁신은 혁신의 대상이 조직의 생산 공정(프로세스)에 국한되는 것이다. 반면, 조직이 그 구조, 절차, 관리방식 또는 정보통제시스템 등 경영관리체제와 관계된 새로운 제도를 도입하여 조직의 효율을 제고하는 혁신은 경영혁신이라고 볼 수 있다.

2209 ②

② 와해성 기술은 기존의 기술을 와해시키는 것이므로 선발 기업들은 이들 기술개발에 적극적이지 않다. 이들 기술의 개발은 시장 후발주자가 주도하는 경우가 많다.

2210 ②

㉠ 존속적 혁신(sustaining innovation)은 기존의 기술 범주 내에서 제품의 성능을 향상시키는 것을 의미한다. 예를 들어, 컴퓨터에 들어가는 HDD의 용량을 월등하게 키우거나 데이터를 읽어나 쓰는 속도를 더 빠르게 하는 것이다. 대부분의 존속적 혁신의 특징은 주요 시장에서 활동하는 주류의 고객들이 기대하는 수준에 맞추어 기존 제품의 성능을 향상하는 것이다. 존속적 혁신은 파괴적 혁신과는 달리 혁신이 일어난다 해도 기존의 사업 및 기존의 가치 있는 고객이 알아주는 품질 및 서비스 향상의 트렌드가 고스란히 존속된다.

㉡ 반면 파괴적 혁신은 기존의 기술 범주 내에서 제품의 성능을 향상시키는 것이 아니라 기존제품과 동일한 편익과 기능을 제공하지만 전혀 새로운 방식으로 이를 충족시키는 혁신을 말한다. 컴퓨터에 들어가는 HDD의 용량을 월등하게 키우거나 데이터를 읽어나 쓰는 속도를 더 빠르게 하는 것이 존속적 혁신이라면 기능은 같지만 전혀 새로운 기술인 SSD는 파괴적 혁신이라고 볼 수 있다. 대부분의 선도업체들은 시장 규모가 가장 큰 주류 고객들을 상대하므로 파괴적 혁신에 투자할 여력이 많지 않다.

㉢ 혁신이 경제성장의 원동력인 동시에 경기순환을 발생시킨다고 처음으로 주장한 사람은 슘페터(Schumpeter)이다. 슘페터에 의하면 특정 산업에서 소수의 기업가가 도입한 '혁신(innovation)'이 경쟁에서의 모방과 확산과정을 거쳐 경제 전체에 확산되어 경제발전이 유지되고, 경제발전은 이러한 혁신활동에 의해 순환적인 형태로 진행된다고 하였다. 따라서 경제변동과 발전의 유일한 원동력은 상품공급방식의 변화, 즉 혁신이라고 하였다. 클레이튼 크리스텐슨(Clayton Christensen)은 '파괴적 혁신'을 주장했다.

㉣ 기업들이 이윤을 남길 때에게는 새로운 기업들이 해당 시장에 진입하게 되는 유인이 된다. 이러한 신규 진입으로 인해 시장에 존재하는 제품의 종류가 늘어나고 소비자들의 선택 범위가 넓어져 기존 기업에 대한 수요가 감소하게 된다.

2211 ①

생산시설의 배치(layout)에는 제품별 배치, 공정별 배치, 위치고정형 배치, 셀 배치 등이 있다.

2212 ③

③ 비숙련공들도 전문화된 설비를 사용할 수 있어 작업자 훈련 및 감독이 용이한 것은 제품별 배치(product layout)의 장점이다.

2213 ⑤

셀룰러배치를 사용하면 작업의 흐름이 제품별 배치에 가까워지므로 생산자동화가 용이하다.

2214 ④

④ 소품종 대량생산의 경우는 제품별 배치가 적합하다.

2215 ③

① 제품별 배치는 표준화된 제품을 대량으로 생산하는 경우에 적합하다.
② 제품별 배치는 공정별 배치에 비해 생산속도가 빠르며 생산설비의 효율성이 높다.
④ 제품별 배치는 제품의 공정 순서에 따라 일자형의 형태를 취하는 것이 보통이다.

2216 ④

④ 제품생산의 효율성을 제고하고, 재공품 재고를 줄이고자 할 경우에는 제품별 배치가 보다 바람직하다.

2217 ④

④ 재공품 재고의 수준이 상대적으로 높으며 작업기술이 복잡한 것은 공정별 배치이다.

2218 ③

① 같은 기능을 갖는 기계를 작업장(workstation)에 모아 놓은 방식으로, 모든 작업자가 유사한 작업을 수행하는 방식을 공정별 배치(process layout)라고 한다.
② 반복적이고 연속적으로 제품을 생산하는 공정형태이며, 가공 혹은 조립에 필요한 기계를 일렬로 배치하여 모든 기계를 순차적으로 거치면서 제품이 완성되는 방식을 제품별 배치(product layout)라고 한다.
④ TV를 제작하는 데 있어 섀시 조립, 회로기판 장착, 브라운관 장착, 스피커 장착, 외장박스 장착, 최종검사 등을 거치는 방식을 제품별 배치라고 한다. 고정형 배치(fixed position layout)는 제품이 너무 커서 이동이 불가능할 경우 제품을 고정시키고 생산에 필요한 기계와 작업자가 이동하면서 생산하는 것을 말한다.

2219 ②

ㄴ. 소품종 대량생산을 위한 배치인 제품별 배치(product layout)를 적용하면 공정의 효율성은 높아지지만 공정의 유연성은 낮아진다.
ㄷ. 공정별 배치(process layout)는 범용설비를 사용하며, 설비는 '제품의 종류'가 아니라 '공정의 종류'에 따라 배치한다.

2220 ③

③ 제품을 고정시키고 작업자와 기계가 필요에 따라 이동하면서 작업하는 방식을 위치고정형(fixed-position) 배치라고 한다.

2221 ②
- ① 그룹 테크놀러지(GT)
- ③ CAD(computer-aided design)
- ④ SCM(supply chain management)
- ⑤ 고정자동화(fixed automation): 유연자동화(flexible automation)의 반대말임

2222 ①
- ① 공장자동화는 컴퓨터 시스템이나 산업 로봇을 도입하여 공장 전체의 무인화, 생산 관리의 자동화 등을 행하는 시스템의 총칭으로 구체적으로는 컴퓨터 이용 설계(CAD) 및 컴퓨터 이용 제조(CAM), 해석 시스템, 생산 관리 시스템, 유연생산시스템(FMS), 컴퓨터통합생산(CIM) 등을 유기적으로 조합시킨 것이다. 하지만 JIT(just in time) 즉 적시생산시스템은 공장자동화와 관련한 개념이 아니라 효율적 생산을 위한 방식이다.

2223 ⑤
- ① 집단가공법(GT: group technology)은 부품 혹은 제품들을 비슷한 특성을 갖는 것끼리 유사 군(family)을 형성하여 그것들을 생산할 수 있는 기계들을 그룹화하는 것이다. 유사군은 크기, 모양, 제조공정, 혹은 수요에 따라 형성할 수 있다. 목표는 비슷한 공정을 요구하는 제품의 집단을 형성하여 기계의 가동 준비(set up)를 최소화하는 것이다.
- ② 수치 제어가공은 컴퓨터를 활용해서 기계의 가공부를 수치로 제어하는 방법을 의미한다.
- ③ 셀 제조 방법은 셀을 형성하여 제조하는 것을 말한다. 셀이란 비슷한 모양이나 가공 요건을 가진 제품(부품)들의 생산에 필요한 서로 다른 기계들을 가동 진행 순서에 따라 모아놓은 것을 말한다.
- ④ 모듈 생산은 제품의 다양성도 높이면서 동시에 제조원가를 낮추기 위해 제품을 이루는 구성요소를 모듈화(module)하는 것을 말한다. 모듈(module)이란 표준화된 기본 구성품이나 중간조립품으로 정의할 수 있다. 모듈 생산은 모듈을 이용하여 적은 종류의 모듈을 조합하여 많은 종류의 최종제품을 생산할 수 있다.
- ⑤ 유연생산시스템(FMS: flexible manufacturing system)은 다양한 제품생산을 자동으로 행하는 유연자동화의 개념에 의해 여러 가지의 자동생산 기술과 생산관리 기술을 종합한 유연성이 높은 생산시스템을 의미한다. 유연생산시스템은 급격하게 발전하는 여러 형태의 생산시스템 중 효율적이면서 다품종 소량 생산을 위한 생산방식으로 자동화 기술과 생산관리기술을 결합해 주문생산과 대량생산을 동시에 고려한 생산시스템이다.

2224 ③
유연생산방식(FMS: flexible manufacturing system), 린생산(Lean Production) 방식, 컴퓨터지원설계·제조(CAD·CAM)방식 등은 다양한 제품을 효율적으로 생산하기에 적합하지만, 대량생산방식은 다품종보다는 소품종을 대량생산하기에 적합한 생산방식이다.

2225 ④
- ④ 모듈러 설계(modular design)는 주문조립생산(assemble-to-order), 지연차별화(delayed differentiation)와 더불어 대량고객화(mass customization)의 방법 가운데 하나이므로 다품종 소량생산 방식에는 해당되지 않는다.

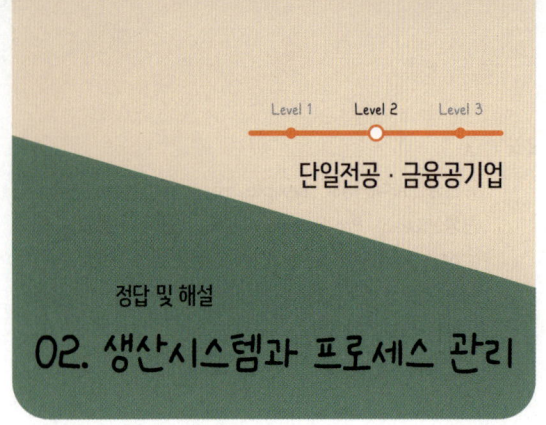

정답 및 해설
02. 생산시스템과 프로세스 관리

2226 ③

d. 물리적 변환을 가하지 않지만 운송과 보관 서비스를 제공하므로 운송창고업 역시 생산시스템이라고 보아야 한다.
e. 생산시스템은 외부의 환경 즉 외부시장이나 고객의 변화에 민감하게 반응하는 개방시스템(open system)이다.

2227 ③

① 서비스는 생산과 소비가 동시에 일어나므로 고객과의 접촉정도는 제조업에 비해 상대적으로 많다.
② 서비스는 형태가 없으므로 서비스제공과정에서의 생산성측정은 제조업에 비해 상대적으로 용이하지 않다.
④ 서비스는 형태가 없으므로 서비스업에서의 품질측정은 제조업에서의 품질측정보다 객관적이 못하다.
⑤ 서비스는 소멸성이 있기 때문에 재고개념을 적용할 수 없다.

2228 ⑤

e. 서비스가 제품보다 반응시간이 더 짧다.

2229 ②

① 서비스는 제공자의 특성과 능력에 따라 품질이 달라지는 특징 즉, 이질성(heterogeneity)을 가지고 있다. 따라서 서비스보다는 제품의 투입물이나 산출물의 균질성(동질성)이 높다.
② 제품은 재고보유가 가능하므로 갑작스러운 수요에 대응할 수 있지만 서비스는 재고보유가 불가능하므로 수요와 공급을 일치(matching supply with demand)시키기가 상대적으로 어렵다.
③ 서비스는 객관적 실체나 보거나 만질 수 없기 때문에 제품에 비해 생산프로세스에 대한 특허취득이 어렵다.
④ 서비스의 무형성(intangibility)과 소멸성(perishability) 등으로 인하여 객관적인 증거제시와 불량에 대한 기준 설정이 어렵고 일부 비도덕적인 고객이 악용할 우려가 있기 때문에 많은 서비스기업에서 산출물 품질에 대한 보증이 어렵다.
⑤ 서비스 생산과 소비가 동시에 일어나는 비분리성(inseparability)으로 인하여 서비스 생산과정에 고객이 참여하는 경우가 많다.

2230 ①

① 과학적 관리법은 전사적 품질경영(TQM)에서 시작된 것은 아니다. 오히려 과학적 관리법이 시대적으로 더 먼저 등장했다. 더불어 과학적 관리법과 전사적 품질경영은 크게 연관이 없다.

2231 ①

① 작업 및 작업환경의 표준화, 공정분석을 통한 분업은 포드가 제시한 원리이다.

2232 ③

③ 경쟁우선순위(competitive priorities)란 원가(cost), 품질(quality), 시간(time), 유연성(flexibility) 등의 4가지 범주에서의 경쟁력을 의미한다. 신뢰성이라는 경쟁우선순위는 존재하지 않는다.

2233 ③

① 상황에 따라서는 경쟁우선순위를 동시에 향상시킬 수도 있으므로 시간과 품질 경쟁우선순위를 동시에 추구한다고 해서 항상 둘 중 하나의 경쟁우선순위가 상대적으로 저하되는 것은 아니다.
② 재고를 보유하는 방법 이외에도 신속한 공급사슬을 구축하는 방법도 있다.

2234 ③

① 원가를 절감하려면 설비의 가동률을 최대화해야 한다.
② 지도카(Jidoka) 및 안돈(Andon)은 품질향상과 관련된 기법들이다. 제품개발 프로세스 개선 및 고객중심설계를 적용하기 위해서는 동시공학(concurrent engineering)이나 품질기능전개(QFD: quality function deployment)를 적용해야 한다.
④ 품질을 향상시키기 위해서는 식스시그마(Six Sigma)의 적용을 통한 프로세스 변동성(variation)의 최소화해야 한다.
⑤ 흐름시간(flow/throughput time)의 단축을 위해서는 프로세스 개선을 통해 재공품(work-in-process) 재고 및 주기시간(cycle time)을 최소화해야 한다.

2235 ①

① 계획생산(make-to-stock) 공정은 미리 만들어서 재고로 보관하기 때문에 신속한 납기보다는 몇 개를 만들 것이냐의 수요예측이 더 중요하다. 반면 주문생산(make-to-order) 공정은 주문을 받아서 생산하므로 재고에 대한 부담은 없기 때문에 납기관리에 초점을 두어야 한다.

2236 ⑤

재고생산전략(MTS: make-to-stock strategy)은 즉각적인 납품이 가능하도록 품목을 재고로 보유하는 전략이며, 주문생산전략(MTO: make-to-order strategy)은 고객의 사양에 맞춰 소량으로 제품을 생산하는 전략이다.

a. 제품의 생산 속도가 느리고 경쟁우위 유지에 제품 공급의 신뢰성이 중요한 경우에는 인도시간을 최소화할 수 있는 MTS가 유리하다.
b. 제품의 수요에 대한 예측이 비교적 용이해서 최소의 비용으로 원하는 재고수준을 유지할 수 있는 경우에는 MTS가 유리하다.
c. 제품의 생산 속도가 빠르고 수요를 초과하여 생산할 경우에 폐기 비용이 클 경우 재고를 보유하지 않고 필요할 경우에 생산하는 MTO가 유리하다.
d. 수요의 변동이 비교적 크고 제품의 재고비용이 클 경우 재고를 보유하지 않는 MTO가 유리하다.

2237 ⑤

⑤ 제품-공정 행렬 상에서 우측상단과 좌측 하단은 실현 불가능 영역이다.

제품-프로세스 행렬

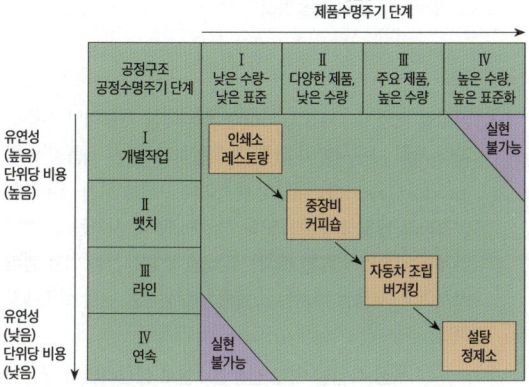

2238 ④

④ 특수중장비 생산은 뱃치 프로세스(batch process)가 적절하다. 다중흐름라인이라는 프로세스는 존재하지 않는다.

2239 ④

c. 제조기업이 유통센터나 소매점포와 같은 유통채널을 보다 많이 확보하는 것을 전방통합(forward integration)이라 한다.
d. 제품이나 서비스의 설계 변경과 생산량 변동 그리고 기술 변화가 발생할 때 이를 수용하기 위해 프로세스를 조정할 필요가 있다. 프로세스의 선택에 활용하는 것이 바로 "제품-공정 행렬"이다.

2240 ⑤

⑤ 표준화 정도가 높고 자본비용이 낮은 대량서비스로 분류되는 도매점의 경우 서비스 표준화나 종업원 복지 등이 중요하다. 종업원의 충성도 획득이 중요한 경영과제인 것은 고객화 정도가 높은 서비스이다.

2241 ①

b. 서비스샵(service shop)은 노동집약도가 낮아서 즉 자본집약도가 높기 때문에 어느 정도 가동률은 필요하다. 이런 이유로 피크 수요는 피하고 비수기에는 수요를 늘리기 위한 방안이 필요하고, 더불어 서비스 공급의 스케줄링이 필요하다. 만약 노동집약도가 높은(자본집약도 낮은) 서비스의 경우에는 서비스 공급의 스케줄링 보다는 종업원 스케줄링이 상대적으로 중요하고 성수기와 비수기 수요관리는 상대적으로 덜 중요하다.
c. 전문서비스(professional service)에는 변호사, 의사, 회계사, 건축사 등의 직업이 포함된다.
e. 고객과의 접촉 및 고객화 정도가 높은 서비스 조직에서는 품질유지, 고객의 개입 통제, 숙련노동력의 이탈 방지 등이 중요하다.

서비스 매트릭스

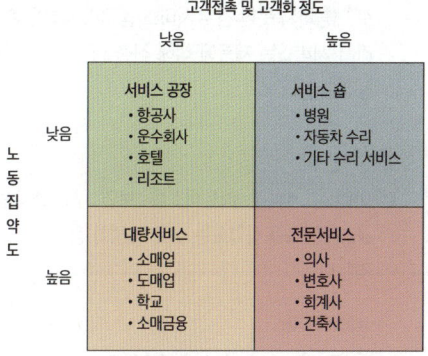

2242 ④

a. 서비스는 규격화가 용이하지 않으므로 제품에 비해 품질평가가 상대적으로 어렵다. 제품의 품질은 객관적으로 측정할 수 있지만 서비스 품질의 측정은 주관적이다. 예를 들면, 제품의 설계품질은 자동차의 가속성능이나 제동거리와 같은 제품의 특성에 의해 측정될 수 있다. 또한 적합성 품질은 폐기물과 재작업의 비용으로 측정할 수 있다. 반면 서비스 품질의 측정은 대부분 주관적이다.
b. 슈메너(Schmenner)의 서비스 프로세스 매트릭스에서는 고객화의 정도와 노동집약도가 높은 경우는 서비스 공장(service factory)이 아니라 '전문서비스(professional service)'로 분류되며, 여기에는 변호사, 의사, 회계사, 건축사 등의 전통적인 직업이 포함된다. 이는 인력의 교육훈련과 서비스 품질유지를 강조한다. 이 유형의 서비스는 높은 인건비와 높은 고객접촉/고객화 때문에 매우 비효율적인 경향이 있다.
c. 평준화 전략(level strategy)은 고용 수준과 정규시간에 의한 생산율을 일정하게 유지하고, 수요변화는 재고, 잔업, 임시직 노동력, 하청과 같은 공급관리 수단을 통해 흡수한다. 따라서 제품은 재고를 활용할 수 있으므로 서비스에 비해 평준화전략을 사용하기가 상대적으로 용이하다. 반면 추종전략(chase strategy)은 수요에 따라 고용수준을 조정하는 전략으로, 이 전략에서는 공급이 수요를 따라

가도록 고용수준을 재고나 기타 수요 및 공급관리 수단을 사용하지 않고 모든 수요 변화를 고용수준에 의해 흡수한다. 따라서 추종전략에서는 수요에 맞추어 정규노동력의 채용과 해고가 발생한다. 재고를 활용할 수 없는 서비스의 경우에 추종전략을 사용하는 것이 적절하다.

d. 서비스의 생산과 소비의 비분리성(inseparability simultaneity) 때문에 정도의 차이는 있지만 대부분의 서비스 제공 프로세스에는 고객이 참여하게 된다. 이는 서비스 조직에 의해 조성된 무대에서 고객과 종업원이 상호작용을 통해 역할수행을 하는 것으로 비유할 수 있다. 고객은 서비스에 참여함으로써 자신이 받고 있는 서비스에 영향을 미친다. 즉, 고객은 물리적, 정신적 투입을 통하여 서비스 생산에 참여한다. 서비스에 고객이 참여함으로써 발생하는 가장 중요한 운영적 이슈는 고객과의 상호작용(interaction) 관리이다. 고객은 서비스 프로세스에 능동적으로 참여함으로써 자신이 받고 있는 서비스에 영향을 미치는데 만약 서비스 제공자가 이에 대해 효과적으로 대응하지 못한 경우 서비스 품질이 저하될 수 있다. 따라서 서비스는 제품에 비해 산출물의 품질변동이 클 가능성이 높다.

2243 ④

④ 아래의 서비스 매트릭스를 보면, 서비스 숍(service shop)은 노동집약도는 낮고 고객화 정도는 높은 특징을 갖는다.

서비스 매트릭스

2244 ①

② 기술 그 자체를 위한 고도의 기술이나 기술변화가 항상 최선은 아니다. 이러한 고도의 기술들은 경쟁우위를 창출하지 못하고, 경제적으로 정당화되지 않으며, 목표로 하는 경쟁우선순위를 지원하지 못하거나 기업의 핵심역량에 보탬이 되지 않을 수도 있기 때문이다.

③ 시장 내에서 신기술을 최초로 적용하는 선도기업도 재무적 위험부담을 고려할 필요가 있다.

④ 신기술의 개발과 적용에 있어서는 고객에 대한 서비스, 인도 시간, 재고, 자원의 유연성 등에 미치는 영향과 더불어 직접적인 재무적 비용도 고려하여야 한다.

⑤ 경영자는 전략적으로 중요한 혁신적 기술의 변화를 수용함에 있어 언제나 소극적일 필요는 없다.

2245 ③

③ 공정별 배치는 작업흐름이 길고 복잡하여 자재취급비용이 높으며, 작업의 대기시간이 많아 생산의 효율성이 떨어지고 비교적 많은 재공품재고가 있게 되며, 생산계획 및 통제가 복잡하다는 단점이 있다.

2246 ④

④ 다품종 소량생산의 경우, 제품별 배치는 과잉생산능력을 초래한다.

2247 ③

③ 시장에서 반응이 확인되지 않은 경우, 프로세스는 뱃치 프로세스를 선택하고 설비배치는 공정별 배치를 선택하는 것이 적절하다.

2248 ①

① 다품종 소량생산을 위해 공정별 배치(process layout)를 채택하는 것이 적절하다.

2249 ②

공정별 배치(process layout)는 처리대상 제품이나 서비스마다 처리 요구사항이 다를 때 적합하다. 반면 제품별 배치(product layout)는 대량의 제품이나 고객을 시설 내부에서 신속하고 원활하게 흐르도록 하고자 할 때 사용된다. 간단하게 요약하면 공정별 배치는 다품종 소량생산을 위한 설비배치이고, 제품별 배치는 소품종 대량생산을 위한 설비배치이다.

a. 주로 특정 작업을 위한 전용설비들로 생산라인이 구성된다: 제품별 배치

b. 다품종 소량생산의 주문생산방식에 적합하다: 공정별 배치

c. 제품별로 생산경로가 다양할 수 있어 경로계획과 작업일정계획을 자주 수립해야 한다: 공정별 배치

d. 표준화된 제품의 조립과 같이 반복적인 생산에 적합하다: 제품별 배치

e. 제품-공정 매트릭스(product process matrix)에서 유연성과 생산원가가 낮은 경우에 해당한다: 제품-공정 행렬상에서는 연속생산 프로세스(continuous flow process)이고, 배치는 제품별 배치

2250 ④

① 조립라인공정(assembly line process)은 생산이 고정경로를 따라 순차적으로 이루어지며 프로세스나 일감이 선형 흐름을 갖기 때문에 배치공정(batch process)에 비해 일정계획 수립 및 재고통제가 용이하고 효율성이 높다.

② 주문생산공정(make-to-order process)은 고객의 사양에 맞춰 소량으로 제품을 생산하는 제조업자가 활용하는 전략으로 주문에서 납기까지의 생산시간을 최소화하는 것이 주요 목적이다. 반면 재고생산공정(make-to-stock process)은 즉각적인 납품이 가능하도록, 즉 고객인도시간을 최소화하기 위하여 품목을 재고로 보유하는 전략으

로 원하는 서비스수준(service level)을 최소 비용으로 충족시키는 것이 주요 목적이다.

③ 고객접촉(customer contact)이란 고객이 서비스 프로세스에 출현하여 적극 참여하고 개인적인 특별한 서비스를 받는 정도를 의미한다. 일반적으로 고객접촉도가 높을수록 서비스시스템과 고객 사이의 상호작용이 커지게 되고 이에 따라 불확실성도 커지게 된다. 반면에 고객접촉도가 낮을수록 고객으로 인한 불확실성이 낮아지므로 서비스 생산공정을 보다 효율적으로 설계할 수 있다. 따라서 고객접촉의 정도가 높을수록 서비스공정의 불확실성이 높아지고 비효율성이 증가하게 된다.

④ 그룹테크놀러지(GT: group technology)를 활용하면, 공정별배치를 셀룰러(cellular)배치로 변경함으로써 생산준비시간을 단축시키는 것이 가능하다.

⑤ 제품별배치에서는 제품이 정해진 경로를 따라 이동하지만 공정별배치에서는 다양한 이동경로를 갖는다. 그러나 프로젝트배치는 빌딩, 댐, 교량, 고속도로 등의 건설공사, 특수한 대형제품의 제작, 영화나 예술품의 제작 등과 같이 어떤 주요 산출물 한 단위를 상당한 기간에 걸쳐 생산하는 형태를 말한다. 일반적으로 프로젝트형 생산은 비반복적이며 1회적인 성격을 가지고 있다. 엄밀히 말해 프로젝트에서는 제품의 흐름은 존재하지 않고, 다만 프로젝트의 완성에 필요한 많은 세부과업들이 있을 뿐이다.

2251 ④

① 제품이 다양하고 뱃치크기(batch size)가 작을수록 라인공정보다는 잡숍공정(job shop process)이 선호된다. 즉 다품종 소량생산에는 잡 혹은 잡숍공정이 적합하고, 소품종 대량생산에는 라인공정이 적합하다.

② 주문생산공정(make-to-order)은 계획생산공정(make-to-stock)보다 유연성도 높고, 재고수준이 낮다는 장점이 있다. 주문생산공정(make-to-order)은 주문을 받아 생산하므로 고객의 요구에 유연하게 대처할 수 있고, 제품을 미리 만들어 놓는 것이 아니기 때문에 재고가 쌓이지 않는다. 하지만 계획생산공정(make-to-stock) 혹은 재고생산공정은 생산자가 정한 생산량 만큼을 미리 생산하는 것으로 고객의 요구에 유연하게 대처하는 것은 불가능하지만, 상대적으로 저렴하게 생산할 수 있다는 장점은 있다. 계획생산공정이 수요예측에 따라 한꺼번에 필요한 양만큼을 생산하므로 재고수준이 높아지는 단점이 있다.

③ 제품별 배치(product layout)에서는 각 제품별로 제품이 만들어지는 진행 단계에 따라 기계설비나 작업장이 배치되며, 각 제품단위는 동일한 흐름을 따라 연속적 또는 단속적으로 생산된다. 따라서 제품별 배치는 공정별 배치(process layout)에 비해 설비의 고장이나 작업자의 결근 등이 발생할 경우 생산시스템 전체가 중단될 가능성이 높다. 또한 공정의 유연성이 낮다.

④ 제조 셀(manufacturing cell)을 이용한 제조를 셀룰러 제조(cellular manufacturing)라 하고, 제조 셀에 의한 설비 배치를 셀룰러 배치(cellular layout)라고 한다. 여기서 제조 셀이란 비슷한 모양과 가공 요건을 가진 제품(부품)들의 생산에 필요한 서로 다른 기계들을 가공 진행 순서에 따라 모아놓은 것을 말한다. 제조 셀은 상호 연결되지 않은 다수의 기계로 구성되거나 또는 다수의 기계가 컨베이어나 기타 자재이동장치에 의해 상호 연결된 흐름라인 형태를 취할 수도 있다. 그리고 각 제조 셀에서는 한 명 또는 소수의 작업자가 소규모 작업팀을 이루어 생산의 전 과정을 담당한다. 셀룰러 배치에서는 기계 간 자재의 이동거리와 대기시간이 짧기 때문에 생산소요시간이 단축되고 재공품 재고가 줄어든다.

⑤ 프로젝트공정에서는 사용되는 위치고정형 배치(fixed position layout)는 제품이 고정되고 장비나 작업자 및 자재가 제품이 있는 장소로 이동해 와서 작업을 수행하므로 작업물의 이동경로보다 작업시간 관리가 가장 중요하다.

2252 ④

① 공정별배치는 뱃치(batch) 프로세스나 잡(job) 프로세스와 같이 다양한 제품이 소량으로 생산되고 각 제품의 작업 흐름이 서로 다른 경우에 적합한 설비배치 유형이다. 따라서 공정별배치는 대량생산을 통한 원가의 효율성이 제품별배치에 비해 상대적으로 낮다.

② 제품별배치는 하나 또는 소수의 표준화된 제품을 연속적으로 대량생산하는 연속 프로세스나 반복적으로 대량생산하는 라인(line 혹은 assembly line) 프로세스에 적합한 설비배치 형태이다. 따라서 제품별배치는 제품에 변화가 있을 때마다 배치를 변경해야 하므로 공정별배치에 비해 프로세스의 유연성이 떨어진다.

③ 제품별배치의 작업 흐름은 선형이거나 미리 정해진 패턴을 따라가며, 각 작업장은 고도로 전문화된 하나의 작업만을 수행하므로 작업 흐름이 원활하여 설비의 활용률이 공정별배치에 비해 상대적으로 높다.

④ 제품별배치는 작업 흐름이 미리 정해진 경로를 따라가기 때문에 경로설정(routing)과 작업일정계획(scheduling)이 공정별배치에 비해 상대적으로 단순하다.

⑤ 제품별배치는 한 기계나 한 작업장에서 문제가 발생하여 작업이 중단되면 생산라인 전체가 중단되므로, 설비의 고장에 따른 손실이 공정별배치에 비해 상대적으로 크다.

2253 ①

제품별 배치(product layout)는 대량의 제품이나 고객을 시설 내부에서 신속하고 원활하게 흐르도록 하고자 할 때 사용된다. 이런 흐름은 제품이나 서비스가 매우 표준화되어 있어서 고도로 표준화된 프로세스를 반복적으로 사용하기 때문에 가능하다. 제품별 배치에서는 설비와 부서가 특정한 제품라인에 사용되고, 중복장비가 지나왔던 공정으로 되돌아가는 경우를 회피하기 위해 사용되므로, 자재 이동의 직선라인 흐름이 가능해진다. 주어진 제품과 파트의 배치(batch) 사이즈가 독립된 생산라인을 유지할 수 있을 정도로 클 경우에 주로 사용되어진다.

1) 장점
   ① 산출률이 높다.
   ② 산출률이 많은 덕분에 단위당 원가가 낮다.
   ③ 과업이 단순하여 훈련 시간과 비용이 적게 들고, 감독이 용이하다.
   ④ 작업장 간의 거리가 최소가 되도록 기계설비가 배치되어 있으므로 자재취급비용이 낮다.
   ⑤ 인력과 장비의 이용률(utilization)이 높다.
   ⑥ 생산계획 및 통제가 비교적 단순하다.
   ⑦ 자재운반이 단순하고 자동화가 용이하다.
   ⑧ 재공품 재고(WIP)가 공정별 배치에 비해 상대적으로 적다.

2) 단점
   ① 단순작업의 반복으로 작업자가 지루함을 느낀다.
   ② 비숙련 작업자들이 장비 유지나 품질에 관심을 보이지 않을 수 있다.
   ③ 물량의 변화나 제품의 설계 변경에 유연하게 반응할 수 없다.
   ④ 프로세스가 상호의존적이므로 고장이나 무단결근에 매우 취약하다.
   ⑤ 예방보전, 긴급수리 능력, 예비부품 재고가 필요하며, 이를 유지하는데 비용이 든다.
   ⑥ 전용설비가 사용되고 동일한 기계설비가 생산라인의 여러 지점에 설치되므로 설비투자가 크다.

2254 ③

① 계획생산(make-to-stock) 방식은 즉각적인 납품이 가능하도록, 즉 고객인도시간을 최소화하기 위하여 품목을 재고로 보유하는 전략이다. 반면 주문생산(make-to-order) 방식은 고객의 사양에 맞춰 소량으로 제품을 생산하는 제조업자가 활용하는 전략이다. 따라서 수요의 변동성이 낮아 수요예측이 용이하며 완제품에 대한 재고비용이 크지 않아서 대량의 재고 보유가 가능한 경우에는 계획생산 방식이 주문생산 방식에 비해 유리하다.

② 제품별 배치(product layout)는 표준 프로세스들을 사용하여 많은 양의 제품을 처리하기 위해 작업장과 부서를 일렬로 배열하는 배치를 말한다. 반면 공정별 배치(process layout)는 다품종 소량생산에 적합한 배치로 제품마다 처리 요구사항이 다를 때 적합하다. 대상 제품이 다양하면 대상에 따라서 장비를 바꾼다든지 작동 조건을 재설정해야 한다. 이 때문에 처리 대상이 계속적으로 흐르지 않고 끊기는데, 이렇게 흐름이 끊어졌다가 이어지곤 한다고 해서 단속처리(intermittent processing)라고 한다. 따라서 제품별 배치는 전용설비가 사용되므로 범용설비가 사용되는 공정별 배치에 비해 설비투자 규모가 크다.

③ 제품 생산과정이 빨라서 주문과 동시에 생산이 가능하고 수요를 초과한 생산량에 대한 폐기비용이 클 경우에는 미리 재고를 만들어 놓는 것보다는 주문과 동시에 제품을 만드는 것이 유리하므로 주문생산(make-to-order) 방식이 계획생산(make-to-stock) 방식에 비해 유리하다.

④ 제품별 배치는 소품종 대량생산에 적합하고, 공정별 배치는 다품종 소량생산에 적합하므로 처리 대상 제품 또는 서비스에 따라 요구사항이 다를 경우 제품별 배치보다 공정별 배치가 적합하다.

⑤ 그룹 테크놀러지(GT: group technology)는 부품 혹은 제품들을 비슷한 특성을 갖는 것끼리 유사군(family)을 형성하여 그것들을 생산할 수 있는 기계들을 그룹화하는 것이다. 유사군은 크기, 모양, 제조공정, 혹은 수요에 따라 형성할 수 있다. 목표는 비슷한 공정을 요구하는 제품의 집단을 형성하여 기계의 가동준비(setup)를 최소화하는 것이다. 부품들이 하나의 유사군으로 분류되면, 다음 단계는 이것들을 제조하는데 필요한 기계들을 분류하여 독립된 셀로 형성하는 것이다. 따라서 셀룰러 배치(cellular layout)의 경우 그룹 테크놀러지(group technology)를 활용하여 제품별 배치의 이점과 공정별 배치의 이점을 동시에 얻을 수 있다.

2255 ②

a. 공정별 배치(process layout)는 다품종을 소량생산할 때 적절한 배치로 제품마다 처리요구 사항이 다를 때 적합하다. 대상 제품이나 서비스가 다양하면 대상에 따라서 장비를 바꾼다든지 작동 조건을 재설정해야 하므로 처리 대상이 계속적으로 흐르지 않고 끊기는데 이렇게 흐름이 끊겼다가 이어지곤 한다고 해서 단속적 처리(intermittent processing)라고 한다. 따라서 다양한 제품을 다루는 공정별 배치는 제품별 배치에 비해 자재와 부품의 이동이 복잡하기 때문에 이동시간과 대기시간 관리가 중요하다.

b. 맞는 보기. 집단가공법 혹은 그룹 테크놀러지(GT :group technology)는 부품 혹은 제품들을 비슷한 특성을 갖는 것끼리 유사군(family)을 형성하여 그것들을 생산할 수 있는 기계들을 그룹화하는 것이다. GT의 목표는 비슷한 공정을 요구하는 제품의 집단을 형성하여 기계의 가동준비(setup)를 최소화하는 것이다. 부품들이 하나의 유사군으로 분류되면, 다음 단계는 이것들을 제조하는데 필요한 기계들을 분류하여 독립된 셀로 형성하는 것이다. 각 셀의 기계들은 생산 부품의 교체 시 약간의 조정으로 생산전환이 가능하다. GT의 장점은 생산준비시간 단축과 부품이동의 최소화로 자재의 흐름이 빨라지고 생산성이 증가하며, 작업자의 숙련도가 빠르게 향상된다는 점과 품질이 향상되고 원가가 절감되며 관리가 수월해진다는 장점이 있다. 반면 기계설비가 중복투자될 수 있고 부품분류에 따른 작업량이 증가할 수 있다는 단점이 있다.

c. 플로우샵(flow shop) 공정은 소수의 표준화된 제품을 대량으로 생산하는데 적합한 공정을 말하며, 잡샵(job shop) 공정에 비해 '규모'의 경제(economies of scale) 효과를 통해 원가 절감을 하기에 더 유리하다.

d. 맞는 보기. 직선 라인배치는 일직선 라인으로 생산하므로 라인균형을 맞추기 어렵다. 이에 비해 U자나 S자형 라인배치는 서로의 작업을 도와줄 수 있도록 다기능 작업자

를 배치하여 충원 없이도 생산성 향상이 가능하다. 따라서 직선 라인배치에 비해 U자나 S자형 라인배치는 인력의 탄력적 운용에 더 유리하며 문제 발생 시 작업자 간의 협업이 더 용이하다. <아래 참조>

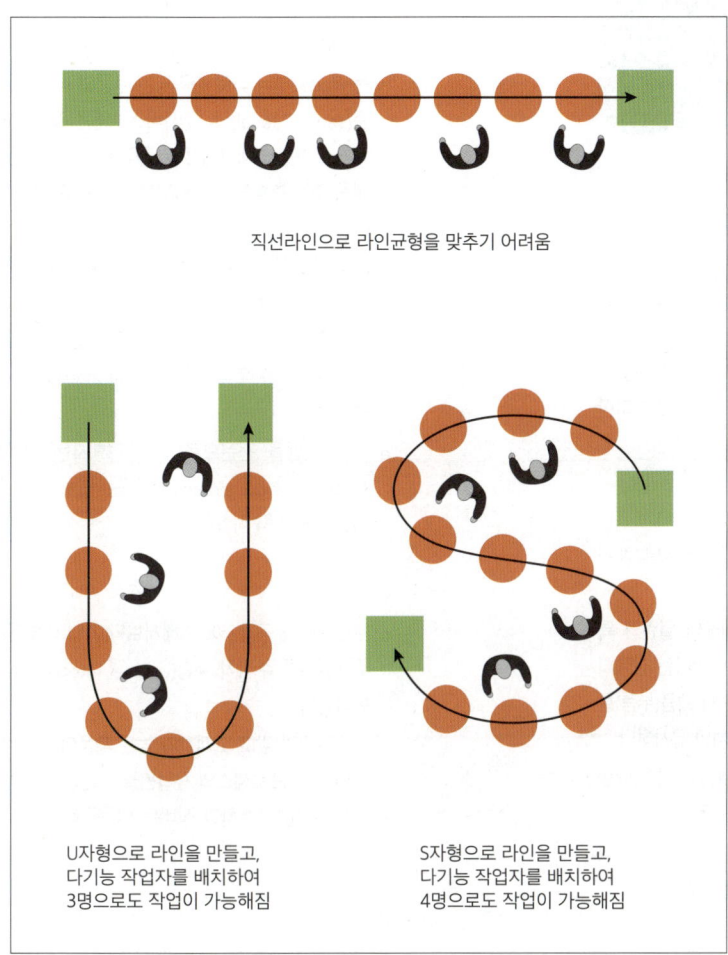

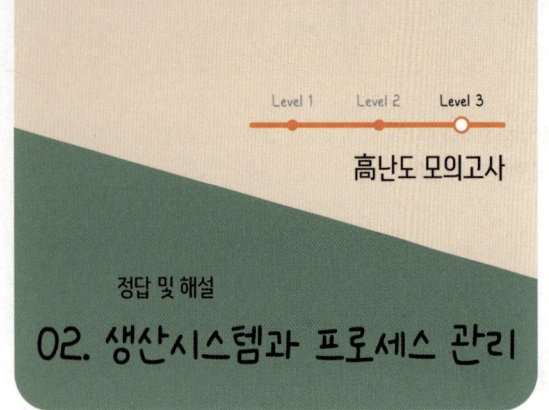

정답 및 해설
02. 생산시스템과 프로세스 관리

2256 ⑤

고객으로부터 주문을 받고 나서 제품이나 서비스의 인도에 걸리는 시간 즉 리드타임(lead time)을 단축하는 것은 빠른 인도시간(fast delivery time)을 의미한다. 적시인도(on-time delivery)란 약속된 납품시간을 엄수하는 것을 의미한다.

2257 ②

① 한가지 제품을 소량 생산하는 경우에는 공정별 배치(process layout)가 적합하다.
③ 셀룰러 배치(cellular layout)는 제조 셀들이 일련의 특정한 가공작업들만 수행하도록 설계되어 있다는 점에서는 공정별 배치와 유사하고, 제한된 범위의 제품(부품)들의 생산에 전용이라는 점에서 제품별 배치와 유사하다.
④ 공정별 배치는 각 제품이 고유의 생산 흐름을 갖기 때문에 원자재를 다루는데 다양한 경로가 요구된다.
⑤ 공정별 배치가 제품별 배치보다 더 고객화(customization)된 제품을 생산하는데 용이하다.

2258 ①

① SERVPERF, SERVQUAL 등은 서비스 품질 향상을 위해 사용되는 설문지를 의미하므로, 서비스 생산성 향상과는 직접적 관련이 없다.
⑤ 내부마케팅(internal marketing)은 서비스 기업이 고객 접촉점에 있는 종업원과 지원서비스 종사자들이 고객만족을 제공하기 위해 하나의 팀으로 일하도록 유도하고 동기를 부여하는 노력을 말한다. 서비스 기업의 마케팅 관리자는 모든 조직구성원이 고객 중심적이 되도록 해야 한다.

2259 ④

④ 연속 프로세스(continuous flow process)는 표준화된 연속적 산출물을 대량으로 생산할 때 사용한다.(산출물이 연속적이라는 말은 액체나 분말 등과 같이 개별적으로 일정한 형태가 없거나 형태가 있다고 하더라도 사실상 분말 취급을 받음을 의미한다) 이런 프로세스에서 생산되는 산출물은 다양성이 거의 없기 때문에 장비의 유연성도 별로 요구되지 않는다. 연속 프로세스에서 생산되는 제품은 석유제품, 철강, 설탕, 밀가루 등이며, 서비스로는 전력공급, 인터넷 등이 있다. 자동세차장은 라인 프로세스(assembly line process)에 해당하는 서비스이다.

2260 ②

a. 재고생산(make-to-stock)은 가용 재고로부터 주문을 충족시키기 때문에 주문생산(make-to-order)에 비해 고객에게 더 낮은 원가로 더 빠른 서비스를 제공한다. 그러한 주문생산은 고객의 주문에 따라 고객화된 제품을 제공하기 때문에 유연성은 더 높다. 재고생산의 주요 성과 척도는 재고로부터 바로 충족되는 주문의 비율, 즉 서비스 수준(service level)이다. 서비스수준은 보통 90~99%를 목표로 한다. 재고생산의 목적은 서비스수준을 최소의 비용으로 충족시키는데 있다. 반면 주문생산(make-to-order)의 중요성과 척도는 제품의 설계, 생산 및 인도에 소요되는 시간, 즉 리드타임(lead time)이다. 주문생산의 목적은 리드타임을 최소화하는 것이다.
c. 프로세스가 공급자에 의해서보다 기업 내부에서 더 많이 수행될수록 수직적 통합(vertical integration)의 정도는 높아진다.
e. 단체 여행을 전문으로 하는 여행사는 개별작업 프로세스(job shop process)보다는 뱃치 프로세스(batch process)가 더 적합하다.

2261 ②

c. 프로세스가 공급자에 의해서보다 기업 내부에서 더 많이 수행될수록 수직적 통합(vertical integration)의 정도는 높아진다.
e. 수명주기가 짧고 고객화가 높은 제품이나 서비스를 다루어야 하는 프로세스의 종업원들은 넓은 범위의 업무를 수행할 수 있어야 하고 장비는 범용장비가 사용되어야 한다.

2262 ①

① 총괄생산계획(aggregate production planning)은 중기계획으로 보통 향후 1년간 수요 변동에 어떻게 대처할 것인지에 대한 계획을 수립한다. 반면 프로세스 선택에 관한 의사결정은 1년 이상의 준비가 필요한 장기계획에 해당한다. 따라서 생산 프로세스의 선택은 총괄생산계획과는 무관하다.

2263 ②

② 작업장 배치가 단순히 제품의 공정순서에 따르는 것은 제품별 배치(product layout)이다. 제품별 배치에서 작업장 배치는 매우 단순하다. 왜냐하면 작업들이 이미 결정된 순서에 따라 이루어지기 때문이다. 작업장은 단순히 제품의 공정순서를 따라가면서 배치되면 그만이다. 반면 공정별 배치는 소품종을 대량생산하는 배치가 아니라 다품종을 소량생산하므로 제품마다 모두 작업의 순서가 다를 수 있기 때문에 작업장의 배치가 단순하지 않다.

2264 ③

③ 대부분의 장치산업은 자본집약도(capital intensity)가 높기 때문에 장비에 대한 투자비를 회수하기 위해 가동률을 매우 높게 설정하는 것이 일반적이다.

2265 ①

② 생산능력 전략 가운데 확장주의 전략(expansionist strategy)은 새로운 수요에 앞서 생산능력을 확장하기 때문에 불충분한 생산능력으로 인한 판매손실의 기회를 최소화한다.

③ 공정별 배치(process layout)에 비해 제품별 배치(product layout)는 생산계획 및 통제가 비교적 단순하다.

④ 위치고정형 배치(fixed position layout)는 제품이 고정되고 작업자와 장비가 이동하며 작업하는 배치형태이다.

⑤ 1인 복수기계작업(OWMM: one-worker, multiple-machines)은 라인흐름을 갖도록 한 사람의 작업자가 서로 다른 종류의 기계 여러 대를 동시에 다루는 방법이다.

2266 ④

① 서비스업은 투입물에 물리적 변환을 가하지는 않지만 '서비스'라는 무형의 산출물을 생산하므로 서비스 생산을 위한 시스템이 존재한다.

② 개별작업(job) → 배치(batch) → 라인(line) → 연속(continuous flow) 프로세스 순으로 갈수록 고객화(customization) 정도가 감소한다.

③ 개별작업(job) → 배치(batch) → 라인(line) → 연속(continuous flow) 프로세스 순으로 갈수록 품목 당 생산량은 증가한다.

⑤ 제품별 배치(process layout)는 자재가 직선라인 흐름을 통해 이동하므로 작업장 간 거리가 최소화되며, 생산계획 및 통제가 비교적 단순하다.

2267 ③

③ 뱃치 프로세스(batch process)의 산출량은 개별작업 프로세스와 라인 프로세스의 중간 수준이다.

2268 ③

① 제조전략에는 재고생산전략(make-to-stock), 주문조립제조전략(assemble-to-order), 주문생산전략(make-to-order) 등이 있는데, 주문생산전략은 고객의 사양에 맞춰 소량으로 제품을 생산하는 경우에 적합한 전략이다. 따라서 경쟁우선순위(competitive priorities)가 최고품질(top quality)나 고객화(customization)일 때는 선택하는 것이 바람직하다. 반면에 즉각적인 납품이 가능하도록 재고를 보유하는 재고생산전략(make-to-stock)은 일관된 품질, 저원가 생산, 적시인도 등의 대체로 공헌마진이 낮은 제품의 경우에 적절하다.

② 개별작업 프로세스(job process)는 다양한 제품을 소량으로 생산하는 경우에 제품마다 각각 다른 공정의 흐름이 요구되는 경우에 활용되는 프로세스이며, 뱃치 프로세스(batch process)는 라인 프로세스와 개별작업 프로세스의 사이에 위치하며, 표준화되어 있는 특정 제품을 한동안 생산한 뒤 다른 제품을 같은 생산라인에서 생산하는 식으로 이와 같은 제품의 생산순서는 정기적으로 반복된다. 이 때문에 뱃치 프로세스는 개별작업 프로세스에 비해, 산출량은 더 많지만, 생산되는 제품의 범위는 더 좁다.

③ 제품별 배치(product layout)는 대량의 제품이나 고객을 시설 내부에서 신속하고 원활하게 처리하고자 할 때 사용되며, 보통 설비는 특정 라인에 일직선으로 배열되는 것이 일반적이다. 또한 프로세스가 반복적이므로 일정 시간 간격으로 신제품이 산출되기 때문에 생산계획 및 통제가 비교적 용이하다.

④ 개별작업 프로세스나 배치 프로세스 같은 단속적 공정(intermittent process)에는 공정별 배치(process layout)가 적합하고, 라인 프로세스나 연속 프로세스 같은 연속적 공정(continuous process)에는 제품별 배치(product layout)가 적절하다.

⑤ 연속 프로세스(continuous flow process)는 자본집약도가 매우 높기 때문에 가동률을 높이면서 경비가 많이 드는 정지 및 재시동에 따른 고비용을 회피하기 위해 24시간 쉬지 않고 가동되는 것이 보통이다. 연속프로세스는 보통 화학, 정유, 제지, 음료 등과 같은 장치산업에서 주로 사용된다.

2269 ④

① 그룹테크놀러지셀은 생산해야 할 품목을 형상, 치수, 가공공정 등의 유사성에 근거하여 몇 개의 그룹으로 나누고 각 그룹별로 필요한 기계설비를 배치함으로써 생산준비시간, 작업장 간의 운반거리, 대기시간 등을 줄여 개별생산시스템 하에서 생산성을 높이고자 하는 기법이다.

② 공정별 배치(process layout)는 같은 기능을 수행하는 기계설비가 한 작업장에 모여 있는 설비배치 형태를 의미한다. 이러한 형태는 제품의 종류가 다양하고 1회 생산량이 작은 다품종 소량생산 시스템에 적합하며, 일반적으로 범용기계설비의 배치에 이용된다. 또한 이 형태의 배치는 공장기계를 제작하는 공장에서 흔히 볼 수 있으며 병원, 은행, 자동차 수리공장 등의 서비스 기업에서도 많이 채택하는 배치의 형태이다.

③ 제품별 배치(product layout)는 석유화학, 제지공장 등과 같은 연속 프로세스(continuous flow process)나 자동차, 전자제품 등의 라인 프로세스에 주로 이용되는 형태로, 일반적으로 생산라인이라 불리는 제조시스템에서 볼 수 있는 설비배치 형태이다. 제품별 배치는 특정 품목을 생산하는데 필요한 기계설비가 작업순서순으로 배치되어 있어 표준화된 제품을 반복생산하는 경우에 주로 이용된다.

④ 개별작업 프로세스(job process)에는 제품별 배치를 도입할 수 없고, 마찬가지로 라인프로세스에도 공정별 배치를 도입할 수 없다. 즉 생산하고자 하는 품목수가 적고, 각 작업장 간의 재공품 이동이 용이하며, 또한 필요생산량이 상대적으로 큰 경우에는 제품별 배치가 적절할 것이며, 이와 반대로 다양한 품목을 소량 생산하고자 하는 경우에는 공정별 배치가 적합할 것이다.

⑤ 종합병원, 은행, 대학, 자동차 수리공장 등에서는 유사한 업무나 기능을 담당하는 서비스 제공자가 서로 가까이 모여 있는 설비배치 즉 공정별 배치가 주로 사용된다. 소비자 본인이 원하는 서비스에 따라 여러 부서를 거쳐가면서 서비스를 공급받는다. 대개의 서비스 시설은 공정별 배치로 구축되어 있다. 예외적으로 표준화된 서비스를 제공하는 서비스 조직은 공정별 배치보다는 제품별 배치를 선호한다.

2270 ②

세 가지 기본적인 배치 유형은 제품별 배치(product layout), 공정별 배치(process layout), 위치고정형 배치(fixed-position layout)이다.

제품별 배치(product layout)는 대량의 제품이나 고객을 시설 내부에서 신속하고 원활하게 흐르도록 하고자 할 때 사용된다. 이런 흐름은 제품이나 서비스가 매우 표준화되어 있어서 프로세스를 반복적으로 사용하기 때문에 가능하다. 제품별 배치에서는 설비와 부서가 특정한 제품라인에 사용되고, 지나왔던 공정으로 되돌아가는 경우를 회피하기 위해 사용되므로, 자재 이동의 직선라인 흐름이 가능해진다. 주어진 제품과 파트의 배치(batch) 사이즈가 독립된 생산라인을 유지할 수 있을 정도로 클 경우에 주로 사용된다.

a. 다양한 제품의 생산에 적합하다.(공정별 배치): 공정별 배치는 대상 제품이나 서비스마다 처리 요구 사항이 다를 때 적합하다.

b. 생산계획과 통제가 비교적 단순하다.(제품별 배치): 제품별 배치는 제품이 표준화되어 있거나 자재 이동이 직선흐름이므로 생산계획이 비교적 단순하다.

c. 놀이공원에 적합한 설비배치이다.(공정별 배치): 놀이공원은 '즐거움'을 생산하는데, 고객이 자신이 타고 싶은 놀이기구만 골라서 탈 수 있도록 공정별 배치를 채택하는 것이 적합하다.

d. 제품을 고정시키고 작업자와 장비가 이동하며 작업한다.(위치고정형 배치): 위치고정형 배치는 생산되는 제품이 매우 커서 제품을 고정시키고 작업자와 장비가 필요에 따라 이동하며 작업하는 배치형태이며, 대형 건설프로젝트, 조선, 대형 항공기와 우주 로켓 등 제작에 채택된다.

e. 비내구재의 신제품개발 단계에서 '시험마케팅' 단계에 적합하다.(공정별 배치): 시험마케팅 단계에서는 소량을 만들어 시장에서 테스트해야 하므로 대량생산에 적합한 제품별 배치는 적절하지 않다.

2271 ⑤

① 개별작업 프로세는 공정별 배치(process layout)를 이용하여 고객의 주문에 따라 제품을 만든다. 즉 고객의 주문에 의해서만 소규모의 배치나 로트로 생산한다. 뱃치 프로세스(batch process)와 마찬가지로 개별작업 프로세스도 범용 기계장비를 사용하며 제품의 흐름은 복잡하다. 개별작업 프로세스는 제품 믹스와 생산수량의 변경에 유연성은 높지만, 제품의 생산수량이 적도 표준화도 낮기 때문에 일반적으로 원가는 높다.

② 동일한 산업에 속한 모든 기업들이 제품-공정행렬(product-process layout)에서 같은 위치에 있지는 않다. 기업에 따라 높은 유연성과 최상의 품질의 제품을 강조하기 위해 행렬의 왼쪽 상단 쪽에 위치하는 기업도 있고, 대각선을 따라 아래로 이동하여 낮은 원가의 표준화된 제품을 강조하는 기업도 있다. 따라서 기업의 제품-공정 전략은 그 기업의 차별적 능력이나 경쟁수단에 따라 선택되어야 한다.

③ 전통적인 대량생산은 선택사양이 거의 없는 표준화된 제품을 대량으로 생산함으로써 원가를 낮추는 규모의 경제에 기반을 두고 있다. 반면 대량고객화는 하나의 공정으로부터 다양한 제품을 효율적으로 생산할 수 있는 능력인 범위의 경제에 기반을 두고 있다. 고객화란 고객별로 다른 제품을 만들어주는 것을 의미하기 때문에 일반적으로 고객화된 제품의 생산원가는 높다. 그러나 대량고객화는 대량생산과 거의 같은 원가로 고객화된 제품을 제공하는 것이다.

④ 고객접촉도(degree of customer contact)란 서비스 생산시간 중 고객이 서비스시스템 내에 머무는 시간의 비율을 말한다. 일반적으로 고객접촉도가 높을수록 서비스시스템과 고객 간의 상호작용은 더 커지며, 이에 따라 불확실성도 커지게 된다. 불확실성은 서비스공정의 변동성을 가져오며, 변동성은 생산능력계획을 어렵게 하고 대기라인을 초래하여 효율성을 떨어뜨린다. 따라서 고객접촉도가 높을수록 비효율성은 커지며, 매우 효율적인 시스템은 고객의 주문이 고객과 떨어져서 처리될 수 있는 고객접촉이 없는 시스템이다. 높은 접촉시스템의 예로는 치과와 미용실을 들 수 있다. 이 경우 고객은 서비스 공급자에게 고객화된 서비스를 요구하고, 그 결과 서비스의 처리시간이 더 길어지게 된다.

⑤ 재고생산전략(make-to-stock)에서 가장 중요한 성과척도는 재고로부터 바로 충족되는 주문의 비율 즉, 서비스 수준(service level)이다. 서비스 수준은 보통 90~99%를 목표로 한다. 재고생산전략의 목적은 서비스수준을 최소의 비용으로 충족시키는데 있다. 반면 주문생산전략(make-to-order)에서 가장 중요한 성과척도는 제품의 설계, 생산 및 인도에 소요되는 시간 즉, 리드타임(lead time)이다. 주문생산전략의 또 다른 성과 척도는 정시납품비율이다. 정시납품비율이란 고객이 요청한 납기나 고객에게 약속한 납기를 지킨 비율을 의미한다.

2272 ②

① 백화점의 경우가 대표적이며, 이때는 공정별 배치가 적합하다. 예를 들면 백화점에서는 층별로 구역별로 비슷한 품목의 매장을 모아서 배치함으로써 고객이 편리하게 상품을 구입할 수 있도록 한다. 따라서 백화점의 경우에는 판매기회를 최대화하기 위해 고객을 목표시간 동안 백화점 내에 붙잡아 둘 수 있도록 설비배치를 하는 것이 좋다.

② 제품별 배치(product layout)에서는 조립라인의 균형 문제 즉 라인밸런싱이 가장 중요하지만 공정별 배치(process layout)에서는 어느 위치에 어떤 기계를 배치

해야 하는지가 중요하다. 공정별 배치를 위한 기법으로는 작업장 간의 물량 이동과 관련된 총비용이 최소가 되도록 각 부서의 배치를 결정하는 물량-거리모형과 작업장 간의 관계의 긴밀도에 의한 체계적 배치계획(SLP: systematic layout planning)이 있다.

③ 위치고정형 배치(fixed-position layout) 또는 프로젝트 배치(project layout)는 제품의 크기, 무게 및 기타 특성 때문에 제품 이동이 곤란한 경우에 생기는 배치형태이다. 위치고정형 배치에서는 제품은 한 장소에 고정되어 있고, 장비, 작업자 및 자재가 제품이 있는 장소로 이동해 와서 작업을 수행한다. 따라서 위치고정형 배치는 프로젝트공정에 적합한 설비배치 형태라고 할 수 있다. 위치고정형 배치는 조선, 비행기 제작 등 대형 제품의 생산이나 각종 건설공사에서 볼 수 있다.

④ 제품별 배치(product layout)는 대량의 제품이나 고객을 시설 내부에서 신속하고 원활하게 흐르도록 하고자 할 때 사용된다. 이런 흐름은 제품이나 서비스가 매우 표준화되어 있어서 고도로 표준화된 프로세스를 반복적으로 사용하기 때문에 가능하다. 제품별 배치에서는 설비와 부서가 특정한 제품라인에 사용되고, 중복장비가 지나왔던 공정으로 되돌아가는 경우를 회피하기 위해 사용되므로, 자재 이동의 직선라인 흐름이 가능해진다. 주어진 제품과 파트의 배치(batch) 사이즈가 독립된 생산라인을 유지할 수 있을 정도로 클 경우에 주로 사용되어 진다. 산출률이 많은 덕분에 단위당 원가가 낮지만, 물량의 변화나 제품의 설계 변경에 유연하게 반응할 수 없으며, 프로세스가 상호의존적이므로 고장이나 무단결근에 매우 취약하다는 단점이 있다.

⑤ 그룹 테크놀로지(GT: group technology)를 이용하여 부품들을 공통의 가공 순서를 가진 부품군(part family)으로 그룹화한다. 이때 제조셀이 탄생하게 되는데, 제조 셀(manufacturing cell)이란 비슷한 모양과 가공 요건을 가진 제품(부품)들의 생산에 필요한 서로 다른 기계들을 가공 진행 순서에 따라 모아놓은 것을 말한다. 제조 셀은 상호 연결되지 않은 다수의 기계로 구성되거나 또는 다수의 기계가 컨베이어나 기타 자재이동장치에 의해 상호 연결된 라인 형태를 취할 수도 있다. 그리고 각 제조 셀에서는 한 명 또는 소수의 작업자가 소규모 작업팀을 이루어 생산의 전 과정을 담당한다. 이러한 제조 셀을 이용한 제조를 셀룰러 제조(cellular manufacturing)라고 하고, 제조 셀에 의한 설비배치를 셀룰러 배치(cellular layout)라고 한다. 셀룰러 배치는 제조 셀들이 일련의 특정한 가공작업들만 수행하도록 설계되어 있다는 점에서는 공정별 배치와 유사하고, 제한된 범위의 제품(부품)들의 생산에 전용이라는 점에서는 제품별 배치와 비슷하다. 셀룰러 배치에서는 기계간 자재의 이동거리와 대기시간이 짧기 때문에 생산소요시간이 단축되고 재공품 재고가 줄어든다. 따라서 셀룰러 배치는 다양한 품목을 중·소량으로 생산하는 뱃치(batch) 및 개별작업(job) 프로세스에 제품별 배치의 이점을 제공한다. 셀룰러 배치는 오늘날 금속 제작, 컴퓨터 칩 제조, 조립작업 등에 널리 사용되고 있다.

2273 ③

① 재고생산공정(make-to-stock)은 생산자가 정한 제품규격과 생산수량에 따라 생산이 이루어진다. 재고생산공정은 생산자가 규정한 생산라인을 가지고 있다. 생산자는 어떤 만족스러운 서비스수준(재고부족이 없이 수요를 충족시키는 수준)에서 고객에게 표준화된 제품을 재고로부터 제공한다. 서비스수준을 충족시키기 위해서는 생산자는 수요가 발생하기 전에 제품에 재고를 비축해야 한다. 따라서 재고생산공정에 있어서는 수요예측, 생산계획 및 재고관리가 매우 중요하다. 재고생산공정의 주요 성과 척도는 재고로부터 바로 충족되는 주문비율인 서비스수준(service level)이며 이를 최소의 비용으로 충족시키는 것이 목표이다.

② 주문생산공정(make-to-order)에서는 생산 중에 개별 주문들이 확인될 수 있다. 각 주문은 고객이 요구하는 명세에 따라 만들어지기 때문에 생산공정에서의 각 작업은 특정 고객과 관련되어 있다. 주문생산공정의 주요 성과 척도는 제품의 설계, 생산 및 인도에 소요되는 시간인 리드 타임(lead time)과 고객이 요청한 납기나 약속한 납기를 지킨 정시납품비율이다.

③ 제조 셀(manufacturing cell)이란 비슷한 모양과 가공 요건을 가진 제품(부품)들의 생산에 필요한 서로 다른 기계들을 가공 진행 순서에 따라 모아놓은 것을 말한다. 제조 셀은 상호 연결되어 있지 않은 다수의 기계로 구성되거나 또는 다수의 기계가 컨베이어나 기타 자재이동장치에 의해 상호 연결된 흐름라인 형태를 취할 수도 있다. 그리고 각 제조 셀에서는 한 명 또는 소수의 작업자가 소규모 작업팀을 이루어 생산에 전 과정을 담당한다. 이러한 제조 셀을 이용한 제조를 셀룰러 제조(cellular manufacturing)라고 하고, 제조 셀에 의한 설비배치를 셀룰러 배치(cellular layout)라고 한다. 셀룰러 배치(cellular layout)는 제조 셀들이 일련의 특정한 가공작업들만 수행하도록 설계되어 있다는 점에서 공정별 배치와 유사하고, 제한된 범위의 제품(부품)들의 생산에 전용이라는 점에서 제품별 배치와 비슷하다.

④ 서비스공정의 설계는 고객접촉(customer contact)의 정도와 밀접히 관련되어 있다. 고객접촉의 정도인 고객접촉도란 서비스의 생산시간 중 고객이 서비스시스템 내에 머무르는 시간의 비율을 말한다. 일반적으로 고객접촉도가 높을수록 서비스시스템과 고객 간의 상호작용은 더 커지며 이에 따라 불확실성도 커지게 된다. 불확실성은 서비스공정이 변동성을 가져오며, 변동성은 생산능력계획을 어렵게 하고 대기라인을 초래하여 효율성을 떨어뜨린다. 따라서 일반적으로 고객접촉 정도가 높을수록 서비스 생산의 비효율성은 커지며, 매우 효율적인 서비스 시스템은 고객의 주문이 고객과 떨어져서 처리될 수 있는 고객접촉이 없는 시스템이다.

⑤ 프로젝트 배치(project layout) 혹은 위치고정형 배치(fixed-position layout)는 제품이 크기, 무게 및 기타 특성 때문에 제품이동이 곤란한 경우에 생기는 배치 형태이다. 프로젝트 배치에서는 제품은 한 장소에 고정되어 있

고, 장비 및 작업자 및 자재가 제품이 있는 장소로 이동해 와서 작업을 수행한다. 프로젝트 배치(project layout)의 장점은 다음과 같다. 제품이동이 없으므로 제품에 손상이 가지 않고, 이동비용도 발생하지 않는다. 또한 제품이 한 작업장에서 다른 작업장으로 이동하지 않기 때문에 할당된 노동인력의 계속성이 보장되어 새로운 작업을 시작할 때마다 인력을 재계획하고 교육시킬 필요가 없다.

2274 ④

① 주문생산공정(make-to-order)에서 각 주문은 고객이 요구하는 명세에 따라 만들어지기 때문에 주문생산공정에서 각 작업은 특정 고객과 관련되어 있다. 반면 재고생산공정(make-to-stock)은 생산자가 정한 제품규격과 생산수량에 따라 생산이 이루어지기 때문에 생산공정에서의 각 작업은 특정 고객과 관계가 없다.

② 주문생산공정(make-to-order)의 주요 성과 척도는 제품의 설계, 생산 및 인도에 소요되는 시간, 즉 리드타임(lead time)이다. 이에 따라 납품의 리드타임 및 생산능력의 관리 등을 중점으로 관리해야 한다. 반면 재고생산공정(make-to-stock)의 주요 성과 척도는 재고로부터 바로 충족되는 비율, 즉 서비스 수준(service level)이다. 이에 따라 재고보충시간, 재고회전율, 가동률, 추후납품에 걸리는 시간 등을 중점적으로 관리해야 한다.

③ 수량이 많지 않은 다양한 종류의 제품을 생산할 때는 배치 프로세스(batch process)가 적절하며, 이 경우에 적절한 설비배치는 공정별 배치(process layout)이다.

④ 프로젝트 생산은 유일하거나 독창적인 제품에 사용된다. 프로젝트의 예는 빌딩, 도로, 교량, 댐 등의 건설, 대형 항공기 제작, 대형 선박의 건조, 영화나 콘서트 등이다. 프로젝트 공정에서는 장비, 작업자 및 자재가 프로젝트의 위치로 이동해 올 뿐, 프로젝트 그 자체는 고정되어 있기 때문에 제품의 흐름이 없다.

⑤ 대량고객화(mass customization)란 고객별로 다른 제품이나 서비스를 만들어주는 것을 의미한다. 전통적인 대량생산은 선택사양이 거의 없는 표준화된 제품을 대량으로 생산함으로써 원가를 낮추는 규모의 경제(economies of scale)에 기반하고 있다. 반면 대량고객화는 하나의 공정으로부터 다양한 제품을 효율적으로 생산할 수 있는 능력인 범위의 경제(economies of scope)에 기반하고 있다.

2275 ②

① 공정별 배치(process layout)는 처리 대상 제품이나 서비스가 다양하기 때문에 매번 장비 또는 작업순서를 변경해야 하지만 위치고정형 배치(fixed-position layout)는 작업일정이나 프로세스는 정해져 있고 인력과 자재 등이 장소로 이동해 와서 작업이 이루어지는 경우가 일반적이므로 공정별 배치보다 경로계획과 일정계획이 자주 변경되지 않는다.

② 제품별 배치는 대량의 제품을 신속하고 원활하게 흐르도록 고도로 표준화된 프로세스를 반복적으로 사용할 수 있는 배치가 구성되어야 하므로 유지비용과 전용설비를 구축하는데 비용이 많이 든다.

③ 셀은 소규모 '공정별 배치'가 아니라 소규모 '제품별 배치'가 된다.

④ 작업 대상은 한 자리에 있고, 작업자와 물자 그리고 장비들이 필요에 따라 이동하는 것은 위치고정형 배치(fixed-position layout)이다. 뱃치 프로세스(batch process)는 표준화된 개별작업 프로세스라고 할 수 있는데 표준화되어 있는 특정 제품을 한동안 생산한 뒤 다른 제품을 같은 생산라인에서 생산하는 식으로 이와 같은 제품의 생산순서는 정기적으로 반복된다. 뱃치 프로세스는 산출량, 다양성, 물량 측면에서 개별작업 프로세스와 차이를 보인다. 가장 큰 차이는 동일하거나 유사한 제품이나 부품을 반복적으로 제공하기 때문에 산출량이 많다는 점이다. 둘째는 생산되는 제품의 범위가 좁다. 셋째는 개별작업 프로세스보다는 제품을 큰 단위의 집단(뱃치)으로 처리한다는 차이점이 있다. 한 제품의 뱃치를 처리하고 나서 다른 제품을 처리한다. 언젠가는 이전에 생산한 적이 있는 제품을 처리하는 기회가 다시 온다. 제과점, 아이스크림 제조, 중장비, 전자부품, 특수화학제품에 주로 사용된다.

⑤ 두 가지 이상의 제품을 동시에 생산할 수 있도록 설계된 라인을 혼류모델생산라인(mixed-model production line)이라고 한다. 제품들의 산출량을 변경하는데 아주 유연하다. 헤이준카(Heijunka)는 혼류생산라인에서 생산부하를 평준화하는 방법이다.

2276 ①

① 범용장비의 사용 정도와 더불어 작업자들의 숙련도와 유연성 모두 조립라인 프로세스(assembly line process)보다 뱃치 프로세스(batch process)가 더 높다. 뱃치 프로세스는 한 가지 특정 제품에 특화되지 않은 범용장비(general-purpose equipment)를 이용하며, 범용장비는 유연성을 제공해준다. 또한 작업자들은 다양한 종류의 제품을 만들 수 있어야 하기 때문에 숙련도와 유연성이 높다.

② 재고생산(MTS: make-to-stock) 프로세스는 고객의 주문을 가용 재고로 대응하기 때문에 고객에게 제품을 빠르게 제공할 수 있으며, 주문생산(MTO: make-to-order) 프로세스는 개별주문에 따라 생산이 이루어지며, 주문은 고객이 원하는 사양에 따라 이루어지기 때문에 프로세스 내 각 작업은 특정 고객과 연관된다. 따라서 재고생산(MTS: make-to-stock) 프로세스의 성과는 재고로 주문이 충족되는 비율인 서비스수준(service level)으로 측정할 수 있고 주문생산(MTO: make-to-order) 프로세스의 성과는 제품의 설계, 제조, 배송에 소요되는 시간인 리드타임(leadtime)으로 측정할 수 있다.

③ 공급사슬상에서 고객의 제품과 특정 고객주문이 연결되는 시점을 주문침투시점(order penetration point)이라고 하는데, 이 주문침투시점은 재고생산(MTS)에서는 가

용 재고를 이용하여 고객 주문에 대응하므로 고객주문은 최종 조립이 끝난 후에 침투하며, 주문생산(MTO)에서는 고객별 주문에 따라 생산이 이루어지므로 제품가공 이전 혹은 공급업체로부터 자재를 주문하기 전에 고객주문이 침투한다. 따라서 공급사슬상에서 고객의 제품과 특정 고객주문이 연결되는 시점은 재고생산(MTS)보다 주문생산(MTO)이 더 빠르다.

④ GT(group technology)는 유사한 부품들을 '군(family)'으로 묶고 여기에 속한 부품들을 생산하는 공정들을 특화된 작업셀에 배치하는 방식이다. GT에서는 하나의 부품이 한 공정에서 다른 공정으로 이동하면서 작업이 이루어지는 것이 아니라 해당 부품의 작업에 필요한 모든 기계들을 그룹으로 묶어 셀에 배치하여 한 곳에서 모든 작업이 이루어진다. 따라서 GT를 사용하면 작업과 작업 간의 불필요한 이동과 대기시간을 제거할 수 있고 부품이 한 작업장에서 다음 작업장으로 순조롭게 흐를 수 있도록 작업장이 재정의되므로 각 기계 옆에 있는 대부분의 재고가 제거된다. 또한 GT셀에 배치된 작업자들은 여러 기술을 습득할 수 있고, 기술수준이 향상되므로 고용 안정성을 높일 수 있다.

⑤ 제품-공정 행렬(product-process matrix)에서 제품의 수량과 표준화 정도가 증가할수록 제품-공정 행렬 상의 좌측(낮은 수량, 낮은 표준)에서 우측(높은 수량, 높은 표준) 방향으로 이동하게 된다.

2277 ②

① 셀배치는 작업장들을 셀이라는 하나의 집단으로 묶어 구성하는 설비배치이다. 비슷한 처리가 필요한 일단의 부품들을 묶어서 하나의 부품군으로 분류하고, 그 부품군에 속하는 부품들을 만들기 위해 필요한 공정들을 수행할 작업장들로 하나의 셀을 구성한다. 이 때문에 셀배치는 소규모의 제품별 배치(product layout)라고 볼 수 있다.

② 셀배치는 공정별 배치(process layout)에 비해 효율성은 높고 재공품 재고는 더 적다.

2278 ②

① 맞는 보기. 공정별 배치는 고객의 다양한 처리 요구를 다룰 수 있기 때문에 유연성이 높고, 제품별 배치는 산출이 높기 때문에 생산의 효율성이 높다.

② 제품의 이동이 없으므로 제품에 손상이 가지 않고 이동비용도 발생하지 않는 것은 위치고정형 배치(fixed position layout)이다. 셀룰러 배치(cellular layout)는 작업장들을 셀이라는 하나의 집단으로 묶어 구성하는 설비배치이다. 비슷한 처리가 필요한 일단의 부품들을 묶어서 하나의 부품군으로 분류하고, 그 부품군에 속하는 부품들을 만들기 위해 필요한 공정들을 수행할 작업장들로 하나의 셀을 구성한다. 이 때문에 셀배치는 소규모의 제품별 배치(product layout)라고 볼 수 있다.

③ 맞는 보기

④ 맞는 보기. 제품별 배치는 항상 일정한 라인을 거쳐서 생산이 이루어지며, 시간당 산출률도 일정하므로 생산계획 및 통제가 공정별 배치보다 쉽다.

⑤ 맞는 보기. 제품별 배치는 순서대로 일정한 라인을 따라 작업이 이루어지므로 중간에 하나의 장비라도 고장나면 바로 생산에 차질을 빚게 되지만 공정별 배치는 작업의 상호의존성이 낮기 때문에 장비의 고장에 더 취약하지 않다.

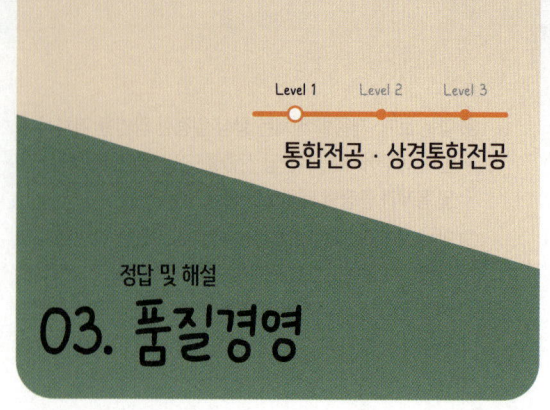

03. 품질경영

2279 ④

④ 품질관리와 작업자의 임금은 직접적인 관련이 없다.

2280 ③

품질비용은 크게 통제비용과 실패비용으로 구분되는데, 이 중 통제비용은 예방비용과 평가비용으로 구분되며, 실패비용은 내부 실패비용과 외부 실패비용으로 구분된다.

2281 ③

수입(收入)검사, 공정검사, 완제품검사, 품질연구실 운영 등에 소요되는 품질비용은 평가비용의 범주에 해당한다.

2282 ⑤

⑤ 재작업, 폐기, 등급저하 등과 관련된 비용은 내부 실패비용(internal failure cost)이다. 내부 실패비용은 생산공정 및 제품이 고객에게 인도되기 전에 품질수준을 충족시키지 못하여 발생하는 비용이다. 참고로 외부 실패비용(external failure cost)은 제품이 고객에게 인도된 후에 품질 불만족으로 야기되는 비용을 말한다. 애프터서비스 비용, 클레임, 제품 회수, 제품책임에 따른 제비용이 포함된다.

2283 ③

① 데밍이 제시한 것은 PDAC가 아니라 PDCA(plan-do-check-act) 싸이클이다.
② 통계적 품질관리(SQC) 기법과 싱고 시스템(Shingo System)은 그 철학 면에서는 상당히 다르다.
④ 기대품질과 지각품질의 차이를 분석하는 것은 품질의 집이 아닌 SERVQUAL이다.

2284 ②

② 결함의 원인 규명 및 제거를 위한 활동 수행, 직원의 교육 훈련, 제품이나 시스템 재설계 등에 소요되는 비용은 예방비용(prevention cost)이다.

2285 ②

① 종합품질관리 혹은 전사적 품질경영(TQM: total quality management)은 기존의 전사적 품질관리(TQC)와 통계적 품질관리(SQC)를 포함하는 넓은 개념이다. 여기서 전사적 품질관리(TQC: total quality control)는 소비자가 만족할 수 있는 품질의 제품을 가장 경제적으로 생산할 수 있도록 사내 각 부문의 품질개발, 품질유지 및 품질개선에 대한 노력을 통합·조정하는 효과적인 시스템을 말한다. 또한 통계적 품질관리(SQC: statistical quality control)는 관리도(control chart)와 발췌검사법(acceptance sampling)을 활용하는 품질관리 기법이다.
② 예방원가(예방비용)를 많이 쓰면 쓸수록 품질은 향상되므로 품질향상에 따라 예방원가는 '감소함수'가 아니라 '증가함수'이다.
③ 발췌검사법(acceptance sampling)과 관리도법(control chart)은 대표적 통계적 품질관리(SQC) 기법이다. 발췌검사법 혹은 표본검사법은 원자재나 완제품의 로트로부터 표본을 추출하여 그 검사 결과에 의하여 로트의 합격 또는 불합격을 결정하는 통계적 방법으로 수입품에 대해서는 구매자가, 완제품에 대해서는 공급자가 시행한다. 표본검사법은 품질을 감사(auditing)하는 도구이며, 품질수준의 개선이 목적은 아니다. 관리도는 생산 공정상의 품질특성을 대상으로 시간의 경과에 따른 품질수준을 표본으로 추출·측정하여 공정변동의 가능성이나 유무를 통계적으로 결정하는 방법이다.
④⑤ 품질관리는 제품이나 서비스(용역)가 기업이 정한 표준에 어느 정도 근접하는가를 측정하는 것이다. 이러한 의미에서 품질관리란 설계품질, 제조품질, 시장품질 등 3가지 종류의 품질을 계획하고 통제하는 것이라고 볼 수 있다. 그러므로 품질관리는 제품설계로부터 원자재의 구입, 제조공정은 물론, 판매 후의 서비스까지 보증활동이 이루어져야한다.

2286 ④

④ 외부 실패비용(external failure cost)은 제품이 고객에게 인도된 후에 품질 불만족으로 야기되는 비용을 말한다. 애프터서비스 비용, 클레임, 제품 회수, 제품책임에 따른 제비용이 포함된다.

2287 ③

③ 재작업 비용, 품질보증 비용, 반품 및 클레임 비용, 기업 이미지 훼손 비용 등은 내부 실패비용이 아니라 외부 실패비용이다.

2288 ③

제조물책임(PL : product liability)에서 규정하는 결함은 설계상의 결함, 제조상의 결함, 경고상(혹은 표시상) 결함이다.

2289 ④

제조물 책임법 상의 결함에 해당되는 것은 제조상이 결함, 설계상의 결함, 표시상의 결함이다. 보기 ①은 제조상의 결함을 의미하고, 보기 ②는 설계상의 결함, 보기 ③은 표시상의 결함을 의미한다.

2290 ⑤

⑤ 전사적 품질관리(TQM)는 품질향상에 종업원의 참여를 향상시키기 위해 분업화된 부서조직을 사용하는 것이 아니라 '팀'을 사용한다.

2291 ②

② QC는 제조업 중심이고 TQC(TQM)는 제조업에서 서비스업까지 거의 모든 업종에 적용된다.

2292 1991①

② TQM은 서비스 품질관리기법이라기보다 경영 전략이다.
③ TQM은 과정지향적인 경영방식이다.
④ TQM은 단기적 품질혁신 프로그램은 아니다.

2293 ③

③ 전사적 품질경영(TQM: total quality management)의 목표는 단순히 불량률 감소, 원가절감, 품질의 균일화 등이 아니라 고객만족(customer satisfaction)에 있다. 고객만족을 높이기 위해 품질의 지속적 개선(continuous improvement)과 전 종업원 참여를 추구한다.

2294 ②

① 생산라인 직원만 참여하는 것이 아니라 회사의 모든 직원이 품질향상을 위해 참여한다.
③ 전사적 품질경영은 종업원들에게 권한의 부여는 동기부여 및 조직몰입을 높이게 되어 지속적 개선의 기반이 된다.
④ TQM은 기업의 문화를 변화시키고, 조직을 지속적으로 변화시키는 개념으로 TQM이 성공하기 위해서는 가치관과 조직의 문화가 변화되어야 한다. 새로운 프로세스는 새로운 비즈니스 시스템(조직구조, 관리 스타일, 직무, 인적자원관리 등)을 요구하며 이것에 의한 강한 조직문화를 필요로 하기 때문에 이러한 TQM은 일시적인 프로그램이 아닌 하나의 철학이다.

2295 ⑤

⑤ fishbone diagram에서 사용되는 요인들은 환경, 자재, 장비, 작업자, 작업방법 등이다.

2296 ⑤

① 상위 프로세스 맵에 대한 설명이다.
② 체크시트(check sheet)에 대한 설명이다.
③ 히스토그램(histogram)에 대한 설명이다.
④ 파레토 도표(Pareto diagram)에 대한 설명이다.

2297 ③

① 히스토그램(histogram)은 연속척도로 측정된 자료를 요약하여 품질특성의 분포표를 표시한 차트를 의미한다.
② 파레토 도표(Pareto chart)는 가장 중요한 문제 영역에 주목하기 위한 기법이다. 19세기 이탈리아 경제학자인 파레토의 이름을 붙인 파레토 개념은 상대적으로 작은 요인들이 전체 케이스(불만, 불량, 문제와 같은)의 대부분을 차지한다는 것이다. 즉, 발생빈도를 기준으로 요인들을 가로축을 따라 내림차순으로 표시한 막대그래프를 말한다.
④ 관리도(control chart)는 공정이 안정상태인지 아닌지를 판단하는 도구를 말한다.

2298 ③

③ 인과관계도표(cause and effect diagram)의 일차적 초점은 품질불량문제의 해법이 아니라 품질불량문제의 원인에 있다.

2299 ③

③ 우연변동에 따른 공정의 관리상태를 판단하는 도구는 관리도(control chart)이다. 파레토도(Pareto diagram)는 가장 중요한 문제 영역에 집중하기 위한 기법이다.

2300 ②

① 히스토그램(histogram)에 대한 설명이다.
③ 파레토 도표(Pareto diagram)에 대한 설명이다.
④ 산점도(scatter diagram)에 대한 설명이다.

2301 ⑤

6시그마의 프로젝트 과정은 DMAIC(define, measure, analyze, improve, control)이다.

2302 ⑤

① 식스 시그마 개선모형은 '정의(Define) → 측정(Measure) → 분석(Analyze) → 개선(Improve) → 관리(Control)'의 순서로 이루어진다.
② 식스 시그마는 '정량적' 도구를 위주로 사용한다.
③ 6시그마의 품질 수준은 3.4 DPMO(Defect Per Million Opportunities)로써 이는 결함이 발생할 수 있는 100만 번의 기회 중에 3.4회 정도의 결함이 실제로 발생하는 수준의 품질이다. 즉, 식스 시그마가 추구하는 불량률은 100만 개 중 3.4개에 불과하다는 것이다.
④ 식스 시그마(six sigma)는 프로세스에서 불량과 변동성을 최소화하면서 기업의 성공을 달성하고 유지하며 최대화하려는 종합적이고 유연한 시스템이다. 이는 궁극적으로 고객만족 향상과 수익성 향상을 통해 기업의 경쟁력을 강화하는 강력한 개념이다.

2303 ④

6시그마에서는 DMAIC 개선모형을 사용한다.
DMAIC란 define → measure → analyze → improve → control을 의미한다.

2304 ⑤

통계적 품질관리 기법을 기반으로 하는 품질혁신 기법은 6시그마이다.

2305 ④

식스 시그마 성공적 수행을 위한 개선 모형은 DMAIC(Define, Measure, Analyze, Improve, Control)이다.

2306 ③

생산품의 결함발생률을 백만 개 중 3~4개 수준으로 낮추려는 데서 시작된 경영혁신운동으로 '측정'-'분석'-'개선'-'관리'(MAIC)의 과정을 통하여 문제를 찾아 개선해가는 과정은 식스시그마이다.

2307 ⑤

DMAIC는 6시그마의 문제해결 과정이다.

2308 ②

② 식스시그마가 추구하는 불량률은 100만개 중 3.4개 이하로 하는 것이다.

2309 ④

(가) 새로운 성과 목표를 달성하기 위하여 기존 방법을 변경하거나 재설계한다.(I: improve)
(나) 프로세스를 관찰하여 높은 성과 수준이 유지되는지 확인한다.(C: control)
(다) 고객만족에 핵심적인 프로세스 산출의 특징을 결정하고, 이 특징과 프로세스 능력의 격차를 인지한다.(D: define)
(라) 성과지표에 관련된 자료를 이용하여 프로세스를 분석한다.(A: analyze)
(마) 성과격차에 영향을 미치는 프로세스 업무를 계량화한다.(M: measure)

2310 ④

① 6시그마는 프로세스 능력에 대한 정량적인 달성목표를 가지게 되는데, 3.4 DPMO(Defects per Million Opportunities) 즉 100만 개 중 3.4개의 결함 수준을 의미한다.
② 6시그마 개선모형은 식스시그마 개선 모형은 프로세스 성과 개선으로 가는 5단계이다. 이 단계를 DMAIC(Define, Measure, Analyze, Improve, Control)라 부른다.
③ 6시그마는 톱-다운(top-down) 방식의 활동 체계를 갖추고 있다. 이는 최고경영자의 강한 의지가 임원 및 일반 사원들에게 전파되고, 이들로 하여금 총체적인 개선 활동을 하도록 시스템을 갖춰나가는 것에 있다.
④ 마스터 블랙벨트는 교육 및 지도 전문요원으로 블랙벨트 등과 같은 품질요원의 양성 교육을 담당하며, 블랙벨트를 지도 및 지원한다. 6시그마 추진에 필요한 자원을 할당하고 블랙벨트의 개선 프로젝트 수행을 뒷받침하며, 성과에 따른 보상을 실시하는 것은 사업부 책임자인 챔피언(champion)이다.

2311 ②

② 프로그램의 최고 단계 훈련을 마치고, 프로젝트 팀 지도를 전담하는 직원은 블랙벨트이다. 마스터블랙벨트는 6시그마 최고과정에 이른 사람으로 블랙벨트가 수행하는 프로젝트 관리와 지도를 맡는다.

2312 ⑤

① 정의(Define) - 고객이 품질에 가장 큰 영향을 미칠 것이라고 생각하는 품질 핵심 요인 파악
② 측정(Measure) - 프로세스 측정 및 운영 방법 결정
③ 분석(Analyze) - 프로세스 변동을 야기하는 핵심 변수를 파악함으로써 결함 원인 규명
④ 개선(Improve) - 결함 원인을 제거하기 위한 방법 규명

2313 ①

① 식스시그마 개선 모형은 프로세스 성과 개선으로 가는 5단계인데, 이 단계를 DMAIC(Define, Measure, Analyze, Improve, Control)라 부른다. 이 모형은 점진적인 프로세스 개선에도 적용할 수 있고, 기존 프로세스의 재설계나 신규 프로세스 설계같이 중요한 변화가 필요한 프로젝트에도 적용할 수 있다.

2314 ④

④ QC 서클은 품질, 생산성, 원가 등과 관련된 문제를 해결하기 위해 모이는 작업자 그룹을 말한다.

2315 ③

b. ($\overline{X}$-관리도에서) 샘플 평균값이 관리상한선과 관리하한선 안에 위치하면 공정이 안정상태라고 판단한다. 생산되는 제품의 품질특성이 제품규격에 일치하는지 여부는 '관리도'가 아니라 '프로세스 능력'으로 측정한다.

2316 ③

③ 통계적 품질관리는 샘플링 검사를 활용하므로 불량품을 모두 선별하는 것은 불가능하다.

2317 ③

(라) 6시그마는 프로세스에서 불량과 변동을 최소화하면서 기업이 성공을 달성하고 유지하며 최대화하려는 종합적이고 유연한 시스템이다. 이러한 6시그마가 추구하는 불량률은 100만 개 중 3.4개에 불과하다.

2318 ③

③ 합격으로 판정해야 할 로트를 불합격으로 처리할 가능성을 제1종 오류라고 하고 이를 생산자 위험(producer's risk)이라고도 한다. 소비자 위험(consumer's risk)은 제2종 오류라고도 하며 나쁜 품질의 로트가 표본검사에 의하여 합격될 확률 즉, 공정이 실제로 이상이 있음에도 불구하고 이상이 없다고 결론짓는 것을 말한다.

2319 ④

① p 관리도: 불량률 관리도
② R 관리도: 분산 관리도
③ $\overline{X}$ 관리도: 평균 관리도
④ c 관리도: 결점수 관리도
⑤ $\overline{X}-R$ 관리도: 평균-분산 관리도

2320 ②

① 산점도(scatter diagram)에 대한 설명이다.
④ 파레토 도표(Pareto diagram)에 대한 설명이다.
⑤ 매트릭스도(matrix diagram)에 대한 설명이다.

2321 ②

① 파레토도는 제조현장에서 문제가 되는 품질에 대한 불량·결점·고장 등이 발생하였을 경우, 그러한 현상에 대해 원인별로 데이터를 분류해 불량개수 또는 손실금액 등을 많은 순서로 정리하여 그 크기를 막대그래프로 나타낸 그림을 말하는 것으로 공정에서 불량의 주된 원인을 찾는 중요한 도구로 많이 사용되고 있다.
③ 산포도(scatter diagram)는 어떤 요인과 특정 품질문제 간의 관계를 살펴보는데 사용한다. 즉 산점도에서는 품질문제에 영향을 미친다고 생각되는 요인을 독립변수로 그리고 품질특성치를 종속변수로 놓고 두 변수의 대응값을 점으로 찍어 나간다. 그리고 이 점들의 모양을 보고 두 변수간의 상관관계가 있는지를 검토한다.
④ 특성요인도(cause and effect diagram)는 어떠한 문제가 발생했을 시에 어떠한 원인으로 발생했는지, 해당 인과관계를 살펴보고 이를 물고기 뼈의 형태로 도식화해 문제점을 파악하고 해결방안을 찾는 기법을 의미한다.
⑤ 히스토그램은 어떠한 변수에 대해서 구간별 빈도수를 나타낸 그래프를 의미한다. 즉, 도수분포표로 나타낸 자료의 분포 상태를 보기 쉽게 직사각형으로 나타낸 그래프를 의미한다.

2322 ①

① 계수형 관리도에서는 c 관리도와 p 관리도가 있는데, c 관리도는 결점수 관리도이고, p 관리도는 불량률 관리도이다.

2323 ②

① $\overline{X}-$ 관리도는 품질특성의 표본평균을 이용하여 이상원인에 의한 공정의 품질변동을 파악하는 데 이용된다.
③ $R-$ 관리도는 프로세스의 '범위'를 관찰하는데 사용된다.
④ $C-$ 관리도는 결점 수를 기록하여 그 변동을 관리한다.

2324 ①

A. 기대품질과 지각품질의 차이를 측정·분석하는 것은 SERVQUAL이다.

C. 포카요케(poka-yoke)는 품질관리 측면에서 행동을 제한하거나 정확한 동작을 수행하게끔 하도록 강제하는 여러 가지 제한점을 만들어 실패를 방지하는 방법을 의미한다.
D. SERVQUAL은 기업 입장이 아니라 고객의 입장에서 서비스품질을 평가하는 도구이다.

2325 ④

① 품질비용을 예방•평가•실패비용으로 구분할 때 예방 및 평가비용을 증가하게 되면 실패비용은 감소하게 되며, 반대로 예방 및 평가비용이 감소하게 되면 실패비용은 증가하게 된다.
② 식스시그마 개선 모형은 프로세스 성과 개선으로 가는 5단계이다. 이 단계를 DMAIC[Define(정의), Measure(측정), Analyze(분석), Improve(개선), Control(통제 또는 관리)]라 부른다.
③ $p-$ 관리도(p-chart)는 기초가 되는 표본분포는 이항분포이다. 포아송분포는 $c-$ 관리도의 기초가 된다.

2326 ③

① 관리도(control chart)는 이상요인에 의한 변동을 감지한다.
② $p-$ 관리도는 부적합의 개수가 이항분포를 따를 경우에 적용하게 되며, $c-$ 관리도는 포아송분포를 적용한다.
④ 계수형 관리도는 명확한 수치로 표현하기 어려운 것을 관리할 때 활용한다. 흠, 결점의 수 등이 있는 반면에 계량형 관리도는 비교적 명확한 수치로 표현이 가능한 것을 관리할 때 활용한다. 길이, 무게, 강도 등의 데이터 관리에 적합한 것은 계량형 관리도이다.

2327 ①

① $R-$ 관리도는 프로세스의 산포 정도를 측정하는데 사용되는 관리도 즉, 프로세스의 변동성을 관찰하는데 사용되는 것을 말한다.
② $\overline{x}-$ 관리도는 품질특성의 표본평균을 이용하여 이상 원인에 의한 공정의 품질변동을 파악하는 데 이용된다.
③ $p-$ 관리도는 속성에 대한 관리도로서 공정 내에 불량품의 비율을 감시하는데 사용되는 관리도를 말한다.
④ $c-$ 관리도는 속성에 대한 관리도로서 단위 당 결점 수를 관리하는데 사용되는 관리도를 말한다.

2328 ②

② OC 곡선에서 표본의 개수를 증가시킬수록 불량품 식별 능력은 증가한다.

2329 ②

시그마수준 $= \dfrac{\text{공정중심에서 규격까지의 거리}}{\text{표준편차}} = \dfrac{12}{4} = 3$

2330 ③

③ ISO 9000 시리즈는 공산품에 한정된 인증표준은 아니다.

2331 ②
① ISO 9000: 품질인증
② ISO 14000: 환경경영인증
③ ISO 26000: 기업의 사회적 책임에 대한 인증
④ ISO 31000: 위험관리 인증
⑤ ISO 50001: 에너지경영인증

2332 ②
① ISO 9000: 품질 인증
③ ISO 26000: 사회적 책임 인증
④ ISO 37001: 반부패경영 인증
⑤ ISO 50001: 에너지경영 인증

2333 ①
식품의 원재료 생산부터 최종 소비자가 섭취하기 전까지 발생할 수 있는 모든 위해요소를 관리함으로써 식품의 안전성을 확보하기 위한 관리체계는 안전관리인증기준(Hazard Analysis and Critical Control Points) 또는 HACCP(해썹)이다.

2334 ②
① ISO 9001: 품질인증
② ISO 14001: 환경경영인증
③ ISO 22000: 식품안전인증
④ ISO 26000: 기업의 사회적 책임에 대한 인증
⑤ ISO/IEC 27001: 정보보호인증

2335 ②
① ISO 9000 : 품질 인증
② ISO 14000 : 환경경영 인증
③ ISO 26000 : 사회적 책임 인증
④ ISO 27000 : 정보보호 인증
⑤ ISO 31000 : 위험관리 인증

2336 ⑤
⑤ 간트 차트는 프로젝트 관리기법이다.

2337 ①
① 국가품질상을 제정하는 목적은 품질 향상을 위해 노력하는 기업들을 평가하기 위한 기준 마련, 수상 기업의 성공 지식을 다른 기업들에 전파, 시상제도를 통해 내부 평가와 품질 향상을 지속하는 데 도움을 주기 위함이지, 높은 품질 성과를 달성한 제품을 대외적으로 홍보하기 위한 순위를 결정하기 위함은 아니다.

2338 ⑤
SERVQUAL 모형의 서비스품질을 측정하는 5가지 차원은 신뢰성, 확신성, 유형성, 공감성, 대응성이다. 무결성은 포함되지 않는다.

2339 ⑤
SERVQUAL 모형의 서비스 차원은 아래와 같다.
1. 신뢰성(reliability) : 약속한 서비스를 믿게 하며 정확하게 제공하는 능력
2. 확신성(assurance) : 서비스제공자들의 지식, 정중, 믿음, 신뢰를 전달하는 능력
3. 유형성(tangibles) : 시설, 장비, 사람, 커뮤니케이션 도구 등의 외형 물리적인 도구 포함
4. 공감성(empathy) : 고객에게 개인적인 배려를 제공하는 능력, 관심 및 친절
5. 대응성(responsiveness) : 기꺼이 고객을 돕고 신속한 서비스를 제공하는 능력

2340 ③
③ '원천에서의 품질관리(quality at the source)'는 다른 말로 '현장 품질'이라고 하며 납품업체의 품질관리에 힘쓰라는 의미가 아니라 생산현장에서 품질이 확보될 수 있도록 힘쓰라는 의미이다. 이를 위해 지도카(Jidoka), 포카요케(Pokayoke) 등의 방법을 활용한다.

2341 ③
① 신뢰성(reliability)은 약속한 서비스를 믿게 하며 정확하게 제공하는 능력을 의미한다.
② 공감성(empathy)은 고객에게 개인적인 배려를 제공하는 능력, 관심 및 친절을 말한다.
④ 확신성(assurance)은 서비스 제공자들의 지식, 정중, 믿음, 신뢰를 전달하는 능력을 말한다. 물리적인 시설이나 설비, 직원 등 외형적인 수단을 의미하는 것은 유형성(tangibles)이다.

2342 ②
② 고객에 대한 배려와 개인적 관심은 공감성(empathy)에 해당한다.

2343 ④
④ 서비스 분야의 포카요케(poka-yoke)는 부득이한 서비스 실수에 대한 '검증'이 아니라 '방지' 목적으로 활용된다.

2344 ④
④ SERVQUAL 모델에 입각하여 연구자들은 5가지 서비스 품질 결정요소를 확인하였다. 품질 결정 요소들은 신뢰성(reliability), 확신성(assurance), 유형성(tangibles), 공감성(empathy), 대응성(responsiveness) 등이다.

2345 ④
④ 서비스품질 평가 요소 중 고객에게 제공하는 개별적 배려와 관심 정도 즉, 기업이 고객 개개인에게 제공하는 관심과 보살핌은 '공감성(empathy)'이다.

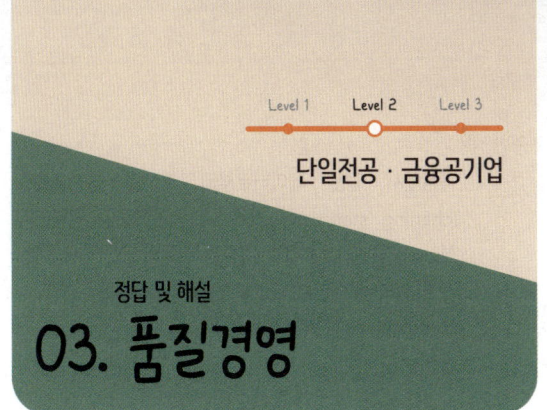

정답 및 해설
03. 품질경영

2346 ④
b. 외부 실패비용은 제품이 고객에게 인도된 후에 품질 불만족으로 야기되는 비용을 말한다.
d. 외부 실패비용에는 고객에게 인도된 이후의 품질결함에 따른 직·간접적인 모두 포함이 된다. 예컨대 고객의 품질 불만에 따른 미래에 발생될 손실까지 포함된다.

2347 ②
① CTQ(Critical to Quality)는 TQM이나 식스시그마(6Sigma)에서 상품이나 서비스, 그리고 상품 제조 등의 프로세스가 TQM의 기준에 맞거나 구매자의 구매 기준에 충족되는 품질 기준이다. 구체적으로 명시된 구매자의 스펙을 충족시키거나 넘는 상품의 품질을 의미한다. 일반적으로는 CTQ는 구매자(혹은 내부의 TQM팀)가 정확한 품질적 기준(성능품질, 불량률, 내구성 등등)을 문서로 제시한다.
② 일반적으로 품질비용, 즉 예방비용, 평가비용, 실패비용 가운데 가장 큰 것은 실패비용이다. 실패비용 중에서는 외부실패비용이 내부실패비용보다 훨씬 크다.
③ DMAIC은 Define → Measure → Analyze → Improve → Control의 순으로 진행된다.
④ 공정능력을 측정하는

공정능력비율 $C_p = \dfrac{\text{규격상한}-\text{규격하한}}{6\sigma}$ 과

공정능력지수
$C_{pk} = Min\left(\dfrac{\text{규격상한}-\text{평균}}{3\sigma}, \dfrac{\text{평균}-\text{규격하한}}{3\sigma}\right)$
모두 분모에 해당하는 표준편차 σ의 값이 작아지면 C_p와 C_{pk}의 값은 커지므로 이때 공정능력이 향상되고 불량률이 감소한다고 볼 수 있다.
⑤ TQM(total quality management)은 통계적 품질관리(SQC)를 포함하는 넓은 개념으로 최고경영자의 품질방침에 따라 국제적으로 경쟁력 있는 품질을 확보하는 것을 목표로 모든 조직구성원의 참여하에 제품과 생산공정을 지속적으로 개선함으로써 고객만족을 극대화시키기 위한 기업의 총체적인 전략이라고 할 수 있다. TQM은 고객초점(customer focus), 지속적 개선(continuous improvement) 및 전원참여(total participation)의 세 가지 원칙을 강조한다.

2348 ④
a. TQM은 품질관리기법이라기 보다는 종합적인 품질경영이다.
d. TQM은 결과지향적이 아니라 과정 지향적이다.
e. TQM은 장기적 품질혁신 프로그램이다.

2349 ⑤
⑤ 지속적 개선(continuous improvement)을 위한 도구로 데밍(Deming)은 PDCA(plan-do-check-act) 싸이클을 제시하였다.

2350 ②
a. 식스 시그마는 비영리 조직에도 적용 가능하다.
b. 식스 시그마 전문가 중 가장 높은 직책은 마스터 블랙벨트이다.

2351 ③
③ 식스 시그마는 불량률을 3.4PPM(parts per million: 제품 100만 개당 불량품 3.4개) 이하로 하고자 한다.

2352 ①
식스시그마의 프로세스 개선에는 다음과 같은 5단계가 적용된다.
① Define(정의): 고객의 니즈를 바탕으로 핵심품질특성(CTQ: critical to quality)은 무엇이며, 이와 관련된 내부 프로세스는 무엇인가를 정의한다.
② Measure(측정): 불량의 수준(고객의 욕구와 현재 프로세스의 품질수준의 차이)을 계량적으로 측정한다.
③ Analyze(분석): 불량의 원인을 파악한다. 이때 인과분석도(cause and effect diagram)를 활용하여 한정된 자원이 불필요한 곳에 투입되는 것을 막기 위해서는 소수의 핵심인자(vital few)를 추출하는 것이 중요하다.
④ Improve(개선): 개선단계는 문제의 근본원인을 제거하고, 프로세스 개선을 위한 최적 조건을 찾아내어 실행하는 단계이다.
⑤ Control(관리): 계속해서 불량이 발생하지 않도록 체계적인 품질통제(품질 책임자 선정, 실무자에게 품질교육, 정기적으로 계량적인 품질 측정 등)를 실시한다.
위 보기의 활동을 DMAIC로 표현하면
① M(measure) 측정
② A(analyze) 분석
③ I(improve) 개선
④ C(control) 통제
⑤ D(define) 정의

2353 ③

① 식스시그마는 프로세스의 개선을 위한 체계적인 접근법이다. 식스시그마를 성공적으로 수행하기 위해서는 정의-측정-분석-개선-관리의 다섯 단계로 구성된 DMAIC 과정을 충실하게 이행해야 하는데 이는 하향식(top-down)의 품질전략으로 볼 수 있다.

② 시그마수준은 공정중심에서 규격한계까지의 거리가 표준편차(σ)의 몇 배가 되는지를 나타낸다. 표준편차가 커질수록 시그마수준 값은 낮아진다. 시그마수준이 6이면 규격중심과 규격상한선 사이의 거리는 표준편차의 12배가 된다. 시그마수준이 높을수록 우수한 공정이라고 볼 수 있다.

③ 식스시그마를 사용하는 조직들은 팀을 지도하고 지원하는 책임을 가진 내부 강사들을 개발하는데 경험과 성취수준에 따라 챔피언, 마스터 블랙벨트, 블랙벨트, 그린벨트 등의 다른 이름으로 불리고 있다.

④ 원래 식스시그마 품질이란 설계규격의 상·하한이 프로세스 분포의 평균(μ)에서 ±6표준편차(σ)에 있을 때의 품질을 말한다. 따라서 식스시그마는 정성적인 품질목표보다는 품질자료의 계량적 측정과 통계적 분석을 통한 품질향상운동이다.

⑤ 품질특성의 표준편차가 감소하면 불량률은 감소하고, 시그마수준은 증가한다.

2354 ③

① 관리도는 표본 검사를 위한 방법이므로 전수조사가 필요 없다.

② p-관리도와 c-관리도는 속성(attribute) 관리도이므로 연속적 품질 측정치, 즉 변량(variables)을 사용하지 않는다.

④ 프로세스 능력비율이란 프로세스의 양쪽 극단값이 규격상한과 규격하한의 사이에 있는지 여부를 나타내는 것이다.

⑤ 통계적 품질관리 기법 중 관리도(control chart)는 생산공정의 변동여부를 알아보기 위해 작성한다. 품질문제의 직접적인 원인파악은 인과분석도(fishbone diagram)를 그려보아야 한다.

2355 ⑤

b. 통계적 프로세스 관리(SPC)에서 프로세스가 통계적 통제상태에 있다면 산출물에는 원자재, 작업환경, 작업상태, 기계상태 등의 미미한 변화와 종업원의 사기, 감독 상태 등의 관리 문제에 기인하는 피할 수 없는 변동 즉 우연변동(random variation)만 존재한다.

d. 특성요인도(fishbone diagram)는 품질문제의 원인들을 규명하기 위한 것이다.

2356 ③

① 공정에서 얻은 데이터로부터 계산된 타점통계량(charting statistic)이 모두 $\overline{X}$-관리도의 관리한계선(control limits) 내에 타점된 경우에도 공정에 이상변동이 보이면 공정의 산포가 통계적으로 관리상태(in-control state)에 있다고 판단할 수 없다.

② TQM(Total Quality Management)에서는 전 종업원 참여를 품질향상의 원동력으로 간주한다.

④ 파레토도표는 일반적으로 품질 문제를 유발하는 가장 중요한 요인을 추출해 내기 위해 사용된다.

⑤ 원자재의 검사비용은 불량의 발생을 사전에 방지하기 위한 것으로 품질비용(cost of quality) 중 평가비용(appraisal cost)에 속한다.

2357 ⑤

⑤ 속성(attribute) 관리도(=계수형 관리도)는 이항분포 또는 포아송분포를, 변량(variable) 관리도(=계량형 관리도)는 정규분포를 가정한다.

2358 ⑤

b. 기대품질과 지각품질 차이를 분석하는 것은 SERVQUAL이다.

c. 포카요케(poka-yoke)는 오류를 방지하기 위한 간단한 방법들을 의미한다.

d. SERVQUAL은 서비스 품질을 측정하기 위한 설문지이다.

2359 ①

① $\overline{X}$-관리도는 품질특성치의 평균과 관리한계와 비교하여 공정에 특별한 이상요인이 발생했는지를 판단하는데 사용된다.

2360 ④

② 모든 타점(plot)이 관리한계(control limit) 내에 있을 경우 공정은 안정상태일 수도 있고 그렇지 않을 수도 있다. 하지만 4번 보기가 더 확실히 틀린 보기이므로 정답은 4번으로 보아야 한다.

④ 품질개선활동을 통해 품질특성의 산포가 줄어들게 되면 타점들이 중심선을 중심으로 안정적인 분포를 보이게 된다. 그러나 지속적으로 하락하는 추세를 보인다면 이는 품질에 문제가 있다는 것을 의미한다.

2361 ②

① 관리도에서 관리한계선은 공정의 우연변동(random variation)에 대한 범위로 적용되므로 관리한계선의 폭이 넓을수록 이상변동(assignable variation)으로 판단될 확률은 낮아지고, 반대로 관리한계선의 폭이 좁을수록 이상변동으로 판단될 확률은 높아진다.

② 관리도는 공정의 안정상태 여부 즉 이상변동이 있는지 없는지는 알려주지만, 이상변동의 원인과 해결방안은 찾지 못한다. 따라서 이상변동의 원인은 원인결과도표 혹은 인

과분석도(cause and effect diagram)를 사용하여 찾아야만 한다. 또한 공정능력(프로세스 능력)은 정해진 설계규격에 맞게 생산할 수 있는 능력을 의미하므로 관리도에 의해 공정이 안정상태를 유지한다고 해도 많은 생산품이 규격한계를 벗어나면 공정은 설계규격을 충족시킬 수 없으며 공정능력은 떨어지게 된다.

③ 계량형 관리도에는 $\overline{X}$ 관리도, R 관리도, $\overline{X}-R$ 관리도가 있으며, 계수형 관리도에는 p 관리도, c 관리도가 대표적이다. $\overline{X}$ 관리도는 공정의 평균을 그리고 R 관리도는 공정의 분산을 관리하는 데에만 쓰이므로 $\overline{X}$ 관리도에서는 공정 분산의 이상변동을 알 수 없고, R 관리도만 가지고는 공정 평균의 이상변동을 알 수 없다. 따라서 공정의 평균과 분산의 이상변동의 여부를 함께 파악하기 위해서는 한 공정에 대해 $\overline{X}$ 관리도와 R 관리도를 함께 사용해야 한다. 이와 같이 동일한 표본측정치에 대하여 $\overline{X}$ 관리도와 R 관리도를 단순히 함께 적용할 때 이를 $\overline{X}-R$ 관리도라고 한다.

④ 3σ 관리도는 관리한계선이 평균(μ)을 중심으로 각 상한과 하한은 ±3 표준편차(σ)에 위치하므로 그 사이의 폭은 6σ가 된다.

⑤ 자연적인 품질변동은 어떠한 공정에서도 발생할 수 있으며 통계적 법칙을 따르므로 관리한계선을 벗어난 타점으로 나타날 수 있다. 즉 공정상태가 안정된 경우에도 정규분포를 가정하면 관찰된 우연변동의 99.74%가 관리한계 내에 포함되며, 0.26%는 관리한계를 벗어날 수도 있다.

2362 ④

① 맞는 보기. 실패비용(failure cost)은 생산과정 중이나 생산된 제품이 일정한 품질수준에 미달되어 야기되는 비용으로 내부 실패비용과 외부 실패비용으로 구분된다. 이 가운데 내부 실패비용(internal failure cost)은 소비자에게 전달되기 전에 발견된 불량품의 재작업 및 실패분석에 소요되는 비용이고, 외부 실패비용(external failure cost)은 제품이 고객에게 인도된 후에 품질 불만족으로 야기되는 비용을 말한다.

② 맞는 보기. 식스 시그마(six sigma) 방법론인 DMAIC는 정의(define), 측정(measure), 분석(analyze), 개선(improve), 통제(control)의 순서로 비즈니스 프로세스 혁신을 추진한다.

③ 맞는 보기. 식스 시그마를 지원하는 내부인력으로서 블랙벨트(black belt)는 일상 업무에서 벗어나 식스 시그마 프로젝트만 수행하며 프로젝트 실무를 이끌어가는 역할을 한다. 또한 마스터 블랙벨트(master black belt)는 블랙벨트 등과 같은 품질요원의 양성과 교육을 담당하고 블랙벨트를 지도하고 지원한다.

④ 관리도(control chart)는 공정이 안정상태인지 아닌지를 판단하는 도구로 안정상태의 공정에서는 이상변동은 없고 우연변동만 존재한다. 이는 공정이 이상 현상(변동)의 발생 없이 우연 현상(변동)으로만 구성되어 잘 관리되고 있는지를 판단하기 위해 활용된다.

⑤ 맞는 보기. 일반적으로 품질비용, 즉 예방비용, 평가비용, 실패비용 가운데 가장 큰 것은 실패비용이다. 실패비용 중에서는 외부 실패비용이 내부 실패비용보다 훨씬 크다. 참고로 품질의 원칙 중에 1-10-100(one-ten-one hundred)이라는 유명한 법칙이 있는데 이는 value chain의 단계에서 최초에 올바르게 문제를 방지하는 데 1원이 든다면, 검사를 통해 잘못된 것을 찾아내고 이를 고치는 데에는 예방비용의 10배인 10원이 들게 되고, 검사를 통해서도 잘못된 것이 걸러지지 못하면 그것을 사후에 처리하는 데 들어가는 비용은 100원으로 커진다는 뜻이다. 즉 실패비용에 쓸 돈의 1/100만 최초 예방단계에서 투자하면 실패비용을 내지 않아도 된다는 의미이다.

2363 ⑤

① 통계적 방법을 활용한 프로세스 혁신은 식스시그마의 주요 원칙이다.

② 식스시그마(Six Sigma)의 DMAIC 방법론에서 중점적으로 관리해야 할 핵심인자(vital few)를 찾는 단계는 A(분석) 단계이다.

③ 품질관리분임조(quality circle)는 품질관련 문제를 해결하기 위해 모이는 작업자 그룹이다.

④ 공정의 평균과 규격 상한과 하한의 중앙이 일치하는 경우 공정능력지수 C_p값과 C_{pk}값은 일치한다.

2364 ⑤

① 공정능력비율 혹은 프로세스능력비율의 공식은 다음과 같다.

$$C_p = \frac{\text{설계규격의 범위}}{\text{프로세스의 범위}} = \frac{\text{규격상한}-\text{규격하한}}{6\sigma}$$

즉 공정능력비율은 설계규격의 범위에 비해 프로세스의 범위가 어느 정도인가를 나타내는 것으로 공정이 설계규격(specification)에 적합한 제품을 생산하는 능력이 어느 정도인지를 측정하는 도구라고 할 수 있다.

② 공정능력비율이 클수록 공정의 능력이 좋은 것을 의미하므로 공정능력비율이 증가하면 일반적으로 제품 불량률은 감소한다.

③ 공정능력비율의 공식에서 설계규격한계(specification limit) 혹은 설계규격의 범위가 일정하다면, 공정능력비율은 공정의 범위가 줄어들수록 커지게 된다. 공정의 범위가 줄어든다는 것은 아래 그림에서 보는 바와 같이 공정의 변동 즉 공정의 표준편차가 감소한다는 것을 의미한다.

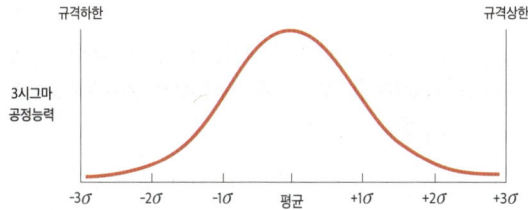

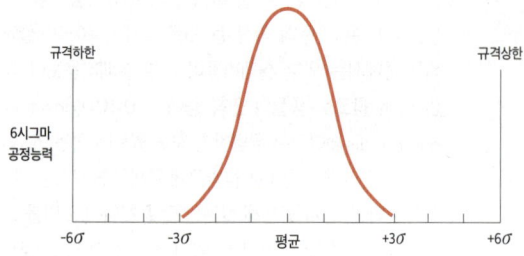

④ 시그마수준이란 평균에서 규격 상한 또는 하한 사이에 표준편차가 몇 개가 들어 갈 수 있는 능력인가? 를 정량화하여 표시한 지표이다. 다음 그림에서 왼쪽은 6시그마 수준을 의미하고 오른쪽은 3시그마수준을 의미한다.

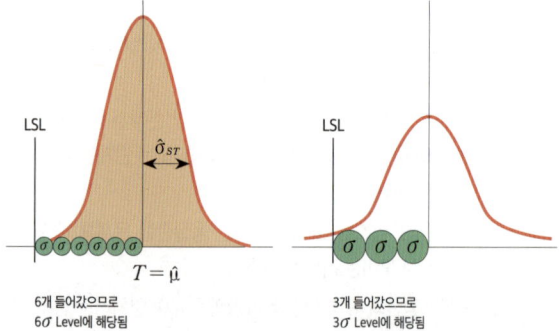

분포의 모양에 따라 시그마(표준편차)의 크기가 달라지며, 그(시그마) 크기에 따라 몇 개가 들어갈 수 있는가를 결정되고, 시그마 수준도 결정된다. 왼쪽이 오른쪽보다 공정능력이 높기 때문에 오른쪽에서 왼쪽으로 분포가 변화할수록 즉 공정능력비율이 증가할수록 공정의 시그마 수준(sigma level)은 증가한다.

⑤ 공정능력비율이 1.0 미만이면 공정능력이 부족하다고 판단한다. 일반적으로 공정능력비율에 따른 공정능력의 판정은 아래와 같다.

공정능력범위	공정능력
$C_p > 1.33$	공정능력이 충분함
$1.00 \leq C_p < 1.33$	공정능력이 있음
$0.67 \leq C_p < 1.00$	공정능력이 부족함
$C_p < 0.67$	공정능력이 매우 부족함

2365 ②

① 공정이 통계적으로 관리되고 있는 상태가 되면 공정능력을 평가해 보아야 한다. 공정능력(process capability)은 설계규격(specification)에 적합한 제품을 생산할 수 있는 능력을 의미한다. 공정능력은 공정능력비율, 공정능력지수 등으로 측정하며, 공정능력이 커질수록 불량률은 줄어든다.

② 품질특성 산포의 평균이 규격한계(specification limit)의 중앙에 있고 공정능력지수(C_p)가 1.0인 공정에서 규격한계의 폭이 12라면, 산포의 표준편차는 2.0이다.

공정능력지수(C_p) = $\frac{(규격상한-규격하한)}{6\sigma}$ = $\frac{12}{6\sigma}$ = 1.0

산포의 표준편차(σ) = 2.0

③ 파레토 법칙은 80:20 법칙이라고 불리기도 하는데, 이 의미는 전체 20%를 차지하는 요인(원인)이 전체 결과의 80%에 영향을 미친다는 것이다. 이 이론은 이탈리아의 경제학자인 Vilfredo Pareto에 의해서 만들어졌는데, 파레토가 이 공식을 만들고 난 후, 많은 연구자 및 학자들이 자신의 연구분야에서 비슷한 현상을 발견했다. 품질관리전문가인 주란(Joseph Juran)은 이 보편적인 현상을 "Vital Few"의 원리로 명명했다. 이는 '결정적 소수'란 의미로서, 파레토 법칙과 매우 유사하며, 주란에 의하면, 파레토 분석을 잘 활용하면, 다수의 사소한 원인들을 대응하느라 시간을 허비하는 대신, 그 문제의 중요한 소수 원인들에 더욱 집중할 수 있도록 하여 문제를 효과적으로 해결할 수 있다. 즉 파레토의 원리(또는 80:20 법칙)는 소수의 핵심품질인자(vital few)에 집중하는 것이 전체 품질개선에 효율적인 방안임을 시사한다.

④ 품질비용을 예방·평가·실패 비용으로 구분할 때 예방과 평가 비용은 품질을 높이는데 사용하는 비용이고 실패비용은 불량품이 생겨서 발생하는 비용이므로, 예방 및 평가 비용을 늘리면 일반적으로 품질수준은 향상되고 실패비용은 감소한다.

⑤ 실패비용은 불량품이 발생했을 경우 이를 기업 내·외부에서 처리하는 데 발생하는 비용을 포함한다. 실패비용(failure cost)은 내부 실패비용과 외부 실패비용으로 구분된다. 내부 실패비용(internal failure cost)은 생산공정 및 제품이 고객에 인도되기 전에 품질수준을 충족시키지 못하여 발생하는 비용이다. 불량분석, 재작업, 폐기, 등급 저하, 기계 유휴 등과 관련되는 자재비, 노무비, 간접비가 포함된다. 외부 실패비용(external failure cost)은 제품이 고객에게 인도된 후에 품질 불만족으로 야기되는 비용을 말한다. 애프터서비스 비용, 클레임, 제품회수, 제품책임에 따른 제비용이 포함된다.

2366 ②

a. $c-$ 관리도는 프로세스 내의 결점 수를 관리하기 위해 사용되는 것으로 계량적 규격보다는 계수적 규격에 적용된다.

c. 환경경영에 대한 일련의 표준은 ISO 14000 시리즈로, 여기에는 유해물질의 생성, 처리, 처분에 관한 자료를 지속적으로 추적하는 것도 포함된다.

2367 ③

③ 말콤 볼드리지 상은 미국의 국가 품질상으로 국제표준기구(ISO)와는 무관하다.

2368 ②

    b. SERVQUAL은 서비스를 받아본 고객이 작성하는 설문지이므로 기업의 입장이 아닌, 고객의 입장에서 품질을 측정하는 도구이다.

    d. 싱고시스템은 통계적 품질관리(SQC) 기법과는 전혀 다른 품질관리 기법이다.

2369 ②

① 품질분임조(QC서클)는 품질, 생산성, 원가 등과 관련된 문제를 해결하기 위해 모이는 작업자 그룹이다. 품질분임조는 단순히 의사결정에 작업자를 참여시킨다는 차원을 넘어 작업자들에게 문제해결기법을 훈련시키고 능동적으로 자료를 구하게 하여 작업자들이 공동으로 문제를 해결하도록 하는데 특징이 있다.

② ZD프로그램은 통계적 품질관리(SPC)보다는 작업자의 동기부여를 강조한다. ZD(zero defect) 프로그램 또는 무결점운동이란 품질관리에 있어서 예방을 강조하는 접근법으로서 처음부터 결점이 없는 완전한 제품을 생산하자는 품질향상운동이다. ZD프로그램에서는 품질결함은 작업자의 오류에서 비롯되며, 작업자의 오류는 적절한 동기부여를 통해 제거할 수 있다는 가정을 하고 있다. ZD프로그램에서는 작업자 스스로 오류의 원인을 찾아 제거하도록 하기 위해 각 작업자에게 일을 처음부터 올바로 하는데 장애가 되는 문제들을 찾아 서술토록 한 다음, 각 문제의 해결책을 제시하도록 한다. 이와 같은 오류의 제거를 위한 제안을 ECR제안(error cause removal suggestion)이라고 한다. ZD프로그램에서는 작업자에 대한 동기유발 정책으로 일정 기간 동안 무결점의 실적을 올린 작업자를 포상한다.

③ 품질비용이란 100% 완전하지 못한 품질의 생산에 기인한 모든 비용을 말한다. 품질비용은 통제비용과 실패비용으로 구분할 수 있는데 품질비용은 다음과 같다.

품질비용
=통제비용+실패비용
=(예방비용+평가비용)+(내부 실패비용+외부 실패비용)

---

④ 6시그마 품질수준은 공정평균(process mean)이 규격의 중심에서 '1.5×공정표준편차(process standard deviation)' 만큼 벗어났다고 가정한 경우, 공정분포의 평균에서 한쪽은 4.5σ에 규격한계가 있고 또 다른 쪽은 7.5σ에 규격한계가 있다. 따라서 이 경우 공정이 규격한계를 벗어날 확률은 한쪽은 거의 0이며, 다른 쪽은 4.5σ를 벗어날 확률이므로 이를 정규분포표에서 구해보면 0.0000034가 된다. 따라서 이 경우의 품질은 100만 개 당 3.4개 정도의 불량, 즉 3.4ppm이 된다.

⑤ 지속적 개선을 추구하는 기업들이 문제 해결을 위한 구성원의 교육훈련에 흔히 사용하는 도구가 PDCA 사이클(plan-do-check-act cycle)이다. PDCA 사이클은 데밍(Deming)이 처음으로 고안하였으므로 데밍 휠(Deming wheel)이라고도 한다.

2370 ④

    ④ SERVQUAL은 다양한 서비스 분야에 활용이 가능하다.

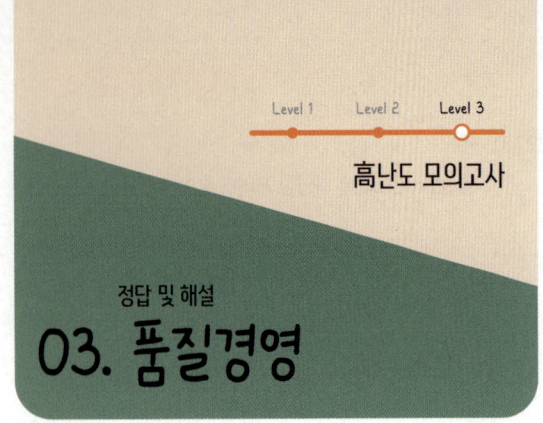

정답 및 해설
03. 품질경영

2371 ⑤

② 외부 실패비용(external failure cost)은 제품이 고객에게 인도된 후에 품질 불만족으로 야기되는 비용을 말한다. 애프터서비스 비용, 클레임, 제품회수, 제품책임에 따른 제비용이 포함된다. 반면 내부 실패비용(internal failure cost)은 생산공정 및 제품이 고객에 인도되기 전에 품질수준을 충족시키지 못하여 발생하는 비용이다. 불량분석, 재작업, 폐기, 등급저하, 기계유휴 등과 관련되는 자재비, 노무비, 간접비가 포함된다.

⑤ 은행에서 배서하지 않은 예금증서의 수나 오류가 있는 거래명세서를 보낸 수 등은 계량적 속성(variable)이 아니라 계수적 속성(attribute)에 해당하므로 $p-$관리도나 $c-$관리도 등을 이용하여 관리할 수 있다.

2372 ②

② 관리도의 관리한계를 ±3 표준편차에서 ±2 표준편차로 바꾸면 공정의 변동에 대한 관리가 한계선이 좁아지므로 생산자 위험(producer's risk)이 증가한다. 반면 관리한계를 ±2 표준편차에서 ±3 표준편차로 확대하면 소비자 위험이 증가한다.

2373 ④

① ZD(zero defects)운동은 1962년 미국의 마틴(Martin)사에서 미사일의 신뢰도 향상과 원가절감을 목적으로 전개된 품질향상에 대한 종업원의 동기부여 프로그램이다. ZD운동은 "작업자의 오류가 주류를 이루고 있으며, 작업자 오류는 적절한 동기부여로써 제거될 수 있다."는 가정에서 비롯된 것이다. QC써클이란 같은 부서안에서 품질관리 활동을 자주적으로 행하는 소집단을 가리키는 말이며, 일본 품질관리의 동기부여적인 차원에서 핵심을 이루고 있다. QC써클이나 ZD운동은 구성원에 대한 모티베이션이 주축을 이루는데, 타율적이고 강압적인 제도운영으로는 소기의 성과를 달성할 수 없다.

② 전체 품질비용 가운데, 50~80% 정도가 품질불량으로 인한 손실이며, 품질검사 및 시험 등의 평가비용이 15~40%, 품질관리에서 중요한 예방비용은 5~10% 정도인 것이 보통이다. 따라서 품질비용 가운데 가장 높은 것은 실패비용이고, 가장 낮은 것은 예방비용이다.

④ 생산공정의 품질변동 정도를 측정하여 이들 변동폭을 줄이기 위해 설계규격(specification)과 비교·분석하는 것은 관리도가 아니라 공정능력 분석(process capability analysis)이다. 공정능력 분석에 보편적으로 사용되는 공정능력 지수는 C_p와 C_{pk}이다.

2374 ④

③ 판별력이란 불량 로트를 가려내는 능력을 말하는데, OC(operating characteristic) 곡선에서 표본의 수가 증가할수록 OC곡선의 기울기가 가파르게 되므로 OC곡선의 판별력은 증가한다.

④ 관리도(control chart)는 우연변동은 통제할 수 없는 변동으로 보며, 관리도는 공정에 이상변동(assignable variation)이 존재하는지를 판단하는 도구이다. 만약 공정에 우연변동만 있다면 안정상태의 공정으로 볼 수 있다.

2375 ③

③ 로트허용불량률(LTPD: lot tolerance percent defective) 즉 불합격되어야 할 품질수준의 로트가 샘플검사에서 운좋게 합격하면 소비자가 위험해지므로 이를 소비자위험(consumer's risk)이라고 한다. 반면 합격품질수준(AQL: acceptance quality level) 즉 합격이 되어야 품질수준의 로트가 샘플검사에서 불합격하면 이는 생산자가 위험해지므로 이를 생산자위험(producer's risk)이라고 한다.

⑤ 공정의 표준편차(σ)가 작아지면 시그마 수준도 증가하고, 프로세스 능력(process capability)도 증가한다. 따라서 품질이 6시그마(6σ) 수준에 근접하면 프로세스 능력(process capability)은 높아진다.

2376 ⑤

⑤ OC(operating characteristic) 곡선이 급경사를 이룰수록 적은 불량률의 차이에도 불구하고 합격확률에 많은 차이가 나며, 판별력이 높아진다.

2377 ③

① 외부실패비용은 제품반송, 재작업비용, 품질보증비용, 이미지 훼손, 배상책임, 벌금 등으로 구성되며, 내부실패비용은 재작업비용, 문제해결, 자재 및 제품손실, 스크랩, 작업중단으로 구성되기 때문에 일반적으로 외부실패비용이 내부실패비용보다 훨씬 크다.

③ 주유소의 휘발유 판매가 정량으로 이루어지고 있는지를 리터(litre)단위로 측정했다면 이는 계량적 속성을 사용한 품질측정이며, 품질측정치들의 분포는 정규분포를 따른다. 만약 계수적 속성으로 품질을 측정했다면 품질측정치들은 이항분포나 포아송분포를 따른다.

⑤ 전통적 견해에 따르면 산출물이 규격 내에만 있으면 비용이 발생하지 않는다. 그러나 이와는 달리 다구치(Taguchi)는 산출물이 목표치로부터 조금이라도 벗어나면 불량품질이 되고, 목표치로부터 멀리 벗어날수록 비용은 더욱 증가한다고 주장했다. 다구치가 주장한 바는 프로세스 고유의 변동을 감소시킴으로써(즉, 프로세스 능력 비율을 증대시킴으로써) 불량품질의 비용을 줄일 수 있고, 결과적으로 사회 손실을 감소시킬 수 있다는 것이다.

2378 ④

④ 합격품질수준(AQL: acceptance quality level)에 해당하는 로트가 표본검사에서 불합격 판정을 받을 확률을 생산자 위험(producer's risk)이라고 하고, 로트허용불량률(LTPD: lot tolerance percent defective)을 초과하는 로트가 표본검사에서 합격 판정을 받을 확률을 소비자 위험(consumer's risk)이라고 한다.

2379 ②

① 생산자 위험(producer's risk)이란 좋은 품질수준을 갖는 로트가 표본검사에 의하여 불합격될 확률이다.
② 표본검사법(acceptance sampling)에서 구매자(소비자)에 가장 바람직한 품질수준은 AQL 이상이지만, 허용할 수 있는 최저의 품질수준은 LTPD이다. 따라서 합격품질수준(AQL: acceptance quality level)이란 구매자가 받아들일 수 있는 불량품의 비율을 말한다.
③ 검사특성 곡선(operating characteristic curve)에서 로트허용불량률(LTPD: lot tolerance percent defective)에서의 합격률이 0.15라는 것은 소비자위험(consumer's risk)이 0.15라는 것을 의미한다.
④ 관리도(control chart) 상에서 이상변동(assignable variation)은 발견 즉시 그 원인이 규명되고 제거하기 위한 조치가 취해져야 한다.
⑤ 변량(variable)을 측정하는 것보다 속성(attribute)을 측정하는 것이 측정에 필요한 노력과 자원이 적게 든다.

2380 ④

검사특성(OC) 곡선에서 AQL=0.02, LTPD=0.08, α=0.05, β=0.10 이라면, AQL에서의 합격확률은 95%이다. 왜냐하면 AQL에서의 불합격될 확률 즉 α=0.05이므로 반대로 합격확률은 95%가 된다.

2381 ③

a. 관리도는 표본 통계치를 시간순으로 나타낸 도표인데, 이는 우연변동(random variation)과 이상변동(assignable variation)을 구별하기 위한 것이다.
e. 관리도 상에서 관리한계선 내에 모든 점이 존재하더라도 일정한 패턴을 보이면 공정은 안정상태에 있다고 볼 수 없다.

2382 ④

① 표본검사법(acceptance sampling)에서 AQL, α, LTPD, β는 소비자, 생산자, 경제성을 고려하여 결정하는데, 만약 좋은 로트를 불합격시키는 위험이 크다면, β보다 α를 적게 하고, 나쁜 로트를 합격시키는 위험이 크다면 α보다 β를 더 적게 하는 것이 바람직하다. 즉 생산자 위험이 크다면 생산자 위험을 소비자 위험보다 낮게 잡아야 하고, 반대로 소비자 위험이 크다면 생산자 위험보다 소비자 위험을 낮게 잡아야 한다.
② AQL=0.02, LTPD=0.05, α=0.05, β=0.10으로 정했다면, 로트크기가 1,000개 일 때, 로트크기 × AQL = 1,000 × 0.02 = 20개, 즉 불량이 20개 이하면 그 로트는 받아들여져야 할 좋은 로트이고, 로트크기 × LTPD = 1,000 × 0.05 = 50개, 즉 불량품수가 50개 이상이면 그 로트는 불합격 처리되어야 할 로트이다.
③ 전수검사의 검사특성(OC) 곡선은 합격과 불합격만 존재하므로 AQL내에 있는 로트의 합격확률은 100%이다. 반면 AQL보다 큰 불량률의 합격확률은 '0%'이다.
④ 검사특성(OC) 곡선에서 허용불량 개수를 '1'로 유지하면서 표본의 수를 증가시키면, 생산자 위험 α는 증가하고, 소비자위험 β는 감소한다. 생산자 위험이 증가하는 이유는 더 많은 표본을 뽑음에도 불구하고 허용불량 개수는 '1'로 유지되면 그만큼 불합격 판정을 받을 확률이 높아지기 때문이다.
⑤ 검사특성(OC) 곡선에서 AQL이내에 있는 모든 로트들은 합격해야 하지만 생산자위험 α를 제외한 부분만이 합격되므로 합격확률은 1−α이고, LTPD 이상의 로트들은 모두 불합격해야 하지만 소비자위험 β만큼은 합격하기 때문에 LTPD에서의 합격확률은 β이다.

2383 ④

① 관리도(control chart)는 공정상태를 점검하여, 공정이 정상적으로 가동되고 있는지 여부를 판단하는데 많이 이용되는 기법이다. 설계가 완벽하고 공정이 아무 이상 없이 가동되더라도 그 공정에서 나오는 제품이 똑같을 수는 없다. 따라서 어느 정도의 변동은 어쩔 수 없이 받아들여야 하지만, 그 외에 기계설비의 마모, 정비 불량, 원자재의 불량, 작업자의 부주의 등으로 인한 품질의 변동은 통제가능한 요소로 반드시 제거해야 할 불량의 원인이라 할 수 있다. 관리도는 이와 같은 통제가능한 변동, 즉 이상원인에 의한 변동을 감지하는데 효과적으로 쓰일 수 있다.
② 변량 관리도에는 표본평균치의 변화를 통제하는 데 사용되는 관리도($\overline{X}$−관리도)와 표본 내의 산포의 변화를 관리하는데 사용되는 관리도(R−관리도)가 있다.
④ 검사특성(operating characteristic) 곡선은 표본의 크기인 n이 커짐에 따라 그 형태가 직사각형 모양을 따라가게 된다. n이 로트의 크기와 같은 경우, 즉 로트 전체를 검사하는 경우 검사특성 곡선은 완전한 직사각형이 되어 불량률 일정 수준 이하인 경우 언제나 합격으로 받아들이고, 이상의 경우는 언제나 불합격으로 판정할 수 있는 가장 이상적인 형태를 취하게 된다.
⑤ 생산자 위험(producer's risk) α란 합격으로 판정해야 할 로트를 불합격으로 처리하는 오류의 가능성을 말한다. 반대로 소비자위험(consumer's risk) β란 불합격으로 판정해야 할 로트를 합격으로 받아들이는 오류의 가능성을 말한다. 또한 AQL은 생산자 입장에서 합격으로 받아들이고 싶은 로트의 최대불량률을 의미한다. 즉 AQL보다 낮은 불량률의 로트를 가능한 합격으로 판정하고 싶다는 의미이다. 이에 반해 LTPD는 소비자의 입장에서 불합격으로 판정하고 싶은 로트의 최소불량률을 의미한다.

다시 말해 LTPD보다 높은 불량률의 로트를 가능한 불합격으로 처리하고 싶다는 것이다. 따라서 생산자 위험 α는 AQL의 로트를 불합격으로 처리할 오류가능성을 뜻하며 소비자위험 β는 LTPD의 로트를 합격으로 처리할 오류가능성을 뜻한다.

2384 ⑤

① 일반적으로 시그마수준(sigma level)은 공정중심에서 규격한계까지의 거리가 표준편차(σ)의 몇 배가 되는지를 나타낸다. 규격하한(LSL : lower specification limit)이 188, 규격상한(USL : upper specification limit)이 212일 경우, 표준편차가 2라면, 공정중심에서 규격한계까지의 거리(12)는 표준편차(2)의 6배가 된다. 따라서 6시그마수준의 공정이 된다. 마찬가지로 표준편차가 3인 공정은 4시그마수준, 표준편차가 4인 공정은 3시그마수준이 된다. 이 예에서 볼 수 있듯이 산포(표준편차)가 커질수록 시그마수준 값은 낮아진다. 즉 시그마수준이 높을수록 우수한 공정이라고 볼 수 있다.

② p-관리도는 제품의 개별단위가 양품 또는 불량품으로 판정될 때 사용된다. 이 때문에 p-관리도의 불량률은 양품과 불량품 2가지 경우만 있는 이항분포(binomial distribution)가 적용된다. 반면 c-관리도는 전선 1피트(feet)당 또는 직물 1야드(yard)당과 산출물의 일정 단위당 결점수로 품질을 측정할 때 적합하다. 이 때문에 일정한 시간과 공간 내에서 발생하는 사건의 발생횟수에 적용되는 포아송분포(Poisson distribution)를 따르는 것으로 가정한다.

③ 로트허용불량률(LTPD: lot tolerance percent defective)이란 불합격되어야 할 품질수준을 의미한다. 만약 LTPD가 0.05라면 불량률이 5%이상인 로트는 불합격 처리되어야 한다. 그러나 샘플 검사에서는 불량률이 5% 이상인 로트에서 양질의 샘플이 뽑혀서 합격판정을 받을 가능성도 있는데 이를 소비자위험(consumer's risk)이라고 한다.

④ 관리도(control chart) 상에서 관리한계선을 좁게 설정하면 관리도상의 타점들이 관리한계선을 벗어날 확률이 높아진다. 즉 양질의 로트가 불량 판정을 받을 확률이 높아지므로 생산자 위험(producer's risk)은 증가한다.

⑤ 설계규격이 1,000±180시간이고, 표준편차가 40이면 프로세스 능력비율(process capability ratio)은 1.5이다.

2385 ⑤

① 서비스 품질의 5가지 척도는 다음과 같다.
  1. 신뢰성(reliability): 약속한 서비스를 실수없이 정확하게 수행하는 능력을 말한다.
  2. 확신성(assurance): 종업원의 지식, 정중함 그리고 고객에게 믿음과 확신을 심어주는 능력을 말한다.
  3. 유형성(tangibles): 물리적 설비, 장비 및 종업원의 외양을 말한다.
  4. 공감성(empathy): 고객에게 대한 보살핌과 개별적 배려를 말한다.
  5. 대응성(responsiveness): 고객을 돕고 신속하게 서비스를 제공하려는 의지를 말한다.

② 관리한계의 폭은 제1종 오류와 동시에 제2종 오류의 발생가능성을 내포한다. 관리한계가 중심선으로 멀어지면 제1종 오류(생산자 위험)의 확률은 감소한다. 관리한계가 중심선으로부터 3σ에 놓이면 제1종 오류의 발생확률은 0.26%이다. 만일 프로세스가 안정상태에 놓이면 표본 통계량이 관리한계 밖에 나갈 확률은 관리한계의 폭이 확대될 때 감소한다. 따라서 제1종 오류를 범할 가능성도 감소한다. 그러나 관리한계의 폭이 확대되면 반대로 제2종 오류를 범할 가능성은 증가한다. 제1종 오류와 제2종 오류의 관계는 서로 정반대의 관계이다. 즉 제1종 오류의 확률이 증가하면 제2종 오류의 확률은 감소한다.

③ 생산공정이 정상적인 가동상태가 되면 정기적으로 표본을 추출하여 필요한 표본 통계량, 예를 들면, 표본평균, 표본범위, 표본의 불량률 등을 계산하여 관리도에 점을 찍는다. 이러한 점들이 모두 관리한계 내에서 무작위로 변동하면 생산공정에는 우연변동만 있고 이상변동은 없으므로 정상으로 판단하여 생산공정을 계속 가동시켜 나간다. 그러나 점들이 관리한계를 벗어나거나 관리한계 내에 있더라도 작위적인 변동을 보이면 이상원인이 작용하고 있는 것으로 판단하여 생산공정을 중단시키고 이상원인을 찾아 제거한다.

④ 계수형 관리도에는 불량률 관리도(p-관리도)와 단위당 결점수 관리도(c-관리도)가 있다. p-관리도는 제품의 개별 단위가 양품 또는 불량품으로 판정될 때 사용된다. c-관리도는 전선 1피트당 또는 직무 1야드당과 같이 산출문의 일정 단위당 결점수로 품질이 측정될 때 사용된다. 따라서 p-관리도는 불량률의 변동을 보여주며, c-관리도는 산출물의 단위당 결점수의 변동을 보여준다. p-관리도에서는 일정한 시간 간격마다 생산공정으로부터 임의로 크기 n의 표본을 추출하여 표본의 불량률(p)을 계산한 다음, 이를 관리도에 점으로 표시해 나간다. 검사의 목적이 산출물의 일정 단위당 결점수를 측정하는 것이라면 c-관리도가 적합하다.

⑤ 어떤 공정이 통계적으로 관리상태이며, 평균 μ=130, 표준차 σ=8 이다. 이 공정의 규격 상한과 하한은 각각 USL=150, LSL=100이면 공정능력지수(C_{pk})는 0.83이다.

$$C_{pk} = 최소값\left(\frac{규격상한-프로세스평균}{3\sigma}, \frac{프로세스평균-규격하한}{3\sigma}\right)$$

$$= 최소값\left(\frac{150-130}{3(8)}, \frac{130-100}{3(8)}\right) = 최소값(0.83, 1.25) = 0.83$$

2386 ⑤

① 식스 시그마는 기업 내 모든 프로세스에서 일관되게 매우 높은 품질을 얻기 위해 1980년대 중반 미국의 모토롤라가 창안한 체계적인 품질향상운동이다. 식스 시그마 품질이란 제품 백만개 중 3.4개의 불량률(즉 3.4 ppm)에 해당하는 높은 품질수준을 의미한다. 식스 시그마는 품질뿐

만 아니라 기업 전반의 프로세스를 지속적으로 개선하는 체계적인 방법으로서, 생산은 물론 마케팅, 재무, 회계, 인사 등의 전 기능과 모든 서비스가지 그 대상에 포함하고 있다. 따라서 식스 시그마는 단순한 품질향상운동이라기 보다는 기업의 종합적인 품질전략이라고 할 수 있다.

② 관리도는 품질특성에 따라 계수형 관리도(attributes control chart)와 계량형 관리도(variables control chart)로 구분된다. 계량형 관리도는 품질특성의 평균에 대한 $\overline{X}$-관리도와 분산에 관한 R-관리도가 있으며, 계수형 관리도는 불량률을 통제하는 p-관리도와 결점수를 관리하는 c-관리도가 있다.

③ 프로세스 능력비율(process capability ratio: C_p)은 설계규격의 범위에 비해 프로세스의 범위가 어느 정도인가를 나타내는 것이다. 어떤 공정이 능력이 있을 경우, 프로세스 능력비율은 최소한 1.0이 되어야 한다. 그러나 1.0 비율은 충분한 것이 아니다. 오늘날의 추세는 프로세스 능력비율의 목표를 최소한 1.33으로 하고 있다. 프로세스의 양쪽 극단값이 규격상한과 규격하한의 사이에 있다면 그 프로세스는 능력이 있다고 할 수 있다. 즉 설계규격의 범위가 프로세스의 범위보다 크면 능력 있는 프로세스이다.

④ 파레토 도표(Pareto diagram)는 가장 중요한 문제 영역에 주목하기 위한 기법이다. 19세기 이탈리아 경제학자인 파레토의 이름을 붙인 파레토 개념은 상대적으로 작은 요인들이 전체 케이스(불만, 불량, 문제와 같은)의 대부분을 차지한다는 것이다. 이러한 생각은 중요성의 정도에 따라 케이스를 분류하고 가장 중요한 부분을 해결하고, 덜 중요한 부분을 남겨두는 것이다. 80 - 20 법칙으로 언급되는 파레토 개념은 문제의 약 80%가 20%의 항목으로부터 나온다는 것을 언급한 것이다. ABC재고관리에서도 활용된다.

⑤ 관리도에서 관리한계선이 좁을수록 정상적인 제품이 불량 판정을 받을 확률이 증가하기 때문에 생산자 위험(α : producer's risk)이 증가하고, 관리한계선이 넓어질수록 불량 제품이 합격판정을 받을 확률이 증가하므로 소비자 위험(β : consumer's risk)이 증가한다.

2387 ②

① 불량률 관리도(p-관리도)는 계수형 관리도이다. 계수형 관리도에는 불량률 관리도(p-관리도), 결점수 관리도(c-관리도)가 있다.

②
$$C_{pk} = 최소값\left(\frac{규격상한-프로세스평균}{3\sigma}, \frac{프로세스평균-규격상한}{3\sigma}\right)$$

정규분포를 반으로 나누어 양쪽의 각각에 대해 공정능력을 계산한 뒤, 둘 중에서 작은 값을 취함으로써 중심문제를 해결한다.

③ 여러 가지 불량 항목의 중요도를 쉽게 파악할 수 있기 때문에 어떤 불량 항목을 먼저 해결해야 하는가를 알 수 있는 것은 파레토도(Pareto diagram)이다. 파레토 분석이 끝나면 여러 가지 불량 항목 중 하나를 취하여 이의 원인을 분석하는데, 인과분석도(cause and effect diagram)는 이 때 유용한 기법 중 하나이다.

④ $C_p = \dfrac{설계규격의 범위}{프로세스의 범위}$이다. 만약 $C_p < 1$이면, 설계규격을 벗어나는 제품이 나올 가능성이 있으므로 프로세스의 표준편차(σ)를 줄이거나 또는 설계규격의 폭을 증가(완화)시켜야 한다.

⑤ 데밍(Deming)이 고안한 PDCA 사이클은 plan → do → check → act의 4단계를 통해 지속적 개선을 추구하는 방법이다. 식스 시그마는 프로세스의 개선을 위한 체계적인 접근법으로 식스 시그마를 성공적으로 수행하기 위해서는 define, measure, analyze, improve, control의 다섯 단계로 구성된 DMAIC 과정을 충실하게 이행해야 한다.

2388 ④

① 계량형 관리도와 계수형 관리도는 모두 SPC의 기법이며, SPC에서는 이상변동의 원인을 찾아내어 제거하고, 우연원인에 의한 변동만 있는 상태로 통제하는 것을 목표로 한다.

② 공정능력비율(C_p)은 공정이 설계규격의 중앙에 있지 않으면 공정능력을 정확히 나타낼 수 없다는 문제점을 가지고 있다. 즉 공정의 평균이 설계규격의 중앙에서 많이 떨어져 있어 공정이 설계규격을 크게 벗어나더라도 변동폭이 작은 경우에는 C_p값이 클 수가 있다. 이와 같은 문제점 때문에 공정능력지수(C_{pk})가 더 널리 사용된다. 공정능력지수는 정규분포를 반으로 나누어 양쪽의 각각에 대해 공정능력을 계산한 뒤, 둘 중에서 작은 값을 취함으로써 중심문제를 해결한다.

③ 지속적 개선을 위한 대표적인 도구로는 PDCA 사이클과 벤치마크가 있다. DMAIC 과정은 식스시그마를 수행하기 위한 단계이다.

⑤ $C_p = \dfrac{규격상한-규격하한}{6\sigma}$이므로 공정이 설계규격의 중앙에 위치하고 $C_p > 1$이면 설계규격을 벗어나지 않는다. 공정이 설계규격의 중앙에 위치하고 $C_p < 1$이어야 설계규격을 벗어난다.

2389 ①

① 동일한 프로세스를 모니터하기 위해 두 관리도 모두 사용할 수 있으며 두 관리도를 함께 사용하면 하나의 관리도를 사용하는 것보다 완벽한 정보를 알 수 있다. 동일한 표본측정치에 대하여 $\overline{X}$-관리도와 R-관리도를 단순히 함께 적용할 경우에 이를 $\overline{X} - R$관리도라고 한다.

② 내부 실패비용은 고객에게 인도되기 전에 품질요건을 충족시키지 못해 발생하는 비용이다. 고객에게 인도된 후 리콜은 외부 실패비용에 포함된다. 외부 실패비용에는 품질보증, 반품, 클레임, 소비자 불평 처리, 가격할인 등이 포함된다.

③ 수율(收率: yield)이란 투입 수에 대한 완성된 양품의 비율 즉 양품률을 의미하며, 불량률의 반대말이다. 누적수율(rolled yield)은 최종 제품의 모든 개별 공급자의 수율을 곱한 값이다. 즉 각각 0.99의 수율을 가진 100명의 공급자가 있다면 누적수율은 0.99를 100번 곱한 값이 0.366이 된다. 따라서 여러 개의 부품으로 구성된 자동차의 품질을 확보하기 위해서는 공급자들의 품질 수준이 매우 높아야 한다.

④ 식스시그마는 공정의 변동성이 아주 작아 설계 규격이 공정의 평균 ±6σ를 달성하고자 하는 목표를 말한다.

$$공정능력비율(C_p) = \frac{설계규격의\ 폭}{공정의\ 폭} = \frac{규격상한 - 규격하한}{6\sigma}$$

이므로 식스시그마는 공정능력비율(C_p)이 '2'인 것을 의미한다.

⑤ 공정능력지수(C_{pk})는 정규분포를 반으로 나누어 양쪽의 각각에 대해 공정 능력을 계산한 뒤, 둘 중에서 작은 값을 취함으로써 중심문제를 해결한다. 설계규격의 중앙에서 많이 떨어져 있어 설계규격을 크게 벗어나더라도 변동폭이 작은 경우에는 공정능력지수(C_{pk}) 값은 작을 수밖에 없지만, 공정능력비율(C_p) 값은 클 수도 있다.

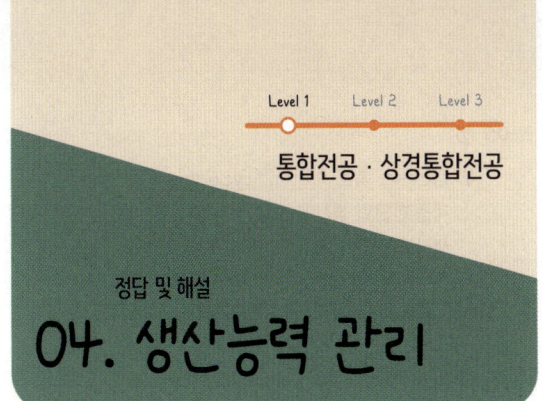

정답 및 해설
04. 생산능력 관리

2390 ④

④ 이용률 공식은 다음과 같기 때문에 설계생산능력이 증가하면 이용률은 감소한다.

$$생산능력이용률 = \frac{실제생산능력}{설계생산능력}$$

2391 ②

생산효율 = 산출량/최대생산능력
이번 달 생산량 = 8,000개
최대생산능력 = 5명×8시간×25일×20개×80% = 16,000개
∴ 생산효율 = 8,000/16,000 = 50%

2392 ③

① 규모의 경제는 대량 생산에 필요한 원자재를 구매함으로써 단위당 생산 원가를 낮추며 이는 경쟁기업에 비해 가질 수 있는 가격 경쟁력이 "강화"될 수 있는 "장점"이 있다.
② 표적시간 마케팅은 다품종 소량생산을 의미하므로 이는 규모의 경제를 약화시킨다.
④ 베버(M. Weber)가 주장한 관료제는 역피라미드가 아니라 피라미드 조직이며 또한 좁은 통제의 범위를 지향하였다.

2393 ④

$$노동생산성 = \frac{매출액}{총노동시간}$$
$$= \frac{80,000,000}{10명 \times 160시간}$$
$$= 50,000$$

2394 ③

	8월	9월	변화
생산	2400개	2000개	
시간	1360시간= (160×6)+(100×4)	1040시간= (160×6)+(40×2)	
시간 대비 생산성	1.765	1.923	0.158↑
	0.0897436		

8월에 비해 9월에 생산성은 0.158개/시간 증가하였다. 그리고 근무 시간당 생산성의 변화율은 $0.08974\left(=\frac{0.158}{1.765}\right)$

2395 ⑤

⑤ 제조업은 규모의 경제를 달성할 수 있지만 서비스업은 업종의 특성상 규모의 경제 달성이 어렵기 때문에 서비스 기업의 능력계획에서 규모의 경제는 고려대상이 아니다.

2396 ①

② 범위의 경제성(economies of scope)은 한 기업이 두 가지 제품을 동시에 생산할 때 소요되는 비용이 별개의 두 기업이 각각 한 제품씩 개별적으로 생산할 때에 소요되는 비용의 합보다 훨씬 작다는 것을 의미한다.
③ 경험효과는 동일 제품이나 서비스를 생산하는 두 기업을 비교할 경우, 일정기간 내에 보다 많은 제품이나 서비스를 생산, 즉 누적생산량이 많은 기업의 비용이 낮아지는 것을 의미한다.
④ 시너지(synergy)는 "전체는 그의 모든 부분의 합보다 크다"라고 하는 특징을 말한다.

2397 ③

③ 고정비가 과도하다고 해도 생산량이 많아지면 고정비가 분산되는 효과가 있으므로 이는 규모의 불경제 원인에 해당되지 않는다.

2398 ④

④ 관료주의 심화는 지나치게 큰 규모로 인한 비효율성을 가져오는 요인으로 이는 규모의 비경제의 원인이다.

2399 ④

① 설비의 설계명세서에 명시되어 있는 생산능력으로, 설비 운영의 내적·외적 요인에 영향을 받지 않고 생산 가능한 최대 생산량은 유효생산능력이 아니라 설계생산능력이다. 유효생산능력(effective capacity)은 설계생산능력에서 작업자의 개인 시간과 장비 유지관리 등의 시간을 차감한 시간이다.
② 규모의 경제(economies of scale)란 생산량의 증가 등으로 인해 단위당 '고정비'가 줄어들어 단위당 평균원가가 감소하는 현상을 의미한다.
③ 최적조업도(best operating level)는 단위 당 평균원가가 최소로 되는 산출량을 말한다.

2400 ②

① 비병목공정의 가동률은 병목공정의 속도에 의해 결정된다.
③ 생산시스템의 산출률과 재고는 병목공정에 의해 결정된다.

④ 모든 공정보다 병목공정의 작업시간을 우선적으로 단축시켜야 한다.
⑤ 생산시스템의 산출률과 재고는 생산능력이 가장 작은 병목공정에 의해 결정된다.

2401 ②

골드랫(Goldratt)의 제약이론에서 '운영적 기준'에 해당하는 것은 다음과 같다.
- 판매를 통하여 시스템에 의해 창출된 돈 - 산출(throughput)
- 판매를 목적으로 한 물건들을 구매하는 데 투자된 모든 돈 - 재고(inventory)
- 재고를 산출로 전환하는 데 시스템이 소비하는 모든 돈 - 운영비용(operating expenses)

2402 ①

병목작업장이 어디인지 찾아내고 거기에 생산능력을 추가하여 공정의 흐름을 개선함으로써 조직 전체의 최적화를 추구하는 이론은 제약이론(theory of constraints)이다.

2403 ③

시간당 20개의 제품을 생산해야 하므로 주기시간은 180초 $\left(=\dfrac{3600\text{초}}{20\text{개}}\right)$이다. 작업의 순서는 변경이 가능하다고 했으므로 주기시간 180초를 넘지 않는 범위에서 작업을 작업장에 할당하면 다음 그림과 같다.

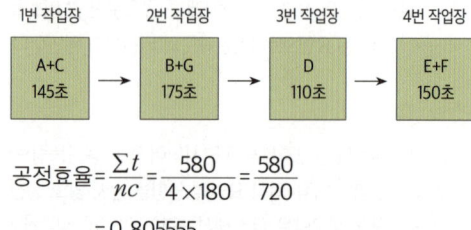

$$\text{공정효율} = \dfrac{\sum t}{nc} = \dfrac{580}{4 \times 180} = \dfrac{580}{720}$$
$$= 0.805555$$

2404 ⑤

5개의 공정을 5개의 작업장에 아래와 같이 할당하면 주기시간(cycle time)은 6분이 된다.

만약 공정A와 B를 묶어서 하나의 작업장에 할당하면 다음 그림과 같이 작업장 수를 4개로 만들 수 있다. 주기시간은 동일하지만 작업장 수는 더 적기 때문에 아래가 위보다 더 라인밸런싱(line balancing)의 취지에 맞다고 할 수 있다.

2405 ②

② 생산주기 혹은 주기시간(cycle time)이란 생산라인에서 제품 한단위 생산에 허용된 최대시간을 의미하는데 목표 생산량이 증가하려면 주기시간은 감소해야 한다.

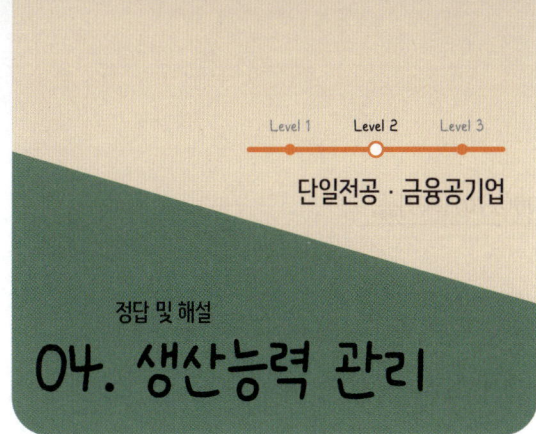

정답 및 해설
04. 생산능력 관리

2406 ④

④ 유효생산능력이란 정상적인 상태에서 경제적으로 지속할 수 있는 최대 산출량으로 유효생산능력이 증가할수록 효율성은 떨어진다.

$$생산능력\ 효율 = \frac{실제산출률}{유효생산능력} \times 100$$

2407 ⑤

① 설계생산능력(design capacity)은 설계 시에 결정한, 한 작업 단계, 공정 또는 시설의 최대 산출률이나 서비스 생산능력이고, 유효생산능력(effective capacity)은 설계생산능력에서 작업자의 개인 시간과 장비 유지 관리 등으로 인한 공제량을 뺀 생산능력이다. 따라서 유효생산능력 ≤ 설계생산능력의 관계가 도출된다.

② 유효생산능력은 생산시스템 주위 여건 하에서 생산 가능한 최대생산량(이론치)이며, 실제생산능력은 갑작스런 기계고장이나 자재결품, 부적합품 발생 등 실제로 발생할 수 있는 이상 상황에서의 설비나 시스템에서 실제 달성된 생산량이므로 실제생산능력(실제산출률)은 유효생산능력을 초과할 수는 없다.

③ 생산능력 이용률(utilization) 또는 가동률 $= \frac{실제산출률}{설계생산능력} \times 100\%$ 이고, 생산능력 효율 $= \frac{실제산출률}{유효생산능력} \times 100\%$ 인데, 유효생산능력이 설계생산능력을 초과할 수 없기 때문에 이용률은 효율을 초과할 수 없다.

④ 생산능력 이용률 공식에서 분모인 설계생산능력이 고정된 경우 실제산출률이 증가하면 생산능력 이용률은 향상된다.

⑤ 제품 및 공정설계, 품질관리 등 효과적인 생산관리 활동을 통해 설비의 정비를 위한 시간, 교대 간 휴식시간, 일정변경을 위한 시간, 작업자의 결근 및 기타 생산능력을 감소시키는 활동에 소요되는 시간을 줄일 수 있으며 이때 유효생산능력은 증가한다.

2408 ②

제품 1개를 생산하는데 아래와 같이 소요된다.

제품생산시간 $= \frac{4}{500} = 0.008$주

따라서 200개를 생산하는데는 1.6주가 걸린다.

200개 생산시간 $= 200개 \times 0.008 = 1.6$주

2409 ④

$$M = \frac{[D_p + (D/Q)s]_{제품1} + [D_p + (D/Q)s]_{제품2} + \cdots + [D_p + (D/Q)s]_{제품n}}{N[1-(C/100)]}$$

$$= \frac{[40,000(5) + (40,000/50)(100)]_{제품A} + [70,000(3) + (70,000/70)(80)]_{제품B}}{[(250일)(15시간)(60분)][1-(20/100)]}$$

$$= \frac{280,000 + 290,000}{180,000} = 3.16666$$

올림하면 4대의 기계가 필요하게 된다. 즉 기계 2대를 증설해야 함

① 초과근무를 통해 현재의 기계를 하루 20시간 가동한다면

$$M = \frac{[40{,}000(5) + (40{,}000/50)(100)]_{제품A} + [70{,}000(3) + (70{,}000/70)(80)]_{제품B}}{[(250일)(20시간)(60분)][1 - (20/100)]}$$

$$= \frac{280{,}000 + 290{,}000}{240{,}000} = 2.375$$

올림하면 3대의 기계가 필요하므로 초과근무를 해도 생산능력은 부족하다.

② 기계당 완충생산능력을 90%로 확대하면 생산용량은 더욱 부족해진다.

③ 뱃치의 크기를 2배로 늘리면

$$M = \frac{[40{,}000(5) + (40{,}000/100)(100)]_{제품A} + [70{,}000(3) + (70{,}000/140)(80)]_{제품B}}{[(250일)(15시간)(60분)][1 - (20/100)]}$$

$$= \frac{240{,}000 + 250{,}000}{180{,}000} = 2.7222$$

올림하면 3대의 기계가 필요하므로 초과근무를 해도 생산능력은 부족하다.

2410 ④

경제적 타당성이 있으려면 수익이 발생해야 하는데 이익은 다음과 같이 계산된다.

이익=총수익-총비용=총수익-(고정비+변동비)

생산공정	총수익(A)	총비용(B)	이익(A-B)
자동	120,000,000원	130,000,000원	-10,000,000원
반자동	80,000,000원	78,000,000원	2,000,000원
수동	48,000,000원	58,400,000원	-10,400,000원

총수익 (A) = 가격×개수 = 50,000원 × $\frac{300 \times 16}{단위당\ 생산시간}$

총비용 (B) = 고정비+변동비

　　　　　= 고정비+(단위당 변동비×연간 생산개수)

　　　　　= 고정비+$\left(단위당\ 변동비 \times \frac{300 \times 16}{단위당\ 생산시간}\right)$

∴ 경제적 타당성이 있는 것은 '반자동' 공정이다.

2411 ③

① 골드랫은 성과측정에 재무적, 운영적, 생산성 지표를 동시에 사용하였다. 특히 재무적 지표는 순이익, 투자수익률, 현금흐름 등의 3가지 지표를 동시에 사용할 것을 제안하였다.
② 제약자원에 대한 파악과 능력개선은 지속적으로 실시해야 한다.
④ 재무적 기준, 운영적 기준, 생산성 등의 3가지 지표를 동시에 사용하여 개선대상을 파악할 것을 제안하였다.
⑤ 골드랫은 기업의 궁극적 목표는 수익창출에 있다고 보았다.

2412 ①

균형효율 = $\frac{총작업시간}{(작업장\ 수 \times 주기시간)} = \frac{(10+30+5)}{(3 \times 30)} = \frac{45}{90} = 50\%$

하루생산량 = $\frac{8시간(28{,}800초)}{30초} = 960개$

2413 ⑤

가장 시간이 많이 걸리는 공정(B공정)이 병목공정이며, B공정이 5초 단축되면 새로운 병목공정은 D가 되고, 생산량은 D가 좌우하게 된다.

2414 ③

① 생산준비(setup) 시간은 작업량에 상관없이 일정하게 소요된다.
② 설비의 배치가 제품별로 되어 있으면 공정별로 배치되어 있을 때보다 대기시간이 감소한다.
④ 부품주문 소요시간을 줄이기 위해서는 주문의 리드타임을 감소시켜야 한다.
⑤ 리드타임의 축소는 생산시간을 단축시키므로 제품원가의 절감으로 이어진다.

2415 ④

① 가장 느린 공정이 생산능력을 좌우하므로 주기시간(cycle time)은 20초이다.
② 주기시간을 20초로 결정한다면, 4개의 작업장이 필요하다.

이론적 최소치

$$(TM) = \frac{\sum t}{c} = \frac{(10+20+15+10)}{20} = \frac{88}{20} = 2.75$$이므로 이론적 최소치는 3이다. 하지만 이는 실현불가능하다. 왜냐하면, 각 작업장의 활동에 걸리는 시간이 A=10초, B=20초, C=15초, D=10초인데, 작업장 수를 줄이려고 A와 B작업장을 합치면 주기시간이 30초가 되므로 불가능하고, B와 C를 합치면 주기시간이 35초가 되고, C와 D를 합치면 주기시간이 25초가 되므로 어쩔 수 없이 작업장은 4개가 될 수밖에 없다.

③ 유휴시간 = $nc - \sum t = (20 \times 4) - 55 = 25$초
④ 주기시간을 20초로 결정한다면, 생산라인의 효율(efficiency)은 68.75%이다.

$$효율 = \frac{\sum t}{nc} = \frac{55}{4 \times 20} = \frac{55}{80} = 68.75\%$$

⑤ 주기시간이 20초면, 8시간 동안 1,440(=3개/분×60분×8시간)개 생산이 가능하므로 1,400개의 수요충족에는 문제가 없다.

2416 ③

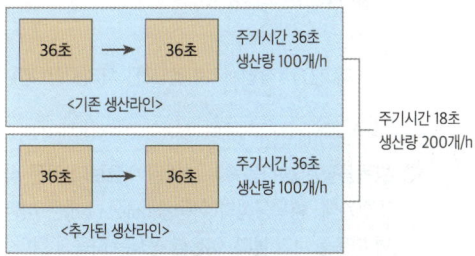

(가) 시간에 100개 생산하던 것이 1시간에 200개 생산으로 변화되므로, 주기시간은 36초(=1시간/100개)에서 18초(=1시간/200개)로 줄어든다. 회사 전체의 주기시간(cycle time)은 생산라인 추가 설치 이전의 절반 수준으로 감소하고 시간당 생산능력은 2배 수준으로 증가한다.
(나) 동일한 생산라인을 추가하게 되면, 회사 내부에 존재하는 재공품재고(work in process)는 생산라인 추가 설치 이전의 2배 수준으로 증가한다.
(다) 동일한 생산라인을 2개를 이용하여 생산하므로 하나의 제품을 생산하는 데 소요되는 처리시간(flow time)은 생산라인 추가 설치 이전과 동일하다. 만약 현재의 1시간에 100개 생산할 수 있는 생산라인을 1시간에 200개 생산할 수 있는 다음과 같은 생산라인으로 교체한다면 처리시간(flow time)은 증가할 것이다.

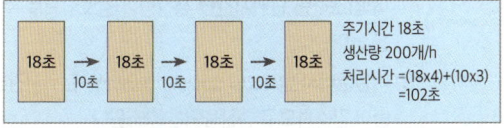

2417 ③

① 2번 작업장이 가장 시간이 오래 걸리기 때문에 병목공정이며, 전체 생산라인의 주기시간(cycle time)은 30분이다.

② 주기시간이 30분이므로 1시간에 2개, 8시간 동안 총 16개의 제품을 생산할 수 있으며, 라인효율(efficiency)은 약 78.9%이다.

$$효율 = \frac{\sum t}{nc} = \frac{14+30+27}{3 \times 30} = \frac{71}{90} = 78.9\%$$

③ 라인밸런싱을 수정하여 과업 ⑧를 1번 작업장으로 옮길 경우, 24분 → 20분 → 27분 걸리는 생산라인으로 바뀌므로 전체 생산라인의 주기시간은 27분으로 줄어든다.

④ 현재의 라인밸런싱을 유지한다면 총 유휴시간(idle time)은 19분이다.

유휴시간 = $nc - \sum t = 90 - 71 = 19$

⑤ 이론적 최소치(TM) = $\frac{\sum t}{c} = \frac{14+30+27}{20} = 3.55 ≒ 4$

이다. 그러나 4개 작업장으로 주기시간 20분은 실현 불가능이다.

따라서 생산라인은 다음과 같이 5개로 구성되어야 한다.

2418 ③

① 라인밸런싱은 제품별배치(product layout)의 설계를 위해 사용한다. 공정별 배치(process layout)의 설계에서는 작업장간 물량이동과 관련된 총비용이 최소가 되도록 각 부서의 배치를 결정하는 모형을 주로 사용한다.

② 라인밸런싱은 제품별 배치에서 최소의 작업장 수로 원하는 산출을 얻도록 작업을 할당하는 과정으로 그 목적은 작업장(work-station)별 작업시간의 균형을 이루어 유휴시간(idle time)을 최소화하는 것이다.

③ 주기시간은 각 작업장에서 한 단위 생산에 허락된 최대시간을 의미하며, 생산라인의 주기시간(cycle time)은 병목(bottleneck) 작업장의 작업시간과 같다.

④ 유휴시간이 감소하면 nc와 $\sum t$의 간격이 줄어든다는 것을 의미하므로 생산라인의 총유휴시간이 감소하면 라인효율(efficiency)은 증가한다.

유휴시간 = $nc - \sum t$

효율 = $\frac{\sum t}{nc}$

⑤ 생산라인의 총유휴시간이 감소하면 생산라인효율이 증가하므로, 밸런스지체(balance delay)는 감소한다.

밸런스 지체 = 100 - 효율

2419 ⑤

① 병목공정(bottleneck process)은 작업시간이 가장 긴 C공정이다.

② B는 병목공정이 아니기 때문에 작업자 1명을 더 투입하여 작업시간을 단축시켜도 이용률(utilization)은 증가하지 않는다.

③ C는 병목공정이기 때문에 작업공전(starving)이 발생하지 않는다. 하지만 D는 작업공전이 2분 발생한다.

버퍼 buffer	작업 단계간의 저장 공간을 의미하며, 후 공정에서 작업이 시작되기 전에 머무르는 공간을 의미한다.
작업공전 starving	일감이 없어 작업이 중단되는 경우 혹은 이전의 공정에서 작업물이 이동되지 않아 기다리느라 작업을 하지 못하는 경우
작업장애 blocking	작업 후 재공품을 보관할 장소가 없어 작업을 중단해야 하는 경우

④ 흐름시간(flow/throughput time)은 12분(=4+5+3)이다. A 작업과 B작업이 병렬로 연결되어 있어 A작업은 2분마다 하나를 처리하고, B작업은 4분마다 하나를 처리하므로 A와 B작업의 처리시간은 4분으로 보아야 한다.

⑤ 5분에 제품이 하나 생산되므로 시간당 12개=(60÷5)의 제품 생산이 가능하다.

2420 ①

① 리틀의 법칙(Little's law)에 의해 처리시간이 감소하면 재공품재고는 감소한다.

재고(I) = 작업처리비율(R) × 처리시간(T)

② 병목공정은 생산능력이 부과된 수요보다 작은 작업장을 말하는데, 병목공정의 이용률(utilization)은 비병목공정의 이용률 보다 높다. 이용률 공식은 다음과 같다.

$$이용률 = \frac{실제산출률}{설계생산능력}$$

③ 위 이용률 공식을 참고하면, 생산능력(분모)이 증가하면 이용률은 감소한다.

④ 주기시간은 1단위의 제품을 생산하는데 소요되는 시간이다. 주기시간이 짧아지면 1단위 생산에 걸리는시간이 줄어들기 때문에 생산능력은 증가한다. 따라서 생산능력이 감소하면 단위시간당 생산량이 감소되므로 주기시간은 늘어난다.

⑤ 가동준비시간(setup time)이 늘어나면 단위시간당 생산량이 감소하므로 생산능력은 감소된다.

2421 ⑤

작업장에 할당하기 전에 각 활동들을 네트워크로 그리면 다음과 같다.

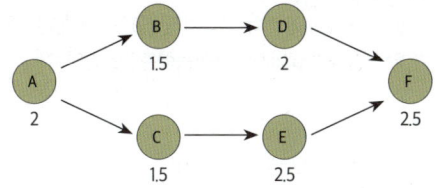

① 주기시간은 400분/100개=4분/개 이다.
② 각 작업 간의 선후행 관계를 고려하지 않았을 때, 이론적 최소작업장의 수는 3개이다.

$$TM = \frac{\Sigma t}{c} = \frac{12}{4} = 3$$

③ 주기시간 4분을 고려하면 조립라인은 4개의 작업장으로 구성된다.

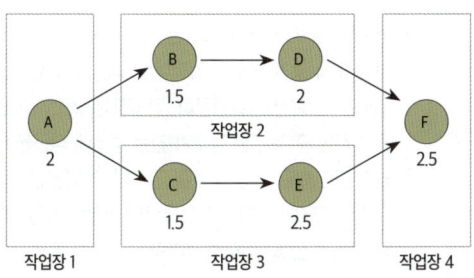

④ 선행관계를 고려하면 A와 D는 하나의 작업장으로 구성할 수 없다.
⑤ F의 선행작업과의 작업시간의 합은 주기시간 4분을 초과하므로 같은 작업장으로 구성할 수 없다.

2422 ④

① 밸런스 효율은 전체 시간 중 생산적인 시간의 비율을 백분율로 표현한 것이고 밸런스 지체는 100%와 밸런스 효율의 차이이므로, 밸런스 효율과 밸런스 지체(불균형률)의 합은 항상 100%가 된다.

$$밸런스\ 효율 = \frac{\Sigma t}{nc}(100)$$

$$밸런스\ 지체 = 100\% - 효율$$

② 조립라인 균형문제에서 과업의 수가 많고 선행관계가 복잡한 경우에는 최적해를 구하기 힘들기 때문에 일반적으로 쉽게 최적해에 가까운 해를 구하는 휴리스틱(heuristic) 기법들이 사용된다. 최다 후속작업 우선규칙이나 최대 위치가중치(positional weight) 우선규칙은 조립라인 균형문제에서 사용되는 가장 대표적인 휴리스틱 기법이다.
③ 작업시간이 가장 긴 병목 작업장의 작업시간이 주기시간(cycle time)이 된다.
④ 주기시간을 줄이기 위해서는 작업장 수를 늘려야 한다. 그림으로 설명하면 다음과 같다.

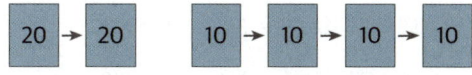

<주기시간 20초>   <주기시간 10초>

이는 수식으로도 설명이 가능한데, 이론적 최소 작업장의 수(TM: theoretical minimum)=$\frac{\Sigma t}{c}$이므로 주기시간(c)을 줄이기 위해서는 작업장 수를 늘려야 한다.

⑤ 밸런스 효율=$\frac{\Sigma t}{nc}(100)$에서 n을 고정하고 주기시간(c)을 줄일수록 분모가 작아지므로 밸런스 효율은 향상된다.

2423 ②

위 과업을 도표로 나타내면 다음과 같다.

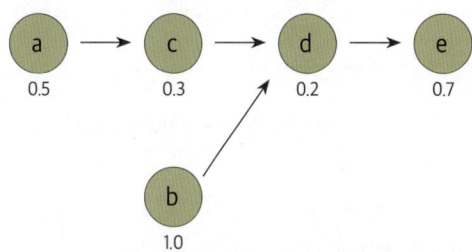

① 최대 수행시간을 가진 과업 b가 최소 주기시간이 되므로 1분 미만으로 주기시간을 줄일 수 없다.

이론적 최소치 $TM=\frac{\Sigma t}{c}$이므로 $\frac{\Sigma t}{c}=\frac{2.7}{1}=2.7$ 올림하면 '3'이 된다. 다음과 같이 3개의 작업장으로 구성이 가능하다.

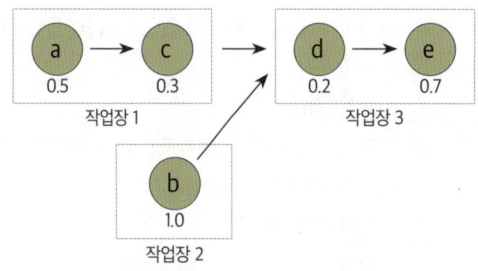

② 과업 간에 선행관계가 있어도 각 작업장마다 할당된 과업의 총수행시간이 주기시간을 넘지 않는 범위 내에서 라인 밸런싱이 가능하다. 예를 들어 (acd / b / e)와 같은 방식으로 a와 d를 같은 작업장에 할당할 수 있다.

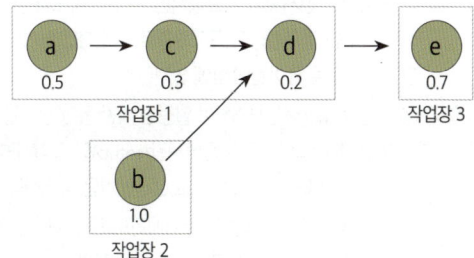

③ 라인효율 = $\frac{\sum t}{nc} = \frac{2.7}{3 \times 1} = 0.9 = 90\%$

④ 총유휴시간 = $nc - \sum t = 3 - 2.7 = 0.3$

⑤ 과업 b의 수행시간과 주기시간이 같기 때문에 b는 항상 단일과업으로 이루어진 작업장으로 할당되며 항상 유휴시간이 없는 병목공정이 된다.

2424 ⑤

① 문제에서 다른 지표들은 동일하다고 했으므로 수요와 리드타임에 따른 재주문점은 다음과 같다.

<수요와 리드타임이 일정할 경우>

R = 리드타임 동안의 수요 = $d \times L$
여기서 d = 1일 수요
         L = 리드타임

<수요는 변동성이 있으나 리드타임은 변동성이 없는 경우>

R = 리드타임 동안의 기대수요 + 안전재고 = $\overline{d}\,L + Z \cdot \sigma_d \cdot \sqrt{L}$
여기서 $\overline{d}$ = 1일 평균수요
         L = 리드타임
         Z = 요구되는 특정 서비스수준을 충족시키는 표준편차의 배수
         σ_d = 조달기간 동안 수요의 표준편차

<수요와 리드타임 모두 변동성이 있는 경우>

R = 리드타임 동안의 기대수요 + 안전재고 = $\overline{d}\,\overline{L} + Z\sqrt{\sigma_d^2 \overline{L} + \sigma_L^2 \overline{d}^2}$
여기서 $\overline{d}$ = 1일 평균수요
         $\overline{L}$ = 평균 리드타임
         Z = 요구되는 특정 서비스수준을 충족시키는 표준편차의 배수
         σ_d = 조달기간 동안 수요의 표준편차
         σ_L = 리드타임의 표준편차

위 식에서 보는 바와 같이 수요와 리드타임의 변동성(표준편차)이 커질수록 안전재고가 증가하게 되어 재주문점(R)이 커지고 이에 따라 재고가 증가하는 것을 볼 수 있다. 직관적으로 생각하면, 수요나 리드타임에 변동성이 없다면 불확실성이 없어서 안전재고가 필요없지만 수요나 리드타임에 변동성이 있다면 불확실성이 증가하므로 이에 대응하기 위한 안전재고의 양을 많아질 수밖에 없다.

② 생산능력은 생산시스템이 일정한 기간 동안 생산할 수 있는 최대 산출량이므로 준비시간(setup)이 길어지면 단위시간당 산출량이 감소하므로 생산능력은 감소한다.

③ 다른 생산환경 변화없이 주기시간이 단축하면 단위시간당 산출량이 증가하므로 생산능력은 증가한다.

④ 시간지연이 길어져 처리시간이 커지면 리틀의 법칙(Little's law)에 의해 작업처리비율은 감소한다. 즉 시간당 산출률이 떨어지며 생산능력은 감소한다.

$I = R \times T$
여기서 I = 재고수준
         R = 작업처리비율
         T = 처리시간

⑤ 다른 생산환경 변화없이, 로트크기를 증가시키면, 한 번 생산되는 양은 많아지고 setup 횟수는 줄어들기 때문에 생산능력은 증가하고 재고도 증가한다.

2425 ⑤

① 연속된 두 작업장에 할당된 작업부하(workload)의 균형이 맞지 않을 경우 작업장애(blocking) 또는 작업공전(starving) 현상이 발생한다. 작업장애(blocking)란 재공품을 작업 후 보관할 장소가 없는 경우에 작업을 어쩔 수 없이 중단해야 하는 경우를 말하며, 작업공전(starving)은 선행 프로세스에서 작업물량이 원활히 공급되지 못하며 버퍼가 없을 경우에 작업량이 없어서 작업진행을 할 수 없는 경우를 말한다. 이 두 가지 경우를 방지하기 위해 다단계 프로세스에서는 버퍼(buffer)가 필요한 것이다.

② 라인밸런싱의 결과, 모든 작업장의 이용률(utilization)이 100%라면 즉 모든 작업장의 작업시간이 주기시간과 동일하다면, 전체 생산라인의 효율(efficiency)은 100%이다.

③ 유휴시간(idle time)이 크다는 것은 각 작업장의 작업시간이 주기시간보다 작다는 것을 의미하므로 각 작업장의 이용률은 유휴시간이 클수록 낮아진다.

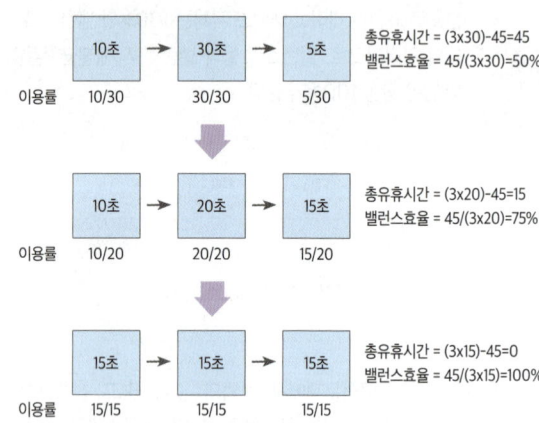

※ 모든 작업장의 이용률(utilization)이 100%라면 전체 생산라인의 효율(efficiency)도 100%이다.

※ 각 작업장의 이용률은 유휴시간(idle time)이 클수록 낮아진다.

④ 아래 그림과 같이 작업장 수가 늘어날수록 주기시간(cycle time)은 줄어든다.

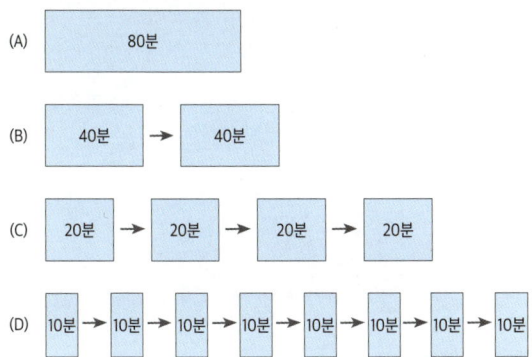

※최초의 80분으로 구성된 하나의 작업장을 반으로 계속 나누면 작업장 수는 늘어나지만 1단위 생산에 소요되는 시간은 80분, 40분, 20분, 10분으로 줄어든다. 극단적으로 1분짜리 작업장을 80개 구성하면 1분에 하나의 제품을 생산할 수도 있다. 하지만 작업장의 수가 많아지기 때문에 수요가 1분에 하나를 생산해야 할 정도로 많지 않다면 적절하지 못하다. 따라서 라인밸런싱이란 무작정 1단위 생산에 걸리는 시간을 줄이기 보다는 원하는 산출을 얻으면서도 동시에 작업장의 수는 최소화하는 것이다.

⑤ 주기시간이 60초라면 60초에 제품이 하나씩 생산되고, 주기시간이 30초라면 30초마다 제품이 하나 생산된다. 따라서 주기시간이 짧을수록 산출률이 높아지므로, 목표 산출률을 높이기 위해서는 이를 달성할 수 있는 목표 주기시간은 줄어들어야 한다.

2426 ④

① 이 생산 프로세스의 흐름시간(flow time)은 25초(=5+10+7+3)이다.
② 병목(bottleneck)이 발생하는 작업장은 작업시간이 가장 긴 작업장 B이다.
③ 작업장애(blocking)란 재공품을 작업한 후 보관할 장소가 없는 경우에 작업을 어쩔 수 없이 중단해야 하는 경우를 말하며, 작업공전(starving)은 선행 프로세스에서 작업물량이 원활히 공급되지 못하며 버퍼가 없을 경우에 작업량이 없어서 작업진행을 할 수 없는 경우를 말한다. 이 두 가지 경우를 방지하기 위해 다단계 프로세스에서는 버퍼(buffer)가 필요한 것이다. 따라서 작업장 A에서는 작업장애가 발생하고 작업장 C에서는 작업공전이 발생한다.
④ 병목공정이 생산량을 좌우하므로 10초당 제품이 1단위 생산된다. 따라서 생산량은 1분에 6단위, 1시간에 360단위이다.
⑤ 각 작업장의 이용률은 다음과 같다.

작업장	A	B	C	D
이용률	$\frac{5}{10}=50\%$	$\frac{10}{10}=100\%$	$\frac{7}{10}=70\%$	$\frac{3}{10}=30\%$

참고로, 이 생산라인의 균형 효율과 총유휴시간은 아래와 같다.

$$균형효율 = \frac{\sum t}{nc} = \frac{25}{4 \times 10} = 62.5\%$$
$$총유휴시간 = nc - \sum t = 40 - 25 = 15초$$

2427 ④

② 가동준비에 걸리는 시간은 동일한데, 배치크기가 증가하면 더 많은 양을 생산할 수 있기 때문에 생산능력은 증가한다. 예를 들어, 복사기에 500장짜리 용지트레이를 1000장짜리로 바꾸면 한번 1000장까지 쉽없이 복사할 수 있기 때문에 생산성은 증가한다.
④ 리틀의 법칙(Little's law)에 따르면, "재공품 재고(WIP)= 작업처리비율×처리시간"이므로 처리시간이 동일하다면, 작업처리비율이 높을수록 재공품 재고는 많아지게 된다. 만약 주기시간(cycle time)이 짧아진다면, 작업처리비율(throughput rate)은 높아지므로, 공정의 재공품(WIP: Work-in-process) 개수가 많아진다.

2428 ①

a. 조립라인의 효율을 계산하는 공식은 아래와 같다. 아래 식에서 조립라인의 변경 없이, 즉 작업장의 수와 작업에 걸리는 시간은 그대로 유지한 채 주기시간(cycle time)을 늘리면 효율은 감소한다.

$$효율 = \frac{\sum t}{nc}$$

b. 조립라인의 생산능력(capacity) 비교를 위해 각 조립라인의 주기시간의 길이나 시간당 생산되는 제품의 수가 활용된다.

c. 리틀의 법칙(Little's law)은 아래와 같이 작업처리비율, 처리시간 그리고 재공품 재고량들 간의 수학적인 관계를 보여준다. 여기서 작업처리비율(throughput rate)은 시스템이 단위시간당 생산할 수 있는 능력을 의미하는데 주기시간이 30초인 조립라인에서는 30초마다 완제품이 생산되므로 작업처리비율은 2개/분이 된다. 또한 처리시간(throughput time)이란 한 개의 제품이 완성되기 위하여 필요한 프로세스 간의 이동시간의 합으로 정의될 수 있다.

$$처리시간(T) = \frac{재공품(I)}{작업처리비율(R)}$$

문제에서처럼 조립라인에 존재하는 재공품이 20개이고 주기시간이 2분인 경우, 조립라인의 처리시간(flow/throughput time)은 다음과 같이 계산된다.

$$처리시간(T) = \frac{재공품(I)}{작업처리비율(R)} = \frac{20개}{0.5개/분} = 40분$$

d. 주기시간은 가장 긴 작업시간을 갖는 작업장과 모든 작업장의 작업시간의 합 사이의 값을 갖는다.

2429 ②

　　리틀의 법칙(Little's law)은 작업처리비율(R), 처리시간(T) 그리고 재공품 재고량들(I) 간의 수학적인 관계를 보여준다. 여기서 작업처리비율(throughput rate)은 시스템이 단위시간당 생산할 수 있는 능력을 의미하는데 주기시간이 30초인 시스템에서는 30초마다 완제품이 생산되므로 작업처리비율은 2개/분이 된다. 또한 처리시간(throughput time)이란 한 개의 제품이 완성되기 위하여 필요한 프로세스 간 이동 시간의 합으로 정의될 수 있다. 예를 들어, 어느 제품이 완성되기 위해서는 주기시간이 30초인 6개의 프로세스를 거쳐야 하고, 한 프로세스에서 다른 프로세스로 이동하는데 걸리는 시간은 개당 10초라고 가정하며, 각 프로세스에서의 대기시간은 없다고 가정하면, 처리시간은 230초(=30×6+10×5)로 계산된다. 리틀의 법칙은 개별 항목들이 재공품 재고에 사용되는 시간을 추정한다. 이 법칙은 프로세스의 작업 처리시간을 계산하는 것에 대하여 유용하게 사용될 수 있다.

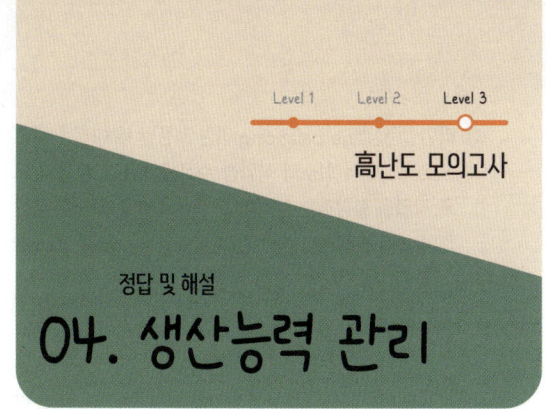

정답 및 해설
04. 생산능력 관리

2430 ⑤

최적의 여유생산능력은 산업에 따라 다르다. 일반적으로 수요의 불확실성이 높을수록 여유생산 능력을 높게 잡는다. 표준 제품이나 서비스를 취급하는 조직은 상대적으로 낮은 여유생산능력을 유지한다. 반면 자본집약적인 산업에서는 설비가격이 비싸기 때문에 여유생산능력을 10%이하로 유지하는 것이 바람직하다.

2431 ⑤

① $\frac{8시간 \times 60분 \times 60초}{800} = 36초$

② 필요한 주기시간 36초보다 최대 과업시간 40초가 더 크므로 수요량을 맞출 수 없다.

③ 총과업시간 = 40 + 30 + 15 + 25 + 20 + 18 + 15 = 163초

④ 가장 긴 과업시간 40초를 주기시간으로 하면 하루에 720개($\frac{8시간 \times 60분 \times 60초}{40}$)를 생산한다. 수요 800개에 80개가 모자란다. 추가로 80개를 생산하기 위해서는 53.33분(=$\frac{80개 \times 40초}{60}$)의 잔업이 필요하다.

⑤ 현재의 주기시간으로는 하루 수요 800개를 충족하지 못하므로 이를 충족시키기 위해서는 과업의 분할, 과업의 분담, 병렬 작업장 사용, 숙련된 작업자 사용, 잔업, 재설계 등의 방법을 활용해야 한다.

2432 ①

① 병목의 생산능력을 잘 활용하는 주문을 받아 병목자원을 보존할 수 있도록 일정계획을 수립하는 것은 제약이론(TOC)이다.

② $\frac{2,400개}{40시간} = 60개/시간$

③ I = R × T, 6 = 3 × T
 ∴ T = 2

④ I = R × T,
 I = 12 × 2 = 24

⑤ 총과업시간 = 40 + 60 + 50 + 45 + 40 = 235초

주기시간은 $\frac{3,600개}{40시간} = 90초$

이론적 최소치 TM = $\frac{235}{90}$ = 2.6111 ≒ 3

이론적 최소치 3개는 실현불가능하며 4-5번 과업을 묶어 4개 작업장은 가능하며 해당 작업장의 작업시간은 85초가 된다.

균형 효율 = $\frac{235}{85 \times 4}$ = 0.6912

2433 ②

① 라인밸런싱의 목표는 작업장들에 할당된 요소작업들의 총 작업시간이 작업장들 간에 대략 같도록 하는 것이다. 이렇게 하면 전체 라인 상에서 작업자나 기계의 유휴시간을 최소화하여 효율을 높게 유지할 수 있다.

③ 각 요소작업을 작업장에 할당할 때 최단 주기시간은 가장 긴 요소작업의 소요시간이고, 최장 주기시간은 모든 요소작업의 소요시간의 합과 같다.

④ 평균 유휴시간을 주기시간으로 나눈 다음 100을 곱한 값은 밸런스 지체(balance delay)이다.

⑤ 라인밸런싱은 제품별 배치(product layout)에서 필수적인 절차이다.

2434 ④

③ 총 작업에 270초가 걸리는 생산라인에서 주기시간이 60초일 때, 최소한의 필요 작업장은 5개(270초/60초=4.5≒5)이며 이때 균형효율은 90%(=270/60×5)가 된다.

④ 제약이론(TOC: theory of constraints)에서는 비병목 자원의 활성화는 산출(throughput)을 늘리지도 못하며, 재무제표를 개선하지도 못하는 반면 병목공정의 활성화는 산출의 증가로 직결된다고 주장한다.

2435 ②

① 생산설비의 평균이용률이 70%라는 것은 여유생산능력(capacity cushion)이 30%라는 것을 의미한다.
여유생산능력 = 100% - 평균이용률

② 모든 작업요소의 총소요시간이 360초이고, 주기시간(cycle time)이 50초라면 필요한 작업장의 이론적 최소 개수는 8이다. 360/50=7.2≒8개이다.

③ 생산라인의 목표산출률이 시간당 40개라면 주기시간은 90초(=1/40시간)이다. 주기시간 = 1/산출률 = 1/40시간 = 90초

④ 4개의 작업장으로 구성된 조립라인에서 작업수행 시간이 순서대로 15 → 25 → 30 → 10 이라면, 균형효율은 66.6%이다.
균형효율=총작업소요시간/(작업장수×주기시간)=80/4×30=2/3=66.6%

⑤ 4개의 작업장으로 구성된 조립라인에서 작업수행 시간이 순서대로 15 → 25 → 30 → 10 이라면, 유휴시간(idle time)은 40이다. 유휴시간 = (작업장수×주기시간) − 총작업소요시간 = 120−80 = 40

2436 ⑤

1. 주기시간

주기시간은 각 작업장에서 한 단위 생산에 허락된 최대시간을 의미한다.

$$r = \frac{2{,}000개}{40시간} = 50개/시간$$

주기시간$(c) = \frac{1시간}{r} = \frac{60분}{r} = \frac{60}{50} = 1.2분$

2. 작업장 수

이므로 이론적으로 필요한 최소의 작업장수는 3개이다. 아래 그림처럼 실제로도 가능함

| A B C | → | D E F G H | → | I J |
|0.3 0.5 0.3| |0.2 0.2 0.1 0.4 0.3| |0.8 0.2|
| 1.1분 | | 1.2분 | | 1.0분 |

3. 균형효율

균형효율 $= \frac{\sum t}{nc} = \frac{3.3}{3 \times 1.2} = 0.917$

2437 ③

① 가동률(utilization)은 평균산출량을 유효생산능력(effective capacity)으로 나눈 값이므로, 평균산출량이 일정할 때, 유효생산능력이 증가하면 가동률은 감소한다. 참고로 유효생산능력이란 정상적인 상태에서 경제적으로 지속할 수 있는 최대산출량을 의미한다.

② 여유생산능력(capacity cushion)이란 순간적인 수요증가나 일시적인 생산용량 감소에 대비하기 위하여 프로세스가 보유한 예비 생산용량을 말하며, 평균 가동률이 100%에서 떨어진 정도로 정의할 수 있다. 최적의 여유생산능력은 산업에 따라 다르다. 일반적으로 수요의 불확실성이 높을수록 여유생산능력을 높게 잡는 반면 표준 제품이나 서비스를 취급하는 조직은 상대적으로 낮은 여유생산능력을 유지한다. 또한 자본집약적인 산업에서는 설비가격이 비싸기 때문에 여유생산능력을 10%이하로 유지하는 것이 바람직하며, 덜 자본집약적인 호텔산업 등에서는 여유생산능력이 20%이하로 떨어질 경우 고객서비스 문제가 발생하므로 30~40%의 여유생산능력을 유지하는 것이 바람직하다. 또한 수요의 변동이 큰 업종에서는 즉각적인 고객서비스를 제공하기 위해서 최대수요를 감당할 수 있을 만큼 큰 여유생산능력을 유지해야만 한다.

③ 라인밸런싱(line balancing)이란 제품별 배치(혹은 라인프로세스)에서 최소의 작업장 수로 원하는 산출을 얻도록 작업을 할당하는 과정이다. 즉 1시간에 30개를 생산해야 한다면 생산라인의 주기시간(cycle time)은 120초 $(= \frac{3600초}{30개})$로 계산되며 각 작업장마다 할당된 총수행시간이 120초를 넘지 않도록 작업을 할당하면 된다. 따라서 라인밸런싱은 생산성 향상을 위해 작업을 가능한 작게 나누는 작업이 아니라 원하는 산출을 최소의 작업장으로 얻도록 하는 과정이다. 작업장 수가 많아지면 생산성은 향상되지만 반대로 작업자의 수도 많아지고 작업장을 설치하는 비용도 증가된다.

④ 생산능력을 언제 얼마나 확장할 것인가와 관련하여 다음의 두 가지 전략이 존재한다. 생산능력의 추가를 자주 하지 않되, 할 때는 큰 규모로 하는 확장주의 전략(expansionist strategy)과 작은 규모로 자주 생산용량을 추가하는 관망 전략(wait-and-see strategy)이 그것이다. 확장주의 전략(expansionist strategy)은 수요에 앞서서 확장하기 때문에 불충분한 생산능력으로 인한 판매손실의 기회를 최소화하여 준다. 관망전략(wait-and-see strategy)은 새로운 설비를 신축하는 것과 같은 방법보다는 현재의 설비를 보수하는 것처럼 작은 폭으로 생산능력을 확대하는 전략을 말한다. 관망전략은 수요를 따라가기 때문에 지나치게 낙관적인 수요예측에 의한 과잉확장, 기술의 진부화, 혹은 경쟁에 의한 무리한 확장의 위험이 적다.

⑤ 조립라인의 유휴시간이 증가한다는 것은 nc와 $\sum t$의 차이가 증가한다는 의미이다. 따라서 nc와 $\sum t$의 차이가 증가하면 조립라인의 효율은 감소한다.

2438 ⑤

① 일반적으로 수요의 불확실성이 높을수록 여유생산능력을 높게 잡는다. 표준 제품이나 서비스를 취급하는 조직은 상대적으로 낮은 여유생산능력을 유지한다. 또한 자본집약적인 산업에서는 설비가격이 비싸기 때문에 여유생산능력을 10%이하로 유지하는 것이 바람직하며, 덜 자본집약적인 호텔산업 등에서는 여유생산능력이 20%이하로 떨어질 경우 고객서비스 문제가 발생하므로 30~40%의 여유생산능력을 유지하는 것이 바람직하다. 또한 수요의 변동이 큰 업종에서는 즉각적인 고객서비스를 해주기 위해서 최대수요를 감당할 수 있을 만큼 큰 여유생산능력을 유지해야만 한다. 그리고 인력의 수를 유연하게 조절할 수 없는 산업에서는 불필요한 인건비 지출을 막기 위해서는 여유생산능력을 낮게 유지하는 것이 좋다.

② 균형효율 $= \frac{\sum t}{nc} = \frac{315}{5 \times 70} = 90\%$

③ 유휴시간 $= nc - \sum t$
$= (30 \times 5) - (10 + 20 + 15 + 30 + 25)$
$= 50$

④ 라인밸런싱(line balancing)이란 라인 프로세스가 최소의 작업장 수로 원하는 산출을 얻도록 작업을 할당하는 과정이다. 라인밸런싱을 할 때 각 작업장마다 할당된 과업의 총수행시간은 주기시간을 넘지 않아야 하며, 모든 작업장에 걸친 총유휴시간은 최소가 되어야 한다.

⑤ 아래 공식에서 보는 바와 같이, 생산라인에서 총 유휴시간이 증가하면, nc와 Σt의 차이가 증가하므로, 균형효율은 감소하고, 균형 효율이 감소하므로 밸런스 지체는 증가한다.

> 총유휴시간 = $nc - \Sigma t$
> 균형효율 = $\dfrac{\Sigma t}{nc}$
> 밸런스지체 (%) = 100% - 균형효율

2439 ①

① 총유휴시간 = (작업장 수 × 주기시간) - 총과업시간 이므로 주기시간과 총과업시간이 일정할 때 총유휴시간을 최소화하기 위해서는 작업장 수를 최소화해야 한다.

② 목표생산량이 정해져 있는 경우 작업시간(주간 40시간)을 목표생산량(3000개)으로 나누어 필요한 주기시간 ($= \dfrac{40시간}{3000개} = \dfrac{40 \times 3600초}{3000개} = 48초$)을 계산하며, 이때 계산된 주기시간은 최대 과업시간(병목공정시간)보다 커야 한다. 만약 주기시간이 최대 과업시간보다 작다면 목표량을 생산할 수 없다.

③ 바람직한 산출률 = $\dfrac{3000}{40}$ = 75개/시간

④ 생산능력(capacity)은 단위시간당 생산할 수 있는 최대 산출량이다. 가동준비시간(setup time)이 증가하면 생산능력이 떨어지는 것은 해당 공정에서만 적용되는 내용이다. 제품 흐름의 유형이 다른 공정에서의 가동준비시간에 의한 생산능력 비교는 평가하기 어려우며, 일반적으로 조립라인(assembly line)이 뱃치(batch)공정보다 생산능력이 큰 편이다.

⑤ 과업을 분할하면 유휴시간을 줄일 수 있지만, 그렇다고 전체작업에 걸리는 총과업시간을 줄일 수 있는 것은 아니다. 결국 유휴시간이 줄더라도 총과업시간은 변화가 없다.

2440 ②

① 설계생산능력이 유효생산능력보다 항상 더 크고,

생산능력효율 = $\dfrac{실제산출률}{유효생산능력} \times 100\%$,

생산능력이용률 = $\dfrac{실제산출률}{설계생산능력} \times 100\%$ 이므로 생산능력 이용률은 생산능력 효율을 초과할 수 없다.

② 자본집약도가 높은 산업은 생산능력 건설비용이 생산능력 부족비용보다 매우 크기 때문에 가동률을 최대화하기 위해 여유생산능력을 거의 0에 가까운 작은 수준으로 유지하는 전략이 타당하다.

③ 병목공정이란 생산능력이 부과된 수요보다 작은 공정을 말한다. 전체 공정의 생산능력은 병목공정에 의해 좌우되므로 병목공정에 1시간의 생산능력을 추가하는 것은 전체 공정에 1시간의 생산능력을 추가하는 것과 마찬가지의 효과가 있다. 그러나 병목이 아닌 공정에는 초과 생산능력이 있기 때문에 그 공정에 생산능력을 추가하는 것은 일정계획에 도움이 되지 않는다.

④ 총 유휴시간 = $nc - \Sigma t$

밸런스 효율 = $\dfrac{\Sigma t}{nc}$ 밸런스 지체 = 100 - 밸런스 효율이다. 수식에 의하면 밸런스 지체가 감소하는 경우는 밸런스 효율이 증가할 때이다. 효율의 증가는 분자인 Σt가 증가하거나 분모인 nc가 감소할 때인데 이를 유휴시간에 대입하면 총유휴시간이 감소하는 조건이다.

⑤ 주기시간 = 30초,

총 유휴시간 = $nc - \Sigma t = (3 \times 30) - (15 + 30 + 20) = 25$

밸런스 효율 = $\dfrac{65}{3 \times 30} = \dfrac{65}{90} = 72.22\%$

2441 ③

① 생산능력효율 = $\dfrac{실제산출률}{유효생산능력} \times 100\%$,

생산능력이용률 = $\dfrac{실제산출률}{설계생산능력} \times 100\%$

생산능력이용률은 생산능력효율을 초과할 수 없다. 생산능력이용률을 높이려면 실제산출률을 증가시켜야 한다. 그런데 실제산출률의 상한이 유효생산능력이다. 따라서 실제산출률을 증가시키기 위해서는 유효생산능력을 증가시킬 필요가 있다.

② 작은 여유생산능력(capacity cushion) 전략에서는 가동률을 최대화하기 위해 여유생산능력을 거의 '0'에 가까운 작은 수준으로 유지한다. 생산능력 건설비용이 생산능력 부족비용보다 매우 큰 경우에 적합하며 주로 재고생산 프로세스가 이 전략을 사용한다. 따라서 이 경우 단기적 이익은 최대화되지만 경쟁자가 큰 여유생산능력을 채택하여 초과 수요를 흡수하게 되면 시장점유율에서는 불리할 수도 있다.

③ 병목의 생산능력을 잘 활용하도록 주문을 받아 병목 자원을 보존할 수 있도록 일정계획을 수립하는 방법은 '제약이론'이다. 라인밸런싱(line balancing)은 작업부하가 가능한 균등해지도록 설계하여 병목의 가동률이 다른 작업장과의 가동률과 차이가 크게 나지 않도록 하는 방법이다. 즉, 총유휴시간이 최소가 되도록 작업을 작업장에 할당하는 방법이다.

④ 최장과업시간을 가진 과업을 2개 이상의 작업장으로 분할이 불가능하다면 이 과업시간이 조립라인의 속도를 제약하게 된다. 보기의 방법 외에 더 숙련된 작업자 사용, 잔업, 재설계 등을 통해 주기시간과 과업시간을 조화시킬 수 있다.

⑤ 주기 당 유휴시간 = (25-20)+(25-15)+(25-25)
    = 5 + 10 + 0 = 15초

$$1일\ 유휴시간 = 주기당\ 유휴시간 \times \frac{1일\ 작업시간}{주기시간}$$

$$= 15(초) \times \frac{8 \times 60 \times 60(초)}{25}$$

$$= 17,280(초) = 4.8(시간)$$

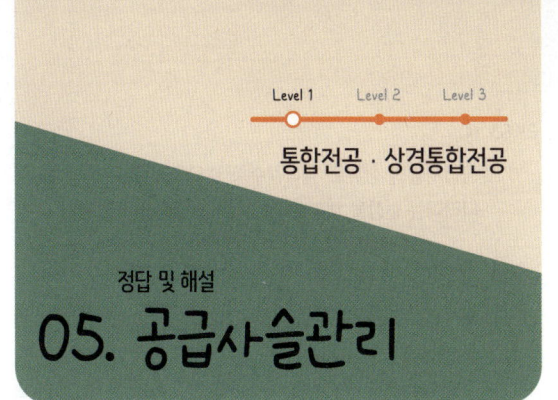

정답 및 해설
05. 공급사슬관리

2442 ⑤

SCM(Supply Chain Management)은 부품 공급업체와 생산업체 그리고 고객에 이르기까지 거래관계에 있는 기업들 간 IT를 이용한 실시간 정보공유를 통해 시장이나 수요자들의 요구에 기민하게 대응토록 지원하는 것이다.

2443 ①

공급사슬관리(SCM)는 공급업체, 구매 기업, 유통업체 그리고 물류회사들이 주문, 생산, 재고수준 그리고 제품과 서비스의 배송에 관한 정보를 공유하도록 하여 제품과 서비스를 효율적으로 구매, 생산, 배송할 수 있도록 지원하는 시스템이다.

2444 ①

① 운송관련 비용은 지속적으로 증가하고 있다.

2445 ④

① EOQ(경제적 주문량)는 연간 재고 유지비용과 주문비용의 합을 최소화하는 로트 크기를 의미한다.
② MRP(material requirements planning)는 종속수요 품목의 재고관리와 재고보충 일정을 관리하는 방법이다.
③ TQM(total quality management)은 전사적 품질경영을 의미한다.
⑤ FMS(flexible manufacturing system)는 여러 제품을 높은 생산성으로 유연하게 제조하는 것을 목적으로 생산을 자동화한 시스템을 의미한다.

2446 ①

② 물류비용의 증가
③ 채찍효과로 인한 예측의 불확실성 증가
④ 기업의 경쟁강도 증가
⑤ 리드타임의 영향력 증가

2447 ①

① 생산, 재무, 마케팅 등 기업기능의 상호유기적 수행 필요 증대

2448 ②

② SCM은 공급사슬 기업 간 정보공유를 촉진하여 채찍효과를 감소시킨다.

2449 ④

④ 공급사슬은 주체들 간에 상호의존성이 매우 높기 때문에 한 주체의 의사결정이 나머지 다른 주체들에게 영향을 많이 미친다.

2450 ④

④ 제품생산에 필요한 자재를 필요한 시각에 필요한 수량만큼 조달하여 낭비적 요소를 근본적으로 제거함으로써 작업자의 능력을 완전하게 활용하여 생산성 향상을 달성하는 관리방식은 린 시스템이다.

2451 ②

② 도매물류센터의 수가 증가하면 리스크 풀링 효과는 감소한다. 리스크 풀링(risk-pooling) 효과는 재고를 한 곳에 모으는 집중배치(centralized placement)에 발생하는 것으로 여러 곳의 수요가 한 곳으로 집중되면 수요의 변동 폭이 줄어드는 현상을 말한다.

2452 ②

① 공급사슬 상의 정보 왜곡 현상은 조직마다 목표가 상이하여 발생하기 때문에 공급사슬의 부문 최적화보다 전체 최적화를 목표로 하여야 한다.
③ 채찍효과는 공급사슬의 하류에서 생긴 수요의 변화가 상류로 거슬러 올라가면서 그 폭이 증폭되는 현상이다.
④ 공급사슬관리는 공급자에서 고객까지의 공급사슬 상의 정보, 물자 현금의 흐름에 대해 총체적인 관점에서 관리한다.

2453 ③

③ 인바운드 물류(Inbound Logistics)는 공급자, 제조업자 또는 타 유통 채널 등에서 원자재 및 기타 부품 완제품을 3자 물류센터 또는 창고 등으로 전달하게 되는 과정을 말한다. 이에 반해 아웃바운드 물류(Outbound Logistics)는 공장에서 생산 또는 창고 등에서 보관되어 있는 완제품을 유통경로의 도착지인 최종 소비자에게 전달하는 과정을 말한다.
④ 조달물류는 원자재나 부품, 중간가공품, 빈포장용기, 포장재료 등을 조달처로부터 구매자인 생산업자에게 납입되어, 기업 내 자재 창고에 입하된 후에 실제 생산공정에 투입되기 전까지의 물류 활동을 의미한다.

2454 ③

① 정보와 물류의 리드타임이 길수록 공급사슬 내 채찍효과(bullwhip effect)로 인한 현상은 증가한다.

② 공급자 재고관리를 활용하면, 구매자는 직접 재고를 유지할 필요가 없으므로 재고유지비용과 주문비용은 감소하고, 공급자와 수요 정보를 공유하여 공급자의 수요예측 정확도는 높아진다.
④ 표준화된 단일품목에 대한 고객수요를 최대한 확대하려는 방향으로 공급 네트워크를 구성하려는 전략은 대량 고객화(mass customization)가 아니라 대량생산이다.

2455 ⑤

⑤ 채찍효과(bullwhip effect)란 공급사슬의 하류에서 생긴 수요의 변동이 상류로 거슬러 올라갈수록 수요변동 폭이 증폭되는 현상을 말한다.

2456 ④

④ 뱃치(batch) 주문 즉 주문을 모아두었다가 한꺼번에 하게 되면, 공급자의 생산량에 변동이 심해지므로 채찍효과가 증대된다.

2457 ①

공급사슬의 하류에서 생긴 수요의 변화가 상류로 거슬러 올라갈수록 증폭되는 현상을 채찍효과(bullwhip effect)라고 한다.

2458 ④

④ 공급사슬 구조를 개선하기 위해서는 준비시간(setup time) 단축보다는 리드타임(lead time)을 단축하는 것이 좋다.

2459 ①

채찍효과의 해결방안은 다음과 같다.
1. 실시간 수요정보의 제공
2. 리드타임의 단축
3. 고객 요구 프로세스의 고유한 변동 폭을 감소시킴
4. 공급사슬에서 재고에 관한 정보를 공유

2460 ⑤

⑤ 채찍효과(bullwhip effect)란 공급사슬의 하류에서 생긴 수요의 변화가 상류로 거슬러 올라가면서 증폭되는 현상을 말하는데, 공급의 리드타임(LT: leadtime)이 길거나 갑작스러운 수요변동으로 인해 발생한다. 그러나 전자자료교환(EDI)이나 공급사슬관리(SCM) 등의 시스템을 사용하면 채찍효과를 줄일 수 있다.

2461 ⑤

공급사슬 참여 간에 실시간 수요정보를 공유하면 채찍효과를 줄일 수 있다.

2462 ④

채찍효과(bullwhip effect)란 공급사슬의 하류에서 생긴 수요의 변화가 상류로 거슬러 올라갈수록 수요의 변동폭이 증폭되는 현상

2463 ④

공급사슬의 상류로 올라갈수록 수요의 변동폭이 증폭되어 나타나는 현상을 채찍효과(bullwhip effect)라고 한다.

2464 ①

채찍효과(bullwhip effect)란 공급사슬 상류에서 생긴 수요의 변화가 상류로 거슬러 올라갈수록 그 크기가 증폭되는 현상을 의미한다. 채찍효과의 원인으로는 실시간 수요정보의 부재, 정보공유 지연, 긴 리드타임 등이 있다.
① 수요정보의 공유는 채찍효과를 줄이는 효과가 있다. 만약 공급사슬 기업 간 수요정보가 공유되지 않는다면 채찍효과가 커질 것이다.
② 뱃치식(batch: 일괄)식 주문도 채찍효과를 키울 수 있다. 필요한 만큼 그때 그때 주문하는 것이 아닌 다발식의 묶음이 모두 판매될 때까지 이를 기다렸다가 한꺼번에 주문하게 되는 방식을 취하면, 여러 도매상 또는 소매상들로부터 동일한 시점에서 한꺼번에 주문을 받게 되면 일정 시점에서 수요가 급격하게 증가하게 되는 현상이 발생하게 된다.
③ 생산업체의 유동적인 가격정책의 경우 생산업체는 도소매업체에게 일정기간 동안 가격 할인을 하게 되는데, 이 때 도소매업체는 한 번에 물량을 대량으로 구매해 이를 재고로 쌓아두고 몇 달 동안 주문을 하지 않곤 하는데, 하지만 이 재고가 소진되면 한꺼번에 많은 양을 주문해야 하므로 한동안 주문이 없다가 갑자기 많은 주문이 발생하면 채찍효과가 발생하게 된다.
④ 공급망에서의 분배문제는 특정 제품에 대한 수요가 증가하게 되면 제조업체의 경우 일정하게 도소매업체별로 제품을 할당할 수밖에 없게 된다. 이 때 도소매업체에 충분한 제품이 공급되지 않으므로 후에 비슷한 상황에 대비해 실제 수요보다 더욱 많은 양을 주문하게 되어 채찍효과가 발생할 수 있다.

2465 ①

① 공급사슬의 비효율을 제거하고자 개발된 것은 SCM이다.

2466 ①

① 채찍효과(bullwhip effect)란 공급사슬의 하류에서 생긴 수요의 변동이 상류로 거슬러 올라갈수록 수요변동 폭이 증폭되는 현상을 말한다.

2467 ④

④ 리드타임이 짧아질수록 채찍효과는 줄어든다.

2468 ③

③ 공급사슬망의 단계 수를 늘리면 단계 수가 적을 때보다 오히려 채찍효과가 증가한다. 또한 제품을 다양화하면 제품이 다양하지 않을 때보다 채찍효과는 증가한다.

2469 ③

공급사슬의 상부구조 및 하부구조의 변화는 공급 사슬에서의 불확실성, 총 리드타임, 공급사슬의 총 원가를 줄이는 것을 목적으로 한다.
① 상부구조 개선 : 공급사슬 내 개체들의 중요 구조 변화에 대한 것으로 공급사슬 구조에 관한 넓은 범위의 개선이며 주로 장기적인 성격으로 이는 많은 자본을 필요로 한다. 설비유형 및 입지, 공정기술 및 설비 배치, 수직적 통합 등과 연관되어 있다.
② 하부구조의 개선 : 공급사슬 내 개체들의 인적자원 및 하부구조의 변화로 공급사슬의 소프트한 측면에서의 개선이다. 주로 공급자 관리, 종업원의 역할 및 책임, 생산 및 재고관리, 정보시스템, 품질관리시스템 등과 연관되어 있다.
①②④⑤는 공급사슬관리의 효율적 추진방법 중 상부구조 개선방법에 해당하며, ③은 하부 구조 개선방법에 해당한다.

(참고) SCM의 효율적 추진방법

SCM의 개선방법	내용
상부구조 개선방법	㉠ 아웃소싱 ㉡ 주요 제품설계 개선 ㉢ 네트워크의 구성 및 입지 개선 ㉣ 공급사슬의 수직적 통합 또는 가상통합
하부구조 개선방법	㉠ 상호기능팀의 구성 ㉡ 정보시스템의 통합 ㉢ 준비시간(Set-Up)의 감축 ㉣ 공급사슬 내의 상호협력체제 구축

2470 ①

① 채찍효과(bullwhip effect)는 공급사슬의 하류에서 생긴 수요의 변동이 상류로 거슬러 올라갈수록 수요변동의 폭이 증폭되는 현상을 의미한다.
③ 리스크 풀링(risk pooling) 효과는 여러 지역의 수요를 하나로 통합했을 때 수요의 변동성이 감소하는 것을 의미한다.
④ 크로스 도킹(cross docking)은 공급업체로부터 입고되는 제품을 창고에 보관하지 않고 재분류를 통해 배송 차량으로 옮겨 곧바로 소매점으로 배송하는 방법이다.

2471 ①

① 재고회전율이 높으면 재고자산이 활발하게 소진되고 있으며, 재고가 매출로 빠르게 반영된다. 이는 기업의 재무 건전성이 양호할 가능성이 높다는 것을 말한다. 반면에 회전율이 낮으면 재고자산 소진 속도가 더디고, 재고가 매출로 반영되는 속도도 느려지게 된다. 이는 수익성 악화로 이어질 수 있으며 재무 건전성이 나빠질 수 있다.

2472 ①

① 공급사슬의 효율성 측정치로는 평균 총재고액, 재고일수, 재고회전율 등이 있다.

2473 ①

① 대량고객화(mass customization)란 대량생산과 고객화의 합성어로 대량생산과 동시에 고객 개개인의 니즈를 반영한 고객화를 가미하는 전략이다.

2474 ①

① 규모의 경제를 통한 생산라인의 생산성을 추구하는 것은 mass customization이 아니라 mass production이다.

2475 ⑤

⑤ 모듈러 생산은 제품은 다양하면서도 생산원가를 낮추기 위해 제품을 이루는 구성요소를 표준화시키는 방법이다.

2476 ③

전용설비를 사용한 소품종 대량생산화는 대량 맞춤화(대량고객화)가 아니라 그냥 대량 생산이다.

2477 ④

① 서비타이제이션(servitization)은 제품과 서비스의 결합(product servitization), 서비스의 상품화(service productization), 기존 서비스와 신규 서비스의 결합 현상을 포괄하는 개념으로, 유사한 상품과 서비스를 결합하여 서비스 산업의 활성화 방안을 모색하는 것으로 본다. 웅진 코웨이의 코디는 서비타이제이션의 1세대 격으로 볼 수 있으며, 제품에 서비스를 결합하는 대표 사례는 자동차에 유비쿼터스 환경을 구현해 주는 정보기술(IT)을 예로 들 수 있으며, 서비스의 상품화는 농촌 체험마을 관광 상품을 들 수 있다.
② 가치 공학(value engineering)은 가치 있는 제품을 만들어내기 위한 기업 경영 기법으로 소비자가 바라는 가치 있는 상품을 만들기 위해 인사, 생산, 마케팅, 경영 각 부문이 소비자를 중심에 놓고 고품질 원가절감의 신제품 개발 등에 나서는 기법이며 이는 다시 말해 전체 작업과정에서 최소의 비용으로 최대의 효과를 달성하기 위해 기능 분석 및 개선 등에 쏟게 되는 조직적인 노력을 의미한다.
③ 린 생산(lean production)은 도요타의 대표적 생산방식으로 각 생산 단계에서 인력 또는 생산설비 등 생산능력을 필요한 만큼만 유지하면서 생산효율을 극대화하는 방식을 의미한다.
④ 매스 커스터마이제이션(mass customization)은 개별 고객들의 니즈에 맞춰 주문 생산된 제품 및 서비스를 대량 생산함으로써 낮은 비용으로 제공하는 시스템을 말한다. 즉, 다양해진 개인 고객의 수요에 대응하고 대량생산을 통해 비용 절감 효과를 누리는 생산방법으로, 대량생산(mass production)과 고객화(customization)의 합성어로 기업 경영혁신의 새로운 패러다임을 의미한다.
⑤ 대량 생산(mass production)은 규격화 된 제품을 기술과 기계를 사용하여 대량으로 생산하는 체제를 말한다. 즉 조립 라인 등을 통하여 표준화된 제품을 대량으로 생산하는 방식을 의미한다.

2478 ②

② 지연 차별화(delayed differentiation)는 제품이나 서비스의 생산을 진행하되 고객의 요구가 알려지기 전까지는 일부를 완성하지 않고 미루다가 고객의 요구를 안 다음 그것을 반영하여 완성하는 생산 방식을 말한다. 대량고객화(mass customization)를 위한 방법 중 하나이다.

2479 ④

④ 가치공학은 대량고객화를 실험하기 위한 방법에 해당되지 않는다.

2480 ⑤

⑤ 하우 리(Hau Lee)의 불확실성 프레임워크에서 '효율적 공급사슬'은 수요의 불확실성과 공급의 불확실성이 모두 낮은 경우이며, 이 경우 공급사슬의 초점은 자재와 서비스의 흐름을 조화시켜 재고를 최소화하는 것이다. 제품의 물류 및 판매시간 단축을 목표로 하는 것은 '반응적 공급사슬'이다.

2481 ②

② 반응적 공급사슬(responsive supply chain)은 다양하고 변화하는 고객의 니즈에 대한 효과적 반응과 유연성을 추구하려는 공급사슬로써 신속한 수요대응에 중점을 두기 위해서는 그에 맞게 여유 생산 능력을 늘리는 것이 필요하다.

2482 ①

공급사슬의 유형은 다음과 같다.
- 효율적 사슬(efficient chain)은 제품 흐름의 안정성이 높으므로 큰 규모의 자본 집약적인 설비투자가 이루어짐으로써 식품과 같은 대량으로 판매되는 제품을 주요 대상으로 한다.(Hau Lee의 불확실성 프레임워크에서 효율적 공급사슬)
- 린 사슬(lean chain)은 제품가격, 품질 및 고객서비스, 혁신성 등의 여러 특성을 동시에 고려하는 것으로 자동차 같은 특성을 지닌 제품을 대상으로 한다.
- 신속대응 사슬(quick chain)은 제품의 가격보다 해당 제품의 혁신을 기반으로 경쟁하므로 고수준의 제조 유연성을 추구함으로써 주로 패션의류 등과 같은 수요예측이 어려운 제품을 대상으로 한다.(Hau Lee의 불확실성 프레임워크에서 반응적 공급사슬)

2483 ③

③ 제품개발과정에서 설계, 기술, 제조, 구매, 마케팅, 서비스 등의 담당자뿐만 아니라 납품업자, 소비자들이 하나의 팀을 구성하여 각 부분이 서로 제품개발에 대한 정보를 교환하면서 제품개발과정을 단축시키는 방식을 동시공학(concurrent engineering)이라고 한다.

2484 ④

④ 콘커런트 엔지니어링(concurrent engineering)이란 제품 엔지니어, 프로세스 엔지니어, 마케팅 담당자, 구매담당자, 정보처리 전문가, 품질 전문가 및 공급자를 한곳에 모이게 해서 고객 기대에 부합하는 제품과 프로세스를 설계하도록 하는 것이다.

2485 ①

고객의 요구를 제품개발 프로세스에 통합하는 기법을 품질기능전개(quality function deployment)라고 한다.

2486 ③

③ 로버스트 설계(robust design): 제품의 성능 특성이 제조 및 사용 환경의 변화에 민감하지 않도록 설계하는 방법

2487 ④

a. 낮은 부품다양성으로 높은 제품다양성을 추구하는 방법: 모듈러 설계(modular design)
b. 제품의 원가대비 기능의 비율을 개선하려는 체계적 노력: 가치분석(VA)
c. 고객의 다양한 요구사항과 제품의 기능적 요소들을 상호 연결: 품질기능전개(QFD)

2488 ④

④ 모듈화 설계(modular design)는 부품이나 구성품을 모듈화하여 구성품의 다양성은 낮추어 대량생산을 가능하게 하면서도 제품의 다양성은 높일 수 있는 방법을 말한다.

2489 ②

제품이나 공정을 처음부터 환경변화에 영향을 덜 받도록 설계하는 것을 로버스트 설계라고 한다.

2490 ③

③ 동시공학(concurrent engineering)은 제품의 설계, 기술, 생산, 마케팅, 서비스 등의 전 과정을 거쳐 서로 다른 부서로부터 기능횡단 팀(cross-functional team) 혹은 다기능 팀(multi-functional team)을 구성하고 제품개발 업무를 동시에 진행하는 것을 말한다.

2491 ①

ㄱ. 가치분석(value analysis)은 비용을 절감하거나 구매 또는 생산되는 제품 혹은 서비스의 성과를 향상시키는 체계적인 노력 즉, 고객에 의하여 정의된 모든 기능적 요구사항들을 충족시키는 동시에 원가절감과 보다 나은 제품의 성능을 이끌어내는 것을 말한다.

ㄴ. 모듈러 설계(modular design)는 제품의 다양성을 높이면서 동시에 제품라인의 생산에 사용되는 구성품의 수를 최소화하는 제품설계 방법을 말한다.

ㄷ. 로버스트 설계(robust design)는 제품이나 공정을 처음부터 환경변화에 의해 영향을 덜 받도록 설계하는 것이다.
ㄹ. 동시공학(concurrent engineering)은 설계 담당자, 생산 전문가, 마케팅 전문가, 품질 전문가들이 공동작업을 통해 제품과 서비스를 설계하고 그 생산 공정을 설계하는 것을 의미한다.

2492 ③

다구치는 품질에 대한 정의부터 다르게 출발한다. '사용하기에 적합한', '규격에 맞는' 또는 '소비자 만족' 등으로 표현되는 이제까지의 품질에 대한 정의와 달리 다구치는 품질이란 '제품이 출하된 때부터 사회에 끼치는 손실'이라고 정의한다.
여기서 손실이란 제품이 완전하지 못함으로 인하여 발생하는 낭비, 비용, 잠재적인 손해 등을 포함한다. 소비자의 사용상 요구가 만족되지 못하거나 제품이 이상적인 성능을 발휘하지 못하는 것이 손실의 예라고 할 수 있다.

2493 ①

② 가치공학(value engineering): 고객에 의해 정의된 모든 기능적 요구사항들을 충족시키는 동시에 원가절감과 보다 나은 제품의 성능을 이끌어 내는 것
③ 동시공학(concurrent engineering): 제품개발과 관련된 여러 분야의 엔지니어들이 한곳에 모여 고객기대에 부합하는 제품과 프로세스를 설계하도록 하는 것
④ 모듈러 설계(modular design): 제품을 다양하면서도 생산원가를 낮추기 위해 제품을 이루는 구성요소를 표준화시키는 방법

2494 ③

③ 품질의 집(house of quality)은 고객의 요구사항을 제품개발 프로세스에 통합하는 것이기 때문에 기술 특성에 관한 경쟁사의 설계목표는 포함되지 않는다.

2495 ④

① 부품이나 중간 조립품의 호환성과 공용화를 높여서 생산원가를 절감하는 기법은 모듈러설계이다.
② 불필요한 원가 요인을 발굴하여 제거함으로써 제품의 가치를 높이는 기법은 가치분석/가치공학(VA/VE)(value analysis/value engineering)이다.
③ 신제품 출시과정을 병렬적으로 진행하여 신제품 출시 기간을 단축하는 기법은 동시공학(concurrent engineering)이다.
⑤ 제품이나 공정을 처음부터 환경변화의 영향을 덜 받도록 설계하는 것은 로버스트 설계이다.

2496 ②

② 가치분석은 제품설계에 관한 것이므로 공정을 추가하기 위한 아이디어는 가치분석을 위한 브레인스토밍의 주제는 아니다.

2497 ③

③ 모듈러 설계는 대량고객화를 위한 방법으로 완제품의 표준화가 아니라 대량의 완제품을 고객화하기 위한 기법이다.

2498 ④

① 공급사슬관리에서 리스크 풀링(risk pooling) 효과는 여러 지역의 수요를 하나로 통합했을 때 수요변동성이 감소하는 것을 의미하는데, 이는 지역별로 다른 수요를 합쳤을 때 특정한 고객으로부터의 높은 수요 발생을 낮은 수요의 다른 지역에서 상쇄할 수 있기 때문에 가능하다. 이러한 변동성의 감소는 안전재고의 감소를 가져오게 된다.
② VMI(vender managed inventory)는 제조업체나 유통업체에서 발생하게 되는 재고를 공급자가 전담하여 관리하는 방식이다. 공급자가 제조업체의 수요상황을 보면서 생산 및 수송을 하게 되면 팔리지 않는 상품을 운반하거나 보관하는 불필요성을 줄일 수 있고 제조업체 입장에서는 발주 업무를 생략할 수 있다.
③ 지연 차별화(delayed differentiation)는 주문조립생산(assemble-to-order), 모듈화 설계(modular design), 채널조립(channel assembly)과 더불어 대량 고객화를 위한 공급사슬설계 방안 중 하나다.
④ 공급사슬관리에서 정보공유는 '기업 내' 정보공유보다는 공급사슬 내의 '기업 간' 정보공유에 초점을 둔다. 따라서 기업 내 생산프로세스의 부서와 팀이 실시간으로 정보를 공유하는 것은 ERP 시스템이고, 공급사슬 내의 기업 간 정보를 공유하는 것은 SCM 시스템이다.

2499 ③

① OJT(직무현장훈련 ; OJT : on-the-job training)는 종업원이 직무에 관한 지식과 기술을 현직에 종사하면서 감독자의 지도하에 훈련받는 현장실무 중심의 현직 훈련을 말한다.
② OBM(Original Brand Manufacturing ; 제조자 브랜드 개발생산)은 제조업자가 고객사의 신규 브랜드 컨설팅까지 맡아 신규 브랜드의 런칭에서부터 제품개발, 제조 생산까지 진행해주는 방식을 말한다.
③ ODM(Original Development Manufacturing ; 주문자 개발생산)은 주문자가 제조사에게 특정 제품의 생산을 위탁하게 되면 제조사가 자신들의 기술 및 노하우 등을 기반으로 해당 제품의 설계, 디자인 등에 대한 개발, 생산 등을 모두 책임지고 만드는 방식을 말한다.
④ OEM(Original Equipment Manufacturing ; 주문자 상표부착생산)은 외국의 주문자 상표를 부착해 수출하는 국제하청방식 수출을 말하는 것으로 이때 통상적으로 주문자는 제조자에게 제품의 설계 및 제조기술 등에 대한 지침을 주게 된다.

2500 ③

③ 아웃소싱(outsourcing)과 오프쇼어링(offshoring)은 모두 외부에서 수행되는 활동이라는 것은 공통점이 있지만, 아웃소싱의 경우에는 기업의 일부 또는 특정 부서 전체의 업무를 외부 기관에 위탁해 수행하는 반면에 오프쇼어링은 기업 내부에서 수행하던 일을 동일 기업에 속하는 국외의 다른 설비에 맡기는 것을 말한다. 즉 오프쇼어링이란 기업들이 생산 및 서비스 분야의 업무 일부를 인건비가 싼 해외로 이전하는 현상을 말한다.

2501 ①

생산량을 x로 하고 각 대안에 대한 총비용을 식으로 표현하면 다음과 같다.

대안1 : $y = 10x + 4000$
대안2 : $y = 20x + 2000$
대안3 : $y = 40x + 1000$

	40단위	70단위	100단위	200단위	210단위
대안1	4400	4700	5000	6000	6100
대안2	2800	3400	4000	6000	6200
대안3	2600	3800	5000	9000	9400

① 위 표에서와 같이 생산량이 40단위라면 대안 2와 대안 3의 입지비용은 다르다.

2502 ③

③ 완제품의 수송비용이 많이 드는 경우에는 완제품 조립 공장을 원자재 산지보다는 소비지 근처에 두는 것이 유리하다.

2503 ④

① 무게중심법(center of gravity method)은 센트로이드법(centroid method)이라고도 하는데, 신규입지와 기존 입지들과의 운송비의 총합이 최소가 되도록 하는 입지를 선정하는 방법을 의미한다. 즉, 여러 목적지를 대상으로 하는 어떤 시설을 추가할 때 수송거리를 최소화하거나 수송비용을 최소화하는 위치를 결정하는 방법이다. 이 방법은 특히 물류비용 최소화의 목표 하에 물류센터의 위치를 결정하는데 사용된다.

② 요인평점법(factor-rating)은 정량적 요인과 정성적 요인을 포함하여 입지를 평가하는 데 사용하는 방법으로 고려대상 입지 각각에 대하여 총 평점을 계산하고 총평점이 최대인 입지를 최적입지로 선정하는 방법을 의미한다. 즉, 입지 요인별 가중치를 고려한 요인 평정 결과를 활용하여 최적의 입지를 선택하는 방법이다.

③ 수송계획법 혹은 수송모형(transportation model)은 다수의 공급지로부터 다수의 수요지까지 총 수송비용을 최소화하면서 상품을 수송하는 의사결정문제의 해법을 다룬다. 수송모형은 특수한 형태를 갖는 선형계획모형으로 볼 수 있으므로 선형계획법으로 해를 구할 수도 있으나 번거로운 반복절차를 거쳐야 하므로 매우 비효율적이다. 해법으로는 북서코너법(northwest corner method), 최소비용법(minimum cell cost method), 보겔추정법(Vogel's approximation method) 등으로 기본 해를 유도하며, 디딤돌법(stepping stone method), 수정배분법(MODI법) 등을 통해 기본 해를 개선하여 최적 해를 유도하는 방법이다.

④ 손익분기점분석(break-even analysis)은 총생산비용과 총수익의 상관관계와는 전혀 관계없이, 총수익과 총비용이 교차하는 판매 수량을 찾는 것을 주요 내용으로 한다. 즉 매출액(총수익)에서 영업비용(총비용)을 차감하게 되면 이익 또는 손실이 나타나게 되는데 여기서 매출액과 영업비용이 같다면 이익(또는 손실)은 '0'이 되어 이 점에서 손실과 이익이 분기되게 된다. 그러므로 손익분기점 분석은 매출액과 비용 및 이익 간의 관계에 대한 분석이므로 '비용·매출액 이익 분석(CVP: cost volume profit analysis)'이라고도 한다.

2504 ②

가중치와 평가점수를 곱하면 다음과 같이 계산된다.

입지 요소	가중치	여주	음성	구미
토지/건설비용	.20	14	18	20
숙련된 노동 강요성	.15	15	12	13.5
시장까지의 거리	.30	30	27	24
세금/인센티브	.25	20	25	17.5
삶의 질	.10	7	6	10
합	1.00	86	88	85

2505 ⑤

⑤ 크로스 도킹(cross-docking)은 월마트에 의해 처음으로 도입된 혁신적인 물류시스템으로서 대규모 소매업체와 물류업체에서 사용되고 있다. 크로스도킹이란 공급자들이 트럭으로 지역별 창고(또는 물류창고)의 여러 입하구로 상품을 수송해 오면, 이들 상품들을 각 소매점포의 필요에 따라 분류 및 재그룹화한 다음, 보관없이 곧바로 창고의 다른 쪽 여러 출하구에서 트럭에 실어 각 소매점포로 배송하는 물류시스템이다.

2506 ①

①② 제3자 물류는 물류 관련비용을 절감하기 위해 생산을 제외한 물류전반을 특정 물류 전문 업체에 위탁하는 것으로 생산자와 판매자의 물류를 제3자를 통해 처리하는 것을 의미한다. 즉 제3자 물류는 물류전문 업체와 화주기업이 물류비 절감과 물류서비스 향상을 공동의 목표로 설정하고 이를 달성하기 위해 양자가 계약을 맺고 정보를 공유하면서 전략적 제휴를 맺는 관계이다.

③ 제3자 물류 서비스의 개선 및 확충으로 물류산업의 수요 기반이 확대될수록 물류시설에 대한 고정비 부담의 감소로 규모의 경제효과를 얻을 수 있어 물류산업의 합리화·고도화가 촉진될 것이며, 그 결과 물류산업은 제조업 지원 산업으로서의 역할을 제대로 수행할 수 있는데 규모의 경제효과에 의한 효율성 증대와 더불어 무엇보다 중요한

점은 여러 화주기업의 물류활동을 장기간 수탁, 운영하는 과정에서 축적되는 운영·관리기술 및 노하우로 전문성을 갖출 수 있고, 이의 효과를 협력관계에 있는 화주기업과 공유할 수 있다.

④ 제3자 물류는 연계수송방식과 물류시설을 이용한 거점운송방식과 같은 종합물류서비스가 활성화된다. 즉 물류서비스 가운데서 가장 비중이 높은 운송서비스는 현행 화물자동차 의존형 개별직송방식에서 탈피하여 다른 운송수단과 연계되는 연계수송방식과 물류시설을 이용한 거점운송방식이 활성화되는 등 종합물류 서비스로서의 면모를 갖추게 된다는 것이다.

250 ②

① EOQ(경제적 주문량)는 재고유지비용과 주문비용의 합을 최소화하는 로트 크기를 의미한다.

② ULS(Unit Load System: 유닛로드시스템)는 화물의 유통에 있어 하역, 수송, 보관 등의 전반적인 비용절감을 위해, 출발지에서부터 도착지까지의 중간 하역작업 없이 일정한 방법으로 수송·보관하는 시스템을 의미한다.

③ 적시생산시스템은 모든 생산과정에서 필요할 때, 필요한 것만을 필요한 만큼만 생산함으로써 생산시간을 단축하고 재고를 최소화하여 낭비를 없애는 시스템이다.

④ 공급사슬관리는 공급자로부터 기업 내 변환과정, 유통망을 거쳐 최종 고객에 이르기까지의 자재, 서비스 및 정보 흐름을 전체 시스템 관점에서 관리하는 것이다.

⑤ Cross Docking은 창고 또는 물류센터 등으로 입고되는 상품을 보관하는 것이 아니라, 곧바로 소매점포에 배송하는 물류시스템을 의미한다. 보관 및 피킹작업 등을 제거함으로써 물류비용을 상당히 절감할 수 있으며 이러한 크로스도킹은 입고 및 출고를 위한 모든 작업의 긴밀한 동기화를 필요로 한다.

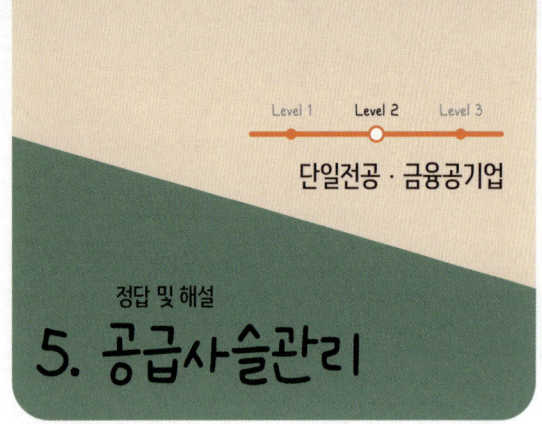

정답 및 해설
5. 공급사슬관리

2508 ①
① 채찍효과란 공급사슬의 상류(소비자에서 원자재 쪽으로)로 갈수록 수요의 변동 폭이 증폭되는 현상을 말한다.

2509 ⑤
⑤ 정보와 물류의 리드타임(LT)이 길수록 채찍효과는 커진다.

2510 ①
① 채찍효과(bullwhip effect)란 공급사슬의 하류에서 생긴 수요의 변화가 공급사슬의 상류로 거슬러 올라갈수록 수요변동이 증폭되는 현상을 의미하는데, 공급사슬망 중개업자의 단계 수를 늘리고, 제품을 다양화시키면 수량변화에 유연하게 대응할 수 없기 때문에 채찍효과가 일어날 가능성이 높아진다.

2511 ③
③ 공급사슬운영참조(SCOR) 모델에서는 공급사슬 운영을 계획(plan), 조달(source), 생산(make), 배송(deliver), 회수(return)의 다섯 개의 프로세스 범주로 나눈다.

2512 ②
① 개별 창고들을 통합하여 즉, 창고의 수를 줄여 중앙 집중 창고로 하면 수요의 변동성으로 측정되는 표준편차 또는 변동계수가 감소하여 안전재고가 감소하게 된다. 이를 리스크 풀링(risk pooling) 효과라고 한다.
② 재고자산회전율과 재고공급일수는 서로 역의 관계이므로 재고자산회전율을 높이기 위해서는 재고공급일수는 작아져야 한다.

$$\text{재고일수} = \frac{\text{평균 총재고액}}{\text{연간매출원가}}$$

$$\text{재고자산회전율} = \frac{\text{연간매출원가}}{\text{평균 총재고액}}$$

③ 지연차별화(delayed differentiation) 또한 리스크 풀링의 한 방법이다. 공통으로 적용되는 부분은 대량생산으로 규모의 경제를 달성하고, 다양성은 생산 프로세스에서 늦게 적용하거나 차별화하는 단계를 지연시켜 대량 고객화(mass customization)를 달성할 수 있다.
④ 크로스 도킹(cross docking)은 월마트(Walmart)가 고안한 방법으로 공급업체로부터 입고되는 제품을 창고에 보관하지 않고 재분류를 통해 배송차량으로 옮겨 곧바로 소매점으로 배송하는 방법이다. 창고 규모를 줄이고 하역과 상차 비용을 줄일 수 있어 재고비용을 감소시킬 수 있다. 또한 보관 후 이동이 아닌 소매점으로 바로 배송되기 때문에 리드타임 또한 줄일 수 있다.
⑤ 묶음단위 배치주문(order batching)과 수량할인으로 인한 선구매(forward buying)는 주문량이 증가하기 때문에 수요가 부풀려지는 효과로 인해 채찍효과를 유발할 수 있다.

2513 ②
b. 대량 고객화 전략은 고객화된(customized) 제품을 대량으로 공급하는 것을 의미한다.
c. 제품의 저장위치와 수송방식은 고객의 신속한 운송의 필요성, 수송비용, 재고통합효과 등을 종합적으로 고려하여 결정된다.

2514 ④
④ 공급사슬의 최적화를 달성하기 위해서는 개별조직 관점보다는 공급사슬 전체의 효율성에 초점을 두는 것이 바람직하다.

2515 ①
a. 수요의 불확실성이 낮은 기능적 제품(functional product)은 식료품점이나 주유소 같은 다양한 장소에서 구매할 수 있는 기본적인 일용품이 포함된다. 이들 제품은 인간의 기본적인 니즈를 충족시키는 것이고 따라서 시간에 따라 크게 변하지 않으므로 안정적이고 예측 가능하며 긴 제품 수명주기를 갖는다. 반면 수요의 불확실성이 높은 혁신적 제품(innovative product)은 패션제품, 컴퓨터, 스마트폰 등이 해당되며 기능적 제품에 비해 마진은 높지만 수요예측의 불확실성이 높다. 이들 제품들은 보통 몇 달 정도의 제품 수명주기를 갖는다.
b. 채찍효과(bullwhip effect)란 공급사슬의 하류에서 생긴 수요의 변화가 상류로 거슬러 올라갈수록 그 폭이 증폭되는 현상을 말한다. 따라서 채찍효과가 발생할 경우 공급사슬의 '상류'로 갈수록 주문량의 변동이 더 크게 나타난다.
c. 맞는 보기. 제조기업이 원재료 및 부품 공급의 안정성을 확보하기 위해 기업 인수를 하는 경우는 수직적 통합(vertical integration)에 해당하고 이 중에서 후방통합(backward integration)에 해당한다. 만약 제조기업이 제품의 유통기업을 인수한다면 이는 전방통합(forward integration)에 해당한다.

d. 맞는 보기. 대량고객화(mass customization)란 생산은 대량으로 하면서도 동시에 고객화된 제품을 생산하는 것을 말한다. 이를 위한 공급사슬 설계방법으로 모듈화 설계(modular design), 지연 차별화(delayed differentiation), 주문조립생산(assemble-to-order) 등이 있다.

2516 ⑤

① 재활용 용이성 설계(DFR: design for recycling)
② 동시공학
③ 품질기능전개(quality function deployment)
④ 동시공학

2517 ④

b. 동시공학은 '공학적 설계과정'뿐만 아니라 제품 개발과정에 설계 담당자, 제조 엔지니어, 마케팅과 구매 담당자 그리고 협력업체까지 모두 참여하는 것을 말한다.
c. 모듈러 디자인은 제조과정에는 대량생산에 의한 규모의 경제를, 최종조립단계에는 제품을 다양화하여 제품차별화를 이루어 비용 우위와 차별화를 동시에 추구하는 제품설계의 접근 방법이다.

2518 ③

③ 동시공학은 기능 조직을 사용하지 않고 각 기능별 부서에서 온 사람들로 구성된 기능횡단팀(cross functional team)을 활용한다.

2519 ②

② 로버스트(robust) 설계는 제품이나 공정을 처음부터 환경변화에 의해 영향을 덜 받도록 설계하는 것이다.

2520 ⑤

a. 부품 수 감축, 조립 방법 및 순서에 초점을 맞추는 설계: DFA(design for assembly)
b. 품질에 나쁜 영향을 미치는 노이즈(noise)로부터 영향정도를 최소화 할 수 있도록 설계: Robust Design
c. 제품의 원가대비 기능의 비율을 개선하려는 노력: VE(value engineering)
d. 고객의 다양한 요구사항과 제품의 기능적 요소들을 상호 연결함: QFD(quality function deployment)

2521 ⑤

① 공급사슬 참여자 간에 원활한 정보공유가 이루어지지 않는 경우, 공급사슬에서 고객과의 거리가 멀어질수록 주문의 변동 폭이 증가하는 채찍효과(bullwhip effect)가 발생할 수 있다. 따라서 전자문서교환(EDI), 무선주파수인식(RFID)과 같은 정보기술을 활용하여 공급사슬망의 가시성(visibility)을 높이는 것도 채찍효과를 줄일 수 있는 방안이다.

② 하우 리(Hau Lee)에 의하면 수요와 공급의 불확실성 정도를 저·고로 하여 다음과 같이 4가지의 공급사슬 전략을 제시하였다.

Hau Lee의 불확실성 프레임워크

		수요의 불확실성	
		저(기능적 제품)	고(혁신적 제품)
공급의 불확실성	저 (안정적 프로세스)	식료품, 기본 의류, 연료와 가스 (효율적 공급사슬)	패션의류, 컴퓨터, 팝음악 (반응적 공급사슬)
	고 (진화적 프로세스)	수력발전, 일부 농산물 (위험회피 공급사슬)	통신, 첨단 컴퓨터, 반도체 (민첩 공급사슬)

③ 재고일수와 재고회전율의 공식은 아래와 같다.

$$재고일수 = \frac{평균 총재고액}{연간 매출원가}$$

$$재고회전율 = \frac{연간 매출원가}{평균 총재고액}$$

위 공식에서 재고일수가 짧을수록 평균총재고액이 적다는 것을 의미하므로 재고일수가 짧을수록 재고회전율은 높게 된다.

④ 대량고객화(mass customization)의 구현을 위해 제품의 주문조립생산(assembly-to-order), 모듈화 설계(modular design), 차별화 지연(process postponement) 등이 활용될 수 있다.

⑤ 공급자 재고관리(VMI: vendor managed inventory)는 공급자가 고객의 재고정보에 접근 권한을 갖는 대신 고객이 요구하는 재고수준을 유지하는데 책임을 지는 것이다. 재고는 고객의 위치에 보유되며, 공급자는 고객이 해당 재고를 사용할 때까지 재고 소유권을 가지는 경우가 대부분이다. VMI를 활용하면, 구매자의 재고발주비용은 '0'이 되고 리드타임도 감소하고 더불어 공급자 입장에서는 수요자의 실제 수요정보, 재고정보를 알 수 있으므로 재고관리의 효율성이 향상된다.

2522 ③

① 입지손익분기분석(locational break-even analysis)은 고정비와 변동비로 나누어 입지를 분석한다.
② 운송모형(transportation model)은 고객시장을 기준으로 운송비용을 최소화 할 수 있는 입지를 선정하는 기법이다.
④ 무게중심분석방법(center of gravity method)은 무게중심의 좌표를 이용하여 다양한 후보지들의 입지를 선정하는데 사용한다.
⑤ 입지에 관한 분석 시 직각거리(rectilinear distance)를 이용한 분석은 두 지점 간 직선거리가 아닌 90도로 꺾인 거리를 측정하는 방법이다.

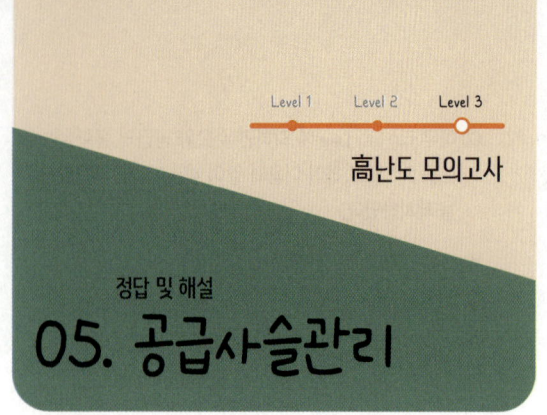

정답 및 해설
05. 공급사슬관리

2523 ⑤

고객화, 수량유연성, 최고품질 등의 경쟁우선순위를 가진 기업은 반응적 공급사슬(responsive supply chain)을 주로 채택한다. 반면 경쟁우선순위가 저원가 생산(low cost operation), 일관된 품질(consistent quality), 적기공급(on-time delivery)인 기업은 효율적 공급사슬(efficient supply chain)을 주로 채택한다.

2524 ⑤

⑤ 고객이 원하는 제품을 생산하려면 반드시 고객의 의견을 제품설계에 반영하여야 한다. 품질기능전개(QFD: quality function deployment)는 '고객의 목소리'를 제품이나 서비스 개발 프로세스에 통합하는 구조화된 방법이다. 동시공학(concurrent engineering)은 설계 담당자들과 제조 엔지니어들을 제품개발 초기에 함께 일하게 하여 제품과 프로세스를 동시에 개발하도록 하는 방법이다. 최근에는 이런 개념이 확장되어 생산 담당인원(예컨대 자재 전문가)과 마케팅 그리고 구매 담당자들도 기능횡단팀(cross functional team) 형태로 제품개발에 참여한다. 게다가 공급자나 고객의 참여도 권장된다. 물론 목적은 제조 능력뿐만 아니라 고객의 욕구도 반영하는 제품의 개발이다.

2525 ③

③ 로버스트 설계(robust design)란 제품이나 공정을 처음부터 환경변화에 의해 영향을 덜 받도록 설계하는 것으로 대량고객화와는 무관하다.

2526 ⑤

④ 로버스트 설계(robust design)는 제품이나 공정을 처음부터 환경변화에 의해 영향을 덜 받도록 설계하는 것이다. 로버스트 설계를 이용하면 온도, 조명, 먼지 등과 같은 제조 환경상의 변동요인들을 생산공정에서 통제하는 것보다 비용이 훨씬 덜 들게 된다.

⑤ 공급사슬에서 공급자의 수를 줄일 수 있고, 이에 따라 공급사슬관리에서 복잡성을 단축할 수 있다는 장점이 있는 것은 협력적 관계일 때이다. 협력적 관계는 구매자와 공급자 상호에게 모두 이익이 되도록 소수의 공급자와 장기계약을 추구하며, 한 품목이나 서비스에 대해 단일의 공급자를 두는 단일 공급자전략(single sourcing strategy)

을 추구한다. 이 전략의 단점은 공급자의 수를 줄이게 되면 공급 중단의 위험이 증가한다는 것이다. 반면 경쟁적 관계는 구매기업에 유리하도록 공급자끼리 경쟁을 시키는 것으로 공급자와의 협상에 있어서 가격이 주로 쟁점이 되고, 협상의 결과는 구매자와 공급자 중 누가 시장에서 주도권을 쥐고 있느냐에 달려 있다.

2527 ④

④ 비용을 절감하거나 공급사슬의 성과와 고객가치를 높이기 위해 생산에 관련된 자재, 프로세스, 정보시스템, 자재의 흐름을 심도있게 점검하는 활동은 가치분석(value analysis)이다. 품질기능전개(quality function deployment)는 고객의 목소리를 제품이나 서비스 개발 프로세스에 통합하는 구조화된 방법

2528 ①

① 수송재고(pipeline inventory)를 줄이기 위해서는 리드타임(LT: lead time)을 줄이는 것이 좋다. 한 번에 주문하는 수량을 줄이면 주기재고(cycle inventory)를 줄일 수 있다.

⑤ 공급자 재고관리(VMI: vendor-managed inventory)란 공급자가 소매점의 상품 판매현황을 지속적으로 모니터링하면서 재고수준이 낮을 때 재고를 보충해 주는 방식을 말하며, 이를 활용하면 공급사슬에서 발생하는 채찍효과(bullwhip effect)를 줄일 수 있다.

2529 ①

① 연간주문횟수를 줄여 비용을 절감하려면 1회 주문량이 증가하는데, 이는 직접적인 주기재고(cycle inventory)의 증가 원인이 된다.

⑤ 기업은 공급문제의 위험을 회피하기 위해 주요 부품에 대한 안전재고를 증가시키거나 동일한 부품을 사용하는 다른 기업들과 안전재고를 공유하기도 한다. 이를 위험회피형 공급사슬이라고 한다.

2530 ④

④ 위험회피형 공급사슬(risk-hedging supply chain)은 공급의 불확실성은 높고 수요측면의 불확실성은 낮을 때 설계하는 공급사슬이다.

2531 ④

④ 통합된 공급사슬의 설계는 채찍효과를 감소시키는 요인이다.

2532 ④

① 가치분석(value analysis)의 목표는 고객에 의하여 정의된 모든 기능적 요구사항들을 충족시키는 동시에 원가절감과 보다 나은 제품의 성능을 이끌어내는 것이다. 가치분석은 다음과 같은 질문에 대한 브레인스토밍을 포함한다.

- 제품이 불필요한 설계요소들을 포함하고 있지는 않은가?
- 2개 또는 여러 개의 부품들을 하나로 묶는 방법은 없는가?
- 무게를 줄일 수 있는 방법은 없는가?
- 제거되어도 되는 비표준화된 부품은 없는가?

② 안전재고(safety stock)는 필요한 시점보다 일찍 주문을 하기 때문에 발생한다. 따라서 주문시점을 가능한 늦추게 되면, 재고가 어느 정도 감소한 시점에 주문을 하게 되므로 안전재고를 줄일 수 있다.

③ 대량고객화(mass customization)는 대량생산과 고객화의 조합인데, 이는 표준제품과 표준서비스를 생산하되 최종 제품이나 서비스에는 어느 정도의 고객화를 가미하는 전략이다. 이를 위한 공급사슬설계 전략에는 주문조립생산(assemble-to-order) 전략, 모듈화 설계(modular design), 지연 차별화(delayed differentiation) 등이 있다.

④ 공급선을 다변화하거나, 주요 부품의 안전재고를 증가시키거나, 동일한 부품을 사용하는 다른 기업과 재고를 공유하는 방안은 위험회피 공급사슬(risk-hedging supply chain)에서 고려될 수 있다. 위험회피 공급사슬은 공급의 불확실성이 높고, 수요의 불확실성이 낮을 때 구성한다.

⑤ 로버스트 디자인(robust design)이란 제품이나 서비스가 폭 넓은 조건에서 기능하도록 설계하는 것이다. 따라서 로버스트 디자인이 적용된 제품은 작동환경의 변동으로 인한 고장 가능성이 낮기 때문에 고객만족은 높아진다.

2533 ②

a. 전통적 제품개발방식은 대개 순차적(sequential) 또는 직렬식이었다. 즉 제품의 기획, 개발, 설계, 생산준비, 제조 등의 업무가 부서별로 나뉘어 있어 한 부서의 업무가 끝난 뒤에야 그 다음 부서로 제품개발작업이 이어졌다. 즉 분업에 의한 효율화와 전문화를 추구한 결과가 바로 직렬식 제품개발방식이다. 이에 반해 컨커런트 엔지니어링(concurrent engineering)은 병렬식 처리를 통한 개발시간의 단축을 목표로 한다. 컨커런트 엔지니어링은 제품의 품질과 성능을 결정하거나 여기에 영향을 미치는 여러 부서의 전문가들로 구성된 기능횡단팀(cross-functional team)을 통해 제품이 개발되도록 하는 방식이다.

b. 모듈러 디자인(modular design)을 사용하면 제조공정을 단순하게 유지하면서도 소비자들에게 다양한 제품을 제공할 수 있다. 모듈러 디자인은 여러 개의 독립된 모듈로 하나의 제품을 구성할 수 있도록 제품을 설계하고 각각의 모듈은 독자적으로 조립·검사되며 고객이 원하는 선택사양에 따라 최종조립단계에서 제품의 일부가 된다. 결과적으로 소비자가 인식하는 제품의 종류는 모듈수에 따라 기하급수적으로 늘어난다. 가치분석(value analysis)의 목표는 고객에 의하여 정의된 모든 기능적 요구사항들을 충족시키는 동시에 원가절감과 보다 나은 제품의 성능을 이끌어 내는 것이다.

c. 종합적 품질경영체제의 구축에 중요한 요소인 품질기능전개(QFD: quality function deployment)는 설계와 생산 부문의 통합화에 결정적으로 기여하는 원리이다. 품질기능전개는 제품설계 전반에 걸쳐 각 단계에서 다소 막연하면서도 추상적인 소비자의 요구, 필요성, 기호 등을 이에 대응되는 기술적인 요구로 전환하는 과정이다. 즉 제품계획에서 연구개발, 제조, 판매, 애프터서비스 등을 포괄하는 각 단계에서 소비자의 요구를 구체적으로 반영하는 과정이라고 할 수 있다.

d. 수요의 불확실성은 높고, 공급의 불확실성은 낮은 반응적 공급사슬(responsive supply chain)은 다양하고 변화하는 고객의 니즈에 대한 효과적 반응과 유연성을 추구하려는 공급사슬이다. 반응적이기 위해서 기업들은 구체적인 요구조건을 만족시킬 수 있는 수단으로 주문생산 방식과 대량 고객화를 채택하고 있다. 반면 위험회피 공급사슬(risk-hedging supply chain)은 공급 측면의 문제점이 발생할 경우의 위험을 공유하기 위해 공급사슬 내의 자원을 공유하는 전략이다. 공급사슬 내의 한 요소는 공급 측면의 문제가 발생할 경우 위험해질 수 있지만, 만일 둘 이상의 공급원이 있거나 대체 공급 자원이 존재한다면 그 위험은 감소될 것이다. 공급의 불확실성에 대비하기 위해 기업들은 안전재고를 증가시키거나, 동일한 부품을 사용하는 다른 기업들과 재고를 공유하는 방안도 고려할 수 있다.

e. 재고를 다수의 지역창고에 분산시키는 것보다는 소수의 물류센터에 집중시키는 경우, 운송비용은 다소 증가하겠지만, 전체적인 재고는 현저히 줄어들고 품절로 인한 고객서비스 저하현상도 줄어든다. 이런 현상을 위험 풀링(risk pooling) 효과라고 한다.

2534 ②

① 공급사슬의 하류에서 생긴 수요의 변화가 상류로 거슬러 올라갈수록 증폭되는 현상을 채찍효과(bullwhip effect)라고 한다. 채찍효과가 발생하는 이유는 일반적으로 공급사슬에 속한 기업들의 소유권과 경영권은 독립되어 있으므로 공급사슬 상류부문 구성원은 하류부문 구성원이 요구한 수요에 대응해야 하기 때문이다. 표준화된 서비스/제품을 생산하는 기업들의 대부분은 판매촉진에 가격할인을 이용한다. 가격할인은 공급사슬 전체에 걸쳐서 수요량의 돌발적 증가를 일으키고, 이 수요가 공급사슬의 상류로 거슬러 올라갈수록 변동이 증폭되어 채찍효과를 만들어 내는 것이다.

② 제조용이성설계(DFM: design for manufacturability)는 단순화(simplification), 표준화(standardization), 모듈화(modularization)를 이용하여 제품의 생산이 용이하고 경제적으로 이루어질 수 있도록 설계하는 것인데, 제조용이성설계는 2015년에 출제된 조립용이성설계(DFA: design for assembly)와 연관된 개념이다. 조립용이성설계에서는 훌륭한 설계라면 어떻게 가공할지와 더불어 어떻게 조립할지도 당연히 고려되어야 한다. 조립용이성설계는 부품 수 감축과 조립 방법 및 순서에 초점을 맞춘다.

③ 효율적 공급사슬(efficient supply chain)이란 최대한의 비용 효율을 추구하는 전략을 채택한 공급사슬이다. 효율성을 극대화하기 위해서는 가치를 창출하지 못하는 모든 활동들이 제거되어야 하고 규모의 경제를 추구해야 한다. 그리고 생산 능력과 배송 능력 이용률을 최대화하기 위한 최적화기법이 사용되며, 공급사슬 전반에 걸쳐 효율적이고 정확한 정보전달체계가 갖추어져야 한다. 반면 반응적 공급사슬(responsive supply chain)은 다양하고 변화하는 고객의 니즈에 대한 효과적 반응과 유연성을 추구하려는 공급사슬이다. 반응적이기 위해서 기업들은 구체적인 고객 요구조건을 만족시킬 수 있는 수단으로 주문생산 방식과 대량 고객화를 채택하고 있다.

④ 제품이나 공정을 처음부터 환경변화에 의해 영향을 덜 받도록 설계하는 것은 로버스트 설계(robust design)이다. 반면 모듈화 설계(modular design)란 제품은 다양하면서도 생산원가를 낮추기 위해 제품을 이루는 구성요소를 표준화시키는 방법으로 제조과정에는 대량생산에 의한 규모의 경제를, 최종조립단계에는 제품을 다양화하여 제품차별화를 이루어 비용우위와 차별화를 동시에 추구하는 제품설계의 접근 방법이다.

⑤ 고객에 의하여 정의된 모든 기능적 요구사항들을 충족시키는 동시에 원가절감과 보다 나은 제품의 성능을 이끌어 내는 것을 의미하는 것은 가치분석(value analysis)이다. 품질기능전개(QFD: quality function deployment)란 '고객의 목소리'를 제품이나 서비스 개발 프로세스에 통합하는 구조화된 방법이다. 이 방법의 목적은 고객의 요구가 개발 프로세스의 모든 면에 반영되도록 보장하는 것이다.

2535 ②

① 집중배치(centralized placement)란 모든 완제품 재고를 기업의 제조공장이나 창고와 같은 한 장소에 집중적으로 두고 이로부터 직접 각 고객에게 제품을 수송하는 것을 말한다. 집중배치는 고객(또는 지역)에 따라 수요의 불확실성이나 변동성이 클 때 적합하다. 왜냐하면 이 경우에 만약 전방배치를 사용하여 여러 지역의 물류센터에 완제품 재고를 분산하여 두게 되면 물류센터에 따라 재고부족과 재고 과잉이 발생하여 물류센터 간의 재수송을 위한 비용이 발생하고, 시스템 전체적으로 재고수준이 높아지기 때문이다. 집중배치(centralized placement)의 장점은 고객 수요의 불확실성이나 변동성이 합쳐지기 때문에 전체적으로 재고수준이 낮아진다는 것이다. 이를 재고통합효과(inventory pooling effect)라고 한다.

② 가치분석/가치공학(VA/VE)(value analysis/value engineering)의 목표는 고객에 의하여 정의된 모든 기능적 요구사항들을 충족시키는 동시에 원가절감과 보다 나은 제품의 성능을 이끌어 내는 것이다. 가치분석/가치공학은 불필요한 원가의 발생을 최소화하면서 이와 같은 목표를 달성하는 것이다. 한편 고객의 요구사항을 제품이나 서비스 개발 프로세스에 반영하는 체계적인 기법은 품질기능전개(QFD: quality function deployment)이다. 이 방법의 목적은 고객의 요구가 개발 프로세스의 모든 면에 반영되도록 보장하는 것이다.

③ 반응적 공급사슬(responsive supply chain)은 다양하고 변화하는 고객의 니즈에 대한 효과적 반응과 유연성을 추구하려는 공급사슬이다. 반응적이기 위해서 기업들은 구체적인 고객 요구조건을 만족시킬 수 있는 수단으로 주문생산 방식과 대량 고객화를 채택하고 있다. 반면 효율적 공급사슬(efficient supply chain)이란 최대한의 비용 효율을 추구하는 전략을 채택한 공급사슬이다. 효율성을 극대화하기 위해서는 가치를 창출하지 못하는 모든 활동들이 제거되어야 하고 규모의 경제를 추구해야 한다. 그리고 생산 능력과 배송 능력 이용률을 최대화하기 위한 최적화기법이 사용되며, 공급사슬 전반에 걸쳐 효율적이고 정확한 정보전달체계가 갖추어져야 한다.

④ 제품이나 공정을 처음부터 환경변화에 의해 영향을 덜 받도록 설계하는 것은 로버스트 설계(robust design)이다. 로버스트 설계를 이용하면 온도, 조명, 먼지 등과 같은 제조 환경상의 변동요인들을 생산공정에서 통제하는 것보다 비용이 훨씬 덜 들게 된다. 또한 로버스트 설계는 제품의 사용품질을 크게 향상시킨다. 로버스트 설계는 이 방법을 개발한 일본의 통계학자인 다구치의 이름을 따서 다구치 설계(Taguchi design)라고도 불린다. 로버스트 설계에서는 제품 생산 전에 제품의 잠재적 변동을 줄이기 위해 계획된 실험을 통해 제품설계의 여러 파라미터 값이 제품의 성능 특성에 미치는 영향을 분석함으로써 제조 및 사용 환경의 변화에 가장 둔감한 제품설계의 파라미터 값을 구한다.

⑤ 제품개발 기간을 단축하고 설계 후 원활한 생산으로 이행하기 위해 많은 기업들이 동시공학(concurrent engineering)을 채택하고 있다. 동시공학을 가장 좁게 정의하면 설계 담당자들과 제조 엔지니어들을 제품개발 초기에 함께 일하게 하여 제품과 프로세스를 동시에 개발하도록 하는 방법이다. 최근에는 이런 개념이 확장되어 생산 담당인원(예컨대 자재 전문가)과 마케팅 그리고 구매 담당자들도 기능횡단 팀(cross functional team) 형태로 제품개발에 참여한다.

2536 ③

① 공급사슬 내 기업들은 상·하류로 자재와 정보를 주고받으므로 서로 긴밀히 연결되어 있다. 각 기업이 내리는 결정사항과 취하는 행동은 서로에게 지대한 영향을 미칠 수 있다. 이런 상호연관관계가 공급사슬의 여러 역동성을 야기하는데, 채찍효과가 그 중의 한 예이다. 채찍효과(bullwhip effect)란 공급사슬 상류의 기업일수록 주문의 변동을 더 크게 겪고, 그 결과로 기업이 보유하는 재고량에 영향을 미치는 것을 말한다. 채찍효과는 소비재로부터 화학제품과 전자제품까지 여러 업종에서 발견된다.

② 채찍효과의 개념이 공급사슬의 하류에서 생긴 수요의 변화가 상류로 거슬러 올라갈수록 그 변동폭이 커지는 현상이므로 시장으로부터 멀리 떨어질수록, 즉 공급사슬의 상류로 갈수록 해당 업체의 수주량 변동은 확대된다. 이렇

게 되면 공급사슬 내 기업 간에 소매업체가 대하는 시장 수요에 맞춰 동조화(synchronization)가 이뤄지지 않기 때문에 수주량의 변동은 어떤 때는 재고과잉을 어떤 때는 재고부족과 배송지연을 초래한다. 그러므로 채찍효과는 공급사슬 내 개별기업뿐 아니라 전체 공급사슬의 성과에 영향을 미친다.

③ 공급사슬은 상호작용이 매우 큰 시스템이다. 공급사슬의 각 부분에서 이뤄진 의사결정이 다른 부분에 영향을 미친다. 상호작용의 규칙을 그대로 둔 채 시스템의 일부를 바꾸면(예 : 공급업체의 교체) 개선되는 것이 없을 수도 있다.

④ 어떤 업체가 상당히 긴 리드타임(즉, 발주 시점부터 주문한 것을 받는 시점까지의 시간)을 경험하고 있다면, 예상치 못한 큰 주문에 대비하기 위해 안전재고를 보유하는 수밖에 없다. 이것이 채찍효과의 원인이 된다.

⑤ 공급사슬의 모든 단계에 완전한 정보가 제공된다 해도 공급사슬에 채찍효과가 나타날 수 있다. 업체 간에 긴 리드타임이 있고, 공급사슬 상류와 하류로 정보를 공유하는데 시간 지체가 있기 때문이다. 따라서 공급사슬을 개선하는 가장 좋은 방법은 전체의 리드타임을 단축하고 최단시간 내에 실제 수요정보를 모든 단계에 알리는 것이다. 물리적 지체와 정보의 시간 지체는 주문량과 재고량의 변동만을 초래한다.

2537 ③

① 공급사슬에서의 모든 단계에 완전한 정보가 주어지더라도 공급사슬 주체 간의 긴 리드타임(lead time)과 공급사슬 상·하류로의 정보공유의 지연 때문에 채찍효과가 발생할 수도 있다.

② 하우 리는 '수요의 불확실성'과 '공급의 불확실성'을 기준으로 4가지 공급사슬 전략을 제시하였다.

		수요의 불확실성	
		저(기능적 제품)	고(혁신적 제품)
공급의 불확실성	저 (안정적 프로세스)	효율적 공급사슬 (식료품, 기본의류, 연료와 가스)	반응적 공급사슬 (패션의류, 컴퓨터, 팝음악)
	고 (진화적 프로세스)	위험회피 공급사슬 (수력발전, 일부 농산물)	민첩 공급사슬 (통신, 첨단 컴퓨터, 반도체)

④ 공급자들이 트럭으로 지역별 창고로 상품을 수송해 오면, 각 소매점포의 필요에 따라 분류 및 재그룹화한 다음, 보관 없이 곧바로 창고의 다른쪽 여러 출구에서 트럭에 실어 각 소매점포로 배송하는 물류시스템을 크로스도킹(cross-docking)이라고 한다. 공급자재고관리(VMI: vendor managed inventory)는 공급자가 고객의 재고정보에 접근 권한을 갖는 대신 고객이 요구하는 재고수준을 유지하는데 책임을 지는 것이다. 재고는 고객의 위치에 보유되며, 공급자는 고객이 해당 재고를 사용할 때까지 재고 소유권을 가지는 경우가 대부분이다. VMI를 활용하면, 구매자의 재고발주비용은 '0'이 되고 리드타임도 감소하고 더불어 공급자 입장에서는 수요자의 실제 수요정보, 재고정보를 알 수 있으므로 재고관리의 효율성이 향상된다.

⑤ 동시공학은 제품개발 과정을 신속하게 하기 위한 방법으로 개발의 순차적 전개보다는 기능 간 통합과 제품 및 공정의 동시개발을 강조한다. 따라서 사내의 신제품 관련 부서뿐만 아니라 경우에 따라서는 외부의 공급자까지 신제품 개발팀에 참여시켜 공동 작업을 통해 제품을 설계하고 생산공정을 선택한다.

2538 ③

① 오프쇼어링(offshoring)은 기업 내부에서 수행하던 일을 동일 기업에 속하는 국외의 다른 설비에 맡기는 것을 말한다. 즉 오프쇼어링이란 기업들이 생산 및 서비스 분야의 업무 일부를 인건비가 저렴한 해외로 이전하는 현상을 말한다. 따라서 만약 작업이 자국 시설에서 타국의 타사 시설로 옮겨진다면 '오프쇼어링'이라고 하기 보다는 '해외이전 아웃소싱'이라 칭하는 것이 적절하다.

② 공급자 관계는 경쟁적 관계(competitive relationship)와 협력적 관계(cooperative relationship)로 구분되는데, 경쟁적 관계는 구매자와 공급자 간의 협상을 한 쪽이 얻는 만큼 한 쪽이 잃는 제로-섬 게임(zero-sum game)으로 보며, 단기적 이득을 장기적 관계보다 우선시한다. 반면 협력적 관계에서는 구매자와 공급자가 파트너로서 서로를 최대한 돕는다. 즉 협력적 관계란 장기계약, 품질 향상 및 제품설계에 대한 공동노력, 공급자의 경영 기술 및 생산에 대한 구매자의 지원 등을 의미한다. 협력적 관계의 장점 중 하나는 공급사슬에서 공급자의 수를 줄일 수 있고, 이에 따라 공급사슬관리에서 복잡성을 줄일 수 있다는 것이다. 하지만 어떤 품목이나 서비스에 대해 공급자의 수를 줄이게 되면 공급 중단의 위험이 증가한다.

③ 공급자들이 트럭으로 지역별 창고로 상품을 수송해 오면, 각 소매점포의 필요에 따라 분류 및 재그룹화한 다음, 보관없이 곧바로 창고의 다른 쪽 여러 출하구에서 트럭에 실어 각 소매점포로 배송하는 물류 시스템을 크로스도킹(cross-docking)이라고 한다. 크로스도킹은 보관 및 하역작업 등을 제거함으로써 비용절감과 함께 물류의 효율성을 증대시킨다. 크로스도킹은 입고 및 출고를 위한 모든 작업의 긴밀한 동기를 필요로 한다. 크로스도킹(cross-docking) 시스템에서 창고는 상품을 보관하는 장소라기보다는 고객(소매점)으로의 효율적인 배송을 조직하는 단기적인 장소가 된다. 크로스도킹의 이점으로는 재고투자, 보관 공간, 취급비용 및 리드타임의 감소를 들 수 있다.

④ 공급자가 고객의 재고정보에 접근 권한을 갖는 대신 고객이 요구하는 재고수준을 유지하는데 책임을 지는 것은 공급자 재고관리(VMI: vendor managed inventory)이다. 3자 물류(third party logistics)는 물류 업무 중 일부 혹은 전체를 물류전문 업체와 계약 혹은 제휴를 체결해 아웃소싱하는 것을 말한다.

⑤ 공급사슬의 성과를 측정하는 재고척도에는 평균 총재고액, 공급일수(공급주수), 재고회전율 세 가지가 있다. 공급주수나 재고회전율이 주어진 경우 평균 총재고액을 구하기 위해서는 '연간 매출원가'의 정보가 추가적으로 필요하다.

2539 ③

a. 공급사슬의 하류에서 생긴 수요의 변화가 상류로 거슬러 올라갈수록 증폭되는 현상을 채찍효과(bullwhip effect)라고 한다. 채찍효과가 발생하는 이유는 일반적으로 공급사슬에 속한 기업들의 소유권과 경영권은 독립되어 있으므로 공급사슬 상류부문 구성원은 하류부문 구성원이 요구한 수요에 대응해야 하기 때문이다. 표준화된 서비스/제품을 생산하는 기업들의 대부분은 판매촉진에 가격할인을 이용한다. 가격할인은 공급사슬 전체에 걸쳐서 수요량의 돌발적 증가를 일으키고, 이 수요가 공급사슬의 상류로 거슬러 올라갈수록 변동이 증폭되어 채찍효과를 만들어 내는 것이다. 채찍효과를 줄이기 위해서는 실시간 수요정보의 공유, 리드타임의 단축 그리고 공급량 부족 시의 할당정책 개선, 주문처리비용 및 고정운송비용의 절감, 주문집중 시 납기일 분산, 상시저가전략 등의 방법이 있다.

b. 리스크 풀링(risk pooling)은 특화된 각 제품의 수요 변동성에 비해 이들 제품 수요의 합의 변동성은 적게 나타나게 되므로 특화된 제품이 되기 전의 공통부품의 수요 변동성은 특화된 각 제품별 수요 변동성 보다 작게 되는 특성을 말한다. 이 때문에 지연차별화(delayed differentiation)를 활용하면 가능한 한 공통부품의 상태를 오래 유지하고 특정 제품별로의 특화 시점을 최대한 연기함으로써 리스크 풀링(risk pooling)의 효과를 최대로 얻을 수 있다.

c. 수요정보 처리과정에서의 정보 왜곡 원인 중 주문처리비용의 절감을 위하여 소매점이 몇 개의 고객수요를 묶어서 한 번에 많은 양을 주문하는 형태를 선택하는 것을 '일괄(batch)주문'이라고 한다. 배급게임(rationing game)으로 알려진 현상은 일반적으로 공급물량이 부족하면 주문량에 비례하여 공급물량을 할당하게 되는데 소매점이 향후 공급물량 부족에 대비하여 필요한 것보다 주문량을 늘리게 되어 가수요가 발생하게 된 것을 말한다.

d. 전략적 파트너 관계를 유지하기 위해서는 대규모 초기 투자비용이 발생하며, 이에 따라 시장 변화에 유연하게 대응할 수 있는 계약관계를 형성하기 어렵다.

e. 기업에서 재고의 보유 수준을 파악하는 지표 중 하나이다. 재고회전율은 연간 총 매출원가를 평균 재고가액으로 나눈 수치이다.

$$\text{재고회전율} = \frac{\text{연간 총 매출원가}}{\text{평균재고가액}}$$

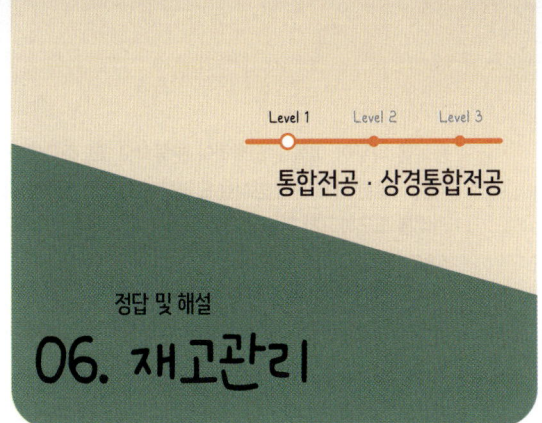

정답 및 해설
06. 재고관리

2540 ③

③ 보험료는 재고를 유지하고 있을 때 발생하는 비용이다.

2541 ④

④ 재고유지비용은 재고비축 유인이 아니라 재고감축 유인이다.

2542 ③

③ 재고유지비용(inventory holding cost)은 재고에 묶인 자본의 기회비용, 저장시설에 대한 비용, 취급 비용, 보험료, 도난, 파손, 진부화(obsolescence), 세금 등 재고 유지와 관련된 모든 비용 항목을 총괄하는 비용을 말한다. 한 번의 조업을 위한 생산설비의 가동 준비에 소요되는 것은 가동준비비용(setup cost)이다.

2543 ③

③ 다른 조건들이 동일하다면, 주문비용(ordering cost)이 증가할수록 주문횟수를 줄여야 하므로 주문횟수를 줄이면 1회 주문량은 증가한다.

2544 ④

④ 재고는 불규칙한 수요에 적절히 대비할 수 있도록 해준다.

2545 ①

수량할인 등의 경제성을 위해 필요 이상 구입하거나 생산하여 남은 재고: 주기재고(cycle inventory)
수요나 생산의 불확실성에 대비하여 보유하는 재고: 안전재고(safety stock)
향후 급격한 수요증가에 대비하여 사전에 확보한 재고: 예상재고(anticipation inventory)

2546 ①

① 일정기간의 평균수요를 충족시키기 위해 보관하는 것은 주기재고(cycle inventory)이다.

2547 ②

② 생산준비비용이나 주문비용을 줄이기 위해 보유하는 것은 주기(cycle) 재고이다. 즉 주문비용은 고정비적인 성격이기 때문에 주문횟수를 감소시켜야 줄일 수 있다. 그런데 주문횟수를 줄이면 필연적으로 주문량(Q)은 증가하게 되므로 주기재고(Q/2)는 증가할 수밖에 없다.

2548 ④

기업이 재고를 유지하는 이유는 다음과 같다.
1. 안전재고(safety stock): 불확실성에 대처하기 위해 보유하는 재고
2. 주기재고(cycle inventory): 경제적 생산과 구매를 위해 보유하는 재고
3. 예상재고(anticipation inventory): 예상되는 수요나 공급의 변화에 대처하기 위해 보유하는 재고
4. 운송재고(pipeline inventory): 운송을 위해 보유하는 재고

(가), (나), (라), (마)는 안전재고 (다)는 주기재고이다.

2549 ②

① 판촉활동으로 대규모 세일을 계획하고 있다면 미리 대규모 완제품을 비축해 두어야 한다. 그리고 에어컨과 같은 계절상품의 경우, 판매는 특정 계절에 집중되지만 고용의 안정이나 생산능력의 효율적 활용을 위해 생산율을 일정하게 유지하면서 성수기의 수요에 대비하여 재고를 비축해 나갈 수 있다. 이와 같이 예상되는 수요나 공급의 변화에 대처하기 위한 재고를 예상재고(anticipation inventory)라 한다.

② 기업은 불확실성에 대처하기 위해 안전재고(safety stock)를 유지한다. 만약 제품에 대한 수요를 정확히 알고 있다면 비록 경제적은 아니더라도 수요를 정확하게 충족시키도록 제품을 생산할 수 있다. 그러나 수요는 완전히 알려져 있지 않은 것이 보통이며, 따라서 수요변동을 흡수하기 위해서는 안전재고를 유지해야 한다.

③ 경제적 주문량 또는 로트 사이즈로 구매하게 되어 당장 필요한 수량을 초과하는 잔량에 의해 발생하는 재고로서 다음의 구매 시점까지 계속 보유하게 되는 것으로 이를 주기재고(cycle stock)라 한다.

④ 계절적 수요급등, 가격급등 및 파업 등으로 인해 생산중단 등이 예상될 때, 향후 발생할 수요를 대비하여 사전에 생산해 보관하는 재고로 이는 비축재고(anticipation stock)라 한다.

2550 ④

④ ABC분석은 재고품목을 재고 가액에 따라 3가지로 분류하여 경영자가 고가 품목에 집중할 수 있게 하므로 재고가액을 높은 순위부터 나타내는 파레토분석을 사용해야 한다.

2551 ⑤

⑤ ABC재고관리에서는 재고품목을 금전적 가치에 따라 A등급, B등급, C등급의 세가지 유형으로 구분한다.

2552 ④
④ 재고관리의 ABC관리법은 품목의 수는 적지만 가치가 높은 재고 항목을 집중적으로 관리하기 위해 파레토분석을 사용한다.

2553 ⑤
① A등급은 재고가치가 높은 품목들이 속한다.
② A등급 품목은 로트 크기를 작게 유지한다.
③ C등급 품목은 재고유지비가 낮다.
④ ABC 등급 분석을 위해 파레토 법칙을 활용한다.

2554 ①
① ABC 재고관리 시스템은 재고품목을 연간 사용횟수가 아니라 재고가액에 따라 A등급, B등급, C등급으로 구분한다.
② 경제적 주문량(EOQ) 모형은 수요와 조달기간이 확률적이 아니라 확정적이므로 확정적 재고관리모형에 속한다.
③ 조달기간 즉 주문과 주문도착 사이의 시간간격 동안 품절에 대비하여 보유하는 부가적 재고를 안전재고라고 한다.
④ 경제적 주문량(EOQ) 모형은 주문량이 일시에 전량 들어온다고 가정하지만, 경제적 생산량(EPQ) 모형은 주문량이 한 번에 모두 도착하는 것을 전제로 하지 않는다. 왜냐하면 제품은 어떤 생산기간 동안 일정한 생산율로 생산되어 나오기 때문이다.

2555 ④
① 간트(Gantt) 차트는 미국의 헨리 간트가 창안한 관리도표로 프로젝트의 주요 활동을 파악한 후, 각 활동의 일정을 시작하는 시점과 끝나는 시점을 연결한 막대 모양으로 표시하여 전체 일정을 한 눈에 볼 수 있게 한다. 이러한 간트 차트는 한 축에 시간의 흐름을 표기하고 또 다른 한 축에는 생산 사이클에서 요구되는 과업들을 표시, 전체 생산 공정의 일정계획을 수립할 수 있으며 핵심 과업 또는 지체작업 등을 쉽게 파악할 수 있다.
② 피쉬본 모형(fishbone diagram)은 자료 분석 도구로서, 생긴 모양이 생선뼈처럼 생겼다하여 붙여진 이름으로 문제가 커다란 가시를 이루고, 해결 또는 원인, 영향 등이 가시에 살처럼 붙어있는 형상을 하고 있다. 이 모형은 원인과 결과를 확인하기 위한 용도나 프로세스 초기 단계에 있는 문제점들을 파악하기 위해 사용한다. 인과분석도(cause and effect diagram) 혹은 이시카와 다이어그램(Ishikawa diagram)이라고도 한다.
③ EOQ 모형은 재고관련 비용을 최소화시키는 최적의 주문량을 결정하기 위한 모형을 말한다. 경제적 주문량(EOQ: economic order quantity)은 재고관리비용을 최소화할 수 있도록 한 번에 주문해야 하는 주문량을 의미한다.
④ 파레토 모형은 관리, 개선해야 할 대상의 수가 많아서 전부를 일정하게 관리하기가 곤란하던가 효율이 나쁜 경우에는 중점관리가 채용되는데, 그 중점을 파악하는 방법으로 자재의 품목별 금액과 제품관리의 중요성을 기준으로 품목을 나누어 이를 등급화하여 분류하고, 그 중요도에 따라 적절한 자재 관리 방식을 도입하여 자재의 효율적인 관리를 도모하고자 하는 것이다. 이렇게 관리하는 방식을 ABC 재고관리라고도 한다.
⑤ 산점도 모형은 두 변수 간의 관계를 보여주기 위해 가로축과 세로축을 기준으로 타점을 찍는 것이다. 두 변수 간의 관계를 확인하고 두 변수 사이에 상관관계가 있는지 확인하려면 산점도를 사용하게 된다. 상관관계는 두 변수가 얼마나 밀접하게 관련되어 있는지를 나타내는데 만약 상관관계가 높다면 한 변수가 다른 변수에 영향을 미칠 수 있다.

2556 ④
$$EOQ = \sqrt{\frac{2DS}{H}} = \sqrt{\frac{2 \times 1,210 \times 500}{100}} = 110개$$

2557 ④
$$EOQ = \sqrt{\frac{2DS}{H}} = \sqrt{\frac{2 \times 10,000 \times 2,500}{200}} = 500개$$
연간주문회수 = $\frac{연간수요}{경제적 주문량} = \frac{10,000}{500} = 20회$

2558 ④
$$EOQ = \sqrt{\frac{2 \times 연간수요 \times 주문비용}{재고유지비용}}$$

2559 ⑤
⑤ 주문비용은 주문에 따른 고정비적인 성격이므로 주문량에 관계없이 일정하다.

2560 ④
$$EOQ = \sqrt{\frac{2DS}{H}} = \sqrt{\frac{2 \times 10,000 \times 10,000}{50}} = 2,000개$$

2561 ⑤
$$EOQ = \sqrt{\frac{2DS}{H}} = \sqrt{\frac{2 \times 1,000 \times S}{1,000}} = 100$$
일때 $S = 5,000$원이다.

2562 ①
$$EOQ = \sqrt{\frac{2DS}{H}} = \sqrt{\frac{2 \times 1,000 \times 2,000}{100}} = 200개$$
경제적 주문량이 200개이므로 연간 주문횟수는 5회(=1000÷200)이다.

2563 ②
② 에서 다른 조건이 일정할 때 연간수요(D)가 증가하면 경제적 주문량(EOQ)은 증가한다.

2564 ③

경제적주문량$(EOQ) = \sqrt{\dfrac{2 \times 50 \times 1000}{40}} = \sqrt{2500} = 50$

연간주문비용 $= \dfrac{D}{Q}S = \dfrac{1,000}{50} \times 50 = 1,000$

2565 ③

$EOQ = \sqrt{\dfrac{2DS}{H}} = \sqrt{\dfrac{2 \times 10,000 \times 200}{100}} = 200$

2566 ④

$EOQ = \sqrt{\dfrac{2DS}{H}} = \sqrt{\dfrac{2 \times 2,000 \times 1,000}{400}} = 100$

연간총비용=연간유지비용(20,000)+연간주문비용(20,000)=40,000

연간유지비용=연간평균재고×연간재고유지비용=$\dfrac{100}{2}$×400=20,000

연간주문비용=주문횟수×회당 주문비용=$\dfrac{2,000}{100}$×1,000=20,000

2567 ③

③ 경제적 주문량은 다음과 같이 계산된다.

$EOQ = \sqrt{\dfrac{2DS}{H}} = \sqrt{\dfrac{2 \times 10,000 \times 100}{200}} = 100$

EOQ=100이므로 주문횟수는 연간수요를 경제적 주문량으로 나눈 값인 100회가 된다.

2568 ③

$EOQ = \sqrt{\dfrac{2DS}{H}} = \sqrt{\dfrac{2 \times 400 \times 10,000}{1,000 \times 0.2}} = 200$

2569 ①

② 조달기간은 일정하다.
③ 수량할인은 없다.
④ 연간수요량은 정해져 있다.
⑤ 주문비용은 주문량에 관계없이 일정하다.

2570 ③

$EOQ = \sqrt{\dfrac{2DS}{H}} = \sqrt{\dfrac{2 \times 500 \times 100,000}{10,000}} = 100$대

경제적 주문량이 100개이므로 연간 주문횟수는 5회(=500÷100)이다.

2571 ②

$EOQ = \sqrt{\dfrac{2DS}{H}} = \sqrt{\dfrac{2 \times 4,000 \times 4,000}{8,000 \times 0.1}} = 200$

2572 ④

④ 다른 조건이 일정할 때 연간 단위당 재고유지비용(H)이 증가하면 경제적 주문량(EOQ)는 감소한다.

2573 ①

① $EOQ = \sqrt{\dfrac{2DS}{H}}$인데, 주문비용이 4배 증가하면,

$\sqrt{\dfrac{2D4S}{H}} = \sqrt{\dfrac{2D(2^2)S}{H}} = 2\sqrt{\dfrac{2DS}{H}} = 2EOQ$

이므로 EOQ는 2배 증가한다.

2574 ④

$EOQ = \sqrt{\dfrac{2DS}{H}} = \sqrt{\dfrac{2 \times 400 \times 5,000}{10,000 \times 0.25}} = 40$

2575 ②

$EOQ = \sqrt{\dfrac{2DS}{H}} = \sqrt{\dfrac{2 \times 2,000 \times 2,500}{250}} = 200$

경제적 주문량이 200개, 즉 한번에 200개씩 주문하므로 평균재고는 100개(=200/2)이다.

2576 ①

$EOQ = \sqrt{\dfrac{2DS}{H}} = \sqrt{\dfrac{2 \times 10,000 \times 200}{400}} = 100$

2577 ③

③ 기본 경제적 주문량 모형에서 발주비용(혹은 주문비용)은 발주량과 비선형의 역비례 관계를 갖는다. 반면 유지비용은 발주량과 선형의 비례 관계를 갖는다.

④ 주문간격 = $\dfrac{EOQ}{D}$×연간 조업일 수

2578 ④

④ 동일한 공급업체에 대해 여러 개의 품목을 주문하는 경우에도 품목 간 독립적이라고 가정한다. 즉 결합해서 주문할 필요는 없다.

2579 ②

이자율 증가로 인해 유지비용 증가했으며, 주문비용은 감소했기 때문에 경제적 주문량은 전년 대비 감소한다.

2580 ①

$EOQ = \sqrt{\dfrac{2DS}{H}} = \sqrt{\dfrac{2 \times 20,000 \times 2,000}{2,000}} = 200$

자재의 구입원가는 필요 없는 자료이다.

2581 ④

<EOQ 모형의 기본가정>
1. 해당 품목의 수요율은 일정하고, 확실히 알려져 있다.
2. 로트크기에 제한이 없다.
3. 관련된 비용은 재고유지비용과 고정비용(주문비용이나 가동준비비용) 밖에 없다.
4. 다른 품목과 독립적으로 의사결정한다.
5. 리드타임과 공급에 불확실성은 없다.

2582 ④

④ PERT(Program Evaluation and Review Technique)는 재고관리 기법이 아니라 프로젝트 관리기법이다.

2583 ②

주문량이 증가할수록 주문횟수는 줄어들기 때문에 주문량과 주문비용의 관계는 반비례 관계이다. 하지만 유지비용 함수처럼 선형은 아니다.

2584 ③

③ 경제적 주문량(EOQ : Economic Order Quantity)의 기본 가정에는 수요가 일정하고 리드타임도 일정하므로 품절이나 과잉재고는 허용되지 않는다.

2585 ①

① 1회 주문비용(S)이 증가하면 최적 주문량(EOQ)는 증가한다. 하지만 재주문점은 1일수요에 리드타임을 곱하여 계산하므로 재주문점은 변하지 않는다.
② 제품 단위 당 재고유지비용이 증가하면 최적 주문량은 감소하며 재주문점은 변하지 않는다.
③ 재주문점은 리드타임의 기대수요와 안전재고의 합이므로 리드타임의 기대수요가 증가하면 재주문점은 증가하고 안전재고가 증가해도 재주문점은 증가한다.
④ 연간 재고유지비용은 주문량에 선형적으로 비례하며, 연간 주문비용은 주문량에 비선형적으로 반비례한다.

2586 ②

② EOQ 공식에서 재고유지비용(H)가 감소하면 경제적 주문량은 증가한다.

2587 ②

$$EOQ = \sqrt{\frac{2 \times 1{,}000 \times 2{,}000}{400}} = \sqrt{10{,}000} = 100$$

2588 ④

① 경제적 주문량(EOQ : economic order quantity)은 연간 재고유지비용과 주문비용의 합을 최소화하는 로트크기를 의미한다.
② 연간 수요량이 일정한 경우, 주문비용이 발생하지 않으면 재고관련 총비용은 연간유지비용으로만 결정된다. 따라서 유지비용을 줄이려면 가급적 주문을 적게 하는 것이 좋은데 이 경우 주문량은 "0"에 수렴하게 된다. 즉 EOQ 공식에서 S가 0일 때를 가정해보면 된다.
③ 연간 수요량이 일정한 경우, 주문 수량이 증가하면 주문빈도가 감소하는 관계로 연간 주문비용은 감소하며, 반대로 평균재고는 증가하므로 재고유지비용은 증가하게 된다.

2589 ②

① 경제적 주문량(EOQ : economic order quantity)은 연간 재고유지비용과 주문비용의 합을 최소화하는 로트크기를 의미하며 재고부족비용은 포함되지 않는다.
③ ABC 재고관리법에서 A 품목은 품목 수는 20%이지만 금전적 가치는 전체의 80%에 이르고, B 품목은 품목 수는 전체의 30%이고 금전적 가치는 15%, C 품목은 품목 수 전체에 50%이지만 금전적 가치는 5%에 지나지 않는다. 그러므로 C 품목군에 비해 A 품목군의 재고에 대한 통제 수준이 더 강하다.
④ 고정주문량(Q) 모형은 고정기간(P) 모형에 비해 방지기간이 더 짧기 때문에 통상 더 작은 안전재고를 보유한다.

2590 ④

④ 일반적으로 정기 주문모형(P 시스템)이 고정주문량 모형(Q 시스템)보다 방지기간이 더 길기 때문에 더 많은 안전재고를 요구한다.

2591 ①

① Q시스템은 재고수량이 재주문점(reorder point)에 도착하면 주문하는 재고관리 모형이다. 주기적으로 재고를 보충하는 것은 P시스템이다.
② Q시스템은 연속조사시스템이라고도 하며 품목별로 조사빈도를 달리하여 주문비용과 재고유지비용의 절감이 가능하다.
③ Q시스템에서는 항상 일정한 수량만큼 주문하므로 수량할인을 받기 용이하다.
④ 재고수준을 항시 파악하고 있으므로 품절확률이 낮다. 따라서 안전재고 수준이 낮아져서 비용을 절감할 수도 있다.

2592 ③

① 재고 모형, 특히 확률적 재고모형을 이용하면 수요와 조달기간에 대한 계량적인 확률 수요를 도출할 수 있다.
③ 확정적 모형은 수요나 리드타임이 확정적이므로 조달기간의 수요는 확정적이다. 반면 확률적 모형은 수요나 리드타임이 확률적이므로 확률분포로 계산된다.

2593 ④

① P시스템은 Q시스템보다 일반적으로 더 많은 안전재고가 필요하다. 왜냐하면 상대적으로 방지기간이 길기 때문이다.
② P시스템에서는 주문시점마다 주문량이 달라지지만 Q시스템은 주문량이 고정된다. 반면 P시스템은 주문주기가

고정되지만 Q시스템은 주문주기가 수량에 따라 달라진다.
③ 투-빈(two-bin)법은 재고량을 절반으로 나누어 안전재고를 확보하는 방법으로 Q시스템의 내용을 시각화한 것이다.

2594 ②

① 고정주문량 모형은 상대적으로 적은 안전재고를 필요로 하고, 정기주문모형은 상대적으로 많은 안전재고를 필요로 한다. 고정주문량 모형(연속조사시스템)은 재고수량을 항시 파악하고 있으므로 언제든 재주문점에 재고가 도달하면 바로 주문할 수 있으므로 리드타임 동안의 재고 고갈에 대비하기 위한 안전재고가 필요하다. 하지만 정기주문모형은 재고를 항시 파악하지 않고 주기적으로 파악하므로 한 번 주문으로 다음 주문까지가 아니라 다음 주문이 도착할 때까지 버텨야하므로 이 기간 동안의 품절위험에 대응하기 위한 안전재고가 필요하다.
③ 고정주문량 모형은 주문량이 일정한 것은 맞지만 재고는 주문시점만이 아니라 항상 검토한다.
④ 경제적 생산량 모형(EPQ: economic production quantity)에서 재고는 일시에 보충되는 것이 아니라 점진적으로 보충된다.

2595 ④

① ABC (재고)관리는 자재의 품목별 중요도 또는 연간 총 사용액에 따라 전 품목을 A급, B급, C급 등으로 분류하는 방법으로 A등급은 전체 가치의 80%를 차지하는 품목, B등급은 15%, C등급은 나머지 5%를 차지하는 품목들을 나타낸다. A등급에 대해서는 지속적인 예측치 검토 및 평가, 엄격한 정확성 등에 기반한 재고수준의 점검, 온라인 방식의 재고측정, 재주문 수량 및 안전재고 산출에 대한 빈번한 검토, 리드타임의 감축 또는 극소화를 위한 보충 확인 및 독촉 등의 가장 높은 관심을 기울이며, B등급의 경우 A등급과 유사하나 엄격성 및 주기에 있어 보다 완화된 방식을 취하며, C등급은 주기적 또는 간헐적으로 관심을 기울이게 된다.
② ERP(enterprise resource planning)는 인사·재무·생산 등 기업의 전 부문에 걸쳐 독립적으로 운영되던 인사정보시스템·재무정보시스템·생산관리시스템 등을 하나로 통합, 기업 내의 인적·물적 자원의 활용도를 극대화하고자 하는 경영혁신기법이다. 따라서 ERP를 구축한 기업의 경우, 한 부서에서 데이터를 입력하기만 하면 전 부서의 업무에 반영되어서 즉시 처리할 수 있게 된다. ERP는 시스템을 보다 효과적으로 관리하기 위하여 조직의 서로 다른 영역간의 정보 공유를 허용하며 표준화된 기록관리를 통합하는 확장된 노력을 나타낸다. 즉 통합된 대규모 정보시스템으로 기업의 여러 기능 부문을 통합시켜 줌으로써 각 기능이나 부서가 생성하는 조각 정보를 단순히 모아 놓은 것을 넘어서서 전체 기업운영을 통합하도록 도와준다.
③ 자재소요계획(MRP: material requirement planning)은 원자재, 부품, 부분품 등과 같이 종속수요를 갖는 하위 품목들의 재고관리기법을 의미한다. 이러한 자재소요계획(MRP)은 종속수요 품목의 재고관리와 재고보충 일정을 관리하기 위해서 개발 되었으며, MRP 시스템의 주요 입력 자료는 자재명세서(BOM), 주생산계획(MPS), 재고기록(IR)이다.
④ 고정주문기간모형(fixed order interval model)은 재고 운영기간 동안 주문기간을 일정하게 고정시켜 정기적으로 주문을 하는 것으로 P-모형, 고정간격 재주문시스템, 주기조사 시스템(periodic review system) 등으로도 불린다. 이 모형은 주문간격은 고정되나, 주문량은 재고검토기간의 수요에 의해 결정되기 때문에 주문 때마다 변동된다. 정기주문시스템(P시스템)의 적용품목은 금액 및 중요도가 높지 않고 수요의 변동이 적은 품목에 적용한다.
⑤ 고정주문량모형(fixed order quantity model)에서는 재고수준이 미리 정해진 재주문점(ROP: reorder point)에 도달하면 일정한 양(Q) 만큼 주문한다. 재주문점에 도달하는 시기는 재고품의 수요에 따라 달라지므로 주문간격은 이정하지 않다. 그리고 재고수준이 재주문점에 도달하였는지를 알기 위해서는 계속적으로 재고수준을 검토해 보아야 하므로 고정주문량 모형은 연속조사 시스템(continuous review system)이라고도 한다. 고정주문량 모형은 고가이면서 수요 변동이 심한 품목의 재고관리에 적합하다.

2596 ④

④ P-모형(고정주문기간 모형)이 Q-모형(고정주문량 모형)보다 재고고갈을 방지하는 기간이 길기 때문에 통상적으로 더 많은 (안전)재고를 필요로 한다.

2597 ③

재주문점(reorder point)은 리드타임 기간 중 평균수요에 리드타임을 곱하여 계산한다.

$$ROP = 1일평균수요 \times 리드타임 = \frac{10,000}{250} \times 7일 = 280개$$

2598 ③

수요율과 리드타임이 일정할 때 재주문점(ROP: reorder point)은 다음과 같이 계산된다.
재주문점=리드타임×수요량=5일×10개=50개

2599 ③

재주문점은 1일수요에 리드타임을 곱하여 계산한다. ROP = 40 x 4일 = 160개

2600 ③

③ 이중상자 시스템(two-bin system)은 Q(정량 발주) 시스템의 개념을 시각화한 것이고 반면 단일상자 시스템(one-bin system)은 P(정기 발주) 시스템의 개념을 시각적 시스템으로 전환한 것을 말한다.

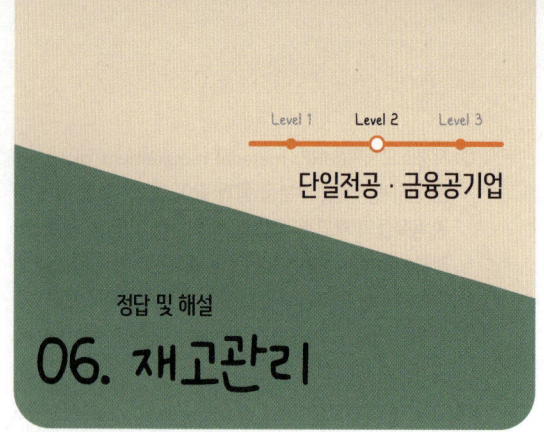

정답 및 해설
06. 재고관리

2601 ①

a. ABC재고 관리에서 경영자가 집중 관리해야 하는 그룹은 품목의 수가 적고 품목별 금전적 가치도 높은 A그룹이다.
b. 주문비용이나 셋업비용이 상대적으로 클 경우에는 보다 많은 양의 재고를 유지할 수 있도록 1회 생산로트의 크기를 늘려야 한다.

2602 ⑤

⑤ 안전재고가 전혀 없다고 해서 항상 품절이 되는 것은 아니다. 즉 안전재고는 예기치 못한 수요에 대비한 재고이므로 수요가 과다하지 않을 경우 품절되지 않을 수 있다.

2603 ②

② 서비스 수준은 수요가 재고수준을 초과하지 않을 확률이므로, 기업에서 요구되는 서비스수준(service level)이 낮을수록 서비스 수준을 달성하는 데 필요한 안전재고의 수준이 낮아진다.

2604 ③

③ 일반적으로 A품목의 금전적 가치가 높기 때문에 평균 로트크기를 줄이고 정확한 재고기록을 유지하도록 해야 한다.

2605 ②

EOQ 모형

$$EOQ = \sqrt{\frac{2DS}{H}} = \sqrt{\frac{2 \times 3600 \times 50}{4}} = 300$$

H = 유지비용(holding cost)
D = 연간수요(demand)
S = 주문비용(setup or ordering cost)

2606 ②

② $EOQ = \sqrt{\frac{2DS}{H}}$ 이므로 연간수요(D)가 증가하면 EOQ도 증가한다.

2607 ④

④
$$\sqrt{\frac{2 \times D \times 1.5 \times S}{H}} = \sqrt{1.5} \times \sqrt{\frac{2DS}{H}}$$
$$= \sqrt{1.5} \times EOQ = 1.2247 \times EOQ$$

주문비용이 50% 증가하면 경제적 주문량은 22.47% 증가한다.

2608 ②

② 경제적 주문량(EOQ) 모형에 기초하였을 때, 연간 수요량이 2배가 될 때 1회 경제적 주문량은 $\sqrt{2}$배가 되어야 한다.

$$\sqrt{\frac{2(2)DS}{H}} = \sqrt{2} \times \sqrt{\frac{2DS}{H}} = \sqrt{2} \times EOQ$$

2609 ⑤

① EOQ는 연간 재고유지비용(holding cost)과 연간 주문비용(ordering cost)이 같아지는 지점이다.
② 1회 주문량(Q)이 커지면 평균재고가 증가하므로, 연간 재고유지비용은 커지고 주문횟수는 감소하기 때문에 연간 주문비용은 작아진다.

$$\sqrt{\frac{2(4)DS}{H}} = \sqrt{\frac{2(2)^2 DS}{H}} = 2\sqrt{\frac{2DS}{H}}$$

③ 다른 조건이 일정할 때 연간 수요량이 4배 커지면, 1회 최적주문량은 2배 커진다.

$$\sqrt{\frac{2(4)DS}{H}} = \sqrt{\frac{2(2)^2 DS}{H}} = 2\sqrt{\frac{2DS}{H}} = 2EOQ$$

④ 다른 조건이 일정할 때 단위당 재고유지비용이 4배 커지면, 1회 최적주문량은 2배 작아진다.

$$\sqrt{\frac{2DS}{4H}} = \sqrt{\frac{2DS}{(2)^2 H}} = \frac{1}{2}\sqrt{\frac{2DS}{H}} = \frac{1}{2}EOQ$$

⑤ 주문간격은 $\frac{EOQ}{D}$ 이므로 1회 주문량(EOQ)이 커지면 연속된 주문 간 간격시간은 길어진다.

2610 ⑤

① EOQ 공식에서 $\sqrt{\frac{2DS}{H}}$ 단위당 재고유지비용(H)가 커지면 최적주문량(Q)은 줄어들지만, 재주문점(reorder point)은 변하지 않는다. EOQ 모형(확정적 고정주문량 모형)에서 재주문점은 평균수요와 리드타임으로 계산되므로 재고유지비용은 재주문점에 영향을 미치지 못한다.

② EOQ 공식에서 $\sqrt{\frac{2DS}{H}}$ 주문당 주문비용(S)이 커지면 최적주문량(Q)은 늘어나지만, 재주문점은 변하지 않는다. EOQ 모형(확정적 고정주문량 모형)에서 재주문점은 평균수요와 리드타임으로 계산되므로 재고유지비용은 재주문점에 영향을 미치지 못한다.

③ 재주문점은 평균수요와 리드타임으로 계산되므로 리드타임(lead time)이 증가하면 재주문점은 커진다. 하지만 최적주문량은 변하지 않는다. 최적주문량(Q)에 영향을 미치는 것은 유지비용(H), 주문비용(S), 연간수요(D)이다.

④ EOQ모형에서는 재고보충 시 재고수준이 Q만큼 일시적으로 증가하지만, 경제적생산량(EPQ)모형에서는 제품이 점진적으로 생산되므로 생산기간 중 점진적으로 증가한다. 최종적으로는 $Q\frac{(p-d)}{p}$ 수준까지 증가한다.

⑤ 가격할인이 없는 경우의 EOQ모형에서 최적주문량은 일반적으로 연간 재고유지비용과 연간 주문비용이 같아지는 지점에서 발생하지만 가격할인이 있는 경우의 EOQ모형에서 최적주문량은 연간 재고유지비용과 연간 주문비용이 같아지는 지점에서 발생하지 않을 수도 있다.

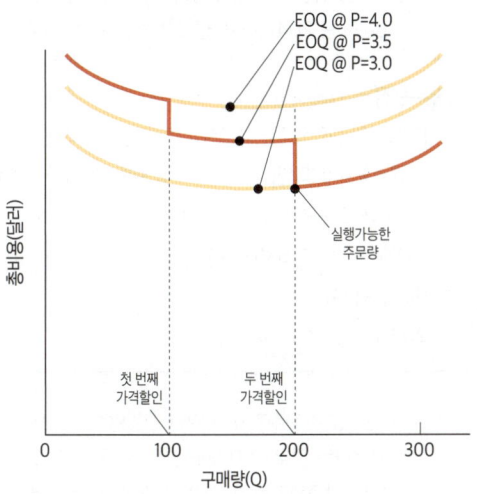

가격할인 구매량과 EOQ

2611 ③

① 맞는 보기. 수요예측의 정확도가 떨어질수록 즉 수요의 불확실성이 높아질수록 동일한 서비스 수준을 유지하기 위해 필요한 재고량은 증가한다.

② 맞는 보기. 고정주문량 모형(fixed order quantity model)은 Q-모형, 재주문점 모형, 연속조사시스템이라고도 불리며, 이는 재고수준을 지속적으로 관찰하므로 재고부족은 리드타임(lead time) 기간에만 발생한다. 반면 정기주문모형(fixed order interval model)은 재고수준을 정기적으로 관찰하므로 재고부족은 언제든지 발생할 수 있다.

③ 경제적주문량 모형(economic order quantity model)에서 주문비용(S)이 증가하고 재고유지비용(H)이 감소하면 경제적주문량은 '증가'한다. 아래 공식에서 보는 바와 같이 주문비용은 분자에 있고, 재고유지비용은 분모에 있으므로 분모가 감소하고 분자가 증가하면 EOQ 값은 증가한다.

$$EOQ = \sqrt{\frac{2DS}{H}}$$

④ 맞는 보기. 경제적주문량 모형에서 경제적주문량은 연간 주문비용과 연간 재고유지비용이 일치하는 지점에서 결정된다.

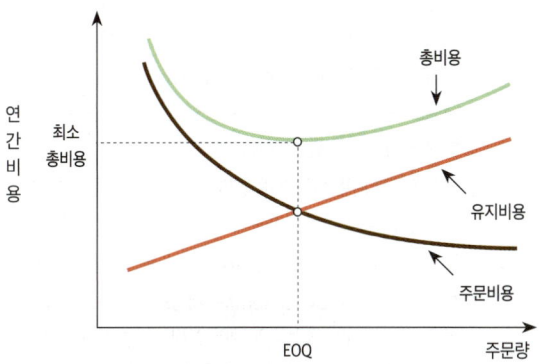

⑤ 맞는 보기. 단일기간재고모형은 부패성 제품, 계절성 제품 혹은 제한된 사용주기를 갖는 품목들의 주문량 결정에 주로 사용된다. 계절성 상품인 겨울코트의 경우, 판매시기를 넘기면 유행이 변하기 때문에 재고를 정상가격에 판매할 수 없고 반대로 판매가 기대 이상으로 호조를 보여도 조달기간이 판매기간보다 길기 때문에 추가로 주문할 수 없다. 이런 경우 단일기간재고모형에서는 서비스 수준을 이용하여 적정 주문량 결정에 도움을 준다.

2612 ⑤

⑤ 주문간격은 수요나 리드타임에 따라 달라질 수 있기 때문에 특정 재고통제 시스템의 주문간격이 더 길다고 단정할 수 없다.

2613 ①

① 재주문점(ROP: reorder point)의 개념과 병행되어 사용되는 것은 고정 주문량(fixed order quantity) 시스템(=Q 시스템)이다.

2614 ②

② 수요발생이 일정할 경우 셋업(set-up) 횟수를 줄이면 즉 지속적으로 가동하면, 생산량이 증가되어 평균재고의 규모는 증가한다.

2615 ④

① 가능한 완제품의 재고수준을 높게 유지할수록 고객의 수요에 신속하게 대응하게 되어 고객서비스 능력이 높아진다.

③ 재고회전율(inventory turnover)이 높다는 것은 기업이 평균적으로 낮은 수준의 재고를 보유하고 있어 금융자산의 활용도가 높다는 것을 의미한다.

⑤ ABC재고관리에서 A품목은 가능한 철저한 통제를 위해 1회 주문당 주문량은 줄이고 주문횟수는 늘리는 것이 일반적이다.

2616 ④

① 확률적 고정주문량모형(fixed-order quantity model, Q-system)은 수요가 확실히 알려져 있는 확정적 고정주문량모형(EOQ모형이 대표적)과는 달리 수요가 확률적으로 발생하는 것으로 재고부족을 방지하기 위해 필요한 수준의 안전재고를 유지해야 한다. 확률적 고정주문량모형에서는 재고수준이 재주문점(reorder point)에 도달할 때 새로운 주문을 하게 된다. 주문량은 EOQ모형을 이용하여 근사적으로 결정된다.

② 확률적 고정주문량모형에서 재고수준이 재주문점(ROP)에 도달할 때마다 주문하는데 수요발생이 확정적이지 않고 확률적이므로 주문주기(order cycle)는 일정치 않다.

③ 투빈시스템(two-bin system)은 저장소를 두 곳 만들고, 한 저장소에서만 물건을 꺼내어 쓴다. 두 번째 저장소는 첫 번째 저장소에 보충할 수 있을 정도의 재고를 보관한다. 첫 번째 상자가 비게 되면 재고보충이 될 때까지 두 번째 상자를 이용한다. 첫 번째 상자가 비게 되는 것은 새로운 주문을 발주할 필요가 있다는 신호로 사용한다. 이 때문에 투빈시스템은 고정주문량모형을 시각화한 재고관리모형이며, 따라서 주기별 주문량은 일정하다.

④ 조달기간(lead time) 동안의 안전재고량에 영향을 미치는 것은 평균수요가 아니라 조달기간 동안의 수요의 표준편차이다. 따라서 조달기간 동안의 수요의 (표준)편차가 커질수록 불규칙한 수요에 대응하기 위한 안전재고량은 증가한다.

⑤ 서비스수준(service level)이란 조달기간 동안 발생한 수요가 재고로부터 바로 충족되는 확률을 말한다, 따라서 서비스 수준을 높이면 안전재고량은 증가하고 품절확률은 감소한다.

2617 ④

① 정량발주시스템(Q시스템)은 재고에 변동이 발생할 때마다 재고수준을 점검하고, 정기발주시스템(P시스템)은 주문시점마다 재고수준을 점검한다. 그래서 Q시스템을 연속조사시스템이라 하고, P시스템은 정기조사시스템이라고 한다.

② 정량발주시스템은 재고수준이 재주문점(reorder point) 이하로 떨어지는 경우 사전에 결정한 주문량만큼을 주문하고, 정기발주시스템은 일정 시점의 재고수준과 목표재고수준의 차이만큼을 주문한다.

③ 정량발주시스템에서는 주문시점부터 주문량이 도착할 때까지의 기간 즉 조달기간에만 품절이 위험이 있으며, 정기발주시스템에서는 주문주기와 조달기간 전체에 걸쳐 품절의 위험이 발생한다.

④ 수요의 변동성이 커질수록, 즉 수요의 표준편차가 커질수록 품절의 위험이 높아지므로 특정 서비스수준(service level)의 달성을 위해 주문량이 고정되어 있는 정량발주시스템(Q-모형)에서는 재주문점(reorder point)이 증가한다. 또한 수요의 표준편차가 커질수록 품절의 위험이 증가하므로 특정 서비스수준의 달성을 위해 주문주기가 고정되어 있는 정기발주시스템(P-시스템)에서는 목표재고수준이 증가하므로 이에 따라 주문량이 증가하는 것이 일반적이다.

⑤ 정량발주시스템에서 EOQ모형을 사용하는 경우, 주문량은 1회 주문비용에 비례하고, 단위당 연간 재고유지비용에 반비례한다.

2618 ③

> 1일 평균 수요 = 20개
> 수요의 표준편차 = 5개
> 리드타임 = 9일
> 서비스수준 = 95%

①, ② 정량발주시스템을 사용하는 경우, 재주문점(reorder point)은 204개이고, 필요한 안전재고는 24개이다.

> 재주문점
> =[리드타임 동안의 평균수요]+[리드타임 동안의 안전재고]
> =[평균수요×리드타임]+[서비스수준을 충족하는 표준편차 배수×수요의 표준편차×$\sqrt{리드타임}$]
> =[20개×9일] + [1.6×5×$\sqrt{9}$]
> =[180] + [24]
> =204개

③, ④, ⑤ 주문주기가 16일인 정기발주시스템(P시스템)을 사용하는 경우, 최대재고량의 목표치는 540개이고, 필요한 안전재고는 40개이다. 만약 주문시점에서 30개의 재고가 남아있었다면 주문량은 510(=540−30)개이다. 주문주기가 16일인 정기발주시스템(P시스템)을 사용하는 경우, 목표재고수준, 안전재고, 주문량은 다음과 같이 구해짐

> 목표재고수준
> =[방지기간 동안의 평균수요]+[방지기간 동안의 안전재고]
> =[평균수요×방지기간]+[서비스수준을 충족하는 표준편차 배수×수요의 표준편차×$\sqrt{방지기간^*}$]
> =[20개×25일] + [1.6×5×$\sqrt{25}$]
> =[500] + [40]
> =540개

* 방지기간 = 리드타임 + 주문주기

2619 ②

D=900, S=100,000, H=50,000,
T=2달=1/6년, Q=150, L=2일

①
$$TC = \frac{QH}{2} + \frac{DS}{Q} = \frac{(150)(50,000)}{2} + \frac{(900)(100,000)}{150}$$
$$= 3,750,000 + 600,000 = 4,350,000$$

②
$$EOQ = \sqrt{\frac{2DS}{H}} = \sqrt{\frac{2(900)(100,000)}{50,000}} = 60$$
$$TC = \frac{QH}{2} + \frac{DS}{Q} = \frac{(60)(50,000)}{2} + \frac{(900)(100,000)}{60}$$
$$= 1,500,000 + 1,500,000 = 3,000,000$$

따라서 EOQ(경제적 주문량)로 주문량을 변경하면 현재에 비해 연간 135만 원의 재고비용을 절감할 수 있다.

③ EOQ에서의 주문비용과 재고유지비용은 같으나, 현재 주문량에서 EOQ로 주문량을 변경하면 연간 주문비용은 150만 원이다.

④ 수요가 확정적이고 일정하다는 가정이기 때문에 확정적 재고모형이다. 따라서 확률적 재고모형에서 사용되는 재고부족(품절)을 방지하기 위한 안전재고는 필요하지 않다.

⑤ EOQ 재고모형 수요는 알려져 있고 일정하다는 가정이므로 현재의 수요량이 변경되면 EOQ도 변경된다. 리드타임이 변경되면 재주문점(R)이 변경된다.

2620 ⑤

1일 평균 수요=3
리드타임=2일

① 서비스수준(service level) 50%를 위한 재주문점(reorder point)은 6이고 안전재고량(safety stock)은 0이다.

재주문점
=[리드타임 동안의 평균수요]+[리드타임 동안의 안전재고]
=[평균수요×리드타임]+[서비스수준을 충족하는 표준편차 배수 ×수요의 표준편차×√리드타임]
=[3×2일] + [0×수요의 표준편차×$\sqrt{2}$]
= 6 + 0
=6개

② 임의의 서비스수준을 충족하는 재주문점이 8.33이라면, 안전재고량은 2.33이다.

재주문점
=[리드타임 동안의 평균수요]+[리드타임 동안의 안전재고]
=[평균수요×리드타임]+[서비스수준을 충족하는 표준편차 배수 ×수요의 표준편차×√리드타임]
=[3×2일] + [리드타임 동안의 안전재고]=8.33

∴ 리드타임 동안의 안전재고=2.33

③ 서비스수준 90%를 충족하는 재주문점이 8.56이라면, 리드타임동안 수요의 표준편차는 2이다.

재주문점
=[리드타임 동안의 평균수요]+[리드타임 동안의 안전재고]
=[평균수요×리드타임]+[서비스수준을 충족하는 표준편차 배수 ×수요의 표준편차×√리드타임]
=[3×2일] + [1.28×수요의 표준편차×$\sqrt{2}$]=8.56
　　　　　　　리드타임 동안 수요의 표준편차

∴ 리드타임 동안 수요의 표준편차 = 2

④ 수요의 표준편차가 커질 경우, 안전재고량이 증가하므로 재주문점도 함께 증가한다.

재주문점
=[리드타임 동안의 평균수요]+[리드타임 동안의 안전재고]
=[평균수요×리드타임]+[서비스수준을 충족하는 표준편차 배수 ×수요의 표준편차↑×√리드타임]

⑤ 서비스수준 95%를 충족하는 재주문점이 7.65라면, 서비스수준 90%에 대한 재주문점은 7.28이다.

재주문점
=[리드타임 동안의 평균수요]+[리드타임 동안의 안전재고]
=[평균수요×리드타임]+[서비스수준을 충족하는 표준편차 배수 ×수요의 표준편차×√리드타임]
=[3×2일] + [1.65×수요의 표준편차×$\sqrt{2}$]=7.65
　　　　　　　리드타임 동안 수요의 표준편차

∴ 리드타임 동안 수요의 표준편차 = 1

재주문점
=[리드타임 동안의 평균수요]+[리드타임 동안의 안전재고]
=[3×2일] + [1.28×1]=7.28

2621 ①

1일 평균 수요 = 20리터
리드타임 = 3일
현재 서비스수준 = 95%
현재 재주문점 = 76.5리터

확률적 재주문점 모형에서 재주문점은 다음과 같이 구해짐

재주문점
=[리드타임 동안의 평균수요]+[리드타임 동안의 안전재고]
=[평균수요×리드타임]+[서비스수준을 충족하는 표준편차 배수 ×수요의 표준편차×√리드타임]
=[20리터×3일] + [1.65×수요의 표준편차×√3]=76.5

∴ 수요의 표준편차 = $\dfrac{10}{\sqrt{3}}$

향후 서비스 수준을 99%로 상향하려 함

재주문점
=[리드타임 동안의 평균수요]+[리드타임 동안의 안전재고]
=[평균수요×리드타임]+[서비스수준을 충족하는 표준편차 배수 ×수요의 표준편차×√리드타임]
=[20리터×3일] + [2.33×$\dfrac{10}{\sqrt{3}}$×√3]=83.3

∴ 재주문점 = 83.3
리드타임 동안의 안전재고 = 23.3

2622 ⑤

① 재주문점은 리드타임 동안의 평균수요에 안전재고를 더하여 결정되므로 안전재고가 증가할 경우 재주문점은 증가한다.

② 정기주문모형(fixed-order interval model)에서는 미리 정해진 일정한 시간 간격마다 주문을 한다. 예컨대 매 주말마다 또는 매월 말마다 주문하는 재고모형을 정기주문모형이라 한다. 정기주문모형에서는 주문시점마다 필요한 양을 주문하는데, 보통은 목표재고수준(target inventory level)을 미리 정해 놓고 주문시점의 재고수준과 목표재고수준과의 차이만큼을 주문한다. 따라서 수요변화에 따라 주문량은 매번 달라진다.

③ 정기주문모형에서는 주기적으로 재고를 보충하므로 재고관리가 편하며, 주문간격이 고정되면 배달시기와 배달경로를 표준화할 수 있다. 또한 같은 공급자에게 여러 품목을 동시에 주문할 수 있는 장점이 있다.

④ 고정주문량모형(fixed-order quantity model)에서는 고정된 로트(lot) 크기로 주문하므로 수량할인이 가능하다. 또한 품목별로 조사빈도를 달리할 수 있다. 품목별로 적정한 조사빈도를 정하면 주문비용과 재고유지비용을 절감할 수 있다. 그리고 안전재고 수준이 낮아져서 비용을 절감할 수 있다.

⑤ 고정주문량모형은 주기조사시스템(periodic review system)이 아니라 연속조사시스템(continuous review system)이라고도 불리며 안전재고를 활용하여 수요변화에 대처한다.

2623 ③

$\overline{d} = 5$
$P = 40$
$L = 15$

목표재고수준
= 방지기간동안의 평균수요 + 방지기간동안의 안전재고
= $\overline{d}(P+L)+30 = 5(40+15)+30 = 305$

목표재고수준이 305개이므로 현재 재고수량 130개를 제외한 175개가 최적 주문량이다.

2624 ⑤

① 수요의 계절성(seasonality)에 대응하기 위해 주문량을 주기적으로 변화시킴에 따라 발생하는 것은 예상재고(anticipation inventory)이다.

② 정량발주시스템(Q 시스템)은 재고수준이 사전에 정해진 재주문점(ROP: reorder point)에 도달하면 일정한 양을 주문하고 반면 정기발주시스템(P 시스템)은 미리 정해진 일정한 시간 간격마다 주문하며 주문간격은 일정하지만 주문량은 매번 달라진다.

③ 경제적발주량(EOQ)에서 가정은 수요는 확률적이 아니라 확정적이고 구입단가는 주문량에 관계없이 일정하다 등이다.

④ 긴 공급일수(days-of-supply)와 '낮은' 재고회전율(inventory turns)은 재고수준이 높다는 것을 의미한다.

2625 ①

① 재주문점(reorder point)을 설정하는 것은 Q-모형인데, Q-모형에서는 재고고갈을 방지해야 하는 방지기간(protection time)은 '주문간격'이 아니라 '리드타임'이므로, 리드타임 기간 동안 예측되는 수요의 평균과 표준편차가 사용된다.

2626 ①

① 단일기간 재고모형은 품절비용(shortage cost)과 잉여비용(excess cost)을 최소화하는 주문량을 결정하는 모델이다.

2627 ②

수입물량(Q)이 수요(D)를 작을 때(Q ≤ D),
기대이익=단위당 이익×Q
수입물량(Q)이 수요(D)를 초과할 때(Q ≥ D),
기대이익=(단위당 이익×D)−단위당 손실(Q−D)

pay-off 테이블 작성

수입\수요	11개 (0.4)	12개 (0.2)	13개 (0.2)	14개 (0.1)	15개 (0.1)	기대 이익
11개	440	440	440	440	440	440
12개	420	480	480	480	480	456
13개	400	460	520	520	520	460
14개	380	440	500	560	560	452
15개	360	420	480	540	600	438

수입물량이 수요 이하인 ■ 셀들은 수입물량과 단위당 이익을 곱하여 이익을 계산한다.

수입물량이 수요를 초과하는 ■ 셀들은 (단위당 이익×D)-단위당 손실(Q-D)의 방식으로 계산한다.

수요가 11개, 수입이 12개 일 때를 계산하여 보면,
이익=(40만 원×11개)-20만 원(12개-11개)=420만 원

<기대이익의 계산>

Q(11)
= (440×0.4) + (440×0.2) + (440×0.2) + (440×0.1) + (440×0.1)
= 440

Q(12)
= (420×0.4) + (480×0.2) + (480×0.2) + (480×0.1) + (480×0.1)
= 456

Q(13)
= (400×0.4) + (460×0.2) + (520×0.2) + (520×0.1) + (520×0.1)
= 460

Q(14)
= (380×0.4) + (440×0.2) + (500×0.2) + (560×0.1) + (560×0.1)
= 452

Q(15)
= (360×0.4) + (420×0.2) + (480×0.2) + (540×0.1) + (600×0.1)
= 438

만약 12개를 수입해 온다면, 서비스 수준은 0.6(=0+0.4+0.2)이다.

<서비스 수준을 이용한 해법>

11개를 수입하면 11개일 때 수요 즉 수요의 40%가 충족되고, 12개를 수입하면 수요가 11~12개까지 즉 60%가 충족되고, 13개를 수입하면 11~13개까지 즉 80%가 충족되고, 14개를 수입하면 수요가 11~14개까지 즉 90%가 충족되고, 15개를 수입하면 모든 수요를 다 충족할 수 있으므로 서비스 수준의 아래 표와 같다.

수입	11개	12개	13개	14개	15개
서비스 수준	0.4	0.6	0.8	0.9	1.0

문제에서 주어진 값으로 서비스 수준을 구하면 다음과 같다.

C_s = 40만 원

C_e = 20만 원

서비스수준 = $\frac{C_s}{C_s + C_e} = \frac{40}{40+20} = \frac{2}{3}$ = 0.6667이므로 위 표에서 12개를 수입하면 서비스 수준 충족이 불가능하므로 13개를 수입해야 한다.

2628 ④

① 주문량은 주기재고(cycle inventory)에 직접적인 영향을 미치며, 판매촉진 활동 등으로 인해 예상되는 수요증가는 안전재고(safety stock)가 아니라 예상재고(anticipation inventory)에 직접적인 영향을 미친다. 예상재고란 원자재의 가격상승, 파업, 판촉활동 등과 같이 수요나 공급의 변화에 대처하기 위한 재고를 말한다.

② 경제적 주문량(EOQ) 모델에 기초하였을 때, 연간 재고 유지비용과 연간 주문비용은 같게 된다.

③ EOQ 모델의 기본 가정 하에서는 정량발주모형(fixed-order quantity model)과 정기발주모형(fixed-order interval model)의 주문량과 주문주기는 서로 일치하므로 평균 재고수준 또한 일치한다.

④ 단일기간(single-period) 재고모형은 정기간행물, 부패성 품목 등 수명주기가 짧은 제품의 주문량 결정 뿐 아니라 호텔 객실 등의 초과예약수준 결정에도 활용될 수 있는데 단일기간 재고모형에서 고려하는 비용은 재고부족비용과 재고잉여비용만이다.

⑤ ABC 재고분류에서 A품목에 대해서는 재고수준을 계속적으로 검토하고, 안전재고를 줄이며, 기록의 정확성을 기할 수 있는 엄격한 재고통제시스템(예를 들면 Q-시스템)이 사용되어야 한다. 반면에 C품목에 대해서는 느슨한 재고통제시스템이 사용된다. 즉 C품목에 대해서는 여러 품목을 함께 묶어 정기적으로 한 공급자에게 주문하는 정기주문시스템(P-시스템)이 사용될 수 있으며 기록의 정확성도 덜 요구된다. 따라서 세심한 관리가 필요한 A품목에 포함된 품목은 재고수준이 높지 않도록 발주수량은 줄이고 더불어 발주간격을 줄이는 것이 바람직하다.

2629 ②

재고부족비용 C_s = 15 - 10 = 5

재고잉여비용 C_e = 10 - 2 = 8

서비스 수준 = $\frac{C_s}{C_s + C_e} = \frac{5}{5+8} ≒ 0.38$

서비스 수준이 0.38이므로 21개를 구입하는 것이 최적이다.

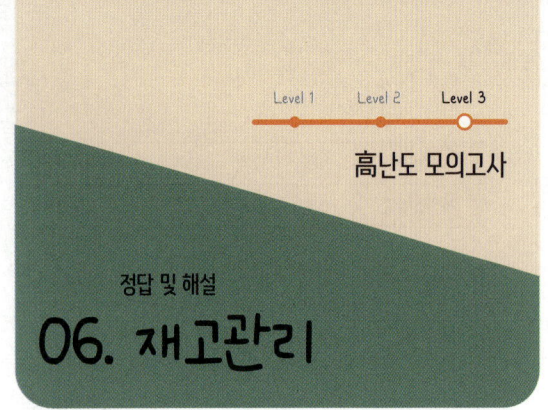

정답 및 해설
06. 재고관리

2630 ④

① 고객서비스 수준을 높이기 위해서는 재고량을 높게 유지하는 것이 바람직하다.
② 집중배치(centralized placement)는 완제품 재고를 모두 공장이나 창고와 같이 한 지점에 쌓아 두었다가 고객에게 직접 배달하는 것이다. 반대로 전방배치(forward placement)는 재고를 고객과 가까운 창고, 유통센터, 도매점, 소매점에 쌓아두는 것이다. 집중배치 방식을 사용하게 되면 고객수요의 변동이 합해지면서 안전재고가 줄어든다. 이런 현상을 리스크 풀링(risk pooling) 효과라고 한다. 그러나 재고를 한 지점에 쌓아두면 경제성 없는 소량 주문을 멀리 있는 고객에게 직접 배송해야 한다는 부담이 생긴다. 따라서 재고와 안전재고를 줄이기 위해서는 전방배치(forward placement)보다는 집중배치(centralized placement) 방식을 선택하는 것이 더 적절하다.
③ 경제적 주문량(EOQ) 모형은 확정적 고정주문량모형(fixed-order quantity model)에 속하며, 확정적 고정주문량모형은 수요와 리드타임(LT: lead time)이 일정하기 때문에 재주문점의 산출이 단순하며, 더불어 안전재고는 필요치 않다.
④ 주기조사(P) 시스템은 미리 정해진 일정한 시간 간격마다 주문을 하며, 이때 주문량은 보통 목표재고 수준(target inventory level)을 미리 정해놓고 주문시점의 재고수준과 목표재고 수준과의 차이이다. 한 번의 주문으로 다음 번 주문이 도착할 때까지 견뎌야 하므로 목표재고 수준을 정할 때 주문간격(P)에 리드타임(L)을 더한 시점까지 고려하여 목표재고 수준을 정해야 한다.

2631 ③

③ P시스템에서는 한 번 주문을 하면 다음 번 주문까지는 재고를 조사, 보충, 조정을 할 수 없기 때문에, 한 번의 주문으로 다음 번 주문까지 견딜 수 있어야 한다. 즉 주문할 때마다 P+L 기간 동안을 방지기간(protection interval)으로 설정해야 한다. P시스템과 Q시스템의 근본적 차이는 방지기간의 길이에 있다. Q시스템에서는 언제든지 재주문할 수 있고 이 주문이 리드타임(L) 기간만 지나면 도착하므로 리드타임 동안만 고갈을 방지하면 된다. 그러나 P시스템에서는 미리 정해진 시기에만 주문할 수 있기 때문에 고갈 방지기간이 다음 주문시점에 리드타임을 더한 시점까지가 된다. 왜냐하면 다음 주문은 리드타임이 경과하기 전에는 도착하지 않기 때문이다. 따라서 정기발주모형(P-모형)은 다른 재고관리 시스템에 비해 더 많은 안전재고를 필요로 한다.

2632 ④

<고정주문량시스템의 경우>

연간 평균 수요 $\overline{D}$ = 250(100) = 25,000 단위/년

1회 주문량
$$Q = \sqrt{\frac{2\overline{D}S}{H}} = \sqrt{\frac{2(25,000)1,000}{200}} = 500단위$$

조달기간 동안의 평균 수요
$$\mu = \overline{D} \cdot L = 100(4) = 400단위$$

조달기간 동안의 수요의 표준편차
$$\sigma = \sqrt{4(50)^2} = 100단위$$

① $R = \mu + z\sigma = 400 + 1.6(100) = 560$
② 안전재고 $s = z\sigma = 1.6(100) = 160$
또는 $z \cdot \sigma \cdot \sqrt{L} = 1.6(50)(\sqrt{4}) = 160$

<정기주문시스템인 경우>

주문주기
$$T = \sqrt{\frac{2S}{DH}} = \sqrt{\frac{2(1,000)}{(25,000)(200)}} = \frac{1}{50}년 = \frac{1}{50}일 \times 250 = 5일$$

방지기간 동안 평균 수요
$$\mu' = (T+L)\mu = (5+4)(100) = 900단위$$

방지기간 동안 수요의 표준편차 $\sigma' = \sqrt{9(50)^2} = 150단위$
서비스수준 95%에 해당하는 z값은 1.6이므로 목표재고수준 M은 다음과 같이 계산된다.

목표재고수준 $M = \mu' + z\sigma' = 900 + 1.6(150) = 1,140$

③ $s = z\sigma' = 1.6(150) = 240$
⑤ 주문량은 $1,140 - 100 = 1,040$개

2633 ⑤

② 주기재고(cycle inventory)란 생산이나 구매는 주기적으로 일어나기 때문에 자재를 로트로 생산하거나 구입할 때 발생하는 재고를 주기재고(cycle inventory)라 한다. 한 번에 대량으로 구매하게 되면 주기재고가 크고, 소량을 자주 구매하게 되면 주기재고는 작을 것이다. 따라서 린 시스템(lean system)을 도입하여 대규모 로트 생산에서 소규모 로트 생산으로 전환하면 주기재고를 줄일 수 있다.
③ 예상재고(anticipation inventory)란 예상되는 수요나 공급의 변화에 대처하기 위한 재고를 말하며, 만약 총괄생산계획(aggregate production planning)에서 평준화 전략(level strategy)을 채택하여 생산율을 일정하게 유지하면 비수기에 예상재고를 비축할 수 있다.

④ 확률적 고정주문량모형(fixed-order quantity model)에서 재주문점 산출에는 주문간격이 아니라 리드타임 동안의 수요의 평균과 표준편차만 사용된다. 고정주문량모형은 재주문점에 도달하기만 하면 언제든 주문을 할 수 있기 때문에 품절이 발생하는 것은 리드타임 기간 동안이다. 따라서 리드타임 동안의 수요의 평균과 표준편차를 고려하여 재주문점을 설정하면 된다.

⑤ 서비스 수준이 높을수록 고객 수요는 바로 충족되므로 품절확률은 낮아진다.

2634 ⑤

① 500장 들어가는 복사용지함을 1,000장 들어가는 복사용지함으로 바꾸면 기존에는 10,000장을 복사하는 500장씩 20회 셋업을 했지만 1,000장씩 복사하면 10회의 셋업을 가능하다. 즉 부품 제조설비의 셋업(setup) 횟수를 줄이면 한 번에 생산량이 증가하므로 평균재고는 증가한다. 마찬가지로 주문횟수를 줄이면 한 번 주문하는 양이 많아지므로 평균재고는 증가한다.

⑤ 연속조사 시스템(Q-시스템)에서는 재주문점(ROP)이 정해져 있으므로 평균 이상으로 발생하는 수요는 발주 사이의 시간 간격을 짧게 하고, 주기조사 시스템(P-시스템)에서 평균 이상으로 발생하는 수요는 발주량을 더 크게 한다.

2635 ①

① 단일기간 재고모형(single-period inventory system)에서 재고잉여비용(excess cost)이 증가추세에 있다면, 평소보다 재고량을 감소시키는 것이 좋다.

2636 ③

③ 서비스 수준(service level)이란 수요가 리드타임 동안 공급을 초과하지 못할 확률이며, 서비스 수준이 95%라는 것은 리드타임 동안 수요가 공급을 초과하지 않을 확률이 95%임을 나타낸다. 즉, 20번의 리드타임 중 19번은 보유재고로 수요를 충족시킬 수 있다는 의미이지, 수요의 95%가 충족될 것이라는 의미는 아니다.

2637 ⑤

① 조건부 보충시스템(optional repienishment system)에서는 고정된 시간간격으로 재고상태를 조사하여 재고상태가 사전에 정한 수준 이하로 떨어질 때에만 예상 수요에 대비할 수 있을 만큼 주문한다.

② 주기조사 시스템(고정간격 모형, P-시스템)의 방지기간(protection time)은 주문간격(TBO: time between order)에 리드타임(LT: lead time)을 더한 것이 된다.

③ 이윤 폭이 큰 고가품의 소매상 경우에는 재고자산회전율이 낮고, 이윤 폭이 작은 슈퍼마켓의 경우에는 재고자산회전율이 상당히 높다.

④ 단일기간 재고모형에서 수요가 연속형 균일분포라고 가정하면, 서비스수준이 0.8에서 0.6으로 변하면 재고량을 감소시켜야 한다.

2638 ①

① 이중상자 시스템(two-bin system)에서 저장소 두 곳 중 물건을 꺼내 쓰는 저장소가 비었다는 것은 재주문점(reorder point)을 의미하므로 이 방식은 Q-모형(고정주문량 모형)이다.

2639 ③

연간수요(D) = (18개/주)(52주/년) = 936개

유지비용(H) = 0.25(6,000원/개) = 1,500원

① 경제적 주문량 = $\sqrt{\dfrac{2DS}{H}} = \sqrt{\dfrac{2(936)(4,500)}{1,500}} = 74.94 \risingdotseq 75$개

② 경제적 주문량이 75개 이므로 경제적 주문량을 초과하는 로트크기 390에서는 유지비용이 주문비용을 초과한다. 따라서 로트크기를 줄이는 것이 바람직하다.

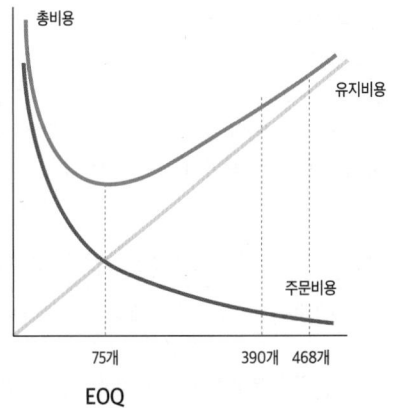

③ 로트크기(Q)가 390일 때 재고관련 총비용

$= \dfrac{Q}{2}(H) + \dfrac{D}{Q}(S) = \dfrac{390}{2}(1,500) + \dfrac{936}{390}(4,500) = 303,300$원

이다.

④ 로트크기(Q)를 390에서 468로 올리면 재고관련 총비용은 증가한다. [위 그림 참조]

⑤ 만약 로트크기(Q)를 156으로 정한다면, 주문횟수 = 936/156 = 6회 이므로 주문간격(TBO)은 약 2개월이 된다.

2640 ①

① 조사간격과 목표재고수준은 P 시스템 운영 시 결정해야 할 것들이다. Q 시스템에서는 재주문점을 결정해야 한다.

2641 ⑤

① 안전재고는 수요나 리드타임의 불확실성 때문에 발생하는 품절을 예방하기 위한 재고인데, EOQ 모형에서는 수요가 일정하고 리드타임(LT: leadtime)이 확정적이므로 안전재고(safety stock)는 필요치 않다.

② EOQ 모형에서 고려되는 비용은 재고유지비용과 고정비용(주문비용이나 가동준비비용) 밖에 없다. 고정비용의 경우, 재고를 구매하여 사용할 경우엔 주문비용을 고려해야 하고, 재고를 직접 만들어 쓸 경우에는 가동준비비용을 고려해야 한다.

③ 만약 EOQ는 유지비용과 주문비용이 같아지는 지점이므로, EOQ에서 주문비용이 300만 원이라면, 유지비용도 300만 원이므로 재고관련 총비용은 600만 원이 된다.

④ $EOQ = \sqrt{\dfrac{2DS}{H}}$ 인데, 연간수요가 9배 감소하면,

$$EOQ = \sqrt{\dfrac{2(\frac{1}{9})DS}{H}} = \sqrt{\dfrac{2(\frac{1}{3})^2 DS}{H}}$$
$$= \dfrac{1}{3}\sqrt{\dfrac{2DS}{H}} = \dfrac{1}{3}EOQ$$

이므로 EOQ는 3배 감소한다.

⑤ 재고를 많이 쌓아두면 자금이 재고에 묶이기 때문에 재고에 투자하는 것은 자본비용을 증가시킨다. 또한 재고를 많이 갖고 있게 되면 보관비용도 증가한다. 그래서 재고유지비용은 자본비용과 변동비용의 합인데, 이자율이 증가하면, 자본비용이 증가하게 되므로, 재고유지비용(H)이 증가된다. 이 때문에 EOQ는 감소된다.

2642 ②

① 수송재고, 주기재고, 안전재고 등은 단위 기간당 수요가 거의 일정하다고 가정하지만, 그러나 수요가 계절에 따라 변동하거나 원자재 가격이 상승하리라 예상될 때에는 미리 재고를 충분히 확보하여 대비하는데 이를 예상재고(anticipation inventory)라 한다.

② $EOQ = \sqrt{\dfrac{2DS}{H}} = \sqrt{\dfrac{2 \times 2,000 \times 1,000}{400}} = 100$

1. 연간유지비용
   = 연간평균재고 × 연간재고유지비용 = $\dfrac{100}{2} \times 400$
   = 20,000

2. 연간주문비용
   = 주문횟수 × 회당 주문비용 = $\dfrac{2000}{100} \times 1,000$
   = 20,000

3. 연간총비용
   = 연간유지비용(20,000) + 연간주문비용(20,000)
   = 40,000

③ ABC 재고관리에서 A품목은 상당한 투자를 요구하는 품목들이므로 재고흐름에 대한 정확한 정보를 지속적으로 수집·유지해야 할 필요가 있다. 반면 C품목은 주문량의 확대에 따른 가격할인이나 수송비 절감 등을 적극적으로 도모해야 하며 재고실사도 주기적으로 간단히 하면 된다.

④ 이 문제는 2011년에 출제되었던 리틀의 법칙에 관한 문제를 응용한 것이다. 리틀의 법칙(Little's law)에 따르면, "재공품 재고(I) = 작업처리비율(R) × 처리시간(T)"이므로 이 문제의 R=6이고, 처리시간 T=3 이다. 따라서 평균 고객재고는 18명(=3×6)으로 기대된다. 리틀의 법칙 I=R×T는 R=I/T 혹은 T=I/R 등으로 변형이 가능하기 때문에 I, R, T 중 2개만 알면 나머지 하나를 알 수 있다. 만약 문제를 변형하여 카페에 평균 18명의 고객이 머물고 있고, 1시간에 6명의 고객을 처리가능하다고 하면 고객이 카페내에 평균 머무는 시간은 3시간으로 계산이 가능하다. 추가로 2011년에 기출된 보기는 다음과 같다. "처리시간(flow time 또는 throughput time)이 동일한 두 공정에서 일반적으로 주기시간이 짧은 공정의 재공품(WIP: Work-in-process) 개수가 적다." 이 보기는 옳지 않다. 즉 T가 동일할 때는 재고는 처리비율(혹은 산출률)이 결정하는데, 주기시간이 짧을수록 처리비율은 높아지기 때문에 주기시간이 짧은 공정이 오히려 재고수는 더 많다.

⑤ 단일기간 재고모형에서 재고부족으로 인한 판매손실, 즉 실현되지 못한 판매이익액이 재고처분비용보다 훨씬 큰 경우 최대수요에 가깝게 생산량을 설정해야 하며, 이와 반대인 경우에는 평균수요보다 낮게 생산량을 계획해도 무방하다.

2643 ④

① 경제적 주문량(EOQ) 모형에서 주문량에 비례하여 유지비용은 증가하고 주문비용은 감소한다. EOQ는 유지비용과 주문비용이 같아지는 지점을 의미하는데, EOQ를 중심으로 오른쪽은 유지비용이 주문비용보다 더 크고, 왼쪽은 주문비용이 유지비용보다 크다. 따라서 EOQ의 오른쪽에서는 주문량을 줄이는 것이 좋고, EOQ의 왼쪽에서는 주문량을 늘이는 것이 좋다.

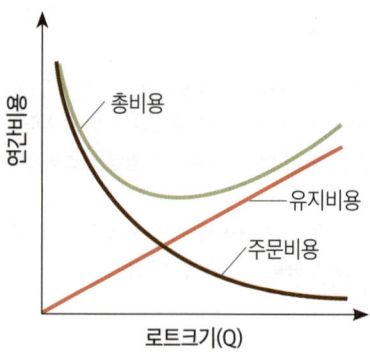

② 앞의 그림에서와 같이 경제적 주문량(EOQ)은 유지비용과 주문비용이 일치하는 지점이므로 만약 EOQ 모형에서 (연간)유지비용이 300,000원이라면, (연간)주문비용도 300,000원으로 동일하다.

③ 재고시스템은 주문시기와 주문량을 어떻게 결정하느냐에 따라 고정주문량모형(fixed-order quantity model)과 정기주문모형(fixed-order interval model)의 두 가지 유형으로 구분된다. 또한 재고 시스템은 수요와 리드타임(lead time)이 확정적이냐 또는 확률적이냐에 따라 확정적 모형(deterministic model)과 확률적 모형(probabilistic model)으로도 구분된다. 따라서 확정적 고정주문량 모형에서 재주문점(reorder point)은 수요율

에 리드타임을 곱하여 산출하고, 확률적 고정주문량 모형에서 재주문점은 리드타임 기간동안의 평균수요에 안전재고를 더해서 산출한다.

④ 고정주문량모형(fixed-order quantity model)에서는 재고수준이 미리 정해진 재주문점(reorder point)에 도달하면 일정한 양 Q만큼 주문한다. 재주문점에 도달하는 시기는 재고품목의 수요에 따라 달라지므로 주문간격은 일정하지 않다. 그리고 재고수준이 재주문점에 도달하였는지를 알기 위해서는 계속적으로 재고수준을 검토해 보아야 하므로 고정주문량모형은 연속조사 시스템(continuous review system)이라고도 불린다. 또한 주문간격은 일정하지 않지만 주문량은 매번 Q로 일정하기 때문에 고정주문량모형을 Q시스템이라고도 한다. 반면 정기주문모형(fixed-order interval model)에서는 미리 정해진 일정한 시간간격마다 주문을 한다. 예컨대 매주말마다 또는 매월말마다 주문하는 재고모형을 정기주문모형이라 한다. 정기주문모형에서는 주문시점마다 필요한 양을 주문하는데, 보통은 목표재고수준(target inventory level) 또는 재고보충수준을 미리 정해 놓고 주문시점의 재고수준과 목표재고수준과의 차이만큼을 주문한다. 따라서 수요변화에 따라 주문량은 매번 달라진다. 정기주문모형에서는 계속적으로 재고수준을 검토할 필요가 없으며, 다만 매 주문시점마다 주문량을 결정하기 위하여 정기적으로 재고수준을 검토한다. 이와 같은 특성 때문에 정기주문모형은 주기조사시스템(periodic review system)이라고도 불리며, 또한 주문기간 또는 주문간격이 매번 일정하다고 해서 P시스템이라고도 한다.

⑤ 단일기간 재고시스템(single-period inventory system)은 구매가 일회성이고 재고기간이 짧은 경우에 적용되며, 신문, 호텔의 객실, 비행기 좌석 등이 그 예이다. 단일기간 재고모형에서는 일반적으로 재고의 부족 및 잉여와 관련된 두 가지 비용에 초점을 둔다. 단일기간 재고모형의 목적은 장기적으로 잉여비용 및 부족비용을 최소화할 수 있는 주문량이나 재고수준을 파악하는 것이다. 여기서 재고부족비용(shortage cost)은 가격과 구입비용의 차이다. 반면 재고잉여비용(excess cost)은 유통기간 마지막에 남은 항목으로 인한 것이다. 잉여비용은 구입비용과 잔존가치의 차이다.

2644 ①

① 준비비용이란 한 번 조업을 위한 생산 장비의 가동준비에 소요되는 비용을 말하며 고정비로 간주된다. 준비비용이 크면 경제적 생산을 위해 한 번에 큰 배치나 로트로 생산해야 한다. 따라서 작은 로트의 생산이 가능하기 위해서는 준비비용을 줄여야 한다.

② 고정주문량모형에서는 재고수준이 미리 정해진 재주문점에 도달하면 일정한 양 Q만큼 주문한다. 재주문점에 도달하는 시기는 재고품목의 수요에 따라 달라지므로 주문간격은 일정하지 않다. 그리고 재고수준이 재주문점에 도달하였는지를 알기 위해서 계속적으로 재고수준을 검토해야 하므로 고정주문량모형은 연속조사시스템(continuous review system)이라고도 불린다.

③ P 모형은 재고의 보충이 사전에 정기적으로 계획되고 재고기록이 덜 요구된다는 이점을 갖고 있다. 하지만 P 모형에서는 재고수준을 계속적으로 검토하지 않고 주문주기 말마다 정기적으로 검토하기 때문에 조달기간 뿐만 아니라 주문주기기간에 대해서도 품절의 위험에 대비한 안전재고를 고려해야 한다. 따라서 일반적으로 P 모형이 Q 모형보다 더 많은 안전재고를 요구한다.

④ 수요나 리드타임에 변동성이 있을 경우, 실제 수요가 예측 수요를 초과할 가능성이 나타난다. 결과적으로 리드타임 동안 재고를 소진할 위험을 줄이기 위해 안전재고(safety stock)라는 추가적인 재고를 유지해야 한다. 따라서 확률적 고정주문량모형에서 재주문점은 리드타임 동안의 평균수요에 안전재고를 더한 것이 된다.

⑤ 연간수요가 500병이고, 주문당 비용이 1,000원, 유지비용이 400원일 때 EOQ를 구하면 다음과 같다.

$$EOQ = \sqrt{\frac{2DS}{H}} = \sqrt{\frac{2 \times 500 \times 1000}{400}} = 50$$

$$TC = \frac{Q}{2}H + \frac{D}{Q}S = \frac{50}{2}(400) + \frac{500}{50}(1000) = 20,000원$$

2645 ②

① Q 시스템(고정주문량모형)은 재주문점(reorder point)를 정해놓고 이에 도달하면 항상 일정한 수량만큼 주문하는 재고관리 모형이다. Q 시스템에서 재주문점에 도달하는 시기는 재고품목의 수요에 따라 달라지므로 주문간격은 일정하지 않다. 반면 P 시스템(정기주문모형)은 일정한 간격을 두고 재고를 검토하고 바로 주문하는 모형이므로, 목표재고수준을 미리 정해놓고 주문시점의 재고수준과 목표재고수준과의 차이만큼을 주문한다. 따라서 P 시스템에서 주문수량은 동일하지 않다.

② 동일한 공급자에게 여러 품목을 함께 주문하여 납품받는 경우에는 P 시스템이 사용된다. 이 경우 공급자는 여러 품목을 합하여 단일 주문을 받는 것을 선호한다. 예를 들면, 페인트 공급자에게 여러 가지 색상의 페인트를 함께 주문하여 한꺼번에 납품을 받는 경우가 이에 해당된다.

③ 볼트와 너트처럼 계속적으로 재고기록을 하지 않는 값싼 품목에 대해서는 P 시스템을 사용하는 것이 유리하다. 이는 ABC 재고관리의 논리와 같다. 보통 재고가액이 비싼 A 품목은 기본재고시스템을 활용하는 것이 좋고, B 품목은 Q 시스템 그리고 C 품목은 P 시스템을 활용하는 것이 적절하다.

④ 재고수준을 계속적으로 검토하는 Q 시스템(연속조사 시스템)과는 달리 P 시스템(주기조사 시스템)에서는 주문주기의 말에만 정기적으로 재고수준을 검토하기 때문에 조달기간(LT: lead time)뿐만 아니라 주문주기(주문과 주문 사이의 간격) 기간에 대해서도 품절의 위험에 대비한 안전재고를 고려해야 한다.

⑤ 구입단가가 주문량의 크기와 관계없이 항상 일정한 기본적인 EOQ 모형과는 달리 수량할인이 있는 경우에는 구입단가가 주문량의 크기에 따라 달라지므로 연간 총비용의 계산에 연간 구입비용이 포함되어야 한다. 결국 총비용 계산에 고려되는 것인 유지비용, 주문비용 그리고 구입비용이다.

2646 ④

① 독립수요 품목의 경우 '보충의 원리(replenishment philosophy)'가 적용되며, 종속수요 품목의 경우 '소요의 원리(requirement philosophy)'가 적용된다. 독립수요는 기업 외부의 시장조건에 의해 결정되므로 예측이 필요하며, 반면 종속수요는 원자재, 부품, 구성품 등에 대한 수요와 같이 최종 제품 또는 상위 품목의 수요에 종속되어 있는 수요이다.

② 재고시스템은 주문시기와 주문량을 어떻게 결정하느냐에 따라 고정주문량모형(fixed-order quantity model)과 정기주문모형(fixed-order interval model)으로 구분되며, 확정적 모형(deterministic model)과 확률적 모형(probabilistic model)은 수요와 리드타임이 확정적이냐 또는 확률적이냐에 따라 구분된다.

③ 고정주문량모형(fixed-order quantity model)에서는 재고수준이 미리 정해진 재주문점(reorder point)에서 주문하기 때문에 계속적으로 재고수준을 검토해야 하는 '연속조사시스템(continuous review system)'이라고도 불리고 Q 시스템이라고도 한다. 반면 정기주문모형(fixed-order interval model)에서는 미리 정해진 일정한 시간간격마다 주문을 한다. 예컨대 매주말마다 또는 매월말마다 주문하는 재고모형을 정기주문모형이라 한다. 정기주문모형에서는 주문시점마다 필요한 양을 주문하는데, 보통은 목표재고수준(target inventory level) 또는 재고보충수준을 미리 정해 놓고 주문시점의 재고수준과 목표재고수준과의 차이만큼을 주문한다. 따라서 수요변화에 따라 주문량은 매번 달라진다. 정기주문모형에서는 계속적으로 재고수준을 검토할 필요가 없으며, 다만 매 주문시점마다 주문량을 결정하기 위하여 정기적으로 재고수준을 검토한다. 이와 같은 특성 때문에 정기주문모형은 주기조사시스템(periodic review system)이라고도 불리며, 또한 주문기간 또는 주문간격이 매번 일정하다고 해서 P시스템이라고도 한다.

④ 식료품점처럼 주문이나 납품이 특정 기간마다 이루어지는 경우, 동일한 공급자에게 여러 품목을 함께 주문하는 경우, 볼트나 너트처럼 계속적으로 재고기록을 하지 않는 값싼 품목에 대해서는 일반적으로 P시스템이 Q시스템보다 선호된다.

⑤ 고정주문량모형에서는 리드타임 동안만 품절의 위험에 대비하면 되지만 정기주문모형에서는 (주문간격+리드타임)기간 전체에 대한 품절의 위험에 대비해야하기 때문에 정기주문모형이 고정주문량모형에 비해 언제나 더 많은 안전재고를 필요로 한다.

2647 ④

① 경제적 주문량(EOQ) 모형의 기본 가정 중 하나는 주문량은 일정한 조달기간이 지나면 일시에 전량이 들어온다는 것이다. 그러나 통상 생산의 경우에는 조달시간에 해당하는 준비시간이 끝나면 1회 생산량이 한 번에 일시적으로 생산되는 것이 아니라 생산기간 동안 일정한 비율로 생산되어 나온다. 따라서 경제적 주문량(EOQ: economic order quantity) 모형에서 주문량이 일시에 전량이 들어온다는 가정을 제거하면 경제적 생산량(EPQ: economic production quantity) 모형이 된다.

② 단일기간 재고모형에서 최적주문량은 한계분석(marginal analysis)을 통해 구할 수 있다. 한계이익 MP는 최종 단위가 팔렸을 때 얻을 수 있는 이익이므로 (한계수익 - 한계비용)이고, 한계손실(ML)은 최종 단위가 팔리지 않았을 때 발생하는 손실이므로 (한계비용 - 잔존가치 + 처분비용)으로 계산된다. 한계이익이 부족비용(shortage cost)이고 한계손실이 잉여비용(excess cost)이라고 보면 된다.

③ ABC 재고관리(ABC inventory management)는 파레토의 법칙(Pareto principle)을 적용하여 재고품목을 연간 사용액에 따라 3가지 유형으로 나누어 재고통제의 엄격도를 달리하여 관리하는 것을 말한다. 재고는 A등급(연간 사용금액이 큰 품목), B등급(연간 사용금액이 중간 정도인 품목), C등급(연간 사용금액이 작은 품목)으로 구분되며 A등급은 기본재고시스템을 사용하여 엄격하게 관리하고, B등급은 Q-시스템, C등급은 P-시스템을 사용하여 관리한다.

④ Q-시스템은 재고수준이 재주문점에 도달하면 일정한 만큼 주문하므로 재고관련 총비용이 최소가 되도록 재주문점과 1회 주문량의 최적값이 결정되어야 한다. 반면 P-시스템은 미리 정해진 일정한 시간 간격마다 주문을 한다. P-시스템에서는 주문시점마다 필요한 양을 주문하는데, 보통은 목표재고수준을 미리 정해놓고 주문시점의 재고수준과 목표재고수준과의 차이만큼을 주문한다. 따라서 P-시스템은 주문주기와 목표재고수준을 결정하는 것이 중요하다.

⑤ 확률적 재고모형에서 수요는 확정적이 아니며 확률적으로 발생하기 때문에 실제로는 재고부족(품절)을 방지하기 위한 안전재고가 필요하다. (서비스 수준 = 1 - 품절확률)이므로 품절확률을 줄이려면 서비스 수준을 높여야 하므로 더 많은 안전재고가 필요하게 된다.

2648 ③

① A(매우 중요), B(약간 중요), C(덜 중요)의 세 가지 품목 분류방식의 사용된다. 일반적으로 연간사용액이 재고품목을 분류하는 중요한 요소이며 진부화의 위험, 재고부족 위험, 공급자와의 거리 등을 고려하여 분류를 변경할 수 있다.

② 아래 공식에서 보는 바와 같이 수요율($\bar{d}$)과 리드타임(L)의 변동성이 증가하면 안전재고량은 증가한다.

재주문점(R)
=리드타임 동안의 기대수요+안전재고
=$\bar{d}L + Z \cdot \sigma_d \cdot \sqrt{L}$

③ 투빈시스템은 재고수준을 시각적으로 판단하여 특정 표시시점까지 줄어들며 작업자가 주문을 내도록 하는 시각적 Q 시스템(고정주문량 모형)이다. 정기주문모형(P 시스템)을 시각화한 시스템은 원빈시스템(one bin system)이다.

④ 단일기간 재고모형은 부패성 제품의 주문과 제한된 사용주기를 가진 품목들을 주문하기 위한 모형이다. 최적 주문량은 한계분석(marginal analysis)을 통해 구하므로 수요가 이산형 또는 연속형인 경우와 상관없이 총기대이익을 최대화할 수 있다. 여기서 말하는 한계분석은 재고부족비용과 재고잉여비용을 이용하는 것으로 서비스수준($\frac{C_s}{C_s + C_e}$)과 동일한 의미이다.

⑤ 기본 경제적 주문량(EOQ) 모형에서 발주량(Q)의 결정은 구매비용을 고려하지 않는다. 하지만 수량할인이 있는 경우 각 단위 당 가격에 대해 U자형의 총비용곡선이 존재하므로 각 구간에 대해 총비용곡선에서 실현가능한 최소점을 판단해야 한다.

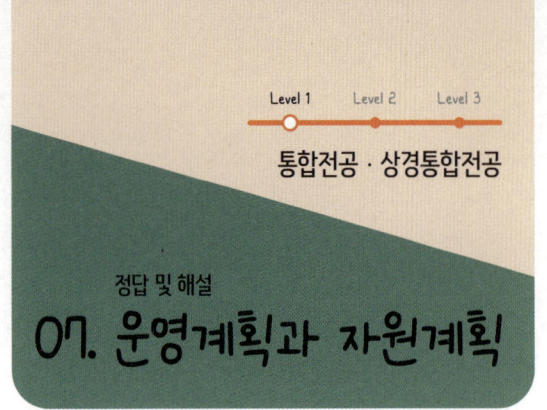

07. 운영계획과 자원계획

2649 ③

③ 계획기간 내에 변화하는 수요를 가장 경제적으로 충족시킬 수 있도록 기업이 보유한 생산능력의 범위내에서 생산수준, 고용수준, 재고수준, 하청수준 등을 결정하는 것을 총괄생산계획(aggregate production planning)이라고 한다.

2650 ③

총괄생산계획(aggregate production planning)은 계획대상 기간 동안 변화하는 수요를 가장 경제적으로 충족시킬 수 있도록 월별로 기업의 전반적인 생산율, 고용수준, 재고수준, 잔업 및 하청 등을 결정하는 중기계획이다.

2651 ④

④ 추후납품(back-order)을 통해 조정하는 전략은 공급능력 대안이 아니라 수요변경 대안이다.

2652 ④

① 수요 추종 전략(chase strategy)은 수요의 변동을 반영하여 '고용 수준'을 조절하는 전략으로 재고가 일정 수준 유지된다.
② 평준화 전략(level strategy)은 '고용 ₩수준'을 일정하게 유지하는 전략으로 재고 수준은 수요에 따라 달라진다.
③ 혼합 전략(mixed strategy)은 두 개 이상의 변수를 함께 사용하는 전략으로 특히 추종 전략이나 평준화 전략 등을 혼합적으로 사용한다. 이 전략의 경우에는 시장의 다양성 및 빠른 변화 등에 대응하기 위해 많은 기업 조직에서는 혼합전략을 활용하고 있다.

2653 ①

① 노동력 이용률을 조정하는 것은 공급을 조절하는 전략으로 이는 반응적 대안에 해당한다.

2654 ④

④ 총괄생산계획은 1년 동안 변화하는 수요에 가장 적절하게 대처하기 위한 중기계획이다. 따라서 생산입지 선정비용 같은 1년 이상이 걸리는 비용은 총괄생산계획에서 고려하지 않는다.

2655 ④

④ 통상적으로 재고부족비용은 객관적으로 측정하기가 곤란하기 때문에 주관적인 경험이나 추정에 의해 평가되므로 산출이 용이한 비용이 아니다.

2656 ③

① 총괄생산계획은 자재소요계획(material requirement planning)을 바탕으로 하지 않는다. 또한 총괄생산계획은 중기 계획에 해당한다.
② 총괄생산계획에서 평준화전략(level strategy)은 고용수준을 연중 일정하게 유지하고자 하는 전략이다.
④ 총괄생산계획에서 추종전략(chase strategy)은 고객주문의 변화에 따라 고용수준을 기간별로 조정하고자 하는 전략이다.

2657 ④

① 총괄생산계획(APP: aggregate production planning)은 예측된 수요에 따른 연간생산계획으로 보통은 1년(혹은 6~18개월)의 기간을 대상으로 생산 목표를 효율적으로 달성할 수 있도록 고용수준, 재고수준, 생산능력 및 하청 등의 전반적인 수준을 결정하는 과정이다.
② 총괄생산계획을 분해(disaggregate)하여 주생산계획(MPS: master production schedule)을 수립한다.
③ 대일정계획과 주생산계획은 같은 말이다.
④ 총괄생산계획은 예측된 수요에 대응하기 위한 중기계획이므로 수요변동에 즉각적으로 대처하기는 어렵다.
⑤ 계획대상 기간 동안의 수요량과 생산량은 불일치 할 수밖에 없으므로 이를 일치시키되 가장 경제적인 방법을 강구하는 것이 총괄생산계획이다.

2658 ③

① 포카요케는 고장이 발생하면 자동적으로 정지하여 인간의 실수를 최소화하는 시스템의 설계를 목표로 하는 실수방지 시스템을 의미한다.
② 린 시스템은 기업의 모든 활동에서 낭비와 지연을 제거하여 부가가치를 극대화하는 운영시스템을 의미한다.
③ 주생산계획(MPS: master production schedule)은 총괄생산계획을 분해하여 작성하며 최종제품의 생산계획이다. 즉 주별로 특정 제품을 몇 개를 만들 것인지를 계획하는 것이다.
④ 총괄생산계획(aggregate production planning)은 향후 1년에 걸친 계획대상기간 동안 변화하는 수요를 가장 경제적으로 충족시킬 수 있도록 월별로 기업의 전반적인 고용수준, 산출량, 재고수준, 하도급 수준 등을 결정하는 중기계획이다.
⑤ 전사적 자원관리(ERP)는 시스템을 보다 효과적으로 관리하기 위하여 조직의 서로 다른 영역 간의 정보 공유를 허용하며 표준화된 기록·관리를 통합하는 확장된 노력을 나타낸다.

2659 ③

③ 부품 수요를 관리하기 위한 기법은 자재소요계획(MRP: material requirement planning)이다.

2660 ③

생산수량과 일정을 토대로 필요한 자재조달 계획을 수립하는 관리시스템은 자재소요계획(MRP)이다.

2661 ①

MPS를 기반으로 제품에 필요한 부품의 주문량과 주문시기를 결정하는 재고관리방법은 MRP(material requirement planning)이다.

2662 ②

종속수요 품목의 재고관리 기법은 자재소요계획(MRP)이다.

2663 ⑤

⑤ 제품생산에 필요한 부품과 원자재의 종류, 수량, 주문시기 등을 결정하는 것은 자재소요계획(MRP: material requirements planning)이다.

2664 ①

MRP의 주요입력자료는 MPS(master production scheduling), BOM(bill of materials), IR(inventory record file)이다. 자재조달기간은 재고기록철에 들어가는 내용이다.

2665 ④

MRP의 주요 입력요소는 기준생산계획(MPS), 자재명세서(BOM), 재고기록철(IR)이다.

2666 ①

① 자재소요계획(MRP: material requirements planning)의 입력자료는 주일정계획(MPS: master production schedule), 자재명세서(BOM : bill of materials), 재고기록(IR : inventory records)이다. 참고로 발주계획보고서(planned order release report)와 예외보고서(exception reports)는 MRP의 입력자료가 아니라 산출물에 해당한다.

2667 ⑤

A를 1단위 생산하는데, B가 2개 필요하고, B를 하나 생산하는데, E가 4개 필요하므로 A를 1단위 생산하는데 E는 8개가 필요하다. 따라서 A를 100단위 생산하기 위해서는 E가 800개 필요하다.

2668 ④

V를 1단위 생산하는데, Z가 8개 필요하므로, V를 100단위 생산하기 위해서는 Z가 800개 필요하다.

2669 ⑤

⑤ 상위품목을 한 단위 생산하는데 필요한 자재명과 소요량을 보여 주는 것은 자재명세서(BOM)이다.

2670 ④

문제에 제시된 내용을 적용하면 다음과 같다.

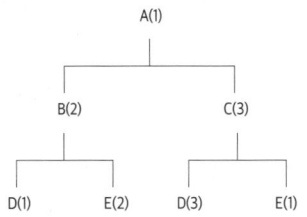

D = 1×2+3×3 = 11
E = 2×2+1×3 = 7
그러므로 D = 11×100개 = 1,100개
E = 7×100개 = 700개

2671 ④

① MRP는 풀생산방식(pull system)이 아니라 push 방식이다. pull 방식은 JIT 시스템이다.
② MRP는 종속수요(dependent demand)를 갖는 부품들의 생산수량과 생산시기를 결정하는 방법이다.
③ 각 부품별 계획주문발주시기는 MRP의 결과물이다.

2672 ③

① 반제품과 부품은 독립수요가 아니라 종속수요의 성격이다.
② 완제품은 경제적 주문량에 따라 주문하면 되지만 종속수요 품목인 반제품은 완제품 수요에 따라 주문한다.
④ 반제품은 종속수요 품목이므로 별도의 수요예측을 하지 않고 완제품의 수요에 따라 수요량이 달라진다.
⑤ 수요의 발생 원천이 회사 밖에 있는 것은 반제품이 아니라 완제품이다.

2673 ④

④ JIT는 불량을 낭비로 보아 무결점을 추구한다.

2674 ③

작업배정 과정에서 다음에 처리할 작업물을 결정할 때 우선순위규칙(priority sequencing rules)을 이용하는데, 우선순위규칙에는 다음과 같은 것들이 있다.
① 선착순규칙(first-come, first-served): 선착순 규칙 하에서 해당 작업장에 가장 먼저 도착한 작업물에 가장 높은 우선권을 준다.
② 최소납기일규칙(earliest due date): 납기가 가장 촉박한 작업물을 다음에 처리한다.
③ 최단처리시간규칙(shortest processing time): 해당 작업장에서의 처리시간이 가장 짧은 작업물을 다음에 처리한다.

④ 최소여유시간규칙(slack time remaining): 여유시간이 가장 짧은 작업부터 처리한다. 여유시간=(현재부터 납기까지 남아 있는 시간)-잔여처리시간
⑤ 긴급률규칙(critical ratio): 납기까지 잔여시간을 잔여 처리시간으로 나누어 긴급률을 계산하고 긴급률이 가장 낮은 것부터 우선 처리한다.
존슨의 법칙은 계획대상 작업물별 작업장별 처리시간 중에서 처리시간이 최소인 것을 찾아서 처리하므로 최단처리시간규칙(shortest processing time)을 사용한다.

2675 ②

② 최소여유시간(slack time remaining rule ; STR)은 여유시간이 짧은 순서대로 먼저 작업순서를 결정하는 방법을 말한다.

2676 ③

존슨의 규칙(Johnson's rule)은 다음과 같은 방법으로 작업순서를 정한다.

> 1단계: 각 작업마다 작업장 1과 작업장 2에서의 처리시간을 산정한다.
> 2단계: 작업장 1, 2에 관계없이 처리시간이 가장 짧은 작업을 선택한다. 이 가장 짧은 처리시간이 작업장 1에서 발생하면 그 작업을 가능한 앞 순위에 놓고, 작업장 2에서 발생하면 그 작업을 가능한 뒷 순위에 놓는다.
> 3단계: 단계 2에서 순위가 결정된 작업은 고려 대상에서 제외한다.
> 4단계: 모든 작업의 순서가 결정될 때까지 단계 2와 단계 3을 반복한다.

위 존슨의 법칙을 적용하여 작업의 완료 시간을 최소화할 수 있는 작업의 우선순위를 정하면 다음과 같다.

㉠ 가장 짧은 처리시간은 작업 B의 기계 2에서의 처리시간 2이며, 이는 기계 2에 해당하므로 작업 B를 맨 뒤에 둔다.

				B

㉡ 순위가 결정된 작업 B를 제외한 나머지 작업 A, C, D, E 중에서 최단 처리시간을 찾으면 작업 A의 기계 1에서의 처리시간은 3이다. 이는 기계 1에 해당하므로 작업 A를 가장 앞 순위로 둔다.

A				B

㉢ 다시 작업 A를 고려 대상으로부터 제외하고 나머지 작업 C, D, E 중에서 최단 처리시간을 찾아보면 작업 C의 기계 2에서의 처리시간은 4이다. 이는 기계 2에 해당하므로 작업 C는 가능한 뒤 순위 즉, B 앞에 둔다.

㉣ 남은 작업 D, E 중에서 최단 처리시간은 작업 E의 기계 1에서 처리시간은 5이다. 이는 기계 1에 해당하므로 작업 E를 가능한 앞 순위 즉, A 뒤에 위치시킨다.

A	E		C	B

㉤ 마지막으로 남은 작업은 D 하나 밖에 없으므로 이는 자동으로 작업 E, 작업 C 사이에 위치하게 된다.

2677 ②

작업배정 과정에서 다음에 처리할 작업물을 결정할 때 우선순위규칙(priority sequencing rules)을 이용하는데, 우선순위규칙은 작업장에 여러 작업물이 대기중일 경우의 작업물 처리 순서를 규정한다. 현장에서 흔히 사용하는 우선순위 규칙은 긴급률이다. 긴급률(critical ratio: CR): 납기까지 잔여시간을 잔여 처리시간으로 나눈 것을 해당 작업물의 긴급률이라고 한다. 이 때 처리시간에는 가동준비, 처리, 이동, 예상대기 시간이 모두 포함된다. 이를 수식으로 표현하면 다음과 같다.

$$긴급률(CR) = \frac{납기일-현재시점}{잔여작업시간} = \frac{납기까지의 잔여시간}{잔여작업시간}$$

긴급률이 1.0보다 작으면 작업물이 작업물이 계획보다 지연되었음을 의미하며, 이 비율이 1.0보다 크면 작업물이 계획보다 빨리 진행되고 있음을 뜻한다. 따라서 이 비율이 가장 작은 작업을 먼저 처리한다.

작업	작업시간	납기시간	긴급률	우선순위
가	4	6	6/4=1.5	2
나	4	5	5/4=1.25	1
다	5	9	9/5=1.8	3

작업	작업시간	처리시간	흐름시간	계획납기	실제배달	납기지연
나	0	4	4	5	4	0
가	4	4	8	6	8	2
다	8	5	13	9	13	4

평균납기지연 = $\frac{(0+2+4)}{3}$ = 2시간

평균 작업물 흐름시간 = $\frac{(4+8+13)}{3} = \frac{25}{3}$

<작업순서>

```
        '나'납기 '가'납기      '다'납기
            ↓    ↓           ↓
         4  5    6        8  9           13
흐름시간 ┌────┬──────────┬──────────────┐
        │ 나 │    가    │      다       │
        └────┴──────────┴──────────────┘
          4       4            5
        처리시간  처리시간      처리시간
```

2678 ②

① 최소여유시간 우선법은 여유시간이 가장 짧은 작업부터 우선적으로 처리하는 것을 말하는데, 여유시간이란 현재부터 납기까지 남은 시간에서 잔여 처리시간을 뺀 시간이다.
② 최소작업시간 우선법은 작업을 완료하기까지의 작업시간이 가장 짧은 것부터 우선적으로 결정하는 기법을 말한다.
③ 최소납기일 우선법은 주문받은 작업 중 가장 납기일이 빠른 작업을 최우선의 순서로 정하는 방법이다.
④ 선착순 우선법은 주문이 입력된 순서에 의해 작업순서를 결정하는 방법이다.
⑤ 긴급률 우선법은 긴급률(CR: critical ratio)이 가장 작은 것을 우선 처리하는 방법이다. 여기서 긴급률이란 납기까지 남은 시간을 잔여처리시간을 나눈 값을 의미한다. 긴급률이 작다는 것은 잔여처리시간 대비 납기까지 남은 시간이 적다는 것을 의미한다.

2679 ①

작업	A	B	C	D
잔여작업 소요 시간(1)	3	10	8	4
납기까지 남은 시간(2)	10	18	17	8
여유시간(2)-(1)	7	8	9	4

최소여유시간법에 따라 여유시간이 가장 작은 D, A, B, C 순으로 작업을 실시한다.

2680 ②

작업	작업장 도착순서	작업 시간(일)	납기(일)	여유시간	긴급률
A	3	5	13	13-5=8	13/5=2.6
B	1	2	8	8-2=6	8/2=4
C	2	6	9	9-6=3	9/6=1.5

① 최소가공시간 우선규칙(SPT)은 해당작업장에서 가장 짧은 작업을 먼저 처리한다. 따라서 작업순서는 B(2) → A(5) → C(6)의 순이다.
② 최소긴급률 우선규칙(CR)은 긴급률이 작은 것부터 처리한다. 따라서 작업순서는 C → A → B의 순이다.
③ 최소여유시간 우선규칙(STR 또는 LST)은 현재부터 납기까지 남은 시간에서 잔여 처리시간을 뺀 시간 즉 여유시간이 가장 짧은 작업부터 우선적으로 처리한다. 따라서 작업순서는 C → B → A이다.
④ 최근납기 우선규칙(EDD)은 납기가 가장 촉박한 작업을 가장 먼저 처리한다. 따라서 작업순서는 B → C → A이다.

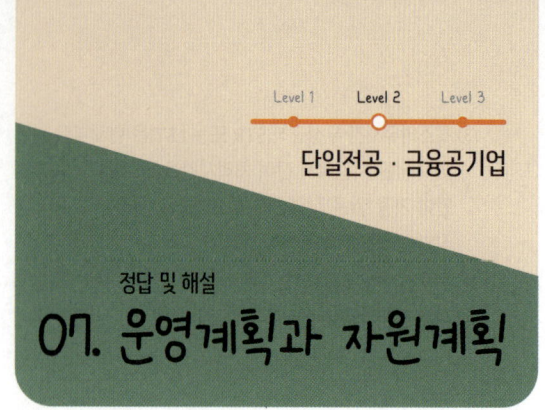

07. 운영계획과 자원계획

2681 ②

② 데이터베이스를 통합 구축하여 생산 일정을 총괄적으로 수행할 수 있게 해주는 것은 계획은 전사적 자원계획(ERP: enterprise resource planning)이다.

2682 ④

6개월 총수요는 1,200개이므로 매월 200개(=1,200/6) 생산하면 된다.

월	1	2	3	4	5	6	합계
전기이월	0	100	100	100	0	-100	
생산개수	200	200	200	200	200	200	1,200
수요 (단위:개)	100	200	200	300	300	100	1,200
기말재고 (=전기이월+생산-수요)	100	100	100	0	-100	0	

재고유지비용=300개×1만 원=300만 원,
추후납품비용=100개×5만 원=500만 원이므로
재고관련 총비용은 800만 원(=300만 원+500만 원)이다.

2683 ④

④ 생산설비의 운용과 확장은 총괄생산계획의 범주에 해당되지 않는다.

2684 ④

a. 총괄생산계획(aggregate production planning)을 분해(disaggregate)하여 주생산계획(MPS: master production schedule)를 수립한다.

b. 수요추종전략(chase strategy)은 노동력 규모의 조정을 통해 공급량을 조절하는 전략이다.

c. 수요변동에 대처함에 있어 고용수준이나 재고수준 하나만을 조절하는 수요추종전략이나 평준화전략으로는 적절한 대처가 불가능하므로 실제로는 복수의 관리변수를 이용하는 혼합전략이 채택된다. 혼합전략은 여러 가지 변수들을 이용할 수 있는 관계로 수요추종전략이나 평준화전략 등의 순수전략보다는 통상 총비용이 더 적다.

d. 수요추종전략은 충원과 해고 등을 통하여 고용수준을 조절함으로써 주문량 변화에 따라 생산율을 맞춰가는 전략이므로 재고수준의 변동폭이 작다. 반면 평준화전략은 일정한 생산율에 맞춰 인력수준을 안정적으로 유지하는 것으로 수요가 평균치 이하로 내려갈 때는 초과 생산된 제품을 재고로 비축하게 되며, 수요가 평균치 이상일 때는 재고가 감소되는 것을 의미한다. 따라서 평준화전략은 수요추종전략에 비해 재고수준의 변동 폭이 크다.

2685 ①

① 수요가 충분한 경우 설비의 용량이 증가함에 따라 일정 기간 규모의 경제(economies of scale)가 나타난 이후 규모의 비경제(diseconomies of scale)가 나타난다. 아래 그림 참조

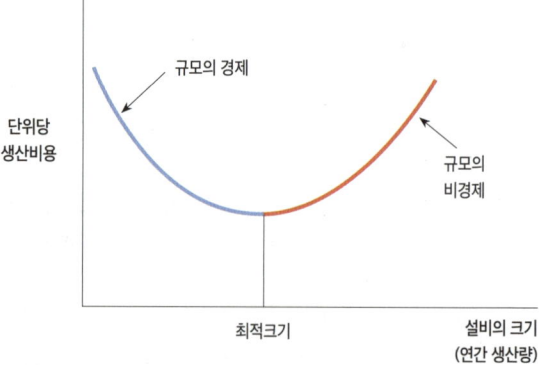

2686 ④

① 일반적으로 생산계획은 총괄생산계획 → 기준생산계획(MPS) → 자재소요계획(MRP) → 작업일정계획(job scheduling)의 순으로 수립한다.

② 총괄생산계획에서 수요추종전략(chase strategy)은 충원과 해고를 통해 수요와 공급을 일치시키려는 전략이다.

③ 자재소요계획(MRP)의 작성을 위해서는 기준생산계획(MPS), 자재명세서(BOM), 재고기록철(IR)의 입력자료가 필요하다.

⑤ 작업일정계획은 특정한 업무를 수행하기 위하여 시간대별로 자원을 배분하는 것이다. 작업일정계획에는 종업원별 근무날짜를 결정하는 인력일정계획(workforce scheduling)과 작업물을 기계에 할당하거나 작업자를 작업물에 할당하는 공정일정계획(operations scheduling)의 두 가지가 있다.

2687 ③

주차별 발주량을 계산하면 다음과 같다.

품목 A	주차		
	1	2	3
총소요(개)			40
보유재고	20		
순소요량			20
계획발주		20	

위 표에서와 같이 2주차의 품목 A에 대한 계획발주는 20개이고, 품목 A를 1개 생산하는데 품목 B가 2개 소요되므로, 품목 B의 총소요는 40개가 된다.

2688 ③

① MRP는 종속수요품목에 대한 조달 계획이며, 독립수요품목과 달리 시간에 따른 수요변동이 일괄적(lumpy)이라는 특징을 가진다. 수요가 '일괄적'이라는 것은 어떤 로트의 생산이 이루어질 때에만 일정한 양의 부품이 소요되고 다음 로트의 생산시까지는 그 부품을 필요로 하지 않는다는 것을 의미한다.

② MRP의 입력자료인 자재명세서(BOM : bill of materials)는 최종제품의 제조에 소요되는 모든 부품, 상위품목-부품관계, 그리고 엔지니어링과 프로세스 설계에 근거한 부품사용량을 기록한 것이다. 자재명세서는 계층적으로 구성 항목들이 나열되고 완성품의 조립을 위해 필요한 각 구성품의 수량을 보여주며, 품목 간의 계층관계와 소요량을 나무구조형태로 표현한 것이다.

③ 로트 사이즈 결정 방법 중 가장 단순한 것이 L4L(lot for lot) 발주이다. 이는 각 기간의 발주량이 그 기간의 수요와 동일하도록 정한다. 즉 계획발주량(planned order releases)이 순소요량(net requirements)과 동일하게 정한다. 이 방법은 발주량이 명백할 뿐 아니라 차기까지 이월되어 보유되는 재고에 대한 투자를 최소화한다. L4L의 단점은 매주문 시마다 발주량이 달라서 고정발주량의 경제적 이점을 누리지 못한다는 것이다.

④ 계획발주량은 계획입고량(planned order receipts)을 리드타임(lead time)만큼 역산하여 기간 이동한 것이다. 예를 들어, Z품목의 계획입고량이 100개이고 리드타임이 2주라면, 필요시점 2주 전에 100개를 발주해야 한다.

⑤ 하위수준코딩(low level coding)이란 동일 품목이 BOM의 여러 수준(계층)에서 출현할 때, 그 품목이 출현한 수준 중 최저 수준과 일치하도록 BOM을 재구축하는 것을 의미한다.

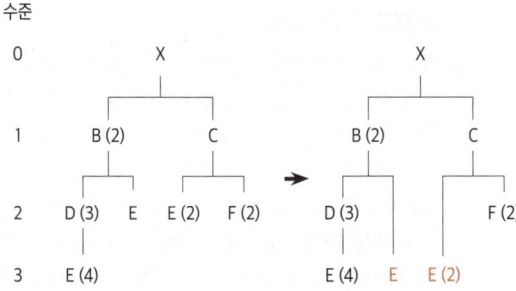

2689 ①

① MRP는 종속수요 품목의 소요량(requirement) 산정에 사용된다.

2690 ①

① MRP는 종속수요 품목의 소요량 산정에 사용되는 시스템이다.

2691 ②

① MRP의 기본 입력자료 세 가지는 자재명세서(BOM), 기준생산계획(MPS) 그리고 재고기록(IR)이다.

③ MRP 전개과정은 완제품의 제조에 소요되는 원자재, 부품, 부분품 등과 같은 종속수요를 갖는 하위 품목들의 수요를 관리하는 것이다.

④ 제조업자들의 추가적인 요구사항을 인식하여 MRP에서 진화한 MRP II는 MRP를 대체하거나 개선하는 것이 아니라 오히려 MRP의 범주에 생산능력소요계획(CRP: capacity requirement planning)을 포함시키고 계획 수립과정에서 마케팅과 재무와 같은 기업의 다른 기능영역을 포함하도록 확대한 것이다. 생산능력소요계획(CRP: capacity requirement planning)은 단기 생산능력소요를 결정하는 과정이다. 필요한 투입물로는 MRP의 계획발주량, 현재의 작업장 부하, 공정절차 정보, 작업처리 소요시간이 있다. 주요 산출물로는 각 작업장의 부하 보고서가 있다. 차이(과부하 혹은 과소 부하)가 예상되면 관리자는 공정절차의 변경, 로트사이즈나 안전재고량의 변경이나 제거, 로트 분할 등과 같은 개선책을 고려할 수도 있다.

⑤ 서비스 업체도 MRP 시스템을 사용가능하며, 서비스업의 특성 때문에 자재에 대한 계획보다는 생산능력에 대한 계획을 세우는 것이 바람직하다.

2692 ①

a. MRP시스템의 3대 입력 자료는 주일정계획(MPS), 자재명세서(BOM), 재고기록철(inventory records file)이다. 이를 이용하여 제조주문 및 구매주문의 일정계획을 출력한다.

c. MRP는 BOM의 나무구조(tree structure)상 상위품목에서 시작하여 하위품목 방향으로 순차적으로 작성되는 Top-down 방식으로 작성된다.

d. MRP에서는 원자재, 부품, 구성품 등과 같이 수요가 최종제품이나 상위 품목에 종속되어 있는 종속수요품목을 대상으로 이루어진다. 따라서 하위품목에 대한 별도의 수요예측 과정은 필요하지 않다.

2693 ④

④ MRP는 종속수요 품목의 소요량 산정에 사용되는 시스템이다.

2694 ②

② 고용인력의 조정이 가능하면 추종전략(chase strategy)을 사용하는것이 좋고, 고용수준의 조정이 불가능하다면, 재고수준을 조정하는 평준화 전략(level strategy)이나 노동력의 이용률을 조정하는 전략을 사용하여야 한다.

2695 ③

b. 총괄생산계획의 수요대처 전략은 역동적 수요에 대처하기 위한 대안들의 집합을 의미한다. 따라서 총괄생산계획의 수립 과정에서 여러 대안별로 조정과 선택의 절차를 거친 후, 최종적으로 선정되는 대안들의 조합이 바로 수요대처 전략인 것이다.

d. 자재소요계획(MRP)의 투입 자료는 주생산계획(MPS), 재고기록철, 자재명세서이다.

2696 ⑤

⑤ 기준생산계획(MPS)은 최종제품을 언제, 얼마만큼 생산할 것인지를 나타내며 자재명세서(BOM) 등과 함께 자재소요계획(MRP)의 주요 입력자료이다.

2697 ③

a. 수요추종전략은 수요에 따라 고용수준을 조정하는 전략으로 이 전략에서는 공급이 수요를 따라가도록 모든 수요 변화를 고용수준에 의해 흡수한다. 따라서 재고유지비용이 클 경우 이 전략을 사용하는 것이 적절하다. 반면 생산수준평준화전략은 고용수준을 일정하게 유지하는 전략으로 수요변화는 재고, 잔업, 임시직, 하청 등과 같은 수단을 통해 흡수한다. 따라서 재고유지비용이 클 경우 재고량이 많으면 비용이 증가하므로 수요추종전략이 타당하다.

b. 총괄계획(APP) → 주생산계획(MPS) → 자재소요계획(MRP)의 순으로 조달일정이 수립되므로, 완제품에 대한 주생산계획(MPS)을 수립한 후, 자재소요계획(MRP)을 통해 하위품목에 대한 조달일정이 정해진다.

c. 로트크기는 일괄 처리되는 작업 단위 또는 생산의 한 세트, 즉 한 번 생산할 때의 수량을 의미한다. 따라서 총괄계획의 목적은 중기적으로 변화하는 수요에 대응하여 전반적인 생산수준을 결정하므로 로트크기 결정과는 거리가 멀다. 로트크기(lot size)는 자재소요계획(MRP)의 주요결과물 중 하나이다.

d. 총괄제품부문별로 수립된 총괄생산계획 다음 단계로 세부 제품별, 기간별로 나뉘어져 각 최종 제품이 언제 얼마만큼 소요되는지를 나타내는 주생산계획(MPS)으로 분해된다. 주생산계획의 시간단위는 보통 주(週)로 표시되며 주간 소요량을 결정한다. 따라서 주생산계획은 완제품의 생산시점과 생산량을 결정하고 이를 통해 그 제품의 예상 재고를 파악할 수 있다.

2698 ④

① 평준화 전략(level strategy)은 고용수준을 일정하게 유지하는 전략이다. 평준화 전략은 고용수준과 정규시간에 의한 생산율을 일정하게 유지하고, 수요변화는 재고, 잔업, 임시직 노동력, 하청 및 협력적 협정과 같은 공급관리 수단을 통해 흡수한다. 반면 추종 전략(chase strategy)은 수요에 따라 고용수준을 조정하는 전략으로, 이 전략에서는 공급이 수요를 따라가도록 고용수준을 재고나 기타 수요 및 공급관리 수단을 사용하지 않고 모든 수요 변화를 고용수준에 의해 흡수한다. 따라서 재고수준의 변동은 일반적으로 수요에 따라 생산하는 수요추종 전략(chase strategy)보다 평준화 전략(level strategy)을 활용할 경우 크게 나타난다.

② 총괄생산계획(APP)은 분해(disaggregate)되어 제품 혹은 작업장 단위로 주생산계획(MPS: master production schedule)으로 구체화된다. MPS는 보통 주를 단위로 하여 몇 개월을 대상 계획기간으로 수립하는 단기계획이다. MPS에서는 총괄생산단위로 수립된 총괄생산계획을 제품별 수요예측에 기초하여 각 제품별로 분해하여 제품별·기간별로 수립하는 세부 생산계획이다.

③ 자재소요계획(MRP)의 입력자료에는 주생산계획(MPS), 자재명세서(BOM), 재고기록철(IR)이 있다. 주생산계획은 특정기간 내에 최종품목을 얼마나 생산할 것인가를 자세히 정한 것이다. 자재명세서(BOM : bill of materials)는 최종제품의 제조에 소요되는 모든 부품, 상위품목-부품관계, 그리고 엔지니어링과 프로세스 설계에 근거한 부품사용량을 기록한 것이다. 마지막으로 재고기록철(IR)에는 재고품목에 대한 리드타임, 로트크기 등에 대한 정보와 기간별 소요량, 수취량, 발주량, 주문진전 상황, 지체에 대한 조치 등의 내용이 기재되고 재고의 보충과 인출이 정리·갱신되어 현 재고에 대한 상태가 제시된다.

④ 총괄생산계획(aggregate production planning)이란 향후 1년에 걸친 계획대상기간 동안 변화하는 수요를 가장 경제적으로 충족시킬 수 있도록 월별로 기업의 전반적인 고용수준, 산출량, 재고수준, 하도급수준 등을 결정하는 중기계획이다. 총괄생산계획은 기업의 전반적인 생산, 고용, 재고, 하도급 수준을 결정하기 위한 계획이므로 <u>개별 제품별로 수립되는 것이 아니라</u> 그 기업이 생산하는 여러 제품을 총괄할 수 있는 공통의 산출단위 즉, 총괄생산단위에 입각하여 수립된다. 따라서 총괄생산계획은 개별 제품별이 아니라 제품집단별로 월별 생산수준, 인력수준, 재고수준을 결정한다.

⑤ 자재소요계획(MRP)은 생산능력, 마케팅, 재무적 요소 등에 관한 조정기능을 포함한 MRP II 및 ERP로 확장되었다. MRP II (Manufacturing Resource Planning)는 1980년대 MRP로부터 진화되었는데 이는 제조업자들이 추가적인 필요를 인식하였기 때문이다. MRP II는 MRP를 대체하거나 개선시키는 것이 아니라 오히려 MRP의 범주에 생산용량소요계획(CPR : capacity requirement planning)을 포함시키고 계획수립과정에서 마케팅 및 재무와 같은 조직의 기능영역을 포함하도록 확대되었다. 전사적 자원관리(ERP : enterprise resource planning)는 MRP로 시작되어 MRP II로 진화된 그 다음의 발전단계이다. ERP는 MRP II와 같이 보통 MRP의 핵심적 기능을 가지고 있다. ERP는 시스템을 보다 효과적으로 관리하기 위하여 조직의 서로 다른 기능영역간의 정보 공유를 허용하며 표준화된 기록관리를 통합하는 확장된 노력을 나타낸다.

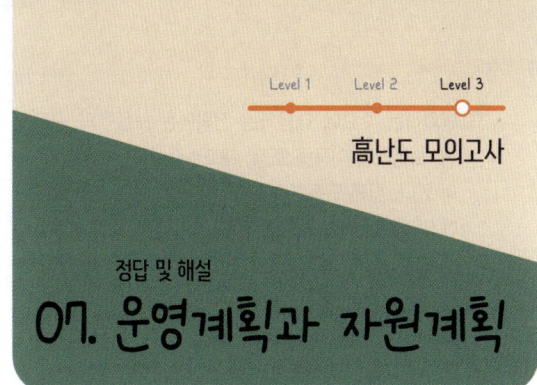

정답 및 해설
07. 운영계획과 자원계획

2699 ③

① 총괄생산계획(aggregate production planning)에서는 중기적으로 수요와 공급을 맞추기 위해 여러 가지 의사결정 대안을 고려한다. 이러한 의사결정 대안들은 두 가지 유형으로 구분된다. 하나는 수요를 조절하는 것이고 다른 하나는 공급을 조절하는 것이다. 수요를 조절하는 전략은 특별히 없으며, 추종 전략(chase strategy)과 평준화 전략(level strategy)은 모두 공급을 조절하는 것이다.
③ 총괄생산계획은 대상 기간 보통 1년인 중기계획으로 여기에서 고려되는 비용은 중단기적인 비용 즉, 정규시간비용, 초과근무비용, 채용과 해고비용, 재고유지비용, 미납주문과 재고고갈비용 등이다.
⑤ 추종 전략(chase strategy)은 수요에 따라 고용수준을 조정하는 전략으로, 이 전략에서는 공급이 수요를 따라가도록 고용수준을 재고나 기타 수요 및 공급관리 수단을 사용하지 않고 모든 수요 변화를 고용수준에 의해 흡수한다. 따라서 추종전략에서는 수요에 맞추어 정규노동력의 채용과 해고가 발생한다. 반면 평준화 전략(level strategy)은 고용수준을 일정하게 유지하는 전략이다. 평준화 전략에는 고용 수준과 정규시간에 의한 생산율을 일정하게 유지하고, 수요변화는 재고, 잔업, 임시직 노동력, 하청 및 협력적 협정과 같은 공급관리 수단을 통해 흡수한다. 따라서 추종 전략은 미숙련 노동력이나 일상적인 직무에 적합하고, 반면에 평준화 전략은 고도의 숙련 노동력과 복잡한 직무에 적합하다.

2700 ④

④ 평준화전략(level strategy)은 고용수준을 일정하게 유지하는 전략이다. 평준화전략에는 고용 수준과 정규시간에 의한 생산율을 일정하게 유지하고, 수요변화는 재고, 잔업, 임시직 노동력, 하청 및 협력적 협정과 같은 공급관리 수단을 통해 흡수한다. 반면 추종전략(chase strategy)은 특정 기간 동안의 계획된 산출량이 그 기간의 기대수요와 동일하게 하는 것으로 재고 투자는 낮고 노동 활용도가 높게 유지된다는 장점이 있다.

2701 ④

④ 재주문점 모형(Q-모형)은 '보충(replenishment)'임에 반해 자재소요계획은 '소요(requirement)'의 개념을 사용한다. 보충의 개념이란 재고수준이 떨어지면 보충함을 의미한다. 그러나 MRP에서는 주생산계획(MPS)에 따라 오로지 자재가 필요할 때에만 주문한다. 특정 부품에 대한 제조상의 요구가 없는 한 설사 재고수준이 낮다 하더라도 보충하지 않는다. 왜냐하면 제조에서 종속수요 품목에 대한 수요는 간헐적이기 때문이다.

2702 ④

④ 신규고용과 해고가 많아지는 문제가 있으나, 잔업이나 단축근무는 없는 것은 추종 전략(chase strategy)이다. 평준화 전략은 고용수준을 일정하게 유지하므로 신규고용과 해고는 없다.

2703 ②

② 관리도(control chart)에서 관리한계선 내에 모든 측정값들이 위치하더라도, 조치를 요하는 상황이 발생하면 교정조치를 취하는 것이 일반적이다.

2704 ④

④ 자재의 보유량과 주문량이 포함되며, 더불어 공급자, 리드타임, 로트사이즈 결정 방침과 같은 것들도 포함되는 것은 자재소요계획(MRP) 입력자료 중 재고기록(IR)이다. 자재명세서(BOM)는 한 단위 완제품을 생산하기 위해 필요한 모든 조립품, 하위조립품, 부품과 원자재의 목록이다.

2705 ②

② 라인밸런싱(line balancing)은 병목의 가동률과 비병목 가동률이 큰 차이가 나지 않도록 설계하는 것이고 제약이론(TOC: theory of constraints)은 병목의 생산능력을 잘 활용하는 주문을 받거나 일정계획을 통해 병목을 해결하고자 하는 기법이다.

2706 ②

② 주문적체는 보완제품, 판매촉진가격설정, 사전약정, 예약, 수익관리, 미납주문, 재고고갈 등과 함께 수요관리 옵션이다. 주문적체(backlog)는 제조업체가 미래에 인도하기로 약속한 고객의 주문을 쌓아둔 것으로 주문적체는 미래 생산소요량의 불확실성을 줄여주고 수요를 균등화하는데 유용하다.

2707 ⑤

⑤ 만약 한 기업이 변화하는 수요에 대처하기 위해 고용수준 조정, 잔업, 단축근무, 예상재고, 휴가계획을 활용하고 있다면 이는 혼합 전략(mixed strategy)에 해당한다. 고용수준 조정은 추종전략(chase strategy)에 해당하며, 잔업, 단축근무, 휴가계획은 평준화 전략(level strategy)에 해당하므로 추종 전략과 평준화 전략의 모든 옵션을 활용하는 혼합전략에 해당한다.

2708 ②

① 총괄생산계획이 유용한 이유는 포괄적인 활동에 초점을 맞추고 있어서 기업의 전략목표와 일관성을 유지하기 좋고 지나치게 상세한 항목에 빠져들지 않기 때문이다. 먼저 총괄화를 거치고 나서 계획에 나타난 목표와 자원을 사용하여 효과적이고 조화로운 일정계획을 수립한다.

② 총괄생산계획을 먼저 수립한 후에 모델별 혹은 공장별 생산계획인 주생산계획(MPS: master production schedule)을 수립한다.

③, ④, ⑤ 추종전략(chase strategy)은 고용이나 해고를 이용하여 계획대상시간 동안의 수요예측에 고용수준을 맞추는 방법이고, 평준화 전략(level strategy)은 고용수준을 일정하게 유지하는 전략이다. 대신 잔업, 단축근무, 휴가 등으로 노동력 이용률을 변동시켜 수요예측을 맞춘다. 그런데 최선의 총괄생산계획은 이 두 가지 순수전략 중 하나에만 의존하지 않고 공급옵션을 모두 고려하는 혼합전략이 될 가능성이 높다. 추종전략은 종업원을 고용하고 해고하는 것만을 말한다. 평준화 전략은 잔업, 단축근무, 휴가계획만 사용하는 것이다. 혼합전략(mixed strategy)은 예상재고, 시간제 근로자, 하청, 미납주문, 재고고갈 등 모든 옵션을 활용하는 것이다.

2709 ⑤

① 판매 및 생산계획(S&OP: sales & operations planning)이라는 용어는 기업의 수요와 공급의 균형을 유지하도록 도와주는 역할을 하고 있다는 것을 강조하기 위하여 사용되기 시작되었다. 전통적으로 생산관리 영역에서 총괄생산계획이라고 불러왔던 것이지만, 새로운 용어인 '판매 및 생산계획'은 관련부서 간의 통합 운영의 중요성을 강조하는데 의미가 있다. 관련부서란 일반관리, 영업, 생산, 재무 및 제품 개발 부서 등이다.

② 수요 자체를 변경시키는 전략에는 가격조정, 광고에 의한 수요조정, 추후납품을 통한 조정, 새로운 수요창출 등이 있다. 첫째, 가격조정 전략은 성수기와 비성수기의 시기에 따라 가격을 조정하여 수요의 양과 시기를 조절하는 전략으로 수요의 가격탄력성이 큰 제품일수록 그 효과가 크게 나타난다. 둘째, 광고에 의한 수요조정 전략은 마케팅을 이용한 수요조절 전략으로 광고나 그 외의 기타 판촉활동을 통해 수요 조정이 이루어진다. 광고를 이용한 전략의 경우 비교적 그 실행이 용이하다는 장점이 있지만, 수요의 양과 시기를 조절하는 통제력이 부족하다는 단점이 있다. 셋째, 추후납품을 통한 조정 전략은 제품의 납기를 연기하여 성수기의 수요를 비성수기로 이동시키는 전략이다. 납품연기에 대한 고객의 불만으로 인한 기업의 이미지 손상, 판매상실로 인한 기회비용 발생한다는 단점이 있다. 마지막으로 새로운 수요창출 전략은 현재 기업이 보유하고 있는 노동력 및 시설을 기존의 제품이나 서비스와 보완적 형태의 다른 제품 및 서비스를 개발하여 새로운 수요를 창출하는 전략이다. 실행이 어렵다는 단점이 있다.

③ 변화하는 수요에 대응하는 전략에는 노동력의 규모조정, 노동력의 이용률 조정, 재고수준 조정, 하청이용 등이 있다. 첫째 노동력 규모 조정전략은 월간 생산요구량에 따라 노동력의 규모를 조정시키는 전략으로 추종전략(chase strategy)이라고도 한다. 수요의 변동에 직접 연관시켜 고용이나 해고를 하는 방법을 사용한다. 둘째, 노동력의 이용률 조정전략은 노동력 규모는 일정하게 유지하되 이용률을 조정하여 수요의 변동에 대비하는 것이다. 셋째, 재고수준 조정 전략은 수요의 변동성을 극복하기 위하여 완제품의 재고를 가지는 것으로 고용수준이나 생산율을 고정시키고 재고수준을 조절함으로써 수요의 변동을 흡수하는 방법이다. 수요가 평균치 이하로 내려갈 때는 초과 생산된 제품을 재고로 비축하게 되며, 수요가 평균치 이상일 때는 재고가 감소되는 것을 의미한다. 평준화전략(level strategy)이라고도 한다. 마지막으로 하청을 이용하는 전략은 완제품, 중간조립품, 부품 등의 공급을 다른 기업에 의뢰하는 것이다.

④ 수요대응전략 중 어느 하나를 단독으로 사용하면 순수전략(pure strategy)이라고 하고 두 가지 이상을 혼합하여 사용하면 혼합전략(mixed strategy)이라고 한다. 실제로는 대부분 혼합전략을 사용하고 있다.

⑤ 평준화전략(level strategy)은 수요의 변동성을 극복하기 위하여 완제품의 재고를 가지는 것으로 고용수준이나 생산율을 고정시키고 재고수준을 조절함으로써 수요의 변동을 흡수하는 방법이다. 반면 추종전략(chase strategy)은 월간 생산요구량에 따라 노동력의 규모를 조정시키는 전략으로 수요의 변동에 직접 연관시켜 고용이나 해고를 하는 방법이다.

2710 ⑤

① 총괄생산계획 → 주생산계획(MPS) → 자재소요계획(MRP)의 순으로 생산계획은 작성된다.

② 만약 한 기업이 변화하는 수요에 대처하기 위해 고용수준 조정, 재고수준 조정, 노동력 이용률 조정을 모두 활용하고 있다면 이는 혼합 전략(mixed strategy)에 해당한다. 고용수준 조정은 추종전략(chase strategy)에 해당하며, 재고수준은 평준화 전략(level strategy)에 해당하며, 추가로 노동력 이용율 조정전략을 사용하므로 이는 모든 옵션을 활용하는 혼합전략에 해당한다.

③ 총괄생산계획에서 고려하는 비용은 중단기적인 비용 즉, 정규시간비용, 초과근무비용, 채용과 해고비용, 재고유지비용, 미납주문과 재고고갈비용 등이다.

④ 특정 기간 동안의 계획된 산출량이 그 기간의 기대수요와 동일하게 하는 것으로 재고 수준이 적절하게 유지되고 노동 활용도가 높다는 장점이 있는 것은 추종전략(chase strategy)이다.

⑤ 기준생산계획(MPS)은 최종 품목이 정확하게 언제 얼마만큼 생산되어야 하는지를 나타낸다. 이는 총괄생산계획을 분해하여 작성된다.

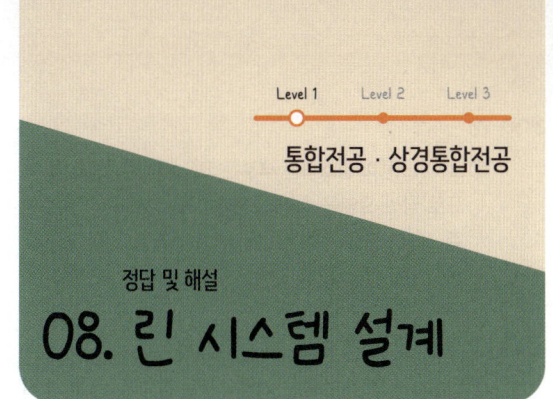

정답 및 해설
08. 린 시스템 설계

2711 ①

① 린(lean)생산=JIT 시스템
② 자재소요계획(MRP)은 원자재, 부품, 부분품 등과 같이 종속수요를 갖는 하위 품목들의 재고관리 기법
④ 대량 고객화(mass customization)는 표준제품과 표준서비스를 생산하되 최종 제품이나 서비스에는 어느 정도의 고객화를 가미하는 전략을 말한다.
⑤ 오프 쇼오링(off-shoring)은 기업 내부에서 수행하던 일을 동일 기업에 속하는 국외의 다른 설비에 맡기는 것을 말한다.

2712 ⑤

① 유연생산시스템(FMS: flexible manufacturing system)은 여러 가지 제품을 높은 생산성으로 유연하게 제조하는 것을 목적으로 생산을 자동화한 시스템을 의미한다.
② 컴퓨터 통합생산(CIM: computer integrated manufacturing)은 철저한 고객지향에 기반을 두고 제조업의 비즈니스 속도 및 유연성 향상 등을 목표로 생산·판매·기술 등 각 업무기능의 낭비 및 정체 등을 제거하고 업무 자체의 단순화·표준화를 위해 컴퓨터 네트워크로 통합하는 것을 의미한다.
③ 스마트 팩토리(smart factory)는 설계·개발, 제조 및 유통·물류 등의 생산과정에 있어 디지털 자동화 솔루션이 결합된 정보통신기술을 적용해 생산성, 품질, 고객만족도 등을 향상시키는 지능형 생산공장을 의미한다.
④ 무결점운동(zero defects program)은 품질관리 기법을 일반관리 사무에까지 확대 적용하여 이를 기반으로 전사적으로 결점이 없는 일을 수행하자는 것을 의미한다.
⑤ 적시생산방식(JIT: just in time)은 모든 프로세스에 걸쳐 필요한 때, 필요한 것(부품, 원재료 등)을 필요한 만큼만 생산함으로써 생산시간을 단축하고 재고를 최소화하여 낭비를 없애고, 대내외적인 환경변화에 신속하고 유연하게 대응하고자 하는 방식을 의미한다.

2713 ③

도요타 생산시스템에서 정의한 7가지 낭비유형은 다음과 같다.
- 과잉생산의 낭비 : 당장 사용치 않는 제품을 너무 많이 만들어 두는 낭비를 말한다.
- 대기의 낭비 : 작업을 하고 싶어도 할 수가 없어 작업자가 대기하는 상태로 인한 낭비를 말한다.
- 운반의 낭비 : 운반은 필요하지만 자체적으로 부가가치를 발생치 않기에 낭비되는 것을 말한다.
- 가공의 낭비 : 과잉 설계나 가공으로 인해 불필요한 작업이 발생하는 낭비를 말한다.
- 재고의 낭비 : 만약을 위해 재고를 두어야 한다는 생각으로 인한 낭비를 말한다.
- 동작의 낭비 : 작업자의 움직임에서 부가가치를 생성하지 않는 불필요한 동작으로 인한 낭비를 말한다.
- 불량수정의 낭비 : 불량품을 폐기하거나 수정, 재작업하는 것으로 인해 발생하는 낭비를 말한다.

2714 ④

④ 린 시스템은 작업부하를 균일하게 하고, 재고를 줄이고자 가능한 소규모 로트로 운영된다.

2715 ②

② 적시생산시스템은 풀(pull) 방식의 자재 흐름을 갖는다.

2716 ④

④ 적시생산시스템은 풀(pull) 방식의 자재 흐름을 갖는다.

2717 ⑤

⑤ JIT 시스템은 소규모 로트로 생산한다.

2718 ⑤

⑤ JIT 시스템은 재고를 낭비로 보아 적은 양의 재고를 보유하기 때문에 소량을 자주 납품해야 한다. 따라서 납품 횟수는 많다.

2719 ①

① 적시생산(JIT) 시스템은 풀(pull)시스템이다. 반면 자재소요계획(MRP: material requirement planning)은 푸시(push) 시스템이다.

2720 ①

② MRP(material requirement planning): 자재소요계획은 원자재, 부품, 부분품 등과 같이 종속수요를 갖는 하위 품목들의 재고관리기법
③ MRP II (manufacturing resource planning II): MRP에 마케팅과 재무 기능을 추가한 시스템
④ CIM(computer integrated manufacturing): 컴퓨터 통합 생산
⑤ FMS(flexible manufacturing system): 유연생산 시스템

2721 ③

③ 린 생산방식은 푸시 방식이 아닌 풀 방식으로 생산한다.

2722 ①

JIT는 풀(pull)방식의 자재흐름을 채택한다.

2723 ①

적시생산시스템(JIT)은 Toyota에서 시작되었다.

2724 ②

JIT 시스템은 소규모 로트로 생산한다.

2725 ③

③ JIT 생산시스템에서는 재고를 낭비로 보아 최소화하려고 한다.

2726 ④

④ JIT는 다품종을 대량생산하는 체제이다. 이때 생산은 반복적 공정을 사용하고, 로트크기는 소규모로 한다.

2727 ②

① 로트(lot)의 크기를 최소화하여 단위 제품당 생산시간과 생산비용을 최소화한다.
③ JIT 시스템이 원활하게 진행되기 위해서는 제조준비(set-up) 시간의 단축이 먼저 이루어져야 한다.
④ JIT는 사전에 수립된 계획에 따라 실제 생산이 이루어지도록 지시하는 푸시(push) 시스템이 아니라 필요한 만큼 자재를 가져오는 풀(pull) 시스템이다.

2728 ①

② 자재의 흐름이 섬세하고 작업장 간 완충재고는 소량이므로 기계의 고장은 큰 혼란을 야기한다. 예방보전은 기계 고장의 빈도 및 시간을 줄여준다.
③ 도요타 생산 방식에서는 한 사람이 여러 가지 작업을 할 수 있도록 다기능작업자 양성을 목표로 한다.
④ JIT 시스템에서 과잉재고와 불량은 제거되어야 할 낭비에 포함된다.

2729 ④

JIT(just in time) 생산방식에서의 8가지 낭비는 다음과 같다.

낭비	정의
과잉생산	필요하지도 않는데 미리 생산하여 재고와 리드타임을 초래하는 행위
과잉처리	단순한 기계로도 충분한데 고가의 정밀 장비를 사용하는 행위
대기	제품이 이동하지 않거나 처리되지 않고 있어서 발생하는 시간 낭비
운반	프로세스 사이의 지나치게 빈번한 물자 이동
동작	실제 작업과는 관련 없는 동작
재고	과잉 재고는 작업 현장의 문제를 숨기며 공간을 차지하고, 리드타임을 늘림
불량품	품질 불량은 재작업과 폐기를 초래하여 불필요한 비용 야기, 실패비용 최소화를 목표로 함
종업원의 활용 부족	종업원의 지식과 창의성을 활용하지 못하면 낭비제거 노력이 지속되지 못함

2730 ②

② JIT 시스템이 강조하는 부분은 고품질과 원가 절감을 목표로 낭비 요인을 철저히 제거하려는 재고관리 시스템 즉, 생산시간을 단축하고 재고를 최소화함으로써 불필요한 낭비를 발생시키지 않음을 목적으로 하는 시스템이다.

2731 ①

① 린(Lean) 생산시스템은 기업의 모든 활동에서 낭비와 지연을 제거하여 부가가치를 극대화하는 운영시스템을 말한다.
② ERP(Enterprise Resource Planning)는 기업의 제조 및 생산, 재무 및 회계, 판매 및 마케팅 그리고 인적자원관리 등의 비즈니스 프로세스들을 하나의 소프트웨어 시스템으로 통합하기 위한 것을 말한다.
③ MRP(Material Requirements Planning)는 제조 시스템에 있어서 이러한 종속수요 품목의 재고관리를 위한 재고관리 기법이다.
④ Q-System(Fixed-Order Quantity System)은 재고수준이 미리 정해진 재주문점(reorder point) R에 도달하면 일정한 양 Q만큼 주문하는 재고관리 시스템이다.

2732 ①

① 적시(just in time) 생산방식은 재고를 낭비로 보아 최소한의 재고만을 보유하려고 한다.

2733 ⑤

⑤ 적시생산시스템(JIT)은 준비 비용을 하나의 변수로 보고 준비시간의 단축을 통해 준비 비용을 줄임으로써 로트 크기와 총비용을 줄여나가는 시스템이다.

2734 ③

③ 적시생산시스템은 미리 수립된 계획에 따라 생산하는 푸시 시스템이 아니라 고객의 주문에 의해 제품이나 서비스 생산을 개시하는 풀 시스템이다.

2735 ④

① JIT는 재고를 최소화하려고 하기 때문에 필요 이상의 재고는 '자산'이 아니라 '비용'으로 인식한다.
② MRP는 비반복생산에 사용되는 시스템으로 사전에 계획한 대로 생산하는 계획 추진시스템 즉 'push' 시스템이다. 하지만 JIT는 수요에 맞춰 필요한 양을 필요한 시기에 생산하는 'pull' 시스템이다.
③ 재고를 최소화하려는 것은 MRP가 아니라 JIT이다.
⑤ MRP는 약간의 불량을 허용하지만, JIT는 무결점을 추구한다.

2736 ④

① 전통적 생산방식에서는 재고를 자산으로, JIT는 재고를 낭비(부채)로 파악하고 있다.
② 전통적 생산방식에서는 장시간 생산가동하는 반면에, JIT는 장시간 생산가동하는 것이 아닌 제품이 팔리는 수량에 따라 생산라인이 가동되는 체계이다.
③ 전통적 생산방식에서는 조달기간이 긴 반면에, JIT는 조달기간을 될 수 있으면 짧은 것을 기대한다.

2737 ①

② 동시공학(concurrent engineering)
③ 동시공학(concurrent engineering)
④ 가치분석(value analysis)
⑤ 전사적 자원관리(ERP)

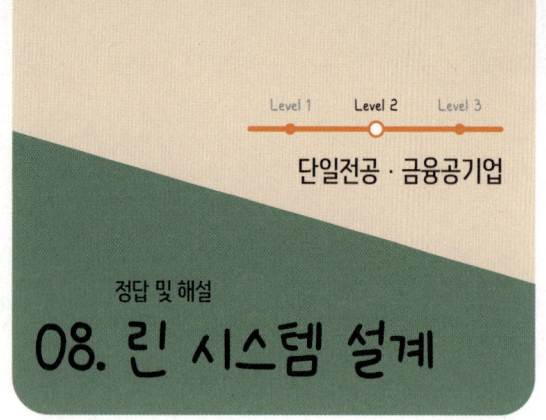

정답 및 해설
08. 린 시스템 설계

2738 ④

④ JIT 시스템은 소규모 로트로 운영되기 때문에 가동준비(set-up)시간의 최소화가 JIT 시스템 성공의 관건이다.

2739 ②

② 칸반(Kanban) 혹은 간판은 토요타 생산 시스템에서 생산흐름을 통제하기 위한 신호수단으로 쓰이는 카드를 말하며, 주생산계획이 매일 동일하고 부하가 일정한 순수 반복생산의 대량생산에는 JIT와 같은 풀 시스템이 적합하고, 비반복적이고 소규모 뱃치로 생산하는 개별주문 생산공정의 경우에는 생산계획과 통제에 반드시 MRP를 사용해야 한다.

2740 ①

d. 린 생산에서 기계가 고장난 이후 수리를 실시하는 고장수리(corrective maintenance) 보다 기계 및 설비가 고장나기 이전에 예방보전(preventive maintenance)을 하는 것을 더 강조한다.

e. JIT는 효율성을 추구하는 것을 목표로 하여 로트(lot)의 크기를 최소로 유지하고 작업자들이 다양한 기능을 익힐 수 있도록 폭넓은 과업을 작업자에게 할당한다.

2741 ⑤

(가) 로트 크기를 줄이면 생산준비(set-up) 횟수가 증가한다.

(나) 로트 크기를 줄이면 소규모의 주문을 자주 발주하게 되고 생산계획을 공급업체와 공유하게 되면 채찍효과(bullwhip effect)를 줄일 수 있다.

2742 ①

① JIT에서는 될 수 있는 대로 로트크기를 줄이려고 하며, 이상적으로는 로트크기를 1로 생산하는 것을 목적으로 한다. 로트크기를 축소하기 위해서는 고정비의 성격을 가진 준비비용(setup cost)을 줄여야 한다. 이를 위해 JIT에서는 준비시간을 최대한 줄인다. 준비시간이 단축되면 경제적 로트크기와 생산리드타임(production lead time)이 줄어들며, 이에 따라 재고수준도 줄어든다. 또한 JIT에서는 최종조립라인을 지원하는 모든 작업장의 부하를 균일하게 하기 위해 생산의 평준화(平準化, Heijunka)를 추구한다.

② JIT에서는 로트(lot)의 크기를 최소화하여 단위 제품당 생산비용을 최소화한다.

③ 칸반 시스템에서는 한 작업장에서 생산되는 부품들은 조그만 컨테이너에 담겨지며, 단지 일정한 수의 컨테이너만이 사용된다. 모든 컨테이너가 채워지면 생산을 중지하고, 다음 작업장이 가져간 부품을 다 사용하고 빈 컨테이너를 돌려보내줄 때까지는 더 이상 부품을 생산하지 않는다. 따라서 재공품 재고는 사용되는 총 컨테이너 수에 의해 제약되며, 부품은 단지 필요할때만 공급된다. 따라서 선후행 작업장 사이에 발생하는 재고의 양은 칸반(Kanban)의 수에 비례하므로 칸반의 수를 최소화하고 재고를 줄이기 위한 방안을 지속적으로 강구한다.

④ 품질향상을 위해 품질비용 중 실패비용(failure cost)의 최소화를 목표로 한다.

⑤ JIT 같은 풀시스템(pull system)에서 자재는 주일정계획에 의해 각 공정을 따라 연속적으로 조립라인까지 끌려온다. 즉 자재는 다음 공정의 수요가 있을 때만 제공된다. 반면 자재소요계획(MRP)과 같은 푸시시스템(push system)에서는 미래의 요구를 충족시키기 위하여 자재를 생산공정 쪽으로 밀어낸다. 즉 미래의 수요예측치나 주문량을 나타내는 주일정계획이 수립되면 이에 따라 어떤 구성품과 부품을 주문하고 생산으로 푸시해야 하는가가 결정된다. 따라서 비반복적이고 소규모 뱃치로 생산하는 개별주문생산공정의 경우에는 생산계획과 통제에 반드시 MRP를 사용해야 하지만 주일정계획이 매일 동일하고 부하가 일정한 순수 반복생산의 경우에는 JIT와 같은 풀 시스템이 적합하다. JIT의 경우 최종제품의 생산량에 매일 변화가 없으므로 MRP시스템을 사용할 필요가 없다.

2743 ②

① JIT는 풀(pull) 시스템이며, 사전에 수립된 자재소요계획에 따라 생산이 이루어지는 것이 아니라, 실시간 수요에 따라 실제 생산이 이루어진다.

③ 칸반(kanban) 시스템을 통해 공급자에게 소규모의 빈번한 조달을 요구해야 하므로 공급자와의 신뢰와 관계가 중요하다. 따라서 원활한 수급을 위해 소수의 공급자와 장기계약을 체결하는 것이 중요하다.

④ JIT는 낭비를 없애는 것이 목표이기 때문에 불량품이 발생하지 않도록 하는 것이 중요하다.

⑤ JIT에서는 생산준비 이후 동일 제품을 대규모 로트로 생산하면 유연성이 하락하기 때문에 소규모 로트로 생산하기 위해 생산준비 시간을 줄이는 것이 중요하다.

2744 ④

① TPS 집은 자사의 종업원들과 공급자들에게 토요타 생산 시스템을 정의하기 위해 만든 시각적 표현을 의미한다. 이를 구성하는 2가지 기둥은 JIT와 지도카(jidoka)이다.

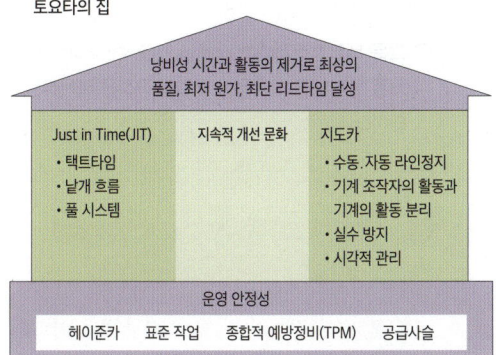

② 생산평준화(heijunka)란 물량 조절과 제품 혼합을 모두 사용하여 생산부하를 평준화하는 것이다. 이 접근을 따르면 고객들의 주문을 그대로 따라 제품을 생산하는 것이 아니라, 일정 기간 동안 모든 주문 물량을 취합한 다음 평준화하여 매일 동일한 제품들과 물량을 생산한다. 따라서 생산평준화를 위해 혼류생산(mixed-model assembly)과 단일단위생산(single-unit production)을 이용한다.

③ 유연성이 중요하기 때문에 하나의 작업에 전문적인 능력을 갖춘 작업자보다는 다기능 작업자의 육성을 강조한다.

④ TPS에서는 재작업, 대기, 재고 이외에도 과잉생산, 과잉처리, 불량품, 종업원의 활용부족 등도 낭비로 본다.

⑤ TPS에서는 이용률 최대화 및 재공품의 안정적 흐름보다는 품질이 가장 중요하므로 문제가 발생하면 공정을 멈추어서라도 해결해야 한다.

2745 ③

① 자재흐름에는 풀 방식과 푸시 방식이 있는데, 린 시스템은 풀 방식(pull method)의 자재흐름을 채택한다. 풀 방식이란 고객의 주문에 의하여 제품이나 서비스의 생산을 개시하는 방식으로 다음 단계의 수요에 의하여 생산이 허가되고 작업물이 이동하는 것을 의미한다. 이렇게 하면 작업장의 재고를 정교하게 통제할 수 있다.

② 생산 프로세스의 작업부하를 일정하게 하고 과잉생산을 방지하기 위해 가능한 작은 로트(lot) 단위로 생산한다. 여기서 로트(lot)란 같이 처리되는 품목의 양을 의미한다. 로트가 작아지면 재고수준이 낮아진다. 작은 로트는 큰 로트에 비해 자재를 대기하도록 하는 시간이 짧으므로 큰 로트보다 시스템을 빨리 통과한다. 또 불량품이 발견되면 전체 로트를 검사해서 재작업할 품목을 골라내야 하기 때문에 대규모 로트는 시간지연이 길어진다. 끝으로 작은 로트는 시스템의 작업부하를 균등하게 하고 과잉 생산을 방지한다. 하지만 로트가 크면 작업장에서 시간을 큰 단위로 잡아먹기 때문에 일정계획이 어려워진다. 또한, 작은 로트는 효율적으로 다루기가 쉽기 때문에 일정관리자가 용량을 더 효율적으로 사용할 수 있게 해 준다.

③ 린 생산 방식이 순조롭게 돌아가려면 마지막 후공정에 해당하는 판매단계가 안정적이지 않으면 안 된다. 판매가 매일같이 변하면 그 이전 단계의 생산이 더욱 큰 편차로 변하기 때문이다. 이처럼 후공정의 작은 수요 변화는 앞 공정으로 거슬러 올라갈수록 더욱 파급력이 커져서 큰 변화를 일으킨다. 이것이 채찍효과(bullwhip effect)이다. 이를 최소화하기 위해서는 생산 활동의 후공정에 해당하는 판매단계에서 매출 변동을 최소화(수요의 평준화)할 필요가 있다. 린 생산 방식에서 이 기능을 수행하는 것은 바로 영업이다.

④ 린 생산 방식에서는 소규모 로트로 생산하는데, 소규모 로트를 사용하면 가동준비(setup) 횟수 증가라는 문제가 발생된다. 한 품목을 처리하다가 다른 품목을 처리하고자 할 때, 뒷 품목에 맞게 프로세스를 조정하는 활동을 가동준비(setup)라고 한다. 일반적으로 가동준비에는 로트크기와는 상관없이 일정한 시간이 필요하다. 따라서 로트크기를 줄이면 로트가 클 때보다 종업원이나 장비의 시간 낭비가 많아진다. 이 때문에 작은 로트 생산을 실시하여 효과를 보려면 가동준비시간을 단축시켜야 한다.

⑤ 린 생산 방식은 매우 적은 재고로 운영되므로 공급업체와 긴밀한 관계를 유지하는 것이 필수적이다. 공급자들은 고품질의 부품을 공급해야 하며, 자주 배달하고, 리드타임이 짧아야 하며, 적시에 도착해야 한다. 공급 계약을 맺을 때 하루에도 여러 번 부품을 납품하도록 요구하는 경우도 있다. 린 생산의 철학은 공급사슬 전반의 재고를 감축하고 효율을 향상하는 방안을 찾는 것이다. 공급사슬 상의 회사들과 그들 공급자들 사이의 긴밀한 협력은 모두에게 득이 될 수 있다. 예를 들어 부품 소요량에 대한 정보교환이 개선되면 공급자는 더 효율적으로 재고계획과 배달 일정계획을 수립할 수 있어서 이윤이 증가할 것이다. 그러나 공급자를 적(敵)으로 인식하게 되면 공급자와 긴밀한 관계를 구축하고 유지할 수 없다. 이보다는 쌍방이 모두 장기적이며 유익한 관계를 유지하는데 관심이 있는 사업의 파트너로 여겨야 한다. 그러므로 린 생산 방식을 도입할 때 우선적으로 취하는 행동 가운데 하나는 공급자 수를 줄이고 공급자를 지리적으로 가까운 곳에 두어 파트너십을 강화하고 물자 흐름의 동기화를 향상하는 일이다.

2746 ②

① 맞는 보기. 적시생산시스템에서는 재고나 여유용량이 생산 프로세스에 내재되어 있는 문제를 감추는 역할을 하는 것으로 본다. 따라서 적시생산시스템에서는 재고수준을 낮추고 시스템에 주기적으로 압박을 가하여 문제점이 노출되도록 하고, 노출된 문제들을 작업자, 감독자, 엔지니어, 분석가들이 '지속적 개선(kaizen)' 기법을 이용하여 제거하게 된다.

② 실수를 피하는 프로그램이라는 의미의 '포카요케(poka-yoke)'는 작업자의 오류가 실제 결함으로 이어지지 않고 신속하게 수정될 수 있도록 도와준다. 참고로 헤이준카(heijunka)는 평준화(平準化)라는 의미로 물량조절과 제품 혼합을 사용하여 생산 부하를 평준화하는 방법을 말

한다.

③ 맞는 보기. 롯트(lot)란 같이 처리되는 품목의 양을 말한다. 롯트(lot) 단위가 작아질수록 자재를 대기하도록 하는 시간이 짧아지고 또한 공정에서 발생한 품질문제를 조사하거나 처리하는 시간이 감소한다. 그리고 소규모 롯트로 생산하면 주기재고(cycle inventory)가 감소하여 재고유지비용이 낮아지고 재고 보관을 위한 공간이 줄어들며, 고객의 소규모 주문도 처리할 수 있기 때문에 수요변동에 쉽게 대응할 수 있다. 하지만 롯트 단위가 작아지면 가동준비 횟수가 증가하므로 가동준비시간의 단축이 필수적이다. 이 문제가 해결된다면 이상적인 롯트 단위는 '1'이 된다.

④ 맞는 보기. 칸반(kanban, 看板)은 린 시스템에서 생산흐름을 통제하기 위한 도구로 일본어로 칸반은 부품을 담은 컨테이너에 붙어 있는 표지(카드, 명찰, 사인 등)로서 연속된 공정에서 공정 간 자재의 이동이나 생산을 지시하기 위해 사용된다. 칸반은 부품 컨테이너(container)마다 필요하므로 공정통제를 위해 사용되는 칸반의 수와 부품 컨테이너의 수는 비례 관계에 있다.

⑤ 맞는 보기. 전통적 제조방식에서 소품종을 대량생산하기 때문에 소수의 기능에 전문화된 작업자가 필요했지만 린 시스템에서는 소수의 작업자가 다양한 기계를 다루게 되므로 전통적 제조방식에 비해 더 많은 기능을 수행할 수 있는 다기능작업자를 필요로 한다. 이러한 작업자의 다기능화로 인해 병목현상이 생기거나 동료 작업자가 결근을 했을 때 서로 도울 수 있으므로 시스템의 유연성을 높여주고 라인밸런싱에 도움이 된다.

2747 ①

① JIT는 pull 방식의 자재흐름, MRP는 push 방식의 자재흐름을 각각 갖는다.

2748 ⑤

⑤ 전통적 생산방식은 로트크기가 크기 때문에 준비시간(setup time)을 최소화할 필요가 없으나, JIT는 소규모 로트로 생산하기 때문에 가능한 짧은 준비시간을 추구한다.

2749 ⑤

① 제품별 배치(product layout)는 제품이나 고객이 일정한 흐름을 따라 움직이며 생산설비와 자원은 해당 제품이나 서비스의 완성경로에 따라 배치되는 것을 의미한다.

② 고정형 배치(fixed-position layout)는 선박의 건조나 대형 항공기의 제작과 같이 제품이 매우 크거나 움직일 수 없는 경우에 작업자들이 해당 제품으로 도구와 장비를 가지고 와서 작업하는 것을 의미한다.

③ 1인 복수기계작업셀(OWMM: one-worker, multiple-machines)에 관한 설명이다.

④ 표준화된 한 가지 제품을 대량생산하기 위한 제품별 배치(product layout)에서 가장 중요한 것은 라인밸런싱의 문제이다.

2750 ①

① 그룹 테크놀러지(GT: group technology)는 공정별 배치를 유지하면서 제품별 배치의 장점을 획득하는 배치형태이다.

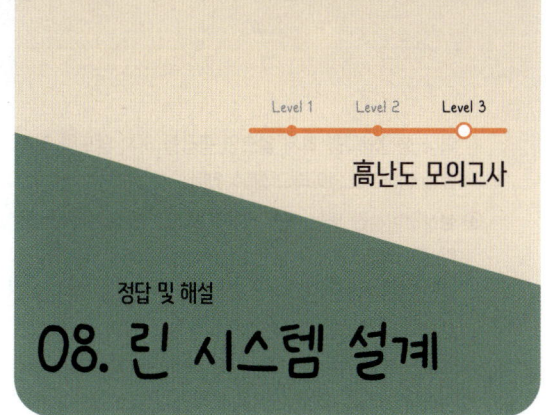

정답 및 해설
08. 린 시스템 설계

2751 ⑤

a. 제품의 유형성을 제외하곤 운영 프로세스가 유사하므로 린시스템은 제조업과 서비스업에서 모두 사용가능하다.
b. 린시스템은 기업의 모든 활동에서 낭비와 지연을 제거하여 부가가치를 극대화하는 운영시스템이므로, 필요 이상의 고가의 정밀장비보다는 단순한 기계나 소규모의 유연한 기계를 사용할 것을 권장한다.
c. 헤이준카(heijunka, 平準化)란 물량 조절과 제품혼합을 모두 사용하여 생산부하를 평준화하는 방법을 말한다. 지도카(jidoka, 自動化)란 무언가 문제가 발생하면 자동적으로 프로세스를 멈추고 그 현장에서 바로 고치는 관행을 말한다.

2752 ②

JIT 시스템은 작은 로트를 사용하여 재고를 관리한다. 다만 로트크기의 축소는 가동준비횟수를 증가시키므로 로트크기 감소로 인한 실익을 증가시키기 위해서는 가동준비시간을 단축시켜야 한다.

2753 ②

b. JIT는 공정의 반복성이 높고 자재 흐름이 잘 정의된 기업에 적절하며, 공정의 반복성이 낮고, 다품종 소량 생산하는 기업에는 MRP가 적합하다.
e. JIT는 병목현상을 줄이기 위해 작업자들을 작업장 간에 자유롭게 이동 배치하므로 유연성 있는 근로자가 필요하다.

2754 ⑤

⑤ JIT 시스템은 작은 로트로 제품을 생산한다. 다만 로트 크기의 축소는 가동준비횟수를 증가시키므로, 로트크기 감소로 인한 실익을 증가시키기 위해서는 가동준비시간을 단축시켜야 한다. 이때 SMED(single-minute exchange of die)를 사용하면 가동준비에 소요되는 시간을 단축할 수 있다. SMED란 생산시스템에서 생산하는 제품의 모델 변경에 소요되는 시간을 획기적으로 줄이는 방법을 의미한다.

2755 ①

풀 방식(pull method)의 자재흐름을 사용하는데, 풀 방식은 특정 부품의 조합을 초래하는 고객의 요구가 있을 때 적절한 방식이며, 푸시방식은 표준화된 제품생산에 적합하다.

2756 ⑤

모두 맞는 설명임

2757 ⑤

⑤ 린 시스템에서는 작업장의 부하 균일화를 위해 헤이준카(heijunka, 平準化)라는 개념을 사용하는데 이는 고객들의 주문순서에 따라 제품을 생산하는 것이 아니라 일정 기간 동안 모든 주문물량을 취합한 다음 평준화하여 매일 동일한 제품들과 물량으로 생산하는 것을 말한다.

2758 ③

① 공장 부하의 평준화(heijunka)는 생산계획 변화로 인해 발생하는 문제점을 줄이기 위해 생산흐름을 평준화하는 것을 의미한다. 만약 최종 조립라인에서 생산계획의 변화가 발생하면, 이 변화는 생산라인과 공급사슬을 따라 상위단계로 가면서 확대된다. 이 문제를 제거하기 위한 유일한 방법은 월별생산계획에서 시간당 생산되는 제품의 양을 고정시켜 조정의 폭을 가능한 작게 하는 것이다. 즉 캠리(C), 아발론(A), 솔라라(S)를 금월에 각각 200(=4×50), 150(=3×50), 100(=2×50)대 생산한다고 하면, 각각의 최대공약수 50을 기준으로 CCCC/AAA/SS 라는 9대의 세트를 구성하고 생산량에 따라 이 세트의 생산반복 횟수를 달리하는 것이다.
② 로트 사이즈가 작아지면 품질에 문제가 생겼을 때 확인해야 하는 로트도 작아지기 때문에 검사나 재작업에 소요되는 비용이 적게 들어간다.
③ 작은 로트는 일정계획에도 많은 유연성을 줄 수 있다. 보통 반복생산 시스템은 한정된 제품의 종류를 생산하는데 일반적으로 제품의 종류를 바꾸지 않고 한 가지 종류의 제품을 계속 생산함을 의미한다. 이러한 시스템이 작업준비비용이 많이 드는 아이템에 적용되면 제품당 작업준비 비용이 낮아지는 장점이 있지만, 이 시스템에서 여러 종류의 제품을 생산하게 되면 긴 주기시간이 소요된다. 예를 들어 A, B, C 세가지 버전의 제품을 한 기업이 생산한다고 가정하면, 전통적인 시스템에서는 한 종류의 제품을 심지어 2~3일까지 계속 생산하게 된다. 반면에 JIT 시스템에서는 작은 로트 사이즈를 유지하면서 각 제품의 생산에서 다른 제품의 생산으로의 이동이 빈번하게 일어나게 된다. 이러한 유연성은 JIT 시스템이 변화하는 소비자의 요구를 신속하게 대응할 수 있게 한다.

④ 작업준비비용은 작업준비를 수행하는 작업자들의 임금 및 기타 제반비용을 의미하는데, 전통적인 생산방식에서는 작업준비비용을 생산량에 관계없이 일정한 것으로 간주하기 때문에 최적주문량이 JIT 보다 상대적으로 높다. 반면, JIT 시스템에서 칸반(kanban)을 사용하게 되면, 작업준비에 소요되는 비용이 크게 감소하게 되므로 최적주문량도 감소한다. 작업준비비용이 주문량에 미치는 영향은 EOQ 모형의 그래프를 생각하면 쉽게 이해할 수 있다. 재고유지비용이 고정된 상태에서 작업준비비용 곡선이 아래로 이동하게 되면 주문량이 적어지게 된다.

⑤ 그룹 테크놀러지(GT: group technology)는 유사한 부품들을 '군(family)'으로 묶고 여기에 속한 부품들을 생산하는 공정들을 특화된 작업셀에 배치하는 방식이다. GT에서는 하나의 부품이 한 공정에서 다른 공정으로 이동하면서 작업이 이루어지는 것이 아니라 해당 부품의 작업에 필요한 모든 기계들을 그룹으로 묶어 셀에 배치하여 한 곳에서 모든 작업이 이루어진다. 따라서 그룹 테크놀러지(GT: group technology)를 사용하면 작업과 작업 간의 불필요한 이동과 대기시간을 제거할 수 있고 재고가 감소하여 작업자의 수도 줄일 수 있다. GT셀에 배치된 작업자들은 여러 기술을 습득할 수 있고, 기술수준이 향상되므로 고용 안정성을 높일 수 있다.

2759 ③

① 수요변동에 적응할 수 있도록 작업현장의 작업자 수를 유연하게 조정하는 것은 수요 감소로 작업자를 줄여야 할 때 중요한 의미가 있다. 예를 들어 한 라인에 다섯 명이 어떤 일정량의 제품을 만드는 작업을 하고 있다고 가정하자. 이 라인의 생산량이 80%로 감소되면 작업자는 수는 네 명으로 줄여야 한다. 수요가 20% 감소되면 작업자의 수는 한 명으로 줄어들 것이다. 이렇게 작업현장에서 작업자 수를 유연하게 조정하여도 생산성을 높게 유지하려면 여러 가지 훈련을 거친 숙련된 다기능공의 확보가 전제조건이다.

② 린 시스템을 실현하기 위해서는 후속공정에 불량품이 하나도 흐르지 않아야 하고 그 흐름이 유연하고 막힘이 없어야 한다. 린 시스템이 무엇보다도 효과적이기 위해서는 무엇보다도 품질이 완벽해야 한다. 린 시스템의 주춧돌로서의 지속적 개선(Kaizen)은 생산 프로세스, 제품기술 등의 분야에서 수월성을 추구하고 끊임없이 작은 개선을 시도하는 것이다. 이 과정에서 현장기술자들의 적극적인 참여가 요구된다. 또한 린 시스템의 원조격인 토요타 시스템에서는 실수방지도구(foolproof)로 '포카요케'를 사용한다.

③ 자재흐름을 계획하는 방법에는 푸시(push)와 풀(pull)의 두 가지 형태가 있다. 푸시 시스템이란 자재소요계획(MRP)과 같이 미리 결정된 상세한 생산계획에 따라 할당된 물량을 생산하여 이를 필요로 하는 부서에 전달하는 생산시스템으로, 이 시스템 하에서는 그 품목이 당장 필요하든 하지 않든 간에 상관하지 않고 주어진 물량을 생산한다. 이에 반하여 풀 시스템은 재주문점시스템이나 적시생산시스템과 같이 그 품목을 필요로 하는 부서가 주문이나 생산의뢰를 하지 않으면 공급을 하지 않도록 되어 있는 생산시스템이라고 할 수 있다.

④ 생산준비시간 또는 이를 비용으로 환산한 생산준비비용이 증가하면 경제적 생산량(EOQ)은 증가한다. 따라서 생산준비에 많은 시간이 소요된다면 수요에 맞추어 필요할 때마다 생산한다는 원리가 적용될 수 없다. 린 시스템에서는 생산준비시간 역시 다른 여타 비용과 마찬가지로 지속적인 연구개발과 분석을 통해 절감할 수 있는 항목으로, 단순히 기계설비의 성격에 따라 고정되어 있다고 간주하지 않는다. 셀을 구축하거나 설비개선을 통해 생산준비시간이 줄어들고 이에 따라 로트의 크기가 줄어들면 리드타임은 짧아진다.

⑤ 생산의 평준화(Heijunka)는 생산계획 변화로 인해 발생하는 문제점을 줄이기 위해 생산흐름을 평준화하는 것을 의미한다. 만약 최종 조립라인에서 생산계획의 변화가 발생하면, 이 변화는 생산라인과 공급사슬을 따라 상위단계로 가면서 확대된다. 이 문제를 제거하기 위한 유일한 방법은 월별생산계획에서 시간당 생산되는 제품의 양을 고정시켜 조정의 폭을 가능한 작게 하는 것이다. 결국 린 시스템에서 생산을 평준화(平準化, Heijunka)하는 이유는 최종조립라인을 지원하는 모든 작업장의 부하를 균일하게 하기 위함이다.

2760 ③

① 린 시스템(lean system)은 기업의 모든 활동에서 낭비와 지연을 제거하여 부가가치를 극대화하는 운영시스템이다. 린 시스템은 운영전략, 프로세스 설계, 품질관리, 제약관리, 설비배치, 공급사슬설계, 재고관리를 포함하여 제조업과 서비스업 모두에서 사용할 수 있다.

② 린 시스템은 주로 공정의 반복성이 높은 조립생산공정에 적합하지만 유연한 생산을 위해 다기능 작업자가 필요하다. 다기능을 보유한 노동력은 여러 가지 작업을 수행할 수 있기 때문에 병목현상이 일어나더라도 재고에 의존하지 않고 해결하는데 도움을 주며, 질병이나 휴가로 빠진 작업자의 일을 대신 할 수도 있다. 제품의 고객화가 높을수록 다기능 작업자의 필요성은 더 커진다.

③ 린 시스템은 가능한 작은 로트크기로 생산한다. 로트(lot)란 같이 처리되는 품목의 양을 의미한다. 로트가 작아지면 재고수준이 낮아진다. 작은 로트는 큰 로트에 비해 자재를 대기하도록 하는 시간이 짧으므로 큰 로트보다 시스템을 빨리 통과한다. 또 불량품이 발견되면 전체 로트를 검사해서 재작업할 품목을 골라내야 하기 때문에 대규모 로트는 시간지연이 길어진다. 끝으로 작은 로트는 시스템의 작업부하를 균등하게 하고 과잉 생산을 방지한다. 로트가 크면 작업장에서 시간을 큰 단위로 잡아먹기 때문에 일정계획이 어려워진다. 작은 로트는 효율적으로 다루기가 쉽기 때문에 일정관리자가 용량을 더 효율적으로 사용할 수 있게 해 준다. 그러나 로트크기를 줄이면 가동준비(setup) 횟수 증가라는 문제가 발생된다. 한 품목을 처리하다가 다른 품목을 처리하고자 할 때, 뒤 품목에 맞게 프로세스를 조정하는 활동을 가동준비(setup)라고 한다. 일반적으로 가동준비에는 로트크기와는 상관없이 일

정한 시간이 필요하다. 따라서 로트크기를 줄이면 로트가 클 때보다 종업원이나 장비의 시간 낭비가 많아진다. 이 때문에 작은 로트 생산을 실시하여 효과를 보려면 가동준비시간을 단축해야 한다.

④ 자재흐름에는 풀 방식과 푸시 방식이 있는데, 린 시스템은 풀 방식(pull method)의 자재흐름을 채택한다. 풀 방식이란 고객의 주문에 의하여 제품이나 서비스 생산을 개시하는 방식으로 다음 단계의 수요에 의하여 생산이 허가되고 작업물이 이동하는 것을 의미한다. 반면에 푸시 방식(push method)은 고객이 주문하기 전에 생산을 시작하는 방식으로 주어진 단계의 작업이 완료되면 작업물은 다음 단계의 대기공간이 존재하면 바로 이동되는 방식을 의미한다. 린 시스템은 풀 방식의 자재흐름을 채택하는데 이는 생산에 관한 것이 아니라 자재의 흐름에 관한 것이다. 린 시스템은 효율적 생산을 위해 작업장에 부하를 균일하게 하는데 이를 헤이준카(Heijunka, 平準化)라고 한다. 헤이준카는 물량조절과 제품 혼합을 사용하여 생산부하를 평준화하는 방법으로 일정기간 동안 주문을 받아 기간과 생산량을 균일하도록 같은 양의 제품을 생산하도록 매일 처리하는 방식이다. 따라서 린 시스템에서는 주문순서대로 순차적으로 생산하지는 않는다.

⑤ 린 시스템에서는 공급업체와 긴밀한 관계구축이 중요한데 이는 부품의 주기재고가 작기 때문이다. 린 시스템은 매우 적은 재고로 운영되므로 공급업체와 긴밀한 관계를 유지하는 것이 필수적이다. 공급자들은 고품질의 부품을 공급해야 하며, 자주 배달하고, 리드타임이 짧아야 하며, 적시에 도착해야 한다. 공급 계약을 맺을 때 하루에도 여러 번 부품을 납품하도록 요구하는 경우도 있다. 린 시스템의 철학은 공급사슬 전반의 재고를 감축하고 효율을 향상하는 방안을 찾는 것이다. 공급사슬 상의 회사들과 그들의 공급자들 사이의 긴밀한 협력은 모두에게 득이 될 수 있다. 예를 들어 부품 소요량에 대한 정보교환이 개선되면 공급자는 더 효율적으로 재고 계획과 배달 일정 계획을 수립할 수 있어서 이윤이 증가할 것이다. 그러나 공급자를 적으로 인식하게 되면 공급자와 긴밀한 관계를 구축하고 유지할 수 없다. 이보다는 쌍방이 모두 장기적이며 유익한 관계를 유지하는데 관심이 있는 사업의 파트너로 여겨야 한다. 그러므로 린 시스템을 도입할 때 우선적으로 취하는 행동 가운데 하나는 공급자 수를 줄이고 공급자를 지리적으로 가까운 곳에 두어 파트너십을 강화하고 물자 흐름의 동기화를 향상하는 일이다.

2761 ③

① 린 시스템에서는 재고수준이 최소화되어 있으므로 고장이나 기능 불량으로 생산흐름이 중단되지 않도록 기계설비는 언제나 최상으로 정비되어 있어야 한다. 린 시스템에서는 기계설비의 신뢰성이 항상 유지될 수 있도록 정기적인 검사와 수리가 실시되는 예방정비(preventive maintenance)가 강조된다. 이러한 예방정비의 대부분은 작업자들에 의해 수행되며, 정비시간은 교대시간 사이에 주어진다.

② 린 시스템을 실현하기 위해서는 후속공정에 불량품이 하나도 흐르지 않아야 하고 그 흐름이 유연하고 막힘이 없어야 한다. 린 시스템이 무엇보다도 효과적이기 위해서는 무엇보다도 품질이 완벽해야 한다. 린 시스템의 주춧돌로서의 지속적 개선(Kaizen)은 생산 프로세스, 제품기술 등의 분야에서 수월성을 추구하고 끊임없이 작은 개선을 시도하는 것이다. 이 과정에서 현장기술자들의 적극적인 참여가 요구된다. 또한 린 시스템의 원조격인 토요타 시스템에서는 실수방지도구(foolproof)로 '포카요케'를 사용한다.

③ 린 시스템은 반복적 생산(repetitive production)에 적합하며, 안정된 생산을 위해 헤이준카(heijunka)의 개념을 사용한다. 따라서 린 시스템에서는 안정된 주생산계획(MPS)이 필요하다. 이를 위해 운영 자재공급자와 협력관계 유지하고 작업자들을 다기능화하는 것이 중요하다. 반면 MRP 시스템은 계획수립이 용이한 묶음생산이나 개별주문생산에 적합하며, 매일매일 생산율이 크게 변화하는 경우에 보다 효과적으로 적용가능하다.

④ 준비시간이 단축되면 준비비용이 줄어들고 따라서 경제적 로트 크기가 줄어든다. 생산준비에 많은 시간이 소요된다면 수요에 맞추어 필요할 때마다 생산한다는 원리가 적용될 수 없다. 린 시스템에서는 생산준비시간 역시 다른 여타 비용과 마찬가지로 지속적인 연구개발과 분석을 통해 절감할 수 있는 항목으로, 단순히 기계설비의 성격에 따라 고정되어 있다고 간주하지 않는다. 셀을 구축하거나 설비개선을 통해 생산준비시간이 줄어들고 이에 따라 로트의 크기가 줄어들면 리드타임은 짧아진다.

⑤ 린 시스템에서는 작업자로 하여금 처음부터 일을 제대로 하도록 하고, 무언가 잘못되면 공정이나 조립라인을 즉시 중단시키도록 하는데 이를 현장품질(quality at source) 혹은 원천적 품질확보라고 한다.

2762 ④

① 린 시스템(lean system)은 기업의 모든 활동에서 낭비와 지연을 제거하여 부가가치를 극대화(투자수익률 향상)하는 운영시스템이다. 린 시스템은 운영전략, 프로세스 설계, 품질관리, 제약관리, 설비배치, 공급사슬설계, 재고관리를 포함하여 제조업과 서비스업 모두에서 사용할 수 있다.

② 린 시스템에서 생산계획의 과정은 장기 생산계획으로부터 시작하여 연간, 월간, 주간 및 일간 계획으로 세분된다. 이 과정에서 각 단계마다 판매계획과 이익계획이 수립되며, 생산능력이 계획된다. 이 계획 과정에서 총괄생산계획(aggregate production planning)은 연속적으로 특정 모델이나 제품에 대한 계획으로 분해된다. 주생산계획(MPS: master production schedule), 즉 최종 조립계획은 부하가 일정하도록 월간(또는 주간) 및 일간 수준으로 수립된다. 주생산계획은 생산, 구매 및 생산능력의 변경에 소요되는 리드타임을 감안하여 가능하면 1~2개월 전에 늦어도 1주일 전에는 확정되어야 한다. 가령 어느 달의 주생산계획이 A모델 10,000대,

B모델 5,000대, C모델 5,000대이고 월간 생산일수가 20일이라면 일간 계획은 각 모델을 월간 생산계획량의 1/20씩(즉 500A, 250B, 250C) 생산하는 것이다. 더욱이 각 모델은 생산라인에서 2:1:1의 비율로 혼류생산(mixed-model production)된다. 즉 /AABC/AABC/AABC/..... 의 순으로 계속 생산된다. 린 시스템에서는 일단 하루 생산할당량이 확정되며 초과생산이나 부족생산을 허용하지 않는다. 왜냐하면 생산은 수요를 적시에 충족시키도록 계획되어 있기 때문이다.

③ 칸반시스템은 한 작업장에서 다음 작업장으로 부품을 적시에 끌어가기 위해 사용하는 칸반카드와 컨테이너로 구성된 단순하고 가시적인 부품 인출시스템이다. 칸반시스템의 목적은 부품이 더 필요하다는 신호를 보내고, 다음 단계의 제작이나 조립작업을 지원하도록 부품이 적시에 생산되도록 하는데 있다. 부품은 작은 컨테이너에 담겨지며, 단지 일정한 수의 컨테이너만이 사용된다. 모든 컨테이너가 채워지면 생산을 중단하고 그 부품을 쓰는 다음 작업장으로부터 빈 컨테이너가 돌아올 때까지 더 이상 부품을 생산하지 않는다. 따라서 재공품 재고는 컨테이너의 수만큼 제한되며, 부품은 단지 필요할 때에만 공급된다.

④ 린 시스템은 매우 적은 재고로 운영되므로 공급업체와 긴밀한 관계를 유지하는 것이 필수적이다. 공급자들은 고품질의 부품을 공급해야 하며, 자주 배달하고, 리드타임이 짧아야 하며, 적시에 도착해야 한다. 공급계약을 맺을 때 하루에도 여러 번 부품을 납품하도록 요구하는 경우도 있다. 린 시스템의 철학은 공급사슬 전반의 재고를 감축하고 효율을 향상하는 방안을 찾는 것이다. 공급사슬 상의 회사들과 그들의 공급자들 사이의 긴밀한 협력은 모두에게 득이 될 수 있다. 예를 들어 부품 소요량에 대한 정보교환이 개선되면 공급자는 더 효율적으로 재고 계획과 배달 일정계획을 수립할 수 있어서 이윤이 증가할 것이다. 그러나 공급자를 적으로 인식하게 되면 공급자와 긴밀한 관계를 구축하고 유지할 수 없다. 이보다는 쌍방이 모두 장기적이며 유익한 관계를 유지하는데 관심이 있는 사업의 파트너로 여겨야 한다. 그러므로 린 시스템을 도입할 때 우선적으로 취하는 행동 가운데 하나는 공급자 수를 줄이고 공급자를 지리적으로 가까운 곳에 두어 파트너십을 강화하고 물자 흐름의 동기화를 향상하는 일이다.

⑤ 린 시스템에서는 재고수준이 최소화되어 있으므로 고장이나 기능 불량으로 생산흐름이 중단되지 않도록 기계설비는 언제나 최상으로 정비되어 있어야 한다. 린 시스템에서는 기계설비의 신뢰성이 항상 유지될 수 있도록 정기적인 검사와 수리가 실시되는 예방정비가 강조된다. 이러한 예방정비의 대부분은 작업자들에 의해 수행되며, 정비시간은 교대시간 사이에 주어진다.

2763 ③

① 주생산계획은 총괄생산계획을 분해(disaggregate)하여 수립되므로 총괄생산계획 수립시 가장 중요한 것은 기업 내 다른 기능 간 협조와 조정이다. 총괄생산계획은 예산, 인사 및 마케팅과 같은 기업 내 다른 기능과 밀접한 관련이 있다. 총괄생산계획은 최초 예산이 수립이나 예산이 수정에 기초자료가 된다. 고용, 해고 및 잔업에 관한 의사결정을 포함하거나 향후 제품의 공급량, 고객에 대한 서비스수준이 총괄계획에 의해 결정되기 때문에 기업 내 모든 기능 간 협조와 조정이 필요로 한다.

② MRP는 원자재, 부품, 구성품 등과 같이 수요가 최종 제품이나 상위 품목에 종속되어 있는 종속수요 품목에 더 적합하다.

④ 평준화(heijunka)하기 위해서는 혼류생산 해야 하며, 완전히 혼류생산하는 것은 불가능하거나 비경제적일 수 있기 때문에 이런 경우에는 로트 크기를 매우 작게 해야 하고 또한 로트 크기를 지속적으로 줄여나가는 노력을 해야 한다.

⑤ 칸반시스템(kanban system)은 적시생산시스템(JIT: just-in-time)의 한 유형으로 최종 고객으로부터 제품이나 서비스가 필요하다는 신호가 올 때까지는(즉, 고객으로부터 주문이 들어올 때까지는) 생산을 하지 않고, 최종 고객으로부터 신호가 오면(즉, 주문이 오면) 무엇을 얼마만큼 생산하고 또 언제 납품해야 하는지 결정하는 풀(pull) 사고를 기반으로 한다. 각 공정은 다음 공정의 요구가 있을 때에만 생산을 한다. 따라서 재고가 최소가 된다.

2764 ③

① 총괄생산계획은 단기 계획이 아니라 중기 계획에 해당한다. 즉 향후 1년의 기간 동안 수요에 대응하여 산출물의 공급을 계획하는 것이다.

② MRP는 주일정계획(MPS)이 수립되면 이에 따라 어떤 구성품과 부품이 언제, 얼마만큼 주문 또는 생산되어야 하는가가 결정되는 푸시 시스템(push system)이다.

③ 린 사고 관점에서 도요타 자동차는 낭비의 7가지 형태를 제시하였다. 5 Why는 낭비를 줄이기 위한 방법 중 하나로 적어도 5번 "왜?(why)"라는 질문을 함으로써 관찰된 문제가 다시는 발생하지 않도록 그 근본원인을 찾아내는 것이다. 5S는 Seiri(정리), Seiton(정돈), Seiso(청소), Seiketsu(청결), Shitsuke(습관)의 첫 글자를 의미하고, 이는 작업자의 사기, 환경적 안전 및 공정 효율을 향상시키도록 작업장을 조직하는 기법이다. 포카요케는 실수를 예방하거나 또는 실수를 한 눈에 쉽게 알 수 있게 하는 모든 메커니즘을 의미한다.

④ 린 생산시스템에서 준비시간(setup) 감축을 위한 내부준비(internal setup)란 기계의 가동 중단을 요구하는 준비 활동을 의미하며, 외부준비(external setup)란 기계를 가동하면서 수행될 수 있는 준비 활동을 말한다.

⑤ 칸반시스템(kanban system)은 적시생산시스템(JIT: just-in-time)의 한 유형으로 최종 고객으로부터 제품이나 서비스가 필요하다는 신호가 올 때까지는(즉, 고객으로부터 주문이 들어올 때까지는) 생산을 하지 않고, 최종 고객으로부터 신호가 오면(즉, 주문이 오면) 무엇을 얼마만큼 생산하고 또 언제 납품해야 하는지 결정하는 풀(pull) 사고를 기반으로 한다. 각 공정은 다음 공정의 요구가 있을 때에만 생산을 한다. 준비시간, 로트 크기 및 리

드타임의 감축은 칸반의 수를 줄이고, 따라서 재고수준을 감소시킬 수 있다.

2765 ④

① 서비스는 시간소멸적이기 때문에 서비스 산업에서는 공급을 수요에 맞게 조절하는 것은 어렵다. 따라서 서비스 산업의 총괄생산계획은 제조업과는 달리 공급보다는 수요를 통제하는 방법을 사용한다. 이 방법에 대표적인 것이 변동가격 전략이다. 이는 비수기에는 가격할인, 성수기에는 높은 가격을 책정하여 가격을 생산용량의 가용성에 따라 정하여 수익을 극대화하는 것이다.

② 이론적으로는 MRP에서는 수요가 변동적이지 않기 때문에 주생산계획(MPS)이 확정되면 정확한 사용량을 예측할 수 있다고 가정하기 때문에 안전재고는 필요하지 않다. 그러나 병목공정이나 불량률이 변동하는 공정은 하부 작업공정에서 부족 사태를 야기할 수 있고, 납품이 늦어지거나 제작이나 조립시간이 예상보다 길어지는 경우에도 부족 사태가 발생할 수 있다. 안전재고가 필요한 경우에는 지정된 구성품에 한해 계획발주량을 안전재고량만큼 증가시키면 된다.

③ 린 생산시스템에서는 공급자가 경제적인 수량을 확보할 수 있도록 동일 부품군 전체를 한 공급자에게 맡기는 단일 공급자 전략(single sourcing strategy)을 취하는 것이 일반적이다.

④ 원천적 품질 확보(quality at the source)는 불량을 발생장소에서 찾아내고 고치자는 것을 의미한다. 지도카(Jidoka)는 문제가 발생했을 때 생산라인을 스스로 정지시키고, 문제를 발생장소에서 해결하는 제도이다. 포카요케(Poka-yoke)는 '실수를 피하는'이란 뜻으로 제품이나 서비스의 생산, 배송 또는 소비 중에 발생하는 실수를 예방하거나 또는 실수를 한 눈에 쉽게 알 수 있게 하는 모든 메커니즘을 말한다.

⑤ 한 작업장의 운영에 필요한 컨테이너의 수는 후속 작업장의 수요율, 컨테이너의 크기 및 컨테이너의 순환시간의 함수이며 다음 공식에 의해 결정된다.

$$n = \frac{DT}{C}$$

여기서 n = 컨테이너의 총수(칸반의 수)

D = 생산된 부품을 사용하는 후속 작업장의 수요율

C = 컨테이너의 크기, 즉 컨테이너 1대에 담을 수 있는 부품의 수

T = 컨테이너 1대가 한번 순환하는데 걸리는 시간, 즉 부품을 채우고, 기다리고, 이동하여 사용되고, 다시 돌아올 때까지 걸리는 시간

부품 수요율은 1분당 2개이고, 컨테이너 1대에 담을 수 있는 부품의 수는 25개이다. 그리고 컨테이너 1대가 다시 작업장으로 돌아오는 데 걸리는 순환시간(즉, 준비시간, 생산시간, 대기시간 및 이동시간을 모두 포함한 시간)은 100분이다. 이 때 필요한 컨테이너의 수와 최대 재고는 다음과 같다.

$$컨테이너의 수(n) = \frac{DT}{C} = \frac{2 \times 100}{25} = 8대$$

최대재고$(nc) = 8 \times 25 = 200개$

위 식에서 보는 바와 같이 재고는 컨테이너의 수나 크기를 줄임으로써 감소될 수 있다. 이는 준비시간, 생산시간, 대기시간 및 이동시간으로 구성된 컨테이너의 순환시간을 줄임으로써 달성된다. 컨테이너의 순환시간을 구성하는 준비시간, 생산시간, 대기시간 및 이동시간 중 어느 것이라도 단축되면 칸반의 수와 이에 해당되는 컨테이너의 수를 줄일 수 있다. 린 생산시스템에서는 지속적 개선을 통해 컨테이너의 순환시간을 단축시켜 재고를 감소시킨다.

2766 ⑤

① 맞는 보기. 칸반(Kanban, 看板)은 일본말로 '카드'를 의미하며, 공장에서 생산의 흐름을 통제하기 위해 사용되는 카드를 가리킨다. 생산 허가와 자재 이동을 통제하기 위하여 두 가지 유형의 칸반이 사용된다. 하나는 생산칸반(production Kanban)이고, 다른 하나는 인출칸반(withdrawal Kanban)이다.

② 맞는 보기. 린 시스템은 개별 작업장의 1일 부하가 비교적 균등하여야 최상으로 작동하므로, 제조 프로세스에서는 매일 품종 구성과 생산량을 비슷하게 구성하여 작업장의 일별 수요를 균일하게 하는 것을 헤이준카(Heijunka, 平準化)라고 한다.

③ 맞는 보기. 카이젠(Kaizen)은 투입물을 산출물로 전환하는 프로세스와 관련된 모든 요소들을 계속해서 개선하려고 노력하는 철학을 말한다.

④ 맞는 보기. 원천적 품질확보(quality at the source)를 위해 작업자는 자기 작업의 품질을 스스로 검사하여 불량품은 후속 프로세스에 결코 내려보내지 않아야 하는데, 문제가 발생하면 자동적으로 프로세스를 정지하고 그 현장에서 바로 고치는 제도를 지도카(Jidoka, 自動化)라 한다.

⑤ 안돈(Andon)은 생산 현장에 문제가 발생했음을 표시하기 위해 사용하는 신호등 시스템을 의미한다. 공정에서 발생할 수 있는 실수의 가능성을 제거하거나 줄이기 위해 공정에 설치하는 안전장치를 의미하는 것은 포카요케(Poka-yoke)이다.

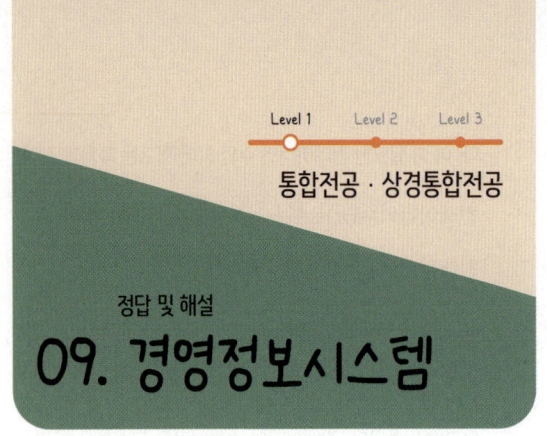

09. 경영정보시스템

2767 ①
① 정보는 적합성, 적시성, 형태성, 정확성이 중요하다. 그러나 정보의 양이 많다고 좋은 것은 아니다.

2768 ②
② 적정한 정보는 의사결정 상황 하에서 불확실성을 감소시킨다.

2769 ⑤
⑤ 복잡하다고 좋은 정보는 아니다.

2770 ⑤
⑤ 정보는 적합성, 적시성, 형태성, 정확성이 중요하다.

2771 ⑤
⑤ 정보는 적시성, 완전성, 검증가능성, 관련성 등을 지녀야 한다. 복잡한 정보가 가치있는 정보는 아니다.

2772 ④
④ 숫자, 이름 또는 수량과 같이 분석되지 않은 사실을 자료(data)라고 한다.

2773 ⑤
정보는 적합성(relevance), 정확성(accuracy)과 증거성(verifiability), 적시성(timeless), 형태성(presentability)을 가지고 있어야 한다.

2774 ⑤
⑤ 정보가 반드시 물리적 형태로 존재해야 하는 것은 아니다.

2775 ①
완전성(Completeness): 정보가 모든 필요한 요소를 포함하고 있는지 여부
일관성(Consistency): 정보가 시간과 장소에 관계없이 동일한 형식과 내용을 유지하는지 여부
적시성(Timeliness): 정보가 필요할 때 적시에 제공되는지 여부

2776 ②
② 거래처리시스템(transaction processing systems), 의사결정지원시스템(decision support systems), 사무자동화시스템(office automation systems), 전문가시스템(expert systems) 등은 조직의 계층에 따른 분류이나 인사정보시스템(human resource information systems)이나 마케팅 정보시스템, 생산정보시스템 등은 기능별 분류에 해당한다.

2777 ③
경영정보시스템을 하위부터 상위까지 나열하면, 거래처리시스템 → 정보보고시스템 → 의사결정지원시스템 → 중역정보시스템의 순이다.

2778 ①
① 거래처리시스템(TPS : transactional processing system)은 조직의 말단부에서 이루어지는 일상적인 업무 처리를 돕는 정보시스템으로 판매 주문 입력, 호텔 예약, 급여, 인사기록관리, 그리고 출하 등 경영에 필요한 일상적인 거래를 수행하고 기록하는 전산 시스템이다. 중간경영자를 대상으로 하는 것이 아닌 일선에서 이루어지는 시스템이다.

2779 ⑤
모두 경영정보시스템(MIS)의 설계와 이용에 있어서 조심하여야 할 오류에 해당한다.

2780 ②
② 정보시스템의 설계에는 모든 업무담당자의 의견이 반영되도록 그들을 충분히 참여시키는 것이 좋다.

2781 ①
① TPS(transaction processing system): 거래처리시스템

2782 ②
② 조직의 최하위부서에서 이루어지는 일상적인 업무처리를 돕는 정보시스템은 거래처리시스템(transaction processing system)이다.

2783 ⑤
① EIS(임원정보시스템 또는 중역정보시스템: executive information systems)는 고위관리층이 의사결정을 내릴 수 있도록 지원하며, EIS는 해결책에 도달하기 위한 합의된 절차가 없어 판단, 평가 그리고 통찰력이 절대적으로 요구되는 비일상적인 의사결정 문제에 초점을 맞춘다. EIS는 고위관리자가 사용하기 쉬운 인터페이스를 통해 많은 원천으로부터의 데이터와 그래프를 제시한다.
② DSS(의사결정 지원 시스템: decision support system)는 중간관리층의 비일상적인 의사결정을 지원하며, 이 시스템은 문제해결에 필요한 절차가 사전에 충분히 정의되어 있지 않은 독특하고 빠르게 변화하는 문제들에 집중한다.

③ ES(전문가 시스템: expert system)는 매우 구체적이고 한정된 전문 영역에서 암묵지(tacit knowledge)를 획득하기 위한 지능형 기술이다. 이 시스템은 숙련된 직원들로부터 획득한 지식을 소프트웨어 시스템에 일련의 규칙 형태로 표현하여 다른 사람들이 사용할 수 있도록 한다. 또한, 전문가시스템은 한정된 영역에서 전문가의 지식을 획득하여 조직 전반적으로 활용할 수 있게 함으로써 조직들이 소수의 전문가만으로도 높은 수준의 의사결정을 내릴 수 있도록 한다.

④ SIS(전략정보시스템: strategic information system)은 기업에서 발생하는 모든 내적, 외적 요인을 정보기술(IT)을 이용하여 전략적으로 분석하고 기업 경영에 효율적으로 이용하려는 전략 시스템이다. 여기에는 정보기술의 전략적 활용, 경쟁 우위를 확보하는 전략, 정보 네트워크 활용에 따른 새로운 환경 전략 및 기업 내부 자원의 활용 전략 등이 포함된다.

⑤ TPS(거래처리시스템: transactional processing system)는 조직의 말단부에서 이루어지는 일상적인 업무 처리를 돕는 정보시스템으로 판매 주문 입력, 호텔 예약, 급여, 인사기록관리, 그리고 출하 등 경영에 필요한 일상적인 거래를 수행하고 기록하는 전산 시스템을 의미한다. 또한, 시스템의 주요 목적은 일상적인 질문들에 답하고, 조직 전반의 거래 흐름을 관리하는 것이다.

2784 ③

조직의 말단부에서 이루어지는 일상적인 업무처리를 자동화하여 처리해주는 시스템은 거래처리시스템(transactional processing system)이다.

2785 ①

① 거래처리시스템(TPS : Transaction Processing System)은 비즈니스 수행에 필요한 일상적인 거래를 처리하는 정보시스템을 말한다.

② 정보보고시스템(IRS : Information Reporting System)은 거래처리시스템(TPS)이나 현장에서 발생한 데이터를 관리자의 관리통제에 도움을 주기 위해서 요약된 형태로 제공하는 시스템을 말한다.

③ 중역정보시스템(EIS : Executive Information System)은 고위관리층이 의사결정을 내릴 수 있도록 지원하는 시스템을 말한다.

④ 의사결정지원시스템(DSS : Decision Support System)은 중간관리층의 비일상적인 의사결정을 지원하는 시스템을 말한다. 이 시스템은 문제해결에 필요한 절차가 사전에 충분히 정의되어 있지 않은 독특하고 빠르게 변화하는 문제들에 집중한다.

2786 ②

초기의 의사결정지원시스템은 주로 비구조적(unstructured) 혹은 반구조적(semi-structured) 문제를 해결하기 위해 의사결정자가 데이터와 모델을 활용할 수 있게 해 주는 대화식(interactive) 컴퓨터시스템으로 정의되었는데 이러한 정의는 너무 제한적이어서 최근에는 확대되어 정의되고 있다. 의사결정지원시스템은 데이터베이스시스템(database system)과 모델베이스시스템(modelbase system), 사용자 인터페이스기관(user interface unit), 사용자(user)의 네 가지 하위시스템으로 구성된다.

2787 ①

① 의사결정지원시스템(DSS: decision support system)은 일상적이며 구조적인 의사결정 문제보다는 반구조적 및 비구조적 의사결정 문제를 해결하는데 효과적이다.

2788 ⑤

⑤ 최고경영진의 의사결정에 도움이 되는 정보를 제공하기 위한 목적으로 등장한 경영정보시스템은 중역정보시스템(EIS)이다.

2789 ⑤

⑤ 최고경영자층의 의사결정을 지원하기 위한 목적으로 개발된 시스템은 중역정보시스템(EIS: executive information system)이다.

2790 ⑤

틀린 보기를 옳게 고치면 다음과 같다.

① 거래처리시스템(transaction processing system)은 비즈니스 수행에 필요한 일상적인 거래를 처리하는 정보시스템이다.

② 전문가시스템(expert system)은 전문가가 지니고 있는 지식이나 노하우 등을 컴퓨터에 집어넣어 전문가와 같은 판단이나 추론을 컴퓨터가 행하게 하는 것을 말한다.

③ 공급사슬관리(supply chain management)는 공급자와 공급기업을 연계하여 활용하는 정보시스템이다.

④ 데이터웨어하우스(data warehouse)는 데이터를 저장하고 관리하는 정보시스템이다.

2791 ④

① ERP(enterprise resource planning): 전사적 자원관리
② EDI(electronic data interchange): 전자문서교환
③ POS(point of sale): 판매시점 관리
④ EIS(executive information system): 중역정보시스템
⑤ TPS(transaction processing system): 거래처리시스템

2792 ③

HTTP: hypertext transfer protocol
FTP: file transfer protocol
TCP/IP: transfer control protocol/Internet protocol

2793 ②

② RFID(radio frequency identification)

2794 ⑤

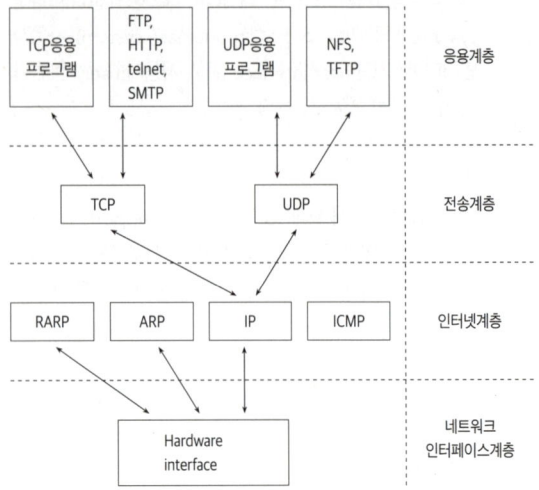

2795 ③

사용자가 시간과 장소에 상관없이 네트워크를 사용할 수 있는 환경을 유비쿼터스(ubiquitous)라고 한다.

2796 ①

① 블루투스(bluetooth)는 근거리에서 휴대전화·휴대용 단말기·주변장치 등을 무선으로 연결하기 위한 기술 규격으로 사무실·회의실·가정이나 사용자 주변 공간 등 근거리 내에서 무선으로 서로 다른 통신장치들을 연결할 수 있도록 개발되었다.
② 와이브로(wibro)는 이동하면서도 초고속인터넷을 이용할 수 있는 무선 인터넷 서비스를 의미한다.
④ 텔레매틱스(telematics)는 자동차와 무선통신을 결합한 새로운 개념의 차량 무선인터넷 서비스를 의미하는 것으로 자동차에 위치측정 시스템(GPS)과 지리정보 시스템(GIS)을 장착하고 운전자와 탑승자에게 교통 정보, 응급상황 대처, 원격 차량 진단, 인터넷 이용 등의 각종 모바일 서비스를 제공하는 것이다.
⑤ 소셜 네트워킹(social networking)은 온라인 상의 웹을 통해서 인맥을 쌓을 수 있도록 제공되는 서비스로 사진, 메시지, 블로그 등으로 사람 간의 관계 맺기를 통해 네트워크 형성을 지원하는 서비스를 말한다.

2797 ⑤

Web 1.0 시대에는 TV나 라디오처럼 정보와 서비스를 제공하기만 하고 웹사이트에 자신이 올린 데이터를 움직이거나 활용할 수 없었다. 그러나 참여, 공유, 개방을 핵심으로 하는 Web 2.0 개념은 이용자들이 적극 참여해서 정보를 만들고 공유하는 사회적 연결성을 중시한다. Web 3.0은 데이터의 의미를 중심으로 서비스되는 시대를 말한다. 개인화, 지능화, 상황인식 등이 Web 3.0의 대표 키워드로 인터넷에서 엄청난 양의 정보 중에 내가 지금 필요한 정보와 지식만을 추출해서 보여주는 맞춤형 웹의 시대가 웹 3.0인 것이다. 정보가 점점 방대해지고 단편화되어 통합적인 시각을 갖고 현상을 관찰하기 쉽지 않다. Web 3.0은 컴퓨터가 사람을 대신하여 정보를 읽고 이해하고 가공하여 새로운 정보를 만들어 낼 수 있도록, 이해하기 쉬운 의미를 가진 차세대 지능형 웹을 말한다. Web 3.0을 위해 필요한 기술이 시맨틱 검색이다.

2798 ⑤

- TCP(transmission control protocol)
- IP(internet protocol)
- HTTP(hyper text transfer protocol)

2799 ③

③ NFC(Near Field Communication): 10~15cm의 근거리에서 무선 데이터를 주고받는 통신 기술이다.

2800 ①

① 프로토콜(protocol)은 네트워크에서 두 지점 간 정보 전송을 관리하는 일단의 절차와 규칙 집합을 말한다.
③ 토폴로지(topology)는 컴퓨터 네트워크의 요소들(링크, 노드 등)을 물리적으로 연결해 놓은 것, 또는 그 연결 방식을 의미한다.
④ 라우터(router)는 둘 혹은 그 이상의 네트워크와 네트워크 간 데이터 전송을 위해 최적 경로를 설정해 주며 데이터를 해당 경로를 따라 한 통신망에서 다른 통신망으로 통신할 수 있도록 도와주는 인터넷 접속 장비를 의미한다.
⑤ 허브(hub)는 컴퓨터와 컴퓨터 사이, 즉 네트워크 장비와 장비를 연결해 주는 기능을 수행하는 장비를 의미한다.

2801 ①

① 초광대역(UWB, Ultra-wide band) 기술은 고주파수에서 전파를 통해 작동하는 단거리 무선 통신 프로토콜이다. 극초단파를 이용해 데이터를 교환하는 기술로 전송거리가 10m 안팎으로 짧지만 전송속도가 빨라 홈네트워킹 시스템이나 유비쿼터스 환경을 구현할 무선 통신기술로 주목받고 있다. 또한, 초광대역(UWB, Ultra-wide band) 기술은 대역폭이 너무 커서 장거리 송수신에는 적합하지 않다.

2802 ①

OSI(Open Systems Interconnection)는 국제표준화기구(ISO)에서 개발한 모델로, 컴퓨터 네트워크 프로토콜 디자인과 통신을 계층으로 나누어 개념적으로 설명한 것이다. 일반적으로 OSI 7계층이라 불리기도 한다. OSI 7계층의 단계는 다음과 같다.

OSI 7계층 모델	
7계층	응용 계층 (Application Layer)
6계층	표현 계층 (Presentation Layer)
5계층	세션 계층 (Session Layer)
4계층	전송 계층 (Transport Layer)
3계층	네트워크 계층 (Network Layer)
2계층	데이터 링크 계층 (Data Link Layer)
1계층	물리 계층 (Physical Layer)

2803 ④

④ ERP와 IT 인력의 아웃소싱은 직접적인 관련이 없다.

2804 ①

① 전사적 자원관리(ERP: enterprise resource planning)란 기업의 제조 및 생산, 재무 및 회계, 판매 및 마케팅, 그리고 인적자원관리 등의 비즈니스 프로세스들을 하나의 소프트웨어 시스템에 통합하여 관리하는 시스템이다.

2805 ⑤

⑤ 독립적으로 운영되어 온 생산, 유통, 재무, 인사 등의 기능영역별 정보시스템을 전사적 차원에서 단일 플랫폼으로 통합하는 정보시스템은 전사적 자원관리(ERP: enterprise resource planning)이다.

2806 ④

④ ERP 시스템을 구축·실행하는 데 초기 비용이 많이 소요된다.

2807 ⑤

⑤ 전사적 자원관리(ERP) 시스템은 기존 비즈니스 프로세스에 대한 근본적인 재고려 및 재설계를 실시한다.

2808 ⑤

② 그룹의사결정지원시스템(GDSS)은 그룹 의사소통 및 집단 의사결정을 보다 효과적으로 지원하기 위해 구축되는 시스템을 말하는 것으로 최근의 경영환경이 보다 복잡해지는 상황 하에서 기업의 업무와 관련된 의사결정을 보다 효과적으로 지원할 필요성이 대두되면서 나타나게 된 의사결정 지원시스템이다.
③ 공급사슬관리시스템(SCM)은 공급업체, 구매 기업, 유통업체 그리고 물류회사들이 주문, 생산, 재고수준 그리고 제품과 서비스의 배송에 관한 정보를 공유하도록 하여 제품과 서비스를 효율적으로 구매, 생산, 배송할 수 있도록 지원한다.
④ 고객관리시스템(CRM)은 기업이 고객과 관련된 내·외부 자료를 분석·통합해 고객 중심 자원을 극대화하고 이를 기반으로 개별 고객의 특성에 맞게 마케팅 활동을 계획·지원·평가하는 시스템으로 현재의 고객과 잠재고객에 대한 정보 자료를 정리, 분석해 마케팅 정보로 변환함으로써 고객의 구매 관련 행동을 지수화하고, 이를 기반으로 마케팅 프로그램을 개발, 실현, 수정하는 고객 중심의 시스템이다.
⑤ 전사적 자원관리(ERP)는 기업 내의 생산, 물류, 재무, 회계, 영업, 판매, 구매, 인적자원관리 등의 기간 업무에 대한 각종 데이터의 통합과 선진화된 업무 프로세스의 수행을 지원하는 기업통합정보시스템을 의미한다.

2809 ⑤

기업의 자재, 회계, 구매, 생산, 판매, 인사 등 모든 업무의 흐름을 효율적으로 지원하기 위한 통합정보 시스템은 ERP(enterprise resource planning)이다.

2810 ⑤

⑤ ERP를 도입하면 업무프로세스가 표준화되면서 업무의 효율성이 증대된다.

2811 ③

ERP(enterprise resource planning)는 MRP와 MRP II를 거쳐서 발전했으며, 기업 내 구매, 생산, 물류, 판매, 회계영역의 프로세스를 개선하기 위해 통합된 데이터베이스를 운영한다.

2812 ①

① 전사적 자원관리(ERP: enterprise resource planning)는 기업조직 내 생산, 물류, 재무, 회계, 영업과 구매, 재고 등의 경영 활동 프로세스들을 통합적으로 연계해 관리해 주며, 기업조직에서 발생하는 각종 정보들을 서로 공유하며 새로운 정보의 생성과 빠른 의사결정을 도와주는 전사적 자원관리시스템을 의미한다.
② 공급사슬관리(SCM: supply chain management)는 공급자로부터 기업 내 변환과정, 유통망을 거쳐 최종 소비자에 이르기까지의 자재, 서비스 및 정보의 흐름을 전체 시스템의 관점에서 관리하는 시스템을 의미한다.
③ 자재소요계획(MRP: material requirements planning)은 제품의 수량 및 생산 일정을 토대로 그 제품 생산에 필요한 원자재, 부분품 등의 소모량 및 소요 시기 등을 역산해 일종의 자재 조달 계획을 수립해서 일정 관리를 겸한 효율적인 재고 관리를 모색하는 시스템을 의미한다.
④ PERT(program evaluation and review technique)는 프로젝트를 계획하고 조정하는 기법을 의미한다.
⑤ 컴퓨터지원생산(CAM: computer-aided manufacturing)은 컴퓨터를 이용해서 생산 시스템에서 필요한 각종 정보의 처리 및 통제를 합리화, 자동화하는 것을 의미한다.

2813 ③

③ ERP와 차별화된 현지 생산과는 관련이 없다.

2814 ④

④ 제품의 라이프사이클은 점점 줄어들고 있다.

2815 ⑤

⑤ 이전에 활용하던 MIS는 특정한 기업에서 활용이 가능하도록 폐쇄적 구조로 설계되어 시스템 확장 또는 타 시스템과의 연계가 어렵다. 하지만 ERP 시스템은 어떠한 운영체제나 데이터베이스(DB) 환경하에서도 연계성을 살릴 수 있도록 설계되어 있으므로 시스템의 확장 또는 연계 등이 용이하다.

2816 ⑤

⑤ 전사적 자원관리(ERP : enterprise resource planning)는 시스템을 보다 효과적으로 관리하기 위하여 조직의 서로 다른 영역 간의 정보공유를 허용하며 표준화된 기록관리를 통합하는 확장된 노력을 나타내는 것으로 이는 MRP로 시작되어 MRPⅡ로 진화된 그 다음의 발전단계이다.

2817 ④

① 데이터 마이닝 (data mining)
② 공급사슬관리 (SCM: supply chain management)
③ 의사결정 지원시스템 (DSS: decision support system)
⑤ 지식관리시스템 (KMS: knowledge management system)

2818 ②

CRM은 프로세스 관점에 따라 분석(analytical)CRM과 운영(operational)CRM으로 구분된다.
1. 분석 CRM은 영업·마케팅·서비스 측면에서 고객정보를 활용하기 위해 고객 데이터를 추출, 분석하고 고객의 행동을 예측하기 위한 시스템이다. 이를 통해 사업에 필요한 고객·시장세분화, 고객 프로파일링, 제품 컨셉트의 발견, 캠페인 관리, 이벤트 계획, 프로모션 계획 등의 기회 및 방법에 대한 아이디어가 도출될 수 있다.
2. 운영 CRM이란 CRM의 구체적인 실행을 지원하는 시스템이다. 기존의 ERP 시스템이 조직 내부의 관리 효율화를 담당하는 시스템(back-end)임에 반하여, 운영 CRM은 조직과 고객 간의 관계 향상, 즉 ERP 시스템의 기능 (거래처리, 재무, 생산, 재고 및 인사관리) 중에서 고객접촉과 관련된 기능을 강화하여 조직의 전방위 업무를 지원하는 시스템(front-end)이다. 이는 주로 영업과 서비스를 위한 시스템이다.

2819 ②

② CRM의 성공을 위해 관련 인적네트워크가 있으면 도움이 될 수는 있지만 CRM 성공의 필수적인 사항은 아니다.

2820 ④

④ 수직계열화의 경우 공급과 유통 기능을 내부화하는 것을 의미하지만 SCM은 공급자와 고객과의 전략적인 연계 및 관리 등을 의미한다.

2821 ④

④ 잠재 고객의 평생가치는 고객이 현재부터 평생 동안 기업에 제공할 가치를 현재 가치로 환산한 것을 말한다.

2822 ④

④ KMS(knowledge management system): 조직들이 지식과 전문기술의 획득 및 적용을 위한 프로세스들을 보다 잘 관리하며, 기업에 있는 유용한 지식과 경험을 수집하여 비즈니스 프로세스와 경영의사결정의 개선을 위해 언제 어디서나 활용될 수 있도록 지원하는 시스템을 말한다.

2823 ②

② 정보기술(IT)을 이용하여 경쟁우위를 확보하려는 의도를 가지고 구축한 시스템을 통칭하여 전략정보시스템이라고 칭한다.

2824 ③

① EDP(electronic data processing) : 전자장치(컴퓨터 등)를 이용하여 조직의 행정 및 경영기능을 보조하기 위해 자료를 전달·취급·저장하는 것을 의미한다.
② ES(expert system) : 전문가시스템(expert system)은 숙련된 직원들로부터 획득한 지식을 소프트웨어 시스템에 일련의 규칙형태로 표현하여 다른 사람들이 사용할수있도록하는지능형기술이다.전문가시스템은지식베이스,추론엔진, 사용자 인터페이스, 설명기능 등으로 구성된다.
③ SIS(strategic information system) : 기업 조직의 궁극적 목표인 이익에 직접적으로 영향을 줄 수 있는 시장점유율의 향상, 매출의 신장, 신상품 전략, 경영전략 등의 전략계획에 도움을 주기 위해 활용되는 정보시스템을 의미한다.
④ DSS(decision support system) : 의사결정지원시스템(DSS)은 중간관리층의 비일상적인 의사결정을 지원하기 위한 시스템을 말하며, 데이터베이스시스템, 모델베이스시스템, 사용자 인터페이스 기관, 사용자 등의 4가지 하위시스템으로 구성된다.
⑤ TPS(transactional processing system) : 거래처리시스템(TPS)은조직의말단부에서이루어지는일상적인업무처리를 돕는 정보시스템이다.

2825 ③

③ 정보화전략계획(information strategy planning)이란 기업내 전략적 정보 요구를 식별하고, 비즈니스 활동과 이에 대한 자료 영역을 기술하며, 현행 정보지원의 수준을 평가하고, 정보시스템 개발을 위한 통합된 프레임워크를 제공하며, 이의 구현을 위한 통합 정보시스템 계획을 작성하는 체계적인 접근 방법을 말한다.

2826 ①

① ISP는 국지적 차원의 최적화가 아닌 전체 차원의 최적화를 통해서 미래지향적 시스템 계획을 마련한다.

2827 ①

GB(기가바이트)
TB(테라바이트)=1,000GB
PB(페타바이트)=1,000,000GB
EB(엑사바이트)=1,000,000,000GB

2828 ②

비트(bit): 데이터의 가장 작은 단위, 이진수(0,1)
바이트(byte): 하나의 문자를 표현하는 비트들의 그룹
필드(field): 단어들의 그룹 또는 하나의 완전한 숫자
레코드(record): 연관된 필드들의 그룹
파일(file): 같은 유형의 레코드들의 그룹
데이터베이스(database): 연관된 파일들의 그룹

2829 ①

① 비트(bit)는 '0'과 '1'로 이루어진 데이터의 최소 단위이다.
② 바이트(byte)는 컴퓨터가 처리하는 정보의 기본단위로, 하나의 문자를 표현하는 기본 단위를 의미한다. '0' 또는 '1'을 저장하는 최소 단위가 비트인데 이 비트 8개가 모이면 바이트가 된다. 통상적으로 8개의 비트를 하나로 묶어 1byte라 하며 1byte가 표현할 수 있는 정보의 개수는 $2^8=256$개가 된다. 바이트는 256 종류의 정보를 나타낼 수 있어 숫자, 영문자, 특수문자 등을 모두 표현할 수 있다.
③ 필드(field)는 파일 구성의 최소 단위이고, 아이템 또는 항목이라고도 한다. 주로 데이터베이스에서 열을 나타낸다.
④ 레코드(record)는 하나 이상의 필드들이 모여 구성된 자료처리단위를 말하며, 데이터베이스를 구성하는 행을 나타낸다.
⑤ 파일(file)은 프로그램 구성에 있어서의 기본 단위이며, 여러 개의 레코드가 모여 구성되며, 디스크의 저장 단위로 사용된다.

2830 ③

③ 데이터베이스관리시스템을 사용하면 응용프로그램과 데이터간의 의존성을 줄여준다. 데이터베이스 기술은 전통적인 파일 환경에서 야기되는 다수의 문제점들을 줄일 수 있다. 전통적인 파일 환경의 문제점은 데이터 중복 및 불일치, 프로그램-데이터 의존성, 유연성 부족, 부실한 보안성, 데이터 공유 및 가용성 결여 등이다.

2831 ③

③ 데이터베이스관리시스템을 사용하면 응용프로그램과 데이터간의 의존성을 줄여준다.

2832 ⑤

⑤ 데이터베이스 관리시스템을 사용하면 데이터에 접근하는 방법, 데이터 형식과 구조 등을 표준화하기 쉽다.

2833 ④

관계형 데이터베이스 설계에서 연관된 테이블들 간의 관계성이 일관성 있게 유지될 수 있도록 해주는 규칙은 참조 무결성(referential integrity)이다.

2834 ③

관계형 데이터베이스의 설계에서 중복을 최소화하게 데이터를 구조화하는 프로세스를 정규화(normalization)라고 한다.

2835 ①

① 데이터웨어하우스(data warehouse)는 기업 전반의 의사결정자들에게 관심이 될 만한 현재 및 과거 데이터들을 저장하는 데이터베이스이다. 데이터 웨어하우스는 온라인 분석처리(OLAP: online analytical processing), 데이터 마이닝(data mining), EIS, DSS 등에 사용된다. 일상적인 거래처리는 TPS가 담당하는데 이는 데이터웨어하우스에 데이터를 투입하는 시스템에 해당한다.

2836 ①

① 거래처리시스템(TPS)에서 처리된 데이터가 모이는 곳이 데이터웨어하우스이다.

2837 ⑤

⑤ 데이터 웨어하우스는 경영자의 의사결정을 지원하는 데이터의 집합체로 주제 지향적(subject-oriented), 통합적(integrated), 시계열적(time-variant), 비휘발적(non-volatile)인 네 가지 특성을 지닌다.

2838 ②

데이터 웨어하우스(data warehouse)는 말 그대로 데이터 창고를 의미한다. 이를 데이터마이닝이나 OLAP 도구 등을 통해 데이터 분석을 할 때 비로소 의사결정을 위해 유용한 정보를 얻을 수 있다.

2839 ②

② 대용량 데이터에 숨겨져 있는 데이터 간 관계와 패턴을 탐색하고 모형화하는 것은 데이터 마이닝(data mining)이다.

2840 ②

① 자료중심적 웹 사이트(data-focused website)는 데이터베이스를 이용하여 고객들의 필요에 맞추어서 지속적으로 갱신되는 쌍방향 웹 사이트를 의미한다.
③ 비즈니스 프로세스 관리시스템(business process management system)은 기업의 업무 프로세스를 정의하고 자동화하여 이를 효율적으로 관리하는 시스템을 의미한다.
④ 의사결정 지원시스템(decision support system)은 중간 관리층의 비일상적인 의사결정을 지원한다.

2841 ④

④ 비휘발성(non-volatilization)은 데이터 웨어하우스에 데이터가 일단 적재되고 나면 주기적인 batch 작업에 의한 갱신 이외에는 데이터베이스에 대한 Insert, Delete 등의 변경이 수행되지 않는 것을 의미한다. 즉 한 시점에서 대량의 데이터가 적재되고 액세스 되는 반면, 데이터의 갱신이 발생하지 않는 조회전용 데이터라는 점을 의미한다.

2842 ⑤

⑤ 데이터베이스의 보안관리, 장애복구, 무결성, 사용자 허가 및 비허가 사용자의 접근통제 등의 업무를 수행하며, 데이터베이스의 정의, 갱신 및 유지에 대한 책임을 지는 사람을 database administrator라고 한다.

2843 ①

① 비즈니스 인텔리전스(BI: business intelligence)는 비즈니스 데이터를 분석하고 실행 가능한 인사이트로 전환해 조직의 모든 사용자가 더 합리적인 의사결정을 내리도록 하는 데 사용되는 프로세스와 툴을 의미한다. 의사결정지원시스템(DSS)이라고도 하는 BI 시스템은 현재 및 이력 데이터를 분석하고 이해하기 쉬운 리포트, 대시보드, 그래프, 차트, 맵의 형태로 결과를 제공해 전사적으로 공유할 수 있게 한다.

2844 ②

② 텍스트 마이닝은 기업 조직이 텍스트로 이뤄진 대량의 비구조화된 데이터에 대한 분석을 하는데 도움을 준다.

2845 ②

데이터마이닝(data mining)은 대용량 데이터베이스들에 숨긴 패턴들과 관계성들을 찾아내고 이런 패턴 및 관계성들을 통해 미래의 행위를 예측함으로써 OLAP를 통해서는 얻을 수 없는 통찰을 제공한다.

2846 ②

대규모 데이터베이스에서 숨겨진 패턴이나 관계를 발견하여 의사결정 및 미래예측에 활용할 수 있도록 데이터를 모아서 분석하는 것을 데이터 마이닝(data mining)이라고 한다.

2847 ③

① 데이터 관리(data management)는 기업의 비전과 목표 달성에 필요한 데이터의 확보 계획과 확보된 데이터의 효과적인 운영관리 체계 및 계획을 정의하는 것을 의미한다.
② 데이터 무결성(data integrity)은 컴퓨팅 분야에서 완전한 수명 주기를 거치며 데이터의 정확성 및 일관성 등을 유지하고 보증하는 것을 의미한다.
④ 데이터 정제(data clearing)는 데이터의 오류를 잡아내어 보다 더 신뢰할 수 있는 분석 결과를 도출하는 것을 의미한다. 즉 쓸모없는 데이터를 정리하여 유의미한 결과를 도출하는 것이다.
⑤ 데이터 마트(data mart)는 데이터 웨어하우스(Data Warehouse ; DW) 환경에서 정의된 접근계층으로, 데이터 웨어하우스에서 데이터를 꺼내 사용자에게 제공하는 역할을 한다. 또한 데이터 마트는 운영데이터나 기타 다른 원천으로부터 수집된 데이터 저장소로서, 특정 그룹의 지식노동자들을 지원하기 위해 설계된다.

2848 ④

④ 전문가시스템(Expert System)은 지식베이스(knowledge base), 추론기관(inference engine), 설명단위(explanation unit), 사용자 인터페이스(user interface) 등의 요소로 구성된다.

2849 ③

③ 전문가시스템(ES)의 구성요소는 지식베이스(knowledge base), 추론기관(inference engine), 설명기관(explanation facility), 사용자인터페이스(user interface) 등이다.

2850 ②

② 전문가시스템은 지식베이스, 추론엔진, 사용자 인터페이스, 설명 기능 등으로 구성된다. 입력층, 은닉층, 출력층은 인공 신경망의 계층구조이다.

2851 ②

놀란의 4정보기술 성장의 6단계는 착수 → 전파 → 통제 → 통합 → 관리 → 성숙이다.

2852 ④

놀란의 정보기술 성장의 6단계는 다음과 같다.
착수 → 전파 → 통제 → 통합 → 데이터관리 → 성숙

2853 ⑤

⑤ 정보통신 보안의 요건은 기밀성, 인증, 무결성, 부인방지의 네 가지로 구성된다.

2854 ③

③ 전자상거래 보안에는 일반적으로 기밀성 혹은 프라이버시, 인증, 무결성, 부인방지라는 네 가지 차원이 있다.

2855 ①

① 업무를 위해 수집한 개인정보를 타 부서에 제공할 경우에 외부 유출방지를 위해 해당 부서의 서면 동의만으로는 부족하고 추가로 개인정보 보호의 안전을 기하기 위하여 개인정보보호 관련 지시업수, 개인정보에 대한 비밀유지, 제3자 제공의 금지 및 사고시의 책임부담, 보관 기간, 처리 종료 후의 개인정보의 반환 또는 파기 등을 명확히 규정하고, 타 부서가 개인정보를 안전하게 처리하도록 감독해야 한다.

2856 ①

① 신뢰성이 높은 네트워크 환경은 기업의 정보보안 취약성을 감소시키는 요인에 해당한다.

2857 ⑤

정보보안의 목표를 일반적으로 CIA라고 하는데, 이는 confidentiality(기밀성), integrity(무결성), availability(가용성)를 줄인 말이다. 그리고 마지막으로 인증성(authentication)이 추가된다.

2858 ②

기업정보자원의 이용목적 및 정보접근권한 보유자를 규정하는 것은 보안정책이다.

2859 ②

② 자기부정방지(non-repudiation) 혹은 부인봉쇄는 거래 부인 방지를 의미하며, 후에 송신자나 수신자가 거래를 부인하지 못하는 것을 의미한다. 전자상거래에서는 제품을 주문한 고객이 제품이 배송되었을 때 주문하지 않았다고 주장하는 것을 방지하는 기능을 의미한다. 보통 공개키 암호방식이나 비밀키 암호방식이 사용된다.

2860 ①

클라우드 컴퓨팅(cloud computing)은 인터넷 기반 컴퓨팅의 일종으로 정보를 자신의 컴퓨터가 아닌 클라우드(인터넷)에 연결된 다른 컴퓨터로 처리하는 기술을 의미한다. 공유 컴퓨터 처리 자원과 데이터를 컴퓨터와 다른 장치들에 요청 시 제공해 준다. 그렇기 때문에 클라우드 컴퓨팅은 내 서버가 아닌 남의 서버를 활용하는 것이므로 보안상의 문제가 발생할 가능성이 있다.

2861 ③

③ 클라우드 컴퓨팅을 사용하게 되면 서버나 시스템의 구매가 필요치 않기 때문에 조직의 막대한 IT자원에 대한 투자가 필요치 않다.

2862 ⑤

① 클라이언트/서버 컴퓨팅(client/server computing)은 LAN을 중심으로 중앙에 호스트 컴퓨터를 서버로 설정을 하고, 각 직원들의 테이블 위에 놓인 컴퓨터들을 클라이언트로 설정을 해서 데이터를 주고 받는다.
② 엔터프라이즈 컴퓨팅(enterprise computing)은 통합된 대규모 시스템에서 사용되는 컴퓨터 기술의 집합을 의미한다.
③ 온프레미스 컴퓨팅(on-premise computing)은 데이터 센터나 서버 룸과 같은 특정 공간에 IT 인프라를 구축하여 소프트웨어를 사용하는 방식이다. 즉, 물리적 서버라고도 하며 회사나 개인이 자체적으로 보유하며 운영하는 서버를 의미한다.
④ 그린 컴퓨팅(green computing) 또는 그린 IT(green IT)는 작업에 소모되는 에너지를 줄여보자는 기술 캠페인을 말한다. 그린 컴퓨팅은 녹색 ICT의 일환으로, 컴퓨터 자체를 움직이는 여러 에너지들 뿐만 아니라 컴퓨터의 냉각과 구동 및 주변 기기들을 작동시키는 데 소모되는 전력 등을 줄이기 위해서 CPU나 GPU 등 각종 프로세서들의 재설계, 대체 에너지 등을 활용하는 방안 및 탄소 배출을 최소화시키는 등의 환경을 보호하는 개념의 컴퓨팅이다.

2863 ②

① 매시업(mashup)은 '두 가지 이상의 노래를 합쳐서 만든 노래'라는 뜻이다. 이와 비슷한 맥락에서 매시업 서비스는 정보통신 분야에서도 사용되는데, 여러 웹사이트에서 제공하는 정보를 통합해서 새로운 서비스와 정보를 제공하는 것을 의미한다. 대표적인 매시업 서비스는 하우징맵(HousingMaps.com)을 들 수 있다. 이 웹사이트는 구글에서 제공하는 지도에 부동산 정보를 결합하여 만들어진 정보를 제공한다. 지도를 통해 정확한 위치나 주변 환경을 한 눈에 확인할 수 있으면서 동시에 부동산 정보를 얻을 수 있기 때문에 부동산 정보를 원하는 이용자들 사이에서는 큰 인기를 얻고 있다.
② 클라우드 컴퓨팅(cloud computing)은 인터넷 상의 서버를 통하여 데이터 저장, 네트워크, 콘텐츠 사용 등 IT 관련 서비스를 한 번에 사용할 수 있는 컴퓨팅 환경을 말하는데 이용자의 모든 정보를 인터넷 상의 서버에 저장하고, 이 정보를 각종 IT 기기를 통하여 언제 어디서든 이용할 수 있다는 개념이다.
③ 사물인터넷(IoT)은 세상에 존재하는 유형 혹은 무형의 객체들이 다양한 방식으로 서로 연결되어 개별 객체들이 제공하지 못했던 새로운 서비스를 제공하는 것을 의미한다.
④ 크라우드소싱(crowdsourcing)은 대중(crowd)과 아웃소싱(outsourcing)의 합성어로, 기업 활동 일부 과정에 대중을 참여시키는 것을 의미한다.
⑤ 정보 사일로(information silo)는 하나의 정보 시스템이나 하위 시스템이 다른 관련 시스템과 상호 간의 운영을 할 수 없는 배타적인 관리 체제를 의미한다. 그렇기에 정보는 적절히 공유되지 않고 각 시스템이나 하위 시스템에 격리되며, 이는 마치 곡물이 사일로(저장탑) 안에 갇히는 것처럼 컨테이너 안에 갇히는 것으로 비유된다.

2864 ①

클라우드란 인터넷 기반의 컴퓨팅을 말한다. 인터넷 상의 가상화된 서버에 프로그램을 두고 필요할 때마다 컴퓨터나 스마트폰 등에 불러와 사용하는 서비스이다. 클라우드(Cloud)라는 단어가 말해주듯, 인터넷 통신망 어딘가에서 구름에 싸여 보이지 않는 컴퓨팅 자원(CPU, 메모리, 디스크 등)을 원하는 대로 가져다 쓸 수 있다. 구름에 싸여 있다는 것은 그 내부를 보려고 하거나 알지 않아도 얼마든지 내가 원하는 것을 꺼내어 사용할 수 있다는 것이며, 인터넷이 연결된 어느 곳에서든 이것을 보장 받을 수 있다는 뜻이다. 클라우드의 장점은 다음과 같다. 첫째, 서버를 직접 구매할 때 고려해야 할 전력, 위치, 확장성을 고민하지 않아도 되며, 둘째, 데이터 센터 어딘가에 이미 준비되어 있는 서버를 사용하며, 서버 세팅 등을 신경쓰지 않고 서비스 운영에만 집중 가능하다. 셋째, 서비스 부하에 따라 실시간 확장성을 지원 받을 수 있으며, 사용한 만큼 비용을 지불하기 때문에 서비스 운영에 있어서 효율성이 훨씬 높아진다고 할 수 있다. 위와 같은 장점으로 인해 우버나 에어비앤비처럼 접속자가 갑자기 늘었다 줄었다하는 유동적 서비스를 운영할 때는 클라우드가 장점을 갖는다고 할 수 있다.

2865 ②

① Saas(Software as a service) : 클라우드 기반의 소프트웨어 제공 모델로, 인터넷을 통해 소프트웨어를 이용할 수 있는 서비스를 말한다. SaaS는 클라우드 제공업체가 소프트웨어를 개발하고 유지 관리하며, 사용자는 인터넷을 통해 액세스하여 사용한다.

③ Iaas(Infrastructure as a service) : 서버, 스토리지 및 네트워킹을 포함한 가상화된 컴퓨팅 인프라를 제공하는 클라우드이다. 기업은 해당 서비스를 통해 자체 하드웨어를 구매하지 않고도 필요에 따라 인프라를 업그레이드 혹은 다운그레이드할 수 있다.

④ On-demand self service : 클라우드 컴퓨팅의 다섯 가지 조건 중 하나로 사용자가 서비스 관리자의 개입 없이 원하는 시점에 서비스를 바로 사용할 수 있어야 하는 것을 의미한다.

⑤ Edge Computing : 데이터를 그 생성 위치와 가까운 곳에서 처리, 분석 및 저장하여 실시간에 가까운 빠른 분석과 응답을 가능하게 하는 것을 말한다.

2866 ①

① 엣지 컴퓨팅(edge computing)은 데이터 소스에서 가까운 네트워크 말단의 서버들에서 일부 데이터 처리를 수행하여 클라우드 컴퓨팅 시스템을 최적화하는 방법으로 센서 또는 기타 IoT 장치들이 계속적으로 중앙의 클라우드에 연결될 필요가 없을 시에 유용하게 사용이 가능하다.

③ 클라이언트-서버 컴퓨팅(client-server computing)은 DB, 통신 등에서의 자원을 각 서버들을 공유해서 조직 전체의 업무 목적을 분산시켜 처리하는 컴퓨팅을 말한다.

④ 온디멘드 컴퓨팅(on-demand computing)은 사용자들이 요구하는 사항에 대해 클라우드 컴퓨팅 제공업체가 이를 특화시킨 소프트웨어를 사용자들에게 제공하는 컴퓨팅 방식을 말한다.

⑤ 엔터프라이즈 컴퓨팅(enterprise computing)은 조직 전체 즉, 하나의 조직에 대한 지원 및 운영적인 역할을 수행하는 컴퓨팅 방식을 말한다.

2867 ④

④ 컴퓨터 자원을 효율적으로 사용할 수 있고, 여러 컴퓨터를 결합하여 가상의 슈퍼컴퓨터를 만들기 때문에 기존 컴퓨터보다 업무 처리 속도도 빠르다.

2868 ④

그리드 컴퓨팅(grid computing)은 최근 활발히 연구가 진행되고 있는 분산 병렬 컴퓨팅의 한 분야로서, 원거리 통신망(WAN, Wide Area Network)으로 연결된 서로 다른 기종의(heterogeneous) 컴퓨터들을 묶어 가상의 대용량 고성능 컴퓨터를 구성하여 고도의 연산 작업(computation intensive jobs) 혹은 대용량 처리(data intensive jobs)를 수행하는 것을 일컫는다. 쉽게 말해 여러 컴퓨터를 가상으로 연결해서 엄청난 속도로 연산을 처리, 고도의 연산작업을 쉽게 하는 것을 말한다.

2869 ④

④ 그리드 컴퓨팅(Grid Computing): 그리드 상의 모든 관련 컴퓨터의 계산능력을 결합하여 가상의 슈퍼 컴퓨터를 구축하려고, 지리적으로 멀리 떨어진 컴퓨터를 하나의 네트워크로 연결하는 것을 말한다.

2870 ⑤

⑤ 자율 컴퓨팅(autonomic computing)은 컴퓨터 시스템이 스스로 자신의 상태 및 환경 등을 인식해 사람들의 관여가 없이도 재구성 및 자기 방어를 통해서 최적화된 시스템을 만드는 것을 의미하며, 지리적으로 분산된 네트워크 환경에서 수많은 컴퓨터와 데이터베이스 등을 고속 네트워크로 연결하여 공유하는 것은 그리드 컴퓨팅이다. 다시 말해 그리드 컴퓨팅은 모든 컴퓨팅 기기를 하나의 초고속 네트워크로 연결하여, 컴퓨터의 계산능력을 극대화시키는 차세대 디지털 신경망 서비스이다.

2871 ④

① 클라우드 컴퓨팅(cloud computing)은 사용자가 인터넷에 연결된 서비스 제공자의 '클라우드 데이터 센터(CDC : cloud data center)에 접속하여, 어플리케이션, 스토리지, OS, 보안 등 필요한 IT 자원을 원하는 시점에 필요한 만큼만 골라서 사용하게 된다. 한마디로 클라우드 컴퓨팅은 '빌려 쓰고, 자신이 사용한 만큼만 대가를 지불'하는 컴퓨팅 환경이라 할 수 있다.

② 집중 컴퓨팅(distributed computing)은 다량의 데이터 처리를 위해 원격지에 존재하는 여러 대의 컴퓨터를 활용해 협업함으로써 마치 하나의 컴퓨터가 일 처리를 하는 것처럼 동작하게 되는데 이렇게 됨으로써 자원의 공유 및 협업 등이 가능해지므로 효율적인 활용이 가능하다.

③ 양자 컴퓨팅(quantum computing)은 양자 역학의 원리를 활용해 기존의 컴퓨터보다 높은 처리 속도 및 능력 등을 가지고 있어 처리가 어렵거나 또는 불가능한 계산 등을 수행하는 컴퓨팅시스템을 말한다.

2872 ①

① 빅데이터는 관계형 데이터베이스 뿐만 아니라 문자, 영상, 위치 데이터 등의 비정형의 다양한 데이터를 포함한다.

2873 ①

빅데이터 분석 기술은 관계형 데이터베이스만이 아닌 비정형의 다양한 데이터를 분석할 수 있다.

2874 ④

빅데이터의 기본적 특성은 거대한 양(volume), 생성 속도(velocity), 다양한 형태(variety)이다.

2875 ④

빅데이터의 기본적 특성은 volume, velocity, variety, value이다.

2876 ②

빅데이터의 특징은 3V로 요약하는 것이 일반적이다. 즉 데이터의 양(Volume), 데이터 생성 속도(Velocity), 형태의 다양성(Variety)을 의미한다.

2877 ①

빅데이터(Big Data)의 대표적 특징인 3V는 데이터의 양(Volume), 데이터 생성 속도(Velocity), 형태의 다양성(Variety)을 의미한다. 참고로 최근에는 가치(Value)를 덧붙여 4V라고도 한다.

2878 ⑤

ㄱ. 빅데이터의 특성 가운데 volume에 해당하는 내용이다.
ㄴ, ㄷ. 빅데이터의 특성 가운데 variety에 해당하는 내용이다.
ㄹ. 빅데이터의 특성 가운데 velocity에 해당하는 내용이다.

2879 ③

③ 텍스트마이닝(Text Mining)은 자연어 처리 기술을 바탕으로 해서 비정형 텍스트 데이터로부터 가치와 의미를 찾아내는 기술 즉, 비정형 텍스트 데이터에서 새롭고 유용한 정보를 찾아내는 과정 혹은 기술인 분석기법을 말한다.

2880 ③

③ 빅데이터 분석 방법이 없어도 가능한 것이다.

2881 ⑤

랜섬웨어는 '몸값'(Ransom)과 '소프트웨어'(Software)의 합성어다. 시스템을 잠그거나 데이터를 암호화해 사용할 수 없도록 만든 뒤, 이를 인질로 금전을 요구하는 악성 프로그램을 일컫는다.

2882 ③

① 스푸핑(spoofing): 스푸핑(Spoofing)의 사전적 의미는 '속이다'이다. 네트워크에서 스푸핑 대상은 MAC 주소, IP주소, 포트 등 네트워크 통신과 관련된 모든 것이 될 수 있고, 스푸핑은 속임을 이용한 공격을 총칭한다. 가령 IP 스푸핑이란 IP 자체의 보안 취약성을 악용한 것으로 자신의 IP주소를 속여서 접속하는 공격을 말한다.
② 스니핑(sniffing): 디지털 네트워크나 네트워크의 일부를 통해 전달되는 트래픽을 가로채거나 기록할 수 있는 컴퓨터 프로그램 또는 컴퓨터 하드웨어를 의미한다.
③ 서비스 거부 공격(denial-of-service attack): 시스템을 악의적으로 공격해 해당 시스템의 자원을 부족하게 하여 원래 의도된 용도로 사용하지 못하게 하는 공격이다. 특정 서버에게 수많은 접속 시도를 만들어 다른 이용자가 정상적으로 서비스 이용을 하지 못하게 하거나, 서버의 TCP 연결을 바닥내는 등의 공격이 이 범위에 포함된다. 수단, 동기, 표적은 다양할 수 있지만, 보통 인터넷 사이트 또는 서비스의 기능을 일시적 또는 무기한으로 방해 또는 중단을 초래한다.

④ 신원도용(identity theft)는 다른 누군가로 가장하려고 그 사람의 주민번호, 운전면허증번호, 신용 카드번호 등 개인 핵심정보를 빼내는 범죄를 말한다.
⑤ 피싱(phishing): 전자우편 또는 메신저를 사용해서 신뢰할 수 있는 사람 또는 기업이 보낸 메시지인 것처럼 가장함으로써, 비밀번호 및 신용카드 정보와 같이 기밀을 요하는 정보를 부정하게 얻으려는 social engineering의 한 종류이다.

2883 ③

① 파밍(pharming)은 사용자가 자신의 웹 브라우저에 정확한 웹 페이지 주소를 입력하더라도 이를 가짜 웹 페이지로 방문하게 만드는 것이다. 이러한 파밍은 파밍 실행자가 웹 브라우징의 속도를 향상시키기 위해 인터넷 서비스 제공자(ISP)가 저장하고 있는 인터넷 주소 정보에 대한 접근 권한을 훔치고 해킹을 통해 이를 인터넷 주소를 변경시킬 수 있도록 하는 결함이 있는 소프트웨어가 인터넷 서비스 제공자(ISP)의 서버에 있다면 가능하다.
② 스니핑(sniffing)은 스니퍼를 이용하여 네트워크 상의 데이터를 도청하는 행위를 말한다. 스니퍼(sniffer)란 네트워크를 통해 전달되는 정보를 감시하는 도청 프로그램의 한 유형이다.
④ 서비스 거부 공격(denial-of-service attack)은 해커가 네트워크를 붕괴시키기 위해 수천 건의 잘못된 통신이나 서비스 요청을 네트워크 서버나 웹 서버에 쏟아붓는 것을 말한다.
⑤ 웜(worm)은 컴퓨터 시스템을 파괴하거나 작업을 지연 또는 방해하는 악성 프로그램을 말한다. 이러한 웜은 네트워크 상에서 전파되며 바이러스(virus) 보다 통상적으로 전파속도가 빠르고 과도한 트래픽을 유발해 대역 폭을 잠식할 수 있다.

2884 ①

파밍(Pharming)은 새로운 피싱 기법 중 하나이다. 파밍(pharming)은 사용자가 자신의 웹 브라우저에서 정확한 웹 페이지 주소를 입력해도 가짜 웹 페이지에 접속하게 하여 개인정보를 훔치는 것을 말한다.

2885 ②

① 스니핑(sniffing)은 디지털 네트워크나 네트워크의 일부를 통해 전달되는 트래픽을 가로채거나 기록할 수 있는 컴퓨터 프로그램 또는 컴퓨터 하드웨어를 의미한다.
③ 스팸웨어(spamware)는 인터넷이나 PC통신 상의 전자우편 주소를 수집해 메일을 대량으로 발송해주는 일종의 전자우편 관리 프로그램을 의미한다. 이 프로그램은 로봇이나 스파이더 등의 검색도구를 이용해 수집한 이용자들의 전자우편 주소를 데이터베이스로 만들어 놓고 이 주소로 원하는 자료나 광고물을 한꺼번에 보낼 수 있도록 해주며, 동시에 어떤 사람에게 어떤 내용으로 메일을 보냈는지도 관리해준다.

④ 피싱(phishing)은 전자우편 또는 메신저를 사용해서 신뢰할 수 있는 사람 또는 기업이 보낸 메시지인 것처럼 가장함으로써, 비밀번호 및 신용카드 정보와 같이 기밀을 요하는 정보를 부정하게 얻으려는 social engineering의 한 종류이다.

⑤ 파밍(pharming)은 사용자가 자신의 웹 브라우저에서 정확한 웹 페이지 주소를 입력해도 가짜 웹 페이지에 접속하게 하여 개인정보를 훔치는 것을 의미한다.

2886 ②

① 피싱(phishing)은 전자우편 또는 메신저를 사용해서 신뢰할 수 있는 사람 또는 기업이 보낸 메시지인 것처럼 가장함으로써, 비밀번호 및 신용카드 정보와 같이 기밀을 요하는 정보를 부정하게 얻으려는 것으로 일종의 스푸핑이다.

③ 도스(Dos: Denial of Service)는 해커가 네트워크를 붕괴시키기 위해 수천 건의 잘못된 통신이나 서비스 요청을 네트워크 서버나 웹 서버에 쏟아붓는 것을 말한다. 이때 네트워크는 동시에 감당할 수 없는 많은 질의를 받게 되면 결과적으로 실제 처리해야 할 요청에 대한 서비스를 할 수 없게 된다.

④ 디도스(DDos: Distributed Denial of Service)는 여러 공격 지점으로부터 네트워크를 범람시키고 전복시키기 위해 수많은 컴퓨터를 사용하는 것을 말한다. DDoS 공격자들은 악의적 소프트웨어에 의해 감염된 수천 대의 좀비 PC를 PC 소유주가 알지 못하게 이용해 서비스 거부 공격에 이용한다.

⑤ 백도어(back door program)는 시스템의 접근에 있어 사용자 인증 등의 정상적 절차를 거치지 않고 응용 프로그램 또는 시스템 등에 접근가능하도록 하는 즉, 시스템 접근을 위해 인증 절차를 무효화시키는 악성 코드 프로그램을 말한다.

2887 ②

② 공개키 암호화 방식은 암·복호화에 사용하는 키가 서로 다르다. 따라서 공개키 암호화 방식에서는 송수신자가 모두 한 쌍의 키(개인 키, 공개 키)를 갖고 있다. 즉, 공개키 암호화 방식은 암호학적으로 연관된 두 개의 키를 만들어서 하나는 자기가 안전하게 보관하고 다른 하나는 상대방에게 공개한다. 개인키로 암호화 한 정보는 그 쌍이 되는 공개키로만 복호화가 가능하고, 공개키로 암호화한 정보는 그 쌍이 되는 개인키로만 복호화가 가능하다.

2888 ⑤

⑤ 대칭 키 암호화 방식은 암호화, 복호화에 사용되는 키가 동일 즉, 양방향 암호화 방식 중에 널리 사용하는 대칭키는 암호화와 복호화에 동일한 암호 키를 쓰는 알고리즘이다. 이에 반해, 공개키 암호화 방식은 암호화할 때와 복호화할 때, 키를 서로 다른 키로 사용하는 암호화 알고리즘으로 이는 타인에게 절대 노출되어서는 안 되는 개인 키(Private key)와 공개적으로 개방되어 있는 공개 키(Private key)를 쌍으로 이룬 형태를 말한다.

2889 ①

정보시스템 개발 절차는 분석 → 설계 → 구축 → 구현의 순으로 이루어진다.

2890 ⑤

③ 폭포수 모델(waterfall model) 개발: 폭포수 모델은 요구분석 → 설계 → 디자인 → 코딩 → 개발 순으로 순차적으로 이어지는 흐름이 마치 폭포수처럼 아래로 이어지는 개발 방식

⑤ 애자일(agile) 개발: 애자일 개발은 전체적인 플랜을 짜고 문서를 통해 주도해 나가던 과거의 방식(폭포수 모델)과 달리 앞을 예측하며 개발하지 않고, 일정한 주기를 가지고 끊임없이 프로토 타입을 만들어 내며 필요할 때마다 요구사항을 더하고 수정하여 커다란 소프트웨어를 개발해 나가는 방식

2891 ③

③ 시스템 테스트를 위한 데이터 준비, 시스템 수정은 시스템 분석 및 설계 단계가 아니라 시스템 구현 및 운영 단계에서 실시한다.

2892 ③

응용통제는 구체적인 응용시스템을 보호하기 위한 일종의 안전장치를 말하는 것으로 이의 하위 유형은 다음과 같다.

㉠ 입력(input) 통제 : GIGO (Garbage-In, Garbage-Out)
㉡ 처리(process) 통제 : 입력된 데이터가 정확하고 완전하게 처리되도록 하는 것을 말한다.
㉢ 출력(Output) 통제 : 처리결과를 정확하고 완전하게 사용자에게 전달되도록 검사한다.

2893 ③

시스템개발 수명주기(SDLC: system development life cycle)는 사용자 요구에서부터 완성된 시스템에 이르기까지의 전반적인 개발과정을 정형화된 일련의 단계들을 통해 추진하는 방법을 의미하며 이 방법은 1) 시스템 조사 및 분석 2) 시스템 설계 3) 제작 4) 구현 5) 시스템 운영 및 보수의 단계를 거친다. 이 가운데 첫 번째 분석 단계의 결과물은 시스템 제안서와 시스템 요구사항 분석서이다.

2894 ④

④ 정보시스템 아웃소싱은 자체개발에 비해 시스템 개발과정이나 개발된 시스템의 품질에 대한 통제가 어렵다.

2895 ①

① 아웃소싱을 하면 IT와 비즈니스 지식을 겸비한 자체인력 양성은 불가능하다.

2896 ④

④ 정보시스템 운영을 직접 수행할 때보다 아웃소싱을 통해 인력수급의 유연성을 확보할 수 있다.

2897 ②

② 개발과정이나 개발 결과에 관한 통제가 용이한 것은 정보시스템 아웃소싱이 아니라 기업이 직접 개발할 때의 장점이다.

2898 ④

① B2B: business to business
② B2C: business to consumer
③ C2B: consumer to business
④ G2C: government to citizen
⑤ G2B: government to business

2899 ①

① B2E(business to employee)는 기업들이 제품과 용역을 자사의 직원들에게 제공하는 것을 가능케 하는 비즈니스 간 네트워크를 사용하는 것을 의미한다.
② B2C(business to customer)는 전자 소매거래(electronic retailing)인 일반 소비자와 기업 간의 거래를 의미한다.
③ B2B(business to business)는 기업과 기업 간에 컴퓨터 네트워크를 통한 입찰, 구매, 조달, 지불 등의 전자적 거래를 의미한다.
④ C2C(consumer to consumer)는 어떠한 중개기관을 거치지 않고 소비자들이 인터넷을 통해 직거래를 하는 방식을 의미한다.
⑤ C2G(consumer to government)는 소비자와 정부 간의 거래에서 행정전산망과 인터넷 등을 통해 사이버 민원서비스를 하는 것을 의미한다.

2900 ⑤

⑤ '소비자권리 보호'는 전자상거래의 증가와는 직접적인 관련이 없다.

2901 ③

③ 브랜드 이미지와 물리적 요소의 영향력은 감소한다. <왜냐하면 오프라인 쇼핑에서는 기업의 브랜드이미지뿐 아니라 매장의 위치, 규모, 인테리어 등 많은 물리적인 요소들이 고객의 방문을 크게 좌우하기 때문에 중소규모의 재래매장은 고객들의 발길이 뜸한 실정이다. 그러나 사이버 공간상에서 소비자들은 기업의 인지도 및 외형규모보다는 웹사이트상에 수록된 상품 및 가격정보에 의해 더 민감하게 반응하기 때문이다.

2902 ③

① B2B: business to business
② C2C: consumer to consumer
③ B2C: business to consumer
④ B2G: business to government
⑤ G2C: government to citizen

2903 ②

무어의 법칙(Moore's law)이란 반도체 집적회로의 성능이 24개월마다 2배로 증가한다는 법칙이다. 인텔의 공동 설립자인 고든 무어가 1965년에 내 놓은 것이다.

2904 ①

① B2B: business to business
② C2C: consumer to consumer
③ B2C: business to consumer
④ G2C: government to consumer
⑤ B2G: business to government

2905 ①

① B2B : business to business
② B2C : business to consumer
③ B2G : business to government
④ G2C : government to citizen
⑤ C2C : consumer to consumer

2906 ④

④ C2B(Consumer-to-Business)는 고객으로부터 사업체로, 즉 소비자들의 사업 아이디어나 의견 등을 기업의 의사결정에 연결하는 관계를 의미한다. 이는 정보의 흐름이 소비자들로부터 사업체로 이동하는 것에 주안점을 둔 표현이며 실제적으로 소비자들이 사업체에 대가를 받고 상품이나 사업 아이디어 등을 제공하는 경우를 말한다.

2907 ③

모바일 비즈니스란 모바일 기술에 기반하여 수행되는 비즈니스 행위와 프로세스를 말하는데, 그 특성으로는 이동성, 접근성, 편재성(ubiquity), 편리성, 접속성, 위치성, 개인화 등이 있다.

2908 ⑤

⑤ 인터넷 TV 서비스는 모바일 비즈니스에 해당하지 않는다.

2909 ⑤

소셜 커머스(social commerce)란 사회적 상호작용 및 사용자 참여를 지원하는 온라인 매체인 이른바 소셜 미디어를 이용해 제품 및 온라인 매매를 수행하는 전자상거래이다.

2910 ①

① AR(augmented reality): 증강현실(AR)은 실제 배경을 그대로 두고 그 위에 가상의 이미지를 더해 보여주는 기술
② LBS(location-based service): 위치기반서비스
③ GPS(global positioning system): 지구위치측정체계
④ VR(virtual reality): 가상현실(VR)은 특수 헤드셋이나 주변 장치들을 이용해 인공으로 만든 가상의 세계를 실제 상황처럼 인식하고 경험하게 해주는 기술

2911 ④

파레토(pareto) 법칙이 20%의 히트상품에서 매출의 80%를 올리는 것이라면, 롱테일(long tail)은 80%의 틈새상품을 통해 더 많은 매출을 창출하는 현상을 의미한다.

2912 ⑤

① 인공신경망(artificial neural network)은 사람의 두뇌를 모델로 하여 여러 정보를 처리하는 데 두뇌와 비슷한 방식으로 처리하기 위한 알고리즘을 의미한다.
② 전문가시스템(expert system)은 전문가가 지니고 있는 지식이나 노하우 등을 컴퓨터에 집어 넣어 전문가와 같은 판단이나 추론을 컴퓨터가 실행하게 하는 것을 의미한다.
③ 지능형 에이전트(intelligent agent)는 컴퓨터가 스스로 인터넷을 통해 주기적으로 정보를 수집하여 제공하거나 기타 서비스를 제공하는 프로그램이며 특정 목적을 위해 사용자를 대신해서 작업을 수행하는 자율적 프로세스이다. 이러한 지능형 에이전트에는 질병 진단 시스템, 인공지능 스피커, 자율 주행 자동차 등이 있다.
④ 영상인식 시스템(visionary recognition system)은 영상자료로부터 그 영상의 전체 또는 부분에 대한 모든 정보를 인지하는 시스템을 의미한다.
⑤ 가상현실 시스템(virtual reality system)은 여러 영상이나 컴퓨터 그래픽을 이용하여 가공의 세계나 원격지의 공간을 표시하고 인간의 동작에 따라 컴퓨터로 변환시키면 마치 자신이 그 자리에 있는 것처럼 느끼게 하는 장치를 의미한다.

2913 ③

① 빅데이터(big data) : 전통적인 데이터 프로세싱 방법으로 처리할 수 없을 정도로 대규모이거나 복잡한 데이터를 의미하는 것으로 복잡하면서도 다양한 대규모의 데이터 세트 자체는 물론 이러한 데이터 세트로부터 정보를 추출하고 결과를 분석하여 더 큰 가치를 창출하는 기술을 의미한다.
② 클라우드 컴퓨팅(cloud computing) : 컴퓨터 통신망이 복잡한 네트워크 및 서버 구성 등을 알 필요 없이 구름과 같이 내부가 보이지 않고, 일반 사용자는 이 복잡한 내부를 굳이 알 필요도 없이 어디에서나 구름 속의 컴퓨터 자원으로 자기가 원하는 작업을 할 수 있다는 것으로 클라우드 컴퓨팅에서 사용자는 인터넷에 연결된 서비스 제공자의 '클라우드 데이터 센터(CDC : cloud data center)에 접속하여, 어플리케이션, 스토리지, OS, 보안 등 필요한 IT 자원을 원하는 시점에 필요한 만큼만 골라서 사용하게 된다.
③ 블록체인(blockchain) : 거래내역을 기록하는 장부로써 블록체인 기술을 분산 데이터베이스라고 하는 이유는 기존의 중앙집중형 데이터베이스는 하나의 데이터베이스에서 모든 정보를 관리하기 때문에 장애가 발생하게 되면 서비스가 중단되는 문제가 발생했으나 분산 데이터베이스는 동일한 정보가 담긴 블록체인(파일)이 각각의 네트워크 참가자들에 의해 분산되어 저장 및 관리되기 때문에 일부의 장애가 발생하게 되더라도 데이터베이스 시스템을 운영할 수 있다. 그래서 블록체인은 분산 데이터베이스라고도 불린다.
④ 핀테크(fintech) : 금융(finance)에 IT기술(technology)을 접목한 것으로 복잡하고 어려웠던 금융을 효율적으로 편리하게 서비스하는 것을 의미한다.
⑤ 사물인터넷(internet of things) : 세상에 존재하는 유형 혹은 무형의 객체들이 다양한 방식으로 서로 연결되어 개별 객체들이 제공하지 못했던 새로운 서비스를 제공하는 것을 말하며, 사물들이 서로 연결된 것 또는 사물들로 구성된 인터넷을 의미한다.

2914 ②

소셜 네트워크 서비스(Social Networking Service)는 사용자 간의 자유로운 의사소통과 정보 공유, 그리고 인맥 확대 등을 통해 사회적 관계를 생성하고 강화해주는 온라인 플랫폼을 의미한다. 이 서비스를 통해 사회적 관계망을 생성, 유지, 강화, 확장해 나간다. 또한 국내에서 널리 사용되는 소셜 네트워크 서비스로는 페이스 북, 카카오스토리, 인스타그램, 밴드, 트위터 등이 있다. 인공지능(AI; artificial intelligence)은 기계가 경험을 통해 학습하고 새로운 입력 내용에 따라 기존 지식을 조정하며 사람과 같은 방식으로 과제를 수행할 수 있도록 지원하는 기술을 의미한다.

2915 ②

USB(universal serial bus): 컴퓨터와 주변기기를 연결하기 위한 인터페이스를 말하며, 범용 직렬 버스라고도 한다.

2916 ①

가상공간 환경에 위치하여 특별한 응용 프로그램을 다루는 사용자를 도울 목적으로 반복적인 작업들을 자동화시켜 주는 컴퓨터 프로그램을 소프트웨어 에이전트(software agent) 또는 지능형 에이전트(intelligent agent)라 부른다.

2917 ③

정보 사일로(information silo)는 하나의 정보 시스템이나 하위 시스템이 다른 관련 시스템과 상호 관련성을 가질 수 없는 배타적인 관리 체제를 의미한다. 이러한 시스템에서 정보는 적절히 공유되지 않고 각 시스템이나 하위 시스템에 격리되며, 이는 마치 곡물이 사일로(저장탑) 안에 갇히는 것처럼 컨테이너 안에 갇히는 것으로 비유된다.

2918 ②

크라우드소싱(crowdsourcing)은 대중(crowd)과 외주(outsourcing)의 합성어이다. 이 경우 소비자 또는 대중은 기업의 활동 중 일부에 일종의 개별 외주 업체로 참여하게 되고, 이러한 참여를 통해서 기업의 활동 능력 향상이 이루어져 수익을 창출하면 이를 참여한 대중과 공유하게 된다.

2919 ③

① 길더(Gilder)의 법칙은 인터넷 데이터의 전송속도가 매년 3배씩 증가하는 것을 의미한다.
② 메칼프(Metcalfe)의 법칙은 네트워크의 가치는 연결된 사용자 수의 제곱에 비례하는 법칙을 의미한다. 즉, 네트워크에 일정 수 이상의 사용자들이 모이게 되면 해당 가치가 폭발적으로 늘어난다는 것이다.
③ 무어의 법칙(Moore's Law)은 1965년 인텔 공동 창립자인 고든 무어(Gordon Moore)가 제시한 것으로 반도체 칩에 집적할 수 있는 트랜지스터의 숫자가 18개월~24개월마다 2배씩 증가한다는 법칙을 의미한다.
④ 롱테일 법칙은 80%의 사소한 다수가 20%의 핵심 소수보다 더 좋은 성과를 창출한다는 것을 의미한다.
⑤ 파레토 법칙은 전체 결과의 80%가 전체 원인의 20%에 의해 일어나는 현상을 의미한다.

2920 ④

④ 사용자가 눈으로 보는 실제 세계의 배경이나 이미지에 가상의 이미지를 겹쳐 하나의 영상으로 보여 주는 기술은 증강현실(AR : augmented reality)이다. 참고로 가상현실(VR : virtual reality)은 현실에서 경험하기 어려운 것들을 가상의 세계를 통해 경험하게 하는 기술을 말한다.

2921 ①

② 길더의 법칙(Gilder's Law)은 인터넷 데이터의 전송속도가 매년 3배씩 증가하는 것을 의미한다.
③ 무어의 법칙(Moore's Law)은 1965년 인텔 공동 창립자인 고든 무어(Gordon Moore)가 제시한 것으로 반도체 칩에 집적할 수 있는 트랜지스터의 숫자가 18개월~24개월마다 2배씩 증가한다는 법칙을 의미한다.
④ 황의 법칙(Hwang's Law)은 반도체 메모리의 용량은 1년마다 2배씩 증가한다는 법칙의 이론을 말한다.

2922 ③

① 딥러닝(deep learning)은 신경망을 사용해 인간에게 자연스러운 학습 방법, 즉 사례를 통해 배우는 방식으로 컴퓨터가 학습하게 하는 방법을 말한다.
② 로봇공학(robotics)은 로봇에 관한 기술인 로봇의 설계, 구조, 제어, 지능, 운용 등에 대한 기술을 연구하는 즉, 인간을 모방해 외부의 환경을 인지하고 상황을 판단해 자율적으로 실행하는 기계인 로봇을 연구하는 것을 말한다.
④ 자연어처리(natural language processing)는 인간의 언어를 해석, 조작 및 이해하는 능력을 컴퓨터에 부여하는 기계 학습 기술 즉 인간과 컴퓨터가 인간의 언어를 사용해 서로 간 상호작용이 가능하도록 하는 방법에 기반을 둔 기술을 말한다.
⑤ 지능형 에이전트(intelligent agent)는 특정한 목적의 달성을 위해 사용자의 개입이 없이 작업을 실행하는 시스템 즉, 사용자를 대신해 주는 시스템인 에이전트에 지능이 탑재된 것으로 지능이 들어가 있으므로 시스템이 자율적으로 판단하고 실행이 가능한 시스템을 말한다.

2923 ③

③ ASP(application software package)는 소프트웨어를 자체 개발하기 보다는 응용 서비스 제공자(application service provider)로부터 소프트웨어를 임대하여 사용하는 것을 말한다.

2924 ③

정보시스템은 조직의 상하 그리고 부서 간 의사소통을 원활하게 한다.

2925 ③

ㄱ. 거래를 가능하게 해 주는 대가로 수수료를 받아 수익을 창출하는 것은 거래 수수료형 수익모델(transaction fee revenue model)이다. 참고로 제휴수익모델(affiliate revenue model)은 제휴 웹 사이트가 방문자를 다른 웹 사이트로 보내주거나, 잠재고객들에게 필요한 웹 사이트를 소개해 주고 소개료 또는 손님이 구입한 금액의 일부를 받는 수익모델을 의미한다.
ㄹ. 기본 서비스는 무료로 제공하지만 특별한 서비스에는 사용료를 부과하여 수익을 창출하는 것은 프리미엄(freemium=free+premium) 수익모델이다. 참고로 광고 수익모델(advertising revenue model)은 상품과 유통비용 방문자에게 광고를 노출하기 위해 드는 상품, 유통비용은 광고주가 지불하기 때문에 고객에게 무료로 제공되는 것으로 전자 상거래의 가장 큰 수익모델이다. 즉, 소비자(방문자)에게 광고를 실시하고, 광고주로부터 광고비를 받아 수익을 얻는 모델을 의미한다.

2926 ③

기업이 어떤 일을 하는지, 기업이 제품이나 서비스를 어떻게 전달하는지에 대한 개념적 설명을 기업이 부를 창출하는 방법과 함께 묘사한 것을 비즈니스 모델이라고 한다. 즉 기업이 수익을 창출하기 위해 필요한 일련의 계획과 방법을 말한다.

2927 ②

ㄱ. 위조 및 이중 사용이 불가능할 정도로 완벽한 안정성이 보장되지는 않는다.
ㄴ. 명목화폐의 장점

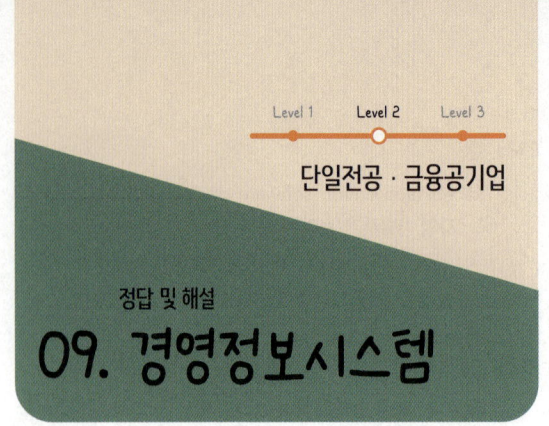

정답 및 해설
09. 경영정보시스템

2928 ③
① '적시성'에 대한 설명이다.
② '형태성'에 대한 설명이다.
③ 정보의 가치 4가지에 포함되지 않는 요인이며, 일반적으로도 모든 사용자에게 접근가능한 정보는 가치가 낮다.
④ '적합성'에 대한 설명이다.
⑤ '정확성(증거성)'에 대한 설명이다.

2929 ①
① EIS는 비일상적인 의사결정에 적합한 정보시스템이다.

2930 ④
④ ERP 시스템은 여러 부서별 정보 시스템이 통합되고, 통합 데이터베이스를 통하여 정보가 서로 효율적으로 공유된다. 정보의 무결성은 DBMS(database management system)의 이점에 대한 설명이다.

2931 ③
③ ERP 시스템은 수년 간 축적된 경험을 바탕으로 기업의 최우수 사례(Best Practice)를 기반으로 한 최적화 되고 표준화된 시스템이 대부분이다. 맞춤화 작업을 많이 하면 할수록 기업이 원하고자 했던 프로세스의 통합과 혁신에서 멀어지게 되고 시스템 자체도 불안해져 추후 시스템 유지보수가 더욱 어려워진다.

2932 ②
② 경영혁신을 위한 업무 재설계는 BPR(Business Process Reengineering)이다.

2933 ④
④ 일반적으로 신규 고객 확보비용은 기존 고객 유지비용의 6~10배가 소요된다.

2934 ②
② 공급망 관리시스템이 가지는 공통된 기능들은 크게 공급망 계획 기능과 공급망 실행 기능으로 나누어진다. 공급망 계획 기능은 고객의 수요를 예측하고, 이를 바탕으로 생산 및 조달 계획을 수립하고, 원재료에 대한 재고 수준을 파악하여 적절한 주문 계획을 수립하게 된다. 공급망 실행 기능은 공급망 내부의 실제 원료나 제품의 이동, 자금의 흐름을 제어하게 된다. CPFR과 VMI는 위 기능들을 포함하기는 하지만 공급사와 제조업체의 협력적인 관계를 유지해주는 시스템이다.

2935 ⑤
⑤ 보기의 설명은 그룹웨어(GW)에 관한 것이다. 지식관리시스템(KMS)은 조직이 지식자원의 가치를 극대화하기 위하여 조직학습 및 비즈니스 노하우를 체계적으로 관리할 수 있게 해 주는 정보시스템이다. 즉 정보의 창출, 수집, 저장 및 전파를 지원하기 위해 조직의 지식을 관리하는 시스템이다.

2936 ③
③ 시스템의 효과로 인해 고객 충성심이 강화되고 정보시스템기술에 적지 않은 투자를 하게 되므로 다시 거래처를 바꾸기 위해서는 전환비용을 감수해야만 한다. 따라서 전환비용이 거래처 전환에 있어 부정적인 요인으로 작용한다.

2937 ⑤
⑤ 업무환경이 복잡한 대기업일수록 데이터베이스 및 DBMS 프로그램은 매우 복잡하기 때문에 DB 설계자나 관리자와 같은 전문가가 시스템을 관리해야 한다. 따라서 시스템이 복잡하며 동시에 이들을 고용하기 위한 비용 부담이 따를 수 있다.

2938 ⑤
⑤ 가장 널리 사용되는 방식의 DBMS의 종류는 관계형 데이터베이스관리시스템(RDBMS)이다.

2939 ③
③ OLAP은 이미 데이터 통합되어 있는 데이터웨어하우스 등에 접근하여 사용하며, 사용자들이 동일한 데이터를 여러 기준들을 이용하는 다양한 방식으로 바라보면서 다차원(multidimensional) 데이터 분석을 할 수 있도록 도와준다. 정보에 대한 각 측면들(제품, 가격, 비용, 지역 또는 기간 등)은 상이한 차원을 표현한다.

2940 ④
가. 2단계 확장(expansion) 혹은 전파(contagion): 이 단계는 빠른 성장을 보이는 단계로 질적으로나 양적으로나 팽창하게 된다. 장비와 인력을 전폭적으로 지원하며, 의욕도 성장하고 실력도 성장하고 시장도 성장한다.
나. 1단계 착수(initiation): 이 단계는 한 마디로 시작하는 단계로 시스템의 도입을 적극 홍보하지만 아직은 익숙하지 않은 그런 단계이다. 일단 사용자들에게 교육을 통해 계속해서 기술을 전달하는 데 초점을 맞춘다.
다. 4단계 통합(integration): 관리 경험이 쌓이면서 거시적으로 보는 시각이 생겨나 기존 시스템을 새로운 기술을 이용하여 통합, 개선하는 시도를 하게 된다.

라. 3단계 통제(control): 확장기의 경험으로 이것이 주는 이점과 비용을 저울질하며 통제에 들어간다. 이 시기부터 예산이 점차로 줄어들고 계획과 통제, 문서화 작업들이 강조된다.

2941 ③

① 기밀성(confidentiality): 수신자 이외에는 데이터를 보지 못해야 한다는 것을 의미
② 무결성(integrity): 데이터가 중간에 변조가 되지 않고 그대로 전달이 되어야 한다는 것을 의미
④ 부인봉쇄(non-repudiation): 거래 부인 방지를 의미하는데, 후에 송신자나 수신자가 거래를 부인하지 못하는 것
⑤ 인증성(authentication): 상대과 거래 혹은 대화를 하는 과정에서 상대방의 신원을 확인하기 위한 방법 혹은 수단을 말함

2942 ⑤

⑤ 클라우드 컴퓨팅은 주문형 셀프 서비스(On-demand self-service)가 특징으로 클라우드 제공업자는 사용자에게 아무런 요구를 하지 않으며 단지 가능한 서비스 항목들 중 고객들이 직접 요청하고 이에 따라서 제공되는 셀프서비스 형식을 따른다.

2943 ②

② 네트워크는 100% 완벽한 시스템이 아니기 때문에 아직 실시간 시스템이나 생사를 다루는 중요한 업무에 클라우드를 적용하는 데는 기술적 한계가 있다.

2944 ⑤

빅데이터 요건 4V는 volume, variety, velocity, value이다.
① velocity(속도)에 대한 설명이다.
② volume(규모)에 대한 설명이다.
③ 텍스트, 오디오, 이미지, 동영상 등 비정형화된 데이터를 포함한 variety(다양성)에 대한 설명을 하고 있다.
④ value(가치)에 대한 설명이다.
⑤ 빅데이터에서 실시간 분산처리 시스템이 사용되기는 하지만 요건 4V에는 포함되지 않는다.

2945 ①

① 빅데이터는 분산 데이터베이스, 분산 병렬처리, 분산 파일 시스템 등의 기술이 핵심이며 하둡과 맵리듀스는 대표적인 분산처리시스템이다.
② NoSQL은 빅데이터 처리를 위한 비관계형 DBMS이다.
③ 네트워크 성능의 발달로 분산된 네트워크를 통해 데이터를 처리하는 기술이 발달하여 최근에는 비정형화된 데이터를 처리가 용이해졌다.
④ 개별 데이터의 정합성(consistency), 유효성(availability)은 기존 관계형 데이터베이스에서 필수요건이며 빅데이터는 수평적 확장의 용이성과 분산가용성 및 응답성을 가졌는지 등이 중요한 요소가 된다.
⑤ 관계형 데이터베이스에 대한 설명이다.

2946 ②

① 랜섬웨어(ransomware)는 시스템을 잠그거나 데이터를 암호화해 사용할 수 없도록 만든 뒤, 이를 인질로 금전을 요구하는 악성 프로그램이다.
③ 스니핑(sniffing)은 네트워크를 통해 전달되는 트래픽을 가로채거나 기록할 수 있는 컴퓨터 프로그램 또는 컴퓨터 하드웨어를 의미한다.
④ 서비스 거부 공격(DoS)은 시스템을 악의적으로 공격해 해당 시스템의 자원을 부족하게 하여 원래 의도된 용도로 사용하지 못하게 하는 것이다.
⑤ 피싱(phishing)은 신뢰할 수 있는 사람 또는 기업이 보낸 메시지인 것처럼 가장하여 비밀번호 및 신용카드 정보와 같이 기밀을 요하는 정보를 부정하게 얻으려는 것을 의미한다.